第四册目録

罪名總部……二七六五
搶劫盜竊部……二七六七
强盜分部……二七六七
掠賣人口分部……二九二〇
竊盜分部……二九四四
詐僞欺騙部……三一二一
欺騙官府分部……三一二一
詐騙財物分部……三一九四
經濟犯罪部……三二一〇
違犯錢法分部……三二一〇
違犯鹽鐵法分部……三二四四
違犯茶法分部……三二五五
賦役違制分部……三二六四
破壞市廛分部……三二八一
軍事犯罪部……三二八九
違犯軍政分部……三二八九
關津違禁分部……三三六八
藏挾軍械分部……三三九七
厩牧分部……三四一〇
誣告陷害部……三四三七
其他犯罪部……三五三八
侵占擾害分部……三五三八
僧道妖妄分部……三六〇〇
縱火失火分部……三六三二
賭博分部……三六四八
逃匿縱庇分部……三六六九
背禮棄義分部……三六八七
雜禁違警分部……三七三四

罪名總部

搶劫盗竊部

强盗分部

論説

《左傳·文公十八年》先君周公制《周禮》，曰：則以觀德，德以處事，事以度功，功以食民。作《誓命》曰：毁則爲賊，掩賊爲藏，竊賄爲盗，盗器爲奸。主藏之名，賴奸之用，爲大凶德，有常無赦。在《九刑》不忘。

（宋）**蔡沈**《**書經集傳**》**卷四**《**周書·康誥**》凡民自得罪，寇攘姦宄，殺越人于貨，暋不畏死，罔弗憝。暋音敏。憝，徒對反。越，顛越也。《盤庚》云：顛越不恭。暋，强，憝，惡也。自得罪，非爲人誘陷以得罪也。凡民自犯罪，爲盗賊姦宄，殺人、顛越人以取財貨。强狠亡命者，人無不憎惡之也。用罰而加是人，則人無不服，以其出乎人之同惡，而非卽乎吾之私心也。特舉此以明用罰之當罪。

（明）**丘濬**《**大學衍義補**》**卷一一三**《**慎刑憲·戒濫縱之失**》武帝以法制御下，好尊用酷吏。民益輕犯法，盗賊滋起，道路不通。乃使樊昆等，衣繡衣，持節發兵以興擊，所至得擅斬，二千石以下，誅殺甚衆，一郡多至萬餘人。散卒失亡，復聚黨阻山川者，往往而郡居，無可奈何。于是作沈命法，曰：盗起不發覺，發覺而補不滿品者，二千石以下，至小吏主者，皆死。其後小吏畏誅，雖有盗不敢發。府亦使其不言。故盗賊寖多，上下相爲匿，以文辭避法焉。【略】

臣按：聖人制刑，以求無刑。立辟，以求止辟。武帝時，以盗賊滋起，作爲沈命法，非獨不能止盗，反由是而盗賊滋多。且又因之而致官吏之相爲掩敝，而盗賊益甚。是一舉而二失焉。由是而馴致大亂，不難也。《吕刑》云：民之亂，罔不中。是則治民之道，無有過于中者也。是故先王立法制刑莫不用中，中則無過，無不及，可以常用而無弊。不過而嚴亦不及而寬，過而嚴則民有不堪，而相率爲僞以避罪。不及而寬則民無所畏，而群聚競起以犯罪。

《**後漢書**》**卷四六**《**陳忠傳**》自帝即位以後，頻遭元二之厄，百姓流亡，盗賊並起，郡縣更相飾匿，莫肯糾發，忠獨以爲憂，上疏曰：臣聞輕者重之端，小者大之源，故隄潰蟻孔，氣泄鍼芒。是以明者慎微，智者識幾。《書》曰：小不可不殺。《詩》云：無縱詭隨，以謹無良。蓋所以崇本絶末，鉤深之慮也。臣竊見元年以來，盗賊連發，攻亭劫掠，多所傷殺。夫穿窬不禁，則致彊盗；彊盗不斷，則爲攻盗；攻盗成群，必生大姦。故亡逃之科，憲令所急，至於通行飲食，罪致大辟。而頃者以來，莫以爲憂。州郡督録怠慢，長吏防禦不肅，皆欲採獲虚名，諱以盗賊爲負。雖有發覺，不務清澄。至有逞威濫怒，無辜僵仆。或有局蹐比伍，轉相賦斂。或隨吏追赴，周章道路。是以盗發之家，不敢申告，鄰舍比里，共相壓迮，或出私財，以償所亡。其大章著不可掩者，乃肯發露。陵遲之漸，遂且成俗。寇攘誅咎，皆由於此。前年勃海張伯路，可爲至戒。覆車之軌，其迹不遠。蓋失之末流，求之本源。宜糺增舊科，以防來事。自今彊盗爲上官若它郡縣所糺覺，一發，部吏皆正法，尉貶秩一等，令長三月奉贖罪；二發，尉免官，令長貶秩一等；三發以上，令長免官。便可撰立科條，處爲詔文。切敕刺史，嚴加糾罰。冀以猛濟寬，驚懼姦慝。頃季夏大暑，而消息不協，寒氣錯時，水涌爲變。天之降異，必有其故。所舉有道之士，可策問國典所務，王事過差，令處煖氣不效之意。庶有讜言，以承天誡。

《**魏書**》**卷一一一**《**刑罰志**》孝昌已後，天下淆亂，法令不恒，或寬或猛。及尒朱擅權，輕重肆意，在官者，多以深酷爲能。至遷鄴，京畿群盗頗起。有司奏立嚴制：諸强盗殺人者，首從皆斬，妻子同籍，配爲樂户；其不殺人，及贜不滿五匹，魁首斬，從者死，妻子亦爲樂户；小盗贜滿十匹已上，魁首死，妻子配驛，從者流。侍中孫騰上言：謹詳法若畫一，理尚不二，不可喜怒由情，而致輕重。案《律》，公私劫盗，罪止流刑。而比執事苦違，好爲穿鑿，律令之外，更立餘條，通相糺之路，班捉獲之賞。斯乃刑書徒設，獄訟更煩，法令滋彰，盜賊多有。非所謂不嚴而治，遵守典故者矣。臣以爲升平之美，義在省刑；陵遲之弊，必由峻法。是以漢約三章，天下歸德；秦酷五刑，率士瓦解。禮訓君子，律禁小人，舉罪定名，國有常辟。至如眚災肆赦，怙終賊刑，經典垂言，國朝成範。隨時所用，各有司存。不宜巨細滋煩，令民豫備。恐防之彌堅，攻之彌甚。請諸犯盜之人，悉准律令，以明恒憲。庶使刑殺折衷，不得棄本從末。詔從之。

（明）董誥《全唐文》卷八六三竇儼《上治道事宜疏》　省刑之要，厥有二端：一者謹吏，二者息盜。謹吏在乎責長，息盜在乎類取。吴姬群笑，孫武加戮於隊長，此責長之明效也。襄民不道，班伯得賊於首豪，此息盜之良術也。夫一縣之政，總於令長。令長正，下吏自肅。一州之權，統於牧守。牧守繆，僚屬必濫。濫之與肅，上使然也。近代下民之訟，多訟令佐，敢訴牧守，十中或一。訟令佐者，皆得理察，訟牧守者，十無一問，縱或詰之，而歸罪陪隸者衆矣。斧鉞不用，刀鋸日弊，古人恥之，典刑不阿貴賤，貴猶當罰，賤者自戒。如是則官吏畏法，利損其半矣。而又除其寇盜，使無逸越。除盜之術大概有三：一者使賤人徒侶自相糾告，糾告不虚，則以所告賊産之半賞其告者。或一人能告十賊，亦以十賊半産與之。親屬之間，此許容隱，在於用權救弊，亦可暫更。今後有骨肉爲非，許令首告，然所被告者，不可令至極刑，傷宗族之情，失風教之義。只令通指同行徒侶，則除惡甚多。骨肉所首之人，特與疎放，如是則同惡自相疑阻，爭先於陳告。骨肉欲休其親，競來於原首，此息盜之上策也。二者如鄭州、新鄭一縣，團結鄉社之人，名爲義營，分立將佐。一户爲賊，則累其一村，一户被劫則罪其一將，大舉鼓聲之所，壯丁雲集。賊徒至多不過一二十數，義營所聚，動及百人，賊人奔逃，無有免者。見今鄭州封内，唯新鄭獨免敚勸。頃歲尉氏强民潛往密縣行劫，迴入新鄭疆界，殺獲苦無漏遺，豈止自部之中，不留凶慝。兼令涉境之寇，難出網羅，此息盜之中策也。三者有賊之後，村人報鎮，鎮將詣村驗蹤。團保限外不能獲賊，衆罰鎮戍，此息盜之下策也。如是則奸盜漸息，刑又損其半矣。何慮漢文之年，貞觀之世不在於今時矣。

（唐）白居易《白氏長慶集》卷六七《判·得景負丁財物丁不告官强取財物過本數縣司以數外贓論之不伏》　人縱於貪，動而生悔；物非其道，取則有贓。丁放利欲贏，景逋債未償；懷不忌而强取，姑務豐財；逞無厭之過求，豈非黷貨？情難容於强暴，法必禁以奪攘。以交易而求多，尚宜准盜；在倍稱而過數，孰謂非贓？若以律論，當從縣斷。

（唐）杜牧《樊川文集》卷八《上李太尉論江賊書》　伏以太尉持柄在上，當軸處中，未及五年，一齊四海，德振法束，貪廉懦立，有司各敬其事，在位莫匪其任。雖九官事舜，十人佐周，校於太尉，未可爲比。伏以江淮賦税，國用根本，今有大患，是劫江賊耳。某到任纔九月日，尋窮詢訪，實知端倪。夫劫賊徒，上至三舩兩舩百人五十人，下不減三二十人，始肯行劫，劫殺商旅，嬰孩不留。所劫商人，皆得異色財物，盡將南渡，入山博茶。蓋以異色財物，不敢貨於城市，唯有茶山，可以銷受。蓋以茶熟之際，四遠商人，皆將錦繡繒纈，金釵銀釧，入山交易，婦人稚子，盡衣華服，吏見不問，人見不驚。是以賊徒得異色財物，亦來其間，便有店肆爲其囊橐，得茶之後，出爲平人，三二十人，挾持兵仗。凡是鎮戍，例皆單弱，止可供億漿茗，呼召指使而已。鎮戍所由，皆云賒死易，就死難。縱賊不捉，事敗抵法，謂之賒死；與賊相拒，立見殺害，謂之就死。若或人少被捉，罪抵止於私茶，故賊云：以茶壓身，始能行得。言隨身有茶，即人不疑是賊。凡千萬輩，盡販私茶。亦有已聚徒黨，水劫不便，逢遇草市，泊舟津口，便行陸劫，白晝入市，殺人取財，多亦縱火，唱棹徐去。去年十月十九日，劫池州青陽縣市，凡殺六人，内取一人屠刳心腹，仰天祭拜。自邇已來，頻於隣州，大有劫殺，沉舟滅跡者，即莫知其數。凡江淮草市，盡近水際，富室大戸，多居其間。自十五年來，江南、江北，凡名草市，劫殺皆徧，只有三年再劫者，無有五年獲安者。一劫之後，州縣麋費，所由尋捉，烽火四出。凡是平人，多被恐脅，求取之外，恩讎並行，追逮證驗，窮根尋葉，狼虎滿路，狴牢充塞。四五月後，炎欝烝濕，一夫有疾，染習多死，免之則蹤跡未白，殺之則贓狀不明。一獄之中，凡五十人，中二十人，悉是此輩，至於眞賊，十人不得一。濠、亳、徐、泗、汴、宋州賊，多劫江西、淮南、宣、潤等道，許、蔡、甲光州賊，多劫荆襄、鄂岳等道，劫得財物，皆是博茶，北歸本州貨賣，循環往來，終而復始。更有江南土人，相爲表裏，校其多少，十居其半。蓋以倚淮介江，兵戈之地，爲郡守者，罕得文吏，村鄉聚落，皆有兵仗，公然作賊，十家九親，江淮所由，屹不敢入其間。所能捉獲，又是沿江架船之徒，村落負擔之類，臨時脅去，分得涓毫，雄健聚嘯之徒，盡不能獲。爲江湖之公害，作鄉閭之大殘，【略】況長江五千里，來往百萬人，日殺不辜，水滿冤骨，至於嬰稚，曾不肯留。葛伯殺餉童子，湯征滅之，蓋以童子無知而殺之，王者不捨其罪。今長江連海，羣盜如麻，驟雨絶絃，不可尋逐，無關可閉，無要可防。今者自出五道兵士，不要朝廷添兵，活江湖賦稅之鄉，絶寇盜劫殺之本，政理之急，莫過於斯。若此制置，凡去三害，而有三利。人不冤死，去一害也；鄉閭獲安，無有追逮證驗之苦，去二害也；每擒一私茶賊，皆稱買賣停泊，恣口點染，鹽鐵監院追擾平人，搜求財貨，今私茶盡黜，去三害也。商旅通流，萬貨不乏，獲一利也；鄉閭安堵，狴犴空虛，獲二利也；私茶之饒，盡入公室，獲三利也。三害盡去，三利必興，窮根尋源，在劫賊耳。故江西觀察使裴誼召得賊帥陳璠，署以軍中職名，委以江湖之任。陳璠健勇，分毫不私，自後廉察，悉皆委任。至今陳璠每出彭蠡湖口，領徒東下，商船百數，隨璠行止，璠去之後，惘然相弔。安有清朝盛時，太尉在位，反使萬里行旅依一陳璠？某詳觀格律勅條百二十卷，其間制置無不該備，至於微細，亦或再三，唯有江寇未嘗言及。今四夷九州，文化武伏，奉貢走職，罔不如法，言其功德，皆歸太尉。敢率愚衷，上干明慮，冀裨億萬之一，無任戰汗惶懼之至。某謹再拜。

（唐）劉蛻《文泉子集》卷三《疏亡》　盜，惡名也。取之，有以合聖人。若取其亂而理之，取其死而生之，則民樂其取也。後豈擇其故，敷故昏夜之盜爲小人，衰亂之盜爲丈一作大，非。夫，能知其取者，而嘗蹈其背也。故不以無人而棄其守者，有大棄天下者，仁義盜其名，有小棄其國者，小人有盜，其器，故《春秋》不貶其器，聖人以正其名，嗚呼！盜非惡名也，左右前後，亦可懼哉！

（清）畢沅《續資治通鑑》宋仁宗慶曆三年六月　癸丑，知諫院歐陽修言：近日四方賊盜漸多，皆由國家素無禦備，而官吏賞罰不行也。今沂州軍賊王倫，所過楚、泰等州，連騎揚旗，如履無人之境，而巡檢、縣尉反赴賊召，其衣甲、器械皆束手而歸之，此可謂心腹之大憂。請自今，賊所經州縣奪衣甲，官吏並追官勒停，巡檢、縣尉仍除名，勒從軍自效，俟破賊日則許叙之。甲子，右正言余靖言：今官吏弛事，細民聚而爲盜賊，不能禁止者，蓋賞罰不行也。若非大設隄防以矯前弊，則臣憂國家之患，不在西北而起於封域之內矣。乞朝廷嚴捕賊賞罰，及立被賊劫質、亡失器甲除名追官之法。並從之。

（宋）李燾《續資治通鑑長編》宋神宗熙寧八年三月　戊戌，知成都府，龍圖閣直學士蔡延慶言：本路盜頻發，雖編敕再犯許配本州，而川陝本城請受價優，投軍者衆，若犯盜配本州，則是因盜得利，盜必滋長。又川陝計贓，以鐵錢二當銅錢一，加之案問，欲舉率皆減等，贓重者猶不至配法，無所懲艾。欲令情理重者，申都鈐轄司詳酌配出川陝近東州軍。從之。

（宋）陳傅良《止齋集》卷二一《奏狀劄子・繳奏刑部大理寺鄢大為斷案狀》　准中書門下省送到録黄一道節文為刑部、大理寺狀，吉州奏勘到百姓鄢大為説合已斷人李一討合游六等各持杖行劫朱三家穀物，贓滿。按法寺稱，其鄢大為准條於絞刑上定斷，合決重杖處死。二月十四日，三省同奉聖旨，鄢大為依斷，令臣書行，緣事干人命，須至奏聞者。臣竊詳上件斷案，止以鄢大為所帶劫穀木擔堪以害人，定為持杖，強盜贓滿五貫合決重杖處死，設若不以木擔為杖，即計贓須滿十貫方得死罪。死生之分在於木擔稱杖不稱杖，毫釐之間，此不可不謹也。臣嘗習此矣，在律，杖謂兵器杵棒之屬，餘條稱仗，准此。恭惟本朝列聖繼作刑日益輕以為杵棒，立文該載未明，則犯法者易，陷刑者衆，於是重立兩條案，嘉祐編敕《賊盜門》，其一云應持竹鎗、竹杖、磚石之類為盜，堪以害人者並同持仗之法，此謂苟持竹鎗、竹杖、磚石堪以害人之物而為盜者，即為持仗以明，但持所須之物為盜，不得稱仗矣。其一云將鎌擔刀斧之屬，於人園林陂野内偷割禾穀蔬果，盜斫柴薪之類，元非積聚者，并將篙楫盜取空船，或持鞭杖偷趂孳畜，雖變主知覺，但不曾施威力抵拒者，依不持仗竊盜法，此謂苟持鎌擔刀斧所須之物而為盜，即不為持仗以明，必是特持堪以害人之物為盜，始得稱仗矣。上件兩條合為一編，載在敕文，則有司承用可以參照，不至牴牾。至於元豐刪修舊敕，一時不深求嘉祐以前立法美意，輒將上件兩條離為兩門，其一條在《名例門》，云諸稱仗者持竹木磚石之類堪以害人者，同。其一條在《賊盜門》，云諸於城外竊盜，無人防守，特持所須之具者，並為不持仗。注云：謂採斫須金刀、船栰須篙楫，負須擔畜須鞭之類，蓋自將兩條離為二處，即凡用持仗之法只據《名例門》立文，凡用不持仗之法，只據《賊盜門》立文，而兩文始不相參照，無所斟酌矣。兼詳元豐刪定嘉祐勑，顛倒本文，已失初意。謂並同持仗之法，改作諸稱仗者，節畧數字，便成深文。謂刪去鎗杖但稱竹木。自元豐迄今，有司遵用，蓋不知重報者，幾千人矣。今來鄜大為之獄，只是布袋並擔，即不曾施威力，若用嘉祐舊勑即非持堪以害人之物為盜明矣，且夫前朝立法，本持所須之物為盜，其意非是欲以害人，雖斧刃不謂為仗，本持堪害人之物為盜，其意是欲以害人，雖磚石得謂為仗，但論其盜有無欲害人之心，不計所持是不是堪害人之物，原情定罪，此春秋之義也。又云持仗在外，空手入屋，罪至死者減一等。即雖持仗，若其時不以入室，可以減等。又云：變主知覺但不曾施威力抵拒者，並同不持仗即雖持所須之物，若其時施威力抵拒，可以加等，可謂深切著明矣。而元豐改作離析勑文，今來有司尚循謬誤，臣愚欲望睿慈，特將鄜大為之罪，從未滿十貫條特貸命斷遣，仍乞以刑部、大理寺擬斷官吏並見，免坐失入之罪，仍乞將見行條法送刪定，所據嘉祐舊敕，將兩條刪潤併入賊盜一門，以憑遵守。臣聞中興之初，重修紹興勑令，已有指揮，用嘉祐舊法，故元豐敕多在釐改之科數內，持仗一條，當時有司偶失參攷，尚未追正。今來若行刪潤，初非創新衡改，而聖主好生之德、公朝從恕之風，自今以始，益深益厚，愚民無知，雖似幸免，而天聽甚卑，宜享其報。此臣所以拳拳也，所有録黃，臣未敢書行。

（宋）范仲淹《范文正奏議》卷下《雜奏·奏乞指揮管設捉賊兵士》

近奉聖旨，召募到兵士三百人，又於三班院取到使臣部領，前去金商州捉殺賊徒。雖蒙支賜綿絹及傳宣戒訖，切緣彼中賊徒方盛，劫取財物，虜掠士女，烹宰牛羊，恣行意氣，致諸處軍民中强惡之，往往生心。其差去兵士支賜不多。又是七百已下料錢，每日計得錢二十餘文，在路只供得火隧柴薪鹽醋斂掠。或遇天寒路遠，不免饑凍，豈有勇氣向前力戰？更恐差去使臣無別心計，不能撫恤。爲宣命緊切，連夜拖拽，更致怨憤，逃走入賊中，其患愈大。欲乞特奉聖旨更選差近上有心力使臣一員，星夜前去，同共部押，遂程宿處。官破柴薪鹽醋不令斂掠，仍密切別降指揮，下捉賊兵馬到有賊地分，州軍只作長吏意度。遂人辦肉一觔、面一觔、酒一升，管設所有使臣軍員。別破酒食，如遇大段雨雪，兵士單寒向前不得，即更令制造紬綿被襖支散。所貴各得飽暖，則有勇氣，可以擒賊，亦上感聖恩，不致怨叛。仍令差去使臣，常切體量兵士，內有結構逃走，或出怨言，扇摇軍衆者，明立照證處斬訖奏。臣在邊上體當軍情，須是如此恩威兩立，纔能使喚，方保無事，今來兵士不多，易爲豐足，大都防於未萌。若待叛怨之後，旋行招恤，則深損國威，亦不懷感。賊大之後，所費無窮。其餘處捉賊兵士到有賊地分，州軍亦令依此體量施行。候賊平日，各歸地分，自然不更管設。乞垂聖斷。

（宋）李覯《盱江集》卷二一《慶曆民言·審姦》 盜之未泄也，日與之接，而不知其盜；姦之未露也，日與之居，而不知其姦。衣纓言動與人同，而盜姦在其心，知之固未易也。及夫贓出械見，刑殺於市，而衆人皆知其盜；謀行亂作，國家敝敗，而後世皆知其姦。知其盜，非衆之智，由獄吏之讞也；知其姦，非後之賢，由史臣之筆也。觀書者睹曩時之禍，皆笑其不知姦矣，而不曰我之姦者亦待史筆而後知也。漢元帝謂幽厲任巧佞，自以石顯愈於彼，故京房曰：臣恐後之視今如今之視前。嗚呼！安得敢言如房者乎！

（宋）李覯《盱江集》卷二一《慶曆民言·省盜》 盜不能禍天下，而召天下之禍。彼殺人以求食，人固讐之，安能禍天下？盜既多，殺既極，讎者弗能報，而後姦雄起焉。盜者，人之讎也。而姦雄以誅盜為名，是孝子慈孫夫婦之相哭者，望之不啻如濯熱。因天下之心，收天下之權，如此乃能禍天下。人主知盜而不憂者，以其舉錯非姦雄之利也，而不知姦雄不為盜，故防姦雄莫若除盜賊。姦雄不得盜賊之資，則不敢起。嗚呼！殺人者人之賊而已矣，惡殺人者誠國之賊也。

（宋）李覯《盱江集》卷二一《慶曆民言·釋禁》 與衆同利則利良民，不與衆同利則利凶人。凶人嗜利，盜之所由興也。山海之貨，職在商賈久矣，而曰屬之吏，屬之吏則衆不得錯手足。法重矣，而利亦重。法重則良民憚，利重則凶人入。然而董之以法，是敺其為盜也。彼凶人者，豈曰死可欲而生可惡哉？過在歆諸利而謂不必死耳。不幸而幾於死，則莫若為盜，為盜又不必死也。夫能弛其禁，達其利，則凶得與良齒，胡為苟免於兵刃間哉？

（宋）秦觀《淮海集》卷一七《進策·盜賊中》臣聞自古盜之所以興，皆出於仍歲水旱，賦斂横出，徭役數發。故愚民為盜，弄兵於山海險阻之間，以為假息之計。自陛下即位以來，輕徭役，薄賦斂，善氣既應，年穀胥熟。是宜外户不閉，道不拾遺；而郡縣之間枹鼓或驚遊徼旁午，未見休已者何也？以臣思之，蓋不任吏之獘也。夫任法不任吏，為弊至多，而於盜賊尤甚。何則？今盜賊之法，可謂密矣；强盜得財滿匹及傷人者，輒棄市；殺一家三人以上若支解人者，論如律；案問欲舉者，得減重論；殺併徒伴及告獲它盜者，降除其罪；為之囊橐通行飲食者，從末減；若文致於法而人心不厭者，輒讞考之。若此之類，與夫捕獲亡逸賞罰之格，凡數十條，然皆畫一之制也。夫民之所以為盜賊者，其情不一：或閭里惡少自負其氣，椎埋鼓鑄，不復齒於平人；或驕兵惰卒窮苦無聊，亡命嘯聚；或執左道轉相誑惑，以為徒黨；或困於饑寒，迫於逋負，剽奪衣食，以延一日之命；或故吏善家子失計隨流，輕舉妄動。若此之類，特盜賊之大情耳。其間夤緣曲折，可矜可疾者，蓋不可勝數。夫以畫一之法，御不可勝數之情，而吏莫敢為輕重，則宜殺而生，宜生而殺者有之矣。吏果於生殺而不察其宜，則威惠不行，盜賊所以充斥也。臣嘗觀古之能吏盜賊之課尤異者，其術不過數端而已。蓋有使吏民雜舉少年惡子鮮衣凶服之人，悉籍記之，一旦收捕，納於虎穴中者，尹賞之治長安也。有明設購賞令相斬，捕吏追胥有功而上名尚書調補縣令者，張敞之治膠東也。有耳目具知主名區處，窮里空舍，坐語未訖，捕吏已至者，趙廣漢之治京兆也。有擇縣之豪傑用以為吏，一旦竊發，則移書詭責取辦其人者，朱博之治渤海也。有置正五長，閭里阡陌有非常，吏輒聞知，姦不得舍者，韓延壽之治潁川也。省遣發之兵，罷捕逐之吏，單車獨行，務以德化撫之而安之者，龔遂之治瑯琊也。此數子者，可謂善治盜賊矣。然以今日之法繩之，則彼將皇恐救過之不暇，尚何功名之有哉！何則？非賊殺不辜，則故縱反者也。夫以龔遂、韓延壽、張敞、朱博、趙廣、漢尹賞為吏於今之時，猶不能最盜賊之課，又可責於常人乎？為今計者，莫若寬法而任吏，稍重郡守之權，責以大綱而略其小過。凡重法之地，皆慎擇其人，聽於法外處置盜賊，有司覆按，不得劾以出入。其所賜緝捕緡錢，使得益以釀酒；賞格之外，得酒數百石，亦足以布設耳目而畜養爪牙。如此，則守臣之威權稍重，而盜賊可以清矣。王嘉曰：國家有急，取辦於二千石。尊重難危，乃能使其下。嗚呼！二千石能使其下，則雖有黄巾赤眉，無足畏也。

（宋）洪邁《容齋隨筆》卷一六《治盜法不同》唐崔安潛為西川節度使，到官不詰盜。曰：盜非所由通容，則不能為。乃出庫錢置三市，置牓其上。曰：告捕一盜，賞錢五百緡。侣者告捕，釋其罪，賞同平人。未幾，有捕盜而至者。盜不服，曰：汝與我同為盜十七年，贓皆平分，汝安能捕我？安潛曰：汝既知吾有牓，何不捕彼以來？則彼應死，汝受賞矣。汝既為所先，死復何辭？立命給捕者錢，使盜視之，然後殺盜於市。於是諸盜與其侣互相疑，無地容足，夜不及旦，散逃出境，境內遂無一人為盜。予每讀此事，以為策之上者。及得李公擇治齊州事，則又不然。齊素多盜，公擇痛治之，殊不止。它日得黠盜，察其可用，刺為兵，使直事鈴下。間問以盜發輒得而不衰止之故。曰：此繇富家為之囊。使盜自相推為甲乙，官吏巡捕及門，擒一人以首，則免矣。公擇曰：吾得之矣。乃令凡得藏盜之家，皆發屋破柱，盜賊遂清。予乃知治世間事，不可泥紙上陳迹。如安潛之法可謂善矣，而齊盜反恃此以為沈命之計，則變而通之，可不存乎其人哉！

（明）陳子龍等《明經世文編》卷三四于謙《議處賊卜花禿疏》臣等切詳，朝廷之慶賞刑威，猶天之風霆雨露，故中國之馭夷狄，必使恩威並行，然後遠邇畏服。切照卜花禿，原係建州右衛已故都督几察男。當正統十四年，達賊犯邊之時跟隨伊父，節來我邊剽掠人畜，後又糾合賊徒潛入遼陽地方，偷搶馬匹，射死舍丁。又將走回餘丁佟得受暗行殺死，其為凶惡，罪犯深重。雖都督董山、李滿住等，俱係同類夷人親屬，先前董山等赴京，通事昌英等，審得各人俱要殺死卜花禿，以報仇怨。則是卜花禿非徒獲罪於朝廷，抑且致怨於同類，則處之又當有法矣。今雖自來服罪，非其本心，實出於遼東差去都指揮王武等之所誘致。雖皇上洪恩，俯從寬宥，奈夷情奸詐，亦難姑息。若不量為處置，使之稍有驚懼，非惟外夷聞風而無所勸懲，抑且此賊凶强而終為患害。況獷獸出柙，而吞噬之性尚存飢鷹去韝，而飛揚之態自若。防患慮後，不得不嚴。合無賫文與遼東總兵官曹義等，從長計議，候卜花禿回還到彼，或暫且羈留遼東，密切防範。仍行文與海西建州各種女真野人頭目，使其知卜花禿先前不合背叛朝廷，侵擾邊境，原情定罪，合置極刑。朝廷但念其躬親赴京服罪，寬宥其死，令在遼東隨軍聽調，使其革心向化，刷耻易行，永不敢爲非。候本人果能變惡爲善，另行定奪，就令曹義差人將卜花禿押送李滿住、董山等處，令其收管，務在如法嚴固鈐束，不得縱令生事爲非。倘或因事發露，一體坐罪。此外別有長策奇計，寬此一步，使邊臣自行操縱機宜，可以使賊子知懼，不爲後患，夷人聞風亦知警畏。宜從曹義等，一面施行，一面差人具繇奏報。不許心懷猶豫，處置乖方，以致事體謬戾，自貽後患，緣係處置夷事，具題。

（明）馬文升《馬端肅奏議》卷五《申明律意從弭盜賊事》 恭惟我太祖高皇帝膺天眷命，奄有萬方。當殘元入主之後，法度廢馳之餘，以爲刑乃輔治之具，不可不明。首命大臣更定新律，以一人心。又命刑官重會衆律，以協厥中而垂法萬世，其勸善癉惡之意無以加矣。且五刑之屬三千，而罪莫大於十惡。十惡之外，而情莫重於强盗，何則？强盗之行，執兵持刃生殺在乎掌握，劫財姦淫操縱隨其意欲，比之叛逆之徒相去不遠。所以强盗條云：凡强盗得財，不分首從，皆斬。例該决不待時。所以禁暴去惡懲奸止亂而輔治者也。【略】

至天順三年九月二十五日該司禮監官傳奉英宗皇帝旨曰：人命至重，死者不可復生。自天順三年爲始，每至霜降後，但有該决重囚，着三法司奏請会多官從實審録，庶不冤枉，永爲定例。欽此。蓋專指律該秋後處决重囚，臨决之際，恐有冤枉，故令三法司会多官審録，即古帝舜欽恤、大禹泣辜之心也。恐强盗重囚，不在其内。且强盗既該决不待時，緣何監至秋後處决？因有前該傳奉欽依，所以一向因循，但係强盗，不分贓之多寡、情之輕重，俱監之至秋後與秋後處决之囚一同會審。比及會審之時，十死七八，存者監禁日久，翻異原情。能言者俱作矜疑，情雖重而不决；柔弱者俱作無詞，情雖輕而行刑。况處决之際，因是囚衆多至日晚，或至更深，人多不見，甚非刑人於市與衆棄之之意。且情犯有輕重，故行刑有遲速，今常若此，則自此終無决不待時之强盗矣，是强盗與鬬毆殺人者爲無異矣。【略】

况辟以止辟，刑期無刑，帝王之盛事也。强盗有犯，不時處决，餘賊知警，是辟以止辟之意也。蓋兵刑二事，每每相須，惡之小者，以刑治之，而有餘惡至於大，雖兵加之而無益矣。

（明）葉春及《石洞集》卷二《應詔書·安民生·去盜賊》 臣觀有天下者，皆畏夷狄而輕盗賊。豈以夷狄長枝，非山澤小氓比哉？嗟不然矣。志不在大，即折膠控弦，不過草竊。苟有異志，荷鋤持挺，非黄馘之匹夫也。况夷狄僻居北垂寒露之野，隔山谷，壅沙幕，天地所以限内外也。侵寇剽掠，天性固然，明烽燧，謹斥堠。斯鳥獸遁矣。盗賊則蟠我疆土，據我膏腴。利則出攻，不利入保。此腐腸之毒矢，而剚腹之犀刃也。夷狄比之懸矣。臣自結髪，即有天下之志，謂丈夫當以身報主，犁庭掃閭，揚旌萬里之外，以明中國之威，無從也。生長嶺東，日睹盗賊之害，故爲陛下陳之。惠州盗賊垂十年矣，初蓋一二凶豎，弄兵潢池之上，搏之如咋鼠耳。有司爲轉官計，匿不以聞。百姓上變，反擊扑之，於是緣轉瀰漫，蝟毛而起。至於今日，如敗絮之虱，按於東而出於西，攻下鄉聚，屠戮老少，俘虜子女，巢據田宅，驅奪畜牧，芟夷農功，白骨滿山，赤地千里。此仁人之所傷也。陛下幸哀憐百姓，詔各地方官以講武爲不急，以玩寇爲苟安將盗賊妖逆隱蔽從容，不早撲滅，往往釀成大患。至明聖矣。臣去年五月離家，賊營府治百里之内，破三十餘圍，殺萬人。陛下豈聞之乎？蓋地方之官，心非忠義，志在富貴，其於百姓，不啻若胡越也。惴惴然祈不劫庫攻城，自可數日而遷，故畫隍以外，委以啖賊而不顧，賊亦明知其意，不向城府，日啖百姓耐無嚴。如此是官與賊市也。粤南在五嶺外，明珠大貝，以遠見珍，常爲吏所愛惜，民生其間，以遠易侮，特不爲吏動念。殺戮之禍，甚於北垂。吏加欺蔽，不得與北同被憂恤，賦税之入，等於中州；田歸盗賊，且與羈縻郡縣相視。蓋悲痛愁苦矣。然在位者必以兵食之匱爲解，臣歸善縣人也，親戚故舊賊虜多矣。方其平居，一金若無也，一人若無也，至陷賊中，檄俘虜速贖，不然且斬，則妻子脱簪珥，骨肉充任使，何者？情之迫而處之周也。以胡越之人，而托兵食之計，匱不亦宜乎？粤之郡，惠爲小；惠之邑，龍川爲小。而趙佗則龍川起也。當秦漢時，惠戚僻陋矣，山海之貨，尚未盡賦，蒲萑之蕩，沿未盡除。趙佗收偪仄之利，籍鳌霍之兵，遂并嶺表，南面稱孤。曷爲兵食患也。況惠官軍外，民兵二千八十六人，有司倍役之，則四千餘矣，城守狼兵又不下一千。正德間都御史王守仁曰：狼兵之調，非特所費不貲，其殘掠不減於盜。南贛精兵二千有餘，得以大軍誅討，賞罰行之，而惟成功是責，則比大軍之舉，費半功倍，安危之計，豈不以人哉？臣敢效愚策以備采擇，曰：求豪傑以典兵，嚴刑罰以制命，假便宜以重權，慎剿撫以務本。而兵食不論也。何謂求豪傑以典兵？提督兵備，征伐之柄在焉。守令告急，兵備不悦，無爲也。兵備告急，提督不悦，無爲也。總副以下，視人眉睫，指揮以下，聽人肱臂。又何責哉？今之在位，皆告急不悦者矣。奈何民不枕籍而死也，二者當擇，宜決資格。求豪傑，必得忠義自許，勇略素著。欲垂名於竹帛者，而後委用，則見肝腦塗地。其情必迫，兵食匱之，其處必周，誓不與賊生矣，不然，業舉之子，患失之夫，不敢言兵，則不敢任事，不敢任事，則不敢以聞；不敢以聞，則不敢動衆。非欺蔽無謀耳。何謂嚴刑罰以制命？爐熾莫探，崖峭莫窺，何者？探必焦而窺必隕也，故人畏之。陛下詔巡。撫守巡、兵備等官，如再庇惡殃民，巡按御史嚴行叅論重治。蓋凛凛矣，今論治者誰也？爐得無可探乎？崖得無可窺乎？昔漢作沈命法，盜起不發覺，發覺而捕弗滿品者。死其後畏誅，上下相匿，以文辭避法。盜賊寖多，今法不至如漢，而人皆欺蔽，則寬之過也。至借彈劾以脱身，因調遷而膴仕，尚謂之法哉。何謂假便宜以重權？龔遂一郡守耳，猶曰治亂民不可急也。願無拘臣以文法，得一切便宜從事，蓋用人而拘之，是縶騏驥之足而責千里也，其必重委任，去尺幅，使之展布馳聘，市租可以饗士卒，贖金可以充賞勸，先發而不爲專，少衂而不爲挫，所以解苛細而求功賞也。不假之權而制其命，固難能矣。何謂慎剿撫以務本？招撫之説，古蓋有之，所以待脅染而處服馴，非以媚渠魁而順鷙悍也。況乎勝之而撫，則權在我，不勝而撫，則權在賊。權在我，則部置散合，惟吾之聽，權在賊，則喜怒愛惡，惟賊之從。惟吾之聽則一撫永寧；惟賊之從，則朝撫夕叛。二者相去，若莛與楹，三尺童子，不可欺也。惠州之權，果誰在哉？候騎至郊，隻兵莫接，咻煦防送，如奉驕兒。捆載而歸，遂名已撫，朋伍不散，刀戟不銷，田人之田，室人之室，攻劫自如，螫毒益甚。勦之則有不支，訴之則爲妄語。此良民之所以糜爛，而惡孽之所以蓄滋也。山谷日殺人，里胥日張譃，虛美薰蒸。實禍蔽塞，嗸嗸殘息，何由至陛下之前而訴之乎？今得豪傑而用之，嚴賞罰，假事權，誠心而行，相機而動，剿之足以爲威，撫之足以爲德。庶幾哉，民有更生之日也。人之於身，即其一毛，無不愛者。陛下德同天地，澤及昆蟲，豈重北垂而輕此南荒僻遠之民乎？則欺蔽非也。

《明臣奏議》卷六余子俊《請嚴捕近京盜賊疏弘治二年》　臣竊惟京師乃宸居所在，四方萬國所歸，人烟輳集，買賣繁華，寔有一等不務生理，各處逃往軍匠囚徒心腹相結，三五成羣為非作歹，人號喇虎。迨至家業蕩盡，郤乃賭博、抹牌、下棋、打雙陸、踢氣毬，贏者得財仍恣所欲，輸者喪氣袖手無為，遂至飢寒迫切，發起盜心，往往京師肆行劫掠。防微杜漸，誠不可緩，乞敕五府六部六科各差有力量屬職官共五十五員，内給事中五員，會同錦衣衛堂上官，并巡城監察御史督行五城兵馬司，順天府委官通將城裡城外官民排門不越一家取勘，果有容留賭博，不務生理，來歷不明軍匠囚徒等項，許于各官處出首。係民者，送戶部，係軍者，送兵部，係匠者，送工部，遞發原管官司收候。無籍貫者，送五城兵馬司監候事畢，另議定奪。以後再有逃來者，查係發遣之數，果曾原犯死罪，遇蒙恩例得免，仍送原問衙門擬以死罪。鄰右窩家今次並以後容留隱蔽不舉，俱與犯人同罪。各官就行審編火夫，除例該優免本身戶下二丁及止優免本身，及官員優免本身。一門外其餘大小人家，不拘幾丁盡行編為火夫，輪流坐鋪，每夜務勾一十五名，并力捕盜，務在得獲，不獲者巡城御史參奏責戒。隣右不行救護者，就行送問。獲賊之日要問出窩家，不服審編及審編不出者，果係應請旨者，具實參奏，餘人就行送問。其火夫文冊各官將稿付與兵馬司類造，仍乞敕禮部，查例禁約官民人等，本等衣服靴帽等項不許僭分過侈，以足財用，以省姦盜，其迤南北直隸三路軍衛有司照舊設立火夫，防護道路及禁約往來人等早宿明行，不可中賊姦計，如果遇賊勢不能敵，星馳通報，京營差去把總官員撲捕，毋得隱匿。再乞聖旨榜文將前項弭盜事由詳載于内，昭示臣民，以為遵守，各官此外再有所見何者為致盜之弊，何者為弭盜之方，俱令條奏以俟酌行，臣謹奏疏入，帝從之。

《明臣奏議》卷二一九高拱《弭盜疏隆慶六年》　臣竊以海内雖稱乂安而盜賊殊為可慮，其聚衆殺劫是處皆然。然皆非飢寒迫也，其間多健俠之徒博飲宿倡，揮金如土，自相雄視，擊劍殺人，且數千里外皆相聯絡，召呼之間多可數千少可數百，肆行荼毒而曾無誰何者也？以求其故皆起于有司之養寇，而成于上官之不察，彼有司及巡捕官不職者多平日既不留心武備，而于健俠之徒又不行懲禁，任其所為及聚而為盜則又自先畏懼不敢嚮邇巡捕者，又往往受盜之賄不行緝拏，即有拏獲又多放縱却祇蒙蔽上官以爲地方無盜，而上官亦甘其蒙蔽，苟稱目前無事以待遷轉，習以成風，彼此相效，以為善宦。于是有司之蒙蔽日益甚，而盜之猖獗日益不可制，良民受其殘害無所控訴，每每被刼被殺不以報，官曰：官不為理，徒益重賊之怒而禍益烈也，直至劫庫不容隱匿，乃始申報上司，卻又以重為輕，以多為少，支吾了事，而上司亦恐有己責也，亦為之以重為輕，以多為少，支吾了事。蓋不惟賊之故態官皆知之，而官之本情賊亦皆知之，彼此相款，安然無事，此其所以日益滋蔓而不可圖也。使有司肯以捕盜爲務，有卽殄滅，則安得積而至於多，又使肯以稽查為務，凡健俠不務生理者必加懲禁，有出而之他者必令里甲報知，窮其所往而拘治之，且收其家屬則安得肆意流毒于外，使上司亦以捕盜為務，日行體訪，凡有盜地方及蒙蔽不以申報者，必加重究，議罷其官則彼安敢不捕，使又以稽查為務，凡捕獲強盜審是何州縣人卽責問該州縣官有此無良，何以不知？出而之他，何以不問？亦加重究，則彼又安敢不行稽察？卽是而言則海內之多盜，其故可知也。若不重為議處，恐故套牢不可破，官以蒙蔽為當然，而盜以劫掠為當然，將使良民皆化為盜，脱有揭竿而呼者，又將何以處也？請以後各兵備條格，各州縣掌印巡捕官有盜分別降級罷官，各兵備及該道官所屬有盜分別降級罷官，有隱匿不行劾奏者聽本部都察院及科道官劾奏重治。若果地方有盜即行申報，上司就便捕滅。上司若聞地方有盜即撥兵馬就便捕滅者免究仍録取其捕盜之功量多寡為陞賞，曰罰必罰更無假借，曰賞必賞更不食言，庶乎捕盜有人而盜息民安可望於萬一也。疏入，得旨，這所議條格都依擬著實舉行。

《明臣奏議》卷三六宋禎漢《防緝都門劫盜疏天啓三年》 臣惟論治者莫不以弭盜綏民為先圖，課吏者亦莫不以盜息民安為稱職。蓋小盜大盜之積也，而劫盜尤煽亂之階也。嘗見斬木揭竿弄兵潢池之事，率皆繇於胠篋探囊禦人剽貨之徒，故在清平之時而防禦捕緝法已不容忽，矧今搶攘際乎？凡在郡國之間而劫掠相聞漸已不可長，矧近在輦轂下乎？詎意邇時法度廢弛，盜賊縱橫，鼠竊狗偷，猶不足問，鴟張豕突，實繁有徒。臣前月初入班行聞順天府庫被刼，心甚駭之，未幾北城復有劫殺一家六命之報，益駭聽聞。然皆幸而獲不踰時，網不甚漏也。今月臣奉堂劄接管南城之次日，即有正東坊住人王廷勳告于十二月初三日二更時被盜二十餘人劫財傷命，又次日據正東坊住人程惟勤告于十一月二十四日夜被强賊二十餘人劫財傷命，又據正西坊住人李嘉賓告於十一月初九日夜被劫，臣已批行各該總把勒限嚴緝外因查卷簿則冬季之被劫行緝而未獲者不獨此也，在十月二十五日則有崇北坊陸道被劫矣，二十六日則有宣北坊陳大被劫矣，閏十月二十六日則有宣北坊尹代卿被劫矣，是皆劫在黑夜，責在捕營。各經批行該總把臣陳邦政等嚴緝，去後而查無一獲者也。王廷勳等三起之未獲尚在一月之內，陸道等三起之未獲直踰兩月有餘，捕總之職掌何事？兵番之分布何為？既不能勤巡邏謹鈴柝防之于未失事之先，復不能嚴期限密查訪緝之于既失事之後，攻剽每月疊見，捉獲累月尚淹，則將焉用巡捕員役為哉？迺若總把臣尤有可異者，在王廷勳之被劫也，正其該管地方，廷勳當盜至之時，潛出奔告于把臣乞其救命，把臣直應之曰誰人不有命？廷勳因泣懇再三懇即發兵追捉，而把臣竟恬然不理。夫有地方之責者一聞有急便當不介馬而馳矣，豈有求救者號呼于前，劫財者狂逞于側而忍于袖手敢于坐視若此？此寧獨不知有官守亦豈復有人心者哉？隨查夜巡番役每牌鋪額設二十人不為少矣，惟是捕官往往剋取常例受賄買放，遂令嚴更夜柝寂不聞聲，救捍躡追茫不見影，而各番役輩捕緝無能，迺唆盜扳良，指賊行詐種種，作奸逞惡，平民之被其害，間且有甚于盜者，法紀敗壞殆盡，盜賊安得不横行也？至於督捕郭欽者，有提督之任，無督率之才，既不能弭盜以靖郊圻，更何辭瘝曠而溺職？守臣草疏已畢，適見兵部覆疏謂欽精神用之以彌世情，不暇用之以詰不軌，是該部既知之稔矣。茲時何時提督何官彌世情與詰不軌何者為職分所當為？豈有明知其不稱而尚可一日容之於其位哉？伏乞聖明垂照，如果臣言不謬，即飭該部，將把臣等分別究處，用警玩曠，仍速推賢能以任提督，俾率各捕員役洗心滌慮，設法防緝。未獲者務緝盡獲，無事時恒防有事，庶法紀振而盜賊屏跡，京畿靖而四方咸安矣。疏入得旨，這劫盜防緝等事屢旨申飭，本內捕官賣放夜巡及番役唆盗扳害尤切近弊，著嚴加禁治把臣等分别究處，該部知道。

（明）清波逸叟《折獄明珠》卷二《盗賊類・首强盗》：弭盗安民事，賊風四起，鄉境不寧。贙惡某罪浮盗跖，惡過桓魋。自號安東金貴剗平王，挾黨余某渾名大張飛，金某小霸王，陳某八大金剛，及牙爪某等群雄烏合劫掠百姓，淫穢婦女，燒燬房屋，哀徹心髓。烽火閃爍耀天明，男女聞風驚碎胆。鄉村未晚閉户，小兒不敢夜啼。切恐猛虎不除，犬羊無睡；勁鷹弗滅，鳩雀可憐。乞臺法剿安民。上告。贙惡，獸名。桓魋、盗跖，俱古惡人。小兒不敢夜啼，魏張遼行師時事。金府尊批：養鷄者，不畜狸；養獸者，不畜豺。今吴某等群雄烏合，流毒一方，是梗路之荆蓁，嚙民之狼虎者，尚可謂鼠竊狗偷，而漫焉不足畏乎？仰縣速行緝捕，毋使履霜堅冰至，而熒熒不滅，以成炎炎之勢云。烏合，如烏鳥之集合而多也。鼠竊狗偷，秦趙高，聞二世曰：山東群盗，鼠竊狗偷，不足憂也。熒熒，火之小者。炎炎，火之大者。

（明）清波逸叟《折獄明珠》卷二《盗賊類・告打搶》：劫搶事。切某買布晡回，路經松塢，突遇數凶持鋒截殺，搶貨似虎銜羊，剥衣如笋剥殼，肢體重傷，性命須臾，冤蔽无伸，叩臺親剿。上告。日夕曰晡，塢，□阿也。突，突然撞遇也。鄭公審語：審得朱玉六，以布客孤行僻塢，被盗搶劫，情寔可矜，黨里知風，呈：係左某、陸某、余某伙合肆害，隨領差捕捉，搜覔真贓。此固天網不漏，亦諸罪慣盈也。途有荆棘，理合芟除。第搶財未至殺人，律當從減，姑各擬徒三年，原贓給還失主取領。

（明）王恕《王端毅奏議》卷一《申明律例奏狀・一件袪除凶德事》

臣惟姦盗凶德也，凡人有一於身，人皆賤之，恥與為伍。况堂堂清朝，豈可容此等無恥之徒，承襲世禄而玷辱聖化乎。竊照軍職中間，守分盡職者固多，而為姦作盗者不少。且姦與盗，名雖不同，實則相等。查得見行事例：軍職犯縱容及抑勒妻女與人通姦者，俱照敗倫傷化事例革職為民，許令應襲弟男子姪替職；其犯竊盗、掏摸、搶奪、盗官畜産者，法司因無事例，止照常例發落，仍令還職。實是玷辱名爵，有傷風化。如蒙准言乞勑該部同三法司計議，除已發落外，合無將今後軍職有犯竊盗掏摸搶奪盗官畜産者，如律罪之，亦照敗倫傷化事例革職為民，許令應襲弟男子姪替職。如此，則世禄及忠良之士，在官無凶德之人矣。

分贓共盗，同胞之濟惡不殊；滅首忍心，騈首之就戮何枉？

（明）蕭良泮《重刻釋音參審批駁四語活套》卷一《參語》：趙甲等結搆爲盗，屢犯不悛。及至事發追逐，輒敢拒捕傷人。查係未離盗所，擬斬情實無虧。李丁圖掩其惡，私自起刺以滅跡。詎知欲蓋彌彰，竟罹法網而莫逃。雖云共盗之時，不曾助力，而三犯之條，法當擬死。錢乙既得苟免刑戮，仍復棄伍逃回。何殊飛蛾赴火，死而後已。周戊分銀固云不多，併贓擬徒不枉。輒乘新例告減，應合擬杖示懲。鄭庚違禁服飾，查已杖斷納贖，姑照原卷發落。

（明）蕭良泮《重刻釋音參審批駁四語活套》卷四《駁語》：趙甲之被盗，不投黨里，不聞有司。經歷府鞫，不執爲强，其無被劫之情可知也。緣錢乙捆打詐騙，惡跡彰聞。遂以强誣，圖飾己罪。經歷輕信而貪功，失主懼脅而補首，而褚子之獄遂起矣。黨里鄰人，不執初辭，迎合上意。以爲强、竊之出入，失主見多物故，騎虎之勢慮不可下。言其事勢不同。從而固執之，而褚子之獄遂定矣。若據趙甲屢遷之言，而遂以强論死，竊恐未亡數命終不免爲覆盆之鬼也。蓋孫丙總首也，素與李丁慇懃助張騙局。偶因阻姦之故，遂結深仇。復因周戊起釁，相與搆訟，乃教賊人扳之。及搜贓無獲，復以鎗與夏衣證之。今審鎗乃鄉兵應點之物，鄰審稔識，衣乃伊家自製之服，裁縫見存。况衛丑一人行竊，分贓尚多。吴巳父子同盗，止得鎗與夏衣，而吴一又稱無贓。是二人者，豈天下之廉盗哉。又稱鎗挑贓物，夫見在之贓，除鎗之外，惟有夏布長衣耳，安用鎗挑爲也？歷審伊與二人，先好後仇，原無爲盗事情。竊謂鄭庚等皆無干誣報之人也。報鄭庚者，爲脅贓也。報吴巳者，爲挾仇也。脅財者可以行求，挾仇者遽難解釋。兹鄭庚之所以獲免，而吴巳之所以之仁也。然則吴巳不但論强而後爲冤，雖以竊坐亦冤也。但伊幫積快以助騙，娶賊婦以誨淫。素非良民，禍由自取。姑擬重責，以示將來之戒。褚子贓證已真，竊盗是的，相應改擬配刺。錢乙拿人私家拷打，擅自搜贓，嚇詐財物，例應擬遣。

《清世宗實録》雍正四年四月己巳，刑部疏奏：未殺人之首盗與傷人之夥盗原擬斬決。若越獄脱逃被獲者，請照殺人盗犯，於本地方斬決，梟示。其未殺傷人之夥盗，係免死發遣之犯，如越獄脱逃者，照未殺人之首盗，於本地方斬決。若因越獄殺傷兵役者，亦擬斬梟，文武官有能拏獲盗犯越獄，及中途脱逃，併從遣所逃回者，照拏獲名數，分別加級紀録。從之。

（清）汪輝祖《佐治藥言・盗案慎株累》　贓真則盗確，竊賊亦然。正盗正竊，罪無可寬，所尤當慎者，在指扳之人與買寄贓物之家，往往擇殷而噬，藉端貽累，指扳之人，因須質審，其竝無實據者，亦可摘釋，至不知情而買寄贓物，律本無罪，但不得不據供查吊。向嘗不差捕役，止令地保傳諭，檄内注明有則交保，不須投案；無則呈剖，不許帶審。亦從無匿贓不繳，自干差提者。此亦保全善類之一法。蓋一經差提，不唯多費，且竊盗擾累，幾為鄉里之所不齒。以無辜之良民，與盗贓庭質，非賢吏之所忍也。

（清）王又槐《辦案要略・論搶奪》　搶奪與强劫相似，罪名懸殊，部議攸關，最要分晰清楚。大概在途中者，意起於臨時，衆聚於邂逅。如見人負有財物，或在背後暗搶，或在面前明奪，携贓奔逸，則爲搶奪。臨搶之時，被事主攔阻毆打，因而格鬬有傷，與竊盗臨時行强者無異；既搶之後，因事主追獲，護贓格鬬，傷及事主，與竊盗臨時拒捕者無異，皆爲搶奪傷人。因追逐而棄財拒捕，則依罪人拒捕科罪。若三、五成群，見人財物，先將事主按捺嚇禁，捆縛毆打，然後攫贓，則爲强劫。即一人行强亦是。如知人帶有財物，執持金刃他物，先伺於隱僻處所，乘其不備，行凶斃命，然後携贓逃走，則爲圖財害命，雖傷而未死，亦是此等。供情所分，介在凡希，稍一含混，其誤匪淺。總之，見財而即搶，先搶而後毆者，謂之搶奪。若人多而有凶器，則當照强盗論也。圖財而先毆，毆後斯取財者，謂之强劫，雖人少而無凶器，亦當以强劫論也。至白晝黄昏聚衆，在人家内、市上及沿江濱湖搶奪，并搶奪田野穀麥蔬果，其情形又與中途有别。

大約打家劫舍，雖白晝猶爲强劫。若在途、在野行旅之人，無論白晝昏夜，有無持械，應仍作搶奪論。故現行條例：搶奪結伙三人以上，持械等項，雖有照强盗擬斬，仍載搶奪門内，其被脅及從犯，并不一律同罪。可知與强劫尚有異也。蓋行旅尚未停歇，與栖息已定者情節不同，此劫與搶之區分，務在臨時細審，不可誤會。增注。

夥衆搶奪殺傷人者，以結夥邀劫道路，并聚衆執持器械，恃强肆掠，果有凶暴衆著之案，均參疏防。若一人邀劫道路，免參疏防，俟一年限滿，仍照盗案例扣年限查參。

因事争鬬之後奪去財物者，雖毆有傷，與起意搶奪傷人者有間，只照准竊盗加二等治罪之條問擬，不可誤引。如傷重贓多，又當另論。

因私債强奪人孳畜財産者，不可照搶奪問擬。

（清）林則徐《林則徐集》奏稿八《河南咨緝各犯均已全獲片道光十七年十一月二十七日》　臣前准河南撫臣桂良咨：欽奉上諭：河南南陽府鄧州所屬黄岡等處地方，各有匪類開設窩子，著桂良即派明幹大員嚴密查拏等因。欽此。因該處與楚省毗連，咨會協拿。當經臣飛飭襄陽道府督縣先後拏獲司士全等九名，會同湖北撫臣周之琦，奏蒙聖鑒在案。

嗣據縣禀，查訊犯供，或擬徒脱逃犯竊數次，或興販婦女私鹽各一二次等情。臣恐所訊不實不盡，嚴飭該道府督同審解，並勒拏未獲各犯併究。旋准河南撫臣咨，以所獲各犯供情互有牽涉，奏奉諭旨，一併解赴楚省，交臣提同全案人證，歸案審辦等因。復經行提去後。茲據襄陽縣知縣紀昌期禀稱，此案匪徒均經楚、豫兩省全數弋獲等情前來。

臣查原奏内開應拏匪徒二十六名：經楚省先後拏獲司士全、司士瀰、吕小瞎子、吕興富、子吕得寬、王瀰斗、杜老二、郭四、郭瀰年、郭瀰江、王大拐十一名，及已獲拒捕被官兵格斃之王自鮮一名。豫省陸續拏獲黄佩臣、王自林、朱沅榜、陳幗鈞、喬道士、連振恒、宋四箇牙、翟興富、陳幗沅、陳克士、連忻三子、連振旺十名，並另案已獲充軍之宋忻和尚，在押病故之馬老四二名。覈計此案奉旨敕拏匪犯二十六名，均已全獲，並無一名漏網。

除飭襄陽道府速將犯卷委員解省，一面催提豫省各犯，趕緊解楚歸案審辦外，所有案犯全數拏獲並遵旨提審緣由，理合附片奏聞。

再，現在時届寒冬，豫、楚交界地方，匪徒最易混跡，節經諄飭查拏。茲據襄陽穀城各營縣先後禀報，訪聞河南新野縣人現任四川提督齊慎家，十月初四日夜被盗劫去銀錢衣物，探知盗匪逃至楚省，當經該營縣等分途嚴緝，獲到盗犯李和尚、柴義、康長明、郭瞎子、董學貴、劉全、任宗典、李四猲、喻六斤、熊么即熊懷富、雷耀即雷貨郎、馮庚午即〔馮〕根五等十二名，並於田人英家及張和尚廟内等處起獲首飾衣物多件。訊據供出首犯王本即王有本，復經穀城縣知縣林鳳儀會營率帶兵役，探蹤追到，正在擒拏，該首犯王本用刀自刎咽喉，兵役奪刀獲犯，解至縣城，不能取供，越日身死。現飭分别關查報案，將已獲各犯咨解豫省審辦。但恐案内尚有逸盜，彼拏此竄，臣仍嚴飭乘時掩捕，務使按名就獲，不許稍有縱漏。

謹會同湖北撫臣周之琦，合詞附陳，伏乞聖鑒。謹奏。

中國第一歷史檔案館《咸豐同治兩朝上諭檔》咸豐元年六月十九日

該御史奏稱竊惟除莠所以安良，莠民爲害地方莫甚於盜賊。近日盜賊之風益熾，臣以爲欲弭盜必嚴辦賊，而欲嚴辦盜賊，必非嚴懲捕役，不可蓋盜賊。雖至凶頑，緝捕果嚴，豈能毫無畏懼，無如地方官遇有盜案，率諱爲竊，避重就輕，含糊了事，盜賊不肯辦賊，則又以爲不必辦，然盜案處分既重，萬一無可諱飾，尚或趕緊查拏。盜案處分既輕，即使本易查拏，反可置之不問。例載盜賊之罪，盜重賊輕，原以其迫於饑寒姑從末減。而今日竊賊，則皆糾聚徒黨携帶兵刃與盜無二。況盜案不常有，賊則擾害閭閻，幾無虚日，不嚴懲竊賊而欲求清盜源，不可得也。至若兵丁捕役名爲捕賊，實則養賊，往往得贜分肥，縱使遠颺。縱賊之罪固重，然姦苟未露，罪無可加。則惟治以不得緝獲之罪，倒載兵役不能緝賊止於責革。分贜之利重，責革非其所懼，縱賊殃民何所不至，官則避重就輕，養癰貽患，役則明拏暗從，狼狽爲姦，若不嚴予重懲，緝捕之設竟成具文，盜賊之風伊於胡底。應請旨飭下部議，嗣後直省賊案均改從重辦理，賊既從重，地方官處分自必從而加重，而避就之巧無以復施。至兵役緝捕盜賊十案，未能獲五者，顯係有心縱庇，均嚴議從重治罪。如此懲辦似覺失之太重，然近日緝捕廢弛，盜賊充斥，非此嚴行整頓，斷難立挽頹風，雖成例稍有變更，而於除莠安良實有稗益，等因具奏。前來查竊盜之犯，例内均係覈計贜數、次數，科斷具有。情節較重，如臨時搶奪暨拒捕行强等項，均有從嚴治罪專條辦理，已極周備。惟糾夥三人以上持械行竊之犯，較尋常行竊爲重，徧查律例或酌加枷號，或鎖帶鐵捍石礅，並無從重治罪明文。近來各省竊賊繁多，往往糾聚徒黨携帶兵刃，此等人犯一經獲案，或因尚未得財，或因贜數次數較少，仍按本例問擬，誠恐法輕易玩。該犯等仍復怙惡不悛，結黨肆竊，實爲閭閻之害。自應酌量從重擬罪，以示懲儆。查回民糾夥三人以上持械行竊，例内分别擬以軍徒。臣等悉心酌議，此項竊匪與回民結夥持械情狀相同，而較之回民之獷悍性成稍有區别，應即比例分别定斷。擬請嗣後各省拏獲尋常竊賊，除並無夥衆持械，及雖夥衆持械而贜至滿貫，罪無可加，或犯該軍流發遣者，均仍照律例辦理外，其有糾夥十人以上，但有一人執持器械者不計贜數次數，爲首之犯即照回民結夥三人持械行竊之例，實發雲貴兩廣極邊煙瘴充軍，爲從杖一百徒三年。若糾夥十人以上並未持械，及糾夥三人以上但有一人持械者，不計贜數次數，爲首之犯於回民結夥持械行竊例上減一等，杖一百、徒三年，爲從杖九十、徒二年半，如行竊未得財，各於軍徒罪上遞減一等，問擬。俟數年後，竊盜之風稍息，即奏明仍復舊例。如蒙諭允，由刑部行文各直省一體遵照辦理。該御史又奏稱兵役緝捕有心縱庇，均嚴議從重治罪等語。查兵役果有縱庇竊賊等事，應即照豢賊窩竊治罪，例本嚴明，至緝捕不力，定例亦極周詳，總在該地方官實力奉行，從嚴懲辦，於捕務自有稗益，似毋庸另議。科條該御史又稱地方官處分從重等語，吏部查例載外省地方報竊案件贜至百兩以上，承緝官限六箇月緝拏，限滿不獲罰俸六箇月，再限一年緝拏限滿不獲罰俸一年。賊犯照案緝拏，若已滿貫亦限六箇月緝拏。限滿不獲，罰俸一年。緝拏限滿，不獲罰俸二年。賊犯照案緝拏。又道路村莊被刦，以失事之日起，扣限四箇月題參疎防將承緝印捕官住俸限一年，緝拏限滿不獲，降一級留任。再限一年緝拏，三限不獲，再留任一年，緝拏四限不獲，照所降之級調用。盜犯交與接任官照案緝拏。又外省有一人行刦，及一人行竊臨時行强或臨時拒捕，並一人白晝搶奪，逾貫傷人之案，地方官於一年限滿無獲，照道路村莊失事例，查參議處。又夥衆行竊夥衆搶奪之案，賊犯已至十人以上，雖無拒捕傷人，及贜逾滿貫情事，亦照盜案例題參疎防，按限議處。又夥衆行竊臨時拒捕之案，以首先拒捕之犯爲盜首，夥衆搶奪未傷人而贜至滿貫之案，以起意搶奪之人爲盜首，夥衆搶奪拒捕傷人之案以首先下手之人爲盜首，均照例題參疎防。又州縣官諱盜不報，及諱强爲竊者，俱革職私罪各等語。臣等查尋常失竊案件，地方官初限再限，不獲議以罰俸緝拏以示薄懲，若因行竊而臨時行强，臨時拒捕傷人，雖犯止一人疎防之員亦照盗案例条處。其或聚衆行竊，糾夥搶奪，賊犯已至十人以上，即無拒捕傷人及贓逾滿貫情事，亦照盗案例題条疎防。設有諱盗不報及諱强爲竊者，俱革職私罪。是竊案之情節較重者，仍照盗案開条，不得任其避就，例意已屬詳備，無可另議更張。惟該御史原奏内稱地方官遇有盗案，率諱爲竊，避重就輕，含糊了事等語，是誠不可不嚴加頓整。應請旨敕下各直省督撫，轉飭所屬該管官，遇有竊盗案件詳細究明情節，毋得諱盗爲竊，避重就輕，致令宵小任意滋擾。如有奉行不力，緝捕廢弛者，立即指名嚴条，以儆怠玩，使閭里安恬於地方，庶有裨益。兵部查例載，外省營汛地方統計，一年内報竊之案承緝官獲不及半者，記過一次。凡記過至四次者，罰俸六箇月，公罪。又各省城内城外，如有一人行刦，或一人行刦臨時行强，或一人白晝搶奪拒捕傷人，及並未傷人而贓至滿貫者，扣限一年。咨条各省城内城外如有賊犯，白晝搶奪至十人以上，雖未拒捕傷人，贓非滿貫，及竊賊至十人以上雖不行强，將專兼統各官分別題条，均照盗案例議處。又道路村莊失事，設有墩鋪防兵者疎防，限滿不獲，專汛官住俸，外委官停其拔補，兼轄官罰俸六箇月。限一年緝挐。二条不獲，專汛官降一級留任。外委官重責二十棍，再限一年緝挐，兼轄官罰俸一年，賊犯照案緝挐。三条不獲，專汛官降一級調用，外委官革退。向未設有墩鋪防兵者，疎防限滿不獲，專汛官停升，外委官停其拔補，兼轄官罰俸三箇月，限一年緝挐。二条不獲專汛官罰俸一年，外委官重責二十棍，再限一年緝挐，兼轄官罰俸六箇月，賊犯照案緝挐。三条不獲專汎官罰俸二年，外委官革去頂帶，再限一年緝挐。四条不獲專汛官降級留任，外委官仍革去頂帶，俱公罪。又地方失事隱匿不報，或以强爲竊，以多爲少，或賄囑事主通同隱匿者，專汛官革去頂帶。私罪，將条將、游擊、都司、守備等扶同隱匿者，均降三級調用。私罪，如止失於覺察，同城兼轄統轄各官，降二級留任。不同城百里以内者降一級留任。百里以外者罰俸一年。提督、總兵失於查条者，罰俸一年，俱公罪各等語。臣等查疎防竊盗各案，及諱飾不報，並失察兵丁，包庇定例，已極周詳。乃近年外省盗賊繁多，固由於地方汎弁巡查不力，實由於該管上司督飭不嚴，若上司不開狥隱之端，則汎弁自不敢蹈諱飾之習，營規既肅，兵丁雖欲包庇枉縱，亦無不破之奸矣。該御史所奏有心縱庇等情，誠恐不免應請旨嚴飭督撫提鎮轉飭所屬該管武職各官，遇有竊盗案件詳細究明情節，如有諱盗爲竊，避重就輕，及任聽兵丁得賄，枉縱立即指名嚴条該管上司失於查察，亦一併条處，以儆怠玩而肅捕務。

（清）郭嵩燾《郭侍郎奏疏》卷一《請變通辦理盗案片》 再，粵東山海交錯，匪類窩藏，到處皆是，兼以民情獷悍，重利輕生，劫盗重案，遠甚他省。臣等抵任後，各州縣詳報搶劫之案，日常數起。查閱舊卷，盗案獲犯過半者已寥寥無幾，甚至累月經年，杳無弋獲，而申報獲犯，輒先聲明帶病進監，旋即報稱病故，如是者不一而足。推原其故，皆由地方官捕務久弛，加以近年辦理軍務，緝捕一事，往往視爲緩圖，而盗案處分綦重，不得不以獲盗搪塞。其所稱在監病故之盗，難保無將無作有、以少報多之弊。且或距省窵遠，長途解訊恐有疏虞，必須多派差役護送彈壓，爲費不資。故方其戈獲之時，即存一監斃之計。是盗而被獲者十之二，獲而伏法者十之一也。

竊思此等兇盗，罪惡貫盈，僅聽其瘐死獄中，倖逃顯誅，已不足昭炯戒，若各州縣憚於辦案之煩，意存避就，積習相沿，視爲故常，爲弊尤大。欲求革除積弊之法，必先稍示變通之方。查從逆滋事及迭劫兇盗，罪至斬梟者，例得由外恭請王命，先行正法。臣等悉心商酌，公同擬定章程：除廣州府所屬各縣及佛岡直隸同知挐獲逆罪匪盗犯，仍行解省勘審外，其外府各州縣距省較遠之區，如有挐獲曾經拜會從逆，拒敵官兵，及迭次搶劫，夥衆持械，拒捕傷人，罪應斬梟斬決者，於審實後稟解該管府州復審，如道、府同城，即由道、府會審，其直隸州廳承辦者解赴巡道復審，俱先行録供稟報，由臣等覈明批飭就地正法，仍令備具招詳，由府司覈轉分別歸案具奏。如此量爲變通，則獲一盗即誅一盗，刑人於市，耳目昭彰，非如報病之有可揑飾。匪徒即愍不畏法，而身首異處，見之寒心，非如監斃之無足懲創。案經道、府復審，由臣等覈明批行，亦足以昭詳慎而不至枉濫。而於各州縣辦理盗案，期歸直捷，庶稍免因循顢頇、拖延搪塞之弊。統俟軍務完竣，盗風稍戢，再行奏明仍復舊例辦理。此外尋常命盗雜案人犯，均仍照例詳辦，按擬招解，以符定制。

臣等爲肅清地方起見，是否有當，謹附片陳明，伏乞聖鑒訓示。謹奏。

此鄙人初至首議整頓之事，寄雲尚書乃假手幕友徐灝爲之，而詭稱所自具草。鄙人不敢違其意，略就字句之間改定百餘字。而於盜賊源流本末，與辦理緩急輕重之宜，絶未一叙及，至今爲憾。繼乃知其幕友所爲，而鄙人所參削亦日多矣。自記。

（清）佚名《晚清洋務運動事類匯鈔・刑案篇・盜案刑例奏稿》 兵部右侍郎順天學政夏同善跪奏爲盜案刑例，請復祖制以廣皇仁恭摺，仰祈聖鑒事。竊盜劫之案，原律凡得財者不分首從皆斬，自康熙五十四年欽承諭旨，凡强盜重案將造意爲首及殺傷人者，于各本案内一二人正法。餘俱照例減等發遣。欽此。雍正五年，又經九卿遵旨定議，嗣後盜案，將法所難宥，情有可原者，分晰具題，于乾隆八年，纂入例册。咸豐四年，改依不分首從本律，嗣經給事中王憲成、司業孫詒經、侍郎鮑源深先後奏請復歸舊制。刑部覆議，俟數年後查看情形，再行奏明辦理在案。伏念刑者聖人不得已而用之，《書》曰流宥五刑，註謂罪雖入于五刑，而情可矜，則以流宥之。又曰罪疑惟輕，註謂罪已定矣。而于法之中有疑其可輕可重者則輕之，是古帝王于罪人有一綫可生者，未有不務從寬典者也，强盜不分首從之律，由來已久。而聖祖仁皇帝世宗憲皇帝獨惻然有所不忍，分爲法所難宥情有可原者，豈故施法外之仁哉，誠以盜案從犯，半皆飢寒所迫，抑或愚昧無知，雖入惡黨，而原情比擬，與首犯究有不同，故量爲末減，不忍概于駢誅，大哉聖謨。本天地好生之德，行唐虞欽恤之心，此我朝厚澤深仁，所爲駕漢唐而上之也，至咸豐年間軍務煩興，盜風益日熾，治亂民用重典，不得不猛以濟寬，故仍改依本律此因時制宜之道。文宗顯皇帝與當日王大臣刑部定議，亦有所不得已而行之也。今天下軍務以次肅清，盜風亦漸斂戢，視鮑源深請復舊制時情形，又較然不同，刑部所謂俟數年後再行奏明辦理者，此其時矣。皇上丕承大業，上紹前型，于凡可遵行舊典者，一一次第修復。親政以來，屢頒恩詔，赦遇宥罪，無不曠蕩施仁。所有盜案刑例，似亦宜因時議復，以廣皇仁。庶列祖原情定法之至意，既歷久常昭，即文宗因時制宜之苦心，亦曉然共見，總之不分首從者，權宜之計，所以救一時，特分首從者，仁厚之心，所以垂萬世，合無仰懇天恩。飭下刑部詳加覆議，嗣後盜案仍照分別首從舊例辦理，則世重世輕，咸得攸宜。而我朝寬大之恩，永垂於勿替矣。臣愚昧之見，是否有當，伏乞皇上聖鑒訓示施行，謹奏。

奉旨已録。

奉上諭：侍郎夏同善奏盜案刑例，請仍復舊制一摺，着刑部議奏，欽此。

二品頂戴大理寺卿臣王榕吉跪奏為天下軍務甫平，盜風尚熾，請將强盜案件，仍照原律定擬以遏亂萌而成郅治。恭摺仰祈聖鑒事，竊自兵戈滿地，命將出征者數十年，糜費帑餉者幾萬萬，生靈之慘被屠戮，死于非命者，又不知幾千萬矣，究其禍亂之原，由于州縣之縱容强盜，大吏之粉飾太平，養癰貽患，以至於此也。溯查國初原定刑律，强盜已行，但得財者不分首從皆斬，豈好爲嚴酷哉，正欲其有所畏而不敢犯，乃辟以止辟之義也。無如州縣規避處分，往往諱盜爲竊，以多報少，道府以上等官，亦以少報盜案，爲督捕之勤，政治之美，加以幕友習氣，總以開脱諱盜，不輕殺人爲積陰德，于是凡有報盜之案，必先設法消弭。其寔在無可消弭，飭役嚴拏者，捕役又賄縱不肯遽拏，或不得已而獲犯到官，非認把風，即認瞭望，非以未經拏獲之犯爲盜首。即以在獄病斃之犯爲盜首，熬刑狡展，是其所長，解上翻供，尤其慣技，無可如何，擬以遣流。不數年而遇赦釋回，其爲强盜如故也。或不俟恩赦，而中途即已脱逃，或甫經到配，旋即遠颺，其爲强盜仍如故也，且自恃其善逃法網，呼朋引類，號稱緑林英雄。此獷悍凶狠之徒，所以日積日衆，而明火持械，綑縛事主，拒殺事主之案，所爲層見而迭出也。即輦轂之下，亦復明目張膽，肆行無忌，外省之所謂有案必破，有犯必獲者，不過如是云云。寔則强盜結夥横行，死者十之一，不死者十之九也，甚或已到法場，行將受刑，猶大聲高唱，自逞好漢，似此愍不畏法之犯，一有倡逆爲亂者，趨之如鶩矣，故一賊起，而旦暮之間可集數百。不數日而數千麕聚，此禍亂之所以起伏靡常。而聚衆爲盜，直同兒戲矣。今雖軍務漸就平定，而伏莽尚多。未可以目前之安，視爲可從寬典，臣亦知綱開三面，原屬好生之仁，然火烈民畏，勝於水懦民玩，使若輩果知强盜之有犯必誅。即知凡事可爲，而强盜斷不可爲，懲一以警百，豈非殺一人以生百人乎，且使知凡人可從，而强盜萬不可從，爲從者少，即爲首者亦少，從此大亂不作。其爲生全，何可勝數，故生人而當謂之仁，殺人而當亦謂之仁，况現行之例，雖云强盜無分首從但得財者皆斬。其中遇有情節可矜，像貌尚不甚凶者，地方官以每曲爲原宥，置諸不得財之列，犯人不認即不復深究。各省盜案題本，所稱臨時畏懼不前，及忽而腹痛落後者，皆莫須有之事，不過借以貸其一死耳，好生之心，盡人皆有。惟既欲安良，必先除盜，臣爲預杜亂源起見，可否請旨飭下刑部，仍照原律定擬，切毋遽議更張。庶幾刑期無刑，數十年後，漸成刑措之治，則良民幸甚，天下幸甚。臣愚昧之見，是否有當，伏乞皇上聖鑒訓示，謹奏。

奉旨已録。

奉上諭：大理寺卿王榕吉奏請將盜案仍照原律定擬一摺，着軍機大臣大學士會同刑部彙入該部前奏遵議盜案章程摺，一併妥議具奏。欽此。

協辦大學士刑部尚書臣全慶等謹奏爲遵議盜案章程請旨派大臣會同妥議，以昭慎重。恭摺仰祈聖鑒事。同治十二年七月初二日内閣奉上諭：夏同善奏盜案刑例，請仍復舊制一摺，着刑部議奏，欽此。

臣等查嚴定强盜章程，係于咸豐五年間，據外任工部右侍郎宗室載齡奏請。欽奉硃諭，着惠親王、恭親王、大學士、九卿等妥議具奏，等因欽此。經王大臣議請嗣後盜劫之案，仍依强盜已行，但得財者不分首從皆斬。本律俱擬斬決，其中把風接贓等犯，雖未分贓，亦係同惡相濟，應照爲首之罪，一律問擬，不得以情有可原量減等因，奏准通行在案。嗣于同治八年據調任工部右侍郎鮑源深奏稱，盜案原例將法所難宥及情有可原者分别正法，發遣係列聖法外施仁之意。咸豐初年，粤寇猖獗擾及畿輔，盜風因之肆張，京城明火之案迭出，故從嚴不分首從概擬重典，乃一時權宜之計。今髮捻各匪一律蕩平，京城明火之案亦已漸少，請將盜案參酌律例分别詳議，罪名重輕等因，經臣部奏請欽派王大臣會議。欽奉列聖深仁厚澤，恩施法外，自宜永昭遵守。咸豐年間欽派王大臣將强盜案件奏明，悉照本律不分首從皆斬，不復以情有可原聲請，原因盜風日熾不得不變通辦理，今自改制以後，將及二十年，各省軍務已經肅清，盜案較前漸少，該侍郎奏請仍歸舊制，係欽恤人命規復祖制起見，所奏似屬可行，第强盜不分首從章程係臣會議定擬，即議覆。鮑源深摺内所稱俟數年後盜風稍息，奏明因復舊例之請，亦係大學士九卿會同臣部奏准，現在應否改歸舊制，臣部未敢遽行定議，自應仍請欽派王大臣等會同臣部悉心妥議，詳定章程，以昭慎重。并署右侍郎夏同善例應迴避，是以未經列銜合併聲明，所有臣等奏請緣由，謹恭摺具奏請旨。

奉旨已録。

諭旨：着大學士九卿會同刑部妥議具奏等因，欽此。旋據大學士等會議，以中外盜劫之案仍復不少，碍難遽行改歸舊例，所有盜劫之案應仍照奏定章程不分首從一律問擬，數年後查看情形。如果盜風稍息，再行奏明仍復舊制辦理等因。奏准亦在案。兹據侍郎夏同善奏稱强盜分爲法所難宥，情有可原者，豈故施法外之仁，誠以盜從犯半皆饑寒所迫，抑或愚昧無知，雖入惡黨而原情比擬，與首犯究有不同，故量爲末減，不忍概予駢誅，至咸豐年間軍務煩興，盜風日熾，不得不猛以濟寬，故仍改依本律。此因時制宜之道，今天下以次肅清，盜風亦漸斂跡，視從前鮑源深請復舊制時情形亦較然不同。覆奏摺内所謂俟數年後再行奏明辦理者，此其時矣，請將盜案刑例分别首從舊例辦理等因。臣等查强盜本律原係不分首從皆斬，康熙五十四年欽奉諭旨，凡强盜重案着大學士會同三法司，將此内造意爲首及殺傷人者于各本案内一二人正法，餘俱減等發遣，於乾隆年間纂爲定例，盜劫案件各該督撫嚴行究審，將法所難宥及情有可原者分晰於疏内，聲明大學士會同三法司詳議將法所難宥者正法，情有可原者免死發遣新疆給官兵爲奴。

（清）朱壽鵬《光緒朝東華録》七年十一月　衛榮光奏：准刑部咨，御史胡隆洵奏請，將盜案仍照舊例分别首從辦理一摺。恭奉上諭，交部議奏。旋經部議，以欲復情有可原舊例，莫若將就地正法先行停止。請旨飭下各省督撫，將軍、都統、府尹體察地方情形，將夥衆持械强劫案件，仍照成例解由該管上司覆勘，分别題奏請旨，不得先行正法，迅速妥議具奏，再由部臣彙核辦理等因，奉旨，依議。欽此。鈔單咨行前來，遵查晋省，自同治九年，經前撫臣李宗羲，以歸綏道所轄各廳及雁平道所屬近邊各廳州縣，幅員遼闊，蒙民雜處，向多馬賊土匪，省南亦多游勇往來，騎馬持械，嘯聚成群，無論白晝黑夜，邀劫搶掠，肆無忌憚，大爲地方之害。當經奏准：嗣後拿獲前項匪徒，均援照直隸奏定章程歸於地方官審明稟報。由臣批飭該管道府州，親往覆訊後，即行就地正法。仍照嚮馬强盜之例於行劫處梟首示衆。嗣於同治十三年，御史鄧慶麟奏：軍務肅清省分，拿獲盗匪請照舊例辦理。旋經部議，以各省情形不同，令各督撫體察情形具奏。復經前撫臣鮑源深以口外地廣人稀，盗劫迄未少息，陝甘現雖肅清。新疆軍務未竣，晋省南北游勇乘機夥衆劫掠，亦所時有，現辦就地正法章程，仍難遽行改歸舊制。奏明俟新疆肅清，盗風止息，再行改復舊例，各在案。伏查晋省辦理説就地正法章程，惟歸綏所轄各廳及雁平道所屬近邊各廳州縣暨省南游勇三項，其餘尋常盗劫之案，俱遵定例，仍由府州縣臬司，層次解省審勘，即馬賊游勇土匪三項内，如其情有可原，亦仍歸另案審擬解勘，並非一概正法。且須地方官審明，禀由該管道府州親往確審，情真罪當，方始照章正法。本極斟酌謹慎。無虞冤濫。現雖軍務肅清，新疆猶駐重兵。而口外大青山後，界連新疆，爲馬賊游勇出没之所。本年四月，口外鐵帽兒村，有馬賊多人，白晝持械搶掠馬騾，拒傷事主，蒲縣黑龍關，又有戕官奪犯重案。而各屬呈報盗劫之案層見迭出。雖經臣將案情較重各案，先後專摺奏參，尚未能破獲一案，是晋省盗風仍未能止息。若遽行停止就地正法章程，仍由府州審擬解勘，不特若輩獷悍性成，黨與甚衆，長途押解，疏脱劫奪，在在堪虞。且恐在就地正法，餘匪未見顯戮，不足以寒賊膽而靖地方。臣與司道就晋省細心體察，就地正法章程遽難停止。請俟新疆重兵遣撤，盗風止息，即將就地正法再行停止。庶於地方大有裨益，下刑部知之。

《清德宗實録》光緒二十四年九月〔甲戌〕諭内閣欽奉慈禧端佑康頤昭豫莊誠壽恭欽獻崇熙皇太后懿旨，前因中外各衙門辦理强劫盗犯，俱係不分首從，雖同一犯法，究屬稍有區别，應如何網開一面之處，諭令軍機大臣會同三法司妥議具奏。兹據世鐸等遵旨會議覆奏，强盗得財不分首從，原係辟以止辟之意，惟現行則例，强劫之案，臨時不行，及事後分贓者，均分别減擬，並非概予駢誅。州縣官果能遇案虚心審斷，自無冤濫之虞。至就地正法章程，乃一時權宜，並未纂爲定例。各省地方官，憚於解勘，藉圖簡便，草菅人命，恐所不免。嗣後除現有軍務省分，及實係土匪、馬賊、會匪、游勇情節較重者，仍暫准就地正法外，其餘尋常盗案，著一律規復舊制辦理。朝廷子惠元元，總以尚德緩刑爲本。該督撫等，惟當宣揚德意一切刑獄，期於無枉無縱，並將保甲緝捕諸事，認真講求，務使奸宄洗心，閭閻樂業，以漸臻刑措之治。予實有厚望焉。將此通諭知之。

綜述

（清）孫星衍《尚書今古文注疏》卷二七《吕刑》 鴟義奸宄，奪攘矯虔。

〔孫星衍〕注：馬融曰：鴟，輕也。鄭康成曰：盗賊狀如鴟梟，鈔掠良善劫奪人。鴟，一作消。宄，一用軌。【略】

注：鄭康成曰：有因而盗曰攘。矯虔，謂撓擾。《春秋傳》：虔劉我邊陲。謂劫奪人物以相撓擾也。奪，一作敚。矯，一作橋。

《周禮注疏》卷三五《秋官司寇・小司寇》 曰：凡盗賊軍，鄉邑及家人，殺之無罪。鄭司農云：謂盗賊群輩，若軍共攻，盗鄉邑及家人者，殺之無罪。若今時無故入人室宅廬舍，上人車船，牽引人欲犯法者，其時格殺之無罪。

張家山漢墓竹簡整理小組《張家山漢墓竹簡・奏讞書》 劫人、謀劫人求錢財，雖未得若未劫，皆磔之；罪其妻子，以爲城旦舂。其妻子當坐者（偏）〔徧〕捕，若告吏，吏捕得之，皆除坐者罪。

諸當坐劫人以論者，其前有罪隸臣妾以上，及奴婢，毋坐爲民；爲民者亦勿坐。

相與謀劫人、劫人，而能頗捕其與，若告吏，吏捕頗得之，除告者罪，（有）〔又〕購錢人五萬。所捕告得者多，以人數購之，而勿責其劫人所得（臧）〔贓〕。所告毋得者，若不盡告其與，皆不得除罪。諸予劫人者錢財，及爲人劫者，同居（智）〔知〕弗告吏，皆與劫人者同罪。劫人者去，未盈一日，能自頗捕，若偏（徧）告吏，皆除。

張家山漢墓竹簡整理小組《張家山漢墓竹簡・奏讞書》 （智）〔知〕人爲群盗而通（歙）〔飲〕食餽饋之與同罪；弗（智）〔知〕黥爲城旦舂。其能自捕若斬之，除其罪，（有）〔又〕賞如捕斬。

群盗（法）〔發〕，弗能捕斬而告吏，除其罪，勿賞。

《漢書》卷二《惠帝紀》 爵五大夫、吏六百石以上及宦皇帝而知名者有罪當盜械者，皆頌繫。上造以上及内外公孫耳孫有罪當刑及當為城旦春者，皆耐為鬼薪白粲。民年七十以上若不滿十歲有罪當刑者，皆完之。

《漢書》卷一六《高惠高后文功臣表》〔安丘懿侯張説〕元狩元年侯拾嗣，九年，元鼎四年，坐入上林謀盜鹿，又搏揜，完爲城旦。

師古曰：搏揜，謂搏擊揜襲人而奪其物也。搏字或作博。一曰博，六博也。揜，意錢之屬也，皆謂戲而取人財也。

《史記》卷一二二《酷吏列傳》自溫舒等以惡為治，而郡守、都尉、諸侯二千石欲為治者，其治大抵盡放溫舒，而吏民益輕犯法，盜賊滋起。南陽有梅免、白政，楚有殷中、杜少，齊有徐勃，燕趙之閒有堅盧、范生之屬。大羣至數千人，擅自號，攻城邑，取庫兵，釋死罪，縛辱郡太守、都尉，殺二千石，為檄告縣趣具食；小羣（盜）以百數，掠鹵鄉里者，不可勝數也。於是天子始使御史中丞、丞相長史督之。猶弗能禁也，乃使光祿大夫范昆、諸輔都尉及故九卿張德等衣繡衣，持節，虎符發兵以興擊，斬首大部或至萬餘級，及以法誅通飲食，坐連諸郡，甚者數千人。數歲，乃頗得其渠率。散卒失亡，復聚黨阻山川者，往往而羣居，無可柰何。於是作沈命法，曰羣盜起不發覺，發覺而捕弗滿品者，二千石以下至小吏主者皆死。其後小吏畏誅，雖有盜不敢發，恐不能得，坐課累府，府亦使其不言。故盜賊寖多，上下相為匿，以文辭避法焉。

（清）薛允升《漢律輯存・周禮》凡盜賊軍，鄉邑及家人殺之無罪。

鄭司農云：謂盜賊羣輩若軍，共攻盜鄉邑及家人者，殺之無罪。若今時無故入人室宅廬舍，上人車船，牽引人欲犯法者，其時格殺之無罪。疏：先鄭舉漢《賊律》云。惠士奇《禮説》：鄭司農謂盜賊羣輩若軍非也。軍謂持兵者。《春秋》襄二十五年，吴子謁伐楚門于巢卒。何休曰：吴子欲伐楚，過巢不假途，卒暴入巢門，門者以爲欲犯巢而射殺之，君子不責其所不知，故與巢得殺之。使若吴子自死文所以彊守禦也。書伐者，明持兵入門乃得殺之，然則不持兵不得殺之，明矣。雖羣輩共入鄉邑及人家而格殺之，則殺之者不得無辜，以其不持兵也。苟持兵豈必羣輩而後殺之無辜哉？故不徒曰盜賊，而又曰軍，所以正盜賊之名也。無故持兵入人之門，雖傷國君猶若無辜，然春秋思患豫防之意深矣。渤海盜賊起，太守龔遂單車之官移書屬縣，諸持鉏鉤田器者皆良民，持兵者乃爲盜賊，然則漢律亦然，不持兵者不爲盜也。莊存與《周官補》云：王明齋曰：盜賊贓犯既明，在軍若伍兩之長，在鄉邑若比閭之長，在家若至親，知殺之；又如昏莫爲盜而所在殺之，皆不科罪，使盜無所容也。

（清）杜貴墀《漢律輯證》卷三 邊郡盜穀五十斛罪至死。光武建武十八年詔引此令云，開殘吏妄殺之路，其蠲除此法同之内郡。

（清）杜貴墀《漢律輯證》卷三 羣盜起不發覺，發覺而捕弗滿品者二千石以下至小吏主者皆死。《史記・楊僕傳》引沈命法又見前書。《咸宣傳》：應劭曰：沈沒也敢匿盜賊者沒其命也。《漢舊儀》：御史大夫遣郡國計吏敕問今年盜賊孰與往年得無有羣輩大賊奏上。《外戚恩澤表》：高陽侯薛宣永始二年坐西州盜賊羣輩免，杜緩爲太常，黃龍中坐盜賊多免。《光武帝紀》：建武十六年遣使者下郡國，聽羣盜自相糾擿，五人共斬一人者除其罪，吏雖逗留迴避故縱者皆勿問聽，以禽盜爲效。其牧守令長坐界内盜賊而不收捕者，又以畏懦捐城委守者皆不以爲負，但取獲賊多少爲殿最，唯蔽匿者乃罪之，於是更相追捕賊並解散。唐律將吏追捕罪人在《捕亡》。

（清）杜貴墀《漢律輯證》卷三 首匿羣盜。《後書・梁統傳》武帝軍役數興，豪桀犯禁，姦吏弄法，故重首匿之科，著知從之律。《王子侯表》元康元年修故侯福坐首匿羣盜棄市。元狩元年平侯遂坐知人盜官母馬爲臧，會赦復作。師古曰，人盜馬爲臧匿之，雖會赦猶復作。復作者徒役也。《王子侯表》元封四年畢梁侯嬰坐首匿罪人爲鬼薪。元康元年嗣侯崇坐首匿死罪免。唐律知情臧罪人在《捕亡》。

（清）杜貴墀《漢律輯證》卷三 首匿亡命。《王子侯表》五鳳三年嗣侯延壽坐知女妹夫亡命笞二百，首匿罪免。師古曰，妹夫亡命又笞罪而首匿之。《淮南厲王傳》亡之諸侯游宦事人及舍匿者論皆有法。師古曰，舍匿謂舍止而藏隱也。《魏志・婁圭傳》注，坐藏亡命被繫當死。按事在建安中，蓋仍漢法。《功臣表》瀘清侯參天漢二年坐匿朝鮮亡虜，下獄瘐死。

（清）杜貴墀《漢律輯證》卷三 首匿反者。《杜延年傳》治燕王獄時御史大夫桑弘羊子遷亡過父，故吏侯史吴後遷捕得伏法，會赦，侯史吴自出繫獄，廷尉王平與少府徐仁雜治反事皆以爲桑遷坐父謀反，而侯史吴臧之非匿反者乃匿爲隨者也。即以赦令除吴罪。後侍御史治實以桑遷通經術，知父謀反而不諫爭，與反者身無異，侯史吳故三百石吏，首匿遷不與庶人匿隨從者等，吳不得赦。《百官公卿表》孝昭始元五年，軍正齊王平子心爲廷尉，坐縱首匿謀反者棄市。

（清）**杜貴墀《漢律輯證》卷三** 劫質。《後書·橋玄傳》玄少子十歲獨游門次，卒有三人持杖劫執之，入舍登樓就玄求貨，玄瞋目呼曰玄豈以一子之命而縱國賊，促令兵進，玄子亦死，玄乃詣闕謝罪，乞下天下凡有劫質皆命殺之不得贖以財寶，開張姦路。詔書下其章，劫質遂絶。《三國·魏志·夏侯惇傳》乃著令自今以後有持質者皆當并擊勿顧，由是劫質者遂絶。注：孫盛曰：按《光武紀》建武九年盜劫陰貴人母弟，吏以不得拘質迫盜，盜遂殺之也。然則合擊者乃古制也。自安順以降，政教陵遲劫質莫避王公，而有司莫能遵奉國憲，韓浩始復斬之，故魏武嘉焉。据《魏新律序》漢《盜律》有《持質》。

（清）**杜貴墀《漢律輯證》卷三** 刼奪。《功臣表》嗣侯繫襄太初元年坐擊番禺奪人虜掠死。

（清）**張鵬一《漢律類纂·具律·稱定名例》** 强略者棄市論。主守自盜十金以上者同坐臧者以多少論。其臧，公者没入，私有主者，還臧畀主。《晉律序》諸取非其物爲盜，貨財之利爲臧，不和爲强攻，惡爲略。

《晉書》卷三〇《刑法志》 賊燔人廬舍積聚，盜贓五匹以上，棄市；卽燔官府積聚盜，亦當與同。

《宋書》卷三《武帝本紀》〔永初元年〕秋七月丁亥，原放劫賊餘口没在臺府者，諸流徙家並聽遠本土。

《宋書》卷六六《刑法志》 義熙五年，吳興武康縣民王延祖爲劫，父睦以告官。新制，凡劫，身斬刑，家人棄市，睦卽自告，於法有疑。時叔度爲尚書，議曰：設法止姦，本於情理，非謂一人爲劫，闔門應刑。所以罪及同産，欲開其相告，以出爲惡之身。睦父子之至，容可悉共逃亡，而割其天屬，還相縛送，螫毒在手，解腕求全，於情可愍，理亦宜宥。使凶人不容於家，逃刑無所，乃大絶根源也，睦卽糾送，則餘人無應復告，並合從原。

《宋書》卷八《明帝本紀》〔南朝宋明帝泰始四年〕九月丙辰，以驃騎長史張悅爲雍州刺史。戊辰，詔曰：夫愆有小大，憲隨寬猛，故五刑殊用，三典異施。而降辟次網，便暨鉗撻，求之法科，差品滋遠。朕務存欽卹，每有矜貸。尋劫制科罪，輕重同之大辟，卽事原情，未爲詳衷。自今凡竊執官仗，拒戰邏司，或攻剽亭寺，及害吏民者，凡此諸條，悉依舊制。五人以下相逼奪者，可特賜黥刖，投畀四遠，仍用代殺，方古爲優，全命長户，施同造物。庶簡惠之化，有孚羣萌，好生之德，無漏幽品。

《魏書》卷八《世宗本紀》〔永平二年四月甲子〕敕緣邊州鎮，自今已後不聽境外寇盜，犯者罪同境内。

《隋書》卷二五《刑法志》 建德六年，齊平後，帝欲施輕典於新國，乃詔凡諸雜户，悉放爲百姓。自是無復雜户。其後又以齊之歸俗，未改昏政，賊盜姦宄，頗乖憲章。其年，又爲《刑書要制》以督之。其大抵持杖群盜一匹以上，不持杖群盜五匹以上，監臨主掌自盜二十匹以上，盜及詐請官物三十匹以上；正長隱五户及十丁以上、及地三頃以上，皆死。自餘依《大律》，由是澆詐頗息焉。

（唐）**長孫無忌等《唐律疏議》卷一七《賊盜·劫囚》** 諸劫囚者，流三千里；傷人及劫死囚者，絞；殺人者，皆斬。但劫卽坐，不須得囚。

疏議曰：犯罪之人，身被囚禁，凶徒惡黨，共來相劫奪者，流三千里。若因劫輕囚傷人，及劫死囚而不傷人，各得絞罪，仍依首從科斷。因劫囚而有殺人者，皆合處斬，罪無首從。注云但劫卽坐，不須得囚，謂以威若力强劫囚者，卽合此坐，不須要在得囚。

若竊囚而亡者，與囚同罪；他人、親屬等。竊而未得，減二等；以故殺傷人者，從劫囚法。

疏議曰：謂私竊取囚，因卽逃逸。與囚同罪者，謂竊死囚，還得死罪；竊流徒囚，還得流徒罪之類。假使得相容隱，亦不許竊囚，故注云他人、親屬等。竊而未得，減二等，謂竊計已行，未離禁處者，減所竊囚罪二等。謂未得死囚者，徒三年；未得流囚者，徒二年半之類。若因竊囚之故而殺傷人者，卽從劫囚之法科罪。

問曰：父祖、子孫見被囚禁，而欲劫取，乃誤殺傷祖孫，或竊囚過失殺傷他人，各合何罪？

答曰：據律：劫囚者，流三千里；傷人及劫死囚者，絞；殺人者，皆斬。據此律意，本爲殺傷傍人。若有誤殺傷被劫之囚，止得劫囚之坐；若其誤殺父祖，論罪重於劫囚，既是因誤而殺，須依過失之法；其因竊囚過失殺傷他人者，下條云因盜而過失殺傷他人者，以鬭殺傷論。至死者，加役流。既竊囚之事類因盜之罪，其有過失，彼此不殊，殺傷人者，亦依鬭殺傷人論，應至死者從加役流坐。其有誤殺傷本法輕於竊囚未得者，即從重科。

又問：竊囚而亡，被人追捕，棄囚逃走，後始拒格，因而殺傷，罪同劫囚以否？

答曰：下條竊盜發覺，棄財逃走，因相拒捍，如此之類，事有因緣者，非强盜。今者竊囚而亡，棄囚逃走，理與竊盜發覺，棄財逃走義同，止得拒捕而科，不同劫囚之坐。

（唐）長孫無忌等《唐律疏議》卷一七《賊盜·有所規避執人質》 諸有所規避，而執持人爲質者，皆斬。部司及鄰伍知見，避質不格者，徒二年。質期以上親及外祖父母者，聽身避不格。

疏議曰：有人或欲規財，或欲避罪，執持人爲質。規財者求贖，避罪者防格，不限規避輕重，持質者皆合斬坐。部司，謂持質人處村正以上，并四鄰伍保，或知見，皆須捕格。若避質不格者，各徒二年。注云質期以上親及外祖父母，聽身避不格者，謂賊執此等親爲質，唯聽一身不格，不得率衆總避。其質者無期以上親及非外祖父母，而避不格者，各徒二年。

（唐）長孫無忌等《唐律疏議》卷一九《賊盜·强盜》 諸强盜，謂以威若力而取其財，先强後盜、先盜後强等。若與人藥酒及食，使狂亂取財，亦是。即得闌遺之物，毆擊財主而不還，及竊盜發覺，棄財逃走，財主追捕，因相拒捍：如此之類，事有因緣者，非强盜。

疏議曰：强盜取人財，注云謂以威若力，假有以威脅人，不加凶力，或有直用凶刀，不作威脅，而劫掠取財者；先强後盜，謂先加迫脅，然後取財；先盜後强，謂先竊其財，事覺之後，始加威力：如此之例，俱爲强盜。若飲人藥酒，或食中加藥，令其迷謬而取其財者，亦從强盜之法。即得闌遺之物，財主來認，因即毆擊，不肯還物；及竊盜取人財，財主知覺，遂棄財逃走，財主逐之，因相拒捍：如此之類，是事有因緣，並非强盜，自從鬭毆及拒捍追捕之法。

問曰：據《捕亡律》：被盜，雖傍人，皆得捕繫。未審盜者將財逃走，傍人追捕，因即格傷，或絶時、不絶時，得罪同强盜否？

答曰：依律：盜者，雖是傍人，皆得捕繫以送官司。盜者既將財逃走，傍人依律合捕，其人乃拒傷捕者，即是先盜後强。絶時以後捕者，既無財主尋逐，便是不知盜由，因相拒格，唯有拒捕之罪，不成强盜。

不得財徒二年；一尺徒三年，二疋加一等；十疋及傷人者，絞；殺人者，斬。殺傷奴婢亦同。雖非財主，但因盜殺傷，皆是。其持仗者，雖不得財，流三千里；五疋，絞；傷人者，斬。

疏議曰：盜雖不得財，徒二年。若得一尺，即徒三年。每二疋加一等。贓滿十疋；雖不滿十疋及不得財，但傷人者：並絞。殺人者，並斬。謂因盜而殺、傷人者。注云殺傷奴婢亦同，諸條奴婢多悉不同良人，於此，殺傷奴婢亦同良人之坐。雖非財主，但因盜殺傷皆是，無問良賤，皆如財主之法。盜人若持仗，雖不得財，猶流三千里；贓滿五疋，合絞。持仗者雖不得財，傷人者斬，罪無首從。

（唐）長孫無忌等《唐律疏議》卷一九《賊盜·故燒人舍屋而盜》

諸故燒人舍屋及積聚之物而盜者，計所燒減價，併贓以强盜論。

疏議曰：賊人姦詐，千端萬緒，濫竊穿窬，觸途詭譎。或有燒人舍屋及積聚之物，因即盜取其財，計所燒之物減價，併於所盜之物，計贓以强盜論，十疋絞。

問曰：有人持仗燒人舍宅，因即盜取其財，或燒傷物主，合得問罪？

答曰：依《雜律》：故燒人舍屋，徒三年。不限强之與竊。然則持仗燒人舍宅，止徒三年。因即盜取財物，便是元非盜意，雖復持仗而行事，同先强後盜，計贓以强盜科罪。火若傷人者，同强盜傷人法。

（唐）長孫無忌等《唐律疏議》卷一九《賊盜·恐喝取人財物》 諸恐喝取人財物者，口恐喝亦是。準盜論加一等；雖不足畏忌，財主懼而自與，亦同。展轉傳言受財者，皆爲從坐。若爲人所侵損，恐喝以求備償，事有因緣之類者，非。

疏議曰：恐喝者，謂知人有犯，欲相告訴，恐喝以取財物者。注云口恐喝亦是，雖口恐喝，亦與文牒同。計贓，準盗論加一等，謂一尺杖七十，一疋加一等，五疋徒一年半，五疋加一等，三十五疋流三千里。雖不足畏忌，但財主懼而自與財者，亦同恐喝之罪。注云展轉傳言，假若甲遣乙丙傳言於丁，恐喝取物五疋，甲合徒一年半，乙丙並各徒一年，是名展轉傳言，受財者，皆爲從坐。若爲人所侵損，恐喝以求備償，假有甲爲乙踐損田苗，遂恐喝於乙，得倍苗之外，更取財者，爲有損苗之由，不當恐喝之坐，苗外餘物，即當非監臨主司，因事受財，坐贓論科斷。此是事有因緣之類者，非恐喝。

問曰：恐喝取財五疋，首不行，又不受分；傳言者二人，一人受財，一人不受財，各合何罪？

答曰：律稱準盗，須依盗法。案下條共盗者併贓論，造意及從行而不受分，即受分而不行，各依本首從法：若造意不行，又不受分，卽以行人專進止者爲首，造意爲從，至死減一等；從者不行，又不受分，笞四十。其首不行，又不受分，卽以傳言取物者爲首，五疋合徒一年半；造意者爲從，合徒一年；又一人不受分，亦合爲從，笞五十。

又問：監臨恐喝所部取財，合得何罪？

答曰：凡人恐喝取財，準盗論加一等。監臨之官，不同凡人之法，《名例》：當條雖有罪名，所爲重者，自從重。理從强乞之律，合準枉法而科。若知有罪不虛，恐喝取財物者，合從真枉法而斷。

若財未入者，杖六十。即緦麻以上自相恐喝者，犯尊長，以凡人論；强盗亦準此。犯卑幼，各依本法。

疏議曰：恐喝取財，無限多少，財未入者，杖六十。即緦麻以上自相恐喝者，犯尊長以凡人準盗論加一等。强盗亦準此者，謂別居期親以下卑幼，於尊長家行强盗者。雖同於凡人家强盗得罪，若有殺傷，應入十惡者，仍入十惡。犯卑幼，各依本法，謂恐喝緦麻、小功卑幼取財者，減凡人一等，五疋徒一年；大功卑幼減二等，五疋杖一百；期親卑幼減三等，五疋杖九十之類。

（唐）長孫無忌等《唐律疏議》卷一九《賊盗·本以他故毆人因而奪物》

諸本以他故毆擊人，因而奪其財物者，計贓以强盗論，至死者加役流。

疏議曰：謂本無規財之心，乃爲別事毆打，因見財物，遂卽奪之，事類先强後盗，故計贓以强盗論，一尺徒三年，二疋加一等。以先無盗心之故，贓滿十疋應死者，加役流。若奪財物不得者，止從故、鬬毆法。文稱計贓以强盗論，奪物贓不滿尺，同强盗不得財，徒二年。既元無盗心，雖持仗，亦不加其罪。

因而竊取者，以竊盗論加一等。若有殺傷者，各從故、鬬法。

疏議曰：先因他故毆擊，而輒竊取其財，以竊盗論加一等，一尺杖七十，一疋加一等。若有殺傷者，謂本因毆擊殺傷，元非盗財損害。各從故、鬬法，謂因鬬致死者，絞；故殺者，斬。稱各者，從强奪及竊取，各以故、鬬論。

問曰：監臨官司，本以他故毆擊部内之人，因而奪其財物，或竊取三十疋者，合得何罪？

答曰：律稱本因他故毆擊人，元即無心盗物，毆訖始奪，事與强盗相類，准贓雖依强盗，罪止加役流，故知其贓雖多，法不至死。因而竊取，以竊盗論加一等者，爲監臨主司毆擊部内，因而竊物，以竊盗論加凡盗三等。上文强盗既不至死，下文竊盗不可引入絞刑，三十疋者罪止加役流。

又問：《名例》云：稱以盗論者，與真犯同。此條因而竊取，以竊盗論加一等，既云：加一等，卽重於竊盗之法。監臨竊三十疋者絞，今答不死，理有未通？

答曰：本條別有制，與例不同者，依本條。文稱：奪其財物者，以强盗論，至死者加役流。又云：加者，不得加至於死。是明本以他故毆人，因而奪物，縱至百疋，罪止加役流，況於竊取人財，豈得加入於死？監臨雖有加罪，加法不至死刑。況下條略奴婢及和誘，各依强、竊等法，罪止流三千里，注云雖監臨主守，亦同，卽此條雖無監臨之文，亦不加入於死。

劉俊文《敦煌吐魯番唐代法制文書考釋·判·文明判集殘卷》奉判：豆其谷遂本自風牛同宿，主人遂邀其飲，加蘖令其悶亂，困後遂竊其資。所得之財，計當十疋。事發推勘，初拒不承。官司苦加拷辞，遂乃攣其雙脚，後便吐實，乃欵盗蘗不虛。未知盗蘗之人，若爲科斷？九刑是設，爲四海之隄防，五禮爰陳，信兆庶之綱紀。莫不上防君子，下禁小人。欲使六合同風，万方攸則。谷遂幸沾唐化，須存廉恥之風，輕犯湯羅，自掛吞舟之網。行李與其相遇，因此覬欸生平，良宵同宿。主人遂乃密懷姧匿，外結金蘭之好，內包谿壑之心，託風月以邀期，指林泉而命賞，啗茲芳酎，誘以甘言，意欲經求，便行酖毒。買藥令其悶亂，困後遂竊其資。語竊雖似非强，加藥自當强法。事發猶生拒諱，肆情侮弄官司。斷獄須盡根源，據狀便加拷誶，因拷遂攣雙脚。攣後方始承贓。計理雖合死刑，攣脚還成篤疾，法當收贖，雖死只合輸銅，正贓與倍贓并合徵還財主。案律云：犯時幼小，即從幼小之法；事發老疾，聽依老疾之條。但獄賴平反，刑宜折衷，賞功寧重，罰罪須輕。雖云十疋之贓，斷罪宜依上估。既高下未定，贓亦多少難知。贓估既未可明，与奪憑何取定？宜牒市定估，待至量科。

劉俊文《敦煌吐魯番唐代法制文書考釋・格・神龍散頒刑部格殘卷》

一光火劫賊，必藉主人，兼倚鄉豪，助成影援。其所獲賊，各委州縣長官盡理評復，應合死者奏聞。其居停主人先決杖一百，仍與賊同罪。鄰保、里正、坊正、村正各決杖六十，並移貫邊州。其有捉獲賊應合賞，准强盜法，其賞出賊家及居停主人。其賊黨有能密告官司，因而捕獲者，免其罪，仍同賞例。如有賊發州縣，專知官及長官隱蔽不言，及勾官不能糺舉者，並解却。若捉賊不獲，貶授遠惡官。限內捕獲，過半以上，即免貶責。如擒獲外境五人以上，與中上考。應貶者，聽功過相折。御史，巡察使出日，仍訪察奏聞。

（清）沈家本《歷代刑法考・律令四・建中改重法》 又京兆府奏准建中三年三月敕節文，當府界內捉獲强盜，不論有贓無贓及竊盜贓滿三匹以上者並準敕集衆決殺；不滿匹者量事科決補充。所由犯盜人雖有官及屬軍等，一切並此例處分。

按：唐律諸强盜不得財，徒二年，十匹及傷人者絞，殺人者斬；其持仗者，雖不得財，流三千里，五匹絞。此不論有贓無贓，一概決殺，治盜之重，以此爲嚴矣。竊盜五匹徒二年，五匹加一等，五十匹加役流，無死罪，此三匹即決殺，亦可謂重矣。

（宋）王欽若等《册府元龜》卷六一二《刑法部・定律令》 〔唐憲宗元和〕四年二月，京兆府奏准建中三年三月敕節文，當府界內捉獲强盜，不論有贓無贓，及竊盜贓滿三疋以上者，並准敕，集衆決殺。不滿疋者，量事科決，補充所由。犯盜人雖有官及屬軍等，一切並依此例處分。

（清）沈家本《讀律贅言・歷代治盜刑制考》 《唐例》諸强盜，不得財，徒二年，一疋徒三年，二疋加一等。十疋及傷人者絞，殺人者斬。殺傷奴婢同，雖非財主，但因盜殺傷皆是。其持杖者，雖不得財流三千里，五疋傷人者斬。《疏議》云：罪無首從。

《唐書・刑法志》：武德四年以人因亂冒法者衆，盜非劫傷其主及征人逃亡、官吏枉法，皆原之。憲宗元和八年詔：强盜持杖劫京兆界者，論如故，其餘死罪皆流。

（清）沈家本《歷代刑法考・律令五・盜分攻劫城鎮劫掠鄉村》

〔後唐末帝清泰元年九月〕是月，天雄軍節度使范延光上言：副使王欽祚報管內頻有盜賊剽劫坊市鄉村，差兵巡捕，嚴切隄防。緣此歲蠶麥不熟，游惰之徒結集爲惡。或殺傷攘奪，及捕獲處斷，又前後法條不一。以天成二年敕，應山林群盜害物殘人，若捕捉勘結不虛，全家處置；有偶然劫盜者，正身準法，知情者同罪。又以長興四年敕，據天成敕只爲界內連結黨惡殘物害人所以誅族，此中興之初權行之法，若斷獄只坐此條，恐違於律令。今後結黨連群爲害者，並男十五以上並準元敕處斷，其父母兄弟妻女小兒一切不罪，有骨肉中與賊同惡者亦同罪。如同謀不行或受贓不受贓則準律科斷。臣當管賊盜屢發，蓋見用法太寬，只罪一身，又不籍没家産，又不連累家屬，得以恣行凶惡。今後捕盜，權行重條，俾其知懼，易爲禁止。詔曰：應劫掠鄉村宜依長興四年敕條斷處。攻劫城鎮宜依天成二年敕處斷。

按：此等斷處，都非唐法。天成敕固重，長興敕猶及男十五以上，仍非法也。五季亂世，民不聊生，盜之屢發，豈緣法輕？執法者但有治標之策，孰是能探本言之者乎？

（宋）王欽若等《册府元龜》卷六五《帝王部・發號令》 後唐莊宗初爲晋王天祐五年四月下令曰：兵亂以來，生靈凋耗，豈止賦租煩重，加之寇盜侵漁。又聞市井之中，多有凶豪之輩，晝則聚徒蒱博，夜則結黨穿窬。若不示以嚴科，何以懲其巨蠹！仰法司顯行條令，峻設隄防。

《舊五代史》卷一四七《刑法志》〔後晋天福〕四年九月，相州節度使桑維翰奏：管内所獲賊人，從來籍没財産，云是鄴都舊例，格律未見明文。敕：今後凡有賊人，准格定罪，不得没納家貲。天下諸州，准此處分。

（元）馬端臨《文獻通考》卷一六六《刑考・刑制》晋天福十二年敕：應天下凡關强盗捉獲，不計贓物多少，按驗不虚，并宜處死。時四方盗賊多，朝廷患之，故重其法。仍分命使者捕逐。蘇逢吉自草詔意云：應賊及四鄰同保，皆全族處斬。衆以爲盗，猶不可族，况鄰保乎？逢吉固争，不得已，但省去全族字。由是捕賊使者張令柔殺平陰十七村民，逢吉爲人，文深好殺，在河東幕府，嘗令帝静獄祈福，逢吉盡殺獄因，還報。

漢法既嚴，而待衛都指揮使弘肇尤殘忍。寵任孔目官解暉，凡入軍獄者，使之隨意鍛鍊，無不自誣。及三叛連兵，民間震動驚訛。弘肇掌部禁兵巡邏京城，得罪人，不問情輕重，於法如何，皆專殺不請。或决口斷舌，斷筋折脛，無虚日。雖姦盗屏息，而冤死者甚衆。

（宋）竇儀等《宋刑統》卷一七《賊盗律・劫囚捉人為質》諸劫囚者，流三千里。傷人及劫死囚者絞，殺人者皆斬。但劫即坐，不須得囚。若竊囚而亡，與囚同罪。他人親屬等。竊而未得，減二等。以故殺傷人者，從劫囚法。

疏：諸劫囚者，流三千里，傷人及劫死囚者絞，殺人者皆斬。注云，但劫即坐，不須得囚。議曰：犯罪之人，身被囚禁，凶徒惡黨，共來相劫奪者，流三千里。若因劫輕囚傷人，及劫死囚而不傷人，各得絞罪，仍依首從科斷。因劫囚而有殺人者，皆合處斬，罪無首從。注云，但劫即坐，不須得囚，謂以威若力强劫囚者，即合此坐，不須要在得囚。

又云，若竊囚而亡，與囚同罪。注云，他人親屬等。又云，竊而未得，減二等。以故殺傷人者，從劫囚法。議曰：謂私竊取囚，因即逃逸，與囚同罪者，謂竊死囚，還得死罪，竊流徒囚，還得流徒之類。假使得相容隱，亦不許竊囚，故注云，他人親屬等。竊而未得，減二等，謂竊計已行，未離禁處者，減所竊囚二等罪，未得死囚者，徒三年，未得流囚者，徒二年半之類。若因竊囚之故而殺傷人者，即從劫囚之法科罪。

問曰：父子祖孫見被囚禁，而欲劫取，乃誤殺傷祖孫，或竊囚過失殺傷他人，各合何罪？

答曰：據律，劫囚者流三千里，傷人及劫死囚者絞，殺人者皆斬。據此律意，本爲殺傷旁人，若有誤殺傷被劫之囚，止得劫囚之坐。若其誤殺父祖，論罪重於劫囚，既是因誤而殺，須依過失之法。其因竊囚過失殺傷他人者，下條云，因盗而過失殺傷他人者，以鬭殺傷論，至死者加役流。既竊囚之事類因盗之罪，其有過失，彼此不殊，殺傷人者，亦依鬭殺傷人論，應至死者，從加役流坐。其有誤殺傷，本法輕於竊囚未得者，即從重科。

又問：竊囚而亡，被人追捕，棄囚逃走，後始拒格，因而殺傷，罪同劫囚以否？

答曰：下條竊盗發覺，棄財逃走，因相拒捍，如此之類，事有緣因者，非强盗。今者竊囚而亡，棄囚逃走，理與竊盗發覺，棄財逃走意同，止得拒捕而科，不同劫囚之坐。

諸有所規避而執持人爲質者，皆斬。部司及鄰伍知見避質不格者，徒二年。質周以上親及外祖父母，聽身避不格。

疏議曰：有人或欲規財，或欲避罪，執持人爲質，規財者求贖，避罪者防格。不限規避輕重，持質者皆合斬坐。部司謂持質人處村正以上，並四鄰伍保，或知見皆須捕格，若避質不格者，各徒二年。注云，質周以上親及外祖父母，聽身避不格者，謂賊質此等親屬質，唯聽一身不格，不得率衆總避，其執者無周以上親及非外祖父母，而避不格者，各徒二年。

（宋）竇儀等《宋刑統》卷一九《賊盗律・强盗竊盗監主自盗》諸强盗，謂以威若力而取其財，先强後盗、先盗後强等。若與人藥酒及食，使狂亂取財亦是。即得闌遺之物，毆擊財主而不還，及竊盗發覺，棄財逃走，財主追捕，因相拒捍，如此之類，事有因緣者，非强盗。不得財徒二年，一尺徒三年，二匹加一等，十匹及傷人者絞，殺人者斬。殺傷奴婢亦同。雖非財主，但因盗殺傷皆是。其持仗者，雖不得財，流三千里，五匹絞，傷人者斬。

疏：諸强盗。注云，謂以威若力而取其財，先强後盗、先盗後强等。若與人藥酒及食，使狂亂取財亦是。即得闌遺之物，毆擊財主而不還，及竊盗發覺，棄財逃走，財主追捕，因相拒捍，如此之類，事有因緣者，非强盗。議曰：强盗取人財，注云，謂以威若力，假有以威脅人，不加凶力，或有直用凶力，不作威稜，而劫掠取財者。先强後盜，謂先加迫脅，然後取財。先盜後强，謂先竊其財。事覺之後，始加威力。如此之例，俱爲强盜。若飲人藥酒，或食中加藥，令其迷謬，而取其財者，亦從强盜之法。即得闌遺之物，財主來認，因即毆擊，不肯還物，及竊盜取人財，財主知覺，遂棄財逃走，財主逐之，因相拒捍，如此之類，是事有因緣，並非强盜，自從鬭毆及拒捍追捕之法。

問曰：據《捕亡律》，被盜雖旁人皆得捕繫，未審盜者將財逃走，旁人追捕，因即格傷，或絶時不絶時，得罪同强盜否？

答曰：依律，盜者雖是旁人皆得捕系，以送官司。盜者既將財逃走，旁人依律合捕，其人乃拒傷捕者，即是先盜後强。絶時以後捕者，既無財主尋逐，便是不知盜由，因相拒格，唯有拒捕之罪，不成强盜。

又云，不得財徒二年，一尺徒三年，二匹加一等，十匹及傷人者絞，殺人者斬。注云，殺傷奴婢亦同。雖非財主，但因盜殺傷皆是。又云，其持仗者，雖不得財，流三千里，五匹絞，傷人者斬。議曰：强盜雖不得財，徒二年，若得一尺，即徒三年，每二匹加一等，贓滿十匹，雖不滿十匹，及不得財，但傷人者，並絞。殺人者并斬。謂因盜而殺傷人者。注云，殺傷奴婢亦同。諸條奴婢多悉不同良人，於此殺傷奴婢亦同良人之坐。雖非財主，但因盜殺傷皆是，無問良賤，皆如財主之法。盜人若持杖，雖不得財，猶流三千里。贓滿五匹者合絞。持杖者釋曰：杖具在第七。雖不得財，傷人者斬，罪無首從。

准：唐元和十年八月九日敕節文，京兆府奏，應擒獲强盜，不論有贓無贓，並集衆決殺。

准：周顯德五年七月七日敕條，今後應持杖行劫，不問有贓無贓，並處死。其同行劫賊，內有不持杖者，亦與同罪。其餘稱强盜者，准律文處分。

准：周顯德五年七月七日敕條，劫盜及殺人賊同情、知情者，若是未行劫之前，曾與同居骨肉和同商量，或更教唆使去，事過之後，同受贓物，如此者謂之同情。若是擬行劫殺之時，骨肉雖知，止遏不得，或是劫殺之後，方始告知，或將到贓物，收藏在家，如此者謂之知情。應同情者，與賊同罪。若一家之內，同情者衆，只取一人爲首處死，餘人爲從，減死罪。其婦女同情者，量罪科斷。如知情者，既諫勸不及，又言告無文，望准律處分。如累行劫殺，骨肉皆曾知情，亦可量情罪科斷。

准：建隆三年十二月五日敕節文，今後應强盜計贓錢滿三貫文足陌，皆處死。不滿三貫文，決脊杖二十，配役三年。不滿二貫文，決脊杖二十，配役二年。不滿一貫文，決脊杖二十，配役一年。其贓錢並足陌。不得財者，決脊杖二十放。雖不得財，但傷人者，皆處死。其造意之人，行而不受分，或受分而不行，并與行者同罪。或不行又不受分者，減行者一等決配。其有同謀，行而不受分，或受分而不行，亦減行者一等決配，不行又不受分者，決脊杖十七放。應同居骨肉內，有同情并知情，及持杖行劫，同行劫賊內有不持仗者，并准顯德五年七月七日敕條指揮。所有律條內稱以强盜論及併贓，無首從，請並准律文處分。

臣等參詳，應持仗行劫一准舊敕，不問有贓無贓，并處死。除持仗行劫外，其餘强盜，謂以威若力而取其財，或先强後盜，先盜後强，若與人藥酒及食，使狂亂而取其財者，并名爲强盜，計贓處死，決配一准前敕處分。其劏牆賊，并同此强盜處斷。

（宋）竇儀等《宋刑統》卷一九《賊盜律·故燒人舍屋因盜財物》

諸故燒人舍屋及積聚之物而盜者，計所燒減價，併贓以强盜論。

疏議曰：賊人姦詐，千端萬緒，濫竊穿窬，觸途詭譎，或有燒人舍屋及積聚之物，因即盜取其財，計所燒之物減價，併於所盜之物，計贓以强盜論，十匹絞。

問曰：有人持杖，燒人舍宅，因即盜取其財。或燒傷物主，合得何罪？

答曰：依《雜律》，故燒人舍屋，徒三年，不限强之與竊。然則持仗燒人舍，止徒三年，因即盜取財物，便是元非盜意，雖復持杖而行，事同先强後盜，計贓以强盜科罪。火若傷人者，同强盜傷人法。故放火起請條在第二十七故放火條內。

（宋）竇儀等《宋刑統》卷一九《賊盜律·恐喝取人財物因毆擊人奪財物》

諸恐喝取人財物者，口恐喝亦是。准盜論，加一等。雖不足畏忌，財主懼而自與亦同。展轉傳言而受財者，皆爲從坐。若爲人所侵損，恐喝以求備償，事有因緣之類者非。若財未入者，杖六十。即緦麻以上自相恐喝者，犯尊長以凡人論，强盜亦准此。犯卑幼各依本法。

疏：諸恐喝取人財物者。注云，口恐喝亦是。又云，准盜論，加一等。雖不足畏忌，財主懼而自與亦同。注云，展轉傳言而受財者，皆爲從坐。若爲人所侵損，恐喝以求備償，事有因緣之類者非。議曰：恐喝者，謂知人有犯欲相告訴恐喝，以取財物者。注云，口恐喝亦是。雖口恐喝，亦與文牒同，計贓准盜論，加一等。謂一尺杖七十，一匹加一等，五匹徒一年半，五匹加一等，三十五匹流三千里。雖不足畏忌，但財主懼而自與財者，亦同恐喝之罪。注云，展轉傳言，假若甲遣乙丙傳言於丁，恐喝取物五匹，甲合徒一年半，乙丙並各徒一年，是名展轉傳言，受財者皆爲從坐。若爲人所侵損，恐喝以求備償，假有甲爲乙踐損田苗，遂恐喝於乙，得陪苗之外，更取財者。爲有損苗之由，不當恐喝之坐，苗外餘物，即當非監臨主司因事受財，坐贓論科斷。此是事有因緣之類，非恐喝。

問曰：恐喝取財五匹，首不行又不受分，傳言者二人，一人受財，一人不受財，各合何罪？

答曰：律稱准盜，須依盜法。案下條共盜者，併贓論。造意及從行而不受分，即受分而不行，各依本首從法。若造意不行，又不受分，即以行人專進止者爲首，造意爲從，至死減一等。從者不行又不受分，笞四十。其首不行又不受分，即以傳言取物者爲首，五匹合徒一年半，造意者爲從，合徒一年。又一人不受分，亦合爲從，笞五十。

又問：監臨恐喝所部取財，合得何罪？

答曰：凡人恐喝取財，准盜論，加一等，監臨之官，不同凡人之法。《名例》當條雖有罪名，所爲重者自從重，理從强乞之律，合准枉法而科。若知有罪不虛，恐喝取財物者，合從真枉法而斷。

又云，若財未入者，杖六十。即緦麻以上，自相恐喝者，犯尊長以凡人論。注云，强盜亦准此。又云，犯卑幼各依本法。議曰：恐喝取財，無取多少，財未入者，杖六十。即緦麻以上自相恐喝者，犯尊長以凡人論，准盜加一等。强盜亦准此者，謂別居周親以下卑幼，於尊長家行强盜者，雖同於凡人家强盜得罪，若有殺傷，應入十惡者，仍入十惡。犯卑幼各依本法，謂恐喝緦麻小功卑幼取財者，減凡人一等，五匹徒一年，大功卑幼減二等，杖一百，周親卑幼減三等，五匹杖九十之類。

准：周顯德五年七月七日敕條，今欲改諸恐嚇人取財物者，若被官司形勢，不因公事，非理臨迫，或被所由節級因事動摇，或偶有違犯，被人稱欲發舉論告，及紀拾州縣并諸職司，以求裨補，或受雇論事，以此取財物等，贓滿二十匹，頭首處死，同情者減一等，贓不滿者，等第科斷。

諸本以他故毆擊人，因而奪其財物者，計贓以强盜論，至死者加役流。因而竊取者，以竊盜論同，加一等。若有殺傷者，各從故鬭法。

疏：諸本以他故毆擊人，因而奪其財物者，計贓以强盜論，至死者加役流。議曰：謂本無規財之心，乃爲別事毆打，因見財物，遂即奪之，事類先後盜，故計贓以强盜論，一尺徒三年，二匹加一等。以先無盜心之故，贓滿十匹應死者，加役流。若奪財物不得者，止從故鬭毆法。文稱計贓以强盜論，奪物贓不滿尺，同强盜不得財，徒二年。即元無盜心，雖持仗亦不加其罪。

又云，因而竊取者，以竊盜論，加一等。若有殺傷者，各從故鬭法。議曰：先因他故毆擊而輒竊取其財，以竊盜論，加一等，一尺杖七十，一匹加一等，若有殺傷者，謂本因毆擊殺傷，元非盜財損害，各從故鬭法。謂因鬭致死者絞，故殺者斬。稱各者，從强奪及竊取，各以故鬭論。

問曰：監臨官司本以他故毆擊部内之人，因而奪其財物，或竊取滿三十匹者，合得何罪？

答曰：律稱本因他故毆擊人，元即無心盜物，毆訖始奪，事與强盜相類，贓準雖依强盜，罪止加役流。故知其贓雖多，法不致死。因而竊取，以竊盜論，加一等者，爲監臨主司毆擊部内，因而竊物，以竊盜論，加凡盜三等。上文强盜既不至死，下文竊盜不可引入絞刑，三十匹者罪至加役流。

又問：《名例》云：稱以盜論者，與真犯同。此條因而竊取，以竊盜論，加一等。既云加一等，即重於竊盜之法，監臨竊三十匹者絞，今答不死，理有未通。

答曰：本條別有制，與例不同者，依本條。文稱奪其財物者，以强盜論，至死者加投流。又云，加者不得加至於死。是明本以他故毆人，因而奪財，縱至百匹，罪止加役流。況於竊取人財，豈得加入於死。監臨雖人加罪，加法不至死刑。況下條略奴婢及和誘，各依强竊等法，罪止流三千里。注云，雖監臨主守亦同。即此條雖無監臨之文，亦不加入於死。

（宋）竇儀等《宋刑統》卷二八《捕亡律·被强盜鄰里不救助》 諸鄰里被强盜及殺人，告而不救助者，杖一百。聞而救助者，減一等。力勢不能赴救者，速告隨近官司。若不告者，亦以不救助論。其官司不即救助者，徒一年。竊盜者各減二等。

疏議曰：依《禮》，五家爲鄰。五鄰爲里。既同邑落，鄰居接續，而被强盜及殺人者，皆須遞告，即救助之。若告而不救助者，杖一百。雖不承告，聲響相聞，而不救助者，減一等，杖九十。力勢不能赴救者，謂賊强人少，或老小羸弱，不能赴救者，速告隨近官司。若不告者，亦以不救助罪科之。其官司不即救助者，依《捕亡令》，有盗賊及傷殺者，即告隨近官司，村坊屯驛聞告之處，率隨近軍人及夫從發處追捕，若其所在官司知而不即救助者，徒一年。竊盜各減二等，謂鄰里被竊盜，承告而不救助者，從杖一百上減，聞而不救助者，從杖九十上減，官司承告不即救助者，從徒一年上減。

（宋）王林《燕翼詒謀録》卷一　舊制，縣尉捕盗無改官者。乾德六年三月庚寅詔：尉逐賊被傷，全火，賜緋，三分之二者，減三選，加三階，五分之二者，減二選，加二階，三分之一者，減一選，加一階。縣令獲全火，陞朝人，改服色。餘如尉賞。身死者，録用的親子弟。又詔：捕寇立定日限，已罷限外之責而終能獲賊者，與除其罰，不得書爲勞績。賞罰非不重也，若遽令改官親民則過矣。

《宋史》卷五《太宗本紀》〔淳化五年春正月己巳〕別遣決諸路刑獄，應因饑劫藏粟，誅爲首者，餘減死。

（宋）佚名《宋大詔令集》卷二一七《政事·招諭·許劍南峽路群盗陳首詔淳化五年八月乙未》　朕奄宅區宇，大庇黎元，事惟切於吊民，志且非於黷武。日者災纏井絡，盗起坤維，尋命偏師，往清遺孽，如聞殘寇，頗懼嚴誅。嘯聚不逞之徒，藏匿無人之境，儻不開於三面，尚相聚於一方，志何能伸？困而猶鬭，必恣虔劉之戮，重傷亭育之仁。應劍南峽路聚山林爲群盗者，並釋其罪，許令歸業。限詔到一月，許於所在陳首。軍人復隸兵籍，百姓俾之歸業，願隸軍亦聽，限滿不首，卽論其罪。諸州有法令未便、賦調不均等處，並令轉運使與所在長吏，便宜施行。

（宋）佚名《宋大詔令集》卷二一七《政事·貸雪·貸益州因王均作亂曾劫奪民財殺傷人命者罪詔咸平四年正月甲申》　昨者西南之區，叛兵構孽，頗有凶旅，因滋亂階，攘奪貨財，殺害烝庶。暨兹平殄，大起訟囂，□悉置於典刑，慮紛擾於鄉縣。特行禁止，咸許自新，期乃蒼黔，漸臻恥格。應益州去年九月二十日已前，因王均作亂，曾劫奪民財殺傷人命者，除官吏使臣不放外，其軍民諸色人並釋之。

《宋史》卷六《真宗本紀》〔咸平四年春正月甲申〕詔應益州軍民因城亂殺傷劫盗，除官吏外皆釋不問。

（宋）李燾《續資治通鑑長編》宋真宗景德二年三月　庚申，禁邊民入敵界掠奪貲畜，犯者捕繫，罪至死者論如法，流以下部送赴闕。

（宋）李燾《續資治通鑑長編》宋真宗景德二年七月　己巳，詔八月一日已後，持仗强盗，遇南郊恩赦，不在原免之限。

（宋）佚名《宋大詔令集》卷二〇一《政事·刑法·令八月一日已後持杖强盗南郊赦恩不原詔景德二年八月己巳》　凶狡之徒，希望恩宥，民之多僻，無甚於兹。其八月一日已後，持杖强盗，遇南郊赦恩，不在原免之限，令所在榜壁告示。

（宋）李燾《續資治通鑑長編》宋真宗景德三年五月　壬戌，詔從行爲盗，非元謀造意巨蠹者，並奏裁。

（宋）李燾《續資治通鑑長編》宋真宗大中祥符八年九月〔己未〕入内供奉官楊守珍使陝西督賊，請因擒獲强劫盗至死者，望以付臣淩遲，用戒凶惡。上曰：法有常科，豈於安平之時，而行慘毒之事！乃詔守珍等捕捉盗賊送所屬，依法論決，情理切害者奏裁。守珍事與四年三月在京東時略同。

（宋）李燾《續資治通鑑長編》宋真宗大中祥符九年七月　辛酉，詔彊劫賊人，罪當死以赦降從流者，決訖，仍隸本城。

《宋史》卷二〇一《刑法志》　初，太祖將祀南郊，詔：兩京、諸道，自十月後犯强竊盗，不得預郊祀之赦。所在長吏告諭，民無冒法。是後將祀，必先申明此詔。〔仁宗〕天聖五年，馬亮言：朝廷雖有是詔，而法官斷獄，乃言終是會赦，多所寬貸，惠姦失詔旨。遂詔：已下約束而犯劫盗，及官典受贓，勿復奏，悉論如律。

《宋史》卷一九九《刑法志》〔宋仁宗天聖六年〕是歲，改强盗法。不持杖，不得財，徒二年；得財爲錢萬及傷人者，死。持杖而不得財，流三千里；得財爲錢五千者，死；傷人者，殊死。不持杖得財爲錢六千，若持杖罪不至死者，仍刺隸千里外牢城。能告群盗劫殺人者第賞之，及十人者予錢十萬。既而有司言：竊盗不用威力，得財爲錢五千，既刺爲兵，反重於强盗，請減之。遂詔至十千始刺爲兵，而京城持杖竊盗，得財爲四千，亦刺爲兵。自是盗法惟京城加重，餘視舊益寬矣。

（清）徐松《宋會要輯稿·刑法二·禁約》〔宋仁宗天聖〕九年正

月十八日，詔京城救火，若巡檢軍校未至前，聽集鄰衆赴救，因緣爲盜者，奏裁。當行極斷。

（宋）孫奭《律音義·賊盜第七》世不能無姦宄，盜賊所由生焉。故惡以防禁，杜其萌，所以長善絶惡也。魏李悝首制盜、賊二法，後魏改曰《盜律》、《賊徒》，北齊合爲一名，後周分爲《刼盜》、《賊叛》二篇。隋更名《賊盜律》。

（宋）佚名《宋大詔令集》卷二〇二《政事·刑法·定强盜刑詔景祐二年壬子朔》朕紹撫邦圖，深惟治本。言念蒼黔之衆，罔知教化方。因衣食之靡充，至寇攘之滋起，陷於重辟，良用憮然。逖覽前編，具存中典，遭五代之澆季，爰抵深文；洎累聖之洽熙，漸從末減。欲驅民於仁壽，物著令於寬平，庶復律章式重人命，自今强盜不持杖，不得財，徒二年每千加一等。十千及傷人者絞。持仗不得財，流三千里，流滿五千里，絞。傷人者，斬。仍不分首從。不持仗滿千，及持仗罪不致死，並論如流配千里外牢城。

（宋）李燾《續資治通鑑長編》宋仁宗寶元元年九月〔戊申〕又詔强盜執縛人投水中，偶得不死者，並同已傷法。

《宋史》卷一九九《刑法志》 熙寧四年，立盜賊重法，凡劫盜罪當死者，籍其家貲，以賞告人。妻子編置千里。遇赦若災傷減等者，配遠惡地。罪當徒、流者，配嶺表；流罪會降者，配三千里，籍其家貲之半爲賞，妻子遞降等有差。應編配者，雖會赦，不移不釋。凡囊橐之家，劫盜死罪，情重者斬，餘皆配遠惡地，籍其家貲之半爲賞。竊盜三犯，杖配五百里或隣州。雖非重法之地，而囊橐重法之人，以重法論。其知縣、捕盜官皆用舉者，或武臣爲尉。盜發十人以上，限内捕半不獲，劾罪取旨。若復殺官吏，及累殺三人，焚舍屋百間，或群行於州縣之内，劫掠江海船筏之中，雖非重地，亦以重論。

（宋）李燾《續資治通鑑長編》宋神宗熙寧八年八月〔戊申〕詔：災傷州軍獲强盜，該凌遲處斬。或殺人，或凶惡，或軍人，或三犯行劫，並至死。或曾犯盜至徒，經斷而又三人以上持杖行劫，至死。或在重法州縣者，聽用賞格。餘降一等賞之，劫穀食者又降一等。

（宋）李燾《續資治通鑑長編》宋神宗熙寧十年五月〔丁巳〕檢正中書户房公事安燾言：準敕體量河北、京東等路賊盜，竊以朝廷平日立法以治盜賊者，其追捕之格、購賞之科，不爲不備。然今日兩路之民，不因災饉而轉爲盜賊者相繼，至于率衆群行，殺害官吏。雖誨盜致寇之由未可遥度，然購捕之格恐難以常法治之。今獻四事：一、彊盜雖殺人，爲首者能捕斬死罪兩人，爲從者捕斬一人以上，並原罪給賞；二、告獲强盜，各依重法地酬賞外，第加一等；三、大名府、濱、棣、德州賊盜，如被告獲，依重法處斷，不用格改法；四、强盜如不自陳首，遇將來效赦，未得原免，並具情理奏裁。從之。

（宋）李燾《續資治通鑑長編》宋神宗熙寧十年五月〔丙寅〕中書門下奏：近詔京東、河北路强盜罪至死，知人欲告及按問欲舉而自首，合該減等，内係群黨及情重者，未得斷放，奏取指揮。内有所犯情理不一者，欲令比附施行。從之。

（宋）李燾《續資治通鑑長編》宋神宗元豐九年八月 乙巳，京西路轉運司言：軍賊黄青等正賊不多，餘多驅虜，乞令所虜百姓婦女等，許經村堡或官司自首，雖嘗驅率作過，並釋罪。若捕盜人等見被驅虜之人，即令招呼，亦與免罪。如敢鬬敵者，自令捕殺。中書擬依，而上批：今賊已破散，獵取餘黨不難爲力，近安撫等司累奏獲首級，深慮冒賞小人害及無辜。可速指揮，如尚有未盡之人，聽捕執赴官，毋得斬級。

（宋）李燾《續資治通鑑長編》宋神宗元豐元年八月 壬戌，知鄂王韶言，逃軍田勝等累刺配，復走還作過，已遣人捕斬給賞。乞自今配軍逃亡爲盜，聽捕斬，賞錢十千。詔坐條劄與韶照會，如所犯情深重，罪不至死，奏裁。

（宋）李燾《續資治通鑑長編》宋神宗元豐元年十月〔庚戌〕詔：孫頎以逐處已獲賊徒量輕重，依今分定三等刑名，斷訖奏聞。其持仗助賊同劫略，不以有無贓，並斬；初見逼脅，因而與賊爲用，手傷事主及捕盜人等，或迎接賊勢，掠取財物、借助兵仗、窩藏之類，并決脊杖，量情刺配，本罪重者自從重；或爲賊驅迫，齎持人口、財物，受賊贓不以告官之類，並決，情重者送五百里編管。

（宋）李燾《續資治通鑑長編》宋神宗元豐五年正月〔庚子〕詔：强盜保甲教閲軍器者處死，情輕奏裁。竊盜箭二十隻。徒一年；弓，徒二年；弩，流三千里。徒罪配五百里，流罪配千里。獲竊盜保甲教閲軍器一人比二人推賞。

（宋）李燾《續資治通鑑長編》宋神宗元豐七年四月〔辛巳〕提舉河北東路保甲司言：大名府朝城、澶州觀城等縣、相州臨漳縣保甲百姓等，群以解質爲名，公行强取錢物，乞嚴立約束，内未獲人每名賞錢二百千，募諸色人告捉。自今保甲輒敢如此，並乞依此立賞。詔從之。

詔：河北保甲司以保甲買賣、質借、投托爲名，狀實强盗，應在各所粉壁曉示。犯者情涉凶惡，罪不至死，奏裁。

（宋）李燾《續資治通鑑長編》宋神宗元豐七年四月壬子，疏决在京獄囚强盗鬬殺輕者減一等，雜犯抵死降流，流以下第降，杖以下第降，以下釋之。開封府界諸縣準此。兩紀並書此。

（宋）李燾《續資治通鑑長編》宋神宗元豐八年七月〔甲寅〕門下省言，自今應天下州、軍勘到强盗，情無可愍，刑名無疑慮，輒敢奏聞者，並令刑部舉駁，重行朝典，不得用例破條。從之。司馬光《劄子》、《范百禄傳》，八月奏酉，明年閏二月壬辰、丙午，當並考。《舊録》云：祖宗以來，大辟可愍與疑慮得奏裁，多從寬宥。司馬光屢奏，以爲廢法，故降是詔，由是例外不敢奏讞，刑部侍郎范百録與其屬劉賡數辨論之，不從，死者甚衆；熙寧歲二三千或千有奇，元豐歲一二千有奇，或不及千，元祐歲四五千或二千有奇。《新録》辨曰：按舊文云祖宗以來，大辟可愍與疑慮得奏裁，則情理無可愍，刑名無疑慮者，有司妄讞以希寬縱，非辟以止辟之意。今使刑部舉駁，不得用例破條，正合祖宗立法之意。治姦惡，安善良，則斷獄雖多，乃致刑清之漸也。自祖宗以來到二千有奇九十四字，並删去。先是，曹州民趙倩等三人同劫南華縣頓榮家財物，以槍刺傷頓榮。既捉獲，估贓計六千九十九錢。曹州勘頓榮被刺傷時，不曾經官檢驗，遂具案奏聞。大理寺定官斷趙倩等，會赦，準律合決重杖處死，刑部用例，擬特貸命，杖脊二十，刺面配廣南遠惡州軍。司馬光以爲：近年諸州勘到劫賊，但不曾殺人放火者，並作情理可愍，或刑名疑慮申奏，朝廷率從寬貸。竊詳逐人既爲劫賊，情理有何可愍？赦後贓滿傷人，刑名有何疑慮？此皆逐州官吏避見失入罪名，專務便文營己，無去害疾惡之心。況曹州素多盗賊，係重法地分，如趙倩等所犯如此，皆得免死，則是强盗不放火殺人者，盡皆免死。竊恐盗賊轉加恣横，良民無以自存，殆非懲惡勸善之道。故有是請。《范百禄新傳》云：遷刑部侍郎，有以强盗及故殺、鬬殺情可矜者讞于朝，法官援例貸免。司馬光曰：殺人不死，則法廢矣。百禄曰：謂之殺人則可，制刑而以爲不疑，原情而以爲無可憫則不可。今必處死，則二殺之科，自是無可疑與可憫者矣。卒不用。前此，嘗詔天下奏獄不當讞者按其罪。有司重請讞，至有枉情以合法者。百禄曰：熙寧之令，非疑慮與可憫而輒奏者免駁勘。至元豐删去之。去年詔書不得用例，貸配不當，即奏劾，自是官吏畏罪，不憚論殺。因具元豐六年至元祐二年死者貸者之數以聞。明年，奏獄，門下省多駁正，當貸者皆欲殺。百禄屢以告執政，執政言于上，有詔：例在有司者，悉收還中書。置檢例官二人，使議去取，閱刑部、大理所奏疑慮若可憫，情法輕重之狀有異同，各以上。百禄請去，且上疏論之，悉如所請。自是例復歸刑部矣。《百禄舊傳》同此，當附二年三月，或元年九月，仍辨其誤。《王震舊傳》云：遷給事中，時司馬光等變亂法度，震度不能争，屢欲引去。會光以州郡讞獄，情理可憫，刑名疑慮得貸者，衆雖有生，比不可用。震見光省中曰：天下奏案一耳，前此例貸死，今皆殺之！光曰：刑輕于古，民易犯，矧刑名疑慮，引例求貸，皆古所無。震曰：漢約法三章：傷人及盗抵罪。今盗固有至死者，罪疑惟輕，與其殺不辜，寧失不經，皆聖人在上憫元元之意也。且漢有决事，此何謂無？明日，以光所斷當生而殺者，具其名數，誦言于朝。因求補外，遂以龍圖閣待制知蔡州。《王震新傳》云：遷給事中，時司馬光爲相，震心不自安，欲引去。會光改刑名皆疑慮法，震見光省中云云，因求補外，遂以龍圖閣待制知蔡州。元年閏二月四日，震乃出知蔡州。震與光辨，當附出知蔡州時。《舊録・杜紘傳》云：紘爲人外若寬曠而中實深險，初爲文彦博、吴充等知薦之。元祐初，司馬光議天下奏情可憫，刑名疑慮，多不實，輒貸死。請勿貸，自紘發之，時死者甚衆。紘長于法律，其刻深類此。元祐中，附會以進。《新録》辨曰：史氏有言曰：仁者制亂而弱者從之。蓋剛强非不仁，而柔弱者，仁之賊也。本朝累聖一德，主于好生，然亦未嘗縱捨有罪，末流之弊，吏以便文自營爲俗，雖於用法無疑者，皆以上讞，輒見虧除。是故姦宄以爲幸，而民多冤。司馬光所以捄有司之過，以輔成王者制亂之仁，此天下正義也。嘗聞之諸老長者，元祐初，丞相光當國，天下死刑減往時少半，非盛德者孰能之？而史官妄謂時死者甚衆。自紘爲人以删下去。

（宋）李燾《續資治通鑑長編》宋神宗元豐八年十一月癸巳，詔强盗按問欲舉自首者，不用減等。《舊録》云：初，熙寧中應强盗賊證未明，因擬被執而自能自言，皆從末減。時司馬光以爲非是，刑部觀望，有請，從之。《新録》辨曰：按問欲舉條制，第四卷論之已詳。自初熙寧中至從之四十字並删去。明年二月末范純仁奏當考第四卷，事在是年四月二十五日。

《宋史》卷二〇一《刑法志》〔元豐〕八年，尚書省言：諸獲盗，有已經殺人，及元犯强姦、强盗貸命斷配之人，再犯捕獲，有司例用知人欲告、或按問自首減免法。且律文自首減等斷遣者，爲其情非巨蠹，有改過自新之心。至於姦、盗，與餘犯不同，難以例減。請强盗已殺人，并强姦或元犯强盗貸命，若持杖三人以上，知人欲告、按問欲舉而自首，及因人首告應減者，並不在減等例。初，王安石與司馬光争議按問自首法，卒從安石議。至是，光爲相，復申前議改焉。乃詔：强盗按問欲舉自首者，不用減等。既而給事中范純仁言：熙寧按問欲舉條並得原減，以容姦太多，元豐八年，別立條制。竊詳已殺人、强姦，於法自不當首，不應更用按問減等。至於貸命及持杖强盗，亦不減等，深爲太重。按《嘉祐編敕》：應犯罪之人，因疑被執，贓證未明，或徒黨就擒，未被指説，但詰問便承，皆從律按問欲舉首減之科。若已經詰問，隱拒本罪，不在首減之例。此敕當理，當時用之，天下號爲刑平。請於法不首者，自不得原減，其餘取《嘉祐編敕》定斷，則用法當情，上以廣好生之德，下則無一夫不獲之冤。從之。

（宋）**李燾《續資治通鑑長編》宋哲宗元祐元年四月**〔丙申〕陝西轉運司言：本路近歲賊盗多出商山，乞將商、虢二州及永興軍乾祐縣山居百姓，並依重法地分施行。詔：强盗三人已上，並依重法地分施行。

（宋）**李燾《續資治通鑑長編》宋哲宗元祐元年七月**〔己未〕假承務郎高英言：請以强盗比吏之枉法，監守之自盗，不用赦原，仍除投换之法，庶幾群盗有所畏憚。令兵部相度配軍元犯强盗者，自今不許投换別軍。從之。

《宋史》卷二〇一《刑法志》〔哲宗〕又詔：諸州鞫訊强盗，情理無可憫，刑名無疑慮，而輒奏請，許刑部舉駁，重行朝典，無得用例破條。從司馬光之請也。

（宋）**李燾《續資治通鑑長編》宋哲宗元祐元年八月** 甲辰，刑部言：重法地分劫盗，因按問首告減等，依常法妻子不緣坐，慮有已行編管者，請令逐便。從之。

（宋）**李燾《續資治通鑑長編》宋哲宗元祐六年閏八月**〔戊辰〕大理寺言：軍人逃亡後强盗放火謀殺人，若持仗竊盗滿二貫捕獲者，配千里。即因强盗謀殺人配充軍而犯者，不以赦前，徒罪皆配廣南，流罪配沙門島。重法地分人窩藏重法地分劫盗罪至死者，配遠惡處，再犯者配沙門島。盗者情重，窩藏人當行處斬。盗罪至徒流者配五百里，再犯者配二千里，並許人捕，給窩藏人賞錢之半。知欲爲强盗及持仗竊盗之情，而合食令得爲盗，及已犯而令得隱匿者，盗罪至配本州，盗應配者配本城。即强盗係死罪重者配遠惡處，再犯者不以赦前後，配沙門島。從之。

（宋）**李燾《續資治通鑑長編》宋哲宗元祐七年十一月** 乙酉，詔應重法地分，劫盗五人以上或凶惡者，行重法，餘依常法，窩藏人準此。

（宋）**李燾《續資治通鑑長編》宋哲宗元符元年正月**〔壬辰〕尚書省言：强盗罪至死，會恩後再犯，而罪不至死者，奏裁。其已被徒伴通説，事發而逃亡，後遇赦者，準此。因强盗殺人者，不要犯時不知律内傷人，或殺傷人之卑幼者，奏裁。從之。《新》削。

（宋）**李燾《續資治通鑑長編》宋哲宗元符元年六月**〔乙酉〕刑部言，請依元豐敕，重法地分，劫盗不以人數，並行重法；竊盗三犯，杖配本州。從之。《新》無。

（宋）**李燾《續資治通鑑長編》宋哲宗元符元年六月**〔甲辰〕大理寺言：知强盗及持杖竊盗之情而藏匿，若過致資給及漏露消息，令得行盗及隱避者，並罪至死。及應配者，並配本州。强盗死罪情重者，依重法地分窩藏法，仍奏裁。窩藏重法地分，劫盗罪至死，配遠惡，妻子五百里編管。再犯配沙門島。以上盗者情重，窩藏人當行處斬，家産給半充賞。即盗罪至徒流者，配五百里，妻子鄰州編管，再犯配二千里。並許人捕，家産給三分充賞。從之。《新》削。

（宋）**李燾《續資治通鑑長編》宋哲宗元符元年七月**〔壬子〕大理寺言：博易糴買綱運官物者，計已分依貿易官物法，强者計利併贓，以不持仗强盗論，罪至死者減一等，皆配二千里。二十貫，爲首絞，殺傷人者，依本殺傷法，或徒黨者，仍以財産給賞，依重法地分劫盗法。如知情、停藏、附載者，減罪人罪一等。以上罪至徒者，運載船車畜産竝没官。其被盗之人速隨近官司，即因被盗而受贓者，以凡盗論。博買官船釘板及隨船所須之物，許人告，每獲釘板等，估價不滿一貫文，加五貫，至三十貫止。從之。《新》削。

（宋）**李燾《續資治通鑑長編》宋哲宗元符元年七月** 乙亥，大理寺言：重法地分劫盗死罪會降，乃災傷減刑，皆配遠惡處；流罪皆配廣南；徒罪及流罪會減降應減等者，皆配三千里；應原者，配五百里。除依條給賞外，仍以其人産充賞，死罪全給，流罪給半，徒罪給三分。其妻子竝編管，死罪千里；流罪及死罪會降，若災傷減等者，五百里；徒罪及流罪降至徒罪，鄰州。以上劫盜及其妻子應編配者，會恩不移放，即妻子已編管而再遇赦者，依常法。從之。《新》削。

（元）馬端臨《文獻通考》卷一六七《刑考·刑制》 〔崇寧〕三年，宰臣蔡京請倣《周官·司圜》之法，令諸州築圜土，以居强盜貸死者。

（宋）李燾《續資治通鑑長編》宋高宗建炎元年八月 庚辰，詔：榜諭爲盜軍民，率衆歸降，當赦其罪，仍審量事理，命以官資；若敢抗拒，仍舊爲惡，則掩殺正賊外，父母妻子並行處斬。如大兵會合已到城下，改過出降，放罪推賞。仍令監司召募土豪，自率鄉兵會合討蕩，亦許先次借補官職。

（宋）李心傳《建炎以來繫年要録》建炎二年正月 丁未，詔曰：自頃姦臣誤國，邊隙既開，兵禍及於黎元，烽塵暗於京闕，軍以傷殘而散潰，民因侵軼而流亡，遂假勤王之名，公爲聚寇之患。朕駐蹕淮甸，欲還故都，興言及茲，痛憤良切，凡今日奪攘縱暴之侶，皆異時忠義向方之人。白日照臨，明爾遷善之意，皇天覆幬，監予止殺之誠。一應盜賊，回心易慮，散歸田里，或失業不能自還者，令所在官司條具以聞，朕當區處。其日前罪犯一切不問。著此爲宗澤論詞臣失職事始，《中興聖政》臣留正等曰：民流散而至於奪攘，皆非其本心。苟生朝夕，失計而爲之也。從而殲之，不爲無罪，要非先以化誨，而使之自新，聖人不忍遽絶之也。斯詔之頒，勉其遷善之意，喻以止殺之誠，丁寧懇惻，亦云至矣。昔周之於頑民，庸殺而姑教之，且曰：我惟一人弗恤弗蠲，乃事時同於殺。蓋言民爲亂而我不哀恤之，不蠲潔之，雖民以罪致死，與我殺之何異，周之待頑民如此，卒能致其保受威命明德，同於友民。忠厚之風，詩人歌之。竊讀斯詔，豈非所謂忠厚之至歟？

（宋）留正等《中興兩朝聖政》宋高宗紹興元年九月 戊戌，刑部奏：軍士黄德等劫殺案，目其從二人倬于岸次，刑寺欲原死。上曰：强盜不分首從，此何用貸？朕居常不敢食生物，懼多殺也。盜於此時須當殺以止殺。

（清）徐松《宋會要輯稿·刑法二·禁約》 〔南宋高宗紹興〕二年三月四日詔：臨安府城内犯强盜及放炎燒人有居止之室，並依開封府條法斷罪，告捕人。除依條推賞外，令所屬具詣實聞奏，當復與推恩。仍令尚書省出榜。二年三月二十八日，知臨安府宋輝言：日近有遺火去處，其犯人多是避罪走閃，根捉不獲。乞每五家結爲一保，互相覺察逃亡軍人及姦細、盜賊停藏之家，仰同保人赴官陳告，特與免罪，仍令後人户有遺火去處，本保人先次收捉正犯人赴府，如正犯人走失，其同保人並一例科罪。從之。

（宋）李心傳《建炎以來繫年要録》紹興三年十月 〔己丑〕詔捕獲强盜，雖無被主姓名，而贓滿已經論決者，許推賞。先是，太常少卿唐恕言：舊法獲盜，不知被主姓名，則不該賞。故江湖間有舉舟盡遭屠戮，蹤迹絶滅，官司雖知，終不掩捕。蓋既知無激勸之方，又欲逃捕盜之責，法久姦生，望賜更改。故有是命。

《宋史》卷三五《孝宗本紀》 〔淳熙六年二月〕丙午，詔逃軍犯强盜者毋擬貸。

《宋史》卷三五《孝宗本紀》 〔淳熙十三年〕二月甲寅，詔强盜兩次以上，雖爲從，論死。

（宋）謝深甫等《慶元條法事類》卷一七《文書門·架閣》 賊盜敕：諸盜見行及應架閣文書，人情弊者，徒貳年，不以赦降原減。

（宋）謝深甫等《慶元條法事類》卷七三《刑獄門·決遣》 乾道六年三月二十五日，敕：今後應强盜贓滿内，爲首及下手傷人，若下手放火，或因而行姦，或殺人加功者，加功，謂不下手殺人，當時共相擁迫，由其遮過，逃竄無所，既相因藉，始得殺之。并已曾貸命，再犯之人，以上六項，並依舊法處斷，不許奏裁外，餘聽依刑名。疑慮敕條奏裁。

淳熙七年九月十一日，敕：臣僚劄子奏，恭覩淳熙六年二月十八日指揮，今後逃亡軍人，如犯劫盜，令刑寺不得引用六項指揮擬貸。續承淳熙七年正月二十八日指揮，逃亡軍人犯劫盜，指揮内更添效用二字施行。竊詳立法之意，欲懲禁軍逋逃，因而作過。而後來有司拘文，悉以雜犯斷配罪人，或厢土軍之類。初犯强盜，贓滿五貫者，雖不曾傷人，一切斷以極刑。誠非陛下好生之本意。奉聖旨於淳熙六年二月十八日，并七年正月二十八日指揮内，逃亡軍人字，改作逃亡禁軍字。

淳熙十二年十月二十七日，敕：强盜六項指揮内，貸命再犯之人，雖經赦亦理爲一犯。

淳熙十三年二月六日，敕：强盗六項指揮外，有累行劫至兩次以上，雖是爲從，亦合依舊法處斷。内有情實可憫者，方許奏裁。至於犯在六項之内，如是未獲，令提刑審實，督責州郡，立賞名捕期於必得。若有違慢，將當職官按劾施行。

本所看詳上件指揮，取到刑部狀，稱兩次以上，即係及三次，須是逐次贓滿，不曾該赦，斷死罪者，方今引用。今聲説照用。

（宋）謝深甫等《慶元條法事類》卷七五《刑獄門・部送罪人》 名例敕：諸强盗十次得財，一傷人當兩得財，並謂有財主照證者，經恩尚有餘罪，或該配者，皆理爲數。或親傷捕盗官，或手殺捕盗將校、財主，或該陵遲處斬，或結梟徒黨於州、縣、鎮、寨内强盗，或朝廷遣使捕者，並爲凶惡。

（明）張四維《名公書判清明集》卷一四《懲惡門・霸渡・霸渡》 勑：諸津渡於深闊湍險之處，嚇乞取財者，以持杖竊盗論。律：諸本以他故毆擊人，因而奪其財物者，計贓以强盗論。又勑：諸强盗得財者，徒三年，毆人者，配千里。法令所載，昭如日星。姦民無狀，輒敢冒犯。鄭在九捉討過渡客人方太渡錢，搶去麻布一疋，及將方太等縛打，正犯上項條令。况其騙人財，拆人屋，多取銅田渡錢八十貫，罪犯非一而止，豪據一方，呼嘯朋儔，肆爲劫奪，往來之人，被其苦害，不能伸訴者，何可勝計。決脊杖十五，配一千里，以爲霸渡害民者之戒。朱再乙名爲訴鄭再九，而所争正係争奪據渡，累代豪占，決非善良，搶取渡錢一節，尤爲非理，勘杖一百，放。餘照聽所擬行下，仍榜諸處津渡。

（清）沈家本《讀律贅言・歷代治盗刑制考》 《宋史・刑法志》：五季衰亂，禁罔煩密。宋興，削除苛峻。舊法强盗持杖，雖不傷人，皆棄市。建隆中詔，但不傷人者，止計贓論。仁宗天聖五年，陝西旱災，因詔，民持杖劫人倉庫，非傷主者減死，刺隸他州。非首謀者又減一等。景祐二年改强盗法，不持杖、不得財徒二年；得財爲錢萬及傷人者死。持杖而不得財流三千里，得財爲錢五千者死；傷人者殊死。不持杖，得財爲錢六千，若持杖罪不至死者，仍刺隸千里外牢城。神宗熙寧四年，立《盗贓重法》，凡劫盗罪當死者，籍其家貲以賞告人，妻子編置千里。遇赦，若災傷減等者，配遠惡地。罪當徒、流者配嶺表；流罪會降者配三千里，籍其家貲之半爲賞，妻子遞降等有差。應編配者，雖會赦，不移不釋。凡囊槖之家劫盗死罪，情重者斬，餘皆配遠惡地，籍其家貲之半爲賞。盗罪徒，流者配五百里，籍其家貲三之一爲賞。元豐敕，重法地分，劫盗五人以上，凶惡者，方論以重法。哲宗紹聖後，有犯即坐，不計人數。至元符三年，因刑部有請，詔改依舊敕。先是曾布建言：盗情有重輕，贓有多少。今以贓論罪，則劫貧人，情狀亦殊。以手足毆人，偶傷肌體，與夫兵刃湯火，固有間矣，而均謂之傷。朝廷雖許奏裁，而州郡或奏或否，死生之分，特幸與不幸爾。不若一變舊法，凡以贓定罪及傷人情狀不至切害者，皆從罪止之法。其用兵刃湯火，情狀酷毒及污辱良家，或入州縣鎮砦行劫，若驅虜官吏巡防人等，不以傷與不傷，凡情不可貸者，皆處以死刑，則輕重不失其當矣。及布爲相，始從其議，詔有司改法。未幾，侍御史陳次升言：祖宗仁政，加於天下者甚廣。刑法之重改而從輕者至多。惟是强盗之法，特加重者，蓋以禁姦宄而惠良民也。近朝廷改法，詔以强盗計贓應絞者，并增一倍；贓滿不傷人及雖傷人而情輕者奏裁。法行之後，民受其弊。被害之家，以盗無必死之理，不敢告官，而鄰里亦不爲之擒捕，恐怨仇報復。故賊益逞，重法地分尤甚。恐養成大寇，以貽國家之患，請復行舊法。布罷相，翰學士徐勣復言其不便，乃詔如舊法，前詔勿行。崇寧中，始從蔡京之請，令諸州築圜土以居强盗貸死者，晝則役作，夜則拘之。視罪之輕重，以爲久近之限。許出圜土日充軍，無過者縱釋。行之二年，其法不便，乃罷。高宗建、紹間，天下盗起，往往攻城屠邑，至興師以討之，然得貸亦衆。同知樞密院事李回嘗奏强盗之數，帝曰：皆吾赤子也，豈可一一誅之，誅其渠魁三兩人足矣。

《通考》孝宗淳熙中中書舍人葛邲言：乾道六年，指揮强盗并依舊法，議者以爲持杖脅人以盗財者亦死，是脅人與殺人等死，恐非所以爲良民地。後來，遂立六項并依舊法處斷外，餘聽依刑名，疑慮奏裁。自此，指揮已行之後，非特刑名疑慮者不死，而在六項者亦不死。法出姦生，徒爲胥吏受贓之地。若犯强盗者，不別輕重，而一於死，則死者必多，又非所以示好生之德也。乞下有司，詳議立爲定法。從之。其後，言者又謂，强盗苟不犯六項，雖纍行劫至十數次以上，并贓至百千貫，皆可以貸命。謂宜除六項指揮外，其間行劫至兩次以上，雖是爲從，亦合依舊法處斷。乃詔自今應强盗除六項指揮外，其間有纍行劫至兩次以上，雖是爲從，亦依舊法處斷，有情實可憫者，方行奏裁。所謂六項者，謂爲首及下手傷人、下手放火，因而行姦殺人，加功已曾貸命，再犯之人也。

(宋) 彭大雅《黑韃事略》 其犯寇者殺之，没其妻子畜産，以入受寇之家。或甲之奴盗乙之奴物，皆没甲與奴之妻子、畜産，而殺其奴及甲。謂之斷案主，其見物則謂之撒花。予之，則曰捺殺，因韃語好也。不予，則曰冒韃，語不好也。撒花者，漢語好也。

《遼史》卷六二《刑法志》〔興宗重熙五年〕有兄弟犯强盗當死，以弟從兄，且俱無子，特原其弟。

(清) 嵇璜等《續文獻通考》卷一三五《刑考·刑制》〔大定〕二十九年九月時章宗已即位，制諸盗賊聚集至十人或騎五人以上，所屬移捕盗官捕之，仍遞言省部。三十人以上奏聞，違者杖百。

至泰和間，又詔定：凡千户穆昆，受隨處捕盗官公移，盗急，不即以衆應之者，罪有差。

(清) 畢沅《續資治通鑑》金章宗承安三年三月 丁巳，金敕：隨處盗賊，毋以强爲竊，以多爲少，以有爲無；嘯聚二十人以上奏聞；違者杖百。

(清) 畢沅《續資治通鑑》金章宗泰和七年六月 己酉，金以山東多盗，制：同黨能自殺捕者，官賞有差。

《金史》卷一五《宣宗本紀》〔興定二年三月〕丙申，更定京城捕告强盗官賞制。

(清) 沈家本《讀律贅言·歷代治盗刑制考》 金國舊俗盗劫者，擊其腦殺之，没其家貲，以十之四入官，其六償主，併以家人爲奴婢。其親屬欲以馬牛雜物贖者，從之。

史金波等譯《天盛改舊新定律令》卷三《妄劫他人畜駄騎門》 一、諸人已□躲避，屬者未知，對他人之牲畜於道上劫駄騎時，與畜屬者相識、不相識一樣，捕畜時於他人處未説知，而令留住者，五日之内放畜，則放時令知見在，因未問屬者之意而駄騎，有官罰馬一，庶人十三杖。已殺其畜，已無有，當償。若放時未使知，及五日中已無有，畜實在駄騎手上，畜主人及他人等捕捉舉告，及超過日期等，一律依數量按偷盗法判斷。

一、因□□駄騎他人牲畜，對旁人處説，知留住時，其中與有畜者相識，五日之内雖放出，駄騎時捉捕等，有官罰馬一，庶人十三杖。若日期超過則比偷盗減二等。不相識，在期限中放畜，屬者得到者，駄騎者徒三個月。在駄騎手上捕獲，及超過期限，一律當比偷盗減一等。

一、前述未識而騎他人畜時，畜未得到以前，追告及他人舉報等，依法實行。畜主人畜已失後，屬者在一個月中告則當問，超過日期及旁人舉報，不允接狀、審問。若違律時，報舉、接狀者，一律有官罰馬一，庶人十三杖。

一、諸人酒醉任意相□持拿畜、物，酒醒後還回，及知持拿，自取時酒醉，因持物往行，□□酒醒時，當經附近巡檢、遷溜、諸司等，向屬者只關，不允旁人告舉、接狀。若違律時，告者、接狀者，有官罰馬一，庶人十三杖。若酒已醒，不告隱匿，不還與屬者，按假托酒醉盗持畜、物，依平時偷盗、强盗程度如何，以持盗法判斷。

史金波等譯《天盛改舊新定律令》卷九《行獄杖門》 一、牢獄中獄囚爲他人强行救拔出監者，囚入手則有逆罪，取囚者造意不論官，斬，從犯庶人當絞殺。取長期徒刑者，造意當絞殺，從犯徒十二年。取短期者，造意徒八年，從犯徒六年。取杖罪者徒三年，從犯二年。囚未入手，殺傷監者，殺一時造意殺者不論官，以劍斬，從犯無期徒刑。殺自二至三時，無論主從，不論官，皆劍斬。造意殺者等同居子女當連坐，入牧農主中，此外家門不連坐。殺四人以上及一門下殺三人。斷獨二□根等，依逆□内明之法判斷。人已傷而未亡，則與囚入手罪及故意傷人罪等，從其重者判斷。若囚未入手而傷人時，依强盗執械器、物未入手而傷人法，再比囚未入手、人亦未傷則囚所承罪判斷減一等。

一、監獄内囚諸人隨意□□遣有罪人，人入手，他人取時，使與有罪人同等判斷。若以之傷殺人者，牢獄取囚與傷殺人罪相同。囚未入手，則比有罪人減二等。

《元典章》卷四九《刑部·諸盗·評贓·盗贓無償折償》 至元九年十一月二十二日，歸德府爲睢陽縣賊人挠順興等打劫訖不識事主財物，已將賊人順興斷訖，據合追正贓，各賊人家貧無可追徵，申奉到中書兵刑部符文該：欽奉聖旨條畫内一款節該：盗賊正贓，於犯人名下追徵。如委無正贓，以他物折償。無可償者，折庸準算。如年限未滿本人身死，子孫不在折庸之限。欽此。

《元史》卷八《世祖本紀》〔至元十二年十一月〕樞密院言：【略】新附郡縣有既降復叛，及糾衆爲盗犯罪至死者，既已款伏，乞聽權宜處决。從之。

《元典章》卷五〇《刑部·諸盗·搶奪·巡軍奪鈔刺斷》至元二十三年八月日，江西行省準中書省咨來咨：南康路申，建昌縣巡軍張焦住狀招，於至元二十三年二月二十九日，見顧同祖將贖田價鈔回還安下處，焦住發意根隨顧同祖，到大街無人處，將本人拖入巷内偏處，打訖兩拳，奪訖鈔一百二十五兩罪犯。本省看詳：若依審斷罪囚，官所擬比附强盗不傷事主刺斷，緣所犯在分揀罪囚已前，却該釋免。但張焦住所招情犯頗重，合無從輕量斷一百七十。咨請定奪事，都省議得：賊人張焦住罪犯，依準本省所擬，市曹對衆杖斷一百七下，刺面配役，請依上施行。

《元史》卷一九《成宗本紀》〔大德元年五月〕詔强盗姦傷事主者，首從悉誅；不傷事主，止誅爲首者，從者刺配，再犯亦誅。

《元典章》卷五〇《刑部·諸盗·搶奪·出征軍人搶奪比同强盗杖斷》

大德六年二月二十八日，江西行省準中書省咨來咨：瑞州路高安縣民户袁德善等，告行雲南軍人羅八等一千餘人手執刀刃、棍棒打傷老小，搶劫錢物公事。取到犯人羅八名後等各各招詞。看詳：羅俊等元系起補雲南軍人，始因托散嚇取百姓錢物，後長愚意白晝强劫，打傷若同殺傷事主（例）定擬，却緣詔書已前止招持杖强劫民財詳情。擬合將各人杖斷一百七下，刺訖發付雲南應充軍役。咨請照詳。準此，都省議得：羅俊等所犯，若依行省所擬刺斷，緣系雲南出征軍人，擬將各人比同强盗，免刺杖斷訖，發付雲南出軍。

（元）沈仲緯《刑統賦疏·第七韻》贓罪六色共犯而合併者盗贓。

贓罪六色，强盗、竊盗、監臨主司受財而枉法、受財而不枉法，監臨之官受所監臨財物、非監臨主司而因事受財，然併贓論者止曰盗贓。故賊盗律，諸共盗者併贓論，蓋枉法、不枉法、受所監臨坐贓，此四者皆彼與此受故不以與財總數計贓，而但以己分多寡爲罪。若其强盗竊盗既非財主自與又以侵損於人爲深惡，所以若有十人同盗得絹匹，人各分受一匹，故併贓論各人俱科十匹之罪，此其立法特與餘贓異也。

直解：枉法、不枉法、受所監臨、坐贓四者各以己分多寡爲罪，惟强盗竊盗則併贓論罪。

通例：大德五年十二月盗賊斷例，諸共盗者併贓論罪，仍以造意之人爲首，隨從者各減一等或二罪俱發，從其重者論之。延祐六年六月大寧路賊人陶改兒通犯竊盗一十一次，合依竊盗崔敬臣一主財物爲重斷配。大德七年五月部議尖冢倉監支納六國蠻大使張仲禮、大使馬良卿齎納糧戶席錢二千九百二十八貫一兩五錢，每人分訖九百七十六兩五錢入己比不枉法科斷解任。

（元）沈仲緯《刑統賦疏·第四韻》使之迷繆，固宜加藥之，從强。

先王立法有正有變，執法之士能知法之正變者斯可矣。夫以威力而取其財者强盗之正也，或飲人藥酒及食中加藥使人迷繆而取其財，雖不施威力而亦從强盗論者，豈此法之變乎。故《賊盗律·諸强盗》注謂以威，若力而取其財者，先强後盗，先盗後强等，若與人藥酒及食使狂亂取財，飲之以藥酒，食之以藥食，使之狂亂而取其財，二者事雖異而情則同，得財與不得財均論之强盗也，不亦宜乎？

直解：以藥酒及藥食飲食人使狂亂因而取其財者，以强盗論。

通例：大德十年三月李廣志修合懵藥，令吳仲一喫，訖昏迷不省，盗訖錢鈔。刑部議得李廣志所犯既已刺放在革前於飲食内加藥令人迷繆而取其財者，合從强盗論，都省准擬。

大德十一年三月御史臺呈：監察御史糾言前例理法未盡，以舊例使人迷繆，固宜加藥以從强論，送部再議。以此賊徒若于飲食内加藥令人迷繆，而取其財者，合從强盗論。

《元典章》卷四九《刑部·諸盗·刺字·再犯經革刺左項》至大二年三月日江西行省準中書省咨來咨，撫州路倫樂安縣申：捉獲（得）强（竊）賊袁羅三，（於）大德九年六月初九日夜間，爲從行劫事主張李一家財被捉獲到官，欽遇疏放，已於本賊右（左）項上刺訖强盗一度。今次再犯强劫事主劉祥叟財物，其罪又經（詔恩）釋免。依例應刺，若再於左項上刺字，誠恐差池。緣强盗再刺，本省未嘗行過，事干通例，咨請回示。送據刑部呈議，得强盗（賊）袁羅三既是先犯遇免，刺訖右項，今犯再遇赦，擬刺本賊左項，相應具呈，照詳，都省咨請依例刺項施行。

《元典章》卷四九《刑部・諸盜・免刺・劫族弟物免刺》 延祐四年十月日，袁州路奉江西行省札付：瑞州路申，賊人羅秀六、吴信行等於延祐二年正月二十六日夜二更時分，明火持杖打傷事主羅福二等，劫到銀物。延祐四年閏正月初八日，欽奉詔赦釋放外，刺字一節。緣系强盜打傷事主，事干通例。移準中書省咨該，送刑部議得：羅秀六爲首賊糾合伊妹夫吴信行，强劫訖族弟羅福二等家財。罪遇恩詔釋免，雖是無服，終系親戚相盜，擬合免刺相應。都省準擬。仰依上施行。

(元)沈仲緯《刑統賦疏・第六韻》 五服定罪有親同於疏【略】 延祐六年六月二十二日，御史臺呈：竊財物情莫重盜賊，論親屬者義以別于服制，故盜賊有强有竊，親屬有尊有卑，所以古人立制刑亦皆不同。强盜者，情重而法重，竊盜者，情重而法輕。犯法者有加等之科，犯卑幼者有減等之例。高下均平，無相背戾。即今雖無律令條格，酌古准今，亦有累朝行過斷例。蓋無服親屬者，止科其罪，免追陪贓，不流刺字；有服之親，無減等之條：是乃輕重不倫，親疏無別矣。刑部議得：親屬相盜，無服之親，止科其罪，免追陪贓，俱不配，仍免刺字；有服之親，尊長於別居卑幼家盜竊，若强盜，及卑幼于尊長家行竊盜者，緦麻、小功減凡人二等，周親減三等，依上不刺配，免追陪贓。是五服定罪。其卑幼於尊長家行强盜以凡論。

(元)孟奎《粗解刑統賦》 觀夫首從之法有正而有權。强盜之下以首從論罪，始謀以甲爲正，以乙爲從，上盜之時甲避罪以乙權爲正，甲反爲從，然乙雖爲正終權一時，起情發意係甲主謀，合擬造意之人爲首，加減之例或後而後先。

《元史》卷一〇四《刑法志》 諸盜未發而自首者原其罪，能捕獲同伴者，仍依例給賞。其於事主有所損傷及准首再犯，不在原免之例。

《元史》卷一〇四《刑法志》 諸盜賊共盜者，併贓論，仍以造意之人為首，隨從者各減一等。或二罪俱發，從其重者論之。

《元史》卷一〇四《刑法志》 諸强盜持杖，但傷人者，雖不得財，皆死。不曾傷人，不得財，徒二年半。但得財，徒三年；至二十貫，爲首者死，餘人流遠。不持杖傷人者，惟造意及下手者死。不曾傷人，不得財徒一年半，十貫以下徒二年，每十貫加一等，至四十貫，爲首者死，餘人各徒三年。若因盜而姦，同傷人之坐，其同行人止依本法，謀而未行者，於不得財罪上，各減一等坐之。【略】諸盜庫藏錢物者，比常盜加一等。贓滿至五百貫以上者流。

《元史》卷一〇四《刑法志》 諸親屬相盜謂本服緦麻以上親，及大功以上共為婚姻之家，犯盜止坐其罪，並不在刺字、陪贓，再犯之限。其別居尊長於卑幼家竊盜，若强盜及卑幼於尊長家行竊盜者，緦麻小功減凡人一等，大功減二等，期親減三等。强盜者準凡盜論，殺傷者各依殺傷法。

(元)徐元瑞《吏學指南・賊盜》 賊寇，盜劫人財者曰賊，剽掠作過曰寇。又殺人不忌曰賊，報仇之賊曰寇。又殺人曰賊，攻劫曰寇。

劇賊，《漢・朱博傳》云大盜曰劇賊。謂作過之甚者也。

草賊，《西羌論》曰：賊人穿竄草石。又吴周魴曰山栖草藏，故名草賊也。

夙賊，漢郭伋曰舊賊謂之夙賊。

劫盜，謂强盜一色之稱也。《說文》：私利其物曰盜。

劫殺，以力脅取曰劫，害及非罪曰殺。

劫攘，非理强取曰劫，有因而盜曰攘。

剽掠，攻劫曰剽，强奪曰掠。

抄掠，謂劫人財物也。

虜掠，俘獲曰虜，劫奪曰掠。

燒劫，放火曰燒，强取曰劫。《西京雜記》曰兵火燒劫。

搶劫，争取財物曰搶，以威脅取曰劫。

作耗，草賊爲亂，謂之作耗。荀子曰：多而亂曰耗。

反亂，逆上曰反，争强曰亂。《漢書》曰靡有孑遺。注：謂地面并無良民，盡皆作亂也。

嘯聚，吹聲也。《通鑑》釋文曰嘯咏相聚，猶言響應也。

穿窬，謂穴孔穿垣爲盜者。

掏摸，擇便取物曰掏，以手揣物曰摸。

公取，謂不避耳目，公然而取者。

竊取，謂潛形隱面，方便而私取者。

已成盜，謂珠玉寶貝之類已入手隱藏，放逸飛走之屬已專制在己者。

未成盜，謂飛放之屬引之於外，未得專制，木石重器移於本處，而未馱載，俱未成盜。

又曰首謂罪首，從謂從坐。

首從，造謀設意，專於進止，曰首；聽受糾合，同犯非違，曰從。

同火，十人曰火。謂相與作過，不以徒黨同異，但犯罪時合爲一火者。

同案，即同起也。謂不以所犯前後有差別，但相連及作一案者。

同黨，相助匿非曰黨。謂曾經和同商量，隨從同黨者。

同謀，謂一同設計作過者。

加功，從而助威，共相傷害於人，謂之加功。若雖不下手，當時同共窘迫，以致前人被害者亦是。

停藏，宿止曰停，隱匿曰藏。

窩藏，謂隱匿作過者。《左傳》曰保奸。張敞曰賊囊橐。

知情，本不同謀，唯知所犯，謂之知情。但曾預謀，謂之同情。

過致資給，謂指授道途，送過險處，助其運致，給衣糧財貨，遂使罪人藉此逃亡，潛隱他所者，謂之過致資給。

勾引，糾合人伴共造非爲，謂之勾引。

相攙，彼此共爲曰相，先後作過曰攙。

所由，因緣違誤，謂之所由。

警跡，警，戒也；跡，踪也。古曰景迹，謂顯人之行止也。

受分，謂不同上道，止分其贓者。

容隱，知有愆犯，故爲抵諱，謂之容隱。

逗引，拐帶人物，謂之逗引。

上道，謂犯罪者登途路也。已上道者，往而造罪也。未上道者，謀而不行也。

左道，非正之術，謂之左道。謂僻邪惑衆也。

造畜，造謂自造成蠱害人，畜謂傳畜猫鬼之類。

蠱毒，謂聚諸蛇蟲於一處，使之相食，獨存一物，用以害人者。

魘魅，謂事邪鬼，或用人爲牲，或將人名告於邪魔，令人病死顛狂者。

妖書妖言，怪異不常之書，謂之妖書；欺罔姦邪之言，謂之妖言。

幻術，詭誕惑衆，謂之幻術。如吞刀、吐火、植瓜、種木、屠人、戮馬之類皆是。

妖邪，四生興孽，謂之妖；神之不正，謂之邪。

姦宄，《左傳》曰：亂在外曰奸，在内曰宄。詐也。

不軌，謂不遵法度也。

誘略，以利動之謂之誘，取非其道謂之略。

迫脅，以威力相恐也。

脅從，謂迫脅而從之者。

《大明令・刑令》 凡但犯强盗謀故殺人，遇赦不原。其起内有犯杖罪者，依律斷決。其不係同謀上盗之人，擬合釋放。

《明太宗實訓》卷五《恤刑》 永樂十四年五月甲午，總兵官都督金玉等擒獲山西廣靈等縣山寇劉子進等百三十五人，械送至京。

上謂行在刑部臣曰：此徒本皆良民，或因飢窘，或爲官府虐害，不得已相率爲盗。可止罪其首惡，以示懲戒。餘皆免死，發交阯南丹。奉議、河池、向武、五開、銅鼓各衛充軍。

（明）陸粲《庚巳編》卷八《老盗》 嘉興金晟，永樂中爲刑部主事。時湖廣有强盗若干人，械至部。晟鞠之，其渠首年一百二十五歲，面如童子。晟不信，移文驗之，果然。問其所以致壽，曰：少居荆山中，嘗遇一人以草炙其臍，云令爾多壽，遂活至此耳。朝廷以其老，命杖殺之，餘皆伏誅。

《明宣宗實訓》卷一《寬仁》〔宣德七年〕六月甲午，上諭三法司官曰：今天氣炎熱，見繫罪囚宜速决遣，輕罪有例者皆知例，情重者具實奏聞。復命法司，凡强盗病死獄中，但驗實，勿斬首，先是强盗死者，例悉斬首。至是上憫之，以强盗罪惡當斬，戮死人則太過，故罷之。

《明宣宗實録》宣德六年春正月〔乙酉〕直隸常州府知府莫愚奏：本府監繫强盗爲從，陳思保等二人，皆從父兄行劫，得財，律應斬。刑部令監候處決。臣察其祖父皆以捕魚爲業，父兄行劫時思保等皆年十二，非能助盜，特以全家舟居，故亦隨行，今父兄皆死，獨存思保等二人，當斬，揆情有可矜者。上謂行在刑部侍郎施禮等曰：虞舜罰弗及嗣，文王罪人不孥。我皇考嘗詔天下，非謀反大逆，父子毋連坐，況事發時尚幼，宜得寬減。命釋之。又曰：爲守能言，此亦可謂有仁心矣。

《明英宗實録》景泰元年五月〔庚戌〕鎮守臨清等處平江侯陳豫奏：山東等處捕獲强賊多膂力過人，一可當十，北直隸各布政司亦有此輩，恐各獄積聚數多，或自内反獄，或自外劫奪，團集人衆，滋蔓難制。乞將强賊并三犯竊盜不爲常例俱發口外總兵官處，或遇達賊侵境，即令當先捨死衝陣，殺賊一人，免其本罪，二人以上如例陞賞。若畏怯退縮者即斬以徇。如此則不惟邊境得勇敢捨死之人，亦足以消弭盜賊，且彰聖朝恤刑之典。不從。

《明英宗實録》景泰六年十一月〔壬午〕太子太保兼刑部尚書俞士悦奏：冬至陽復，宜恤刑以導和氣，請停强賊諸囚之誅。詔：以今各處盜賊多竊發，不誅之無以示警，已監者其如士悦言，捕至者即誅以徇。

《明神宗實録》萬曆四十六年六月〔丁卯〕禮部奏：庶孽常洪糾黨劫父，並盜册寶銅符，乞正國法。尤是淮王以青樓王愛儿冒額妾入宫，復以庶子常洪作螟蛉媚之，從此表裏爲姦，潛謀奪嫡。而陳妃世子幾于不免。御史陳王貞處之府外，而常洪更張虐焰，聽姦宗翌鏉、翌鍘，惡棍王重華、李龍孫等之謀，夤夜入宫，劫父驚妾，并盜册寶貲貨以出。于是御史上其事部議：淮王貽謀不臧，當罰禄四年。常洪宜令自盡，翌鏉等押發高墻，遇赦宥，王愛儿論死。長史、教授不能訓導舉首，宜令吏部議處。從之。

《明熹宗實録》天啓六年六月〔壬申〕河南道御史王業浩奏：近畿大盜横行乞，嚴得捕緝。得旨：憲臣被盜，已有旨了。還著中外巡緝衙門嚴加申飭，仍行各該撫按重捕官叅罰之條，立連坐之法，以清盜源。

黃彰健《明代律例彙編》卷一八《刑律一・賊盜・白晝搶奪》凡白晝搶奪人財物者，杖一百，徒三年。計贓重者，加竊盜罪二等。傷人者，斬。爲從各減一等。並於右小臂膊上，刺搶奪二字。若因失火及行船遭風著淺，而乘時搶奪人財物及拆毀船隻者，罪亦如之。其本與人鬭毆，或勾捕罪人，因而竊取財物者，計贓，准盜竊論。因而奪去者，加二等。罪止杖一百，流三千里，並免刺。若有殺傷者，各從故鬭論。

弘治問刑條例

一、凡號稱喇唬等項名色，白晝在街撒潑，口稱聖號，及總甲、快手、應捕人等，指以巡捕勾攝爲由，各毆打平人，搶奪財物者，除真犯死罪外，犯該徒罪以上，不分人多人少，若初犯一次，屬軍衛者，發邊衛充軍；屬有司者，發口外爲民。雖係初犯，若節次搶奪，及再犯累犯，笞杖以上者，俱發原搶奪地方，枷號一箇月，照前發遣。若里老鄰佑，知而不舉，所在官司，縱容不問，各治以罪。

胡瓊集解附例〔一款，同弘治例〕

大明律直引所載問刑條例

一、强盜不得財傷人，比依白晝搶奪傷人者律斬。【略】

順治例增條例一款，今録於下：

凡問白晝搶奪，要先明事犯根由，然後揆情剖決。在白晝爲搶奪，在夜間爲竊盜。在途截搶者，雖昏夜仍問搶奪，止去白晝二字。若搶奪不得財，及奪之物即還事主，俱問不應。如强割田禾，依搶奪科之。探知竊盜人財而於中途搶去，問搶奪。係强盜贓，止問不應。若見分而奪，問盜後分贓。其親屬無搶奪之文，比依恐嚇科斷。

黃彰健《明代律例彙編》卷一八《刑律一・賊盜・劫囚》凡劫囚者，皆斬。但劫卽坐，不須得囚。若私竊放囚人逃走者，與囚同罪。至死者，減一等。雖有服親屬，與常人同。竊而示得囚者，減二等。因而傷人者，絞。殺人者，斬。爲從，各減一等。若官司差人追徵錢糧，勾攝公事，及捕獲罪人，聚衆中途打奪者，杖一百，流三千里。因而傷人者，絞。殺人及聚至十人，爲首者斬。下手致命者，絞。爲從，各減一等。其率領家人、隨從打奪者，止坐尊長。若家人亦會傷人者，仍以凡人首從論。

弘治問刑條例

一、凡官司差人追徵錢糧，勾攝公事，并捕獲罪人，但聚衆至十人以上，中途打奪，爲從者，如係親屬并同居家人，照常發落。若係異姓，同惡相濟，及捶師打手，俱發邊衛充軍。【略】

萬曆問刑條例

一、强盗殺人，放火燒人房屋，姦污人妻女，打劫牢獄倉庫，及干係城池衙門，并積至百人以上，不分曾否得財，俱照得財律斬。隨卽奏請審决梟示。若止傷人而未得財，比照搶奪傷人律科斷。【略】

新題例

一、萬曆十五年十二月二十日題奉欽依，以後拿獲强盗，不許巡捕員役，私自拷打，徑送掌印官追認贓杖，責認失主，親摘口詞，五日内招詳。其有供攀窩夥，卽令細問姓名年貌籍貫居址，并所分贓物，明白叙列。續有拏獲，必須隔別質審，委與原問人贓相同，方許成招。如果仇攀，卽與開釋。毋得偏徇捕官，妄冒要功，濫及無辜。及三月外淹禁不結，致有冤斃者，官以罷軟論黜。

一、萬曆十六年正月二十二日題奉欽依：各處巡按御史今後奉單强盗，必須審有贓證明確，及係當時見獲者，照例卽决。如贓跡未明，招扳續緝，涉於疑似者，不妨再審。其問刑衙門以後如遇鞫審强盗，務要審有贓證，方擬不時處决。或有被獲之時，夥賊供證明白，年久無獲，贓亦花費，夥賊已决無證者，如此之類，似難意斷，俱引秋後處决。

强盗條，順治例增一款。

一、凡常人捕獲强盗一名，竊盗二名，各賞銀二十兩。强盗五名以上，竊盗十名以上，各與一官。名數不及，折算賞銀。應捕人不在此限。强竊盗賊，止追正贓給主，無主者没官。若諸人典當收買盗賊贓物，不知情者，勿論。止追原贓。其價於犯人名下，追徵給主。强竊盗再犯及侵損於人，不准首。家人共盗，以凡人首從論。

黄彰健《明代律例彙編》卷一八《刑律一·賊盗·强盗》 凡强盗已行而不得財者，皆杖一百，流二千里。但得財者，不分首從皆斬。若以藥迷人圖財者，罪同。若竊盗，臨時有拒捕，及殺傷人者，皆斬。因盗而姦者，罪亦如之。共盗之人，不曾助力，不知拒捕殺傷人，及姦情者，止依竊盗論。其竊盗事主知覺，棄財逃走，事主追逐，因而拒捕者，自依罪人拒捕律科罪。

弘治問刑條例

一、强盗殺傷人，放火燒人房屋，姦污人妻女，打劫牢獄倉庫，及干係城池衙門，并積至百人以上，不分曾否傷人，俱隨卽奏請審决，梟首示衆。

續例附考

一、弘治十七年十月刑部等衙門議奏：竊盗臨時拒捕，與竊盗臨時殺傷人，不論得財與不得財，當坐以斬。竊盗事主知覺，棄財逃走，已有悔過畏罪之心，故事主追逐，因而拒捕者，止依罪人拒捕律科罪。今後議擬，竊盗臨時拒捕，雖不得財，亦坐以斬。庶律意不違，而刑罰不濫矣。奉聖旨：是。欽此。【略】

胡瓊集解附例

强盗殺人一款。

一、響馬强盗，執有弓矢軍器，白日邀劫道路，追出真正贓仗，問招明白，俱不分人數多寡，曾否殺傷，悉擬梟首，會審情罪，奏請處决，將首級發在被劫處所，梟掛示衆。【略】

一、法司監候例該梟首示衆重囚，一時病故，霜降以後，冬至以前，照例砍頭梟挂。其餘日期及遇聖節等節，并齋戒之日，俱照常相埋。【略】

一、弘治十八年三月初四月節該欽奉孝宗皇帝聖旨，今後捕獲强盗，不許私下擅自拷打。俱送問刑衙門，務要推究得實。若徇情扶同，致有冤枉，一體重治不饒。欽此。【略】

大明律直引所載問刑條例

一、强盗得財傷人，决不待時，例該梟首示衆，一時病故，會官送赴市曹砍頭，發去原劫去處，梟掛示衆。但文移經宿，人氣喧熱，身尸潰爛，砍頭梟挂，臭□薰蒸。合無霜降以後，冬至以前，照例發去砍頭梟掛示衆，其餘日期及遇聖節并齋戒之日，春夏之□，照舊相埋，庶時不違而法亦不廢矣。

嘉靖問刑條例

一、響馬强盗，執有弓矢軍器，白日邀劫道路，贓證明白，俱不分人數多寡，曾否傷人，依律處决，於行劫處所，梟首示衆。

（明）海若湯《古今律條公案》附録《擬罪問答》 問曰：一强盗得財殺傷人，或竊盗臨時拒捕殺傷人，或奸者俱準自首，斷否？

答曰：損傷於人不準首者，謂不準其殺；殺傷並強姦之罪，今既自首得免所因，強竊仍依凡殺傷人乃強姦論。

（明）海若湯《古今律條公案》附録《擬罪問答》 問曰：如白晝搶奪人財，計贓重於本罪加竊盜罪二等，何斷加之？

答曰：設以徒三年上加者非也。謂將原搶之贓以竊盜贓計該杖一百，流三千里者，再加二等即三千里。

（明）海若湯《古今律條公案》附録《擬罪問答》 問曰：一如律云白晝搶奪，不言黑夜，設有犯者作何斷？

答曰：搶奪惡其白晝，故不計贓科罪，若是黑夜，即以竊盜論，難責以白晝二字。

（明）海若湯《古今律條公案》附録《擬罪問答》 問曰：一如同居卑幼將引他人行強盜，該照常人斷否？

答曰：親屬相盜律内止言各居者若行強盜，尊長犯卑幼亦依上減等，卑幼犯尊長以常人論。其同居者以家人自盜斷。

中國第一歷史檔案館《滿文老檔》天命六年三月 初七日，汗降諭曰：河東金州城一帶各管轄之地，凡見四處搶擄之諸申即行誘捕送之來。其帶有弓箭拒捕者，可殺之，將其弓箭來獻，至於逋居各屯之漢人、諸申，悉行拿獲，押送前來，不得疏忽，復使逃遁。

中國第一歷史檔案館《滿文老檔》天命六年九月 〔初五〕延朱虎牛録下有三人奪漢人之猪，殺而食之。遂刑二人，殺一人。

中國第一歷史檔案館《滿文老檔》天命八年七月 二十三日，汗降書曰：據聞前往戍守之人，掠奪侵害肆行，又聞國内行走之人亦行掠奪侵吞漢人之財貨。爲何不嚴查各牛録之人？竟如此任其掠奪胡行？著牛録額真、兩名代子以及四名千總，將該處所居之人名造册攜帶之，早晚查點。倘爾等不加嚴查，而放任滋事，一經他人首告，即將爾備禦、千總、守堡等治罪。

中國第一歷史檔案館《清初内國史院滿文檔案譯編》天聰七年六月 初二日，天聰汗頒詔諭曰：向者，我國官民搶奪遼東漢人，此事至今訴告不息。今此來附之衆，一切勿得侵擾。此輩攻破許多明地，長途跋涉，自願來歸，今復搶奪，實爲亂首，斷不姑恕，將其妻子一併處死。

《刑部現行則例》卷中《賊盜》 一、凡白晝搶奪三犯者，擬絞立決。若無論旗下、民人結夥指稱隱匿逃人索詐財物者，不分得財與未得財，爲首者立斬，爲從者俱擬絞監候，秋後處決。

一、凡搶奪三次者照定例立絞。竊盜三次者照律擬絞監候秋後處決外，如搶奪一次、竊盜二次者或搶奪二次、竊盜一次者免其并擬，照各所犯之罪發落。

《刑部現行則例》卷中《賊盜》 凡強盜事犯，該管屯撥什庫跪目村居住不行嚴查，照例鞭一百。

《刑部現行則例》卷中《賊盜》 凡民人奴僕背主投營挾制主人，勒索原契妻子、財物，不分首從、得財與未得財俱立斬。若止背主投營無挾制勒索者，枷號四十日責四十板，交還原主。其奴僕背主投營，該營先雖不知，後知而不發，應交與該部議。

《刑部現行則例》卷中《賊盜》 一、賊盜行劫，現在之贓各令失主認領外，如不足原失之數，或贓花費已盡，將無主之贓停其入官，變價賠補失數，餘剩者入官，如仍不足，將盜犯家産變價賠償。

一、滿州民人家僕竊盜所盜贓物，將本身自置物件及另户滿州民人竊盜所盜贓物，盡其家産變價賠償。若果家産盡絶不能賠償者，該管官出具印結，到日免追。其竊盜本身并妻子變價賠償及家僕所偷贓物令伊主代賠之例俱應停止。若該管官徇庇出結者，交該部議處。其白晝搶奪之賊，亦照此例。

一、家僕爲強賊，賠償所劫之物，將伊主自置奴僕、財物等件盡行賠償。如不足，將案内無主財物免其入官，賠補所失之數。如仍不足，將賊自買之妻變價賠償。至於自身聘娶之妻免其變價。

一、凡人擒拿強盜受傷者照律賞銀二十兩外，驗明傷痕等第給與賞賜。如凡強盜公行打劫人家，鄰佑協同拿獲者，照依拿獲強盜給賞。如知強盜公行打劫，鄰佑不行拿獲者，杖八十。凡強盜在逃走之處劫搶財物、所娶之妻并置立物件俱賠償失主。行劫贓多賠償不足者，除有主之強盜外，另户強盜賠償所劫之財，將伊劫搶財物、所娶之妻及家産、奴婢等物盡行變價賠償，如不足，將案内無主入官之物變價賠補。

《刑部現行則例》卷中《賊盜》 一、被盜失主，將劫去財物逐細列單，照遠近速行報官，後補之單不算。原失贓物，必報明該地方官，差捕員眼同起認，查封失單。若補役私起贓物者，從重科罪。如拿賊之役，借尋賊贓，不論有無當票，但指失單所載逐店搜察，又囑賊扳指某某收頓，有將賊己物坐贓、買物栽贓、混認瞞贓等弊，承問各官不加嚴禁，不行詳審，各該督撫不行嚴飭承問各官及不行題參者，俱一併議處。

《刑部現行則例》卷中《賊盜》 凡强盜傷人至死者仍照律科斷外，但傷人未死又未得財者，照搶奪傷人律科斷。

《刑部現行則例》卷中《賊盜》 强盜案内，若未經下手殺人自首者，監候。俟同夥之人一併審明，果無動手，與死者并無仇隙主謀等情，照依强盜傷人不死自首條内免死發邊衛充軍例科斷。

《清聖祖實録》康熙四十年十月〔壬申〕兵部等衙門議覆，貴州巡撫王燕疏言：黔省熟苗爲盜，與生苗潛入内地行劫者不同。其文武官弁處分，請照漢民爲盜之例。嗣後應將生苗爲盜，地方官仍照苗蠻侵害地方舊例處分。若熟苗爲盜，地方官不行緝獲，及隱諱者，俱照民人爲盜之例議處。從之。

《西寧青海番夷成例·搶奪罪犯》 一、凡有將斬罪賊犯數人搶奪者，各罰一九牧畜；已奪去者，將爲首搶奪之人斬。若搶奪不致死罪之賊犯，奪去者，將爲首搶奪之人罰三九，其餘各罰一九。

《大清律例》卷二三《刑律·賊盜·强盜》 律

凡强盜已行而不得財者，皆杖一百，流三千里；但得事主財者，不分首從，皆斬。雖不分贓，亦坐。其造意不行又不分贓者，杖一百，流三千里；夥盜不行又不分贓者，杖一百。

若以藥迷人圖財者，罪同。但得財，皆斬。

若竊盜臨時有拒捕及殺傷人者，皆斬監候。得財不得財，皆斬。須看臨時二字。因盜而姦者，罪亦如之。不論成姦與否，不分首從。共盜之人，不曾助力，不知拒捕殺傷人及姦情者，審確止依竊盜論。分首從，得財不得財。

其竊盜事主知覺，棄財逃走，事主追逐，因而拒捕者，自依罪人拒捕律科罪。于竊盜不得財本罪上加二等，杖七十；毆人至折傷以上，絞；殺人者，斬，爲從，各減一等。凡强盜自首不實不盡，只宜以《名例》自首律内至死減等科之，不可以不應從重科斷。竊盜傷人自首者，但免其盜罪，仍依鬬毆傷人律論。

條例

一、强盜、殺人、放火、燒人房屋、姦污人妻女、打劫牢獄、倉庫及干係城池、衙門，并積至百人以上，不分曾否得財，俱照得財律，斬。隨即奏請審決梟示。若止傷人而未得財，比照搶奪傷人律科斷。凡六項有一于此，即引梟示，監犯摘引所犯之事。

一、凡響馬强盜執有弓矢軍器，白日邀劫道路，贓證明白者，俱不分人數多寡，曾否傷人，依律處決，於行劫處梟首示衆。如傷人不得財，依白晝搶奪傷人，斬。其江洋行劫大盜俱照此例，立斬梟示。

一、强盜内有老瓜賊，或在客店内用悶香、藥麵等物迷人取財；或五更早起，在路將同行客人殺害，此種凶徒拿獲之日，務必究緝同夥，并研審有無別處行劫犯案。將該犯不得解往他處，于被獲處監禁，俟關會行劫各案確實，口供到日，審明具題，即于監禁處照强盜得財律，不分首從皆斬。仍知照原行劫之處，張挂告示，諭衆知之。

一、凡捕役人等奉差緝賊，審非本案正盜，若其人素行不端，或曾經犯竊有案者，將捕役照誣良爲盜例減一等，杖一百，徒三年。至其人本係良民，捏稱踪迹可疑，素行不軌，妄行拿獲；及雖犯竊有案，已改惡爲善，人所共知，仍復妄拿，并所獲之人不論平人竊盜，私行拷打，嚇詐財物，逼勒認盜，及所緝盜案已獲有正贓，因夥盜未獲，將犯有竊案之人，教供誣扳，濫拿充數等弊，俱照誣良爲盜例治罪。

一、凡誣竊爲盜，拿到案日，驗明并無拷逼情事；或該犯自行誣服，并有別故，例應收禁，因而監斃者，將所誣拿之人杖一百、流三千里。其嚇詐逼認，因而致死，及致死二命者，俱照誣告致死律，擬絞監候；拷打致死者，照故殺律，擬斬監候。

一、捕役爲盜，雖非造意，爲首，均照造意，爲首律，擬斬立決。其失察之該管官交部議處。如該管官逼勒改供，或捏稱革役，該管上司不能查出，一并交部照例議處。如捕役與巨盜交結往來，奉差緝拿，走漏消息，及非伊承緝之案，漏信脱逃者，不分曾否得財，均照本犯之罪治罪。

一、承緝盜案，汛兵有審系分贓通賊者，均與盜賊同科，至死減一等。若知情故縱者，照窩主知情存留例，分別治罪。如并不知情，止係查緝不力者，照不應重律科斷。

一、事主報盜，止許到官聽審一次，認贓一次。所認贓物即給主寧家。不許往返拖累，違者將承審官嚴加議處。

一、事主呈報盜案，失單須逐細開明。如贓物繁多，一時失記，准于五日内續報。該地方官將原報，續報緣由，于招内聲明。至獲盜起贓，必須差委捕員眼同起認。如捕役私起贓物，或借名尋贓，逐店搜察，或囑賊誣扳，指稱收頓，或將賊犯己物作贓，或買物栽贓，或混認瞞贓等弊，事發，除捕役照律例從重問擬外，其承問官不嚴禁、詳審，該督撫不嚴飭題參者，一并交部議處。

一、强、竊盜賊見獲之贓，各令事主認領外，如不足原失之數，將無主贓物賠補，餘剩者入官。如仍不足，將盜犯家産變價賠償。若諸色人典當收買盜賊贓物，不知情者，勿論。止追原贓。其價于犯人名下追徵給主。

一、事主呈報盜情，不許虚誣，捏飾。倘有并無被劫而謊稱被劫，及以竊爲强、以姦爲盜者，俱杖一百。以人命鬥毆等事報盜者，其本身無罪，亦杖一百。若本有應得之罪重者，照本罪從重問擬。本罪輕者，加一等治罪。若姦棍豪紳，憑空捏報盜劫，籍以陷害平人，詐印捕官役者，照誣告人死罪未決律問遣。甲長鄰佑扶同者，各照事主減一等治罪。

一、地方文武官員因畏疏防承緝處分，恐嚇事主抑勒諱盜、或改强爲竊者，均照諱盜例革職。承行書辦，杖一百。若抑勒苦累事主致死者，除革職外，照故勘平人致死律治罪。該管司、道、府、廳、州，不行查報，督撫不行查參者，俱交部照例議處。

一、凡竊盜等事，責令該地保、營汛、兵丁，分報各衙門文武員弁，協力追拿。如地保、汛兵通司隱匿不報，及地保已報文職，而汛兵不報武弁，或汛兵已報武弁，而地保不報文職者，均照强盜窩主之鄰佑知而不首例，杖一百。若首報遲延，應照牌頭曾首告而甲長不行轉報例，杖八十。

一、凡投首之賊借追贓名色，將平人捏稱同夥，或挾仇扳害，或索詐財物，不分首從、得財與未得財，皆斬立決。

一、强、竊盜再犯，不准首。家人共盜，以凡人首從論。

一、造意爲首之盜脱逃，如有夥盜供出逃匿所在，限一年之内緝獲。限内不獲，將各盜照律題結。如限内拿獲者，將供出之夥盜照例免死，分别發遣。若係例應免死減等之夥盜供出首盜逃匿所在、即行拿獲者，改擬杖一百、流三千里。

一、凡未傷人之盜首，能于罪未發而自首者，僉妻發邊衛充軍。至聞拿投首與海邊自首者，不同，照情罪可原例，僉妻發遣。如無妻室者，仍照例改發雲貴川廣烟瘴地方。窩家盜綫如有自首，及聞拿投首者，亦照未傷人之盜首分别充軍、發遣。倘有親屬首告，亦照此例辦理。

一、凡拿獲盜犯到案，即行嚴訊。如有行劫别案，訊明次數，并所得贓物，取具確供申報，行文被盜之州縣，查訊供詞。彼此相同，無庸對質者，即行定案，不必往返提訊。倘有供出别案之夥盜，未獲一人必須待質者，承審官于文内聲明，該督撫亦于疏内聲明，俟彼案獲有夥盜，質對明確，題請正法。若與原獲之州縣情罪相等者，即于本處完結。如此案罪輕，彼案罪重者，詳明各上司，將該犯押解交與重罪處，嚴行監禁，審明歸結。如别州縣有指已正法之盜作爲首盜，或盜數未足作爲夥盜，希圖銷案，及州縣彼此行查盜犯，口供不即詳細訊明關覆，以致案件不能完結者，該督撫查明題參，交部分别議處。

《大清律例》卷二四《刑律·賊盜·白晝搶奪》 律

凡白晝搶奪人財物者，不計贓，杖一百，徒三年；計贓并贓論重者，加竊盜罪二等；罪止杖一百，流三千里。傷人者首斬監候；爲從，各減爲首一等；并于右小臂膊上，刺搶奪二字。

若因失火，及行船遭風著淺，而乘時搶奪人財物，及拆毁船隻者，罪亦如之。亦如搶奪科罪。

其本與人鬥毆，或勾捕罪人，因而竊取財物者，計贓准竊盜論；因而奪去者，加二等；罪止杖一百，流三千里；并免刺。若竊盜有殺傷者，各從故鬥論。其人不敢與争而殺之，曰故；與争而殺之，曰鬥。

條例

一、凡總甲、快手應捕人等，指以巡捕、勾攝爲由，毆打平人，搶奪財物者，除實犯死罪外，犯該徒罪以上，不分人多人少，若初犯一次，屬軍衛者，發邊衛充軍；屬有司者，發邊外爲民。雖係初犯，若節次搶奪，及再犯累犯笞杖以上者，俱發原搶奪地方，枷號一個月，照前發遣。若里老、鄰佑知而不舉，所在官司縱容不問者，各治以罪。里老鄰佑依同行知有謀害而不救阻律，杖一百，官司照故出人罪律科斷。

一、凡問白晝搶奪，要先明事犯根由，然後揆情剖决。在白晝，爲搶奪；在夜間，爲竊盗。在途截搶者，雖昏夜，仍問搶奪，止去白晝二字。若搶奪不得財，及所奪之物，即還事主，俱問不應。如强割田禾，依搶奪科之。探知竊盗人財，而於中途搶去，准竊盗論，係强盗，贓止問不應。若見分而奪問，盗後分贓，其親屬無搶奪之文，比依恐嚇科斷。

一、凡白晝搶奪三犯者，擬絞立決。如搶奪、竊盗各不及三次，免其并擬，各照所犯之罪發落。

一、凡黔、楚兩省相接紅苗，彼此仇忿，聚衆搶奪者，照搶奪律治罪。人數不及五十名，傷人，爲首者，枷號兩個月；爲從者，一個月；殺人者，斬監候；下手者，枷號三個月；爲從者，四十日。聚至五十人者，雖不殺人，爲首者，亦斬監候；爲從者，枷號五十日；殺人者，斬决，下手之人，絞監候；爲從者，各枷號兩個月。聚至百人者，雖不殺人，爲首者，斬决；爲從者，各枷號兩個月；殺人者，斬决梟示；下手之人俱斬監候；爲從者，各枷號三個月。所搶人畜、財物追還給主。

一、凡苗人犯搶奪，該管土官約束不嚴，俱交部議。若至百人以上，土司、府、州革職，百户寨長罷職役，滿杖。知情故縱者，革職，枷號一個月。俱不準折贖。若教令、指使或通同圖利者，照爲首例治罪。

一、凡糧船水手夥衆十人以上，執持器械搶奪，爲首照强盗律治罪，爲從減一等。如十人以下，又無器械者，照搶奪律治罪。出結之旗丁頭舵拿送者，免罪。如容隱不首，及徇庇不拿者，照强盗窩主律，分别治罪。

一、凡白晝搶奪，殺人者，照竊盗拒捕殺人例，擬斬立决。下手爲從之犯，照竊盗拒捕殺人，爲從人犯應發吉林烏喇等處者，依名例分别改遣之例問發。其搶奪傷人首犯，仍照本律科斷。下手爲從者，亦照竊盗拒捕傷人爲從例，發邊衛充軍。俱仍照例，面上刺凶犯二字。若傷非金刃，又傷輕平復者，照竊盗拒捕例，爲首者，發邊衛充軍；爲從及自首者，杖一百，徒三年。其搶奪、竊盗、殺傷之案，以下手傷人者爲首，在場助力者爲從。其不曾助力者，仍照搶奪、竊盗本律首從論。傷有多處者，以致命傷重者爲首。致命傷多者，以後下手者爲首。其致命、重傷，不知孰爲先後者，以初動手者爲首。

一、凡白晝搶奪人財物至一百二十兩以上者，照竊盗滿貫律，擬絞監候。

一、凡出哨兵弁，如遇商船在洋遭風尚未覆溺，及著淺不致覆溺，不爲救護，反搶取財物拆毁船隻者，照江洋大盗例，不分首從，梟示。如遭風覆溺，人尚未死，不速救護，止顧撈搶財物，以致商民淹斃者，將爲首之兵丁照搶奪殺人律，擬斬立决。爲從照傷人律，擬斬監候。所搶財物照追給主。如不足數，將犯人家産變賠。在船將備如同謀搶奪，雖兵丁爲首，該弁亦照爲首兵丁例治罪。雖不同謀而分贓者，以爲從論。若實係不能約束，并無通同分肥情弊，照例議處。如見船覆溺，雖搶取貨物，傷人未致斃命者，不計贓，爲首杖一百，流三千里；爲從減一等。若商船失風被溺，商民俱已救援得生，因而撈搶財物者，兵丁照搶奪本律，杖一百，徒三年，計贓重者，從重定擬，該管弁員照鈐束不嚴例議處。如淹死人命在先，弁兵員有漂失無主船貨，撈搶入已不報者，照得遺失官物坐贓論罪。如見船覆溺，阻撓不救，以致淹斃人命者，爲首阻救之人照故殺律，擬斬監候，爲從照知人謀害他人不即救護律，杖一百。官弁題參革職，兵丁革除名糧。如有凶惡之徒，明知事犯重罪，在外洋無人處所，故將商人全殺滅口，圖絶告發者，無論官兵，但係在船同謀，均照强盗殺人律，不分首從擬斬梟示。以上弁兵，除應斬决不准自首外，其餘事未發覺而自首，杖一百，徒三年。流罪以下概准寬免，仍追贓給主。如有誤坐同船，并未分贓之人，能據實首報，除免罪外，仍酌量賞給。其哨船未出口之前，取同船兵丁不致搶物、爲匪連名甘結，令在船將弁加結，申送該管上司存案。巡哨回日，仍取同船兵丁甘結，轉送該管上司。其上司如不係同船，失於覺察或通同庇匿，及地方州縣若據難民呈報，不即查明轉詳，反行抑諱，及道府不行察報，督撫、提鎮不行查參者，均照例議處。再，營汛弁兵如能竭力救護失風人船，不私取絲毫貨物者，該管官據實申報，督撫、提鎮按次記功，照例議叙。倘弁兵因救援商人或致受傷、被溺，詳報督撫，查明優恤。其邊海居民以及採捕各船户，如有乘危搶奪者，均照搶奪本律治罪。有能救援商船，不取財物者，該督撫亦酌量給賞。

一、江南通州、崇明、昭文沙民夥衆争地，除不持器械争奪，及聚衆不及四五十人者，照侵佔他人田宅律科斷，如係執持器械及聚衆四五十人，有抗官重情者，照光棍例，爲首者擬斬立決，爲從者擬絞監候。逼勒同行之人各杖一百。

《大清律例》卷二四《刑律·賊盜·劫囚》律

凡劫囚者，皆不分首從斬監候。但劫即坐，不須得囚。若私竊放囚人逃走者，與囚同罪，至死者減一等；雖有服親屬，與常人同。竊而未得囚者，減囚二等；因而傷人者，絞監候；殺人者，斬監候；雖殺傷被竊之囚，亦坐前罪，不問得囚與未得囚。爲從，各減一等。承竊囚與竊而未得二項。若官司差人追徵錢糧，勾攝公事，及捕獲罪人，聚衆中途打奪者，首杖一百，流三千里；因而傷差人者，絞監候；殺人及聚至十人，九人而下，止依前聚衆科斷。爲首者，斬監候；下手致命者，絞監候；爲從，各減一等。其率領家人隨從打奪者，止坐尊長。若家人亦曾傷人者，仍以凡人首從論。家長坐斬，爲從坐流。不言殺人者，舉輕以該重也。其不于中途而在家打奪者，若打奪之人，原非所勾捕之人，而依威力於私家拷打律；主使人毆者，依主使律。若原係所勾捕之人，自行毆打，在有罪者，依罪人拒捕律；無罪者，依拒毆追攝人律。

條例

一、凡官司差人追徵錢糧，勾攝公事，并捕獲罪人，但聚衆至十人以上，中途打奪，爲從者，如系親屬，并同居家人，照常發落；若係異姓，同惡相濟，及槌師打手，俱發邊衛充軍。

一、凡行劫罪囚，不論曾否得囚，有無傷人，將爲首之人擬斬立決；有傷人者，將傷人之夥犯亦擬斬決；有殺人者，將爲首之人及夥犯俱擬梟示，其餘爲從未經殺人、傷人者，仍依律擬斬監候。其在中途打奪罪囚、因而殺人者，爲首，擬斬決，下手致命者，擬絞決；餘仍照律分别坐罪。

《大清律例》卷二五《刑律·賊盜·恐嚇取財》律

凡恐嚇取人財者，計贓准竊盗論加一等，以一主爲重并贓，分首從。其未得財者，亦准竊盜不得財罪上加等。免刺。若期親以下自相恐嚇者，卑幼犯尊長，以凡人論；計贓准竊盜加一等。尊長犯卑幼，亦依親屬相盜律，遞減科罪。期親亦減凡人恐嚇五等，須于竊盜加一等上減之。

條例

一、監臨恐嚇所部取財，准枉法論。平人知人犯罪而恐嚇取財者，以枉法論。

一、凡將良民誣指爲盜，及寄買賊贓，捉拿拷打、嚇詐財物，或以起贓爲由沿房搜檢，搶奪財物，淫辱婦女，除實犯死罪外，其餘不分首從，俱發邊遠充軍。誣指送官，依誣告論。淫辱婦女，依强姦論。

一、凡八旗内有凶惡光棍好鬥之徒，生事行凶、無故擾害良人者，該都統等嚴察送部，發往寧古塔、烏喇地方。其官員有犯，該部奏聞發遣。

一、凡惡棍設法索詐官民，或張貼揭帖，或捏告各衙門，或勒寫借約，嚇詐取財，或因鬥毆糾衆繫頸，謊言欠債，逼寫文券，或因詐財不遂，竟行毆斃，此等情罪重大，實在光棍事發者，不分曾否得財，爲首者，斬立決；爲從者，俱絞監候。其犯人家主、父兄，各笞五十。係官，交該部議處。如家主、父兄首者免罪。犯人仍照例治罪。

一、凡旗民結夥指稱隱匿逃人，索詐財物者，不分曾否得財，爲首者，斬決；爲從者，俱絞候。

一、凡在内太監逃出索詐者，俱照光棍例治罪。

一、凡苗人有伏草捉人、横加枷肘、勒銀取贖者，初犯，爲首者斬監候；爲從者俱枷號三個月，臂膊刺字。再犯者，不分首從，皆斬立決。其有土哨姦民勾通取利，造意者，不分初犯、再犯，并斬立決。附和者，各枷號兩個月，僉妻發邊外爲民。該管土官，雖不知情，亦按起數交該部議；知情故縱者，革職，杖一百。若教令指使，或和同取利者，革職，枷號三個月，俱不准折贖。

《大清律續纂條例》卷二《刑律》一、尋常盜劫，未經傷人之夥犯，如曾經轉糾黨羽，持火執械，塗臉入室，助勢搜贓，架押事主送路，到案誣扳良民，并犯案已至二次，及濱海沿江行劫客船者，一經得財，俱擬斬立決，不得以情有可原聲請。其止在外瞭望，接遞財物，并未入室搜贓，并被人誘脅隨行，及年歲尚未成丁，或行劫止此一次并無凶惡情狀者，仍以情有可原免死發遣。倘地方有司有心姑息，曲爲開脱，該督撫據實題參，交部嚴加議處。

一、强盜爲首傷人，傷輕平復、自行投首者，擬斬監候，不得遽請減等。其餘自首條款，仍照定例遵行。

《大清律續纂條例》卷二《刑律》 一、川省嘓匪，糾夥五人以上，在于場市人煙湊集之所，横行搶劫者，不論曾否得財，爲首照光棍例擬斬立決，爲從同搶者俱擬絞監候。若拒捕奪犯，殺傷兵役并事主傷衆者，審明首犯即行正法梟示；在場加功及助勢者，俱擬絞立决。同謀搶奪而拒捕奪犯之時，并未在場者，仍照光棍爲從本例，擬絞監候。其在野攔搶止二三人者，分别首從，犯該徒罪以上，俱發雲貴兩廣極邊、煙瘴地方，嚴行管束。

一、被災地方，饑民爬搶，若并無器械，人數無多，實係是搶非强者，仍照搶奪例問擬。如有糾夥持械，按捺事主，搜劫多贓者，照强盗例科斷。其實因災荒饑餓，見有糧食，夥衆爬搶，希冀苟延旦夕，并無攫取别贓者，該督撫酌量情形請旨定奪。

一、大江洋海，遇有商船遭風著淺，乘機搶奪者，除有殺傷仍照定例問擬外，其但經得財，并未傷人，罪應杖徒者，將首從人犯各照本律加一等治罪。

《蒙古律例》卷六《盗賊·官員平人强劫殺傷人》 乾隆二十八年十一月内，軍機大臣等遵旨會同刑部、理藩院議奏定例：

一、官員、平人或一二人夥衆强劫什物殺人者，不分首從，俱即處斬，梟首示衆。强劫傷人得財者，不分首從，皆即處斬，籍没其妻子、産畜，給付事主。若傷人而未得財，爲首一人擬斬監候，籍没産畜，給付事主，其妻子暫存該旗，俟將來秋審減等，放出該犯妻子，僉發河南、山東，交驛站充當苦差；其從賊産畜抄給事主外，妻子僉發河南、山東，交驛站充當苦差。

《蒙古律例》卷六《盗賊·官員平人强劫而未殺人》 乾隆二十八年十一月内，軍機大臣等遵旨會同刑部、理藩院議奏定例：

一、官員、平人强劫什物而未傷人，係一人，將其妻子産畜一併以河南、山東，交驛站充當苦差。或二三人，或夥衆偷竊，將起意一人擬絞監候，籍没其産畜，給付事主，其妻子暫存該旗，俟將來秋審減等，放出該犯妻子，僉發河南、山東，交驛站充當苦差；從賊并妻子産畜俱發河南、山東，交驛站充當苦差。

《蒙古律例》卷六《盗賊·搶奪斬犯》 凡搶奪擬定死罪人犯，不分首從，俱斬監候。若搶奪罪不至死人犯，爲首者罰三九牲畜，餘人罰一九牲畜。

（清）祝慶祺《刑案匯覽》卷一四《刑律賊盗·强盗》 江督奏：强盗一項，最爲地方之害。是以律載：但得財者，不分首從，皆擬斬决。康熙五十四年，聖祖仁皇帝法外施仁，特頒諭旨：凡强盗重案，著大學士會同三法司，將此内造意爲首及殺傷人者，於各本案内一二人正法，餘俱照例減等發遣。欽此。雍正五年，經九卿遵旨定議，分别法無可貸，情有可原，將應正法者，正法；應發遣者，發遣。纂入成例，遵行在案。是强盗一項，本律原應斬決，而免死減等擬以發遣，乃係國家矜宥之恩，苟非實在情可矜原者，即不得濫邀曠典，惟是定例所載，除首盗殺人及傷人、夥盗并行劫三次者，例應正法。又例載：行劫二次之夥盗，又於每案内轉糾三人以上，及幫助捆毆按捺事主、逼索財物者，無論傷人不傷人，并不得以情有可原奏請等語。是以各省辦理之法，每一案内，惟爲首之盗及傷人、捆縛事主、并行劫三次之夥盗，始問法無可貸。其餘俱擬情有可原，概予減等發遣。非特情罪未平，且恐法輕易犯，似於辟以止辟之義，殊有未符，臣再四斟酌，必須於定例之中略爲變通。請嗣後審理盗案，凡跟隨上盗之人，詳細確審，如實係誘脅入夥及年未成丁，或止於在外瞭望，無别項凶惡情節者，方准依例減等。若曾經轉糾黨羽，及持火執械入室拽贓，情形凶惡者，毋論犯案幾次，既經得財，雖未傷人，捆縛事主，概不得以情有可原定擬。其雖審係誘脅及在外瞭望，如犯至二次以上者，亦不准減等。倘州縣過於姑息，將法無可貸之人避重就輕，曲爲開脱，一經院司審出，即行嚴參。如此庶寬典不致濫邀，而凶徒咸知儆懼。等因具奏。奉硃批，大學士會同該部議奏。欽此。查律載：强盗已行而但得財者，不分首從皆斬。又例載：强盗重案，除殺人放火、姦人妻女、打劫牢獄、倉庫、干係城池、衙門並積至百人以上，及響馬、强盗、江洋大盗、老瓜賊，仍不分首從皆斬外，其餘盗劫之案，各督撫嚴行究審，將法所難宥及情有可原者，一一分晰，於疏内聲明，大學士會同三法司詳議，將法所難宥者，正法；情有可原者，發遣。又：行劫二次之夥盗，又每案内各轉糾三人以上，及幫助捆毆按捺事主、逼索財物者，無論傷人不傷人，並不得以情有可原循例奏請。又：强盗誣扳良民，其未傷人之夥盗加等，照傷人例，擬斬立決。又：情有可原之夥盗內，如果年止十五歲以下，審明實係被人誘脅隨行上盗者，無論分贓與不分贓，俱問擬滿流，不准收贖。各等語，是强盗中情罪重大者，原有不分首從，悉擬斬決之例。其分別法所難宥、情有可原者，係專指尋常盗案，隨同分贓之夥盗而言。惟是定例所載，按其行劫次數，有無捆捺事主，以及曾否轉糾黨羽分別辦理之處，原屬統舉大凡，而其中同一未經傷人，情節輕重各異者，例內未及詳明，宜逐加分別，務使寬嚴協中，明立科條，以昭畫一。今據該督奏，稱跟隨上盗並未傷人之犯，如實係誘脅入夥，及年未成丁，或止在外瞭望，別無凶惡情節者，方准依例減等。若曾經轉糾黨羽，持火執械入室搜贓，情形凶惡並犯至二次以上者，即經得財，雖未傷人、捆縛事主，概不得以情有可原定擬等語。誠嚴戢盗賊，慎重典章之意，臣等伏思强盗一項，本律原不分首從，悉擬斬決。其得免死發遣者，本屬聖朝法外之仁，若其中稍涉輕縱，非特曠典不可濫邀，竊恐頑梗不率之徒，或恃爲成例可援，希圖倖免，轉啓法輕易犯之弊。應如該督所奏，嗣後審理盗案，除殺人放火、姦人妻女、打劫牢獄、倉庫、干係城池、衙門並積至百人以上，及響馬强盗、江洋大盗、老瓜賊，仍照定例，不分首從，悉擬斬決，毋庸分晰法所難宥、情有可原外，其尋常盗劫、未經傷人之夥犯，如曾經轉糾黨羽，持火執械，塗臉入室，助勢拽贓，架押事主，道路到案、誣扳良民，以及雖無前項情節，而上盗已至二次者，一經得財，均不得以情有可原聲請，俱與首犯一例擬斬立決。其止在外瞭望，接遞財物，並未入室搜贓，并被人誘脅隨行，及年歲尚未成丁，或行劫止此一次，別無再犯，亦無凶惡情狀者，仍依定例，照情有可原免死發遣。倘地方有司有心姑息，曲爲開脱，避重就輕，該督撫據實題參，交與吏部嚴加議處。再查乾隆二十三年十二月及二十四年四月，臣部會同法司議覆蘇撫審題盗首潘松年、岳守城抱贓自首二案。該撫援例聲請免死發遣，經臣等以該二犯俱係傷人盗首，未便遽行減等，請旨改爲擬斬監候。秋審時，俱入情實，勾決在案。應請嗣後强盗爲首傷人，傷輕平復，自行投首者，悉照此辦理，改爲擬斬監候。其餘自首條款，仍照定例遵行。至盗案內有在濱海、沿江行劫客船者，較陸地劫奪爲更重，毋論內地居民及濱海奸匪，均照江洋大盗例，無分首從，皆擬斬決，亦不准分別法所難宥、情有可原，以昭炯戒。恭候命下，刑部通行各省以奉文之日爲始，畫一定擬，并載入例册。等因。乾隆二十六年四月二十六日奏。奉硃批：依議。欽此。照通行録。

《清高宗實録》乾隆四十四年十月〔甲寅〕刑部議奏：例載傷人夥盗姑准自首。未將事未發自首及聞拏投首者，分晰注明，應請嗣後事未發而自首者，擬軍；到軍逃者，加等。聞拏投首者，發黑龍江等處，給披甲人爲奴，逃者請旨即行正法。從之。

《清高宗實録》乾隆四十五年六月乙丑，諭曰：巴延三奏，拏獲肆劫多案，拒捕殺傷官兵之海洋盗犯胡友南等，審擬分別斬決梟示一摺，已批交三法司覈擬速奏。海洋大盗雖常有，未若此案盗犯於洋面肆行搶劫，及至官兵往捕，盗犯韓廣石竟敢用鎗抵拒，將把總譚瑞昌鎗傷墮海，兵丁陳元秀等戳傷落水淹溺。情罪重大，非尋常江洋大盗搶劫傷人者可比。此等爲首盗犯，竟應從重問擬凌遲，其親屬亦應發遣，以昭懲儆。至把總譚瑞昌、兵丁陳元秀等奮勇捕賊，受傷淹斃，應照出兵陣亡例賞恤，以示鼓勵。著該督查明辦理。至該犯等先在沙灣河面，見有雙桅舊船，即起意糾買修理，偷越出口。已屬人所共見，而摺內復稱原籍牌頭甲保，無從覺察。均毋庸議。辦理尤爲未協，至失察私藏軍器及偷漏出口。疎防文武各員，雖據聲明照例查參，究係該督提等平時不能整飭弁兵實力巡查所致。除此案拏獲各犯出力之弁兵，仍著酌加獎賞外，巴延三到任未久，此次姑免其處分。章紳著交部嚴加議處。其未獲各犯，著該督撫等嚴飭躧緝。剋期務獲，歸案嚴辦。其沿海省分，並著各該督撫等實力稽查。

《清高宗實録》乾隆四十六年六月〔己丑〕又諭：舒常等奏，據副將陳大恩稟報四川太平等縣移拏川省嘓匪一案。隨會同利川縣奮力擒拏，嘓匪百餘人持械抗拒，兵役放鎗擒捕，生擒受傷嘓匪一人，餘悉逃散。當經利川縣訊，據該犯供名蔡友應，同夥有棚頭劉鬍子、金小二、羅和尚、周獃子、楊滿兒、王小六、楊大老滿、袁老八，其外亦各有附和之人，欲到貴州去。並供在太平縣地面行劫過客之物，現在將該犯提解來省嚴審，並將同夥姓名、年貌、住址，飭文武各屬，分路嚴拏，並分咨四川、貴州、湖南等省。一體嚴緝等語。川省嘓匪，向來不過三五成群，聞拏斂跡，今乃約夥至百餘人同逃，膽敢拒捕傷人，甚屬可惡。著傳諭舒常、鄭大進、劉墉、李本、文綬等，各飭所屬，選派妥幹兵役，上緊蹤捕，務期盡數弋獲，毋使一名漏網。至拏獲審辦時，斷不可稍存姑息，止辦爲首要犯數人。凡案内同夥黨惡之人。既經同行，均應分别情罪，從嚴辦理。即至輕者，亦應發新疆厄魯特爲奴，庶足以示懲儆。

《清高宗實録》乾隆四十六年八月〔辛卯〕諭軍機大臣等：本日據文綬奏，查拏嘓匪一案。内稱拏獲首夥各犯，已經正法，及解省審辦，并當場殺死者，通計一百二十一名。已獲十分之九，此時情形，已無須李國梁帶兵協捕。現在咨會李國梁，令其酌量各於本境邊界嚴密搜截等語。所奏大似勒爾謹之阻川兵及京兵，大奇。此案嘓匪，全係文綬姑容所致。又不實力擒拿，因傳諭李國梁，令其帶兵前往四川，會同剿捕，以期净盡。乃文綬摺内竟稱此時情形，已無須該提督會辦。看來文綬之意已亂，殊不足信。即其所稱已獲十分之九，亦止就現在破案之嘓匪而言。現已降旨，令福康安前赴四川辦理此案，李國梁此時若接據文綬咨會，竟不必即回本境，仍往四川太平一帶，實力擒捕餘匪，務令盡絶根株。并凡有應辦事件，俱不必與文綬會商，亦不必聽其知照。且俟福康安到四川後，查看實在嘓匪净盡，若福康安無須李國梁在彼協捕，即可一面奏聞，一面即回本境堵截也，並諭福康安知之。又諭：本日據文綬將前後拏獲嘓匪正法，並解審及捕殺各犯姓名開單具奏一摺。已於摺單内詳悉批嘓匪姓名單内，其解省審辦嘓匪朱大漢等六十六名，何前次摺内，並未據文綬將各犯姓名詳晰聲叙，又未將如何定罪奏明？併著一並覆奏。

（清）祝慶祺《刑案匯覽》卷一四《刑律賊盜·强盗》 雲南司：查律載：强盗已行而不得財者杖一百，流三千里；但得財者，不分首從皆斬。又例載：强盗殺人放火、燒人房屋、姦污人妻女，打劫牢獄，倉庫及干係城池、衙門并積至百人以上，不分曾否得財，俱照得財律斬，隨即奏請梟示。各等語。是强盗例應梟示者，其有六項載之科條，原專爲殺人等項情罪較重之溢犯而設。例稱俱照得財律斬，奏請梟示，此是就殺人等六項盗犯比照得財律之不分首從，凡案内夥同殺人放火等犯，即屬同惡相濟，不復分晰首從，一例問擬斬梟。例義顯然，至於同行上盗而並未殺人者，自有强盗正律，仍按照得財不得財及法所難宥、情有可原各條分别援引以斬決，發遣定擬。總之，一案情之同異，分罪名之輕重，各有各情，即各有各例。例本分明罪無牽混，前因該省所題盗犯潘泳吉一案，以並未殺人之盗亦與殺人之盗一例擬以斬梟，是例載六項中所無。所以臣部改駁令將殺人與未殺人，各照各例辦理，以免錯誤也。至此外另有全案概擬斬梟者，如響馬強盗、江洋大盗等項，例内即明載，有不分人數多寡、曾否傷人，依律處决梟示之文。此又在前項梟示之外，而罪又加重者也。節次參覩，瞭如指掌，是以各省辦理盗案歷有年所從無錯誤。即臣部核辦成案並非一日，亦從無歧異，可見定例已極明晰，無難援照辦理，未便因一省偶爾誤會例意，遽行添注增減，徒滋繁瀆，應將該撫所奏於强盗殺人條下添注幫同下手字樣之處，毋庸議。

乾隆四十七年議覆雲撫奏准通行。

《清高宗實録》乾隆四十八年五月〔壬寅〕刑部遵旨議奏：向例以藥迷人得財者，不分首從皆斬；不得財者，發黑龍江給披甲人爲奴。嗣於乾隆三十八年定首先傳授藥方以致轉傳貽害之犯，擬斬永遠監禁之例，徒有擬斬之名，未彰棄市之法。請嗣後人已被迷，經他人救醒，雖未得財，將首先傳方及下手迷人之犯，均擬斬監候。入於秋審辦理。若甫經學習，及雖已合藥，即行敗露，或欲迷之人知覺，未經受累，均發往伊犁，給厄魯特爲奴。倘到配後故智復萌，並脱逃者，即行正法。載入則例，通行遵照。從之。

《清高宗實録》乾隆五十八年秋七月〔己亥〕又諭曰：伍拉納等奏，拏獲逸盗審明後，恭請王命正法，其隨同奪犯之黨夥，請發往黑龍江等處，給兵丁爲奴等語。此案蘇巧、林尊、俱係行劫案内久經在逃之犯，一經拏獲，自應立正刑誅。其林榮一犯，膽敢糾夥持械，砍傷兵役，實屬目無法紀。並著該督等於拏獲後，即將林榮一面正法，一面奏聞。至林清、陳成，竟敢聽從林榮，助勢奪犯，雖未拒捕兵役，自應照擬從重發往黑龍江給兵丁爲奴。至該兵役於年久逸盗，留心緝獲，且因奪犯被傷，尚屬可嘉。著該督等酌量給賞，以示鼓勵。

《清高宗實録》乾隆五十八年十一月〔己酉〕論軍機大臣等：據畢沅奏，拏獲叠次搶竊首夥匪犯，審明定擬，請旨辦理一摺。已交軍機大臣，會同該部速議具奏矣。此案楊應子等夥合多人，屢次肆行搶劫，漸不可長，情罪重大。該督拏獲審明後，自應將該犯等即時正法。俾要犯不致稽誅，方爲正辦，乃該督尚復拘泥請旨辦理，殊屬錯誤。該犯等人數較多，若不即時正法，久禁囹圄，既恐或有疎虞，且此等匪犯，滅性凶頑，或不免在監滋事。更復不成事體，畢沅著傳旨申飭，並著將未獲逸犯，飭屬嚴拏務獲，毋使漏網遠颺。至該府高杞，於此等要犯，即能督率所屬，將首夥各犯即時盤獲，尚屬認真。高杞除隨案交部議叙，以示鼓勵外，其會同拏獲之營縣等，並著該督查明實在出力者，亦應一併咨部議叙。但不可因有此旨，遽將未經出力之員，概行咨送，致滋冒濫。

《清高宗實録》**乾隆五十九年二月**〔辛巳〕又諭：昨據伍拉納等奏，拏獲販私拒捕及奪犯毆差並輪姦婦女爲從各案犯，審明定擬。以各該犯情罪較重，俱請旨即行正法。經軍機大臣會同該部覈議，以拒捕，毆差兩案均係傷而未死，其輪姦一案止係爲從之犯，若概行從重問擬立決，則拒捕，毆差致斃人命，及輪姦起意爲首之犯，於法轉無可加，俱按律擬以監候，已依議行矣。前因臺灣地方民情獷悍，屢經滋事，不可不嚴加懲創。如遇有械鬬聚衆情罪重大等案，按律定擬後，應從重即行正法。原以該犯等怙惡不悛，特從嚴辦，以儆凶頑而馴桀驁。俟數年後，該處民風稍知斂戢畏法，尚欲施恩，仍照向例辦理。其餘內地尋常案犯，原不應概行從重，今伍拉納等乃於尋常拒捕輪姦等案，亦一律以情罪較重奏請即正刑誅，所辦殊屬過當。該督撫等身任封疆，於審擬案件惟當準情酌理，期於平允，固不得稍事寬縱，亦豈得有意從嚴？乃近來督撫，非失之過當，即失之不及。或因有一案經朕改輕，即遇案不免意存寬減；若有一案經朕改重，即不問情罪之是否允當，概行從重定擬。如伍拉納等此次審擬各案，豈得爲情法之平？而今日又據伍拉納等奏衙役詐贓斃命一案，亦請即行正法。經部議以死者本係罪人王常，並非例應絞決之犯，仍應按律定擬，亦已依擬行矣。是伍拉納等於內地案犯，率皆從重辦理，殊屬非是。伍拉納、浦霖著交部察議。嗣後該督撫等辦理案件，除臺灣、漳泉地方械鬬聚衆等案，仍照舊嚴辦外，其內地尋常案犯，止應按律定擬，不得率請從重，遇事深刻，以副朕明罰勑法，慎恤持平至意。

《清高宗實録》**乾隆五十九年二月**〔丙戌〕諭軍機大臣曰：長麟拏獲海洋行劫及銷贓各犯分別定擬一摺。此案巡檢唐文藻，能不避危險，出洋捕獲多盜尚屬奮勉可嘉。著即送部引見，其首先追趕之千總蕭武彬，亦著送部引見，以示鼓勵。前因閩浙洋面盜劫之案較多，節經降旨諭令該督撫飭屬嚴緝，其情罪重大者，從嚴辦理，以儆姦宄而靖海疆。粤東與福建毗連，雷瓊各府在在濱海，洋面情形亦與閩浙相同，著傳諭長麟等，務宜督飭沿海地方文武，購線訪緝，遇有上岸銷贓之犯，立即盤獲，並派委員弁，實力巡哨。見有盜劫之船，即趕緊追擒，按名捕獲，從重嚴辦，俾匪徒咸知畏法斂戢。其浙江洋面，仍著該撫飭屬一體嚴拏，勿得日久生懈。

《清高宗實録》**乾隆五十九年三月**〔甲辰〕諭軍機大臣曰：哈當阿奏，續獲會匪林翰奇，審明正法一摺。前因伍拉納、浦霖等將內地拏獲販私拒捕及奪犯毆差爲從，各行從重定擬立決，殊失情法之平。是以降旨通飭各督撫，於尋常案犯，宜按律定擬，以昭平允。至臺灣民情獷悍，不可不嚴加懲創，如遇械鬬聚衆等重案，及重興逆匪天地會似林翰奇者，拏獲後自應從重迅速辦理，不可因有前旨，稍從拘泥。外省地方官辦理事件，非失之太過，即失之不及，臺灣遠隔重洋，究非內地可比，若以前旨有不得率請從重之語，又復矯枉過正，將情罪重大之案一概從寬，更非朕整飭海疆辟以止辟之意。將此諭令哈當阿等知之。

《清高宗實録》**乾隆五十九年五月**〔癸巳〕又諭：據孫士毅奏，拏獲夾壩賊番三犯，此案昨據孫士毅等奏到，已拏獲五犯審明正法。由驛馳遞，故到在本日奏摺之前，此等邊外夾壩搶劫行旅，固不可不加懲創，但番民愚懵無知，此次劫去差員王贊武馱隻，以致箱內印信一併被竊，尚非明知官物，肆行搶奪，亦無戕傷人命之事。一經該鎮道前往緝拏，該管喇嘛頗形畏懼，即交出賊犯活口四名，割取首級一名，並出具日後不敢再縱夾壩滋事甘結。是該處喇嘛番民尚知畏法。且此案搶劫正犯，既經拏獲五犯正法，已足示懲。著傳諭福康安，即飭行該鎮道，毋庸再行根究，輾轉株連，致使番民疑懼也。成德如行至該處地方，亦著遵照諭旨妥協辦理，並諭孫士毅、成德知之。

《清高宗實録》**乾隆六十年正月**〔戊申〕諭軍機大臣等：本日朱珪奏拏獲海洋盜犯，及續獲挾嫌放火、燒斃一家三命逸犯，審明辦理各摺。僅於摺尾會銜，而摺前俱未列長麟之名具奏。朕初閱之下，未免心生疑訝，以爲長麟或病，若尋常命盜各案，係巡撫專政，審明後或題或奏，原可不必與總督聯衔，至於洋面行劫重案，則總督管轄營伍，海防尤其專責，自應聯衔入告。即如閩省拏獲海洋盗犯。俱係督撫會同定擬，聯衔具奏。今朱珪摺，即行重處之案，止會總督於摺後，究於體制未協，即或因長麟前往廣西查閲營伍，亦當於摺内聲明，方爲明晰。著傳諭各督撫，嗣後凡有審擬地方事關軍務及洋盗重案，俱著例總督衔於前，以符體制。此朕經事久有關國政之深意也。

《清高宗實録》乾隆六十年二月〔庚申〕又諭曰：秦承恩奏拏獲鄰省盗犯，留省審辦一摺。據稱，上年封印後，親赴南山一帶督查匪犯，在途接據署商州知州阿永稟稱，因赴雒南縣查卡，聞有在河南叠劫，竄入陝境盗犯，隨即督同該縣，率領兵役鄉民。四面堵截。該犯放鎗拒捕，當被兵役將盗犯十九名全行擒獲，秦承恩即派員弁護解進省等語。所辦尚好，該犯等糾夥多人，在河南叠次搶劫，竄入陝境，實爲可惡，今署知州阿永督同該縣率領兵役鄉民，即時搜捕，全行拏獲，尚屬認真。著交部議叙，送部引見；其出力之兵役鄉民，亦著查明奬賞。至此案盗犯，秦承恩因人數衆多，不復解赴河南，免致往來疎虞。所辦亦是。秦承恩著交部議叙，賞給大荷包一對，小荷包四個，以示奬勵。並著該撫於河南查覆到日，即行分别嚴辦，迅速完結，毋得稍稽時日，致有疎縱。

《清高宗實録》乾隆六十年九月〔甲寅〕諭軍機大臣曰：長麟奏拏獲浙洋行劫官米盗犯，審明辦理一摺。此案盗犯陳合等糾約夥黨，屢次行劫，並膽敢圍劫官運米船，不法已極。前經降旨，此等盗犯於拏獲後，皆當照謀叛律凌遲處死。此案所獲盗犯，長麟業經審明正法，辦理尚輕。自係前降諭旨尚未接奉，至盗首林發枝、蔡大等尚未就獲，著長麟等督飭將弁嚴密查拏，獲後皆當凌遲處死。昨據吉慶奏，閩省匪船，復竄入浙洋。已有旨令吉慶等親駐温台海口，督率嚴拏，並據蘇凌阿奏，亦赴海口一體堵截，特令軍機大臣將長麟等訊出盗首姓名十五人，開單發次蘇凌、阿吉慶等，一體督拏，該督等務須嚴飭將弁，於各海口實力追拏，俾根株净盡，以期綏靖海疆。將此由五百里諭令知之。

《理藩院則例》卷四六《疏脱・蒙古地方搶奪人犯》 凡在蒙古地方搶奪擬定罪名人犯，均照刑例劫囚例治罪。

《理藩院則例》卷三六《强劫・强劫盗犯不分首從擬罪》 一、凡青海及各蒙古地方，無論蒙古、番子、民人，凡有聚衆執持弓矢、軍器，白日邀劫道路，贓證明確，及昏夜持火、執刀、塗臉入室搜掠財物，實有殺人、放火各重情者，不分首從皆斬立决，梟示。該管官照例議處。

一、凡尋常盗劫之案，均照刑例。爲首斬决；爲從分别法無可貸、情有可原，免死發遣之例，發烟瘴地方。該管官照例議處。

《理藩院則例》卷三六《强劫・伙衆搶奪分别擬罪》 一、青海及各蒙古地方，凡有搶奪未經傷人得財，數在三人以下者，首犯發雲貴、兩廣烟瘴地方，從犯俱發湖廣、福建、江西、浙江、江南。如四人以上至九人者，不分首從，俱發雲貴、兩廣極邊烟瘴地方，均交驛站充當苦差。但有傷人及捆縛事主者，即將喝令下手之犯擬絞監候。爲從，案係三人以下者，發雲貴、兩廣極邊烟瘴地方。係四人以上至九人者，發雲貴、兩廣極邊烟瘴地方，均交驛站充當苦差。殺人者擬斬立决，爲從擬絞監候。其搶奪牲畜在十匹以上者，財物在一百二十兩以上者，爲首擬斬監候。糾伙至十人以上者，無論傷人與否，爲首擬斬立决，爲從均擬絞監候。秋審時，由刑部覈情定擬實緩。所有各犯産畜均籍没，給付事主。失察之該管及地方官，照例議處。

《理藩院則例》卷三六《强劫・臺吉强劫殺人》 一、凡已未受職臺吉等，或一、二人，或伙衆强劫、殺人，無論得財、未得財，爲首及爲從動手者，皆即處斬。爲從同行，并未動手，但于劫後分贓者，擬斬監候。秋審時，入于緩决。其造意不行，無論分贓、未分贓，革去臺吉，枷號三個月，鞭一百，發往伊犁充當苦差。同謀未同行分贓，及已行未分贓者，均革去臺吉，枷號兩個月，鞭一百，發往鄰盟嚴加管束。同謀未同行亦未分贓者，革去臺吉，枷號一個月，鞭一百，發往鄰盟嚴加管束。

《理藩院則例》卷三六《强劫・臺吉强劫傷人得財》 一、凡已未受職臺吉等，或一、二人，或伙衆强劫傷人未死得財者，首犯擬斬監候。秋審時，入于緩决。爲從動手者，革去臺吉，枷號兩個月，鞭一百，發往烏魯木齊充當苦差。同行并未動手，但于劫後分贓者，革去臺吉，枷號一個月，鞭一百，發往鄰盟嚴加管束。造意不行，無論分贓，赤分贓，革去臺吉，枷號兩個月，鞭一百，發往鄰盟嚴加管束。同謀未同行分贓、及已行未分贓者，革去臺吉，鞭一百，發往領盟嚴加管束，同謀未同行，又未分贓者，革去臺吉，鞭一百，永不准其開復。

《理藩院則例》卷三六《强劫・臺吉罪至斬絞産畜家奴免其查抄》

一、凡臺吉强劫之案，除罪應斬絞并發往鄰盟，各犯其産畜、家奴毋庸查議外，如罪止革臺吉不准開復者，該犯等之産畜、家奴俱照依臺吉行竊例辦理。

《理藩院則例》卷三六《强劫・臺吉强劫未傷人分别得財未得財》

一、凡已未受職臺吉等，或一、二人，或伙衆强劫而未傷人得財者，不分首從革去臺吉，發往鄰盟嚴加管束。同謀并未同行，亦未分贓，暨并未同謀，又未同行，僅于劫後分贓者，俱革去臺吉，鞭一百，永不准開復。其未得財造意之犯，革去臺吉，鞭一百。同謀，無論已未同行，革去臺吉，均永不准開復。

《理藩院則例》卷三六《强劫・臺吉强劫傷人未得財》 一、凡已未受職臺吉等，或一、二人，或伙衆强劫傷未死未得財者，首犯擬絞監候。秋審時，入於緩決，爲從動手者，革去臺吉，枷號一個月，鞭一百，發往鄰盟嚴加管束。同行并未動手者，革去臺吉，鞭一百，發往鄰盟嚴加管束，其造意未行者，革去臺吉，枷號一個月，鞭一百，發往鄰盟嚴加管束。同謀未同行者，革去臺吉，鞭一百，永不准其開復。

《理藩院則例》卷三六《强劫・强劫案内首犯在逃從犯監候》 一、凡蒙古聚衆行劫致傷事主等案，如首犯在逃，將從犯照例定擬監禁，俟逃犯弋獲時，質訊明確，再將所定罪名分别報部，題請處決，發遣。

《理藩院則例》卷三六《强劫・蒙古婦女犯罪發遣》 一、蒙古地方强盗案内，爲從蒙古婦女情有可原者，發往鄰盟給公事，效力臺吉爲奴。

《理藩院則例》卷三六《强劫・蒙古民人伙同搶劫從重科斷》 一、蒙古地方搶劫案件，如俱係蒙古人專用蒙古例，俱係民人專用刑律。如蒙古與民人伙同搶劫，覈其罪名，蒙古例重于刑律者，蒙古與民人俱照蒙古例問擬。刑律重于蒙古例者，蒙古與民人俱照刑例問擬。

《理藩院則例》卷四二《首告・懷仇索取出首之人牲畜》 一、凡因出首本旗事件，案結後，該王、公、臺吉等挾仇索取出首之人牲畜者，已未管旗王、貝勒、貝子、公、臺吉、塔布囊，各罰俸一年，無俸之臺吉、塔布囊罰二九牲畜存公。其挾仇所取牲畜追給本人，任其擇主歸投。

《理藩院則例》卷四四《罪罰・臺吉行劫該扎薩克分别罰俸》 一、内外扎薩克各旗所屬臺吉行劫，罪至斬立决者，該扎薩克罰俸二年。罪至斬絞監候及發遣伊犁、烏魯木齊者，該扎薩克罰俸一年。罪至革去臺吉職銜、發鄰盟者，該扎薩克罰俸九個月。罪至革去臺吉職銜、不准開復者，該扎薩克罰俸六個月，均罰扎薩克俸。

《理藩院則例》卷五二《遇赦・强劫未傷人之案内有竊劫牲畜恭逢恩詔分别准免不准免》 一、蒙古各扎薩克所屬地方强劫未傷人之案，如犯事在恩詔以前内有竊劫牲畜未及十匹者，免其强劫什物之絞罪，仍照偷竊牲畜例按其匹數分别擬以發遣、鞭責。其竊劫在十匹以上者，不准援減。

《理藩院則例》卷五二《遇赦・臺吉犯罪減等發往鄰盟》 一、凡臺吉强劫案内向擬斬，絞監候秋審緩决各犯將來減等時，均發往鄰盟嚴加管束。

《清仁宗實録》嘉慶元年正月〔丁巳〕諭軍機大臣等： 本日魁倫、朱珪、吉慶等奏拏獲洋盗，審明辦理各摺。所辦俱屬認真但未獲各犯，該督撫等皆稱遠竄外洋。盗匪逃竄之後，勢不能久留洋面，其淡水及食米等物均須上岸取用，將弁等仍當於島嶼處所巡緝擒拏，斷不可任其遠颺潛匿。即如瀕海漁船蜑户、平日以捕魚爲業，若無所捕獲，難以謀生，或爲盗匪作線，或潛行入夥，皆所不免。又海面往來商船，多有攜帶器械，以資防禦，勢難禁止。而不肖之徒，或借此爲名，即持械出洋爲匪，此則不可不實力稽查。又據魁倫奏，剿匪兵船擱汕失火，兵丁、舵工均經沈溺。著該署督查明賞恤，有淹斃者，咨部照陣亡例議恤。至摺内稱獲犯一百三十名，内有五十餘犯皆係出洋販賣鹹魚，因無船照，經關津拏獲到案，訊明並無爲匪情事。是該犯等俱非行劫案内之犯，該署督一並叙入，以見其獲犯數多，殊屬牽混。嗣後遇有此等案外人犯，毋得仍前牽連叙入。將此各諭令知之。

《清仁宗實録》嘉慶元年正月〔丙子〕諭内閣： 向來各省遇有糾衆搶奪及同謀共毆等案，於獲犯後，如遇首犯在逃者，俱係先將爲從各犯按例擬結發落，其爲首之犯，於獲日另結。但夥搶之案人數衆多，各犯到案後，明知起意爲首及動手傷人罪所不赦，恃有在逃之人，往往推諉卸罪，避重就輕。及至逸犯就獲，而已結之犯業經流徙，又無從到案質證，殊非覈實定讞之道。嗣後各省辦理此等案件，於獲犯審訊時。如遇首犯在逃，即將從犯按例擬罪監禁，俟逸犯就獲後質訊明確，再行定地起解。如此辦理，庶凶徒無從狡展，而案情不至枉縱。

《清仁宗實録》嘉慶元年十一月〔癸亥〕諭軍機大臣等：玉德奏洋盗率衆投首，呈繳器械一摺。此等盗匪一經拏獲，俱應立正刑誅。今因其悔罪投首，稍知畏法，與始終怙惡者有間。免其一死，已屬法外施仁，若再賞給頂帶，非所以昭法紀而嚴創懲。兹玉德將梁得光遞回原籍，交地方官管束。所辦尚是。嗣後閩浙洋面，有似此投出盗匪，即照玉德所奏辦理。但盗匪遞籍後，務飭該管州縣嚴加管束。如仍有出外爲匪之事，惟該督撫及該管地方官是問。將此諭令知之。

《清仁宗實録》嘉慶元年十二月　庚戌，諭軍機大臣等：吉慶奏洋匪悔罪投首一摺。此等盗犯，一時畏罪自投，未必真心改悔。其夥匪人數較多，既能率夥而來，豈不能糾約而去？雖所乘船隻現已入官，亦豈不能搶奪别船，乘間遠逸？當嚴飭地方官隨時查察，不可僅以取保了事，又魁倫等奏閩洋土盗惟林發枝一犯，蹤跡無定，儻聞風投首，海洋即可綏靖等語。林發枝係有名盗首，必當實力捕獲，即使自行投出，當送京量加安插方妥。至向來並無艇匪之名，本年始據朱珪、魁倫奏及，現由粤洋乘風入閩，尤當設法擒拿，搜捕净盡，此後不得再有艇匪名目。總之，洋盗劫掠財物，必須上岸銷贓，若於沿海口岸村莊認真查詰，無難即時拏獲。將此各傳諭知之。

《清仁宗實録》嘉慶元年十二月　癸酉，諭軍機大臣等：魁倫奏，拏獲洋盗，究出投首，釋回復行爲匪之江恩三犯，可見此等投首盗匪，究不可信，當其悔懼投出之時，若不量予免罪，稍示招徠，轉堅其始終怙惡之心。今江恩等於投首後，復行爲匪，必須嚴辦。所有家屬，自應緣坐，但子弟固當按律，若因子而罪及其父母，朕心究有不忍。然亦不可留於本省，著即行發遣，並出示曉諭。俾投首釋回之犯，知所炯戒。

（清）祝慶祺《刑案匯覽》卷一四《刑律賊盗·强盗》　山東司：查律載：强盗已行而但得財者，不分首從皆斬。又例載：强盗殺人奏請斬決梟示。又：盗劫之案，大學士會同三法司詳議，將法所難宥者，正法；情有可原者，發遣。又律載：搶奪人財物者，杖一百，徒三年。又例載：白晝搶奪殺人者，擬斬立決。爲從幫同下手有傷者，不論他物、金刃，擬絞監候。又：凡問白晝搶奪，要先明犯事根由，然後揆情剖決。在白晝爲搶奪；在夜間爲竊盗；在途截搶者，雖昏夜仍問搶奪，止去白晝二字。又註云：人少而無凶器，搶奪也；人多而有凶器，强劫也。各等語。此案據該撫疏稱，李啓用起意邀同李發容、李發成在途搶奪張方煦等錢物。李啓用先令李發容用棍毆傷事主之弟張方智項頸，昏跌倒地，李發成往視，被事主張方煦用鞭毆傷左眼，並手腕、右腿，李發成畏懼即先逃跑。李發容瞥見，持棍毆傷張方煦偏左趺倒，李啓用亦用棍毆傷張方煦額顱、腮頰，至次日殞命。該犯李啓用等糾夥三人邀截道路，毆傷事主，以致一死一傷，實與强劫無異，將李啓用、李發容俱照强盗殺人擬斬立決，梟示。李發成照情有可原擬遣。具題。查：强盗殺人之案，必須各犯先定有强謀，公然肆劫，或人多而帶有凶器蓄意行强者，故一經殺人，即行斬決，梟示。至在途截搶，人數雖多，並未帶有凶器，偶致殺傷事主者，應照搶奪殺人，分别首從定擬。雖搶奪殺人與强盗殺人爲首之犯，俱應斬決，止有梟示不梟示之分。而爲從幫同下手有傷之犯，在强盗，則同擬斬梟；在搶奪，則罪止絞候。若事犯在本年恩赦以前，奉旨加杖二十，准其免罪。是强盗之與搶奪罪名輕重懸殊，律例各有專條，擬斷不容率混。今李啓用等既據該撫訊明，結夥三人，各持木棍，在途截搶毆打事主，一死一傷，核其情節，實係搶奪殺人，而該撫定罪則以與强劫無異，遂照强盗殺人例，不分首從，均擬斬、梟。是訊取搶奪之供，律以强盗之罪，未爲允協。儻該撫或因案有未確從嚴定擬，即應將各犯起釁各情據實究明，按例定擬。又該撫擬以情有可原之李發成，於該犯等未經毆死事主之前，已被事主張方照打傷，畏懼先行逃跑。按搶奪本律，罪止杖徒。原題照情有可原例發遣，亦未確實。職等詳加酌核，似應議駁。嘉慶元年説帖，駁覆案録後。

《清仁宗實録》嘉慶二年六月　己卯，諭軍機大臣等：畢沅等奏，拏獲劫掠匪苗，即行正法。湖南苗疆，甫經戡定，此等强劫逞凶匪徒，自當照臺灣之例，從嚴辦理。吴老四等六犯搶劫民人王虎，將王虎及伊妻伊子同時傷斃，情節尤爲凶惡。該督等已將該犯等梟示，然其辦理寬縱之咎，實所難辭。嗣後須留心隨時查察，如有搶劫逞凶匪犯，即行嚴拏，加重辦理，不必拘泥常例請旨。將此諭令知之。

《清仁宗實録》嘉慶二年閏六月〔辛亥〕諭内閣：御史廣興奏，江蘇省楊倫占等盗挖任咬郎屍，割取屍頭訛詐，經該省加重問擬斬候。又廣東省陳阿劍等盗掘陳阿竈屍，割取屍頭訛詐，經該省照律問擬絞候。此二案俱經刑部照覆，辦理兩歧，請敕部臣著明成例，以歸畫一等語。細閲兩案情節，俱因訛詐起意，其發棺殘屍，皆未得財，亦復相同。向來定律，此等開棺見屍之案，俱係問擬絞候。其割取屍頭訛詐他人者，别無專條。江蘇省楊倫占問擬斬候，因其情節殘忍，加重辦理；廣東省於陳阿劍一案，問擬絞候，係照本律辦理。在兩省各辦各案，一則準情，一則依律，尚屬有因。而刑部爲刑名總匯之地，自應折中至當。於外省定擬參差之案，擇其孰爲平允者，歸於一是。若以江蘇從重爲是，則廣東之案亦應改爲斬候；若以廣東按律爲是，則江蘇之案自應改爲絞候。今刑部於此相同兩案，或斬或絞。悉照該省所擬覈覆。所謂廷尉爲天下之平者，安在耶？况刑部遇有外省案件引例未當之處，往往奏駁改正。其辦理秋讞，各省有失入失出之案，亦多駁改。乃於此等相同之案，辦理歧異，率行照覆，則外省將何所適從？著將原摺發交刑部堂官閲看，令將諭旨指出情節，明白回奏。並將此等開棺殘屍，希圖訛詐之案，究應定擬斬候、絞候之處，一併悉心妥議具奏。尋覆奏：乾隆五十九年九月，原任江蘇巡撫奇豐額題，楊倫占盗挖任咬郎屍棺割頭訛詐一案，任咬郎僅止兩歲，該犯將屍頭潛藏袁日升店内，設計訛詐，幾陷人以謀殺十歲以下幼孩斬决之罪，較尋常開棺殘屍圖詐之案爲重。既據該撫量加擬斬監候，係因事懲創，臣部未便拘泥成例，改從輕減，即經照擬覈覆。又六十年五月，升任廣東巡撫朱珪題，陳阿劍盗挖阿陳竈屍棺割頭訛詐一案，審照發塚開棺見屍本律，擬絞監候。臣部查各省審擬此等人犯，並無前項挾嫌犯尊等重情者，俱照本律擬絞。是以將陳阿劍之案。亦一例照擬題覆。此二案情節有輕重之分，故罪名有斬絞之别。但臣等於江蘇楊倫占一案，未將量加懲創緣由於原疏内聲明，實爲疏忽。請將臣等交部議處。得旨：此二案情節既屬相同，乃刑部未經詳查，率行照覆，以致定擬互異，及降旨詢問，乃復以江蘇省楊倫占一犯所割任咬郎屍身年僅二歲爲詞，是以未將陳阿劍一案照辦，不免迴護。姑念刑部案件較繁，且過止失出，所有刑部堂官著交部察議。

《清仁宗實録》嘉慶二年九月〔癸酉〕諭軍機大臣等：魁倫奏，投首洋盗李發枝，現委員送京，其餘發往不近海洋省分。惟蔡阿四等十名仍不安分，已飭臬司鎖禁等語。該犯等俱籍隸閩省，今於本省監禁，恐其舊時夥黨，於獄内勾結往來，别滋事端。該督務飭臬司，將該犯等嚴行鎖禁，加意防範，以免疏虞。儻該犯等或在囹圄仍不安静，該督即當據實奏聞，將該犯等改發黑龍江，給索倫達呼爾爲奴。如續有投首盗犯，均著照此留心辦理。至閩省洋面，自李發枝投首後，較前已漸寧戢。著傳諭魁倫，仍督飭在洋巡緝各鎮將嚴密緝捕，以靖海疆，不可日久生懈。將此諭令知之。

《清仁宗實録》嘉慶二年十二月〔癸卯〕諭軍機大臣等：魁倫等奏，審明夥衆行劫客貨及拒捕殺傷弁兵各犯一摺，已批交軍機大臣會同法司覈議速奏矣。漳泉民風刁悍，與臺灣無二，祇當以事體輕重爲權衡，不得强分海内海外，辦理稍有區别。此案王騰等糾衆至三十餘名，行劫客貨至數萬兩，復拒捕殺傷弁兵，實屬目無法紀。該督等於審明後，即應照臺灣盗案，恭請王命，將首從各犯分别辦理，方足以示懲創，乃以决不待時之犯，輒復拘泥請旨，致凶暴之徒得以暫稽顯戮，殊非整飭海疆之道。魁倫、汪志伊除交部議處外，仍著傳旨嚴行申飭。

《清仁宗實録》嘉慶四年正月〔庚午〕諭軍機大臣等：上年十二月十七日，奎舒所奏貴德循化衆番群集，搶掠達賴喇嘛商販牛隻等物，和珅率行私駁，今經查出，奎舒所見尚是，接奉此旨，即行帶領青海蒙古兵丁，曉諭番衆，果能知懼，將爲首賊匪及掠去牛隻一併獻出，即將該解送之人覿面曉諭，爲首者即行正法，梟首示衆。其餘番衆仍應妥爲撫慰，亦可毋庸徹底根究。儻仍不知懼，肆行抗拒，必須調兵剿辦，亦應據實奏明，候朕降旨遵行。將此傳諭知之。

《清仁宗實録》嘉慶四年三月〔己卯〕又諭：奎舒奏，去歲搶劫達賴喇嘛商人牛隻、傷人之爲首賊番那木喀，經該部落獻出。審明即行正法，並將拏獲搶劫蒙古五次之賊番堪布沙木一併正法一摺。生番等膽敢各處搶劫，殊屬目無法紀，奎舒審明正法示衆，所辦甚是，塔斯迪葉部落之衆番，一見所遣番子喇嘛及熟番等執持諭帖，即知畏懼，將賊首那木喀及所擄牛三百餘隻先行獻出，並懇將其餘牛隻陸續交出，尚屬恭順。俟將牛隻全行獻出時，亦可不必深究，以完此案。惟奎舒等所遣番子喇嘛係屬何名，熟番共有幾人，並未聲叙。著查明量加賞賜，以示鼓勵。又另摺奏稱，將審明引路偷竊青海喇嘛沙喇布、吹木丕勒羊隻之蒙古賊人班第、丹怎，或依律擬絞，或擬斬決，請旨辦理。殊屬錯謬。班第、丹怎聽從綽霍爾班第之言，引路偷竊羊隻，與造意行竊者大相懸殊，即依律載偷竊馬匹至十匹以上之例擬絞，入於秋審情實，已足蔽辜；而奎舒奏稱或擬斬決，請旨即行正法，則將來賊首綽霍爾班第擒獲時，奎舒又如何定擬？奎舒乃特派辦理該處事務之人，每事自應秉公斷擬，如有不周之處，朕自降旨指示。似此易辦之事，漫無定見，憚於費心，則各省所派大員，所爲何事耶？奎舒著傳旨申飭。

《清仁宗實録》嘉慶四年九月〔戊辰〕諭軍機大臣等：據理藩院奏，青海扎薩克親王納罕達爾濟等呈稱，該處番子肆意搶掠，將蒙古所立廟宇盡行折毁，併掠去恩賞什物，殺傷二千餘人。從前番賊滋事，奎舒遞到之摺，曾經和坤壓擱，擅將原摺發回。今則並無壓報之事，奎舒於此等案件，自應據實具奏。乃竟匿不上聞，以致番賊日强，蒙古日弱，似此闒冗無能，豈勝辦事大臣之任？現已令台費蔭前往更换矣。但台費蔭到彼尚需時日，著傳諭松筠，轉飭廣厚酌帶甘省兵丁，馳赴西寧，先行傳旨，將奎舒革職拏問，交松筠嚴訊定擬具奏。廣厚即暫署西寧辦事大臣印務。至扎薩克納罕達爾濟等所呈番賊搶掠等事，雖虚實未定，近據蔡廷衡奏，青海賊番於七月中搶去蒙古牲畜等物，並鎗斃章京巴特瑪五人，帶傷九人。又貝勒濟克默特伊什途遇番賊，將伊牲畜搶去二案，則確切有據，不可不嚴行懲辦。廣厚帶兵到彼後，須嚴切曉諭，如該番等心知畏懼，將凶犯及馬匹什物遵諭獻出，審明後即於彼處正法梟示，尚可就案完結。儻抗不遵依，則此等頑梗番人，豈可再事姑容，長其驕志？勢不能不略示兵威，使知震懾。廣厚應據實速奏，候旨定奪。將此諭令知之。

（清）祝慶祺《刑案匯覽》卷一四《刑律賊盜·强盜》 安撫咨：投首入伍盜犯陳大水與王姓争鬬一案，查洋盜案内投首之犯，向無發往各省入伍之例。嘉慶三年，福建省洋盜吴地等投首案内欽奉諭旨，將吴地等發往不近海洋省分入伍安插。嗣因該犯等於入伍後，或在配脱逃，或不遵約束，經江西省咨請永遠監禁。本部以洋盜案内投首脱逃之犯，與不遵約束者，情節不同，若一例永遠監禁，未免慢無區别，議將脱逃被獲者，發黑龍江爲奴；不遵約束者，永遠監禁。在案。又四年，安徽省安插入伍盜犯陳蔡思鄉念切，私自出汛，覓託寄信，後因日久，畏罪不敢回汛，在途投首。該省照不遵約束，永遠監禁。咨部奉堂諭交館分别情節，酌議條款，交司存記。經職等以此等人犯，應分别論其已未入伍並脱逃被獲，畏罪自首，及在配不服管束所犯罪應杖徒者，分别治罪。三條呈堂閲定，交司照辦。除陳蔡一犯照不應重律，杖八十。咨行亦在案。今安插盜犯陳大水因往街買麩，與王姓偶然争鬬。查王姓非該管陳大水之人，陳大水與伊口角争鬬，罪止擬笞，並非不遵約束。該省照不遵約束例，永遠監禁，原屬錯誤，該司改照不應重律，杖八十。核與議定條款相符，似可照辦。嘉慶六年福建司説帖。

議定各條列後：

一、洋盜投首發往各省安插入伍人犯，如已入伍當差，在配脱逃畏罪投首者，照在伍兵丁脱逃投首律，杖一百，枷號一個月。仍行安插該犯，係奉特旨安插入伍當差，應仍准其入伍，如被獲者，照吴地等之例，發黑龍江爲奴。儻再脱逃，該犯係因逃發遣，與軍流人犯在配脱逃遞加調發黑龍江者無異，應即照遣犯脱逃例，杖一百，枷號一個月，仍發原配爲奴。

一、洋盜投首發往各省安插入伍人犯，脱逃如在未曾入伍以前，衣食無資，易致逃逸。若一經拿獲，即行發遣，未免無所區别，應即照遞籍復逃例，杖八十，准其入伍。投首者，免罪。

一、洋盜投首發往各省安插人犯，無論已未入伍，如在配不服管束，所犯在徒罪以上者，照番阿進等之例，永遠監禁。其僅止一時一事，所犯杖罪以下者，令該管官照例懲責。

（清）祝慶祺《刑案匯覽》卷一四《刑律賊盜·强盜》 廣西布政使奏請將營兵爲盜不分首從悉擬斬梟一摺，查例載：强盜殺人放火、姦人妻女，打劫牢獄、倉庫，干係城池、衙門並積至百人以上，不分曾否得財，俱斬決梟示。又響馬、强盜、江洋大盜，俱立斬梟示。又：捕役及防守墩卡並承緝盜案汛兵爲盜，雖非造意爲首，均照造意爲首律擬斬立決。各等語，是强盜中，惟殺人放火各項大盜定例始擬斬梟，至捕役、汛兵俱係緝盜之人，雖非造意，亦照造意爲首斬決。視民人之造意爲首及在外爲從，分别斬決發遣者，已屬從嚴檢查。臣部核覆外省兵丁行劫各案，間有因係省會重地或糾劫官寓隨案酌請梟示者，蓋以行劫情形各異，原可臨時酌辦，是以未經編輯爲例，今該布政使奏稱營兵爲盜，例無明文，並因該省上年十二月有梧州協兵丁張淇光糾劫錢糧奏請梟示一案。請將營兵爲盜不分首從，悉照江洋大盜例問擬斬梟。等語。查防守墩卡及承緝盜案汛兵爲盜例内，已有斬決明文，則凡屬營兵爲盜，皆可援例辦理。至梟示之例。止有殺人等項及江洋、響馬各項巨盜，若將營兵不分首從一概梟示，設遇兵丁殺人放火及有關倉庫等項，轉致罪無可加，即如該省辦理張淇光之案，亦因其糾劫錢糧，是以即照行劫倉庫例擬以斬梟，並非例外加重，惟是行劫情形不一。若概擬斬梟同屬無所區别，若實在情節重大者，首從僅擬斬決，亦不足以示懲，應請嗣後營兵爲盜，除殺人放火等項定例不分首從本應斬梟者，依例辦理外，如兵丁行劫，無論其夥同民人、夥同兵丁，係兵丁爲首者，斬決梟示；爲從者，仍擬斬決。其有情節重大非尋常行劫可比者，該督撫仍酌量案情分别梟示，總在勘審情形之輕重，以期辦理之合宜，則兵丁自知儆畏矣，如蒙俞允即通行，一體遵辦。所有該布政使請將營兵爲盜不分首從悉擬斬梟之處，應毋庸議，等因，奏准。嘉慶九年廣西司説帖，已纂例成案後。

《清仁宗實録》嘉慶十一年十一月〔癸丑〕諭軍機大臣等：御史嚴烺奏稱，廣東惠潮兩府奸民，違例制造大船，以取魚爲名，遠出外洋接濟盜匪水米火藥。州縣官利其港規，不加查禁。請飭廣東督撫，將歸善等縣現有之違式大漁船，查明若干，印烙字號，造册申報督撫存案。嗣後大漁船遇有破漏者，即隨時報明地方官拆毁，不准復修，亦不許違例添造，各等語。粤省洋匪滋擾。日久未能剿净，總由該處奸民接濟水米火藥。著吴熊光等，即照該御史所奏實力查禁，如有地方文武私得漁船港規，縱令奸民通盜，一經查出，即當據實糸辦。至漁船每船應有若干人，應帶水米若干，自當予以限制。今該御史稱水手人等不得過二十名，祇許攜帶數日水米。是否可行，亦著查明辦理。至漁船私濟盜匪，粤省既有此弊，福建、浙江、江南、山東等省均應一體查禁，以清盜源，將此傳諭各督撫知之。

（清）祝慶祺《刑案匯覽》卷一三《刑律賊盜·强盜》雲撫題：陳添才叠次迷竊吴榮豐等財物，並李興秀中毒身死一案，百例載：用藥迷人，已經因財，將起意爲首及下手用藥之犯，均照强盜律擬斬立決。其餘爲從者，俱發回城爲奴。又：强盜殺人者，斬決、梟示。各等語。此案陳添才起意用藥迷竊三次，均已得財，並致事主李興秀被迷受毒身死。該省將陳添才依用藥迷人已經得財，照强盜律擬斬立決。强盜殺人者，斬決梟示，例擬斬立決梟示；爲從之周良大等，擬發回城爲奴。與例相符，庶請照覆。嘉慶十七年説帖。

（清）祝慶祺《刑案匯覽》卷一三《刑律賊盜·强盜》伊犁將軍咨：用藥迷竊未成遣犯廖勝彩，初次脱逃，自行投回一案。查用藥迷人一項，已經得財之首犯，即照强盜一律斬決。其爲從及甫經學習之犯，亦與情有可原盜犯同擬遣戍。如脱逃被獲，又與免死盜犯一例正法。情罪本屬相同，惟免死減遣盜犯脱逃投首，例有仍發原配之文，而用藥迷竊案内，擬遣之犯脱逃投首，例無明文，亦無辦過成案相應奏明將廖勝彩一犯，即照發遣盜犯在配脱逃畏罪投回例，免其正法，仍發原配。嘉慶二十六年奏准通行。已纂例載犯罪自首條。

《比引成案新編》卷一《户律田宅·盜賣田宅》福建司，嘉慶十八年咨：送額駙家世襲佐領玉堂，管理公主墳塋事務，將所收祭銀一千六百兩私行侵用無存，與子孫盜賣祖遺祀産無異。其侵用銀一千六百兩，核計在五十畝以上，將玉堂比照子孫盜賣祖遺祀産五十畝以上例，發邊遠充軍折枷。

（清）祝慶祺《刑案匯覽》卷一九《刑律賊盜·恐嚇取財》雲撫題：李小五等藉端嚇詐，致楊丁氏自縊身死一案。查例載：刁徒無端肇釁，平空訛詐，欺壓鄉愚，致被詐之人因而自盡者，絞監候。其事出有因，並非無端肇釁者，不得濫引此例等語，是刁徒訛詐，致被詐之人因而自盡之案，總視死者與凶犯有無干涉爲斷，若死者雖係罪人凶犯，並無應捕之責，其訛詐釀命，即屬無端肇釁，自不得寬其繯首之罪。此案李小五因楊丁氏商允伊夫楊維章收買米穀，自行晒麯熬酒售賣，李小五聞知，起意訛詐，糾允張春前往。李小五託詞買糟，楊丁氏取糟給李小五認係穀糟，聲言違禁私燒，欲赴官出首，令楊丁氏送銀五兩始肯息事，因其不充，持糟外走，嚇言呈官究辦。楊丁氏上前奪取，致將該犯衣服扯破，李小五愈加不依，拉其送官。楊丁氏哭泣嚷罵，經人勸釋，李小五聲稱趕緊措給銀兩賠還衣服。如明午無有回信，定即赴官呈首而去。楊丁氏因李小五等藉端訛詐，一經控官，不但累夫受罪，且恐自已亦要見官受苦，憂急莫釋，投繯殞命。該撫以楊丁氏慫恿伊夫收買穀石踏麯造酒原干例禁，李小五等之索詐，係屬有隙可乘，若一律擬以絞抵，似與無端肇釁平空訛詐者無所區别，將李小五照刁徒無端肇釁，平空訛詐，致被詐之人因而自盡擬絞例上量減一等，擬以滿流。張春照爲從擬徒等因具題。臣等詳核案情，已死楊丁氏商允伊夫造賣穀酒，固屬有干例禁，第與李小五毫無干涉，乃糾同張春前往訛詐，嚇言送官究辦，既不得謂事出有因，即係無端肇釁。嗣因李丁氏不允給銀，並被扯破衣服，該犯輒敢將其拉走，復聲稱如不趕緊措給銀兩賠還衣服，定即赴官呈首，致楊丁氏憂急投繯殞命。查楊丁氏以愚弱女流，突被凶徒嚇詐拉走，其輕生自盡，實有被辱難堪之情形，則該犯藉端欺壓，不得謂死者有隙可乘，遽寬其訛詐斃命之罪。該撫率將李小五於刁徒無端訛詐致被詐之人自盡例量減擬流，殊屬曲爲開脱，罪關生死出入，應令另行按例發擬。嘉慶十九年説帖。

《比引成案新編》卷一《户律田宅·盗賣田宅》 江蘇司，嘉慶二十一年咨：卞儀輝將洲灘地畝得價盗賣，復摭拾妄控，惟該縣一經示禁，即行中止，不敢復行佔賣，究與恃强久佔者有間。卞儀輝應照强佔官民山場蘆蕩杖流律上，量減滿徒。

《清仁宗實録》嘉慶二十三年二月〔癸巳〕又諭：刑部奏蒙古搶劫之案，有民人在内者，請先令承審官分别是劫是搶，照刑例强盗各條及搶奪攔搶各條，分别治罪。似此引例紛繁，轉滋淆混。正所謂科條既備，民多僞態，無所措手足矣。嗣後蒙古地方搶劫案件，如俱係蒙古人，專用蒙古例；俱係民人，專用刑律。如蒙古與民人夥同搶劫，覈其罪名，蒙古例重於刑律者，蒙古與民人俱照蒙古例問擬；刑律重於蒙古例者，蒙古與民人俱照刑律問擬。著爲令。

《清宣宗實録》道光元年正月〔乙丑〕熱河都統松筠奏：蒙古全賴牲畜養生，偷竊賊犯與内地有别。此次恭逢曠典，釋回各犯莫非積慣匪徒，難保其不仍行劫搶偷竊，有害地方。應請旨，所有刑部議准恩赦援免釋回者，内有熱河所屬扎薩克旗下蒙古竊劫各犯，回旗後儻有怙惡不悛，該旗不能管束者，一經具報，仍即咨部分别發遣，以示懲儆。現在審辦蒙古偷竊牲畜各犯，如有應行援免者，仍照蒙古例載，事犯在各扎薩克所屬地方，遇赦不准援免之條辦理。庶盗風可期漸弭，於有業蒙古生計，亦屬有裨，得旨：必應如此辦理，照所議行。

《兵部處分則例》卷一二《關禁·蒙古賊犯入内地殺掠》 一、蒙古賊犯擅進内地殺人搶掠，失察之專汛官，革職。公罪。兼轄官，降二級調用。公罪。總兵降二級留任。公罪。提督降一級留任。公罪。俱戴罪圖功，至并未傷人搶掠牲畜等物，該管官失于攔阻者，將專汛官，罰俸一年。公罪。兼轄官，罰俸六個月。公罪。

《兵部處分則例》卷一二《關禁·禁止無籍民人入苗地為匪》 一、苗疆地方如有外來民人，携帶眷口，夾帶無籍之徒，入境爲匪者，除兵丁責革外，失察之專管官，降一級調用。公罪。兼轄官，罰俸一年。公罪。

《兵部處分則例》卷一三《海禁·盗船出入海口》 一、盗犯從外洋竊發，咎在出洋分巡、委巡之員，將守口官免議。若盗犯由海口以内奪坐船隻出洋爲盗，失察之守口各官，降二級調用。公罪。若守口官能自行拿獲者，免議。至外洋行劫之盗，散黨登岸，混冒入口，守口官失于覺察，降一級留任，公罪。限一年緝拿，全獲開復，限滿不獲，降一級調用。公罪。如于限内盗犯被鄰境拿獲者，減爲降一級留任。公罪。

《兵部處分則例》卷一三《海禁·盤獲入口匪犯酌免出口處分》 一、匪船混冒出口後入口，時洋面尚無失事報案，守口官能細心盤察，獲犯解究者，免其從前失察出口處分外，若案已别經發覺，知會關拿，于匪從入口時盤獲破案，其失察出口處分應議降調用者，改照所降之級留任，扣滿年限，開復。

《兵部處分則例》卷一三《海禁·匪船沿邊私駕出洋》 一、沿海巡查武職并守口員弁，失察匪船不由汛口沿邊私駕出洋者，均降二級留任。公罪。若匪船私駕出洋，駛回時洋面尚無失事報案，該管武職能細心盤查，獲犯解究者，免其從前失察處分。如案已别經發覺，知會關拿，始行盤獲破案者，其從前失察沿邊私駕之處分量行酌減，改爲罰俸二年完結。公罪。倘官員于獲犯時，意存迴護，不將盗匪偷越地方究明指出者，降二級調用。私罪。

（清）祝慶祺《刑案匯覽》卷一五《刑律賊盜・劫囚》河南司：查律例：於已到官者，謂之罪囚；未到官者，謂之罪人。稱名雖各有不同，引斷則難執一而論。律稱：囚已拘執，及罪人不拒捕而擅殺，以鬭殺論，不得謂罪人，即無已就拘執之時，囚即無不拒捕之時。例稱：罪人事發在逃，被獲拒捕，在折傷以上，擬絞。而自首律內則又稱：事發在逃，係指已被囚禁之犯若逃，在未經到官之先者，本無加罪，仍得減本罪二等。是折傷擬絞之例，亦非專指罪人而言，他如應捕人追捕罪人故縱，則與囚同罪，並緣坐人口。若罪人赦免，亦從免放。及因人連累致罪，罪人已死，及遇赦減等。各律所稱罪人，均該括罪囚在內，本難一概加區別。再查雍正七年舊例內載：在中途打奪罪囚因而殺人者，爲首，斬決；下手致命者，絞決。餘仍照律分別坐罪等語。劫囚之律，係不分首從皆斬監候。舊例斷無將下手者擬絞轉，將未下手者擬斬之理。可知所稱照律坐罪之語，即係引打奪罪人之律，至今比照辦理，亦屬相沿已久。且既在中途，殊與肆劫監獄者情罪迥別，而與中途打奪罪人之案則同係在途邀截拒敵官差，即酌照打奪罪人例，分別擬以斬決、絞決、絞候、軍流。罪名亦不爲不重，未始不足以飭法紀而儆凶頑。是中途劫囚，其名固與行劫獄囚相同，其罪則與打奪罪人相等。若必如該撫所議另立專條，則相提並論。在打奪罪人，雖業經奪獲，或業經殺人傷人，或所奪係凌遲斬絞重犯，只分別科以斬、絞、軍、流等罪。在中途劫囚，雖尚未奪獲，或尚未殺人、傷人，或所奪止徒杖輕罪人犯，無不概擬死罪，同一在途抗差奪犯而擬罪輕，重遂大相懸絕。如此似亦非持平之道，該撫所議囚與罪人界限極爲明晰，惟關係罪名，生死出入，綦重不厭精詳，即遇有情節重大之案，原可權衡至當酌量懲辦。定例久經遵行，未便遽加更改，相應咨覆。道光五年説帖。

（清）祝慶祺《刑案匯覽》卷一五《刑律賊盜・劫囚》直隸司：查例載：官司差人捕獲罪人，有聚衆中途打奪毆差致死，爲首者，不論曾否下手，擬斬立決。爲從，下手致命傷重致死者，絞決。幫毆有傷者，不論他物、金刃，擬絞監候。隨同拒捕，未經毆人成傷之犯，改發極邊，足四千里，充軍。其傷差未至死者，首犯，照律擬絞監候；從犯，照律坐罪。又律載：聚衆打奪因而傷差者，絞監候。爲從，減一等。各等語，是聚衆奪犯，以殺差，傷差爲定罪之權衡。玆據該督咨稱，該州逸盜季丙寅糾衆奪犯，殺傷兵役六死五傷，并另傷平民二人一案，內有殺死兵役者，有砍扎兵役傷而未死者，其首犯並動手殺人，以及隨同拒捕未經傷人之犯，自應照上條分別問擬斬決、絞決、絞候、充軍。而隨同拒捕，執持凶器。砍扎兵役成傷未死之犯，既未便照幫毆致死之條，擬以絞候，漫無區別，亦未便與未經傷人之犯同科軍罪，致滋輕縱，例內并無明文，究應作何辦理，咨請部示等因。查殺差案內，幫毆有傷，從犯例應擬絞；傷差案內，拒毆有傷，從犯律止擬流。若傷差爲從之犯，即係殺差案內在場隨同拒捕之犯，未便與僅止傷差爲從，一律擬流，轉致輕縱，應即照毆差致死、隨同拒捕、未經毆人成傷之犯，改發極邊，足四千里，充軍。應咨該督查照辦理。道光八年説帖。

（清）祝慶祺《刑案匯覽》卷一五《刑律賊盜・劫囚》江西道御史奏稱：非聚衆及不於中途打奪，各按本律註分別辦理等語。查不於中途打奪律註，已有專條，非聚衆打奪罪人，律註並未明言似應酌定等語。查律載：官司差人追徵錢糧，勾攝公事及捕獲罪人，聚衆中途打奪，爲首者，杖一百，流三千里；因而傷差人者，絞監候。殺人及聚至十人，爲首者，斬監候；下手致命者，絞監候；爲從，各減一等。註云：其不於中途而在家打奪者，依威力於私家拷打律；主使人毆者，依主使罪。又例載：官司差人捕獲罪人，有聚衆中途打奪，毆差致死，爲首者，擬斬立決。其傷差未至死，首犯，仍照律擬絞監候。但經聚衆奪犯，雖未傷人，首犯亦照因而傷人律從重擬絞。註云：其非聚衆及不於中途打奪者，各照本律註分別辦理各等語，溯查此條例文，係乾隆十八年纂定，註內雖聲明非聚衆及不於中途打奪者，各照本律註辦理，而檢查律註，止有不於中途打奪之罪，並無打奪而不聚衆之罪。是以向來僅止一二人中途打奪之案，有即照聚衆打奪本律問擬滿流者，亦有於聚衆打奪本律上量減一等問擬滿徒者，辦理未能畫一。伏思中途打奪律例內，均標明聚衆字樣，則打奪而非聚衆，自不能與聚衆打奪者一體同科。然辦理過輕，如向來成案，僅擬滿徒，究不足以昭懲創。臣等公同酌議，應請嗣後官司差人捕獲罪人，有僅止一二人中途打奪者，爲首無論有無傷差，均應於聚衆打奪傷差本律上酌減一等，擬以杖一百，流三千里。若毆差致死，即照聚衆打奪殺人本律，分别治罪。如此酌定，專條庶輕重適得其平矣。再查，打奪而非聚衆之案，即有專條可循，應請將例註内非聚衆三字删去，並將各字酌改爲仍字，以免歧誤。道光十三年通行。

《清宣宗實録》道光二十四年春正月（癸酉）諭内閣：前據御史朱琦奏，廣東捕務廢弛，盗賊肆行一摺，當交耆英等確查嚴辦。兹據奏稱，該省捉人勒贖之案，均經嚴飭該州縣，將未獲逸犯按名查拏，盡法懲辦。其罪名自徒罪至斬絞，各有等差，並非罪止問軍，至弁兵均有定額，汛卡亦有舊制，惟在隨時認真，不在變更成法。該御史原請重定擄贖罪名，並量移營汛之處，著毋庸議。其所請嚴究售礮藥，禁止聯會結黨，勸諭速葬，查拏賭博各條，現經該督撫等嚴行查究，認真辦理。惟廣東盗風素熾，既據該督撫查有多案，其未經破獲者，恐尚不止此數。且難保無州縣諱飾匿報情事，著耆英等督飭該地方官，激發天良，破除積習。於一切匪徒嚴行拏獲，務使有犯必懲，不容一名漏網。並於交界處所一體嚴查，毋分畛域，儻查有消弭推諉，並胥役包庇，縱放各情，即著據實嚴參，以靖盗源而安良善。至擄贖之案，必先有窩藏之家，方敢糾夥肆搶，因而索贖，若不從嚴懲辦，何以净絶根株。著該督撫責成文武員弁，遇有此等重案，一經拏獲正犯，即究明窩藏何人，嚴行懲辦，不得稍有疏縱。此項窩藏之犯，應作何從重擬罪名之處，著該督撫酌議具奏。另片奏，桑園圍漫口，均經動用官紳捐項，隨時一律興築，所有此項捐輸議叙，著即照議俟查明捐項數目，酌量請奬。

《清宣宗實録》道光二十五年五月 乙酉，諭軍機大臣等：有人奏捕役豢盗擾害地方，急宜懲治一摺，據稱浙江省城搶劫之案肆行無忌，紹興府城鄉搶案，多至百有餘起。總由捕役窩藏盗匪，如山陰縣捕頭沈姓，會稽縣捕頭周姓，每年得規銀一千餘兩，至五六百金不等。民間呈報搶案，地方官勒令報竊等語。如果屬實，是該省捕役豢盗養奸，地方官諱匿不辦，尚復成何事體。著梁寶常嚴飭所屬，將捕頭沈姓周姓查拏懲辦，並將著名盗匪全數弋獲，毋任一名漏網。又片奏紹興府屬之餘姚縣東北鄉抗租不還，業户催租，佃户反持器械，向殷實富户擄掠，差捕通同一氣，該匪徒等均有姓名綽號，並著該撫按名嚴拏，及窩藏匪徒之武舉刁監等一併拏辦，其已經捡獲解府各犯，即著迅速審結，以安良善而除凶暴。將此諭令知之。尋奏，省城並無搶案，紹興府屬自道光二十一年起至二十四年止，已未獲搶案二十餘起，山陰捕役沈浩、會稽捕役周禮先經該縣等訪有包庇窩竊情事，斥革拏究。餘姚胡阿八等起意短租，將業户租船截住，搶奪棉花錢物。亦經該縣拏獲訊解，沈浩、周禮擬發極邊烟瘴充軍，胡阿八、阿九發極邊足四千里充軍，下部議，從之。

《清宣宗實録》道光二十六年九月（辛丑）諭軍機大臣等：御史戴絅孫奏，四川嘓匪爲患日深，請飭州縣認真團練一摺。據稱，今年合州兩次劫案，皆由民間團練擒獲，解州懲治。又璧山、岳池、樂至銅梁諸縣嘓匪，横行廣安州乾溪場一帶。今夏五月，有富民紛紛竄徙入城避禍之事，雙流、新津、温江三縣知縣，皆以不能緝匪撤回。請急行團練等語。四川嘓匪，久爲民患，全在各地方官隨時認真查緝，毋令嘯聚，致爲寇患。該御史所請令地方官各行團練，責成州縣奬勵稽查，不得假手吏胥，致滋騷擾。是否於緝捕實有裨益，著兼敬體察情形，悉心妥議具奏。原摺著鈔給閲看，將此諭令知之。尋奏，團練之法，誠於緝捕大有裨益，然須與保甲相輔而行，居居既有捍禦之資，盗賊亦無藏匿之地，得旨：立法不難，行之不易，務蕲認真有效，言出法隨，安良善誅奸慝。其妥議之。

《清宣宗實録》道光二十六年十一月（辛亥）諭軍機大臣等：有人奏山東盗賊公行，請旨飭拿一摺，山東地方，向無擄人勒贖之事，兹據奏，本年十月間，該省嶧縣蘭山等處盗劫頻仍，並有擄人幼子勒贖錢文之案。且該兩縣窩賊甚多。著名頭目糾合多人，擾害閭閻，與捕役聲氣相通，是以無從究辦等語。盗賊肆擾擄人勒贖，與捕役包庇養奸，最爲地方之害，不可不嚴行懲創。著崇恩嚴飭地方官，按名嚴密查拏，盡法懲治，毋任一名漏網。至捕役包庇賊匪種種弊端，實爲盗源。該撫惟當密加體訪，如果實有其事，立即查拏嚴辦，庶捕務日有起色，而宵小自可斂跡矣。原摺鈔給閲看，將此諭令知之。尋奏：原摺所指賈王把等，籍隸嶧、蘭等縣，於道光二十六年閏五月間糾夥擄滕縣夏廷蘭幼弟夏廷燦，勒取京錢五十千，並搶得衣服錢文，因捕拒傷夏廷蘭等；又本年十月間，蘭山縣宋珩等賭博，被劉記等糾夥搶得賭局錢文衣服；又，是月十九日，孔二等糾夥擄孔毓隆幼子孔差柱並驢一頭，勒取京錢三十二千。以上三案各犯，並無結會名目，且旋犯旋獲，顯非官役包庇，均分首從，問擬如律。

逸犯緝獲，另結。下部議，從之。

《清宣宗實録》道光二十七年十月〔己巳〕又諭：有人奏湖南盜賊横行，省城南門内萃升錢鋪被賊劫銀九百餘兩，犯無一獲。又另片奏，告病回籍之前任太常寺卿唐鑑，船泊湘陰縣，被賊劫銀六百餘兩及金器等物，並有拒傷事主及跟役之事。正賊亦未弋獲各等語。省城重地，賊衆膽敢肆行，湘陰逼近洞庭，尤爲盜賊易於藏匿之地。著裕泰、陸費瑔嚴飭所屬，嚴密查拏，務在有犯必懲。毋得玩縱貽患，以靖地方而安行旅，是爲至要。原摺片著鈔給閲看，將此各諭令知之。尋奏，錢鋪被劫，已據該縣獲賊黄金連等三名，估贓一百九兩。其湘陰縣案犯，亦據該縣拏獲；另案盜犯黄二作，究出此案夥黨王亞遠等姓名，咨移湖北將正盜真贓獲破，惟尚有逸犯未獲，現復嚴飭剋日全獲究辦。得旨，上緊緝拏，不准疏懈。

《清宣宗實録》道光二十八年二月〔庚午〕又諭：都察院奏河南武舉趙祥雲遣抱告呈控鋪夥常懋林等，在禹州地方被盜劫銀拒傷，該州壯役黄桀等拏獲盜首，旋即賣放，並有差保窩藏夥盜等情。如果屬實，不法已極，著交鄂順安飭屬嚴拏逸犯，勿任漏網。壯役黄桀等並著嚴訊確情。按律定擬具奏。抱告秦玉柱該部照例解往備質。尋巡撫潘鐸奏，訊明羅得、任老六等，行劫常懋林銀兩屬實，依律擬斬立決。差役黄桀拏獲罪應充軍之夥盜韓八，並不小心管解，以致乘間脱逃，依例擬杖徒。下部議，從之。

《嚴定强盜窩主章程》卷三九《一件通行事》 同治元年四月二十九日，准刑部咨，福建司案呈所有前事等因，相應抄單行文，福建巡撫轉行閩浙總督、福州將軍、臺灣鎮總兵，一體遵照可也。計抄單一紙等因，到本部院。准此，合就飭行。爲此，仰司官吏，即便會同臬司，移行各屬一體遵照辦理。仍刊入例册，頒送毋遲。

計粘單一紙。

刑部爲通行事，内閣抄出詹事府詹事宗室綿奏嚴緝盜匪，重擬罪名一摺，咸豐十一年十月十八日，奉上諭：綿宜奏請嚴緝盜匪，重擬罪名一摺：京師爲輦轂重地，豈容宵小潛蹤？近來搶劫之案層見迭出，持刀明火，肆無忌憚，地方官弁兵役，形同聾聵，並不嚴行緝捕，甚至值班下夜，一切視爲具文，以致盜匪横行，殊堪痛恨。著步軍統領衙門、順天府五城嚴飭所屬，認真緝捕，嗣後京城地面如再有明火搶劫之案，即將該地方官弁兵役，從重叅辦責革，毋稍徇庇。至盜賊爲害閭閻，本屬法無可貸。凡有明火持械入人房院者，准該事主格殺勿論。其就獲之犯，刑部堂司各官破除積習，嚴行訊鞫，一經得實，即著照無分首從之例，並無論贓數多寡，立即處斬，不得以情罪稍輕，意存開脱，並不准以犯在詔前等情奏請查辦。其知情窩賊分贓，確有証據，應如何從重處治，以清盜源，並著刑部妥議具奏。欽此。該臣等議得：據詹事府詹事宗室綿奏稱，竊維保甲之編，晝以詰奸，尤貴夜以防盜，刑罰之設，重科以罪，正爲預警其餘我朝政治昭垂，於戢暴安良之法，極爲周密，無如太平日久，無事相安，職司緝捕者，未免卽於因循，任在刑名者，又各失之寬厚。而宵小之輩知畏威，不知懷德。及因法網少疏，群相覬覦，起而以身試法矣。近來京城地面，搶劫之案，層見迭出，甚至糾黨成群，持刀明火，捆縛事主，入室搜財，輦轂重地，膽敢如斯。尚復成何事體？推原其故，總由捕務廢馳，科條輕減之弊，顧巡捕之責，專屬步軍統領衙門，與順天府五城。而步軍統領，與左右翼總兵，並順天府府尹，五城御史，惟總其成。而一切公務紛煩，更兼地方遼濶，斷難逐户挨門，自行盤詰。所恃者惟在所屬之地面官弁兵役，認真稽查，方爲有濟。乃近聞搶劫之盜匪，多則五六十人，少則三四十人，夜間公然行走街市。及至打劫住户之時，大肆擄掠，喧嘩之聲徹於門外，而該地方官弁兵役，罔有覺察，聽其擄掠而去。即去之後，並不跟踪緝捕，間有一二破案者，總在一年半載之餘，從未在事主之家登時拏獲。由是觀之，則地方之官弁兵役，不幾同虚設耶？且盜匪之出，必有其由，盜匪之入，必有其歸。况夜間行劫，城門未開，勢必不能遠颺，縱賊衆兵單，難與相敵，使該他方官弁兵役，如果認真緝捕，無難潛襲其後，暗識巢穴，俟黎明會同各汛官弁，盡行拏獲相應。請旨飭下步軍統領衙門，順天府五城、一體嚴示該管之地面官弁兵役，認真查拏，如再有明火之案，倘該地面官弁兵役仍蹈前習，或不能登時緝獲，或不能跟蹤搜捕，即按知情故縱，重治其罪。庶有地方之責者，不致因循廢事矣。至定擬罪名，責在刑部，而刑部堂司各官，原非有私於作奸犯科之人，况情罪如明火之盜匪，尤法之不容貸，能稍有所瞻徇乎？

聖朝忠厚，開基慈祥，久治於寰宇。故雖準情科罪，尤必示以法外之仁。因而刑部堂司各官，每當信讞既成，仰體我國家刑期無刑之意，遂各有辟以止辟之心。所以盜案送部以後，核其情罪，萬難少寬者，予以大辟，其情罪稍有可原者，即設法予以生路。此在治獄之人，貴有陰德，不貴苛求。其意非不甚善。豈知秋肅春温，天道有自然之節序；水懦火烈，政治無偏重之措施。當此人心玩法之時，嚴以相繩，則人知小惡之誅，無殊大惡，將必畏罪避法。罔或干正。蓋懲少所以戒多，警前即以防後，是殺之實，所以生之也。應請飭下刑部，嗣後凡有明火搶劫之案，無分首從，無論窩存，具無論贓之多寡，即行一律定擬斬決，毋稍寬貸，斯盜賊潛消，而九城内外可以安謐矣。等因具奏前來。查律載：强盜已行，但得財者，不分首從皆斬。又咸豐二年間，臣部奏定章程：京城大宛兩縣並五城所屬地方盜劫之案，一經審實，將法無可貸之犯，照律斬決，加擬梟示。又咸豐五年間，王大臣會同臣部奏定章程：嗣後凡遇盜劫之案，仍依强盜已行，但得財者不分首從皆斬律，俱擬斬立決。至其中把風接贓等犯，雖未分贓，亦係同惡相濟，應照爲首之罪，一律問擬，不得以情有可原量從末減。奏准通行，各在案。又律載：强盜窩主造意，身雖不行，但分贓者，斬。若共謀，其窩主不曾造謀，但與賊人共知謀情者，行而不分贓，及分贓而不行，皆斬。又例載：强盜窩主造意不行，又不分贓者，改發極邊，足四千里充軍。若非造意，又不同行分贓，但知情，存留一人者，杖一百，徒三年；存留二人者，杖一百，流三千里；存留三人以上者，亦發極邊，足四千里充軍。又順天府五城暨直隸、山東二省窩存强盜一名者，發近邊充軍；二名以上者，發新疆給官兵爲奴，又知强盜後而分贓至滿數者，發近邊充軍。又窩綫不上盜，未得財，但爲賊探聽事主消息，通綫引路者，杖一百，流三千里。又律載：知人强盜後而分贓者，計所分贓，准竊盜爲從論。又知强盜贓而故買者，計所買物坐贓論。知而寄存者，減一等。各罪止杖一百，各等語。茲據詹事府詹事宗室綿以近來京城地面搶劫之案，層見迭出，甚至糾黨成群，持刀明火，捆縛事主，入室搜財，輦轂重地膽敢如斯，尚復成何事體？推原其故，總由捕務廢弛，科條輕減之弊。請飭刑部，嗣後凡有明火搶劫之案，無分首從，無論窩贓，且無論贓之多寡，即行一律定擬斬決，奏奉諭旨：著臣部妥議具奏。臣等查强盜之案，向不論贓數多寡，但有持械威嚇事主，入室搜財情事，即按奏定章程，照强盜律，不分首從，一概擬斬。在京城犯案者，加擬梟示。雖事犯在恩詔以前，亦向不准其查辦。立法已屬最嚴實，已無可復加，至强盜窩主之律，向以造意共謀，有無同行分贓，分别定擬。蓋既爲窩主，即有時或非造意，或不同行，斷無不共謀，不分贓之理。罪至於斬，亦屬無可復加。其窩藏存留者，向以窩留人數分别遣軍流徒；知盜後而分贓者，向以准竊盜爲從，計贓科罪。定例本極周詳。現在京城各省，盜風日熾，若不因時制宜，何以戢强暴而安善良？臣等公同商酌，擬請：嗣後京城各省凡窩藏强盜之家，如有造意共謀，行而不分贓及分贓而不行，仍照强盜窩主本律擬斬。若雖非造意亦不同行分贓，但知係强盜而窩藏，不論窩藏人數多寡，並不上盜，未得財，但爲賊探聽事主消息，通綫引路者，亦均照强盜窩主本律問擬斬決。如非知情窩藏，但知强盜後而分所盜之贓，並知而寄藏及代爲銷贓者，無論贓未滿數，已至滿數，均發新疆給官兵爲奴，遇赦不赦。婦女有犯者，實發駐防爲奴。知强盜贓而故買者，無論贓數多寡，均杖一百，流三千里。其暫時存留者，仍照舊例核辦。不知情及誤買受寄者，均仍照律俱不坐。如此分别從嚴懲辦，庶足以靖盜風而安閭閻。再搶奪之案，凡衆持械，入室搶劫威嚇事主，並在途在野及江河湖港，但經聚衆持械，倚强肆掠，凶暴衆著者，無論白晝昏夜，均照强盜本律，不分首從一概擬斬。亦經臣部奏准，通行在案。嗣後京城各省，如有窩留持械，倚强肆掠案犯者，亦應照此嚴定章程辦理。其應擬死罪者，仍各從其重者論。此例固係爲嚴戢盜風起見，而防弊尤不可不密。查外省州縣多有捕役豢賊分肥之案，有如串捏誣攀，栽贓陷害情事，均屬在所不免，經此次嚴定章程以後，凡京城外省各州縣，遇有緝獲窩留强盜之案者，該承審官務各悉心研審。按照新章核辦。倘有不詳審精察，含糊從事，以致妄殺無辜，入輕爲重等情，查明分别照例懲辦，以防濫刑而重民命。俟數年後，盜風稍息，仍奏明改復舊例辦理。如蒙俞允臣部通行各省遵照辦理，並行文步軍統領衙門，順天府五城一體出示曉諭，務使人人知悉，觸目警心，而匪類知所斂迹矣。等因咸豐十一年十一月二十三日奏奉旨依議。欽此。

又片：奏再本月二十三日臣部遵奉諭旨：嚴懲强盜窩主章程已經加重定擬，惟於强盜自首一節未經議及。臣等查强盜投首舊例，除殺死人命罪犯深重，及毆事主至折傷以上，首夥各犯俱不准自首外，其傷人首盜，傷輕平復，無論事未發而自首，及聞拏投首者，俱擬斬監候。未傷人之首盜，能於事未發時自首者，發近邊充軍。如係聞拿投首，實發雲貴、兩廣極邊烟瘴充軍。蓋例意原因其有畏法之心，方准自首減等免死，以示法外之仁。近來盜風日熾，人情詐僞益甚，流弊滋多。如果盜犯於犯事後數日內實知畏法，抱贓出首，藉可指獲犯夥原贓，自可稍開一線生路。無如盜犯恃有自首減免之例，往往經旬累月並不自首，及至破案，獲犯原贓已俱銷盡。則又串通捕役。以聞拏投首呈報到案，問官因向有自首准減之例，亦遂不加研究，爲之開脱。適中其奸詐之計，愈釀其作盜之風，自應嚴定章程，以防弊混。應請嗣後除盜犯殺死人命，罪犯深重，及毆事主至折傷以上，首夥各犯俱不准自首。其傷人首盜，傷輕平復，無論事未發而自首，及聞拏投首者，仍照例擬斬監候外，凡强盜犯案，如果於五日以內，能於事未發時，將所得之贓，悉數投報出首。並指獲夥犯原贓，方准以自首論。減發近邊充軍。如係聞拏投首，實發雲貴兩廣極邊烟瘴充軍。若逾五日以外，雖抱贓投首，指獲夥犯及業已破案，始行投到者，概不准以自首減免論。如有勾串捕役代爲捏報自首者，一經審出實情，仍將盜犯照例究辦，並將捕役照受財故縱本例，與盜犯同罪。其强盜窩主能於事未發時首報，指獲盜犯原贓，准以自首論，減發近邊充軍。如係聞拏投首，並不能指獲盜犯原贓，及已破案始行投到者，亦均不准以自首論。如此嚴定章程，庶足以懲欺妄而杜流弊。如蒙俞允，恭俟命下，附入前議，嚴定强盜窩主章程後，一體通行内外問刑衙門，遵照辦理，並剴切出示曉諭，俾盜犯或知畏法而不致肆行無忌矣。等因咸豐十一年十一月二十八日具奏奉旨依議。欽此。

《清穆宗實録》同治七年四月〔甲辰〕前因練目陳安屢經被控，諭令麒慶解交都興阿嚴訊。兹據該將軍奏稱，審明該犯夥衆强搶得財放盜等情，均已屬實。惟假團練擾民一節，該衙門並無案據，其在熱河有無擾害被控實蹟，請飭熱河都統詳查再辦等語。匪犯陳安，始則糾衆行劫，拒捕傷官，迨充番役後，復於撫民廳寧遠州等處，得賄縱盜，肆行搶劫，實屬怙惡不悛。若不按律嚴懲，何以安閭閻而靖奸宄，陳安一犯，即著照響馬例定擬，所請飭熱河都統詳查之處，著毋庸議。將此諭令知之。

〔清〕沈家本《讀律贅言・歷代治盜刑制考》 律載，强盜已行而但得財者，不分首從皆斬。此前明律文。國朝承用未改者也。嗣於康熙五十四年欽奉諭旨：凡强盜重案，着大學士會同三法司，將此内造意爲首及殺傷人者，於各本案内一、二人正法，餘俱照例減等發遣。又於雍正五年九卿遵旨議定，將盜案内法所難宥，情有可原者分析具題，大學士會同三法司詳議，分別正法及發遣各等因，纂爲條例。乾隆二十六年復經大學士會同刑部議將夥盜曾經轉糾黨羽，明火持械入室搜贓，并行劫已至二次等項，俱擬斬決，不得以情有可原聲請，續纂入例，迨至咸豐四年，因盜風日熾，經五大臣會同刑部議請盜劫之案，仍依本律不分首從皆斬。其中把風接贓之犯，雖未分贓，亦係同惡相濟，不准量減。纂定新例遵行，蓋又三十年餘矣。竊謂强盜舊律，本視唐、宋加嚴，康熙、雍正年間，列聖法外施仁，網開一面，其寬大之恩，哀矜之念，函夏欽仰，洵盛德也。即乾隆年間續纂之例，雖寓除惡務盡之意，而仍不悖於祥刑本旨。自咸豐間改歸舊例，犯法者遂無倖逃之網，而手持三尺，每太息而定爰書。家本承乏西曹，嘗見四人共盜一衣，甫離盜所，即被擒獲而俱論决者，此不幾與隋開皇時，四人共盜一榱桷，三人共竊一瓜即付行决者無以異乎。在當時金田肇禍，海内沸騰，執法者鑒於姑息之養奸，特用重罰。此固因時制宜之道，然未可遂以爲一成而不易也。夫自三代以來治盜之律，世輕世重。在殘酷之朝，至有盜一錢而死者，而慈祥之世，初何嘗盡人而誅之，是豈不知凶慝之徒之不可寬貸哉！《書》曰：刑期于無刑，民協于中。又曰：咸中有慶，誠以刑也者，必得其中而不可少過焉者也。是故，立法既貴乎平，而用法尤貴乎恕。强盜之法，無可貸者，理之當誅者也，當誅而誅之，是之謂平；其情可原者，情乎之當宥者也，當宥而宥之，是之謂恕。平恕者，何所謂中也。此合乎天理而順乎人情者也。重乎此則過乎中矣。老子曰：民不畏死，奈何以死懼之。若使民常畏死而爲奇者，吾得執而殺之，孰敢。是則法之重也，特治其標而已，焉能清盜之源哉。宰我釋周社，用栗之意曰使民戰栗，而夫子徐咎之。陽膚爲士師，曾子告之以哀矜勿喜。宋人之言曰：求其生而不得，則死者與我皆無恨也，知求而有得耶，以爲有得則知不求而死者，有恨也。夫常求其生，獨夫之死，而世常求其死也。今之用法者，將使民戰栗者乎？抑有哀矜勿喜者乎？

將求其生而不得乎？抑求其生而得乎？今采集歷代治盗刑制，彙録而備考之，都爲一册，固仁人君子所當徐念者矣。

商。案：夏后氏以前刑制無考，今自商始。

《商書·盤庚》曰：乃有不吉不迪，顛越不恭，暫遇姦宄，我乃劓殄滅之，無遺育，無俾易種于兹新邑。孔傳：暫遇人而劫奪之，爲姦於外，爲宄於内，劓割育長也，言不吉之人當割絶滅之。無遺長其類，無使易種於此新邑。蔡傳：乃有不善不道之人，顛隕踰越，不恭上命者，及暫時所遇爲姦爲宄，劫掠行道者，我小則加以劓，大則殄滅之。

案：《春秋左氏》哀公十一年傳，子胥引《盤庚之誥》曰：其有顛越不共，則劓殄，無遺育，無俾易種于兹邑。杜治：顛越不共，從横不承命者也，劓割也，殄絶也。《史記·伍子胥傳》所引經文略同。然則劓、殄二字當連讀。不得如《蔡傳》之分爲二句也。王尚書引之《經義述聞》曰：《經》言暫遇不言劫奪，傳説非也。蔡説尤謬。暫讀曰漸。漸，詐欺也。《荀子·正論篇》：上幽險，則下漸詐矣，是詐謂之漸。《吕刑》曰：民興胥漸，漸亦詐也。遇讀隅字，或作偶。《淮南子·原道篇》曰：偶瑳智故，曲巧僞詐，皆嚇詐之稱也。據此則此經本謂姦詐之人，非謂劫奪也。孔、蔡二傳皆非。

又案：此經本與强盗刑制無涉。惟遇二人傳，既有劫奪之訓，則治盗之法莫先於此。故辯其大概如此。

《周書·康誥》曰：凡民自得罪，寇攘姦宄，殺越人于貨，暋不畏死，罔弗憝。《孟子·萬章篇》曰：《康誥》曰殺越人于貨，閔不畏死，凡民罔不譈，是不待教而誅者也。

案：此即强盗殺人者也。

《書傳》曰：決關梁，踰城郭而略者，其刑臏；觸易君命，革輿服制度，姦軌盗攘傷人者，其刑劓；降畔寇賊劫略奪攘撟虔者，其刑死。《周禮·秋官·司刑》注引。

案：逾城郭而略盗，今例之爬越入城行劫也。盗攘傷人，今例之搶劫傷人也。在今例皆應擬死罪，而古之刑，止臏、劓而已。至劫略奪攘，其刑重至於死，若僅指尋常搶劫而言，與上二條輕重懸殊，似未明允。竊謂傳文降畔寇賊劫略奪攘撟虔。當以降畔爲一項，降附他國，背叛本國，今律之謀叛也。寇賊劫略爲一項，群行攻劫曰寇，殺人曰賊，今例之響馬强盗、江洋大盗以及强盗殺人者也。奪攘撟虔爲一項，奪攘如《漢書·景帝紀》所云：漁奪百姓。撟虔則《漢書》韋昭注：詐稱爲撟，强取爲虔。蓋撟稱上命以漁奪百姓者，非今律之白晝搶奪也。

（清）沈家本《續修會典事例·共謀爲盗》 一、共謀爲强盗夥犯，臨時畏懼不行，而行者仍爲强盗。其不行之犯但事後分得贓物者，杖一百徒三年。不分贓者，杖一百。如因患病及别故不行，事後分贓者，杖一百流三千里。不分贓者，杖一百徒三年。

謹案：此條嘉慶十九年增定。

一、共謀爲强盗夥犯，臨時畏懼不行，而行者仍爲强盗。其不行之犯但事後分贓者，杖一百流二千里。贓重者，仍從重論。不分贓者，杖一百。如因患病及别故不行，事後分贓者，發新疆給官兵爲奴。不分贓者，杖一百徒三年。

謹案：同治七年改定。

一、共謀爲强盗夥犯，臨時畏懼不行，而行者仍爲强盗。其不行之犯但事後分贓者，杖一百流二千里。贓重者，仍從重論。不分贓者，杖一百。如因患病及别故不行，事後分贓者，發新疆給官兵爲奴。不分贓者，杖一百徒三年。

謹按：此條嘉慶十九年於原例杖一百下增入如因患病及别故不行，事後分贓者，杖一百流三千里，不分贓者，杖一百徒三年。同治七年改定。

（清）席裕福《清朝政典類纂》卷三九二《刑二十四·刑律賊盗·强盗》 凡强盗已行而不得財者，皆杖一百，流三千里；但得財者，不分首從皆斬。雖不分贓亦坐。若以藥迷人圖財者，罪同。但得財皆斬。若竊盗臨時有拒捕及殺傷人者，皆斬。監候得財不得財，皆斬。須看臨時二字。因盗而姦者，罪亦如之。不論成姦與否，不分首從。共盗之人不曾助力，不知拒捕殺傷人及姦情者，審確。止依竊盗論。分首從，得財不得財。其竊盗，事主知覺，棄財逃走，事主追逐，因而拒捕者，自依罪人拒捕律科罪。於竊盗不得財本罪上加一等，杖七十。毆人至折傷以上，絞殺人者，斬。爲從各減一等。凡强盗自首不實，不盡，祇宜以名例自首律内至死減等科之，不可以不應從重科斷竊盗傷人自首者，但免其盜罪，仍以鬬毆傷人律論。

條例

一、凡强盜重案，交與印官審鞫，不許捕官私行審訊番捕等役私拷取供。違者，捕官參處，番役等於本衙門首枷號一月，杖一百，革役。如得財及誣陷無辜者，從重科罪。其承問官於初審之時卽先驗有無傷痕，若果無傷，必於招内開明並無私拷傷痕字樣。若疏忽不開，扶同隱諱及縱容捕官私審者，卽將印官題參交部議處。一、凡强盜行劫，鄰佑知而不協拏者，杖八十。如鄰佑或常人或失主家人拏獲强盜一名者，官給賞銀二十兩。多者照數給賞，受傷者，移送兵部驗明等第，照另户及家僕軍傷例將無主馬匹等物變價給賞。其在外者，以各州縣審結無主贓物變給。如營汛防守官兵捕賊受傷者，照緑旗陣傷例，分别給賞。被傷身亡者，亦照緑旗陣亡例，分别給與身價銀兩。謹案：以上二條均雍正三年改定。一、强盜同居父兄伯叔與弟，其有知情而又分贓者，如强盜問擬斬決，減一等杖一百，流三千里；如問擬發遣，亦減一等杖一百，徒三年，其雖經得財而實係不知情者，照本犯之罪減二等發落。父兄不能禁約子弟爲盜者，杖一百。謹案：此條雍正十二年定。一、强盜案内免死減等發遣爲奴之犯，如果在配安分斂跡，或伊主圖占其妻女，或平人有意欺陵將本犯致斃者，將伊主免其治罪，平人照本例減一等定擬。謹案：此條乾隆九年定。一、賊盜内有老瓜賊，或在客店内用悶香藥麵等物迷人取財，或五更早起在路將同行客人殺害，此種凶徒拏獲之日，務必究緝同夥，併研審有無别處行劫犯案，將該犯不得解往他處，於被獲處監禁，俟關會行劫各案確實口供到日審明具題，卽於監禁處照强盜得財律不分首從皆斬，仍知照原行劫之處張掛告示，諭衆知之。謹案：此條乾隆五年修併。一、事主報盜，止許到官聽審一次，認贓一次，所認贓物卽給主回家，不許往返拖累。違者，將承審官嚴加議處。謹案：此條雍正五年定。一、凡問刑衙門鞫審强盜，贓證明確者，照例卽決。如贓跡未明，招扳續緝涉於疑似者，不妨再審。或有續獲强盜，無自認口供，贓跡未明，夥盜已決無證者，俱引監候處決。謹案：此條乾隆五年删改。一、事主呈報盜案失單，須逐細開明。如贓物繁多，一時失記，准於五日内續報。該地方官將原報、續報緣由於招内聲明，至獲盜起贓，必須差委捕員眼同起認。如捕役私起贓物，或借名尋贓逐店搜察，或嘱賊誣扳指稱收頓，或將賊犯已物作贓，或買物栽贓，或混認瞞贓等弊事發，除捕役照律例從重問擬外，其承問官不嚴禁詳審，該督撫不嚴飭題參者，一併交部議處。謹案：此條乾隆五年增定。一、凡情有可原之夥盜内，如果年止十五歲以下，審明實係被人誘脅隨行上盜者，無論分贓與不分贓，俱問擬滿徒，不准收贖。謹案：此條乾隆四年定。一、凡强盜初到案時，審明夥盜贓數，及起有贓物，經事主確認，卽按律定罪。其夥盜數目以初獲强盜所供爲確，初招卽定，不許續扳。如係竊賊，審明行竊次數并事主初供。但搜有正贓，卽分别定擬。若原贓花費，照例追變賠償。如事主買開贓物，杖八十。其盜賊供出賣贓之處，如有伊親黨，并胥役人等藉端嚇詐者，計贓加竊盜一等治罪。謹案：此條乾隆五年修併。一、各省拏獲盜犯供出他省會犯行劫者，不論罪輕罪重，研訊明確，毋庸解往質審。其鄰省地方官自行盤獲别省盜犯，及協同失事地方差役緝捕拏獲者，均令在拏獲地方嚴行監禁，詳訊供詞，備移被盜省分。查明案情贓證確實。卽由拏獲省分定擬，題請正法。仍知照本省將拏獲正法緣由在失事地方張掛告示，明白曉諭。如果贓跡未明，或失事地方有夥盜待質，必須解者，拏獲省分遴派文武官各一員，帶領解役兵丁親身管押解送，仍豫先知會前途經由地方。一體遴派員弁，挑撥兵役接遞管解，遇夜寄監收禁。其道遠州縣不及收監者，卽令該地方官豫期選撥幹役前赴住宿處所，傳齊地保，知會營汛，隨同押解官弁鎖錮防範。儻不小心管解，致犯脱逃，卽將各役嚴審有無賄縱情弊，照例從重治罪。官員交部嚴加議處。謹案：此條係乾隆二十九年遵旨議定。一、滿州旗人有犯盜劫之案，俱照强盜本律定擬，不得以情有可原聲請。謹案：此條係乾隆三十五年遵旨定例。一、凡拏獲盜犯到案，卽行嚴訊。如有供出行劫别案，訊明次數、贓物，取具確供。其在本省他邑者，卽行通詳督撫。無論他邑有無拏獲盜犯，總於贓物查起，事主認領之後，提解來省，併案審擬，具題將該犯卽行正法。若係供出鄰省之案，其夥盜已獲者，應令該督撫關查，明確首從，絶無疑義者，詳悉聲明，題請卽行正法。如鄰省夥犯未獲，現獲之犯或任意抵賴，係彼案盜首而供爲同夥，將來後獲之犯或本係盜首因同夥已經正法轉推已决者，爲首犯不無避重就輕之弊，應令各督撫詳加研鞫，務得實情。其無前項情弊者，不必虛擬罪名，另案具題，卽於本案聲明題請正法。儻行查被盜之州縣有指已正法之盗作爲首盗，或盗數未足作爲夥盗，希圖銷案，及州縣彼此行查盗犯口供不卽詳細訊明闢覆，以致案件不能完結者，該督撫查明題參，交部分別議處。謹案：此條乾隆三十二年改定。一、地方文武官員因畏疏防承緝處分，恐嚇事主，抑勒諱盗，或改强爲竊者，均照諱盗例革職，承行書辦杖一百。若抑勒苦累事主致死或刑傷至篤廢者，除革職外，照故勘平人律治罪。該管司道府廳州不行查報，督撫不行查參者，俱交部照例議處。如有姦民以竊報强，挾制官長，希圖誣良索詐者，許州縣官詳明督撫，另委別州縣查訊，照例辦理。謹案：此條乾隆三十七年增定。一、凡投首之賊，借追贓名色將平人捏稱同夥，或挾仇扳害，或索詐財物，不分首從，得財與未得財，皆斬立決。謹案：此條雍正五年定。一、凡審題盗竊等案，如另案内尚有別犯應擬斬絞重罪者，仍照例分案具題外，如止一人應擬斬絞，兩案罪名相同，例應從一科斷者，歸於一案内聲叙明晰，其另案卽咨部完結。如有餘犯問擬軍流等罪者，亦隨咨案辦結。謹案：此條乾隆四十年定。一、强盗引線，除盗首先已立意欲劫其家僅止聽從引路者仍照例以從盗論罪外，如首盗並無立意欲劫之家，其事主姓名、行劫道路悉由引線指出，又經分得贓物者，雖未同行，卽與盗首一體擬罪，不得以情有可原聲請。謹案：此條係乾隆四十年遵旨定例。一、竊盗拒捕刃傷事主罪應擬絞之犯，如聞拏畏懼將原贓送還事主，確有證據者，准其照聞拏獲投首例量減擬流，若只係一面之詞，別無證據，仍依例擬絞監候，秋審時入於緩決。謹案：此條嘉慶四年遵旨定例。一、强盗行劫數家，止首一家者，發極邊足四千里充軍。如脱逃被獲，照例加等調發。謹案：此條嘉慶年六定。一、因竊盗而强姦人婦女，凡已成者，擬斬立決。同謀未經同姦及姦而未成者，皆斬監候。共盗之人不知姦情者，審確，止依竊盗論。謹案：此條嘉慶六年定。一、凡行劫漕船盗犯，審係法無可貸者，斬決梟示。謹案：此條嘉慶八年遵旨定例。一、凡强盗案内情有可原發遣之犯，如脱逃例應正法者，定案時均聲明免死減等字樣。謹案：此條嘉慶八年定。一、强盗殺人放火，燒人房屋，姦污人妻女，打劫牢獄倉庫，及干係城池衙門，并積至百人以上，不分會否得財，俱照得律斬，隨卽奏請審決梟示。凡六項有一於此，卽引梟示。隨犯摘引所犯之事。若止傷人而未得財，首犯斬監候，爲從發新疆給官兵爲奴。如未得財又未傷人，首犯發新疆給官兵爲奴，從犯杖一百，流三千里。謹案：此條嘉慶六年修改，十九年復奉頒修。一、凡響馬强盗執有弓矢軍器，白日邀劫道路，贓證明白者，俱不分人數多寡，曾否傷人，依律處決，於行劫處梟首示衆。如傷人不得財，首犯斬監候，爲從發新疆，給官兵爲奴。如未得財，又未傷人者，首犯發給官兵爲奴，從犯杖一百，流三千里。其江洋行劫大盗，俱照此例立斬梟示。謹案：此條嘉慶六年修改，十九年復奉頒修。一、捕役並防守墩卡或緝盗汛兵及營兵爲盗，均照律擬斬立決，如捕役兵丁起意，爲首斬決梟示。爲從仍擬斬決。其情節重大，非尋常行劫可比者，該督撫酌量分別梟示。失察之該管官交部議處，該管官逼勒改供或捏稱革役，該上司不能查出，一併交部議處。如捕役兵丁分贓通賊，及與巨盗結交往來，奉差承緝走漏消息，及本非承緝，走漏消息致令脱逃者，不分曾否得財，均照本犯一體治罪。知情故縱，照窩主知情存留例分別治罪。若不知情止係查緝不力，照不應重律科斷，至書差人等臨時得贓賣放，亦照本犯一體治罪。謹案：此條嘉慶六年修併，十一年復奉頒修，同治九年修改。一、凡竊盗等事，責令該地保營汛兵丁分報各衙門文武員弁協力追拏。如地保汛兵通同隱匿不報，及地保已報文職而汛兵不報武弁，或汛兵已報武弁而地保不報文職者，均杖一百。若首報遲延，杖八十。謹案：此條道光十五年修改。一、爬越入城行劫罪應斬決者，加以梟示。失察越城之官員兵丁分別參處責革。謹案：此條道光元年續纂。一、事主呈報盗情，不許虚誣捏飾，倘有並無被劫而謊稱被劫，及以竊爲盗，以姦爲盗者，俱杖一百。以人命鬭毆等事報盗者，其本身無罪，亦杖一百。若本有應得之罪重者，照本罪從重問擬；本罪輕者加一等治罪。若姦棍豪紳憑空捏報盗劫，藉以陷害平人，訛詐印捕官役者，照誣告人死罪未決律杖一百，流三千里，加徒役三年，甲長、鄰佑扶同者，各照事主減一等治罪。謹案：此條嘉慶十九年修改。一、凡盗犯到案審實，先將各犯家産封記，候題結之日將盗犯家産變賠。如該犯之父兄弟伯叔知情分贓，並另有窩家者，審明治罪亦著落伊等名下追賠，倘案内各盗或有並無家産以及外來之人無從封記開報者，將案内盗犯及窩家有家産者除應賠本身贓物外，或有餘剩概行變價代賠。倘有將無干親族及並未分贓之親屬株連賠累，該督撫查參議處。謹案：此條嘉慶六年修改。一、强竊盗賊現獲之贓各令事主認領外，如强盗贓不足原失之數，將無主贓物賠補，餘剩者入官。如仍不足，將盗犯家産變價賠償。若諸色人典當收買盗贓，及竊贓不知情者，勿論，止追原贓其價於犯人名下追徵給主。謹案：此條嘉慶六年修改。

一、凡用藥迷人已經得財之案，將起意爲首，及下手用藥迷人，並迷竊爲從已至二次，及首先傳授藥方之犯均照强盗律擬斬立決，其餘爲從者，俱改發新疆給官兵爲奴。其有人已被迷，經他人救醒，雖未得財，將首先傳授藥方，轉傳貽害，及下手用藥迷人之犯，均擬斬監候，入於秋審情實，若甫經學習雖已合藥卽行敗露，或被迷之人當時知覺未經受累者，均發往伊犁等處爲奴。倘到配之後故智復萌，將藥方傳授與人及復行迷竊並脱逃者，請旨卽行正法，其案内隨行爲從之犯，仍各減一等定擬。謹案：此條乾隆四十八年定，嘉慶六年、咸豐二年兩次修改。

一、老瓜賊内傳授技藝，在家分贓者，照强盗窩主造意身雖不行但分贓律擬斬立決，其跟隨學習之人雖未同行，俱發遣新疆給官兵爲奴，如無學習確證，僅止與賊往來熟識，照知情不首律杖一百。謹案：此條乾隆七年、嘉慶十九年修改，同治九年修改。

一、凡强盗除殺死人命、姦人妻女、燒人房屋罪犯深重及毆事主至折傷以上，首夥各犯俱不准自首外，其傷人首夥各盗傷輕平復，如事未發而自首者，及强盗行劫數家止首一家者，均發遣新疆給官兵爲奴。係聞拏投首者，擬斬監候。未傷人之首夥各盗及窩家盗線，事未發而自首者，杖一百，流三千里。聞拏投首者，實發雲貴兩廣極邊烟瘴充軍，面刺改遣二字。以上各犯，如將所得之贓悉數投報及到官後追贓給主者，方准以自首論。若贓未投報亦未追贓給主，不得以自首論。遇有脱逃被獲新疆遣犯及實發雲貴兩廣人犯，均照例卽行正法，流犯仍加等調發。至放火燒人空房，及田場聚積等物之强盗自首，依放火故燒本律擬流。若計所燒之物重於本罪者，發近邊充軍。謹案：此條嘉慶十九年、道光十五年、同治九年三次修改。

一、盗犯明知官帑，糾夥行劫，但經得財，將起意爲首及隨同上盗者擬斬立決梟示，其在外瞭望接贓並未上盗之犯，俱擬斬監候，秋審入於情實。若不知係屬官帑，仍以尋常盗案論。謹案：此條嘉慶十九年續纂。

一、竊盗棄財逃走，與未經得財逃走，被事主追逐拒捕，或夥賊攜贓先遁，後逃之賊，被追拒捕，及已經逃走，因見夥犯被獲，幫護拒捕，因而殺人者，首犯俱擬斬監候；爲從幫毆，如刃傷及手足，他物至折傷以上者，俱擬絞監候；傷非多刃又非折傷者，發附近充軍；未經幫毆成傷者，杖一百，流三千里。其傷人未死，如刃傷及折傷以上者，首犯擬絞監候，從犯減等擬流。若傷非金刃，傷輕平復，並拒捕未經成傷者，及事後追捕，有拒捕殺傷者，仍各依罪人拒捕本律科斷。如逃走並未棄財，仍以臨時護贓格鬬論。謹案：此條嘉慶六年由竊盗門移改。

一、洋盗案内接贓瞭望之犯，照首盗一例斬梟，不得以被脅及情有可原聲請。如投回自首，照强盗自首例分别定擬。此外，實在情有可原，如十五歲以下被人誘脅隨行上盗，仍照本例問擬。謹案：此條同治九年修改。

一、洋盗案内被脅在船爲匪服役，如搖櫓、寫賬等項，均以服役論。或事後被誘上船，及被脅鷄姦並未隨行上盗者自行投首，照律免罪。如被拏獲，均杖一百，徒三年。年未及歲，仍照律收贖。如已經在盗所自行逃回欲行投首，尚未到官卽被拏獲，仍同自首免罪。若已經到家並不到官呈首，旋被拏獲，不得同自首論。謹案：此條同治九年修改。

一、竊盗臨時盗所拒捕，護贓護夥者皆是。及雖未得財而未離盗所逞凶拒捕，或雖離盗所而臨時護贓格鬬，已離盗所護夥者，不在此例。殺人者，不論所殺係事主，鄰佑，將爲首者擬斬立決，爲從幫毆如刃傷及他物手足至折傷以上者俱擬絞監候，傷非金刃又非折傷者發雲貴兩廣極邊烟瘴充軍，拒捕未經幫毆成傷者，發極邊足四千里充軍。其傷人未死如刃傷及折傷以上者，首犯擬斬監候，爲從發近邊充軍。若傷非金刃傷輕平復，首犯改發邊遠充軍。如年在五十以上，發近邊充軍。拒捕未經成傷者，首犯發近邊充軍，爲從各杖一百，徒三年。如被事主事後搜捕起意拒捕者，仍依罪人拒捕本律分别殺傷科斷。謹案：此條嘉慶六年由竊盗門移改。十一年復奉頒修。

一、强盗案内有知而不首，或强逼爲盗臨時逃避行劫後分與贓物以塞其口，與知强盗後而分所盗之贓在一百兩以下者，俱照共謀爲盗臨時畏懼不行事後分贓例減一等，杖一百，徒三年。如所分贓至一百兩以上，按准竊盗爲從律遞加一等定擬；一百二十兩以上，仍照例發近邊充軍。謹案：此條同治九年修改。

一、恭遇御駕駐蹕圓明圓及巡幸之處，若有匪徒偷竊附近倉厫官廨，拒傷官弁兵丁者，如相距宮墻在一里以内，刃傷及折傷以上之首犯，斬立決，爲從發伊犁給官兵爲奴。傷非金刃傷輕平復之首犯，發伊犁給官兵爲奴，爲從杖一百，流三千里。如在一里以外三里以内，刃傷及折傷以上之首犯絞立決，爲從杖一百，流三千里。傷非金刃傷輕平復之首犯，杖一百，流三千里，爲從杖一百，徒三年。其行竊之罪有重於流徒者，各於本例上加拒捕罪二等。若拒捕殺死官弁兵丁者，無論一里三里以內，首犯斬決梟示，爲從幫毆如刃傷及折傷者絞立決，傷非金刃又非折傷者絞監候，未經幫毆者發伊犁給官兵爲奴。如值御駕不駐蹕之日，仍照本例行。謹案：此條嘉慶十九年續纂，道光十年修改，二十五年修復。

一、粤東內河盜劫，除尋常行劫僅止一二次，夥衆不及四十人，並無拜會及別項重情，仍照例具題外，如行劫夥衆四十人以上或不及四十人而有拜會結盟，拒傷事主、奪犯傷差、假冒職官，或行劫三次以上，或脱逃二三年後就獲各犯，應斬決者，均加梟示，恭請王命先行正法。謹案：此條嘉慶十九年續纂，同治九年修改。

一、糧船水手行劫殺人，不分人數多寡、曾否得財，俱擬斬立決梟示，恭請王命先行正法。其搶奪案內下手殺人之犯，亦照行劫殺人例正法梟示，爲從幫毆如刃傷及手足他物至折傷以上者俱擬絞立決，傷非金刃又非折傷者擬絞監候，未經幫毆成傷者發新疆給官兵爲奴。其尋常挾讐謀故殺者，均擬斬立決。若審無謀故重情，但經聚衆互毆，即照廣東等省械鬬讐殺例一體懲辦。其藏有火鎗、擡鎗者，雖未點放傷人，亦發新疆給官兵爲奴。以上各犯被獲時有恃衆持械拒捕傷人者，除原犯斬梟罪無可加外，罪應斬決者，均照擬梟示，恭請王命先行正法。罪應絞決者，改爲斬決。應絞候者，改爲絞決。應發遣者，改爲絞候。若拒捕殺人，爲首無論罪名輕重，均擬斬立決梟示，恭請王命先行正法。爲從幫同拒捕之犯，皁照拒捕傷人一例科斷。至糧船經過地方，游幫匪徒有搶劫殺人及被獲時拒捕殺傷人者，均照糧船水手搶劫拒捕例辦理。其執持凶器未經滋事者，即照執持凶器未傷人杖一百例上加一等，杖六十，徒一年，仍責成該管糧道總運官督率運弁日夜稽查，於泊船時依地方保甲之法逐細按册點驗，其有並無腰牌者，立即會同地方營汛拏獲審明，分別懲辦。旗丁頭舵如遇有形跡可疑之人容隱不報者，一併治罪，該幫弁意存玩縱，從嚴參處。謹案：此條道光二十年續纂。

一、山東省拏獲匪犯審有執持器械、結捻結幅情事，如係强劫得贓者，仍照强盜本律問擬。將案內法無可貸、罪應斬決之首從各犯加擬梟示，行劫未得財者仍照定例科斷。若執持凶器、聚衆槍奪，得贓不論贓多寡，數至四十人以上，爲首照强盜律擬斬立決，爲從擬絞監候，被脅同行者發遣新疆給官兵爲奴。四十人以下十人以上，爲首擬斬立決，爲從發新疆給官兵爲奴。五人以上，首犯亦照前擬遣。爲從各犯俱實發雲貴兩廣極邊烟瘴充軍，計贓逾貫及另有拽刀等項名目者，各照本律例從其重者論。其執有軍器聚衆搶奪未經得財，如聚衆在四十人以下及十人以上，即比照强盜未得財例，首犯發新疆給官兵爲奴，從犯杖一百，流三千里。五人以上，首犯擬杖一百，流三千里，從犯杖一百，徒三年。其案內造意之捻首、幅首，身雖不行，但經夥犯搶奪，即按人數多寡照爲首例問擬，如搶劫未經結捻、結幅，並聚衆未及五人尚未滋事者，仍各照本律本例問擬。若問擬遣軍人犯脱逃回籍，復行入捻、入幅搶奪，或向原拏兵役尋衅報復。除實犯死罪外，餘俱擬絞監候，儻數年後此風稍息，奏明仍照搶例辦理。謹案：此條道光二十五年續纂。

一、廣東、廣西二省强劫盜犯，如有行劫後因贓不滿懲，復將事主人等捉回勒贖者，無論所糾人數多寡及行劫次數，爲首之犯擬斬立決梟示，恭請王命先行正法，其案內從犯仍按强盜本律科斷。謹案：此條道光二十五年續纂，同治九年修改。

一、强盜首夥各犯於事未發覺及五日以內果能悔罪捕獲他盜及同伴解官投首者，係傷人盜犯，於遣罪上減一等擬杖一百，徒三年；未傷人盜犯照律免罪。若在五日以外或聞拏將他盜及同伴捕獲解官投首者，係傷人盜犯於斬罪上減一等，杖一百，流三千里；未傷人盜犯杖一百，徒三年。至拏獲盜犯之眼線，如曾爲夥盜，悔罪將同伴指獲致被供出者，如在五日以外照傷人首盜聞拏投首例擬斬監候，若犯事之後五日以內指獲同伴旋被供出獲案審明同夥確有實據者，照强盜免死減等例發遣新疆給官兵爲奴。若並無同夥確據審係盜犯挾恨誣扳，即予免究。謹案：此條同治九年修併。

一、盜劫之案依强盜已行但得財者不分首從皆斬律俱擬斬立決，把風接贓等犯雖未分贓亦係同惡相濟，照爲首一律問擬，不得以情有可原量爲末減。倘地方官另設名目曲意開脱，照諱盜例參處。謹案：此條同治九年續纂。

一、京城大宛兩縣並五城所屬地方盜劫之案，一經審實，照律斬決，仍加梟示，於犯事地方懸竿示衆，以昭炯戒。俟數年後盜風稍息，奏明仍復舊例辦理。謹案：此條同治九年續纂。

一、京城盜案除徒手行强當被拏獲，既未得財又未傷人者，仍照舊例辦理外，如有持火持械入室威嚇，擲物打人重情，雖未得財傷人，凶惡情形業經昭著，即將爲首之犯擬絞監候，爲從發雲貴兩廣極邊烟瘴充軍。俟數年後盜風稍息，奏明仍復舊例辦理。謹案：此條同治九年續纂。

一、川省差役借傳證起贓等事掃通之案，無論有無牌票，但經聚衆執持軍火器械直入人家擄掠牲畜貲財，將爲首及幫同動手之犯，均照捕役爲盗例擬斬立決，如有擄掠人口，燒毁房屋，並拒捕及殺傷人情事，加以梟示。其擇肥而噬教賊誣攀因而掃通者，身雖不行，仍以爲首論擬斬立決，加以梟示，同行未經動手者，無論事後曾否分贓，均擬斬監候，秋審入於情實。兵丁有犯，照差役一律擬斷。謹案：此條同治九年續纂。一、用藥及一切邪術迷拐幼小子女，如人藥並獲，即比照用藥迷人已經得財例，將起意爲首及下手用藥迷人並迷拐爲從已至二次及首先傳授藥方之犯，均照强盗律擬斬立決，其餘爲從均發新疆給官兵爲奴。其或藥已丢棄無從起獲，必須供證確鑿，實係迷拐有據，方照此例辦理。若藥未起獲又無確鑿證據，仍照尋常誘拐例，分別知情不知情科斷。

謹案：此條同治九年續纂。

事例

順治四年議定，常人捕獲强盗，將現獲贓銀賞給十分之一，不得過一百兩。如無贓物，酌量官給賞銀，不得過二十兩。若拒捕對敵受傷，驗看傷痕等第，照兵部定例給賞。六年定，凡家僕爲盗行劫者，處死，將其自置妻子財物盡入官。係旗下人，賞給本旗窮丁。各府下者，聽各主發落。其本主給付者，不必入官。十年覆准强盗止追正贓給主，其有傷人而復劫其財者，將其家産追賠失主，餘免入官。十八年議定：强盗賠償贓物，應將在外搶劫財物所娶妻妾並自置物件盡數賠償失主。如不足者，將案内另户强盗妻子變價賠償，其有主之强盗不在此例。康熙三年題准：家僕爲賊，自娶買之妻追賠失主。十二年題准：家僕爲强賊者，將伊自置奴僕財物盡行賠償，所劫之數如不足者，將案内無主贓物賠補。儻仍不足，將賊犯自買之妻，變價賠償。其本身自娶之妻，免其變價。至另户强盗賠償贓物，將伊搶劫財物所娶之妻，及家産奴僕等物盡行變價賠償。如不足，將案内無主入官之贓變價賠補，其原定妻子變價之例應停止。三十一年覆准：凡上盗年未及歲被誘同行贓無入己者，免死減等，杖一百，流三千里。三十三年議准：嗣後，内外官兵擒拏盗賊被傷致死者，照兵部定例内陣亡死難例給賞；中傷者，照緑旗陣傷例給賞。三十五年覆准：强盗遺火焚人房屋，與放火有間，免其梟示。三十六年議准：一切盗案獲盗日期，應備載疏内以憑細覈。如不行開載，應照不寫失事地方官職名申報之例罰俸一年。四十二年議准：直隸各省强盗案件定擬具題，於貼黄本内務將動手傷人捆縛火炙之强盗姓名，並用何器械之處詳細分晰聲明。四十五年覆准：續獲强盗無自認口供，贓跡未明涉於疑似者，監候待質。四十六年議准：嗣後，如案内已獲盗犯贓證明確，不速行完結，任意遲延者，應照人命定例將承審官及該管上司議處。其盗案内如果有贓證未明尚須質審者，該督撫另行題明。五十年議准：强盗行劫糧船者，關係重大，比照響馬律梟首示衆。又議准：凡捕投拏盗到官，必須詢明拏盗根由，叙入招詳，該督撫親審時並詢捕役確供，覈明題報。如有不肖官員誣良爲盗者，將捕役官員照例從重治罪。雍正元年題准：凡强盗案件内造意爲首及殺人者，照律正法外，其傷人之盗亦應與殺人同論罪。以傷人之時其心原不顧事主之生死。若傷非金刃而傷輕平復者，其盗仍准自首照凶徒執持凶器傷人例擬邊衛充軍。若係金刃而所傷重雖未死，其盗不准首減，仍擬正法。又議准：州縣捕役能盡心訪緝，經年無有失事，又能拏獲别案大盗者，著本失事之地方官每一起賞銀五十兩。其地方素無盗案者，以三年無事照此給賞。又議准：通州盧溝黄村沙河設捕盗同知，並設千把總各一員，馬兵八十名，步兵二十名。伊等係微末武弁，無可降調，應於失盗日卽住俸停陞。每盗一起不獲，重責二十棍，全獲日始准開復。若能拏獲别案盗犯，亦照捕役例給賞。或能嚴飭該汛防守地方三年不致失事，或三年之内凡有失盗俱能全獲。該撫查明具題，將千把總不論俸滿以應陞之缺卽用。又議准：凡强盗自首，雖免梟決，仍與充發。嗣後，拏獲夥盗有供出首盗卽行拏獲者，全免其罪。若不在夥内之人首出盗首卽行拏獲者，地方官從優給賞。又議准：不肖捕役貪圖獎賞，將良民誣指爲盗者，照律發邊衛永遠充軍。州縣官員不行詳審，失於覺察者，照溺贓例革職。又議准：承緝各官務期必獲盗首，如限内不獲盗首，雖獲盗過半，於免罪之外仍罰俸一年。二限内不獲盗首者，罰俸二年，三限不獲盗首者，降一級調用。如盗首果係病故在某處者，必須查驗供認實據，方准免其處分。若有假借别州縣所獲之盗指爲本案盗首，别州縣亦扶同搪塞，或先報以盗首脱逃，後經審出仍在該地方隱匿，或捏報盗首病故，後於别案發覺者，將從前假借扶同隱匿捏報之該地方文武各官照諱盗例革職。二年議准：竊盗拒捕殺人定例咨行各省，雖有部文到省定限，但文到之日未必卽能遍行曉諭。今雲南、貴州、四川、廣東、廣西、福建等遠省以八個月爲期，盛京、江南、江西、湖廣、陝西、河南以六個月爲期，山東、山西、直隸以四個月爲期，過其月日有犯竊盗拒捕殺人者，照依定例具擬。又議准：審理盗案以獲盗初供爲主，初到案時卽問明夥盗若干，窩主何人，其中造謀及知情不知情、分贜不分贜，再於各盗名下卽問明曾經行劫幾案，所劫何處，同夥何人，所分何贜，有無現存，俱一一取具確供申報，並卽行查被盗之各府州縣。此後有陸續扳出與供出某案者，一概不與准行。又題准：盗案内有數盗下手傷及事主幾人者，須分别其盗執何器械，打傷事主某人某處，訊供詳細，開載看語，方可定擬。又諭：向來盗案有滚案之弊，强盗被獲審實定罪者，於别府州縣或鄰省未結案内賄囑他盗供稱同夥，州縣官卽關提質審，一案甫畢，一案復起，名曰滚案，輾轉相連，動歷年歲，或更中途脱逃，遂使已結之案終歸未結，劫殺大盗借此支延，無所畏懼，而州縣轉喜此等供扳可爲獲賊過半之地附會了事。此弊不除，無以鋤莠安良。兩部定例議奏。尋議：盗犯被獲審實之後，陸續狡供，又於某案行劫者，概不准行；至其扳出夥盗之中，在别處已經審實定罪，不必提審對質。但行文關取口供，查兩案輕重，從重歸結，以杜藉案遷延脱逃等弊。又議准：諱盗不報，州縣革職，道府同知通判失察者降二級調用，徇庇者降三級調用。州縣既經揭報而上司不行轉報者，降四級調用。州縣以强爲竊，以多爲少，上司不行詳查遽行轉報及解審時不能審出者，亦降三級調用。若督撫失察，降一級留任。其兼轄武官亦照文職例議處。至律載竊犯三次者，絞贜至一百二十兩以上者，絞。嗣後不照贜究擬或於初犯再犯時不依律刺字以致累犯者，亦照失出例議處。三年議准：嗣後，如有地方官借端嚇阻事主者，覈實題參，照諱盗例革職。其有失察書役需索及拖累事主者，一併題參，從重議處。若事主有以竊報强，挾制官府、妄行控告者，亦查明治罪，以遏刁風。又議准：强盗案内若本係良民被積盗挾制入夥，雖經同行，並未得贜，將挾制之人殺死隨行自首者，杖一百；某未經自首者，杖一百，流三千里，不得更擬殺人之罪。至强盗將同夥之人謀死滅口或因奪分贜物致死者，仍照律嚴行定擬，不得濫行減等。儻承審官不行審出實情，濫行開脱，以致凶徒漏網者，照故出人罪例議處。四年諭：弭盗之法，莫良於保甲。朕自御極以來，屢頒諭旨，必期實力奉行。乃地方官憚其煩難，視爲故套，奉行不實，稽查不嚴，又有藉稱村落畸零難編保甲，至各邊省更藉稱土苗雜處，不便比照内地者，此甚不然。村莊雖小，卽數家亦可編爲一甲；熟苗熟獞，卽可編入齊民。苟有實心，自有實效。嗣後，督撫及州縣以上各官不實力奉行者，作何嚴加處分？保正甲長及同甲之人能據實舉首者，作何獎賞？隱匿者，作何分别治罪？其各省通行文到半年以内被舉盗犯，可否照家長自首之例，暫治以輕罪？舉首之盗，儻有從前未經發覺之案，地方官可否從輕處分以免瞻徇畏縮？著九卿詳議具奏。遵旨議定：嗣後，保甲編排十户立一牌頭，十牌立一甲長，十甲立一保正。每户經印信紙牌一張，書寫姓名、丁男、户口於上，偶有出入，必使註明，不許容留面生可疑之人。若村落畸零、户不及數，卽就其少數編之。至熟苗、熟獞已經向化，原可編入齊民，應令地方官一體編排保甲。地方官有不實力奉行，不能稽查盗賊，或别經發覺，或經科道糾參，將專管州縣官照不能查緝姦民例降二級調用，兼轄官係同城降一級調用，不同城降一級留任，統轄官降一級，照舊管事。如上司揭報題參者免議。五年諭：夫爲民害者，莫甚於盗，則爲治者，莫切於弭盗。弭盗之法，貴於至公至平，確當不易。寬嚴輕重之間，皆須斟酌得宜，無絲毫偏僻之處，則盗犯不能漏網，平民不致拖累，官吏皆盡緝盗之責，而不敢任意輕重以失實。事主得申被盗之苦，而不敢借端生事以滋擾。如此，匪類方知儆懼，而良民悉得寧居，於吏治民生乃有裨益。大學士會同九卿科道部曹曾經外任年久者，悉心酌議，務其妥協，并將河東總督摺奏事宜詳議具奏。遵旨議准：如無知愚民，以姦報盗情可原者，照不應重律杖八十；如以人命鬬毆等事捏報爲盗，其本身無罪者，杖一百。若本身自有應得之罪者，本罪屬重，照本罪治罪；本罪屬輕，卽於本罪上加等治罪。若姦棍豪紳憑空捏報强劫，藉以誣陷平人爲盗，訛詐印捕官役，照誣告人死罪未決律問遺。再强盗明火執械，甲鄰無不知覺，舊例地方失事甲長鄰佑與事主一同報官，如有捏報情弊，應將甲鄰照事主各減一等治罪。至失主已報到官而有司抑勒諱盗，或改强爲竊者，一經發覺，除照定例將地方官革職外，仍將該吏嚴加治罪。若抑勒苦累事主致死者，除革職外，照故勘平人致死律治罪。該管司道府廳及直隸州不行查報，各降三級調用；督撫不行查參，各降一級留任。又凡呈報强劫盗案，責令州縣印官不論遠近，無分風雨，立卽會同營汛飛赴事主之家，查驗前後出入情形，有無撞門毀户，有無遺下器械油捻之類，事主有無拷燎捆扎傷痕，併訊地鄰更夫救護人等，有無見聞影響，當場訊取確供，俱填註通報。文内如州縣官不親詣查驗，或竟將不曾目見之情形揑作親驗填報，將州縣官照溺職例革職。該管官不揭者，照徇庇例議處。若正印官公出，即令佐貳官并捕官會同營汛星速代驗，如驗看不實，亦照正印官處分。至於外地人民行商過客有失事者，亦應責令居停，或令船户與事主一同據實報官，地方官亦即親身飛赴查驗情形，嚴緝務獲，追贓給主。儻民人有揑報等情及地方有隱諱贓勒與不行查驗等弊，俱照前議分别治罪。又議准：初報盜劫，如遇印官公出，佐貳捕官一面會同汛弁查驗，先行緝捕，一面申請鄰邑印官覆加查驗，據實申報。儻鄰邑印官推諉不即赴驗，或將未曾目見之情形附會佐貳捕官揑作親驗者，將鄰邑印官降三級調用。至地方文武官員，因畏疏防承緝處分，恐嚇事主，抑勒改供者，照諱盜例革職，承行書辦杖一百，折責四十板。又諭：嗣後，凡係盜案贓犯，無論年過七十以外，俱不准援赦折贖，著爲定例。六年諭：聞卦子匪類隸藉於江南之廬鳳及河南、山東、直隸、山、陝地方，其男婦皆習拳棒技藝，攜帶馬騾，遨游各省。每遇人煙稠密之地，則以技藝博取錢米，及至孤邨獨舍、行旅單身，則恣意搶奪，與盜賊無異。嗣後，著各該地方官悉心稽查，儻有此等匪類潛匿境内，即著查出押解回籍，取具收管，編入保甲。如在外别有夥盜不法情事，仍按律治罪。儻容留之地方不行查出，或已經解回之後縱令再出者，將該管官嚴加處分。以上均《會典事例》。九年奏准：捕役爲盜，較之常人尤爲可惡，請嗣後捕役爲盜，雖非造意爲首，應照造意爲首律擬斬立決。本官不行覺察，照例革職。如捕役爲盜事發而本官抑勒夥盜改供，或現充捕役而謊稱革役。該上司不能查出者，並從重處分。又，江湖巨盜往來地方，捕役知情交結，遇有緝捕走風漏信，令其遠颺，雖非得財賣放，與伊承緝之案，但審有交結、漏信確情，應照本犯治罪。《皇朝文獻通考》。乾隆二年議准：嗣後，盜案内下手捆縛及架送事主之犯，仍擬以法所難宥，不得以其並未傷人概從輕擬。三年議准：嗣後，凡强盜案件解審撫臬衙門時，令撫臬即逐加究詰，反覆研訊，酌年之久近，道里之遠邇，自一案以至數案贓證有據者，即遵照定例正法。其無干證可據者，即細加推鞫，不得混行定擬。再緝拏盜犯限滿無獲，州縣官明知非本案正犯，互相交結，借盜銷案者，將原案之州縣及鄰邑囑託之印官俱照諱盜例革職，道府等官扶同徇隱不行揭報，照諱盜上司例降三級調用。如捕役串通盜犯，教供妄認，州縣官失於察覺，不將串通情由審出者，照失於查察例罰俸一年；教供之捕役照誣指良民爲盜發邊衛永遠充軍例減一等，杖一百，徒三年。如有賄買情弊，以枉法論，從重治罪。四年議准：辦理强盜案件，遇有放火殺人、燒人房屋，姦污人妻女者，或係盜首下手行凶，即將盜首擬以斬梟。如係夥盜下手，行凶之夥盜並造意糾約以致夥盜殺人放火，姦淫之盜首擬斬梟示，其有以手足他物毆傷事主一二處，本不致於斃命，後經别盜殺死或毆傷致死者，將先毆輕傷之夥盜止擬斬決，免其梟示。至於隨行附和並未下手傷人之夥盜，該撫仍將法所難宥，及情有可原兩項，分别定擬斬決具題。六年奏准：嗣後，令直隸、各省地方實力嚴查保甲，訪拏瓜賊。如地方官有拏獲一名者，照拏獲鄰境盜首例分别議叙，儻本地方官不能拏獲，經犯事地方及别州縣拏獲或指名赴本地方關拏者，將該地方官照不實力編排保甲、稽查盜賊例議處。其老瓜賊本處地保鄰佑人等，均有稽查姦匪之責，是否知情，承審官必須關查確訊，如有知情容留，不豫爲禀究者，應照容留外省流棍例發邊衛充軍，若非知情容留，實係平時失於查察者，亦各照不應重律杖八十。至跟隨學習，尚未同行之人，此等惡徒雖不便概與夥黨同科，但現在之學習，即將來之賊魁，若不嚴加懲創，無以絶其種類，應令該地方官於獲犯到案日先訊其夥黨，並即嚴究其跟隨學習之人，按名搜捕，不使漏網。除夥黨遵照定例治罪外，跟隨學習之人俱照情有可原之强盜免死發遣。如審無學習之確證，不過僅與賊犯往來之人，知而不首者，應照知情不首律杖一百。查此等與賊往來之人，定非良善，應照竊盜例令其點卯充警，不許其遠離。再查老瓜賊之同居伯叔兄弟，有能自首者，應照强盜例免其治罪；知情縱容者，事發之日亦照强盜條例減本犯罪一等，杖一百，流三千里。若傳授技藝，因而在家分贓者，應照强盜窩主造意，身雖不行但分贓者斬律，亦擬斬立決。如此則察捕嚴密而立法周詳，庶可以盡除根株矣。再拏獲瓜賊，必究其某省係某家等居住，窩藏謀劫某案之後窩頓某人家内，一一究出，擒拏到案，審明是否同夥。抑係窩家，分别從重治罪，無使漏網，儻承問官草率結案，不究出窩家者，照盜案删去窩家例議處。二十三年議准：嗣後，糧船經過汛地，除竊案照例辦理外，如有强劫之案，將文武員弁俱照城内失事例，初參住俸，勒限一年緝拏；二參降一級調用。又除爲盜之水手仍照定例分别强、竊辦理外，其領運員弁如遇水手爲盜，仍照兵丁犯竊，該管官約束不嚴降一級調用例議處。若係行竊之案，一經發覺，將領運員弁一案罰俸三月，如有數案，照案遞加。又糧艘積習，止顧本船，鄰船有警，即聽聞亦不敢救護，恐其釘恨報復。而領運之弁，亦委靡偷安，不知實力防護。請令幫船空重千總輪流守望，如幫内再有被盜之事，將領運之弁强案每案罰俸一年，竊案每案罰俸三月。儻運弁抑勒隱諱，分别强、竊從重議處。又，賊盜最畏鳥鎗，而糧船禁帶軍器，應准空重千總各帶鳥鎗一桿，以備巡守。但鳥鎗非尋常器械可比，著該漕督編列字號，責令空重千總自行收貯，以備稽查。有如私行多帶，仍照舊例議處。以上均《會典事例》。二十六年奏准：嗣後，審理盜案，除殺人放火、姦人妻女、打劫牢獄倉庫、干係城池衙門，並積至百人以上及響馬强盜、江洋大盜、老瓜賊仍照定例不分首從悉擬斬決，毋庸分晰法所難宥、情有可原外，其尋常盜劫未經傷人之夥犯，如曾經轉糾黨羽、持火執械、塗臉入室、助勢搜贓、架押事主、送路到案、誣扳良民，以及雖無前項情節而上盜已至二次者，一經得財，均不得以情有可原聲請，俱與首犯一例擬斬立決。其止在外瞭望、接遞財物，並未入室搜贓，並被人誘脅隨行及年歲尚未成丁，或行劫止此一次，别無再犯，亦無凶惡情狀者，仍依定例，照情有可原免死發遣。儻地方有司有心姑息，曲爲開脱，避重就輕，該督撫據實題參，交與吏部嚴加議處。再，强盜爲首傷人，傷輕平復，自行投首者，悉改爲斬監候。其餘自首條款，仍照定例遵行。至盜案内有在濱海沿江行劫客船者，較陸地劫奪爲更重，此種案犯已行得財，毋論内地居民及濱海奸匪，均照江洋大盜例無分首從皆擬斬決，亦不准分别法所難宥、情有可原以昭炯戒。《通行》。二十九年諭：嗣後，有能盤獲劫掠等大案者，准督撫專摺具奏，送部引見請旨。其查出尋常逃人盜匪自一案至數案者，令各省於年終詳具事實等差，彙摺奏明，交部分别議叙，以示鼓勵。《聖訓》。又諭：據方觀承奏安肅縣謝昌言拏獲山東賊犯馬三丑請解赴山東，安徽質訊定案一摺，此等積案行劫重犯，事連數省，固應隨案移解質審，但以狡獪性成之犯，又明知法在不原，其詭計圖脱，勢將何所不至。若因隔省長途往來跋涉，解役日久懈弛，尤易起疏虞之漸，向來辦理殊未詳密。嗣後，如遇此等重案人犯，經别省拏獲，其案情有可行文關白本省完結者，自應將該犯即就所獲省分正法。或其中有必應解質情由，宜作何設法，令交涉省分彼此遞接防閑，及慎簡員役以重其事，毋得但任解差奉行具文，致滋貽誤之處，該部詳悉定擬具奏。五十七年諭：嗣後，凡江洋大盜案内情有可原之犯，及被誘在船日久爲盜匪服役者，竟當問擬斬候，永遠監禁，以示懲儆。其内河陸路盜案，仍照舊例辦理。以上均《會典事例》。又奏准：强盜名下貲財，除給主外，如有盈餘，即留原籍充公，不必解至犯事地方，致涉紛繁。《通行》。五十八年諭：吏部具題福建省承緝盜案四參限滿之莆田縣知縣楊桑額降調一本，已照依議籤下矣。此等承緝盜案四參限滿人員，經該督撫咨參到部，内閣向俱照例票擬依議，及送部引見雙籤，但州縣官身任地方，遇有盜劫案件，督率緝捕是其專責，至四參限滿盜尚未獲，其於初參時懈弛並未認真查緝已可概見，若仍准送部引見復邀録用，則州縣等因有此例心存覬倖，緝捕轉不認真。嗣後，此等承緝盜案四參限滿人員，該部議處具題内閣，祇須票擬依議，無庸另票送部引見雙籤。如有平日居官廉能，留心民事，熟悉地方情形，該督撫欲仍留本省者，准其專摺具奏，仍送部引見，候朕察其才具，酌量以縣丞佐雜等官録用。總之，地方盜案全在州縣等隨案留心，於初三參限内及早督緝，方可剋期弋獲，若遷延日久，盜犯必至遠颺，而四參限滿仍可送部引見，倖邀録用原官，轉非慎重緝捕之道。今如此辦理，則州縣自顧考成，遇有盜劫，一經破案時即知實力緝捕，不致日久宕延，自甘降黜，而平日奮勉者，仍不致於廢棄。此朕於懲創之中仍寓愛惜人才之意，著爲令。五十九年諭：嗣後，文武官員内職分較小無級可降者，遇有承緝降調處分，除居官平常者照例斥革外，其經該督撫察其居官尚屬可用者，把總即以經制外委補用，不准食餉。至文職之未入流一項，即使准其留任，亦不准支領餉俸，如革職留任之例，四年無過開復。庶該員弁等知所儆畏，於一切承緝案件不敢稍存怠玩，以示懲創而專責成。以上均《聖訓》。嘉慶四年奏准：嗣後，各省水師人員能拏獲洋盜一案，無論本轄鄰境，俱准其抵銷本任承緝一案。如並無承緝疏防之案，遇有拏獲，仍照向例辦理。《兵部通行》。六年覆准：嗣後，分别强盜自首與聞拏投首之處，無論事主曾否報官，總以盜犯之已未知覺、事主欲告爲斷。八年奏准：嗣後，辦理盜案凡有斬決減遣之情有可原盜犯，於定案時均聲明免死減字樣。以上均《通行》。又奉旨：嗣後，外省辦理盜案，仍當按照定例問擬，不得以入室未經搜贓遽請援減，致有輕縱。十年諭：嗣後，閩、粵等省官員有在外海捕盜，著有勞積，特旨交部議叙者，該部核議時均著給與軍功，加級紀録以示獎勵。以上均《聖訓》。十二年諭：嗣後，凡遇民間盜案，地方官躧看明確，立時緝辦。如有諱盜不報者，即當嚴參治罪，俾知失察之咎輕，而諱飾之罰重，庶可挽回錮習。其捕役人等，尤當嚴禁需索事主，勒限緝拏，速爲斷結，勿任往返拖累。儻仍有諱盜，勒改呈詞，故勘事主，或任聽胥役等恣意勒索等事，一經告發，或被參奏，必將地方官從嚴懲治，其該管上司亦一體交部嚴議，決不姑貸。《會典事例》。又奏旨：趙璠係試用知府，分發湖北後尚未銓補實缺，若遽准送部引見，恐將來試用人員妄生冀倖，開便捷之門，於吏治殊有關係。趙璠著交該督撫，遇缺儘先補用，無庸送部引見。嗣後，試用人員有似此拏獲劫掠巨盜者，均著照此辦理。《聖訓》。十六年奏准：查明品級考凡係該員應陞官階，即于該員原銜議叙入，若非該員應陞之階，祇照原銜繕寫并于摺尾及緑頭簽後，該員並非應陞之處聲明，以杜取巧。《吏部通行》。道光二年奏准：嗣後，凡竊盜刃傷事主之案，除僅止被追並未獲住賊犯因自圖脱身，或見夥犯被獲，有心逞凶刃傷事主者仍照定例擬絞監候外，如有被事主扭獲情急圖脱，用刀自割髮辮衣服襟帶以致誤行劃傷事主，本無拒捕之心者，于拒捕刃傷擬絞監候例上量減爲發極邊煙瘴充軍。又，通查各例，除竊盜拒捕刃傷人未死爲首應擬絞候一條，此外有竊盜拒捕殺人爲從幫毆刃傷擬絞候者，有臨時拒捕殺人爲從，幫毆刃傷應擬絞候者，有臨時拒捕傷人未死爲首應擬斬候者，有搶奪殺人爲從幫毆刃傷應擬絞候者，有搶奪刃傷人未死者犯應擬斬候者，有姦夫拒捕刃傷應捉姦之人應擬絞候者，有罪人事發在逃被獲時拒捕本罪已至滿流而拒毆在折傷以上應擬絞候者，以上各項罪犯，有實係被應捕之人扭獲，情急圖脱用刀自割髮辨、衣服、帶姑以致將應捕之人誤行劃傷，總以有心無心爲斷，究明該犯實係本無拒捕之心者，均於死罪上酌減一等，仍按原例罪名。如係應擬斬候者，發新疆給官兵爲奴，應擬絞候者，減發極邊煙瘴充軍。十五年覆准：嗣後竊盜臨時護贓拒捕，傷非事主之案，均照律加本罪二等定擬，以免歧誤。以上均《通行》。十六年諭：御史王藻奏請將沿海港汊，村莊設法編查履勘，以絶窩線而清盜源一摺。各省沿海地方文武官員弁平日認真稽查盜匪，與奸民不能勾通，株根净絶，洋面肅清，如所奏沿海地方港汊、村莊距海遠近不等，盜船不敢入港，總由奸民爲之窩線，代銷贓物，添雇舵工、水手。或稔知村内殷實之家，勾通入劫，盜去而人不敢過問。沿海雖設有水師，總巡、分巡各名目，往來會哨多屬虚應故事，潛匿港口，僅令微末弁兵代巡捏報。無怪海洋劫案竊發時聞，不可不嚴加防範。惟各省近海處所情形不同，應如何稽查周密，自當因地制宜。著直隸、山東、江蘇、浙江、福建、廣東各督撫妥議章程，據實具奏。《聖訓》。二十八年奏准：文職獲盜，例准調取人員，州縣以上俱由該督撫，府尹專摺奏請，照例送部引見。州縣以下俱由該督撫，府尹專案具題，分别試用實缺，或遇缺儘先補用，或以應升之缺升用。請旨，交部覈議題覆。如奉旨允准，即毋庸送部引見。不准，再將例應允奏具題之件咨部辦理。以歸畫一。《吏部通行》。三十年覆准：各省案件，即不近海疆省分盜劫之案，層見迭出，所在繁多。此等凶横之徒本非良善，一經釋放，勢必怙終不悛，或復行糾結，或聽從爲匪，實大爲地方之害。擬照閩粵舊章，將各省情有可原免死發遣盜犯及其餘應斬決改爲軍遣，並因本案問擬軍流各盜犯，均一律擬以不准援免。至紅胡子、白撞手等項匪徒，爲從問擬絞候之犯，亦係糾夥搶劫，爲害閭閻，一併擬以不准免釋。咸豐三年題准：查向來辦理同謀爲盜，在途看船之犯，如泊船之所距上盜之所在一二里外，離事主住處較遠，既未隨同上盜，則與把風接贓者情稍有間，是以俱比照共謀爲盜别故不行之例問擬滿流。倘泊船之處距盜所不過咫尺，劫去贓物竟可接收者，即與把風接贓無異，仍應照例問擬，以示限制。惟律例並無明文，辦理未免舛錯，相應通行各省一體遵辦，以昭畫一。以上均《通行》。五年諭：嗣後，凡遇盜劫之案，著照王大臣等所議，仍依强盜已行，但得財者，不分首從皆斬本例，俱擬決。其中把風接贓等犯雖未搜贓，亦係同惡相濟，著照爲首之罪一律問擬。此外，實在情有可原之犯，如年止十五歲以下，被人誘脅隨行上盜者，仍照本例問擬。倘地方官仍蹈積習，或另設名目，巧爲巧脱，一經發覺，即照諱盜例嚴行參辦。《聖訓》。又奏准：嗣後，洋盜案内接贓瞭望之犯，俱照首盜一律斬梟，不得以被脅及情有可原聲請。此外實在情有可原之犯，有年止十五歲以下，實係被人誘脅隨行上盜者，仍照本例問擬。《通行》。同治元年諭：嗣後，各直省將軍、督撫、府尹等，於所屬地方務當飭令該管文武明白曉示，如遇有搶劫盜匪，准兵役及居民行旅等格殺勿論。其拏獲者，立卽明正法，不准其任意妄供，牽連原拏之人，致滋拖累。併著內外問刑各衙門，於移交賊犯，破除錮習，認真審辦，不准輕聽賊匪一面誣扳之詞，將原拏兵役率以提質，以杜累擾而重緝捕。又諭：嗣後，州縣遇有盜案，該管督撫不得于四參限滿以前輒行更調，以重捕務。至捕役窩盜，該管州縣印捕官既經查出，尚有降三級留任處分，未免過重，恐開捕役挾制官長之漸，致該管官轉事諱飾。嗣後自行查出之州縣印捕官。卽著將失察處分概行寬免。以上均《聖訓》。又奏准：嗣後遇有盜案，該州縣不卽行詳報者，卽照諱盜律治罪。該管上司不卽參奏以及參限將滿、復改調他任，巧爲開脱處分，著一體交部嚴加議處。二年奏准：嗣後遇有獲盜武職人員，仍照舊例送部引見，不得由督撫指定官階專摺保奏，以杜倖進而重名器。以上均《兵部通行》。又議准：嗣後强盜除殺死人命、姦人妻女、燒人房屋及毆事主至折傷以上首伙各犯，俱不准首外，其傷人首盜傷輕平復，或雖未傷人，行劫已至二次，及幫毆有傷，行劫又至二次之夥盜，果能于犯事之後五日以內捕獲他盜及同夥解官投首者，照强盜免死減等例發遣新疆給官兵爲奴。如止抱贓自首者，擬斬監候。未傷人之首盜，行劫僅止一次，及夥盜曾經傷人或雖未傷人行劫已至二次並窩家盜線，果能于犯事之後五日以內捕獲他盜及同伴解官投首者，杖一百，徒三年。抱贓自首，發近邊充軍。聞拏投首，實發雲貴、兩廣極邊烟瘴充軍。如逾五日限外，均不以首論。至未傷人之夥盜行劫，亦止一次，果能於五日限內捕獲他盜及同伴解官，或抱贓自首，均照律免罪。五日限外，一月以內，捕獲他盜及同伴解官投首者，亦免罪。抱贓自首杖一百，聞拏投首俱杖一百、徒三年。一月以外，未破案以前，捕獲他盜及同伴，解官投首者，杖六十，徒一年。抱贓自首，發近邊充軍。聞拏投首，實發雲貴、兩廣極邊烟瘴充軍。至破案以後均不以首論，其分贓而不行者，各減行者罪一等。俟盜風稍息，仍奏明改歸舊例。《通行》。又諭：嗣後，獲盜人員，仍著照舊例送部引見。其由督撫指定官階。專摺保奏章程，著卽停止，以杜倖進而重名器。《聖訓》。三年奏准：除徒手搶奪，未持器械，或僅止一二人乘間搶奪，仍照本律本例辦理外，如聚衆至十人以上，執持凶器倚强肆掠，卽係强劫，不得牽引搶奪字樣。其十人以上，執持柴棍、木擔等械，倚强肆掠，雖係搶奪，亦照强盜本律，不分首從皆斬。不得以犯事在十年以前，仍引舊例牽混，亦不得以並非倚强肆掠及尚無凶暴情形等詞曲爲開脱。又奏准：嗣後，眼線曾爲夥盜，悔罪將同伴指獲致被同夥供出者，比照傷人首盜事未發而自首例擬斬監候。如犯事之後五日以內指獲同伴旋被供出，獲案審明同夥確有實據者，照强盜免死減等例發遣新疆給官兵爲奴。若並無同夥確據，實係盜犯挾恨誣扳者，卽予免究。以上均《通行》。五年諭：嗣後，拏獲馬賊之案，如係大夥横行，圍攻城寨，焚劫鄉村，有抗拒官兵情事，地方官拏獲著名巨盜一二三名，或斬梟、斬決盜犯十名以上者，或兩案三案每案均在五名以上者，俱准核實保舉，或酌賞翎枝，或酌予升階升銜，隨案奏明，卽照軍功例破格獎敘。拏獲著名巨盜一名，或斬梟、斬決盜犯五名以上者，或兩案三案每案均在三名以上者，俱比照拏獲悍匪章程保奏，指定應升官階，免其送部引見。拏獲斬梟、斬決盜犯三名以上者，仍遵定例送部引見。其拏獲斬梟、斬決盜犯三名者，每名准其加一級。至各官任内如有疏防馬賊之案，照例准將拏獲鄰境盜犯之案抵銷其案，數多者亦准其逐案查抵。如抵銷完結后再有獲盜之案，卽准按所獲名數給予獎勵。其拏獲斬梟、斬決盜犯三名以上者，准抵本任内降調革留之案；拏獲著名巨盜一二名或斬梟、斬決盜犯五名以上及十名以上者，准抵本任内議革之案。若所獲止係脅從之犯，罪不至斬梟、斬決者，毋庸請獎，亦不准其抵銷。其武職官員緝捕夥衆横行焚劫鄉村抗拒官兵馬賊，卽比照拏獲著名巨盜鄰境大夥案犯並外來潛匿凶盜章程優加獎叙。如拏獲罪應凌遲之犯至二三名，斬梟、斬決盜犯十名以上，或兩案三案每案俱在五六名以上者，核其勞績實與戰功無異，准由該督撫等核實保奏，或酌獎翎枝，或予升階升銜。如拏獲巨盜一名，鄰境斬梟、斬決盜犯五名以上或兩案三案每案俱在三名以上者，俱准其指定應升官階保奏。如查有承緝未完要案，無論應議降留、降調，卽以該員所得優獎議抵。如拏獲鄰境斬梟、斬決盜犯三名以上者，准其酌保升銜。其拏獲未及三名者，每名給予加一級。其本任内有疏防之案，能拏獲鄰境斬梟斬決盜犯三名以上者，准抵本任内降調革留之案。拏獲著名巨盜一二名及斬梟斬决盜犯五名至十名以上者，准抵本任内議革之案。或案數多者，亦准逐案查抵。如拏獲尋常斬梟、斬决之犯，仍著該部照例辦理。至各直省兵丁拏獲騎馬賊多名，即著該管官分晰名數、案情酌給六品至九品頂帶功牌，以示鼓勵。《聖訓》。又奏准：嗣後，拏獲馬賊之案，係在奉天、直隸、熱河肆擾，及入口後竄入别省肆擾者，均照馬賊章程給奬，此外不得援以爲例，即奉天、直隸、熱河地方拏獲賊匪查與馬賊情形迥異者，仍照舊例辦理。其保奬章程，如翎枝與升銜并保者，不得再保升階；升階與升銜并保者，不得再保翎枝。至升階與翎枝并保者，亦祇准給予升階，不得再給翎枝，并不得越給保升及免補本班等項。《吏部通行》。六年奏准：查例載，捕役兵丁分贓通賊，及巨盜交結往來，奉差緝拏走漏消息，不分曾否得財均照本犯之罪治罪等語，是本犯罪至斬决通盜之犯，亦應處斬，已屬法無可加，但恐胥差等有素不通盜而臨時得贓買放者，例無作何治罪明文，亦應照此例一體從嚴辦理。八年議准：嗣後，審辦搶劫之案，如有結夥騎馬持械，並聚至十人以上倚强肆掠凶暴衆著者，無論白晝、昏夜及在途、在野、江河湖港，均仍照强盜本律，不分首從一概擬斬。其有實在被脅同行者，發遣新疆給官兵爲奴。聚衆不及十人而人數已在三人以上，但經執持器械威嚇事主及捆縛按捺並將事主毆傷者，爲首及在場威嚇動手之犯亦照强盜律擬斬立决，爲從僅止隨同在場並未動手之犯，均發遣新疆給官兵爲奴。結夥僅止二人，但有持械威嚇事主情事及雖未持械而結夥已至十人以上者，首犯實發雲貴兩廣極邊烟瘴充軍，從犯杖一百，流三千里。結夥不及十人俱係徒手搶奪者，首犯杖一百，流三千里，從犯杖一百，徒三年。數在三人以下者，仍照搶奪各本律例定擬。至回民結夥搶奪及四川等省匪徒搶奪例有專條者，仍與此例相比，從其重者論。光緒元年議准：嗣後，强盜案件，如夥盜被獲供出盜首逃匿確實地方限内拏獲，在奉到同治九年修改以前仍照舊例擬軍。若拏獲夥盜雖經供出首盜逃匿地方限内拏獲，核其犯事及供出日期在奉到修改新例以後，即照新例依强盜不分首從律科斷。不得照情有可原量減，以示區别而免紛歧。又奏准：嗣後，江省遇有游勇搶匪及著名土匪聚衆行劫之案，如係放火殺人姦淫婦女及情形實在凶惡者，一體拏獲由州縣訊供禀報，督撫批飭該管道府就近覆訊，實係供證確鑿，情罪無疑，就地正法，梟首示衆。其餘尋常搶劫案犯，仍照舊例解勘。似此酌量變通，庶匪徒知所儆畏而辦理亦無窒礙矣。五年奏准：嗣後，凡夥盜被獲供出首盜逃所于定案之前拏獲者，係曾經傷人傷輕平復之犯，減爲斬監候。秋審入于緩决。如係未經傷人之犯，減爲發遣新疆給官兵爲奴。其首盜供獲夥盜及夥盜供獲夥盜者，均擬以斬監候，秋審時核其情節分别實緩。至拏獲盜犯之眼線曾犯盜案，悔罪將同伴指獲致被供出者，無論首夥，如在五日外一月以内，照强盜免死例發遣新疆給官兵爲奴。如在五日以内，于斬罪上減一等，擬杖一百，流三千里。倘原夥較多果能獲犯三名以上者，准其再減一等。六年奏准：嗣後，各省拏獲馬賊土匪並夥衆持械强劫案件，如實係距省窵遠，解犯中途堪虞，就近解歸該管府道覆審明確，免其解省，由該管道府核明情罪，禀候督撫批飭就地正法，按季彙案具奏。俟盜風稍息，仍照定例辦理。其餘距省較近州縣獲有前項案犯並職官犯罪，該地方官務須申詳該管上司，解省審勘，由該督撫分别題奏，俟奉旨後再行處决，以重人命而慎刑章。七年題准：擬發新疆給官兵爲奴人犯，照例改發極邊烟瘴充軍，仍以足四千里爲限，到配後，鎖帶鐵杆石墩二年，左面刺强盜，右面刺改發各二字。十三年奏准：嗣後，直隸省遇有强劫及竊盜臨時行强並結夥十人以上搶奪之案，但有一人執持鳥鎗、洋槍在場者，不論曾否傷人，不分首從均擬斬立决梟示。其結夥三人以上搶奪案内，執持鳥鎗、洋鎗之人係首犯，亦擬斬立决梟示；係從犯擬斬立决。傷人者，仍加梟示。未經持鳥鎗、洋鎗者，仍照向例辦理。若竊賊放鳥鎗、洋鎗拒捕，一經成傷，無論獲贓獲夥圖脱及臨時事後所傷，是否事之爲首並幫同放鎗拒捕之犯，皆擬斬監候，秋審時入於情實；殺人者，俱擬斬立决梟示。尋常行竊及搶奪僅止一二人，但係執持鳥鎗洋鎗之犯，雖未拒捕，均發極邊充軍。至捉人勒贖之案，除被捉並非幼孩及擄掠不及三人未至三次並贓未滿貫者仍照向例辦理外，如有將十五歲以下幼孩捉回勒贖並被捉若在三人以上及擄捉已至三次以上同時並發，暨計贓在一百二十兩以上者，均照兩廣之例辦理。十四年奏准：嗣後，夥盜被獲供出首盜逃所，於四箇月限内拏獲，係舊例法無可貸之犯，減爲斬監候，秋審入於緩决；係情有可原之犯，減發新疆給官兵爲奴。其夥盜能將全案首夥供出於限内盡行指獲，係法可貸者，減爲杖一百，流三千里；情可原者，減爲杖一百，徒三年。如供獲夥盜在一半以上並首盜能將全案夥犯供出，於限内指獲，均減爲斬監候，秋審時核其情節分别實緩。若夥盜供獲夥盜不及一半以上並拏獲已逾四個月限外者，仍照律定擬，不准輕減。以上各犯均須到案後當堂供出，按名指獲，方准以供獲論。如私向捕役告知者，獲到官不得以供獲論。其餘仍照例章辦理。以上均《通行》。

刑案

盜首犯竊，拏獲到官始行首出劫案，不准寬減。乾隆十七年山西案。

用藥迷人圖財案内，傳授藥方，在家分贓之犯，照老瓜賊授技分贓例，斬決。乾隆三十八年雲南案。

海洋屢次行劫，拒捕殺傷官兵，從重問擬。凌遲。犯屬發遣爲奴，夥盜均照響馬治罪。乾隆四十五年廣東案。

聽從首盜，在外洋連劫二次，得受贓物，例應立斬，聽候部覆之夥盜在監病重，恭請王命正法。乾隆五十二年廣東案。

洋盜案内被盜擄在船雞姦之犯，於情有可原，遣罪上減徒。乾隆五十四年福建案。

事後搜捕，兩賊拒殺事主一人以致命傷重者，爲首擬斬監候，從犯減等擬流。嘉慶十三年貴州司説帖。

行竊妻弟家，刃傷事主之堂弟，依竊盜棄財逃走事主追逐拒捕刃傷例，擬絞監候。乾隆三十三年題准案。

竊賊得贓被捕用言嚇禁，比照竊盜雖離盜所臨時格鬭未經成傷例，首犯發近邊充軍。嘉慶二十一年山東案。

竊賊攜藏復竊未得被追拒捕，照竊盜夥賊攜贓先遁，後逃之賊被追拒捕，刃傷未死例，擬絞監候。嘉慶二十一年山東案。

行竊當被識破，商同謀殺事主，依竊盜拒捕殺人例，斬決。夥犯照謀殺人從而加功律，擬絞監候。道光元年直隸司説帖。

竊賊先後謀殺事主二命，潛匿年餘始行就獲，依謀殺人造意律擬斬，請旨即行正法。嘉慶九年江蘇司説帖。

蒙古盜犯照刑律擬斬，妻子仍依蒙古例給付事主。嘉慶十七年直隸司説帖。

京城居民被盜，員弁賠贓私和匿報，革職，發往軍台效力贖罪，其餘分别定擬。道光十一年邸抄。

響馬夥盜並未劫掠，照强盜情有可原例，免死發遣。嘉慶二十五年奉天司説帖。

强盜殺人，情節凶殘罪無可加，仍照本例擬以斬梟。嘉慶十七年安徽司説帖。

白日在途行劫，均屬預謀爲盜，臨時肆惡逞强，未便以搶奪論，依强盜本律本例辦理。道光二年江蘇司説帖。

强盜姦人妻女，夥盜並未在場免死發遣。嘉慶二年江蘇司説帖。

叠劫盜犯搶奪婦女，照强盜已行得財本律，擬斬立決。嘉慶二十一年廣西司説帖。

行劫客船盜犯另犯夥搶婦女，依夥搶婦女已成爲從例，擬絞監候。嘉慶二十二年湖北案。

假充黑猓行劫從犯便加重，以情有可原分别定擬。嘉慶六年雲南司説帖。

接贓一次，逃後另犯拒捕殺人，從其重者論，照拒捕殺人之例科斷。嘉慶二十二年廣西司説帖。

逼脅爲盜，乘空逃回，劫後分贓塞口，照知强竊盜後分贓，計所分贓，准竊盜爲從律，擬杖六十。嘉慶十五年江蘇司説帖。

曲史抑勒諱盜，刑傷事主平復，從重比照抑勒諱盜苦累事主，傷至廢疾例，滿徒。知縣違例轉交代訊，革職。乾隆五十四年山東案。

法無可貸之夥盜，聞拏投首，又供出首盜住址，即行拏獲，比例減流。乾隆五十七年安徽司説帖。

行劫衙署在外接贓之夥盜，應照情有可原例，免死發遣。乾隆六十年直隸司説帖。

結夥三人各持木棍在途截搶過客，棍毆事主一死一傷外，照强盜殺人問擬，部駁：既非蓄意强劫，又無凶器，未便因其先傷事主後奪錢物，概擬斬梟，應仍照搶奪殺人科罪。嘉慶三年山東案。

强盜把風一次，又聽從持械在途搶奪一次，應從重照强盜情有可原聲請，不得作行劫二次以上問擬斬決。嘉慶五年直隸司説帖。

既經入室，雖不搜贓亦應斬決。不得入室之中復分搜贓與否，曲爲末減。嘉慶七年雲南司説帖。

糾劫一次，又喝令拒捕殺人一次，從重照强盜得財例斬決。嘉慶十年四川司說帖。

年未及歲之夥盜，兩次被脅，一次聽從，均止在外接贓，並未入室，情尚可原，免死發遣，不准收贖。嘉慶十一年四川司說帖。

共謀爲盜，入室之人乘便擄掠幼女，在外把風之夥盜先未商謀，事後幫同背負，仍照强盜情有可原例擬遣。嘉慶十二年廣東司說帖。

事後謀故殺事主二命，照謀殺本律擬斬，請旨卽行正法。嘉慶十三年江蘇案。

私運蔬菜接濟洋盜，比照米穀濟匪例，量減擬遣。嘉慶十五年廣東司說帖。

事後搜捕拒殺工人鄰佑二命，從一科斷，依罪人拒捕律斬候。嘉慶十六年湖廣司說帖。

攜贓逃走，因事主追捕用言嚇禁並未棄財，照臨時拒捕未成傷内分別首從問擬。嘉慶十六年四川司說帖。

行劫官眷船隻，罪無可加，仍照强盜本例，分別法無可貸、情有可原。嘉慶十六年福建司說帖。

首賊竊贓出院，夥賊因事主喊捕，在窗外用言嚇禁，後分攜贓物逃跑，並無復圖入室搜贓情事，與臨時行强不同，照臨時拒捕未傷例擬軍。嘉慶十七年山西司說帖。

盜所被事主揪獲，同跌倒地，情急喊令夥賊幫同將事主捆縛，卽行逃逸，並無搜贓情事，照臨時拒捕未傷例，分別首從擬以軍徒。嘉慶十七年河南司說帖。

竊賊先走，因見夥賊被獲，回至事主門首，求放不允，各自奪棍拒傷事主二人并將兩手反縛，解放夥賊而逸，並攫取財物，不得謂之行强，亦與奪犯毆差不同，照護夥拒捕例問擬。嘉慶十七年廣西司說帖。

事後謀殺事主，首從各犯應照謀殺本律問擬。嘉慶十七年湖北司說帖。

迷竊得財，致事主受毒身死。首犯照强盜殺人例斬梟。未經下手用藥之夥犯發遣。嘉慶十七年雲南案。

臨事行强，事主之妻畏懼逃避嚴洞受凍身死。應將起意之犯照强盜殺人例斬決，梟示。在外接贓夥盜仍以情有可原論。嘉慶十七年湖北司說帖。

臨時謀殺事主，仍照臨時拒捕問擬。加功之犯比照幫毆至折傷以上例，擬絞。嘉慶十八年廣東司說帖。

聽糾行劫在途等候，事後等分贓二百餘兩，比照情有可原之夥盜例擬遣。嘉慶十九年江蘇案。

船户串通盜匪行劫船内客貨，因恐事主看破，並未同行上盜，應分贓物業經夥盜收貯，與盜首先已欲劫，僅止聽從引路者無異，比照情有可原例擬遣。嘉慶十九年廣東案。

夥盜入室嚇禁事主，聞拏投首，比照傷人夥盜投首例擬軍。嘉慶二十年奉天案。

夥賊向事主說出拒捕殺人罪應斬決首犯逃匿地方，拏獲正法，比照夥盜供出首盜逃匿所在，限内拏獲例問罪。嘉慶二十年河南案。

以竊報强架詞上控挾制，復央懇多人聯名代告，比照姦棍捏報盜劫，擬流加徒例上量減總徒。嘉慶二十一年廣東案。

黑夜偷竊屋旁園菜，未離盜所拒殺事主，與行竊田野穀麥及無人看守之物不同，應照盜所拒捕殺人例斬決。嘉慶二十二年奉天司說帖。

洋盜在船頭上接贓一次，在逃十年就獲，復拒傷差役眼線，罪無可加，仍以情有可原聲請。嘉慶二十一年江蘇司說帖。

聽從行强入室，搜得贓物，遺火燒斃事主幼子二命，情節較重，未便置慘斃二命於不論，應加擬梟示。嘉慶二十三年安徽司說帖。

曠野窩棚草寮既爲事主棲止之所，藏有衣物錢文，卽與室廬無異。遇有盜劫，應卽照室廬被盜，分別入室不入室問擬。嘉慶二十二年奉天案。

糾結妻兄財物捆縛搜贓，其妻告知事主，將犯獲案，法同自首。惟係平等之親，並無尊卑名分，應以凡盜科斷，照傷人盜首自首例斬候。嘉慶二十二年雲南司說帖。

竊賊護夥刃傷事主寄宿匠人，與拒傷雇工不同，依傷非事主例加刃傷本罪二等滿徒。嘉慶二十三年山東案。

把風之犯在外助勢，與僅止瞭望接贓者不同，情無可原應擬斬決。嘉慶二十三年奉天司說帖。

父起意迷竊並未同行，子聽從下手得贓，聞拏投首，父照傷人首盜傷輕平復投首例斬候，子照夥盜曾經傷人例擬軍。嘉慶二十四年貴州案。

起意糾劫，臨時因病不行，事後分贓，比照强盜窩主造意不行但分贓律斬決。嘉慶二十四安徽案。

竊牛尚未得贓，因事主追捕逃出牛房，拒捕殺人。是事主追捕雖在臨時，而賊犯拒捕則非盜，所應究明是否情急圖脱，抑係有意逞凶，分別問擬。嘉慶二十五年山東司説帖。

入室行竊撞落窗户，誤傷事主平復，比照臨時拒捕傷輕例，量減滿徒。道光元年直隸案。

已竊贓物遞交夥賊先行，轉身進房復竊，尚未得贓，因事主喊捕，跑出房外被獲，拒傷事主平復。該犯手無贓物無贓可獲，其兩次行竊俱在房內，則房外卽屬已離盜所，應照被追捕本例問擬。道光元年廣西司説帖。

行竊已離盜所，原贓已被奪回，因掙不脱身用刀拒捕，不得謂之護贓，應照未經得財被追拒捕刃傷例，擬絞。道光元年吉林案。

迷竊致死事主，起意爲首及下手用藥之夥賊，應均照强盜殺人例，斬梟示衆。道光元年貴州司説帖。

把風夥盜被追，拒傷鄰佑平復，與臨時傷人者不同，仍照情有可原例發遣。道光元年山東司説帖。

造意不行又不分贓，應依本律註擬流，不得比照窩主問擬。道光元年廣西司説帖。

洋盜案内受雇服役之犯，或爲扳住客船，或事後分贓，情節較重，於本例加一等擬流。道光二年福建司説帖。

聽從行劫五次，俱在外看守行李，較之把風接贓者情節稍輕，比照情有可原例發遣。道光三年河南案。

洋盜聽從行劫四次，聞拏投首，比照接贓瞭望二次例，擬遣。道光四年浙江司説帖。

糾夥攜械圖劫未成，正與有顯迹證見之律相符，應照强盜未得財又未傷人例問擬。道光五年廣東司説帖。

兩賊同時同地拒殺事主一人，無論先後下手，總以致命傷重者爲首，傷輕之犯爲從論。道光六年江蘇司説帖。

拒傷事主分居有服親屬，與拒傷事主罪同。道光七年廣東司説帖。

逾貫案之夥賊供出首犯逃匿地方，限内拏獲，與夥盜供出拏獲例應正法之首盜不同，不准寬減，應仍照爲從例擬流。道光九年浙江司説帖。

洋盜擄掠難民迷回被獲，准其遞回原籍省釋。嘉慶四年通行。

洋盜拒捕殺人情重，加擬凌遲。嘉慶七年奏准案。

投首洋盜撥營充伍巡緝，滋事脱逃被獲，比例發遣新疆給官兵爲奴。道光四年福建司説帖。

隨征免釋盜犯，復犯情有可原，照例免死，發遣新疆爲奴，酌加枷號三個月。道光十一年湖廣司説帖。

首夥盜犯俱未傷人，聞拏投首。依未傷從首盜聞拏投首例擬遣，其餘夥盜分別情罪科斷。嘉慶十三年奉天司説帖。

盜犯待質，不必援引監候，處決。嘉慶十六年直隸司説帖。

行劫未成拒傷兵役，依强盜傷人而未得財，首犯擬斬監候。嘉慶二十二年福建案。

聽從行劫，遺火燒斃事主二命，比照竊賊遺火燒斃事主一二命例，擬斬候，奏請卽行正法。道光十二年廣西司案。

迷竊殺人，雖未得財，亦應照例斬梟。業已監斃，仍戮尸梟示。道光九年雲南司説帖。

迷竊殺人，聞拏投首，不准寬減。道光九年雲南司説帖。

因竊强姦事主婦女未成，同謀各犯均應擬絞，不得將從犯量減。道光十年湖廣司説帖。

兩賊同時同地刃傷事主一人，應以首先下手者爲首，擬絞；聽從幫拒之犯爲從論減等滿流。道光十一年湖廣司説帖。

聽從行劫未經得財，遺火燒事主二命，比照竊賊遺火燒斃事主之例斬候，奏請卽行正法。道光十一年廣西司説帖。

夥盜供出首盜所在，應以供出之日起限，扣滿一年，有無戈獲，照例辦理。道光十一年浙江司説帖。

先竊贓物攜放門旁，復又進院被獲，用刃拒傷事主。應究明是否欲竊院内之物，抑仍欲入室復竊，分別臨時盜所及未得財拒捕，問擬斬絞。道光十三年河南司説帖。

首犯先用木叉拒捕，夥賊幫同刃傷，應照例以刃傷之犯不得以首先起意拒捕者混以爲首論。道光十三年河南司説帖。

捕役私取贓物，或借名尋贓逐店搜察，或囑賊誣扳收頓，或將賊犯已物作贓，或買物栽贓，或混認瞞贓等弊。應究其是否誣良爲盗，並有無侵剥盗贓，及濫拏充數等情，各按本例從重問擬。道光十三年通行。

竊盗臨時拒殺事主夫妻二命，依竊盗臨時盗所拒捕殺人例，擬斬立決。加擬梟示。道光七年浙江案。

行竊强姦婦女已成，羞忿自盡。照因竊盗而强姦人婦女已成例，擬斬立決。道光八年四川案。

圖騙錢文，用藥迷死人，未得財。比照用藥迷人，照强盗治罪，强盗殺人斬梟例問擬，免其梟示。道光十一年奉天案。

用藥迷竊殺人未得財之從犯，依用藥迷人爲從例，發回城爲奴，不准留養。道光六年廣東案。

强盗夥犯在空地看守行李，依共謀爲强盗因別故不行事後分贓例，擬流。道光十安徽司案。

服役擬徒援免盗犯在洋復劫，照新疆人犯在配脱逃例，於配所用重枷枷號三個月。道光四年福建案。

洋盗船上把舵人犯，擬於服役滿徒例上加等治罪。道光六年福建案。

爲賊引路并不知强劫情事，照强盗窩主不行又不分贓擬流例，減等滿徒。道光十一年河南案。

强盗殺人，未在場之夥盗投首，照夥盗曾經傷人，聞拏投首例，實發雲貴兩廣極邊烟瘴充軍。道光六年浙江案。

夥盗投首并禀獲首盗解官，照例免罪，仍依常人一體賞給。道光十二年廣東案。

匪徒聽從打單及出洋圖劫，從重照匪徒打單爲從二次例加等，實發烟瘴充軍。道光十一年廣東案。

因捆縛凍斃事主，照本例擬斬監候，秋後處決。道光十三年陝西司説帖。

糾劫目擊伙犯拒傷事主，依强盗已行，但得財不分首從皆斬律，擬斬立決。同治八年安徽司説帖。

兩次迷竊得財，又付給迷藥賊。依用藥迷人已經得財，傳授藥方，照强盗律擬斬立決。同治十三年邸鈔。

糾約白日撞竊，計贓九百兩，事主追捕，擦棄全數拾回。情同送還，於竊盗贓一百二十兩以上絞監候例，比照聞拏投首例，減等擬流。光緒五年浙江案。

（清）席裕福《清朝政典類纂》卷三九二《刑二十四・刑律賊盗・白晝搶奪》

白晝搶奪。人少而無凶器搶奪也，人多而有凶器强劫也。

凡白晝搶奪人財物者，不計贓。杖一百，徒三年，計贓并贓論重者，加竊盗罪二等。罪止杖一百，流三千里。傷人者，皆斬監候，爲從各減爲首一等，并於右小臂膊上刺搶奪二字。若因失火及行船遭風著淺而乘時搶奪人財物及拆毁船隻者，罪亦如之。亦如搶奪科罪。其本與人鬬毆或勾捕罪人因而竊取財物者，計贓竊盗論。因而奪去者，加二等罪止杖一百，流三千里，并免刺。若竊奪有殺傷者，各從故鬬論。其人不敢與争而殺之曰故，與争而殺之曰毆。

條例

一、凡問白晝搶奪，要先明事犯根由，然後揆情剖決。在白晝爲搶奪，在夜間爲竊盗，在途截搶者，雖昏夜仍問搶奪，止去白晝二字。若搶奪不得財及所奪之物即還事主，俱問不應。如强割田禾依搶奪科之。探知盗竊人財而於中途搶去，准竊盗論。係强盗，贓止問不應。若見分而奪，問盗後分贓。其親屬無搶奪之文，比依恐嚇科斷。謹案：此條係原例原文，探知盗竊人財而於中途搶去問搶奪，雍正三年以搶去竊盗人財即問搶奪，是搶奪竊盗之贓者，重於竊盗贓輕者之本罪，且與搶奪平人財物者無别，因改准竊盗論。

一、凡黔楚兩省相接紅苗彼此讎忿聚衆搶奪者，照搶奪律治罪。人數不及五十名，傷人，爲首者枷號兩月，爲從者一月。殺人者，斬監候。下手者，枷號三月，爲從者，四十日。聚至五十人者，雖不殺人，爲首者亦斬監候，爲從者枷號五十日。殺人者斬決，下手之人絞監候，爲從者各枷號兩月。聚至百人者，雖不殺人，爲首者斬決，爲從者各枷號兩月，殺人者斬決梟示，下手之人俱斬監候，爲從者各枷號三月，所搶人畜財物追還給主。

一、凡苗人犯搶奪，該管土官約束不嚴，俱交部議。若至百人以上，土司、府、州革職，百户、寨長罷職，役滿，杖。知情故縱者，革職，枷號一月，俱不准折贖。若教令指使或通同圖利者，照爲首例治罪。

一、凡糧船水手夥衆十人以上，執持器械搶奪，爲首照强盗律治罪，爲從減一等。如十人以下又無器械者，照搶奪律治罪。出結之旗丁、頭舵拏送者，免罪。如容隱不首及徇庇不拏者，照强盗窩主律分別治罪。謹案：以上三條均雍正三年定。一、江南通州、崇明、昭文沙民夥衆争地，除不持器械争奪及聚衆不及四五十人者，照侵占他人田宅律科斷。如係執持器械及聚衆四五十人有抗官重情者，照光棍例，爲首者擬斬立決，爲從者擬絞監候，逼勒同行之人各杖一百。謹案：以上二條俱雍正十二年定。一、直省不法之徒如乘地方歉收夥衆搶奪，擾害善良，挾制官長，或因賑貸稍遲搶奪村市，喧鬧公堂，及懷挾私憤糾衆罷市辱官者，俱照光棍例治罪。若該地方官營私怠玩激成事端，及兵弁不實力緝拏，一併題參議處。謹案：此條乾隆十一年定。

一、苗人聚衆至百人以上，燒邨劫殺搶擄婦女，拏獲訊明，將造意首惡之人即在犯事地方斬決梟示，其爲從内如係下手殺人放火搶擄婦人者，俱擬斬立決。若止附和隨行在場助勢，照紅苗聚衆例枷號三月。臨時脅從者，枷號一月。至尋常盗劫搶奪，仍照内地搶奪例完結。其有擄掠婦女勒贖，尚未姦污者，仍照苗人伏草捉人勒贖定擬。謹案：此條乾隆九年定。

一、凡臺灣盗劫之案，罪應斬決者，照江洋大盗例斬決梟示。他如聚衆散劄豎旗，妄布邪言，書寫張帖，煽惑人心，搶奪殺人放火，光棍搶奪路行婦女，强姦致死，劫囚越獄，與番人彼此讎忿聚衆搶奪殺人等案内，造意爲首罪應立決者，均照黔楚兩省例斬決梟示。正法後，即傳首原犯地方示衆。其附和爲從之犯，不得援引此例，仍於各審案後附疏聲明。謹案：此條乾隆十四年定。

一、新疆地方兵丁跟役，如有白晝搶奪殺人及爲强盗等事，該辦事大臣審實一面奏聞，一面即行正法。謹案：此條乾隆三十二年奉旨著爲例。

一、凡因失火而乘機搶奪，除有殺傷及計贓重者仍照定例問擬外，其但經得財罪應擬以杖徒者，俱照本例加一等治罪，將爲首之犯杖一百流二千里，爲從者杖一百徒三年，均於面上刺搶奪二字。謹案：此條乾隆四十四年定。

一、搶竊拒傷事主傷輕平復之案，如兩人同場拒傷一人，一係他物一係金刃，無論先後下手，以金刃傷者爲首。如金刃傷輕他物傷重而未致折傷者，仍以金刃傷者爲首。如一係刃傷，一係他物，折傷，刃傷重以刃傷爲首，折傷重以折傷爲首。刃傷與折傷俱重無可區别者，以先下手者爲首。若俱係金刃或俱系他物，以致命重傷爲首。如俱係致命重傷或俱係他物折傷，亦以先下手者爲首。若兩人共拒一人，係各自拒傷並不同場者，即各科各罪，各以爲首論。謹案：此條嘉慶五年定。

一、搶奪竊盗殺人之案，如數人共殺一人，無論金刃、他物、手足，以致命重傷者爲首。在場助力，或致命而非重傷，或重傷而非致命者，以爲從論。如俱係致命重傷，以金刃者爲首，手足他物爲從。如俱係金刃及俱係他物、手足致命重傷，無可區别者，有主使以主使者爲首，下手者爲從；無主使以先下手者爲首，後下手者爲從。其同案搶竊不知拒捕情事者，仍各照搶奪竊盗本律首從論。謹案：此條嘉慶六年增定。

一、凡總甲快手應捕人等，指以巡捕勾攝爲由，毆打平人，搶奪財物者，除實犯死罪外，犯該徒罪以上，不分人多人少，若初犯一次，發邊遠充軍；再犯發原搶奪地方枷號兩個月，照前發遣。里老鄰佑知而不舉、所在官縱容不問者，各治以罪。里老鄰佑依同行知有謀害而不救阻律杖一百，官司照故出入罪律科斷。謹案：此條乾隆三十六年定，嘉慶六年修改。

一、凡白晝搶奪三犯者，擬絞立決。如不及在三犯，照所犯之罪發落。若因搶奪問擬軍流徒罪在配、在逃，復犯搶奪，無論糾搶、夥搶、獨搶，曾否得免，並計如本係雲貴兩廣極邊烟瘴人犯有犯即發新疆酌撥種地當差，其餘原犯軍流徒罪復搶一二次者，實發雲貴兩廣極邊烟瘴充軍；三次以上發新疆酌撥種地當差。其搶奪問擬軍流徒罪釋回後復犯搶奪一二次，贓未滿貫者，發往極邊足四千里充軍；三次以上，實發雲貴兩廣極邊烟瘴充軍；五次以上，發新疆酌撥種地當差。如搶奪初犯五次以上，實發雲貴兩廣極邊烟瘴充軍；八次以上，發新疆酌撥種地當差。若按次各不及前數者，均依本律辦理。倘爲首，贓至一百二十兩以上，仍照例擬絞監候。至搶竊同時並發之案，除搶多竊少不得以竊作搶併擬，仍各從其重者論外，如竊多搶少，即應將搶奪併計，照糾竊次數科罪。謹案：此條嘉慶十九年修改，道光二十五年復奉頒修，咸豐三年修改。

一、凡白晝搶奪殺人者，擬斬立決。爲從幫毆如刃傷及手足、他物至折傷以上者，俱擬絞監候。傷非金刃又非折傷者，發雲貴兩廣極邊烟瘴充軍。未經幫毆成傷者，發極邊足四千里充軍。其傷人未死，如刃傷及折傷以上者，首犯仍照本律擬斬監候，爲從改發邊遠充軍。傷非金刃傷輕平復之首犯，改發極邊烟瘴充軍。年在五十以上刃傷及折傷，爲從仍照原例發近邊充軍。傷非金刃傷輕平復爲首發邊遠充軍。拒捕未經成傷之首犯，發近邊充軍，爲從各杖一百，徒三年，俱照本例刺字。謹案：此條嘉慶六年修改，十一年復奉頒修。

一、白晝搶奪人財物，除贓在七十兩以下者仍依律擬以滿徒外，其贓至八十兩以上，即按律遞加竊盜罪三等，罪止杖一百，流三千里。一百二十兩以上者，仍照竊盜滿貫律擬絞監候。謹案：此條道光元年修改。

一、凡大江洋海出哨官弁兵丁，如遇商船遭風尚未覆溺及著淺不致覆溺，不爲救護反搶取財物，拆毀隻者，照江洋大盜例，不分首從斬決梟示，如遭風覆溺，人尚未死，不速救援，止顧撈搶財物以致商民淹斃者，爲首照搶奪殺人律斬立決，爲從照搶奪傷人律斬監候。如見船覆溺搶取貨物，傷人未致斃命如刃傷及折傷以上者，斬監候。傷非金刃傷輕平復者，改發極邊烟瘴充軍。年在五十以上，發邊遠充軍。未傷人者，爲首照搶奪律加一等，杖一百，流二千里；爲從杖一百，徒三年。贓逾貫者，絞監候。如有凶惡之徒明知事犯重罪，在外洋無人處所故將商人全殺滅口圖絶告發者，但係同謀均照强盜殺人律斬決梟示。如見船覆溺並未搶取貨物，但阻撓不救以致商民淹斃者，爲首照故殺律斬監候，爲從照知人謀害不即救護律杖一百，官弁題參革職，兵丁革除名糧，均折責發落。如淹死人命在先，弁兵見有漂失無主船貨撈搶入己者，照得遺失官物坐贓論罪。謹案：此條嘉慶六年修改，十一年復奉頒修。

一、大江洋海出哨兵弁乘危撈搶之案，所搶財物照追給主，如不足數，將首犯家産變賠，無主贓物入官。其在船將備如同謀搶奪，雖兵丁爲首，該弁亦照爲首例治罪。其不同謀而分贓者，以爲從論。若實係不能約束並無同謀分贓情弊，照鈐束不嚴例議處。以上弁兵，除應斬決梟示者不准自首外，其應斬候、絞候者，若事未發覺而自首，杖一百，徒三年。軍流以下概准寬免。如係聞拏投首，應斬候、絞候者，杖一百，流三千里，軍罪以下減二等發落，仍追贓給主。如有誤坐同船並未分贓之人，能據實首報，除免罪外，仍酌量給賞。其哨船未出口之前，取同船兵丁不致搶物爲匪連名甘結，令在船將弁加結申送該管上司存案，巡哨回日，仍取同船兵丁甘結轉送該管上司，其上司如不係同船失於覺察或通同庇匿，及地方州縣若據難民呈報不即查明轉詳反行抑諱，及道府不行察報，督撫提鎮不行查參者，均照例議處。再，營汛弁兵如能竭力救護失風人船，不私取絲毫貨物者，該管官據實申報，督撫提鎮按次記功，照例議叙。倘弁兵因救援商人或致受傷被溺，詳報督撫查明優卹。謹案：此條嘉慶六年修改。

一、川省匪徒並河南、安徽、湖北等三省交界地方，及山東之兗州、沂州、曹州三府，江蘇之淮安、徐州、海州三府州，如有紅胡子、白撞手、拽刀手等名目，在野攔搶，未經傷人之案，除實犯死罪外，數至二三人者，犯該徒罪以上，不分首從，俱發雲貴兩廣極邊烟瘴地方充軍。如四人以上至九人者，不分首從俱改發伊犁分給該處察哈爾及駐防滿洲官兵爲奴。但傷人者，如刃傷及折傷以上擬斬監候，傷非金刃傷輕平復擬絞監候。有拒捕殺人者，將爲首殺人之犯擬斬立決，爲從幫毆刃傷及折傷以上者擬斬監候，傷非金刃又非折傷者擬絞監候，未經幫毆成傷者發往伊犁爲奴。若數至十人以上，無論傷人與否。爲首擬斬立决，爲從擬絞監候，被脅同行者發往烏魯木齊給官兵爲奴。倘有殺人奪犯傷差等事，有一於此，即將爲首之犯正法梟示，在場加功及助勢者，俱擬絞立決，同謀搶奪而拒捕奪犯之時並未在場者，擬絞監候。以上各匪犯父兄牌甲俱依盜案例，查明是否知情分贓，或止失於覺察，分別懲處。謹案：此條咸豐三年復奉頒修。

一、凡邊海居民以及採捕各船户，如有乘危搶奪但經得財並未傷人者，均照搶奪本律加一等，杖一百，流三千里。爲從各杖一百，徒三年，若搶取貨物折毀船隻致商民淹斃，或傷人未致斃命者，俱照前例分別治罪。有能救援商船不取財物者，該督撫亦酌量給賞。謹案：此條嘉慶六年修改。

一、凡湖北省匪徒搶奪之案，除實係尋常搶奪仍照定例辦理外，如聚衆至十人以上，及雖不滿十人但有執持器械入室，嚇禁事主擄劫財物情事，無論是否白晝、昏夜，悉照强盜本律本例分別法所難宥、情有可原定擬。如在江河湖港亦無論是否白晝、昏夜，事主行船、泊船，悉照沿江濱海行劫之例分別定擬。候數年後該省盜風稍息，仍復舊例辦理。謹案：此條咸豐三年續纂。

一、奉天地方匪徒糾夥搶奪，不論人數多寡，曾否傷人，但有一人執持鎗搶奪者，不分首從，照響馬强盗例擬斬立決梟示。其執持尋常器械搶奪者，分别是否十人及三人以上，並有無倚强肆掠情形，按照搶奪本例科斷。結夥不及三人，但有持械威嚇事主情事，除實犯死罪外，餘俱不分首從，發雲貴兩廣極邊烟瘴充軍，面刺搶奪二字。若僅止一二人乘便攫取財物，並無持械威嚇事主情事，仍照搶奪本律問擬。倘數年後此風稍息，奏明仍復舊例辦理。謹案：此條道光二十五年續纂，同治九年修改。

一、搶奪之案，如結夥騎馬持械並聚至十人以上，倚强肆掠凶暴衆著者，無論白晝、昏夜，及在途、在野、江河湖港均照强盗律，不分首從擬斬。被脅同行者，發遣新疆給官兵爲奴。聚衆不及十人而數至三人以上，但經持械威嚇及縛捆按捺並傷事主者，爲首及在場動手之犯，亦照强盗律擬斬立決，爲從在場並未動手者，均發遣新疆給官兵爲奴。結夥僅止二人，但有持械威嚇事主情事，及雖未持械而結夥已至十人以上者，首犯實發雲貴兩廣極邊烟瘴充軍，從犯杖一百，流三千里。結夥不及十人俱係徒手搶奪者，首犯杖一百，流三千里，從犯杖一百，徒三年，數在三人以下者，仍照搶奪各本律例定擬。至回民結夥搶奪及四川等省匪徒搶奪例有專條者，仍與此例相比，從其重者論。謹案：此條同治九年修改。

一、搶奪洋藥仍照搶奪本律例科斷，如係漏税之物，於本罪上酌減一等。謹案：此條同治九年續纂。

一、事主聞警逃避，乘間搶奪無人看守空室財物，如僅止一二人並未持械者，照搶奪律問擬。若夥衆三人以上持械者，照搶奪律加等問擬。倘事主及雇工人等往捕，護贓護夥持械格鬭，有殺傷者，照强盗律治罪。鄰佑人等往捕有拒捕者，照搶奪拒捕分别殺傷科斷。謹案：此條同治九年續纂。

事例

順治十三年題准：凡犯白晝搶奪者，民人依律問罪，旗下人枷號一月，鞭一百。初犯者又刺一臂，再犯者又刺一臂三犯者不分旗下、民人，擬絞立決。康熙三年題准：凡家僕犯白晝搶奪，應賠贓物俱照依竊盗賠贓之例一體遵行。十年覆准：凡白晝搶奪三次者，將伊主父兄係官議處，係旗下鞭五十，係民責二十板。十一年議准：白晝搶奪至二次者，將伊主父兄照前定例治罪。三十九年覆准：鬬毆人命未經告官，屍親統衆先抄凶身之家，該地方官按律究擬。五十五年覆准：凡地方米價騰貴，爲首寫帖知會衆人將稻穀搶奪，應僉妻送部照例刺字，發三姓等處給與披甲之人爲奴。乾隆二十三年議准：賊匪中有丟包一項，糾約夥伴，瞰知孤單行客帶有資財，先令甲賊與客結伴偕行，乙賊豫取碎石土塊等項假作銀包棄置路旁，迨甲賊與客同至瞥見，以路遺銀兩，誘同行客拾取，乙賊旋向尋問，甲賊謬稱未拾，乙賊聲言搜查，甲賊遂取自己與行客衣囊給付查看，暗將假包掉換真銀付還，行客先行，及至查出假包，而各賊已先後遁逸。此等賊匪情狀險狡，謀騙不遂，即加强奪，其流即爲老瓜賊類，最爲行旅之害。嗣後，拏獲丟包賊犯審實，均照白晝搶奪人財物律分别治罪刺字。行令地方文武員弁選差兵役留心查緝，遇有丟包賊匪即行拏解究治。事主具報到官正犯未獲者，先行通詳勒緝，不得隱諱。倘有贓至滿貫及拒捕殺傷人者，亦照搶奪等案扣限查參。又議准：嗣後，川省嘓匪有犯輪姦之案，審實俱照强盗律不分首從皆斬。其同行未經成姦者，仍依輪姦定例擬絞監候。有輪姦而致殺死人命者，無論成姦與否，俱照强盗殺人例奏請斬決梟示。嘓嚕搶奪，有糾夥五人以上，在於場市人煙湊集之所，橫行搶劫者，不論曾否得財，爲首者照光棍例擬斬立決，爲從同搶者俱擬絞監候。若拒捕凶犯殺傷兵役及事主傷衆者，首犯一面審題，一面即行正法梟示，爲從在場加功及雖未下手傷人在旁助勢濟惡者，俱斬立決。同謀搶奪，而拒捕奪犯之時並不在場者，仍照光棍爲從本例擬絞監候。至嘓匪搶奪，如止二三人於曠野攔搶者，若僅照尋常律例辦理，無以示儆，應分别首從，該徒罪以上者，俱改發巴里坤等處種地。其嘓匪潛逃附近省分，仍結黨爲害地方，干犯前項不法情事者，審明之日，即照新定條例一體嚴行懲治。二十六年議准：沿江乘危搶奪之案，向例杖一百，徒三年，爲從各減一等，未足示懲。嗣後，除有殺傷照例問擬外，其但經得財未傷人者，首犯杖一百，流三千里，爲從滿徒。邊海有犯，亦照此辦理。二十七年議准：嗣後，除搶掠田野穀麥蔬果，與饑民爬搶及十人以下又無凶器者，仍依搶奪本律科斷外，如有聚至十人以上及雖不滿十人但執持器械倚强肆掠，果有凶暴衆著情事者，均請即照糧船水手之例，分别首從問擬。以上均《會典事例》。嘉慶十三年議准：嗣後，白晝搶奪之案，而同夥不及十人而拒捕傷人，及臨時行强，或未傷人而贓至滿貫及同夥在十人以上者，將專汛協防兼統各官照盗案例題參疎防，其同夥不及十人並未拒捕傷人，亦無行强情事並贓非滿貫之案，將承緝之專汛協防職名巡捕營扣限四個月咨參，外省扣限六個月咨參，以昭畫一。《通行》。十七年諭：韓對奏酌定懲治悍俗章程一摺，廣東無籍匪徒携帶順刀逞凶嚇詐，大爲閭閻之害，不可不嚴加懲治。該撫請照川省成例，飭令各州縣將此等匪徒拏獲到案，鎖繫鐵銲，每枝定限四十斤。各犯繫帶以一年爲限，察其實能改悔者，即予釋放。如不知悛改，再繫一年。倘仍前恃强索擾，即照棍徒屢次滋擾例定擬罪名，著照所擬辦理。從前廣東風俗尚稱淳朴，近來會匪盜劫案牘滋繁多，係廣西匪徒流入該省，以致風氣漸多獷悍。著兩廣總督飭知廣西各屬，遇有此等匪徒，均照此次所定章程一律懲辦，以挽頹風而安良善。《聖訓》。道光五年奏准：嗣後，糧船水手除搶奪仍照舊例分別定擬外，如有糾衆凶鬬殘殺多命之案，兩造爲首之犯照械鬬例按其致斃彼造人數擬以斬決及斬決梟示，下手斃命之犯仍各照例擬抵。其糾衆傳發溜子、欺陵運弁、横索旗丁錢文，情凶勢惡者，照惡棍設法詐財例，爲首擬斬立決，幫同嚇詐情節凶惡者依爲從擬絞監候。僅止附和助勢者，發新疆給官兵爲奴。若有滋事犯法，抗官拒捕，聚衆至四五十人者，即照直省刁民假地方公事强行出頭，約會抗糧，擅自聚衆之例，分别首從，已未毆傷官弁，擬以斬梟，斬絞，其罪應擬斬情重各犯，均於審明後，即恭請王命先正法，以昭炯戒。如敢於官兵擒拏時恃衆抗拒，弁兵力不能擒，准其開放無子鳥槍。尚敢持杖拒捕致傷兵役，即加入鉛子施放，格殺照律勿論。如並未恃衆抗拒，亦未持械傷人者，不得牽行點放。七年議准：糧船水手糾衆毆斃多命案内，審依糾衆傳發溜子，横索旗丁錢文，僅止附和助勢例擬發新疆爲奴之犯，改發極邊足四千里充軍。以上均《通行》。十年諭：嗣後，著各該督撫派令道府一員，再酌委能事丞倅二三員，多帶兵役，分段輪流乘舟稽查。設有水手滋事及岸上游幫匪徒藉端滋鬧，立即督率州縣上緊查拏，遵照刑部奏定部例通詳懲辦，仍由各督撫於奏報糧船出境時將水手有無滋事及如何懲辦之處於摺内詳細聲叙，務期實力奉行，不可有名無實，庶足以儆凶頑而肅漕政。《聖訓》。十六年奏准：嗣後，仍遵前奉諭旨，飭令衛所備弁，責成頭船保結，確知貫在姓名、籍貫，方准充當，仍照例每人置給腰牌不許擅離本船。如有滋事潛逃，即向原保之人指令交出。倘任其遠遁日久不獲，即將原保之人嚴行究治。該撫所請倘該旗丁及頭舵容隱以致徇庇不拏，照律治罪。若丁舵首糧備弁及總運各官畏難不辦，即由糧道撤委嚴參。又議准：嗣後，糧船水手行劫殺人，不分人數多寡、曾否得財，俱擬斬立決梟示，恭請王命先行正法。其搶奪案内下手殺人之犯，亦照行劫殺人例一體正法梟示，爲從幫毆如刃傷及手足他物至折傷以上者，俱擬絞立決。傷非金刃又非折傷者，擬絞監候。未經幫毆成傷者，發新疆給官兵爲奴。至尋常懷挾私仇，蓄意謀殺及逞忿故殺者，擬斬立決。若審無謀故重情，但經聚衆互毆即照廣東等省械鬬讎殺例一體懲辦。其藏有火器、擡鎗者，雖未點放傷人，亦發往新疆給官兵爲奴。以上各犯，如被獲時有聚衆持械拒捕傷人者，除原犯斬梟罪無可加仍按例定擬外，其罪若斬決者，均加擬梟示，恭請王命先行正法。罪若絞決者，改爲斬決，罪若絞候者，改爲絞決。罪若發遣者，改爲絞候。若拒捕傷人，爲首無論原犯罪名輕重，均擬斬立決梟示，恭請王命先行正法。爲從幫同拒捕之犯，即照拒捕傷人例一體科斷。又奏准：嗣後，糧道經過地方，游幫匪徒有搶劫殺人及被獲時拒捕殺傷人者，均照糧船水手搶劫拒捕例一體懲辦。其執持凶器未經滋事者，即照執持凶器未傷人杖一百本例上加一等，杖六十，徒一年，仍請責成該管糧道總運官督率運弁晝夜稽查，於糧船停泊時，照依地方保甲之法逐船按册點驗並其有無腰牌者，立即會同地方營汛拏獲審明，分别懲辦。倘該幫弁意存玩縱，從重參處。仍嚴飭旗丁頭舵等，如有形跡可疑之人，密爲禀報。如敢容隱，一體治罪。仍責成沿河地方文武及催趲彈壓之印委各員，隨時隨地密爲訪查，按名緝獲。以上均《通行》。十七年諭：前因御史朱成烈奏查拏糧船滋事水手，宜先清其巢穴，當降旨交漕運總督及有漕各督撫妥議具奏。茲據裕泰奏稱，湖南糧船水手向照保甲之法取具連環保結，不准無業游民充役。出運回空均屬安静，水次途中尚無設立經堂，開設店典，招聚匪徒搶掠計贓情事，亦無老管師傅及老安幫、潘安幫、秦子船等項名目等語。此等水手良莠不齊，兼之運道延長，稽查稍有未周，難保不日久生玩，别釀事端。嗣後，著責成該省糧船先於歸次時按册點驗，嚴密搜查，毋許匪徒混跡；並軍船未開以前，督飭水次地方各員認真嚴查，既開以後，由廳員幫弁沿途防範，如有設立經常及老管師傅名目，即按名嚴拏，掃其巢穴，從重懲辦。至濱海曠僻處所開設茶酒各鋪，統於糧船未開之先飭令本省沿途地方，並經過各省一體確查，並取具地鄰循環保結。如取容留滋事，即行嚴拏懲辦，毋稍疏縱。經此次籌議章程之後，並不實力奉行，一有前項弊端，即據實嚴參，不准稍有姑息，以肅漕政而戢姦萌。《聖訓》。十九年覆准：嗣後，遇有搶竊之案，無論事主同住一屋或同坐一船，但非共財過度、合夥貿易，其所失之財仍照律以一主爲重，不得併贓論罪。若訊係共財合夥或經人託寄財物應累及本主賠還者，方與一主無異，始准統計所失之贓科罪，以符定律而昭畫一。咸豐四年覆准：嗣後，如有聚衆搶奪、執持器械入室搜贓，即按强盗本律本例問擬，不得因犯有搶奪之供即照搶奪之例科罪，亦不得以白晝及聚衆是否十人以上曲爲開脱。五年奏准：嗣後，除尋常搶奪人數無多，尚無凶惡情狀者仍照本律本例辦理外，如有聚衆持械入室搶劫，威嚇事主，并在途、在野及江河湖港，但經聚衆執持軍器倚强肆掠凶暴衆著者，無論白晝、昏夜，均照强盗本律不分首從一概擬斬。其有實在被脅同行者。發黑龍江給披甲人爲奴。八年覆准：嗣後，饑民爬搶案件，除糾夥執持軍器刀械威嚇按捺事主搜劫多贓者仍照强盗本律科斷外，如有聚衆十人以上至數十人所執僅係木棍等械，並無軍器刀械，實因災荒饑餓，見有糧食夥衆爬搶，希冀苟延旦夕，並無攫取别贓者，爲首擬斬監候，爲從發新疆給官兵爲奴。如數在十人以下持械爬搶者，爲首發新疆給官兵爲奴，爲從減一等，其徒手爬搶並無持有器械者，仍照搶奪本律科斷。十年奏准：嗣後，除徒手搶奪未持器械，或僅止一二人乘間搶奪，及搶掠田野谷麥、蔬果、與饑民爬搶，仍照本律例辦理，有拒捕者，依搶奪拒捕本例，分别殺傷及拒捕未成傷定擬本罪，重者俱從重論外，如聚至十人以上執持凶器倚强肆掠，即係强劫，不得牽引搶奪字樣。其十人以上執持柴棍木担，等械及三人以上執持凶器及柴棍等械倚强肆掠，雖係搶奪亦照强盗本律不分首從皆斬。至回民結夥及奉天、四川、湖北等省匪徒搶奪例有專條者，應與現定章程相比，從其重者論。十一年覆准：所有事主聞警逃避，貧民乘間搶奪無人看守空室財物之犯，衡情酌擬。其僅止一二人，並未執持器械，乘便搶奪者，照搶奪律問擬。如聚衆三人以上並執有器械者，照搶奪律加等問擬。設遇本家事主及雇工人等前往擒捕，輒敢護贓護夥執械鬭，有倚强肆掠情形者，即照强盗律問擬。其鄰佑人前往查拏，有拒捕者，照搶奪拒捕分别殺傷科斷。又奏准：嗣後，京城各省如有窩留折械倚强肆掠案犯，亦應照此嚴定章程辦理，其應擬死罪仍應從重者論。同治三年覆准：嗣後，各省搶奪之案，無論已結未結，凡事犯在咸豐五年嚴定章程以後，果係聚衆三人以上執持器械者，即屬倚强肆掠，悉照十年申明定章問擬斬決，不提以並非倚强肆掠及尚無凶暴情形等詞曲爲開脱，倘承審、審轉各官再有錯誤，照例議處，以昭畫一。八年奏准：嗣後，審辦搶奪之案，如有結夥騎馬持械并聚衆十人以上倚强肆掠凶暴衆著者，無論白晝、昏夜，及在途、在野、江河湖港，均仍照强盗本律不分首從一概擬斬。其有實在被脅同行者，發遣新疆給官兵爲奴。聚衆不及十人而人數已在三人以上，但經執持器械威嚇事主及捆縛按捺并將事主毆傷者，爲首及在場威嚇動手之犯，亦照强盗律擬斬立決，爲從僅止隨同在場并未動手之犯，均發遣新疆給官兵爲奴。結夥僅止二人，但有持械威嚇事主情事，及雖未持械而結夥已至十人以上者，首犯實發雲貴兩廣極邊烟瘴充軍，從犯杖一百，流三千里。結夥不及十人俱係徒手搶奪者，首犯杖一百，流三千里，從犯杖一百，徒三年。數在三人以下者，仍照搶奪各本律例定擬。至回民結係搶奪及四川等省匪徒搶奪例有專條者，仍與此例相比，從其重者論。光緒十三年奏准：嗣後，直隸省遇有搶劫及竊盗臨時行强并結夥十人以上搶奪之案，但有一人執持鳥鎗、洋鎗在場，不論曾否傷人，不分首從均擬斬立決梟示。其結夥三人以上搶奪案内，執持鳥鎗、洋鎗之人，系首犯，亦擬斬立決梟示；係從犯，擬斬立決。傷人者，仍加梟示。未經持鳥鎗、洋鎗者，仍照向例辦理。若竊賊施放鳥鎗、洋槍鎗捕，一經成傷，無論護贓護夥圖脱及臨時事後所傷，是否事主，爲首并幫同放鎗之犯，皆擬斬監候，秋審入於情實。殺人者，俱擬斬立決梟示。尋常行竊及搶奪僅止一二人，但係持鳥鎗、洋鎗之犯，雖未拒捕，均發極邊充軍。以上均《通行》

刑案

白晝强伐竹林木，經旬累月，比照强割田禾依搶奪科斷。乾隆十三年江西案。

白晝中途搶奪，因恐事主認識，用灰泥塗臉遮飾，實非强劫，仍科搶奪。乾隆二十一年江西案。

海洋肆搶聚至十人以上，照糧船水手之例問擬。乾隆三十四年浙江案。

十人以上搶掠田麥，仍照搶奪科斷。乾隆三十八年貴州案。

搶奪事後搜拏，各拒各捕，從犯刃傷事主致斃，依罪人拒捕殺所捕人律擬斬監候，首犯依罪人拒捕加本罪二等律擬流二千五百里，餘犯依搶奪爲從律擬徒二年半。嘉慶十三年雲南司説帖。

船户誘客上岸，開行搶留客貨，比照川省匪徒在野攔搶例，不分首從擬軍。嘉慶十八年安徽案。

搶奪錢票應以能否取錢爲斷。道光九年四川司説帖。

因見人家失火，乘間偷竊財物，比照因失火乘機搶奪得財首犯擬流例上減等滿徒。嘉慶二十一年江蘇司現審案。

搶奪擬徒，釋回復犯，搶奪一次。道光六年河南司説帖。

搶奪得贓脱逃被獲，拒傷兵役，擬於極邊烟瘴軍罪上加拒捕罪二等，改發新疆當差。嘉慶二十三年山東司説帖。

攔阻米船搶奪，人衆贓無著落，照凶惡棍徒例擬軍從重發往新疆爲奴，伙犯照爲從例擬徒。嘉慶二十四年江西司説帖。

三十人俱係徒手并未持械仍照搶奪逾貫例科斷。道光六年福建司説帖。

倚强肆搶，刃傷兵役并傷事主，依糧船水手夥衆十人以上執持器械搶奪，已行得財爲首斬立决律治罪，其餘夥犯分别問擬絞候、充軍。道光十二年河南司説帖。

搶竊拒傷事主骨損骨破，應以折傷論。嘉慶二十年四川司説帖。

糾衆搶奪，人數雖多，並無器械，仍照本律問擬。外人乘勢攫取之贓，不得併計坐以滿貫之罪。嘉慶二十年雲南司説帖。

因搶謀殺事主案内幫同揿按之從犯，應照幫毆至折傷例擬絞。嘉慶二十一年江蘇司説帖。

搶奪業已得財，因事主喊叫，起意謀殺，傷而未死，應照搶奪傷人未死各刃傷及折傷例斬候。嘉慶二十一年山西司説帖。

夥衆倚强肆搶，應照糧船水手定擬案内從犯臨時不行事後分贓，比照夥盗不行分贓例擬徒。嘉慶二十一年廣東案。

川匪攔搶致事主鳧水溺斃，比照因盗威逼人致死例斬候。嘉慶二十一年四川案。

夥衆九人，各帶尖刀，拒傷事主，駁照糧船水手搶奪問擬。嘉慶二十三年貴州司現審案。

因向交好借錢不允，起意搶奪，於滿徒上量減一等免刺。嘉慶二十三年四川司現審案。

夥衆持械搶奪案内從犯，因與事主認識，不行，事後分贓，於爲從流罪上量減滿徒。嘉慶二十四年廣西案。

脚夫勾引搶奪，比照船户等糾合匪類竊贓朋分例，於本罪上加枷號兩個月。道光二年廣西司説帖。

搶奪從犯畏懼不行，事後分贓，比照夥盗不行分贓減等律於爲從徒罪上減二等，杖七十，徒年半。道光二年浙江案。

搶奪殺人案内造意首者，不行分贓，仍照搶奪爲首擬滿徒。道光二年陝西案。

因索賭錢誤搶他人牲畜抵欠，於搶奪滿徒上量減一等。道光二年河南案。

糾衆持械搶奪勒贖，事出有因，照糧船水手搶奪斬罪上量減一等滿流。道光二年安徽案。

客舟遭風之後撈取箱物，比照乘危搶奪得財未傷人例量減擬徒。道光三年湖廣案。

饑民各自爬搶平糶官米，並無首從可分，未便併贓科罪，應各照搶奪律滿徒加枷號一個月，免刺。道光四年直隸案。

搶奪得財致事主自盡，於本罪滿徒上量加一等擬流。道光五年直隸案。

首夥八人内止兩人持械，過船搶奪時並無嚇逼情事，與倚强不同，不得概照糧船水手例問擬。道光五年廣東司説帖。

糾衆十人以上持械搶奪，强姦婦女已成首犯，照强盗例斬梟，聽從搶奪復又强姦之犯，比照因盗而姦例斬决幫同揿按並未同姦，均依姦而未成例絞候。道光十一年江西案見邸抄。

剥脱六歲幼孩衣服，因其聲言回家告知其父，起意致死，例無加重明文，仍以搶奪殺人論斬决。道光十二年安徽司説帖。

聚衆徒手搶奪大江遭風船隻，計贓逾貫，應仍照本例問擬。道光十二年江西司説帖。

起意搶奪拒捕在先，得贓在後，仍依搶奪殺傷人例問擬。嘉慶十一年安徽司説帖。

搶奪得財，因被事主認識，起意致死滅口，與圖財害民不同，應照搶奪殺人例問擬。嘉慶十二年通行。

搶奪刃傷事主，餘犯雖未幫毆，但在場助勢，即屬爲從，應發邊遠充軍。嘉慶十五年陝西司説帖。

搶奪謀殺事主，聽從下手之犯不知謀情，仍照搶奪殺人爲從傷非金刃例擬軍。嘉慶十七年福建司説帖。

乘火搶奪學院衙署衣物，比照偷竊衙署擬軍例加重發新疆當差。嘉慶十八年江西案。

用布先扪事主眼睛後搶財物，比照搶奪傷人傷輕平復例擬軍。嘉慶十九年湖北案。

起意搶奪身雖不行，仍以爲首論。嘉慶十九年廣西司説帖。

歲荒糧貴，恐鋪户不肯出糶，書寫揭帖詐稱搶掠，比照光棍斬決例量減擬流。嘉慶十九年陝西案。

搶奪田禾，致事主追捕失足淹斃，比照竊次逃走事主追捕失足身死滿徒例上加等擬流。嘉慶二十年廣東案。

川省私販挾嫌搶奪逾貫首犯，依搶奪逾貫例擬絞候；夥犯均照川匪在野攔搶例發伊犁爲奴。嘉慶十六年四川説帖。

南山匪徒搶奪，不應照川匪例治罪，應按照搶奪本例加等辦理。嘉慶十九年陝西司説帖。

叠次搶竊凶詐，併計不及八次，統計在六次以上，照棍徒擾害例擬軍。嘉慶十六年廣東案。

違禁築堰，聚衆抗官毆差，比依沙民聚衆争地執持器械，及聚衆四五十人抗官重情，照光棍例擬斬立決例上量減，分別問擬。道光十一年山西司説帖。

民人、回民夥搶，蒙古、回民窩竊，均照新例改發雲貴兩廣極邊烟瘴充軍、刺字。道光七年直隸司案。

營兵聽從搶奪財物，比照總甲快手應捕人等搶奪犯該徒罪以上例擬軍。道光十一年廣西案。

已革差役藉阻開鉛廠糾衆搶奪，比例擬軍。道光十四年貴州案。

賊犯搶奪，捆縛事主，用土塞口，從重擬發烟瘴充軍，加枷號三個月。道光九年山西司案。

搶奪拒捕二人持械，一人徒手拒傷事主致斃，依白晝搶奪殺人例擬斬立決，夥犯分别軍徒治罪。道光五年廣東案。

搶奪圖脱，事主奪刀自行劃傷，依搶奪傷人如刃傷者首犯擬斬監候例問擬。道光五年江西司説帖。

首犯謀奪不行，又不分贓，比照强盜造意不行又不分贓擬流律，減等擬徒，夥犯搶贓逾貫拒傷事主者，照搶奪傷非金刃傷輕平復例，擬發極邊烟瘴充軍，餘犯均照本律爲從例擬滿流。道光十三年福建案。

倚强肆搶案内從犯不行，尚未分贓即經起獲，比照强盜夥犯不行分贓滿徒例，減等問擬，免刺。道光十二年安徽司案。

搶奪從犯别故不行，事後分贓，照搶奪爲從杖九十徒二年半上減等科斷。道光十三年安徽司案。

從犯同行并未同搶，亦未分贓，擬於搶奪逾貫爲從擬流罪上減等滿徒。道光五年江西司案。

同謀搶奪因病不行，亦未分贓，比照搶奪不得財例擬杖八十。道光十一年廣東案。

搶奪事主驚慌逃避，失足身死比照因盗威逼人致死律擬斬監候。道光十三年廣東案。

搶奪拒傷，事主失財窘迫自盡，按照本例擬發極邊烟瘴充軍。道光十三年江西司案。

因搶奪而强姦婦女已成，比照因竊盜而强姦婦女已成例擬斬立決。道光十年廣東案。

剥脱人衣服賣錢使用，比照白晝搶奪人財物律擬滿徒。道光九年浙江司案。

在街市搶奪人財物律比照違制律杖一百，加枷號三個月。道光七年湖廣司案。

平糶時糾衆搶奪衙署内米石，擬於白晝搶奪滿徒律上加等治罪。道光十二年江西司案。

拆搶遭風商船，捕弁袒族不報，革去世職，比照竊盜等事地保隱匿不報例擬滿杖，准其收贖。道光八年福建司案。

乘危搶奪致客淹斃，接贓之犯照搶奪傷人斬候例減等滿流。道光四年廣西案。

米船在大江遭風乘危搶奪，比照海邊居民乘危搶奪，照搶奪加一等例擬流二千里刺字。道光五年湖北案。

生黎因饑聚衆百人以上搶掠，比照紅苗聚衆搶奪至百人者，雖不殺人爲首例擬斬立決。道光十四年廣東案。

所搶錢票可以取錢，計贓照竊盜滿貫律擬絞監候。道光十五年奉天司説帖。

潁屬凶徒結夥搶奪，拒斃船鄰，依白晝搶奪殺人例擬斬立決，餘犯均發極邊足四千里充軍。道光十四年安徽案。

被人搶奪意圖報復，糾人還搶，照回民結夥搶奪擬軍例減等滿徒。道光十三年陝西案。

刁徒藉端滋鬧，糧局委員，書役跑走無人主守，匪徒乘機搶奪銀錢，照搶奪本律問擬。委員革職，搶去銀錢分別照數追賠。光緒七年廣西案。

（清）席裕福《清朝政典類纂》卷三九三《刑二十五・刑律賊盜・劫囚》凡劫囚者，不分首從。皆斬監候。但劫即坐，不須得囚。若私竊放囚人逃走者，與囚同罪，至死者減一等。雖有服親屬，與常人同。竊而未得囚者，減囚二等。因而傷人者，絞監候。殺人者斬監候，雖殺傷被竊之囚，亦坐。前罪不問得囚與未得囚。爲從各減一等。承竊囚與竊而未得二項。若官司差人追徵錢糧，勾攝公事，及捕獲罪人，聚衆中途打奪者，首杖一百、流三千里，因而傷差人者，絞監候。殺人及聚至十人，九人而下，止依前聚衆科斷。爲首者斬監候，下手致命者絞監候。爲從各減一等，其率領家人隨從打奪者，止坐尊長。若家人亦曾傷人者，仍以凡人首從論。家長坐斬，爲從坐流。不言殺人者，舉輕以該重也。其不於中途而在家打奪者，若打奪之人原非所勾捕之人，依威力於私家拷打律，主使人毆者依主使律。若原係所勾捕之人自行毆打，在有罪者，依罪人拒捕律，無罪者，依拒毆追攝人律。

條例

一、官司差人捕獲罪人，有聚衆中途打奪，毆差致死，爲首者不論是否下手，擬斬立決。爲從下手致命，傷重致死者，絞決。幫毆有傷者，不論他物、金刃，擬絞監候。隨同拒捕，未經毆人成傷之犯，改發極邊，足四千里充軍；其傷差未致死者，首犯仍照律擬絞監候。但經聚衆枯犯，雖未傷人，首犯亦照因而傷人律，從重擬絞；爲從之犯仍照律坐罪。若數年後此風稍息，請旨仍復舊律遵行。謹案：此條乾隆十八年定，道光元年十五年修改。

一、官司差人捕獲罪人，如有尊長率領卑幼及家長率領奴僕、雇工毆差奪犯，並殺死差役一命，案内隨從之卑幼、奴僕、雇工曾經殺傷人者，照律依爲從擬杖一百，流三千里；在場助勢並未傷人者，杖一百，徒三年；若殺死差役非一家二命及二命以上，案内爲從下手致死之卑幼、奴僕、雇工，俱擬絞監候；幫毆傷輕者，杖一百，流三千里；在場助勢並未傷人者，杖一百，徒三年。謹案：此條道光五年十年修改。

一、糾衆行劫在獄罪囚，如有持械拒殺官弁者，將爲首及爲從殺官之犯，依謀反大逆律凌遲處死，親屬緣坐；下手幫毆有傷之人，擬斬梟示；隨同餘犯，俱擬斬立決。若拒傷官弁並殺死役卒者，爲首並預謀助毆之夥犯，俱擬斬立決梟示。其止傷役卒者，將爲首及幫毆有傷之夥犯，俱擬斬立決。隨同助勢雖未傷人，亦擬斬，候秋審時入於情實。若並未傷人，將起意劫獄之首犯擬斬立決；爲從者俱擬斬監候，秋審時入於情實。謹案：此條係嘉慶十七年查謀反律内反獄戕官之案。親屬照律緣坐，因於嘉慶四年改定例内增親屬緣坐四字。

一、凡官司勾攝罪人，已在該犯家拏獲，如有爲首糾謀，聚至三人以上持械打奪傷差者，即照中途奪犯例，分別殺傷治罪。若並未糾約聚衆，實係一時爭鬬，拒毆致有殺傷，仍照各本律定擬。其非本案罪犯，及非所勾捕之人，毋論在途在家，俱以凡鬬論。差人藉端滋擾，照例從重治罪。地方官交部議處。謹案：此條道光十五年由捕亡應捕人追捕罪人門移改。

一、官司差人捕獲罪人，有僅止一二人中途打奪者，無論有無傷差，爲首者均杖一百、流三千里；爲從者減一等。若毆差致死，即照聚衆打奪殺人本律分別治罪。謹案：此條道光十五年續纂。

事例

乾隆十八年諭：嗣後各省有毆差奪犯致斃人命者，俱著不分首從，即行正法。其但經聚衆奪犯無論曾否毆傷差役，即照因而傷人律從重擬絞。若數年後，此等案漸少，再爲酌量降旨，仍復舊例。《清朝政典》五十一年湖北巡撫奏賊犯拒捕殺差，案内爲從未傷人之犯，改擬發伊犁爲奴。

奉旨：向例凡拒捕爲從者，俱於首犯斬罪上減一等，擬以杖流。但爲從之雖同一拒捕，而事主之與官差究有區别，如犯罪事發，業經官司差人拘捕，該犯仍敢藐法抗拒，較之事主追逐，臨時抵拒者，情罪較重。若概以爲從並未傷人一例減流，不足以儆凶頑而昭法紀。嗣後抗拒官差，爲從者即照此案定擬，其餘仍照舊例辦理，著爲令。《會典事例》。嘉慶五年諭：胡季堂奏審擬開窑窩匪並糾伙奪犯殺捕役之官馬等一摺。此案官馬於差役捕獲官囚押解在途，因恐到案供出該犯窩贓情事，起意搶奪，糾邀多人，各持槍械。該犯策馬先行，輒用鎗頭鐵尺叠毆差役多名，並將趙於城扎傷，立時殞命。殊屬凶惡，非僅尋常拒捕可比。該督審明後自應將官馬一犯，著即處斬，並於犯事地方梟示。餘著交部覈議具奏。至東光縣潘仁一面具奏，仍照例問擬斬决。該部覈覆辦理未免遲緩。設該犯於部覆未到之先，有監斃等事，豈不令凶横之徒倖逃顯戮耶？所有官馬，即官萬民一聞捕役被戕，即親身追捕，使要犯不致遠颺。雖官馬係該縣境内之犯，但刻期拏獲辦理，尚爲迅速。著加恩送部引見，以示鼓勵。《聖訓》。二十五年議准：嗣後遇有罪犯拒捕殺差，在場助勢，未經幫毆成傷之犯，仍照奏准調劑章程，改發極邊足四千里充軍，以昭畫一而免歧誤。道光八年覆准：查殺差案内幫毆有傷從犯，例應擬絞。傷差案内拒毆有傷從犯，律應擬流，若傷差爲從之犯，即係殺差案内在場隨同拒捕之犯，未便僅照傷差爲從一律擬流，轉致輕縱。應即照毆差致死，隨同拒捕，未經毆人成傷之犯，改發極邊足四千里充軍例，改發極邊足四千里充軍。十三年奏準：嗣後官司差人捕獲罪人有僅止一二人中途打奪者，爲首無論有無傷差，均應於聚衆打奪傷差本律上酌減一等，擬以杖一百流三千里。若毆差致死，即照聚衆打奪殺人本律，分别治罪。以上均《通行》。

刑案

巡檢親往查拏，聽從持械抗官傷差，其妻後將草灰撒救。不准收贖，擬均發烏魯木齊爲奴。乾隆三十七年湖廣司説帖。

奪犯傷差，爲從幫毆，未便加等擬軍。仍按本例，問擬滿流。嘉慶十九年廣東司説帖。

明知誆騙情由，輒敢聽糾奪犯毆差，未便輕減，自應按律擬以滿流。嘉慶二十五年湖廣司説帖。

欠租被拏，在家喊救，經衆打奪，於聚衆奪犯傷差。絞候律量減擬流，從重發黑龍江爲奴。嘉慶二十四年直隸司案。

兵役人多，糾衆中途奪犯未成。照官司捕獲罪，但經聚衆奪犯，雖未傷人，首犯亦照因而傷人擬絞例，量減一等，擬以滿流。道光二年廣西案。

檢驗屍傷，慮致坐誣糾搶尸首比照聚衆奪犯至十人爲首斬候律減等擬流。嘉慶二十年廣西案。

中途打奪解配軍犯，與劫獄囚不同，仍照奪犯傷差本律，分别首從科斷。本犯並不知情，中途被奪，與脱逃無異，加等調發。嘉慶十七年河南司説帖。

奪犯殺差並非聚衆，仍照本律問擬，不得引例。嘉慶十九年廣東司説帖。

疑差越境妄拏，喝衆捆縛，致犯逃走。比照聚衆奪犯傷差例，量減擬流。嘉慶二十年山東案。

竊放解審絞决犯婦逃走，依竊放囚人與囚同罪，至死減一等律，杖流。聞拏投首，不准減等。嘉慶二十年湖廣案。

誣告人命，慮被反坐，檢驗時糾衆搶屍，比照聚衆十人奪犯律，量減滿流。從犯擬徒。嘉慶二十年廣西案。

緝拏改過舊賊，旁人奪犯傷差，因舊匪究與平人有間，比照聚衆打奪傷差例，量減擬流。嘉慶二十二年湖北案。

糾衆搶奪主簿衙門管押賊犯，比照聚衆奪犯雖未傷人例，擬絞。嘉慶二十二年安徽案。

聚衆九人中途奪犯，毆官傷差，情節較重，首犯照律擬絞，請旨正法加等擬軍。嘉慶二十四年浙江案。

糾衆奪犯，地保攔阻，畏懼中止。例無奪犯未成明文，比照但經聚衆奪犯，雖未傷人例，量減滿流。道光元年江西案。

先令伊子糾人截奪，復自乘間脱逃，伊子將追趕之解役毆傷。比依中途打奪爲從律，杖流。道光三年江蘇案。

被差拏獲喊救，旁人奪犯傷差，與喊人打奪不同，正犯照爲例擬流。道光六年安徽司説帖。

尊長率領卑幼打奪罪人，致卑幼殺死差役二命，聞拏投首，無因可免，尊長仍依律斬候，行凶之卑幼均擬絞候。道光六年廣東司説帖。

奪犯殺差案内另傷兵役。從犯應從重，照毆差至死，隨同拒捕，未經傷人之犯，一體擬軍。道光八年直隸司説帖。

聚衆十人中途奪犯，並未傷差。應照聚至十人奪犯律，斬候。道光十一年奉天司説帖。

窩留賊犯，叠竊被獲，恐到官供出破案起意，糾約多人奪犯未成。從重依窩留積匪之家果有起意分贓例，改發極邊烟瘴充軍。道光十二年四川案。

糾衆奪犯，銃傷差役，未經將犯搶逸。照竹銃傷人擬軍例，加拒捕罪二等，改發雲貴兩廣極邊烟瘴充軍，加枷號三個月。道光十年廣東案。

因弟擬遣起解，糾衆中途奪犯毆差。比照聚衆中途打奪傷差，首犯擬絞候例，請旨卽行處決。道光五年河南案。

解配軍犯，自行起意糾衆奪放。比依但經聚衆奪犯，雖未傷人，首犯亦照因而傷人律，擬絞監候。道光十四年陝西案。

聚衆奪犯，僅止助勢，并未幫毆，於爲從流罪上再減一等擬徒，面刺聚衆奪犯四字。道光十一年直隸案。

卑幼聽從奪犯，用石拒毆都司，依尊長率領卑幼毆差奪犯，隨從之卑幼在場助勢，并未傷人，擬徒例加二等，擬杖一百流二千五百里。道光十一年直隸案。

臺灣兵丁聚衆奪犯，犯時不知係屬官差。照聚衆中途打奪，雖未傷人亦照傷人擬絞例，減等擬流。道光十年福建司案。

夥賊被兵拏獲，給人送信奪回，比照官司追捕罪人而漏泄其事，致令罪人得以逃避，減罪人罪一等，他人捕得又減一等律，擬減二等，杖九十、徒二年半。道光四年湖南案。

（清）席裕福《清朝政典類纂》卷三九六《刑二十八·刑律賊盗·恐嚇取財》

凡恐嚇取人財者，計贓准竊盗論，加一等。以一主爲重併贓分首從，其未得財者亦准竊盗不得財罪上加等。免刺。若期親以下自相恐嚇者，卑幼犯尊長，以凡人論。計贓准竊盗加一等。尊長犯卑幼亦依親屬相盗律，遞減科罪。期親亦減凡人恐嚇五等，須於竊盗加一等上減之。

條例

一、監臨恐嚇所部取財，准枉法論。若知人犯罪而恐嚇取財者，以枉法論。謹案：此條乾隆五年修併。

一、凡惡棍設法，索詐官民，或張貼揭帖，或控告各衙門，或勒寫借約嚇詐取財，或因鬬毆糾衆繫頸謊言欠債逼寫文券，或因詐財不遂，竟行毆斃。此等情罪重大。實在光棍事發者，不分曾否得財，爲首者斬立決；爲從者俱絞監候。其犯人家主父兄各笞五十，係官交該部議處。如家主父兄首者免罪，犯人仍照例治罪。謹案：此條雍正三年定其情罪重大四字係乾隆五十年增。

一、凡在内太監逃出索詐者，俱照光棍例治罪。謹案：此條雍正三年定。

一、凡旗民結夥指稱隱匿逃人索詐財物者，不分曾否得財，爲首者照凶惡棍徒生事擾害例，發遣；爲從者俱減一等。謹案：嘉慶六年查照督補則例内乾隆八年奏准借逃報仇之例改定此條。

一、凡附近番苗地方吏民人等擅入苗境藉差欺陵，或强姦婦女，或搶劫財物以及訛詐不遂聚衆凶毆，殺死人命等案，將所犯查照定例。如原係斬決絞決之犯，審實具題，俟命下之日將該犯押赴犯事處所正法，其例應斬候絞候者審係藉差欺陵等項，實在情重，應將監候改爲立決。亦於題覆之日押赴原犯地方正法。至尋常案件雖係民苗交涉，審無前項情節，仍照定例擬罪。至秋審時有情實勾决之犯，亦於原犯苗地正法，仍將該犯從重治罪正法。情由張掛告示通行曉諭。該管官員有縱差騷擾激動番蠻者，仍援照引惹邊釁例治罪。若止於失察，交部議處。謹案：此條乾隆十四年定。

一、凡凶惡棍徒屢次生事行凶，無故擾害良人，人所共知確有實據者，發極邊足四千里安置。凡係一時一事實在情凶勢惡者，亦照例擬發。如並無凶惡實迹，偶然挾詐逞凶及屢次藉端索借贓數無多，尚非實在凶惡者，仍照所犯之罪各依本律本例定擬，不得濫引此例。謹案：此條嘉慶六年、十五年、十九年三次修改，道光五年復奉頒修。

一、廣東省匪徒揑造圖記紙單，作爲打單名色夥衆三人以上帶有鳥槍刀械。無論有無恃强擄但得財同者，照强盗本律問擬。拒捕殺人者，加以梟示。未得財者，爲首發新疆給官兵爲奴；爲從杖一進，流三千里。如三人以上並未帶有鳥槍刀械，亦未恃强擄掠，但係嚇詐得財，無論贓數多寡，爲首及爲從二次並二次以上，亦俱發新疆給官兵爲奴。爲從一次杖一百，流三千里。其案内造意之首犯，身雖不行，但經夥衆打單嚇詐，卽分別人數多寡，有無器械並曾否擄掠，是否得財，各照爲首例問擬。若並無圖記紙單，亦未夥衆，僅憑口說借端訛索者，爲首杖一百，徒三年；爲從減一等，至遣軍。人犯脱逃回籍，復行打單嚇詐，或向原拏兵役尋釁報復，除實犯死罪外，餘俱擬絞監候。其另犯搶劫勒贖，仍照本例從其重者論。倘數年後此風稍息，奏明仍復舊例辦理。謹案：此條道光五年續纂，同治九年修改。

一、凡苗人有伏草捉人，横加枷肘勒銀取贖者，初犯，爲首者斬監候；爲從者俱枷號三月，臂膊刺字，再犯者不分首從皆斬立決。其有土哨姦民勾通取利造意者，不分初犯再犯，並斬立決。附和者各枷號兩月，發邊遠充軍。該管土官雖不知情，亦按起數交該部議處。知情故縱者，革職，杖一百，若教令指使，或和同取利者，革職枷號三月，俱不准折贖。謹案：此條乾隆三十五年改定。

一、凡臺灣無籍游民獷悍凶惡肆行不法，犯該死罪者，即照光棍例擬斬立決。犯該徒流以上者，照光棍生事擾害例，發極邊足四千里充軍。仍酌其情罪較重者，改發新疆給官兵爲奴。審係被誘隨行犯止枷杖者，一概逐回原籍，嚴加管束。謹案：此條乾隆五十二年定，嘉慶十九年、道光十年、二十五年三次修改。

一、捉人勒贖之案，除用强擄捉脅逼上盜，應依强盜律，斬決。或被捉之人因病身死，應依威力制縛，及主使各本律本例擬絞外，如有將被捉之人拒傷身死。或於擄捉後謀故毆殺者，首犯俱擬斬立決；爲從謀殺加功者，擬絞監候。不加功者，實發雲貴兩廣極邊烟瘴充軍。若係拒殺毆殺，爲從幫毆如刃傷及手足他物至折傷以上者，俱擬絞監候。傷非金刃又非折傷者，發新疆給官兵爲奴。未經幫毆成傷者，實發雲貴兩廣極邊烟瘴充軍。如有將被捉之人任意陵虐，或雖無陵虐而致被捉之人情急自盡者，爲首之犯俱照苗人伏草捉人横加枷肘例，擬斬監候；爲從幫同陵虐及雖無陵虐，而助勢逼勒令自盡者，俱發遣新疆給官兵爲奴，若僅止聽從擄掠關禁勒贖，尚無助勢逼勒情事，均實發雲貴兩廣極邊烟瘴充軍。至審無陵虐重情止圖獲利關禁勒贖，爲首亦發遣新疆給官兵爲奴，爲從之犯俱發極邊足四千里充軍。其因細故逞忿，並非圖利勒贖止於關禁數日迨復禮後即行放回者，爲首杖一百，徒三年；爲從減一等。如有聚衆拒殺兵役者，首犯擬斬立決；爲從幫毆如刃傷及手足他物，至折傷以上者，俱擬絞監候。傷非金刃又非折傷者，發新疆給官兵爲奴。其傷人未死如刃傷及折傷以上者，首犯擬斬監候；爲從發新疆給官兵爲奴。勒贖本罪已至斬決者，加擬梟示。已至斬絞監候者，加擬立決。若並未聚衆拒捕及傷非金刃折傷者，仍各照罪人拒捕律，加本罪二等。罪已至遣無可復加者，到配後加枷號三月。謹案：此條道光元年續纂，五年、十五年、二十五年三次修改。

一、安徽省拏獲水煙箱主匪徒，除審有搶劫殺傷强姦拐賣等情各照本律例從重定擬外，其但經攜帶烟童或與鷄姦或縱令賣姦，或遇事挺身架護者，俱發極邊足四千里充軍。賣烟夥黨審係一時被脅，免其治罪若自甘下賤助勢濟惡者，杖一百，徒三年。年未及歲，仍依律收贖地方官自行訪獲究辦免議。倘被告發或經上司訪聞飭拏始行破案者，交部議處。謹案：此條道光十年續纂。

一、江蘇省徐州、淮安、海州三府州及山東兗州、沂州、曹州三府，河南汝寧、陳州、光州三府州並安徽、陝西二省所屬匪徒，如有佩帶凶器刀械，挾詐逞凶罪止枷杖者，拏獲到案各於枷杖後，鎖繫鐵桿一枝一年。改悔者，釋放，若不悛改再繫一年。如敢帶桿滋擾或毁桿潛逃，持以逞凶拒捕罪應擬徒者，鎖繫巨石五年。應擬杖者，鎖繫巨石三年。限滿果能悔罪自新，或有親族鄉鄰甘結保領地方官查實，隨時開釋詳報。倘始終怙惡，按其情節，照棍徒屢次行凶擾害例分別嚴辦。謹案：此條道光十年續纂，十五年、二十五年、同治九年三次修改。

一、黔省匪徒如有帽頂大五小五等名號。除犯該死罪者，仍各照本律本例問擬外，其犯該軍流徒罪者，無論爲首爲從，各於所犯本罪上加一等治罪。罪止枷杖者，於枷責後，鎖繫鐵桿一枝。如聞拏投首及事未發而自首者，照例分別減免。倘減免後復犯不准再首，各於所犯本罪上加一等治罪。軍流徒罪，分別發配安置。僅止杖責者，仍繫帶鐵桿。若平日並無犯法實跡而係横行鄉曲，有帽頂大五小五名目者，亦鎖繫鐵桿，俱定限一年釋放。至滇省匪徒，如僅止偶然挾詐逞凶罪止枷杖，並雖無犯法實跡。而平日佩帶凶器刀械游歷城鄉之犯，亦繫帶鐵桿一年以上。各省匪徒繫桿限滿開釋，分別枷責保管束。如不知悛改，再繫一年。倘始終怙惡，即照棍徒擾害例，分別嚴辦。鄉保等挾嫌誣指或兵役受賄徇縱，一體加等治罪。該州縣每辦繫帶鐵桿一案，報明臬司督撫按季彙册報部，限滿開釋時，亦報部查覈其審無前項名目者，各依本律例科斷。謹案：此條道光十年續纂，咸豐三年修改。

一、陝西省所屬匪徒，如結夥三人以上挾詐逞凶，但有一人執持器械傷人，除實犯死罪外，其餘不分首從，俱發極邊足四千里充軍。如聚衆至十人以上執持器械，無論曾否傷人，不分首從俱發極邊烟瘴充軍。其有因挾詐不遂，或被人控告糾衆報復竟行毆斃，均擬斬立決。其尋常鬬毆不在此例。俟數年後此風稍息，仍照舊例辦理。謹案：此條道光二十年續。

一、江西省南安、贛州、寧都州三府州所屬匪徒，如有拜會搶劫訛詐等案，除實犯死罪及本罪已至外遣爲奴罪無可加，均各照例辦理外，其餘軍流以下各犯，均於應得本罪上加一等定擬。至廣東省匪徒偷入廣西省，勾結土匪有犯拜會搶劫訛詐等案，罪在軍流以下者，亦照此例加等辦理。俟數年後此風稍息，再行奏明仍復舊例。謹案：此條道光二十五年續纂。

一、山東安徽兩省匪徒，如有結捻結幅聚衆至四十人以上，常有軍器。在市鎮集場人烟稠密處所窺視殷實人家鋪户，强當訛索得財，不論贓數多寡，首犯擬絞立決。四十人以下十人以上，首犯擬絞監候；爲從均發新疆酌撥種地當差。如數在五人以上，首犯亦發新疆種地當差，爲從俱擬發極邊足四千里充軍。若聚衆四十人以上及十人以上，訛索强當未經得財者，首犯擬發極邊足四千里充軍。從犯杖一百，徒三年。五人以上，首犯杖一百，徒三年，從犯杖九十，徒二年半。其造意之捻首、幅首身雖不行，但經夥犯訛索强當，即按人數多寡，照爲首例問擬。其未經結捻結幅並聚衆未及五人，尚未滋事者，仍各照本律本例問擬。若問擬遣軍，人犯脱逃回籍，復行入捻入幅訛索强當，或向原拏兵役尋衅報復，除實犯死罪外，餘俱擬絞監候。倘數年後此風稍息，奏明仍復舊例辦理。謹案：此條道光二十五年續纂，咸豐三年修改。

一、廣東、廣西二省捉人勒贖之案，如被捉數在三人以上及擄捉已至三次以上同時並發者，除被脅同行或本罪已至斬決無可復加外，其餘罪應斬絞監候者，加擬立決。罪應遣軍者，加擬絞監候。罪應擬徒者發極邊足四千里充軍。如被捉僅止一二人及捉人僅止一二次，仍照本例辦理。倘數年後此風稍息，奏明仍復舊例辦理。謹案：此條道光二十五年續纂，同治九年修改。

一、各省匪徒擄人勒贖之案。如有將婦女捉回關禁勒贖者，即以搶奪婦女擄捉勒贖各本例相比，從其重者論。謹案：此條道光二十五年續纂。

一、凡刁徒無端肇釁，平空訛詐欺壓鄉愚被詐之人因而自盡者，擬絞監候，秋審時分别情節輕重入于情實緩決。拷打致死者，擬斬監候，秋審時入于情實，爲從各減一等。若刁徒嚇詐逼命之案如訊明死者實係姦盜等項及一切作姦犯科，有干例議之人致被藉端訛詐，雖非凶犯干己事情，究屬事出有因。爲首之犯應於絞罪上量減一等，杖一百，流三千里；爲從者杖一百，徒三年。若凶犯所藉之事在死者本無罪可科，或雖曾實有過犯而凶犯另捏别項，虚情訛詐者，均屬無端肇衅，仍照例分别首從問擬絞候滿流，不得率予量減。謹案：此條嘉慶十一年續纂，道光二十五年修改。

一、盛京地方如有外來棍徒勾結旗民，或投托宗室覺羅聚衆至三人以上横河攔緪詐索擾累肆行搶奪者，除實犯死罪外，其餘無論贓數次數，不分首從俱照棍徒擾害例，發極邊足四千里安置，面刺烟瘴改發四字。如並未聚衆及雖經聚衆，但在河溝道口藉搭橋爲名把持地方，向過往車輛任意訛索，並無横河攔緪肆行搶奪。重情者，爲首亦照棍徒擾害例擬重；爲從各犯俱杖一百，徒三年。旗人有犯，銷除本身旗檔，與民人一體辦理，知情護庇主使之宗室覺羅，實發黑龍江嚴加管束。倘數年後此風稍息，奏明仍照舊例辦理。謹案：此條道光二十五年續纂。

一、廣東、廣西二省擄捉匪犯，如有將十五歲以下幼童捉回勒贖者，除所犯本罪已至斬決無可復加外，其餘罪應斬絞監候者，加擬立決罪。應遣軍者，加擬絞監候罪。應擬徒者發極邊足四千里充軍。倘數年後此風稍息，奏明仍復舊例辦理。謹案：此條道光二十五年續纂，同治九年修改。

一、廣東省凶惡棍徒及打單嚇詐各犯，除罪應軍流以上者仍按本例定擬外，如棍徒爲從或量減及打單爲從一次，罪應擬徒之犯。應刺字者，先行刺字，毋庸解配。在籍鎖帶鐵桿石礅五年，限滿開釋。分别杖責其棍徒。爲從或量減之犯，倘開釋後復犯，罪止擬徒者，即於鎖帶鐵桿石礅年限上遞加二年。若打單嚇詐爲從二次之犯，即按例從重問擬。該州縣每辦一案，即録叙全案供招報明督撫臬司。按季彙册咨部。如同案人犯有問擬軍流以上者，仍專案分别題咨，均於限滿開釋時報部查覈。若該州縣任聽書役舞弊朦混，妄及無辜，從嚴參究。俟數年後此風稍息，仍照舊例辦理。謹案：此條咸豐三年續纂。

一、廣東、廣西二省捉人勒贖之案。如審無陵虐重情止圖獲利，關禁勒贖，除贓未逾貫，首犯仍照例擬遣外。其勒贖得贓數至一百二十兩以上，首犯照搶奪滿貫例，擬絞監候，從犯仍發極邊足四千里充軍。謹案：此條同治五年續纂。

一、拏獲綽號棍徒如係屢次行凶滋事，即照棍徒擾害例，發極邊足四千里安置。凡係一時一事，確有凶惡實跡，亦照例擬發。若非屢次行凶滋事擾害，於軍罪上量減科斷。倘並無滋事實跡，只有綽號酌量，科以不應重律，杖八十加枷號一月。此等綽號棍徒，止准地方官弁訪拏不許訐告。有訐告者均不准理。謹案：此條同治九年續纂。

事例

順治十三年議准：凡惡棍設法索詐內外官民，或書張揭貼，或聲言控告，或勒寫契約逼取財物，或鬬毆拴拏處害者，不分得財與未得財，爲首者立絞，爲從者係民責四十板，發邊衛充軍。係旗下人枷號三月，鞭一百。其滿州家人私往民間結夥三人以上，指稱隱匿逃人索詐財物者，亦照此例分別首從治罪。如止一二人者，俱依爲從例擬罪。十八年定：京師重大之地有惡棍挾詐官民肆行擾害者，俱照强盗例治罪。又覆准光棍在外事犯潛匿來京，聲言嚇詐者，許地方官差人赴京擒拏。康熙十二年覆准：惡棍勒寫文約嚇詐財物聚衆毆打致死人命審有實據，爲首者立斬；爲從助毆傷重者，擬絞監候，餘仍照光棍爲從例治罪。其家主父兄係旗下人鞭五十。係民責二十板。係官議處其家主父兄出首者，免議本犯，仍照例治罪。十九年議准：惡棍事犯，不分得財與未得財，爲首者立斬；爲從者俱擬絞監候，秋後處決。旗下民人結夥指稱隱匿逃人索詐財物者，亦照此例治罪。二十一年題准，民人假稱逃人具告行詐者，照督捕定例治罪。停其具題即行發落。二十三年題准，凡誣陷平民爲盗嚇詐銀兩者，比照竊盗三犯免死完結例，各枷號三月，發與寧古塔窮披甲之人爲奴。係旗下人鞭一百，將本身發遣，係民責四十板同妻一併發遣。銀兩俱追入官。五十二年題准，姦民挾持官長誣害良民捏名控告者，照例治罪。若上司因控告而嚇詐所屬財物或所欲未遂而陰囑刁民控告者，該督撫嚴查參究。六十年題准，捏造無影之言，妄行訛詐銀兩發和撲多烏蘭古木地方，係民僉妻發遣。以上均《會典事例》。道光六年諭：嗣後，江蘇徐淮海三屬匪徒如有佩帶凶器刀械挾詐逞凶者，一經拿獲，每名鎖繫鐵桿一枝，重四十斤爲度。一年果能改悔自新，即予釋放。若不悛改，再繫一年。尚仍始終怙惡，即按其情節，照棍徒屢次擾害行凶例分別從嚴究辦。其接近江蘇之山東兗沂曹三府，河南汝陳光等府州，安徽潁鳳泗三屬民情强悍地界相連，並着一體倣照辦理。十二年諭：御史宋劭穀奏請嚴禁地方官衙蠹積弊以清訟獄一摺，據稱近年來京控案件，大約皆以衙蠹蔽朦串害爲辭，民人刁健者，固多書吏之借端索詐，誣害善良亦復不少。外省州縣積習往往于涖任後，凡有公私費用，先令書差墊出，而後令其承徵地方錢漕及各項陋扣償墊項，謂之差墊。又有假辦公名目，令書差出具領結，領取款項，商同分用，至後任交代時，即將書差所具領結抵款，輾轉流交終成無著，謂之差欠。本官既與衙蠹商謀，令其墊欠，即已受其挾制，而營私插弄，諸弊叢生，遂不能不委曲循庇等語，猾吏奸胥，最爲地方之害，衙蠹不去，則善良不安。惟地方官潔己奉公，方不爲朦蔽。着各直省督撫，嚴加整飭，禁革州縣與書差借墊陋習。其各官交代時，書差領券，概不准據作抵款。如有受制放縱及因循怠玩者，即查明參辦。至上控京控各案，如審明實係書差詐害，即按律懲治。不得以迴護屬員之故兼護書吏，致滋輕縱，以清蠹弊，而肅吏治，將此通諭知之。十八年諭：林則徐奏拏獲楚豫交界地方匪徒審明定擬一摺，已交刑部議奏。此案匪犯司士漋、司士全既地方官拏獲，照例繫帶鐵桿，自應牢固拴繫，方足以小懲而大戒。何以繫帶之後，該匪等仍復扭斷脱逃，肆竊無忌？是該省繫帶鐵桿之例，仍屬有名無實。且恐看守人役另有得賄，徇情私行開放等弊。嗣後各直省，遇有此等匪徒，務須依法繫帶，嚴加管束。倘敢扭斷脱逃即將看管人等嚴行訊究，查有賄縱私放之事一並從重懲辦。二十年諭：御史龔文齡奏請查禁蠹役一摺，各直省額設差役全在地方官嚴加管束，遇事懲創有方，不致養癰爲患，擾害閭閻。若如該御史所奏，近日京控之案多因差役舞弊盗案，則緝捕不力反將挾嫌誣害善良，命案則串通刑作匿報傷痕，株連無辜，賄縱凶手。其尋常細故，一奉票傳，即思嚇詐並有未奉官票私行緝拏，小民蕩産破家，以供差養費，稍有不遂，虐押班館，逼生致輕且甚者，更有糾搶劫案，結盟爲匪，各重情等語。差役横行無忌，總由地方官平日管束不嚴，遇事化大爲小所致，不可不力加整頓。著直省各督撫嚴飭所屬，遇有差役被控，立即查辦。其毆斃劫掠各案必當嚴辦。正凶迅緝，餘犯毋任漏網。至結盟爲匪一經密訪得實，尤宜按名查拏，以杜姦萌而肅吏治。以止均《聖訓》。二十二年奏准，嗣後，審辦刁徒嚇詐釀命之案，如訊明死者實係奸盜等項，及一切作姦犯科有干例議之人致被藉端訛詐，雖非凶犯干己事情，究屬事出有因，爲首之犯，應于絞罪上量減一等，杖一百，流三千里；爲從杖一百，徒三年。若凶犯所藉之事在死者本無罪可科或死者雖係實有過犯，而凶犯另揑别項虛情訛詐者，均屬無端肇衅，仍照例分別首從，問擬絞候。滿流，不得率請量減。二十五年奏准，嗣後，捉人勒贖之案，如有將婦女捉回監禁勒贖者，即以搶奪婦女及擄捉勒贖各案例相比，從其重者論。咸豐□年議准，嗣後，捉人勒贖之案，如審有拒捕陵虐重情，仍行轉解司道勘轉外，其僅止圖利關禁勒贖及聽從擄掠罪止遣軍之犯，援照搶劫贖得贓訊無拒捕之例，由該管府州審轉，具詳司道勘轉，以歸簡便。光緒十三年議准，嗣後，捉人勒贖之案，除被捉並非幼孩及擄掠不及三人，未至三次，並贓未滿貫者，仍照向例辦理外，如有將十五歲以下幼孩捉回勒贖，並被捉數在三人以上及擄掠已至三次以上，同時並發贓計贓在一百二十兩以上者，均照兩廣之例辦理。二十三年奏准，嗣後，捉人勒贖係照兩廣例加擬絞候之案，如有結夥多人執持洋槍等械黄夜踹門入室，形同强盗者，首從各犯均擬情實，其無前項凶暴重情者，仍照向章分别辦理。二十四年奏准，嗣後，捉人勒贖之案，如有結夥三人以上持械入室，倚强擄捉已成，形同强盗者，即照强盗得財不分首從律，擬斬立決。其有執持鳥槍洋槍者，照强盗章程加擬梟示。若有拒捕殺傷事主，亦照强盗殺傷人之例科斷，在途擄捉，如被捉數在三人以上，或所捉係十五歲以下幼童，或擄捉已至三次以上，同時并發或勒贖得贓在一百二十兩以上，此四項中兼有兩項者，即由絞監候例上加擬絞立決。若無前項重情，仍照舊例辦理。又擄捉一次，雖無凶暴重情，計贓在一百二十兩以上者，秋審均入情實，以昭畫一。以上均《通行》。

刑案

承票拘犯，勒索不遂，毆傷致死，比依獄卒非理陵虐毆傷罪囚致死律，擬絞監候。乾隆二十三年廣東案。

先曾犯姦犯竊，復誘賭輸錢，勒田作抵，威逼自盡比照凶惡棍徒例，擬軍。嘉慶六年浙江案。

僧人串贓詐贓肥己，復恐嚇賊犯自盡照凶惡棍徒一時一事情凶勢惡例擬軍。道光八年江蘇司說帖。

挾嫌毆打，粉塗面目溲溺污人，照棍徒量一等例問擬滿徒。嘉慶二十二年山東案。

借錢不遂揑欠向訛，咬落右耳，吞嚥入肚，照棍徒減等例擬徒。道光元年江蘇司案。

撞遇行姦姦夫逼索，姦夫自盡，依刁徒平空訛詐，致被詐之人自盡擬絞例減等擬流。嘉慶二十年浙江案。

圖産告逐歸宗，致令氣忿自盡照例量減，滿流。嘉慶十六年山西案。

夥竊得贓，無幾嚇詐夥賊自盡，照例量減，滿流。道光元年直隸案。

幫同訛詐，其釀命時並未同往，依刁徒平空訛詐致被詐之人自盡，爲從，擬流，例減等，滿徒。道光二年江蘇案。

圖詐捉姦，致釀人命，照棍徒例量減擬徒。道光六年山東司說帖。

恐嚇姦匪財物，誣告姦匪謀命，依誣輕爲重死罪未決律，擬以滿流。道光十一年福建司說帖。

蒙古移屍，訛詐冒認屍親人犯罪應擬軍流徒者，照例實發，不准折枷。道光五年直隸司說帖。

藉端訛詐，逼斃從中許錢之人，照棍徒例，擬軍。嘉慶八年江蘇司說帖。

强當不遂持刀恐嚇，比照恐嚇取財律，計贓科斷，酌加枷號。嘉慶十八年吉林案。

子强姦其女，已成畏罪自盡，父向其父索詐瑩葬錢文，致令抱忿自縊身死，應照平空訛詐致被詐之人自盡例擬絞，不准量減。嘉慶十八直隸案。

船户因米客另雇别船裝運，糾人阻撓，致米客趕向理論，失足落河溺斃，照棍徒例擬軍。嘉慶十九年江西案。

糾衆訛詐，致夥犯毆死被訛人之弟，逞凶之人照訛詐拷打致死例斬候。首禍之犯未便照爲從論，應依棍徒例擬軍。嘉慶二十二年河南案。

代人作詞，查係誣告向其訛詐致令自盡，照刁徒訛詐釀命例，量減擬流。嘉慶二十三年四川案。

姦夫因本夫查知姦情，欲將姦婦嫁賣，教令姦婦剪落頭髮，被控差拏將縣役毆傷，照棍徒例量減滿徒。嘉慶二十四江西案。

欺人懦弱，黄夜踢門入室，索詐錢文，因被詐之人走避，攜取衣物。照棍徒例量減，滿徒加枷號一個月。嘉慶二十五年四川案。

因見無服族姪調姦婦女，起意嚇詐，致令情急自盡，照刁徒訛詐釀命例量減擬流。嘉慶二十五年四川案。

因母舅將有夫之婦謀令改嫁，起意嚇詐不遂，毆傷母舅致令自盡，與逼迫尊長自盡之例不符，于刁徒訛詐例上量減擬流。道光二年雲南案。

被人遺失錢褡，藉端訛詐致令情急自盡，事尚有因，照刁徒平空訛詐致被詐之人自盡例，量減滿流。道光三年直隸案。

欠租起佃，拉捉田主，至家索還工本，勒寫票據，致田主憂悶病發身死，應照私家監禁因而致死律擬絞。道光四年江西司說帖。

嚇詐拔取伊地内山藥之婦致令自盡，事出有因，于刁徒訛詐釀命例上量減滿徒。道光五年直隸案。

藉端訛詐致被詐之人毆妻自盡，應照刁徒訛詐釀命例擬絞，不准量減。道光六年江蘇司說帖。

夥衆擄人勒贖拒殺追捕之船户，應照搶奪殺人例問擬。道光六年廣東司說帖。

設計誣姦訛詐不遂，毆死被詐之人，應照刁徒平空訛詐拷打致死例，擬斬。道光八年四川案。

糾人阻遏米船，藉圖索詐，旋卽畏懼逃回，致被詐之人追趕覆舟溺斃四命，並無争斗情事，照棍徒例擬軍。酌加枷號三個月。道光十二年湖廣案。

捉姦訛詐，致姦夫姦婦忿迫畏累自盡，照刁徒平空訛詐致被詐之人自盡，擬絞例，量減滿流。道光十四年江蘇案。

因人買食私鹽，向其嚇訛，致使情急自盡，比例量減滿流。道光十二年江蘇案。

託人轉向嚇詐，致被詐人自盡，照例問擬絞候。道光十三年安徽案。

被逐歸宗，挾嫌逼死義父之妾，依例擬絞監候。道光十二年陝西案。

屍親因未看殮，藉端訛詐，致令自盡，照例量減滿流。道光十三年陝西案。

争空煤炭口角，藉端詐得布被猪隻，復誆至家拴禁訛詐，被詐之母往向理論毆戮受傷，忿急自盡，照棍徒擾害例擬軍，道光十四年雲南案。

卑幼訛詐緦麻族叔，氣忿自盡，比照刁徒平空訛詐致被詐之人自盡例擬絞監候。道光五年湖南案。

巡洋武弁，藉端嚇索商船銀兩，按枉法贓應杖八十，徒二年，從重枷號三個月，發新疆當差。道光十四年福建司說帖。

安省匪徒携帶烟童，僅止裝烟，擬於安省匪徒携帶烟童賣姦架護擬軍例，量減滿徒。道光十一年安徽司案。

潁匪犯竊，挾詐逞凶，照潁屬匪挾詐逞凶罪止枷杖者鎖繫鐵桿例，鎖繫鐵桿一年。道光十四年安徽司案。

因姪女被夫休棄，將夫弟關禁，比照廣東福建兩省民人因細故逞忿，止於關禁數日迨服禮後卽行放回者擬徒例，問擬滿徒。道光十一年江南司案。

捉人勒贖拒殺船户，比照白晝搶奪殺人例，擬斬立決。道光七年廣東案。

捉禁並無陵虐，得贓後放回，因病自盡。事犯在未經奏改新例之先，仍照捉人勒贖舊例科斷。道光十六年江西司說帖。

被擄逃回武弁指爲從逆，詐贓釀命，比照□役嚇詐致斃人命，不論贓數多寡，擬絞監候，加擬立決，事犯在恩詔以前不准援免。同治二年江蘇案

假差索詐戳傷非被詐之人身死，依鬭殺人者，不問手足他物金刃並絞律，擬絞監候。光緒元年安徽司說帖。

營弁冒充採辦軍火，圖詐縣官，依凶惡棍徒，發極邊足四千里安置例，從重發往黑龍江充當苦差。光緒六年山東案。

《大清法規大全·法律部》卷三《變通舊律例二·法部咨覆大理院盜案新章逐條解釋並通行各直省一體查照文宣統元年七月》 京畿科案，呈准大理院咨稱：　查閲法部原奏内稱尋常盜劫，情有可原之犯，劃分三層：一係在外瞭望，接遞財物；一係被脅同行，尚非甘心爲盜；一係聽糾止此一次，並無執持火器、金刃凶惡情狀。此三層有一，於此卽應免死減等，發遣新疆酌撥種地當差。惟查康熙以後，强盜案件分别正法，發遣，大都以入室搜贓者爲法無可貸，在外把風接贓者爲情有可原。此次新定章程，固係規復舊例，惟被脅同行及聽糾止此一次兩項，是否不論入室在外

抑仍以把風接贓爲斷，原奏未經聲明，無從臆測。且强盗案件，節次加重。同治九年有京城、大宛兩縣並五城所屬地方盗劫之案，一經審實，照律斬決。仍加梟示之例。光緒十三年有强劫及臨時行强之案，但有一人執持鳥槍、洋槍在場者，無論曾否傷人，不分首從，均擬斬決梟示。章程自係與本律相緣，一重而無不重，今既分别情有可原，則遇有京城、大宛兩縣行劫案件，既不在舊例除筆之内，是否仍以尋常盗案論，其執持鳥槍洋槍行劫之案，定章係不分首從。此次既照舊分别，則遇有首伙持槍强劫之案，而在外者並無金刃火器，是否仍以情有可原減等。原奏均無明文，至發遣新疆一項，自同治九年改發内地，而後數十年來，並未發往，原奏並無改發字樣。是否因新疆道路疏通，嗣後即可徑行陸軍部實發。再原奏前節云把風後節云瞭望。究竟瞭望與把風有無區别，事關變通成例，不厭求詳，務祈逐條解析，迅速見覆，以便查照辦理等因前來。查本部奏准盗案新章，雖本之乾隆年間分别法無可貸，情有可原舊例，惟其中畫界不同，且較舊例辦法略爲加嚴。如舊例情有可原者，共分三項：一係在外接遞財物，一係被人誘脅上盗，一係行劫止此一次，三者截然分立，有一於此，即准減等，並不以在外爲限。若此次新章則仿照舊例而略爲變通，止以在外、入室爲生死關鍵。且於在外之犯，又分别是否持有火器、金刃及是否聽糾一次爲准減，不准減之分。倘已入室過船，雖止聽糾一次，固不准減；即在外接贓，或聽糾二次以上或持有金刃、火器，亦均不減。與舊例辦法實有不同也。至同一在外，而或言把風、或言接贓、或方瞭望，雖字義稍有區别，而其爲未經入室過船則一。查乾隆二十六年舊例，止言在外瞭望，接遞財物，並無把風字樣。即上溯康雍年間成例，亦均無把風明文，惟嘉慶年間上諭有向來盗案，其僅止聽從接贓及在外把風瞭望者，俱聲明情有可原，部議免死減等發遣等因。從此始有把風之説，細繹把風之意，蓋含有把持恃强主義，於本律强字略近，故同治九年修例時遂采取把風二字，復載明同恶相濟，是其從劫情形較僅止瞭望爲重。嗣後成案，均專援把風、接贓之文即，不用瞭望二字矣。此次酌量修改，兼用舊例把風、瞭望名目，而以在外執持火器，金刃者爲把風；其止接遞財物者，則定爲在外瞭望，蓋欲界説明白，自不能不略分輕重也。至被脅同行與聽糾止此一次，均係統承在外瞭望而言，若一入室過船，即實係被脅，亦不在准減之列。原奏於聽糾止此一次下即緊接並無執持火器、金刃情凶勢恶二句，正與除筆内行劫已至二次數句互文見義。因恐泥於舊例，不分入室、在外，特於此處鄭重言之，以别於入室搜贓各犯。是此項夥盗，應仍以在外接贓爲斷，自屬毫無疑義。又查强盗不分首從，律有明文，從前辦理情有可原各案，既與本律不相窒礙。則此後辦法，於引用新章之外，仍得援舊例舊章可知。即如京城、大宛案件、洋槍案件，若訊明在外瞭望接贓之犯，並無執持火器、金刃，及實係被脅同行或止聽糾一次者，即應免死減等。其爲首與拒捕各項人犯，仍當查照例章，一體加梟改斬，自不待言。覲本部原奏京外問刑衙門一語，及斷罪輕者依新例行之條，似不能拘泥從前加重例章，遂於此等情有可原夥盗，亦不作尋常盗案論，而獨從嚴辦也。至發遣新疆一層，原奏既未聲明改發字樣，自與名例内載明改發内地者不同。惟既經貴院咨查，誠恐各直省狃於舊例，不免疑誤，應由本部再行附奏申明，以昭畫一。茲准前因相應逐條登覆，並通行各直省一體查照，俾免紛歧可也。

紀事

《左傳·襄公十年》初，子駟與尉止有争，將禦諸侯之師，而黜其車。尉止獲，又與之争。子駟抑尉止曰：爾車非禮也。遂弗使獻。初，子駟爲田洫，司氏、堵氏、侯氏、子師氏皆喪田焉。故五族聚群不逞之人因公子之徒以作亂。

於是子駟當國，子國爲司馬，子耳爲司空，子孔爲司徒。冬十月戊辰，尉止、司臣、侯晋、堵女父、子師僕帥賊以入，晨攻執政于西宫之朝，殺子駟、子國、子耳，劫鄭伯以如北宫。子孔知之，故不死。書曰盗，言無大夫焉。

子西聞盗，不儆而出，尸而追盗。盗入於北宫，乃歸，授甲，臣妾多逃，器用多喪。子産聞盗，爲門者，庀群司，閉府庫，慎閉藏，完守備，成列而後出，兵車十七乘。尸而攻盗於北宫，子蟜帥國人助之，殺尉止、子師僕，盗衆盡死。侯晋奔晋，堵女父、司臣、尉翩、司齊奔宋。

《左傳·襄公二十一年》於是魯多盜。季孫謂臧武仲曰：子盍詰盜？武仲曰：不可詰也，紇又不能。季孫曰：我有四封，而詰其盜，何故不可？子爲司寇，將盜是務去，若之何不能？武仲曰：子召外盜而大禮焉，何以止吾盜？子爲正卿，而來外盜；使紇去之，將何以能？庶其竊邑於邾以來，子以姬氏妻之，而與之邑。其從者皆有賜焉。若大盜禮焉以君之姑姊與其大邑，其次皂牧輿馬，其小者衣裳劍帶，是賞盜也。賞而去之，其或難焉。紇也聞之，在上位者灑濯其心，壹以待人，軌度其信，可明徵也，而後可以治人。夫上之所爲，民之歸也。上所不爲，而民或爲之，是以加刑罰焉，而莫敢不懲。若上之所爲，而民亦爲之，乃其所也，又可禁乎？《夏書》曰：念茲在茲，釋茲在茲，名言茲在茲，允出茲在茲，惟帝念功。將謂由己壹也。信由己壹，而後功可念也。

《左傳·襄公三十一年》公薨之月，子産相鄭伯以如晋，晋侯以我喪故，未之見也。子産使盡壞其館之垣而納車馬焉。士文伯讓之，曰：敝邑以政刑之不修，寇盜充斥，無若諸侯之屬辱在寡君者何，是以令吏人完客所館，高其閈閎，厚其墻垣，以無憂客使。今吾子壞之，雖從者能戒，其若異客何？以敝邑之爲盟主，繕完、葺墻，以待賓客。若皆毁之，其何以共命？寡君使匄請命。對曰：以敝邑褊小，介於大國，誅求無時，是以不敢寧居，悉索敝賦，以來會時事。逢執事之不間，而未得見，又不獲聞命，未知見時，不敢輸幣，亦不敢暴露。其輸之，則君之府實也，非薦陳之，不敢輸也。其暴露之，則恐燥濕之不時而朽蠹，以重敝邑之罪。僑聞文公之爲盟主也，宫室卑庳，無觀臺榭，以崇大諸侯之館，館如公寢，庫廐繕修，司空以時平易道路，圬人以時塓館宫室；諸侯賓至，甸設庭燎，僕人巡宫，車馬有所，賓從有代，巾車脂轄，隸人、牧、圉各瞻其事，百官之屬各展其物；公不留賓，而亦無廢事；憂樂同之，事則巡之，教其不知，而恤其不足。賓至如歸，無寧菑患；不畏寇盜，而亦不患燥濕。今銅鞮之宫數里，而諸侯舍於隸人，門不容車，而不可逾越；盜賊公行，而天厲不戒。賓見無時，命不可知。若又勿壞，是無所藏幣以重罪也。敢請執事：將何所命之？雖君之有魯喪，亦敝邑之憂也，若獲薦幣，修垣而行，君之惠也，敢憚勤勞！

《史記》卷一二二《酷吏列傳》〔王温舒〕擇郡中豪敢任吏十餘人，以爲爪牙，皆把其陰重罪，而縱使督盜賊，快其意所欲得。此人雖有百罪，弗法；即有避，因其事夷之，亦滅宗。以其故齊趙之郊盜賊不敢近廣平，廣平聲爲道不拾遺。上聞，遷爲河内太守。素居廣平時，皆知河内豪姦之家，及往，九月而至。令郡具私馬五十匹，爲驛自河内至長安，部吏如居廣平時方略，捕郡中豪猾，郡中豪猾相連坐千餘家。上書請，大者至族，小者乃死，家盡没入償臧。奏行不過二三日，得可事。論報，至流血十餘里。河内皆怪其奏，以爲神速。盡十二月，郡中毋聲，毋敢夜行，野無犬吠之盜。其頗不得，失之旁郡國，黎來，會春，温舒頓足歎曰：嗟乎，令冬月益展一月，足吾事矣。其好殺伐行威不愛人如此。

《史記》卷一一八《淮南衡山列傳》元光六年，衡山王入朝，其謁者衛慶有方術，欲上書事天子，王怒，故劾慶死罪，彊榜服之。衡山内史以爲非是，卻其獄。王使人上書告内史，内史治，言王不直。王又數侵奪人田，壞人冢以爲田。有司請逮治衡山王。天子不許，爲置吏二百石以上。

《漢書》卷一五上《王子侯表》〔藺侯〕孝武元朔三年（五）〔正〕月壬戌封，後更爲武原侯，坐盜賊免。

《漢書》卷一六《高惠高后文功臣表》〔邵嚴侯黄極忠〕元朔五年，侯遂嗣，八年，元鼎元年，坐掩搏奪公主馬，髡爲城旦。户四千。

《漢書》卷一六《高惠高后文功臣表》〔樊侯〕元朔二年，侯辟方嗣，元鼎四年，坐搏揜，完爲城旦。

《史記》卷一二六《滑稽列傳》武帝時有所幸倡郭舍人者，發言陳辭雖不合大道，然令人主和説。武帝少時，東武侯母常養帝，帝壯時，號之曰大乳母。率一月再朝。朝奏入，有詔使幸臣馬游卿以帛五十匹賜乳母，又奉飲糒飧養乳母。乳母上書曰：某所有公田，願得假倩之。帝曰：乳母欲得之乎？以賜乳母。乳母所言，未嘗不聽。有詔得令乳母乘車行馳道中。當此之時，公卿大臣皆敬重乳母。乳母家子孫奴從者横暴長安中，當道掣頓人車馬，奪人衣服。聞於中，不忍致之法。有司請徙乳母家室，處之於邊。奏可。乳母當入至前，面見辭。乳母先見郭舍人，爲下泣。舍人曰：即入見辭去，疾步數還顧。乳母如其言，謝去，疾步數還顧。郭舍人疾言駡之曰：咄！老女子！何不疾行！陛下已壯矣，寧尚須汝乳而活邪？尚何還顧！於是人主憐焉悲之，乃下詔止無徙乳母，罰謫譖之者。

《漢書》八一《匡衡傳》 久之，衡子昌爲越騎校尉，醉殺人，繫詔獄。越騎官屬與昌弟且謀篡昌。事發覺，衡免冠徒跣待罪，天子使謁者詔衡冠履。而有司奏衡專地盗土，衡竟坐免。

初，衡封僮之樂安鄉，鄉本田堤封三千一百頃，南以閩佰爲界。初元元年，郡圖誤以閩佰爲平陵佰。積十餘歲，衡封臨淮郡，遂封真平陵佰以爲界，多四百頃。至建始元年，郡乃定國界，上計簿，更定圖，言丞相府。衡謂所親吏趙殷曰：主簿陸賜故居奏曹，習事曉知國界，署集曹掾。明年治計時，衡問殷國界事：曹欲奈何？殷曰：賜以爲舉計，令郡實之。恐郡不肯從實，可令家丞上書。衡曰：顧當得不耳，何至上書？亦不告曹使舉也，聽曹爲之。後賜與屬明舉計曰：案故圖，樂安鄉南以平陵佰爲界，不（足）〔從〕故而以閩佰爲界，解何？郡即復以四百頃付樂安國。衡遣從史之僮，收取所還田租穀千餘石入衡家。司隸校尉駿、少府忠行廷尉事劾奏衡監臨盗所主守直十金以上。《春秋》之義，諸侯不得專地，所以壹統尊法制也。衡位三公，輔國政，領計簿，知郡實，正國界，計簿已定而背法制，專地盗土以自益，及賜、明阿承衡意，猥舉郡計，亂減縣界，附下罔上，擅以地附益大臣，皆不道。於是上可其奏，勿治，丞相免爲庶人，終於家。

李均明等《散見簡牘合輯·江蘇連雲港市花果山竹木簡牘》 强盗所□毋長子皂衣一，筴十七，俞君孫皂衣，錢五十□□鄉錢百一十，並直三千四百。

《後漢書》卷三四《梁統傳》 自高祖之興，至于孝宣，君明臣忠，謨謀深博，猶因循舊章，不輕改革，海内稱理，斷獄益少。至初元、建平，所減刑罰百有餘條，而盗賊浸多，歲以萬數。閒者三輔縱横，群輩並起，至燔燒茂陵，火見未央。其後隴西、北地、西河之賊，越州度郡，萬里交結，攻取庫兵，劫略吏人，詔書討捕，連年不獲。是時以天下無難，百姓安平，而狂狡之埶，猶至於此，皆刑罰不中，愚人易犯之所致也。

《後漢書》卷一下《光武帝紀》 〔十六年〕冬十月，遣使者下郡國，聽羣盗自相糾擿，五人共斬一人者，除其罪。吏雖逗留回避故縱者，皆勿問，聽以禽討爲效。其牧守令長坐界内盗賊而不收捕者，又以畏愞捐城委守者，皆不以爲負，但取獲賊多少爲殿最，唯蔽匿者乃罪之。於是更相追捕，賊並解散。

《後漢書》卷三五《曹褒傳》 〔遷圉令〕時它郡盗徒五人來入圉界，吏捕得之，陳留太守馬嚴聞而疾惡，風縣殺之。褒勑吏曰：夫絶人命者，天亦絶之。皋陶不爲盗制死刑，管仲遇盗而升諸公。今承旨而殺之，是逆天心，順府意也，其罰重矣。**【略】** 遂不爲殺。嚴奏褒耎弱，免官歸郡，爲功曹。

（南朝宋）劉義慶《世説新語》卷上之下《政事第三》 陳仲弓為太丘長，有刼賊殺財主，主者捕之。未至發所，道聞民有在草不起子者，回車往治之。主簿曰：賊大，宜先按討。仲弓曰：盗殺財主，何如骨肉相殘？

《後漢書》卷五一《橋玄傳》 玄少子十歲，獨游門次，卒有三人持杖劫執之，入舍登樓，就玄求貨，玄不與。有頃，司隸校尉陽球率河南尹、洛陽令圍守玄家。球等恐并殺其子，未欲迫之。玄瞋目呼曰：姦人無狀，玄豈以一子命而縱國賊乎！促令兵進。於是攻之，玄子亦死。玄乃詣闕謝罪，乞下天下：凡有劫質，皆并殺之，不得贖以財寶，開張姦路。詔書下其章。初自安帝以後，法禁稍弛，京師劫質，不避豪貴，自是絶迹。

《魏書》卷三八《刁雍傳》 〔雍族孫雙〕肅宗末，除西兗州刺史。時賊盗蜂起，州人張桃弓等招聚亡命，公行劫掠。〔刁〕雙至境，先遣使諭桃弓，陳示禍福，桃弓即隨使歸罪，雙捨而不問。後有盗發之處，令桃弓追捕，咸悉擒獲。於是州境清肅。

《宋書》卷九一《孝義傳·蔣恭》 蔣恭，義興臨津人也。元嘉中，晋陵蔣崇平爲劫見禽，云與恭妻弟吴晞張爲侶。晞張先行不在，本村遇水，妻息五口避水移寄恭家，討録晞張不獲，收恭及兄協付獄治罪。恭、協並款舍住晞張家口，而不知劫情。恭列晞張妻息是婦之親，親今有罪，恭身甘分，求遣兄協。協列協是户主，延制所由，有罪之日，關協而已，求遣弟恭。兄弟二人，争求受罪，郡縣不能判，依事上詳。州議之曰：禮讓者以義爲先，自厚者以利爲上，末世俗薄，靡不自私。伏膺聖教，猶或不逮，况在野夫，未達誥訓，而能互發天倫之愛，甘受莫測之罪，若斯情義，實爲殊特。蔑爾恭、協，而能行之，兹乃終古之所希，盛世之嘉事。二子乘舟，無以過此。豈宜拘執憲文，加以罪戮。且晞張封筒遠行，他界爲劫，造釁自外，贓不還家，所寓村伍，容有不知，不合加罪。勒縣遣之，還復民伍。乃除恭議成令，協義招令。

《南齊書》卷三九《陸澄傳》 建元元年，驃騎諮議沈憲等坐家奴客爲劫，子弟被劾，憲等晏然。左丞任遐奏澄不糾，請免澄官。

《南史》卷二二《王僧虔傳》 前將軍陳天福，坐討唐寓之於錢唐掠奪百姓財物，棄市。

《南史》卷一六《袁憲傳》 太建三年，累還御史中丞，羽林監。時豫章王叔英不奉法度，逼取人馬，憲依事劾奏，免叔英。自是朝野嚴憚。

（宋）司馬光《資治通鑑》宋文帝元嘉二十四年六月 魏西征諸將西征，謂討蓋吴之將也。將，即亮翻。扶風公處真等八人，處，昌呂翻。坐盗没軍資及虜掠，贓各千萬計，並斬之。

（宋）王欽若等《册府元龜》卷六九五《牧守部·折獄》 北齊任城王湝，爲并州刺史。有婦人臨汾水浣衣，有乘馬人换其新靴而去。婦人持故靴詣州言之，湝召城外諸嫗，以靴示之，紿曰：有乘馬人於路被賊劫害，遺此靴焉，得無親屬乎？一嫗撫膺哭曰：兒昨着此靴向妻家。如其語捕獲，一時稱明察。

（宋）王欽若等《册府元龜》卷六一八《刑法部·平反》 北齊蘇瓊爲文襄〔世宗高澄〕并州刑獄參軍。并州嘗有强盗，長流參軍〔蘇瓊〕推其事，所疑賊並已考伏。失物家並識認，惟不獲盗贓。文襄付瓊，更令窮審。乃别推得元景融等十餘人，並獲贓驗。文襄大笑，語前妄引贓者，曰：爾輩若不遇我好參軍，幾致枉死。

（宋）王欽若等《册府元龜》卷六一八《刑法部·平允》 宋世軌，幼自嚴整，好法律。稍遷廷尉卿，雒州民聚結欲劫，河橋吏捕案之，連諸兇徒黨千柒百人。崔暹爲廷尉，以之爲反，數年不斷。及世軌爲少卿，判其事爲劫，於是殺魁首，餘從坐，悉捨焉。時大理正蘇珍之亦以平幹知名，寺中，爲之語曰：決定嫌疑蘇珍之，視表見裏宋世軌。時人以爲寺中二絶。及卒，廷尉御史，諸繫囚聞世軌死，皆哭曰：宋廷尉死，我等豈有生路？皮景和後主武平中，詔獄多令黄門等監治，嘗令景和案覆，據理執正。由是過無枉濫。

《北史》卷七七《趙綽傳》 上以盗賊不禁，將重其法，綽進諫曰：律者天下之大信，其可失乎！上忻然納之。

《隋書》卷二五《刑法志》 是時帝意每尚慘急，而姦回不止，京市白日，公行掣盗，人間强盗，亦往往而有。帝患之，問群臣斷禁之法。楊素等未及言，帝曰：朕知之矣。詔有能糾告者，没賊家産業，以賞糾人。時月之間，内外寧息。其後無賴之徒，候富人子弟出路者，而故遺物於其前，偶拾取則擒以送官，而取其賞。大抵被陷者甚衆。帝知之，乃命盗一錢已上皆棄市。行旅皆晏起早宿，天下懔懔焉。此後又定制，行署取一錢已上，聞見不告言者，坐至死。自此四人共盗一榱桷，三人同竊一瓜，事發即時行決。有數人劫執事而謂之曰：吾豈求財者耶？但爲枉人來耳。而爲我奏至尊，自古以來，體國立法，未有盗一錢而死也，而不爲我以聞，吾更來，而屬無類矣。帝聞之，爲停盗取一錢棄市之法。

《隋書》卷二五《刑法志》 後帝乃外征四夷，内窮嗜欲，兵革歲動，賦斂滋繁，有司皆臨時迫脅，苟求濟事，憲章遐棄，賄賂公行，窮人無告，聚爲盗賊。帝乃更立嚴刑，敕天下竊盗已上，罪無輕重，不待聞奏，皆斬。百姓轉相群聚，攻剽城邑，誅罰不能禁。帝以盗賊不息，乃益肆淫刑。〔大業〕九年，又詔爲盗者籍没其家。自是群賊大起，郡縣官人，又各專威福，生殺任情矣。

（宋）王溥《唐會要》卷四〇《君上慎恤》 武德二年二月，武功人嚴甘羅行劫，爲吏所拘。高祖謂曰：汝何爲作賊？甘羅言：饑寒交切，所以爲盗。高祖曰：吾爲汝君，使汝窮乏，吾罪也！因命捨之。

（唐）吴兢《貞觀政要》卷三《議封建》 貞觀四年，太宗論隋曰，魏徵對曰：臣往在隋朝，曾聞有盗發，曾音層。煬帝令於士澄捕逐，令平聲，後同。於，如字，姓也。士澄，名，爲隋將，以魏郡降唐。但有疑似，苦加拷掠，枉承賊者二千餘人，並令同日斬决。大理丞隋獄官之貳職。張元濟怪之，試尋其狀，乃有六七人。盗發之日，先禁他所，被放纔出，亦遭推勘，不勝苦痛，勝平聲。自誣行盗。元濟因此更事究尋，二千人内惟九人逗遛不明。逗音豆，遛，音留，遷延也。官人有諳識者，就九人内四人非賊，有司以煬帝已令斬決，遂不執奏，並殺之。

（唐）王方慶《魏鄭公諫録》卷二《諫處張君快等死》 刑部奏：張君快、歐陽林謀殺蘇志約取銀，君快不下手。貞觀九年三月赦：劫賊不傷財主，免死，配流。經門下奏定。刑部郎中高敬言：舉斷合死。門下執依前奏，尚書任城王道宗録奏。太宗謂侍臣曰：國有常典，事迹可明，何得各爲意見，弄其文墨。因令御史勘當。御史奏之，太宗曰：君快等謀爲劫殺，何得免死？因令殺之。公進諫曰：據律：劫賊傷財主者皆死；謀殺之條：元謀者斬，下手者絞，於皆配流。劫賊重謀殺輕赦是一時之恩，劫賊不傷財主，免死配流。則君快從重法被寬；而刑部於後從輕法斷死，臣實有疑。太宗曰：幾人行劫？公對曰：三人，下手者處死罪。太宗令議。議定奏聞，太宗曰：二三人謀，從二人之言。因令配流。

（唐）劉肅《大唐新語》卷四《持法第七》 太宗時，刑部奏賊盜律反逆緣坐，兄弟没官爲輕，請改從死。給事中崔仁師駁之曰：自羲農以降，或設獄而人不犯，或畫象而下知禁。三代之盛，泣辜解網。父子兄弟罪不相及。咸臻至理，俱爲稱首。及其叔世，亂獄滋繁。周之季年，不勝其弊。刑書原於子産，峭刻起於安于，秦用其法，以至於滅。又曰：且父子天屬，昆弟同氣。誅其父子，或累其心，如此不顧，何愛兄弟。文多不盡載。朝廷從之。

《舊唐書》卷一二四《令狐彰傳》 運爲東都留守將，逐賊出郊，其日有劫轉運絹於道者，杜亞以運豪家子，意其爲之，乃令判官穆員及從事張弘靖同鞫其事。員與弘靖皆以運職在牙門，必不爲盜，抗請不按。亞不聽，而怒斥逐員等，令親事將武金鞫之。金笞箠運從者十餘人，一人笞死，九人不勝考掠自誣，竟無贓狀。亞具以聞，請流運於嶺表。德宗令侍御史李元素、刑部員外崔從質、大理司直盧士瞻三司覆按運獄，既竟，明運迹非行盜，以曾捕掠人於家，配流歸州。武金肆虐作威，教人通款，配流建州。後歲餘，齊抗捕得劫轉運絹賊郭鵠、朱瞿曇等七人及贓絹，詔令杜亞與留臺同劾之，皆首伏。然終不原運，運死於歸州，衆冤之。

（宋）王欽若等《册府元龜》卷六一八《刑法部·平反》 李元素貞元中爲侍御史。時杜亞爲東都留守，亞大將令狐運會盜發雒城之北，運適與其部下畋于此郊，亞意其爲盜，遂執訊之，逮繫者四十餘人。監察御史楊寧按其事，亞以爲不密，表陳之，寧遂得罪，亞將逞其宿怒，且以得賊爲功，上表指明運盜之狀。帝信而不疑。宰臣以獄大宜審，奏請覆之，命元素就決。亞迎路，以獄成告元素。驗之五日，盡釋其囚，以還。亞大驚，且怒，親追送，馬上責之。元素不答，亞遂上疏，又誣奏，元素還奏，言未畢。帝怒曰：出俟命。元素曰：臣未盡詞。帝又曰：且去。元素復奏：臣一出不得復見陛下，乞容盡詞。帝意稍緩，元素盡言運冤狀明白，帝乃寤曰：非卿孰能辯之？後數月，因得真賊，元素由是爲時器重。

《舊五代史》卷五《梁書·太祖本紀》 〔開平四年四月丙戌〕帝過朝邑，見鎮將位在縣令上，問左右，或對曰：宿官秩高。帝曰：令長字人也，鎮使捕盜耳。且鎮將多是邑民，奈何得居民父母上，是無禮也。至是，敕天下鎮使，官秩無高卑，位在邑令下。《册府元龜》卷一百九十一。 葉縣鎮遏使馮德武於蔡州西平縣界殺劉山賊，擒首領張濆等七人以獻。《册府元龜》卷四百三十五。 鎮海軍節度使錢鏐擊高澧於湖州，大敗之。案《九國志》：高澧以三年十月叛，四年二月奔吳。《薛史》繫于四月，蓋以奏聞之日爲據。〔《舊五代史考異》〕梟夷擒殺萬人，拔其郡，湖州平，先是，澧以州叛入淮南，故詔鏐討之也。《册府元龜》卷二百十六。

《新五代史》卷三〇《漢臣傳·蘇逢吉》 是時，天下多盜，逢吉自草詔書下州縣，凡盜所居本家及鄰保皆族誅。或謂逢吉曰：爲盜族誅，已非王法，況鄰保乎！逢吉恡以爲是，不得已，但去族誅而已，於是鄆州捕賊使者張令柔盡殺平陰縣十七村民數百人。衞州刺史葉仁魯聞部有盜，自帥兵捕之。時村民十數共逐盜，入于山中，盜皆散走。仁魯從後至，見民捕盜者，以爲賊，悉擒之，斷其腳筋，暴之山麓，宛轉號呼，累日而死。聞者不勝其冤，而逢吉以仁魯爲能，由是天下因盜殺人滋濫。

（宋）李燾《續資治通鑑長編》宋太祖建隆元年正月〔乙巳〕上之入也，閭巷姦民往往乘便攘奪，於是索得數輩斬於市，被掠者官償其貲。

（宋）李燾《續資治通鑑長編》宋太祖開寶四年正月〔癸亥〕開封府捕獲京城諸坊無賴惡少，及亡命軍人爲盜並嘗停止三百六十七人。詔以其尤惡二十一人棄市，餘決杖配流。

《宋史》卷四《太宗本紀》 〔太平興國三年春正月〕庚寅，殿直霍瓊坐募兵劫民財，腰斬。

（宋）李燾《續資治通鑑長編》宋太宗太平興國八年十二月〔己酉〕先是，上謂趙普曰：比諸軍頗有善治生者，蓋多方約束，不使橫費所致。且怨懟生於不足，此輩貪勇，復寡思慮，若從其橫費，雖倍給衣糧，亦當不足，計無所出，則爲盜賊耳。晉、漢時軍糧皆紅腐不可食，今菽粟亦皆精好矣。普對曰：朝廷歲漕江、淮粳稻，概量饒足，營伍無所侵剋，陛下訓以治生之道，致其贍濟，此豈晉、漢所當擬耶？

是冬，軍士有夜劫民家者，上厚立賞捕之，既獲，悉戮于市。因諭諸軍偏索曾經罪罰凶猾無賴者，得百餘人，上不忍殺，以鐵鉗鉗其首，羈於本州，明年二月乃釋之，仍各賜錢三千。

《宋史》卷五《太宗本紀》〔至道二年十一月〕辛卯，許州群盜劫郾城縣居民，巡檢李昌習鬭死，都巡檢使王正襲擊之，獲賊首宋斌及餘黨，皆斬于市。

（宋）李燾《續資治通鑑長編》宋真宗景德元年八月 庚申，知壽州陳堯佐上言：饑民劫窖藏粟麥者，凡七十餘人，以强盜計贓法當死。詔並决杖黥面配牢城，爲首者隸五百里外，餘隸本州。堯佐在州，自出米爲糜以食餓者，而吏民皆争出米，共活數萬人。堯佐曰：吾非行私惠，蓋以令率人，不若身先而使其從之樂也。

（宋）李燾《續資治通鑑長編》宋真宗景德元年十二月〔癸巳〕東京有劫盜，繫右軍巡獄，疑狀未具，繼獲餘黨，既至，見其徒械繫，因共繫獄卒以謀奔竄，獄吏不能禁，馳白留守雍王元份，遽遣捕送府，主吏恐其復亡，亟折其足。元份始聞獄辭，怖甚，又不忍其酷法，遂驚悸，暴得疾。詔參知政事王旦權東京留守事，即日乘傳先還。時兩河之民頗有陷敵者，旦上言：國家攬四海之富，不急之費動至億萬，願出金帛數十萬贖其人。或有沮議者，遂止。陳貫亦有此議，具明年。

《宋史》卷九《仁宗本紀》〔天聖九年〕夏四月戊寅，詔以隴州論平民五人爲劫盜抵死，主者雖更赦，並從重罰。

《宋史》卷二〇〇《刑法志》〔天聖九年〕仁宗聽斷，尤以忠厚爲主。隴安縣民誣平民五人爲劫盜，尉悉執之，一人掠死，四人遂引服。其家辨于州，州不爲理，悉論死。未幾，秦州捕得真盜，隴州吏當坐法而會赦，帝怒，特貶知州孫濟爲雷州參軍，餘皆除名流嶺南。賜錢粟五家，復其役三年。因下詔戒敕州縣。

（宋）李燾《續資治通鑑長編》宋仁宗景祐元年七月 庚寅，詔淮南災傷州軍，爲盜而非殺人者，限兩月自陳，除其罪，少壯者刺隸本城，若有武勇，即部送京師，與隸近上禁軍。

（宋）熊克《中興小紀》建炎四年八月 辛卯，建州范汝爲者，粗知書。其諸父以盜販爲事，而號黑龍、黑虎者，尤善格鬭，群不逞附焉，每數百人。負鹽橫行州境，官不能捕。有選人建陽江鈿，老矣。郡守謂鈿有謀，使攝令甌，寧以圖二范。未幾，果擒之，皆斃於獄。其徒無所歸，復依汝爲。一日，因刃傷人至死，遂作亂。事在七月。

（宋）熊克《中興小紀》紹興二年十二月 僞河南尹孟邦雄盜發永安陵，河南鎮撫使翟琮，憤不能平，思出奇以擒之。又知虢州董震初嘗從僞，至是復歸正，乃將所部與琮併力謀取西京。琮，興子也。

（宋）熊克《中興小紀》紹興十四年四月 福建群盜未滅，而海賊朱明熾甚。是日，詔統制官張守忠往討之。上曰：民愚爲盜，不足平，第憂被驅脅者，雖釋其罪，縱之歸業，生理已蕩析矣。

《宋史》卷三〇《高宗本紀》紹興十九年八月辛未，刺浙東諸州强盜當配者充沿海諸軍。

（宋）熊克《中興小紀》紹興二十二年七月 乙巳初，江西多盜，而虔州尤甚。後雖撲滅，慮其復作，乃留殿前司吴進一軍彈壓。而本州禁軍，嘗隨前總兵官程師回，往來捕寇頗勇，與進軍素不相下。丁巳夜，兩軍交鬭，州兵因而作亂，焚民居，逐官吏。守臣鄱陽余應求，有父安行，年老欲走，忽墜城死，應求遂以丁憂爲辭而去。於是叛軍據城自守。八月丙寅，領殿帥楊存中奏，據本司統兵官吴進申虔州將兵反。江西帥臣張澄亦奏請遣兵入。己卯，上諭宰執曰聞有欲走湖南者，乃詔鄂州都統制田師中速發兵，仍令澄集本路兵擒捕。事定日，具有功人申樞密院。辛巳，又詔殿前司游奕軍統制官李耕，統所部兵一千六百人往討之。

（宋）熊克《中興小紀》紹興二十四年六月〔辛丑〕時衢州饑民嘯聚爲盜，而守臣王曮措置乖方，且有贓污不法之事。甲辰，宰執奏，欲先罷曮。上謂秦檜曰：曮是卿之親戚，今罷之，勝罷其他十數人也。既而盜捕獲而猶未定，詔以提舉太平興國宮王師心，知衢州，民始安堵。

（宋）范仲淹《范文正奏議》卷下《奏乞召募兵士捉殺張海等賊人事》

臣竊見鄧州奏，賊人張海等一行人已及六十餘人各騎鞍馬，有弓弩器械，驚劫縣鎮，恣取金帛，强掠士女。不懼朝廷，凶虐如此，百姓被害，不堪其憂。臣恐遂處窮民見其豪盛，各生健羨，聚成徒黨，脅取州縣。事勢漸次張大，不早殄滅，必生他患。漢唐之末，皆因群盗而天下大亂，朝廷豈得安然？伏乞聖慈，來日便差中使計會殿前、馬步軍司於七百料錢已下軍分内，召募情願捉殺强賊人員，士兵三百。其人須是勇壯㗖得辛苦，或曾經使唤之人。限一兩日内引見，面賜盤纏錢并冬寒綿衣，及大與逐月添支。遠差有心力使臣，部押與謝雲行同分布掩殺，不以遠近粘趂，直候捉殺静盡，即等第優與酬奬。

《宋史》卷三一二《曾公亮傳》　公亮明練文法，更踐久，習知朝廷臺閣典憲，首相韓琦每咨訪焉。仁宗末年，琦請建儲，與公亮等共定大議。密州民田産銀，或盗取之，大理當以强。公亮曰：此禁物也，取之雖彊，與盗物民家有間矣。固争之，遂下有司議，比劫禁物法，盗得不死。初，東州人多用此抵法，自是無死者。

《宋史》卷三二〇《王靖傳》　徙河東長子縣。賊殺人，捕治十數輩，不得實，皆釋去。靖閲其牘曰：此真盗也。教吏曲折訊囚，果服罪。爲開封府推官。曹、濮盗害，官吏久不獲，靖受詔督捕，成擒者十八九。因言盗之不戢，由大姓爲囊橐，請并坐之，著爲令。

（宋）周密《癸辛雜識前集・王小官人》　建康緝捕使臣湯某者，於儕輩中著能聲，蓋群盗巨擘也。一日，有少年衣裳楚楚，背負小笈，扣湯所居。湯遣詢誰何，則自通爲善沙王小官人，趨前致拜。湯亦素知其名，因使小憩，辭云：觀察在此，不敢留。只今往和州，擬假一力，負至東陽鎮問渡。湯疑有他，遂擇其徒駔黠者偕往，俾偵伺之。自離城闉，遇肆輒飲，已而大吐，幾不能步，同行者左負笈，右扶醉人，殊綣甚恚，曰：湯觀察以其爲好手，不過一酒徒耳。凡七十里抵鎮邸，大吐投床，終夕索水喧呶不少休。黎明，有騎馬扣門者，乃湯也。密扣同行，知夕來酒醉伏枕，亟造卧所，少年聞湯來，則亦扶頭强衣，扣所以至。湯謾以他語答之，客笑曰：得非疑某沿途有作過否？因指同行爲證，且曰：雖然或有他故，願效區區。湯囁嚅久之，曰：不敢相疑，實以夜來總所有大酒樓失銀器數百兩，總所移文制司，立限搆捕嚴甚，少違則身受重譴矣。束手無措，用是冒急求策耳。少年微笑曰：若然，則關係甚大，恐妖異所爲，非人力能措手，惟有祈哀所事香火，或可徼神物之庇耳。湯哂其醉中語荒誕，不復詰，力邀同還。抵家謾用其説，禱之聖堂，則所失器物皆粲然横陳供床下矣。湯始大驚，以爲神，方欲出謝之，則其人已去矣。盗亦有道，其是之謂乎！

《宋史》卷一七《哲宗本紀》　〔元豐八年〕十一月癸巳，詔按問强盗，欲舉自首者毋減。

《宋史》卷二〇〇《刑法志》　當建、紹間，天下盗起，往往攻城屠邑，至興師以討之，然得貸亦衆。同知樞密院事李回嘗奏强盗之數，帝曰：皆吾赤子也，豈可一一誅之？誅其渠魁三兩人足矣。至待貪吏則極嚴：應受贓者，不許堂除及親民；犯枉法自盗者，籍其名中書，罪至徒即不叙，至死者，籍其貲。諸文臣寄禄官並帶左、右字，贓罪人則去之。

《宋史》卷二〇〇《刑法志》　凡歲饑，强民相率持杖劫人倉廩，法應棄市，每具獄上聞，輒貸其死。真宗時，蔡州民三百一十八人有罪，皆當死。知州張榮、推官江嗣宗議取爲首者杖脊，餘悉論杖罪。帝下詔褒之。遣使巡撫諸道，因諭之曰：平民艱食，强取餱糧以圖活命爾，不可從盗法科之。

《宋史》卷二九八《李及傳》　會有禁卒白晝攫婦人金釵於市，吏執以來。及方坐觀書，召之使前，略加詰問，其人服罪。及亟命斬之，觀書如故，於是將士皆驚服。

（宋）包拯《包孝肅奏議集》卷五《請速除京東盗賊》　臣竊見江淮、兩浙、京東、河北累年以來，旱澇相繼，物價湧貴，民食艱阻。兩浙一路，災疫尤甚。雖朝廷寬免租賦，優加賑恤，而迄今未得蘇息。近聞京東濟、鄆，河北德、博，淮南宿、亳等州，盗賊充斥，所在竊發，州縣不時擒捕，頗甚兇猛。蓋長吏與巡檢、縣尉罕得其人，上下蒙蔽，不以實聞。必恐稔成大患，為朝廷深憂，不可不速行處置也。頃歲淛東鄂隣、淮南王倫、京西張海等，皆起自倉卒，結為巨盗，刼害居民，郡邑悉不能制禦。幸而殲滅，無謂邪小，蜂蠆有毒。且四方藩郡兵伍絶少，多者不逾數百輩，皆厮役羸卒，又驕惰難用，寬之則逾慢，急之則王禍，心不更訓練。

目不識行陣，驅之禦冦，必先事而敗。雖烏合嘯聚，莫能久長，而生靈塗炭矣，則國家將何道而猝安之？况今國用窘急，民心危懼，凡盜賊若不即時誅滅，萬一無賴之輩相應而起，胡可止焉！伏望陛下督責有司，精擇逐路按察之官及諸州長吏，有不任職者，即令黜罷。其巡檢、縣尉等，並委安撫、轉運、提點刑獄司，專切舉察，如庸懦不才者，速具體量充替。應有盜賊，不以多少遠近，並須捕捉淨盡，免成後害。或少涉弛慢，並乞重行朝典。

（宋）歐陽修《文忠集》卷一一七《河北奉使奏草・奏洺州盜賊事》

今月十日，準樞密院劄子，邢州駐泊都監胡承澤奏，近準樞密院劄子，監逐大名府磁相邢洺州巡檢等捉殺賊盜者，今有賊人徒伴殺併到軍賊頭劉貴首級，并前後捉殺獲共七人外，只有三兩人見已殺併散，相度更不消臣監逐收捉，欲乞却歸邢州管勾本職公事，候旨。奉聖旨，令河北都轉運司相度指揮訖，奏。右臣昨自到任，累據北京邢洺磁等州節次申報，軍賊或十人十五人至二十人，在西路數州之內，驚劫人戶，掠奪遞馬，并鄉村生馬騎乘，倏忽往來，不辨頭首姓名及每火人數，尋根問得元有殺巡檢縣尉軍賊劉貴一火，及近日大名府走却壯城兵士九人，共兩火，略知姓名，雖曾捉殺得數人，然其餘黨昌熾愈甚，或旋合火伴，或脅逐村人，到處一二十人，動成羣隊。臣今月九日，巡歷到洺州南。準本州巡檢走報稱，有軍賊十四人打奪臨洺界馬遞鋪，同時又據磁州申，武安縣軍賊二十人入縣衙鬪敵，傷着兵士及燒卻草市，當日又據權巡檢殿直高惟正申，邢州沙河縣，九月一日，有賊一火，打劫村民史秀。至十一日，臣離洺州，至故城馬鋪，又聞前面馬鋪有賊四人，白日騎馬帶甲，羣行過往，向東雞澤縣。賊勢如此交橫，其巡檢縣尉等，並各未見向前捉捕。臣雖已一面催促巡檢縣尉等，及牒逐處併力掩捕，及體量巡檢縣尉內有畏懦不能捉賊者，續乞替換行遣次。不委胡承澤妄有申奏，只有三兩人未獲，意欲速罷捉賊差使。兼臣曾召承澤問，當口稱奉宣監捉，本不令躬親捉殺，兼宣撫使富弼，已權差供奉官武永孚，內殿承制魏辛等，充邢洺五州軍捉賊。方今盜賊勢雖未衰，其胡承澤，臣已牒令却歸本任去訖。

（宋）陳傅良《止齋集》卷二一《奏狀劄子・繳奏刑部大理寺鄢大為斷案狀》 准中書門下省送到錄黃一道，節文為刑部大理寺狀。吉州奏勘到百姓鄢大為說合已斷人李一討合游六等各持杖行劫朱三家穀物，贓滿，按法寺稱其鄢大為准條為絞刑。上定斷：合決重杖處死。二月十四，三省同奉聖旨：鄢大為依斷，令臣書行，緣事干人命須至奏聞者。臣竊詳上件，斷案止以鄢大為所帶刼穀木槍堪以害人定為，持仗强盜贓滿五貫合決重杖處死。設若不以木槍為杖，即計贓須滿十貫方得死罪。死生之分，在於木槍稱杖不稱杖毫厘之間，此不可不謹也。臣嘗習此矣。在律，仗謂兵器杵、棒之屬，餘條稱仗。准此，恭惟本朝列聖繼作刑日益輕，以為杵棒立文該載未明，則犯法者易，陷刑者衆，於是重立兩條。案嘉祐編敕賊盜門其一云：應持竹鎗、竹杖、磚石之類為盜，堪以害人者，並同持仗之法。此謂苟持竹鎗、竹杖、磚石堪以害人之物而為盜者，即為持仗以明，但持所須之物為盜，不得稱仗矣。其一云：將鎌、槍、刀斧之屬於人園林陂野內偷割禾穀蔬果，盜斫柴薪之類，元非積聚者。并將篙楫盜取空船，或持鞭杖偷趁孳畜，雖變主知覺，但不曾施威力抵拒者，依不持仗竊盜法。此謂苟持鎌、槍、刀斧所須之物而為盜，即不為持仗以明，必是特持堪以害人之物為盜，始得稱仗矣。上件兩條合為一編載在敕文，則有司承用可以參照，不至牴牾。至於元豐刪修舊敕，一時不深求嘉祐以前立法美意，輒將上件兩條離為兩門。其一條在名例門云：諸稱仗者，持竹木、磚石之類堪以害人者同。其一條在賊盜門云：諸於城外竊盜無人防守特持所須之具者，並為不持仗。注云：謂採斫須金刃、船栰須篙楫、負須檐、畜須鞭之類。蓋自將兩條離為二處，即凡用持仗之法，只據名例門立文，凡用不持仗之法，只據賊盜門立文。而兩文始不相參照，無所斟酌矣。兼詳元豐刪定嘉祐敕，顛倒本文，已失初意。謂並同持仗之法改作諸稱仗者。節略數字，便成深文。謂刪去鎗杖但稱竹木。自元豐迄今，有司遵用，蓋不知重報者幾千人矣。今來鄢大為之獄只是布袋并檐，即不曾施威力。若用嘉祐舊敕，即非持堪以害人之物為盜明矣。且夫前朝立法，本持所須之物為盜，其意非是欲以害人，雖斧刃不謂為仗，本持堪害人之物為盜，其意是欲以害人，雖磚石得謂為仗，但論其盜有無欲害人之心，不計所持是不是堪害人之物，原情定罪，此春秋之義也。又云：持仗在外，空手入屋，罪至死者各減一等。即雖持仗，若其時不以入室可以減等。又云：變主知覺，但不曾施威力抵拒者，並同不持仗。即雖持所須之物，若其時施威力抵拒，可以加等，可謂深切著明矣。而元豐改作，離析敕文，今來有司尚循謬誤。臣愚欲望睿慈特將鄖大為之罪從未滿十貫條特貸命斷遣，仍乞以刑部、大理寺擬斷官吏並且免坐失入之罪，仍乞將見行條法送刪定所，據嘉祐舊敕，將兩條刪潤併入賊盗一門，以憑遵守。臣聞中興之初，重修紹興敕令，已有指揮用嘉祐舊法，故元豐敕多在釐改之科，數内持仗一條，當時有司偶失參攷，尚未追正。今來若行刪潤，初非剏新衡改，而聖主好生之德公朝從恕之風，自今以始益深益厚。愚民無知，雖似幸免而天聽甚卑，宜享其報。此臣所以拳拳也，所以録黄，臣未敢書行。謹録奏聞伏候敕旨。

貼黄：或難臣曰：嘉祐勅稱以鎌、檜、刀斧之屬，必繼之以園林、陂野，即若持此物入有人居止之室，便得稱仗。臣竊謂不然，園林、陂野固是與有人居止之室相對立文。竊詳元敕有持仗入有人居止之室竊盗者，依不持仗强盗條定斷之文，却無持所須之物入有人居止之室强盗者，依持仗强盗條定斷之文。以此推見，只是辨盗者所持本意安在，苟是持堪以害人之物入屋為盗，雖竊盗可以加等，依强盗條，故為之立文。苟是持所須之物入屋為盗，即雖强盗不可以加等，依持仗强盗條故不為之立文，以其文之有無，曉然明甚，伏乞睿照。

（宋）岳珂《桯史》卷四《九江二盗》 吾鄉有周教授者，家太一觀前，畜犬數十，皆西北徤種，晨紲昏縱，穿窬者無敢睨其藩。一日，起觀扃鑰有異，發笈空焉。亟集里正視驗，跡捕四出，杳莫知所從。居三日，始獲之。初，盗得貲分塗，一盗出蛇崗山，將如贑吉。晝日嘗過其下，見道傍梅有繁實，夜渴甚，登木而取之。有蛇隱葉間，傷其指，負傷而逃。至侯溪，則指幾如股矣，不能去，卧旅邸中。主人責炊，曰：予無它藏，獨餘鋌銀，可斧而售。既而無碪不可碎，歸之。盗又出囊珠，主人念山谷間無售者，時德壽宮中貴人劉奭廬石耳峰下，持以求質。奭曰：姑畀汝萬錢，詰朝歸汝餘金。奭已聞周氏之盗，意疑其是，馳僕示之，曰：吾家物也。捕於邸，贓證一綱而得，因以跡餘黨，如言無脱者。又有馬屠居城東，爲僞券亂眞，歲以其券售舒蘄間。得馬驢，驅以歸，羮于肆以鬻，盡復出。人但見其驢至日多，售用日侈，莫疑其所自來。適黄有逋冦，黄陂之捕吏即之，疑一夫焉，未察夫實盗也，覺其意，入肆啜羮，坐而袒裼，自褫其巾，呶于衆，閧而出。捕者以其變服，弗之識也。訝其久，商於其徒曰：吾目見其入，今暮矣，杳不再覿，是家非槖盗者乎！遂偕入搜之，盗則逸去，而僞券之印楮簾臼，儼然皆存。因遂告之官。夫二盗之彰亦異矣：梅實偶然而藏虺，捕吏無心而得驗，天固以此啓之耶！抑稔慝當露，適因其所值耶！犬不能吠，詰之以豯，則曰：是夕也，以豚蹄傅麻苧雜草烏烹之，犬至輒投苧纏藥，噤無復聲者。馬驢每至，賤買而售，使門庭翕然嗔咽，既非其所養，益可肆於廉取，它日語人曰：吾以薄取致厚訾，售之速耳，市人弗覺也。此盗亦有道者歟！

（明）余懋學《仁獄類編》卷二七《仁霸生人天》 宋程仁霸眉山人，以行義選攝眉山録事叅軍，時尉有得盗蘆菔根者，實竊而所持刃誤中主人，尉幸賞以刼，聞獄掾受賕掠成之。太守將審囚，因坐庶下涕泣，衣盡濕，仁霸適過之，知其冤。咋謂盗曰：汝冤合自言，吾爲汝直之道。果稱冤，移獄。公既直其事，而尉掾爭不已，復移獄，竟殺盗。仁霸坐訹囚罷歸，不及月，尉掾皆暴卒。後三十餘年，仁霸晝見盗拜亭下曰，尉掾未伏，待公而決，前此地府，欲召公壍對，我叩頭爭之曰，不可以我故驚公，是以至今壽盡，今日我爲公荷擔而往壍對，即生人天，子孫壽祿，朱紫滿門矣。仁霸具以語家人，沐浴衣冠就寢而卒，壽九十，其子貴顯，亦以壽終，曾孫皆仕有聲，同時爲監司者三人，玄孫官學益盛，而尉掾之子孫微矣。

（明）張四維《名公書判清明集》卷五《户婚門・爭業・從兄盗賣已死弟田業建揚佐官》 照得在法：交易諸盗及重叠之類，錢主知情者，錢没官，自首及不知情者，理還。犯人償不足，知情牙保均備。又在法：盗典賣田業者，杖一百，贓重者准盗論，牙保知情與同罪。丘莊卽丘六四者，丘萱之從兄也。丘萱身死無子，阿劉單弱孀居，丘莊包藏禍心，垂涎於從弟之方死，染指於丘新之立繼。覬覦不獲，姦巧横生，竟將丘萱三瞿里已分田五十種，自立兩契，爲牙賣與朱府。縣司當來追到一行人究問，據丘莊已自招伏，盗賣得贓，來歷分明，引上丁千七、丘德廣與之證對，情節無異。律之三人，罪安所逃。丘莊一出，尋便反覆，且稱縣獄所供盡是抑勒，惟有到縣初欵及後來本廳供責，方是本情。下廳既無刑禁，朱府之契累索不出，臺府有限，豈可久違，何緣可得其實？但以意密察之，且如朱縣尉一位交易丘莊在縣，初供稱在幹人丁千七家立契，及到本廳供，則又稱本府四孺人來本里龍隱菴醮墳，與之立契，而朱縣尉宅幹人范寅狀，又稱丘莊領丘萱到府宅交關。朱總領一位交易，丘莊在縣，初供就總領位幹人劉廣邊言議立契，及到本廳供，則又稱是淳祐元年十二月總領回任，在本縣雙溪閣交易，蒙總領臺判，送庫司陳提轄商議，而總領位幹人王傳陳狀，又稱丘莊領丘萱就府宅投賣。言語異同，其僞可知。況立契，爲牙，領錢，只出丘莊一手，豈有交易之地尚前後如此差互無據耶？朱府名賢之閥，舉動悉循理法，此等交易，斷不肯爲，未必不爲丘莊與幹佃輩所誤耳？丘莊未欲盡情根究，欲且照條勘下杖一百，枷監丘莊，自就朱府請出元契，赴官比對，若果是丘萱親筆，官司當别與施行，若是無契可憑，或是踪跡可疑，即是盜賣，官司却與定斷監贓。丘莊自當備領過錢，交還朱府，其田合還阿劉，仍舊照契佃，却不許非理典賣。丁千七、丘德廣、丘元三欲照減降免科，餘人且着家聽候。案具定斷因依申縣，更取自詳酌施行，仍回申臺府照會。

《金史》卷九《章宗本紀》〔大定二十九年九月〕甲子，制：諸盜賊聚集至十人，或騎五人以上，所屬移捕盜官捕之，仍遞言省部，三十人以上聞奏，違者杖百。

《元史》卷一一九《塔察兒傳》太祖平燕，睿宗監國，聞燕京盜賊恣意殘殺，直指富庶之家，載運其物，有司不能禁。乃遣搭察兒、耶律楚材窮治其黨，誅首惡十有六人，由是巨盜屏迹。

《元史》卷一八四《陳思謙傳》〔至元二年〕六月，召爲中書省員外郎，上言：强盜但傷事主者，皆得死罪。而故殺從而加〔功〕之人與鬭而殺人者，例杖一百七下，得不死，與私宰牛馬之罪無異。是視人與牛馬等也，法應加重。

《元史》卷一三〇《徹里傳》〔至元三十年〕進拜御史中丞，俄陞福建行省平章政事，賜黄金五十兩、白金五千兩。汀、漳劇盜歐狗久不平，遂引兵征之，號令嚴肅，所過秋毫無犯。有降者則勞以酒食而慰遣之，曰：吾意汝豈反者耶，良由官吏污暴所致。今既來歸，即爲平民，吾安忍罪汝。其返汝耕桑，安汝田里，毋恐。他柵聞之，悉款附。未幾歐狗爲其黨縛致于軍，梟首以徇，脅從者不戮一人，汀、漳平。

《通制條格》卷二〇《賞令·獲賊》大德五年〔十〕二月二十六日，中書省奏：諸人告獲强盜，每名官給賞錢至元鈔伍拾貫〔切〕〔竊〕盜貳拾伍貫，親獲者〔位〕〔倍〕之。獲强盜至伍人，與壹官。其捕盜官及應捕人，如本境失過賊人者，聽功過相折，數外合理賞者，比常人減半。獲强盜至伍人，捕盜官減壹資歷，至拾人，應捕人與壹官，捕盜官陞一等。其承他處公文及諸人告指而獲者，不在論賞之例。

《通制條格》卷二〇《賞令·獲賊》皇慶元年十月，中書省刑部呈：孫朵台陳言，捕獲强〔切〕〔竊〕盜賊，贓伏已明，許令有司隨即贓罰錢內支賞，庶使人肯用心。本部約會吏部一同議得：今後諸人告獲强〔切〕〔竊〕盜賊，如贓伏明白，别無疑詞，例合給賞者，拘該官司隨即於不以是何係官錢內就便支撥，具數申呈合干上司，年終通行照算，庶使人肯盡心，盜賊弭息。如有爭差不實，罪及當該官司。都省准呈。

《元史》卷四一《順帝本紀》〔至正七年四月〕庚寅，復命别兒怯不花爲中書右丞相，以中書平章政事鐵木兒塔識爲左丞相。臨清、廣平、灤河等處盜起，遣兵捕之。通州盜起，監察御史言：通州密邇京城，而盜賊蜂起，宜增兵討之，以杜其源。不聽。

（元）蘇天爵《滋溪文稿》卷一〇《碑誌·趙忠敏公神道碑》臺臣知公賢能，奏僉江西湖東道提刑按察司事，上可其奏。豐城尹張某貪緑東宫近侍得官，肆爲貪暴，公按得之。尹恚曰：吾昔受東宫教。公曰：教若殘赤子乎？尹陰令其子訟冤於朝。吏不敢書尹獄辭，公曰：苟得罪，獨身坐，不以累若等也。卒論如律。吉鎮守、萬户蘇某横恣不法，樹黨與十人，號十虎。持郡縣短長，縱虐於民。公擒其黨一人，急索其家，得刀斧弓矢並新屠牛。獄具，即杖殺之。民争愬其枉，盡取九人治之。萬户誣公擅殺，行省臣曰：州郡置兵，本以爲民除暴，今自爲暴，可乎？僉事用法擊賊，非擅殺也。萬户慚憤而退。江南既歸版圖，後生漸趨刀筆之習。公行部大郡，遣吏奉書幣迎，故縉紳先生劉辰翁、鄧光薦、黎立武舍於學宫，命諸生從授經訓，業成者復其家。士風由是浸盛。移僉漢中，换朝列大夫。度同列不可與爲居，三月遂移病去。明八月，詔改提刑按察，爲肅政廉訪。起分僉憲河南，懷孟有閒田若干頃，民佃其中，竊位方面者，奪爲己有。公復還之於民。元貞初元，遷山東道廉訪副使，益都宣慰使，喇實奏請東海之濱，土皆膏腴，宜爲屯田，以養軍士。公言：田實潟鹵，不可以耕。喇實罔上病民，言不可信。朝廷爲罷宣慰使。時成宗皇帝新即位，慎選大臣，尤以臺憲爲重。詔拜闊省平章徹爾爲南臺大夫，江西行省左丞董士遠爲中丞，公爲治書侍御史大夫。先朝舊臣，威重若神，以公高年，獨加敬禮。公爲大夫，言各道廉訪司糾郡國官吏，宜選御史察各道臧否而黜陟之，則職業舉。大夫從其言，而憲紀益振。江浙省臣爲姦利事覺，激怒東朝廷議遣官雜治。公分臺以省，具得監司，及省中大吏贓狀，皆以罪黜。大德五年拜江西廉訪使，民聞公來，歡曰：是能縛十虎者耶？貪吏望風，或自引退。寧州盗殺大賈數年不獲，公閲其辭，以大賈嘗舍逆旅，意盗爲逆旅主人。立捕至，即服。

（元）蘇天爵《滋溪文稿》卷一一《碑誌·魏國公謚文貞高公神道碑銘》 公爲禮部郎中，奉詔慮囚燕南，活冤獄若干人。改吏部郎中，時入官多途，選授無法，公請除文墨士爲長吏，雜進者貳之。由是選法清而衆職舉。遷禮部侍郎，浙西豪民即所居爲佛廬，舉家度爲僧尼，號其教曰：白雲宗。日誘惡肆爲不法，奪民田宅，奴人子女，郡縣不勝其擾。中書以聞，公承命按治，凡得民田廬若干所，還爲民者若干人，賄賂没官者若干萬，浙民大快。時順德忠獻王當國，選公爲左司郎中，贊畫政務居多。嘗以言忤權貴，出爲潭州路總管。潭爲湖南大郡，訟牒填委，公決治明允。頃之，訟亦衰止，郡吏求補者衆。公日以所決事，試其可用者，得數十人。部民有詐稱敕制得，逮繫數百。公詳讞之，止坐二人，餘皆釋不問。貴官侍從恃勢擾民，公痛絶以法。部内清整，憲卂以治最聞，潭人方樂公政。

（元）張鉉《至大金陵新志》卷三下《金陵表》 〔五年〕戊午，十一月監察御史糾言句容縣豪民王訓白身受大都等處打捕鷹房民匠總管，王熙白身受中瑞司丞，唐興宗元是江西行省理問所令史受建康財賦提舉，都省奏過，令行臺照勘追奪，其余各投下虚揑詐冒限一月出首，免罪。隱匿不首者，許諸人陳告賞鈔一百，定於犯人名下追給，初令强盗悔過，陳首與免本罪，捕獲徒伴，依例給賞獲强盗三人與一官，五人以上應捕人與一官，捕盗官升一等，妄分彼此者，决罪。

《明太祖實録》洪武十七年十一月 乙酉，陝西都司獲販私茶者悉送至京。詔貸罪充軍，先是西安中護衛軍人言，巴山西鄉由子午谷入山，越秦嶺之南，皆荒僻深邃，凡士卒通逃及販賣私茶者往往於此潛匿，多爲姦盗。上命陝西都指揮便司發兵搜捕。至是獲之，凡百四十人，并私茶送京師。有司論當死。上曰：逋逃聚山澤爲盗，與私茶犯禁者不可不捕，然原其情，以衣食饑寒之故，亦有可矜。其宥死謫戍寧波昌國，私茶以賜捕獲軍士。

（明）談遷《國榷》成祖永樂五年二月 壬辰，虎賁士百餘人奉遣掠民財，治之如律。

《明太宗實録》永樂七年九月 〔辛卯〕廣東巡海副總兵指揮李珪奏，賊船至欽州魚洪村，劫掠百姓，燒毁房屋，官軍進至交阯萬寧縣海上，過賊船二十餘艘，官軍奮擊之，殺賊及溺死無算，獲藤步船十一艘，梟賊首於海上，械送首賊范牙、阮邊等並家屬男女至京。命法司鞫治如律。

（明）陸粲《庚巳編》卷八《老盗》 嘉興金晟，永樂中爲刑部主事。時湖廣有强盗若干人，械至部。晟鞫之，其渠首年一百二十五歲，面如童子。晟不信，移文驗之，果然。問其所以致壽，曰：少居荆山中，嘗遇一人以草炙其臍，云：令爾多壽。遂活至此耳。朝廷以其老，命杖殺之，餘皆伏誅。

《明太宗實録》永樂十七年十一月 〔辛丑〕中兵馬指揮司言，和寧王所遣朝貢之人横恣無賴，於都市强奪，今擒至一人，請寘之法。上命械送和寧王自治，且賜敕諭之曰：自今遣人朝貢，及於邊境市易者，宜戒約之，能守朝廷之法，則兩使往來，邊境宴安。

《明宣宗實録》宣德八年閏八月 辛未，貴州古州蠻夷長官司强賊楊云銀等伏誅。云銀等初從長官楊政通占奪人田，殺人掠財，三司屢遣人撫諭不服，轉劫曹滴洞，焚官署民居，至是總兵官蕭授悉擒獲，械送至京，政通等死于獄，云銀等俱就誅。

《明英宗實録》正統六年八月 〔癸巳〕巡按陝西縣察御李匡言：天下所上疑獄，特恩多全其生，而强盗亡者歷歲不獲。宣德十年詔既宥其未獲者死，金復捕之不已。夫强盗已獲者且蒙宥死，况於未獲。臣恐糾成群黨，嘯聚山林，爲患非輕。請行天下於恩宥死者之所連，悉諭之復業著後，使有罪者得改遇過自新，被誣得安居樂業。事下法司議，謂宣德十年詔固宥未獲强賊死，然有曰：後不改悔仍爲非，俱罪之不赦。正統四年不悛者，難以德懷。如不治以法，使之懼恐，玩法爲惡者日滋蔓。臣言未可從也。上以爲然。

《明英宗實録》正統六年十一月〔丙午〕福餘衛達子脱火赤、完哈等從達賊不花帖木兒等三百餘人假以打圍，劫掠人馬，至閔安山被擒。上以其累犯邊境，命磔之于市。

（清）陳汝霖等《太平續志》卷八《古蹟志上·縣尹袁公祠記》　蓋公之始至也，吾猶爲縣諸生，見强盗有誣指李軒等二十三人者，司府官已鍛錬成獄，公力爲辨理，至納冠帶以去就决之曰：民寃如此，何以官爲。一時傍觀者爲之泣下，軒等卒得白。於乎，今之以非辜連坐陷民於死者何限，尚有若公者乎？備倭張總督勇以沿海倉糧腐折者，責償於民，郡縣莫之敢後。公獨據法與抗曰：糧在倉而責之民，吾官可去，吾不能以此令民矣。張亦卒無如之何。於乎，今之以非法催科毒民至死者何限，復有若公者乎？黄巖縣界有賊，殺捕盗官姜昕者，民驚懼甚，幾至激變。公亟至其地，招諭之曰：獨殺人者死耳，吾爲爾白之，無憂也。上之人卒從其言，民以不擾。於乎，其視今之坐視秦越方且援據延蔓因而利之死其民而不顧者何如哉？他若新學校以敷教，祠鄉賢以厲俗，明保伍以糾察奸細，修水利以預備凶荒，勸善而表孝行之墓，懲惡而嚴盗賊之刑，凡若此者，蓋無所不用其心。遂至民懷其惠，吏畏其威，數年之間，政通人和，邑以無事，公堂晝静，縣門洞開，而隣邑亦仰之若父母矣。至其以憂去官，則卽日戒道，行李蕭然，雖假貸以給而賻賵一無所受。於乎，今之所謂能吏者，有其一二亦足爲難，况能若是其盛者乎。抑吾嘗聞之公曰：濂閩諸老先生及民之政，皆漢唐循吏所未能到，吾徒有志於民而不是之法，皆苟而已。噫，此公所以度越流輩而卓然爲我國家一代循吏者乎。於乎，公今已矣。吾亦退老于家，無能爲矣。若等生長是邦，親受其賜，尚忍忘之而不思所以報？

《明英宗實録》正統八年八月〔乙未〕誅處州賊夏景輝等十六人。初，景輝等糾誘亡賴千餘徒，盗福建寶豐諸銀冶，與同盗者争戰，妄以大王、總兵、太師自稱，官軍撫捕屢被其殺傷，有支解者，至是獲其十六人，巡按浙江御史孫毓會三司官鞫驗，坐景輝凌遲處死，餘悉斬。上准所擬，命梟首諸銀冶巡檢邊通受賕縱賊，杖一百，連家小發戍廣西邊衛。

（明）余繼登《典故紀聞》卷一一　英宗謂兵部臣曰：朕自卽位以來，惓惓以奉天安民爲心，累頒詔敕省刑赦罪，輕徭薄賦，凡可以寬恤民者，無所不用其心。又戒飭官吏，非奉朝廷明文，一夫不許濫役，一毫不容擅科，期在休息天下，共享太平之福。比者鄧茂七等聚衆爲盗，所司請發大軍剿捕，朕雖遣將調兵，然猶慮其出於不得已，必有激變之者，屢遣御史齎敕揭榜丁寧撫諭，庶保全之。今茂七等果有悔禍之心，躬於延平城下輸情訴冤，自求生路，且乞蠲免徭役三年。御史張海等以聞，朕悉從之，仍敕海等明正官吏激變之罪。爾兵部可備朕言於榜，以曉諭之，俾其知國家以仁育萬民，以大信布天下。榜文至日，不分罪犯輕重，但能洗心改過卽日退散者，俱貸其死，仍免其徭役三年，凡遞年逋負悉免追徵。官吏人等敢有違詔侵害之者，治以重罪。如榜文已到，尚且首鼠兩端，或仍前結聚，或逃匿山林，必撲滅之不赦。**【略】**

正統十三年，朵林山衛野人女直頭目朝貢到館，徑出街市强奪民貨，且毆傷館夫，爲會同館官所奏。英宗曰：朝廷懷柔遠人，加恩優待，此輩不體恩意，違法擾人，令都指揮昌英等於會同館追問，違法者人杖三十。今後來朝貢者，賞賜後方令於街市買賣五日，永爲定制，敢有恃恩玩法者，重罪不宥。

《明英宗實録》正統十三年十二月〔乙丑〕南京監察御史葛崇嘗自京師還，中道取妾。尋以奏事文詞舛謬下獄。其妾之父訴，初與崇同舟，崇挾勢强奪其女。法司坐崇絞。上宥死，命充鐵嶺衛軍。

《明英宗實録》景泰元年閏正月〔丁卯〕兵部言：巡按浙江監察御史等官奏所擒賊首梅福等欲械赴京，臣等計路途遥遠，恐有疏虞，宜令副都御史軒輗會同鎮守巡按及三司等官，公同審問，果無冤抑，依律就彼處决梟令。從之。

《明英宗實録》景泰元年六月〔戊戌〕山東萊陽縣民十餘人率衆共執其知縣牛俊，欲訟于京，因而掠取其貨物，辱其妻妾。法司論以徒罪。詔命悉編充鐵嶺衛軍。

《明英宗實録》天順元年九月〔己巳〕錦衣衛百户劉增捕盗直沽等

處，縱其校尉執富民數人，詔爲已决。太監張永黨筆之，因而盡取其財物。事覺，法司俱論贖杖還職役。上曰：此輩遣令捕盜，而反爲盜，不可以常律論，其俱發甘肅戍邊。

《明英宗實録》天順五年二十月〔戊辰〕强賊劫内使閔魁家財，命執巡城監察御史張祚下錦衣衛，錦衣衛官校兵馬司官俱鎖項捕賊。時京城内外多盜，因著爲令。

《明英宗實録》天順六年三月〔庚戌〕府軍前衛指揮僉事掦洪以屢失朝參，納贖致貧，賣其妹與監生爲妾，因而劫之，捕獲。詔斬于盜所。

《明英宗實録》天順六年五月〔丙申〕御馬監勇士福海，夜集衆劫鄭村壩草場内使孔璟家白金、器皿等物，法司鞫，罪當斬。上命斬于勇士教場。

《明憲宗實録》成化元年七月〔丁未〕監察御史李志剛言：近日四川兩廣盜賊縱横，所經鄉村城郭，兵民之家，需其酒食，亂其婦女，驅人負擔，或少留畜貨與之，稍拂其意，多被屠戮。迨賊既去，有司追捕者從而搶閲其家，得所留與物，亂以爲窩盜分贓，加之考訊，鮮不誣伏。雖有巡按臨審，但據成案，無復致疑。其被誣者，懲於考訊之酷，甘心速死，罔敢異詞，所以受誣含冤而終莫能辯也。彼真爲盜賊者聞之，必曰：其人且爾，吾屬可知。是以招撫之而不肯革心。望敕各處巡撫按及分巡等官，躬詣盜所經之地，詳審罪囚，庶察情實。於此等冤獄，咸與伸理，庶幾良苦獲安，而盜賊向化也。章下都察院，都御史李秉覆奏，從之。

《明憲宗實録》成化五年九月〔己亥〕廣東順德等縣民姚銘等七人渡海劫掠交阯永安州，燒其民居。巡撫等官鞫，得其情以聞，請斬之，梟首欽州境。上報可。

《明憲宗實録》成化十二年三月〔戊午〕强盜宋全伏誅。全，武驤左衛勇士，善騎射，膂力絶倫，以山後女直人，故又稱宋達子，與都指揮滕雲相結爲盜，往來京城外，劫掠人財物，多所殺傷，并强姦婦女，道間傳聞，行者相戒，數年官校莫能捕，後雲竟被獲，全恐人識，更削髮爲僧狀，爲盜如故。于是法司揭榜于市，督捕益急，全知不可免，將并走虜地，已而爲千户李端等所獲。上以其積惡已甚，命内官臨斬，仍梟首示衆。

《明憲宗實録》成化十四年夏四月〔甲寅〕誅錦衣衛帶俸都指揮僉事蔡英。英私率軍餘馳馬挾弓矢，强奪途人財物，爲邏卒所獲。刑部問擬斬罪，從之。

《明憲宗實録》成化十四年夏四月〔丁未〕斬强賊張政等十一人於市，梟首示衆。初，政等聚衆行劫，會朝鮮使臣入貢還，乃盡掠其所得賞賚諸物，又射傷其使臣。錦衣衛指揮朱驥令官校獲之，事下都察院，時都御史王越，以朝鮮世效臣節，今被盜劫其財，傷其人，有失夷情，且虧國體，宜先令通事曉諭來朝使臣，候會審畢，依律處决於使臣所經道路，梟令以彰國法，將原劫財物交與收領，以慰遠人之心。其擒捕官校，亦乞量加獎勵。詔從之。驥賞紵絲一表裏，官校各賞新鈔有差。

《明憲宗實録》成化十四年六月〔癸巳〕禁京城内外强奪人財及口稱聖號者。時金吾左衛軍餘張昭犯是罪，坐充軍。都察院詣以其事榜示禁約，從之。

《明憲宗實録》成化十四年十二月　庚寅，巡撫福建右僉都御史高明奏：先後擒獲上杭縣賊首曹宗、鄧嵩等三百一十三人，其賊首三十六人已得旨會官鞫實，就彼梟首示衆，餘多瘐死，内黄端等一百二十人皆脅從者，情有可矜，上請裁處。詔：貸其死，各杖一百，發充廣西邊衛軍，家屬隨住。

《明憲宗實録》成化十七年九月〔丁酉〕誅强賊劉通等六人於市。通本直隸鎮海衛軍，成化十五年，犯罪亡命，因聚衆奪民船，往來江湖中販鹽爲盜，剽掠殺人。南京僉都御史白昂，奉命巡江逐捕，久不得，因遣人誘致之，通等亦饑困，遂與其黨束身自歸於昂，收其兵器一千六十件，械通等二十一人送京師法司，當通淩遲處死，餘悉當斬。有旨：通等聚衆劫殺，拒敵官軍，當依律浩罪，但力窮投首，俱減等，通當斬，命不必覆奏，首惡五人皆絞，餘繫獄，擬罪有差。

《明憲宗實録》成化二十一年閏四月〔丁未〕有强盜席英，先爲達官指揮使，犯法避罪，達舍王永者，亦殺人亡命，以驍勇善射相結，行劫于固安、霸州諸處，從之者復數人。一日忽騎馬露刃，白晝入京城，尋其仇不得，去而愈肆。錦衣衛指揮使陳璽，令正千户趙承章捕之，二人皆無謀，率衆遽往，旗校二人爲所殺。上怒，降承章爲副千户，令璽等戴罪追捕，繼又降璽爲指揮同知，本衛帶俸。命指揮同知劉良代領其事，通諭中外，懸賞待捕。英永欲走出關，不果，其黨漸獲，勢亦孤，乃遁去，久之不獲。後東廠太監羅祥，緝知英有親在河南，差千户王英往跡之，英、永匿新鄉縣人唐慶、唐恕家，慶、恕以報。寧山衛指揮臧綸，知縣王素合兵擒之，適隰川王遜㷻亦遣校尉王彪往捕，同以檻車械至，命廷臣會鞫于朝。上以其罪惡深重，非他盜比，命凌遲于東西市三日，不必覆奏，籍其家，妻子給功臣爲奴，父母兄弟流竄如謀叛律。兵部議上獲賊功狀，上以書諭答隰川王，賞綵段四表裏，羅祥二表裏，河南鎮守太監藍忠，巡撫都御史趙文博，及王英各一表裏。王彪銀五兩，唐慶、唐恕陞冠帶小旗，臧綸、王素各俸一級。

《明憲宗實録》成化二十二年六月〔乙酉〕山西潞城縣知縣王濬，以罪被誅。濬先任御史，有罪降調縣丞，既而巡撫等官保陞知縣，爲人强悍，事不愜意者必欲直遂。先是本縣有盜，群居一村者數十家，劫財傷人，横行無禁，甚至罔劫熏死窑居平人一家十七口者，縣捕之急，盜逸而其家屬村居者偃然莫敢誰何，既而彰德府報有賊，濬遣人緝捕，獲者半則皆前熏死人者，因併逮其逸者之家屬繫獄，欲誘致焉，而盜於白晝近城，褫平人衣大書其臂曰：爲我語王知縣，不釋我家屬，吾捋殺汝。濬聞之，令縣民領其家屬出外分食之，縣民恨盜之惡，稟於濬曰：彼爲盜尚熏死平人，吾輩當人相食之時，安得有食以給賊屬？盡殛之！濬適有公案不暇理，但曰：隨你去。縣民遂領賊屬婦女三十六人，擁入城南土窑中，悉熏死之，然久未發也。適巡撫官以潞城所解折糧銀給軍銀内有鉛錫，行縣責問，縣召原匠欲究治，而匠乃京人與濬妻家有連者，濬初用之，本以玉成其工價也，不意其爲僞如此，濬大怒，欲痛治之，匠乃逃來京，投東廠校尉發其事，遂遣刑部員外郎華仲賢往勘，略無辯析，罪坐凌遲處死，六月行刑，濬臨命嘆曰：三十口人命，吾不經意，吾死當矣！何至於凌遲！其縣民亦有父坐凌遲子作坐斬者，父子相詻曰：吾輩死當！王父母官亦坐此罪，不亦冤乎！時六科叅劾且及巡撫、巡按等官之罪，於是布政司左叅政劉瑀降四川保寧府知府，按察司副使郝忠義、福建運塩使司同知僉事陳祥廣、東市舶提舉司提舉潞州知州董錫、四川烏蒙軍民府通判左布政使李益停俸半年，鎮巡官太監劉政宥之，都御史何喬新、葉淇命回奏，御史周洪、張淮、陳英等，俱命執問如律。時喬斬爲刑部左侍郎，具奏服罪。有旨宥之，仍停俸半年。

《明孝宗實録》弘治二年八月 癸丑，雲南順寧府蒲賊莽丘等聚衆流劫鄉落，多殺虜人口，官軍撫諭不服，至是捕獲之，械繫至京。命凌遲處死者一人，斬者六人，給功臣之家爲奴者三人，併發通事王璘等三人廣西烟瘴地充軍，以嘗受賄通情也。

《明孝宗實録》弘治八年十一月 庚子，代府昌化王儀賓魏澄，縛巡撫都御史侯恂之子嚇取財物，恂奏之，下巡按御史勘實，命贖杖仍革職閒住。

《明孝宗實録》弘治十六年十月 己亥，徐州有盜劫上供船，殺二人，掠銀錢以去。既而獲首賊，命梟首示衆，仍窮追其黨。逮問知州王寅，指揮徐愷等罪。

（明）吴訥《棠陰比事補編·筠守釋誣》 宏治末，察稽江郡帑藏，及筠。筠守周君津貳，王君珀鋭，志治盜。義民廖顯六，素效追捕。劇盜甘乾八報復焚掠，廖殺之。二君益追治逮捕，一惡少怡然就獄，云與某村某某等隨甘行凶。衆將信之。察曰：死地，人所苦也，彼甘就焉，容非其情，可稍須之，倘得群醜參鞫未晚。後兩月，馳報曰：子言是也，向之惡少嘗行竊，數爲某某窘辱，因忘身攀誣。今獲真盜，辯釋矣，觀此，聽訟者可以躁心乘之哉。

《明武宗實録》正德四年八月〔壬戌〕朝鮮國人有乘舟過別島貿販者，遇颶風飄至浙江松門衛境，爲土人所掠。杞總備倭指揮陳欽、張楷、喬鳳失咫瞭，既而聞于守臣奏擬掠者罪，并劫欽等，宜逮問，下兵部議覆，詔各犯掠夷人財物殊傷國體，其令巡按御史各杖之五十，爲首者發戍四川茂州衛，從者照常例處之。欽等逮問，夷人給衣廩送遼東轉達其國，仍移文使知總督備倭都指揮魏文禮以失職，令自陳狀。

《明武宗實録》正德十年五月〔戊申〕潞城王府轉國捋軍成環爲群下撥置，出市擭人財物，鎮巡官以聞，得旨：撥置者俱枷號一月，發戍邊衛，成環停禄一年。

《明武宗實録》正德十一年三月〔庚子〕代府鎮國將軍聰沺，輔國將軍聰涀、聰泊嘗出邊城，奪人財物，爲代王所奏，已革禄米三之一。至是，王又奏其交狎群小，爲惡滋甚，下撫按官勘實。刑部議覆：詔聰汕、聰混、聰泊屢違祖訓，法當重治，但念宗支，姑從輕。汕、混再革在祿米之半，泊三之一，以示懲，仍賜代王書命戒約之，群小坐死者二人，謫八人。

（明）應檟《讞獄稿》卷五《各處會審强盗疏正德十一年》　强盗壹名王輅，招係應天府句容縣民。正德十一年正月十七日夜，輅與在逃陳保、王子賢、王向、魏全、楊景恩，各不合同監故龍時景、龍愷、王子華、王亭、王珮、龍時海前去本縣茅山未到王宣家，劫出銀兩，各分銀九錢五分。十月初六日，龍時景等仍糾輅，不合同去打劫未到徐本家白綿布，各分一丈五尺。本月二十五日夜，已省發楊廷貴因家被盗，訪得輅等平昔爲盗，將打劫王宣等家實情具首。本縣將龍時景、龍愷、王子華、王亭、王珮、龍時海緝獲，問擬强盗得財斬罪，俱監故；照出輅等未獲，嘉靖九年，本縣巡捕丘縣丞將輅查提，亦問擬前罪，詳允監候間。臣等會審得：王輅前罪，出於龍時景所供，似亦可信。但恐盗賊之情，多隱其所與，害其所讐，緣無真贓可據，雖有歇案難憑。況查龍時景前案，事在正德十二年，使果與爲盗，何自龍時景被獲之後，至今一十六，未見別有所犯，成案固難輕辯，疑獄終當末減。

《明武宗實録》正德十四年九月（癸丑）刑部斷囚，有子糾他人劫其父，弟劫其兄者，循舊例以同居卑幼將引他人爲盗，及私擅用財擬罪止徒杖。至是，大理寺駁之，而刑部固執原擬。少卿劉玉固奏云：定律明刑，實以弼教，今子劫父，弟劫兄，人倫之大變也。即使律文未載，亦當權輕重以正法。援比附以上請，若如前擬斷，則是倫理置而不論，盗賊肆而不禁，亦何憚而不爲哉？於是，下刑部會議，如玉言改擬重刑，仍著爲令。

《明武宗實録》正德十五年八月（壬戌）汝陽王府儀賓于秀、魯陽王府儀賓王炯俱以糾衆劫人坐斬。

（明）應檟《讞獄稿》卷五《各處會審强盗疏正德十六年》　强盗壹名戚林招係直隸鎮江府丹徒縣匠籍。正德十六年三月，已問發徐鏡糾林，不合依聽同監故陳富、朱浩至甘露寺江内，打劫已省發韓信夫船上鍍金網圈一副，煮酒三壇，并布米衣服。林分夏苧布一疋。央徐鏡賣與已省令金昆，得銀一錢四分；夏布三疋，央未到翟習、丁浩賣與已省發丁珍，得銀四錢。本年五月二十二日，各又不合到花園港打劫不知名人船上米布等物，林分油十六觔，綿布八尺，醋四觔，臥單、布衫各一領，汗巾二條，酒二十二觔，麻一觔，荷包内銀二錢。本月二十七，各又不合打劫已省發孫進船上豆米衣服等物，林分黄豆三斗五升，米一斗一升，俱花費。丁珍、金昆訪林前賣布疋不明，首縣緝拿，林又不合逃走，止獲徐鏡陳富到縣。陳富監故，問擬徐鏡强盗，得罪斬罪。嘉靖七年巡按劉御史、刑部陳主事會審，情可矜疑，奏奉欽依饒死，發湖廣都司平溪衛永遠充軍。嘉靖九年六月，本縣照提林，亦議前罪，詳允監候。臣等會審得，戚林之盗情可疑者，不敢多論。但見獲之徐鏡，既已末減，照出之戚林，難從重典。

《明史》卷二一三《張居正傳》　時承平久，群盗蝟起，至入城市劫府庫。有司恒諱之，居正嚴其禁。匿弗舉者，雖循吏必黜。得盗即斬決，有司莫敢飾情。盗邊海錢米盈數，例皆斬，然往往長繫或瘐死。居正獨亟斬之，而追捕其家屬，盗賊爲衰止。

（明）應檟《讞獄稿》卷二《蘇松等處會審疏嘉靖元年》　强盗壹名黄棟，招係直隸蘇州府太倉州崇明縣民。正德九年間棟移本州浮住，與已故鄰人顧文秀争開荒田四畝成讐。正德十六年七月内，棟因年荒缺食，不合與未獲黄瑞、黄大壽竊盗已省令曹福家船一隻，賣銀費用。嘉靖元年六月初六日，顧文秀與監故施福、黄貳郎等各執槍刀等械，前到本州浦家打劫衣包、銀錢、首飾分用。顧文秀慮恐事發，挾棟前讐，捏稱棟喚文秀去家，黄棟爲首，招集黄貳郎、施福與文秀至於浦家打劫，黄棟主將花被、布襖、布衫等件分與文秀，後思祖父知覺，將原贓交還黄棟。收票見証，虚情具首，本州致蒙混將棟與黄貳郎、施福、顧文秀俱問擬强盗得財各斬，顧文秀自首免罪。棟等監候間，顧文秀就將棟前田奪種訖，黄貳郎、施福各監故，將棟轉詳刑部。該大理寺奏奉欽依處決。節蒙巡按決囚官查無失主正贓，駁問仍擬前罪。嘉靖九年六月，棟令妻施氏抱訴巡按胡御史，行府轉行本州，勘明解府，取供呈詳間，遇蒙會審無異，改擬竊盗已行，而但得財者一百二十貫，律杖一百，流三千里。有大誥及遇蒙恩例，通減二等，杖九十、徒二年半。係民審無力，初犯刺右臂，照例免杖，發姑蘇驛擺站，滿日寧家。緣係先問斬罪，今辯問徒罪，未敢擅便發落。

（明）應檟《讞獄稿》卷五《各處會審强盜疏嘉靖元年》　强盜貳名劉恩、劉實，俱直隸鎮江府丹徒縣民。該劉恩招：嘉靖元年八月十八日，恩與見獲劉實，監故劉信、劉智、朱實，未獲温春、温勉、劉采、王禮打劫不知名槳船銀二十二兩并衣服布疋等件，嘉靖二年閏四月初二日，打劫不知名沙船綿布四十筒；本年七月内又打劫不知名槳船上銀七十兩及衣服等件，俱陸續分用花費；本年八月十八日，池州府未到章爵木簰，被風散流，江邊恩等各去撈獲，恩與劉實各一根，劉智四根，劉信二根，温春因近江撈獲二十根，各藏在家。九月初八日，已問結吴一元因已問革父巡檢吴鳳去府，不合接受章爵告狀，訪知温春等平昔爲盜，前到温春家搜出前木及將劉實、劉智、劉采、劉信、王禮、温勉、朱實俱捉到司監禁，各輳銀劉智一十五兩，朱實五兩，王禮一十二兩，劉信、劉秀各一十兩，恩與劉實各二兩，温春、温勉共三十六兩，通計九十兩。央已問結王恩過送，吴一元不合接受，不行防禦。十四日更深時分，劉實等約恩等到將監門墻推倒，逃往通州，隱情投不知名酒店潛住。十六日吴一元隱下受贓，却稱恩等劫獄，帖禀巡捕黄通判處，十九日吴鳳因被在官總甲張坤呈出前贓，方將前銀首府，及將恩等爲盜劫獄事情通申撫按，并拏恩劉實、劉智、劉信、朱實，呈送黄通判問擬强盜得財斬罪。吴一元受財枉法，絞罪，准徒五年。王恩，徒罪。朱實、劉智、劉信俱監故，將恩與劉實轉詳刑部。該大理寺奏奉欽依處决。屢蒙决囚審録，巡按官會審，恩有詞，劉實情可矜疑。奏奉欽依再問前罪，臣等會審得：各犯訴稱恩等素不爲盜，止因撈取章爵流木，小民懼罪，湊處銀買脱。後吴一元因聞張坤首告，計欲脱罪，預捏恩等强盜劫囚虚情，官府不肯詳察，屈問重罪，實切虧枉等語。數内劉實一足成廢，行步艱難；及審里鄰人等，亦各稱虧。臣等卷查各犯强盜之情，俱無被盜失主，原得贓物，止因乘搶流木，以致攙入盜情。及照吴一元本係巡司之子，素無官守之責，妄受民詞，心本圖財，既受重賄，勢難執法。本出故縱，豈待劫囚？或者吴鳳因爲張坤所許，欲掩受贓之非以脱罪，故爲過情之詞以罔上。其後事體，因已彰大，問官頗難解釋，僅明劫獄之非是，終莫辯强盜之真僞。參詳各犯執詞，容或可信，節經多官矜恤，未必無見。法固難於辯問，情終涉於曖昧。

（明）應檟《讞獄稿》卷二《蘇松等處會審疏嘉靖元年》　强盜壹名陸衣，招係直隸蘇州府太倉州民。該監故李蘭招：嘉靖元年九月，蘭與監故陸冠劫有銀錢，陸冠在官，親兄陸衣後知不合得分陸冠銀三十兩。嘉靖二年事發，昆山縣問擬强盜後分贓徒罪，照分贓滿貫事例充軍。申蒙巡按朱御史駁回。本府改擬强盜得財斬罪，轉詳刑部。該大理寺奏奉欽依處决。續蒙刑部文，郎中審有虧枉。案發本府辯問，减等杖九十，徒二年半，轉詳未示。臣等會審情亦無異。查得嘉靖十年二月内，該刑部題正德十六年四月二十二日以後充軍不係情重，未到衛者免其解發。其所犯徒杖既不在赦宥之列，俱照常發落。奉聖旨：是。欽此。陸衣分贓滿貫例該充軍，但見有前例，合免其充軍，仍照原問徒罪發姑蘇驛擺站，滿日寧家。緣先辯問徒罪，奏請未蒙明示，人犯有礙發落。

（明）應檟《讞獄稿》卷二《蘇松等處會審疏嘉靖元年》　强盜壹名馬壽，招係直隸蘇州府長洲縣民。嘉靖元年九月二十八日夜，有監故金鑑等偷盜，在官馬連田稻壽同到彼協打一頓。嘉靖三年二月内失記日夜，金鑑見壽河下農船一隻，偷撐間被壽撞見捉住，哀求踈放。有在官鄰人陸貴勸證。金鑑因恨在心，嘉靖六年金鑑與監故金鐙，陸楠等打劫，先在官，曹雲及竊盜先在官潘珮、胡倫等財物事發，吴塔巡檢司金鑑挾壽前讐，妄攀壽同劫，曹雲家分得鴨二十隻、鵝五隻，夾海青一領、糙米五斗。虚情致蒙備解本縣，壽亦不合畏刑妄招得分前物，致將壽與金鑑等俱問擬强盜得財斬罪。蒙巡按佘御史審有虧枉，行縣拘集里鄰蘇民望等勘明案候。又蒙巡按胡御史審有可疑，行縣研審間，遇蒙會審，看得壽既與金鑑爲盜，必非一次，何後金鑑屢次爲盜，俱不在例？及查原贓，俱無下落，恐有虧枉。隨審里鄰馬洪等，各稱壽平昔委止種田生理，並不與金鑒等同盜。止因挾讐攀害，尤恐不的，坐委署印縣丞莫自廣覆審無異，申繳前來改擬不應得爲而爲之事理，重者律杖八十。有大誥及遇蒙恩例，通减二等，杖六十。係民審無力，的决寧家。緣係先問斬罪，令辯問杖罪，未敢擅便發落。

（明）應檟《讞獄稿》卷五《各處會審强盜疏嘉靖二年》　强盜貳名朱盛、闞奉，俱直隸揚州府江都縣民。該朱盛招：嘉靖二年四月，盛與見監闞奉各不合與監故闞鉞，胡春、馬鵬、宣冨、陳琇前去李家園河下打劫不知名客船鹽約重一千八百餘觔。本年五月二十四日又打劫地名黄金壩船鹽一十五擔，約重一千五百餘觔。本年六月二十六日二更時分，打劫宜陵鎮河下客船乾魚一十四包，馬鵬、陳琇，宣富載至鎮江甘露港發賣，被鎮江衛巡軍周禎等捉送該衛，解送鎮江府問擬强盗得財斬罪。照出盛等未獲，嘉靖三年三月十二日盛與闞奉各又不合打劫五聖廟河下不知名人船鹽七包，醃鴨子二桶，綿布褡膊内銀五兩。本年五月十九日，又不合打劫杜家港經過不知名客船糯米四石、中錢七千文，前分贓物俱花費無存。鎮江衛巡軍顧小九等訪得盛等歇案人數先後緝獲，送衛關府問擬强盗得財斬罪。遇蒙巡按劉御史、魏御史決囚，侯主事俱審可疑，奏奉欽依照舊監候。臣等會審朱盛闞奉極口稱冤，不肯輸服，固亦懼死之言不足憑信，但查無被害失主可證原劫贓物可據。雖稱累次行劫，恐出問官刑逼，屢經決囚，巡按等官會審矜疑不爲無見。疑獄難明，民命可惜，所據本犯情罪，雖無可矜，實有可疑。

（明）應檟《讞獄稿》卷五《各處會審强盗疏嘉靖三年》 强盗貳名丁金、王俊，俱係直隸常州府武進縣人。丁金招稱：嘉靖三年十一月，已獲金月、陳宗廣、金義、蔣金糾金，各不合與監故殷其，包賓使船到於焦山江内，打劫小沙船上不知名人糯米四十石，賣銀二十兩均分。嘉靖五年九月十二日，金與包賓、金榮、金月、金義、殷其，各又不合駕船在於圌山洪江内打劫不知名人船上綿布四十疋，賣銀八兩，金分銀一兩一錢，陸續花費。上盗器械，丟棄無求。嘉靖九年正月，金義等蒙鎮江衛捉獲監故，續蒙丹徒縣楊主簿將殷其捉獲，隱下同金打劫布疋，牒縣亦監故。本官仍差快手戴春將金緝獲，問議强盗得財斬罪。王俊招稱：嘉靖八年十一月十二日，監故金義與俊熟識，不合糾俊，不合聽從，同監故成才等駕船至地名盪網洲打劫馬沙船不知名客人銀四十七兩二錢，俊分銀二兩。本月二十日，金義又不合另糾不記名九人并俊，不合駕船在於横山江上打劫螺螄頭船銀布等物，俊分銀二兩，布裙一條。前銀俱陸續花費，布裙自行穿毁無存。嘉靖九年正月，鎮江衛巡江耿指揮將金義、成才、劉剛緝獲，監故，後蒙丹徒縣楊主簿差人緝獲，問議强盗得財斬罪。俱詳允監故。臣等會審得：丁金、王俊俱極口稱冤，不肯輸服。雖未可信，但查各犯俱金義歇案之人。據丁金所招，則無王俊；據王俊所招，則無丁金。及弔金義原案，又俱無存，蓋當時未經有司成獄，遂爲該衛監故。及令緝獲各犯，非惟失主贓物無證，而并其原案，亦不可考。如此，竊恐巡軍有捕風捉影之弊，緣干强盗重情，未易輕辯，依擬處斬，實有可疑。

（明）應檟《讞獄稿》卷二《蘇松等處會審疏嘉靖四年》 强盗窩主壹名謝萱，招係直隸蘇州府常熟縣民，嘉靖四年失記月日，監故賊首鄭二郎等打劫不知名人船上銀米貨物回至萱蒙家窩藏，明知盗贓不合得分銀三兩、米六石、布一十二疋入己。鄭二郎等得銀米貨物，各自花費。事發，本府問擬萱强盗窩主，造意分贓，斬罪。臣等會審節該：伏睹《大明律》内一款，强盗窩主造意，身雖不行，但分贓者斬。若知强盗後而分贓者，計所分贓准竊盗爲從論。欽此。今查謝萱本招盗後分贓之情，乃擬强盗造意之罪。招擬原不相合，相應辦理改擬：得謝萱所犯，合依知强盗後而分贓，計所分贓准竊盗爲從論一百二十貫，免刺，律杖一百，徒三年。有《大誥》及遇蒙恩例，通減二等，杖八十，徒二年。係民審無力，查得《問刑條例》，知强盗後分贓至滿貫者，俱發邊衛充軍。今謝萱分贓滿貫者，例該充軍，但見奉有欽依免軍充徒，合照例定發姑蘇驛擺站，滿日寧家。緣係先問斬罪，今辯問徒罪，未敢擅便發落。

《明世宗實録》嘉靖五年六月〔乙亥〕初長沙豪民李鑑與父李華流劫村落，以拒捕殺巡檢馮琳。琳子春震奏狀，華坐死于獄，鑑後以劫盗燒毁魯萬章房屋，事覺當斬。奏上，詔下所司逮捕。知府宋卿捕鑑甚急，時尚書席書方巡撫湖廣，論劾宋卿内指李鑑罪，爲卿故入。上遣大臣往按之，還言：卿所犯俱無實，鑑已捕獲，罪不可原。上遂命逮鑑來京重治。鑑至繫獄，席書萬烏鑑奏曰：臣以議禮忤在朝諸臣，故湖廣問刑官以臣所劾宋卿之罪，悉爲文釋。乃歸罪李鑑，欲爲出宋卿地也。乞敕法司會官覆勘以伸冤抑。上下其疏於法司。會監察御史蘇恩，大理評事杜鸞當訊其事，乃各論奏言鑑之罪至於殺官兵，劫人財，燒房屋，可謂極矣！昔衆証而獄成，今親審而詞服，乃知原問官覈實定擬，非有私也。席書以宋卿之故，輒爲奏辯，且以議禮爲言。夫大禮之義，發於聖孝，而書以一言當意，動輒援此以挾陛下，以壓群僚，壞亂政體甚矣。唯陛下深思之，亟以李鑑明正典刑。於是刑部覆奏，請下湖廣撫按官再勘。上曰：鑑事既席書代爲伸理，必有冤抑，不必再勘，免死發戍遼東。

（明）應檟《讞獄稿》卷五《各處會審强盗疏嘉靖五年》 强盗壹名徐

洪，係直隸寧國府南陵縣民。該監故程達招：嘉靖五年五月二十七日夜，未獲俞把實不合商同達、在官劉朋、程儀、王治、金羊、柯移林、孫招、徐洪，各不合隨從與監故吾永泰、徐麻子打劫已省發徐鸞財物，徐洪分得監青舊紵絲褶雲絹女裙女衫各一件，青布女裙八幅，銀簪二根，餘俱俞把實分用。本年六月二十五日夜，達等又打劫已省發章玘家財物，徐洪分得舊青紗女衫。白布女裙，舊青布褶各一件。本年七月初四民日章玘具告青陽縣，林典史督同地方緝到地名木竹潭，見達等在，未到方滿、畢順等店内買酒喫飲，俱被拏獲。取供間，徐洪等各訴巡按等衙門改發本府，徐麻子、吾永泰各監故。問擬程達、徐洪、王治、曹金山、劉朋、程儀、柯移林、孫招俱强盗得財，斬罪。程達、劉朋、王治、曹金山、程儀、柯移林、孫招各監故，將洪監候，轉詳待報問。臣等會審得：徐洪哭訴冤枉，未肯輸服，固難輕信，但查本犯與已故程達等各爲盗情，本無實跡，始因民捕猜疑倉卒被獲，終無贓證明白，苟且成獄。屢經審録，巡按等官會審矜疑，未必無見。緣干强盗重情，固難輕辯，依擬處斬，則有可疑。

（明）應檟《讞獄稿》卷二《蘇松等處會審疏嘉靖六年》强盗壹名顧昇，招係直隸蘇州府吴縣民。嘉靖六年十一月二十二日夜，監故俞三目拆，沈富、顧順叫昇，不合聽從到在官夏軾家後門，用鐵鑿掘開墻洞，進内盗出猪五口。下船因見無人醒覺，復又進入撬開房門，偷出首飾、銀錢等物，分散。夏軾告縣，致被民捕緝拏送縣。畏刑妄招打劫虚情，致蒙將昇與俞三目拆沈冨、顧順俱問擬强盗得財斬罪。招申巡按劉御史，參係竊盗駁回，仍擬前罪。俞三目拆、沈冨、顧順各監故，訖將昇轉詳，又蒙巡按胡御史審係竊盗，行縣勘明，改擬竊盗得財减等，杖九十、徒二年半。初犯刺右小臂，招申本道因已轉詳，照舊監候。臣等會審，前情無異，合照見奉恩例再減一等，止杖八十、徒二年，刺字發姑蘇驛擺站，滿日疎放。緣係先問斬罪，今辯問徒罪，未敢擅便發落。

（明）應檟《讞獄稿》卷五《各處會審强盗疏嘉靖八年》强盗壹名李坤，招係直隸建陽衛中所軍餘，先年已故父李松帶坤搬在郘村鎮地方開店。嘉靖八年八月二十八日，已故不知州縣民吴海在坤店内安歇，説稱上興埠有一夥人約要打劫未到陳興家邀坤，不合聽允同去地方名鐘山，撞遇溧水縣已獲趙奇、張成、徐槐、周義、已故民劉清一、王鸞等聚積在彼約候。更深時分，前去陳興家，打開後門，劫出銀一十六小錠，綿布三十疋，衣服三十件，銅錫器靴等分散。比鸞地方人衆前來救護，周義在房把風脱逃不出，當被護送溧水縣，招出趙奇等，各拏獲，監故。坤聞事露，前來本衛軍屯博望圩等處賣布往來，致被本衛捉獲，搜出原分藍綿布四疋、銀二兩六錢，移文溧水縣，查有坤姓名，問擬强盗得財斬罪，詳允監候。臣等會審得：李坤哭稱因貧隨父逃移郘村鎮居住，與歇案强賊李坤同名，被巡軍猜疑將嫁妹綿布、開店本銀妄拏到衛，屈問重罪等語，固難輕信，但查原案李坤明稱宜興縣民人，今招李坤自是建陽衛軍餘，姓名雖同，貫址甚遠。且盗賊起於貧窮，贓物必難久存，巡軍於一年之後、搜出藍綿布四疋銀二兩六錢，遂以此爲原劫之物，揆之事理，俱難准信。况先無分贓數目，後無失主承認，恐有同名誤坐之冤，未見情真罪當之義。

（明）應檟《讞獄稿》卷五《各處會審强盗疏嘉靖八年》强盗壹名謝玉招，係直隸揚州府如臯縣民。嘉靖八年十一月，監故姚相、王璁、稽安向王商劫本縣未到梅權家財，玉不合聽允，到梅權門首打開大門劫出銀錢、服飾、布疋等物。内玉分銀銚子一根，重九錢五分，藍布衫一件，白布衫二件。梅權首縣差未到快手劉潮緝拏間，王懼罪，又不合逃躲常州府武進縣包港團洲地方潛住，將分布衫三件賣與過路不知名人得銀一錢八分，并銀銚子俱費用無存。劉潮等止將姚相、王璁、嵇安獲送本縣，問擬强盗得財，各斬罪，監故。照出玉另行嘉靖九年八月，鎮江衛未到巡軍顧演關在江緝知玉曾與姚相等劫財，捉送本衛關，送鎮江府問擬强盗得財斬罪。詳允監候間，臣等會審得謝玉極口稱冤，不肯輸服，固難憑信，但查本犯雖係歇案人數終無原劫贓物，卷查姚相招攀者，凡四人、徐阿狗、馬冨一、劉漢，三人俱各辯明，何獨謝玉一人仍得其情，委屬可疑。

（明）應檟《讞獄稿》卷三《常鎮等處會審疏嘉靖八年》强盗壹名韓琮，係直隸鎮江府丹徒縣人。該見監王文招，嘉靖八年十二月二十九日酉時分，文與已獲王還、王方、韓玠，并另居弟韓琮、韓玹雇船前往焦山南江，各不合打劫得客船上銀布衣服俵分，陸續費用。嘉靖九年四月初二日，文與王還、韓琮并在官孫種各不合與監故魏昇、王真行至黄天蕩北岸地方，打劫上水不識姓名湖州客船上金銀、衣服、首飾等物均分。文等各又不合打劫經過失記姓名江西人船上飯米五石，俱陸續花費。本年八月初四日，韓玠、韓玹將情不合隱下强劫真情贓數，止稱擠住行船掠取白布錫鏇等物，具狀。首府問擬文與孫種、王還、韓琮、魏昇、王真强盜得財斬罪，韓玠、韓玹犯罪自首不實至死者，減强盜得財斬罪一等，減等各杖一百，徒三年。詳允轉詳未示間，魏昇、王真各病故。臣等會審：王文等情俱無異，及查韓琮係韓玠、韓玹首發是的，除王文等發回監候外，數內韓琮既招係韓玠、韓玹之弟，係得相容隱之人。韓琮强盜之情，既爲韓玠等所首，律於得相容隱之人爲首，得免其罪。若所首不盡至死罪，得聽減一等。今韓玠、韓玹既准自首免罪，獨將韓琮仍擬前罪處決，與律不合，改擬得相容隱之人爲首聽如罪人自首不盡至死者減强盜得財一等律，杖一百，流三千里。有《大誥》及遇蒙恩例通減二等，杖九十，徒二年半。係民審無力照例發京口驛擺站，滿日寧家。緣先問斬罪，今辯問徒罪，未敢擅便發落。

（明）應檟《讞獄稿》卷五《各處會審强盜疏嘉靖九年》

强盜壹名鮑世澄，招係直隸常州府江陰縣民。嘉靖九年七月二十六日，澄與未到丘三郎各不合與監故翁祥、王雲、王義、李貴、翁志奎、王炳打劫在官趙殷財物。澄與丘三郎分洗白布衫、麻布褲、青紵絲襖各一領，綿布褶二領，止存金冠髻一箇、金環一雙，銀二兩九錢，封放翁祥處各散。二十七日澄等到翁祥家，澄與丘三郎共分金二錢六分，銀四錢，與前分衣服各賣費訖。八月初五日，趙殷首縣緝獲翁祥、王雲、王義、李貴、翁志奎、王炳，問擬强盜得財，各斬罪。監故照提澄到，亦議前罪。詳允監候間，臣等會審查得：鮑世澄訴稱素靠賣魚度日，鄰里素知，止因翁祥販鹽致累將伊揪打。後被爲盜事發，挾讐攀害，致問重罪，實切虧枉等語，此言固未可信，但查本犯既無見獲贓仗可憑，又無顯著踪跡可推，雖出翁祥供攀，未經面鞫，祇據紙上舊案終非心服。脱有挾讐妄攀，如本犯所訴則非惟不足以懲惡，抑恐適足以致冤，情罪委有可疑。

（明）應檟《讞獄稿》卷五《各處會審强盜疏嘉靖九年》

强盜壹名劉良即劉梁，招係直隸徽州府歙縣民。嘉靖九年九月二十日，梁販蘿蔔到廬州府盛家橋，在官金錢門首灣船，與在官黃五買食攘鬧。十月初四日，金錢因欠黃五穀錢攘鬧，各被黃五捉打一頓。梁因到金錢家探望，金錢向梁商要告狀，將黃五家姓名開寫與梁。本月二十五日，梁回繁昌縣，不合投未獲胡欽夥內，與同不識姓名十人駕船靈山墩，遇晚打劫不知名贛船。梁分得紅改女圓襖、緑紵絲女裙各一件，餘贓俱胡欽等分散。十一月初三日，梁背前衣至浮山，撞遇脱逃，快手張鳳、王貢、在官魯志高等窺見，將梁捉鎖打招有錢人家。梁被打不過，依攀在官黃珊、徐通、吴連、劉昂等各被嚇取銀貨入己。復將梁打招大户人家，梁無奈思起黃五前讐，就不合將金錢原帖與張鳳等呈送繁昌縣，批差張鳳在官，民快楊文質等捉拏黃五不在，將黃五店內什物搬虜入己，隨將在官姪黃二捉送本縣審究問，黃五訴行太平府審供前情，備申操江衙門駁行池州府。問擬梁强盜得財斬罪，黃五、金錢、楊文質等各徒杖罪名。發落訖，將梁監候。臣等會審梁訴稱路遇程錦，拐帶情熟娼婦張二，要行捉首，將前衣服二件賣放。梁帶至浮山吴寶家對換蘿蔔，被總甲張鳳窺見，刑逼盜情，致問重罪，實切虧枉等語，固未可盡信，但查無黨與供攀又無失主告理，止因隨身之衣，遂成斬首之罪。張鳳等既敢刑逼劉梁以誣人，安知其初不刑逼劉梁以自誣？緣干娼婦張二等，無從獲證，固未易辯，依擬處死，則有可疑。

（明）佚名《四川地方司法檔案》

壹起爲狼虓闖王羣虎科剥窮丁銀兩告捉男兒等事。壹名，馮仕秀，年叁拾捌歲，成都府崇慶州新津縣興義鄉民，見當本縣快手身役。狀招：洪武年間，本縣在官傅習故高祖傅朝四與在官倪仁故高祖倪普用以叁丁合户抽充布政司織染局機匠壹名，貳姓子孫伍分輪流應當，每年每分出飯米壹石，共伍石，幇貼應役人工食。如遇輪該進貢絹疋，議定衆貼使用盤纏銀壹百兩，至今無亂。嘉靖貳拾年內，輪該傅習與眉州未到機户劉友德同解該年分絹疋去京，節因旱傷，前絹未曾起解。嘉靖貳拾捌年內，蒙本局行縣查拘傅朝四、倪普用底業户丁赴局收解絹疋，比在官户首傅添林議令傅習與在官傅雄、傅桂枝經收。伊等思得本户舊有議定盤纏銀兩，向傅添林説知，伊於本户內除故絶壹分外，止將實在肆分各照前議，每分派銀貳拾伍兩，共壹百兩。令傅習等自行收討間，比未到傅添倫壹分該銀壹拾肆兩陸錢止交壹拾壹兩肆錢伍分，未到傅興等壹分該銀肆拾壹兩陸錢止交叁拾叁兩柒錢貳分，倪仁與未到傅廷價貳分共銀肆拾叁兩捌錢，通共捌拾捌兩玖錢柒分，交與傅習等接收。傅添倫遺欠□【略】欠柒兩捌錢捌分，未曾收討。本年叁月內，傅習與劉友德收完絹共肆千伍百壹拾陸匹，報數在局，具由□詳本司。蒙查照舊規，動支庫貯解絹水脚白銀壹百肆拾兩，併造厢鎖索扛茴銀貳拾貳兩伍錢。劄發本局，當將茴銀收買木料漆斤麻索卷厢扛架等項完備，於本年肆月初貳日稟蒙本司，會同按察司，將前絹併水脚銀兩驗封給文，批差本局未到吏胡禮與傅習、劉友德領解，赴撫按衙門挂號，劄發錦官驛起關用舡裝載。比傅習等就於前貼盤纏銀内，將叁兩玖錢玖分買備猪羊鷄酒香紙燒祭開舡，併嘉定、雲陽、瞿塘、新潭、黄龍廟等潭叁牲香紙燒祭神福，陸續費用訖。本年玖月初伍日，傅習等到京，投未到店户高銀山家宿歇，傅習、劉友德各出銀貳兩，與高銀山僱房裝放絹扛。比傅習在途陸續使費盤□【略】分，仍有銀柒拾貳兩在身。後胡禮□【略】工部挂號，將絹驗發承運庫未收間，傅習因少本庫鋪簞茶葉銀兩，約借本縣聽選監生未到袁恒、未到家人袁定白銀肆拾伍兩，連前剩盤纏銀共壹百壹拾柒兩，劉友德自備銀壹百壹拾柒兩，併本司原發官銀壹百肆拾兩，赴該庫納完。本年拾貳月初貳日，傅習因無盤纏，令傅雄、傅桂枝在京候上絹疋，傅習同袁定先回。本月初叁日，傅雄、〔傅〕友德將前絹赴該庫交納，於内驗得不堪絹貳百零伍疋退出。責令掉換間，傅雄又借夾江縣會試翟舉人白銀叁拾兩，内將貳拾伍兩伍錢，劉友德亦出銀貳拾伍兩伍錢，同至失記名鋪户家將不堪絹疋並各找貼前銀共掉換好絹貳百零伍疋，於嘉靖貳拾玖年貳月拾玖日赴該庫鈉獲實收，赴工部銷號，領批回司銷繳訖。本年叁月初柒日，袁定見得傅習不還前銀，將情告赴本縣。准拘間，傅習思係解絹借過銀兩，去向倪仁等説稱如今該你衆人出錢相還等語。比倪仁不允，傅習就不合將倪仁辱罵一頓。傅習亦將情於内不合添揑取討批單救命家到，議合分派有衆不出，累及叁人不甘等項虚實情詞告縣。准差未到快手張敖行拘，伊因身不在家，比仕秀要得討錢使用，就不合冒頂張敖□【略】熊滿各不合依聽前去，將倪仁□□，索要酒食人情。伊殺鷄壹隻，買酒壹壇，整設與仕秀、胡伯儒、熊滿食飲，各又不合向倪仁索要打發脚步白銀貳錢，菜子壹斗值銀伍分。仕秀分銀壹錢伍分，胡伯儒伍分，熊滿菜子壹斗各入己，方將倪仁等送縣。審得傅習委果借欠前銀是的。蒙斷令倪仁等肆房共出銀伍拾兩相還袁定。比倪仁等壹分該銀玖兩伍錢，止交貳錢肆分伍釐，遺欠玖兩貳錢伍分伍釐。伊因無輳，思起傅習辱罵讎恨，及見傅桂枝在官弟傅桂林在縣候缺吏役，要告。將情具狀，同伊在官弟倪玖各不合添揑本局每絹疋幫銀叁分，共壹百貳拾兩，本户變産貼壹百兩，另眉州貼户劉友德壹百兩，通共肆百余兩，就被父子侵收。傅習、傅雄拴同通縣積年罷吏傅桂林，仍將倪仁告縣，重追白銀伍拾兩，逼迫跳水等項虚實情詞各開粘單壹紙，於本年陸月拾陸日告赴布政司。蒙批：仰府行局提問招詳。蒙府牌行縣局，提解仕□【略】傅添林、傅雄各亦將情連名具狀，□【略】衆證前銀委係各房先年議定幫貼盤纏，不係科派等情是的。蒙斷令：傅添倫將原欠銀叁兩壹錢伍分，傅興等欠柒兩捌錢捌分，併倪仁後欠銀玖兩貳錢伍分伍釐，俱行縣照數追給傅習，輳還借過袁定銀兩各等情無異。將仕等取問罪犯外，結得白銀每錢值鈔捌貫，招結是實。

伍名：胡伯儒，年叁拾陸歲；熊滿肆拾歲；傅習叁拾叁歲；倪仁伍拾歲，倪玖拾玖歲，俱新津縣民匠。各招與馮仕秀招同。

肆名：傅添林，年肆拾伍歲；傅雄叁拾歲；傅桂枝、傅桂林各叁拾貳歲，俱民。各供與馮仕秀供同。

壹，議得：

馮仕秀等所犯，馮仕秀、胡伯儒、熊滿俱除求索，傅習除罵人各輕罪不坐外，馮仕秀、胡伯儒、熊滿、傅習、倪仁、倪玖俱合依不應得爲而爲之事理重者律，各杖捌拾，俱有大誥減等，各杖柒拾。俱民，傅習審稍有力，馮仕秀、胡伯儒、熊滿審俱〔無〕力，候申詳允日，各照律例，傅習納工價折谷贖罪；馮仕秀、胡伯儒、熊滿；倪仁、倪玖依壹事告實者免罪。與告實傅添啉、傅雄，供明傅桂枝、傅桂林各還役寧家。馮仕秀快手另拘誠實户丁補役。

《明世宗實録》嘉靖二十二年六月　乙丑，奪肅府金壇王真洵禄一年。真洵所親張瑞者犯死罪，洵衣小衣，持刀，率其妾婢官校四十餘人自州獄劫出之。御史尹敏生以聞。詔切責真洵，奪其禄。令所司捕瑞驗治。

《明世宗實録》嘉靖二十四年三月　〔壬辰〕詔發慶成王府奉國將軍已革爵庶人表㰚於高墻禁住，降奉國將軍櫶表槼表欅爲庶人。表㰚等坐糾率群盗肆毒宗枝，俱爲撫按所劾。而表㰚尤以稔惡不悛，違訓蔑法，故特加重焉。

《明世宗實録》嘉靖二十五年七月　〔乙亥〕武昌衛軍餘劉貴，初倚楚府聲勢，騙財害人致富。及楚王薨，懼怨家來索，延其母姨夫永安王府中尉顯椐于家守之。楚府宗室崇陽王顯休中尉英熽、永安王長子英焌奉國將軍榮縉及餘將軍中尉英州、英熛、英炕、英烇等俱利貴所有，糾惡少數十輩，排户而入，顯椐不能禦。顯休等遂競攫其金帛。時攝國事通城王適過其門，貴大呼曰狀，遣卒詰捕。英焌、顯休等反群擊通城王，從者多被傷走，毀通城王冠輿。通城王訟之巡按御史。事未竟，而顯休用事者孫嘉等復以詐財害人，爲通城王收置府獄中。顯休榮縉復劫獄吏奪出之。巡按御史具上其事。上以顯休、恣肆違法，奪禄一年。榮縉、英焌、英熽、英州各豐年。英烇等俱行通城王嚴行戒飭。

（明）佚名《四川地方司法檔案》 潼川州呈，今將問完犯人李正冲等招由理合開具，須至呈者。

壹，問得：

壹名，李正冲，年伍拾肆歲，潼川州鹽亭縣安樂鄉民。狀招：始祖李朝海生高伯祖李志亨、高祖李志剛、高叔祖李志龍。李志亨生曾伯祖李文奇，生族伯祖李冒，生故族伯李永定，生監故族兄李現拱。李志剛生曾祖李文昇，生故祖李嵩，生故父李茂時，生未到兄李正中並正冲，生監故男李秉儉。李志龍生曾叔祖李文旺，生故族叔祖李森，生問結無服族叔失主李茂清，生在官無服族弟李現榮並未到李現烈。各居另住。嘉靖柒年，正冲奉例納充本縣雲溪驛驛吏。壹攷役滿，轉撥龍州宣撫司。因丁父憂服闋撥劍州，收叅承發科吏。專一與李現拱交通龍州賊犯見獲梓潼縣王萬澄、嚴大才、王廷鄂，未獲王三郎、王甫、張廷才、張時用、張時欽、張仲山；劍州未獲苟三兒，即苟成，羅萬珠、任幺兒、陳萬傾；梓潼縣未獲李萬珠、張祥、王二郎、王成、王價、張萬珠等，在於各處地方打探有財人家，就行劫掠，正冲坐守分贓，向未事露。嘉靖貳拾肆年，正冲役滿回家。嘉靖貳拾伍年叁月内，正冲與王價、苟三兒各不合與李現拱偷盜李正中子母馬貳匹，趕至松潘街賣與不知姓名人，得價銀伍兩。正冲分得銀貳兩，李現拱、王價，苟三兒各壹兩入己。本年拾月貳拾貳日，正冲又不合主令李秉儉謫同問結婿賈明朗偷盜本縣省發失主蒲廷佐子母黃牛貳隻，趕至李秉儉家，將大牛宰殺分用，皮骨蹄角丟藏屋後枯井内，又將小牛壹隻割去尾尖，拴藏在家喂養。蒲廷佐輯訪未獲，比正冲、李現拱、李秉儉爲盜得計，各見李茂清、李現榮父子積有銀兩財物，要行糾合前賊劫用。

本年拾貳月初貳日，正冲等就不合將王萬澄等相約來家窩住，就於本家屋後竹林内砍伐荆竹壹拾伍根，削成竹鎗，隨帶油布燃、柏皮、艾葉、火種，至初叁日壹更時分，俱到地名土地壇會齊，等候叁更時分，各執竹鎗、棍棒、腰刀，壹猛前到李現榮門首，燃點柏皮火把油燃照亮，正冲恐怕認識面目，就帶毛皮鬼臉，李現拱、李秉儉等各用火煙塗面，統衆吶喊，就行撞開門壁，連聲叫殺。比李現榮與李茂清等驚慌起身，李現拱與李秉儉就將伊捉住，用皮索壹條綁縛在地，當同苟成不合故違强盜殺人梟首事例，各用鎗刀將李現榮頭腦骨膛左手等處各殺傷，左脚砍傷及將伊未到妻賈氏左手殺傷，用棍將伊男三元打斷左脚，伊女妹兒亂打青瘇；又將李茂清左脚、兩手遍身殺傷四處，並打落牙齒壹個，將伊未到妻梁氏頭耳兩手左脚殺傷壹拾壹處；又將李現烈打傷遍身及伊未到妻何氏頭腦貳處打傷，兩耳打破；又將省發李現文母羅氏頭腦左脚又伊妻馮氏頭腦左手脚各殺傷貳處；又將未到傭工人劉秀賢兩脚手殺傷陸處，劉才頭腦兩手腕各殺傷壹拾壹處，周信兩手腕左脚各殺傷貳處。李茂清火下認識李現拱面目，不敢聲言。李現拱就行糾衆上樓，將廂盖挺開，盜出金鐶三雙、首飾并散碎銀肆拾伍兩、黄紬、白三棱紬、綿麻布壹百叁拾件、緞襖壹件、披肩肆件、常穿小衣服壹拾貳件、銅鑼壹面、氈被壹拾貳張、靴鞋貳拾雙、鐵銀鞦轡壹付、黄臘貳斤，芝〔以下有缺文〕。梁胥、張華、張歡、張金貴、張棟、張價、本縣省發李萬年、李廷友並李正友同行爲盜虛情在官，致蒙復行各州縣提取問，梓潼縣將省發同名張祥、李萬珠，劍州梁胥、張棟、張華、張歡、張金貴，本縣李正友、李萬年、卜南拘解到縣，連日責與李現拱、李秉儉等招對，各不輸服。取具署節口詞，具由開申分守道老爹宋處。蒙批，仰潼川州究問招詳報繳。李現榮亦將情具狀訴州。行提李現拱等壹干解州，再肆審究，中間緊關人犯，係隔别衙門關提不到，係干重典，有礙招詳，牌行奉縣催提問，李現拱、李秉儉各要得摭掩前罪，李現拱具狀，令妻張氏，李秉儉令伊未到弟李秉欽各訴帶管分守川北道老爹曾處。蒙批：仰州問明繳。比張祥不忿，備情於本年叁月拾伍日訴蒙本道。蒙批：仰州虛心查審明繳。本月□【略】柒日，梁胥，張金貴各因李現拱讎證□甘，備情，梁胥令省發梁思侃并張金□連名具狀，赴本道訴，仰批州問明繳。本月拾玖日，□大理寺老爹皮臨州審録，案開審□【略】各犯有詞，贓欠的確，且未一一追獲，□州研究明實，務使輸服，勿致枉縱。蒙□查審間，本年伍月內，王萬澄、嚴大才、王廷鄂、曹馬兒因在梓潼縣强盜失主財物事發，蒙縣行拿到官，供與前情相同，具由諜呈前來。隨蒙本州楊知州看□，正冲亦係上盜分贓强犯，提取李現拱等招對。正冲又不合不將宗枝供報，止招與李現拱、李秉倹并未獲李萬珠、張祥、苟三兒、王甫等同行打劫本户李現榮家財，賈明朗竊盜蒲廷佐牛隻各情〔以下缺文〕。巡按老爹馮按臨本州審録。比本縣刑房問結該吏王珠見得李現拱、李秉倹病故，將正冲轉作招頭，於招内誤寫正冲與李現拱等同殺李現榮，俱引例在内造册，連人解赴本院。會審得：正冲情真，監候轉詳待報審决。王珠又不將李現榮首告詞狀抄謄，止將原問招由於嘉靖貳拾捌年正月拾玖日抄申布政司轉詳。刑部查無原發，駁行本司行縣，將王珠問擬不應杖罪招詳本司，轉呈巡按老爹鄢處。蒙批，王珠贖完還役，取實收繳。其原發招由即咨轉詳施行。本縣又將正冲原發招由抄申本司轉詳本部訖。嘉靖貳拾玖年陸月貳拾捌日，蒙本院按臨本州審録，王珠又不合不將正冲招由查明改正，仍照前招造册，連人解赴本院。會審得，正冲糾合王萬澄等强劫李現榮家財是的，但招内引例而議罪，項下又欠照例字樣，不知何故。分巡道查明改正。監候詳報處决。本縣將正冲事由開申帶管分巡道施僉事處，蒙批，情罪已明，不必解審。仰潼川州查明改正招詳繳。蒙州行縣查得，正冲原招内止是劫財，并無用刀殺人。王珠因見李現拱、李秉倹監故，將正冲轉作招頭，誤寫正冲、李現拱、李秉倹、苟成同殺李現榮引例字樣，致蒙行查改正。將王珠問擬不應杖罪，招申本州轉報訖。嘉靖叁拾年貳月內，蒙本部勘合，看得，正冲主令監故男李秉倹及李現拱强劫李茂清、李現榮家財，似亦情真，但親屬若行强盜者，須查據尊卑親疏議罪，今正冲招内但稱本户不行開叙服次，使尊卑無查攷，遽坐前罪，有礙詳允，合駁再問。該司即便轉行該州，將正冲干證人卷提吊到官究問明白，依律議擬停當，仍呈巡按衙門會審無異，另招轉詳，以憑詳擬施行。蒙行本司轉行本州行縣，提解正冲與李現榮、李萬廷到州審問。蒙將正冲發回監候，牌行本縣就近拘審户首鄰佑查勘宗枝是何服制，的確取具，歸一供由，申州轉詳。蒙縣行拘李現榮、李萬廷并在官户鄰李茂暘、何友、李讓、譚大林到官，取出正冲與李現榮等對審，各將服制報出，中間并無隱漏。取具供由申州，覆查無異。今蒙取問罪犯。

貳名，李現榮，年肆拾伍歲；李萬廷，肆拾歲，俱本縣民。各供同。

壹，議得：

李正冲所犯，除竊盜罪名不坐外，仍依原擬强盜已行而但得財者不分首從律，皆斬，决不待時。候詳允日抄招發縣，枷鐐牢固，監候會審轉詳，待報處决。供明李現榮、李萬廷等先行省發寧家。

《明世宗實録》嘉靖三十一年十月〔丁丑〕荆府輔國將軍厚熂與都昌王載埱有隙。夜率家人吳俸等入載埱府捽縛載埱，劫千餘金以出。載埱發狂，乃縱火自焚其宫，投一子於井溺死。撫按以聞，詔下法司擬罪：俸等處斬，餘黨惡皆謫戍，厚熂奪禄一年。

（明）潘季馴《潘司空奏疏》卷一《强盗打劫縣衙疏》　題為，强盗打劫縣衙殺死人命，懇乞天恩查究地方官員，以警人心。事據惠州府經歷司，呈承准本府照會抄，蒙臣牌仰，查劫殺知縣舒顓賊徒，曾否損失庫銀，與該地方失事人員職名，呈報依蒙查得。嘉靖三十八年十一月初二日，據博羅縣主簿汪樂手本呈稱，本月初一日夜二更時分，被强盜一陣往縣背衙入後衙次及庫縱火燒燬，後棟并庫中盜賊强盛官兵抵敵不住，知縣舒顓被傷身死，一家傷死四命，門子一命等情。到府行據本府照磨曾尚仁呈稱，會同主簿汪樂、教官孔弘俊等，當堂弔取庫簿，查得新舊存在庫銀一千零二十七兩三錢六分二釐入庫，眼同驗看庫外排柵庫門鎖鈕並無損壞，又驗得知縣舒顓被傷身死併一子一壻家人一名門子一名俱被傷死。燒燬後堂衙宇一座七間，理合呈報。隨該本府署印通判黄若海，詣縣覆驗相同。又該知府顧言前往梧州稟議地方事宜，回還經過本縣，親驗無異，及查該縣巡捕典史余珏、主簿汪樂、巡風該吏黄若瓊併一應守城巡更兵壯人等，俱屬有罪，相應提究等因。到臣案查先奉都察院勘合劄付准，吏部咨為舉劾方面官員，以肅政體事。該本部題覆前巡按監察御史徐仲楫，論劾知縣舒顓才力不及，所當改調題奉欽依移咨備劄，仰臣依奉案行廣東布政司行令本官解任起，送聽調及行該府委官照磨曾尚仁交代接管。去後續據惠州衛呈該博羅縣主簿汪樂手本報同前因，臣隨牌行守巡兵備該道併該府衛，訪捕真賊解報，仍將失事人員查參呈奪。續據廣東布政司分守嶺東道左參議馮臯謨按察司專理鹽法兼管屯田水利帶管嶺東兵備分巡道僉事殷從僉會揭開稱各職依蒙星夜兼程馳至該縣，會查得知縣舒顯因為調任收拾起程，於十一月初二日，打發女壻徐□先回，不料初一夜二更被賊徒一十八人密從北城越進，竊入衙内，先拏女壻徐□勒銀不得，徐□喊叫，隨即戳死，又拏本官次男舒惟備在於後園空地拷打要銀，比有舒顯并家人舒盛三門子葉潮近救，一槩被戳身死。將本官衙金銀首飾衣服財物刼去一空，及開欵查議防捕事宜前來，又經批行及行廣東按察司併惠州府備查該地方失事官員從重叅呈未報。續於嘉靖三十九年二月初七日，據該府捕盗通判洪章呈併和平縣申俱為緝獲打刼縣官强盗事，内稱拏獲刼殺知縣舒顯賊犯李老仔、劉汝秀等，審據供稱原係該縣不識姓名民壯數人。探知本官多有財物糾同刼殺等情，復經批行分巡道究問，招詳併催司府查報。去後今據前因臣復行查得比因帶管嶺東兵備分巡道僉事殷從儉、分守嶺東道左叅議馮皐謨各為潮州倭賊生發，惠州府知府顧言亦以該府地方事宜俱赴梧州軍門議處廣海衛指揮陳學翦已於去年九月二十五日奉到勘合推陞惠潮守備尚未赴任，以致地方空虛，各賊乘機竊發逐一查明前來。為照博羅縣聽調知縣舒顯居官不檢，積有餘資，既奉改調，又復延住，慢藏誨盗，自取殺身，誠不足惜，但越城殺官，漸不可長，而賊止一十八人，追捕甚易。所據地方官員既不能弭盗於平時致令竊發，又不能擒滅於臨事縱使遯逃相應通行查究，以警將來者也。叅照惠州府署印通判黄若海博羅縣署印本府照磨曾尚仁均承視篆之責，全無任事之艱，惠州府捕盗通判洪章，惠州衛巡捕指揮任元相，博羅縣巡捕典史余珏專司防捕之職，均乏捍禦之方。以上各官俱當懲究者也，守備惠潮地方以都指揮體統行事指揮同知陳學翦延緩不行赴任，以致備禦乏人。博羅縣主簿汪樂既為協理之官，難逃坐視之罪。以上二臣亦當均治者也。再照廣東按察司專理鹽法兼管屯田水利管嶺東兵備分巡道僉事殷從儉、廣東布政司分守嶺東道左叅議馮皐謨、惠州府知府顧言雖俱以公事遠涉他郡，勢難遥制，情若可原，但均受地方之重寄，乃致寇盗之入城，亦難辭責者也。伏乞勑下該部再加查議，將殷從儉、馮皐謨、顧言量加罰治，惟原其遠離地方，姑從輕貸，其黄若海等容臣提問巡風守城吏壯黄若瓊等一併究治。仍勒限捕獲贓犯，明正典刑，庶幾人心知警而地方允賴矣。緣係云云，謹題請旨，嘉靖三十九年五月十五日奉旨：該部知道。

《明世宗實録》嘉靖四十一年六月 壬戌，井陘民兵耿梅等擁衆入兵備道，露刃鼓噪，挾副使李一瀚，索去歲及春月所欠月糧。一瀚不得已，各給兩月糧，其餘爲移牒各郡邑即付，各兵自持之，乃散去。巡按御史王漸以聞，詔擒治首惡誅之。一瀚以不及例調用。

（明）沈德符《萬曆野獲編》卷四《宗藩・楚宗伏法民》 楚宗劫槓一案，起于道臣周應治之報反，成于撫臣趙可懷之鐐杻，後來處分誠過，然劫掠貨財，又無端殺一巡撫尚書，何可末減？獄成賜死足矣，身首異處，已覺太過，至行刑顯陵，則舛甚矣。顯陵爲興邸舊園，與太祖子孫何預，而祭告之耶？始則地方諸臣貪功，妄報稱兵謀逆，一時喜事者，如鄖陽巡撫胡心得等，勒兵境上，疏請會師，張大其事，以致用此重典。今攻故相者，至謂楚宗無死法，此議又未確，時賢特欲白江夏之寃甚四明之罪，未免矯枉過正。總之前案失之苛，後案失之縱，皆時局使然，非通論也。善乎！袁中郎之詩曰，國體藩規俱不論，老臣塗血也堪憐。盡之矣。

（明）沈德符《萬曆野獲編》卷一八《刑部・嘉靖大獄張本》 世宗朝，李福達之獄，張、桂諸人，因結郭勳，以陷多官，天下後世皆知其寃矣。而其端已先見於席書矣。先是，湖廣長沙豪民李鑑，與父李華，以行劫爲業，至拒捕殺死巡檢馮琳，其子春震訟之朝，逮華瘐死於獄。鑑又以爲盜，燒良民房，坐斬逃去，詔急捕之。長沙知府宋卿者，四出追討。時新貴席書，尚撫湖廣，因論宋卿而引李鑑事爲故人，上遣大臣往勘，則鑑已就縛，輸服請死，宋卿所讞非枉。上又命逮鑑至京再訊，席書時已入爲禮部尚書久矣。乃疏曰：臣以議禮忤朝臣，故楚中問官，釋宋卿之罪，而歸罪無辜之李鑑。乞敕法司會勘，以辨是非。上下刑部，會御史蘇恩、評事杜鸞訊之，合疏言，李鑑殺官兵，劫人財，燒人屋，昔衆證已獄成。今親審又無辭，而席書欲實其劾宋卿之奏，輒代爲死囚辨，且以議禮爲言。夫大禮本出聖意，書以一言偶合，援此要挾陛下，以壓服滿朝，惟上深察之。於是刑部尚書顏頤壽等，請行湖廣再勘。上曰，鑑事既有席書伸理，必有寃抑，不必再勘。命鑑免死戍遼東，是時席元山雖狠愎，亦未敢遽執其事，尚請覆覈。而世宗獨斷，直謂議禮新貴所昭雪，即跖蹻亦必曾史，遂將前後爰書，一筆抹殺。此嘉靖五年六月事也。不數日，而山西按臣馬録，劾張寅、郭勳之疏見告矣。今人但知李福達一案，而不知先有席書，李鑑，同在一時，因紀其概。先是給事陞僉事，遞解爲民，陳洸妻鄭，以姦離異，其子桓殺人坐死，席書代爲稱冤。云洸以議禮，爲人嫉惡，文致其罪，乞恩稍寬之。上命洸免遞解，妻免離異，子免死戍邊。此獄亦不曾再訊，竟以中旨寬釋，此先一年事也。蓋以議禮爲護身之符，以訾議禮者，爲反坐之案，情狀甚易見，上亦心知其然。但慮昔日考孝宗旨，乘機再用，借此箝天下口耳。

（明）沈德符《萬曆野獲編》卷一八《刑部·嶺南論囚》 沈司馬又爲余言，粤中用法嚴，凡遇劫盗，即時論斬於市，但承臺檄至，雖縣令亦出蒞刑，如北方捕獲響馬賊例，初不必奏聞也。蓋是時爲穆廟末年，殷石汀正茂以司馬督兩廣，專征伐，爲首揆高新鄭相知，以故得度外行事如此，若在今日，必坐以擅殺人之罪矣。沈又云，每決囚後，見市人多手挈肝肺，持歸啖之。初以爲羊豕，既乃知劫盗五臟也。地近夷方，殘忍至此，想近年必無其事矣。

《明神宗實録》萬曆四年八月〔乙酉〕法司會擬陽曲王府輔國中尉新塊、未請名封朱劉孫、朱賽兒、朱禄兒糾衆行劫，至于傷人。中尉新壁謀而未行，分贓有據。中尉知熮、新垔縱子劫殺，教家不嚴，各情罪以聞。上命降新塊、新壁爲庶人，新塊仍與朱劉孫等俱置閑宅，知熮、新垔各奪禄米三月。

《明神宗實録》萬曆六年九月〔己未〕兵部題覆應天撫按疏稱：蘇州府嘉定縣七月内，强盗約八九人越城砍殺打劫，共傷官兵五人，未劫財物，越城脱逃。已而拏獲强盗陳阿大等七名，未獲陸金二名。各官事出不意要，情既可原。又未幾，救援擒獲功足贖罪，似應免究。有旨：兵備馮叔吉姑免究，奪百户譚相等俸三月，各賊審決梟示，仍緝拿未獲者。

《明神宗實録》萬曆十二年四月〔戊辰〕革宗室廷堪爲庶人，幽臘等於閑宅。以都察院胡來貢奏其劫財殺命也。

《明神宗實録》萬曆十四年七月〔丁未〕山西撫按官題：山西夏縣、垣曲等縣地方，自去年以來，河南奸民節次河盗礦，隨即驅逐解散。今于本年六月内，糾集數千，恃衆拒敵，圍困營軍，剳傷職官，恐有他虞。乞會兵禁戢，并圖善後事宜。兵科言，宜行撫按，一面開諭禍福，令其解散，一面厚集官兵，張勢驅除。仍令各省重臣計議救荒弭盗，小則便宜行事，大則據實直陳。上令依議實行。

《明神宗實録》萬曆二十四年正月〔甲申〕直隸巡按陳遇文奏，慣賊左文俊糾黨千人拒捕。上以强賊敢于京城近地聚衆劫財，其嚴究正罪，不許玩視容縱。

《明神宗實録》萬曆二十七年七月〔丁巳〕湖廣撫按奏，奉國中尉華煳夥黨行劫，刑部覆請，命禁之高墻。

《明神宗實録》萬曆二十七年十月 丙申，盗劫刑部簡較熊履初於漷縣，舟中殺傷家屬二十餘人。兵部以聞，并参共知縣李如祥，守備劉諫等，乞嚴令戴罪捕盗。漷縣去京僅八十里。

《明神宗實録》萬曆二十九年二月〔辛卯〕湖廣巡按王立賢奏税監委維賢，因開礦無砂，謀爲冠盗，白晝持刀，入穀城縣堂，拷打署縣主簿，欲開縣庫不得，踰城而去。

（明）毛一鷺《雲間讞略》卷一《一件强盗劫燒事》 兵道李駁問上海縣詳犯莊賢等。

前件審得：莊賢以嗜賭故流爲無賴，而乃忮心堂兄莊仁之多貲，鼠竊不已，繼之强劫，致仁身被楚毒，藏幾爲罄而居且爲燼，亦慘矣。又縶其媳爲質，以殿追者。何狂逞無忌耶。此雖勢成於夥黨而分贓獨多，賢蓋自旌爲戎首。照例梟示，賢也何辭。其黨朱滿、李成、張大、孫龍俱同行分贓，駢斬不枉。而例無皆梟之文，固不必濫引也。賢父莊惠雖未躬與盗伍，乃夙仇先已開隙。及原捕獲賢時，惠又不惜以身護之。且賢陰授所帶盗贓，惠復袖而匿之，當爲捕兵搜出。此蓋載在初解原呈中。今核縣卷，瞭然可覆視也。鞫原捕，一一供吐如昨。即莊賢不能自諱，並不能爲其父諱也。夫賢未敗之前，惠既不首明以自別白，賢已敗之後，惠復爲護匿以自樹招。惠果僅僅知情而不與謀者乎？惠既與謀，則身雖不行，賢之盗即惠盗，賢之贓即惠贓也。以凡盗論惠，惠當斬。乃查惠爲莊仁的叔，律得遞減五等，幸矣。乃亦在應配之科，不第杖也。至若莊仁之死雖越三月，實斃於群盗之一炙。第賢輩已論斬，更無可加之法。即以惠論，叔殺侄，雖出自手刃，亦以親故議減。況惠未以身往，縱不免造謀行劫之罪，此固難以苛及。汪小六與賊同居，而又授賊以兵，彼無所覬覦，肯爲劇盗輩口實，乃研審各盗俱極口稱未分贓，則垂涎於先，未染指於後，或亦其悔過一念翻然改圖耳。然不行、不分贓，自有杖一百本律，不應非定案也。劉隆爲劉天祥之弟。天祥敗而逃，隆獨安坐如故，已足爲中情不怯之一券。迨詰其被花從何得，典票從何來，則供爲天祥逃後，從其居室間所拾者。此其言固半在可疑可信之間。蓋棄典票固盜賊之常，而被花非分授無由得。第得果以分授，而僅僅被花，外無一長物，則不同盜亦自可見。大抵劉隆貪而實愚。天祥盜後多贓狼籍，偶以被花授隆，隆遂從而受之。後見典票之遺，亦復視爲奇貨，遂並匿而藏之。此真情也。倘隆果不逞，能與天祥頡頏爲伍，則所得必與天祥相埒，彼其身且與天祥同竄矣，豈肯株守此棄餘以就擒哉。且遍質各盜，各盜俱不認爲夥。即細叩失主，失主亦稱此盜原無確見。夫盜口固未足憑，彼失主於隆何愛焉。坐隆殊辟不無冤濫。雖天祥未獲，遽難議釋，亦應以盜後分贓擬之。如謂贓微罪輕，則囚之囹圄待獲天祥日議放可也。莊惠年既踰七，罪又末減，在律亦得以老收贖，小人邀幸極矣。窮於法，請枷以示衆。

詳批：莊賢等五名固監詳決。莊惠、劉隆各加責三十板，與嚴化等各贖決發落。逸盜勒限嚴緝。餘如照。實收領狀繳。

（明）毛一鷺《雲間讞略》卷二《一件爲急救劫殺事》 巡撫都御史周批駁海防廳詳犯王都四等。

前件審得：王都四賃張珩之船率衆航海，而爲海賊萬二所留。留之後復攘臂爲其用事，如劫麥商莫訒，遂奪劫舟，而以珩船誘棄於訒，不知其旁固有珩名在也。後訒終得以踪迹都四，而都四又泛麥舟以歸，主與盜各自操券而合之，不啻符節。此真恢網之不漏也。可畏哉。都四斬自不冤。續獲梅二，固與都四偕出偕入者，情形俱有確據。都四既斬，而二焉得獨逭乎？蓋二與都四劫訒而歸也，維時地方嘈咈，當爲哨官賈天龍、許弘紀所偵，亟報參戎，兩名並載揭中。不踰日，二且先四就擒。祇因都四復入海中爲祟，而莫訒尚在浙省未到，故二以無從質對之時，爲輾轉求生之計，遂覓其主陸少莊向千户臧廷傑求保。而廷傑亦以其無據，遂含糊召保。迨後都四獲而蔓引局外，半字不及梅二，蓋欲留二爲外援，而二且幾爲吞舟之漏矣。今因失主苦執，並閲哨官原單，仍拘二至。而莫訒且憶其鬚眉如昨，更稱引其頭裹白布，手執木杌，俱鑿鑿有據也。夫真盜所坐唯贓，其次莫如失主之識認。今拘鍾麻子輩與莫訒對質，訒不識也，而獨識都四與梅二。彼異鄉孤旅，何德於鍾麻子輩，而何讎於都四與二耶？故都四既斬，而梅二不得獨逭也。王堂先都四而出，亦先都四而歸，似與都四稍隔一塵。然被留無異，用事亦同，安知行劫莫訒時，彼獨袖手旁觀耶？張珩私造禁船，轉僱釀禍，實爲貪心所使。第列名船旁，不似真窩行徑。況都四在海作孽，珩固無從知之，又奚從禁之？唯都麻子既歸之後，已知都四行藏而猶呈首不盡，舉發不實，則染指吞針，能免莫須有之疑乎？然總之，張珩窩情無據，終不若都四盜情之確。而刊名在先，具呈在後，固珩按罪之府，亦珩末減之路也，遣外無可復加。都麻子等不安本業，衣食風波，難保其始。而此番獨不見留於萬二，終難以狡賊變亂之口概繩以盜。況都四今又極口爲渠稱冤，則其與搶麥之張五等並擬非縱也。至若鍾麻子不過都麻子之輩，曾供舟楫之役已耳，並未同盜。蔡三又不過張五之流，曾在搶頓之場已耳，並未同船。即據何賢首詞，原以出海屬鍾麻子，以頓麥屬蔡三，而且並不載及都四、梅二之名。捨賊首而摭群犯，該仗舉首之義，實出讎誣之口，又可隱隱破其局矣。且據其口供，則又曰二犯俱與都四駕船同歸。是一人之口與詞，何先後刺謬甚也？將信其詞乎，則都四且未與二犯同船矣。是盜魁可在事外，而搶麥鼠輩宜得辟也。將信其口乎，則當時之從麥舟歸者，惟都四與二爲獨著；即今莫訒所確記面目者，惟都四與二爲獨真。賢詞何兩無一及，而僅以鍾麻子輩吺吺也？無暇論其言出妒口，原不足憑，即就其言還以質之本犯，亦嗒焉不能置對，唯以風聞爲解。夫劫搶何事，而可以風聞坐乎？大抵都四等之下海其初，固曰爲行賈作津梁，姑以博傭錢耳。故張珩不難雇以有名之船，而都麻子等又以都四之利爲利，故亦不難相率以從。迨至萬二一樹之招，而不肖者遂各生異心，以赴其的，況復有邀脅之狀，因群爲鼓劫之流無惑也。蓋維時願者褰裳而就，不願者抱頭而竄，詎意其一時趨避之路，即今日人鬼之關耶？既如王阿臘爲王堂親子，且與堂去留異轍，而他尚何疑乎？最可疑者，當時衆犯以意外之遭，成相遇之巧，且大海汪洋中而得脱然以逃也，又得覓舟以歸也。是則可疑也。乃細鞫之，而此政不足異也。羊山爲浙直要會，海中奥區。而其麓又不乏平衍浩曠之處。凡浮海者，無論商盜漁樵，並以此山爲居停。故都四等之遇萬二，都麻子等之遇李賢，雖不同日而自同地也。審是，則都麻子而下似已不必深求，而鍾麻子亦杖治之足矣。惟是莫訒以異鄉孤旅，挾重貲而走險地。彼且冀得奇贏以飽囊橐，今乃盡屬烏有。而所與同出者又膏群盗之斧，而葬江魚之腹，不令人髮指而鼻酸也哉！今據其單開貨物，似種種逼真。第賊夥既分，終於莫可究詰。而時日已遠，終難盡於清楚。唯是搶麥者，則張五之外尚有蔡三等多人可問也。蓋此輩掇拾棄餘，取數或不甚多，而海畔之民多武健亡命，乘機搬擄，乃惡習之最可恨者。往時如遭風失水之船，若輩亨利已久，兹寬其取非有之罪，而量爲十有一之償，似爲兩得。故蔡三以下，應各追銀壹兩以償麥價，罪則貰之可也。餘有水手方九、包計實係下海之黨，似加蔡三輩一等。今雖在逃，而其主張二、包沾峰咎將誰諉？第二奴設獲在官，罪亦末減，何能深科其主？姑各追銀貳兩，亦免其罪。又郗四之主錢奉山、梅二之主陸少莊，盗情雖與無干，而蓄養兇奴，馴至爲盗，且先事不聞禁戢，事後不聞首發，與張珩之以舟藉寇者均之流害莫訒者也。况梅二之保，伊主少莊爲之，則平日縱僕可知。除張珩之已重擬者不再論，奉山與少莊應各追銀拾兩給莫訒還鄉，仍擬杖示懲。此非寬於罪而窮於搜也。必如是而情可悉，局可結也。蓋盗首死矣，多贓已無可問矣，群黨逃矣，姓名且無可採矣。今僅僅獲脅從之盗二三名，如必以某盗得某贓，如尋常爰書者類，則異鄉失主向苦於被盗，今更苦於究盗。而地方居民爲盗夥者一二人，而爲盗累者且數十人，弊將使鷄犬不寧，而莫訒孤踪殘喘不亦大可慮哉。故職謂如前結局，而情法始兩盡也。彼其從盗者業已罹不赦之辟，而似窩者又已坐違例之條也。且煢煢冤客，邀微償以歸故鄉，可遂首丘之願，而蚩蚩愚民，用小懲以爲大誡，可示覆車之鑒。百户童柱，八團屬其信地，任盗出没去來而懵然不知；既知且聞之矣，而又含糊混申，若爲賊設埋伏之計，而立解網之案者，殊可痛恨。第受賄無據，業已革事，仍復同巡軍輩科罪，亦足示警儆。臧廷傑漫以梅二召保，幾於縱虎入林。第彼時夥賊、失主俱未質證，委未知其爲真盗。今稍一督之，仍能緝縛梅二，不至漏網，功過亦足相準。今姑論其鹵莽之罪，仍俾之策勵供職可也。哨官賈天龍、許弘紀先發郗四、梅二之名，至今讞者猶得按籍而考，則功且不在鹵獲之下，不得復謂其縱賊也。商人倪璘傕鍾恩之船，爲超海之計，無非踵莫訒故智，僥倖取利者耳。原無深罪，况幸而不遇萬二輩，得保故物。乃復以郗四在船之故，纏累日久。今且染疾瀕危，少須將化爲異鄉鬼物，不又繼鄭著、林輝而三耶。似宜改給原貨，亟從省發，以全餘生。餘犯李賢等贓罪，初招已悉，應照原擬原斷。殺人者果屬萬二，今已監斃姑蘇，先受天刑。又據郗四招，與蔡狗獾同劫顧承遴。乃狗獾已死，而承遴不認。且郗四之舌亦反矣，似爲此獄蛇足，不必置喙。何賢舉首，似爲功首，乃乘風影之時，以肆翻覆之口，幾於亥（承）豕〕莫辯，玉石俱焚，不又爲罪魁耶？况舟中器具，已亦染指，而爲人濡首乎！仍從原擬爲確。後陸少莊男陸崗欲爲父辯理，具告鹽院，批發本廳。

又該審得：王郗四、梅二之黨盗劫掠也，情形久擬真確，贓迹至今無據。矧其主錢奉山、陸少莊乃竟可以窩家懸指耶？特其束僕不嚴，致僕爲盗，此其罪狀顯著，無可解免者耳。故量擬杖而重賠贓，要亦酌事形之實，權情法之中，解多人株連之網，爲孤客還鄉之計，以爲即情浮於法，亦寧失不經。况法已蔽罪，其又能苛爲索也。惟是何賢同爲搶贓之輩，乃乘解詳之際，挾索不遂，遂以窩盗妄執，而哨官賈天龍、許弘紀於報捕二盗時，視若主不無景迫而語侵。至今奉山、少莊輩視二官與何賢俱飲恨腐心，而少莊之子陸崗又有是告耳。夫父非真窩而子代辯似矣。至並梅二而復强辯其非己僕也，則是夢中景、醉後語也。夫梅二被逮，陸莊赴保，此固臧廷傑當官與陸少莊面質，而少莊俛首就地者也。今何爲是嘵嘵也？夫不辨於梅二在官之日，而乃辨於梅二既死之後；不辨於廷傑面質之日，而辨於廷傑回所之時；又不辨於莫訒在官之日，而乃辨於莫訒還鄉之後，此其言妄誕，又何足信？而且以茹賄誣原捕，則不啻陰霾晝見矣。設二哨果有索賄之情，則方不惜以身護之，尚敢以舌攻之，至撫院詳允之後，尚便便於本院會審日耶。據法反坐實宜。第念爲父修怨與爲父飾罪，總人子迫切至情，姑從末減。是獄也，庚死者六、七命，傷殘者數十家，每讞輒爲眉攢，而其端皆何賢挾私罔證實爲之祟。故少莊輩莫不切齒於賢也。應再擬不應。賈天龍、許弘紀捕盗自其職業，而張皇倨侮，寄殺機於口吻，亦自有掇訟之因，姑免究罪，請量加責戒，以稍戢多事之愆可也。解詳本道復行覆審。

又該審得：强盗梅二、王郗四其爲陸少莊、錢奉山之廝養也。屢鞫已真，何庸置喙。惟欲以窩主坐之，則揆諸律例，終有未穩合者。蓋凡按窩盜行强之罪狀，造意者服上刑，共謀者次之。若止窩贓二名以上，坐家分贓者又次之。然必得造意共謀之實情與盜後分贓之實迹，方可引擬。至若少莊、奉山世居濱海，其命僕漁樵者，治生之常業也。梅二、郗四素業漁樵，其遇賊脅從者，適然之變態也。初非造意於若主，預謀於居室者也。且二盜各一其主，事僨被逮，惟據失主質成其獄，並無分文絲縷見贓可指，而欲究若主有無分贓，可乎？是律例所謂窩主者三，二犯無一焉而可援以定辟耶。又查不行不分贓之律，在造意者罪僅城旦；共謀者亦止杖刑。今二犯因無正律可援，又無形迹可據，特深惡其爲盜居停，有不逞之僕而不能預戢，故量擬不應，賠償如許，枷責如許，是更倍於徒贖，而浮於決杖矣。抑亦可爲縱僕爲非，知盜不首者立戒石矣。即賈天龍等有實係窩主之説，武夫張皇，何所不至？況陸崗以詐害訟若輩，若輩何惜於二犯，不交口下石以圖報復乎？如謂灼見其情形而云然，天龍、弘紀曾一庭鞫之，而彼亦以風影藉口也，又焉敢輕信深求，以定莫須有之辟乎？少莊、奉山業甫問結，免其再科。何賢、陸崗仍照原擬。轉詳。

（明）毛一鷺《雲間讞略》卷二《一件捉獲盜賊事》 鹽院方批駁强犯吳五等。

前件審得：吳五等結黨嘉松之間，營窟賈豎之家，出没自恣，鴟張泖浦，行旅受困者非朝伊夕，而鹽商汪萬壽、方鑾兩命並膏其鋒，尤爲慘礉。是舉也，同事者吳五、蔡堯、王南，而所起真贓亦有絹帳紬衣等件。三犯固群盜之雄哉。錢橋、姚奇等間有與，有不與。而真贓起獲，各自不爽，其爲五等一夥無容再議。即所謂吳四、顧應武、董阿二、蔡阿招諸人名下，雖無見起之贓，而各盜實有交質之口。矧吳四又屬吳五之兄，恐不可以無贓藉口也。惟是徐一貌侵語訥，性頗蠢愚，似非兇盜之夥。即各盜共指爲摇船人，且細鞫一，止隨行一次。後則甫行而就逮矣。無知而犯，其一之謂乎！據招，分銀二兩五錢，亦屬在有無影響間，僥倖減死，即以盜後分贓擬配，亦不爲過。至若徐三，捕魚則盜爲彼役，開賭則彼爲盜役。且寄贓分贓，公行無忌，與陳儒之借兵資糧者，相去曾不能咫，乃亦得以盜後分贓例遣，實倖之倖矣。他如陸貴之買盜贓，周仰萱之趕盜船，固皆貪心所使，研審原非盜類，與誤爲居停之楊士彦、誤爲附搭之沈三等各杖，俱不爲縱。及審各失主，稱未獲之贓甚多。而嚴究各盜，余謂藏之徐仰峰、姚望樓、楊少泉家。仰峰即徐三之父。以三與盜狎暱，情亦有因。第俱係隔屬關提，不無株連。且恐稽遲憲案，合候詳審。另示海防提結，呈詳本道，復行本廳。

又審得：吳五，慣賊也。恃兄弟三兇，界浙直二窟，遂構大夥，恣意强劫。據群盜所劫各主，雖有行，有不行；即所得各贓，或有起，有未起。然苟一主一贓即真，則各主各贓可券。故歇案續獲，即無贓而有夥盜證實者，猶以盜論。況今夥賊見逮者，多至十餘輩，隔審再三，供吐如一。其爲情真罪確何疑。惟是盜贓皆在隔省，曩則勢難窮搜，久則化爲烏有。延至今，而失主有殞命於旅邸者，有破家於行役者，真令人睹群盜而齟露，對各主而鼻酸也。今推各主至情，止求確强犯之罪，不欲索原失之贓。蓋有見方元之累死異鄉，魂魄無棲，恐爲之續耳。第葉時芳原贓全係官帑，十無一起。據招，賊妻姜氏娶自孟冬，媒由窩主，實係芳銀所辦。宜官賣以償芳之秋毫，亦衆失主所輸服無競者也。各盜情真，三覆無異。最可恨者，如吳五、姚奇以盜魁而行兇，殺人不啻草菅，允當膏街，以盡其辜。姚奇殺方鑾，向隱未吐。今因失主哀訴，並分各盜細鞫，而始得兇慘之狀。與吳五各極典何辭。至於徐一，覆讞賊黨，不認如故，失主不執亦如故。即賊首吳五亦極口爲一稱冤。夫盜甘自斃而爲他人剖心者，非利其衣食，即冀其營脱耳。今徐一蚩蚩寠人，果有所希冀，而代爲熬刑乎？抑真情之不容終掩秘耶。改擬非縱。陳儒雖不同盜，而助資婪贓，實爲戎首，並斬何辭？鳳翱，其子也。父即得辟，子宜勿問。徐三雖未窩盜，而群盜得贓每有索分，論遣爲幸。仰峰，其父也。子即正法，父應免科。陶姚望樓先招頓贓，細鞫尚屬風影。據訴，以協捕陳儒被扳，理或可信。陶二船爲盜囮，細審原未分贓。據爲鄰賊見東所擄情亦近真，均宜開釋。惟陸貴明知徐貴等盜花而貪賤，即成貿易。楊士彦即非王南輩舊主，而居停不爲覺察；沈三與吳五等果爲操舟，而盜後不知首告，各杖均爲不枉。至若附舟之陸四、追盜之周仰萱，俱以形迹瓜李，坐之無據，釋之非宜，論杖爲當。呈詳本院，復行本廳。

覆審得：吳五等，讞者議入議出，至再至三，蓋辯駁不啻詳矣。即其間有彼此似是出入懸殊者，亦寧有失出，無寧有失入也。今集衆盜再一覆鞫，如吳五、姚奇等及巨窩陳儒，俱起有真贓，毫無纖實，無庸更論。

惟是顧應武、董阿二贓迹似稍未明。而綜核其出没之迹，顧應武蓋嘗往來陳儒家矣，又嘗兢賭徐三家矣。迨後吴五等初逮於松江，而應武且與姚奇並逮於海鹽矣。使應武而非盜，何乃輒與盜比也？即其劫花所分，據招亦止獨蔡堯差多，應武則與姚奇等五人均分六錢，未嘗獨少也。惟劫沈瑞錫一次，衆皆有分，而彼獨無分。鞫之非真有分有不分也。特當時有起有未起耳。初讞者亦業以不盡起爲憾。而隔省阻絶，窮搜實難。後又見夥盜兩兩相質，情最真確，亦不復爲深求，故遂併其名下，不令招分何物。然續獲無贓者，猶得以夥盜爲證。而兹乃素與盜游，獲與盜同。歷審各盜，又略不爲彼諱，似不可謂之未確也。董阿二所與顧應武共事兩劫，其贓之有分有不分，固略相似。獨阿二又不止與劫兩次。最後復與吴五等同劫過客之布，且劫未幾，而事隨敗，其身與夥盜原贓同舟並獲。時雖分受未違，要不可謂之無贓，亦不可謂之不分也。則阿二較之應武更自有確案，似又不必於兩劫中求其確也。至若徐一者，據其從劫兩次，當以盜論。故初讞亦曾與吴五等同辟。迨後覆讞，隨與顧應武等同有真贓未起之疑。然彼未被誘之前，不聞與各盜往來。即被獲之後，各盜復群爲辯白。且貌侵性蠢，大與諸盜不類，故再讞而遂從寬典，此固寧失不經之意。亦實互參之前後行藏交質之彼此情景，非第以蚩蚩寬之。即以蚩蚩憐一，要非憐其愚而不能爲盜，亦憐其愚而易於被誘耳。設果由於誘乎，即一真盜猶在可矜。矧今細審各盜，其交口爲一稱冤者，曾不少變。顧應武等固不能得此於各盜也。陸貴以買花爲詞，而乃與盜同出同歸，誰能獨辯劫之不同？特挾銀而後從事，其意似非謀劫者比。交銀而後得花，其究又與分贓者殊。故買之擬，於情若有未蔽，於法實無可加。周仰萱躡盜於甫劫之後，賽神於既歸之頃，而且有衆聚飲。衆復科跳，其光景實與盜類。第操舟與聚飲者伯元，向固得於目擊。若仰萱之果爲盜黨，所獲夥盜中必有伯元所識面者。今研審無一於此，則縱不能保仰萱之往不爲盜。而此番此夥固絶未與也。相應各照原擬。陸貴與仰萱請枷責示創。

詳批：吴五、顧應武即覆究不枉，依擬監候，會審詳決。陸貴、周仰萱姑枷號二月，放時責四十板贖決。餘照撫院批允，遣配發落。庫收收管，領狀繳。

（明）毛一鷺《雲間讞略》卷二《一件捉獲大夥强盜事》 撫院周批青浦縣詳犯朱阿潮等。

前件審得：朱阿潮與王二、李元、真海、張懷亭皆旅食之徒，習爲無賴。而王二等則又來自四方萍聚梗合者也。或托足傭奴，或竄身僧道，或混迹市沽，别業而同趨，相倚爲非久矣。去歲臘月内，賊首章大觀偵知林鍾家多藏，倡首糾劫。阿潮遂率衆入黨，持械破門，毆逐事主，胠篋而出。維時適值總練沈裔、吴道迎監兑，聞林氏叫喊失盜，即督兵追捕。衆賊欲解脱，以所負贓且棄且走。而阿潮、王二、李元擒矣。因搜隨身現贓，止存白布道袍與銅鏡兩物。乃舊日典票，多且至十四紙，非劇盜何以有此？真海亦隨爲捕快沈太等續獲於次早，則月白紬裙尚儼然腰繫，且裙有補綴舊孔，失主識認尤的。此四盜者，踪迹最顯，贓證俱確，駢斬已無容置喙。即張懷亭者，群盜雖未供名在案，乃逸夥有龜子張科者，懷亭之梓里人。先是，科以伎女賣與今首劉福，盜後復以探女故露迹於劉福家。福因懼累，首科於華亭捕官。捕官着渠鄉人李飯店緝之。乃知張科爲張懷亭糾去。於是，張科尚未獲，而懷亭已先逮矣。逮時，有典票貳紙，起出青布女綿襖。認之，則林鍾家物也。且林鍾是夜身被二棍。今質之，正出懷亭之手。鍾猶識其鬚眉及疇昔白布裹頭狀，則不特贓真，而其人且無逃失主之目矣。夫不獲於當夜，而獲於事後；不獲於青溪兵快，而獲於華亭衙捕；不直以本名被縛，而露端於劉福，敗迹於張科，於此徵天網更密於官網，而懷亭之魄謂非天奪之耶？阿潮初獲，雖未歷指盜名，而十二人爲夥，其原供也。今就見獲四盜，與已斃之李元，在逃之章大觀、毛二、茅阿招、包鄰舍，總計僅止十人，則懷亭猶是數中人也。與阿潮等同服上刑無詞。總練沈裔、吴以迎候出而能成鹵獲之績，其指縱之功固當首論。而捕逐者哨兵徐忠、王裕，續獲真海者捕兵沈太、吴顯四役，當少犒之以示激勸。其間獲有多寡不同，則徐忠等又較沈太等更進一籌。未獲賊首章大觀及同夥張科等宜併着原捕沈太等嚴緝另結。

（明）毛一鷺《雲間讞略》卷七《一件巡警事》 江院李批駁本府詳犯劉二等。

前件審得：劉二等之搶掠趙森也，業爲失主物色花包，次第引捕，已變之贓授受甚明，見在之贓起認尤確，情形逼真。二等誠無所置辨。第平旦非强劫之期，制挺非强劫之具，况舉事僅二三兄弟，非繫有徒者比，固難以强盗得財坐之。即棍毆趙森，雖左臂稍腫，而旋已平復，亦難以搶奪傷人科之。原擬刺徒似不爲縱。今復遇宥，是小人之幸甚矣。姑與挾贓之張其，寄贓之姚桂各擬不應。二與劉滿仍刺臂以儆其後。招呈本院復行本廳覆審得：劉二等兄弟爲黨，剽掠爲生，遇趙森行舟，瞷其木棉盈載，且知勢孤易與公行棍毆而席捲之，誠與截劫無異。唯是東方已曙，黨與不夥，舟無兇仗，主未重傷，故從搶奪律，擬以刺配。念其與勾連大衆執械殺人者終隔一層耳，寧失不經。此囚非求其生而不得者，況奄奄如綫，恐旦暮即填獄底。應照原擬詳奪。

《明神宗實録》萬曆三十二年閏九月 辛丑，大學士沈一貫等言，臣等接得湖廣巡按吴楷揭帖，内開楚王進助大工銀兩，至漢陽縣被惡宗數百提刀臂門捆綁解官，盡行劫去。本府通判等官擒獲三十二人名，并贓銀二千九百餘兩。閏九月初五日，惡宗三千餘人，各持凶器，突入撫院，將副使周應治、寶子偁俱毆重傷，將巡撫趙可懷登時殺死，搶去劫杠盗宗等。因臣等面問承差，口稱可懷家眷已歸，止有一子在傍混逃，不知下落。周副使被赤剥亂打，生死未審，各惡仍圍困布政司，要劫庫銀。縱横城中，肆行搶掠，楚府不知消息，巡按出巡荆州，聞報，即馳歸省城。本係荆州發行，臣等聞此，不勝驚駭，竊惟楚人輕剽好亂，本難撫治，而楚宗繁衍，武昌城中有三千餘人，雖多善良，實繁凶暴，撫按以皇家支派，不敢施法。若有舉發，止是啓王戒飭，而楚王近以華越之誣，身且被辱，安能鈐人。此輩目中既無撫按，又無楚王，復何忌憚，是以劫扛搶獄，甚主手刃鎮撫，旁及憲臣，尚可追逭乎？今彼處情形雖未盡悉，要之，必不遽靖，蓋其積漸然也。惟因假借過優，是以釀成大惡，巡按職在澄肅，正宜大振紀綱，豈得顧忌宗室，猶有假借，捕治何從。但衆勢方熾，不易爲力，宜且先發嚴旨，又即捕巡撫刻期到任，一面着各兵備集兵協擒，庶幾有濟。若少緩時日，恐其滋蔓益難圖也。趙可懷前因民變，特選以去，今不保其身，則繼此以往者，非雄略長林文武具足之人不可，乞亟下廷臣，會推嚴限，星馳赴任。其河南，鄖陽二處，皆楚接壤。臣等屢請蚤點撫臣，正慮此等不測。今恐凶輩散漫難捕，又恐聞風響應，伏乞并賜點用各處巡按，亦乞并賜遣用。其兩司之中，兵備尤要。承平日久，不無闒冗，宜令吏部特選，或更調，以資實濟。又查，湖廣巡撫原非軍門，無兵可恃，即有民快數人，豈敢輕犯宗室。征播之時，曾暫設偏橋總兵，事寧已畢，故人無憚懾民，稱亂者屢矣。自今以後，縱不設總兵而巡撫標下宜置標兵二三千，以爲羽翼，倘嘯聚不解，據阻命逃进山澤出没爲寇，則勢不能不用兵。容臣等相度時宜，再加擬議。大抵今之天下，非無事之時，比者，太白晝見軫翼分野，正當楚地，然尚未從，深可慮念。伏望皇上克謹天戒，大收人心，則以至仁伐至不仁，誰敢不服，惟聖明亟圖之，再照趙可懷原以安楚特遣，未有所酬，近因三考加銜，亦是常例，今死王事，相應優恤。惟特旨賜行揭上。上震怒曰，惡宗劫搶扛銀，戕殺撫臣，好生悖逆玩法。既係强盗，豈得以宗室顧忌，着該撫按盡法擒拿。奏内言聚黨數千，恐有一時觀看之人，務拿真正凶犯，毋得濫及無辜，亦不許因而縱馳，致逋天誅。巡撫員缺，著便推猷略堪用者去。其河南，鄖陽二處近楚地，前推巡撫，亦令推來點用，仍諭揀選各處兵備以聞。

《明神宗實録》萬曆三十三年九月 癸巳，秦王誼漶奏，宗室懷悔、懷鞋、敬鑒嘯聚劫掠，乞照越関事例降爲庶人，送發別省閒宅禁住。下法司覆議，如擬。

《明神宗實録》萬曆三十九年四月 丁丑，署刑部事侍郎劉元霖奏，假廠役劫財，竺有思等遣戍。覲官劉民愛、李先春無辜，覆職。

《明神宗實録》萬曆四十三年閏八月 〔乙巳朔〕東省强賊千餘擅入安丘縣城内，劫庫焚獄，撫臣錢士完請將安丘縣知縣，典史先行住俸，載罪拏賊，俟覈實處分。上曰，强賊聚至千餘，劫庫焚獄，関係地方不小，該部便速議來説。

《明神宗實録》萬曆四十三年九月 〔癸卯〕汝陽府無名無禄宗室鳳臺河清府名糧宗室勤僨，俱以强盗，按該省按臣叅劾，三法司擬罪上請，都着送高墻禁住。

《明神宗實録》萬曆四十三年十月 〔戊辰〕盗入北安左門劫酒醋局内官焦進，朝官軍下報。皇城巡視户科給事中商周祚等疏言，禁地踈虞，除將近局官伍張存仁等提究外，乞勑該部嚴行該巡捕衙門，緝拏務獲，仍乞申飭敵監約束，各内官不許縱容工匠厮役人等來往，違者以白簡從事。

《明神宗實録》萬曆四十三年十一月 〔壬午〕獲禁囚劫焦内官真盗王虎等先後一十九名。兵部奏聞。上曰，這賊徒敢于禁内行劫，變出異常，着法司從重究擬。近來皇城囚地賊盗衆多，着廠衛營捕緝拿。

《明神宗實録》萬曆四十四年六月〔辛酉〕山東武定地方强賊聚衆行劫，拒殺捕官孫光耀等三十餘人，巡撫李長庚上其事。

《明熹宗實録》天啓二年五月〔戊戌〕四川桐梓等縣妖賊白仙臺等乘奢酋之亂聚衆焚劫，皆報就擒代誅。

《明熹宗實録》天啓三年十月〔己巳〕巡撫陝西右僉都御史孫居相疏言：親藩承奉張清等，較尉潘福等，以親王信任，狐假虎威，擇人而食，士民爲其魚肉，宗室被其侵牟。或以恐嚇取人之財，或以搶奪破人之産，或以凶毆斃人之命，種種惡積，宗民苦之。又撥置親藩，悖違祖制，私立總理所衙門，而以□□號西堂者理刑其間，雄據西廠，儼然羅刹，專一以吞噬宗民爲事。先經巡按御史高推摘發奸狀，奉旨查勘，暗使宗室敬鐐同揹閹數輩，筆金入都潛匿細瓦廠，密布奥援，徼取明旨，欲令按察使官解送各犯於藩廷，聽其查審。臣遵旨行按察使，查勘前情無異，已到官潘福等三名當依白晝搶奪人財物，贓重者加竊盗三等律發遣衛充軍，未到張清等九名應聽王查審具奏。得旨：朕以首潘曲全體面，潘福等既經問遣，張清等仍聽本府究問。敬鐐有無鑽干等情，一併查明具奏，其理刑查果置府署官，著長史司啓王即行禁革。

《明熹宗實録》天啓七年三月〔壬辰〕河南宗室勤熌以糾夥行劫放置高墻。

（明）清波逸叟《折獄明珠》卷二《盜賊類·告强盗》劫殺放火事。切某家處僻隅，某夜强盗數十人搽紅抹黑，明火燭天，手執鋒刃，衝開門壁，殺傷男婦三人，家財檢擄一空，房被燒燬。觀者流涕，聞者心傷，懇天法剿，安民上告。僻隅，偏僻稀人之所。剿，除也。

海究陷命事。阿男素不守分，羊質虎皮，慣行賭博。某原與男同夥開場，分賍不均，懷積私仇，誣男强盗。切思阿男上盗，鄰里難瞞，懇拘里排研審，真僞灼見。若有毫虚情毋，寸斬上訴。羊質虎皮，言有名無實也。

馮公審語審得吴某慣爲賊魁，三犯不悛，烏合夥黨，明火劫掠，捲財傷人，又燒房屋。據此凶惡，蓋死有餘辜者也。乃挾母捏賭誑訴，希面脱網，計亦詭哉。但賍證既明，情事不枉，合應擬斬。餘黨再獲，至日另究。悛，奸巧也。

（明）清波逸叟《折獄明珠》卷二《盜賊類·告劫掠》劫財傷命事。某夜鳴鑼吶喊，哨湧來家，强徒一黨四十餘人，各執凶械，破門突入，捲財傷命，一掃罄空，四鼓方散。鄰里駭聞，乞嚴緝捕，剿黨安民上告。

訴

黑天飛禍事。冤蔽覆盆，非天莫救。巨富勢豪某先年與某争基挾仇，無由報害，糞金賄捕，架禍椿陷。平地坑穽，冤黑無訴。冒死奏天，大張赦網。再加細鞫，超甦蟻命。哀訴。

周公審語：審得姜某罪浮盗跖，惡過桓魋。屢犯府縣，案卷昭然。今又統凶四十餘人鳴鑼劫掠，殺傷三命。及研審，且俛首輸服，情實何辭，相應擬辟。但餘黨未獲，嚴行緝捕取供。俛首，低頭也

（明）李詡《戒庵老人漫筆》卷二《嚴大理遺事》有御史陳旭子與鄉人同飯於肆，俱爲邏者所獲，蓋鄉人前爲盗劫人，事覺而逃，餘黨七人已棄市。鄉人既就繫，懼拷，誣引御史子同盗，且分之贓。案具而鄉人死，御史子無以自明，謬以其母簪珥爲贓。公閲案，見前七人招服未嘗有御史子，及召事主驗所入贓，非其物，疑而問之，其子號痛稱冤。公將直之，同列皆謂成獄久不可改，公曰：御史子有冤而不得白，執法者能無慚乎！乃獨署其案，聞于朝而釋之。其在大理時，良鄉民有失馬疑其鄰盗之，執告于縣，縣丞亦以爲可疑，因拷訊過重而死。法司坐丞決罰不如法當徒，而又坐告者以絞，公曰：因公殺人，罪丞當矣。告者因疑而訴，豈可坐以誣告致死哉！所擬則似丞與告者各殺一人矣。遂駁正，而活告者之死。有某衛指揮畜交阯蠻童，既長爲娶，目爲養子。後指揮戲其婦不從，事覺，法司罪以强姦子婦，公駁之曰：養子非所生，而姦且未成，比於内亂有間矣。覆議，得減死從流。莒州有屯卒奪民田，爲其所訟，得罪于按察司，卒讐之而無以逞，夜盗民家驢以歸，民搜索得之，卒反以民爲誣賴，擒送千户孫恭所。千户與卒干親，民被禁勘至司死。法司坐千户以因公徒罪，公曰：殺以止殺，千户得生，則死者銜冤。遂正其故勘之罪，山東人皆快之。蘇州衛卒十餘人，駕舟運餉，泊河西務，夜劫客，其中一人爲事主所殺，餘黨懼事覺無以自飾，見鄰舟有押解人帶兵仗防囚而行者，因謬指押解人劫商財，謂其侶往救而被殺。擒告于官，誣服。覽其牘疑之，曰：押解人與囚同舟，借使爲盗，囚必知之。駁令驗問，果得

其實，遂釋押解人而正强盗之罪。

（明）張瀚《松窗夢語》卷一《宦遊紀》平生經歷多矣，猶記鳳陽民陳邦家資饒裕，一僕遠出，途遇羣盗，挾之同行，分與敝衣數件。歸語其主，主驚懼，走首官司。群盗恨之，即夜劫陳，殺其子，擄僕妻去，反詣官司，告富豪强占僕婦，忌坐僕死。逮邦鞫訊，訐者云：但令僕妻出，真情自見。婦竟不得。問官謂：此非强占，何抗匿不出？乃以邦富避嫌，遂坐邦死。

（明）潘季馴《潘司空奏疏》卷七《報獲盗犯楊青山疏》題為擒獲節奉欽依照拏首盗事。據整飭南昌兵備僉事周思敬呈前事内稱，擒獲賊犯楊青山供稱係寧州人，自恃膂力驍勇，慣使玖齒鐵鈀及鎗刀武藝，兼曉梅花數。先充本州應捕索取强盗月錢，遂與各盗相識投入。先案已擒會決賊首詹孔舜、羅朝廣、李大鸞等夥内，出没寧武及湖廣、平瀏等處打刦，殺人放火，虜婦索贖。隆慶元等年不等月内，青山與羅朝廣，伊今案見獲弟羅朝武溷名笑和尚，同詹孔舜、李大鸞等陸拾餘人，陸續打刦。先案已省發失主戴文利等家財物并虜。先案已給領婦女伍姑、秋姑、王氏等姦占為妻，及虜平江縣陳典史隨蒙。該省督兵生擒羅朝廣等到官，供報羅朝武夥合青山等打刦情由。將羅朝廣擬斬，青山等照拏，移行江西院道緝捕間。青山、羅朝武，又同詹孔舜、李大鸞等逸過寧州、雙坑、靖安、□坑等處打刦陳宿陸等家，殺死精兵陳俊等，及將捕兵舒元支解，當有官兵追捕，各賊躲入金雞坑。哨總艾春等親見青山當先出陣衝鋒殺死義士吴鳳蕭，刳出心肝，并殺死鄉兵叁名。隨蒙巡撫都御史潘撫臨見得賊勢猖獗，將各緣由題報，一面督調官兵擒獲詹孔舜等伍拾餘名，并奪回虜婦伍姑等。發按察司并守巡道會審將詹孔舜等擬斬。招詳本院題奉欽依會決訖青山、李大鸞等照拏。萬曆伍年正月内，青山又夥合見獲温定同别案問斬李尚坤等打刦。本州安鄉今不在官余勝，其家虜伊在官媳徐氏，到於别案丁朝沂家姦宿。余勝其狀告守備鄧子龍拏獲李尚坤、丁朝沂等，解道發州審實，將李尚坤等擬斬，招詳批允丁朝沂監故。本年拾月内青山見得江省地方保甲嚴謹，舊日窩家盧尚貴等俱蒙僉事周思敬陸續擒滅，無處藏身，就同温定携帶徐氏，逃往湖廣通城縣，地名上河塘隱情投未到胡洞崖莊内潛住，本月内蒙道捕獲李大鸞、羅壹保到官，供報向與青山等夥刦情由。招詳撫院覆審題奉欽依將李大鸞、羅壹保會決訖，青山等照捕，并蒙巡撫都御史潘、巡按御史趙看得青山係節經題奉欽依有名與羅朝武俱虜官殺兵巨寇。催行按察司關行兵備僉事周思敬，密行守備鄧子龍，本州知州石漢，判官丁景方，巡檢汪希賢各差兵鄭子章等訪知青山潛住前莊回報，各官添差兵快併力擒拏青山，持鎗出敵，衆兵奮勇直前將青山、温定擒獲，連徐氏鐵鎗解州。弔取各起捕案查審輸吐前情，明白招解，本道覆審無異，看得青山與羅朝武皆積案巨冦，夥刦多年，流毒四隅，殘害兩省，罪惡滔天，兇暴已極。今幸就捕，足快人心，速宜正典，以昭國法，温定續與青山同夥打刦互執情真，虜婦徐氏口證更確，擬以重辟，均無虧枉。問擬楊青山，羅朝武、温定俱强盗得財斬罪，合照詹孔舜、李大鸞等事例題請及時會決梟示。連人招解到臣據此案照先經擒獲盗犯詹孔舜等，續獲盗犯李大鸞等，俱供報同楊青山等為首糾夥打刦情由在卷，及查先經具題兵部議覆節奉聖旨李大鸞、羅壹保著便會官審決梟示，未獲的嚴行緝捕。欽此欽遵。已將李大鸞、羅壹保會決，訖催行司道府州照拏楊青山等，去後今據獲問前來。該臣面審，楊青山等直認無詞，但干重辟，除批行按察司再審通詳題請會決外，緣係擒獲節奉欽依，照拏首盗及奉明旨未獲的嚴行緝捕事理。為此具本謹具題知。

（明）王臨亨《粤劍編》卷二《志時事》鄭子用、潘世興，故群盗也，而散久矣。子用挾妻女買一舟，往來廣、惠間行劫。一日，遇世興，世興窺其舟中有物，詒子用躉泊舟僻所，而潛約鄭仕全等五六輩殺子用夫婦，瓜分其金。一女年七歲，群盗欲投之江以滅口，仕全固請活之，世興遂携入惠城，賣之民間。其家徵此女所從來狀，此女一一道之。聞於有司，捕群盗寘之理，悉瘐死獄中矣。獨仕全猶在，讞於余。余曰：嗟夫，異哉！天巧若是耶！天厭子用之惡，假手群盗而殺之。天厭群盗之惡，復假口此女而殺之，報施已一毫不爽矣。然此女之命實繇仕全以生，今仕全亦後群盗而死。夫以殺人之盗苟有一念之善，天亦有以報之，若衡錙銖而析毫毛也。積德累行者尚三復於斯。

（明）余懋學《仁獄類編》卷二八《炳然遭流賊》馬炳然，正統間登第，令嘉魚。突有盗入縣，發公帑焚掠而去，或窺見其渠魁爲長鬣狀主者索盗。急適報團，風有過舟載二十餘人，踪跡稍詭，疑其暴客也。密使偵之，則有長鬣者在焉，而實非前盜也。馬不察，遽執之，以獲盜報，盡斃之獄。馬秩滿召爲御史，而眞盜爲他邑所邏獲，部使者以馬同臺故陰寢前誤不究，於是馬稍遷至都御史，舟泊圌風，夜爲流賊所掠，盡室殲焉。人以爲妄殺之報。

（明）蘇茂相《新鐫官板律例臨民寶鏡》卷六《劫客》 審得羅某流出宦門，身爲賊黨，饑寒無策，梟心謀害他人。衣食無資，肆意劫戕過客。時時棹模，日日睥睨。見某客醉肩重擔，跟至渡口，乘黄昏四顧無人，推入江心。黑夜殺人，天眼昭昭難掩。白日填命，正法凜凜無私。某渡冤誣由此得刑。某父冤死由此得填。父貴而子不肖，雖富貴何爲，子盜而父遺羞，縱科甲有玷。

（明）祁彪佳《莆陽讞牘》卷一《分守道一件擒獲海洋强賊事》 議豁斬罪王萬同、陳妹。審得林桂等一案，可確據者，在鎗傷林國燦之情形耳。其初驚鶩洋之劫也，在桂未入夥之先。其浮宫之置軍器也，在松下賊既劫之後。至於吉了之奪船傷國燦也，乃桂等欲散而未散，謀逞再舉之時。原招所列，若吴宗旺，若王祖，若吴寅，若林耀聰，若王萬同，若陳妹，打票劫船。内吴宗旺雖逃回海澄，而軍器係其手埋，罪已真確。其王祖、吴寅、林耀聰，同後入夥之林桂、鄭寧宇，於三月二十一夜奪船刺人，已爲國燦所確認之。數犯者除天刑外，現監者罪何所逃？王萬同與陳妹，其所據在打水票之果簽名與否，而名之真僞又在陳舜都等之執認與否。卑職細究，舜都等又云彼時拘繫賊舟，諸賊叱咤自雄，被擄者不敢仰視，打票後旋即放回，未曾認識賊之面貌。傷林國燦之臂，而二犯不在場，打舜都等之票，而二犯亦未有確證，何也？夫拒敵官兵，殺傷漁民，原不可論贓。而内地續供之賊，斷當以贓之有無爲虚實。今甲鄰陳功章等之保詞既不足信而歷實，王祖以假銀之故供王萬同、林耀聰，以賭博之故供陳妹，賊口亦可盡憑乎？當時票中以蘇二老、陳四老爲二犯之號。豈有餘犯之贓以四十兩、以八兩計，而書號之賊首無重得，且并無實數也？林桂入耀聰等之夥，而後鄭寧宇始以被擄，甘心從賊。迨松下賊焚舟，而吴宗旺以置器遣歸矣，桂等以尋舟至吉了。萬同與妹散於何處何時，而奪船之夕一在平海，一在惠安也。二犯原非被擄，住趾亦自分明。該寨祇宜出海擒賊，當日既供二犯在内地，而不關會防館拘提，可異也。以續供之賊，而證未真，贓未獲，所執者祇一挾仇之盜口，無怪乎二犯之所以曉曉有詞。至於三審之後，而確見其可疑可矜，故不敢拘泥成案，爲之拈破耳。桂等所以無贓者，蓋爲松下賊所劫，桂等下牒驚遁，今所乘者原係虚舟。至於舜都等所以不告者，於二十四日回灣，而桂等二十一日既授首，故未及鳴官於先耳。吴宗旺押起軍器，實係其手埋者。此時地方雖無呈首，而纍纍盜具現在貯庫可覆也。總照斃獄之林耀聰、王祖、吴宗旺，天刑適當厥辜。林桂、吴寅操戈，暮夜殺商禦貨，鄭寧宇牽舟，原屬同盜。而國燦稱寧宇是夜執刀在手，各殺不枉。王來仔的係誤宿，方英確爲被擄，均應釋放。王萬同、陳妹另候憲裁。

覆審得林桂一起，斷當以奪船傷人爲的據，則桂與吴寅、鄭寧宇是日確乎在場，皆死案之已堅者也。續供者爲吴宗旺、王萬同、陳妹、方英。宗旺埋藏兇器，天已殛之。方英被擄逃歸，確且釋放。若王萬同、陳妹二犯，定其辟者，在正月二十七日東扈洋，陳舜部、蔣均同之劫耳。當其時，桂與鄭寧宇皆未入夥也，是同夥無證之者矣。舜都等之言如昨審，是被害證之而未真矣。而贓又無一獲，奈何可懸坐之乎？府審所謂此案獄情當以現獲之犯爲主。安知蘇二老確然爲王萬同之稱號，陳四老確然爲陳妹之稱號也？案期詳讞，獄貴初情，府審數語便可爲不易之論矣。以無贓證之萬同、陳妹，與已傷人、已置器之林桂、宗旺同坐而辟，執三尺者所不敢出也。若林桂等者雖無贓，而劫舟即其贓矣，萬同、陳妹無是也。既有國燦之證，而鎗傷又其一證矣，萬同、陳妹無是也。甲鄰之保結非誣，允應開釋。林桂、吴寅、鄭寧宇仍照原擬。

又覆審得林桂一起，職前審謂當以奪船傷人爲的據，蓋就其罪狀之最昭著者言也，奪船之行，即鄭寧宇之船被劫亦贓也。劫之者桂與吴寅等也。是此一贓可以定桂、寅之辟矣。若鄭寧宇甘心從賊，爲賊牽舟，况其先燕山小嶼、東甲蘇灣之劫，皆桂、寅等之流毒，即寧宇之協助乎？况松下賊所劫去之贓，即三犯所劫來之贓乎？在吴寅、林桂之入夥，何處何時，稍未明晰。然已死者不可問，現在者不盡吐，烏乎知之？况劫已鑿鑿可據，何必問其入夥之若何也？是夥劇盜，先有吴寅，次有林桂，後有寧宇，合按其罪。止有國燦之一傷，而窮遡其情，實多商漁之流劫。三犯仍照原擬，似匪失入。

（明）祁彪佳《莆陽讞牘》卷一《莆田縣監·一起强劫事》 依强盜已行得財不分首從者律皆斬決不待時會審類轉京詳未示重犯二名許虎黄鳴疇。

前件看得許虎等同盜而分兩案，截而卒同一罪者也。疑鳴疇者，則以當場强竊之殊途。疑虎者，則以贓物有無之分界。乃由前而觀鳴疇，其截搶官銀儼然强狀，祇以送還公文倖脱一死。其實搶之去劫，間祇毫髮，而况洪塘之逃走，胡走越幾不可問乎？是鳴疇一辟不必劫卓氏而始定也。由後而觀許虎，其遁迹窮鄉，易許虎爲許五，行劫箭嶼，及至盜貫已盈。福府以三犯入絞，亦豈每犯無贓？况二十四夜之夥黨初審即已有名乎？是許虎一辟亦不必劫卓氏而始定也。今即以劫卓憲涓之情狀論之，刀斧破門，未得之卓憲涓之目睹，已得鄭于崇之耳聞。赤身穢辱，雖諱於事主之初詞，不諱於肅静之證口。且薛魁等虎翼方張，詹吉三兔窟尚狡，强形較著，斬案自堅。蓋各盜利在多得，不利傷人，何必致疑於一縛遂已。以許虎數年之花費，正不必與鳴疇現獲之裙衫較有無也。二犯即百其口，尚復何辭？

（明）祁彪佳《莆陽讞牘》卷一《莆田縣監·一起劫奪官銀事》 依强盜已行得財不分首從者律皆斬決不待時已奉批允會審京詳重犯二名林細娘、方豹。

前件看得林細娘以竊擬徒，徒未滿而竊復再發矣。因而變竊爲强，兩行截劫郭大成、李禎。纍纍官物，俱充盜囊。可恨者，半以買田，爲蠅營之計。可笑者，半以營職，真沐猴而冠。歷按盜狀，南洋瀨溪其縱横之地也，康廷賓其窩藏之家也，吴喬峯、蘇國祥等其知情染指之輩也，林三、林道永其傾銷花費之人也，方豹、劉天保等其羽兇助惡之徒也。若方豹不過蘇國禎五人中之一人耳，然而初之二十餘兩，後之六錢所分何物乎？而况供吐自細娘之同伴，鑿鑿在於初招，是皆天厭其兇，滿其貫而俾駢首就戮者也。

（明）祁彪佳《莆陽讞牘》卷一《莆田縣監·一起强劫事》 依共謀爲竊盜臨時主意共爲强盜不分首從者律皆斬決不待時已奉批允會審駁問重犯一名何國定。

前件看得何國定等之劫陳良實家，以竊始而以强終。蓋假强於竊，則論造意，轉竊爲强，則論臨時也。國定之裙衫已爲定案，無容再議矣。若黄須忠者，其挖孔於後户，明火於前門，擊良實之夫婦，罄良實之衣裝，非若輩所爲蓄竊之心而來，露强之狀而去哉？然而稍有疑端者，則以贓無一獲也。究贓首之被擒，惟據清一片紙之供吐。而陳珠四人歷歷紙上，其餘槩稱九人，三人無一的名也。須藝、須忠就擒之因猶覺混混。至居停當官之認識，亦且自稱朦朧矣。夫强或不論贓而論謀，今未聞原謀之必主二犯也。强雖不論首從，今吴里四人以其把風改擬，而陳良實夫婦之傷未知的出於誰也。二犯之無贓與吴里四人等耳。乃陳珠同遁之陳端二、黄光明反可寬，而陳珠後吐之黄須藝、黄須忠反不可寬也。二犯其真强也，真則全真，僞則全僞。二犯其同强也，同則必同，異則必異。若真也同也，駢斬何辭？若僞也異也，重刑自枉，此中不容針芥，而僅以秋決了矜疑，是有二法矣。若曰歷審從無疑詞，則或當時急於開吴里等，而以盜夥無盡釋之事耳。今披枝見本，水落石出，二犯終不當作圜扉之鬼也。

（明）祁彪佳《莆陽讞牘》卷一《莆田縣監·一起解審賊犯事》 依强盜已行得財不分首從律皆斬決不待時會審未轉詳重犯李逢吉等。

前件看得李逢吉緑林雄黠，狎主齊盟。其劫吴乾、蔡一鰲也，緑袍之認既真，逢吉其奚辭於一斬，獨吴伯春者據陳笠仔之供吐情形逼真。吴乾家斧門而入，罄囊而歸，劫則虎噬鴟張，遁則鳥驚獸散。是伯春非事外之人，固不待數年後之推敲矣。本犯未有現獲之贓，似難推測瓜分之贓，故讞者致詳焉，乃閱招中吴乾之被劫也，伯春之流毒爲甚，至於操戈鄰舍，集衆居停，伯春之罪方且浮於他賊。而况逢吉所劫之贓即伯春所劫之贓也。律祇詳贓之曾否入手，正不必疑贓之屬自何人。同行已是盜羣，况伯春實係首倡者乎？不必李春之首告，同夥之供報，而始定本犯之辟也，伏候裁奪。

（明）祁彪佳《莆陽讞牘》卷一《莆田縣監·一起擒獲海洋强賊事》 依强盜已行得財不分首從律皆斬決不待時駁問未結犯人林桂等。

前件看得林桂羡吴寅等之行劫得財而攘臂從事，於是吴寧宇爲其所擄，亦濡首用命矣。劫掠方爾披猖，而松下賊乃作同舟之敵國。桂等賊謀愈熾，謀宗旺潛歸置器，而身與吴寅、寧宇搶奪堅舟。械置矣，舟奪矣。於是而縱横巨海，桂等誠得計哉？無如天奪其魄，何國燦張皇一呼，官兵奮勇縛賊，三犯者，皆當時就我戎索者也。按事主之傷及埋藏之器，尚何辭於一斬？伏候裁奪。

（明）祁彪佳《莆陽讞牘》卷一《莆田縣監·一起地方賊情事》 依强盗已行得財不分首從律皆斬決不待時續奉批允犯人陳守業等。

前件看得陳守業之劫蕭應仁也，挾甥洪志仁作爪牙，集兄徐理等爲羽翼，斧門明燎，縶婦殘膚。物色自火光既確，搜贓經主認既真，羣兇多就天刑，二犯安逃顯戮，至於洪四娘等波累的係無干，李命竊盜應聽另結，情罪既無糊模出入，似非苛縱，伏候裁奪。

（明）祁彪佳《莆陽讞牘》卷二《本館·僊游縣一件劫財殺命事》

此案經本館面審，晉江亭三兇之毆親三確矣，但下手誰重誰輕，數處致命之傷的出誰乎，尚須一細讞也。劉進賢吐稱，當時同在亭者又有黄泰及黄宣二之子，是豈果皆袖手？亦進賢之舉誣乎？親三經衆兇逼勒之後無生氣，惟是吃緊處，在脱走之後，或是溺死或是毆死耳。審陳富供，親三頭額有血，口鼻亦有血，赤屍覆於石上，衣鞋皆濕，另在一邊。道威、道隆走視，屍傷亦然，並進賢、宣五亦逸矣，是其溺之情形，而況檢有重傷，無泥沙乎？當晉江亭狠打之後，親三猶能同衆兇歷宣二三娘之家，猶能同衆兇之飲，是親三雖負傷，而非師姑潭之再逞未必遽死，所以此案之吃緊處在後一節也。據詳，設謀加功進賢爲多、賢祇一親戚耳，豈其姦淫之憤，獨深於敬茂、宣五？而亭下之伏，酒食之索，戒約之勒，攘臂獨先也，讞至此，百喙不能爲進賢解。而茂敬、宣五之罪，恐亦不在進賢下矣，仰縣嚴速覆究，確招解報。

（明）祁彪佳《莆陽讞牘》卷二《閩縣·一起出巡事》 依强盗得財律皆斬決不待時梟示監候會審犯人六名許三老顧汝標王衷白許奇台湯英林懷萬軍罪犯人一名方輿。前件該本館看得許三老與林懷萬、湯英爲故犯趙若思部下劫賊，王衷白、許奇台爲聽用把總，顧汝標爲幕客，皆惡黨也，皆逆族也。何以言之？三老奉命而邀截商漁，迨中軍秀才之名號立，而三遂獨統一船於青浦發駕。若陳永隆，若陳言，皆其被害主也。顧汝標倡造八牛十疋之謠，與林懷萬受七百金之寄，招募賊黨，雖未有出海行劫之實踪，而其爲若思之心腹牙爪無疑矣。王衷白在原招亦未有縱横羽翼之著狀。而蕭刑館初審，以本犯與奇台皆案賊而充哨役，且傳惑妖言中亦有衷白之名矣。許奇台之充哨役則同衷白，其倡謡詞則同汝標也。叛總林志武招誘故犯劉思行，內有同敝哨湯英一叙之語，而英之駕船會劫及後搜出刀二柄，在爰書中可按也。劉思行等爲志武營求把總，約中雖未有林懷萬之僉號，而七百金之招募，厦門灣之宴會，固與汝瞟、三老同也。迨銅山取水而三老受擒矣。海澄縣之嚴提，而懷萬被獲矣。趙若思、林志武之主敗露，而汝標、衷白、奇台授首矣。沈國棟等之獄成，而湯英併批招審矣。在當時值人心惶洶之際，若思蜂目將成，豺聲幾著，不得不亂用重典，非人諸犯羽兇之辜，不足堪若思彌天之罪輿。以銷亂萌而遏異志，讞者具有一片苦心。但今反覆情形，若三老與湯英、懷萬跳梁劫掠，不必有若思一案亦足殺其身矣。若汝標、衷白、奇台三犯者謂之妖言，而思行等止是以書號召，李新等亦惟用賄招徠。律重在傳用惑衆四字，未見作何傳作何惑也？若謂之得財，而甲子灣之劫係李新等也，買港之索係若思及其弟若叔也，陳言、陳永隆之掠係許三老也，番貨之詐係徐熙載也。雖三犯以騙餉誆錢之輩，當蜂屯蟻聚之羣，誰能必其不劫掠不索詐？而律重在已行得財四字，未見其作何已行，作何得財也。沈國棟之初招定辟者有三老、懷萬及另獲之湯英，此皆不易之案。而若思之續審恐不無波及者矣，此不可謂已成之獄重大之情，便置之不敢問也。若方輿者，閲招中與若思等似絶不相涉，及撫院乃有方輿狼狽爲奸之牌。而其官兵在四十六年三月間，則沈國棟等亦於本年三月間擒獲矣，乃三月二十八日，厦門會誓招中亦絶不及輿名，何也？即有買港匿銀之弊，似不必混之此獄之中。卒之買港匿銀果有真見真聞者否？乃福漳兩刑館之審有謂多功見忌，清議亦難抹殺者，豈急於用其才，遂不暇顧其罪乎？是時夷氛方劇，輿不過奉命奔走，行之而效，則地方之福也，與之功也。不效，則有本案之法在，乃議者何厚繩輿以儀秦之行乎？況借諭以爲守爲戰，半載中夷不敢躪入內地者，固亦有微勞之足録乎？至於夷城之拆不拆，夷船之去不去，人實有耳有目，又何止關於輿之口也？此即不以爲功，亦未足爲罪，惟將買港匿銀及假級數事直窮到底，以定畫一之局可也，伏候裁奪。

（明）祁彪佳《莆陽讞牘》卷二《閩縣·一起擒獲海寇事》 依强盗得財律斬監候會審犯人一名蕭科老。

前件該本館看得，快哉蕭科老之授首也！馬砌洋一逞，輒被丘三手擒，乃猶敢奮刀砍殺，而倭盔倭甲固儼然在身也。詎能詭逃三尺，乃以家有告案爲詞乎？無論此間狡賊多先告一案，以爲展辯之根，即初果被擄，而家屬能信於出洋之時，不能信於鮑化之後矣。但擬以得財之律，則初之打劫者未有確徵，此番方跳漁舫，即爲抱住，無財可得也。查强律不載傷人者，非謂傷人之輕於得財也。蓋竊盗傷人且斬，況强盗乎？是强盗不必傷人而後斬矣。乃今既傷人，則科老一斬，寧暇問其得財否乎？惜拒捕一條不載於强律也，是所煩擬議者耳，伏候裁奪。

（明）祁彪佳《莆陽讞牘》卷二《福州府·一起海洋强盗事》 依强盗得財律斬監候會審犯人一名翁我騰。

前件看得翁我騰走險如鶩，狎習波濤，洵緑林中巨孽也，十八尺門之劫，官澚之劫，我騰實岸焉自雄。倘非林之楚首發，彼器械既集，羽翼既成，奉我騰爲盟主，而縱横閩海，又不知作若何光景矣。當蒲門所之授首也，猶復有肆要劫之智者，是我騰之焰可以張天矣。贓雖未獲，而獲之於之楚之口者，即纍疊滿前不啻也。況本犯執陳瑞之同盗，執曾三之匿贓，是即執己之盗己之贓矣。斬復何疑？若林秀宇窩賣我騰等米船，萬無不知其來歷者。況以五錢予賊，以三錢自私，明是分贓矣。律稱知强贓而故買者，蓋指平常交易，毫未得盗之利者言也，今計秀序之所匿幾九十兩。窩主雖重在造意，猶重在分贓。既分贓矣，何必論其造意否也？恐三尺不爲秀宇貸矣。萑苻之根似應痛絶。

（明）祁彪佳《莆陽讞牘》卷二《永福縣·一起地方賊情事》 依强盗得財律斬已奉决單犯人一名黄細。

前件看得黄細夥劫程啓發家，戕其母，挺其鄰，倒廪傾囊，雖事近於搶奪，而明火傷人是爲劫矣。及詰朝被獲，而身上之劫衣貼肉，尚未暖也。蓋枵腹求生，情似可閔，然清平世界，長此將安窮哉？按斬用申國憲，緩刑聊寓哀矜。

（明）祁彪佳《莆陽讞牘》卷二《永福縣·一起極冤事》 依强盗窩主分贓律斬監候會審犯人一名林三。

前件看得林三結聚東沙，以爲鯨宫蜃穴，與林六老衆盗不覺乳水投而聲氣合也。受八兩五錢之托，爲賊事新廟貌，乞靈鬼神。如此乎其將順也。募高二等爲水手，又虜使劉一孫爲之駕舟，爲之供役，如此乎其尊崇也。白旗爲號，彼呼此應，而油糖牛皮充仞蓁内。如此乎其詭猾也。其潛身乃在半水半陸之間，其恣暴乃在似隱似現之際，交盗賊則若弟若兄，拘被擄則如鬼如帝，方目爲海外扶輿，不知官兵之踪迹其後矣。亟應斬首，與衆棄之。

（明）祁彪佳《莆陽讞牘》卷二《延平府監·一起船艄謀死二命事》

依以藥迷人圖財者罪同强盗已行得財不分首從律斬罪照例梟示轉詳未示犯人一名吴元興。

前件看得吴元興等疑鄭夢詳携有多金，遂强附舟中，迷之以藥，勒之以繩。而船艄之遺失，立滿之同行，則天實留之，以爲劫殺之左券者也。元興獲自永福時止藥二包，有盗且而無盗贓，且招稱同丘意春身上搜出，不知此藥分帶者乎？獨携者乎？此處尚未明晰，而此非所以爲元興寬也。律稱劫得些須，總同一辟，原不必人盡得財。而李汝清等之帽襖何物？本犯可謂不同行乎？既同行，自不得以不得財論矣。況殺人罪大，本犯又未有不助兇者。水次冤魂，其能忘情於元興一犯哉？

（明）祁彪佳《莆陽讞牘》卷二《清軍館·一起明火劫掠事》 依强盗已行得財律斬罪犯人二名王情山王情壽。依共謀分贓不行律斬罪招詳駁問犯人一名廖仕綬。

前件看得此一盗案，在廖仕綬有三兩買和之首飾，經事主認明，而真確無疑矣。王情山頭扣之供原未追出竊失主五十餘金之失物。情山何以止得此些須，而獲在數日之間又何以便化爲烏有？獨是刺臂案盗游手而宿仕綬之家，故竊鐵疑之。然例所稱夥賊供證明白，贓已花費，夥賊已决無證者，得引秋決。今初證之福壽已斃矣，雖於例之年久無獲一語稍閒，而於贓之花費則正相合也。若王情壽之擬辟，則以福壽之初供，張天日之追認也。夫同行者未必即是同盗，同盗者未必即是同贓，張天日之認，認其奔走時也，非認其入盗時也。豈其同福壽之倉皇以逸者，固其同仕綬之縱横以逞者乎？夫其花費與情山等而招贓，則在屢訊之後。怖死之游詞與初讞之確案又當别論矣。山與壽未知是否同胞，原招從未叙人，若以影響之盗情而盡殄一門之種類，是亦仁人所不忍也，若此，犯者一線生機，尚自有在。

（明）祁彪佳《莆陽讞牘》卷二《順昌縣監·一起明火殺掠事》 依

强盗已行而但得財者律皆斬罪京詳未示犯人三名盧下蕭應春范子富。

前件看得盧下一夥謂其初之剜孔開門，則似竊也，而鎗刺主僕則傷人矣，燃燭房中則明火矣，如是尚得謂之竊乎？即爲竊盗臨時拒捕，是必當時之不知者，方得引不曾助力之條。即爲竊盗臨時爲强，亦必當時之不行者，方得從竊盗首從之分。而應春固當場雄逞之人也，固分贓怯負之人也，雖未見本犯之若何傷人，若何劫贓，而繇前律論已不得爲不知，繇後律論已不得爲不行，況此是逼真强盗，可以斬盡葛藤，獨持三尺者，現贓追出之三犯，駢戮又何惜哉？

（明）祁彪佳《按吴親審檄稿·一件出巡事》 行據松江府解犯施長等到院，審得施長托名吴縣捕人，公然强劫。五年五月十二夜，夥黨十四五人，行劫失主張良之家，時良鄰里多在田踏車，乃各駕船追趕，適弓兵緒心亦至，遂追及之，餘犯撲水而逃。現獲者長與嚴阿大也，衣贓即於舟中現起，失主亦被押在船也。孟實大、徐二則續獲於無錫者，二犯與嚴阿大堅口稱受雇摇船，實不知情。而令其吐當日入盗登岸之光景，則歷歷如睹，内惟嚴阿大果爲年幼被脅，實大、徐二想不得以不知情論也。所可異者，施長已在青浦縣監，而令妻誑告，批問蘇州，借行關以爲脱身之計。今之二月十一日，又於泖口行劫沈成元船，長與葉二、顧勤皆捕快曹全當場拿獲者。葉三又係刺盗横肆，若此首領其曷保焉。乃施長狡口善辯，初之劫張良，反誣良爲盗；繼之劫沈成元，更誣成元爲鹽；而以葉二作報鹽之人，顧勤爲捕鹽之快。試問鹽在何處，捕牌有無，則三犯窮矣。其誰貸之。數犯應合爲一招，蘇松道速速覆確具報。地方鄰佑如王秀卿等俱免其隨審拖累可也。其所誑告各詞，一併查銷。

（明）張肯堂《㽦辭》卷四《强賊陳起鳳等》 强賊陳起鳳等之劫王尚運也，聚衆十有四人，黨夥矣。手持鉞斧等器，即最下者亦斫柳椽而揭之，械備矣。劫去銀錢諸物，幾盡中人一家産。只今搜得而陳之於庭者，亦甚纍纍，贓確矣。且也縛尚運之父一魁而火之，越數日而焦灼糜爛以死，則不獨得財而且傷人矣。除未獲者，嚴緝續報；懼法自盡者，關照已明；在獄庾死者，相驗已確。其先後就執而甘心伏法者，則爲陳起鳳、賈一見、戴才、焦才、劉小溪、賈一成等六人，屢鞫無異。而陳起鳳者賊中之豪也。昂首言曰：滑、濬之間，夜犬或驚者，獨有吾曹數人耳。自是之後，兩邑其安瀾矣。按律駢斬，血豈復能爲燐哉！獨是此獄，凡兩經宛轉而後成，則又不敢不詳讞之也。據尚運具告，指賊名王尚賢。拘尚賢而鞫之，不承也。鞫之嚴則曰，意者其常應奇乎。拘應奇而鞫之，不承也。鞫之嚴則曰，意者其賈一見乎。迨一見至而贓物盡露矣。迨起鳳至，而其行劫之次第，分贓之多寡，無不纖悉而指諸掌矣。蓋尚賢爲一魁族侄，應奇爲一魁外孫，其人皆習於狗偷，與一見等踪跡甚密，且就一魁之饒於蓄也。平日傾吐，無不俱盡，即上盗一事，亦與其謀。第恐爲失主物色，故臨時不行，並未分贓耳。況自承竊盗有年，搜出兇杖有據，故知爲緑林行徑久矣。前七人者，固莫逃於强盗之律，而此兩人者，亦安能逭於造意之條也哉。内價一成雖未上盗，然分受贓錢二百文，起鳳主之而一見授之者也。情似稍輕，法無減等，吴進啓、王一國懾息閉户，漠然秦越，杖警其玩。

（明）張肯堂《㽦辭》卷一《賊犯李一閤等魏縣人》 李一閤等黑夜排張坤之門，執械傷人，其是强非竊可一訊而伏也。惟是八人爲盗，共有二案，而第據此案駢斬，其中不無齟齬耳。其傭王思孔之家而胠其篋也，一案也。其侮張自珂之老而盡其藏也，一案也。盗王在後而發在前，故張文才以竊擬配；盗張在先而發在後，故一閤等以拒捕論斬。嘗細究之，其盗王也，上盗者爲韓國旺、路時遇、張文才、楊國平，而一閤等四人，其知情分贓者也。其盗張也，上盗者爲李一閤、王納論、勾師魁、葛孟金，而國旺等四人其知情分贓者也。又所難者，一强一竊，判若蒼素，配斬平半，其又何辭？惟兩案互涉，而上盗、分贓，犯科少異，出入輕重，間不容髮，以此大費推敲耳。據原告之言，以爲印官獲賊，署官成獄，爰書之讞，未必盡肖本來。況王思孔事又在別案，非相提並質，亦無以杜兩造之口也。披駁至此，各犯隱情，既已十得八九，而該縣亦不日遄歸矣。獄貴初情，覆審定罪，不患不成南山案也。

中國第一歷史檔案館《清初内國史院滿文檔案譯編》崇德四年五月（二十二日）得勝莊六人、喀爾察和碩齊奇唐古爾等七人所獲一櫃子衣服共六十件，被正黄旗囊嫩奪去。訟於法司，經審，劫奪是實。囊嫩應革世職，鞭一百，還所劫奪財物。奏聞，上命：免革世職，鞭一百，准贖，歸還所劫財物。

（清）李之芳《棘聽草》卷二《盜情・司道奉兩院一件爲塘報事》

審得陳叔韜與族人陳伯霖積怨未消，遂謀搶穀。先過吕邦錫之廬投宿，盤飧脱粟，一夕居停，因有不可來我都之語，及率陳忠、胡廷國等搶穀百餘，實於廷國家分賣。陳忠指爲陳潭家者，妄也。以致捕役往拘，潭係初經投誠之人，驚魂未定，勾攝突來，故破壁而去。後即親投面質，益徵陳忠前言之謬矣。迨嚴緝叔韜之令下，遂鼠竄潛蹤，先望蔣元亮之門投止，轉至金守税、金守太家，藉瑣瑣姻婭爲逋逃主。時風雨瀟瀟，給以簦笠、青蓑，從後門而遁。其耄母葛氏、幼侄有道遂捕獲於守太之家，屢供在案，無異詞也。蓋當日叔韜作賊，流毒東永之間，議者恨罪人之不得，而貽禍皆歸於數人，故以隱藏故縱律之重罪。今首惡渠魁已計窮就撫，則現存餘犯自當末減從寬，況廷國、陳忠慮既經瘐死，葛氏、守税又復病亡，同獲陳希賢久化獄燐，事主陳伯霖亦登冥籙。纍纍多命，皆由叔韜首禍所致，無論其作賊時殺人、害人難以億計；即此一案，萬不能爲叔韜寬也。況此犯者數縣合勦，百計捕擒而不可得，今幸恢網不漏，正天亡之時，似非常赦可原。婺屬生靈，所關甚巨，合按響馬律論死，以除地方之害。

覆審得陳叔韜投止於吕邦錫、蔣元亮、金守太之家，此時飛鳥依人，窮猿投木，正可擒而首之，不亦大義曉然哉！乃顧依違其間，聽其悠悠來去，雖無窩贓上盜之情，而罪已難逭，依律滿杖，夫復何辭？

（清）李之芳《棘聽草》卷二《盜情・臬司奉按院一件爲盜窩劫殺事》

審得王成等勾聯亡命，肆志緑林，假扮戎裝，流毒江滸。見閩客顏天等挾重資而泊女埠，夜遂夥黨行劫，且殺死顏天、阿權二命。既而漸次成擒，獲贓有據，真莫真於顏字之拜匣，確莫確於福建之槽銀，王成雖欲狡辯一詞，不可得矣。況徐長生、金應禄名下所獲贓銀七錠，與王成二錠相符，同夥分贓，莫真於此。若周十二者，大盜識其姓名，是萑苻之巨藪也；而董孟增衣贓主認，且内有紅衣，係吴教官被劫之物；陳惟貴名姓，則又見於劫殺福建賫表官員之初供。可見此輩大盜橫行，不論是官是商，遭其凶攫者多矣。互供明確，同夥最真，雖十二、惟貴名下未經獲有顏氏之贓，詎可寬其一線，以釀江表大患哉？駢斬非枉。洪八八係孟增供爲同夥，獲有餅銀八兩，未經主認，姑寘疑例。惟貴父陳五四未可因其子而死之，相應省釋。陳可明已經物故，免議。埠頭章文元、船户畢成，審屬無辜，相應釋放。惜乎董孟增未正典刑，先登鬼籙，死有餘幸。戮此數兇，亦足以慰九泉長恨矣。現獲贓物除失主認領外，其無主贓物，所當變價入官彙解；其未獲之贓，雖該縣未究明何人名下所得。總之，諸盜意在捱刑，堅不肯吐，今據前招反復諦閱，前後情節的係真盜，定爲爰書，現解臬司聽審奉批，憲詞應請一併批司，覆勘並結。

覆審得王成等劫殺閩商顏天一案，已經屢讞，其爲真盜無疑。但前此嚴訊，尚未肯確吐真情，今奉憲駁，隔别推問，不待刑鞫而俱不能自掩其情矣。如陳惟貴分得銀五十兩，他若王成、金應禄、周十二各得三十兩，口供鑿鑿。彼十二操舟從事固非一日，況分贓可據，其何以自解於同行得財之律乎？最可恨者，莫如發本之洪八八，安坐家中，置船江滸，諸兇得以張帆劫殺，謂非八八導之使然哉？推其陰謀，何啻手刃而越人於貨也！前此起出贓銀八兩，即無主認，要皆行旅篋中之物，而衆口如一，亦何所容其置喙？但顏天、黄永福資貨甚多，今亦無從盡追。總之，强盜得財浪費，隨手輒盡，斷不能久留，以俟今日之起獲。故認贓定案，特明其盜之非誣，在真而不在多。顏字之拜匣，福建之槽銀，真孰真於此者？同夥既確，駢斬奚寬？雖贓物不能盡追，以慰生者之心，而罪人既得按法，亦可瞑死者之目矣。餘盜仍行嚴緝。

（清）李之芳《棘聽草》卷二《盜情・守巡兩道奉撫院一件爲明火劫殺事》

審得吴四十、吴三三一案，駁問者屢矣。蓋初因章三元之供報，而後捕役張應協同鄉保吴七遞、吴十遞、吴十九等追至處州境上相及，而猶持刀傷人者，吴四十也。四十名下有現獲白布四個，墨十錠；三三名下有現獲白布八個，紅花緞馬衣一領，紅絹線九結，雖銅爐沈水，徽墨花費，而現獲之贓謂非失主黄若南之故物乎？前供鑿鑿在案，況持刀拒捕，張應、吴七遞正身面質，安可以盜首嚴九十别案遠禁，夥黨窩主唐老四、盛四三、舒士麟等斃獄，幽囚多載而遂援祝網之例耶？況强盜罪在不宥，雖事主認領遠歸，此獄已成定案，用消萑澤之警，宜正藁街之誅。

覆審得吴四十、吴三三初供出於章三元之口，繼而被獲，起有白布、馬衣、線、墨等物，曾經寄庫；後爲失主黄若南認領回籍。今行縣確查，據申覆無異，惟是吴七遞原係里遞總名，初審時蓋以現充里遞者應審，故云非復昔之七遞。及奉牌取吴十九質對，而十九即七遞下之里遞，乃彼時協同追緝之人。據供當日吴四十持刀砍來，勢甚凶狠，故原呈有殺傷之語。若章十九、章三元之爲同夥，初招甚明，十九獲贓有據，三元供報有人，其爲真盗，無復可疑。而前道周釋之者，特因其舉首劫獄之故，不致犴狴踈虞，在當日以爲所全者大，未暇究及此案之終始也。但事關大盗，該縣自應及蚤申詳，所以致此稽遲者，蓋此事發覺在教官李順署縣時，因或奉清釋，或因斃獄，事主久經回籍，將聽其瘐死之意。故季縣官初到，請援例祝網，幾於脱漏。及奉批駁，府縣出入之間往覆再四，今始批職審理，而轉詢其始事之府縣，俱再易其人矣。章十九、章三元據縣申覆，自出獄之後已經物故，無從拘詢。今囚首對簿者，惟吴四十兄弟，然自事主領贓回籍之後，欲求一質證而不可得，衹據原招研訊，夥劫情真，仍照原擬，不爲枉也。

（清）李之芳《棘聽草》卷二《盗情·分守道奉兩院一件爲肅靖叛窩等事》　審得韋成諫、吴成枝、吴成榜皆賊渠陳化龍黨羽，於上年十一月十二日焚劫嵬山，沿途肆虐，而吴其充之子吴成鋌併十歲幼孫吴光祖俱被掠歸，索餉勒贖，成鋌出囊中所帶二十金，求釋不允。在其充倚閭之望方無可奈何，而有諸暨蔡長卿者，言與陳旗鼓有託妻之交，可往取贖，其充出銀三百兩付之。孰知成諫之賊心未饜，於十三日衹釋光祖，仍縶成鋌以居奇，再通家信，復使吴德齎銀一百三十五兩，白紬三丈，布十二疋，裹脚四雙，足以釋之矣。而成諫等見泉刀幣帛之相繼，方謂可源源而來，安肯輕縱，拷索益嚴，乃嚙指血書貽父，其充又多方那借銀一百八十五兩，思贖其子。孰知又有事外之變，吴德行至十三都，乃有地方社兵郭大思、王金福、厲麒等指稱搜賊爲名，要而奪之，此本月十五日事。是父是子何所遭不辰，觸步皆荆榛中也！宜其庭讞之時，俛首哀鳴，潸然泣下，有不勝其悲者。韋成諫、吴成枝已於趙正寵殺父一案擬辟，成榜從叛劫掠皆真，駢斬藁街，夫豈爲枉？餘犯聞風遠遁。若蔡長卿、吴三喜、許小農相應照提另結。杜應化審係良民，應從釋放。其張小農、陳龍、吴小元皆無知貧民，杖而釋之。至於郭大思、王金福等雖防禦盤詰，不爲無因，要奪行資，事既有據，所當擬配示懲，照追給主。厲麒提到日審結。

覆審得韋成諫、吴成枝逞山寇之勢，擒吴成鋌父子至寨，勒餉取贖。既受銀物，止將光祖縱歸，猶留成鋌，其充再措重資，付吴德以往。種種罪孽，皆成諫、成枝爲戎首，此二賊者不容於死；第於趙正寵一案已經擬辟，罪無可加，衹將搶奪之郭大思、王金福究擬以示懲創。雖推原初狀，實切齒於搶劫之凶，及細質根由，遂得情於要奪之輩，故不得因其原狀無名而遂寬也。况持銀被搶，吴德確證最真？今吴其充言與大思等素無嫌隙，天理具在，豈肯無端指害？所奪銀一百八十兩，係大思、金福、厲麒均分，今厲麒未獲，二犯名下應照股追給。張小農往來賊營，不過窮人依草附木，詿誤可矜，審無劫殺確據，仍照原擬。蔡長卿等應照提另結。

（清）李之芳《棘聽草》卷二《盗情·按院一件爲劫盗事》　審得盛二百四、程和尚、錢廿九、樓瑞等於八年七月初四夜，糾夥入生員倪師堯家，方其熟睡未醒，門户不驚，此猶可以竊論；及既進卧房，則舉室輝煌，且欲以刀制其死命，罄劫所有，乃鬨然大叫，從後邊而去，察其凶悖之勢，非强而若是乎？今據所供同夥，除現獲四犯外，尚有俞雲、方四、樓應方、樓應德等多人。究其所劫之物，除盛二百四名下現獲銀簪、氈片、銅盆外，尚有花費銀兩，首飾、衣服、器具多贓，供分確據。此四犯者，固不能寬於得財之律。在師堯被劫後，隨經控道，批發捕廳，而復有此鳴者，蓋因當時帶捕爲前任周知府，彼盛二百四已經拿獲，未審報病，氣息奄奄，恐其化爲獄燐，暫令保出，師堯懼罪人之漏網，故有此控。至於承緝搜贓，則有原捕倪成，而胡壽係捕廳快手，乃拿倪成之號差，實與無涉。今倪成已死，不能起而究詰之，其餘未獲各盗，請批總捕官嚴緝，獲日一併確招具報。

（清）盧崇興《守禾日紀》卷四《一件大盗搶殺事》　審看得：盗犯鈕仲甫等，一班無賴，嘯聚多人，肆惡綠林，愍不畏死者也。康熙十三年四月十一日，有已獲脱逃盗首王子榮垂涎嘉興狸帶鎮生員周陶殷富，四路邀集，聚夥鈕仲甫、朱爾慶、郁小大等二十五人，駕船四隻，構就雲梯，各持凶仗，登樓入室，執周陶之兄周隆，燒炙鬚眉，逼索銀物，更傷家人錢美、王三，並救護地鄰錢君會九人，而陳來受傷身故。孰知天網不漏，陸續就擒。研審再三，各供不諱。除病故嘉興縣監之鈕慕洲、孫洪山即孫田螺、金臘梨、繆大、張五病故，杭州府監之嚴大病故，桐鄉縣監之沈十皆歷取口供，先伏冥誅，毋容復議外，現在鈕仲甫、郁小大、朱爾慶、鍾茂、韓大、孫臘梨即孫耀寰、王子榮、羅二即方三、朱三弟、張二即塘西張二，此十犯者，盗確贓真，已經主認。且周隆燈下識認之人，又經面質，各犯亦俯首無辭。鈕仲甫等依强盗已行得財，不分首從律，駢斬，洵不爲枉。内王子榮一犯，前解憲審駁訊，而桐役領回，中途失脱，應與未獲之老石四、趙大、郁二、羅幼安、張二、沈二即沈子良、徐四、柏二等，嚴緝另結。又犯孫臘梨即孫耀寰，已奉憲檄解赴親審，未經取有口供，相應將各盗詳解憲轅，請乞憲鑒研鞫，並將孫臘梨一犯確取口供入招者也。今將鈕仲甫等取問罪犯，解候憲奪。

（清）盧崇興《守禾日紀》卷五《一件劫商懇緝事》 看得：嘉善縣魚池頭打劫布客黄泰一案，共盗九人，船二只，已獲五人。又，留湖二人，未獲二人。今審據徐阿元即徐大等咸供，十四年十一月初五日黎明，行劫布船是實，劫布一千三百疋，各分布一百五十疋。惟陸順甫，臧元甫，以摇船止得一百疋；孫爾英亦止得布一百二十疋耳。除吴三食用，去布五十疋；孫爾英船錢，去布三十疋；約略計之，則原供一千三百疋爲確。而黄泰等供稱三千二百二十疋，似亦不無虚數。若賣去花費及换米做衣等項，無從追獲外，餘應據供提審並起贓布，以憑確訊。至朱明甫，則以莫文玉一案牽連，實非同盗，相應亟釋，以安善良。而李晋公一犯，又係沙田案内盗夥，仍應請檄杭府關取，另案歸結。再查，嘉善縣印捕敕防，職名已經先行詳送，武職、汛弁職名又經協鎮高徑行移覆憲臺在案。若捕廳職名，則値前任總捕張作礪陞任金華，而接署王元士尚未到任之時，理合一併聲明。但文武各官，事在赦前，且獲盗一半以上，應否援免？統候憲奪。緣係奉檄查取行劫情形、贓盗確數，今於五月二十日始准湖府關解前來，職府合將審過口供先行詳覆，仍候憲批，以憑發縣成招，另行解者也。

（清）盧崇興《守禾日紀》卷六《一件劫商懇緝事》 審得：盗犯徐阿元等打劫黄泰布船一案，行劫情形、盗夥贓數，業載前詳。今奉撫憲嚴駁者，以贓物與失單未合，盗無器械，恐屬狡供；及打傷羅瑞，不止吴三一人耳。今反復研訊，而徐阿元等堅供盗船二隻，劫布實係一千三百疋。謂所劫者，止頭艙之布，未進中艙，故止有此數耳。至於所執器械，咸供俱係竹篙，惟吴三獨執棚柱。此船户羅瑞所以首攖其鋒，致有額角之傷也。供吐最真，殊無肆竇，仍照原擬，可成山案矣。伏候憲裁。

中國第一歷史檔案館《雍正朝滿文硃批奏摺全譯》雍正元年四月十三日 竊查福建民情剽悍，窮黎衆多，鄉里生民受積匪欺詐，入夥響應。故惟嚴懲積賊，群黎方知戒懼。硃批：甚是。

福州府屬古田縣原有一賊，名叫高頌祥，多年緝拿未獲。本年春，高頌祥又來古田縣聚衆結夥，臣等聞訊，即派福州副將卞世偉前往迪州，相繼拿獲高頌祥、鄧汗桐、劉培等二十九犯。經臣等會審，據高頌祥供稱，伊自二十歲爲匪，至今已有四十多年矣。聞風通緝，逃往浙江，今年返回古田。遇見鄧汗洞、劉培、許旺、卓啓生、朱文忠等，替伊招募人，約定打劫水泊劉姓監生府宅。人尚未到齊，即被拿獲。等語。鄧汗桐等人同供。據古田縣百姓呈開，高頌祥等俱屬慣匪，擾害地方已非一日，請除民患。等語。查高頌祥、劉培等確係蟊賊，遐邇聞名。兹仍糾結匪徒搶掠古田縣民。故臣等經磋商，將首犯高頌祥、鄧汗桐押赴街市當衆杖斃；硃批：甚爲合理。

劉培、許旺、卓啓生、朱文忠當衆割斷脚筋兩隻。其餘二十三犯因係從犯，挨次重杖穿枷，無涉民人俱放遣回籍。硃批：多年積蠹，如此多殺些爲好，可大大安撫良民。

當即張出告示，遍行宣喻。查得，福建民風刁蠻，聚衆爲匪，爲非做歹之事無法盡絶。鄉民苦於貧寒，被騙入夥，隨聲響應，亦爲在所難免。皇上聖明，天下地方之事無不洞察在胸。嗣後地方如此小事，臣等一面奏聞，一面重懲速結，硃批：是，知道了。

以副我皇上綏靖地方、懲惡安良之至意。

硃批：　爾等如此辦理甚合朕意。朕原想趁便密發上諭與爾各省臣等，看來賊匪案件隱瞞甚多，地方官吏懼受處分，亦多加掩飾。爾等即任封疆，朕將一省萬民交付爾等，斬殺數犯之權豈有不授之理？嗣後，如何而爲，於地方百姓有利，則著一面具奏，一面辦理。朕自會鑒察。唯可憫可疑之案，當審慎從事，切不可憑一時之氣。割賊犯脚筋者，不失爲一條好刑律，著施於應刑之人。

中國第一歷史檔案館《雍正朝滿文硃批奏摺全譯・閩浙總督滿保等奏報懲辦德化縣糾夥搶劫首從各犯情形折雍正元年六月二十九日》 五月十五

日，德化縣屬高集村，有羅楧、劉九義等十四人會聚一處，兄弟結拜，密商糾夥搶劫。知縣聞報遂邀營弁同往緝拿，將羅楧、劉九義等十二犯全部拿獲。本知府解來親審，情俱屬實。等情呈報前來。查得，凡强盗已行而未得財者，例發邊外了結。唯福建賊匪野蠻膽大，杖流之罪概不畏懼，非言就地正法不知戒懼。查臣等前爲古田賊人高松祥杖斃示衆所奏摺内奉硃批：爾等如此辦理，甚合朕意。朕原想趁便密發上諭與爾各省臣等。看來賊匪案件隱瞞甚多，地方官吏懼受處分，亦多加掩飾。爾等即任封疆，朕將一省萬民交付於爾等，斬殺數犯之權豈有不授之理？嗣後，如何而爲，於地方百姓有利，則着一面具奏，一面辦理，朕自會鑒察。唯可憫可疑之案，當審慎從事，切不可憑一時之氣。割賊犯脚筋者，不失爲一條好刑律，著施於應刑之人。欽此。臣等頂戴銘記在心。兹德化縣此夥賊匪，倘照例僅擬流罪，漳州泉州惡匪必不知戒懼。况羅楧、劉九義皆係名匪，發流邊外，仍可逃回爲匪。而該伙賊犯尚未舉事，即被拿獲，文武員弁概無過失，一無可參者。故臣等愚意，將此夥犯詳加鞫審，俟獲實據，則交付文武員弁，將首犯羅楧、劉九義即解發事之地高集村杖斃示衆，凡確係從犯者亦於彼重杖，是日即照例發配山東，妻子隨配。其中倘有可疑可憫者，皆從輕發落，無涉者即行釋放。凡首告擒拿出力人員，即時獎賞。如是則奸棍自知悛改，無辜之人不致遭受牽連，既合刑律亦結案速捷。於安穩地方，懾服人心似有裨益。臣等禀遵前旨，現將德化縣賊案如此辦理。爲此謹具奏聞。

硃批：此類糾夥之徒，理應如此辦理，照辦。唯發配山東，刑略輕些，亦應割懶筋發流黑龍江。嗣後，若係平常强盗仍照例辦理，不拘何案，爾等不知者乎？著酌情而行。法能震懾，刑即放寬，倘如此行刑，奸棍歹徒仍不畏懼則可再嚴。商云法者不可預定，乃因時順應人心而行也。爾等唯矢忠公孜孜以行，雖稍有違例，朕或可寬恕。放心效力，爲萬民造益。

楚雄彝族文化研究所《武定土司檔案·稟明匪類事》〔雍正二年三月初七日〕暮連鄉監生那德洪謹稟大宗師鈞座：敬稟者，爲稟明匪類以杜後患事。情因於〔康熙〕六十年五月内有魯仲文、魯老大回家到慕連着干塊住坐，寫立租約甘結，自願耕種田地，不致滋事，後勾引普安州逃奴同伊住坐。監生以普安州人氏行踪莫測，不容勾引住坐，其人即前往禄勸甲頭三斤名下住坐。于上年仍回普安州拐掠，被伊主查獲跟踪到禄勸，現今貽累三斤在州聽比。而魯仲〔文〕等不務本業，通同伊等兑兒女親家。日以鼠竊爲生，偷牛盗馬爲事。往居着干塊四載，錢糧租谷絲毫不肯完納。生恐慕連地方受害，前已具稟州主。况又奉大老爺憲牌巡查境内踪跡不定、詭異近盗之人毋得容隱在案，若不預爲稟明，恐將來匪類猖狂，地方受其貽累，爲害不淺，爲此具稟。須至稟者，右呈本州大宗師臺前。

雍正二年三月初七日具稟監生那德洪。

楚雄彝族文化研究所《武定土司檔案·押解賊盗事》〔雍正二年三月十七日〕慕連鄉監生那德洪謹稟大老爺鈞座：敬稟者，爲賊棍越境押解天臺，祈恩懲處事。情因有魯仲文、禄耀龍、禄天資、禄天財等於〔康熙〕五十九年，一起同來慕連着干塊村投遞甘結租約，自願耕種田地，不敢滋事。不期到境未久，謀爲不軌。居家之時少，出外之時多，行踪莫定，前已具稟天臺在案。今有馬百祥在府云：禄天資弟兄等在大姚縣作賊目，今盗案未結，貽累百祥。伊查得係在監生地方住坐，向監生要若不拘出必叩稟天臺，監生聞之心膽俱裂。除星夜着人前拿禄耀龍男婦共八口外，有魯仲文、魯老六及二人尚在後喇遏未回。其妻并男一名、女二口共四人同禄耀龍一齊押解天臺。家私牲畜當即同龍等點明押解，有運不到之糧食仍存着干塊村内，俟伊等有歸着之日，聽彼親來駝運，理合具稟，以免後患。或回原籍，或交與馬百祥，仍候鈞奪批示遵行，監生未敢擅專，爲此粘單具稟，須至稟者。一呈稟本州大宗師前。

雍正二年三月十七日具稟監生那德洪。

楚雄彝族文化研究所《武定土司檔案·祈天嚴究事》〔雍正二年〕具稟狀婦那海氏，稟爲刁彝悖主欺官，祈天嚴究，以儆刁風事。情緣大小永西二村，原係氏夫德耀祖代相承，管業無異，於〔康熙〕五十九年氏夫不幸病故，彼等欺氏孤寡，同謀反去投認德溥爲主，後各憲大老爺格外施恩，將德溥占去莊子斷給還氏，又蒙府主大老爺頒示給領在案，惡等不思斂迹遵斷。仍肆行無忌，將氏所領告示搶去，報經本府嚴拿究處，仍斷歸氏在案。今奉文編立保甲。乃緝盗安民之至意，二村共七十有零人户，氏屢着人到村開造，惡等坐視不理，硬不開造，氏無奈惡等何。昨李兵房奉差到境散給門牌，氏又着人到彼分散。有鋪結等口稱伊等原報三十餘户，將門牌扯攅在地，無端辱罵，欲打氏家人，竟不容分散。似此刁夷悖主欺官，若不按法懲處，不惟氏孤弱難安，將來彼此效尤，王章國法俱視爲鴻毛矣！伏乞天星做主，俯賞能差嚴究處，使庶惡等知有王法，而孤苦免遭欺凌，頂戴無既矣！爲此具稟。一具稟本府大老爺臺前。

（清）周爾吉《歷朝折獄纂要》卷六《懲詐·東巡紀事》 國朝純皇帝乾隆十二年，東巡直隸，各官照例備供給。隨扈人員，尚循情理；獨太監驕蹇不法，或重支，或冒領，撓攪不休。時有執事監，名二十八他他者在御前行走，勢焰頗張。其時總理支應，爲通州刺史，協理者即其吏目。供給皆遵舊章，有條不紊，忽有十餘人自他處來，索食甚侈。刺史以冒濫斥之，諸人去，隨擁一首領太監至，曰：咱家隨駕出巡，不給飯食，使枵腹從事耶？刺史以業經照例發訖爲辭，首領曰：平日汝等出差，尚須臧獲數人，豈玉輅親巡，儀衛不容過盛，而竟以例格耶？舉手摑其面，刺史懼而退。吏目曰：此事可與争，不可避。倘擄掠一空，明日將無物以應，獲咎不更深耶？某願舍一官折之。乃唤集各役曰：内豎肆虐似此，我輩受辱，將不堪。如我喝打，汝等即擒而行刑，有我在，罪不及汝，毋畏葸不前。事定有賞。衆於是踴躍從命，首領見刺史潛避，率衆搜掠銀物。吏目突前喝曰：何來惡痞，入我帳房，劫我貨財，必是匪徒，敢冒内監。命皂役執之，去其褌，杖責二十，逐出局外。首領探知爲通州吏目，即向御前泣訴。帝謂左右大臣，召通州吏目。大臣承宣旨意，制府不知所爲，將吏目械送宫門。吏部笑曰：上命召見，並非拿問。立命易衣冠，帶領入見。帝曰：杖内監者汝耶？吏目伏奏曰：緝捕盜賊，臣之職也。此人闖入帳房，擅搜財物，是以捕而責之，不知其爲内監也。且竊盜已行，而不得財，厥罪應笞。聖朝斷不因一監，而廢大清律也。故臣謹遵行。帝曰：善。問吏部近日縣令缺，尚書按籍以對。帝曰：某省知縣缺出，即着通州吏目補授。又詔曰：汝此去作縣令，宜始終强項，以庇百姓，勿爲上官屈也。吏目免冠謝恩，領憑赴任。

四川省檔案館《清代巴縣檔案彙編·盜匪·乾隆二十三年三月十八日節里四甲周化坤稟》 爲援□□□，懇飭拘追事。

情蟻去年冬月十九夜，被賊刁攔，竊去大水犗牛一只。次早知覺，跟迹找至地名新廠打狗埧趙老滿家，拿獲牛肉牛皮火印牛角。蟻即清問，趙老滿統凶將蟻并隨趕，鄰人一併毆傷，奪去牛肉牛皮，并衣帽等項。二十日，蟻以被竊獲贓情詞報趙老滿在案。蒙批：准訊究。票差王章行拘。詎王章受趙老滿囑託延不帶訊。本年二月初三，蟻以懇查案究具稟朱主，批：原差帶犯稟訊。蟻隨稟府祖，蒙批：贓證既獲，何可任差弊延。巴縣即勒拘究追。朱祖未賞究追。仁天榮旋，三月初一夜，回禄卷燒，趙老滿釋逃歸家，痛蟻耕牛被竊，懸犁無作。是以援案陳情，懇飭差拘趙老滿到案訊追賠牛，給領耕作，農黎沾恩。爲此，上稟本縣正堂太爺臺前俯准施行。

縣正堂批：原差即拘犯稟訊，再延比究。

楚雄彝族文化研究所《武定土司檔案·那安氏首爲哭陳冤衷叩天親提審究事》〔乾隆二十五年六月初九日〕首狀孀婦那安氏，首爲哭陳冤衷叩天，親提審究事。情因逆奴邱茂才、唐氏、周自昌等夥叛賄衆抄搶，凌辱主母投報在案。本月十八日州主提氏到案。逆奴畏罪浼人，叠次向氏請罪求和。氏再三不允。州審二次，逆賄買通事，氏漢語不知，冤情上達，盡被隱匿不禀。逆等毆辱搶劫置之不問，氏無奈泣涕上訴。竊思氏自幼與已故貢生爲妻，僅生一女。夫存日已許聘沙金鳳之子，夫因無嗣於去年八月，始娶到唐氏爲妾。詎料逆忽以申氏所生之子，捏名詐稱爲孤。其親夫矣甫現在可證。逆又私造遺囑，僞稱親筆。哭思氏夫於三月初五日病危，同胞姐妹俱至看候，設有遺囑，應會同親族當同姐妹與内外管事頭人傳興賢、李廷璧等公同書名畫押，交氏收執。豈有不通親族，暗付逆等幼奴之理。况夫於初九日病勢昏瞶，已不能言，至初十日所立遺囑係何人言語，何人書寫。捏造之情顯然畢露。如果係丈夫骨血，氏又無出，焉忍不認，以絶宗嗣。况那族内弟兄子侄，現有那世哲、那挺秀、那宗文、那朝勛、那朝輔俱同在府，當問立見何物。邱茂才等膽敢欺全滅倫，姦串唐氏於四月二十七日糾衆逆黨，打爛房門窗隔，搶奪家財，毆辱主母、諸姑，并將翁姑先年給與故夫姐妹之衣服九套，并伊姐妹自幼私方，歷年放生之銀四千兩盡行劫去。後逆知氏着家人夏糯等逃出首報，并姑夫常守嗣、張忠等亦行呈報。逆自知理虧，星夜着人回家，唐氏着李廷璧等於初九日始還回銀二千三百兩，并衣九套，下有一千七百兩未還。至抄劫氏之財物絲毫未還。邱茂才駝來府城銀四駝，謝蘭又駝來二駝。唐氏又隨駝來二駝，兼有唐氏之父唐弘緒不時着人搬運。逆等又僞爲托孤管事十四人。氏家内外事務原着李廷璧、傳興賢等管理。如謝蘭係氏翁於烏蒙領來，茂才係家生幼奴，素行滋事爲非，不過辦理外事，何爲頭人！而李廷璧、龍騰云、楊國棟等現係氏之干證，亦被逆巧術賄誘，語亦含糊。幸有同劫分銀不要之阿費等，與同插血之阿寒、俊什等，亦各知天良難昧，仍復歸氏。其阿寒、俊什又被唐氏拿去肘鎖關禁。州差至，氏已帶伊一同前來。其毆辱抄劫等情，伊等可爲確證。逆在府又暗着人買囑玀夷佃民文國祥等，在州扛幫揑控，氏赴府被逆黨欺凌，行至府城會明橋，又被逆奴謝蘭等多人邀搶，將帶來盤費錢三十千，米豆二石逞凶劫去。二十二日又有逆奴黨羽夏機暗對氏說：茂才前日駝來之銀一萬餘兩零已陸續費去，下剩的銀現存户房胡國用櫃中。茂才又暗着夏過回暮連駝銀一千二百兩。今晚必到。囑氏於路邀驗等語。氏不信，因着家人阿朱、阿費往探。於是晚果在北門外是夏過等駝銀前來。及氏到彼，逆已將銀駝去。即時氏赴轅投外。又被原差阻攔，不得喊稟。禁城之下尚敢如此，況在深山何所不至。哭恩逆奴食氏之食，衣氏之衣，又劫氏之銀錢，轉而殺氏，遭此大變，慘不堪言。逆奴等神术迷天，氏三姑夫見其叛逆，至戚相關，來州鳴鼓相攻，又被州主拘押捕廳封鎖其門，叠保赴考不允，慘刻如此，伏乞青天大老爺垂憐做主，常親提審究，按逆奴叛主之條，正白晝毆劫之罪。調驗劫去各項底簿，追還財物。地方寧謐，生生世世頂感無暨矣。爲此號泣，匍匐投天上訴本府大老爺臺前施行。

被告：邱茂才、唐氏、者希、施其德、謝蘭、夏過、吴國用、周自昌。

干證：傳國賢、傳興賢、阿費、傳哲、那氏姊妹。

六月初九日奉批：準於旋署日親提訊。

楚雄彝族文化研究所《武定土司檔案·常那氏沙那氏張那氏訴為逆奴叛主奪財奪命叩恩親提事》〔乾隆二十五年六月九日〕訴狀婦常那氏、沙那氏、張那氏係故貢生那嘉猷姊妹。訴爲逆奴叛主奪財奪命，叩恩親提事。切因氏等各居窵遠。胞弟那嘉猷病危同往看問，三月初九日病愈沉重不能言語，至十七日身故，喪葬畢，弟媳留作五七。逆奴等見弟亡故，弟媳孤弱頗有侮慢之意。氏等即欲辭回，弟媳再三哭留，是以遲延在彼。於四月二十七日遭此大變，并氏等父母所給胭粉田莊衣服穀石以及氏等私方生息銀兩亦被逆毆辱搶劫。四路嚴防，性命幾不能保。是以具報提究在案。五月初七日逆奴邱茂才等在府知報，星夜着人回家，唐氏着李廷璧等還回搶去之銀二千三百兩，衣服九套。下有一千七百兩未還。蒙州主差提來府爲弟媳做證。并自申被逆毆奪之冤，行至府城會明橋有逆奴謝蘭等率領多人凶惡如虎，將弟媳帶來盤費錢米行凶奪去。氏與弟媳魂散魄飛，此般情狀慘不堪言。州主叠審二次俱被逆神術蒙蔽，毆主抄劫之冤毫莫能伸，反以氏姊妹等應面之物疑爲故弟家財。哭思故弟家財不下十餘萬兩，各莊租穀現存一萬餘石，四季衣服盈箱滿櫃。何止數百餘套，金銀器皿等俱被逆抄去，查驗底簿在分明。逆欲嫁禍氏隱吞故主家財。誣氏等以不白之冤，毒惡至此，復載難容。不得已含羞忍辱奔投天臺。伏乞青天賞準親提大施惻隱救援孀弱，律治奸逆，陰功萬代，臺閣千秋。爲此，涕泣上訴青天本府大老爺臺前施行。

乾隆二十五年六月初九日訴。

四川省檔案館編《清代巴縣檔案彙編·盜匪·乾隆二十六年巴縣移貴州桐梓縣關文》爲報明事。

案查乾隆二十六年正月十九日，據客民黄元斌呈稱：緣蟻在貴州遵義縣總府壩開張雜貨鋪。本年正月初九日，在鋪請脚夫王級挑負行李褥子、内裹銀三百五十二兩，又有同街全静宏、全正順、鄒玉蘭、盧遠黄、吴志□、□□□等六人，各寄銀一封，來渝買貨。行至桐梓縣，有全有山、艾鼎武、李盛武三人各又寄銀□□，約算九人共銀一百兩。十八日行至恩治相隔龍崗場四里許地方路旁，林内忽出二人搶去銀錢衣物。爲此開單呈究，粘單一紙，内開已銀三百五十二兩，包成七封，共九人寄銀九封，約銀一百兩，錢一千八百七十文，青布袂馬褂一件，藍布袂馬褂一件，冬帽一頂，有緯紫花□絮襪一雙，短襪套一雙，毛襪一雙，布搭連一個，竹戥一把，聚泰黄記丸藥一包，白銅烟袋一根，銀包一個，係紫花布，係伙計吴姓字記。等情。

據此，當即會營查勘通報，奉批飭緝在案。茲於本年六月十四日，據原役陳英等緝獲王奇昌、王能學、周二即周永清、祝良臣，并起獲王奇昌名下銀三十四兩一錢，戥子一把，毛襪一雙，紫花布襪一雙，舊毛藍布夾馬褂一件，舊氈帽一頂。王能學名下起獲銀四十八兩，青布夾馬褂一件，紫花布銀包一個，舊冬帽一頂，到案。隨提各犯，當堂驗無私拷傷痕。

問，據王奇昌供：小的南川縣豐三甲大屋基人，父親叫王開厚。乾隆二十年小的搬到桐梓縣楊等地方，佃劉德文土種。今年正月十八日，小的同王能學走到團山子場，看見兩個過客，一個擔了竹簍子，内裝有一千多錢，小的同王能學原起意搶錢分用。走到龍崗地方，小的們先在路旁青杠林内等候，隨後見那兩人先後走來，這挑擔的先走到，放下擔子歇脚，小的們一同走出林去，王能學先把擔子搶起往青杠林内走了，那人就上前來奪，是小的拿了一根柴棍嚇唬，他才走開，跑到山上喊人去了。小同王倫學走到青杠林裏，把擔子内行李打開，將褥子丢下，把褥子内一大包銀子并籃内的銅錢衣服東西都拿了，同王能學一路回桐梓縣家裏。小的與王能學各分銀二百二十六兩，小的又分戥子一把，毛襪一雙，紫花布棉襪一雙，舊毛藍布短夾馬褂一件，銅烟袋一根，冬瓜藍布纏袋一根，白布襪套一雙，隨後搬回南川縣。後來有祝良臣、周二查問，小的們恐他知情説出來，同王能學共給他們十五兩八錢銀子。二月二十三日，叔子王先進、胡敬文們知道了，小的給王先進銀三兩七錢。王先進、胡敬文説這銀子使不出，叫小的拿出賭錢掉换使用，那夜就在胡敬文家，同胡敬文并他兄弟胡老二、胡老四、王先進們跌錢，小的輸了四十兩銀子，是胡敬文弟兄贏去了。三月十七日，又在他家同陳家場的方老大、胡敬文三弟兄跌錢，方老大贏了十六千，胡敬文弟兄們贏了八千。五月初二日，胡老二向小的掉銀六兩七錢六分。十四日，在王先進家，同楊光乾、胡大三、王先進四人跌錢，胡大三贏□八千，楊光乾贏□十六千。小的又向胡老四當田去銀十兩，小的搬家使費，日逐食用，又花費了幾十兩，如今只剩原銀三十四兩一錢，并分的衣服，都起到案下。求超釋。

問，據王能學供：小的是南川縣人，在金沙樓與叔丈人劉焕章同居。本年正月十八日，小的與王奇昌同到團山子場，看見兩個過路客人，擔了竹簍子，内裝有一千多錢，小的起意同王奇昌商量搶那一千多錢分用。走到龍崗地方，小的們先在路旁青杠林内等候，隨後那兩人先後走來，這挑擔的先走到，放下擔子歇脚，小的同王奇昌一同走出林去，小的先把擔子搶起往青杠林内走了，那人就上前來奪，是王奇昌拿在路上砍的一根棍子嚇唬，那客人跑到山上去喊人去了。小的同王奇昌走到青杠林裏，把擔子内行李打開查看，將褥子内一包銀子并籃内銀錢衣服都拿了，同王奇昌一路，走到桐梓縣王奇昌家。小的與王奇昌各分銀二百二十六兩，小的又分得青布短夾馬褂一件，紫花布銀包一個，有緯舊冬帽一頂，藍布搭連一個。二月初一日，小的在桐梓縣樓濁泥裏正道家，并他兒子裏老二，他乾子趙老四，一共四人跌錢，小的輸了三十五兩銀子，是他們三個贏去的。二月初四日，走到南川縣王奇昌家，有祝良臣、周二們來查問小的們，小的給他兩個七兩九錢銀子，小的夜裏又同王先進、胡敬文、胡老二、胡老四擲胡豆色押彈錢寶，共輸銀三十五兩，是他們四個贏去的。三月二十五日，又還南川縣人張文書銀三十兩。五月初五日，有劉焕章鄰佑黄老三借去銀二十兩，下剩銀四十八兩，同分的衣服，如今已起在案下，其餘銀子都食用花費了各等供。

據此。又訊據周二祝良臣所供，與王奇昌等供情相符，不復冗叙，各等供。據此，除移關桐梓縣差返原贓□，一再訊取確供，具文詳報外，擬合專差關查。爲此合關貴縣，請煩查照來移事理，希即選差干役，協同敝役按照各住址，查拘王先進、胡敬文、胡老二、胡老四、方老大、楊光乾，胡大三、張文書、黄老三等到案，查究賭博確情，追起原贓銀兩，移解過縣，以便給主。伫切伫切。須至移者。

四川省檔案館編《清代巴縣檔案彙編・擾民・乾隆三十年六月十七日直里二甲陳文步陳裕後訴狀》爲夥吞控害，訴懇究追事。

緣去年九月初二，陳洪亮以凶毆凶奪事，控蟻二人强牽伊猪二隻在案，蒙恩賞准票差陳朝選，梅綱拘蟻等到案。冬月初三，荷恩審訊，硃批：仰役協同鄉約徐偉，押陳文步等速將所牽之原猪立刻交還，如違拘究，朝選同蟻等往鄉，初九日，蟻等遵批以錢四千四百文憑周占梅等交與陳朝選、徐偉。殊朝選外磕蟻等銅錢三千二百文，衹冀結案，不卜朝選等何弊，將蟻等賠猪之錢夥吞肥囊，分文不繳。本年五月二十四，洪亮以囑差抗延控蟻等在案，詞捏蟻等牽伊猪三隻等語，蒙批：候查案核奪。加批：候追。恩差來家，蟻等始知。切蟻等牽伊猪隻，遵斷賠錢四千四百文，有占梅等可證。遭朝選夥串徐偉、胡功臣，將錢吞肥，分文不繳。□

蟻等遭稟拖累情慘，訴懇賞拘陳朝選等到案，嚴訊法究，追錢儆刁，虛坐。上訴本縣正堂太爺臺前俯准施行。

縣正堂批：准拘陳朝選等訊，如虛重處。

四川省檔案館編《清代巴縣檔案彙編·盜匪·乾隆三十年六月二十八日川東道查拿嘓匪札知巴縣文》爲札知事。

照得本道會同鎮標選差兵役，往川東一帶沿江地方查拿嘓匪。所有兵役，應各酌賞盤費，合亟開單札知。札到該縣，即將獎賞項下銀兩，按照單開，各役每名給發銀三錢，取具各役領狀具報。仍將銀十六兩封固，具文耑差批解本道，以便發賞目兵路費，毋違。

右札巴縣准此。

（清）祝慶祺《刑案匯覽》卷一三《刑律賊盜·强盜》 貴撫題：楊有胡故妻余氏之弟余世美與堂兄余世龍鄰居，楊有胡知余世龍有銀貯，起意行竊，潛至余世龍屋後，爬上穿枋，因踏板聲響，余世龍驚醒聲喊。楊有胡逼至竈房，被余世龍趕獲喊捉。楊有胡掙脱，即開後門奔出，適余世美聞聲已至後門外堵截，將楊有胡抱住按倒，楊有胡掙扎圖脱，用刀戳傷余世美胸膛等處，平復。將楊有胡依竊盜棄財逃走、事主追逐、拒捕刃傷例，絞候，仍照外姻無服尊長戳傷卑幼減一等，擬流等因。查律載：本宗、外姻親屬相盜無服之親減一等。若有殺傷者，各以殺傷尊長卑幼本律從重論。又例載：外姻親屬相盜，惟律圖内載明者，方准減等，此外不得濫引。各等語。今余世龍係楊有胡妻之堂弟，本非律圖所載無服之親，其相盜已不應減等。至聞聲往捕之余世美，雖係楊有胡妻之胞弟，爲律圖之所載，但楊有胡行竊拒捕致傷所捕之人，自應依殺傷本條科斷，今於絞罪上減等擬流，是以協捕之人作爲事主，而以傷人之犯濫行請減，於情法均未允協，應令另行妥擬。去後，嗣據該撫改照傷非事主加本罪二等列，於刃傷上加拒捕罪二等，杖一百，徒三年具題。復查此案楊有胡行竊余世龍家，被余世龍之堂弟余世美堵截抱住，該犯圖脱，即拔刀扎傷余世美胸膛等處。查被傷之余世美，雖係該犯妻弟，究係事主本宗兄弟，與鄰佑協捕者不同，自應照刃傷事主例科斷。前因該撫將行竊拒捕刃傷之犯，援例減流，是以駁令改擬，並非以事主兄弟協捕盜賊不得謂之事主也。今該撫更將楊有胡改照傷非事主，擬徒，尤未允協，應令再行另擬。去後旋據道駁，將楊有胡改依竊盜棄財逃走、事主追逐拒捕刃傷例，擬絞監候。

乾隆三十三年題准案照所見集録。

四川省檔案館編《清代巴縣檔案彙編·盜匪·乾隆三十九年四月五日綦江快役金貴等稟狀》爲獲犯縱放事。

緣役等奉代辦吴主牌差通緝場客周紹維具報搶奪銀錢之嘓匪李麻子、陳貴等一案。二月二十九在巴地高歇場拿獲陳貴黨匪陳三才，押渝稟明吴主，交移巴主收卡，役等復往豐都緝獲楊疤五并搶去之李貴娃，押交豐主。隨至鄰水拿獲李老滿、晏老滿、張老滿等赴巴。及詢交押之陳三才無踪，賣法縱犯，無法已極。是以稟明電究。伏乞太老爺臺前施行。

縣正堂批：已經飭差押令緝拿嘓匪矣。不得混瀆。

四川省檔案館《清代巴縣檔案彙編·盜匪·乾隆三十九年四月二十五日巴縣知縣、縣丞、典史、儒學聯銜申文》爲報明事。

乾隆三十九年□月二十八日，據浙江人民董瑞成報稱，緣身在湖北宜昌，寫望崔九五板船裝蘇布上渝。本月二十七日，行至縣屬中壩磧停泊。約有二更時，被賊多人推駕小船割蓬入艙，偷去蘇布六捆。每捆計布一百一十匹，當即知覺喊叫，賊即開船逃走。吆喝不許追趕，定要打落河去。經押貨伙計婁培相來城説信，報乞緝究，等情。并據約保劉德瞻等報同前船。

據此，卑職隨會同專汛王英倖前往查勘。查得董瑞成雇望崔九五板船裝布赴渝，船泊中壩磧，離城九十里，不近塘汛墩臺，附近并無人户。據婁培相指稱，賊由前船割蓬，揭開船板，偷去蘇布六捆，仍駕小船逃走。隨查前艙，蓬有割破形迹，勘畢。隨唤集約保人等當堂查訊。除各供備入册内不録外，并將隨傳經紀查估，偷去蘇布六捆，每捆一百一十匹，每匹估值銀三錢，共估值銀一百九十八兩。除會差兵役，懸立重賞，勒限嚴緝偷布正賊真贓務獲究報外。所有□報偷布匹緣由，理合具文通報憲臺俯賜察核批示飭遵。除徑報總督堂暨臬、道二憲，并本府外。爲此，備由申乞照詳施行。須至申者。

右申特授四川重慶總捕府兼理鹽茶加三級紀録六次李。

四川省檔案館編《清代巴縣檔案彙編·盜匪·乾隆四十二年四月重慶府下行各縣牌文》爲飭提事。

案奉臬憲檄發查拿嘓匪告示，當經本府照樣刊刻板片，檄飭各屬經書赴轅請領印發在案。今查該縣僅以空文申請，并未責書前來，合行飭提。爲此，仰縣官吏照牌事理文到刻即差諳練經書，隨帶潔白大化連紙百餘張，星赴本府衙門，請領印發，領回遍貼曉諭，仍將貼過告示處造册報查，毋再遲延，至於提承未便。毋違。速速須牌。

右牌仰巴縣准此。

四川省檔案館《清代巴縣檔案彙編・盜匪・乾隆四十三年二月二十九日巴縣告示》爲示拿禁事。

照得縣屬真武山，三月初旬，各處鄉民雲集進香，恐有不法嘓匪行凶打架，剪綹戳竊，彈錢押寶，擲骰賭博，酗酒滋事，殊爲可恨。除密差嚴拿外，合行示禁。爲此示仰真武山鄉保知悉：爾等實力巡查，如有嘓行凶打架，剪綹擢竊，彈錢押寶，擲骰賭博，酗酒滋事，立即扭送赴縣，以憑重究，毋得徇隱縱放。倘敢有違，定行并究。各宜凛遵毋違。特示。

四川省檔案館《清代巴縣檔案彙編・盜匪・乾隆四十七年從重懲治川省嘓匪專條二月二十七日重慶府札巴縣文》爲請嚴嘓匪曠野攔搶之例，酌分人數以别罪名事。

乾隆四十七年二月二十日奉分巡川東兵備道特憲札，乾隆四十七年正月二十四日准按察司咨，乾隆四十六年十二月二十五日奉總督部堂福憲札，本年十二月十二日准刑部咨：四川省地廣民稀，山路僻遠，最易藏姦。各處無籍游民，蟻聚烏合，結夥成群，久爲商旅地方之大害。是以例内另立川省嘓匪專條，從重懲治。而嘓匪專條又分爲在場市搶劫與在野攔搶二項，其在場市搶劫者凡五人以上，不論得財不得財，爲首斬決，爲從絞監候。若拒捕奪犯傷人者，爲首斬決梟示，在場加功者俱絞決，同謀未在場者，絞監候等語。其在曠野攔搶，止二三人者，除實非死罪外，未經傷人犯，該徒罪以上，不分首從，俱發烟瘴充軍等語。是在場市劫者愍不畏死，是以立法較重，而在野攔搶者尚有畏人之心，是以立法稍輕。

至於近年川省嘓匪肆擾，立有棚頭名號，結黨蔓延，多至百十餘人，打搶輪姦，不計次數，尤爲罪大惡極。臣部即將爲首各犯均改擬凌遲，家屬緣坐，隨同從犯俱擬斬決在案。我皇上念切，閭閻商旅之害，叠頒諭旨，亟爲整頓，實爲鋤暴安良之至計。是嘓匪在場市搶劫，多糾黨衆多者，立法已極允當嚴密，唯在野攔搶一項，其中尚未允協，查舊例，曠野攔搶數止二三人，未經傷人犯，該徒罪俱發烟瘴充軍等語。例内止載二三人字樣，其自四五人以上至八九人十餘人者，并無分晰治罪明文。是以川省歷年辦理曠野攔搶之案，遇有四五人至十餘人者，但不傷人，亦均照二三人例擬軍。雖屢經臣部隨案覈改，從重發往新疆等處爲奴，究未分人數之多寡，定加罪之輕重，以明立科條，是以該省仍因循如舊。即如現在該省咨到李忠玉等搶奪王光順等一案，匪伙已集至九人，肆搶衣物錢文，一照二三人例擬軍咨結。查匪徒結伙既多至九人，實屬恃衆逞凶，公然行劫，與二三人之潛伏伺便者迥乎不同，乃僅照二三人治罪，不獨情法未協，且恐凶徒稔知衆寡同罪，久而聚集日多，不但不足以示懲於凶暴，而法制寬縱，盜賊生輕玩之心，必且流於結黨横行而無忌。

臣等公同酌議，應請嗣後川省嘓匪在曠野攔搶未經傷人之案，除數在三人以下者，仍照舊例發烟瘴充軍外，如四人以上至九人者，不分首從，俱改發伊犁給厄魯特爲奴，均面刺外遣。如有脱逃，拿獲即行正法。但傷人者，即將傷人之犯擬絞監候，入於秋審情實。若數至十人以上，無論傷人與否，爲首擬斬立決，爲從擬絞監候，仍入秋審情實。被脅同行者，發遣爲奴。其中倘有殺人奪犯傷差等事，有一人於此，即照場市搶劫之例，將首伙多犯分别斬梟絞決監候，盡法處治，不使凶徒稍有輕縱。如此立定科條，庶姦匪漸知斂迹，而立法亦昭允當。是否有當，伏候訓示。

如蒙俞允，所有現在川省李忠玉一案，請即照此辦理，并行知該督等轉行通省州縣遍示城鄉，俾知儆惕，并纂入例册通行，各省一體遵照。等因。乾隆四十六年十一月初五日，奉旨：依議。欽此。相應行文川督遵照可也，等因咨院，由司行府。奉此，合就札行。爲此仰縣官吏，查照札内准諮事理，即便遵照遍示城鄉市鎮，俾知儆惕，毋違。此札。

右札巴縣准此。

四川省檔案館《清代巴縣檔案彙編・盜匪・乾隆四十七年三月十五日巴縣嚴懲嘓匪新例》爲申明嘓匪之例，醒愚頑以全性命事。

照得士農工商，各有恒業，醫卜星相，并可營生。此外，或樵或採，或雇或傭，皆堪自食其力，不致坐困饑寒。即或命之不辰，窮餓而死，當屬清白良民，得以保全首領，何苦喪心易志，竟爲嘓匪，搶奪傷人，身負大惡之名，死作無頭之鬼。倘其中有并未傷人，亦不分首從，俱行發遣，一經脱逃，拏獲即行正法。不特一身受罪無窮，而妻孥老小輾轉着拏緣坐，受苦有不可勝言者。合亟抄例，口頒新例，剴切曉諭。爲此，示仰縣屬居民人等知悉。嗣後咸宜恪遵法紀，各守恒業，寧使饑寒迫身，切不可流入匪類。父誡其子，兄勉其弟，時時訓誡，刻刻提撕，共保身家，各全性命。自示之後，仍敢犯案，當此功令森嚴之時，惟有按照新例，執法究辦，不使脱逃一犯，爲地方害也，各宜凛遵毋違。特示。所有奉到新例列後。

計開：

一、川省嘓匪在曠野攔搶未經傷人之案，除數在三人以下者，發烟瘴充軍。

一、四人以上至九人者，不分首從，俱改發伊犁，給厄魯特爲奴，均面刺外遣二字。如有脱逃，拏獲即行正法。但傷人者即將傷人之犯擬絞監候，入於秋審情實。

一、數至十人以上，無論傷人與否，爲首擬斬立決，爲縱擬絞監候，仍入秋審情實。被脅同行者，發遣爲奴。其中倘有殺人奪犯傷差等事，有一人於此，即照場市搶劫之例，將首伙各犯，分別斬梟絞決監候。

四川省檔案館《清代巴縣檔案彙編·擾民·乾隆五十五年十一月孝里十甲趙建佩禀捕役案》 十一月十日趙建佩禀狀

爲蠹捕夥騙，叩追給領事。

情蟻在接龍場酒飯店生理，毫無紊亂。突於乾隆五十三年二月十七日，有總捕頭李仲，隨帶散役李榮、楊貴一行五人，來蟻店承辦陳姓之案。所食酒飯錢七千二百文，於去歲收錢一千文。五十四年，有蠹役李盛彩、周榮等於四月二十七日，來蟻店所食口岸錢十三千零，分文未給。蟻叠向討，蠹等持其勢大，硬行不償。蟻於五十三年八月内來渝，投鳴總捕候俸，苟榮、盧林，向伊取討理剖，殊蠹捕頭李仲，甜言承認完，蟻叠索不償。蠹等以伊勢大，欺蟻忠樸，反賭控不畏。切蟻自吳來蜀，苦積汗資，遭此蠹捕估騙，蟻心難甘。蟻欲再向論説，實難取討。今憲天駕臨，迫叩仁恩。爲此禀懇賞准拘追，給蟻以收血本，沾恩。伏乞。

縣正堂批：准追給。

十一月二十一日捕頭李仲繳狀

捕頭李仲今於太老爺臺前與繳狀事。

情孝十甲趙建佩控役該伊錢文，因役涉湊不起，禀在恩案。今役所該趙建佩酒飯錢七千二百文，役還過建佩錢一千文，下該錢六千二百文。今役情願將所該錢六千二百文如數當堂繳明，繳狀是實。

縣正常批：准繳。

十二月三日趙建佩領狀

具領狀。趙建佩今於太老爺臺前與領狀事。

情因恩案捕頭李仲該蟻飯食錢六千二百文，蟻禀明在案，李仲已將錢如數呈繳。蟻是以赴案當堂領得飯錢六千二百文，如數領訖。中間不虚，領狀是實。

縣正堂批：准領。

十二月十三日快役劉剛葛俸禀狀。

懷石里快役劉剛、葛俸跪禀太老爺臺前，爲禀明事。

情因趙建佩以蠹捕夥騙事，控李仲、李榮、楊貴、李盛彩、周榮一案。前月十九日，沐票差役等往唤，有李仲、李榮、楊貴三人繳錢六千二百文，建佩當堂領回。李盛彩、周榮未票潛逃。役有票差之責，理合禀明。伏乞。

縣正堂批：着認真查拿，務獲帶訊，毋得捏禀干究。

《清高宗實録》乾隆五十九年三月 〔辛亥〕又諭曰：勒保奏拏獲搶劫蒙古牲畜案内番賊什噶洛、都拉二犯，審明正法一摺。閲摺内稱，河州回民蘇有伏等七人赴番地貿易，於五十八年六月行至循化聽埸山地方，遇番賊十餘人。施放鳥鎗，中傷蘇有伏身死。又打傷馬伏良、馬良才，劫得騾馬銀物而逸。今拏獲什噶洛、都拉二名，審明即係此案賊犯等語。循化聽管轄番回，與尋常内地不同，且事關番賊搶劫，傷斃事主，該督接據該聽禀報，自應一面奏明，一面飭緝。乃蘇有伏等於上年六月内在埸山地方被劫，該督直至此時獲犯後，始行具奏，殊屬遲緩。勒保著傳旨申飭，至此案番賊共十餘人，現止獲犯二名，所有未獲各犯，該督務宜通飭所屬，上緊嚴緝務獲，毋得日久生懈，致要犯遠颺漏網。將此諭令知之。

（清）嵇璜等《清朝通典》卷八六《刑七·雜議》 〔乾隆間〕又部

擬楊玉等行劫郭全家一案，欽奉諭旨，將告知郭全家有錢，指引道路分得贓物之劉四改擬斬決，另行繕摺粘簽具奏。尋請嗣後凡有强盜引綫，除盜首先已立意欲劫何家，僅止引領道路者，仍照舊例以從盜論罪外，如有爲首盜犯並無立意欲劫之家，其事主姓名行劫道路悉由引綫指出，又經分得贓物者，即與盜首一體擬罪。雖未同行，不得以情有可原聲請。奉旨依議。

（清）祝慶祺《刑案匯覽》卷一四《刑律賊盜・强盜》　山東司：　查律載：　强盜已行而但得財者，不分首從皆斬。又例載：　强盜殺人，奏請審決梟示。又：　白晝搶奪殺人者，擬斬立決。爲從幫同下手有傷者，不論他物、金刃，擬絞監候。又：　凡問白晝搶奪，要先明事犯根由，然後揆情剖決。在白晝爲搶奪；夜間爲竊盜；　在途截搶者，雖昏夜仍問搶奪，止去白晝二字。又註云：　人少而無凶器者，搶奪也；　人多而有凶器者，强劫也。各等語，是强劫之案，人多而帶有凶器、蓄意行强，方爲强盜，故一經殺人，即不分首從，斬決、梟示。至於人數無多，並未帶有凶器，而在途截搶，以致殺傷事主者，自有搶奪殺傷人之例，引斷不容牽混。此案李啓用起意邀同李發容、李發成搶奪過客，同夥止有三人，並非人多。該犯等分攜木棍、柳枝，亦非例載凶器，更餘時分潛匿山溝，值事主張方煦兄弟用驢馱載錢物經過，走至背後棍毆事主倒地，搶取錢物，實屬昏夜在途截搶。其先後將事主張方智毆傷，並將張方煦棍毆致斃。據該撫所訊供詞，甚屬確鑿，正係搶奪殺人，乃該撫因該犯等糾夥截路，於毆倒事主之後搶取錢物，一死一傷，將李啓用、李發容照强盜殺人俱擬斬梟。是訊取搶奪之供，而律以强盜之罪。於例未符。雖此等凶匪原無足惜，但供勘兩歧，不足以成信讞。至夥犯李發成於各犯未經毆死事主之前已被事主張方煦打傷，畏懼先逃，若□搶奪，罪止擬徒。今照情有可原擬遣，亦未允協。總之，此案該撫或因該犯結夥凶搶致斃人命，恐其中本有起意强劫，到官捏供搶奪，希圖避就情事，應即將各犯嚴節根究，務取真正强劫確供，按例治罪，不得任其狡展。若果係搶奪，則自應援引搶奪殺人本例科斷，毋得任其游移兩可之供，輒行從重，概擬斬梟之罪，致使情法兩不相符，應令詳訊妥擬。去後，茲據覆訊明確，該犯等實止起意搶奪，同夥僅止三人，亦只攜帶木棍、柳枝並無凶器，查李啓用僅止首夥三人在途截搶，並非糾衆强劫，誠未便因其毆倒事主一死一傷，從重概擬斬梟之罪。應將李啓用改依搶奪殺人例，擬斬立決。李發容依爲從下手有傷例，擬絞監候。李發成依搶奪爲從例，杖九十，徒二年半。嘉慶三年題告案。照《駁案新編》録。

（清）祝慶祺《刑案匯覽》卷一三《刑律賊盜・强盜》　東撫題：　趙興文聽從行竊，圖脱刃傷事主崔玉占等平復一案，緣趙興文先因夥竊牛驢，擬從，援赦釋免。嘉慶二年三月，該犯復糾竊二次。是年十一月初七日夜，該犯聽從商密行竊事主崔玉占家，該犯在外等候，商密撥門入室，竊得衣飾同錢褡，攜放事主住房迤北空地。復返行竊，趙興文亦同至大門内接贓。商密入室偷拉崔玉占身蓋衣服，崔玉占驚覺起奪，商密攜贓逃跑，崔玉占赤身追趕。趙興文瞥見奔逃，致被門檻絆跌，甫經爬起，即被崔王占趕至背後，用手抱住。趙興文掙不脱身，隨拔身佩小刀，主手住左向後嚇戳，致傷崔玉占左胳膊。崔玉占仍不鬆手，往後扳拉，一同跌倒。崔玉占聲喊，趙興文情急，刀扎崔玉占顖門相連額角。崔玉占負痛鬆手，趙興文爬起逃出門外，崔玉占亦即爬起趕上，將趙興文髮辮揪住，時崔玉占之父崔洽上前幫捕，趙興文益加情急，用刀扎傷崔洽左額角倒地。崔玉占向趙興文奪刀，又被劃傷左額頦。崔玉占之弟崔漢執持鐵鍬趕至，毆傷趙興文，忍痛掙脱逃逸，時商密業已揣贓歸家。趙興文踵至向商密告知扎傷事主情由，囑令探聽消息，再行分贓而散。次日，崔玉占報州勘飭緝。趙興文先因聞拿畏懼，令商密將原贓送至事主家隔墻撩還，隨各逃匿。當據崔玉占呈繳給領，嗣趙興文被差拿獲。此案趙興文，係因追捕情急圖脱拒扎，並非盜所臨時護贓格鬥，按例罪應擬絞。該犯於得贓之後，因扎傷事主，心生畏懼，不敢□分。嗣聞事主報官差拿，即令商密撩還原贓，尚有悔過懼罪之心。若與未還原贓之犯一例擬以繯首，自覺無所區別。查該犯如於事未發之前，而於財主處首服，律得免其所因，祇科傷罪。今聞拿還贓，似應酌量問擬，將趙興文依竊盜逃走、圖脱拒捕、刃傷首犯、擬絞監候例上量減一等，擬流，係赦後復犯加一等，發附近充軍，仍照自首例，免其刺字。速賊商密緝獲另結等因，嘉慶四年四月二十七日題。

二十九日，奉旨刑部題覆山東省趙興文行竊圖脱、拒傷事主、於絞罪上量減一等、問擬杖、流一案。此案趙興文聽從商密行竊崔玉占家，商密僃贓逃跑，趙興文被崔玉占追趕拘住，情急圖脱，遂拔佩刀將崔玉占連扎，脱身逃走。因崔玉占之父崔洽上前幫捕，又復刀扎崔洽倒地，雖傷俱平復，然以竊贓臨時拒捕、刃傷事主父子二人，情節已屬凶横，與尋常爲從者不同。商密一犯在逃未獲，則趙興文所供爲著起意，及令商密將原贓送至事主家隔墻擲還之語，亦無證據，恐係避重卸罪。且趙興文又無自首情事，屬經犯竊，今遽以一面之詞，量減定擬，未爲平允。趙興文一摺著改爲應等人於避決□□議，並著刑部將此偍纂入例内。嗣後，内外問刑律□□有似此案件，□遵新例辦理。欽此。照《通行》録，已纂例。

（清）周爾吉《歷朝折獄纂要》卷二《察盗・鳳陽盗案》 國朝高青書太守在安省時，鳳陽縣解劫奪李良材銀物盗犯十三名到省。柏台委太守鞫問，提訊各犯，皆順供無異辭。細閲贓册，衣服行李甚多，外有刀一口。今毫無贓據，心疑之。會靈壁縣招解劈門入室，殺死事主解士學一案，盗犯武老漢等十名，亦委太守鞫審，口供亦順招無異。武老漢狀極魁梧，公遂挑之曰：汝知罪名否？曰：斬汝有冤乎？曰：殺人抵命，何冤之有？公曰：汝真雄賊也。以這樣漢子至壽春當兵，何愁不做官，乃失身爲賊乎？歎惜久之。武亦深自愧悔。公曰：汝既爲盗，豈止一次？可盡供之。武曰：無公曰：汝祇一命，即三五案亦不過一斬。倘隱匿不言，汝正法後汝所犯之案，地方官必妄拏他人，以問死罪。枉死者必曰，此某人犯案，而我償命，我必索償於彼。是汝今生死非命，來生又必死非命也。何不一一供出，免他人冤枉，是爾一刀之後，萬惡俱消，來生轉成一好男子，豈不甚善？武感悟，遂供還有一案，去年五月某日，曾糾衆九人，在鳳陽總堡地方劫掠過客銀兩若干、鋪盖行李若干。詰以贓，則云得銀一千三百兩，已爲首分三百，其餘八人均分。服衣各酌分，惟客有一刀甚佳，我攜去存吾弟老二年，弟在靈壁縣開屠店。公得其情，密囘柏台，馳札往該縣，取出贓刀，並獲犯五名，訊供如繪。贓給事主。鳳陽之案始定。其招解之十三名，皆係被刑誣服，概行省釋。

公自記云：此案之破，實有天倖。使不審武犯一案，李良材十三人之冤，無由釋矣。余曰：向使先生毫不用心，於該犯畫供之後不復曲爲開導，詎肯將鳳陽劫案一併供出乎？是十三人之冤終無由白也。生公説法、于公治獄，先生兼而有之矣。

（清）許奉恩《里乘》卷八《張船山先生訊盗》 遂寧張船山先生問陶以翰林出守萊州，恃才傲上，大官以先生才望素著，皆優容之。會長白某公巡撫山東，先生來謁，公謂其無禮，心甚嗛之。遂語方伯曰：萊州張守，書生結習未除。太守爲一郡表率，渠能勝任耶？方伯曰：張守雖係書生，尚不誤民事。公曰：既不誤民事，現有某劇盗，桀鶩狙詐，屢斷屢翻。承訊各官皆無可如何，渠能定讞，卽令旋任。否則立登白簡。方伯唯唯。出語太守，問能定此讞否？太守曰：能。方伯商諸廉訪，傳太守至臬署，問幾日可結。曰：此細事，必待三日。次日自携酒脯，至臬署客聽，箕坐炕上，几置脯酒，一僮執壺，一書吏在旁録供。呼盗跪席前，太守左手把杯，右手翻閲案牘。問盗曰：汝郏城人耶？曰：是。汝年幾何？三十有七。是居鄉是居城？曰：居城。有父母否？曰：有，皆老矣。問其兄弟，曰：兄弟三人，小人居長。有無妻子？有二子，長年十八，次年十三。在家何業？無所事事。方伯、廉訪在屏後竊聽，以太守素工言語，必能摘奸發覆。乃所問皆瑣瑣細事，絶不提及原案。心甚疑之。越日又提盗問，曰：汝郏城人耶？是。汝年幾何？今年三十九。是居鄉是居城？居鄉。有父母否？曰父已早亡，母下堂去。有兄弟否？兄弟三人，小人其次也。有妻子否？有一子一女，皆在孩提。在家何業？曰：薄田數畝，務農爲業。廉訪復竊聽，以所問與昨無異，不覺匿笑。至第三日，廉訪問曰：君言三日可結，今能了耶？先生曰：可。仍至客廳翻閲案牘，呼盗問曰：汝郏城人耶？對：是。年幾何？去年四十，今又一歲矣。是居鄉是居城？曰：時而居城，時而居鄉。有父母否？有母年逾七十。有兄弟否？有兩兄皆故。有妻子否？有子尚呱呱在抱也。在家何業？曰：無田可耕，或漁或樵。廉訪聽之，益復匿笑。忽聞太守命撤去酒脯，傳集皂隸，准備刑具。語盗曰：我連日觀看案牘，以前承訊各官并未冤枉，汝何屢斷屢翻？盗曰：實係冤枉。先生拍案叱曰：汝休矣，人謂汝桀鶩狙詐，實屬不謬。我與汝絮語三日，皆家常瑣事。汝所答前後回不相符，瑣事尚如此反覆，況正案耶？汝今日從直吐實，或者開脱死罪。再敢餙言，卽將三日所答以証汝之反覆，雖嚴刑處死亦不爲過。汝須自忖。盗猶强辯，先生大怒，叱左右加力用刑，立刻打死。盗急叩頭乞命，情願吐實，誓不再翻。先生命卽書供，其案遂結。方伯與廉訪聞之，歎服不置。比復命巡撫，亦歎曰：名下固無虚士，不謂張守有才如此。即飭回任，隨摺密保焉。

(清) 祝慶祺《刑案匯覽》卷一八《刑律賊盗·親屬相盗》 廣西撫題：題韋扶達戳傷韋扶成身死一案，查親屬無搶奪之文，例應比照恐嚇科斷。是所犯雖係搶奪，不得以罪人論。此案韋扶達因小功伯母老韋氏雇韋扶成等强割田禾，該犯往阻爭鬧，用刀扎傷韋扶成身死。是起意强割田禾之老韋氏，係該犯小功伯母，既非罪人，其受雇往割之人即屬知情，亦不應以罪人論。今該撫將韋扶達依鬬殺律定擬，似可照覆。嘉慶七年説帖。

(清) 祝慶祺《刑案匯覽》卷一四《刑律賊盗·强盗》 雲撫題：賊犯黄老九糾竊王劉氏家銀物，敖文詳臨時行强一案，查辦理盗劫之案，總以入室不入室爲斷，例内並無入室而搜贓，即以情有可原聲請之文，誠以盗犯既經入室非係搜贓即屬助勢例文，已屬明晰，歷久遵辦，從無歧誤。此案黄老九，前據該撫以該犯隨同敖文祥等入室並未搜贓，照情有可原問擬。本部以黄老九入室，非由被脅在場即屬助勢，與僅止在外把風瞭望、接遞財物者迥不相同，駁令另行妥擬。去後，今據該撫覆稱黄老九隨同入室並不動手，即未搜贓亦無助勢情狀，援引乾隆二年浙江省俞五携燈照亮，情有可原辦理成案仍照原擬。具題。職等查閲供招，該撫祇據該犯有實在害怕，没有幫拿東西之供，遽謂其尚知畏法，不思該犯於敖文祥等踢門進去之時，業已一同跟進，即屬入室助勢。且查事主草屋三間，左屋係屬卧室，有腳門一道。敖文祥等踢開左屋腳門，黄老九隨同入室，維時事主業已走避，有何可畏。如果害怕，即應走避，乃竟同進同出，肆無忌憚，正與入室助勢不得以情有可原聲請之例相符。該撫曲爲開脱，與例不符。如謂俞五攜燈照亮尚得聲請發遣，不知俞五成案係在乾隆二十六年未經定例以前，今例内現有持火等項，不待以情有可原聲請之文，豈攜燈照亮竟得謂非持火乎？查遠年成案，不准援引比照。該撫舍現行之正條，率引未經通行之舊案，殊屬違例。黄老九一犯應改依法所難有例正法。並查取錯擬及違例援引成案，各職名咨送吏部查議。嘉慶七年説帖。嘉慶八年閏二月初三日題。初六日，奉旨部議甚是尋常盗劫案犯定例，如入室助勢搜贓等項，均予斬決；其止在外瞭望、接遞財物並未入室搜贓者，聲明情有可原，免死發遣。是辦理盗案，總以入室不入室爲斷。此案黄老九如果心懷畏懼，或在屋外接贓，自可量予寬宥。今既已隨同入室，其非畏懼可知。乃該撫以其有實在害怕未拿物件之供，輒照情有可原辦理，是於入室之盗犯復有搜贓與否之别，既與成例不符。且恐凶狡匪徒知入室而不搜贓，可邀末減，必致將劫掠財物授遞他人，伊轉得以並未攜贓飾詞倖免。殊非明刑戢暴之意。嗣後，外省辦理盗案，仍當按照定例問擬，不得以入室未經搜贓遽請援減，致有輕縱。黄老九著即處斬，餘依議。欽此。照《通行》録。

(清) 祝慶祺《刑案匯覽》卷一四《刑律賊盗·强盗》 黑龍江將軍咨稱：查收到遣犯江蘇省李添助、湖北省尹瑶光二名，原案内均係比照夥盗情有可原例發遣，并無免死减等字樣，若此等遣犯脱逃被獲，應否照免死遣犯脱逃，抑照尋常遣犯脱逃例辦理之處，咨請部示。本部檢查，原案李添助，籍隸江蘇，因已正法之盗首張允受約赴海門販茹，行抵天南沙洋面，張允受起意行劫事主宋勇泰號船。該犯畏懼，不敢入夥，被其嚇唬逼令在本船接贓，事後並未分得贓物。審將李添助比照情有可原例，發遣爲奴，於乾隆五十三年三月題結。詳核情節，該犯李添助實係被逼入夥，亦未分贓，與甘心從盗者有間。如遇脱逃被獲，審無行凶爲匪，應即照尋常遣犯脱逃例，仍遞回原遣處枷責。尹瑶光，籍隸湖北，因素知族弟尹囊成家殷實，起意行劫，邀同已正法之劉安喜、及發遣之王么兒、並逸盗張八等齊抵事主尹襄成門首。張八撬門進内，尹瑶光因係事主同族，恐被認識，與王么兒等在院接贓。劉安喜等入室劫得財物，遞交尹瑶光等携回俵分。該犯尹瑶光，係事主尹襄成無服尊長，例應减流。因另案連竊七次，比照夥盗情有可原例，發遣爲奴，于嘉慶七年五月題結。核其情節，該犯尹瑶光，係親屬相盗，例應减流。連竊七次，亦罪止擬遣。是以比例發遣爲奴，非免死减等發遣盗犯可比。如遇脱逃被獲，審無行凶爲匪，亦應照平常遣犯脱逃例，遞回原遣處枷責。至該將軍咨稱：嗣後，如有發遣黑龍江爲奴盗犯，案内情有可原一項人犯脱逃應行正法者，務於原案内聲明免死减等字樣等語。查情有可原盗犯在配脱逃，原犯斬決减爲發遣者，係由重而减輕，例應正法；如原犯軍流改爲發遣者，係由輕而加重，不在正法之列。今該將軍咨請將發遣盗犯脱逃例應正法者，均聲明免死减等字樣，係屬慎重刑章起見，應如所咨。嗣後，辦理盗案，凡有斬決减遣之情有可原盜犯，于定案時均聲明免死減等字樣，以免歧異。嘉慶八年江蘇司通行已纂例。

計開：

發遣盜犯在配脱逃正法條款：

一、情有可原盜犯，免死發遣者；

一、未傷人盜首，聞拿投首，免死發遣者；

一、窩家盜線聞拿投首，免死發遣者；

一、夥盜行劫二次以上，聞拿投首，免死發遣者；

一、夥盜有供出盜首逃匿所在，一年限内拿獲，免死發遣者。

以上五條，在配脱逃被獲，均應正法。

（清）祝慶祺《刑案匯覽》卷一四《刑律賊盜・强盜》 北撫題：盜犯湯么等行劫客船，將過船行劫之湯么等擬斬立決，僅在本船瞭望、接贓之姚小二等聲明情有可原免死發遣一案。奉諭例載：濱海沿江行劫，不得以情有可原聲請。下文又云：仍以情有可原免死發遣。例文似屬含混，現值纂修律例之際，交館核覆等因。職等遵查例載：江洋行劫大盜，俱斬決、梟示。又：尋常盜劫，未經傷人之夥犯，如曾經轉糾黨羽、持火執械、塗臉入室、助勢搜贓、架押事主、送路到案、誣扳良民並行劫已至二次，及濱海沿江行劫客船者，一經得財，俱擬斬立決，不得以情有可原聲請。其止在外瞭望、接遞財物、並未入室搜贓，並被人誘脅隨行，或行劫止此一次，並無凶惡情狀者，仍以情有可原免死發遣。各等語。此條例文，係乾隆二十六年奏定。詳參例意，以情有可原免死發遣一節，係指陸路行劫之夥盜而言，是以在外瞭望、接遞財物有並未入室搜贓之語，若濱海、沿江行劫客船，似不在聲請之例。惟檢查例後例前辦理此等案件，不惟濱海、沿江行劫者，俱分别聲請。卽海洋行劫各案，亦援照濱海、沿江之例，或摘引被人誘脅隨行，或節去入室二字，聲明並未搜贓字樣，一概以情有可原定擬，相沿已久。嗣於乾隆五十九年奏定，洋盜案内，雖經上盜，僅止在外瞭望、接遞財物，並無搜贓情事者，發黑龍江爲奴，載入例册。是洋盜分别情有可原已有明文，在濱海沿江行劫，較之海洋盜犯稍輕，歷來辦理成案，既經分别聲請，似屬可行。今湖北盜犯湯么行劫客船案内姚小二、薛長兒僅止拉住船邊，趙勇係在本船接贓，俱未過船搜劫，其情既有可原，於法不無可恕。該省以情有可原聲請，核與辦過成案相符，似可照覆。至例文濱海、沿江行劫客船，不得以情有可原聲請之處，與例案均屬不符。職等現在酌議修改，應添叙過船搜贓者，不得以情有可原聲請；其並未過船搜贓者，仍以情有可原免死發遣，以昭畫一。嘉慶十年説帖，已纂例。

《清仁宗實録》嘉慶十一年七月〔癸丑〕又諭：吴熊光奏，覆審澄海縣土豪林五交結接濟洋匪，並林五揑告何玉林等串詐陷害一摺。此案林五先因貨船出口，被盜首朱濆及鄭老童等屢次邀截，備銀贖回，因而與之熟識交好，並代爲勒索各商船。港規給單驗放，現在訊之，投誠洋盜鄭流唐即鄭老童，亦供認與林五交結屬實。是林五一犯通盜濟匪，罪應斬梟，本無疑義。其從前遣人來京控告官吏等索贓陷害之處，審無其事。除林五業經正法外，何玉林以道署長隨，輒與林五交結，將本官書籍、對聯送給，並膽敢浼託知縣何青，向林五託銷貨物，借貸多銀。比之尋常索詐得財，其罪尤重。著發往伊犁給種地兵丁爲奴，不准留養。至何青身爲縣令，於所屬通盜濟匪之犯不能查拏，轉與往來交好，復代本道家人鎖貨，並擔保借貸，實屬卑鄙無耻。著先行枷號三個月，俟滿日再行發往伊犁效力贖罪，餘均照所擬完結。至巡撫孫玉庭辦理此案，於定擬林五罪名雖無錯誤，其恭請王命，亦因接據那彦成咨會辦理。惟此案本係發交該督撫會審之件，乃該撫未與總督會審，輒用單銜具奏。又不聲明那彦成咨會緣由，均屬不合。著交部議處。至臬司吴俊於林五一案，係伊在惠潮道任内查拏究辦。惟何玉林以道署長隨，竟與通盜濟匪之犯往來交好，並即託所屬知縣代往説合鎖貨借貸，雖訊明均不知情，究非尋常失察家人犯贓可比。吴俊著交部嚴加議處，尋議上，得旨：孫玉庭降二級留任，吴俊降六品頂帶，仍署按察使。

（清）祝慶祺《刑案匯覽》卷一四《刑律賊盜・强盜》 廣西撫咨：拿獲盜犯陳大士等請示一案，查例載：盜劫之案，法所難宥者，正法；情有可原者，發遣。又：聚衆夥謀入室搶奪婦女，爲首，斬立決；爲從，絞監候。各等語。是搶奪婦女分别首從，擬以斬決、絞候之例，係專指聚衆夥謀搶奪者，而言其非聚衆夥謀，仍按强搶姦占本律科斷，不得援引聚衆夥謀之例。若始謀意在强劫入室之犯，乘便擄掠婦女，在外把風之人，既未商謀同搶，卽非聚衆夥謀，按强奪本律，首犯擬絞，從犯擬流，未免輕縱，自應仍依盗劫本律，分别首從，正法、發遣。所謂從其重者論也。此案盗犯隆燕祥、陳大士聽從逸犯陳亞六等糾劫潘王氏家衣物，並陳亞六劫出幼女售賣。既據該撫審明，隆燕祥等二犯係聽從行劫，在外把風接贓，迨陳亞六將幼女劫出幫同輪流背走。是陳亞六劫出幼女，係臨時乘便獨自擄掠，該二犯原係同謀爲盗，不知夥搶婦女情事，其事後幫同背負，自不得以聚衆夥謀論。核與嘉慶八年該省辦過廖忝才案内情有可原夥盗陳廣悦等情節相同，自應仍按盗劫本律辦理。至嘉慶六年，本部議覆安徽臬司條奏强搶婦女爲從應擬絞候之例，係專指聚衆夥謀强奪婦女者，而言與此案兩不相蒙，應令該撫卽將現獲夥犯隆燕祥等嚴行訊究，是否共謀爲盗，抑係夥謀搶奪婦女，按照本例審擬。具題。嘉慶十二年説帖。

（清）祝慶祺《刑案匯覽》卷三《刑律賊盗·强盗》 湖廣司：查郭邦彦行竊拒傷顔名德，王玉連身死一案。此案郭邦彦聽從田孝生夥竊田大斌家銀物，被田大斌事後查知，令雇工顔名德并鄰人王玉連前赴該犯家内拘拿送官。該犯持刀拒捕砍傷顔名德倒地，王玉連抓住該犯髮辮拉走，該犯情急圖脱，復戳傷王玉連倒地，旋各因傷殞命。查郭邦彦係行竊賊犯，顔名德、王玉連一係雇工，一係鄰佑，經事主田大斌邀令往拿，均有應捕之責。該犯於事後被事主捜拿，起意拒捕，將顔名德、王玉連砍戳身死，照例應以罪人拒殺捕人論。雖案關二命，而罪各相等，自應從一科斷。該省將該犯依罪人拒捕殺所捕人律，問擬斬候，尚屬相符，似可照覆。嘉慶十六年説帖。

（清）祝慶祺《刑案匯覽》卷一四《刑律賊盗·强盗》 廣東撫咨：首民陳阿矽先經聽從陳阿邑等行劫翁智惠家銀物，後投下盗船，隨同投首一案。該省以該犯既於洋盗案内投誠向化，聲請將隨同陳阿邑行劫入室捜贓一案，遵旨一併肆赦。該司援引嘉慶十六年四月本部議覆福建省蘇茂先成案，駁令改照强盗行劫數家，止首一家例，擬軍。職等檢閲原咨，嘉慶十六年六月二十二日廷寄粤東督撫奉上諭：粤省節次首民，經朕法外施仁，貸其一死，本屬一時權宜之道，從前伊等在洋所犯重罪業經赦除，其尋常竊劫及罪不至死之案，自應一併肆赦并曉諭地方民人。伊等亦當相與解釋，勿論至其出洋之前或曾有逞凶斃命之案，此時原籍若無苦主控告，自可不必深究；若被害之家苦主現在，伊等父母之讎，豈能强盗其隱忍？況殺人者死，律有明文，儻殺人之後，旋卽下洋爲匪，一經自首，卽可免死。則匪徒視下洋爲得計，而人命竟可不償，豈不因此廢法？似此控告之案，仍當按律辦理。等因。欽此。恭繹諭旨，蓋以此等匪徒，其未經下洋之先殺人行劫，勢所不免。在殺人之案，固不能禁苦主之不思報復，而尋常行劫無關人命之案，若一經發覺，仍照例究辦。誠恐該匪等聞知驚疑，復爲挺而走險之計，故一併肆赦，并曉諭地方民人相與解釋，洵爲仁至義盡。

諭旨内指明，尋常竊劫之案並未令將投誠時，曾否首明之處，再爲區分，則各犯從前行劫未殺人案件，卽屬尋常劫案，自應遵旨一併肆赦。今該司以必須投誠時將歷次所犯各罪一一首明者，始予寬宥，若先未首明，後經被獲，仍應治以應得之罪，不惟與諭旨不符，亦非仰體聖主法外施仁之意。至福建省蘇茂先一案，在未奉諭旨以前，且諭旨内專指粤省，亦難援閩省之案，駁令另議。所有陳阿矽一犯，應請卽照該省原議免罪。嘉慶十七年説帖。 蘇茂先案録後。 福建司查例載：强盗行劫數家，止首一家者，發極邊，足四千里，充軍。等語。此案蘇茂先在陸路聽從謝聯行劫事主黄文東綫店，銀錢、衣物，該犯入室捜贓，嗣又逃入洋盗吴淡船上，旋卽投誠，奏明免罪。該犯並未將前次行劫黄文東之案首出，後被事主指認，呈明究辦。查洋盗行劫數家，止首一家，例有治罪專條。今該省將該犯照自首不實不盡死罪減一等律，擬流，殊未允協，應請將該犯改發極邊，足四千里，充軍。嘉慶十六年説帖。

（清）祝慶祺《刑案匯覽》卷一四《刑律賊盗·强盗》 福撫題：温添發等聽從逸盗張五滿行劫候補從九品馬廷鼎家眷船上銀物一案。查例載：官員接送眷屬乘坐船隻被竊財物，計贓照尋常竊盗加一等治罪。等語。詳核此案，張五滿因探知在閩試用，從九品馬廷鼎家眷，自省攜帶行李雇船赴楚探視，起意在途行劫，糾同温添發等其十一人趕赴途次劫得贓物，俵分各散。查行竊官眷船隻例，有加等治罪之條，至行劫罪已斬決發遣故例無（叻）〔加〕重明文。該省將現獲之温添發等依强盗本律擬斬立決，聲明温添發、邱細滿法無可貸，劉得隴、陳五妹情有可原，罪名俱屬允協，似可照覆。嘉慶十六年説帖。

（清）祝慶祺《刑案匯覽》卷一五《刑律賊盜·劫囚》河撫題：楊歡子等打奪遞解軍犯趙海位，拒傷兵役，並同行軍犯張四乘機脱逃一案。查例載：糾衆行劫在獄罪囚、拒傷役卒者，將爲首及幫毆有傷之夥犯，俱擬斬立决；隨同助勢，擬斬監候。又律載：官司差人捕獲罪人，聚衆中途打奪因而傷人者，絞監候。爲從，減一等。又例載：軍犯到配後脱逃，本犯近邊、邊遠者，各以次遞加調發。中途脱逃，亦照此辦理。各等語。是行劫罪囚之例，既載有在獄字樣，則打奪在途罪囚，自未便依行劫在獄罪囚例問擬。此案楊歡子因伊甥趙海位聽從葛成禮糾搶徐氏未成，擬軍，經官僉差解配。楊歡子慮伊甥到配受苦，起意糾同吴明山、王四等八人在途打奪。時兵役孟法、徐科等將趙海位並另案軍犯張四押解至李莊橋地方，楊歡子等一齊趕出，將趙海位搶奪，孟法等聲喊追奪，王四用木扁擔毆傷徐科右臁脅倒地，孟法亦被毆傷右手腕而逸，張四見無人看守，亦即脱逃，旋被拿獲。查楊歡子因伊甥趙海位問擬充軍起解，糾邀吴明山等在途打奪傷差，與行劫在獄罪囚不同，自應仍照中途奪犯傷差本律，分别首從科斷。至趙海位並不知楊歡子等中途打奪，張四因無人看守乘間走脱，應照軍犯脱逃本例治罪。該省將爲首之楊歡子依聚衆中途打奪因而傷人律，擬絞監候。吴明山、王四、王小位依爲從，擬流。趙海位依極邊、烟瘴充軍人犯中途脱逃例，改發黑龍江爲奴。查核情罪均屬相符。至張四一犯，原犯邊遠充軍，今中途脱逃，照例加一等，應調發極邊，足四千里，充軍。乃該省擬發極邊、烟瘴充軍，係屬錯誤。該司雖已改正，並未將該省原擬錯誤之處聲叙明晰，即照覆。正犯楊歡子罪名出語亦未透徹、謹另行酌擬。稿尾：此案楊歡子外甥趙海位因犯罪擬軍，經兵役押解赴配，即與官司差人捕獲罪人無異。楊歡子輒敢糾衆中途打奪、拒傷兵役，實屬藐法，應如該撫所題楊歡子合依官司差人捕獲罪人、聚衆中途打奪因而傷人律，擬絞監候。該撫疏稱，吴明山聽從糾衆王四毆傷差役，王小位隨行助勢，均屬同惡相濟。吴明山、王四、王小位均合依爲從減一等律，杖一百，流三千里。趙海位原犯極邊、烟瘴充軍。中途被獲，與脱逃無異，應加等調發，趙海位合依極邊、烟瘴脱逃改發黑龍江爲奴例，改發黑龍江爲奴。張四原犯邊遠充軍，因同行軍犯趙海位被奪，兵役上前抵禦，該犯乘機潛逃，亦應加等調發，張四合依本犯邊遠者調發極邊、烟瘴充軍，乃照初次脱逃例，各枷號一個月。縣役靳華、兵丁黄湧泉看店先行，尤進功出恭落後，致犯被打奪，殊屬疎玩，應照不應重律，杖八十。解役孟法、徐科、闞均林，兵丁王勇魁、董化成中途失囚，由於力不能敵，即張四乘間脱逃，亦因與楊歡子等抵禦不及兼顧所致，應免置議。等語。查張四原犯邊遠充軍，今中途乘間脱逃被獲，按例加一等調發，應擬極邊充軍。乃該撫擬發極邊、烟瘴充軍，係遞加二等，與例不符，張四應照例改發極邊，足四千里、充軍。餘如所題完結。嘉慶十七年説帖。

（清）祝慶祺《刑案匯覽》卷一三《刑律賊盜·强盜》蘇撫題：路松觀夥同沈百受等挖門行竊，經事主鄰佑孫正潮出捕，路松觀拒傷孫正潮身死，將路松觀依罪人殺所捕人律，擬斬監候；沈百受在場助勢，並未戕拒成傷，於爲從幫拒之陳阿大等流罪上，量減一等，擬以滿徒。嘉慶十八年案。

（清）祝慶祺《刑案滙覽》卷一五《刑律賊盜·劫囚》廣東撫題：李音樂糾衆奪犯拒傷官役一案，職等查案内之李受仔、李王孫因聽從李音樂開設標場，旋經該巡檢帶同弓役馬秀、賴培，門役朱奉及家丁周復、區昌等分路往拿。該犯等聞風跑散，李音樂因夥犯李洪太落後被獲，起意糾衆奪回，隨糾同李受仔、李王孫、李竈妹、李臭狗腸及未獲之李羊牯、李羊牧等一共二十人，各攜刀械趕見喝放。不允，李羊牯用棍拒傷周復，李竈妹拾石擲傷區昌，李臭狗腸、李羊牧各用刀棍將朱奉毆劃成傷，李受仔、李王孫亦各用刀棍將弓役馮秀、賴培毆劃成傷，旋被拿獲。李受仔、李王孫等聽從奪犯傷差，按例應於首犯斬罪上減一等，擬以滿流。今該省將李王孫依官司差人捕獲罪人、中途打奪聚至十人爲從，於李音樂斬罪上減一等，杖一百，流三千里。又聲明，該犯下手傷重，仍加一等，擬發附近充軍。至病故之李竈妹、李臭狗腸及另案擬結之李受仔、在逃未獲之李羊牯，該犯等聽從開標誘賭，夥衆奪犯傷差，均罪止滿流。該撫聲稱，應加等發附近充軍，並未將因何應行加等之處聲叙。查此案，聽從拒毆成傷者，共六人，檢閱供招，均非重傷，且定例不准例外加重。李王孫等自應仍按本例問擬，應請交司照例改擬，免致歧誤。至李受仔先曾糾夥搶奪杜鳳鳴錢物，該犯用搶拒傷事主，例應改發極邊、烟瘴充軍，歸於杜鳳鳴案内從重咨結，與例相符，應請照覆。奉批，下手傷重加一等。外省是否别有依據，或因李王孫係屬刃傷，故爾從重，應再查奪犯傷差條內從犯刃傷者如何問擬等因。遵查律載：官司差人捕獲罪人，聚衆中途打奪傷人，絞監候；聚至十人，爲首，擬斬監候；爲從，各減一等。等語。此聚衆奪犯傷人，爲首擬絞。聚至十人，爲首，擬斬；爲從，無論傷人與否，均止滿流之律。又例載：傷非事主以及別項罪人拒捕但係刃傷及刃傷以下，仍照律加本罪二等問擬。等語。此傷非事主以及別項罪人拒捕刃傷以下，止加本罪二等之例。又審擬罪名，俱各照本條律例問擬，不得從重加等。等語。此又指審擬罪名既有本律、本例可循，既不得從重加等之例，既如罪人拒捕傷非事主，係於本罪上加拒捕罪二等。至奪犯傷差，既有本律，即不復另行加等。此本部歷來辦理之依據也。此案李受仔、李王孫等聽從奪犯傷差，按律均罪止滿流。本條明言，官司差人捕獲罪人，中途打奪傷人，聚至十人爲首，擬斬；爲從，減一等。律既統指傷人而言，則從犯不分他物、金刃、有無下手，均應按律擬流。如以李王孫刃傷差役，係屬下手傷重，則案内病故之李竃妹、李臭狗腸及另案擬結之李受仔，均止他物拒毆，檢閱揭帖，傷亦輕微。乃該省聲明犯等聽從開標誘賭，夥衆奪犯傷差，均罪止滿流，應加等發附近充軍，亦與金刃傷人之李王孫一體問擬，非惟與傷重加等之語自相矛盾，亦與不准例外加等之例不合。詳查成案，未見依據，應仍請交司照例改擬。嘉慶十九年說帖。

（清）祝慶祺《刑案匯覽》卷一九《刑律賊盜・恐嚇取財》　江西撫咨：胡以顯糾阻李元芳米船，致李元芳失足落河溺斃一案。此案胡以顯因李元芳販米生理，向雇該犯船隻裝運。嗣李元芳因胡以顯船價昂貴，另雇仇英美之船裝載，邀同堂姪孫李郁清在船照料。傍晚時船抵金湖地方，胡以顯探知氣忿，起意阻鬧，邀同族人胡學馨等九人分駕小船追及。胡以顯跳過船頭，村斥李元芳不應另雇別人船隻，并混稱米價昂貴，不應搬運出境，令在本地售賣。並奪取仇英美等船竹篙，不許開行，胡學馨等亦一齊幫鬧。維時李元芳在後艄把舵，即從船邊趕往理論，因船邊濕滑，行走匆忙，失足落河溺斃。查已死李元芳向雇胡以顯船隻裝載米石，嗣因嫌貴另雇。該犯輒敢糾同多人分駕小船追及，跳過船頭，混稱米價昂貴，不應搬運出境，令在本地售賣，奪取船户竹篙，不許開行。核其情節，固屬凶橫擾害，惟該犯跳過李元芳船頭，僅止用言阻撓，並無爭鬧別情。李元芳之由後艄趕往理論，失足落河溺斃，究非該犯意料所及。既有李元芳姪孫李郁清及船户仇英美供詞人證，案無疑義。該省將胡以顯依棍徒擬軍，胡學馨等照爲從擬徒。查核情罪允協，應請照覆。嘉慶十九年說帖。

（清）祝慶祺《刑案匯覽》卷一五《刑律賊盜・劫囚》　湖督題：馬先貴與解審發回之絞決犯婦劉余氏同住一店，因見劉余氏哀求救命，輒敢商串竊逃。將馬先貴依私竊放囚人逃走律，與囚同罪至死減一等，擬杖一百，流三千里。雖聞拿投首，不准減等。嘉慶二十年案。

廣西撫題：謝上業挾讐誣告人命致蒸檢緦麻弟謝庭蔭屍身，案内之謝上郁，恐檢明屍傷反坐謝上業之罪，起意商同謝普德等於檢驗時糾搶屍首藏匿。律無乘機糾搶屍首治罪明文，將謝上郁比照聚衆奪犯至十人爲首斬候律，量減一等，杖一百，流三千里。謝普德等減一等，各杖一百，徒三年。嘉慶二十年案。

（清）祝慶祺《刑案匯覽》卷一四《刑律賊盜・强盜》　廣西撫題：盜犯廖二疊次行劫，並强搶馬王氏姦污一案。職等查，廖二疊次行劫，例應斬決。其强搶馬王氏姦污，僅止該犯一人，並非聚衆夥謀，按强奪良家妻女姦占律，罪應擬絞，係屬輕罪，今該省牽引搶奪婦女之例。節删聚衆夥謀四字，聲明廖二强搶馬王氏姦污，亦應斬決，遽照身犯兩項俱應斬決例加擬梟示，實屬錯誤。該司將該犯改照强盜已行得財本律擬斬立決，洵屬允協，應請照辦。嘉慶二十一年說帖。

（清）祝慶祺《刑案匯覽》卷一四《刑律賊盜・强盜》　雲撫題：張廣才糾劫妻兄李必盛家財物，經伊妻代首被獲，是否照親屬相盜律辦理，聽候部議一案。職等查：親屬相盜，無論本宗、外姻及尊長卑幼，均案服制以次遞減。若行强盜者，尊長犯卑幼，亦依上減罪；卑幼犯尊長，仍依凡論。又定例：外姻、尊長、親屬相盜，惟律圖内載明者，方准照律減等，此外不得濫引。至妻之兄弟，係無服親屬，雖律圖内載明，惟似此平等之親，並無尊卑之分，不惟與本宗無服弟兄不同，亦與外姻親表弟兄有别；既不得以妻弟爲卑幼，即不應以妻兄爲尊長。如行劫妻弟兄家財物，自應悉依凡論。今事主李必盛係盜犯張廣才妻兄，張廣才糾劫李必盛家，捆縛事主，搜得贓物，該犯與事主既無尊卑名分，自應與凡盜同科。經該犯之妻李氏告知事主，將該犯獲案，例應同自首法。按凡人盜首傷人自首例，應擬斬候。若如該省所議，於斬罪上減等發遣，仍依自首例再減一等，是以盜劫之案而引無服親屬行竊之律，未爲允協，應行改正。稿尾：查定例：本宗、外姻，親屬相盜，無論尊長卑幼，無服之親，得減一等。若行强盜者，尊長犯卑幼，始准依上減等；卑幼犯尊長，仍依凡論。至妻之兄弟，雖律圖内載明係無服親屬，惟係平等之親，並無尊卑之分，與本宗無服弟兄分別。尊長卑幼獲罪者，不同如與妻兄有犯，係行竊者，應即依律減罪。若行强盜，固不得謂之卑幼犯尊長，亦未便竟照無服親屬互相行竊之列遽予減等，自應仍依凡論。此案張廣才糾劫妻兄李必盛家，入室捆縛事主，劫得財物，經伊妻告知事主首報，將該犯獲案，按例應同自首法。該犯與事主既無尊卑名分，應即以凡盜論，照傷人首盜自首例科斷。張廣才合依傷人首盜傷輕平復，無論事未發而自首及聞拿投首，俱擬斬候例，擬斬監候。嘉慶二十二年説帖。

（清）祝慶祺《刑案匯覽》卷一五《刑律賊盜·劫囚》安撫咨：徐步因王加來偷竊主簿衙署銀物，經該主簿差獲王加來管押頭門空屋，欲行添差解縣，徐步糾夥至署，將王加來搶回。惟例無搶奪押犯治罪明文，將徐步比照官司差人捕獲罪人，但經聚衆奪犯，雖未傷人，首犯亦照因而傷人律，從重擬絞，例擬絞監候。嘉慶二十二年案。

（清）祝慶祺《刑案匯覽》卷一四《刑律賊盜·强盜》按撫題：李三等夥竊，臨時行强，遺火燃燒致斃事主幼子二命一案。職等查：强盜得財入室搜贓者，斬決，殺人及放火燒人房屋者，斬梟。又：因盜威逼人致死者，斬候；如致死二命非一家，應從一科斷；若因盜威逼致死一家二命，例雖不言，有犯自應酌擬斬決。至强盜遺火延燒房屋，因而致死人命，律例均無明文。惟查因行竊遺落火煤燒死事主一命之案，向俱照因盜威逼致死律擬斬監候，況强重於竊，死係一家二命，自應加重辦理。此案李三起意糾竊，臨時行强，與王五入室搜得贓物走出，王五將火把丢棄院内，不期風大吹燃院内秫稭延燒房屋，致將在房睡臥之事主幼子二人燒傷殞命。該省以例無作何治罪明文，仍照强盜得財本律，將法所難宥之李三、王五二犯均擬斬立決。查該犯等遺火燒斃事主，固比强盜殺人及放火者爲輕，較之僅止得財未致釀命者則重。如果燒斃一命，尚可以爲因盜威逼致死律止斬候，輕罪不議。今事主已被燒斃二命又係一家，且均係未及十歲幼孩，死者之家太覺情慘。即使强盜而未得財，或未入室。本罪不致死者，亦應從重斬法，況係得財搜贓，本應斬決之犯，未便置慘斃二命重情於不議，罪坐所由，似應將遺棄火把以致燃燒之王五於斬決上加擬梟示。視强盜傳止得財未致釀命及因竊致死一家二命者，既有區分，亦與强盜殺人止一命及放火未燒殺人已應斬梟者無所窒礙。稿尾：此案李三糾竊事主高如翰家牛隻，被事主驚覺，臨時起意行强，搜得贓物，實屬法所難宥，應如該撫所題，法所難宥之李三合依强盜已行得財律擬斬立決。至王五一犯聽從行强，入室搜贓，將所持火把丢棄院内，燃及院堆秫稭延燒房屋，致在房睡卧之事主幼子二人均被燒傷斃命。查因竊遺火燒斃事主一命，已應照因盜威逼致死律斬候，况該犯係强劫得財，事主幼子二人均被燒斃，未便與法所難宥之盜犯一例擬以斬決，竟置慘斃二命之重情於不議。王五應依强盜得財律擬斬立決，仍加擬梟示，以昭炯戒。嘉慶二十二年説帖。

（清）祝慶祺《刑案匯覽》卷一四《刑律賊盜·强盜》盛京刑部題：張得元等行劫一案，查此案張得元、李老屋、靳九、張淇祥四人上盜，除張得元、李老屋入室搜贓照例斬決外，其靳九、張淇祥二犯於夥犯行强之時，一在事主房後推倒檐墻，一在門前用木棍擲打門牕，以致事主畏懼藏匿，夥盜張得元等得以恣意劫掠。該二犯雖未入室搜贓，其助勢濟惡亦難寬貸。該省聲明，該二犯情有可原免死發遣，似屬未協，應行議駁謹酌擬。稿尾録呈。稿尾：查律載：共謀爲竊，臨時行强，以臨時主意及其爲强盜者，不分首從論。又：强盜已行而但得財者，不分首從，皆斬。又例載：盜劫之案，各該督撫嚴行究審，將法所難宥及情有可原者一一分晰，於疏内聲明。大學士會同三法司詳議，將法所難宥者，正法；情有可原者發新疆，給官兵爲奴。又：尋常盜劫、未經傷人之夥犯，如曾經轉糾黨羽，持火執械，塗臉入室，助勢搜贓，不得以情有可原聲請。其止在外瞭望，接遞贓物並無凶惡情狀者，仍以情有可原免死，發遣。各等語。詳繹例意。盜犯免死發遣，原係寬其一綫，必例内載明在外瞭望、接贓並無凶惡情狀者，方准以情有可原聲請；若助勢濟惡凶暴顯著，即應與法所難宥盜犯一體斬決，不得以其尚未入室搜贓率從寬縱。此案張得元糾夥行劫，與李老屋先後入室搜贓並毆傷事主，實屬法所難宥，應如該侍郎等所題。法所難宥之張得元、李老屋均合依强盗已行得財律俱擬斬立決。至靳九、張淇祥二犯隨同上盗，靳九在事主房後，因夥盗張得元用鑿空窟，被事主李大聽聞喊嚷，靳九輒敢隨同張得元等將事主房後檐墻推倒，張淇祥亦在事主房前用木棍擲打門牕，以致李大夫妻畏凶藏躲，夥盗張得元等得以恣意劫掠。該三犯雖行劫僅止一次，並未下手傷人入室搜贓，其隨同助勢嚇禁，貫有凶惡情狀，與例載：僅止在外瞭望、接遞財物，得以情有可原請者不同，未便寬縱，自應將該二犯與張得元等一律擬以斬決。今該侍郎以該二犯在外助勢，並未入室，遽以情有可原聲請免死發遣，與例不符。罪關生死出入，臣部未便率復，應令詳核案情，按例妥擬。嘉慶二十三年奉天司説帖。

（清）祝慶祺《刑案滙覽》卷一三《刑律賊盗・强盗》　東撫題：路魁行竊拒傷事主李蘭方身死一案，查例載：竊盗臨時拒捕，雖未得財，而未離盗所，逞凶拒捕殺人者，爲首，擬斬立決。其傷人未死，若傷非金刃，傷輕平復，首犯，改發邊遠充軍。又：竊盗棄財逃走，與未經得財逃走，被事主追逐拒捕，因而殺人者，首犯，擬斬監候。其傷人未死，若傷非金刃，傷輕平復，依罪人拒捕科斷，各等語。是同一竊盗拒捕，而罪名各有區别，必須將是否已離盗所確切究明，方無枉縱。此案路魁起意商允高建行竊事主李蘭方家牛隻，路魁越墻進院開門，高建在院等候接贓。路魁將東邊牛屋門鎖扭斷，進内行竊，尚未得贓，事主李蘭方在南屋睡宿知覺起捕，路魁逃出牛屋，慮恐獲住，用所攜槍柄毆傷李蘭方腦後倒地。李蘭方之子李泳成聞喊，順攜木桿由北屋趕由出，向高建捉捕，被高建用木桿拒傷左脚面。路魁恐高建被獲，上前幫獲，高建乘間先逃。路魁用槍柄毆傷李泳成左右手指，李泳成亦用木桿毆傷路魁顋門偏左，路魁負痛逃逸。詎李蘭方傷重，於次日殞命。李泳成傷輕平復。該撫將路魁依竊盗臨時拒捕，雖未得財，未離盗所，殺人爲首例，擬斬立決。高建依臨時盗所拒捕，傷非金刃，傷輕平復例，改發邊遠充軍等因具題。臣等查該犯路魁進牛屋行竊，尚未得贓，一聞事主李蘭方起捕，該犯即行逃出牛屋，係屬已離盗所，即未得財，並無贓物可護，其將李蘭方拒傷斃命，自係因慮被獲所致。事主之起捕，雖在臨時，該犯之拒毆，則非盗所，自不應將該犯遽擬斬決。至夥賊高建，僅止在院接贓，並未進竊，該犯因李泳成趕向捉捕，用木桿將其拒傷，更不得謂之盗所，亦未便將該犯擬軍。惟檢閲全案，供詔内路魁僅稱逃出牛屋，並無畏懼欲行逃走之語，案情猶介在疑以是否該犯貫因情急圖脱，抑係有意逞凶，未據研究明確。罪名出入攸關，應令覆鞫妥擬。嘉慶二十五年説帖。

（清）祝慶祺《刑案滙覽》卷一三《刑律賊盗・强盗》　貴撫題：李添華等行竊拒傷事主姚啓升身死一案。查例載：竊盗臨時盗所拒捕，或雖離盗所而臨時護贓格鬭殺人者，爲首擬斬立決。注云：已離盗所護夥者，不在此例。又：竊盗已經逃走，因見夥犯被獲，幫護拒捕殺人者，首犯擬斬監候。各等語。詳繹例文，凡竊盗未離盗所拒捕，或已離盗所而護贓格鬭，是其意在得財，故殺人者，例應斬決。若已離盗所，獲夥拒捕殺人，則是意在圖脱，故罪止斬候。例義甚明，引斷不容牽混。此案李添華、秦囘宗等行竊事主姚啓升家，撬開大門并堂屋門，進内竊得衣物。姚啓升驚起喊捕，該犯等攜贓走出院内，秦囘宗落後，被姚啓升追及揪住髮辮。秦囘宗喊救，李添華等轉身救護，共毆致傷姚啓升殞命。該撫將李添華依臨時盗所拒捕殺人例，擬斬立決，等因具題。臣等祥核案情，李添華等竊得衣物，一聞事主喊捕，即攜贓走出院内，係屬已離盗所。迨落後之秦囘宗被事主追及揪住，李添華等始轉身幫護拒捕，與未離盗所拒捕、意在得財者不同。若秦囘宗手内攜有贓物被事主追獲，李添華等轉身拒捕，尚可謂之護贓格鬭。如秦囘宗並未攜有贓物，李添華等因見夥犯被獲，幫護拒捕，則係意在圖脱，自應依護夥拒捕殺人例辦理。查閲各犯供詞，均稱：事主喊捕時大家拿贓逃出院内等語。而於秦囘宗被獲時，手内究竟有無贓物，未據確切叙明。乃該撫以該犯等甫走至院指爲離盗所，因李添華等手攜之贓尚未丢棄，轉身護夥，拒斃事主，即稱：既在盗所，又屬護贓，將李添華等依臨時盗所拒捕殺人例定擬，殊未允協。案關罪名出入，臣部礙難率覆，應令該撫將秦囘宗被獲時是否攜有贓物之處，研訊確情，按例分别定擬，具題。到日再議。嘉慶二十五年説帖。

（清）祝慶祺《刑案匯覽》卷一三《刑律賊盗・强盗》　貴撫題：唐子成等用藥迷竊得財、商謀致死事主張節高等一案。查例載：用藥迷人，已經得財之案，將起意爲首及下手用藥迷人之犯，均照强盗律擬斬立決。其餘爲從者，發囘城爲奴。又：强盗殺人，不分曾否得財，俱斬決、梟示。又：强盗重案，除殺人仍照定例遵行外，其餘盗劫之案，將法所難宥者，正法；情有可原者，發遣。各等語。是用藥迷人得財、起意爲首及下手用藥者，係照强盗法所難宥例正法，其餘爲從者，亦係仿照强盗情有可原例發遣。若强盗一經殺人，即應不分曾否得財，照定斬決、梟示。則用藥迷竊從犯，如有殺人情事，亦應照强盗殺人一例辦理。此案唐子成起意，糾邀王潮沅、施正瀧迷竊張節高、楊小二銀錢。唐子成因與張節高等素識，恐其告發，復與王醃、潮沅等商允，欲將張節高等迷倒致死。嗣唐子成用藥放入麵餅，給張節高等食訖迷倒，該犯等剥取衣物，先後將張節高等擡棄嚴下，搕傷身死。該省將唐子成、王潮沅、施正瀧均依圖財害命例擬斬立決，並聲明，唐子成仍照强盗殺人例梟示等因。查圖財害命斬決之例，係指並未用藥迷竊者而言，若用藥迷竊殺人，例應照强盗殺人辦理。今唐子成起意迷竊，下手用藥，王潮沅、施正瀧聽從迷竊。如唐子成僅止得財，未經殺人，罪止照强盗律斬決。王潮沅等例止發遣。並該三犯商同將事主致死，自應將該犯等照强盗殺人一例問擬斬、梟。該省將該三犯照圖財害命例，擬以斬決，已屬錯誤，復聲明唐子成照强盗殺人例梟示，更屬辦理兩歧，應即按例更正。唐子成、王潮沅、施正瀧均應改依强盗殺人例，擬斬立決、梟示，傳首犯事地方示衆。道光元年説帖。

（清）祝慶祺《刑案匯覽》卷一四《刑律賊盗·强盗》　蘇撫題：楊曹芝等行劫胡允梅銀物，又張元茂等聽從行劫殺死事主龍芳秀等二案。查律載：强盗已行，而但得財者，不分首從皆斬。又例載：盗劫之案，各督撫嚴行究審，將法所難宥者，正法；情有可原者，發遣。又：糧船水手夥衆十人以上，執持器械搶奪，爲首，照强盗律治罪；爲從，減一等。又：搶奪財物如有聚至十人以上，及雖不滿十人但執持器械倚强肆掠，果有凶暴衆著情事者，均照糧船水手例，分别首從，定强盗論，非必昏夜打家劫舍，而始爲强盗也。此二案均係預謀行劫，同夥在六人以上，執有凶械。一則楊曹芝臨時先將事主胡允梅主僕拉下驢頭，用棍嚇打倒地，事主喊叫，該犯等用刀嚇禁搜取身邊銀兩，剥脱衣服並取驢上行李錢文散。一則張元茂等臨時將事主龍芳秀揪住，强剥皮馬褂，因龍芳秀掙扎，逸盗劉岫用刀連戳事主，龍芳秀倒地，縛其手足，令逸犯陳懷璽等用繩鞭將龍芳秀亂毆。事主潘兆統趕護，陳懷璽等同該犯張元茂各用繩鞭毆傷潘兆統倒地，均各斃命。然後剥取衣服、鞋襪，搜取食物而散。核其情節，均屬預謀爲盗，臨時肆惡逞强，與出其不意搶奪財物，因事主拿捕，始行拒捕者，迥不相侔，自不便以時在傍晚，地屬道路，寬其行劫殺傷事主之罪。該省將此二案，均依强盗本律本例辦理，尚屬允協，似可照覆。道光二年説帖。

（清）祝慶祺《刑案匯覽》卷一八《刑律賊盗·親屬相盗》　廣東撫題：余蘭鈺搶奪無服族長牛隻，被事主工人追捕。該犯臨時致死捕人親屬，無搶奪之文。該犯因搶致斃親屬工人，未便遽照搶奪殺人同科。應依罪人拒捕殺人律，擬斬監候。道光三年案。

（清）祝慶祺《刑案匯覽》卷一三《刑律賊盗·强盗》　廣東撫題：賊犯曾亞瀧拒傷事主之叔黄汝雲身死一案。查例載：竊盗棄財逃走，被事主追逐，拒捕，因而殺人者，首犯擬斬監候。其傷人未死，如刃傷首犯，擬絞監候；從犯，減等擬流。又：竊盗拒捕，傷非事主，但係刃傷，仍加本罪二等。各等語。此案曾亞瀧糾同黄亞復、曾細九等行竊事主黄亮華寮前牛隻，因聞事主之事黄陳氏喊捕，棄贓逃走。事主之叔黄汝雲、堂兄黄岳華、黄從華趕至捉拿，曾亞瀧拒捕，致傷黄汝雲身死，並用刀劃傷黄從華平復。黄亞復、曾細九亦先後用刀劃傷黄岳華，平復。該省將曾亞瀧等依竊盗被事主追逐拒捕殺人傷人例，分别擬以斬、絞、杖、流。經該司以已死黄汝雲及被傷之黄岳華，均係事主黄亮華本宗有服親屬，如果與黄亮華同居共財，即與事主無異。若黄汝雲等係與黄亮華各居另度，賊犯曾亞瀧即不得以拒殺事主論，應仍照罪人拒捕問擬。駁令查明，黄汝雲等與黄亮華是否同居共財，另行審擬。並查出嘉慶六年，四川省賊犯汪化童行竊羅與位家，拒捕刃傷事主分居堂姪羅尚全、鄰人謝添奇、劉思堯等，平復。案内聲明，事主分居親屬，自應仍以鄰佑定擬。因該犯連傷三人，比照竊盗被追拒捕刃傷事主絞候例上量減擬流。成案繕具説帖，呈堂交館查核。職等遵查，此案死者、傷者，俱係事主本宗期功親屬，聞喊幫捕，分屬至親，誼切同讐。核與鄉鄰幫捕竊賊，止於情切守望者，迥不相同，若於事主五服至親中，分别同居共財與否，則事主家倘係父子兄弟析産分居，各立門户，又將作何分晰。且查行盗殺一家三人律註内稱：同居，雖奴婢、雇工人皆是；或不同居，果係本宗五服至親亦是。是殺死事主同居奴雇三人與殺死事主五服至親三人，本係一律科罪，未便將拒傷之案獨加區別，況殺死竊盜賊例内載明：奴僕、雇工，應與房主同科。而向來竊賊拒殺事主，奴、雇各案，亦俱係照拒殺事主辦理。是殺死奴、雇三人，即以一家論，殺死奴、雇一人，即以事主論，亦未便將五服至親獨加區別，檢查上年直隸省題，賊犯趙全歌行竊事主魏長盛家，圖脱拒捕，刃傷事主出嫁，暫時歸寧之胞姊呂魏氏平復一案。該省將趙全歌依竊賊被追拒捕刃傷事主例，擬絞監候。經本部照擬核覆，在案胞姊出嫁，並非同居共財之人，彼案既以事主論，則此案似可仿照辦理。如謂奴僕、雇工同居，即屬共財，非不共財之五服親屬可比。抑思家主之財，非真係奴僕雇工之財，不過因情誼所係，視如己財。若不同居之五服親屬，於其所親之財惟恐被賊所竊，亦必當視如己財，不能稍形隔膜。今反謂分居至親，不若同居異姓之切，已殊於情理未協。至該司檢出江仕童刃傷事主堂姪一案，孫遠年成案似難援以爲據，所有曾亞瀧一案，應請毋庸駁查。道光七年説帖。

（清）祝慶祺《刑案匯覽》卷一五《刑律賊盜・劫囚》 奉天司：查律載：官司差人捕獲罪人，聚衆中途打奪者，杖一百，流三千里。因而傷差者，絞監候；聚至十人，爲首者，斬監候；爲從，各減一等。又例載：但經聚衆奪犯，雖未傷人，首犯亦照因而傷人律從重擬絞。各等語。此案吴得仁因起意雇覓劉增等至邊外偷砍木植，復雇耙犁人夫拉運，被該章京等帶領千總臺丁將人夫拿獲，劉增等逃回向吴得仁告知。吴得仁聲稱伊去懇求開放，如不允准，令陳泳等糾人將被獲人犯强行奪回。陳泳等應允。吴得仁先行，陳泳、長陞、劉增、李四、景四並糾約于士亮、張老十二、曲二等尾隨，適遇邊門防禦阿爾珠鎧等乘馬前來，領催兵等押帶被獲人犯在後。吴得仁跪求開放，阿爾珠鎧不準，長陞同陳泳等將被獲人犯全行劫脱，官兵等上前捕拿，陳泳等各持器械抗拒而逸，旋各被獲。該侍郎將吴得仁依但經聚衆奪犯，雖未傷人首犯，亦照因而傷人律，擬絞監候。等因具題。臣等查：吴得仁起意偷砍木植拉運，迨人夫等被官兵拿獲，膽敢主令陳泳等糾衆中途奪回，雖未傷差，惟該犯糾約陳泳等九人已滿十人之數，按聚至十人奪犯爲首，向不計其曾否傷人，概擬斬候。與聚衆三人以上，雖未傷人，亦照傷人之律應擬絞候者不同。該侍郎以聚至十人奪犯之案，仍照但經聚衆奪犯，雖未傷人，亦照因而傷人之律，擬絞，罪關出入，應令該侍郎另行按例妥擬。道光十一年説帖。

（清）祝慶祺《刑案匯覽》卷一四《刑律賊盜・强盜》 貴州司：查例載：强盜殺人，不分曾否得財，俱照得財律斬，隨即奏請審決梟示。又：强盜殺死人命，首夥各犯不准自首。等語。此案李小八聽從臨時行强，與涂花苟共毆事主之妻王楊氏殞命。雖王楊氏係由涂花苟下傷重致死，惟李小八業經幫毆成傷，即係强盜殺人案内夥犯，援例應依强盜殺人例問擬斬梟，不在准其自首之列。乃該撫因其聞拿投首，輒將該犯依夥盜曾經傷人、聞拿投首例擬軍。是以殺人夥盜牽引傷人夥盜之例，實屬錯誤。罪開生死出入，臣部未便率覆，應令該撫另行案例妥擬。具題。道光十三年説帖。

（清）祝慶祺《刑案匯覽》卷一三《刑律賊盜・强盜》 河南司：查例載：竊盜臨時盜所拒捕如刃傷者，首犯，擬絞監候；爲從，發近邊充軍。又：搶竊拒傷事主，如兩人同場拒傷一人，一係他物，一係金刃，無論先後下手，以金刃傷爲首各等語。此案崔林因聽從董三沅糾竊同夥五人，齊至事主牛俊家，越墻進院，撥門入室。夥賊李興等竊得衣服先行，董三沅、崔林復竊，牛俊驚覺起捕，拉住崔林衣服喊叫，董三沅起意拒捕，崔林允從。董三沅用木叉拒傷牛俊鼻梁等處，牛俊奪叉回毆，崔林亦用小刀扎傷牛俊右手指而逸，旋被拿獲。牛俊傷輕平復。該撫以董三沅起意拒捕，係屬爲首，因尚有拒捕殺差之案，從重擬以斬決，業經在監病故，應毋庸議。將崔林依竊盜臨時盜所拒捕刃傷爲從例，發近邊充軍等因。咨部查搶竊之案，二人同場，拒傷一人，無論先下手，以金刃爲首，例内已有明文。令崔林聽從董三沅行竊臨時盜所，先後將事主牛俊拒傷，既據訊明，一係金刃，一係他物，按例原應以刃傷之崔林爲首，傷非金刃之董三沅爲從。然或拒捕之時，董三沅實有喝令下手情事，尚可援主使爲首下手爲從之律分別定擬，乃檢閲崔林供招，僅有董三沅起意拒捕一語，既與喝令下手者不同。而董三沅生供内又未叙及是所稱聽從拒捕，衹係崔林一面之詞，自應將崔林依竊盜臨時拒捕刃傷爲首例，問擬斬候。該撫率將崔林依爲從例擬軍，而以業經監斃之董三沅當其重罪，殊屬錯誤，本部礙難率覆。再查事主牛俊報案之時，供係被崔林砍傷，續又供係扎傷，其傷痕之大小輕重，始終未據驗報，亦屬含混，應合該撫飭屬驗明，並將拒捕情形詳細研鞫，究竟或扎或砍，抑係圖脱情急帶劃傷輕之處，分別聲叙明晰，按例妥擬。道光十三年説帖。

（清）李星沅《李文恭公奏議》卷一八《審擬續獲糾搶各犯摺子》

竊照事主彭祖賢於道光二十五年四月初三日在宿遷縣順河集地方被搶一案，欽奉諭旨，嚴拏無獲。當經前督臣壁昌前署撫臣陳繼昌奏奉上諭，現署徐州府知府劉澇撤任宿遷縣，知縣易卓梅、典史高兆祥、署把總汪駿均革職留緝等因，欽此。旋據緝獲搶犯魏麻仔，竝臨時患病不行之劉得人、劉老實、李三猛等共四名，問擬流徒，將魏麻仔一犯聲請監候待質。恭摺會奏奉准部覆在案。兹據參革留緝之前任宿遷縣知縣易卓梅等會同甘泉縣知縣徐德元於二十八年正月十五日拏獲逸犯張麻仔、杜跑二名，押解來省。委據江甯府訊出，首犯蘇大漢於二十七年九月十一日在宿遷縣西門渡黄覆舟淹斃，行據宿遷縣查明，是日有渡船户丁小連裝載十一人渡黄，因風覆舟，溺斃三人稟報有案。覆訊丁小連，據供伊與蘇大漢竝不認識，是否溺斃在内不能確指，屍身因水勢深溜，無從打撈。提同監候待質之魏麻仔由江甯布政使傅繩勛督同江甯府知府徐青照審明，擬解前來。臣李星沅親提研鞫，緣張麻仔杜跑均籍隸山東嶧縣拉縴度日，素未爲匪犯案。道光二十五年四月初三日，張麻仔、杜跑在宿遷縣順河集，與蘇大漢及前獲待質之魏麻仔會遇，各道貧難。蘇大漢起意搶奪，張麻仔等允從，又糾已獲擬結之劉得人、劉老實、李三猛入夥。是夜三更共夥七人，各攜刀棍縴板走至半路，劉得人陡患腹痛，不能行走，劉老實、李三猛扶送轉回，張麻仔杜跑蘇大漢魏麻仔四人行至離順河集五里許，堤上見有事主彭祖賢車輛經過，蘇大漢等各持器械上前攔住，吹滅車上燈籠，搶得衣包木匣。事主家人袁升喊拏，張麻仔起意拒捕，用木棍毆打袁升一下，未經成傷。魏麻仔用刀割斷衣包捆繩，取出銀兩，逃至僻處，俵分花用。事主報縣會營勘訊，估贓通詳。欽遵諭旨，嚴飭拏獲夥犯魏麻仔等，分別審擬奏結。兹據會獲張麻仔杜跑到案，究出首犯蘇大漢渡河覆舟溺斃，按擬詳解。臣李星沅親提嚴詰，衆供不移，案無遁飾。查例載搶奪財物，雖不滿十人，但經執持器械倚强肆掠者，照糧船水手例分別首從定擬，又糧船水手夥衆十人以上執持器械搶奪爲首，照强盜律治罪，爲從減一等。又搶奪拒捕未經成傷之首犯發近邊充軍，各等語。此案張麻仔聽從蘇大漢執持器械，攔截車輛，搶奪財物，復用木棍拒毆事主家人未經成傷，自應從重問擬。張麻仔除持械搶奪爲從罪止滿流輕罪不議外，合依搶奪拒捕，未經成傷之首犯例發近邊充軍，杜跑聽糾同搶應依搶奪不滿十人，但經執持器械倚强肆掠，照糧船水手執持器械搶奪爲首照强盜律治罪，爲從減一等例，於强盜已行得財斬罪，上減一等杖一百流三千里，事犯雖在道光二十五年五月二十四日清刑

恩旨以前犯係搶奪不准援減，魏麻仔聽糾同搶，前因旁無質証，監候待質。今續獲張麻仔等僉稱係蘇大漢起意，且據供眼見蘇大漢渡河溺斃，情詞確鑿，竝無避就。魏麻仔應照原擬杖一百流三千里，與張麻仔等均面刺搶奪二字，分別定地起解到配，折責安置。再此案於道光二十五年四月初三日，失事連閏，扣至二十八年七月初三日四參限滿，首夥七人内劉得人等三名臨時患病不行，實在行搶者蘇大漢等四犯於疏防限内經鄰境捕獲，搶犯魏麻仔一名又同謀不同行之劉得人等三名，現於四參限内，經該革員易卓梅等自行拏獲，拒捕搶犯張麻仔、杜跑二名先後共獲六名，其首犯蘇大漢據供渡河淹斃，行查年月日期相符，案無餘犯，所有原參革職留緝之宿遷縣知縣易卓梅、典史高兆祥、署把總汪駿應否開復原官，免其留緝。首犯蘇大漢屍身未獲，仍照盜首未獲例議處之處，聽候部議，協獲軍流人犯二名，職名係甘泉縣知縣徐德元除録供咨部外，謹會同江南河道總督臣番錫恩合詞恭摺具奏。

中國第一歷史檔案館《咸豐同治兩朝上諭檔》咸豐四年十二月二十一日

刑部奏遵議王慶雲請嚴定搶案罪名，通行各省，遵照辦理一摺。著與載齡等前奏嚴定盜犯罪名，一併交原派王大臣等妥議具奏。欽此。臣等查陝西巡撫王慶雲原奏内稱，陝西三水縣拏獲刀匪喬老七等糾搶左順等家銀物，拒捕傷差一案，先經按照聚至十人以上持械搶奪例將首犯擬斬立決，從犯擬遣題准。刑部議駁，應按强盜本例，究明是否入室搜贓，及行劫次數，分別定擬，現已遵駁更正，另疏題達。惟江蘇省沭陽縣匪犯張四等一案，情形與現案等。彼案僅科搶奪，現案改擬强盜，恐承審之員比照問擬，靡所適從，請嗣後糾搶聚衆至十人以上分執器械，白日搜取財物即按强盜本律，究明是否入室搜贓及行劫次數分別定擬，通行遵辦。奏奉硃

批，刑部覈議具奏，欽此。經刑部議請，嗣後如有聚衆搶奪持械入室搜贓，即按强盗本律本例定擬，不得因犯有搶奪之供，即照搶奪之例科罪，亦不得以白晝昏夜及聚衆是否在十人以上曲爲開脱等因，奏奉諭旨，交臣等會議具奏。臣等查刑律，白晝搶奪註云人少而無凶器搶奪也，人多而有凶器强劫也，是搶劫治罪之分。總以人數多寡及有無凶器爲斷，不得以白晝昏夜强爲區分，致滋輕縱。誠以此等匪徒如有糾衆夥謀持械搜掠，其凶暴情形實與强盗無異，自應即照强盗治罪。臣等檢查舊例如奉天及四川、河南、安徽、湖北等省匪徒搶奪之案，往往從重辦理，原屬因時制宜。現在逆氛未靖，各省土匪乘機搶奪，所在多有若不從嚴懲辦，殊不足以儆凶暴而靖地方。臣等公同酌議，應請嗣後除尋常搶奪人數無多尚無凶惡情狀者，仍照本律本例辦理外，如有聚衆持械入室搶劫威嚇事主，並在途在野及江河湖港，但經聚衆執持軍器，倚强肆掠，凶暴衆著者無論白晝昏夜，均照强盗本律，不分首從一概擬斬。其有實在被脅同行者，發黑龍江給披甲人爲奴。如此認真懲辦於情法皆爲允協，其該省審題喬老七等糾搶搜贓一案，自應按事犯在未經定例之先，仍依律及已行之例定擬，以符律意。至江蘇省張四等糾搶一案，從前係照常例定擬，經刑部覆准，現當盗風日熾從嚴整頓之際，情形不同，嗣後應不准民援引，以免歧異。恭俟命下，即由刑部通行各省，一體遵照。

中國第一歷史檔案館《咸豐同治兩朝上諭檔》咸豐四年十二月二十二日　臣等查原奏内稱，今日州縣諱盗之弊，地方偶有搶劫，州縣不能迅辦，往往抑勒事主，改盗爲竊，意在諱盗，不知適以誨盗奸宄横行，盗風安得不熾，然州縣實多掣肘之處。會營不應，則捕盗難；解省需費，則解盗難，餘黨易匿則殲盗難，今請重州縣捕盗之權，嚴州縣諱盗之罰，凡遇劫案，准援格殺勿論，諭旨便宜從事，以重其權，儻有諱盗爲竊，及誣良爲盗情事，一經發覺，即與盗同罪，以嚴其罰，等語。臣等查刑部律載罪人持仗拒捕，其捕者格殺之勿論，又官司故入人罪者以全罪論，各等語。是州縣凡遇土匪嘯聚成羣，肆行搶劫，自當欽遵諭旨，於捕獲訊明後，即行就地正法，並各屬合力緝拏，准令格殺勿論。其盗犯持仗拒捕，被捕者格殺，亦得照律予以勿論。至尋常盗犯業經就獲，自應按律懲辦，若概令便宜從事，是以生殺之權假之州縣，設遇任性妄爲之員，轉啓草營人命之漸，殊非所以慎刑章而重民命，該御史所請便宜從事之處，應毋庸議。至該御史奏稱將諱盗之州縣與盗同罪等語，業經臣等會同吏部於會議侍郎載齡等奏，强盗等案請從重辦理摺内議覆，聲明諱盗州縣案情較重者，革職提問，分別定擬等語，自可因情節之輕重，分别辦理，其有妄拏良民，誣指爲盗，即應以故入人罪論坐，以全罪定例，綦嚴辦理。無虞輕縱。均可毋庸另議。

（清）曾國荃《曾忠襄公奏議》卷一《拏獲盗犯審明懲辦疏同治五年七月二十六日》　歸州知州陳乃汶詳稱，同治三年五月二十六日，據四川監生陳應亨報稱，伊自直隸深州親屬任所送柩回川，由江陵地方雇坐周廷岐船隻。五月二十五日夜，船泊州屬花梨巖地方，被賊撬艙圖竊，伊驚醒喊捕，賊即撞開艙門，各用刀械嚇禁聲張，搜劫銀錢衣物，駕划而逸。開單報經該州，估計各贓共值庫平銀七百三十二兩一錢六分三釐二毫。當經該州會營勘驗，訊供詳報差緝，旋於六月十六、七月初三、十五、九月十一等日，據兵役先後拏獲賊犯姜老幺、王老五、韓金潰、陳位即帽蓋子又名李老幺，訊供通詳，批飭緝審，擬解。旋據詳報該犯韓金潰、陳位各先後在監病故，批飭歸案。議擬詳辦。旋由府將姜老幺、王老五二犯，解經署荆宜施道鄭蘭訊明，稟報遵照新章，先行就地正法，批司取具全案供招議擬詳辦。去後兹據該署道審明，議擬由湖北按察使唐際盛覆覈，轉請覈奏前來。臣覆加查覈，緣姜老幺、王老五即王興順，陳位即帽蓋子又名李老幺，韓金潰均籍隸四川開縣、奉節、巴縣、江北等廳縣，推橈度日，向未爲匪。同治三年五月間，姜老幺在江陵地方受雇周廷岐船上推橈，周廷岐因姜老幺駕船懶惰，行至宜郡將姜老幺攆逐上坡，是月二十日姜老幺會遇素識現獲之王老五、陳位、韓金潰，並在逃之馮觀愔、鮑洪順，敘及貧難，姜老幺因見周廷岐船上客人陳應亨帶有銀物，起意行竊，俱各允從。陳位携帶鐵鑿，馮觀愔携帶尖刀，餘俱徒手，一共六人，由陸路跟隨周廷岐船隻行走，乘間偷竊，韓金潰因患痧證未及同行，姜老幺等許俟竊後分給贓物。二十五日夜，周廷岐船泊花梨巖地方，姜老幺等遂在河下竊得小划一隻，盪至周廷岐船邊，撬艙行竊，事主陳應亨驚醒喊捕，姜老幺起意行强，王老五等應允。姜老幺即令王老五、鮑洪順在划接贓，自同陳位、馬觀愔等撞艙進内，各用刀械嚇禁聲張，劫得銀錢衣物遞交王老五等接收，一同將划盪至僻處。查點各贓按股俵分，並代韓金潰提存贓銀四錠，交由陳位分給，各散。事主陳應亨投鳴水甲，報經前署州陳乃汶會營勘緝先後拏獲首夥姜老幺、王老五、韓金潰、陳位到案，並起獲原贓銀兩衣物，訊供通詳，批飭解審。陳乃汶未及審解卸事，接署州余思訓到任，正審解間，該犯韓金潰在監病故，驗訊詳報，奉批歸案議擬。余思訓隨將該犯姜老幺等解府覆訊，奉發東湖縣收禁，詎該犯陳位在監患病醫治不效身故，又經東湖縣稟府檄委巴東縣驗訊通報，並將姜老幺、王老五二犯解道審訊，翻異前供，發由荊州府提訊。供情游移，詳請發回歸州檄委代理。長陽縣陳惟模會同審辦。陳惟模等關傳事主，提同各犯會訊。據稱翻供係圖卸罪，分別按例審擬，由府解道提訊，供認前情不諱，將該犯姜老幺、王老五按律議擬照章先行就地正法。造具供招移送臬司查核，議擬轉詳前來。臣覆覈無異。查律載共謀爲竊盗，臨時行强，以臨時主意及共爲强盗者不分首從論，又强盗已行而但得財者不分首從皆斬。又咸豐五年奉准通行盗劫之案把風接贓等犯亦係同惡相濟，照爲首之罪一律問擬。又同治二年奏定新章，襄、鄖、宜、施四府屬搶劫凶盗罪干斬决者，解道督訊確實，立予就地正法。又律載共謀爲竊盗臨時不行而行者，爲强盗其不行之人係餘人而曾分贓爲竊盗從，又竊盗贓一百二十兩以上，絞監候，爲從減一等各等語。此案姜老幺等先圖行竊事主陳應亨客船銀物，因事主驚醒喊捕，姜老幺起意行强，王老五等亦各聽從行劫，均屬共爲强盗，應照律定擬。姜老幺、王老五即王興順均合依强盗已行而但得財者不分首從皆斬律擬斬立决。業經由道訊明，照章就地正法，毋庸再議。陳位即帽蓋子又名李老幺，臨時聽從行强，罪應斬决。韓金潰共謀爲竊因病不行，事後分贓，應於竊盗滿貫絞候上減等擬流，業已在監先後病故，應與訊無凌虐之禁卒人等，均毋庸議。姜老幺、陳位訊有胞兄韓金潰，亦有父兄，不能禁約子弟爲匪，應移知原籍傳案照例責懲。王老五訊無父兄，其與姜老幺等在外爲匪，原籍保甲無從覺察，免其置議。獲贓已給主領，未獲各贓照估追賠，被劫監照據供丟棄，飭令事主陳應亨查明原捐年月籍貫履歷另行詳請補給。逸犯獲日另結。此案臨時行强，上盗首夥五人已於疏防限内獲犯過半，兼獲盗首，疏防職名邀免開送。韓金潰在監病故，所有管獄官職名係前署歸州吏目補用從九品，陳國贊陳位在東湖縣寄監病故，管獄官例無處分，邀免開報是否允協，除全案供招送部外，謹會同大學士湖廣總督臣官文恭摺具奏。

《光緒朝黑龍江將軍奏稿·丰紳托克滿奏陸續拿獲馬賊審明正法摺》

據呼蘭副都統依克唐阿咨報，先後捕獲匪徒王金、楊双山、于百湰、劉永寬、朱汰、閔愭發、張愭、張鳳等八名，均經訊明後，就地正法，咨請核奏。前來奴才等飭司復核，緣王金等分隸吉林長春廳、奉天昌圖廳、復州、直隸永平府、呼蘭等處，人民素不務正，均由原籍逃至松花江南北一帶搶劫擄掠爲生，王金供認聽從盗首劉宏汶等糾邀入黨共伙九人，執持槍矛强搶義和隆鋪户，槍斃事主之犯揚双山供認投入盗首蘇成大股負搶，背刀搶劫事主劉永珍家財物，熇傷婦女之犯于百湰供認跟隨盗首李均等伙衆先則强搶福合永鋪户財帛，繼則擄掠民人林奎家銀物，熇傷事主之犯劉永寬供認隨同盗首李均烏合多人，擄搶事主李湝家財物之犯朱汰閔愭發等供認勾結凶黨李愭數人持械搶奪路姓家財物，綁縛事主，續至黨羽漸多，復又劫搶事主劉永珍家財物，熇傷婦人之犯張愭張鳳等供認係是同胞弟兄，共惡相濟，前在吉林省屬投入巨寇馬□子王洛七股内，聚黨一千餘人，屢與官兵接仗，攻陷城池，殺戮旗民，繼又隨同盗首部洛疙疸等聚集百人以上，擄掠周成燒鍋、馬剛燒鍋財帛，焚燒北團林子，武營衙署抗拒官兵之犯。

（清）李星沅《李文恭公奏議》卷一六《審擬糾搶拒捕各犯摺子》

竊據江浦縣稟報，安徽鳳陽府知府張錫蕃之家屬幕友，在浦口鎮吴德大行内被匪搶奪拒捕，估贓九十兩零，獲犯林發等十七名一案。經臣陸建瀛，在兼署總督任内，恭摺奏參，欽奉諭旨：江浦縣知縣李恩慶著先行革職，暫留本任。浦口巡檢范正隆、浦口營都司江春榮代理，專汛千總陳永發協防外，委徐綸庚著一併摘去頂帶，勒令掩捕贓賊，務獲等因，欽此。當經欽遵札行勒緝，旋據續獲柏起萬等二十名，飭委江甯藩司督同江甯府訊明。先獲之十七名，内有金三、沈乾、馬老二、王明發、陳長發等五名，僅與首犯林發認識，竝非同夥，應即省釋。將林發等審供，擬解前來。臣李星沅督同在省司道親提研鞫，緣林發、柏起萬、謝庭昇、許丙榮、聶靈之、程錫公、林桂沅、張林、王大愷、方懷惰、李三虎、陳龍、陳萬榮、黄華、姚桂、沈淙顯、聶漗深、丁有年、陳善治、王二虎、林摇，及王永標、楊永發、聶映清、李大金、陳大士、金三、錢仔、張狗仔、王朋仔、費之和、胡大川、黄添來籍隸安徽來安，及江浦六合等縣。林發前會充當地保，於道光二十五年因誤公斥革，餘皆營趁度日，向未爲匪。犯案夏朝珍即夏維周，籍隸江浦，由廩生捐監，以吴德大出名在浦口鎮開張過載行。道光二十七年四月二十八日，安徽鳳陽府知府張錫蕃之家屬幕友，由水路行抵浦口，暫寓吴德大行内，雇夫起旱。三十日柏起萬、謝庭昇、許丙榮、路遇林發、聶靈之、程錫公、林桂沅閑談，謝庭昇言及吴德大行内現有過客，行李不少，林發起意藉查煙土爲名，搶奪財物。柏起萬等應允，林發、聶靈之、程錫公、林桂沅分投糾允，現獲之張林、王大愷、方懷惰、李三虎、陳鼇、陳萬、榮、黄華、姚桂、沈淙顯、聶漗深、丁有年、陳善治、王二虎、林摇，及王永標、楊永發、聶映清、李大金、陳大士、金三、錢仔、張狗仔、王朋仔、費之和，監斃之胡大川、黄添來，未獲之聶有宏、王明德、蔡如、方惟塾、施二、占幗祥、金三、盧二、陳長生等共夥四十一人，分執柴刀木棍扁擔，亦有徒手，即於是日下午，從來安起身行至中途，金三、錢仔腹痛吐瀉，張狗仔扶送回家。王朋仔、費之和行走落後，不識路徑，亦即轉回。林發等走至吴德大門首，天色將明，行門已開，林發、柏起萬、張林、王大愷、方懷惰、李三虎、陳鼇、陳萬榮、黄華、姚桂、胡大川、黄添來、方惟塾、施二一齊進内，陳大士在渡口看船。餘在門外等候。林發喝令柏起萬等將板箱木桶搶出院内，劈開搜搶。張錫蕃之幕友吴傳珊上前喊捕，被黄添來用刀背恐嚇，致傷項頸。林發等得贓而逸，地保報縣勘緝。夏朝珍因係監生，朦充牙行，恐被訊出查辦，捏稱在浦口開張槽坊，後屋租與吴德大開過載行被盗同時被劫等情，赴巡道衙門具控，希圖挾制。經縣查無夏朝珍槽坊被劫情事，由府詳革歸案。旋據獲犯林發等起得原贓。經臣陸建瀛奏奉諭旨，將江浦縣知縣李恩慶等分别革職，摘頂勒緝。兹據提集各犯訊擬詳解，臣李星沅逐加覆訊。供悉前情，嚴詰不移。案無遁飾。查例載，搶奪財物聚至十人以上執持器械倚强肆掠者，照糧船水手例分别首從定擬。又糧船水手夥衆十人以上執持器械搶奪，爲首照强盗律治罪，爲從減一等。又律載，强盗已行得財者斬。又例載，地方匪棍假以查拏鴉片煙爲由，肆行搶奪，審實不分首從俱發邊遠充軍。又其謀爲盗，因患病及别故不行，事後不分贓者，杖一百徒三年。又奸棍豪紳憑空捏報盗劫，藉以訛詐印捕官役，照誣告人死罪未決律，杖一百，流三千里，加徒役三年，各等語。此案林發糾夥四十一人，以搜查鴉片爲由，持械肆搶，拒傷事主，實屬凶暴。衆著林發應從重照搶奪財物聚至十人以上執持器械，照糧船水手夥衆十人以上執持器械搶奪，爲首照强盗治罪例，强盗已行得財者斬律，擬斬立決。查近來土匪假以搜查鴉片爲由，肆行搶奪之案，層見疊出。雖經隨時懲辦，此風仍未止息。該犯林發係已革地保，膽敢糾夥至四十一人之多，執持器械於天色將明未明行門甫開之際，擁人肆掠，拒傷事主，巧避强盗重罪，情尤凶詐。浦口地方爲上江各省登陸大道，若不從嚴懲辦，匪徒罔知儆懼，行旅將成畏途。臣未敢稍事拘泥，於審明後，恭請王命。飭委江甯藩司傅繩勛、督標中軍副將松安將該犯林發綁赴市曹，即行處斬，仍傳首犯事地方懸竿示衆，以昭炯戒。柏起萬、謝庭昇、許丙榮、聶靈之，程錫公、林桂沅、張林、王大愷、方懷惰、李三虎、陳鼇、陳萬榮、黄華、姚桂、沈淙顯、聶漗深、丁有年、陳善治、王二虎、林摇，及王永標、楊永發、聶映清、李大金、陳大士，等二十五犯，聽從搶奪，均請仍照地方匪棍，假以查拏鴉片爲由肆行搶奪，不分首從本例發邊遠充軍。金三、錢仔中途患病，張狗仔扶送回家。王朋仔、費之和行走落後，中途折回，事後均未分贓，該四犯應請比照共謀爲盗，因患病及他故不行，事後不分贓者例，各杖一百，徒三年，免刺。夏朝珍以監生朦充牙行，因行客被搶恐至審出問罪，輒捏一夜連劫上控挾制，殊屬刁詐。第事出有因，尚非憑空捏報，應請照奸棍憑空捏報盗劫藉以訛詐印捕官役，照誣告人死罪未決律，杖一百，流三千里，加徒役三年。例上量減一等，總徒四年。張狗仔、費之和、沈淙顯、聶漗深、李大金、聶映清、程錫公據供親老丁單，孀婦獨子，犯係糾衆持械擾害行旅，應毋庸查辦，留養。與其餘軍徒各犯一併定地發配，折責安置。黄添來拒傷事主，傷非金刃，傷輕平復，與聽糾同搶之胡大川業經在監病故。應與訊無凌虐之刑禁人等均無庸議。餘無知情容留分贓，得規包庇之人吴傳珊傷輕平復，起贓給主，未起追賠，逸犯飭緝獲日另結，吴德大牙行押令閉歇。

（清）劉錦棠《劉襄勤公奏稿》卷五《核辦蒙部案件清照變通章程摺》

新疆邊境毗連蒙部，遇有蒙古糾夥劫奪傷人案件，例無專條，擬請仍照變通章程，隨時核實辦結，按季彙報，以歸簡易而靖邊隅。請旨定奪，恭摺仰祈聖鑒事。竊新疆邊遠，與内地情形迥異，經臣奏請將命盗案件，暫行變通辦理，由臣按季彙報，奉旨允准，欽遵在案。前因綏來以西，劫殺之案，層見疊出，檄派記名提督陝西漢中鎮總兵譚上連統帶馬隊四營旗前往填紮，令其認真操防緝捕，以靖地方。兹據譚上連稟報所部營官提督戴宏勝幫辦軍務伊犁將軍臣金順所部黑龍江馬隊統領烏克都喜等，派隊擒獲塔爾巴哈臺所轄霍柯柏賽里蒙古巴依爾等四名，搶奪民人針致和等，並用洋礮轟傷吴得樓頭顱，棒傷李老九唇鼻，同時取獲贓物，帶同該事主查明夤夜糾夥，騎馬持械行劫，得贓傷人屬實，擒獲盜犯四名，一併交縣管押其在逃之們都伯勒克一犯，懇請通緝等情到臣行營，比經批飭綏來縣研訊確供詳奪，一面移行通緝。去後，嗣據該縣訊詳聲明新疆蒙古搶奪例無治罪專條，請示前來。臣查例載民人蒙古番子偷竊四項牲畜，以蒙古内地界址爲斷，如在内地犯竊，即照刑律科斷，又熱河承德府所屬地方，遇有劫奪之案，如事主係民人，無論賊犯是蒙古是民人，專用刑律等語，惟新疆境内蒙古搶奪例無專條亦無辦過成案，際此皇威遐暢，邊徼敉平，綏來爲北道門户，接連西湖精河，倚山濱湖，中間伏莽堪虞，行李時憂戒備，昔鄭卿公孫僑治鄭先之以猛漢臣諸葛亮治蜀行之以嚴，方隅事勢所限，不能不從權補救，力挽時局之窮，古今不甚相遠。臣愚擬新疆沿邊蒙古内地交界地方，舉凡界屬内地之處，遇有拏獲騎馬持械糾夥行劫賊犯或蒙古或民人，無論白晝夤夜，曾否傷人，但令贓證明確，訊供屬實，擬請倣照奏准新疆命盗重案變通新章，由臣等隨時分别核辦完結，歸入季報彙奏。似於成例不背，而於地方善後裨益實非淺鮮，抑或飭部妥議酌定專條，以重刑律而昭法守之處。臣等未敢擅便，現獲賊犯，擬俟奉到批旨欽遵，分别辦理，們都伯勒克一犯獲案另結，所有新疆邊境，毗連蒙部，遇有蒙古糾夥劫奪傷人案件，例無專條擬請仍照變通章程，隨時核實辦結，按季彙報，以歸簡易而靖邊隅。

（清）劉錦棠《劉襄勤公奏稿》卷八《新疆命盗重案難照内地舊制遵部議擬辦摺》 奏爲新疆命盗重案，礙難遽照内地舊制，並遵部議擬辦緣由，恭摺具陳，仰祈聖鑒事。竊臣准刑部咨開議奏，嗣後新疆命盗等案，應照例定擬罪名，專摺奏明請旨。俟奉准部覆，將應行立決人犯，再行處決，應入情實緩決各犯歸入秋審辦理。其遣軍流徒各犯，即於南北互相調發等因，奉旨依議，欽此。仰見朝廷明慎用刑，矜恤庶獄之至意。臣自應恪遵辦理，惟新疆情形與内地迥别，蒙回雜處，種類繁多，泯泯棼棼，罔知畏法，加之地方遼廓，稽察難周，游勇潛蹤，動輒滋事，若輩視搶劫殺人以爲故常。臣前於命盗案件，奏請變通辦理，原期辟以止辟，而數年來，劫殺之風，猶未盡息，蓋習染既深，非旦夕所能丕變也。查例載新疆地方兵丁跟役如有白晝搶奪殺人及爲强盗等事，該辦事大臣審實，一面奏聞，一面就地正法等語，是新疆命盗案件承平之時，已與内地立法不同，又查關内各直省近年游勇搶劫殺人等案，皆係就地正法，尚未規復舊制，況關外諸凡草創新設州縣，監獄未備，若以亡命死囚久拘縲絏，設有疏失，逃入鄰境，爲患滋深，揆諸現在情形，礙難遽照内地舊制。合無仰懇聖明垂察，准將凌遲斬絞立決及秋審例實入勾各犯，仍照變通章程辦理，按季摘由奏報咨部立案，俟數年後再行體察情形，奏請辦理。此外斬絞監候人緩人犯，照例應歸秋審，惟新疆所屬州縣，距省遠者五六千里，長途解犯，匪特易滋疏失，且恐屍親人證，拖累難堪，若僅憑州縣爰書，又慮近於簡率，再四思維，惟有責成該管州道，層遞加看，如案情未確，擬罪未協，均就近提審統咨兼按察使銜鎮迪道覆核轉詳。再由臣按例定擬，庶於變通之中，仍寓慎重之意，刻下案犯既未便照例解勘，則秋審自難舉行，擬請照内地舊事秋審之例，屆時造具罪犯清册，咨送刑部核議，内有改流及仍應監候者均候部覆祗遵，至此項斬絞監候秋審人緩各犯，原擬監禁五年四年，折責省釋。誠如部議，未免過輕，擬將此項人犯及遣軍流徒各犯，嗣後均按例定擬，隨時分别奏咨，聽候部覆辦理，其遣軍流徒等犯，亦遵照部議，南北互相調發，仍按罪名之重輕，定地方之遠近，以昭平允而示區别。據藩司魏光燾署鎮迪道兼按察使銜英林議擬詳請，具奏前來。臣覆核無異，所有新疆命盗重案，礙難遽復内地舊制，並遵部議擬辦緣由。謹會同陝甘總督臣譚鍾麟署伊犁將軍臣錫綸恭摺具陳。

（清）張之洞《張文襄公全集》卷九三《札各屬遵照奏准章程審辦盗案》 粵省盗風日熾，經本部院堂會同奏請，將持械夥劫盗匪無論水陸，不分首從仍予先行正法，以安民生而弭隱患。等因。奉旨：刑部速議具奏，欽此。嗣經刑部議准覆奏，奉旨依議，欽此。節經先後恭録，鈔稿行知在案。查原奏内稱，持械夥劫凶暴衆著之各項盗匪，無論水陸不分首從，凡有案情重大罪干斬梟、斬决者一體先行懲辦。其距省較遠者，由該廳州縣審實後酌核道路遠近，如道府同城者，解由該管巡道督府覆審。不同城者，即分别解由最近之該管或道或府州覆審，録供通禀。本部院堂核飭。就地正法案情重大者，梟示。其廣州府屬及佛岡赤溪、二直隸廳所獲盗匪仍於審實後，録供解府審明，通禀臬司會同營務處司道覆訊明確禀候核飭，就地正法。案情重大者梟示，按三箇月彙奏一次，逐案補具供看，由府送司詳咨等因。查近日盗匪益肆，附省巨案益多，此次奏准辦法仍係同治二年粤省奏案，光緒八年刑部通行祇係規復舊章，並非創立新例，誠恐各州縣拘牽誤會指爲新章，强爲區别，重典徒自虚懸，現犯不能速辦，是嚴懲仍無實際，殊不足以儆凶暴而杜亂階。現經本部院堂會同商定，除已經定罪題咨之盗案仍候部覆不計外，其餘盗犯凡罪至斬决、斬梟者，無論新案舊案，已獲未獲，本案已否報部，匪犯已否招解到司到道到府到州，統照奏定章程一律改爲録供禀解。該司道府廳州分别照章覆訊明確，録供通禀本部院堂，核明批行，就地正法，毋庸再扣審限，具詳解勘，以歸簡易，而免稽延。並即通飭各屬獲案認供者禀請速懲，有供無案者查傳補報。從前誤報漏報各案准其據實更正，概免深究，似此簡立條章寬原絓誤。各地方官無文牘復沓之繁，無解駮往返之費，無監羈填塞之累，無長途疎脱之虞，無初報錯漏之礙難，無扣限例參之牽制，解役無絆鎖拖斃之災，幕友無改供就例之苦，若再不認真緝拏，據實禀報，仍敢有諱匿曲縱删減人數，揑改供情，諱强劫爲搶竊，改火器爲徒手，種種惡習積弊有意縱盗殃民，定即從嚴參處，决不姑容。要知此乃爲民除害，期於枉縱俱無，各該員亦不得訊供草率，輕信仇攀，藉案搪塞，致有寬濫。

（清）陳夔龍《庸盦尚書奏議》卷七《獲匪照章懲辦片》　蘇省爲水陸通衢，五方雜處，匪徒本易藏蹤。近以火車通行，此輩恃其便利，尤復無處不到，忽往忽來，迨經覺察捕拏，早已遠颺他處。臣稔知其弊，是以嚴飭各營多購眼綫，隨處偵探，於省會要衝城市繁盛之處，格外認真防範。如有匪徒溷入，立即設法擒拏，不得稍有疏縱。兹於本月間，據統領飛划管前河南河北鎮總兵郎桂林禀，據哨弁楊起元帶勇在省城鐵瓶巷谷樹橋地方拏獲紅幫會匪正龍頭易翰一名，並起獲僞印票板木戳盟帖等件。又划飛划副旗官凌秉忠在省城盤門外拏獲光蛋奚承先一名，即經飭發府縣分别審訊。據易翰供稱，湖南湘鄉縣人，曾充營勇，保有把總□職，曾至浙江定海嘉興各處開立山堂，日前來蘇圖事未成，起意設立天龍山堂，號自稱南天元帥，開堂放票，僞印票板木戳等件，係與逸匪喻光明商量刊刻，收過徒弟顔桂等九人，放出票布三百七十餘張等語。據奚承先供稱，係川沙廳人，綽號小天王，先在上海游蕩，嗣即糾合黨羽各處聚賭，並購置船隻，蓄有洋槍，曾被前任川沙廳帶勇往拏，起意率衆開槍拒捕，傷及廳官，槍斃勇丁。開船逃往上海，復逃至山東青島地方，今年偶回上海數日，前方到蘇州等語，當以該兩犯供證確鑿，案卷相符。先後批飭正法。伏查該匪易翰以營勇保有武職，先至浙江開立山堂，未經破案，復敢潛來蘇省開堂放票，廣收徒黨，刊刻僞印，洵屬膽大妄爲，目無法紀，萬一發覺稍遲，勾結日衆，後患何可勝言。該匪奚承先結黨持械，到處聚賭，並敢起意拒捕，戕勇傷官，亦屬罪大惡極。此次潛來内地，若依然聽其漏網，必更肆無忌憚，爲害日深。今得同時拏獲授首，實足以靖人心而寒匪膽。

《各省審判廳判牘》第二編《判詞類・搶奪財物結夥三人以上未傷事主保定地方審判廳案》　緣劉萇菁籍隸威縣，游蕩度日，先未爲匪。光緒三十三年九月初七日，劉萇菁與素識已獲在監病故之王玉弓、未獲之張慶昌遇道貧難。張慶昌起意搶奪得錢分用，劉萇菁等允從。初八日早，張慶昌執持洋槍，王玉弓携帶木棍，劉萇菁執持馬棒，同夥三人，天明時分偕至清苑縣屬八里莊村南一里許道上等候，適事主施占魁等由南大冉村趕集，背負行李回歸，路經該處，張慶昌上前攔住，用槍威嚇，劉萇菁等搶得事主身背洋元等物，分携逃逸。事主施占魁等當即喊同村衆并該管巡警跟踪追緝，劉萇菁等因被追緊急，心生畏懼，即將原贓撩棄，經事主拾獲，并將劉萇菁、王玉弓二犯追獲，送由工巡總局解經前清苑縣黄令，查傳事主，均已回籍，押犯勘訊，差役禀報提犯隔别訊供。旋據報，該犯王玉弓於宣統元年閏二月十九日在監病故，當經黄令驗訊詳報，未及詳辦，與代理縣章令先後卸事，吕令到任接交，值省城各級審判廳成立，即准照依法令將犯卷匯案移送地方檢察廳起訴到廳。當即提犯豫審，據供前情不諱，旋經開庭公判，覆詰不移，案無遁飾，應即判决。

除聽糾持械搶奪得贓罪應擬流之王玉弓，業已在監病故，應毋庸議外。查現行例載：搶奪之案結夥三人以上，持械未傷事主，從犯流三千里等語。此案劉萇菁聽糾持械途搶事主施占魁等洋元等物之處，不特所供行搶月日地面，悉與事主供報相符，且犯係登時追獲，贓有起獲，經主認領，正賊無疑，自應按例問擬。劉萇菁合依搶奪之案結夥三人以上持械未傷事主從犯流三千里例，擬流三千里。恭逢光緒三十四年十一月初九日恩赦，係搶奪擬流，在部議條款不准援免之列，應不准援免。到配後收入習藝所，充當折磨苦工，限滿分撥安插。據供逸賊張慶昌爲首執持洋槍，該犯與病故之王玉弓雖係同時併獲，第經清苑縣隔别研訊，供出一轍，毋虞避就，應請先决從罪，毋庸監候待質。此外訊無窩夥搶劫别案及知情容留之人，應毋庸議。該犯等在外爲匪，原籍牌甲無從覺察，並免置議。起獲各贓經主認領，未獲各贓應俟緝獲逸賊張慶昌名下，照估追賠。賊械、馬棒供棄免起。至王玉弓在監身死之處，業經清苑縣黄令驗訊明確，委因病劇醫治不痊所致，并無别故，刑禁人等訊無凌虐情弊，亦毋庸議。屍棺由檢察廳關屬領埋。

《各省審判廳判牘》第二編《判詞類·獨自搶奪路人財物保定地方審判廳案》 緣劉壞子籍隸祁州，負苦度日，先未爲匪。光緒三十四年八月二十八日，劉壞子來省閑逛，因思家貧難度，起意搶奪，得贓花用。即于是日傍晚時分，手持木棍，至保定府城北五里許道上等候，移時見有不識姓名事主背負包袱走至，劉壞子上前攔住，搶得銀洋五元，針包一個，携贓逃逸。次日即被巡警盤獲，并起獲原贓洋元等物送由工巡總局，轉送清苑縣，經黄令國瑄提犯訊供，檢查并無事主報案卷據，飭差訪查，迄未據該事主來案補報。黄令與代理縣章令乃身均各先後卸事，吕令調充到任，接交未及詳辦，適省城各級審判廳成立，照依法令，將犯卷匯案移送地方檢察廳起訴，當派推事提犯審訊，據供前情不諱，究詰不移，應即判决。

查現行律載：白晝搶奪人財物者，徒三年等語。此案劉壞子獨自搶奪過路不識姓名事主銀元等物，雖無事主呈報案據，第該犯既已自行供認不諱，起有原贓，應即據供定讞。查該犯一人持械搶奪，（未）〔末〕經拒捕，例内并無作何治罪明文，應仍按本律問擬。劉壞子合依白晝搶奪人財者徒三年律，擬徒三年。事犯在光緒三十四年十一月初九日恭逢恩詔以前，係搶奪擬徒，不在部議條款不准援免之列，應准援免。後再有犯，加一等治罪。此外訊無窩夥搶劫别案及知情容留分贓之人，應毋庸議。該犯在外爲匪，原籍牌甲無從覺察，應免置議。起獲贓銀等物無從傳主給領，照例入官册報。賊械木棍供棄免起。

《各省審判廳判牘》第二編《判詞類·結夥三人以上持械搶奪未傷事主奉天高等審判廳案》 緣王菁山、郭廣汶均籍隸新民府，宣統元年十月初九日，王菁山路遇郭廣汶，各道貧難。王菁山起意搶奪，得贓分用，并稱已約定趙興德及不知名之依姓，即洛依入夥，郭廣汶允從，定時齊集，各散。是夜更餘時分，王菁山持槍刺，郭廣汶、趙興德、依姓分持木棒，同夥四人，偕至黄家屯北道上，適李殿忠趕車走至，王菁山上前攔阻威嚇，郭廣汶聞係素識之李殿忠答聲，恐被認清，當與依姓在遠處瞭望，並未動手，王菁山、趙興德搶得車馬二匹逃逸，賣贓俵分，郭廣汶得錢三十八千花用。先經巡警局訪獲郭廣汶，送由新民地方檢察廳起訴，經該審判廳訊供，將郭廣汶依搶奪聚衆三人以上，但經持械威嚇，在場並未動手舊例，擬發新疆爲奴，遵章折充苦工三十年，仍照例監候待質，於十一月十五日判决。二年十月二十七日，王菁山復被探訪隊緝獲，送廳訊認前情，提同郭廣汶質審無異，該審判廳依現行例將首犯王菁山擬發烟瘴安置，郭廣汶改擬流三千里，各依限收所習藝，並聲明郭廣汶仍照原判執行之日起算，於三年四月二十五日判决。該檢察廳以法律不溯既往，案經判决確定，苟非非常錯誤，經過非常上告及再審，不能輕易改判，既經改判，則應照改判之日起算執行，該廳辦理似有未合，呈由高等檢察廳轉送覆判到廳。查此案郭廣汶之罪名應否復引新律刑期執行，是否照改判之日起算，均根于原擬待質問題。欲解决待質問題，須先將待質期内應否作爲刑期抑或作爲事實調查期間，然後待質之意義乃明，待質之意義既明，則此案之問題自釋。查名例載：强盗之案三年限滿，視正犯有無弋獲，再行發配，是待質期中律意蓋視爲事實調查而非刑期可知。雖搶奪之案，新例删除待質，然其意義可以類推，既非刑期，則原判之罪名效力尚未發生，自不得謂之確定，既未確定，自可改判，既已改判，自應照改判之日起算執行。新章縱有非極端錯誤，經過非常上告及再審不能改判之文，然考立法者之深心，待質要義正恐因證據未確，事實大有錯誤，預備再審。觀於限滿始行發配，及發配後逸犯就獲時無論限内限外俱提回質訊之文，蓋可想見。或者曰，若照改判之日起算執行，尚在郭廣汶待質期中，有詞可措。儻于待質限外而始獲逸犯，若從新擬結從新執行，則已過刑期，未免冤負。此次他方審判廳所判仍照原判執行之日起算者，其用意正類乎此，不思待質既有年限，限内屬于待質，限外屬于刑期，界限分明，毫無牽混。如果經過年分，逾於例限，則以所餘之日作爲執行之期，於民既無所冤，於法仍不相背，即揆之前決後充之律，意亦相吻合。觀此，則此案之執行應從後判之日起算，更可曉然。除王菁山應照該地方審判廳原判擬發烟瘴安置外，此案郭廣汶聽糾結夥四人持械搶奪事主李殿忠馬匹被獲，在現行律未頒布以前，經該審判廳援依舊例判發新疆爲奴，仍監候待質，是原擬事實罪名本未確定，兹續獲首犯王菁山質明并無避就，該廳以首犯既照現行例問擬，將該犯亦照新例改擬滿流，俾免輕重倒置，所擬尚屬允當。惟該犯尚在待質期内，與決判執行不同，今既照新例改擬，其刑期自應以改判確定之日起算，該廳判爲照原判執行之日起算，實與法理未合。郭廣汶應照原擬改依搶奪之案，結夥三人以上，持械未傷事主，爲從流三千里例，擬流三千里，收所充當折磨苦工十年，按照改判確定之日起算。

《各省審判廳判牘》第二編《判詞類·結夥三人以上搶奪拒傷事主新民地方審判廳案》　緣劉廣才、石成林籍隸新民府，均莊農度日，先未爲匪。宣統二年六月二十九日早，劉廣才、石成林均經持鐮刀前往屯外割草，與在逃之張慶年、劉才在途撞遇，各道貧難。張慶年起意搶奪，得贓分用，糾邀劉廣才等入夥，劉廣才等允從，張慶年、劉才各取出腰掖小洋槍，劉廣才、石成林仍持鐮刀，一同走至車家屯外西南高粱地内藏匿。上午時分，事主佟裕昶帶同雇工劉振成背負衣包，手持木棒一根，行至該處，張慶年、劉才、劉廣才、石成林各持原械由地内走出，上前攔阻。張慶年用槍比勢威嚇，劉才搶去劉振成背負衣包一個，劉振成喊嚷，劉廣才奪獲劉振成木棒，將其左太陽拒傷，石城林在場並未動手。張慶年、劉才恐事主追捕，解用所搶衣包麻繩將事主佟裕昶捆縛地上，携贓逃至高粱地内，查點贓物，劉廣才分得白苧布小衫一件，石成林分得舊白布小衫一件，舊藍苧套褲一雙，白枕頭布一塊，其餘表一塊，眼鏡一架，苧布大衫一件，花旗布大衫一件，藍白月藍苧布褲各一條，黄布包袱一塊，手巾一條，銀圓八角，街帖十吊，鞋兩雙，絨靴一雙，襪子三雙，白布辱單一塊，花帽罩一塊，均經張慶年、劉才俵分各散。劉振成見張成年等走遠，將佟裕昶解開，報經第十一分駐所巡警，於七月初八日將劉廣才、石成林拏獲，查起所分原贓，並由在逃張慶年、劉才家起獲原贓時表、絨靴、布褲、布衫、手巾等件，一併送由警務局，轉送地方檢察廳，派陳委德潤勘驗起訴前來，當經本廳迭次提犯，隔别研鞫，據各供認前情不諱，復傳事主質訊，供亦相符。諸無另法窩夥竊劫别案及知情容留分贓之人。贓經主認，正賊無疑。查劉振成傷已平復，逸犯弋獲無期，應先判决。查例載：搶奪之案結夥數在三人以上，但經持械毆傷事主者，不論傷之輕重，爲首及在場幫毆有傷之犯照强盜律擬絞立決，其餘從犯發烟瘴地方安置等語。此案劉廣才聽從逸犯張慶年夥搶事主佟裕昶衣物得贓，實屬不法，劉廣才應合依搶奪之案結夥數在三人以上，但經持械毆傷事主者，不論傷之輕重，爲首及在場幫毆有傷之犯，照强盜律擬絞立決例，擬絞立決。石成林訴從夥搶并未幫毆，亦應按例科斷。石成林應合依搶奪之案結夥數在三人以上，但經持械毆傷事主者，從犯發烟瘴地方安置例，擬發烟瘴地方。核其情罪不在常赦不原之列，應免其發配，仍照名例收入習藝所工作十二年，限滿釋放。起獲贓物飭主具領。逸犯張慶年、劉才及未獲各贓由檢察廳飭緝，獲日另結。

《各省審判廳判牘》第二編《判詞類·攔路劫搶贓毆斃事主貴陽地方審判廳案》　緣陳狗崽、鄔臘妹均籍隸貴筑縣，平素游蕩，先不爲匪。宣統二年十一月十五日，陳狗崽至龍老華家看望，適有已獲之鄔臘妹、在逃之李銀山、李樹青、陳老四先後走至，各道貧難。陳狗崽説大堰坎地方常有行人來往，起意糾約，攔途搶劫，得贓分用，鄔臘妹等均各允從。至晚時分，陳狗崽拿扁擔，鄔臘妹等分拿木棒、標杆，一共六人，即同起身，二更時分走至大堰坎上地方，適遇帥廷才騎馬走來，陳狗崽同龍老華上前先將帥廷才拉下馬背，鄔臘妹等一齊趕攏亂毆，即將帥廷才毆傷倒地，陳狗崽等大衆看視帥廷才已不能言語，即在帥廷才身上脱下藍布緊身一件，搜出市銀一兩六錢，戥子一把，布口袋一個，龍老華以帥廷才尸身恐被人看見，即喊同陳老四、李銀山用草索拾至解茅寨坡邊丟棄，陳狗崽等分拿贓物并牽馬匹，轉至鄔臘妹家。移時，龍老華等亦至。次日早晨，陳狗崽同鄔臘妹牽馬至堰樓場上（實）〔賣〕與不識姓名人，得銀四兩九錢，俵分各散。報經檢察廳勘驗，緝獲鄔臘妹併格傷陳狗崽暨起獲原贓，移廳。隨請派員莅視，訊明確供。正擬判詞間，適據看守所呈報，陳狗崽帶傷到所後，因病身死。當經片請檢察廳，呈請派員相驗，旋准移復，呈奉高等檢察廳委員詣驗明確，并附送尸格前來。兹查逸盗弋獲無期，隨提一干復鞫，據供前情不諱，究詰再三，矢口不移，案無遁飾，自應判決。

查現行例載：搶奪之案聚衆不及十人而數在三人以上，但經持械毆傷事主者，爲首及在場幫毆有傷之犯，照强盗律擬絞立決。又：强盗殺人斬立決各等語。此案陳狗崽起意糾約鄔臘妹等攔路搶劫帥廷才，得贓毆斃事主，自應按例問擬。陳狗崽、鄔臘妹均合依搶奪之案聚衆不及十人而數在三人以上，但經持械毆傷事主者，爲首及在場幫毆有傷之犯照强盗律，擬絞立決。仍照强盗殺人斬決例，擬斬立決。陳狗崽業已在所病故，應毋庸議。所丁譚雲標、李福訊無凌虐情弊，醫官亦無誤用方藥情事，均免置議。

《各省審判廳判牘》第二編《判詞類·結夥六人執持洋槍搶奪拒傷事主奉天高等審判廳案》 緣老王疙疸即王有幅、吴明山、丁俊、段永香分隸奉天、新民、廣寧、直隸、樂亭漢軍正白等旗籍，均游蕩度日。段永香先曾獨自行竊六次，并未到官。宣統元年十月間，段永香與素識之逸賊張養臣相遇，道及貧難，張養臣起意搶奪得贓分用，邀令偕同逸犯孔小崽齊至王老疙疸家商量，王老疙疸等允從，定期會集。是月二十七日，段永香轉邀吴明山，孔小崽轉邀丁俊，與王老疙疸、張養臣、光後行至大臺子會齊，王老疙疸携帶洋槍，吴明山執馬鞭，段永香等均持木棒，同夥六人，點燈時候偕至承德縣屬尚義林村西道上。適事主周富、周鳳鳴趕得五套大車走來，張養臣等上前攔住，王老疙疸用槍筒毆傷周富左眼胞，孔小崽亦用木棒將周富、周鳳鳴鼻梁額角等處拒傷，段永香、張養臣、吴明山卸得車上騾馬四頭匹並搶得銀帖、騾馬、衣食等物，逃至僻處點贓俵分。騾馬由吴明山、段永香各牽去二匹，言俟變賣得價再分，各散。吴明山將騾馬交未到案之馬販趙連和變賣，并未告知前情，段永香亦捏稱係用價買，托同表弟歐玉聲分騎來省變賣，行至小東門門外，被巡警盤獲帶局，段永香供出搶情，因與王老疙疸之兄王老大挾有仇隙，誣扳同夥，嗣經巡警將丁俊、吴明山、王老疙疸、王老大一併拏獲，並起獲贓物，送經承德地方檢察廳起訴，移送審判廳，訊悉前情，將王老疙疸依搶奪之案，數在三人以上，持械毆傷事主，在場幫毆有傷之犯，照强盗律絞例，擬絞立決。段永香、吴明山、丁俊均依其餘從犯擬發烟瘴地方安置，於宣統二年十二月十二日判決，該地方檢察廳以現刑例內載結夥三人以上搶奪案內，執持洋槍之人係從犯，傷人者亦擬斬立決，是例文但以從犯如有傷人情事，其所執持爲洋槍，即應以斬決問擬，惟例以兵不用刃，亦是他物之義，則王老疙疸所傷之人實以槍杆而非放槍，然比照持械例，則其所執持者實爲洋槍而非器械。案關罪名出入，研究不厭求詳，原判以槍筒拒傷，比照持械傷人之例問擬，是否正當？再强盗律内有夥盗供獲夥盗過半減等之例，段永香被獲後供獲夥犯已及一半，搶奪亦爲强盗之罪，不至死，例不減等，搶例亦無明文，似應比律酌量擬減，庶昭平允。呈經高等檢察廳轉送解釋覆判到廳。本廳查結夥三人以上搶奪案内執持洋槍之人舊章區分三項，係首犯即擬斬加梟，係從犯則以傷人與否爲斬梟、斬決之等差，詳繹條文，傷人者仍加梟示句接於從犯斬決之下，是統承上文執持洋槍之人，故但言傷人不復出放槍字樣，似不能謂非專指放槍傷人而言，參看下文若竊賊施放洋槍拒捕，一經成傷數語，其義愈明。嗣經纂入現行例删以原章過嚴，將從犯專以傷人爲斷改爲斬決，其未經傷人者僅發極邊安置，尤見必實係放槍傷人者方坐斬決。且律貴誅心，人當行凶作惡之時，手持利器而不肯用以殺人，則其息息之微明亦可以量情原議。故鬭毆律内以兵不用刃與刃傷人爲杖徒之區分者，蓋寓原心略迹而予人以向善之精意。今王老疙疸聽糾結夥六人搶奪，持槍用筒毆傷事主，平復。該審判廳取鬭鬬律内持兵不用刃亦是他物之義，將該犯依持械傷人本例擬以絞決，引斷極爲允協。又查夥盗供獲夥犯例内，必係夥盗將首盗供獲方分別法無可貸者減爲絞候緩決，情有可原者減爲流三千里。如夥盗供獲夥盗在一半以上，并首盗能將全案伙犯供獲，例祇稱均減爲絞候，秋審分别實緩，其情有可原，例准免死者應如何核減，則無明文。是罪不至死之犯不在遞減之列，自不待言。段永香一犯，原判以係夥盗供獲夥盗過半，惟罪不至死，例不減等，仍照本例科罪，亦屬適當，應仍照原擬判决。查現行刑例載：搶奪之案聚衆不及十人而數在三人以上，但經持械毆傷事主，不論傷之輕重，在場幫毆有傷之犯照强盗律擬絞立决，其餘從犯均發烟瘴地方安置等語。此案王老疙疸聽從逸賊張養臣結夥六人，執持洋槍搶奪事主周富等銀帖、騾馬等物，并用槍筒將周富拒傷，平復。查該犯拒捕之傷係用槍筒所毆，核與鬭毆持兵不用刃之律相合，自未便科以持槍傷人之罪，應仍按持械傷人本例問擬。王老疙疸即王有幅，應如原判，合依搶奪之案數在三人以上，但經持械毆傷事主不論傷之輕重在場幫毆有傷之犯照强盗律絞例，擬絞立决。段永香、吴明山、丁俊聽糾同搶，并未傷人，段永香雖供獲夥盗過半，第罪不至死，例無減等明文，其誣扳王老大同夥搶奪，到案即行供明，尚非始終誣執者可比，應仍按本例問擬。段永香除挾嫌誣扳旋即據實供明，輕罪不議外，亦應如原判，與吴明山、丁俊均合依其餘從犯發烟瘴地方安置例，各擬發烟瘴地方安置，收所充當折磨苦工十二年。

《各省審判廳判牘》第二編《判詞類·白晝結夥搶奪持械拒傷事主寧波地方檢察廳案》　緣方得勝籍隸象山縣，光緒三十一年間在寧郡大校場充當營勇，旋因回籍銷差，嗣在各處游蕩，先未爲匪犯案。宣統三年四月二十五日來甬，與在逃之葉福表、范老總均寄居寧郡新城隍廟前馬帶店。五月初一日早，該犯與葉福表、范老總談及貧難，該犯起意搶奪，得贓分用，葉福表等允從。該犯身帶刺刀兩柄，與葉福表等同行，至全家灣事主盛善香所開之新德順雜貨棧鋪門首，見該店正在兑换銀角，該犯與葉福表等進内分别搶奪銀角，因鄰佑鮑仁寶守住店門，該犯拔出刺刀戳傷鮑仁寶左乳、右手背、右手腕，携贓脱身出門，與葉福表等飛奔逃跑，將一刀棄擲河中，經鄰佑人等奮力向追，協同崗警彭福臣拏獲該犯，并獲凶器刺刀一柄，暨搜出贓洋五十六角，解區送由檢察廳，驗明鮑仁寶傷痕飭醫，一面起訴前來。經本廳刑庭預審屬實，即令開庭提集犯證公判，供悉前情不諱，詰無另犯窩夥搶劫别業及同居親屬知情，案無遁飾，應即判决。

援據法律某條及理由：查例載：搶奪之案，結夥三人以上，但經持械毆傷事主，爲首照强盗律擬絞立决等語。此案方得勝結夥三人，白晝持械搶奪事主盛善香雜貨錢鋪得贓，用刀戳鮑仁寶，實屬不法。查鮑仁寶雖係鄰佑，惟在該事主店中被傷，即與戳傷事主無異。該犯並非現充營兵，自應按律問擬。

判决主文：方得勝合依搶奪之案，結夥三人以上，但經持械毆傷事主餘訊照强盗律擬絞立决例，擬絞立决。爲首無另犯窩夥搶劫别案及同居親屬知情之事，應無庸議。起贓給主認領，凶刀没收，尚有一柄供棄免追。

掠賣人口分部

綜述

（宋）王溥《五代會要》卷二五《奴婢》〔南朝宋建安公蕭淵明〕天成元年勅：京城諸道，若不是正口，不得私書契券，輒賣良人。

《魏書》卷一一一《刑罰志》〔永平〕三年，尚書李平奏：冀州阜城民費羊皮母亡，家貧無以葬，賣七歲子與同城人張回爲婢。回轉賣於鄃縣民梁定之，而不言良狀。案盗律掠人、掠賣人、和賣人爲奴婢者，死。回故買羊皮女，謀以轉賣。依律處絞刑。詔曰：律稱和賣人者，謂兩人詐取他財。今羊皮賣女，告回稱良，張回利賤，知良公買。誠於律俱乖，而兩各非詐。此女雖父賣爲婢，體本是良。回轉賣之日，應有遲疑，而决從真賣。於情不可。更推例以爲永式。

廷尉少卿楊鈞議曰：謹詳盗律掠人、掠賣人爲奴婢者，皆死，别條賣子孫者，一歲刑。賣良是一，而刑死懸殊者，由緣情制罰，則致罪有差。又詳群盗强盗，首從皆同，和掠之罪，固應不異。及知人掠盗之物，而故買者，以隨從論。然五服相賣，皆有明條，買者之罪，律所不載。竊謂同凡從法，其緣服相減者，宜有差，買者之罪，不得過於賣者之咎也。但羊皮賣女爲婢，不言追贖，張回真買，謂同家財，至於轉鬻之日，不復疑慮。緣其買之於女父，便賣之於他人，准其和掠，此有因緣之類也。又詳恐喝條注：尊長與之已決，恐喝幼賤求之。然恐喝體同，而不受恐喝之罪者，以尊長與之已決故也。而張回本買婢於羊皮，乃真賣於定之。准此條例，得先有由，推之因緣，理頗相類。即狀准條，處流爲允。

三公郎中崔鴻議曰：案律賣子有一歲刑；賣五服内親屬，在尊長者死，期親及妾與子婦流。唯買者無罪文。然賣者既以有罪，買者不得不坐。但賣者以天性難奪，支屬易遺，尊卑不同，故罪有異。買者知良故買，又於彼無親。若買同賣者，即理不可。何者？賣五服内親屬，在尊長者死，此亦非掠，從其眞買，及於致罪，刑死大殊。明知買者之坐，自應一例，不得全如鈞議，云買者之罪，不過賣者之咎也。且買者於彼無天性支屬之義，何故得有差等之理？又案別條：知人掠盗之物而故買者，以隨從論。依此律文，知人掠良，從其宜買，罪止於流。然其親屬相賣，坐殊凡掠。至於買者，亦宜不等。若處同流坐，於法爲深。準律斟降，合刑五歲。至如買者，知是良人，決便眞賣，不語前人得之由緒。前人謂眞奴婢，更或轉賣，因此流漂，罔知所在，家人追贖，求訪無處，永沉賤隸，無復良期。案其罪狀，與掠無異。且法嚴而姦易息，政寬而民多犯，水火之喻，先典明文。今謂買人親屬而復決賣，不告前人良狀由緒，處同掠罪。

太保、高陽王雍議曰：州處張回，專引盗律，檢回所犯，本非和掠，保證明然，去盗遠矣。今引以盗律之條，處以和掠之罪，原情究律，實爲乖當。如臣鈞之議，知買掠良人者，本無罪文。何以言之？群盗强盗，無首從皆同，和掠之罪，故應不異。明此自無正條，引類以結罪。臣鴻以轉賣流漂，罪與掠等，可謂罪人斯得案《賊律》云：謀殺人而發覺者流，從者五歲刑；已傷及殺而還蘇者死，從者流；已殺者斬，從而加功者死，不加者流。詳沉賤之與身死，流漂之與腐骨，一存一亡，爲害孰甚？然賊律殺人，有首從之科，盗人賣買，無唱和差等。謀殺之與和掠，同是良人，應爲準例。所以不引殺人減之，降從强盗之一科。縱令謀殺之與强盗，俱得爲例，而似從輕。其義安在？又云：知人掠盗之物而故買者，以隨從論。此明禁暴掠之原，遏姦盗之本，非謂市之於親尊之手，而同之於盗掠之刑。竊謂五服相賣，俱是良人，所以容有差等之罪者，明去掠盗理遠，故從親疏爲差級，尊卑爲輕重。依律：諸共犯罪，皆以發意爲首。明賣買之元有由，魁末之坐宜定。若羊皮不云賣，則回無買心，則羊皮爲元首，張回爲從坐。首有沾刑之科，從有極默之戾，推之憲律，法刑無據。買者之罪，宜各從賣者之坐。又詳臣鴻之議，有從他親屬買得良人，而復眞賣，不語後人由狀者，處同掠罪。既一爲婢，賣與不賣，俱非良人。何必以不賣爲可原，轉賣爲難恕。張回之愆，宜鞭一百。賣子葬親，孝誠可美，而表賞之議未聞，刑罰之科已降。恐非敦風厲俗，以德導民之謂。請免羊皮之罪，公酬賣直。詔曰：羊皮賣女葬母，孝誠可嘉，便可特原。張回雖買之於父，不應轉賣，可刑五歲。

（唐）長孫無忌等《唐律疏議》卷二〇《賊盗·略人略賣人》 諸略人、略賣人不和爲略。十歲以下，雖和，亦同略法。爲奴婢者，絞；爲部曲者，流三千里；爲妻妾子孫者，徒三年。因而殺傷人者，同强盗法。

疏議曰：略人者，謂設方略而取之。略賣人者，或爲經略而賣之。注云：不和爲略。十歲以下，雖和，亦同略法，爲奴婢者，不共和同，即是被略；十歲以下，未有所知，易爲誑誘，雖共安和，亦同略法。略人、略賣人爲奴婢者，並絞。略人爲部曲者，或有狀驗可憑，勘詰知實不以爲奴者，流三千里。爲妻妾子孫者，徒三年，爲弟姪之類亦同。注云因而殺傷人者，同强盗法，謂因略人拒鬭，或殺若傷，同强盗法。既同强盗之法，因略殺傷傍人，亦同。因略傷人，雖略人不得，亦合絞罪。其略人以爲奴婢不得，又不傷人，以强盗不得財徒二年；擬爲部曲，徒一年半；擬爲妻妾子孫者，徒一年。在律雖無正文，解者須盡犯狀，消息輕重，以類斷之：爲奴婢者，即與强盗十疋相似，故略人不得，唯徒二年；爲部曲者，本條減死一等，故略未得，徒一年半；爲妻妾子孫者，減二等，故亦減强盗不得財二等，合徒一年。

和誘者，各減一等。若和同相賣爲奴婢者，皆流二千里；賣未售者，減一等。下條準此。即略、和誘及和同相賣他人部曲者，各減良人一等。

疏議曰：和誘，謂和同相誘，減略一等：爲奴婢者，流三千里；爲部曲者，徒三年；爲妻妾子孫者，徒二年半。若和同相賣，謂元謀兩和，相賣爲奴婢者，賣人及被賣人，罪無首從，皆流二千里。其數人共賣他人，自依首從之法。賣未售者，減一等，謂和同相賣，未售事發，各徒三年。注云下條準此，謂下條得逃亡奴婢而賣未售及賣期親卑幼及子孫之婦等爲奴婢未售者，亦減一等，故云準此。卽畧、和誘、和同相賣他人部曲者，謂畧他人部曲爲奴婢者，流三千里；畧部曲還爲部曲者，合徒三年；畧爲妻妾子孫，徒二年半。和誘者各減一等：和誘部曲爲奴婢，徒三年，還爲部曲，徒二年半；爲妻妾子孫，徒二年。若共他人部曲和同相賣爲奴婢，減流一等，徒三年，爲部曲者，徒二年半。故云各減良人一等。其畧、和誘緦麻以上親部曲、客女者，律雖無文，令有轉事，量酬衣食之直，不可同於凡人，亦須依盗法而減：緦麻、小功部曲，減凡人部曲一等；大功，減二等；期親，減三等。

問曰：部曲、客女，被人所誘，將爲妻妾子孫，而和同遂去。誘者已有罪名，去者合得何罪？

答曰：《名例律》共犯罪，以造意爲首，隨從者減一等。背主受誘，卽當此條，準其罪，坐減誘者罪一等。自餘受誘，律無正文者，並合從坐科罪。若逃亡之罪重者，依《例》：當條雖有罪名，所爲重者，自從重。

（唐）長孫無忌等《唐律疏議》卷二〇《賊盗·畧和誘奴婢》 諸畧奴婢者，以强盗論；和誘者，以竊盗論。各罪止流三千里。雖監臨主守，亦同。卽奴婢別齎財物者，自從强、竊法，不得累而科之。

疏議曰：畧奴婢者，亦謂不和，經畧而取，計贓以强盗論。和誘者，謂兩共和同，以竊盗論。各依强、竊爲罪，其贓並合倍備，各罪止流三千里。注云雖監臨主守，亦同，謂雖是監臨主守應加，亦同罪止流三千里。卽奴婢別齎財物者，謂除奴婢，身所著衣服外，剩有財物，自從强、竊法：因畧者，一尺徒三年，二疋加一等；和誘者，一尺杖六十，一疋加一等。各從一重科之，並不得將奴婢之身，累併財物同斷，故云自從强、竊法，不得累而科之。其奴婢身別齎財，畧、誘者不知有物，止得畧、誘本罪，贓不合科；如其知者，財雖奴婢將行，各同强、竊法。其畧、誘良人或部曲、客女，衣服外有財者，亦同强、竊盗法。不取入己者，良人、部曲合有資財，不在坐限。

若得逃亡奴婢，不送官而賣者，以和誘論；藏隱者，減一等坐之。卽私從奴婢買子孫及乞取者，準盗論；乞賣者，與同罪。雖以爲良，亦同。

疏議曰：凡捉得逃亡奴婢，依令：五日内合送官司。其有不送而私賣者，以和誘論，計贓依盗法。卽私藏隱者，減盗罪一等坐之。卽私從奴婢買子孫及乞取者，或買或乞，各平所乞、買奴婢之價，計贓準盗論，並不在除、免、倍贓、監臨加罪、加役流之例。乞賣者，與同罪，謂奴婢將子孫乞人及賣與人，並與買、乞者同罪。故注云雖以爲良，亦同，謂乞、買者雖將爲良人，亦與充賤罪同。

（唐）長孫無忌等《唐律疏議》卷二〇《賊盗·畧賣期親以下卑幼》

諸畧賣期親以下卑幼爲奴婢者，並同鬬殺法；無服之卑幼亦同。卽和賣者，各減一等。其賣餘親者，各從凡人和畧法。

疏議曰：期親以下卑幼者，謂弟、妹、子、孫及兄弟之子孫、外孫、子孫之婦及從父弟、妹，並謂本條殺不至死者。假如鬬殺弟妹徒三年，殺子孫徒一年半；若畧賣弟妹爲奴婢，同鬬殺法徒三年，賣子孫爲奴婢徒一年半之類。故云各同鬬殺法。如本條殺合至死者，自入餘親例。無服之卑幼者，謂己妾無子及子孫之妾，亦同賣期親以下卑幼，從本殺科之，故云亦同。假如殺妾徒三年，若畧賣，亦徒三年之類。卽和賣者，各減一等，謂減上文畧賣之罪一等：和賣弟、妹，徒二年半；和賣子孫，徒一年之類。其賣餘親，各從凡人和畧法者，但是五服之內，本條殺罪名至死者，並名餘親，故云從凡人和畧法。

問曰：賣妻爲婢，得同期親卑幼以否？

答曰：妻服雖是期親，不可同之卑幼，故諸條之內，每別稱夫。爲百代之始，敦兩族之好，本犯非應義絶，或準期幼之親。若其賣妻爲婢，原情卽合離異。夫自嫁者，依律兩離；賣之充賤，何宜更合？此條賣期親卑幼，妻固不在其中，只可同彼餘親，從凡人和畧之法；其於毆殺，還同凡人之罪。故知賣妻爲婢，不入期幼之科。

又問：《名例律》云：家人共犯，止坐尊長。未知此文和同相賣，亦同家人共犯以否？

答曰：依《例》本條別有制，與例不同，依本條。此文賣期親卑幼及兄弟、子孫、外孫之婦，賣子孫及己妾、子孫之妾，各有正條，被賣之人不合加罪，爲其卑幼合受處分故也。其賣餘親，各從凡人和畧法；既同凡人爲法，不合止坐家長。

（唐）長孫無忌等《唐律疏議》卷二〇《賊盗·知畧和誘和同相賣而買》 諸知畧、和誘、和同相賣及畧、和誘部曲奴婢而買之者，各減賣者罪一等。

疏議曰：謂知畧、和誘、和同相賣等情，而故買之者，各減賣者罪一等，謂各依其色，準前條減賣人罪一等。假有人知畧賣良人爲奴婢而買之者，從絞上減一等，合流三千里之類。

知祖父母、父母賣子孫及賣子孫之妾，若己妾而買者，各加賣者罪一等。展轉知情而買，各與初買者同。雖買時不知，買後知而不言者，亦以知情論。

疏議曰：若畧、和誘他人而賣，得罪已重，故買者減賣者罪一等；若知祖父母賣子孫以下，得罪稍輕，故買者加賣者罪一等。假有父祖賣子孫爲奴婢，依鬬殺法，合徒一年半；知而買者，加罪一等，徒二年之類。注云展轉知情而買，假有甲知他人祖父賣子孫而買。復與乙，乙又賣與丙，展轉皆知賣子孫之情而買者，各與初買者同，謂甲、乙、丙俱合徒二年。若初買之時，不知畧、和誘、和同相賣之情，買得之後訪知，即須首告。不首告者，亦以知情論，各同初買之罪。

問曰：知畧、和誘充賤，而取爲妻妾，合得何罪？

答曰：知畧、和誘、和同相賣而買之者，各減賣者罪一等；其畧爲部曲、客女，減爲賤罪一等；爲妻妾子孫，又減一等：即是從賤爲妻妾減罪二等，通初買減三等。假有知畧良爲婢合絞，買爲婢者減一等，買爲客女減二等，娶爲妻妾減三等。舉斯一節，卽買餘色減罪可知。

諸知畧、和誘及强盜、竊盜而受分者，各計所受贓，準竊盜論減一等。知盜贓而故買者，坐贓論減一等；知而爲藏者，又減一等。

疏議曰：知畧、和誘人及畧、和誘奴婢，或强盜、竊盜，若知情而受分者，爲其初不同謀，故計所受之贓，準竊盜論減一等。假有知人强盜，受絹五疋者，減竊盜一等，合杖一百之類。其知盜贓而故買，坐贓論減一等，謂知强、竊盜贓，故買十疋，合杖一百。知而故藏，又減一等，合杖九十。其餘犯贓，故買及藏者，律無罪名，從不應爲：流以上從重，徒以下從輕。

（唐）長孫無忌等《唐律疏議》卷二六《雜律·以良人為奴婢質債》

諸妄以良人爲奴婢，用質債者，各減自相賣罪三等；知情而取者，又減一等。仍計庸以當債直。

疏議曰：虛妄用良人爲奴婢，將質債者，各減自相賣罪三等，謂以凡人質債，從流上減三等；若以親戚年幼妄質債者，各依本條，減賣罪三等。知情而取，謂知是良人而取爲奴婢，受質債者，又減一等，謂又減質良人罪一等。仍計庸以當債直，謂計一日三尺之庸，累折酬其債直。不知情者，不坐，亦不計庸以折債直。

劉俊文《敦煌吐魯番唐代法制文書考釋·格·神龍散頒刑部格殘卷》

詃誘官奴婢及藏隱並替换者，並配流嶺南，無官蔭者，於配所，役三年，有官蔭者，不得當、贖。官奴婢犯者，配遠州苦使。

劉俊文《敦煌吐魯番唐代法制文書考釋·格·神龍散頒刑部格殘卷》

畧及和誘、和同相賣爲奴婢自首者，非追得賣人，並不得成首。其畧良人，仍先決杖一百，然後依法。若於羈縻及輕税州自首者，雖得良人，非本州者亦不成首。

（宋）王欽若等《册府元龜》卷六四《帝王部·發號令》〔唐肅宗至德〕二年二月詔：軍人有侵掠平人子女者，令聚衆斬之。

《舊唐書》卷一五《憲宗紀》〔元和八年九月〕乙丑，詔：比聞嶺南五管并福建、黔中等道，多以南口餉遺，及於諸處博易，骨肉離析，良賤難分。此後嚴加禁止，如違，長吏必當科罰。

（元）馬端臨《文獻通考》卷一一《户口考·歷代户丁賦役》〔唐穆宗〕長慶元年詔：禁登萊州及緣海諸道縱容海賊掠賣新羅人口爲奴婢。

（宋）王溥《唐會要》卷八六《奴婢》 太和二年十月勅，嶺南、福建、桂管、邕管、安南等道，百姓禁斷掠買，餉遺良口。前後制勅，處分重疊，非不明白。衛中行、李元志等，雖云買致數實至多，宜各令本道施行。元和四年閏三月五日及八年九月十八日勅文，切加約勒。

（宋）宋敏求《唐大詔令集》卷一〇九《政事·禁約下·禁嶺南貨賣男女敕》

敕：朕自臨御以來，常恐一物失所，以傷陰陽之和，致灾傷之變，而重困吾民。故推教化之源，務率先之道，減服御、絶玩好，苟利於民者無不行，阻撓於政者無不改。而郡縣灾疫相繼，屢奏流亡，慘怛之懷，疚於寤寐。將何以臻於富庶哉？苟害生民，豈憚厘革！如聞嶺外諸州居人，與蠻獠同俗。火耕水耨，晝乏暮饑，迫於徵税，則貨賣男女。姦人乘之，倍討其利，以齒之幼壯，定估之高下，窘急求售，號哭逾時。爲吏者謂南方之俗，夙習爲常，適然不怪，因亦自利。遂使居人男女與犀象雜物俱爲貨財。故四方鰥寡高年，無以養活。豈理之所安，法之所許乎？縱有令式，廢而不舉，爲吏者何以副吾志哉！自今以後，無問公私土客，一切禁斷。敕諸州刺史，各於境内設法鈐制，不得容姦，依前爲市。如敢更有假托事由，以販賣爲業，或搶劫溪洞，或典賣平民，潛出書券，闇過州縣，所在搜獲，據贓狀依强盗論。縱逢恩赦，不在原宥之限。仍仰所在切加捉搦，如違節級科斷。其方鎮及監軍使命并州府僚吏等，自當謹守詔條，率身奉法，倘有逾犯，當科重繩。其白身，除準敕常數進送外，亦準此處分。其百姓兩税定額，各據土地所出，方圓收納，不得别竪色目，妄配亂征，致令艱愁，莫相保守。如有貧窮不能存濟者，欲以男女傭雇與人，貴分口食，任於行止，當立年限爲約，不得將出外界，還同交關。各委本道長吏專加糾察，仍先具條流聞奏。其餘州縣，更有積弊，深害百姓，而因循未革者，亦具分析聞奏。當酌量處分，粗安黎庶，稱朕意焉。

大中九年閏四月。

（元）馬端臨《文獻通考》卷一一《户口考·歷代户丁中賦役》

〔五代〕周顯德五年新定刑統：該誘良口，勾引逃亡奴婢，與貨賣所盗資裝者，其該誘勾引之人伏請處死。良口奴婢准律處分，居停主人重斷，或分受贓物至三疋以上處死。將良口於蕃界貨賣，居停主人知而不告官者，亦處死。

（宋）竇儀等《宋刑統》卷二〇《賊盗律·略賣良賤》

諸略人、略賣〔略賣〕人，不和爲略，十歲以下，雖和亦同略法。爲奴婢者絞，爲部曲者流三千里，爲妻妾子孫者徒三年。因而殺傷人者，同强盗法。和誘者各減一等。若和同相賣爲奴婢者，皆流二千里。賣未售者，減一等。下條准此。即略，和誘及和同相賣他人部曲者，各減良人一等。

疏：　諸略人、略賣人。注云：不和爲略，十歲以下，雖和亦同略法。又云：爲奴婢者絞，爲部曲者流三千里，爲妻妾子孫者徒三年。注云：因而殺傷人者，同强盗法。議曰：略人者，謂設方略而取之。略賣人者，或爲經略而賣之。注云：不和爲略，十歲以下，雖和亦同略法。爲奴婢者，不共和同，即是被略。十歲以下，未有所知，易爲誑誘，雖共安和，亦同略法。略人、略賣人爲奴婢者並絞。略人爲部曲者，或有狀驗，可憑堪詰，知實不以爲奴者，流三千里。爲妻妾子孫者，徒三年，爲弟姪之類亦同，徒三年。注云：因而殺傷人者，同强盗法。謂因略人拒鬬，或殺若傷，同强盗法。既同强盗之法，因略殺傷旁人亦同。因略傷人，雖略人不得，亦合絞罪。其略人擬爲奴婢不得，又不傷人，以强盗不得財，徒二年，擬爲部曲徒一年半，擬爲妻妾子孫者徒一年。在律雖無正文，解者須盡犯狀，消息輕重，以類斷之。爲奴婢者，即與强盗十匹相似，故略人不得，唯徒二年。爲部曲者，本條減死一等，故略未得，徒一年半。爲妻妾子孫者，減二等，故亦減强盗不得財二等，合徒一年。

又云，和誘者各減一等。若和同相賣爲奴婢者，皆流二千里。賣未售者，減一等。注云，下條准此。又云：即略、和誘及和同相賣他人部曲者，各減良人一等。議曰：和誘謂和同相誘，減略一等，爲奴婢者流三千里，爲部曲者徒三年，爲妻妾子孫者徒二年半。若和同相賣，謂元謀兩和相賣爲奴婢者，賣人及被賣人罪無首從，皆流二千里。其數人共賣他人，自依首從之法。賣未售釋曰：賣了爲售。者，減一等。謂和同相賣，未售事發，各徒三年。注云：下條准此。謂下條得逃亡奴婢而賣未售，及賣周親卑幼及子孫之婦等爲奴婢未售者，亦減一等，故云准此。即略、和誘、和同相賣他人部曲者，謂略他人部曲爲奴婢者，流三千里，略部曲還爲部曲者，合徒三年，略爲妻妾子孫，徒二年半。和誘者，各減一等。和誘部曲爲奴婢，徒三年，還爲部曲，徒二年半，爲妻妾子孫，徒二年。若共他人部曲和同相賣爲奴婢，減流一等，徒三年，爲部曲者，徒二年半，故云各減良人一等。其略、和誘緦麻以上親部曲、客女者，律雖無文，令有轉事，量酬衣食之直，不可同於凡人，亦須依盗法而減。緦麻、小功部曲，減凡人部曲一等，大功減二等，周親減三等。

問曰：　部曲、客女被人所誘，將爲妻妾子孫，而和同遂去，誘者已有罪名，去者合得何罪？

答曰：　《名例律》，共犯罪以造意爲者，隨從者減一等。背主受誘，即當此條。准其罪坐，減誘者罪一等。自餘受誘，律無正文者，並合從坐科罪。若逃亡之罪重者，依律例當條雖有罪名，所爲重者自從重。

諸略奴婢者，以强盗論，和誘者以竊盗論，各罪止流三千里。雖監臨主守亦同。即奴婢别齎財物者，自從强竊法，不得累而科之。若得逃亡奴婢，不送官而賣者，以和誘論。藏隱者減一等坐之。即私從奴婢買子孫及乞取者，准盗論，乞賣者與同罪。雖以爲良亦同。

疏：　諸略奴婢者，以强盗論，和誘者以竊盗論，各罪止流三千里。注云，雖監臨主守亦同。又云，即奴婢别齎財物者，自從强竊法，不得累而科之。議曰：略奴婢者，亦謂不和經略而取，計贓以强盗論。和誘者，謂兩共和同，以竊盗論。各依强竊爲罪，共贓並合倍備，各罪止流三千里。注云，雖監臨主守亦同。謂雖是監臨主守，應加亦同，罪止流三千里。卽奴婢別贓財物者，謂除奴婢身所著衣服外，贜有財物，自從强竊法。因略者，一尺徒三年，二匹加一等。和誘者，一尺杖六十，一匹加一等，各從一重科之，並不得將奴婢之身累併財物同斷，故云自從强竊法，不得累而科之。其奴婢身別賫財，略誘者不知有物，止得略誘本罪，贓不合科。如其知者，財雖奴婢將行，各同强竊法。其略誘良人或部曲、客女，衣服外有財者，亦同强竊盜法。不取入己者，良人、部曲合有資財，不在坐限。

又云，若得逃亡奴婢，不送官而賣者，以和誘論。藏隱者減一等坐之。卽私從奴婢買子孫及乞取者，准盜論，乞賣者與同罪。注云，雖以爲良亦同。議曰：凡捉得逃亡奴婢，依令，五日内合送官司，其有不送而私賣者，以和誘論，計贓依盜法。卽私藏隱者，減盜罪一等坐之。卽私從奴婢買子孫及乞取者，或買或乞，各平所乞買奴婢之價，計贓准盜論，並不在除免、倍贓、監臨加罪、加役流之例。乞賣者與同罪，謂奴婢將子孫乞人，及賣與人，並與買乞者同罪。注云，雖以爲良亦同，謂乞買者雖將爲良人，亦與充賤罪同。

諸略賣周親以下卑幼爲奴婢者，並同鬭毆殺法。無服之卑幼亦同。卽和賣者，各減一等。其賣餘親者，各從凡人和略法。

疏議曰：周親以下卑幼者，謂弟妹、子孫及兄弟之子孫、外孫、子孫之〔婢〕〔婦〕，及從父弟妹，並謂本條殺不至死者。假如鬭殺弟妹，徒三年，殺子孫徒一年半，若略賣弟妹爲奴婢，同鬭殺法，徒三年，賣子孫爲奴婢，徒一年半之類，故云各同鬭殺法。如本條殺合至死者，自入餘親例。無服之卑幼者，謂己妾無子，及子孫之妾亦同。賣周親以下卑幼，從本殺科之，故云亦同。假如殺妾徒三年，若略賣亦徒三年之類。卽和賣者，各減一等，謂減上文略賣之罪一等，和賣弟妹徒二年半，和賣子孫徒一年之類。其賣餘親，各從凡人和略法者，但是五服之内，本條殺罪合至死者，並名餘親，故云從凡人和略法。

問曰：賣妻爲婢，得同周親卑幼以否？

答曰：妻服雖是周親，不可同之卑幼，故諸條之内，每别稱夫，爲百代之始，敦兩族之好。本犯非應義絶，或准周幼之親，若其賣妻爲婢，原情卽合離異，夫自嫁者，依律兩離，賣之充賤，何宜更合此條。賣周親卑幼，妻固不在其中，只可同彼餘親，從凡人和略之法。其於毆殺，還同凡人之罪，故知賣妻爲婢，不入周幼之科。

又問：《名例律》云，家人共犯，止坐尊長。未知此文和同相賣，亦同家人共犯以否？

答曰：依例，本條别有制，與例不同，依本條。此文賣周親卑幼及兄弟子孫、外孫之婦，賣子孫及己妾、子孫之妾，各有正條，被賣之人不合加罪，爲其卑幼，合受處分故也。共賣餘親，各從凡人和略法。既同凡人爲法，不合止坐家長。

諸知略、和誘、和同相賣，及略、和誘部曲、奴婢而買之者，各減賣者罪一等。知祖父母、父母賣子孫及賣子孫之妾，若己妾而買者，各加賣者罪一等。展轉知情而賣，各與初買者同。雖買時不知，買後知而不言者，亦以知情論。

疏：諸知略、和誘、和同相賣，及略、和誘部曲、奴婢而買之者，各減賣者罪一等。議曰：謂知略、和誘和同相賣等情，而故買之者，各減賣者罪一等，謂各依其色，准前條減賣人罪一等。假有人知略賣良人爲奴婢而買之者，從絞上減一等，合流三千里之類。

又云，知祖父母、父母賣子孫及賣子孫之妾，若己妾而買者，各加賣者罪一等。注云，展轉知情而買，各與初買者同。雖買時不知，買後知而不言者，亦以知情論。議曰：若略、和誘他人而賣，得罪已重，故買者減賣者罪一等。若知祖父母賣子孫以下，得罪稍輕，故買者加賣者罪一等。假有父祖賣子孫爲奴婢，依鬭殺法，合徒一年半，知而買者，加罪一等，徒二年之類。注云，展轉知情而買，有甲知他人祖父賣子孫而買，復與乙，乙又賣與丙，展轉皆知賣子孫之情，而買者各與初買者同，謂甲乙丙俱合徒二年。若初買之時，不知略、誘、和同相賣之情，買得之後訪知，卽須首告。不首告者，亦以知情論，各同初買之罪。

問曰：知略、和誘充賤，而取爲妻妾，合得何罪？

答曰：知略、和誘、和同相賣，而買之者，各減賣者罪一等。其略爲部曲、客女，減爲賤罪一等，爲妻妾子孫，又減一等。卽是從賤，爲妻妾減罪二等，通初買減三等。假有知略良爲婢合絞，買爲婢減一等，買爲客女減二等，娶爲妻妾減三等。舉斯一節，卽買餘色減罪可知。

諸知略、和誘及强盜、竊盜而受分者，各計所受贓，准竊盜論，減一等。知盜贓而故買者，坐贓論，減一等。知而爲藏者，又減一等。

疏議曰：知略、和誘人，及略、和誘奴婢，或强盜、竊盜，若知情而受分者，爲其初不同謀，故計所受之贓，準竊盜論，減一等。假有知人强盜，受絹五匹者，減竊盜一等，合杖一百之類。其知盜贓〔准〕故買，坐贓論，減一等。謂知强竊盜贓，故買十四，合杖一百。知而故藏，又減一等，合杖九十。其餘犯贓故買，及藏者，律無罪名，從不應爲，流以上從重，徒以下從輕。

准：唐天成元年十月三日敕節文，京城諸道，若不是正口，不得私書契券，輒賣食人。

臣等參詳，請應有詃誘良口，勾引逃亡奴婢，與貨賣所盜資裝者，其詃誘勾引之人，頭首處死，從減一等，良口、奴婢並准律格處分。如居停主人不是詃誘勾引之人，庸行科斷。其或分受贓物，請准建隆三年二月十一日竊盜敕條科斷，計贓錢滿五貫文足陌者，減死一等。如有將良口於蕃界貨賣者，其居停主人知情不告官者，亦處死。

（宋）佚名《宋大詔令集》卷一九八《政事・禁約上・禁廣南奴婢詔開寶四年三月》 昔漢高祖既定天下，乃詔民以飢餓自賣爲奴婢者，皆免爲庶人，蓋革污俗之弊。睠惟嶺表，方已削平。猶習餘風，所宜禁止。廣南諸州縣民家，有收買到男女奴婢，使轉將傭顧以輸其利者，自今並令放免。有敢不如詔旨者，當決杖配流。

（宋）佚名《宋大詔令集》卷一九八《政事・禁約上・禁約戎人私市女口詔太平興國八年》 近屬戎人歲貢馬，所過州縣，多私市女口出邊關。自今謹捕之，敢以女口私市與戎人者，棄市。知而不以聞者，論如法。

（清）徐松《宋會要輯稿・刑法二・禁約》〔淳化二年〕六月二十三日，詔陝西路諸州戒疆吏謹視，有掠生口闌出邊關，賣與戎人者，捕之，寘於法。匿不以聞者，同罪。

《宋史》卷五《太宗紀》〔淳化五年十一月〕庚申，詔：江南西路及荆湖南北路、嶺南溪洞接連，及蕃商、外國使誘子女出境者捕之。

（宋）李燾《續資治通鑑長編》宋真宗天禧二年三月 丁酉，荆湖南路轉運使邱雍言：邵州密邇蠻界，民多掠人口出境賣之。望準開寶五年敕處死。詔犯者免死，決杖黥面配牢城。

（宋）李燾《續資治通鑑長編》宋真宗天禧三年六月 辛丑，詔：自今畧賣人口入契丹界者，首領並處死；誘致者，同罪；未過界者，決配淮南州軍牢城。

（清）徐松《宋會要輯稿・刑法二・禁約》〔隆興二年九日十九日〕同日户部言，准送下寧江軍申。四川近日多有浮浪不逞之人，規圖厚利，於恭涪瀘州興生口牙人通同誘略良民婦女或於江邊開船津載，每船不下數十人。其劍門關即自鳳州興販入對境州軍，茶馬司押馬軍兵即自金、房州興販入京西、湖北湖南一帶，亦有即自瀘州販入夷界者。欲乞行下四川監司，遍牒所部州縣置立粉壁，令民間通知。仍仰巡尉常切覺察，如有違犯人，收捕赴官依法施行。從之。

史金波等譯《天盛改舊新定律令》卷六《節上下對他人等互賣門》

一、前述節上人略賣節下親者，若所賣者樂從，則略賣人比前罪依次當各減一等。

一、諸人略賣自妻子者，若妻子不樂從則徒六年，樂從則徒五年。其妻及父、兄弟及其他人舉告，則婦人當往所願處，舉告賞依舉告雜罪賞法得之。若妻丈夫悔而告者，則當釋罪，妻及價錢當互還。

一、諸人節上下互略賣時，若買者知情，則依略賣者從犯法論處，不知情者不治罪。若買他人者造意，則本罪買者當承擔，賣者爲從犯判斷。

一、諸人買□人分用作攔時，依價錢按偷盜律論處。買者先言我□□賣，則買者爲造意，賣者爲從犯。若買者知情，則賣者爲從犯。作攔者如自願，則賣用分者、買者當比造意者罪減一等。接狀互賣，賣中問語、居間寫文書者等若知情，則不論受不受賄，與不舉告承罪法、知盜分財各各罪狀相同。

史金波等譯《天盛改舊新定律令》卷八《奪妻門》 一、諸人合力取人妻者，庶人當絞殺，脅從引誘者徒五年。若女人心願而取，曰我爲計謀者，徒十二年。若奪妻者親手傷殺其丈夫及追趕者、引導報信人時，依强盜傷殺人法判斷。

一、妻之丈夫追趕合力搶奪者及其引導者，彼强持不予，繼而逃時，若動手，手上有武器等而殺之者，有官罰馬一，庶人十三杖。已捕到手而後殺時，依條下所定判斷。

一等對奪妻者惡人打拷而殺，則徒六年。自執武器而殺時，徒十二年。前時有隙，心懷惡念而有意殺者無期、長期徒刑。

一等於引導奪妻者打拷而殺，則十二年。以刀劍武器殺者，當絞殺。其中原有隙故意而殺者，依有意殺法判斷。

一、引導合力奪妻之惡人者，若傷殺妻之夫，或傷殺妻之夫隨力相助者時，依他人毆打争鬥中使用刀劍武器動手傷殺人法判斷。

一、相助妻之夫追趕者若傷殺奪妻之惡人，或傷殺其引導者時，比他人毆打争鬥動手相傷殺罪減二等。

一、諸人竊奪人妻時，女之父、兄弟、母、庶母、姑、姊妹、妯娌等與謀受賄者，比奪妻者罪減一等，若未與謀、未受賄而知覺其事者再減一等。其中一家人衆多知覺，則家長及食賂者承罪，此外不治。

一、諸人竊人妻，他人知覺不告，受賄者一年，未受賄則有官罰馬一，庶人十三杖。

一、他人所奪妻得勞役者，依黥字擊杖法實行。其丈夫自用，則依使軍法置鐵枷，委托丈夫。丈夫不用，則遣於苦役處，期滿，依舊歸還丈夫。

一、諸人奪匿他人妻，住處主人不允匿，三個月期間當報。若逾期不報，諸人報時，受賄則徒三年，不受賄則徒二年。

一、因他人奪妻，已告有司，事後不許和解，依法判斷。未報則事前允許和解，不許他人舉報。若違律時，有官罰馬一，庶人十三杖。

史金波等譯《天盛改舊新定律令》卷八《侵凌妻》 諸女未嫁，主持婚姻者父母回言，他人以强力取而隱匿之時，比强取人妻隱匿之各各罪狀減一等。

史金波等譯《天盛改舊新定律令》卷一二《無理注銷詐言門》 諸人所屬使軍不問頭監，不取契據，不許將子女、媳、姑、姐妹婦人等自行賣與他人。若違律賣時，當比偷盜錢財罪減一等。買者知，則以從犯法；不知，罪勿治，若賣者未提賣語，買者造意曰買之，增價而買之，則判斷與賣者同。其中已賣婦人所生之子女當一律還屬者。前所予錢價，賣者能自予則當自予，不能則當罰買者，爲買賣中介者，知則徒六個月，不知，罪勿治。

史金波等譯《天盛改舊新定律令》卷一三《執符鐵箭顯貴言等失門》 一執符及諸臣僚大人等已派或未派，於諸家主中强徵他人妻以爲不義者，其丈夫告則執符等徒三年。若婦人情願則徒一年，不情願則不治罪。其丈夫不告，擅自捕打執符等而失符，則徒三年。若未捕打，未失符，僅争鬥毆打者，傷符則徒二年，未傷則徒一年。

（清）嵇璜等《續文獻通考》卷一三五《刑考·刑制》 〔元世祖至元〕十五年正月，禁官吏軍民，賣所娶江南良家子女，及爲娼者、賣買者，兩罪之。官沒其直，人復爲良。

其後成宗大德六年十二月，更定略賣良人罪例。十年五月又詔：强略良人者，以强盜例科斷。和誘者次之。英宗至治二年五月敕：匿蒙古子女者，罪之。

《通制條格》卷四《户令·典雇妻室》 至元二十九年六月，中書省御史臺呈：浙東道廉訪副使王朝請言，夫婦乃人之大倫，故妻在有齊禮之稱，夫亡無再醮之禮。庶人固不可責以全禮。江淮薄俗，公然受價將妻典與他人，如同夫婦。今後擬合禁治，不許典雇。若夫婦一同雇身不相離者，聽。如此，不惟人倫有别，可以漸復古風。禮部議得：合准王朝請所言禁約。都省准呈。

（清）畢沅《續資治通鑑》元世祖至元三十年十月 辛亥，禁江南州郡以乞養良家子轉相販鬻及强將平民略賣者。時北人酷愛江南技藝之人，呼曰巧兒，其價甚貴。至於婦人，貴重尤甚，每一人易銀二三百兩。尤愛童男、童女，處處有人市，價分數等，皆南士女也。父母貪利，貨於販夫，輾轉貿易，至有易數十主者。北人得之，慮其遁逃，或以藥啞其口，以火烙其足，驅役若禽獸然，故特禁之。

《通制條格》卷四《户令·嫁賣妻妾》 至元三十一年十二月，中書省御史臺呈：山東廉訪司申，去歲災傷，百姓飢荒，以致父子兄弟離散，質妻鬻女，不能禁止。又有指稱買休，明受其價，將妻嫁賣。禮部議得：父子夫婦，人倫至重，比年闕食，往往嫁賣，俱係違法，擬合禁約。都省准呈。

《元典章》卷五七《刑部·諸禁·禁誘略·略賣良人價錢》 大德六年五月二十一日，江西行省檢照得，先准中書省咨：送刑部議得，格前强切盜賊已招未追贓鈔，擬合徵追外，據誘賣良民，原其情罪，即與盜賊無異。據元賣價鈔，比同盜賊例追徵（似爲）相應。都省准擬施行。

《元史》卷一〇四《刑法志》 諸略賣良人爲奴婢者，略賣一人，杖一百七，流遠；二人以上，處死；爲妻妾子孫者，一百七，徒三年；因而殺傷人者，同强盜法。若略而未賣者，減一等，和誘者又各減一等，及和同相賣爲奴婢者，各一百七。略誘奴婢，貨賣爲奴婢者，各減誘略良人罪一等；爲妻妾子孫者，七十七，徒一年半；知情娶（賣）〔買〕及藏匿受錢者，各遞減犯人罪一等。假以過房乞養爲名，因而貨賣爲奴婢者，九十七，引領牙保知情，減二等，價沒官，人給親。如無元買契券，有司輒給公據者，及承告不即追捕者，並笞四十七。關津主司知而受財縱放者，減犯人罪三等，除名不叙，失檢察者笞二十七。如能告獲者，略人每人給賞三十貫，和誘每人二十貫，以至元鈔爲則，於犯人名下追徵，無財者徵及知情安主，牙保應捕人減半。其事未發而自首者，若同黨能悔過自首，擒獲其徒黨者，並原其罪，仍給賞之半。再犯及因略傷人者，不在首原之例。諸婦人誘賣良人，罪應徒者，免徒。諸職官誘略良人爲奴，革後不首，仍除名不叙，所誘略人給親。

《元史》卷一〇三《刑法志》　諸收捕叛亂軍人，掠取生口，並從按治官及軍民官一同審閲，實爲賊黨妻屬者，給公據付之，無公據者，以掠良民之罪罪之。諸羣盜降附，以所刼掠男女，充收捕官饋獻者，勿受，仍還爲民。無親屬可收係者，使男女相配，聽爲民。其留賊所者，悉縱之。諸收到被掠婦人，忘其鄉里，並無親屬可歸者，有司與之嫁聘，所得聘財，與資妝束。諸軍民官輒隱藏降附人民，不令復業者，罪之。

《明會典》卷一三四《刑部·户役》　凡收留人家迷失子女，不送官司，而賣爲奴婢者，杖一百，徒三年。爲妻妾子孫者，杖九十，徒二年半。若得迷失奴婢而賣者，各減良人罪一等。被賣之人不坐，給親完聚。若收留在逃子女，而賣爲奴婢者，杖九十，徒二年半。爲妻妾子孫者，杖八十，徒二年。若得在逃奴婢而賣者，各減良人罪一等。其被賣在逃之人，又各減一等。若在逃之罪重者，自從重論。其自收留爲奴婢妻妾子孫者，罪亦如之。隱藏在家者，並杖八十。若買者，及牙保知情，減犯人罪一等，追價入官。不知者俱不坐，追價還主。若冒認良人爲奴婢者，杖一百，徒三年。爲妻妾子孫者，杖九十，徒二年半。冒認他人奴婢者，杖一百。

黄彰健《明代律例彙編》卷一八《刑律一·賊盜·略人略賣人》　凡設方略，而誘取良人，及略賣良人爲奴婢者，皆杖一百，流三千里。爲妻妾子孫者，杖一百，徒三年。因而傷人者，絞。殺人者，斬。被略之人不坐，給親完聚。若假以乞養過房爲名，買良家子女轉賣者，罪亦如之。若和同相誘，及相賣良人爲奴婢者，杖一百，徒三年。爲妻妾子孫者，杖九十，徒二年半。被誘之人減一等，未賣者各減一等。十歲以下，雖和，亦同略誘法。若略賣和誘他人奴婢者，各減略賣和誘良人罪一等。若略賣子孫爲奴婢者，杖八十。弟妹及姪，姪孫，外孫，若己之妾，子孫之婦者，杖八十，徒二年。子孫之妾減二等。同堂弟妹，堂姪，及姪孫者，杖九十，徒二年半。和賣者，減一等。未賣者，又減一等。被賣卑幼不坐，給親完聚。其賣妻爲婢，及賣大功以下親爲奴婢者，各從凡人和略法。若窩主及買者知情，並與犯人同罪。牙保各減一等，並追價入官。不知者俱不坐。追價還主。

弘治問刑條例

一、凡設方略而誘取良人，與略賣良人子女，不分已賣未賣，俱問發邊衛充軍。若略賣至三口以上，及再犯三犯，不分革前革後，俱用一百斤枷，枷號一箇月，照前發遣。其窩主與買主，并牙保隣佑人知情不首者，各治以罪。若婦人有犯，罪坐夫男。若不知情，及無夫男者，止坐本婦，照常發落。

一、官軍軍丁有將户内弟姪子孫過房與人，或被官豪勢要和買，改易姓名者，不分年歲遠近，許其贖取歸宗聽繼。若占悋不發者，所在官司追究治罪。其誘賣各邊軍丁者，問發極邊衛分充軍。

大明律直引所載問刑條例

一、欽依律既無正條，舊例不一。今後奸乞養男婦，果係通奸的，比依盜賣前夫之女律科斷。其男與婦，聽還本宗。强奸的處斬。欽此。

嘉靖問刑條例

一、將腹裏人口，用强略賣，與境外土官、土人峒寨去處圖利，除殺傷人，律該處死外，中間罪不至死者，比依將人口出境律絞。爲從者，發邊衛永遠充軍。官調烟瘴地面衛分，帶俸差操。俱臨時備由，奏請定奪。

萬曆問刑條例

一、凡設方略而誘取良人，與略賣良人子女，不分已賣未賣，俱問發邊衛充軍。若略賣至三口以上，及再犯者，用一百斤枷，枷號一箇月，照前發遣。三犯者，不分革前革後，發極邊衛分永遠充軍。其窩主，與買主并牙保人等，知情者，各依律治罪。婦人有犯，罪坐夫男。若不知情，及無夫男者，止坐本婦，照常發落。

順治例與萬曆例同

一、將腹裏人口，用强略賣與境外土官土人峒寨去處圖利，除殺傷人，律該處死外，若未曾殺傷人，比依將人口出境律絞。爲從者，文官問革。武官調烟瘴地面衛分帶俸差操。軍民人等發邊衛永遠充軍。原係邊衛者，改發極邊衛分。

黄彰健《明代律例彙編》卷六《户律三·婚姻·典雇妻女》 凡將妻妾受財典雇與人爲妻妾者，杖八十。典雇女者，杖六十。婦女不坐。若將妻妾妄作姊妹嫁人者，杖一百。妻妾杖八十。知而典娶者，各與同罪，並離異，財禮入官。不知者不坐，追還財禮。

弘治問刑條例

一、凡將妻妾作姊妹，及將拐帶不明婦女，或將親女，并居喪姊妹，嫁賣與人作妻妾使女名色，騙財之後，設詞託故，公然領去。或瞰起程，中途聚衆行兇，邀搶人財者，除真犯死罪外，其餘屬軍衛者，發邊衛充軍，屬有司者，發口外爲民。媒人知情，罪同。若婦人有犯，罪坐夫男。若不知情，及無夫男者，止坐本婦，照常發落。

《刑臺法律·名例副卷·名例雜犯罪律》 一、娶犯罪逃走娼女爲妻妾者，各杖一百，離異。

一、强占良家妻女，强奪良家妻女，强占爲妻者，律絞；强奪良家妻女配與子孫弟侄，律絞。男女不坐。

一、收留迷失子女，并逃賣爲妻妾，子孫自收用者，杖九十，徒三年半。賣爲奴婢及自用者，杖八十。給親完娶，買者與牙保各減犯人罪一等，追價入官，不知無罪。被賣之人，亦免犯罪一等。在逃罪重者重論。

一、隱藏迷失子女、在逃子女，奴婢在家不送官司而發落者，杖八十；冒認良人妻妾子孫者，杖九十、徒二年半。

中國第一歷史檔案館《滿文老檔》天命八年四月〔初六〕是日，廣寧張參將偷拐喀克都里家之六男、六女，私占未成，而送回。遂將張參將治罪，其家奴和牛馬及一應物件，分爲三份，以二份給其主，以一份由執法者取之。二夫、一女還於喀克都里。再有六男、六女潛逃，則責令張參將償還之。

《刑部現行則例》卷中《市廛》 一、凡各旗買人賣人者，俱令赴市買賣，寫檔之時該翼確查明白，給付執照。人販子不得仍前在市販賣。子等仍有販賣人者，所賣之人及價銀一併入官，人販子處絞。牙子若將出賣之人帶到伊家轉賣，或留在别處出賣，應擬流徒者，不分旗下、民人發寧古塔給與窮披甲之人爲奴。若係旗下人，止將本身發遣，係民并妻子發遣。出賣之人不曾帶到伊家，及留在别處出賣，只從中説合者，免其治罪。該佐領、驍騎校、小撥什庫、五城司坊等官，將該各管另户之人，不行嚴查禁止，仍行販人，被傍人拿獲者，將該管官交與該部。小撥什庫鞭八十。係家僕，將所管之人免其治罪，伊主擬鞭一百。被傍人拿首者，在販子名下追銀十兩，給與拿首之人。

上諭諭户、兵二部：前因販賣人口、馬匹曾經嚴禁。今聞京城内，市上賣馬希少，除將人販仍照前禁止外，今賣馬販子等在京城兩翼市上賣者，仍令照舊交易。將應賣馬匹數目回本佐領。著撥什庫等仍到收税處説明等語。再，准馬販子仍在京城販賣外，其喀爾喀、厄魯德來在外館販馬者，若馬販子進館内買馬，則貧兵不得買馬。喀爾喀、厄魯德來館販馬者，不許馬販子進館買馬。若違禁進館内買馬者，係旗下人枷號一個月鞭一百，係民責四十板徒二年。

《刑部現行則例》卷中《賊盗》 一、凡聚衆搶奪路行婦女，或賣或自爲奴婢者，審實係同夥謀者，不分得財與未得財，爲首者立斬，爲從者俱擬絞監候，秋後處決。凡人不知搶奪情由而買者，罪坐盗賣之人。倘或知情而買者，減正犯一等，旗下人枷號兩個月鞭一百，民人責四十板流三千里。其搶奪人之主知情不行舉首者，旗下人枷號兩個月鞭一百，民人責四十板流三千里。小撥什庫不行嚴察，鞭八十。總甲責三十板。其八旗佐領、驍騎校并府佐領包衣大、步軍副尉，在外府州、縣各官不行嚴禁，其步軍校、五城之司坊官、巡捕營官不嚴行察拏，於該管汛内事發，及搶奪之主係官，知而不首者，交吏、兵二部議。

一、凡誘取婦人子女典賣或爲妻妾等事犯，不分良人奴婢、已賣未賣，但誘取者，被誘之人若不知情，將爲首者擬絞監候秋後處決。如止一人者，亦照爲首擬絞。被誘之人不係和同者不坐。典賣不知情免坐，追價給還。再以藥餅迷幼小子女並以撲項術拐男婦、子女爲首者，立絞。係誘賣人口爲從并藥餅迷幼小子、女等爲從并和同被誘知情之人，應擬流、徒者，不分旗下、民人一概發寧古塔給與窮披甲之人爲奴。爲係旗下人止將本身發遣，係民人并妻子發遣。

一、城内旗人將誘來人口隱匿在家販賣，本佐領、驍騎校、小撥什庫明知匿而不首者，佐領、驍騎校俱革職，小撥什庫枷號一個月鞭一百。若不知情失於覺察者，將佐領罰俸一個月，驍騎校罰俸三個月，小撥什庫鞭五十。若有旗下家人將誘來人口隱藏在家販賣，伊主明知匿而不首者，係平人枷號一個月鞭一百，係官革職。若不知情失於覺察者，伊主係平人鞭五十，係官罰俸三個月。若此内各該管之人或拿獲，或出首，或犯人自投首者，將該管官并主人免其議處。城内地方五城原有分管之責，城内之民仍交與五城該管官嚴行查拿，如事發將該管官交與該部議處。其城外園内居住家人犯事，將本主亦照此例議處。在屯内住者，將屯撥什庫照佐領下撥什庫治罪。

《大清律例》卷八《户律·户役·收留迷失子女》 律

凡收留良人家迷失道路鄉貫子女，不送官司，而賣爲奴婢者，杖一百，徒三年；爲妻妾子孫者，杖九十，徒二年半。若得迷失奴婢而賣者，各減良人罪一等。被賣之人不坐，給親完聚。

若收留在逃子女不送官司，而賣爲奴婢者，杖九十，徒二年半；爲妻妾子孫者，杖八十，徒二年。若得在逃奴婢而賣者，各減良人罪一等。其被賣在逃之人，又各減一等。若在逃之罪重者，自從重論。

其自收留爲奴婢妻妾子孫者，罪亦如之。暫時隱藏在家者不送官司，並杖八十。

若買者及牙保知情，減犯人罪一等，追價入官；不知者，俱不坐，追價還主。

若冒認良人爲奴婢者，杖一百，徒三年；爲妻妾子孫者，杖九十，徒二年半。冒認他人奴婢者，杖一百。

條例

一、八旗凡有呈報迷失幼童、幼女者，該管官取本人、族長等並無捏飾甘結，照例移咨兵部存案。如有隱匿寄養情弊，將寄養、受寄之人，照隱漏丁口律治罪。改正。族長人等，照里長失於取勘律治罪。

《大清律例》卷一〇《户律·婚姻·典僱妻女》 律

凡將妻妾受財立約出典驗日暫僱與人爲妻妾者，本夫杖八十；典僱女者，父杖六十；婦女不坐。

若將妻妾妄作姊妹嫁人者，杖一百；妻妾，杖八十。

知而典娶者，各與同罪，並離異。女給親，妻妾歸宗。財禮入官。不知者，不坐，追還財禮。仍離異。

條例

一、將妻妾作姊妹，及將親女並姊妹嫁賣予人，作妻、妾、使女名色，騙財之後，設詞託故，公然領去，或瞰起程中途、聚衆行兇、邀搶人財者，除實犯死罪外，其餘，屬軍衛者，發邊衛充軍；屬有司者，發邊外爲民。媒人知情，罪同。

《大清律例》卷二五《刑律·賊盗下·略人略賣人》 律

凡設方略而誘取良人爲奴婢，及略賣良人與人爲奴婢者，皆不分首從、未賣。杖一百，流三千里。爲妻妾子孫者，造意杖一百，徒三年。因誘賣不從，而傷被略之人者，絞監候；殺人者，斬監候。爲從，各減一等。被略之人不坐，給親完聚。

若假以乞養過房爲名，買良家子女轉賣者，罪亦如之。不得引例。若買來長成而賣者，難同此律。

若和同相誘取在己，及兩相情願賣良人爲奴婢者，杖一百，徒三年；爲妻妾子孫者，杖九十，徒二年半；被誘之人，減一等。仍改正給親。未賣者，各減已賣一等。十歲以下，雖和，亦同略誘法。被誘略者不坐。

若略賣、和誘他人奴婢者，各減略賣、和誘良人罪一等。

若略賣子孫爲奴婢者，杖八十；弟妹及姪、姪孫、外孫，若己之妾、子孫之婦者，杖八十，徒二年；略賣子孫之妾，減二等；同堂弟妹、堂姪及姪孫者，杖九十，徒二年半。和賣者，減略賣一等。未賣者，又減已賣一等。被賣卑幼雖和同，以聽從家長，不坐，給親完聚。

其和略賣妻爲婢，及賣大功以下尊卑親爲奴婢者，各從凡人和略法。

若受寄所賣人口之窩主及買者知情，並與犯人同罪；至死減一等。牙保各減犯人一等，並追價入官。不知者，俱不坐，追價還主。

條例

一、將腹裏人口用强略賣與境外土官土人峒寨去處圖利，除殺傷人、律該處死外，若未曾殺傷人，比依將人口出境律絞。

一、凡誘拐婦人子女，或典賣，或爲妻妾子孫者，不分良人奴婢，已賣民未賣，但誘取者，被誘之人若不知情，爲首者，擬絞監候，被誘之人不坐。若以藥餅及一切邪術迷拐幼小子女，爲首者，立絞；爲從，應發寧古塔給窮披甲之人爲奴者，照《名例》分別改遣之例問發。其和誘知情之人，爲首者，亦照例發遣；爲從及被誘之人俱減等滿徒。若雖知拐帶情由，並無和同誘拐、分受贓物，暫容留數日者，不分旗、民，俱枷號兩個月發落。有服親屬犯者，仍各照本律科斷。婦人有犯，罪坐夫男。夫男不知情及無夫男者，仍坐本婦。決杖一百，餘罪收贖。

一、凡夥衆開窖，誘取婦人子女藏匿，勒賣事發者，不分良人奴婢、已賣未賣，審係開窖情實，爲首，照光棍例擬斬立決；爲從，應發寧古塔給窮披甲之人爲奴者，照《名例》分別改遣之例問發。

一、凡誘拐人口，爲首擬絞。人犯若奉旨免死，減等發落，應發寧古塔給窮披甲之人爲奴者，照《名例》分別改遣之例問發。

一、盛京、烏喇等處居住之人買人，仍照例用印行買外，若不詳詢來歷，混買人者，係另户，連妻、子發往江寧、杭州披甲；係家人，止將本人發往江寧、杭州，給窮披甲之人爲奴。

一、凡外省民人有買貴州窮民子女者，令報明地方官用印准買。但一人不許買至四五人帶往外省。仍令各州縣約立官媒。凡買賣男婦人口，憑官媒詢明來歷，定價立契，開載姓名、住址、男女年庚，送官鈐印。該地方官豫給循環印簿，將經手買賣之人登簿，按月繳換稽查。倘契中無官媒花押及數過三人者，即究其略賣之罪。倘官媒通同棍徒興販及不送官印契者，俱照例治罪。至來歷分明而官媒措索，許即告官懲治。如地方官不行查明，將苗民男婦用印賣與川販者，照例議處。至印買苗口以後，給與路照，填注姓名年貌，關汛員弁驗明放行。如有兵役留難勒索及受賄縱放者，俱照律治罪。該管員弁分別議處。

一、貴州地方有外來流棍勾通本地棍徒，將民間子女拐去四川等省販賣，甚將荒村居住之人硬行綁去販賣，爲首者，立斬，在犯事地方正法；爲從者，俱擬絞監候。如有致死人命者，其爲從之犯斬監候。如地方該管員弁知情故縱者，照例議處。鄉保汛兵盤查不力，杖八十，革役。知情故縱者，杖一百。得財賣放者，以枉法從重論，罪止杖一百，流三千里。雲南、四川所屬地方，如有拐販捆擄等犯，亦照貴州之例行。其一年限内拿獲興販棍徒，並不能拿獲之文武員弁，均按人數分別議叙、議處。

一、凡窩隱川販，果有指引、綑拐、藏匿、遞賣確據者，審實，照開窖爲首例，同川販首犯，皆斬立決，在犯事地方正法。其無指引、綑拐、遞賣情事，但窩隱、護送、分贓者，不論贓數，不分首從，俱發近邊衛充軍。其止知情窩留，未經分贓者，無論人數多寡，爲首者，杖一百，流三千里；爲從，杖一百，徒三年。其鄰佑知而不首者，杖一百。

一、凡收留迷失子女不報，及誘拐人犯，各衙門番捕不行查拿，經他處緝獲，將番捕照緝盜逾限律責處。知而不拿者，照應捕人知罪人所在而不捕律，減罪人罪一等發落。該管官按窩留誘拐人數，分別議處。其直隸各省之地方保甲人等，如見外來之人帶有幼童、幼女行走住宿，形迹可疑者，盤詰得實，即行捕治。倘有疎縱，經別處拿獲，供出容留地方，將客留之家照知情容留拐帶例懲治。地方保甲照窩藏逃人例治罪。該地方官亦照例議處。

一、略賣海外番仔之内地民人，不分首從，杖一百，流三千里。俟有便船，仍令帶回安插。文武官稽查不力，照外國之人私自進口、不行查報，交部分別議處。得贓者，以枉法治罪。

《大清律續纂條例》卷二《刑律》 興販婦人子女，轉賣與他人爲奴婢者，照略賣良人爲奴婢律，杖一百，流三千里。若轉賣與他人爲妻妾子孫，亦照略賣良人爲妻妾子孫律，杖一百，徒三年。地方官匿不申報，別經發覺，交部議處。

《大清律續纂條例》卷二《刑律》 除典當家人及隸身長隨，俱照定例治罪外，其傭工作之人，若立有文契、年限，及雖無文契而議有年限，或計工受值已閱五年以上者，於家長有犯，均依傭工人定擬。其隨時短傭受值無多者，仍同凡論。

《蒙古律例》卷二《户口差徭·外藩蒙古等不准賣與内地旗人》 乾隆三十七年七月内，本院爲郭爾羅斯台吉濟魯木札布等私將家奴五庫特等賣與伊屯口領催張鳳偶一案，將濟魯木札布等革退台吉職銜，閒散蒙古等重加懲責，買人之領催張鳳偶等革退領催差使，重加懲責，俱交各該管地方折磨辱使。失察之該扎薩克、協理台吉、盟長等分別議處，領催張鳳偶之該管上司官員交部分別議處等因，擬議奏定：

一、凡已入檔案之蒙古等，毋許擅行售賣。即或未入檔之莊頭，亦祇准本旗互相買賣，不許私賣與別旗及内地之人。違者將承賣承買之人從重治罪，失察之扎薩克、協理台吉、盟長等分別罰俸罰九，將所賣之人不給原價撤出，交入本旗充當差使。

《蒙古律例》卷一〇《雜犯・蒙古等互相誘賣》 一、凡蒙古等互相哄誘，將良人賣爲奴婢、妻妾、子孫者，不分已賣未賣，鞭一百，罰三九牲畜，被誘之人鞭一百。

《蒙古律例》卷一〇《雜犯・誘賣内地之人》 一、口外蒙古等將内地男婦子女誘賣或爲妻妾奴婢者，不分良人奴婢，已賣未賣，但經誘拐，被誘之人如不知情，爲首者絞監候，爲從者鞭一百，罰三九牲畜，被誘之人不坐。若止一人，亦擬絞。若和誘賣爲妻妾、奴婢、子孫，被誘之人知情，不分已賣未賣，鞭一百，罰三九牲畜，被誘之人鞭一百。

《理藩院則例》卷三四《邊禁・買人出邊》 蒙古等買内地民人出邊者，永行禁止。

《理藩院則例》卷四一《略賣略買・蒙古人不准賣與内地旗人》 已入檔之蒙古屬下人，不准擅行售賣與内地旗人。即未入檔之莊頭，亦祇准本旗互相買賣，不准賣與別旗及内地之人。違者，將承買售賣之人，罰三九牲畜存公。失察之扎薩克、盟長罰俸三個月，協理臺吉罰一九牲畜。所買之人不給原價，撤出，交本旗充當差使。

《理藩院則例》卷九《比丁・私賣人丁逃散人口者分別治罪》 一、凡蒙古私賣、私買壯丁、附丁在十名以内者，查明屬實，各罰五九牲畜。如買主有籍貫、姓名可查，由本旗行查，該管扎薩克並地方官追還人丁交本旗收領，不給原價。如無籍貫、姓名可查，由本旗行文内外扎薩克等處通行嚴查，限一年查交本旗收領，行文報院。其失察之該管扎薩克罰俸半年，協理臺吉罰一九牲畜，管旗章京等罰二九牲畜，佐領罰三九牲畜，驍騎校責革，其十名以上者以次遞增。倘經查出不遵送還本旗，各照本例加一等治罪。

一、凡蒙古雖無私賣、私賣人口情形，但任聽屬下人丁逃散不能收養，經別旗查出在十名以内者，其失察之扎薩克等照私賣人丁例減半科罪。

《理藩院則例》卷四一《略賣略買・誘賣内地之人》 口外蒙古等，將内地男婦、子女誘拐，賣爲妻妾、奴婢者，不分良人、奴婢，已賣、未賣，但經誘拐，爲首者絞監候，爲從者鞭一百，罰三九牲畜。被誘之人如不知情，不坐。若止一人，以爲首論。若和誘賣爲妻妾、奴婢、子孫，被誘之人知情，不分已賣、未賣，誘人者鞭一百，罰三九牲畜。被誘之人鞭一百，均飭交本家領回。

《理藩院則例》卷四一《略賣略買・蒙古等互引誘賣》 凡蒙古等互相哄誘，將良人賣爲奴婢、妻妾、子孫者，不分已賣、未賣，鞭一百，罰三九牲畜。被誘知情之人，鞭一百。被誘不知情者，免坐，飭交本家領回。

《清高宗實録》乾隆五十八年七月 〔己亥〕又據提督衙門奏：鑲白旗滿洲護軍泰山之子立柱，於九歲時，被已故民人朱大，誘拐至侯大家内，邀同周大，用黑糖茶將立柱迷倒，强行閹割。侯大家捏稱親子，賣與誠郡王府，充當太監。現經伊母呈送到案等語。侯大起意約同周大，給飲立柱黑糖湯，即時迷倒。黑糖湯非迷人之物，顯係暗用毒藥，故能使立柱昏迷不醒。向來用藥迷拐幼小子女者，例應絞決。況該犯膽敢誘騙滿洲幼童，閹割畧賣，情罪尤重。著刑部堂官審明後，從重定擬斬決，以昭炯戒。至立柱之父母，因子迷失，曾報明有案。况伊子被人閹割畧賣，情殊可憫，即立柱年甫九齡，被誘閹割，亦無不是，俱無庸追問。立柱係屬滿洲，既被閹割，祇可於定案後，送交内務府，照例派撥内廷當差。將此傳諭知之。

《清高宗實録》乾隆五十九年三月 〔壬子〕諭軍機大臣曰：朱珪奏拏獲搶刼婦女夥盜王體，即審明正法一摺。此案李添魁等首夥各犯，共計十三名，經河南、安徽二省，陸續查拏。雖已全行正法，但潁州府地方，毗連豫省，民情强悍，常有搶奪案件，甚至糾約夥黨，强搶婦女，擾害地方。著傳諭穆和藺、朱珪，督飭地方官，隨時留心，遇有似此搶掠之案，即行嚴緝務獲，迅速審辦，以示懲儆。不可以李添魁一案，業已全行拏獲緝捕，遂致日久生懈。

《比引成案新編》卷一《嫁娶違律主婚媒人罪》 浙江司道光元年咨：已故都司明善之女駱駝姐，被伊嫡母賣與民人爲女，後經李老兒媒合，轉賣與娼家賈富貴爲義女。李老兒不知駱駝姐係屬旗人，且駱駝姐並未賣姦。李老兒應於買良爲娼，媒合人減一等罪上再減一等，杖八十，徒二年。

《兵部處分則例》卷一二《關禁・略買番仔入口》 内地民人出洋貿易，違禁買回番仔入口，守口官失於稽察，降一級調用。公罪。該管上司，罰俸一年。公罪。如知情故縱者，革職。私罪。賄縱者，革職。私罪。計贓，以枉法論。

《清穆宗實録》同治五年十月（庚戌）諭軍機大臣等：【略】瑞麟等另摺奏粵東拐賣人口出洋之奸徒，請於審明後即行正法等語。所見甚是。此等奸徒，以誘拐人口出洋爲漁利之計，其情罪實爲可惡。著即照該督等所擬，於審明後，爲首斬決，爲從絞決。由該督撫提勘後，即行正法，以挽頹風。仍著將決過人犯三箇月彙奏一次，以憑查覈。其有情願出口者，即照條約辦理，無庸禁阻。

（清）朱壽朋《光緒朝東華録》二年九月 劉坤一奏：臣於光緒二年四月二十九日准刑部咨議，奏前任兩廣總督英翰片奏嚴定拐騙人口罪名一摺。廣東地方奸徒，略誘内地民人出洋牟利。該前督英翰以現值遠人開辦招工，漢民句結堪虞，請仍照新定章程隨時就地懲辦。事關變通成例，未便懸擬。相應請旨，飭下新任兩廣督臣體察情形，悉心酌核，應如何定擬，妥議章程，奏明辦理，以昭慎重而免枉縱，等因。奉旨依議。欽此。抄録原奏咨行前來，仰見聖主於懲創匪類之中，仍寓矜恤民命之意。寸衷欽服，莫可言宣。伏查同治五年，前督撫臣奏准，如有内地奸民設計誘騙愚民，雇與洋人承工，受雇人並非情甘出口，但誘已成。爲首斬立決，爲從絞立決。地方獲犯審實録供解勘。先行正法。歷經遵辦在案，嗣因華民情甘出口，由匪人和誘帶引出洋。若照並非情甘出口之例概議駢誅，未免情輕法重。又經前督臣瑞麟會同撫臣張兆棟奏奉諭旨，飭交部議。照人口出境律，爲首擬絞監候，爲從杖一百，流三千里。至同治十三年十一月間，張兆棟因外洋停止招工，略誘出洋之案逐漸稀少，於議覆御史鄧慶麟原奏慎重民命摺内，請將誘拐人口出洋匪徒照尋常私罪人犯，循例由司覆審解勘，具題聽候部覆辦理。毋庸先行正法，並釐定章程。在於省河、黄埔兩處，專派文武員弁認真稽查，遇有誘拐匪徒，嚴拿解究，辦理尚屬周詳，現准部咨。前督臣英翰以祕魯國開辦招工，奸人必將逞其故智，藉端句結，請將誘拐匪徒仍照前定章程隨時就地懲辦。臣體察情形，悉心酌核。竊以立法貴因時地，寬猛必求合宜，用刑自有常經，損益須歸至當，固不可失之拘執，亦不宜涉於紛更。除情甘出口華民帶引出洋，先經部議照將人口出境律分别首從擬以絞候滿流，毋庸另議外，所有内地匪徒略誘人口出洋，被誘之人並非情甘出口，首從各犯例應斬絞立決。原未嘗稍涉輕縱，從前因此等匪徒層見迭出，不得不嚴定科條，於審明解勘後即行正法。俾奸徒觸目驚心，知所懲戒，隨以前項匪徒漸知斂迹，甫經復歸定例。現在祕魯國來華招工，雖經議有條約，粵東尚未開辦，亦可無虞。内地奸民藉端影射，若遽改照前定章程，於審明後即行正法，轉不足以昭慎重，相應請旨。嗣後拿獲誘拐人口出洋匪徒，被拐之人訊非情甘出口罪應斬絞立決者，照例由司覆訊解勘，具題聽候部覆辦理，毋庸先行正法。仍由臣隨時察看情形。如果日後匪徒膽敢肆行略誘，再當奏請從嚴懲辦。所有酌核緣由，謹會同廣東巡撫臣張兆棟恭摺覆陳。下刑部議奏。

（清）佚名《秋審比較條款》卷三 一、圖財强賣疏遠親屬，如圖吞産業以致釀命，或强嫁孀婦與人爲妻妾，致被姦污者，俱應入實。若僅圖財禮，尚未釀命，及被賣之人未被姦污者，可以緩決。

一、誘拐、略賣人口，被誘之人不知情案件，如被誘之人尚無下落，或誘拐一二三案同時并發，内有一人尚無下落，並拐回姦宿暨轉賣爲娼，及拐逃不從而毆迫者，俱應入情實。如無前項情節，雖誘拐多次，被拐之人均已給親完聚，俱可緩決。小注按：道光十九年奏明，如僅有下落，尚未給親完聚者，入緩，監禁十年，方准減等。

一、略賣因而殺人，或致被殺者，俱應情實。

一、誘拐致其人親屬自盡之案，有仍照誘拐不知情擬絞者，有照略賣殺人擬斬者，俱應情實。

一、强奪良家婦女姦佔爲妻妾之案，如本婦先經願嫁，從中被人阻撓，該犯搶回姦污者，酌入緩決。若無前項可原情節，係毆逼成姦者，則入情實。

一、夥衆搶奪婦女爲從，及搶奪路行婦女爲從之案，道光五年奏定《章程》，聚衆夥謀搶奪婦女已成案内從犯，如業經入室，或雖未入室而事後姦污，或幫同架拉，或夥搶不止一次，或被搶數致三人，或係致釀人命內幫同逼迫之犯，或係拒捕殺人案內在場助勢之犯，或本犯自行拒捕傷人，或由本犯領賣致被搶之人尚無下落者，擬入情實。其無前項情事擬入緩決。至聚衆搶奪路行婦女已成者，從犯則以曾否動手爲斷。但經動手搶奪之犯，均入情實。其未動手搶奪，而有姦污及前項情事，亦入情實。如無前項情事，擬入緩決。其並未夥衆搶奪强賣，首犯如無實在可原情節，無論曾否被污，俱入情實。

（清）席裕福《清朝政典類纂》卷三九六《刑二十八・刑律賊盜・略人略賣人》

凡設方略而誘取良人爲奴婢及略賣良人與人爲奴婢者，皆不分首從，未賣杖一百，流三千里，爲妻妾子孫者，造意杖一百，徒三年，因誘賣不從而傷被略之人者，絞監候；殺人者斬監候，爲從各減一等。被略之人不坐，給親完聚。若假以乞養過房爲名，買良家子女轉賣者，罪亦如之。不得引例，若買來長成而賣者，難同此律。若和同相誘取在已及兩相情願，賣良人爲奴婢者，杖一百，徒三年；爲妻妾子孫者，杖九十，徒二年半，被誘之人減一等，仍改正給親。未賣者，各減已賣一等。十歲以下，雖知亦同略誘法。被誘略者不坐。若略賣和誘他人奴婢者，各減略賣和誘良人罪一等。若略賣子孫爲奴婢者，杖八十；弟妹及姪、姪孫、外孫若已之妾子孫之婦者，杖八十，徒二年；略賣子孫之妾，減二等；同堂弟妹、堂姪及姪孫者，杖九十，徒二年半。和賣者，減略賣一等。未賣者又減已賣一等。被賣卑幼雖和同，以聽從家長不坐，給親完聚。其和略賣妻爲婢，及賣大功以下尊卑親爲奴婢者，各從凡人和略法。若受寄所賣人口之窩主，及買者知情，並與犯人同罪。至死減一等。牙保各減犯人一等，並追價入官，不知者，俱不坐，追價還主。

條例

一、將腹裏人口用强略賣與境外土官、土人、峒寨去處圖利，除殺傷人律該處死外，若未曾殺傷人，比依將人口出境律絞。謹案：此條雍正三年刪定。

一、盛京、烏喇等處居住之人買人，仍照例用印行買外，若不詳詢來歷，混買人者，係另户，連妻子發往江甯、杭州披甲；係家人，止將本人發往江甯、杭州給窮披甲之人爲奴。謹案：此條雍正三年定。

一、凡外省民人，有買貴州窮民子女者，令報明地方官用印准買，但一人，不許買至四五人帶往外省。仍令各州縣約立官媒，凡買賣男婦人口，憑官媒詢明來歷，定價立契，開載姓名、住址、男女年庚送官鈐印，該地方官豫給循環印簿，將經手買賣之人登簿，按月繳換稽查。儻契中無官媒花押，及數過三人者，即究其略賣之罪。儻官媒通同棍徒興販，及不送官印契者，俱照例治罪。至來歷分明而官媒指索，許即告官懲治。如地方官不行查明，將苗民男婦用印賣與川販者，照例議處。至印買苗口以後，給與路照，填註姓名、年貌，關汛員弁驗明放行。如有兵役留難勒索，及受賄縱放者，俱照律治罪。該管員弁分別議處。謹案：此條乾隆五年定。

一、凡收留迷失子女不報及誘拐人犯，各衙門番捕不行查拏經他處緝獲，將番捕照緝盗逾限律責處；知而不拏者，照應捕人知罪人所在而不捕律減罪人罪一等發落。該管官按窩留誘拐人數分別議處。其直隸各省之地方保甲人等，如見外來之人帶有幼童、幼女行走住宿，形跡可疑者，盤詰得實即行捕治。儻有疎縱，經別處拏獲，供出容留地方，將容留之家照知情容留拐帶例懲治，地方保甲照窩藏逃人例治罪，該地方官亦照例議處。如有借稽查名色訛詐主事者，均照訛詐例治罪。謹案：此條雍正十三年定。

一、凡窩隱川販果有指引綑拐藏匿遞賣確據者，審實照開審爲首例同川販首犯皆斬立決，在犯事地方正法。其無指引綑拐遞賣情事但窩隱護送分贓者，不論贓數，不分首從，俱發邊衛充軍。其止知情窩留未經分贓者，無論人數多寡，爲首者杖一百，流三千里；爲從杖一百，徒三年。其鄰佑知而不首者，杖一百。謹案：此條乾隆三年定。

一、略賣海外番仔之內地民人，不分首從，杖一百，流三千里。俟有便船，仍令帶回安插。文武官稽查不力，照外國之人私自進口不行查報交部分別議處，得贓者以枉法治罪。謹案：此條乾隆五年定。

一、貴州、雲南、四川地方民人誘拐本地子女在本省售賣，審無勾通外省流棍情事，仍照誘拐婦人子女本例分別定擬。如綑綁本地子女在本地售賣，爲首擬斬監候，爲從發近邊充軍。謹案：此條乾隆六年定。

一、凡流棍販賣貴州苗人，除本犯照例治罪外，其知情故買者，照違制律杖一百，仍將苗人給親收領。謹按：此條乾隆十二年定。

一、凡貴州地方有外來流棍勾通本地棍徒，將荒村居住民、苗人户殺害人命，擄其婦人子女計圖販賣者，不論已賣未賣、曾否出境，俱照强盜得財律不分首從皆斬梟示。其有迫脅同行並在場未經下手情尚可原者，於疏内聲明減爲擬斬監候，請旨定奪。至殺一家三人以上者，仍從重定擬。其用威力强行綁去及設方略誘往四川販賣，不論已賣未賣、曾否出境，首者擬斬立決，爲從者擬絞監候。其有將被拐之人傷害致死者，除爲首斬決外，爲從者擬斬監候。若審無威力綑縛及設計强賣，實係和同誘拐往川者，不論已賣未賣，但起行在途，爲首者擬絞監候，爲從者杖一百，流三千里，被誘之人仍照例擬徒。其窩隱川販在家，果有指引殺人綑擄及勾通略誘、和誘子女藏匿遞賣者，審實，各與首犯罪同。其無指引勾串等情，但窩隱、護送，分贓與僅知情窩留而未分贓者，仍照舊例分別定擬。雲南、四川所屬地方，如有拐販綑擄等犯，亦照貴州之例行。其一年限内拏獲興販棍徒並不能拏獲之文武員弁，均按人數分別議敘、議處。謹案：此條係乾隆十二年將乾隆五年一條修改，併入乾隆三年所定窩隱川販例文，其雲南、四川所屬地方，以下十二年原例不載，又係續行增入。

一、誘拐内外大功以下緦麻以上親及親之妻，審無姦情者，仍依和略賣大功以下尊卑親本律分別和略擬以徒流。若因姦而拐及因拐而和姦，除從祖母、祖姑、從祖伯叔母、從祖伯叔姑、從父姊妹、母之姊妹及兄弟妻、兄弟子妻者各依律絞決外，餘俱照凡人誘拐例擬軍。至誘拐期親以下緦麻以上親之妾，毋論曾否通姦，概依凡人誘拐例定擬。惟姦父祖妾者，依律斬決不在此例，誘拐者仍以凡論。略誘者絞候，和誘者發遣。謹案：此條嘉慶六年增修。

一、興販婦人子女轉賣與他人爲奴婢者，杖一百，流三千里。若轉賣與他人爲妻妾子孫，杖一百，徒三年；爲從各減一等。地方官匿不申報，別經發覺，交部議處。謹案：此條嘉慶六年改定。

一、凡誘拐婦人子女或典賣或爲妻妾子孫者，不分良人奴婢，已賣未賣，但誘取者，被誘之人若不知情，爲首擬絞監候，爲從杖一百，流三千里，被誘之人不坐。如拐後被逼成姦，亦不坐。若以藥餅及一切邪術迷拐幼小子女，爲首者絞立決，爲從發極邊足四千里充軍。其和誘知情之人，爲首者亦照前擬軍，爲從及被誘之人俱減等滿流。若雖知拐帶情由，並無和同誘拐分受贓物暫容留數日者，不分旗民，俱枷號兩月發落。有服親屬犯者，分別有無姦情照例科斷。誘婦人有犯罪，坐夫男；夫男不知情及無夫男者，仍坐本婦，照例收贖。謹案：此條嘉慶六年、十一年、同治九年三次修改。

一、凡夥衆開窰，誘取婦人子女藏匿勒賣事發者，不分良人奴婢，已賣未賣，審係開窰情實，爲首照光棍例擬斬立決，爲從發黑龍江給披甲人爲奴。謹案：此條乾隆二年定，嘉慶六年、道光元年、咸豐二年三次修改。

一、凡姦夫誘拐姦婦之案，除本夫不知姦情及雖知姦情而迫於姦夫之强悍不能禁絶，並非有心縱容者，姦夫仍依和誘知情爲首例擬軍，姦婦減等滿徒。若係本夫縱容抑勒妻妾與人通姦，致被拐逃者，姦夫於軍罪上減一等，杖一百，徒三年；姦婦及爲從之犯再減一等，杖九十，徒二年半。本夫、本婦之祖父母、父母縱容抑勒通姦者，亦照此例辦理。謹案：此條道光五年續纂。

一、和誘略賣期親卑幼，依律分別擬徒外，若略賣期親尊長照卑幼强搶期親尊屬嫁賣例擬斬監候，和者減一等，杖一百，流三千里。如因和誘而姦，仍依律各斷立決。謹案：此條嘉慶六年修改。

一、奴及雇工略賣家長之妻女及子者，照卑幼强搶期親尊屬嫁賣例擬斬監候。其因略賣而又犯殺傷、姦淫等罪，仍各照本律分别斬決、凌遲，從重科罪。至略賣家長之期功以下親屬，仍照例擬絞，和者改發雲貴兩廣極邊煙瘴充軍。謹案：此條乾隆二十九年、道光五年修改。

一、凡將受寄他人十歲以下子女賣爲奴婢者，發極邊足四千里充軍；賣爲子孫者，杖一百，徒三年。爲從各減一等。若將受寄他人十一歲以上子女和同賣爲奴婢、子孫者，分別首從各遞減一等。子女不知情者，仍照前例問擬，被賣之人俱不坐，給親屬領回。知情故買者，減本犯罪一等，不知者不坐。謹案：此條道光五年續纂。

一、内地姦民及在洋行充當通事、買辦，設計誘騙愚民雇與洋人承工，其受雇之人並非情甘出口，因拐賣被威逼致父子兄弟離散者，不論所拐係男婦子女及良人奴婢，已賣未賣，曾否上船出洋及有無借洋人爲護符，但係誘拐已成，爲首斬立決，爲從絞立決。該地方官獲犯審實，一面按約照會外國領事官將被拐之人卽釋放送回，一面録取犯供解審。該督撫捉拗後，先行正法，按三個月彙奏一次，仍逐案備招咨部。其華民情甘出口在英法等國所屬各處承工者，仍准其立約赴通商各口下船，毫無禁阻。

謹按：此條同治九年續纂。

事例

順治九年諭：有市棍不守本分貿易，瞞哄無知私禁土窖因而外販人口者，或將旗下婦女圈哄販賣者，或掠賣民間子女者，更有强悍棍徒託賣身爲名得銀夥分者，惡弊滋害，著嚴行禁止。如故違，發覺治以重罪。

康熙六年諭：凡搶奪婦女、拐騙幼子，此等光棍，嚴行五城巡捕營、步軍副尉等查拏，除本犯從重治罪。係旗下人，將佐領及伊主一併治罪，如所屬地方不行查拏，被旁人拏獲者，該管巡緝官亦治罪。又議准：凡聚衆搶奪路行婦女及以藥餅撲項邪術迷拐男婦子女，或賣或自爲奴婢者，審實，凡夥謀之人照光棍例俱擬斬立決，買者知情減正犯一等，旗下人枷號兩月，鞭一百；民人責四十板，流三千里。不知情者不坐。其正犯之主知情不首者，係官革職，係旗人枷號兩月，鞭一百；係民人責四十板，流三千里。將失察之領催鞭八十，總甲責三十板，五城坊官罰俸一年，司官罰俸六月。在外州縣捕官罰俸一年，印官罰俸六月，知府捕廳罰俸三月。其八旗佐領、驍騎校併府佐領内管領步軍副尉、步軍校、巡捕營官不行察拏，於該營汛内事發者，一併議處。十六年題准：凡誘取他人子女典賣，或爲妻妾等事者，不分良人、奴婢，已賣、未賣，爲首者立絞；爲從者，旗下人枷號兩月，鞭一百；民人杖一百，流三千里。如止一人者，照爲首例立絞。被誘之人係和同者，照爲從例治罪；不係和同者，不坐。典買之人不知情，免罪追價給還。其以藥餅撲項邪術迷拐男婦子女者，亦照此例。十九年議准：凡誘取不知情之人口者，爲首之人擬絞監候，爲從者照例治罪。如被誘之人知情和同者，仍照律行。其聚衆搶奪路行婦女，照光棍例爲首者立斬，爲從者具擬絞監候，秋後處決。二十一年題准：凡有略賣人口者，頓於窖子、老虎洞等處，地方官知情故縱者，革職治罪，不知情失於覺察者，革職，該管上司官俱降三級調用。二十二年題准：凡誘賣人口除爲首及被誘不知情者仍照例治罪外，其爲從並藥餅迷拐子女各爲從及和同被誘知情之人應擬流徒者，不分旗下、民人一概發寧古塔給與窮披甲之人爲奴，係旗下人止將本身發遣，係民妻子一併發遣。乾隆二年議准：嗣後，黔省棍掠取人口勾串販賣，地方該管員弁儻有知情故縱情弊，該督撫提鎮訪察指參，照拐帶男婦知情不舉例革職。至鄉保汛兵儻於盤查及得錢賣放，審明如係盤查不力並無故縱受財情弊，將鄉保汛兵照不應重律杖八十，革役；儻係知情故縱，審無受財情事，將鄉保汛兵照知而不首律杖一百；如有受財者，以枉法從重論，罪止杖一百，流三千里。六年議准：嗣後，除外省流棍勾通本地玩法之徒將民間子女拐去川廣販賣，或硬行綁去販賣，及本地之人將本省人口拐綑赴川廣等省販賣，仍照定例分別首從定擬斬決、絞候外，至若本省民人有誘拐本地人口在本省地方售賣者，審無勾通川販情事，仍照誘取婦人子女本例。被誘之人若未知情，爲首者擬絞監候，爲從及和誘知情之人發遣。如係本省之人綑綁本地子女在本地售賣，較之誘拐人口者情罪稍重，雖未傷人，但既綑其人復賣其身，即與傷人者無異。此等人犯，爲首者照搶奪傷人例擬斬監候，爲從者分別發邊衛充軍。嘉慶二十五年奏准：嗣後，凡誘拐不知情婦人子女者從各犯，除自爲妻妾或典賣與人已被姦污者不准自首外，其甫經誘拐尚未姦污，亦未典賣與人，即經悔過自首，被誘之人即時給親完聚者，將自首之犯照例減二等發落。若將被誘之人典賣與人現無下落，誘拐之犯自首者，仍各按例擬罪監禁，自投首到官之日起三年限滿被誘之人仍無下落或限内雖經查獲已被姦污者，即將原擬絞候之犯入於秋審辦理，原擬流罪之犯即行定地發配。倘能限内查獲未被姦污給親完聚者，各於原犯罪名上減一等發落。如此分別辦理，庶自首與被獲者罪名各有差等，而讞獄亦無枉縱矣。道光二年覆准：嗣後，姦夫誘拐姦婦，若係本夫縱容抑勒妻妾與人通姦致被拐逃，姦夫於和姦軍罪上減一等徒，姦婦及從犯等滿徒上減一等徒二年半，本夫、本婦之祖父母、父母縱容通姦，照此一例減等辦理。同治六年奏准：嗣後，用藥及一切邪術迷拐小子女之案，即比照用藥迷人已經得財之例，將起意爲首及下手用藥迷人並迷拐爲從已至二次及首先傳授藥方之犯均照强盜律擬斬立決，其餘爲從均發新疆給官兵爲奴，照奏定章程改發各省駐防給披甲人爲奴。十二年議准：嗣後，遇有誘拐幼童案件，無論是否賣與洋人，並所拐幼孩能否即時承工，但賣與外來海洋船隻藉口做工，果係誘拐已成，審實應照例分別斬、絞，先行正法。如中國之水手人等勾串販賣，亦分別首從嚴辦。其情甘出口承工者，仍照約毫無禁阻。尋常拐賣人口非賣與海洋船隻，仍照常例科斷。光緒十一年奏准：嗣後，江蘇省刁惡婦女如有白螞蟻名號開設花煙館，誘取良家婦女，除訊有串通土棍夥衆開窰藏匿勒賣及設計誘拐，本婦不知情者，分別按例擬以斬絞外，如有誘拐犯該軍流者，亦比照京城姦媒例實發駐防爲奴。其誘拐并非良婦，止係開設花煙館窩娼漁利者，即分別月日經久及是否再犯，照例擬以枷杖徒流。倘擬流收贖後復犯，亦即實發駐防爲奴，不准收贖，并查明如家有夫男，照例坐罪。

刑案

被姑責打自行逃出，中途被誘同逃，願爲夫婦，與在家誘拐不同，減等擬徒。乾隆十九年浙江案。

不分良人奴婢專指略賣而言，若和誘他人奴婢，仍得照例減等。乾隆二十九年浙江案。

旗下家奴被主責打竄匿，商同逃賣，應於和誘擬軍例上減等滿徒。乾隆五十四年湖廣案。

迷拐幼女折割跛瞽，令其化錢，比照以藥迷人圖財者斬律，均擬斬立決。乾隆十年廣東案。

鄰婦被夫攆逐，欲回母家暫避，因不識路徑央求引送，起意誆誘嫁賣，與迷失鄉貫不同，應照和誘例擬軍。乾隆五十七年江西司説帖。

和誘轉賣被人拐逃之婦，於和誘知情爲首擬軍例上量減滿徒，從犯再減一等。嘉慶十五年山東司説帖。

聽從姦拐賣休之婦，應照和誘知情爲從例滿徒，不得以係賣休之婦量爲末減。至買休之人並不知係有夫之婦，未便擬杖，婦免離異，仍給領回完聚。嘉慶十八年雲南司説帖。

偷抱他人幼孩欲爲子嗣，因其啼哭用手按口，以致氣閉身死，比照略誘良人爲子因而殺人律斬候。嘉慶十九年山西案。

弟誘拐婦女嫁賣，兄聽囑代爲送往，並未同誘分贓，比照並無和同誘拐暫容留數日例枷號兩個月發落。嘉慶十九年安徽案。

買主盤出略賣情由，將女轉賣與人爲女，情同販賣，比照興販子女賣與他人爲子孫例滿徒。嘉慶二十二年江蘇案。

和賣出嫁降服胞姊與人爲妻，照和賣良人爲妻妾律杖九十，徒二年半。嘉慶二十三年江蘇案。

姦拐奴女藏匿他所，後經主家控究致被拐之奴及容留之房主畏罪自盡，例無加重明文，仍照和誘知情爲首例擬軍。嘉慶二十四年江西案。

典史將受寄恩養年久之内姪女捏作使女略賣與長隨爲妾，照常人略賣擬絞例上減一等，從重發新疆當差。嘉慶二十四年山西案。

略賣童養未婚之媳與他人爲媳，照略賣子孫之婦爲奴婢律減一等科斷，女給母家另行擇配。嘉慶二十四年浙江案。

明知故賣被拐婦女，被本婦之夫鳥槍放傷身死，應照擅殺罪人律擬絞。嘉慶二十五年直隸案。

姦拐同逃報官，後經犯親追獲呈首，於和誘擬軍罪上量減滿徒，被誘之人係屬知情並非因人連累，應照本例滿徒不准減等。嘉慶二十年江西案。

船户明知姦拐情由，貪利攬載並代爲容留，比照雖知拐帶情由暫容留數日例枷號兩個月發落。道光元年江蘇案。

圖利將休回之女價賣與人爲義女，照和賣子孫爲奴婢杖七十律減一等杖六十。道光二年浙江司現審案。

因姦懷孕逃至姦夫家，捏稱夫婦同住，姦夫比照和誘擬軍例量減滿徒，姦婦再減一等。道光二年河南案。

因人託其賣女圖騙錢文，捏稱鄰婦願將孫女給人爲妾，致女羞忿自盡，比照略賣良人爲妻妾因而殺人律斬候。道光二年直隸案。

爲人作中典婢，旋即冒名贖回，誘充婢女嫁賣與人爲妾，比照和誘知情爲首例擬軍。道光三年江蘇案。

拐犯之父被逼首告，照和誘本例擬軍，不准減等。嘉慶元年安徽司説帖。

姦拐無服族弟妻同逃，事未發覺赴案投首，免其拐罪，仍科姦罪。嘉慶二十二年安徽案。

娶主不知拐情，但知有夫之婦，比照買休律問擬滿杖。嘉慶二十二年浙江案。

太監與傭工婦女逃匿，後送回，照和誘擬軍例量減擬徒，劄發順天府定地充徒。嘉慶二十五年山西案。

戀姦藏匿雖未出境即屬拐逃，依和誘知情爲首例擬軍，被誘之人減等擬徒。嘉慶十九年山西司説帖。

姦夫用藥迷拐姦婦，一死一生，各按律問擬斬、絞監候。喜慶二十年廣西司説帖。

欲拐婦女商令摇船幫同護送，照誘拐爲從例擬徒。

旗人犯姦拐業已自首，並免銷檔，仍科姦罪，枷號一個月，鞭責發落。道光十三年奉天司説帖。

負欠夷債搶人作抵，復行謀斃，比例問擬斬立決。道光十二年四川案。

擄捉婦女販賣殺人案内從犯，比照貴州流棍擄其婦人子女在場未經下手者斬候例量減滿流。道光五年雲南案。

誘拐男子强行閹割，致使孀婦獨子絶嗣，照和誘知情爲首例擬軍，到配加枷號三箇月。道光十二年貴州司案。

明知姦拐他人婢女，故買爲妻，與拐犯同罪，仍照名例同律不同例之註，依和誘他人奴婢賣爲妻妾律杖八十，徒二年。道光四年奉天司説帖。

儒師姦拐學徒之妻，實爲士林敗類，雖自行投首，惟到案並不據實供明，應於凡人和誘擬軍例上加一等，發烟瘴充軍，仍以足四千里爲限。雖係生員，仍刺烟瘴改發四字。道光四年直隸案。

僕婦起意商同夫弟誘拐家長之妾，例内止有罪坐夫男明文，並無夫之親屬知情同拐作何治罪之處，應以造意爲首照雇工和賣家長期功以下親屬例問擬，從犯照凡人和誘爲從例減徒。道光五年山西案。

買娶姦拐之婦爲妻，先不知情，後因拐犯又欲將妻拐逃，盤出實情，毆死拐犯，死者雖係罪人，兇手實無應捕之責，應照凡鬬律擬絞。道光六年湖北案。

誘拐姦婦同逃，旋聞本夫控告，囑令姦婦回家，於和誘擬軍罪上量減滿徒。道光六年陝西案。

拐賣幼女後，因其親查詢，據實告知領回其女，情同自首，照例減等滿流。道光六年直隸案。

受寄覓工婦女，私將其婦隨帶幼女嫁賣爲婢，應照誘拐子女被誘之人不知情例擬絞，不得援照受寄他人子女賣爲奴婢例曲爲量減。道光十一年直隸司説帖。

興販婦女尚未賣出被人搶去，則所販之人或爲奴婢或爲妻妾子孫，猶在未定。應酌量比照賣爲妻妾例科斷。道光十一年湖廣司説帖。

姦拐罪人刃傷姦婦之有服親，照姦夫拒捕刃傷應捉姦之人，照竊盜拒捕傷人例擬絞監候。道光十二年河南案。

縱姦被拐，姦婦攜帶幼子同逃，仍照本夫縱姦致被拐逃例擬徒。道光七年江西司案。

誘拐幼孩，事後知情，幫同哄騙，擬於爲從滿流例上量減滿徒。道光十二年浙江案。

誘買良家子女轉賣爲娼，比例問擬滿流，仍盡買良爲娼本例枷號三個月。道光九年直隸案。

婦女因見歲歉節次收買婦女轉賣，照例問擬滿流，監禁三年，不准收贖。道光九年江蘇案。

代買官賣婦女，復欲轉賣爲妾，照假以乞養爲名買良家子女轉賣爲妾律減等科斷。道光八年安徽司案。

誘令他人雇工賣給爲奴未成，照和誘知情爲首例量減滿徒，被誘人業已首控，照律免罪。道光十三年江西司案。

誘令出嫁姪女改嫁，比照略賣堂姪杖九十、徒二年半，和者減一等律問擬。道光十三年江蘇案。

誘令出嫁姪女爲婢，比照略賣堂姪律擬杖九十，徒二年半。道光十四年江蘇案。

爲人後者和賣出嫁之妹爲妾，比照和賣同堂弟妹爲奴婢杖八十徒二年律減等問擬。道光十一年安徽司案。

和賣緦麻卑幼爲妻未成，照凡人科斷，擬杖八十，徒二年。被誘同逃者減等治罪。道光十四年江西司案。

挾嫌誆指婦女欲嫁，媒合誆娶，比照姦贓污人名節報復私讎例發附近充軍。道光十一年直隸案。

誘孀婦同居姦宿，將其子休棄，比照將受寄他人十歲以下子女賣爲奴婢例，從重問擬發遣。道光十一年廣東司案。

略賣幼女致令領回後羞忿自盡，依誘拐婦女不分良人奴婢已賣未賣但誘取者被誘之人若不知情爲首擬絞監候例科斷，事犯在恩詔以前，不准援減，量入秋審緩決辦理。同治八年安徽司説帖。

武弁興販婦女轉賣，照例問擬滿徒，從重發往軍台効力贖罪。光緒六年河南案。

紀事

《漢書》卷一六《高惠高后文功臣表》（曲逆侯）孝景五年，侯何嗣，二十三年，元光五年，坐略人妻，棄市。户萬六千。

《隋書》卷二五《刑法志》〔天監〕三年八月，建康女子任提女，坐誘口當死。

（宋）司馬光《資治通鑑》梁武帝天監五年十月　侍中盧昶素惡巒，更，工衡翻。惡，烏路翻。與侍中、領右衛將軍元暉共譖之，使御史中尉崔亮彈巒在漢中掠人爲奴婢。《巒傳》云：巒初至漢中，接豪右以禮，撫衆以惠。歲餘之後，頗因其去就，誅滅百姓，籍爲奴婢者二百餘口。彈，徒丹翻。巒以漢中所得美女賂暉，暉言於魏主曰：巒新有大功，不當以赦前小事案之。謂是年正月生皇子赦也。魏主以爲然，遂不問。

（宋）司馬光《資治通鑑》梁武帝中大通三年六月　癸丑，立華容公歡爲豫章王，其弟枝江公譽爲河東王，曲阿公詧爲岳陽王。詧，與察同。上以人言不息，謂不順也。故封歡兄弟以大郡，用慰其心。久之，鮑邈之坐誘掠人，誘，音酉。罪不至死，太子綱追思昭明之冤，揮淚誅之。

《南史》卷五三《昭明太子傳》〔中大通三年〕邵陵王臨丹陽郡，因邈之與鄉人争婢，議以爲誘略之罪牒宫，簡文追感太子冤，揮淚誅之。

（宋）李燾《續資治通鑑長編》宋太宗太平興國四年八月　辛未，辰州言民宋再均等六輩誘致生口，闌出邊關，賣與溪州蠻，取其直。詔令杖脊黥面，檻車送闕下；自今敢違者，並令本處杖殺，所在督疆吏謹捕之。

（明）張四維《名公書判清明集》卷一四《懲惡門·販生口·禁約販生口》　前後販生口人，專一來饒管下販賣，或遇荒歉疾疫年分，徑行掠去，多是賣與求食人家。蓋賣與良人家得錢少，賣與求食人得錢多，惟利是嗜，直是不曾把做人看，猶賣猪羊爾！販生口，掠婦女，抑良爲賤，三項罪名，並該徒配，無知之人故意輕犯，兼之多係福建路人。當職正欲給榜約束，忽有求食人鮑翁者入狀，稱是帶人口過饒州，在路被人奪去。行下追究，乃是樂平人口季三娘并佛保，因父母病亡，被販生口人掠去。至弋陽，係牙人引賣與求食人鮑翁，鮑翁因帶過饒州求食，道遇季三娘、佛保親兄，識認唤取前去。兄妹離而復聚，家鄉失而復歸，脱身風塵，再爲良歸，此天憫之也，鮑翁乃敢誣告妄詞，可謂無忌憚。最是引賣牙人方千七，及原掠去人罪最重。匣帖弋陽，追上方千七勘問，當來係何人引到，當與照條施行。其鮑翁帖樂平追來，别行重斷，仍監取鮑翁妄領過錢，復還李省二等。别給榜下諸縣約束，如有因四月入獻香，興販生口，及平時販賣者，許諸色人告捉解官，照條徒斷施行。

《通制條格》卷三《户令·被虜平民》　至元二十五年六月，中書省御史臺備監察御史呈：若有叛亂去處，各軍虜得人口，合委按察司官與軍民官審問分揀，將從賊妻屬出給公據分付各軍，如無公據，即與虜掠良人一體斷治。刑部議得：迤南叛亂收捕各軍拿住人口，如准監察御史所呈，出給公據相應。都省准擬。

（元）蘇天爵《滋溪文稿》卷一二《碑誌·元故陝西諸道行御史臺治書侍御史贈集賢直學士韓公神道碑銘並序》　公在六察，言事尤切。井普地震居民壓死者衆，當蠲賦税，以休其力。江淮歲凶，民以男女質錢，或者轉賣爲奴。當出錢贖之，歸其父母。西域富商大賈居中土者，當著版籍，與民同應役。役諸王所辟監郡監縣，往往非才，或父兄方官路府，子姪又列州縣，上下締構，蠶食其民。當同守令三年遷轉，仍父子相避，及不許需次官所。内外諸司多假公營私，日乘急傳，馬多走死。驛户困而流移，當設法裁省其濫。廷臣多從其説。公在憲府，及佐行省，用刑悉本哀矜，嘗盛暑治獄，逮者數十人，獄具分臺，以聞事久，未下公約。其人俾歸，及期則至。既已治罪，羅拜而去。京師之民，有夫死疑其妻殺之者，獄十餘年不決。公辨其誣，釋之。武昌之民，兄弟畜一獵犬，省臣將籍其家，公言：國制華人畜鷹犬獵者，没入家貲。令當以不應畜犬坐之，且萬無弟兄俱坐理。衆是公言，止坐其弟。公每偕五府録囚，必再三詳讞，或言彼亂已具，當置於法。若從其反不愈淹滯。平公曰：民之犯罪，始則有司薄責，次則風憲審理，朝廷復遣五府共讞之者，正惟或有冤抑，若止以郡縣成牘，爲是將見死者銜冤地下，寧不負國家好生之德歟？聞者是之。及其治有罪者，則亦未嘗少寬假也。和林宣慰司盗糧萬石，公發其罪治之。湖南宣慰司受賕千定，事覺，賂中貴求援。公劾其事，正之。有善角抵，承命爲郡佐官者，公極言其不可，罷之。

（元）蘇天爵《滋溪文稿》卷二三《行狀·元故參知政事王憲穆公行狀》　江南既一，或者猶略民子女轉賣爲奴。公言：四海之内皆爲王民，國家當敷宣惠澤，無間南北。涵濡撫育，俾長子老孫以沐承平之化。今猶縱民奴其子女，非一視同仁之意也。勑禁止之，著爲令。有汪清者，自其父占籍於息，餘四十年，而鎮軍强有力者，利其貲産、妻女，誣爲亡奴，訴諸帥府。既得府檄，即率數十騎馳圍其第，遂格殺清。冀無以自明，妻女、貲産悉爲己有。清子成潛出告冤，兵民異屬文移往來，數年不能正。穎人朱喜者，始以避兵見俘，繼縱爲良，主給之書，鄉胥里長皆署名紙尾。喜隸軍籍有年矣，一日喜居室火，故主之子疑其良書被焚也，遂復奴之。喜持書累陳，謾不見直。公循行至郡，俱詣泣訴，公閲吏牘曰：清占籍於壬寅，某之奴以甲長而逃，何前政之不攷耶？喜良書具在，紙尾之人其言足徵，充軍許時何其無一辭也？乃以其事啓鎮南王府，誣者皆屈。明年二家援結，近臣誣奏其事。詔遣中書斷事官案問，即收繫公。公以書言，御史臺臺臣以聞有旨，召公入見。公廷奏其事，上大喜曰：若此人，真不虚食俸祿者。復還公河南，於是近臣及斷事官皆以受賕得罪，而清、喜數百口，竟賴公言得復民。繪公像祠之終身。河間鹽使張某與其屬盜用官錢十餘萬定，公發其事伏辜恩州，爲諸王呼喇濟食邑，命其官屬貸子錢於官，倍徵其息。公令止收子本，餘歸諸民，及遷廣西，臺檄遍諭風紀，以表其廉能。

（明）應檟《讞獄稿》卷四《池州寧國徽州等處會審疏》　臺名程肆，該直隸徽州府見監。招年三十一歲，本府休寧縣民，已故吴盛先娶，在官洪氏爲妻。正德十五年，往臨清地方買賣，又娶在官董氏爲妾。嘉靖八年，吴成盛病故，肆因無妻，欲娶董氏。凂在官汪氏去説，不允。嘉靖九年五月初十日，肆不合糾集在官弟程七、未到兄程椿、程三年等前去將董氏强奪回家，肆就不合姦占爲妻。事發，本府問擬，程肆强奪良家妻，絞罪。詳允監候。臣等會審得：程肆訴稱，憑媒明接過門，止因富豪張節爭娶，唆使吴氏告害，屈問重罪。此固懼死之言。但律凡犯罪於人之妾者，得減其妻之罪一等。如娶無服及緦麻以上親之妾、得減娶其妻之罪二等。姦無服及緦麻以上親之妾、家長之妾，得減姦其妻之罪一等。獨於豪勢强奪，止及其妻女而不及其妾，况指良家而言，則凡强奪不係良家妻女若奴婢之屬者，亦不得坐絞。意者妾亦賤體，故略之歟。今程肆壯無婚配，素非豪勢，强奪之情雖同，妻妾之分終異。止因原無强奪人妾之文，借引强奪人妻之律。改擬固恐縱惡，依擬尤非正法，必欲稱允，宜從别處。

《比引成案新編》卷一《户律田宅·典雇妻女》　湖廣司：嘉慶十八年咨：李懷志將妻范氏捏作其妹，改嫁廖志德爲媳。嗣廖志德因子身故，將媳改嫁與陳錫德爲妻。李懷志捏稱被拐，向索錢文，復起意糾搶，希圖勒贖。例無治罪明文，將李懷志比照將妻作姊妹嫁人，聚衆行兇，邀搶人財例，發近邊充軍。

《明神宗實録》萬曆十九年正月　〔辛酉〕左都御史李世達參詳山東巡按胡克儉奏問千户秦得貴强姦室女事，係隔年告訐，難以遽坐。惟姦搶謝大姐，賣與張朝相爲妾，贓證俱真。依律改擬絞罪，監候審決。仍照例揭黄，不許承襲。從之。

四川省檔案館《清代巴縣檔案彙編·拐販賣人口·乾隆二十六年三月十八日貴州桐梓縣移巴縣關文》　署貴州遵義府桐梓縣正常王，爲拐良爲賤，叩天以除民害事。

本年三月初一日，據重慶府巴縣民黄月安告前事，詞稱：緣蟻子三兒，年方九歲，乾隆二十二年二月十六日，在東水門行游不見，彼時書寫身記，貼招尋找，夫室相伴，無地不至，一經四載，毫無踪迹。去年十二月，在天治婁化里，地名桂思溪，秦長玉家查獲，將蚊子藏匿不現。及正月初二日，伊用計會雜衆童兒一十六人，（忽）〔勿〕使蟻婦認實，蟻只請地鄰在人中扯出，對疤痣無差，伊等持强，反將蟻子轉遞藏匿。□□□□朱主，駡無寧日，未曾具控，拐徒許子智逃躲，秦長玉一人倚姦蠆抵在城。今天臺下車，雲開日見，告乞臺前俯準施行。計開秦長玉、許子智係拐良爲奴犯，李榮、王朝彰係投明認實地鄰。等情。據此，敝縣隨即差拘一干犯證，當堂查訊。

問，據黄月安供：小的是四川重慶府巴縣人，妻子張氏。乾隆二十二年二月十六日，第三兒子名喚三兒，年方九歲，在東水門閑耍，至晚不見回來，小的夫婦遍處查訪，至去年十二月裏，尋至桐梓縣桂思溪地方，在秦長玉家尋着。秦長玉説他在許子智家雇來看牛的，不給小的。今年正月，小的同妻子又到秦長玉家，央請地鄰認明。他們叫了些小孩子，把小的兒子雜在一處，叫小的同妻子認。妻子把兒子一手拉住，説兒子還有疤痣，質對明確。許子智强口説不是小的兒子，硬拖拉了去。如今不知轉遞收藏在何處去了，小的纔來具告的。

問，據秦長玉供：小的是本縣人，這許子智是巴縣人。乾隆二十一年搬來與小的佃土種，議定每年地租錢五百文。兩年未清，許子智説他有抱養兒子叫陳寶，把與小的看牛，不要工錢，叫小的每年莫取他地租錢。去年十二月裏，黄月安夫婦到小的家裏找尋，説是他的兒子。那時小的不知真假，没有給他。今年正月，小的憑着地鄰交還許子智去了。如今，許子智現在案下，求審問。

問，據許子智供：小的是四川巴縣人，在節裏□□□□住，今年五十歲。乾隆二十二年搬到桐梓縣婁化里桂思溪，與秦長玉佃土耕種，每年認租錢五百文。黄月安的兒子三兒，就是乾隆二十二年五月裏，小的大兒子許萬元在四川重慶府巴縣南紀門鐵匠爐遇見引了來的，改名叫陳寶。因欠秦長玉兩年地租，小的向他説有個抱養的兒子叫陳寶，把與他看牛，不要工錢，叫他每年莫取小的地租，秦長玉依允了。到去年十二月裏，不料黄月安夫婦查至，認實是他的兒子。今年正月秦長玉憑地鄰交還小的，是小的兒子許萬元遞到巴縣孝裏一甲南城坪，在陳美智家住藏是實。求賞關拘。各等供。

據此，查許子智之子許萬元誘拐黄三兒，係轉遞窩藏在貴治孝裏一甲民南城坪陳美智家，未便徑拘，擬合移關。爲此，合移貴縣，請煩查照移内事理，希即添差前往孝裏一甲南城坪查拘陳美智並拐犯許萬元，同被誘黄三兒，各正身到案，賜文添差移解過縣，以憑訊究。事關拐逃，□□□匿轉遞支吾，足仞舟誼。竚切，竚切。須至移者。

計開：

窩主陳美智，拐犯許萬元，被拐黄三兒即黄月安之子更名陳寶。

四川省檔案館《清代巴縣檔案彙編·拐販賣人口·乾隆二十八年六月二十三日慈里六甲劉琦報狀》 爲逆奴統毆，懇驗法究事。

情生本年四月二十一夜，被仇惡楊三魁串官仲倫刁生家奴秀江夫婦，並拐去銀錢衣飾等物。生跟踪找至母猪場傳汝梧家得見，秀江被惡藏匿未獲。四月二十八日，生以窩留拐逃控案，蒙批：準拘訊究追。秀江仲倫羈押班房，要犯傅汝梧、楊三魁並奴據此，查劉德元係外來流丐，面有刺字，據供爲僕潛逃，係伊家主王信私刺，是否屬實，殊難遽信。其早年内由巴東縣遞解回籍，有無别故，俱應確查辦理。合行備文遞解。爲此合移貴縣，請煩查照，將該犯收明，差傳王信、王位到案，並驗查從前巴東縣遞籍原案，質訊明白，分别辦理。仍祈將收到緣由賜復。切切。須至移者。

計移解：劉德元鎖項。

四川省檔案館《清代巴縣檔案彙編·風化·乾隆三十年又二月十七日朱耀明等供單》 問，朱耀明供：小的是保州人，年五十歲，娶妻萬氏，生有兩個兒子。這茶妹是小的買的，今年三十歲，在江北賣娼多年。康文魁在那嫖宿一年半，都没有錢給小的，康文魁就把茶妹拐逃走了。去年十二月初八日，小的在袁家十字遇着臘狗兒，才知茶妹是康文魁拐來了，小的才稟明作主的。

問，王世林供：小的是蠻民，前年康文魁把茶妹拐逃走了，朱耀明總四處找查不着。去年臘月裏，是臘狗兒與小的説知，才曉得茶妹是康文魁拐來的。

問，李國棟供：小的是漢人，在蓮花池住。臘狗説他姓劉，是康仕弼的姨侄，有十一二歲，每日在街賣糖，是他知道與小的説的是實。

問，據康仕弼供：小的是維新行的行户，在冉家十字住，李國棟同王世林去年臘月間碰到小的家裏，説兒子康文魁在蠻營嫖宿，把茶妹拐逃的話。小的兒子實因前年九月間被他們引誘，在江北責罰過後並不妄爲的。

問，康文魁供：小的年二十四歲，弟兄三人。前年九月間，小的在蠻營走過兩次，後來茶妹逃走，朱耀明説茶妹是小的拐匿，有臘狗與他説的話。小的家里共有十一口人，並無茶妹，亦無臘狗小娃之名，只求差查嚴審就是。

縣正堂判詞：查訊朱耀明具供康耀魁嫖娼拐匿茶妹，質之見證李國棟，供稱臘狗吐露。着差傳康文魁、街鄰、坊長並臘狗到案，再行訊奪。

四川省檔案館《清代巴縣檔案彙編・拐販賣人口・乾隆三十年三月直里四甲廖成通報狀》爲媳被拐逃，報懇拘究事。

緣蟻在籍幼抱王姓之女王妹與蟻長子廖啓珍爲婚。乾隆廿九年携搬來治佃播唐國才地土，其王妹年方十三，尚未成配。不料前月十二虎溪河場期，王妹同蟻十一歲次子啓祥至場市撿撒包穀粒，被蟻鄰居之温麽串支朱智爲之子朱二將王妹刁誘拐去。啓祥認實人面，歸告蟻知，當投王場頭、翁客長等追找未獲，四查至今。本月初二始獲朱二，不見王妹，仍憑場衆追問，朱二不吐拐匿何處。蟻將朱二綑拴送究，被智爲父子四人是夜將朱二奪轉，蟻畏凶莫阻，爲此報懇拘究，跟問王妹下落，法除誘拐，霑恩無暨。伏乞。

乾隆三十年八月二十九日巴縣刑房審單

問，據肖洪義供：小的年二十四歲。小的在外營工，没有在家。小的與丈母一屋居住。有鄧德普把小的妻子趙氏引城裏嫁了。小的向投約保與他説過，小的實得過十七千錢，他們把小的妻子嫁與萬縣毛以文，財禮錢三十千是實。只求作主。

問，據鄧德普供：小的今年五月裏進城來挑水賣。有外表甥肖洪義的母舅王洪信與小的説起他外甥媳婦要嫁。王洪義還立請字與小的，同他母親趙王氏，他母舅王洪禮、王洪信、趙西侯、趙世朋、馮恒同在跟前，嫁與萬縣毛以文，禮錢三十千。小的只得錢一千三百文，小的退還他一千。只求喚他們到案，與小的質訊就是。

問，據李正剛供：肖洪義嫁他妻趙氏，小的並不在跟前，也不知道，後來他們退錢吵鬧，小的知道。不敢妄供。

問，據甘致澤供：這肖洪義是小的外侄。外侄與丈母一處住。外侄出外營工，不料外侄媳趙氏被鄧德普引進嫁賣了。小的還向鄧德普説過，他反把小的打過的。只求與外侄肖洪義作主。

縣正堂批：着差喚在場嫁賣趙氏苟堯、馮恒，王洪禮等到案質訊。

四川省檔案館《清代巴縣檔案彙編・拐販賣人口・乾隆三十一年六月十二日正里十甲藍霞燦稟狀》爲案犯已齊，懇飭帶訊事。

情蟻本年三月二十四，以乘病誘賣事，控盧由道引賣蟻子藍文標與曾姓等在案，沐批：準拘訊。如虚反坐。恩票差喚由道赴案。本月初七，蒙恩示審，由道供係伊姑夫吴姓主賣受財，並供伊父盧敬修等在案。恩票添名，着差集訊究結。原差陳忠已將吴姓敬修喚赴案下。無如陳忠不帶稟訊，不知何往，慘蟻子被引賣，具控數月，用費無度。爲此懇恩速即飭差帶訊嚴究，押贖蟻子領歸。伏乞本縣正堂太爺臺前俯準施行。

正堂陳批：仰差隨堂帶訊。

四川省檔案館《清代巴縣檔案彙編・拐販賣人口・乾隆四十六年六月廉里十甲劉魁先稟狀》爲妾逃無踪，稟懇立案事。

緣蟻幼配霍氏爲妻，夫婦年邁無兒，四十二年憑媒趙登陽寫立婚約，復娶周永功恩養義女羅氏爲妾，於今四載，亦無生育。蟻本雛懦，命妻瞍目，妻妾三人居室，毫無異喙。突本年五月二十五日，蟻因外出，蟻妾羅氏私行逃去。是二月十九，蟻回知駭，即經族鄰鄉約等查問，均稱莫知。獨有隔蟻四五里遥之鄰人趙登蘭、方四貴二人對蟻云稱，二十五日下午在路撞遇羅氏頭包白布，身穿褉衣，一人獨行。又有二十里外之倪大在龍東灣地方亦曾撞見羅氏。蟻因四路找尋，杳無踪影。此中有無串透匪類刁拐，均未可知。是蟻家道大變，蟻實羞稟。但蟻樸懦，後患難保將來。爲此稟明仁天，懇賞立案，霑恩。伏乞。

四川省檔案館《清代巴縣檔案彙編・拐販賣人口・乾隆五十三年三月十一日雷波撫夷府移巴縣關文》爲喊稟事。

本年三月初七日，據岳池縣民任萬一喊稟袁國平拐誘伊侄任永昌等婆媳五人口，現在治下萬金樓訪獲扭送，等情到府。據此，敝府隨當堂查訊。據袁國平供：小的是岳池縣人，這蘇氏的婆婆係小的干母，他與兒子任永昌商議約小的同李文玉搬到治下來的。蘇氏有個女兒名長姑，係劉貴、楊國玉、李文玉賣與人去了。那劉貴們都在巴縣，關得來的。問，據任蘇氏供：小婦人是岳池縣人，婆婆替丈夫商議同袁國平、李文玉搬在治下，小婦人所生一個女兒名長姑，是劉貴、袁國平、李文玉們賣了十二千錢，小婦人只得五千錢是實。隨準貴縣送劉貴到案訊。據劉貴供：這任長姑是楊國玉、李文玉們賣與渝城官井巷金家，是十千錢，都是李文玉拿去。金姓是浙江人，任長姑現在金家，只求把他們關到案下，就明白了。等供。據此，除將袁國平拘押外，李文玉旋準貴縣帖送在案。劉貴現在患病，交給來役領回外，查楊國玉係貴縣民人，未便越拘。擬合備文，專差移關。爲此，合移貴縣，煩爲查照移内事理，希即添差協拘楊國玉等，賜文押解過府，以憑訊結。仁切，仁切。須至移者。

計移關楊國玉、金姓、任長姑。

四川省檔案館《清代巴縣檔案彙編·拐販賣人口·乾隆五十三年九月二十三日典史衙門造具羅秀山等販賣人口一案書册》爲禀明事。

本月十九日，據快頭陳剛、吕榮禀稱，情役往唐家沱路過，撞遇船一支，船内羅秀山與李涂氏吵鬧，涂氏跳水，役等往救。查問涂氏，云稱，秀山等販賣伊等。理合帶案禀明，等情。據此，卑職隨即查訊：

問，據劉朝安即劉全仁供：小的是本縣人，在走馬街住，算命生理。本月十四日，有李朝説他弟媳涂氏出姓，請小的立婚書是實。其餘的事，小的不知道。

問，據羅秀山即羅玉山供：年二十三歲，是江津縣人，在陽渡溪住，種土生理。裝黄豆來城發賣。有胡登朝説起作成小的娶親。胡大常作媒，立筆議財禮銀六兩，外媒錢二千文，娶周施氏爲妻，現有婚書爲據。趕船回去，有同船陳希順與涂氏吵鬧，被公差查知，把小的送案，求查察。

問，據陳希順供：年三十六歲，是永川縣人，販猪生理，在本城福興站住。因小的妻子死了，有袁林説起作成小的討親，他引小的到□水門孫倖高家看親，李朝主婚，孫倖高作媒，議財禮銀十□□□李涂氏爲妻。是劉全仁立筆，現有婚書。因涂氏不肯同去，與小的吵鬧，被公差拿送案的，求詳情。

問，據李涂氏供：年二十九歲，在興隆場白鶴林住，公婆丈夫都死了，小婦人來城在劉家店住。孫倖高與小婦人作媒，嫁與□□壩住的陳希順爲妻，小婦人應允。不料他把小婦人接到船上往下裝去，小婦人怕他販賣，與他吵鬧是實，求作主。

問，據周施氏即周戴氏供：年二十歲，因：公死婆下堂，今年八月十二日，丈夫又死了，因無依靠，憑胡大常作媒，嫁與羅秀山爲妻。與李涂氏同船往下裝去，小婦人才知他們是販賣人的。在船上吵鬧是實，求訊究。

問，據黎陳氏供：年四十歲，没有丈夫。這羅秀山、陳希順們叫小婦人同他們到涪州，與小婦人看做好人户，才與他們同船去的是實。等供。

據此，該卑職查得羅秀山、陳希順説娶李涂氏等，雖有婚書爲據，然如果娶爲妻妾，自當各回原籍，何又乘舟他往。且黎陳氏非親非故，無端被誘同行，難保無拐賣情事。除將李涂氏等發官媒領管外，理合録叙供詞，連羅秀山等申解憲臺俯賜核訊。爲此，備由繕册申乞照詳施行。須至册者。

計申賫婚書二紙，批解一張（無）

縣正堂批：查羅秀山、陳希順籍隸江津□□果娶施氏、涂氏爲妻，即應各回原籍，何得雇舟東下，並約陳氏同往涪州安頓人户，其中大有疑實，仰候親鞫核辦。繳。婚約存。

四川省檔案館《清代巴縣檔案彙編·拐販賣人口·乾隆五十三年十一月二十五日典史張鵬程呈詳》爲革捕拐賣等事。

本年九月二十九日，據節里五甲民嚴維萬禀稱：情蟻妹嚴氏幼配董朝現爲婚，生子女三人，傍蟻住坐。因蟻出外營貿，蟻歸家時不見嚴氏母子，即四處查訪，到地名雙柏樹革捕趙明章家，得見蟻妹，甥女長姑、外甥董大、董二三人不知賣與何處。蟻投鳴約鄰趙正剛理論，語言支吾不吐。等情。

據此，卑職當即飭差傳齊人證查訊：

問，據嚴維萬供：嚴氏是小的妹子，自幼許配董朝現爲妻，生了一個女兒，兩個兒。去年七月間，小的出門去了，冬月回來，妹子、外甥、董朝現們都不見了。問小的母親，是董朝現領去。這外甥女是小的父親做媒，許與文姓的。四月初一，文姓把小的告在南川，與小的要人，小的立有限狀。小的查至趙明章家，得見妹子，清問來由，説是董朝現得錢四千文，賣與他爲妾的話。左堂、木洞俱告過案的，只求追出長姑，交與文姓就霑恩了。

問，據蔡順供：小的在木洞河壩打更。在茶館遇着吴二説，趙明章有個繼女，有十三四歲要賣，同小的引進城來賣與婁老五爲媳，賣錢九千文。這婁老五，那時佃袁良房屋住，求察訊。

問，據趙明章供：小的在節裏十甲住，年五十四歲。去年十月二十五日，李化鰲、李廷現、鄧子賓三人做媒，將董朝現的妻子嫁與小的爲妾，去錢四千文。有兩個兒子，是董朝現引去了。大女長姑，年十四歲，是吳榮彩們引進城，賣與婁姓爲媳，賣錢多少，小的就不知道，求施恩。

問，據吳榮彩即吳世龍供：趙明章借錢二千與小的，叫小的娶長姑爲妻。小的不肯，趙明章同小的把董長姑引在木洞，遇着蔡順引進城賣與婁老五爲媳，賣錢八千文，趙明章得錢二千文。後來在木洞告狀，盤纏用了三千多，下剩錢分散了，求施恩。

問，據袁良供：婁老五去年佃小的房子住，是羅德潤、蔣元任總薦的。他如今不知搬到那裏去了。婁老五下落，生員實不知道，求查訊。

問，據羅德潤供：婁老五與蔣元任是親戚，去年佃袁良家房子，是小的做中的，後來並没往來。如今，不知他搬到那里去了，小的實不知道。求查情。

妻陳姑潛不赴案。仁恩赴省，將秀江、仲倫放回。殊逆秀江等膽於本月二十一日，窺生子劉輝廷至白市驛趕場，統兇董元照等多人將生子圍毆，打傷兩膀兩肋，並踢傷兩腿，俱各青腫，即時昏地，幸劉永進等拖救得蘇。似此逆奴統毆，目無法紀，報懇驗究，以正惡風。報乞本縣正堂太爺臺前施行。

縣正堂批：候公旋並究。

（清）王彥威《清季外交史料》卷四《粵督英翰奏秘魯換約事竣，閩粵招賣人口應按約嚴禁片》 英翰片：再奴才恭奉七月初十日密寄以秘魯換約事竣，閩粵二省拐騙人口亟應嚴禁。飭令督同官紳，按照條約妥議章程，奏明實力照辦等因。伏查粵省各口，拐騙人口爲向來積弊，深堪痛恨。奴才到任後，當以澳門招工局雖經暫停，而各口岸暗中販賣之風實猶未已。歷經密飭文武從嚴查禁，其荷蘭國、法國請於省城招工及英商請於汕頭招工，亦皆設法答復。未遽開辦以杜影射。現在秘魯甫經定約，奴才於接奉密寄後，加倍慎密，未敢宣露。而法國領事達伯理，已有申陳前來，並向洋務委員裕庚面稱，秘魯國現有官員至香港擬在粵省開辦招工。詢問總理衙門通行章程曾否頒到，當復以章程尚未通行。到粵該領事日内始未來，催問揣度情形，是秘魯於粵省招工一事，其意甚亟。而法人向與之勾結，久思於中取利，既未能遽杜遠人，則内地拐騙一節，更宜早申禁令，用絶窺伺。近日澳門、西洋人專引内地奸徒，以販賣人口爲業。一經開招，必將藉端影射，逞其故智。查被拐人口，出洋後所受凌虐，耳不忍聞。此等匪徒實較之刼盜聚衆殺擄，尤堪髮指。粵省以前拐販案件，悉照新章就地正法，係經瑞麟、蔣益澧奏定。有案誠以立法，不憚從嚴杜弊，必期經久。與其博寬大之名而轉輕民命，莫若褫奸民之魄而明示典刑。定章本極嚴密，嗣經張兆棟以拐匪稍知斂迹，於去歲冬間，將此項章程改照舊制辦理。省局所訊拐販之案，大半以被拐者情甘，出口成讞，皆得量從末減。當平居無事之時，已滋流弊，今值開辦伊始，奸民勾結堪虞，不可不慎之又慎。可否？仰懇飭下新任督臣劉坤一，體察情形，悉心酌核。仿照新定章程，俾犯法奸徒，得以隨時就地懲辦，不至漸成厲階，致釀隱患，實爲地方之幸。謹奏。光緒元年九月二十九日奉旨：該衙門議奏。

竊盜分部

論　說

（漢）桓寬《鹽鐵論》卷一〇《刑德》 大夫曰：故盜馬者死，盜牛者加，所以重本而絶輕疾之資也。武兵名食，所以佐邊而重武備也。盜傷與殺同罪，所以累其心而責其意也。【略】

《傳》曰：凡生之物，莫貴於人，人主之所貴，莫重於人。故天之生萬物以奉人也。主愛人以順天也。聞以六畜禽獸養人，未聞以所養害人者也。魯厩焚，孔子罷朝，問人不問馬，賤畜而重人也。今盜馬者罪死，盜牛者加，乘騎車馬行馳道中，吏舉苛而不止，以爲盜馬，而罪亦死。今傷人持其刀劍而亡，亦可謂盜武庫兵而殺之乎？人主立法而民犯之，亦可以爲逆而輕主約乎？深之可以死，輕之可以免，非法禁之意也。【略】

今傷民未有所害，志不甚惡而合於法者，謂盜而傷人者耶？將執法者過耶？何以人心不厭也。

（唐）白居易《白氏長慶集》卷六五《策林四·去盜賊　在舉德選能安業厚生》 臣聞聖王之去盜賊也，有二道焉。始則舉有德，選有能，使教化大行，姦宄者去；次又安其業，厚其生，使廉恥大興，貪暴者息。故舜舉皋陶，不仁者遠；晉用士會，盜奔於秦，此舉德選能之效也。成康阜其俗，禮讓興行，文景富其人，盜賊屏息，此安業厚生之驗也。由是觀之，則俗之貪廉，盜之有無，繫於人之勞逸，吏之賢否也。方今禁科雖嚴，桴鼓未靜，奪攘者時聞於道路，穿踰者或縱於鄉閭。無乃陛下之人，有多困窮凍餒者乎？無乃陛下之吏，有非循良明白者乎？伏惟陛下大推愛人之誠，廣喻稱善之旨，厚其生業，使俗知恥格，舉以賢德，使國無倖人，自然廉讓風行，姦濫日息。則重門罕聞於擊柝，外户庶見於不扃者矣。

（宋）歐陽修《文忠集》卷一〇三《奏議·論捕賊賞罰劄子慶曆三年》

臣伏見方今天下，盜賊縱橫。王倫、張海等所過州縣，縣尉、巡檢有迎賊飲宴者，有獻其器甲者，有畏懦走避者，有被其驅役者。朝廷於此憂賊之時，正患乏人之際，或於巡檢縣尉之内，得一捕賊可使之人，則必須特示旌酬以行激勵。苟或未能者，猶須懸賞以待之，何況有而失賞。伏見吏部選人區法自出身以來，兩任縣尉，初任臨江軍新淦縣，三年之内，大小賊盜獲四十餘火，内雖小盜數多，其如强刼羣賊，亦不爲少，據於賞格，合改京官。而有司守纖細之文，執尋常之例，謂其所獲，雖爲全火而不同時，因不與理爲勞績。臣料一作謂。天下州縣盜賊之多，無如新淦，天下縣尉能捉賊之多，亦無如區法。又聞法次任吉水縣尉，使其縣民結爲伍保，至今吉水一縣全無盜賊，民甚便之。法爲縣尉，官至卑賤，所至之處，皆有可稱。臣思朝廷非不欲賞善罰惡以行勸戒，而患於有司法弊，拘守常文，致抑才能，失於旌賞。其區法，偶與臣相識，因得知之，然人所不知抑而不申者，何可勝數。竊以盜賊是方今急患，縣尉是方今切要之人，皆朝廷常合留意之事。臣輒有起請事件，具畫一如後。

一、選人區法捕賊之效甚多，但爲有司拘守細碎之文，不理勞績。其人已升得職官，仗乞追取本人歷子，別加考驗，如實有勞能，卽乞不拘常格，特與酬獎以勸後來。

一、臣謂天下羣盜縱横，皆由小盜合聚。今但患其大而不防其微，故必欲止盜，先從其小。能絶小盜者，巡檢縣尉也。然而賞罰之法，其弊極多，只如捕盜去惡但要淨盡，豈必須是一日之内，同時捕獲。假如有全火强盜，縣尉巡檢以死命鬭敵，若於兩日内捉盡，已不理爲勞績。其守文之弊，如此極多。欲乞下銓司，重定捕賊賞格施一作頒。行。

一、臣伏見自天下有盜賊以來，議者多陳禦盜之策，皆欲使民結爲伍保，則姦惡不容。今區法於吉水縣立伍保之法，三年之内，刼賊不敢入其縣界。臣欲乞特降指揮，下江南西路，體量吉水縣自區法創立伍保之法以來，如實全無刼賊，又一作及。民間以爲便利，卽乞頒行伍保之法於天下。

右謹具如前，取進止。

（宋）陳襄《州縣提綱》卷三《革盜攤贓》 盜者平時與人有隙，或受吏唆教，類以寄贓誣平人。平人憚其禁對，不敢辯，往往輒買贓賠償。官司見所納如數，意謂是其實，不知悉非本物。夫平人典質衣襦賠償，以中盜贓復讎之姦計，其屈已甚矣，況吏得賂則俾認爲真贓，不得賂又以非元贓而追逮，其苦豈可勝言哉！必須親鞫得實。然後追索。

（宋）司馬光《司馬温公文集》卷五《言除盜劄子治平元年十月十日上》

臣竊聞降敕下京東京西災傷州軍，如人户委是家貧，偷盜斛斗，因而盜財者，與減等斷放。未知虚的，若果如此，深爲不便。臣聞《周禮》荒政十有二，散利、薄征、緩刑、弛力、舍禁、去幾，率皆推寬大之恩，以利於民；獨於盜賊，愈更嚴急。所以然者，蓋以饑饉之歲，盜賊必多，殘害良民，不可不除也。頃年嘗見州縣官吏，有不知治體，務爲小仁者；或遇凶年，有刼盜斛斗者，小加寬縱，則盜賊公行，更相刼奪，鄉村太擾。不免廣有收捕，重加刑辟，或死或流，然後稍定。今若朝廷明降敕文，豫言偷盜斛斗，因而盜財者，與減等斷放，是勸民爲盜也。百姓之食，官中當輕徭薄賦，開倉賑貸，以救其死，不當使之自相刼奪也。今歲府界京東京西水災極多，嚴刑峻法，以除盜賊，猶恐春冬之交饑民嘯聚，不可禁禦，又況降敕以勸之。臣恐國家始於寬仁，而終於酷暴，意在活人，而殺人更多也。凡號令之出，不可不慎，毫釐之失，爲害實多。若纔知其失，隨卽更張，猶勝於有害及民，迷而不復者也。伏望陛下速令收還此敕，嚴責京東京西轉運司及州縣應災傷之處，多方擘畫斛斗，救濟饑民。若有一人敢劫奪人斛斗者，立加擒捕，依法施行。如此則衆知所畏，不敢輕犯，所以保全愚民，減省刑獄之道也。

（宋）劉敞《公是集》卷四〇《論・患盜論》 天下方患盜。或問劉子曰：盜可除乎？

對曰：何爲不可除也。顧盜有源，能止其源，何盜之患哉？

或曰：請問其源。

對曰：衣食不足，盜之源也。政賦不均，盜之源也。教化不清，盜之源也。一源慢則探囊發篋而爲盜矣，二源慢則執兵刃劫良民而爲盜矣，三源慢則攻城邑略百姓而爲盜矣，此所謂盜源也。豐世無盜者，足也。治世無賊者，均也。化世無亂者，順也。不務衣食而務無盜，是止水而不塞源也。不務化盜而務禁盜，是救焚而救以升龠也。且律使竊財者刑，傷人者死，其法重矣，而盜不爲止者，非不畏死也，念無以生，以謂坐以待死，不若起而圖生也。且律使凡盜賊能自告者除其罪，或賜之衣裳、劍帶、官爵、品秩，其恩深矣，而盜不應募，非不願生也，念無以樂生，以謂爲民則甚苦，爲盜則甚逸也。然則盜非其自欲爲之，由上以法驅之使爲也；其不欲出也，非其自不欲出，由上以法持之使留也。若衣食素周其身，廉耻夙加其心，彼惟恐不得齒於良人，何敢然哉？故懼之以死而不懼，勸之以生而不勸，則雖煩直指之使，重督捕之科，固未有益。今有司本源之不恤，而倚办於牧守，此臧武仲所以辭不能詰也。凡人有九年耕然後有三年之食，有三年之食然可教以禮義。今所以使衣食不足，政賦不均，教化不修者，牧守乎哉！吾恐未得其益而漢武沈命之弊殆復起矣。若乃尚擿發之術，任巧譎之數者，未足以絶姦，而邢雍因以見殺於晉。故仲尼有言：聽訟，吾猶人也。必也使無訟乎！推而廣之亦曰：用兵，吾猶人也。必也使無戰乎！引而伸之亦曰：禁盜，吾猶人也。必也使無盜乎！盍亦反其本而已矣。爰自元昊犯邊，中國頗多盜，山東尤甚。天子使侍御史督捕且招懷之，不能盡得，於是令州郡，盜發而不輒得者，長吏坐之，欲重其法。予以謂未盡於防，故作此論。

（宋）蘇軾《東坡全集》卷五二《奏議・論河北京東盜賊狀》 熙寧七年十一月□日，太常博士直史館權知密州軍州事蘇軾狀奏。臣伏見河北京東，比年以來，蝗旱相仍，盜賊漸熾。今又不雨，自秋至冬，方數千里，麥不入土，竊料明年春夏之際，寇攘爲患，甚於今日。是以輒陳狂瞽，庶補萬一。謹按山東自上世以來，爲腹心根本之地，其與中原離合，常繫社稷安危。昔秦并天下，首收三晉，則其餘强敵，相繼滅亡。漢高祖殺陳餘，走田横，則項氏不支。光武亦自漁陽上谷發突騎，席卷以并天下。魏武帝破殺袁氏父子收冀州，然後四方莫敢敵。宋武帝以英雄絶人之資，用武歷年而不能并中原者，以不得河北也。隋文帝以庸夫穿窬之智，竊位數年而一海内者，以得河北也。故杜牧之論：以爲山東之地，王者得之以爲王，霸者得之以爲霸，猾賊得之以爲亂。天下自唐天寶以後，姦臣諸峙於山東，更十一世，竭天下之力，終不能取，以至於亡。近世賀德倫挈魏博降復唐而梁亡，周高祖鄴都入京師而漢亡。由此觀之，天下存亡之權，在河北無疑也。陛下即位以來，北方之民，流移相屬，天災譴告，亦甚於四方，五六年間，未有以塞大異者。至於京東雖號無事，亦當常使其民安逸，富强緩急，足以灌輸河北。缾竭則罍耻，脣亡則齒寒。而近年以來，公私匱乏，民不堪命。今流離饑饉，議者不過欲散賣常平之粟，勸誘蓄積之家，盜賊縱横，議者不過欲增開告賞之門，申嚴緝捕之法，皆未見其益也。常平之粟，累經振發，所存無幾矣。而飢寒之民，所在皆是，人得升合，官費丘山，蓄積之家，例皆困乏。貧者未蒙其利，富者先被其災。昔季康子患盜，問於孔子，對曰：苟子之不欲，雖賞之不竊。乃知上不盡利，則民有以爲生，苟有以爲生，亦何苦而爲盜。其間凶殘之黨，樂禍不悛，則須敕法以峻刑，誅一以警百。今中民以下，舉皆闕食，冒法而爲盜則死，畏法而不盜則飢。飢寒之與棄市，均是死亡，而賒死之與忍飢，禍有遲速，相率爲盜，正理之常。雖日殺百人，勢必不止。苟非陛下至明至聖，至仁至慈，較得喪之孰多，權禍福之孰重，特於財利，少有所捐。衣食之門一開，骨髓之恩皆徧，然後信賞必罰，以威克恩，不以僥倖廢刑，不以災傷撓法。如此而人心不革，盜賊不衰者，未之有也。謹條其事，畫一如左。

一、臣所領密州，自今歲秋旱，種麥不得，直至十月十三日，方得數寸雨雪。而地冷難種，雖種不生，比常年十分中只種得二三。竊聞河北京東，例皆如此，尋常檢放災傷，依法須是檢行根苗，以定所放分數。今來二麥，元不曾種，即根苗可檢。官吏守法，無緣直放，若夏稅一例不放，則人户必至逃移。尋常逃移，猶有逐熟去處，今數千里無麥，去將安往，但恐良民舉爲盗矣。且夫上無雨，地下無麥，有眼者共見，有耳者共聞，决非欺罔朝廷，豈可坐觀不放。欲乞河北京東，逐路選差臣僚一員，體量放税，更不檢視。若未欲如此施行，即乞將夏税斛㪷取今日以前五年酌中一年實直，令三等已上人户取便納見錢，或正色；其四等以下，且行倚閣。緣今來麥田空閒，若春雨調匀，却可以廣種秋稼，候至秋熟，並將秋色折納夏税。若是已種苗麥，委有災傷，仍與依條檢放其闕麥去處，官吏諸軍請受且支白米，或支見錢。所貴小民，不致大段失所。

一、河北京東，自來官不榷鹽，小民仰以爲生。近日臣僚上章，輒欲禁榷，賴朝廷體察，不行其言，兩路吏民，無不相慶。然臣勘會近年鹽税日增，元本兩路祖額三十三萬二千餘貫，至熙寍六年，增至四十九萬九千餘貫，七年亦至四十三萬五千餘貫。顯見刑法日峻，告捕日繁，是致小民愈難興販。朝廷本爲此兩路根本之地，而煑海之利，天以養活小民，是以不忍盡取其利。濟惠鰥寡，陰銷盗賊，舊時孤貧無業，惟務販鹽，所以五六年前，盗賊稀少，是時告捕之賞，未嘗破省錢，惟是犯人催納，役人量出。今鹽課浩大，告訐如麻，貧民販鹽，不過一兩貫錢本，偷税則賞重，納税則利輕。欲爲農夫，又值凶歲，若不爲盗，惟有忍飢，所以五六年來，課利日增，盗賊日衆。臣勘會密州鹽税，去年一年比祖額增二萬貫，却支捉賊賞錢一萬一千餘貫，其餘未獲賊人尚多。以此較之，利害得失，斷可見矣。欲乞特敕兩路應販鹽小客，截自三百斤以下，並與權免收税，仍官給印本空頭關子與竈户及長引大客，令上曆破使逐旋書填月日姓名斤兩與小客，限十日更不行用。如敢借名爲人影帶分減鹽貨，許諸人陳告，重立賞罰。候將來秋熟日，仍舊並元降勑牓明，言出自聖意，令所在雕印散牓鄉村。人非木石，寍不感動，一飲一食，皆誦聖恩，以至舊來貧賤之民，近日飢寒之黨，不待驅率，一歸於鹽，奔走爭先，何暇爲盗。人情不遠，必不肯捨安穩衣食之門，而趨昌法危亡之地也。議者必謂今用度不足，若行此法，則鹽税大虧，必致闕事。臣以爲不然。凡小客本少力微，不過行得三兩程，若三兩程外，須藉大商興販，決非三百斤以下小客所能行運。無緣大叚走失，且平時大商所苦，以鹽遲而無人買。小民之病，以僻遠而難得鹽。今小商不出税錢，則所在爭來分買，大商既不積滯，則輪流販賣，收税必多。而鄉村僻遠，無不食鹽，所賣亦廣，損益相補，必無大虧之理。縱使虧失，不過却只得祖額元錢，當時官司，有何闕用。苟朝廷捐十萬貫錢，買此兩路之人，不爲盗賊，所獲多矣。今使朝廷爲此兩路飢饉，特出一二十萬貫見錢，散與人户，人得一貫，只及二十萬人，而一貫見錢，亦未能濟其性命。若特放三百斤以下鹽税半年，則兩路之民，人人受賜。貧民有衣食之路，富民無盗賊之憂，其利豈可勝言哉。若使小民無以爲生，舉爲盗賊，則朝廷之憂恐，非十萬貫錢所能了辦，又況所支捉賊賞錢未必少於所失鹽課。臣所謂較得喪之孰多，權禍福之孰重者爲此也。

一、勘會諸處盗賊，太半是按問減等災傷免死之人，走還舊處，挾恨報讎，爲害最甚。盗賊自知不死，既輕犯法，而人户亦憂其復來，不敢告捕，是致盗賊公行。切詳按問，自言皆是，詞窮理屈，勢必不免。本無改過自新之意，有何可改，獨使從輕，同黨之中，獨不免死，其災傷勑雖不下，與行不同，而盗賊小民，無不知者。但不傷變主，免死無疑，且不傷變主，情理未必輕於偶傷變主之人，或多聚徒衆，或廣置兵仗，或標異服飾，或質劫變主，或驅虜平人，或賂遺貧民，令作耳目，或書寫道店，恐動官私。如此之類，雖偶不傷人，情理至重，非止闕食之人，苟營餱糧而已。欲乞今後，盗賊贓證未明，但已經考掠，方始承認者，並不爲按問減等。其災傷地方，委自長吏，相度情理輕重，内情理重者依法施行。所貴兇民稍有畏忌，而良民敢於捕告臣。所謂衣食之門一開，骨髓之恩皆徧然後信賞必罰。以威克恩，不以僥倖廢刑，不以災傷僥法者爲此也。

右謹具如前。自古立法制刑，皆以盗賊爲急，盗竊不已，必爲强劫，强劫不已，必至戰攻。或爲豪傑之資，而致勝廣之漸。而況京東之貧當，係河北之休戚，河北之治亂，繫天下之安危，識者共知，非臣私説。願陛下深察此事至重，所捐小利至輕，斷自聖心，決行此策。臣聞天聖中，蔡齊知密州，是時東方饑饉，齊乞放行鹽禁，先帝從之，一方之人，不覺飢旱。臣愚且賤，雖不敢望於蔡齊，而陛下聖明，度越堯禹，豈不能行此小事，有愧先朝，所以越職獻言，不敢自外。伏望聖慈察其區區之意，赦其狂僭之誅，臣無任悚懼待罪之至。謹録奏聞，伏候勑旨。

（宋）辛棄疾《稼軒集抄存》卷二《淳熙己亥論盗賊劄子》 臣竊惟

方今朝廷清明，法令備具，雖四方萬里之遠，涵泳德澤如在幾甸，宜乎盜賊不作，兵寢刑措，少副陛下厲精求治之意。而比年以來，李金之變，賴文政之變，姚明敖之變，陳峒之變及今李接、陳子明之變，皆能攘臂一呼，聚衆千百，殺掠吏民，死且不顧，重煩大兵翦滅而後已，是豈理所當然者哉。臣竊伏思念，以爲實臣等輩，分閫持節居官亡狀，不能奉行三尺，斥去貪濁，布宣德意，牧養小民，孤負陛下使令之所致。責之臣輩，不敢逃罪。臣聞唐太宗與羣臣論盜，或請重法以禁。太宗哂之曰：民之所爲盜者，由賦繁役重，官吏貪求，饑寒切身，故不暇顧廉耻，爾當輕徭薄賦，選用廉吏，使民衣食有餘，則自不爲盜，安用重法耶？大哉斯言！其後海内昇平，路不拾遺，外户不閉，卒致貞觀之治。以是言之，罪在臣輩，將何所逃。臣姑以湖南一路言之，自臣到任之初，見百姓遮道自言嗷嗷困苦之狀，臣以謂斯民無所愬不去爲盜將安之乎？臣一一按奏，所謂誅之不可勝誅。臣試爲陛下言其畧：陛下不許多取百姓斗面米，今有一歲所取反數倍於前者。陛下不許將百姓租米折納見錢，今有一石折納至三倍者。併耗言之，横斂可知。陛下不許科罰人户錢貫，今則有旬日之間追二三千户而科罰者，又有已納足租賦而復科納者，有已納足復納足又誣以違限而科罰者，有違法科賣醋錢寫狀紙由子户帖之屬，其錢不可勝計者。軍興之際，又有非軍行處所公然分上中下户而科錢，每都保至數百千。有以賤價抑買，貴價抑賣百姓之物，使之破蕩家業自縊而死者。有二三月間便催夏稅錢者。其他暴徵苛斂不可勝數。然此特官府聚斂之弊爾，流弊之極又有甚者。州以趣辦財賦爲急，縣有殘民害物之政，而州不敢問。縣以並緣科斂爲急，吏有殘民害物之狀，而縣不敢問。吏以取乞貨賂爲急，豪民大姓有殘民害物之罪，而吏不敢問。故田野之民，郡以聚斂害之，縣以科率害之，吏以取乞害之，豪民大姓以兼并害之，而又盜賊以剽殺攘奪害之。臣以謂不去爲盜將安之乎！正謂是耳。且近年以來，年穀屢豐，粒米狼戾，而盜賊不禁，乃如此。一有水旱乘之，臣知其弊有不可勝言者。民者，國之根本，而貪濁之吏迫使爲盜，今年勦除，明年掃蕩，譬之木焉，日刻月削，不損則折。臣不勝憂國之心實有私憂過計者，欲望陛下深思致盜之由，講求弭盜之術，無恃其有平盜之兵也。臣孤危一身久矣，荷陛下保全，事有可危，殺身不顧，況陛下付臣以按察之權，責臣以澄清之。任封部之内，吏有貪濁，職所當問，其敢瘝曠以負恩遇。自今貪濁之吏，臣當不畏强禦，次第按奏，以竢明憲，庶幾荒遐遠陬民得更生，盜賊衰息，以取成朝廷勝殘去殺之治。生平則剛掘，自信年來不爲衆人所容，顧恐言未脱口，而禍不旋踵，使他日任陛下遠方耳目之寄者，指臣爲戒，不敢按吏，以養成盜賊之禍，爲可慮耳。伏望朝廷先以臣今所奏，申勑本路州縣，自今以始，洗心革面，皆以惠養元元爲意。有違棄法度，貪得亡厭者，使諸司各揚其職，無徒取小吏按舉，以應故事，自爲文過之地而已也。臣不勝甚幸。

（明）吕坤《實政録》卷四《民務·弭捕盜賊》 弭捕盜賊，當與風憲約中盜情十一欵憲綱中盜源十四條、獄政中辨盜一篇會看。

盜非人乎？曰：人也。知爲盜之必死乎？曰：奚而不知？知而爲盜何也？蓋有六流焉，饑饉之民若於飢寒，無識之民牽於脅誘，游惰之民習於自奉，强悍之民敢於爲惡，賭博之民迫於空乏，武藝之民偶乘便利，盜不出此六流矣。弭盜有四法焉：曰化盜禮義，素明鄉約是已。曰恤盜生理，有資足四民之業是已。曰防盜盤詰，有術保甲是已。弭盜不出此四法矣。既化既恤，不迫於飢寒，不陷於無識矣。而猶有盜乎？曰：有堯舜之時，尚有冠賊奸宄，何乃後世？是不令之民也，如是而殺之，吾亦無矜心、無愧色矣。所有弭盜條格，有司加意舉行。

一、歸復流民，則游手無定之人，潛身無賴之衆，皆不得寄足矣。僦居則責之房家，佃户則責之地主，立僕長以撿押之，主家不時而覺察之。旦夜謹其門户，朋從問其往來。如保甲法，寄住者不得爲盜矣。本土之民，愈貧窮、愈豪悍、愈朴野，愈入鄉約。鄉約而得人，常訓之以道義，常恐之以法律，常感之以古今故事。而瞽曚常化之以歌曲，有司加意實行，留心警惕，不時鼓舞，常令耳目日新，精神日奮，不作虚文，必有實效。民不知自愛矣，或曰貧民悍民。朴野之民可入鄉約乎？曰：鄉約不爲良民富民、有禮之民設也，安分者收之，不肖者棄之，來者聽其來，不來者聽其不來。使貧悍朴野之民不在約束，朋儕之中不聞法律、道義之語，何憚而不爲？何愛而不爲，然則鄉約何爲也哉？

一、州縣官責令里長、排年户長，除有產業、有藝習必不爲盜之人不須開造。其有房無地，或房地俱無，無生理而受飢寒者，若干人，某人其才堪以何用，某人其才堪以何用，某人如何區處，使之有家，某人如何存恤，使之得所。各開處法。如無處法者，空白其下。造一貧民册送掌印官，掌印官召同佐領併其里長、排年户長召集貧民，挨里順甲，當堂審處。某人身材强健，氣象豪雄，堪爲民壯；某人精神機警，手足便捷，堪爲快手；某人有力量而無才能，堪爲轎損夫；某人有才能而無力量，堪爲雜差皂隸。此四等人，多爲盜而可防者。某人才能力量俱平常而本分，堪爲夜巡夫；某人才能力量俱無而本分，給與一帖作斗行、牙行、秤行；某人才能力量俱無而一無可用，給與銀三五錢或一兩，令其賣菜果，作貨郎紡線織布各色營生，以爲本錢。其銀俱令里排户長領出，就作保人。仍責成此三人，逼令勤苦做活，時常料理。其販糶者，賒與倉穀碾米；無妻者，責令里排户長尋主傭工，照限取妻；壯而足跛者，給與岁，須本銀亦付，里排户長責令織屨、編席、結網、刻字等藝。此五等人必不爲盜。而可憫者至於孤兒寡婦、老翁老嫗，未可入養濟而存養無人者，如果紡線雜作，量給與三二錢營生。以上所領官銀，通記一簿，一年之内責令里長陸續還官。或曰：銀將安出，曰：余借官銀，不得已之計耳。上六則人户之犯法者，即以本里當犯，量罰粟十數石，銀三五兩，即給本里貧民。物不入己，何避貪名，物不過多，難云科罰。何必申呈上司，動支官銀哉？夫人有所藉手，則易爲生；既易爲生，則知自愛。且出入市井、衙門，自有體面。多見禮法，可息其邪横之心矣。

一、流民既去，貧民有業，盜賊之種清其過半矣。惟是游食積惰，賭博棍徒，黨惡少年，習藝壯丁，鄉村提欏掐穗，放火偷畜諸等，既非貧民可恤，又非流民可歸。此等之人，不必盡爲劫掠，而劫掠者必此人也。風憲約中不有所謂棄民册乎？除造册送州縣衙門，朔望點查，問其何生理，加意督責外，所在鄉約保甲盡數收入。如往來面生者，便問此是何親？來有何幹？如夜不在家者，便問前往誰家？所幹何事？虚出實歸者，便問所攜何物？得之何人？至於田禾非其所種，雞犬非其所畜，但有可疑，便加盤問。不敢盤問，密告保正人等，拘拏送官。

一、賊之動静，惟夥賊能知之，當懸重賞。云夥賊能拏夥賊，或暗首夥賊者，除免本身死罪外，仍照捕盜條格加倍重賞。仍准給馬快手一名，以便拏賊。能殺夥賊一名者，與拏賊同賞。首賊之後，不妨仍舊做賊，但將打劫何家，約於何夜，先報官知。既使夥賊不疑，又便預備擒拏。此法果行，不惟盜賊易擒，而賊夥亦自相疑畏。

一、番快無不知賊者，但利於賊之供給，且代賊過贓於捕官。是賊者，巡捕員役之外户也。員役者，分贓寄贓之人也。大盜安肯發覺，止將犯竊小賊逼拷。認劫或先透消息，令之脱逃。今只嚴逼積年番快，令之供報賊家，不則加以重刑。大盜聞之，自然遠遁。不然密誘番快，許以重賞，令其報賊，或令其與賊通言，暗伏兵壯擒之。倘彼不輸心於我，凡地方失事，一面將番快家屬送監，一面嚴逼捕盜。十日一比，但有舊竊及讎人抵盜者，無論詐財與否，盡法重刑。有被冤而死者，徑坐抵償。

一、四鄰及十里之内，無不知某人是竊，某人是强，某人是窩，然而不敢擒不敢報者，不擒不報罪不及身，而擒報不成死亡立至。州縣官下令行連坐之法，曰凡竊盜、强盜、窩主，四隣及本甲務要擒拏到官，不敢擒拏者，務要密揭報官。倘狥情畏惡，不擒不報者，本盜發覺，四隣徑以分贓窩囤同問死罪。如果嚴示信行，則四鄰不敢隱盜，四鄰不敢隱盜，則盜視四隣即巡捕快手、訪事官人也。盜必忌之，不敢横行矣。

一、牙行當鋪買贓之人，無不知賊者有六。各府州縣皆有當鋪，本物當於本處之人，面識情熟，既不肯少勒價錢，又不敢違期擅賣。今本處不當而當於別州外縣，必定是賊，一也。貧者當物，出於無奈，定是再三講價，去又轉來，不肯賤當。今三言兩句，價不多爭，此是賊，二也。良民當物，步安色定，久坐徐談，若色遽語忙，左盼右顧，心不在事，神不著色，必定是賊，三也。凡當物必要約帖，必同中人。今一字不討，一去不來，必定是賊，四也。做賊多是貧民，貧自是貧民相，今攜許多首飾、段帛、衣服，當主買主便問：此物何店所買？每疋價值若干？某裁所作？某人所穿？因何典當？彼自口急語塞，必定是賊，五也。至於賣衣於大市，買主自疑；銷金銀首飾於鋪家，銀匠自知；賣馬牛於别市，牙行自覺。此三種人皆能識賊拏賊，而利於物賤，不肯發覺，是盜以鋪爲窩家，鋪以盜爲供户，明知是贓，且圖物賤。今後起盜贓物，凡當鋪、買主、牙行俱以知情分贓，從重問罪。

一、羣盜結聚之時，拒捕動兵，一時擒捉，真難爲力。但其聚也有時，其散也有歸。畢竟跟尋歸在何處，假使獨住深山，即勇不過十夫之力耳，擒捉甚易，即使一村皆盗，調州衛兵壯，出其不意，圖其宅而復其巢，亦不稱難。惟是窩家起止，據險操戈，攻擊頗難，然窩家無十日潛住之理，事須從容，自有長計。若賈勇輕敵，傷人必多，盗一奔潰，不可踪跡，何益之有？保甲人等如有向前殺賊，自傷性命者，即動本院紙贖給棺木銀十兩，送一牌扁，大書義烈某人之門。有子者，永免丁差一人，家貧而婦人守寡者，照孤老事例加一斗？每月給穀六斗，冬布二疋，浄綿四斤，徑送其家，如此者終身。

一、賊之言語、動静、面色、手段自是不同，或帶弓刀鞍馬，或泥沙看財，或衣服俏便。在軍家快壯，雖有此粧而色態不同，用度自別，店主一面供奉酔酒，或招聲妓，一面密報保甲，便加盤拏。至於倡優之家，盗賊巢穴，雖富家子弟舉動亦自豪奢，而盗賊粗鄙，家數亦自不同，且多驚易疑，難掩人目。倘樂工早透消息，即便拏獲者，店家、娼家比應捕人員加等重賞。但恐酒飯之家不惹閒事，娼優之性利於多財，不肯發覺耳。事發，審在某娼家使錢、某店家住歇，一體拏來，從重究治。各衙門審賊，俱要牽累，以示創懲，不可以供明釋放。如此則懼，株連者自然不敢留賊，而賊又生一顧忌矣。

（明）陳子龍等《明經世文編》卷三五六徐陟《奏為懇乞天恩酌時事備法紀以善臣民以贊聖治事》 臣一介草茅，眇無知識，荷蒙聖恩拔植，濫厠留都三法司之末，感激遭際，莫馨名言。臣自任今職以來，歷審一應罪囚，習見人情日流於放逸。國典未見其欽遵，事關職守，不容隱默，輒敢昧死爲我皇上陳之。

計開

一、竊盗，軍舍餘丁。臣查軍舍餘丁，凡竊盗止問罪而免刺字，三犯則與民三竊者一體處絞。此輩偷盗之罪既不少貸之於先，三犯之絞，又不末減之於後。止是中間免刺一節，與民不同。蓋國初見軍官軍人等，身在行陣，萬死一生，以立戰功。故以此優之，推而及於餘丁人等，亦免刺耳。今之軍人偷生冗食，非國初之比甚矣。軍官軍吏，總小旗將軍，力士校尉，勇士猶有職役可守，名目稍優，是以稍知畏憚，不敢多犯。若軍人正餘厨匠舍餘人等，傾以不刺爲例，謂得掩飾，轉相傚尤，略無警畏，視民十死八九，實爲長奸。臣愚以爲，此輩既不爲宥罪矣，又何必獨免其刺，以翼之趨，而教之偷乎。今請著爲定例，與民犯一體刺字，俾得其平。如遇征調巡捕等項，稍有微功者，准與告官起除，使知自新，庶作其勇。

一、恐嚇取財屢犯者，臣查得律法，凡恐嚇取人財物，計贓准竊論，加一等免刺。南京棍徒等項，犯此者已經刑部問擬，送臣等審回發落訖。但此法初不專爲小民設也，大小職官吏書人等，有犯亦當以此施之。夫何向來法制，但施于民而不加于官，是以官吏肆志，百計嚇取；小民畏威曲忍，敢怒而不敢言也。致如某國公某，近年因發遣軍犯，先自詐取，送與財物，勒添至數千兩而後止，夫官民贓物只當供朝廷之用，各衙門豈宜乘機嚇取，是與朝廷争財，罪狀非細。臣請定爲罪例，凡此等衣冠恐嚇大盗，務盡本法併官吏受財追奪之法，同僚及吏書人等，俱得一體舉首，如有不行覺查舉首，及通同作弊者，或被他人告發，或被科道論劾，與犯人一體治罪。

（清）王又槐《辦案要略·論强竊盗案》 律載：公取、竊取皆爲盗。是盗之名，統强劫、偷竊等類而言也。但世俗稱謂分爲强盗、竊賊，辦案亦因之。故凡遇報竊案件，文内忌用盗字，恐其混於强也。

强劫大案，事不常有。每有竊賊臨時行强拒捕而稱伙劫者；又有道路搶奪而錯認强劫者；或有諱竊爲强、諱賊爲盗者；或有互争械鬬，因而入室搜檢毁棄，輒稱劫掠者；或有隱匿費用他人財物，而捏報盗者；或有遺失執照銀物而假報盗劫；或有豪棍憑空謊報盗劫，藉以陷害平人，訛詐印捕官役者；或有謀殺人在家，尸難掩藏，而捏報是賊者；或有拒捕而稱行强者；或有數人行劫，而率開多人者；或有竊賊無多，而混控人衆者；或有少贓而多開者；或有心疑其人平素不端，而指爲案内正賊者；或有捕風捉影而誣控者；或有捕役妄拿無辜，拷打逼認者；或有捕役畏比，指竊賊爲强盗，指良民爲盗賊，指彼案犯而搪塞此案、匿真贓而换假贓者；或有捕役教賊誣扳者；或有賊犯挾仇誣扳者。此皆以虚爲實，以僞作真，全在驗勘情形，審訊口供時，留心覺察分辨，方不致被欺蒙也。

真正被盗，必有撞門毁户，遺下油捻火蹤，器械繩帶等項情形，四鄰無不聽聞，室内不無凄凉慘苦光景。若係假裝，則事主及家屬之神情似屬恍惚，口供亦多不對。此在驗勘時留心體察，於無關緊要處，一鞫而即敗露也。

盜之真者，到案未必就肯直招，若到案即認，其中恐有別情，不可遽信。惟賊貌凶惡，自稱好漢者，或有出口而即吐，亦須起獲有贓，事主認得確切，方能定案。盜案驗勘審供之後，一面緝賊，一面通報。其未經初報之先，或拿獲有賊審供未確，或有供而無贓，或有贓而不對，或平日有無竊劫別案，尚未供吐確鑿，均須先將驗勘飭緝緣由報出，俟審訊清楚，確信無疑，再將獲賊審供詳報，起限招解。寧擔初參之公過，不可干失入誣良及承審不實之議也。

審理盜賊，不可急躁致陷無辜。遇獲有賊，細細審明再報。若初報失事，文内即將獲賊審供敘入，雖屬簡省，誠恐錯誤及輾轉駁審，遲延逾限，種種干議，不如審查明確，先後分報之爲妥也。命案緝凶，亦當如是。

竊盜臨時行强與臨時拒捕，同有强形，每易混淆，所分者在得財之先後。如事主知覺之後，將事主按捺捆縛打傷，公然攫取其財，或一個將事主架住而群盜入室搜贓，抑或贓已撿齊，尚未入手，被事主奪住，打傷事主，搬取原贓而去，皆爲臨時行强。若贓已入手，未離盜所，事主驚起追奪，因而護贓格鬬，則爲臨時拒捕，携贓逃走，被事主追擒而護贓格鬬，雖離盜所，亦與臨時拒捕無異；又携贓入手，當事主追逐時，將贓交與他賊，挺身拒鬬，亦與護贓拒捕相同，或令接贓之賊携贓先行，一人獨自在後押護，見事主追逐，公然攔阻格鬬，亦是護贓拒捕。以上情節，無論得財與不得財，但有殺傷人者，皆照臨時拒捕擬斬。至棄財逃走，已離盜所，被事主追獲，情急求脱，因而格鬬，則爲追逐拒捕；又贓被他賊携去，一人後行，並未携贓，亦非意圖護贓，因被事主追獲，圖脱格鬬，亦爲追逐拒捕，皆依罪人拒捕律科罪。總之，臨時拒捕，是肆惡以圖財，律重臨時二字，雖不得財，亦照科罪。若不得財而離盜所，則非臨時矣。追逐拒捕，是有急以求脱，律重棄財二字。若在中途護贓格鬬，亦與臨時拒捕無異，不同於追逐拒捕也。

竊盜拒捕應參疏防者，係專指伙衆十人以上及臨時同伙拒捕，殺傷人者而言。其追逐棄財拒捕，及一人臨時行强拒捕，原不在查參之例。至同伙護贓，在於中途路鬬，殺傷人者，亦應查參。但一人臨時行强，與一人臨時拒捕，雖免參疏防，仍按年限扣參，四參降調與盜案無異。其一人拒捕，傷非金刀，傷輕平復照例擬遣者，免參疏防，並免扣參年限。必須慎之於始，將確切情形敘得明白，方免錯誤。總之，獲賊而應駢首者，則照例扣參，罪擬軍流以下之案，概不開參。所有條款分列於後：

一人行竊，臨時拒捕殺人，與一人臨時行强之案；

一人行竊，事主追捕，被賊拒傷身死之案；

一人臨時拒捕，未離盜所，及已離盜所，護贓格鬬，或追逐圖脱拒捕，係金刃致傷事主之案。

此三條均免參疏防，俟一年限滿，照盜案例，將專、兼、統轄各職名詳參。

一人行竊，被事主追逐，圖脱拒捕，已離盜所，或未得財，或已棄財，並無護贓格鬥情形，而傷非金刃，及傷輕平復，罪擬軍流以下之案。

此條除照免參疏防，並免扣參年限。

竊盜同伙拒捕，事起臨時，無分首從，其共盜之人不知拒捕殺傷人者，止依竊盜得財與不得財分首從論也。

竊盜臨時行强，與律載共謀爲竊，行者爲强迥異。蓋臨時行强，是因事主知覺之後而起意行强，其初穿窬而入，尚有畏懼。若共謀爲竊，行者爲强，乃伙同行走時，内有一人起意爲强，商謀聽從，乃抵事主門首，强情顯著，即强盜也。故律以臨時主意及共爲强盜者，不分首從皆斬。非若臨時行强者，止將行强之犯擬斬，而共盜之人不曾助力，仍以竊盜論也。

竊盜在盜所格鬬，被事主殺死，及不棄財逃走，事主逐而殺之，並棄財在途挺身抗拒，被事主逐殺者，皆勿論。若棄財逃走，已離盜所，並未拒捕而被事主逐殺者，比照寅夜無故入人家，已就拘執而擅殺，擬徒。緣事主追逐倉皇，其棄財與未棄財，夜半難以查察，追非無因，殺非有意。倘執而殺之，當照罪人不拒捕而擅殺擬絞。但此等案件，須臨時酌看情形妥議，不可執一而論也。

事主在賊家獲贓，打死賊人，如所獲非原贓，則事主應依鬬殺律擬罪，不得援引別條。若搜贓時，認係原贓，事主於賊家當場起獲，賊復奪贓，扭打致死，則似獲贓而鬬，未可照鬬殺審擬也。

積匪猾賊審實，不論曾否刺字，改發新疆。如係因竊擬流、擬徒，逃回，釋回仍不悛改，復連竊至三案以上，又初犯、再犯之賊，如糾伙連次迭竊至六案以上者，並雖未糾而迭竊八案以上者，均照積匪猾賊之例擬遣。其並未糾伙，竊案數少而情節有類於積猾者，即照積匪猾賊例量減一等滿徒。至三犯及計贓重者，仍按本例從重。

現行條例：積匪猾賊，改發雲、貴、兩廣極邊烟瘴充軍，仍以足四千里爲限。此所云改發新疆乃乾隆年間例也。增注。

飛檐走壁及一夜連竊，與夫製造挖墻打洞器具，畜養猴猻開門等類之賊，情類積猾，如不及六案、八案者，照積匪猾賊例減等擬徒。

綜　述

《尚書·費誓》 無敢寇攘。踰垣墻，竊馬牛，誘臣妾，汝則有常刑。

《左傳·文公十八年》 先君周公制《周禮》曰：則以觀德，德以處事，事以度功，功以食民。作《誓命》曰：毀則爲賊，掩賊爲藏，竊賄爲盗，盗器爲姦。主藏之名，賴姦之用，爲大凶德，有常無赦，在《九刑》不忘。行父還觀莒僕，莫可則也。孝敬忠信爲吉德，盗賊藏姦爲凶德。夫莒僕，則其孝敬，則弑君父矣；則其忠信，則竊寶玉矣。其人，則盗賊也；其器，則姦兆也，保而利之，則主藏也。以訓則昏，民無則焉。不度於善，而皆在於凶德，是以去之。

《左傳·昭公七年》 今有司曰，女胡執人於王宫？將焉執之？周文王之法曰，有亡荒閱，所以得天下也。吾先君文王，作《僕區》之法，曰盗所隱器，與盗同罪。所以封汝也。若從有司，是無所執逃臣也。逃而舍之，是無陪臺也。王事無乃闕乎？昔武王數紂之罪，以告諸侯曰：紂爲天下逋逃主，萃淵藪，故夫致死焉。君王始求諸侯而則紂，無乃不可乎？若以二文之法取之，盗有所在矣。王曰：取而臣以往，盗有寵，未可得也。遂赦之。

（清）焦循《孟子正義》卷二一《萬章下》 夫謂非其有而取之者，盗也。謂非其有而竊取之者爲盗。時通解，夫謂非其有而取之即爲盗者。

睡虎地秦墓竹簡整理小組《睡虎地秦墓竹簡·法律答問》 邦亡來通錢過萬，已復，後來盗而得，（可）〔何〕以論之？以通錢。

睡虎地秦墓竹簡整理小組《睡虎地秦墓竹簡·法律答問》 士〔五〕（伍）甲盗，以得時（直）〔值〕（臧）〔贓〕，（臧）〔贓〕（直）〔值〕過六百六十，吏弗（直）〔值〕，其獄鞫乃（直）〔值〕（臧）〔贓〕，（臧）〔贓〕（直）〔值〕百一十，以論耐，問甲及吏（可）〔何〕論？甲當黥爲城旦；吏爲失刑罪，或端爲，爲不直。

睡虎地秦墓竹簡整理小組《睡虎地秦墓竹簡·法律答問》 盗出（朱）〔珠〕玉邦關及（買）〔賣〕於客者，上（朱）〔珠〕玉內史，內史材（鼠）〔予〕購。（可）〔何〕以購之？其耐罪以上，購如捕它罪人；貲罪，不購。

睡虎地秦墓竹簡整理小組《睡虎地秦墓竹簡·法律答問》 把其（叚）〔假〕以亡，得及自出，當爲盗不當？自出，以亡論。其得，坐（臧）〔贓〕爲盗；盗罪輕於亡，以亡論。

睡虎地秦墓竹簡整理小組《睡虎地秦墓竹簡·法律答問》 甲盗不盈一錢，行乙室，乙弗覺，問乙論（可）〔何〕（殹）〔也〕？毋論。其見（智）〔知〕之而弗捕，當貲一盾。

睡虎地秦墓竹簡整理小組《睡虎地秦墓竹簡·法律答問》 甲盗，（臧）〔贓〕（直）〔值〕千錢，乙（智）〔知〕其盗，受分（臧）〔贓〕不盈一錢，問乙（可）〔何〕論？同論。

睡虎地秦墓竹簡整理小組《睡虎地秦墓竹簡·法律答問》 或盗采人桑葉，（臧）〔贓〕不盈一錢，（可）〔何〕論？貲（繇）〔徭〕三旬。

睡虎地秦墓竹簡整理小組《睡虎地秦墓竹簡·法律答問》 工盗以出，（臧）〔贓〕不盈一錢，其曹人當（治）〔笞〕不當？不當（治）〔笞〕。

睡虎地秦墓竹簡整理小組《睡虎地秦墓竹簡·法律答問》 甲乙雅不相（智）〔知〕，甲往盗丙，（毚）〔纔〕到，乙亦往盗丙，與甲言，即各盗，其（臧）〔贓〕（直）〔值〕各四百，已去而偕得。其前謀，當并（臧）〔贓〕以論；不謀，各坐（臧）〔贓〕。

睡虎地秦墓竹簡整理小組《睡虎地秦墓竹簡·法律答問》 律曰與盗

同法，（有）〔又曰〕與同罪此二物其同居、典、伍當坐之。云與同罪，云反其罪者，弗當坐。人奴妾盜其主之父母，爲盜主，且不爲？同居者爲盜主，不同居不爲盜主。

睡虎地秦墓竹簡整理小組《睡虎地秦墓竹簡·法律答問》 父盜子，不爲盜。今叚（假）父盜叚（假）子，（可）〔何〕論？當爲盜。

睡虎地秦墓竹簡整理小組《睡虎地秦墓竹簡·法律答問》 （削）〔宵〕盜，（臧）〔贓〕（直）〔值〕百一十，其妻、子（智）〔知〕，與食肉，當同罪。

睡虎地秦墓竹簡整理小組《睡虎地秦墓竹簡·法律答問》 （削）〔宵〕盜，（臧）〔贓〕（直）〔值〕百五十，告甲，甲與其妻、子（智）〔知〕，共食肉，甲妻、子與甲同罪。

睡虎地秦墓竹簡整理小組《睡虎地秦墓竹簡·法律答問》 盜及（者）〔諸〕它罪，同居所當坐。（可）〔何〕謂同居？户爲同居，坐隸，隸不坐户謂（殹）〔也〕。

睡虎地秦墓竹簡整理小組《睡虎地秦墓竹簡·法律答問》 甲盜牛，盜牛時高六尺，（毄）〔繫〕一歲，復丈，高六尺七寸，問甲（可）〔何〕論？當完城旦。

睡虎地秦墓竹簡整理小組《睡虎地秦墓竹簡·法律答問》 盜封嗇夫（可）〔何〕論？廷行事以僞寫印。

睡虎地秦墓竹簡整理小組《睡虎地秦墓竹簡·法律答問》 甲盜錢以買絲，寄乙，乙受，弗（智）〔知〕盜，乙論（可）〔何〕（殹）〔也〕？毋論。

睡虎地秦墓竹簡整理小組《睡虎地秦墓竹簡·法律答問》 害盜別徼而盜，（駕）〔加〕罪之。（可）〔何〕謂（駕）〔加〕罪？五人盜，（臧）〔贓〕一錢以上，斬左止，（有）〔又〕黥以爲城旦；不盈五人，盜過六百六十錢，黥（𠛬）〔劓〕以爲城旦；不盈六百六十到二百廿錢，黥爲城旦；不盈二百廿以下到一錢，（䙴）〔遷〕之。求盜比此。

睡虎地秦墓竹簡整理小組《睡虎地秦墓竹簡·法律答問》 甲謀遣乙盜，一日，乙且往盜，未到，得，皆贖黥。

睡虎地秦墓竹簡整理小組《睡虎地秦墓竹簡·法律答問》 （可）〔何〕謂盜埱厓？王室祠，（貍）〔薶〕其具，是謂厓。

睡虎地秦墓竹簡整理小組《睡虎地秦墓竹簡·法律答問》 士（五）〔伍〕甲盜一羊，羊頸有索，索（直）〔值〕一錢，問（可）〔何〕論？甲意所盜羊（殹）〔也〕，而索繫羊，甲即牽羊去，議不爲過羊。

睡虎地秦墓竹簡整理小組《睡虎地秦墓竹簡·法律答問》 盜盜人，（買）〔賣〕所盜，以買它物，皆畀其主。今盜盜甲衣，（買）〔賣〕，以買布衣而得，當以衣及布畀不當？當以布及其它所買畀甲，衣不當。

睡虎地秦墓竹簡整理小組《睡虎地秦墓竹簡·法律答問》 抉（籥）〔鑰〕，贖黥。（可）〔何〕謂抉（籥）〔鑰〕？抉（籥）〔鑰〕者已抉啓之乃爲抉，且未啓亦爲抉？抉之弗能啓即去，一日而得，論皆（可）〔何〕（殹）〔也〕？抉之且欲有盜，弗能啓即去，若未啓而得，當贖黥。抉之非欲盜（殹）〔也〕，已啓乃爲抉，未啓當貲二甲。

睡虎地秦墓竹簡整理小組《睡虎地秦墓竹簡·法律答問》 公祠未闟，盜其具，當貲以下耐爲隸臣。今或（益）〔盜〕一腎，（益）〔盜〕一腎（臧）〔贓〕不盈一錢，（可）〔何〕論？祠固用心腎及它（支）〔肢〕物，皆各爲一具，一（具）之（臧）〔贓〕不盈一錢，盜之當耐。或（直）〔值〕廿錢，而被盜之，不盡一具，及盜不（直）〔置〕者，以律論。

睡虎地秦墓竹簡整理小組《睡虎地秦墓竹簡·法律答問》 求盜盜，當刑爲城旦，問罪當（駕）〔加〕如害盜不當？當。

睡虎地秦墓竹簡整理小組《睡虎地秦墓竹簡·法律答問》 盜徙封，贖耐。（可）〔何〕如爲封？封即田千佰。頃（半）〔畔〕封（殹）〔也〕，且非是？而盜徙之，贖耐，（可）〔何〕重也？是，不重。

睡虎地秦墓竹簡整理小組《睡虎地秦墓竹簡·法律答問》 賊入甲室，賊傷甲，甲號寇，其四鄰、典、老皆出不存，不聞號寇，問當論不當？審不存，不當論；典、老雖不存，當論。

睡虎地秦墓竹簡整理小組《睡虎地秦墓竹簡·法律答問》 司寇盜百一十錢，先自告，（可）〔何〕論？當耐爲隸臣，或曰貲二甲。

睡虎地秦墓竹簡整理小組《睡虎地秦墓竹簡·法律答問》 夫盜千錢，妻所匿三百，（可）〔何〕以論妻？妻（智）〔知〕夫盜而匿之，當以三百論爲盜；不（智）〔知〕，爲收。

睡虎地秦墓竹簡整理小組《睡虎地秦墓竹簡·法律答問》 夫盜三百錢，告妻，妻與共飲食之，（可）〔何〕以論妻？非前謀（殹）〔也〕，當爲收；其前謀，同罪。夫盜二百錢，妻所匿百一十，（可）〔何〕以論妻？妻（智）〔知〕夫盜，以百一十爲盜；弗（智）〔知〕，爲守（臧）〔贓〕。

睡虎地秦墓竹簡整理小組編《睡虎地秦墓竹簡·法律答問》 告人盜百一十，問盜百，告者（可）〔何〕論？當貲二甲。盜百，即端盜（駕）〔加〕十錢，問告者（可）〔何〕論？當貲一盾。貲一盾應律，雖然，廷行事以不審論，貲二甲。

睡虎地秦墓竹簡整理小組編《睡虎地秦墓竹簡·法律答問》 夫、妻、子五人共盜，皆當刑城旦，今中〔甲〕盡捕告之，問甲當購。幾（可）〔何〕？人購二兩。

睡虎地秦墓竹簡整理小組編《睡虎地秦墓竹簡·法律答問》 夫、妻、子十人共盜，當刑城旦，亡，今甲捕得其八人，問甲當購幾（可）〔何〕？當購人二兩。

張家山二四七號漢墓竹簡整理小組《張家山漢墓竹簡·奏讞書》 群盜及亡從群盜，毆折人（枳）〔肢〕，胅體，及令（彼）〔跛〕（蹇）〔蹇〕，若縛守將人而强盜之，及投書、（縣）〔懸〕人書，恐猲人以求錢財，盜殺傷人，盜發（冢）〔塚〕，略賣人若已略未賣，（橋）〔矯〕相以爲吏，自以爲吏以盜，皆磔。

張家山二四七號漢墓竹簡整理小組《張家山漢墓竹簡·奏讞書》 〔高祖〕七年八月己未江陵丞言：醴陽令恢盜縣官米二百六十三石八斗。恢秩六百石，爵左庶長□□□縱史石盜醴陽己鄉縣官米二百六十三石八斗，令舍人士（五）〔伍〕興、義與石賣，得金六斤三兩、錢萬五千五十，罪，它如書。興、義言皆如恢。問：恢盜（臧）〔贓〕過六百六十錢，石亡不訊，它如（辤）〔辭〕。鞫：恢，吏，盜過六百六十錢，審。當：恢當黥爲城旦，毋得以爵減、免、贖。律：盜（臧）〔贓〕（直）〔值〕過六百六十錢，黥爲城旦；令：吏盜，當刑者刑，毋得以爵減、免、贖，以此當恢。恢居酈邑建成里，屬南郡守。南郡守强、守丞吉、卒史建舍治。

張家山二四七號漢墓竹簡整理小組《張家山漢墓竹簡·奏讞書》 謀遣人盜，若教人（可）〔何〕盜所，人即以其言□□□□及（智）〔知〕人盜與分，皆與盜同法。

謀偕盜而各有取也，並（直）〔值〕其（臧）〔贓〕以論之。

盜盜囚。（臧）〔贓〕，圜存者皆以畀其主。

徼外人來入爲盜者，（要）〔腰〕斬。吏所興能捕若斬一人，（捧）〔拜〕爵一級。不欲（捧）〔拜〕爵及非吏所興，購如律。

□□□（財）〔？〕（物）〔？〕私自假（貣）〔貸〕，假（貣）〔貸〕人罰金二兩。其錢金、布帛、粟米、馬牛殹，與盜同法。

諸有（叚）〔假〕於縣道官，事已，（假）〔假〕當歸。弗歸，盈二十日，以私自（叚）〔假〕律論。其（叚）〔假〕別在它所，（有）〔又〕物故毋歸叚〔假〕者，自言在所縣道官，縣道官以書告叚〔假〕在所縣道官收之。其不自言，盈廿日，亦以私自假律論。其假已前入它官及在縣道官廷。

張家山二四七號漢墓竹簡整理小組《張家山漢墓竹簡·奏讞書》 盜出財物于邊關徼，及吏部主（智）〔知〕而出者，皆與盜同法；弗（智）〔知〕，罰金四兩。使者所以出，必有符致，毋符吏（智）〔知〕而出之，亦與盜同法。

張家山二四七號漢墓竹簡整理小組《張家山漢墓竹簡·奏讞書》 盜出黃金邊關徼，吏、卒徒部主者（智）〔知〕而出及弗索，與同罪；弗（智）〔知〕，索弗得，戍邊二歲。

張家山二四七號漢墓竹簡整理小組《張家山漢墓竹簡·奏讞書》 淮陽守行縣掾新郪獄，〔高祖六年〕七月乙酉新郪信爰書：求盜甲告曰：從獄史武備盜賊，武以六月壬午出行公粱亭，至今不來，不（智）〔知〕在所，求弗得，公粱亭校長丙坐以頌（毄）〔繫〕，毋（毄）〔繫〕牒，弗窮訊。七月甲辰淮陽守偃（刻）〔劾〕曰：武出備盜賊而不（反）〔返〕，其從迹類或殺之，獄告出入廿日弗窮訊，吏莫追求，坐以（毄）〔繫〕者毋（毄）〔繫〕牒，疑有姦（詐）〔詐〕，其（謙）〔廉〕求捕其賊，（復）〔覆〕其姦（詐）〔詐〕及（智）〔知〕縱不捕賊者，必盡得，以法論。（復）〔覆〕之：武出時，與髳長蒼〼蒼曰：故爲新郪信舍人，信謂蒼：武不善，殺去之。蒼即與求盜大夫布、舍人簪褭餘共賊殺武于校長丙部中。丙與發弩贅（荷）〔苛〕捕蒼，蒼曰：爲信殺，即縱蒼，它如劾。信曰：五月中天旱不雨，令民雩，武主趣都中。信行離鄉，使舍人小簪褭遣守舍。武發遣雩，信來不説，以謂武，武（據）〔倨〕不（趍）〔跪〕，其應對有不善，信怒，扼劍（蔫）〔罵〕詈，欲前就武，武去。居十餘日，信舍人萊告信曰：武欲言信丞相、（大）〔太〕守。信恐其告信，信即與蒼謀，令賊殺武，以此不窮治甲之（它）〔訑〕。它如蒼。丙、贅曰：備盜賊，蒼以其殺武告丙，丙與贅共捕得蒼，蒼言爲信殺，誠，即縱之，罪。它如蒼。詰丙、贅、信：信長吏，臨一縣上所。信恃，不謹奉法以治，至令蒼賊殺武〔及丙、贅備盜賊，捕蒼，蒼雖曰爲信，信非得擅殺人，而縱蒼，皆何解？丙等皆曰：罪，毋解。遣言如信，布死，餘亡不得。診問蒼、信、丙、贅，皆關内侯。信有侯子居雒陽楊里，故右庶長，以堅守（熒）〔滎〕陽，賜爵爲廣武君，秩六百石。蒼，壯平君，居新郪都隱〔？〕里；贅，威昌君，居故市里；丙，五大夫，廣德里，皆故楚爵，屬漢以比士，非諸侯子。布、餘及它當坐者，縣論。它如（辤）〔辭〕。（鞠）〔鞫〕之：蒼賊殺人，信與謀，丙、贅捕蒼而縱之，審。敢言之：新郪信、髳長蒼謀賊殺獄史武，校長丙、贅捕蒼而縱之，爵皆大庶長，律：賊殺人，棄市。以此當蒼。律：謀賊殺人，與賊同法。以此當信。律：縱囚，與同罪。以此當丙、贅。當之：信、丙、贅皆當棄市，毄（繫）。新郪甲、丞乙、獄史丙（治）〔笞〕。爲奉當十五牒上謁，請謁報，敢言之。

謝桂華等《居延漢簡釋文合校》 ⧄臧二百五十以上⧄

甘肅省文物考古研究所《居延新簡》 ⧄□及私盜⧄

甘肅省文物考古研究所《居延新簡》 □不以實臧二百五十以上

甘肅省文物考古研究所《居延新簡》 ⧄□利卒臧並直二百廿二百錢以

（清）張鵬一《漢律類纂·盜律·盜賊》 長吏治所，盜賊多者，免官。《百官表》建平侯杜緩爲太常，坐盜賊多免，《恩澤侯表》永始二年，丞相薛宣坐西州盜賊羣輩免。

（清）張鵬一《漢律類纂·盜律·監守自盜》 諸監臨主守盜值十金以上者，棄市。《陳萬年傳》引律，《李廣傳》弟蔡以丞相坐詔賜冢地陽陵，當得二十畝，蔡盜取三頃，頗賣得四十餘萬，又盜取神道外壖地一畝葬其中，當下獄，自殺。

案《史記·平準書》：黃金一斤。臣瓚注：秦以一鎰爲一金，漢以一斤爲一金。《食貨志》：黃金一斤，直錢萬。十金當直錢十萬。重以主守，故棄市論。《薛宣傳》：主守盜十金，法重，不忍相暴彰。《馮野王傳》：池陽令並，以主守盜十金收捕格殺之。丞相匡衡，以監臨盜所主守十金以上，免爲庶人。田延年以主守盜三千萬，不道，自殺。唐律：監臨主守自盜，及盜所監臨財物者，加凡盜二等，三十疋，絞。與漢略同也。

（清）張鵬一《漢律類纂·盜律·受所監治財物》 吏及諸有秩，受其官屬所監、所治、所行、所將，其與飲食計償費，勿論。他物若買故賤，賣故貴，皆坐臧爲盜，沒入臧縣官。吏遷徙罷免。受其故官屬所將監治財物，奪爵爲士伍。無爵，罰金二斤。令沒人所受，有能捕告，畀其所受臧。景紀元年著令。

《宋書》卷四二《王弘傳》 又主守偷五匹，常偷四十匹，並加大辟，議者咸以爲重。【略】〔弘〕謂應見優量者，實以小吏無知，臨財易昧，或由疏慢，事蹈重科，求之於心，常有可愍，故欲小進匹數，寬其性命耳。至於官長以上，荷蒙禄榮，付以局任，當正己明憲，檢下防非，而親犯科律，亂法冒利，五匹乃已爲弘矣。士人無私相偷四十匹理，就使至此，致以明罰，固其宜耳，並何容復加哀矜。且此輩士人，可殺不可謫，有如諸論，本意自不在此也。

《南史》卷三《宋本紀·太宗明帝》〔泰始四年〕秋九月戊辰，詔定黥刖之制。有司奏：自今凡劫竊執官仗、拒戰邏司、攻剽亭寺及傷害吏人，並監司將吏自爲劫，皆不限人數，悉依舊制斬刑。若遇赦，黥及兩頰劫字，斷去兩脚筋，徙付交、梁、寧州。五人以下止相逼奪者，亦依黥作劫字，斷去兩脚筋，徙付遠州。若遇赦，原斷徒猶黥面，依舊補冶士。家口應及坐，悉依舊結讁。及上崩，其例乃寢。

（宋）徐度《却掃編》卷下 王保和革爲開封尹，專尚威猛，凡盜一錢，皆杖脊配流。

一日杖於市，稠人中有擲書一册其旁者，亟取視之，則其卧中物也。因大驚，捕逐竟不得。宣和末，河北盜起，以選出守大名，慘酷彌甚。得盜輒殺之。然愈盜愈熾。

革自以殺人既衆，且懲開封之事，常懼人圖己，所居輒以甲士環繞。然每對客，必焚香。吕本中舍人，時從辟爲師屬，私語曰：此正所謂兵衛森盡戟，宴寢凝清香者也。

《魏書》卷六二《宋開傳》 軍人有盜馬靽者，斬而徇之，於是三軍振懼，莫敢犯法。

《北史》卷一〇《周本紀·高祖武帝》〔建德六年十一月〕初行《刑書要制》。持杖羣强盜一疋以上，不持杖群羣盜五疋以上，監臨主掌自盜二十疋以上，小盜及詐請官物三十疋以上，正長隱五户及十丁以上、隱地三頃以上，皆至死。《刑書》所不載者，自依律科。

《北史》卷一一《隋本紀·高祖文皇帝》〔開皇十五年〕冬十二月，戊子，敕盜邊糧一升以上，皆斬，籍没其家。

（清）沈家本《歷代刑法考·律令三·隋律》〔開皇〕十六年，有司奏合川倉粟少七千石，命斛律考卿鞫問其事，以爲主典所竊。復令考卿馳驛斬之，没其家爲奴婢，鬻粟以填之。是後盜邊糧者，一升以上皆死，家口没官。

按：已除孥戮相坐之法而又没家口入官，此法與事之相應者也。因此事而遂立爲法，尤非修律之本意。

盜一錢以上皆棄市。旋停。

按：此非法之法，故不久即停。

（唐）長孫無忌等《唐律疏議》卷一九《賊盜·盜大祀神御物》 諸盜大祀神御之物者，流二千五百里。謂供神御者，帷帳几杖亦同。其擬供神御，謂營造未成者。

疏議曰：盜大祀神御之物，公取、竊取皆爲盜。大祀，謂天地、宗廟、神州等。其供神御所用之物而盜之者，流二千五百里。注云謂供神御者，帷帳几杖亦同，謂見供神御者，雖帷帳几杖亦得流罪，故云亦同。其擬供神御，謂上文神御之物及帷帳几杖，營造未成，擬欲供進者，故注云謂營造未成者。

及供而廢闋，若饗薦之具已饌呈者，徒二年；饗薦，謂玉幣、牲牢之屬。饌呈，謂已入祀所，經祀官省視者。未饌呈者，徒一年半。已闋者，杖一百。已闋，謂接神禮華。若盜釜、甑、刀、匕之屬，並從常盜之法。

疏議曰：供而廢闋，謂神御之物，供祭已訖，退還所司者，故云廢闋。若饗薦之具已饌呈者，謂牲牢、棗栗、脯脩之屬，已入神所，呈閲祀官訖。而盜者，各徒二年。故注云饗薦，謂玉幣、牲牢之屬。未饌呈者，徒一年半，謂以上玉幣、牲牢、饌具之屬，未饌呈祀官而盜者，徒一年半。已闋者，謂神前飲食薦饗已了，退而盜者，得杖一百。若盜釜、甑、刀、匕之屬，謂並不用供神，故從常盜之法，一尺杖六十，一疋加一等；五疋徒一年，五疋加一等，罪止加役流。言之屬，謂盤、盂、雜器之類。

（唐）長孫無忌等《唐律疏議》卷一九《賊盜·盜御寶及乘輿服御物》 諸盜御寶者，絞；乘輿服御物者，流二千五百里；謂供奉乘輿之物。服通衾、茵之屬，真、副等。皆須監當之官，部分擬進，乃爲御物。其擬供服御及供而廢闋，若食將御者，徒二年；將御，謂已呈監當之官。擬供食御及非服而御者，徒一年半。

疏議曰：稱御者，太皇太后、皇太后、皇后亦同，皇太子減一等。皇帝八寶，皆以玉爲之，有神寶、受命寶、皇帝行寶、皇帝之寶、皇帝信寶、天子行寶、天子之寶、天子信寶。此等八寶，皇帝所用之物，並爲御寶。其三后寶，以金爲之，並不行用。盜者，俱得絞刑。其盜皇太子寶，準《例》合減一等。流三千里。若盜皇太子妃寶，亦流三千里：后寶既與御寶不殊，妃寶明與太子無别。乘輿服御物，謂供奉乘輿服用之物，三后服御之物亦同，盜者流二千五百里。若盜皇太子及妃所服用物，準《例》減一等，合徒三年。計贓重者，即準贓同常盜之法加一等。注云謂供奉乘輿之物。服通衾、茵之屬，稱之屬者，氈、褥之類。真、副等，真謂見供服用之衣，副謂副貳之服。皆須監當之官，部分擬進者，乃爲御物。其擬供服御，謂營造未成。及供而廢闋，謂已供用事華，是名廢闋。若食將御者，謂御食已呈監當之官擬進，而盜及食者。從擬供服御以下，各徒二年。故注云將御，謂已呈監當之官。擬供食御，謂未呈監當之官及非服而御之物者，若食及盜，各徒一年半。贓重者，各計贓，以常盜論加一等。

（唐）長孫無忌等《唐律疏議》卷一九《賊盜·盜官文書印》 諸盜官文書印者，徒二年。餘印，杖一百。謂貪利之而非行用者。餘印，謂印物及畜產者。

疏議曰：印者，信也。謂印文書施行，通達上下，所在信受，故曰官文書印。盜此印者，徒二年。餘印，杖一百，餘印謂給諸州封函及畜産之印，在令、式，印應官給。但非官文書之印，盜者皆杖一百。注云謂貪利之而非行用者，皆謂藉以爲財，不擬行用。若將行用，即從僞造、僞寫，封用規避之罪科之。

（唐）長孫無忌等《唐律疏議》卷一九《賊盗·盗制書及官文書》 諸盗制書者，徒二年。官文書，杖一百；重害文書，加一等；紙券，又加一等。亦謂貪利之，無所施用者。重害，謂徒罪以上獄案及婚姻、良賤、勳賞、黜陟、授官、除免之類。

疏議曰：盗制書徒二年，勑及奏抄亦同。勑旨無御畫，奏抄即有御畫，不可以御畫奏抄輕於勑旨，各與盗制書罪同。官文書，謂在司尋常施行文書，有印無印等。重害文書，加一等，合徒一年。注云亦謂貪利之，亦如上條盗印藉爲財用，無所施行。重害，謂徒罪以上獄案及婚姻、良賤、勳賞，黜陟、授官、除免之類，稱之類者，謂倉糧財物、行軍文簿賬及户籍、手實之屬，盗者各徒一年。若欲動事，盗者自從增減之律。

即盗應除文案者，依凡盗法。

疏議曰：即盗應除文案者，依令：文案不須常留者，每三年一揀除。既是年久應除，既非見行文案，故依凡盗之法，計贓科罪。

（唐）長孫無忌等《唐律疏議》卷一九《賊盗·盗符節門鑰》 諸盗宫殿門符、發兵符、傳符者，流二千里；使節及皇城、京城門符，徒三年；餘符，徒一年。門鑰，各減三等。盗州、鎮及倉厨、廄庫、關門等鑰，杖一百。縣、戍等諸門鑰，杖六十。

疏議曰：開閉殿門，皆用銅魚合符。用符鑰法式，已於《擅興律》解訖。發兵符，以銅爲之，左者進内，右者付州、府、監及提兵鎮守之所，並留守應執符官人。其符雖通餘用，爲發兵事重，故以發兵爲目。傳符，謂給將乘驛者，依《公式令》：下諸方傳符，兩京及北都留守爲麟符，東方青龍，西方白虎，南方朱雀，北方玄武。兩京留守二十，左十九，右一；餘皆四，左三，右一。左者進内，右者付外州、府、監應執符人。其兩京及北都留守符，並進内。須遣使向四方，皆給所詣處右符，書於骨帖上，内着符，裹用泥封，以門下省印印之。所至之處，以右符勘合，然後承用。盗者，合流二千里。節者，皇華出使，黜陟幽明，輶軒奉制，宣威殊俗，皆執旌節，取信天下。及皇城門，謂朱雀等門；京城門，謂明德等門。盗此門符及使節者，各徒三年。餘符，徒一年，餘符謂禁苑及交巡等符。案《擅興律》：凡言餘符者，契亦同。即契應發兵者，同發兵符法。然則盗發兵契，各同魚符之罪。門鑰，各減三等，謂各減所開閉之門魚符三等。假有盗宫殿門符，合流二千里；門鑰減三等，得徒二年。餘鑰應減門符，並準此。若是禁苑門鑰，不可輕於州、鎮、關門等鑰。盗州、鎮及官倉厨、廄庫及關門等鑰，各杖一百。縣戍等諸門鑰，稱諸門鑰者，謂内外百司及坊市門，官有門禁，盗其鑰者，各杖六十。

（唐）長孫無忌等《唐律疏議》卷一九《賊盗·盗禁兵器》 諸盗禁兵器者，徒二年；甲、弩者，流二千里。若盗罪輕，同私有法。盗餘兵器及旌旗、幡幟者，杖九十。若盗守衛宫殿兵器者，各加一等。即在軍及宿衛相盗，還充官用者，各減二等。

疏議曰：盗禁兵器者，徒二年，謂非弓、箭、刀、楯、短矛，私家不合有者，皆爲禁兵器。甲、弩者，流二千里。盗罪輕者同私有法，即盗弩一張流二千里，盗甲一領亦流二千里，案《擅興律》：私有甲一領及弩三張，流二千里。甲三領及弩五張，絞。即盗甲三領，或盗弩五張，並得絞罪，是名盗罪輕，同私有法。其盗餘兵器，謂雖是官兵器，私家合有者，及旌旗、幡幟者，杖九十，並據盗官物，計贓重，加凡盗一等。若盗守衛宫殿兵器者，又各加一等，謂見用守衛宫殿，加凡盗二等。即在軍，謂在行軍之所，若宿衛相盗，還充官用者，各減二等。若入私者，各同上文盗法。

（唐）長孫無忌等《唐律疏議》卷一九《賊盗·盗天尊佛像》 諸盗毁天尊像、佛像者，徒三年。即道士、女官盗毁天尊像，僧、尼盗毁佛像者，加役流。真人、菩薩，各減一等。盗而供養者，杖一百。盗、毁不相須。

疏議曰：凡人或盗或毁天尊若佛像，各徒三年。道士、女官盗毁天尊像，僧、尼盗毁佛像者，各加役流，爲其盗毁所事先聖形像，故加役流，不同俗人之法。真人、菩薩，各減一等，凡人盗毁，徒二年半；道士、女官盗毁真人，僧、尼盗毁菩薩，各徒三年。盗而供養者，杖一百，謂非貪利，將用供養者。但盗之與毁，各得徒、流之坐，故注云盗、毁不相須。其非真人、菩薩之像，盗毁餘像者，若化生神王之類，當不應爲從重。有贓入己者，即依凡盗法。若毁損功庸多者，計庸坐贓論。各令修立。其道士等盗毁佛像及菩薩，僧、尼盗毁天尊若真人，各依凡人之法。

(唐)長孫無忌等《唐律疏議》卷一九《賊盗・發冢》 諸發冢者，加役流；發徹即坐。招魂而葬，亦是。已開棺槨者，絞；發而未徹者，徒三年。

疏議曰：《禮》云：葬者，藏也，欲人不得見。古之葬者，厚衣之以薪，後代聖人易之以棺槨。有發冢者，加役流。注云發徹既坐。招魂而葬，亦是，謂開至棺槨，既爲發徹。先無尸柩，招魂而葬，但使發徹者，并合加役流。已開棺槨者，絞，謂有棺有槨者，必須棺、槨兩開，不待取物觸屍，俱得絞罪。其不用棺槨葬者，若發而見屍，亦同已開棺槨之坐。發而未徹者，謂雖發冢，而未至棺槨者，徒三年。

其冢先穿及未殯，而盗屍柩者，徒二年半；盗衣服者，減一等；器物、甎、版者，以凡盗論。

疏議曰：其冢先穿，謂先自穿陷，舊有隙穴者。未殯，謂屍猶在外，未殯埋。而盗屍柩者，徒二年半，謂盗者元無惡心，或欲詐代人屍，或欲别處改葬之類。盗衣服者，減一等，得徒二年。計贓重者，以凡盗論加一等。此文既稱未殯，明上文發冢殯訖而發者，亦是。若盗器物甎版者，謂冢先穿，取其明器等物，或甎若版，以凡盗論。

問曰：發冢者，加役流。律既不言尊卑、貴賤，未知發子孫冢，得罪同凡人否？

答曰：五刑之屬，條有三千，犯狀既多，故通比附。然尊卑貴賤，等數不同，刑名輕重，粲然有别。尊長發卑幼之墳，不可重於殺罪；若發尊長之冢，據法止同凡人。律云發冢者，加役流在於凡人，便減殺罪一等；若發卑幼之冢，須減本殺一等而科之：已開棺槨者絞，既同已殺之坐；發而未徹者徒三年，計凡人之罪減死二等，卑幼之色亦於本殺上減二等而科；若盗屍柩者，依減三等之例。其於尊長，並同凡人。

(唐)長孫無忌等《唐律疏議》卷一九《賊盗・盗園陵内草木》 諸盗園陵内草木者，徒二年半。若盗他人墓塋内樹者，杖一百。

疏議曰：園陵者，《三秦記》云：帝王陵有園，因謂之園陵。《三輔黄圖》云：謂陵四闌門通四園。然園陵草木而合芟刈，而有盗者，徒二年半。若盗他人墓塋内樹者，杖一百。若贓重者，準下條以凡盗論加一等。若其非盗，唯止斫伐者，準《雜律》：毁伐樹木稼穡，各準盗論。園陵内，徒二年半；他人墓塋内樹，杖一百。

(唐)長孫無忌等《唐律疏議》卷一九《賊盗・盗官私馬牛而殺》

諸盗官私馬牛而殺者，徒二年半。

疏議曰：馬牛軍國所用，故與餘畜不同。若盗而殺者，徒二年半。若準贓重於徒二年半者，以凡盗論加一等。其有盗殺犛牛之類，鄉俗不用耕駕者，計贓以凡盗論。

(唐)長孫無忌等《唐律疏議》卷一九《賊盗・盗不計贓立罪名》

諸盗不計贓而立罪名，及言減罪而輕於凡盗者，計贓重，以凡盗論加一等。

疏議曰：從盗大祀神御之物以下，不計贓科，唯立罪名。亦有減處，並謂得罪應重，故别立罪名，若減罪輕於凡盗者，各須計贓，以凡盗論加一等。假有盗他人馬牛而殺，評馬牛贓直絹二十疋，若計凡盗，合徒二年半；以盗殺馬牛，故加凡盗一等，處徒三年。及言減罪輕於凡盗者，上條盗屍柩者，徒二年半。盗衣服者，減一等，假有盗屍柩上衣服，直絹二十疋，依凡盗徒二年半，文稱減一等，只徒二年；故依凡盗加一等，亦徒三年，是名以凡盗論加一等。若盗皇太子服用及盗中、小祀等物，雖得減罪，亦是盗不計贓。

(唐)長孫無忌等《唐律疏議》卷二〇《賊盗・卑幼將人盗己家財》

諸同居卑幼，將人盗己家財物者，以私輒用財物論加二等；他人，減常盗罪一等。若有殺傷者，各依本法。他人殺傷，縱卑幼不知情，仍縱本殺傷法坐之。

疏議曰：同居卑幼，謂共居子孫、弟姪之類，將外人共盗己家財物者，以私輒用財物論加二等。案《户婚律》：同居卑幼，私輒用財者，十疋笞十，十疋加一等，罪止杖一百。他人減凡盗一等，謂卑幼將人盗物雖多，罪止徒一年半，他人減常盗罪一等。其於首從，自依常例。若有殺傷者，依本殺傷法，謂依故殺傷尊長、卑幼法。縱不知情，他人亦依强盗殺傷法。注云：他人殺傷，縱卑幼不知情，仍從本殺傷法坐之，謂卑幼不知他人殺傷之情，仍從故殺傷法。稱坐之者，不在除、免、加役流之例。若他人誤殺傷尊長，卑幼不知情，亦依誤法。其被殺傷人非尊長者，卑幼不知殺傷情，唯得盗罪，無殺傷之坐。其有知情，並自殺傷者，各依本殺傷之法。

問曰：卑幼將人盗己家財物，以私輒用財物論加二等，他人減常盗一等。若卑幼共他人强盗者，律無加罪之文，未知更加罪以否？

答曰：强之與竊，罪狀不同。案《職制律》：貸所監臨財物，强者加二等，餘條强者準此。諸親相盗，罪有等差。將人盗己家財物者，加私輒用財物二等，更無强盗之文，止明殺傷之坐：若殺傷罪重，縱殺傷法科，如殺傷坐輕，即準强者加二等。此是一部通例，故條不別生文。

（唐）長孫無忌等《唐律疏議》卷二〇《賊盗・因盗過失殺傷人》

諸因盗而過失殺傷人者，以鬬殺傷論，至死者加役流。得財、不得財等。財主尋逐，遇他死者，非。

疏議曰：因行竊盗而過失殺傷人者，以其本有盗意，不從過失收贖，故以鬬殺傷論。其殺傷之罪至死者，加役流。注云得財、不得財等，謂得財與不得財，並從鬬殺傷科。財主尋逐，遇他死者，非，謂財主尋逐盗物之賊，或墜馬，或落坑致死之類，是遇他故而死，盗者唯得盗罪，而無殺傷之坐。

其共盗，臨時有殺傷者，以强盗論；同行人不知殺傷情者，止依竊盗法。

疏議曰：謂共行竊盗，不謀强盗，臨時乃有殺傷人者，以强盗論。同行人而不知殺傷情者，止依竊盗法，謂同行元謀竊盗，不知殺傷之情，止依竊盗爲首從。殺傷者，依强盗法。

（唐）長孫無忌等《唐律疏議》卷二〇《賊盗・盗緦麻小功親財物》

諸盗緦麻、小功親財物者，減凡人一等；大功，減二等；期親，減三等。殺傷者，各依本殺傷論。此謂因盗而誤殺者。若有所規求而故殺期以下卑幼者，絞。餘條準此。

疏議曰：緦麻以上相盗，皆據別居。卑幼於尊長家强盗，已於恐喝條釋訖。其尊長於卑幼家竊盗若强盗，及卑幼於尊長家行竊盗者，緦麻、小功減凡人一等，大功減二等，期親減三等。殺傷者，各依本殺傷論，謂因盗誤殺傷人，若殺傷尊卑、長幼，各依本殺傷法。注云此謂因盗而誤殺者，謂本心只欲規財，因盗而誤殺人者，亦同因盗過失殺人，依鬬殺之罪。不言傷者，爲傷罪稍輕，聽從誤傷之法。但殺人坐重，雖誤，同鬬殺論；若實故殺，自依故殺傷法。若有所規求，故殺期以下卑幼者，絞，即此條因盗，是爲有所規求，故殺期以下卑幼者，絞。誤殺者，自依本鬬殺傷論。餘條，謂諸條姦及畧、各誘，但是争競，有所規求而故殺期以下卑幼，本條不至死者，並絞。故云餘條準此。

（唐）長孫無忌等《唐律疏議》卷一九《賊盗・竊盗》

諸竊盗，不得財笞五十；一尺杖六十，一疋加一等；五疋徒一年，五疋加一等，五十疋加役流。

疏議曰：竊盗人財，謂潛形隱面而取。盗而未得者，笞五十。得財一尺杖六十，一疋加一等，既是一疋一尺杖七十。以次而加至贓滿五疋，不更論尺，即徒一年。每五疋加一等，四十疋流三千里，五十疋加役流。其有於一家頻盗及一時而盗數家者，並累而倍論。倍，謂二尺爲一尺。若有一處贓多，累倍不加重者，止從一重而斷，其倍贓依《例》總徵。

（唐）長孫無忌等《唐律疏議》卷一九《賊盗・監臨主守自盗》

諸監臨主守自盗及盗所監臨財物者，若親王財物而監守自盗，亦同。加凡盗二等，三十疋絞。本條已有加者，亦累加之。

疏議曰：假如左藏庫物，則太府卿、丞爲監臨，左藏令、丞爲監事，見守庫者爲主守，而自盗庫物者，爲監臨主守自盗。又如州、縣官人盗部內人財物，是爲盗所監臨。注云：若親王財物，依令：皇兄弟、皇子爲親王。監守自盗王家財物，亦同官物之罪。加凡盗二等，一尺杖八十，一疋加一等，一疋一尺杖九十，五疋徒二年，五疋加一等，是名加凡盗二等，三十疋絞。注云：本條已有加者，亦累加之，謂監臨主守自盗所監主，不計贓之物，計贓重者，以凡盗論加一等，即是本條已有加於此，又加二等。假有武庫令自盗禁兵器，計贓直絹二十疋。凡人盗者，二十疋合徒二年半，以盗不計贓而立罪名，計贓重者加凡盗一等，徒三年；監主又加二等，流二千五百里。如此之類，是本條已有加者，亦累加之。

（唐）長孫無忌等《唐律疏議》卷二〇《賊盜・共盜併贓論》　諸共盜者，併贓論。造意及從，行而不受分，即受分而不行，各依本首從法。

疏議曰：共行盜者，併贓論，假有十人同盜得十疋，人別分得一疋，亦各得十疋之罪。若造意之人，或行而不受分，或受分而不行，從者亦有行而不受分，或受分而不行，雖行，受有殊，各依本首從爲法，止用一人爲首，餘爲從坐。假有甲造意不行受分，乙爲從行而不受分，仍以甲爲首，乙爲從之類。

若造意者不行，又不受分，即以行人專進止者爲首，造意者爲從，至死者減一等。從者不行，又不受分，笞四十；强盜，杖八十。

疏議曰：假有甲造意行盜而不行，所盜得財又不受分，乙、丙、丁等同行，乙爲處分方畧，即行人專進止者，乙合爲首，甲不行爲從，其强盜應至死者，減死一等，流三千里。雖有從名，流罪以下，仍不得減。其共謀竊盜，從者不行，又不受分，笞四十。若謀强盜，從者不行，又不受分，杖八十。

若本不同謀，相遇共盜，以臨時專進止者爲首，餘爲從坐。共强盜者，罪無首從。

疏議曰：行盜本不同謀，相遇共盜者，即以臨盜之時，專進止者爲首，餘皆爲坐。注云：共强盜者，罪無首從，謂强盜雖本不同謀，但是同行，並無首從。

主遣部曲、奴婢盜者，雖不取物，仍爲首；若行盜之後，知情受財，强盜、竊盜，並爲竊盜從。

疏議曰：主遣當家部曲、奴婢行盜，雖不取所盜之物，主仍爲行盜首，部曲、奴婢爲從。若部曲、奴婢私自行盜，主後知情受財，準所受多少，不限强之與竊，並爲竊盜從。假有部曲等先强盜、竊盜得財，主後知情，受絹五疋，合杖一百之類。

問曰：有人行盜，其主先不同謀，乃遣部曲、奴婢隨他人爲盜。爲遣行人元謀作首，欲令部曲、奴婢主作首？

答曰：盜者首出元謀，若元謀不行，即以臨時專進止爲首。今奴婢之主既不元謀，又非行色，但以處分奴婢，隨盜求財。奴婢之此行，由主處分，今所問者，乃是他人元謀，主雖驅使家人，不可同於盜者元謀。既自有首，其主即爲從論，計入奴婢之贓，準爲從坐。假有奴婢逐他人，總盜五十疋絹，奴婢分得十疋，奴婢爲五十疋從，徒三年；主爲十疋從，合徒一年之類。

（唐）長孫無忌等《唐律疏議》卷二〇《賊盜・共謀强竊盜》　諸共謀强盜，臨時不行，而行者竊盜，共謀者受分，造意者爲竊盜首，餘並爲竊盜從；若不受分，造意者爲竊盜從，餘並笞五十。

疏議曰：假有甲乙丙丁同謀强盜，甲爲首，臨時不行，而行者竊盜，甲雖不行，共謀受分。甲既造意，爲竊盜首；餘行者，並爲竊盜從。甲若不受分，復不行，爲竊盜從；從者不行，又不受分，笞五十。前條竊盜從不行，又不受分，笞四十，此條笞五十者，爲元謀强盜故也。

若共謀竊盜，臨時不行，而行者强盜，其不行者造意受分，知情、不知情，並爲竊盜首；造意者不受分及從者受分，俱爲竊盜從。

疏議曰：同謀行竊盜，臨時有不行之人，而行人自爲强盜。其不行者是元謀造意，受强盜贓分，不限知情、不知情，並爲竊盜首。其造意者不受分及從者受分，俱爲竊盜從。

（唐）長孫無忌等《唐律疏議》卷二〇《賊盜・盜經斷後三犯》　諸盜經斷後，仍更行盜，前後三犯徒者，流二千里；三犯流者，絞。三盜止數赦後爲坐。其於親屬相盜者，不用此律。

疏議曰：行盜之人，實爲巨蠹。屢犯明憲，罔有悛心。前後三入刑科，便是怙終其事，峻之以法，用懲其罪。故有强盜、竊盜，經斷更爲，三犯徒者，流二千里；三犯流者，絞。亦謂斷後又爲者。其未斷經降，慮者，不入三犯之限。注云三盜皆據赦後爲坐，謂據赦後三犯者，不論赦前犯狀爲數。親屬相盜者，不用此律，謂自依親屬本條，不用此三犯之律。案《職制律》：親屬，謂緦麻以上及大功以上婚姻之家。假有於堂兄弟婦家及堂兄弟男女婚姻之家，犯盜徒、流以上，並不入三犯之倒。

問曰：有三犯死罪，會降皆至流、徒，或一兩度止犯流、徒，或一兩度從死會降，總計三犯，亦同三犯流、徒以否？

答曰：律有赦後之文，不言降前之犯。死罪會降，止免極刑；流、徒之科，本法仍在。然其所犯本坐，重於正犯徒、流，準律而論，總當三犯之例。

（唐）長孫無忌等《唐律疏議》卷二〇《賊盗·公取竊取皆爲盗》

諸盗，公取、竊取皆爲盗。器物之屬須移徙，闌圈繫閉之屬須絶離常處，放逸飛走之屬須專制，乃成盗。若畜産伴類隨之，不併計。即將入己及盗其母而子隨者，皆併計之。

疏議曰：公取，謂行盗之人，公然而取；竊取，謂方便私竊其財：皆名爲盗。注云：器物之屬須移徙者，謂器物、錢帛之類，須移徙離於本處。珠玉、寶貨之類，據入手隱藏，從未將行，亦是；其木石重器，非人力所勝，應須馱載者，雖移本處，未馱載間，猶未成盗。但物有巨細，難以備論，畧舉綱目，各準臨時取斷。闌圈繫閉之屬須絶離常處，謂馬牛駞騾之類，須出闌圈及絶離繫閉之處。放逸飛走之屬，謂鷹犬之類，須專制在己，不得自由，乃成爲盗。若畜産伴類隨之，假有盗馬一疋，別有馬隨，不合併計爲罪。即因逐伴而來，遂將入己，及盗其母而子隨之者，皆併計爲罪。

（唐）長孫無忌等《唐律疏議》卷二〇《賊盗·部内有爲盗及容止盗》

諸部内有一人爲盗及容止盗者，里正笞五十，坊正、村正亦同。三人加一等；縣内，一人笞三十，四人加一等；部界内有盗發及殺人者，一處以一人論，殺人者仍同强盗之法。

疏議曰：部内，謂州、縣、鄉、里所管之内，百姓有一人爲盗；及容止盗者，謂外盗入境，所部容止：所管里正笞五十。注云：坊正、村正亦同，謂得罪亦同里正。三人加一等，四人行盗，合杖六十。縣内，一人笞三十，謂縣内一人行盗，縣令笞三十，四人加一等，有五人行盗即笞四十之類。注云：部界内有盗發，謂里正等以上，部界之内有盗發及殺人者。一處以一人論，謂一處盗發，同部内一人行盗；一處殺人，同一人行强盗，故云：一處以一人論。殺人者仍從强盗之法，下文强盗者加一等，殺人者亦加一等，與强盗同。即是部内有一人强盗者，里正等杖六十，雖非部内人，但當境内强盗發，亦準此。容止殺人賊者，亦依强盗之法。

州隨所管縣多少，通計爲罪。各罪止徒二年。强盗者，各加一等。皆以長官爲首，佐職爲從。

疏議曰：州隨所管縣多少，通計爲罪，各罪止徒二年，謂州、縣、里正、坊正、村正等，並罪止徒二年。强盗者，各加一等，罪止徒二年半。上注云：殺人同强盗之法，故知殺人及發處若容止，各準强盗加之。其通計之法，已於《户婚律》解訖。注云：以長官爲首，佐職爲從，但宣風導俗，肅清所部，長官之事，故以長官爲首。即刺史、縣令闕者，以次官當之。既云：佐職爲從，即罪不及主典。

即盗及盗發、殺人後，三十日捕獲，他人、自捕等。主司各勿論；限外能捕獲，追減三等。若軍役所有犯，隊正以上、折衝以下，各準部内征人冒名之法，同州、縣爲罪。

疏議曰：謂部内有人行盗，及當境盗發，及部内人殺他人，及境内人被他殺，事發後三十日，自捕獲，並他人捕獲，主司各勿論，並得免罪。若三十日限外能捕獲者，追減三等。稱追減者，雖結正訖，仍得減之；若已經奏決者，依《捕亡律》不在追減之例。其軍役有犯，謂行軍及領軍人傜役之所，有犯盗及殺人事發，若容止盗者，隊正、隊副以上，折衝以下，得罪並準部内征人冒名之法，同州、縣爲罪，謂隊正、隊副，團内一人爲盗及容止盗者，若有盗發之所，竊盗者各笞五十；若是强盗及殺人，若被殺之處，每事各加一等。校尉、旅師，減隊正、隊副一等。折衝、果毅，準所管校尉多少，通計爲罪。假如部内一人爲盗及容止盗者，里正笞五十，三人加一等；隊正同里正，亦一人笞五十，三人加一等，計二十五人，罪止徒二年。旅師、校尉，一人笞四十，二十五人罪止徒一年半。折衝、果毅如管三校尉，三人笞四十，七十五人徒一年半；管四校尉者，四人笞四十，一百人罪止徒一年半。同州、縣爲罪，長官爲首，佐職爲從。

（唐）長孫無忌等《唐律疏議》卷二五《詐僞·盗寶印符節封用》

諸盗寶、印、符、節封用；謂意在詐僞，不關由所主。即所主者盗封用及以假人，若出賣；所假及買者封用：各以僞造、寫論。

疏議曰：盗寶、印、符、節封用，注云：謂意在詐僞，不關由所主，謂盗用官印等，不由所當之人；或執印等主司，私盗封用及所主者將印假與他人，若將出賣與人；並所假、買之人，若將封用：各以僞造、寫論，並依自造之法。

問曰：有人身爲案主，受人請求，乃爲盗印印僞文牒，既非掌印，合作首從以否？

答曰：一人須印行用，一人盗印與之，即是共犯，須論首從。盗者雖爲案主，非掌印之人，便是共犯，合爲首從。

主司不覺人盗封用者，各減封用罪五等；印，又減二等。即事直及避稽而盗用印者，各杖一百；事雖不直，本法應用印而封用者，加一等。主司不覺，笞五十；故縱者，各與同罪。

疏議曰：掌寶及符、節主司，不覺有人盗用者，減盗用人罪五等；印，又減二等。謂不覺用寶及符，應死者，死上減五等，徒一年半；不覺用符、節應流，流上減五等，徒一年；不覺用餘符，徒二年上減五等，杖八十；不覺用印，流上減七等，合杖九十。即文書正直及避文案稽遲，而盗用印者，各杖一百。事雖不直，本法應用印，謂事雖枉曲，本法應封用印者，終須申答而盗封用印者，加一等，合徒一年。若不直，罪重即從重斷。主司不覺，笞五十，謂從事直及避稽以下，不覺，各笞五十。故縱者，各與同罪。

（宋）王溥《唐會要》卷四一《雜記》〔貞觀〕十六年十月二十六日詔：盗賊之作，爲害實深。州縣官人，多求虚譽，苟言盗發，不欲陳告。村鄉長正，知其此情，遞相勸止，十不言一。假有被論，先劾物主。爰及鄰伍，久嬰縲絏。有一於斯，實虧政化。自今以後，勿使更然。

（宋）王溥《唐會要》卷四一《雜記》延載元年勅：盗公私尊像，入大逆條。盗像殿内物，同乘御物。

劉俊文《敦煌吐魯番唐代法制文書考釋·格·神龍散頒刑部格殘卷》

一、盗及詐請兩京及九城宫庫物，贓滿一疋已上，首處斬，從配流。若盗司農諸倉及少府監諸庫物，並軍糧、軍資，贓滿五疋以上，首處死，從處流；若一疋以上，首處流，從徒三年。所由官人不存檢校，失數滿卅疋已上者，奏聞。

劉俊文《敦煌吐魯番唐代法制文書考釋·格·神龍散領刑部格殘卷》

一、盗計贓滿一疋以上，及詃誘官私奴婢，並恐喝取財，勘當知實，先決杖一百，仍依法與罪。

劉俊文《敦煌吐魯番唐代法制文書考釋·格·神龍散頒刑部格殘卷》

一、盗及煞官駞馬一疋以上者，先決杖一百，配流嶺南，不得官當、贖。其知情博換賣買，及過致人、居停主人知情者，並准此。人有糺告者，每糺得一疋，賞物廿疋。糺數雖多，不得過一百疋。其賞物並出隱煞盗駞馬人。告數滿十疋以上者，衛士免軍，百姓免簡點，户奴放從良。所由官人阿縱者，与下考；受財求者，准盗人科罪。

（宋）王溥《唐會要》卷三九《議刑輕重》會昌元年十二月都省奏：准開成五年十二月十四日中書門下奏：准律竊盗五匹以上，加役流。今自京兆河南尹，逮于牧守，所在爲政，寬猛不同。或以百錢以下斃踣；或至數十千不死。輕重既違法律，多以收禁爲名。法自專行，人皆異政。然禁嚴則盗賊屏息，閭里皆安；政緩則攘竊盗行，平人受弊。定其取捨，在峻典刑。自今已後，天下州府竊盗賊，計贓幾貫，須處極法？臣等商量，望委中書門下五品以上，尚書省四品以上，御史臺五品已上，與京兆尹同議奏聞。仍編入格令。所冀異儒者政無寬縱，剛戾者刑不至殘。各奉朝章，法歸畫一。其强盗賊，法律已重，不在此限。仍委出使郎官御史，及度支鹽鐵巡院察訪。務令遵守，不得隳違者。伏以竊盗本無死刑，遂使刑法不一。臣等既奉詔旨，敢不盡心。臣請自今已後，入不應竊盗贓。贓至絹三疋，即處極法；如未滿三疋，即任節級科處，不失罪人。其計贓數，即請准律以所在估絹爲定。其兩京及軍府浩穰之地，或事繁一時，制斷有異，則請許量情定罪，務在得中。自然法禁不虧，刑名可守。勅旨：朝廷施令，所貴必行。合于事情，方可經久。自今已後，竊盗計贓至錢一貫以上，處極法。抵犯者便准法處分，不得以收禁爲名。其奴婢本主，及親戚同居行盗，並許減等，任長使酌度輕重處分。如再四抵犯，及有徒黨須懲，不在此例。

（清）沈家本《歷代刑法考·律令四·會昌改重法》《唐志》：武宗性嚴刻，故時竊盗無死，所以原民情迫於飢寒，至是贓滿千錢者死。至宣宗，乃罷之。

按：此事在會昌元年，《册府》作一百文處死，乃一貫文之誤。唐律竊盗無死法，自建中有三匹以上決殺之敕，而竊盗乃入於死。至會昌中，滿千錢即死，更重。宣宗大中四年，罷會昌而用建中法，仍重也。《册府》刑部法：會昌四年七月，京兆府奏：擒盗賊並鬭行鬭毆人等，被姦惡所由，與府縣人吏，同情欺罔，因緣卜射，求取恣爲，不顧典刑，隱藏愆犯。臣見今推鞫須立條科，府縣所由，輒因事取錢，及恐嚇平人，遣重囚典引坊市人户推問得實，贓至十貫以上者，從今後伏請集衆決殺，十貫以下者，即量情科斷。

按：唐律恐喝取人財物準盗論加一等，三十五匹流三千里，亦無死法。此十貫以上即決殺，視舊重矣。唐律贓多以匹計，而是條獨以貫計，竊盗千錢亦是以貫計，此又幣制之因時變遷而刑法亦因之矣。

《新唐書》卷五六《刑法志》 武宗用李德裕誅劉稹等，大刑舉矣，而性嚴刻。故時，竊盗無死，所以原民情迫於飢寒也，至是贓滿千錢者死，至宣宗乃罷之。而宣宗亦自喜刑名，常曰：犯我法，雖子弟不宥也。然少仁恩，唐德自是衰矣。

（宋）王溥《唐會要》卷三九《議刑輕重》 大中四年正月勅攘竊之興起，起于不足。近日刑法頗峻，竊盗益煩，贓至一千，便處極法。輕人性命，重彼貨財。既多殺傷，且乖教化，况非舊制，須議更改。其會昌元年二月二十六日勅，宜令所司，重詳定條流。

《舊唐書》卷一八《宣宗本紀》 〔大中四年〕又刑部奏：准今年正月一日赦節文，據會昌元年三月二十六日敕，竊盗贓至一貫文處死，宜委所司重詳定條目奏聞。臣等檢校，並請准建中三年三月二十四日敕，竊盗贓滿三疋已上決殺，如贓數不充，量請科放。從之。

（清）董誥《全唐文》卷八六一劇可久《請改定推勘盗賊奏》 《開成格》：應盗賊須得本贓，然後科決。如有推勘，因而致死者，以故殺罪論。臣詳此理，未便。且云：無持贓待捕之賊，或偷生隱諱，所司又須訊拷，死反償命，實恐惠姦起。今後如因而致死者，如無故，則請減一等，别增患病而死者，從辜限正賊，減本罪五等。

（清）沈家本《歷代刑法考·律令五·竊盗》 《五代會要》：清泰元年九月，大理寺奏：所用法書竊盗條，〔準〕建中年，贓滿三匹已上決殺，不及三匹量情決杖。本朝以量情之文不定，詔御史中丞龍敏等議。贓滿三匹，準舊法；一匹已上，決徒一年半；一匹以下，量罪以杖。大理寺又以量罪之文不定，申奏集寺重議。今議定贓滿一匹，徒二年半；不及一匹，徒一年半；不得財，杖七十。從之。一匹已上云云《册府》六百十三作一匹以上，決杖十八；一匹以下，量罪決杖。大理云云。集寺官議，議云贓一匹杖脊十八，不滿一匹杖十五，不得財，杖臀十五。從之。

《舊五代史》卷一四七《刑法志》 〔晋天福〕四年九月，相州節度使桑維翰奏：管内所獲賊人，從來籍没財産，云是鄴都舊例，格律未見明文。勅：今後凡有賊人，准格定罪，不得没納家貲。天下諸州，准此處分。

（清）沈家本《歷代刑法考·律令五·竊盗贓》 《册府》六百十三：天福五年十月癸丑，詔曰：朕自臨區夏，每念生靈惡殺，爲心實慈是務。凡於獄訟，嘗切哀矜，况時漸興文，民皆知禁，宜伸輕典，用緩峻刑。今後竊盗贓滿五匹處死，三匹已上決杖配流。以盗論者，依律文處分。

《五代會要》：天福六年五月十五日，尚書刑部員外郎李象奏：據《刑法統類》節文云：盗賊未見本贓，推勘因而致死者，有故者以故殺論，無故者減一等。又云：今後或有故者以故殺論，或無故者景迹顯然，支證不謬，堅持姦惡，不招本情，以此致死者減故殺罪五等。其或妄被攀引，終是平人，以此致死者減故殺罪一等。臣按上文云：有故殺者，以故殺者論，此是矣。其無故殺者亦坐減一等罪即恐未當。假如官司或有刑獄，未見本情，不可全不詰問。據言有故者，則是曾拷掠，及違令式，或粗大棒，强相抑壓，以此致死者並屬有故。無故者即是推勘之司不曾拷掠，又不違法律，亦不堅有抑壓，此則並屬無故，不坐罪。假若有犯事人舊患疾病，推勘之際，卒暴身亡，不可亦坐推司減等之罪。又據斷獄云：若依法使（伏）〔杖〕，依數拷決而邂逅致死勿論。邂逅，謂不期致死而死，且彼言拷決，尚許勿論，此云無故，卻令坐罪，事實相背，理有未通。請今後推勘之時致死者，若實情無故，請依邂逅勿論之義。詳定院奏：臣等參詳，若違法拷掠，即非託故挾情以致其死但有情故者，依故殺論。若雖不依法拷掠，即非託故挾情以致其死而無情故者，請減故殺一等。若無本情故，又依法拷掠或未拷掠，或詰問未詰問，及不抑壓因他故致死，並屬邂逅勿論之義。從之。

《舊五代史》卷一四七《刑法志》 〔周太祖廣順〕二年二月，中書門下奏：准元年正月五日赦書節文，今後應犯竊盗贓及和姦者，並依晋天福元年已前條制施行。諸處犯罪人等，除反逆罪外，其餘罪並不籍没家產、誅及骨肉，一依格令處分者。請再下明勅，頒示天下。乃下詔曰：赦書節文，明有釐革，切慮邊城遠郡，未得審詳，宜更申明，免至差誤。其盜賊，若是强盜，並准自來格條斷遣；其犯竊盜者，計贓絹滿三匹已上者，並集衆決殺，其絹以本處上估價爲定，不滿三匹者，等第決斷。應有夫婦人被强姦者，男子決殺，婦人不坐；其犯和姦者，並准律科斷，罪不至死。其餘姦私罪犯，准格律處分。應諸色罪人，除謀反大逆外，其餘並不得誅殺骨肉、籍没家產。先是，晋天福中勅，凡和姦者，男子婦人並處極法，至是始改從律文焉。

（宋）王溥《五代會要》卷一〇《刑法雜録》〔周顯德五年七月七日〕又勑：諸盜經斷後仍便行盜，前後三犯，並會經官司推問伏罪，不問赦前後、贓多少，並取決殺。

（清）吴任臣《十國春秋》卷二五《南唐十一·蕭儼傳》《昇元格》：盜物直三緡者處極刑。

（宋）李燾《續資治通鑑長編》宋太祖建隆二年二月 舊制，竊盜贓滿三匹者，棄市。己丑，改爲錢三千，其陌八十。

（宋）李燾《續資治通鑑長編》宋太祖建隆三年二月 己亥，詔竊盜贓滿五千足陌者乃處死。

《宋史》卷一九九《刑法志》〔建隆三年〕自今竊盜贓滿五貫足陌者死。

舊法，强盜持杖，雖不傷人，皆棄市。又詔但不傷人者，止計贓論。

（宋）竇儀等《宋刑統》卷一九《賊盜律·盜大祀神御物盜寶印乘輿服御物制書官文書盜門符兵符門鑰兵器》 諸盜大祀神御之物者，流二千五百里。謂供神御者，帷帳、几杖亦同。其擬供神御，謂營造未成者。及供而廢闋，若饗薦之具已饌呈者，徒二年，饗薦謂玉幣、牲牢之屬，饌呈謂已入祀所，經祀官省視者。未饌呈者，徒一年半，已闋者杖一百。已闋，謂接神禮畢。若盜釜甑刀匕之屬，並從常盜之法。

疏：諸盜大祀神御之物者，流二千五百里。注云，謂供神御者，帷帳、几杖亦同。又云，其擬供神御，注云，謂營造未成者。議曰：盜大祀神御之物，公取、竊取皆爲盜。大祀謂天地、宗廟、神州等，其供神御所用之物而盜之者，流二千五百里。注云，謂供神御者，帷帳、几杖亦同。謂見供神御者，雖帷帳、几杖亦得流罪，故云亦同。其擬供神御，謂上文神御之物及帷帳、几杖，營造未成，擬欲供進者，故注云，謂營造未成者。

又云，及供而廢闋，若饗薦之具已饌呈者，徒二年。注云，饗薦謂玉幣、牲牢之屬，饌呈謂已入祀所，經祀官省視者。又云，未饌呈者，徒一年半，已闋者杖一百。注云，已闋，謂接神禮畢。又云，若盜釜甑刀匕之屬，並從常盜之法。議曰：供而廢闋，謂神御之物，供祭已訖，退還所司者，故云廢闋。若享薦之具已饌呈者，謂牲牢、棗栗、脯脩之屬，已入神所，呈閲祀官訖而盜者，各徒二年，故注云，饗薦謂玉幣、牲牢之屬。未饌呈者，徒一年半，謂以上玉幣、牲牢、饌具之屬，未饌呈祀官而盜者，徒一年半。已闋者，謂神前飲食薦饗已了，退而盜者，得杖一百。若盜釜甑刀匕之屬，謂並不用供神，故從常盜之法，一尺杖六十，一匹加一等，五匹徒一年，五匹加一等，罪止加役流。言之屬，謂盤盂雜器之類。

諸盜御寶者絞，乘輿服御物者，流二千五百里。謂供奉乘輿之物，服通衾茵之屬，真副等，皆須監當之官部分擬進，乃爲御物。其擬供服御及供而廢闋，若食將御者，徒二年。將御謂已呈監當之官。擬供食御及非服而御者，徒一年半。

疏議曰：稱御者，太皇太后、皇太后、皇后亦同，皇太子減一等。皇帝八寶，皆以玉爲之，有神寶、受命寶、皇帝行寶、皇帝之寶、皇帝信寶、天子行寶、天子之寶、天子信寶，此等八寶，皇帝所用之物，並爲御寶。其三后寶，以金爲之，並不行用。盜者俱得絞刑。其盜皇太子寶，准例合減一等，流三千里。若盜皇太子妃寶，亦流三千里。后寶既與御寶不殊，妃寶明與太子無別。乘輿服御物，謂供奉乘輿服用之物，三后服御之物亦同，盜者流二千五百里。若盜皇太子及妃所服用物，准例減一等，各徒三年。計贓重者，即准贓同常盜之罪加一等。注云，謂供奉乘輿之物，服通衾茵之屬。稱之屬者，氈褥之類。真副等，真謂見供服用之衣，副謂副貳之服，皆須監當之官部分擬進者，乃爲御物。其擬供服御，謂營造未成；及供而廢闋，謂已供用事畢，是名廢闋。若食將御者，謂御食已呈監當之官，擬進而盜及食者。從擬供服御以下，各徒二年，故注云，將御謂已呈監當之官，擬供食御謂未呈監當之官。及非服而御之物者，若食及盜，各徒一年半，贓重者，各計贓以常盜論，加一等。

諸盜官文書印者，徒二年，餘印杖一百。謂貪利之而非行用者。餘印謂印物及畜產者。

疏議曰：印者，信也，謂印文書施行，通達上下，所在信受，故曰官文書印。盜此印者，徒二年。餘印杖一百。餘印謂給諸州封函及畜產之印。在令式，印應官給，但非官文書之印，盜者杖一百。注云，謂貪利之而非行用者，皆謂藉以爲財，不擬行用。若將行用，即從僞造、僞寫，封用規避之罪科之。

諸盗制書者，徒二年，官文書杖一百，重害文書加一等，紙券又加一等。亦謂貪利之，無所施用者。重害謂徒罪以上獄案及婚姻良賤、勳賞黜陟、授官除免之類。即盗應除文案者，依凡盗法。

疏：諸盗制書者，徒二年，官文書杖一百，重害文書加一等，紙券又加一等。注云，亦謂貪利之，無所施用者。重害謂徒罪以上獄案及婚姻良賤、勳賞黜陟、授官除免之類。

議曰：盗制書徒二年，敕及奏鈔亦同。敕旨無御書，奏鈔即有御書，不可以御書奏鈔輕於敕旨，各與盗制書罪同。官文書謂在司尋常施行文書，有印無印等。釋曰：等猶同也。重害文書加一等。合徒一年。注云，亦謂貪利之。亦如上條盗印藉爲財用，無所施行。重害謂徒罪以上獄案及婚姻良賤、功賞黜陟、授官除免之類。稱之類者，謂倉糧財物、行軍文簿帳及户籍手實之屬，盗者各徒一年。若欲動事盗者，自從增減之律。

又云，即盗應除文案者，依凡盗法。議曰：即盗應除文案者，依令，文案不須常留者，每三年一揀除。既是年久應除，即非見行文案，故依凡盗之法，計贓科罪。

諸盗宫殿門符、發兵符、傳符者，流二千里，使節及皇城、京城門符，徒三年，餘符徒一年，門鑰各減三等。盗州鎮及倉廚廄庫關門等鑰，杖一百，縣戍等諸門鑰杖六十。

疏議曰：開閉殿門，皆用銅魚合符，用符鑰格式，已於《擅興律》解訖。發兵符以銅爲之，左者進内，右者付州府監及提兵鎮守之所，並留守應執符官人。其符雖通餘用，爲發兵事重，故以發兵爲目。傳符謂給將乘驛者。依《公式令》，下諸方傳符，京師及留守爲麟符，東方青龍，西方騶虞，南方朱雀，北方玄武，兩京留守二十，左十九，右一，餘皆四左三右。一左者進内，右者付應執符人。其兩京留守符並進内，須遣使向四方，皆給所詣處左符，書於骨帖上，内著符，裹用泥封，以門下省印印之。所至之處，以右符勘合，然後承用。盗者合流二千里。節者，皇華出使，黜陟幽明，輶軒奉制，宣威殊俗，皆執旌節，取信天下。及皇城門、京城等門，盗諸門符及使節者，各徒三年，餘符徒一年。餘符謂禁苑及交巡等符。案《擅興律》，凡言餘符者，契亦同。即契應發兵者，同發兵符法。然則盗發兵契，各同魚符之罪。門鑰各減三等，謂各減所開閉之門魚符三等。假有盗宫殿門符，合流二千里，門鑰減三等，得徒二年。餘鑰應減門符，並准此。若是禁苑門鑰，不可輕於州鎮關門等鑰。盗州鎮及官倉廚廄庫及關門等鑰，各杖一百。縣戍等諸門鑰，稱諸門鑰者，謂内外百司及坊市門，官有門禁，盗其鑰者，各杖六十。

諸盗禁兵器者，徒二年，甲弩者，流二千里。若盗罪輕，同私有法。盗餘兵器及旌旗、幡幟者，杖九十。若盗守衛宫殿兵器者，各加一等。即在軍及宿衛爲相盗，還充官用者，各減二等。

疏議曰：盗禁兵器者，徒二年，謂非弓、箭、刀、楯、短矛，私家不合有者，皆爲禁兵器。甲弩者，流二千里。盗罪輕者，同私有法。即是盗弩一張，流二千里，盗甲一領，亦流二千里。案《擅興律》，私有甲一領及弩三張，流二千里，盗甲三領及弩五張絞。即盗甲三領，或盗弩五張，並得絞罪。是名盗罪輕，同私有法。其盗餘兵器，謂雖是官兵器，私家合有者。及旌旗、幡幟者，杖九十，並據盗官物，計贓重加凡盗一等。若盗守衛宫殿兵器者，又各加一等。謂見用守衛宫殿，加凡盗二等。即在軍，謂在行軍之所，若宿衛相盗，還充官用者，各減二等，若入私者，各同上文盗法。

（宋）竇儀等《宋刑統》卷一九《賊盗律·發冢盗園陵内草木》 諸發冢者，加役流，發徹即坐，招魂而葬亦是。已開棺槨者絞，發而未徹者徒三年。其冢先穿，及未殯而盗屍柩者，徒二年半，盗衣服者減一等，器物甎版者以凡盗論。

疏：諸發冢者，加役流。注云，發徹即坐，招魂而葬亦是。又云，已開棺槨者絞，發而未徹者徒三年。議曰：《禮》云：葬者藏也，欲人不得見。古之葬者，厚衣之以薪，後代聖人易之以棺槨。有發冢者，加役流。注云，發徹即坐，招魂而葬亦是。謂開至棺槨，即爲發徹。先無屍柩，招魂而葬，但使發徹者，并合加役流。已開棺槨者絞，謂有棺有槨者，必須棺槨兩開，不待取物觸屍，俱得絞罪。釋曰罪（按，釋曰罪三字意不可通，疑有脱文）其不用棺槨葬者，若發而見屍，亦同已開棺槨之坐。發而未徹者，謂雖發冢而未至棺槨者，徒三年。

又云，其冢先穿，及未殯而盗屍柩者，徒二年半，盗衣服者減一等，器物甎版者以凡盗論。議曰：其冢先穿，謂先自穿陷，舊有隙穴者，未殯，謂屍猶在外，未殯瘗而盗屍柩者，徒二年半。謂盗者元無惡心，或欲詐代人屍，或欲別處改葬之類。盗衣服者減一等。得徒二年，計贓重者，以凡盗論，加一等。此文既稱未殯，明上文發冢殯訖而發者亦是。若盗器物甎版者，謂冢先穿，取其明器等物，或甎若版，以凡盗論。

問曰：發冢者加役流，律既不言尊卑、貴賤，未知發子孫冢，得罪同凡人否？

答曰：五刑之屬，條有三千，犯狀既多，故通比附。然尊卑、貴賤，等數不同，刑名輕重，粲然有別。尊長發卑幼之墳，不可重於殺罪。若發尊長之冢，據法止同凡人。律云，發冢者加役流，在於凡人，便減殺罪一等。若發卑幼之冢，須減本殺一等而科之。已開棺椁者絞，即同已殺之坐。發而未徹者，徒三年。計凡人之罪，減死二等，卑幼之色，亦於本殺上減二等而科。若盜屍柩者，依減三等之例。其於尊長，並同凡人。

諸盜園陵內草木者，徒二年半。若盜他人墓塋內樹者，杖一百。

疏議曰：園陵者，《三秦記》云：帝王陵有園，因謂之園陵。《三輔黄圖》云：謂陵四闌門通四園。然園陵草木而合芟刈，而有盜者，徒二年半。若盜他人墓塋內樹者，杖一百。若贓重者，准下條以凡盜論，加一等。若其非盜，唯止斫伐者，准《雜律》毁伐樹木稼穡，各准盜論。園陵內徒二年半，他人墓塋內樹杖一百。

（宋）竇儀等《宋刑統》卷一九《賊盜律・盜毁天尊佛像》

諸盜毁天尊、佛像者，徒三年。即道士、女冠盜毁天尊像，僧尼盜毁佛像者，加役流，真人、菩薩各減一等。盜而供養者，杖一百。盜毁不相須。

疏議曰：凡人或盜或毁天尊若佛像，各徒三年。道士、女冠盜毁天尊像，僧尼盜毁佛像者，各加役流。爲其盜毁所事先聖形像，故加役流，不同俗人之法。真人、菩薩各減一等，凡人盜毁徒二年半，道士、女冠盜毁真人，僧尼盜毁菩薩，各徒三年。盜而供養者，杖一百，謂非貪利，將用供養者。但盜之與毁，各得徒流之坐，故注云，盜毁不相須。其非真人、菩薩之像，盜毁餘像者，若化生神王之類，當不應爲從重。有贓入己者，即依凡盜法。若毁損功庸多者，計庸坐贓論，各令修復。其道士等盜毁佛像及菩薩，僧尼盜毁天尊若真人，各依凡人之法。

（宋）竇儀等《宋刑統》卷一九《賊盜律・盜官私馬牛殺割牛鼻斫牛脚》

諸盜官私馬牛而殺者，徒二年半。

疏議曰：馬牛軍國所用，故與餘畜不同，若盜而殺者，徒二年半。若准贓重於徒二年半者，以凡盜論，加一等。其有盜殺犛牛之類，鄉俗不用耕駕者，計贓以凡盜論。

臣等參詳，今後應有盜官私馬牛及雜畜而殺之，或因讎嫌憎嫉而潛行屠殺者，請並爲盜殺。如盜殺馬牛，頭首處死，從者減一等。盜殺駝騾驢者，計生時價，估贓錢定罪，各准近敕處分。罪不至死者，加凡盜二等，加不至死。盜殺犬者，決臀杖十七放。如有盜割牛鼻，盜斫牛脚者，首處死，從減一等。瘡合可用者，並減一等。如盜割盜斫至三頭者，雖瘡合可用，頭首不在減死之限。

（宋）竇儀等《宋刑統》卷一九《賊盜律・盜不計贓而立罪名者》

諸盜不計贓而立罪名，及言減罪而輕於凡盜者，計贓重以凡盜論，加一等。

疏議曰：從盜大祀神御之物以下，不計贓科，唯立罪名，亦有減處，並謂得罪應重，故别立罪名。若減罪輕於凡盜者，各須計贓，以凡盜論，加一等。假有盜他人馬牛而殺，評馬牛贓直絹二十匹；若計凡盜，合徒二年半，以盜殺馬牛，故加凡盜一等，處徒三年。及言減罪輕於凡盜者，上條盜屍柩者徒二年半，盜衣服者減一等，假有盜屍柩上衣服，直絹二十匹，依凡盜法，合徒二年半，文稱減一等，只徒二年，故依凡盜加一等，亦徒三年。是名以凡盜論，加一等。若盜皇太子服用，及盜中小祀釋曰：大中小祀並具在《祠令》。等物，雖得減罪，亦是盜不計贓。

（宋）竇儀等《宋刑統》卷二〇《賊盜律・盜親屬財物將人盜己家物》

諸盜緦麻小功親財物者，減凡人一等，大功減二等，周親減三等，殺傷者各依本殺傷論。此謂因盜而誤殺者，若有所規求而故殺周以下卑幼者絞，餘條准此。

疏議曰：緦麻以上相盜，皆據别居卑幼於尊長家。强盜已於恐喝條釋訖。其尊長於卑幼家竊盜若强盜，及卑幼於尊長家行竊盜者，緦麻小功減凡人一等，大功減二等，周親釋曰：周親、大功、小功、緦麻服具在《假寧令》後寢服制度內。減三等。殺傷者各依本殺傷論，謂因盜誤殺傷人。若殺傷尊長卑幼，各依本殺傷法。注云，此謂因盜而誤殺者。謂本心只欲規財，因盜而誤殺人者亦同。因盜過失殺人，依鬭殺之罪。不言傷者，爲傷罪稍輕，聽從誤傷之法。但殺人坐重，雖誤同鬭殺論。若實故殺，自依故殺傷法。若有所規求，故殺周以下卑幼者絞。即此條因盜是爲有所規求，故殺周以下卑幼者絞，誤殺者自依本鬭殺傷論。餘條謂諸條姦及略和誘，但是爭競，有所規求而故殺周以下卑幼，本條不至死者並絞，故云餘條准此。

諸同居卑幼將人盜己家財物者，以私輒用財物論，加二等，他人減常盜罪一等。若有殺傷者，各依本法。他人殺傷，縱卑幼不知情，仍從本殺傷法坐之。

疏議曰：同居卑幼，謂共居子孫弟姪之類。將外人共盜己家財物者，以私輒用財物論，加二等。案《户婚律》，同居卑幼私輒用財者，十匹笞十，十匹加一等，罪止杖一百。他人減凡盜一等，謂卑幼將人盜物雖多，罪止徒一年半，他人減常盜罪一等。其於首從，自依常例。若有殺傷者，各依本殺傷法，謂依故殺傷尊長卑幼法。縱不知情，他人亦依强盜殺傷法。注云，他人殺傷，縱卑幼不知情，仍從本殺傷法坐之。謂卑幼不知他人殺傷之情，仍從故殺傷法。稱坐之者，不在除免加役流之例。若他人誤殺傷尊長，卑幼不知情，亦依誤法。其被殺傷人非尊長者，卑幼不知殺傷情，唯得盜罪，無殺傷之坐。其有知情，並自殺傷者，各依本殺傷之法。

問曰：卑幼將人盜己家財物，以私輒用財物論，加二等，他人減常盜一等。若卑幼共他人强盜者，律無加罪之文，未知更加罪以否？

答曰：强之與竊，罪狀不同。案《職制律》，貸所監臨財物，强者加二等，餘條强者准此。諸親相盜，罪有等差，將人盜己家財物者，加私輒用財物二等，更無强盜之文，止明殺傷之坐。若殺傷罪重，從殺傷法科。如殺傷坐輕，即准强者加二等。此是一部通例，故不條別生文。

（宋）竇儀等《宋刑統》卷一九《賊盜律·强盜竊盜監主自盜》 諸竊盜不得財，笞五十，一尺杖六十，一匹加一等，五匹徒一年，五匹加一等，五十匹加役流。

疏議曰：竊盜人財，謂潛形隱面而取，盜而未得者，笞五十，得財一尺，杖六十，一匹加一等，即是一匹一尺杖七十，以次而加至贓滿五匹，不更論尺，即徒一年。每五匹加一等，四十匹流三千里，五十匹加役流。其有於一家頻盜，及一時而盜數家者，並累而倍論。倍謂二尺爲一尺。若有一處贓多，累倍不加重者，止從一重而斷，其倍贓依例總徵。

准：唐建中三年三月二十四日敕節文，自今以後，捉獲竊盜，贓滿三匹以上者，並集衆決殺。

准：建隆三年二月十一日敕節文，起今後犯竊盜，贓滿五貫文足陌，處死。不滿五貫文，決脊杖二十，配役三年。不滿三貫文，決脊杖二十，配役二年。不滿二貫文，決脊杖十八，配役一年。一貫文以下，量罪科決。其隨身並女僕偷盜本主財物，贓滿十貫文足陌，處死。不滿十貫文，決脊杖二十，配役三年。不滿七貫文，決脊杖二十，配役二年。不滿五貫文，決脊杖十八，配役一年。不滿三貫文，決臀杖二十。一貫文以下，量罪科決。如是伏事未滿二周年偷盜者，一准凡人斷遣。應配役人，並配逐處重役，不刺面，滿日疏放。其女口與免配役，所有贓錢，以一百文足文足陌爲陌，餘從前後格敕處分。

或聞外州斷獄，竊盜不分首從。爲准律云，假有十人共盜十匹，各得十匹之罪，謂之贓滿，盡處極刑。蓋是官吏不詳律意，枉陷人命，特與分別，免至錯誤。臣等參詳，請今後應犯竊盜，不計幾人同行，將逐人脚下贓物，都併爲一處，估至五貫文足陌者，頭首處死。其隨身併女僕偷盜本主財物，併估至十貫文足陌者，頭首處死，餘爲從坐。如贓錢各不滿者，並准敕條等第處分。

諸監臨主守自盜，及盜所監臨財物者，若親王財物而監守自盜亦同。加凡盜二等，三十匹絞。本條已有加者，亦累加之。

疏議曰：假如左藏庫物，則太府卿丞爲監臨，左藏令丞爲監事，見守庫者爲主守。而自盜庫物者，爲監臨主守自盜。又如州縣官人盜部内人財物，是爲盜所監臨。注云，若親王財物，依令，皇兄弟、皇子爲親王，監守自盜王家財物，亦同官物之罪。加凡盜二等，一尺杖八十，一匹加一等，一匹一尺杖九十，五匹徒二年，五匹加一等，是名加凡盜二等，三十匹絞。注云，本條已有加者，亦累加之。謂監臨主守自盜所監主不計贓之物，計贓重者，以凡盜論，加一等。即是本條已有加，於此又加二等。假有武庫令自盜禁兵器，計贓直絹二十匹，凡人盜者，二十匹合徒二年半，以盜不計贓而立罪名，計贓重者加凡盜一等者，徒三年，監主又加二等，流二千五百里。如此之類，是本條已有加者，亦累加之。

准：刑部格，受雇載運官物公案，受領因而隱盜及貿易者，並同監主法。

（宋）竇儀等《宋刑統》卷二〇《賊盜律·共盜併贓依首從同謀行盜三度行盜公取竊取皆爲盜部内有盜及容止盜》 諸共盜者，併贓論。造意及從行而不受分，即受分而不行，各依本首從法。若造意者不行，又不受分，即以行人專進止者爲首，造意者爲從，至死者減一等。從者不行，又不受分，笞四十，强盜杖八十。若本不同謀，相遇共盜，以臨時專進止者爲首，餘爲從坐。共强盜者，罪無首從。主遣部曲、奴婢盜者，雖不取物，仍爲首。若行盜之後，知情受財，强盜、竊盜並爲竊盜從。

疏：諸共盜者，併贓論。造意及從行而不受分，即受分而不行，各依本首從法。議曰：共行盜者，併贓論。假有十人同盜，得十匹，人別分得一匹，亦各得十匹之罪。若造意之人，或行而不受分，或受分而不行，從者亦有行而不受分，或受分而不行，雖行受有殊，合依本首從爲法，止用一人爲首，餘爲從坐。假有甲造意不行受分，乙爲從行而不受分，仍以甲爲首，乙爲從之類。

又云，若造意者不行，又不受分，即以行人專進止者爲首，造意者爲從，至死者減一等。從者不行，又不受分，笞四十，强盜杖八十。議曰：假有甲造意行盜而不行，所盜得財又不受分，乙丙丁等同行，乙爲處分方略，即行人專進止者，乙合爲首，甲不行爲從，共强盜應至死者，減死一等，流三千里。雖有從名，流罪以下仍不得減。其共謀竊盜，從者不行，又不受分，笞四十。若謀强盜，從者不行，又不受分，杖八十。

又云，若本不同謀，相遇共盜，以臨時專進止者爲首，餘爲從坐。注云，共强盜者，罪無首從。議曰：行盜本不同謀，相遇共盜者，即以臨盜之時，專進止者爲首，餘皆爲從。注云，共强盜者，罪無首從。謂强盜雖本不同謀，但是同行，並無首從。

又云，主遣部曲、奴婢盜者，雖不取物，仍爲首。若行盜之後，知情受財，强盜、竊盜並爲竊盜從。議曰：主遣當家部曲、奴婢行盜，雖不取所盜之物，主仍爲行盜首，部曲、奴婢爲從。若部曲、奴婢私自行盜，主後知情受財，（唯）〔准〕所受多少，不限强之與竊，並爲竊盜從。假有部曲等先强盜、竊盜得財，主後知情，受絹五匹，合杖一百之類。

問曰：有人行盜，其主先不同謀，乃遣部曲、奴婢隨他人爲盜，爲遣行人元謀作首，欲令部曲、奴婢主作首？

答曰：盜者首出元謀，若元謀不行，即以臨時專進止爲首。今奴婢之主既不元謀，又非行色，但以處分奴婢，隨盜求財，奴婢之此行，由主處分。今所問者，乃是他人元謀，主雖驅使家人，不可同於盜者。元謀既自有首，其主即爲從論，計入奴婢之贓，准爲從坐。假有奴婢逐他人總盜五十匹絹，奴婢分得十匹，奴婢爲五十匹從，徒三年，主爲十匹從，合徒一年之類。

諸共謀强盜，臨時不行，而行者竊盜，共謀者受分，造意者爲竊盜首，餘並爲竊盜從。若不受分，造意者爲竊盜從，餘並笞五十。若共謀竊盜，臨時不行，而行者强盜，其不行者造意受分，知情不知情，並爲竊盜首，造意者不受分，及從者受分，俱爲竊盜從。

疏：諸共謀强盜，臨時不行，而行者竊盜，共謀者受分，造意者爲竊盜首，餘並爲竊盜從。若不受分，造意者爲竊盜從，餘並笞五十。議曰：假有甲乙丙丁同謀强盜，甲爲首，臨時不行，而行者竊盜，甲雖不行，共謀受分，甲既造意，爲竊盜首，餘行者並爲竊盜從。甲若不受分，復不行，爲竊盜從。從者不行，又不受分，笞五十。前條竊盜從不行，又不受分，笞四十，此條笞五十者，爲元謀强盜故也。

又云，若共謀竊盜，臨時不行，而行者强盜，其不行者造意受分，知情不知情，並爲竊盜首，造意者不受分，及從者受分，俱爲竊盜從。議曰：同謀行竊盜，臨時有不行之人，而行人自爲强盜，其不行者是元謀造意，受强盜贓分，不限知情不知情，並爲竊盜首。其造意者不受分，及從者受分，俱爲竊盜從。

諸盜經斷後，仍更行盜，前後三犯徒者，流二千里，三犯流者絞。三盜止數赦後爲坐。其於親屬相盜者，不用此律。

疏議曰：行盜之人，實爲巨蠹，屢犯明憲，罔有悛心，前後三入刑科，便是怙終其事，峻之以法，用懲其罪。故有强盜、竊盜，經斷更爲，三犯徒者流二千里，三犯流者絞，亦謂斷後又爲者，其未斷經降慮者，不入三犯之限。注云，三盜皆據赦後爲坐。謂據赦後三犯者，不論赦前犯狀爲數。親屬相盜者，不用此律。謂自依親屬本條，不用此三犯之律。案《職制律》，親屬謂緦麻以上及大功以上婚姻之家。假有於堂兄弟婦家及堂兄弟男女婚姻之家，犯盜徒流以上，並不入三犯之例。

問曰：有三犯死罪，會降皆到流徒，或一兩度止犯流徒，或一兩度從死會降，總成三犯，亦同三犯流徒以否？

答曰：律有赦後之文，不言降前之犯。死罪會降，止免極刑，流徒之科，本法仍在。然其所犯本坐重於正犯徒流，准律而論，總當三犯之例。

臣等參詳，諸盜經斷後，仍更行盜，如已經官司兩度斷遣，至第三度更犯，不問贓物多少，處死。所犯度數，並取赦後論坐。

諸盜公取、竊取皆爲盜。器物之屬，須移徙；闌圈繫閉之屬，須絕離常處；放逸飛走之屬，須專制乃成盜。若畜産伴類隨之，不並計，即將入己及盜其母而子隨者，皆併計之。

疏議曰：公取，謂行盜之人公然而取，竊取，謂方便私竊其財，皆名爲盜。注云，器物之屬，須移徙者，謂器物、錢帛之類，須移徙離於本處。珠玉、寶貨之類，據入手隱藏，縱未將行亦是。其木石重器，非人力所勝，應須馱載者，雖移本處，未馱載間，猶未成盜。但物有巨細，難以備論，略舉綱目，各准臨時取斷。闌圈繫閉之屬，須絕離常處，謂馬牛駝騾之類，須出闌圈，及絕離繫閉之處。放逸飛走之屬，謂鷹犬之類，須專在己，不得自由，乃成爲盜。若畜産伴類隨之，假有盜馬一匹，別有馬隨，不合併計爲罪。即因逐伴而來，遂將入己，及盜其母而子隨之者，皆併計爲罪。

諸部內有一人爲盜，及容止盜者，里正笞五十，坊正、村正亦同。三人加一等。縣內一人笞三十，四人加一等。部界內有盜發及殺人者，一處以一人論，殺人者仍同强盜之法。州隨所管縣多少，通計爲罪。各罪止徒二年，强盜者各加一等。以長官爲首，佐職爲從。即盜及盜發、殺人後三十日捕獲，他人、自捕等。主司各勿論。限外能捕獲，追減三等。若軍役所有犯，隊正以上、折衝以下各准部內征人冒名之法，同州縣爲罪。

疏：諸部内有一人爲盜，及容止盜者，里正笞五十。注云，坊正、村正亦同。又云，三人加一等。縣内一人笞三十，四人加一等。注云，部界内有盜發及殺人者，一處以一人論，殺人者仍同强盜之法。議曰：部内謂州縣鄉里所管之内，百姓有一人爲盜，及容止盜者，謂外盜入境，所部容止，所管里正笞五十。注云，坊正、村正亦同，謂得罪亦同里正。三人加一等，四人行盜，合杖六十。縣内一人笞三十，謂縣内一人行盜，縣令笞三十，四人加一等，有五人行盜，即笞四十之類。注云，部界内有盜發，謂里正等以上部界之内，有盜發及殺人者。一處以一人論，謂一處盜發，同部内一人行盜，一處殺人，同一人行强盜，故云一處以一人論，殺人者仍從强盜之法。下文强盜者加一等，殺人者亦加一等，與强盜同。即是部内有一人强盜者，里正等杖六十。雖非部内人，但當境内强盜發，亦准此。容止殺人賊者，亦依强盜之法。

又云，州隨所管縣多少，通計爲罪。各罪止徒二年，强盜者各加一等。注云，皆以長官爲首，佐職爲從。議曰：州隨所管縣多少，通計爲罪。各罪止徒二年，謂州縣、里正、坊正、村正等，並罪止徒二年。强盜者各加一等，罪止徒二年半。上注云，殺人同强盜之法。故知殺人及發處，若容止，各准强盜加之。其通計之法，已於《户婚律》解訖。注云，以長官爲首，佐職爲從。但宜風道俗，肅清所部，長官之事，故以長官爲首。即刺史、縣令闕者，以次官當之，既云佐職爲從，即罪不及主典。

又云，即盜及盜發、殺人後三十日捕獲，注云，他人、自捕等。又云，主司各勿論。限外能捕獲，追減三等。若軍役所有犯，隊正以上、折衝以下，各准部内征人冒名之法，同州縣爲罪。議曰：謂部内有人行盜，及當境盜發，及部内人殺他人，及境内人被他殺，事發後三十日，自捕獲並他人捕獲，主司各勿論，並得免罪。若三十日限外能捕獲者，追減三等。稱追減者，雖結正訖，仍得減之。若已經奏決者，依《捕亡律》不在追減之例。其軍役有犯，謂行軍及領軍人徭役之所，有犯盜及殺人事發，若容止盜者，隊正、隊副以上，折衝以下，得罪並准部内征人冒名之法。同州縣爲罪，謂隊正、隊副團内一人爲盜，及容止盜者，若有盜發之所竊盜者，各笞五十。若是强盜及殺人，若被殺之處，每事各加一等，校尉、旅師減隊正、隊副一等，折衝、果毅准所管校尉多少，通計爲罪。假如部内一人爲盜，及容止盜者，里正笞五十，三人加一等，計隊正同里正，亦一人笞五十，三人加一等，計二十五人罪止，徒二年。旅師、校尉一人笞四十，二十五人罪止，徒一年半，折衝、果毅假管三校尉，三人笞四十，七十五人徒一年半，管四校尉者，四人笞四十，一百人罪止，徒一年半，同州縣爲罪，長官爲首，佐職爲從。

《宋史》卷三《太祖本紀》〔開寶八年夏四月〕庚午，詔嶺南盜贓滿十貫以上者死。

（宋）錢若水《宋太宗皇帝實録》太平興國九年十月　詔曰：應諸道州府，自今犯竊盜五貫已上十貫以下，並決杖配，隸所在徒役，不必更奏。十貫已上及凶惡尤甚，爲人患者，即得取裁。先是竊盜獄成，皆取裁，多致凝滯。上知之，故降是詔。

《宋史》卷一九九《刑法志》〔雍熙〕二年，令竊盜滿十貫者，奏裁；七貫，決杖、黥面、隸牢城；五貫，配役三年；三貫，二年；一貫，一年。它如舊制。

（清）畢沅《續資治通鑑》宋真宗咸平六年三月　舊制，士庶家僮僕有犯，或私黥其面。帝以今之僮使本傭雇良民，癸酉，詔：有盜主財五貫以上，杖脊、黥面、配牢城；十貫以上奏裁，勿得私黥涅之。

（清）徐松《宋會要輯稿·食貨六三·農田雜録》〔咸平〕九年八月詔曰：蓺收之畜，農耕所資，盜殺之禁素嚴，阜藩之期是望，或罹宰割，深可憫傷。自今屠耕牛及盜殺牛，罪有不至死者，並繫獄以聞，當從重杖。時中使自洛迴，言道逢鬻牛肉者甚衆，慮不逞輩，因緣屠宰。故戒之。明年，江南范應辰、杭州薛顔、越州楊侃並上言，江浙之間，犯禁者衆，悉以上聞，即刑獄淹繫。遂罷此詔，止如舊敕施行。

《宋史》卷二〇一《刑法志》〔真宗〕詔：盜主財者，杖脊、黥面、配牢城，勿私黥之。十貫以上，配五百里外；二十貫以上，奏裁。

（宋）李燾《續資治通鑑長編》宋真宗景德元年六月　辛未朔，詔川峽民爲盜配軍者，再犯至徒及情理難恕，並部送出界，配諸州牢城。

（宋）佚名《宋大詔令集》卷二〇一《政事·刑法·令窬掘偷盜從行空手非元謀造意巨蠹者奏裁詔景德三年五月壬戌》　刑罰所施，必期於懲惡；條制之設，貴在於原情。言念愚民，每罹憲網，至於從行爲盜，亦有可矜。言念疲羸，未忘軫惻。自今窬掘偷盜從行空手，非原謀造意巨蠹者，並奏裁。

《宋史》卷一九九《刑法志》　祖宗時，重盜剥桑柘之禁，枯者以尺計，積四十二尺爲一功，三功以上抵死。殿中丞于大成請得以減死論，下法官議，謂當如舊。帝意欲寬之，詔死者上請。

《宋史》卷九《仁宗本紀》〔天聖三年〕二月戊寅，詔陝西災傷州軍，盗廩穀非傷主者，刺配隣州牢城，徒減一等。

（宋）李燾《續資治通鑑長編》宋仁宗寶元元年十月　右司諫韓琦，請赦前一月，約東京師犯盗罪至徒若傷人者勿赦，從之。

《宋史》卷二〇〇《刑法志》　凡歲饑，强民相率持杖劫人倉廩，法應棄市，每具獄上聞，輒貸其死。（真）〔太〕宗時，蔡州民三百一十八人有罪，皆當死。知州張榮、推官江嗣宗議取爲首者杖脊，餘悉論杖罪。帝下詔褒之。遣使巡撫諸道，因諭之曰：平民艱食，强取餱糧以圖活命爾，不可從盗法科之。天聖初，有司嘗奏盗劫米傷主，仁宗曰：饑劫米可哀，盗傷主可疾。雖然，無知迫於食不足耳。命貸之。（五）〔三〕年，陝西旱，因詔：民劫倉廩，非傷主者減死，刺隸他州，非首謀又減一等。自是，諸路災傷即降敕，飢民爲盗，多蒙矜減，賴以全活者甚衆。

（宋）李燾《續資治通鑑長編》宋神宗元豐三年五月　光禄寺丞、知汝州襄城縣于右追毁出身文字，除名，編管衡州。坐姦盗也。九月十四日癸酉，責舉主。

（宋）李燾《續資治通鑑長編》宋神宗元豐七年四月　中書省言：河北路頻奏羣黨一二十人以至三二百人盗取河隄林木梢芟等。欲令監司體量有無，如盗跡明白，即依累降指揮督捕。如續有盗河隄林木梢芟等，非凶惡羣黨，一面依此覺察收捕，月具人數捕獲次第以聞。從之。

（宋）李燾《續資治通鑑長編》宋哲宗元祐六年十月　工部言：盗拆黄河埽緪木岸，以持仗竊盗論，其退背處減一等，即徒以上罪於法不該配者，亦配鄰州。每獲一人，杖罪賞錢十貫，徒罪十五貫，流罪二十貫。巡防軍人不覺盗，每次，使臣三次，合杖六十。從之。

（宋）李燾《續資治通鑑長編》宋哲宗紹聖四年十一月　甲寅，大理寺言：竊盗於皇城門，謂宣德左、右掖，東、西華，拱宸門；宮門内，謂左、右昇龍，承天門，左、右長慶門，謻門，臨華門，通極門，學士院北角門，殿前，關東序以北，加京城内竊盗法一等。徒罪配隣州，流罪皆配千里，十貫皆配二千里。殿門，謂大慶，文德，紫宸，集英，崇政，垂拱内東門；上閤門内，謂垂拱殿後門，需雲殿後門，龍圖、天章、寶文閣後門，皇儀殿門，延春閣門，延和殿後門，會通門，又加一等，徒罪皆配千里，流罪皆三千里，十貫皆配廣南。仍並奏裁。從之。十二月十四日云云。

《宋史》卷二〇〇《刑法志》　舊以絹計贓者，千三百爲一匹，竊盗至二貫者徒。至是，又加優減，以二千爲一匹，盗至三貫者徒一年。〔紹興〕三年，復詔以三千爲一匹，竊盗及凡以錢定罪，遞增五分。

（宋）留正《中興兩朝聖政》淳熙四年八月　甲申，進呈大理寺獄案。上曰：宋資成盗用過七千餘緡，雖士大夫猶不可恕，況小使臣乎！可依擬定，特旨施行。乃刺配，籍没其家資。

（宋）謝深甫等《慶元條法事類》卷七《職制門·監司巡歷》〔賊盗勑〕諸竊盗得財，杖六十四。百文杖七十四，百文加一等。一貫徒一年，一貫加一等。過，徒三年，三貫加一等。二十貫配本州。

（宋）謝深甫等《慶元條法事類》卷一七《文書門·質賣》〔賊盗勑〕諸盗見行及應架閣文書，有情弊者，徒貳年，不以赦降原減。

（宋）謝深甫等《慶元條法事類》卷一七《文書門·架閣》〔賊盗勑〕諸盗應架閣文書有情弊者，徒貳年，不以赦降原減。

（宋）謝深甫等《慶元條法事類》卷一七《文書門·毁失》〔賊盗勑〕諸官司因被强盗輒毁匿簿籍，欺隱官物以自盗論加壹等，贓輕者徒壹年。

（宋）謝深甫等《慶元條法事類》卷二九《榷禁門·私錢博易》〔賊盗勑〕諸稍上盗本船所運官物者，依主守法。徒罪勒充牽駕，流罪配五百里。本船軍人及和雇人盗者，減一等，流罪軍人配本州，和雇人不刺面配本城。

（宋）謝深甫等《慶元條法事類》卷三二《財用門·理欠》〔理欠令〕諸監主及吏人故縱人盗官物，而犯人償不足者，勒均備。

《宋史》卷一九九《刑法志》　唐建中令，竊盗贓滿三匹者死。武宗時，竊盗贓滿千錢者死。宣宗立，乃罷之。漢乾祐以來，用法益峻，民盗一錢抵極法。周初，深懲其失，復遵建中之制。帝猶以其太重，嘗增爲錢三千，陌以八十爲限。既而詔曰：禁民爲非，乃設法令。臨下以簡，必務哀矜。竊盗之生，本非巨蠹，近朝立制，重於律文，非愛人之旨也。自今竊盗贓滿五貫足陌者死。舊法，强盗持杖，雖不傷人，皆棄市。又詔但不傷人者，止計贓論。令諸州獲盜，非狀驗明白，未得掠治。其當訊者，先具白長吏，得判乃訊之。凡有司擅掠囚者，論爲私罪。時天下甫定，刑典弛廢，吏不明習律令，牧守又多武人，率意用法。金州防禦使仇超等坐故入死罪，除名，流海島，自是人知奉法矣。

（清）嵇璜等《續通志》卷一四六《刑法略・歷代刑制》穆宗時，苦多盜，欲皆殺之。太祖曰：以財殺人，不可。財者，人所致也。遂立盜徵償法，爲徵三倍。

（宋）葉隆禮《契丹國志》卷二七《歲時雜記・治盜》正月十三日，放國人做賊三日，如盜及十貫以上，依法行遣。北呼爲鶻里叵，漢人譯云鶻里是偷，叵是時。

《遼史》卷六一《刑法志》至於敵八哥始竊薊州王令謙家財，及覺，以刃刺令謙，幸不死。有司擬以盜論，止加杖罪。又那母古犯竊盜者十有三次，皆以情不可恕，論棄市。因詔自今三犯竊盜者，黥額、徒三年；四則黥面，徒五年，至於五則處死。若是者，重輕適宜，足以示訓。

（清）嵇璜等《續通志》卷一四六《刑法略・歷代刑制》（遼）開泰八年詔：竊盜贓滿二十五貫者，其首處死，從者決流。【略】又詔：自今三犯竊盜者，黥額徒三年；四則黥面，徒五年。至於五，則處死。

《遼史》卷六一《刑法志》開泰八年，以竊盜贓滿十貫，爲首者處死，其法太重，故增至二十五貫，其首處死，從者決流。

（清）嵇璜等《續通志》卷一四六《刑法略・歷代刑制》（遼重熙）十一年七月詔：盜易官馬者，減死論。按：盜易官馬事據本紀，在私取官物，禁地射鹿之後。《刑法志》誤列在五年，前後舛錯，今正之。

（清）嵇璜等《續通志》卷一四六《刑法略・歷代刑制》（金）太宗天會二年二月詔：有盜發遼諸陵者，罪死。

《金史》卷四五《刑志》天會七年，詔凡竊盜，但得物徒三年，十貫以上徒五年，刺字充下軍，三十貫以上徒終身，仍以贓滿盡命刺字於面，五十貫以上死，徵償如舊制。

（清）嵇璜等《續通志》卷一四六《刑法略・歷代刑制》（金正隆五年）二月，遣使分道監視，所獲盜賊並凌遲處死，或鋸灼去皮、截手足。仍戒屯戍千户穆昆等，後有獲者並處死，總管府官亦決罰十二月。禁朝官欽酒，犯者死。

（清）畢沅《續資治通鑑》大定八年七月甲子，金制：盜羣牧馬者死，告者給錢三百貫。

（清）畢沅《續資治通鑑》大定十年十一月辛巳，金制：盜太廟物者，與盜宫中物同論。

《金史》卷四五《刑志》（大定十二年）尚書省奏，盜有發冢者，上曰：功臣墳墓亦有被發者，蓋無告捕之賞，故人無所畏。自今告得實者，量與給賞。

《金史》卷四五《刑志》（大定）十五年，詔有司曰：朕惟人命至重，而在制竊盜贓至五十貫者處死，自今可令至八十貫者處死。

《金史》卷一〇《章宗本紀》（明昌五年九月）壬戌，命增定捕盜官被殺賻錢及官賞格。

史金波等譯《天盛改舊新定律令》卷三《盜親門》一、節親親戚不共有畜物，不相商議而隨意相盜竊時，曾、高祖、祖父、祖母、父母等自子，孫、曾孫、玄孫等之畜財拿走不治罪，所竊畜物有能力則當還，不能則不須還，若其畜物屬者自□□用則上父母價何取□□□還回，自屬現畜物當 □□□□□ 遠近五等 □□□□□□□ 何已竊，比他人罪□□□□□依以下所定判斷。畜物□□□□者，自不告，不允他人舉告。若□□時，告者、接狀者等，有官罰馬一，庶人十三杖。

一等穿三個月、五個月喪服等，相互爲盜時，當比他人盜竊罪依次減二等。

一等穿九個月喪服相互盜竊時，當比穿三個月喪服之罪減二等。

一等穿一年喪服相互盜竊時，當比穿三個月喪服罪減三等。

一等穿三年喪服互相盜時，當比穿三個月喪服罪減四等。

一、姻親雖不屬穿一年喪服中，自共相盜竊時，依親節遠近，當比盜竊他人□減一等：母之祖父、祖母，妻之伯叔，妻子之祖父、祖母，妻子之兄弟嫂娣，姑之妻子兄弟之子，兄弟之妻子，姐妹，親家翁、親家母，舅之子，母姐妹之子，姑姐妹之子。

一、盜親中有殺傷人者，以節親相殺傷，及盜竊他人中殺傷人，依其重者判斷。

一、諸人節親親戚相盜竊時，有與他人同謀時，盜親罪狀已明以外，他人之罪，依有親節法判斷。

一、明顯不屬穿五種喪服及姻親中相盜竊等當使減罪者，其他節親親戚此所示無有者，依盜他人法判斷。

史金波等譯《天盛改舊新定律令》卷三《群盜門》 一、五人以上同謀皆往盜竊，畜物已入手，則多寡不論，當爲群盜。無論主從，不論有官、庶人，一律皆當以劍斬。自己妻子，同居子女當連坐，應入牧農主中。其中二三人往盜竊，有一二人未往盜竊時，勿算群盜。依强盜、偷盜主從犯判斷。

一、滿群盜數往盜竊，畜、物未入手，則造意當絞殺，從犯徒十二年。已謀而未往者，主謀徒十二年，從犯徒六年。

一、高於群盜數同謀，其中滿群盜數幾人往盜，一部分未往者，其未往人分取物時，則按群盜法判斷。未曾分取物則徒十二年。若已往人未得物，則未往人徒六年。

一、成群而來，檢得畜物，及抽拿各種穀物、草捆、蔬菜、木植、瓜、樹菓、散放於地畜等，及盜取畜物後，他人知覺，而賣、使用，分人數變多等，一律不算群盜。按强盜、偷盜錢量依盜法及知覺等法判斷。

一、諸庫局分大小數爲多，及與他人謀引導盜持自己局分官物者，勿算群盜。按庫局分人他人分別盜法，依其罪狀判斷。其中除庫局分以外，僅旁人夠五人則當按群盜論。

史金波等譯《天盛改舊新定律令》卷三《重盜門》 一、諸人前因盜已作判斷，短期勞役日滿，以及解除長期徒刑勞役等而重盜者，當按新罪判斷。短期徒刑日未滿重盜時，除死罪以外，短期徒刑未完日期及新罪刑期共相比較，視罪狀高低，以其重者判斷。輕罪者當入重罪，罪相等者當依次加一等，可至無期徒刑，長期徒刑。往時，依黥，杖法則辦。無期徒刑中重盜者，新罪犯杖罪，則當依杖法承擔，依舊處理。犯一個月勞役以上罪則不論大小，當絞殺。

史金波等譯《天盛改舊新定律令》卷三《分持盜畜物門》 一、未參與同謀盜竊畜、物，知覺他人盜竊，參與分持物，及買、抵債、寄典當時，視偷盜、强盜程度如何，當比盜竊從犯□各種罪狀減一等。

一、未參與同謀盜竊，他人畜、穀、物、人等買、抵債、典當等，未知覺爲盜竊物，則勿治罪。現有盜畜物應交回屬者，所缺者當於盜人處取價。盜人爲無主貧子，實未有，則中間掮客當還給。彼亦不能還，則盜人等何時可還時還給。若畜、物現已無者，盜人能償還以外，不能還時，買者無須全償還，先明計價，及若價量未明，亦應按盜時價何有，分爲三分，當還屬者二分，一分買者勿償。

一、諸人買、抵債，典當所盜竊畜物時，相接狀、賣問掮客等知覺爲盜物，受賄則按知盜分物法判斷。若雖知但未參與分拿物時，由於徇情，則當在知爲盜物而使典當者之罪狀上減一等判斷。未知者勿治罪。

一、盜竊畜、物、肉等未參與分持，已知爲盜，屠而拿所食殘肉時，是牛、駱駝、馬，徒二年，是騾、驢，十三杖，是羊及別種肉，知爲盜物，打十杖。又知盜未受賄不告舉時，犯人應獲死罪，長期徒刑者，未告舉者十三杖，短期徒刑十杖，因杖罪勿治罪。

一、與盜人同居，先未參與同謀盜，亦未往盜，盜人將畜、穀、物運於家處後，已知爲盜物，參與屠宰、食賣肉、分用者，勿使承罪，當使實盜者承罪。若先昔同謀，及往行盜竊，則依法判斷。

一、遇他人盜而捕，受賄而放者，依盜竊從犯判斷。賄多者，依枉法貪贓算，與前述罪依其重者判斷。

史金波等譯《天盛改舊新定律令》卷一三《執符鐵箭顯貴言等失門》 一、諸人盜兵符者，若有意相怨事及有受他人賄，若爲發兵馬時所發兵處遲緩，未如期到來，□疑等，不論官，當絞殺。若非發兵馬之時，僅爲盜，無另所生疑怨則徒四年。

史金波等譯《天盛改舊新定律令》卷三《雜盜門》 一、諸人盜竊官私之畜物時，對物屬者及監護者等，若殺傷主、護人時，當以强盜論。持不持武器二種罪情，反復偷盜之罪狀等，依以下所明示實行。若因往盜傷人、殺人，則當與第一卷有意殺傷他人之罪情同，傷、殺人罪及盜竊之錢量罪，依其重者判斷。

一、强盜中：

一等同謀持武器而盜者，已謀未往，則造意徒三年，從犯徒二年。已往，物未入手，造意徒四年，從犯徒三年。物已入手，則四緡以下，造意徒五年，從犯徒四年。四緡以上至八緡，造意徒六年，從犯徒五年。八緡以上至十二緡，造意徒八年，從犯徒六年。十二緡以上至十六緡，造意徒十二年，從犯徒八年。十六緡以上至十九緡九百九十九錢，造意徒十二年，從犯徒十年。二十緡以上，一律造意絞殺，從犯徒十二年。

一等不持武器，已謀未往，造意徒二年，從犯一年。已往，物未入手，造意徒三年，從犯徒二年。物已入手，則四緡以下，造意徒四年，從犯徒三年。四緡以上至八緡，造意徒五年，從犯徒四年。八緡以上至十二緡，造意徒六年，從犯徒五年。十二緡以上至十六緡，造意徒八年，從犯徒六年。十六緡以上至二十緡，造意徒十年，從犯徒八年。二十緡以上至二十四緡九百九十九錢，造意徒十二年，從犯徒十年。二十五緡以上一律絞殺，從犯徒十二年。

一、偷盜已謀未往，造意十杖，從犯八杖。已往，物未入手，造意十三杖，從犯十杖。物已入手，則一緡以下，造意徒三個月，從犯十三杖。一緡以上至三緡，造意徒六個月，從犯徒三個月，三緡以上至六緡，造意徒一年，從犯徒六個月。六緡以上至九緡，造意徒二年，從犯徒一年。九緡以上至十二緡，造意徒三年，從犯徒二年。十二緡以上至十五緡，造意徒四年，從犯徒三年。十五緡以上至十八緡，造意徒五年，從犯徒四年。十八緡以上至二十一緡，造意徒六年，從犯徒五年。二十一緡以上至二十四緡，造意徒八年，從犯徒六年。二十四緡以上至二十八緡，造意徒十年，從犯徒八年。二十八緡以上至二十九緡九百九十九錢，造意徒十二年，從犯徒十年。三十緡以上，一律造意絞殺，從犯徒十二年。

一、除禁内以外，其他官畜、穀、物管屬處大小局分於自己所管官物中，自己拿取、賣、用、分、盜、持時，與非局分他人盜竊之罪狀比，大人、承旨、主管等加二等，其以下局分等當加一等，所加勿及死罪。

一、於禁内盜竊者，比在外盜官物其他人及大小管庫事等，加不加罪，依各各之罪狀，當分别依次加一等，所加數亦可及於死罪。

一、諸寺廟、道觀等所屬設置常住中，大小局分擅自拿取盜持時，加罪之法，當與前述盜官物同。

一、他國爲使者已出，若盜竊其持載所買賣物時，當比偷、强盜傷不傷人物量罪狀所示加一等，所加勿及於死。沿邊上有賣處，對盜敵國人賣者，依在外盜法判斷。

一、諸人一時期中各處盜竊，及先後不同處盜竊，同時事發時，當一併統計畜物量，二緡當算一緡，其罪狀當與其中一處盜物數相比較，依其重者判斷。入一户重複盜竊，則當將錢數相加計算判斷。

一、盜時侵凌物主家中婦人者，爲單人及多人中有造意者，庶人當絞殺，有官者及御印以上，當革除官、職、軍，徒六年。及御印以下，當革官、職、軍，徒十二年。若有同謀者姦污婦人者，則徒十二年，未姦污者只是助謀者，徒六年。造意未姦污婦人，有官則斷以官品相當，可與盜時殺傷人、物入手等罪狀較，依其重者判斷。

一、諸人往行偷盜、强盜，同謀盜竊而跟隨同往，其□有殺人者，殺人者、同謀者按故意殺傷人法判斷，相伴隨不在殺人同謀之列，未知覺，盜已發，則當依偷盜、强盜、造意、主從，知覺等何是承罪。若後知殺人語，隱罪未告舉，則徒八年，與物入手罪比較，依其重者判斷。

一、同謀已往盜竊，或未分取物，或雖未往盜而分拿物等，按原來所明主從，依法判斷。

一、盜竊已謀，或未往盜，未分取物之罪，是造意，則爲其中同謀之盜法安排方便，想何處盜已令明，則當按造意罪法擔承。若雖計議盜竊，而想盜處、日期時節未定時，各盜竊人未重與造意回應，自主於其處往盜，則此造意當以從犯論。其往盜從犯中誰是出力勾管者，當成爲造意，從犯中未往盜之罪，當與偷盜、强盜二種盜竊謀而未往之罪狀同。

一、頭監令使軍、奴僕往盜竊，物入手，不入手罪，及若指揮使軍説：盜處物主人强争，汝等亦强取之。受其語强行殺、傷人等，造意罪當由頭監承擔，使軍、奴僕以從犯判斷。若直接令往盜畜物，未説汝行强盜，而使軍、奴僕若於其處作强盜，若殺、傷人等，則當本人承罪。頭監爲盜竊造意，主從何是與殺、傷人從犯罪相比較，依其重者判斷。又使軍、奴僕自行往盜，以後頭監知覺而取物者，使軍爲强盜，則頭監當承擔偷盜從犯罪。知覺偷盜，則當比偷盜從犯罪減一等。

一、盜時，先已謀殺人，至往，或改悔説勿殺，相伴隨人未聽其語而殺人時，改悔者原是造意，則勿減罪，當依法判斷。是從犯，則當比殺人從犯之罪狀減一等。

一、偷盜持器具，於監者不在處，以木植盜竊各種物者，勿算持武器，依偷盜判斷。若監者在，不躲避，持器具盜取物者，以强盜持武器法判斷。

一、盜竊時被强力驅迫隨從於所盜竊處出力助盜□時，但爲他人動手，緊緊驅迫，報告處來不及者，當赦盜竊罪。報告來不及則當告近處有司巡檢、遷溜、檢校、邊管等處。若有時間，未及時報告，已往盜時，分取財物，得利不報告，則依盜竊從犯判斷。若物未入手者，當與偷盜物未入手從犯罪同。以强力逼者，在已行動、未行動，物入手，未入手各種罪狀上當加一等，所加勿及死。

一、使軍，奴僕盜搶自己頭監之畜、穀、物時，頭監、旁人當告所管司中問之。無盜竊他人語，則盜物本人交還屬者，勿承罪。屬者訴訟説我要重告，□□□，則依盜法判斷。旁人舉告時得告賞，對盜竊之告賞，當得三分之一，由犯罪者出，若無能力，則物屬者當出資給予。

一、諸人及門下人等相根，盜竊官敕、上諭、印、旗、金、鼓等時，已亡失、未亡失一律徒一年。其中與盜印、旗、金、鼓等物量盜法比較，依其重者判斷。又盜大小臣僚所有之詔書，則徒三年。

一、使軍、奴僕、典人等盜自抵押文券、他人典當、買入文字等時，原本已買、典當，□債□取時，無知證，則視文券上有何物數量，依偷盜法判斷。若有知證，則依盜竊法從犯判斷。

一、諸人□上畜死，割屍上肉，是實話，有知證，則有官罰馬一，庶人十三杖，肉、皮還給現屬者。已食，無有，則當賠償。若無知證，則按割取肉、皮量，依偷盜法判斷。

一、因十惡及其他大小公事□□違敕語獲罪，及諸人起火等，所屬畜、物不允旁人持拿。若違律時，依畜物量，同偷盜、强盜之罪狀判斷。

一、盜竊時年月已過事發，依人及畜、穀、錢、物種種何時所盜、依地區不同，將畜、穀、寶物各自價錢依次分爲上、次、中三等，將其中所盜畜物□□好壞與之比較，按與之接近者判斷。其中已亡失，現無有者，當以次等論。

一、犯盜竊罪及其餘罪種種等，不得半數□，先昔若入手人、造意實伏罪，當依法判斷。未得人當令尋主，若説我現在尋□□，所説實話，實是從犯罪，只關爲現罪。令待赦語，三個月不獲，然後按自己所伏罪判斷。已除處亦□上縛屬死罪，偷偷等語重者，每夜當置坑中，比其罪輕則令可靠人擔保，無擔保者則每夜當使入監獄中，相動手時，與先述罪同，則當依其法辦，按强制□順增加者當減少。其中已判斷，爲造意人，有知證，可信見，則當判斷。人在何處當重問，口供相符是實，則不僅承受前已判斷之罪，原來是造意，則亦據其罪當依法承受，先判斷爲從犯，已做一半苦役，所做多少年月日，當自後判斷年月日中減去計算。

一、盜人承招所盜畜物中部分已於諸人處寄、賣、典當時，當傳喚其存置處之人審問。畜物現無有，亦無知證，則勿謀智清人，當令可靠人擔保，勿重問。當充分問盜人，不知畜物所用分處，去向未□確實，則按畜、物現有、現無等所伏罪多少數而判斷，盜人當償還畜物，不能償還則罰屬者。若盜人已寄、賣、典當，是實時，而説未曾寄、賣、典當，全部或部分忘記，只關時所記錢量依前□知，比無貪令寄，典當罪減一等。

史金波等譯《天盛改舊新定律令》卷三《搜盜蹤跡門》 一、諸人已盜，畜物主人已握蹤跡，到他人家處寄放已搜取，畜物突出，則可捕捉盜人，與畜物一起當於局分處告發。若在盜者家中爭鬥吵鬧，隨意拿畜、穀物時，盜物已無，與償還量相等，則因不告，擅自爲□，有官罰馬一，庶人十三杖。若超拿，及自己畜物未丢失中，將盜者屬畜物亂拿等，量其錢數，當比偷盜罪狀減三等，其畜物當還屬主。若盜人對搜者誣陷，使與亂拿持罪相等判斷。

一、諸人已行盜詐，屬者已握有蹤跡，已包圍其家門，不知路數，已搜，實物未出，則搜處人不許與搜者爭鬥惱怒。畜物主人當別尋舉告。假若違律時，按諸人相打爭鬥法則判斷。

一、諸人已行盜詐，畜、物主人已握蹤跡，已到他人家處放置，不知路數，强横不讓搜時，當使知明蹤跡所在，當告於局分處使傳喚問訊，盜物出則依法判斷，盜物仍未出則當使識信三人擔保而放之。因先强横不讓搜，有官罰馬一，庶人十三杖。畜物屬者當另尋舉告。

一、諸人已爲盜詐，畜物主人至於他人家近邊十步遠，圍有蹤跡者，當出蹤跡去向，若説未知去向而搜，物主人説不搜，找尋擔保者，若不令擔保，胡亂翻擾家主時，有官罰馬一，庶人十三杖。識信三人擔保，則畜物主人當另尋舉告。其擔保人中，盜物出時，盜者依法判斷，擔保者先知盜竊，貪贓，一律按從犯法判斷；未知覺則因先擔保，有官罰馬一，庶人十三杖。

一、諸人已爲詐盜，載持畜物時，家主人有知握蹤跡，則當報告，並協助掌握蹤跡。盜物實出，則握蹤跡賞當依舉告賞法判斷賜給。或曉據痕跡人已報告，知盜受賄，説項徇情，未往，盜物未出等，依知盜分物法判斷。贓賄多當以枉法受賄論，與先有罪比，依其重者判斷。受賄而未徇情，已知未往，則有官罰馬一，庶人十三杖。

史金波等譯《天盛改舊新定律令》卷三《追趕捕舉告盜賞門》 一、捕盜舉見等賞賜法已明。依條下有，當由盜人出，盜人無有，貧窮無力出，由家門出工仍不足，則由知盜分物、買、抵債、使典當、接狀中間人者等出，其人等亦不能，則由畜物主得償還物中，二十緡中分成二份，一份當給追捕、首告賞。二十緡以上每十緡當抽出二緡給賞。若畜物主所得賠償甚少，不足按份給償數，及未得賠償者，則當由官賜給。

一、偷盜、强盜二種盜舉告賞出法：

一等首告强盜賞賜法：依人數及物量分爲兩種：盜人多、物甚少，則一人二十緡，十人以上一律二百緡。若人數甚少物很多，則當於全部二十緡中等分，其數以上每十緡中當出二緡，勿超過二百緡。賜舉告賞時，將人數、物量自共比較，當得其高者。其中舉告群盜賞亦依强盜法判斷。

一等舉告偷盜者，當依前述人數甚少物數甚多法賞賜，當勿超過一百五十緡。

一、捕盜及見盜賞法：見盜賞者當在舉告賞數上算，應得三分之一。捕賞當於見賞數上算，二分中當賜一分。若盜者强横，設置密謀，自行捕捉，則當在見賞上增利一分。捕、見盜者人多，亦當共同等分之。

一、諸人已爲盜詐時，畜物主人及喊捕者求别人幫助等，於盜人逃後追趕，除先追者外，其他人見其盜追趕者等，將盜人射、刺、杖、斫，盜人死傷時，追者不治罪。若盜人自還給，請捕，已入手後，貪人畜物，若以錯置無理而殺時，使與第七卷上逃人自還來唤處時，喊捕者被他人殺毁罪狀相等判斷。所殺盜竊犯應得短期徒刑者，當與殺人從犯罪相同。其中盜人已捕一部分而一部分未入手時，被他人自進時，追趕者□失，使强力而殺傷盜人時，當比前有罪狀上減一等。

一、往偷盜物已入手，物主已追趕時，盜人以强力相向，殺傷物主時，以强盜殺傷人法判斷。又他人助趕捕盜以及物主家處他人、住客被盜人殺、傷時，當與殺傷物主罪相同。

一、家主中持拿盜竊者時，鄰近家主當立便協助救護，若協助救護不及，不往報告時，城中城外一律所屬大人、承旨、行巡、檢視等徒二年，遷溜、檢校、邊管、盈能、溜首領、行監知覺，有位人等徒六個月。此外家主徒三個月。又已與盜相遇，趕及不往報告時，有官罰馬一，庶人十三杖。

（清）嵇璜等《續文獻通考》卷一三三《兵考·馬政》 元太宗六年五月，大會諸王百僚。凡來會用善馬五十匹爲一羈，守者五人，飼羸馬三人，但盜馬一、二者即論死。【略】

〔元世祖中統〕二年五月禁私殺馬牛，申嚴越境私商販馬匹者罪死。至至元二年正月，詔申嚴越界販馬之禁，違者處死。十一月省院官議，收到私走間道，盜販馬匹，曾過南界人三千八百四户，悉令充軍。三年十一月申嚴殺馬牛之禁，十二年五月又申其禁。【略】

二十三年六月，括諸路馬，凡色目人有馬者，三取其二，漢民悉入官。敢匿與互市者罪之。

《元史》卷二《太宗本紀》 〔太宗十二年〕冬十二月，詔貴由班師。敕州郡失盜不獲者，以官物償之。國初，令民代償，民多亡命，至是罷之。

《元典章》卷四九《刑部·諸盜·警跡人·盜賊刺斷充警跡人》 中統五年八月初四日，欽奉聖旨條畫内一款：强（竊）盜不該死，〔並〕竊盜除斷本罪外，初犯者於右臂上刺强（竊）盜一度字號。强盜再犯處死，竊盜再犯者斷罪外，項上刺字，雖會赦亦刺字。皆司縣籍記充警跡人，令村坊常切檢察。遇有出處經宿或移他處，報鄰佑知。若經五年不犯者，聽主首與鄰人保申除籍。如能告及捕獲强盜，一名減二年，二名除籍。竊盜一名減一年。其附籍後，若有再犯，終身拘籍。應據警跡人除緝捕外，官司不得追逐出入，妨礙營生。欽此。

《元典章》卷五一《刑部·諸盜·獲盜·獲强竊盜給賞》 中統五年

八月初四日，欽奉聖旨條畫内一欵節該：諸人告或捕獲强盗一名，賞鈔五十貫。竊盗一名，二十五貫。應捕人告或捉獲强盗，賞鈔比諸人減半。犯人名下追徵犯人財産，不及官司補支。

《元典章》卷五一《刑部・諸盗・防盗・設置巡防弓手》　中統五年八月初四日，欽奉聖旨道與中書省，在先遇有失盗，其各（官）〔管〕府司爲無罪賞，並不嚴行根緝。三月不獲，便令本處人陪償。這般體例，今後革罷，再休行者。仰照依立定罪賞，設置巡捕弓手防禁，捕捉盗賊條格遍行諸路，一體施行。内一欵，隨州府驛路置巡馬及馬步弓手，驗民户多寡定立額數。除本管頭目外，本處長官兼充提控官。其夜禁之法，一更三點鐘聲，絶禁人行，五更三點鐘聲，動聽人行者。有公事急速、喪病、産育，不在此限。違者笞二十七下，有官者笞一下，准贖元寶鈔一貫。州縣城子相離窎遠去處，其間五七十里所有村店及二十户以上者，設巡防弓手，合用器仗必須備足，令本縣長官提控。若不及二十户者，依數差補，若無村店去處，或五七十裏創立聚落店舍，亦須要及二十户數，其巡軍另設，不在户數之内。關津渡口，必當設置店舍弓手去處，不在五七十里之限。若沿邊州縣及相去地里窎遠去處，從行省就便定奪。於本路，不以是何投下，當差户計及軍站、人匠、打捕鷹房、斡脱窰冶諸色人等内，每一百户内取中户一名充役，與免本户合著差發。其當户推到合該差發數目，却於九十九户内均攤。若有失盗，勒令當該虧手立定三限收（補）〔捕〕，每限一月。如限内不獲，其捕盗官，强盗停俸兩月，竊盗一月外，弓手如一月不獲强盗，的決一十七下，竊盗七下；兩月不獲强盗，再決二十七下，竊盗一十七下；三月不獲者强盗，再決三十七下，竊盗二十七下。如限内獲賊數及一半，全免本罪。

《元史》卷三九《順帝本紀》　〔至元二年八月〕庚子，詔：强盗皆死；盗牛馬者劓；盗驢騾者黥額，再犯劓；盗羊豕者墨項，再犯黥，三犯劓；劓後再犯者死。盗諸物者，照其數估價。省、院、臺、五府官三年一次審決。著爲令。

《元典章》卷五一《刑部・諸盗・獲盗・獲賊隨時解縣》　至元五年二月，右三部會驗，欽奉聖旨條畫内一欵節該：諸府州司縣巡捕盗官捉獲賊人，隨時發與本縣公廳推問是實，解赴本州府再行鞠勘，不得專委人員、官吏、弓手拷問。

《元典章》卷五一《刑部・諸盗・獲盗・獲賊給賞等第》　至元六年四月，中書右三部近據博州等路各狀申：管下司縣失過盗賊，違限不獲，其捕盗官已是依例停俸，弓手的決。却有捉獲賊人，合徵賞錢，犯人家産不及，又有隻身貧難，無可追徵。不見是何錢内補支，乞明降事。爲此，呈奉中書省劄付，照得先欽奉聖旨節該：見巡捕條畫第二條。欽此。公議得，今後諸人告指，並新獲賊人者，欽依支賞。所據捕盗人員，本境内如有失過盗賊，却獲別境作過賊徒，擬令比折除過，謂如捉獲別境作過强盗或僞造交鈔二起，各准本境内强盗一起。無强盗者，准竊盗二起；如獲竊盗二起，亦准强盗一起。既是准折除過，其賞不須給付。如本境内別無失過起數，但獲强竊盗賊，依上理賞。若應捕人員，承准事主及諸人告指捉獲，不在除准理賞之限。仰照驗施行。

《元典章》卷五一《刑部・諸盗・獲盗・獲賊准過不給賞》　至元七年九月（二十一日），尚書刑部據東平府汶上縣張德（林）被盗訖賞鈔却獲別境蔡州作過偷馬賊人。張德（林）除已刺斷，擄獲賊（盗）准訖一半限次，合無於本賊名下追徵賞錢事。省部照得，先奉中書省劄付，據本界失過賊人，却獲別境賊徒。准折除過，其賞不須給付。緣隨路拏獲別境賊人，准折除過，止擬不須旌賞捕盗人員。其此等賊徒，即係一體作過之人。若不追徵似有偏負。以此公議追賞，賊徒多有家貧無財，可賠又無指定是何錢内補支。據捕盗人員但有不獲賊人，依例停罰其獲賊賞錢。無可補支，合無擬自今後於准過賊人名下，依例追賞。令各路總管府置曆收貯，如有獲賊不敷數目，於此項錢内補支。具呈。中書省依准所擬，遍行所屬依上施行。

《元史》卷一二六《安童傳》　〔至元〕八年陝西省臣也速迭兒言：比因饑饉，盗賊滋横，若不顯戮一二，無以示懲。敕中書詳議。安童奏曰：强竊均死，恐非所宜。罪至死者，宜仍舊待報。從之。

《元史》卷七《世祖本紀》　〔至元八年二月〕癸卯，四川行省也速帶兒言：比因饑饉，盗賊滋多，宜加顯戮。詔令羣臣議，安童以爲：强竊盗賊，一皆處死，恐非所宜。罪至死者，仍舊待命。

（元）沈仲緯《刑統賦疏・第六韻》　六贓計絹或終如其始。六贓者强盗、竊盗、監臨主司受財而枉法、受財而不枉法、監臨之官受所監臨財物、非監臨主司而因事受財，此六贓也。計絹者，唐以絹爲則，准犯處當時月旬估定上絹之價也，一尺比今至元鈔一貫，皆始於一尺科罪。一匹者四丈也。賊盗律云，强盗一匹徒三年，二匹加一等，十匹及傷人者絞，殺人者斬。竊盗一尺杖六十，一匹加一等，五匹徒一年，五匹加一等，五十匹加役流。職制律謂，監臨主司受財而枉法者，一尺杖一百，一匹加一等，十五匹絞，受財而不枉法者，一匹杖九十，二匹加一等，三十匹加役流。又條，監臨之官受所監臨財物者，一尺笞四十，一匹加一等，八匹徒一年，八匹加一等，五十匹流二千里。又雜律謂，非監臨主司而司事受財者，一尺笞二十，一匹加一等，十匹徒一年，十匹加一等，罪止徒三年。若此六贓皆計絹科罪自始至終矣。

直解：强盗、竊盗、監臨主司受財枉法、受財不枉法、監臨之官受所監臨財物、非監臨主司因事受財，此六等贓皆准犯處當時月旬估定上等之價，始於一匹坐罪，然後計匹加等。自始至終各有所當。

通例：至元八年三月刑部與戸部議得，强竊賊盗訖事主金銀必雖估贓定罪，既是金銀開禁，官無平准定價，聽從民間買賣，所估價值，擬合照依賊人犯處當時市價定罪。

《元典章》卷五一《刑部·諸盗·獲盗·别境獲賊准過捉事人旌賞》

至元九年七月〔初一日〕，中書兵刑部據泰安州來申，祇應庫被盗，根捉賊人未到，初限益都路録事司捉獲正賊。孫公惜若將捕盗官兵一例責罰，未敢懸便。乞明降事。省部相度，本境失過賊盗初限未滿已被别境捉獲正賊，擬合除過外，據獲賊名下合徵賞錢。依例追徵，給付捉事人收管。（承）〔呈〕奉都堂鈞旨，准擬施行。

《元典章》卷五一《刑部·諸盗·失盗·迥野失盗難議責罰》至元十年八月，中書兵刑部來申：順州年豐南畊地内也速歹兒被盗公事，照得被盗去處，即係迥野，不同應設巡防地面。若蒙責罰，實緣虚負。申乞照驗事。得此，省部相度，依准所申，合下仰照驗，更爲遍下合屬行移鄰境，將作過正賊，須要根捉得獲，送官依理施行。

《元典章》卷五〇《刑部·諸盗·掏摸·年幼掏摸刺斷》中書兵刑部爲：至元十一年五月捉獲到掏摸鈔賊人王合住、齊丑臉，責得各年一十四歲，同情於木塔寺前掏摸訖賣瓠事主鈔五錢，又於楊和門裏偷訖事主鈔四兩，被捉罪犯。呈奉都堂鈞旨：依理刺斷施行。

《元典章》卷五〇《刑部·諸盗·拐帶·奴拐主財不刺配》至元十二年十一月，中書兵刑部據大都路申：（處）〔逃〕驅王再興狀招，不合拐帶本使温署令錢物罪犯，蒙審斷罪囚官議得：王再興所犯偷拐本使錢物，同賊一般發付窑場配役。除將本人權行發下居役外，乞照詳事。省部議得：王再興所犯，即係奴拐主財，如主人求免即聽難仝偷盗（佗）〔他〕人（錢）〔財〕物。擬合量情斷決，分付本主，令有審囚官擬斷配役。爲此，呈奉到都堂鈞旨：依准本部所呈。奉此。（施行）

《元史》卷九《世祖本紀》〔至元十四年秋七月〕，壬辰，敕犯盗者皆棄市。符寳郎董文忠言：盗有强竊，贓有多寡，似難悉置于法。帝然其言，遽命止之。

《元典章》卷五一《刑部·諸盗·失盗·捕刧墓比强竊盗責罰》至元十四年九月二十五日，奉到中書兵刑部，據呈曹州路備狀申：蒙古奥魯總管府牒，該幛片察兒狀告被賊人刼訖本使黄頭先鋒墳墓，偷盗訖棺内金銀器皿等物。行下濟陰縣捕獲偷盗賊徒去後，狀申本縣主簿，説稱先是任平陰縣主簿，時彼處亦有賊人掘開墳塚，偷盗訖尚好信墳墓。奉到上司除免官兵捕限，止合常川捉獲賊人。合無依此體例，申乞照驗事。省部相度，凡人既已死歿，必須入土埋藏，其子孫苟非塋葬，不許無事開發。如何近有無圖之人貪竊財物，盗發邱塚，因而損壞棺槨，暴露屍骸。情理太重，若不責罰，不惟賊匪滋生，切恐官兵不爲用心警捕，將來長盗之源，深爲未便。得此議得：今後若有開刼墳墓賊徒於已發墳塚者，比同竊盗仝罪。如開棺槨者與强盗同罪，如殘毁尸首者與傷人同罪，其餘應捕官兵依上決罰，似爲相應。呈奉都堂，鈞送本部，准呈仰照驗施行。

《元典章》卷四九《刑部·諸盗·免刺·知情不曾上盗免刺》至元十四年十二月日，中書刑部符文：（咨）據大都路申，漷州解到竊盗張刺真等數内，責得張刺真狀招，於至元十四年十月二十二日，刺真爲首，起意糾合高坡兒，刺真獨自上盗，偷盗訖馬合某元收孛蘭奚黄小馬一匹，前來窨子門前説與高坡兒知情，一同宰殺貨賣，被捉到官罪犯是實。及責得知情人高坡兒狀招，與張刺真所指相同，估到元盗贓價九兩五錢。府司看詳：賊人張剌真所犯，即係真盜，合行依例剌（字）配軍斷罪。據高坡兒所招，（之）〔知〕情張剌真偷馬，一同宰殺貨賣，終不曾上盜，若依私宰馬牛體例免刺斷罪，誠恐（差池）〔未當〕。申乞照驗事。省部相度，擬准所申張剌真計贓居役一百日，滿日斷罪。除將張剌真關發行工部居役外，今將高坡兒隨此發去。合下仰照驗依上斷決，仍更爲行下合屬，取（審）〔勘〕元盜馬匹施行。

《元史》卷一〇《世祖本紀》〔至元十六年〕十一月戊申，敕諸路所捕盜，初犯贓多者死，再犯贓少者從輕罪論。

《元典章》卷五一《刑部·諸盜·捕盜·縣尉巡檢巡捕》至元十八年二月日，中書刑部近據濮州申：奉山東、山西道提刑按察司指揮據朝城縣尉王顒呈，在先上司文字，不令縣尉與本縣署押文字，（令）〔今〕次巡尉人員却與管民官一體輪番押付，有妨捕盜，乞照詳事。得此，省部照得，先欽奉聖旨條畫節該：捕盜官員專一巡捕盜賊，不得別行差（站）〔占〕。欽此。議得，巡捕人員除下州判主簿兼尉，與管民官通行署事，別無定奪外，據縣尉巡檢，既是不與管民官一同畫字勾當，擬合令各官依上專一巡捕（官），似爲相應。（不致）呈奉到（中書刑部）〔都堂〕鈞旨：准呈送（據）本部依上施行。

（清）嵇璜等《續通志》卷一四七《刑法略·歷代刑制》〔至元二十年〕九月，浙西道宣慰使史弼陳：弭盜之策，爲首及同謀者死，餘屯田淮上。帝然其言，詔以其事付弼，賊黨耕種內地，其妻奴送京師，以給鷹坊人等。

《元典章》卷五一《刑部·諸盜·獲盜·獲賊畧問即解》至元二十年十二月，欽奉聖旨條畫諭海北廣東道提刑按察司內一欵，節該：捕盜人員如是獲賊，略問情由，即便牒發本縣一同審問。若無冤枉，畫申本管上司，擬令弓手專一捕盜，巡防本管官員不得別行差（站）〔占〕。如違，並仰糾察。欽此（施行）。

《元史》卷一四《世祖本紀》〔至元二十三年〕仍設脫脫禾孫於黃河、江、淮諸津渡，凡漢民非齎公文適南者止之，爲商者聽。中書省臣言：比奉旨，凡爲盜者毋釋。今竊鈔數貫及佩刀微物，與童幼竊物者，悉令配役。臣等議，一犯者杖釋，再犯依法配役爲宜。帝曰：朕以漢人徇私，用泰和律處事，致盜賊滋衆，故有是言。人命至重，今後非詳讞者，勿輒殺人。

《元典章》卷四九《刑部·諸盜·免刺·子隨父上盜免刺》至元二十四年六月，江西行省袁州路申：盧元甫被盜，捉獲（到）賊人高三，審因官（審定）刺斷了當。據高三男甘仔上盜時，係從順（伊）父前去，即係受尊長使令之人，（況）兼（甘仔）〔本人〕年（止得）一十四歲，（尚）〔係〕是童男，不諳世俗，（抑且）〔又〕不曾分受贓物入己，難同隨從他人上盜體例。乞明降。省府議得：高甘仔年（紀）既是未及成丁，（順）〔止〕從父命（前去），爲此依法理合止罪其父，（高三至於其子）高甘仔擬免科斷。合下仰依上施行。

《通制條格》卷一九《捕亡·防盜》至元二十八年六月，中書省奏准《至元新格》：諸管軍官職當鎮守，其要盜賊不生，管民官職當撫治，其要安靜不擾。今後行省行院，凡於所屬，若管民官撫治不到，以致百姓逃亡，管軍官鎮守不嚴，以致盜賊滋盛，即須審其所由，依理究治。

諸行院到任，取會所管地分見有草賊起數，相其事宜，嚴諭諸處軍官，各使鎮守有法，招捕得宜，期於盜息而已。仍將見有起數先行報院，今後每季具已未招捕起數，並有無續生賊人，咨院呈省。

諸盜賊相聚，初非同心，或被嚇從，或爲誑誘。其行省行院，常須多出文榜，許令自相首捕。若始謀未行，隨即告發，或已相結聚，能自捕獲者，量其事功理賞。

諸盜賊生發，當該地分人等速報應捕官司，隨即追捕。如必當會合隣境者，承報官司，即須應期而至，併力捕逐，勿以彼疆此界爲限。違者究治。

諸草賊招捕既平之後，仍須區處得宜，防備周密，嚴責合干官司，常令用心，無致疎慢。

諸捕盜官如能巡警盡心，使境內盜息者，爲上；雖有失過起數，而限內全獲者，爲次；其因失盜累經責罰，未獲數多者，爲下。到選之日，考以實跡，定其陞降。即南方見有盜賊去處，若平治有法，使盜清民安者，別議聞奏陞擢。

至元二十三年七月中書省江浙省咨：婺州永康縣賊人陳巽四等聚集

作耗事，准此，於八月二十七日奏，忙古歹省官每與將文書來，這賊每普濟寺裏聚着頭造衣甲軍器來。如今江南地面裏山林裏，人烟稀少，寺觀多有。賊人聚集作鬧去處生發的，先生和尚每、官人每根底不說有。既這般聚集做賊說謊的每，先生和尚每、官人每根底來說呵，與賞；不說呵，與賊每一同斷罪。麽道說將來。俺商量得，依忙古歹說來的行文書呵，怎生？奏呵，是也，行文字者。麽道聖旨了也。欽此。

《元典章》卷四九《刑部・諸盜・偷頭口・達達偷頭口一箇陪九個》

至元二十九年三月，中書省咨：據札魯花赤呈准上都札魯花赤咨，兔兒年三月二十五日，據律律官人等上位奏，去年秃秃哈奏有來賊每根的九個家斷没者，麽道如今賊每聽得多有，起意偷來的每根底，體例裏合敲底，敲做伴當，偷來的每根底七十七下。一個根底九個，斷没九個頭口。無呵，他的女孩兒駈人斷没人頭口裏，准折斷没呵。十五〔歲〕以下身材到底他的女孩兒有呵，五個頭口裏准折斷，没十五歲以下十歲以上，三〔個〕頭（個）口裏准折斷，没十歲以下或女孩兒或驅人他的有呵。斷事的札魯花赤忽斟酌斷没者，商量來。麽道奏呵，依著您的言語者。合敲的罪囚每，奏將來者，體例裏合斷。

《元典章》卷四九《刑部・諸盜・偷頭口・漢兒人偷頭口一個也陪九個》 至元二十九年九月日，准（行）御史臺咨：承奉中書省劄付，近於該至元二十九年正月十一日奏過事内一件，達達家偷頭口的賊每根底，斷没九個，重的敲了，輕的斷放。有漢兒賊每不那般斷，有眾人商量說者。麽道聖旨有來：俺月兒魯那顔等眾官人每根底商量來，如今漢兒賊每偷頭口呵，也則依那體例陪了九個，重的敲了，輕的刺斷者。漢兒田地裏偷了諸般錢物的賊每根底，依著在先聖旨斷呵。怎生？麽道商量來，奏呵。那般者。麽道聖旨了也。欽此。

《元典章》卷四九《刑部・諸盜・窩主・窩藏賊人罪例》 至元三十年二月二十六日，中書省奏，奉聖旨節該：窩藏做賊（的）人，行省行院官（司）人（等）每一同問了，取招是實呵。爲首的（賊）根底敲了，其餘的那田地裏不交住，發將出來，麽道。欽此，欽遵。

《元典章》卷四九《刑部・諸盜・偷頭口・驅奴就斷與頭口的主人》

至元三十年八月，福建行省准中書省咨：晃忽都爲頭札魯花赤呈，近爲各處捉解到偷馬牛頭疋等物賊人，多係諸人驅奴，別無梯已頭疋，亦無女孩兒。合追〔賠〕贓，無可追給。爲此於至元三十年五月十二日奏過事内一件，月兒魯官人一處商量來，人的奴婢事甚麽没做賊呵。要了罪過，放有頭口的主人根底，消乏了一般，有他的使長〔口〕己人用著呵。贖要者，不用著呵，就將他頭口的主人根底斷與呵。怎生，麽道。

《元典章》卷五一《刑部・諸盜・捕盜・捕盜勿以疆界》 諸盜賊生發，當該地分人等速報應捕官司，隨即追捕。如必當會合鄰境者，承報官司即須應期而至，（並）〔併〕力捕逐，勿以彼疆此界爲限。違者究治。《至元新格》。

《元典章》卷五一《刑部・諸盜・獲盜・獲賊賞錢不賞官》 咨元貞二年八月（二十五日），准中書省咨：刑部呈，會驗欽奉聖旨條畫内一欵。見巡捕條畫。（云云）除（欽依）欽遵外，至元二十四年十二月，濟南路保申弓手張平，節次捉獲强竊盜賊五十四起，前尚書省擬充巡檢。在後獲賊之人，往往指（此）例言告。實礙通例。（本部）參詳：今後諸人獲賊，擬合欽依給賞。具呈照詳。都省准呈，除外咨請欽依施行。

《元史》卷一八《成宗本紀》〔元貞間〕御史臺臣言：内地盜賊竊發者衆，皆由國家赦宥所致。乞命中書立爲條格，督責所屬，期至盡滅。制曰可。

《元典章》卷五〇《刑部・諸盜・掏摸・掏摸鈔袋賊人刺斷》 大德元年六月，江西行省據撫州路申：袁慶告大德元年四月二十一日，將帶至元鈔二貫文一十張，前去桐林嶺收買緞子。至枸欄前，被軍丁李萬一掏摸訖前項鈔兩。約會録事司追問得，李萬一招，指係同黄舍耷、黎壬耷抑制摸訖袁慶至元鈔。該中統二定内，除分與黄舍耷、黎壬耷掏摸訖袁慶至元鈔。該中統二定内，除分與黄舍耷、黎壬耷至元鈔一貫文。及有一般軍丁伍茂、張聖保等趕趁需求，勒分訖至元鈔八貫文，餘上鈔一十四貫、准中統鈔一定二十兩，係萬一入已是實。黄舍耷、黎壬耷招伏相同。本路議擬，黄舍耷、黎壬耷二名俱係一定之下罪名，先將各人刺字外，決訖五十七下。李萬一所招，係一定之上罪名，申乞照詳，明降刺斷。省府照得，即與斷過偷盜官布賊人趙春二定之上罪名無異，合下仰將李萬一項刺竊盜一度，杖決六十七下。奉此。

《元典章》卷四九《刑部・諸盜・刺字・僧人作賊刺斷》　大德三年三月日，行中書省劄付，准中書省咨：陝西省西安府臨潼縣竊盜僧人孫義吉，偷盜馬匹。除罪犯已行斷訖外，刺面一節，請定奪。送刑部照得：至元十六年十月初九日，承奉中書省判送本部，元呈爲僧人張文通作賊偷盜僧人李寶月等衣服鈔數公事。本部與總統所一仝議得：僧人張文通所犯罪，經斷訖，擬將本僧依例刺臂。呈奉都堂鈞旨，准呈施行。今（呈）〔承〕見奉本部議得：僧人孫義吉所犯（之事）即（係）與張文通所犯一體，擬合依例刺字，緣係扎魯火赤掌管事理，更（訖）〔乞〕劄付本處議擬。得此，行據札魯花赤蒙古文字譯該：先爲僧人董譚兒等（賊人）作賊，稟奉帝師法旨，免刺（字）斷罪外，追元籍收係爲民，當差了當。議得：和尚作賊，合與俗人一體刺字，依例斷配發落，施行間，札魯花赤脱懽傳説宣政院官答失蠻言語，爲和尚做賊的勾當，俺每商量來，依體例（應）刺了（字）呵，（並該）發遣元籍還俗。是軍的交當軍，爲民的交當（民）差者。怎生般定奪的省官人每識者。都省准擬除外，咨請（仰）依上施行。

《元典章》卷四九《刑部・諸盜・評贓・遇革免徵賠贓》　大德四年四月日，江西行省准中書省咨來咨肇慶路高〔要〕縣申，朱總招（狀）〔伏〕〔不合〕，於大德二年九月二十四日糾合鄧宥一同偷盜陳成中様黄牛一隻宰殺，各人罪犯。於大德三年二月十九日，欽遇詔書，減輕決遣，不曾全免本罪據賠贓牛隻，未（曾）〔審〕全無徵給（與陳成）又兼（之）不曾刺字，係爲例事理。咨請回示。准此，送刑部照得：中統五年八月初四日，欽遇聖旨條例一款。云云。又至元三十一年十一月，奉省劄，河南行省咨：賊人張和盜馬一匹，正贓已行追給，將本人刺斷。賠贓追徵間，欽遇詔書，檢會到至元二年三月〔照依〕欽奉云云。議得：張和盜馬一匹，欽奉聖旨條畫，合追正贓，已行追給所據賠贓，擬合欽依革撥。如已追給本主者，别無定奪。都省准呈了當，所據賊人朱（總）〔聰〕鄧宥〔偷〕盜事主陳成（處）黄牛一隻宰殺，罪經欽遇詔赦，減輕決遣。本部參詳：科斷盜賊，皆據所盜正贓斷罪，仍（造）〔追〕賠贓。蓋爲情理難容，今既遇恩，本罪得減，正贓無問，貫用見在，全追給主，不曾隨罪減徵。外據賠贓即非元盜之數，如蒙免徵，依例（亦該）刺字相應。都省准擬仰依上施行。

《元典章》卷四九《刑部・諸盜・警跡人・警跡人拘檢（官）〔關〕防》　大德五年十二月二十六日，奏准强竊盜賊例内一款：諸竊盜初犯刺左臂，再犯刺右臂，三犯刺項。强盜初犯（即須）刺項，並充警跡人。官司臨拘檢（時候須）關防，一如舊制。欽此。

《元史》卷二〇《成宗本紀》　〔大德五年十二月〕定强竊盜條格，凡盜人孳畜者，取一償九，然後杖之。

《元典章》卷四九《刑部・諸盜・强竊盜・强竊盜賊通例》　大德六年三月，江浙行省准中書省咨該：近爲强竊盜賊斷例不一，欽依聖旨事意，與御史臺也可札忽魯赤一同分揀前後行過體例，斟酌輕重，定到各各等第，於大德五年十二月二十六日奏奉聖旨，節該：依省您定來的體例行者，又偷頭口的賊人，依著蒙古體例，教部個斷放有，姑今也，則依著體例者商量來。麽道奏呵，奉聖旨：那般者，欽此。都省今抄斷例前去咨請，欽依施行。

諸强盜持杖，但傷人者，雖不得財，皆死。不曾傷著人者，並不得財，徒二年半。但得財，徒三年；至二十貫，爲首者死，餘人流遠。其不持杖傷人者，惟造意及下手者死。不曾傷人者，並不得財，徒一年半；十貫以下，徒二年，每十貫加一等；至四十貫，爲首者死，全各徒三年。若因盜而姦，亦同傷人之坐。其同行人，止依本法。謀而未行者，於不得財罪上減一等坐之。

諸竊盜，始謀未行者，杖四十七；已行而不得財，五十七。十貫以下，六十七；至二十貫，七十七。每二十貫加一等。一百貫，徒一年。每一百貫加一等，罪止徒三年。盜庫藏物者，比常盜加一等。贓滿至五百貫已上者，流。

諸共盜者，並贓論，仍以造意之人爲首，隨從各減一等。二罪以上俱發，從其重者論之。

諸盜，經斷後仍更爲盜，前後三犯杖者，徒；三犯徒者，流。又而再犯者，死。强盜兩犯亦死。須據赦後爲坐。

諸竊盜，初犯，刺左臂；謂已得財者。再犯，刺右臂。三犯，刺項。强盜初犯，刺項，並充警迹人。官司拘檢關防，一如舊法。其蒙古人有犯，及婦人犯者，不在刺字之條。

諸評盜贓者，皆以至元寶鈔爲則。除正贓外，仍追陪贓。其有未獲賊人，及雖獲無可追償，並於有者名下均徵。

諸犯徒者，徒一年，杖六十七；一年半者，杖七十七；徒二年者，杖八十七；二年半，杖九十七；三年，杖一百七。皆先決訖，然後發遣，合屬帶鐐居役。應配役人，逐有金銀銅鐵洞冶、屯田堤岸、橋道一切工役去處，聽就工作，令人監視，日記工程，滿日踈放充警跡人。

諸盜未發而自首者，原其罪。能捕獲同伴者，仍依例給賞。其於事主有所損傷，及准首再犯，不在首原之例。

諸盜賊既有頒定條例，今後杖以下罪，府州追勘明白，即聽斷決。徒罪，總管官司公廳完坐，引其囚人，明示所犯罪名，取責准服文狀，然後決配，仍申合干上司照驗。流罪以上，須牒廉訪司官審復無冤，方得結案，依例待報。其徒伴有未獲追會，有不切而不能完備者，如服審既定，贓驗明白，理無可疑，亦聽依上歸結。贓驗，謂元盜衣服、器物及一切可爲証驗者。

諸人告獲强盜，每名官給賞錢，至元鈔五十貫，竊盜二十五貫。親獲者，倍之。獲强盜至五人，與一官。其捕盜官及應捕人，如本境失過盜賊捉獲而别境作過賊人者，聽功過相折。數外合理賞者，比常人減半。獲强盜至五人，捕盜官減一資歷。至十人應捕人與一官，捕盜官陞一等。其承他處公文及諸人告指而獲者，不在論賞之例。

諸失過强竊盜賊，違限不獲，當該捕盜官兵並依已行斷例決罰。弓兵一月不獲，强盜，決一十七下；竊盜，七下。兩月不獲强盜，再決二十七下；竊盜，一十七下。三月不知强盜，再決三十七下；竊盜，二十七下。捕盜官不獲强盜，罰俸兩月，切盜，罰俸一月。限内獲盜及半，免罪云。其捕盜官任滿，通行照勘，如不獲强盜三起、竊盜五起，各添一資歷。不獲强盜五起、竊盜十起，各降一等。捕盜官兵知而不行告捕，減犯人罪一等。力已獲賊，受財既放，與同罪。贓多者，從重論。至死者，徒三年。常人減二等。

《元典章》卷五一《刑部·諸盜·獲盜·捕獲强竊盜賊准折功過》

大德六年十一月日，中書省咨刑部呈：（冠）〔冠〕州申，近於大德六年四月初六日，准本州捕盜司隸軍户元良弼狀告，四月初五日夜（二更時分），被（盜）〔賊〕將臨街（版）〔板〕踏門剜開，入來鋪内偷訖鈔兩等物。移牒本司督勒，合捕弓兵捕賊未獲。當月二十五日，准本司牒，該捕弓兵捉到别境館縣作過盜訖。本縣小管等、〔驢畜等〕物，賊人一起一名將乞驢。准此依例歸勘外，檢會到元奉省部舊例節該：捕盜人員本境内如有失過盜賊，却獲别境賊徒合准折除過。如獲别境作過强盜，或僞造寶鈔二起，各准本境内强盜一起。無强盜者，准竊盜一起。如獲竊盜二起，亦准竊盜一起。又於大德六年四月内承准中書刑部符文，並奉寶哥爲頭也。可扎魯忽赤劄付，連到盜賊斷例内一欵，諸人告獲强盜，云云。見强竊盜通例。奉此除遵依外，照得前項未獲竊盜一起，初限已滿。若將當捕弓兵依例斷決，今限内捉獲别境竊盜一起。若准前例，功過相折，却緣舊例如獲别境竊盜二起，准本境竊盜一起，誠恐差池。係以久爲例事理，除已督勒捕盜官兵着緊緝捉正賊外，乞照詳事。得此，照得（年　月）欽奉聖旨條畫：若有失盜，全免本罪；及諸人告或捕獲强盜一名，賞錢。云云。欽此。省府擬得：今後捕盜人員，本境内如有失過盜賊，却獲别境作過賊徒，擬合比折除過。謂如擬獲别境作過强盜，或僞造寶鈔二起，各准本境内失過强盜一起；無强盜者，准竊盜二起；如獲竊盜二起，亦准竊盜一起。既是准折除過，其賞不須給付。如本境内别無失過起數，但獲强竊盜賊依上理賞。已下本部依上施行去訖。本部看詳：隨處捕盜官兵捉獲强竊盜賊，擬合照依至元六年（月日）元奉都（臺御史）〔省〕定到，本境失過盜賊、捉獲别境作過賊徒（照）例功過相折數外，理賞相應。緣係通例，具呈照詳。都省准擬，若不遍行（行省）照會，竊恐在下官府不詳行，似此作欵，躭悟官事。咨請依上施行。

《元典章》卷四九《刑部·諸盜·刺字·八刺哈赤人等作賊刺斷》

大德六年，（月日）御史臺咨奉中書省劄付：近據來呈，審斷南北兩城兵馬司等處囚徒，内有作過一十餘盜强竊盜賊，在前雖曾敗獲，自來不曾刺斷，亦有經斷（者却）不曾刺字。詢其所由，爲係應當八刺哈赤等或係應當怯辥之人驅口。今（以）後除（出）正蒙古（之）人外，其餘色目、漢人（諸人），不以是何職役，但犯强竊盜賊（者），俱各一體刺斷。具呈照詳。送刑部照擬回呈，議得：前項應當八刺哈赤人等作賊，擬合欽依大德五年十二月二十六日奏准定例，險蒙古人並婦人免刺，其餘人員依例刺字。雖會詔赦釋免，亦合一體刺字。所有因做好事，特奉聖旨懿旨釋放(但)賊人，臨時宜從都省（處）區處相應。得此，照得刺（字科）斷通例，已經遍行各處，欽依施行，其餘俱准部擬。都省仰照驗施行。

《元典章》卷五〇《刑部・諸盜・發塚・發塚賊人刺斷》　大德六年月日，江浙行省准據浙東道呈：慶元路羅君永被掘墳墓公事，獲到賊人王季三等，取訖招伏。追（審）〔勘〕問，欽遇詔恩。除將賊人王季三發下合屬，追贓聽候外，據刺字一節，乞明降。爲此，移准中書省咨送刑部照擬，回呈。雖是此依强盜科斷，緣爲正犯既遇詔恩，合咨（各處）行省欽依施行。具呈照詳。都省照得先欽奉聖旨條畫，節該：盜賊雖會赦，仍刺字。除欽遵〔外〕，議得賊人王季三發塚開棺，盜訖金銀等物。既是例比盜賊科斷，擬合刺字。除外，咨請照驗施行。

《元典章》卷五一《刑部・諸盜・捕盜・添給巡捕弓箭》　大德七年正月，江浙行省准中書省咨：松江府申，本府合該捕盜弓箭別無見在，照得近准中書省咨，各處捕盜官兵弓箭奏奉聖旨：路裏一十副，散府州裏七副，縣裏五副，巡檢三副，欽此。參詳各處捕盜弓箭未審合無，官爲給付，惟復捕盜衙門自行置備。咨請照詳。送刑部照擬回呈：照得大德三年五月，承奉中書省劄付，近爲御河、會通河道，北自大都南抵江淮，遞運係官諸物。富商客旅經行，多有盜賊生發。兩次差官，脱思禿哈並扎魯忽赤徹里等前詣各處，講究到弭盜方略，致盜之源，蓋因見設巡捕去處，地里窵遠，所設弓兵並官給弓箭數少，處防頻（並）〔併〕前去後空。賊徒窺伺空隙，往往懸帶弓箭，執把軍器，恣行出没爲盜。其捕盜官兵，猶空手而拒刀劍，無衣甲而禦箭鏃。彼强我弱，實難擒捕。議得：自大都李二寺迤南，河南省管下歸德府界，古宿遷城沿河上下，安置巡捕三十處。元設一十五處，剏添五處。除拘該州縣一十一處内就用，已設州判縣尉八處，東光、任城、清海三縣水洛驛程元設簿尉，今改主簿，添設縣尉專一巡防外，有一十九處舊設巡檢司（官）革去，改設巡防捕盜官。（凡）色目、漢兒人員，從九品（給）〔級〕合用弓箭，斟酌相離遠近，緊埂上至五十名或四十名或三十名。除見役外，不敷者於各該州縣當差户内差撥，如更不敷，隣近去處差取。仍每處官給弓箭一十副，從色目人員依例闕防。如遇差故，其次官依上施行。捕盜正官亦許懸帶。爲此，都省於大德三年四月二十三日奏：江南不揀甚麽錢物來呵，經由何道裏來有，做買賣的也那河道裏行有。爲盜賊多的上頭，去年皇帝根底奏了。省裏臺裏也可扎魯忽赤裏差人整治去來。〔而〕今（令）與理會的（人）每一處商量，立三十處巡防捕盜衙門，内有八處州判縣尉，更有三處下縣主簿兼尉，有主簿兼尉。提調賊盜勾當呵，躭誤民訟公事。這三個下縣裏設縣尉呵。怎生？又革罷巡檢司剏設一十九處巡防捕盜衙門，每處色目一員，漢兒一員，各委付兩個人。若這般設立呵，弓手不敷，有於附近百姓門内差撥呵。怎生？又賊人每有執把兵器，這弓手每却無軍器，每處給與一十副弓箭，用着時執把者，不用時各處色目人員提調收管者。麽道商量來。奏呵，奉聖旨：那般者。欽此。都省除外，合弓箭〔除〕就用減併巡檢司舊有外，仰照驗不敷數目，行移合屬官爲應付施行。今承見奉移准都省咨，議得路府州縣巡防捕盜衙門，懸帶弓箭已有定例，各處巡檢，每處量給三副。咨請依上施行。

《元典章》卷四九《刑部・諸盜・免刺・親屬相盜免刺》　大德七年三月日江西行省准中書省咨該來咨瑞州路申蕭仁壽狀招，不合於大德六年五月（二十）〔初〕六（是）夜（間）偷盜（得）堂兄蕭得三驢一頭。照得近准中書省咨，奏准定到斷例内一款諸竊盜（賊）初犯刺（字）左臂。除欽遵外，今據見申看詳，賊人蕭仁壽所招（狀詞），不合偷（盜）訖堂兄蕭德三驢畜（一頭）。若便照依前刺，免追賠贓刺字斷決，誠恐差池。咨請照詳，刑部議得：擬親屬相盜，自至元八年□月□日刑部議擬免刺，循行至今。卻緣見奏准盜賊例内不曾開載，所據蕭仁壽招伏，不合偷盜堂兄蕭德三驢畜（一頭）。即係親屬，亦合免刺，賠贓依例追徵相應。都省議得：蕭仁壽偷盜堂兄蕭德三驢畜，既係親屬相盜，例合免刺。依准行省所擬，止追正贓。

《元典章》卷四九《刑部・諸盜・盜猪依例追賠》　大德七年三月日，江西行省准中書省咨内一款：撫州路申：陳四、黄千二（名）〔各狀〕招（伏），大德六年七月初一日夜，偷盜訖吴景瑞家公豬一口、母猪一口（又有）〔及〕小母猪一口。府司詳伏所盜猪隻，未審與盜頭口例同，申乞照詳。得此看詳：所申事理合無比同偷盜牛馬羊畜，例請照詳事。刑部照得大德五年十二月二十六日，奏准節該：偷頭口的賊人，依著蒙古體例，教陪九個斷放。有如今則依著那體例行者，麽道奏呵，奉聖旨：那般者。欽此。所據陳四等偷盗吴景瑞猪三口，擬合（擬）〔依〕例追賠相應。前件依准部擬施行。

《元典章》卷四九《刑部・諸盗・免刺・受雇人盗主物免刺》 大德七年三月日，江西行省准中書省咨來咨江州路申：陳寅子狀招，既自大德四年（三）〔正〕月十七日憑黄仲三作保，與事主吴旺家受雇使唤，不合於大德六年正月至三月，日數不等，偷盗訖雇主吴旺糯米穀一十九石七斗並熟占米二斗，糶與在城不得名隅小王等，共得價鈔二定十六兩。内劉萬四分訖一十八兩外，餘鈔寅子入已罪犯。招狀是實。得此照得：除陳寅子大德六年正月二十四日爲始，至二月初七日六次偷盗雇主吴旺糯米一十二石糶與小王一節，係在大德六年三月初三日已前事理，革撥依例，止追正贓給主外，據三月十三至十九日七次偷訖雇主吴旺糯穀七石七斗並熟占米二斗，折價中統鈔一錠四十兩。除劉萬四分受外，實得中統鈔三十六兩，該折至元鈔七兩二錢，入已使用，除陳寅子懼怕吴旺告發到官，私下賠還訖中統鈔二定，依竊盗至元鈔十貫以下，六十（七），若要刺斷，緣陳寅子始於吴旺家内受雇，係同居宿食之人。又已事前悔過，已行還價，申乞照驗。本省議得：陳寅子所招不合節次盗訖雇主吴旺（家）米穀，若依前免追賠贓刺字，誠恐差池，咨請照驗。刑部議得：陳寅子所招（詞狀），因雇主吴旺令本賊自行量穀，剩米出糶，不曾拘管量數，節次偷（落）搬訖雇主吴旺穀米糶（犯）〔賣〕罪犯若依常（例）〔盗〕定論刺斷，却緣本賊與雇主宿食同居，擬合比依奴婢盗賣本使財物減等定論，不追賠贓，免刺（字）相應。都省准擬（施行）。

《元典章》卷五〇《刑部・諸盗・發塚・禁治子孫發塚》 大德（六）〔七〕年三月十六日，江西行省准中書省咨臨江路備新淦州申，知州曹奉訓關體知諸人子孫多有發掘出父（母）〔祖〕墳墓棺尸，將地穴出賣等事。又准本路達魯花赤札忽兒歹中議關亦知本路士民之家止圖利己莫恤祖宗，往往聽信野師俗巫，妄以風水誑惑曰：某山强則某支富，某水弱則某支貧。或曰：兹山無鼎鼐之似，安得出一品之貴。又曰：兹山無倉庫之似，安得致千金之富。於是有一墓屢遷而不已者，又有子孫不肖貧窮，不能固守從而墮師巫之誘，但圖多取價鈔，掘墓出賣，剖分者有之。其富厚之家，貪圖風水，（有）〔用〕錢買誘，使之改掘出賣者有之。又有圖葬埋之金銀，破祖宗之棺槨並（尸）〔骸〕骨於水火者有之。本省看詳：比及江西風俗澆薄，爲人後者，不務勤儉，破蕩財産，及至貧乏，不自咎責，反謂先塋風水不利所致，遂乃聽信師巫誑惑，豪强利誘，發掘先墳墓，遷移骸骨，高價貨賣穴地，不仁不孝，情罪非輕。即今事發到官者甚衆，若不明定嚴刑，以示禁戒，切恐愚民沿襲，視以爲常，緣係爲例事理請定奪，事送刑部。議得：切墓賊徒，發塚開棺，毁尸者，已有斷例。其爲人子孫，或因貧困，或信師巫説誘，發掘祖宗墳墓，盗取財物，貨賣塋地者，驗所犯輕重斷罪。移棄尸骸，不爲祭祀者，合同惡逆結案。買地人等，知情者，減犯人罪二等科斷，元價没官。不知情者，臨事詳决有司不得出給貨賣墳地公據。依理遷葬者，不拘此例。如蒙准擬移咨（各處）行省，嚴切禁治，今以後敢有違犯者，依上追斷，相應都省准呈咨請禁治施行。

《元典章》卷四九《刑部・諸盗・偷頭口・偷頭口賊依强竊盗刺斷》

大德七年四月，江浙行省准中書省咨該陝西省咨，檢會到中書省至元二十九年正月十一日奏過偷盗頭口賊人斷例，及大德六年中書省奏准定到斷賊盗例，又偷頭口的賊人依著蒙古體例，教賠九個斷放。云云。坐到斷例一款：諸竊盗，初犯刺左臂，再犯刺右臂，三犯刺項，並充警跡人。官司初檢關防一如舊法，其蒙古及婦人不在刺字之例。欽此。不見開到合刺面賊。除將偷頭口賊人權依今次定到竊盗刺臂斷放了當，今後若有捉獲此等賊人，除已依上刺臂斷放外，緣例通例咨請定奪。又准江西河南行省咨，亦爲此事未審於何處刺字。准此，送刑部議得：該偷頭口的賊人已蒙都省奏准，依著蒙古例教賠九個。據刺字一節，合依奏准强竊盗例，一體刺斷，遍行照會相應。都省准擬。

《元典章》卷四九《刑部・諸盗・警跡人・警跡人轉發元籍》 大德七年四月日，（行）江西〔行〕省准中書省咨：河南省咨歸德府申准，本府知府趙朝散欽奉聖旨，節該：云云。見前。省府相度，應據刺斷釋放强竊盗賊，轉發元籍收充警跡人數，欽依聖旨羈管，無令出入。今（因）各處官司並不嚴加可檢察，亦不明立粉壁，上下半月，參官縱令出外，别作過犯。元籍官司一向無罪，以致盗賊極多，累經刺配。强盗出外不獲，不許給由。若應捕人得財疎放，或畏拒捕事發到官，官吏斷罷不敘，應捕人與人加等斷罪等事。本省看詳：警跡人等别境作過，不見定到本管官司有失檢察罪名。事干通例，咨請照詳。准此，送刑部（議據）照得，於大德五年十二月二十六日奏准，强竊盜賊例内一款：照得各處申禀，不見經斷强竊賊銜賀拘檢關防定例，並當該官司有失覺察罪名，本部議得：斷放强竊盜賊，發付元籍官司籍（寄）〔記〕充警跡人。門首（直）〔置〕立紅泥粉（墻）壁，開寫姓名。所犯每上下半月赴官銜賀，令本處社長、主首鄰佑常加檢察。但遇出處經宿或移他所，須要告報得知。違者即便申官追究。若失覺察，放令别作非違，量情斷罪。捕盜官專一提調，用心關防。如拘檢不嚴，别作過犯，亦行治罪。任滿解由内開寫。警跡人若能獲賊改過，五年不犯者，欽依除籍。如准所呈，遍行照會相應。具呈照詳。都省准擬，咨請依上施行。

《元典章》卷四九《刑部・諸盜・窩主・强竊盜賊窩主》大德七年八月日，江西行省准中書省咨，刑部呈：大名路備録事司，今後應有窩藏賊盜或竊或强，曾無殺傷事主，窩主但曾與各賊一同分使贓物之人，無處聚集糾合，此息盜之要（述）〔術〕也。本部議得：法貴得中，刑慎過制，强竊盜賊，首乃造意，從即隨行，已有定例。雖曰窩主，而有起意糾合，指引上盜，分受贓物，身雖不行，既係元謀，合爲首論。若未行盜及行盜之後，知情窩藏，分受贓者，減盜竊從贓一等，免刺科斷。其或經斷後，終不改者，與從賊同罪相應。都省准擬，咨請依上施行。

《元典章》卷四九《刑部・諸盜・免刺・兩姨兄弟免刺》大德七年九月日，江西行省准中書省咨來咨：龍興路申，周辛四狀招大德六年十二月初六日夜，糾合黄文二盜訖兩姨兄弟宋雲一黄牯牛一頭，自行前去撫州路，憑陳顯二賣與王鼎三秀，得訖中統鈔三十兩，除將各賊斷決六十七下，黄文二刺字，别無定奪外，據周辛四係失主宋雲一兩姨兄弟，雖是無服之親，終係親屬相盜，免刺止追正贓。部擬周辛四竊盜兩姨兄弟宋雲一牛隻罪犯，即係親屬相盜，合准行省所擬，免刺止追正贓相應。都省准擬。

《元典章》卷四九《刑部・諸盜・刺字・僧（徒偷）盜師伯物（件）刺斷》大德七年九月日，准中書省咨來咨，袁州路申：僧人伍普秀伏招，大德七年二月二十七日，竊盜（得）東寮師伯公袁允中中統鈔一百一十三兩五錢，（又）黄蠟二餅，共計贓至元鈔二十貫之上。本路已經斷罪還俗。雖非本宗親屬，終是竊盜本院師伯公之物，合無比同親屬相犯例，免刺（字），止追正贓。本部照得，大德七年四月（日）承奉中書省劄付陝西行省咨、四川宣慰司都元帥府呈成都路備簡州申：捉獲僧人善祥先與李阿王通姦，竊盜師兄善智財物，取訖招（狀）〔伏〕。若以常人犯盜論罪，刺斷還俗，事主善智係善祥師兄，同寺居止，若以比親屬斷罪，免刺及不還俗，未曾斷過如此體例。准此，送本部議得：僧人張善祥所招，除與李忠妻阿王通姦罪犯，欽遇詔恩釋免外，據本僧不合於大德六年三月二十七日夜（間）竊盜（得）師兄善智財物，雖善祥係善智師弟，（蓋師兄師弟之情）義如朋友，難同親屬定論。以此參詳，擬合移咨行省，將張善祥依例刺斷（發付）還俗，（本）籍充警跡人，收係當差。仍劄付宣政院照會相應，都省准擬，除外合下仰照驗施行。奉此議得：僧人伍普秀所招，不合竊盜（得東寮）師伯（公）袁允中（處）錢物，罪犯擬合依例刺（字）斷罪，追徵賠贓相應。前件依准所擬。

《元典章》卷四九《刑部・諸盜・首原・父首子為盜免罪》大德七年九月日，山東東西道宣慰司准中書省刑部關，承奉中書（省）劄付：也可札魯花赤蒙古文字譯該，山東宣慰司文字裏呈濟甯路申，偷驢賊梁得兒小名的人招（狀）伏，大德六年十月十五日隻身前去邵立名字的人院内入去將，椿上元拴一個驢偷將，來濟州將軍寨村裏住的吕大根底賣與了。後頭他的爺梁寬理會得，將他孩子打了，〔教道了〕將元偷盜驢擡將來主人邵立根底，用酒食告求，將偷驢賊梁得兒放了，即同自首。據這勾當係爲例事理。怎生般定奪的，省官人每識者。送本部議得：梁得兒竊盜邵立驢畜，伊父知覺，自於事主處首説，分付訖元盜驢畜，合同自首。如准也可札魯忽赤所據免罪相應。都省准擬，仰照驗施行。

《元典章》卷四九《刑部・諸盜・免刺・偷粟米賊人免刺》大德八年正月日，承奉中書省劄付：河北道廉訪司申，賊人宋仲友於大德三年五月内偷盜訖事主謝秀粟穀五斗，估贓計中統鈔二兩。江陵路刺斷訖五十七下。不見通例，具呈照詳。送刑部，照得大德七年七月内承奉中書省劄付，也可札魯忽赤蒙古文字譯該，河東山西道宣慰司呈賊人張成、李添兒等偷盗事主王聚等窨〔來〕的麥穀，如故意偷錢〔物〕來的賊，一般刺字呵，重（丁）〔了〕的一般怎生明白定奪！俺行回文書與將來的省官人每識者。送本部議得：饑饉之際竊糧食者，固法所不容，而情在（可）〔所〕宥。比年田禾薄收，物斛湧貴，貧民缺食，爲救一時之急，因而竊取糧食。原其所由，情非得已。若與偷盗錢物一體刺斷，似涉太重。擬合依例斷罪，權宜免刺。敢有再犯一石之上者，依例刺字相應。都省議得：竊盗糧食，初犯依准本部所擬，再犯者臨事詳情議斷。奉此，今承見奉本部議得：賊人朱仲友所招，除先犯隨從姜晚十等强盗閻千二不曾得財，欽遇（恩）詔〔赦〕釋免外，又於大德三年五月二十六日，因缺口糧，除盗謝秀粟穀五斗，未曾出門，被看倉人魯六一捉獲，拒捕將事主（謝秀）咬傷，估（贓）計（該）至元鈔四錢。贓不滿貫，陵江路官員却將本賊（宋仲友）刺（字）斷（罪），既係格前，似難取問。本部擬合（將賊）除洗元（舊所）刺字樣。

《元典章》卷四九《刑部・諸盗・强竊盗・舊賊再犯出軍》 大德八年六月初十日，江西行省准中書省咨：大德八年正月二十二日奏：去年秋間，賊每多有，麽道聽得有賊每根底整治的上頭，交眾官人每商量者。麽道聖旨有來。省官每也可札魯忽赤每擬定行來的斷賊的體例文字，在大都有得上頭，不曾擬來，麽道前者大都出來時分奏呵，奉聖旨：您迴去與省官院臺官每也可札魯忽赤等一處商量了擬定者，麽道聖旨有來。俺眾人商量來，舊賊每根底不流遠的上頭，賊每多了的一般有。如今舊賊每三遍做了賊經刺的賊每，如今拏獲呵，是第四遍有，交出軍。又兩遍做了賊經刺的賊每，拏獲呵，是第三遍，有這的每，也交出軍。又一遍做了賊經刺來的賊，再拏獲呵，是第二遍，有這的每，交配役三年。色目人每做賊呵不刺，三遍做了賊，如今拏獲呵，是第四遍有也，則依那體例交出軍。又兩遍做了賊拏獲呵，是第三遍，有這的每，也交出軍。又一遍做了賊，再拏獲呵，是第二遍有，將這的每交配役三年。又色目人骨頭的濶端赤，每根底不刺，高麗漢兒，蠻子濶端赤每根底刺字。商量來，麽道奏呵，那般者，麽道聖旨了也。怯列裏故意一遍偷馬的，交出軍。在先曾做賊，又經第二遍怯列裏偷馬呵，敲者商量來。麽道奏呵，那般者，聖旨了也。欽此。

《元史》卷二一《成宗本紀》 大德八年十一月壬子，詔：内郡、江南人凡爲盗黥三次者，謫戍遼陽；諸色人及高麗三次免黥，謫戍湖廣；盗禁籞馬者，初犯謫戍，再犯者死。

《元典章》卷四九《刑部・諸盗・强竊盗・斷賊（徒）〔體〕例粉壁曉諭》 大德九年四月日，湖廣行省准中書省咨：蒙古文字譯該：中書省官人每根底寶哥爲頭，也可札魯花赤言語左右司，〔呈〕近來奏奉聖旨：舊賊每不流遠的上頭，做賊的多了，云云，見前配役出軍例。那般者，聖旨了也。近據大都路申，賊人楊瘦兒在先四遍偷鈔，經斷四遍有來。如今又將羅興小名人的鈔偷了的上頭，交他出軍去了也。俺參詳：此等愚頑之人，不知新定體例，誤入這般罪過去有，如今怎生般。諸路裏行榜文，仍於村坊鎮店，排門粉壁，曉諭諸人呵，舊作過的人每也改了有，别個人每也怕有，不作罪過有。麽道呈的上頭，俺商量來，怎生般依他每呈來的行榜文，交立粉壁的省官人每，識者。得此送據刑部議得：也可札魯花赤所言新定賊人配役出軍體例，如蒙准呈，遍行出榜，粉壁曉諭。

《元典章》卷四九《刑部・諸盗・雜例・妻告夫作賊不離異》 大德十一年六月，江浙行省准中書省咨：杭州路申，大德九年正月初五日，據謝阿徐告夫謝壽三節次偷盗謝八七嫂等家物件，責得賊人〔謝〕壽三狀招相同，追贓到官，刺斷六十七下，發充警跡人。外據謝阿徐告夫作賊一節，看（參）〔詳〕（詞狀），謀害於夫，難同義絶。若依〔前後〕離異，恐啓僥倖之門，咨請照詳。送據刑部〔呈〕議得：該謝阿徐（氏）告夫〔謝〕壽三爲盗，杭州路將本人刺斷，籍充警跡（之）人；且妻告其夫，斁壞彛倫，此風萬不可長。前事已經欽遇詔恩釋免，外據謝阿徐難擬離異，具呈照詳，都省准擬，咨請依上施行。

《元典章》卷五〇《刑部・諸盗・掏摸・懵藥摸鈔斷例》 大德十一年六月，行臺省准御史臺咨：據監察御史呈，照刷出都省右司刑房，大德九年上半年文卷内一件，李廣志藥吴仲一，李廣志明招摘取蔓芑蘿、莗蔴子，收留已後，修合懵人，摸鈔使用。大德七年十二月十七日，起意買到葷麪一分。將丸成蔓芑蘿莗蔴子藥丸，撚碎麪内，吴仲一喫用，昏迷不醒，擡同行至東湖畔空野處，將吴仲一絹袋，用刀子割斷，盗訖中統鈔五定二十五兩。刑部擬依竊盗，似有未盡，原其罪犯，合從强〔盗〕論罪。

然係通例，宜令合干部分再行定擬相應。具呈照詳。得此，奉中書省劄付，送刑部議得：李廣志所犯，用懵藥令吴仲一食用，（刀）割取鈔定情罪，既已照依竊盗呈准刺放，又係大德十年十二月十八日欽遇聖旨，分揀踈放罪囚已前事理，别難定奪。今後似此賊徒，若於飲食内加藥，令人迷謬而取其財者，合從强盗法論罪相應。都省準呈施行。

（元）沈仲緯《刑統賦疏·第三韻》 出舉得利，非物之蕃息。名例律云，以贓入罪，正贓見在者還官主，注轉易得他物及生産蕃息皆爲見在。

疏議曰： 轉易得他物者謂本贓，是驢轉行换易得馬之類及生産蕃息者，婢生子女馬生駒之類。

問曰： 假有盗得他人財物即將與易及出舉别有息利得同蕃息以否。

答曰： 律注生産蕃息本據應産之類，而有蕃息若是興生出舉而得利潤皆用後人之功，本無財主之力，既非孳生之物，不同蕃息之限，所得利物合入後人。以此推之， 蓋必自然番息者方爲正贓見在，凡因人功之使然者皆非矣。

直解： 枉法受財及盗詐取物，將來自行用力營運得到利錢，即非畜産自然蕃息，事發除元贓給主，其餘利錢不合追收。

通例： 大德十一年甘肅省咨： 准朵中古寺盗殺散卜散沙懷駒馬一匹，倍利出駒兒一箇，事主告發陪贓，部議合還正贓懷駒馬一匹，陪贓依例徵給蕃息之物合追陪贓。

《元典章》卷四九《刑部·諸盗·免刺·老幼篤廢疾（者）免刺》 至大元年六月日，江西行省准中書省咨來咨：建昌路申，程福孫狀招，年一十五歲，不合信從李實俚説合同情福孫下手掏摸到熊十二至元鈔五百文，遞與李實俚收接去訖。議得程福孫等所招，俱係踈放罪囚。已事理外，據刺字一節，緣本人犯罪時年方一十五歲，又兼贓不滿貫，合行免刺（罪）〔罰〕贖。即係通例，咨請定奪。准此，據送刑部呈議得： 李實俚所犯誘合程福孫掏摸熊十二（處）至元鈔五百文，遞與李實俚收接（被）捉獲到官，搜贓還主。李實俚雖不下手，終是造意爲首，（之徒罪永便即行）〔罪經〕踈放，例合刺字。（至）程福孫時年方十五（歲），未行出幼，擬合免刺（字科斷）。今後如有强竊盗賊，已得財者，年七十以上十五以下及篤（疾殘）廢（者）〔疾〕，不任重刑，合行免刺收贖。事干通例，如蒙准呈，遍行相應。都省准擬，咨請依上施行。

《元典章》卷四九《刑部·諸盗·强竊盗·拯治盗賊新例》 至大四年七月二十五日，欽奉皇帝聖旨：諸王駙馬每根底、四怯薛官人每根底、各枝兒裏頭目每根底、萬户千户百户每根底、軍官每根底、軍人每根底、衆百姓每根底，宣諭的聖旨。衆官人每商量者奏，有日月山、熨斗山周圍有的晃火攤每兀里羊罕脱脱憐每，脱脱的收聚米的伯牙兀每，秀才千户的八魯剌思每，哈伯千户的瓮吉剌每，阿剌蠻十户的旭申等。 哏做賊説謊有。麽道奏來，在先爲做賊説謊（的）上頭，完澤篤皇帝交各還元籍去了有來。如今又聚集著有麽道説有。如今將這的每只依舊各還元籍去者，道來這裏怯裏行的每的。澗端赤落後的交有額數者，教他每、使長每好生拘（黔）〔鈐〕著，休縱放的漫散行者。這般宣諭了呵。額數之外的人每不交發將去的他每，使長每根底要罪過者；教去的人每若不還元籍，這壁那壁隱匿著行呵，隱藏的隱匿人每有罪過者。今後豁開車子的，初犯呵，追了賠贓，打一百七下。再犯呵，追了賠贓，打一百七，流遠。有三犯呵，敲了者。又怯烈司偷盗駱駝、馬匹、牛隻，初犯呵，追九個賠贓，打一百七，流遠者。再犯呵，敲了者。又外頭偷盗駱駝、馬匹、牛隻的，初犯呵，追九個（追）〔賠〕贓，打一百七（下）者。内若有舊賊每呵，數他每先做來的次數，依已定來的例，合配役的交配役，合出軍的交出軍者。（先）不曾做賊的每，開讀聖旨之後，再犯呵，追了賠贓，打一百七，流遠者。三犯呵，敲了者。偷盗錢物、羊口、驢畜的，依先已定來的例，要罪過者。殺了人的，敲了者。又爲自意，交參行的上頭，做賊説謊多了（的）緣故，是這般有。揀那裏去呵，交本管頭目每根底。這些人、這些馬去了也，（莫）〔麽〕道要脚引文字行者。若回來時分，本處頭目每根底，這索要了人馬數目，文字回來者。般宣諭了呵。元文字行的人每，拏住呵，要罪過者。拏住的人根底，錢物、頭定内與賞者。道來聖旨。豬兒年七月二十五日。

《元典章》卷四九《刑部·諸盗·免刺·父首子盗羊免刺》 至大四年九月日，福建宣慰司承奉江浙行省劄付，近據平江路申：沈振告伊男沈阿德偷盗山羊等事，欽遇原免刺字一節，照例開到沈阿德招詞。申訖照詳。得此，備咨中書省照詳去後，今准回咨，該平江路申，沈振告伊男沈阿德偷盗袁六五〔家〕山羊等事，問得沈阿德狀招，不合於至大三年正月二十日爲始，節次月日不等，四次糾合錢阿十等偷盗事主沈二十八葛郎張勝一袁六五四家山羊雞隻衣服等物，及不合知情，另居親兄沈文四等强刼到袁七三山羊衣服，於二月初三日分受羊頭肝肺雜物，同父沈曾七吃用罪犯。合無照依賊人郭閏兒爲盗，丈人杜玉告發到官免刺例區處。本省行下照（審）〔勘〕到沈阿德備細招詞，除將本賊羈管聽候外，刺字一節咨請回示。准此，送據刑部〔呈〕議得：沈阿德所招四次竊盗，計贓俱在至元鈔（一）〔十〕貫以下。其罪既等例合從一定論。所招一次知情親兄沈文四等强盗傷人，當時本賊不曾同行上盗，止是知情，受要羊頭肝肺等。以此參詳沈阿德所犯既因乃父首告發露到官，罪（過）〔遇〕原免。比依前例免刺相應。具呈照詳。都省准擬，（仰）依上施行。

《元典章》卷四九《刑部・諸盗・警跡人・拘鈐不令離境》 至大四年十月，江西行省准中書省咨，該會例欽奉（到）聖旨，節該：强竊盗賊雖會赦仍刺字，（該）〔皆〕司縣籍記充警跡人，令村坊常切檢舉。遇出處經宿或移他處，報鄰佑知。若經五年不犯者，聽主首與鄰人保申除籍。欽此。又照得大德七年四月（□日），河南行省咨：歸德府知府趙朝（散）〔列〕言各處警跡人關防不嚴等事。送刑部議得：云云。都省准擬，遍行依上施行去訖。今來照得：大都（路）南北兩城兵馬司（見獲盗賊起內，多係他處經斷警迹賊徒，蓋因所在官司）不爲用心鈐束，以致（使其）離境，甚失治體。都省除見獲警跡賊徒，劄付刑部挨問，所在官司不行拘檢，縱令出境，罪犯依例究治外，咨請照驗，督勒管民官用心拘檢作過賊徒，毋致離境。軍官、應捕人等嚴加防禁，務要盗息民安。違者，依上究治施行。

《元典章》卷五一《刑部・諸盗・捕盗・弓手專一巡捕》 皇慶元年五月（二十五日），江西行省准中書省咨：皇慶元年二月二十四日奏過事內一件，八剌脱因題奏有司官勾當裏，差（站）〔占〕著巡軍弓手的上頭，（夜）巡禁（止）的勾當，怠慢了有。如今後有司官其餘勾當裏不得差（站）〔占〕，專一巡捕者。麽道奏呵。那般者，麽道聖旨了也。欽此。都省咨請欽依施行。

《元典章》卷四九《刑部・諸盗・免刺・僧（道）〔盗〕師祖物免刺》

皇慶元年五月日，江西行省准中書省咨來咨：袁州路備宜春縣申，僧陳維質偷盗（訖）師祖錢師祥袄子錫（錢）〔盞〕等物，（本）看詳：所犯即係竊盗師祖衣（服）〔物〕又亦同寺住居僧人，如將本人免刺，止追正贓，斷令還俗相應。除先行依例斷決六十七下外，據刺字追贓一節，乞明降。得此，照得事干通例，請照詳。准此，送據刑部議得：僧人陳維質竊盗師祖錢師祥衣物，罪既斷訖，緣係師祖合同凡人親屬相盗例免刺，止追正贓、發付有司還俗爲民相應。具呈照詳。都省準擬，咨請（仰）依上施行。

《元典章》卷五〇《刑部・諸盗・掏摸・白晝毆打搶摸鈔兩》 皇慶元年五月日，福建宣慰司承奉江浙行省劄付：近據杭州路申，爲席驢兒先會偷盗銅錢，經斷刺臂，再行糾合顔孫兒等於街衢白晝將繆喜等用拳打傷，搶摸鈔兩。罪經釋免，若以比附强盗持杖刼物傷人刺字，恐涉太重。咨請照詳。准此，送刑部議得：江浙行省咨，賊人席驢兒先犯偷銅錢，已經刺斷，今次雖復糾合顔孫喜兒張驢兒白晝於街上將繆喜等羅織鬪毆，搶摸鈔兩罪過釋免。參詳：席驢兒所犯，既非持杖施威、强刼民財，難同强盗定論。（各）〔合〕咨行省照（審）〔勘〕，如已招明白，比依竊盗刺字相應。具呈照詳。都省准呈，咨請依上施行。

《元典章》卷五〇《刑部・諸盗・發塚・盗掘祖宗墳墓財物》 皇慶元年七月日，袁州路備奉江西行省，近據吉州路申：至大三年十月二十六日廬陵縣申尉司牒周如京告到，七月二十九日被賊掘開伊祖周（祖）〔左〕藏墳墓，盗訖金銀等（物）〔事〕，獲到賊人周九一、月卿，到官問得招伏爲先家貧掘伐祖妣沈氏墳墓，事發（到官），斷訖八十七下，又行記憶元葬姑婆周氏小娘墳墓内亦有金銀器皿（等物是以），討合曾層二前去，掘伐不成，再行討合曾層二、劉千三、朱華一於至大三年七月十九日夜各執钁頭前去鋤掘周左藏墳墓成窟，用手揣撿得銀唾盂等一十二件，及黑漆（屖）〔犀〕皮鏡匣等物，不曾移動骸骨。（當）〔常〕用布袋兆盛，掘到銀器回到朱華一屋後，秤記二十一兩五錢，内分受得銀唾盂匙筯筯筒茶盞橐子嗽盂五件。將銀香爐、甆盞、（托）〔橐〕子匙筯、甜瓜、水鉼七件分付朱華一收接典賣鈔兩。有朱華一自將至元鈔三十兩與劉千三、曾層二分用是實。（又）曾層二、劉千三、朱華一招伏（詞狀）相同，推問間欽遇釋免。若比竊盜例，將周月卿准親屬相盜免刺（字）外，據同徒從賊曾層二等若擬（斷）刺字，却緣首賊既已免刺（字科斷，其餘從賊）未敢懸便申乞明降。得此，議得：周九一三次盜掘祖宗墳墓，偷（盜得金銀）〔取〕祭器〔金銀〕，一切事干惡逆（罪屬重大萬）難與（盜）親屬〔相盜〕之（例）比（斷），雖然周月卿之犯係在格前，合將首從賊徒一例刺字相應。移准中書省，咨送據刑部呈議得：九一、月卿所招不合爲首糾合朱華一、劉千三、曾層二等將伯祖周左藏墳墓掘開，於尸首邊偷（盜）訖金銀祭器等物，分贓破用，雖是不曾遺棄體骨，其本賊即係周氏的派族孫。今能三次掘伐偷盜祖宗墳墓，刼取財物，原其所犯，滅絶天彝，情理深重，幸遇詔恩，釋免。以此參詳，比例同合凡人强盜刺字科斷，既犯如此惡逆之罪，萬難令其復居故土，遷徙遼陽肇州屯種相應。具呈照詳。都省，咨請依上施行。

《元典章》卷五一《刑部・諸盜・捕盜・州判兼管捕盜》 皇慶元年八月日，福建宣慰司承奉江浙行省劄付：准中書省省椽高蕭承行皇慶元年三月二十七日咨文，該黄巖州判李鑑告兼捕盜台州路違例差遣。照得一州之中，額設判官二員，通管州事，止是輪流捕盜，即與縣尉、巡檢職專巡捕不同。合無一體，事關通例，咨請照詳。送據刑部呈，照得至元十九年二月濮州申，奉山東東西道提刑按察司指揮據朝州縣尉王顥呈，在先上司文字，不令縣尉與本縣署押文字今次巡尉人員却與管民官一體輪番押軍，有妨捕盜。中乞照驗。得此本部照得（在）先欽奉聖旨條畫，節該：捕盜官員專（設）一巡捕盜賊，不得別行差（站）〔占〕。欽此。議得：巡捕人員除州判主簿兼尉與管民官通行署事，別無定奪外，據縣尉巡檢既不與管民官。送本部依上施行。今（者）承見奉，本部議得：州縣似爲相應。呈奉都堂鈞旨，准呈送本部依上施行外，見承見奉本部議得：州判兼管捕盜，除額設一員去處，雖與管民官通行署事，若許餘事差站，恐（防）〔妨〕巡警。合依呈准通例，專一捕盜外，見設判官二員，州郡既是輪番兼管捕盜，其不該巡捕月日依例輪差相應。具呈照詳。得此，都省准擬，〔咨〕請依上施行。

《元典章》卷四九《刑部・諸盜・刺字・僧（徒偷）盜師叔物（件）刺字》 皇慶二年四月日，福建道宣慰司承奉江浙行省劄付：據建康路申：句容縣申，僧人華祖仁狀告，至大四年四月初七日，被盜訖棉（綫）〔線〕三十兩、紅絹一疋、（又）苧布一疋，（計贓實有）中統鈔四定。捉獲（得）賊僧曹勝哥，取訖（招伏）不合偷盜得師叔華祖仁鈔物〔招詞〕。本省看詳（招詞），僧人有犯，如係法眷師祖而下子孫弟姪，同派比同親屬，免刺（字斷）。係爲例事理，移准中書省咨，送據刑部〔呈〕議得：僧人曹勝哥所招，不合於至大四年三月二十八日夜（間）偷盜訖師叔華祖仁棉綫布疋鈔定（等物），罪犯既已斷（訖）發付還俗，追徵賠贓。據合比例刺字，收充警跡（人）相應。具呈照詳。都省准擬，咨請依上施行。

《元典章》卷五〇《刑部・諸盜・發塚・子隨父發塚刺斷》 皇慶二年四月日，福建宣慰司承奉江浙行省劄付，准中書省咨甯國路申，太平縣胡長壽告姚德勝與男姚富並義姪方應榮（等）掘發胡州判墳墓，開棺盜訖銀子等物。取訖各各招詞，除將姚德勝、方應榮依例刺（字）斷（罪）居役外，據姚富若比强盜從賊〔一〕例刺斷，終是聽從父命。事干通例，咨請定奪。准此，送據刑部呈議得：姚富所招，不合隨父姚德勝與方應榮掘發胡州判墳墓，開棺（偷）盜訖銀子等物。數內姚富與伊父姚德勝分訖二分，除首賊姚德勝、從賊方應榮刺斷居役外，參詳姚富所犯，若以子聽父命，量免刺配；却緣姚富終與伊父姚德勝分受贓物明白，罪遇原免，合同首（賊）〔從〕定論，依例刺字，收充警跡相應。具呈照詳。得此，咨請依上施行。

《元典章》卷四九《刑部・諸盜・强竊盜・盜賊各分首從》 皇慶二年六月中書省咨：照得至大四年七月二十五日欽奉聖旨，節該：今後豁開車子的，云云止。殺了人的，敲了者。欽此。已經遍行去訖。回准蒙古文字譯該：中書省官人每根底甯哥爲頭（太）〔大〕宗正府也（可）札魯花赤言語，有偷豁開車子的、偷盜駝馬牛隻的，起意來的、做伴當來的，一體斷呵，恐差池的一般有。如今怎生明白？俺根底與將文書來的省官人每識者。爲此，〔送〕擬刑部呈：檢會到大德五年十二月二十六日奏准：强竊盜賊斷例內，諸共盜者，云云止。從其重論之。欽此。除欽遵外，本部議得：諸人竊盜例，合欽依分別首從。上項賊徒既爲竊盜，比例科以首從之罪，庶使刑法得中，人無冤濫。得此，皇慶二年正月二十九日奏過事内一件：也可札魯忽赤俺根底與文書，去年達達官人每奏了，賊人偷豁開車子的，初犯打一百七（下），再犯流遠，三犯典刑者。又怯烈司裏偷盜駝馬牛隻的，追了賠贓，打一百七下，流遠者。再犯呵，典刑者。偷盜財物羊口驢畜的，依先已定來的體例，要罪過者道來。爲首爲從的不分揀，一體要罪過呵，誠恐差池。麼道俺〔底〕根與將文書來呵，交刑部擬來的，合分首從要罪過。麼道説有。奏呵。那般者，麼道聖旨了也。欽此。

《元典章》卷五〇《刑部·諸盜·發塚·禁子孫掘賣祖宗墳塋樹木》

皇慶二年六月（十九日），江西行省准中書省咨：皇慶二年三月十八日，崇天門外章閭平章、張平章等官人每根底，也奴副樞傳奉聖旨：百姓每的子孫每，將祖宗的墳塋，並樹木賣與人的，也有更掘了骨殖將墳塋賣了人的，也有今後賣的買〔的〕並。牙人每根底要罪過。遍行文書禁斷者，麼道傳聖旨來。欽此。都省咨請欽依施行。

《元典章》新集《刑部·諸盜·偷官糧·盜官銀米出倉免刺》皇慶二年十月日，江西行省准中書省咨來咨：龍興路申，皇慶元年十二月初九日，大濟倉捉獲賊人俞住子、熊神子入厫盜訖糧米，量計米七石五升，估贓至元鈔二十五兩二錢五分。依例加等斷決，别不曾斷過追徵賠贓刺字定例。咨請照詳。送刑部議得：賊人俞住子所招，不合於皇慶元年十一月二十六日因冬寒生受，以看米爲名，誘倩熊神子前去大濟倉内停宿，至三十日五更，將冬字厫短窗扳下，偷盜糧米七石五升，連倩脚夫連老搬担於來字厫前頓放。召主出糶間事發到官。以此參詳，俞住子等所犯雖將官糧七石五升盜離厫房，終係沈重非人力所勝之物，即未馱載出倉，合以不得財定罪。

《元典章》新集《刑部·諸盜·偷盜·偷鐵猫賊罪例》至治元年鈔到江浙行省延祐元年六月日准中書省咨該來咨：平江路申，賊人錢慶三首告偷盜鐵猫公事，送據刑部呈議得：首賊錢慶三糾合蔣阿三等，三次偷盜不知名舡主鐵猫四箇，貨賣價鈔分使，止將後犯二次偷訖鐵猫二箇出首，到官隱下先（偷）〔盜〕鐵猫二箇。從賊蔣阿三等招指明白，合以〔所〕首（告）不盡（糾）〔科〕罪，欽遇釋免刺字一節，終因自首而發擬合免刺外據從賊蔣阿三等既非自首，〔罪〕已斷訖，依例刺字相應。〔具呈照詳〕都省咨請依上施行。

《元典章》卷四九《刑部·諸盜·强竊盜·處斷盜賊（斷）〔新〕例》

延祐二年五月，江西行省准中書省咨，蒙古文字譯該：中書省官人每根底，按渾察大王爲頭，大宗正府也可札魯忽赤言語：俺衆人商（量）〔議〕定上位奏，潤潤出司徒，阿撒罕大（司）〔師〕帖木迭兒丞相（搭）〔塔〕失帖木兒知院、伯忽大夫、哈散丞相滅怯秃丞旨、完澤知院、也先帖木兒知院、朶歹院使、章閭平章、帖木兒脱也同知、潤徹别丞旨、買驢同知、床火兒副樞潤潤出答刺罕十得同簽等衆官人每商量定上位奏了，俺根底與將别里哥文書來，近間賊每多了的上頭，偷大頭口的賊每，兩遍偷大頭口的每根底，又强盜賊每根底，這的每敲。一遍偷大頭口的每根底，教奴兒干地面裏出軍。偷羊賊每根底，比先例加等要罪過者。商量來，麼道奏呵。那般者，教行文書者。麼道聖旨了也。麼道俺行與將文書來有，於内爲首的、爲從的，同謀不曾上盜的，已行而不得財的，又舊賊每根底偷財物的，又合出軍的賊每根底斷的不斷的，豁車子、剜房子的，怯列司裏偷大頭口的，將這的每怎生般斷的？不明白有。辯禪皇帝將賊每休教放者，麼道聖旨有來，如今將賊每斷放了的上頭，賊盜多了有。俺商量來，今後强盜持杖傷人的，雖不得財，皆死。不曾傷人、不得財斷一百七，徒三年。但得財，斷一百七，交出軍。至二十貫，爲首的，敲爲從的，一百七，教出軍。不持杖傷人，造意、爲首、下手的，敲，不曾傷人、不得財，斷八十七，徒二年。十貫以下，斷九十七，徒二年半；至二十貫，斷一百七，徒三年；至四十貫，爲首的敲，餘人斷一百七，出軍。因盜而姦，同强盜傷人，敲；餘人依例斷罪。兩遍作賊的敲；始謀而未行與不曾得財，減等斷罪。又豁車子、剜房子的賊每，傷事主的、起意的、下手的，敲；爲從的，斷一百七，出軍。不曾傷事主但得財，皆斷一百七，出軍。於内有舊賊呵，敲，不曾得財，爲首的斷一百七，徒三年；爲從的，斷九十七，徒二年半。於内有舊賊呵，出軍。又，初犯怯列司裏偷盜駝馬牛賊每，爲首的，敲；爲從的，斷一百七，出軍。於内在先作賊，第二遍於怯列司裏偷大頭口的，敲。又，初犯偷盜駝馬牛賊每，爲首的斷一百七，出軍；爲從的斷九十七，徒三年。於内若有舊賊呵，敲。又偷盜驢騾賊人，爲首的斷八十七，徒二年，爲從的斷七十七，徒一年半。又偷盗羊豬，（盗）〔賊〕人爲首的，斷七十七（下），徒一年半；爲從的，斷六十七，徒一年。又，偷財物（的）賊人（凡）三百貫以上者，斷一百七（下），出軍；一百貫以上者斷一百七（下），徒三年；八十貫以上者，斷九十七下，徒二年半；六十貫以上者，斷八十七（下），徒二年；四十貫以上者，斷七十七，徒一年半；十貫以上者，斷六十七，徒一年；十貫以下者，（斷）六十七〔斷〕放。爲從者皆減一等斷配，以至元鈔爲則。〔又〕已行而不得財者，斷五十七；始謀而未行者，（斷）四十七〔斷〕放。又偷盗係官頭口錢物，（宜）比常人加等斷罪。又，曾經出軍配役來的，（如）再做賊（的勾當）〔呵〕，敲經斷放偷盗十貫以下的再做賊呵，爲首出軍，爲從徒三年，合刺的依舊例刺字。除這的外，該載不盡事理，依舊例行呵。怎生？麽道奏呵。那般者，依著您（門）〔每〕商量來的，行文書者。麽道聖旨了也。木刺忽怯薛第二日嘉禧殿内奏時分，速古兒赤也奴、院使牙安的斤等有來。延祐元年十二月二十一日欽此。都省咨請依上施行。

《元典章》卷四九《刑部・諸盗・偷頭口・盗牛革後為坐》 延祐三年正月日，江西行省准中書省咨來咨：贛州路申，雩都縣羅四二告被盗牛隻公事，責得賊人胡萬五狀招，不合於延祐二年三月十一日前往亂葬岡，見黄牛五頭，内有烏色黄牛牯一頭，萬五盗牽前項牛隻，往贛州路南營變賣，被捉到官，招（狀）〔伏〕是實。（本部）參詳，賊人胡萬五先犯於至元三十一年，同（著）蔣百三偷（盗）猪分食，刺額（決）杖斷六十七下。今次偷盗羅四二牛隻若以舊賊論罪，緣本賊的先犯，別非偷盗大頭口，又兼（屢次以來已）〔累〕經詔革，合無止〔以〕今犯斷一百七下，出軍。今後以此偷盗牛馬賊徒，於内但有先犯强竊盗財物（者），曾經刺斷之人，未審合無皆作舊賊處斷。事干通例，咨請照詳。准此，送刑部議得：賊人胡萬五先犯，（於）至元三十一年，與蔣百三等偷（盗）豬分食，斷訖（三）〔六〕十七下，刺額。今（又）犯（於）延祐二年三月十一日，偷盗羅四二牛隻，欲行（貨）賣，被捉到官。（本）參詳，本賊先犯偷豬分食，至今二十餘年不曾作過，例合除籍。又大德五年盗賊通例，諸竊盗前後三犯杖者，徒；三犯徒者，流；流而再犯者，死。須據赦後爲坐，胡萬五前犯既係（在）延祐元年十二月二十一日已前，屢（次荷蒙）〔經〕詔赦事理，似難通理，合自改革之後定論相應。具呈照詳。都省准擬，咨請依上施行。

《元典章》卷四九《刑部・諸盗・强竊盗・賊人出軍免刺》 延祐三年六月，吉安路奉江西行省劄付，該：照得先據本路申，劉貴和失盗，獲賊熊王孫招，先犯竊盗，三度兩經刺斷，今犯不合於延祐二年八月十三日竊盗訖劉貴和銀把鐘一個，銀竹節釵一隻，銀小花頭釵一個，估贓計至元鈔七貫。勘會前犯相同，例合出軍。除將熊王孫依例刺項，決杖六十七下，差人遞發遼陽行省收管外，乞照驗。得此，移准中書省咨送，據刑部呈：照得延祐二年十一月初九日，奉省判四川行省咨廣元路保甯府閬中縣申，事主小李、馮慶二告被盗水牛金銀頭面等物公事，取到賊人馮咬住招詞，送刑部議得：賊人馮咬住先犯大德三年偷盗李〔筆〕子川羊二口，已經刺斷，今犯延祐二年正月初九日又行竊盗小李金銀頭面、馮慶二水牛，即係承奉奏准盗賊通例之前，擬合照依舊例區處相應。都省議得：賊人馮咬住所犯，擬合欽依延祐元年十二月二十一日奏准盗賊通例區處，仰照驗施行。奉此，又照得大德八年盗賊通例内，節該：合出軍的賊根底，不刺斷，交出軍有來。如今則依先例，合出軍的，明白問了，無隱諱呵，令各路官司依例發遣。及照得延祐元年十二月二十一日奏准盗賊通例節該：經斷放偷盗十貫以下的，再做賊呵，爲首出軍，爲從徒三年。合刺的，依舊例刺字。除這的外，該戴不盡事理，依舊例行。欽此。除遵外，今承見奉，本部議得：賊人熊王孫兩犯竊盗，俱經刺斷，今犯偷盗劉貴和銀把（錢）〔盞〕等物罪犯，合免刺出軍。今吉安路已將賊人熊王孫刺項，杖斷六十七下，申解遼陽行省出軍。官吏差錯，係在革前欽依。原免元刺字様，合咨遼陽行省塗去相應。具呈照詳。得此，請依上施行。

《元典章》卷四九《刑部・諸盗・免刺・主偷佃物免刺》 延祐三年七月日，袁州路奉江西行省劄付：近據吉安路申，陳百六被盗事，問得陳慶二狀招，不合（於　年　月　日）爲首糾合高百一等六名竊盗訖佃户陳百六（家）布物入己（估）〔併〕贓計至元鈔四十貫之上。比依舊例，將陳慶二杖斷九十七下，（爲）從（的）〔賊〕高百一等（各各杖）斷入十七下。據刺字賠贓一節，舊例奴盗主財、親屬相盗，（俱）免刺（字），止追正贓。本省議得：陳慶二既係事主陳百六（佃）〔田〕主，又將婢使嫁與（彼）爲妻，即與偷盜他人（的）財物不同。（爲）從（的）〔賊〕高百一等六名内陳十一又係首賊陳慶二房兄，雖係陳慶二糾合（各賊）上盜，（其中豈無）〔各有〕另分贓物入已俱（係）〔已〕斷訖，若擬刺字，追（贓）（徵）賠（償）〔贓〕，誠恐差池。移准中書省咨該送刑部呈，議得：首賊陳慶二糾合高百一等六名偷盜佃客陳百六（處布疋）衣（服等）物，罪已斷訖，擬合免刺。其餘（爲）從賊（人）高百一等六名，合依常盜科斷，定罪賠贓一節，既係革前，免徵相應。具呈照詳。都省准擬，咨請仰依上施行。

《元典章》卷四九《刑部・諸盜・免刺・偷盜神衣免刺》　延祐（二）〔三〕年十一月（二十一日），江西行省准中書省咨該來咨：吉安路申，廬陵縣宋長卿告青源山（静）〔浄〕居禪寺被盜，〔伊〕（依）元捨人本寺大花黄羅直裰衣服等事，責得賊人張元章狀招，不合於延祐二年二月初十日，因去本寺隨喜觀看，就彼乞食，起意偷盜神像衣服，以此於本（月）□日一更時分盜訖本寺小位祖師元穿舊黄素羅單直裰一件，及塔内七祖禪師舊黄花羅直裰一件，元縫補黄紵絲表黄絹裏直裰一件，白絹單直裰一件並僧鞋一雙。將前項直裰等衣服，欲行改造衣服穿著，被捉到官，招伏是實。（本）〔參〕詳賊人張元章所招（狀詞），盜剥泥塑祖師所穿直裰等衣服計五件，估（贓）〔計〕至元鈔八貫九百文。本路已行斷訖六十七下，原情蓋爲饑（寒）〔貧，兼〕所（迫致）盜神衣，别非常用之物。若比（張）〔章〕萬一盜東嶽廟黄絹字旛例，免刺（字）。緣事干通例，咨請照詳。准此，送據刑部呈，照得至大三年十月初六日，承奉尚書省判送本部呈，山東宣慰司關益都路申，沂州解到偷盜神衣賊人葛課兒，並元盜衣服等物，取訖招詞，估贓（計）至元鈔六兩七錢，除將本賊依例杖斷六十七下，若便（行）刺字徒役，（深）〔慮〕恐差池。本部（參詳）議得：葛課兒所招，先犯偷（盜）驢（畜）宰殺食用，（已）經刺（字）斷罪，今犯因爲飢寒所逼，盜取無人看（管）廟（内）〔寺〕神像衣服（等物，所）〔情〕犯，若與偷盜民財一體刺（字）配（軍），似涉太重。以此參詳，葛課兒既已杖斷，權免刺配相應。得此，送刑部依上施行。今承見奉〔本部〕議得：賊人張元章偷盜青源山静居禪〔寺〕塔内七祖禪寺内神像所穿衣服等件，即是無人看守，難同常盜定論。罪既斷訖，比例刺字相應。具呈照詳。得此，都省咨請依上施行。

《元典章》卷四九《刑部・諸盜・流配・竊盜父母年老免配》　延祐三年十一月（初五日），江西行省准中書省咨該來咨：袁州路備宜春縣申，賊人賀六盜訖謝慶二鈔定，即係竊盜初犯，依例杖斷七十七下，刺左臂外，徒一年。若將本人發付居役，緣祖母賀阿劉年九十五歲，母阿甘年六十五歲，父六十四歲，俱各年老患病，别無以次侍丁。如蒙從權免配相應。咨請照詳。准此，送刑部議得：罪犯之徒，雖法所不容，然家無兼丁，亦許權留養親。今江西行省咨，竊賊賀必貴例應徒配，却緣本賊祖母、（及）父母俱各年老殘疾，别無（兼丁）以次侍〔丁，如〕（養因）准所擬，免配相應。具呈照詳。都省准擬，咨請依上施行。

《元典章》卷四九《刑部・諸盜・刺字・女直作賊刺字》　延祐四年三月日，行省准中書省咨：刑部呈濟甯路申，賊人張不花狀招，年二十五歲根脚女直人氏招伏，通犯竊盜二次，不合於延祐二年五月初六日，首賊魏驢兒同情偷盜（得）事主張五家埋窖粟四石，不花分訖一石五斗，未曾食用，被捉到官。〔將〕不花斷訖五十七下，疎放還家。一次不合於延祐三年二月二十二日夜二更前後，受未獲首賊魏驢兒同情偷盜事主周臘住猪九口，除將猪四口發賣到，得訖中統鈔六十六兩，首賊魏驢兒〔分訖鈔四十二兩，不花〕分訖鈔二十五兩，節次破使不（花）〔存〕，被捉到官，招伏是實。得此照得大德八年（二月□日）奏准盜賊（一款）通例（於）内，節該：除漢兒、高麗、蠻子（諸）人外，俱係色目人，有合出軍的，刺（字）配（軍），未審女直同與不同色目。誠恐差池，除將張不花依例杖斷六十七下外，聽候乞明降。得此，爲不見女直人是否同色目、漢人，明白問了無隱諱。令各路官府司依例發遣。欽此。除欽遵外，欲將張不花除授移准吏部關，照得章至元六年三月（日）承奉中書省劄付，據隨路見任並各投下，捌設到達魯花赤，於内多有女直契丹、漢兒人等，府公議得：除回回、畏吾兒、乃蠻唐兀人員，同蒙古人准許勾當，於女直契丹、漢兒人擬合革罷。如有根脚，合於管民官内取用，奏奉聖旨：那般者。欽奉如此，仰欽依聖旨事意施行。仍將見到部達魯花赤，從實照勘，分揀各各員數，擬定申呈。奉此關請〔照〕驗。准此，本部議得：偷猪竊盜張不花女直人氏，若擬不同色目（人），照得大德八年（月日）奏准賊通例，節該：除漢兒、高麗蠻子人外，俱係色目。欽此。參詳前項賊人既是女直，不同蒙古，况兼有姓，雖同色目，合與漢兒一體刺字。宜從都省聞奏，遍行照會相應。具呈照詳。得此，都省議得：今後女直作賊，既非色目，依准部擬，與漢兒一體刺字。咨請（仰）依上施行。

《元典章》卷四九《刑部・諸盜・強劫盜・盜賊出軍處所》 延祐四年三月，江西行省准中書省咨：四川行省咨，諸賊人先犯竊盜經刺，欽遇赦恩之後再犯偷大頭口駝馬牛者，合無止以赦後爲坐。又偷驢騾並猪羊等賊，如曾先犯竊盜，經官刺斷者，即係舊賊，不見如何處斷，及各各賠贓是否止以舊例追給？蒙古、色目有犯例該免刺外，未奉坐到一體科罪定例，况奴兒干隸屬遼陽行省相去萬里之外，不免經由腹裏轉遞，事有未宜。今後有犯，莫若止發雲南、湖廣行省收管，置於極邊地面出軍。准復別有區處，緣係爲例事理，咨請照詳。准此，送刑部照得：大德五年十二月二十六日奏奉聖旨節該：諸盜經斷後仍更爲盜，前後三犯徒者流，流而再犯者死，强盜兩犯亦死，須據赦後坐。又大德八年三月二十二日欽奉聖旨，節該：色目骨頭的濶端赤每不刺，高麗、漢兒、蠻子申解遼陽省，發付大帖木兒出軍。色目、高麗申解湖廣省發付，劉二拔都出軍。又至大四年七月二十五日欽奉聖旨，節該：外頭偷盜駱駝、馬匹、牛隻的初犯呵，追九個賠贓，打一百七下者。又延祐元年十二月二十一日欽奉聖旨，節該：曾經出軍配役來的，再做賊呵，敲。經斷放偷盜十貫以下的，再做賊呵，爲首出軍，爲從徒三年。欽此。本部議得：蒙古色目人有犯斷罪免刺賊徒出軍處所，合追賠贓等事，合依奏准定例，所據竊盜曾經刺斷、赦後再犯，既（元）〔延〕祐元年十二月二十一日奉准盜賊通例節文，該載不盡事理，依舊例，行者。以此參詳，上項事理，擬合移咨行省，欽依施行。

（元）沈仲緯《刑統賦疏・第三韻》 盜衆財必倍也，累而非倍者由掌當之專。名例律謂以贓致罪頻犯者並累科，若罪法不等者，即以重贓併滿輕贓各倍論。注云累謂止累見發之贓，倍謂二尺爲一尺。監臨主司因事受財，而同事共與，若一事頻受，及於監主內頻盜，累而不倍，除此三事皆合倍論。蓋盜衆財必倍，十人之財同在一所，盜者一時俱取，雖復似非頻犯，終是物主各別，元非一人之物，理與十處盜同坐，同類犯贓合倍折論罪也。累而非倍由掌當之專者，若付一人掌管，失即專掌者物陪理同一人之財，不得將爲頻盜必累見發之贓科罪，而不倍折也。

直解：十人財物同在一處，盜者一時將去，難同頻犯合倍贓論罪，若十人財物專付一人收掌，令或被盜，即同一人之財，不合倍贓論罪。

通例：延祐四年六月江浙省咨：建康路經刺賊人陳公惜，延祐三年爲始月日不等節次盜訖許珍等一十四人家財物，以事主李來住財物爲重，杖斷六十七下，刺字充警跡，計贓一主爲重。

《元典章》卷四九《刑部・諸盜・强竊盜・入官倉庫偷錢物的敲了》

延祐四年六月日，江西行省准中書省咨：刑部呈大都路備兵馬司申，捉獲偷盜萬億綺源庫叚疋賊人王留住，取訖本賊招詞，行移審復無冤，及取訖搜封不嚴軍人管成等二十五名、軍官百户郝榮祖等二名，俱各不爲用心搜封，致令賊人王留住入庫作賊罪犯是實。得此，本部再行議得：賊人王留住所犯於萬億綺源庫撥開敖門，於架子（上）盜訖叚子二疋，用麻繩束縛撇於地上。本賊止於敖內宿睡，就盜所捉獲盜物在手，此同得財，估贓至元鈔七十八貫。依凡盜例，應杖斷八十七下，徒役二年。盜係官錢物，加等九十七下，徒役二年半。却緣本賊又將寶源庫正敖東北墻角剜（却）〔訖〕減磚二十餘個，以剜房不得財爲重例，應杖斷一百七下，徒役三年。搜封軍人管成等一十五名所招罪犯，若便照依搜封不嚴致令賊人入庫罪犯科決，緣各軍二十六日早晨搜封〔親〕獲（捉）到官，擬合量情（各）各笞決三十七下。還役百户郝榮祖、崔堅二名所招不爲用心搜封，以致（令）王留住（賊人）入庫（偷盜）〔作賊〕罪犯，量情笞決（三）〔二〕十七下相應。得此，都省議得：除軍人管成等二十四名、軍官百户郝榮祖等二名（各）各招（承）不爲用心搜封，以致王留住入庫作賊，依准部擬斷罪，從樞密院別行替換。據賊人王留住所犯，延祐四年三月二十六日奏過事內一件：刑部官人每與俺文書，今年閏正月二十五日夜間，王留住名字的人入萬億庫去偷了二疋叚子，剜（折）〔拆〕寶源庫甎二十餘個，不曾得財，明白招伏了也。監察每審復無冤，合斷一百七下，配役三年，麼道與了俺文書有。况兼豁了庶民的房車、剜開窟有定例，偷盜官庫錢物的無定例。有漢人伴當，每只説倒有皇帝聖旨了呵，便是例也者。俺商量來，入官庫去偷了物的人，雖同其餘賊盜有。若斷了罪過，交配役呵，不中也者。如今將那賊人典刑了，誠諭衆人。各處行將文書去，今後以這（那）〔般〕入官倉庫去偷錢物（的）〔底〕賊根底，敲了。做通呵？怎生？商量〔來〕，奏呵。那般者，麽道聖旨了也。欽此。都省咨請欽依施行。

《元典章》卷四九《刑部・諸盜・强竊盜・剜豁土居人物依常盜論》 延祐四年九月日，江西行省准中書省咨：刑部呈順德路（呈）〔申〕推官朱承德牒，廣宗縣獲（得）賊（人）吴九兒與逃賊董大秃兒，將王德義瓦房後墻剜開窟穴，偷盜訖財物。若依剜房子例斷遣，未審外路與大都是否一體，申乞照驗。本部議得：札魯花赤奉准前例，蓋爲怯辥歹諸色人等隨從車駕，及野處行營之家，凡有資囊行李，盡隨車輛，帳房居止去處，又無城郭垣蘺，遇有剜房豁車之盜（賊），所以重法繩之，使人不敢輕犯。今内外官府等，往往將州城村落穿窬取財、伏櫝竊物賊徒，准依上例一體科斷，甚失朝廷立法之意。以此參詳：今後如有將土居人民房舍、行駕車輛剜（割）〔豁〕而取財物者，照依竊盜計贜定罪，强取者以强盜論。具呈照詳。得此，照得皇慶元年三月十三日奏過事内一件，也可札魯花赤俺根底，與文書根脚裏成吉思皇帝時分，立札魯花赤呵，諸王、駙馬、各怯辥歹，各愛馬、蒙古、色目人每，姦盜、詐僞、婚姻、駈良等事，交管來。至元二十二年，漢人有罪過呵，也交俺管來。前者姦盜、詐僞、婚姻、駈良等事，歸斷有明白，與將文書來的。説將來有俺商量來，四怯辥諸王、駙馬，外頭的達達、色目、兀魯思千户每（底）〔的〕姦盜詐僞，自其間裏有詞訟勾當呵，交札魯花赤歸斷呵。怎生？奏呵，奉聖旨：那般者。欽此。除欽依外，今據見呈，都省除外，咨請欽依施行。

《元典章》卷四九《刑部・諸盜・偷頭口・郭回軍盜驢》 延祐五年二月初四日，行中書省准中書省咨：准陝西鞏昌等處都總帥府呈、准陝西漢中道廉訪司牒，按治至隆德縣，照刷出來縣延祐三年三月初三日，有事主何阿都赤並贜捉獲（到）盜驢人郭回軍，取到本人招狀。照勘得郭回軍與事主何阿都赤係同使駈口，各另住坐静甯縣，比依親屬相盜例，免刺（字以及）徒役，（並）不追賠贜，（決）斷訖八十七下，（便可）疏放了當。其另居駈奴相盜，不見定例，牒請就呈，合（於）〔干〕上司施行。准此，本省（取到招狀）看詳，（知）賊人郭回軍竊盜（得）同駈何阿都赤驢畜（一頭），罪已（經）斷訖，若（於）比親屬（中）相盜，（而）免（其）刺（字以及）徒役，（並）不（行）追賠贜。事干通例，宜令合干部分定擬相應。（庶可）咨請回示。准此，送刑部議得：賊人郭回軍竊盜何阿都赤驢畜（一頭），既（是）〔係〕同（駈）使〔驅〕奴，難比常人（竊盜）定論。既（然）已（經）斷訖，合准陝西行省所擬相應。具呈照詳。得此，都省准擬，除外咨請依上施行。

《元典章》新集《刑部・諸盜・偷頭口・軍人盜牛依例徒配》 延祐五年四月日，袁州路奉江西行省札付，來申捉獲賊人周春七狀招，不合糾合（王耕）〔黄庚〕一盜訖族兄周文政牛隻。從賊（王）〔黄〕庚一狀招相同。除斷罪外，據從賊（王）〔黄〕庚一依例刺斷，例合徒役。爲係請糧正軍户下，别無次丁，申乞（招）〔照〕詳。得此，移准中書省咨該，送刑部議得：軍人（王）〔黄〕庚一所招不合隨從首賊周春七偷盜周文政牛隻罪犯，既經斷訖，若以别無次丁應役，免徒，終是有違通例。合咨行省，依例徒配相應。都省准擬，〔咨請依上施行〕。

《元典章》新集《刑部・諸盜・再犯賊・賊人先犯在逃再犯止刺斷徒役》 延祐五年八月二十九日，中書刑部奉中書省札付、湖廣省咨，（雝）〔邕〕州路宜化縣准分鎮萬户府鎮撫所牒，軍人李青捉獲舊鎮軍人李（寅）〔黄〕爲盜初犯延祐四年四月十（七）〔四〕日〔夜〕爲從偷盜班千户家銀器，計三十三件，被捉到官，追斷九十七下，轉發廣海監課，提（本）〔舉〕司徒役逃回。又於九月二十七日夜偷盜在城李阿（顧）〔顔〕家青布一段，長一丈，母鴨一隻，被捉到官，估贜價至元鈔九錢。參詳賊人李（寅）〔黄〕先犯竊盜〔事主〕班千户銀器爲從，斷刺九十七下，徒配廣海鹽場。未及兩月逃回，不悛前過，又行（竊）〔偷〕盜李阿（顧）〔顔〕青布、鴨隻，估計至元鈔九錢。若以曾經出軍配役再犯處決，却緣李（寅）〔黄〕今犯贜不滿貫，擬合刺右臂，〔杖〕斷六十七下，發遣貼配。如蒙准呈，本部爲例遵守相應。〔具呈照詳〕都省准擬，〔仰照驗〕施行。又江浙行省延祐六年十二月□日准中書省咨來咨：備嘉興路申，捉獲賊人錢阿添狀招，於延祐四年四月十九日夜盜訖沈世明鈔定銀釵等物，五月二十日偷盜忽都不（下）〔丁〕銀合（子）〔兒〕等物，捉（獲）〔拿〕到官。蒙浙西廉訪司分司刺左臂，〔杖〕斷一百七下，配役三年。責付坊正王顯羈管，徵贓發遣。配役間在逃出，除元刺字樣。又於延祐五年四月初五日夜，盜訖賈頭巾銀釵等等物，五月初九日夜盜訖哈只銀壺瓶、衣服等物，被捉到官。本省議得：錢阿添所招，先犯刺訖竊盜，一度經繼一百七下、徒三年，羈管徵贓。在逃出除字樣，今犯係曾經刺斷，合配〔役賊〕徒〔役〕，再犯做賊，擬合斷訖出軍。事干通例，咨請照詳。送刑部呈，照得李〔寅〕〔黄〕再犯偷盜李阿〔顧〕〔顔〕錢物。奉此，本部議得：賊人錢阿添所招，若以再犯定論，緣先犯終是未到配所，止據今次不合偷盜事主哈只家財，估贓至元鈔一百貫之上，比〔擬〕〔例〕杖斷一百七下，刺右臂，徒役三年，滿日充警相應。都省准擬〔除外，咨請〕施行。

《元典章》新集《刑部·諸盜·偷盜·偷船賊斷例》　福建宣慰司延祐五年十月初六日，奉江浙行省劄付：近據寧國路申，宣城縣捉獲賊人武多兒，所招不合於延祐四年三月初二日偷盜事主陳榮祖桯木板舡一隻，估計至元鈔十貫以上。若以錢慶三偷盜鐵猫一體刺字，未見通例。移咨中書省照詳去後，今准咨該送據刑部呈，議得：賊人武多兒偷盜陳榮祖船隻，計贓至元鈔十貫以上，罪既斷訖，合准江浙省所擬，比依錢慶三偷鐵猫例，將本賊刺字拘役相應。具呈照詳。都省准擬，咨請施行。

《元典章》新集《刑部·巡捕·防盜·李旺陳言盜賊》　延祐五年十〔二〕月二十九日，承奉憲臺札付，准御史臺咨承奉中書省札付：刑部呈延祐四年十月〔二十六〕日欽奉聖旨，節該：今後各處管軍〔及〕〔官〕管民官每，將各管的軍民在意撫治者，有遊手好閒，不務本業，凶徒惡黨，賭博錢物人每，根底好生要罪過者。出外去呵，依例給引者，各枝兒頭目，探馬赤，〔百〕〔萬〕户、千户、〔萬〕〔百〕户、牌子頭、奥魯官司，將他的各管的百姓、軍每，也好生鈐束者。當役差來時節，一處行者。到家裡呵，不揀甚麽勾當；出外去呵，本處奥魯官每，根底也教依〔本〕〔體〕例告給文引，交驗里路與限次者。無文引的盤問，要罪過者。各自管著的人每，做賊呵，添氣力疾忙拏與有司問者。指出來的賊，有未獲的呵，落著他每親管的頭目要者。怠慢呵，有罪過者。更路府州縣〔提〕捕〔捉〕盜官，督責應捕官兵時常巡〔儆〕〔警〕者。又江河裏盜賊每，教鎮守軍官每乘駕著船隻，依舊例上下往來。巡綽；捉拿者、捕盜官也巡警者，盜賊生發地面告發到官呵，不即受理著，緊拏〕賊的軍官、奥魯官每約會不來的，隣境官司推辭著不是〔我〕管的地面，麽不肯會合向前拏賊的，隨即舉申本管上司究問者。監察御史、肅政廉訪司常加糾治。只般宣諭了呵，别了的人每要罪過者。欽此。照得李旺所言巡防盜賊，即係今次欽奉警督巡捕聖旨以前十五餘年事理。咨請照驗。准此，送據刑部呈，議得：李旺陳言弭盜事理，既腹裏瀕河已有設立巡防捕盜所立衙門，江南地〔方〕〔面〕俱有鎮〔過〕〔遏〕官兵。擬合遍行合屬，欽依延祐四年十月二十六日奏准聖旨事意，嚴加巡防警捕相應。具呈照詳。得此，都省准擬除外，咨請依上施行。

《元典章》新集《刑部·諸盜·總例·盜賊通例》　延祐六年三月日，江西行省准中書省議得：天地生民，各有良心；苟失教養，靡所不爲，甚至昏迷爲盜，重罹刑憲。原其所自，蓋多脅從染習，故《虞書》有象刑之典，《周禮》載懸法之文，皆所以明示憲章，使民易避。比年以來，未獲盜賊起數尚多，實由有司失於撫字，不能申明禁例，及至誤陷於罪，據法繩之。所謂不教而罪，深可哀矜。故將原定盜賊輕重罪名開列於後，仰所在官司多出文榜，排門粉壁，明白曉諭，無致違犯。其應捕官兵人等，常切用心巡儆、督捕，須要弭息。仍照勘在前曾經刺斷强竊盜賊，若能過悔自新，元定限内不曾再犯，保勘是實，却爲除籍。有司正官常加撫諭，所部人民修其孝悌、忠信，勤謹服勞，各安生理。里閭相勸，族黨相規，永爲湻良。非徒虚文，期於實效，都省咨請依上施行。

一、强盗

持杖

傷人雖不得財，皆死。

不傷人不得財，斷一百七，徒三年。但得財，斷一百七，交出軍。二十貫，爲首的，敲。爲從的，一百七，出軍。

不持杖

傷人，造意爲首、下手的，敲。

不曾傷人，不得財，八十七，徒二年。十貫以下，斷九十七，徒二年半。至二十貫，斷一百七，徒三年。至四十貫，爲首的，敲。餘人斷一百七，出軍。

一、因盜而姦，同强盜傷人，敲。餘人依例斷罪。

一、兩遍作賊的，敲。

一、初犯偷盜駝、馬、牛，爲首的，一百七，出軍。爲從的，九十七，徒三年。於内若有舊賊呵，敲。

一、偷盜驢、騾賊人，爲首的，斷八十七，徒二年。爲從的，斷七十七，徒一年半。

一、賊盜羊、豬賊人，爲首的，斷七十七，徒一年半。爲從的，斷六十七，徒一年。

一、竊盜財物三百貫以上者，斷一百七，出軍。一百貫以上者，斷一百七，徒三年。八十貫以上者，斷九十七，徒二年半。六十貫以上者，斷八十七，徒二年。四十貫以上者，斷七十七，徒年半。十貫以上者，斷六十七，徒一年。十貫以下者，六十七，斷放。爲從者，皆減一等斷配。以至元鈔爲則。已行而不得財者，斷五十七下。始謀而未行者，四十七，斷放。

一、曾經出軍配徒來的，再做賊呵，敲。

一、經斷放，偷盜十貫已下的賊，再做賊呵，爲首，出軍。爲從，徒三年。

一、各處籍記警迹賊人，銜賀拘檢，若經五年不犯者，聽主首隣佑保申除籍。如能告及捕獲盜賊者，一名減二年，二名除籍。竊盜一名，減一等，五名降籍。餘有多數，依例理賞除籍。後再犯，終身拘籍。

《元典章》新集《刑部・諸盜・總例・親屬尊卑相盜》 延祐六年五月日，江西行省准中書省咨：該御史臺呈，據監察御史呈竊詳：規財物者，情莫重於盜賊。論親屬者，義莫别於服制。故盜贜有强有竊，親屬有尊有卑，即今無服新屬相犯者，止科其罪，免追賠贜，俱不流配刺字。有服之親亦無減等之條，是乃輕重不倫，親疏無别。今後凡尊長於别居卑幼家竊盜，若强盜及卑幼於尊長家行竊盜者，緦麻、小功親減凡人一等，大功減二等，周親減三等，亦依上例不刺不配，免追〔賠〕贜。其卑幼於尊長家强盜，以凡人論。庶尊卑之分别，刑法之允當。本臺具呈照詳。送刑部議得：御史臺元呈監察御史所言，親屬相（當）〔盜〕，立制不同。既無服之親相犯者，止科其罪，免追賠贜，俱不流配，仍免刺字。其有服之親，今後凡尊長於别居卑幼家竊盜，若强盜及卑幼於尊長家行竊盜者，緦麻小功親減凡人一等，大功減二等，周親減三等，亦依上例不刺不配，免追賠贜。其卑幼於尊長家强盜，以凡人論。以此參詳，如准所言相應。都省准擬，〔咨請依上〕施行。

《元典章》新集《刑部・諸盜・偷盜・親屬相盜分首從》 延祐六年八月日，江浙行省准中書省咨來咨：建德路申賊人李晋之狀招，於延祐五年五月十（八）〔六〕日夜糾合本家元傭絡絲知心賊人馬元五，偷盜訖表兄馬祐之家釵釧、衣服等物，晋之收藏，不曾分張，與訖馬元五鈔五（定）〔兩〕，囑令本人躲閃，罪犯是實。從賊馬元五所招相同，追贜到官。本省參詳：馬元五係賊人李晋之受傭絡絲，從本主糾合爲從，偷盜李晋之之表兄馬祐之財物。李晋之收藏不曾分張，若（使）〔便〕刺徒，其馬元五終是首賊李晋之受傭人數。事干通例，咨請回示。准此，送刑部議得：賊人馬元五不合聽從傭主李晋之糾合，一同偷盜（得）〔伊〕表兄馬祐之財物。首賊李晋之依親屬相盜例，免刺斷罪，别無定奪。所據馬元五即係常人，合以凡盜定論，罪雖斷訖，若依已擬，依例刺配相應。具呈照詳。都省除外，咨請依上施行。

《元典章》新集《刑部・諸盜・拐帶・逃軀偷拐錢物二罪從重論免刺》 延祐六年十月日，江西行省准中書省咨：御史臺呈（據）監察御史呈，逃軀偷拐本使錢物等項事理内一款，凡背使在逃（者）已有定例，止以隻身而去，其罪（當）〔尚〕然匪輕；若或因而偷拐錢物、馬牛在逃者，雖盜主財，實虧官法。今後若以奴盜主財馬牛在逃者，合無同二罪俱發從重者論，免其徒刺。庶知戒（慎）〔懼〕。送刑部，照得大德五年，云：隱藏逃軀。又照得大德七年十月，中書刑部〔呈〕，太原路賀來福偷盜本使耿忠銀物。議得：計贜例應流遠。既本主告免，斷九十七下，分付本主。都省准擬。又大德八年十二月陝西省咨，安西路捉獲賊人李（保）〔寶〕〔大〕德八年六月十七日〔夜〕偷盜訖本使蠻子、回回中統鈔六十定、金一十一兩，贜滿五百貫，罪該流遠。本部議得：李（保）〔寶〕盜訖本使蠻子、回回金子、鈔定，令人捉獲，欲將李（保）〔寶〕貨賣弓手告發到官，估計所盜贜物已該流罪，緣奴盜主財，（並）〔兼〕本使不曾申官。以此參詳，擬合比例免流，依上斷決九十七下，分付本使收管相應。都省准擬。今承見奉，本部再行議得：奴盜主財並背使在逃，俱有斷例。今後有犯，臺准監察御史所言，二罪俱發，從重者論，與免徒刺相應。都省准擬，〔咨請依上〕施行。

《元典章》新集《刑部·諸盜·強奪·掏摸賊依竊盜斷》延祐六年十一月初二日，中書刑部承奉中書省札付來呈，奉省判江浙省咨：甯國路申，歸問得賊人陸九住狀招，不合於延祐四年正月二十五日掏摸訖事主萬衆奴中統鈔二十五兩五錢。被捉到官，取訖備細招詞。蒙襄陽路將九住刺訖左臂，杖斷六十七下，轉發鎮江（翊）〔翼〕江百户下應當軍役。不合違例於當年自用針墨將元刺竊盜一度四字填作花繡，迷没不見所刺字迹。又不合於延祐六年三月十八日，糾合唐定孫，同情於勾（闌院）〔欄〕門首，九住掏摸訖事主潘文興中統鈔一定三兩六錢，被捉到官是實。看詳：陸九住先於延祐四年正月二十五日掏摸訖事主萬衆奴中統鈔二十五兩五錢，刺斷訖六十七下，轉發本翊當軍，不悛前過，又行糾合唐定孫掏摸客人潘文興中統鈔一定三兩六錢，准至元鈔一十兩七錢二分。若比依竊盜曾經斷放偷盜十貫以下，再做賊爲首出軍例斷遣，緣本賊二次所犯，俱係掏摸鈔兩，恐涉太重。如照偷盜財物十貫以下例，杖斷六十七下及於本賊右臂上刺竊盜一度四字、左臂上補刺徒〔役〕二年，宜從合干部分定擬相應。咨請照詳。准此，送據刑部呈議得：賊人陸九住所招，先犯掏摸鈔兩，刺左臂、杖斷六十七下；在後將元刺字樣填刺作花繡，今犯不悛前過，又復掏摸事主潘文興至元鈔一十貫七錢二分，合同竊盜再犯。回咨行省，補刺杖斷六十七下，依例發付肇州屯種相應。〔具呈照詳。得此〕，都省准擬，〔咨請依上〕施行。

《元典章》新集《刑部·諸盜·強奪·因（手）〔争〕取財以盜論》延祐七年正月日，江浙行省准中書省咨來咨：歸問得賊人王牙兒等狀招，不合於延祐（六）〔三〕年三月二十六日知得范六與王二姐宿睡，糾合董（二）〔三〕等各執木棒到於范六庵門，打開窻扇，將王成打傷，進入房内，搜尋范六等不見，於王二姐牀上揣摸到籐箱一（只）〔隻〕，於内搶訖鈔六定，作六分分張。衣服十件藏於祠山廟内。事發到官，招伏是實。參詳：王牙兒等所招罪犯，欽遇釋免。若比依蔣三壽等免刺，却緣各人情犯不同，事干通例。咨請照詳。准此，送據刑部呈，議得：王牙兒等所招，始因范六等二次將伊打傷等事，挾讎搜尋范六行打，誤將王成打傷。於房内再尋范六不見，於牀上摸見籐箱一箇。意想有財，將鎖掣（打）〔開〕，因而乘勢檢訖衣服一十件，中統鈔六定。次日各人作六分均分。若准行省先擬免刺，統是因而盜取財物，合（依）〔以〕盜論罪。既釋免，依例刺字充警相應。〔具呈照詳。得此〕，都省〔除外〕，咨請依上施行。

《元典章》新集《刑部·諸盜·再犯賊·再犯賊徒斷罪遷徙》延祐七年二月日，江浙行省准中書省咨來咨：嘉興路申爲金正二狀告，偷盜桑葉，用（了）〔叉〕槍戳傷等事。取訖本賊周大添招狀，本省議得：賊人周大添初犯竊盜刺斷，今次白晝搶奪張四嫂麻皮，强行剥脱王千二衣服、鈔物，又復爲首糾合陸貴六等偷盜金正二桑葉，用禾叉戳傷事主，前後十次，如此凶惡，累犯不悛。擬將本賊杖斷一百七下，補刺元字，遷徙（地）〔他〕方，庶不與民爲害。咨請照詳。准此，送據刑部呈議得：江浙省咨稟，賊人周大添初犯竊盜，已經刺斷，將刺字改作雕青；今次搶奪張四嫂麻皮，强行脱剥王千二衣服、鈔物；又復爲首偷盜金正二桑葉，用禾叉戳傷事主。前後十次，〔如此〕凶惡累犯不悛。合准行省所擬，將本賊杖斷一百七下，補刺遷徙遼陽〔地面〕屯種相應。〔具呈照詳。得此〕都省准擬施行。

《元典章》新集《刑部·諸盜·總例·拯盜未盡事（理）〔例〕》延祐七年三月日，福建宣慰司奉江浙行省札付，准中書省咨來咨會驗盜賊通例，剜房豁車賊人，延祐（五）〔元〕年通例：傷事主，起意下手的，敲，爲從一百七，出軍。不曾傷事主，但得財，皆斷一百七下，出軍。於内有舊賊，敲。延祐四年刑部擬：州縣村落比與隨駕行營去處不同，剜豁土（民）〔居〕人民行駕車輛而取財者，改依竊盜計贓定例。所據偷盜係官錢物賊人，延祐（七）〔元〕年通例止比常人加等，延祐四年却擬處死，今各處申到此等賊徒，所犯情輕，所罹罪重及偷盜頭口，不見合無追徵賠贓。（輕）〔經〕斷放。十貫以下，再做賊，爲首出軍，不見合斷杖數。未審遵依何例區處。〔兼〕延祐元年定到罪名，比之大德五年奏准通例，恐涉大重，今合干部分通行參酌定議，咨請回示。准此，送據刑部議得：江浙省咨稟上項盜賊事例，除豁車剜房、州城村落土居人民行駕車輛即與隨駕行營野處不同，已經呈准依竊盜例計贓定罪，別無定奪外，據偷盜係官錢物比常盜加等，並内外偷盜駝馬牛隻，首從賊人合依延祐元年奏准通例區處，其曾經刺斷放，偷盜十貫以上再犯首從賊徒，亦合依上例計贓刺斷流配。所據偷盜頭口賠贓，即係該載不盡事理，擬合照依舊例追賠。本省所言延祐元年定到罪名，比之大德五年通例，恐涉太重一節，〔即〕係奏准遍行定例，似難更議。具呈照詳。〔得此〕，都省咨請依上施行。

《元典章》新集《刑部・諸盜・再犯賊・未配役再犯合刺斷徒役》

延祐七年五月日，江浙省照得延祐五年四月二十日寧國路申，宣城縣捉獲警跡賊人徐大招，先於延祐四年二月十三日偷盜李榮（一）〔三〕財物，刺斷六十七下，發付兩浙運司徒役。爲（元）〔無〕配役去處，將本人羈管聽候。又於當年九月初五日，聽從計龍兒（余）〔俞〕文七等糾合，爲從盜訖胡亨秀、章秀實家財。若以竊盜曾經配役定論，却緣徐大招聽候，其間又行（作）過，終是不曾經配。事干通例，移准中書省咨，送據刑部呈，議得：賊人徐大招先犯竊盜李榮三財物，已經刺斷；聽候徒役之際，又行聽（從）〔受〕計太三等糾合，盜計胡亨秀等財物。若以再犯定論，終是未經配役，今犯既係爲從，合依曾經斷放偷盜十貫以下再犯例，刺斷訖，發付合屬徒役三年相應。〔具呈照詳。得此〕，都省准擬〔咨請依上〕施行。

《元典章》新集《刑部・諸盜・偷盜・奴盜主物刺字》延祐七年六月日，江浙行省近據廣德路申，捉獲偷盜本路盛印銀匣賊人沈阿寅狀招，跟隨本路達魯花赤充當面前使喚，不合於延祐四年十二月三十日夜就本官到偷訖盛印銀裹木匣，剥下銀皮銷鎔，銀兩變鈔破用，事發到官，估贓〔依〕例決杖七十七下，比例免徒刺。爲事干通例，延祐六年八月十七日移（咨）〔准〕中書省，咨送刑部議得：賊人沈阿寅凂托淩局使保送，跟隨達魯花赤瓜都充面前使喚，就於本官宅宿食。爲見本路印匣開鎖，鑰匙於中堂一處頓放，因而竊取銀印匣，剥去銀皮，鎔成定于貨賣。罪〔犯既〕已斷訖，擬〔將〕本賊依例刺字，徒配充警跡相應。具呈照詳。得此，都省准擬〔咨請依上〕施行。

《元典章》新集《刑部・諸盜・發塚・發塚賊免刺發肇州屯種》至治元年三月日，江浙行省准中書省咨來咨：浙東道呈慶元路申，備鄞縣准大嵩巡檢司申，捉獲吴亞（傳）〔轉〕余季七、董明七狀招，延祐四年七月初二日，與已死吴新九爲首起意糾合齊器（俱）〔具〕到於史提刑墳內開掘鑿開棺木，盜取金銀等物。內吴新九等分受銀四十四兩五錢，吴亞（傳）〔轉〕余季七共分受銀四十四兩五錢，變贓入己。首賊吴新九知事發露，自縊身死，合行各估計金銀等物，該中統鈔九十三（兩）〔定〕四十兩。本省看詳：浙東道吴亞（傳）〔轉〕董明七、余季七爲從，發掘史提刑墳。元盜訖金銀等估計至元鈔九百三十八貫，比同强盜已斷一百七下，今次若擬免刺出軍，終非正犯。既已斷訖，合無刺字。事干通例，咨請回示。准此，送據刑部呈議得：江浙省咨稟賊人吴亞（傳）〔轉〕、余季七董明七爲從，發掘開棺盜財，既同强盜，計贓斷訖罪犯。（犯）〔例〕不刺字，發付肇州屯種相應。〔具呈照詳〕都省准擬，咨請依上施行。

《元典章》新集《刑部・諸盜・徵贓・盜賊遇革贓給主稟例》至治元年四月日，福建宣慰司奉江浙行省札付，准中書省咨來咨延祐七年三月十一日革後合稟通例開咨照（則）〔詳〕。准此，送刑部照得：先奉都省判送御史臺備監察御史呈，亦爲此事照擬到各項事理，已經呈准照會。今奉前因，本部照擬於後，具呈照詳，都省除外，咨請上施行。

一賊人偷盜贓物典賣，諸人典質之家元不知情，在後事發，將元典正贓追納到官，其賊人元得典質錢物，並已招破用，未追及〔供指〕受寄諸人贓物，革前已有承（奉）〔伏〕，未納之數，合無追徵。或犯（供指）在革前不曾招承，革後問得承伏，合無欽依革撥。若有到官正贓，依例給主。前件照得，延祐四年十月十九日（承）〔呈〕准中書省札付，本部呈議得：賊人偷盜贓物，於諸人處典（賃）〔質〕錢數，典主既不知情，在後事發，將元典正贓留納到官，賊人元得錢鈔，並已納未追及諸人受寄贓物，革前已招明白，罪經原免，擬合追給。其犯在革前，發在革後，雖有招伏，欽依革撥。若有到官正贓，給主相應。都省准擬〔今承見奉，本部議得：上項事理，合依前例一體〕施行。

《元典章》新集《刑部・刑制・刑法・肇州屯種》初犯偷盜駱駝、馬、牛賊每，爲首的斷一百七，出軍。

偷財物三百貫以上，一百七，出軍。

經斷放，偷盜十貫以下的，再做賊呵，爲首出軍。

諸發塚開棺傷屍賊徒，同强盜。於內合該出軍。

挑剜褙(捲)〔揍〕實鈔，以真作僞，再犯斷罪流遠。

知情分買行使僞鈔，三犯科斷流遠。

(清)嵇璜等《續通志》卷一四七《刑法略·歷代刑制》〔泰定二年〕十二月，京師多盜，達實特穆爾請處決重囚，增調邏卒，仍立捕盜賞格。從之。申禁圖讖，私藏不獻者，罪之。

(清)畢沅《續資治通鑑》元泰定四年十二月　定捕盜令，限內不獲者，償其贓。

(清)嵇璜等《續通志》卷一四七《刑法略·歷代刑制》〔元統二年〕七月詔：蒙古、色目人犯盜者，免刺。

《元史》卷一〇四《刑法志》　諸盜乘輿服御器物者，不分首從，皆處死。知情領賣，剋除價錢者，減一等。

《元史》卷一〇四《刑法志》　諸竊盜始謀而未行者，笞四十七；已行而不得財者，五十七；得財十貫以下，六十七；至二十貫，七十七。每二十貫加一等，一百貫，徒一年，每一百貫加一等，罪止徒三年。諸盜庫藏錢物者，比常盜加一等，贓滿至五百貫以上者流。

諸盜駝馬牛驢騾，一陪九。盜駱駝者，初犯爲首九十七，徒二年半，爲從八十七，徒二年；再犯加等；三犯不分首從，一百七，出軍。盜馬者，初犯爲首八十七，徒二年，爲從七十七，徒一年半；再犯加等，罪止一百七，出軍。盜牛者，初犯爲首七十七，徒一年半，爲從六十七，徒一年；再犯加等，罪止一百七，出軍。盜驢騾者，初犯爲首六十七，徒一年，爲從五十七，刺放；再犯加等，罪止徒三年。盜羊猪者，初犯爲首五十七，刺放，爲從四十七，刺放；再犯加等，罪止徒三年。盜係官駝馬牛者，比常盜加一等。

諸劇賊既款附得官，復以捕賊爲由，虐取民財者，計贓論罪，流遠。

諸强盜再犯，仍刺。【略】

諸盜官錢，追徵未盡，到官禁繫既久，實無可折償者，除之。諸守庫軍，但盜庫中財物者，處死，會赦者仍刺之。諸内藏典守，輒盜庫中財物者，處死。諸造鈔庫工匠，私藏合毁之鈔出庫者，杖一百七。監臨失關防者，笞三十七。諸盜印鈔庫鈔者，處死。諸檢昏鈔行人，盜取昏鈔，爲監臨搜獲，不得財者，以盜庫藏錢物不得財，加等論，杖七十七。諸燒鈔庫合干檢鈔行人，輒盜昏鈔出庫分使者，刺斷。諸盜局院官物，雖贓不滿貫，仍加等，杖七十七，刺字。諸工匠已關出庫物料，成造及額餘外，不曾還官，因盜出局者，斷罪，免刺。諸盜已到倉官糧，而未離倉事覺者，以不得財論，免刺。諸盜官員符節，比常盜加一等，計贓坐罪。諸盜官府文卷，作故紙變賣者，杖七十七，同竊盜，刺字。買卷人，笞四十七。

【略】

諸於迴野盜伐人材木者，免刺，計贓科斷。諸被脅從上盜，至盜所，復逃去，不以爲從論。諸竊盜贓不滿貫，斷罪，免刺。諸子爲盜，父殺之，不坐。諸爲盜，初經刺斷，再犯姦私，止以姦爲坐，不以爲盜再犯論。諸奴婢數爲盜，應識過於門者，其主不知情，不得輒書於其主之門。諸被誘脅上盜，不曾分贓，而容隱不首者，杖六十七，免刺。諸先盜親屬財，免刺，再盜他人財，止作初犯論。諸先犯誘姦婦人在逃，後犯竊盜，二事俱發，以誘姦爲重，杖從姦，刺從盜。諸瘖啞爲盜，不論瘖啞。諸詐稱搜稅，攔頭剽奪行李財物者，以盜論，刺斷，充(景)〔警〕跡人。諸盜米糧，非因饑饉者，仍刺斷。諸盜塔廟神像服飾，無人看守者，斷罪，免刺。諸事主及盜私相休和者，同罪；所盜錢物頭匹、倍贓等，没官。諸竊盜應徒，若有祖父母、父母年老，無兼丁侍養者，刺斷免徒；再犯而親尚存者，候親終日，發遣居役。諸女直人爲盜，刺斷同漢人。諸年饑民窮，見物而盜，計贓斷罪，免刺配及徵倍贓。諸竊盜，一歲之中頻犯者，從一重，論刺斷。諸爲盜以所得贓與人博不勝，失所得贓，事覺追正贓，仍坐博者罪。諸父以子同盜，子年未出幼，不曾分贓，免罪。諸年饑，迫其子若婿同持仗行劫，子若婿減死一等，坐免刺，充(景)〔警〕跡人。諸父爲人誘爲盜，疾不能往，命其子從之，而分其贓者，父減爲從一等，免刺，子以爲從論。【略】

諸奴盜主財，應流遠，而主求免者聽。諸奴盜主財，斷罪，免刺。諸盜雇主財者，免刺，不追倍贓。盜先雇主財者，同常盜論。諸佃客盜地主財，同常盜論。諸同主奴相盜，斷罪，免刺配，不追倍贓。諸盜同受雇人財，不以同居論。諸賃屋與房主同居，而盜房主財者，與常盜論。諸盜同本財者，笞五十七，不以真盜計贓論。

諸巡捕軍兵因自爲盜者，比常盜加一等論罪；若自相覺察，告捕到官，或曾共爲盜，首獲同伴者，免罪給賞。諸軍人爲盜，刺斷，免充（景）〔警〕跡人，仍追賞錢給告者。諸守庫藏軍人，輒爲首誘引外人偷盜官物，但經二次三次入庫爲盜，及提鈴把門軍人，受贓縱賊者，皆處死。爲從者杖一百七，刺字流遠。諸見役軍人在逃，因爲竊盜得財，杖一百七，仍刺字，杖從逃軍，刺從盜。諸軍人在路奪人財物，又迫逐人致死非命者，爲首杖一百七，爲從七十七，徵燒埋銀給苦主。

諸婦人爲盜，斷罪，免刺配及〔充〕（景）〔警〕跡人，免徵倍贓，再犯并坐其夫。諸婦人寡居與人姦，盜舅姑財與姦夫，令娶己爲妻者，姦非姦所捕獲，止以同居卑幼盜尊長財爲坐，笞五十七，歸宗，姦夫杖六十七。

諸爲僧竊取佛像腹中裝者，以盜論。諸僧道爲盜，同常盜，刺斷，徵倍贓，還俗充景〔警〕跡人。諸僧道盜其親師祖、師父及同師兄弟財者，免刺，不追倍贓，斷罪還俗。

諸幼小爲盜，事發長大，以幼小論。未老疾爲盜，事發老疾，以老疾論。其所當罪，聽贖，仍免刺配，諸犯罪亦如之。諸年未出幼，再犯竊盜者，仍免刺贖罪，發充（景）〔警〕跡人。諸竊盜年幼者爲首，年長者爲從，爲首仍聽贖免刺配，爲從依常律。諸掏摸人身上錢物者，初犯、再犯、三犯，刺斷徒流，並同竊盜法，仍以赦後爲坐。諸以七十二局欺誘良家子弟、富商大賈，博塞錢物者，以竊盜論，計贓斷配。諸夜發同舟橐中裝，取其財者，與竊盜真犯同論。【略】

諸爲盜經刺，自除其字，再犯非理者，補刺。五年不再犯，已除籍者，不補刺，年未滿者仍補刺。諸盜賊赦前擅去所刺字，不再犯，赦後不補刺。諸應刺左右臂，而臂有雕青者，隨上下空歇之處刺之。諸犯竊盜已經刺臂，却偏文其身，覆蓋元刺，再犯竊盜，於手背刺之。諸累犯竊盜，左右項臂刺徧，而再犯者，於項上空處刺之。

諸子盜父首，弟盜兄首，婿盜翁首，並同自首者免罪。諸奴盜主首者，斷罪免刺，不徵倍贓，仍付其主爲奴。諸脅從上盜，而不受贓者，止以不首之罪罪之，杖六十七，不刺。諸爲盜悔過，以所盜贓還主者免罪。諸爲盜得財者，聞有涉疑根捕，却以贓還主者，減二等論罪，免徒刺及倍贓。諸竊盜因事主盤詰，而自首服，其贓未還主者，計贓減二等論罪，刺字，諸盜賊，爲首者自首，免罪，爲從不首仍全科。諸無服之親，相首爲盜，止科其罪，免刺配倍贓。諸竊盜悔過，以贓還主不盡，其餘贓猶及刺罪者，仍刺之。

《元史》卷一〇四《刑法志》　諸爲人子孫，或因貧困，或信巫覡説誘，發掘祖宗墳墓，盜其財物，賣其塋地者，驗輕重斷罪。稱棄屍骸，不爲祭祀者，同惡逆結案。買者知情，減犯人罪二等，價錢没官，不知情，臨事詳審，有司仍不得出給賣墳地公據。諸爲人子孫，爲首同他盜發掘祖宗墳墓，盜取財物者，以惡逆論，雖遇大赦原免，仍刺字徙遠方屯種。

《元史》卷一〇四《刑法志》　諸發塚，已開塚者同竊盜，開棺槨者同强盜，毁屍骸者同傷人；仍於犯人家屬徵燒埋銀。諸挾仇發塚，盜棄其屍者，處死。諸發塚得財不傷屍，杖一百七，刺配。諸盜發諸王駙馬墳寢者，不分首從，皆處死。看守禁地人；杖一百七，三分家産，一分没官，同看守人杖六十七。

《元史》卷一〇四《刑法志》　諸爲盜，並從有司歸問，各投下輒擅斷遣者，坐罪。

《元史》卷一〇四《刑法志》　諸藏匿强竊盜賊，有主謀糾合，指引上盜，分受贓物者，身雖不行，合以爲首論。若未行盜，及行盜之後，知情藏匿之家，各減强竊從賊一等科斷，免刺，其已經斷，怙終不改者，與從賊同。

《元史》卷一〇四《刑法志》　諸盜賊應徵正贓及燒埋銀，貧無以備，令其折庸。凡折庸，視各處庸價而會之。庸滿，發元籍，充（景）〔警〕跡人。婦人日準男子工價三分之二，官錢役於旁近之處，私錢役於事主之家。

《元史》卷一〇五《刑法志》　諸失盜，捕盜官不立限捕盜，却令他户陪償事主財物者，罰俸兩月，仍立限追捕。諸强盜殺人，三限不獲，會赦，捕盜官合得罪罰革撥，仍令捕盜，任滿不獲，解由内通行開寫，依例黜降。諸他境盜，入境逃藏，捕盜官輒分彼疆此界，不即捕捉者，笞四十七，解職别敍，記過。

《元史》卷一〇三《刑法志》　諸流囚、强盜持杖不曾傷人，但得財，若得財至二十貫，爲從；不持杖，不曾傷人，得財四十貫，爲從；及竊盜，割車剜房，傷事主，爲從；不曾傷事主，但曾得財；不曾得財，內有舊賊；初犯怯烈司盜駝馬牛，爲從；略賣良人爲奴婢一人；詐雕都省、行省印；套畫省官押字，動支錢糧，干礙選法；或妄造妖言犯上，並杖一百七，流奴兒干。初犯盜駝馬牛，爲首；及盜財三百貫以上；盜財十貫以下，經斷再犯；發塚開棺傷屍，內應流者；挑剜裨湊寶鈔，以真作僞，再犯；知情買使僞鈔，三犯：並杖一百七，發肇州屯種。

《元史》卷一〇四《刑法志》　諸盜賊共盜者，併贓論，仍以造意之人爲首，隨從各減一等。或二罪以上俱發，從其重者論之。

《元史》卷一〇四《刑法志》　諸評盜（賊）〔贓〕者，皆以至元鈔爲則，除正贓外，仍追倍贓。其有未獲賊人，及雖獲無可追償，並於有者名下追徵。

《元史》卷一〇四《刑法志》　諸盜未發而自首者，原其罪；能捕獲同伴者，仍依例給賞。其於事主有所損傷，及准首再犯，不在原免之例。

《元史》卷一〇四《刑法志》　諸被脅從上盜，至盜所，復逃去，不以爲從論。

《元史》卷一〇四《刑法志》　諸兄逼未成丁弟同上盜，減爲從一等論，仍罰贖。諸兄弟同盜，罪皆至死，父母老而乏養者，內以一人情罪可逭者，免死養親。諸兄弟同盜，皆刺。諸父子兄弟頻同上盜，從凡盜首從論。諸父子兄弟同爲强盜者，皆處死。

《元史》卷一〇四《刑法志》　諸盜先犯後發，與後犯先發罪同者，勿論。諸先犯强盜刺斷，再犯竊盜，止依再犯竊盜刺配。

《元史》卷一〇四《刑法志》　諸强竊盜充（景）〔警〕跡人者，五年不犯，除其籍。其能告發，及捕獲强盜一名，減二年，二名比五年，竊盜一名減一年，應除籍之外，所獲多者，依常人獲盜理賞，不及數者，給憑通理。籍既除，再犯，終身拘籍之。凡（景）〔警〕跡人緝捕之外，有司毋差遣出入，妨其理生。諸（景）〔警〕跡人，有不告知隣佑，輒離家經宿，及遊惰不事生産作業者，有司究之，鄰佑有失覺察者，亦罪之。諸（景）〔警〕跡人受命捕盜，既獲其盜，却挾恨殺其盜而取其財，不以平人殺有罪賊人論。

《大元通制・諸竊盜》　盜係官物得財，十貫以下決六十七下，十貫之上決七十七下，四十貫之上決八十七下，六十貫之上九十七下，八十貫之上決一百七下，一百貫之上決一百七下出軍；爲從，十貫決六十七下，四十貫至三百貫者各減一等；及窩主知情分贓，減正犯賊徒一等免刺科斷。各以至元鈔爲則。盜常人財，爲首得財，十貫以下六十七下，十貫之上決六十七下，四十貫以上決七十七下，六十貫以上決八十七下，八十貫以上決九十七下，一百貫至三百貫決一百七下；爲從者，各減一等刺斷。

《大明令・刑令》　凡常人捕獲强盜一名、竊盜二名，各賞銀二十兩。强盜五名以上，竊次十名以上，各與一官。名數不及，折算賞銀。應捕人不在此限。强、竊盜賊，止追正贓給主，無主者，没官。若諸人典當收買盜、賊贓物，不知情者，勿論，止追原贓。其價於犯人名下，追徵給主。

《大明令・刑令》　凡竊盜已經斷放，或徒年役滿，並仰原籍官司收充警跡。其初犯刺臂者，二年無過，所在官司保勘，除籍，起去原刺字樣。若係再犯刺臂者，須候三年無過，依上保勘。有能拿獲强盜三名、竊盜五名者，不限年月，即與除籍，起刺。數多者，依常人一體給賞。

《大明令・刑令》　凡家人共盜，並依凡盜首從科斷。謂父子兄弟之類一同行盜者。

《大明令・刑令》　凡竊盜，衆人盜一家財物者，併贓論。若盜二家以上者，從一家贓多者論。

《大明令・刑令》　凡竊盜已離盜所，事主追逐，因而拒捕，被事主殺死者，須驗事主，在身有傷，依律勿論。若無所傷，有司體勘其賊是否警跡爲盜之人，與事主有無讎嫌明白，歸斷。

《大明令・刑令》　凡竊盜遇赦，並免刺字。

《明太宗寶訓》卷五《宥過》　〔永樂九年三月〕己卯刑部奏：民有盜勸善書者，於律凡盜當黥發戍邊。上問：黥未。對曰：已黥。

上曰：朕嘗命爾等罪當黥者，具所犯來白。若情可矜憫者，免之。蓋黥即爲棄人，欲改過無由矣。况盜勸善書，原其心在好善，但取之不以道耳，豈可比盜財者槩黥之，其免戍邊。又令錦衣衛去所黥字。

《明仁宗實録》洪熙元年九月　〔壬子〕行在大理寺卿虞謙奏，民有盜官馬殺食者，律應絞。

上曰：以馬殺人，過矣。其宥死發邊戍。

《明宣宗實録》宣德五年五月〔庚戌〕工匠有告内使韋宗盜官銅造鍍金器物與外人，其制過于御用器者。上命付法司治之如律。因諭侍臣曰：洪武永樂間，内府所貯錢粮，内官内使纖毫不敢動，雖東宮親王不得取用，欲用者必奏請。今内官敢爾，豈得不罪？又曰：朕近日用一木水架，工匠飾以綵色，又間貼金，朕惡其華侈，遂命易之。而小人乃敢僭擬。遂命司禮監榜諭各監局，有盜官物及僭分者，事發處死，知而不首，罪亦如之。

《明宣宗實録》宣德六年三月〔丁丑〕行在大理寺言，義勇中衛倉軍斗盜黄豆六升，于律杖九十，于例斬，全家發戍邊遠。上曰：命止直六升豆乎？宥之。又奏繡匠盜針工局紵絲等物，于律當斬，于例杖一百充軍。上曰：盜内府物，小人尤無忌憚者，如律。又奏：吏部吏詐稱母喪避事，律應杖，于例罰役。上曰：父母存，冠衣不純素，惡有喪象也，今父母在而詐言死，不孝之人也。令工役終身。

《明英宗實録》宣德十年二月〔戊寅〕巡按江西監察御史程富、江西布政使陳智等奏：永豐、新淦、樂安等縣民曾子良等聚衆據大盤山，張旗幟，鳴鉦鼓，刼掠鄉村，燒燬民居，殺死民黄大季等，置立簿籍，脅民爲非。乞將江西運糧官軍存留勦捕。上勑諭鎮守江西都督僉事武興、右僉都御史王翺等曰：此輩本皆良民，卿等可招撫之，能改過復業者悉宥其罪，如尚恃頑不服，即調官軍勦捕，毋令滋蔓。

《明英宗實訓》卷一《仁政》 正統九年閏七月甲申，勑諭都察院曰：近聞各處軍民往往發人墳冢，爾等職總風紀，其嚴行各處巡按御史及按察司，督令各司、府、州縣官，凡境内但有暴骨在田野、道路者，悉令所在里老人等，即時掩瘞。仍嚴諭軍民不許再犯，違者罪之。若該管官故縱不禁者，聽風憲官論罪，不宥。

《明憲宗實訓》卷二《明刑》 成化元年九月甲子，監察御史方佑問竊盜三犯者二人，法當死。其一人再犯遇赦，一人則赦後再犯。都御史李秉以爲雖名三犯，而中遇赦宥，必赦後三犯乃當坐。上曰：怙終者固當誅，然既遇赦宥，則前罪除矣。如仍坐之，是未嘗赦也。卿所議良是。其著爲令。

《明憲宗實訓》卷二《明斷》〔成化六年〕四月丙子，南京守備等官、成國公朱儀等奏：南京有盜王阿童，爲盜二十餘年，已經五犯，皆以犯在赦前得免。今復被獲，如仍擬初犯，恐益長其惡。

上曰：赦所以許人自新，而小人乃倚赦爲姦，是豈可縱？夫辟以止辟，虞周之刑也。王阿童其審實處決。今後問擬竊盜，仍以赦前後通論三犯。其著爲令。

〔清〕龍文彬《明會要》卷六四《刑·律令》〔成化〕十六年，給事中王坦言：竊盜犯罪，律有明條，在京法司具有成案。今在外問刑衙門，於竊盜初犯、再犯，不論贓數多寡，輒杖殺之。請嚴加禁約。從之。

〔正統〕十八年，定挾詐得財罪例。

《明憲宗實訓》卷三《禁非爲》〔成化二十一年〕十二月戊子，京城外有居民葉玘等發人墓，取髑髏及項骨以爲葛巴剌碗，並數珠，假以爲西番所産，乘時市利。愚民競趨之，所發墓甚衆。至是緝事者聞于朝，番僧嘗買以進者，皆遁去。獲玘等送刑部鞫治，得其黨，俱坐罪如律。

上曰：律載發墓，其罪皆死。况此輩取人髑髏市於左道，以邀厚利，其視支解之罪相去幾何？其即誅之，錦衣衛仍嚴加緝捕。

《明孝宗實訓》卷三《正法》〔弘治元年〕九月癸亥，民有吕景山等四人坐竊盜拒捕殺人，罪死。以遇赦，下法司議。都御史馬文升等奏：詔書强盜不宥，所以戒凶强。而律竊盜拒捕殺人，與强盜等。情犯頗重，而幸遇霈恩，釋之，則失于太輕；誅之，則似乎太重。請宥其死，而遣之戍邊。

上曰：宥過無大，刑故無小。律所以懲姦。詔書所以赦過。景山等竊盜罪雖可原，而拒捕殺人，實出于故，與過不同。不當以詔例免，其依律誅之。

《明孝宗實訓》卷三《正法》 弘治三年閏九月己丑，内閣大學士劉吉等奏：南京刑部問擬銅銃者，聖意以爲發落似輕。臣等再三商論，又檢《大明律》盜軍器條内開：若盜應禁軍器者，與私有罪同；及私藏應禁軍器條内開：凡民間私有火筒火砲之類應禁軍器者，一件杖八十，每一件加一等，罪止杖一百，流三千里。今石榮盜銅銃，刑部依常人盜倉庫錢粮問擬絞罪，做工五年滿日着役，已是加重。李景春、李景和、趙鑑乃知情接買之人，刑部依棄毀軍器律論，又稱比附律條，可見不是正律，亦爲加重。臣等以爲，此等囚人情犯深重，宜再加重以戒將來。以此擬，將石棨四人枷號兩月，滿日押發廣西烟瘴地面，永遠充軍，荷蒙俞允，事已施行。臣等又思去歲南京盜庫之人與此不同，彼係偷盜內府財物，律該處斬。況又有偷盜十數次者，及放火燒毁官庫，以致城內遠近人心驚疑。情犯尤重，所以擇其甚者處決，人心皆服。仰惟皇上聖德寬仁，凡事遵守祖宗法度而行。今此數人，律不該死，法司擬斷明白，臣等止可斟酌加重示戒，豈敢故違祖宗之制，不體皇上愛民欽恤之仁，輒便重擬處決？若殺之不當，致傷天地之和，感召水旱兵戈之災，咎將何逭？其石棨等發落，止依前擬。爲是奏上。從之。

《明武宗寶訓》卷二《弭盜》〔正德六年三月〕丙子，太監張永傳旨，近來各處盜賊縱橫，多因水旱，衣食艱難，各有司不能賑恤，或又稱科歛而侵尅之。及朝廷下詔蠲免錢糧，乃將虛文起解之數，捏作已徵，或將已徵捏作未徵，重復徵解，以致小民寃苦無伸，流離失業，相誘爲非，苟逃性命。日復一日，轉漸增多。念此良民，皆吾赤子，情非得已，實可哀憐。已累降勑旨，申明戒約，誠恐安於故習，不改前非，徒事虛文，民不沾惠。都察院即出榜文，分給直隸、山東、河南、四川、江西、湖廣、陝西、福建、兩廣用兵地方，令各鎮巡等官行各府州縣遞相謄刻張掛，曉諭備查。正德五年，分正額税糧草料之外，一應歲辦雜派，軍需諸物料，實係已徵，在官者如數起解。其小民拖欠未徵，及有司畏懼期限，虛報已徵之數，悉皆蠲免。其被賊殘破處所，並正額糧草通免一年，以蘇民困。虛報官員，免其查究，不許再犯。如小民陷於盜賊，有能悔過復業者，除有名賊犯外，凡脅從之徒，不必追究既往。量加存卹，令其安心生理，共享太平。以後再作過惡，必不輕宥。有能自相擒斬，悉免本罪，仍量其功次即加賞勞，重者量爲陞職。若有司將自首人犯擒斬報功，或故爲沮抑不加賞勞，以致人心嗟怨及仍前尅害虛應故事，事發之日，一體重罪不宥。

《明武宗寶訓》卷二《弭盜》正德六年三月戊辰，以賞罰條格榜諭有賊地方曰：凡府州縣官衛所爲賊所破，殺掠焚燬數多者，掌印及職專守備捕盜官皆斬，雖無城池罪亦如之。府衛掌印分管及兵備官每一起降一級，分守分巡官及三司掌印官遞降，其甚者各謫戍。士卒臨陣不用命者，斬。鎮巡參將等官，許以軍法從事所轄地方，盜發匿不以報者，罷職。因而失事重者，亦斬。兵備、守備、守巡等官聞賊退縮貽患地方，及鎮守巡撫官不能弭盜，巡按御史不能督捕糾舉者，俱黜之。凡有爲賊鄉道以復私仇及爲賊耳目令得奔逸者，斬。仍罪及孥几就陣擒斬有名劇賊一人者，如邊方例陞一級，世襲。擒斬從賊三人及陣亡者亦如之。若非對敵緝捕三人及三人以下者，衹如舊例陞賞。其有捕斬功應陞級而不欲者，每劇賊一人，賞銀三十兩，從賊一人半之，緝捕一人減三分之二。若盜賊能自相擒斬者得貰其罪，仍如例一體給賞。脅從能自首者，亦貰其罪，毋令捕盜者追詰之。守巡以下文武職官有督捕保障顯績者，鎮巡等官舉奏擢用。

《明武宗寶訓》卷二《弭盜》〔正德九年〕十月辛酉，傳旨申諭：直隸、山東、河南、江西、四川等處頃年盜起，殘害地方，皆因賊首數人糾合徒衆，中間多是良民，畏避糧差，被其脅從。朝廷命將出兵，又再三降旨榜諭，許其解散自首，俱宥其罪，仍令有司存恤。今各路官軍將賊首藍五、鄢老人、趙風子、陳翰、李茂、賈勉兒等俱生擒凌遲，汪澄二、胡雪二、劉三、楊虎、邢老虎、劉六等俱剿殺，劉七、齊彦明剉屍，梟首示衆。其窩藏交通之人如王欽、王五等俱凌遲處斬。已勑各處鎮巡三司官曉諭軍民，爲惡者自取其死，爲善者得保身家。猶恐府州縣衛所官不能用心撫卹，領軍官失事懼罪，殺降報功，使人心驚疑不安，又令兵部嚴行各官解散投首者。令依前旨，免其糧差三年，田地被侵者，追還原主，無牛具種子者，措置給之。失事官量情輕減，不許妄殺，務使人人爲善，同享太平。朝廷屈法伸恩如此，其四川殘賊廖麻子一黨昏迷不省，已別遣將督兵剿殺，除廖麻子不赦，其餘解散自歸，一體寬恤。惟既散之後，不改前非，仍復爲盜者，所在擒執，重治不宥。中外有司，通行榜諭知之。

（明）卜世昌等《明通紀述遺》嘉靖三十九年二月　上諭兵部亟示各撫臣嚴督所司悉心撫勦四方盜賊。尚書楊博條上弭盜六事：一、連歲兵荒，民於公賦外有修邊、買馬、治河等額外之徵，宜禁止。一、民之爲盜，非其得已，宜榜諭，凡脇從者，悉令歸業，許其自新。一、京師饑民，已荷救恤，其遠方赤子，請行各巡撫便宜發廩賑貸。一、巡捕職官所領軍丁民快有隱匿賄脱者重坐。一、責成有司勤行巡歷，慎固封守，縱賊不捕者，計其多寡治罪。一、申明賞格，凡捕盜有功者，各遵例行賞，疏入允行。

《明穆宗實録》隆慶五年八月〔戊午〕河南撫按官奏原：武王府輔國將軍睦㮄、汝陽王府奉國將軍勤㰀各奸盗狀。睦㮄見囚周王府，勤㰀已匿。得旨：睦㮄發高墻禁住，勤㰀令所司緝獲。

《明神宗實録》萬曆六年元月 兵部巡按御史王民順奏：蘇、松、常、鎮財賦之區，而泖瀆具區夙爲盗藪。該地方官務廣行緝捕，以安良民。又捕盗規條如成化二十一年、嘉靖四十一年、萬曆二年各議事例，寬嚴得中。惟隆慶六年吏部所議一款，限數定罰，責成過嚴，反生規避，若不斟酌，似非弭盗安民之計。請乞聖裁。上曰：捕盗之規，照萬曆二年題准事例行，各撫按官論劾功罪以此爲准，着再行申飭，以便遵守。

（明）王士性《黔志》 彝人法嚴，遇爲盗者，綳其手足於高桅之上，亂箭射而殺之。彝俗射極巧，未射其心脅，不能頃刻死也。彝性不畏亟死，惟畏緩死，故不敢犯盗。貴州南路行綠林之輩，防禦最難。惟西路行者，奢香人驛，夫馬廚傳，皆其自備。巡邏干掫，皆其自轄，雖夜行不慮盗也。彝俗固亦有美處。

（明）王士性《黔志》 閭閻不蓄積，樂歲則盡數糶賣，以飾裘馬。凶年則持筐篋攜妻子，逃徙趂食。俗又好賭。貧人得十文錢，不賭不休。賭盡勢必盗，故盗益多。且又不善盗，人其家則必殺人，乃所得皆重累易認之物。今日所刦衣履，明日即被服之，而爲人所獲。故每盗或十餘人，駢首就戮，而計贓乃不值一金。余每心憐之，而無法以脱也。

《刑臺法律・名例副卷・新增律頤斷法》 一、盗軍器者，以凡盗論，何斷盗應禁軍器，與私有罪同，亦不言其刺字。何斷？

答曰：前即盗軍器，以凡盗論，謂監守盗者。問監守、常人盗者，問常人領出私家被人盗者，問竊盗故曰：凡盗，其應禁軍器罪，雖照依私有，亦當仍尽本法，與上文均刺盗官物三字。

一、强盗得財殺傷人，或竊盗臨時拒捕殺傷人，或姦者，俱准自首斷否？

答曰：損傷於人，不准首者，謂不准其殺。殺傷並强姦之罪，今既自首得免，所因强竊仍依凡殺傷人及强姦論。

一、如白晝搶奪人財，計贓重于本罪，加竊盗罪二等。何斷加之？

答曰：以徒三年上，加者非也。謂將原搶之贓，以竊盗贓計，該杖一百、流二千里者，再加二等，即三千里。

一、如塜先穿陷，及未殯埋而盗屍樞，以何罪斷之？

答曰：在床者，屍在棺者。樞屍樞者，謂連屍盗出，未曾開棺者。即坐此罪。

一、發塜條前節，殘毁他人死屍，杖一百流二千里。後節地界内死人，止杖六十、徒一年。何以别？

一、律云白晝搶奪，不言黑夜，設有犯者，何斷？

答曰：搶奪悪其白晝，故不計贓科罪。若是黑夜，即以竊盗論。难摘去白晝二字。

一、同居卑幼，將引他人行强盗，該照常人斷否？

答曰：親屬相盗律内，止言各居者，若行强盗，尊長犯卑幼亦依上減等。卑幼紀尊長，以常人論。其同居者，不分强竊，切得私擅用財，不必去。

《刑臺法律・名例副卷・比附雜犯罪律》 一、私奠銀兩及造銅錢之類，比依常人盗倉庫錢糧律絞。

一、三犯竊盗，僞造上工人匠牌面帶入内府，比依厨役校尉入内懸帶銅牌木牌僞造者，斬。

一、庫官偷盗官鈔四十貫，律斬。

一、私賣自己官馬，監守自盗倉庫錢糧律斬。

一、庫官旁秤綿花，比依多收税糧斛面計贓，重者，從重論。

一、庫官偷官鈔五十貫，擬斬。罪發，本庫交盤，又盗七十貫，誆常人盗官物論，從重依前斬罪發落。

一、借王府鈔六萬貫，作本利銀十二萬借與人納糧費用。合依監臨主守將在官錢侵欺，自己及轉借與人，扈從軍人將進内府財物，比依常人盗倉庫錢糧論。

一、軍民人等舉放銀兩尅減軍糧，比知竊盗贓故買。

一、藏匿費鈔没財物，比依常人盗倉庫錢糧論。

一、丢假白銀及節以誆賺不知名人鈔五貫，比依賺局騙人財物，計贓准竊盗論，免刺。滿貫杖一百，流三千里。

一、偷盗所掛號令犯人首級者，丢棄水中，依折毁申明亭板榜律杖一百，流三千里。

一、强盜不得財傷人，比依白晝搶奪傷人者律斬。【略】

一、夫棄妻之屍，比依尊長棄毁緦麻以下卑幼律令。

一、父亡，母改嫁生子，母死，前子盜母葬父墳内，係不應，從重論決。

《刑臺法律·名例副卷·比附雜犯罪律》一、發掘墳墓見棺槨者，杖一百，流三千里。未見棺槨者，杖一百，徒三年。見屍者絞。

《刑臺法律·名例副卷·刑名啓蒙集要》凡問，因串招，先將罪重者一人作招頭，通將各人事情招出。已獲者稱在官，未獲者稱未到官，脱逃者稱在逃。定罪全憑招眼，最要明白。如竊盜，則云：與某窺見某人家有某物，不合輒起盜心，與某人議説，某亦不合聽從於某日某時分潛到某人門首，探听本家人大睡熟，剜開墻壁，進入房内，偷出某物分用。

《刑臺法律·名例副卷·問囚則例》一、聞知盜後而分贓，加竊盜爲從論，免刺。計其所分多寡，如四拾文爲從，該杖九拾。餘倣此。

一、凡盜馬牛而殺者，杖壹百、徒三年。計贓重于本罪者，加盜罪一等。如盜牛壹隻，止值鈔五拾貫或九拾貫，則不言鈔貫，依律徑坐杖壹百，徒叁年。若計贓壹百貳拾貫，是重於杖壹百、徒叁年本罪則云：所犯合依盜牛而殺，計贓重於本罪者，加竊盜罪壹等，壹百貳拾貫罪止，律杖壹百流三千里。云罪止者，滿貫無可加也，不得入死。【略】

一、凡問竊盜，徒罪杖罪，民人俱刺字。係徒罪，照徒年限擺站；係杖罪的決，俱寧家充警軍人，軍餘免刺。徒罪守哨，杖罪的決，軍人著役，餘丁隨住。其親屬相盜等，并各條准竊盜論，俱不刺字，掏摸者同。俱雖有力，不許納贖。

一、凡問監守盜、常人盜，罪至滿貫，絞斬不刺字。不過滿貫，杖徒方許刺字。

一、凡引律如盜牛、馬、驢、騾、猪、羊、鵝、鴨，不可全引。如盜馬則摘盜馬，不可引盜牛馬，餘可類推。

一、凡問自首者，事未發自首，免罪猶徵正贓。事已發，不准自首。其知人欲告而自首，尚未告也得減二等，已告不准。親屬相盜，被盜親屬自行告發，雖准得相容隱，其他親屬訐告者，可爲得相容隱之人，即問自首，依律減免，别項自首律條有載，各等該免，俱擬罪減等後，方云某人依自首律免科。

一、凡問拒捕，如賊進家偷盜財物，本主捉拿，于盜所拒捕。方問臨時拒捕斬罪。若賊人棄財逃走，本主趕出門外拒捕，止依罪人捕律科罪。

一、凡問偷人轉賣，如設計誆哄，使其不知，引出賣者，爲設方略。若明與説知本人聽得爲和同相誘。

一、監守或常人盜出官物，若有職役及應捕人挾制，要分去官物而不告者，問擬受財枉法。若無職役者，止問知盜後而分贓；若監守之人分去，仍問以監守自盜。

一、竊盜得財奔走，事主追而殺之，或傷者，依律勿論。若棄財逃走，若殺或折傷者，俱依罪人不拒捕科罪。

一、有人盜出官馬，寄藏人家，被其指要及私費用者，問以常人盜罪。分贓及挾制要去買免，不分官司之物，俱問以知盜而分贓之罪。

一、尊長卑幼，强竊得財，彼此挾制，受財買免者，俱問恐嚇。照出恐嚇原贓，係盜贓給主。

一、因盜而姦，不分已遂未成，俱斬。

（明）清波逸叟《折獄明珠》卷四《禁約式·禁盜竹笋約》某都某里爲禁約事。有竹山一所，坐落厶處，見今春笋發生之際，因離家遥遠巡視不周，屢被連近居民，有等不良之輩、鼠竊之徒，三五成群，逕入山林，擅行掘砍，以供口腹，予甚恨爲。今禁告明：如有仍前不悛，許諸人捉贓指首，賞銀若干，仍將盜犯人送官理沿不貸。滇至。約者。

（明）清波逸叟《折獄明珠》卷四《禁約式·附禁盜雞大約》夫雞司晨而犬守夜，爲物雖微，所關甚大。吾家所畜，爾家亦然。柰有等不良之徒，貪口腹之養，縱嗜慾之心，或掩藏以變鬻，或屠戮以服家。所肆雖小，爲害不輕。緣自今日爲始，會衆禁約：如有仍前放蕩爲惡不悛者，許諸人究察捉贓，送官理治。故約。鬻，賣也。屠，殺也。悛，改也。

（明）海若湯《古今律條公案》附録《擬罪問答》問曰：一、盜軍器者以凡盜論何斷？盜應禁軍器與私有罪同，亦不言其刺字何斷？

答曰：前節盜軍器以凡盜論，謂監守盜者，問監守常人盜者，問常人領出私家被人盜者，曰竊盜。故曰：凡盜其應禁軍器，罪雖照依私竊，亦當盡其本法，與上文均刺盗官物三字。

（明）海若湯《古今律條公案》附録《擬罪問答》 問曰：一、如先穿陷，及未殯埋而盗屍柩者，以何罪斷之？

答曰：在床者屍，在棺者柩，屍柩者謂連屍。盗出未曾開棺者，即坐此罪。

（明）海若湯《古今律條公案》附録《擬罪問答》 問曰：一、如發條前節殘毀他人死屍，杖一百流三千里；後節殘他界内死人，止杖六十徒一年，何以別斷？

答曰：一、前節死屍乃是人殘毀者，故坐此重罪也。後節死人乃里長地鄰不申報官司以致被人或鼠殘毀，坐不申報之罪，非殘毀之人也。設有毀者，依前律斷。

黃彰健《明代律例彙編》卷一八《刑律一・賊盗・盗賊窩主》 凡强盗窩主，造意，身雖不得，但分贓者，斬。若不行，又不分贓者，杖一百，流三千里。共謀者，行而不分贓，及分贓而不行，皆斬。若不行，又不分贓者，杖一百。竊盗窩主造意，身雖不得，但分贓者，爲首論。若不行，又不分贓者，爲從論。以臨時主意上盗者爲首，其爲從者，行而不分贓，及分贓而不行，仍爲從論。若不行，又不分贓，笞四十。若本不同謀，相遇共盗，以臨時主意上盗者爲首。餘爲從論。其知人略賣和誘人，及强竊盗後而分贓者，計所分贓，准竊盗爲從論。免刺。若知强竊盗贓而故買者，計所買物，坐贓論。知而寄藏者，減一等。各罪止杖一百。其不知情誤買，及受寄者，俱不坐。

弘治問刑條例

一、各處大户家人佃僕，結搆爲盗，殺官劫庫，劫獄放火，許大户隨即送官追問。若大户知情故縱，除真犯死罪外，其徒流杖罪及窩贓三名以上，屬軍衛者，發邊衛，屬有司者，發附近，各充軍。

一、皇親功臣管莊家僕佃户人等，勾引外處來歷不明之人，窩藏爲盗，坐家分贓者，問發邊衛充軍。其該管家長，參究治罪。

一、知强竊盗贓，而接買受寄，若馬騾等畜至二頭匹以上，銀貨坐贓至滿貫者，俱問罪，不分初犯再犯，枷號一箇月發落。若三犯以上，不拘贓數多寡，與知强盗後而分贓至滿貫者，俱免枷號，發邊衛充軍。

嘉靖問刑條例

凡各處大户家人佃僕，結構爲盗，殺官劫庫，劫獄放火，許大户隨即送官究問。若大户知情故縱，除真犯死罪外，其餘徒流杖罪，屬軍衛者，發邊衛，屬有司者，發附近，各充軍。

一、凡皇親功臣管莊家僕佃户人等，及諸色軍民大户，勾引來歷不明之人，窩藏强盗二名以上，竊盗五名以上，坐家分贓者，俱問發邊衛充軍。若有造意共謀之情者，各依律從重科斷。干礙勳戚，參究治罪。

一、各處無藉之徒，引賊劫掠，以復私讐，探報消息，致賊逃竄者，比照姦細律條處斬。本犯梟首，全家發烟瘴地面充軍。【略】

萬曆問刑條例

一、各處無藉之徒，引賊劫掠，以復私讐，探報消息，至賊逃竄者，比照奸細律條處斬，梟首示衆。【略】

萬曆十六年奏准：推鞫窩主窩藏分贓人犯，必須審有造意共謀實情，方許以窩主律論斬。若止是勾引容留，往來住宿，並無造意共謀情狀者，但當以窩藏例發遣。毋得附會文致，概坐窩主之罪。

黃彰健《明代律例彙編》卷一八《刑律一・賊盗・共謀為盗》 凡共謀爲强盗，臨時不行，而行者却爲竊盗。共謀者分贓。造意者，爲竊盗首。餘人並爲竊盗從。若不分贓，造意者，爲竊盗從。餘人並笞五十。以臨時主意上盗者，爲竊盗首。其共謀爲竊盗，臨時不行，而行者爲强盗。其不行之人，造意者分贓，知情不知情，並爲竊盗首，造意者不分贓，及餘人分贓，俱爲竊盗從。以臨時主意，及共爲强盗者，不分首從論。【略】

弘治十八年三月初四日，節該欽奉孝宗皇帝聖旨：今後捕獲强盗，不許私下擅自拷打。

俱送問刑衙門，務要推究得實。若徇情扶同，致有冤枉，一體重罪不饒。欽此。

黃彰健《明代律例彙編》卷一八《刑律一・賊盗・公取竊取皆為盗》 凡盗，公取竊取皆爲盗。公取，謂行盗之人，公然而取其財。竊取，謂潛形隱面，私竊取其財，皆名爲盗。器物錢帛之類，須移徙已離盗所，珠玉寶貨之類，據入手隱藏，縱未將行亦是。其木石重器，非人力所勝，雖移本處，未駝載間，猶未成盗。馬牛駝贏之類，須出闌圈，鷹犬之類，須專制在己，乃成爲盜。若盜馬一匹，別有馬隨，不合併計爲罪。若盜其母而子隨者，皆併計爲罪。

黄彰健《明代律例彙編》卷一八《刑律一·賊盜·竊盜》 凡竊盜已行而不得財，笞五十，免刺。但得財者，以一主爲重，併贓論罪。爲從者，各減一等。以一主爲重，謂如盜得二家財物，從一家贓多者科罪。併贓論，謂如十人共盜得一家財物，計贓四十貫。雖各分得四貫，通算作一處，其十人各得四十貫之罪。造意者爲首，該杖一百。餘人爲從，各減一等，止杖九十之類。餘條准此。初犯，並於右小臂膊上，刺竊盜二字。再犯刺左小臂膊。三犯者，絞。以曾經刺字爲坐，掏摸者罪同。若軍人爲盜，雖免刺字，三犯一體處絞。

一貫以下，杖六十。

一貫之上，至一十貫，杖七十。

二十貫，杖八十。

三十貫，杖九十。

四十貫，杖一百。

五十貫，杖六十，徒一年。

六十貫，杖七十，徒一年半。

七十貫，杖八十，徒二年。

八十貫，杖九十，徒二年半。

九十貫，杖一百，徒三年。

一百貫，杖一百，流二千里。

一百一十貫，杖一百，流二千五百里。

一百二十貫，罪止杖一百，流三千里。

弘治問刑條例

一、正統八年七月十一日節該欽奉英宗皇帝聖旨：今後竊盜，初犯刺右臂的，革後再犯，刺左臂。若兩臂俱刺，赦後又犯的，准三犯論。還將所犯赦前赦後，明白開奏定奪。欽此。

續例附考

一、竊盜三犯，遇革釋放，或饒死充軍，革前逃回，及未逃仍犯竊盜，累犯不悛者，俱問竊盜三犯罪名。若犯別罪，及革後逃回，照例議擬。

新例

一、嘉靖七年刑部題准：竊盜自首，不實不盡，及知人欲告，而於財主處首還，律應減等擬罪的，都照常免刺。

一、嘉靖七年閏十月刑部議題：竊盜三犯，係是怙終之人。今後審録官不得開人可矜之例，混奏得辯。止令監候，必待朝廷有大慶會，大肆赦，而後釋之。節奉聖旨：依擬行。欽此。

新例補遺

一、嘉靖二十三年八月大理寺題奉欽依：凡三犯竊盜，若係老幼，律應收贖者，俱追究主使之人，問發邊衛充軍。聽使老幼，依律收贖。如出幼再犯，隨計前數，議擬死罪，奏請定奪。

嘉靖新例

一、嘉靖貳拾肆年伍月刑部題准：盜賊窩養幼小男子，使令偷盜，曾經收贖叁次者，主使之人問發邊衛充軍。其幼子男子出幼再犯，通計前數，問擬叁犯絞罪，奏請定奪。

嘉靖問刑條例

正統八年七月一款。

嘉靖三十四年續准問刑條例

一、凡犯搶奪至三次，犯罪者不分革前革後，俱比照竊盜三犯絞罪，奏請定奪。其有先犯搶奪刺字，又犯竊盜刺字，而又犯搶奪及監守常人盜應該刺字者，俱遵照律文，於右小臂重刺。其先犯盜官物等罪後，二次犯竊盜者，不得併論，止問竊盜再犯罪名。

親題事例

一、萬曆六年刑部題准：今後凡盜内府財物係雜犯，及監守常人盜、竊盜、掏摸搶奪等項，但三犯者，不分所犯各别曾否刺字，革前革後，俱得併論，照竊盜三犯律處絞，奏請定奪。【略】

新題例

萬曆十六年正月題奉欽依。今後審録官員，凡遇三犯竊盜，中有贓數不多，或在赦前一次，赦後二次，或赦前二次赦後一次者，俱遵照恩例，併入矜疑辯問疏内，參酌奏請改遣。【略】

箋釋云：此萬曆十六年正月内左都御史吴時來等題准續附之例。因嘉靖七年問刑部題准竊盜三犯係是怙終之人，審録官不得開入可矜之例，混奏得辯，止令監候，必待朝廷有大慶會，大肆赦而後釋之，故特開此一路。

順治例與新題例同，惟刪萬曆至官員十七字。

萬曆刊本《昭代王章》、崇禎刊本《臨民寶鏡》有此款，漏言係新題例。

例

萬曆二十五年恩詔：免死充軍，本因矜疑寬典，而致累其子孫，因輕反重，深爲可憫。今後止發烟瘴極邊充軍終身。若復逃歸本鄉，仍坐以死。

黄彰健《明代律例彙編》卷一八《刑律一・賊盜・盜内府財物》 凡盜内府財物者，皆斬。盜御寶及乘輿服御物皆是。

弘治問刑條例

一、盜内府財物者，係雜犯死罪准贖外。若盜乘輿服御物者，仍作真犯死罪，依律議擬。

續例附考

一、犯該盜内府財物，及監守常人盜倉庫錢糧等物者，不分革前革後，俱照竊盜，併論次數，一體秋斷。

一、偷盜御馬賣銀分用，枷號一個月。滿日，押發極邊衛分充軍。

嘉靖問刑條例

盜内府財物者一款。

一、凡盜内府財物，及監守常人盜倉庫錢糧等物，三次犯罪者，不分革前革後，俱比照竊盜三犯，併論次數，奏請定奪。

萬曆問刑條例

一、凡盜内府財物，係乘輿服御物者，仍作真犯死罪。其餘監守盜銀三十兩，錢帛等物，值銀三十兩以上，常人盜銀六十兩，錢帛等物值銀六十兩以上，俱問發邊衛，永遠充軍。内犯奏請發充凈軍。

一、凡盜内府財物，係雜犯，及監守常人盜、竊盜、掏摸、搶奪等項，但三次者，不分所犯各別，曾否刺字，革前革後，俱得併論，比照竊盜三犯律處絞，奏請定奪。

黄彰健《明代律例彙編》卷一八《刑律一・賊盜・盜馬牛畜産》 凡盜馬牛驢贏豬羊雞犬鵝鴨者，並計贓，以竊盜論。若盜官畜産者，以常人盜官物論。若盜馬牛而殺者，杖一百，徒三年。驢贏，杖七十，徒一年半。若計贓重於本罪者，各加盜罪一等。

弘治問刑條例

一、養馬人户，將官馬盜賣與人，至三匹以上者，問擬盜官畜産罪名，發附近衛所充軍。

胡瓊集解附例

一、節次詐寫小票，於太僕寺冒領官馬至三匹以上者，問罪，於本寺門首枷號一個月，滿日，定發邊衛充軍。

新例

一、嘉靖元年兵部題稱：今後將自己及他人騎操官馬盜賣與人，若初犯止盜一二匹者，問罪，枷號一箇月。在内，發鐵冶，照徒年限炒鐵。在外，照依彼中事例發落。盜至三匹以上，及再犯不拘匹數多寡，俱問罪，枷號一箇月。屬有司者，發附近衛所；屬軍衛者，發邊遠，各充軍。盜至五匹及三犯以上者，俱問罪，枷號一箇月。屬有司者，發邊衛；屬軍衛者發極邊衛分，各永遠充軍。其知情接買及受寄偷盜官馬，主若初犯，止是一二匹者，問罪，枷號一箇月發落。三匹以上及再犯，俱問罪，免其枷號，屬有司者發附近；屬軍衛者，發邊衛，亦充軍。五匹及三犯以上者，問罪，枷號一箇月，屬有司者，發邊衛；屬軍衛者，發極邊衛分，各充軍。兩隣知而不首，事發，從重治罪。奏聖旨：是。馬匹係軍需重事。近來奸宄之徒，將自己及他人騎操官馬，偷盜，通同接買，受寄販賣，好生不畏法度。今後有違犯的，各依擬問罪，枷號充軍。該枷號的，都着錦衣衛用一百五十斤大枷，枷在人烟輳集去處，曉諭。兩隣知而不首的，事發從重治罪。還着都察院通行出榜，嚴加禁約。欽此。

備考新例

一、嘉靖元年三月内，兵部題準：盜官馬之人，俱枷號三個月，連當房家小，押發極邊衛分充軍。

嘉靖問刑條例

一、凡盜御馬者，枷號三箇月，發邊衛充軍。

一、將自己及他人騎操官馬盜賣者，問罪，枷號一箇月發落。盜過三疋以上，及再犯不拘匹數，俱免枷號，屬軍衛者發邊衛，屬有司者發附近衛所，各充軍。盜過五匹及三犯以上者，屬軍衛者，發極邊衛分，屬有司者，發邊衛，各永遠充軍。

一、凡冒領太僕寺官馬至三匹者問罪，於本寺門首枷號一箇月，發邊衛充軍。

萬曆問刑條例

一、凡盜御馬者，問罪，枷號三箇月，發邊衛充軍。若將自己及他人騎操官馬盜賣者，枷號一箇月發落。盜至三匹以上，及再犯，不拘匹數，俱免枷號，屬軍衛者，發邊衛，屬有司者，發附近衛所，各充軍。五匹以上，屬軍衛者，發極邊，屬有司者，發邊衛，各永遠充軍。若養馬人户，盜賣官馬，至三匹以上，亦問發附近充軍。

黄彰健《明代律例彙編》卷一八《刑律一・賊盜・親屬相盜》 凡各居親屬，相盜財物者，期親減凡人五等，大功減四等，小功減三等，緦麻減二等，無服之親減一等。並免刺。若行强盜者，尊長犯卑幼，亦各依上減罪。卑幼犯尊長，以凡人論。若有殺傷者，各依殺傷尊長卑幼本律，從重論。若同居卑幼，將引他人，盜己家財物者，卑幼依私擅用財物論，加二等。罪止杖一百。他人減凡盜罪一等，免刺。若有殺傷者，自依殺傷尊長卑幼本律科罪。他人縱不知情，亦依强盜論。若他人殺傷人者，卑幼縱不知情，亦依殺傷尊長卑幼本律，從重論。其同居奴婢，雇工人，盜家長財物，及自相盜者，減凡盜罪一等，免刺。

嘉靖問刑條例

一、同居卑幼，將引他人，盜己家財物，如係强劫，比依各居親屬行强盜。卑幼犯尊長，以凡人論。斬罪，奏請定奪。

黄彰健《明代律例彙編》卷一八《刑律一・賊盜・盜田野穀麥》 凡盜田野穀麥菜果，及無人看守器物者，並計贓，准竊盜論。免刺。若山野柴草木石之類，他人已用工力，砍伐積聚，而擅取者，罪亦如之。【略】

問刑條例

一、凡盜掘金銀銅錫水銀等項礦砂，俱比照盜無人看守物，准竊盜，每金砂一斤，折鈔二十貫，銀砂一斤，折鈔四貫，銅錫水銀等砂一斤，折鈔一貫，併贓，分首從論罪。凡在山洞捉獲者，分爲三等。如有持杖拒捕者爲一等，不論人之多寡，礦之輕重，不分初犯再犯首從，俱發邊遠充軍。若殺傷人，爲首者斬。其雖不曾拒捕，若聚衆至三十人以上，礦至三十斤以上，爲二等。不分初犯再犯，爲首者發邊遠充軍，爲從者各枷號三個月，照罪發落。但人及數而礦雖未及，亦坐此例。若其人與礦不及前數，或礦雖及數而人未及，爲三等，爲首者初犯枷號三個月，照罪發落，再犯亦發邊遠充軍，爲從者各只照罪發落。凡非山洞捉獲，止是私家收藏，道路背負者，惟據見獲論罪。不許巡捕人員，逼令展轉攀指，違者參究治罪。【略】

萬曆問刑條例

一、凡盜掘金銀銅錫水銀等項礦砂，每金砂一斤，折鈔二十貫。銀砂一斤，折鈔四貫。銅錫水銀等砂一斤，折鈔一貫。俱比照盜無人看守物，准竊盜論。若在山洞捉獲者，分爲三等。持仗拒捕者爲一等，不論人數礦數多寡，及初犯再犯，不分首從，俱發邊遠充軍。若殺傷人，爲首者，比照竊盜拒捕殺傷人律，斬。其不曾拒捕，若聚至三十人以上者，爲二等，不論礦數多寡，及初犯再犯，爲首者發邊遠充軍。爲從者，枷號三箇月，照罪發落。若不曾拒捕，又人數不及三十名者爲三等，爲首者初犯枷號三箇月，照罪發落。再犯亦發邊遠充軍。爲從者，止照罪發落。凡非山洞捉獲，止是私家收藏，道路背負者，惟據見獲論罪。不許巡捕人員，逼令展轉攀指。違者，參究治罪。【略】

順治例與萬曆例同，惟改折鈔二十貫爲折銀二錢五分，改折鈔四貫爲折銀五分，折鈔一貫爲折銀一分二釐五毫。【略】

新例

一、盜珠賊，比照常人盜官物，併贓論罪，仍分爲三等。如捉獲持杖拒捕者爲一等，不論人之多寡，珠之輕重，不分初犯再犯首從，俱發邊遠充軍。若殺傷人，爲首者斬。其雖不曾拒捕，若聚衆至三十人以上，分珠值銀至二十兩以上者爲二等，不論初犯再犯，爲首者發邊遠充軍，爲從者各枷號三個月，照罪發落。若人珠不及前數，或珠雖及而人未及者，爲三等。爲首初犯枷號三個月照罪發落，再犯發邊遠充軍，爲從者止照罪發落。若以盜珠爲由，在海打劫客商船隻，或登岸劫人家財物者，各以强盜論。

黄彰健《明代律例彙編》卷一八《刑律一・賊盜・盜園陵樹木》 凡盜園陵内樹木者，皆杖一百，徒三年。若盜他人墳塋内樹木者，杖八十。若計贜重於本罪者，各加盜罪一等。

弘治問刑條例

一、正統二年四月初九日，節該欽奉英宗皇帝聖旨：天壽山係祖宗陵寢所在，山前山後樹木，正要愛養培護。近聞有等無籍小人，往往入山偷砍樹木。其該管軍衛有司官員及旗甲里老人等，坐視不行鈐束，論罪都該處死。錦衣衛輪差的當官校往來巡視。但有犯的，都拏將來，處以重罪，家屬發遼東邊衛充軍。若差去官校，賣放作弊，及託此生事擾人的，也一體治罪不饒。欽此。

一、成化十五年九月初四日節該欽奉憲宗皇帝聖旨：鳳陽皇陵皇城並泗州祖陵所在，應禁山場地土，巡山官軍務要常川用心巡視。不許諸色人等砍伐樹椀，取土取石，開窰燒造，放火燒山，及於皇城内外耕種牧放，安歇作踐。如有此等，或被人告發，或體訪得出，正犯處死，家口俱發邊遠充軍。巡山官軍敢有科歛銀兩餽送，不行用心巡視，及守備留守等官貪圖賄賂，不行嚴加約束，以致下人恣肆作弊，不能禁治，都一體重罪不饒。欽此。【略】

一、西山一帶，密邇京師地方，内外官豪勢要之家，私自開窰賣煤，鑿山賣石，立廠燒灰者，問罪，枷號一箇月，發邊衛充軍。干礙内外官員，參奏提問。

一、大同山西宣府延綏寧夏遼東薊州紫荆密雲等邊分守守備備禦，並府州縣官員，禁約該管官旗軍民人等，不許擅自入山，將應禁林木砍伐販賣。違者，問發南方烟瘴衛所充軍。若前項官員有犯，軍職俱降二級，發回原衛所都司，終身帶俸差操。文職降邊遠叙用。鎮守並副參等官有犯，指實參奏。其經過河道守把官軍容情縱放者究問治罪。【略】

嘉靖新例

一、嘉靖貳年刑部題奉聖旨：朝廷以邊防爲重。近邊樹木，砍伐盜賣，情犯可惡。都押發南方烟瘴衛所充軍，家小隨住。今後應禁山林樹木地方，及相連之處，着巡撫都御史，嚴加禁約。但有違犯的，從重治罪，不許輕貸。欽此。

嘉靖問刑條例

一、凡鳳陽皇陵、泗洲祖陵、南京孝陵、天壽山列聖陵寢、承天府顯陵，山前山後，各有禁限。若有盜砍樹株者，驗實真正椿楂，比照盜大祀神御物斬罪，奏請定奪。爲從者，發邊衛充軍。取土取石，開窰燒造，放火燒山者，俱照前擬斷。若於鳳陽皇城内外耕種牧放，安歇作賤者，枷號一箇月。其孝陵神烈山舖舍以外，去墻二十里之内，敢有開山取石，安揷墳墓，築鑿臺池者，亦枷號一箇月，發邊衛充軍。各該巡守人役，拾柴打草，不在禁限。但有科歛銀兩餽送，不行用心巡視，及守備留守等官不行嚴加約束，以致下人恣肆作弊者，各從重究治。天壽山仍照舊例，錦衣衛輪差的當官校，往來巡視。若差去官校賣放作弊，及託此妄拿平人騙害者，一體治罪。

萬曆問刑條例

一、凡鳳陽皇陵、泗州祖陵、南京孝陵、天壽山列聖陵寢、承天府顯陵，山前山後，各有禁限。若有盜砍樹株者，驗實真正椿楂，比照盜大祀神御物斬罪，奏請定奪。爲從者，發邊衛充軍。取土取石，開窯燒造，放火燒山者，俱照前擬斷。其孝陵神烈山鋪舍以外，去墻二十里，敢有開山取石，安揷墳墓，築鑿臺池者，枷號一箇月，發邊衛充軍。若於鳳陽皇城内外，耕種牧放，安歇作踐者，問罪，枷號一箇月發落。各該巡守人役，拾柴打草，不在禁限。但有科歛銀兩餽送，不行用心巡視，及守備留守等官，不行嚴加約束，以致下人恣肆作弊者，各從重究治。天壽山仍照舊例，錦衣衛輪差的當官校，往來巡視。若差去官校，賣放作弊，及託此妄拏平人騙害者，一體治罪。【略】

順治例此款，僅留存凡山前山後至照前擬斷止。順治例此款前又增一款云：

一、車馬過陵者及守陵官民入陵者，百步外下馬。違者以大不敬論。

黄彰健《明代律例彙編》卷一八《刑律一・賊盜・盜城門鑰》 凡盜京城門鑰，皆杖一百，流三千里。盜府州縣鎮城關門鑰，皆杖一百，徒三年。盜倉庫門鎖鑰，皆杖一百，並刺字。

黄彰健《明代律例彙編》卷一八《刑律一・賊盜・盜印信》 凡盜各

衙門印信，及夜巡銅牌者，皆斬。盜關防印記者，皆杖一百，刺字。

新例

一、嘉靖二十二年四月二十四日刑部等衙門議奏：查得《大明會典》設立都察院巡撫都御史，始於宣德年間。按察司提學官，始於正統元年。刑部大理寺審録官，始於成化八年。其兵備屯田水利等官，以後陸續添設。至於總制總督勘事巡視等官，又皆因事差遣，事畢停罷，本無定員，亦未有鑄定印信，故臨時請給關防，使各官便於行事，比之印信，關係實同。合無今後凡有盜前項關防，俱比照各官衙門印信擬罪。其盜用棄毁僞造，悉與印信同科。庶法令嚴密，而人不敢輕犯矣。奉聖旨：准擬。欽此。

黄彰健《明代律例彙編》卷一八《刑律一・賊盜・盜軍器》 凡盜軍器者，計贓，以凡盜論。若盜應禁軍器者，與私有罪同。若行車之所，及宿衛軍人，相盜入己者，准凡盜論。還充官用者，各減二等。

黄彰健《明代律例彙編》卷一八《刑律一・賊盜・常人盜倉庫錢糧》 凡常人盜倉庫錢糧等物，不得財，杖六十，免刺。但得財者，不分首從，併贓論罪。併贓謂如十人節次共盜官錢八十貫，雖各分八貫入己。通算作一處，其十人各得八十貫，罪皆杖絞。若十人共盜十貫，皆杖九十之類。並於右小臂膊上，刺盜官錢糧物三字。

一貫以，杖七十。

一貫之上至五貫，杖八十。

一十貫，杖九十。

一十五貫，杖一百。

二十貫，杖六十，徒一年。

二十五貫，杖七十，徒一年半。

三十貫，杖八十，徒二年。

三十五貫，杖九十，徒二年半。

四十貫，杖一百，徒三年。

四十五貫，杖一百，流二千里。

五十貫，杖一百，流二千五百里。

五十五貫，杖一百，流三千里。

八十貫，絞。

弘治問刑條例

一、盜掘銀礦錫銅水銀等項礦砂，但係山洞捉獲，曾經持杖拒捕者，不論人之多寡，礦之輕重，及聚衆至三十人以上，分礦至三十斤以上者，俱不分初犯再犯，問發邊衛充軍。若不及數，又不拒捕，初犯枷號三箇月發落，再犯免其枷號，亦發邊衛充軍。其私家收藏，道路背負者，止理見獲，照常發落。不許巡捕人員，逼令展轉攀指。違者，參究治罪。【略】

條例節要

一、內外遇有犯該三次偷盜官糧，同竊盜論擬罪例。成化十九年十一月二十二日行。

胡瓊集解附録

刑部福建司問得犯人王升等盜圓寶一千兩，事發，俱問常人盜倉庫錢糧，不分首從，八十貫，律各絞，准徒五年，照例送兵部定發邊衛充軍。情重律輕。奉聖旨：是。王升張鳳王録，偷盜官庫銀兩數多，難照常例發落。拿去户部門首，用一百二十斤大枷枷號兩個月，滿日，俱押發遼東鐵嶺衛，永遠充軍，家小隨住。【略】

大明律直引所載問刑條例

一、刑部福建司問得犯人王升，招係者〔羽〕林前衛千户，與在官軍餘王升、王録，民人張鳳，窺見□部帝〔帑〕內官銀數多，各不合違例將庫墻剜開進入，齊櫃□開，盜出圓寶二十錠，重一千兩，事發提問，常人盜倉庫錢糧，不分首從，八十貫律各絞，准徒五年，照例送兵部，定邊衛充軍，王升立功滿日還職帶俸差操，具本發審，奉聖旨：這起囚犯盜分官庫銀兩，情重，法司再議了來説。欽此。查得先該山東司問得犯人吕清，招係本□簿籍科典吏，偷盜本部庫內贓罰銀四百兩，事發，問擬常人盜倉庫錢八十貫律絞，炒鐵五年爲民，具本發審，奉憲宗皇帝聖旨：吕清既係説吏，盜官庫銀數多，便着一百斤大枷，枷在三法司門首一個月，滿日，押發口外衛分充軍，家小隨住。欽此。又查得四川司問得犯人王鉞，招係工部虞衡司雜科典吏，偷盜本司銀三百七十兩，事發，問擬監守自盜四十貫，律斬，炒鐵五年，滿日爲民，具本發審，奉聖旨：王鉞係該吏，偷盜銀兩數多，照例用一百斤枷，枷在本部門前一個月，滿日，押發口外龍門衛充軍，家小隨住。欽此。今照王升張鳳王録正與吕清王鉞情罪相同，王清□盗後分贓，俱難照常例發落，拿去户部門前，用一百二十斤大枷枷號兩個月，滿日，俱押發遼東鐵嶺衛，永遠充軍，家屬隨住。【略】

一、借王府鈔六萬貫，作本利鈔十二萬，借與人納糧費用，合依監臨主守將在官錢糧侵欺，或入己，或轉借與人色□從軍人將進内府財物，比依常人盗官庫錢糧論。

一、私煎銀兩及造銅錢之類，比依常人盗倉庫錢糧者律絞。

一、故無廪給與多支廪給者，比依常人盗倉庫錢糧論。

一、隱匿費抄没財物，比依常人盗倉庫錢糧。【略】

新題例

萬曆二十年二月題奉欽依：凡監守常人盗以後侵欺人犯，但有贓至二十兩以上者，限一個月，二百兩以上者，限三個月，果能盡數通完，例該永戍者，止照本律發落。真犯死罪者減等，免死充軍，以著伍後所生子孫替役。如過期不完，各依本等律例，從重定擬。

黄彰健《明代律例彙編》卷一八《刑律一・賊盗・恐嚇取財》 凡恐嚇取人財物者，計贓准竊盗論，加一等。免刺。若期親以下，自相恐嚇者，卑幼犯尊長，以凡人論。尊長犯卑幼，亦依親屬相盗律，遞減科罪。

弘治問刑條例

一、朝覲聽選給由等項人員，及解送軍匠物料，聽奏儀賓，會試舉人，歲貢生員人等到京，若在京及原籍來京一應親識閑雜人等，設謀奏告，欺詐嚇取財物者，問罪，枷號一箇月發落，原詞立案不行。【略】

大明律例直引所載問刑條例

一、查得見行條例，凡校尉，犯該一應奸盗搶奪誆騙恐嚇求索枉法不枉法等項罪名，但係行止有虧者，俱發□衛充軍，自是校尉正條。其户内人丁有犯，不在此限。恐在外問刑衙門或不詳察，妄行援此，難保必無。合無申明前例，今後又王府人役及户丁人等，除撥置害人外，其餘户婚田産私忿之事，問斷明白，依律議擬，照常施行。若有仍前妄行者，事發，許巡撫巡按等官，參究提問，庶法不濫而人不枉矣。

一、假寫究提問稱寄來財物，不行送還，勒取人財物者，比依恐嚇人取財物，計贓准竊盗論。【略】

嘉靖新例

一、嘉靖拾叁年捌月刑部題准：但有無籍棍徒，私相串結，將不干己事，揑寫本詞聲言要奏，恐嚇財物，計贓滿貫者，不分首從，俱發邊衛充軍。

新例

一、嘉靖二十年正月二十二日刑部題：看得巡撫山東都御史李中題稱：各處奸徒三五成羣，擅將良民妄作盗賊咬攀，及寄買贓物，便行捉拏拷打，嚇詐財物。又有指以起贓爲由，沿房搜番，拆墙壞物，且將所有之物，爲彼搶檢，姦淫婦女，無所不爲。事發到官，其非在官之人，不過問擬嚇詐財物，並詐稱官司差遣，徒罪而已。乞要將前項打詐之徒，比照積年事例充軍。其聚衆指以番贓搶財壞物姦淫婦女者，比照圍繞房屋搶檢姦淫死罪充軍事例，一體問擬。今查得問刑條例一款：各處司府州縣衛所等衙門，主文書算快手皂隸總甲門禁庫子人等，久戀衙門，說事過錢，把持官府，飛詭税糧，起滅詞訟，陷害良善，及賣放强盗，誣執平民，爲從，事發，有顯跡，情重者，旗軍問發邊衛，民並軍丁發附近，俱充軍。又一款：凶徒聚衆，執持凶器傷人，及圍繞房屋搶檢家財，棄毁器物，姦淫婦女，除真犯死罪外，徒罪以上，俱不分首從，發邊衛，永遠充軍。爲照前項奸徒，委的情罪可惡。合無通行内外問刑衙門：今後犯有前項奸惡，擅將良民妄作盗賊咬攀，及寄買贓物，便行捉拏，非法拷打，嚇詐財物者，雖非在官之人，查照各衙門主文書算人等久戀衙門陷害良善事例，充軍。其指以番贓爲由，聚衆搶檢財物，姦淫婦女者，俱遵照本等律例問擬，則奸惡懲而良善獲安矣。奉聖旨：准議。欽此。【略】

嘉靖問刑條例

一、凡將良民誣指爲盗，及寄買賊贓，捉拿拷打，嚇詐財物，或以起贓爲由，外房搜檢，搶奪財物，淫辱婦女，除真犯死罪外，其餘不分首從，俱發邊衛永遠充軍。【略】

順治例與萬曆例同。惟於其前增條例一款：

一、監臨恐嚇所部取財者，依挾勢求索，强者准枉法論。知人犯罪不虚，而恐嚇取財者，合計贓以枉法論。

黄彰健《明代律例彙編》卷一八《刑律一・賊盜・發塚》 凡發掘墳塚見棺槨者，杖一百，流三千里。已開棺槨見屍者，絞。發而未至棺槨者，杖一百，徒三年。招魂而葬亦是。若塚先穿陷，及未殯埋，而盜屍柩者，杖九十，徒二年半。開棺槨見屍者，亦絞。其盜取器物磚石者，計贓，准凡盜論，免刺。若卑幼發尊長墳塚者，同凡人論。開棺槨見屍者，斬。若棄屍賣墳地者，罪亦如之。買地人、牙保知情者，各杖八十，追價入官。地歸同宗親屬。不知者不坐。若尊長發卑幼墳塚，開棺槨見屍者，緦麻，杖一百，徒三年。小功以上，各遞減一等。發子孫墳塚，開棺槨見屍者，杖八十，其有故而依禮遷葬者，俱不坐。若殘毀他人死屍，及棄屍水中者，各杖一百，流三千里。謂死屍在家，或在野未殯葬，將屍焚燒支解之類。若已殯葬者，自依發塚開棺槨見屍律，從重論。若毀棄緦麻以上尊長死屍者，斬。棄而不失，及髡髮若傷者，各減一等。緦麻以上卑幼，各依凡人，遞減一等。毀棄子孫死屍者，杖八十。其子孫毀棄祖父母、父母，及奴婢雇工人毀棄家長死屍者，斬。若穿地得死屍，不即掩埋者，杖八十。若於他人墳墓熏狐狸，因而燒棺槨者，杖八十，徒二年。燒屍者，杖一百，徒三年。若緦麻以上尊長，各遞加一等。卑幼，各依凡人遞減一等。若子孫於祖父母父母，及奴婢雇工人於家長墳墓熏狐狸者，杖一百；燒棺槨者，杖一百，徒三年。燒屍者，絞。若平治他人墳墓爲田園者，杖一百。於有主墳地內盜葬者，杖八十。勒限移葬。若地界內有死人，里長地鄰，不申報官司檢驗，而輒移他處，及埋藏者，杖八十。以致失屍者，杖一百。殘毀，及棄屍水中者，杖六十，徒一年。棄而不失，及髡髮若傷者，各減一等。因而盜取衣服者，計贓，准竊盜論，免刺。

弘治問刑條例

一、凡發掘王府將軍夫人郡主縣主，及歷代帝王名臣先賢墳塚，開棺，爲從，及發見棺槨者，不分首從，俱發邊衛。發而未至棺槨，爲首者，發附近，各充軍。

一、凡發塚開棺槨見屍，爲從者，俱發烟瘴地面充軍。【略】

大明律直引所載問刑條例

一、棄毀人家靈席及神主者，杖九十。

一、發掘墳墓見槨者，杖一百，流三千里；未見棺槨者，杖一百，徒三年；見屍者絞。

一、父亡，母改嫁，生子。母死，前子盜母葬父墳內，係不應，從重論。

一、夫棄妻之屍，比依尊長棄毀緦麻以下卑幼律論。

一、尊長墳內熏狐狸終府親□故祖父母族伯叔父母兄堂妻附妻父母，燒棺槨者，杖九十，徒二年半；燒死〔屍〕者，杖一百，流三千里。

【略】

新例

一、嘉靖四年九月刑部題：看得巡撫江西都御史陳洪謨所奏，發掘墳塚，委係江西積弊。合准所奏，止行江西。等因。奉聖旨：是。今後發掘墳塚的，不拘有無開棺，不分首從，俱發烟瘴地面，永遠充軍。欽此。【略】

萬曆問刑條例

一、凡發掘王府將軍中尉，夫淑人等，郡縣主，郡君鄉君及歷代帝王、名臣、先賢墳塚，開棺爲從，與發見棺槨爲首者，俱發邊衛；發見棺槨爲從，與發而未至棺槨爲首，及發常人塚，開棺見屍爲從，與發見棺槨爲首者，俱發附近，各充軍。如有糾衆發塚起棺，索財取贖者，比依强盜得財律，不分首從，皆斬。【略】

問刑條例

一、發掘王府將軍夫人郡主縣主及歷代帝王名臣先賢墳塚，開棺爲從，及發見棺槨爲首者，俱發邊衛。發見棺槨爲從，與發而未至棺槨爲首者，俱發邊衛充軍。

一、發塚開棺見屍爲從，與發見棺槨爲首者，俱發附近，各充軍。如有糾衆發塚起棺，索財取贖者，比依强盜得財律，不分首從皆斬。

中國第一歷史檔案館《滿文老檔》天命六年三月 十五日，汗之包衣福漢，竊綢衣送其外孫多鐸時，爲守門者所執，交執法者審訊後，將福漢本人及其外孫皆殺之。

中國第一歷史檔案館《滿文老檔》天命六年六月 二十日審理之事：攻遼東時，張邱攜來其幼子，托一甲士看護。又其家奴以盜取之緞衣送與衆人，並報執法者，遂免刺其奴僕之耳鼻。又，略奉集堡時，家奴竊被一床，未報衆人。經牛録之人告發後，交衆執法者審訊，科以重罪。將張邱之子所乘馬匹及看護之家奴折價没收，並罰銀十五兩。盡没其牛録額真名下所得賞賚，革其牛録額真之職。

中國第一歷史檔案館《滿文老檔》天命六年十二月 初八日，下書曰：凡竊取甬路樹木者，無論何人，知必殺之。

中國第一歷史檔案館《滿文老檔》天命八年四月 二十八日，因掌海州糧倉之蒙安牛録下西賴巴克什，往發蒙古人食糧後，將倉鑰匙置於家，被西賴之家奴，竊得鑰匙，盜去倉糧。故將該奴僕鞭七十三，刺耳鼻。其主子鞭七十三，罰銀九兩，以贖刺耳鼻之刑。

中國第一歷史檔案館《滿文老檔》天命八年五月 〔初二〕納欽曾因罪豁免而養育之。後又聞得，盜取汗之帳房毁之，給其家丁做衣。汗聞之怒曰：豈非盜盡我之家産乎？命殺納欽也。

中國第一歷史檔案館《滿文老檔》天命八年七月 二十六日，於各牛録筵宴並頒書。汗曰：我乃小國，以忠信而蒙上天眷祐。國人衣食皆因上天之垂祐而獲。備醬、鹽以調味，飼豕、雞、鴨、鵝以備食。爾所養之家畜諸貝勒取之乎？倘毁天眷之忠，盜賊何由不起？凡盜賊之人皆以爲不遭捕獲，乃我造化。倘遭捕獲，亦僅我隻身而已，故而行盜。嗣後，男丁偷盜，則使其婦足蹈熾炭，頭冠紅鍋刑而殺之。倘懼此刑，則各勸其夫，不從，即首告之。男盜之財，女不取，何人取之？因永順行盜，故殺永順之妻〔原檔殘缺〕

中國第一歷史檔案館《滿文老檔》天命九年正月 初八日，正黄旗漢人備禦陳萬衛，往復州收打官糧時，偷取官糧二十二車。率其前往之額真李繼孝參將聞之，笞責三十棍釋放。汗聞之曰：凡偷盜汗之官糧罪大矣。唯爾異之，爲何杖而放耶？著將李繼孝治罪，並再將陳萬衛逮捕之。經審陳萬衛，其父原乃駐湯山之守堡，因被毛文龍所殺有功，遂奏汗。汗曰：陳萬衛因父之功，已授備禦，且敕書載世世不絶其功。今盜糧情實。倘若未曾盜糧，李繼孝杖之，爾爲何不上訴之？著以盜糧之罪抵爾父之功。故赦之。殺與陳萬衛一同盜糧之千總王炳傑，其兄王世傑因曾捕送奸細有功，故養之。

中國第一歷史檔案館《滿文老檔》天聰元年五月 〔二十三日〕諸臣入奏曰：國中盜賊倘若不嚴加懲處，則不能止息矣。汗曰之：今歲國中糧食失收，民將餓死，是以行盜也。被緝獲者，鞭而釋之。未被拿獲者，免之可也。而糧食失收，咎在我等，不在於民。是年，從寬法律，動用庫銀，散賑饑民。

中國第一歷史檔案館《滿文老檔》天聰二年十月 初八日，審理衆犯。杜喇勒洪巴圖魯屬下二人，因盜馬論死。南楚牛録下二人，所獻婦女潛逃，追獲後姦淫論死。盜馬韂者，以小刀畫其腰，盜絆者割足筋，盜轡者裂其嘴。此外，凡盜物者，概擬盜罪。大軍進發時，曾以殘疾馬匹留於敖漢部濟濃城中，令每旗派章京一人守之。有名達敏者，亦因病留彼處，後察哈爾之瑪哈噶拉，率其部衆來歸，達敏遇之盡掠其財物，將瑪哈噶拉及其男丁，盡行殺之。因此之罪，殺其達敏，其餘之人，皆鞭八十，貫耳鼻。

中國第一歷史檔案館《滿文老檔》天聰六年十月 初十日，汗集衆官員等諭曰：我國人中曾下法令，凡出兵行獵時，有爲盜者，或殺，或鞭，但竟不懼。聞此番行獵，仍有盜鞍、轡、韂、屜、籠頭、絆鐐等物者。此次人少時尚且有行竊者，何况人多乎？其一併查緝懲治。遂命諸貝勒大臣親督搜捕之。查獲爲盜者，若就地執法，恐衆人不知，遂命攜至瀋陽城梟首示衆。

中國第一歷史檔案館《清初内國史院滿文檔案譯編》天聰六年十月 十九日，兵部貝勒岳託審擬前出獵時，盜韂、屜、籠頭、馬絆等物之人：正白旗席爾噶牛録阿乃家人綏德、阿蘇家人碩博諾、正黄旗巴奇蘭牛録下尼雅哈齊、正藍旗邁塔里阿哥家人特墨齊、尹都里牛録虎郎阿家人塔木頻、鑲白旗塔爾岱牛録古木拜家人馬爾虎里等六人盜馬韂，各鞭八十二，刺腰。正白旗穆虎牛録下毛巴里、諾民牛録索尼塔布囊家人巴圖、正黄旗滿達爾漢牛録俄莫克圖家人塔爾尼等三人盜箭套、弓衣、偏繮等物，各鞭八十二，貫耳鼻。懲治此九人時，集衆人諭之曰：嗣後，凡出兵行獵，有如彼等爲盜者，論死。家奴爲盜，其主何不約束？奴若爲盜，則不宥其主，仍以盜賊論罪。

中國第一歷史檔案館《清初内國史院滿文檔案譯編》崇德三年七月 〔十一日〕先是，出兵歸化城時，鑲紅旗梅勒章京吳善、吳巴海告衆曰：

往歸化城時，各旗留米於中途，俟還軍時，各取其米。吳巴海下厮卒及本旗人盗鑲黄旗圖賀臣之米，圖賀臣至吳善所曰：爾旗下人，取吾米矣，追還所取之米，查出取米之人。乃吳善未查出取米之人，圖賀臣遂告于刑部，審實，議吳巴海違禁，致厮卒盗米，應鞭一百，貫耳鼻，解梅勒章京任，罷管牛録。吳善既經圖賀臣將盗米之事告知，亦未行查出，扶同隱匿，應坐竊盗例，擬革職，解梅勒章京任。奏聞，諭曰：吳善、吳巴海隱匿本旗罪惡成癖，所以然也。既爲大臣，大臣本身行盗，知罪而不究，更誰責耶？遂召衆於大政殿宣諭，坐吳善、吳巴海以竊盗罪，其鞭責、貫耳之罪，各罰銀三十三兩，折贖，又以其罪，各罰銀九兩入官。

中國第一歷史檔案館《清初内國史院滿文檔案譯編》崇德三年十二月十三日，以葉布碩值守衙門時盗取禮部所存紙五百張，誅之。漢人啓心郎周文溢攜帶鑰匙，而未覺其盗，甚爲疏忽，幽禁三日。正黄旗額塞牛録下筆貼式闊里，鑲黄旗譚泰牛録下分得博碩庫張苦訥，俱係值月之人，而未覺其盗，甚爲疏忽，各鞭二十七。

中國第一歷史檔案館《清初内國史院滿文檔案譯編》崇德七年四月二十三日，科爾沁和碩墨爾根福晉之牛三十九頭被盗，追躡至綽諾和處，綽諾和撥牛十八頭與之。參政塞冷等審之，綽諾和偷盗果實，遂議綽諾和償還其牛，並罰牲畜九九之數。奏聞，上命依議償還其牛，罰牲畜九九之數，給與和碩墨爾根福晉。

《刑部現行則例》卷中《賊盗》 一、兵部議爲偷刨人參一案具題。奉旨：近見違禁偷刨人參之人甚多，將此案内各犯俱提來京，爾部會同刑部再行嚴審擬罪具奏。嗣後此等偷刨人參之事亦著俱提來京，審擬具奏。

《刑部現行則例》卷中《賊盗》 一、發掘前代王墳冢已開棺槨見屍，爲首者擬斬立決，爲從者俱擬絞立決。發掘墳冢見棺，爲首者擬絞立決，爲從者俱擬絞監候，秋後處決。發掘墳冢未至棺槨，爲首者擬絞監候，秋後處決，爲從僉妻俱發邊衛永遠充軍，到配所各責四十板。如有發掘歷代帝王、名臣、先賢墳墓，俱照此例治罪。所掘金銀交與該撫，令地方官修葺墳墓，其玉帶珠寶等物，仍放在墳内。

一、凡奴婢、雇工人發掘家長墳冢見棺槨，爲首者擬絞立決，爲從者擬絞監候，秋後處決。發掘墳冢開棺見屍，爲首者擬斬立決，爲從者擬斬監候，秋後處決。毁傷散撒死屍者，不分首、從俱擬斬立決。

《刑部現行則例》卷中《賊盗》 一、凡旗下民人越渡禁約山河打獵、刨參已得者，將財主並率領頭目擬絞監候，秋後處決。爲從之人，係旗下枷號一個月，鞭一百，係奉天府海澄等處之民枷號兩個月，責四十板，牲畜等物並所得之物俱入官。係内地民人並妻入官。奴僕其主知而差去，係官交與該部，平人係旗下鞭八十，係民責三十板。將所去奴僕枷號一個月，鞭一百，人、牲畜、所得之物一並入官。其主知而差去，巧供不知者，係旗下人鞭一百，係民責四十板。其主不知者，將所去奴僕枷號兩個月，鞭一百。牲畜所得之物入官。若未得採參者，將財主並率領頭目，係旗下人枷號兩個月，鞭一百，係民不分奉天府等處、内地，民各枷號一個月，責四十板，將妻一並入官。爲從者，各枷號一個月，係旗下人鞭一百，係民責四十板。

一、凡偷採人參，率領頭目、財主聞拿投部，不准。仍擬絞監候，秋後處決。

《刑部現行則例》卷中《賊盗》 一、和碩裕親王等會議，查禁止人參之例，仍照康熙十五年定例遵行。其爲從之人，係旗下人民，俱一同枷號兩個月，鞭一百，責四十板。再盛京、直隸、山東三處沿海行船貿易之人，若偷載人參貿易者，亦照偷刨人參例治罪等因具題。康熙十九年十一月十五日奉旨依議。

一、邊外居住山海衛所屬兵民偷刨人參事犯者，亦照十五年定例治罪。

《刑部現行則例》卷中《賊盗》 一、凡竊盗一兩以上，拿獲之步兵賞銀、步軍校紀録外，偷盗一兩以下些須贓物，此贓物些少，應停步兵賞銀、步軍校記檔並刑審。其步軍、步軍統領下番子等，巡捕營番子等，拿獲强盗一名者，五兩，拿獲光棍一名者，三兩，拿獲竊盗一名者，一兩。其銀俱向賊身追取，賞給拿獲之人。若賊身不得，向賊主追給。

《刑部現行則例》卷上《倉庫》 一、將進倉漕糧，攔路戳袋，挖倉越墻，進倉偷米之盗，照例應聽刑部查審，照律治罪。不至死罪者，若係另户之人發黑龍江、寧古塔等處披甲當差。若係奴僕及民人，發往黑龍江、寧古塔等處與新披甲之人爲奴。至褲襖細袋袋米偷盜等小賊拏獲，該監督呈報倉場侍郎，即於倉門首枷號四十日，係旗下鞭一百，係民責四十板。

《刑部現行則例》卷中《賊盜》 一、竊盜或赦前二次偷盜，赦後一次偷盜，或赦前一次偷盜，赦後二次偷盜事犯，停其具題，部内完結。

一、凡三次竊盜，免死減等發落者，不分旗下、民人，一概改發寧古塔，與窮披甲之人爲奴。若係旗下人，止將本身發遣，係民並妻子一並發遣。

《刑部現行則例》卷中《賊盜》 一、侵盜漕糧仍照律遵行外，凡盜錢糧，不分腹裡、沿邊、沿海，至三百兩者，擬斬監候，秋後處決。不至三百兩者，仍照律治罪。

一、監守自盜倉庫錢糧四十兩，並常人盜八十兩者，照律斬、絞擬罪准徒五年。監守自盜二十兩以上，並常人盜四十五兩以上者，擬流總徒四年。盜三百兩以上者，仍照例擬斬。

一、凡侵盜錢糧入己，數滿三百兩者，照例擬斬。不及三百兩者，照監守自盜正律，並贓擬罪。

一、常人盜錢糧至三百兩者，擬絞監候，秋後處決。

《刑部現行則例》卷中《賊盜》 一、貂鼠、猞猁、猻狐肷等衣，褂子及金銀茶桶、背壺、碗碟仍許典當，典當時，與各主對明，方許典當。若有不行對明典當，及將兵器典當，受當者，俱照違禁治罪。有偷當此等之物，開當之人不行舉送，收當者，將收當之人計贓治以竊盜之罪，免刺。至死者，減一等。

《刑部現行則例》卷中《賊盜》 一、凡另户之主爲盜、窩盜者，該管官員照先定佐領下人爲盜處分該管官員之例治罪。及看守墳園家奴爲盜、窩盜者，本主係官照驍騎校治罪之例處分。係白人照小撥什庫例處分。看守墳園之人爲盜、窩盜者，其本主既行治罪，該管官員免議罪。

《刑部現行則例》卷中《賊盜》 如居住之人爲盜，將房主係民責四十板，係旗下人鞭一百。至容留夥賊商議之家照律治罪外，其容留盜賊商議之兩鄰如不出首者，係民責四十板，係旗下鞭一百。

《刑部現行則例》卷中《賊盜》 司坊官及巡捕三營官員，各該管轄處所，除照常經營素有生業之人外，詳核無業離鄉地方游手來歷不明者，該城釘回原籍。其所犯何事，離原籍情由，明白查議，其棍徒，在五城巡捕營官員，各該管所屬地方不行查拿呈送，或被傍人告發，或經科道查出者，交該部議處。及總甲等並容留與住房主，俱各責三十板。又通行各都統並步軍總尉嚴飭各該旗下佐領並府佐領，責令驍騎校包衣，大小撥什庫如各該佐領下人，將房屋開店歇人，賃房居住者不時行查，來歷明確有保人者，方許居住。若有惡棍，查拿送部。該地方官役徇情故縱不行緝拿呈送，發覺者，都統以下小撥什庫以上，照前定例分別議處。

《刑部現行則例》卷中《賊盜》 凡昌平等十二城德州等四城兵一、二人爲盜，將該管蘇喇章京罰俸一年，防守尉罰俸九個月。三、四人爲盜者，將該管蘇喇章京降一級調用，防守尉罰俸一年。五、六人爲盜者，將該管蘇喇章京降二級調用、防守尉降一級調用。十人以上爲盜者，將該管蘇喇章京革職，防守尉降二級調用。其披甲人一、二名爲盜者，將伊主鞭一百。三、四人以上爲盜者，枷號一個月鞭一百，該管蘇喇章京罰俸六個月，防守尉罰俸三個月。章京家人一、二名爲盜者，將章京亦罰俸一年。三、四人爲盜者，降一級調用。五、六人以上爲盜者，降二級調用。十人以上爲盜者，革職。奉天、寧古塔、江寧、西安、杭州、京口等省城兵丁，非官員家兵丁、家人爲盜者，俱照此例擬罪。披甲人家人爲盜者，將賊主嚴行治罪，將該管章京、防守尉擬罪之處，亦照此例。將軍，副都統等，係管衆兵，披甲人家人爲盜者，免議。將軍、副都統、防守尉等家人爲盜者，俱照各章京家人爲盜例擬罪。佐領、蘇喇章京，驍騎校俱照各城守蘇喇章京擬罪。固山大、管旗參領俱照防守尉擬罪。其統轄將軍、副都統等，伊等所管兵一、二、三人爲盜者，罰俸二個月。四、五、六人爲盜者，罰俸六個月。七、八以至十人爲盜者，罰俸九個月。十一人以至十五人爲盜者，罰俸一年。十六人以至二十人爲盜者，降一級留任。二十一人以上以至三十人爲盜者，降二級留任。三十一人以上爲盜者，降三級調用。該管官員查獲者，免罪。

《刑部現行則例》卷中《賊盜》 一、凡匠藝傾銷金銀器皿者，傾銷匠藝必須見其家主對明方許傾銷。如不肯去對質者，許拿送衙門。未經本主對明私自傾銷者，如係盜物傾銷，匠藝減竊盜一等擬罪。

《刑部現行則例》卷中《賊盜》一、在京旗下官員並旗人家下在屯奴僕爲盜者，將伊主照在京奴僕爲盜例，本主係官，照驍騎校例議處。白人照小撥什庫處分。

一、凡强盜雖自行投首，强盜之主仍照例治罪。

《刑部現行則例》卷中《賊盜》凡逃人逃出或白晝搶奪、竊盜罪至鞭一百者，刑部枷號臂膊刺字鞭一百送督捕，督捕免其鞭責，止面上刺字。不至鞭一百者，刑部止臂膊刺字送督捕，督捕照例面上刺字鞭一百。其各處逃人或爲搶奪、或爲竊盜解到督捕審明，果係逃人，其在逃走之處爲盜情真者，先送刑部議結爲盜之罪後，移回督捕議逃走之罪。

《刑部現行則例》卷中《賊盜》一、偷盜内裡金銀器皿事件，不兼漢字。

一、凡强盜真正行劫殺人而不行招認，與夥賊多而隱匿不供並不供明失主者仍詳審行查外，若初審之時自行招認夥賊之數，明白供出失主者，即行歸結，不准其再行妄扳拖累。

《刑部現行則例》卷中《賊盜》一、失主報盜，止許到官聽審一次，認贓一次，所認贓物即給失主令其寧家。不許往返拖累，違者將承審官題參，嚴加議處。

一、凡失主所報盜數存案不爲確數，以初獲强盜嚴審供出盜數乃爲真盜之數。若限内不能拿獲真盜者，仍照定例處分。

《西寧青海番夷成例・搜查賊贓》凡搜查被竊物件，帶領證見搜查。如不容搜查，即坐賊罪。

《西寧青海番夷成例・獲賊交頭目看守》凡捉獲賊盜，即交與賊犯之該管部落之頭目看守。若十家長行竊，將十家長罰犏牛一條。如十家長將賊出首，照出首例，賞十家〔長〕牲畜。被竊罰服之處，將十家長罰犏牛一條。

《西寧青海番夷成例・偷竊四項牲畜》凡偷竊他人馬匹、駱駝、牛、羊，若一人盜此四項者，不分主僕，絞；二人盜竊，將一人斬；三人盜竊，將二人斬；糾衆盜竊，將爲首二人斬，爲從者各鞭一百，罰三九牲畜。其行竊之人或被事主拘執，或被傍人拿獲，將賊人正法，妻子、家產、牲畜抄没，給與失主。如有可疑者，令其立誓。若立誓，照前例免罪完結，若不立誓，仍將賊人照例正法，妻子免給〔爲〕奴，將所有牲畜，並向伊主名下追取一九牲畜，給與失主。若各該主自行將賊獻出者，仍將賊犯正法，其妻子免其抄没爲奴，止將所有牲畜給與失主。

《西寧青海番夷成例・偷竊喇嘛牲畜》凡偷竊喇嘛牲畜者，將賊人之家產、牲畜入官。

《西寧青海番夷成例・偷猪狗等畜》凡偷豬狗者，罰牲畜五件，偷雞鵝鴨者，罰三歲牛，並還所竊之物。

《西寧青海番夷成例・偷金銀皮張等物》凡偷竊金銀、貂鼠、水獺、皮張並財帛、布〔皮〕〔疋〕及吃食、糧米等物者，俱照數賠還。如所偷之物值二歲牛價者，罰三九，值羊價者，罰一九，不足羊價者，罰三歲牛。

《西寧青海番夷成例・隱匿賊盜》一、若將賊盜通同隱匿，不行舉報者，千户等罰三九，百户等罰二九，管束部落之百長等罰一九。

《西寧青海番夷成例・頭目窩盜》一、千户等隱匿盜賊，罰五九。百户等行竊，罰五九；隱匿盜賊，罰四九。管束部落之百長等行竊，罰三九；隱匿盜賊，罰二九牲畜。若隱匿盜賊及行竊之處不行承認者，令其伯叔立誓。如無伯叔，令其伯叔之子立誓。若頭目等本身行竊，革退等級，撤出所管之人，免其抄没家産牲畜。

《西寧青海番夷成例・私報失去牲畜》一、凡失去牲畜，有暗自私行報信，其原失牲畜即從所指之人處得者，坐以賊罪。

《西寧青海番夷成例・頭目庇賊發覺不認》一、凡爲首頭目有徇庇賊盜，已經立誓，後其本犯盜贓發覺，而頭目等不認徇庇盜賊者，令該頭目之伯叔立誓。如不立誓，千户等罰五九，百户等罰四九，管束部落之百長等罰三九，小百長等罰二九，十家長罰一九。

《大清律例》卷二三《刑律・賊盜・盜大祀神御物》律

凡盜大祀天曰神地曰祇御用祭器、帷賬等物，及盜饗薦玉帛牲牢饌具之屬者，皆斬。不分首從，監守常人。謂在殿内，及已至祭所而盜者。其祭器品物未進神御，及營造未成，若已奉訖之物，及其餘官物，雖大祀所用，非應薦之物。皆杖一百，徒三年；若計贓重于本罪杖一百，徒三年。者，各加盜罪一等，謂監守、常人盜者，各加監守、常人盜罪一等，至雜犯絞斬不加。並刺字。

《大清律例》卷二三《刑律·賊盜·盜制書》律

凡盜制書者，若非御寶原書，止抄行者，以官文書論。皆斬。不分首從。

盜各衙門官文書者，皆杖一百，刺字。若有所規避者，或侵欺錢糧，或受財買求之類，從重論。事干系軍機之錢糧者，皆絞監候。不分首從。

《大清律例》卷二三《刑律·賊盜·盜印信》律

凡盜各衙門印信者，不分首從皆斬監候。又僞造印信時憲書條例云：欽給關防，與印信同。盜關防印記者，皆杖一百，刺字。

《大清律例》卷二三《刑律·賊盜·盜内府財物》律

凡盜内府財物者，皆斬。雜犯。但盜印坐，不論多寡，不分首從。若財物未進庫，止依盜官物論。内府字要詳。

條例

一、凡盜内府財物，係御寶乘輿服御物者，仍作實犯死罪。其餘，監守盜，銀三十兩，錢帛等物值銀三十兩以上；常人盜，銀六十兩，錢帛等物值銀六十兩以上，俱問發邊遠充軍。内員同。

一、凡盜内府財物，係雜犯及監守、常人盜、竊盜、掏摸，但三次者，俱並論。比照竊盜三犯律，處後。仍分別恩赦前後論。

《大清律例》卷二三《刑律·賊盜·盜城門鑰》律

凡盜京城門鑰，皆不分首從，杖一百，流三千里雜犯；盜府州縣鎮城關門鑰，皆杖一百，徒三年；盜倉庫門内外各衙門等鑰，皆杖一百；並刺字。盜皇城門鑰，律無文，當以盜内府物論；盜監獄門鑰，比倉庫。

《大清律例》卷二三《刑律·賊盜·盜軍器》律

凡盜人關領在家軍器者，如衣甲槍刀弓箭之類。計贓，以凡盜論。若盜民間應禁軍器者，如人馬甲、旁牌、火筒、火炮、旗纛號帶之類。與事主已得私有之罪同。若行軍之所，及宿衛軍人相盜入己者，准凡盜論；若不入己還充官用者，各減二等。

《大清律例》卷二三《刑律·賊盜·盜園陵樹木》律

凡盜園陵内樹木者，皆不分首從杖一百，徒三年。若盜他人墳塋内樹木者，首杖八十。從減一等。若計入己贓重于徒杖本罪者，各加盜罪一等。各加監守、常人竊盜罪一等，若未馱載，仍以毁論。

條例

一、車馬過陵者，及守陵官民入陵者，百步外下馬，違者以大不敬論，杖一百。

一、凡山前山後各有禁限。若有盜砍樹株者，驗實樁楂，比照盜大祀神御物律，斬。奏請定奪。爲從者，發邊衛充軍。取土、取石，開窨燒造，放火燒山者，俱照律，分別首從擬斷。

一、凡子孫將祖父墳園樹木砍伐私賣者，照違令律治罪。私買者，罪同。奴僕盜賣者，計贓，加竊盜一等治罪。盜他人墳園樹木者，計贓准竊盜論。其盜賣墳塋之房屋、碑石、磚瓦、木植等項，均照此例治罪。私砍樹木等物，分别入官給主。

《大清律例》卷二三《刑律·賊盜·常人盜倉庫錢糧》律

凡常人不係監守外皆是。盜倉庫自倉庫盜出者坐。錢糧等物，發覺而不得財，杖六十；從，減一等。但得財者，不分首從，並贓論罪，並贓同前。並于右小臂膊上，刺盜官銀糧物三字。

一兩以下，杖七十。

一兩以上，至五兩，杖八十。

一十兩，杖九十。

一十五兩，杖一百。

二十兩，杖六十，徒一年。

二十五兩，杖七十，徒一年半。

三十兩，杖八十，徒二年。

三十五兩，杖九十，徒二年半。

四十兩，杖一百，徒三年。

四十五兩，杖一百，流二千里。

五十兩，杖一百，流二千五百里。

五十五兩，杖一百，流三千里。雜犯。三流，總徒四年。

八十兩，絞。雜犯，徒五年。其監守直宿之人，以不覺察科罪。

條例

一、凡漕運糧米，常人盜一百二十石入己者，發邊遠充軍。入己數滿六百石者，擬絞監候。

一、凡常人盜倉庫錢糧，不分腹里、沿邊、沿海，但入己數滿三百兩者，擬絞監候，不滿三百兩者，照正律，並贓擬罪。

一、竊盜鞘餉，自一兩至八十兩，仍照常人盜倉庫錢糧，計贓科斷。若盜至一百兩以上者，擬絞監候。

《大清律例》卷二四《刑律·賊盜·竊盜》律

凡竊盜已行而不得財，笞五十，免刺；但得財，不論分贓不分贓。以一主爲重，並贓論罪；爲從者，各指上得財不得財言。減一等。以一主爲重，謂如盜得二家財物，從一家贓多者科罪；並贓論，謂如十人共盜得一家財物，計贓四十兩，雖各分得四兩，通算作一處，其十人各得四十兩之罪，造意者爲首，該杖一百，餘人爲從，各減一等，止杖九十之類。餘條准此。初犯，並于右小臂膊上刺竊盜二字。再犯，刺左小臂膊；三犯者，絞監候。以曾經刺字爲坐。掏摸者罪同。

一兩以下，杖六十。

一兩以上至一十兩，杖七十。

二十兩，杖八十。

三十兩，杖九十。

四十兩，杖一百。

五十兩，杖六十，徒一年。

六十兩，杖七十，徒一年半。

七十兩，杖八十，徒二年。

八十兩，杖九十，徒二年半。

九十兩，杖一百，徒三年。

一百兩，杖一百，流二千里。

一百一十兩，杖一百，流二千五百里。

一百二十兩，杖一百，流三千里。

一百二十兩以上，絞監候。

三犯，不論贓數，絞監候。

條例

一、凡竊盜臨時拒捕，爲首殺人者，照强盜律擬斬立決；爲從者，應發遣吉林烏喇、白都諾、寧古塔等處披甲人爲奴，照名例分別改遣之例問發。其傷人未死者，首犯擬斬監候，爲從發邊衛充軍。若傷非金刃，又傷輕平復，並拒捕不傷人者，首犯發邊衛充軍，爲從及自首者杖一百、徒三年。

一、竊盜三犯，除贓至五十兩以上照律擬絞外，其五十兩以下至三十兩，應發遣黑龍江當差者，照名例分別改遣之例問發。三十兩以下至十兩以上者，發邊衛充軍。如銀不及十兩，錢不及十千者，俱杖一百、流三千里。

一、凡旗人另户正身竊盜三犯，擬以枷責之後，復行偷竊者，除計贓在五十兩以上仍照律擬絞外，如在五十兩以下者，不計贓數，俱發寧古塔當差。

一、凡竊盜，停其臂膊刺字，應明刺面上。另户人仍於臂膊上刺字。

一、凡另户兵丁、奴僕、披甲人、另户當差人爲竊盜，或搶奪，及奴僕盜家長者，亦俱刺字。

一、凡直隸各省竊盜初犯者，俱照例刺字，不得以贓少罪輕免刺。其應遣者，俱照例問發。除問擬徒流外，其餘刺責發落者，交與保甲收管。該地方官仍不時查點，毋許出境。

一、凡竊盜、搶奪、掏摸等犯，遇赦俱免刺字。

一、凡捕役行竊，除計贓分首從照常人擬罪外，各加枷號兩個月。

一、凡捕役勾通竊賊，坐地分贓，豢竊一二名者，照常人竊盜之罪治罪外，加枷號三個月；至三四名者，杖一百、流三千里；五名以上者發邊衛充軍。如勾通之賊係積匪猾賊，一二名者，發附近充軍；三、四名者，發邊遠充軍；五名以上者，發極邊、烟瘴地方充軍。倘地方官平時不行稽察，或知風查拿，不加嚴究，止以借端責革，照不實力奉行稽查盜賊例，交部議處。

一、凡兵丁爲竊，移回本營，令該管官捆打，插箭游營仍送有司收管，照捕役行竊例，按罪發落。該管武弁及承審文官有意開脱者，各照例議處。

一、凡店家、船户有行竊商民，及糾合匪類，竊贓朋分者，除分別首從，計贓照常人科斷外，仍照捕役行竊例，各加枷號兩個月。

一、五城、兩縣及三營内務府捕役拿獲竊賊者，俱限即日禀報本管官。如晚間拿獲，限次早禀報。該管官訊明被竊情由，將事主年貌、姓名、住址及所失贓物，詳記檔案，即令事主寧家，不必一同解送該管上司衙門。如贓物現獲，即出示令事主認領。倘不法捕役違限不行呈報，任意勒索事主，許事主赴都察院呈告。將捕役照恐嚇取財例治罪。其該管官有失于覺察，及任意縱容者，交部分別議處。

一、凡竊盜，贓至滿貫，擬絞，及應擬流徒者，其同居父、兄、伯、叔與弟知情而又分贓者，照本犯之罪減二等。雖經得財，而實係不知情者，減三等。如該犯罪止杖、刺，其同居父、兄、伯、叔與弟知情而不分贓，及不知情而分贓者，亦各照本犯罪遞減發落。父、兄不能禁約子弟爲竊盜者，笞四十。

一、積匪、猾賊爲害地方，審實，不論曾否刺字，該督撫照發遣之例發邊衛充軍。仍于歲底彙題。其餘竊賊，仍照律以曾經刺字爲坐，分別次數治罪。

《大清律例》卷二四《刑律·賊盜·盜馬牛畜産》律

凡盜民間馬牛驢騾豬羊鷄犬鵝鴨者，並計所值之贓，以竊盜論。若盜官畜産者，以常人盜官物論。

若盜馬牛兼官私言。而殺者，不計贓。即杖一百，徒三年；驢騾杖七十，徒一年半。若計贓並從已殺計贓。重於徒三年、徒一年半本罪者，各加盜竊盜、常人盜罪一等。

條例

一、凡盜御馬者，問罪，枷號三個月，發邊衛充軍。若將自己及他人騎操官馬盜賣者，枷號一個月發落。盜至三匹以上及再犯者，不拘匹數，俱免枷號，發附近衛所各充軍。五匹以上者，發邊遠充軍。若養馬人户盜賣官馬至三匹以上者，亦問發附近充軍。

一、凡冒領太僕寺官馬至三匹者，問罪，于本寺門首枷號一個月，發邊衛充軍。若家長令家人冒領三匹，不分首從，俱問常人盜官物罪。家長引例，家人不引。

一、凡偷盜官馬，二匹以下，仍以竊盜論。三匹以上，杖一百，流三千里。十匹以上，不分首從，皆絞監候。窩主及牧馬人役自行盜賣者，罪亦如之。

一、凡盜牛，一隻，枷號一個月，杖八十；二隻，枷號三十五日，杖九十；三隻，枷號四十日，杖一百；四隻，枷號四十日，杖六十，徒一年；五隻，枷號四十日，杖八十，徒二年；五隻以上者，枷號四十日，杖一百，徒三年；十隻以上，杖一百，流三千里。盜殺及盜賣者，枷號一個月，發附近充軍。俱照竊盜例刺字。其窩家知情分贓者，與盜同罪。知情不分贓者，杖一百。

一、駐札外邊官兵及跟役等，有偷盜蒙古馬匹者，審實，即在本處正法。其蒙古偷盜官兵馬匹或官兵等自相偷盜馬匹，仍照舊例行。

一、偷竊馬匹案件，除外藩蒙古仍照理藩院蒙古律擬罪外，其查哈兒蒙古有犯偷竊馬匹之案，審明，如係盜民間馬牛者，依律，計贓以竊盜論；如係盜御馬及盜太僕寺等處官馬者，亦仍照律例治罪。

《大清律例》卷二四《刑律·賊盜·盜田野穀麥》律

凡盜田野穀麥菜果，及無人看守器物謂原不設守，及不待守之物。者，並計贓准竊盜論，免刺。

若山野柴草木石之類，他人已用工力砍伐積聚，而擅取者，罪亦如之。如柴草木石雖離本處，未馱載間，依不得財笞五十。合上條有拒捕，依罪人拒捕。

條例

一、凡盜掘金、銀、銅、錫、水銀等礦砂，每金砂一斤折銀二錢五分，銀砂一斤折銀五分，銅、錫、水銀等砂一斤折銀一分二釐五毫，俱計贓准竊盜論。若在山洞捉獲，持杖拒捕者，不論人數、砂數多寡及初犯、再犯，俱發邊遠充軍；若殺傷人，爲首者，照竊盜拒捕殺傷人律斬；不曾拒捕，若聚至三十人以上者，不論砂數多寡及初犯、再犯，爲首發邊衛充軍，爲從枷號三個月，照竊盜罪發落；若不曾拒捕，又人數不及三十名者，爲首，初犯枷號三個月，照竊盜罪發落。再犯亦發邊衛充軍，爲從者，止照竊盜罪發落。非山洞捉獲，止是私家收藏、道路背負者，惟據見獲論罪。不許巡捕人員逼令輾轉扳指。違者參究治罪。

一、産礦山産山主，違禁勾引礦徒偷挖者，照礦徒之例，以爲首論；若係約練勾引接濟夥同分利者，照引領私鹽律，杖九十，徒二年半；得財者，計贓准竊盜從重論；如因官兵往拿、漏信使逃及陰令拒捕者，俱照官司追捕罪人而漏泄其事者減罪人所犯罪一等律治罪。保甲地鄰知情容隱不報者，均照强盗窩主之鄰佑知而不首例，杖一百發落。

一、旗民越度禁約山河偷採人參，已得者，財主及率領頭目一人名下，所放之人至百名以上，所收之參至五百兩以上，爲首擬絞監候，爲從照例發遣。其刨參免死減等人犯，亦照爲從例發落，所放之人不滿百名、所收之參不滿五百兩者，爲首杖一百，流三千里；爲從減一等，杖一百，徒三年。旗人及奉天民俱照例枷責發落。分别刺字。牲畜等物付拿獲人充賞，人參入官。家僕有犯，其主知而遣去者，杖八十；知而巧供不知者，杖一百。係官交部議處。不知者不坐。若未得參者，財主及率領頭目係旗人，枷號兩個月，鞭一百。係盛京及内地民人，俱枷號一個月，杖一百，並妻送户部入官。爲從枷號一個月，杖一百。若一二人刨參，所得不至十兩，交與盛京刑部，係旗人鞭一百，係民杖一百，仍照例刺字。如一二人刨參未得者，減二等。係旗人鞭八十，係民杖八十。俱遞回原籍，免刺。

一、偷刨人參應擬發遣之犯，係滿州、蒙古，發江寧、荆州、西安、杭州、成都等處滿洲駐防省城當苦差；係漢軍，發廣西、雲南、貴州等處各水土平和地方當差；係民人，僉妻發廣東沿海及廣西水土平和地方當差。其寧古塔等處拿獲刨參人犯，一經審明，按律定擬，即徑解各犯原籍，交與該督撫分别僉遣，定驛充徒，免其解部。仍于年底彙題。

《大清律例》卷二五《刑律·賊盗·發塚》

律

凡發掘他人墳塚見棺槨者，杖一百，流三千里；已開棺槨見屍者，絞監候；發而未至棺槨者，杖一百，徒三年。招魂而葬亦是。爲從，減一等。若年遠塚先穿陷及未殯埋，而盗屍柩屍在柩未殯或在殯未埋者，杖九十，徒二年半；開棺槨見屍者，亦絞。雜犯。其盗取器物磚石者，計贜，准凡盗論，免刺。

若卑幼發五服以内尊長墳塚者，同凡人論；開棺槨見屍者，斬監候。若棄屍賣墳地者，罪亦如之。買地人牙保知情者，各杖八十，追價入官，地歸同宗親屬；不知者，不坐。若尊長發五服以内卑幼墳塚，開棺槨見屍者，緦麻，杖一百，徒三年；小功以上，各遞減一等。祖父母、父母發子孫墳塚，開棺槨見屍者，杖八十。其有故而依禮遷葬者，尊長卑幼俱不坐。

若殘毁他人死屍，及棄屍水中者，各杖一百，流三千里。謂死屍在家，或在野未殯葬，將屍焚燒殘毁之類。若已殯葬者，自依發塚開棺槨見屍律，從重論。若毁棄緦麻以上尊長未葬死屍者，斬監候，棄他人及尊長而不失其屍及毁而但髡髮若傷者，各減一等。凡人減流一等，卑幼減斬一等。毁棄緦麻以上卑幼死屍，各依凡人毁棄，依服制遞減一等，毁棄子孫死屍者，杖八十。其子孫毁棄祖父母、父母及奴婢、僱工人毁棄家長死屍者，不論殘失與否，斬監候。律不載妻妾毁棄夫屍，有犯，依緦麻以上尊長律奏請。

若穿地得無主死屍，不即掩埋者，杖八十。若于他人墳墓，爲熏狐狸因而燒棺槨者，杖八十，徒二年；燒屍者，杖一百，徒三年。若緦麻以上尊長，各遞加一等。燒棺槨者，各加爲杖九十，徒二年半；燒屍者，遞加爲杖一百，流二千里；不可依服屬各遞加，致反重于祖父母、父母也。卑幼各因其服，依凡人遞減一等。若子孫于祖父母、父母及奴婢、僱工人于家長墳墓熏狐狸者，杖一百；燒棺槨者，杖一百，徒三年；燒屍者，絞監候。

平治他人墳墓爲田園者，雖未見棺槨，杖一百。仍令改正。于有主墳地内盗葬者，杖八十，勒限移葬。若將尊長墳塚平治作地，得財賣人，止問誆騙人財，不可作棄屍賣墳塚地斷；計贜輕者，仍杖一百。買主知情，則坐不應重律，追價入官；不知情，追價還主。

若地界内有死人，里長地鄰不申報官司檢驗，而輒移他處及埋藏者，杖八十；以致失屍者，首杖一百；殘毁及棄屍水中者，首杖六十，徒一年；殘棄之人仍坐流罪。棄而不失，及髡髮若重傷，各減一等；杖一百，若鄰里自行殘毁，仍坐流罪。因而盗取衣服者，計贜，准竊盗論，免刺。

條例

一、凡發掘常人墳塚、開棺見屍、爲從，與發見棺槨爲首者，俱發附近充軍。如有糾衆發塚起棺索財取贖者，比依强盗得財律，不分首從，皆斬。

一、凡發掘貝勒、貝子、公、夫人等墳塚，開棺槨見屍者，爲首斬立決，爲從皆絞立決。見棺者，爲首絞立決，爲從皆絞監候。未至棺者，爲首絞監候，爲從，僉妻發邊遠充軍。如有發掘歷代帝王陵寢、先賢名臣及前代藩王墳墓者，俱照此例治罪。所掘金銀交與該撫，飭令地方官修葺墳塚。其玉帶珠寶等物，仍置塚内。

一、凡奴婢、僱工人發掘家長墳塚已行，未見棺者，爲首擬絞監候，爲從發邊衛充軍。見棺者，爲首絞立決，爲從絞監候。開棺槨見屍者，爲首斬立決，爲從斬監候。毀棄撇撒死屍者，不分首從，皆斬立決。子孫犯者，俱照此例科斷。

一、凡貪人吉壤，將遠年之墳盗發者，子孫告發，審有確據，將盗發之人以開棺見屍律，擬絞監候。如非其子孫，又非實有確據之前人古塚，但因有土墩見人埋葬，輒稱伊遠祖墳墓，勾引匪類，夥告夥證，陷害無辜，審明，將爲首者照誣告人死罪未決律，杖一百，流三千里；爲從各照誣告爲從律科斷。若實係本人遠祖之墳，被人發掘盗葬，因將所盗葬之棺槨掘拋棄者，照祖父母、父母被殺，子孫不告官司而擅殺行凶人律，杖六十。若盗葬者並無發掘等情，只在切近墳旁盗葬，而本家輒行發掘者，應照地界内有死人不告官司而輒移他處律科斷。如有毀棄屍骸，照地界内有死人而移屍毀棄律科斷。盗葬之人仍照本律，杖八十，責令遷移。若非係墳地，止在田地場園内盗葬，而地主發掘之者，除開棺見屍仍照律擬絞外，其不開棺見屍者，各照本律減一等科斷。其盗葬之人應照本律減二等，杖六十，亦責令遷移。如兩造本係親屬，其所侵損之墳塚棺槨屍骸與本人皆有服制者，各照律内服制科斷。

一、凡偷刨墳墓，爲從之犯開棺三次及至三次以外者，審有贓證次數確據，事主告發實情，照三犯竊盗律，擬絞監候。二次者，發烟瘴充軍。一次者，發附近充軍。

一、民人除無故挖焚已葬屍棺者仍照例治罪外，其因争墳阻葬開棺易罐埋藏佔葬者，亦照開棺見屍，殘毀死屍各本律治罪。若以他骨暗埋，豫立封堆，僞説蔭基，審係恃强佔葬者，照强佔官民山場律治罪。審係私自偷埋者，照于有主墳地内偷葬律治罪。其侵犯他人墳塚者，照發掘他人墳塚律治罪。如果審係地師教誘，將教誘之地師均照詐教誘人犯法律，分別治罪。若地方官隱諱寬縱，不實力查究，照例參處。

一、盗未殯屍柩及發年久穿陷之塚，未開棺槨者，杖一百，徒三年。如開棺見屍，一次者，爲首發邊遠充軍；二次者，發極邊、烟瘴充軍；三次者，絞。爲從，一次者，仍照雜犯流罪總徒四年；二次者，發邊遠充軍；三次者，發極邊、烟瘴充軍；三次以上者，亦絞。

《大清律例》卷二五《刑律·賊盗·共謀為盗》 此條專爲共謀而臨時不行者言。

律

凡共謀爲强盗，數内一人臨時不行，而行者卻爲竊盗，此共謀而不行者曾分贓，但係造意者，即爲竊盗首；果係餘人，並爲竊盗從。若不分贓，但係造意者，即爲竊盗從；果係餘人，並笞五十；必查以臨時主意上盗者爲竊盗首。

其共謀爲竊盗，數内一人臨時不行，而行者爲强盗，其不行之人，係造意者曾分贓，知情不知情，並爲竊盗首；係造意者但不分贓，及係餘人而曾分贓，俱爲竊盗從；以臨時主意及共爲强盗者，不分首從論。

《大清律例》卷二五《刑律·賊盗·公取竊取皆為盗》 律

凡盗，公取竊取皆爲盗。公取，謂行盗之人，公然而取其財，如强盗搶奪。竊取，謂潛行隱面，私竊取其財，如竊盗掏摸，皆名爲盗。器物錢帛以下兼官私言。之類，須移徙已離盗所方謂之盗。珠玉寶貨之類，據入手隱藏，縱在盗所未將行，亦是爲盗。其木石重器，非人力所勝，雖移本處，未馱載間，猶未成盗。不得以盗論。馬牛駝騾之類，須出闌圈；鷹犬之類，須專制在己，乃成爲盗。若盗馬一匹，別有馬隨，不合併計爲罪。若盗其母而子隨者，皆並計爲罪。

《大清律例》卷二五《刑律·賊盗·親屬相盗》 律

凡各居本宗外姻親屬。相盗兼後尊長、卑幼二款。財物者，期親，減凡人五等；大功，減四等；小功，減三等；緦麻，減二等；無服之親，減一等；並免刺。若盗有首從，而服屬不同，各依本服降減科斷，爲從各又減一等。若行强盗者，尊長犯卑幼，亦依强盗已行而得財不得財，各依上減罪；卑幼犯尊長，以凡人論。不在減等之限。若有殺傷者，總承上竊强二項。各以殺傷尊長卑幼本律，從其重者論。

若同居卑幼，將引若將引各居親屬同盗，其人亦依本服降減，又減爲從一等科之；如卑幼自盗，止依擅用，不必加。他人盗己家財物者，卑幼依私擅用財物論，加二等，罪止杖一百；他人兼首從言。減凡盗罪一等，免刺。若有殺傷者，自依殺傷尊長卑幼本律科罪。他人縱不知情，亦依强盗得財不得財論。若他人殺傷人者，卑幼縱不知情，亦依殺傷尊長卑幼本律，仍以私擅用加罪及殺傷罪權之，從其重者論。

其同居奴僕僱工人，盗家長財物，及自相盗者，首減凡盗罪一等，免刺。爲從，又減一等。被盜之家親屬告發，並論如律，不在《名例》得相容隱之例。

條例

一、同居卑幼將引他人强劫己家財物，依各居親屬行强盜。卑幼犯尊長，以凡人論，斬。奏請定奪。

一、凡奴僕偷盜家長財物者，照竊盜律，計贓治罪。若起意勾引外人同盜家長財物者，將起意之奴僕計贓遞加竊盜一等治罪。至一百二十兩以上者，仍照律擬絞監候。被勾引之外人仍照竊盜律，分别定議。雇工人盜家長財物，亦照竊盜計贓治罪。

《大清律例》卷二五《刑律·賊盜·盜賊窩主》 律

凡强盜窩主造意，身雖不同行，但分贓者，斬。若行，則不問分贓、不分贓，只依行而得財者，不分首從，皆斬。若不知盜情，只是暫時停歇者，止問不應。若不同行又不分贓者，杖一百，流三千里。共謀其窩主不曾造謀，但與賊人共知謀情。者，行而不分贓，及分贓而不行，皆斬；若不行又不分贓者，杖一百。

竊盜窩主造意，身雖不行，但分贓者，爲首論。若不行又不分贓者，爲從論減一等，以臨時主意上盜者爲首。其窩主若不造意，而但爲從者，行而不分贓，及分贓而不行，減造意一等，仍爲從論；若不行又不分贓，笞四十。

若本不同謀，偶然相遇共爲强竊盜，其强盜固不分首從，若竊盜，則以臨時主意上盜者爲首，餘爲從論。

其知人略賣和誘人及强竊盜後而分所賣所盜贓者，計所分贓，准竊盜爲從論，免刺。

若知强竊盜贓而故買者，計所買物坐贓論；知而寄藏者，減故買一等；各罪止杖一百。其不知情誤買及受寄者，俱不坐。

條例

一、推鞫窩主窩藏分贓人犯，必須審有造意、共謀實情，方許以窩主律論斬。若止是勾引、容留往來住宿，並無造意、共謀情狀者，但當以窩藏例發遣，毋得附會文致，概坐窩主之罪。

一、各處大户家人、佃僕，結構爲盜，殺官劫庫，劫獄放火，許大户即送官追問。若大户知情故縱，除實犯死罪外，杖徒流罪，俱發附近充軍。

一、凡皇親功臣管莊、家僕、佃户人等及諸色軍民大户勾引來歷不明之人，窩藏强盜二名以上，竊盜五名以上，坐家分贓者，俱問發邊衛充軍。若有造意、共謀之情者，各依律從重科斷。干礙皇親功臣者，參究治罪。

一、凡各處無籍之徒，引賊劫掠以復私仇，探報消息致賊逃竄者，照姦細律處斷，梟首示衆。

一、知强、竊盜贓而接買、受寄，若馬、騾等畜至二頭、匹以上，銀貨坐贓至滿數者，俱問罪。不分初犯、再犯，枷號一個月發落。若三犯以上，不拘贓數多寡，與知强盜後而分贓至滿數者，俱免枷號，發邊衛充軍。接買盜贓至八十兩爲滿數，受寄盜贓至一百兩爲滿數，盜後分贓至一百二十兩以上爲滿數。

一、凡强盜窩主之鄰佑知而不首者，杖一百。

一、强、竊盜窩家之同居父兄伯叔與弟自首者，照例免罪，本犯減等發落外，其知情而又分贓，各照强、竊盜爲從例，減一等治罪。父兄不能禁約子弟窩盜者，各照强、竊盜父兄論。

一、强盜窩主，雖不行又不分贓，但知情存留一人者，杖一百，徒三年；存留二人者，杖一百，流三千里；存留三人以上，應發三姓地方者，照《名例》分别改遣之例問發。

一、凡窩綫同行、上盜得財者，仍照强盜律定擬外，如不上盜又未得財，但爲賊探聽事主消息、通綫引路者，應照强盜窩主不行又不分贓律，杖一百，流三千里。

一、容留外省流棍者，照勾引來歷不明之人例，發邊衛充軍。

一、編排保甲，保正、甲長、牌頭，須選勤慎練達之人點充。如豪横之徒借名武斷，該管官嚴查究革，從重治罪。果實力查訪盜賊，據實舉報，照捕役獲盜過半以上例，按名給賞。倘知有爲盜、窩盜之人，瞻徇隱匿者，杖八十。如係竊盜，分别賊情輕重懲警。若牌頭于保正、甲長處舉報而不行轉報者，甲長照牌頭減一等，保正減二等發落，牌頭免坐。其一切户婚田土，不得問及保甲。惟人命重情，取問地鄰保甲。賭博爲盜賊淵藪，仍令同盜賊一並查舉。再，地方有堡子村莊，聚族滿百人以上，保甲不能編查，選族中有品望者，立爲族正。若有匪類，令其舉報。倘徇情容隱，照保甲一體治罪。

一、牌頭所管内有爲盗之人，雖不知情而失察，坐以不應輕律，笞四十。甲長、保正遞減科罪。

一、凡來歷不明、游蕩姦僞之徒潛居京城，令五城司坊、宛大兩縣不時稽查。客店、庵院取具並無容留甘結，以憑各衙門查閲。賃房居住者，令房主詢明保人來歷，並着兩鄰稽查。倘有此等游棍，協同斥逐。若徇情受賄容留者，除本犯照律治罪遞回原籍外，其容留之客店寺廟住持、房主，一並懲治。該管官不行查出，照例議處。至編户居民住有常業及候補候選讀書、貿易諸色人等，確有憑據者，毋許驅逐。倘有借端勒索、混擾良民者，照嚇詐例治罪。

《大清律續纂條例》卷二《刑律》 一、姦匪夥衆丢包、誆取財物，照白晝搶奪人財物律治罪，刺字。贓至一百二十兩以上，擬絞監候。如有拒捕殺傷人者，亦照賊犯搶竊之例，將地方官扣限查參。

一、賊匪偷竊衙署，除係倉庫錢糧仍照定例嚴行治罪外，若偷竊在署服物，不論初犯再犯及贓數多寡，俱照積匪猾賊例，改發雲貴兩廣烟瘴地方充軍。如贓至一百二十兩以上、及三犯贓至五十兩以上，律應擬絞者，俱入于秋審情實。

一、賊犯交保管束之後，不加禁約，致該犯復出爲匪，或在本地行竊者，除原保係父兄子弟人等，仍照强竊案内分别是否知情分贓究擬外，其餘俱按賊人所犯輕重，如罪止杖笞者，將原保人照不應輕律笞四十；徒罪以上者，照不應重律杖八十；知情故縱者，比照窩主不行又不分贓爲從論律科罪，免刺；受財者以枉法重論。

一、竊盗再犯計贓罪應杖刺者，如犯該杖六十，加枷號二十日；杖七十者，加枷號二十五日；杖八十者，加枷號三十日；杖九十者，加枷號三十五日；杖一百者，加枷號四十日。其旗人再犯罪應擬徒折枷者，統于應加枷號四十日之外再加一等。

《大清律續纂條例》卷二《刑律》 一、蒙古人等，除搶奪四項牲畜、殺人及傷人者，仍照舊例辦理外，如偷竊四項牲畜滿十匹以上者，首犯擬絞監候，秋審時入于情實；六匹至九匹者，發雲貴兩廣烟瘴地方；三匹至五匹者，發湖廣、福建、江西、浙江、江南等處；一二匹者，發山東、河南等處，俱交驛地當苦差。其民人在蒙古地方偷竊九匹以下者，俱照此例，一體分别充軍。爲從人犯仍照定例遵行。至行圍巡幸地方，如有偷竊馬匹者，不分蒙古民人，五匹以上，擬絞立決；三匹至四匹者，即發雲貴兩廣煙瘴地方；一二匹者，發湖廣、福建、江西、浙江、江南等處充軍，俱交驛地當苦差。爲從及知情故買者，係民人減本犯一等，係蒙古仍照蒙古例辦理。

一、右衛地方、八旗官兵所養官馬駝隻，被竊拿獲，除賊犯照偷盗蒙古四項牲畜新例辦理外，其竊盗之家主，無論閑散兵丁，如有知情縱容及分贓情事，依律治罪。係官員，咨部查議。

《大清律續纂條例》卷二《刑律》 一、凡拿獲刨參賊犯，嚴審明確，如有身充財主、傭人刨採，及積年在外逗留已過三冬者，不論參數多寡，俱發雲貴兩廣烟瘴地方管束。若並無財主，實係一時烏合，各出資本，及受傭偷採，或隻身潛往得參者，均杖一百，流三千里。未得參者，杖一百，徒三年。旗人有犯同民人一體辦理，犯應軍流者，銷去旗檔；係旗下家奴，發駐防兵丁爲奴。

《大清律續纂條例》卷二《刑律》 一、姦徒私買他人墳塋樹木者，無論株數及已伐未伐，初犯杖一百，枷號一個月；再犯杖一百，枷號三個月。犯至三次者發邊衛充軍。

《清高宗實録》 乾隆十四年六月 大學士等會同步軍統領衙門議奏：請將京城内外前後緝獲竊犯六十八兒等，詳覈情罪之輕重，分别枷號折責，釋放發遣三姓等處地方當差。得旨：和尚不必發往三姓地方，亦著永遠重枷。看來此次永遠枷號并發遣之竊犯内，有旗人、内務府人，及家奴人等，是皆由該管官員與伊等家主平素失於約束之所致，著將該管官及伊等家主俱交部察議。嗣後，旗人及家奴内有爲竊盗罪至發遣以上者，即將該管官及伊等家主交部察議。永著爲例。

（清）佚名《治浙成規》卷五《臬政・零星小竊人贓並獲者地方官審明徑行發落於月底造册報查》 浙江按察使司台呈：詳爲相議事。查得烏程縣具稟，小竊案件按月造報一摺，奉憲批司查議詳奪等因，本司遵查：立法貴於簡易，案件尤宜速結。近奉酌歸簡易條款，内開：竊案經獲贓賊，事主認贓明確，該犯供招輸服，徒罪以上通報飭審，由府司核轉外，其罪止杖刺，州縣即定擬通詳上司核明批示發落，毋庸候批覆審；如情節未確，仍批行覆查等語，立法簡明，已爲盡善。第竊盜小犯内有零星攫竊，爲物甚微，與入室行竊者不同。如果當場人贓現獲，供情已確，並無窩夥另偷别案情事，地方官原可當時即行發落。若欲逐案敘供、核看、查報、候示，未免有需時日，案牘亦覺紛繁。今該縣稟請倣照直隸之例，將此等小竊審明，刺字發落，造册月報之處，似屬可行，應如所請。嗣後，竊盜小犯，如偷雞竊犬與掏摸曬晾衣服、盗取禾麥，人贓現獲者，到案之時，即令州縣審明，照例刺字責懲，追贓發落後，交親屬收管。仍令於每月底將發落過此等案犯情由造册通送查核，如情節未確及入室攫贓等案，雖罪止杖刺，仍須遵照簡易條款，議擬通詳候示，毋得擅行發落，致有漏縱。如此，庶案件不致繁冗，而辦理更歸簡易矣。緣奉飭議，是否允協理合，詳候察核示遵等情，於乾隆二十一年七月二十二日詳奉巡撫部院楊批：如詳，通飭遵照，仍候督部堂批示，繳。又奉宫保督部堂喀批：如詳，通飭遵照，仍候撫部院批示，繳。

《蒙古律例》卷六《盗賊・偷四項牲畜者計贓分别絞遣》　乾隆二十四年九月十一日奉上諭：蒙古野地，並無房屋院落，而蒙古等俱賴四項牲畜養生，故偷牲畜之賊，其罪視内地竊賊所定較重。但今《蒙古例》内，偷畜寡少之賊，擬以絞監候，過數年仍減等放出，定例並無分輕重。此輩皆素習爲賊之人，減等放出，仍令住蒙古野地，仍偷牲畜，於有業蒙古全無裨益。嗣後，此等賊匪内若偷畜較多，情節可惡者，當時即入情實；倘偷畜寡少，情有可原者，不若即視其偷畜多少爲遠近，分别發遣内地。庶蒙古野地可以清肅，行竊之人亦知儆畏。其當作何改定之處，著刑部會同該院詳察，定議具奏。欽此。欽遵。刑部會同理藩院於本年十月初七日議覆，奏准定例：

一、偷蒙古等四項牲畜至十頭以上者，首賊擬絞，就近在同知衙門監候，秋審作爲情實；自六頭至九頭者，將首賊即發雲、貴、兩廣等省烟瘴地方；自三頭至五頭者，發湖廣、福建、江西、浙江、江南等省；若數止一二者，發山東、河南等省；俱交驛站充當苦差。民人在蒙古地方偷牲畜在九數以下者，亦照此例分别治罪。爲從者，俱照例鞭一百，罰三九牲畜給付事主。

《蒙古律例》卷六《盗賊・官員平人偷竊牲畜等物，拒捕傷人》　乾隆二十八年十一月内，軍機大臣等遵旨會同刑部、理藩院議奏定例：

一、官員、平人或一二人夥衆偷竊牲畜等物，事主旁人知而追逐，拒捕殺人者，將殺人首賊擬斬立決，籍没其妻子産畜，給付事主；從賊並妻子僉發南省，給駐防兵丁爲奴，籍没其産畜，給付事主。若傷而未死，首賊擬斬監候，籍没其産畜給付事主，其妻子暫存該旗，俟將來秋審減等，放出該犯妻子，僉發河南、山東，交驛站充當苦差；餘人並産畜妻子俱發河南、山東，交驛站充當苦差。

《蒙古律例》卷六《盗賊・台吉三次犯竊應議罪》　乾隆三十一年四月奏准增入：

一、台吉以兩次行竊革去職銜，作爲奴僕，後又復行偷竊，無庸復其台吉職銜，准平人例治罪。

四川省檔案館《清代巴縣檔案彙編・盗匪・乾隆三十九年七月巴縣弭盗禁令》　抄奉本府正堂郭，轉奉分巡川東兵備道陳，爲匪頒弭盗之禁令，以肅法紀，以清地方事。

照得害民〔莫〕甚於盗賊，除盗必先究窩家；蓋匪類之聚集，無窩主不能藏身，窩主之容留，無豢縱斷難隱匿。娼家容留嫖客，開賭招集棍徒，三五成群，無惡不作，暮夜穿窬，白日搶奪，場集市鎮，掉包剪綹，河路馬頭，鑽艙劫掠，無所不有。贓物到手，窩家代爲花銷，豢縱坐地分用，案件十無一獲，商民飲泣吞聲。府道深悉弊端，□任分〔别〕拿究，所有禁條，合亟頒行。

一、盗賊多迫於飢寒，起初遊手好閒，嫖賭爲事，家業傾盡，衣食艱難，因之心萌覬覦，鼠竊狗盗，偶一得手，即爲得計，從此肆無忌憚。糾伙逞狂，無所不爲，一朝敗露，□命不保。追究本源，總由遊手好閒而起。凡爾百姓，勤儉自持，必不入匪。如或游蕩不法，鷹□□□，□□拿究。

一、窩賭窩娼，俱盗賊聚集之處，嫖妓引誘，賭博招留，匪類之托足糾夥，消贓滅迹，多在於此。地方官申嚴保甲，將窩娼窩賭之家。查拿盡净，此輩即無容身之所，□拿獲盗賊窮究，窩家嫖賭亦即敗露，無如官圖苟安，事多將就，並□□□□追求，包庇日深，積窩不破。本道現在委員查拿，除按法懲究外，失察容留，□捕各官□□揭參。

一、陸路啯匪成群結隊，散佈市場，掏摸剪綹，搶奪拒捕，一經查拿，夥黨混雜於追捕之中，遞送原贓，指引出路，脱逃之後，仍然聚集。此輩每凡一出。若不偷□得手，斷不分散，大概腰店多屬窩家，孤廟隨便歇宿，隨身之□□鑾刀□□海牌刀，其名不一。試問少壯之人，並無行李，只身佩刀，是屬何意，屢經窮究佩刀之徒，即寓查拿咽匪之意。地方官會營選差，該法拿究，盡法痛處，游手日漸□□自然□。

一、水路匪船，每於黑夜，或三五人，或七八人，駕一小艇。緊傍商船之側鑽艙行竊，□覺事主，逞强拒捕，順流而去，商船重載，豈能追捕。但川江急溜，並無支河，魚艘□船亦復稀少，匪類所駕之小船，何難偵緝。如果認實追拿，斷難遮掩，無奈捕多不實心，河路不清，行商受累。川東之重慶忠州夔州一帶，此□□□。本道現在專員查拿，一經拿獲，除本犯立即杖斃外，並將地方□□弛捕務揭參。如有抑勒賄匿，許受害事主赴轅呈控。

一、捕役豢縱，最爲惡毒，小則初犯發落之後，本期□□捕□，事後□□□需索，稍不遂欲，或囑賊誣扳，或自行提禀，苦累不可言狀，逼至不可能歇□□□三犯供其慾壑。其積匪滑賊，縱容肆竊，坐地分贓，包不破案。本官查察稍□□以一二小賊塘比塞責。查察稍懈，並此小賊亦無報，獲贓愈多，□案愈遠，獲□無期，豢縱日甚。現在查覈贓數之多寡，年月之遠近，分案而提，先比捕役，次□捕頭，究出處豢縱實情，立即官參役處。

一、事主報竊，每開虛贓，意圖獲賊之日，追比拖累，殊不知贓單一虛，捕役按贓緝□，反無着實，獲犯到案，追贓未符，逾難究結。欲圖釁人，反至自累。查近來報失贓之案甚多，現在查案並究，切諭事主勿蹈虛妄，自貽伊戚。

以上各條，略舉大端，特申告誡。鼠輩望風知畏，姦徒斂迹潛踪，盗息民安，閭閻寧謐。本道未嘗不予自新之路，如或怙惡，甘蹈法網，一經□□，三尺俱在，斷不姑寬。印捕各官，如果力圖振刷，除暴安良，並已獲案之多寡，定長吏之勤惰。其各凜遵。須至示者。

《清高宗實録》乾隆四十八年六月 定旗人逃竊罪并發遣例。刑部奏：

旗人犯逃在一月外者，發遣黑龍江等處當差。如怙惡不悛，銷去旗檔，改發雲貴兩廣邊遠地方。其犯搶竊應刺字者，新例銷去旗檔，以民人例辦理。惟此等匪徒，往往有因竊而逃，或逃後行竊，同時并發者，若以民人例計贓治罪，有止徒杖者，轉得因銷去旗籍而免犯逃發遣之罪，似不足示懲創。請嗣後滿洲、蒙古正身，有二罪并發者，覈其搶竊贓數在流徒以下、律應刺字者，無論逃在一月内外，俱照旗人逃走發遣當差，在配怙惡不悛例，改發雲貴兩廣邊遠地方，令地方官與民人一體嚴加約束。至漢軍正身，但有犯應刺字者，亦照新例銷除旗檔。其逃竊治罪之處，另有專條，仍照本律定擬。從之。

《清高宗實録》乾隆四十八年十月 諭軍機大臣等：刑部審擬偷馬賊犯馬之玉等一案，據馬之玉供出，有直隸民人李三，即李文普，陝西回民王二，共三次出口竊販蒙古丹津多爾濟、什特瓦偷來馬十匹，及二十餘匹，進口售賣等語。該二犯現在逃匿，尚未緝獲。又從前降旨飭緝之偷馬賊犯孫八，係陝西臨潼縣人，孟大，係山東人，吴大、王四，係陝西人。久經查拏，俱未獲解，著傳諭各該督撫，即行嚴飭所屬，實力躧緝，務將該犯等拏獲，派員解送刑部審辦，毋致遠颺漏網。

（清）祝慶祺《刑案匯覽》卷一七《刑律賊盗・竊盗》 浙江司：查竊盗一項，與誆騙、局騙、拐帶及費用受寄財物四項，事相近而情各殊，罪名亦因之而異。律註：内潛形隱面，私取人財爲竊盗，故賍至滿貫，即應絞候。若巧言哄誘他人，因取其財而不還，曰誆騙。□成圈套使人入其中，而不得不與之財，曰局騙。遇有人口、財物，隨便携帶，曰拐帶。受人寄物不還，詐言死失，爲費用受寄財物。四者，雖皆取非其有，而失主亦有被誘慢藏誤寄偏信之咎，究與實犯竊盗有間，是以計其所得之贓准竊盗論，罪止滿流。至脚夫受雇挑負客民行李，及代人取送銀物，中途竊逃之案，事類拐帶，與穿窬竊賊稍有不同。但客商投行雇夫，所有貨物悉交運送，即與店家、船户爲客途所倚賴者，情事無異。一被拐逃，則血本罄盡，進退無門，其情較之尋常鼠竊爲可惡。是以各省有因爲害行旅，即照實犯竊盗律定擬者，通查彙核詳加叅酌，似應以脚夫挑負運送客民行李財物，中途潛逃，贓至逾貫，寔係爲害行旅者，俱照竊盗律治罪。若非行路客商，止係託帶銀信、寄送貨物，致被拐逃者，悉照拐帶律科斷，謹具説帖候示，乾隆五十六年説帖。

成案録後。係乾隆五十年至五十六年之案，均在未經定例之先，亦可叅看，是以録存。在貴州司阮碧等因貧難度，起意假充脚夫拐竊行李，見有吴及等共擡陳陞稷箱一隻在彼歇力，即上前攬擡，吴及等原因沉重，即轉給錢文，將箱交與，令其趕上陳陞交卸。阮碧等乘間擡至僻處，竊銀潛逃，計贓四百餘兩。將阮碧依竊贓滿貫律絞候。江西司陳夏高因見素識之姜元祥承挑客民朱官芝銀桶，起意竊逃，即與姜元祥乘間竊銀逃逸，計贓五百四十兩，旋經伊父陳配義聞拿稟首，將陳夏高依聞拿投首，於竊贓滿貫絞罪上減等擬流。湖廣司王奉元因脚行，陳士進令其代送徽客徐景和等書信、銀兩，該犯攜銀逃往各處花用，計贓八百餘兩，係屬託帶銀信，並非行路客商，將王奉元依拐帶人財物計贓准竊盜論擬流。

湖廣司李陞因雲南知事石日瑛出銀二十二兩，雇令該犯前往陝西洛川縣知縣伊姪石養源署内取銀。該犯取得銀一百七十一兩，中途逃匿，將李陞依竊贓滿貫律絞候。

河南司王發財係鹽店驃役，因商人張三益令其運送鹽課銀兩，給有運司護票，該犯行至中途，竊銀逃逸，計贓一千六百兩，將王發財依竊盜倉庫銀一百兩以上例擬絞。

《清高宗實録》乾隆五十八年七月　又諭：據保寧奏，將拏獲偷竊察哈爾馬匹之哈薩克博推等三犯，審明後即行正法等語。哈薩克等膽敢偷竊察哈爾馬匹，情殊可惡。保寧將博推等拏獲審明後，即行正法，所辦甚當。此次布克申委官伊什珂，詢知察哈爾德勒圖等失馬，即行帶兵跟尋，將賊犯馬匹俱行拏獲。實屬奮勉。伊什珂著以應陞之缺，即行坐補，仍賞大緞二匹，以示鼓勵。至追獲被竊馬匹，例應入官，但伊等究係窮兵，恐於生計失當。嗣後，此項被竊馬匹牲畜，拏獲後減半給與失主。如此，既足以示本身馬匹不留心巡守者戒，而於伊等生計，亦不致失所。德勒圖所失馬匹，即照此辦理。

《清高宗實録》乾隆六十年正月　又諭：據保寧奏，拏獲偷竊馬匹之布嚕特、阿玉塔斯等，審明分別定擬，請旨辦理等語。布嚕特等膽敢偷竊官兵馬匹，甚屬可惡，除已將起意之阿玉塔斯正法外，其薩達克等四犯，即照所請，發往烟瘴地方，折挫役使。德明前赴布嚕特部落，將賊犯五人並所竊馬匹全行拏獲，甚屬妥協奮勉。德明，著遇有協領缺出，即行補放。並令由該處賞緞二匹，以示鼓勵。

《理藩院則例》卷三四《邊禁・哈薩克私入卡倫劫竊分別擬罪》　一、哈薩克私入卡倫竊案得財者，首犯即行正法，從犯發烟瘴。劫案得財者，不分首從即行正法。

《理藩院則例》卷三七《偷竊・偷竊臨幸圍場營盤馬匹》　一、恭遇臨幸圍場，偷竊營盤馬匹五匹以上者，不分蒙古、民人，爲首者擬絞立決，示衆。三匹以上者，發雲南、貴州、廣東、廣西烟瘴地方。一二匹者，發湖廣、福建、江西、浙江、江南等省，俱交驛站充當苦差。從犯各減一等。

《理藩院則例》卷三七《偷竊・私入圍場偷竊牲畜木植分别治罪》

一、察哈爾及各扎薩克旗下蒙古，有私入圍場偷砍木植、偷打牲畜者，均照刑例定擬。其人犯罪應枷責者，將失察之該管官罰七牲畜，扎薩克罰俸三個月。罪應發河南、山東者，該管官罰一九牲畜，扎薩克罰俸六個月。罪應發湖廣等省者，該管官罰二九牲畜，扎薩克罰俸九個月。罪應發雲南等省者，該管官罰三九牲畜，扎薩克罰俸一年。所罰牲畜均存公。

《理藩院則例》卷三七《偷竊・偷竊官牧牲畜分别治罪》　一、蒙古地方牧場官兵偷竊官牧牛、馬、駝隻，或私行售賣，或宰殺私食，或匿爲己産者，一匹至九匹，牧官革職，發往黑龍江當差。牧兵不分首從，僉妻子發往黑龍江，給兵丁爲奴。雖經同謀並未同行，無論竊後已未分贓，均枷號六十日，滿日，鞭一百。十匹以上者，無論官兵、首衆，一並擬絞，將首犯立決，同行爲從者監候，秋審入于緩決。雖經同謀並未同行，無論竊後已未分贓，均擬發雲南、貴州、廣東、廣西烟瘴地方，交驛站充當苦差。其並未同謀，僅止竊後知情分贓、换贓、故買、代賣、代存者，均枷號六十日，滿日鞭一百。蒙古、民人伙同官牧人等偷竊者，照官牧人等一律問擬。其蒙古、民人有犯前項罪名者，一匹至九匹，不分首從，均擬發雲南、貴州、廣東、廣西烟瘴地方，交驛站充當苦差。同謀並未同行，無論竊後已未分贓，均枷號四十日，滿日，鞭一百。十匹以上者，首犯擬絞監候，秋審入于緩決。爲從者擬發雲南、貴州、廣東、廣西烟瘴地方，交驛站充當苦差。同謀並未同行，無論竊後已未分贓，擬發湖廣、福建、江西、浙江、江南等省，交驛站充當苦差。並未同謀，僅止竊後知情、分贓、换贓、故買、代賣、代存者，均枷號四十日，滿日，鞭一百。其牧場官兵偷竊案内之失察該管扎薩克，罰俸二年；臺吉官員罰四九牲畜。蒙古、民人偷竊案内之失察該管扎薩克，罰俸一年；臺吉、官員罰二九牲畜。内偷竊官牧羊隻一項，仍照例按四隻合一計算問擬。

《理藩院則例》卷三七《偷竊・蒙古地方偷竊牲畜視其匹數分别治罪》

一、偷竊牲畜一、二匹，爲首者枷號一個月，鞭一百，爲從同行分贓者鞭一百，雖經同謀並未同行，但于竊後分贓者鞭九十。

一、偷竊牲畜三匹至五匹，爲首者發河南、山東，爲從同行分贓者枷號一個月，鞭一百，雖經同謀並未同行，但于竊後分贓者鞭一百。

一、偷竊牲畜六匹至九匹，爲首者發湖廣、福建、江西、浙江、江南，爲從同行分贓者發河南、山東，雖經同謀並未同行，但于竊後分贓者枷號一個月，鞭一百。

一、偷竊牲畜十匹以上，爲首者發江南、貴州、廣東、廣西烟瘴地方，爲從同行分贓者發湖廣、福建等省，雖經同謀並未同行，但于竊後分贓者發山東、河南。

一、偷竊牲畜二十匹以上，爲首者擬絞監候，秋審擬入緩決，減等時，發雲南、貴州、廣東、廣西烟瘴地方。爲從同行分贓者，發雲南、貴州、廣東、廣西烟瘴地方；雖經同謀並未同行，但于竊後分贓者發湖廣、福建等省。

一、偷竊牲畜三十匹以上，不分首從均擬絞監候，秋審時，首犯擬入情實，從犯擬以緩決，減等時，發雲南、貴州、廣東、廣西烟瘴地方。雖經同謀並未同行，但于竊後分贓者，發雲南、貴州、廣東、廣西烟瘴地方。

一、偷竊牲畜案内，羊隻一項與牛、馬、駝隻價值多寡迥異，以羊四隻作牛、馬、駝一隻合算。其竊羊不及四隻者，爲首者鞭一百，爲從同行，分贓者鞭九十，雖經同謀並未同行，但于竊後分贓鞭八十。

一、偷竊牲畜首犯擬死、擬遣、擬鞭責案内，如有造意未行，竊後已未分贓，並雖經同謀並未同行，亦未分贓，及並未同謀，並未同行，僅止竊後分贓者，均查照偷竊銀兩等物計贓擬罪例定擬。

以上各條首從賊犯應發遣者，均交驛充當苦差。應鞭責者，蒙古照例責，民人折責發落。其犯枷號、鞭責罪名，案結復犯者，均視其偷竊匹數，各按本罪加等定擬。

《理藩院則例》卷三七《偷竊・偷竊猪狗鷄鴨等畜》 一、偷竊猪、狗、鷄、鴨等項，照偷竊財物例計贓科罪。

《理藩院則例》卷三七《偷竊・偷竊牛馬駝駒犢合計辦理》 一、蒙古地方偷竊牛、馬、駝案内，有四歲牛犢、五歲馬駒、五歲駝駒者，照偷羊之例，以四匹爲一匹辦理。其不及四匹者，亦照偷羊不及四隻分别鞭責發落。

《理藩院則例》卷三七《偷竊・偷竊銀兩等物計贓擬罪》 一、蒙古地方偷竊銀兩、什物，其價值自一兩至十兩，爲首者鞭九十，爲從同行分贓者鞭八十，雖經同謀並未同行，但於竊後分贓者鞭七十。

一、偷竊十兩以上至四十兩，爲首者鞭一百，爲從同行分贓者鞭九十，雖經同謀並未同行，但于竊後分贓者鞭八十。

一、偷竊四十兩以上至七十兩，爲首者發遣山東、河南，爲從同行分贓者鞭一百，雖經同謀並未同行，但於竊後分贓者鞭九十。

一、偷竊七十兩以上至一百兩，爲首者發遣湖廣、福建、江西、浙江、江南，爲從同行分贓者發遣山東、河南，雖經同謀並未同行，但于竊後分贓者鞭一百。

一、偷竊一百兩以上至一百二十兩，爲首者發遣雲南、貴州、廣東、廣西烟瘴地方，爲從同行分贓者發遣湖廣、福建等省，雖經同謀並未同行，但於竊後分贓者枷號一個月，滿日鞭一百。

一、偷竊一百二十兩以上，爲首者絞監候，秋審早入于緩決。爲從同行分贓者發遣雲南、貴州、廣東、廣西烟瘴地方，雖經同謀並未同行，但于竊後分贓者發遣山東、河南。

一、臺吉等有犯以上各項罪名者，俱照臺吉行竊例辦理。

一、首犯擬死罪案内，如有雖經同謀並未同行，亦未分贓，及並未同謀，並未同行，僅止竊後分贓者，臺吉等罰三九牲畜，平人鞭一百。

一、首犯擬遣案内，如有雖經同謀並未同行，亦未分贓，及並未同謀，並未同行，僅止竊後分贓者，臺吉等罰二九牲畜，平人鞭八十。

一、首犯擬鞭責案内，如有雖經同謀並未同行，亦未分贓，及並未同謀，並未同行，僅止竊後分贓者，臺吉等罰一九牲畜，平人鞭六十。

一、竊後知情，窩贓，買贓，代賣，換贓，無論首犯定擬何罪，臺吉等罰七牲畜，平人鞭五十。不知情者，不坐罪。

一、偷竊各案各情，隱匿不報者，臺吉等罰五牲畜，平人鞭四十。不知情者，不坐罪。

一、擬死，遣，鞭責各案內，造意未行分贓者，以爲首論。造意未行未分贓者，以爲從論。

一、偷竊四項牲畜例內，有不詳盡者，俱援照此例辦理。

《理藩院則例》卷三七《偷竊·土爾扈特等處偷竊牲畜》 一、新疆土爾扈特、杜爾伯特、額魯特、霍碩特、輝特、烏梁海等處蒙古，偷竊馬、牛、駝隻，照內外各扎薩克蒙古一律辦理。其羊隻一項，仍以四羊作一牲畜合計科罪。

《理藩院則例》卷三七《偷竊·偷竊計贓擬罪刺字》 一、各案首從賊犯，應發遣者，均照例刺字，交驛站充當苦差。應鞭責者，蒙古照例鞭責，民人折責發落。

《理藩院則例》卷三七《偷竊·官員平人偷竊牲畜等物拒捕殺人》 一、官員、平人偷竊牲畜等物，拒捕殺死事主及事主之僱工、奴僕、鄰佑，爲首者擬斬立決。爲從者，並妻子僉發雲貴、兩廣烟瘴地方，交驛站充當苦差。首從均籍沒其產畜，給付被殺者之家。

《理藩院則例》卷三七《偷竊·官員平人偷竊牲畜等物拒捕傷人》 一、官員、平人偷竊牲畜等物，拒捕傷人未死，爲首者擬絞監候，籍沒其產畜，給付被傷之人。本犯妻子暫存該旗，俟秋審減等釋放時，將本犯並妻子僉發湖廣、福建、江西、浙江、江南等省。爲從者並產畜、妻子，俱發河南、山東，均交驛站充當苦差。

《理藩院則例》卷三七《偷竊·蒙古地方盜挖金銀礦沙各犯罪名》 一、蒙古地方有盜挖金銀礦沙者，除首從各犯仍照刑例分別定擬外，將得錢招留之蒙古地方，均於盜挖礦沙爲首各本罪上加一等科斷，罪止極邊烟瘴充軍。

《理藩院則例》卷三八《偷竊·臺吉行竊不准開復》 一、臺吉等如有犯別項罪名，革退臺吉者，三年後果能改過，扎薩克聲叙緣由，具保報院，分別咨題復其臺吉職銜。如因行竊革退臺吉者，均不准開復。

《理藩院則例》卷三八《偷竊·臺吉行竊議罪》 一、凡臺吉行竊，爲匪，革退臺吉職銜，作爲平人，取其産畜給付事主，其屬下家奴撤給伊近支兄弟。該管扎薩克罰俸半年。

《理藩院則例》卷三八《偷竊·臺吉行竊交旗管束》 一、凡臺吉等行竊，審明，如僅止革去臺吉無餘罪者，定案後，一面報院，一面將該犯即交該旗管束。

《理藩院則例》卷三八《偷竊·未授職銜之臺吉行竊議罪》 一、臺吉未授職銜以前，初次行竊者，不准受職，發往鄰盟，嚴加管束。將伊所有牲畜給與事主。倘不悛改，復行偷竊，照平人例治罪。

《理藩院則例》卷三八《偷竊·臺吉親屬相盜》 一、臺吉親屬相盜牲畜、財物者，無論贓數多寡，期親罰五牲畜，大功罰一九牲畜，小功罰二九牲畜，緦麻罰三九牲畜，無服之本宗親屬，罰四九牲畜，俱存公備賞，仍追贓給主。

《理藩院則例》卷三八《偷竊·臺吉等收留驚逸馬匹不報》 一、凡臺吉等收留驚逸馬匹不報，照竊盜例革去臺吉。六年無過，該扎薩克等據實保舉報院，由院具奏開復。

《理藩院則例》卷三八《偷竊·偷竊牲畜不計次數從重科斷》 一、蒙古偷竊牲畜之案，如一年內行竊二、三次以上，同時并發者，仍照刑律，以一主爲重，從一科斷，毋庸合計擬罪。

《理藩院則例》卷三八《偷竊·偷竊案件首犯在逃從犯毋庸監候》 一、凡偷竊案件現獲之犯，若供首犯在逃，即將現獲之犯，按其所犯各本罪，發遣各省。將來拿獲逃犯，審出該犯實係起意爲首，由配所行提審明，治以應得本罪。

《理藩院則例》卷三八《偷竊·十歲以上十五歲以下犯竊者分別科罪收贖》 一、凡蒙古地方未滿十歲之子行竊者，免罪。十五歲以下者，照刑例收贖。十六歲以上者，照例科罪。

《理藩院則例》卷三八《偷竊·蒙古民人原偷牲畜無存著落賠償》 一、凡原偷牲畜著追無存者，蒙古著落該管臺吉，照數賠償。民人著落該管官，照數賠償。

《理藩院則例》卷三八《偷竊·蒙古地方竊案十家長罰馬》 一、蒙古地方遇有竊案，將該管十家長和罰馬一匹存公。若由該十家長自行首出者，免罰。三年内並無竊案，由存公馬匹内賞給該十家長馬一匹。其各旗有無罰馬、賞馬之處，由該盟長查明，年終彙册報院。

《理藩院則例》卷三八《偷竊・蒙古偷竊俄羅斯馬匹分别擬罪》一、凡蒙古偷竊俄羅斯馬匹，除照與俄羅斯會定則例，賠罰馬匹外，仍照蒙古例分别擬罪。

《理藩院則例》卷三八《偷竊・蒙古人親屬相盜》一、凡内外扎薩克等處蒙古各居親屬相盜者，期親減凡人五等，大功減四等，小功減三等，緦麻減二等，無服之親減一等。

《理藩院則例》卷三八《偷竊・窩隱盜賊》一、已未管旗王、貝勒、貝子、公、臺吉、塔布囊等，有爲盜賊窩主者，各罰俸三年。無俸臺吉、塔布囊，罰六九牲畜。

《理藩院則例》卷三九《發塚・平人發掘王等墳塚》一、凡平人發掘王、貝勒、貝子、公、扎薩克臺吉及福晋、夫人等墳塚，已行未見棺者，爲首擬絞監候，爲從發山東、河南，交驛充當苦差。見棺者，爲首絞立決，爲從絞監候。開棺見屍者，爲首斬立決，爲從絞監候。毁棄、撇撒死屍者，不分首從皆斬立決。

《理藩院則例》卷三九《發塚・平人發掘平人墳塚》一、凡平人發掘平人墳塚，未見棺者，爲首鞭一百，枷號四十日，爲從鞭九十，枷號三十五日。見棺者，爲首發山東、河南，交驛充當苦差，爲從鞭一百，枷號四十日。開棺見屍者，爲首發極邊烟瘴，爲從發山東、河南，均交驛充當苦差。毁棄、撇撒死屍者，爲首絞監候，爲從發極邊烟瘴，交驛充當苦差。若盜未殯、未埋屍棺，及發年久穿陷之塚，未開棺槨者，爲首鞭一百，枷號四十日，爲從鞭九十，枷號三十五日。開棺見屍一次者，爲首發山東、河南，交驛充當苦差。爲從鞭一百，枷號四十日。二次者，爲首發江南、浙江、江西、湖廣、福建等省，爲從發山東、河南。三次者，爲首發雲南、貴州、廣東、廣西等省，爲從發江南、浙江、江西、湖廣、福建等省。均交驛充當苦差。三次以上者，爲首絞監候，入于緩決，爲從發雲南、貴州、廣東、廣西等省，交驛充當苦差。

《理藩院則例》卷四四《罪罰・臺吉等親屬相盜應罰九數無力完交定擬罪名》一、凡臺吉親屬相盜，罪犯罰九無力完交者，革去臺吉六年。無過，該扎薩克等據實保舉報院，由院具奏開復。

《理藩院則例》卷四四《罪罰・賊犯之該管臺吉等罰九數目》一、内外扎薩克各旗偷竊牲畜人犯，例發山東、河南、湖廣、福建、江南、江西、浙江者，該管臺吉罰一九牲畜。應發雲南、貴州、廣東、廣西者，該管臺吉罰二九牲畜。應正法者，該管臺吉罰三九牲畜，俱存公備賞。

《理藩院則例》卷四四《罪罰・臺吉塔布囊屬下人等行竊該臺吉塔布囊家長佐領分别罰九》一、凡臺吉、塔布囊及平人名下，並未入册檔之莊頭以及家奴，有犯行竊案件，將該管臺吉、塔布囊家長照例分别罰九。其已入册檔之披甲人等，有犯行竊案件，將該管佐領分别罰九。其所罰牲畜，如實在無力完交，照罰九定限例辦理。

《理藩院則例》卷四六《疏脱・故縱疏脱賊犯》一、已未管旗王、貝勒、貝子、公、臺吉、塔布囊故縱賊人不行擒獲令其脱逃者，照窩隱盜賊例治罪。其賊已發覺不即查拿以致脱逃者，照窩隱盜賊例一等治罪。

《理藩院則例》卷四七《捕亡・拿獲盜犯捕盜兵丁分别獎勵》一、察哈爾八旗遊牧乃各牧場馬群内差出捕盜兵丁，若拿獲盜犯，即將盜犯所騎之馬給與原拿之人。拿獲三次之後，係護軍於護軍校、驍騎校内列名，係馬甲挑取護軍，係閒散挑取馬甲，係牧場馬群人等，亦俟有應升之缺録用。若行竊之人係承緝兵丁親屬，而瞻徇不拿，照隱匿盜賊例治罪。

《理藩院則例》卷五二《遇赦・蒙古在邊外偷竊牲畜遇恩詔不准減等》一、蒙古等偷竊牲畜之案事犯在蒙古各扎薩克所屬地方者，雖遇恩詔不准援減。其事犯在内地者准其援減。

《理藩院則例》卷五二《遇赦・蒙古偷竊牲畜擬遣在配二十年限滿釋回》一、凡蒙古偷竊牲畜擬遣在配安分守法已逾二十年或未及年限，犯年已逾七十及因病成廢者，如遇恩詔，各該督撫切實詳查彙册報明刑部，理藩院詳覈咨復，准令釋回。其在配復行犯竊及脱逃被獲調發者，俱不准查辦。其不願釋回者，聽。

《理藩院則例》卷五三《違禁・失察偷捕偷挖貂鼠人參》一、私往禁地偷捕偷挖貂鼠人參並私相買賣，事發被獲，除將偷捕偷挖之物入官，人犯照刑例治罪外，其失察之王、貝勒、貝子、公、臺吉、塔布囊均罰俸一年，其不管旗之王、貝勒、貝子、公、臺吉、塔布囊及蒙古官員均罰二九牲畜。但訊有知情遣往情弊，加等治罪。

《理藩院則例》卷五五《雜犯・奉差之人被竊將卡倫章京治罪》 一、奉差之人由某旗經過，其旗下卡倫章京等宜妥爲照料護送。倘不照料護送，以致被竊，將卡倫章京等罰三九牲畜，披甲人等鞭一百。

《理藩院則例》卷五九《喇嘛事例四・喇嘛容留盜賊》 一、凡喇嘛容留犯罪盜賊者，與犯人一律科罪。其犯人罪名至死者，該喇嘛減一等辦理。

《清仁宗實録》嘉慶四年二月 〔辛丑〕 諭內閣：三法司衙門具題，湖南省杜梅兆偷竊伊母黃氏花錢，致母自盡一案，依違犯教令例，擬以絞候，固屬按例辦理。今細覈案情，杜梅兆素性游蕩，不服其母管教，將分得田畝賣盡，欠債無償。經伊母將贍田轉賣，代爲還欠。杜梅兆復忍於竊取，以致伊母抱忿投繯，即無觸忤情節，亦不得齒於人類。杜梅兆著即行處絞。嗣後，遇有此等案件，法司衙門仍按律定擬具題，內閣仍照擬票簽，即將此案加具説帖，隨本聲明，候朕定奪。

《清仁宗實録》嘉慶四年十二月 又諭：胡季堂等奏，張猛等在濟爾哈朗圖行宮內，偷竊簾刷挖罩等物，請照：盜內府財物乘輿服御物者，不分首從，俱擬斬決之例，將張猛、宋永德俱應斬立決等語，殊屬過當。若如大內及圓明園、避暑山莊、靜寄山莊、清漪園、靜明園、靜宜園、西苑、南苑等處，自當按此律辦理。至濟爾哈朗圖行宮，距京甚遠，不但非大內可比，且較之歲時臨幸之園亭等處，亦有不同。況所竊簾刷等物，亦非乘輿服御之件，若概問以斬決，假如偷竊大內等處物件者其罪又何以加。且各省行宮甚多，又豈得盡照大內之例辦理乎？嗣後，遇有此等偷竊各省行宮之犯，較偷竊衙署者，固應加等問擬，但竟援照盜內府財物之律，不分首從，定以斬決，未免無所區別。所有張猛、宋永德二犯，應行改擬罪名。及此後遇有此等偷竊行宮案犯，應如何定擬之處，俱著刑部詳悉妥議具奏。

（清）西清《黑龍江外紀》卷六 蒙古盜馬得罪，所盜馬本官代賠。無力者例在將軍幕鑽刀自明，謂之起誓。

（清）祝慶祺《刑案匯覽》卷一二《刑律賊盜・盜內府財物》 嘉慶六年六月初二日，奉上諭：刑部審擬，偷竊養心殿天溝內，拆卸舊錫觔之郭四，比照行竊大內等處乘輿服物斬罪上量減一等，杖一百，流三千里一案，定擬尚爲允協。惟該犯係在院內乘便攫取，與行竊殿內之物者有間。郭四著從寬改爲杖一百，流二千里，應加枷號一個月，即於神武門外工匠往來處所示衆，庶工匠人等知所儆惕。並著曉諭工匠人等，偷竊大內服物者，不分首從，例應斬決。俾各知畏法，倘再有在內偷竊之事，一經發覺，必當按例治罪，不能援郭四之例希圖寬減也。餘依議。欽此。

（清）祝慶祺《刑案匯覽》卷一七《刑律賊盜・竊盜》 理藩院咨：據庫倫辦事大臣咨稱，凡有行竊五歲牛隻作爲大牛、六歲馬匹作爲大馬辦理，惟駱駝至幾歲口方作大駝辦理之處，請示前來。查乾隆五十年十二月，會同刑部定擬，口外偷羊四隻作大牲口一隻。嘉慶九年，本院定議，牛犢、馬駒，亦照羊隻辦理，奏准載入《蒙古律》內。惟駝隻一項，並未分別大小。前經行查，各處諮報亦未畫一。既據請示，本院公同商定：駱駝歲口，仿照馬匹，六歲口駝隻作大駝一隻，五歲口以內作爲小駱駝一隻，已於本年題准，應行知照等因，相應傳知直隸等司鈔録通行各該處。嘉慶十四年山西司説帖，仍查對《蒙古則例》。

《清仁宗實録》嘉慶二十三年八月 〔丙子〕 又諭：和舜武奏酌改竊賊窩主條例一摺，近日東省糾衆夥竊之案甚多，且有窩家爲之淵藪，自應嚴立科條，俾奸民知所畏懼。嗣後，山東一省竊賊，除贓數滿貫，罪無可加及行竊僅止一二人，並窩竊未及三名，仍照舊例辦理外，其竊賊結夥在三人以上，執持繩鞭器械者，不分首從贓數次數，俱改發雲貴、兩廣極邊烟瘴充軍。三人以上徒手行竊者，於軍罪上減一等，杖一百，徒三年；若結夥至十人以上，雖徒手亦照三人以上執持繩鞭器械之例辦理。窩竊三名以上，坐地分贓，及代變贓物者，發近邊充軍；五名以上者，即發雲貴、兩廣極邊烟瘴充軍。地保及在官人役，有窩賊分贓者，悉照捕役豢竊例辦理。俟東省盜賊之風稍息，再由該撫奏明，復歸舊例。至近日並有廢員在籍，窩賊如王奎聚者，尤在情理之外。著刑部將曾任職官及在籍職官窩藏竊盜賊者，另行從重定擬條例具奏。尋奏：嗣後如有曾任職官及在籍職官窩藏竊盜、强盜者，按平民窩主本律本例，罪應斬決者，加擬梟示；罪應絞候者，加擬絞立決；罪應徒流充軍者，概行發遣黑龍江當差，以示嚴懲。從之。

（清）祝慶祺《刑案匯覽》卷一八《刑律賊盜·親屬相盜》 福建司：審辦高壽行竊雇主銀兩，計贓罪應擬流一案奉批：雇工人盜家長財物律內，減凡盜一等免刺，今既用例，照竊盜計贓治罪。似記別司，竟有一體刺字者，此案尚未具題，交律例館通查，畫一更正爲是，等因。查律載：同居奴婢、雇工人盜家長財物，減凡盜罪一等免刺，等語。推原律意，奴雇行竊主財，既應照凡盜減等治罪，自不當與凡盜一體刺字，故律又載明免刺；並載在親屬相盜門內，明與親屬相盜減罪免刺同義。迨雍正六年酌改定例，奴僕偷盜家長財物，照竊盜計贓一體治罪；乾隆五年又改定雇工人盜家長財物，亦照竊盜計贓治罪，均不准照律減等。現今遵行是律文所載，減等一條業已不用。例內雖未指明此等人犯應否刺字，但既稱照凡盜一體治罪，自當照凡盜一體刺字，以竊盜門內已有刺字明文，不復贅言也。復查本門內行竊，素有周恤之各居無服親屬，即以凡人竊盜計贓科斷一條。例內載明仍照律免刺，此因親屬素有周恤，故重其相盜之罪，但究係無服親屬，故仍照律免刺。此條仍應免刺，既於例內載明，則奴雇偷盜主財例內不載明免刺，即應與凡盜一體刺字，更可隅反矣。職等遵諭，通查各司成案，現據四川司，查出二十年審辦李貴一案，陝西司二十二年審辦高海明一案，廣東司本年審辦李陞一案，均係奴雇行竊主財，俱聲明照例刺字。惟本年山東司審辦西華姐奴竊主財一案，因係婦女，照例聲明免刺。此外查無奴雇行竊主財免其刺字之案，歷來辦理，本屬畫一，今高壽一稿聲明照律免刺，似屬錯誤，應請交司更正。嘉慶二十四年說帖。

《蒙古律例》卷六《盜賊·王等窩賊》 一、已未管旗王、貝勒、貝子、公、台吉，塔布囊等窩賊，各罰俸一年，無俸台吉、塔布囊罰五九牲畜。若不肯承認窩賊，令其伯叔發誓，無伯叔令伯叔之子發誓。

《蒙古律例》卷六《盜賊·民人蒙古偷竊牲畜等物之為從者治罪，原偷牲畜着落賠償》 乾隆十四年六月十三日，理藩院奏准定例：

一、偷竊蒙古馬畜等物，爲從者其產畜、妻子交鄰封盟長爲奴之處一併停止，鞭一百，罰三九牲畜給付事主。民人偷竊口外蒙古牲畜，係爲從，亦鞭一百，罰三九牲畜給付事主。乾隆二十六年，軍機大臣覆准吉林烏喇將軍恆魯奏定：應罰從賊之三九牲畜，勒限一年，於犯人名下着追給付事主。若照罰數全給者，將鞭一百之罪一併豁免；罰得過半者，鞭一百完結；全不給者，停罰，發山東、河南等處。若旗民偷蒙古牲畜，俱照此治罪。若蒙古等將原偷牲畜花費無償，着落該旗臺吉照數賠償。若旗民不能賠償原竊牲畜，着落該管等官賠償。

《蒙古律例》卷六《盜賊·台吉行竊應議罪》 一、凡台吉行竊爲匪，革退台吉職銜，作爲平人。其馬畜取付失主，其屬下家奴撤給伊近支兄弟。

將該扎薩克照疏於查察、管束不嚴例議處。若爲匪之台吉仍不悛改，又行爲匪，該扎薩克即將伊奴隸辱使。若能改悔，過三年後，該扎薩克聲敘緣由具保，報院轉奏，復其台吉職銜。

《蒙古律例》卷六《盜賊·偷竊財物》 一、偷竊金銀、貂鼠、水獺等、皮、布疋、吃食等物者，照數取償。所偷之物值兩歲牛價者，罰三九牲畜；值羊價者，罰一九牲畜；不值羊者，罰三歲牛一隻。

《蒙古律例》卷六《盜賊·偷竊豬狗雞鵝》

一、偷豬狗者，罰五畜；偷鵝鴨雞者，罰三歲牛。仍令賠償被竊之物。

《蒙古律例》卷六《盜賊·賊分首從治罪》 一、凡偷竊牲畜，止將起意之一人爲首。隨行上盜爲從者，減一等。若上盜時分路偷兩三處牲畜，或前後數次偷竊者，各就本案分別首從議罪。

《蒙古律例》卷六《盜賊·偷竊皇上圍獵臨幸營盤馬匹治罪》

一、皇上圍獵臨幸營盤，馬匹被竊，不分蒙古民人，五匹以上者，擬絞立決示衆，以昭炯戒；三匹以上者，即發雲、貴、兩廣烟瘴地方；一二匹者，發湖廣、福建、江西、浙江、江南等省，俱交驛站分別當差著伍。若爲從，並知情故買，係民，俱較正賊減一等，係蒙古，亦照例鞭一百，罰三九牲畜給付事主。

《蒙古律例》卷六《盜賊·牲畜被竊，將齒色呈報扎薩克等記檔》

一、凡被竊牲畜，先將數目、口齒、毛色、月日開明，（保）〔報〕送扎薩克處記檔。若後來馬數、齒色、月日不符，或先不曾呈報扎薩克處記檔者，概不准行。

《蒙古律例》卷六《盜賊・事主認獲被竊牲畜》一、被竊牲畜，事主認明，而謂授之者另有其人，即令其人質對。若其人不認，更令原人發誓，誓則免罪，其畜徑行認領。

《蒙古律例》卷六《盜賊・牲畜被竊他人要截獲之》一、牲畜被竊，他人要截獲之，一則令給謝儀，兩以上，十以下者令取一，多則按十取一。若牲畜之主謂非被竊而不給者，令佐領、驍騎校發誓，誓則免其謝儀，不誓令給謝儀。若將截獲牲畜詐冒收去，發覺時，將假冒之人以賊論。

《蒙古律例》卷六《盜賊・盜賊宰殺遺棄牲畜之肉，混行拾取》一、盜賊偷竊牲畜宰殺遺棄之肉，或他人拾取，著令賠償。若在跡限之內，擇管旗章京發誓，不發誓以跡入論罪。

《蒙古律例》卷六《盜賊・走失牲畜途人勿得擒拿》一、走失之畜，途人勿得擒拿。擒拿者以賊論。若羊，則於所見之日起，每趕宿一夕，二十以下而取一，多則每二十而取一。

《蒙古律例》卷六《盜賊・踩緝被竊馬匹》一、凡蹤跡所入之案，踩蹤無證佐，無庸發誓。若行路之人，雖無證佐，亦准踩蹤，過村時再覓證佐。

《蒙古律例》卷六《盜賊・蹤跡入舊遊牧處者發誓》一、凡遊牧之日，而賊蹤適以其日入於遊牧舊處者，令其發誓。

《蒙古律例》卷六《盜賊・蹤跡制限，以匏頭射到者發誓》一、蹤跡制限，以匏頭射到居人住址者，令發誓。射不到者不發誓。

《蒙古律例》卷六《盜賊・搜贓宜帶證佐》一、搜贓須帶證佐前往。不准搜者以賊論。

《蒙古律例》卷六《盜賊・潛得被竊牲畜之信》一、牲畜被竊，以潛告而認明原贓，其竊者以贓論。

《蒙古律例》卷六《盜賊・潛得信息之牲畜別經發覺》一、凡被竊牲畜之人控稱有潛來告知者，必令將來告之姓名寫出具控。若誣告，或被竊牲畜別經發覺，其來告之人罰三九牲畜，給發誓之台吉並加倍給過之人，各半分之。原告罰三九牲畜，給付被告之人。

《蒙古律例》卷六《盜賊・潛得信息案內王等毋庸發誓》一、有以潛得信息呈控案件，已未管旗王、貝勒、貝子、公、額駙等無庸發誓，惟擇該旗人以誓之。若台吉、塔布囊等，則令自誓。若貨財被竊，經人潛來致信或賊蹤徑入二者，令擇都統等發誓。若不發誓，即令加倍給與。若貝勒、貝子、公之使人，則罰兩歲牛一隻。

《蒙古律例》卷六《盜賊・賊罪可疑者發誓》一、偷駝馬牛羊四項牲畜，賊情可疑者，令其發誓。入誓者免罪完結；不入誓者擬絞監候，該主罰一九牲畜，將賊犯所有牲畜一併給付事主，其妻子暫存該旗，俟將來秋審減等，放出該犯妻子，僉發鄰封盟長處，賞給同盟內因公效力台吉等爲奴。若各該主將賊舉出，視其賊之情罪輕重，分別立決、監候。若將賊已正法，其妻子免其爲奴，取其所有牲畜給付事主。

《蒙古律例》卷一〇《雜犯・發塚》一、官員、平人刨發王、貝勒、貝子、公及其妻之墳塚者，首犯一人擬斬立決，抄沒其妻子產畜；爲從者鞭一百，罰三九牲畜。將正法之賊人妻子、產畜一併給付墳主。刨發台吉、塔布囊等墳墓者，爲首一人絞監候，爲從者鞭一百，罰二九牲畜給付墳主。刨發官員墳墓者，爲首一人鞭一百，罰三九牲畜，其餘鞭一百，罰一九牲畜，俱給付墳主。刨發平人墳墓者，爲首一人鞭一百，罰一九牲畜，其餘鞭八十，罰一九牲畜，俱給付墳主。若有欲修築墳墓者，准其修築。若伊等欲從蒙古例葬埋，各聽其主便。人死毋許殺馬，毋插嘛呢杆子，渡口、山嶺毋掛絹條、手巾。如違禁而行，如有人見，則見之者罰給五牲畜。

《蒙古律例》卷九《捕亡・抄沒賊物賞給獲賊之人》一、凡拿獲賊犯者，將所抄贓物並所罰牲畜分作二分，一分賞給獲賊之人，一分給付事主。

《蒙古律例》卷一二《斷獄・抄沒賊人產畜不給喇嘛》一、凡人偷竊喇嘛牲畜，將抄沒賊犯產畜不給喇嘛，俱存公。

《蒙古律例》卷一二《斷獄・抄沒賊犯妻子不給內地人為奴》一、凡蒙古旗人偷竊民人牲畜者，將已正法賊人妻子不給事主，賞給蒙古內公事效力台吉等爲奴。

《蒙古律例》卷一二《斷獄・袒護賊犯發誓》一、凡台吉、官員袒護賊人發誓後，贓物仍自其人犯出，其袒護賊人發誓者若不承認其非，令伯叔發誓。不發誓者，台吉、塔布囊等各罰五九牲畜，官員、十家長等各罰三九牲畜。

（清）張澍《續黔書》卷一《治盜》　黔之地，縣峯林立，虧日抉雲，怪石堪當，曝鼈寢虎，散無統紀，如仇相避。又山枯水瘠，剛柔數觭，逐隊東馳，環繞不定，生理窘蹙，而衣食以禦人儻亦形勢使然。雖有猛吏，鋭意追捕，迺至不勝犯不勝誅，何也？聚則抨弓注矢，探丸飛墻；散則牧犢飲羊，摩蜃迎貓。皆吾民也。又或郊關之外，毒箐幽崖，我不得而至焉。囊篋腰纏，委之而去，僅以身免。歷險衝危，踉蹌呼籲於有司，並役疾馳而至，則蹤景消滅。是故始於剝商，漸則官被劫奪，始於攫貨，近則人茹金刃，何可忍言？《鹽鐵論》曰：水有猵狚池魚勞，國有彊圉齊民消；如之何其聽之也！遵義幅幀遼闊，統轄十三里，每里十六甲。烟火輻輳，地勢險阻，其民桀驁詭譎，染楊酋之餘習，而里甲多巨猾。值趁虛日，輒聯外來虩客，摽掠錢貨以爲常。余代庖之日，吏民初以余之少也而易之。然積聞其在玉屏聲，觀望不敢動。然予之治盜，以虛不以實，每見同寮有獲盜者，輒毀折支體，飲以鹽滷曬其目，竊傷其酷。而卒莫之能戢者，賊以爲法盡於是，吏亦以爲法盡於是，役亦以爲法盡於是，且議其忍也。而不肯捕盜，因是益熾。余則不然。受事日，召集里甲，訊其素鴟義者斥之，選立願愨嚴諭之，以杜絶飲博，謹守堡寨，其容留匪類者辠無赦，其有警而不協力禽者辠無赦，其有被盜而匿不報者辠無赦，惟里甲倍償。而又於邨鎮關津，通衢僻路。布令以威刑懼之，於是乃不用捕而用俚，非用捕也，蓋捕則疏，俚則密，捕則真盜或走匿，而役以局外者當之。巨盜或遠颺，而役以鼠竊者塞之；俚則囊橐何氏，鳩聚何所，肆劫何地，黨羽何人，起發何期，過抵何許，灼然在吾之心目。而又虞俚役之給我也，復擇役之誠諳者覘之。耳目既廣，聲色不聞彼宵小者以爲吾之疏之也。乃稍稍露跡而俚之者旋至，迅發役捕之，罔不獲。其聚集多人者，親率役捕之，罔不獲，值趁墟之期。微服勘察之，伏壯士於側，近有肆欲者卽禽之，罔不獲。役有不用命及賄脱賊者痛懲之，責令倍償。其失恭命則重賞之。其渠賊吴賴頭、賽曹操、把地王等以次就禽。無良之徒，乃恫驌懭恍，疑余之日出而綱羅之四張也。乃太沮散，遁於桐梓、正安、綏陽等處，後遇桐梓令衛君天民問曰：子其以鄰國爲壑乎？余曰：子甘爲逋逃藪乎？衛未有以應也。

（清）祝慶祺《刑案匯覽》卷一二《刑律賊盜・盜印信》　烏魯木齊都統奏：步兵全恆等偷竊佐領圖記，私行銷毀一案。查律載：盜各衙門印信者，不分首從皆斬監候。盜關防印記者，皆杖一百，刺字。又棄毀各衙門印信者，斬監候。當該官吏知而不舉，與犯人同罪。又例載：凡盜用總督、巡撫、提學、兵備、屯田、水利等官欽給關防，俱照各官本衙門印信擬罪。若盜及棄毀，悉與印信同科。各等語。此案巴里坤、滿營步兵全恒、馬兵扎蘭布，因指該管佐領納爾瑚善之名，私向鋪户賒取物件，迨該佐領查出欲行責懲，全恒商同扎蘭布偷盜該佐領圖記，復因該佐領令該犯等找尋甚急，該犯等商同將圖記毀壞，冀圖陷害。該都統將全恒、扎蘭布均比照盜各衙門印信，不分首從皆斬律擬斬監候，並聲明偷盜印信，與盜關防印記，罪名懸絶不同，律內並無偷盜圖記正條。因該佐領圖記係奏明部頒，是以將全恒等比照偷盜印信律問擬，但罪名出入攸關，未敢草率，應請旨飭剖核覆遵行等因。查盜印信，則罪應擬斬。盜圖記，則罪止擬杖。生死出入，罪名懸殊。且細核盜用關防印記例文，必如總督、巡撫、提學、兵備、屯田、水利等官欽給關防始照印信擬罪，其非督撫等官自不得與印信同科。今全恒等盜取佐領圖記，復行棄毀，查佐領圖記係屬部頒，並不在例載欽給之列，自未便比照盜印信，並棄毀印信律擬斬，以致無所區別。惟該犯等挾忿盜取該管佐領圖記，復因令伊等找尋，輒行毀棄蓄意陷害，情殊險詐，未便比照盜關防印記律擬杖，致□輕縱律無正條，自應衡情比律加減定擬。全恒、扎蘭布均應比照盜各衙門印信不分首從皆斬律，量減一等，各杖一百，流三千里，照例刺字，銷除旗檔照民人一例辦理。事犯到官在道光元年四月初七日恩詔以前，係挾忿盜取佐領圖記，復行毀棄，情節較重，不准援減。該都統奏稱步兵舒圖納雖經勸阻，並無同謀夥盜情事，迨經該佐領查找圖記不見，該犯明知全恒等偷竊圖記，畏懼全恒恐嚇之言，不行首告，亦應按律問擬。舒圖納合依當該官吏知而不舉，與犯人同罪至死減一等律，於全恒等斬罪上減一等，杖一百，流三千里。舒圖納係旗人，應行折枷，實不足蔽辜，應請從重調發伊犂充當苦差。阿克達春等訊不知情，應請免議等語。查當該官吏知而不舉，與犯人同罪之例，係在棄毀印信門內。今舒圖納僅知全恒等欲盜圖記，棄後次之將圖記毀壞，該犯並不知情。該都統牽引棄毀印信門内，知而不舉之律，係屬錯誤。查該犯聞知全恒等欲盜圖記。雖經勸阻。迨該佐領查找時，該犯畏懼全恒恐嚇之言，不行首告，罪有應得，舒圖納應革去步兵，於全恒等流罪上量減一等，杖一百，徒三年。事犯亦在恩詔以前，應准減爲杖一百，鞭責發落。道光元年陝西司說帖。

（清）祝慶祺《刑案匯覽》卷一七《刑律賊盜·竊盜》　江西撫咨：仇喜牙丟包誆取財物，致事主祝盛昭因失財窘迫自盡，將仇喜牙比照竊盜逃走、事主失財窘迫自盡，滿徒例上加一等，杖一百，流二千里。道光二年案。

（清）祝慶祺《刑案匯覽》卷二一《刑律賊盜·盗内府財物》　熱河都統奏：李春和行竊禁苑備賞等物一案。據原奏内聲稱，嘉慶十一年六月間，刑部具奏王二偷竊清猗園兩搭布絹等物一案。奉旨：此案已革園户王二即保安兩次行竊清猗園内，兩搭布絹、鐵鈎、絨繩等物，刑部等衙門照例問擬斬決，實屬罪所應得，姑念該犯竊取簾、布、繩、鈎等件，尚非存貯内庫服物可比，王二即保安著改爲斬監候，入於本年秋審情實辦理。欽此。今李春和膽敢將烟波致爽殿内備賞玉器肆行偷竊，應照偷竊避暑山莊乘輿服物例擬斬立決，奉旨改斬監候，入於秋審情實辦理。道光三年直隸司案。

直督咨外結徒犯田守彩行竊文殊菴存放行宫卸下門窗等物，訊不知係官物，亦非潛竊行宫，應仍照竊盜計贓科斷。道光三年案。

安徽司奏内閣遺失暹羅國金葉表一案，查此項表文收存水櫃，其出入是屋之人，不知凡幾在供事，職守在官自可按名提究，若跟役人等，去就不常，勢難一一傳訊。現經到官供事人等，訊明委無行竊，未便久羈囹圄，致滋羈累，應將值班供事丁熙照不應重律，杖八十，革役。竊表正賊飭緝獲日另結。道光三年案。

（清）祝慶祺《刑案匯覽》卷一八《刑律賊盜·親屬相盜》　廣東撫題：賊犯李邁厚糾竊事主謝何氏家銀物，强姦謝何氏未成一案。查律載：本宗、外姻親屬相盜，緦麻減二等，無服之親減一等。又例載：親屬相盜，除本宗五服以外，俱照無服之親定擬外，其外姻，尊長親屬相盜，惟律圖内載明者，方准照律減等，此外不得濫引。又服圖内載：母舅之子，緦麻；姑之子，緦麻。又旁註：妻爲夫外親，服降一等。又例載：因竊盜而强姦人婦女未成者，絞監候。各等語。此案李邁厚糾竊謝何氏家銀物，謝何氏係該犯姑舅表兄謝十長之妻，該犯與謝十長服屬緦麻。謝何氏降服一等，與該犯即無服制。服圖内既未載明無服字樣，核與外姻照律減等之例不符，是該犯行竊謝何氏家，本應照凡盜科罪。其因盜而姦，即與凡盜强姦無異。□省將李邁厚依因竊盜而强姦人婦女未成例擬絞，尚屬允協，應請照覆。道光六年說帖。

（清）祝慶祺《刑案匯覽》卷一八《刑律賊盜·盗田野穀麥》　盛京將軍奏請將越邊私人圍場、參山，偷牲，砍樹及刨挖鹿窑，販賣茸角各犯，嚴定科條等因一摺。奉上諭：奕灝奏，查明圍場情形，請更正私入圍場偷牲、伐木條例一摺。私入圍場舊例，罪名本重，嗣因從輕改定，奸匪毫無忌憚，著刑部將越邊私入圍場、參山，偷牲、砍樹及刨挖鹿窖，販賣茸角各犯，應如何嚴定科條，悉心妥議，具奏等因。欽此。查原奏内稱，東邊參官山南北長約有一千數百里，東西寬約有五六百里不等，安設卡倫十七處，原爲防守官山緝拿奸匪而設，幾經奏明挪移裁決，稽查仍未周密。兹陸續查出鹿窖共一千一百餘起，拿獲賊匪三百三十餘名。誠如聖諭，實屬廢馳已極。所獲人犯，隨案解部審辦。各處鹿窖，派委官兵，俱已填墊平安。其中有無挖參人夫，影射舞弊，訊有確據，立即嚴拿重懲。奴才更有請者，查奉天圍場在威遠堡邊外，東至與本省産參官山接壤，西南至本省邊柵，北至吉林東北，毗連吉林圍場，週環約有八百餘里。原設卡倫七處，稽查難周。經前任將軍奏准，增添卡倫五處，每處官一員，領催兵二十名，常川防守。每年春、夏、秋三季，復派協領等官輪班往巡，立法已屬周密。牲獸理宜繁多，第鹿隻非盡圍場孳生。查圍場之外，有老嶺、萬鹿溝並參山等處，俱係牲獸蕃滋之處。每於夏季，麋鹿脱角，麅鹿生崽之時，奔赴圍場，羣聚恩養，鹿隻方可增盛。乃奸頑不法之徒，趨利若鶩，潛入圍場偷打。又兼老嶺、參山等處，時設鹿窖陷害，希圖茸角厚利。是圍場已有驚擾，而鹿隻來路又被斷截，實堪痛恨。竊思此等奸匪，有犯必懲，何以習不畏法。奴才留心體察，始知舊例私入圍場者罪名較重，雖有干犯爲數無幾，嗣因罪名從輕改定，是以奸匪時常偷竊。即或被獲到官，僅以採菜爲詞，堅不承認偷打牲畜，詭計多端，倖脱法網者，不一而足。若不及時調劑，實屬情重法輕，應請從重酌議治罪專條等因。臣等查，私入圍場，盜砍木植，偷打牲畜之例，係乾隆二十七八等年纂定。彼時，偷盜木植、牲畜，係按計所犯次數，分別發往烏魯木齊種地爲奴。迨後節次奏改，有將初犯問擬杖、徒；再犯、三犯分別發遣當差爲奴者；有將偷竊木植五百觔以上、牲畜十隻，問擬流、遣；五百觔以下，即問擬杖、徒者。其間，或更新例，或復舊章，輕重互有參差。總之，專計次數定罪，則每嫌贓多者，罪轉輕；贓微者，罪轉重。專計贓數定罪，則嫌偶犯者，罪已重；屢犯者，罪尚輕。條例愈改愈繁，而於該處辦理情形究無裨益。茲據該將軍奏請，將越邊私入圍場，參山，偷打麅鹿，刨挖鹿窖，盜砍樹株，及販賣茸角各犯，從重酌議治罪專條等因，係爲整飭圍場起見，臣等公同詳核，此等奸徒，肆意牟利，或屢懲屢犯，或聚積多贓，實屬目無法紀。若照現行條例，因係初犯，僅擬杖、徒，洵覺法輕情重。然此中亦有附近小民，貪圖微利，偶爾偷竊木植、牲畜，爲數無多，於圍場情形不甚妨礙，照例擬徒，已足蔽辜。若一概問擬軍、遣，又覺法重情輕。伏思立法貴得其平，庶匪徒知所懲儆，而小民亦無虞苦累，應即斟酌修改，務使寬嚴各當，並酌歸簡易，以資遵守。再查木蘭等處偷竊圍場條列，既須修改。則察哈爾扎薩克旗下蒙古偷竊圍場事同一例，應即一並改定名犯罪名。既經加重，而該處兵丁有看守專責者，其故縱及失察罪名，亦應於舊例略爲加重。現在新疆等處停止發遣人犯，應量爲改發，以分等差。應請，嗣後私入木蘭等處圍場及南苑偷竊菜蔬、柴草、野雞等項者，初犯枷號一個月；再犯枷號兩個月；三犯枷號三個月；滿日各杖一百。若盜砍木植、偷打牲畜者，初犯杖一百，徒三年。再犯、三犯，及雖係初犯，而偷竊木植至五百觔以上，牲畜至十隻以上，或身爲財主雇倩多人者，改發極邊，足四千里，充軍。爲從及偷竊未得者，各減。爲首及已得一等販賣者，又減一等。旗人有犯，銷除旗檔，照民人一體辦理。兵丁有犯，俱先插箭游示，照此例加一等。治罪受賄故縱者，與犯同罪。失察者，杖一百。再犯折責革伍。該管員並失於覺察。交部議處。察哈爾及扎薩克旗下蒙古私入圍場，盜砍木植，偷打牲畜，亦照此例辦理。蒙古人犯，應擬徒罪者，照例折枷。應充軍者，發遣湖廣、福建、江西、浙江、江南，交驛充當苦差。以上盜圍場人犯，均面刺盜圍場字樣。偷盜未得之犯，均面刺私入圍場字樣。其每年有無賊犯偷入圍場之處，該總管於五月內，熱河亦於六月內循例具奏。似此嚴立科條，則併兵益知加意防範，而匪徒亦咸知儆畏矣。道光七年《通行》已纂例。

（清）祝慶祺《刑案匯覽》卷一七《刑律賊盜・竊盜》 蘇撫咨：道光五年間，有江寧縣賊犯柴大順行竊一案。查柴大順先因犯竊擬流遇赦，援免後，復犯竊，照初犯杖責，刺臂。嗣又行竊事主陳雨亨等家，照再犯枷責刺面。該犯脫枷潛逃，復行竊事主陳錫珠家，計贓五兩□。將柴大順依竊盜三犯，銀不及十兩例，擬以滿流。咨准部覆核，與十八年《通行》似屬歧異，但既奉大部照覆，自必另有精義。然究以何者爲准，外吏無所適從。至若再犯之賊，係戴罪在身，不應另作一次，仍照再犯科以枷杖。設該犯於第二次枷號之時，復又脫枷竊發，是否仍照再犯科罪？亦未奉有明文，應請一併指示。現有江寧縣賊犯邵桂林等脫枷復竊各案，候部示覆，另行審辦等因。查竊盜併計次數治罪，總以原犯罪名已未完結爲斷，故例內因竊問擬軍流徒罪，則有釋回復竊，或在配在逃復竊之分，雖因竊問擬軍流徒罪之犯，在配在竊例無明文；核與因竊問擬軍流徒罪之犯在配在逃行竊事同一例。若於案未完結以前，在押在逃行竊，祇可照再犯科斷。核計其前後所犯贓數，及脫逃各罪，從重問擬。即再逃復竊，亦自有從重科罪之條，毋庸另議更張。不能因其屢次戴罪脫逃行竊，即加以併計之罪。蓋竊盜固以刺字爲憑，併計次數，亦以刺字爲準，但發落賊犯，總係先行刺字，方行發落枷示；亦不能因業已刺字，即行併計次數科罪。是竊盜一項，戴罪在身，復行犯竊，毋庸併計科罪。例案通行，已互相發明，且久經遵辦，毋庸贅敘。至柴大順一案，於枷限未滿，脫枷潛逃復竊，該省誤以三犯問擬滿流。本部因近年亦有照三犯問擬之案，是以照覆。此時亦未便紛紛更正，惟究屬辦理兩歧。嗣後，應照《通行》畫一辦理，不得仍以三犯科罪。並令將邵桂林等案，速飭按例辦理等因。旋據江蘇司縷陳七條，繕具説帖。奉諭交館再核。職等再查該司説帖，所陳律例七條，及分剖各語，均與本案無涉。職等謹就管見所及，遂一核明，另繕説帖，呈堂閲定。至邵桂林之案，職等公同商酌，祇可遵照定例，及歷次通行辦理，實難另議更張。是否仍照前議説帖行令改擬，恭候鈞定批示遵辦。

江蘇司説帖内稱律載：竊盜初犯，於右臂刺竊盜二字，再犯刺左臂，三犯者絞。以曾經刺字爲坐等語，查竊盜罪名自杖至絞，已計贓科罪，又另行刺字，似專爲稽查次數而設，故言以曾經刺字爲坐，不言以杖枷徒流爲坐。一經刺字，非逢恩赦起除無不併計也。律例館查此條係竊盜門分別計贓，及併計初犯、再犯、三犯者治罪之統例。其言以曾經刺字爲坐者，謂竊盜有犯遇免刺之案，俱不併計科罪。若係免罪不免刺，則仍應併計。非謂戴罪復竊之犯，其前次竊案既經刺字即應併計也。該司又稱，例載竊盜刺字發落，責允巡警等語。查竊盜發落，係兼刺字、杖枷而言，而以刺字爲重。如竊盜罪止枷杖，與金刃傷人之案同時并發，其行竊計贓係輕罪，不議仍盡本法刺字。後再犯竊，即應併計，是罪可不議而刺字，則不能不論也。律例館查責充巡警，係指已刺字發落者而言。仍盡本法刺字，係指另犯之罪較重者而言核與戴罪復竊之賊犯，似屬不相關涉。

該司又稱，道光元年四月初七日恩詔内開：竊盜徒杖以下免罪，不免刺等語。查此等不免刺之犯，後再行竊即應併計。是一經刺字，雖奉旨免罪，猶應併計。則戴罪脱逃之犯，更難置刺字於不論矣。律例館查前罪已結，故另將前罪作犯竊一次論。戴罪復竊者，前罪未完，故止將前罪作行竊一次論。此二項既有已未完結之分，似難相提並論。該司又稱例載：尋常竊盜，問擬軍流徒罪，在逃行竊一二次，贓未滿貫者，徒罪復犯擬以滿流，軍流復犯俱改發極邊烟瘴充軍等語。查此條載，在徒流人又犯罪門内，誠以尋常徒犯脱逃，即應杖一百從新拘役；流犯脱逃，即應加等擬軍。若因竊已問流徒，在逃復竊，仍同初犯，再犯之賊計贓科罪，則竊贓不及徒罪之犯，轉輕於僅止脱逃之罪。故專立此條以示懲儆，以係加重辦理，非因其戴罪復竊，予以輕減也。即以徒犯論，如初犯因竊擬徒。限滿釋回，復又犯竊，計贓一兩以下者，祇科以再犯杖六十枷二十日之罪。若徒限未滿，在逃復竊，雖計贓不及一兩，亦問滿流。是逃徒行竊之罪，較之徒滿釋回復竊之罪，知至十餘等也。今以再犯已經刺字之賊，因其脱枷潛逃復竊，即謂前罪未結，不應另作一次。設有兩犯於此，一則於再犯刺字，枷滿責釋後復又犯竊，計贓一兩以下，照三犯擬流；一則於再犯刺字後，脱枷潛逃行竊，計贓亦在一兩以下，仍照再犯杖六十、枷號二十日。是敢於脱逃之犯，較之不敢脱逃之犯，反減罪十餘等矣。律例館查此條係竊盜戴罪，復犯不行併計之正例。徒罪復犯擬以滿流，軍流復犯改發烟瘴，其科罪與尋常逃流不同，即係加重辦理也。其不將贓在五十兩以上者，概照三犯擬絞，即係量予輕減也。此例斟酌盡善，遵行已久，歷年成案通行，不一而足，自應遵辦。至所稱敢於脱逃之犯，較之不敢脱逃之犯，反減等語，似本於情理未協，惟思前罪已完，復犯者，是屢懲屢犯，故罪難輕減。若前罪未完復犯者，則竟與同時并發之犯相仿，未便概從重論。且計其先後所犯贓數，及脱逃之罪，從重定擬，亦非竟置在逃復竊之罪於不議。自應亦照歷届成案《通行》核辦，毋庸另議更張。該司又稱，例載初犯再犯之賊，爲首糾竊六次及獨竊八次者，均照積匪猾賊例擬軍等語。查糾竊六次、獨竊八次之犯，一經到官問實，即應擬軍，所以懲肆竊之罪也。今以再犯刺字之賊，因其枷號未滿脱逃復竊，亦謂不應另作一次。設使此等賊犯被獲，補枷未滿，復又脱逃行竊，如是者積至六次，似終身脱逃行竊，其罪總不過再犯矣。律例館查此係嚴懲積匪之正例，若脱枷復竊之犯，杖未決放積至六次，八次，併發到官，亦應從重依此例辦理，並非終身脱逃，其罪總不過再犯也。該司又稱，例載原刺之字，與現犯事由各別，另行刺字等語。查此條係爲遣犯而設，竊盜亦然。如謂再犯業經刺字之犯，因枷號未滿復竊，不應另作一次。設使後犯之案，係行竊官物之類，與前犯事由不同，既不能起除前字，又不能以前字作抵，從而復刺。是罪則再犯，而字已三刺矣。律例館查此條係分别毋庸重刺及另行刺字之例，賊犯戴罪復竊例案，不准將前案另作一犯，並非不准另作一次。此等賊犯，情節各有不同，若逃後復竊之案，與前犯罪名相等，自毋庸重刺。事由儻係偷竊官物等類，是與前刺事由不同，自應另行刺明事由。即或連犯發塚、誘賭等項，亦不妨叠刺。總之戴罪復竊，仍應格遵定例，毋庸將罪未完結之案，另作一犯，不能又計其刺次之多少也。

該司又稱，律載二罪俱發，若一罪先發已論決，餘罪後發重者，更論之統計前罪以充後數等語，查此條因罪無重科，故二罪俱發，准以其前決之罪，抵充後發之罪也。如此等脱枷潛逃復竊之犯，謂不應另作一次，設前案本應杖一百，枷號四十日，迨枷至三十餘日脱枷復竊，計贓應徒，業已枷號在先。既不能以前犯之罪爲輕罪不議，又不能以枷號日期抵充徒役。若即行發配，則前次枷過日期即屬重科矣。律例館查此條係二罪俱發，以重論，統律竊賊再犯加枷，本係律外加重，先枷後杖，其計贓擬杖之罪未決，脱枷復竊，自應計其前後贓數及脱逃加等各罪，從重論杖。既未決，即毋庸通計前決之罪，以充後數，其罪亦不致重科也。奉批應照通行畫一辦理，交司議覆。道光七年説帖。

（清）祝慶祺《刑案匯覽》卷一七《刑律賊盗·竊盗》 山西司：審辦王五兒行竊一案，查道光八年，揚威將軍奏，新疆遣犯隨征逆回，打仗出力，奏准將各犯免罪釋回，並聲明，於回籍後如再不安分守法，應從重治罪等因。又本年二月初九日，奉上諭：長齡奏，查明効力民勇、民遣，現經裁撤，請援照成案，賞給銀兩，並將民遣免罪釋回等語。此次伊犂挑派赴喀什噶爾軍營民勇及民遣二千名，隨同進援搜捕出力，著准照道光六年成案，悉予免罪釋回。儻有怙惡不悛之犯，即嚴行懲處，加等治罪等因。欽此。是此等發遣人犯，因其隨征出力，免罪釋回，已屬法外施仁。若於釋放回籍後，不知悛改，復有作奸犯科，實屬怙惡不悛，自應欽遵此次諭旨，將該犯加等治罪。此案王五兒前因行竊發遣新疆，旋因逆回滋事，幫同打仗釋回。此次復行犯竊並銷毁刺字罪，應枷杖。惟該犯係打仗釋回遣犯，應於滿杖上加一等，杖六十，徒一年。道光十一年説帖。

（清）祝慶祺《刑案匯覽》卷一七《刑律賊盗·竊盗》 江西司：查律載：竊盗贓一百兩，杖一百，流二千里。又犯罪事發在逃，於本罪上加二等。又例載：尋常竊盗問擬流罪，在配、在逃行竊，贓未滿貫，犯至三次者，照積匪猾賊例，改發雲、貴、兩廣極邊烟瘴充軍。各等語。此案王冬仔因犯竊計贓一百兩，依律擬流，解審發回脱逃，復行竊三次，計贓三十兩至九十餘兩不等，該犯再犯擬流。脱逃復竊，係戴罪在身，自不得以三犯論，惟係解審脱逃復竊，與因竊擬流到配後脱逃復竊者不同，未便援引竊盗擬流在配脱逃復竊之例，自應計前後所竊贓數，以一至爲重。王冬仔應改依竊盗贓一百兩、杖一百、流二千里律上加逃罪二等，杖一百，流三千里，照例刺字。事犯到官，在恩詔以前，該犯糾夥行竊，有無執持器械，犯供並未叙明，應令該撫訊明。該犯等如無執持器械情事，將該犯減爲杖一百，徒三年。如係執持器械，即不准援減，照例發配。道光十一年説帖。

（清）祝慶祺《刑案匯覽》卷一七《刑律賊盗·竊盗》 湖廣司：查例載：竊盗事犯到官，應將從前犯案次數並計科罪等語。又嘉慶十八年，本部通行内開因竊問擬軍、流、徒罪業已釋回，即係無罪之人，其前次罪名已結，如再犯竊，自應另作一次。若軍、流、徒犯，在配在逃，則猶戴罪在身，其前次罪名尚未釋免，如有犯竊，不應另作一次。正如再犯之賊，罪應枷杖，尚未發落，或在逃復竊，無論贓之輕重，不得與再犯業經發落復犯竊到官者，同以三犯論也。總之，竊盗以犯案到官爲憑，而並計次數治罪，則以原犯罪名已未完結爲斷等因，通行在案。此案袁四先因犯竊刺臂，後復起意邀約李華一行竊，再犯到官，於訊明後因病在保脱逃。該犯復聽糾行竊事主劉得珠家衣物被獲。該撫以袁四究竟應否照三犯定擬，抑照再犯科斷，咨請部示。查袁四行竊犯案，在保脱逃復竊，則猶戴罪在身，再犯之罪，尚未發落，自不得以三犯論，應令遵照通行以再犯科斷。道光十一年説帖。

（清）祝慶祺《刑案匯覽》卷一八《刑律賊盗·盗田野穀麥》 直隸司：查例載：私入圃場，偷竊菜蔬、柴草、野雞等項者，犯枷號一個月，再犯枷號兩個月，三犯枷號三個月。各杖一百。若盗砍木植、偷打牲畜，初犯杖一百，徒三年。再犯、三犯，俱改發極邊，足四千里，充軍。等語。至初犯偷竊菜蔬等項，再犯打牲、砍木；及初犯打牲、砍木，再犯偷竊菜蔬等項，例無加重治罪明文。兹據該都統以此等案件並未恭逢恩旨查辦，自應並計問擬，是否即照打牲、砍木例，再犯擬軍，抑應另行酌量加等擬罪，咨部示覆等因。查私入圃場偷竊菜蔬等項，及盗砍木植、偷打牲畜，例内雖均有分别初犯、再犯、三犯科斷之文，惟一則罪止枷杖，一則罪止軍、徒，輕重各不相侔，豈容牽合併計，致滋轇轕。即如搶奪之與竊盗同，應並計次數科罪。而一次犯搶，一次犯竊，不聞照再犯竊盗例科以枷杖；二次犯竊，一次犯搶，亦不聞照三犯搶奪例擬以絞決。比類參觀，則先犯偷竊菜蔬等項，復犯打牲、砍木，自應仍以初犯打牲、砍木論；先犯打牲、砍木，復犯偷竊菜蔬等項，自應仍以初犯偷竊菜蔬等項論。所有該都統咨請，照打牲、砍木再犯例，擬軍及酌量加等之處，應毋庸議。道光十二年説帖。

《清宣宗實録》道光二十五年十一月 諭内閣：前據給事中黄宗漢奏，廣東廣州府屬地方盗劫日滋，商民受害一摺，當交耆英等確查具奏。

兹據奏稱，原摺所稱各盜案，或拏獲究辦，或勒限嚴緝。其餘各案，或係尋常詞訟，或係傳聞譌誤，並無渡船禀報連劫，及穀船被劫七隻等事。至緝捕經費，已經該督等籌款生息，先事圖維。該給事中所奏，著毋庸議。惟是該處地方内河外海。溪港紛歧，奸宄易藏，向多盜劫重案。該督等惟當督飭地方文武員弁，隨時認真查拏，務使有案必破，有犯必懲。儻該文武等緝捕稍有懈弛，即著嚴行參辦，毋稍姑容。

《清宣宗實録》道光二十九年三月　又諭：慶錫奏官山樹木被竊，請將員弁分別懲處一摺，此案著交訥爾經額，揀派明幹曉事道府大員前赴該處，就近提集現獲各犯，嚴審確情，按律定擬具奏。吉家營把總李桐林、外委閻積德，均著即行革職，聽候審訊。尋奏：李桐林於風水重地，擅動未報回乾風折樹株，並將樹旁細小活樹芟除，膽大玩法，例應擬斬。閻積德隨同砍伐，合依爲從，發近邊充軍例，擬發近邊充軍。下部議，從之。

《清穆宗實録》同治四年九月　戊寅，諭内閣：前因大理寺少卿于凌辰，御史張觀鈞、佛爾國春、台斐音等各奏盜墓賊犯，請加等治罪，當經先後降旨，交刑部、都察院、大理寺覈議具奏。兹據刑部等衙門覆奏：請嗣後發掘常人墳冢，開棺見屍，爲首者，從重擬斬立決；爲從者，俱絞監候。其鋸縫鑿孔、抽取衣飾，雖未顯露屍身，亦應從重，將爲首之犯，不論次數，擬絞立決；爲從者，絞監候。其發掘有關名分等項墳冢，分別從重加梟。如有拋棄屍骨，及將控告人殺死者，照强盜得財本律，不分首從，皆斬。所擬尚爲允當，均著照擬辦理。近來盜墓之案，層見疊出，殃及枯骸，情殊殘忍。所有已獲未結各犯，均著照此次新定章程問擬，以儆凶頑，而昭炯戒。

《吏部處分則例》卷四二《盜賊·捕役爲盜爲竊》　一、捕役窩盜分贓，及自行爲盜者，失察州縣印捕官降三級調用。府州廳員降一級留任，道員罰俸一年。俱公罪。捕役豢竊分贓及自行爲竊者，失察之州縣印捕官降一級調用，府州廳員罰俸一年，道員罰俸六個月。俱公罪。若州縣官將捕役窩盜、爲盜之案諱飾不報者，革職。私罪。同城之府州降二級調用，道員降一級調用。不同城之府州降二級留任，道員罰俸二年。俱公罪。豢竊、爲竊之案，州縣官諱飾不報者，降三級調用，私罪。同城之府州降一級調用，道員降一級留任。不同城之府州，降一級留任，道員罰俸一年。俱公罪。該管上司查出揭參者，免議。

一、捕役竊盜、爲盜、豢竊、爲竊，自行查出之印捕官及該管上司均免議。

一、捕役窩盜分贓，豢竊發贓，及自行爲盜、爲竊，該管官明知不行查拿，或已經查拿，並不照律治罪，只借端責革者，係盜案，州縣官降四級調用。私罪。同城之府州降二級調用，道員降一級調用。不同城之府州降二級留任，道員罰俸二年。俱公罪。係竊案，州縣官降二級調用。私罪。同城之府州降一級調用，道員降一級留任。不同城之府州，降一級留任，道員罰俸一年。俱公罪。該管上司查出揭參者，免議。如有扶同徇縱情事，係盜案，降三級調用。私罪。係竊案，降二級調用。私罪。

一、捕役盜竊等事，在州縣官公出期内，及回任後未及一月即已發覺者，俱免議。若犯事在未經公出以前，事發于回任一月之後者，仍照例議處。

一、已革捕役窩盜，州縣官降一級調用。公罪。豢竊，州縣官降一級留任。公罪。訪拿究辦者，免議。

一、官員于曾犯竊之人失于查明，准其承充捕役者，降一級調用。公罪。

（清）沈家本《續修會典事例·發塚》　一、凡發掘貝勒、貝子、公夫人等墳塚開棺槨見屍者，爲首斬立決梟示，爲從皆絞立決。見棺者，爲首絞立決，爲從皆絞監候。未至棺者，爲首絞監候，爲從發邊遠充軍。如有發掘歷代帝王陵寢及《會典》内有從祀名位之先賢、名臣並前代分藩親王或遞相承襲分藩親王墳墓者，俱照此例治罪。若發掘前代分封郡王及追封藩王墳墓者，除犯至死罪，仍照發掘常人墳塚例定擬外，餘各於發掘常人墳塚本罪上加一等治罪。以上所掘金銀交與該督撫飭令地方官修葺墳塚，其玉帶珠寶等物仍置塚内。

謹按：此條道光二年增定，於原例先賢、名臣上，增入《會典》内有從祀名位等字。於照此例治罪下增入分封郡王、追封藩王墳墓二層。同治四年又《嚴定發塚章程》於爲首斬立決下增入梟示二字。

一、發掘常人墳塚，開棺見屍爲首者，擬斬立決，爲從無論次數，俱擬絞監候。其發塚見棺鋸縫、鑿孔抽取衣飾尚未顯露屍身，爲首擬絞立決，爲從俱擬絞監候。發塚開棺見屍爲從幫同下手開棺者，不論次數秋審俱入情實。在外瞭望一、二次者，入於緩決，三次及三次以上者，入於情實。其發塚見棺鋸縫、鑿孔爲從幫同鑿棺、鋸棺三次及三次以上者，入於情實，一、二次者，入於緩決。在外瞭望六次者，入於情實，一次至五次者，入於緩決。至發掘常人墳塚見棺槨爲首者，改發近邊充軍。年在五十以上，發附近充軍。爲從者，杖一百徒三年。

謹按：此條嘉慶十八年於原例及至三次以外句下增注：均以見一屍爲一次，不得以同時同地連發多塚者作一次論二十四字。將例末糾衆發塚起棺一層分出另立專條。二十一年將鋸縫、鑿孔首從罪名改爲：爲首一、二次發近邊充軍，三次發邊遠充軍，四次及四次以上照積匪猾賊例發極邊烟瘴充軍。爲從一、二次，杖一百徒三年，三次者，照雜犯流罪總徒四年，四次、五次者，發邊遠充軍，六次及六次以上者，發極邊烟瘴充軍。同治四年奏定新章，九年將此條改定。

一、有服卑幼發掘尊長墳塚，未見棺槨者，爲首期親卑幼發極邊足四千里充軍，功緦卑幼發邊遠充軍。爲從期親卑幼發邊遠充軍，功緦卑幼發近邊充軍。見棺槨者，爲首期親卑幼實發雲、貴、兩廣極邊烟瘴充軍，功緦卑幼發極邊足四千里充軍。爲從期親卑幼發極邊足四千里充軍，功緦卑幼發邊遠充軍。如有尊長或外人爲首，爲從，分别服制，凡人各以首從論。開棺見屍並鋸縫、鑿孔，首從之卑幼無論期親、功緦均照常人一例問擬。

謹按：此條同治四年嚴定發塚罪名，常人開棺見屍及鋸縫、鑿孔首犯已加至斬、絞立決。爲從俱擬絞候。卑幼有犯無可再加，是以改定。

一、子孫盗祖父母、父母未殯、未埋屍柩，不分首從，開棺見屍者，皆斬立決。如未開棺槨，事屬已行確有顯跡者，皆絞立決。如有尊長、卑幼或外人爲首、爲從，分别服制、凡人各以首從論。

謹按：此條嘉慶十九年因子孫盗屍柩不皆因貧，而原例子孫下有因貧二字，遇有犯罪毁棺抵制或挾仇誣陷者，引斷未免窒礙，是以節删。

一、凡奴婢、雇工人發掘家長墳塚已行未見棺者，爲首擬絞監候，爲從發近邊充軍。見棺槨，爲首絞立決，爲從絞監候。開棺槨見屍者，爲首斬立決梟示，爲從斬監候。毁棄、撇撒死屍者，不分首從皆斬立決梟示。如有家長、尊卑親屬或外人爲首、爲從，分别服制，凡人各以首從論。

謹按：此條同治四年《嚴定發塚章程》於斬立決下均加梟示。

一、糾衆發塚起棺，索財取贖已得財者，將起意及爲從下手發掘扛擡棺木之犯，比依强盗得財律，不分首從皆斬立決；跟隨同行在場瞭望之犯，發新疆給官兵爲奴。其未經得財者，首犯仍比依强盗得財律，斬立決；從犯俱發新疆給官爲奴。如發塚後將屍骨抛棄道路並將控告人殺害者，亦照强盗得財律，不分首從皆斬立決。

謹按：此即嘉慶十八年由發掘常人墳塚例末分出另立之條。彼時將原例糾衆發塚起棺，索財取贖者，比依强盗得財律，不分首從皆斬等語，改爲分别已、未得財辦理，仍將得財爲從，僅止跟隨同行在場瞭望及未得財爲從各犯，俱比照强盗情有可原例發遣。同治四年節删情有可原字様，增入抛棄屍骨及殺人二層。

一、凡奴婢、雇工人發掘家長墳塚已行未見棺者，爲首擬絞監候，爲從發近邊充軍。云云。

謹按：近邊原例作邊衛。乾隆三十三年改爲近邊。

一、凡發掘貝勒、貝子、公夫人等墳塚開棺槨見屍者，爲首者斬立決，爲從者絞立決。見棺者，爲首絞立決，爲從皆絞監候。未至棺者，爲首絞監候，爲從皆僉妻發邊衛永遠充軍。云云

謹按：爲從皆僉妻發邊衛永遠充軍，乾隆五年改爲爲從僉妻發邊遠充軍。二十四年删僉妻二字。又爲首者爲從者，二者字原例無，應删。

一、凡發掘貝勒、貝子、公夫人等墳塚開棺槨見屍者，爲首斬立決梟示，爲從皆絞立決。見棺者，爲首絞立決，爲從皆絞監候。未至棺者，爲首絞監候，爲從發邊遠充軍。如有發掘歷代帝王陵寢及《會典》内有從祀名位之先賢、名臣並前代分藩親王或遞相承襲分藩親王墳墓者，俱照此例治罪。若發掘前代分封郡王及追封藩王墳墓者，除犯至死罪，仍照發掘常人墳塚例定擬外，餘各於發掘常人墳塚本罪上加一等治罪。以上所掘金銀交與該督撫飭令地方官修葺墳塚，其玉帶珠寶等物仍置塚内。

謹按：此條道光二年增定。同治四年又於爲首斬立決下增入梟示二字。

一、發掘常人墳冢見棺槨爲首與開棺見屍爲從一次者，俱改發近邊充軍。開棺見屍爲從二次者，實發烟瘴充軍。如年在五十以上，見棺槨爲首與開棺見屍爲從一次者，發附近充軍。開棺見屍爲從二次者，仍發烟瘴充軍。若爲從開棺三次及至三次以外均以見一屍爲一次，不得以同時、同地連發多塚者作一次論。審有贓證次數，確據事主告發實情者，照竊盜三犯律擬絞監候。爲從三次審係幇同開棺，秋審入於情實。僅止在墳外瞭望，入於緩決。至三次以外，雖止瞭望俱擬情實。其發塚見棺鋸縫、鑿孔抽取衣物首飾，並非顯露屍身者，發近邊充軍。爲從減一等。

謹按：此條嘉慶十八年改定。將末段糾衆發塚起棺一節分出另爲一條。二十一年復將鋸縫、鑿孔首從罪名改爲首一、二次發近邊充軍；三次發邊遠充軍；四次及四次以上者照積匪猾賊例發極邊烟瘴充軍。爲從一、二次，杖一百徒三年；三次者，照雜犯流罪總徒四年；四次、五次者，發邊遠充軍；六次及六次以上者，發極邊烟瘴充軍。

一、發掘常人墳冢，開棺見屍爲首者，擬斬立決，爲從無論次數，俱擬絞監候。其發塚見棺鋸縫、鑿孔抽取衣飾尚未顯露屍身，爲首擬絞立決，爲從俱擬絞監候。發塚開棺見屍爲從幇同下手開棺者，不論次數秋審俱入情實。在外瞭望一、二次者，入於緩決，三次及三次以上者，入於情實。其發塚見棺鋸縫、鑿孔爲從幇同鑿棺、鋸棺三次及三次以上者，入於情實，一、二次者，入於緩決，在外瞭望六次者，入於情實，一次至五次者，入於緩決。至發掘常人墳冢見棺槨爲首者，改發近邊充軍。年在五十以上，發附近充軍。爲從者，杖一百徒三年。

謹按：此條同治四年改定。光緒十二年復將爲從罪名改爲開棺見屍爲從擬絞之犯，無論是否幇同下手，在外瞭望，均入於秋審情實。鋸縫、鑿孔爲從，但經幇同鑿鋸，不論次數並在外瞭望已至三次以上者，俱入情實。其瞭望僅止一、二次者，入於緩決。

一、糾衆發塚起棺，索財取贖已經得財者，比依强盜得財不分首從皆斬律，擬斬立決。仍令各該督撫嚴行究審。將起意及爲從下手發掘扛擡棺木之犯，照强盜法所難宥例聲請正法；僅止跟隨同行在場瞭望之犯，照情有可原發遣例發新疆給官兵爲奴。其未經得財者，首犯仍比依强盜得財律，擬斬立決。從犯俱比照强盜情有可原例發遣。

謹按：此條嘉慶十八年從發掘常人墳例内分出增定。

一、糾衆發塚起棺，索財取贖已得財者，將起意及爲從下手發掘扛擡棺木之犯，比依强盜得財律，不分首從皆斬立決；跟隨同行在場瞭望之犯，發新疆給官兵爲奴。其未經得財者，首犯仍比依强盜得財律，斬立決；從犯俱發新疆給官兵爲奴。如發塚後將屍骨抛棄道路並將控告人殺害者，亦照强盜得財律，不分首從皆斬立決。

謹按：此條同治四年改定。

一、凡奴婢、雇工人發掘家長墳塚已行未見棺者，爲首擬絞監候，爲從發近邊充軍。見棺槨者，爲首絞立決，爲從絞監候。開棺槨見屍者，爲首斬立決梟示，爲從斬監候。毁棄、撇撒死屍者，不分首從皆斬立決梟示。如有家長、尊卑親屬或外人爲首、爲從，分别服制、凡人各以首從論。

謹按：此條同治四年於斬立決下俱增入梟示二字。

一、盜未殯、未埋屍柩及發年久穿陷之塚，未開棺槨者杖一百、徒三年；爲從杖九十、徒二年半。如開棺見屍，爲首一次者，發邊遠充軍；二次者，發極邊烟瘴充軍，三次者，絞。爲從一次者，仍照雜犯流罪總徒四年；二次者，發邊遠充軍；三次者，發極邊烟瘴充軍；三次以上者，亦絞。

謹按：此條嘉慶二十一年，於徒三年下增爲從杖九十徒二年半九字。

一、凡子孫發掘祖父母、父母墳塚，均不分首從，已行未見棺槨者，皆絞立決。見棺槨者，皆斬立決。開棺見屍並毁棄屍骸者，皆凌遲處死。若開棺見屍至三塚者，除正犯凌遲處死外，其子俱發往伊犁當差。如有尊長、卑幼或外人爲首、爲從，分别服制、凡人各以首從論。

謹按：此條道光六年調劑新疆遣犯，將例内發往伊犁改發極邊足四千里充軍。二十四年新疆遣犯照舊發往，仍復原例。

一、子孫盜祖父母、父母未殯、未埋屍柩，不分首從，開棺見屍者，皆斬立決。如未開棺槨事屬已行確有顯跡者，皆絞立決。如有尊長、卑幼或外人爲首、爲從，分别服制、凡人各以首從論。

謹按：此條原例子孫下有因貧二字，嘉慶十九年删。

一、有服卑幼發掘尊長墳塚，未見棺槨者，爲首期親卑幼發極邊足四千里充軍；功緦卑幼發邊遠充軍爲從期卑幼發邊遠充軍；功緦卑幼發近邊充軍。見棺槨者，爲首期親卑幼實發雲、貴、兩廣極邊烟瘴充軍；功緦卑幼發極邊足四千里充軍。爲從期親卑幼發極邊足四千里充軍；功緦卑幼發邊遠充軍。如有尊長或外人爲首、爲從，分别服制、凡人各以首從論。開棺見屍並鋸縫、鑿孔，首從之卑幼無論期親、功緦照常人一例問擬。

謹按：此條同治四年改定。

一、平治他人墳墓爲田園，未見棺槨，止一冢者，仍照律杖一百。如平治多冢，每三冢加一等，罪止杖一百徒三年。卑幼於尊長有犯緦麻功服，各加凡人一等。期親又加一等。若子孫平治祖墳並奴僕、雇工平治家長墳，一冢者，杖一百徒三年。每一冢加一等，仍照加不至死之例，加至實發雲、貴、兩廣極邊烟瘴充軍爲止。其因平治而盜賣墳地得財者，均按律計贓准竊盜論加一等。贓輕者，各加平治罪一等。知情謀買者悉與犯人同罪，不知者不坐。如因平治而强占或盜賣計畝數多，按例應擬徒流、充軍，以至因平治而見棺、見屍並棄毁屍骸，按例應擬軍遣、斬絞、凌遲者，仍照各本例從其重者論。其子孫因貧賣地，留墳祭掃並未平治又非盜賣者，不在此例。

一、奴僕、雇工人盜家長未殯、未埋屍柩，未開棺槨，事屬已行確有顯跡者，照發冢已行未見棺例，爲首絞監候，爲從發近邊充軍。開棺見屍者，照發冢見棺槨例，爲首絞立決，爲從絞監候。其毁棄、撇撒死屍者，仍照舊例，不分首後皆斬立決。

謹按：以上二條，俱嘉慶二十二年定。

一、盜未殯未埋屍柩，鋸縫、鑿孔爲者，一、二次者，杖一百徒三年；三次者，照雜犯流罪總徒四年；四次、五次者，發邊遠充軍；六次及六次以上發極邊烟瘴充軍。爲後一、二次者，杖九十徒二年半；三次者，杖一百徒三年；四次、五次者，總徒四年；六次、七次者，發邊遠充軍；八次及八次以上者，發極邊烟瘴充軍。

一、發掘墳冢並盜未殯、未埋屍柩，無論已開棺、未開棺及鋸縫、鑿孔等項人犯，各按其所犯本條之罪分别首從並計科斷。如一人迭竊，有首有從，則視其爲首次數與爲從次數罪名相比從其重者論。若爲首各次並計罪輕，准其將爲首次數歸入爲從次數内並計科罪。不得以爲從次數作爲首次數並計。亦不得以盜未殯、未埋屍柩及鋸縫、鑿孔之案歸入發冢見棺及開棺見屍案内並計次數治罪。

一、受雇看守墳墓，並無主僕名分之人，如有發冢及盜未殯、未埋屍柩，並鋸縫、鑿孔與未開棺槨者，或自行盜發，或聽從外人盜發，除死罪無可復加外，犯該軍流以下等罪，悉照凡人首、從各本律例上加一等問擬。

謹按：以上三條俱嘉慶二十四年定。

一、夫毁棄妻屍者比依尊長毁棄期親卑幼死屍律，於凡人杖流上遞減四等，杖七十徒一年半；不失屍及毁而但髡髮若傷者，再減一等，杖六十徒一年。

謹按：此條道光五年定。

一、凡發掘墳冢及鋸縫、鑿孔偷竊之案，但經得財，俱核計所得之贓，照竊盜贓科斷。如計贓輕於本罪者，仍依本例定擬。若計贓重於本罪者，即從重治罪。

謹按：此條咸豐二年定。

歷年事例

發塚

嘉慶二十二年六月奉旨：此案張成標因圖姦張盤沅不從，起意殺死。復將張盤沅屍身用水澆燙，刮去皮肉，剖開胸腹，挖出臟腑飼犬，殘忍已極。僅照因姦殺死良人子弟例問擬斬決尚覺情浮於法。張成標著即處斬，再加梟示。將該犯凶殘情節於榜示内載明，俾衆共知警惕。嗣後斬決之犯，有情節凶殘似此者，俱照此例辦理。餘依議。欽此。

謹按：此條已遵旨修纂爲例，在人命殺一家三人門内。應將諭旨移歸彼門。

同治四年議准據大理寺少卿于凌辰，御史張觀鈞、佛爾國春奏請將盜墓賊犯照劫奪財物例重定罪名各一摺，查同一發冢，而其間或係常人，或係家長，或係祖父母、父母及貝勒、貝子等項，所發之冢既異，且或鋸縫、鑿孔或開棺見屍，或起棺索財，自軍流、斬絞以至凌遲，各視其分誼之親疏、貴賤及情節之重輕以爲等差。蓋律例乃天下之大法，使人知尊卑貴賤渾然不容或紊，此乃刑弼教之意也。如將盜墓各犯，比照强盗不分首從問擬，此等凶惡之徒，即盡法懲治，亦不足惜。惟查《律例輯注》云：在野之墳，雖發掘開棺，不得同於强盗。已死之人，雖殘毀棄置，不得同於謀殺。前人立論，自爲允當，況本例内發掘家長墳塚，毀棄、撇撒死屍，及發掘祖父母、父母墳塚，均不分首從，若發掘常人墳塚，即不分首從，設有發掘祖父母、父母、家長墳塚，並起棺索財取贖，情節尤重者，轉致無可復加。第近來發塚案件層見疊出，各犯結夥成群殃及枯骨，肆行無忌，情實可恨，誠不可不嚴加懲創。嗣後發掘常人墳塚開棺見屍爲首者，從重擬斬立決。爲從無論次數俱擬絞監候。其發塚見棺鋸縫、鑿孔抽取衣飾，雖未顯露屍身，亦應從重，將爲首之犯不論次數擬絞立決。爲從者，俱擬絞監候。至發掘常人墳塚開棺見屍爲首之犯，既從重定擬駢首。其奴婢、雇工人發掘家長墳塚開棺見屍爲首，並撇撒死屍首從各犯，及發掘貝勒、貝子、公夫人等墳塚開棺見屍爲首之犯，未便無所區别。應各於斬決本罪上從重加擬梟示。發掘公主之女墳墓，例無作何治罪明文。查公主之女並無品級，現在發掘常人墳塚罪至斬、絞立決。嗣後發掘公主之女墳墓，即照發常人墳塚例從重治罪。如有發掘墳塚後將屍骨撇棄道路並將控告人殺害者，即照發塚起棺索財取贖之例比依强盗得財本律，不分首從擬斬立決。

同治五年議准據御史林式恭奏請將發塚爲從之犯比較案情輕重酌定實緩一摺，查云：嗣後發塚開棺見屍爲從幇同下手者，不論次數俱入情實。在外瞭望一、二次者，入於緩決，三次及三次以上者，入於情實。其發塚見棺鋸縫、鑿孔爲從幇同下手三次及三次上者，入於情實，一、二次入於緩決。在外瞭望六次者，入於情實，一次至五次者，入於緩決。

（清）沈家本《續修會典事例・盗賊窩主》　一、知竊盗贓而接買、受寄若馬贏等畜至二頭匹以上，銀貨坐贓至滿數者，俱問罪，不分初犯再犯，枷號一個月發落。若三犯以上，不分贓數多寡，俱免枷號發近邊充軍。接買盗贓至八十兩爲滿數，受寄盗贓至一百兩爲滿數，盗後分贓至一百二十兩以上爲滿數。

謹案：此條同治七年改定此例。

一、强盗窩主造意不行又不分贓者，改發附近充軍。如年逾五十，杖一百流三千里。若並非造意又不同行分贓，但知情存留一人者，杖一百徒三年。存留二人者，杖一百流三千里。存留三人以上者，發極邊足四千里充軍。

謹案：此條嘉慶二十二年改定。

一、强盗窩主造意不行又不分贓者，改發極邊足四千里充軍。若非造意又不同行分贓，但知情存留一人者，杖一百徒三年。存留二人者，杖一百流三千里。存留三人以上者，亦發極邊足四千里充軍。

謹案：此條道光九年改定。咸豐十一年改爲凡窩藏强盗之家，雖非造意亦不同行分贓，但知係强盗而窩藏，不論窩藏人數多寡，照强盗窩主問擬斬決。其暫時存留者，仍照舊例核辦。至窩留持械搶奪，倚强肆掠案犯，亦照此辦理。

一、强盗窩主造意不行又不分贓，改發新疆給官兵爲奴。若非造意又不同行分贓，但知情存留一人發近邊充軍。存留二人亦發新疆給官兵爲奴。存留三人以上於發遣處加號三個月。五人以上加枷號六個月。如知情而又分贓，無論存留人數多寡，仍照窩主律斬。

謹案：此條同治七年改定。

一、强盗案内知情買贓之犯，照洋盗例分别次數定擬。其知而寄藏及代爲銷贓者，一次杖八十徒二年，二次杖九十徒二年半，三次以上杖一百徒三年。

謹案：此條本與知竊盗贓而接買、受寄爲一條，同治七年分出增定。咸豐十一年將知强盗後而分贓並知而寄藏及代爲銷贓者改爲無論已、未滿數，發新疆給官兵爲奴。遇赦不赦。知强盗贓而故買者改爲無論贓數多寡，均杖一百流三千里。同治七年將知强盗後分贓一項修併强盗門知而不首條内。故買、寄藏、銷贓三項分出增定另爲一條。

一、窩線同行上盗得財者，仍照强盗律定擬。如不上盗又未得財，但爲賊探聽事主消息通線引路，照强盗窩主造意不行又不分贓，改發新疆給官兵爲奴。

謹案：此條咸豐十一年將强盗不上盗不得財，但爲賊探聽事主消息通線引路，亦照强盗窩主問擬斬決。同治七年改定此例。

一、窩留積匪之家果有造意及同行分贓，代賣，改發極邊烟瘴充軍，面刺改發二字。如有脱逃被獲，即改發新疆，酌撥種地當差。其未經造意又不同行，但經窩留分得些微財物或止代爲賣贓者，均減本犯一等治罪。至窩藏回民行竊犯至遣戍者，亦照窩藏積匪例分別治罪。

謹按：此條道光六年調劑新疆遣犯，將例内應發新疆當差者，改發雲、貴、兩廣極邊烟瘴充軍，到配加枷號三個月。二十四年新疆遣犯照舊發往，仍復原例。

一、洋盜案内，知情接買盜贓之犯，不論贓數多寡，一次杖一百徒三年；二次發近邊充軍；三次以上發新疆給官兵爲奴。

謹按：此條嘉慶十八年定。

一、回民窩竊罪應發極邊烟瘴者，改發新疆給官兵爲奴。

謹按：此條嘉慶二十年定，道光六年調劑新疆遣犯，將例内應發新疆者，改發雲、貴、兩廣極邊烟瘴充軍，到配加枷號三個月。二十四年新疆遣犯照舊發往，仍復原例。

一、凡皇親、功臣、管莊家僕、佃户人等及諸色軍民大户勾引來歷不明之人窩藏强盜二名以上、竊盜五名以上坐家分贓者，俱問發邊衛充軍。若有造意共謀之情者，各依律從重科斷。干礙勳戚、功臣者，參究治罪。

謹案：邊衛充軍乾隆三十二年改爲近邊充軍，又查勳戚二字例文原作皇親，似應改正。

一、知强竊盜贓而接買、受寄，若馬驘等畜至二頭匹以上，銀貨作贓至滿數者，俱問罪。不分初犯再犯，枷號一月發落。若三犯以上，不拘贓數多寡與知强盜後而分贓至滿數者，俱免枷號發邊衛充軍。接買盜贓至八十兩爲滿數；受寄盜贓至一百兩爲滿數，盜後分贓至一百二十兩以上爲滿數。

謹案：邊衛充軍乾隆三十二年改爲近邊充軍。又查銀貨作贓，原例係銀貨坐贓，枷號一月原例一下有個字，似應添改。

一、强盜窩主造意不行又不分贓者，改發烏魯木齊等處當差。如年逾五十不能耕作者，杖一百流三千里。若非造意又不同行分贓，但知情存留一人者，杖一百徒三年。存留二人者，杖一百流三千里。存留三人以上者，發極邊足四千里充軍。謹案：嘉慶六年查窩主造意不行又不分贓律，應滿流之犯，於乾隆二十三年改發新疆。四十二年仍發内地，照原律加一等。故改爲附近充軍。惟年逾五十不能耕作之人，本不發新疆者，仍照原律滿流。因將例文改定。

謹案：此條案語四十二年乃三十二年之譌。附近充軍下應添入四十四年仍發新疆八字。

一、容留外省流棍者，照勾引來歷不明之人例，發近邊充軍。

謹案：近邊原例作邊衛，乾隆三十二年改。

一、老瓜賊本處鄰佑、地保有知情容留者，發近邊充軍。

謹案：近邊原例作邊衛，乾隆三十二年改。

一、窩留積匪之家果係造意及同行分贓、代賣，即照本犯一例改發極邊烟瘴充軍，並於面上刺改遣二字。如有脱逃被獲，即照積匪脱逃例辦理。其未經造意又不同行，但經窩留分得些微財物或止代爲賣贓者，均減本犯一等治罪。至窩藏回民行竊犯至遣戍者，亦照窩藏積匪例分別治罪。

謹案：此條乾隆三十七年增定。嘉慶六年將即照積脱逃例辦理句改爲改發黑龍江等處給披甲人爲奴。十七年又改爲改發新疆給官兵爲奴。

謹案：此條按語嘉慶六年下應添删即照本犯一例六字，並於面上刺改遣二字改爲面刺改發二字。

一、山東一省除窩竊未及三名仍照舊例辦理外，其窩竊三名以上坐地分贓及代變贓物者，發近邊充軍。五名以上者，即發雲、貴、兩廣極邊烟瘴充軍。地保及在官人役有窩賊分贓者，悉照捕役豢竊例辦理。俟該省盜賊之風稍息，再行奏明復歸舊例。

謹案：此條嘉慶二十三年定。

一、順天府、五城及直隸、山東三省窩藏竊盜一、二名者，杖一百徒三年；窩藏竊盜三名以上及强盜一名者，俱發近邊充軍；窩藏竊盜五名以上及强盜二名以上者，實發雲、貴、兩廣極邊烟瘴充軍。窩留積匪之家，無論賊犯在彼行竊與否，但經知情窩留者，亦實發雲、貴、兩廣極邊烟瘴充軍。其應擬死罪者，仍各從其重者論。俟盜風稍息，奏明復歸舊例。

謹案：此條道光九年改定。二十四年將窩藏强盜二名以上者，改發新疆給官兵爲奴。咸豐十一年改爲但知係强盜而窩藏，不論窩藏人數多寡問擬斬決。

一、順天府、五城及直隸、山東二省窩藏竊盜一、二名者，杖一百徒三年；三名以上者，發近邊充軍；五名以上者，實發雲、貴、兩廣極邊烟瘴充軍。窩留積匪之家，無論賊犯在彼行竊與否，但經知情窩留，亦實發雲、貴、兩廣極邊烟瘴充軍。若罪應擬死，仍各從其重者論。

謹案：此條同治七年改定。

一、凡曾任職官及在籍職官窩藏竊盜、强盜，按平民窩主本律本例，罪應斬決者，加擬梟示；罪應絞候者，加擬絞立決；罪應徒流充軍者，概行發遣黑龍江當差。

謹按：此條嘉慶二十三年定。

一、西寧地方拿獲私歇家，除審有不法重情實犯死罪外，其但在山僻小路經年累月開設私歇家者，爲首照私通土苗例發邊遠充軍，爲從杖一百徒三年。

謹按：此條道光二年遵諭旨定。

一、廣東、廣西二省如有不法姦徒窩藏匪類，捉人關禁勒贖，坐地分贓者，無論曾否得贓，及所捉人數並次數多寡，但經造意，雖未同行，即照苗人伏草捉人案内土哨姦民勾通取利造意例，擬斬立決。雖未造意，但經事前同謀者，即分别有無凌虐及致令自盡各情，照捉人首犯分别擬以斬候，發遣。若先未造意，但經事前同謀者，即分别有無凌虐及致令自盡各情，照捉人首犯分别擬以斬候，發遣。若先未造意同謀，僅止事後窩留關禁勒贖，如捉人首犯罪應斬絞者，窩留之犯發遣新疆給官兵爲奴；罪應擬遣者，發極邊足四千里充軍。倘由本犯自行關禁勒贖，别無窩家者，仍按本例從其重者論。本犯父兄究明曾否分贓，照盜案例分别發落。鄰佑、牌保除受賄包庇從重定擬外，若止知情不首，亦照盜案例分别責懲。窩留關禁之房屋，如係房主知情者，房屋一併入官。倘數年後此風稍息，仍隨時奏明，酌量辦理。

謹按：此條道光二十五年定，係指廣東一省而言。咸豐三年增入廣西省。

一、山東省匪徒有窩留捻幅匪犯者，無論有無同行，但其窩留之犯曾經搶奪訛索，强當滋事者，窩主悉照首犯一例治罪。倘數年後，此風稍息，奏明仍照舊例辦理。

謹按：此條道光二十五年定。

一、强盜案内知情買贓之犯，照洋盜例分别次數定擬。其知而寄藏及代爲銷贓者，一次杖八十徒二年；二次杖九十徒二年半；三次以上杖一百徒三年。

一、知竊盜贓而接買、受寄若馬贏等畜至二頭匹以上，銀貨坐贓至滿數者，俱問罪。不分初犯再犯，枷號一個月發落。若三犯以上，不分贓數多寡，俱免枷號發近邊充軍。接買盜贓至八十兩爲滿數，受寄盜贓至一百兩爲滿數，盜後分贓至一百二十兩以上爲滿數。

謹按：原例本止後一條。咸豐十一年因接買、受寄强盜贓與竊贓同一罪名不足示懲，將知强盜後而分贓並知而寄藏及代爲銷贓者改爲無論已未滿數，發新疆給官兵爲奴。遇赦不赦。知强盜贓而故買者改爲無論贓數多寡，均杖一百流三千里。同治七年查事後知情而分贓故買或寄藏銷贓未便與事前知情不行分贓者同擬遣流。且四項罪名略同，亦未允當。將分贓一項並入强盜門知而不首條内。將强盜案内故買、寄藏、銷贓三項修改爲前一條。

一、强盜窩主造意不行又不分贓，改發新疆給官兵爲奴。若非造意又不同行分贓，但知情存留一人發近邊充軍。存留二人亦發新疆給官兵爲奴。存留三人以上於發遣處加枷號三個月。五人以上加枷號三個月。如知情而又分贓，無論存留人數多寡，仍照窩主律斬。

謹按：此條嘉慶二十二年調劑新疆遣犯，將原例發烏魯木齊等處當差，改發附近充軍。節删不能耕作者五字。道光九年將例文改爲强盜窩主造意不行又不分贓者，改發極邊足四千里充軍。若非造意又不同行分贓，但知情存留一人者，杖一百徒三年。存留二人者，杖一百流三千里。存留三人以上者，亦發極邊足四千里充軍。咸豐十一年嚴定窩盜章程，改爲凡窩藏强盜之家，雖非造意亦不同行分贓，但知係强盜而窩藏，不論窩藏人數多寡，照强盜窩主問擬斬決。其暫時存留者，仍照舊例核辦。至窩留持械搶奪、倚强肆掠案犯，亦照此辦理。同治七年查章程，與推鞫窩主之例不符，是以改定。

一、窩線同行上盜得財者，仍照强盜律定擬。如不上盜又未得財，但爲賊探聽事主消息通線引路，照强盜窩主造意不行又不分贓，改發新疆給官兵爲奴。

謹按：此條咸豐十一年將窩藏强盜雖不上盜不得財，但爲賊探聽事主消息通線引路，亦照强盜窩主問擬斬決。同治七年因章程概予駢誅，未免過重，原例罪止杖流，又覺稍輕，是以改定。

一、順天府、五城及直隸、山東二省窩藏竊盜一、二名者，杖一百徒三年；三名以上者，發近邊充軍；五名以上者，實發雲、貴、兩廣極邊烟瘴充軍。窩留積匪之家，無論賊犯在彼行竊與否，但經知情窩留，亦實發雲、貴、兩廣極邊烟瘴充軍。若罪應擬死，仍各從其重者論。

謹按：此條嘉慶二十三年定，原例文云：山東一省除窩竊未及三名仍照舊例辦理外，其窩竊三名以上坐地分贓及代變贓物者，發近邊充軍。五名以上者，發雲、貴、兩廣極邊烟瘴充軍。地保及在官人役有窩竊分贓者，悉照捕役豢竊例辦理。俟該省盜賊之風稍息，再行奏明復歸舊例。道光九年改爲順天府、五城及直隸、山東二省窩藏竊盜一、二名者，杖一百徒三年；窩藏竊盜三名以上及强盜一名者，俱發近邊充軍；窩藏竊盜五名以上及强盜二名以上者，實發雲、貴、兩廣極邊烟瘴充軍。窩留積匪之家，無論賊犯在彼行竊與否，但經知情窩留者，亦實發雲、貴、兩廣極邊烟瘴充軍。其應擬死罪者，仍各從其重者論。俟盜風情稍息，奏明復歸舊例。二十四年將窩藏强盜二名以上者，改發新疆給官兵爲奴。咸豐十一年嚴定窩盜章程，改爲但知係强盜而窩藏，不論窩藏人數多寡，問擬斬決。同治七年修改章程，另立專條，將本條內窩藏强盜之處節刪。

嘉慶二十三年八月十二日奉上諭：和舜武奏酌改竊賊窩主條例一摺，近日東省糾衆夥竊之案甚多，且有窩家爲之淵藪，自應嚴立科條，俾姦民知所畏懼。嗣後山東一省竊賊除贓數滿貫，罪無可加及行竊僅止一、二人，並窩竊未及三名仍照舊例辦理外，其竊賊結夥在三人以上執持繩鞭器械者，不分首從、贓數、次數俱改雲、貴、兩廣極邊烟瘴充軍。三人以上徒手行竊者，於軍罪上減一等，杖一百徒三年。若結夥至十人以上，雖徒手亦照三人以上執持繩鞭器械之例辦理。窩竊三名以上坐地分贓及代變贓物者，發近邊充軍。五名以上者即發雲、貴、兩廣極邊烟瘴充軍。地保及在官入役有窩竊分贓者，悉照捕役豢竊例辦理。俟東省盜賊之風稍息，再由該撫奏明復歸舊例。至近日並有廢員在籍窩賊。如王奎聚者，尤出情理之外。著刑部將曾任職官及在籍職官窩藏盜賊者，另行從重定擬條例具奏。欽此。

道光二年十二月初七日奉上諭：嗣後西寧地方拏獲私歇家，除審有不法重情實犯死罪外，其但在山僻小路經年累月開設私歇家者，將爲首之犯照私通土苗例擬發邊遠充軍，爲從之犯擬杖一百徒三年。所有現獲各犯，即照此例嚴辦。欽此。

（清）剛毅《秋讞輯要》卷一《秋讞志略・比對條款》 一、偷竊庫銀及竊盜餉鞘滿貫案件，查明如係藐法肆竊者，應入情實。其餘若僅止乘便攫取，尚無藐抗情節者，可以緩決。

一、僕竊主財滿貫之案，向來辦理俱照尋常滿貫之例分別情節問擬。自乾隆二十二年江蘇省孫二一案，係乘主全家外出，託伊管家之便，勾引外賊，肆凶罄竊，奉旨改入情實之後，二十三、四兩年，此等人犯即擬入情實。迨二十七年朝審內朱大成一案，本部定擬情實，蒙恩免勾，此後此項人犯仍係分別辦理。今酌擬，如有負恩結夥、肆竊情重者，俱入情實。其餘尋常鼠竊及乘便攫取者，可入緩決。

一、搶奪滿貫之案，俱照竊盜貫例辦理。今酌擬，如有糾衆入室搶奪並未傷人而行盜劫及曾以他物傷人者，應入情實。其餘如僅止局騙搶物，尚無恃强劫奪情形者，可以緩決。

一、强奪良家妻女佔爲妻妾之案，如有挾忿搶奪，毆逼强姦者，應入情實。其餘如被人哄騙，尚非强搶行姦並無毆逼情形者，可以緩決。

一、强奪姦污之案，如有挾忿搶奪，毆逼强姦者，應擬情實。其餘係被哄騙慫恿强搶成姦，並無毆逼情形者，可以緩決。

一、但經調戲，本婦輿親屬羞忿自盡各案，情實一次未勾，下年即應改爲緩決。若初入秋審，如遇停勾，次年不在緩決之例。倘督撫應擬情實而入緩，或應擬緩而入實，刑部會同九卿照便題參。

一、除搶奪不准減遣外，其竊盜滿貫，三犯竊盜等項，緩決一次之後，刑部奏改發遣。

（清）佚名《秋審比較條款》卷三《姦盜搶竊》 一、竊贓滿貫之案，乾隆五十七年軍機大臣面奉諭旨，贓逾五百兩者情實，未至五百兩緩決。小注按：奏定《計贓章程》係以制錢一千作銀一兩。近年行使大錢，銀價較前昂貴數倍。如以錢一千作銀一兩計贓，雖逾五百兩，而按犯事時以錢易銀價值，實不及五百兩者，仍于黄册聲明，以冀邀恩免勾。咸豐十年趙大，同治四年閻兆登有免勾案。

一、行竊庫銀，餉鞘爲首，並糾竊行署官物，計贓逾貫，雖未至五百兩，俱應入實。行劫官帑，在外瞭望接贓從犯並同。

一、行竊官員公寓逾貫，究與行竊衙署不同，未至五百兩仍入緩決。

一、行竊滿貫未至五百兩，此外另有圖脱拒捕，或將事主推跌，或他物一二傷情節，不甚凶暴者，俱屬輕罪，仍以未至五百兩入緩。

一、糾竊未至五百兩而夥賊臨時行强，該犯仍照滿貫擬絞者，亦可緩決。

一、竊賊二三次滿貫同時并發，及積匪行竊一次逾貫，俱未至五百兩者，可入緩決。

一、前犯竊贓滿貫，及三犯擬絞，免死減釋。或在配復行竊滿貫，及三犯擬絞之案。

又前後兩犯均係刃傷事主。或前犯刃傷事主，復犯滿貫及三犯。或前犯滿貫，及三犯後刃傷事主。此等類皆怙惡不悛，雖竊贓未至五百兩，刃傷止一二處，俱應入情實。

一、用藥迷竊，未得財者，例應情實。

一、首犯贓逾五百兩，後犯因三犯擬絞者，仍入緩決。

一、窩竊滿貫之案，例係並贓論罪，俱應情實。若係暫時窩竊，非同積匪巨窩者，亦可酌入緩決。

一、竊盜得免並計後三犯計贓擬絞，免死減釋。或在配復犯竊，計贓五十兩以上，仍以三犯擬絞之案。與竊盜免死後至三犯者不同，可入緩決後至字後道光本。

一、因竊問擬遣軍流徒赦回，並別項遣軍流徒赦回，復行竊逾貫。或至三犯及刃傷事主者，仍按贓數及刃傷多寡辦理，不必加重。

一、跟踪行竊逾貫之案，後前不問是否贓逾五百兩，俱入情實。嘉慶十六年奏准，如獨自起意及僅止一二人暫時跟隨，乘便攫取者，仍與尋常鼠竊一體分別實緩。若糾衆已至三人。或假扮客商，晝則同行，夜則同住，志在必得，但經滿貫，雖未至五百兩，亦入情實。

一、夥衆丟包行竊，例應照搶奪定擬之案，但經逾貫，雖未至五百兩，俱應情實。如係潛踪掉竊，並非公然攫取，應照竊盜辦理者，嘉慶十六年奏准，仍與尋常鼠竊，以是否贓逾五百兩分別實緩。其有跟踪情事者，亦照跟踪久暫，夥犯多寡辦理。

一、船户、車夫、店家，有主客相依之義。但經行竊逾貫，雖未至五百兩，實屬爲害商旅，俱應入實。如係船上水手，店内傭工，及一切挑脚人等，乘間鼠竊，贓未至五百兩，若有勾引外人夥竊情事者，入實。餘俱緩決。

一、船户等項盜賣客貨逾貫，雖贓未至五百兩，俱應情實。如蓄計盜賣，故意將船碰破，及有心放火燒毀房屋，船隻，車輛者其用心最爲險毒，入實無疑。若實係遭風，失火，乘間盜賣客貨，從前間有緩案，近來亦多入實。

一、奴婢行竊主財逾貫，未至五百兩。如係負恩，勾引外賊肆竊者，應入情實。其一人乘間鼠竊，可以緩決。至傭工，長隨及兵役，水火夫人等，行竊本主，本管官財物逾貫，亦照此分別實緩。

一、竊盜臨時盜所拒捕刃傷事主，俱入情實。亦間有因止刃劃一傷入緩之案。查此項情節亦有不同，一聞事主聲喊，即持刀相向，情近于强，雖止一劃傷，自應入實。若實係被拉，被抱，劃由圖脱，與逃後被追圖脱者，時異而情同，例與斬候已有區分，似可酌量入緩。

一、竊賊已離盜所，拒捕刃傷事主，嘉慶八年奏准，如被拉圖脱，雖三傷，俱問緩決。歷年來凡護贓，護夥，情同格鬥者，入實。其餘無前項情形，實係圖脱情急，刃戳止二三傷者，俱入緩決內劃傷他物傷不算。若金刃戳扎三傷以上者，仍入情實。又，被追而未被獲，無急情可原，輒糾夥轉身迎拒，情勢凶横者，雖僅金刃一二傷，亦不可輕議緩決。

一、竊賊圖脱拒捕，致斃事主，無論情傷輕重，俱入緩實。

一、竊賊圖脱拒捕，除他物另傷一人不計外，如刃傷事主至二人者，雖僅止一二傷，俱入情實。若二人內有一劃傷，及兩人俱係劃傷者，尚可酌入緩決。

一、竊賊圖脱拒捕，僅止金刃一二傷，亦無凶暴情形。此外或事主追逐，自行跌斃者，亦可緩決。

一、竊賊圖脱拒捕，他物毆傷事主至廢疾、篤疾者，較刃傷平復爲重，俱應入實。若扎傷平復，僅止骨肋參差，或斷一指，折一齒，事主不致貽累終身者，亦可緩決。小注：若盜田野穀麥等類，與實犯竊盜不同，雖拒捕至廢疾，亦可酌入緩決。道光二十年，四川張在遠，二十一年奉天李復與兩案，均奏明改緩。

一、兩賊同時拒一事主，及各自拒傷事主，各科各罪。如實係圖脱情急，無彼此護夥凶横情節，金刃未至三傷以上者，亦可緩決。

一、竊賊兩次刃傷事主同時并發雖各止一二傷，亦入情實。

一、竊賊刃傷事主，聞拿畏懼，將原贓送還，除確有證據者，依例減流外。若係一面之詞，别無證佐，仍擬絞候者，照例入于緩決。

一、竊盜殺人，爲從幫毆之犯，自乾隆四十六年定例，不分他物、金刃，俱擬絞候，以後俱入情實。嘉慶六年新例，金刃及他物折傷者，擬絞。傷非金刃，未至折傷者，擬遣。其例前定案之犯，于秋審上班後奏明。刃傷及他物折傷者，情實。他物未致折傷者，緩決。八年四川馮大湧一起，係竊匪圖脱拒捕，僅止刃劃一傷，另他物三傷，曾經奏明入緩。嗣後此等從犯，係竊案圖脱，一傷甚輕，無護贓，護夥及倚夥凶暴别情，俱入緩決。小注按：搶奪殺人，後犯情急圖脱，刃劃一二傷與首犯拒不同場，定案時，照爲從問擬者，不可原情入緩。

一、親屬相盜，拒斃捕人，仍依鬥殺絞候者，應入情實。小注按：此指無服親屬而言。若有服親屬相盜，拒殺卑幼，定案依毆殺卑幼律擬絞者，不在此例。

一、竊賊冒捕，嚇詐拷斃竊賊者，應入情實。

一、回民糾夥三人以上行竊逾貫，雖未至五百兩，俱入情實。如糾夥未及三人，或雖糾夥三人並未執持凶器，贓亦未至五百兩者，似亦應酌予緩決。小注按：如三人内有一民人，即不以三人論。至回民結夥行竊刃傷事主之案，仍照尋常竊盜，一體分别辦理。

一、回民行竊、窩竊，發遣在逃行竊，計贓逾貫，及行竊時另犯應死罪名者，秋審概入情實。

一、蒙古搶奪傷人，照《蒙古例》擬絞之案，如傷非金刃，傷輕平復，在刑例罪止擬軍者，可以緩決。若係金刃，在刑例罪應擬斬者，自難概寬。

一、蒙古搶劫什物未傷人，及搶奪十人以上，並計贓逾貫爲從者，俱入緩決。

一、偷竊蒙古四項牲畜三十匹以上，不分首從，俱入情實。二十匹及十四以上，爲首入實。其二十匹以上，從犯入于緩決，例内已有明文。至内地民人盜牛二十隻以上，定例以有妨農務，不論贓數，擬以絞候，原較凡盜爲重。如秋審再入情實，則較之盜尋常馬匹等項輕重大相懸遠，似應入于緩決。小注：道光二年新例，三十匹以上爲首，情實。爲從，擬絞。核其情節分别實緩。

一、竊賊發塚，開棺見屍，剥取屍衣，及盜未殯、未埋屍棺三次者，俱應情實。此例重在見屍，如因屍衣腐爛無存，及剥衣未得，被人撞遇逃逸者，亦入情實。

一、發塚三次爲從，僅止在外瞭望者，緩決。若幫同開棺，及爲從至三次以上，情實，例内已有明文。其盜未殯未埋屍棺爲從三次以上，應絞候者，如僅止在外瞭望，亦可酌入緩決。

一、貪圖吉壤發塚，致壞人屍棺骸罐者，亦以見屍科罪，應入情實。如係山地被人盜埋盜葬，及心疑盜葬，出入有因而發塚，壞人屍棺骸罐者，亦可酌入緩決。

一、指稱旱魃，刨墳毀屍爲首，如有挾仇洩忿情事，例應入實。訊無嫌隙者緩決。

一、殺死搶竊族人，例不照擅殺科斷，仍依謀故鬥殺定擬之案。道光七年，本部題覆福建馬幅周案内聲明，若拘于謀故殺人，向係入實之例，概擬情實，未免向隅。請酌入緩決，通行在案。嗣後，如犯係僱工人及兄弟妻之類，定案因係親屬相盜，不照擅殺科斷者，雖案係謀殺，亦俱遵照入緩。

一、行竊遺落火媒，不期將事主燒斃，照因盜威逼人致死問擬斬候之例，係道光三年纂定。原奏聲明遺火，燒斃一命，及二命而非一家者，酌入緩決。燒斃一家二命，及三命非一家者，入于情實。迨道光四年纂修例時，復聲明秋審案件，應候臨時酌核辦理，毋庸將入于情實緩決之處纂入例内。查此項竊賊遺火，事出無心。遇有燒斃一命者，自可酌入緩決。若至二命以上，則死者之情較慘，似不應率行入緩。小注：竊剥事主衣服，致令凍斃，本犯投首免，因照搧去人服食致死擬絞者，亦間有酌緩成案。

（清）席裕福《清朝政典類纂》三九〇《刑二十二·刑律賊盜·盜大祀神御物》 凡盜大祀天曰神地曰祇御用祭器、帷帳等物，及盜饗薦、玉帛牲牢、饌具之屬者，皆斬。不分首從，監守常人，謂在殿内及已至祭所而盜者。其祭器品物未進神御及營造未成，若已奉祭訖之物及其餘官物，雖大祀所用非應薦之物。皆杖一百、徒三年。若計贓重於本罪，杖一百、徒三年者，各加盜罪一等，謂監守、常人盜者，各加監守常人盜罪一等。至雜犯絞斬，不加。並刺字。

刑案

偷竊堂子内黄緞，照盜大祀祭器等物律，擬斬立決。嘉慶十八年奉天司案。

行竊太廟内匠役遺下器物未得贓，照盜大祀營造及其餘官物律減等問擬。嘉慶二十年江西司案。

先行竊本官椀碟，革役復偷竊先農壇内門上銅釘，加重比照盜大祀官物律滿徒。道光五年山東司案。

挖竊關帝神像内所藏銀什並像前供器，比照盜大祀神御物律，不分首從斬決。奉旨改爲監候，入於秋審情實。嘉慶十八年奉天案。

工匠偷竊陵寢内殿門銅釘，比照盜大祀神御物律，皆斬立決。其僅止在外看人並未進内之犯，奉旨改爲斬候。道光三年直隸現審案。

偷竊禮部庫内存貯陵寢祭器，計贓逾貫，比照盜大祀神御物律斬決。收買受寄各犯，於知盜贓而故買寄贓至數滿例上加二等，杖七十、徒一年半，加枷號兩個月。道光十一年邸抄。

偷竊致祭園寢供器銀物，從重照常人盜倉庫錢糧等物，不分首從，八十兩絞律，係雜犯擬徒五年，其餘各犯照盜大祀祭訖之物擬徒律，分別減等治罪。均加枷號兩個月。道光七年安徽司案。

偷竊公主饗堂内陳設供物，奉旨枷號一年，發往邊遠充軍。兄子姪銷檔。道光十六年邸抄。

潛入陵寢偷竊未得，損壞閣檑等物，比照盜大祀神御物斬律，擬斬立決，不准援免。光緒元年邸抄。

（清）席裕福《清朝政典類纂》卷三九〇《刑二十二·刑律賊盜·盜制書》 凡盜制書者，若非御寶原書，止抄行者，以官文書論，皆斬。不分首從。

盜各衙門官文書者，皆杖一百，刺字。若有所規避者，或侵欺錢糧，或受財買求之類。從重論；事干係軍機之錢糧者，皆絞。監候。不分首從。謹案：此條雍正三年删定。

事例

嘉慶四年諭：陳用敷奏審擬私盜印封，撞騙闕餉一案，已批交軍機大臣會同刑部核擬具奏矣。陳卿延存留空白印封，捏造摺稿，撞騙關課，應照盜各衙門文書，事干軍機錢糧律擬絞監候。今陳用敷奏請即行正法，又係於本律之外加重辦理，前經降旨内外問刑衙門，祗應按律科斷，不得於律外援引從重之條。即有情節較重者，亦必候朕隨案酌定。今陳用敷辦理此案，尚在未奉前旨之先，是以如此定擬。但稱以昭炯戒之詞，殊非按律入奏之體。陳卿延一犯已經核覆時，仍照本律擬絞監候，以符定律。著趕入本年秋審情實辦理。九江道劉楧於陳卿延到關撞騙時，既已知該犯賚有印封，並無印文，形跡可疑，未經發給銀兩，即當扣留，據實究詰，否則即當禀知巡撫實辦。乃劉楧不加查訊，任其他往。設非朱珪留心查出，札知蕪湖關員拏獲，則要犯幾於漏網。劉楧實難辭咎，著交部議處。《聖訓》。

刑案

偷竊收文，迴投印票改作米票，誆騙得錢。除計贓輕罪不議外，比照盜官文書律，擬杖一百，免刺。嘉慶二十年安徽司現審案。

（清）席裕福《清朝政典類纂》卷三九〇《刑二十二·刑律賊盜·盜印信》 凡盜各衙門印信者，不分首從皆斬。監候。又僞造印信、時憲書，條例云：欽給關防與印信同。盜關防印記者皆杖一百刺字。謹案：原文各衙門印信下有及夜巡銅牌五字及字下小注皇城京城四字。雍正三年奏准，今夜禁定例，一應看守皇城京城，皆該管官親身巡察，並不用夜巡銅牌。應將及夜巡銅牌五字並小注俱删。

刑案

偷竊縣學印記，棄失，與印信不同，罪止杖責，從重計贓科罪。禮部則例載，各省府衛儒學印，各州縣儒學條記。云云。嘉慶十四年廣東司說帖。

火夫慫令婢女偷出典史木印，用刀劈碎，比照僞造關防印信律滿徒，婢女爲從減一等。嘉慶二十二年河南案。

兵丁挾忿偷竊，佐領圖記私行鎖毁，冀圖陷害。比照盜印信律量減一等，不分首從，各杖一百、流三千里，不准援減。知情不首之兵丁減等滿徒遇赦減杖。道光元年烏魯木齊案。

偷竊刑部堂印，依盜各衙門印信律擬斬監候，秋後處決。道光十六年邸抄。

盜佐領圖記鈐用契紙，銷除旗檔，於盜印記杖一百律，加等治罪刺字。道光九年河南司案。

（清）席裕福《清朝政典類纂》卷三九〇《刑二十二・刑律賊盜・盜內府財物》 凡盜內府財物者，皆斬。雜犯凡盜即坐，不論多寡，不分首從。若財物未進庫，止依盜官物論。內府字要詳。謹案：原註若未進庫，止依常人盜。內庫字要詳。雍正三年奏准：此律兼監守常人而言，小註語意未明，改爲若財物未進庫，止依盜官物論。又內庫二字應照律文改爲內府。

條例

一、凡盜內府財物，係御寶、乘輿服物者，俱作實犯死罪。其餘銀兩錢帛等物，分別監守、常人，照盜倉庫錢糧各本例定擬。謹案：此條嘉慶十九年修改。一、凡偷竊大內及圓明園、避暑山莊、靜寄山莊、清漪園、靜明園、靜宜園、西苑、南苑等處乘輿服物者，照律不分首從擬斬立決。至偷竊各省行宮乘輿服物爲首者，擬絞監候。爲從者發雲、貴、兩廣、極邊烟瘴充軍。其偷竊行宮內該班官員人等財物，仍照偷竊衙署例問擬。若遇翠華臨幸之時，有犯偷竊行宮物件者，仍依偷竊大內服物例治罪。謹案：此條嘉慶四年定。一、行竊紫禁城內該班官員人等財物，不計贓數、人數，照偷竊衙署擬軍例上加一等，發新疆酌撥種地當差。贓重者，仍從重論。如臨時被拏，拒捕殺人者，不論金刃、他物、手足，均擬斬立決。金刃傷人者，擬斬監候。他物傷人及執持金刃未傷人者，擬絞監候。手足傷人並執持器械非金刃亦未傷人者，發新疆給官兵爲奴。其尋常鬬毆，仍分別金刃、他物、手足及殺傷本例問擬。謹案：此條同治九年續纂。

事例

康熙二十六年諭：此後拏獲竊盜金銀器皿者，照律計銀數目治罪。三十二年議准：凡相近內地看守倉庫並公所倉庫之官員兵丁拏獲竊盜者，官員紀録一次，兵丁向賊犯追銀二兩充賞。看守此等處官員兵丁非係專責拏賊之人，不照賊數、只照拏獲次數紀録充賞。以上均《會典事例》。嘉慶六年諭：刑部審擬偷竊養心殿天溝內折卸舊錫之郭四，比照行竊大內等處乘輿服物斬罪上量減一等，杖一百、流三千里。此案定擬尚爲允協，惟該犯係在院內乘便攫取，與行竊殿內之物者有間。郭四著從寬改爲杖一百、流二千里，應加枷號一個月，即于神武門外工匠往來處所示衆。並著曉諭工匠人等，偷取大內服物者，不分首從例應斬決，俾各知畏法。儻再有在內偷竊之事，一經發覺，必當按例治罪。不能援郭四之例，希圖寬減也。道光三年諭：慶保奏審擬熱河蘇拉行竊禁苑賞件一摺，此案蘇拉李春和膽敢將避暑山莊存貯賞件肆行偷竊，經慶保等照例問擬斬決，實屬罪有應得。姑念該犯所竊尚非存貯內庫服物可比，李春和著改爲斬監候，照例入於本年秋審情實辦理。苑副石鼎有專管之責，苑丞王鎧是日該班值宿，俱著交部議處。苑丞唐訓、王尊賢雖非班期，究系統轄，俱著交部察議。以上均《聖訓》。

刑案

偷竊大內及圓明園等處乘輿服物，比乘輿服物四字，凡大內御用物件及存貯供器等物皆是。嘉慶十年山西司説帖。

偷竊禁苑備賞物件，比照偷竊避暑山莊乘輿服物例斬決。奉旨改斬監候，入於秋審情實。道光三年直隸司案。

偷竊廟內寄存行宮門窗等物，係犯時不知，仍照竊盜本律科斷。道光三年直隸案。

偷竊禁園御物燒燬，圖害園丁，擬絞。朝審由實改緩，恭逢恩赦。銷除旗檔，比照偷竊行宮服物爲從例，減發雲、貴、兩廣極邊烟瘴充軍。道光十一年安徽司案。

拜唐阿偷庫貯雨傘銀頂，比照盜乘輿服御物斬罪上量減，擬流。從重發往新疆酌撥種地當差。道光十五年邸抄。

迭竊宮殿銅鍊、寶匣等物，比依偷竊乘輿服御物者，不分首從擬斬立決律問擬。光緒八年刑部奏審案。

（清）席裕福《清朝政典類纂》卷三九〇《刑二十二・刑律賊盜・盜園陵樹木》 凡盜園陵內樹木者，皆不分首從杖一百、徒三年。若盜他人墳塋內樹木者，首杖八十，從減一等。若計入已贓重於徒杖本罪者，各加盜罪一等。各加監守常人竊盜罪一等。若未馱載，仍以毀論。

條例

一、車馬過陵者，及守陵官民入陵者，百步外下馬。違者，以大不敬論，杖一百。謹案：此條係原例，本無杖一百三字。雍正三年奏准例。【略】

一、凡山前山後各有禁限，如紅樁以內盜砍樹株、取土取石、開窑燒造、放火燒山者，比照盜大祀神御物律斬，奏請定奪。爲從者，發近邊充軍。若紅樁以外官山界限以內，除採樵枝葉仍照舊例毋庸禁止，並民間修理房塋，取土刨坑不及丈餘，取用山上浮石長不及丈，及砍取自種私樹者，一概不禁外，其有盜砍官樹、開山採石、掘地成濠、開窑燒造、放火燒山在紅樁以外、白樁以內者，即照紅樁以內減一等，爲首問發近邊充軍，從犯杖一百、徒三年。如在白樁以外青樁以內者，爲首杖一百、徒三年，從犯減一等，杖九十、徒二年半。如在青樁以外官山以內者，爲首杖九十、徒二年半，從犯減一等杖八十、徒二年。計贓重於徒罪者，各加一等。官山界址在二十里以外，即以二十里爲限；若在二十里以內，即以官山所止之處爲限。弁兵受賄故縱，如本犯罪應軍徒者，與囚同罪。贓重者，計贓以枉法從重論。本犯罪應斬決者，將該弁兵等擬以絞決。其未經得賄，潛通信息，致犯逃避，本犯罪應軍徒者，亦與囚同罪。本犯罪應斬決者，將該弁兵等減發極邊烟瘴充軍。僅止疎於防範者，兵丁杖一百，官弁交部議處。謹案：此條嘉慶十一年修改，道光五年復奏頒修。

一、姦徒知情私買墳塋樹木者，係子孫盜賣、其私買者，減子孫盜賣罪一等；若係他人盜賣者，其私買人犯，無論株數已伐者，初犯杖一百、枷號一個月，再犯杖一百、枷號三個月。犯至三次者，照竊盜三犯例，杖一百、流三千里。爲從者減一等，未伐者又各減一等，不知情者不坐。其私買墳塋之房屋、碑石、磚瓦、木植者，減盜賣罪一等，樹木等物分別入官給主。謹案：此條乾隆二十四年原例、嘉慶六年修改。

一、盜砍他人墳樹，初犯杖一百、枷號一個月，再犯杖一百、枷號三個月。計贓重于滿杖者，照本律加竊盜罪一等；犯案至三次者，即照竊盜三犯本例，計贓分別擬以軍流、絞候。其糾黨成群，旬日之間疊次竊砍至六次以上，而統計樹數又在三十株以上，情同積匪者，無論從前曾否犯案，即照積匪猾賊例，擬軍。如連日竊砍在六次以下、三次以上，樹數在三十株以下、十株以上者，照積匪例量減擬徒，仍各按竊盜本例刺字。其竊砍至一二次者，從一科斷，照前例問擬。盜賣他人墳塋之房屋、碑石、磚瓦、木植者，計贓准竊盜論，免刺。謹案：此條乾隆四十五年原例，嘉慶六年、十五年兩次修改，十九年復奏頒修。

一、凡子孫將祖父墳塋前列成行樹木及墳旁散樹高大株顆私自砍賣者，一株至五株杖一百，枷號一個月；六株至十株杖一百、枷號兩個月；十一株至二十株杖一百、徒三年。係旗人，徒罪折枷，共枷號三個月。計贓重者准竊盜加一等，從其重者論。二十一株以上者，旗人發吉林當差，民人發邊遠充軍。如墳旁散樹並非高大株顆，止問不應重杖。若係枯乾樹木，不行報官，私自砍賣者，照不應重律杖八十。看墳人等及奴僕盜賣者，罪同。盜賣墳塋之房屋、碑石、磚瓦、木植者，子孫、奴僕計贓並准竊盜罪加一等。謹案：此條乾隆三十九年原例，嘉慶六年修改，十五年復奏頒修。

一、私入紅樁、火道以內偷打牲畜，爲首於附近犯事地方枷號兩個月，滿日改發極邊烟瘴充軍。爲從枷號一個月，杖一百、徒三年。其因起意在內偷牲遺失火種，以致延燒草木者，於附近犯事地方枷號兩個月，滿日發新疆酌撥種地當差。爲從枷號一個月，杖一百、徒三年。如延燒殿宇墻垣，爲首擬絞監候，爲從杖一百、流三千里。謹案：此條道光五年續纂，二十五年復奏頒修。

一、凡旗民人等在紅樁以內偷挖人參至五十兩以上，爲首比照盜大祀神御物律斬，奏請定奪。爲從發新疆給兵丁爲奴。二十兩以上，爲首發新疆給兵丁爲奴，爲從杖一百、流三千里。十兩以上，爲首實發雲、貴、兩廣烟瘴地方充軍，爲從杖一百、流二千里。十兩以下，爲首發近邊充軍，爲從杖一百、徒三年。在紅樁以外、白樁以內偷挖人參至五十兩以上者，爲首擬絞監候，爲從發近邊充軍。二十兩以上，爲首實發雲貴、兩廣烟瘴充軍，爲從杖一百、流二千里。十兩以上，爲首發近邊充軍。十兩以下，爲首杖一百、流三千里，爲從俱杖一百、徒三年。在白樁以外、青樁以內偷挖者，照偷刨山場人參例分別治罪。未得參者，各於已得例上減一等。知情販賣者減私挖罪一等，不知者不坐。得參人犯，首從俱刺盜官參三字；未得參及販賣者，俱免刺字。參物入官。旗人有犯，銷除旗檔，照民人一律辦理。弁兵受賄故縱，本犯罪不應死者，與犯人同罪。贓重者，計贓以枉法從重論。本犯罪應斬決者，爲首之弁兵擬絞立決。本犯罪應絞候者，該弁兵發新疆分別當差爲奴。其止疎於防範者，兵丁杖一百、官弁交部議處。謹案：此條道光十年續纂。

一、凡在陵寢圍墻以內盜砍樹木枝杈，爲首者先於犯事地方枷號兩個月，發近邊充軍。其無圍墻之處，如在紅樁以內盜砍者，即照圍墻以內科罪。若在紅樁以外白樁以內盜砍者，爲首杖一百，徒三年。如在白樁以外青樁以內，爲首杖一百，均枷號一個月。如在青樁以外官山以內，爲首杖一百，爲從各犯俱於首犯罪上各減一等問擬。其圍墻以外並無白樁、青樁者，均照官山以內辦理，弁兵受賄故縱及潛通消息，致犯逃避者，各與囚同罪。謹案：此條咸豐三年續纂。

事例

乾隆二十一年議准：查墳園樹木，原因祖宗體魄所安，故定例特嚴，盜賣計數至十株以上即擬充發，此與原例所載，子孫將祖墳山地朦朧投獻勢要者，問發充軍，皆爲子孫戕賊墳塋者，重示之戒也若。祠產雖屬先世烝嘗所係，究與祖宗窀穸之地有間。至於義田一項，則係贍養族黨，好義施行之事，又與祀產有別，不得視爲一例。請嗣後祖宗祀產，儻有不肖子孫投獻勢要，私捏典賣，及富室强宗謀吞肥產、貪圖風水，知情受獻受買各至五十畝以上者，悉依投獻捏賣祖墳山地原例問發充軍，田產收回，賣價入官。不及前數者，即照盜賣官田律治罪。其盜賣歷久宗祠者，亦應計間數，一體辦理。若盜賣義田，自應與祀產量爲區別，應仍照例依盜賣官田律治罪，罪止杖一百、徒三年。以上謀買之人各與同罪。若不知情者，不坐。似不必照盜砍墳園樹木計數加罪例更立科條，再祀產義田必須立有確據，方可按例治罪。應令地方出示詳悉曉諭。嗣後，有力之家，聽其自行勒石報官存案。即田數無幾，亦必族黨自立議單公據，以爲有犯者定斷之憑。儻公私並無確據，藉端生事者，即照誣告律治罪。則盜賣之法既嚴，不肖者自知斂戢，於興仁教孝之風有裨，而棍徒亦不得誣控滋訟。二十九年議准，前因京城地方墳塋樹木，多有不肖子孫、奴僕砍伐盜賣。於乾隆二十年奏准：嗣後，子孫砍伐一株至十株者，杖一百、枷號三月，十株以上即行充發。奴僕盜賣者罪同。盜他人墳園樹木者，杖一百、枷號一個月，等因在案。至受人房地居種，代其看守墳塋，所有樹木理宜加意栽培，留心照管，乃敢盜賣多株，情殊可惡，若僅照盜賣他人墳園樹木例辦理，罪止枷責，似屬情重法輕，且恐將來易犯。應即改照奴僕盜賣家主墳園樹木十株以上例發遣，以昭炯戒。以上均《會典事例》。道光六年奉旨：此案已革外委崔思通有巡查地方之責，輒囑令兵丁，招引匪徒，偷入紅樁以內，打牲分肥，情殊可惡。崔思通著發往新疆酌撥當差，仍照偷牲本例，在犯事附近地方，先行枷號兩個月，以示懲禁。其偷牲爲從罪應滿徒各犯內，何洪、李起懷、張永和三名，雖據親老丁單，著不准留養。在逃兵丁崔得五及首犯李五並各逸犯李四等，仍著馬蘭鎮總兵並直隸總督，一體飭屬嚴緝，務獲歸案審辦。《聖訓》。光緒十一年議：准嗣後審辦旗人私砍成行墳樹，問擬杖枷軍徒者，均查照道光二十八年章程，按名例銷除旗檔，不得遽行折枷，以歸畫一而免歧異。《通行》。

刑案

家奴與他人盜砍樹木，地隣賄匿，依子孫將祖父墳塋樹木砍賣一株至五株例，擬以滿杖、枷號一個月。其餘分別從重科罪。嘉慶十九年江蘇司説帖。

先經兩次犯竊面臂俱刺，復竊親王暫安處墳旁柵欄，例得准竊盜論免刺，不得照三犯科斷，仍加枷號示懲。道光四年四川説帖。

偷越圍墻盜砍回乾松枝，照紅樁以內盜砍樹株者，比照盜大祀神御物律於斬罪上減等，發近邊充軍、枷號兩個月。道光六年江西司案。

潛入陵寢大紅門內偷鋸柏樹，從重擬發新疆給官兵爲奴，刺面。道光四年福建司案。

外委招引賊犯偷入紅樁打牲，請旨發往新疆當差，枷號兩個月。道光六年河南司案。

偷砍海地內松樹枝杈，銷除旗檔，比例擬發近邊充軍，從犯擬滿徒。道光十四年四川司案。

盜砍紅樁以外官樹五次，擬照本例加等發邊遠充軍。道光十年雲南司案。

僧人盜砍伊師墳樹，比照子孫盜砍祖父墳旁高大散樹十一株至二十株滿徒例，減等問擬。道光八年廣東司案。

私賣祖墳枯樹，尚未砍伐，照子孫將祖墳枯乾樹木私自砍賣例，減等問擬。道光十四年廣東案。

（清）席裕福《清朝政典類纂》卷三九一《刑二十三·刑律賊盜·常人盜倉庫錢糧》 凡常人不係監守外皆是。盜倉庫，自倉庫盜出者坐。錢糧等物，發覺而不得財，杖六十。從減一等。但得財者，不分首從，並贓論罪。並贓同前。並於右小臂膊上刺盜官銀、糧、物三字，一兩以下杖七十，一兩以上至五兩杖八十，一十兩杖九十，一十五兩杖一百，二十兩杖六十、徒一年，二十五兩杖七十、徒一年半，三十兩杖八十、徒二年，三十五兩杖九十、徒二年半，四十兩杖一百、徒三年，四十五兩杖一百、流二千里，五十兩杖一百、流二千五百里，五十五兩杖一百、流三千里。雜犯三流，總徒四年。八十兩絞。雜犯徒五年，其監守直宿之人以不覺察科罪。

謹案：雜犯三流、總徒四年八字，雍正三年增註。

條例

一、盜竊漕運糧米數至一百石以上者，擬絞監候。其一百石以下，即照盜倉庫錢糧一百兩以下例辦理。謹案：此條乾隆五十三年改定。一、凡竊匪之徒穿穴壁封，竊盜庫貯銀錢、倉貯漕糧，未經得財者，爲首杖一百，徒三年，爲從依律減一等。但經得財之首犯，數至一百兩以上者，擬絞監候。其一百兩以下，不分贓數多寡，發雲貴、兩廣極邊烟瘴充軍，爲從者一兩至八十兩，准徒五年，八十五兩，杖一百、流二千里；九十兩，杖一百、流二千五百里；九十五兩至一百兩以上，俱杖一百、流三千里。其竊盜餉鞘銀兩，即照竊盜倉庫錢糧，分別已未得財，各按首從一例科罪。謹案：此條乾隆五十三年改並。一、京城守城兵丁由城上鈎掬偷竊倉米，未經得贓者，爲首杖一百、流三千里，爲從減一等，俱免刺。係旂人銷除旗檔，其得贓至一百石以上者，首犯擬絞立決，爲從發新疆給官兵爲奴；一百石以下，首犯發新疆給官兵爲奴，爲從杖一百、流三千里，俱照例刺字。旗人銷除旗檔，其常人串通兵丁由城上鈎掬偷竊倉米者，罪亦如之。如該班官員有故縱徇隱等事，即照律與犯人同罪。若止疏于查察及曠班不值者，交部分別嚴加議處。謹案：此條嘉慶十九年續纂，道光十年修改，二十五年復奉頒修。一、除經紀、花户、車户人等監守自盜漕糧，各照本例分別問擬外，至並無監守之責，有犯偷竊漕糧數至一百石以上，俱照常人盜漕糧例擬絞監候，秋審入於情實。一百石以下，於發極邊烟瘴軍罪上加等發道新疆，酌撥種地當差。從犯均於本罪上加一等，其非轉運京通漕米及各直省倉糧被竊，仍各照本例分別辦理。謹案：此條同治九年續纂。

事例

順治七年定：凡錢糧款項，隱匿欺蒙，被人告發審係果實者，殺無赦。仍行籍没人口入官，家產充告發之賞。康熙三年議准：凡侵盜腹裏錢糧並庫銀至二百兩以上，不論内外，俱照侵盜沿邊沿海錢糧律擬以斬立決。不至二百兩者，仍照律行。六年題准：凡侵盜腹裏錢糧二百兩以上，比照侵盜沿邊沿海錢糧正律，擬死監候。八年題准：凡衙役侵盜倉庫錢糧者，照前定例，一體遵行。十年覆准：除盜漕糧仍照律遵行外，凡盜錢糧，不分腹裏、沿邊沿海，至三百兩者，擬絞監候。不至三百兩者，仍照律治罪。又覆准：監守自盜倉庫錢糧四十兩並常人盜八十兩者，照律斬絞擬罪，准徒五年。監守自盜二十兩以上、常人盜四十五兩以上者，擬流，總徒四年。盜三百兩以上，仍照律擬斬。又題准：侵盜錢糧入己，數滿三百兩者，照例擬斬；不及三百兩者，照監守自盜正律並贓擬罪。十四年覆准：凡官員侵盜錢糧，免其刺字。二十七年議准：嗣後司庫交代錢糧時，如有侵欺虧欠等弊，將隱匿不參之督撫革職。如督撫有侵取入己之處，照侵欺例從重治罪。六十一年十二月諭：自古惟正之供，所以儲軍國之需。當治平無事之暇日，必使倉庫充足，斯可有備無患。皇考躬行節儉，裕國愛民，六十餘年以來蠲租賜復殆無虚日，休養生息之恩至矣。而近日道府州縣虧空錢糧者，正復不少。揆厥所由，或係上司勒索，或係自己侵漁，豈皆因公挪用？皇考好生，如天不忍即正典刑，故伊等每恃寬容，毫無畏懼，恣意虧空，動輒盈千累萬。督撫明知其弊，曲相容隱，及至萬難掩飾之時，又往往改侵欺爲挪移。勒限追補，視爲故事，而全完者絶少。遷延數載，但存追比虚名，究竟全無著落。新任之人，上司逼受前任交盤，彼既畏大吏之勢，雖有虧空，不得不受。又因以啓效尤之心，遂借此挾制上司，不得不爲之隱諱。任意侵蝕，輾轉相因，虧空愈甚，庫藏全虚。一旦地方或有急需，不能支應，關繫非淺。朕深悉此弊，本應即行徹底清查，重加懲治，但念已成積習，姑從寬典。除陝西省外，限以三年，各省督撫將所屬錢糧嚴行稽查，凡有虧空，無論已經參出，及未經參出者，三年之内，務期如數補足，毋得苛派民間，毋得借端遮飾。如限滿不完，定行從重治罪。三年補完之後，若再有虧空者，決不寬貸。前日恩詔中内閣引例，開列有豁免虧空一條，朕未曾允行，誠恐開貪吏僥倖之端，而於民間究無裨益也。至於署印之官，更爲緊要，必須慎重簡擇。諺云：署印如行刦。皇考每言及此，未嘗不痛恨之。蓋署印之人，始而百計鑽營，既而視如傳舍，故肆意貪婪，圖飽慾壑。或取媚上官，供其索取，貽害小民，尤非淺鮮。其於前任虧空，視作泛常，接受交盤，復轉授新任。苟且因循，虧空之弊終不能清。嗣後如察出此等情弊，必將委署之上司，與署印之員一並加倍治罪。兩部可即傳諭各省督撫。雍正二年議准：嗣後凡虧空食贓之員，事發之前在伊親友夥計家寄頓財物生理者，事發之後若三月內首出，免其治罪。將寄頓之贓補還虧空等項。若不行出首，或別經發覺，將寄頓財物之人照隱匿入官財產律，計贓從重治罪。將寄頓之贓補還虧空外，仍將家產一並搜查入官。若挾仇妄首者，審實照誣詐例治罪。五年諭：向來內外文武官員，虧空甚多，我聖祖仁皇帝深知其弊，屢降諭旨，諄諄戒飭。祇以聖心仁慈寬大，不忍加誅，冀其悛改。乃伊等不知感戴天恩，反至肆行無忌，日積月累，虧空之數愈多。朕即位以來，念此虧空之項關繫國帑，朕爲天下主，豈能以國家一定之經費，任貪官污吏之侵漁，令小人藐視國法可乎？但朕念弊端已久，相習成風，若遽然按律治罪，則誅戮者衆。幾乎不教而殺，固心有所不忍，若仍任其溫飽，朕心又所不甘。故令其完補虧項，而復全其身命，此朕仁育義正，用中之大道，而無知小人妄以爲嚴刻，乃坐井觀天之輩，亦無足論也。朕意原欲暫行二三年，俟天下咸聞朕諭，共知朕心之時，若再有犯者，則按法律治罪。今已曉諭四年，不得謂之不教而殺矣。上年已令九卿酌定條例，向後儻有侵欺虧空之員，則按所定之例治罪。有應正法者，即照例正法。其搜查宦囊家産，並追及於寄放宗族親黨之處，應不必行矣。自此諭下之日，俱著停止。伊等若知朕化導保全之恩，盡洗從前侵剋之弊，實伊等之福，亦朕之所深望。若仍執迷不悟，顧貲財而不惜身命，亦其自取，不足憫惻。乾隆六年諭：定例文武官員犯侵貪等罪者，於限內完贓，俱減一等發落。近來侵貪之案漸多，照例減等便可結案。此輩既屬貪官，除參款之外，必有未盡敗露之贓私。完贓之後，仍得飽其囊橐，殊不足以懲儆。著尚書訥親來保將乾隆元年以來侵貪各案人員，實係貪婪入己情罪較重者，秉公查明，分別奏聞，陸續發往軍臺效力，以爲黷貨營私者之戒。嗣後官員有犯侵貪等案者，亦照此辦理。欽此。遵旨議定：嗣後官員有犯侵貪等案，凡原擬斬絞，於題結之後有以限內完贓，援例請減者，令刑部查明。如果係貪婪入己，情罪較重之犯，即於題請減等本內，另將該犯貪婪情罪、應發軍臺效力之處聲明，加簽請旨。查減等之犯係侵盜者，限內完贓，減二等應徒。係婪贓者，限內完贓，減一等應流。旗人分別折枷號，鞭責其徒犯，定有年限，限滿即得回籍。自應改發軍臺效力，至流犯雖係永遠在配，而定例亦准援贖，照例交納贖銀即可免罪。今改發軍臺，令其效力贖罪，益可以懲貪墨。至旗人犯該流徒，應折枷責者，亦應一例停其枷責，改發軍臺。但流徒本罪既有輕重，其坐臺效力亦宜稍加區別，應將問徒之犯，坐臺二年果無貽誤，准其免罪回籍回旗，其問流暑者，於坐臺三年報滿之日，令該管官將該參員如何效力、應否寬免之處奏聞請旨。如有貽誤，即行嚴參治罪。若刑部加簽具奏，有寬免坐臺者，仍各照減等之罪發落。再查貪婪人員，原因其參款之外尚有未盡之贓私，是以發往軍臺，令其效力，但此等人員內，有於完贓之後，實係無力坐臺者，若徑行發往，恐於臺務反致貽誤。應准其呈明，令該旗都統、該省督撫秉公確查，取具該管各官印甘各結，據實保題請旨，免其發往。其未經發落之犯，仍各照減等之罪發落。儻該參員尚有隱匿贓私，而該旗省遽爲朦朧保題者，一經發覺，除將該參員嚴加治罪外，其保題出結各官，俱交部照例嚴加議處。十二年諭：人臣奉公潔己，首重廉隅。貪婪侵盜之員，上侵國帑，下朘民膏，實屬法所難宥。是以國家定制，擬以斬絞重辟，使共知儆惕。此紀綱所在，不可不嚴。近來各省侵貪之案累累，意欲早爲整頓，庶其懲一而儆百，不致水懦而寬難。特命大學士等查明原委。雍正年間秋審朝審案內侵盜及貪婪各犯，奉旨勾決者八案，擬入情實，未經勾決者八案。雍正六年各省勾到惟朝審未勾內，有擬入情實者五案，又歷年貪婪立決，未待秋審者二案，是侵盜貪婪之犯，秋審時原有擬入情實，奉旨勾到者，及詢以今何以率入緩決，以致人不畏法，侵貪之風日熾，則不能對。蓋因例內載有分年減等，逾限不完，仍照原擬監追之語，至秋審時概入緩決外，而督撫內而九卿法司習爲當然，初不計二限已滿既入秋審，自當處以本罪，豈有虛擬罪名，必應緩決之理，即在本犯，亦恃其斷不擬入情實，永無正法之日，以致心無顧忌。不知立限減等，原屬法外施仁，至限滿不完，則是明知不死，更欲保其身家。此等藐法無恥之徒，即應照原擬明正典刑。嗣後此等二限已滿，照原擬監追之犯，九卿於秋審時覈其情罪，應入情實者，即入於情實案內，以彰國法。朕於勾到日，再爲酌奪其如何分別酌覈之處，著大學士，九卿悉心妥議速奏。欽此。遵議：嗣後侵貪案犯二限已滿，察其獲罪之由，如係動用雜項及挪移，覈減一應著賠，作爲侵欺並收受借貸等款，問擬貪婪，追監追後自知罪無可逭，多方設措，急圖完公者，似應酌量擬爲緩決。至於以身試法，視庫項如己物，剥民膏以自肥，種種贓私，盈千累萬。及監追限滿，侵蝕未完，尚在一千兩以上；貪婪未完，尚在八十兩以上者，是其未完之數，適與原擬應得之罪想符，即入於情實，請旨勾到，以昭國法，並以垂戒將來。十四年議准：查常人盜倉庫錢糧，必入已至三百兩，始擬絞候。自四十五兩以上即至二百九十兩，俱以雜犯擬徒，較之竊盜平人財物一百兩至一百二十兩以上實流實絞之條，治罪未得其平，且偷竊餉鞘，與常人盜倉庫錢糧均係國帑，一則百兩以上擬絞，一則三百兩擬絞，輕重參差。請嗣後常人盜倉庫錢糧，除贓止八十兩者，仍照正律並贓擬罪外，其有盜至八十兩以上至八十五兩者，擬杖一百，流二千里；九十兩，杖一百，流二千五百里；九十五兩，杖一百，流三千里。滿一百兩以上者，照偷盜鞘餉之例，擬絞監候。俱問實犯，如此庶宵小之輩，不敢覬覦官物，而輕重均平立法，更爲畫一。十六年諭：今日刑部查奏秋朝審内侵盜錢糧官犯陸開江等各案，將著該上司分賠情由敘入，殊屬錯誤，朕於侵盜劣員，定以重辟，嚴申限期者，原以警貪邪而肅法紀。初不爲錢糧起見。前經屢降諭旨：其定例上司分賠，不過因其瞻徇屬員，不早覺察，以致屬員恣行侵盜耳。若謂帑項有著可將本犯擬入緩決，則平日視官帑如己資，肆意糜費，至定罪之後，恃有上司代爲完項，藉以遷延歲月，倖逃刑戮。劣員更無所畏懼，且使各省轉滋分賠，著追之案益覺紛繁，是國家以錢糧爲重，人命爲輕矣。殊未喻朕辟以止辟本意，且帑項有著無著，自屬農部職掌法司讞決案内，只應於本犯限内完否定其罪名，無庸牽涉辦理刑名大臣等。其共悉朕意。又議准：嗣後每年秋審侵盜之案，仍照例按限定擬。如情罪有與陸開江等相類者，雖限内俱擬情實，刑部於勾到時，將未經滿限之處，另行聲明，請旨定奪。並令直省督撫於所屬侵盜各犯，初入秋審即將限期起止，扣算月日，詳細開明，以便臨審時九卿科道、詹事公同查覈。十七年議准：嗣後拏獲運丁在途盜賣米石，審係正項錢糧，應照監守本條從重治罪外，其有將行月糧米零星盜賣盜買，著仍照舊例枷號一月發落，若有一人盜買及一幫盜賣，數至百石以上者，應將盜買及一幫内盜賣爲首之人，於舊例枷號一月外再枷號一月，折責四十板。糧米仍交本船，米價入官充餉。又議准：嗣後幫丁頭伍復行派斂，將已裁陋例私自婪收，或於定數之外多行勒索者，令各幫運丁於經管衙門呈控，審究的實，將勒索之頭伍，計贓分别首從定擬。若犯該徒罪以上者，俱照指稱衙門打點。使用名色誆騙財物，不分首從發邊衛充軍，情重者仍枷號兩月發遣，若官弁兵役受賄，責令該管上司即將該官弁指名題參，革職審擬。計贓以枉法論。督運經催員弁故縱失察，亦責令該管上司分别查參照例議處。或軍丁挾嫌捏控者，照誣告律分别加等治罪。以上均《會典事例》。嘉慶九年覆准：嗣後如有疏失餉鞘之案，委解官奏准留在地方協緝者，限滿無獲，即令回籍，仍一面報部存案。《吏部通行》十年諭：據果勒明何奏，審明偷盜庫貯官布之戴萬靈一犯，擬絞監候，請旨即行正法一摺，所辦過重。向來新疆人犯有姦淫不法，逞凶斃命及在邊境滋事罪，應問擬斬絞者，往往即行正法，係爲整飭新疆地方起見。此案戴萬靈盜賣官布，所犯偷竊罪名，自應計贓科斷，即欲依本律加重問擬，亦何至由杖流加至絞決，事關人命，出入豈可意爲輕重？果勒明阿著傳旨，申飭所有戴萬靈一犯，著發雲貴邊遠充軍，其失察各員，著該部察核具奏。《聖訓》。

刑案

運員家丁串同船户盜賣官銅一萬二千斤，將船鑿沉，分别擬以絞流，其知情承買之人，與從犯同罪。説合之犯，減擬滿徒。嘉慶二十二年湖廣司説帖。

車夫在途偷竊委員解庫桐油，與奉官僉差解送官物之人不同，應照常人盜官物非由庫中盜出例，仍依竊盜論罪。係車夫行竊，照例加枷受雇押送之人事後知情，未經分贓，於從犯罪上再減一等。道光四年安徽司説帖。

描摹關防，冒領參將養廉銀兩，比依匪徒竊盜庫銀，一百兩以下，不分贓數多寡，例發雲貴、兩廣極邊烟瘴充軍。道光五年廣東案。

賊犯明知堆貯官鉛，糾夥行竊，依常人盜倉庫三十五兩例問擬。道光七年安徽司案。

偷竊民房封貯之義糧，照竊匪穿穴壁封，竊盜倉貯漕糧擬軍例減等科斷。道光十年陝西案。

船户盜賣官銅，照常人盜官物二十五律，杖七十、徒一年半，加枷號兩個月，刺字。道光十八年邸抄。

夥刦釐局，拒殺委員，得贓比例，先行正法。光緒四年浙江案。

（清）席裕福《清朝政典類纂》卷三九四《刑二十六·刑律賊盜·竊盜》凡竊盜已行而不得財笞五十，免刺。但得財，不論分贓不分贓。以一主爲重，併贓論罪。爲從者各指上得財不得財言。減一等。以一主爲重，謂如盜得二家財物，從一家贓多者科罪。併贓論，謂如十人共盜得一家財物，計贓四十兩，雖各分得四兩，通算作一處，其十人各得四十兩之罪。造意者爲首，該杖一百；餘人爲從，各減一等，止杖九十之類。餘條准此。初犯並於右小臂膊上刺竊盜二字，再犯刺左小臂膊，三犯者絞。監候。以曾經刺字爲坐，掏摸者罪同。一兩以下，杖六十，一兩以上至一十兩，杖七十。二十兩，杖八十。三十兩，杖九十。四十兩，杖一百。五十兩，杖六十、徒一年。六十兩，杖七十、徒一年半。七十兩，杖八十、徒二年。八十兩，杖九十、徒二年半。九十兩，杖一百、徒三年。一百兩，杖一百、流二千里。一百一十兩，杖一百、流二千五百里。一百二十兩，杖一百、流三千里。一百二十兩以上絞監候。三犯，不論贓數，絞監候。謹案：此條雍正三年删定。

條例

一、竊盜、搶奪、掏摸等犯，事犯到官，應將從前犯案次數併計科罪。若遇恩赦，其從前所犯原案，咸予蠲除，免其併計，並免刺字。有犯，仍以初犯論。如得免並計之後，再行犯竊，復遇恩赦，後犯案到官，審係再犯，三犯俱按照初次恩赦後所犯次數併計，照律科罪。若遇清理庶獄，恩旨免罪，不免刺者，仍行併計，按照從前次數定擬。謹案：此條嘉慶六年修併。一、五城、兩縣及三營、內務府捕役拏獲竊賊者，俱限即日稟報本管官。如晚間拏獲，限次早稟報該管官。訊明被竊情由，將事主年貌、姓名、住址及所失贓物詳記檔案，即令事主回家，不必一同解送該管上司衙門。如贓物現獲，即出示令事主認領，儻不法捕役違限，不行呈報，任意勒索事主，許事主赴都察院呈告。將捕役照恐嚇取財例治罪，其該管官有失於覺察，及任意縱容者，交部分別議處。謹案：此條雍正十一年定。一、凡竊盜，同居父兄伯叔與弟知情而又分贓者，照本犯之罪減二等，雖經得財而實係不知情者，減三等，父兄不能禁約子弟竊盜者笞四十。謹案：此條乾隆十六年删改。一、竊盜三犯，應按其第三犯竊贓多寡，照定例分別軍流、遣絞，毋庸將從前初犯、再犯，業已治罪之贓通算，以致罪有重科。謹案：此條係乾隆八年定。一、凡旗人及旗下家奴肆行偷竊，犯罪至發遣以上者，將失察旗人爲竊之該管官及失察家奴爲竊之家主，俱照旗人爲盜例，交部分別議處。若能於事未發覺之前，自行查出，送部治罪者，免議。謹案：此條係乾隆十四年遵旨議定。一、直省州縣拏獲竊盜到案，取具確供，計贓在五十兩以下者，即同捕官帶同捕役搜驗，原贓給主收領。如贓在四十兩以下，捕官帶同捕役前往搜驗，如州縣捕官聽捕役私自搜贓，以致中飽者，除捕役與竊盜同科外，將該州縣捕官照失察捕役爲盜例議處。謹案：此條乾隆十九年定。一、凡外國進貢使臣到京之時，即令該地方官兵在各館門首嚴加巡查。如遇有偷竊外使人犯，一經拏獲，除贓重者仍照律辦理外，其罪應杖刺者，加枷號一月，枷滿之日照例發落。如外使報竊而贓犯無獲，將巡查之兵役杖一百，該地方官交部議處。謹案：此條乾隆二十一年定。一、凡姦匪夥衆丟包，誆取財物，白晝搶奪人財物律治罪刺字。贓至一百二十兩以上，擬絞監候。如有拒捕殺傷人者，亦照賊犯搶竊之例，將地方官扣限查參。謹案：此條乾隆二十三年定。一、拏獲竊盜，承審官即行嚴訊。除贓至滿貫及三犯計贓五十兩以上，律應擬絞者，俱即歸犯事地方完結外，若審出多案，應照積匪猾賊例擬遣者，其供出鄰省鄰邑之案，承審官即行備文，專差關查。若贓證俱屬相符，毫無疑義，即令拏獲。地方迅速辦結，毋庸將人犯再行關解別境。儻或贓供不符，首從各別，必應質訊，或鄰境拏獲人衆，勢須移少就多者，承審官即將必應移解質審緣由，詳明各該上司，僉差妥役，將犯移解鄰邑，從重歸結。如有借端推諉，及删減案情，希圖就事完結者，即將原審之州縣官分別參處。謹案：此條乾隆三十三年定。一、各省營鎮責成將備督率兵弁偵緝賊匪，其緝獲之賊送縣審究。如賊犯到縣，狡供翻異，許會同原獲營員質審。如係良民被誣，並無贓證，兵丁營員照例分別議處治罪，若地方官果能將捕役豢縱之處，審查究擬，免其失察處分，仍將獲賊之弁兵，計贓案多寡分別獎勵。謹案：此條係乾隆二十八年遵旨定例。一、竊贓數多，罪應滿流者，改發附近充軍。謹案：此條乾隆三十二年定。一、朝鮮使臣來京，其隨帶貨物銀兩遇有偷竊，將該管地方官及護送官均照餉鞘被失例，嚴加議處。所失銀物，著落地方官並統轄專管之各上司，按股賠還，仍緝拏偷竊之人，照行竊餉鞘例，計贓從重科斷，追贓入官。如來使人等有藉詞妄報，滋生事端情弊，由禮部行知該國王一體治罪。謹案：此條乾隆四十二年定。一、賊匪偷竊衙署服物，除罪應擬絞，依律定擬外，其餘不論初犯再犯及贓數多寡，俱改發雲貴、兩廣極邊烟瘴地方充軍。若已行而未得財者，照盜倉庫錢糧未得財例，杖一百、徒三年。仍分別首從問擬。謹案：此條乾隆三十七年增定。一、兩廣、兩湖及雲貴等省，凡有匪徒明知竊情，並不幫同鳴官，及表裏爲姦，逼令事主出錢贖贓，俾賊匪獲利，以致肆無忌憚，深爲民害者，照爲賊探聽事主消息，通線引路者，照竊盜窩主不行，又不分贓杖流律減一等，杖一百、徒三年。如有貪圖分肥，但經得贓者，不論多寡即照强盜窩主律，杖一百、流三千里。謹案：此條乾隆四十五年定。一、凡現任官員奉差出使、赴任赴省，及接送眷屬，乘坐船隻、住宿公館被竊財物，除贓兩逾滿貫仍依例定擬外，其餘各計贓照尋常竊盜例，加一等，分別首從治罪。若寓居里巷民房，及租賃寺觀、店鋪，與齊民雜處，賊匪無從辨識，乘間偷竊者，仍依尋常竊盜例辦理。謹案：此條乾隆五十三年定。一、竊盜恭遇恩詔得免，併計後三犯擬流，復遇恩赦，累減釋放，如再犯竊，仍以三犯科斷。謹案：此條嘉慶六年定。一、凡店家船户、脚夫、車夫，有行竊商民，及糾合匪類竊贓朋分者，除分別首從，計贓照常人科斷外，仍照招役行竊例，各加枷號兩月。謹案：此條乾隆二年定。脚夫車夫四字，嘉慶十三年增。一、竊盜再犯，計贓罪應杖六十者，加枷號二十日；杖七十者，加枷號二十五日；杖八十者，加枷號三十日；杖九十者，加枷號三十五日；杖一百者，加枷號四十日。俱交保管束，倘不加禁約，致復行爲竊，除原保係父兄子弟人等，仍分別知情分贓究擬外，其餘俱按賊人所犯罪，應杖者，將原保笞四十；徒罪以上者，原保杖八十，知情故縱者，比照窩主不行，又不分贓爲從論，科罪免刺。受財者，以枉法從重論，至行在拏獲竊盜，罪應杖笞者，枷號一月，滿日杖一百。徒罪以上，仍照本例定擬。謹案：此條乾隆二十五年定，五十五年修改。一、回民行竊，除贓數滿貫，罪無可加，及無夥衆持械情狀者，均照律辦理外，其結夥三人以上，但有一人執持器械，無論繩鞭、小刀、棍棒，俱不分首從，不計贓數、次數，改發雲貴、兩廣極邊烟瘴充軍。若結夥雖在三人以上，而俱徒手行竊者，於軍罪上減一等，杖一百、徒三年；結夥十人以上，雖無執持器械，而但行竊者，仍照三人以上執持器械之例擬軍。如行竊未得財，各於軍徒罪上減一等問擬。謹案：此條嘉慶六年、十一年修改，道光五年修改，十年復奉頒修。一、竊盜三犯，除贓至五十兩以上，照律擬絞外，其五十兩以下至三十兩者，改發雲貴、兩廣極邊烟瘴充軍；三十兩以下至十兩以上者，改發邊遠充軍；如銀不及十兩、錢不及十千者，俱杖一百、流三千里。謹案：此條乾隆五十三年改定。一、積匪猾賊，爲害地方，審實不論曾否刺字，改發雲貴、兩廣極邊烟瘴充軍。謹案：此條雍正七年定，嘉慶六年、十一年二次修改。一、竊盜於得免併計之後，因竊問擬軍流徒罪，在配釋回，復行犯竊，如止一二次，同時并發者，按照得免併計後犯竊到官次數，分別初犯、再犯、三犯科罪。若不知悛改，連竊三次以上，同時并發者，照積匪猾賊例定擬。謹案：此條乾隆四十五年定，嘉慶六年修改。一、未經得免併計之犯，因竊問擬軍流、徒罪，在配釋回，不知悛改，如爲首糾夥，迭竊至四次；或雖未糾夥，而被糾迭竊，及獨竊至六次者；並初犯、再犯之賊，爲首糾竊至六次，或未糾夥而被糾迭竊，及獨竊至八次者，均照積匪猾賊例擬軍。其未經得免併計之犯，因竊問擬軍流徒罪，在配釋回，爲首糾竊三次，或被糾迭竊及獨竊四次，並初犯再犯之賊爲首糾竊四次，或被糾迭竊及獨竊六次，同時並發，均照積匪猾賊例，量減一等，擬以滿徒。其三犯及計贓重者，仍按各本例從其重者論。謹案：此條乾隆四十五年定，嘉慶六年、十一年兩次修改。十九年復奉頒修。一、隨駕官員之跟役，無論奴僕、雇工，如有偷盜馬匹、器械逃回者，擬絞監候。其不曾偷盜馬匹、器械逃回之跟役係奴僕，訊問伊主，情願領回者，鞭一百刺字，給主領回。不願領回者，發各省駐防，給官員兵丁爲奴。若係雇工，其所雇係旗下家奴，枷號三月、鞭一百、刺字，交還本主。如所雇係民人，刺字解回原籍，杖一百、徒三年。仍向各犯家屬及中保人等追出原雇價值，給還原主，至在逃跟役，令各該關津嚴行查拏，如失察過關，將該汛官兵照失察逃人例，加等治罪。謹案：此條乾隆五十三年定，嘉慶十九年修改。一、竊盜逃走，事主倉皇追捕，失足身死，及失財窘迫，因而自盡者，除拒捕傷人及贓銀數多，並積匪三犯等項，罪在滿徒以上，仍照律例從重治罪外，如贓少罪輕，不至滿徒者，將賊犯照因姦釀命例，杖一百、徒三年。謹案：此條乾隆三十五年定，嘉慶十九年修改。一、凡旗人初次犯竊即銷除旗檔，除犯該徒罪以上者，即照民人一體刺字發配外，如罪止笞杖者，照律科罪，免其刺字。後再行竊，依民人以初犯論。其有情同積匪，及贓逾滿貫者，該犯子孫一併銷除旗檔，各令爲民。除滿貫之案，於題本内聲明外，餘俱按季彙題。謹案：此條乾隆五十七年定，道光五年修改。一、四川、陜西及甘省附近川境鞏昌府屬之洮洲、岷州、西和，並秦州、階州及所屬秦安、清水、徽縣、禮縣、兩當、文縣、成縣、三岔白馬關各廳州縣，匪徒攜帶刀械，綹竊之案，如結夥三人以上綹竊、贓輕，及結夥不及三人而訊係再犯，帶有刀械，按竊盗本例應擬徒罪者，枷號三月，滿日責四十板，繫帶鐵桿石墩三年。應擬杖罪者，枷號兩月，滿日責四十板，繫帶鐵桿石墩二年。其並未竊物分贓而隨行服役，及帶刀到處游蕩者，枷號一月，滿日責四十板，繫帶鐵桿石墩一年。釋放時，仍照例分别刺字、免刺。如不知悛改，復敢帶桿滋擾，或毁桿潛逃，持以逞凶拒捕。除實犯死罪外，其餘罪應軍流者，均於本罪上加一等，仍加枷號兩月，罪應擬徒者，以大鍊鎖繫巨石五年，罪應擬杖者，鎖繫巨石三年，限滿果能悔罪自新，或有親族鄉鄰甘結保領，地方官查實，隨時開釋詳報。倘釋放後復敢帶刀逞凶，訛詐綹竊，即鎖繫巨石不拘限期，仍令該州縣報明院司查覈。按季彙册報部，如有妄拏無辜，鎖繫巨石者，該管上司訪察嚴參。俟數年後，此風稍息，仍復舊例辦理。謹案：此條同治九年修改。一、凡捕役、兵丁、地保等項在官人役，有稽查緝捕之責者，除爲匪及窩匪本罪應擬斬絞外遣各照本律本例定擬外，如自行犯竊，罪應軍流徒杖，無論首從，各加枷號兩月，兵丁仍插箭游營。若勾通豢養竊賊，及搶劫各匪，坐地分贓或受賄包庇窩家者，俱實發雲貴、兩廣極邊烟瘴充軍。倘地方員弁，平時不行稽查，或知風查拏、有意開脱，不加嚴究，止以藉端責革，照不實力奉行稽查盗賊例，交部議處。至别項在官人役，尚無緝捕稽查之責者，如串通窩頓竊匪，貽害地方，亦各於應得本罪上加一等治罪。謹案：此條乾隆元年定，道光十年修改。一、山東省地方豢竊兵役，或坐地分贓，或得受月規，一經審實，俱於應得各本罪上加一等定擬。俟該省盗風稍息，再奏明復歸舊例。謹案：此條道光元年續纂。一、直隸省尋常竊盗，除計贓計次，罪應遣軍流徒，並初犯行竊不及四次，再犯不及三次，罪止杖枷，訊無結夥攜帶凶器刀械者，仍各依本律例問擬外，如初犯、再犯糾夥四名以下並帶器械者，各於所犯本罪上加枷號一月。如初犯行竊四次以上，再犯三次以上，結夥已有四名並持有凶器刀械，計贓罪止杖枷者，於責刺後加繫帶鐵桿一枝，以四十斤爲度，定限一年釋放。如初犯繫帶鐵桿，限滿釋放後再行犯竊，計贓罪止杖枷者，仍繫帶鐵桿，一年釋放。若搶竊犯案擬徒，於到配折責後鎖帶鐵桿，徒限届滿，開釋遞籍，如在配脱逃被獲，訊無行凶爲匪，仍發原配，從新拘役，鎖帶鐵桿，其因搶竊擬徒限滿，釋回後復行犯竊，罪止杖枷者，無論次數，有無結夥攜械，於責刺後繫帶鐵桿，二年釋放。倘不悛改，滋生事端，再繫一年釋放。此後盗風稍息，該督察看情形奏明，仍照舊例辦理。謹案：此條道光十年續纂。一、山東省竊賊，如有攜帶鐵鎗、流星刀劍等物，及倚衆疊竊並凶横拒捕傷人。本罪止於枷杖者，酌加鎖帶鐵桿石墩一二年。如能悔罪自新，或有親族鄉鄰保領者，地方官查實，隨時釋放。仍令該州縣報明院司察考。至安徽省罪止枷杖，情節較重之竊盗，亦照此例加繫鐵桿。倘數年後此風稍息，奏明仍照舊例辦理。謹案：此條道光十年續纂，二十五年修改。一、湖南、湖北兩省搶竊及興販私鹽各犯，並福建廣東兩省搶竊匪徒，除罪應軍流以上者，仍按本律本例定擬外，如罪應擬徒之犯，應刺字者，先行刺字，毋庸解配，在籍鎖帶鐵桿、石墩五年。湖南、湖北、閩省各犯，罪應擬杖者，亦鎖帶鐵桿石墩三年。廣東省擬杖以下人犯，毋庸鎖帶。限滿開釋，分别杖責。如湖南、湖北、閩省各犯，釋放後復行犯案；並廣東省搶竊匪徒釋後復犯，罪止擬徒者，即於鎖帶鐵桿、石墩年限上遞加二年。若犯案三次者，即按例從重問擬。至雲南省糾竊不及四次，罪止枷杖之犯，亦於本地方繫帶鐵桿一年，限滿開釋，分别枷責，交保管束。如不知悛改，再繫一年。倘始終怙惡不悛，即照棍徒擾害例分别嚴辦。該州縣每辦一案，即録叙全案供招，報明督撫臬司，按季彙册咨部。如同案人犯有問擬軍流以上者，仍專案分别題咨，均於限滿開釋時報部查覈。若該州縣任聽書役舞弊朦混，妄及無辜，從嚴參究。俟數年後此風稍息，仍照舊例辦理。謹案：此條道光二十五年移改，咸豐三年修改。一、尋常竊盗，除並無夥衆持械，及雖夥衆持械而贓至滿貫，罪無可加，或犯該軍流發遣者，均仍照律例辦理外，其有糾夥十人以上，但有一人執持器械者，不計贓數次數，爲首之犯實發雲貴、兩廣極邊烟瘴充軍，爲從杖一百、徒三年。若糾夥十人以上並未持械，及糾夥三人以上但有一人持械者，不計贓數次數，爲首之犯杖一百、徒三年，爲從杖九十、徒二年半。如行竊未得財，各於軍徒罪上遞減一等問擬。俟數年後此風稍息，奏明仍復舊例。謹案：此條咸豐三年續纂。

事例

順治四年，定竊盜贓至一百二十兩者，絞監候。十三年題准：竊盜照律刺字，三犯者絞監候，秋後處決。康熙三年題准：凡家僕竊盜贓物，限一月追完。若不能完者，責令伊主代賠。如伊主不能代賠者，將本犯並妻子聽各主估價變賣賠償。餘剩者給本主，不足者伊主免賠。其竊盜已犯死罪者，將伊自置衣物賠償。如本犯別無財物，伊主亦免代賠。至滿洲另户之人，所盜贓物數多，不能追賠，及滿洲僕人贓多，伊主又不能賠者，將查失主係本旗下，即將賊犯並妻子估價賠償；係別旗下或係民人者，將賊犯並妻子在本旗變賣賠給失主。其民人竊盜財物不能追賠者，將本身並妻子估價各給失主。晝白搶奪之賊亦照此例。五年題准：凡八旗大臣及官員人等，家僕雇工人將本主財物私自偷盜，或串通外人偷盜，或家僕、雇工人自相偷盜，得財者俱照凡人竊盜律，計贓刺字擬罪。贓至一百二十兩者，擬絞監候。不得財者，照律治罪。民人犯者，仍照律行。十年覆准：竊盜三犯之伊主父兄，係官議處，係旗下鞭五十，係民責二十板。十一年議准：竊盜犯至二次者，伊主父兄照前定例治罪。其司坊巡捕、營步軍校等，在該汛自行拏送，或別汛官拏送者免議。若被他人拏送者，將失察之專汛官罰俸三月，兼轄官罰俸一月。步軍校等亦照此例，值日番役兵丁責二十板，步兵領催兵丁鞭五十。又議准：竊盜贓至一百二十兩者，杖一百、流三千里；一百二十兩以上擬絞監候，秋後處決。其家僕、雇工人盜家長財物者，旗下民人不便互異，俱照律一體擬罪。又議准：竊盜三次者，照律擬絞監候；若竊盜二次搶奪一次或搶奪二次、竊盜一次者，免其並擬，各照所犯之罪發落。十二年題准：凡旗下民人家僕所竊贓物，將伊自置物件賠償；其另户旗下民人，儘其家産變價賠補。若果家産盡絶，不能賠償，該管官出具印結免追。其竊盜本身並妻子變價賠償，及令伊主代賠之例，俱停止。若該管官徇庇出結者，議處。其犯搶奪之贓，亦照此例。十九年題准：凡竊盜贓不滿一兩者，免刑審。其拏獲之兵丁及查緝之步軍校，亦不賞銀記檔。四十八年諭：嗣後兩次竊盜，俱往黑龍江應當差者著當差，應給窮披甲爲奴者著給與爲奴。又刑部將竊賊二小子拒捕，戳傷步兵等因，具題奉旨：二小子依議應絞，著監候，秋後處決。步兵黑子擒賊被戳，若傷痕平復，當得差，著照例賞賚。若身已殘疾，不能當差，著給與半分身價，嗣後以此爲例。五十二年覆准：凡拏獲皇城內、暢春園週圍偷竊之搶奪盜犯，並出名凶狠可惡之賊，提督衙門將兩腿懶筋割斷。拏獲皇城內外爬房、踰墻、挖孔偷竊，撬開門板進內偷竊馬驘牛驢等賊，割斷一邊懶筋。其年未及歲並年邁，在道路街衢抽取零星物件細賊，責懲夾刺存案。仍不悛改，三次被獲者，亦割斷一邊懶筋。窩主知情留一二賊，照常治罪，留三賊，發遣其熱河。及跟隨圍場抽取零星物者，俱割斷一邊懶筋，偷牛驘驢等物並白晝搶奪之賊，割斷兩邊懶筋。係民交與五城，遞回原籍；另户護軍、披甲提督會同該旗等奏：聞再行割筋，其京城外、別府州縣竊盜搶奪賊犯，仍照律治罪。雍正二年，定停止割筋例。五年諭：嗣後竊賊拒捕殺人者，著三法司酌量情罪輕重，分別斬絞定擬具奏。七年議准：嗣後强竊窩家，同居之父兄伯叔與弟，除自首免究外，其知情不首者，分別擬杖，以示儆懲。又議准：各省積匪猾賊爲害最重，嗣後凡遇緝獲審實，不論曾否刺字，俱照應發遣之例發邊衛充軍。又議准：嗣後除强盜爲首傷人，問擬斬決者，其同居親屬照例杖流外，其係夥盜未曾傷人、行刦未至三次，問擬發遣者，親屬請減等杖徒。竊盜滿貫議絞，並罪止流徒杖責者，親屬各減二等發落，永著爲例。十二年議准：直省竊盜之案，宜分別夥黨之多寡、並有無執持器械，以定情罪。請嗣後三人以下手持兵器行竊者，雖不得財，即杖六十、徒一年。得財一兩以下遞加一等，至滿貫論絞。其中有不持兵器者，仍照本律科斷。四人以上雖不得財，亦無器械，爲首者徒一年，爲從者各杖一百；得財一兩以下，以次遞加，爲首者發邊衛充軍，爲從者流三千里。若夥衆至六人以上，不論曾否得財，首從並徒三年，計贓重於徒三年者，爲首者流三千里，爲從者各減一等。贓至滿貫，爲首者絞，爲從者發邊衛充軍。至十人以上，不分首從，并發邊遠充軍，贓滿貫者仍絞。再竊盜至十人以上，地方官有疎防、諱匿等案，俱照强盜例處分。十三年十二月議准：嗣後竊盜三犯，除五十兩以上應照例擬絞外，五十兩以下至三十兩者，俱發鄂爾昆種地；三十兩以下至十兩以上者，改發邊衛充軍。

如銀數不及十兩、錢不及十千者，俱照誆騙財物無多之例，杖一百、流三千里。乾隆十年奏准：市鄉竊匪積久漸爲盜根，查例載：行竊二次者罪止杖刺，多不知戒，請於杖刺外令帶枷懸鈴充警，三年無犯，釋除鈴枷，仍照常點卯；再三年無過，即開除卯册，賞給資本營生。再犯，照例分别絞流。至市村攫白之徒，又爲竊賊之漸，而□棍一種，霸占地方，亦與攫竊相爲表裏，應一並造册立案，交巡典、鄉耆、保正約束稽查。如有違犯，即照本罪加倍治罪。四十七年，步軍統領衙門奏拏獲匪程老一案，奉旨：嗣後旗人如有犯該刺字者，著銷除旗檔，照民人一例辦理。四十九年議准：查例載，竊盜遇赦得免，併計之後再行犯竊，復遇恩詔，後犯案到官，審係再犯、三犯，俱按照初次恩詔後所犯次數併計，照律科罪等語。蓋竊盜止准免其併計一次，若赦後三犯，再逢恩赦，自不准再行免其併計。並無流罪不准減徒之例，此案朱阿貴、李幅生於初次行竊，援赦得免，併計之後復行竊二次。此次行竊已屬三犯，自不應再免其併計。應計贓罪擬滿流，但事犯到官在本年二月二十三日，恭逢江浙三省軍流人犯減等發落，恩旨以前應仍照例准其減徒，仍行刺面。如徒滿後復行犯竊，仍計贓照三犯例治罪。五十年議准：犯罪遇赦，不在不原之列者，雖例得減免，而情節有輕重，則須臨時酌量。如現在竊盜得免併計之後，復犯到官，雖得減免，而其中有積匪擬遣，或有積匪量減擬徒者，因其情節較重，俱不准其減等。此等竊盜得免併計之後，三犯擬流，過赦減徒，人犯將來復犯，即照三犯定擬。設或再遇恩赦，則屢犯不逞，即在情節較重之列，自應照不准再免併計之例，亦不准其再爲減等。五十七年，綏遠城將軍奏張連陞勾引旗人廣依納等偷竊伊主銀兩逾貫一案，奉旨：滿洲行竊爲匪實屬不肖，無恥已極，玷辱滿洲顏面。嗣後如有旗人行竊，除將該犯照例治罪外，其子孫俱著銷除旗檔，令其爲民。著爲令。嘉慶四年，刑部具奏請馳私賣玉石例禁一摺，奉旨：葉爾羌、和闐等處出產玉石，向聽民間售賣，並無例禁明文，因高樸串通商販採買玉石案内始行定例，凡私赴新疆偷販玉石，即照竊盜例計贓論罪。原非舊例所有，況仍有偷盜貨賣者，今查前案，因此拖累多人，朕心殊爲不忍。著照刑部議，嗣後販賣新疆玉石，無論已未成器者，概免治罪。其從前辦過販玉案内各犯，准報部覈釋。以上《會典事例》。十二年議准：嗣後如審明實係夥衆丢包誆騙，公然攫取財物者，仍照搶奪問擬。若是躡跡潛蹤，伺隙掉包，形同鼠竊者，即依竊盜科斷，以符例義而免參差。《通行》。十六年諭：常明奏請將川省綹匪嚴加懲創，據稱該省從前辦理綹竊之案，除綹竊至五六次者，比照積匪猾賊減等擬徒，仍奏明照該省懲治匪徒例，按依徒限繫帶鐵杆示警。其尋常罪止笞杖之綹匪，只照例發落。請嗣後除徒罪以上，及初犯贓輕並無糾夥帶刀之綹竊，俱照本律問擬，其糾夥綹竊，有贓輕而訊係再犯，並帶有刀械者，枷號三個月，滿日折責，繫帶鐵杆三年。如未糾夥或糾夥而訊係初犯，帶有刀械者枷號三個月，滿日折責，加繫帶鐵杆一年。其未竊物分贓，而隨行服役及帶刀到處游蕩者，枷號一個月，滿日折責，加繫帶鐵杆一年。釋放時仍照例分别刺字，免責各等語。川省無籍貧民，動輒携帶小刀四出遊蕩，乘機肆竊，或聚集一處行凶，釀成搶奪巨案，自應從嚴懲治，俾知儆畏。著即照該督所奏，按綹竊次數及有無糾衆帶刀，分别枷號、繫帶鐵杆年分辦理。惟各州縣獲犯懲辦，必當有所查考。著當州縣每辦一案，即報明臬司總督，由總督彙並報部。限滿開釋鐵杆時，亦報部查辦，庶不致州縣官任意常年繫禁。而匪徒倘予限滿開釋後仍復犯案，即加重懲辦。《聖訓》。又奏准：查向來辦理竊盜章程，分别免併計不免併計，總以事犯是否在恩旨以前爲斷，與減免章程之應以到官之日爲准者不同，除三犯到官，在恩旨以前本罪已至軍流，應不准查辦；及初犯、再犯到官，在恩旨以前罪止枷杖，各犯應准免刺，將來有犯，仍以初犯定擬外，如行竊事在赦前拏獲到官，在後應仍各按所犯次數科斷。查係初犯之賊，復又行竊，科以再犯；係再犯之賊，復又行竊，科以三犯。不得因其到官在後，將赦前之再犯、三犯作爲赦後初犯，轉較事犯到官俱在恩旨以前者爲輕。其赦前行竊尚未到官，赦後復竊同時并發，若將前後次數併計科罪，則與未經遇赦者無所區分。蓋欽奉恩旨之日，係竊盜併計之界限，未便籠統併計，致有出入參歧。自應分計前後各案，如赦前所犯次多贓重，則科以赦前之罪；倘赦後所犯次多贓重，科以赦後所犯之罪；若前後所犯次數贓數罪各相等，亦即以赦後所犯科斷，仍刺以赦後初犯。應刺之字其已經得免，併計之犯照例不准再免併計。若本罪已至徒流以上，並非在山西、直隸兩省地方犯事各案，仍遵照奏定章程，不准查辦。至事犯在恩旨以前拏獲到官，在後各犯向因不准免罪，仍行刺字。惟竊盜以刺字爲坐，一經刺字，即鬮日後併計。其到官既在赦後，固應不准免罪，而事犯本在赦前，將來有犯，准免併計，自應免其刺字，俾有稽核，而免混淆。又議准：免死減遣盜犯脱逃投首例，有仍發原配之文，而用藥迷竊案內，擬遣之犯脱逃投首，應作何辦理？未經議立專條，嗣後如有似此之案，即照發遣盜犯，在配脱逃、畏罪投回例，免其正法，仍發原配。十九年覆准：竊犯得免併計，後復三犯擬流，並未邀恩減釋，在配復竊，仍依逃竊復竊本例擬軍，不得照三犯例問擬，再竊盜刺字如有鬮併計者，自應照例仍刺竊盜字樣；如係逃流逃軍，復竊贓未滿貫，其罪止於加等調發，無鬮併計，只應按照尋常逃軍、逃流加等調發之例，分別刺字，毋庸重刺。二十年奏准：嗣後回民窩竊罪應極邊烟瘴者，悉改發黑龍江爲奴。道光元年議准：竊盜人犯，以上年八月二十七日恩詔以前曾否犯案爲斷。如審係上年八月二十七日以前曾經犯案，遇赦減釋，後於本年四月初七日恩詔以前復又犯竊到官，如係初犯，再犯計贓罪該徒杖以下者，准其免罪，仍行刺字。如四月初七日以前已兩犯到官，迨四月初七日以後復又行竊犯案，該犯已遇上年八月二十七日恩赦，將後前所犯之案咸予赦除，免其併計。則八月二十七日以後所犯之案，不能再行援免併計。仍應併計前後次數，照三犯擬流。至後前並未行竊犯案，於上年八月二十七日以後甫經犯案，如到官在四月初七日恩詔以前者，毋論初犯再犯，計贓罪該徒杖以下者，俱應准其減免，並免刺字。若四月初七日以前已兩犯到官，臂面俱刺，迨四月初七日以後復又行竊犯案，該犯未經得免併計，初次遇赦，自應將四月初七日以前所犯之案免其併計，仍以初犯論，並起除面刺之字。其三犯到官，俱在四月初七日恩詔以後者，既罪應擬流，即在搶竊犯至軍流不准援減之條，無論其八月二十七日以前曾否犯案，援釋應俱不准援減。四年覆准：嗣後遇有初犯再犯之賊，除曾經得免併計之犯，不得再免併計外，其有未經得免併計者，毋論面臂之字起除與否，概准免併計一次。後再犯竊，按行竊次數、贓數，照例分別治罪。其未免併計之竊盜事犯，在前到官在後擬徒，擬杖各犯，不准免罪，其面臂之字仍行免刺，以備將來稽核。六年覆准：嗣後凡回民結夥行竊之案，如內有一人帶有器械，無論其是否賊具，俱應照例擬軍。必俱係徒手，方得擬徒。七年議准：嗣後回民結夥三人以上，持械行竊未得財之案，除拒捕刃傷事主，照例擬絞，及並未拒捕，仍予減等定擬外，其餘但經拒捕，無論曾否傷人，悉照本例擬以軍徒，不得輕議減等。以上均《通行》。八年諭：給事中吴傑奏請將新疆免罪釋回遣犯飭交該地方官稽查管束一摺，新疆遣犯或遣赴軍營効用，或在該城隨同官兵防堵出力，節經該將軍大臣等奏請，准予免罪釋回，飭交地方官妥爲安插，嚴加管束。該犯等既經得有軍功執照，即應革面自新，乃屢有免罪回籍，身帶軍功執照，復出外疊次行竊之案。著該督撫嚴飭該州縣隨時稽查，認真管束，毋許一名出境。該犯等如果在籍安分守法，所給軍功執照尚可存留。儻敢恃符玩法，或稍滋事端，即將執照追繳塗銷，嚴行懲辦。《聖訓》。九年議准：嗣後山東竊賊在配脱逃，毋論次數，均仍發原配安置，以昭畫一。十一年覆准：嗣後各直省除積匪猾賊並搶竊計贓，罪應實發，改發並由死罪減發雲、貴、兩廣四省烟瘴充軍等犯，均毋庸查辦外，其由搶竊問擬軍流各犯，但經執持繩鞭、器械並小刀、鐵鑿、棍棒一切賊具，及雖係徒手，贓至五百兩以上，爲從者均不准其減等；其徒罪以下，無論有無執持器械，均准援減。又議准：嗣後竊盜犯案到官，如在本年恩旨以前者，若未經遇赦得免併計，今犯竊到官，無論初犯、再犯、三犯，凡應減應免者，槩免刺字，前刺之字應予起除，仍按其所犯罪名，分別減免。如從前犯竊，業經遇赦得免併計，此次犯竊到官，罪雖減免，仍應照例刺字。將來再犯時，即不得免其併計。十三年奏准：嗣後審辦積匪猾賊擬軍之案，除係直隸州所屬，向例由道審轉者，仍由該管各道審轉，毋庸解司，及各道所轄直隸州離道較遠，仍照舊章逕行解司外，其餘各廳州縣槩將人犯解該管府廳州審轉具詳，由司覆核，專案請咨，毋庸轉解司道勘轉。倘犯供翻異，即由該管府廳州就近查提質訊，或發回另審。若內有鬮係拒捕、干礙參咎之案，仍照聽分別解司解道，以昭慎重。倘承辦之員有故勘及捏飾情弊，以致案犯申訴冤抑，仍令各督撫嚴行究參，提省審辦。以上均《通行》。十八年諭：御史董宗遠奏各省捕務廢弛，竊盜甚多，請飭認真緝拏一摺。除暴所以安良，各省地方遇有竊盜案件，果能認真查拏，何至日久虛懸，贓賊無獲？若如所奏，湖南之長寶、山東之漕沂、安徽之鳳潁各府，民風刁悍，盜賊肆行，搶奪客民財物，勒令用錢贖取，甚且誘拐幼孩，私行售賣。呈報到官，概從姑息，捕役又復索賄縱放，致令正犯遠颺。京師地面近有土棍匪徒，三五成群竊取錢文，推撥兵役，通同一氣，聽其竊掠，並不查拿等語。著各省督撫嚴飭所屬文武員弁，務當破除因循疲玩積習，無論居民、行旅，但有報竊報劫之案，立即上緊緝拏，總期贓賊全獲，按例懲辦，以安良善。倘敢諱强爲竊，意存消弭，著即指名嚴參，毋稍寬縱。至京師爲輦轂重地，尤宜倍加嚴肅，豈容竊賊潛藏，著步軍統領、順天府五城各衙門隨時查察，有犯必懲，不得視爲具文，日久生懈，以戢姦暴，而安閭閻。將此通諭知之。《聖訓》。三十年覆准：嗣後遇有賊匪偷竊衙署服物，罪應擬軍之案，應照例分別首從定擬。咸豐元年奏准：嗣後各省拏獲尋常竊賊，除並無夥衆持械，及雖夥衆持械而贓至滿貫，罪無可加，或犯該軍流發遣者，均仍照律例辦理外，其糾夥十人以上，但有一人執持器械者，不論贓數次數，爲首之犯即照回民結夥三人持械之例，實發雲貴、兩廣極邊烟瘴充軍，爲從杖一百、徒三年。若糾夥十人以上並未持械，及糾夥三人以上但有一人持械者，不計贓數次數，爲首之犯於回民糾夥持械行竊例上減一等，杖一百、徒三年，爲從杖九十、徒二年半。如行竊未得財，各於軍徒罪上遞減一等問擬。俟數年後竊盜之風稍息，即奏明仍復舊例。五年覆准：查此次恭逢恩詔，其搶竊犯在徒流以上者，均不准減等。枷杖以下，悉予寬免。十年奏准：嗣後都城内外拏獲搶奪竊盜各案，無論初犯、再犯、三犯，罪應枷杖者，酌予監禁一年；罪應擬徒者，監禁二年；罪應遣軍流者，監禁三年。其枷杖人犯，仍遞回原籍，交該地方官監禁。如原籍道路梗阻，不能即行遞解者，就近發交直隸省飭屬監禁。大興、宛平兩縣人犯，發交順天府酌分各屬監禁。遣軍流徒各犯，均俟到配後，交該管地方官監禁。其朝案内竊贓逾貫，及竊盜三犯，擬絞緩決減等者，應於減軍到配後，再行監禁三年。同治元年奏准：嗣後都城内外拏獲搶奪（各）竊盜各案，罪應枷杖及遣軍流徒各犯，仍照定例科斷，毋庸酌加監禁。又議准：除將竊贓滿貫逾五百兩之犯，仍照奏定章程酌入緩決外，其未逾五百兩、情節較輕之犯，雖在准免之例，亦不得即予援免，仍照減等之例減發極邊烟瘴充軍。至因竊問擬軍流各犯，如係積匪猾賊，怙惡不悛之犯，仍不准其援免外，其尋常竊盜等案，問擬軍流之犯，雖在准免之例，仍概不准寬免。其因竊擬徒以下各犯，仍照條款准予援免，並照律起除刺字，倘後再有犯，仍以初犯論。七年議准：嗣後共謀爲强盜夥犯，臨時畏懼不行。而行者仍爲强盜，其不行之犯但事後分得贓物者，杖一百、流二千里。贓重者仍從論不分贓者，杖一百；如因患病及別故不行，事後分贓者，發遣新疆，給官兵爲奴。不分贓者，杖一百、徒三年。其强盜案内，有知而不首，或强逼爲盜，臨時逃避行劫，後衆盜分與贓物，以塞其口，與知强盜後而分所盜之贓，數在一百兩以下者，俱照共謀爲盜、臨時畏懼不行，事後分贓例減一等，杖一百、徒三年。如所分贓至一百兩以上，即按准竊盜爲從律遞加一等定擬；一百二十兩以上者，仍照舊例發近邊充軍。至强盜案内知情接買盜贓之犯，即照准盜例，不論贓數多寡，一次杖一百、徒三年，二次發近邊充軍，三次以上發新疆給官兵爲奴。若知而寄藏，及代爲銷贓者，一次杖八十、徒二年，二次杖九十、徒二年半，三次以上杖一百、徒三年。其知竊盜贓而接買受寄，若馬騾等畜至二頭匹以上、銀貨坐贓至滿數者，俱問罪，不分初犯再犯，枷號一個月發落。若三犯以上，不拘贓數多寡，俱免枷號，發近邊充軍。光緒十九年覆准：嗣後江船、沿海各省輪船扒竊之犯，仍照竊盜計贓計次科罪，無論擬徒擬杖，初犯於右面刺扒竊二字，再犯刺左面。以上均《通行》。

刑案

以代買綢緞爲由，用錢包掉換銀兩滿貫，不應照誆騙財物例擬流，應照夥衆丟包例擬絞。乾隆三十八年浙江司說帖。

船户攬載客貨，遭風覆舟，撈獲客貨，變價入己，贓逾滿貫，仍照竊盜問擬。乾隆四十四年廣東案。

府經歷私差衙役接眷，差役中途竊銀逃走，照竊盜治罪刺字。府經歷私役官差，交部議處。嘉慶二十年江西案。

直省旗人初竊，四次計贓，罪止擬杖，按例止應鎖檔、免刺，毋庸加鐵繫桿。道光十年直隸司說帖。

東省竊賊鎖帶鐵桿，在逃復竊，計贓輕於鎖繫脱逃本罪者，仍從其重者論。道光八年山東司說帖。

東城竊匪所未成丁，曾經犯竊刺臂，再犯罪止杖責，毋庸重刺。嘉慶十六年安徽司說帖。

竊贓一百二十兩，律應擬流，按例改發附近充軍。嘉慶二十四年山東案。

生員撬開城門水洞木柵，入城行竊，計贓四十兩，比照穿穴壁封，盜倉庫錢糧例擬軍。未經入城從犯，仍依本律擬杖。乾隆二十七年廣西案。《通行》。

再犯之賊拒捕傷人，應於所得杖六十、枷號二十日本罪上加二等，杖八十、枷號三十日。嘉慶二年浙江案。

伺隙掉包，形同鼠竊，與丢包詐誘，公然攫取者不同，應照竊盜科斷。嘉慶十二年湖廣司說帖。

行竊八旗無印官學物件，計贓照常盜論。嘉慶十五年安徽司說帖。

三次犯竊均在赦前，因到官在後，例應照三犯定擬，承審官誤作初犯。發落後又犯竊，被獲計贓，罪應擬流，從重仍照三犯時計贓擬軍。嘉慶十七年江蘇司說帖。

未免併計，徒配釋回。夥竊獨竊五次，照行竊四次例擬徒。嘉慶十七年貴州司說帖。

行竊官員公館，應加凡盜一等。嘉慶十七年江蘇司說帖。

客貨遭風沉失，船戶撈取貨物逃匿，照船戶中途逾竊例問擬。嘉慶十七年雲南案。

夥竊馬匹，勒令事主贖贓，比照匪徒明知竊情，逼令出錢贖贓例，杖流。嘉慶十七年雲南司說帖。

行竊拒捕，事主窘迫自盡，止應從重擬徒，不得移其先行犯竊拒捕之罪，於後犯釀命罪上加之。嘉慶十八年山東司說帖。

被事主拴拉同走，失跌落河，致將事主拉跌淹斃。比照竊盜逃走，事主追捕失足身死例，滿徒。嘉慶十九年雲南案。

兵丁勾通外人，偷竊京城樓內□車鐵釘。比照捕役勾通竊賊擬軍例，上量減滿徒。仍照例加枷號三個月，刺盜官物三字。嘉慶二十一年陝西司現審案。

店家船戶行竊擬絞，毋庸加枷。嘉慶二十一年四川司說帖。

欲圖分贓，慫令夥竊，比照教誘人犯法律，與賊同罪。嘉慶二十四年直隸案。

糾竊獨竊，統計八次，照積匪猾賊例擬軍。嘉慶十八年河南案。

假充宗室，詐稱買衣，結夥疊竊，照積匪猾賊例加等，發新疆充當苦差。道光三年廣東司案。

逸賊匿贓，應據現供贓數擬罪，監禁待質。如有虚捏，另行從重問擬。道光五年江西司說帖。

禮部皂隸之子偷祀祭司稿件，照偷竊衙署服物例，發極邊足四千里充軍。嘉慶七年四川司說帖。

隨圍跟役竊馬逃走，自行投首。比照聞拏投首減一等例，擬於絞罪上減等，改發駐防爲奴。乾隆五十六年奉天司說帖。

隨征釋回遣犯復行犯竊，擬於滿杖上加等治罪。道光十一年山西司說帖。

再犯之賊發保脱逃復竊，不得以三犯論。道光十一年湖廣司說帖。

兩次三犯行竊，遇赦減釋，復又犯竊，仍以三犯科斷。嘉慶十八年山東司說帖。

三犯擬流，留養之後復行犯竊，依竊盜三犯銀不及十兩例，問擬滿流，不准查辦。道光十年安徽司案。

赦後復竊，擬軍留養。又犯疊竊，比照得免併後因竊擬軍，釋回復竊三次以上例，發烟瘴充軍刺字。道光八年山東案。

刃傷竊賊，報官，事主畏罪自盡。比照竊盜逃走，事主失財窘迫自盡例，問擬滿徒。道光十三年河南案。

行竊被詢，反稱誣良，事主氣忿自盡，比例擬以滿徒。道光十二年江蘇案。

窩主勒令事主贖贓，致事主自盡。照强盜窩主擬流例，加等發附近充軍。道光十三年江蘇案。

偷砍樹木將斷，事主喊阻追趕，被風吹落所砍樹枝壓斃事主，比例擬以滿徒。道光五年安徽司案。

因行竊致事主疑賊索贓，毆死平人。比照因姦釀命例擬徒。道光十四年陝西司案。

賊犯撬開差弁所齎摺匣撩棄，比照棄毁官文書，事干軍機者絞候律，減等擬流，仍盡本法刺字。道光十四年江蘇案。

夷民竊得御賜物件，畏罪撩棄。比照賊匪偷竊衙署服物例，改發極邊烟瘴充軍，仍照名例枷責。同家口父母兄弟子姪，發六百里之營縣安插。道光六年四川案。

偷竊朝房什物十七次，照積匪猾賊例改發雲貴、兩廣極邊烟瘴充軍。道光十三年福建司説帖。

偷竊察院衙門内居民衣物，照偷竊衙署擬軍例，減等滿徒。道光十一年陝西司案。

偷竊户部厨房内棉被等物，自首不盡。照竊盗贓一兩以上律，杖七十，免刺。道光十四年廣東司案。

行竊朝鮮使臣衣物，依偷竊朝鮮國使臣貨物銀兩，照常人盗倉庫錢糧四十五律，杖一百、流二千里。係雜犯總徒四年，照例刺字。事犯在恩旨前，到官在後，著在朝鮮館門外加枷號一個月，滿日定地充徒。道光十八年邸鈔。

數次行竊一主之財，以贓多者爲重，從一科斷。道光十三年陝西案。

竊盗三犯，應按第三次贓數科罪，不得分别首從。嘉慶二十五年奉天司案。

行竊當鋪衣服，應以中等物價估贓定罪。道光元年山東司説帖。

禁卒搜獲賊贓，私自隱匿。比照捕役私自搜贓中飽，與犯同罪例，量減一等問擬。道光元年浙江案。

行竊藩署大堂，耳房寄貯銀兩，與盗庫貯銀兩不同，應照偷竊衙署例問擬。道光二年山西司説帖。

墜入月城，扭斷鎖鍊，進城行竊，比照穿穴壁封竊盗庫貯銀錢一百兩以下例，擬軍。道光二年湖北案。

丢包誆竊，致事主失財，窘迫自盡，比照竊盗逃走、事主窘迫自盡例，上加一等杖流。道光三年江西案。

水手行竊船内兩客財物，應以一主爲重，計贓科罪。道光三年浙江司説帖。

竊賊藏躲婦女牀下，致婦羞忿自盡，比照事主失財、窘迫自盡例擬徒。婦女附請旌表。道光三年河南案。

夥同行竊，不知夥犯私匿多贓，首從各犯仍以全贓科罪。道光四年陝西司説帖。

監生代賊説合贖贓，並未分錢，於匪徒明知竊情、逼令事主贖贓未得財滿徒上減一等問擬。道光四年直隸案。

行竊縣署帳房官項銀兩，照偷竊衙署例問擬。道光五年湖北案。

船户乘客上岸，圖財開船逃走，比照船户行竊例問擬。道光六年江蘇司説帖。

父與人夥竊，子事後分贓。應計所分之贓，准竊盗爲從科斷，不得照同居父兄知情分贓例問擬。道光七年湖廣司説帖。

結夥設計，暗將巴豆給人服食，乘間拐竊，與迷竊有間，仍照竊盗本律分别首從治罪。道光六年四川司説帖。

官署幕友、雇工偷竊伊主衣物，照偷竊衙署例擬軍。道光二年雲南案。

因竊擬徒，限滿釋回，復又犯竊。因照在配釋回復竊例，分别次數擬軍徒。道光七年浙江案。

回民結夥持械行竊，獲贓推跌事主成傷，應於擬軍本例上加拒捕罪二等問擬。道光九年陝西司説帖。

再犯擬流之賊，解審脱逃復竊，應計前後所竊贓數，以一主爲重擬流罪上加罪二等定擬。道光十一年江西司説帖。

脚夫受雇挑送銀物，中途拐逃，計贓逾貫，應照脚夫行竊例問擬，不得牽引拐帶律擬流。道光十三年貴州司説帖。

兩次行竊同船事主，贓均逾貫，同時并發，從一科斷，依律擬絞監候。道光十三年江蘇案。

回民結夥三人以上持械行竊，從犯畏懼，不行分贓，照回民行竊結夥持械擬軍例，減等擬徒。道光九年江蘇司案。

行竊逾貫，賊犯同居繼子知情分贓，比照竊盗同居兄弟知情分贓減本犯罪二等例，擬徒。道光七年江西司案。

家丁督役搜查假銀，乘便竊銀，比照捕役搜贓中飽與竊盗同科問擬。道光十三年雲南司案。

糾竊事主，圖脱拒捕，後恐被指控，致死滅口。依盗所逞凶拒捕殺人，爲從刃傷者絞監候例，擬絞。同治十年安徽司説帖。

偷竊部發天平，照偷竊衙署服物，不論贓數多寡，改發極邊烟瘴充軍，依例以極邊足四千里爲限，左右面均刺字。夥盗於偷竊例上減等擬徒，右面刺盗官物字樣。光緒八年奏准案。

（清）席裕福《清朝政典類纂》卷三九五《刑二十七·刑律賊盗·盗

馬牛畜産》 凡盗民間馬牛驢贏豬羊雞犬鵝鴨者，並計所值之贓。以竊盗論。若盗官畜産者，以常人盗官物論。若盗馬牛兼官私言。而殺者，不計贓即杖一百、徒三年，驢贏杖七十、徒一年半。若計贓，並從已殺計贓。重於徒三年、徒一年半。本罪者，各加盗。竊盗常人盗。罪一等。

條例

一、凡冒領太僕寺官馬，至三匹者問罪，於本寺門首枷號一月，發近邊充軍。若家長令家人冒領三匹，不分首從，俱問常人盗官物罪。家長引例，家人不引。謹案：此條係原例。一、駐劄外邊官兵及跟役等有偷盗蒙古馬匹者，審實即在本處正法。其蒙古偷盗官兵馬匹或官兵等自相偷盗馬匹，仍照舊例行。謹案：此條係雍正十三年遵旨定例。一、偷竊馬匹案件，除外藩、蒙古仍照理藩院蒙古律擬罪外，其察哈爾、蒙古有犯偷竊馬匹之案，審明如係盗民間馬匹者，依律計贓以竊盗論；如係盗御馬及盗太僕寺等處官馬者，亦仍照律例治罪。謹案：此條乾隆五年定。一、凡盗牛一隻，枷號一月、杖八十、二隻，枷號三十五日、杖九十；三隻，枷號四十日、杖一百；四隻，枷號四十日，杖六十、徒一年；五隻，枷號四十日，杖八十、徒二年；五隻以上者，枷號四十日，杖一百、徒三年。十隻以上，杖一百、流三千里；二十隻以上，不計贓數多寡，擬絞監候。其雖在二十隻以下，除計贓輕者，分別枷杖徒流外，如計贓至一百二十兩以上，仍照律擬絞監候。盗殺者，枷號一月，發附近充軍。俱照竊盗例刺字，其窩家知情分贓者，與盗同罪；知情不分贓者，杖一百。謹案：此條乾隆三十六年增定。一、右衛地方，八旗官兵所養馬駝隻被竊拏獲，除賊犯照偷盗蒙古四項牲畜新例辦理外，其竊盗之家主無論閒散，兵丁如有知情縱容，及分贓情事，依律治罪，係官員咨部查議。謹案：此條乾隆二十五年定。一、蒙古偷竊牲畜之案，如一年内行竊二三次以上，同時并發者，仍照刑律以一主爲重，從一科斷，毋庸覈計擬罪。謹案：此條嘉慶五年奏准改定。一、行圍巡幸地方，如有偷竊馬匹者，不分蒙古民人，五匹以上擬絞立決。三匹至四匹者，即發雲貴、兩廣烟瘴地方；一二匹者，發湖廣、福建、江西、浙江、江南等處充軍，俱交驛地當苦差。爲從及知情故買者，係民人減本犯一等，係蒙古仍照蒙古例辦理。謹案：此條乾隆四十二年修改。一、偷盗官馬二匹以下，仍以常人盗官物計贓論，三匹以上，杖一百、流三千里；十匹以上，爲首者擬絞監候。爲從者發雲貴、兩廣烟瘴地方充軍。二十匹以上者，不分首從，擬絞監候。窩主及牧馬人役自行盗賣者，罪亦如之。謹案：此條乾隆五十三年定，咸豐二年修改。一、奉天旗民人等偷竊馬匹案件，俱照盗牛及宰殺例分別治罪，旗人銷除旗檔，與民人一例科斷，不准折枷。謹案：此條嘉慶十九年修改。一、察哈爾等處牧廠，如有偷賣在官牲畜及宰食，並作爲私産者，係官革職，發往黑龍江等處當差；係牧丁，不分首從，改發雲貴、兩廣極邊烟瘴充軍。若至十匹以上者，爲首之犯擬絞監候，爲從分贓之犯，實發雲貴、兩廣極邊烟瘴充軍。如至二十匹以上者，不分首從俱絞監候。知情故買者，係民人減本犯罪一等；係蒙古，照蒙古例辦理。不知者不坐。謹案：此條嘉慶六年續纂，十九年、道光元年、咸豐三年三次修改。一、民人、蒙古、番子偷竊四項牲畜，以蒙古、内地界址爲斷，如在内地犯竊，即照刑律計贓，分別首從辦理。若民人及打牲，索倫呼倫貝爾旗分另户，在蒙古地方並清海鄂爾多斯、阿拉善毗連之番地，以及青海等處蒙古番子互相偷竊者，俱照蒙古例分別定擬。仍各按竊盗本例刺字。謹案：此條乾隆五十六年定。一、新疆之土爾扈特、都爾博特、額魯特、霍碩特、輝特、烏梁海六項，蒙古人等在扎薩克、察哈爾及邊陲新疆地方偷竊四項牲畜，俱照偷竊蒙古牲畜例覈計匹數多寡，分別首從治罪。謹案：此條乾隆五十三年原定，嘉慶十五年修改。一、偷竊蒙古牛馬駝羊四項牲畜，每羊四隻作牛馬駝一隻計算。如數至三十匹以上者，不分首從擬絞監候，秋審時將首犯擬入情實，從犯俱擬緩決。秋審減等時，發遣雲貴、兩廣烟瘴地方。其爲從，未經同行，僅於竊後分贓者，減發雲貴、兩廣烟瘴地方。二十匹以上者，首從俱擬絞監候，秋審時將首犯入於情實，爲從同竊分贓者，入於緩決。秋審減等時，減發山東、河南等處，其雖曾共謀，未經同行，僅於竊後分贓者，減發湖廣、福建等處。十匹以上者，首犯擬絞監候，秋審時入於緩決，減等時減發雲貴、兩廣烟瘴地方。爲從同竊分贓者，發雲貴、兩廣烟瘴地方。其雖曾共謀，未經同行，僅於竊後分贓者，減發山東、河南等處。六匹至九匹者，首犯發雲貴、兩廣烟瘴地方，爲從同竊分贓者發湖廣、福建、江西、浙江、江南。其雖曾共謀、未經同行，僅於竊後分贓者，鞭一百。三匹至五匹者，首犯發湖廣、福建、江西、浙江、江南，爲從同竊分贓者發山東、河南。其雖曾共謀、未經同行，僅於竊後分贓者，鞭一百。一二匹者，首犯發山東、河南，爲從同竊分贓者鞭一百。其雖曾共謀、未經同行，僅於竊後分贓者，鞭九十。竊羊不及四隻者，首犯鞭一百，爲從同竊分贓者鞭九十。其雖曾共謀、未經同行，僅於竊後分贓者，鞭八十。以上應行發遣及減發各犯，俱交驛地充當苦差，毋庸僉妻發配。應鞭責者，蒙古照擬責民人折責發落。其蒙古地方强刦什物案内搶有四項牲畜，在十匹以上者，分別首從照《蒙古則例》治罪。謹案：此條乾隆五十二年定，道光五年修改。一、將自己及他人騎操官馬盜賣者，枷號一月發落。盜至三匹以上及再犯者，不拘匹數，俱免枷號，發附近地方充軍。五匹以上者，發邊遠充軍。若養馬人户盜賣官馬至三四匹以上者，亦問發附近充軍。謹案：此條嘉慶十九年修改。一、凡盜御用郭什哈馬者，首犯擬絞立決，從犯擬絞監候。不論已宰未宰，均照此例辦理。盜多羅馬者，枷號六月，發邊遠充軍。盜駑馬者，枷號三月，發近邊充軍。盜牧馬官兵盜賣者罪同。謹案：此條嘉慶十九年續纂。一、民人在蒙古地方行竊民人牲畜之案，仍照盜馬牛畜產本律本例辦理，不得照蒙古例科斷。謹案：此條道光二十年續纂。

事例

乾隆元年議准：嗣後除外藩、蒙古仍照理藩院蒙古例擬罪外，其察哈〔爾〕、蒙古有犯偷竊馬匹之案，審明如係盜民間馬匹者，依律計贓，以竊盜論。如係盜御馬及盜太僕寺等處官馬者，仍照增例治罪。四十二年具奏：烏里雅蘇臺將軍巴圖等審奏民人何成禮囑令蒙古果木布多爾濟盜馬，果木布多爾濟遣達什盜得馬十三匹，將達什照爲首例擬絞，果木布多爾濟、何成禮照爲從例鞭一百，罰三九牲畜一案。奉旨：塞外蒙古人等專賴牲畜爲生，與内地不同，理應從嚴，著交該部將何成禮、果木布多爾濟、達什，不分首從，按律定擬具奏。嗣後蒙古地方遇有盜竊馬匹牲畜之事，俱照此辦理。五十一年諭：新疆土爾扈特、杜爾伯特、和碩特俱係新投之人住處，亦遠非舊蒙古可比，偷馬十匹以上，應照舊例嚴辦。俟至二十餘年，伊等亦與舊蒙古相同，迨至其時，再照新例辦理。五十四年，理藩院議覆：烏里雅蘇臺將軍慶桂審奏，蒙古賊犯薩都克等兩次偷竊馬四十四匹，依刑律從一科斷，照偷竊牲畜七匹例發雲南、貴州一案。奉旨：嗣後凡偷竊牲畜賊犯，審明一年内行竊二次者，俱覈計擬罪。已過一年者，俱從一科斷。以上均《會典事例》。五十七年奏准：蒙古偷竊牲畜人犯，首犯未獲，先將從犯按照本例發落。如係避重就輕，復於全獲後審出該犯實係爲首，即於配所提回，審訊明確，治以應得本罪。《通行》。嘉慶四年，綿佐、宜綿審奏烏梁海賊犯推棟濟克、果棟拜偷竊杜爾伯特馬十二匹，依例不分首從，俱擬絞監候，秋審入於情實一案。奉旨：據綿佐、宜綿奏偷竊杜爾伯特馬匹之烏梁海、推棟濟克、果棟拜俱擬絞監候，秋後處決等語。烏梁海、推棟濟克膽敢起意糾合果棟拜入卡倫偷竊杜爾伯特馬十二匹，實屬不法可惡，綿佐等惟擬監候，秋審時入於情實，固屬照例辦理，然於邊陲，究不足以示警。推棟濟克係起意爲首之犯，著即行處絞，以示警戒。其從賊果棟拜著擬絞監候，秋審時入於情實。嗣後邊陲如有此等偷竊情事，將似此行竊賊犯即擬絞決，從賊擬以監候，秋審時入於情實。著爲例。《會典事例》。七年諭：據宜興奏竊馬賊盜班扎兩濟哩特等定擬摺内夾片，以從盜扎木衍棍布扎布係屬孤子，援照刑律，可否將扎木衍棍布扎布留養伊親，請旨具奏等語。蒙古律内並無孤子留養之條，從前偷馬，從盜推伯斯擬絞，經前任議政大臣策巴克奏請，援照刑例以推伯斯係屬孤子，留養伊親，朕以中外諸臣視同一體，特沛恩施允准。茲復據宜興奏請扎木衍棍布扎布俱係孤子，援照刑律留養伊親。除令宜興確查扎木衍棍布扎布該扎薩克旗佐領，取具甘結，如果屬實，即行施恩留養伊親外，仍令該院亦將孤子留養之條添入《蒙古律例》。嗣後凡蒙古人等定罪，即照新例辦理，不必逐案具奏請旨。但孤子留養律例，乃國家施法外之仁，刑律内有報孤子者，必確查該族長該管官員俱出甘結，方行照例辦理留養。茲蒙古律内既將此條添入，著行文承辦蒙古犯罪處。嗣後凡蒙古人内犯罪，呈報孤子者，必由該扎薩克旗分佐領，確查取具甘結，再行照例辦理。如稽查不清、含糊辦理，姦宄之徒反得僥倖，不能仰副朕中外諸臣一視同仁，法外施仁之至意也。將此通諭知之。《聖訓》。道光十六年覆准：嗣後民人在蒙古地方行竊民人牲畜之案，俱照刑律内盜馬牛畜產例辦理，以昭平允。《通行》。

刑案

曠野盜犬，被事主追戳致傷身死。犬在村外，非由家内引出可比，不作賊論。依鬭殺律擬絞監候。嘉慶八年廣西司説帖。

偷竊蒙古牲畜，應以一主爲重，從一科斷。嘉慶二十四年直隸司説帖。

盜牛本罪枷杖，再加逃罪二等，擬杖六十、徒一年，照例刺字。道光九年山東司説帖。

盜牛宰殺，聞拏投首，照律減等，擬徒免刺。乾隆五十三年湖廣司説帖。

故買贓牛私自宰殺，二罪相比，從重依私宰耕牛例問擬，不得科以盜殺之罪。嘉慶十六年《通行》。

盜牛宰殺，爲從擬徒之犯，應加枷號二十五日。嘉慶二十年貴州案。

盜多羅馬匹，犯時不知。後知係官馬，復圖出賣，刃傷捕人，與知多羅馬而盜者無異，照例擬軍，從重發遣。嘉慶二十三年福建司説帖。

見人盜牛，起意宰殺分肉，照私宰耕牛例杖枷，賊犯照盜宰爲從例擬徒。嘉慶二十五年奉天案。

知人偷竊牛隻，幫同宰殺分贓，依知盜後分贓律問擬。嘉慶二十五年奉天案。

蒙古賊犯遣罪刺字，鞭責免刺。道光六年理藩院案。

偷竊蒙古夥同牧放馬匹，應以一主爲重，計贓科罪。道光二十年直隸司説帖。

偷竊軍台驛站替差馬匹，比照偷竊蒙古牲畜六匹至九匹例，發雲貴、兩廣烟瘴地方充當苦差。道光十年直隸司案。

偷竊三四歲小牛宰食，擬於盜牛宰殺發附近充軍例減等滿徒，仍照例枷號刺字。道光十三十四等年奉天司案。

故買偷竊犬隻，宰剥賣錢，照知竊盜贓而故買，計所買物坐贓論，罪止杖一百律科斷，酌加枷號。道光十三年貴州司案。

迭次偷竊牛馬，多匹及私造城門鑰匙，從重依竊盜贓至一百二十兩以上絞監候，擬監候夥盜，分別軍流問擬，俱照例刺字。光緒四年奏准案。

（清）席裕福《清朝政典類纂》卷三九五《刑二十七·刑律賊盜·盜田野穀麥》 凡盜田野穀麥菜果及無人看守器物謂原不設守及不待守之物。者，並計贓准竊盜論，免刺。若山野柴草木石之類，他人已用工力砍伐積聚，而擅取者，罪亦如之。如柴草木石，雖離本處、未駄載間，依不得財笞五十。合上條有拒捕，依罪人拒捕。

條例

一、產礦山場，山主違禁勾引礦徒潛行偷挖者，照礦徒之例以爲首論。若係約練勾引接濟，夥同分利者，照引領私鹽律杖九十、徒二年半。得財者，計贓准竊盜從重論。如因官兵往拏，漏信使逃，及陰令拒捕者，俱照官司追捕罪人而洩漏其事者，減罪人所犯罪一等律治罪。保甲、地鄰知情容隱不報者，均照强盜窩主之鄰佑知而不首例，杖一百發落。謹案：此條雍正九年定。一、刨參官商私刻小票，影射私參，照私販人參例分別治罪。謹案：此條乾隆十年定。一、凡領票刨參人夫，例給鳥鎗，應查明人數多寡，批給鳥鎗。填明票上出口、驗放回山。查覈違例私帶者，照商民應用鳥鎗不報官私造例，杖一百。其將鳥鎗轉給售賣刨參之人者，比照軍人將軍器私賣與人，發邊遠充軍律減一等，杖一百、徒三年。該管官不行查出，交部議處。一、凡索倫達呼爾越界至松阿里烏拉地方打牲滋事者，令該將軍查拏，分別治罪。其有私帶米糧等物，賣給刨參之人者，照無引私鹽律、計米數多寡，分別定擬。吉林地方有越界私帶米糧情事，飭令吉林將軍一體查拏，照例定擬。謹案：以上三條係乾隆十二年定。一、凡三姓渾春等處商人官兵，領票赴甯古塔船廠地方購買物件，令其報官，給票開明數目。有違禁攜帶米石什物易換人參及貂皮，於未經交官以前私行換買者，該將軍查明米不及五十石、什物值銀不及五十兩者，杖一百、徒三年。逾前數者，發雲貴、兩廣烟瘴地方安置。旗人及官兵有犯，各加民人罪一等。其巡綽官兵知情故縱，與本犯同罪。得贓者，計贓以枉法從重論。失察者，官交部議處，兵丁照山海關搜查參珠不力例治罪。其明知偷刨姦匪而容隱在家，不即舉報者，照知人犯罪藏匿在家不告捕者減罪人一等律治罪。謹案：此條乾隆六十年遵旨改定。一、領票工人内如有偷竊領票商人之參者，照刨參已得例，按照得參數目分別徒流，仍於面上刺竊盜字，追贓給主。謹案：此條嘉慶六年改定。一、打珠人等私藏珠子，不行交官者，拏獲不論珠數多寡、分兩輕重，俱杖一百、流三千里。旗人銷去旗檔，同民人一體發遣。總領打珠之驍騎校並総管翼長，均交部分別議處。一、盛京各處山場，商人領票砍伐木植，如有夾帶偷砍果樹者，按照株數多寡定罪。砍至數十根者笞五十，百根者杖六十。每百根加一等，罪止杖一百、徒三年。所砍木植，變價入官。謹案：以上二條均係乾隆三十年定。一、刨參人夫不往所指山林刨採，或將票張賣放別路飛颺者，除交官參外，餘剩俱令入官，仍杖一百、枷號一月。一、私刨人參賊犯在山林僻壤庄屯潛蹤盤踞，該處保正、甲長如有飛包過付，窩藏黑人，不行首報，除窩家照例治罪外，保正、甲長如審係知情不首，照保甲知有爲盜、窩盜之人瞻徇隱匿例，杖八十、加枷號一月。如不知情，照牌頭所管内有爲盜之人，雖不知情而失察例笞四十。一、漁利之徒潛蹤山林，收買參秧栽種，及貪利之人私行入山偷刨參秧貨賣，一經拏獲，均照偷刨私賣收買私參例，一體治罪。謹案：以上三條均係乾隆四十二年定。一、民間農田，如有於己業地内費用工力挑築池塘，潴蓄之水無論業主已未車戽入田，而他人擅自竊放以灌己田者，不問黑夜白日，按其所灌田禾畝數，照侵占他人田一畝以下笞五十、每五畝加一等，罪止杖八十、徒二年。有拒捕者，依律以罪人拒捕科斷。如有被應捕之人殺傷者，各依擅殺傷罪人問擬。若於公共江河、川澤、溝瀆築成渠堰，及於公共地内挑築池塘占爲己業者，俱不得濫引此例。如有殺傷仍各分别謀故鬭毆定擬。謹案：此條嘉慶十一年改定。一、盛京各城守尉邊門及卡倫官兵，在邊外拏獲偷砍私運木植人犯，其車馬器物俱賞給原拏之人。如僅止拏獲車馬等物，而藉稱人犯逃逸者，除審明有無受賄故縱，按例治罪外，仍將所獲物件入官。若拏獲人犯並無器物者，該將軍自行酌量賞給。謹案：此條嘉慶九年定。一、凡盜掘金銀銅錫水銀等礦砂，每金砂一斤折銀二錢五分，銀砂一斤折銀五分，銅錫水銀等砂一斤折銀一分二厘五毫，俱計贓准竊盜論。若在山洞捉獲，持杖拒捕，傷非金刃，傷輕平復者，不論人數砂數多寡及初犯再犯，俱發邊遠充軍。若殺人及刃傷折傷，爲首者照竊盜拒捕殺傷人律斬，爲從並減一等。不曾拒捕，若聚至三十人以上者，不論砂數多寡及初犯再犯，爲首發近邊充軍，爲從枷號三月，照竊盜罪發落。若不曾拒捕，又人數不及三十名者，爲首初犯枷號三月，照竊盜罪發落，再犯亦發近邊充軍。爲從者止照竊盜罪發落。非山洞捉獲，止是私家收藏，道路背負者，惟據見獲論罪。不許巡捕人員逼令展轉扳指，違者參究治罪。謹案：此條道光二十年修改。一、山海等關巡查人員，如有搜獲人參珠子，該管官交部議叙。如有搜查不力，以致私帶過關者，將該管官照失察例議處，巡查人等照不應重律治罪。明知故縱者，該管官革職，巡查人等枷號一月、杖一百。受賄賣放者，計贓以枉法從重發落。其失察偷出邊關刨參至二百名者，領催披甲人等鞭五十，至二百名者，鞭一百；至五百名以上者，枷號一月、鞭一百。該守禦官亦按失察名數分别議處。如有自行拏獲者，免議。謹案：此條嘉慶六年修改。一、凡旗民人等偷刨人參，如有身充財主，雇人刨採，及積年在外逗遛，已過三冬，人數未及四十名、參數未至五十兩者，俱發雲貴、兩廣烟瘴地方管束。若人至四十名以上、參至五十兩以上，爲首之財主及率領之頭目並容留之窩家，俱擬絞監候。爲從發雲貴、兩廣烟瘴地方。所獲牲畜等物，給付拏獲之人充賞，參入官。擬絞人犯遇赦減等者，亦照爲從例發遣。其未得參者各減一等，如並無財主，實係一時烏合，各出資本及受雇偷採，或隻身潛往，得參者俱按其得參數目，一兩以下，杖六十、徒一年；一兩以上至五兩，杖七十、徒一年半；一十兩，杖八十、徒二年；一十五兩，杖九十、徒二年半；二十兩，杖一百、徒三年；二十兩以上至三十兩，杖一百、流二千里。每十兩遞加一等，罪止杖一百、流三千里。爲從及未得參者各減一等，代爲運送米石者，杖一百。私販照私刨人犯減一等治罪。得參人犯，首從照例刺字。未得參及私販人犯，俱免刺字。刨參案内有犯軍流徒罪者，係旗人銷去旗檔，照民人一體問擬。若旗下家奴有犯，罪應軍流者，發駐防給兵丁爲奴，徒罪照例發配。限滿釋回，仍交主家服役。如伊主知情故縱者，杖八十，係官交部議處。不知者不坐。其潛匿禁山刨參被獲，擬徒人犯，限滿釋回。復行逃往禁山刨參者，不分已得未得，俱發附近充軍。旗下家奴發往駐防，給兵丁爲奴。謹案：此條嘉慶六年修併道光二十五年修改。一、私入木蘭等處圍場及南苑偷竊菜蔬、柴草、野雞等項者，初犯枷號一月，再犯枷號兩月，三犯枷號三月，滿日各杖一百發落。若盜砍木植、偷打牲畜及刨挖鹿窖，初犯杖一百、徒三年，再犯及雖係初犯而偷竊木植數至五百斤以上、牲畜至十隻以上，或身爲財主雇倩多人者，俱改發極邊，足四千里充軍。三犯者，發新疆等處種地。爲從及偷竊未得者各減一等，販賣者又減一等。旗人有犯，銷除旗檔，照民人一律辦理。圍場看守兵丁有犯，俱先插箭游示，加一等治罪。至察哈爾及扎薩克旗下蒙古私入圍場偷竊，亦照此例一律問擬。蒙古人犯應擬徒罪者，照例折枷。應充軍者，發遣湖廣、福建、江西、浙江、江南；應擬遣者，發遣雲貴、兩廣，俱交驛充當苦差。以上各項人犯，無論初犯、再犯、三犯，均面刺盜圍場字樣。偷盜未得之犯，均面刺私入圍場字樣。其枷號三月、兩月者減等，遞減一月、枷號一月者，減爲二十日。失察私入圍場等處偷竊之該管地方文武各官並察哈爾佐領捕盜官，及蒙古扎薩克等，交部分別議處及折罰牲畜。起獲鳥鎗入官，牲畜器物賞給原拏之人。有連獲大起者，交該管官記功獎勵，一面仍向獲犯研訊，由何處卡隘偷入。審係員弁兵丁受賄故縱者，與犯同罪。贓重者，計贓以枉法從重論。若止失於覺察，員弁交部議處，兵丁杖一百。再犯折責革伍。每月責令看卡員弁，將有無賊犯偷入圍場之處出結具報。該總管每年於五月內據實彙摺具奏。倘該員弁所報不實，交部議處。熱河都統亦於每年六月間據實具奏，如查明該總管所奏不實，即行參辦。謹案：此條道光元年、十年修改，二十五年又改。一、盛京威遠堡南至鳳凰城邊外山谷附近圍場處，所拏獲偷伐木植、偷打鹿隻人犯，審實果係身爲財主，雇倩多人者，杖一百、流三千里。若無財主，一時會合，各出本錢並雇人偷伐木植、偷打鹿隻，越渡邊關隘口者，杖一百、徒三年。爲從及販賣並偷竊未得者，各減爲首及已得一等。如係刨挖鹿窖，首從各於前例流徒罪上加一等治罪，分別面刺偷竊木植、牲畜字樣。未得者免刺，再犯者各於本罪上加一等治罪。其越邊偷竊柴草、野雞等項，初犯枷號一月，再犯枷號兩月，三犯枷號三月，滿日各杖一百。爲從及偷竊未得者，各減爲首及已得一等，俱免刺。並遞回原籍嚴加管束。倘於遞籍後復行出邊偷竊者，即在犯事地方枷號兩月，杖六十、徒一年。如再有犯，以次遞加，其因偷竊未得遞籍管束，復有越邊偷竊者，仍照初犯例枷號一月、杖一百，遞籍嚴加管束。淘挖金砂之犯，本例罪重者，仍從重定擬。若罪名較輕，即照此一體辦理。至失察之地方各官，交部議處。謹案：此條道光十年修改，咸豐二年復奏頒修。一、私入圍場偷打牲畜、砍伐木植之犯，無論枷杖徒流，發遣均在犯事地方審擬、發落、起解，毋庸解部轉發，仍專諮報部。其應徒流發遣者，令熱河都統年終彙奏，罪止枷杖。人犯年終彙册咨部存案。謹案：此條嘉慶十一年修改，十九年復奏頒修。一、在新疆地方偷挖金砂，無論人數砂數多寡，爲首枷號三月，實發雲貴、兩廣極邊烟瘴充軍；爲從枷號三月，解回內地，杖一百、徒三年。嘉慶十九年續纂，道光元年修改。一、在口外出錢雇人刨挖黃蓍，首犯除有拒捕奪犯等情，仍按罪人拒捕及奪犯毆差各本律本例分別定擬外，如所雇人數未及十名者，照違制律杖一百；十人以上，加枷號兩月；五十人以上，杖六十、徒一年。每十人加一等，以次遞加，罪止杖一百、徒三年。爲從各減一等，受雇挖蓍之人照不應重律杖八十，遞籍管束。如係割草民人，不得妄拏滋事，該處囤積黃蓍，首犯數至十斤以上者，並照違制律杖一百；五十斤以上者，加枷號兩月；百斤以上，杖六十、徒一年。每百斤加一等，以次遞加，罪止杖一百、徒三年。爲從亦各減一等，黃蓍入官。至無業貧民零星挖有黃蓍進口售賣，每次人數不得過十名，每人攜帶不得過十斤，違者以私販論。仍責成守門員役及各口關隘官弁實力稽查，倘有賄縱情弊，查出按例究辦。謹案：此條嘉慶十九年續纂。一、在熱河承德府所屬地方偷竊金銀礦砂，無論人數砂數多寡，爲首俱枷號三月，係民人實發雲貴、兩廣極邊烟瘴充軍，係蒙古人發四省驛站當差。爲從係民人，枷號三月，解回內地，杖一百、徒三年；係蒙古人，枷號三月，調發鄰盟嚴加管束。如被獲時有拒捕殺傷人者，仍照盜掘礦砂本例分別科斷。其得錢招留之蒙古地主，與首犯同罪。地方官不行嚴拏者，交部議處。謹案：此條道光二十年續纂，咸豐二年修改。

事例

雍正元年議准：偷刨人參已得之犯，若在寍古塔拏獲者，令欽差辦事官員與船廠將軍等會同審結；若在盛京地方拏獲者，令盛京刑部會同奉天將軍等審結彙題。又議准：偷刨人參未得之犯，亦照刨參已得之例在各本處審結彙題。十年諭：刨人參發往廣東人犯，例在崖州等處，水土最爲惡毒，北方之人到此易染疾病，每多傷損，亦可憫惻。若將此等人犯改發沿海一帶衛所入伍充軍，俾得保全軀命，似亦法外之仁。著廣東督撫定擬。其廣西、雲南等省，亦著該督撫將如何改發之處妥議具奏。乾隆三年議准：凡拏獲販參之犯，所販之參至五百兩以上者，照偷刨人參五百兩以上絞監候例，減一等擬流；所販之參不滿五百兩者，照偷刨人參不滿五百兩，杖一百、流三千里例，減一等擬徒；其不滿十兩者，照一二人刨參不滿十兩，杖一百例，減一等杖九十。均免刺字。十二年諭：從前拏獲偷入圍場射獵樵採之人，由該總管送部治罪。後因設立地方官，將此等人犯停止送部，即交地方官辦理，但禁約圍場究與地方無涉。嗣後如有鬬毆詞訟等事，照例令地方官辦理完結。儻圍場內有人偷入射獵、樵採等事，該總管拏獲時，仍照舊例送部治罪。即交地方官轉行解部，歲底該總管將拏獲數目報部彙查。五十八年，吉林將軍奏民人換買赫哲貂皮一案，奉旨：據恒秀奏，審明韓祥生、項如賓偷換赫哲貂皮一案，請將韓祥生等枷號兩月，杖責逐出境外等語。民人韓祥生等膽敢豫在赫哲等來路偷換貂皮，甚屬不法，若僅逐出境外，亦不過出吉林邊外而已。吉林境外非盛京即黑龍江地方，仍不免在此二處有偷換貂皮、人參之事。韓祥生、項如賓均著枷號兩月，杖一百，發遣烟瘴地方，以示儆戒。嗣後似此者，俱照此辦理。以上均《會典事例》。嘉慶八年奏准：嗣後凡有水田地方，如在本人田産内獨出己資開塘蓄水，無論已未車戽，一經竊放，即照罪人問擬。其公共池塘遇有滲漏、損壞，亦當通力修補，不得以一人添築借端圖佔，致釀事端。如此於便民之中仍寓防微之意。《通行》。十五年奉旨：每年奉天巡查海口，僅由將軍府尹派員前往，恐仍不免疏漏。著該將軍奏明，派盛京侍郎一員帶領協領一二員前往緝查。如拏獲私參，即著該侍郎具奏，將參斤解京，並將該侍郎及協領等一併議敘。其山東海口，專令登州鎮總兵巡緝亦尚未周著，添派登萊、青道會同稽查。如拏獲私參上岸，即報明山東巡撫具奏。參斤解京，將該鎮道議敘，並將派查之盛京侍郎、協領等官一併議處。《聖訓》。

刑案

私行偷放他人車灌公共田水，不便執一而斷，惟在地方官隨案詳悉履勘，細鞫起釁確情，各按本律分別辦理。乾隆五十四年廣東司説帖。

聽從盜挖官煤，計贓逾貫，比照盜掘礦砂，計贓准竊盜罪止滿流例，爲從減等擬徒。嘉慶二十二年廣東案。

違禁私換貂皮，照例發雲貴、兩廣烟瘴地方安置，到配杖一百，毋庸擬加枷號。道光六年奉天司説帖。

圍場馬甲糾夥入圍，偷打牲畜，照私入圍場偷打牲畜，初犯杖一百、徒三年例，加等流二千里。道光十一年直隸司案。

賄囑出票，聚衆偷採蘑菇，比照在口外刨挖黄蓍，如所雇人數五十人以上徒一年，每十人加一等，罪止滿徒例，擬以滿徒。道光十一年安徽司案。

闕内禁地偷淘金砂，比照新疆偷挖金砂，爲首枷號擬軍例，減等枷號兩月，徒三年。爲從與偷淘未獲金者，均再減一等問擬。道光七年陝西案。

承種山地欠租，復盜賣樹木，計贓八十兩。照盜山野柴草木石准竊盜律，加等問擬滿徒免刺。道光十四年河南司案。

偷竊塘魚，拒殺事主、雇工。比照盜田野穀麥有拒捕，依罪人拒捕殺所捕人律，擬斬監候。道光十一年湖北案。

圍場兵丁被賊拒斃，援案請旨，賞給副領催銀三十兩，並將其子挑補馬甲。道光十五年邸鈔。

熱河偷挖礦砂，招留地主。照爲首各本罪加一等科斷，罪至極邊烟瘴充軍。道光十一年直隸司説帖。

夾帶親友送給私參五錢，照不應重律杖八十。道光九年直隸司案。

將折帳私參轉賣，比照隻身偷採得參一十兩例，減等擬杖七十、徒一年半。道光四年奉天司案。

因田被淹，違禁在官河築壩，致死攔阻之人，應照凡鬬科斷。嘉慶十六年安徽司説帖。

盜田野穀麥、菜果等物，律准竊盜免刺，與實犯竊盜不同。如有拒捕，應照罪人拒捕本例敘斷。嘉慶二十年《通行》。

偷竊柴草被獲，故殺事主，與實犯竊盜，臨時拒殺事主不同，應依罪人拒捕殺人律斬候。嘉慶二十一年奉天司説帖。

盜掘禁山鐵砂、私煎鐵斤，差拏拒捕，比照盜掘礦砂持杖拒捕例，擬軍。嘉慶二十二年浙江案。

承領參票，額外多帶夫役偷刨，比照偷刨人參未至五十兩例上減等滿徒。道光三年奉天案。

初犯偷竊圍場柴草，再犯偷打牲畜，應作初犯偷打牲畜科斷，不得併計問擬。道光二十年直隸案。

承票刨參，影射刨夫多名，照偷刨人參，身充財主雇人刨採，人數未及四十名、參數未至五十兩擬軍例上減等，問擬滿徒。道光八年奉天司案。

刨夫將不堪入選之參私賣，比照刨參人夫將票張賣放別路飛颺者杖枷例科斷。道光十四年奉天司案。

爲人治病，受謝私參，夾帶進關，依偷刨人參一兩至五兩，私販減等杖六十、徒一年例，量減滿杖。道光十三年福建司案。

聽從兄帶回私參爲父治病，照偷刨人參一兩至五兩杖七十、徒一年半私販減等例，量減滿杖。道光十四年四川司案。

（清）席裕福《清朝政典類纂》卷三九七《刑二十九・刑律賊盜・發塚》

凡發掘他人墳塚，見棺槨者，杖一百，流三千里。已開棺槨見屍者，絞監候。發而未至棺槨者，杖一百，徒三年。招魂而葬亦是爲從減一等。若年遠塚先穿陷，及未殯埋，而盜屍柩屍在柩未殯或在殯未埋者，杖九十，徒二年。半開棺槨見屍者，亦絞。雜犯其盜取器物甎石者，計贓准凡盜論，免刺。若卑幼發五服以内尊長墳塚者，同凡人論，開棺槨見屍者，斬監候。若棄屍賣墳地者，罪亦如之。買地人牙保知情者，各杖八十，追價入官，地歸同宗。親屬不知者，不坐。若尊長發五服以内卑幼墳塚開棺槨見屍者，緦麻杖一百，徒三年。小功以上各遞減一等。祖父母父母發子孫墳塚開棺槨見屍者，杖八十。其有故而依禮遷葬者，尊長卑幼俱不坐。若殘毀他人死屍及棄屍水中者，各杖一百，流三千里。謂死屍在家，或在野，未殯葬將屍焚燒殘毀之類。若已殯葬者，自依發塚開棺槨見屍律從重論。若毀棄緦麻以上尊長未葬死屍者，斬監候。棄他人及尊長而不失其屍及毀而但髡髮若傷者，各減一等。凡人減流一等，卑幼減斬一等，毀棄。緦麻以上卑幼死屍，各依凡人毀棄依服制遞減一等。毀棄子孫死屍者，杖八十。其子孫毀棄祖父母、父母、及奴婢雇工人毀棄家長死屍者，不論殘失與否斬監候。律不載妻妾毀棄夫屍，有犯依緦麻以上尊長律奏請。若穿地得無主死屍不即掩埋者，杖八十。若於他人墳墓爲熏狐狸，因而燒棺槨者，杖八十，徒二年。燒屍者，杖一百，徒三年。若緦麻以上尊長各遞加一等。燒棺槨者，各加爲杖九十，徒二年半。燒屍者，遞加爲杖一百，流二千里。不可依服屬各遞加，致反重於祖父母父母也。卑幼各因其服依凡人遞減一等。若子孫於祖父母、父母及奴婢雇工人於家長墳墓熏狐狸者，杖一百。燒棺槨者，杖一百，徒三年。燒屍者，絞。監候。平治他人墳墓爲田園者，雖未見棺槨。杖一百。仍令改正。於有主墳地内盜葬者，杖八十，勒限移葬。若將尊長墳塚，平治作地，得財賣人，止問誆騙人財，不可作棄屍賣墳地斷。計贓輕者，仍杖一百。買主知情則坐，不應重律。追價入官，不知情追價還主。若地界内有死人，里長地鄰不申報官司，檢驗而輒移他處，及埋藏者，杖八十。以致失屍者，首杖一百。殘毀及棄屍水中者，首杖六十，徒一年。殘棄之人仍坐流罪。棄而不失，及髡髮若傷者，各減一等。杖一百，若鄰里自行殘毀，仍坐流罪。因而盜取衣服者，計贓准竊盜論，免刺。

條例

一、發掘常人墳塚，開棺見屍，爲首者，擬斬立決；爲從，無論次數，俱擬絞監候。其發塚見棺鋸縫，鑿孔抽取衣飾，尚未顯露屍身，爲首者，擬絞立決；爲從，俱擬絞監候。發塚開棺見屍，爲從幫同下手開棺者，不論次數，秋審俱入情實。在外瞭望一二次者，入於緩決，三次及三次以上者，入於情實。其發塚見棺鋸縫、鑿孔爲從，幫同鑿棺鋸棺三次以上者，入於情實，一二次者，入於緩決。在外瞭望六次者，入於情實，一次至五次者，入於緩決。至發掘常人墳塚見棺槨，爲首者，改發近邊充軍。年在五十以上，發附近充軍。爲從者，杖一百，徒三年。謹案：此條同治九年修改。

一、民人除無故挖焚已葬屍棺者，仍照例治罪外，其因爭墳阻葬開棺，易罐埋藏占葬者，亦照開棺見屍，殘毀死屍各本律治罪。若以他骨暗埋，豫立封堆，僞説廕基，審係恃强占葬者，照强占官民山場律治罪。審係私自偷埋者，照於有主墳地内，偷葬律治罪。其侵犯他人墳塚者，照發掘他人墳塚律治罪。如果審係地師教誘，將教誘之地師，均照詐教誘人犯法律分別治罪。若地方官隱諱寬縱，不實力查究，照例參處。謹案：此條雍正十三年定。

一、凡盜葬之人，除侵犯他人墳塚，發掘開棺見屍者，仍各按照律例治罪外，如因盜葬後，被地主發掘棄毀，無論所葬係尊長及卑幼屍柩，俱照强占官民山場律，杖一百，流三千里。如於有主墳地及切近墳旁盜葬，尚無侵犯致被地主發掘等情者，照强占山場滿流律，量減一等，杖一百，徒三年。若止於田園山場内盜葬者，照强占山場滿流律，量減二等，杖九十，徒二年半。仍勒限一月押令犯屬遷移，逾限不遷，即將犯屬枷示，候遷移日釋放，其唆令盜葬之地師訟師、與本犯一體治罪。謹案：此條乾隆五十三年定。

一、凡指稱旱魃刨墳毀屍爲首者，照發塚開棺見屍律，擬絞監候。如訊明實無嫌隙，秋審入於緩決。若審有挾讐洩忿情事，秋審入於情實。爲從幫同刨毀者，改發近邊充軍。年在五十以上，仍發附近充軍。其僅止聽從同行並未動手者，杖一百，徒三年。謹案：此條嘉慶九年遵旨議定。原議幫同刨毀者，酌近充軍，年五十以下伊犁當差。十年改定此文。

一、貪人吉壤，將遠年之墳盜發者，子孫告發，審有確據，將盜發之人，以開棺見屍律，擬絞監候。如非其子孫，又非實有確據之前人。古塚，但因土墩見人埋葬，輒稱伊遠祖墳墓，勾引匪類夥告、夥證陷害無辜，審明將爲首者，照誣告人死罪未決律，杖一百，流三千里。爲從各照誣告爲從律科斷。若實係本人遠祖之墳，被人發掘盜葬，因將所盜葬之棺發掘拋棄者，照祖父母、父母被殺子孫不告官司而擅殺行凶人律，杖六十。若盜葬者，並無發掘等情，止在切近墳旁盜葬，而本家輒行發掘者，應照地界內有死人不報官司，而輒移他處律科斷。如有毀棄屍骸，照地界內有死人而移屍毀棄律科斷。若非係墳地，止在田地場園內盜葬，而地主發掘開棺見屍，仍照律擬絞。其不開棺見屍者，各照本律減一等治罪。如兩造本係親屬，其所侵損之墳塚棺槨屍骸與本身皆有服制者，各照律內服制科斷。謹案：此條雍正十三年定，乾隆五十六年修改。

一、凡愚民惑於風水，擅稱洗筋、檢筋名色，將已葬父母及五服以內尊長骸骨發掘檢視，占驗吉凶者，均照服制以毀棄坐罪。幫同洗檢之人，俱以爲從論。地保扶同隱匿，照知人謀害他人不即阻首律，杖一百。若有故而以禮遷葬，仍照律勿論。謹案：此條乾隆十一年定。

一、凡毆故殺人案內凶犯起意殘毀死屍及棄屍水中，其聽從擡棄之人，無論在場有無傷人，俱照棄屍爲從律，杖一百，徒三年。若埋屍滅跡，其聽從擡埋之人審係在場，幫毆有傷，律應滿杖者，亦杖一百，徒三年。其在場並未傷人，止於聽從擡埋者，照里長地鄰棄屍律，杖六十，徒一年。如案內餘人起意毀棄，及埋屍滅跡，仍照棄屍爲首律，杖一百，流三千里。不失屍者，各減一等。若受雇擡埋並不知情者，仍照地界內有死人不報官司，而輒移藏律，杖八十。至竊刦之犯，如有在湖河舟次，格鬬致斃，屍墮水中，漂流不獲，及山谷險隘。猝然遇暴屍沉澗溪，本無毀棄之情，仍依格殺本律科斷，毋庸牽引棄屍之律。若係在家黌夜格捕致死姦盜之犯或在曠野道途格殺拒捕盜賊，罪本不應擬。抵將屍毀棄掩埋移投坑井者，照地界內有死人不報官司，私自掩埋律，杖八十。因而遺失者，照地界內有死人移置他所以致失屍律，杖一百。如有格殺之後，懷挾讎恨，逞凶殘毀，投棄水火，割剥損傷者，仍照毀棄死屍本律科罪。其隨同協捕、共毆之餘人，有犯棄毀移埋等項，俱照此例分別辦理。謹案：此條嘉慶六年修改，十五年修併。

一、有服尊長，盜卑幼未殯、未埋屍柩，開棺見屍者，緦麻尊長爲首，依發卑幼墳塚開棺見屍，杖一百，徒三年律減一等。未開棺槨者，再減一等。如係小功以上尊長爲首，各依律以次遞減。爲從之尊長，亦各按服制，減爲首之罪一等。如有卑幼或外人，爲首爲從，分別服制，凡人各依首從論。謹案：此條嘉慶十六年定。

一、凡子孫發掘祖父母父母墳塚，均不分首從，已行未見棺槨者，皆絞立決。見棺槨者，皆斬立決。開棺見屍並毀棄屍骸者，皆凌遲處死。若開棺見屍至三塚者，除正犯凌遲處死外，其餘俱發往伊犂當差。如有尊長卑幼或外人爲首爲從，分別服制，凡人各以首從論。謹案：此條乾隆五十四年定例，嘉慶十一年續纂，十九年、道光十年兩次修改，二十五年修復。

一、盜未殯，未埋屍柩及發年久穿陷之塚，未開棺槨者，杖一百，徒三年。爲從，杖九十，徒二年半。如開棺見屍，爲首一次者，發遠充軍；二次者，發極邊烟瘴充軍；三次者，絞。爲從一次者，仍照雜犯流罪，總徒四年；二次者，發邊遠充軍；三次者，發極邊烟瘴充軍；三次以上者，亦絞。謹案：此條乾隆七年定，道光元年修改。

一、子孫盜祖父母、父母未殯未埋屍柩，不分首從，開棺見屍者，皆斬立決。如未開棺槨，事屬已行，確有顯跡者，皆絞立決。如有尊長卑幼或外人爲首爲從，分別服制，凡人各以首從論。謹案：此條嘉慶十五年續纂，十九年修改。

一、有服卑幼盜尊長，未殯未埋屍柩未開棺槨者，爲首期親卑幼，發極邊足四千里充軍。功緦卑幼，發邊遠充軍，爲從期親卑幼，發邊遠充軍，功緦卑幼，發近邊充軍。開棺見屍者，爲首期親卑幼，實發雲貴、兩廣極邊烟瘴充軍。功緦卑幼，發極邊足四千里充軍，爲從期親卑幼發極邊足四千里充軍。功緦卑幼發邊遠充軍。如有尊長或外人爲首爲從，分別服制，凡人各以首從論。謹案：此條嘉慶十五年續纂，十九年修改。

一、盜未殯、未埋屍柩鋸縫、鑿孔，爲首一二次者，杖一百，徒三年。三次者，照雜犯流罪，總徒四年。四次五次者，發邊遠充軍。六次及六次以上者，發極邊烟瘴充軍。爲從一二次者，杖九十，徒二年半。三次者，杖一百，徒三年。四次五次者，總徒四年，六次七次者，發邊遠充軍。八次及八次以上者，發極邊烟瘴充軍。謹案：此條道光元年續纂。

一、凡奴婢雇工人，發掘家長墳塚，已行未見棺者，爲首擬絞監候，爲從發近邊充軍。見棺槨者，爲首絞立決，爲從絞監候。開棺槨見屍者，爲首斬立決，梟示，爲從斬監候。毀棄撇撒死屍者，不分首從皆斬立決，梟示。如有家長尊卑親屬或外人，爲首爲從，分別服制，凡人各以首從論。謹案：此條嘉慶十一年修改，同治九年修改。

一、有服卑幼發掘尊長墳塚，未見棺槨者，爲首期親卑幼發極邊，足四千里充軍。功緦卑幼發邊遠充軍，爲從期親卑幼發邊遠充軍，功緦卑幼發近邊充軍。見棺槨者，爲首期親卑幼，實發雲貴、兩廣極邊烟瘴充軍，功緦卑幼，發極邊足四千里充軍，爲從期親卑幼，發極邊足四千里充軍；功緦卑幼發邊遠充軍。如有尊長或外人，爲首爲從，分別服制，凡人各以首從論。開棺見屍並鋸縫、鑿孔，首從之卑幼，無論期親功緦，均照常人一例問擬。謹案：此條嘉慶十五年續纂，同治九年修改。一、糾衆發塚起棺，索財取贖，已得財者，將起意及爲從下手發掘扛擡棺木之犯，比依强盜得財律，不分首從，皆斬立決。跟隨同行在場瞭望之犯，發新疆給官兵爲奴。其未經得財者，首犯仍比依强盜得財律，斬立決，從犯俱發新疆給官兵爲奴。如發塚後，將屍骨拋棄道路並將控告人殺害，亦照强盜得財律，不分首從，皆斬立決。謹案：此條同治九年修改。一、平治他人墳墓爲田園，未見棺槨，止一塚者，仍照律杖一百。如平治多塚，每三塚加一等罪，止杖一百，徒三年。卑幼於尊長有犯緦麻，功服各加凡人一等，期親又加一等。若子孫平治祖墳，並奴僕雇工平治家長墳，一塚者，杖一百，徒三年。每一塚加一等，仍照加不至死之例，加至實發雲貴、兩廣極邊烟瘴充軍爲止。其因平治而盜賣墳地得財者，均按律計贓准竊盜論加一等。贓輕者，各加平治罪一等，知情謀買者，悉與犯人同罪，不知者不坐。如因平治而强佔或盜賣計畝數多，按例應擬徒流充軍。以至因平治而見棺見屍並棄毀屍骸，按例應擬軍遣斬絞凌遲者，仍照各本例，從其重者論。其子孫因貧賣地留墳祭掃，並未平治又非盜賣者，不在此例。謹案：此條道光元年續纂。一、奴僕雇工人盜家長未殯、未埋屍柩，未開棺槨，事屬已行，確有顯迹者，照發塚已行未見棺例，爲首絞監候，爲從發近邊充軍。開棺見屍者，照發塚見棺槨例，爲首絞立決，爲從絞監候。其毀棄撇撒死屍者，仍照舊例，不分首從，皆斬立決。謹案：此條道光元年續纂。一、發掘墳塚，並盜未殯未埋屍柩，無論已開棺未開棺及鋸縫、鑿孔等項人犯，各按其所犯本條之罪，分別首從併計科斷。如一人疊竊，有首有從，則視其爲首，次數與爲從次數罪名相比，從其重者論。若爲首各次併計罪輕，准其將爲首次數歸入爲從次數内併計科罪。不得以爲從次數，作爲首次數併計，亦不得以盜未殯未埋屍柩及鋸縫、鑿孔之案，歸入發塚見棺及開棺見屍案内，併計次數治罪。謹案：此條道光元年續纂。一、受雇看守墳墓，並無主僕名分之人，如有發塚及盜未殯未埋屍柩、並鋸縫、鑿孔與未開棺槨者，或自行盜發，或聽從外人盜發，除死罪無可復加外，犯該軍流以下等罪，悉照凡人首從各本律例上加一等問擬。謹案：此條道光元年續纂。一、凡發掘貝勒、貝子、公、夫人等墳塚，開棺槨見屍者，爲首斬立決，梟示，爲從皆絞立決。見棺者，爲首絞立決；爲從皆絞監候。未至棺者，爲首絞監候；爲從發極邊充軍。如有發掘歷代帝王陵寢，及《會典》内有從祀名位之先賢名臣，並前代分藩親王或遞相承襲分藩親王墳墓者，俱照此例治罪。若發掘前代分封郡王，及追封藩王墳墓者，除犯至死罪，仍照發掘常人墳塚例定擬外，餘各於發掘常人墳塚，本罪上加一等治罪。以上所掘金銀，交與該督撫，飭令地方官，修葺墳塚。其玉帶、珠寶等物，仍置塚内。謹案：此條同治九年修改。一、夫毀棄妻屍者，比依尊長毀棄期親卑幼死屍律，於凡人杖流上遞減四等，杖七十，徒一年半。不失屍及毀而但髡髮若傷者，再減一等，杖六十，徒一年。謹案：此條道光五年續纂。一、凡發掘墳塚及鋸縫、鑿孔偷竊之案，但經得財，俱覈計所得之贓，照竊盜贓科斷。如計贓輕於本罪者，仍依本例定擬。若計贓重於本罪者，即從重治罪。謹案：此條咸豐二年續纂。

事例

乾隆元年奏准：嗣後凡地方遇有發塚案件。一經事主報官，地方官即驗明通報，照依命案緝凶之例，扣限一年緝獲。如逾限不獲，將承緝官照命案緝凶不力例，罰俸一年。儻隱忍不報，照諱命例議處。其接緝之官，逾限不獲，亦照接緝命案之例議處。如接緝之官，能將前任未獲之犯緝獲者，交部議敘。六年議准：嗣後盜開凡人浮厝見棺槨者，照發掘他人墳塚見棺槨律，減一等，徒三年。盜開凡人浮厝見屍者，照發掘他人墳塚見屍減一等。杖一百，流三千里。爲從再各減一等。儻浮厝業已傾圮坍塌，有偷盜棺外器物者，仍照盜取器物甎石之律治罪。凡奴婢雇工人盜開家長浮厝，見棺槨者，爲首絞監候；爲從杖一百，流三千里。開棺槨見屍者，爲首絞立決；爲從絞監候。其毀棄撇撒死屍者，仍照原例，不分首從，皆斬立決。至停柩在家或在野未砌甎石，有偷盜棺外器物者，仍照律定擬，不在此例。十六年議准：據江蘇巡撫題金壇縣民吳惠忠，因貧難度，割孩屍之頭，往丁仁琳家恐嚇借貸一案。情罪雖屬可惡，但非例載，實在光棍之條。該撫以殘毀屍骸儼同戮屍摘引光棍例，將吳惠忠擬以斬決，與例不符，若照開棺見屍擬絞。揆其情罪又覺稍輕，查例內律無正條，比照某律某例加一等，減一等科斷。詳細奏明恭候諭旨遵行等語，吴惠忠應照開棺見屍律，量加改爲擬斬監候，秋後處決。五十一年議准：嗣後盜葬之人，其，有侵犯他人墳塚或致見棺見屍者，仍各按照律例治罪外。如止於他人田園山場內盜葬者，即照强占官民山場，杖一百流三千里律，量減二等，杖九十，徒二年半。如於有主墳地内切近墳旁盜葬，尚未侵犯墳塚，致見棺見屍，情重者，即照强占官民山場，杖一百，流三千里律，量減一等，杖一百，徒三年，勒限一月押令犯屬遷移，逾限不遷，即將犯屬枷示，俟遷移日釋放。儻盜葬後，被地主發掘棄毁屍骸，及開棺見屍者，除地主仍照例分别治罪外。盜葬之人，無論所葬尊長及卑幼屍柩，俱照强占官民山場律，杖一百，流三千里。其地師、訟師，如審有唆令盜葬情事，即與本犯一體治罪。嘉慶九年諭：嗣後遇有此等指稱旱魃，刨墳毁屍之案，即應照開棺見屍律，分别首從科罪。如訊係實無嫌隙者，其應絞首犯，尚可予以緩決。若訊有挾讎洩忿情事，即應入於情實辦理。十五年刑部具奏：審擬吕祥刨挖祖墳，開棺見屍一案，奉旨：此案吕祥因貧起意先後發掘伊高祖之祖吕承科，高祖之父吕九思，並伊高祖之弟吕猶龍墳塚，開棺盜取金銀器物，賣錢花用。實屬殘忍蔑倫，竟非人類，著即照所擬凌遲處死。並查明該犯如有子嗣，即著發往伊犂。嗣後如有似此刨掘祖父母墳墓至三塚者，該犯照例凌遲外，其子嗣均即行發遣，著爲令。以上均《會典事例》。十九年奏准：嗣後凡有開棺見屍，聞拏投首之案，均應依律擬絞。不准自首。畫一辦理，以免歧誤。道光五年奏准：嗣後如有母舅發掘甥媳墳塚，即照發掘緦麻卑幼墳塚律問擬。以上均《通行》。八年奉旨：嗣後謀故及鬬殺人之犯罪，止斬絞監候者，若於殺人後，挾忿逞凶，割落屍頭四肢，並剖腹取臟擲棄者，俱各照本律例擬罪，請旨即行正法。同治四年論：嗣後發掘常人墳塚，開棺見屍，爲首者從重擬，斬立決；爲從者，俱絞監候。其鋸縫、鑿孔抽取衣飾，並未顯露屍身，亦應從重，將爲首之犯，不論次數擬絞立決；爲從者絞監候。其發掘有關名分等項墳塚，重犯分别從重加梟。如有毁棄屍骨及將控告人殺死者，照强盜得財本律，不分首從皆斬。以上均《聖訓》。五年議准：嗣後發塚開棺見屍，爲從幫同下手者，不論次數，俱入情實。在外瞭望一二次者，入於緩決。三次及三次以上者，入於情實。其發塚見棺鋸縫、鑿孔，爲幫同下手三次及三次以上者，入於情實，一二次者，入於緩決。在外瞭望六次者，入於情實。一次至五次者，入於緩決。光緒十二年奏准：嗣後發掘墳塚，除爲首罪名，均至絞立決，無可再加，仍照例遵行外，其開棺見屍，爲從擬絞之犯，無論是否幫同下手，在外瞭望，均入秋審情實。鋸縫、鑿孔爲從，但經幫同鑿鋸，不論次數，並在外瞭望已至三次以上者，俱入情實。其瞭望僅止一二次者，入於緩決。二十二年奏准：嗣後發掘常人墳塚，除開棺見屍情罪較重，首從各犯不分已未得財，仍照本例定擬外，其鋸縫、鑿孔，尚未得財，罪應絞決之首犯，酌減爲絞監候。罪應絞候之從犯，酌減爲發極邊烟瘴充軍。以上均《通行》。

刑案

偷竊淺埋棺内屍衣，照竊盜未殯未埋屍棺見屍例，發邊遠充軍，不准減等。乾隆五十四年湖廣司説帖。

燒子婦屍身滅跡，依毁棄卑幼死屍律，按大功服制遞減擬徒。乾隆五十二年律例館説帖。

發塚開棺見屍無服親，以凡論按律擬絞。乾隆十六年安徽案。

貪圖風水，開溝挖出枯骨多桶，照發年久穿陷之塚三次爲首例擬絞監候。乾隆二十二年湖北案。

發掘骨匣内有布包未見骨殖，照發塚見棺鋸縫、鑿孔例，分别首從定擬。嘉慶二十年奉天司説帖。

檢獲屍衣不即首告，商同燒燬，比照知人謀害他人不即首告律，擬杖一百。嘉慶二十三年河南案。

撬蓋抽竊未埋屍棺，並未見屍，照未埋屍柩未開棺槨例問擬，滿徒。嘉慶十四年廣西司説帖。

發掘已埋席包屍身，依發掘他人墳塚開棺見屍律，擬絞監候。嘉慶十五年江蘇司説帖。

偷刨被犬刨挖席包顯露屍身，比照發掘年久穿陷之塚開棺見屍爲首一次例，發邊遠充軍，刺字。道光四年直隸案。

圖挖磁壇盛水，不知内有骨殖，照發掘年久穿陷之塚開棺見屍爲首一次例，量減滿徒。道光四年浙江司説帖。

發塚案內在場瞭望之犯，即與從犯無異，應照棺見屍爲從例擬軍，不准量減。嘉慶元年陝西案。

發掘兄妻弟妻屍棺，應同凡論。嘉慶十六年河南司説帖。

誤信伊妻病中妄語，疑係僵屍，將他人浮厝屍棺撬開棺蓋，尚未見屍，比照盜未殯埋屍柩未開棺槨例，擬徒。嘉慶十八年江蘇案。

嫂因姦謀殺胞兄，並不首告，復被脅聽從埋屍滅跡，照毀棄緦麻以上尊長死屍斬律。不知，減一等。爲從，又減一等，滿徒仍酌加一等，杖一百，流二千里。嘉慶十九年四川案。

子孫盜祖父母、父母未殯未埋屍柩，無論圖詐圖賴，一經毀損，即應分別曾否見屍，按例問擬。不得因例有因貧二字，謂其並未圖財，曲爲寬貸。嘉慶十九年直隸司説帖。

發掘僧塔，偷竊盛骨磁罐百數十具，比照發掘墳塚開棺見屍律擬絞。請旨即行正法。嘉慶二十一年山西司現審案。

發塚開棺案內被逼勉從，並未動手之犯，於開棺見屍爲從軍罪上，量減滿徒。嘉慶二十一年陝西案。

將野獸殘食屍頭，擲入他人園內圖害，比照棄屍水中不失律滿徒。嘉慶二十一年安徽案。

夫被殺，妻受賄私和任聽將屍燒燬，照毀棄夫屍斬律，係爲從，減一等，滿流。嘉慶二十一年熱河案。

義父發掘義子墳塚見屍，比照發掘期親卑幼墳塚見屍律，杖七十，徒一年半。嘉慶二十一年直隸案。

因人謀買墳地，發掘年久祖墳棺槨朽壞，檢骨貯罐，另葬，比照發掘祖父母墳塚見棺槨例，斬決。謀買之人，比照發年久穿陷之塚開棺見屍一次爲首例，擬軍。嘉慶二十一年江西案。

誤信陰陽，遷葬父棺，抽取棺蓋。比依愚民惑於風水將已葬父母骸骨發掘檢視，以毀棄論，於斬罪上，量減滿流。嘉慶二十一年陝西案。

義子發掘義父浮厝屍棺，燒燬屍骸，照雇工人毀棄家長死屍例，斬決。嘉慶二十二年浙江案。

因妻患病，疑係借葬伊地之屍魂作祟，發塚燒屍，比照指稱旱魃、刨墳毀屍爲首例擬絞。秋審入於緩決。嘉慶二十二年陝西案。

圖謀風水違禁將父棺於切近遠祖墳旁盜葬，致被族人掘移他處，比照切近墳旁盜葬，致被地主發掘例滿徒。發掘之人，比照地界內有死人不報官司輒移他處律，杖八十。嘉慶二十二年湖廣案。

差役因押犯墜鍊自盡，冀圖免究，移屍他處，捏報脱逃。比照地界內有死人不報官司輒移他處律，杖八十，加枷號一個月。嘉慶二十二年江蘇案。

挖壙葬親，誤傷無服族祖棺角，比照發掘他人墳塚見棺擬軍例上，量減滿徒。嘉慶二十三年江蘇案。

聽從發塚，先經同行，後聞犬吠走回，事後分贓，與幫同開棺見屍者有間，於爲從軍罪上，量減滿徒。嘉慶二十五年江西案。

共毆餘人聽從正犯移屍，假裝自縊，希圖卸罪。情同埋屍滅跡，應照毆故殺人案内埋屍滅跡聽從擡埋之人例滿徒。嘉慶二十五年熱河案。

家長燒燬雇工死屍，棄骨水中，比照棄毀期親卑幼死屍律。於凡人滿徒上減四等，杖七十，徒一年半。嘉慶二十五年浙江案。

欲葬父棺，誤挖棺骨朽爛無存墳塚，照發年久穿陷之塚未開棺槨例，滿徒。嘉慶二十五年江西案。

因人違斷葬墳，不肯起遷，將棺發掘，照發常人墳塚見棺擬軍例上，量減滿徒。嘉慶二十五年河南案。

檢過屍骨，不候結案，私移他所，以致失少，比照地界內有死人輒移他處以致殘毀律。杖六十，徒一年。嘉慶二十五年直隸案。

撬脱棺蓋鐵釘，摸竊未埋屍棺，並未剥脱屍衣，顯露屍身，於盜未埋屍柩開槨見屍例上，量減一等，滿徒。道光元年浙江司現審案。

雇工疊次發掘主墳，撒撒骨殖，照例斬決，從重加擬，梟示。地保知而不拏，致夥犯遠颺，比照知情藏匿罪人減正犯罪一等律上量減，滿徒。道光元年江蘇案。

發塚開棺七次，首犯加擬絞決。道光二年河南案。

地鄰慮恐受累，將屍移棄水中，旋因水退露出，與僅止移埋他處，以致被人棄置者不同，應依棄屍水中未失律，杖徒。道光三年河南司説帖。

同居繼父被人殺死，聽從凶幫同移屍，以致被人燒燬，例無明文，比照地界內有死人輒移他處被人殘毀者，爲從減一等律，杖一百。係緦麻卑幼酌加一等，杖六十，徒一年。道光三年陝西案。

妻被人毆死，夫聽從凶犯燒屍，比照毆故殺人案內，聽從擡棄之人，照棄屍爲從律，滿徒。尊長犯卑幼期親遞減四等，不失又減一等，杖一百。道光六年奉天司說帖。

翁主令常人盜子婦未埋屍棺，比照發子孫墳塚，開棺見屍律，減等擬杖七十。常人以凡論。嘉慶二十四年陝西案。

公主看墳包衣，旗人偷竊屍衣，銷除旗檔，於奴僕雇工盜開家長未埋屍棺絞罪上減等發遣。道光三年陝西案。

族人私挪乞養子孫浮厝屍棺，照地界内有死人不報官司而輒移他處律，擬杖八十。嘉慶二十五年江蘇司案。

棺被樑斷壓破，殮母無資，抽取屍衣當錢，賣棺另殮，照子過失傷父母律，杖一百，徒三年。嘉慶二十二年陝西司説帖。

訛詐不遂，發塚傷棺，登時阻毆身死，照棍徒無故擾害被害之人，登時忿激致死例科斷。道光三年福建案。

旗下家奴偷剥家長之子穿陷墳塚屍衣，比例問擬酌發駐防爲奴，刺字。道光十二年奉天司案。

父棺破縫，抽取屍衣當錢修理，比照子盜父母未殯、未埋屍棺，未開棺槨，事屬已行例，減等滿流。道光十三年陝西案。

將已死子媳剖腹取胎，照毁緦麻以上卑幼死屍，依凡人遞減一等律，期親應於凡人殘毁死屍流罪上減四等，傷者減一等，共減五等，杖六十，徒一年。道光四年陝西案。

卑幼刨墳，遺火燒棺，傷及屍足，依發掘尊長墳塚見棺槨，爲首功緦卑幼例加等，發極邊烟瘴充軍。道光九年浙江案。

代遷厝棺，棺底脱落，屍骨暴露，比照地界内有死人不報官司檢驗輒移他處律科斷，酌加枷號。道光十一年江西司案。

圖賣尊長厝柩磚碗，棺朽見屍，比照功緦卑幼盜未埋屍柩未開棺槨爲首例，發邊遠充軍，免刺。道光十一年江西司案。

平治墳墓聞拏投首，照例擬杖一百。准其減等治罪。道光十年廣東司説帖。

聽從發塚，臨時畏懼不行，比照竊盜已行，而不得財，笞五十。爲從減等，擬笞四十科斷。道光八年廣西案。

行竊未埋骸罈圖騙，比照盜未埋屍柩未開棺槨例，問擬滿徒。道光九年廣西案。

盜開木匣屍身，割落屍頭圖詐，照盜未埋屍柩開棺見屍一次爲首例，擬軍。道光十二年安徽司案。

盜竊未埋屍棺藏匿，勒贖得贓，比照匪徒迫令事主同錢贖贓例，問擬滿流，照例刺字。道光十四年廣東案。

卑幼被人毆死，功兄聽從移屍不失，照不應重律，杖八十。道光七年貴州案。

格殺貪夜人院應抵正凶，棄屍河内遺失，照地界内有死人不報官司而棄屍水中律科斷。道光十年直隸司案。

（清）席裕福《清朝政典類纂》卷三九五《刑二十七・刑律賊盜・親屬相盜》 凡各居，本宗外姻親屬相盜，兼後尊長卑幼二款。財物者，期親減凡人五等，大功減四等，小功減三等，緦麻減二等，無服之親減一等，並免刺。若盜有首犯從而服屬不同，各依本服降減科斷，爲從又各減一等。若行强盜者，尊長犯卑幼亦依强盜已行而得財不得財各依上減罪，卑幼犯尊長以凡人論。不在減等之限。若有殺傷者，總承上竊盜二項各以殺傷尊長卑幼本律從其重者論。若同居卑幼將引，若將引各居親屬同盜，其人亦依本服降減，又減爲從一等科之。如卑幼自盜，止依擅用不必加。他人盜己家財物者，卑幼依私擅用財物論，加二等罪，止杖一百。他人兼首從言減凡盜罪一等免刺。若有殺傷者，自依殺傷尊長卑幼本律科罪。他人縱不知情亦依强盜得財不得財論。若他人殺傷人者，卑幼縱不知情，亦依殺傷尊長卑幼本律，仍以私擅用加罪及殺傷罪權之從其重者論。其同居奴婢雇工人，盜家長財物及自相盜者，首減凡盜罪一等免刺。爲從又減一等，被盜之家親屬告發並論如律，不在名例得相容隱之例。

條例

一、同居卑幼將引他人强刦己家財物，依各居親屬行强盜卑幼犯尊長，以凡人論斬，奏請定奪。謹案：此條係原例。一、凡奴僕偷盜家長財物者，照竊盜律計贓治罪。若起意勾引外人同盜家長財物者，將起意之奴僕計贓遞加竊盜一等治罪。至一百二十兩以上者，仍照律擬絞監候。被勾引之外人，仍照竊盜律分别定擬。雇工人盜家長財物，亦照竊盜計贓治罪。

謹案：此條乾隆五年改定。一、凡親屬相盜，除本宗五服以外，俱照無服之親定擬外，其外姻尊長親屬相盜，惟律圖内載明者，方准照律減等。此外不得濫引。謹案：此條乾隆十三年定。一、凡奴僕雇工人强刦家長財物及勾引外人同刦家長財物者，悉照凡人强盜律定擬，其有殺傷家長者，仍依律從重論。謹案：此條乾隆十九年定。一、各居無服親屬，除平日膜視，並無周恤致相盜財物者，照律減等辦理外。若素有周恤或托管田産經理財物不安本分，肆竊肥己貽累受害者，卽以凡人竊盜計贓科斷，仍照律免刺。至滿貫者，尊長照律杖一百，流三千里，卑幼擬絞監候緩決一次，後照例減發。謹案：此條嘉慶六年改定。一、親屬相盜殺傷之案，除卑幼行强盜及尊長放火强刦圖姦謀殺卑幼，不論有無服制，各以凡論外，如期服以下至無服尊長，强竊盜及搶奪卑幼財物殺傷卑幼者，各就服制中殺傷卑幼及同姓親屬相毆并親屬相盜，各本律相比，從其重者論。卑幼竊盜及搶奪尊長財物殺傷尊長者，以凡盜殺傷之罪與服制殺傷及同姓親屬相毆，各本律相比從其重者論。若期服以下至無服尊長，强竊盜及搶奪卑幼財物並卑幼竊盜及搶奪尊長財物殺傷，並無尊卑名分之人，如兄弟妻及無名分雇工人之類亦各就親屬相毆及凡鬭殺傷，并親屬相盜各本律相比從其重者論。其因搶竊親屬財物，被尊長卑幼及並無尊卑名分之人殺傷者，亦各依服制殺傷及同姓親屬相毆，並凡鬭殺傷各本律問擬，均不得照凡人擅殺傷科斷。謹案：此條嘉慶六年續纂，道光五年、十五年二次修改。

事例

雍正六年諭：刑部議奏，江西信豐縣民殷志素家僕殷來福仔夥同邱文遠等，偷竊伊主財物一案。殷來福仔依奴婢盜家長財物，減凡盜一等律免刺，僉流查律内。監守自盜併贓論罪，是較平常竊盜擬罪較重。今奴婢盜家長財物，與監守自盜官物者，情罪相等。豈盜官物者，應從重；而盜家長財物者，便可從輕乎？況殷來福仔起意勾引外人同盜伊主財物，情罪尤屬可惡。部議引減等之律定擬，尤屬未協。嗣後，奴婢盜家長財物應如何定例之處，該部詳議具奏，尋議向例奴婢偷盜家長財物罪。止於流，是以勾引夥竊姦奴罔知儆懼。嗣後，奴婢自行偷竊家長財物者，請照竊盜律，分別贓數定擬，不准減等，仍行刺字。其奴婢起意勾引外人同夥竊者，照凡竊盜律，分別贓數遞加一等治罪。贓數滿貫至一百二十兩以上者，照律擬絞。監候三百兩以上者，照監守自盜三百兩例，擬斬監候俱不准援。赦其被勾引之外人，仍照竊盜律分別定擬。乾隆十三年議准，伏思三黨内無服尊長，數不勝記。若不明立界限，任意推廣於法未免寬縱，在本家五服以外，皆爲袒免之親，自應均照無服親屬定擬。若外姻親屬，原與同姓有分，既爲圖所不載，即毋庸更爲置議。請嗣後遇有此等案件，除本宗五服以外，俱照無服之親定擬外，其外姻尊卑親屬相盜，惟律圖内載明無服字樣者，方准照律減等。此外不得一概援引，庶於律意無違，辦理案件，得以畫一。五十八年諭：嗣後親屬相盜，五服以内者，自應照律末減，其五服以外而贓數逾貫者，仍應按律問絞候。但念其究屬本支，秋審時入於免勾，情理實當，蓋明刑所以弼教，朕之所以從嚴辦理者，正恐愚民無知，恃有親屬議減之條。肆意攘竊，不得不加重懲治，以維持孝友、睦婣、任恤之道，而定擬絞罪。秋審時，復予免勾是。於懲創姦宄之中，仍不失孝友、睦婣、任恤之義，庶情法兩得。其平著刑部卽將期功緦麻以及無服相盜之案，另行分别等差，並按照贓數妥議具奏，不得仍照舊例概予減等免議。以上均《會典事例》。嘉慶八年奉旨：此案杜老刁起意糾約同夥向緦麻服兄杜景華家行竊，已屬不法。迨杜景華追捕時，該犯輒用刀嚇戳多傷，復因杜景華扭住不放，情急圖脱，將杜景華扎傷左肋，倒地殞命，尤屬凶惡。刑部問擬斬候，固屬按律辦理。但該犯先經犯竊，復拒傷緦麻服兄身死案關服制。將來秋審時，亦必予勾，毋庸久羈囹圄。杜老刁著卽處斬，餘依議。嗣後，刑部遇有此等拒捕斃命，又關緦麻服制之犯，按律問擬斬候，仍請旨卽行正法，不必待至秋審辦理，著爲令。《聖訓》。道光四年覆准：嗣後，各居親屬相盜，如尊長搶竊卑幼財物，被卑幼殺傷，或卑幼搶竊尊長財物，被尊長殺傷者，各按服制以殺傷尊長卑幼本律論罪。不得照平人以擅殺傷科斷。十七年奏准，同姓服盡親屬相盜，致有殺傷，不得照凡人擅殺科斷。如有事主謀故殺行竊之人，定案時，依謀故本律擬斬，秋審酌入緩決。以上均《通行》。

刑案

强盜係事主無服尊長，照凡人得財律減等，杖流。但係爲首盜犯，情罪較重，改發外遣。乾隆二十三年江西案。

無服尊長拒捕殺死卑幼，照凡人拒捕殺人問擬。乾隆三十年浙江案。

長隨圖竊主財被獲，拒捕，刃傷家長，依金刃戳傷事主例擬絞監候，請旨卽行正法。乾隆四十八年雲南案。

毆傷行竊族祖成廢，致令羞愧自盡。依折傷成廢滿徒律上加等擬流二千里。嘉慶元年山西司説帖。

偷竊母姨衣服之後，故殺事主，照竊盗臨時拒捕殺人律擬斬立決。乾隆二十五年江蘇案。

無服尊長，行竊圖脱，拒捕，刃傷卑幼。非凡盗拒捕可比，應按傷罪與盗罪比較從重定擬。乾隆五十四年江西司説帖。

糾竊緦麻服兄財物，棄贓圖脱，拒殺事主，照毆死本宗緦麻兄律斬候。奉旨卽行正法。嘉慶八年河南案。

聽從外人行劫無服卑幼財物，在外接贓，照例減流，首夥未獲，監候待質。嘉慶二十年福建案。

搶奪無服族弟被追，拒捕，刃傷平復。照例依凡人拒捕刃傷例斬候。嘉慶二十四年廣東案。

糾竊無服族弟牛隻致死滅口，應同凡論，依謀殺人律擬斬。加功之凡人，依拒捕殺人幫毆至折傷以上例絞候。嘉慶二十五年廣西。

偷竊無服族弟瓜果，被追拒殺，應照親屬相盗尊長犯卑幼各就服制殺傷論。毆死服盡親屬，以凡鬭殺律擬絞。道光元年廣東案。

因欠無還搶奪義父財物還欠，此照期親卑幼恐嚇取財計贓准竊盗，加一等問擬。道光二年福建案。

搶奪無服尊長牛隻，臨時拒殺工人未便。遽照搶奪殺人同科，應依罪人拒捕律斬候。道光三年廣東案。

糾竊無服族嬸衣飾，臨時盗所，拒捕未傷，應照卑幼竊盗殺傷尊長，依凡盗臨時拒捕未經成傷例擬軍。道光五年廣東案。

搶奪降服緦麻服嬸牛隻，致令窘迫自盡；比照竊盗逃走，事主窘迫自盡滿徒例上加一等，杖一百，流二十里。道光六年安徽案。

行竊緦麻表兄之妻銀物，復又强姦未成，並無服制。照凡人因盗而强姦婦女未成例擬絞。道光六年廣東案。

因被無服族弟行竊，事後查知原贓向索被毆，用銃嚇放致斃。例不照擅殺科斷，仍照服盡親屬相毆至死以凡論。火器殺人，斬候，秋審時，酌入緩決。道光十七年《通行》。

故殺行竊柴薪之大功弟身死。依故殺大功堂弟律，擬絞監候。道光六年四川司説帖。

毆死盗砍墳樹族兄，照親屬相毆至死本律，問擬絞候。事犯在恩詔前，秋審緩決減等滿流，係蒙古照例折枷六十日，滿日鞭責發落。仍追埋葬銀兩給付屍親具領。道光九年奉天司説帖。

功尊行竊卑幼向理，因被追毆，回格致斃，按律問擬斬立決，奉旨依議改爲斬候。嘉慶十八年貴州司説帖。

夥開石灰窑，族弟往竊幫同擅殺，依餘人律，擬以滿杖。道光六年湖廣司説帖。

尊長强割田禾，毆死幫割雇工，依鬭殺律問擬。嘉慶七年廣西司説帖。

奴僕雇工偷竊主財，均應照例刺字。嘉慶二十四年福建司説帖。

雇工偷竊家長財物，應行刺字。道光十年直隸司説帖。

行竊無服族弟財物，獲贓嚇禁未便，照凡人臨時拒捕科斷。道光十一年河南司説帖。

行竊無服族叔衣物，刃傷巡更之尊長，照竊盗拒捕傷非事主例于刃傷罪上加二等，擬徒，不得以卑幼犯尊長，又加一等。道光十一年廣東司説帖。

公府奴僕誆取地契，欲行抵帳，比照子孫違犯教令律，問擬滿杖收贖。道光八年安徽司案。

行竊無服族兄田禾事，後拒殺看木工人，照竊盗被事主事後追捕殺人例擬斬。道光六年廣西案。

雇工迭竊主財，核計前後贓數逾貫，照積匪猾賊例擬軍，照例刺字。道光十一年貴州司案。

緣坐爲奴人，犯迭竊主家財物，按積匪猾賊例擬，比照旗下家奴犯軍流例，酌發駐防爲奴。道光十二年湖廣司案。

族兄起意糾刦族弟家財物，按律減等。擬流情罪較重，實發極邊烟瘴充軍。道光十三年廣西案。

偷竊兄妻田契，致氏窘迫自盡比照竊盗逃走，事主窘迫自盡，例問擬滿徒。道光五年湖廣案。

僧徒邀同外人行竊伊師財物，比例問擬滿杖，免刺，仍交伊師領回。

道光十四年湖廣案。

行竊期親尊長逼令贖贓，依逼令事主贖贓滿流例，按服制應減五等，擬杖六十，徒一年。道光四年江西司案。

毆死行竊之族弟婦，依事主因賊犯黑夜偷竊有人看守器物，登時捕毆至死。杖一百，徒三年。道光十三年湖北案。

雇工戳死竊賊，係事主之族叔，應照凡人鬬殺律，擬絞監候。道光十四年四川司説帖。

社首毆死行竊社廟之族叔，照事主因賊犯黑夜偷竊事後毆打致死者，照擅殺罪人律擬絞候。道光十三年陝西司説帖。

（清）席裕福《清朝政典類纂》卷三九七《刑二十九·刑律賊盜·盜賊窩主》 凡强盜窩主造意，身雖不同行，但分贓者斬。若行，則不問分贓不分贓，只依行而得財者不分首從皆斬。若不知盜情，只是暫時停歇者，止問不應。若不同行又不分贓者，杖一百，流三千里。共謀其窩主不曾造謀，但與賊人共知謀情者，行而不分贓及分贓而不行皆斬。若不行又不分贓者，杖一百。竊盜窩主造意，身雖不行但分贓者爲首論，若不行又不分贓者，爲從論減一等。以臨時主意上盜者爲首。其窩主若不造意，而但爲從者行而不分贓及分贓而不行，減造意一等，仍爲從論。若不行又不分贓，笞四十。若本不同謀，偶然相遇共爲强竊盜，其强盜固不分首從。若竊盜則以臨時主意上盜者爲首，餘爲從論。其知人略賣和誘人及强竊盜後而分所賣所盜贓者，計所分贓准竊盜爲從論免刺。若知强竊盜贓而故買者，計所買物坐贓論，知而寄贓者，減故買一等各罪，止杖一百。其不知情誤買及受寄者，俱不坐。

條例

一、凡推鞫窩主窩藏分贓人犯，必須審有造意共謀實情，方許以窩主律論斬。若止是勾引容留往來住宿並無造意共謀情狀者，但當以窩藏例發遣，毋得附會文，致概坐窩主之罪。一、凡皇親、功臣、管莊、家僕、佃户人等及諸色軍民大户，勾引來歷不明之人，窩藏强盜二名以上，竊盜五名以上，坐家分贓者，俱問發近邊充軍。若有造意共謀之情者，各依律從重科斷。干礙勳戚功臣者，參究治罪。一、凡各處無藉之徒，引賊刦掠以復私讎，探報消息，致賊逃竄者，照姦細律處斬，梟首示衆。謹案：以上三條俱係原例。一、各處大户，家人佃僕結構爲盜，殺官刦庫刦獄放火，許大户即送官追問。若大户知情故縱，除實犯死罪外，杖徒流罪，俱發附近充軍。謹案：此條原文屬軍衛者，發邊衛。屬有司者，發附近各充軍。雍正三年改俱發附近充軍。一、凡强盜窩主之鄰佑知而不首者，杖一百。謹案：此條雍正五年定。一、編排保甲保正甲長牌頭，須選勤慎練達之人點充，如豪横之徒，藉名武斷。該管官嚴查究革從重治罪，果實力查訪盜賊據實舉報，照捕役獲盜過半以上例按名給賞。儻知有爲盜窩盜之人，瞻徇隱匿者，杖八十。如係竊盜，分別賊情輕重懲治。若牌頭於保正甲長處舉報而不行轉報者，甲長照牌頭減一等，保正減二等發落，牌頭免坐。其一切户婚田土不得問及保甲，惟人命重情取問地鄰，保甲賭博爲盜賊淵藪，仍令同盜賊一並查舉。再地方有堡子村莊聚族滿百人以上，保甲不能編查，選族中有品望者，立爲族正。若有匪類，令其舉報，儻徇情容隱，照保甲一體治罪。謹案：此條本係兩條，均雍正五年定，乾隆五年删併一條。一、凡來歷不明游蕩姦僞之徒，潛居京城，令五城司坊大宛兩縣不時稽查客店、庵院，取具並無容留甘結，以憑各衙門查閲。賃房居住者，令房主詢明保人來歷，並著兩鄰稽查，儻有此等游棍，協同斥逐。若徇情受賄容留者，除本犯照律治罪，遞回原籍外，其容留之客店寺廟住持房主，一併懲治。該管官不行查出，照例議處。至編户居民住有常業及候補候選讀書貿易諸色人等，確有憑據者，毋許驅逐。儻有借端勒索混擾良民者，照嚇詐例治罪。謹案：此條雍正五年定例，乾隆五年節删字句定爲此條。一、容留外省流棍者，照勾引來歷不明之人，例發近邊充軍。謹案：此條雍正七年定。一、牌頭所管内有爲盜之人，雖不知情，而失察，坐以不應輕律，笞四十。甲長保正遞減科罪。謹案：此條乾隆五年定。一、老瓜賊本處鄰佑，地保有知情容留者，發近邊充軍。若非知情容留，止係失於稽察，各照不應重律杖八十。其鄰佑地保及兵役平民能偵知瓜賊行蹤，赴地方官密稟，該地方官卽行嚴拏，不許指出首人姓名，俟拏獲瓜賊審實，將首人給賞。如瓜賊將首人扳害，立案不行，首獲之賊係首犯，賞銀五十兩，係夥犯賞銀二十五兩。首獲多者，按名給賞。在充公銀兩内動支，有挾嫌誣首情弊，仍照誣告例治罪。謹案：此條乾隆八年定。一、凡造意分贓之窩主，不得照竊盜律以一主爲重。應統計各主之贓數，在一百二十兩以上者，擬絞監候，其在一百二十兩以下，亦統計各贓科罪。謹案：此條乾隆三十五年定。一、漕船被盜，船户舵工人等，除勾留容隱分贓，仍照例治罪外，如失事時有頻呼不應，不力爲救獲者，分別强竊照窩主不行不分贓例各減一等治罪。失察之該管員弁分別議處。其有拏獲别幫盜首及竊盜積案巨窩者，交部分別議叙。謹案：此條乾隆三十八年定。一、强竊盜窩家之同居父兄伯叔與弟自首者，照例免罪。本犯照强盜父兄自首例分別發落外，至父兄人等知情而又分贓，各照强竊盜爲從例減一等治罪。父兄不能禁約子弟窩盜者，各照强竊盜父兄論。謹案：此條嘉慶六年修改。一、知竊盜贓而接買受寄，若馬贏等畜至二頭匹以上，銀貨坐贓至滿數者，俱問罪，不分初犯再犯，枷號一月發落。若三犯以上，不分贓數多寡，俱免枷號，發近邊充軍。接買盜贓至八十兩爲滿數，受寄盜贓至一百兩爲滿數，盜後分贓至一百二十兩以上爲滿數。謹案：此條同治九年修改。一、窩留積匪之家果有造意及同行分贓代賣，改發極邊烟瘴充軍。面刺改發二字，如有脱逃，被獲即改發新疆，酌撥種地當差。其未經造意又不同行，但經窩留分得些微財物，或止代爲賣贓者，減本犯一等治罪。至窩藏回民行竊犯至遣戍者，亦照窩藏積匪例，分別治罪。謹案：此條乾隆二十七年定例，嘉慶六年十九年修改，道光十年復奉頒修，二十五年修復。一、凡窩線同行上盜得財者，仍照强盜律定擬，如不上盜又未得財，但爲賊探聽事主消息，通線引路，照强盜窩主造意不行，又不分贓，改發新疆給官兵爲奴。謹案：此條同治九年修改。一、凡曾任職官及在籍職官窩藏竊盜强盜，按平民窩主本律本例罪應斬決者，加擬梟示。罪應絞候者，加擬絞立決。罪應徒流充軍者，概行發遣黑龍江當差。謹案：此條道光元年續纂。一、西甯地方拏獲私歇家，除審有不法重情實犯死罪外，其但在山僻小路經年累月開設私歇家者，爲首照私通土苗例，發邊遠充軍。爲從杖一百，徒三年。謹案：此條道光五年續纂。一、强盜窩主造意不行，又不分贓，改發新疆給官兵爲奴。若非造意又不同行分贓，但知情存留一人，發近邊充軍。若存留二人，亦發新疆給官兵爲奴。存留三人以上，於發遣處枷號三月。五人以上，枷號六月，如知情而又分贓，無論存留人數多寡，仍照窩主律斬。謹案：此條同治九年修改。一、回民窩竊罪應極邊烟瘴者，改發新疆給官兵爲奴。謹案：此條道光元年續纂，十年修改，二十五年修復。一、順天府五城及直隸山東二省，窩藏竊盜一二名者，杖一百，徒三年。三名以上者，發近邊充軍。五名以上者，實發雲、貴、兩廣極邊烟瘴充軍。窩留積匪之家，無論賊犯在彼行竊與否，但經知情窩留，亦實發雲貴兩廣極邊烟瘴充軍。若罪應擬死，仍各從其重者論。謹案：此條同治九年修改。一、廣東、廣西二省，如有不法姦徒窩藏匪類，捉人關禁勒贖坐地分贓者，無論曾否得贓及所捉人數並次數多寡，但經造意，雖未同行，即照苗人伏草捉人案内土哨姦民勾通取利造意例，擬斬立決。雖未造意，但經事前同謀者，即分別有無陵虐及致令自盡各情，照捉人首犯分別擬以斬候、發遣。若先未造意同謀，僅止事後窩留關禁勒贖。如捉人首犯，罪應斬絞者，窩留之犯發遣新疆給官兵爲奴。罪應擬遣者，發極邊足四千里充軍。儻由本犯自行關禁勒贖，別無窩家者，仍按本例從其重者論。本犯父兄究明曾否分贓，照盜案例，分別發落。鄰佑牌保除受賄包庇從重定擬外，若止知情不首，亦照盜案例分別責懲。窩留關禁之房屋，如係房主知情者，房屋一併入官。倘數年後此風稍息，仍隨時奏明酌量辦理。謹案：此條道光二十五年續纂，同治九年增修。一、山東省匪徒有窩留捻幅匪犯者，無論有無同行，但其窩留之犯，曾經搶奪訛索强當滋事者，窩主悉照首犯一例治罪。倘數年後此風稍息，奏明仍照舊例辦理。謹案：此條道光二十五年續纂。一、洋盜案内知情接買盜贓之犯，不論贓數多寡，一次杖一百，徒三年。二次，發近邊充軍。三次以上，發新疆給官兵爲奴。謹案：此條嘉慶十九年續纂。一、强盜案内知情買贓之犯，照洋盜例，分別次數定擬。其知而寄藏及代爲銷贓者，一次，杖八十，徒二年。二次，杖九十，徒二年半，三次以上，杖一百，徒三年。謹案：此條同治九年增修。

事例

順治九年題准：傾銷匠藝有通同鎔化偷盜之物者，與本賊一體治罪。十八年議准：職官有拏獲大盜窩主者，督撫具題吏部註册紀録。拏獲小盜窩主，該督撫酌量獎賞。康熙十二年題准：匠藝將他人盜來之金銀器皿容隱傾銷者，減竊盜一等，擬罪。三十三年覆准：窩藏强盜窩主之鄰佑，知盜情由不行首告者，仍照例責四十板。如無窩盜之處，挾讎妄報者，依誣告律治罪。雍正四年議准：嗣後承緝各官於獲盜初審之時，如實無窩主，即於招内聲明，毋得誣扳良民。其訊明盜犯有窩家者，於獲盜過半之内，務獲盜首並獲窩家始准免議。如年限内，只獲盜首併窩賊過半而窩家無獲者，將地方各官亦照不獲盜首例議處。若實有窩家之案，地方官畏避不獲之處分，因將窩家删去，及上司審出者，將該地方官照諱盜例處分。又議准：嗣後該村地保，如有懈於稽查或畏威不舉，失察窩家者，亦應照兩鄰容留盜賊不行出首例，責四十板。其地保兩鄰果於未事之先，循例舉報，審實時，該地方官應酌量給賞以示獎勵。儻敢挾讎誣首，照律治罪。又議准：嗣後分贓之窩家，所有財産房屋，亦應照例變價賠償。至窩主之妻，審實與盜賊相通者，即將其妻變賣，亦賠事主所失之贓。以上均《會典事例》。咸豐十一年奏准：嗣後京城各省，凡窩藏强盜之家，如有造意共謀行而不分贓及分贓而不行，仍照强盜窩主本律擬斬。若雖非造意亦不同行分贓，但知係强盜而窩藏，不論窩藏人數多寡，並不上盜未得財物，但爲賊探聽事主消息通線引路者，亦均照强盜窩主本律問擬斬決。如非知情窩藏，但知强盜後而分所盜之贓，並知而寄藏及代銷贓者，無論贓未滿數已至滿數，均發新疆兵官爲奴，遇赦不赦。婦女有犯者，實發駐防爲奴。知强盜贓而故買者，無論贓數多寡，杖一百，流三千里。其暫時存留者，仍照例核辦。不知情及誤買寄者，均仍照律俱不坐。又京城各省如有窩留持械倚强肆掠案犯者，亦照此嚴定章程辦理。其應擬死罪者，仍各從其重者論。又京城外省各州縣，遇有緝獲窩留强盜之家者，該承審官務各悉心研番，按照新章核辦。倘有不詳審精察含糊從事，以致妄殺無辜，入輕爲重等情，查明分别照例懲辦，以防濫刑而重民命。俟數年後，盜風稍息，仍奏明改復舊例辦理。同治七年議准：嗣後强盜窩主造意不行又不分贓者，改發新疆給官兵爲奴。若非造意又不同行分贓，但知情存留一人者，發近邊充軍。存留二人者，亦發新疆給官兵爲奴。存留三人以上者，于發遣配所加枷號三箇月。五人以上者，加枷號六箇月，如知情而又分贓，無論存留人數多寡，仍按窩主律擬斬。其窩線同行上盜得財者，仍照强盜律定擬外，如不上盜又未得財，但爲賊探聽事主消息通線引路者，照强盜窩主不行又不分贓律加發新疆給官兵爲奴。至順天府五城及直隸山東二省，窩藏竊盜一二名者，杖一百，徒三年。三名以上者，發近邊充軍。五名以上者，實發雲、貴、兩廣極邊烟瘴充軍。窩留積匪之家，無論賊犯在彼行竊與否，但經知情窩留者，亦實發雲、貴、兩廣極邊烟瘴充軍。其應擬死罪者，仍各從其重者論。以上均《通行》。

刑案

洋盜之兄事後受寄盜贓使用，從重擬發近邊充軍。乾隆五十三年福建司説帖。

窩留竊盜七人並未同行，不知臨時行强情事。分贓後並未窩留，照竊五名以上例擬軍。嘉慶二十年山東司説帖。

革役窩盜行竊比例擬流，從重發新疆爲奴。革兵縱盜分贓，比照兵丁分贓通賊例量減滿流。道光十四年福建司案。

代賊賣贓圖利留宿，比照明知竊情並不鳴官反表裏爲奸但經得贓者，照强盜窩主例量減滿徒。道光十年直隸案。

地保明知堂姪窩匪，輒代賣贓，照竊盜等事。地保通同隱匿不報，照强盜之鄰佑知而不首杖一百例加等治罪。嘉慶十二年直隸案。

因窩竊擬徒釋回復窩，照匪徒縱子肆竊勒贓至十二案，比照造意分贓之窩主，統計各主之贓數在一百二十兩以上例擬絞，請即正法。嘉慶二十年直隸案。

積慣收買賊贓以致賊匪籍以肆竊，比照知强竊贓而接買三犯擬軍例，量減一等滿徒。道光三年浙江案。

知人藏匿竊贓乘空拏取逃走，比照知竊盜後而分贓計贓准竊盜爲從論科斷。道光三年山東案。

窩賊四名坐家分贓，比照窩藏竊盜五名以上坐家分贓擬軍例，量減滿徒。道光四年河南案。

逃軍窩匪疊竊搶奪婦女糾衆奪犯，請旨即行正法。道光十二年安徽司案。

盤踞海口私抽牙用，接買盜贓，照洋盜案内知情接買盜贓一次擬徒例，酌加一等，問擬滿流。道光五年福建案。

紀　事

《尚書·微子》父師若曰：【略】今殷民乃攘竊神（祗）〔祇〕之犧牷牲用，以容將食無災。降監殷民，用乂讎斂，召敵讎不怠。罪合于一，多瘠罔詔。

（漢）韓嬰《韓詩外傳》卷一〇　晉文公重耳亡過曹，里鳧須從，因盜重耳資而亡。重耳無糧，餒不能行，子推割股肉以食重耳，然後能行。及重耳反國，國中多不附重耳者，於是里鳧須造見曰：臣能安晉國。文公使人應之曰：子尚何面目來見寡人欲安晉也！里鳧須曰：君沐邪？使者曰：否。里鳧須曰：臣聞沐者其心倒，心倒者其言悖。今君不沐，何言之悖也？使者以聞。文公見之，里鳧須仰首曰：離國久，臣民多過君，君反國而民皆自危。里鳧須又襲竭君之資，避於深山，而君以餒，介子推割股，天下莫不聞。臣之爲賊亦大矣，罪至十族，未足塞責。然君誠赦之罪，與驂乘游於國中，百姓見之，必知不念舊惡，人自安矣。於是文公大悅，從其計，使驂乘於國中。百姓見之，皆曰：夫里鳧須且不誅而驂乘，吾何懼也！是以晉國大寧。故《書》云：文王卑服，即康功田功。若里鳧須，罪無赦者也。《詩》曰：濟濟多士，文王以寧。

張家山二四七號漢墓竹簡整理小組《張家山漢墓竹簡・奏讞書》

四月丙辰，黥城旦講（氣）〔乞〕鞫曰：故樂人，不與士（五）〔伍〕毛謀盜牛，雍以講爲與毛謀，論黥講爲城旦。覆視其故獄：〔秦王政〕元年十二月癸亥，亭慶以書言雍廷曰：毛（買）〔賣〕牛一，質，疑盜，謁論。毛曰：盜士（五）〔伍〕牝牛，毋它人與謀。牝曰：不亡牛。毛改曰：迺已嘉平可五日，與樂人講盜士（五）〔伍〕和牛，牽之講室，講父士（五）〔伍〕處見。處曰：守枅（汧）邑南門，已嘉平不識日，晦夜半時，毛牽黑牝牛來，即復牽去。不（智）〔知〕它。和曰：縱黑牝牛南門外，迺嘉平時視，今求弗得。以毛所盜牛獻和，和識，曰：和牛也。講曰：踐更咸陽，以十一月行，不與毛盜牛。毛改曰：十月中與謀曰：南門外有縱牛，其一黑牝，類擾易捕也。到十一月復謀，即識捕而縱，講且踐更，講謂毛勉獨捕牛，（買）〔賣〕，分講錢。到十二月已嘉平，毛獨捕，牽（買）〔賣〕雍而得。它如前。詰訊毛于詰，詰改（辤）〔辭〕如毛，其鞫曰：講與毛謀盜牛，審。二月癸亥，丞昭、史敢、銚、賜論，黥講爲城旦。今講曰：踐十一月更外樂，月不盡一日下總咸陽，不見毛。史銚初訊謂講，講與毛盜牛，講謂不也，銚即磔（治）〔笞〕講（北）〔背〕可□餘，（北）〔背〕□數日，復謂講盜牛狀何如？講謂實不盜牛，銚（有）〔又〕磔講地，以水（責）〔漬〕講（北）〔背〕。毛坐講旁，銚謂毛，毛與講盜牛狀何如？毛曰：以十月中見講，與謀盜牛。講謂不見毛弗與謀。銚曰：毛言而是，講和弗□。講恐復（治）〔笞〕，即自誣曰：與毛謀盜牛，如毛言。其（請）〔情〕講不與毛謀盜牛。診講（北）〔背〕，（治）〔笞〕（紖）〔朋〕大如指者十三所，小（紖）〔朋〕瘢相質（五）〔伍〕也，道肩下到（要）〔腰〕，稠不可數。毛曰：十一月不盡可三日，與講盜牛，識捕而復縱之，它如獄。講曰：十月不盡八日爲走馬魁都（庸）〔傭〕，與偕之咸陽，入十一月一日來，即踐更，它如前。毛改曰：誠獨盜牛，初得□時，史騰訊毛謂盜牝牛，騰曰：誰與盜？毛謂獨也，騰曰非（請）〔情〕，即笞毛（北）〔背〕，可六伐。居〔？〕八九日，謂毛：牝不亡牛，安亡牛？毛改言（請）〔情〕，曰：盜和牛，騰曰：誰與盜？毛謂獨也，騰曰：毛不能獨盜，即磔（治）〔笞〕毛（北）〔背〕（殿）〔臀〕股，不審伐數，血下汙（池）〔地〕。毛不能支（治）〔笞〕疾痛，即誣旨講。講道咸陽來。史銚謂毛：毛盜牛時，講在咸陽，安道與毛盜牛？（治）〔笞〕毛（北）〔背〕不審伐數。不與講謀，它如故獄。和曰：毛所盜牛雅擾易捕。它如故獄。處曰：講踐更咸陽，毛獨牽牛來，即復牽去。它如（故）獄。魁都從軍，不訊，其妻租言如講。詰毛：毛（笱）〔苟〕不與講盜牛，覆者訊毛，毛何故不（蚤）〔早〕言（請）〔情〕？毛曰：覆者初訊毛，毛欲言（請）〔情〕，恐不如前言，即復（治）〔笞〕，此以不（蚤）〔早〕言（請）〔情〕。詰毛：毛（笱）〔苟〕不配講盜，何故言曰與謀盜？毛曰：不能支疾痛，即誣講，以彼治罪也。診毛（北）〔背〕笞（紖）〔朋〕瘢相質（五）〔伍〕也，道肩下到（要）〔腰〕，稠不可數，其（殿）〔臀〕瘢大如指四所，其兩股瘢大如指。騰曰：以毛讂〔謾〕，笞。它如毛。銚曰：不（智）〔知〕毛誣講，與丞昭、史敢、賜論盜牛之罪，問如講。昭、敢、賜言如銚，問如（辤）〔辭〕。鞫之：講不與毛謀盜牛，吏笞（諒）〔掠〕毛，毛不能支疾痛而誣講，昭、銚、敢、賜論失之，皆審。二年十月癸酉朔戊寅，廷尉兼謂汧嗇夫：雍城旦講（氣）〔乞〕鞫曰：故樂人，居汧酟中，不盜牛，雍以講爲盜，論黥爲城旦，不當。覆之，講不盜牛，講（毄）〔繫〕子縣，其除講以爲隱官，令自（常）〔尚〕，畀其於於。妻子已賣者者，縣官爲贖。它收已賣，以（賈）〔價〕畀之；及除坐者貲，貲□人（環）〔返〕之。騰書雍。

張家山二四七號漢墓竹簡整理小組《張家山漢墓竹簡・奏讞書》

〔秦王政六年〕六月癸卯，典嬴告曰：不（智）〔知〕何人刺女子婢𡩋里中，奪錢，不（智）〔知〕之所，即令獄史順、去疢、忠、大□固追求賊。婢曰：（但）〔撣〕錢千二百，操簦，道市歸。到巷中，或道後類（塹）〔暫〕軵，婢僨，有頃乃起，錢已亡，不（智）〔知〕何人、之所。其軵婢疾，類男子。（謼）〔呼〕盜，女子齔出，謂婢（北）〔背〕有笄刀，乃自（智）〔知〕傷。訊婢：人從後，何故弗顧？曰：操簦，簦鳴匈匈然，不聞聲，弗顧。訊婢：起市中，誰逢見？曰：雖有逢見，弗能□。訊婢黨有與爭鬬、相（惌）〔怨〕，□□取（葆）〔保〕庸，里人、（智）〔知〕識、弟兄貧窮，疑盜傷婢者，曰：毋有。視刀，鐵環，長九寸。婢僨所有尺半荆券一枚，其齒類賈人券。婢曰：毋此券。訊問女子嗆，曰：病卧内中，不見出入者。順等求弗得，令獄史舉闒代。舉闒以婢僨囦券（謙）〔廉〕視賈市者，類繒中券也，今令販繒者黢視，曰券齒百一十尺，尺百八十錢，錢千九百八十，類繒中券。訊黢等，曰：毋此券。讂求其左，弗得。舉闒求，毋（徵）〔證〕物以得之，即收訊人豎子，及賈市者舍人、人臣僕、僕隸臣、貴大人臣不敬（悳）〔德〕，它縣人來乘（庸）〔傭〕，疑爲盜賊者，偏視其爲謂，即（薄）〔簿〕出入所、以爲衣食者，（謙）〔廉〕問其居處之狀，弗得。舉闒（有）〔又〕將司寇（褎）〔裘〕等。⧄收置□□□而從之□不□□□□□□⧄視行□不□，（歓）〔飲〕食靡大，疑爲盜賊者，弗得。舉闒求（偏）〔徧〕悉，弗得。□□□□（偏）〔?〕□□用〔?〕隸妾每等晨昧里，（訮）〔研〕詷（謙）〔廉〕問不日作市販，貧急窮困，出入不節，疑爲盜賊者公卒瘛等，（偏）〔徧〕令人微隨視爲謂、出入、居處狀，數日，乃收訊其士（五）〔伍〕武，曰：將陽亡而不盜傷人。其一人公士孔，起室之市，落（莫）〔暮〕行正旗下，有頃即歸，明（有）〔又〕然。衣故有帶，黑帶，帶有（佩）〔佩〕處而毋（佩）〔佩〕也。瞻視應對（㝡）〔最〕奇，不與它人等。孔曰：爲走士，未嘗（佩）〔佩〕鞞刀、盜傷人，毋坐也。舉闒疑孔盜傷婢，即讂問黔首：有受孔衣器、錢財，弗詣吏，有罪。走馬僕詣白革鞞（傒）〔係〕絹，曰：公士孔以此鞞予僕，不（智）〔知〕安取。孔曰：未嘗予僕鞞，不（智）〔知〕去故。舉闒以婢（北）〔背〕刀入僕所詣鞞中，祇。診視鞞刀，刀環嗆旁（𢧵）〔殘〕，（𢧵）〔殘〕傅鞞者處獨青有（錢）〔殘〕，類刀故鞞也。詰訊僕、孔，改曰：得鞞予僕，前忘，即曰弗予。孔妻女曰：孔雅（佩）〔佩〕刀，今弗（佩）〔佩〕，不（智）〔知〕存所。詰訊女、孔，孔曰：買鞞刀不（智）〔知〕何人所，（佩）〔佩〕之市，人盜（紺）〔拑〕刀，即以鞞予僕。前曰得鞞及未嘗（佩）〔佩〕，謾。詰孔：何故以空鞞予僕，謾曰弗予？雅佩鞞刀，（有）〔又〕曰未嘗？孔毋解。即就訊磔，恐猲欲笞，改曰：貧急毋作業，恒游旗下，數見賈人券，言雅欲（𠟱）〔剽〕盜，（詳）〔佯〕爲券，操，視可盜，盜置券其旁，令吏求賈市者，毋言。孔見一女子操簦（但）〔撣〕錢，其時吏悉令黔首之田救（𧒂）〔螽〕，邑中少人，孔自以爲利，足刺殺女子奪錢，即從到巷中，左右瞻毋人，以刀刺奪錢去走。前匿弗言，罪。問如（辤）〔辭〕。（臧）〔贓〕千二百錢，已（亥）〔核〕，孔完爲城旦。孔端爲券，賊刺人，盜奪錢，置券其旁，令吏勿（智）〔知〕，未嘗有。黔首畏害之，出入不敢，若（思）〔斯〕甚大害也。順等求弗得，乃令舉闒代，毋徵物，舉闒以智（訮）〔研〕詷求得，其所以得者甚微巧，（卑）〔俾〕令盜賊不敢發。六年八月丙子朔壬辰，咸陽丞穀、禮敢言之。令曰：獄史能得微難獄，上。今獄史舉闒得微難獄，爲奏廿二牒，舉闒毋害（謙）〔廉〕（絜）〔潔〕敦愨，守吏也，平端，謁以補卒史，勸它吏，敢言之。胡丞憙敢（瀐）〔讞〕之。

張家山二四七號漢墓竹簡整理小組《張家山漢墓竹簡·奏讞書》

〔漢高祖〕七年八月己未江陵丞言：醴陽令恢盜縣官米二百六十三石八斗，恢秩六百石，爵左庶長□□□□從史石盜醴陽己鄉縣官米二百六十三石八斗，令舍人士（五）〔伍〕興、義與石賣，得金六斤三兩、錢萬五千五十，罪，它如書。興、義言皆如恢。問：恢盜（臧）〔贓〕過六百六十錢，石亡不訊，它如（辤）〔辭〕。鞫：恢，吏，盜過六百六十錢，審。當：恢當黥爲城旦，毋得以爵減、免、贖。律：盜（臧）〔贓〕（直）〔值〕過六百六十錢，黥爲城旦；令：吏盜，當刑者刑，毋得以爵減、免、贖，以此當恢。恢居酈邑建成里，屬南郡守，南郡守强、守丞吉、卒史建舍治。

張家山二四七號漢墓竹簡整理小組《張家山漢墓竹簡·奏讞書》

〔漢高祖十年〕十二月壬申，大夫苪詣女子符，告亡。符曰：誠亡，（詐）〔詐〕自以爲未有名數，以令自占書名數，爲大夫明隸，明嫁符隱官解妻，弗告亡，它如荊。解曰：符有名數明所，解以爲毋恢人也，（取）〔娶〕以爲妻，不（智）〔知〕前亡，乃疑爲明隸，它如符。詰解：符雖有名數明所，而實亡人也。律：（取）〔娶〕亡人爲妻，黥爲城旦，弗（智）〔知〕，非有減也。解雖弗（智）〔知〕，當以（取）〔娶〕亡人爲妻論，何解？解曰：罪，毋解。明言如符、解。問解故黥劓，它如（辤）〔辭〕。（鞠）〔鞫〕：符亡，（詐）〔詐〕自占書名數，解（取）〔娶〕爲妻，不（智）〔知〕其亡，審。疑解罪，（毄）〔繫〕，它縣論，敢（讞）〔讞〕之。

吏議：符有〔名〕數明所，明嫁爲解妻，解不（智）〔知〕其亡，不當論。或曰：符雖已（詐）〔詐〕書名數，實亡人也。解雖不（智）〔知〕其（請）〔情〕，當以（取）〔娶〕亡人爲妻論，斬左（止）〔趾〕爲城旦。廷報曰：（取）〔娶〕亡人爲妻論之，律白，不當（讞）〔讞〕。

甘肅省文物考古研究所等《居延新簡》 ☐直卅並直三百案忠盜臧二百。

甘肅省文物考古研究所等《居延新簡》 趙臨開傰臧内户，盜取卒閣錢二千四百，謹已劾。傰職事無狀。

甘肅省文物考古研究所等《居延新簡》 □□□□之男子□□令捕盜牛者王成□□□

《漢書》卷五〇《張釋之傳》 其後人有盜高廟座前玉環，得，文帝怒，下廷尉治。案盜宗廟服御物者爲奏，當棄市。上大怒曰：人亡道，乃盜先帝器！吾屬廷尉者，欲致之族，而君以法奏之，非吾所以共承宗廟意也。釋之免冠頓首謝曰：法如是足也。且罪等，然以逆順爲基。今盜宗廟器而族之，有如萬分一，假令愚民取長陵一抔土，陛下且何以加其法虖？文帝與太后言之，乃許廷尉當。是時，中尉條侯周亞夫與梁相山都侯王恬（咸）〔啓〕見釋之持議平，乃結爲親友。張廷尉繇此天下稱之。

《漢書》卷一六《高惠高后文功臣表》 〔安丘懿侯〕元狩元年，侯拾嗣，九年，元鼎四年，坐入上林謀盜鹿，又搏揜，完爲城旦。

《史記》卷一二五《佞幸列傳・鄧通》 居無何，人有告鄧通盜出徼外鑄錢。下吏驗問，頗有之，遂竟案，盡沒入鄧通家，尚負責數巨萬。

（宋）潘自牧《記纂淵海》卷六四《政事部・總論政事》 張敞守京兆尹，市偷盜多，敞乃召偷盜酋長數人見之責問，因貰其罪。令致諸偷以自贖，偷長曰：今一旦召詣府，恐諸偷驚駭，願權補吏職。敞皆以爲吏，遣歸休。置酒，小偷悉來賀，各飲醉。偷長以赭汙其衣裾，吏坐里閭閲出者，汙赭輒收縛之。一日捕得數百人，盡行置法。由是市無偷盜。

《後漢書》卷一下《光武帝紀》 〔建武十八年夏四月〕（癸酉）〔甲戌〕，詔曰：今邊郡盜穀五十斛，罪至於死，開殘吏妄殺之路，其蠲除此法，同之内郡。

《後漢書》卷三四《梁冀傳》 冀用壽言，多斥奪諸梁在位者，外以謙讓，而實崇孫氏宗親。冒名而爲侍中、卿、校尉、郡守、長吏者十餘人，皆貪叨凶淫，各遣私客籍屬縣富人，被以它罪，閉獄掠拷，使出錢自贖，貲物少者至於死徙。扶風人士孫奮居富而性吝，冀因以馬乘遺之，從貸錢五千萬，奮以三千萬與之，冀大怒，乃告郡縣，認奮母爲其守臧婢，云盜白珠十斛、紫金千斤以叛，遂收考奮兄弟，死於獄中，悉沒貲財億七千餘萬。

《三國志》卷一二《魏志・司馬芝傳》 〔司馬芝〕遷大理正，有盜官練置都厠上者，吏疑女工，收以附獄。芝曰：夫刑罪之失，失在苛暴。今贓物先得而後訊其辭，若不勝掠，或至誣服。誣服之情，不可以折獄，且簡而易從，大人之化也，不失有罪，庸世之治耳。今宥所疑，以隆易從之義，不亦可乎？太祖從其議。

《晉書》卷七五《王湛傳》 〔王坦之〕徵拜侍中，襲父爵。時卒士韓悵逃亡，歸首，云：失牛故叛。有司劾悵偷牛，考掠服罪。坦之以爲悵束身自歸，而法外加罪。懈怠失牛，事或可恕，加之木石，理有自誣。宜附罪疑從輕之例，遂以見原。

《晉書》卷五九《趙王倫傳》 〔趙王倫〕坐使散騎將劉緝買工所將盜御裘，廷尉杜友正緝棄市，倫當與緝同罪。有司奏倫爵重屬親，不可坐。諫議大夫劉毅駁曰：王法賞罰，不阿貴賤，然後可以齊禮制而明典刑也。倫知裘非常，蔽不語吏，與緝同罪，當以親貴議減，不得闕而不論。宜自於一時法中，如友所正。帝是毅駁，然以倫親故，下詔赦之。

《晉書》卷九〇《良吏傳・曹攄》 〔曹攄轉雒陽令〕時天大雨雪，宮門夜失行馬，群官撿察，莫知所在。攄使收門士，衆官咸謂不然。攄曰：宮掖禁嚴，非外人所敢盜，必是門士以燎寒耳詰之，果服。

《宋書》卷一〇〇《自序》 世祖出鎮歷陽，行參征虜軍事。民有盜發冢者，罪所近村民，與符伍遭劫不赴救同坐。〔沈〕亮議曰：尋發冢之情，事止竊盜，徒以侵亡犯死，故同之嚴科。夫穿掘之侣，必銜枚以晦其迹；劫掠之黨，必歡呼以威其事。故赴凶赫者易，應潛密者難。且山原爲無人之鄉，丘壟非恒塗所踐，至於防救，不得比之村郭。督實効名，理與劫異，則符伍之坐，居宜降矣。又結罰之科，雖有同符伍之限，而無遠近之斷。

夫冢無村界，當以比近坐之，若不域之惟界，則數步之内，與十里之外，便應同罹其責。防民之禁，不可頓去，止非之憲，宜當其律。愚謂相去百步内赴告不時者，一歲刑，自此以外，差不及罰。

《南史》卷三五《孫憲之傳》 憲之字士思，性尤清直。宋元徽中，爲建康令。時有盜牛者，與本主争牛，各稱己物，二家辭證等，前後令莫能決。憲之至，覆其狀，乃令解牛任其所去，牛徑還本宅，盜者始伏其罪，時人號曰神明。至於權要請托，長吏貪殘，據法直繩，無所阿縱。

《南齊書》卷五三《傅琰傳》 琰爲山陰令，賣針賣糖老姥争團絲，來詣琰，琰不辨覈。縛團絲於柱鞭之，密視有鐵屑，乃罰賣糖者。二野父争鷄，琰各問何以食〔鷄〕，一人云：粟。一人云：豆。乃破鷄得粟，罪言豆者。縣内稱神明，無敢復爲偷盜。

《南史》卷四五《王敬則傳》 齊建元元年，出爲都督、南兗州刺史，封尋陽郡公。加敬則妻懷氏爵爲尋陽國夫人。

二年，魏軍攻淮、泗，敬則恐，委鎮還都，百姓皆驚散奔走。上以其功臣不問，以爲都官尚書，遷吴興太守。郡舊多剽掠，有十數歲小兒於路取遺物，敬則殺之以徇。自此路不拾遺，郡無劫盜。又録得一偷，召其親屬於前鞭之。令偷身長掃街路，久之，乃令偷舉舊偷自代。諸偷恐爲所識，皆逃走，境内以清。仍入烏程，從市過，見屠肉枅，歎曰：吴興昔無此枅，是我少時在此所作也。召故人飲酒説平生，不以屑也。遷護軍，以家爲府。

《南齊書》卷五三《孔琇之傳》 孔琇之，會稽山陰人也。祖季恭，光禄大夫，父靈運，著作郎。琇之初爲國子生，舉孝廉。除衙軍行參軍，員外郎，尚書三公郎。出爲烏程令，有吏能。還遷通直郎，補吴令。有小兒年十歲，偷刈隣家稻一束，琇之付款治罪，或諫之，琇之曰：十歲便能爲盜，長大何所不爲？縣中皆震肅。

《梁書》卷三七《何敬容傳》 〔大同十一年〕坐妾弟費慧明爲導倉丞，夜盜官米，爲禁司所執，送領軍府。

《北齊書》卷一〇《彭城景思王浟傳》 又有一人從幽州來，驢駄鹿脯，至滄州界，脚痛行遲，偶會一人爲伴，遂盜驢及脯去，明旦，告州。浟乃令左右及府僚吏分市鹿脯，不限其價。其主見脯識之，推獲盜者。轉都督定州刺史。時有人被盜黑牛，背上有白毛。長史韋道建謂中從事魏道勝曰：使君在滄州日，擒姦如神，若捉得此賊，定神也。浟乃詐爲上府市牛皮，倍酬價直，使牛主認之，因獲其盜。建等歎服。又有老母姓王，孤獨，種菜三畝，數被偷。浟乃令人密往書菜葉爲字，明日市中看菜，葉有字，獲賊。爾後境内無盜，政化爲當時第一。

《北史》卷八五《蛭拔寅傳》 時有敕勒部人蛭拔寅，兄地于坐盜食官馬，依制命死。拔寅自誣己殺，兄又云實非弟殺。兄弟争死，辭不能定。孝文詔原之。

《魏書》卷二一上《趙郡王幹傳》 州表斬盜馬之人，於律過重，而尚書以幹初臨，縱而不劾。詔曰：夫刑以節人，罪必無濫。故刑罰不中，民無措足。若必以威殺爲良，則應汎通衆牧。苟須有禁，何得不稽之正典？又律令條憲，無聽新君加戮之文，典禮舊章，不著始臨專威之美。尚書曲阿朕意，實傷皇度。幹闇於治理，律外重刑，并可推聞。

《周書》卷二二《柳慶傳》 有賈人持金二十斤，詣京師交易，寄人停止。每欲出行，常自執管鑰。無何，緘閉不異而失之。謂主人所竊。郡縣訊問，主人遂自誣服。慶聞而歎之。乃召問賈人曰：卿鑰常置何處？對曰：恒自帶之。慶曰：頗與人同宿乎？曰：無。曰：與人同飲乎？曰：日者曾與一沙門再度酣宴，醉而晝寢。慶曰：主人特以痛自誣，非盜也。彼沙門乃真盜耳。即遣吏逮捕沙門，乃懷金逃匿，後捕得，盡獲所失之金。

（宋）王溥《唐會要》卷五八《左右丞》 貞觀二年，侍御史張元素奏：慶州樂蟠縣令叱奴騭，盜用官倉，推逐並實。上令決之。中書舍人楊文瓘奏：據律不合死。上曰：倉糧，朕之所重。若不加罰，恐犯者更多。尚書右丞魏徵對曰：陛下設法，與天下共之。今若改張，多將法外畏罪。且後有重者，又何以加之？

（元）馬端臨《文獻通考》卷一六六《刑考·刑制》 貞觀十六年，詔：盜賊之作，爲害最深。州縣官人，多求虚譽，苟有盜發，不煩陳告。鄉村長正知其此情，遞相勸止，十不言一，假有披論，先劾物主。爰及鄰伍，久嬰縲紲，有一於斯，實虧正化。自今以後，勿使更然。

（宋）王溥《唐會要》卷四〇《臣下守法》 上元三年九月七日，左威大將軍權善才、右監門中郎將范懷義，並爲斫昭陵柏木。大理奏：以官減死，並除名。上特令殺之。大理丞狄仁杰執奏稱不當死。上引入，謂曰：善才斫陵上柏，是我不孝。必須殺之！仁杰又執奏。上作色令出。仁杰進曰：臣聞逆龍鱗，忤人主，自古爲難。臣愚以爲不然：居桀紂時則難；居堯舜時則易。臣今幸逢堯舜，不懼比干之誅。昔漢文時，有盜高廟玉環。張釋之廷諍，罪止棄市。魏文將徙其人，辛毗引裾而諫，亦見納用。且明主可以理奪，忠臣不可以威懼。今陛下不納臣言，臣恐瞑目之後，羞見釋之、辛毗於地下也！陛下作法，縣之於象魏。徒罪死罪，具有等差。豈不犯罪極輕，即令賜死？法既無常，則萬姓何以措手足？陛下必欲變法，請從今日爲始。古人云：假使盜長陵一抔土，陛下何以加之？今陛下以昭陵一株柏，殺二軍將。千載之後，謂陛下爲何如主？此臣所以不敢奉詔。殺善才，陷陛下於不道。上意乃解，謂仁杰曰：既能爲善才正我，豈不能爲我正天下也？

《舊唐書》卷六三《蕭瑀傳》〔永徽間〕瑀兄子鈞，隋遷州刺史、梁國公珣之子也。博學有才望。貞觀中，累除中書舍人，甚爲房玄齡、魏徵所重。永徽二年，歷遷諫議大夫，兼弘文館學士。

時有左武候引駕盧文操踰垣盜左藏庫物，高宗以引駕，職在糾繩，身行盜竊，命有司殺之。鈞進諫曰：文操所犯，情實難原。然恐天下聞之，必謂陛下輕法律，賤人命，任喜怒，貴財物。臣之所職，以諫爲名，愚衷所懷，不敢不奏。帝謂曰：卿職在司諫，能盡忠規。遂特免其死罪，顧謂侍臣曰：此乃真諫議也。

（五代）和凝《疑獄集》卷三《無名識盜葬》 唐天后時，嘗賜太平公主鈿合實物，直黄金千鎰。公主納之藏中，歲餘取之，盡為盜所將矣。公主言之天后，天后大怒，自召洛陽長吏謂曰：三日不得盜，罪長吏。長吏懼，謂兩縣主盜官曰：兩日不獲盜，當死。尉謂吏卒游徼曰：一日必獲盜，不獲必死。吏卒游徼懼，計無所出。途中遇湖州別駕蘇無名，相與請至縣。游徼謂尉曰：得盜者來矣。無名遽進堦曰：吾湖州別駕也，入計在兹。尉怒吏卒曰：何誣辱別駕？無名笑曰：君無怒，吏卒亦有由也。無名歷官所在，擒姦摘伏有名。每有盜者至無名前，無得過者。此輩應先聞之，故見請為解危耳。尉喜，請其方。無名曰：與君至府，君可先入白之。尉與長吏大悦，降堦執其手曰：今日遇公，吾當復生矣。指迷其由。無名曰：請君聞於天后。長吏由是奏之，天后召而謂曰：卿得賊乎？無名曰：願委臣取賊，無限日月，且寬府縣官吏，仍以兩縣吏卒盡以付臣，臣為陛下取之，亦不過數日矣。天后許之。無名戒吏卒曰：十人五人為侣，於東門伺之。見有胡人與黨十餘輩，皆衣縗絰，相隨出赴北邙者，可踵而報之。吏卒伺之，果得，馳白。無名問伺者曰：胡何向？伺者曰：胡至一新塚，設奠哭而不哀，徹奠即巡行塚傍，相視而笑。無名喜曰：得之矣！因使吏卒盡執諸胡，而發其塚。剖棺視之，皆寶物也。奏之，天后問無名曰：汝用何策而得此賊邪？對曰：非有他計，但識盜耳。臣到都之日，即此胡出葬之時。臣見即知是盜，但不知葬處。今當拜掃，計必出城，尋其所之，即知其墓。賊既奠哭不哀，明所葬非人也。相視而笑，喜墓無所傷也。向陛下迫促府縣，此賊計急，必取而逃之。天后曰：善。賜金帛，遷秩二等。

（宋）鄭克《折獄龜鑑》卷七《察盜·閻濟美》 唐閻濟美鎮江南。有舟人傭載一賈客，物甚繁碎，密隱銀十錠於貨中，舟人窺見，伺其上岸，盜之沈於泊船之所。夜發至鎮，旦閲諸貨而失其銀，乃執舟人詣官。濟美問：船上有何物？曰：搜索皆無。昨夜宿何處？曰：去此百里浦汊中。亟令武士與船夫同往索之。密諭武士曰：必是舟人盜之，沈於江中矣，可令楫師沈鈎取之，獲當重賞。武士依命獲篋，銀在其中，封題猶全。舟人遂服罪。

（明）吴訥《祥刑要覽》卷下《韋皋劾財》 唐韋皋鎮劍南日，有逆旅停止大賈因病而酖之，隱沒其財，公知之。又有北客蘇延得病而卒，公使驗其簿籍，已被店主易置，公乃尋究經過，密勘於里屬，詞多不同，遂劾同店者，店主乃認，隱欺數千貫，與吏二十餘人分之，悉皆得罪，由是劍南無橫死之客。

（五代）和凝《疑獄集》卷一《松壽潛伺盜》　唐張松壽任長安縣令時，昆明池側有劫賊，奉勑下十日内須獲。如違，限令甚峻。松壽至行劫處檢蹤，見一老姥樹下賣食，往以從騎馱來入縣，供酒食，經五日還送舊坐處。令一腹心人潛伺之，有人共老姥語，即捉來。果有一人來問，明府若為推勘？即捉以布衫蒙頭送縣，一問具與贓並獲。時人以為神。

（五代）和凝《疑獄集》卷三《德裕泥模金》　唐李德裕出鎮浙右，有甘露寺主事僧訴交代得常住什物被前主事僧隱没金若干兩，引證前數輩，皆還相交割，文籍在焉。衆辭皆指以新授代者隱而用之。鞫成其獄，伏罪昭然。然未窮破用之所，或以僧人不拘僧行而費之。以無理可伸，甘之死地。一旦引慮之際，公疑其未盡也，以意揣之。僧乃具實以聞，曰：居寺者樂於知事，前後主之者，積年以來，空交分兩文書，其實無金。衆以某孤立，不狎輩流，欲乘此擠排之。因流泣，不勝其冤。公憫之曰：此固非難也。俛仰之間曰：吾得之矣。乃立促召兜子數乘，命闔連僧入對事，咸遣坐兜子，門覩壓壁，指揮不令相見。命取黃泥，各令模前後交付隱没金形狀，以憑證據。僧既不知形狀，各模不同。公怒，令劾前數輩等，一一伏罪。其所排者，遂獲清雪。

（宋）潘自牧《記纂淵海》卷六四《政事部·總論政事》　武陽令元武，民以牸牛依婦家者，久之孳十餘犢。將歸，而婦家不與牛，允濟因令左右縛民，幪其首。過婦家，云：捕盜牛者。命盡出民家牛，質所來。婦家不知，遽曰：此壻家牛，我無預。即遣左右撤幪，曰：可以，此牛還壻家。

（宋）鄭克《折獄龜鑑》卷二《釋冤·許宗裔驗贓》　王蜀時，有許宗裔守劍州。部民被盜，燈下識之，追曉告官。捕獲一人，所收贓物，唯絲絇，紬線而已。宗裔引問，縲囚訴冤，稱是本家物，與被盜人互有詞說。乃命取兩家繅車，以絲絇量其大小，與囚家車軖同。又問：紬線胎心用何物？云：杏核。一云：瓦子。因令相對開之，見杏核，與囚款同。於是被盜人服妄認之罪，巡捕吏當考決之辜。指顧之間，便雪冤枉。

（宋）鄭克《折獄龜鑑》卷二《釋冤·蕭儼禱神》　南唐昇元格：盜物及三緡者，死。廬陵豪民曝衣，失新潔衾服直數十千。村落僻遠，人罕經行，以爲其鄰盜之。鄰人不勝楚掠，遂自誣服。詰其贓物，即云：散鬻於市。無從追究。赴法之日，冤聲動天，長吏以聞。先主命員外郎蕭儼覆之，儼齋戒禱神，佇雪冤枉。至郡之日，天氣晴和，忽有雷聲自西北起，至失物家震死一牛。剖其腹，而得所失物。乃是爲牛所啗，猶未消潰也。

（宋）蘇軾《東坡志林》卷二　錢塘壽禪師，本北郭税務專知官。每見魚蝦，輒買放生，以是破家。後遂盜官錢，爲放生之用。事發坐死，領赴市矣，吴越錢王使人視之，若悲懼如常人，即殺之，否則捨之。禪師淡然無異色也，乃捨之。

《宋史》卷一《太祖本紀》〔建隆二年〕三月丙申，内酒坊火，酒工死者三十餘人，乘火爲盜者五十人，擒斬三十八人，餘以宰臣諫獲免。酒坊使左承規、副使田處巖以酒工爲盜，坐棄市。

《宋史》卷二七〇《蘇曉傳》　先是，朝廷遣供備庫使李守信市木秦、隴間，守信盜官錢鉅萬，既受代，爲部下所發，守信至中牟，自剄於傳舍。太祖命曉案之，逮捕甚衆。右拾遺、通判秦州馬適妻李，即守信息女。守信嘗用木爲筏以遺適，曉得守信所送書以進，太祖將捨之，曉上章固請置於法，仍籍其家。餘所連及者，多至破産，盡得所隱没官錢。

《宋史》卷四《太宗本紀》〔太平興國五年〕十二月甲戌，大閱，遂宴幄殿。衛士有盜獲麐者當坐，詔特釋之。

（宋）李燾《續資治通鑑長編》宋太宗雍熙元年正月　甲子，有司上竊盜贓至大辟，詔特貸其死，因謂宰相曰：朕常重惜人命，如此類者往往貸其極刑，但時取其甚者警衆多爾，不欲小人知寬貸之意，恐其犯法者衆也。

《宋史》卷三二五《桑懌傳》　桑懌，開封雍丘人。勇力過人，善用劍及鐵簡，有謀略。【略】諸縣多盜，懌自請補耆長，得往來察姦。因召里中惡少年戒曰：盜不可爲，吾不汝容也。有頃，里老父子死未斂，盜夜脱其衣去，父不敢告縣。懌疑少年王生者，夜入其家，得其衣，不使之知也。明日，見而問之曰：爾許我不爲盜，今里中盜屍衣者，非爾邪！少年色動，即推仆地，縛之，詰共盜者姓名，盡送縣，皆伏辜。

（宋）李昉等《文苑英華》卷五二二《刑獄門·子行盜判》 得甲告其子行盜，或誚其父子不相爲一作容。隱。甲云：大義滅親。

對

法許原情，慈通隱惡，俾恩流于下，亦直在其中。甲齒忝人倫，忍傷天情，義方失教，曾莫愧于父頑攘竊成姦，尚不爲其子隱。道既虧於庭訓，禮遂闕於家肥。且情比欒年，可謂不慈傷教；况罪非石厚，徒云大義滅親。是不及情，所宜致誚。

（宋）李昉等《文苑英華》卷五四六《錢帛玉璧果門·盜稻橘判》 會稽楊真，種稻二十畝。縣人張辨盜。將今訪知，收辨科罪，訴楊真盜辨木奴，複合科罪。

對

汙泉芳稻，風傳十里之香；江陵木奴，地均千户之封。青花竞吐，色亂烟波，朱實方成，影分霞錦。楊真、張辨植業營生，楚既失之，齊亦未得；且覆車改轍，前代之通宜；牽牛蹊田，往賢之深誡。豈有一彼一此，俱行盜竊之心，以公以私，深失是非之路。鍾離牧之推讓，曾不留心；淳于恭之助收，豈知勵俗。論犯雖知先後，語罪諒乃同歸。請勘兩家之贓，方定片言之獄。

（宋）李昉等《文苑英華》卷五三四《縣令門·竊錢市衣與父判》 丁竊錢，市衣以與父，父曰：邑長如是。使詣縣首。丁往，長問之，具以父言。長以衣賜其父，錢主告長縱盜。

對

盡敬事親，居致其樂，永錫爾類，將爲色難。丁也無良，斂怨爲德，殺牲之養，猶曰不仁。竊人之財，誰謂其孝。動生悔吝，行乏義方。惟彼循良，是稱邑長。飲冰壺以從政，播清風而成俗。用既戒惡，覩過知仁。將順一作顧。綵衣之歡，以原丹筆之罪。雖聚蒲惡子，難以法寬；而偃草小人，或期化理。諒從權而適道，豈撫俗以隨時。錢主簿言，誠稱縱盜。宰君善政，可謂勝殘。於予何誅，將子無怒。

（宋）李昉等《文苑英華》卷五四三《衣冠扇食官酒器炭藁瓦門·盜酒判》 卓媪，翁伯並業，卓嘗遭盜竊，飲傾釀。翁教以多養猛犬，卓家酒滯而翁賔客猥售，獨收其利。媪告伯方便取人財。

對

媪翁接開卮酒，當壚不逢漢高之過，何能大售！頻遇畢公之竊，頗煩小盜。教其養犬，蓋以防人。聞夜吠而雖懲，在春醪而頗滯。素蟻空汎，鄰中之賢者莫傾；盧鵲斯喧，高陽之酒徒那至。但非抑壓，教有緣由。獨收當曰，非宜方便殆成無狀。宜科誣謗，以寘刑名。

（宋）李昉等《文苑英華》卷五四六《錢帛玉璧果門·玉節判》 癸盜玉節，于諸其家，科盜罪，不伏。

對

符璽出入，惟帝之命；節傳迓送，一作官節傳迓。有國之恒。寶山圖獸，知林木之多虞；澤國用龍，取江海一作湖。之安棖。飾玉之者，惟人所持。萬里無塵，寢於廟堂之上；四郊多壘，行於軍陣之間。癸何人斯不率而盜，子卿漢朝之勇將，權一作擁。節不移；無忌魏國之名臣，竊符加罪。彼巳之子，曾不是思。藪之萑蒲，尚聞攻伐。邦之旌節，安可穿窬？請歸義於鉤金，庶無譁於束矢。

（宋）李昉等《文苑英華》卷五四六《錢帛玉璧果門·盜瓜判》 常州申稱：錢客每以種瓜爲業，遂被伶人洪崖盜食其瓜，並盡爲客所擒。遂作術化出，淄田是瓜，客乃放之。崖去後，了復無瓜。客詣縣，告崖是妖賊。

對

錢客家隣白杜，業在青門。米實葱花，光浮五色，藍皮密理，美至三搖。長懷洗玉之珍，方有致金之望。洪崖行乖藝足，道契狼心，不能李徑遺冠，黐乃瓜田躡履狥。一作狗。茲猿臂因採掇而全空，眷彼龍蹄，隨指揮而忽見。寧勞宋灌，自含冰谷之文；不假曾鋤，俄結火山之實。錢既迷於術化，洪乃集彼回邪，於是釋此妖人。將殊盜者，初覩帶母，似遂仙來；後察空苗，疑因夢失。幻人爲幻，幻已去而無瓜，迷者知迷，迷既祛而有悞。論妖疑切，誨盜情深。雖陳秀口之詞，莫辨訛言之實。洪崖不在，丹筆何施？客告未曉真虛，崖實未知。州縣更宜尋問，方可裁量。

（宋）鄭克《折獄龜鑑》卷八《矜謹·陳巽》 陳巽賔客，初爲常州團練推官。盜有棄財走者，巽以爲不應死。通判不肯用其言。巽力爭而讞之，盜卒得不死。見曾鞏舍人所撰《神道碑》。

按：盗非傷主，計贓爲罪，棄財走者，豈復應死？通判不肯用其言，必持深刻之説，故失矜謹之義也。

（宋）**鄭克《折獄龜鑑》卷八《矜謹・胡向》** 胡向少卿，爲袁州司理參軍時，有盗七人皆當死。向疑其有冤，乃留訊之，則二人者果不同謀，始受其傭，而中道被脅以行，卒得免死。見呂大防丞相所撰《墓誌》。

按：捕獲盗者七人乃合格，故以被脅爲同謀，蓋希賞爾。斯不仁哉！宜其留訊，而卒免之也。

（宋）**李燾《續資治通鑑長編》宋哲宗元祐元年三月** 刑部言：大理寺勘到捧日軍使唐宜藏刀入崇政殿門，偷割捧日軍使張用銀帶，殿前都指揮使燕達乞以唐宜赴本營前，集衆法外重行處置。詔：唐宜特刺配沙門島，永不放還。

《宋史》卷二〇一《刑法志》 紹聖三年，刑部侍郎邢恕等言：藝祖初定天下，主典自盗，贓滿者往往抵死。仁祖之初，尚不廢也。其後用法稍寬，官吏犯自盗，罪至極法，率多貸死。然甚者猶決刺配島，錢仙芝帶館職，李希甫歷轉運使，不免也。比朝廷用法益寬，主典人吏軍司有犯，例各貸死，略無差别。欲望講述祖宗故事，凡自盗，計贓多者，間出睿斷，以肅中外。詔：今後應枉法自盗，罪至死，贓數多者，並取旨。

（宋）**李燾《續資治通鑑長編》宋哲宗元符元年三月** 江、淮、荆、浙等路發運司言，乞應盗買綱運官物，除元約數外，盗取者計贓以竊盗論加三等，强取者依彊盗法。從之。

《宋史》卷二七〇《高防傳》 初，張從恩爲北京副留守，奏攝太原府倉曹掾。從恩移澶州防禦使，表爲判官。有親校段洪進盗官木造器，市取其直。從恩聞之怒，將殺之。洪進懼，思緩其罪，紿曰：判官使爲之。從恩召防詰之，防即引伏，洪進得免。從恩遣防錢十千、馬一疋遣之。防拜受而去，終不自明。

《宋史》卷三〇二《何中立傳》 初，有盗慈孝寺章獻皇太后神御服器者，既就縶，李絢以屬吏，考掠不得其情，輒釋去。中立至，人復執以來，中立曰：此真盗也。窮治之，卒伏罪。

（宋）**李心傳《建炎以來繫年要録》紹興三年十月** 初，上既增以絹計贓之直，而大理少卿張杓入對，言竊盗以贓準錢，四百以上，即科杖罪，纔及兩貫，遂斷徒刑。民無常産，迫於飢寒，不得已而爲盗。今百物騰踊，所得至微，而罪已及於徒，情實可憫。刑寺奏，除强盗依舊制外，竊盗遞增錢五分，如三貫徒一年之類。俟物價平日，如舊。是日進呈，上曰：自古人君治國家，不過省刑罰，薄税斂爲先耳，可如所奏。杓以九月癸亥面對，甲子章下。今併附此。乾道六年閏五月，又增一貫。

（清）**陳芳生《疑獄箋》卷二《新婚獄》** 景定間，福建張氏遺女。里中不檢少年聞茶湯擔有玻瓈盃，先一夕餙爲婦人隨女伴入，欲盗之，被執，極其拷掠。有隣婦每事女沐浴，少年詢知女僻處有雙痣相聯，赴官陳云，元與女私，前後騙取某物若干。官追女出，對皆無實狀，少年指僻處雙痣爲證，女愧無辭，驗之果然，擬罪將斷。鄰婦赴官陳告，少年遂伏□焉。安吉州富家娶婦，有盗乘人冗雜，入婦室潛伏床下，伺夜行竊，不意明燭達旦者三夕，饑甚，奔出，執以聞官。盗曰：我非盗也，醫也，婦有僻疾，令我相隨，常爲用藥耳。宰詰問再三，盗言婦家事甚詳，蓋潛伏時所聞枕席語也。宰相之，逮婦供證，富家懇免不從。謀之老吏，吏白宰曰：彼婦初歸，使與盗辨，不論勝負，辱莫大焉。盗潛入突出，必不識婦，若以他婦出對，盗若執之，可見其誣矣。宰曰：善。選一伎盛服輿至，盗呼婦乳名曰，汝邀我治病，乃執我爲盗耶。宰大笑，盗遂服罪。

（宋）**周密《癸辛雜識續集》卷下《伯宣被盗》** 劉伯宣爲宣慰司同知，去官日，泊北關外俞椀盞家之别室，一夕爲偷兒盗去銀匙筯兩副，及毛衫布海青共三件。次日，幾無可著之衣。其家即欲經官捕盗，而伯宣不許，因自於門首語其隣曰：此輩但知爲盗，而不知吾乃窮官人也。所有之物，不過如此，萬一見獲，遂壞此生。銀匙筯入其手，亦不願得，但衣服頗覺相妨，仍見還可也，幸相體此意。人皆笑其迂。越再宿，忽得一籠於屋後空地，視之毛衫布衣皆在焉。劉公一言信及穿窬，非一日之積也。白延玉云。

（宋）**周密《癸辛雜識續集》卷上《楊髡發陵》** 楊髡發陵之事，人皆知之，而莫能知其詳。余偶録得當時其徒互告狀一紙，庶可知其首尾，云：至元二十二年八月内，有紹興路會稽縣泰寧寺僧宗允、宗愷，盗斫陵木，與守陵人争訴。遂稱亡宋陵墓，有金玉異寶，説誘楊總統，詐稱楊侍郎、汪安撫侵占寺地爲名，出給文書，將帶河西僧人，部領人匠丁夫，前來將寧宗、楊后、理宗、度宗四陵，盜行發掘，割破棺槨，盡取寶貨，不計其數。又斷理宗頭，瀝取水銀、含珠，用船裝載寶貨，回至迎恩門。有省臺所委官攔擋不住，亦有臺察陳言，不見施行。其宗允、宗愷並楊總統等發掘得志，又於當年十一月十一日前來，將孟后、徽宗、鄭后、高宗、吴后、孝宗、謝后、光宗等陵盡發掘，劫取寶貨，毁棄骸骨。其下本路文書，只言争寺地界，並不曾説開發墳墓，因此江南掘墳大起，而天下無不發之墓矣。其宗愷與總統分贓不平，已受杖而死。有宗允者，見爲寺主，多蓄寶貨，豪霸一方。

（明）余懋學《仁獄類編》卷二二《臨安我來也》 宋趙師□尹臨安時，有黠賊每盜人家，必以粉書壁曰我來也。嚴捕，久不獲，而我來也之名喧傳都邑。一日，所屬捕至一賊，云即是我來也。勘鞫不成，且無贓證，其人久淹獄底，謂獄卒曰：我固嘗爲盜，却非是我來也。今亦自知無脱理，但乞稍疎刑具，有白□□拾藏保叔塔上，可往取之。卒疑其紿己，問曰無疑。但往寺作少緣事，托點塔燈，盤桓其上，便可覓矣。卒始試往，果得金，大喜。入獄，以酒肉犒賊。越數日，又曰：有酒器一甕，寘侍郎橋下，若令家人以藍盛衣洗橋畔，取甕置藍覆以衣可得也。卒又試往，所得愈多，復以酒肉相犒。卒雖喜得財而未測賊意。一夜，賊謂卒曰，欲暫出，四更當復來，決不爾累。卒甚難之。賊曰：我固不負你，設負你不來，則我所遺，足爲爾失囚配罪之費有餘矣。苟不從，後生吝無及也。卒懼，不得已遂縱之去，坐以俟之，憂念間聞簷瓦聲，賊已躍下，卒甚喜，復桎梏之。甫旦，張循王府告云，夜被盜，府門上書我來也三字。趙尹撫案大驚曰，幾誤此獄，宜乎，勘鞫不成也。遂以犯夜律杖出之。獄卒歸，其妻曰：昨半夜後聞叩門聲，開視之，一人以二衣囊擲户内而去。卒驚，取視，皆黄白物也，乃悟，其夜賊盜張府之物，以爲賂耳，賊竟逃命，而趙尹終莫知其奸也。

（明）余懋學《仁獄類編》卷二七《文規累添紀》 宋張文規字正夫，高安人，以特奏名入官，再調英州，司理參軍。眞陽縣民張五者數輩盜牛，里人胡達、朱圭、張運、張周孫等率保伍追捕之，羣盜散走，獨張五拒抗不去，達擊殺之，盜不得志，反以被刼告於縣，縣令吴邈欲要功，盡取圭、達以下十二人送獄，劾以強盜殺人，鍛鍊備至，皆自誣服，圭運二人病死，既上府事下司理院，文規察囚辭色，疑不實，一問得其情，又獲盜牛黨以證，獄具，胡達以手殺人，杖脊，餘人但等第杖臀而已，圭、運乃無罪。

（明）余懋學《仁獄類編》卷二七《參軍子登第》 宋楊題舉爲越州録事參軍，有一人家被盜，知覺持杖追擊，賊人仆地，乃獲。執送保長，保長械繫送官，問盜死矣。郡因坐保長制死之罪，獄已具，公閲狀云，左肋下致命一痕，長寸二分，中有白路，疑是背後追擊者，未必保長制縛也。獄吏爭案已成，公不聽，即追詰原捕賊者，果得其情，保長得不死，公二子隨登進士。

（清）嵇璜等《續文獻通考》卷一三五《刑考·刑制》 〔金〕太宗天會三年二月詔：有盜發遼諸陵者罪死。**【略】**

〔金世宗大定〕十三年四月，更定盜宗廟祭物法。

（宋）李心傳《建炎以平繫年要録》紹興元年九月 〔金天會九年〕宗維用大同尹高慶裔計，令竊盜贓一錢以上者皆死。雲中有一人拾遺錢于市，慶裔立斬之。蕭慶知平陽府，有行人拔葱于蔬圃，亦斬之。民知均死，由是竊盜少衰而劫盜日盛。慶裔又請諸路州郡置地牢，深三丈，分三隔，死囚居其下，徒流居其中，笞杖居其上，外起夾城，圜以重塹，宗維從而行之。

《金史》卷四五《刑志》 〔大定〕七年，左藏庫夜有盜殺都監郭良臣盜金珠，求盜不得。命點檢司治之，執其可疑者八人鞫之，掠三人死，五人誣伏。上疑之，命同知大興府事移剌道雜治。既而親軍百夫長阿思鉢鬻金於市，事覺，伏誅。上聞之曰：箠楚之下，何求不得，奈何鞫獄者不以情求之乎？賜死者錢人二百貫，不死者五十貫。

《金史》卷四五《刑志》 〔承安二年〕符寶典書北京奴盜符寶局金牌，伏誅，仍除屬籍。按虎、阿虎帶失覺察，各杖七十。

《元史》卷六《世祖本紀》 〔至元〕二年春正月辛未朔，日有食之。癸酉，山東廉訪使言：真定路總管張宏，前在濟南，乘變盜用官物。詔以宏嘗告李璮反，免宏死罪，罷其職，徵贓物償官。邳州萬户張邦直等違制販馬，並處死。

《元史》卷一一《世祖本紀》 〔至元十八年閏八月〕壬戌，詔諭幹端等三城官民及忽都帶兒，括不闌奚人口。兩淮轉運使阿剌瓦丁坐盜官鈔二萬一千五百錠，盜取和買馬三百四十四匹，朝廷宣命格而弗頒，又以官員所佩符擅與家奴往來貿易等事，伏誅。

（清）嵇璜等《續通志》卷一四七《刑法略·歷代刑制》〔至元二十三年〕四月，中書省臣言：比奉旨，凡爲盜者，毋釋。今竊鈔數貫，及佩刀微物，與童幼竊物者，悉令配役。臣竊議，一犯者杖釋，再犯者依法配役爲宜。

（清）畢沅等《續資治通鑑》元成宗元貞元年秋七月　丁丑，御史臺言：內地盜賊竊發者衆，皆由國家赦宥所致。請命中書立爲條格，督責所屬，期至盡滅。從之。

《元史》卷二七《英宗本紀》〔延祐七年六月〕己未，定邊地盜孳畜罪犯者，令給各部力役，如不悛，斷罪如內地法。

《明太祖實録》洪武四年十一月　興化衛指揮僉事孝春發宋時人塚，盜黄金等物，有司以聞。上命罪之如律。仍追所盜物，斂瘞其骸，立木刻其事于墓左以爲民戒。

（明）余懋學《仁獄類編》卷二九《宥盜內庫罪》　洪武四年，江寧民入役內庫盜出珊瑚羅斛香，於法當死，上以細民貪利無知，命杖之。庫官失覺者，亦杖，罷其職。

（明）何棟如《皇祖四大法》卷八《治法》〔洪武二十五年〕夏四月壬子朔辛未，刑部奏，金工二十七人坐盜內庫金，法當死。上曰：盜內庫金，固當死，愚民但知愛金而不顧其身，是以輕蹈刑辟，姑宥其死，謫戍金齒。

《明太宗實録》永樂五年四月　法司奏有盜內庫財物者，上曰：內庫所貯，皆天財，待賞有功，雖朕不敢妄費，而下人敢盜之，須按如律。

（明）談遷《國榷》成祖永樂九年三月　己卯，或盜勸善書。刑部擬當黥戍，上以非盜財，免戍邊，仍去其所黥。

《明宣宗實録》宣德二年三月　庚子，行在大理寺奏，民張保兒三犯竊盜，行在刑部鞫問得實，于律應絞。上曰：怙終賊刑蓋如此。命決之如律。

《明宣宗實録》宣德三年三月　〔癸卯〕神武前衛鎮撫夏尚忠盜倉糧當斬，令毋奏乞充軍贖罪。上諭行在三法司曰：罪既不冤，豈可苟免，此輩肆無忌憚，不斷之，則犯者愈衆。其處決如律。

《明宣宗實録》宣德三年六月　〔丁酉〕下內官裴宗漢行在錦衣衛獄。初，宗漢管木廠，坐盜市官木，又賄太監楊慶求免罪。事覺，付法司治，奏宗漢盜官物應斬。上命付錦衣衛獄械繫之。

《明宣宗實録》宣德六年九月　〔乙酉〕斬會川衛千户丘能。能累爲强盜劫財，行在都察院擬律應斬。上命斬之，曰：五品官非一日之勞所致，而甘爲盜以殺身，此其自取也。

（明）余繼登《典故紀聞》卷一〇　宣宗聞內使韋宗盜官銅造鍍金物與外人，因諭侍臣曰：洪武、永樂間，內府所貯錢糧，內官內使纖毫不敢動，雖東宮親王，不得取用，欲用者必奏請。今內官敢爾，豈得不罪？又曰：朕今日用一木水架，工匠飾以綵色，又間貼金，朕惡其華侈，遂命易之，而小人乃敢僭擬！遂命司禮監榜諭各監局，有盜官物及僭分者，事發處死，知而不首，罪亦如之。

內官袁琦、內使阮巨隊，初往廣東等處公幹，以採辦爲名，虐取軍民財物。事覺，宣宗命凌遲琦，斬巨隊等十人。因諭右都御史顧佐等曰：宦者袁琦，以其自小隨侍，頗稱使令，陞太監管事，輒敢恃恩縱肆欺罔，假公務爲名，擅差內官往諸處，凌虐官吏軍民，逼取金銀等物，動累萬計，致吏民含冤無訴，歸怨朝廷。雖方面風憲之官，皆畏憚之，不敢以聞。鬼神不容，發露其事，已悉寘極刑。爾都察院揭榜曉諭中外，凡先所差內官內使，在外侵占官民田地及擅造房屋，所在官司，取勘明白，原係官者還官，軍民者還軍民。中外官民人等，有受內官內使寄頓財物，許首免罪，若匿不首，事覺與犯者同罪。自今內官內使出外，敢仍前有犯，令所在官司具奏，治以重罪，知而不奏，罪同。若中外軍民人等，有投託跟隨內官內使，因而撥置害人者，悉處死罪。既又敕天下諸司曰：朕恭嗣祖宗大位，夙夜寅恭，不遑暇逸。誠以天下者祖宗之天下，軍民者祖宗之軍民，軍民安則天下治，天下治而後有以仰副祖宗付托之重。爰自臨御以來，惟以安人爲心，而內官監太監袁琦隨侍日久，肆其狡險，欺謾朝廷，假幹公務爲名，朦朧奏遣內官內使，在外淩辱官員，毒虐軍民，恣肆貪殘，贓穢狼籍，金銀以千萬計，人不聊生。所在有司，坐視民患，徒懷兢惕，默不敢言。天地不容，鬼神共怒，發其罪惡，已敕法司榜示天下。爾等其體朕恤人之心，務隆綏撫。民者國之本也，代天理民者君，爲國安民者臣，爾等勉之，必使軍民皆安於下，而無歎息愁恨之聲，庶幾盡爾等之職，不負朕委任之意，爾等勉之。

《明英宗實録》**正統元年閏六月**〔壬申〕山西按察司副使嚴繼先奏，振武衛指揮李得、行太僕寺卿于伯恭等縱令旗舍攬納税糧，大有倉副使禹海等盜賣邊儲，皆有實跡，請治其罪。上命下山西按察司獄鞫之。

《明英宗實録》**正統三年九月**〔壬午〕長陵衛余丁竊賣長陵水溝鐵窗，事覺，行在都察院擬杖戍邊。上以其竊陵寢中物，特命梟首示衆。

《明英宗實録》**正統四年三月** 順天府昌平縣民趙福貴等十七人盜採山陵椽木，例當徒，上命分枷各處山口，揭榜號令，以戒將來。

《明英宗實録》**正統四年冬十月**〔戊戌〕有竊瓦剌貢使銀者，獲之，命斬於會同館以徇。行在都察院請於館門外，及貢使往來所經過中，揭榜諭衆，從之。其後又以在京軍民與九刺貢使交易，恐其透漏中國虚實，悉罪之。所得馬匹、貂皮俱追入官。

《明英宗實録》**正統八年秋七月**〔丙子〕民有盜斫天壽山樹木者，獲之，法司論贖徒。上命枷于山口示衆。

《明英宗實録》**景泰元年春正月**〔丙申〕鎮守天津等三衛都指揮李端，爲人發其盜官物，强姦部卒妻諸罪。命巡按御史驗治，坐絞，宥之戍邊。

《明英宗實録》**天順二年閏二月**〔癸亥〕有匠人錢善等六人於内府鑄印，盜銀十兩分之，事覺，上命俱斬之于市。

《明英宗實録》**天順三年秋七月**〔戊子〕刑部鞫錦衣衛力士陳禮等三人盜内府財物，贖斬還役。上命斬之。

《明英宗實録》**天順三年冬十月**〔壬申〕養大馬千户張名，數同奉御嚴傑、内使潘顯等盜飼馬豆，及用吉種印馬接送妓者。校尉廉得之，下錦衣衛，俱論當贖斬還職。上命誅名，梟首以徇。傑等俱倍徵所盜，完日釋之。

《明英宗實録》**天順六年十一月**〔戊申〕内官韋亨、李才等盜内庫金銀器皿及玉繫腰等物，事連内外官員人等三十一名。詔亨、才監候，餘人悉宥之。

《明憲宗實録》**成化四年秋七月**〔癸酉〕浙江按察司僉事吴璘以買盜所竊南京太廟金盆，坐累贖杖還職。

《明憲宗實録》**成化五年八月**〔戊寅〕斬内使杜衡，匠人繆諒於市。先是衡盜内府金二兩，銀二百兩有奇。諒知而爲之支費。錦衣衛鞫得其實，送都察院擬罪。都御史林聰等論衡罪當斬，例得贖。諒當徒，例拘役。奏上，命皆斬之。

（明）祝允明《前聞記・訊盜》 成化中，南郊事竣撤器，失去一金瓶，一庖人執事瓶所，咸謂其竊之無疑。告捕繫獄，拷掠不能堪，竟誣伏。索其贓，無以爲對，追之漫云：在壇前某地。如其言覓之不獲。又繫之，將斃焉。俄真盜以瓶繫金絲鬻於市，市人疑之，聞於官，逮至則衛士也。云：既竊之，遽無以藏，遂瘞於壇前，祇掀取繫索耳。官與俱去發地，果得之，乃密比庖人漫言之處，相去才數寸耳。使前發者稍廣咫尺，則庖人虀粉矣。訊盜之難如此。

《明憲宗實録》**成化十二年夏四月**〔乙未〕錦衣衛校尉小旗楊俊，盜御用金罐，邏者獲之，下獄鞫實。得旨：併逮常直千户張端、馬伯友，百户李遠，及旗校五人治罪。刑部以俊盜内府財物論斬，例工役五年，端等皆以守視不謹，當杖。有旨：俊情罪深重，難同常例，可如律斬之。端等八人免贖罪，俱調京衛差操。

《明憲宗實録》**成化十七年夏四月**〔壬子〕臨泉王府儀賓孫恕，盜支倉糧事發，擬罪畢，巡按御史奏上，命納米完日革去冠帶。

《明憲宗實録》**成化二十一年十二月**〔戊子〕京城外有軍民業玘、靳鸞等，發人墓取髑髏及頂骨以爲葛巴剌椀並數珠，假以爲西番所産，乘時市利，愚民競趨，所發墓甚衆。至是緝事者聞于朝，番僧嘗買以進者皆遁去。獲玘等送刑部鞫治，得其黨，俱坐罪如律。上曰：律載發墓，其罪皆死。況此輩取人髑髏，市於左道以邀厚利，其視支解之罪相去幾何！其即誅之，錦衣衛仍嚴加緝捕。

《明憲宗實録》**成化二十二年二月**〔辛丑〕兵部武選司吏樊忠、韓錫，大興縣民匠吴鑑、吴興，皆以罪伏誅。先是鑑、興出入會同館，與夷人相貿易，有建州衛夷人謀買舊勅，鑑言於忠，輒於本司盜出廢勅十六道，同鑑至會同館售之，錫亦盜勅二十一道藏于家，托鑑、興轉售，俱獲利。緝事官校發其事，下錦衣衛鞫實，左右侍郎阮勤、侯瓚，郎中鄒襲、朱紳，員外郎彭綱，主事高鑑、張杲、石巍、趙銘、蘇章，並吏役人等俱逮下獄，刑部各擬合坐者律。上以忠等交通夷人，盜賣勅書，大不畏法，命即誅之。襲等防範不謹，免贖罪俱調外任，勤、瓚亦調南京别部，餘各坐罪有差。於是調襲湖廣德安府，紳常德府，俱同知。綱貴州求寧州知州。鑑貴州鎮遠府，杲陝西平涼府，巍湖廣永州府，銘廣西潯州府，章雲南姚安府，俱通判。勤南京刑部，瓚南京禮部。勤等之下獄也，給事中吴凱，御史劉宇等劾其弛職廢事，及錦衣衛通事指揮楊銘等，怠於防閑之罪。有旨責凱等何不早劾？及已逮問，方以奏聞，法當究治，姑宥之，楊銘等俱不問，而尚書馬文升亦服罪。上以其到任未久，置之。

（明）吴訥《棠陰比事補編・易貴辨紙》　國朝易貴，成化間守辰州府。有窶人擔紙，息肩路傍，倦而寐熟，爲人盜去。訴於貴，即使人擡失紙處一石到府，階下杖焉，擁人觀者如市，閉門，量所出有以資窶人。復詰曰：汝紙有識乎？曰：有。遂俾候住在外。數日，出公牘，泛買諸賈人紙，彼送至，令各書名於上，乃召窶人認之，果得原紙，從而追究，盜紙伏罪。

（明）余繼登《典故紀聞》卷一五　成化間，户部覆甘肅巡撫宋有文奏言：邊儲虧折，非獨甘肅爲然，如遼東、大同諸處，往往事覺，盤究未報。大抵糧儲乃生民膏血，而邊方險遠，類難急致。其間侵盜之徒，率多延緩，以覬脱免。今宜定爲通例，凡盜糧五十石、草一千束、錢帛直銀二十五兩者，仍用常典，多者一如近例，監追充軍；四倍其數，則無問文武職官吏典斗庫部運諸人，雖宥有赦，正犯或有逃故，逮其親屬。如此則糧不重費，人知謹守。疏上，詔如議，且令正犯逃故，於同爨至親家屬追之。

《明孝宗實録》弘治元年二月　〔甲子〕初，御用監匠人章瑾，作奇巧以媚太監梁芳，因鬻寶石，盜内府財物不可勝紀，傳陞至錦衣衛指揮僉事鎮撫司理刑，尋調南京錦衣衛。至是，以言官謝秉中等劾奏，命械繫至京鞫之，獄具，發陝西肅州衛永遠充軍。

《明孝宗實録》弘治二年六月　〔庚子〕先是，有盜入南京内府甲字庫，因失火，延燒錢布等物至數十萬。已而獲盜，具得前後諸同盜事情。刑部請論如法，並劾守備太監陳祖生，成國公朱儀，參贊尚書耿裕等，各失于防範。上以各盜情犯深重，難照常例處分，命同行失火者二人，及進庫六次至十次者七人，俱處以極刑。其不進庫及進而以數少者，及窩藏者十四人民俱并家小發廣西柳州衛充軍，内使充種菜淨軍，監丞副使充守更内使，餘依擬發落。守備等官姑宥之。仍諭令今後督察軍馬城池、錢糧門禁，加慎毋怠。

《明孝宗實録》弘治三年十二月　〔癸酉〕匠官杜宏等四十人，先以販賣石等罪爲科道所劾，發邊遠充軍爲民或調衛。至是，復假託求復用。兵部執不可。上曰：此曹造作奇巧，多盜内府庫物，又濫陞官職，罪宜死，已從輕處治，今復敢營求取用，不許。

《明孝宗實録》弘治十七年三月　戊子，慶成王府儀賓李實有罪，黜爲民。實與同府儀賓劉璠等邀截運夫，兑收禄米及分外盜支者，不少州縣被其騷擾，且將十年。其後實父本道以争兑訟于官，爲王惠者發其事，實以其父訟及己也，怒弗與食者幾兩月，父貸于人以食，歲將盡以牛肉饋之，父方病食之，遂劇，數日死獄中。實遂誣奏太原知府馮清受賄虐禁，瘦死其父，下巡撫官覆問，乃盡得其情，坐實常人盜倉庫錢糧得財者律絞，准徒五年，且劾其因争折糧陷父非命，宜從重治獄上，故有是命，劉璠等各治罪有差。

（明）應檟《讞獄稿》卷三《常鎮等處會審疏》　三犯貳名。陳方招係直隸常州府武進縣民，正德十四年方初犯竊盜。事發，本縣問擬減等杖一百、刺右臂膊。嘉靖元年，方再犯竊盜事發，本縣問擬減等杖一百、徒三年、刺左臂膊，發昆陵驛擺站，滿放。嘉靖九年八月，方又不合竊盜在官孫憲家銅錫器皿、衣布等件。孫憲具首本府，將方緝獲，問議竊盜三犯絞罪。吴鑑即吴諫，招係直隸常州府無錫縣民，正德元年諫初盜，已發落趙軾家鷄鵝，本縣問擬減等，杖七十、刺右臂膊。嘉靖五年七月，諫再盜已發落徐啓東衣包，本縣問擬竊盜得財，減等杖一百、徒三年、刺左臂膊。嘉靖七年十二月初六日，諫又不合與已問發沈慶竊盜不在官王肆白米、錫器、女衣服。沈慶當被緝獲送縣問罪，發落訖。照提諫問擬竊盜三犯絞罪，各監候。臣等會審，情亦無異，但查初犯俱係革前内陳方三犯，又係赦限之內。俱例該奏請定奪，及照各犯止爲糊口之計，遂陷殺身之禍，屢犯雖爲可惡，原情終亦可恕。

（明）應檟《讞獄稿》卷三《常鎮等處會審疏》 三犯壹名。李旺一招係直隸鎮江府金壇縣民，正德十六年六月內，旺一不合與監故父李通初盜已問結左廷章家小麥豆油。該縣問擬各減等徒罪，刺右小臂。嘉靖二年六月初八日，旺一不合再盜已問結靳侚糯米錫盆等物，本縣問議減等徒罪，刺左小臂。嘉靖三年二月二十五日，旺一又不合與父李通鑿墻進入在官譚浩家盜取鹽米等物。事發，本縣查審前情明白。李通在監病故，問議旺一竊盜三犯絞罪，轉詳刑部。該大理寺奏奉欽依處決，蒙審録文郎中審有可矜，奏請仍舊監候。臣等會審得，李旺一少隨賊父，因喪良心，雖陷穿窬之非，終非斬關之盜，況由小成大，固愚民無知，而父死子刑，尤仁人所隱，所據本犯情罪，委有可矜。

（明）應檟《讞獄稿》卷三《常鎮等處會審疏》 三犯貳名。趙恭八招係直隸鎮江府金壇縣民，正德十四年恭八初犯竊盜，本縣問議減等杖罪，刺右臂膊。嘉靖五年恭八再犯竊盜，本縣問擬減等徒罪，刺左臂膊，不合在驛逃回。嘉靖六年二月恭又不合竊盜已發落史遂家衣服等物。事發，本縣問擬竊盜三犯絞罪。謝總即謝七兒，招係鎮江府丹徒縣民，嘉靖五年初犯竊盜，本縣問擬杖罪，刺右小臂。嘉靖七年四月再犯竊盜，本縣問擬減等徒罪，刺左小臂。嘉靖九年六月初三日晚，在奔牛鎮河下見有不知名客船在彼，又不合候各客睡熟，盜出青布長褶二件，白綿布直身一件。事發，本府問擬竊盜三犯絞罪。監候間，臣等會審得趙恭八、謝七兒屢犯穿窬，甘受刑戮，固不足惜，但因迫於饑寒，故易流於放僻。所得未足以資身爲害，遂至於亡軀。法雖可殺，情終可憫，況查趙恭八初犯係在恩革之前，謝七兒三犯亦在赦限之內，宜廣再造之恩，用恤無知之愚。

《明世宗實録》嘉靖十三年十一月 甲戌，詔革慶成王府鎮國將軍袁杜爵爲庶人。鎮國將軍袁樤、輔國將軍知烱各奪録米三之二。袁杜性貪戾，嘗率惡少踰垣夜入府藏竊其父金。父薨，又欲因喪而劫奪其遺物，不遂。嫡兄袁欒遣人支禄，白晝攫之於市。又率庶兄弟袁楓、袁樤、袁榽出郭而奪其屯粮。袁樤收父婢爲妾，與其子亦入藏竊金。俱爲母妃侯氏所奏。袁杜等誣奏袁欒父子蒸淫大惡及抑勒宗室，奏請横索軍校月粮等事。知熑亦摭袁杜等惟簿中事奏之。詔下撫按勘問。其事涉宫闈者，遣司禮監官張進往按之。至是，進及撫按官勘得其實，言袁杜悖戾傲狠，其罪爲著。袁樤及子知烱貪淫瀆亂，袁楓等同惡相濟，皆宜示創。法司覆如其議。遂削杜爵而減樤等禄，責楓等令改過自新。

（明）沈德符《萬曆野獲編》卷一八《刑部・王大臣》 王大臣本名章龍，浙之寧波人，幼爲孌童，稍長爲優人。素走大璫門下，向來小内使挈入諸璫直房，竊寶貨非一日矣。其倉卒遇上也，事出不意，未免張皇，上顧而疑之，隨即拏下，送東廠拷究主使之人。時馮保恨高新鄭入骨，故立意坐以族滅，實非江陵意。今病榻遺言，乃謂出張相指授，非也。馮又惡故司禮掌印陳洪，欲并坐之，且洪與高素契厚也。大臣既下獄，保令辦事人俗稱夥長者，與之淫狎，教以新鄭、陳洪，以千金爲賞，使之直犯乘輿，外論籍籍，疑江陵與内臣同造此謀。江陵商於所厚，咸謂不可，而不能得之於馮保。時掌錦衣衛爲太傅朱希孝，雖江陵幕客，故與新鄭厚，心憐而力救之。且行數千金於諸大璫。而諸璫中亦有善新鄭者，力解於慈聖之前。會再行鞫，而風雹大作，保與諸問官俱失色，遂送之法司。時江陵已決計雪高，恐讞時，大臣尚執高主使，便難收拾，乃謀之刑部郎鄭汝璧。鄭曰：此不難，某自有計。乃密引囚於隱處，鉤其舌翦之。次日會審詰問，含糊不復能語，遂棄之市。中元遺言中，謂飲以瘖藥者，亦誤也。又謂其人從總兵戚繼光來，是又不然。鄭數日後即調儀郎，又調吏部。今現爲少司馬，總制宣大。

（明）應檟《讞獄稿》卷四《應天太平廣德等處會審疏》 壹名李昂招，係南京錦衣衛鎮撫同女户。嘉靖四年，昂初犯盜牛事發，巡江衙門問擬徒罪，做工滿放。嘉靖九年三月，昂再犯盜牛事發，操江衙門亦問徒罪。監候間，遇蒙本年十一月二十三日赦宥釋放。嘉靖十年二月，昂不合又盜在官尚浩黄牛，被東城兵馬司獲送巡江衙門，發上元縣，問擬竊盜三犯絞罪。轉詳問，臣等會審，竊惟《大明令》凡竊盜遇赦，並免刺字。而問刑條例以革前革後通論者，必以刺字爲準。故凡竊盜事發，不曾刺字，遇赦者不得以三犯論。李昂原係軍人，不該刺字，三犯，雖亦當以革前革後通論，但其再犯問罪之後，不曾發解，得遇恩免，使原係民人必難刺字，必難與三犯通論。今反以軍人免刺之故，併論前罪，誠有可原。

（明）應檟《讞獄稿》卷三《常鎮等處會審疏》壹名吴永昌招，係揚州府江都縣民。嘉靖九年三月初一日夜，永昌不合商同未到張六子不合依聽同到在官季時家，用鑿撬開門扇，進入偷出衣服等物分散。本年十月失記的日，永昌見本沙東江邊有潮水淹没不知名人無主墳塚一所，將見在鐵錐探下，知有棺木，又不合同未獲吴聰並永昌男吴捨保，各不合將前墳掘出，棺木底蓋朽爛，止存戕板二塊，銀箱、梳銀、短釵各一箇，秤重一錢八分，磁礶二箇，内銀箱短釵，係永昌與吴聰均分各費，用餘剩材板磁礶俱藏永昌家。永昌等前罪，遇蒙本年十一月二十三日宥免。嘉靖十年二月失記的日夜，永昌同張六子各又不合偷盗在官郭敏家油靴、白靴各一雙，糯稻六斗、綿紗四觔、綿花二兩，直鈔七十貫以上分散。本年四月十一日，不在官弓兵徐喜、緝送巡捕徐同知俱招，内有屍骸一具，問擬開棺見屍，絞罪。詳允監候，遇蒙會審，看得招内既稱無主墳塚，必是年久古墓；既稱潮水淹没，必係先已穿陷，可久蓋底尚爾朽爛無存，則易毁形體，豈有屍骸可見。其後事發到官，又稱無屍檢驗，安得遽擬前罪？況律文開棺見屍，蓋謂剖開棺木而見屍者，言縱使果有屍骸可見，亦其蓋底朽爛，其屍自露，非永昌開見之也。因蒙勘審前情明白，辯擬除革前罪名不坐外，依竊盗已行得財七十貫律，杖八十、徒二年。有大誥及遇蒙恩例，通減二等，杖六十、徒一年。係民審無力刺字，發京口驛擺站，滿日寧家。緣係先問絞罪，今辯問徒罪，未敢擅便發落。

《明穆宗實録》隆慶二年十一月〔丙辰〕方山王府鎮國中尉新塵以爲盗，事覺，降爲庶人。

《明穆宗實録》隆慶三年四月〔辛巳〕發顯陵神營監左監丞李禄充孝陵衛軍，坐侄孫得智盗伐顯陵樹木，禄知而不舉故也。

《明穆宗實録》隆慶三年十二月〔甲子〕南京神宫監太監王成采以盗伐孝陵樹木，論斬。

（明）余懋學《仁獄類編》卷二五《撤表不誣令》國朝吴廷舉，字獻臣，舉進士，知順德縣。鄉大夫二子犯盗，俱論死。廷舉生其少子，摽其户曰：盗後少子，改行。乃泣愬曰：公念先人廉直，故存後，今盗其門，大爲先人辱，請就死。廷舉爲撤之。御史汪宗器惡廷舉，捕盗，令自首賂知縣，乃毁門表。盗曰：盗死分也，不敢誣廉令，加以嚴刑，不易口。

（明）余懋學《仁獄類編》卷三〇《讞羅璜非窩平反》吉安府泰和縣羅璜有住莊人蕭受三爲盗，捕獲，官以璜爲窩主，并其義男羅茍論斬繫獄。秋官郎某恤刑行部至吉，以璜茍疑狀讞下巡按御史，移撫州理刑官覆案。先君閲爰書，受三初扳羅璜名下無贓，再招張知府者，始親添分銀伍錢，葛褶一件，綿衣裙一條，尋復改錢字爲兩字。先君曰：窩盗重情，死者不可復生，某郡守者，無惻隱之心邪，何乃以己意增減贓數，欲置人于死地也？時扳盗者死矣，乃問黨里諸人等曰：爾等能保結羅璜非盗乎，皆對曰：願以百口保之，乃改爰書，以讞璜得釋。

（明）余懋學《仁獄類編》卷三〇《辨裳六非窩平反》臨川縣民劉裳六被盗供報窩主，擬斬繫獄。巡按御史行部至撫録囚理刑官當有審語。先君爲裳六辨曰：審得裳六窩情以傅和九扳報，及見獲贓物爲據。今審和九吐説丁典史初審之時，只報説傅熖三窩在行名某六者之家，而忘其姓，快手彭倫四在傍接聲，應是劉裳六，是裳六之扳報，原非出于和九之口矣。一宜釋查，搜出傅熖三等分送前贓，皆衣服布被等項，乃民家所常有者。招稱傅熖三等打刼鄰家葉家矣，今茲搜出各件，曾有一衣爲二家識認者乎，是裳六之窩情，又非有明實之贓矣。二宜釋招稱魏旻八遣魏廷六往裳六家報信，致傅熖三脱逃，熖三果在裳六之家，裳六聞有緝拿消息，即當與熖二潛逃，豈肯從容膽招束手就縛？是魏廷六之通報，又無顯據之迹矣。三宜釋據各黨里劉相十六等，合口証説，裳六委屬良善，願以身家保結，使裳六果有窩盗之情，族里將幸其速死之不暇，豈肯連名硬結自貽後悔，是裳六之素行，又非人心共棄之公矣。四宜釋所據劉裳六原問斬罪，相應辨豁其挾仇妄執之，彭倫四原首嚇騙之，羊憲八已經各問徒戍，無容再議。御史見之謂分巡許僉事曰：推官之辨是也。許曰：裳六與湯舉人爲舅甥，舉人固推官之門生也，宜有此辨。御史不應，許出，復取和九等再鞫，與先君言不謬。次日謁御史曰：本道日昨失辭推官之辨，果是也。御史領之，乃檄府官再問，裳六得釋。

《明神宗實録》萬曆五年十二月戊戌，刑部言：凡盗内府財物，係雜犯及監守常人盗竊，盗、掏、摸、搶、奪等項，但三犯不分所犯各別曾否刺字，革前革後，俱照竊盗三犯律處絞，命著爲例。

《明神宗實録》萬曆十三年二月〔辛亥〕盗竊官銀于栢鄉公館。先是，籍江陵故相獲其資賄一百篋，輸于京師。行至栢鄉，亡其一篋，求盗不得。有旨：詰責兵備副使喬巖，令對狀，下其事都察院。

《明神宗實録》萬曆二十四年六月〔甲寅〕南京刑部題，禁地盗銅，戴海、陳用等下法司。

《明神宗實録》萬曆二十四七月年〔丁卯〕南刑科給事中鄭明選劾論南福建司主事褚國賢竊盗庫銀。副書役余文舉，皂衆劉淮等奪之而散。于國賢爲莫夜之金，于劉淮爲白晝之掠，偷奪之風，上行而下甚。事下法司問。

金柏東《温州歷代碑刻集》劉芳譽《明代·禁約盗葬碑》王文定禮部尚書，例應禁圍八十弓步，不許諸人盗葬及踐踏、污穢、樵採。山鄰張賜、張倫等窺禁故犯，曾於嘉靖年間盗葬，已經究罪起棺。今於本年正、四等月復盗二穴，恬不畏法，真頑梗之民也！本府委勘甚悉。近又親驗相同。除問罪遷葬外，爲此立石嚴禁。蓋此彈丸黑子之山，他無古冢，總屬禁内。如敢仍前不悛，許該地方官、總看山人等預阻，呈官依律究治，没山入官。互相容隱者一體連坐，決不輕貸！

松木俱係勘定，如有盗砍，拿來究罪。

萬曆二十四年十一月初七日立。

《明神宗實録》萬曆二十七年十一月〔辛酉〕有盗入内閣，竊先師孔子神前供器及兩房衣被雜物，勅有司捕盗。

《明神宗實録》萬曆二十七年十二月〔丙子朔〕有盗竊易内承運庫祐國殿玄帝金像，逮治内官趙進忠等。劾有司捕盗。

《明神宗實録》萬曆三十二年九月乙巳，雲南礦監楊榮疏奏叅隨張宗仁欺盗進御錢糧等，上命逮之。

《明神宗實録》萬曆三十五年九月〔丙申〕靖江王府未封幼宗經証等以盗劫内官財物，事下刑部。

《明神宗實録》萬曆三十七年五月〔庚寅〕成都衛百户楊時芳以盗取邊庫餉金論死。

《明神宗實録》萬曆四十三年二月〔丁亥〕刑部奏，内犯杜進忠自萬曆三十九年起，每日同宋進喜等勾引各賊，潛入禁地，刨窔今砂，劉應魁等守門踈縱相應，請旨提問。從之。

《明神宗實録》萬曆四十六年八月〔甲戌〕有臺軍宋滿倉同夥張得玉盗大銅砲一位，被巡軍捉獲，兵部以聞。上命下法司。

《明神宗實録》萬曆四十六年八月〔癸未〕刑部覆奏，南京等衙門高湧等問過擅越皇城偷盗禁銅，曹學等斬罪。從之。

《明神宗實録》萬曆四十六年九月〔戊戌〕東廠訪獲盗换庫銀違法男子施一棟等，上命拏送法司究問。

（明）蘇茂相《新鐫官板律例臨民寶鏡》卷七《盗賊類審語·首盗》

審得崔八素爲不法，不耕而豐穀，不積而華衣，不居而甘食，是豈由貿易得來？畢竟從竊盗所致。今被緝獲，訴稱潑禍飛陷。及問之黨約里鄰地方，俱和聲答曰：不妄。公□難箝，合擬罪如律。

（明）蘇茂相《新鐫官板律例臨民寶鏡》卷七《盗賊類審語·夥盗》

陳子、褚丑居住切鄰，陳子富而不仁，褚丑貧而不良。二比貧富相較，致生嫌隙。丑輒結連巨寇，乘夜肆行劫掠，未幾即亦置産。陳子是以執疑而告也。且褚丑素稱無隔宿之儲，一旦有貫朽之積，若非劫擄之實，何其起家之神速也。並獲餘黨衛寅、蔣卯等覿審明實，使丑雖有百喙，亦莫辭其誅矣。均置重辟，庶警盗風，陳子行亦不臧，相應薄究。

（明）蘇茂相《新鐫官板律例臨民寶鏡》卷七《盗賊類審語·白晝盗畜》陳賢猪放出街，爲黄洛所竊，贓證見在，論徒何枉。但猪在街似與在家剜竊者不同，相應免刺。吴九不審來歷，圖利賤值，亦宜擬杖。

（明）蘇茂相《新鐫官板律例臨民寶鏡》卷七《盗賊類審語·乞救盗害》黄德昭與陳日和本乃同居，近日和搬移而家植尚在。故廬無人看守，則日和之失盗，德昭亦不得辭其責矣。慣盗方城招德昭知情，而德昭復供與高讓迹俱可疑，但搜無贓物難以擬罪。而况慣盗誣盗詐人又其常態乎。黄德昭與高讓取十排鄰佑結繳。德昭同居，先事不行照管，已事不得馳報，論杖。

（明）蘇茂相《新鐫官板律例臨民寶鏡》卷七《盗賊類審語·盗牛》

審得唐在恩放牛在山，此無人看守之物。林志玉子君耦或乘其無人而繫之他處，理亦有之。在恩既已尋獲，雖果係君耦繫匿，然其匿也，匿之山上，非竊之在恩牛欄。其獲也，獲之山上，非獲之君耦室内。隨失隨獲，在恩可無辭矣。而揑詞呈縣牽告多人，何爲者也？匿牛者止一君耦，而牽告者不下十人，刁頑之風，慚不可長。况告狀者止原被干證，自足辯其曲直，而唐在恩則買出陳日望二十餘人，林志則買出吴虞珍等二十餘人，彼攻此訐，此必原被各有污心，故以衆求勝耳。使莆中如此狀者十餘紙，則鄉村亦空矣。此所當痛治者也。林志玉其子既有匿牛事迹，合應自揣服罪。而揑云惟八鄉教求難不從爲辭，則二十餘人者皆來訐者，盡皆鄉教耶。各屬健訟，擬杖示儆。陳日望等本當一一以教唆論罪，以人衆姑責免論。林君耦素行果盗，訪出另究，決不輕恕。

（明）蘇茂相《新鐫官板律例臨民寶鏡》卷七《盗賊類審語・盗情可原》 林光烈幼習舉子業未成，與林心宇同宗，筆硯友也。止有淫賭之行，素無掏摸之爲。與心宇相諗相狎，爲忘形入幕之交者夙矣。比來以博局連輸，稱貸於心宇，而弗獲所請焉。褰帷以入，而抉囊以出者，蓋素昵心宇之深，不則以爲利，而覺之則以爲戲也。豈料心宇不識其爲光烈，而驚喊邏者，又不辨其爲心知，而捉獲乎。以誤爲真，則心宇心固悔之矣。此雖厚顔無耻之行，稍殊黑夜穿窬之科。合以親屬相屬竊坐之。而朱曰泰者真鼠狗之雄也。但不同此蹊徑，難以混入他犯定擬。

（明）蘇茂相《新鐫官板律例臨民寶鏡》卷七《盗賊類審語盗情無干》 陳從義誤認李真卿家鷄一隻，隨以毛色不類，公衆退還。則鄉老蔡嘉隆之僉結，大洋巡檢之申文彰彰焉。陳訓何人？不明不白，無端插入，欲以前年所失盗贓，乘隙取償於真卿。冒從義爲主管，借鷄肋爲戎端，不思鷄已非毛非隊，業從衆眼證明，即謂真卿素行不明，難據一鷄准信，顧前贓不是後贓，難容即此證彼。兩贓更係兩主，又何足以捉訓附義。背戾訛舛，不情不經，殊可恨也。一鷄幾何，深情文致更足笑也。重杖以儆其刁誣。

（明）蘇茂相《新鐫官板律例臨民寶鏡》卷七《盗賊類審語追究全贓》 李逢吉、吴伯春等，嘯聚多黨，剋掠頻年。吴乾、蔡一鰲兩家，其最後盈貫之報也。一舉不宥，寧復可再。一物既真，他贓焉枉。且初劫在隔年十一月初六日，次劫在本年三月初六日。其發覺於本月十九日，不時幾何。論理則原贓俱得留存，計贓乃各犯半無長物。本道批詰，誠患無以實得財之案，而籍蜚辨之口也。然而盗性攫金如携，揮財如糞，所有金珠衣飾能值幾何？而能當其牛飲盧博之漏巵乎。所不必窮究遲疑以滋盗吻者矣。至於李春，始則以盗勒盗而詭首，繼則以盗告盗而巧跳。失此不獲，將無重山鬼之揶揄乎。嚴行撲緝，務期必獲，以清三窟可也。

（明）蘇茂相《新鐫官板律例臨民寶鏡》卷七《盗賊類審語・剪盗安民》 講明鄉約，所以和睦鄉里，非以競起訟端。王真卿以小甲方巾聽講，葉時謙以保長而指使扯巾，均非講約之意。而林邦治、王廷警俱假鄉老名色執告，時謙則是黨詞。此皆小忿，猶無足責。而時謙乃率兒侄子員、子才强搬林邦貨物，首官詞稱番貨，而中皆土物，則刁誣甚矣。况以争故而傷王廷警乎。林邦治所争縱賣非番物，而籍此晝夜聚唱，煽惑地方，則罪不在時謙之下，各杖。

（明）毛一鷺《雲間讞略》卷二《一件爲强盗事》 撫院周批青浦縣告人夏承祖狀。前件審得：蔡四業以穿窬刺臂，雖挾詐私起而灸迹宛然，且復身若飄萍，行同鬼蜮，其爲慣竊無疑。第查何中之首未明言所犯何事，所竊何主，即聞七抱首之贓又皆尋常衣物，且無失主姓名，坐以再犯，彼能俛首輸心乎？承祖兹告無非互訐求勝，且挾起刺以箝其口耳。然使四果改行從善，而復爲承祖所挾詐也，則赴官以自白，而遷居以避害，無不可者，何必寄資遠遁如移穴碩鼠，冒籍詎逞如含沙射工耶？情不可解，法實難道。第念飾罪駕詞，何所不逞，且行盗日月既不可考，而失主姓字又不可問，姑薄從杖治，而没所首之贓，補初犯之刺，解歸原藉可也。夏承祖先首既無指實，後告更復張皇，應擬杖懲。沈太捕盗隔屬而逮其姊，既屬葛藤之擾，復多瓜李之嫌，蠹役之不可貸者，宜杖革。

（明）毛一鷺《雲間讞略》卷四《一件飛禍事》 兵道李批上海縣告人張尚狀。前件審得：施潮會鄰人何夔失盗，夔疑其家人何三爲之，因執三送官。而詢其徒黨，乃指潮之家人王滿、王二。越日，又復反舌指及張尚。夔特信之，而潮又附會其説。維時攻尚頗急，群湧其家如風捲雲。然搜贓未有也。潮亟欲爲滿等置辯，遂謂真盗已得，求豁滿於讞者，故滿與二得釋，而尚與何三等同逮。且又不以盗坐，而以賭坐。蓋謂今之夥竊雖無贓，而尚之糾賭實有據。罪賭實罪竊也。夫賭與盗常相因。三之見疑於主，與尚之見扳於三，俱緣平日好賭爲祟。第穿窬惡名，人誰甘受？潮且力爲滿等解脱，而謂尚樂被此名乎？非其情矣。且謂以扳坐也，滿與二俱三口吐，彼首指者不足憑，而此續扳者反可信乎？如謂以贓坐也，彼滿與二固幻如風影，即索尚之贓亦屬烏有。滿與二之無贓可釋，而尚之無贓獨可織乎？此尚不能甘心於潮與夔，而復肆言喋喋也。第何夔失盜非誣，勢不得不爲搜求，夔何罪之有？施潮偏袒己僕，而以尚爲壑，情雖不直，乃未肆螫毒於尚也。詞中搶衣詐銀等事，殊屬不經，潮與尚俱應杖懲。何三盜情原自近真，而亂指尤屬可恨，亦宜再杖。

（明）毛一鷺《雲間讞略》卷四《一件為軍務等事》　撫院周批華亭縣告人袁邦治等狀。前件審得：袁邦治、顧一陽各以强項稱雄里中，兩頡頏不相下，而邦治無賴較甚。有袁龍、袁顯者，兄弟俱習穿窬，刺配有年矣。邇復糾周七竊陳、張二主，因以盜贓求售爲張丑所首。邦治欲利其有也，遂偏袒向若輩，而又以同姓之故，冒爲叔祖出頭代辨。一陽知之，熱中於邦治之詈利，攘臂於邦治之保奸，乃號召顧民傑等以攻龍、顯，而辭連邦治。邦治遂陽以其身翼若輩，而陰與一陽爲讎。時有縣捕瞿田押賊起贓，而又詈匿數金。此固有張丑之口與民傑之呈詞可券也。邦治度龍、顯刺臂有據，不正之兵，勢難取勝。乘有斯養病死，乃以一陽奪田藉口，復揑人命爲控。而又率袁顯、沈阿五、程彬輩毀其器物，門房幾成狼狽。夫始以庇盜，而故張狡猾，既以索命，而横肆螫毒，邦治無法甚矣。據告人命雖有一二，簧口亦爲嘵嘵。乃細鞫一陽鬻田與袁顯，交易已久，契價俱明。一陽且無謀産結怨之情，又安有鋤花被毆之事耶？參酌情景，因按前後兩局，大率盜情屬真，而掃蕩則屬虚；人命屬虚，而打搶則又屬真。一陽與邦治平日固俱不軌，乃就事論事，一陽視邦治固直也。邦治應以誣告反坐。袁龍、袁顯、周七各以竊財刺配。瞿田倚捕匿贓，配亦難逭。顧一陽詞若激於公憤，意實快其私圖，與聽命助虐之沈阿五、程彬，徇情偏證之陸雲，詈頓首人之張華南各杖治之。顧民傑等所呈未免張皇，原出一陽頤指，姑免概坐。一陽受荼毒於打毀，煽禍者邦治，戎首者袁顯，各斷銀四兩爲一陽修理之資。袁顯所鬻之田，聽邦治管業。一陽不許用計阻撓取供。

詳批：依擬，袁邦治贖完發落。瞿田發池口驛，周七刺發采石驛，各充徒。袁顯等各刺調下砂場、下砂二場煎鹽。餘如照，各贖決。庫收收管，領狀繳。

（明）毛一鷺《雲間讞略》卷四《一件為緝獲賊犯事》　兵道蔡批駁本府解詳絞犯薛鳳等。前件審得：薛鳳兩犯再刺，而猶怙終不悛。添糾朱壽等二人，連竊陳三策等五主。典贓浪費，猖狂花柳，踪迹已不能掩，而且業有見贓起出。雖前犯屬在赦典，例仍宜准三犯奏請者也。擬絞似不爲冤。况本犯積盜成癖，彼其心固不死不休乎！第鳳苦稱二犯尚未輸服，細鞫良自有説。蓋據招，薛鳳偷盜龔權之銀，隨爲張臣所窺，轉令朱柱索之。鳳母龔氏即將原銀悔還龔權，求免解官。是律所謂知人欲告而於財主處首還者也。首還雖不出自鳳手，而其母龔氏實爲之。是律所謂法得相容隱者爲首，聽如罪人身自首法者也。以此按鳳，則鳳於龔權之竊，律得減罪二等。既在減等之列，例得僥幸免刺。即當時鳳以還贓之事意在反噬，乃以詐騙誣告朱柱，亦止當從重坐誣告之罪。而乃仍以竊盜再犯本律罪之，於情固不枉，於法實未合也。然則薛鳳二犯之刺，或者未可充三犯之數乎？蓋律云，三犯者絞，以曾經刺字爲坐。今鳳雖再刺矣，而法苟未合，不得遽以已刺論也。即今犯且又犯矣，而刺苟未當，不得遽以三犯論也。按法定罪，鳳當以前刺作今刺，以今犯作二犯，仍從徒擬爲妥。蓋鳳雖偷兒哉，而絞實殊死也。使鳳法宜得辟，奚必過爲鳳恤？今鳳罪未蔽法，豈容輕爲鳳議？故此獄再三之間，即生死之路，不可不慎。職謂事干題請，以煩奏牘，尚有此段情節，恐非本犯完局，徒滋失主牽累之苦耳。朱壽右臂骨削如柴，似不能罄折者，今又染痢瀕危，奄奄一綫。然既爲穿窬輩附翼，而且力能傳遞負擔，終不可謂之廢也。倘不即就木，仍當刺字爲正。第審行竊時不令内入，而僅供外伺，良亦苦於奮臂之故。假令無鳳倡之，其不能爲盜可知。是壽與鳳終有間也。倘令概徒配擬，而責其輸作於郵傳間，臂折未能也。姑准收贖，似不爲縱。周彩、范龍俱知鳳等非類，而賣奸同飲，漫不遠嫌，各杖不枉。

（明）毛一鷺《雲間讞略》卷四《一件為出巡事》　兵道蔡批駁本府詳犯蔡芝等。前件審得：蔡芝積偷不悛，故兩臂交刺。乃最後同盜金店一語，又出自陶應科之口。三犯似真，一絞不枉。第盜憑贓坐，其次莫如事主與夥黨之質成。今索贓則原物烏有，索證則事主未質。無論見獲同夥，如宋招弟極口爲渠訟冤，即應科係原攀人，今且以爲讎誣，又以爲屈招也。雖黠盜猾口不足憑，而蔡芝死法，將以贓坐乎？抑以事主與夥黨坐乎？芝雖偷兒不足憐，乃造物生命於斯囚終未絶也。人之固非殺不辜，出之亦非失不經。蓋芝固非求其生而不得者，惟懼累亡匿，則穿窬鼠態可恨耳。應決發。

（明）毛一鷺《雲間讞略》卷七《一件地方盜椁事》 本府牒送華亭縣詳犯丁四。前件審得：丁四輩以丐兒習爲無賴，罪孽種種，要以盜宋氏椁一節爲正案。如丁四之與徐門子也。浣衣之地同，被獲之時同，而事主於地鄰之質證又同，此固死者默奪其魄，故令蹤迹較著。無論四已伏辜，即今奄奄待盡之徐門於亦奚置辧，一絞一戍，律例允合？彼松江張者，據招謂其窺宋氏之葬而報之丁四也，已屬首事，而況又分贓，則其罪且不在丁四等下，何僅以竊配也？乃查胡元原投單中開衣服六件，青布襖其一也，丁四被獲時，原開件數業已一一現在，則松江張所坐分之青布襖果何自來耶？迨至本犯獲後，起有衣服四件，青布襖亦其一也，而招俱曰無主，則前所分之青布襖又何自去耶？且查捕衙呈縣由稿，止招有松江張名諱，並未及坐分屍衣半語，亦未載報知丁四等情，則盜墓一事當是本犯蛇足，無庸深求；唯是竊贓纍纍而未起者尚難枚舉，則所起四衣寧丐兒家長物乎？以竊刺配，良不爲枉。

（明）毛一鷺《雲間讞略》卷八《一件巡警事》 撫院周批駁華亭縣申詳賊犯姚五等。前件審得：强犯陳子橋等以慣偷而積爲劇盜。上年一盜吴景元於二月間，又盜徐忠於十一月間。兩失主所居信地，吴景元屬之千户羅國臣，徐忠則該縣捕衙爲政耳。楊朝端者，則徐忠鄰境巡官也。吴之被盜，雖事主被毆，然穴壁而入，負贓而遁，尚在强竊之間，而竊之分數較强之分數尤多。至劫徐忠，則明火執械，綁炙失主，勢頗猖獗。維時，捕官楊縣丞因赴院道課績，府以捕務委之巡檢姚孟煒，甫及三日遂有此事。本官以暫攝爲傳舍，不甚經心，而指縱間又未能以便宜從事。至若楊朝端雖屬鄰境，而所去信地咫尺，呼吸相通，況强竊異狀，震驚必遠。朝端固責擅巡邏者，可以閉户當纓冠耶。晝地而守，朝端宜若無罪，秦越之視不可誅心，當與巡檢姚孟煒、縣捕沈元，巡兵范元、顧成同以失事杖戒。林倪爲徐忠總甲，當夜既不能救護，盜後又不行報官，應並杖。羅國臣以信地失盜，同論非過，第盜勢未張，蹤迹頗秘；而失主隱不出告，迨贓露而始認領，則當時不甚受害可知。況本官舊歲部運回所未幾，其間不無微勞可紀，功過似足相準。且今陳子橋等夥盜已獲過半，即前姚巡檢、楊千户尚當從寬典，以俟展佈，即逭一國臣亦不爲縱。

（明）毛一鷺《雲間讞略》卷九《一件巡警事》 本府牒送犯人張受等。前件審得：陸大成之行竊也，夥張受等一起偷兒，竊陳山、金巖等家凡四度矣。原招俱係同盜分贓，不聞挾分之説，且挾分或偶一遇而偶爲之，豈有屢盜屢挾分之理。此猾口之不足憑也。且律言犯罪未發而自首者免罪，今大成先爲沈敏等指名告捕，吴阿五等衆質同盜，業作歇案挨緝方行出首，尚可謂之未事發乎？無非自揣事必敗露，斷難掩匿，故假自首以爲幸脱計。今提吴阿五面質，兩口支吾，真情立見，又安得以讎扳爲解。況當票具大成姓名，十目共視，尤爲確據。其云張受借名，又將誰欺耶？大成之名著於張受，受必不借大成以自寬，而受與大成又莫逆之盜，必不嫁禍於大成，以斷己應援之路。以三犯之條處大成，似覺不冤。張受殿堂窩與竊俱真，應照原擬。

《明光宗實録》泰昌元年九月［丁酉］鎮撫司千户梁慈等以訊過劉逐，招稱與李進忠、劉尚禮等共盜寶物，及進忠、尚禮逃匿情由，具狀奏聞。上責錦衣衛駱思恭：各犯未獲，顯不經心，職司何在？若復怠玩，不行緝獲，徇情故縱，必罪不宥。

（明）清波逸叟《折獄明珠》卷二《盜賊類·告竊盜》 剪盜安民事。賊風四起，鄉境不寧，厶素貌法，徹夜害人。糍褁毒以藥犬，刃空壁以開門，猪牛盜去，服飾罄空。堆木石以掯門，抛磚瓦而截路。猖獗害民，懇恩緝剪。上告。罄，盡。掯，塞也。猖獗，强盛之意。緝，訪捕也。

訴

電燭黑冤事。厶素守法，秋毫無犯。冤因趙厶被盜，告厶緝剪。不知何人潑禍，唆捉貧民，且盜賊重情，難瞞儕里。乞究真贜，别分涇渭。上訴。

［齊侯審語］審得趙厶被盜，緝訪得厶細鞫，據訴詳詢黨里，咸謂清白，況無贜証可指，此或狡兎爰爰，雉罹罦中之意也。似難輕擬，姑從釋放，再行訪捉。

（明）清波逸叟《折獄明珠》卷四《商賈類·告船户》 盜貨事。船户厶攬身厶貨，議載厶處交卸，殊惡欺孤，沿途盜賣，論阻成仇；且言身在伊船，財命任由佈置。遭此强徒，禍患莫測。乞提追給盗貨駁船保命。上告。

訴

誣騙船價事。刀客僱船載貨，議至某處交卸，舡價十兩，付三存七，餘約抵岸方行凑足。豈意刀商，中途架身盗貨。不思貨有税單可查，指盗何贓可據。叩天筴追舡價，電誣超貨上告。

〔劉公審語〕審得厶狼虎蛇蝎，乃極惡毒者，而挑脚撑舡，皆爲一類。客人李雪販布，誤募張風之船裝載，憑牙立價，舡錢當付一半，餘議到彼凑足。豈風半途竊貨越賣，李雪芉竟，此天道之所不容者也。及研審反以船價不償，誑付其咎，深爲可恨，合以盗賣他人物業者，計贓擬徒，其貨物理合追還。

（明）祁彪佳《莆陽讞牘》卷二《南安縣・一起侵盗庫銀事》依監守自盗庫錢四十貫律斬，係雜犯准徒五年，刺臂。照例免徒定發邊衛，永遠充軍。犯人一名謝國璽。

前件看得謝國璽身司管鑰而恣意侵漁。律重監守，國璽雖百口，能巧脱哉？獨計四百餘兩之贓而完者僅十之五，償於何日？無論林天啓之十九金尚屬虛指，即果有之，亦是太倉之一粟，何足爲公帑全完計也？産盡贓窮，惟有速遣，與其死於監追，無寧死於遣發耳，伏候裁奪。

（明）祁彪佳《莆陽讞牘》卷二《閩縣・一起竊盗事》依竊盗三犯律絞監候，再審犯人一名鄭二。

前件該本館看得鄭二三犯先爲搶竊殊科，今查例文得以併論，則二之犯者三矣。雖二犯俱在革前，得符奏請之例，而鼠竊害人實地方之大蠹，生一賊以擾千百家，何如死之爲快？伏候裁奪。

（明）祁彪佳《莆陽讞牘》卷二《福州府・一起賊横事》依竊盗臨時拒捕律斬京詳未示犯人一名瞿四。

前件看得異哉瞿四！盗骨天成，至死不悟。前後鼠偷已經五次，固欲生之而不得者。乃李四家一竊，至以鐵錐刺四手，其膽可包天矣。須摩頸以待法刃耳。招中丁衛之批不宜叙在擬斬之時，四已招斬，而又稱已經本府擬絞，至四之死雖不必於三犯之案，而三犯亦其死案也。招中每犯審詞盡行削去，保俱屬滲漏，似應改正。

（明）祁彪佳《莆陽讞牘》卷二《福州府・一起分守地方事》依竊盗三犯律絞犯人一名張二。

前件看得張二以兩墨刺徒再配再逃，即當發哨之日，復恣盗娶婦家以去，生有賊骨，死無悔心，業已論絞，倖徼恤矜，雖犯在革前，而結案亦在革前，論法無可原者，蓋至是而怙惡偷兒終無生路矣。

（明）祁彪佳《莆陽讞牘》卷二《福州府・一起竊盗事》依竊盗三犯律絞監候再審犯人一名鄭二。

前件看得鄭二一犯先謂搶竊殊科，今查例文得以併論，則三之犯者三矣。雖二犯俱在革前，得符奏請之例，而鼠竊害人，實地方之大蠹，生一賊以擾千百家，何如死之爲快？

（明）祁彪佳《莆陽讞牘》卷二《福州府・一起剿盗事》依竊盗三犯律絞監候會審犯人一名陳世英。

前件看得閩陳世英一案而未嘗不切齒胥役之踈玩也。鄭隆已三縱矣，鄭六復再縱矣，至於鄭邦准、王瑞之三縱，而蔣宦五百囊貲盡被胠篋。其流毒尚可言哉？若本犯罄竹決波，不足描其惡狀，移腸易胃，無能洗其盗心者也。論絞雖以三，而行竊不止五矣，若再縱之，則其囹底餘生，益復無所顧忌，飛而食人，恐又不祇掏摸之故智矣。斷不可援例以議出。

（明）祁彪佳《莆陽讞牘》卷二《侯官縣・一起現獲贓賊事》依竊盗三犯律絞續蒙恩例奏請改遣軍犯一名鄭三。

前件看得鄭三天生賊骨也，再犯再配再逃，三犯論死，殊快輿情。但兩犯係革前，儆例議改，倖也。第恐鷹眼未化，梟音復張，以逃囹脱狴之餘生，作吮血磨牙之伎倆，則人無安枕之夕，室有探囊之虞矣。況現在縲絏尚敢潜逃，倘復縱之，真不知於地方何如也？

（明）祁彪佳《莆陽讞牘》卷二《侯官縣・一起竊盗行强傷命事》依竊盗拒捕傷人律斬京祥未示犯人一名林大。

前件看得林大本是鼠竊之徒，反肆螳臂之怒，爲于謨所執，輒以鐵錐刺其手肋，向非奔救者急，而令獲少縱也，能保不以懷中刃其主乎？拒捕傷人，三尺凛然，誰能爲此囚覓一生焉？

（明）祁彪佳《莆陽讞牘》卷二《古田縣・一起乞究盗害事》依竊盗三犯律絞已奉決單犯人一名趙孫仔。

前件看得三犯之律輕於强盜，而情更有重者，蓋强犯或偶一行之出於脅從，出於誘鬨，而竊至於三則頑不畏死，其智深，其膽壯，害有不可言者。況如趙孫仔之犯至於五乎？當永錮之，以絶其慣習生涯。萬一以革前縱之，則一家哭何如一路哭也？

（明）祁彪佳《莆陽讞牘》卷二《古田縣・一起酷斃三命事》 依竊盜三犯律絞候請定奪續蒙恤審疎枷犯人一名梁官。

前件看得梁官兩臂俱墨，犯經三案，業已論絞。乃以兩犯革前獲徼恩例，此真小人之倖也。

（明）祁彪佳《莆陽讞牘》卷二《連江縣・一起清查起解錢糧事》 依常人盜庫錢八十貫律絞犯人一名吳瑞，依雜犯徒罪犯人四名林玉等，依恐嚇取財律徒罪犯人三名林聯等，依不應律杖罪犯人四名吳良成等。

前件看得吳瑞假傾銷而包攬，藉包攬而侵欺，其盜匿錢糧至二千六百有奇之多，又加以該縣查出未獲批迴五百有奇，是一奸而盜三千餘金矣。小民剥骨剥髓以奔命，有司仰屋借籌以催科，而此輩安坐享之若爲私囊故物矣。吳瑞一斬已確，但其瓜分者不能迅完，額派之銀又不容缺，而窮民之脂膏不堪再剥也。勒限嚴追，毫不容緩。林玉等得免例戍亦倖矣。

（明）祁彪佳《莆陽讞牘》卷二《羅源縣・一起查解錢糧事》 依常人盜庫錢八十貫律絞照例定發邊衛永遠充軍犯人一名鄭騰。

前件看得鄭騰兜攬上解，恣意侵漁侵屯，折遼餉三百餘兩，縣已解而司未收，經發覺後追完者也。又侵寺租二十兩，以吳拱之假印詭作批迴，不敢赴府投鎖，亦經發覺後吐還者也。又侵軍器銀二百餘兩，始欲匿縣解而司收可假矣。繼見敗露，懼罪欲赴司交納，而無府批矣，遂僞造府批以交納，故初則府批真而司印假，後則司印真而府批假，以致有兩批之混淆，亦經發覺後賠訖者也。在屯折不過一侵盜耳，而寺租、軍器則關係假印假押矣。寺租之假印則諉之於罪無可加之吳拱，軍器之假印則諉之於人無可拘之陳麻五，又安知非自作之孽，詭卸於他人乎？即麻五出日果有認其假印者，而本犯罪惡貫盈，斷不宜以銀完改配，留此大蠹仍張其故智也，投之荒郊，以禦魑魅可矣。

（明）祁彪佳《莆陽讞牘》卷二《羅源縣・一起查解錢糧事》 依常人盜庫錢八十貫律絞照例定發邊衛永遠充軍犯人一名蒲正。

前件看得蒲正積猾奸胥，攬匿屯折銀二百兩，敢於詭填銜簿，邀截公門，明白赴縣具認，誠包身之膽矣。窮追經三月之後，一成無可免也。招前稱朱尚明與屯甲孫彦昭、馮閏子管解屯折二百兩，後又稱將馮閏子一批一百五十兩上納，是有三百五十兩矣。此招前之錯謬也，應改正之。據該縣稱揭借代完以免參罰，是解役之愚蠢，奸書之狡猾，反以累縣官非法也。即此犯以命殉財，捱延不吐，而朱子明、孫彦昭獨不可先令其代納，以俟此犯之續追，乃必令印官揭完乎？何以儆後來爲解役之踈玩也？

（明）祁彪佳《莆陽讞牘》卷二《福清縣・一起屢年拖欠黄白蠟茶等事》 依起運官物長押官若有侵欺者計贓以監守自盜論，係雜犯侵盜沿海錢糧二百兩以上照本律仍作真犯死罪監守者斬，秋後處決，監候，奏請定奪。招詳未示犯人一名方洪兑。

前件看得方洪兑委解内帑茶蠟銀兩，顧侵欠至三千七百兩有奇，倘目中稍知有三尺必不敢。爾延今一十載，虧額猶故，而乃委諸刁勒致，然其誰證，而誰信者也？論斬錮追，國家固自有功令在，再照此上供錢糧似非可引沿海之例。若以漕運侵盜三百兩以上，照本律科斷似更爲妥。

（明）祁彪佳《莆陽讞牘》卷二《永安縣監・一起行船遭命事》 依免死充軍人犯逃回照依原問竊盜三犯律絞罪京詳未示犯人一名黄琳奇。

前件看得黄琳奇以三犯遇赦得從城旦，乃初解而逃回，再解而詐死，既逃而復竊，既竊而復露，計其罪已三，應死矣。尚何計以生之？

（明）祁彪佳《按吳親審檄稿・一件貪掃事》 行據吳江縣申解湯巡簡等到院，審得葉回三犯盜，湖州刺配滿歸，捕快即視之爲几上肉。楊仲庚首之盜鈕炊，毛德又首爲賭，簡村巡簡湯輔鼎方申之縣，而回三之父葉橋即越控於本院，此番開賭即未必真，而賭盜之案在湖州已堅矣，尚何嘵嘵爲？巡簡原不許妄申文書，姑念人是不類，湯輔鼎免其戒飭，該縣仍通飭之。

（明）祁彪佳《按吳親審檄稿・一件出巡事》 行據松江府張同知解犯徐回到院，審得徐回之爲盜也，據稱瞿招所供。招原未到官，乃供之於捕役之前者，故拘回亦第捕役之禀耳。及招與回拘到，曾未一審，招已斃獄。回可坐之罪，即取鄉里鄰佑之保釋放可也，速之無爲圄鬼。

（明）祁彪佳《按吳親審檄稿・一件出巡事》 行據崑山縣解犯邵升

等到院，審得邵升以縣皂而肆贈，初盜櫃銀二百餘兩，繼與弟邵選共盜櫃銀四百四十兩。經過縣研審最確，今邵選已死，應於邵升名下嚴追給主，仍一面定招詳請。但崑山扳贓之風甚盛，稍不詳慎，波累無窮，承問須萬萬嚴絕其端也。

（明）**祁彪佳**《**按吴親審檄稿・一件竊盜械證事**》行據常熟縣解犯陳卿等到院，審得陳卿於二月十八夜入鞠生員家爲盜，被鞠生驚喊家人姚升所獲。及到總練官處，又供正月二十八夜，曾盜夏慎芝，有贓在沈仍溪家。及押仍溪，起出典舖，鬃帽，是二犯之爲盜確矣。本應俱行配驛，但陳卿此番未得贓，前番贓未起，仍溪亦嘵嘵於仇扳，而當票不出其手。二犯已經重責，該縣再杖而釋之。

（明）**祁彪佳**《**按吴親審檄稿・一件出巡事**》行據常熟縣解犯吴丑等到院，審得王黑魚，季岩家人而外居者也。吴丑、徐四於正月廿九日竊盜，爲此案罪魁矣。吴丑、徐四皆於典舖中起有真贓，所宜一併刺配。仰縣立刻具招批驛，以清淹禁。朱二者，據稱爲竊沈奉家，盜而失主未出，當喚來認贓，另爲一案問結可也。

（明）**祁彪佳**《**按吴親審檄稿・一件出巡事**》行據常熟縣解犯吴二鑾等到院，審得吴二鑾刺賊也，被獲之後，吐稱偷竊多家，而今惟王含宇家有真贓。經主認實，則其爲應配之盜即此可定。是此一訊而决者，乃承行出票至六十二名，此票一落衙役之手，不知有多少牽累，而承行祇利多一名，多一分賣牌之錢耳。是何吏書作弊如此，另文解究。原票立刻吊銷，吴二鑾即於次日具招發配可也。

（明）**祁彪佳**《**按吴親審檄稿・一件出巡事**》行據常熟縣解犯湯二等到院，審得此起皆嚴源家之盜也。失事在正月初五日，爲之綫索者，源家傭工人吴二即吴貞也。據失主稱，是暗入明出，時因地方鳴鑼喊救，故諸盜從後門明出耳。巡簡懼累，改換申文作竊。此失主之言可據也。吴貞秀甫者，吴貞稱係窩家，馬二髻子、周二皆從其家拿出。二犯一飾稱换舡，一飾稱看親，終不能爲秀甫解窩之一字矣。張官稱爲馬二之親，馬二僱之駕船，即湯二之言亦然。是馬二爲此案大盜，惜其逸耳。而湯二贓搜其身，張官贓搜其家，馬二之姊且在官家，其能辭於盜之列乎！周二、馬二髻子與未獲之馬二，皆在張秀甫家，而贓物則在其船内。馬二髻子稱此贓周二亦有在内，但未分耳。則其爲嚴源家之盜，更可知吴貞之爲禍首不必言。而長洲吴二，則捕快拿周二、馬二髻子時驚慌而逃，爲唐哨官所擒，並贓送之總捕廳，發下常熟，已爲失主認領，本犯亦俛首無辭，是此案之盜，俱無可疑。但詭稱爲竊，其如失主執之真堅何。原捕戚文、錢敬先後拿盜十六名，無誣扳溷指，若其功可嘉，兩案無主贓即報數充賞示勸，各犯五日内招道轉奪。

（明）**張肯堂**《**𥲤辭**》**卷一**《**都方圓內黄人**》都方圓，内黄人，而爲盜於濬，其混名則李洪義也。以故在濬但知李洪義之本姓爲都，而在内黄則但知都方圓之别姓爲李。以前縣之審語，合於内黄之訟牒，其爲一人較然也。向因同賊劉瑞吾招稱的確，懼捕潛逃久矣。不意於本年六月間，假托公差，私行濬境，爲保長趙諫、牌夫李三槐所獲也。本縣到任伊始，審知此項盜情，前縣尚未申報，恐於事理有礙，始從監禁。而都思尚故老奸也，遂思借訟端爲出柙計矣。據原詞稱，爲捕役轉相受賣，捕役爲奸，將前此兩縣令亦爲奸乎。事經兩年，胡不具告於緝捕之日，况向古城之獲，又保長而非捕役也。今天厭其惡，不死於刑而死於病，不死於市而死於獄，亦已幸矣。然事之本末，其可以不明乎。

（明）**張肯堂**《**𥲤辭**》**卷三**《**王讀滑縣人**》滑民王養氣子王明宇被毆於王讀也，詞中所稱，頭破膊折，不如是之甚，而傷痕纍纍，亦大被創者矣。然毒繇自作，於人何尤。蓋從來緝盜之法，必確乎有贓證可據，然後縶而鳴之於官，尚不敢私以刑加之也。王士年素行雖不可知，明宇牛驢之失，亦何憑知其竊取而束縛之，攛掇之，使之必承而後已。士年不勝其楚，遂詭以王讀窩贓爲對，旋搜之讀家，而庸知讀非士年比也。曲直既分，勝負立見，老拳一奮，毒手難支，出爾反爾，非自毆之也，一問耳。一恃己之被盜而盛氣以凌，一恃己之不爲盜而率臆以逞，雖開隙與應敵有分，均僇民也。使人人得自行其意，若此寧復有三尺乎哉。

（明）**張肯堂**《**𥲤辭**》**卷三**《**武朝用滑縣人**》生員劉允晋濬人也，而僑居於滑。與土人之豪有力武朝用者以睚眦成郄，乃其家故温也。先是别有素盜胡以順傭工於允晋家，旋覺其不端，以事逐之。而朝用遂收爲養子，從此允晋被穿窬者無寧歲，心固疑之而未有以破也。四月初一夜，以順復持棍越墻而入，爲允晋僕人馬隨德所覺，以爲止一人耳，亟起追之，見墻外伏黨甚衆，不敢躡而返。越明而朝用遂縱以順逃矣。允晋旋告滑縣，羈朝用之弟朝綱於倉，而責朝用以獲賊自贖。夫固以洞悉藪盗之情已，亡何縣官以擢去，事乃大解，此朝用所以揶揄而允晋不免於呼天也。本縣嚴督捕役於他境擒得以順，而並獲其黨張自文。隔别研之，以順止招隻手盗柴，猶陰爲朝用地。而自文之言甚悉，且歷舉同行者爲馬希才、馬四、靳三祭、劉承芳、酒自興五人，合兩人而且七矣。幸也，天不助虐，故其計已成其事遂泄耳。倘無厮養之預覺而開門以揖，允晋之禍可勝言哉。聚至七人不可爲竊，而尚未得財，律宜一死。朝用知情與否不知，然一收一縱，手脚盡露，形跡顯然，不謂之窩可乎。不行又不分贓之律，實若人左券矣。與以順、自文各擬配懲，以順滑縣别有竊案，卷牘昭然，然已無加於配。馬希文各犯在逃，合聽該縣緝獲另結。侯自好亦允晋傭人，自承嘗竊主人之薪，亦併杖之。

（明）張肯堂《㽞辭》卷四《竊盗張進寶》 張進寶先傭於生員李鴻儒而被逐者也。鴻儒空房三楹，前俯通衢，後臨水次，棗米麵豆，充物其中。而以扃鐍托之劉一元，不時有需，則令僕人向一元索鑰開之。如是者習以爲常。三月二十九日，進寶僞托鴻儒之命以往，一元尚循故事，任其啟閉，而不知其爲路人久矣。潛艤一舟，率黨周進朝、劉四、劉五等，繼屬運之，急流疾掉，行至新莊，始爲邏者所訶，棄舟奔竄，以次就獲。據一元開稱失物甚多，乃所獲不及十分之二。蓋積漸竊取，當非一日。今覺而並稽其數，遂至懸絶耳。吹索或起株連，併贓計罪，四人者綽乎一配矣。李景明爲鴻儒之兄，且首發其事者也。誣之以窩，希圖展辨，盗憎主人，乃益見其黠耳。

（明）張肯堂《㽞辭》卷五《賈一成》 賈一成之分贓錢於陳起鳳等也，其罪之麗於律者有二焉：一爲同謀分贓而不行者斬，一爲知人强盗而分贓者，計所分贓以竊盗論。今贓錢僅二百，則止應一杖矣。嘗細推之，夫所謂知盗而分贓者，必盗前不知，盗後始知，而乘間巧取，貪利忘禍，作律者惡其有穿窬之心焉。故不論强竊，而總比之以竊。若未盗之先，明知爲盗，既盗之後，又復分贓，是即共謀之人，而不可以此律論矣。先是執一成，爲共謀者爲陳起鳳。今起鳳死而諸賊尚有口也。稱飲酒合謀，皆在賈一見家，一成事事與焉。特臨行時未曾上盗耳。原招縷悉，可覆按也。更查各賊分贓，多寡不一，乃其錢則無不以二百爲數者。夫一成宛然在家，而諸賊授錢無敢虧於其數，是明明以上座揖之，而不欲以等差視矣。况首先倡逃，幾釀大變，更使出柙，是益遂其狡謀也。王尚賢、常應奇與諸賊首尾相結，積盗有年，當日之事，若無二賊不成。故失主之欲甘心此二賊者，甚於衆賊。且其兇仗贓物之搜貯者，鑿鑿有據，即從竊論，亦應一配。特是竊盗之罪，不殊於造謀，又與此案同讞，故從其重者言耳。盗情最確，原擬非枉。

（明）張肯堂《㽞辭》卷五《邵七雄霍永壽寧山衛軍》 邵七雄與霍永壽阡陌相連。六月間，七雄縱僕竊永壽之禾一束，爲壽侄明芳所覺，得間並縛七雄。七雄懼而謝過，明芳逼令立約一紙，許以償穀三石，然後縱之。此七雄所以憤而訟也。夫所失不過龠合，而責償乃至百倍。天下有是苛法乎哉？然誰實蹊田，以致賊名難湔。七雄内反，倘亦不能無餘愧矣。盗未滿貫，捕非無名，各以不應杖之。

（明）張肯堂《㽞辭》卷六《王加增滑縣人》 監生康奇才於三年二月間，用價一十五兩，買高肖山牝馬一匹。而爲之居間者，則爲滑人王加增，不知此馬乃盗贓也。後爲鄄城關取，毛色形齒，無弗合者。審其非誣，即與關發。奇才價遂空懸，向嘗赴縣陳訴。然肖山等皆爲垣人，短綆難汲，固姑置之。此其上控之蹊乎。詞行之日，正值本縣代攝垣篆，稍稍得其要領。而肖山遁矣。訊加增則云：交價之日，肖山弟東化預聞之，而東化又稱賣馬不知名人，爲傅白菜牽引，總之肖山通賊，固自無疑，而三人者，亦豈能脱然事外？各追銀五兩，給與奇才，以足原價之數。加增牙儈爲生，不能細究來歷，即未知情，難免於杖矣。

（明）張肯堂《㽞辭》卷六《宋忠等開州人》 澶民宋忠爲宋作誥從弟，而宋作範者又宋忠之兄也。忠與作範貧窘不能資生。範子時仲、時望，迫於饑寒，流爲無賴。乃作誥家故饒資，即南北院不啻也。一日作誥爲母上壽，賀客滿堂，忠遂乘間率黨任奉奇竊布六疋以去。誥訟之州，詞連時仲。州以親屬相盗，薄懲貫罪。而作範父子以爲得志，遂醉詈於作誥之門矣。一訟之後，鳥驚獸駭，累次關提，僅得忠、範二人，而時仲等且逸去不可問也。宋忠盗財啟釁，雖經州理，不可不杖。作範縱子無賴，併杖非苛。至若其中葛藤，細如蠶絲，講解之後，概置不論矣。

（明）張肯堂《㽦辭》卷六《郭士成東明人》 兩造既已願息，則必故匿本情以求寢其事。如東明郭士成之訟郭士鳳也。告詞則云：掩刀殺命；訴詞則云：黨賊窩盜。乃一紙息詞則又惟恐彌縫之不工矣。原其初有穆近堂者，爲東明賊犯，越倉而逃，潛匿李化鶴家，而兩人皆化鶴鄰佑也。林木池魚，互相推托，遂搆大訟耳。今本賊既已緝獲，庾死澶淵獄中，事已解矣。頫首願和，別無他故，化鶴藏匿罪人，該縣當自有三尺，此案姑與之杖。

（明）張肯堂《㽦辭》卷七《僧宗壽等東明人》 僧宗壽芒鞋竹杖，到處爲家，而僧騰還等則頓丘張義寺住持也。四年冬，宗壽偕其師維方雲游至頓丘境上，教習手博，以誘子弟之不逞者。勝還見而悦之，留歸寺中，願爲弟子。居無何，維方忽遘寒疾，久依禪榻，諸僧固已厭苦之。而是時勝還師義精適失錫壺一把，疑爲二僧所竊。實則維方蕭然伏枕，宗壽方有他出，無盜迹也。勢之不圖，報於何有？而復加以穢名，爲二僧者，其能甘乎！拳勇相傳，戒律不載，况湯藥之費，其於酬師裕如矣。獨是方袍圓頂，羣集訟庭，而所争者又皆鄙屑不堪之事。即律之彼教，亦苾蒭中之罪人也已。現身宰官，無法可説，各與一杖，庶幾痛於棒喝也哉！

（明）張肯堂《㽦辭》卷七《時大來長垣人告滑縣人》 謝孟春蒲人也，有别業在滑。八月間孟春以事他出，爲賊數人乘間竊其牛三頭以去。傭奴謝友諒驚起逐之，縱回一頭，賊勢倉卒，因遺一履，物色之則時大來履也。是時大來輩既已兔脱，而地方時一孔者，又爲大來族人，置之不問。此孟春所以訟大來而並及一孔乎。今諸賊業爲滑縣盡獲正法。即吒吒四角依然爲孟春牧矣。一孔息於守望，實未知情，姑從一杖。各賊應聽滑縣另結。

（明）張肯堂《㽦辭》卷九《王三林開州人》 澶淵人張天鵬老蓄重貲，暮而大亡其財，乃重門之閉如故也。既不得賊，姑自隱忍，而是時本州方有告警於署中者，捕賊甚急，民壯趙練武跡得寠人孫克俊，忽持白鏹甚饒，縶之於官，乃知爲天鵬鄰人。鏹皆天鵬宿藏，乃天鵬侍兒劉氏從隔墻授之者也。向當韓州守時，曾牘讞本道，克俊擬配追贓，劉氏並受笞辱。既結一案矣，而先是數日前，天鵬之鄰王三林與李經綸者，無端謂天鵬曰：若能捐此盜贓，與吾兩人四六剖分，當令若知賊主名，可保必獲。天鵬急於得賊，因姑聽之，與之立一合同。未幾賊獲於官，兩人終無寸功也。於是天鵬始大疑三林之同盜而巧於自脱矣。兼以克俊追贓無措，又妄引三林分銀十二兩，葛藤支蔓，事有其故，試爲揣之，兩人若果係分贓，克俊扳引不俟今日矣。然機發於先，而賊擒於後，斷非無因，意者比鄰密邇，已確知克俊行藏，又以天鵬之眊而可欺也，遂欲乘此居功，捷分其有，故爲是吞吐之詞耳。守望不助，覺察不舉，且有市心焉，去盜其幾何哉，法貴誅心，兩人各杖，克俊、劉氏業已成獄，可免重科矣。

（明）張肯堂《㽦辭》卷一〇《張奇韜滑縣人》 滑人沈永年曾充警迹，自非良民，然張奇韜失穀一案，未有確據也。奇韜失穀，旋搜得於李景龍家，即執而鳴之縣可已，胡爲具呈巡司？即曰捕盜巡司職也，第以景龍付之，即有同盜，以俟出諸景龍之口可已，胡爲並及永年？蓋嘗論之，盜之呈於巡司也，其案必在若明若昧之間，而盜之鞫於巡司也，其詞又在可出可入之會。此奇韜自示永年以瑕而迫之訟乎！盜在滑縣未結，而原捕弓兵，如連一吾、高長吾者，又未曾關發，又曷以明永年之爲盜乎？然奚遽知永年之非盜也，即使真盜而漫無指實，擅呈巡司，奇韜便不得無罪矣。量予一杖，盜案始末，以聽該縣之持平可耳。

（明）張肯堂《㽦辭》卷一〇《馬自友》 獲賊而鳴之巡司，此詞之叢也。先是滑有史東者受濬民王三戒之牛，而爲之牧之，一旦亡其二頭，非陳誰討，縶之於縣，一訊決矣。家近新鎮，狃於淺計，因呈巡司，巡司受而鞫之，謂盜繇馬憨。而憨又引同盜者爲其叔馬自友，遂差弓兵平國玉押憨起贓，並拘自友。自友聞信奔竄，其妻潘氏炊飯出餉，國玉看守稍懈，憨得間仰藥死。事既掣肘，乃牘而致之於縣。斯時也，史東盡諉其罪於馬，而一逃一死，亦無可深求，遂兩寢之。乃東故滑人也，忽訟之滑。時當署事，未洞顛末，置賊上游，而深罪失主，賊勢大張。同文之訟，不過爲叔求直耳。今史東又以疾亡，自友雖獲，已無活口，終不自承。其人曾充警迹，自非良民，同文出其親立手券，盜案種種，然此案尚無實據也。兩牛之失，業殞二命，罰已重矣。自友而盜亦宜爲開一面，况莫須有乎。杖其生平，毋使得志。國玉縱賊服毒，奚逭杖刑，三戒妄呈巡司，以致葛藤滋蔓，不任受杖，誰執其咎哉。

（明）張肯堂《𤲃辭》卷二《鄭國亮等》 濬邑之無盜久矣，至若不能盜生而能盜死，若鄭國亮、李應春者，可異焉。李治國之葬親也，以六年十二月之初三日，而被發也以十六日，爲治國但有驚號哀慟而已，固未知罪人爲誰也。至二十一日國亮釁殮服於李自然，而其迹始露。又應春見詰於招家寨之鄉兵，而其事始彰。劈棺剥衣，即入土之軀尚遭掊擊，不獨見屍而已也。國亮數年前曾以盜刺，今改其術而爲發塚，擬律擬絞，夫復何辭。應春姑以爲從擬配，贓衣應給原主。李枝爲應春之父，亦頗知情，今以病死。若詞中之孫尚才則固良民也，急爲省釋，不俟詞畢矣。

（明）張肯堂《𤲃辭》卷二《段守仁清豐人》 清豐生員王履坦使婢段氏名小愛春，其母薛氏，其兄即段守仁也。一日薛氏至坦家省女，因得出入卧内，竊其床頭物百金以去。坦訴該縣，縣擷之峻，薛氏懼刑，投井而死。曾經該縣驗明埋殯，蓋追逋之符與掩骼之案，墨漬並如新也。守仁一訟，諱盜而誣人以淫，釋首事之坦，而訟其子端，死而又死，立言不綦巧乎，此而使居勝局，則奴輩盡可得志，而執三尺者亦無窮盜法矣。惟是仁訟王端，雖出株累，然既爲訟首，不宜使父應詞，慮成塵案，姑結此局。必欲引繩披根，則惟有該縣爲政耳。

（明）張肯堂《𤲃辭》卷二《竊盜李成福等》 李成福窺趙法積饒錢，久蓄盜心，糾火夫張見中、趙汝蘭兩人，借干掫之名，行攘竊之計，更夜穿墉，盜錢至三十一千，亦綦多矣。曾未越宿，以賭塞酣飲，見擒於弓兵羅得禮之手，且並先竊張守政錫壺、青蚨之一案而俱發焉。各賊拘繫，不逃一人，而贓錢亦如數追出，無纖毫匿者，誠快事哉。再照巡司以獲盜爲績，然本縣受事以來，該司曾無以擒賊報者，其爲溺職不問可知。今巡簡顧進明獨能悉心修職，嚴緝棰盜，屢有實驗，今一日而獲賊三人，且贓錢纍纍，不使弓兵乾没分毫，精明之氣可見一班。似宜量行獎賞，以示鼓舞者也。三賊分别首從擬配何辭。

（明）張肯堂《𤲃辭》卷二《劉士俊南樂人》 劉士俊盜情一案，屢經會鞫，生寶已絶，而朱氏號冤不已。今得其歷訟之原卷而細閱之，並按其獲罪始末，三尺而在，此囚終無死法也。查士俊盜案，如焚劫諸款，類莫須有，惟强姦逼死閻其嶺女一事，差似可憑耳。然此事在崇禎三年七月間，其嶺女嫁馮姓，歸寧途遇士俊，因而挑之，閻氏泣詈以歸，歸後匝月，終以此辱發恨縊死。前後凡十四訟，問亦互有勝負，然定士俊之罪者，止杖而止耳。事閲三年，法經數剖，而引以爲今日死案，可乎？士俊家本素封，其父劉景儒亦嘗庶人而官矣。業有身家，必知自愛，胡至走死地如鶩，或大奸淵藪，自非常理可論。然典史中軍之初獲無士俊也，賊首安其志之招稱無士俊也。即今賊黨王國務現在，活口鑿鑿，始終無士俊也。士俊被擒，實緣申永康攀誣硬入。然而永康之仇士俊也，非一日矣。試閲其嶺訟訴諸卷，有一紙非永康爲證者乎？不但已也，證不快意，不難使其父申端以盜糧訟之，以至本廳燭其奸欺，擬徒申道矣。夫歷訟庭則乖如水火，而聚賊黨則合若塤篪，有是理乎？前審謂士俊嗔其嶺告理，因投賊夥，夫永康者，其嶺之黨也，嗔其嶺之告，而所投者即是爲其嶺證佐之人，謂是三尺童子爲之乎。蓋當流寇壓鄰盜賊蜂起之時，慮無不風鶴震驚。故在獲賊者力拘諸原，惴惴焉惟慮一人之或逸。而鞫獄者狃於成案，亦惟知以殄戮多罪爲快，致成此案耳。吁嗟，盜情出入，人命所關，出一有罪，則養寇之梯也。殺一非罪，則傷和之案也。景儒庚死，不可問矣。士俊視息猶存，奄奄待命。本縣寧敢憚爰書之屢易，而不爲此囚吹騶律乎哉！所幸者申端、閻其嶺今日尚存，詢端則云士俊自以强姦受法，仍與盜情無與。詢其嶺則謂姦其媳女，此仇不共而已。夫姦女未成，而訟之不休，豈有輪姦其媳，又明知爲士俊所爲，而隱忍不言，直至就擒之後，乃出自明乎哉。故兩人之力死士俊者，皆士俊今日生機也。然則處今日之士俊者，將操何法而可？日强盜論斬，法既大苛；而第如前此之以不應擬杖，抑亦不無太縱。士俊之罪獨在强姦逼死之間耳。因姦致死，律應重刑，然調姦縊死，事已隔月，死不盡繇士俊也。無已則律以强姦未成而可乎？出死而生，減戍而配，而盜情一事，如雲開而霧豁之。庶士俊終保首領，而閻氏貞魂亦或含笑於地下耳。

（明）蕭良泮《重刻釋音參審批駁四語活套》卷一《參語》 陳、王二姓地界相連。王辛乘横盜樹，贓證已明。王酉恃儒屬官，反噬失主。噬，害也。陪銀受責，兹所以邀陳癸之怨，而罹罹音利，遭也。殺人之愆。既干重典，擬死勿辭。王辛盜樹盈貫，盈，滿也。言其罪已滿貫。徒刑足懲。王酉明例深違，黜革允宜。

（明）蕭良泮《重刻釋音參審批駁四語活套》卷一《參語》 蔣寅、

沈卯合夥行盗，意在得牛耳。乃始因事主之覺，遂而行强，已無生理。繼因典守之疏怠而越獄，愈入死刑。况且累斃獄卒，致死平民，幸無漏網之虞，宜正出柙之罪。

（明）蕭良泮《重刻釋音參審批駁四語活套》卷一《參語》 錢乙市井積惡，閭里慣偷，始而打門進入，繼而操戈拒敵，名雖竊而勢則强矣。焚贓之謀雖詭，燼餘之物尚存。

趙子等始以貪心而起攘奪之謀，繼以忿怒而肆設溺之慘。爲首者趙子，依律擬斬；爲從者錢乙等，照例編民。

（明）蕭良泮《重刻釋音參審批駁四語活套》卷四《駁語》 王氏失物單開甚多，小丑窮民，家徒壁立。徒，空也，壁立，言其貧之甚也。執此爲賊，是凡僕皆可以賊名也。况二三之來書尚在，巡檢之原狀足憑。始告背義拐帶，續告移關提賊，兩詞互異，安所適從哉！

馮壬被盗，正當倉卒之際，昏夜之時。物之誰何，孰從辨之？何遽識爲馮一之故物。

趙子無賴窮民，營充保長。乘錢丑失牛之釁，以報其私。捏孫寅首侄之辭，以實其誣。夫盗賊特患不知耳，既知之人人得而拿之，豈有蠲銀贖贓之理？錢丑族衆而富，孫小姓獨而貧。而知其盗直須順指縛之耳，安用贖爲？若曰贖牛，是竊盗不畏人知，失主知情故贖，弱可凌强，而寡可暴衆也，有是理乎？若果如之，何不首於贖贓之時，而首於數月之後？不首於無事之日，而首於繫獄之時，果公乎？抑私乎？褚正十餘罪，幼子安敢自誣憲臺？孫寅不識字，愚民豈有親筆首狀？皆趙子爲之代告也。錢丑恃富凌貧，素與李卯不和。周辰因貧害衆，亦與吴巳不睦。兩奸相倚，表裏搆誣。不重懲之，則保黨之設，豈爲奸民騙害地也。

《清太宗實録》崇德三年春正月 初，户部承政韓大勳爲其家人李登赴法司首告盗取庫内金銀珍珠等物，搜獲黄金七兩、銀十五兩五錢、珍珠七兩九錢。及訊大勳，據供：從刑部齎貯金二十七兩，我與布丹、赫世密三人同謀盗取是實，等語。及查刑部送來金銀財物，係韓大勳、布丹、赫世密、羅洛、車克、筆帖式巴木拜、阿爾拜等承收，乃止將銀物數目，登記於簿，其金二十七兩並未登記。漢啓心郎高士俊、朱國柱，漢筆帖式汪起蛟、魏雲程等，曾將此金查明封固，止以他物登記於簿。而此金並未登記，坐此議衆人同謀盗金，故不記檔案。俱應論死。承政英俄爾岱、馬福塔吴守進，奉命察計庫内被盗金銀珠寶數目，反多出東珠八顆黄金四十六兩一錢五分、銀四千四百七十兩，紡絲綾杭紬四百七十四疋。英俄爾岱等既不知盗去數目，又不知所盗之金未曾登簿，難辭疎忽之咎，應各革一世職，罰銀一百兩。奏聞。

上命韓大勳免死，革職，追所盗金銀珍珠入官。首告李登夫婦，准其離主，英俄爾岱、馬福塔、吴守進免革職，罰銀一百兩。布丹、羅洛、車克免死贖身，仍留部用。赫世密係值月官，他物皆記檔案，獨金數未經登記，姑免死革職，解部任，鞭一百，貫耳。阿爾拜係值月筆帖式，他物皆記檔案，獨金數未經登記，姑免死，解部任，鞭一百，貫耳鼻。巴木拜雖非值月筆帖式，亦曾與布丹會計銀物數目，鞭八十，解部任。高士俊、朱國柱、汪起蛟、魏雲程各鞭一百，貫耳鼻，俱解部任。

《清太宗實録》崇德三年七月 先是，征歸化城時，諭梅勒章京吴善、吴巴海將各旗所攜之米留之中途，俟還軍時仍各領去。吴巴海厮卒及本旗人盗取鑲黄旗圖赫臣之米。圖赫臣往告吴善，欲察明盗米之人，追還所失之米。乃吴善等並不察出給還，圖赫臣遂告於刑部，審實。議吴巴海違禁，致厮卒盗米，應鞭一百，貫耳鼻。解梅勒章京及牛录任。吴善既經圖赫臣將盗米之事告知，亦不行察出，扶同隱匿，應坐竊盗例，擬革職，解梅勒章京任奏聞。

上曰：吴善、吴巴海隱匿本旗罪人，已成積習，既爲大臣，復庇護偷盗之人，知其罪而不究，更誰責耶！遂召衆於篤恭殿，諭之：坐吴善、吴巴海以竊盗罪。其鞭責貫耳鼻之罪俱准折贖。

《清太宗實録》崇德八年八月 丙寅，先是公杜爾祜之母福金，有包衣大宜漢、俄黑、塞克滕於滕縣城中，御前包衣尼雅漢所占房内，盗取銀兩金盃、金鐲、緞、裘、豹皮等物。又於順德府乘尼雅漢他出，執尼雅漢所占房主，掘取銀兩，匿之。又私取阿囊、阿牛录下驍騎校殷唐阿、筆帖式哈寧噶，所獲進上銀五百兩。其家人噶布喇同包衣大石漢、木成格告於福金，福金隱匿未報。至是審實，福金應罰銀三千兩，奪所俘獲並屬員入官。宜漢、殷唐阿應論死，俄黑、塞克滕、哈寧噶應鞭一百，貫耳鼻。石漢、木成格、應各鞭一百，原告准出户。奏聞，上命杜爾祜母福金罰銀三千兩，奪所俘獲入官，宜漢、殷唐阿、俄黑、塞克滕、哈寧噶各鞭一百，貫耳鼻。木成格鞭一百，石漢鞭一百，納贖。原告准出户。

（清）**葉晟《求芻集·通盗劫殺事》** 審得：武功縣民喬田失馬，據稱年前七月二十三夜被人挖盗者也，胡爲乎來於陳忠之家？舊臘二十四日，據喬田具控，當委捕衙，未據查明回報。今復據田父喬國棟控，隨行拘鞫，則葉明重之報信，孔聚吾之暗約，解守業之封銀，喬田之認馬，一一吐露，而陳忠猶轉展支吾，以弟陳孝九月所買葢店之馬契改字爲據。又將孝馬併伊親之馬當堂掩飾，再四追求，知不能遁，始將此馬送出，毛色、口齒件件相符，其爲喬馬確矣。但訊其所自來，即賣主無人。查其所從往，則轉藏莫測。喬田失馬於七月二十三，陳忠有馬於七月二十七，非偷則窩，顯然可見，而猶曰醉後在途悮買，其誰信之。念衆人具保，限一月内將賣馬賊人擒報贖辠。

（清）**葉晟《求芻集·賫夜失盗事》** 偷兒爲竊，斷無鷄鳴以後踰東家墻之理，踰墻者非偷兒也。朱璽出門犂地，鷄已再唱。據稱去後伊母卧於院中，依稀屋内有人。母氏叫詈，乃從大門而去。天明看時，東墻上有脚踪，若果是賊，既從鄰家而來，何不竟偷東鄰而必捨彼取此？且僅僅偷其一口袋丈三布耶？此不肖惡少年，窺朱璽出門而希圖無耻，又窺東鄰亦出，門户未扃，乘機而入者。惜哉朱母老婦，未能擒而獲之，無從深究其人耳。朱璽罵賊，廷獻兄弟何以承認口角，其故可知矣。朱璽糞飾其醜，乃以失盗爲由。庭訊時，練總兩鄰口吻吞吐問，情見乎辭。本縣暗差人給訊伊母，則丈三之布與口袋皆無，是公朱璽乃驚訝語塞。噫！是欲葢而彌彰也！朱璽無盗妄告有盗，與王廷獻、廷彦不容罵賊，生事尋釁，均應究治；姑念愚民，各罰磚一千，助修東門城樓。踰墻者誰不深究之，以當下未獲，且以全閨門之聲，存厚道云。

（清）**李之芳《棘聽草》卷二《盗情·按院一件爲慘戮事》** 審得池國明、胡廷發夥竊生員孫國維家，原出於蔣廣之供招，鍋、鋤贓物出於廣家，其爲真盗無疑，則歷歷所供之人，獄貴初情，不可謂非鼠竊之朋也。即後改供仇扳，盗口反覆，是其常情，安知非行賄使然？即當日國維祀穀約有二十餘石，一時盗盡，自非二一人所能，而稻穀乃家家所有之物，因難指獲真贓。今提里鄰再質，若胡維、應五十係池國明兩鄰也，胡悌、胡貴係胡廷發兩鄰也，共稱二犯平素嗜酒，放蕩非爲，雖穿窬黑夜，行事不令深知，然非端人，實可槩見。而原供之蔣廣已死，不能起而復問，即前之坐以城旦者，政因其疊告全虛，按誣並配，爲姦人儆也。仍照原擬，似不爲枉。

（清）**李之芳《棘聽草》卷二《盗情·守巡兩道一件爲地方事》** 審得鄭希一案，其爲盗甚真，而初供未盡確也。觀其平素舉動，斷非善良，況呈送捕獲之後，供稱事主有名，同夥有黨，分贓執械，供吐滿紙哉！奉批駁審，良可訝者。鄭舍丐、鄭烏、吴寶各皆投狀，並以未經被盗爲言。及行縣覆查，細加研審，吴寶堅稱實未失盗，而鄭舍丐於棉筒、鉤刀、水雞雜網之外，別無他失，鄭烏於小花布衣、棉線筒之外，亦無他失也。今此數物，現從鄭文善、葉逢京名下起獲，已經識認，而前招所供纍纍，尚未有顧而認者何也？葢鄭希等目無王法，見舍丐與烏孤村託處，隨意攫其數物，故失主亦不呈報，當其捕獲，乃故多將他物供爲事主之贓，欲使其不敢冒認，以留異日展辯之地。想各賊之在地方，必有劫殺之大者，特隱而不言，衹以此三家塞一時刑訊，皆各賊狡猾之謀，所謂盗甚真而初供未盡確也。今鄭希、王小狗獄斃，鄭文善、鄭文貴復因報病，憲臺以情罪未明，批令發保，物故於家；葉逢京保回即患瘋病，不能動履；績獲丁有起亦經病故；其不死不病者，惟一鄭和尚耳，再行細訊，供爲父、弟行劫，而彼未同往。總之，文善父子三人已殞其二，前供三失主尚未成確然之案，即請爲和尚少開一面，似非縱也。逢京已患篤疾，雖延殘喘，夜臺滋味，諒不殊斯，故爲請釋。餘黨照提另結。

（清）**李之芳《棘聽草》卷二《盗情·分守道一件爲清理監獄事》** 審得余七十八夥竊賈富二之家，獲贓有據，其爲胠篋無疑。惟周十五、樓廿六在捕廳，忽以爲真盗，忽私行取保，前府忽以爲無干，種種矛盾，宜憲臺之駁，務求其詳且確也。今細行研鞫，余七十八所分稻子雖充腹無存，而夾襖已經現獲。周十五分得夾衣一件，即化爲烏有，供吐既確，獨非行竊之贓乎？唯樓廿六乃十五街隙妄扳，寬之非爲縱耳。周金盛原未被獲，祗拘其家屬周天龍，故捕廳釋之，但周天富不當與之俱釋也。最可訝者，滕汪既獲周良九，所司何事，致令脱逃？雖無受賄情弊，自不得辭其責；乃轉而問之陶百一，勒其包約，指爲盗窩。今且在家物故，則亦無容深究矣。即牛係周金盛牽去一語，出自滕汪之口，云獲良九時，實聞此言，事亦有因，而踈虞之罪，復將何以置喙乎？擬徒不枉，余、周二盜，均宜併贓刺杖。樓廿六應從省釋。然此案校諸署捕、前府之審，亦各不同，不幾於三讞三異乎？但反覆推訊，要之協於平允，不必附和雷同，正所以副憲臺至公之心也。惟行竊傷人之周良九暨周金盛、周天富等仍嚴緝，獲日另報。

（清）李之芳《棘聽草》卷二一《盜情・分守道一件為違嚼事》審得童學佃巨猾老姦，積案漏網，八年十月二十五日，汪成被盜失牛告緝，縣差捕役徐榮、汪法等密查，而牟狄、牟興實未承票。榮等素知學佃不良，且訪牛曾牽入其家，至二十八日往搜，牛無存，訟端發矣。夫賊之蹤跡詭祕，必不豢牛於家，授人緝獲，益信捕之愚於獲盜，而盜之狡於噬人也。但犯案歷存，即今對簿之時，學佃亦不能盡諱狗偷之跡，而諉過於弟，豈將以惠、跖之行，巧飾生平乎？捏詐反噬，杖豈能逭？

（清）李之芳《棘聽草》卷二一《盜情・分守道一件為憲緝贓盜事》審得龔喜一案，閱其初招同夥多人，與上盜分贓鑿鑿，及軍廳拘提，各事主對質，並未承認；參之前供，則亦大相刺謬矣。其中惟鄭希夢一家曾經被盜，今再行研鞫，爲龔喜行竊無疑，而向與同事狗偷者，尚有葉君祥、石富二人。蓋其盜祇一次，夥僅三名，舍是而外，率皆虛語，則喜之不能免於刺杖，已無煩言說。第君祥先經發配，石富叢已云亡，毋容再議。獨是朱淑歸、石之英妄結石富爲良民，今亦不能辯富爲良、爲盜，徒諉於軍廳之取結，誰其信之，烏能逭於並杖？

（清）李之芳《棘聽草》卷四《科詐・臬司一件為搆兵抄殺事》審得洪惟聘奸狡無籍之徒也。先爲人傭奴，八年八月內復同妻陳氏託叔邦安爲媒，受銀二十五兩，與伊大亮爲工人，銀即付邦安代爲還贖原主身價併償舊債，從此夫婦執箕帚於大亮之庭，尊卑之分定矣。未幾，於九月忽而颺去，投募金鎮標下，頂食塘兵俞名俊口糧，公然恃營伍餘威，十月二十四日至大亮家，盜其綿被、夾襖、銅鑼等物。十二月二十二日言有衣服藏在伊家，復去一次。未已也。至今春三月十一日，搆同嚴鎮塘兵王福，口稱王百總，入大亮家詐銀二十兩方去。此銀雖王福入己，但無端招來凌詐者，非惟聘其誰乎？而且移書誚讓，浪出惡聲，今併其妻陳氏亦計賺入婺。若惟聘者，真可謂鬼蜮矣。雖背主搆兵，而贓未入己，工人盜物，例當減科，擬杖示懲，其身價竊贓，俱追給主。若洪邦安知侄無賴，妄爲中證，實禍之胎，亦應薄杖。王福係嚴鎮兵丁，俟提到另報。

（清）李之芳《棘聽草》卷六《產業・本府一件為天討强搶事》審得柳繼貴於上臘初八日盜砍柳伯瑞之木，雖山有木，工必度之，而非是人皆可伐也。望而濯濯，豈主人所願見哉？呈於衙復行肆砍，斧柯相尋，其存焉者寡矣。反以虛詞抵訴，狡健已極，杖猶爲寬，前木追給。

（清）盧崇興《守禾日紀》卷四《一件報明事》審得：盜犯姚二、馮道士並續獲葉二、葉三等，屢奉憲臺慎刑至意，歷審劫花、竊米，供認情真，其非黃泰劫布一案真盜，似毋庸再爲吹索矣。查練河既係青浦地方，似應解赴江南，另案歸結。至唐弘彰賄捕贓銀，仰藉憲臺神明，李筠審供原日，紙包號重三兩二錢。則徐奇生隱匿之罪，烏容狡脫。夫賄捕贓銀，既經審實，而姚二等行劫，又復逼真。弘彰雖無造意分贓之事，安能逭容留住宿之愆？擬以荷戈，洵非仇陷。但事在康熙十五年正月十二日恩赦以前。伏讀詔欽，現在議革、議降，均邀寬典。弘彰應否仍留仕籍？仰候鴻兹。徐奇生隱匿贓銀，杖擬追貯，亦不爲枉。葉二等竊米舟次，查無失主開報，應否免查？伏候憲鑒，批示遵行者也。

（清）盧崇興《守禾日紀》卷五《一件勢叛煅良事》看得：推勘盜賊，律重得贓，日久花費，猶從寬典。若捕風捉影，慘拷煅煉，法所嚴禁者也。查毛聖伯即毛四德，冤賊不甘，囑母架告，情詞閃爍，自非端人。然盜銀一事，始據七歲小婢之一言，繼受積年蠹捕之屢拷，授其意旨，網害多人。一駁、再駁，而聖伯堅供徐學文賣房蓄怒，費元以弔打逼招，贓跡無憑，淹獄多日。勢叛煅良之控，豈得已乎？獨是賊情不真，理應據實鳴控。乃假哨叛勒，餉虛詞鬨，八無於之。觀玉且妄指葉公，茇符、有慶等綴以知情寄贓等語。費元以煅煉而駕疑城，聖伯又以羅織而成貝錦，虛詞幻影，總屬無情。然費元違禁私刑，實階之厲，擬以杖革，尚有餘辜。合無請乞憲臺，嚴加斧鉞，批示枷責，以儆將來。庶積捕知有三尺，其造福於無窮者，不止桐鄉一邑矣。餘如縣議，伏候憲奪。

（清）盧崇興《守禾日紀》卷五《一件懇乞緝盜等事》看得：三姑廟孫晟等失盜一案，向以差官被劫之際，報盜稍遲，而報後又杳然遠去。且置貨之船，反帶布疋往蘇，有此數種疑端耳。但盜情雖真，而三姑廟地方，一派河岸，絶無人烟。且保長住居，離河窵遠，宜暴客乘虛肆虐，而河干喊救無從也。若王管隧索錢之説，研審並無其事。況儼然戎飾，何敢多求。除一面批令該縣嚴督捕役，躧緝真盜，務獲究擬外；理合將圩保朱職來等先行詳解，聽候憲臺親讞施行。

（清）盧崇興《守禾日紀》卷五《一件失盜事》　覆看得：李明失絲一案，沈明宇等非偷絲之盜，已荷憲臺慈鑒矣。獨是朱清宇屢審分絲二車，未蒙寬典。查朱清宇一犯，原非善類，況屢審分絲二車，即嚴加斧鉞之誅，夫豈云枉？但檢閲通招各犯，從前庭質，忽認、忽辯，供吐無不游移，其稱冤號泣者，似又不獨朱清宇一人；分絲有供，而拷逼有辭也，應否一例邀恩？統候憲奪。再查，捕役誣良爲盜，功令甚嚴。然新例原分致死，不致死兩項，今沈永等雖誣拿弔拷，其時尚未致死，所以按事原情，僅擬枷責援赦，是否允協，仰請憲裁。若縱蠹失入，監斃四命，石門縣知縣鄺世培前係引論應得罪名，非敢遽行擬議。今奉駁覆，相應指名具詳，一併聽候憲臺核轉者也。

覆看得：李明失絲一案，朱清宇分絲之供，屢蒙憲駁者，恐未必出之捕役拷逼所致，仰見憲臺明刑敕法，戢盜安民至意。今反復研訊，清宇並未劫絲，堅供捕役沈永、張瑞等弔拷屈招；而朱四一犯，亦浪遭拷逼之慘。若親見弔打，則朱子元活口，固鑿鑿可憑也。朱清宇、朱四應否網開一面，統候憲裁。至於捕役沈永、張瑞及沈永副手曹二，張瑞水手錢一，誣陷良善，四命旋亡，子元歷供如繪，即立置數犯于藁街，豈不足洩衆憤而伸國法？但動手弔打，張瑞、曹二實爲戎首，而沈永在傍，不過抄録口供，而未嘗有拷逼之事，似與濫用非刑，慘拷陷罪者少間。今張瑞、曹二、錢一俱久作冥鴻，沈永可否仍照前議枷責示儆？或於峻法之中，微示分别之意，則雷霆雨露，皆出鴻慈。蓋原情而論法，非敢紬法以存奸也。逃捕嚴緝另結，於審無干，相應省釋。

（清）盧崇興《守禾日紀》卷六《一件劫商懇緝事》　審得：容留匿贓一節，遵奉憲檄審據隱宗與錢鐸頭素有昆弟之親，暫欵寺中，事或有之，應按不知盜情，暫時停歇者，杖擬不枉。若陶山匿贓不吐，冤陷方文卿，尤爲蠹惡。今展轉窮詰，始供匿銀一十六兩，而拜匣戥子，俱爲差人夏勝、周甫所匿。陶山計贓追没，杖革何辭？夏勝、周甫所匿微物，姑與寬政，贓並追没。方文卿省釋，以結盜案。可也。

（清）盧崇興《守禾日紀》卷六《一件盜情事》　審得：繆三等夥竊多家，飽颺得志，蓋熟于挖壁，慣行暗盜者也。上年六月初三日，有先獲今逃沈大，糾合三等八犯，行竊失主楊玉山家錢衣器皿等物，跡其贓私纍纍，賊衆多人，執械行偷，何辭盜劫。然供認各贓，既非明火肆劫，而暗中摸索，又因犬吠驚逃。前據沈大供有執鎗者、有執扁擔者，更有空手者，挖壁而入，開門而出，其爲竊賊形徑，蓋已和盤托出矣。反覆研窮，初無疑竇。除尤思泉等奉批免提，小石四、孫小弟焚屍一案，分招另結外，繆三等仍照原擬，似非輕縱。徐三雖非同案，然曾偷園化不知姓名人家，及石二聾子與匪類沈大操舟園化賣鹽，各得錢五百五十文，分别杖懲不枉，贓各照追給主。逸盜沈大、張九、張五嚴行緝究。至於此案奉憲查取職名，今據該縣詳稱，失主不報，原非地方官隱諱遲延，且賊係小偷，應否免其查取？統候憲裁核轉者也。

（清）盧崇興《守禾日紀》卷六《一件報究積賊事》　看得：朱四以親屬相盜，而李起龍等則又同夥小竊者也。查朱四幼而喪父，隨母改嫁王乾初兄爲妻。四與初分則叔侄矣，迨繼父又故，四遂携母另居，因有索米嘲恨之事。四何貧不立志，夥衆潛偷，扒墻而入，竊絲及綿而出，同竊情確，受贓有差，分别笞杖，夫豈云枉？獨是蠹捕張學等，肆行弔拷，勒其妄招，實之以魚父砟刀，晨家恒有之常物，坐之以鉛珠錫器，風影無著之微贓。而有司官不顧民命，亦將錯就錯，遽擬辟刑。捕官既紙棺埋人，讞者亦雪橋空駕，且强令别鄙保甲里鄰，抛荒農業，補報候審，以飾其誣盜之罪。無怪各犯指扳之不一，而供吐之參差也。今捧讀撫憲鈞駁，仰見神明燭照，起白骨而肉之。除朱四等依律擬議外，捕役張學、吳茂應請憲臺嚴批，枷責革役，以儆誣盜私拷之弊。石門縣並請嚴飭，以申民牧輕入之戒。可也。餘犯仍照前府議，伏候憲裁。

（清）盧崇興《守禾日紀》卷六《一件報明事》　看得：周詩係慈溪縣生員，路過石邑，被竊失物。據其失呈稱，係鑽艙積賊，並無盜劫字樣。又客艘中惟獨周詩被竊，而餘則不稱失物，亦無失呈具報。及訊地方人等，咸稱是夜並無盜劫聲聞，則此案是竊非强。該縣是非諱節，職府凜遵憲批，嚴行駁詰，屢據勘覆到府，相應據結轉詳，伏候憲奪。

（清）盧崇興《守禾日紀》卷六《一件失盜事》 審得沈起鵬等行竊石門縣東庵僧人覺乘一案。據其挖墻而入，聞喊而逃，且暗地戳死夏元於桑田，其非明火肆劫已彰彰較著矣。獨是獄貴初情，卑府檢閱全招，大有可矜而可疑者。查夏元之死，起鵬初招歷供塘南人戚文臺所戳，鵬手執者，竹棍耳。即同夥莫瑞生、沈奉橋及已故之沈少槐亦交口同供塘南人戚文臺拿鎗戳死。起鵬手執鐵頭竹棍，迨展轉訊審，而起鵬忽自認戳死夏元矣。莫瑞生、沈奉橋亦改供戳死夏元者爲起鵬矣。即起鵬始認執棍，又忽改供執鎗矣，又復改供鎗係文臺半路換去矣。讞者既捉影而捕風，供者亦畏刑而妄吐，嗟乎！桁楊之下，屈招慘斃者，可勝道哉！今卑府庭訊之際，不特起鵬泣供文臺戳死夏元，而莫瑞生、沈奉橋仍復代爲稱屈。細查前後情詞，又經復加研訊，行凶之鎗，既無著落，而文臺戳死之供，三犯如出一口。然則夏元之死，明係畢命文臺，而起鵬含冤多日，情實可矜。相應與莫瑞生、沈奉橋並依竊盜已行得財律各依刺仗，庶死者自覓對頭，而生者不致吞聲獄底。天理王法，兩無虧絀矣。至若可否解網，抑或仍照原擬？統候憲臺酌奪，而非卑府所敢擅也。沈少槐已伏冥誅，毋容復議，贓各照追給主。未獲戚文臺、沈龍橋並不知名姓二人，仍令嚴緝另結。其陞任張同知當康熙十三年十二月二十二日失事之時，正在臺州貝子軍前效用之日。自十三年七月十三日起至十四年六月十九日委署府印，日止有一年零五日，因公出境，業經具詳，蒙批查明，叙詳在案，理合一併聲明，統候憲裁酌轉。

覆審得：沈起鵬等行竊東庵僧人覺乘一案。卑府未訊之先，檢閱全招，其前後供詞盜數、姓名、執持兇器及上盜情形，種種參差不一，誠有如督憲所嚴駁者。迨反覆推詳，又復再三研訊，始知供詞閃爍，盜數不真，凶器情形種種不一者，此即是竊非强之左券，而畏刑妄招之明驗也。夫起鵬等竊賊也，以强求之，則不能不躲閃其詞以偷活；況有戳死夏元一事，賊膽亦虛，既畏盜案而不說真情，又以受刑不過而妄爲供吐，以致展轉指扳，真僞淆亂。至於夏元一死，尤屬彼此含糊。卑府固不敢輕縱，以長盜風；尤不敢草率，而輕民命。多方窮詰，而各犯始泣吐真情，謂前此妄招皆係受夾不起，至横竪要死，故此招認一語，尤令讞者不忍見聞。假令卑府一任桁楊，則各犯亦必仍舊虛供，苟免一時之痛，其與屈招慘斃，悲深圜草者，相去幾何哉？然則夏元之死，確爲塘南人戚文臺所戳，似又不待莫瑞生、沈奉橋代爲呼籲而知之。而從前參差不一者，今皆水落石出，無復有幽隱不明之處矣。至於竊盜拒捕殺傷，皆應大辟，何敢概爲出脱？查律共盜之人，不曾助力，不知拒捕殺傷人，止依竊盜論等語，今戚文臺戳死夏元，沈起鵬既未助力亦不知情，仍照原擬，仰邀憲臺鴻慈，則又各犯千載一時之幸。再查各犯事在赦前，相應免罪，追贓，以廣浩蕩，統候憲鑒核轉，而非卑府所敢擅也，

（清）盧崇興《守禾日紀》卷六《一件地方事》 看得：周奉借事生風之惡捕也。本年正月初五夜，有居民唐心宇失賊一事，所挖者壁洞，所竊者米二斗耳。奉乃以沈三車棚内栖身流丐王二、王胡子指以爲賊，勒令心宇認爲失主。推其意不過垂涎心宇，欲得志而甘心焉耳。於是張大其事，代寫報單，詐其銀米酒肉等項，以飽貪壑。尤可異者，王二、王胡子花鼓丐食，栖息車棚，環堵既已蕭然，腰纏亦復可想，乃尤誅求不已，欲爲窮年度歲之需。雖贓無入己，而搜索不遺餘力矣。周奉借盜網利，按以衙役犯贓五兩律，杖擬猶有餘辜。王二、王胡子審非竊賊，沈三亦無窩賊真情，唐心宇失米無幾，亦非大盜行劫，周奉贓追給主，餘審無干，亟請省釋者也。

中國第一歷史檔案館《雍正朝滿文硃批奏摺全譯・户科給事中石圖奏請刑部復審各案宜停駁回摺雍正元年八月十六日》 各省督撫題命盜各案，批下後，由刑科抄送刑部，由刑部復議奏結。奴才看得，或有之案，有經刑部復議，以督撫所議不合刑律而駁回者。雖然駁回，督撫拒不承認所斷錯誤，固辭所審爲是，經添加數語修飾，仍照原審題報。刑部復照之奏結者，亦係有之。由此看來，豈可言無情弊，外省承審之員不能公正審案，有重罪輕判，輕罪重判之弊，刑部方以不合律例議奏駁回。查涉案人内，有擬充軍徒罪之人，比皆非死罪，尚關拘在牢，俟部題咨到後，方才結案。部題若駁回一次，往返數月。期間，犯人監禁染病斃監，亦未可料。嗣後各案宜停駁回，督撫審案若確有不合律例之弊，由刑部詳審原供，理清案情，照律改擬題結，一面將外省承審之員即行參劾，交該部議處。如果部員借機加罪於外省承審官員，則將該司之員亦交該部議處。如此外省

承審之員畏於罪責，務求其案慎之又慎。不但可免重罪輕判，輕罪重判之弊，且犯人亦不致久押監内，咸承重恩也。

中國第一歷史檔案館《雍正朝滿文硃批奏摺全譯・刑科給事中海壽奏陳區分竊犯情緣分別擬罪摺雍正元年九月二十日》 竊臣乃一至賤之人，蒙聖主越格之恩，擢爲給事中。自受任以來，每日抄發題本，凡罪犯情由略有可憐生疑之處，聖主皆法外施恩，使之復生。臣仰副聖主好生之意，謹陳管見。

查理藩院律定一款，凡盗馬駝牛羊者，一人犯案，不分官吏平民一律絞決。二人犯案斬一人，若三人以上結伙作案，則斬爲首之二人，餘者以從犯論處。正法之人妻子家産牲畜抄没充公，從犯各鞭百，罰三九牲，償還對方。等情。蒙古人向賴牲畜爲生，因邊外無院墻，法律從嚴甚是。唯款内並未區分是否獲得贓物。嗣後除獲贓案犯仍照法律正法，抄没家産牲畜，償還對方外，免去妻子貶充爲奴。而未得贓物之犯，免斬鞭百，罰三九牲，償還對方，則衆蒙古皆蒙聖主再生之恩。伏乞明鑒，交該部議。

中國第一歷史檔案館《雍正朝漢文諭旨》雍正五年閏三月十八日 内務府咨稱，茶葉庫庫使三塔等偷盗人參一案，於雍正五年閏三月十八日奏，四月初十日，和碩莊親王内務府總管等面奉上諭：三塔依擬應斬，着監候，秋後處決，六雅圖哈達達哈連麻色行此偷盗，甚無臉面，下賤爲何，撥發莊屯，將伊等枷號，所應追銀兩還完之時，即發廣西貴州烟瘴等處，欽此。

中國第一歷史檔案館《雍正朝漢文諭旨》雍正五年十一月十六日 步軍提督阿齊圖奏送陳保住等偷盗禮部庫銀内金册一案，雍正五年十一月十六日題，十九日奉旨，陳保住廣東俱着即處斬，六十兒二哥俱依擬應斬，着監候，秋後處決。從前禮部官員有因官物被竊，已經賠補者，着將追出之項給還，該員不必入官。餘依議。

（清）祝慶祺《刑案匯覽》卷一八《刑律賊盗・親屬相盗》 安撫題：

盗犯林正宗等行劫陳公遇家一案，將林正宗、江彦昭均依强盗已行得財律，擬斬立決。再查乾隆五年，前撫題阜陽縣盗犯張傳等行劫張陞家一案内，有夥盗季元，係事主張陞之妻季氏無服族兄，將季元照外姻無服、尊長犯卑幼減等擬流。在案今盗犯林正宗，係事主陳公遇之妻林氏緦麻服叔，則係陳公遇外姻無服尊長，與季元之案情罪相而，統聽部議，等因。查本宗、外姻、尊長親屬相盗，雖無服之親律得減一等科罪，但按照服制圖所載，妻之緦麻服叔，並不在圖載妻黨無服親之内。此案盗首林正宗未便援律減等。該撫請照無服尊長減流之處，毋庸議。臣等更有請者，刑名案件，以服制爲重，凡本宗、外姻、尊卑服制律圖所載者，固屬明晰，惟無服親屬，則有載入圖中者，亦有未經開載者。雖圖所不載，皆係極疎極遠，但既有親誼，即不得不名爲無服之親。刑名衙門因泥於律内無服之親減等一語，於是於圖所不載，概得推原定擬。是以從前張陞案内夥盗季元，緣係事主妻之無服族兄，亦得援律議減也。伏思三黨内無服尊長，數不勝紀，若不明立界限，任意推廣，於法未免寬縱。在本宗五服以外，皆爲袒免之親，自應均照無服親屬定擬。若外姻親屬，原與同姓有分，既爲圖所不載，即毋庸更爲置議。臣部現在辦理章程，盗案内遇有關涉外姻者，一以服制圖爲斷，應請嗣後除本宗五服以外，俱照無服之親定擬外，其外姻尊長親屬相盗，惟律圖内載明無服字樣者，方准照律減等，此外不得一概搜引等因。乾隆十三年九月十二日題，十七日奉旨：林正宗、江彦昭俱著即處斷，餘依議。欽此。

四川省檔案館《清代巴縣檔案彙編・劫盗・乾隆二十三年六月二十八日義里一甲羅興文稟為捕賊一局　稟明憲究事》 緣蟻被賊竊去馬二匹、牛一隻，當即查獲馬一匹，並賊陳華，現送經照衙門訊問，詳送理民府朱祖，移送天案，交捕趙坤，即趙魁管押。趙魁賣法放賊出外，陷蟻耕牛至今不獲。叠稟仁憲，批示屢違。本月初八日，蟻稟恩批，昨經嚴飭，該役等竟置若罔聞。着即隨堂回話，如違並究。蟻見天批哀求撥頭曹貴催捕提賊起牛，伊等不睬。可憐贓賊兩獲之案，遭捕賣放，懸贓無追，民何以生。上稟本縣正堂太爺臺前施行。

縣正堂批：撥頭鎖拿，原差回話。

四川省檔案館《清代巴縣檔案彙編・劫盗・乾隆二十九年七月巴縣為李洪竊案結案申册為被竊事》 卷查乾隆二十九年二月初三日，據里民丁識美具報，正月三十日夜，被賊割壁入室，竊去銅錢衣飾，估贓銀一十二兩七錢五分，匯入月報，奉批勒緝在案。茲於本年七月初八日，據捕役蕭文、營兵劉勇緝獲賊犯李洪，並買贓之羅應元，起出原贓花氈一床、裙帶一副，到縣。卑職隨驗，無私拷傷痕，傳喚事主，並牌保人等到案，當堂查訊。

問，據丁識美供：本年正月三十日夜，小的家被賊割壁入室，竊去衣□錢物，報蒙查緝今蒙緝獲賊犯李洪，這起來的花氈一床，裙帶一副，實是小的被竊原贓，還有未獲贓物，求追給就是。問，據牌頭鄒聖榮，保鄰陳道著、陳應桂同供：李洪在小的們甲内住，常在外傭工度日，並不知他做賊的事。

問，據羅應元供：今年二月裏，李洪拿這裙帶一副賣給小的，是一百文錢，並不知他是偷來的是實。

問，據李洪供：小的是本縣人，今年三十二歲，父母俱故，並無同居弟兄伯叔，小的在外傭工度日，向與吴玉認識。今年正月三十日，吴玉到小的家閑耍，大家叙起窮苦，小的起意商同偷竊丁識美家東西分用，吴玉允從。就是那夜，二更時分，同伙二人走到丁識美屋側，吴玉割壁進去，小的在外接贓，偷了衣服首飾，並銅錢二千文，背到小的家。小的分得紬布衣服四件，拿在江津地方賣與不知姓名人了。銀首飾七件，鎔化了，同分的一千錢，多花了。只存花氈一床，並賣與羅應元的裙帶一副，已經起來，還有别的贓物，是吴玉分去的。吴玉是貴州人，常在江津地方傭工，如今不知那裏去了，小的實是初次爲匪，並没窩伙竊劫别案，牌保們不知情的。花銷的贓物，情願賠繳就是，求超釋等供。

據此，該巴縣知縣段審看得李洪行竊丁識美家衣飾一案，查李洪與吴玉傭工認識，乾隆二十九年正月三十日，吴玉至李洪家閑耍，叙及貧難，李洪起意商同行竊丁識美家，吴玉允從。是夜二更，同伙二人潛至事主屋側，吴玉割壁入室，李洪在外接贓，攫取衣飾錢物，背回李洪家俵分而散。事主報縣，經卑職匯入月報，奉批飭緝。兹據兵役獲賊李洪，查起原贓花氈裙帶到案，經卑職嚴加查訊，據供前情，贓經主認正賊無疑。此案估贓十二兩七錢五分，係李洪起意爲首，李洪合依竊盜贓一十兩杖七十律，應杖七十折責二十五板。訊係初犯，照例刺臂。收買裙帶之羅應元，訊不知情，牌保鄒聖榮等，本犯罪止杖責，例得邀免，均請免議。該犯究無竊劫别案，亦無同居父兄伯叔與弟知情分贓，均毋庸議。已獲之贓，給主具領。未獲之贓，在現犯名下追賠。逸犯吴玉，獲日另結。是否允協，理合具文呈詳憲臺，俯賜查覈，批示飭遵，除驗報總督部堂。並詳報督部堂兼攝撫憲暨臬道二憲，並本府外，爲此備由，申乞照詳施行，須至申册者。

中國第一歷史檔案館《歷史檔案》二〇〇四年第一期《乾隆朝管理軍流遣犯史料（下）·江蘇巡撫明德為續獲越獄遣犯遵旨即行正法等事奏摺 乾隆三十二年三月十二日》 竊照金匱縣應發烏魯木齊等處賊犯唐二、周二、王六、戴二等四名，於本年正月二十日夜在監挖洞越獄脱逃。當經臣遴委標弁兵丁，並飛飭各屬四路嚴拿。旋據拿獲周二、王六、戴二三犯，臣隨審明，遵旨委員恭請王命，將戴二、周二、王六即行處斬，恭摺奏聞，並將疏縱各官會同督臣高晋一並參奏在案。

其唐二一犯，臣仍督飭各屬及標弁兵丁四路嚴緝。兹據參革協緝之金匱縣知縣韓錫胙禀報，遴遣丁役四路緝拿，兹於三月初五日在無錫縣地方會同縣役將唐二拿獲。等情。臣隨差標員將唐二提至蘇州，率同兩司嚴加究訊。緣唐二籍隸江陰，於乾隆三十一年六月二十二日夜，同已正法之周二、王六糾竊縣民徐元亨家衣飾等物，於七月二十九並十月十七、二十七等日先後拿獲。據該縣查出唐二曾經犯竊三案，又究出未破竊案十案，連本案共犯竊十四案，係屬積匪猾賊，年力精壯，應改遣烏魯木齊等處，於上年十二月二十八日據臬司具詳請咨，臣於開印後正在繕文咨部。乃該犯等於正月二十日夜乘禁卒人等睡熟，將監墻挖洞鑽出，並將鐐銬敲斷，四散脱逃。唐二輾轉窩住蔣招等人家。因各處搜拿嚴緊，該犯不能遠揚，潛回無錫被獲。並據該犯堅供，刑禁人等實無賄縱情弊。臣查，唐二雖係未經咨部之犯，但其肆竊多案，業經審明問擬，發遣烏魯木齊等處。乃膽敢越獄脱逃，法所難寬，自應遵照乾隆三十一年十月内欽奉諭旨：發遣新疆各犯已經問擬，在獄脱逃即照遣所脱逃之例辦理。臣當即遵旨於三月初九日委員恭請王命，將唐二捆綁押赴市曹處斬訖。除此案疏脱之典史及刑禁、窩主人等另行審明定擬咨部辦理外。所有續獲唐二、審明正法緣由，臣謹恭摺奏聞。

四川省檔案館《清代巴縣檔案彙編·劫盜·乾隆四十年正月刺字竊賊宋玉剛案》 正月七日宋玉剛供單

問，據宋玉剛供：小的是巴縣人，在忠興場住，母親死了，只有父親宋來儀還在。三十二年，小的偷過叔子一隻牛，被叔子拿送案下，在捕所刺字責釋。後來小的就改過，與人傭工，去年，有姐夫陳相國在白岩住，寫字來請小的與他做長工。今年初四，小的纔來這重慶，因姐夫去年臘月買有三四碗，寄在聚隆站史老闆那裏，叫小的帶至。不料小的在較場遇着公差，見小的有字，就把小的拴送案的，求詳情。

縣正堂判詞：着將宋玉剛押候俟查，喚伊姊夫陳相國到案質對發落。

正月十四日陳相國保狀

白岩鎮民陳相國，今於太爺臺前與保狀事。

蟻舅宋玉剛，前因犯竊刺字釋放，今來渝，在教場被公差拿赴案下，蒙恩訊，並未爲竊。蟻保得歸家管束，日後不得出外爲匪滋事。中間不虛，保狀是實。

縣正堂批：准保回管束。如有爲匪，連爾同坐。

四川省檔案館《清代巴縣檔案彙編·忤逆·乾隆五十年五月四日正甲六甲帥維均首狀為逆屢不法首懇法究事》 情蟻三子帥國瑄，素行悖逆，賣業分受銀兩，浪蕩花銷。蟻屢誡飭，不遵約束，反常來家拏去錢米，透賣器物，忤逆不堪。

去年五月，蟻首廳案，差拘押班，逆假病保逃拖銷。逆不改非，前月□五，逆毀蟻大門，勒要錢文，蟻責逃去。廿六日，蟻趕興隆場買鹽，逆乘家無人，扭鎖入屋，復扭鎖開櫃，將蟻老衣青布袍褂、毛藍布衫並藍布被卧，以及周瑞借蟻養老錢一百千、借約一並卷拿去訖。蟻回查知，投明朱永寧等，隨命孫帥星顯找獲逆子國瑄，將衣被奪回。周瑞借蟻錢約，逆權不還，正在找尋。廿八又串左堂差役劉俸、熊姓，以約押錢控蟻孫星顯與幫找之梁廷玉，誣稱毆奪凶傷，劉俸串控走差。本月初二，劉俸等來家，將星顯、廷玉鎖押興隆場何店生根，酷詐勒索，蟻向差寺説明逆惡不孝、卷拿衣約實情，蠹等惟知索詐，不顧倫紀。

似此逆子，怙惡不悛，法所難寬，迫蟻奔首仁憲，補詞叩究，以鋤逆惡。爲此，首乞太爺臺前俯准施行。

縣正堂批：准拘究。

《清高宗實録》乾隆五十八年正月 諭軍機大臣等：據哈當阿等奏，審明竊賊拒捕砍斃事主及誘拐幼女搭斃滅迹二案，俱將各該犯恭請王命，即行斬決。已批該部知道矣。又據奏竊賊抗欠贓銀殺斃事主一案，則將該犯王富請旨正法。此案王富認賠贓銀，如係地方官役誣良爲竊，哈當阿等自不應庇護官役，有意從嚴，即將該犯正法。今王富偷竊彭顯小豬，本係有罪之人。經彭顯欲行送官究治，王富承認願賠，自限五月交完。至六月未償，經彭顯向其索討，即將彭顯用刀砍倒，逾時斃命，殊爲逞凶不法，與竊賊拒捕砍斃事主及搭斃幼孩者，事同一例。况臺彎民情獷悍，此等凶犯審明後，自應一律即行正法，用昭懲創，何以於此案又復拘泥請旨？一事兩辦，實屬糊塗。此摺不必再交部議，著傳諭哈當阿等，於接奉此旨，即將王富正法，以示懲儆。

（清）祝慶祺《刑案匯覽》卷一八《刑律賊盜·親屬相盜》 江督：奏溧水縣貢生陶宇春，開張典鋪，令無服族姪孫陶仁廣、店夥周記爽同管首飾。陶仁慶經手當物失記登號，周記爽將其責駡，陶仁廣不服，起意竊貨潛逃，即竊取金珠銀兩，逃往湖北荆州。陶宇春等四路尋訪，尚未呈報。該處村民因陶仁廣驟然無蹤，訛傳在典自縊。嗣該縣陳璜因公下鄉，風聞其事，以事關命案，虛實均應查究，遂同署傳訊周記爽。供指陶仁廣竊物逃走不知下落，並非縊死。陳璜以周記爽既同管首飾，若果陶仁廣竊取多贓，正應報官以脱干係，乃隱匿不報，已屬可疑。且陶仁廣即使在逃，必有蹤迹可尋，何致竟無下落，恐自縊之説不爲無因。當加詰訊，周記爽剖辯不明，陳璜隨將周記爽套夾訊問，周記爽畏刑，混供縊死。陳璜追問屍身，周記爽混指茆明太等擡埋。及查提茆明太等質訊，又已畏罪逃避。陳璜愈疑自縊屬實，復提陶仁廣之兄陶仁慶並工人芮紅柱等質訊，因不能指出陶仁廣實在蹤迹屍身，又無著落供涉游移，逐將陶仁慶、芮紅柱掌責跪鍊，未得實供。正在確訪間，適陶宇春遣人尋至荆州，將陶仁廣尋獲，稟府審認，計贓三百六十九兩，將陶仁廣依竊盜贓一百二十兩以上絞，無服之親減一等擬流。知縣陳璜革職，毋庸議等因。乾隆五十八年六月十五日，奉上諭：書麟等奏，審擬溧水縣知縣陳璜，於縣民陶仁廣在無服族叔祖陶宇春典鋪內，爲夥竊物潛逃，該縣將陶仁廣之兄陶仁慶，及同典之周記爽輒用刑求一案，將陶仁廣依竊盜贓一百二十兩以上絞，無服之親減一等律，杖一百，流三千里。陳璜訊無嚇詐故勘，情事已經參□應毋庸議。所擬均未允當。夫律設大法，理順人情，親屬相盜，較之尋常竊盜得邀未減者，原因孝友、睦姻、任恤之道，本應賙急。如果嫡近、卑幼，貧乏不能自存，而尊長置之膜外，其卑幼因而竊取財物者，律以親屬相盜免議之例，情屬可原，自應未減其罪。今陶仁廣係陶宇春無服族姪孫，支屬甚遠。陶宇春令其在典管理首飾，並非素無照應者可比，乃陶仁廣輒敢竊取金珠銀兩潛逃楚省，以致同典商夥周記爽及伊胞兄陶仁慶均被嚴刑。況村鎮典鋪，貲本不過千餘金，而陶仁廣所竊估贓竟至三百餘兩，致累陶宇春照數賠補，又遭訟累。中人之産，不因此而蕩盡耶？此而尚得照律減流，其何以懲竊盜而安善良。嗣後親屬相盜，五服以內者，陶照律未減。其五服以外，而贓數逾貫者，仍應按律問擬絞候。但念其究屬本支，秋審時入於免勾，情理實當所有。陶仁廣一犯，即應照此辦理。蓋明刑所以弼教，朕之所以從嚴辦理者，正恐愚民無知，恃有親屬議減之條，肆意攘竊。如陶仁廣之贓數逾貫，累及尊長受刑，並至破家，不得不加重懲治，以正維持孝友、睦姻、任恤之道，而定擬絞罪後，秋審時復予免勾，是於懲創姦宄之中，仍不失孝友、睦姻、任恤之義，庶情法兩得其平。著刑部將期功緦麻以及無服相盜之衆，另行分別等差，並按照贓數安議具奏，不得仍照舊例概予減等免議。至該縣陳璜於陶宇春被竊一案，事主並未控告到案，而該縣以無據風聞，輒將無辜之陶仁慶及周記爽疊事刑求，自因陶宇春係開設典鋪之人，意圖訛索，情節顯然。該督撫摺內所稱：以事干人命，跡涉可疑，是以該縣用刑訊問，實無嚇詐故勘等語，不過曲爲開脱，殊不可信。此等貪酷劣員僅予革職，不足蔽辜。陳璜著發往軍臺効力贖罪等因。欽此。當經部議，將陶仁廣改爲擬絞監候，秋審入於緩決。所見集案。乾隆六十年纂例，嘉慶六年修定，至今遵行。

《清仁宗實録》嘉慶四年四月　山東省趙文行竊圖脱，拒傷事主，於絞罪上量減一等，問擬杖流一案。此案趙興文聽從商密，行竊崔玉占家，商密攜贓逃跑，趙興文被崔玉占追趕抱住，情急圖脱，遂拔佩刀將崔玉占連扎，脱身逃走。因崔玉占之父崔治上前幫捕，又復刀扎崔治倒地，雖傷俱平復，然以竊賊臨時拒捕，刃傷事主父子二人，情節已屬凶横。與尋常爲從者不同。商密一犯在逃未獲，則趙興文所供爲首起意，及令商密將原贓送至事主家隔墻撩還之語，亦無證據，恐係避重卸罪，且趙興文又無自首情事，屢經犯竊，今遽以一面之詞，量減定擬，未爲平允。趙興文著改爲應絞監候入於緩決，並著刑部將此二條纂入例內。嗣後内外問刑衙門遇有似此案件，即遵新例辦理。

《清仁宗實録》嘉慶十二年五月　癸亥，諭内閣：儀親王、成親王、軍機大臣會同刑部具奏，審擬周明等偷砍紅樁界内樹株，分别治罪一摺。民間墳塋樹木，尚知加意保護，勿令翦伐，遇有盜賣之事，輒鳴官究治。原以松楸蕃衍，即先人之餘蔭存焉。一經斧斤砍伐，將必愀然不忍。此亦孝思追慕之誠，撫衷所不能已者。況天家陵寢重地，守護綦嚴，外設青樁爲界，次設白樁，最近則設紅樁，地愈近則禁愈嚴，並額設弁兵防守，立法至爲詳備。如果該弁兵等實力巡緝，設有賊犯越界偷盜之事，即時查拏究辦。在弁兵等既可獻功，而賊犯等未經砍伐，亦不致遽寘重典。今周明、孫秀因家住青樁界内，距紅樁密邇，遂乘閑先後在木門溝大窪地方，疊次糾約盜砍樹木至數十株之多。比照盜大祀神御物律，擬斬立決，罪無可逭。至汛兵陳英、何倫、張萬全三犯身隸營伍，本有巡防之責，乃貪圖微利，遂爾得錢賣放，以至周明等肆意盜砍，販賣無忌。覈其情罪，不但與正賊無異，尚覺罪浮於賊。若僅照依受財人故縱與囚同罪至死者絞律，科以繯首，實不足以蔽辜。今王大臣等請將陳英等三犯與賊犯周明、孫秀一律斬決，並請將周明、陳英二犯解赴犯事地方，明正刑誅。所擬甚是，周明、陳英二犯，著派侍郎成書護軍統領景熠，於本日押解起程，並著景熠派委章京護軍校各一員，護軍十名隨同押解前往，仍飭帶刑部禁卒刑具，馳赴該犯犯事地方，會同馬蘭鎮總兵兼總管、内務府大臣慶傑，於風水界外，傳集該處居民訊兵，前往閲視。將周明、陳英俱各刑夾一次，再行處斬；孫秀、何倫、張萬全三犯，著即綁赴市曹，派委瑚素通阿監視行刑，亦俱著先行刑夾一次，再行處斬。已革遊擊常太、已革守備郭士祥，於所守汛地不能覺察，致被偷砍樹株，實屬溺職。該管總兵巴寧阿已革職發往吉林，該革員等僅予罷斥，尚覺輕縱，常太、郭士祥著發往伊犂効力贖罪。餘俱照所議行。因思陵寢守汛弁兵，向未明定緝捕賊犯，優予賞賚章程，該弁兵等無所希冀。一遇利己自便之事，輒相率聽從，趨之若鶩。自此次懲創之後，應酌定條例，如官弁等捕獲偷竊禁地樹株賊犯，即立予升擢；兵丁等捕獲賊犯，即量爲拔補，仍加之賞賚。覈其獲犯之多寡，以定賞項之重輕。所需賞銀，即於就近庫項内籌款動用。其如何酌量獎賞之處，著守護各陵之貝勒公及該管大臣等詳細覈議，具奏。仍著剴切出示曉諭弁兵，以爾等職司防範，若能恪守汛地，嚴緝匪徒，官弁則優予升階，兵丁則不惟得賞，兼可得官。儻或貪利縱賊，即立正典刑，不能稍從末減。即如陳英、何倫、張萬全所得錢文，統計不過制錢數千，即至罪罹重辟。且因伊等得財故縱，不能按常律問絞，與正賊一例斬決。與其得有限之贓，蹈不赦之罪，何如捕賊立功？既蒙上賞，復授官職。急公自效則如彼，圖財舞弊則如此。爾等權其利害，孰得孰失，禍福惟所自取。但不可妄拏無辜，希圖冒功邀賞。如有犯此者，必加倍治罪。並曉諭青椿以内居民，以周明等疊次商同偷砍樹株，明正典刑，衆所共見。其孫秀等犯，亦已在京處斬，法在必行，可爲炯戒。爾等住址，幸依風水重地，若能安分守法，自必永遠蒙庥。若如周明等干犯例禁，則不獨身罹憲典，即家屬亦遭遣逐，蕩析離居，求安其故土而不可得，真乃孽由自作。如此明白宣示，庶弁兵居民等咸知感恩畏法，不致甘蹈禁網，用副朕辟以止辟之至意。

(清)祝慶祺《刑案匯覽》卷一七《刑律賊盜·竊盜》 湖廣司咨：徐升等聽從劉老五等掉竊一案查例載：奸匪夥衆丟包誆取財物，照白晝搶奪人財物律治罪等語。詳繹例意，不法匪徒朋比爲奸，見有孤身行客，丟包誘令拾取，假以搜贓爲名，乘機攫取財物。其險詐强横，情同搶奪，故例以白晝搶奪之罪。至掉竊之案，本係躡跡潛蹤，伺隙掉换，情同鼠竊，實與竊盜無異，較之丟包公然搜搶者，迥不相同，自應仍按竊盜本律科斷。此案劉老五等乘事主馬允加睡熟，用錢文灰磚作包，潛將真銀掉换，共竊銀一百二十七兩零。核其情節，並非夥衆丟包誆誘，乘機攫取財物，自未便以搶奪定擬。今該撫將該犯等照搶奪一百二十兩以上例，分別首從科斷。罪名雖無出入，援引究未允協。劉老五應改依竊盜一百二十兩以上律擬絞監候，業已自縊身死，應毋庸議。徐升、張祖保均依爲從減一等律，杖一百，流三千里。再查此等掉竊之案，各省每以例無明文，往往引用丟包誆取之條，雖經本部隨案改正，而辦理究未畫一，自應分晰指明通行各省遵照，庶免歧異。應今嗣後凡遇此等案件，如審明實係夥衆丟包誆誘，公然攫取財物者，仍照搶奪問擬。若係躡跡潛蹤，伺隙掉包，形同鼠竊者，即依竊盜科斷，以符例義。嘉慶十二年説帖。

(清)祝慶祺《刑案匯覽》卷一三《刑律賊盜·常人盜倉庫錢》 直隸司審奏馬甲、慶幅等縋城偷竊太平倉米石情形一摺，欽奉諭旨：向例偷竊漕米罪名，數逾百石以上者，擬絞，並無從城上鈎搧專條。此案夥竊日久，所竊之米，雖尚未據供出確數，但約計自已不止百石，應將案内起意爲首與積慣縋城偷米之人從重定擬，以昭炯戒。將來定案之後，並著由城上偷米應得罪名，酌議專條具奏等因。欽此。嗣經臣等審明，將起意竊米數逾百石之慶幅照例擬絞。請旨即行正法，節年聽從竊米及知情銷米各犯，從重分别擬以遣、徒等因，奏結在案。臣等伏查竊匪之徒穿穴壁封竊盜倉貯漕糧例禁綦嚴。至於守城兵丁縋城偷竊倉米，較之穿穴壁封行竊者，尤爲目無法紀。臣等謹就竊匪穿穴壁封盜倉米之例，與現在審結慶幅之案，公同參酌比核，從重定擬，應請嗣後如有守城兵丁，由城上鈎搧偷竊倉米，未經得贓者，杖一百，流三千里；爲從減一等。其得贓之首犯，數至一百石以上者，擬絞立決；爲從發黑龍江等處爲奴。一百石以下首犯，不分贓數多寡，發黑龍江等處爲奴；爲從俱杖一百，流三千里。其常人串通兵丁，由城上鈎搧偷竊倉米者，罪亦如之。再查京城重地守衛宜嚴，該班官員如果認真稽察，兵丁何由縋城行竊。慶幅等之積年肆竊倉米，皆由官員平日曠值廢弛所致。除稽查值班官兵章程，應由軍機大臣酌議具奏外，如將來兵丁，仍有城上鈎搧偷竊倉米之案，審明該班官員若有故縱徇隱等事，即照律與犯人同罪。其實止疎於查察及曠班不值，應請交部分别嚴加議處等因。嘉慶十六年五月二十六日，奉旨依議。欽此。

(清)祝慶祺《刑案匯覽》卷一二《刑律賊盜·盜園陵樹木》 江蘇司：審擬佛保住喊告家人張八寶等偷竊墳樹一案，查例載：子孫將祖父墳塋樹木私自砍賣者，一株至五株，杖一百，枷號一個月。奴僕盜賣者，罪同。又：盜砍他人墳樹，計贓一兩以下，初犯杖一百，枷號一個月。計贓重者，加竊盜罪一等。各等語。此案張八寶係佛保住看墳家奴，伊兄張七寶先經兩次盜砍伊主墳樹，被地保熊甫、街鄰王二格等查知，聲言報官。張七寶畏懼，央允同主看墳家人許添相等理處，給熊甫京錢十吊七百文，分給王二格等二吊，張七寶又謝給許添相等錢二吊，並未呈報。嗣張八寶亦盜砍墳樹二顆，王二格亦商允伊弟王坡兒偷砍墳樹二顆。查張八寶係佛保住家奴，其盜砍伊主墳樹二顆，奴僕有犯，例應與子孫同科。該司將張八寶依子孫將祖父墳塋樹木砍賣一株至五株例，擬以杖一百，枷號一個月，與例相符。至案內之王二格，並非佛保住家奴，其糾同伊弟王坡兒偷鋸墳樹兩顆，自應照盜砍他人墳樹例科罪。計贓雖在一兩以上，惟竊盜贓一兩以上，罪止杖七十，加一等亦止杖八十，較盜砍墳樹應杖一百，枷號一個月爲輕，自應仍按盜砍本例從其重者問擬。至例稱計贓重者加一等，係指重於滿杖本罪者而言。今該司將王二格於盜砍他人墳樹初犯，杖、枷上加一等，實屬未協。至地保熊甫係在官人役，既查知張七寶偷砍伊主墳樹，並不稟官究治，輒敢得受錢文隱忍寢息，即屬受財故縱，自應與張七寶一律同科。該司將熊甫依蠹役詐贓一兩至五兩例，擬以枷、杖。罪名雖無出入，援引究屬錯誤，應請交司改擬。嘉慶十九年説帖。

（清）**祝慶祺《刑案匯覽》卷一七《刑律賊盜・竊盜》** 廣東撫咨：蔡炘淑等聽從盜挖官煤，計贓逾貫，應比照盜掘礦砂計贓准竊盜罪止滿流例，爲從減一等，擬杖一百，徒三年。嘉慶二十二年案。

浙撫咨范汝澤在禁山盜掘鐵砂，私煎鐵觔，差拿拒捕，應比照盜掘礦砂、在山洞捉獲，持杖拒捕，不論人數砂數多寡例，擬發邊遠充軍。嘉慶二十二年案。

（清）**祝慶祺《刑案匯覽》卷一二《刑律賊盜・盜園陵樹木》** 提督咨：送李明前經犯竊，問擬杖責、刺字，遞籍脱逃來京犯夜，經營兵邵奎將伊推跌倒地，該犯情急拔刀嚇令鬆放，邵奎向伊奪刀，致被刀尖劃傷手指。將李明於犯夜拒捕杖一百律上加一等，擬杖六十，徒一年。嘉慶二十四年湖廣司現審案。

（清）**祝慶祺《刑案匯覽》卷一七《刑律賊盜・竊盜》** 盛京將軍咨：拿獲刨參人犯案内之李有，係承領參票，不遵票額，多雇刨夫，偷越出邊刨參，並供給私行刨參之周克顯等口米。核與領參票，身充財主雇人偷刨者有間。李有應於偷刨人參參數未至五十兩擬軍例上減一等，杖一百，徒三年。道光三年奉天司案。

（清）**祝慶祺《刑案匯覽》卷一七《刑律賊盜・竊盜》** 浙撫題：王泳先行竊事主胡義裕等財物一案，查此案王泳先在姚忝喜船上充當水手，行竊船内客民胡義裕、姚茂立兩人財物。前據該撫併計事主三人贓物作爲一主，將王泳先依竊盜滿貫例擬絞。經該司以行竊兩人之物，按律應以一主爲重，該省未將各主贓物分晰估計，輒籠統併贓問擬繯首。罪關出入，駁令詳晰聲敘，另行妥擬。今據該撫訊明，事主胡義裕失贓九十八兩零，姚茂立失贓二十四兩零，將王泳先改依竊盜贓九十兩律，杖一百，徒三年，仍照船戶行竊本例，枷號兩個月。既據遵駁改擬，自應照覆。道光三年説帖。

（清）**祝慶祺《刑案匯覽》卷一二《刑律賊盜・盜園陵樹木》** 提督咨：送柴大行竊莊親王暫安處墳旁栅欄一案，經該司以該犯柴大於犯竊刺臂後，因偷竊莊親王暫安處門外拴馬樁一根，已照竊盜再犯科斷。後又偷竊覺羅善宅墳塋木栅欄二扇，照盜他人墳塋木植計贓准竊盜論，擬杖、免刺。今該犯復竊莊親王暫安處墳旁栅欄二扇，若依竊盜三犯科斷計贓例應滿流；若依盜賣他人墳塋木植准竊盜問擬，罪止擬杖、免刺。罪名輕重懸殊等因。查竊盜再犯、三犯全以刺字爲憑，若盜賣他人墳塋之房屋碑石、磚瓦、木植，例應計贓准竊盜論免刺，即不在併計之列。此案柴大雖先經兩次犯竊臂面俱刺，但此次行竊墳旁栅欄，例得准竊盜論免刺，自不得照竊盜三犯併計科罪。惟所竊究係親王墳旁木植，與他人墳塋不同，似應於准竊盜論杖罪上酌加枷號，以示懲儆。道光六年四川司現審案説帖。

（清）**祝慶祺《刑案匯覽》卷一七《刑律賊盜・竊盜》** 湖廣司：查此案劉上保與父劉四鬍子駕船生理。劉四鬍子上岸，撞遇在逃之林三等會談貧苦，林三邀允劉四鬍子等行竊事主蕭世法家銀兩、衣物，背負回船。劉上保瞥見，問知竊情，亦欲分贓，當將贓物勻作七股，林三等與劉上保各分一股。是劉上保係知竊盜後而分贓，與身自犯竊有間，自應計其所分之贓准竊盜爲從定擬。該省將劉上保照竊盜同居、父兄知情分贓，照本犯之罪減二等例，於首犯竊贓滿貫絞罪上減二等，擬以滿徒，實屬錯誤，應駁令按律拐擬。道光六年説帖。

（清）**祝慶祺《刑案匯覽》卷一七《刑律賊盜・竊盜》** 川督咨：石再卿等聽從逸犯宋黄二拐竊逾貫一案，此案宋維芳與在逃之宋黄二、宋三麻子、宋潤年會遇，宋黄二起意拐騙，宋維芳等應允。適江安差人梁陞背有銀兩，宋三麻子假充脚夫，受雇挑走，宋維芳等跟蹤在後，乘間奔竄，俵分而逸。嗣宋維芳與石再卿復與在逃之宋黄二、石再瑀、石再琦會遇，見黄學貴背負銀包，宋黄二等一路跟走同投宿店，假稱貨客。宋黄二辦榮邀黄學貴同食，暗將巴豆末放入黄學貴所喫麵碟。次早一同行走，黄學貴腹痛難行，宋黄二囑令黄學貴將銀包搭放石再卿擔内挑走。行至中途，黄學貴在路旁出恭，該犯等乘間潛逃，同至石再卿家，俵分贓銀而散。旋將宋維芳拿獲，供稱粱陞被竊之案，係宋黄二爲首；黄學貴被竊之案，係石再卿爲首，旋即在監病故。嗣續獲石再卿到案，據供係宋黄二爲首。該省將石再卿依竊贓逾貫爲從擬流，照例監候待質等因。查宋維芳兩次聽從拐竊，贓皆逾貫，應從一科斷，依爲從擬流，業已病故，應毋庸議。石再卿拐竊黄學貴一次，贓已逾貫，據供係宋黄二爲首，而先獲之宋維芳則稱係石再卿爲首，惟宋維芳於石再卿未獲之前在監病故，無從質訊。且逃犯多於獲犯，自未便據石再卿一面之詞，遽爲定案。至巴豆原非食之必死之物，核與毒藥傷人者不同，亦與迷竊有間，應照該省所擬，將石再卿擬流監候待質。道光六年説帖。嗣據該省續獲石再瑀、石再琦二犯，聲明該犯等釁起拐竊與實在行竊有間，將現獲之石再瑀、石再琦並前經擬結之。石再卿、宋維芳均依局騙拐帶財物計贓准竊盜論律，於首犯滿流罪上減等擬徒，免刺等因。查該犯等夥衆跟蹤行竊黄學貴銀兩，並非誆賺局騙，且該犯等始則將巴豆給食，繼復囑令搭放銀包，亦與拐帶人財物乘便取去者迥不相侔。將來拿獲首犯，應按竊贓逾貫例擬以絞候。前經該督將石再卿等擬流，罪名本無錯誤，今改擬滿徒，殊與定例未協。所有石再瑀、石再琦二犯，應改依竊盜贓一百二十兩以上爲從律滿流，仍各刺字。石再卿應仍照前擬滿流監候待質。道光七年説帖。

《清宣宗實録》道光二十六年五月　辛酉，稽查北新倉給事中常喜奏，倉廒重地，理宜慎重，兹查得北新倉結字廒内黑豆被竊，並拏獲賊犯海洪阿等三人，請旨究辦。得旨：著交刑部嚴審辦理。尋奏，訊明王俊糾同海洪阿等先後行竊北新倉米豆四次，王俊應依例發極邊烟瘴充軍，海洪阿應革去養育兵丁，與閒散劉庫兒依爲從例，准徒五年，銷除本身旗檔。從之。

中國第一歷史檔案館《咸豐同治兩朝上諭檔》咸豐四年十月二十九日　刑部奏審擬户部飯銀庫被竊案内疎防之章京兵丁罪名一摺。所有擅離職守致户部飯銀庫銀兩被竊，毫無覺察之銀庫，該班章京常英業已革職，即照該部所擬著無庸議，疎防之馬甲烏凌保等亦著照議杖責革退，至該庫地甚嚴密外人無由得入，難保無胥吏人等串同舞弊自行偷盜裝點外賊情節，所有户部飯銀庫書吏並差役人等仍著刑部一併提集嚴行訊究，有無同謀夥竊等事，務使水落石出，以成信讞，並著步軍統領衙門順天府五城將此案贓賊一體嚴拏，務獲究辦，嗣後值班官兵著户部並各旗嚴密稽查，務飭小心防守，不准雇役替班以專責成，餘依議。

中國第一歷史檔案館《咸豐同治兩朝上諭檔》咸豐七年閏五月十七日　載華等奏拏獲偷砍樹株人犯，請解部審辦一摺。此案劉萬全等膽敢偷越圍墻砍伐樹株，實屬目無法紀。現獲之劉萬全、倪仲金二犯著解交刑部審訊，按律懲辦專訊。署把總侯廷啟難獲賊及半兼獲盜首，尚未全數弋獲。著先行革去頂戴，勒限一個月，飭全嚴拏逸犯郭老兒即郭起平、劉五羣等，務獲歸案審辦，儻限滿無獲，著與兼轄各將備一併照例參處。禮部員外郎琦惠於該管幼丁郭老兒即郭起平夥竊樹株漫無約束，著交部議處。永康端秀綿森均有失察之咎，著一併交該衙門察議。

譚棣華等《廣東碑刻集·奉諭示禁碑》　近來盜賊滋甚，此非風俗之偷，實由鄉禁之不玄耳。遍閲名都圖，皆有弭盜要策，獨我處此舉未備。今圓得雲梯嶺，四面遵聖諭聯保，以弭盜賊之條，稱家捐貲生息，以資巡□，嚴賞罰，務使游惰者警，狗盜風熄，將人皆托業農有所儲，士有所儲。立見風俗還諄，則鄉□之中，雖賞不竊矣。敬將條規開勒於石。

竊盜家財衣服耕牛，捉獲者賞錢乙千六百文，竊盜罰錢演大戲三本。

竊盜家器物件，捉獲者賞錢五百文，竊盜罰錢演小戲三本。

竊盜田園物業，捉獲者賞錢乙千五百文，竊盜罰錢演大戲六本。

竊盜小六畜，海子棠，亂斬青葉樹木各物件者，隨衆議罰，捉者隨衆議賞。

竊盜者與捉盜私和者，加倍議罰，有家當爲盜者，任衆重罰，捉者賞亦加，接賊者同窩論。凡捉盜者俱要連狀送出，方準有賞，不得憑例呈兇過甚，若竊盜有不遵罰，恃□撞命者，衆例擔當送官究治，與捉盜者無干。

咸豐七年冬

《清穆宗實録》同治四年六月　據稱近來盜墓之案層見疊出，皆在附近京城等處。西山一帶，幾無完冢。到案之犯，類皆避重就輕，即有開棺見屍情事，亦承認鋸縫鑿孔。查該犯等盜刦棺内財物，手所難到之處，勢不能不另用鐵器，碎骨折肢，凶殘萬狀。若僅照鋸縫鑿孔之例，罪止擬軍，轉無以動其畏法之心，誠恐糾匪愈衆，别滋事端各等語。盜匪發掘墳墓，例禁綦嚴，仍敢結夥成群，瞀不畏法，覈其情節，較之明火刦奪財物者，尤爲殘忍。應如何加等治罪之處，著刑部會同都察院、大理寺覈擬具奏。

《清穆宗實録》同治四年十二月 刑部郎中薩隆阿偷竊僞印一案，將該革員按盜内府財物，照盜倉庫錢糧本例，定擬絞監候，秋後處決。人於明年朝審情實，業經降旨，依議。兹據御史張觀鈞奏，請飭部將該犯按職官犯法酌覈，照依常犯加等，再擬立決等語。此案薩隆阿以職官而犯竊盜，固屬衣冠敗類，然法者天下之公，既經刑部照例定擬，豈得意爲輕重，即謂職官犯法，照依常犯加等，亦無再擬立決之條。該御史輒稱薩隆阿久爲覆載所不容，臣民同深憤恨，儻幸逃顯戮，無以快國人皆曰可殺之心。是直以叛逆目之，比擬非倫，語殊失當，所奏著毋庸議。

吴明哲《温州歷代碑刻二集》第一編《永嘉縣・奉憲勒碑》 據三十一都三里小擔、沈岙、章山、兩岸等處，歷來勤耕苦種，安分營生，近有不法之徒開設花會，賭博盜丐，貽害非淺，更有游方盜丐，日間强討，夜深强偷，地方定遭擾害，務須見機行事，儻或黄夜盜偷耕牛，各户每帶糧食巡查，如有持蠻，糾黨多人，拉牛圖宰，會衆扭送鳴官究治。或私下藏匿贖者，同盜一體重罰。或忽有人家偷竊財物，被事主擒拿，恐釀成巨禍，其咎歸地衆乘機了理，叩乞示禁等情到縣。據此，除批示外，合行出示嚴禁。爲此示仰該處諸色人等知悉：爾等須知開設花會賭博，私偷耕牛以及物産，均屬有干禁令，至於盜牛偷物，擾害地方，亦爲法所不容，自示之後，務須痛改前非，各謀正業。儻敢故違，仍蹈前轍，定即提案嚴懲，决不姑息，各凛遵毋違，切切特示。

光緒三十四年九月十六日給。

《各省審判廳判牘》第二編《判詞類・偷竊銀洋》 緣張和、張海素不相識，旅居南關義興店，因係同共居一室，本月初十日，張和外出，張海看屋，心起不良，將張和銀洋四元竊藏入手，張和回店不見銀洋，告知店主司蔭堂，司蔭堂以屋内失物豈有外人，欲就張海搜索，張海反用詐欺之手段云，伊亦有銀洋四元，遂自布袋内抖摔落地，司蔭堂拾入握中，問二人有何表記，張和即言兩元龍元，兩元跕人，並有戮記，所言悉符其實。張海則無詞以答，而一味狡賴，司蔭堂即將二人交由南區巡局，轉送檢察廳提起公訴，開廳審訊，供詞相符，而張海猶喋喋狡辯，復經一再詳審，證據確鑿無疑，應即判决。查律載：竊盜得財一兩以上至一十兩，工作四個月等語。此案張海既將銀洋四元盜據入手，復用詐欺之行爲以圖狡賴，居心之險，殆不可問，自應從嚴懲罰，以儆姦宄。張海合依竊盜得財一兩以上至一十兩工作四個月律，擬工作四個月，限滿釋放後，照例交保管束。移送檢察廳查照執行。並將銀洋給主具領。司蔭堂既不請求到庭費，着張和自行答謝。

《各省審判廳判牘》第二編《判詞類・發冢》 緣吴維義、吴諸氏均籍隸天津縣，吴維義係吴樹堂族弟，吴諸氏係吴樹堂之妻，吴維義等與吴秉中均係無服族兄弟，均先未爲匪。宣統元年八月間，不憶日期，吴維義與吴樹堂等遇道貧難，吴維義起意變賣祖遺墳地得錢分用，吴樹堂等允從。即於是日，吴維義控説現要遷墳，雇要不識姓名小工四人與吴樹堂等偕抵該處，見原有老墳四冢俱已塌陷，吴維義令小工用鐵鍬刨開墳土，起出屍棺七具，抬至娃娃地内掩埋，内有吴秉中之祖母棺木一具，木板甚厚，材無損壞，尚可變賣，吴維義即令小工將此棺柩停放地旁，次日買一木匣復至該處，撬開棺蓋，移出骸骨，裝入木匣掩埋。即將騰出舊棺抬運至津，雇劉長順修理上漆，托劉二把説合，售與王余善價洋二十元，當時先交洋十元，吴維義與吴樹堂等分用。王余善不知盜賣情由，當將此棺抬至義國租界租師廟内寄放，即經該處巡捕看破舊材形迹，將吴樹堂、吴諸氏、劉長順等先後查獲，送案訊究。吴維義聞風逃至各處避匿，吴樹堂等供認盜賣墳地棺木，定罪名送所習藝。而吴樹堂因圖脱其妻吴諸氏罪名，伊夫婦皆未供明吴維義糾邀盜賣情事。嗣吴秉中回歸，查知吴維義起意糾邀吴樹堂等遷墳賣地盜賣棺木，控經飭警查傳，旋經南段巡警第三局將吴維義訪獲送廳，督同庭員迭次提集犯證研鞫，據各供悉前情不諱，究詰不移，案無遁飾，應即判决。

案前曾派警協同吴樹堂到吴姓墳地查勘，内有空穴七個，東北娃娃地内有新墳七座。據吴樹堂指稱，即由此空穴所遷之墳，新墳地東南有無冢墓一個，露出棺木，又有墓坑一個，無棺。據吳樹堂指稱，伊等所賣之棺即出於此穴，今據吳維義堂供，亦與吳樹堂當日所指情形處處吻合，併稱實係伊與吳諸氏同謀，吳樹堂夫綱不振，聽從而已，而吳諸氏則堅不承認同謀一層。查墳地近在吳諸氏村外，訊據劉長順供稱，找伊賣棺之時實係吳諸氏與吳維義出頭，且該氏亦承認答過口聲，此皆足爲該婦同謀之鐵板證據。

查現行刑例載：發年久穿陷之冢開棺見屍，爲首一次者流三千里，爲從一次者仍照雜犯流罪總徒四年等語。

此案吳維義起意糾同吳樹堂等盜賣吳秉中墳地，發掘年久穿陷墳冢，開棺見屍，盜賣棺木，殊屬不法。查吳維義等與吳秉中訊係同宗無服，應同凡論，自應按例問擬。吳維義合依發年久穿陷之冢，開棺見屍，爲首一次者流三千里現行刑例，擬流三千里。吳諸氏依發年久穿陷之冢，開棺見屍，爲從一次者仍照雜犯流罪總徒四年現行刑例，擬總徒四年。該犯婦吳諸氏訊明無力納贖，而總徒例無折工明文，應於滿徒罪上加爲折工一百八十日，送女習藝所工作，限滿提釋。吳樹堂因圖脱伊妻罪名，未將吳維義起意糾邀盜賣墳地供明，本干例議，惟前已判罪，在所病故，應毋庸議。修理舊棺之劉長順亦前已判罰，罪名應免重科。買棺之王余善訊不知情，亦毋庸議。舊棺前已飭令抬回，仍取木匣内骸骨安葬。逸犯劉二把飭緝獲日另結。無干省釋。於宣統三年五月十四日判決。

《各省審判廳判牘》第二編《判詞類·雇工人偷竊家主財物》 訊據郵政局委任人章洪祥、保制心等供：均在郵政局辦公，去年臘月二十八日盤庫點銀數目符合，二十九日雜役徐家珍將供事保制心房門扭開，銼斷箱鎖，竊去衣服四件，又將章文案抽屜内銀洋八元竊去。隨即查問徐家珍，當衆供認，允許賠銀十五元，本要了事，因在伊床褥下搜出私造銀櫃鑰匙鐵銼，才移送警署，後點櫃内少銀五元，考驗私造櫃鑰，不能開鎖，或是臘月二十八日該差搬銀入櫃時取去的。據蒲敬軒供：貴州貴築縣人，充當郵局差弁，徐家珍未犯以前，私開章師爺抽屜後，又剪銼摹仿櫃鑰是親見的。去年臘月二十九日他竊去保制心的衣服，章師爺的銀元，他已憑衆供認賠銀十五元，本要了事，因又在他的床褥下搜出鑰匙鐵銼，才送至警署訊辦。這櫃内失銀一百元有無其事，何人竊去，未曾聞見。據竊犯徐家珍供：年十九歲，父故母存，並無弟兄，未娶妻室，充當郵政雜役，與供事保制心同室住宿，從無過犯。去年臘月初二日星期，小的同蒲敬軒出外玩耍，在法醫院門首躲雨，大家説起債多發愁，若能配合銀櫃鑰匙竊取百十元也就好了，隨後小的用紙摹仿櫃鑰剪樣，蒲敬軒送來洋鐵仿做鑰匙四把，又借黎木匠的鐵銼，尚未銼好。那天不記日期，二炮時候，蒲敬軒教小的開櫃試試，他在門外了望，因鑰不合式，並未通開；臘月二十九日，小的無錢着急，乘保制心出外開門，扭鎖竊他衣服四件，當銀三兩花用。又竊文案章師爺抽屜内銀洋八元，後被總辦查追，小的認賠十五元了事。他們又在小的床褥下搜出鑰匙鐵銼，今年正月初四日才將小的送到警署的。這櫃銀一百元並非小的所竊，記得今年正月初三日把小的扣留供事房認賠衣服時，正慮無錢，蒲敬軒勸説往日説的話，都不湊巧，今日把羅洋行來取六千元，係我點交，我就順取一百元幫你賠了衣銀，其餘分用，你好另圖别事。後因搜出鑰匙送至警署，他又教小的莫認，如果嚴訊，不可扳他。初七日他到警署拘留所看望小的，送有餅子、紙烟、洋火並小洋一毫，又叮嚀一番，小的説尚未招認，他説甚好、甚好，後來開釋，再將洋錢分用。他如今反口不認，累及小的一人，求詳查等供。當庭對質，蒲敬軒只認臘月初二日與徐家珍避雨法醫院前，初四日送至警署，初七日買物到拘留所看望徐家珍各層，與徐犯所供若合符節，其商量造鑰、教供、許銀各節堅不承招，詰以正月初三把羅洋行取銀一層據供係伊經手，有幫辦眼同交割，並未竊取百元。又稱臘底徐家珍與包裹房之戚紹臣比肩出入，行踪詭秘，徐竊之銀必有寄處，詰以寄於何地何人，而又言語支吾，但稱戚紹臣代徐買鞋爲證。查傳戚紹臣到庭，供稱鞋係賒買，尚未付銀，别無他事。質之蒲敬軒，亦不能指戚姓於買鞋之外别有他事。查此案徐家珍偷竊保制心之衣服、章洪祥之銀元始終供認，矢口不移，而於摹造櫃鑰一層雖已承認，但鑰未完全，不能開鎖，則不能指僞鑰爲竊取櫃内百元之確據。郵局以臘月二十八日點銀入庫係徐家珍經手，疑其順便竊取，今既訊無確實贓證，未便憑空臆斷。蒲敬軒身爲郵局差弁，眼見徐家珍私開抽屜，仿造櫃鑰，既不登時報告，迨徐家珍犯事之後又與之交頭接耳，徐家珍供指蒲敬軒竊取百元，事出有因，惟徐家珍供詞惝恍，亦不能遽斷蒲敬軒爲竊銀之賊，迭經推鞫，又復多方調查，情形如此，惟有就其供贓已確之處先行判决。查例載：雇工人偷竊家長財物者，準竊盜計贓治罪。竊盜贓一兩至十兩，工作四個月。又律載：盜倉庫門等鑰者，工作十個月。又：斷罪無正條，援引比附加減定擬各等語。此案徐家珍身充雜役，起意行竊局員衣服銀元，係屬個人私物，與盜竊官物者不同，核與雇工人偷竊家主財物情節相類，惟該犯摹造郵局庫鑰，雖係未成，亦與盜鑰無殊，自應比律問擬，徐家珍除犯竊計贓輕罪不議外，合比盜倉庫等鑰者工作十個月律量減一等，擬工作八個月，限滿察看。蒲敬軒服役郵局，親見徐家珍私開抽屜，摹造庫鑰，並不先事舉發，實屬不應，合依不應輕律擬處四等罰，先予保釋。至郵局失銀一百元尚無切實犯證，應再嚴密查緝，獲日另結。保制心、章洪祥所失之贓計值銀十五元，即於徐家珍名下追繳，給與原主。照章移由地方檢察廳查照執行。

《各省審判廳判牘》第二編《判詞類・七人合伙竊贓逃逸被獲》　王玉珍即王三、孫永和分隸山東沂州、滕縣，賣魚爲業，先未爲匪犯案。宣統三年三月二十八日，該犯等在江寧縣屬地方，會遇素識在逃之楊三、周二、徐二、金二、靳二，各道貧難，楊三知道楊庫村姚廣榮家道殷實，起意糾竊，得贓分用，均各永從。即於是夜在僻處會齊，王玉珍、孫永和、楊三持洋槍，周二執油捻，徐二持木棍，金二、靳二徒手，一共七人，三更時候偕抵事主門首，孫永和在外瞭望，王玉珍等撬門進内，竊得贓物逃逸，將贓衣在不識字號當洋六角，同回僻處點贓俵分，各散。經江防營馬隊將該犯王玉珍、孫永和緝獲送縣，轉送到廳，由檢察廳前往補勘，並據事主姚廣榮禀報被竊等情，移送前來，當經提犯研訊，據供前情不諱，再三究詰，矢口不移，案無遁飾，應即判决。援據法律文及判决理由查例載：竊盜糾伙三人以上，但有一人持械者，不計贓數次數，爲從徒兩年半。又：尋常行竊，但係執持洋槍之犯，雖未拒捕，發極邊足四千里安置各等語。此案王玉珍、孫永和聽糾伙竊，或係入室搜贓，或係在外瞭望，查該犯等均執持洋槍，自應按例問擬。王玉珍即王三、孫永和均合依尋當行竊，但係執持洋槍之犯，雖未拒捕，發極邊足四千里安置例，擬發極邊足四千里安置。查該犯等係當赦所不原，照例發配。餘訊無另犯不法別案及同居親屬知情分贓，逃後亦無知情貧苦人家，均無容議。逸犯飭緝獲日另結。判决。

《各省審判廳判牘》第二編《判詞類・因貪行竊綢貨》　緣李福、陳麟祥分隸浙江山陰、江蘇吴江等縣，彼此素識，均先未爲匪犯案。李福向在觀成堂綢業公所充當厨房安分幫工。至宣統三年六月十六日，李福見觀成堂貨房存貨甚多，起意偷竊，商允門外河埠莊船伙陳麟祥合伙，得贓三七分用，並托陳麟祥代辦棉花、磚石，預先安置僻處，到晚觀成堂所有管事人外出之時，李福竊出貨房鎖匙，開門進内，將收存宋春源寄蘇州人和遂記綢貨兩包計十匹，將包拆開取出綢匹，即以所備棉花、磚石填入，仍將包裹封印黏貼如故，攜贓走出貯藏卧室，於次日，先以一件遞給陳麟祥，前往廣仁典當洋十五元，零餘贓八匹於二十日由陳麟祥帶往吴江縣黎里、平窑等鎮典押五十二元，餘綢二匹經該鎮吴仲香瞥見，初不經意，至是啓疑，告知堂内董事，前往查起原贓，報請偵探隊將李福、陳麟祥拘獲，送由檢察廳起訴前來。當經本廳發交刑庭，遵章片請檢察官莅庭監審，提犯鞫訊，據各供認前情不諱，詰無另犯不法别案，誠恐尚有不實不盡，迭加究詰，各矢志不移，移請檢察廳派警押犯前往江蘇吴江縣黎里地方，照會汾湖司派差協同查起陳麟祥典押各贓，去後兹據復送質契二紙，並聲稱吴仲香在逃，無從查究等情前來。飭主具領取狀存卷，提犯復訊，供仍如前。查估事主觀成堂失贓計七十二兩，自應據供計贓判决。查律載：竊盜已行，但得財以一主爲重並贓論罪，爲從，減一等。又：竊盜贓七十兩，徒二年各等語。此案李福輒敢因貧起意，糾同陳麟祥偷竊觀成堂轉寄貨物，得贓七十兩有零，殊屬不法，自應按律問擬。李福合依竊盜贓七十兩徒二年律，擬徒二年。陳麟祥合依李福徒罪上爲從減一等，擬徒一年半。照章發交本省習藝所依限工作，限滿釋放。遵章移請檢察廳，俟上訴確定後查照執行，按季匯報。已起贓票飭主認領，未起之贓照估追賠。奪贓在逃之吴仲香飭緝獲日另結。

《各省審判廳判牘》第二編《判詞類・書記因貧盜竊公款》　緣沈荔孫、沈阿發均籍隸浙江錢塘縣，二人係同胞弟兄，沈荔孫充當〔咨〕議局書記屬，沈阿發向充商業，均先未爲匪犯。宣統三年六月初，沈荔孫見諮議局會計處收存銀行往來摺上存款甚巨，起意竊摺，往取花用，因存摺安放鐵櫃内，鎖匙由會計林堯民有事外出，沈荔孫乘間前往竊取鎖匙，潛往開櫃，竊出存摺兩個，裝入袋内，誠恐惹人疑心，復將先時預備小刀、鐵銼各一把，放於鐵櫃抽屜內，藉以掩人耳目，仍將鐵櫃關鎖如故溜出，於初六日清早，持摺前往大清銀行，走至半路，又慮被人識破，遂一面雇令不識姓名十六七歲幼孩一人往取三千元，自立門口守候，取回仍復暗放局中辦公桌抽屜內，心中猶豫，恐怕被人察破，於初七日捏稱王葛騰名義偷洋，函稿寄往嘉興，囑三弟沈阿發照繕寄申轉寄咨議局，俾免經理人因此受累，乃諮議局接信後檢點，始知失洋，正往各處調查，適沈荔孫又於初九日請假往嘉興，將其三弟阿發領回，因此略涉嫌疑，遂托由偵探隊嚴密調查沈阿發，踪迹詭秘，確有可疑，即先行往傳沈阿發送廳查詢，沈阿發不肯獨來，當面繕條，往邀其兄沈荔孫同來分辨，詎將所書字條與諮議局初九日所接王葛騰一信，筆迹字畫如出一手，復飭當面照寫信封各字，亦屬相符，提犯詳鞫，供係其兄沈阿發爲繕寄不諱，並聲稱事前並不知情，事後亦未分贓，詰以贓之所在，據稱不知底裏，大約存在上海等語。將犯還押，由檢察廳飭提沈荔孫到案起訴前來，當經本廳發交刑庭，遵章片請檢察官莅庭監審，提犯鞫訊。沈荔孫始猶狡執，堅不肯招，追示以其弟阿發所書字條供狀，知無可賴，情願求限三日，將贓如數照還，求恩寬辦等語。並另行自具家信一函與其父沈幼槎，信中語意亦以事已敗露，請速將洋交出以救其性命云云。詎到限，其父了無復音，復提研鞫，又據稱贓洋實已銷毁，再三研鞫，矢口不移，詰以銷毁何意，據稱希圖滅迹；詰以當時櫃中另放小刀鐵銼是何用意，據稱裝點外賊行徑，冀免疑爲局中人所爲等語。本廳當以案關出入重大，不厭求詳，一面飭傳肅儀巷之鐵匠店主人許順興來廳指認面貌，亦尚相同，自屬可信。當又詰以有無同伙分贓之人，既已起意偷竊得贓，何以又復銷毁，顯有隱匿别情，並其弟阿發既經代寫書信，焉有不分之理？據供當日委止伊一人起意，並無同伙分贓之人，現既已犯罪，何必再代人受罪，至其弟阿發雖代繕寄信件，因其遠在嘉興。後阿發返杭，因風聲不好，恐觸發他人疑心，不敢即分，迨阿發被拘，即將贓票燒毁，在伊原係一時糊塗，起意偷竊，旋即後悔，今復被人察破，心中悔懼恐慌，以爲銷毁即可滅迹，無從查起，希圖掩飾避罪，不料仍屬無益，求詳察等語。核所供似尚可信，案已訊明，計贓三千元，合銀二千一百六十兩，自應照估據供判決。查律載：竊盗已行，但得財以坐主爲重並贓論罪。又：五百兩以上絞監候。又：不應爲而爲，事理重者，處八等罰各等語。此案沈荔孫以咨議局書記，膽敢因貧起偷竊該局公款，得贓逾貫，殊屬不法，自應按律分擬。沈荔孫合依竊盗贓五百兩以上絞律擬絞監候，秋後處决。沈阿發事前雖不知情事，後亦未分贓，惟代寫捏名信函，亦屬不合，合依不應爲而爲，事理重者，處八等罰律，擬處八等罰。能否交納罰金，遵章將全案供勘移請檢察廳，俟上訴期（面）〔滿〕確定後查照分别執行。一面善呈提法司申部具奏，請旨施行。失贓雖據供稱業已銷毁，仍應照例於犯人名下照估追賠。所呈小刀、鐵銼及原信各證物，案結存庫備照。

詐僞欺騙部

欺騙官府分部

綜　述

《周禮・司寇・禁暴氏》　禁暴氏掌禁庶民之亂暴力正者，撟誣犯禁者，作言語而不信者，以告而誅之。

《晉書》卷三〇《刑法志》　是時承用秦漢舊律，其文起自魏文侯師李悝。悝撰次諸國法，著《法經》。以爲王者之政，莫急於盜賊，故其律始於《盜》、《賊》。盜賊須劾捕，故著《網》、《捕》二篇。其輕狡、越城、博戲、借假不廉、淫侈、踰制以爲《雜律》一篇，又以《具律》具其加減。是故所著六篇而已，然皆罪名之制也。

《史記》卷六三《韓非列傳》　衛國之法，竊駕君車者罪至刖。

睡虎地秦墓竹簡整理小組編《睡虎地秦墓竹簡・秦律雜抄》　敢深益其勞歲數者，貲一甲，棄勞。中勞律。

睡虎地秦墓竹簡整理小組編《睡虎地秦墓竹簡・秦律雜抄》　匿敖童，及占瘩〔癃〕不審，典、老贖耐。百姓不當老，至老時不用請，敢爲〔酢〕〔詐〕僞者，貲二甲；典、老弗告，貲各一甲；伍人，户一盾，皆罨〔遷〕之。傅律。

睡虎地秦墓竹簡整理小組編《睡虎地秦墓竹簡・秦律雜抄》　·冗募歸，辭曰日已備，致未來，不如辭，貲日四月居邊。軍新論攻城，城陷，尚有棲未到戰所，告曰戰圍以折亡，〔叚〕〔假〕者，耐；〔敦〕〔屯〕長、什伍〔智〕〔知〕弗告，貲一甲；稟伍二甲。〔敦〕〔屯〕表律。

睡虎地秦墓竹簡整理小組編《睡虎地秦墓竹簡・秦律雜抄》　捕盜律曰：捕人相移以受爵者，耐。

睡虎地秦墓竹簡整理小組編《睡虎地秦墓竹簡・法律答問》　〔僑〕〔矯〕丞令〔可〕〔何〕〔殹〕〔也〕？爲有秩僞寫其印爲大嗇夫。

睡虎地秦墓竹簡整理小組編《睡虎地秦墓竹簡・法律答問》　盜封嗇夫〔可〕〔何〕論？廷行事以僞寫印。

睡虎地秦墓竹簡整理小組編《睡虎地秦墓竹簡・法律答問》　廷行事吏爲詛僞，貲盾以上，行其論，〔有〕〔又〕廢之。

睡虎地秦墓竹簡整理小組編《睡虎地秦墓竹簡・法律答問》　伍人相告，且以辟罪，不審，以所辟罪罪之。〔有〕〔又〕曰：不能定罪人，而告它人，爲告不審。今甲曰伍人乙賊殺人，即執乙，問不殺人，甲言不審，當以告不審論，且以所辟？以所辟論當〔殹〕〔也〕。

睡虎地秦墓竹簡整理小組編《睡虎地秦墓竹簡・法律答問》　有秩吏捕闌亡者，以畀乙，令詣，約分購，問吏及乙論〔可〕〔何〕〔殹〕〔也〕？當貲各二甲，勿購。

睡虎地秦墓竹簡整理小組編《睡虎地秦墓竹簡・法律答問》　部佐匿〔者〕〔諸〕民田，〔者〕〔諸〕民弗〔智〕〔知〕，當論不當？部佐爲匿田，且〔可〕〔何〕爲？已租〔者〕〔諸〕民，弗言，爲匿田；未租，不論□□爲匿田。

睡虎地秦墓竹簡整理小組編《睡虎地秦墓竹簡・法律答問》　〔可〕〔何〕謂匿户及敖童弗傅？匿户弗繇〔徭〕、使，弗令出户賦之謂〔殹〕〔也〕。

睡虎地秦墓竹簡整理小組編《睡虎地秦墓竹簡・法律答問》　女子爲隸臣妻，有子焉，今隸臣死，女子北其子，以爲非隸臣子〔殹〕〔也〕，問女子論〔可〕〔何〕〔殹〕〔也〕？或黥顔頯爲隸妾，或曰完，完之當〔殹〕〔也〕。

《漢書》卷三五《吳王濞傳》　詐稱病不朝，於古法當誅。

《漢書》卷六五《東方朔傳》　朔擅詆欺天子從官，當棄市。

《漢書》卷八三《薛宣傳》　〔朕〕數以問君，君對輒不如其實，【略】九卿以下，咸承風指，同時陷於謾欺之辜。

《漢書》卷七六《王尊傳》　傷於詆欺之文，上不得以功除罪。

《漢書》卷八三《朱博傳》　欺謾半言，斷頭矣。

《後漢書》卷七《桓帝紀》〔建和元年詔〕若有擅相假印綬者，與殺人同棄市論。

（清）杜貴墀《漢律輯證》卷三　詆欺。《薛宣傳》詔書無以詆欺成罪。《匡衡傳》今司隸校尉尊妄詆欺加非於君，方下有司問狀。《翟方進傳》從甘泉行馳道中，司隸校尉陳慶劾奏方進沒入車馬云，大中大夫平當給事中奏言，方進不自責，悔而内挾私恨，伺記慶之從容語言，以詆欺成罪。《孫寶傳》鄭崇下獄寶上書云，天子不説，制詔丞相大司空：司隸寶奏故尚書僕射崇寃，請獄治尚書令昌。案崇近臣，罪惡暴著，而寶懷邪心，附下罔上，以春月作詆欺，遂其姦心，蓋國之賊也。其免爲庶人。《後書·陳忠傳》尚書決事，多違故典，罪法無例，詆欺爲先。按：以上各傳竝舉詆欺爲罪名，知詔書所云無以詆欺成罪，必已著爲律令矣。除任子令及誹謗詆欺法見《哀帝紀》。

《晉書》卷四四《石鑒傳》〔石鑒〕後爲鎮南將軍，豫州刺史，坐討吳賊虚張首級。詔曰：昔雲中守魏尚，以斬首不實受刑，武牙將軍田順以詐增虜獲自殺，誣罔敗法，古今所疾。

《晉書》卷三〇《刑法志》　斷獄者急於榜格酷烈之痛，執憲者繁於詐欺放濫之文，違本離實，箠楚爲奸，或因公行私，以逞威福。

《晉書》卷三〇《刑法志》《賊律》有欺謾、詐僞、踰封、矯制，《囚律》有詐僞生死，《令丙》有詐自復免，事類衆多，故分爲《詐律》。

《晉書》卷三〇《刑法志》　違忠欺上謂之謾，背信藏巧謂之詐。

《魏書》卷六《顯祖紀》〔天安元年〕秋七月辛亥，詔諸有詐取爵位，罪特原之，削其爵職。其有祖、父假爵號貨賕以正名者，不聽繼襲。諸非勞進超遷者，亦各還初。

《魏書》卷一一一《刑罰志》　其年六月，兼廷尉卿元志、監王靖等上言：　檢除名之例，依律文，獄成謂處罪案成者。寺謂犯罪逕彈後，使覆檢鞫證定刑，罪狀彰露，案署分昞，獄理是成。若使案雖成，雖已申省，事下廷尉，或寺以情狀未盡，或邀駕撾鼓，或門下立疑，更付別使者，可從未成之條。其家人陳訴，信其專辭，而阻成斷，便是曲遂於私，有乖公體。何者？五詐既窮，六備已立，僥倖之輩，更起異端，進求延罪於漏刻，退希不測之恩宥，辯以惑正，曲以亂直，長民姦於下，隳國法於上，竊所未安。大理正崔纂、評楊機、丞甲休、律博士劉安元以爲：律文，獄已成及決竟，經所綰，而疑有姦欺，不直於法，及訴冤枉者，得攝訊覆治之。檢使處罪者，雖已案成，御史風彈，以痛誣伏，或拷不承引，依證而科；或有私嫌，强逼成罪；家人訴枉，辭案相背。刑憲不輕，理須訊鞫。既爲公正，豈疑於私。如謂規不測之澤，抑絶訟端，則枉滯之徒，終無申理。若從其案成，便乖覆治之律。然未判經赦，及覆治理狀，眞僞未分，承前以來，如此例皆得復職。愚謂經奏遇赦，及已復治，得爲獄成。尚書李韶奏：使雖結案，處上廷尉，解送至省，及家人訴枉，尚書納辭。連解下鞫，未檢遇宥者，不得爲案成之獄。推之情理，謂崔纂等議爲允。詔從之。

（唐）長孫無忌等《唐律疏議》卷二五《詐僞·僞造御寶》　諸僞造皇帝八寶者，斬。太皇太后、皇太后、皇后、皇太子寶者，絞。皇太子妃寶，流三千里。僞造不録所用，但造即坐。

疏議曰：皇帝有傳國神寶、有受命寶、皇帝三寶、天子三寶，是名八寶。依《公式令》：神寶，寶而不用；受命寶，封禪則用之；皇帝行寶，報王公以下書則用之；皇帝之寶，慰勞王公以下書則用之；皇帝信寶，徵召王公以下書則用之；天子行寶，報番國書則用之；天子之寶，慰勞番國書則用之；天子信寶，徵召番國兵馬則用之。皆以白玉爲之。寶者，印也，印又信也。以其供御，故不與印同名。八寶之中，有人僞造一者，即斬。其太皇太后、皇太后、皇后、皇太子寶，僞造者，絞。皇太子妃寶，僞造者，流三千里。太皇太后以下寶，皆以金爲之，並不行用。注云僞造不録所用，謂寶既金、玉爲之，僞造者不必皆須金、玉爲之，亦不問用與不用，造者即坐。

（唐）長孫無忌等《唐律疏議》卷二五《詐僞·僞寫官文書印》　諸僞寫官文書印者，流二千里。餘印，徒一年。寫，謂倣效而作，亦不録所用。

疏議曰：上文稱僞造皇帝八寶，以玉爲之，故稱造。此云僞寫官文書印，印以銅爲之，故稱寫。注云寫，謂倣效而作，謂倣效爲之，不限用泥、用蠟等，故云不録所用，但作成者，即流二千里。餘印，徒一年，餘印謂諸州等封函印及畜産之印，亦不録所用。上文但造寶即坐，不須堪行用；此文雖寫印不堪行用，謂不成印文及大小懸別，如此之類，不合流坐，從下條：造未成者，減三等。

即僞寫前代官文書印，有所規求，封用者，徒二年。因之得成官者，從詐假法。

疏議曰：依式周、隋官亦聽成蔭，或爭封邑之類，事緣前代，乃僞寫前代之印，心有規求，封用者，徒二年。稱封用者，或印文書及封文簿，事兼兩用，故連云封用。注云因之得成官者，從詐假法，謂僞寫封用爲舊公驗，因之成官者，從詐假法。其僞寫未成及成而未封用，依下文未施行減三等例，亦減已封用三等。

（唐）長孫無忌等《唐律疏議》卷二五《詐僞・僞寫符節》 諸僞寫宮殿門符、發兵符、發兵，謂銅魚合符應發兵者，雖通餘用，亦同。餘條稱發兵者，皆準此。傳符者，絞。

疏議曰：宮殿門符，謂非時開宮殿門，皆須勘魚符合，然始得開。僞寫此符及僞寫發兵符，注云發兵，謂銅魚合符，依《公式令》下左符進內，右符付州、府等，應有差科徵發，皆並勅符與銅魚同封行下，勘符合，然後承用，故稱銅魚合符。應發兵，雖通餘用，亦同，謂其符通雜徵發人事及有所用度，若除授、替代州府長官及差行追禁，並用此符，故稱雖通餘用，亦同，謂同發兵符罪。餘條稱發兵者，謂《擅興律》應給發兵符而不給，《賊盜律》盜發兵符，故云餘條皆準此。傳符者，謂給驛用之。僞寫及造此等符者，並合絞。

使節及皇城、京城門符者，流二千里。餘符，徒二年。餘符，謂禁苑門及交巡魚符之類。

疏議曰：使節者，《周禮》有掌節之司，注云道路用旌節然大使擁節而行，是名使節。其皇城門，謂朱雀等諸門；京城門，謂明德等諸門。僞作此等符及節者，流二千里；餘符，徒二年。注云餘符，謂禁苑門及交巡魚符之類，禁苑諸門有符，開閉、守衛、交兵之處皆有交符，巡更、警夜之所並執巡魚符勘過。據《擅興律》：凡言餘符者，契亦同。即契應發兵者，同發兵符法。此條云之類者，即是諸契，非發兵。僞造者，並同餘符之罪，各合徒二年。

（唐）長孫無忌等《唐律疏議》卷二五《詐僞・僞寶印符節假人及出賣》 諸以僞寶、印、符、節及得亡寶、印、符、節假人，若出賣，及所假若買者封用，各以僞造、寫論。

疏議曰：以僞造寶、印、符、節及得亡寶、印、符、節，假與他人；若出賣與他人；及所假所買之人，雖非身自造、寫，若將封用：各依僞造僞寫法科之。

即以僞印印文書施行，若假與人，及受假者施行，亦與僞寫同；未施行，及僞寫印、符、節未成者，各減三等。

疏議曰：上文謂僞造、寫及得亡寶、印、符、節假人及賣買等罪，此文欲論以僞印文書施行。謂以僞印印文書，自將行用，若以僞印文書假與他人，及有受得僞文書行用，並謂已入官司者，其罪各依僞造、寫法。未施行，謂僞文書未將行用，及僞寫印、符、節未成者，各減已施及已成罪三等。

問曰：有人得亡寶、印、符、節，假賣與人，其所假買者，未將行用。未知假賣之人，亦合得依未施行法減罪以否？

答曰：準依律文，本防行用，故云若假人，若出賣及所假若買者封用，各以僞造、寫論。封用之文，承賣買之下，若已封用，俱得全罪；如未行用，並合依未施行減三等。下條盜寶、印、符、節及假賣與人，其假買未封用，並合依此減法。其假買僞印文書未施行，假賣人亦同減例，

又問：二人共造僞印文牒，從者乃將施行，未知二人合有首從以否？

答曰：依《名例律》：共犯罪，以造意爲首，隨從者減一等。僞印既非刼盜，止合造意爲首；從者雖復行用，止依從法減科。

（唐）長孫無忌等《唐律疏議》卷二五《詐僞・詐為制書及增減》 諸詐爲制書及增減者，絞；口詐傳及口增減，亦是。未施行者，減一等。施行，謂中書覆奏及已入所司者。雖不關由所司，而詐傳增減，前人已承受者，亦爲施行。餘條施行準此。

疏議曰：詐爲制書，意在詐僞，而妄爲制勅及因制勅成文，而增減其字者，絞。注云口詐傳及口增減，亦是，謂詐傳勅語及奉勅宣傳，口中詐有增減動事者，並與增減制書同。未施行，減一等，謂詐爲制勅及詐增減已訖，而未施行，減一等。注云施行，謂中書覆奏，此謂詐爲勅語及雖

奉制勑處分，就中增減，中書承受，已覆奏訖。若其不須覆奏者，即據已入所司，或有詐爲中書宣出制勑，文書已入所在曹司，應承受施行及起請行判曹司者，並爲已施行。雖不關由所司，謂所宣制勑及增減，不入曹司，徑即詐向規求之所，其前人已承受者，亦爲施行。假有甲詐宣制勑，向乙索物，乙已承受，不要得物，承受之者，此類即是施行。餘條施行準此，餘條謂以僞印文書施行及下條詐爲官文書施行，如此諸條，已施行及未施行皆準此。

其收捕謀叛以上，不容先聞而矯制，有功者，奏裁；無功者，流二千里。

疏議曰：其收捕謀叛以上，謂所在收捕謀反、逆、叛。不容先聞，謂不容先得奏聞，恐其滋蔓，或致逃逸，而矯行制勑，務速收掩，有功者，奏裁。無功者，流二千里，以其矯行制書，無功可録，免其死罪，宥以流刑。

（唐）長孫無忌等《唐律疏議》卷二五《詐僞・對制上書不以實》

諸對制及奏事、上書，詐不以實者，徒二年；非密而妄言有密者，加一等。對制，謂親見被問。奏事，謂面陳，若附奏亦是。上書，謂書奏特達。詐，謂知而隱欺及有所求避之類。

疏議曰：對制，謂親被顧問；奏事，謂面陳事由，若附他人而奏，亦同自奏之法；上書，謂特達御所：此等若有詐不以實者，徒二年。非密而妄言有密，謂非謀反、逆、叛應密之事，而妄言有密，加一等，謂加對制不實一等，徒二年半。注文已如上解。詐，謂知而隱欺，謂知事不實，故爲隱欺。及有所求避，或妄求功賞，或迴避罪戾之類。若被官司責罰，情在咆哮，或有因鬬忿争，欲相恐迫，口雖告密，問即不承，既無文牒入司，坐當不應爲重。其有已陳文牒，問始承虚；或口稱有密，下辯仍執，於後承妄者：並同未奏減一等，徒二年。

若別制下問、案、推，無罪名謂之問，未有告言謂之案，已有告言謂之推。報上不以實者，徒一年；其事關由所司，承以奏聞而不實者，罪亦如之。未奏者，各減一等。

疏議曰：若別制下問，謂不緣曹司，特奉制勑，遣使就問。注云無罪名謂之問，謂問百姓疾苦，豐儉水旱之類。案者，謂風聞官人有罪，未有告言之狀，而奉制案問。推者，謂事發遣推，已有告言之者。而乃報上不以實者，各徒一年。其事關曹司，承以奏聞，而有不實，亦得徒一年。未奏者，各減一等，謂承前人上書詐不以實，若非密及下問、案、推報上不實，事關所司，承以聞奏，申報不實，未奏者，各減一等。並謂被問、被推之人報答不實者，各獲此罪。

（唐）長孫無忌等《唐律疏議》卷二五《詐僞・詐為官文書及增減》

諸詐爲官文書及增減者，杖一百；準所規避，徒罪以上，各加本罪二等；未施行，各減一等。

疏議曰：詐爲官文書，謂詐爲文案及符、移、解牒、鈔券之類，或增減以動事者，杖一百。準所規避之事，當徒罪以上，事發者，各加本罪二等；未發，即依二罪之法，從重科之。規避者，假有於法不應爲官，詐求得官者，徒二年；又詐爲官文書及增減而規官不解，加本罪二等，合徒三年。避者，或有本犯徒三年，詐爲增減以避此罪者，合加二等，流二千五百里。即詐爲官文書及增減訖，事未施行，各減一等，杖罪以下，杖上減；徒罪以上，各從徒、流、死上減。

即主司自有所避，違式造立及增減文案，杖罪以下，杖一百；徒罪以上，各加所避罪一等；造立即坐。若增減以避稽者，杖八十。

疏議曰：謂主司欲避身罪，違式造立文案，或於舊案增減者，杖罪以下，謂笞十以上，即前罪之外，得杖一百。或避徒罪以上，事發者，即就所避徒上，各加所避罪一等。注云造立即坐，謂不必避得前罪，但造立及增減即坐。若增減以避文案稽違，並於本罪之外，加杖八十。未發者，從二罪法。

問曰：主司自有所避，違式造立文案，徒罪以上，加所避罪一等。加罪有公有私，若用官當，合併滿以否？

答曰：主司若避公罪，有所增減、造立，即坐本罪，依公坐加罪爲私罪。若應以官當者，須以私併公，通所加私罪爲公坐當法。其於負殿者，各依公私兩論。

（唐）長孫無忌等《唐律疏議》卷二五《詐僞・詐假官假與人官》

諸詐假官，假與人官及受假者，流二千里。謂僞奏擬及詐爲省司判補，或得他人告身施用之類。

疏議曰：詐假官，謂虚僞詐假以得官，若虚假授與人官及受詐假官者，並流二千里。注云謂僞奏擬，但流内九品以上官，皆注訖奏擬。及詐爲省司判補，視品、流内等官。或得他人正授告身，或同姓字，或改易已名，妄冒官司，以居職任。稱之類者，亦有已之告身應合追毁，私自盜得而假詐之者。若詐申聞及增減重者，從重法。

其於法不應爲官，謂有罪譴，未合仕之類。而詐求得官者，徒二年。

疏議曰：其於法不應爲官，謂有罪譴，未合仕之類。假如除名者六載後聽敍，免官者三載後聽叙，免所居官者周年聽敍，若有此等年限未滿，而詐求得官者，徒二年。稱之類者，謂犯罪應用高官而許用卑官，及流人未滿六載之類。

若詐增減功過年限而預選舉，因之以得官者，徒一年；流外官，各減一等；求而未得者，又各減二等。下條準此。

疏議曰：若詐增減功過年限，謂詐增功勞考第，或減其負殿及下孜年限，而預選及舉，因之以得官者，徒一年。又，依《選舉令》：官人身及同居大功以上親，自執工商，家專其業者，不得仕。其舊經職任，因此解黜，後能修改，必有事業者，三年以後聽仕。其三年外仍不修改者，追毁告身，即依庶人例。其有官及無官之人，依令不得仕，而詐求得官；及未滿三年，隱狀選得官者：並同增減功過年限預選得官，合徒一年。其三年外仍不修改，若方便不輸告身，依舊爲官者，亦同不應爲官之坐。若追納之後，却盜及私贖得，以爲官者，依上條詐假官論。流外官，減一等，謂從詐假官以下，並依流内官當色輕重上減一等，故云各減一等。求而未得，又各減二等，若詐假官未得，流上減二等，合徒二年半，流外官又減一等，徒二年；於法不應爲官，求而未得，減二等，徒一年，流外官又減一等，杖一百；詐增減功過年限而預選舉，求而未得，減二等，杖九十，流外官又減一等，杖八十。注云下條準此，謂下條非正嫡詐承襲未得，亦各減二等。

（唐）長孫無忌等《唐律疏議》卷二五《詐僞・非正嫡詐承襲》 諸非正嫡，不應襲爵，而詐承襲者，徒二年；非子孫而詐承襲者，從詐假官法。若無官蔭，詐承他蔭而得官者，徒三年。非流内及求贖，杖罪以下，各杖一百；徒罪以上，各加一等。

疏議曰：依《封爵令》：王、公、侯、伯、子、男，皆子孫承嫡者傳襲。以次承襲，具在令文。其有不合襲爵而詐承襲者，合徒二年。非子孫，謂子孫之外，詐云是嫡而妄承襲者，從詐假官法，合流二千里。若無官蔭，詐妄承取他人官蔭而得官者，徒三年。非流内，謂假蔭得學生及七品邑，若勳品以下，及求贖杖罪以下，本罪之外，各合杖一百，徒罪以上，加一等，謂於百杖上加一等，合徒一年。此是犯罪已發而更爲者，重其事。從詐承襲以下，求而未得，各減二等。

問曰：取蔭求贖，杖罪杖一百，徒罪加一等。其官司知而故縱，未知從下條承詐知而聽行與同罪，惟復依《斷獄律》斷罪應決配之而聽收贖，減本罪故失一等而科？

答曰：既稱知而故縱，即是知而聽行，理從同罪而科。

（唐）長孫無忌等《唐律疏議》卷二五《詐僞・詐稱官捕人》 諸詐爲官及稱官所遣而捕人者，流二千里。爲人所犯害，犯其身及家人、親屬、財物等。而詐稱官捕及詐追攝人者，徒一年。未執縛者，各減三等。

疏議曰：詐爲官，謂身自詐作官人，及詐稱官司遣捕人者，並流二千里。若爲人侵犯其身，或犯家人、親屬，或侵奪身及家人、親屬財物等，乃詐稱官司遣捕，或稱官司遣追攝者，並徒一年。雖詐有追攝及捕，而未執縛者，各減三等。稱各者，捕人未縛，流上減三等，合徒二年；爲人所犯害，詐稱官捕及詐追攝人未縛，徒一年上減三等，合杖八十。

問曰：《捕亡律》：被人毆擊折傷以上，若盜及强姦，雖傍人，皆得捕繫。其傍人雖合捕攝，及詐稱官遣而捕繫之，合科何罪？

答曰：此條注云犯其身及家人、親屬、財物等，謂非折傷以上、盜及强姦之色，而詐稱官捕，合徒一年。若前人本法合捕，雖傍人詐稱官捕，止從下文其應捕攝，杖八十。

其應捕攝，無官及官卑詐稱高官者，杖八十。即詐稱官及冒官人姓字，權有所求爲者，罪亦如之。

疏議曰：謂毆人折傷以上，或强姦及盜，此等應須捕攝，其捕攝之人，或無官詐稱有官，或官卑詐稱高官者，杖八十。即詐稱是官及冒承官人姓名，權有所求爲者，或經過之處，權有所求，或出入公門，心規禮待，非有捕攝者，情是詐欺之類，亦合杖八十，故云亦如之。

問曰：前人不合捕攝，乃詐稱官捕，因而殺傷前人，或拒毆傷殺捕者，各合何罪？

答曰：詐捕攝人，已成凶狡，更加毆打傷殺情狀，彌所難原。前人既不相干，即當故殺傷法。若前人拒毆，殺傷捕者，《名例》云：本應輕者，聽從本。既不合捕，横被執持，雖有殺傷，止同鬥殺。

（唐）長孫無忌等《唐律疏議》卷二五《詐僞・詐欺官私財物》 諸詐欺官私以取財物者，準盜論。詐欺百端，皆是。若監主詐取者，自從盜法；未得者，減二等。下條準此。

疏議曰：詐謂詭誑，欺謂誣罔。詐欺官私以取財物者，一準盜法科罪，唯不在除、免、倍贓、加役流之例，罪止流三千里。注云詐欺百端，皆是，謂詐欺之狀，不止一途。若監主詐取，謂監臨主守詐取所監臨主守之物，自從盜法，加凡盜二等，有官者除名。未得者，減二等，謂已設詐端，誣罔規財物，猶未得者，皆準贓，減罪二等。其非監主，詐欺未得者，自從盜不得財之法。下條準此，謂下條詐爲官私文書及增減，欺妄求物，未得者，監主之人亦減二等，故云下條準此。

知情而取者，坐贓論；知而買者，減一等；知而爲藏者，減二等。

疏議曰：知情而取者，謂知前人詐欺得物而乞取者，坐贓論，一尺笞二十，一疋加一等，十疋徒一年。詐欺之人雖是監主，凡人知情取者，止得坐贓之罪。知而買者，減一等，謂於坐贓上亦減一等。知而爲藏，謂知詐欺而得，故爲隱藏，亦於坐贓上減二等。

（唐）長孫無忌等《唐律疏議》卷二五《詐僞・詐為官私文書及增減》 諸詐爲官私文書及增減，文書，謂券抄及簿帳之類。欺妄以求財賞及避沒入、備償者，準盜論；贓輕者，從詐爲官文書法。若私文書，止從所欺妄爲坐。

疏議曰：詐爲官私文書及增減，謂詐爲官私券抄及增減簿帳，故注云文書，謂券抄及簿帳之類。稱之類者，謂符、牒、抄案等。欺妄以求錢財，或求賞物；及緣坐資財及犯禁之物，合沒官而避沒入；或損失官私器物，而避備償：如此之類，增減詐爲方便、規避者，計所欺得之贓，準竊盜科斷。贓輕者，從詐爲官文書法，謂計贓得罪，輕於杖一百者，從詐爲官文書法；有印者，自從重論。注云若私文書，止從所欺妄爲坐，謂詐爲私文契及受領券、付抄帖，以求避罪，或改年月日限之類，止從所欺妄求物之罪，不同官文書之坐。

（唐）長孫無忌等《唐律疏議》卷二五《詐僞・詐除去死免官户奴婢》 諸詐除、去、死、免官户奴婢及私相博易者，徒二年；即博易贓重者，從貿易官物法。

疏議曰：官户、奴婢，各有簿帳。除者，謂詐言給賜；去者，謂去其名簿；死者，謂詐言身死；免者，謂加年入六十及廢疾，各得免本色之類；及私相博易，謂將私奴婢博易官奴婢者：各徒二年。博易贓重者，從貿易官物法。

問曰：有人將私部曲博换官奴，得以轉事衣食之直準折官奴價否？

答曰：奴婢有價，部曲轉事無估，故盜誘部曲並不計贓。今以部曲替奴，乃是壓爲賤色。取官奴入己者，自從盜論；以部曲替奴，理依壓部曲爲奴之法。須爲二罪，各從重科。

其匿脱者，徒一年；産子不言爲匿，典吏不附爲脱。主司不覺匿脱者，依里正不覺脱漏法。

疏議曰：匿者，謂産子隱匿不言。脱者，謂典吏知情，故不附帳。不言、不附者，各徒一年。故注云産子不言爲匿，典吏不附爲脱。主司不覺匿脱者，依里正不覺脱漏法，《户婚律》里正不覺脱漏增減者，一口笞四十，三口加一等；過杖一百，十口加一等，罪止徒三年。知情者，各同家長法。既同里正之罪，主司止坐所由。若父母匿子，其數更多，亦準《户婚律》家長故隱口之法，一口徒一年，二口加一等；未堪入役者，四口爲一口罪。此是當條雖有罪名，所爲重者，自從重。其典吏及主司匿、脱多者，依律既準里正脱漏，合從累科。主司知情者，各同父母故匿之罪。知與不知，罪名不等者，依脱漏之法，併滿科之。

（唐）長孫無忌等《唐律疏議》卷二五《詐僞・詐為瑞應》 諸詐爲瑞應者，徒二年。若災祥之類，而史官不以實對者，加二等。

疏議曰：瑞應者，陸賈云：瑞者，寶也，信也。天以寶爲信，應人之德，故曰瑞。其瑞應條流，其在禮部之式，有大瑞，有上、中、下瑞。今云詐爲瑞應，即明不限大小，但詐爲者，即徒二年。若詐言麟鳳龜龍，無可案驗者，從上書詐不以實，亦徒二年。若災祥之類，災謂祲沴，祥謂休徵。史官不以實對者，謂應凶言吉，應吉言凶，加二等，徒三年。稱之類者，此外有善惡之事，勑問而史官不以實對者，亦加二等。

（唐）長孫無忌等《唐律疏議》卷二五《詐僞・詐乘驛馬》 諸詐乘驛馬，加役流，驛關等知情與同罪，不知情減二等，關，謂應檢問之處。有符券者不坐。謂盜得真符券及僞作，不可覺知者。

疏議曰：郵驛本備軍速，其馬所擬尤重。但是詐乘，無問馬數及已行遠近，即合加役流。給馬之驛及所由之關，知其詐乘之情者，亦加役流。不知情減二等，謂驛與關司全不勘檢，又不知情，合減二等，猶徒二年半。故注云關謂應檢問之處。有符券者，不坐。注云謂盜得真符券及僞作，不可覺知者，謂僞作符券及盜得真紙券等，檢驗不可覺知者，驛及關司並不坐。

其未應乘驛馬而輒乘者，徒一年。輒乘，謂有當乘之理，未得符券者。

疏議曰：其未應乘驛馬，謂差爲驛使，而未得符券，輒即乘者，徒一年。注云輒乘，謂有當乘之理，未得符券者，謂銜命有實，未得符券而乘者。驛、關等知情聽之，準上文，亦合同罪。不知情者，徒一年上減二等。

（唐）長孫無忌等《唐律疏議》卷二五《詐僞・詐自復除》 諸詐自復除，若詐死及詐去工、樂、雜户名者，徒二年。

疏議曰：詐自復除，復除之條，備在格、令，謂詐云落番新還，或詐云放賤之類，以得復除；若詐作死狀；及詐去工、樂及雜户等名字者：徒二年。其太常音聲人，州縣有貫，詐去音聲人名者，亦同工、樂之罪。

即所詐得復役使者，徒一年。其見供作使，而詐自脱及脱之者，杖六十。計所詐庸重者，各坐贓論。

疏議曰：謂詐爲雜任之類，而得復免役使者，徒一年。其見供作使，謂權充雜役，而詐自脱及知情脱之者，各杖六十。計其詐庸重者，各坐贓論。

（唐）長孫無忌等《唐律疏議》卷二五《詐僞・詐疾病及故傷殘》 諸詐疾病，有所避者，杖一百。若故自傷殘者，徒一年半。有避、無避等。雖不足爲疾殘，而臨時避事者，皆是。

疏議曰：詐疾病，以避使役、求假之類，杖一百。若故自傷殘，徒一年半。但傷殘者，有避、無避，得罪皆同。即無所避而故自傷，不成殘疾以上者，從不應爲重。故注云有避、無避等。雖不足爲疾殘，而臨時避事者，皆是。

其受雇倩，爲人傷殘者，與同罪；以故致死者，減鬬殺罪一等。

疏議曰：謂有受雇，或被倩，爲人傷殘者，與自傷殘人同罪，各合徒一年半。以此傷殘之故，因而致死者，被雇倩之人，不限尊卑、貴賤，皆減鬬殺一等。若爲祖父母、父母遣之傷殘，因致死者，同過失之法。

（唐）長孫無忌等《唐律疏議》卷二五《詐僞・醫違方詐療病》 諸醫違方詐療病，而取財物者，以盜論。

疏議曰：醫師違背本方，詐療疾病，率情增損，以取財物者，計贓，以盜論。監臨之與凡人，各依本法。

（唐）長孫無忌等《唐律疏議》卷二五《詐僞・父母死詐言餘喪》 諸父母死應解官，詐言餘喪不解者，徒二年半。若詐稱祖父母、父母及夫死以求假及有所避者，徒三年；伯叔父母、姑、兄姊，徒一年；餘親，減一等。若先死，詐稱始死及患者，各減三等。

疏議曰：父母之喪，解官居服。而有心貪榮任，詐言餘喪不解者，徒二年半。爲其已經發哀，故輕於聞喪不舉之罪。若祖父母、父母及夫見存，或稱求假，及有所避而詐妄稱死者，各徒三年。伯叔父母、姑、兄姊，徒一年。餘親，減一等，謂緦麻以上，從徒一年上減一等，杖一百。若先死，詐稱始死及妄云疾病，以求假及有所避者，各減三等，謂詐稱祖父母、父母及夫始死及患，徒三年上減三等，合徒一年半；伯叔父母、姑、兄姊，徒一年上減三等，杖八十；餘親，杖一百上減三等，合杖七十。

問曰：有人嫌惡前人，妄告父母身死，其妄告之人，合科何罪？

答曰：父母云亡，在身罔極。忽有妄告，欲令舉哀，若論告者之情，爲過不淺，律令雖無正法，宜從不應重科。

（唐）長孫無忌等《唐律疏議》卷二五《詐僞・詐病死傷檢驗不實》 諸有詐病及死傷，受使檢驗不實者，各依所欺，減一等。若實病死及傷，不以實驗者，以故入人罪論。

疏議曰：有詐病及死若傷，受使檢驗不以實，各依所欺減一等，即上條詐疾病者杖一百，檢驗不實，同詐妄，減一等，杖九十；傷殘徒一年半，減一等，徒一年；若詐死，徒二年上減一等，處徒一年半之類。若實病及傷，謂非詐病及詐傷，使者檢云無病及傷，便是故入人徒、杖之罪；若實死，檢云不死，即是妄入二年徒坐。使人枉入杖者得杖罪，枉入徒者得徒坐，各依前人入罪法。未決者，減一等。

（唐）長孫無忌等《唐律疏議》卷二五《詐僞・保任不如所任》 諸保任不如所任，減所任罪二等；即保贓重於竊盜，從竊盜減。若虛假人名爲保者，笞五十。

疏議曰：保任之人，皆相委悉。所保既乖本狀，即是不如所任，減所任之罪二等。其有保贓重於竊盜，從竊盜減，謂保强盜枉法及恐喝等贓，本條得罪重於竊盜，並從竊盜上減二等。不從重贓減者，以其元不同情，保贓不保罪故也。若虛假人名爲保者，謂假用人名，或妄以他人姓字以充保者，並笞五十。有五人同保一事，此即先共謀計，須以造意爲首，餘爲從坐；當頭自保者，罪無首從。

（唐）長孫無忌等《唐律疏議》卷二五《詐僞・證不言情及譯人詐僞》 諸證不言情，及譯人詐僞，致罪有出入者，證人減二等，譯人與同罪。謂夷人有罪，譯傳其對者。

疏議曰：證不言情，謂應議、請、減，七十以上，十五以下及廢疾，並據衆證定罪，證人不吐情實，遂令罪有增減；及傳譯番人之語，令其罪有出入者：證人減二等，謂減所出入罪二等。譯人與同罪，若夷人承徒一年，譯人云承徒二年，即譯人得所加一年徒坐；或夷人承流，譯者云徒二年即譯者得所減二年徒之類。故注云謂夷人有罪，譯傳其對者。律稱致罪有出入，即明據證及譯以定刑名。若刑名未定而知證、譯不實者，止當不應爲法：證、譯徒罪以上從重，杖罪以下從輕。

（唐）長孫無忌等《唐律疏議》卷二五《詐僞・詐冒官司》 諸詐冒官司以有所求爲，而主司承詐，知而聽行與同罪，至死者減一等；不知者，不坐。謂此篇於條内無主司罪名者。

疏議曰：詐冒官司，謂詐僞及罔冒官司，欲有所求爲，官司知詐冒之情而聽行者，並與詐冒人同罪，至死減一等；不知情者，不坐。注云謂此篇於條内無主司罪名者，即此條爲當篇主司生文，不爲餘篇立例。此篇無主司罪名者，上條詐稱祖父母、父母及夫死及詐疾病，若詐假官或承襲，此等知情與同罪，不知者不坐。

劉俊文《敦煌吐魯番唐代法制文書考釋・格・神龍散頒刑部格殘卷》

散頒刑部格卷

銀青光禄大夫、行尚書右丞、上柱國臣蘇瓌等奉　勅刪定

刑部　都部　比部　司門

一、僞造官文書印若轉將用行，并盜用官文書印及亡印而行用，并僞造前代官文書印若將行用，因得成官，假與人官，情受假：各先決杖一百，頭首配流嶺南遠惡處，從配緣邊有軍府小州。並不在會赦之限。其同情受用僞文書之人，亦准此。

（宋）王溥《唐會要》卷四一《雜記》 天寶五載十一月五日勅：其僞書印，宜用僞鑄印、刻印之例處分，永爲常式。

（宋）李燾《續資治通鑑長編》宋太祖建隆元年八月 涇州馬步軍教練使李玉者，本燕人，性凶狡，與彰義節度使白重贊有隙。一日，與部下閻承恕謀害重贊，先遣人潛市馬纓一，即僞造制書，云重贊謀逆，令夷其族。乃持僞制并馬纓以告都校陳延正曰：使者致此去矣。延正得之，亟白重贊，重贊具以聞。上大驚，視其制書，率皆詐謬，遽命六宅使陳思誨馳驛赴涇州擒玉與承恕，鞫問具伏，咸棄市。擢延正爲刺史。仍詔諸道，凡被制書有關機宜者，印文筆迹，並須詳審考驗。

《宋史》卷二七四《史珪傳》 太祖初臨御，欲周知外事，令珪博訪。珪廉得數事白於上，驗之皆實，由是信之，後乃漸肆威福。民有市官物不當價者，珪告其欺罔，當置法，列肆無不側目。上聞之，因下詔曰：古人以獄市爲寄者，蓋知小民唯利是從，不可盡法而繩之也。况先甲之令，未嘗申明。苟陷人於刑，深非理道。將禁其二價，宜示以明文，自今應市易官物，有妄增價直欺罔官錢者，案鞫得實，並以枉法論。其犯在詔前者，一切不問。自是珪不復敢言。

（宋）李燾《續資治通鑑長編》宋太祖建隆三年七月 先是，雲捷軍士有僞刻侍衛司印者，捕得，斬之。上曰：諸軍比加簡練，尚如此不逞耶！庚辰，命搜索，悉配海島。於是姦猾斂迹。

（宋）竇儀等《宋刑統》卷一一《職制律・長吏立碑》 諸在官長吏實無政迹，輒立碑者，徒一年。若遣人妄稱己善，申請於上者，杖一百。有贓重者坐贓論，受遣者各減一等。雖有政迹而自遣者亦同。

疏：諸在官長吏實無政迹，輒立碑者，徒一年。若遣人妄稱己善，申請於上者，杖一百。有贓重者坐贓論，受遣者各減一等。議曰：在官長吏，謂内外百司長官以下臨統所部者。未能道德齊禮，移風易俗，實無政迹，妄述己功，崇飾虛辭，諷諭所部輒立碑頌者，徒一年。所部爲其立碑頌者，爲從坐。若遣人妄稱己善，申請於上者，杖一百。若虛狀上表者，從上書詐不實，徒二年。有贓重者坐贓論，謂計贓重於本罪者，從贓而斷。受遣者各減一等，各謂立碑者徒一年上減，申請於上者杖一百上減。若官人不遣立碑，百姓自立，及妄申請者，從不應爲重科杖八十，其碑除毀。

注云，雖有政迹而自遣者亦同。議曰：官人雖有政迹，而自遣所部立碑，或遣申請者，官人亦依前科罪。若所部自立及自申上，不知、不遣者不坐。

（宋）竇儀等《宋刑統》卷二五《詐僞律・僞造寶印符節詐為制書及增減　盜用寶印符節　對制及上書詐　詐為官文書及增減》 諸僞造皇帝八寶者斬，太皇太后、皇太后、皇后、皇太子寶者絞，皇太子妃寶流三千里。僞造不録所用，但造即坐。

疏議曰：皇帝有傳國神寶，有受命寶，皇帝三寶、天子三寶，是名八寶。依《公式令》，神寶寶而不用，受命寶封禪則用之，皇帝行寶報王公以下書則用之，皇帝之寶慰勞王公以下書則用之，皇帝信寶徵召王公以下書則用之，天子行寶報番國書則用之，天子之寶慰勞番國書則用之，天子信寶徵召番國兵馬則用之，皆以白玉爲之。寶者，印也，印又信也，以其供御，故不與印同名。八寶之中，有人僞造一者，即斬。其太皇太后、皇太后、皇后、皇太子寶，僞造者絞。皇太子妃寶，僞造者流三千里。太皇太后以下寶，皆以金爲之，並不行用。注云，僞造不録所用。謂寶既金玉爲之，僞造者不必皆須金玉爲之，亦不問用與不用，造者即坐。

諸僞寫官文書印者，流二千里，餘印徒一年。寫謂做效而作，亦不録所用。即僞寫前代官文書印，有所規求封用者，徒二年。因之得成官者，從詐假法。

疏：諸僞寫官文書印者，流二千里，餘印徒一年。注云，寫謂做效而作，亦不録所用。議曰：上文稱僞造皇帝八寶，以玉爲之，故稱造，此云僞寫官文書印，印以銅爲之，故稱寫。注云，寫謂做效而作，謂做效爲之，不限用泥用蠟等，故云不録所用，但作成者，即流二千里。餘印徒一年。餘印謂諸州等封函印，釋曰：封函印具在《公式令》。及畜産之印，亦不録所用。上文但造寶即坐，不須堪行用。此文雖寫印，不堪行用，謂不成印文，及大小懸别，如此之類，不合流坐，從下條造未成者減三等。

又云，即僞寫前代官文書印，有所規求封用者，徒二年。注云，因之得成官者，從詐假法。議曰：依式，周、隋官亦聽成蔭，或爭封邑之類，事緣前代，乃僞寫前代之印，心有規求封用者，徒二年。稱封用者，或印文書及封文簿，事兼兩用，故連云封用。注云，因之得成官者，從詐假法。謂僞寫、封用爲舊公驗，因之成官者，從詐假法，其僞寫未成，及成而未封用，依下文未施行減三等例，亦減已封用三等。

諸僞寫宮殿門符、發兵符、發兵謂銅魚合符應發兵者，雖通餘用亦同。餘條稱發兵者皆准此。傳符者絞。使節及皇城、京城門符者，流二千里。餘符徒二年。餘符謂禁苑門及交巡魚符之類。

疏：諸僞寫宮殿門符、發兵符。注云，發兵謂銅魚合符應發兵者，雖通餘用亦同。餘條稱發兵者准此。又云，傳符者絞。議曰：宮殿門符，謂非時開宮殿門，皆須勘魚符合，然始得開。僞寫此符，及僞寫發兵符，注云，發兵謂銅魚合符，依《公式令》下，左符進内，右符付州府等，應有差科徵發，皆并敕符與銅魚同封行下，勘符合，然後承用，故稱銅魚合符，應發兵，雖通餘用亦同。謂其符通雜徵發人事，及有所用度，若除授、替代州府長官，及差行追禁，並用此符，故稱雖通餘用亦同，謂同發兵符罪。餘條稱發兵者，謂《擅興律》應給發兵符而不給，《賊盜律》盜發兵符，故云餘條皆准此。傳符者，謂給驛用之。僞寫及造此等符者，並合絞。

又云，使節及皇城、京城門符者，流二千里。餘符徒二年。注云，餘符謂禁苑門及交巡魚符之類。議曰：使節者，《周禮》有掌節之司，注云，道路用旌節，然大使擁節而行，是名使節。其皇城、京城諸門僞作此等符及節者，流二千里，餘符徒二年。注云，餘符謂禁苑及交巡魚符之類。禁苑諸門有符，開閉守衛，交兵之處，皆有交符，巡更警夜之所，並執巡魚符勘過。據《擅興律》，凡言餘符者，契亦同。即契應發兵者，同發兵符法。此條云之類者，即是諸契非發兵，僞造者並同餘符之罪，各合徒二年。

諸以僞寶、印、符、節及得亡寶、印、符、節假人，若出賣，及所假若買者封用，各以僞造寫論。即以僞印印文書施行，若假與人，及受假者施行，亦與僞寫同。未施行及僞寫印、符、節未成者，各減三等。

疏：諸以僞寶、印、符、節及得亡寶、印、符、節假人，若出賣，及所假若買者封用，各以僞造寫論。議曰：以僞造寶、印、符、節及得亡寶、印、符、節釋曰：亡猶失也。假與他人，若出賣與他人，及所假、所買之人，雖非身自造寫，若將封用，各依僞寫法科之。

又云，即以僞印印文書施行，若假與人，及受假者施行，亦與僞寫同。未施行及僞寫印、符、節未成者，各減三等。議曰：上文謂僞造寫，及得亡寶、印、符、節假人，及賣買等罪。此文欲論以僞印文書施行，謂以僞印印文書，自將行用，若以僞印文書假與他人，及有受得僞文書行用，並謂已入官司者，其罪各依僞造寫法。未施行，謂僞文書未將行用，及僞寫印、符、節未成者，各減已施行及已成罪三等。

問曰：有人得亡寶、印、符、節，假賣與人，其所假買者，未將行用，未知假賣之人，亦合得依未施行法減罪以否？

答曰：准依律文，本防行用，故云若假人，若出賣，及所假、若買者封用，各以僞造寫論。封用之文，承賣買之下，若已封用，俱得全罪。如未行用，並合依未施行減三等。下條盜寶、印、符、節及假賣與人，其假買未封用，並合依此減法。其假買僞印文書未施行，假賣人亦同減例。

又問：二人共造僞印印文牒，從者乃將施行，未知二人合有首從以否？

答曰：依《名例律》，共犯罪以造意爲首，隨從者減一等。僞印既非劫盜，止合造意爲首，從者雖復行用，止依從法減科。

諸盜寶、印、符、節封用，謂意在詐僞，不關由所主。即所主者盜封用，及以假人，若出賣，所假及買者封用，各以僞造寫論。主司不覺人盜封用者，各減封用罪五等，印又減二等。即事直及避稽而盜用印者，各杖一百。事雖不直，本法應用印而封用者，加一等。主司不覺笞五十，故縱者各與同罪。

疏：諸盜寶、印、符、節封用。注云，謂意在詐僞，不關由所主。又云，即所主者盜封用，及以假人，若出賣，所假及買者封用，各以僞造寫論。議曰：盜寶、印、符、節封用，注云，謂意在詐僞，不關由所主。謂盜用官印等，不由所掌之人，或執印等主司，私盜封用，及所主者將印假與他人，若將出賣，與人並所假買之人，若將封用，各以僞造寫論，並依自造之法。

問曰：有人身爲案主，受人請求，乃爲盜印，印僞文牒，既非掌印，合作首從以否？

答曰：一人須印行用，一人盜印與之，即是共犯，須論首從。盜者雖爲案主，非掌印之人，便是共犯，合爲首從。

又云，主司不覺人盜封用者，各減封用罪五等，印又減二等。即事直及避稽而盜用印者，各杖一百。事雖不直，本法應用印而封用者，加一等。主司不覺笞五十，故縱者各與同罪。議曰：掌寶及符、節主司不覺有人盜用者，減盜用人罪五等，印又減二等。謂不覺用寶及符應死者，死上減五等，徒一年半，不覺用符、節應流，流上減五等，徒一年，不覺用餘符，徒二年上減五等，杖八十，不覺用印，流上減七等，合杖九十。即文書正直，及避文案稽遲而盜用印者，各杖一百。事雖不直，木法應用印，謂事雖枉曲，本法應封用印者，終須申答，而盜封用印者，加一等。合徒一年。若不直罪重，即從重斷。主司不覺笞五十，謂從事直及避稽以下，不覺各笞五十，故縱各與同罪。

准：唐開元二年八月六日勅，詐僞制敕及僞寫官文書印，並造意與句合頭首者斬。若轉將僞印行用，及主典盜，並欺罔用印，成僞文書者絞。并爲頭首不在赦限，仍先決一百，其從并依律以僞造寫論，與僞寫同，并配長流嶺南遠惡處。并知情容止造僞人，仍各先決杖六十，雖會恩免罪，百日見在不首者，並依前科決。其印文古字，人難辯識，縱大小微差，點畫欠朧，但堪亂俗即坐。

准：唐天寶五載十一月九日敕，畫印與刻印雖殊，造意與行用無別，論名小異，議罪合同。若稍挂輕條，便成惠惡。其畫印宜同刻印例處分，仍永爲常式。

（宋）竇儀等《宋刑統》卷二五《詐僞律·詐假官詐承襲　詐稱官捕人》

諸詐假官，假與人官，及受假者，流二千里。謂僞奏擬，及詐爲省司判補，或得他人告身施用之類。其於法不應爲官，謂有罪譴未合仕之類。而詐求得官者，徒二年。若詐增減功過年限，而預選舉，因之以得官者，徒一年。流外官各減一等。求而未得者，又各減二等。下條准此。

疏：諸詐假官，假與人官，及受假者，流二千里。注云，謂僞奏擬，及詐爲省司判補，或得他人告身施用之類。議曰：詐假官，謂虛僞詐假以得官，若虛假授與人官，及受詐假官者，並流二千里。注云，謂僞奏擬，但流內九品以上官，皆注訖奏擬。及詐爲省司判補，視品流內等官，或得他人正授告身，或同姓字，或改易己名，妄冒官司，以居職任。稱之類者，亦有己之告身應合追毀，私自盜得，而假詐之者。若詐申聞及增減重者，從重法。

又云，其於法不應爲官。注云，謂有罪譴未合仕之類。

又云，而詐求得官者，徒二年。議曰：其於法不應爲官，謂有罪譴未合仕之類。假如除名者六載後聽敍，免官者三載後聽敍，免所居官者周年聽敍，若有此等年限未滿，而詐求得官者，徒二年。稱之類者，謂犯罪應用高官，而詐用卑官，及流入未滿六載之類。

又云，若詐增減功過年限，而預選舉，因之以得官者，徒一年。流外官各減一等。求而未得者，又各減二等。注云，下條准此。議曰：若詐增減功過年限，謂詐增功勞考第，或減其負殿及下考年限，而預選及舉，因之以得官者，徒一年。又依《選舉令》，官人身及同居大功以上親，自執工商家專其業者不得仕。其舊經職任，因此解黜，後能修改，必有事業者，三年以後聽仕。其三年外仍不修改者，追毁告身，卽依庶人例。其有官及無官之人，依令不得仕，而詐求得官，及未滿三年，隱狀選得官者，並同增減功過年限，預選得官，合徒一年。其三年外仍不修改，若方便不輸告身，依舊爲官者，亦同不應爲官之坐。若追納之後，卻盗及私贖，得以爲官者，依上條詐假官論。流外官減一等，謂從詐假官以下，並依流内官當色輕重上減一等，故云各減一等。求而未得，又各減二等。若詐假官未得，流上減二等，合徒二年半，流外官又減一等，徒二年。於法不應爲官，求而未得，減二等，徒一年。流外官又減一等，杖一百。詐增減功過年限而預選舉，求而未得，減二等，杖九十。流外官又減一等，杖八十。注云，下條准此，謂下條非正嫡，詐承襲未得，亦各減三等。

准：唐天寶九載九月十六日敕，選人冒名接腳，實紊紀綱，比雖隄防，未全折中。如有此色，量決六十，長流嶺南惡處。

准：唐應順元年三月二十日敕節文，如有賣官、買官人等，並准長興四年三月二十七日斷魏欽緒犯買官罪，決重杖一頓處死敕處分。其詐假官及冒名接腳等罪，並准律文及天寶九載九月十六日敕指揮。

諸非正嫡不應襲爵，而詐承襲者，徒二年。非子孫而詐承襲者，從詐假官法。若無官蔭，詐承他蔭而得官者，徒三年。非流内及求贖杖罪以下，各杖一百，徒罪以上各加一等。

疏議曰：依《封爵令》，王、公、侯、伯、子、男，皆子孫承嫡者傳襲，以次承襲，具在令文。其有不合襲爵而詐承襲者，合徒二年。非子孫，謂子孫之外，詐云是嫡，而妄承襲者，從詐假官法，合流二千里。若無官蔭，詐妄承取他人官蔭而得官者，徒三年。非流内，謂假蔭得學生及七品邑，若動品以下，及求贖杖罪以下，本罪之外，各合杖一百。徒罪以上加一等，謂於百杖上加一等，合徒一年。此是犯罪已發而更爲者，重其事。從詐承襲以下，求而未得，各減二等。

問曰：取蔭求贖杖罪，杖一百，徒罪加一等，其官司知而故縱，未知從下條承詐知而聽行與同罪，爲復依《斷獄律》，斷罪應決配之而聽收贖，減本罪故失一等而科？

答曰：既稱知而故縱，卽是知而聽行，理從同罪而科。

准：《封爵令》，諸王、公以下無子孫，以兄弟子爲後，生經侍養者，聽承襲。贈爵者亦准此。若死王事，雖不生養侍養者，亦聽承襲。

諸詐爲官，及稱官所遣而捕人者，流二千里。爲人所犯害，犯其身及家人、親屬、財物等。而詐稱官捕，及詐追攝人者，徒一年。未執縛者，各減三等。其應捕攝，無官及官卑詐稱高官者，杖八十。卽詐稱官及冒官人姓字，權有所求爲者，罪亦如之。

疏：諸詐爲官，及稱官所遣而捕人者，流二千里。爲人所犯害，注云，犯其身及家人、親屬、財物等。又云，而詐稱官捕，及詐追攝人者，徒一年。注云，未執縛者，各減三等。議曰：詐爲官，謂身自詐作官人，及詐稱官司遣捕人者，並流二千里。若爲人侵犯其身，或犯家人、親屬，或侵奪身及家人、親屬財物等，乃詐稱官司遣捕，或稱官司遣追攝者，並徒一年。雖詐有追攝，及捕而未執縛者，各減三等。稱各者，捕人未縛，流上減三等。合徒二年。爲人所犯害，詐稱官捕，及詐追攝人，未縛徒一年上減三等，合杖八十。

問曰：《捕亡律》，被人毆擊折傷以上，若盗及强姦，雖旁人皆得捕繫。其旁人雖合捕攝，乃詐稱官遣而捕繫之，合科何罪？

答曰：此條注云，犯其身及家人、親屬、財物等，謂非折傷以上，盗及强姦之色，而詐稱官捕，合徒一年。若前人本法合捕，雖旁人詐稱官捕，止從下文其應捕攝，杖八十。

又云，其應捕攝，無官及官卑詐稱高官者，杖八十。卽詐稱官及冒官人姓字，權有所求爲者，罪亦如之。議曰：謂毆人折傷以上，或强姦及盗，此等應須捕攝，其捕攝之人，或無官詐稱有官，或官卑詐稱高官者，杖八十。卽詐稱是官，及冒承官人姓名，權有所求爲者，或經過之處，權有所求，或出入公門，心規禮待，非有捕攝者，情是詐欺之類，亦合杖八十，故云亦如之。

問曰：前人不合捕攝，乃詐稱官捕，因而殺傷前人，或拒毆傷殺捕者，各合何罪？

答曰：詐捕攝人，已成兇狡，更加毆打傷殺，情狀彌所難原。前人既不相干，卽當故殺傷法。若前人拒毆殺傷捕者，《名例》云，本應輕者聽從本，既不合捕，横被執持，雖有殺傷，止同鬭殺。

（宋）竇儀等《宋刑統》卷二五《詐僞律・詐欺官私取財妄認良賤　詐

除去死免官户奴婢》 諸詐欺官私以取財物者，准盜論。詐欺百端皆是。若監主詐取者，自從盜法，未得者減二等。下條准此。知情而取者，坐贓論。知而買者，減一等，知而爲藏者，減二等。

疏： 諸詐欺官私以取財物者，准盜論。注云，詐欺百端皆是。若監主詐取者，自從盜法，未得者減二等。下條准此。議曰： 詐謂詭誑，欺謂誣罔，或官或私，以取財物者，一准盜法科罪，唯不在除免、倍贓、加役流之例，罪止流三千里。注云，詐欺百端皆是。謂詐欺之狀，不止一途。若監主詐取，謂監臨主守詐取所監臨主守之物，自從盜法，加凡盜二等，有官者除名。未得減二等，謂已設詐端誣罔，規財猶未得者，皆准贓減罪二等。其非監主詐欺，未得者，自從盜不得財之法。下條准此，謂下條詐爲官私文書及增減，欺妄求物，未得者，監主之人亦減二等，故云下條准此。

又云，知情而取者，坐贓論。知而買者，減一等，知而爲藏者，減二等。議曰： 知情而取者，謂知前人詐欺得物而乞取者，坐贓論，一尺笞二十，一匹加一等，十匹徒一年。詐欺之人雖是監主，凡人知情取者，止得坐贓之罪。知而買者減一等，謂於坐贓上亦減一等。知而爲藏，謂知詐欺而得，故爲隱藏，亦於坐贓上減二等。

臣等參詳，應詐欺贓數過五十四者，奏取敕裁。其監主詐欺，不在此限。

諸詐爲官私文書及增減，文書謂券抄及簿帳之類。欺妄以求財賞，及避没入備償者，准盜論。贓輕者，從詐爲官文書法。若私文書，止從所欺妄爲坐。

疏議曰： 詐爲官私文書及增減，謂詐爲官私券抄，及增減簿帳，故注云，文書謂券抄及簿帳之類。稱之類者，謂符牒、抄案等。欺妄以求錢財，或求賞物，及緣坐資財及犯禁之物，合没官而避没入，或損失官私器物，而避備償，如此之類增減，詐爲方便規避者，計所欺得之贓，准竊盜科斷。贓輕者，從詐爲官文書法。謂計妄得罪輕於杖一百者，從詐爲官文書法，有印者自從重論。注云，若私文書，止從所欺妄爲坐。謂詐爲私文契，及受領券，付抄帖，以求避罪，或改年月日限之類，止從所欺妄求物之罪，不同官文書之坐。

諸妄認良人爲奴婢、部曲、妻妾、子孫者，以略人論，減一等。妄認部曲者，又減一等。妄認奴婢及財物者，准盜論，減一等。

疏議曰： 妄認良人爲奴婢、部曲者，謂本知是良人，妄認爲妻妾、子孫者，謂知非己妻妾、子孫而故妄認者，以略人論，減一等。《賊盜律》，略人爲奴婢者絞，減一等，合流三千里，略人爲部曲，流三千里，減一等，合徒三年，略人爲妻妾、子孫，合徒三年減一等，合徒二年半。是爲以略人論，減一等。妄認部曲，又減一等者，《賊盜律》略他人部曲，減良人一等，即是略部曲爲奴，合流三千里，妄認部曲爲奴，減一等，合徒三年，略部曲爲部曲，合徒三年，妄認部曲爲部曲，減一等，合徒二年半。略部曲、客女爲妻妾、子孫，合徒二年半，妄認部曲、客女爲妻妾、子孫，減一等，合徒二年。是爲部曲又減一等。其妄認他人奴婢及財物者，准盜論，減一等。若監主妄認未得，亦准上條，各減二等。其非監主妄認，未得財多者，從錯認未得論。釋曰： 錯認在第二十六《雜律》條。

問曰： 妄認良人爲隨身，妄認隨身爲部曲，合得何罪？

答曰： 依別格，隨身與他人相犯，並同部曲法，即是妄認良人爲部曲之法。其妄認隨身爲部曲者，隨身之與部曲，色目略同，亦同妄認部曲之罪。

諸詐除去死免官户奴婢，及私自相博易者，徒二年。即博易贓重者，從貿易官物法。其匿脱者，徒一年。産子不言爲匿，典吏不附爲脱。主司不覺匿脱者，依里正不覺脱漏法。

疏： 諸詐除去死免官户奴婢，及私相博易者，徒二年。即博易贓重者，從貿易官物法。議曰： 官户奴婢，各有簿帳。除者謂詐言給賜，去者謂去其名簿，死者謂詐言身死，免者謂加年入六十及廢疾，各得免本色之類。及私相博易，謂將私奴婢博易官奴婢者，各徒二年。博易贓重者，從貿易官物法。

問曰： 有人將私部曲博换官奴，得以轉事，衣食之直，准折官奴價否？

答曰： 奴婢有價，部曲轉事無估，故盜誘部曲，並不計贓。今以部曲替奴，乃是壓爲賤色，取官奴入己者，自從盜論。以部曲替奴，理依壓部曲爲奴之法。須爲二罪，各從重科。

又云，其匿脱者，徒一年。注云，産子不言爲匿，典吏不附爲脱。又云，主司不覺匿脱者，依里正不覺脱漏法。議曰： 匿者謂産子隱匿不言，脱者謂典吏知情故不附帳。不言、不附者，各徒一年。故注云，産子不言爲匿，典吏不附爲脱。主司不覺匿脱，依里正不覺脱漏法。依《户婚律》，里正不覺脱漏增減者，一口笞四十，三口加一等，過杖一百，十口加一等，罪止徒三年。知情者，各同家長法。既同里正之罪，主司止坐所由。若父母匿子，其數更多，亦准《户律》家長故隱口之法，一口徒一年，二口加一等，未堪入役者，四口爲一口罪。此是當條雖有罪名，所爲重者自從重。其典吏及主司匿脱多者，依律既准里正脱漏，合從累科。主司知情者，各同父母故匿之罪，知與不知，罪名不等者，依脱漏之法并滿科之。

（宋）竇儀等《宋刑統》卷二五《詐僞律·詐爲瑞應》 諸詐爲瑞應

者，徒二年。若災祥之類，而史官不以實對者，加二等。

疏議曰：瑞應者，陸賈云：瑞者，寶也，信也。天以寶爲信，應人之德，故曰瑞其瑞應。條疏具在禮部之式，有大瑞，有上中下瑞。今云詐爲瑞應，即明不限大小，但詐爲者，即徒二年。若詐言麟鳳龜龍，無可案驗者，從上書詐不以實，亦徒二年。若災祥之類，災謂祲沴，祥謂休徵，史官不以實對者，謂應兇言吉，應吉言兇，加二等，徒三年。稱之類者，此外有善惡之事，敕問而史官不以實對者，亦加二等。

（宋）竇儀等《宋刑統》卷二五《詐僞律・詐教誘人犯法》　諸詐教誘人使犯法，犯者不知而犯之。及和令人犯法，謂共知所犯有罪。即捕若告，或令人捕告，欲求購賞，及有憎嫌，欲令入罪，皆與犯法者同坐。

疏議曰：鄙俚之人，不閑法式，姦詐之輩，故相教誘，或教盜人財物，或教越度關津之類。犯禁者不知有罪，教令者故相墜陷，故注云，犯者不知而犯之。及和令人犯法，謂和教人奴婢逃走，或將禁物度關，外示和同，內爲私計，故注云，謂共知所犯有罪。即捕若告，謂即自捕告，或令他人捕告，欲求購賞，及有憎惡前人，教誘令其人入罪者，皆與身自犯法者同罪。

（宋）竇儀等《宋刑統》卷二五《詐僞律・詐乘驛馬》　諸詐乘驛馬，加役流。驛關等知情，與同罪，不知情減二等。關謂應檢問之處。有符券者不坐。謂盜得真符券，及僞作不可覺知者。其未應乘驛馬而輒乘者，徒一年。輒乘謂有當乘之理，未得符券者。

疏：諸詐乘驛馬，加役流。驛關等知情，與同罪，不知情減二等。注云，關謂應檢問之處。又云，有符券者不坐。注云，謂盜得真符券，及僞作不可覺知者。議曰：郵驛本備軍速，其馬所擬尤重，但是詐乘，無問馬數及已行遠近，即合加役流。給馬之驛，及所由之關，知其詐乘之情者，亦加役流。不知情減二等，謂驛與關司全不勘檢，又不知情，合減二等，猶徒二年半。故注云，關謂應檢問之處。有符券者不坐。注云，謂盜得真符券，及僞作不可覺知者。謂僞作符券，及盜得真紙券等，檢驗不可覺知者，驛及關並不同坐。

又云，其未應乘驛馬而輒乘者，徒一年。注云，輒乘謂有當乘之理，未得符券者。

議曰：其未應乘驛馬，謂差爲驛使，而未得符券，輒即乘者，徒一年。注云，輒乘謂有當乘之理，未得符券者。謂御命有實，未得符券而乘者。驛關等知情聽之，准上文亦合同罪，不知情者，徒一年上減二等。

（宋）竇儀等《宋刑統》卷二五《詐僞律・詐自復除及詐死　詐疾病詐療病以取財物》　諸詐自復除，若詐死，及詐去工樂雜户名者，徒二年。即所詐得復役使者，徒一年。其見供使而詐自脱，及脱之者，杖六十。計所詐庸重者，各坐贓論。

疏：諸詐自復除，若詐死，及詐去工樂雜户名者，徒二年。議曰：詐自復除，復除之條，備在格令，謂詐云落蕃新還，或詐云放賤之類，以得復除。若詐作死狀，及詐去工樂及雜户等名字者，徒二年。其太常音聲人，州縣有貫，詐去音聲人名者，亦同工樂之罪。

又云，即所詐得復役使者，徒一年。其見供作使而詐自脱，及脱之者，杖六十。計所詐庸重者，各坐贓論。議曰：謂詐爲雜任之類，而得復免役使者，徒一年。其見供作使，謂權充雜役，而詐自脱，及知情脱之者，各杖六十。計其詐庸重者，各坐贓論。

諸詐疾有所避者，杖一百。若故自傷殘者，徒一年半。有避、無避等。雖不足爲疾殘，而臨時避事者皆是。其受雇倩爲人傷殘者，與同罪。以故致死者，減鬬殺罪一等。

疏：諸詐疾病有所避者，杖一百。若故自傷殘者，徒一年半。注云，有避、無避等。雖不足爲疾殘，而臨時避事者皆是。議曰：詐疾病以避使役、求假之類，杖一百。若故自傷殘，徒一年半。但傷殘者，有避無避，得罪皆同。即無所避，而故自傷，不成殘疾以上者，從不應爲重，故注云，有避、無避等，雖不足爲疾殘，而臨時避事者皆是。

又云，其受雇倩爲人傷殘者，與同罪。以故致死者，減鬬殺罪一等。

議曰：謂有受雇或被倩爲人傷殘者，與自傷殘人同罪，各合徒一年半。以此傷殘之故，因而致死者，被雇倩之人不限尊卑、貴賤，皆減鬬殺一等。若爲祖父母、父母遣之，傷殘因致死者，同過失之法。

諸醫違方詐療病而取財物者，以盜論。

疏議曰：醫師違背本方，詐療疾病，率情增損，以取財物者，計贓以盜論。監臨之與凡人，各依本法。

（宋）竇儀等《宋刑統》卷二五《詐僞律・父母死不解官及詐言父母及夫死》　諸父母死應解官，詐言餘喪不解者，徒二年半。若詐稱祖父母、父母及夫死，以求假，及有所避者，徒三年。伯叔父母、姑兄姊，徒一年。餘親減一等。若先死，詐稱始死及患者，各減三等。

疏議曰：父母之喪，解官居服，而有心貪榮任，詐言餘喪不解者，徒二年半。

爲其已經發哀，故輕於聞喪不舉之罪。若祖父母、父母及夫見存，或稱求假，及有所避而詐妄稱死者，各徒三年。伯叔父母、姑兄姊，徒一年。餘親減一等，謂緦麻以上，從徒一年上減一等，杖一百。若先死，詐稱始死，及妄云疾病，以求假，及有所避者，各減三等。謂詐稱祖父母、父母及夫始死及患，徒三年上減三等，合徒一年半。伯叔父母、姑兄姊，徒一年上減三等，杖八十，餘親杖一百上減三等，合杖七十。

問曰：有人嫌惡前人，妄告父母身死，其妄告之人合科何罪？

答曰：父母云亡，在身罔極，忽有妄告，欲令舉哀，若論告者之情，爲過不淺，律令雖無正法，宜從不應重科。

（宋）竇儀等《宋刑統》卷二五《詐僞律·檢驗病死傷不實詐陷人至死傷 保任乖狀 證人譯人不實》 諸有詐病及死傷，受使檢驗不實者，各依所欺減一等。若實病死及傷，不以實驗者，以故入人罪論。

疏議曰：有詐病及死若傷，受使檢驗不以實，各依所欺減一等，即上條詐疾病者杖一百，檢驗不實，同詐妄減一等，杖九十，傷殘徒一年半減一等，徒一年，若詐死，徒二年上減一等，處徒一年半之類。若實病及傷，謂非詐病及詐傷，使者檢云無病及傷，便是故入人徒杖之罪。若實死，檢云不死，即是妄入二年徒坐。使人枉入杖者得杖罪，枉入徒者得徒坐，各依前人入罪法。未決者減一等。

諸詐陷人至死及傷者，以鬭殺傷論。謂知津河深濘，橋船朽敗，誑人令渡之類。

疏議曰：謂津濟之所，或有深濘，若橋船朽漏，不堪渡人，而詐云津河平淺，船橋牢固，令人過渡，因致死傷者，以鬭殺傷論，謂令人溺死者絞，折一支徒三年之類。故注云，謂知津河深濘，橋船朽敗，誑人令渡之類。稱之類者，謂知有坑穽、機槍之屬，誑人而致死傷者，亦以鬭殺傷論。其有尊卑、貴賤，各依鬭殺傷本法。

問曰：詐陷人渡朽敗橋梁，溺之甚困，不傷不死，律條無文，合得何罪？又人雖免難，溺殺畜產，又若爲科？

答曰：律云，詐陷人至死及傷，但論重法，略其輕坐，不可備言，别有舉重明輕，及不應爲罪。若誑陷令溺，雖不傷死，猶同毆人不傷論。陷殺傷畜産者，准坐坑穽例，償其減價。

諸保任不如所任，減所任罪二等。即保贓重於竊盗，從竊盗減。若虛假人名爲保者，笞五十。

疏議曰：保任之人，皆相委悉，所保既乖本狀，即是不如所任，減所任之罪二等。其有保贓重於竊盗，從竊盗減。謂保强盗、枉法及恐喝等贓，本條得罪重於竊盗，並從竊盗上減二等。不從重贓減者，以其元不同情，保贓不保罪故也。若虛假人名爲保者，謂假用人名，或妄上他人姓字以充保者，並笞五十。既五人同保一事，此即先共謀計，須以造意爲首，餘爲從坐。當頭自保者，罪無首從。

諸證不言情，及譯人詐僞，致罪有出入者，證人減二等，譯人與同罪。謂夷人有事，譯傳其對者。

疏議曰：證不言情，謂應議、請、減，七十以上、十五以下及廢疾，並據衆證定罪。證人不吐情實，遂令罪有增減，及傳譯番人之語，令其罪有出入者，證人減二等，謂減所出入罪二等，譯人與同罪。若夷人承徒一年，譯人云承徒二年，即譯人得所加一年徒坐。或夷人承流，譯者云徒二年，即譯者得所減二年徒之類。故注云，謂夷人有罪，譯傳其對者。律稱致罪有出入，即明據證及譯以定刑名。若刑名未定，而知證譯不實者，止當不應爲法。證譯徒罪以上從重，杖罪以下從輕。

（宋）竇儀等《宋刑統》卷二五《詐僞律·官司知詐冒聽行與同罪》

諸詐冒官司，以有所求爲，而主司承詐，知而聽行，與同罪，至死者減一等，不知者不坐。謂此篇於條内無主司罪名者。

疏議曰：詐冒官司，謂詐僞及罔冒官司，欲有所求爲，官司知詐冒之情，而聽行者，並與詐冒人同罪，至死減一等，不知情者不坐。注云，謂此篇於條内無主司罪名者。即此條爲當篇主司生文，不爲餘篇立例。此篇無主司罪名者，上條詐稱祖父母、父母及夫死，及詐疾病，若詐假官，或承襲，此等知情與同罪，不知者不坐。

《宋史》卷二《太祖本紀》 〔開寶四年〕冬十月癸亥朔，日有食之。己巳，詔僞作黄金者棄市。

（宋）李燾《續資治通鑑長編》宋真宗大中祥符五年九月 詔兩浙諸州，三大户自今令正身勾當，其挾名替者，先科欺罔之罪，復追正身斷決。從轉運使陳堯佐之請也。

（宋）李燾《續資治通鑑長編》宋仁宗皇祐三年十二月〔辛丑〕又詔尚書刑部凡僞造公文，若印文已成而行用者，雖倣官司簽押未圓，並依已成法罪之。

（宋）李燾《續資治通鑑長編》宋神宗元豐六年正月 庚子，樞密院上景福殿使、武信軍留後、入内副都知李憲磨勘，詔：憲昨作拘欄商人貨權買，報上不以實，雖該德音，可展磨勘一年。

（宋）李燾《續資治通鑑長編》宋哲宗元祐元年閏二月 詔：陝西、河東緣邊諸巡綽、把截、探事人，接引到西界投來强壯人口，每名支錢二貫，即將投來人戮殺，妄作鬭敵獲級，冒求恩賞者，許人告捕，每名轉一資。《新録》削去。

（清）**徐松《宋會要輯稿·刑法二·禁約》**〔政和三年二十月〕二十九日，臣僚言：諸帥臣監司，凡按察之官，所以表率一道，每於朝拜行香之日，往往敢憚夙興稱疾免赴，曾未喻時，迺復出謁，游從燕飲，上下相習，無或顧忌。欲望嚴立法禁。如既以疾病不赴而輒出入游賞宴飲者，以大不恭論。庶幾傲慢不虔之吏，有所懲畏。詔刑部立法，申尚書省。四年三月二十三日，刑部修立到條，諸按察官遇朝拜行香，以疾免赴而輒出謁，若游宴者，各徒一年。從之。

（清）**徐松《宋會要輯稿·刑法二·禁約》**〔宣和六年二月〕三十日詔：諸路州縣公人犯贓私罪，依格雖會恩，永不收敘；或雖許敘，皆有期限。若有所規避，改易名姓應召募，官司明有法禁。訪聞州縣近來多以不應敘，或合敘而歲月未滿，或曾斷罪而改姓易名之人，輒敢違法收補，容庇姦猾，肆爲欺擾。可申明條約行下，仍令逐路監司常切覺察。

（清）**徐松《宋會要輯稿·刑法三·勘獄》**〔紹興元年〕十月二十四日，辛執進呈呂顧浩推僞造告劄文字，事連潘永思。上曰：永思雖戚里，既有過，安可廢法。於是詔永思罷見在任閤門執事，就逮。

（清）**徐松《宋會要輯稿·食貨六十九·版籍》**〔紹興〕二年三月二十三日，詔曰：朕於民事未嘗敢緩，而守令監司弗之察也。訪聞造簿之歲，姦贓狼籍，民被其苦，而又輪差甲頭保長之後，公然有備償之説，大無謂也。可自今後，應逃亡死絶，詭名挾佃産去税存之户，不待造簿畫時，依法倚倚閣檢察推割，庶使斯民猶堪給養，而不被無藝之横斂也。如違，令佐公吏並竄配海島。有贓者，依去年十二月十四日指揮知通監司隱庇而不舉法者同罪。應昨來造簿不公及今後不爲畫時依法施行者，並許民户越訴。令户部立法。取旨施行。

（清）**徐松《宋會要輯稿·刑法七·軍制》**〔紹興三年三月〕二十七日臣僚言，【略】聞自來用兵破敵之後，必以所得者首級多少定賞，其空手無獲與所獲之少者，往往搜攝平人，借取其首以充納級之數。願降詔訓飭，諸將凡軍兵所至，申嚴紀律，令毋得發掘墳墓。凡遇敵乘勝，毋得借取平人首級。詔劄與都督府及神武諸軍逐路帥司常切遵守，嚴行覺察禁止。如有違犯之人，取旨重作施行。

（清）**徐松《宋會要輯稿·刑法二·禁約》**〔紹興四年〕七月十六日詔：自來入川陝之人，依法經官司投狀，給公憑聽行。今多事之際，尤宜幾密。若詐冒入川，杖一百。已度關者，加一等。所犯重者，從重。候事息日，即依常法。

（宋）**謝深甫等《慶元條法事類》卷四《職制門·上書奏事》**諸臣僚上表輒有誣毁或文飾已過者，杖一百。

（宋）**謝深甫等《慶元條法事類》卷四《職制門·上書奏事》**諸水旱，監司帥守奏聞不實或隱蔽者，並以違制論。

（宋）**謝深甫等《慶元條法事類》卷一一《職制門·尋醫侍養》**諸命官犯贓，妄稱疾病而尋醫者，依詐疾病有所避律，加二等。監司郡守徇情故縱者，與同罪。

（宋）**謝深甫等《慶元條法事類》卷一五《選舉門·試刑法》**諸外任官乞試刑法詐冒者，謂本不曾習刑法而乞就試，或雖合就試，已得假離任，無疾故而不赴試，及試而不終場之類，徒二年。

（宋）**謝深甫等《慶元條法事類》卷一五《選舉門·試換官資》**諸文武官進武校尉同乞試换，有違礙而詐匿不言者，徒貳年，保官減一等。未施行者，各減二等。

（宋）**謝深甫等《慶元條法事類》卷一五《選舉門·試武藝》**諸試武藝遣人代名及代之者，各徒二年。保識人知情與同罪，許人告。

（宋）**謝深甫等《慶元條法事類》卷一七《文書門·質賣》**諸以宣勑告身出身文書之類寄附質賣，而詐稱毁失者，徒貳年。許人告。保官知情與同罪，不知情減叁等。

（宋）**謝深甫等《慶元條法事類》卷一七《文書門·給納印記》**諸僞造官印，印成僞文書或商税物者，流叁千里。已行用者，絞。仍奏裁。行用，謂官司已承受施行或私家已信憑者。未成者，徒叁年。已行用者，流叁千里。若於官物有犯，干繫人知情，減犯人罪壹等。以上徒罪，皆配本州。流罪，皆配鄰州。造僞人再犯，不以赦。前後配伍百里。其知情轉將行用，或未行用，各減僞造印僞文書壹等，坐之。雖會赦而復將行用，准此。

（宋）**謝深甫等《慶元條法事類》卷一七《文書門·給納印記》**諸盜用官印，朱記團印、長印同，杖壹百。有所規求者，減僞造壹等坐之。情重者，配本城卽避罪。重者，加所避罪貳等。

（宋）謝深甫等《慶元條法事類》卷七三《刑獄門・出入罪》　諸詐令人代受杖及代之者，各杖一百，本犯徒以加所，避罪二等，代之者止以犯人本罪爲坐，罪止徒二年。令人代編配移鄉居作已居作而權令代役者，非。及代之者，各依比徒流法，緦麻以上親代之者，減三等。以上未決，各減二等。代配未刺面，編管移鄉。不刺面人未至所隸處居作，未入役者，與未決同。其犯人本罪，雖會赦及自首不免。許人告。官司知情以故出入論。

（宋）謝深甫等《慶元條法事類》卷七八《蠻夷門・入貢》　諸冒化外人入貢者，徒二年。許人告。

《宋史》卷三九《寧宗本紀》〔嘉定八年三月〕辛巳，應賢良方正能直言極諫科何致坐妄造事端，熒惑衆聽，配廣西牢城。

（清）嵇璜等《續文獻通考》卷三四《選舉考・舉士》〔宋理宗紹定〕四年，勅漕臣嚴選考官，仍令有司量展，揭封之期，嚴治士子虛僞之罪。

時場屋士子日盛，卷軸如山，有司不能徧觀。迫於日限去取不能皆當，蓋士人卽以本名納卷，或別爲名，或易以字，一人納二三卷，不禁挾書，又許見燭，浙閩諸郡又問，日引試中有一日之暇，甚至次日午方出，於是經義可作二三道，詩賦可成五六篇，幸皆中選，往往以兄弟承之，或轉售同族，姦詐百端。乃命諸郡關防，於投卷之初，責鄉鄰覈實，嚴治虛僞之罪，縱容之罰，其弊稍息。

《金史》卷一二《章宗本紀》〔泰和五年二月〕甲寅，制：盜用及僞造都門契者，罪視宮城門減一等。

史金波等譯《天盛改舊新定律令》卷八《侵凌妻門》　諸人助男人行淫，詐財取物時，以貪贓而不枉法論，與人妻行淫罪及貪罪等從重者判斷，所取物當償。彼取物時有合謀取物者，則比從犯及知覺分物之從犯減一等。

史金波等譯《天盛改舊新定律令》卷一〇《官軍敕門》　諸人詐而爲官時，屬者已任，則詐已奏，按上諭依法判斷。若詐語成而屬者未任，則當減一等。【略】

諸人爲罪分析時，無官曰我有官及低官曰高官等時，依第九卷口供虛詐罪狀法判斷。

史金波等譯《天盛改舊新定律令》卷一二《無理注銷詐言門》　諸人互憎，幼入於丁，及實老弱不入於老弱，死人不註銷等，首領、主簿、軍正等何障礙者徒二年。非相憎，因其滯怠而爲之則徒一年，若首領等已報於局分，置文不明，將彼此往換之，已出攤派雜事等，老弱幼等替換時，院中另有置聚處，未受賄時，有無相憎語，當依前所示罪情依次減一等。受賄則當以枉法貪贓論，與前述罪比較，從重者判斷。

《通制條格》卷二八《雜令・恐嚇錢物》　至元十四年七月，欽奉聖旨條畫内一款：隨處兇徒惡黨，不務本業，風聞公事，妄搆飾詞，論告官吏，恐嚇錢物，沮壞官府。此等之人並行究治。欽此。

《元史》卷一三《世祖本紀》〔至元二十一年春正月〕丁巳，敕：自今凡奏事者，必先語同列以所奏。既奏，其所奉旨云何，令同列知而後書之簿。不明以告而輒書簿者，杖必闌赤。

《元史》卷一三《世祖本紀》〔至元二十一年春正月〕甲戌，遣王積翁齎詔使日本，賜錦衣、玉環、鞍轡；積翁由慶元航海至日本近境，爲舟人所害。御史臺臣言：罪黜之人，久忘其名又復奏用，乞戒約。帝曰：卿等所言固是。然其間豈無罪輕可録用者。御史大夫玉速帖本兒對曰：以各人所犯罪狀明白敷奏，用否當取聖裁。從之。

（清）嵇璜等《續文獻通考》卷二四《征榷考・雜征斂》〔元世祖至元〕二十一年五月，定稅務不使契本，盜稅文契欺隱課程者，止罪官吏，買主不坐。

至二十二年正月，又以福建各務契稅，不用元降契本，只粘務官契尾，更有連數契作一契押印者，俱命禁之。至仁宗皇慶元年五月，又以户部主事張承直言，務司作弊多端，命買主無契本者同匿稅外結攬之人，加等追斷。務官通同及稅非本境成交者，依律斷罪。正官有失關防，縱容親戚家人入務索取財物者，同枉法論罪。

《通制條格》卷二一《醫藥・假醫》　元貞二年七月，中書省御史臺備監察御史呈：切見大都午門外中書省、樞密院前及八匝兒等人煙輳集處，有一等不畏公法假醫賣藥之徒，調弄蛇禽傀儡，藏擫撇鈸，到花錢擊魚鼓之類，引聚人衆，詭説妙藥。無知小人，利其輕售，或丸或散，用錢贖買，依説服之，藥病相反，不無枉死。參詳京師天下之本，四方取法者也。太醫院不爲禁治，不唯誤人性命，實傷風化。理宜遍行禁治。都省准呈。

《元史》卷一〇三《刑法志》 諸投下妄稱上旨，影占民站，除其徭役，故縱爲民害者，杖七十七，没其家財之半，所占民杖一百七，還原籍。

《元史》卷一〇五《刑法志》 諸妄增減制書者，處死。

《元史》卷一〇五《刑法志》 諸主謀僞造符寶，及受財鑄造者，皆處死。同情轉募工匠，及受募刻字者，杖一百七。僞造制敕者，與符寶同。

《元史》卷一〇五《刑法志》 諸僞造省府印信文字，但犯制敕者處死。若僞造省府劄付者，杖一百七，再犯流遠。知情不首者，八十七。其文理訛謬不堪行用者，九十七。若僞造司縣印信文字，追呼平民，勒取財物者，初犯杖七十七，累犯不悛者一百七。諸僞造宣慰司印信契本，及商税務青由欺冒商賈者，杖一百七。諸赦前僞造省印，赦後不曾銷毁，杖七十七，有官者奪所受宣敕，除名不叙。諸掾屬輒造省官押字，盜用省印，賣放官職者，雖會赦，流遠。

《元史》卷一〇五《刑法志》 諸僞造税物雜印，私熬顔色，僞税物貨者，杖八十七。告捕得實者，徵中統鈔一百貫充賞。物主知情，減犯人罪一等，其匿税之物，一半没官，於没官物内一半付告人充賞；不知情者不坐，物給原主。其捕獲人擅自脱放者，減犯人罪二等，受財者與犯人同罪。

《元史》卷一〇五《刑法志》 諸近侍官輒詐傳上旨者，杖一百七，除名不叙。

《元史》卷一〇五《刑法志》 諸省部小史，爲人誤毁行移檢扎，輒自刻印信，僞補署押，求蓋本罪，無他情弊者，杖七十七，發原籍。

《元史》卷一〇五《刑法志》 諸僧道僞造諸王印信及令旨抄題者，處死。

《元史》卷一〇五《刑法志》 諸盤獲僞造印信之人，同獲强盜給賞。

《元史》卷一〇五《刑法志》 諸受財賣他人敕牒，及收買轉賣者，杖一百七，刺面發原籍。買者杖八十七，發元籍。

《元史》卷一〇五《刑法志》 諸詐稱使臣，僞寫給驛文字，起馬匹舟船者，杖一百七。有司失覺察，輒憑無印信關牒倒給者，判署官笞三十七，首領官吏四十七。諸職官詐傳上司言語，擅起驛馬者，杖六十七。脱脱禾孫依隨擅給驛馬者，笞五十七，並解職別敍，記過；驛官二十七，還職。諸詐稱按部官，恐嚇官吏者，杖六十七。諸詐稱監臨長官署置差遣，欺取錢物者，杖八十七，錢物没官。諸詐稱奉使所委官，聽理民訟者，杖九十七。詐稱隨行令史者，笞五十七。

《元史》卷一〇五《刑法志》 諸冒名入仕者，杖六十七，奪所受命，追俸發元籍，會赦不首，笞四十七，仍追奪之。諸奴受主命冒充職官者，杖九十七。其主及同僚相容隱者，八十七。諸子冒父官居職任事者，杖七十七，犯在革前，革後不出首者，笞四十七，並追回所受宣敕，及支過俸禄還官。諸邊臣，輒以子婿詐稱招徠蠻獠，保充土官者，除名不敍，拘奪所授官。諸軍官承襲，僞增年者，監察御史廉訪司糾察之，濫保官吏，並坐罪。諸職官妄報出身履歷者，除名不敍。諸譯史、令史，有過不敍，詐稱作闕，別處補用者，笞五十七，罷役不敍。

《元史》卷一〇五《刑法志》 諸輸納官物，輒增改朱鈔者，杖六十七，罷之。

《元史》卷一〇五《刑法志》 諸帥府上功文字，詐添有功軍人名數，主謀者杖八十七，除名不敍，隨從書寫者笞五十七。諸詐以軍功受舉入仕者，罷之，仍奪所受命。

《元史》卷一〇五《刑法志》 諸擅改已奏官員選目姓名者，雖會赦，除名發元籍。

《元史》卷一〇五《刑法志》 諸曹吏輒於公牘改易年月，圖逭罪責者，笞五十七，罷役別敍，記過。

《元史》卷一〇五《刑法志》 諸譁强之人，輒爲人僞增籍面者，杖八十七，紅泥粉壁識過其門。

《大誥・水災不實》 有司牧民，水旱災傷，是爲急務。自朕即位以來，各處水旱災傷，虫蝻生發，民人告災，有司多不准理。及至准理，通同無藉頑民，以荒作熟，以熟作荒。以荒作熟，小民愈覺艱辛。以熟作荒，無藉頑民，以爲得志，孰不知天災人禍至有日矣。嗚呼！君子、小人得有司之位者，當災傷之際，君子所以難爲，小人易爲，云何？君子受理，被頑所誣，所以受與不受者兩難哉，蓋由頑民致是。小人徑理，以其賄賂行焉，誣上虐下，竟不爲畏，且如高郵州民有水災，朕令進士詣踏。未至災所，其有司民人即以災册至。進士謂曰：未曾沿坵履畝，先進是册，爲何？曰：馬前册。嗚呼！民有不淳者，其同知劉牧不才尤甚。若允馬前册以進，更微與顏色交談，馬前册爲實哉，賄賂公行矣。其進士不諾，必欲親詣災所。其同知劉牧與頑民議，將已熟禾稼盡行剷去，引水灌其地，若比者若干頃畝。嗚呼！所以君子未敢受理者，爲此也。同知劉牧易爲受理者，亦爲此也。

《大誥・安保過付》 所在府、州、縣安保之家，並説事過錢人，皆以口舌利便説誘，是致君子一時被其昏愚，陷入憲章。今後敢有如此者，處以重刑，籍没家産。

《大誥・冒解罪人》 所在有司官吏，上司着令勾解罪人，往往賣放正身，將同姓名良善解發。今後若此，該吏處以重刑。

《大誥・納豆入水》 馬料豆，年年有等奸頑人户，通同倉官人等拌水拌豆，以增斛面，弊同乎米。米壞尚有可食者，豆壞六畜不食，人何用之？每倉一間不下萬餘石，因一户奸頑攙水交納，濕熱一蒸，盈厫皆壞，如此者多矣。及期拏住官攢人等，治以極刑，無知朝廷艱辛者，乃曰刑酷。孰不知此等之徒，奸頑無厭。近爲郭桓敗露，倉拆厫移，平基毁墻，得見官攢人等造禍之深有如此，將米、豆、稻成千餘石，或百石，盡行埋瘗於地下，一槩毁爛，其數不少。設心如此，君子監焉。

《大誥續編・吏卒額榜》 今後十二布政司、府、州、縣諸司衙門，凡有當僉應役皂隸，或親身，或代替，或傭他人，在任之官將額設名數，明出榜文，告之於民，本衙門皂隸某，當房掌文案吏某，各各定名若干，餘無濫設、容留不明之人。其榜之辭曰：除榜上有名外，餘有假以衙門名色，稱皂隸、稱簿書者，諸人擒拿赴京。

《大誥續編・官吏下鄉》 十二布政司並府、州、縣，往常官吏不時親自下鄉，擾吾良民，非止一端，數禁不許，每每故違不止。洪武十七年，將福建布政司右布政陳泰拿赴京師，斬首於市，劾法司行下諸司，毋得再犯。此行諸司承受禁文，非止一紙，動經五、七次。諸司明有卷宗，其無藉殺身之徒，終不循教，仍前下鄉擾吾良民。且如洪武十八年、十九年，無爲州同知李汝中下鄉擾民，罪已不赦。湖州府官吏、烏程縣官吏易子仁、張彦祥，不將被水災人户赴京賑濟，通同豪猾，當告水災之時，以熟作荒，以荒作熟；以多作少，以少作多。以多作少者，爲其善人被災本多，當報之際，減災報數。以少作多者，爲與富豪交結，將少作多。以荒作熟亦如之。以熟作荒亦如之。致令烏程縣民傍湖者缺食，朕終不能明其數，所以賑不及之，至今慊慊，無可奈何。

《大誥續編・糧長妄奏水災》 糧長之設，初闕勘合。朕諭糧長曰：今勘合上，不許將地方犬牙相制，易爲催辦。其中户多有買田不過割的，教過割了；田多灑派了的，教收在本户自身裏；移坵换段的，各歸本主，詭寄的如之，不從的來奏。若區内果有積年荒田，有司不行除豁，其刁頑之徒借此名色包荒虐吾民者，爾糧長從實具奏，以憑除豁積荒，召民佃種。凡有水旱災傷，將所災頃畝人户姓名，從實報官，憑此賑濟。其糧長唐謙等目擊耳聞前去，心生譎詐，將前所諭數等民艱，盡行隱匿。洪武十八年水災，糧長唐謙等撥置不良之户，以災一分，具告十分，中間以荒作熟，以熟作荒，以災作熟，以熟作災。其狀首已被拘拿，本人暗中使鈔買囑官吏，亦用錢物買囑該收糧衛分，不行具奏。本人糧未至，朦朧直待農忙，見將吴江縣糧長葛德潤准災，又顧常、陸仲和准災，唐謙等纔方出奏。萬石之糧，止納一千者有之，二千者有之，餘有八千九千不納者。爲此刁頑，拿下鞫問情由，却乃從實供招在官，以致罪發雲南。嗚呼！朕君也，與民約，民失信不從教，而置身於禍，愚哉！設使良有司，對彼宣布條章，闡敷五教，此等頑民，豈不侮之甚也歟！

《大誥續編・不對關防勘合》 噫！貪官污吏財利迷其心，不才有若是耶！蘇州府知府張亨、知事姚旭，視朕命如尋常，以關防爲無事。曩者無官詐稱有官擾民，非官差而私造印信，詐稱差使，騙詐取財，擾害吾民。數次拿獲，盡行典刑了當，想必人畏。未久，數數又犯，所殺又多，其禁不止。於是設置勘合，凡布政司、府、州、縣、管軍、都司等軍職衙門，命各收一册，皆係半印勘合，凡有差使，若往某衙門公幹，即將應該去處填寫勘臺，前去幹辦公務。本處衙門聞有差使人員到來，即索勘合比對。如無，幫縛赴京。縱有勘合，比對不同，亦行拿赴京來。其令所出，甚是明白。其蘇州府知府張亨、知事姚旭，被假千户沈儀齎僞造御寶文書至府，不行比對勘合承接，即便當廳開讀，行下屬縣，意在通同擾民作弊，被巡按御史雷昇及百户戴能盤獲。事發，假千户沈儀並伴當四名，人各凌遲處死，知府、知事梟令。今後布政司、府、州、縣、都司、軍職衙門等有勘合去處，凡遇稱係差使人員，即要勘合比對。如是仍蹈前非，不對勘合，以致奸邪擾亂事務，雖不同情，罪同蘇州府官，的不虚示。

《大誥三編・有司逼民奏保》 曩爲天下有司衆多，其賢否朝廷一時不能盡知，所以前頒二《誥》，凡所在有司有能宣布條章，撫吾民有方者，特許閭境高年有德耆民會議，連名赴京奏保，使朕知賢。今膠州官夏達可，長子縣官趙才，新安縣官宋玘，建昌縣官徐頤等，在任不以生民爲意，恣肆爲惡，惟務贓貪害民。事覺，法司差人提取，却乃公然會集耆民，逼令赴京妄行奏保。且與耆民捏詞書記，教其熟讀，用此面奏，肆爲欺罔。其各各耆民，自合忿此姦貪害民之徒，即時擒拿赴京，陳其姦狀，以憑賞勞，却不合聽受教唆，即與同惡，赴京面奏。設若不識欺誑，准其面奏，其歸把持公事，各人日盛一日，豈不爲民之巨害！奈何天理不容，欺誑之情一一自露，以致殺身亡家，人口遷於化外，雖悔何及。今後各處有司，若有姦貪徒平日害民，及至事覺，逼令耆民奏保者，爾耆民即便拿來，一則除爾良民之害，二則爾耆民無同惡之罪，且受重賞，豈不偉哉！其果有善政實績可言者，爾耆民自當如《誥》，會集閭郡高年有德者，一同赴京奏保，庶幾循良者顯名，姦貪者斂跡。爾耆民其敬聽朕言，毋忽！

《大明律》卷二四《刑律・詐僞・詐為制書》 凡詐爲制書及增減者，皆斬。未施行者，絞。傳寫失錯者，杖一百。詐爲將軍、總兵官、五軍都督府、六部、都察院、都指揮使司、内外各衛指揮使司、守禦緊要隘口千户所文書，套畫押字，盜用印信，及空紙用印者，皆絞；察院、布政司、按察司、府、州、縣衙門者，杖一百，流三千里；其餘衙門者，杖一百，徒三年。未施行者，各減一等。若有規避事重者，從重論。其當該官司知而聽行，各與同罪；不知者，不坐。

《大明律》卷二四《刑律・詐僞・詐傳詔旨》 凡詐傳詔旨者，斬；皇后懿旨、皇太子令旨、親王令旨者，絞。若詐傳一品、二品衙門官言語，於各衙門分付公事，有所規避者，杖一百，徒三年；三品、四品衙門官言語者，杖一百；五品以下衙門官言語者，杖八十。爲從者，各減一等。若得財者，計贓以不枉法；因而動事曲法者，以枉法，各從重論。其當該官司知而聽行，各與同罪。不知者，不坐。若各衙門追究錢糧、鞫問刑名公事，當該官吏將奏准合行事理妄稱奉旨追問者，斬。

《大明律》卷二四《刑律・詐僞・對制上書詐不以實》 凡對制及奏事上書，詐不以實者，杖一百，徒三年。非密而妄言有密者，加一等。若奉制推按問事，報上不以實者，杖八十，徒二年。事重者，以出入人罪論。

《大明律》卷二四《刑律・詐僞・僞造印信曆日等》 凡僞造諸衙門印信及曆日符驗、夜巡銅牌、茶鹽引者，斬。有能告捕者，官給賞銀五十兩。僞造關防印記者，杖一百，徒三年。告捕者，官給賞銀三十兩。爲從及知情行用者，各減一等。若造而未成者，各又減一等。其當該官司知而聽行，與同罪；不知者，不坐。

《大明律》卷二四《刑律・詐僞・詐假官》 凡詐假官、假與人官者，斬。其知情受假官者，杖一百，流三千里；不知者，不坐。若無官而詐稱有官，有所求爲，或詐稱官司差遣而捕人，及詐冒官員姓名者，杖一百，徒三年。若詐稱見任官子孫、弟姪、家人、總領，於按臨部内有所求爲者，杖一百。爲從者，各減一等。若得財者，並計贓准竊盜從重論。其當該官司，知而聽行，與同罪；不知者，不坐。

《大明律》卷二四《刑律・詐僞・詐稱内使等官》 凡詐稱内使及都督府、四輔、諫院等官，六部、監察御史、按察司官，在外體察事務、欺誑官府，扇惑人民者，斬。知情隨行者，減一等。其當該官司，知而聽行，與同罪；不知者，不坐。若詐稱使臣乘驛者，杖一百，流三千里。爲從者，減一等。驛官知而應付者，與同罪，不知情失盤詰者，笞五十；其有符驗而應付者，不坐。

《大明律》卷二四《刑律・詐僞・近侍詐稱私行》 凡近侍之人，在外詐稱私行，體察事務，扇惑人民者，斬。謂如給事中、尚寶等官，奉御内使、儀鑾司官、校尉之類。

《大明律》卷二四《刑律・詐僞・詐為瑞應》 凡詐爲瑞應者，杖六十，徒一年。若有災祥之類，而欽天監官不以實對者，加二等。

《大明律》卷二四《刑律・詐僞・詐病死傷避事》 凡官吏人等，詐稱疾病，臨事避難者，笞四十；事重者，杖八十。若犯罪待對，故自傷殘者，杖一百；詐死者，杖一百，徒三年。所避事重者，各從重論。若無避，故自傷殘者，杖八十。其受雇倩，爲人傷殘者，與犯人同罪。因而致死者，減鬥殺罪一等。若當該官司，知而聽行，與同罪；不知者，不坐。

《大明律》卷二四《刑律・詐僞・詐教誘人犯法》 凡諸人，設計，用言教誘人犯法，及和同令人犯法，却行捕告，欲求給賞，或令人捕告，或欲陷害人得罪者，皆與犯法之人同罪。

《律條直引》卷二四《刑律七・詐僞・詐僞制書》 趙甲、錢乙俱依詐僞、增減制書者不分首從律，皆斬。孫丙依詐僞，增減制書未施行者律，李丁依詐僞將軍、總兵官、五軍都督府、六部、都察院、都指揮使司、各衛指揮使司、守禦緊要隘口千户所文書，套畫押字，盜用印信，空紙用印者律，各絞，俱秋後處決。周戊依詐僞察院、布政司、按察司、府州縣衙門文書，套畫押字，盜用印信，空紙用印者律，杖一百，流三千里。吴己依詐僞其餘衙門文書，套畫押字，盜用印信，空紙用印者律，杖一百，徒三年。鄭庚依制書傳寫失錯者律，杖一百。俱有《大誥》減等。周戊杖一百，徒三年。吴己杖九十，徒二年半。鄭庚杖九十。係軍民，無力的決充徒哨瞭，有力與官吏納米等項，完日，鄭庚還役，周戊、吴己俱革職役爲民。趙甲等俱重刑監候會審處決。

《律條直引》卷二四《刑律七・詐僞・詐傳詔旨》 趙甲依詐傳詔旨、聖旨者律；錢乙依各衙門追究錢糧，鞫問刑名公事，當該官吏將奏准合行事理妄稱奉旨追問者律，各斬。孫丙依詐傳皇后懿旨，皇太子、親王令旨者律，絞。俱秋後處決。李丁依詐傳一品、二品衙門官言語分付公事有所規避者律，杖一百，徒三年。周戊依詐傳三品、四品衙門官言語分付公事有所規避者律，杖一百。吴己依詐傳五品以下衙門官言語分付公事有所規避者律，杖八十。俱有《大誥》減等。李丁杖九十，徒二年半。周戊杖九十。吴己杖七十。係軍民，無力的決充徒守哨，有力與官吏納米等項，完日還職役寧家。本犯有規避應革職者革職爲民。 詐傳公文改塗抹附卷。趙甲等俱重刑監候會審處決。

《律條直引》卷二四《刑律七・詐僞・對制上書詐不以實》 趙甲依對制、奏事、上書，非密而妄言有密者，加奏事不實罪一等律，杖一百，流二千里。錢乙依對制、奏事、上書，詐不以實者律，杖一百，徒三年。孫丙依奉制推按問事，報上不以實者律，杖八十，徒二年。俱有《大誥》減等。趙甲杖一百，徒一年。錢乙杖九十，徒二年半。孫丙杖七十，徒一年半。係軍民，無力充徒守哨，有力與官吏納米等項，完日，各還職着役寧家。

《律條直引》卷二四《刑律七・詐僞・詐假官》 趙甲依詐假官者律，錢乙依假與人官者律，各斬。孫丙依知情受假官者律，杖一百，流三千里。李丁依無官而詐稱有官求爲者律，周戊依詐稱官司差遣而捕人者律，吴己依詐冒官員姓名者律，各杖一百，徒三年。鄭庚依詐稱見任官員子、孫、弟、姪、家人求爲者律，杖一百。俱有《大誥》減等。孫丙杖一百，徒三年。李丁、周戊、吴己各杖九十，徒二年半。鄭庚杖九十。係軍民，無力的決充徒守哨，有力納米等項，完日爲民寧家。趙甲、錢乙係重刑監候會審處決。

《律條直引》卷二四《刑律七・詐僞・詐稱内使等官》 趙甲依詐稱内使、都督府、四輔諫院、六部、按察司官，監察御史在外體察事務欺誑官府，扇惑人民者律，斬，秋後處決。錢乙依知情隨行者，減一等；孫丙依當該官司知而聽行者，與同罪，至死者減一等罪止律；李丁依詐稱使臣乘馹者律；周戊依馹官知而應付者，與同罪律，各杖一百，流三千里。吴己依爲李丁從者，減一等律，杖一百，徒三年。鄭庚依馹官不知情，失於盤詰者律，笞五十，俱有《大誥》減等。錢乙、孫丙、李丁、周戊各杖一百，徒三年。吴己杖九十，徒二年半。鄭庚笞四十。孫丙、周戊、鄭庚俱官，錢乙、李丁、吴己俱軍民，無力的決充徒守哨，有力納米等項，完日還職着役寧家。趙甲係重刑監候會審處決。

《律條直引》卷二四《刑律七・詐僞・近侍詐稱私行》 趙甲依近侍之人在外詐稱私行體察事務，扇惑人民者律，斬，秋後處決，係重刑及近侍人員監候請旨。

《律條直引》卷二四《刑律七・詐僞・詐為瑞應》 趙甲依若有災祥

之類而欽天官不以實對者，加詐爲瑞應罪二等律，杖八十，徒二年。錢乙依詐爲瑞應者律，杖六十，徒一年。俱有《大誥》減等。趙甲杖七十，徒一年半。錢乙杖一百。趙甲係官，運炭。錢乙係天文生，納鈔等項。完日還職役。

《律條直引》卷二四《刑律七·詐僞·詐病死傷避事》 趙甲依受雇、倩爲人傷殘，因而致致死者，減鬥殺罪一等，罪止律杖一百，流三千里。錢乙依犯罪待對，詐死者律，杖一百，徒三年。孫丙依犯罪待對，故自傷殘者律，杖一百。李丁依無避故自傷殘者，周戊依臨事避難事重者律，各杖八十。吴己依詐稱疾病臨事避難者律，笞四十。俱有《大誥》減等。趙甲杖一百，徒三年。錢乙杖九十，徒二年半。孫丙杖九十。李丁、周戊各杖七十。吴己笞三十。係軍民，無力的決充徒守哨，有力與官吏納米等項，完日，官吏應還職役者還職役，應革職役者革職役爲民，軍民各着役寧家。

《律條直引》卷二四《刑律七·詐僞·詐教誘人犯法》 趙甲依私鑄銅錢者，錢乙依設計教誘人、和同令人犯法者，與犯人同罪，至死各減一等，罪止律各杖一百，流三千里。俱有《大誥》減等，各杖一百，徒三年。係軍民，無力的決，有力與官吏納米等項，完日還職着役寧家。

《明史》卷一五〇《虞謙傳》 〔建文中〕都察院論誆騙罪，準洪武榜例梟首以徇。〔虞〕謙奏：比奉詔準律斷罪，誆騙當杖流，梟首非詔書意。帝從之。

（明）談遷《國榷》成祖永樂六年六月 辛巳，禁軍民子弟僮奴冒爲僧，並父兄罪之，令輸作。

（明）余繼登《典故紀聞》卷一一 正統時，江陵縣歲貢生員張棨以内府考試懷挾文字，英宗曰：此輩若處以常律，不足以警後，其謫戍邊衛，逃則殺之，著爲令。

（明）王世貞《弇山堂别集》卷八二《科試考二》 〔景泰四年〕禮部祠祭司主事周驎奏：設科取士，當遵國法禁例。洪武以來舊例，曾由科目出身未入流品官生員發充吏、罷閑官吏、監生生員、娼優、隸卒、刑喪、過犯之人不許入試。其生員、軍生、儒士及未入流品官、農吏、承差、軍餘人等，若無錢糧等項粘帶者，聽從入試。如有不實，照例論罪，已中式者，黜退不録，未中式者，終身不許入試。今順天府景泰四年鄉試取中舉人尹誠、汪諧、陳益、龔滙、王顯、李隨、李森、錢輸，俱係冒籍人數，於例不該入試。似此之徒，欲求事君而先欺君，今日苟圖如此，他日居官可知。乞明正其罪，以警將來。命錦衣衛俱執送刑部問，未發露者，許出首逮問，同學知而不首者同罪。今後科場知貢舉、監試、提調等官，務在防範嚴切，不許容情。冒名、換卷、截卷、傳遞文字並説話作弊，監門、搜檢、巡綽、監試官軍，敢有如前容隱不舉作弊者，俱治以重罪。簾外執事官，臨期於吏部聽選文學出身者充之。命左春坊大學士兼翰林院侍讀彭時、右春坊右庶子兼侍講趙恢主應天試。

（明）戴金《明條法事類纂》卷四二《刑部類·僞造印信日曆等·僞造印信假捏文書盜支邊境倉場糧米草料並包攬坑陷納户俱發充軍哨嘹例》

成化三年八月十三日，都察院右都御史林等題，爲攬納作弊詐支官糧等事。刑科抄出欽差贊理軍務巡撫湖廣都察院右副都御史羅等題。據湖廣按察司呈，問得犯人陳聰，招係銅鼓衛中左所老軍。有辰州府沅陵縣民人（毆）〔歐〕文瓊同辰州衛餘丁趙洪軍、民買文聰等，俱各平日不務本等生理，專一在於本府崇盈倉攬納税糧，覓利肥家。自成化元年十二月起至成化二年六月止，節次攬過長沙府湘陰等縣納户劉得受等並本府黔陽等縣本色糧米一萬五千餘石，又攬湘鄉等縣納户賀子賢等糧價白銀四千八百餘兩；又賣放支永順、保靖等處延進士兵過往行糧，挿和一混上納。每石得餘銀一錢，實利餘銀一千三百八十兩，於内除餘銀四百六十兩分送本倉大使蔡茂春、副使宿容各二百兩，跟隨收糧府官司典蘆蔭等共銀六十兩，餘銀九百二十兩，俱係〔歐〕文瓊等各分入己。聽因本倉積有糧多，記知〔歐〕文瓊與長沙府（收）〔攸〕縣慣（騅）〔騅〕僞印民人李春華熟識，見在本處賣買，是聽請本人同到〔歐〕文瓊家買酒會飲。議説天聽二年三月詔書有一款開，該不分馬步官軍，原支月糧八斗，加添二斗，以（轃）〔湊〕一石。本衛官軍都關八斗，我們弟兄三人不加引。這詔書合做一布政司假文書劄付辰州府，前去崇盈倉冒關些糧米糶銀分用。是聽不合妄將詔書内一款事例增減字樣，捏稱銅鼓衛見在官軍，有一千五百三名，每月支糧八斗，俱係銅鼓衛倉關支。緣天順三年爲（被）〔備〕苗賊出没，調（發）〔撥〕軍士前來征進，以致本倉支濟空虛，至今無糧可補，本衛備達上司蒙駁，候有糧之日定奪。告乞將前項糧米照數添支等因，將祖軍陳受二止名捏寫詞狀緣由，假作本司准告。有李春華雕刻僞印一顆，假作湖廣布政司劄付辰州府文書一紙，内開准令天順三年四五年共該米五萬四千八百五，一暫於辰州崇盈倉補支。成化二年正月内，是聰同李春華前到辰州將假印劄付投蒙本府，批差陰陽生何方一齎文前赴布政司申請定奪。是聰隱情詐取買米人趙洪等銀五百五十兩，與同賫文陰陽生何方一，於本年四月内到湖廣城内，對伊哄説你如今賫來申文，我替你到布政司投下，就討批回與你，免得出官。本人不知詐情，當本府申文俱休與聰收，就央李春華又捏假劄付一道及雕刻本司經歷司僞印一顆，將辰州印信批文捏寫批回。聰與李春華，何方一執賫回還，赴辰州府投下關米。間蒙巡撫湖廣都御史羅按臨本府，究查錢糧，事發蒙行湖廣按察司提吊聰等一干人卷到司，查封明白，除將陳聰等依律擬議，照例發落外，將問過招擬緣由，具呈到職，參照李春華、〔歐〕文瓊等，倚持宿奸臣詐同（同）僞造印信文書，盜關糧米，動以萬計，府司莫辨真僞，布政司無由覺察。誠恐各處日後亦〔有〕此弊，知蒙乞敕該部計議，照依六部都察院置文號事例，行移各布政司置立號簿紙，編成字號，先將號簿一扇發各府州掌印管收掌，號紙本司收候。今後遇有調撥軍馬，動支錢糧，並各衛官軍俸糧，布政司依次號簿填寫合支錢糧數目，行移府州比照字號相同，方與支給。仍乞敕法司，今後遇有僞造文書，盜支官糧，及積年通同官攢攬納糧米，私自市買沙穀低米插和，及把持打攬倉場者，不分官攢拜攬納詐僞之人，俱問擬明白，發極邊地面永遠充軍役等因，具本。該通政司官奏，奉聖旨：法司知道。欽此。欽遵抄呈到院。看得巡撫湖廣右副都御史羅奏稱，湖廣按察司問得犯人陳聰等僞造印信文書，盜關官糧，（勤）〔動〕以萬計，誠恐各處日後亦有此弊，要得置之號簿、號紙，關防出納一節，係户部掌印事理，除咨本部徑自定奪施行外，據奏稱今後遇有前項文書盜支官糧及積年通同官攢攬納糧米把持打攬倉場者，俱問擬明白，發極邊地（白）〔面〕永遠充軍役一節。查得天順元年三月十三日，節該欽奉英宗皇帝聖旨：合在官有等不務生理作歹之人，往往把持官府攬擾倉場，攬納糧草，甚至坑陷納户，虚費京儲，爲害非小。今後敢有仍前似此作歹撒潑，不遵法度者，許諸人指實首告，連當房家小發邊衛充軍。欽此。欽遵。天順八年正月二十二日，節該欽奉詔書内開：凡問囚犯今後一依《大明律》科斷，照依運磚做工等項發落，所有條例並宜革去。欽此。欽遵。續爲誆騙錢糧事，又該本縣會同刑部大理寺議得：包攬糧米物料之人，誆騙銀兩，坑陷納户，法難輕恕。今後法司問擬包攬囚犯，如果誆騙納户，未曾完結者，究問明白，仍照依欽奉英宗皇帝聖旨，連當房家小發邊衛充軍。其上納已完不曾坑陷納户者，俱照常例發落。成化二年四月十二日，該本院等衙門左都御史等官等具題，奉聖旨：是。欽此。欽遵。緣此例係在京倉糧見行事例，在外止是依律科斷，照依常例納米擺站等項發落。今右副都御史羅卻奏前因，臣等竊詳各處邊境倉場所糧草，專一供給守邊官軍俸糧，並餵養騎操馬匹，以備征進調用，其事不（事）〔是〕不重，奈何奸詐之徒，往往欺公作弊，盜賣攬納，虧官損民，爲害非細。若不嚴立重典，痛加懲治，誠恐奸弊日滋，邊儲缺之，致誤邊務。合無其准所言，通行在外巡撫、巡按、布按二司，並各該所屬問刑衙門，今後但係邊境倉場，遇有前項僞造印信，假捏文書，盜支糧米草料及通同官攢作弊並包〔攬〕上納，因而侵剋費以致坑陷納户者，事發問追明〔白〕，除真犯死罪外，俱照在京前項見行事例，不分旗舍餘丁吏民人，俱當房家小發邊遠衛分充軍。若係軍人腹裏衛分，調發邊衛。原係邊衛，調發極邊衛分，俱常川守墩哨瞭。文武職官，有犯監候，奏請發落。若盜支糧米草料，未曾入己，包攬上納已完，不曾坑陷納户，並把持打攬倉場插和低米沙穀及腹裏地方倉場，遇有前項罪犯，俱仍照常例納米，擺站等項發落。如此，庶得刑爲適中，奸頑知警。緣係事例，及奉欽依法司知道事理，未敢擅便，具題。次日奉聖旨：是。欽此。

（明）戴金《明條法事類纂》卷四二《刑部類・詐爲制書・禁約抄寫假奏詞旨意傳用惑衆例》 成化八年六月二十一日，都察院左都御史李等題，爲違法等事。廣西道呈稱，錦衣衛鎮撫司手本開，問得犯人王安招係應天府上元縣軍籍，有弟王寧，充隆慶衛軍。安前去供送盤纏到衛，回還到京，在於四牌樓豬市遇見不知名小廝，手拏奏詞旨意一紙，開寫敕諭：五軍都督府文武百官便行榜文各衛所知道，征軍天下康寧，給一路賞賜，行糧不絶。百姓妻子朝歡暮樂，尚且不足，好害征軍，原籍父母兄弟不肯赴京面奏，有司官吏人等治以重罪。欽此。五軍都督府、兵部文武百官早朝，欽奉聖旨：分付天下各府州縣官吏人等，軍户男子免三丁，各衛所州縣官吏人等看我言語，當該官吏刁蹬不肯優免，許（君）〔軍〕之家赴京面奏，治重罪。以五軍都督府（士）〔統〕一指揮，奏五十五件。事奏，聖旨：如今我去隆慶寺走一遭，在樓下見小廝，年十歲，身無衣裳赤脚。我尋思起來，説老幼每人著還鄉，其他官田十五畝，是不要納糧；自（重）〔種〕自食十五年，不要當差。有去的便寫來，不去的亦寫來。欽此。奉天門奏，奉聖旨：各衛有老幼患病替换，一家二三四個月糧，不（勾）〔夠〕食用，各衛取勘出來，除留當房家小在營住坐，多着還鄉，存營住坐，買賣生理。指揮千户鎮撫生事，害人官吏，同拏赴奏問明白，發落邊遠充軍。欽此。聖旨：今後但有軍民人等，（地）土豪之家，侵占退與當軍人幫補盤，各處衛所有司不知前例。聖旨：念軍民之家艱苦，將山東、河南、湖廣、江西等處原籍軍民，抛荒田土、山場、房屋基地，盡都退與本户當軍人家收管，辦納軍裝、衣鞋。如有偷收、過割、侵占，依律罪之。累奏，聖旨：分付天下各衛所邊遠軍司頭目，不許阻擋；老幼餘丁家小，不許停留，在營，治以重罪。天下各邊遠關口官吏人等，不許阻擋，即便放行等項詞語。是安就問小廝討續一（偏）〔篇〕，明如前項奏詞旨意不成文理，係是假造詐傳，不合用錢五百文收賣，要回原籍爭田土。又抄一張，傳與軍人李興。有老軍田文，亦不合問李興借去，央軍彭敬謄寫一張在家，致被校尉延亮體知，捉拿奏送到司，問招明白。合將各犯並追出假奏詞旨意一紙，通送都察院擬罪。誠恐在京軍民見有前項假奏詞旨意，不知真僞，一概抄寫，傳用惑衆未便，合就着本院出榜於京城内外張掛曉諭等因，該掌司正千户趙景等具題。奉聖旨：是。欽此。欽遵連人送到，餘〔餘〕將王安等問擬明白，具本發審大理寺審允發落外，合行具呈給榜曉諭等因到院。看得錦衣衛鎮撫司奏稱犯人王安等傳寫寫假奏詞旨意，誠恐在京軍民不知真僞，一概抄寫，傳用惑衆，要行出榜曉諭一節，合無請給聖旨榜文，前去京城内張掛曉諭。惟復本院，止將原問招詞出榜禁約，緣係出榜事理，未敢擅便，具題。次日奉聖旨：是。將原問招詞出榜禁約。欽此。

（明）戴金《明條法事類纂》卷四二《刑部類・詐假官・詐稱錦衣衛校尉佔宿公館訪察事務要妄拏平人嚇詐財物者問罪連當房家小發邊衛充軍例》 成化九年七月二十二日，刑部尚書陸等題，爲巡捕事。江西清吏司案呈，問得犯人杜埜招係直隸武清衛鎮撫杜剛堂兄，先蒙本衛差埜巡捕，爲因生事革退。是埜不合常帶鐵尺麻繩，結交未獲餘丁吕椎、張禮、王忠、張貴、黄安、張勝、蘇玘、楊廣，已獲武榮，各不合詐稱錦衣衛校尉，指以拏賊爲由，嚇詐人〔財〕物分用，一向不曾事發。成化元年三月内，禁與吕權（同）〔因〕寶坻縣民人孟源家被盜，與榮等商説，我每設計去將寶坻縣民人魏福安家，拏他一遭，詐些東西使用，武榮等亦不合依允。就於本月十四日，埜等沿路詐稱錦衣衛差來巡捕校尉拏賊，前到楊村（罷）〔擺〕渡口過河，聞見得不知名一人在過渡處，被人偷去布衫一件，埜等將賊人捉住，問名張恕，就將本賊裝頭打逼，妄指魏福安家，曾同打劫孟源家財用舡將張恕裝至丁字沽，糾集地方、火夫張瑀等分付，我每是錦衣衛校尉，捕這作眼的人拏賊，你每着幾個跟去。張瑀等依允，各拏袖棒鐵尺跟同埜等行至魏福安家。埜與武榮等十名，各不合詐稱校尉，帶領張瑀等進入本家，將魏福安侄魏全、魏鑒、魏成並女婿李名拏住，用刑（考）〔拷〕打，逼招强盜孟源家財。有魏全等執稱良善，不曾爲盜，埜等不由分説，將魏全等拏到海南地方加刑（考）〔拷〕打，逼招强盜。魏全等受刑不過，只得妄招。埜等搜出魏全家自己鐵鋤四把，鐵棍二把，魚缸十二付作贓，又各嚇説：若無東西打發，拏去錦衣衛裡（部）〔都〕是死。魏福安懼怕，當將黄牛七隻賣與本處民人趙全。李名妻魏氏將伊女李年兒賣與餘丁曹鑒，共得銀八兩五錢五分，黄生娟一匹，藍小布三段，交與埜等收接。埜等仍將魏全打要，誣指熟識軍人王友同盜。又將王友拏住，詐得銀二兩五錢。又逼令魏全等誣指民人貫清同盜，詐得銀五錢，白生絹一匹。當將賊人張恕連原偷布衫並王友、貫清俱各疏放。是埜分與火夫張瑀銀一錢五分，藍小布一段；郭斌銀一錢五分，藍小布一段；周廣銀一錢四分，藍小段一段；先行散回。埜又分與武榮銀七錢，未獲吕椎銀八錢八分，黄生絹一段，張貴銀一兩一錢，張禮銀七錢，楊廣銀三錢五分，張勝銀二錢二分，王忠、黄安、蘇玘各分銀三錢二分。埜自得銀六兩七分，白生絹一段。要將魏全等釋放，恐伊告狀，仍設逼拘孟源作失主，冒認鐵鋤二把，銀三錢。埜將魏全等四名俱作强盜押到直隸武清衛，計囑本衛巡捕指揮僉事高源，將魏全發下鎮撫司，與堂弟杜剛收問。並該吏張崇明如埜等生事妄拏平人，詐取財物，各不合將魏全收監淹禁日久，不與分辨，致被錦衣衛巡捕校尉緝知，將埜等捉獲。吕椎等八名聞知事（法）〔發〕，各不合連贓逃走，不知去向。後有鎮撫杜剛、該吏張崇有勘合到衛取人，要救埜等無事。及因魏全無招，難以起解，不合非法用刑，將魏全等（釣）〔吊〕打，又用磚於膝腿等處跪壓，逼招盜情。魏全等受刑不過，依誣承認偷盜孟源家財物。杜剛、張崇又因魏全係鄰縣民人，與伊無干，平空捏稱魏全等偷盜住人王友衣服等項虛情，妄捏贓數，在内問擬魏全、魏鑒、魏成、李名竊盜，得財滿貫徒罪，俱於（有）小臂膊刺竊盜二字，送人起解，送司查問。杜埜、武榮、張埜、郭斌、周廣俱犯該哄嚇取人財物者，計贓准竊盜論，如一等一百二十貫罪止律；杜埜爲首減等杖一百、徒三年，武榮等俱爲從，各杖九十、徒二年半，各照例做工，滿日各着役隨住。照出高源、杜剛另行提問，發大理寺審允，回報到司，除將張瑀等照例發落外，參照杜埜、武榮係重情人犯，若將各犯止是照例做工發落，此等無籍之徒，恬終玩法，未免出外仍前詐害平人，深爲未便。查得先該錦衣衛同知逯杲奏稱，訪得近年以來，有等無籍之徒，二三同行，詐稱校尉名色，在於有司軍衛，指以公差經過爲由，需索酒食，擅宿公館，甚是騷擾未便。照得本衛官軍、旗校、士匠人等不下三萬餘數，多係南（比）〔北〕直隸、浙江、湖廣、江西、福建、山東、山西、河南、陝西等處籍貫，其餘舍餘人等有給引在外行商並來京供給者，故作非爲索取軍衛有司財物者，亦有等平昔游手遊食奸詐之徒，指稱本衛官校之家弟侄子男，及詐伴送夷人關鹽等項名色者，被擾所在官司，無（徒）〔從〕盤詰，阿從供給，似此奸弊，非止一端。如蒙乞敕都察院通行巡按監察御史，仰各該府州縣軍民等衙門通行禁約：如有公差人等經過，務要盤費。若有虛詐但稱本衛名色，就便拏解赴京究問。如有阿從供給及縱容不拏者，事發與〔之〕同罪。庶使奸弊可除，民無擾害等因，具奏。奉英宗皇帝聖旨：都察院看了來説。欽此。欽遵。本院看得所奏前因，誠爲有理，欲出榜通行在京並南北直隸、浙江等處張掛禁約。今後如有民人及別衛官軍、餘丁人等，詐稱錦衣衛官校、舍餘、將軍、力士匠役，敢有仍前爲非，許所在官司，不分軍民職官，就便擒拏，審問的確，牢固枷釘，解京究問明白，連當房家小發邊衛充軍。若軍衛有司驛站大小衙門官吏，明知詐僞擾害軍民，不即擒拏，阿諛聽從者，事發一體究問等因，天順四年八月十六日，本院左都御史寇等具題。奉聖旨：是。恁都察院便出榜禁約，犯了的重罪不饒。欽此。欽遵通行禁約，數年之間，奸詐頗息，遇蒙天順八年正月二十二日，節該欽奉詔書内一款：凡問囚犯，今後一依《大明律》科斷，所有條例並宜革去。欽此。緣此等囚犯因見前例革去，止依常例發落，往往似此非爲，不知警懼，擾害良善。案呈到部，參照犯人杜埜等糾衆成群，詐稱錦衣衛巡捕校尉捉拏平人，逼招强盜，誣指平人，嚇詐財物，以致魏福安等變賣牛畜、子女，送與銀兩打發，仍不得免。又屬送武清衛鎮撫酷刑承招，故〔入〕人（徒）罪，俱各刺字，原情論罪，法所難容。合無申明前項榜例禁約，將見獲犯人杜埜、武榮免其做工，送兵部連當房家小發邊衛充軍。未獲逃犯吕椎等仍行錦衣衛並各犯該管司設法挨拏，解部查問，一休發遣充軍。仍通行在京南北直隸、浙江等處巡撫、都御史、巡按監察御史，並各該司府衛所等衙門，嚴加禁約。今後凡有官旗、軍民、匠校、舍餘人等，敢有仍前在外二三同行，詐稱錦衣衛校尉巡捕巡視名色，佔宿公館，訪察事務，扇惑人民，妄拏平人，嚇詐財物，生事擾害者，就便捉拏審問，得實牢固枷釘，差人解京究問明白，照例發遣。所在軍衛有司驛遞等衙門阿從故縱者，事發悉治以罪。如此，庶使奸詐知懼，良善獲安。緣係申明禁約事例，及提問指揮使高源、鎮撫杜剛，俱係軍職，未敢擅便，具題。次日，奉聖旨：是。欽此。

（明）戴金《明條法事類纂》卷四二《刑部類·詐假官·（假）〔詐〕稱太監名頭誆取財物枷號充軍》 成化十四年二月十八日，掌都察院事太子少保兵部尚書兼左都御史王等題，爲禁革詐冒奸弊事。該御馬監太監汪直奏乞出榜禁約詐稱行訪公事名目及買賣囑托等項，究治枷號發邊衛充軍等因，奏奉聖旨：都察院看了來説。欽此。查得成化九年七月内，該刑〔部〕尚書陸等題稱，今後官旗、軍民人敢有詐稱錦衣衛校尉巡視名色，佔宿公館，體察事務煽惑人民，妄拏平人，嚇詐財物，生事擾害者，就便捉拏研審的實，牢固枷釘，差人解京究問明白，照例發遣邊衛充軍。所在軍衛、有司驛遞等衙門阿從故縱者，事發，悉治以重罪等因，具題。奉聖旨：是。欽此。欽遵外，今該前因，看得太監汪直奏稱各處有等無籍遊食之徒，假伊名目，詐稱親職官校在外哄嚇取財物，囑托公事、兜攬錢糧，虚張聲勢，詐稱買賣，欺辱官吏，貪選爲非，奸詐萬狀。要將内外衙門出榜禁約，擒拏解京，請旨枷號，發遣邊衛充軍一節。緣禁革奸詐，雖有前項充軍事例，止有問刑衙門〔知曉〕不曾通行内外出榜禁約，所以人不知警，往往仍詐官校人等名目，攪擾官府，警疑軍民。誠如太監直言，（各）〔合〕無准所奏兩京内外出（拷）〔榜〕通行曉諭禁約。若軍民人等敢有似前詐僞者，所以官司就便拏赴巡撫、巡按官，或按察司官處，審問是實，牢固枷釘，差人解送來京，再問明白（再問明白）。犯該死罪者，依律議擬，奏請處決。徒流（一）〔以〕下者，俱枷號一個月，滿日照例發遣邊衛充軍。若所在官司阿諛故縱，不行擒拏者，一體治罪。奉聖旨：是。欽此。

（明）戴金《明條法事類纂》卷四二《刑部類·詐假官·詐稱皇親馳驛索取財物處決充軍》 成化十七年五月初七日，都察院右副都御史戴題，爲强搶人口等事。該御馬監太監曹得奏，據湖廣按察司呈，問得犯人袁榮招係浙江杭州府錢塘縣民，與今在官同府仁和縣民潘（宣）〔瑄〕，俱與皇親錦衣衛前所正千户邵琮原籍住居相近。成化十四年九月内，糾同潘（宣）〔瑄〕，要得詐稱皇親，要討脚力出外進食。不合用銀七兩、綿紬二疋送與浙江布政司禮房寫本書手王文受，不合枉法接受，潛家假捏應付脚力箚付一張。因無印信，榮又不合偷揭本司門上印信告示紙片，將薄油紙臨下印文，翻背用珠筆描濕，印在假箚付年月並封皮上，遞出本府，轉行本府遞運所，應付紅船人夫，前往廣西等處，沿途詐取財物用受，一向不曾事發。彼到北京潛住，彼有直隸山陽縣逃民李秀並伊弟李進、界首遞運所水夫黄海、大興縣民劉成、監生家人孫貴，俱各在京，與榮等鄰住熟識。成化十六年十月内，榮與潘宣仍前要去廣西詐騙財物，又不合糾合李秀等，各不合聽從。用白綿紬直身、白羅纖撒綿布直身各一領，俱送宛平縣民張清，不合依聽捏寫鈎批一紙，内開内（言）〔官〕監太（監）〔監〕韋，爲清理皇親邵家軍務事，今蒙聖旨，欽取原籍錢塘縣一圖人。因本家曹愷被浙江按察司分巡僉事問發廣西柳州宣武守禦千户所充軍，並無音信，今差弟邵琬等帶家人李秀等前去查勘，仰沿途遞運所巡司衙門量撥力兵軍護送等字樣。及於〔計開〕項下，妄爲皇親舍人二名，邵琬家人李秀、孫聰〔貴?〕、劉成、李進四名，及於假年月上使韋氏圖書一顆印蓋，付與榮等收執，至於通州歇下。榮與潘瑄、李秀又要詐取廪給口糧脚力，又不合假捏本州故牒香河縣應付牒文一紙，内關抄蒙兵部良字一千三百七號勘合，内官監太監韋，傳旨錦衣衛前所正千户皇親邵，爲清查軍伍事，於奏准者弟邵琬順賫違字八號符驗一道，前往廣西等處分幹，陸路應付上等馬〔一〕匹、馬夫〔馬〕一匹，帶去侄邵瑄應付中等馬一匹、馬夫馬一匹，依例廪給；伴送家人李秀、黄（富）〔海〕、孫貴、李進俱支口糧、驢匹；水路應付大樣遞運所坐舡一只裝送，驛分廪給；經過軍衛有司衙門，添撥人夫扛抬擡送邵瑄，遞運所應付坐舡，驛分廪給；隨伴家人李秀等四名俱支口糧，應付脚力紅舡等項。因無印信，榮主使潘瑄偷揭本州門上印信告示一紙，仍用薄油紙照依前去用珠筆描濕，印文在假牒年月上，收藏在身，前去香河縣投下。潘瑄與本縣知縣陳瓚相親，隱下詐僞情由，説要分關。陳瓚不合不審虚實，就行聽信分付該房吏分謄關文三紙，與榮等各賫赴武清縣沿途倒關應付。行至山東聊城縣，撞遇本縣民婁玘，又到南京撞遇鎮南衛舍餘鐘英、藍清、（宋）〔朱〕剛，並錢塘縣民高剛。榮等陸續與各人誘説，如今我往廣西公幹，少人作伴，央要同走一遭，婁玘等不合聽從跟隨。榮見朱剛幼小，令伊在舡上做飯使唤，數内劉成等各因患病，劉成、孫貴、白行回京原籍去訖。榮等行至採石遞運所，又不合將本所吏責打，逼要大舡，本吏懼怕，只得將大舡一隻裝送。大通遞運所無舡倒换，榮等又不合恃强索要本所粗布一疋、銀一兩二錢、米二石入己，就唤樂婦雲裹秀、一枝梅、王大上舡，各與歇宿。又不合强搶客舡内梭布、藍絹、銅盆及索要銀三兩。又到安慶遞運所，無舡倒换，勒要銀六兩、米三石，俱入己。彼有錦衣衛致仕達官都指揮僉事（幸）〔辛〕宣，不合逃在雲南並南直隸等處，往遊食在安慶府地方，遇見榮等要伊作伴。（幸）〔辛〕宣又不合聽從跟隨，就將身帶鑁刀、弓箭、拽〔袋〕琵琶（一）〔三〕弦（于）〔子〕等件搬過舡上，一路用采。行來懷寧縣、望江縣、彭澤縣、江西遞運所、（蘄）〔蘄〕州遞運所、黄岡縣，俱索銀貨用費。訖到於湖廣，將應付關文，投下江夏縣。有本縣民李順，不合縱容伊妾妙玉、李妙香與人通奸，覓錢使用。婁玘不合與妙玉姦宿，請榮等過在李順舡上飲酒。榮將李妙香唤過馬舡，姦宿日久，不肯放還。李順節取，榮又不合將伊打罵，伊弟李文勝不甘，具狀武昌府告，行巡捕通判成禮查取原投江夏縣並驛遞關文，驗係詐僞。當將婁玘並榮等並〔原〕誆黄絹、葛布、銅盆等件，及（幸）〔辛〕宣原帶鐶刀、弓箭、拽袋、琵琶三弦子搜出，連人送付鎮守曹太監並巡按楊御史，審係詐僞，仍發通判成禮取供，轉解前來，查問明白。除將（幸）〔辛〕宣轉送都司羈管聽候外，將榮等取問罪犯議得：袁榮、潘瑄、李秀所犯俱合依詐傳詔書者律，袁榮爲首，斬，秋後處決；潘瑄、李秀俱爲從，通減二等，各杖一百、徒三年。婁玘、鐘英、藍清、高剛俱依白晝搶奪人財物計（與）〔贓〕重者，加竊盜罪二等一百二十貫罪止律，爲首爲從通減一等，杖九十、徒二年半。李順縱容妾與人通姦，減等杖八十。朱剛依不應得爲而爲之事理重者律，各減等，杖七十。潘瑄等九名俱審無力，潘瑄、李秀仍（盡）〔依〕搶奪本法，與婁玘、高剛並於右小臂刺搶奪二字，照例發衝要驛遞擺站。鐘英、藍清俱舍餘，免刺照例發邊遠衛所哨瞭，各滿日。李妙香係姦婦，去衣〔受刑〕。朱剛各的決（供明）。李文勝、陳瑜、伍奇各寧家隨住，著後離異充警。抄招備呈到，臣會同巡（捕）〔撫〕湖廣右副都御史白、行巡按監察御史楊謐議，犯人袁榮、潘瑄、李秀不守本分，結構非爲，假稱皇親弟侄、舍人，僞揑符驗勘合，及與婁玘、鐘英、藍清、高剛等俱各糾成群黨，遊手遊食，擅乘驛馬坐舡，搶擄客商財貨，欺凌驛遞官吏，索要廩給銀物，奸詐多端，罪惡盈稔，俱係情重人犯，准照常例發落。及照錦衣衛致仕達官都指揮僉事（幸）〔辛〕宣，不合逃移出外，糾同爲非，律合問罪。及恐各處亦有此等奸詐之徒擾害軍民，合當禁約。如蒙乞敕都察院備榜通行内外大小衙門，張掛禁約，如有此等詐僞之徒，經過地方，就便嚴加盤詰究問，並行各該官司挨拏未獲王文受、張清、李進、黄海、劉成、孫貴、陳瓚等問擬如律。庶使驛遞清嚴，奸頑知警便益。除將情輕並（明）朱剛等先行捕發外，情重袁榮等監候具本。奏奉聖旨：該衙門知道。欽此。欽遵。看得鎮守湖廣太監曹得奏稱，湖廣按察司問得犯人袁榮等各犯前罪，别無定奪。誠恐各處亦有此等奸詐之徒，擾害軍民，要行備移天下大小衙門張掛，嚴加禁約，合無准其所言。及參稱錦衣衛致仕達官都指揮僉事（幸）〔辛〕宣，不合逃移出外糾合爲非，未〔拏〕到犯人王文受等，俱各查提問罪。欲備奏詞，移咨南京都察院並各該巡撫官，無巡撫官者備劄各該巡按御史。各備云出榜發屬大小衙門張掛，嚴加禁約。（奸）〔如〕有此等奸詐之徒，即便拏問如律監候，俱奏發遣。本院仍抄招行令該道並各該巡按御史，各查提王文受等並行湖廣按察司提取（幸）〔辛〕宣到官，各問擬如律，照例施行。將犯人袁榮照例會審呈詳，待報處決。潘瑄等再行查究，如果盜關官糧從重改擬發落。但太監曹得奏稱，袁榮、潘瑄、李秀不守本分，假稱皇親弟侄舍人，詐僞傳旨鈞批，僞揑符驗勘合，及與婁玘、鐘英、藍清、高剛糾成群黨，擅自馳驛，搶奪客商財物，欺凌驛遞官吏，索討廩給，勒取財物，委得情犯深重，難照常例。伏乞聖明裁處，具題。次日，奉聖旨：是。這廝每（既）〔結〕構爲惡，非止一端，袁榮依律處決；潘瑄、李秀、鐘英、藍清、婁玘、高剛都〔杖〕一百，便押發廣西邊衛充軍，家小隨住。欽此。

（明）余繼登《典故紀聞》卷一五　舊例，指官詐財滿貫犯該徒流以上罪者，俱發充軍，有大誥及遇恩，例減二等，爲首從者止得徒杖之罪。成化十七年五月内，刑部題：此輩情犯頗重，如復減等，恐奸僞日滋，請今後指稱京官并三司以下官名及以官府使用爲詞誆財者，俱計贓，不分首從，悉連家屬發邊衛充軍，原係邊衛者，發極邊守哨，從之。

（明）戴金《明條法事類纂》卷四二《刑部類·偽造印信曆日等·偽造印信批劄假撥吏役充軍為民》　成化二十三年八月二十五日，都察院右副都御史劉等題，爲作弊事。該巡按浙江監察御史荆茂奏，據浙江按察司、經歷司呈，蒙本司案令，問（律）〔得〕犯人戴珪，招係杭州府錢塘縣民，與民人楊奇、謝倫、何文聰、張富、孔文舉，軍餘王剛、魯十一，一向投在布政司吏房各房科。有本房二科典吏盛瑄，亦不合容留珪等在房寫發文案，自稱主文，通同吏典誆錢侵用。有本科爲民典吏高鑾與令史金勝、典吏張崇顯，及寓住杭州城内樂清縣民鮑洪，吏房令史金清，典吏夏處明、徐英與珪等，每遇各府縣農民求參吏役，各不合偷取本司花欄空紙，（許）〔詐〕爲本司批劄，套畫左右布政等官押字，欲將本司舊批上印信用油紙一片，照依真印模樣，摺疊四方，（平）〔憑〕大朱筆描填篆文在上，翻轉紙背，描濕潤塌僞印鈐蓋年月上面，潛發外府州縣，詐充吏役。高鑾、鮑洪未〔曾〕〔幾〕事發，遇蒙恩例釋放，珪等一向不曾發〔露〕。成化八年内，失記日月，有今在官臨海縣民蔡存，不合將銀一十兩親送，夏處明不合收受，用油紙僞造司印，詐爲劄付一道，撥歸寧海縣工房典吏丁〔夏〕服滿。該縣不〔知〕僞情，起送布政司，仍撥本縣聽缺。蔡存思要轉撥別縣，又將銀三兩及民人王忻、馬驥、陳忠、姜文能，將銀不等〔俱〕〔陸〕續潛送與珪。又有麗水縣丁憂起復典吏張瑄，將銀五兩央聶盛、劉勉送與金清、淡奎，將銀四十五兩央黄岩縣民茹淩同孔文舉送與徐英。又布政司已撥納米聽參黄岩縣農民趙明，因思納米遲滯，將銀八兩五錢、紅褐子一疋，可〔亦〕央茹賢送與金勝、珪等，各不合收受，各用油紙僞造布政司印信。珪鈐印假批四紙，將蔡存改撥嘉善縣承發房，姜文撥嘉興縣禮房，俱典吏。王忻撥秀水縣，馬驥、陳忠撥嘉善縣。徐英鈐蓋假批一紙，將談奎撥嘉興府，俱聽缺。金清鈐蓋假批一紙，將張瑄撥參平湖縣户房糧科典吏。金勝鈐蓋假批一紙，將趙明撥參桐鄉縣石門税課攢典。俱遇蒙成化二十一年正月初七日赦宥。珪等各不合不行首官改正。革役，談奎參充嘉興府刑房典吏，馬驥、陳忠俱參嘉善縣吏房，馬驥司吏，各不合盗支倉糧鈔貫。又有民人倪英、吴信、姜恩、姜雄、王拱、陳俊、朱英、方文、孫明、龔文、吴澤，各不合將銀貨不等，到珪求買假批。珪不合枉法收受銀貨，將各人改撥各縣司典等吏。王憲、李瑄、陶英、伊起旻、鄺彰、邵鼎、張德美、馮真、趙謙、符信、諸洪、沈能、吴鸞、王宏、鄧文彩、于旻、周琳、龎彩、王旬、吴漢、倪貴、顧倫、平玉、袁琛、鄺謬、金鼎、陳機、伍諭、陳澤、張昱、湯傑、沈仕謙、魯忻、王虎、曹景、楊浩、單琳、金廷器、高維、陳海、吕清、胡英、王景仁、王燈明、王鑑、黄鋪、張瑜、徐謝、時明、馮政，俱用假印文書，各不合將銀貨不等送其珪等。各不合枉法接受，將各人撥充各府縣司典等。各縣小民因見珪等假批撥充容易，又知各房吏書倣傚珪等，多能僞造假印，以致未到官。黄岩縣張珪、王賢、洪允中，定海縣徐璧，武康縣徐琳，會稽縣楊鑑、單楷、高倫、金其、李文、丁瓚、憑鐙、蔣具，慈谿縣王浩、傅文奎、徐山、余達、葉金、徐進、余珪、翁銛，上虞縣黄廉、羅明、孫瑜，鄞縣周應禎、王淵，余姚縣黄斌、聞添，太平縣黄輝、李鴻、陳彥，〔張〕〔臨〕海縣朱振賢，嘉興縣王敬、邵寧，温州府申送起復吏朱泰，聞風知曉，要得省錢充吏。各不合用財陸續謀買各人批劄，撥去湖州、嘉興二府並歸安、嘉興等縣聽缺。被有布政司掌印並首領官員，各不合不行嚴謹防範，以致珪等假出批劄。及嘉〔興〕〔湖〕等府歸安等縣掌印官，亦不合不將發去農民批劄辨驗真僞，朦朧收發聽缺參充，致蒙巡按浙江〔刑〕〔都〕御史察知前弊，牌行按察司並各道清查各衙門吏典。有分巡浙西道孫僉事行印湖州府，將見役缺吏典姓名緣由造册批差，在官典吏丁聰賫解問。珪與金勝、孔文舉聞知，懼怕查出有罪，各與王琛三及爲民吏王崇顯，要求丁聰將册扣出假吏姓名，各不合依〔聽〕。就令王琛三尋請丁聰，到於伊家置酒喫飲，央説布政司金令史等挽我，要將册内扣除幾個吏名，有錢謝你。丁聰許允。成化二十二年十一月二十三日，金勝不合將貨共三十兩令金進寶送與王琛三，不合過與丁聰，亦不合枉法收受，將原解吏册交與金勝，就令珪與孔文舉、楊奇、謝倫、張富、王剛、何文聰、魯十二、鮑洪將印信官册私自除去原前假批劄付。參過吏典王燈明等共四十五名扣下，補寫原册完備，珪等分投，尋討本府舊批，截下印文，照依先前僞造印式造完鈐蓋册縫上，令金進寶送還。丁聰賫赴孫僉事處告收批回訖。珪又寄書與嘉興府聽缺吏吴信，令伊緝探本府起解文册時，連忙報消息。吴信體知嘉興府造册完批，差令在官聽缺吏陳誥賫解。吴信不合托故與陳浩搭舡同到珪家歇宿。珪要得扣出假吏姓名，不合將銀貨共八兩送與陳誥求要看册，亦不〔合〕聽從收受，將册與珪，仍與孔文舉等將官册潛地除出僞印批文參過假吏談奎共五十二名，及將今在官本司原撥嘉興府聽缺吏莊貴等四名一概扣除。無印鈐蓋，珪等欲自造假印用使，恐陳誥在家宿歇得知，將貨共銀一十兩説知前情送與。高鸞不合枉法收接，當依前項僞印塌蓋册縫完備送還。陳誥看係假印，懼怕累罪，自合從實出首，不合將珪名字隱下，朦朧開稱吴信伊熟戴家字様，將册連贓俱狀赴孫僉事處首。蒙拏珪至道，審出前情，差人押珪認拏楊奇等，及行嘉、湖二府縣衙提談奎等，將歸安縣巡檢司吏鮑訓等原撥批文劄付共一百七十五紙提吊到道。查照聞，有張淮伊外甥黄忠假批替伊狀，赴孫僉事處首告。有嘉興府嘉禾遞運所吏李昺得知，不合通報消息，與黄忠懼罪逃走。行提金勝等不肯出官，緝獲金勝家人周阿保，押帶前去，布政使司吏舍提獲金勝，就在吏舍内搜出本司空頭批二十張，空頭劄付紙一十七張，空頭府批四張，内假印一張，又寧波府申文紙批一張，連金勝送院，供出金鸞僞造印信等情，當官緝拏得獲。蒙將珪等責問前情明白，及拘刻字匠孟賢等到官，辨驗得批文劄册委各僞造印。隨令高鸞描畫假印相同，蒙〔將〕珪問擬明白。議得戴珪、金勝、高鸞、孔文舉、章崇顯，所犯俱除受財枉法滿貫等罪外，俱合依僞造諸衙門印信者律斬，秋後處決。丁聰依吏受財枉法無祿人一百一十五貫律。諸洪、馬驥、陳澤、鄧文彩俱依常人盜倉庫錢糧八十貫各絞。丁聰係吏，照例充軍。諸洪、馬驥、陳澤、鄧文彩，照例擺站五年。孫明、魯忻與謝瑜等，俱依僞造諸衙門印信，知情行用。減戴珪斬罪一等律，各杖一百，流三千里。王琛三、王剛、王崇顯俱各依説事過錢、無祿人減受財人二等罪止律，各杖一百，遷徙比流減半準徒二年。王忻、談奎、陳忠、趙明、蔡存、姜文、張瑄，俱除革前罪名。陳誥除受財枉法，自首免科外，與金進實、高文、馮塤、李秉，俱依不應得爲而之事理重者律，各杖八十，俱有《大誥》減等。孫明等五十七名，各杖一百，徒三年。王琛等三名，各杖九十，徒二年半。王忻等十二名，各杖七十。周傑等二十六名，各係聽缺農民。陳誥、李秉，係俱審有力，照例折納稻穀。內魯忻、孫明，仍盡本法，刺盜官糧三字。倪貴、王剛、金進實等四十三名，俱審無力；倪貴等三十四名俱民人，照例擺站。陶其、姜豪俱竈籍，調場煎鹽，另項結課。王剛係軍餘，照例發轉沿海衛所缺人墩臺哨瞭，各完滿日。進實。

（明）戴金《明條法事類纂》卷四二《刑部類・對制上書詐不以實・考察並被劾降調致仕為民等項官員虛捏奏擾挐問發遣為民》 弘治元年五月十一日，都察院題，爲乞恩辨明風聞毀言誣枉等事。該吏科等衙門右給事中等官宋琮等題前事，該户部陝西清吏司（官）〔冠〕帶閑住郎中許楫奏前事。奉聖旨：許楫既累次奏訴風聞誣枉考退情由者，吏部、都察院並科道與他（辯）〔辨〕了來説。欽此。續該吏部等衙門太子太保吏部尚書王等亦題前事。臣等受命會同户部等衙門尚書官李等考察官員，夙夜兢惕，惟恐考察失真，留去不當，有負委托者，以廣詢傳訪，務求其實，量爲留去，以（厲）〔勵〕庶僚。豈肯顛倒是非，召人怨謗，自取不職之（機）〔譏〕。如許楫者，一登仕途，略不檢束，初任主事，差往四川公幹，輒囑托布政司作成農民充吏，取受銀兩數多，置買田莊，起蓋房屋。後任郎中，在司管事，愈加放肆。凡有事到司者，無不求索。且如松江等處納銀赴司比號，本官照糧罰紙，每糧一石罰紙一張。松江白糙米四萬七千二百石，計罰紙四萬七千二百張，約直銀八十餘兩，不知作何支銷。各處上糧納銀，生員赴司告繳通關，指以修蓋樓房爲由，每名罰紙一錢，約罰銀二百餘兩，起蓋廈樓一座，約用三四十兩，其餘銀兩不知本官作何支銷。後因節次爲事挐問，疑是風水不利，卻將前樓拆毀，此事人所共知。臣等訪得本官有此（索）〔素〕行不謹實跡，以此將伊考作（索）〔素〕行不謹，奏準令其冠帶閑住。命下之日，人皆稱快。若本官無前項不謹實跡，人皆稱伊賢能，臣等與伊無讎，如何將伊考不謹？今本官奏稱前因，且謂命下之日，人情甚爲伊不堪，公論甚爲伊不認。既是如此枉伊，緣何不行隨即進本陳訴，直待計較一月（一）〔以〕上，方訴前因，虛妄可知。且被黜之人，若有造生事摭拾妄〔訴〕者，治以重罪，發遣爲民，係是舊制。今又申明。以此遞年考退官員，多不敢奏訴。間有奏訴者，亦皆立案不行，未有與之（辯）〔辨〕者。如此嚴禁，尚有訴者。且如知縣常完，成化九年該巡撫都御史劉考退，知府劉懷經等，成化二十三年朝覲考退，項澄弘治元年科道劾退，至今猶奏訴。大凡小人之情，無不貪求財利，戀慕官祿。方其在位，不肯奉公守法，惟利是求。及其被黜，則又貪戀不捨。雖明知已罪，歸咎於人，且又千方百計營求陳奏，不得僥倖復職，則不肯已。皇上聞許楫之言，恐臣等訪察不真，誣枉本官，所以特降綸（普）〔音〕。今臣等並科道與伊（辯）〔辨〕理，有以見陛下愛惜人財，伸理誣枉之盛心。臣等仰承德意，敢有不奉行者。本官無有前項（索）〔素〕行不謹實跡，則當與之辨理。今本官委有前項實跡，若與之辨，非惟今次考退官員聞之，皆來捏詞奏擾，而節次劾退、考退兩京官員，與夫在外巡撫方面府州縣等衙門官員，何止千數，皆來奏訴，豈勝煩擾。大恐考察之法，由此而廢，紀綱爲之不振，不謹官員益（爲）〔不〕警懼，日益貪從，而無告小民，日益受害，欲望天下治安，殆不可得。查得今次考退，止有郎中劉忠曾奏二次，臣等已將劉忠不謹實跡寫本，要行參奏，因伊起程去訖乃止。今許楫止奏一次，別無累次奏訴緣由，況臣等會同户部尚書李敏將伊考退。若臣等察之不真，誤將伊考退，李敏是伊堂上官，如何不行救正，卻肯會案。況李敏先任四川布政，備伊不謹，今任户部尚書，知伊素行尤詳，所以公同臣等將伊考退。臣等既考本官，今若又與之（難）難逃小人及復之譏，有何顏復立聖明之朝。若不與之辨，則被益懷恨，怨謗毀之言，將無所不至，臣等應合回避。合無着科道從公訪察，如下果本官端謹實跡，臣等甘當重罪，退歸田里。若是本官委有前項不謹實跡，敢揑誣詞妄奏，上罔朝廷，侮大臣，乞將本官照依摭拾妄奏事例，拏送法司，明正其罪，發遣爲民。如此，庶幾法令(照)〔昭〕明，而奸頑知警，紀綱振肅，而治安可期矣。奉聖旨：是。科道從公訪察來説，欽此。欽遵。臣等着得王等本内聞稱，本官除任主事員外郎之時，復罰達官丁金銀兩，貪聲已著。分受各處馬房細户財物，清譽無聞。後幼子還鄉，往返二年之上，在於本處司府州縣等一囑托公事，營買田宅，及在京於鄰人小顧兒妻姦宿，被跟隨本官皂隸小貢兒〔沿〕街(楊)〔揚〕言叫罵，人所共知。去年同武安侯鄭美，湖廣封王，本官不與捧節同行，欲乃枉道自往汝寧府，假托探親，帶令姦歸小顧兒〔妻〕，冒詐家人，隨處多要應付，需索財物，人所共傳。今吏部、都察院公同户部堂上官考察本官素行不謹，譬如臨鏡照影，對面寫神，態度規摸，毫髮不爽，凡有所見，皆(識)〔失〕其真。此公論所以不容，人心所以痛快，豈有風聞誣枉之失哉？當此之時，少有廉恥，漸悔省咎之不暇，乃敢掩惡詐善，强辨飾非，是猶對鏡見醜，而誣鏡之不明，畫神見隨，而誣畫之不工。但十目所視，十手所指，其何能逃。今則駕揑浮詞，節次奏擾，上則欺罔朝廷，下則詆毁大臣，又行妄比番僧事例，奏討脚力口糧，即此是其平素奸貪無恥，行事不謹有足徵矣。設使該部等衙門考察不公，臣等即當糾劾，豈容緘然於前，附貪於後，以負聖明至公之道。參照許居官持己素不端謹，及至考退，恬不悟悔，輒敢摭拾煩瀆，若〔不〕痛加懲治，何以警戒將來？乞將本官拏送法司，照例治以重罪，發遣爲民，庶王法不至流於姑息，小人無以遂其奸計。再照各該被黜官員，雖俱蒙聖斷發落外，誠恐中間有等無恥如許楫者，潛住在京内外，彙緣覬望，計圖僥倖，有虧國禮，深爲(末)〔未〕便。乞敕吏部、都察院，轉行巡視御史官校及五城兵馬，嚴加逐遣，勿致容隱。仍乞敕吏部、都察院通行兩京、直隸並各處巡捕、巡按等官，今後内外曾經考察並被劾降調致仕閑住等項官員，敢有不遵法度，虚揑奏擾者，不分見任致仕閑住，一體拏問治罪，發遣爲民。若容隱不行究治，事發責有歸。如此，則人心知懼而國法昭彰矣。奉聖旨：是。許楫這(廁)〔廝〕，貪淫既有實跡，如何妄來奏擾，本當拏問，但係考退人數，饒他發回原籍爲民。都察院知道。欽此。

(明）戴金《明條法事類纂》卷四二《刑部類·偽造印信曆日等·(詐)偽〔造〕欽降〔鎮守巡撫關防〕》 弘治四年十月初十日，户部等衙門尚書等官葉等題，爲公務事。計開：

嚴法令以禁詐僞。陝西布政司呈，查得本司理問所問得犯人高通，招係山東兖州府沂州人，有故伯高伯文，原任延安府寧塞倉副使，帶男高勝與通隨任。弘治二年六月内，通等商同延安衛舍餘景玉、夏名，各不合將伊衛架放常積、寧塞二倉實收並巡撫延綏、黄都御史劄付一張，裁取篆文，用木雕成巡撫延綏關防並常積二倉印記，卻寫高勝在常積倉納獲(淮監)〔淮鹽〕二千引，糧料實收，並黄都御史照會套畫押，僞關防印記鈐蓋。拏到陝西城内，通同店主王晟隱情賣與民人盧祐。因是高勝名字，令通等更作伊弟盧禧姓名，復寫實收照會，用原僞造關防印記鈐蓋付伊，誆得銀貨二百八十四兩。各又不合彼時王晟亦將寧塞倉上單冠帶劄付一張，付通僞寫實收，各付布政使司告投支鹽及冠帶劄付。訖通等仍要兩淮運司盜支官鹽，又寫説李名在寧塞納獲成化十八年存積淮鹽一千二百引，糧料實收，並黄都御史照會前鈐蓋完備，令通齎赴本司。驗係詐僞，行文本倉查勘，並無李名上糧緣由，問擬高通等除僞造關防印記輕罪外，依誆騙人財物者計贜，准竊盜論一百二十貫罪止律減等徒罪，照例充軍發落。節該伏覩《大明律》内一款：凡僞造諸衙門印信及符驗者，斬〔關防印記者，杖一百、徒三年。欽此。欽遵。今高通等大肆奸欺僞造欽降巡撫關防，雖(輕)〔經〕問擬前罪，終是情重法輕，難爲將來之戒等因。到臣看得巡撫都御史欽降關防，比與諸衙門印信事體相同，止問前罪發落，委的法輕情重，如蒙敕法司會議，合無通行天下問刑衙門，今後有犯前項僞造欽降巡撫關防者，比依僞造諸衙門印信及符驗者律斬。如此，則情法相當，而詐僞者知所警戒於將來矣。

前件，僞造鎮守巡撫關防，比依僞造諸衙門印信者律，其餘照舊。

(明）戴金《明條法事類纂》卷四二《刑部類·偽造印信曆日等·在京衙門吏役有犯偽造並盜用欽降關防印記者枷號三個月滿日發落》 弘治七年四月初九日，大理寺題，爲緝訪事。該刑部廣西清吏司問得犯人顧恆，招係浙江寧波府慈谿縣人，充通政司辦事吏。弘治六年二月三十日，有經歷司辦事吏潘震要得圖利，不合輒將本司原頒銅條記關防乘機偷印空白紙上，貼木石用小刀（調）〔雕〕成假條記關防各一個。弘治七年正月十八日，有辦事吏吕杲不合乘機盜印條記關防，亦用木石雕刻成樣。本月二十一日，又有在官辦事吏陳貴，亦不合將掛號無用通狀一紙藏匿，用石粘貼成條記，各藏在家，遇有各處來京考滿官員告討牌封，及軍民通狀掛號等項，就行接攬，每牌封一個要銅錢一千文，每通狀一紙要錢二文，與伊印出假關防條記牌封。恒不合二次將本〔堂〕上官驗正條記乘機盜印牌封，陸續與人得錢，俱各入（巳）〔已〕。事發，刑部廣西清吏司問擬潘震、吕杲、陳貴俱犯該僞造關防印記者律，俱減等各杖九十、徒二年半；顧恒比依知情行使者減僞造關防印記一等律，杖八十、徒二年；俱有贓，吏照例通並杖徒；運炭完日，送順天府，遞回原籍爲民。參照各犯俱係該司吏役，乃敢僞造並盜用本衙門欽降關防印記，作弊取財，有乖理法，情罪深重，難照常例發落。查得弘治元年二月內工部奏准事例，僞造印信批迴，誆騙財物，犯該徒流者，本衙門首枷號三個月，滿日照依原擬發落。今潘震等所犯與僞印批迴情犯頗同，合無比照前項事例，於本衙門首枷號三個月，滿日依擬發落。及今後有犯前罪者，俱照此例枷號示衆。具題。奉聖旨：是。潘震、吕星、陳貴照例拏送通政司門首枷號三個月，滿日依擬發落。顧恒准擬。欽此。

（明）戴金《明條法事類纂》附編《冒充皇親家人在京在外巧立名色，挾詐財物等項事發，除真犯亦罪外，犯該徒流以上者，俱於所犯地方，枷號一個月，滿日：屬有司管（轉）〔轄〕者，俱發邊衛充軍；屬軍衛管轄者，原係腹裏發邊衛，原係邊衛，發遣極邊衛分充軍；原係極邊，常川守哨。杖罪以下，照常發落，職官奏請，被害之人，許赴所在諸衙門告訴，若不即准理，及觀望逢迎不即問斷者，事發，一體治罪》 弘治七年十一月初九日，太子少保都察院左都御史屠等題，謹守臣（都）〔節〕等事。浙江通呈刑科抄出中軍都督府壽寧侯張鶴齡奏：竊聞忠信重祿，乃爲治之大經，制節謹度，實爲臣之職。自古君臣各欲自盡，有如是也。臣本庸劣叨居戚畹荷國厚恩，濫襲侯爵，臣弟張延齡亦受都督同知，又蒙欽賜莊田之數，臣知恩自天，欲報無地，故雖舉家粉骨碎身，不能上酬涓埃，況臣兄弟俱尚年幼：入則孝侍慈幃，杜門讀書；出則早起朝參，隨班行禮。幸逢雍熙之世，共享太平之福，優遊歲月，陶鎔德性，倘得成立，用圖報稱。庶幾少塞與國同爲（體）〔休〕戚之萬一也。若不奉公守法，卻乃恣肆妄爲，不惟（孤）〔辜〕皇上九重之恩，抑且貽先人九泉之（站）〔玷〕，明罹國法，幽遭神譴，則人道何以修？臣節何以謹哉？近該山東按察司副使楊茂（九）〔元〕奏，爲地方事。內開：我太祖高皇帝，着令后戚之家，不得干預政事，此制誠爲度越百主，足以垂則萬世。臣越在外者，不能周知京都之事，惟聞后戚之家威權大盛，今河道之間假名號者，不可勝數，豪横恣肆，無復先朝之風。伏望皇上少爲裁抑，以塞地變。臣看得：楊茂元爲地方水患，而此言誠可謂有識之士，而懷爲國爲民之心者矣。臣竊見國朝但凡后戚之家，莫不恪遵太祖舊制，不得干預政事，百二十年於兹矣，誠者如楊（成）〔茂〕元所言者。夫既不得干預政事，楊茂元乃曰：〔威權〕太盛，臣不能無疑焉。《書》曰：惟（碎）〔闢〕作威。是威乃人主之大威也，《傳》曰：生殺（子）〔予〕奪天子之權，是權乃人主之大柄也。必臣下或與其，或執政（切）〔竊〕其權而弄之，以作威福，斯可謂之有威權，必（執）〔勢〕傾中外、威震華夷，然後謂之威權大盛。今復后戚之家，既不得干預政事，而輒曰威權大盛，不亦誣乎？雖然亦無怪其爲然也。且如臣家近風（問）〔聞〕得：有等無知、無恥之徒，欺臣孤弱，假臣名稱，而有糾合無籍光棍幫夥或搶奪貧民田地土、或强占有禁山場、攔擋往來船隻、面指要銀兩、出入大小衙門、而囑宅公事、貨賣九門錢鈔、包攬內外錢糧、裝載私鹽、假稱織造、私開牙行、擅搭撟梁、侵漁民利、各入肥己。及往來河道之間吹打響器、張掛旗號，水陸司府州縣、馹遞巡司等衙門，或經過、或駐劄、需索人夫酒食、勒要車輛船隻、豪横恣縱、不畏公法、騷擾官府、侵害軍民、貽纍百端，難以悉數。致有楊茂元今日之奏，未免煩瀆聖聽。如蒙伏望皇上府察臣情，憫臣孤（若）〔弱〕，乞敕都察院，通行嚴加禁約，敢有仍前指稱臣家，騷擾侵害者，內則從巡按、巡視京城御史並錦衣衛巡視官校，指實劾奏緝拏外，從巡撫、巡按、巡河、巡鹽並分巡、分守等官，凡遇此之徒，不問親疏真假，俱拏懲治，輕則就彼量情發落，重則解京奏聞區處。如是臣名下家人等項，給有順天府文引者，關津去處驗實放行。如此，則庶乎無辱先朝之風，無玷聖朝之治，而臣之大節亦可以謹守矣。臣犬馬下情不勝悚懼激切之至。等因具本。該通政使司官奏。奉聖旨：這本說的是，都察院使通行出榜禁約。欽此。欽遵。抄出到〔部〕查得：先爲買求假批，冒充皇親家人，打詐銀兩等事。該臨清等處分巡地方，問理刑名，整飭兵備。山東按察司副使陳壁問得：犯人吴達等犯（該）〔設〕誆（謙）〔賺〕局，騙人財物者，計贓准竊盜論，免刺，一百二十貫止罪律。吴達爲首減等，杖一百、徒三年。張原、冷祥、陳勝、顧傑、王宣、王禮爲從減等，各杖九十、徒二年半。各照例拘連當房家小，發邊衛充軍。參照犯人吴達等各不合逃避差役，結搆群黨，買求假批，而冒充皇親家人，打詐銀兩，而阻滯白糧船隻，飛懸旗職，鳴擊鑼鼓：以致行者，舉皆側目，居者，無不寒心。跡其所爲，情犯深重。凡此等小人，在在有之。若不嚴加禁約，不惟有虧聖明至治，抑且有纍皇親名節，合無將吴達等照例枷號充軍等因。奏來本院，已經查例，奏准行令副使陳壁將吴達等於所犯地方，枷號一個月。滿日，發邊衛充軍去訖，今該前因，查呈到部。看得：中軍都督府壽寧侯張鶴齡奏奉前項欽依事理正與本院先次奏行事例相同，但前例止稱。

《明孝宗實録》弘治十六年二月〔壬戌〕命兩廣總鎮等官，撫勦叛黎，不許妄殺良民，以貽邊患。時以黎人符月南之叛，調兩廣官軍進勦，有妄殺向化黎人以報功者，事聞，令覈實坐罪，復有是命。

（明）王世貞《弇山堂别集》卷九四《中官考五》〔正德三年〕瑾命知府及内外官五品皆推二員聽點用，又奏各邊開中商人必驗殷實之家方許報納，粃爛者，照數追償，仍枷號治罪，及經收之人州縣解納者如之，其兜攬者謫戍極邊。至於馬匹，不許濫收不堪，以致羸損。鎮巡官常加巡視，諸鎮年終扣算造册，解部照刷。每年春夏，復著科道官查盤點視，若互相容隱，一體重治。仍差人緝訪，及先行榜諭禁約。事下兵部議覆，報可。

《明世宗實録》嘉靖二十五年十一月〔己未〕總督宣大侍郎翁萬達請自今各邊妄殺歸降人冒功者，按實後不必解京，許巡按御史得于秋後斬首示衆，杜姦人玩法之心。刑部覆上。報可。

《問刑條例·户律三·婚姻·典賣妻女條例》凡將妻妾作姊妹及將拐帶不明婦女，或將親女並居喪姊妹嫁賣與人作妻妾、使女名色，騙財之後，設詞托故，公然領去，或瞰起程，中途聚衆行兇，邀搶人財者，除真犯死罪外，其餘屬軍衛者，發邊衛充軍，屬有司者，發口外爲民。媒人知情，罪同。若婦人有犯，罪坐夫男，若不知情及無夫男者，止坐本婦，照常發落。

《問刑條例·户律四·倉庫·攬納税糧條例》内府錢糧及内外倉場糧草，並各處軍需等項，不拘起運存留，但有包攬誆騙銀一百兩、糧二百石以上，不行完納，事發，問罪。責限三箇月以裏完納者，照常發落。過期不完者，儘其財産賠納，發邊衛充軍。經年不完者，仍枷號一箇月，照前發遣。各邊武職，主使家人伴當跟隨，交結人員，挾勢攬納作弊者，參問，降二級。聽使之人，仍照前例問發。

《問刑條例·户律四·倉庫·攬納税糧新頒條例》在京刁徒光棍，訪知鋪行但與解户交關價銀，輒便邀集黨類，數十爲羣，入門躁鬧，指爲攬納，捉要送官，其家畏懼罪名，厚賂買滅，所費錢物，出在解户，以致錢糧累年不完。如有犯者，聽經該及緝事衙門拿送法司，查照打攬倉場事例發遣。

《問刑條例·户律五·課程·鹽法條例》凡僞造鹽引、印信，賄囑運司吏書人等，將已故並遠年商人名籍、中鹽來歷填寫在引，轉賣誆騙財物，爲首者，依律處斬外，其爲從並經紀、牙行、店户、運司吏書，一應知情人等，但計贓滿貫者，不拘曾否支鹽出場，俱發邊衛充軍。

《問刑條例·户律五·課程·私茶條例》做造假茶五百斤以上者，本商并轉賣之人俱問發附近；原係腹裏衛所者，發邊衛，各充軍。店户窩頓一千斤以上，亦照例發遣，不及前數者，問罪，照常發落。

《問刑條例·户律七·市廛·把持行市條例》光禄寺買辦一應物料，弘治四年十一月内節該欽奉孝宗皇帝聖旨：姦頑之徒，稱是報頭等項名色，在街强賒作弊害人的，拿來枷號三箇月，滿日，還從重發落。欽此。

會同館内外四鄰軍民人等，代替夷人收買違禁物者，問罪，枷號一箇月，發邊衛充軍。

凡夷人朝貢到京，會同館開市五日。各鋪行人等，將不係應禁之物入館，兩平交易。染作布絹等項，立限交還。如賒買及故意拖延騙勒夷人，久候不得起程者，問罪，仍於館門首枷號一箇月。若不依期日及引誘夷人潛入人家私相交易者，私貨各入官，鋪行人等，照前枷號。通行守邊官員，不許將曾經違犯夷人起送赴京。

成化十四年十一月初四日，節該欽奉憲宗皇帝聖旨：遼東開設馬市，許令海西并朶顏等三衛夷人買賣。開原每月初一日至初五日開一次，廣甯每月初一日至初五日、十六日至二十日開二次。各夷止將馬匹并土產物貨赴彼處，委官驗放入市，許齎有貨物之人入市與彼兩平交易，不許通事、交易人等將各夷欺侮愚弄，虧少馬價及偷盜貨物，亦不許撥置夷人，指以失物爲由，扶同詐騙財物分用。敢有擅放夷人入城及縱容官軍人等，無貨者任意入市，有貨者在內過宿，規取小利，透漏邊情，事發，問擬明白，俱發兩廣煙瘴地面充軍，遇赦並不原宥。欽此。

各處客商輻輳去處，若牙行及無籍之徒，用强邀截客貨者，不論有無誆賒貨物，問罪，俱枷號一箇月。如有誆賒貨物，仍監追完足，發落。若監追年久，無從賠還，累死客商，屬軍衛者，發邊衛，屬有司者，發附近，俱充軍。

《問刑條例·禮律二·儀制·匿父母喪條例》 文職官吏人等，若將遠年亡過父母，詐作新喪者，問發爲民。若父母見在，詐稱死亡者，發口外獨石等處充軍。其父母喪，計原籍程途，每千里限五十日，過限匿不舉哀，不離職役者，俱發邊口外爲民。

《問刑條例·兵律二·軍政·冒報事功條例》 凡臨陣報有斬獲賊級，紀功官從公審驗。若用錢買者、賣者，俱問罪，官旗就在本衛，軍發邊衛，民并軍丁人等發附近，俱充軍。若强奪他人首級及妄割被殺漢人首級冒功者，軍民舍餘人等，亦照前發遣。官旗降原職役一級，京衛調外衛，外衛調邊，衛邊衛調極邊衛，俱帶俸差操。將官及守備、把總等官，替人冒報功次者，亦奏請降調。若擅殺平人及被虜逃回人口，冒作賊級報功者，俱以故殺論。本管將官、頭目，失於鈐束者，五名口以上，降級調衛，十名口以上，罷職充軍。

《問刑條例·兵律二·軍政·軍人替役條例》 凡各處清解軍丁，選揀精壯親丁，僉點相應長解，批内明開相貌年歲籍貫，在京者起解兩京兵部，在外者徑解該衛。若不係同宗子孫，頂替起解及將長解正身賣放在家，執批前來頂名者，正軍問調別衛，頂軍就收本衛，長解並受僱之人，俱發附近，各充軍。里老、鄰右知情不首者，各治以罪。受財者，照長解受僱之人，一體發遣。

《問刑條例·兵律四·廄牧·驗畜產不以實條例》 大同三路官旗、舍人、軍民人等，將不堪馬匹，通同光棍，引赴該管官處，及管軍頭目收買私馬，詭令伴當人等，出名請囑各守備等官，俵與軍士，通同醫獸作弊，多支官銀者，俱問罪，官旗軍人，調別處極邊衛所，帶俸食糧差操；民並舍餘人等，俱發附近充軍；引領光棍並作弊獸醫及詭名伴當人等，各枷號一個月，發落。干礙各官，奏請提問。

《問刑條例·刑律一·賊盜·詐欺官私取財條例》 凡誆騙聽選官吏及舉人、監生、生員人等財物，指稱買官、賣缺及買求中式等項，俱問罪，不分首從，於該衙門門首，枷號三個月，發煙瘴地面充軍。其央浼營幹，致被誆騙者，免其枷號，亦照前發遣。

凡指稱内外大小官員名頭，並各衙門打點使用名色，誆騙財物，計贜，犯該徒罪以上者，俱不分首從，發邊衛充軍。情重者，仍枷號二個月發遣。

《問刑條例·刑律一·賊盜·詐欺官私取財新頒條例》 刑部等衙門署部事右侍郎等官臣沈等謹題，爲科場事完，磨出奸弊，謹用檢舉認罪，併祈皇上嚴究、改正，以肅大典事。該本部會同都察院左副都御史詹等、大理寺卿鄭等題：今後凡鄉、會試揭曉畢日，盡將取中及下第硃墨卷，都發與本生自行查檢明白，續將中式卷送部科等衛門磨對。如有誆騙人財物，割卷，换卷，包許中式情弊，俱拏問，於該衙門門首，將大號枷枷號三個月，滿日，發極邊煙瘴地面充軍。其央浼營幹之人，致被誆騙者，無論知情，不知情，中式，不中式，一概照前枷號發遣，等因。於萬曆三十四年十一月初四日具題，初八日奉聖旨：是。這科場裁割一款，最可痛恨。依擬添載條例，永革弊端。欽此。已經備行部科等衛門及各省直撫按衙門遵奉。去後，至十二月初四日，續該刑科都給事中梁糾舉前事，至三十五年正月二十一日節奉聖旨：鄭汝鑛情罪，雖例所不載，自應奏請定奪，何得拘泥常例。還著枷號三個月，滿日，發遣，以雪公憤。仍改入例中，永絶奸弊。欽此。遵即改入，具本題知，纂入條例訖。於二月十七日奉聖旨：是。欽此。

《問刑條例·刑律七·詐僞·僞造印信曆日等條例》 凡描摹印信，

行使誆騙財物，犯該徒罪以上者，問發邊衛，永遠充軍。

《問刑條例·刑律七·詐僞·詐假官條例》 廣西、雲貴、湖廣、四川等處，但有冒籍生員，食糧起貢到部者，問革，發原籍爲民。若買到土人倒過所司起送公文，頂名赴部投考者，發口外爲民。賣與者，行所在官司，追贓治罪。若已受職，比依詐假官律，處斬。賣者，發邊衛充軍。經該官吏朦朧起送，各治以罪。

凡詐冒皇親族屬、姻黨、家人，在京在外巧立名色，挾騙財物，侵佔地土並有禁山場，攔當船隻，指要銀兩，出入大小衙門，囑托公事，販賣錢鈔、私鹽，包攬錢糧，假稱織造，私開牙行，擅搭橋梁，侵漁民利者，除真犯死罪外，徒罪以上，俱於所犯地方，枷號一箇月，發邊衛充軍。杖罪以下，亦枷號一箇月發落。若被害之人，赴所在官司告訴，不即受理及雖受理觀望逢迎，不即問斷，舉奏者，各治以罪。

假充大臣及近侍官員家人名目，豪横鄉村，生事害民，强佔田土房屋，招集流移住種者，許所在官司拏問。犯該徒罪以上者，發邊衛充軍；杖罪以下，枷號一箇月發落。

凡詐冒内官親屬、家人等項名色，恐嚇官司，誆騙財物者，除真犯死罪外，其餘枷號一箇月，發邊衛充軍。所在官司，畏徇故縱，不行擒拏者，各治以罪。

凡詐充錦衣衛旗校，假以差遣體訪事情、緝捕盜賊爲由，占宿公館，妄拏平人，嚇取財物，擾害軍民者，除真犯死罪外，徒罪以上，枷號一箇月，發邊衛充軍；杖罪以下，亦枷號一箇月發落。所在官司，阿從故縱者，各治以罪。

《明神宗實録》萬曆十九年九月〔戊辰〕先是，遼東有買功賣功爲都指揮、千、百户者各數百計，行文清查，十不報一。至是吏科給事中侯先春疏言之。部覆：冒功將領自備禦以下俱行黜革，有祖職者照祖職支俸，無祖職者停革。從之。

《刑部現行則例》卷中《賊盜》 凡有投誠之賊借追贓之名將平民假稱爲伊夥，或挾仇扳害，或索詐財物，不分首從，得財與未得財，俱立斬。

《刑部現行則例》卷上《倉庫》 議政王等會議，將逆犯應行入官一應匠役人口隱匿不首送到部或私自放出爲民者，若查出，或被旁人首出，或入官之人自行首告者，隱匿之人係官交與該部從重議處，係平人照例擬罪。不行詳加查出之該都統、副都統、參領、佐領、驍騎校等交與該部議處。小撥什庫鞭一百。外省駐防將軍、副都統以下披甲人以上，將應行入官一應匠役人口，交與該地方官送部，交與總督内務府。其總督、巡撫、提督、總兵官文武各官以下緑旗兵丁以上，將此等應行入官一應匠役人口如有收者，該官總督、巡撫、提督、總兵官等詳查所得人口，俱交與地方官送部，亦交與總管内務府。若文到曉諭之後，一月内不即首送或私自放出爲民者，若查出，或被旁人首出，或入官之人自身首告者，其隱匿之人係官交與該部從重議處，係平人照例擬罪。不行詳加查出該管將軍、副都統、總督、巡撫、提督、總兵官等俱交與該部議處。具題。奉旨依議。若係將軍等分撥及軍功被傷賞給者，仍留與原主。又刑部將八旗首送、出兵處帶來之應入官人口，送交總管内務府等因具題。奉旨：官員所帶之人，俱交内府。兵丁出征雲南勞苦，驍騎校以下兵丁所帶之人，俱給回各原主。

《刑部現行則例》卷上《倉庫》 凡領逆本之人自行出首者仍免罪外，若有以多報少、隱匿不報者，或被旁人首告，或被科道糾參審實者，以前隱匿之罪雖在赦前，但現今隱匿不行出首之罪因在赦後，仍不准援赦。應照隱匿入官人口五名，財物至五百兩者，責四十板并妻流徙寧古塔。人口四名，財物至四百兩者，責四十板徒三年。人口三名，財物三百兩者，責三十五板徒二年半。人口二名，財物二百兩者，責三十板徒二年。人口一名，財物一百兩者，責二十五板徒一年半。財物九十兩者，責二十板徒一年。八下兩者，責四十板。七十兩者，責三十五板。六十兩者，責三十板。五十兩者，責二十五板。四十兩以下一兩以上，俱責二十板。若旗下人犯此等之罪，流徙照例枷號折責。

《刑部現行則例》卷上《倉庫》 剝運米石短少，將雇覓人等交與刑部治罪。所少米石，定限責令正身船户賠補。若有違限賠補不完者，倉場侍郎題參之日，止將正身船户交與刑部從重治罪。其短少米石，責令州、縣官勒限仍著落正身船户將家産賠完。如限内再不完，倉場侍郎將該州、縣官題參交與該部議處。若有攙口灰藥水者，運官旗丁即行呈報倉場侍郎巡倉御史會同確查，果實，將雇覓之人發於寧古塔等處與新披甲之人爲奴。米石亦定限著落正身船户家産賠完。如果剝運米好，運官、旗丁勒掯不收，或被紅剝船户首告，或被倉場侍郎、巡倉御史查出，將運官、旗丁亦即交與刑部從重治罪。

《刑部現行則例》卷中《郵驛》 或係内府官員執事之人，或係各部院衙門官員人等，並無印信憑據，私將民夫等項謊詐索取，該地方官即行拿獲。一面申報該督撫題參，一面申報該部。若係情真，係官革職，撥什庫執事人等拿送刑部從重治罪。拿首之地方官員，照出首私牌、票例於應陞之缺即陞。

中國第一歷史檔案館《清代檔案史料叢編》第十輯《鄭惟孜題以甘結之法肅科場頂冒事本康熙三十八年十一月二十五日》 協理陝西道事河南道監察御史降一級留任臣鄭惟孜謹題，爲請定查取甘結之例，以清頂冒，以肅科場事。

竊惟國家之典莫大於取士，而臣子之罪莫重於欺君。我皇上加意右文，奬勵士類，取之也甚寬，待之也甚優，其有甘心不肖自觸禁網者，不得已始以法治之。是以各省鄉試加增額數，既叠沛特恩，而於三十五年冒籍順天者復敕部嚴察治罪，仁之至義之盡矣。畿輔士民皆舉手加額，謂今科鄉試可幸肅請矣。不意榜發以來，衆論紛紛，皆云頂名冒籍匪類較前科更甚。夫以國法之嚴也如彼，而詐僞之徒瞥不畏法，愈禁愈犯也如此，不一大創之，則此輩或憑父兄之請託，或恃賄賂之鑽營，或素盜虚聲，巧爲結網，明年會試順天，直隸應中名數必盡被占奪矣。況一聞此風接踵而至，四十一年鄉試尚可問哉！夫順天鄉試我皇上嘉惠京師，簡拔賢材之大典也，乃聽詐僞之徒以莠亂苗，肆意欺罔，爲臣子者何以克安耶？臣直隸人也，有子入場不中，欲繕疏糾參，恐有一不實，蹈挾仇之罪，有一遺漏，涉受囑之嫌，而義又容默然也。日夜思維，惟有查取甘結之一法，敢爲我皇上陳之。大凡頂冒之人，一被參訐，託情面以講求，指古冢爲祖父，買囑鄰佑總甲，輾轉支飾，多得漏網。而惟本學同入科場，主員知之最真，恨之入骨，斷無爲之曲諱者，請敕下該撫轉行九府所屬各州縣衛，其今科中式者無論生員、貢監皆取本學同入科場，各生員中式某人是否頂名、冒籍花押甘結各三張，具文遞申該撫轉咨該部及禮科，與臣衙門浙江道查驗，果結稱頂冒是真，不必取供立行革黜治罪。如頂冒之人行賄囑託，許各生赴官出首。銀已到手，即給本生充賞；銀未到手，向本犯照追。一半入官，一半給本生充賞，仍加等治罪。倘道府各官受人請託，徇庇匪類勒取，不係頂冒甘結及捏寫者，事發革職提問，永著爲例。庶頂冒者無所容，而科場之肅清可望矣。緣係條陳科場事理，字多逾格，貼黄難盡，未敢另繕，伏乞睿鑒施行。爲此具本，謹題請旨。

康熙三十八年十一月二十五日題，十二月初一日奉旨：該部議奏。

《大清律例》卷三二《刑律·詐僞·詐為判書》 詐爲，以造作之人爲首從坐罪，轉相謄寫之人非是。

律

凡詐爲原無制書，及增減原有者，已施行，不分首從。皆斬監候；未施行者，爲首絞監候；爲從者，減一等。傳寫失錯者，爲首杖一百。爲從者，減一等。

詐爲六部、都察院、將軍、督撫、提鎮、守御緊要隘口衙門文書，套畫押字，盜用印信，及將空紙用印者，必盜用印方坐。皆絞監候。不分首從。未施行者，爲首，減一等；爲從，又減一等。

詐爲察院、布政司、按察司、府州縣衙門印信文書者，爲首杖一百，流三千里；詐爲其餘衙門印信文書者，爲首杖一百，徒三年；爲從者，減一等；未施行者，各分首從減一等；若有規避事重于前事者，從重論。如詐爲出脱人命，以規避抵償，當從本律科斷之類。

其詐爲制書文書已施行，及制書文書所至之處。當該官司知而聽行，各與同罪，至死減等不知者，不坐。一將印信空紙，捏寫他人文書，投遞官司害人者，依投匿名文書告言人罪者律。盜用欽給關防，與印信同。有例。

條例

一、詐爲六部等衙門文書，依律問斷外，若詐爲察院、布政司、按察司、府、州、縣及其餘衙門文書，誆騙科斂財物者，問發邊衛充軍。

一、凡詐爲各衙門文書、盜用印信者，不分有無押字，依律坐罪。若止套畫押字，各就所犯事情輕重，查照本等律條科斷。其詐爲六部各司、軍衛各所文書者，俱與其餘衙門同科。

一、通政使司、大理寺、鹽運司部屬各管軍所，仍照其餘衙門擬斷。若情犯深重者，聽臨時查照比依何衙門，具由奏請定奪。

《大清律例》卷三二《刑律·詐僞·詐傳詔旨》 詐傳，以傳出之人爲首從坐罪，轉相傳説之人非是。

律

凡詐傳詔旨自內而出者，爲首斬監候；爲從者，杖一百，流三千里。詐傳皇后懿旨、皇太子令旨者，爲首絞監候。爲從者，杖一百，流三千里。

若詐傳一品、二品衙門官言語，於各屬衙門分付公事，自有所規避者，爲首杖一百，徒三年；三品、四品衙門官言語有所規避者，爲首杖一百，五品以下衙門官言語者，杖八十；爲從者，各減一等。若得財而詐傳，無礙於法者，計贓，以不枉法；因得財詐傳而變動事情，枉曲法度者，以枉法，各以枉法、不枉法贓罪，與詐傳規避本罪權之，從重論。其詐傳詔旨、品官言語所至之處，當該官司知而聽行，各與同罪；至死減一等。不知者，不坐。

若內外各衙門追究錢糧，鞫問刑名公事，當該官吏將奏準合行免追免問事理，妄稱奉旨追問者，是亦詐傳之罪。斬監候。

《大清律例》卷三二《刑律·詐僞·對制上書詐不以實》 律

凡對制敷陳及奏事有職業該行而啓奏者。與上書，不係本職而條陳時務者。詐妄不以實者，杖一百，徒三年。其對奏上書非密，謂非謀反大逆等項。而妄言有密者，加一等。

若奉制推按問事，轉報上不以實者，杖八十，徒二年；若徇私曲法，而所報不實之事重於杖八十，徒二年者，以出入人罪論。

《大清律例》卷三二《刑律·詐僞·僞造印信時憲書等》 此僞造，以雕刻之人爲首；須令當官雕驗。

律

凡僞造諸衙門印信及時憲書，起船起馬符驗、茶鹽引者，爲首雕刻，斬監候；爲從者，減一等，杖一百，流三千里。有能告捕者，官給賞銀五十兩。僞造關防印記者，爲首杖一百，徒三年；告捕者，官給賞銀三十兩；爲從及知情行用者，各減一等。各字，承上二項而言。若造而未成者，首從各又減一等。其當該官司知而聽行，與同罪；不知者，不坐。即所重者文。若有篆文，雖非銅鑄，亦可以假詐行事；故形質相肖而篆文俱全者，謂之僞造。惟有其質而文不全者，方謂之造而未成。至於全無形質，而惟描之於紙者，仍謂之描摸也。

條例

一、凡有僞造諸衙門印信及欽給關防，事關軍機，冒支錢糧，假冒官職，大干法紀者，俱擬斬立決；爲從者，擬絞監候。若非關軍機、錢糧、假官等敝，止圖誆騙財物，爲數多者，俱照律擬斬監候；爲從者，杖一百，流三千里。若誆騙財物爲數無多，銀不及十兩，錢不及十千者，爲首雕刻者，杖一百，流三千里；爲從及知情行用者，各減一等。其僞造關防印記，誆騙財物爲數多者，將爲首雕刻之人發雲貴川廣煙瘴少輕地方；若爲數無多，爲首者，仍照律徒三年；爲從及知情行用者，各減一等。其造而未成者，又各減一等。若描摸印信行使，誆騙財物，犯該徒罪以上者，問發邊遠充軍。其爲數無多、犯該徒罪以下者，各計贓以次遞減。四十兩，杖一百，徒三年；三十兩，杖九十，徒二年半；二十兩，杖八十，徒二年；一十兩，杖七十，徒一年半；一兩以下，杖六十，徒一年。不得財者，罪止杖一百。

一、凡盜用總督、巡撫、提學、兵備、屯田、水利等官欽給關防，俱照各官本衙門印信擬罪。若盜及棄毀、僞造，悉與印信同科。

一、凡各衙門吏役僞造本官印信，誆騙財物，除自己雕刻者仍照律定擬外，其倩人雕刻銀不及十兩、錢不及十千者，俱杖一百，流三千里；若銀錢在十兩、十千以外，俱問發雲貴川廣煙瘴少輕地方。其銀數至五十兩以上，擬絞監候。餘人仍照舊例科斷。

一、圖利小販照官板式樣翻刻時憲書發賣，用黄丹涂飾印信之狀，並無雕刻描摸篆文者，依僞造諸衙門印信、止圖誆騙財物，爲數無多者，爲首杖流、爲從減等例，分別治罪。

《大清律例》卷三二《刑律·詐僞·詐假官》 律

凡僞造憑札詐爲假官，及爲僞札，或將有故官員文憑而假與人官者，斬監候；其知情受假官者，杖一百，流三千里；須有札付文憑方坐。但憑札皆係與者所造，故減等。不知者不坐。

若無官而不曾假造憑扎，但詐稱有官有所求爲，或詐稱官司差遣而捕人，及詐冒見任官員姓名有所求爲者，杖一百，徒三年。以上三項，總重有所求爲。若詐稱見任官子孫、弟姪、家人、總領，於按臨部內有所求爲者，杖一百；爲從者，各加一等。若得財者，並計贓各主者，以一主爲重。准竊盜免刺從重論。贓輕，以詐科罪。

其當該官司知而聽行，與同罪；不知者，不坐。

條例

一、凡假冒官職者，發邊衛充軍，不准援赦。如親職內有假冒頂替之人自行出首者，革退回籍，免其治罪。

一、凡買他人起送赴考、赴選之公文，頂名赴部者，發邊外爲民。賣與者，行所在官司追贓治罪，若已受職，比依詐假官律，處斬；賣者發邊衛充軍。若經該官吏朦朧起送，各治以罪。

一、凡詐冒皇親族屬姻黨家人，在京、在外巧立名色，挾騙財物；侵佔地土並有禁山場；攔擋船隻，措要銀兩；出入大小衙門，囑托公事；販賣制錢、私鹽，包攬錢糧，假稱織造，私開牙行，擅搭橋梁，侵漁民利者；除實犯死罪如詐冒假勢陵虐，故殺、鬥殺、私鹽拒捕之類。外，徒罪以上，俱於所犯地方枷號一個月，發邊衛充軍；杖罪以下，亦枷號一個月發落。若被害之人赴所在官司告訴，不即受理；及雖受理，觀望逢迎不即問斷舉奏者，各治以罪。

一、假充大臣及近侍官員家人名目，豪橫鄉村，生事害民；强佔田土房屋，招集流移住種者，許所在官司拿問。犯該徒罪以上者，發邊衛充軍；杖罪以下，枷號一個月發落。

一、凡各省各營食糧兵丁，並有不食錢糧，假冒營兵，生事擾民，及合夥挾制官司，擾害地方者，該地方官審明，分別首從，各照律定擬。如該管文武各官不行稽查轉報，督撫、提鎮不題參，俱交該部，照例分別議處。

《大清律例》卷三二《刑律・詐僞・詐稱內使等官官與事俱詐》律

凡憑空詐稱內使近臣、內閣、六科、六部、都察院、監察御史、按察司官，在外體察事務，欺詐官府，煽惑人民者，雖無僞造札付斬監候；知情隨行者，減一等。杖一百、流三千里。其當該官司知而聽行，與同罪；罪止杖一百、流三千里。不知者，不坐。

若本無符驗詐稱使臣乘驛者，杖一百，流三千里；爲從者，減一等。驛官知而應付者，與同罪；不知情失盤詰者，笞五十；其有符驗而應付者，不坐。符驗係僞造，有僞造符驗律。係監者，依盜符驗律。

條例

一、凡詐冒內官親屬家人等項名色，恐嚇官司，誆騙財物者，除實犯死罪如盜或僞造符驗，或因嚇騙毆、故殺死之類。外，其餘枷號一個月，發邊衛充軍。所在官司畏徇故縱、不行擒拿者，各治以罪。

一、凡詐充各衙門人役，假以差遣體訪事情、緝捕盜賊爲由，占宿公館，妄拿平人，嚇取財物，擾害軍民者，除實犯死罪或假差遣有僞造印信批文，或以捕盜槍檢傷人，或嚇騙忿爭毆故殺人之類，外，徒罪以上，枷號一個月，發邊衛充軍；杖罪以下，亦枷號一個月發落。所在官司阿從故縱者，各治以罪。

《大清律例》卷三二《刑律・詐僞・近侍詐稱私行官實而事詐》律

凡近侍之人，在外詐稱私行體察事務，煽惑人民者，斬監候。此詐稱，係本官自詐稱，非他人。

《大清律例》卷三二《刑律・詐僞・詐為瑞應》律

凡詐爲瑞應者，杖六十，徒一年。

若有災祥之類，而欽天監官不以實對者，加二等。

《大清律例》卷三二《刑律・詐僞・詐病死傷避事》律

凡官吏人等，詐稱疾病，臨時避難如難解之錢糧，難捕之盜賊之類。者，笞四十；如所避之事重者，杖八十。

若犯罪待對，故自傷殘者，杖一百；詐死者，杖一百，徒三年；傷殘以求免拷訊，詐死以求免出官。所避事重於杖一百及徒三年者，各從重論。如侵盜錢糧，仍從侵盜重者論。若無避罪之情，但以恐嚇詐賴人，故自傷殘者，杖八十。其受僱倩爲人傷殘者，與犯人同罪；因而致死者，減鬥殺罪一等。

若當該官司知而聽行，謂知其詐病，而准改差。知其自殘避罪，而准作殘疾。知其詐死，而准住提。與同罪；不知者，不坐。

條例

一、各省獲罪之犯報稱病故者，着該管官員出具印結，並行文原籍地方官稽查。倘有詐稱病故者，分別從重治罪。

一、凡未經到案之犯報稱病故，該撫嚴飭地方官悉心確查，取具印甘各結報部。倘有揑報等情，日後發覺，定將該地方官與該撫一併嚴加議處。

《大清律例》卷三一《刑律・詐僞・詐教誘人犯法》 律

凡諸人設計用言，教誘人犯法，及和同共事故誘令人犯法，卻自行捕告，或令人捕告，欲求賞給，或欲陷害人得罪者，皆與犯法之人同罪。罪止杖流。和同令人犯法，看令字，還是教誘人而又和同犯法也。若止和同犯法，則宜用自首律。

條例

一、遊手好閑，不務本業之流，自號教師，演弄拳棒教人，及投師學習，並輪叉舞棍，遍遊街市，射利惑民者，並嚴行禁止。如有不遵，一經拿獲，將本犯照違制律治罪。仍枷號一個月。拿獲之衙門即行發落，遞回原籍。如訪店寺院容留不報，地保人等不行查拿，均照不應重律，杖八十。地主文武各官失於覺察，照例議處。

《大清律續纂條例》卷四《刑律・詐欺官私取財》 凡誆騙聽選官吏及舉人、監生、生員人等財物，指稱買官買缺及買求中式等項，除誆騙已成，照例治罪外，其誆騙未成，財未接受，罪應滿徒者，加枷號兩個月；但經口許，罪止杖責者，加枷號一個月，分別發落；被騙者，仍照律例治罪，免其枷號。

《蒙古律例》卷三《朝貢・假冒台吉進貢》 凡假冒台吉進貢，鞭一百，罰三九牲畜。若台吉不來，另差人頂替進貢者，將台吉革職，罰五九牲畜；將頂替進貢人鞭一百，罰三九牲畜；將爲首前來之台吉、揑報之台吉俱革職，罰五九牲畜；將同來不首出之台吉等各罰三九牲畜。將假冒領出緞布等物、路費俱追出繳院。

（清）吴壇《大清律例通考》卷六《吏律・職制・貢舉非其人》 第三條例文

應試舉監生儒及官吏人等，但有懷挾文字、銀兩，當場搜出者，枷號一個月，滿日杖一百，革去職役。其越舍與人換寫文字或臨時換卷，並用財雇倩夾帶傳遞，與夫匠、軍役人等受財、代替夾帶傳遞及知情不舉察捉拏者，俱發近邊充軍。若計贓重於本罪者，從重科斷。官縱容者，交部議處，受財者以枉法論。其武場有犯懷挾等弊，俱照此例擬斷。

謹按：此條係仍明律舊例改定。其舊例内開：應試舉監生儒及官吏人等，但有懷挾文字、銀兩，並越舍與人換寫文字者，拏送法司問罪，仍枷號一個月，滿日發爲民。其旗軍、夫匠人等，受財代替夾帶傳遞及縱容不舉察捉拏者，旗軍調邊衛食糧差操，夫匠發邊外爲民。官縱容者，罪俸一年，受財以枉法論。若冒頂正軍入場看守，屬軍衛者，發邊衛；屬有司者，發附近，俱充軍。其武場有犯懷挾等弊，俱照此例擬斷。順治、康熙年間律内仍之，雍正三年館修，以今科場應役之人，無旗軍、正軍名色，亦無食糧差操之例。改爲：一應試舉監生儒及官吏人等，但有懷挾文字、銀兩並越舍與人換寫文字者，拏送法司問罪，仍枷號一個月，滿日發爲民。其夫匠、軍役人等，受財代替帶傳遞及不舉察捉拏者，發邊外爲民。官縱容者，罪俸一年，受財以枉法論。其武場有犯懷挾等弊，俱照此例擬斷。其改例内軍役，恭查係是年硃筆添出。乾隆五年律例館奏准，以例内拏送法司問罪，未經定有罪名。查《箋釋》，依違制律，杖一百，應增。再，官縱容者，罰俸一年，文類《吏部處分則例》，因改爲：一應試舉監生儒及吏人等，但有懷挾文字，銀兩並越舍與人換寫文字者，枷號一個月，滿日杖一百，發爲民。其夫匠、軍役人等，受財代替夾帶傳遞及不舉察捉拏者，發邊外爲民。官縱容者，交部議處，受財以枉法論。其武場有犯懷挾等弊，俱照此例擬斷。乾隆三十七年館修，以舉監人懷挾文字、銀兩與越舍換寫文字情罪不同，其受財代替夾代傳遞，與者亦應同科。原例分晰未明，斷獄恐致歧誤。前於乾隆三十六年六月内經刑部奏明，將懷挾文字、銀兩當場搜出者，定以枷杖，革去職役。其越舍與人換寫文字或臨時換卷，並用財雇倩夾帶傳遞與受財代爲夾帶傳遞之人，一體改發近邊充軍。若計贓重於本罪者，從重科斷。所有此條原例，應行修改。其邊外爲民字樣，應删。纂如前例。【略】

第七條例文

考職貢監生，如有包攬代作等弊，察出題究。若監試御史隱匿瞻徇，照例議處。其假冒頂替者，本犯照詐假官律治罪；互結監生，照知情詐假官律治罪；出結之官，照例議處。若身故未經繳照者，限四個月准家屬自首。如逾限不首，查出嚴行治罪。該地方官於已革、已故未繳照之人，徇隱故縱，不嚴行追繳，事發之日，照例議處。其先經考職，未經揀選復行頂名重考，希圖引見者，許出結互結首告，將本犯照例治罪。如知情不舉，將出結互結人員一併嚴加治罪。

謹按：此條系雍正六年定例。乾隆五年館修，奏删，遵旨不必删去，仍行纂入，輯如前例。

（清）吴壇《大清律例通考》卷六《吏律・職制・舉用有過官吏》

律文

凡官吏曾經斷罪罷職役不叙者，諸衙門不許朦朧保舉。違者，舉官及匿過之人各杖一百，罷職役不叙受贓具以枉法從重論。若將帥異才，不係貪污規避而罷閑者，有司保勘明白，亦得舉用。

謹按：此條係仍明律，其小注係順治初年律内集入。

第一條例文

文職官員舉貢、監生並吏員、承差人等，曾經孜察，論劾罷黜及爲事問革例不入選者，若買求官吏，改洗文卷，隱匿公私過名或詐作丁憂起復，以圖選用，事發問罪，吏部門首枷號一個月。已除授者，發近邊；未除授者，發附近，各充軍。其起送官吏不分軍衛、有司，但知情受賄者，亦發附近充軍；贓重者，從重論。若原不知情止是失於覺察者，照常處分發落。

謹按：此條係仍明律舊例。其原例内開：文職官員舉貢、官恩援例監生並省祭、知印、承差人等，曾經考察論劾罷黜及爲事問革，年老、事故例不入選者，若買求官吏，增減年歲，改洗文卷，隱匿公私過名，或詐作丁憂起復，以圖選用，事發問罪，吏部門首枷號一個月。已除授者，發邊衛；未除授者，發附近，各充軍終身。其起送官吏，不分軍衛、有司，但知情受賄者，亦發附近充軍。若原不知情，止是失於覺察者，照常發落。雍正三年，律例館以今無省祭名色，應删去省祭字。其知印字應改爲吏員。受賄計贓，擬罪滿貫者，即應坐絞，不便指定充軍，應於附近充軍句下增贓重者從重論一句。乾隆五年館修，查例内舉貢官恩援例監生字句煩冗，應改。再，吏部銓選，並無年老不用之例。其年老不用及增減年歲句應删，輯如前例。

第二條例文

凡衙役犯侵盜錢糧婪贓等罪，遇赦豁免後，復入原衙門及别衙門應役者，杖一百，徒三年。該管官知情故縱及督撫不即糾參者，具交該部議處。

謹按：此條係康熙五年復准原例，雍正三年館修入律。查原例内及别衙門應役者下，係除死罪外，本犯並妻流徙寧古塔十三字。乾隆五年館修，以律文匿過重役，罪止滿杖。此條曾犯侵盜錢糧婪贓等罪，遇赦後復入原衙門，較之尋常匿過之人，自屬不同。但例内加至外遣，衡以本律，未免過重。酌爲滿徒，已足蔽辜。故於應役者下，改爲杖一百，徒三年，輯如前例。

第三條例文

凡部院衙門書辦，或因有疾，或因不諳文移，退役之後，倘有更名重役者，杖一百，革退。

謹按：此條係康熙十二年《現行則例》，雍正三年館修入律。查原例，係杖一百，徒三年。乾隆五年律例館奏准，以律文内曾經斷罪，匿過重役，罪止滿杖不叙。此條例内有疾及不諳文移，更名重役之人，反坐滿徒。查疾病有痊愈之時，文移不諳，加以學習亦能通曉，並非有心作弊。可比照律，滿杖已足蔽辜，應改杖一百，革退。輯如前例。

第四條例文

凡在外各衙門書役投充，務查該役的名，取具並無重役冒充親供互結，行查本籍地方，該地方官加具印結申送，方准著役。倘有役滿不退者，杖一百，革役。本管官不行查出，交部議處。

謹按：此條係雍正三年律例館奏准，列入欽定例内。其原例内開：府、州、縣書役，責成道員。如無道員，責成按察司專管稽察。凡書役投充，務查該役的名，取具並無重役冒充親供互結，該地方官加具印結，申送該管稽察衙門，方准著役。每於年底，該役出具，並無過犯連名互結，本管官加具印結，申送該管衙門稽察，專管司道仍不時清查。倘有役滿不退者，該役杖一百，徒三年。互結人等，杖八十，均革役。或招摇撞騙，包攬詞訟，侵欺錢糧者，按律治罪。府、州、縣及專管司道不行查出，具交部分别議處。其司道、鹽道、關差、書役，責成督撫稽察。督撫及總河、總漕、鹽院書役，令其自行稽查。如失察者，均照司道例處分。若書辦指官撞騙招摇作弊，本官庇護者，許赴該管稽察衙門控告事實，按律治罪。乾隆五年館修，查各衙門書役繁多，自應責成該管官嚴行稽查。若令臬司道員稽察通省，府、州、縣書役，督撫稽察司道書役，一切投充、退役及年終皆令加具印結申送，徒滋文册繁瑣，勢必視爲具文。或反致瞻徇，亦未可定。至書役招摇撞騙及本官庇護等項，各有本律治罪，並應删。再，律文曾經斷罪後重役，罪止滿杖。例内役滿不退，反加至滿徒，與律意不符，應改。再，加具印結之例既停，則年終互結之例及問罪之例，亦應删。纂如前例。

（清）吴壇《大清律例通考》卷一五《户律・市廛・私充牙行埠頭》第五條例文

各處關口地方，有土棍人等開立寫船保載等行，合伙朋充，盤踞上下，遇有重載雇覓小船起剥，輒敢恃强代攬，勒索使用，以致擾累客商者，該管地方官查拿，照牙行及無籍之徒用强邀截客貨例，枷號一個月，杖八十。

謹按：此條係雍正十三年欽奉諭旨。乾隆五年律例館奏准恭纂爲例。乾隆二十一年館修，以私充牙行埠頭，律止杖六十，把持行市，律止杖八十。今但云：按律治罪，未曾指出何律，每有僅照私充把持律治以杖罪者。再，埠頭盤踞，恃强勒索，情殊可惡，應照牙行及無籍之徒用强邀截客貨例，枷號一個月，杖八十，庶爲平允。纂如前例。

第六條例文

各衙門胥役有更名捏姓兼充牙行者，照更名重役例，杖一百，革退。如有誆騙客貨累商久候，照光棍頂冒朋充霸開總行例，枷號一個月，發附近充軍。若該地方官失於覺察及有意徇縱，交部分别議處。受財故縱，以枉法從重論。

謹按：此條係乾隆五年九月户部奏准定例。乾隆八年律例館奏準入律。

（清）吴壇《大清律例通考》卷一五《户律・市廛・把持行市》第六條例文

大小衙門公私所需貨物，務照市價公平交易，不得充用牙行、縱役私取，即有差辦，必須秉公提取，無許藉端需索。如有縱役失察，交部分别議處。其衙役照牙行及無籍之徒用强邀截客貨者，不論有無誆賒貨物，例枷號一個月，杖八十。如贓至三十五兩者，照枉法贓問擬。所得贓私貨物，分別給主、入官。

謹按：此條係乾隆元年定例。乾隆五年館修入律。

第七條例文

牙行侵欠控追之案，審係設計誆騙侵吞入己者，照誆騙本律計贓治罪。一百二十兩以上問擬滿流，追贓給主。若係分散客店，牙行並無中飽者，一千兩以下照例勒追，一年不完，依負欠私債律治罪。一千兩以上監禁嚴追，一年不完，於負欠私債律上加三等，杖九十。所欠之銀仍追給主。承追之員按月册報，巡道稽查。逾限不給者，巡道按册提比。如怠忽從事，拖延累商者，該巡道據實揭參，照事件遲延例議處。有意徇縱者，照徇情例降二級調用。如有受財故縱者，計贓從重以枉法論。

謹按：此條係乾隆二十三年十二月内刑部議復原任雲南布政使傅靖條奏定例。乾隆二十六年館修入律。

（清）吴壇《大清律例通考》卷二〇《兵律・關津・詐冒給路引》律文

凡不應給路引之人（謂配遣囚徒、安置家口之類。）而給引，及軍詐爲民，民詐爲軍，若冒名告給引及以所給引轉與他人者，並杖八十。若於經過官司停止去處，倒换另給路引，及官豪勢要之人囑托軍民衙門，擅給批帖影射人貨出入者，各杖一百。（若官吏、人匠供送文引年深，於原任原役衙門告給新引照身回還者，不在此限。）當該官吏聽從及知情給與者，（指上三件並同罪。）若不從及不知者，不坐。若巡檢司越分給路引者，罪亦如之。（依聽從知情律。）其應給衙門不立文案，空押路引，私填與人者，杖一百，徒三年。受財者，（分有禄、無禄計贓以枉法，及有所規避者，或販禁貨通番，或避罪犯出境。）各從重論。

謹按：此條係《明律》增出。條末各從重論句下末一節，有若軍民出百里之外不給引者，軍以逃軍論，民以私越度關論二十四字，順治、康熙年間律内仍之。雍正三年律例館奏准，以今軍民並無給引之事，末節律文删，餘悉仍原律。其小注，係順治初年律内集入。

（清）吴壇《大清律例通考》卷二四《刑律・賊盗中・竊盗》第二十一條例文

姦匪伙衆丢包誆取財物，照白晝搶奪人財物治罪，刺字。贓至一百二十兩以上，擬絞監候。如有拒捕殺傷人者，亦照賊犯搶竊之例，將地方官扣限查參。

謹按：此條係乾隆二十三年十二月内，刑部議復陞任江蘇按察使崔應階條奏定例，乾隆二十六年館修入律。再，此項應刺搶奪二字，見乾隆二十七年部咨。合併聲明，以便查辦。

（清）吴壇《大清律例通考》卷二四《刑律·賊盗中·盗馬牛畜産》

第二條例文

凡冒領太僕寺官馬至三匹者，問罪，於本寺門首枷號一個月，發近邊充軍。若家長令家人冒領三匹，不分首從，俱問常人盗官物罪。家長引例，家人不引。

謹按：此條係仍《明律》舊例，其條末小注，係順治初年律内採《箋釋》語集入。條内原係邊衛充軍，乾隆三十二年十二月兵部奏准改爲近邊。合併聲明。

（清）吴壇《大清律例通考》卷二五《刑律·賊盗下·恐嚇取財》

第九條例文

内外大小衙門蠹役，恐嚇索詐貧民者，計贓一兩以下杖一百；一兩至五兩杖一百加枷號一個月；六兩至十兩杖一百徒三年。爲從分贓，並減一等。其十兩以上，及索詐貧民致令賣男鬻女，贓在十兩以下者，仍照定例遵行。

謹按：此條係乾隆十七年十一月内，刑部議復陞任陝西按察使武忱條奏定例，乾隆二十一年館修入律。又查，索詐貧民致令賣男鬻女者，十兩以上亦照例充發。今，此條乃指貧民中之不致賣男鬻女者而言，則十兩以上句下，應增入索詐貧民致令賣男鬻女數語，方無歧誤，合併聲明。

又按：衙門蠹役恐嚇索詐十兩以上及索詐貧民致令賣男鬻女，贓在十兩以下治罪之例，現附受贓篇官吏受財條内。此條亦係衙門蠹役恐嚇索詐治罪之例，應移歸官吏受財條下，與前例相並，較爲便查，毋庸分載兩門，致滋翻閲，合併聲明。

（清）吴壇《大清律例通考》卷二五《刑律·賊盗下·詐欺官私取財》

律文

凡用計詐〔僞〕欺〔瞞〕官私以取財物者，並計詐欺之贓准竊盗論，免刺。若期親以下不論尊長、卑幼，同居、各居。自相欺詐者，亦依親屬相盗律遞減科罪。若監臨主守詐欺同監守之人，取所監守之物者係官物，以監守自盗論，未得者減二等。若冒認爲誆賺局騙拐帶人財物者，亦計贓准竊盗論，係親屬，亦論服遞減。免刺。

謹按：此條係仍原律，其小注係順治初年律内集入。

第一條例文

凡誆騙聽選官吏及舉人、監生、生員人等財物，指稱買官、買缺及買求中式等項，如誆騙已成，不分首從於該衙門首枷號三個月，發煙瘴地面充軍。其央浼營干致被誆騙者，免其枷號，亦照前發遣。若誆騙未成，財未接受，罪應滿徒者，加枷號兩個月；但經口許罪止杖責者，加枷號一個月，分别發落。被騙者，仍照律例治罪，免其枷號。

謹按：此條前段誆騙已成治罪之處，係仍《明律》舊例，雍正三年先經律例館奏准附律。其後段誆騙未成之例，係乾隆八年十二月内，刑部議復陞任江蘇學政開泰條奏定例，乾隆十一年附律。乾隆三十二年館修，將原例兩條並爲一條，纂如前例。

又按：此條煙瘴充軍之處，乾隆三十七年業經湖北巡撫陳輝祖奏准，停發煙瘴，改發極邊足四千里充當苦差，面刺煙瘴改發四字，例載徒流遷徙地方及起除刺字條，應即於本條内註明，以省翻閲。並註明如係官員舉貢生監有犯，仍照例分别免刺，以免錯誤。合併聲明。

第二條例文

凡指稱内外大小官員名頭並各衙門打點使用名色誆騙財物，計贓犯該徒罪以上者，俱不分首從發近邊充軍。情重者，仍枷號兩個月發遣。如親屬指官誆騙，止依期親以下詐欺律，不可引例。

謹按：此條係《明律》舊例，至今仍之。其小注係順治初年律内采《箋釋》語集入。惟條内近邊充軍原係邊衛，乾隆三十二年十二月，兵部奏准改爲近邊。合併聲明。

第三條例文

學臣考試，有積慣隨棚代考之槍手，察出審實，枷號三個月，發煙瘴地方充軍。其雇倩槍手之人及包攬之人並與槍手同罪。知情保結之廪生，杖一百。窩留之家不知情者，照不應重律治罪。倘有别情，從重科斷。有贓計贓，以枉法從重論。

謹按：此條係雍正十三年定例，乾隆五年館修入律。

又按：條内煙瘴充軍之處，現在定例已經停發，應改發極邊足四千里充當苦差，面刺煙瘴改發四字，應即於本條内註明。

第四條例文

漕糧起運，頭幫軍伍將已裁陋規復行派斂，私自婪收，或於定數之外多行勒索者，令各幫軍丁於經管衙門呈控，將勒索之頭伍計贓分別首從定擬。犯該徒罪以上者，俱照指稱衙門打點使用名色誆騙財物例，不分首從發近邊充軍；情重者，加枷號兩個月。其官弁兵役受賄，責令該管上司參革究審，計贓以枉法論。軍丁挾嫌捏控，照誣告律治罪。

謹按：此條係乾隆十七年十一月内，刑部議復陞任浙江巡撫雅爾哈善條奏定例，乾隆二十一年館修入律。查條内近邊充軍原係邊衛，乾隆三十二年十二月兵部奏准改爲近邊。合併聲明。

第五條例文

生童考試，如有積慣棍徒捏稱給與字眼記認誆騙財物者，不論有無立約封銀及口許虛贓，俱照撞騙已成例枷號三個月，發煙瘴地面充軍。被騙生童杖一百，徒三年。若僅用虛詞誆騙事屬未成、罪止杖責者，仍照定例加枷號一個月，分別發落。被騙者，仍照例治罪，免其枷號。

謹按：此條係乾隆二十四年七月内，刑部議復原任河南學政劉湘條奏定例，乾隆二十六年館修入律。

又按：條内煙瘴充軍之處，現在定例已經停發，應改發極邊足四千里充當苦差，面刺煙瘴改發四字，應即於本條内註明。

第六條例文

代倩槍手，以已成、未成爲斷。如場外經提調訪拿或被生童稟首者，爲未成；如已頂名入場，無論當時被獲，事後發覺，俱爲已成。未成者，除審係積慣隨棚，仍照定例問擬外；若僅立有文約而贓未入手，槍手與本童均照誆騙未成財未接受罪應滿徒者，加枷號兩個月，但經口許罪止杖責者，加枷號一個月，分別發落之例治罪。其已成者，不分有無立約及口許虛贓，俱照誆騙已成例枷號三個月，發煙瘴地面充軍。雇倩之生童與同罪。若生童實係被人撞騙，贓止口許，情重稍輕者，照誆騙未成財，未接受例杖一百，徒三年。

謹按：此條係乾隆三十二年正月内陜西學政吳綬詔條奏定例，是年館修入律。

又按：條内煙瘴充軍之處，現在定例已經停發，應改發極邊足四千里充當苦差，面刺煙瘴改發四字，應即於本條内註明。

（清）吳壇《大清律例通考》卷三二《刑律・詐僞・詐僞制書》 謹按：《詐僞律》篇，係魏於《賊律》内分諸詐事爲詐律。晉於《盜律》内分諸僞事爲詐僞。梁曰詐僞。北齊改爲詐欺。後周復曰詐僞。隋、唐因之。至明將《唐律》二十七條分別改附，詐爲制書律文詐爲，以造作之人爲首、從坐罪。轉相謄寫之人非是。

詐爲制書詐爲，以造作之人爲首、從坐罪。轉相謄寫之人非是。律文

凡詐爲原無制書及增減原有者，已施行，不分首、從皆斬監候。未施行者，爲首絞監候。爲從者，減一等。傳寫失錯者，爲首杖一百。爲從者，減一等。詐爲六部、都察院、將軍、督撫、提鎮、守禦緊要隘口衙門文書，套畫押字，盜用印信及將空紙用印者，必盜用印方坐，皆絞監候，不分首、從。未施行者，爲首減一等，爲從又減一等。詐爲察院、布政司、按察司、府、州、縣衙門印信、文書者，爲首杖一百、流三千里。詐爲其餘衙門印信、文書者，爲首杖一百、徒三年。爲從者，減一等。未施行者，各分首、從減一等。若有規避，事重於前事者，從重論。如詐爲出脱人命以規避抵償，當從本律科斷之類。其詐爲制書、文書已施行及制書、文書所至之處當該官司知而聽行，各與同罪。至死減等。不知者，不坐。一將印信空紙捏寫他人文書，投遞官司害人者，依投匿名文書告言人罪者律。盜用欽給關防與印信同，有例。

謹按：此條係仍原律。雍正三年律例館奏准，將原律内將軍、總兵官、六部、都察院、都指揮使司、内外各衛指揮使司二十三字改爲六部、都察院、將軍、督撫、提鎮，其千户所三字改爲衙門二字，輯如前律。其各小注，悉係順治初年律内集入。至條末注語兩節，係采《箋釋》語。合併聲明。

第一條例文

詐爲六部等衙門文書，依律問斷外；若詐爲察院、布政司、按察司、府、州、縣及其餘衙門文書，誆騙科斂財物者，問發近邊充軍。

謹按：此條係仍《明律》舊例。雍正三年律例館奏准，將將軍、總

兵官五字删去，餘俱仍舊例原文。至條内近邊二字，原係邊衛，乾隆三十三年館修改定。合併聲明。

第二條例文

凡詐爲各衙門文書、盜用印信者，不分有無押字，依律坐罪。若止套畫押字，各就所犯事情輕重，查照本等律條科斷。其詐爲六部各司、軍衛各所文書者，俱與其餘衙門同科。

謹按：此條亦係明律舊例原文，至今仍之。

第三條例文

通政使司、大理寺、鹽運司、部屬各管軍所仍照其餘衙門擬斷。若情犯深重者，聽臨時查照比依何衙門，具由奏請定奪。

謹按：此條係前代嘉靖二十四年舊例，順治初年律内采入，至今仍之。

（清）吴壇《大清律例通考》卷三二《刑律・詐僞・詐傳詔旨》詐傳，以傳出之人爲首，從坐罪。轉相傳説之人，非是。律文

凡詐傳詔旨自内而出者，爲首，斬監候。爲從者，杖一百、流三千里。詐傳皇后懿旨、皇太子令旨者，爲首，絞監候，爲從者，杖一百、流三千里。若詐傳一品二品衙門官言語，於各屬衙門分付公事，自有所規避者，爲首，杖一百、徒三年。三品、四品衙門官言語有所規避者，爲首，杖一百。五品以下衙門官言語者，杖八十。爲從者，各減一等。若得財而詐傳無礙於法者，計贓以不枉法。因得財詐傳而變動事情枉曲法度者，以枉法。各以枉法、不枉法贓罪與詐傳規避本罪權之，從重論。其詐傳詔旨、品官言語所至之處，當該官司知而聽行，各與同罪至死，減一等。不知者，不坐。若内外各衙門追究錢糧、鞫問刑名公事，當該官吏將奏准合行免追、免問事理，妄稱奉旨追問者，是亦詐傳之罪，斬監候。

謹按：此條係仍原律。雍正三年，律例館奏御批將皇太子令旨下親王令旨四字删去，輯如前律。其小注，係順治初年律内集入。

（清）吴壇《大清律例通考》卷三二《刑律・詐僞・對制上書詐不以實》律文

凡對制敷陳及奏事有職業該行而啓奏者，與上書，不係本職而條陳時務者，詐妄不以實者，杖一百、徒三年。其對奏上書非密謂非謀反、大逆等項，而妄言有密者，加一等。若奉制推案問事，轉報上不以實者，杖八十、徒二年。若徇私曲法而所報不實之事重於杖八十、徒二年者，以出入人罪論。

謹按：此條係仍原律，其小注係順治初年律内集入。

（清）吴壇《大清律例通考》卷三二《刑律・詐僞・僞造印信時憲書等》律文

凡僞造諸衙門印信及時憲書、起船、起馬符驗、茶鹽引者，爲首雕刻斬監候。爲從者，減一等，杖一百、流三千里。有能告捕者，官給賞銀五十兩。僞造關防印記者，爲首，杖一百、徒三年。告捕者，官給賞銀三十兩。爲從及知情行用者，各減一等。各字，承上二項而言。若造而未成者，首、從各又減一等。其當該官司知而聽行，與同罪；不知者，不坐。印，所重者文，若有篆文，雖非銅鑄，亦可以假詐行事，故形質相肖而篆文俱全者，謂之僞造。惟有其質而文不全者，方謂之造而未成。至於全無形質而惟描之於紙者，乃謂之描摸也。

謹按：此條係仍原律。雍正三年律例館奏准，以今無銅牌，將符驗下夜巡銅牌四字删去，於符驗上增注起馬二字。又，律内時憲書三字，係乾隆初年奏准，敬避御名下一字改定。再，律目下原注有此僞造以雕刻之人爲首，須令當官雕驗二語，乾隆三十二年館修，查乾隆二十五年定例：他人代爲雕刻，審係同謀分贓者，將起意之人與雕刻之人並擬斬監候。若僅受些微價值代爲私雕，並無同謀分贓情事者，以起意之人爲首，雕刻之人爲從。現在遵行。因合將律目原注此僞造以雕刻之人爲首，須令當官雕驗兩句删去。其餘悉係順治初年律内原注。合併聲明。

第一條例文

凡有僞造諸衙門印信及欽給關防，事關軍機、冒支錢糧、假冒官職、大干法紀者，俱擬斬立決。爲從者，擬絞監候。非若關軍機、錢糧、假官等弊，止圖誆騙財物，爲數多者，俱照律擬斬監候。爲從者，杖一百、流三千里。若誆騙財物爲數無多，銀不及十兩、錢不及十千者，爲首雕刻者，杖一百、流三千里；爲從及知情行用者，各減一等。其僞造關防印信誆騙財物，爲數多者，將爲首雕刻之人，發雲貴、兩廣煙瘴少輕地方。若爲數無多，爲首者仍照徒三年；爲從及知情行用者，各減一等。其造而未成者，又各減一等。若描摹印信行使誆騙財物，犯該徒罪以上者，問發邊遠充軍。其爲數無多，犯該徒罪以下者，各計贓以次遞減。四十兩，杖

一百、徒三年。三十兩，杖九十、徒二年半。二十兩，杖八十、徒二年。一十兩，杖七十、徒一年半。一兩以下，杖六十、徒一年。不得財者，罪止杖一百。

謹按：此條係仍雍正五年欽定原例節刪改定。查原例內開：一、刑部議覆廣東化州民林邦瑜等僞造茂名縣印信一案，奉旨：刑部議將僞造印信之林邦瑜擬斬立決。查此案內蘇文韜用假印偷賣米票，同夥三人共得錢三千一百文，爲數無多，非假印得官及大干法紀者可比。從前只議定假印立斬之條，至於作弊之事有大小，所犯之罪有輕重，未曾詳細分別，尚未允協，着另行定議具奏。欽此。欽遵又經刑部議覆，查雍正元年七月內定例：凡僞造各部院衙門印信，爲首雕刻者，擬斬立決；爲從者，擬絞監候。僞造關防印信，爲首者，發寧古塔給披甲之人爲奴；爲從及知情行用者，各減一等。造而未成者，各又減一等。凡描摹印信行使誆騙財物，犯該徒罪以上者，發極邊衛永遠充軍，遇赦不准援宥等語。請嗣後凡有僞造諸衙門印信及欽給關防，事關軍機、冒支錢糧、假冒官職、大干法紀者，俱仍照定例擬斬立決；爲從者，擬絞監候。若非關軍機、錢糧、假官等弊，止圖誆騙財物，爲數多者，俱照律擬斬監候；爲從者，杖一百、流三千里。若誆騙財物爲數無多，銀不及十兩，錢不及十千者，爲首雕刻者，杖一百、流三千里；爲從及知情行用者，各減一等。其僞造關防印信誆騙財物，爲數多者，將爲首雕刻之人，照例發寧古塔給披甲人爲奴。若爲數無多，爲首者，仍照律徒三年；爲從及知情行用者，各減一等。其造而未行者，又各減一等。若描摹印信行使誆騙財物，犯該徒罪以上者，問發邊衛永遠充軍。其爲數無多，犯該徒罪以下者，各計贓以次遞減等因。奉旨：依議。是年律例館奏准，恭載律後。乾隆五年館修，以此條係刑部遵旨議覆之條款，另應刪節纂爲定例。查發寧古塔給披甲人爲奴，今已分別改遣，應照現行例酌發雲、貴、川、廣煙瘴少輕地方。至永遠充軍之例，業經停止，應照現行例改爲邊遠充軍。再，刑部原議內係稱造而未成，前次編纂，誤刻爲未行字樣，仍宜照舊改正。又，先據江西按察使淩燽條奏：描摹印信誆騙財物，計贓准竊盜論。五十兩以上，應問徒者，即坐以軍罪。其贓在五十兩以下，例所謂以次遞減者，應照流減徒之例，四十兩，杖一百、徒三年。三十兩，杖九十、徒二年半。以次遞減，至一兩以下，杖六十、徒一年。不得財者，坐以杖一百。請增註明晰等語，應如所奏增入，纂如前例。並增注語，以免歧誤。查原部議內描摹印信一節，係仍明律舊例，順治初年即經附律。雍正元年九卿會覆，附入《續增現行則例》並纂。合併聲明。

又按：條內發雲貴、兩廣煙瘴少輕地方之處，乾隆三十七年，業經湖北巡撫陳輝祖奏准，停發煙瘴，改發極邊足四千里，面刺煙瘴改發四字，應即於本條下注明，以便查擬。合併聲明。

第二條例文

凡盜用總督、巡撫、提學、兵備、屯田、水利等官欽給關防，俱照各官本衙門印信擬罪。若盜及棄毀、僞造，悉與信印同科。

謹按：此條係仍前明嘉靖二十二年四月，刑部題准舊例。查舊例內巡撫下有審録勘事四字，乾隆五年館修，以今無此項官銜，故將此四字刪去。餘悉仍舊例原文。

第三條例文

起意僞造假印，除自行雕刻者，仍照律擬斬監候外；其有他人代爲雕刻，審係同謀分贓者，將起意之人與雕刻之人俱擬斬監候。爲從者，減等擬流。若僅受些微價值代爲私雕，並無同謀分贓情事者，以起意之人爲首，雕刻之人爲從。其誆騙財物，銀不及十兩，錢不及十千，罪應擬流者，亦將雕刻之人審明是否同謀分贓，分別首、從辦理。

謹按：此條係乾隆二十五年定例，二十六年館修入律。

已刪條例文

一、僞造並盜用通政使司關防、印信及僞印工部批回賣放人匠者，俱問罪，於本衙門首枷號三個月發落。

謹按：此條係仍《明律》舊例。雍正三年律例館奏准，今僞造通政使司印信與各衙門同，工部匠役皆僱募，無賣放之事。此條刪。

一、起解軍士捏買僞印批回者，除正犯死罪外；解人發附近，軍士調邊衛，原係邊衛者，調極邊衛，各充軍。

謹按：此條亦仍明律舊例，雍正三年律館奏准，以今無勾軍補伍起解軍士之事，故刪。

一、僞造假印私收錢糧，積年行使，數滿一百兩以上者，爲首之人擬斬立決，梟示。其餘仍照例治罪。如有代爲藏匿印票不行銷燬者，照僞照假銀爲從例治罪。

謹按：此條係雍正七年定例。查侵盜錢糧已統括於監守自盜常人盜律內，此專爲清查江南積欠錢糧，一時嚴懲積蠹而設，原非永爲成例，毋庸纂入，刪。

一、各衙門吏役僞造本官印信誆騙財物，除自己雕刻者，仍照律定擬外，其倩人雕刻，銀不及十兩、錢不及十千者，俱杖一百、流三千里。若銀，錢在十兩、十千以外，俱問發雲、貴、川、廣煙瘴少輕地方。其銀數至五十兩以上，擬絞監候。餘人仍照舊例科斷。

謹按：此條係雍正十一年定例。原擬内銀數至五十兩以上，照枉法贓應流二千里者，俱擬絞監候等語，乾隆五年館修，查：枉法贓四十五兩，流二千里。五十兩，流二千五百里。五十五兩，流三千里。有禄人八十兩、無禄人一百二十兩，絞。並無五十兩以上流二千里者，俱擬絞之例，將照枉法贓等字樣刪去。乾隆三十二年館修，查新例平人私雕印信，誆騙銀錢在十兩、十千以外，統照律問擬斬候。雕刻之人，但同謀分贓，亦與起意之人一同問擬，並無分别十兩、十千以外至五十兩以上，止擬充軍、絞候之例，吏役有犯，不應反從輕典。此條業已不行，刪。

一、圖利小販照官版式樣翻刻時憲書發賣，用黄丹涂飾印信之狀，並無雕刻、描摹篆文者，依僞造諸衙門印信止圖誆騙財物，爲數無多者，爲首杖流，爲從減等例，分别治罪。

謹按：此條乾隆五年律例館奏准，以先據陞任太常寺少卿唐綏祖條奏，鄉僻愚民每因官刻時憲書不能遍及，遂有圖利小販照官版翻刻發賣，每本不過小錢十數文。恐無印信難以哄騙，遂雜用黄丹涂飾印信於上，並無篆文，既非雕刻，亦非描摹，正與僞造諸衙門印信止圖誆騙財物，爲數無多，銀不及十兩、錢不及十千者相等，今概以私造擬斬，似覺過當，宜酌議等語。應如所奏，照爲首杖流、爲從減等例，分别治罪，增入條例。乾隆十六年館修，又以此條因律載僞造時憲書者斬監候，故將翻刻另立擬流之例，但查乾隆九年二月内刑部摺奏，憲書爲天王正朔，敬授人時，若有僞造，不但干支錯誤不便於民，且不敬莫大於是，是以法令至重。若將照官版翻刻用黄丹涂飾印信者，一概擬流，是不論其是否僞造，止論其曾否雕刻欽天監印信擬罪矣。查雍正七年，大學士會同禮部議准定例，内開：欽天監及各省布政司，照例刊刻，聽匠役刷印便賣，以便民用等語，則憲書例得翻刻，不須本監原印，明甚。請嗣後如有僞造時憲書與本文絶不相同者，仍依律科斷。其照依官版翻刻流擬之例，刪除不用等因，奏准欽遵在案。此條既經奏明不用，應刪。

（清）吴壇《大清律例通考》卷三三《刑律・詐僞・詐假官》　律文

凡僞造憑札詐爲假官，（及爲僞札或將有故官員文憑而假與人官者，）斬監候。其知情受假官者，杖一百、流三千里；（須有札付文憑，方坐。但憑札皆係與者所造，故減等。）不知者，不坐。若無官而不曾假造憑札，但詐稱有官有所求爲，或詐稱官司差遣而捕人，及詐冒現任官員姓名有所求爲者，杖一百、徒三年。（以上三須，總重有所求爲。）若詐稱現任官子孫、弟侄、家人、總領，於按臨部内有所求爲者，杖一百。爲從者，各減一等。若得財者，並計贓（各主者，以一主爲重）准竊盜免刺從重論。（贓輕，以詐科罪。）其當該官司知而聽行，與同罪；不知者，不坐。

謹按：此條《唐律》内係詐冒官司、詐稱官司捕人，明始並爲詐假官一條。我朝因之。其小注，係順治初年律内集入。

第一條例文

凡雜職内有假冒頂替之人，自行出首者，革退回籍，免其治罪。

謹按：此條係就雍正三年律例館奏准列入欽定原例，叠次刪存。查原例内開：一、吏部議覆河道總督齊蘇勒具題監生火政昇等假冒州同一案，奉旨：監生火政昇、陳琦假冒州同職銜，效力河工，希圖補用。今經敗露，該部引無官而詐稱有官有所求之例，將火政昇、陳琦擬以杖徒，援赦寬免，具題。夫大小官職皆國家名器所關，假冒之人欺君罔上，盜竊名器，其罪較十惡不赦者，亦不爲輕，理應不准援赦。況此等之人若僥倖得官，是其出身先已不正，何以爲地方百姓之表率。且狡詐性成，罔知信義，必至於貪贓壞法，無所不爲。其弊不可枚舉。若但擬以杖徒，不足示懲，火政昇、陳琦着發邊衛充軍，不准援赦。向後除僞造憑札詐僞假官等情，仍照定例應斬外；其有假冒官職者，俱照火政昇、陳琦之例充發，不准援赦。永遠遵行。目今，現在各省官員雜職内，若有假冒頂替之人，著本人自行出首，朕開恩免其治罪，但令革退回籍。倘仍復戀職潜藏，不遵旨出首，將來或被糾參，或被告發，則於邊衛充軍之外，加等治罪。著通行直省督撫遍諭所屬官員人等知之。餘如議。欽此。欽遵恭載律後。乾隆五年館修，纂爲：一、凡假冒職官者，發邊衛充軍，不准援赦。如雜職内有假冒頂替之人，自行出首者，革退回籍，免其治罪。三十二年館修，又以原例内有假冒官職，發邊衛充軍，不准援赦等語。查新例僞造憑札自爲假官者，擬斬監候。其無官而詐稱有官並未造有憑札者，犯該徒、流、軍、遣，分别充軍、絞候。若假冒頂帶無所求爲首，杖六十、徒一年。已各有專條，因將原例内假冒官職，發邊衛充軍、不准援赦等句删去，剩如前例。

第二條例文

凡詐冒皇親族屬、姻黨、家人，在京在外巧立名色挾騙財物，侵占地土，並有禁山場，攔當船隻掯要銀兩，出入大小衙門囑托公事，販賣制錢、私鹽，包攬錢糧，假稱織造，私開牙行，擅搭橋梁，侵漁民利者，除實犯死罪如詐冒、假勢陵虐、故殺、鬥殺、私鹽、拒捕之類外，徒罪以上，俱於所犯地方枷號一個月，發近邊充軍。杖罪以下，亦枷號一個月發落。若被害之人赴所在官司告訴不即受理，及雖受理觀望逢迎不即問斷舉奏者，各治以罪。

謹按：此條係仍《明律》舊例，其條内實犯死罪句下小注，係乾隆五年館修將條末注語移入，合併聲明。

第三條例文

假充大臣及近侍官員家人名目，豪横鄉村生事害民，强占田土房屋，招集流移住種者，許所在官司拿問。犯該徒罪以上者，發近邊充軍；杖罪以下，枷號一個月發落。

謹按：此條亦仍明律舊例，至今仍之。

第四條例文

凡各省各營食糧兵丁，並有不食錢糧假冒營兵，生事擾民及合夥挾制官司，擾害地方者，該地方官審明，分别首、從，各照律例定擬。如該管文、武各官不行稽查轉報，督、撫、提、鎮不題參，俱交該部照例分别議處。

謹按：此條係康熙年間《續增現行則例》，雍正三年律例館奏准附律。查原例内開：一凡各省各營有不食錢糧假冒營兵生事擾民，及合夥挾制官司擾害地方者，該地方官審明，分别首、從照光棍例治罪。若係食糧兵丁，亦照此例治罪。如該管專汛官不嚴稽查，兼轄、統轄官不轉報，提、鎮不題參，俱交該部照例分别議處。地方文職知情不報，該管道、府不轉報，督撫不題參，俱交該部分别議處。該督、撫、提、鎮每年仍具有無此等之人印結，於年底保奏。乾隆五年館修，以兵丁生事擾民爲害地方，應按其犯事之輕重，各照律例問擬。若概照光棍例治罪，必至失宜，應改。至該管文武各官、地方大吏不行查報題參，均有處分。其督、撫、提、鎮每年出具印結，於年底保奏等語，事屬煩瑣，應删，改如前例。

第五條例文

僞造憑札自爲假官者，僞造憑札並將有故官員憑札賣與他人者，及買受憑札冒名赴任者，俱擬斬監候。知情説合者，杖一百、流三千里。

謹按：此條係乾隆二十四年九月内，刑部遵旨議奏條例。二十六年律館奏准附律，纂如前例。

第六條例文

凡無官而詐稱有官並冒稱現任官員姓名，並未造有憑札，但係圖騙一人、圖行一事，犯該徒罪以下者，發近邊充軍。犯該軍、流、遣罪者，擬絞監候。

謹按：此條亦係乾隆二十四年九月内，刑部遵旨議奏條例。二十六年律例館奏准附律，纂如前例。

第七條例文

假冒頂帶，自稱職官，止圖鄉里光榮，無所求爲，亦無憑札者，杖六十、徒一年。假冒生監頂帶者，杖一百。

謹按：此條亦係乾隆二十四年九月内，刑部遵旨議奏條例。二十六年律例館奏准附律。纂如前例。

第八條例文

凡未經考職書吏冒戴頂帽者，照假冒職官例杖六十、徒一年。其有把持公事、别事，仍照本條按例從重究擬。本管官及地方官失於查察或有意故縱，分别議處。

謹按：此條係乾隆二十八年八月内，山東按察使閔鶚元條奏定例，乾隆三十二年館修入律。

已删條例文

一、凡買他人起送赴考，赴選之公文，頂名赴部者，發邊外爲民。賣與者，行所在官司追贓治罪。若已受職，比依詐假官律處斷。賣者，發邊衛充軍。若經該官吏朦朧起送，各治以罪。

謹按：此條係仍《明律》舊例。查舊例内開：一、廣西、雲、貴、湖廣、四川等處，但有冒籍生員食糧起貢到部者，問革，發原籍爲民。若買到士人倒過所司起送公文，頂名赴部投考者，發邊外爲民。賣與者，行所在官司追贓治罪。若已受職，比依詐假官律處斷。賣者，發邊衛充軍。經該官吏朦朧起送，各治以罪。雍正三年律館奏准，以冒籍起貢已載貢舉非其人條下，冒籍取中生員，俱行問革，不分别省分遠近。廣西起，至投考者五十一字，改爲一、凡買他人起送赴考、赴選之公文，頂名赴部者，纂爲《定例附律》。乾隆三十二年館修，以此引條例内開：考職貢監生假冒頂替者，比照詐假官律治罪。又例載，將有故官員憑札賣與他人及買受冒名赴任者，俱擬斬監候。此條買人赴考公文，即係考職一項，赴選雖未到任，但既已買受到部，即係假冒頂替，俱應照律擬斬。賣與之人，新例與買受者一體問擬，並不減等擬軍。此條係舊例，業已不行，删。

（清）吴壇《大清律例通考》卷三一《刑律・詐僞・詐稱内使等官官與事俱詐》

律文

凡憑空詐稱内使近臣、内閣、六科、六部、都察院監察御史、按察司在外體察事務，欺詐官府，煽惑人民者，雖無僞造札付，斬監候。知情隨行者，減一等。杖一百、流三千里。其當該官司知而聽行，與同罪罪止杖一百、流三千里。不知者，不坐。若本無符驗，詐稱使臣乘驛者，杖一百、流三千里。爲從者，減一等。驛官知而應付者，各同罪；不知情失盤詰者，笞五十。其有符驗而應付者，不坐。符驗係僞造，有僞造符驗律。係盗者，依盗符驗律。

謹按：此條係《明律》增出，我朝仍之。其小注，係順治初年律内集入。

第一條例文

凡詐冒内官親屬、家人等項名色，恐嚇官司，誆騙財物者，除實犯死罪如盗或僞造符驗，或因嚇騙毆、故殺死之類外，其餘枷號一個月，發近邊充軍。所在官司畏徇故縱，不行擒拿者，各治以罪。

謹按：此條係仍明杖舊例，除内實犯死罪句下小注，係乾隆五年館修將條末注語移入，並將原注内詐僞應付四字節去。至近邊充軍之處，原係邊衛，乾隆三十二年十二月兵部奏准改定，合併聲明。

第二條例文

凡詐充各衙門人役，假以差遣體訪事情、緝捕盗賊爲由，占宿公館，妄拿平人，嚇取財物，擾害軍民者，除實犯死罪或假差遣有僞造印信批文，或以捕盗搶檢傷人，或嚇騙忿争毆、故殺人之類外，徒罪以上，枷號一個月，發近邊充軍。杖罪以下，亦枷號一個月發落。所在官司阿從故縱者，各治以罪。

謹按：此條係仍《明律》舊例改定。查舊例首句詐充下，原係鑾儀衛旗校五字，雍正三年律例館奏准，改爲各衙門人役。至條内實犯死罪句下小注，係乾隆五年館修將條末注語移入。再，條内近邊二字，原係邊衛，乾隆三十二年十二月，兵部奏准改定。合併聲明。

第三條例文

棍徒假冒差役名色搜查客船，俱照詐充各衙門人役假以差遣體訪事情，妄拿平人嚇取財物，擾害軍民例治罪。犯該徒罪以上者，枷號一個月，發近邊充軍。杖罪以下，枷號一個月發落。其有强劫拒捕並贓至滿貫，各照本律從重論。

謹按：此條係乾隆二十四年四月内，刑部議覆湖北按察使沈作鵬條奏定例，乾隆二十六年館修入律。

（清）吴壇《大清律例通考》卷三一《刑律・詐僞・近侍詐稱私行官實而事詐》

律文

凡近侍之人，在外詐稱私行體察事務，煽惑人民者，斬監候。此詐稱，係本官自詐稱，非他人。

謹按：此條亦係《明律》增出，我朝因之。其小注係順治初年律内集入。查條末注内監候下有謂如給事中、尚保等官，奉御内鑾儀司官校之類一句，雍正三年館修，以近侍之人難以指定名色，因將此句删去。合併聲明。

（清）吴壇《大清律例通考》卷三一《刑律・詐僞・詐病死傷避事》

律文

凡官吏人等詐稱疾病，臨事避難如難解之錢糧，難捕之盜賊之類者，笞四十。如所避之事重者，杖八十。若犯罪徒對故自傷殘者，杖一百。詐死者，杖一百、徒三年。傷殘，以求免拷訊。詐死，以求免出官。所避事重於杖一百、徒三年者，各從重論。如侵盜錢糧，仍從侵盜重者論。若無避罪之情，但以恐嚇詐賴人故自傷殘者，杖八十。其受雇倩爲人傷殘者，與犯人同罪，因而致死者，減鬥殺罪一等。若當該官司知而聽行，謂知其詐病而准改差，知其自殘避罪而准作殘疾，知其詐死而准住提。與同罪，不知者，不坐。

謹按：此條《唐律》内係詐病死傷不實與詐疾病有所避兩條，明始並爲詐病死傷避事一條，我朝仍之。其小注悉係順治初年律内集入。

第一條例文

各省獲罪之犯報稱病故者，着該管官員出具犯結，並行文原籍地方官稽查。倘有詐稱病故者，分別從重治罪。

謹按：此條係雍正三年律例館奏准，列入欽定例内，至今仍之。

第二條例文

凡未經到案之犯報稱病故，該撫嚴飭地方官悉心確查，取具甘結報部。倘有捏報等情，日後發覺，將該地方官與該撫一併嚴加議處。

謹按：此條亦係雍正三年律例館奏准，列入欽定例内。查原例悉心確查，取具下，原載有印、甘各結字樣，乾隆四十三年館修，查三十一年十二月内，吏部議覆河南巡撫阿思哈條奏，一切案件如於文外復取印結者，准其停取，因將印、甘各結一句改爲甘結二字，合併聲明。

（清）吴壇《大清律例通考》卷三二《刑律・詐僞・詐教誘人犯法》

律文

凡諸人設計用言教誘人犯法，及和同共事故誘令人犯法，却自行捕告或令人捕告，欲求賞給，或欲陷害人得罪者，皆與犯法之人同罪。罪止杖流。和同令人犯法，看令字，還是教誘人而又和同犯法也。若止和同犯法，則宜用自首律。

謹按：此條仍原律，其小注係順治初年律内集入。

第一條例文

遊手好閒不務本業之流，自號教師演弄拳棒教人，及投師學習並輪叉舞棍，遍遊街市，射利惑民者，並嚴行禁止。如有不遵，一經拿獲，將本犯照違制律治罪，仍枷號一個月。拿獲之衙門即行發落，遞回原籍。如坊店、寺院容留不報，地保人等不行查拿，均照不應重律杖八十。地方文武各官失於覺察，照例議處。

謹按：此條係雍正五年十一月内欽奉上諭：向來外間常有演習拳棒武藝之，自號教師，召誘徒衆，甚有害於民生風俗。此等多係遊手好閒不務本業之流，誘惑愚民，而强悍少年投之學習，廢弛營生之道，群居終日，尚氣角勝，以致賭博、酗酒、鬥狠、打降之類，往往由此而起。甚且有以行教爲名，窺探村莊人家之虚實，因而勾引劫盜竊賊擾累地方者。況拳捧之技藝，國家無用，若言愚民學習可以防身禦侮，不知學習拳棒者能幾人，天下人民未有盡習拳棒之理。果使人人謹遵國法，爲善良，尚廉耻，則盜賊之風盡息，而鬥訟之累自消，又何須拳棒以爲防乎？若使實有膂力勇健過人者，何不習學弓馬，或就武科考試，或投營武食糧，爲國家效力，以圖榮身上進，詎不美乎！豈可私行教習，作爲無用，誘惑小民，以爲人心風俗之害，甚屬無益。著各省督撫轉飭地方官，將棍棒之事嚴行禁止。如有仍前敢於自號教師，以演弄拳棒教人及投師學習者，即行拿究。庶遊手浮蕩之徒，知有儆懼，好勇、鬥狠之習，不致漸染，而民俗可歸於謹厚矣。特諭。是年律例館奏准，恭載律後。乾隆五年館修，查雍正十二年刑部覆准御史吴元安條奏，演弄拳棒本犯及該地保人等，均有治罪之條，地方文武各官，亦定有失察處分，俱應增入。因並纂輯如前例。

第二條例文

苗、傜、狑、僮所住地方，如有外來匪徒教誘犯法，即視所犯之人，如罪應擬杖者，將教誘之人加一等治罪。徒罪以上，教誘之人比照往居苗寨教誘爲亂例，問發邊遠充軍。犯該死罪者，教誘之人與本犯一例擬以斬絞，遇赦不宥。失察之地方官，照徇庇例議處。隱諱故縱者，照溺職例革職。

謹按：此條係乾隆二十五年九月内，刑部議覆原任廣西按察使申夢璽條奏定律，乾隆二十六年館修入律。

（清）吴壇《大清律例通考》卷三四《刑律・雜犯・賭博》　第十六條例文

無賴匪徒串黨駕船設局，攬載客商勾誘賭博，折没貨物，揩留行李者，初犯到案，審係僅止一、二次者，照開場誘賭例，杖一百、徒三年。三次以上及再犯者，發雲貴、兩廣極邊煙瘴充軍，並將首犯先於拿獲之沿河碼頭地方枷號一個月。其船户知情分贜者，初犯，仍照爲從論；再犯，亦與犯人同罪，船價入官。

謹按：此條係乾隆二十九年七月内，江西按察使廖瑛條奏定例，乾隆三十二年館修入律。

《清高宗實録》乾隆四十三年十一月 刑部議奏：嗣後白役詐贜逼命之案，除將白役擬抵外，正役知情同行主使者，發黑龍江，給披甲人爲奴。同行而無逼索者，杖一百，流三千里。未同行，亦未主使，而止分贜者，杖一百，徒三年。至並未分贜，及詐贜並未致斃命者，仍照私帶白役例，責革，加枷號兩個月，並交各督撫。飭令州縣，剔除白役，嚴行禁止。從之。

《理藩院則例》卷五五《雜犯・走失牲畜移知鄰封》 凡走失牲畜，三日後報明鄰封扎薩克，飭屬一體尋拿。由鄰封拿獲者，量其所獲牲畜多寡酌給謝儀。虚報冒領者，各罰一九牲畜。收留無主牲畜隱匿不報者，同科。

（清）席裕福《清朝政典類纂》卷三九六《刑二十八・刑律賊盗・詐欺官私取財》 凡用計詐僞欺瞞官私以取財物者，並計詐欺之贜准竊論，免刺。若期親以下，不論尊長卑幼同居各居，自相詐欺者，亦依親屬相盗律遞減科罪。若監臨主守，詐欺同監守之人取所監守之物者，係官物以監守自盗論。未得者，減二等。若冒認及誆賺局騙拐帶人財物者，亦計贜准竊盗論，係親屬亦論服遞減，免刺。

條例

一、凡指稱買官買缺，或稱規避處分，及買求中式等項誆騙聽選並應官吏及舉人、監生、生員人等財物，如誆騙已成，財已入手，無論贜數多寡，不分首從，於該衙門門首加號三月，發煙瘴地面充軍。其央挽營幹致被誆騙者，免其枷號，亦照前發遣。若誆騙未成，議有定數，財未接受，應於軍罪上減一等，杖一百，徒三年，加枷號兩月。被騙者杖一百，免其枷號。但經口許並未議有定數者，應杖一百，加枷號一月。被騙者杖八十，免其枷號。若甫被誆騙卽行首送者，誆騙之人，照恐嚇未得財律，准竊盗論，加一等治罪，被騙者免議。謹案：此條嘉慶六年增定。一、凡指稱内外大小官員名頭，並各衙門打點使用名色，誆騙財物，計贜，犯該徒罪以上者，俱不分首從，邊衛充軍。情重者，仍枷號兩月發遣。如親屬指官誆騙，止依期親以下詐欺律，不可引例。謹案：此條係原例。一、學臣考試，有積慣隨棚代考之槍手，察出審實，枷號三月，發煙瘴地面充軍。其雇倩槍手之人及包攬之人，並與槍手同罪。知情保結之廪生，杖一百。寓留之家，不知情者，照不應重律治罪。儻有別情，從重科斷。有贜，計贜，以枉法從重論。謹案：此條雍正十三年定。一、漕糧起運，頭幫軍伍將已裁陋規復行派斂，私自婪收，或於定數之外多行勒索者，令各幫軍丁於經管衙門呈控，將勒索之頭伍計贜，分別首從定擬，犯該徒罪以上者，俱照指稱衙門打點使用名色誆騙財物例，不分首從，發邊衛充軍。情重者，加枷號兩月。其官弁兵役受賄，責令該管上司參革究審，計贜以枉法論。軍丁挾嫌捏控，照誣告律治罪。謹案：此條乾隆十七年定。一、生童考試，如有積慣棍徒，捏稱給與字眼記認誆騙財物者，不論有無立約、封銀及口許虚贜，俱照撞騙已成例，枷號三月，發煙瘴地面充軍。被騙生童，杖一百，徒三年。若僅用虚詞誆騙，事屬未成，罪止杖責者，仍照定例，加枷號一月，分別發落。被騙者，仍照例治罪，免其枷號。謹案：此條乾隆二十四年定。一、代倩槍手，以已成未成爲斷。如場外經提調訪拏，或被生童稟首者，爲未成。如已頂名入場，無論當時被獲，事後發覺，俱爲已成。未成者，除審係積慣隨棚仍照定例問擬外，若僅立有文約而贜未入手，槍手與本童，均照誆騙未成財未接受罪，應滿徒者，加枷號兩月。但經口許，罪止杖責者，加枷號一月分別發落之例治罪。其已成者，不分有無立約及口許虚贜，俱照誆騙已成例，枷號三月，發煙瘴地面充軍。雇倩之生童與同罪。若生童實係被人撞騙，贜止口許，情罪稍輕者，照誆騙未成財未接受例，杖一百，徒三年。謹案：此條乾隆三十二年定。一、京城錢鋪無論新開舊設，均令五家聯名互保，報明地方官存案。如將兑換現銀票存錢文侵蝕，並因存借銀兩聚積益多，遂萌姦計，藏匿現銀，閉門逃走者，立卽拘拏送部監禁。一面將寓所資財及原籍家産，分別行文查封。仍押追在京家屬，勒限兩月，將侵蝕藏匿銀錢，全數開發完竣。其起意關閉之犯，枷號兩月，杖一百，折責釋放。若逾限不完，由部審實，無論財主、管事人及鋪夥，侵吞，賠折統計，未還藏匿及侵蝕票存錢文原兑現銀，數在一百二十兩以下者，照誆騙財物律計贓，准竊盜論罪。至一百二十兩，發附近充軍。一百二十兩以上，至三百三十兩，發近邊，六百六十兩，發邊遠。一千兩，發極邊足四千里，充軍。一千兩以上，發遣黑龍江安置當差。一萬兩以上，擬絞監候。均勒限一年追賠，限内全完，枷責釋放。不完，再限一年追賠，全完，死罪減二等定擬。軍流以下，仍枷責發落。若不完，軍流以下人犯，即行發配。死罪人犯，再限一年追賠，不完，即行永遠監禁。所欠銀錢，勒令互保之四家均匀給限代發，免其治罪。仍咨行本犯原籍，於家屬名下退償。如四家不願代發，或限滿代發未完，拘發送部，照准竊盜爲從律，減一等，杖一百，徒三年。其互保代還銀錢。如本犯於監禁及到配後給還四家者，軍流以下即行釋放，死罪人犯仍減二等發落。若五家同時關閉，一併拘拏押追，照前治罪。未還銀兩及票存錢文，仍於各犯家屬名下嚴追給領。地方文武官，遇有關閉錢鋪不行嚴拏，致人遠颺，嚴參交部議處。謹案：此條道光五年續纂，同治九年修改。一、京城錢鋪關閉，如有包攬票存錢文折扣開發者，無論旗民及在官人役，審實，照棍徒生事行兇例治罪。仍將並不查拏之地方官交部議處。如有通同作弊包攬折扣者，與犯同罪。受財者，計贓以枉法論。其有借名取錢，踹毀門窗，搶取什物者，照搶奪例治罪。至開設錢鋪，先由大興、宛平兩縣知縣查明，確係殷實，取具保結，詳報順天府，移咨步軍統領衙門，准其開設。倘該鋪關閉逃跑，將取結不慎之知縣，交部嚴加議處。如不經兩縣申轉，私行開設，一經該協副尉等拏獲，即將該鋪財主及鋪夥均照違制律治罪，並將鋪本一併入官。倘該協副尉不能先事查拏，別經發覺，將該協副尉等交兵部分別議處。謹案：此條道光十五年續纂，同治九年修改。一、内地商民與外夷交易買賣，如有負欠潛逃誆騙財物者，計贓，犯該徒罪以上，枷號三月，發附近充軍。杖罪以下，枷號兩月，杖一百，徒三年。謹案：此條道光十五年續纂。一、京城街市，未掛錢幌，假稱金店、參店，借名煙鋪布鋪，換銀出票並無聯名保結，一經關閉，應勒限開發票存。完竣以後，不准私自出票。如違，照私自開設例懲辦。若不依限開發完竣，照侵蝕票存錢文例科斷。謹案：此條同治九年續纂。一、京城錢鋪，以五百一十一家作爲定額，不准再增。如有私自開設，照違制律治罪。謹案：此條同治九年續纂。一、道光十年以前，京城短保錢鋪，仍責令覓保補送。如短保並不補送，一經關閉，不能開發，照有保錢鋪加一等治罪。謹案：此條同治九年續纂。一、姦民賣空買空，設局誘人，賭賽市價長落，其賣空者，照用計詐欺局騙人財物律計贓，准竊盜論。罪止杖一百，流三千里。買空之犯，照爲從律減一等。謹案：此條同治九年續纂。

事例

順治十六年，覆准，凡衙役指稱代納銀兩巧爲騙詐良民者，照衙役犯贓例治罪。同治七年議准，錢行、糧行並無實物，虚估市價，忽長忽落，應照用計詐欺局騙人財物計贓論罪，罪止滿流。地方虚買之人，照爲從。地方官失察，照軍民重利放債，罰俸一年。

刑案

撞騙武童銀兩，聞拏投首，按照本例減等擬徒。乾隆五十六年河南司説帖。

户下包衣，侵用伊主地租京錢二百十四千，捏以地户拖欠掩飾，照詐欺官私取財計贓，擬流。嘉慶十七年廣西司説帖。

坍塌房契影射借錢，依誆騙擬流律減一等，杖一百，徒三年。嘉慶二十二年安徽司案。

私將堂兄房屋捏名税契押錢，照詐欺官私取財計贓，按服制減等科斷。嘉慶十九年山西司説帖。

缺乏盤費，詐稱旗人向縣求助，照誆騙准竊盜未得財律擬笞。應照不應重律杖八十，遞籍。道光十一年邸鈔。

道員營謀選缺，書吏謊騙得贓，比照指稱買官買缺誆騙聽選吏已成例，枷號三個月。滿日，從重發往新疆極地當差，餘犯分別治罪。道光十四年邸鈔。

場内患病，臨時雇倩代爲作文，照雇倩與槍手同罪擬軍例量減滿徒。嘉慶十八年廣西司説帖。

關閉錢鋪折扣開發外，計贓尚在一百二十兩以上，不得照所折成數減等科斷，仍依例擬軍。道光十二年廣東司説帖。

店夥不善經營，虧折累死店夥，比照牙行侵欠控追之案，並無中飽者，數在一千兩以上，監禁嚴追一年。不完，於負欠私債加三等杖九十例，欠銀仍追給主。嘉慶二十四年山東案。

商允借名，搶考倖進，借名之人，應於積慣槍手雇倩之人同罪例，量減滿徒。道光四年河南司說帖。

鋪夥將店主交伊換銀之錢票，私換銀兩逃走，應照拐帶人財物律問擬。嘉慶十六年浙江司案。

捏造假票，糾夥誆騙，物至八次之多，應依棍徒擬軍例上量減滿徒，不得比照竊盜科斷。嘉慶二十一年山西案。

誆取他人賣地價銀，致令賣主自盡，比照竊盜逃走事主窘迫自盡例，擬徒。嘉慶二十一年河南案。

臨考患病，倩人頂替入場，贓雖未過，事屬已成，應照例擬軍，不准量減。喜慶二十一年廣東案。

代雇槍手，僅止圖利說合，並無包攬情事，於包攬之人與槍手同罪擬軍例上量減滿徒。嘉慶二十三年直隸案。

誆騙財物鳧水逃走，事主追趕溺斃，比照竊盜逃走，事主追捕失足身死例，擬徒。嘉慶二十四年江西案。

私匿雇主交送還賬銀兩，捏報被搶，應照拐帶人財物律計贓，准竊盜論科斷。道光元年浙江司說帖。

誆騙二次，係屬一主，應以贓多之次計贓問罪，不得將前後之贓並計科斷。道光元年奉天案。

拐帶案內，事後知情分贓之犯，比照知竊盜後而分贓計贓，准竊盜爲從律問擬。道光三年廣東案。

奴僕將家長交伊換錢銀兩乘機私用逃走，比照常人拐帶律問擬。道光三年貴州案。

乘空盜取搭伴同船托管銀兩，比照拐帶人財物律計贓，擬流免刺。道光元年江蘇案。

向借錢文，不肯多給，强行攫取，與搶竊人財物不同，依誆騙律計贓科斷。道光八年直隸司說帖。

安徽省錢鋪侵蝕票存銀錢，比照京城錢鋪例辦理。道光九年安徽司說帖。

告借筆硯，乘空偷用圖記，私寫錢票，易銀還賬，應照誆騙律計贓，准竊盜論，免刺。道光九年陝西司說帖。

誆騙十二次，應以贓重之案依律擬流，不得照積匪問擬。道光十一年直隸司說帖。

誆騙武生，買求中式，乘機掉竊銀兩，與夥衆丟包誆取財物者不同，應照指稱買求中式誆騙已成例，不分首從問軍。道光十三年河南司說帖。

外省錢鋪侵蝕票存銀錢，遇有積欠太多，故爲關閉歇業之案，亦可比照京城錢鋪辦理。道光九年說帖。

彌封書吏，謊令辦理聯號，照指稱買求中式誆騙生監人等財物未成例加一等，擬杖一百，流二千里。仍加枷號三箇月。道光十二年河南案。

買求中式爲由，設計掉騙銀兩，應照指稱買求中式誆騙已成，無論贓數多寡，枷號三箇月，發煙瘴地方充軍科斷。道光十三年河南說司帖。

鋪夥私拆銀信，取銀還欠，依詐欺取財，準竊盜論，罪止滿流律，量減擬徒。道光十四年湖廣司說帖。

貝勒府護衛虧用伊主銀錢一千餘兩，依詐欺取財律，應滿流。照下五旗包衣人因事發遣，酌發黑龍江等處例，發吉林當差。俟追贓限滿，再行發配。道光十一年廣東司案。

關閉錢鋪曾經報官，旋亦開發，惟未完票存銀一百一十兩零，應於准竊盜贓擬流律，量減滿徒。道光九年浙江司案。

騙賣保舉行知印札，照將有故官員憑札賣與他人，及買受憑札冒名赴任俱斬候例，量減滿流。光緒五年湖北案。

職官藉案撞騙得贓二百七十一兩二錢，依指稱大小官員名頭並各衙門打點使用名色誆騙財物，計贓犯該徒罪以上者，發近邊充軍例，從重。照通行改發黑龍江充當苦差。光緒六年湖北案。

山西票商隱匿捐款，鋪東無力認罰，擬將鋪夥原擬照例由斬候減二等科斷者，從重只減一等，改爲杖一百，流三千里。光緒九年山西案。

（清）席裕福《清朝政典類纂》卷四〇六《刑三十八·刑律詐僞·詐爲制書》

詐爲以造作之人，爲首從坐罪，轉相謄寫之人，非是。

凡詐爲原無制書及增減原有者，已施行不分首從皆斬監候，未施行者爲首絞監候，爲從者減一等。傳寫失錯者，爲首杖一百，爲從者減一等。詐爲六部、都察院、將軍、督、撫、提鎮、守禦緊要隘口衙門文書，套畫押字、盜用印信及將空紙用印者，必盜用印方坐。皆絞監候，不分首從。未施行者，爲首減一等，爲從又減一等。詐爲察院、布政司、按察司、府州縣衙門印信文書者，爲首杖一百流三千里。詐爲其餘衙門印信文書者，爲首杖一百徒三年，爲從者減一等。未施行者，各分首從減一等。若有規避事重於前事者，從重論。如詐爲出脱人命以規避抵償，當從本律科斷之類。其詐爲制書文書已施行及制書文書所至之處當該官司知而聽行，各與同罪，至死減等，不知者不坐。一將印信空紙捏寫他人文書投遞官司害人者，依投匿名文書告言人罪者律。盜用欽給關防與印信同有例。謹案：原文詐爲將軍總兵官六部都察院都指揮使司各衛指揮使司守禦緊要隘口千户所文書，雍正三年改。

條例

一、詐爲六部等衙門文書依律問斷外，若詐爲察院、布政司、按察司、府州縣及其餘衙門文書，誆騙科斂財物者，問發近邊充軍。謹案此條雍正三年删定。

一、凡詐爲各衙門文書、盜用印信者，不分有無押字，依律坐罪。若止套畫押字。各就所犯事情輕重，查照本等律條科斷。其詐爲六部各司、軍衛各所文書者，俱與其餘衙門同科。一、通政使司、大理寺、鹽運司部屬各管軍所仍照其餘衙門擬斷。若情犯深重者，聽臨時查照，比依何衙門，具由奏請定奪。謹案：以上二條均係原例。

事例

道光四年議准：查京城設有報房，向有外省各衙門抄送京報，相沿已久。原屬例所不禁而報房抄送往往希圖迅速，竟至借用官封，誠恐不無流弊。應通行各省，嗣後各衙門書報，其由提塘抄送者，應用該提塘鈐記封送。如止向報房抄看者，毋庸禁止，仍不許借用印封。如再有濫用印封遞送情事，立即嚴拏究辦，以杜弊混而重信守。

刑案

逃軍私雕縣印，僞造遇赦釋回沿途驗放公文，與詐爲詔赦諭勅不同，應從重照僞造印信律斬候。嘉慶七年河南司帖。

幕友引薦娼婦，用印封遞送私信，比照詐爲府縣衙門印信文書量減滿徒。係知法犯法，仍加一等，流二千里。嘉慶十八年廣西案。

借欠銀兩無償，假造賊犯供扳傳訊關文誆騙銀兩遷欠，惟係粘用圖記並非印信，且贓未入手，照詐爲府縣文書誆騙財物充軍例，量減滿徒。嘉慶十九年直隸案。

縣書因人向買印票冒差圖詐得價賣給，併因粘單漏未鈐印，乞取别項文内印花粘貼票，係由官發給，與詐爲不同，於詐爲州縣文書杖流律上量減滿徒。係舞文作弊仍加一等，流二千里。嘉慶二十年雲南案。

革役藏匿本縣公文、改造差票，妄拿平人希圖嚇詐，致被詐之人情急投河未死，贓未入手，依詐爲文書誆騙財物例，加一等發邊遠充軍。嘉慶二十三年江蘇案。

書吏檢出舊存破損印劄爲把總增改年歲，誆騙得財，與盜用印信有間，於盜用印信絞候上減流。係知法犯法，從重發極邊煙瘴充軍。把總依以財行求律，計贓科斷。嘉慶二十五年直隸司案。

將舊時緩微謄黄朦混刷賣，擬於詐爲制書斬監候罪上量減滿流。道光十二年江西司案。

聽賄壓結掉換部文朦用堂印，擬於詐爲六部文書盜用印信絞罪上量減滿流。係書吏加等發附近充軍，聞拏投首不減。道光四年福建司案。

聞拏投首不減。道光四年福建司案。

世職私刊木戳詐爲文書驛遞，比照詐爲其餘衙門文書杖一百徒三年律加一等，杖一百流二千里。道光十年福建案。

（清）席裕福《清朝政典類纂》卷四〇六《刑三十八・刑律詐僞・詐傳詔旨》 詐傳以傳出之人爲首從坐罪，轉相傳説之人非是。

凡詐傳詔旨自内而出者爲首斬監候，爲從者杖一百流三千里。詐傳皇后懿旨、皇太子令旨者，爲首絞監候，爲從者杖一百流三千里。若詐傳一品二品衙門官言語於各屬衙門分付公事自有所規避者，爲首杖一百徒三年，三品四品衙門言語有所規避者，爲首杖一百，五品以下衙門官言語者，杖八十，爲從者各減一等。

刑案

縣書捏造按察司批語，比照詐傳三品官言語律科斷。仍照知法犯法加一等例，擬杖六十徒一年。道光六年浙江案。

衙役捏造知府批語，比照詐傳四品官言語律滿杖。係衙役知法犯法，擬杖六十徒一年。道光六年山東案。

户書揑造本府劄稿尚未行用，比照詐傳四品官言語律，滿杖加枷號兩個月，革役。道光十年湖北案。

（清）席裕福《清朝政典類纂》卷四〇六《刑三十八·刑律詐僞·封制上書詐不以實》 凡對制敷陳及奏事有職業、該行而啓奏者與上書不係本職而條陳時務者詐妄不以實者，杖一百徒三年。其對奏上書非密謂非謀反大逆等項而妄言有密者，加一等。若奉制推按問事轉報上不以實者，杖八十徒二年。若徇私曲法而所報不實之事重於杖八十徒二年者，以出入罪論。

條例

一、發遣軍流人犯在配所遣人呈遞封章條陳事務者，無論所言有無可採，原犯軍流加一等。調發原犯極邊煙瘴充軍者，發新疆給官兵爲奴。原犯遣罪在配用重枷枷號六月，如因呈遞封章另犯應死罪名，仍各從其重者論。其受雇代遞之人，照爲從律減本犯罪一等，擬杖一百、徒三年。計贓重者，准竊盜科斷。謹案：此條嘉慶十九年續纂，道光元年、十年二次修改，二十五年修復。

刑案

緣事發遣釋回廢員，條陳事件希圖録用，未便僅照希求進用律擬杖，應酌加一等，杖六十徒一年。嘉慶二十一年湖廣司案。

民人條陳教匪滋事等項，皆由飢寒所致。如果官買私産復行井田，百姓安居樂業，何致流而爲匪。臚列十利十弊，作就封摺，赴都察院呈遞部議，照呈遞封章例量減擬徒，奉旨免其治罪，遞回原籍嚴加管束。道光十三年邸抄。

通判敬陳管見誤録揑造諭旨，依不係本職上書條陳時務詐不以實律，問擬滿徒。係職官從重發往軍台效力贖罪。光緒七年奏准案。

（清）席裕福《清朝政典類纂》卷四〇六《刑三十八·刑律詐僞·僞造印信時憲書等》 凡僞造諸衙門印信及時憲書、起船起馬符驗、茶鹽引者，爲首雕刻斬監候，爲從者減一等，杖一百流三千里。有能告捕者，官給賞銀五十兩。僞造關防印記者，爲首杖一百，徒三年。告捕者，官給賞銀三十兩。爲從及知情行用者，各減一等。各字承上二項而言。若造而未成者，首從各又減一等。其當該官司知而聽行與同罪，不知者不坐。印所重者，文若有篆文，雖非銅鑄，亦可以假詐行事，故形質相肖而篆文俱全者，謂之僞造。惟有其質而文不全者，方謂之造而未成。至於全無形質而惟描之於紙者，乃謂之描摸也。

謹案：原文符驗下有夜巡銅牌，四字，雍正三年删。

條例

一、凡有僞造諸衙門印信、及欽給關防事關軍機、冒支錢糧、假冒官職大干法紀者，俱擬斬立決，爲從者擬絞監候。若非關軍機錢糧假官等弊，止圖誆騙財物爲數多者，俱照律擬斬監候，爲從者杖一百流三千里。若誆騙財物爲數無多，銀不及十兩、錢不及十千者，爲首雕刻者杖一百、流三千里，爲從及知情行用者各減一等。其僞造關防印記誆騙財物爲數多者，將爲首雕刻之人發雲貴兩廣煙瘴少輕地方；若爲數無多，爲首者仍照律徒三年，爲從及知情行用者，各減一等，其造而未成者，又各減一等。若描摸印信行使誆騙財物，犯該徒罪以上者，問發邊遠充軍。其爲數無多犯該徒罪以下者，各計贓以次遞減。四十兩杖一百徒三年，三十兩杖九十徒二年半，二十兩杖八十徒二年，一十兩杖七十徒一年半，一兩以下杖六十徒一年，不得財者罪止杖一百。謹案：此條係雍正五年遵旨議准，乾隆五年改爲例。一、凡盜用總督、巡撫、提學、兵備、屯田、水利等官欽給關防，俱照各官本衙門印信擬罪。若盜及棄毁、僞造，悉與印信同科。謹案：此條原文巡撫下有審録勘事四字，乾隆五年删。一、僞造假印之案，如起意者自行雕刻或他人同謀分贓代爲雕刻者，將起意之人與雕刻之人並以爲首論，案内爲從者減一等。若僅受些微價值代爲私雕並無同謀分贓情事者，以起意之人爲首，雕刻之人爲從，與案内爲從者並減首犯罪一等。謹案：此條乾隆二十五年定，嘉慶六年修改。一、僞造印信之案，如假印形質已具、篆文字體已成，僅止筆畫少缺，但經行用得財爲數多者，分別首從，擬以斬候、滿流。即爲數無多，亦分別首從照例擬以流徒。甫經雕刻尚未行用者，各減得財一等。若篆文筆畫實未齊全，又未誆騙得財，方以造而未成科斷。其僞造關防印記者，亦照此分別首從，各按本例辦理。謹案：此條道光元年續纂。

刑案

私雕假印騙誆錢糧，依僞造假印冒支錢糧例，擬斬立決。嘉慶元年山東司説帖。

兄謊賣軍功執照，弟聽從私雕假印，揑寫移文，依僞造印信誆騙財物例，擬斬監候。嘉慶十六年湖北案兄私雕司縣印信，使弟攬稅騙錢至十千以上，兄依僞造諸衙門印信止圖誆騙財物爲數多者例，斬候。弟依爲從律，擬流。嘉慶十八年陝西案。

翻刻時憲書於未經頒朔之前，私行刊刷售賣，應遵二十一年十一月欽奉諭旨，照違制律治罪。嘉慶二十二年湖廣司説帖。

因人托捐監生，將先交銀一百兩用去，無力措辦，起意私雕假印，僞造實收，找得銀五十兩錢十三千。其先收銀兩雖在未經私雕之先第後次找得，銀錢計數已在十兩以上，依僞造印信誆騙財物爲數多者例，斬候。道光二年江西案。

私刊販賣春年圖，係仿依萬年甲子書所推刊刻，並非揑造。惟刻賣雖在四月初一日頒發各省様本時，憲書之後尚在十月初一日，頒朔以前究屬不合，應擬不應重杖。道光三年貴州司案。

描摹假契誆騙錢文，照描摹印信誆騙。

描摹假契謊借錢文，照描摹印信行使誆騙財物犯該徒罪以上例，發邊遠充軍。道光十年廣東司案。

司書僞造印文冒領官項，依僞造諸衙門印信冒支錢糧者擬斬立決例科罪。同治十三年安徽司説帖。

參將僞造印信已成，誆騙尚未得財，比依僞造印信誆騙財物爲數無多者杖一百流三千里例，擬以滿流，從重發往黑龍江充當苦差事。犯在恩旨以前，不准查辦。光緒十年四川案。

（清）席裕福《清朝政典類纂》卷四〇六《刑三十八·刑律詐僞·詐假官》 凡僞造憑劄詐爲假官及爲僞劄或將有故官員文憑而假與人官者，斬監候。其知情受假官者，杖一百流三千里，須有劄付文憑方坐。但憑劄皆係與者所造故減等，不知者不坐。若無官而不曾假造憑劄但詐稱有官有所求爲，或詐稱官司差遣而捕人，及詐冒現任官員姓名有所求爲者，杖一百徒三年。以上三項總重有所求爲，若詐稱現任官子孫弟姪家人總領於按臨部内有所求爲者，杖一百，爲從者各減一等，若得財者，並計贓，各主者以一主爲重准竊盜免刺從重。贓輕以詐科罪其當該官司知而聽行，與同罪，不知者不坐。

條例

一、凡雜職内有假冒頂替之人自行出首者，革退回籍，免其治罪。謹案：此條乾隆三十三年删定。一、凡詐冒皇親族屬姻黨家人，在京在外巧立名色挾騙財物、侵佔地土，并有禁山場攔擋船隻措要銀兩、出入大小衙門囑托公事、販賣制錢私鹽、包攬錢糧、假稱織造、私開牙行、擅搭橋梁、侵漁民利者，除實犯死罪如詐冒、假勢凌虐，故殺、鬥殺、私鹽、拒捕之類外，徒罪以上，俱於所犯地方枷號一月，發近邊充軍。杖罪以下亦枷號一月發落。若被害之人赴所在官司告訴不即受理，及雖受理觀望逢迎不即問斷舉奏者，各治以罪。謹案：此條係原例小注，本在例末，乾隆五年移。一、假充大臣及近侍官員家人名目。豪横鄉村、生事害民、强佔田土房屋、招集流移住種者，許所在官司拏問。犯該徒罪以上者，發邊衛充軍；杖罪以下枷號一月發落。謹案此條係原例。一、凡省各營食糧兵丁并有不食錢糧假冒營兵生事擾民、及合夥挾制官司擾害地方者，該地方官審明，分別首從，各照律例定擬。如該管文武各官不行稽查轉報、督撫提鎮不題參，俱交該部照例分別議處。謹案：此條乾隆五年删改。一、僞造憑劄自爲假官者，僞造憑劄並將有故官員憑劄賣與他人者，及買受憑劄冒名赴任者，俱擬斬監候。知情説合者，杖一百流三千里。謹案：此條乾隆二十四年定。一、凡無官而詐稱有官，並冒稱現任官員姓名，并未造有憑劄，但係圖騙一人、圖行一事，犯該徒罪以下者，發近邊充軍，犯該軍流遣罪者，擬絞監候。若假冒頂帶自稱職官，止圖鄉里光榮，無所求爲亦無憑劄者，杖六十徒一年。假冒生監頂帶者，杖一百。謹案：此條乾隆二十四年定，嘉慶十五年修併。

一、凡未經考職書吏冒戴頂帽者，照假冒職官例杖六十、徒一年。其有把持公事別情，仍照本條按例從重究擬。本管官及地方官失於查察或有意故縱，分別議處。謹案：此條乾隆二十八年定。

事例

康熙九年題准：凡姦棍私造假印假票冒稱職官，或謊充帶翎假託差使者，所在府州縣官員不行查拏，各降一級調用。如官員有將此等姦棍給與印結執照者，事發卽行革職。雍正六年吏部議覆：河道總督齊蘇勒具題監生火政升假冒州同一案，奉旨監生火政升、陳琦假冒州同職銜效力河工，希圖補用，今經敗露。該部引無官而詐稱有官有所求爲之例，將火政升陳琦擬以杖徒，援赦寬免具題。夫大小官職皆國家名器所關，假冒之人欺君罔上，盜竊名器，其罪較十惡不赦者亦爲輕，理應不准援赦。況此等之人若僥幸得官，是其出身先已不正，何以爲地方百姓之表率？且狡詐性成，罔知信義，必至於貪贓壞法無所不爲，其弊不可枚舉。若但擬以杖徒不足示懲，火政升陳琦著發邊衛充軍，不准援赦。向後除僞造憑劄、詐爲假官等情仍照定例應斬外，其有假冒官職者，俱照火政升陳琦之例充發，不准援赦，永遠遵行。自今現在各省官員雜職内若有假冒頂替之人，著本人自行出首，朕開恩免其治罪，但令革退回籍。儻仍復戀職潛藏不遵旨出首，將來或被究參或被告發，則於邊衛充軍之外，加等治罪。著通行直省督撫，徧諭所屬文員人等知之。

刑案

希圖隨任管事商同他人頂替回籍，知州赴部投供應選應，照無官詐稱有官律，分别首從擬徒。嘉慶十一年福建司説帖。

假冒知府官親在外揚言許伊頂戴希圖撞騙，比照詐冒内官親屬等項名色、恐嚇官司誆騙財物擬軍例上量減滿徒。嘉慶二十二年山西案。

攢典抄寫小字詩文於考試時賣與考童夾帶、及被獲到官假稱職員，比照未經考職書吏冒戴頂帽例，杖六十徒一年。嘉慶二十二年江西案。

假冒現任千總並非有所求，爲於冒稱現任官並未造有憑劄，但係圖騙一人，擬軍例上量減滿徒。嘉慶二十三年直隸司案。

因圖娶妻描模印信、揑造部照詐稱守備，其印信模糊不便字迹填寫，字句亦非部照式樣，與實在造有憑劄者不同，比照無官詐稱有官發兵充軍例酌加一等，擬發邊遠充軍。道光三年廣西司案。

詐稱七品廕生求幫盤費，比照無官而詐稱有官但係圖騙一人、圖行一事，犯該徒罪以下發近邊充軍例，量減滿徒。道光四年河南案。

貢生假冒州判職官頂戴，比照未經考職書吏冒戴頂帽照假冒職官例科斷。道光六年廣西案。

買受保札冒名投標，比照買受憑札冒名赴任者斬監候例，量減滿流，母老丁單不准留養。光緒十一年湖廣案。

（清）席裕福《清朝政典類纂》卷四〇六《刑三十八・刑律詐僞・詐稱内使等官官與事俱詐》 凡憑空詐稱内使近臣、内閣、六科、六部、都察院、監察御史、按察司官，在外體察事務，欺詐官府，煽惑人民者，雖不知情失盤詰者，笞五十。其有符驗而應付者不坐。符驗係僞造，有僞造符驗律。係盜者，依盜符驗律。

條例

一、凡詐冒内官親屬家人等項名色，恐嚇官司誆騙財物者，除實犯死罪如盜或僞造符驗、或因嚇騙毆故殺死之類外，其餘枷號一月，發近邊充軍。所在官司畏徇故縱，不行擒拏者，各治以罪。謹案：此條係原例小注本在例末，乾隆五年移。一、凡詐充各衙門差役，假以差遣體訪事情、緝捕盜賊爲由，占宿公館、妄拏平人及搜查客船、嚇取財物、擾害軍民犯該徒罪以上者，無論有無籤票，枷號一月發近邊充軍。若審係揑造籤票、執持鎖鍊，所犯本罪未至擬徒，但經恐嚇詐財者，即照蠹役詐贓一例問擬，仍各加枷號一月。未揑有籤票止係口稱奉差嚇唬者，杖罪以下亦枷號一月發落。若計贓逾貫及雖未逾貫而被詐之人因而自盡者，均擬絞監候。拷打致死及嚇詐忿争毆故殺被詐之人者，均照罪人殺所捕人律，擬斬監候，爲從各減一等。如假差遣有僞拷打致死及嚇詐忿争毆故殺被詐之人者，均照罪人殺所捕人律，擬斬監候，爲從各減一等。如假差遣有僞造印信批文，或以捕盜搶擄傷人按律應擬死罪者，仍各從其重者論。所在官司阿從故縱者，各治以罪。若被詐之人毆死假差者，照擅殺罪人律擬絞監候。至非被詐之人有與假差謀故鬥殺者，仍各按本律科斷。謹案：此條嘉慶六年、十一年兩次修改，十九年復奏頒修。

刑案

假充捕役索詐寄贓之人致令自盡，查假差索詐斃命較之刁徒訛詐釀命者尤爲可惡。無論死者是否平人，向俱按照本例擬抵，從無因非良民稍爲寬減。應依假差妄拏嚇詐被詐之人因而自盡例，擬絞。嘉慶二十年山東案。

假差嚇詐釀命雖止用言嚇唬，贓未入手，首從各犯均應照例擬以絞流，不得量減。慶嘉二十一年奉天司説帖。

夥同假差嚇詐得贓，被詐之人並無欲死之心，嗣夥犯因未分贓，起意復向索詐致令氣忿自盡，應以後次索詐之夥犯科以詐贓斃命之罪，依詐充差役嚇取財物被詐之人因而自盡例擬絞。其首先起意之犯不知夥犯復向索詐情事，仍依假差詐財本例計贓，分别首從擬以枷杖。嘉慶二十四年四川案。

假充差役糾夥嚇詐竊賊銀兩，致被詐之人殺死幫詐夥犯四命。皆由該犯糾往嚇詐所致，比照詐充差役嚇取財物、擾害軍民犯該徒罪以上例，枷號充軍。道光二年貴州案。

因人托其探聽有無告狀之信，乘間捏造票稿圖詐，致命往向他人理論中途失足淹死，與假差斃命者有間，比照詐充差役捏造簽票嚇詐致被詐之人自盡例，量減滿流。道光三年湖北案。

因見竊賊攜贓售賣，起意假差嚇詐，彼此爭毆致將竊匪毆死。此等案件各省辦理未畫一，第定例捕役奉差緝賊所獲之人不論平人竊盜，但經拷打嚇詐財物，俱照誣良爲盜例辦理，並不以死罪平人爲之寬減。是假差拷斃竊賊之案較奉票之捕役情節尤重，未便科罪轉輕，自應照例擬斬。道光九年直隸司說帖。

假差嚇詐誣指良民爲賊拷打致斃，應以致命傷重當其重罪，照例斬候。雖情節較兇，未便聲請，即行正法。道光九年山西案。

假差嚇詐不遂，將其用鍊套項拉走稱欲送究，致被詐之人用力掙脱失跌落河淹斃。雖無拷打情形，惟鎖項揪拉致令掙跌溺斃，實屬忿爭致死，自應照例擬斬。道光十二年廣東司說帖。

聽從假差嚇詐並未得財，比照假充差役並未捏有簽票，止係口稱奉差嚇唬者杖罪以下亦枷號一個月例，爲從減一等科斷。道光九年四川案。

詐稱内使奉旨採辦木植并捏報木價，依詐傳詔旨者斬候律問擬，秋後處決。同治十三年直隸案。

（清）席裕福《清朝政典類纂》卷四〇六《刑三十八・刑律詐僞・近侍詐稱私行官實而事詐》 凡近侍之人在外詐稱私行體察事務，煽惑人民者，斬監候。此詐稱係本官，自詐稱非他人。

事例

道光五年諭：我朝家法嚴明，從不准太監與外人交結，至差往各省之事，尤屬從來所未有，此内外諸臣無不知者。前據張師誠等於滸墅關盤獲在逃太監馬長喜，竟敢假冒頂戴，捏寫奉旨進香，黄旗標插坐船，並經軍機大臣會同英和等究出。該犯行至丹陽住宿公館，令該處家人代雇船隻，官爲給賞，似此招搖恣肆，更非潛蹤溷跡者可比，尤屬可惡。沿途文武各員何竟毫無見聞？若非滸墅關盤獲，竟令長途供頓，任意妄爲，尚復成何事體？現已將該犯按律治罪。其失察過境之地方官，此次姑免深究。著通諭直省各督撫嚴飭所屬，凡遇通緝在逃太監，務當認真緝拏。若有稱奉差等事，無論已未犯法，立即鎖拏奏明懲辦，毋稍疎縱。倘再失於查拏，將來別經發覺，定將該犯經過之地方官嚴懲不貸。

（清）席裕福《清朝政典類纂》卷四〇六《刑三十八・刑律詐僞・詐病死傷避事》 凡官吏人等詐稱疾病、臨事避難如難解之錢糧、難捕之盜賊之類者，笞四十。如所避之事重者，杖八十。若犯罪待對故自傷殘者，杖一百；詐死者，杖一百徒三年。傷殘以求免拷訊，詐死以求免出官。所避事重於杖一百及徒三年者，各從重論。如侵盜錢糧，仍從侵盜重者論。若無避罪之情，但以恐嚇詐賴人故自傷殘者，杖八十。其受雇倩人傷殘者，與犯人同罪。因而致死者，減鬥殺罪一等。若當該官司知而聽行，謂知其詐病而准改差，知其自殘避罪而准作殘疾，知其詐死而准住提與同罪，不知者不坐。

條例

一、各省獲罪之犯報稱病故者，著該管官員出具印結，並行文原籍地方官稽查。儻有詐稱病故者，分別從重治罪。謹案：此條雍正三年定。一、凡未經到案之犯報稱病故，該撫嚴飭地方官悉心確查，取具甘結報部。儻有捏報等情日後發覺，將該地方官與該撫一併嚴加議處。謹案：此條雍正三年定，乾隆四十二年將原文印甘各結四字改爲甘結二字。

刑案

爲人用藥打胎致人墮胎身死，比照受雇爲人傷殘因而致死減鬥殺一等律擬流。嘉慶二十一年四川案。

差役傳人捏報犯病希冀寬限，比照本犯無病捏稱有病者照詐病避事治罪例，詐病避事事重律，杖八十。道光四年湖廣司案。

起意圖賴人令人服食毒藥致斃，比照故用毒蠱傷人以鬥毆論因而致死律，擬斬監候。道光八年廣西案。

聽從掛繩裝吊圖賴致人縊死，比照受雇爲人傷殘因而致死減鬥殺一等律，量減滿徒。道光十三年直隸案。

（清）席裕福《清朝政典類纂》卷四〇六《刑三十八・刑律詐僞・詐教誘人犯法》 凡諸人設計用言教誘人犯法及和同共事故誘令人犯法却自行捕告，或令人捕告欲求賞給，或欲陷害人得罪者，皆與犯法之人同罪。罪止杖流。和同令人犯法，看令字還是教誘人而又和同犯法也。若止和同犯法，則宜用自首律。

條例

一、遊手好閒不務本業之流自號教師演弄拳棒教人及投師學習，并輪叉舞棍，遍遊街市射利惑民者，嚴行禁止。如有不遵，一經拏獲將本犯杖一百流三千里，隨同學習者杖一百徒三年，限滿遞籍嚴加管束。如坊店寺院容留不報，地保人等不行查拏，均照不應重律杖八十。地方文武各官失於覺察，照例議處。若訊明舊日曾學拳棒，迨奉禁以後並未輾轉教人亦不遊街射利者，免議。謹案：此條嘉慶十九年修改。一、苗猺猹獞所住地方，如有外來匪徒教誘犯法，即視所犯之人，如罪應擬杖者，將教誘之人加一等治罪；徒罪以上教誘之人，比照住居苗寨教誘爲亂例，問擬邊遠充軍；犯該死罪者，教誘之人與本犯一例擬以斬絞，遇赦不宥。失察之地方官照徇庇例議處。隱諱故縱者，照溺職例革職。謹案：此條乾隆二十五年定。一、凡土官延幕必將所延之姓名、年籍通知專轄州縣，確加查驗。人果端謹實非流棍，加結通報，方準延入。若知係犯罪之人私聘入幕並延請後縱令犯法者，照職官窩匿罪人例革職。如有私聘私就者，即令專轄州縣嚴加驅逐。若土幕教誘犯法，即視其所犯之輕重，俱照匪徒教誘犯法加等例治罪。敗露潛逃，卽行指拏重懲。謹案：此條乾隆三十年定。一、凡地方官有被參陳革治罪之案，嚴究幕友長隨書役等。除犯詐贓誣拏等項罪有正條者，仍照例辦理外，其但係倚官滋事、慫令妄爲累及本官者，各按本官降革處分上加一等。如本官應降一級者，將該犯杖六十；降二級三級者，以次遞加；至革職者，杖六十徒一年。本官罪應擬徒者，亦各以次遞加一等，加至徒三年而止。至總徒准從軍流以上者，均與同罪。徒罪以下，將該犯遞回各原籍，分別充徒管束，永遠不准復充。如有犯罪之後仍潛身該地欺瞞後任改易姓名復充者，察實嚴加治罪。謹案：此條係乾隆五十五年遵旨改定。

事例

雍正五年諭：向來外省常有演習拳棒武藝之人自號教師，召誘徒衆，甚有害於民生風俗。此等多係遊手好閒不務本業之流，誘惑愚民。而强悍少年投之學習，廢弛營生之道，羣居終日，尚氣角勝以致賭博、酗酒、鬥狠打降之類往往由此而起。甚且有以行教爲名窺探村莊人家之虛實，因而勾引劫盜竊賊擾害地方者。況拳棒之技藝國家無用，若言愚民學習可以防身禦侮，不知學習拳棒者能幾人，天下人民未有盡習拳棒之理。果使人人謹遵國法，爲善良尚廉恥，則盜賊之風盡息而鬥訟之累自消，又何須拳棒以爲防乎？若使實有膂力健勇過人者，何不學習弓馬，或就武科考試，或投營伍食糧，爲國家効力，以圖榮身上進，詎不美乎？豈可私行教習，作爲無用誘惑小民以爲人心風俗之害？甚屬無益。著各省督撫轉飭地方將拳棒一事嚴行禁止。如有仍前敢於自號教師以演弄拳棒教人，及投師學習者，卽行拏究。庶遊手浮蕩之徒知所儆懼，好勇鬥狠之習不致漸染，而民俗可歸於謹厚矣。乾隆十二年議准：凡被參侵貪之員當摘印之時，卽令將平日經手管事之人開具姓名，交與摘印委員看守聽候提訊。其非經手管事之人參款無名者，亦不得混行拘押、拖累無辜。儻有事前辭去者及參後逃走者，若係應質之犯，務須將該犯年貌訊明。一面移咨本籍，一面通咨各省能緝嚴拏，毋令漏網。庶狡黠之徒無所施其伎倆，而案件亦得以速結。再長隨人等網利納賄，該參員既不約束於前，儻復行疏縱於後，如審係有心弊匿故令遠颺，供證明確毫無疑竇，將該長隨名下應追之項，先著落該參員完賠，其在逃之犯獲日另結。四十年諭：前因御史胡翹元條奏各衙門延請幕友恐日久滋弊，定以五年更換，並不准延請本省之人及鄰省五百里以内者，彼時覺所言似尚有理，是以諭令各督撫通行查明，於年終彙奏造報以備稽考。迄今已閱數年，各該省屆期奏報並未實在查出違例延請及逾期不行更換之人，可見彙奏一節不過沿襲具文，仍屬有名無實。各省幕友在署幫辦事件，原不當令其出外交遊結納，致滋弊端。惟在督撫等董飭所屬大小各員，關防嚴密，隨處留心，自不虞其顧私誼而撓公事。若徒定以隔省、限以五年而不能實力防閑，亦未必卽爲正本清源之法。嗣後著各該督撫實力整飭稽查，如有惡幕招搖生事及劣員徇縱濫交者，卽行嚴參究治。若督撫袒庇屬員、姑容消弭，或經科道參發奏，或別經發覺，惟該督撫是問。所有各省年終彙奏幕友之例著停止，仍將此通諭知之。嘉慶二十五年諭：嗣後直省督撫於所屬州縣，無論官親幕友門丁胥役，如有被人指控者，卽行提訊。稍有遲延，立卽派人入署鎖拏，按律懲辦。若訊係被誣，不妨再爲省釋。其摺奏內均無庸聲敘，以昭體制。

刑案

往來各省以賣藥爲由誘賭惑人射利，比照遊手好閒不務本業之流輪叉舞棍遍遊街市射惑民例，擬以滿流。嘉慶二十三年四川案。

演弄拳棍圖長力氣，亦無師徒名色，照違制律杖一百，加枷號兩個月。道光十四年直隸案。

紀事

張家山二四七號漢墓竹簡整理小組《張家山漢墓竹簡·奏讞書》 蜀守讞：佐啓、主徒令史冰私使城旦環，爲家作，告啓，啓詐（薄）〔簿〕曰治官府，疑罪。廷報：啓爲僞書也。

蜀守讞：採鐵長山私使城旦田，春女爲薑，令內作，解書廷，佐悄薉等詐（薄）〔簿〕爲徒養，疑罪。廷報：悄爲僞書也。

蜀守讞：大夫犬乘私馬一匹，毋傳，謀令大夫武窬舍，上造熊馬傳（箸）〔著〕其馬（職）〔識〕物，弗身更，疑罪。廷報：犬與武共爲僞書也。

河東守讞：郵人官大夫內留書八日，詐更其徼書（辟）〔避〕留，疑罪。廷報：內當以爲僞書論。

《漢書》卷一六《高惠高后文功臣表》〔襄城哀侯〕〔孝文〕後七年，侯釋之嗣，三十一年，元朔四年，坐詐疾不從，耐爲隸臣。

《史記》卷二八《封禪書》 其春，樂成侯上書言欒大。欒大，膠東宮人，故嘗與文成將軍同師，已而爲膠東王尚方。而樂成侯姊爲康王后，無子。康王死，他姬子立爲王，而康后有淫行，與王不相中，相危以法。康后聞文成已死，而欲自媚於上，乃遣欒大因樂成侯求見言方。天子既誅文成，後悔其早死，惜其方不盡，及見欒大，大說。大爲人長美，言多方略，而敢爲大言，處之不疑。大言曰：臣嘗往來海中，見安期、羨門之屬。顧以臣爲賤，不信臣。又以爲康王諸侯耳，不足與方。臣數言康王，康王又不用臣。臣之師曰：黄金可成，而河決可塞，不死之藥可得，僊人可致也。然臣恐效文成，則方士皆掩口，惡敢言方哉！上曰：文成食馬肝死耳。子誠能修其方，我何愛乎！大曰：臣師非有求人，人者求之。陛下必欲致之，則貴其使者，令有親屬，以客禮待之，勿卑，使各佩其信印，乃可使通言於神人。神人尚肯邪不邪。致尊其使，然後可致也。於是上使驗小方，鬭旗，棊自相觸擊。

是時上方憂河決而黄金不就，乃拜大爲五利將軍。居月餘，得四印，佩天士將軍、地士將軍、大通將軍印。【略】賜列侯甲第，僮千人。乘轝斥車馬帷幄器物以充其家。又以衛長公主妻之，齎金萬斤，更名其邑曰當利公主。天子親如五利之弟。使者存問供給，相屬於道。自大主將相以下，皆置酒其家，獻遺之。於是天子又刻玉印曰天道將軍，使使衣羽衣，夜立白茅上，五利將軍亦衣羽衣，立白茅上受印，以視不臣也。而佩天道者，且爲天子道天神也。於是五利常夜祠其家，欲以下神。神未到而百鬼集矣，然頗能使之。其後裝治行，東入海，求其師云。大見數月，佩六印，貴震天下，而海上燕齊之間，莫不搤捥而自言有禁方，能神僊矣。【略】而五利將軍使不敢入海，之泰山祠。上使人隨驗，實毋所見。五利妄言見其師，其方盡，多不讎。上乃誅五利。

《漢書》卷九〇《酷吏傳·廣明》 〔胡〕倩詐稱光禄大夫，從車騎數十，言使督盜賊，止陳留傳舍，太守謁見，欲收取之，廣明覺知，發兵皆捕斬焉。

《漢書》卷一七《景武昭宣元成功臣表》〔新畤侯趙弟〕太始三年，坐爲太常鞫獄不實，入錢百萬贖死，而完爲城旦。

《漢書》卷一七《景武昭宣元成功臣表》〔義陽侯衛山〕太始四年，坐教人誑告衆利侯當時棄市罪，獄未斷病死。

《漢書》卷七一《雋不疑傳》 始元五年，有一男子乘黄犢車，建黄旐，衣黄襜褕，著黄冒，詣北闕，自謂衛太子。公車以聞，詔使公卿將軍中二千石雜識視。長安中吏民聚觀者數萬人。右將軍勒兵闕下，以備非常。丞相御史中二千石至者（立）〔並〕莫敢發言。京兆尹不疑後到，叱從吏收縛。或曰：是非未可知，且安之。不疑曰：諸君何患於衛太子！昔蒯聵違命出奔，輒距而不納，《春秋》是之。衛太子得罪先帝，亡不即死，今來自詣，此罪人也。遂送詔獄。

天子與大將軍霍光聞而嘉之，曰：公卿大臣當用經術明於大誼。【略】廷尉驗治何人，竟得姦詐。本夏陽人，姓成名方遂，居湖，以卜筮爲事。有故太子舍人嘗從方遂卜，謂曰：子狀貌甚似衛太子。方遂心利其言，幾得以富貴，即詐自稱詣闕。廷尉逮召鄉里識知者張宗祿等，方遂坐誣罔不道，要斬東市。一云姓張名延年。

《漢書》卷七四《魏相傳》　〔魏相〕爲茂陵令。頃之，御史大夫桑弘羊客詐稱御史止傳，丞不以時謁，客怒縛丞。相疑其有姦，收捕，案致其罪，論棄客市。

《漢書》卷一五上《王子侯表》　〔涉侯〕坐上書謾，耐爲鬼薪。

《漢書》卷一五下《王子侯表》　甘露四年，〔新利侯偃〕坐上書謾，免。

《漢書》卷七九《馮奉世傳》　漢家之法有矯制。

《漢書》卷六四下《賈捐之傳》　〔賈〕捐之數召見，言多納用。時中書令石顯用事，捐之數短顯，以故不得官，後稀復見。而長安令楊興新以材能得幸，與捐之相善。捐之欲得召見，謂興曰：京兆尹缺，使我得見，言君蘭，京兆尹可立得。興曰：縣官嘗言興瘉薛大夫，我易助也。君房下筆，言語妙天下，使君房爲尚書令，勝五鹿充宗遠甚。捐之曰：令我得代充宗，君蘭爲京兆，京兆郡國首，尚書百官本，天下真大治，士則不隔矣。捐之前言平恩侯可爲將軍，期思侯並可爲諸曹，皆如言；又薦謁者滿宣，立爲冀州刺史；言中謁者不宜受事，宦者不宜入宗廟，立止。相薦之信，不當如是乎！興曰：我復見，言君房也。捐之復短石顯。興曰：顯鼎貴，上信用之。今欲進，弟從我計，且與合意，即得入矣。

捐之即與興共爲薦顯奏，曰：竊見石顯本山東名族，有禮義之家也。持正六年，未嘗有過，明習於事，敏而疾見，出公門，入私門。宜賜爵關内侯，引其兄弟以爲諸曹。又共爲薦興奏，曰：竊見長安令興，幸得以知名數召見。興事父母有曾氏之孝，事師有顏閔之材，榮名聞於四方。明詔舉茂材，列侯以爲首。爲長安令，吏民敬鄉，道路皆稱能。觀其下筆屬文，則董仲舒；進談動辭，則東方生；置之爭臣，則汲直；用之介胄，則冠軍侯；施之治民，則趙廣漢；抱公絶私，則尹翁歸。興兼此六人而有之，守道堅固，執義不回，臨大節而不可奪，國之良臣也，可試守京兆尹。

石顯聞知，白之上。乃下興、捐之獄，令皇后父陽平侯禁與顯共雜治，奏興、捐之懷詐僞，以上語相風，更相薦譽，欲得大位，漏泄省中語，（罔）〔罔〕上不道。《書》曰：讒説殄行，震驚朕師。《王制》：順非而澤，不聽而誅。請論如法。

捐之竟坐棄市。興減死罪一等，髡鉗爲城旦。

《後漢書》卷七七《酷吏傳·周紆嚴》　廷掾憚〔周〕紆嚴明，欲損其威，乃晨取死人斷手足，立寺門。紆聞，便往至死人邊，若與死人共語狀。陰察視口眼有稻芒，乃密問守門人曰：悉誰載藁入城者？門者對：唯有廷掾耳。又問鈴下：外頗有疑令與死人語者不？對曰：廷掾疑君。乃收廷掾考問，具服不殺人，取道邊死人。後人莫敢欺者。

《後漢書》卷四三《何敞傳》　元興元年，敞以祠廟嚴肅，微疾不齋，後鄧皇后上太傅禹冢，敞起隨百官會，〔中常侍蔡〕倫因奏敞詐病，坐抵罪。

《後漢書》卷五一《龐參傳》　元初元年，遷護羌校尉，【略】詔參將降羌及湟中義從胡七千人，與行征西將軍司馬鈞期會北地擊之。參於道爲羌所敗。既已失期，乃稱病引兵還，坐以詐疾徵下獄。

《後漢書》卷三八《馮緄傳》　〔馮緄〕父焕，安帝時爲幽州刺史，疾忌姦惡，數致其罪。時玄菟太守姚光亦失人和。建光元年，怨者乃詐作璽書譴責焕、光，賜以歐刀。又下遼東都尉龐奮使速行刑，奮即斬光收焕。焕欲自殺，緄疑詔文有異，止焕曰：大人在州，志欲去惡，實無它故，必是凶人妄詐，規肆姦毒。願以事自上，甘罪無晚。焕從其言，上書自訟，果詐者所爲，徵奮抵罪。會焕病死獄中，帝愍之，賜焕、光錢各十萬，以子爲郎中。緄由是知名。

《後漢書》卷六五《段熲傳》　時鮮卑犯塞，熲即率所領馳赴之。既而恐賊驚去，乃使驛騎詐齎璽書詔熲，熲於道僞退，潛於還路設伏。【略】坐詐璽書伏重刑，以有功論司寇。

謝桂華等《居延漢簡釋文合校》　▨年六月己巳朔丁丑，甲渠候破胡以私印行事敢言之。謹移戍卒朱寬等五人貰賣候史鄭武所，貧毋以償，坐詐□□名籍一編或敢言之

《三國志》卷一〇《魏志·荀攸傳》　荀攸字公達，彧從子也。祖父曇，廣陵太守。攸少孤。及曇卒，故吏張權求守曇墓。攸年十三，疑之，謂叔父衢曰：此吏有非常之色，殆將有姦！衢寤，乃推問，果殺人亡

命。由是異之。

（晉）常璩《華陽國志》卷一〇《述犍為人士》 趙媛姜，資中人盛道妻也。建安五年，道坐過，夫婦閉獄。子翔方年五歲。姜謂道曰：官有常刑，君不得已矣！妾在後，何益君門户？君可同翔亡命，妾代君死，可得繼君宗廟。道依違數日，姜苦言勸之。遂解脱給衣糧使去，代爲應對。度走遠，乃告。吏殺之。後遇赦，父子得還。道雖仕官當世，痛感終不更娶。翔亦不仕耳。

《三國志》卷一一《魏志·國淵傳》 時有投書誹謗者，太祖疾之，欲必知其主。（國）淵請留其本書，而不宣露。其書多引《二京賦》，淵敕功曹曰：此郡既大，今在都輦，而少學問者。其簡開解年少，欲遣就師。功曹差三人，臨遣引見，訓以所學未及，《二京賦》，博物之書也，世人忽略，少有其師，可求能讀者從受之。又密喻旨。旬日得能讀者，遂往受業。吏因請使作箋，比方其書，與投書人同手。收攝案問，具得情理。

（五代）和凝《疑獄集》卷一《張舉辨燒猪》 張舉，吳人也，爲句章令。有妻殺夫，因放火燒舍，乃詐稱火燒夫死。夫家疑之，詣官訴妻。妻拒而不承。舉乃取猪二口，一殺之，一活之，乃積薪燒之。察殺者口中無灰，活者口中有灰。因驗夫口中，果無灰，以此鞫之，妻乃伏罪。

（五代）和凝《疑獄集》卷一《孫亮辨鼠糞》 吳廢帝孫亮，字子明，曾暑月游西苑，方食生梅，使黄門以銀瓶並蓋就中藏吏取蜜。黄門素怨藏吏，乃以鼠屎投蜜中，啓言藏吏不謹。亮即呼吏，吏持蜜瓶入，亮問曰：既蓋之，復覆之，無緣有此。黄門非有求於爾乎？吏叩頭曰：彼嘗從臣覓宮席，不與。亮曰：必爲此也。易知耳。乃令破鼠屎，燥。亮笑曰：若鼠屎先入蜜中，當内外俱濕。今内燥者，乃枉之耳。於是黄門伏罪。

《晉書》卷八四《殷仲堪傳》 桂陽人黄欽生父没已久，詐服衰麻，言迎父喪。府曹先依律詐取父母卒棄市，（殷）仲堪乃曰：律詐取父母寧依毆詈法棄市。原此之旨，當以二親生存而横言死没，情事悖逆，忍所不當，故同之毆詈之科，正以大辟之刑。今欽生父實終没，墓在舊邦，積年久遠，方詐服迎喪，以此爲大妄耳。比之於父存言亡，相殊遠矣。遂活之。

《晉書》卷一一四《苻堅傳》 （苻融）在冀州，有老母遇刼於路，母揚聲唱盗，行人爲母逐之。既擒刼者，刼者返誣行人爲盗。時日垂暮，母及路人莫知孰是，乃俱送之。融見而笑曰：此易知耳。可二人並走，先出鳳陽門者非盗。既而還入，融正色謂後出者曰：汝真是盗，何以誣人！

《宋書》卷七五《王僧達傳》 （王僧達）坐屬疾，於楊列橋觀鬬鴨，爲有司所糾，原不問。

《北齊書》卷一〇《彭城景思王浟》 （神武第五子）浟明練世務，果於斷決，事無大小，咸悉以情。趙郡李公統預高歸彦之逆，其母崔氏即御史中丞崔昂從父子，兼右僕射魏收之内妹也。依令，年出六十，例免入官。崔增年陳訴，所司以昂、收故，崔遂獲免。浟摘發其事，昂等以罪除名。

《陳書》卷一六《劉師知傳》 光大元年，師知與仲舉等遣舍人殷不佞矯詔令高宗還東府，事覺，於北獄賜死。

《魏書》卷六六《李崇傳》 李崇，字繼長，小名繼伯，頓丘人也，文成元皇后第二兄誕之子。【略】壽春縣人苟泰有子三歲，遇賊亡失，數年不知所在。後見在同縣人趙奉伯家，泰以狀告。各言己子，並有隣證，郡縣不能斷。崇曰：此易知耳。令二父與兒各在别處，禁經數旬，然後遣人告之曰：君兒遇患，向已暴死，有教解禁，可出奔哀也。苟泰聞即號咷，悲不自勝；奉伯咨嗟而已，殊無痛意。崇察知之，乃以兒還泰，詰奉伯詐狀。奉伯乃款引云：先亡一子，故妄認之。

《魏書》卷八三上《外戚傳·李惠》 （李）惠長於思察。【略】人有負鹽負薪者，同釋重擔息樹陰，二人將行，争一羊皮，各言藉背之物。惠遣争者出，顧謂州綱紀曰：此羊皮可拷知主乎？群下以為戲言，咸無答者。惠令人置羊皮席上，以杖擊之，見少鹽屑，曰：得其實矣。使争者視之，負薪者乃伏而就罪。

《隋書》卷五六《薛胄傳》 （高祖受禪）除兖州刺史。及到官，繫囚數百，胄剖斷旬日便了，囹圄空虚。有陳州人向道力者，僞作高平郡守，將之官，胄遇諸塗，察其有異，將留詰之。司馬王君馥固諫，乃聽詣郡。既爾悔之，即遣主簿追禁道力。有部人徐俱羅者，嘗任海陵郡守，先是已爲道力僞代之。比至秩滿，公私不悟。俱羅遂語君馥曰：向道力以經代俱羅爲郡守，使君其容疑之？君馥以俱羅所陳，又固請胄。胄呵君馥曰：吾已察知此人詐也。司馬容姦，當連其坐！君馥乃止。遂往收之，道力懼而引僞。其發姦擿伏，皆此類也，時人謂爲神明。

（宋）**鄭克《折獄龜鑑》卷二《鞫情·王璥》** 唐貞觀中，左丞李行廉弟行詮前妻子忠，烝其後母，遂與潛藏，云敕追入內。行廉不知，乃以狀聞，朝廷推詰甚急。後母詐以領巾勒項卧街中，長安尉詰之，云：有人詐宣敕喚去，一紫袍人見留數宿，不知姓名，因勒送街中。縣尉王璥令並其子引就房推問，不服。璥先令一胥伏於案下，又令一胥走報云：長史喚。璥倉皇鎖房門去。於是母子相謂曰：必不得承。復有私密之語。璥至開門，案下之人亦出，母子大驚，並服其罪。

（宋）**鄭克《折獄龜鑑》卷三《辨誣·張行岌》** 唐則天朝，有告駙馬崔宣謀反者。先誘藏宣妾，云：妾將發其謀，宣殺之，投尸於洛水。御史張行岌案之，略無迹狀。則天怒，令重案。行岌奏如初。則天曰：崔宣反狀分明。我令來俊臣案劾，汝當勿悔也！行岌曰：臣推事誠不若俊臣，然陛下委臣推事，必須實狀。若順旨妄族平人，豈法官所守？臣以爲陛下試臣耳。則天厲色曰：崔宣既殺其妾，反狀自然明矣。妾今不獲，如何可雪？乃欲寬縱之耶？行岌懼，逼宣家訪妾。

宣再從弟思兢，於中橋南北多致錢帛，募匿妾者。寂無所聞。而宣家每竊議事，則獄中告人輒知。揣其家有同謀者，因詐語宣妻曰須絹三百尺，雇俠客殺告人。詰旦，微服伺於臺側。宣有門客，爲宣所信，同於子弟，是日至臺，賂閽者通消息。告人遽言：崔家雇客刺我，請以聞。臺中驚擾。思兢密隨門客至天津橋，罵曰：若陷崔宣，引汝同謀！何路自脫？汝出崔家妾，與汝五百縑，足以歸鄉成百年計。不然，殺汝必矣。客悔謝，遂引思兢於告者黨家，獲其妾。宣乃免。

《舊唐書》卷五二《穆宗貞獻皇后蕭氏傳》 后因亂去鄉里，自入王邸，不通家問，别時父母已喪，有母弟一人。文宗以母族鮮親，惟舅獨存，詔閩、越連率於故里求訪。有户部茶綱役人蕭洪，自言有姊流落。估人趙縝引洪見后姊徐國夫人女壻吕璋，夫人亦不能省認，俱見太后，嗚咽不自勝。上以爲復得元舅，遂拜金吾將軍、檢校户部尚書、河陽懷節度使，遷檢校左僕射、鄜坊節度使。

先是，有自神策兩軍出爲方鎮者，軍中多資其行裝，至鎮三倍償之。時有自左軍出爲鄜坊者，資錢未償而卒于鎮，乃徵錢於洪。宰相李訓雅知洪詐稱國舅，洪懼，請訓兄仲京爲鄜坊從事以彌縫之。洪恃與訓交，不與所償；又徵於卒者之子，洪俾其子接訴於宰相，李訓判絶之。左軍中尉仇士良深銜之。時有閩人蕭本者，復稱太后弟，士良以本上聞，發洪詐假，自鄜坊追洪下獄，御史臺按鞫，具服其僞，詔長流驩州，賜死于路，趙縝、吕璋亦從坐。

（宋）**鄭克《折獄龜鑑》卷二《釋冤·孔循》** 後唐孔循，以邦計貳職，權領夷門軍府事。長垣縣有四盗鉅富，及敗，而捕繫者乃四貧民也。蓋都虞候者，郭從韜之僚壻，與推吏、獄典同謀鍛成此獄，法當棄市。循親慮之，囚無一言，領過蕭墻，而乃屢顧。因召問之，云：適以獄吏高其枷尾，故不得言。請退左右，細述其事。即令移於州獄，俾郡主簿鞫之。受賂者數十人，與四盗俱伏法，四貧民獲雪。

（宋）**李燾《續資治通鑑長編》宋太祖乾德二年九月** 初，庫部員外郎王貽孫、《周易》博士奚嶼同考試品官子弟，翰林學士承旨陶穀屬其子戩於嶼，戩誦書不通，嶼以合格聞，補殿中省進馬。俄爲人所發，下御史府按之。九月甲戌朔，嶼坐受請求，責乾州司户參軍。貽孫不知覺，責贊善大夫。穀奪兩月俸。

《宋史》卷二七八《雷德驤傳》 有鄰，開寶中，舉進士不第。其父既竄靈武，意宰相趙普擠抑之。時堂後吏胡贊、李可度經職歲久，或稱其請託受賕，而秘書丞王洞與德驤同年登第，有鄰每造謁洞，洞多以家事委之。一日，洞令有鄰市白金半鋌，因曰：此令吾子知，要與胡將軍。蓋謂贊也。時又有詔，應攝官三任解由全者許投牒有司，即得召試録用。有鄰素與前攝上蔡主簿劉偉交遊，知偉雖嘗三攝，而一任失其解由，偉造僞印，令其兄前進士侁書寫之，因是得試送銓。遂具章告其事，並下御史府按鞫。有鄰出入贊家，故其事多實，獄具，偉坐棄市，洞等並決杖除名，贊、可度仍籍其家。

（宋）**李燾《續資治通鑑長編》宋太宗太平興國二年十一月** 下蔡縣主簿張利用，冒稱其亡兄秉官，求進用，丙午，詔決杖配隸商州禁錮。

《宋史》卷二六六《蘇易簡傳》 蜀人何光逢，易簡之執友也，嘗任縣令，坐賂削籍，流寓京師。會易簡典貢部，光逢代人充試以取貴，易簡於稠人中屏出之。光逢遂造謗書，斥言朝廷事，且譏易簡。易簡得其書以聞，逮捕光逢，獄具，坐棄市。

（宋）李燾《續資治通鑑長編》宋真宗咸平六年二月 左屯衛上將軍王漢忠既歿，其子内殿崇班、閤門祗候從吉詣閤門上書，言漢忠自節度使罷居散秩，乞暴其罪狀以示中外。又言羣邪惡直醜正。誑惑天聽，致臣父冤死，願推其人斬於市，因歷詆羣臣有行賂樹黨以致聲名，及邊防屯戍艱苦蒙蔽不以聞之事。

上謂王繼英等曰：朕覽其書，雖無實狀，然亦虞朝廷有所未察，可召至樞密院，俾其申訴。及繼英等詢之，從吉但誦書中語，它無所對。上曰：從吉頗引史傳，必假手於人，不若以屬吏。朕念漢忠未葬，慮無人主其喪。或言漢忠有弟及它子數人皆成立，即以從吉付御史獄。從吉具伏，乃進士楊逢爲之辭，有司當從吉大辟。上不忍置於法，甲子，從吉除名，配隨州。逢決杖，配春州。

（宋）李燾《續資治通鑑長編》宋真宗大中祥符五年三月 丁酉，上封者言進士蕭立之，本名琉，嘗因賭博抵杖刑，今易名赴舉登第。詔有司召立之詰問，立之引伏。命奪其敕，贖銅四十斤，遣之。

《宋史》卷三三〇《任顓傳》 儂賊犯嶺外，以知潭州。宣撫司以宣毅卒有功，檄補軍校，〔任〕顓察其色動，曰：必有異志。執按之，具服爲賊内應。蒐其家，得所記潭事甚悉，梟首以徇。

《宋史》卷二九七《曹修古傳》 司天監主簿苗舜臣等嘗言，土宿留參，太白晝見，詔日官同考定。及奏，以謂土宿留參，順不相犯；太白晝見，日未過午。舜臣等坐妄言災變被罰。

（宋）李燾《續資治通鑑長編》宋神宗元豐元年十二月 御史中丞蔡確言：比聞有人僞作臣論科場文字，騰播都下，御史黄廉已具奏，蒙下有司購捕未獲。聞所托文字久諠道路，亦不難窮核，但得傳道一人，展轉推問，必見所歸。望增立賞錢，根究主名，雖經踈決，特賜重行，以懲造語作奸之風。詔專令許懋根究，增賞錢五百千。

（宋）李燾《續資治通鑑長編》宋神宗元豐四年十月 詔三班奉職、前監懷安軍金堂縣商稅任光秀處死。坐討乞弟從軍冒賞及賣買首級也。

（宋）李燾《續資治通鑑長編》宋神宗元豐六年二月 大理寺言：瀘州文思副使秦世章、内殿承制焦勝、侍禁孟文宥各坐買乞弟首級與子冒賞。檢會別案秦世章爲乞弟打誓事，追一官勒停，押出川界；其焦勝當徒一年，孟文宥當徒二年。秦世章私罪杖，並犯在赦前。詔焦勝、孟文宥各追一官，免勒停，秦世章展一朞敘。

（宋）李燾《續資治通鑑長編》宋哲宗元祐元年六月 殿中侍御史林旦言：平江軍節度行軍司馬、監南嶽廟張靚自陳罪犯，乞送訴理所看詳。按靚輒敢以真罪實犯、累經勘正事狀，文奸欺罔朝聽，伏望罷所領嶽廟，送吏部令授合入監當差遣。從之。

《宋史》卷三九七《徐誼傳》 徐誼字子宜，一字宏父，温州人。乾道八年進士，累官太常丞。【略】知徽州，【略】歙縣有妻殺夫繫獄，以五歲女爲證，誼疑曰：婦人能一掌致人死乎？緩之未覆也。會郡究實税於庭，死者父母及弟在焉，乃言：我子欠租久繫，饑而大叫，役者批之，墮水死矣。然後冤者得釋，吏皆坐罪，闔郡以爲神。

（明）張四維《名公書判清明集》卷一《官吏門・頂冒・頂冒可見者三》 余執中事，乃前政所斷。茲因浙西憲司索案，試將原案閲看，則余執中之罪，未論他事，只是頂冒一節，黥配有餘。今索上獄庫所收余執中二誥、一綾紙，其初補進義校尉綾紙，乃淳祐七年空月給，其以進義轉承信誥，乃淳祐六年給。天下豈有轉官歲月在前，初補歲月在後之理，其頂冒可見一也。又以承信轉保議誥，亦是淳祐七年給，乃與初補進義綾紙同一年，參錯顛倒，其頂冒可見二也。又綾紙小字内，余執中五十歲饒州凡九字，大字内余執中凡三字，皆是楷洗改填，印章淡落，綾色紕動，其頂冒可見三也。今詳西憲備到本人狀内不明言乞改正，此頂冒官職而從言改正，又不知頂冒被配人尚可改正作士人否也？事不在本司，但西憲未知因依，有索人案之牒，案合即時發去，人豈可輕易泛追。若欲追詞人余執中，則彼方避本司如仇，必自已在司伺候矣。告仍寄獄庫，候仍録原案存照，牒報浙西提刑司。

（明）張四維《名公書判清明集》卷二《官吏門・權攝・冒官借補權攝不法》 賓之上林闞令差葉承信權攝，在官不法。李孝忠等令詞以訟于州，太守差都吏慮餘下縣追請，孝忠等乘機抵巇，操執縣權，務求快意。遂與慮餘同謀，自擅開獄，放去重囚一十二人，推司陳俊、獄級徐席又因而從臾，至今六名未獲，數項大辟無從圓結。近到葉承信、李孝忠、慮餘、陳俊、徐席送獄限勘，各已供招。然所謂葉承信者，以詐僞得官，初冒邕州招馬賞，補守闕進勇副尉，而實未嘗到横山。次冒鄭文代押馬賞，轉進勇副尉，而實未嘗到臨安。朱提刑喪，憑籍鄉人給貼借補，遂稱承信，假此權攝，專務誅求。民户梁夢龍等陳訴，勘對據供招凡三十八項，計三百五十二貫，又冒請俸給計七百二十六貫，總一千七十八貫。韋熙載喪婦，被訪聞追上送獄，韋納錢銀七十貫，難得免罪，而竟擊獄，以喪其身。殺越人於貨，凡民罔不憝，況爲百里之長乎？准法：諸詐冒蔭補者徒三年，僞妄出官減二等。又法：諸因進納及陣亡换納補受，不理選限，將仕郎差權攝職事及被差者各以違制論。又法：諸詐欺官司，以取財物，贓五十疋，命官將校奏裁，餘配本城。又法：諸縣令闕，輒差寄居、待闕官權攝並授差者，並以違制論，而因收受供給坐。又法：諸添差官違令兼權職事，計所請俸給坐贓論。又法：諸攝州助教犯公罪流，私罪徒，追毁補授文書，勑授者批毁申納。慮餘、陳俊、徐席各決脊杖十五，配一千里。李孝忠決脊杖十二，編管五百里。葉嗣昌合徒三年，編管賀州。監贓候足日具申。借補文書毁抹入案，部貼三紙照條批毁，申納本部，仍申尚書省照會。

（明）張四維《名公書判清明集》卷一一《人品門·公吏·假作批硃》

争賭之罪小，假作本司批罪大。受書鋪教唆之罪猶可恕，身爲書鋪，而教人假作批朱之罪不可恕。楊璋勘杖一百，編管鄰州，取上斷。其趙澄、胡壽等情罪，備擬牒州僉廳重斷訖，申。

（明）張四維《名公書判清明集》卷一一《官吏門·受贓·虚賣鈔》

程全、王選以縣吏同謀擅創方印，印賣虚鈔，作弊入己。勘鞫情犯昭然。其事雖起於前任張知縣，而李縣丞權縣日，用程全之計，輒於一日之内印幾二百石，所賣之錢輒以撥充丞廳起造爲名，節次支撥六百貫入宅庫，監臨主守而自爲盜焉。無怪二吏之公然均分，無復忌憚也。縣丞身爲命官，昧于法守，殊可驚嘆。以本邑賢厚貴寓曾謂其明敏可任，人材難得，不欲玷其素履，姑免申奏。帖本官今後嚴冰蘖之戒，一新仕宦途轍，以期遠大。程全計贓六十八疋，決脊杖十五，配一千里。王選計贓三十三疋，決脊杖十二，編管一千里，仍監贓。

《明太宗實録》永樂三年春二月　刑科部給事中馬楨以欺罔伏誅。

《明仁宗實録》永樂二十二年九月　誅光禄寺寺丞蕭成，罷光禄寺卿井泉爲民。時泉奏，歲例於今遣光禄正官往南京採用玉面狸。上曰：爾小人，不達政體，朕方下詔，悉罷不急之務，以休息百姓，爾乃欲以飲食細故失大信耶。叱之下，御史遂劾奏，泉、成及署正王鼐等赦後盜内府法物，當斬。方擬奏請罪之，而泉預謀引避。上曰：其罪當斬者，非正於盜内府物。蓋上在東宫，永樂十八年初至自南京典膳局放有厨子二十人隨至，治膳羞，居月餘，太宗皇帝忽出内批云，典膳局厨子二十人曷爲不奏，遣悉歸。命法司逮治之，二十人者實皆在，未嘗歸，法司以聞得釋。泉等悉取二十人入光禄寺。自是典善局罷厨子給役，而光禄日給東宫二膳外，餘一毫不給，雖索茶亦不得，云奉上旨不給。東宫既莫究所，自不自言。太宗皇帝時有疾，或竟月不一臨外朝，蓋終未知。及上即位，於宫中閲先帝時群臣所上奏牘，知誣二十者，泉及成所奏，而稽索不給之旨實無，亦出泉兩人之詐。上猶未暴其事於外。至是，御史奏泉等斬罪，始出具所誣奏牘，召泉示之曰：誰歟所書。泉對曰：署丞王鼐。鼐引伏。又問誰主謀是，泉誠皆叩首曰：臣等罪當死。上曰：爾小人欺天罔上，造僞旨，間吾父子，又搆禍無辜，賴皇考聖明，二十人皆無事，不然，得免枉死乎。此赦前事，不足論。但爾等肆罔敢如此，將何事不可爲。上問御史，赦後盜物，三人悉與耶。對曰：非止此三人。上立命斬成及鼐，而諭三法司曰：井泉事先帝久可貸死。然不可復用，其罷歸爲民，餘悉不問。遂陞光禄寺寺丞郝郁爲本寺卿，張澤爲少卿，而召前光禄署官李灝赴京。當泉之無禮於上也，蓋惟郁及灝謹恭謹盡誠，久而不變云。

《明仁宗寶訓》卷二《正風化》　〔永樂二十二年〕十二月甲辰，吏部舉奏興州左屯衛經歷李能詐丁憂事。上曰：孝子事親，惟日不足，不幸已死，初猶以生事之，不忍遽死其親。今親在，乃詐言死以誑朝廷，不孝不忠孰大於此？命付法司治之。

《明仁宗實録》洪熙元年閏七月　〔己未〕下監察御史王珣行在刑部獄。先是，仁宗皇帝以甘肅各衛粮儲欺弊積甚，命珣同户部官往覈其實，凡虛冒六萬七千九百有奇。珣還，匿而不奏，爲户科給事中王亩所劾，遂下之獄。

《明英宗實録》正統三年三月〔戊子〕湖廣布政司參議王仲壽下獄。先是仲壽奏所屬湘陰知縣宋綸抗己，綸亦訐仲壽嘗囑己與其鄉人索債，不從，非理辱己。上命法司鞫綸，令仲壽自陳，仲壽辭不以實，都御史陳智等請治其罪。從之。

《明英宗實録》正統三年秋七月〔甲辰〕謫陝西都指揮僉事吳信戍延安。下監察御史章聰、金敬于獄。初信以緩德指揮使守備高家堡，虜入寇，信輒擁兵自衛，不敢繫。千户張林等追戰，盡還所掠。信乃冒爲己功，聰、敬上之兵部，陞部信爲都指揮僉事。信復忿朝廷所以賚己者不足，既而按察副使周廉具陳其妄，鎮守副都御史陳鎰又按舉其擅率邊兵赴任。上詔逮之，獄具，當斬，至是特宥之謫戍，而治聰、敬妄上信功之罪。

《明英宗實録》正統三年冬十月〔乙卯〕雲南定遠縣土人楊斌初隨南安州土官李保進貢，賂保，薦爲冠帶通事。吏部請下所司覈之。上命姑與冠帶，仍令三司及巡按御史廉其實以聞。至是御史、三司言州素無通事，斌實詐冒妄請。械赴京，法應斬。上曰：土人不諳禮法，宥其死，發戍威遠。

《明英宗實録》正統五年秋七月丙寅，命逮治陝西都指揮僉事施政、王信等罪。時政守神木縣，信守高家堡，不及時督軍採積秋青草，重歛其財，縱之閒逸，妄奏地寒無草，按察司僉事李皋發其奸。上曰：平時尚忍欺君，臨陳豈能効死，命巡按監察御史逮治之。

《明英宗實録》正統五年九月〔己未〕廣東道監察御史王受下獄。時受九年考滿，匿其前任遂安縣丞二次過名，行在吏部以爲言。上命法司執受鞫之。

《明英宗實録》正統六年秋七月丙申，山西按察司僉事劉翀下獄。有朱氏者先爲安陸侯吳傑妾，傑死改嫁指揮張能，能死，又嫁指揮程鵬，皆爲妾。鵬坐事誅，翀慕其貲貌，取爲妾，至是巡按御史曹泰劾奏翀忘廉耻，配失節婦，爲風憲玷。上命逮翀，下獄鞫之。

《明英宗實録》正統六年八月〔辛卯〕行在鴻臚寺卿楊善次子容僞爲内官陳鼎手書，假金於行在工部尚書吳中。中拘容，法司問當贖杖。上怒其詐，發戍威遠衛。

《明英宗實録》正統八年春正月己卯，山西按察司僉事戴誠丁母憂起復，隱其任内過名，吏部駁送刑部，坐贖杖還職。上命調邊遠敍用。

《明英宗實録》正統十年五月〔甲戌〕彭城伯張瑾下刑部獄。瑾父昶嘗收自宫民爲家奴，昶卒，瑾復匿不舉正。刑部奏之，故下獄。

《明英宗實録》正統十年十一月〔甲午〕火者董留乞樂通受人賂，冒以爲義子，求充勇士。法司論贖絞還役。上命斬之。

《明英宗實録》正統十二年閏四月〔丁亥〕有冒稱孫皇親家人徵所負於畿縣者，法當徒。上曰：此犯於法雖輕，論情則重，發戍威遠衛。

（明）王世貞《弇山堂别集》卷七九《賞功考中》景帝初，募殺也先者，賞銀五萬兩，金一萬兩，封國公，加太師；殺伯顔帖木兒及喜寧者，銀二萬兩，金一千兩，封侯。尋宣府右參將、都督僉事楊俊等奏計擒喜寧，陞俊右都督，與總兵朱謙各賞金二十兩，銀六十兩，紵絲三表裏；總旗高資陞千户，衣一襲。給事御史請如初格，下兵部議，封俊侯，以金銀散其部衆。詔不許加。賞俊金二十兩，銀三十兩，紵絲三表裏；把總都指揮江桓陞都督僉事，賞銀二十兩，三表裏。奮勇殺賊官軍，人陞一級，賞銀十兩，二表裏；餘人銀五兩，絹布各五疋。

景泰元年，復以楊俊奏擒喜寧，官軍功多不實，敕宣府鎮守總兵等官究實。至是，奏守關官軍指揮蔡璽等二百二十餘人，而都指揮僉事江福、指揮孫奈等十二人實擒喜寧，俊與麾下官軍冒其功。事下兵部，乞下俊獄，追奪陞職，冒功官軍俱革罷。其守關擒賊官軍仍加賞，庶使賞罰明信，人知勸懲。詔從之。賞福白金三十兩，紵絲三表裏；奈等十一人白金十兩，紵絲二表裏；璽等二百二十人各白金五兩，絹五疋，布五疋。宥俊，令勦賊贖罪。

《明英宗實録》天順元年二月〔戊午〕謫錦衣衛帶俸都指揮僉事盧旺廣西南丹衛充軍，旺阿附石亨冒陞官爵，至是監察御史劾下獄當斬。上宥其死，命謫之。

《明英宗實録》天順元年十二月〔壬子〕刑部尚書劉廣衡奏：本部所監從賊韓興病故，其賊首張通與監衆賊商議白之。禁子史先、司獄仝巽，獄典王仕昂呈報該司郎中吳節、員外郎劉善慶，將興詐作通姓名，相驗其屍出獄。未幾，通詐作興姓名審覆得充軍出獄，興妻不認其爲夫。節等乃覺其非，檢舉其事。節等俱宜究治，臣等亦當有罪。上宥堂上官，命錦衣衛收節等鞫之，俱論贖杖選職役。上曰：法司官是非錯亂如此，豈可處以常律，吳節、劉善慶贖罪，既送吏部，降二等用。敬先、巽、仕昂發邊衛充軍。

《明英宗實録》天順三年二月〔壬戌〕直隸蘇州府吳縣上方寺僧如璥奏：臣謹集徒衆看誦《大藏經》一藏祝延聖壽，已滿詣，浙江萬壽寺衆禮諸佛經過錢塘江，忽見江潮中流出異竹，有老人識之，曰：此萬壽竹也。臣不敢匿，謹備香茶，同竹上進。上知其誑，令送禮部。璥狡詐無籍，因與錦衣衛指揮門達有舊，來京冒僧官職，名進本保，爲杭州净慈寺住持。後達事敗，璥以請託受賂，下錦衣衛獄，坐罪爲民。

《明英宗實録》天順三年八月〔庚戌〕定遠侯石彪下錦衣衛獄。彪謀鎮守大同，命致仕千户楊斌等五十三人奏保。上覺其詐，命執斌鞫之，果得彪所使實情，言官因劾彪，遂下獄。

《明英宗實録》天順六年夏四月〔辛卯〕山西都指揮僉事孫泰守備天城衛，委百户卞鋐守瞭新平墩，及韃賊入境，鋐令軍三千下墩通報，爲賊所殺，泰乃匿其殺死狀。事覺，下巡按御史，論鋐罪應斬，泰應贖杖還職。都察院右都御史李賓等言，泰罪固宜，鋐情可矜。上特〔免〕死，降二級。

《明英宗實録》天順六年十一月〔戊午〕先是河南鄉試監臨官巡按御史梁覲、監試官按察僉事劉瑄、提調官左布政侯成輙退中式二人，補入開封祥符學不中式生員二人。瑄嘗與覲同爲御史，怒不爲覲所禮，乃皆諉之於覲以聞，且及其他不法數事。錦衣衛往覆不皆驗，刑部奏請徵覲、瑄俱下錦衣衛獄。從之。

（明）孫旬《明疏鈔》卷一六余子俊《請差官查勘功次以明賞罰疏》

都督魯綱，本椎魯武人飛揚暴將。先奉朝命，遷延在途，方且廣務徵兵，虚張聲勢，意在大肆殺戮以邀首功。八月初七日，綱駐劄潞州，不能宣揚朝廷德意，乃張大官軍虚聲，以致賊衆驚疑，奔裂肆出，乃於壺關、黎城、潞城三縣地方日肆剽掠，殺傷男婦，燔燒屋廬。此時賊在平地，正宜騎兵野戰，乃頓師安坐，竟不能追擒一賊。知其無爲，却復入山盤據。今次進兵之期在初六日，副使翟瓚等領兵入山，已從魯班壑穿腦尖綻口至洪梯，至陡崖，所過賊巢，俱已蕩平十之五六，而陳卿父子俱已奔竄谷堆，底門樓、安陽等處。賊巢俱已撤棄燒燬，收降擒斬功已過半。而魯綱乃於初八日午時，方領人馬來會於智度寺。初九日走據嵩腦，賊從山西路口、青羊石、返頭等處遁走，至十一日賊首陳卿爲僉事陳大綱所擒，十二日陳綺爲副使牛鸞所獲。數日之間，不聞綱軍有所調度，部下士卒未嘗與賊交鋒。今乃自詭領兵對敵之稱，連日鏖戰，斬獲首級二十四顆。意是老弱潰散，竄伏谿壑之間，以求旦夕之命者。京軍捕搜，妄殺報功，事同殺降，法宜抵死。以上二臣皆有罪，可論黜罰之典，所宜並加者也。

《明憲宗實録》成化十年八月〔癸未〕降山西左布政使王育爲陝西右參政，監察御史曹卿爲直隸邳州判官，俱坐奏事不實故也。

《明憲宗實録》成化十四年秋七月〔癸亥〕江西人楊福，詐稱太監汪直，事覺，問擬斬罪。福〔常〕〔嘗〕奴事崇府内使，隨人京既而背之，還過南京，遇所識者謂其貌似直，福乃詐稱爲直，而所識者僞爲校尉先導。自蕪湖縣乘傳食廪，歷常蘇，由杭州抵紹興、寧波，諸府有司皆承奉恐後，市舶司内官亦信而畏之。官民多持詞訟往訴，或爲之理，至台、温、慶州及建寧、延平，皆操兵盤粮以張威。所過雖假廉以取信，然爲僞校尉所得者已多。及抵福州稱有勅旨，自三司官而下迎候惟謹，小官忤意者即杖之，竟以無符驗，爲鎮守太監盧勝等所察知，執問如律。時直勢振天下，故小人乘之以擾害人如此云。

《明憲宗實録》成化十四年冬十月〔辛丑〕追降韓府漢陰王徵鉎爲庶人，王母平氏，妃周氏，及冒封郡王、縣主者，皆賜死凌遲。妃父周恂及其妻妾子，皆斬之，籍其家。先是王有疾，恂入問，竊與王曰：王疾病當不可諱，無後奈何？何不取家人子名之，以奉王後。王以爲然。令二宫人假若有娠者，韓王及諸王來問疾，俱以託焉。王薨，恂與王母及妃謀取其妻之女及他人男，前後令妾與子抱納宫中，既長，請于朝，俱受封。既而恂之姻家以私忿發其事，下鎮守内官暨巡撫巡按會都布按三司官按之，得其本末，恂罪當斬，餘坐罪有差。刑部尚書林聰等以具獄覆奏。上曰：恂陰謀主使王母平妃、妃周氏，同其妻妾子，乞養異姓男女冒封，紊亂宗支，罪惡深重，恂凌遲處死，財産没官，妻妾子俱斬之。知其事者內使劉通等五人，各杖一百，充邊軍。冒封男女及平氏、周氏俱賜自盡，徵鍉追降爲庶人，餘悉准擬。其令太監李榮、駙馬周景、錦衣衛指揮趙璟往治其事，仍命自後各王府並將軍等處，不許閑雜人等出入，構引爲非，違者及內外官皆重罪不宥。

《明憲宗實録》成化十五年五月〔丁卯〕罷羽林前衛帶俸都指揮僉事陶勝職，坐匿其子盗金罪也。

《明憲宗實録》成化十六年六月〔戊午〕巡按遼東監察御史强珍奏：建州班師之後，虜即入靉陽、清河二堡之境，四散殺掠男婦五百餘名，頭畜無算，實由前巡撫都御史今户部尚書陳鉞啓釁邀功，以致虜報復舊怨。其守堡指揮王英、白祥，及分守副總兵都指揮吴瓚，右叅將崔勝等俱不能防禦，而鎮守總兵等官太監韋朗，都督緱謙等又各畏罪貪功隱匿前事，直待朝廷論功陞賞。陳鉞回京之後始以奏聞，實爲欺罔，請皆逮問以正其罪。兵部尚書余子俊等覆奏，引《皇明祖訓》叅鉞累犯死罪，不宜再縱，當從珍言。上命吴瓚、崔勝戴罪殺賊，韋朗停歲賜食米半年，緱謙、陳鉞各停俸一年，餘皆屬珍逮問之。

《明憲宗實録》成化十六年秋七月 丁亥，命覈邊將誘殺夷人以爲戰功者。時巡按遼東御史强珍勘報，三月十九日，虜賊犯鎮臺，殺掠戍卒，守備都指揮魯寧、指揮楊茂追擊之，斬首七級。二十一日，有朵顔三衛夷人二十騎，至河身臺墻外乞鹽米。守邊指揮王全，以寧等前有斬賊功欲因以爲功，乃令百户劉昇誘十二人舍騎損弓矢入夾墻內，坐之地而飯之，陰戒健卒躍出，各抱持一人，旁卒手刃交下盡殺之，乃聲砲報警。寧及指揮王瑾引兵至，不見賊，知其情，乃相與分取首級，詐稱犯邊對敵所斬者以上功，全及寧等俱宜治罪。事下，兵部請允之。得旨：仍令巡撫都御史王宗彝，及錦衣衛千户蕭聚覈實，奏至處之。

《明憲宗實録》成化十六年冬十月〔丙寅〕晋府方山王鍾鋌有罪革爵，並削故鎮國將軍鍾鏞封號。初，鍾鏞無嗣，夫人張氏與其父瑁及母孫氏謀收弟婦之有娠者，入府生子以爲己子，鍾鏞亦與其謀。方山王爲扶同奏請賜名奇澳，已而得封。至是爲人發其事，且及王近狎樂婦，杖死無辜，暨納賕等罪。命太監尚亨及刑部郎中張錦等會官覈實，下都察院具獄以聞。命革鍾鋌爵，鍾鏞已故，削其封號，瑁及孫氏皆斬，張氏奇澳賜自盡，餘皆坐罪如律。

《明憲宗實録》成化十七年春正月〔戊子〕宥遼東廣寧衛指揮使王全死，降二級。全坐誘殺朵顔三衛達子之乞鹽米者以爲功。事下巡撫等官覈實，擬以斬罪。兵部覆奏其情可矜。上特宥其死降之。

《明憲宗實録》成化十七年六月〔乙巳〕命巡按山西監察御史胡敬，治偏頭關守禦千户張澄等罪，並逮按察司僉事郝志義鞫之。初，澄令所部軍餘李讓等越黄河捕山羊，虜執讓驅爲前導過河剽掠，百户曹雄守滑石澗堡，匿不敢出。既而守備都指揮郭瑄督兵追虜，虜乃殺讓而去，澄懼罪，復令夜不牧，周能投讓尸於河以滅跡。事覺，敬令志義覈之，事久不報，至是敬具奏澄、瑄、雄罪，且劾志義怠事，並及太監劉忠，巡撫都御史何喬新，叅將支玉。兵部上其奏，上命執澄等鞫治，而記忠等罪。

《明憲宗實録》成化十八年夏四月〔辛酉〕行人司行人王勉下錦衣衛獄。先是，勉奉命廣西等處勘處安南事情，既還，上言安南國王黎灝久蓄不臣之心，僭立年號，擅興征伐，請兵往正其罪。事下兵部，以勉希求進用引啓邊釁，當治罪，從之。

《明憲宗寶訓》卷三《禁非爲》 成化十八年七月癸未，泰州民李文昌上疏言：自稱曾遇異人，授以鉛汞鍊銀之術。

上命中官監試之，凡五閲月，竟不就。

上曰：文昌不務安分，妄爲欺罔，錦衣衛其杖之五十。發回原籍，令所在官司嚴加鈐束。

《明憲宗實録》成化十九年八月〔甲申〕直隸江都縣民金貴等十一人，造僞印鹽引勘合所得不貲。時養病序班何瑛、千户譚英亦獲其利，而運使白行中、副使孫進失於查究，及事將露，指揮劉增主和之。至是都御史徐英發其事，都察院請究瑛等及連年巡鹽御史劉魁、楊澄、吴哲、陳孜不能覺察之罪。有旨：命俱執問之。貴等坐斬及充軍，行中等俱贖罪還職。

《明憲宗實録》成化十九年八月〔壬申〕降南京御馬監太監汪直爲奉御，除威寧伯王越名，安置安陸州，革南京工部尚書戴縉，錦衣衛帶俸指揮吴綬職，俱原籍爲民，工部右侍郎張（順）〔頤〕致仕。初立西廠，以大臣言而罷，縉爲御史，上章極稱汪直可用，復用之，越爲御史，綬爲錦衣衛千户理刑，内外交結，朋比爲姦。未幾，縉陞都御史，綬陞指揮，仍於錦衣衛緝事。時巡撫遼東都御史陳鉞誣執夷人入貢者，以爲犯邊。諸夷忿將亂，詔兵部右侍郎馬文升往撫之，直復請自往視，至遼東鉞諂事直，命其子父事之。因進讒於直，文升及牟俸皆得禍，既而鉞捏報遼東有警，直請同撫寧侯朱永出兵。至遼不見虜，因殺無辜掘死人髑髏以報捷，師還，直加禄米，永封保國公。鉞陞尚書，被巡按御史强珍發其事，遂逮珍謫戍。未幾，西北邊有警，直遂與鉞出大同，因伺虜近邊住牧者，夜襲其營，斬獲其老幼婦女以歸。（順）〔頤〕爲巡撫都御史傾府庫以媚之，皆以功報，直又加禄米，越封伯爵，順亦陞侍郎。諸家子姪奴僕隨征者，如毛倫、汪鈺俱陞都督，王春、周彝、蕭聚、王宏、陳世弼、汪憲等各陞指揮千百户等官。時直勢焰熏灼，内外稍忤之者輒禍及。自俸等後如尚書項忠，御史陳珷、黄本皆其誣構者，及虜數犯邊以報仇爲詞，上已出越、直守邊，漸示踈斥。尋復調直居南京，遣太監李榮趣其行。至是科道官（及）〔乃〕交劾其八罪：一、孤負聖恩，忍心欺罔。二、妄報功次，濫陞官職。三、侵盗錢粮，傾竭府庫。四、排斥良善，引用姦邪。五、擅作威福，驚疑人心。六、招納無籍，同惡相濟。七、交結朋黨，紊亂朝政。八、輕挑强虜，擅開邊釁。命官會議，俱請逮治，詔曰：直等結黨亂政，欺罔弄權，開啓邊釁，排擯正直，引用姦邪和。本當置之重典，姑從輕發落，乃降黜直等，仍追奪越誥券，編發倫、鈺、春、世弼爲民，彝、聚、宏湖廣邊衛充軍，時俸已故。命文升、珍、忠復職致仕，珷本冠帶閒住，惟陳鉞已致仕，並永、憲不問云。

《明憲宗實録》成化十九年冬十月〔己卯〕下欽天監監正田蓁等于獄。先是蓁等以五官正等官缺員，請以司曆劉玉等補之，而並擬代之者。吏部移文本監，言秋官正吴昊奔喪，保章正倪謙公差，俱非缺員，司辰李賢卒，已有補之者。蓁等遂檢舉請罪，吏部覆奏，得旨：蓁等任意妄爲，全不畏法，僉書官吏俱命錦衣衛逮鞫，法司擬罪如律。

《明憲宗實録》成化十九年十二月丙戌，太監覃昌傳奉聖旨，降于寶、凌中爲寺丞，鄔存敬中書舍人，李孜省左叅議，仍舊辦事。劉珣器、黄謙、孫佐、錢通、劉鍾、邵義、董紀、周璡、洪迪俱奪職，各回原籍原衛應役，不許在京潛住。以實等多因事冒籍更名，朦朧授職，欺詐尤甚。時命下，朝市翕然稱快云。

《明憲宗實録》成化二十年二月〔辛未〕應天府民張成等，代人充後湖庫役，累受人財，改洗黄册。事覺，南京户部因奏：國初以天下版籍爲重，令有司十年一造黄册，於後湖不通人跡之處建庫收貯，其後法制漸備，特設給事中、主事二人總理其事及巡視防守之人，更番不缺。凡天下軍民奏告户籍不明者，於此查驗，其庫鎖鑰藏於内府，有開船過湖者赴内府關領，事畢交收，法至周密。近歲怠忽，以致小人乘機爲弊，是宜寘之重典，比盗制書不分首從皆斬律，後有犯者並依此例處罪，仍揭榜禁約爲便。事下都察院，以所奏宜從，既而以成等具獄上。上命即誅之，仍梟首示衆。

《明憲宗實録》成化二十年八月乙卯，革山陰王仕墹禄米及輔國將軍成鑿等封職，降勅切責之。先是代王成鍊與仕墹、成鑿，以庶人仕壥、仕埭子女妄奏請封，已封（成）鉷、成鏞爲鎮國將軍，成鍛、成鈁爲輔國將軍，第八女爲延安縣主，第二妹爲遂溪郡君，第三妹爲長樂郡君。至是禮部以初失覺察檢舉待罪，上命革山陰王禄米一半，停代王禄米一年，成鑿等及儀賓俱革去封職，禮部堂上官停俸一月，該司官吏下錦衣衛鞫之，既而户部奏〔成〕鉷等冒支過禄米，亦宜扣追還官，詔免之。

《明孝宗實録》成化二十三年九月〔丁未〕禮科等科給事中韓重等上疏曰：通政司掌司事禮部左侍郎李孜省，姦邪小人，逋逃贓吏潛住京邸，奔競權門以書符咒水蠱惑人心，托受籙修齋希求進用。始則交結太監梁芳、韋興、陳喜以爲援引之謀，繼則依附外戚萬喜、萬達、萬祥以通幸倖進之路，誤蒙先帝，濫受亞卿。又如太常寺卿鄧常恩、趙玉芝，凌中、顧玒、顧經、曾克彰、黄大經、江懷、李成等，俱以市井庸流穿窬小輩，或假金丹爲射利之策，或作淫巧爲進身之媒。所引姦邪不止此輩，及照法王領占竹扎巴堅叅等，佛子釋迦啞兒答，國師捨剌星吉等，俱以西番腥羶之徒，污我中華禮義之教，玉食錦衣，坐受尚方之賜，授輿御杖，僭用王者之儀，獻頂骨數珠，進枯髏法碗，以穢污之物，冒陞賞之榮。太醫院掌院事通政使等官施欽、任義、胡廷寅、仲蘭、劉文泰、章淵、鄭文貴、蔣宗儒、錢宗甫等，俱以庸醫濫叨重用，或因進藥小効而冒受金帛，或以子弟假通醫術而擅開軍役。當先帝不豫之〔特〕〔時〕偏執方藥，先後不同，旬日之間，宮車晏駕，罪惡深重，法所難容。伏望皇上獨斷乾剛，大彰天討，下各官于獄，明正典刑，以爲左道害正之戒。監察御史陳轂等亦上疏曰：李孜省以戶祝鄙夫，執鞭賤隸，夤緣内監，倚梁芳等爲先容，交結外家，藉萬喜等爲内援。扶鸞召鬼，受籙修齋，引市井之徒，稱金丹之客，以鄧常恩等爲腹心，曾克彰等爲羽翼，厠銀臺之要職，污宗伯之清銜。青紫多出其門，除拜或由其意，苞苴載道，請託盈門，書朱字符而入宮，用玉圖書而稱旨，黄袱進謄寫之妖書，朱砂養修煉之秘藥，奏青詞呪詛於便殿，建寺觀震動於乾宮，氣燄薰天，名教掃地。領占竹扎巴堅參等以妖髠而受法王之名，釋迦啞兒答、著乩領占等，以胡醜而竊佛子之號。錦衣玉食，後擁前呵，斲枯髏以爲法盌，行浄至宮，穿朽骨而作念珠，登壇授戒，遂使術誤金丹，氣傷龍脈，一時寢廟不寧，旬日宮車晏駕，百官痛心，萬姓切齒。雖擢髮莫數其罪，粉身猶有餘辜。太醫院官施欽等術非傳世之良，濫受尚醫之職，平時昧於調護，臨事遂至倉皇，授劑乖方，事上不敬。俱乞執送法司，明正典刑，以爲臣子不忠之戒。上俱答曰：李孜省、鄧常恩、趙玉芝、凌中、顧玒、顧經、曾克彰、黄大經、江懷、李成，引用姦邪左道害正，宜置諸重罪，但宅憂中，姑從寬，俱謫戍甘州等衛。梁芳、韋興、陳喜，降南京御用監少監閒住。萬喜降指揮使，萬達、萬祥降副千戶。法王、佛子、國師、禪師、番僧，冒濫陞賞，糜費錢物數多，命禮部即審處以聞。施欽、仲蘭降院使。任義、章淵、劉文泰降院判。鄭文貴降御醫，蔣宗儒、錢宗甫降醫士。胡廷寅削其官。

《明孝宗實録》成化二十三年十一月　戊午，命逮〔問〕閑住少監梁芳、韋興、陳喜，及謫戍人李孜省、鄧常恩、趙玉芝、吳猷、黄大經、黄越等于錦衣衛獄。以印綬監太監蔣琮言芳等邪術害正，又假造寺觀廟塔，費庫藏銀不可勝紀，罪大罰輕故也。

《明孝宗實録》成化二十三年十二月　〔辛卯〕李孜省死于獄。孜省，江西南昌人。初爲吏待選京師，成化丁酉，因太監錢義、柯興以祈禱術見先帝，試之，驗。傳授太常寺丞，言官劾之，改上林苑監丞。未幾，傳陞通政司右通政，賜金冠法劍各一，圖書印二，文曰：忠貞和直。曰：妙悟道玄。有所奏請用以封進。孜省又日採取符録諸書以獻，寵信日隆。八年間，官至禮部左侍郎，掌通政司事，恃恩驕恣，有忤己者必害之。工部主事張吉，兵部員外郎彭綱劾之，皆被謫。孜省益自肆，遂譖吏部尚書尹旻及其子編修龍，所與往來太僕少卿張璲、給事中秦昇、工部侍郎談倫、主事王範、翰林院侍講學士焦芳、修撰曾彦、編修王敕、司經局洗馬羅璟、禮部郎中劉紳、員外郎楊縈、吏部郎中鄭宏、兵部郎中鄒襲等，並以次謫降。士大夫皆畏之，亦有陰附以媒進者。于是致仕副都御史劉敷爲左都御史，禮部郎中黄景爲左通政，南京禮部侍郎尹直爲兵部左侍郎，工部尚書李裕爲吏部尚書，通政邊鏞爲僉都御史，李和爲南京户部左侍郎，其同僚通政司參議元守直、張璞、陳琬，俱進品秩。府軍前衛都指揮同知高俊，騰驤左衛指揮僉事白錦，皆舉將材。凡所言無弗允者。又採取時論所推，若學士楊守陳，少詹事劉健，都御史李敏，侍郎李嗣，大理寺卿張錦，少卿馮貫，及吏部侍郎徐溥，學士倪岳，南京國子祭酒劉宣，通政黄孔昭，左都御史余子俊等，皆密封推薦。縉紳之進退多出其口，人亦無敢言者矣！是時又有臨江人鄧常恩，番禺人趙玉芝，並曉方術。常恩由太監陳喜進傳陞太常卿，以符愈孝肅太后疾，賜圖書印曰：橐籥陰陽。玉芝由太監高諒進，以修《玄谷立世經》、《天人歸德頌》，累官太常卿，並受恩寵，然其勢皆不若孜省之甚。上即位，科道首以爲言，於是下三人者於獄，追所賜冠劍印章，分遣戍陝西邊衛，遇赦當還。印綬監太監蔣琮言孜省等罪大不當赦。復械繫至京，下錦衣衛獄。孜省不勝楚掠，至是死，而常恩、玉芝猶繫獄云。

（明）戴金《明條法事類纂》卷四二《刑部類・僞造印信曆日等・僞造工部印信批迴誆騙財物徒罪枷號叁個月》　一件僞造印信假寫批迴事。弘治元年二月内，該工部尚書賈等題准。今後有犯哄〔誘〕各處解到人匠到於私家，通同一般詐僞、假造印信、捏寫批迴、誆騙財物，法司究問明白，除真犯死罪，其餘串同僞造誆騙犯該徒流者，仍於本部枷號三個月，滿日依擬發落。

（明）戴金《明條法事類纂》卷四二《刑部類・僞造印信曆日等・申明假印批文誆騙犯該雜犯死罪枷號》　一件僞造印信包攬批文勘合事。弘治元年三月内，該大理寺卿馮等題准。今後有犯工部門者，哄〔透〕〔誘〕解到人匠到於私家，通同一般僞造假印，捏寫批迴，誆騙財物，犯該雜犯死罪者，一體枷號三個月，滿日仍照原擬發落。

《明孝宗實録》弘治元年七月〔己丑〕改發充軍人蕭崇玉于陝西鎮夷千户所，仍杖之百而遣之。崇玉，江西廬陵人，寄籍襄陽縣，以符水術居武當山。太監陳喜薦之，官至太常寺丞，先帝數召見，獻方書，賜白金先後數百兩，寶劍一，圖書印二，曰：至真出妙。曰：丹霞歲月。與李孜省等聲勢相倚，惑亂朝市，交結近侍。成化末，丁憂還襄陽，服除北上，會孜省等敗，有詔逐捕，發榆林充軍。崇玉仍挾妓妾潛避南京。至是捕獲送南京刑部論罪，故改發之。

（明）戴金《明條法事類纂》卷四二《刑部類・對制上書詐不以實・通行邊關遇有背黃包袱口稱赴京進本之人審無實封底簿押回巡撫〔等〕官究問》　一件北方民情事。弘治元年七月内，巡撫宣府等處都察院右副都御史張奏，該刑部尚書何等題准，令行居庸、紫荆、倒馬等關内外守備官員，嚴督守把官軍，但有背黃包袱揷旗之人，聲言赴京奏訴冤枉，使送赴守備官處，嚴加審驗，辨其真僞。若果實封及雖無實封，但有底簿者，不問事情輕重，俱照舊寄名放過。若無實封亦無底簿，止將《大誥》、《黃曆》諸書空紙用袱包裹，假作實封者，即係畏避糧差要謀脱逃人犯，押回本處，巡撫等官究問發落。

（明）戴金《明條法事類纂》卷四二《刑部類・對制上書詐不以實・刁徒背黃袱入衙門挾制官吏果無冤枉民發口外為民軍發邊衛邊衛發極邊衛分充軍職官奏請婦人罪坐夫男並坐主使之人》　一件刁民挾制官吏事。弘治元年十月内浙江按察使奏該都察院右都御史馬等題准，通行南北直隸並浙江等處巡撫、巡按等官，備行都布按三司各行所屬大小衙門。今後刁詐之徒，不行赴京奏訴，輒將《大誥》奉本鼓狀，用黃包袱背，頭揷黃旗，直入各衙門，凌辱官吏，欺悔良善者，所在官司就行拿問。若所告係干己事情，中間果有冤枉者，止照常例發落。若所〔告〕不係己事情，或係干己事情，别無冤枉情由者，問擬明白，申詳本處巡撫、巡按官，係吏民人等俱發口外爲民，軍發邊衛充軍。若係邊衛者，發極邊去處，常川守哨。文職官有犯，奏請發落。婦人有犯罪，坐夫男（者），追坐主使之人，俱照例發遣。

《明孝宗實録》弘治三年七月〔乙丑〕治紀貴、紀旺等詐冒皇親罪有差。初，孝穆皇太后嘗自謂廣西賀縣人，家姓紀氏，親族幼弗能知也。太監郭鏞聞而識之。上在東宫時，太監陸愷者本姓李，自稱爲孝穆皇太后親兄，鏞心知其僞弗發，愷嘗託鎮守兩廣太監顧恒訪其叔李福邊與兄以來。愷姊壻韋父成知其家無人，乃冒承之，得官田數頃，府縣遂以戚畹目之，而增設其所居里名曰迎恩。紀貴者亦本李姓，名父貴及弟祖旺，謀于田主鄧璋曰：韋乃異姓猶可冒以致富，我同姓顧不可乎！璋遂與僞撰宗系圖，上之府縣，且許父成之僞，府縣亦莫之辯也。上即位，遣太監蔡用往訪，求無所得，里老遂妄舉父貴、祖旺以對，用欲取悦於上，弗復究實，遂與都御史宋旻、太監韋眷、安遠侯柳景、御史唐相、布政使侯英、按察使林符、都指揮紀瑛、知府李庭芝、通判俞璣共成之，以二人至，詔改父貴爲紀貴，祖旺爲紀旺，授官賜第並金帛莊田奴婢甚衆。父成歆艷其貴，因從至京争辯，上命偕愷審驗，鏞比用力爲彌縫，令父成馳驛歸。未幾，上命鏞往祭紀氏先塋且焚黃，繼命工部郎中顧餘慶修治塋墓，湖廣監生蔣灝、周紳知父貴等詐，乃挾其佃户連山縣獞人李友廣偕來教之争訴，以徼後福。時聽選知縣廖賓，廣西平樂縣人，計右父貴爲之奏辯，會以友廣爲詐，下户部發遣，而尚書李敏亦言其可疑。上命司禮監内閣及多官會審，竟莫能辯。乃遣户科左給事中孫珪，監察御史滕祐往廉之。灝與紳恐珪等去得其情，又令江西分宜縣人高龍往連山詐稱錦衣衛百户潜來偵察，虚喝縣人具友廣貫址供狀，冒爲孝穆皇太后族，俟科道官至，但據此上之。珪等至賀縣微行，遍詢于人，悉其僞也，乃還，劾用等〔罔欺〕〔欺罔〕下獄，命多官鞫治，法司議擬以聞。得旨：紀父貴、祖旺詐冒母后宗支，濫受官職，高龍詐稱私行，體察事務，扇惑人民，俱依律處決。郭鏞本知其僞，黨比蔡用，欺罔不言，亦當誅，姑宥之，黜爲小火者，南京新房閒住。周紳、蔣灝、廖賓俱爲民。李友廣擺站，陸愷致起僞端，法尤難宥，但嘗有奉侍陵寢勞勣，發茂陵司香。既而翰林院侍讀曾彦，都御史屠鏞等，請宥李父貴、李祖旺、高龍之死，以爲其情可矜。上從其言，以父貴、祖旺充福建鎮海衛軍，高龍充遼東鐵嶺衛軍。

《明孝宗實録》弘治四年五月〔戊寅〕初，李文貴之冒孝穆皇太后宗支也，皆其田主鄧璋及子宗茂爲之謀，而賀縣知縣黃璉，守禦千户房順與知其事不能舉。及太監蔡用訪求，都御史宋旻檄廣西僉事黃鑰，代副使林符保勘，與太監韋（春）〔眷〕皆依附不能辨，給事中孫珪，御史滕祐廉其僞，乃並劾之，下巡按監察御史逮問。至是，獄上，得旨：鄧璋造意運謀，並家屬發陝西莊浪衛充軍，財産没官。黄璉、房順四川松藩衛充軍。鄧宗茂等發陝西驛遞擺站。黄鑰冠帶閑住。林符降二級調别任。餘四十人杖而釋之。韋（春）〔眷〕以老疾免逮問，降左少監，回京閑住。於是降符爲廣東南雄府知府。

《明孝宗實録》弘治八年七月（甲午）先是，鎮遠侯顧溥，都御史鄧廷瓚之征貴州苗賊也，南京大理寺丞黄玹以巡按御史紀功，湖廣武昌左衛指揮李玉、謝鳳，貴州前衛指揮徐璘、守備都指揮丁燁，俱隨軍聽調。玉希玹意携其姪訊來軍中，玹因留不遣。既而訊及徐璘俱買他人所獲首級冒功，又與謝鳳各以賊直買俘獲男女十餘人，玹皆不禁。至都勻，玹宴勞將士，自受銀花二枝，綵幣十疋及軍資食用餘物封識之，留貯清平衛分司，付鎮撫周源與門者守之，源給門者，盗取殆盡。玹復自貴州，歸無所得，乃下源于獄，丁燁班師後留都勻兩月不還，有監生倪寬者恨玹不容其父，報功又被杖死，而璘等皆冒功陞職，奏其事，下雲南巡撫都御史張誥按治，皆實。獄上，刑部覆奏，擬璘與訊應革，新授職役調衛差操，鳳贖罪還職，玹就南京刑部獄，燁、玉各就所在巡撫官逮問。上以璘與訊情罪深重，並家屬發遣邊充軍，餘從所擬。初，溥師無紀律，廷瓚雖有才畧而性疏闊，御下不嚴，官軍多殺良民以爲賊，避難山谷及道路負販之人遇則見殺，雖隨行與皂稍後者亦不能免，民甚冤之。玹得賂以千計，托源爲腹心，囊橐悉寄其家，遂爲所盗。寬之奏玹大畧皆實，誥不窮竟，故具獄詞止是。玹自度罪不能逭，遂不赴任，托丁憂逃去，縉紳耻之。

《明孝宗實録》弘治九年閏三月（壬戌）岷府南渭榮順王之子鎮國將軍膺釲，與其嫂夫人胡氏互奏諸不法事，下鎮巡等官勘報，多不實。胡氏父海及其弟元輔，元弼擅入王府飲酒，元輔又與宫婢戲，教授周大用輔導失職，俱坐罪。上以胡氏、膺釲互奏不實，本當重治，姑降勑切責，膺釲仍革歳録十之五，元輔贖罪畢發貴州鎮遠府爲民，餘從所擬。

《明孝宗實録》弘治九年閏三月（甲子）雲南按察司副使趙炯，陳詩十二首，妄述其撫馴孟密木邦之功，冀掩其擅調夷兵啓釁取敗之罪，兵部覆奏具兵科參語請罪之。上命巡按監察御史逮問以聞。

《明孝宗實録》弘治九年四月（庚辰）初遼東都指揮僉事黄義備禦義州，虜入清河堡盗馬，義與指揮使徐珍、指揮同知田昱等逐之，見他虜八人執以爲鄉導，至雙峯山擒盗馬者歸，因（擇）〔釋〕所執者五人，而以其三人爲臨陣擒獲，僞以報功。指揮魯祥發其事，鎮巡官以聞，下巡按監察御史王和逮問。和奏義等守備不設，致賊入境，當邊遠充軍，而所傷止一人，亦不至死，又敢于深入，功足贖罪。上謂義等情輕律重，免充軍，各降一級帶俸差操。事之始發也，兵部謂義等雖出境擒獲正賊，而乃妄執鄉導夷人以爲己功，向非魯祥發之，幾于啓釁，至是御史按之，乃直以爲功，竟不究其事，亦失刑矣。

《明孝宗實録》弘治十一年十月（壬辰）下錦衣衛指揮僉事周玉、樂工劉實等四人于錦衣衛獄。玉以厨役爲太監李廣所昵，因冒襲同姓千户，尋乞陞指揮僉事。實以樂工媚事廣，亦見信用，一時奔競無耻者，多假二人賂廣以求進。至是，因科道官追劾廣，並疏玉等罪狀上請，故有是命。

《明孝宗實録》弘治十三年正月 戊辰，都御史顧佐奉命勘事，還自遼東，奏稱：總兵官李杲、太監任良、都御史張玉，令親信總旗魯麟等轉督錦州、義州、備禦官魯勳、王璽，計誘泰寧夷人入給鹽米，因以醉取之，斬首二百六十九人。繼又轉督寧遠，守備官崔鑑、鎮夷守備官魯祥、鎮静堡提調官錢英，俱用魯勳之策，斬首四十四人。事下兵部議，以杲等素無鎮禦之畧，而以詐取藩籬之夷，是失向化之心，請正其法。上曰：勳等罪宜重治，但事無證佐，又干人衆，姑從輕處治。勳及王璽、魯麟各降一級，帶俸差操，杲、良、玉降敕切責，餘俱免追究，其陞賞事俱置不行。

《明孝宗實録》弘治十三年四月 癸巳，都御史顧佐奉命並勘鎮守太監任良、總兵官李杲、巡撫都御史張玉誘殺之罪。謂其燕安玩愒，武備不修，以致虜寇屢次深入，殺傷官軍、虜掠人畜，其隱匿之計雖云未成，而不職之愆實不可掩，宜公示譴責以戒將來。巡撫監察御史張隆亦奏：去歳義州之捷，有于本城（内）殺舍餘，及取囚人首以報級者，鎮（守）〔巡〕等官坐視不理；廣寧拘禁答話，達子桶思（歌）〔歆〕等以啓釁；鋉嶺千户沈瓘等謀殺虜中走回男子以報功，皆良等紀綱不振所致，乞將此三人取回，選人代之。兵部覆奏，請自良以下至分守少監劉恭、副總兵張澄、右參將史賓、胡忠、都指揮崔鑑等俱逮問究治。命劉恭等俟寧、宣等問結後奏聞處置，任良等縱容誘殺，累誤事機，欺罔多端，即差官代回，俟至日以聞。

《明史》卷一八〇《王獻臣傳》〔弘治〕十七年復以張天祥事被逮。天祥者，遼東都指揮僉事斌孫也。斌以罪廢，天祥入粟得祖官。有泰寧衛部十餘騎射傷海西貢使，天祥出毛喇關掩殺他衛三十八人以歸，指爲射貢使者。巡撫張鼐等奏捷，獻臣疑之。方移牒駁勘，會斌婦弟指揮張茂及子欽與天祥有郤，詐爲前屯衛文書呈獻臣，具言刼營事。獻臣即以聞。未報，而獻臣被徵。帝命大理丞吳一貫、錦衣指揮楊玉會新按臣余濂勘之，盡得其實。斌等皆論死，天祥斃於獄。天祥叔父洪屢訟冤，帝密令東廠廉其事，還奏所勘皆誣。帝信之，欲盡反前獄，召内閣劉健等，出東廠揭帖示之，命盡逮一貫等會訊闕下。健等言東廠揭帖不可行於外。既退，復争之。帝再召見，責健等。健對曰：獄經法司讞，皆公卿士大夫，言足信。帝曰：法司斷獄不當，身且不保，言足信乎？謝遷曰：事當從衆，若一二人言，安可信？健等又言衆證遠，不可悉逮。帝曰：此大獄，逮千人何恤。苟功罪不明，邊臣孰肯効力者？健等再四争執，見帝聲色厲，終不敢深言東廠非。一貫等既至，帝親御午門鞫之，欲抵一貫死。閔珪、戴珊力救，乃謫嵩明州同知，獻臣廣東驛丞，濂雲南布政使照磨，茂父子論死，而斌免，洪反得論功。武宗立，獻臣遷永嘉知縣。

《明武宗實録》正德十年閏四月　壬申，神武右衛副千户王玉以報獻銀礦不實，坐斬，既而死刑部獄中。其子錦以生員請襲職，兵部論玉幸免决而死，若錦得制，何以懲惡？宜謫充本衛軍。詔可。

《明世宗實録》嘉靖元年二月　〔戊寅〕先是山西保德州千户所舍餘戴壽僞造御用監劄付，詐傳奉威武大將軍鎮國公鈞語，陞壽文華殿金帶畫士，又詐僞錦衣衛指揮僞造御寶勑書。緣邊巡視查盤山西副總兵紀世楹發其奸狀，下法司擬壽詐爲制書律斬。遇赦應宥，上以壽僞造御寶，罪惡深重，命發廣南丹衛永遠充軍。

《明世宗實録》嘉靖十八年七月　〔癸未〕宣府鎮守總兵官署都督僉事郤鏜有罪，謫戍邊衛。先嘉靖十七年六月内，達賊數千騎突入宣府張家口，鏜倉皇出師，反墮賊計中。先鋒都指揮周冕、把總韓錦等死之，所亡失無算。鏜以主將不能救，反詐以功上。巡按御史閻隣、兵科都給事中朱隆禧等論其不法。兵部糸奏。上惡其欺罔，命錦衣衛捕鏜詔獄。副總兵官劉江等住俸，戴罪殺賊。少監楊成、總督郭登庸奏報不以實，亦令戴罪防禦。俱俟勘明論治。至是情得，遂論鏜戍邊，而令巡按御史捕治劉江等。其楊成、郭登庸防禦已久，貰之。

《明世宗實録》嘉靖二十四年三月　〔壬辰〕先是欽天監革職博士韓鑑與兵部武選司該吏畢文舉、汪椿孫、李相貼寫胡椿等謀爲姦利，授諸武職，應革襲者金錢，陰通内府校役魏聰、韓昇及查黄該吏等，盗出黄册，竄易洗改，妄增功次，鈐以僞造御寶，潛復納之内府册中。前後冒襲千百户侯太等三十八員，如是幾二十年，事未發覺。至是，椿孫不禮其妻，其妻兄陳仁執所僞造黄蠟御寶及冒選武職私籍，首之東廠。有旨命法司窮治，并兵部節年所司官吏、印綬監當事人員，通行按劾以聞。於是刑部糸奏印綬監少監王瑜、監丞楊宇等職司監守，素缺關防，武選前後查黄主事陞任項喬、鄔閲、熊過、何中行、顧翀、賀府、牟朝宗、葛縉去任，吕高、張鐸、王應期降調，白若圭、見任袁襄裳、張纓陞任郎中，鄭琬、黄福、楊大章、熊洛、調任，傅頤去任，薛僑、吴檄，見任孫校等，校對疎虞，失於覺察，通宜究治，以懲不恪。是時文舉先死，椿孫、鑑、相及校尉聰、昇等俱論斬。椿及諸同謀姦騙吏役，陸永安等悉發邊衛充軍。冒襲官侯太等下各巡按御史捕治，革職永不許襲。項喬等并鄭琬等俱降一級調外任。王瑜等亦降一級。其中尚有詐冒隱漏人數，仍令兵部查出，具奏以清選。

《明世宗實録》嘉靖四十三年七月　壬子，光録寺厨役董祐以内使周清侵虐自縊死。巡視給事中楊霆、御史顧應賢探得其懷中訴冤狀，會疏將奏，以禁封未果。明日，霆私易其藁，盡削去祐原詞所陳清貪暴狀，並署應賢名上之。疏下，應賢大驚，乃具言其實。因劾霆專恣欺蔽，狥私廢法。霆疏辯易藁有之，第以禁諭後迴避數字，於事情無增損。詔吏部都察院糸看不直，乃奪霆俸二月，應賢亦奪俸一月。

《明神宗實録》萬曆五年八月　〔丁丑〕安德驛盤獲詐僞勘合，兵部審係該犯描摹，不係本部吏書盜賣。得旨：該司庇下容奸，各撫按爲部隱飾，弊端不清，朝廷法度何繇得行？今後科道官訪實參奏。

《明神宗實録》萬曆五年十月〔丁酉〕吏科左給事中王道成、陝西道御史謝思啓交章論劾吏部尚書張瀚狥私欺罔。得旨：張瀚昏耗至此，今致仕去，復奪侍郎何維柏、陳炌俸三月，降該司郎中俸三級，管事不許陞轉，餘各罰俸半年。

《明神宗實録》萬曆六年五月〔戊寅〕都御史陳炌題：巡按御史趙應元差滿出境之後，忽爾稱病乞休，詐託規避，甚失臺規。亟宜罷黜，以爲欺肆之戒。上曰：御史差滿，依限赴京考察回道，憲禁甚嚴，近來托病回籍，殊爲蔑法。趙應元革職爲民，今後有仍前故犯的，照例行。

（明）談遷《國榷》萬曆二十六年六月　丁巳，東征贊畫主事丁應泰奏：經理楊鎬、總兵麻貴、副將李如梅蔚山之敗，失亡無算，既不以聞，而張位、沈一貫密札與鎬。往來欺蔽。張位有禍福利害與君共之之語。一貫有以後大疏須先投揭而後上，以便措手。因列鎬罪二十八，可羞十。李如梅可斬六，可罪十。上怒，下廷議。遂免楊鎬，令邢玠速赴王京視師，留麻貴、李如梅。遣兵科給事中徐觀瀾同丁應泰勘，張位疏辨。上謂楊鎬乃卿密薦，何朋欺僨事耶。命冠帶閒住，而寬沈一貫。

《明神宗實録》萬曆二十八年七月〔丁巳〕吏部題：雲南順盪井巡檢劉九炳于年前已陞官，因起送在陞官之前，遂朦朧以原文投部送考，經承吏書王國棟等徑以原官搭名付選，事屬欺罔。上令法司嚴提究問。

《明神宗實録》萬曆三十年九月〔甲子〕兩淮塩法太監魯保疏參指揮魯登科、余元俊、劉顯忠等捐獻銀兩盡虛，不容輕宥，乞收成命，速下法司依律治罪。脱逃各犯勒限嚴行提結正法，庶奸宄潛消，禍萌永絶，兩淮萬商甦命。從之。

（明）劉心學《四朝大政録》卷上《楚宗獄》　萬曆三十一年，楚宗人華越等上言：楚王華奎與其弟宣化王華壁，皆非先恭王子。恭王子風痺，不能御內，令宫婢胡氏詐爲身，臨蓐時，抱妃兄王如言子爲華奎，妃族王如綍舍人王玉子爲華璧，皆出於妻恭人王氏口。王氏如言女，故知之。二孽皆不宜冒爵。章入，通政司沈子木持未上。六月，楚王劾宗人疏亦至，事下禮部，侍郎郭正域請勅撫按公勘。首輔沈一貫以親王不當勘，力阻正域，正域不可。御康丕揚。希一貫指劾禮部，壅遏羣議，不以實聞。正域上疏，陳始末曰：今年二月，臣尚在翰林院掌院事，通政司沈子木至臣寓邸，謂臣曰：楚府儀賓袁漁等，持宗室華越疏來，奏楚王。沈相國堅不欲上，漁等苦告不去。臣應以不知，子木呼取原疏，臣對以不願與聞。又月餘，臣始奉旨署部事，楚王來奏華越矣。奉聖旨，覽王奏，惡宗罪狀多端，各部院參看來説。欽此。值四月初一日日食，閣臣赴部救護，首相沈一貫問臣楚事，臣應之曰：聞宗室先有疏，通政未之上，惟當行撫按勘問，時三輔臣皆然。臨別時，一貫耳語臣曰：貴部復本請，無言通政匿疏事。繼此而宗室華越至，仍赴部並各處訴告。臣照舊例，送會同館羈畱。甫半日，而通政司票有華越赴司改換日月，以疏上聞，候旨未下。華越投揭臣部，大略謂邀截實封，廣行賄賂，臣當批儀司按候。又思祖宗之法，宗室無久住京師之理。時華越已住一月，臣隨上疏，請旨處分，令越去。奉聖旨：華越係楚屬宗，如何結集羣黨，輒參正王，以小犯大，豈得公論。該部院會同該科，參看來説，欽此。臣以爲事情重大，自當行勘，隨與一貫言之，一貫再三愁阻，謂親王不當勘問，但當體訪。臣應之曰：正域與楚王宗室，同城而居。一有偏徇，禍且不測。事關宗社，不宜朦朧了事。若不行勘，科道官言之。一貫冷笑曰：科道斷不言也。臣之請勘，蓋以部中事體，未有不勘，而竟自處分，竟自停閣。且不勘，則楚王之跡不明，各宗之罪不定。今一貫先時於王疏，則以爲當勘。今於各宗之疏，則以爲不當勘。夫行勘在部中，聽斷在撫按，處分在皇上。臣何與之有焉。既而奉聖旨，這事情屢有明旨。你們既已會同參勘，著行與該撫按，從公悉心勘問，明白具奏。欽此。臣方行文間，楚王令校尉夏槐，持貼一，銀百兩，屬臣曲庇，許臣萬金。臣復書曰：貴府事，但奉國法而行，尊貺毫不敢領。屏其來人，不許再見。當時即欲發覺，緣楚事正在疑懼之中，不敢張皇。又數月，而湖廣撫按會勘疏至矣。奉聖旨：這事情關係重大，禮部還會同都察院，看議來説。欽此。數日，楚王辯疏又至矣。奉旨：覽王奏辨事情，與前撫按勘報尚有異同。還著九卿科道，從公看議來説。欽此。諸臣之見，大略責成撫按，計各議單不下萬言。例該即日上奏，不敢稽緩，遂不能一一抄謄，上煩御覽，臣部謹括大旨而已。隨將各單用鈐記，次日，仍令該司抄謄數本，分送各部，其事之始末如此。其楚王禮單，華越原揭，臣不敢改易抄謄，謹封原紙，呈上御覽。時正域右宗人、次輔沈鯉、右正域，與一貫忤，給事姚文蔚劾正域。故王護衛中人修怨謀詔王，左都御史温純劾御史于永清及文蔚，刺及一貫。給事楊應文、錢夢皋，各劾正域，夢皋並刺及鯉。帝卒以王爲真，正域罷去。華越等皆幽繫，久之始釋。

《明神宗實録》萬曆三十四年九月〔己巳〕除順天府中式第四名舉人鄭汝鑛名，遣戍遼東。汝鑛，浙人，目不識丁，棄父母爲富家養子。據其雄貲入北雍，大賄闈役，割截取中貢生，馬顯忠首二場文字，獲列魁選。事覺，並姦黨俱擬究如律。初議以顯忠補解，既又以五策不出，顯忠僅命於歲貢，選日照舉人例而已。是時取士率重首場，首場既收，二三場苟非悖謬，無復落者。顯忠又七閩名士，謂當取，其三場原本勘閲可定，乃持疑不果。顯忠竟鬱死，士論惜之。

《明神宗實録》萬曆三十七年十二月〔戊辰〕仙遊人劉廷芝自稱密雲守備，奉命清查福建、廣東等處屯田。所齎僞勑一道、勘合一紙，自京師繇閩入粤，支驛傳供應近四百金。廣東巡按李應魁獲之以聞，下法司。

《明熹宗實録》泰昌元年十一月〔甲午〕，上諭内閣：朕覽卿等所奏，悉已鑒知，封爵大典，固宜慎重，豈可輕忽？王昇實係聖母之兄，先年蒙皇祖已查詳確，皇考登極，又傳著東廠審明，自無疑議，今玉牒帝系中雖未登載，四十七年三月内皇祖所傳聖母父母姓名亦可憑矣。當時壙誌中不書兄弟子姪姓名，王昇之名豈可附于傳内？前旨著該城御史查明來説，該誠久未回奏，料必執退約手印爲詞，而不查寫退約手印。迺陳槐賄囑把棍，威挾所使，原所昇父子本情，何得指爲口實，今欲再察原籍，是三聖相傳之言不足據，而陳槐熒惑之言可據矣。其乙巳、丙午奉皇祖查明登載玉牒，卿等以爲屬何衙門查問？憑何開稱回奏？彼時乃聖母言于皇考，以覆皇祖者，卿等既爲年遠難稽，丁巳，因陳槐在有司衙門告擾，皇考差典璽等官，鄒義、李實傳諭内閣王昇實係皇親，去年未遠，元輔尚記之乎？未有聖母姓王，而皇親可爲陳姓者。卿等可傳諭法司，著重治陳槐冒認之罪，仍究主使之人，不可輕縱。

《明熹宗實録》天啓元年二月〔癸卯〕陳槐、王昇争認皇親懸案未結，刑部尚書黄克緒以二家所供聖母年歲不同，月日亦異，開具上聞，言皇上往時，宫中稱觴必有一定年月日時，此足以定之矣。上以陳槐冒認皇親，溷淆真僞，屢於禁地瀆擾，命從重擬罪。越旬餘，刑部引例戍口外，報可。

《明熹宗實録》天啓三年六月〔甲申〕刑部覆奏：查自天啓元年起，假印神姦見追多贓，如魏成銓等共七名。其魏成銓、陳存節、董小江、孫安民原叅與原招，俱合僞造各衙門印信律斬，陳善學、王天壽、馮國賢三名，三法司會審未結，謹開刋上請，乞勑下錦衣衛遵奉新旨枷號滿日，仍候命下法司問擬。從之。

《明熹宗實録》天啓七年七月〔庚寅〕京棍王之龍雕刻假印充錦衣衛旗尉，至楊州冒稱吴養春子吴繼緒，供出吴養真等八人合本行鹽提解追贓，時繼緒已死矣。事露，巡鹽御史許其孝以聞。刑部覆之龍律斬。從之。

中國第一歷史檔案館《清初内國史院滿文檔案譯編》天聰九年二月二十八日。覺羅索爾果多老人之兩孫，以其祖在先汗時有戰功，將具疏誑奏，龍希見之，謂其詞意不佳，令其重選奏汗。汗覽畢曰：豈有此理，純屬誑騙。遂下刑部訴之，果虚。龍希，爾在文館辦事，素知先汗時典籍，即宜訴詈斥逐之，何以改作奏聞？著罰銀一百兩，革文館任。剛林亦同改選，罰以應得之罪。其控告兩子，各鞭一百。

中國第一歷史檔案館《清初内國史院滿文檔案譯編》崇德三年正月初八日，鑲紅旗下額布特依欲以本牛録下巴希拜之妻妻其弟庫里，以問貝子碩託。貝子碩託問曰：巴希拜有子孫親戚否？額布特依答稱，無子孫親戚，止有幼子二名等語。貝子碩託曰：巴希拜所有家産，皆行造册，送我一份，爾存一份，交爾牛録分得博碩庫一份，俟其子長大，再行分之。遂將該婦與庫里爲妻。其後，巴希拜弟科特依告貝子碩託曰：吾兄之家産，何故折給庫里？貝子碩託曰：額布特依言巴希拜無子孫親戚，故與之是也，乃伊之欺我也。遂交法司，審實，額布特依鞭一百，罷管牛録，離其婦女，交與科特依，以養其子。

〔二十日〕是日，鑲紅旗巴牙爾圖牛録下張吉泰妻告其小叔諸羅儂於法司曰：我本有子而誑報無子，官職由彼承襲。審實，遂擬諸羅儂鞭一百，革職，奏入。上命革職，鞭一百。

中國第一歷史檔案館《清初内國史院滿文檔案譯編》崇德三年五月十七日，出征後，正黄旗寧塔海牛録下滿都虎從正白旗門寨出去時，守門之額爾郭楞、法鈕問曰：爾去何處？答稱：因皇上家馬死，從軍中返回，我去取祭祀用的豬。守門人信其言，使其出門而去。事後，諸王聞之，於各旗檢查時，命安達理、綽闊洛曰：取豬者在爾部，爾屬下之人要好生檢查。綽闊洛查後，獲滿都虎，來告法司。經審，所言是實。滿都虎大言欺誑，應論死。額爾郭楞、法鈕相信謊言，將擬什庫未送之人放出門寨，應各鞭五十。審後，冷僧機將滿都虎一案奏聞，上命免滿都虎死，鞭一百，貫耳鼻。法鈕鞭二十七。額爾郭楞係牛録章京，革職鞭四十五。

中國第一歷史檔案館《清初内國史院滿文檔案譯編》崇德三年六月初八日，以喀爾喀蒙古兵來侵歸化城，遣軍往征時，鑲黄旗俄齊爾桑射一鹿，正藍旗南濟蘭詐稱豫親王所射，俄齊爾桑遂還，其後，扎塔往告南濟蘭曰：此鹿非王之所射，當記殺鹿之人，將鹿尾及鹿羔，必獻於上。爲此，王遣我來。南濟蘭爲使本旗屯達禮得該鹿，未告於俄齊爾桑。以南濟蘭爲使本旗人得鹿，詐稱王之所射，俄齊爾桑遂還，故南濟蘭鞭八十。

中國第一歷史檔案館《清初内國史院滿文檔案譯編》崇德三年七月二十八日，户部鑲藍旗孫塔呈文詐稱已滿三年考期，經審不實，議孫塔應革職，奏聞，上命免革職，仍罰銀三十兩。

中國第一歷史檔案館《清初内國史院滿文檔案譯編》崇德三年八月〔十八日〕正白旗塞古德牛録下洪科，擬爲本旗額布忒牛録下親軍，洪科不受，乃誑云甲喇章京塞赫不與，罪一。（禦）〔御〕前護軍法庫立於塞赫之側，洪科謂之曰：爾不宜在此伺候，爾殆欲就死耶？罪二。扎薩克圖蒙古來侵，往征時，洪科在彼行獵，係殺黄羊，誑言王所殺，令穆祜牛録下巴雅喇宏可載歸，罪三。塞赫當陣敗走，已遇大赦免罪，洪科復評，罪四。是以，洪科應論死，奏聞，上命免死。諭洪科曰：爾臨陣時，處處退縮，除此之外，一無可嘉。嗣後監陣，當立功贖罪。命鞭一百，罰贖身銀一百兩給塞赫。

中國第一歷史檔案館《清初内國史院滿文檔案譯編》崇德三年八月二十九日，先是，鑲白旗下巴彥獲罪，其家人滿都户入官。至是滿都户告法司：阿哈丹與我同罪，撥給綽和洛。巴彥已贖回阿哈丹，以我曾告彼挾仇，不將我贖回。及審訊時，綽和洛云：武英郡王令我與之，我與巴彥素不相善。武英郡王云：我未曾令與之，彼以親故私與之，何言我令與之耶？彼言與巴彥素不相善，巴彥病時，綽和洛夫婦往視之，巴彥與綽和洛子馬一匹，是爲果不相善耶？巴彥云：我求丹代轉奏，奉旨贖之。經審，奉旨事虚，綽和洛以親故，私與之，而誑稱王與之，與巴彥相好，以誑云相仇。故議綽和洛應革職，罰銀二百兩，降參政爲副理事官。後諸王、貝勒、貝子、固山額真、議政大臣等復議綽和洛應籍家産一半，革職、當差。巴彥擅與綽和洛議贖，誑云奉上命，巴彥應革職，籍其家産及奴僕屬員，止令夫妻攜手離去。武英郡王於初問時，不直言斥責綽和洛，而云問該部之人，應罰銀千兩。滿都户控訴一事，和碩鄭親王問星訥，巴彥贖人事如何？星訥云：聞啓奏贖之。既問星納，竟未究其虚實，和碩鄭親王及承政郎球、索海、孟喬芳、啓心郎額爾格圖、巴哈納、羅奇、碩詹、納爾賽，俱應坐以應得之罪。星訥身爲部員，既不查明，反信巴彥誣言，於王問時，妄對有旨，星納應罰銀一百兩。奏聞，上命武英郡王免罰銀一千兩，止罰銀二百兩。綽和洛罰銀二百兩。巴彥革職，罰銀二百兩贖身。巴彥之妻，初以其婢，爲入官人妻，欲贖回，求丹代奏請，上諭曰：其夫有過，不能預行諫止，既得罪，始來奏懇，朕不準行。乃假稱奉旨。巴彥之妻，罰銀百兩。鄭親王、承政郎球、索海、孟喬芳、啓心郎額爾格圖、巴哈納、羅奇、碩詹、納爾賽，以不應獲罪免之，星訥坐以應得之罪。

中國第一歷史檔案館《清初内國史院滿文檔案譯編》崇德四年六月十六日，烏真親王略錦州時，剿殺敵兵甚衆，正紅旗下阿爾海反言獲亂甚少。姨父多爾濟陣斬三人，獲馬三匹，貝子羅托問其數，阿爾海誇稱斬三十人，獲馬三十匹。阿爾海從旁譏諷，故應論死。奏聞，上命免死，鞭一百，除本身及妻外，家産俱入官。

中國第一歷史檔案館《清初内國史院滿文檔案譯編》崇德四年七月〔十日〕鑲黄旗輔國將軍鞏阿岱出征時，將一漢人女俘賣給本旗馬圖蘭牛録下王二、王三，取金二十兩。鞏阿岱，爾既爲獲軍統領，竟乘買賣女俘之便，詐取皇上包衣所獲之金，應罰五十兩入官，將二十兩金交於皇上家。

中國第一歷史檔案館《清初内國史院滿文檔案譯編》崇德四年八月　二十一日，准塔巴圖魯旗甲喇章京額莫爾齊於出略時，本甲喇尹達理牛録下布車齊離衆亂行，於營地外被漢人俘虜所殺，故攜回布車齊乘馬及尸骸來告梅勒章京拖克拖會。拖克拖會往告兵部，竟言在軍營近處被殺，遂免罪。因訴於刑部，經審，於出略時被殺是實。拖克拖會以謊言相欺，應罰銀百兩，償一人。奏聞，上命拖克拖會罰以規定之罪，償一人。將被殺布車齊籍家，妻子爲奴。額莫爾齊已死，免議。

中國第一歷史檔案館《清初内國史院滿文檔案譯編》崇德四年十月　初四，王世選旗下王國光訴於刑部，告圖賴詭稱上命，將我旗綿甲給馬光遠旗。經審，圖賴詭稱謊冒上命一事不實，王國光應反坐，鞭一百，貫耳鼻。石廷柱陷害圖賴，言圖賴詭稱奉上命，應罰銀百兩。何吉和里，應鞭五十。郎紹禎、張承德先言上無詔命，後反覆言詞，稱上命是實，應各鞭一百。奏聞，上命：王國光鞭一百，貫耳鼻，准折贖。石廷柱罰以規定之罪。何吉和里鞭五十，准折贖。郎紹禎、張承德各鞭一百，准折贖。

中國第一歷史檔案館《雍正朝漢文諭旨》雍正四年十月　初九日，步軍提督阿齊圖參送正紅旗漢軍佐領吴現使用伊婿楊鑄銀兩什物，又附合參領丁士鴻用强訛詐丁憂知縣楊勤房屋居住一案。於雍正四年十月初九日奏，十二日奉旨，丁士鴻、吴現俱着革職，從寬，免枷號，其鞭責之罪，准其折贖，高其佩着降二級，從寬留任，常載着降一級留任。

《清高宗實録》乾隆五十八年三月　〔癸卯〕諭軍機大臣曰：姜晟奏縣役詐贓逼命，審明定擬一摺。此等胥役詐贓逼命之案，事所常有。該撫具摺陳奏，止須將案情據實聲敘，按律定擬，乃姜晟所奏之摺措詞繁複，初似案由該署縣訪查辦理，既又似該撫批飭臬司提案審訊，又似經派審之知府究出。及閲至摺尾，又稱該署縣自行檢舉。朕歷歷摺角，覼之竟屬不解。此等尋常案件，何必如此多其詞説，以致眉目不清。案情牽混在姜晟不過牽連聲敘，爲自己及承審之臬司、知府等官豫爲地步。如案情不實，可以規避處分，豈核實辦公之道。著姜晟即將該犯唐勝入於本年秋審情實辦理。仍著傳旨申飭，並令將此案究係何人訪聞查辦，是否係臬司或由委審之知府等員審出，抑係該署縣自行檢舉在前之處，據實覆奏，毋得稍有含混，致干咎戾。

《清仁宗實録》嘉慶二十二年二月　丙子，諭軍機大臣等文寧奏遵旨飭屬化導教匪勉爲良善一摺，習教匪徒，顯背正教，自蹈邪僻，本係律應治罪之人。前經降旨准令自首到官免其治罪者，原因其真心改悔，雖暫時迷惑於前，即能翻然悔悟於後，是以特從寬宥，俾爲良民。該撫但當轉飭地方官出示曉諭，俾衆咸知，聽其自行投首，斷不可妄行招致。如有執迷不悟者，一經發覺，法令具在，禍福惟其自取，若不論其是否真心一例勸諭，則此時雖勉强順從，具結出教，冀免查拏，日久又必故智復萌，是革面而不革心，於前旨化莠爲良之意，仍屬誤會，設如祝現等各逆犯詭託姓名，自行投首，亦一體給予執照，編入良民册籍，更復成何事體，該撫仍當分别辦理，其實係愚民被惑，此時真心改悔，將家中舊存邪經圖像等件呈首到官者，驗明當堂銷燬，免其治罪，列爲良民。仍督飭所屬嚴拏祝現等各逸犯，認真查察，勿令真僞混淆，致涉疏懈，將此諭令知之。

詐騙財物分部

紀事

《漢書》卷一六《高惠高后文功臣表》　〔赤泉嚴侯〕臨汝孝景四年，侯毋害嗣，六年，坐詐紿人臧六百免。中五年，毋害復封，十二年，元光二年，有罪，免。

《史記》卷九七《酈生陸賈列傳》　元狩元年中，武遂侯平坐詐詔衡山王取百斤金，當棄市。病死，國除也。

《漢書》卷一六《高惠高后文功臣表》　元狩五年，〔嗣侯樂買之〕坐鑄白金，棄市。

（五代）和凝《疑獄集》卷三《孫寶稱鐶餅》 漢孫寶為京兆尹，有賣鐶散者，今鐶餅也，於都市，有一村民相逢，擊落鐶散者皆碎，村民甘填五十枚，賣者堅稱三百餘枚，因致喧爭。巡者領赴大尹，引問，無以證明。大尹令鞫吏買鐶散一枚，稱知分兩，乃都稱碎者，細折元數，其賣主承伏虛誑之罪，村民獲雪，衆謂神明。

（宋）桂萬榮《棠陰比事·司空省書》 漢沛郡民家貲二十餘萬，一男纔數歲，失其母。有一女，不賢。其父病，因呼族人爲遺書，令悉以財屬女，但遺一劍，云：兒年十五，以此付之。其後又不與兒。乃訟之太守，司空何武省其書，顧謂掾史曰：女性强梁，婿復貪鄙，畏害其兒，且俾與女，實寄之耳。夫劍者，所以決斷，限以年十五者，度其子智力足以自居，或聞州縣得以伸理，其用慮深遠如是。乃悉奪財還子。

（五代）和凝《疑獄集》卷一《薛宣追聽縑》 前漢時，有一人持一縑入市，遇雨以縑自覆。後一人至，求庇廕，因授與縑一頭。雨霽當別，因爭云：是我縑。太守薛宣命吏各斷一半，使人追聽之，一曰：君之恩。縑主乃稱寃不已。宣知其狀，拷問乃伏。

（宋）鄭克《折獄龜鑑》卷六《摘姦》 前漢時，潁川有富室，兄弟同居，其婦俱懷妊。長婦胎傷，匿之，弟婦生男，奪爲己子。論争三年，不決。郡守黄霸使人抱兒於庭中，乃令娣姒競取之。既而，長婦持之甚猛，弟婦恐有所傷，情極凄愴。霸乃叱長婦曰：汝貪家財，固欲得兒，寧慮或有所傷乎？此事審矣。即還弟婦兒，長婦乃服罪。

（宋）鄭克《折獄龜鑑》卷八《嚴明》 後漢鍾離意，爲會稽北部督郵。有烏程男子孫常，與弟並分居，各得田四十頃。並死，歲饑，常稍以米粟給並妻子，輒追計直作券，没取其田。並兒長大，訟常。掾史皆言：常並兒遭餓，賴常升合，長大成人，而更爭訟，非順遜也。意獨議曰：常身爲伯父，當撫孤弱，而稍以升合，券取其田，懷挾奸詐，貪利忘義。請奪其田，畀並妻子。衆議爲允。

《南史》卷七〇《傅琰傳》 齊高帝輔政，以山陰獄訟煩積，復以〔傅〕琰爲山陰令。賣針、賣糖老姥爭團絲來詣琰，琰挂團絲於柱鞭之，密視有鐵屑，乃罰賣糖者。又二野父爭雞，琰各問何以食雞，一人云粟，一人云豆。乃破雞得粟，罪言豆者。縣内稱神明，無敢爲偷。琰父子並著奇績，時云諸傅有理縣譜，子孫相傳，不以示人。

《梁書》卷五二《顧憲之傳》 〔顧憲之〕元徽中，爲建康令。時有盜牛者，被主所認，盜者亦稱己牛，二家辭證等，前後令莫能決。憲之至，覆其狀，謂二家曰：無爲多言，吾得之矣。乃令解牛，任其所去，牛逕還本主宅，盜者始伏其辜。發姦擿伏，多如此類，時人號曰神明。至於權要請託，長吏貪殘，據法直繩，無所阿縱。性又清儉，强力爲政，甚得民和，故京師飲酒者得醇旨，輒號爲顧建康，言醑清且美焉。

（宋）桂萬榮《棠陰比事·揚牧笞巫》 後魏李崇爲揚州刺史。有定州流人解思安背役亡歸，其兄慶問規絕名貫，乃認城外死屍詐稱是弟，爲蘇顯甫、李蓋所殺。有女巫楊氏託鬼附，説思安被害之苦。李蓋等不勝其楚，各自款服。崇疑之，乃遣二人僞從外來，詣慶賓，寄弟口信，慶賓悵然失色。崇乃攝而問之，即自引伏。數日間，思安亦爲人縛至，崇笞女巫一百，遂釋蓋等。

（唐）張鷟《朝野僉載》卷五 張鷟爲陽縣尉日，有稱架人吕元僞作倉督馮忱書，盜糶倉糧粟。忱不認書，元乃堅執，不能定。鷟取吕元告牒，括兩頭，唯留一字，問：是汝書，即注是，以字押；不是，即注非，亦以字押。元乃注曰非，去括即是元牒。且決五下。括詐馮忱書上一字以問之，注曰是，去括乃詐書也。元連項赤，叩頭伏罪。又有一客驢韁斷，并鞍失三日，訪不獲，經縣告。鷟推勘急，夜放驢出而藏其鞍，可直五千已來。鷟曰：此可知也。令將籠頭放之，驢向舊餧處，鷟令搜其家，其鞍於草積下得之，人伏其計。

《新唐書》卷一六九《杜黄裳傳》 杜黄裳字遵素，京兆萬年人。擢進士第，又中宏辭。郭子儀辟佐朔方府，子儀入朝，使主留事。李懷光與監軍陰謀矯詔誅大將等，以動衆心，欲代子儀。黄裳得詔，判其非，以質懷光，懷光流汗服罪。

《舊唐書》卷一六九《羅立言傳》 羅立言者，父名歡。貞元末，登進士第。寶曆初，檢校主客員外郎，爲鹽鐵河陰院官。二年，坐糴米不實，贓一萬九千貫，鹽鐵使惜其吏能，定罪止削所兼侍御史。太和中，爲司農少卿，主太倉出納物，以貨厚賂鄭注，李訓亦重之。訓將竊發，須兵集事，以京兆府多吏卒，用立言爲京兆少尹，知府事。訓敗日，族誅。

長安縣令孟琯貶硤州長史，萬年縣令姚中立朗州長史。以兩縣捕賊官受立言指使故也。初立言集兩縣吏卒，萬年捕賊官鄭洪懼禍託疾，既而詐死，令家人喪服聚哭。姚中立陰知其故，恐以詐聞，不免其累，乃以狀告洪之詐。仇士良拘洪入軍，洪銜中立之告，謂士良曰：追集所由，皆因縣令處分，予何罪也。故中立坐貶，洪免死。

（宋）**盧憲《嘉定鎮江志》卷二一《人物雜記》**　李德裕出鎮浙右日，有甘露寺主事僧訴交代得常住什物被前主事僧隱，用却常住金若干兩，引證前數輩皆有遞相交代割傳領，文籍分明。衆詞皆指以新得替者隱而用之。且初上之時，交領分兩既明，及交割之日，不見其金，鞫成具獄，伏罪昭然。然未窮破用之所。或以僧人不拘僧行而費之，以無理可伸甘之死地。引慮之際，公疑其未盡，微以意揣之，具實以聞。前後主之者，積年以來空交分兩文書，其實無金矣。羣衆欲乘此擠排，因流涕不勝其冤。公憫曰：此固不難，吾得之矣！立促召兜子數乘，命關連僧入對事，咸遣坐兜子，下簾子畢指揮門不令相見。命取黄泥各令模前後交付下次金樣，以憑證據。僧既不知形段，竟模不成。公怒，刻前數輩，等一一伏罪，其所排者遂獲清雪。

（五代）**和凝《疑獄集》卷一《子雲斷㹀牛》**　唐衛州新鄉縣令裴子雲有奇策。部人王恭戍邊，留㹀牛六頭於舅李璡養。五年，產犢三十頭，例直十千已上。敬還，乃索牛。舅曰：㹀牛二頭已死，還四頭老㹀，餘並非汝牛所生。恭憤之，訴於子雲。子雲令送恭獄，禁令收追盜牛賊李璡。惶怖至縣。子雲叱之曰：賊引汝同盜牛三十頭，藏汝莊內，喚汝共對。乃以布衫蒙恭頭，立南墻下。璡急吐欵云：牛三十頭總是我外甥㹀牛所生，實非盜得。子雲遣去敬布衫。璡驚曰：此是外甥也。子雲曰：若是，即當還牛，更欲何語？璡默然。子雲曰：五年養牛辛苦，與牛五頭，餘並還恭。一縣伏其明察。

《舊五代史》卷八八《晉書・張希崇傳》　〔希崇〕在邠州日，有民與郭氏爲義子，自孩提以至成人，因乖戾不受訓，遣之。郭氏夫婦相次俱死。郭氏有嫡子，已長，時郭氏諸親與義子相約，云是親子，欲分其財物，助而訟之，前後數政不能理，遂成疑獄。希崇覽其訴，判云：父在已離，母死不至。止稱假子，孤二十年撫養之恩；儻曰親兒，犯三千條悖逆之罪。頗爲傷害名教，安敢理認田園！其生涯並付親子，所訟人與朋奸者，委法官以律定刑。聞者服其明。

（宋）**桂萬榮《棠陰比事・張輅行穴》**　石晉時，魏州冠縣華村僧寺有一鐵佛，長丈餘，心中空。一旦云，佛能言。士衆雲集，施利填委。縣申州府。時高祖鎮鄴，命衙將尚謙持香奉供，且驗其事。有主簿張輅請與偕行。乃率人圍寺，盡遣僧赴道場。輅即潛開僧房，見有穴道及人，穴行至鐵佛坐下，因入空身中，厲聲歷數僧過，擒魁首數人上聞，就彼戮之。因以輅爲長河縣主簿。

（五代）**和凝《疑獄集》卷四《顯之勘詐契》**　趙顯之為閿鄉令時，一農家累歲借粟於富者。因別贏家給，當年不用貸借。富者貪利，怨之，以為借於別主。乃賂先保人，同捏借粟文字以騙之。不伏，訟於官。顯之曰：此易見耳。乃監保人、富者，各於一處，以物色審之云：般借粟時大車邪？小車邪？斗量邪？斛打邪？倉中邪？窖中邪？取狀相合，人各不同，遂伏騙賴之罪。

《舊五代史》卷一三〇《周書・慕容彥超》　初，〔慕容〕彥超常令人開質庫，有以鐵胎銀質錢者，經年後，庫吏始覺，遂言之於彥超。初甚怒，頃之謂吏曰：此易致耳，汝宜僞劗庫墻，凡金銀器用暨縑帛等，速皆藏匿，仍亂撒其餘以爲賊踪，然後申明，吾當擒此輩矣。庫吏如其教，於是彥超下令曰：吾爲使長典百姓，而又不謹，遭賊劗去，其過深矣。今恐百姓疑彥超隱其物，宜令三日内各投狀，明言質物色，自當倍償之，不爾者有過。百姓以爲然，於是投狀相繼，翼日鐵胎銀主果出。於是擒之，置之深屋中，使教部曲輩晝夜造，用廣府庫，此銀是也。

《宋史》卷二八五《劉沆傳》　大姓尹氏欺鄰翁老子幼，欲竊取其田，乃僞作賣券，及鄰翁死，遂奪而有之。其子訴於州縣，二十年不得直，沆至，復訴之。尹氏持積歲稅鈔爲驗，沆曰：若田千頃，歲輸豈特此耶？爾始爲券時，嘗如敕問鄰乎？其人固多在，可訊也。尹氏遂伏罪。

《宋史》卷一〇《仁宗本紀》　〔明道元年夏四月〕戊午，知棣州王涉坐冒請官地爲職田，配廣南牢城。

（五代）**和凝《疑獄集》卷四《韓億出乳醫》**　宋參政韓億知洋州日，

有大校李甲，以財豪於鄉里，誣其兄之子為他姓，賂里嫗之貌類者，使認之為己子。又醉其嫂而嫁之，盡奪其奩橐之物。嫂姪訴於州。及提轉，甲賂獄吏，嫂姪被笞掠，反自誣伏，受杖而去。積十餘年，洎公至，又出訴。公察其冤，因取前後案牘視之，皆未嘗引乳醫為證。一日盡召其黨立庭下，出乳醫示之，衆皆伏罪。子母復歸如初。

《宋史》卷四〇一《劉宰傳》〔劉宰字平國，金壇人〕紹熙元年舉進士，調江寧尉。**【略】**〔授泰興令〕鄰邑有租牛縣境者，租户於主有連姻，因喪會，竊券而逃。它日主之子征其租，則曰牛鬻久矣。子累年訟於官，無券可質，官又以異縣置不問。至是愬於宰，宰曰：牛失十載，安得一旦復之。乃召二丐者勞而語之故，託以它事繫獄。鞫之，丐者自詭盗牛以賣，遣詣其所驗視。租户曰：吾牛因某氏所租。丐者辭益力，因出券示之。相持以來，盗券者憮然，爲歸牛與租。

富室亡金釵，惟二僕婦在，置之有司，咸以爲冤。命各持一蘆，曰：非盗釵者，詰朝蘆當自若；果盗，則長於今二寸。明旦視之，一自若，一去其蘆二寸矣，即訊之，果伏其罪。

有姑訴婦不養者二，召二婦並姑置一室，或餉其婦而不及姑，徐伺之，一婦每以已饌饋姑，姑猶呵之，其一反之。如是累日，遂得其情。

（明）張四維《名公書判清明集》卷七《户婚門・孤幼・鼓誘卑幼取財》 黎定夫等六名利孫某之幼，教其私輒將田業，就張上舍、宋通判宅倚當，生錢共一百二十貫足，非所使用。内黎定夫等三名解受孫某錢、會，係欺詐取財，從盗論。黎定夫贓滿三十貫八百，合配本州。夏某贓滿一十五貫二百，合徒二年。劉庚四贓五貫五百文，合徒一年半。餘教誘卑幼，非理費用財産，合杖一百，編管隣州。李楶受孫某寄錢，共官會五百二十貫，據孫某及其母阿楊所供，並係李楶留此錢，欲爲鬻舉，以事體稍重，未欲盡情根究。蕭子章只就李楶名下借錢，已還，尚可闊略。孫某有母在，而私以田業倚當，亦合照瞞昧條，從杖一百。劉順爲牙保，亦當同罪。雖犯在赦前，然黎定夫等詐欺得財，陪涉卑幼，以破壞人家財産，殘害人家子弟，豈容罰不傷其毫毛。案備所供，申使、府取自施行。蕭子章放，餘名各知在聽候。

（明）張四維《名公書判清明集》卷七《户婚門・孤幼・叔父謀吞并幼姪財産》 李文孜蕞爾童稚，怙恃俱亡，行道之人，所共憐憫。李細二十三爲其叔父，非特略無矜卹之心，又且肆其吞噬之志，以己之子爲兄之子，據其田業，毁其室廬，服食、器用之資，雞、豚、狗、彘之畜，毫髮絲粟，莫不奄而有之。遂使兄嫂之喪，暴露不得葬，孤遺之姪，逃遁而無所歸。其滅絶天理，亦甚矣！縱使其子果是兄嫂生前所養，則在法，所養子孫破蕩家産，不能侍養，實有顯過，官司審驗得實，即聽遣還。今其不孝不友如此，其過豈止於破蕩家産與不侍養而已，在官司亦當斷之以義，遣逐歸宗。况初來既無本屬申牒除附之可憑，而官司勘驗其父子前後之詞，反覆不一。又有如主簿之所申者，上則罔冒官司，下則欺虐孤幼，其罪已不可逃，而又敢恃其强悍，結集仇黨，恐喝於主簿體究之時，刼奪於巡檢拘收之後，捍拒於弓手追捕之際，出租賦、奉期約之民，當如是乎？若不痛懲，何以詰暴！準勑：諸身死有財産者，男女孤幼，厢耆、隣人不申官抄籍者，杖八十。因致侵欺規隱者，加二等。厢隣不申，尚且如此，况叔姪乎？因致侵欺，尚且如此，况吞并乎？又勑：諸路州縣官而咆哮凌忽者，杖一百。凌忽尚且如此，况奪囚乎？又律：諸鬥以兵刃斫射人，不着者杖一百。斫射平人，尚且如此，况拒州縣所使者乎？合是數罪，委難末減。但子聽於父者也，李少二十一豈知子從父令之爲非孝。原情定罪，李細二十三爲重，李少二十一爲輕，李細二十三決脊杖十五，編管五百里，李少二十一勘杖一百，押歸本生父家，仍枷項，監還所奪去李文孜財物、契書等。李文孜年齒尚幼，若使歸鄉，必不能自立於羣兇之中，而劉宗漢又是外人，亦難責以托孤之任，此事頗費區處。當職昨喚李文孜至案前，問其家事，應對粗有倫敍，雖曰有以授之，然亦見其胸中非頑冥弗靈者，合送府學，委請一老成士友，俾之隨分教導，併視其衣服飲食，加意以長育之。其一户産業，並從官司檢校，逐年租課，府學錢糧，官與之拘榷，以充束脩服食之費，有餘則附籍收管，候成丁日給還。

（明）張四維《名公書判清明集》卷八《户婚門・遺囑・假偽遺囑以代喪》 范瑜放蕩無藉，乘范大佑神朝奉不禄，妄起覬覦，既教唆族人，使於范朝奉垂絶之際，登門伐喪，騙去錢、會，今又敢恃其破落，自行詐賴。鞫之囚圄，理屈辭窮，即無所謂遺囑，特鑿空誣賴，爲騙取錢物之地耳。國家大臣薨，肉未寒，而不肖之族已羣起而并吞之，此風俗之大惡，人情所同惡，不行重懲，無以戒後。范瑜勘杖一百，編管鄰州，所有范朝奉垂絶之際騙去錢物人，牒府第具姓名申來，以憑追究。院司引斷施行間，續據國子進士范渙等連名劄狀陳告，及范承議劄狀，乞從末減，范瑜本合照已判勘杖編管，以明堂赦恩適至，而范族尊長及小范佑神承議合辭有請，姑從輕，送州學決竹篦二十，聽讀三月，放。餘照前判。

（明）張四維《名公書判清明集》卷九《户婚門・違法交易・鼓誘寡婦盜賣夫家業》　徐二初娶阿蔡爲妻，親生一女六五娘。再娶阿馮，無子。阿馮有帶來前夫陳十三之子，名陳百四。徐二宜立嗣而不立嗣者，蓋阿馮母子專其家，不容立也。徐二慮之熟矣，恐身死之後，家業爲異姓所攘，乃於淳祐二年手寫遺囑，將屋宇、園池給付親妹與女，且約將來供應阿馮及了辦後事。徐二雖爲家業慮，亦未嘗不爲阿馮慮也，其遺囑可謂曲盡，阿馮可以生死無憾矣。夫何徐二身死未寒，里人陳元七用心不仁，欺阿馮孀處而貪謀之，坐使陳小三爲牙，啜誘阿馮立契，盜賣徐二家業。在法：諸財産無承分人，願遺囑與内外緦麻以上親者，聽自陳，官給公憑。又法：諸寡婦無子孫，擅典賣田宅者杖一百，業還主，錢主、牙保知情與同罪。今徐二之業已遺囑與妹百二娘及女六五娘，曾經官投印，可謂合法。而陳元七輒誘阿馮盜賣，若只以擅典賣之法定之，尚當勘罪追業，而況又係盜賣乎？陳元七、陳小三、阿馮三名，各勘杖一百，内阿馮年老免斷，監錢。家業追還徐百二娘、六五娘同共管佃，別給斷由，與之照應。仍仰百二娘照遺囑供奉阿馮終身，不得背棄。所有僞契，候府判廳給到日毁抹。

（明）張四維《名公書判清明集》卷一二《懲惡門・豪横・豪横》　當職入境，即有遮道羣泣，訴爲豪强方閻羅震霆百六官虐害者。既而纍纍道途，訴之不絶，無非横逆武斷，打縛騙乞，違法吞併，殺人害人之事。訴之者皆號呼告冤，嚙齒切骨，伏地流涕，諭之不去。當職自惟受公朝委寄，觀風問俗，鋤姦衛良，乃其職守，於是節次將楊珍、王伯昌、徐璿、章附鳳、方天驥、僧從定、嚴實、方注、方必勝、方日宣、洪千十五、鄭琇、魯士俊、彭元敷、程椿、程申等十六狀，送本州追究。方震霆豪横自若，拒追不顧。臺督之州，州督之縣，縣督之巡、尉，斷錮承吏，索取批書，然後徐徐出官，供帳坐獄，宴飲自如。獄吏非訖於威，則訖於貨，聲喏趨事，弗敢問也。本司索獄官批書，追獄吏點斷，然後具數條不法者申上。吁！豪强之可畏如此，其爲民害可勝計哉！詳諸公言，良亦可畏。承幹酒坊，儼如官司，接受白狀，私置牢房，杖直枷鎖，色色而有，坐廳書判，捉人吊打，收受罷吏，以充廳幹，嘯聚兇惡，以爲僕厮，出騎從徒，便是時官，以私酤爲脅取之地，以騙脅爲致富之原，吞併卑幼産業，斫伐平民墳林，兜攬刑死公事，以爲擾害柄欛。日引月長，毒遍閭里，怨結親族，雖其兄弟，亦不堪侵害之苦，莫不羣起而攻之。歛怨積惡，有如此者。而官司施行，每不能傷其毫毛，無他，豪斷取財，不義致富，不吝錢、會，以結有求之吏，不憚慇懃，以結無識之士，不惜寶貨，以結無耻之官。惟其積惡，勢燄熏灼，是以州縣猾吏，匍匐歸之。惟其財力足以搬使鬼神，毁謗足以欺惑王公，是以世之賢士大夫，亦有畏之者。今據本州左院所勘，雖未及其百之一二，震霆所招，未及其十之四五。如强騙財物，則以私酒解官爲名，騙去楊珍官會三百貫；以科排木爲名，騙去楊珍四十貫；又令程萬一等以私酒騙去一百二十貫；以洪辛一私飲，而騙取三百貫；以王伯闘飲酒，騙去三百一十五貫；以詹士俊私下飲酒，騙去一千貫；以徐璿醉入道場，則脅取樓店之地骨；因隅保催納官物，則騙乞三十五貫；因僧圓仁事，則取一百貫。此震霆供認强騙財物之一二也。如欺詐田業，則斫方得之柘林，拆方德之籬地，占其旗山、花尖塢山，占其徐氏屋前園業；又占方日宣塘頭住屋，又占其墻原園；又占方賢郎屋基；又不招李材等田税；又詐賴鄭琇魯畈田價錢五十貫足；又典鄭琇白泥畈田，詐賴其六十貫足；如典黄倉屋，則詐賴其二十五貫足；如買黄泥畈田，則又詐賴其五十貫足；又如鄭琇贖田，則多取其五十貫足；斷程石頭田根，而不還其錢、會；占據洪千九、周百四之屋宇；毁拆章附鳳之門闘塘石。此則震霆供認欺詐田業之一二也。此外如齊家與鄭琇交易，則拘奪其錢一百一十千足；如爲徐大監買辛氏之居，則拘奪其餘錢不還；如爲曹司户行嫁，則拘留他人器用。此震霆招認兜攬詐賴之一二也。至於同惡相濟如方愿，爪牙羽翼如楊千八、張明、童友，皆狠愎暴戾，不奪不饜。方愿則同震霆推其兄擲水之人，騙去章附鳳二百五十券，占去方德園、店、早田五項。楊千八則承震霆私引，勾追章附鳳，騙去一百五十貫，又騙去徐璿二十五千。張明則受震霆風旨，抄估徐璿屋舍，將徐璿縛打，又騙去附鳳五十券。童友則受震霆指揮，捉王伯昌私酒，勒其白納賞錢，又騙取徐璿二十五貫。此則各人供招乘勢欺騙之一二也。其他官府未及窮究之事，如逼死程再七、吴十四，打死馬元一、羅辛一、宋千二，去年又同爪牙楊千九、齊興等打死方姓人，皆有時日知見。其他姦私之事，不可具述，窮之則罪不勝誅，言之則汙人口頰。勑：諸人户吉凶聚會，州縣及坊務輒抑勒令買酒者，徒一年；諸强賣買、質借、投託之類，取人財物者，杖一百，鄰州編管，再犯者徒二年，雖會赦，配鄰州；諸税蒲十貫者，杖八十；諸典買田宅，以有利債負准折者，杖一百。律：諸毆兄者，徒二年半，叔父加一等。勑：諸公事追捕人乞取財物，以竊盜論，耆保同律；諸詐欺官私，恐嚇取財物者，贓五十疋，配本城。方震霆供認騙乞之數，計官會二千二百八十貫，見錢十五貫足，而欺詐田業與詐價錢不與，紐計絹五十餘疋，合決脊杖二十，配本城，以爲豪强武斷者之戒。當職重念震霆遠祖方宣教，在紹興年間，預名賢之數，子孫不讀祖書，罪惡至此，亦可悲矣！前賢之後，合從三宥，兼所招亦有係赦前者，特與從輕勘杖一百，編管南康軍。方願騙乞，紐絹計五疋，決脊杖十二，編管徽州。楊千八騙乞，紐絹三疋有零，決脊杖十二，刺方環，編管饒州。張明、童友各勘杖一百，編管建寧、衢州。章子宜爲人行賕分首官會，勘杖八十。餘人並放。應該震霆、方願，已供認退還田業及詐賴錢、會等，並一一責限監還，取詞人領狀，申。其酒坊請本州契勘，即日住罷，毋使一方之民，受此無窮之害。牒本州從條録問訖，即時引斷押遣，仍鏤榜州縣。并據饒州司理院申，具勘到王守善、徐必顯各是信州司理院推吏，準本司押下根究，爲承勘方百六官等違法害民等事，接受重賂，縱令供帳坐獄飲宴，不行根究，違慢等事情因，呈奉臺判：方百六官豪横一方，欺騙取奪，無所不至，弋陽之民，怨入骨髓，訟之者茫茫道路。本司訟獄，究勘不爲不嚴，而吏王守善、徐必顯乃接受重賂，縱令供帳坐獄，飲宴自如，更不根究申上，可見慢令。此乃手本嚴緊之事，猶敢如此，其他舞文弄法，以曲爲直，何可勝計。各決脊杖二十，配一千里，仍遍貼諸州軍獄。

（明）張四維《名公書判清明集》卷一二《懲惡門・豪横・為惡貫盈》

饒、信兩州，頑訟最繁，姦豪最甚。當職到任之初，首行下禁戢，繼又鏤豪民武斷勘正編配之榜，三令五申，非不切至。頑徤之徒，曾莫悛改。如鄱陽之駱省乙者，以漁獵善良致富，武斷行於一方，協人財，騙人田，欺人孤，淩人寡，而又徤於公訟，巧於鬻獄。小民畏其羅織，吞氣飲恨，敢怒而不敢言。去年九月，以妖教爲名，騙李有德見錢五十貫足。事既到官，拒追不出，文移半載，頑獷自如。本司僅將其同惡之子，決竹篦編管，姑欲開其自新之路。既不少懲，怙惡尤甚，蔑視三尺，擅寫知府都大右司銜位姓名，及當司姓名，標揭通衢，勒令民户出錢。甚至聚集兇徒，旗鑼梆鼓，吹風哨鹵，輪門叱喝，索錢索酒，所至雞犬一空，無異强劫。首招祝應麟、袁震龍論訴，繼招程安時、蔡景恭、李元三節節陳訴，無非脅財騙業，傷人害物之事。本司追逮，又復頑然，自春而冬，文移引匣，不知其幾積賄。不惟鄉閭畏之，而縣寨亦畏之，莫敢誰何。安坐堂奥，視臺府之追逮如無有也。方且分遣爪牙，多賫銀器，置局州城，賂公吏。若非本司捉獲，將行賕人、受賕吏勘斷編管，則駱省乙亦終於不出。且本司以刑獄法守爲名，正是鋤治騙脅之司存。今駱省乙敢爲姦慝，反以司存爲騙脅之張本，干犯刑憲，莫此爲甚。稂莠不除，終害嘉穀，豺狼不去，終禍鄉井。按律：諸詐爲官私文書以取財物者，準盜論。又律：恐喝取財，準盜論，加一等，從杖者，鄰州編管。又律：準盜論，流三千里。又勑：諸被追私逃者，加本罪二等。駱省乙騙李有德、祝應麟、袁震龍三項錢、會，自該絹十疋，而騙業拒追之罪不預焉。所當徒斷黥配，爲姦民之戒。以係修武郎之孫，姑從末減，勘杖一百，編管南康軍。其餘同惡之人，僉廳別擬，案後追斷。餘照擬行。所有贓銀，遣下東州州學，以助養士之用。

（明）張四維《名公書判清明集》卷一二《懲惡門・豪横・詐官作威追人於死》張景榮承領總所羅本，置子場招糴。此乃富民及攬户之職，總所初未嘗容其詐官作威也。景榮乃敢以攬户而行官稱，輒行書判，以筒鎖訊決而加於鄉人，其被害者非一。而寧細乙者，領錢入米，所欠不多，張景榮平時本與之同閭巷，相爾汝，而年齒又在其下。一旦乘此加無狀於寧細乙，以示無恐，其迫已甚矣。發覺之後，又敢把持計置，使覆檢官李巡檢，曲加藏匿於初檢官未檢時，意欲無人臨尸，使檢或不成，可以白脱罪罟。施於鄉人者既如此，施於官府者又如此。若非本司行不嚴峻，又有畢監税者循公盡職，討見分曉，則寧細乙之寃，終不得伸，而張景榮兄弟，愈見得志，虎視狼貪，一鎮之民，終無寧居之日矣。牒府將張景榮決脊杖十五，刺面，配鄰州。張景賢雖同冒官，但寧細乙縊於景榮樓下，則其心專怨景榮，而不及景賢。貼縣索上冒官白貼解來，特免斷。餘人皆爲景榮所使，併免研窮。畢監税送書長司，具呈薦舉。李巡檢放回任，别聽施行。

（明）張四維《名公書判清明集》卷一三《懲惡門・妄訴・以女死事誣告》　趙崇訴女身死事，不曾經本司，其本軍前此亦不曾具申。今據申到，詳其事情，見得趙崇情節分曉，以女死爲奇貨，誣言告騙，脅得錢即止。且崇之所以敢如此者，正以其所居在臨安，非惟不屬本司，亦不屬本軍，纔得錢後，飄然而逸，本司不得而問，此其情狀，有何難見？備申刑部，乞行下臨安，追押發下本軍，窮竟其罪，坐以正條，拘監騙錢，庶不漏網。仍牒本軍，更切申罪。

（明）張四維《名公書判清明集》卷一四《懲惡門・假偽・假偽生藥》

大凡市井罔利之人，其他猶可以作僞，惟藥餌不可以作僞。作僞于飲食，不過不足以爽口，未害也；作僞于器用，不過不足以適用，未害也；惟于藥餌而一或作僞焉，小則不足愈疾，甚則必至于殺人，其爲害豈不甚大哉！昨日買蓽澄茄一兩于市，此乃至賤之藥，所直能幾，六鋪供應，各當一錢六分，内李百五所供，不特陳腐細碎，而草梗復居其三之一。于賤藥且如此，況貴藥乎！供太守者且如此，況百姓乎！前後誤人性命，蓋不知其幾矣。勘杖六十，枷項本鋪前，示衆三日，仰歸求宋清傳觀之，學其所謂遠取利之道。仍備榜門。

（明）張四維《名公書判清明集》卷九《户婚門・違法交易・叔偽立契盜賣族姪田業》　觀黄貢士所爲，使人羞愧無地。士戴圓履方，學古問道，所以異於凡民者，以其仁義存焉耳。借出砧基，僞寫田段，移换粘綴，欲人不可得而辨，不仁也。黨與爲謀，私立價貫，府宅交易，欲人不可得而奪，不義也。施於族子者如此，是於所厚者薄矣。黄俊德不敢直指其叔，姑以黄延盜賣爲詞，而聽黄廷自糾其叔。若付之有司，所犯當不以蔭籍論。官司不欲因姪以坐叔，黄桂子與免罪，黄廷不合書契及立批領交錢，勘杖八十，陳秀不合作牙保押契，决小杖十五。案將黄俊德賫出契後批領，當廳毁抹附案，併將砧基簿批鑿訖，還黄俊德管業，餘人放。

《元典章》卷五二《刑部・詐偽・詐・詐寫大王令旨》　太原路申：歸問到徐謹招伏：不合於至元五年六月二十五日，因與王阿郭先奸，後避罪在逃，詐寫到阿只吉大王令旨，致被張山盤問倒，不能抵諱，罪犯。法司擬：舊例，詐爲官司文書，杖一百，其徐謹合杖一百。部擬：七十七下。省准斷訖。

《元典章》卷五二《刑部・詐偽・詐・又例》　省劄：送下行工部呈：　歸問到濟南軍户李良招伏：不合於鐵場内詐稱監察等事。法司擬：李良所犯，即係無官詐稱有官。部擬七十七下，省斷六十七下。

《元典章》卷五二《刑部・詐偽・詐・無官詐稱有官》〔至元十五年〕益都路申：爲鄭均詐造到牌，用金紙裹做金牌，作明廉暗察事。取得鄭均狀招：既是中都路李千户驅口小劉拐帶本使馬一疋，跟隨前來益都，不合虚對張斌詐説有皇帝聖旨，又有虎頭金牌，前來益都做明廉暗察，幹軍民公事。若有事發，先斬後奏。如此誘説，欲要伊女張花兒爲妻。因張斌道不見聖旨并虎頭牌，不招均爲壻，以此打到鐵牌一面，用金紙裹了，令張斌等覷訖，誘説與張斌女花兒爲壻。又不合對鄒玉、孫弼等詐説道有聖旨并虎頭金牌，充益都路明廉暗察，扇惑各人酒食。又令孫弼虚寫勾當事因。又招：不合詐説免了鄒玉軍役，詐寫皇帝聖旨裏、塔察大王福蔭裏，安童丞相鈞旨裏，軍户都暗察金牌，若有事發并公事，先斬後奏。如此扇惑各人罪犯。法司擬：除驅口小劉在逃，不即送官外，詐免鄒玉軍役係輕罪，并鐵作虎符牌，與張花兒爲壻，罪犯。若擬僞金牌，緣用金紙裹着，做金牌虚説，即係不應爲事理，合杖八十，亦係輕罪。又招：　家有聖旨、虎頭金牌，充益都路明廉暗察，若擬詐爲制書，别無施行文憑。止擬不合詐稱明廉暗察罪犯，舊例，詐爲官人，徒二年，其鄭均合徒二年。部擬：量決七十七下。省行下益都路歸結。

《元典章》卷四九《刑部・諸盜・雜例・詐認物合同真盜》　至元十二年十月，中書兵刑部大都路歸問麻合謀狀招：不合信從阿李言語，要訖本人鈔五兩與舊賊忽先分散，一同於調調出孩兒處詐認官駝一匹分付阿李。議得訖馬匹等物銷使罪犯。照得所買駱駝已經斷没入官，參詳麻合謀、忽先所犯，即係詐認，難同真盜刺配侵合斷罪。除已勾追阿里另行取問外，乞照驗事。省部相度：麻合謀並舊貼忽先所招罪犯，既無失訖駱駝，故意受錢識貨賣，即係盜詐，合同真盜刺配斷罪。仍將阿里歸問外，合下仰照驗，依理施行。

《元典章》卷五二《刑部·詐偽·詐·禁詐稱臺察奏差》 至元十六年九月，行御史臺：体知得有一等不畏公法歹人，妄稱行臺、按察司官差委察事，謀造印押，詐僞書寫文字，搧惑人民，取要錢物，深爲未便。合下仰照驗，用心暗行体察。若有似此歹人，捉拿得獲，牢固收禁，依理追問。如係詐稱行臺委去，劃時申覆照驗，更爲行移合屬，依上施行。

《元典章》卷五二《刑部·詐偽·詐·詐雕省印》 至元十七年，中書省捉獲王容詐雕行省并中書省印信，孛畫省官押字、行省保官咨示，賣与無根脚求仕人等，僞填敕牒，逐節罪犯，取問是實。聞奏過，已將爲首王容於市曹對衆処斷，其餘人等杖決外，省府今体知：各路、府、州、司、縣官并首領官人員，多無中書省照會，輒便礼任勾當。若不取勘是實，詐僞不無。合下仰照驗，速將各処無照會礼任官員，取問無照會緣由，及將所受宣敕、省扎，抄連開呈。若有似此人員，依上呈省，無令礼任。

《元典章》卷五二《刑部·詐偽·詐·詐稱舍人》 至元二十二年正月，行御史臺准御史臺咨：訪聞近者有不畏公法之人，詐爲貴勢子弟，稱曰舍人，從徒連騎，凌脅平民，因行姦盜。長此不問，恐別生非違，不可以爲細事。今後，在都兵馬司及外路官司應捕人等，各宜嚴行緝捉。如有違犯之人，取問首從，招證明白，痛行懲戒，牒發籍貫官司收係施行。庶幾小懲而大戒，不致長惡以病民。本臺除外，咨請照驗施行。

《元典章》卷五二《刑部·詐偽·詐·詐騎鋪馬斷例》 至元三十年五月，福建行省挑通政院呈：近挑經歷司焦承事呈：江西整治站赤，至袁州，捉獲詐騎鋪馬人劉斌一名，解院，發下鎮江路，審責得招伏：係是替軍人，元充江西轉運司奏差，告閑。不合至元二十九年十二月十四日，欲去廣東道尋覓勾當，詐稱海北道廉訪司奏差，僞寫袁州分宜縣水站牒文該：賫擎御寶聖旨一道，起馬一疋。至吉州路安福縣，倒給印信文字，起馬，經由一十二站，詐騎鋪馬，関支分例，罪犯。本院移准大都通政院咨：至元三十年三月初五日奏過事内一件：劉斌小名的漢兒人，詐稱廉訪司奏差麼道，十二個站裏騎著鋪馬行的盤問拿住也。杖子裏敲着呵，怎生？麼道奏將來。那裏城子裏官人每依体例打，合打一百七下有。麼道，俺根底也與將文書來有。麼道，奏呵，那般者。麼道，聖旨了也。欽此。

《元典章》卷五二《刑部·詐偽·詐·詐傳省官鈞旨》 大德八年十月，江南行臺准御史臺咨：承奉中書省劄付：來呈：行臺咨：監察御史問到江西行省令史成元邦狀招：不合於大德七年九月二十七日，因爲徐幼儀告宗季和過割田糧等事，詐傳省堂鈞旨，令龍興路提控案牘具呈本路，迴避見行司吏。不曾斷過如此体例。本臺看詳：宜令合干部分定擬。具呈照詳。送刑部議得：行省令史成元邦所招，詐傳行省官鈞旨，分付公事情罪，量擬決四十七下，罷見役，別行求仕，摽附，相應。都省準拟，仰依上施行。

《元典章》卷五二《刑部·詐偽·詐·詐雕縣印》 中書刑部：爲三叉口河渡司歸問到周福、陳中山招伏：爲遺失訖元引，周福主意，用蘿蔔詐刁鹿邑縣印，寫到文引渡河，罪犯。周福，決五十七下；陳中山，決四十七下。

《元典章》卷五二《刑部·詐偽·詐·詐申漂流文卷》 大德八年三月，行臺准御史臺咨：海北海南道廉訪司申：瓊州樂會縣虚申：大德六年八月十三日戌時，巨風大雨，潦水泛漲，推倒廨宇，淹没本縣文卷九百一十三宗。取到各各招伏。除將典史唐有孚，司吏吳文惠依招斷罪，罷役不叙外，挑本縣官達魯花赤駙駙、縣尹王英、簿尉李德用通同商議，因風水泛漲，將已救獲大德三年至大德六年終已未絶文卷九百一十三宗，奉到安撫司旨揮全未施行三十四道，妄申洪水漂流一空，欺詐上司，罪犯。全廢一縣事務，杜絶照刷，原情爲重。各決四十七下，罷職，別行求仕。緣係为例事理，咨請照詳。呈奉中書省劄：送刑部議得：樂會縣官吏將本縣文卷九百一十三宗并見行文字隱匿，妄申洪水漂流。廉訪司追究到官數内，有干碍盜賊人、僉係官錢粮等事，已招明白。除典史、司吏斷罪罷役外，挑達魯花赤駙駙、縣尹王英、薄尉李德用所招，各決四十七下，解見任，降一等叙用，相應。都省准擬，除外，仰依上施行。

《元典章》卷四六《刑部·諸贓·取受·軍官詐死同獄成不敘》 延

祐元年二月日，江南行臺淮御史臺，承奉中書省劄付來呈備河南道廉訪司申：軍户牛洪等告本管軍官百户祝脱木兒多取息錢，齊斂尅落軍人賞錢等項不公，衆證明白。本官捏合虚詞，詐稱身死，欽遇詔赦，罪經原免，却行還職，比例合同，獄成，罷職殿降，原要錢物追徵給没，恐有未盡，送。據刑部呈，議得：百户祝脱木兒放與本軍人李胖兒錢債二百兩，寫作本利相對，及要訖軍人張進小賈中統鈔一千四百八十兩，白小馬一匹，尅落軍人賞錢一百五十兩。牛洪等告發到官，指證明白。伊父祝老稱伊男祝百户因患風濕病於皇慶元年六月十一日身死。欽遇赦恩，還職勾當。以此參詳，百户祝脱木兒所犯，自知罪重不敢出官，詐稱身死誑謾官司。欽遇赦恩，却行還職。比之在逃同獄成，情理尤甚。擬合罷職不敘，以戒其餘相應。具照詳，都省准擬，仰照驗施行。

《元典章》卷五二《刑部·詐僞·詐·詐僞印信》　延祐六年閏八月，江南行臺淮御史臺咨：承奉中書省劄付：延祐六年五月初二日，奏過事内一件：近年以來，僞雕假印、押字支取錢粮的也有，委付勾當保來的文書也有，又合流遠去了的人每，教自己迴來者。麽道行了文書的也有。爲在先侶那般假雕刻印信、押字人每的罪過定擬的輕了的上頭，不改有。又軍情勾當里雕假印、押字，交行文書呵，扇惑百姓，若不嚴切整治呵，不中也者。今後斟酌勾當輕重，一兩个合処死的処死，合出軍的交出軍；同伴來的，斟酌着他每的罪過，比先例加一二等要罪過呵，怎生？奏呵，奉聖旨：那般者。欽此。都省除外，合下仰照驗，欽依施行。

《元史》卷一九二《良吏傳·林興祖》〔林興祖〕知鉛山州。鉛山素多造僞鈔者，豪民吴友文爲之魁，遠至江淮、燕薊，莫不行使。友文奸黠悍鷙，因僞造致富，乃分遣惡少四五十人，爲吏於有司，伺有欲告之者，輒先事戕之，前後殺人甚衆，奪人妻女十一人爲妾，民罹其害，銜冤不敢訴者十餘年。興祖至官，曰：此害不除，何以牧民！即張牓禁僞造者，且立賞募民首告，俄有告者至，佯以不實斥去，又有告獲僞造二人並贓者，乃鞫之，款成。友文自至官，爲之營救，興祖命並執之，須臾，來訴友文者百餘人。擇其重罪一二事鞫之，獄立具，逮捕其黨二百餘人，悉置之法。

《元史》卷一九二《良吏傳·觀音奴》　寧陵豪民楊甲，夙嗜王乙田三頃，不能得。值王以饑携其妻就食淮南，而王得疾死，其妻還，則田爲楊據矣。王妻訴之官，楊行賄，僞作文憑，曰：王在時已售我。觀音奴令王妻挽楊，同就崔府君神祠質之，楊懼神之靈，先期以羊酒浼巫囑神勿泄其事，及王與楊詣祠質之，果無所顯明。觀音奴疑之，召巫詰問，巫吐其實**【略】**觀音奴因訊得其實，坐楊罪，歸其田王氏。

《大誥·妄告水災》　鎮江丹徒民有告水災者曹定等，所告二百三十七頃，所踏止一百六十五頃。踏官拘草藁而視之，其藁中之辭曰：某頃某坵，可作某頃某坵。以熟作灾，以灾作熟。初，朕聞水灾，急令人踏，意在賑濟佃户，有産之家罷給，豈期刁詐之徒有此。所以各處有司，每逢人間水旱灾傷，往往不受理者，爲其刁詐之民相累也。且如丹徒曹定等，以熟作荒者六十八頃九十八畝。本家田萬畝有奇，以熟作荒者四頃七十三畝。彼爲狀首，將民間餘灾不報，以荒作熟，坑陷善良。爲此，着修城一百五丈。嗚呼！鎮江府京師羽翼之郡，肇基先勞之民，天下既平，數免徵税，止是當夫。自洪武十四年免徵秋夏税粮，至洪武十八年，五年並不曾徵税。今年妄告水災，竟不知奸出何意！所以不赦者，爲此也。

《大誥三編·安慶解課》　安慶府將洪武十七年冬季魚課鈔三萬九百七十四貫，差業户徐應隆等管解赴京交納。本人解赴京師聚寶門河下，覘視動静。自十八年三月至十九年三月，計一年之上，不行進納，通同前户部侍郎張易，意在埋没，侵欺入己。其張易别爲贓私，已行提下，以致課程一向不曾入官。其望江縣吏汪誠接管本縣户房事，檢驗得文案内有起解課程數目無實收入卷。本吏詢問本鈔在京師聚寶門河下隱藏，其吏徑赴京師，面陳其情，朕將本吏擢爲户部司務。其作弊，意在隱謾三萬課程鈔入己，及至首發，已自用過一千一百二十三貫，所以徐應隆等盡行治以死罪。噫！忘生舍死，偃兵息民，辟土開邊，如此功歸賞不過二十萬文，上者匹不過十表裏。今此弊，户部試尚書茹太素首銜，張易公然作弊。若無餘罪攬擾被監，設使無事而弊成。張易爲之弊首，太素未知何如？嗚呼！如許大錢糧，豈有聊銜而忘其計者！今張易被誅，太素曲法而免。

《大誥武臣·監工實囚》　留守中衛千户郭成，差他監領囚人砌城。他接受囚人舒餘慶等鈔三百貫，將他賣放回家，却將鈔六十一貫，去土工宋官保處買到死尸一箇，頂做舒餘慶相視埋了。事發，免死發金齒充軍。

他爲貪財了，將有罪的人賣放，却將一箇千户的名分弄壞了。有這等薄福的小人。

《大誥武臣・勾軍作弊》永平衛所鎮撫馮保，他本衛差他去仁和縣勾逃軍沈福七、謝福二兩名。他到那裏，勾到沈福七親兄沈福六。他接受本人銀十兩、鈔四十貫、白綾襖子一件、綿布二疋，將本軍脱放，却拿里長施一代他解官，又將百姓謝一打要招做逃軍謝福二解官。事發，貶去金齒充軍。他本等的正軍，將脱放了，却將好百姓拿去替他做軍。如此害人，着百姓每埋冤負屈，你怕他這等人能勾長久。

《明英宗實録》正統元年三月〔戊辰〕錦衣衛卒皇甫經冒稱校尉行事，取人財物。事覺，下法司，詞連兵部侍郎李郁、陝西參政李約、備邊都指揮徐政。云約嘗爲兵部郎中，受經賂，編其伍於錦衣衛。郁以經鄉人，當政署事錦衣時，囑遣經捕亡卒於陝西。法司以聞。上曰：郁爲大臣，可私托邪？政之遺人，其同官豈有不知者？姑止勿逮，俱令自陳。命法司執約等鞫之。

《明英宗實録》正統三年冬十月〔己巳〕廣西桂林中衛總旗唐肆見猺人潘才賢等家富田饒，意圖之，因隨都指揮胡成征進，僞報才賢等隱賊當剿，成令百户章膻、葉馬廉之，膻等從肆僞言，率軍殺虜其人，分有其産，後膻等欲首，肆復納賂使隱之。巡按御史等官以聞，兼劾成戒飭弗嚴。上詔成自陳，餘命御史擒治如律。

《明英宗實録》正統九年秋七月〔丙寅〕京師仰山寺僧金和尚，自稱王太監門僧，詐罪人金銀數百兩，例贖罪還俗。刑部尚書金濂言其污佛氏之清規，玷忠良之名節，鬼神共怒，陰譴昭彰，難以例論。上是之，命充鐵嶺衛軍。

（明）吴訥《祥刑要覽》卷中《江分表裏》陵州仁壽縣有里胥洪氏，利鄰人田，給之曰，我爲收若税免若役，鄰人喜，劃其税歸之。踰二十年，且僞爲券，以茶染紙，類遠年者，訟之于縣，縣令江某郎中，取紙卷展開視之，曰，若遠年紙，裏當色白，今表裏如一，僞也，訊之果伏。

（明）吴訥《祥刑要覽》卷中《章辯朱墨》侍御史章頻知彭州九隴縣時，眉州大姓孫延世爲僞契，奪族人田，久不能辯，運使委頻驗治，頻曰，券墨浮朱上，决先盗用印，而後書之，既引伏，獄未上而其家人復訴于轉運，更命知華陽縣黄夢松覆案，亦無所異，黄用是召爲御史。

（明）吴訥《祥刑要覽》卷中《郎簡校券》侍郎郎簡知竇州，有掾吏死，子幼，贅壻僞爲券，取其田，後子長，屢訴不得直，因訴于朝下，簡劾治，簡以舊案示之曰，此爾婦翁書？曰，然。又取僞券示之，弗類，壻乃伏罪。

《明孝宗實録》弘治元年三月〔庚辰〕初，河南鈞州民米忠妄稱有黄白術，因尚衣監太監李禧，進陞太常寺四品散官，賞銀三百兩，鹽六萬引，後還鈞州挾勢害人，以賤直市鄰人居，又匿所貸于氏白金不還，于氏發其事，至是事覺，命逮下錦衣衛獄鞫治之。

《明孝宗實録》弘治元年四月 庚申初，河内人李恕，以符録經呪惑人，因得出入内府。嘗因内侍王聰請托驗封司郎中曾鑑于朝，鑑不許。又嘗假太監韋釗書，以物遺武選司郎中范綱、陳洵，綱及洵家人受之，以事託宛平縣知縣狄宗文，宗文許之。恕因而詐取人財物，前後以百數。又嘗以應禁書寄錦衣衛百户王龍。緝事首發其姦，詞所連及四十人，獄具。上命杖恕百，並王龍發邊（遠）充軍。鑑坐與内臣相見，贖杖還職。洵、綱適當考察，降外任。宗文冠帶閑住。餘贖罪決杖有差。

《明孝宗實録》弘治十四年三月 丙辰，山西按察司副使吴道寧，坐家人誆騙事發，爲巡按監察御史謝綬所劾，命冠帶閑住。

《明孝宗實録》弘治十四年十二月 丙辰，京營旗牌官都指揮藍敬指揮秦傑等四人，坐于陝西萌城等處挾勢冒報功次，而游擊將軍趙鉉庇之，爲紀功御史王用所劾，命逮問敬等，如事干鉉，令兵部再議以聞。

《明武宗實録》正德五年二月〔甲辰〕罰正一真人張彦頨米一千石，仍禁其家不得鬻符籙。先是彦頨家人寧等持真人府批乘傳往來廣東諸處，鬻符籙，因採取古物藥材，爲僉事吴廷舉舉劾，勘實，乃罰彦頨而發寧等戍邊。

（明）佚名《四川地方司法檔案》潼川州呈令將問完犯人馮仁貴等招册理合伏乞照詳施行須至册者。

壹，問得：壹名馮仁貴，即胡仁貴，年肆拾歲，潼川州蓬溪縣蓬溪鄉民。狀招：嘉靖肆年，故父胡任忠將仁貴送與已故馮相學藝染匠生理，向在馮相家住食。嘉靖捌年正月内，馮相備價肆拾伍兩，買在官謝貢故父謝應澄街基房屋前後肆間管住。比馮相因娶伊已故妻李氏無出，討在官李守俊未到女李氏引枝爲義女。嘉靖玖年陸月，馮相病故。嘉靖拾叁年貳月，李氏招在官監生蘇通故父蘇英俊上門爲夫。嘉靖拾陸年，李氏將仁貴逐回胡宅訖。嘉靖拾柒年伍月，仁貴將板倉壹眼憑在官苟月連並未到胡遷忠爲中，賣與蘇通，得價肆兩未拆。嘉靖貳拾伍年，李氏將女引枝嫁與在官劉價爲妻訖。嘉靖貳拾柒年叁月内，蘇英俊病故。本年伍月拾捌日，李氏將前買謝應澄街基房屋四間憑劉價並李守俊及在官蘇迴照依原價肆拾伍兩立契賣與蘇通爲業。前項街房向是李氏在官侄李松並在官崔守衾店住。本年玖月，李氏患病卧床，李氏將自帶金銷一根重肆錢柒分與李松在官妻梁氏接收間，時有李守俊見視，向蘇通説知。伊具告陳知縣處，准批翟典史行拘梁氏到官，執係李氏親與，恐有不的，隨差在官陰陽生王斛押同前去李氏家，向説金銷壹根係伊親與梁氏等情，回呈本縣發落訖。本年拾月貳拾日李氏病故。嘉靖貳拾捌年柒月，蘇通前來仁貴家拆搬前倉。比仁貴就不合阻當，不容拆卸。蘇通不忿，具告本縣，准拘仁貴，又不合不出歸結。嘉靖貳拾玖年貳月，仁貴見得李氏病故無證，要得混佔蘇通買明李氏街房，商同李松，各不合假寫馮相、李氏存日將街基分與貴、松貳人承受。分書貳紙，希圖混騙。仁貴又不合隱姓，捏稱父母馮相、李氏止存貴、松貳子，將街房各分管業，被本縣奸豪蘇英俊倚男無耻罷道監生勢惡，知母積有本錢，計合光棍將母李氏强娶爲妻。英俊、李氏俱故，今被蘇通見得貴、松善弱，惡心貪□，買合光棍，假契謀佔街房。貴、松告縣，仍被蘇通架捏扶臺，戀囑本縣久監等項虚情，於本年貳月初柒日赴四川布政司告准。蒙批：仰州吊問招詳繳。蒙州牌提仁貴、蘇通等到州研審間，各執拗不服。連人帖發本縣陳知縣勘問，比仁貴又不合仍前硬執不服。本縣具由，連仁貴、蘇通、李松、梁氏、劉價、李守俊、王斛、苟月連、崔守衾、謝貢、蘇迴，並在官胡銀中、仲國朝、錢榮山、胡本相、張文等申解到州，隨蒙署印祁推官審得，李氏所遺房屋，蘇通出價已買明白，實係仁貴假契捏情妄告是的。前項街房斷令蘇通照契管業，梁氏金銷審係李氏存日親與，免追。仁貴假契分書貳紙，塗抹附卷。仍給帖執照，以杜後争，再無異詞。今蒙取問罪犯。

壹名，李松，年叁拾伍歲，係蓬溪縣民。招同。

拾肆名口：蘇通，年叁拾伍歲；梁氏、劉價、李守俊、王斛，各叁拾歲；苟月連、崔守衾、謝貢，各肆拾歲；胡銀中、仲國朝、錢榮山，各肆拾伍歲；蘇迴、胡本相、張文，各叁拾貳歲，俱蓬溪縣民。各供同。

壹，議得：

胡仁貴等所犯，胡仁貴除侵佔他人宅罪名不坐外，與李松俱合依不應得爲而爲之事理重者律，各杖捌拾。俱有《大誥》减等，各杖柒拾。俱民，審胡仁貴、李松俱無力，候詳允日，各照例的决，與供明蘇通、劉價、梁氏、李守俊、王斛、苟月連、崔守衾，謝貢、蘇迴、胡銀中、仲國朝、錢榮山、胡本相、張文各發寧家。蘇通係監生，照舊聽選。

(明) 佚名《四川地方司法檔案》 壹起爲積年里長侵收錢糧借貸坑併監苦事。

壹名陳九槐，年陸拾歲，成都府崇慶州江源鄉民。狀招：本州原額廣豐倉夏秋本色米壹千柒百肆拾玖石貳斗，遞年編僉解户，督率排年催收運倉完納，掣取通關銷繳。嘉靖貳拾柒年，本州將在官王俊仕，即王俊，未到劉討兒、靳伯秀、周義、古珣、鄭興、段永全、談廷茂、楊萬孜俱以丁糧編僉該年分該倉解户各壹名。王俊作批頭，督押在官排年蔣珠、方粟、郭睿爵、秦汝賢，未到萬興旦、楊恩堂、李梁爵等各該鄉糧米催收完足，赴州給文起運，赴司府轉文發倉。運納間，比九槐要得誆攬，就不合故違内外倉場糧草不拘起運存留，但有包攬誆騙不行完納，事發問罪，責限叁個月以裏完納者，照常發落；過期不完者，盡其財産陪納，發邊衛充軍；經年不完者，仍枷號壹個月，照前發遣事例，與在官弟陳九吉，亦不合同向王俊並伊在官户丁王廷舉誆説，將你督押糧米付與我替納，等我於内抽些與你分用，豈不是好等語。比王俊與王廷舉各就不合聽允，就將督押先存今故納户周冲名下催運陸拾陸石伍斗柒升，王俊又不合於内抽分肆石，侵欺入己，捏作通關使費，止將陸拾貳石伍斗柒升憑在官周景茂亦不合在内攬與，九槐又不合於外多索周冲加添米壹拾陸石柒斗肆升貳合伍勺，值銀壹拾兩零伍分入己，比劉討兒等各將督押蔣珠、方粟等米陸續運倉完納訖，九槐又不合將前攬糧米侵欺，不行完納。嘉靖貳拾玖年伍月内，王俊思得九槐誆攬前糧，侵欺不完，恐後事露，要行掩飾，又不合具狀，捏稱被里長周冲、楊恩堂、秦汝賢等恐後貧弱難完累及伊，願憑未到保户馮汝愚立寫自運文約，與俊收執等項虚情，於本月拾叁日告赴本府，蒙准。行提間，周冲見得九槐將米詐侵不完，本州追併，不忿，將情具狀，於本年拾壹月拾叁日告赴本府，蒙准。送本府管糧楊通判行提間，九槐要得搪抵，又不合捏稱王俊等復排年周冲，未托九槐去冲家，付未壹半，仍寄冲家。俊説莫不付與我替上，俊抽米肆石，偏手壹兩伍錢，勒使用銀叁兩伍錢，冲欠米捌石，只得雇舡載至牛尾寺，舡破失米，難上坑陷，被貳拾陸年在官解户易朗、何嚴政、方早、文運亨借米叁拾石等項虚情，訴赴本府。並提問，王俊仍要搪飾，又不合具狀，捏稱有街棍周冲，該糧陸拾陸石，見俊貧弱，憑侄周景茂立寫自運，附串伊將糧收受坑併等項虚情，及添在官花户楊萬英、楊碧姓名在狀，告赴本府，蒙准。並行本州提解九槐與王俊等前來，責令保候聽審間，周冲於嘉靖叁拾年正月初五日病故，行拘伊在官妻嚴氏到官，蒙本府蔣知府逐一研審：九槐委係謫同解户頭王俊詐攬周冲糧米陸拾陸石伍斗柒升，外索加米壹拾陸石柒斗肆升貳合伍勺，於内王俊抽分正米肆石，捏作通闗使費，以致九槐就將前糧侵欺不納，及見事露，各捏虚詞，希圖搪抵等情明白。將九槐等取問罪犯外，結得每米壹石價銀柒錢，每銀壹兩值鈔捌拾貫，招結是實。

肆名：王俊，年柒拾歲；陳九吉，肆拾歲；王廷舉，伍拾歲；周景茂，陸拾歲，俱崇慶州民，各招同。

壹拾名：何嚴政，年貳拾歲；方早，叁拾歲；文運亨，肆拾歲；楊萬英，肆拾捌歲；楊碧，柒拾貳歲；易朗，伍拾歲；蔣珠、方粟、郭睿爵各陸拾歲；秦汝賢，叁拾伍歲；嚴氏，伍拾歲，俱該州民婦。各供同。

壹，議得：

陳九槐等所犯，陳九槐、王俊各除誣告並不應罪名不坐外，王俊合依起運官物解物人，若有侵欺者，計贓以監守自盜論，肆拾貫律，斬，係雜犯，准徒伍年；陳九槐依詐騙人財物計贓准竊盜論，免刺，壹百貳拾貫罪止律，杖壹百，流叁千里；陳九吉、王廷舉、周景茂俱依不應得爲而爲之事理重者律，各杖捌拾。俱有《大誥》減等，陳九槐杖壹百，徒叁年，陳九吉、王廷舉、周景茂各杖柒拾。俱民，陳九槐、陳九吉、王廷舉、周景茂審俱無力，王俊招年柒拾，候申詳允日，各照律例，陳九槐定發衛要驛遞，照徒年限擺站，滿放；陳九吉、王廷舉、周景茂各的決，王俊依律收贖。各完日，與供明蔣珠、方粟、郭睿爵、秦汝賢、易朗、何嚴政、方早、文運亨、楊萬英、楊碧、嚴氏各寧家隨住。陳九槐仍行責限叁個月，不完者，另行呈請定衛充軍。經年不完者，枷號壹個月，照前發遣。

《明神宗實録》萬曆十九年三月〔己亥〕應天府崔一麟慣雕假印，與税糧科書手張濟男、張文炳、張文煒假印闗文，盜領官銀。又有杜一鯉僞造劄付，先後騙賣。其同夥王章亦以詭劄付冒頂衣冠，刑部審：將崔一麟、杜一鯉依律論斬。王章擬戍，張文煒亦依監守自盜庫錢論斬。着各依擬處決。

《明神宗實録》萬曆二十七年五月〔壬申〕兵仗局奉御劉福安奏：奸商張佩包攬本局軍器錢糧，並無物料鋪墊輸局，仍硬奪官銀九千兩。上命錦衣衛逮治佩等，仍詔工部，别僉啓實鋪户承辦。工部言：張佩所領頂支銀三萬兩，該局盡數追入，幾及一年後來新僉鋪户，安從措辯。上令該局追入者行令自辯，完日具數過部開除，餘照原題補給。另僉鋪户辦送，該局會同科道驗收，不得冒破。

《明神宗實録》萬曆三十五年五月〔乙亥〕錦衣衛千户羅文魁等以故軍空籍，支米數多，發覺，下法司嚴行究問。革職武弁宗立等，以冒支糧米，並下法司嚴究。

《明神宗實録》萬曆三十七年三月〔庚戌〕獲紹興人唐信聚、陳應明，以假印、僞敕、妖書誘蔣良才，共詐人財物。刑部移南京法司究擬。

《明熹宗實録》天啓七年七月〔辛巳〕鎮撫司奏問過走空詐騙犯人事。得旨：這犯人顧汝翼通同孫如洌作奸犯科，贓私畢露，既經究問明白，孫如洌著削籍爲民，追奪誥命，錦衣衛拏送鎮撫司同顧汝翼一並嚴究，其贓銀三千五百兩立限嚴追，以助大工，贓完日送刑部依律擬罪。姜玉蕙交比匪人，著削籍爲民，追奪誥命。

（明）蘇茂相《新鐫官板律例臨民寶鏡》卷七《嚇詐類審語·栽贓扛陷》審得林元和即林元惠，自稱途遇盜羊賊陳恭，扭送巡司申詳本縣。其羊有贓無主，心固疑之。當行鋪禁需羊主發落，於今四十餘日，焉乃竟無認者。方知元和怒恭取傭之不遂，捐一羊而栽陷無辜。眇卑官之易凌，坐囑託而逼寫供狀。陳君選之辨辭有由然也，不然白晝遇牽羊，何以識認爲贓物。亡羊不數里，何以一月無跟尋。栽贓誣陷，不法之民劇於賊矣。擬杖薄罰，烏容免乎。

（明）蘇茂相《新鐫官板律例臨民寶鏡》卷七《嚇詐類審語·威禁勒詐》 陳建勛不合捉獲海艘，寢匿藥材，僱人挑販，以致林三輩之拿挾禁逼寫供狀也。罪以漏匿，夫復何辭。林德、林三等何物豪奴，倚官勒詐，執縛建勛於曠野無人之處，盡意草稿，捏撰口供，何其豪也。猶然自恃把持在手，出之公堂，以爲建勛番貨之口實乎。不知逼打成招之券，自認之而自證矣，又何其愚也。搜藥囊諸品，不過大黃、黃柏云耳，既非蘇木，又非胡椒，殊無足爲建勛罪也。但勛此物，試問買之何肆？亦無辭以辯。其爲海舟縱放所得也無疑。而海船而龔都護實主其放行，於建勛又無尤也，勛坐以竊，林三等坐以横，並杖。

（明）蘇茂相《新鐫官板律例臨民寶鏡》卷七《匿名類審語·私和詐稱投匿》 劉弘二原告鄭汝達等，今却諱爲未告，而何人匿告，殊可笑也。匿者仇弘二耶，以爲仇弘二則何不告直弘二，而乃托弘二以告人。仇諸人耶，則何以一人仇而總載弘二名下。況拘牌至於十九日，弘二果知無干，則當時即合辯明矣。胡爲乎遲至五日以後，而始來鳴虚哉？五日之中說合和好，局成計就，而後得衆口一詞，原被推閃乾净，坐縣官於黑地耳。遂若其奸計，告鳴則允之，告匿則更允之，一場官事，一場生意，奸民背地之揶揄，當後不可撲滅，而將來投匿之習慣，愈不可窮詰矣。重責嚴枷示儆。

（明）祁彪佳《莆陽讞牘》卷一《本府一件欺孤騙業事》 審得徐天蕃、天綬幼而父徐宦厭世，藐焉諸孤，鬻寸土以供營葬，而傍耽者即視之爲几上肉也。黄衷升等之置產，契非不正，中非不明，然而其欺稱以薄其酬，則升等之心路人所知也。今天蕃兄弟稍長矣，其忍使父遺壟畝盡爲他人有乎？告贖、告找良有以也。如黄衷升、黄喬壽之十四畝九分，孟萬和之五畝八分，余弘基之十三畝八分，皆願聽徐氏之贖，所應照契還價，各立退契，以永爲徐氏產者也。如林藩畿之五畝八分，而正價祇一十二兩，李九四之十二畝一分，而正價祇六十兩八錢，雖曰瘠土，恐亦無此賤售。所應令林藩畿找價二兩，李九四找價一十二兩，稍足前價，仍應聽林、李管業者也。其贖者不得零星短少，其找者亦不許藉口挨延。既贖之後，當即割户認糧，各遞認狀。既找之後，天蕃、天綬亦當再立永絶文契，庶杜後來之訟端耳。立案，納紙免供。

（明）祁彪佳《莆陽讞牘》卷一《本府一件詐嚇掠騙事》 審得在逃賊犯梁春奇向住梁士華之家。士華住陳壁東墓房，陳生員知其窩容匪人，將士華逐出。捕役陳坤、林華到士華家拘春奇，乃春奇併士華俱不在矣。陳坤押士華之妻至兄士宗家，需索銀五兩，廖秋見證。因帶士宗併士華妻張氏時，令士宗保張氏回家，而張氏旋被賊衆拐去，此非春奇等而誰耳？士華自作自受無足惜者，士宗現在鄰里保長之，終未可全信其爲良民也。差役之詐財，肉不足食，若因以使狡盜展辯，亦非所以飾法也。失主現告在縣，行縣提士宗、士華與現獲賊犯朱劉瑾、朱潤、鄭少禄、梁蘭等，對質士宗是否窩家，嚴確定罪，庶差役不敢詐財，狡盜不至展辯耳。一併招解。

（明）張肯堂《𥁞辭》卷八《李學禮長垣人》 蒲民李學禮貧而無賴，其産已盡棄之宋芳矣。得價既厚，騙術綦窮，遂以地去糧存爲名，妄求丈量。芳置不聽，因訟巡司。差弓兵趙士魁拘攝。士魁轉委代役賈文升入鄉，迫以徽纆詐銀一兩五錢。芳之哀控有繇也，盡法懲之，兩配何疑。第對簿之時，兩造已合詞願息矣。公法宜伸，而下情亦當曲軫。學禮、士魁與一杖，文升詐贓甚確，該縣向未關發，姑於士魁名下嚴追入官，以警虎翼而厲吾民者。

（明）張肯堂《𥁞辭》卷八《張隨儒長垣人》 此中之爲訟牒者，造詞止期聳聽，而又不善爲聳聽之詞。故獄情千端，而控詞一轍。至對簿之頃，甚有茫然不能舉其詞者矣。長垣張隨儒之告黄叔仕等也，僅僅以請和結局。本縣恐有匿情，細詰本人，叔仕曾爲捕役乎？未也。自批紅票安在？無有也！所詐銀五十五兩、白布十疋，曾交與否？無覩也。滿紙罪案，都作子虚，無情甚矣。然非舉詞者之罪，而造詞者之罪也。量加杖刑，亦矜其愚耳。

（明）毛一鷺《雲間讞略》卷七《一件枉詐事》 鹽院方批上海縣告人張浹狀。前件審得：高賢固赤棍也，今春來有濬河之役，欲假公務而逞其私，因以王禮、沈拙等連名具呈，混報居民赴工，致張浹一家連存没載四名於報單中，賢亦太横蟄矣。浹不甘，投之水利廳，因勘無産，得改開河爲築壩。夫築壩原係塘長事，不宜横及居民，此一異也。最可訝者，以勘河官爲名派令地民莊效等搭廠以待，索伍金爲用。及官未臨，河廠無一椽一箬之備，效等索其故物，竟匿不吐，是何貪而無蓺也。浹業已受命築壩，則亦已矣，高賢等復又以越壩爲辭，嚇令聳稟，嚇令具呈，而横索其一金以爲醉飽之資。是小民拮據治生，衹以供無賴者魚肉，不尤鴟張可恨乎？此蓋周穡輩所口供，非浹一人讎口所訴。查共事四人，王禮爲首，今衆方交口攻高賢，而沈拙次之，並無隻字及禮，則賢爲首戎，拙爲脅從可知。高賢以地棍而蠹食地民，應以贓論配。沈拙呈雖共事，而贓未染指，張浹受害有因，而指官無據，並得輕擬。

詳批：濬河以利民，乃以爲利，高賢乘機索詐，罪不可逭。依擬枷號一月，放時責三十板，調發浦東加煎。沈拙朋比作奸，加責三十板贖決。

（明）毛一鷺《雲間讞略》卷七《一件玷官枉詐事》 兵道楊批華亭縣告人李舜狀。前件審得：李舜以糧里常居停胡士俊家，因與俊母薛氏有姦。薛氏次子士傑新娶陳朝宰之女爲妻，頗不當薛氏意，而士傑與妻亦復不諧，且疑其妻在陳門有醜行。薛氏遂與李舜商之，因欲改醮陳氏，爲子再娶。時阮大倫與薛氏爲嫡鄰，欲爲媒妁，李舜從中阻撓，又自爲主婚另適，大倫因而銜之，遂慫恿爲報復計。於是朝宰扭舜赴告矣，胡士俊亦以活拆告舜矣。迨舜被（鋪）〔捕〕，而士俊付之罔聞，坐是轉浼奚賢等貸銀分送，時朝宰、陸莊、阮大倫與捕書錢春俱各次第染指。夫李舜以薛氏私人狎主齊盟，且情狀頗横，其被告被鋪〔捕〕固所自取，奈何群不逞者，叢而索詐，致舜備悉楚毒也。夫朝宰爲氏親父，氏別賣而彼不與聞，實人情之所不堪，扭告於先，得銀於後，俱不足訝。至陸莊所得與阮大倫、錢春所索，則屬何名何法？而李舜能無藉口也。通共追贓，分別擬杖。李舜積戀老婦之姦，擅主幼媳之嫁，胡士俊過信盃影之疑，遽賣結髮之妻，並杖何辭。

（明）佚名《新纂四六讞語·徒犯沈一鳳讞語》 審得沈一鳳，黠人也。奪宋化龍田爲水道以分其塘水。化龍前訟於官，官不直化龍，聽一鳳踞業。比今又訟。本縣察化龍神情，似若有冤者。取其圖視之，沈、宋同塘。宋田在上，乃不共此溝用水，而水反越宋田以澆下流，已屬可疑。一鳳出其新舊兩契爲質。本縣取舊契閱之，僞也。書田券者既載四至，即載水道，今驗舊額古溝一條老牛漥取水數字，反在情願出賣之下，豈非原契題買主姓名，餘半行空紙，今日新填此爲白騙計乎？又驗字跡，四行俱浸。夫作字一畫一字，浸即舐筆令匀。何至四行俱浸，又何前後皆不浸？浸必以此四行乎？仍提字跡照之，舊額古溝一條老牛湟取水數字浸芒匀淡，乃故紙新竄字宜然。餘字雖浸，外淡中濃。中濃之跡無刺，係舊日筆痕。外淡之跡有刺，豈非竄字後，並此數行填浸，以混新添字樣乎？又取新契驗之，亦僞也。契尾印帖上僉二十五日，墨瘦筆枯。殊不類官府僉判。再於舊卷中取本官押字比驗，亦僞也。官府押字圓活，假之者滯硬。又查契尾上承行吏姓名，尤甚可笑，與本年吏隔越且二人矣。奸民舞法，《汲黯傳》：好興事舞文法。言舞弄文法以肆奸也。盗臣篡爲兼併計，以愚弄小民，兒戲官府。應依律擬徒，以爲險狡之懲。田並古塘斷還宋化龍管業。

（清）李之芳《棘聽草》卷四《科詐·分守道一件為敕殛詐抄事》 審得童蘇生即之灝向同兄童惠生即之穎者，將樓房一所，得價一百兩，賣與祝百九，拆卸係吴國棟爲原中，此順治八年十二月内事也。至九年六月，又得過割銀四兩，十月内又同原任教官周三復爲之請處，得找價銀二十兩，則此屋無不明矣。乃復向原中吴國棟令彼再爲講找，在國棟以其屢行索找，故堅辭拒之，大非之灝之意矣。至十年十一月内，有應二十即祝二十者，夫婦反目，而妻雉經，此與國棟若風馬牛不相及。之灝乃乘機寫一公舉手揭，言祝百九縱令吴國棟强姦二十之妻，致令自縊等語，使其叔童而習持與國棟觀看，以爲嚇詐之端，需銀完事。孰意國棟不聽其詐，反執留手揭，之灝、而習所以數往取還，登門争鬨，致國棟來此激鳴，而有抄洗財皿之説也。雖八十兩未付，問其執前揭而使之聞者，獨何心歟？況得價稱爲債滚，拆毁旗扁，父忿慘死，尤屬不情！之灝如此舉動，而猶側身士類，抑何厚顔矣。姑從薄罰，以生愧悔之心，苟其修省，則亦甚於夏楚也。童而習杖不爲枉。

（清）李之芳《棘聽草》卷四《婺邑·分守道一件為蠹虎誆佔事》 審得陳卿之爲保歇也，施邦柱以別案候審於郡，寄寓其家，輒遂借端局詐，未審之前先誆罪鍰，勒寫田八斗，作價十二兩。迨至審豁無辜，免供竟逐，則前田應還，而何以執券不與也？況讞者因情定罪，事之曲直未分，先可借名完贖，明以鄉愚可欺，弱肉易啖也。重懲示戒，杖復何辭！前田斷還原主。

（清）盧崇興《守禾日紀》卷六《一件報明地方事》　看得王國昌於嘉興縣胥六中十四冊地方，搆合平太宇鎖捉鄉民陸三雇工孫大，捏稱表妹賣旗走失，潛蹤城内火德廟中，逼詐銀兩。當據保長楊成密報該縣，親指廟中，捉獲國昌。查問詳解間，隨據富陽縣差人楊盛廣緝至禾，始知奉總督部院咨解督捕堂，於杭城脱逃之重犯也。覆加研審該犯口供，旗主鑒鑒不諱，事干扭鎖復脱之逃人，除一面移解杭捕廳收審外，相應轉報憲臺，敕廳訊明發落者也。

《清高宗實録》乾隆三年十二月　〔丙戌〕刑部奏：書吏鈕國選撞騙得贓，應追入官未完銀兩。實屬無力完納，可否照例豁免。得旨：鈕國選係書辦撞騙財物，擬以枷號三箇月，發往烟瘴充軍。援赦免罪之犯。伊撞騙銀兩，限内不能完納，即應仍照原擬，發往烟瘴充軍。何可寬宥。今刑部以應否豁免之處，兩議請旨，甚屬不合。刑部堂官，著交部議處具奏。鈕國選所騙銀兩，既不能完納，仍照原擬，發往烟瘴充軍。餘依議。

（清）張五緯《未能信録》卷一《假冒方伯家丁拐騙赤金》　馮星實先生任江西方伯時，余爲新建縣丞。有南昌地方金鋪，以棍徒假冒方伯家丁拐騙赤金二定，計重二十兩，開明年貌服色赴藩臺衙門呈告，飭縣嚴緝。旋爲失主親獲拐犯呈明送縣究辦。按初次報詞查對，年貌雖然相仿，服色則迥乎各别，有司遲疑兼旬，無以報命。余適差回，因奉委審焉。訊知拐犯爲江南揚州府屬人，係撫標革兵名桂端者。問失主何以受愚被騙？據云：同至藩署頭門，見其進去，守至夜静不見出來，次日探聽絶無消息。現雖服色易换，年貌語音不差，事關指官撞騙，客民豈敢稍有虚捏，自取咎戾。問拐犯，年二十五歲。據供：並無家小，向寓僧寺。緣事革糧後，遂帶行李箱籠，覓船往新喻投親不遇，返舟回省。船泊豐城，船户乘我上岸剃頭，將我行李盡行拐逃，隻身踉蹌回省，又遭冤執誣送。問之僧人，所云出寺月、日相符。在金鋪備訴始末，曾互論成色，面講價值，並與之同赴頭門，一路談笑而行，苟非確係其人，斷不至於平空冒認。惟藩署爲錢糧衙門，稽查出入尤嚴。桂端兵也，非應赴藩署時常出入之人，論理斷不能影射冒混。初不料桂端先得藏所，始作騙計耶。蓋藩署舊爲明季王府基址，深遠廣大。頭門内甬道兩傍爲理問經歷衙門，爲號吏承差廳舍，甬道直上，居中二門爲藩憲之儀門，屬官平人俱由左角門出入。左角門側有巷道焉，住居民十餘户。右角門向閉不開，傍係道署甬路，自頭門直上，往左、往右各須轉灣，頭門口直望不能見也。金鋪外省人，止在頭門守候，見其轉灣而去，遂信爲署内之人，並不知旁有巷道，此拐犯設騙機謀，爲失主受愚被騙之故也。獨是一無折服之據，别無指證之人，且被獲後並無住址可查。徒以行踪詭譎，逐日研鞫，犯狡供油，不但愈審愈疲，且恐日久贓消，是此案在於設法辦理，不必專事於審也。因思住處爲此案緊要關鍵，其原穿衣服必有寄藏之家。外省民人本無親友宗族可查。先經革糧營伍中，亦不能知其底裏。不得已密傳獄卒到案，問其曾有人爲桂端送飯至監口否？據稱果有人來，來過一次，未詢姓名，年約十八九歲，本城人聲口，因係要犯，兼未定案，故未令其相見，亦未告知桂端。訊悉後諄戒勿洩，並將桂端松放刑具，交役看管。隨即選派幹役三人輪流窺其動静，晝夜伺其來人。三日内其人果來，良久而出。役等候其出，即帶赴茶坊。詢其故，語言吞吐；搜其身得書一封。即刻連書帶人稟審。先啓閱其書，内云：張三兄見字知金子案於弟無干，金鋪要問誣告弟，已提禁管押班房，需錢使用，可將小箱内羊皮馬褂取出，當錢二千文，交來人帶回。來人蕭兄弟係弟至好，切莫見疑之語。繼問其人，姓蕭名發，年十八歲，先爲賈守備跟隨，向與桂端熟識，賈守備緣事落職去後，常與桂端往來。月前往寺看望，聞其新喻尋人，那知他是託詞，移寓隔河張宅。他所犯的事我實不知情。張姓是否知情，我亦不知，均可與之對質。詰以不知者不罪，爾亦知代犯傳消遞息有罪乎？果能持此原書將原贓並寄存箱籠各物誘出，即告知同去之差，照數起來，不獨寬恕爾罪，並有重賞。若稍漏洩，加等難當，爾細思之。蕭發聞之欣然應承，毫無難色。知此去定有可成之機矣。望至昏夜人回，起有行李箱籠，並帶張三同來。訊知張三，素習庖人，常受僱於營，因與桂端熟識。念其被革無顔在城，遂於月前讓出房屋，容其暫住，實不知有拐騙金子之事。及至（眼）〔跟〕同開箱查驗，絶無金銀。查看服色非换面、即换裏，並非原報顔色，里面且半係新製。當庭看一件，往傍丢一件，翻來復去，一目了然。正在問者無法，犯人得意之時，忽燈光之下，見衣被之傍有藍布枕頭倒擱。枕底朝上，中係白綫縫口，一經觸目頗覺動心。隨令取枕自看，到手沉重，拆縫草即漲出。以指試探，中有紙包，取出開視，即金錠原贓也，並有當票一張，核與原報數符。張三、蕭發、寺僧等，訊不知情，當銀爲添制衣服用去。由是贓真案實，犯人俯首無詞。是雖無意而得，未始非細心之效。時將初更，非比白晝，燈下更易忽略。儻竟見不及此，或於次日想到，恐此金已爲他人所有矣。可見鞫案之法，務在平情静氣，耐性虚衷。讀書要三到；鞫案更須四到：心到、眼到、口到、耳到。刑固不可廢，亦不可徒事刑求也。閒中録出，或可備高明者之引證耳。

經濟犯罪部

違犯錢法分部

論說

《漢書》卷五一《賈山傳》〔其後〕文帝除鑄錢令，〔賈〕山上書諫，以爲變先帝法，非是。【略】章下詰責，對以爲：錢者亡用器也，而可以易富貴。富貴者人主之操柄也，令民爲之，是與人主共操柄，不可長也。【略】其後復禁鑄錢云。

《漢書》卷二四下《食貨志》 漢興，以爲秦錢重難用，更令民鑄莢錢。黄金一斤。而不軌逐利之民畜積餘贏以稽市物，痛騰躍，米至石萬錢，馬至匹百金。天下已平，高祖乃令賈人不得衣絲乘車，重稅租以困辱之。孝惠、高后時，爲天下初定，復弛商賈之律，然市井子孫亦不得（宦爲吏）〔爲官吏〕。孝文五年，爲錢益多而輕，乃更鑄四銖錢，其文爲半兩人。除盜鑄錢令，使民放鑄。賈誼諫曰：法使天下公得顧租鑄銅錫爲錢，敢雜以鉛鐵爲它巧者，其罪黥。然鑄錢之情，非殽雜爲巧，則不可得贏；而殽之甚微，爲利甚厚。夫事有召禍而法有起奸，今令細民人操造幣之勢，各隱屏而鑄作，因欲禁其厚利微奸，雖黥罪日報，其勢不止。乃者，民人抵罪，多者一縣百數，及吏之所疑，榜笞奔走者甚衆。夫縣法以誘民，使入陷阱，孰積於此！曩禁鑄錢，死罪積下；今公鑄錢，黥罪積下。爲法若此，上何賴焉？

又民用錢，郡縣不同：或用輕錢，百加若干；或用重錢，平稱不受。法錢不立，吏急而壹之虖，則大爲煩苛，而力不能勝；縱而弗呵虖，則市肆異用，錢文大亂。苟非其術，何鄉而可哉！

今農事棄捐而采銅者日蕃，釋其耒耨，冶鎔炊炭，奸錢日多，五穀不爲多。善人怵而爲奸邪，愿民陷而之刑戮，刑戮將甚不詳，奈何而忽！國知患此，吏議必曰禁之。禁之不得其術，其傷必大。令禁鑄錢，則錢必重；重則其利深，盜鑄如雲而起，棄市之罪又不足以禁矣。奸數不勝而法禁數潰，銅使之然也。故銅布於天下，其爲禍博矣。

今博禍可除，而七福可致也。何謂七福？上收銅勿令布，則民不鑄錢，黥罪不積，一矣。僞錢不蕃，民不相疑，二矣。采銅鑄作者反於耕田，三矣。銅畢歸於上，上挾銅積以御輕重，錢輕則以術斂之，重則以術散之，貨物必平，四矣。以作兵器，以假貴臣，多少有制，用別貴賤，五矣。以臨萬貨，以調盈虛，以收奇羨，則官富實而末民困，六矣。制吾棄財，以與匈奴逐爭其民，則敵必懷，七矣。故善爲天下者，因禍而爲福，轉敗而爲功。今久退七福而行博禍，臣誠傷之。

（漢）賈誼《新書》卷三《銅布》 銅布於下，爲天下菑。何以言之？銅布於下，則民鑄錢者大抵必雜以鉛鐵焉，黥罪日繁，此一禍也。銅布於下，僞錢無止，錢用不信，民愈相疑，此二禍也。銅布於下，採銅者棄其田疇，家鑄者損其農事，穀不爲則鄰於饑，此三禍也。故不禁鑄錢，則錢常亂，黥罪日積，是陷阱也。且農事不爲，有疑爲菑，故民鑄錢不可不禁。上禁鑄錢，必以死罪；鑄錢者禁，則錢必還重；錢重則盜鑄錢者起，則死罪又復積矣，銅使之然也。故銅布於下，其禍博矣。

今博禍可除，七福可致。何謂七福？上收銅勿令布下，則民不鑄錢，黥罪不積，一。銅不布下，則僞錢不繁，民不相疑，二。銅不布下，不得採銅，不得鑄錢，則民反耕田矣，三。銅不布下，畢歸於上，上挾銅積以御輕重：錢輕則以術斂之，錢重則以術散之，則錢必治，貨物必平矣，四。挾銅之積，以鑄兵器，以假貴臣，小大多少，各有制度，以別貴賤，以差上下，則等級明矣，五。挾銅之積，以臨萬貨，以調盈虛，以收奇羨，則官必富而末民困矣，六。挾銅之積，制吾棄財，以與匈奴逐爭其民，則敵必懷矣。此謂之七福。

故善爲天下者，因禍而爲福，轉敗而爲功。今顧退七福而行博禍，可爲長太息者，此其一也。

（漢）桓寬《鹽鐵論》卷一《錯幣》 大夫曰：交幣通施，民事不及，物有所並也。計本量委，民有饑者，穀有所藏也。知者有百人之功，愚者不更本之事。人君不調，民有相妨之富也。此其所以或儲百年之餘，或不厭糟糠也。民大富，則不可以祿使也；大强，則不可以威罰也。非散聚均利者不齊。故人主積其食，守其用，調其不足，禁溢羡，厄利塗，然後百姓可家給人足也。

文學曰：古者貴德而賤利，重義而輕財。三王之時，迭盛迭衰。衰則扶之，傾則定之。是以夏忠、殷敬、周文，庠序之教，恭讓之禮，粲然可得而觀也。及其後，禮義弛崩，風俗滅息。故自食祿之君子違於義而競於財，大小相吞，激轉相傾。此所以或儲百年之餘，或無以充虚蔽形也。古之仕者不穡，田者不漁，抱關擊柝，皆有常秩，不得兼利盡物。如此，則愚知同功，不相傾也。《詩》云：彼有遺秉，此有滯穗，伊寡婦之利。言不盡物也。

大夫曰：湯、文繼衰，漢興乘弊。一質一文，非苟易常也。俗弊家法，非務變古也，亦所以救失扶衰也。故教與俗改，弊與世易。夏后以玄貝，周人以紫石，後世或金錢刀布。物極而衰，終始之運也。故山澤無征則君臣同利，刀幣無禁則奸貞並行。夫臣富相侈，下專利則相傾也。

文學曰：古者市朝而無刀幣，各以其所有易無，抱布貿絲而已。後世即有龜貝金錢交施之也，幣數變而民滋僞。夫救僞以質，坊失以禮。湯、文繼衰，革法易化，而殷、周道興。漢初乘弊而不改易，畜利變幣，欲以反本，是猶以煎止燔，以火止沸也。上好禮則民闇飾，上好貨則下死利也。

大夫曰：文帝之時，縱民得鑄錢、冶鐵、煮鹽。吳王擅鄣海澤，鄧通專西山。山東奸猾咸聚吳國，秦、雍、漢、蜀因鄧氏。吳、鄧錢布天下，故有鑄錢之禁。禁禦之法立而奸僞息，奸僞息則民不期於妄得，而各務其職不反本，何爲？故統一，則民不二也；幣由上，則下不疑也。

文學曰：往古幣衆財通而民樂。其後稍去舊幣，更行白金龜龍，民多巧新幣。幣數易而民益疑。於是廢天下諸錢，而專命水衡二官作。吏近侵利，或不中式，故有薄厚輕重。農人不習，物類比之，信故疑新，不知奸真。商賈以美貿惡，以半易倍。買則失實，賣則失理，其疑惑滋益甚。夫鑄僞金錢以有法，而錢之善惡無增損於政。擇錢則物稽滯，而用人尤被其苦。《春秋》曰：算不及蠻夷則不行。故王者外不鄣海澤以便民用，內不禁刀幣以通民施。

《晋書》卷二六《食貨志》　至明帝世，錢廢穀用既久，人間巧僞漸多，競溼穀以要利，作薄絹以爲市，雖處以嚴刑而不能禁。司馬芝等舉朝大議，以爲用錢非徒豐國，亦所以省刑。今若更鑄五銖錢，則國豐刑省，於事爲便。魏明帝乃更立五銖錢，至晋用之，不聞有所改創。

（唐）韓愈《韓昌黎全集》卷三七《錢重物輕狀》　右臣伏準御史臺牒：準中書門下帖奉進止，錢重物輕，爲弊頗甚，詳求適變，可以便人。所貴絹貨通行，里閭寬息。宜令百寮隨所見作利害狀者。

臣愚以爲錢重物輕，救之之法有四。一曰在物土貢：夫五穀布帛，農人之所能出也，工人之所能爲也。人不能鑄錢，而使之賣布帛穀米以輸錢於官，是以物愈賤而錢愈貴也。今使出布之鄉，租賦悉以布；出綿絲百貨之鄉，租賦悉以綿絲百貨；去京百里，悉出草；三百里以粟；五百里之内，及河渭可漕入，願以草粟租賦，悉以聽之：則人益豐，錢益輕，穀米布帛益重。二曰在塞其隙，無使之洩：禁人無得以銅爲器皿；禁鑄銅爲浮屠佛像鐘磬者；蓄銅過若干斤者，鑄錢以爲他物者，皆罪死不赦；禁錢不得出五嶺，五嶺買賣一以銀，盗以錢出嶺，及違令以買賣者，皆坐死；五嶺舊錢，聽人載出，如此則錢必輕矣。三曰更文貴之：使一當五，而新舊兼用之。凡鑄錢千，其費亦千；今鑄一而得五，是費錢千，而得錢五千，可立多也。四曰扶其病，使法必立：凡法始立必有病。今使人各輸其土物以爲租賦，則州縣無見錢；州縣無見錢，而穀米布帛未重，則用不足；而官吏之祿俸，月減其舊三之一；各置鑄錢使新錢一當五者以給之，輕重平乃止。四法用，錢必輕，穀米布帛必重，百姓必均矣。

謹録奏聞，伏聽敕旨。謹奏。

綜　述

睡虎地秦墓竹簡整理小組《睡虎地秦墓竹簡·封診式·□□》

〔爰〕書：某里士〔五〕〔伍〕甲、乙縛詣男子丙、丁及新錢百一十錢、(容)〔鎔〕二合，告曰：丙盗鑄此錢，丁佐鑄。甲、乙捕(索)〔索〕其室而得此錢、(容)〔鎔〕，來詣之。

睡虎地秦墓竹簡整理小組《睡虎地秦墓竹簡·金布律》 賈市居列者及官府之吏，毋敢擇行錢、布；擇行錢、布者，列伍長弗告，吏循之不謹，皆有罪。

張家山二四七號漢墓竹簡整理小組《張家山漢墓竹簡·錢律》 錢徑十分寸八以上十分寸八，即十分之八寸。雖缺鑠鑠，《廣雅·釋詁》：磨也。文章頗可(智)〔知〕文章，錢文。《後漢書·董卓傳》：又錢無輪廓文章，不便人用。而非殊折及鉛錢也，殊折，斷碎。《廣雅·釋詁》：殊，斷也。皆爲行錢，行，流通。金不青赤者，爲行金。

故毁行錢以爲銅、它物者，坐(臧)〔贓〕爲盗。

爲僞金者，黥爲城旦舂。

盗鑄錢及佐者，棄市。同居不告，贖耐。正典、正典，里典。田典、伍人不告，伍人，五家爲伍，同伍者爲伍人。罰金四兩。或頗告，皆相除。尉、尉史、鄉部、官嗇夫、士吏、部主者弗得，罰金四兩。

(智)〔知〕人盗鑄錢，爲買銅、炭，及爲行其新錢，若爲通之，通，指通錢，參看《睡虎地秦墓竹簡·法律答問》之邦亡來通錢過萬等條。與同罪。

捕盗鑄錢及佐者死罪一人，予爵一級。其欲以免除罪人者，許之。捕一人，免除死罪一人，若城旦舂、鬼薪白粲二人，隸臣妾、收人、司空三人以爲庶人司空，在司空服役的刑徒。《漢書·百官公卿表》注引如淳云：律，司空主水及罪人。賈誼云輸之司空，編之徒官。其當刑未報者，報，《後漢書·章帝紀》注：論也。此處指執行。勿刑。(有)〔又〕復告者一人身，毋有所與。詗告吏，吏捕得之，賞如律。

盗鑄錢及佐者，(智)〔知〕人盗鑄錢，爲買銅、炭，及爲行其新錢，若爲通之，而能頗相捕，若先自告、告其與，吏捕頗得之，除捕者罪。據文意，捕下宜補告字。

諸謀盗鑄錢，頗有其器具未鑄者，皆黥以爲城旦舂。(智)〔知〕爲及買鑄錢具者，與同罪。

《史記》卷三〇《平準書》 至孝文時，莢錢益多，輕，乃更鑄四銖錢，其文爲半兩，令民縱得自鑄錢。故吴，諸侯也，以即山鑄錢，富埒天子，其後卒以叛逆。鄧通，大夫也，以鑄錢財過王者。故吴、鄧氏錢布天下，而鑄錢之禁生焉。

《漢書》卷四《文帝紀》 〔文帝前元五年〕夏四月，除盗鑄錢令，更造四銖錢。

《漢書》卷二四下《食貨志》 鑄銅錫爲錢，敢雜以鉛鐵爲它巧者，其罪黥。

《漢書》卷五《景帝紀》 中元六年十二月定鑄錢僞黄金棄市律。注：應劭曰：文帝五年，聽民放鑄，律尚未除。先時多作僞金，終不可成，而徒損費，轉相誑燿，窮則起爲盗賊，故定其律也。

《漢書》卷二四下《食貨志》 〔元鼎二年〕郡國鑄錢，民多奸鑄，錢多輕，而公卿請令京師鑄錢赤仄，一當五，賦官用非赤仄不得行。**【略】**其後二歲，赤仄錢賤，民巧法用之，不便，又廢。於是悉禁郡國毋鑄錢，專令上林三官鑄。錢既多，而令天下非三官錢不得行，諸郡國前所鑄錢皆廢銷之，輸入其銅三官。而民之鑄錢益少，計其費不能相當，唯真工大奸乃盗爲之。**【略】**

〔天鳳元年〕私鑄作泉布者，與妻子没入爲官奴婢。

《三國志》卷四七《吴志·吴主傳》 〔嘉禾〕五年春，鑄大錢，一當五百。詔使吏民輸銅，計銅畀直。設盗鑄之科。

《魏書》卷一〇《食貨志》 其不行之錢，及盗鑄毁大爲小，巧僞不如法者，據律罪之。

（唐）長孫無忌等《唐律疏議》卷二六《雜律·私鑄錢》 諸私鑄錢者，流三千里；作具已備，未鑄者，徒二年；作具未備者，杖一百。

疏議曰：私鑄錢者，合流三千里。其作具已備，謂鑄錢作具，並已周備，而未鑄者，徒二年。若作具未備，謂有所欠少，未堪鑄錢者，杖一百。

若磨錯成錢，令薄小，取銅以求利者，徒一年。

疏議曰：時用之錢，厚薄大小，並依官樣。輒有磨錯成錢，令至薄小，而取其銅，以求利潤者，徒一年。

劉俊文《敦煌吐魯番唐代法制文書考釋・格・神龍散頒刑部格殘卷》

一、私鑄錢人，勘當得實，先決杖一百，頭首處盡，家資没官，從者配流，不得官當、蔭贖，有官者仍除名。勾合頭首及居停主人，雖不自鑄，亦處盡，家資亦没官。若家人共犯罪，其家長資財並没。家長不知，坐其所由者一房資財。其鑄錢處鄰保處徒一年，里正、坊正各決杖一百。若有人糺告，應没家資並賞糺人。同犯自首告者，免罪，依例酬賞。

（唐）杜佑《通典》卷九《食貨・錢幣下》〔開元〕十一年制曰：古者作錢，以通有無之鄉，以平小大之價，以全服用之物，以濟單貧之資，錢之所由急也。然絲、布、財、穀，四者爲大，若本賤末貴，則人棄賤而務貴。故有盜鑄者，冒嚴刑而不悔；藏鏹者，非倍息而不出。今天下泉貨益少，布粟頗輕，欲使流通，焉可得也！且銅者，餒不可食，寒不可衣，既不堪於器用，不同於寶物。唯以鑄錢，使其流佈。宜令所在加鑄，委按察使申明格文，禁斷私賣銅、錫，仍禁造銅器。所在採銅、鉛，官爲市取，勿抑其價，務利於人。

（唐）張九齡《曲江集》卷七《勅議放私鑄錢》〔開元二十二年三月〕勅：布帛不可以尺寸爲交易，菽粟不可以抄勺貿有無。故古之爲錢，以通貨幣。蓋人所作，非天實生。頃者耕織爲資，乃稍賤而傷本；磨鑄之物，却以少而致貴。頃雖官鑄，所入無幾，約工計本，勞費又多，公私之間，給用不贍。永言其弊，豈無變通？往者漢文之時，已有放鑄之令，雖見非於賈誼，亦無廢於賢君。況古往今來，時異事變，反經之義，安有定耶！終然自拘，必無足用，且欲不禁私鑄，其理如何？公卿百寮，詳議可否，朕將親覽，擇善而從。

《舊唐書》卷四八《食貨志》〔元和三年〕其年六月，詔曰：泉貨之法，義在流通，若錢有壅，貨當益賤。故藏錢者得乘人之急，居貨者必損己之資。今欲著錢令以出滯藏，加鼓鑄以資流佈，使商旅知禁，農桑獲安，義切救時，情非欲利。然革之無漸，恐人或相驚。應天下商賈先蓄現錢者，委所在長吏，令其收市貨物，官中不得輒有程限，逼迫商人，任其貨易，以求便利。計周歲之後，此法遍行，朕當別立新規，設蓄錢之禁。所以先有告示，許其方圓，意在他時，行法不貸。又天下有銀之山，必有銅礦。銅者，可資於鼓鑄，銀者，無益於生人，權其重輕，使務專一。其天下自五嶺以北，見採銀坑，並宜禁斷。恐所在坑户不免失業，委本州長吏勸課，令其採銅，助官中鑄作。仍委鹽鐵使條流聞奏。

《舊唐書》卷一七《敬宗本紀》〔寶曆元年〕十月庚子朔，河南尹王起奏，盜銷錢爲佛像者，請以盜鑄錢論。

《舊唐書》卷一七《文宗本紀》〔大和三年六月〕壬申，勅：元和四年勅禁鉛錫錢皆納官，許人糺告，一錢賞百錢，此爲太過。此後以鉛錫錢交易者，一貫以下，州府常行杖決脊杖二十；十貫以下決六十，徒三年；過十貫已上，集衆決殺。能糺告者，一貫賞錢五十文。

（宋）王欽若等《册府元龜》卷六一三《刑法部・定律令》〔文宗〕大和四年閏三月四日，勅：今請令以鉛錫錢交易者一貫以下州府行常杖，決脊二十，十貫以下決六十，徒三年；過十貫已上集衆決殺。其受鉛錫錢交易者亦準此。

《舊唐書》卷四八《食貨志》〔大和〕四年十一月，勅應私貯見錢家除合貯數外，一萬貫至十萬貫，限一週年内處置畢。十萬貫至二十萬貫以下者，限二週年内處置畢。如有不守期限，安然蓄積，過本限，即任人糺告及所由覺察。其所犯家錢，並準元和十二年勅納官，據數五分取一分充賞。糺告人賞錢，數止於五千貫。應犯錢法人色目決斷科貶，並準元和十二年勅處分。其所由覺察，亦量賞一半。

（宋）竇儀等《宋刑統》卷二六《雜律・私鑄錢》 諸私鑄錢者，流三千里。作具已備未鑄者，徒二年，作具未備者，杖一百。若磨錯成錢令薄小，取銅以求利者，徒一年。

疏：諸私鑄錢者，流三千里。作具已備未鑄者，徒二年，作具未備者，杖一百。議曰：私鑄錢者，合流三千里。其作具已備，謂鑄錢作具並已周備，而未鑄者，徒二年。若作具未備，謂其所欠少，未堪鑄錢者，杖一百。若私鑄金銀等錢，不通時用者不坐。

又云，若磨錯成錢令薄小，取銅以求利者，徒一年。

議曰：時用之錢，厚薄大小並依官樣。輒有磨錯成錢，令至薄小，而取其銅以求利潤者，徒一年。

准：刑部格勅，私鑄錢及造意人，及句合頭首者，並處絞，仍先決杖一百。從及居停主人加役流，仍各先決杖六十。若家人共犯，坐其家長。若老弱殘疾不坐者，則歸罪其以次家長。其鑄錢處，鄰保配徒一年，里正、坊正、村正各決杖六十。若有糾告者，即以所鑄錢毀破，並銅物等賞糾人。同犯自首告者免罪，依例酬賞。

准：唐長興二年三月十八日敕節文，先降指揮，諸道州府不得使鐵鑞錢，或陌內捉到一兩文，所使錢數不計多少，並納入官。如有衷私鑄寫鐵鑞錢，及將銅錢銷鑄，別造物色，捉獲勘鞫不虛，並依格敕處斷。

（宋）李燾《續資治通鑑長編》宋太祖乾德五年十二月　丙辰，詔諸州輕小惡錢及鐵鑞錢等，限一月悉送官，限滿不送者罪之有差，敢私鑄者棄市。時開封府言民間新小錢每十錢才重五錢半，其極小薄者重二錢半，侵紊法制，莫甚於此故也。

（宋）李燾《續資治通鑑長編》宋太祖開寶四年十月　開封府捕得僞造黃白金王元義等十二人，案問具伏。己巳，並決杖，流海島。因詔：自今民敢復造僞金者棄市。

《宋史》卷一八〇《食貨志》〔太宗端拱元年〕，詔察民私鑄及銷鎔，好錢作薄惡者，並棄市。輒以新惡錢與蠻人博易者抵罪。

《宋史》卷一八一《食貨志》　神宗熙寧初立，僞造〔交子〕，罪賞如官印文書法。

（清）徐松《宋會要輯稿·刑法二·禁約》　政和六年六月十一日，詔訪聞諸路民間多是銷燬銅錢打造器皿，毀壞錢寶爲害不細，仰尚書省申明條法，重立賞，嚴行禁止。檢會政和賞格告獲鉟銷、磨錯，剪鑿錢取銅以求利及買之者，杖罪錢一十貫，徒一年。錢二十貫，每等加一十貫流二千里。錢七十貫。每等加一十貫詔於賞格內杖罪添作五十貫徒一年，七十貫流二千里。一百貫餘並申明行下。

《宋史》卷三五《孝宗本紀》〔淳熙〕九月乙巳，詔僞造會子凡經行用，並處死。

（宋）謝深甫等《慶元條法事類》卷二九《榷禁門·私鑄錢》〔雜敕〕諸私鑄錢者，絞。謂私鑄當三當二小平，或鐵錢及夾錫錢。餘條稱私鑄錢者，準此。未成百減一等，指教人及工匠爲從死罪。從及罪至流者，配千里。以渣垢夾鑄罪至死者，奏裁。以雜物私造以銅淬鐵錢以鐵錢染爲銅色者亦是。可亂俗者，減私鑄法一等。不及百文，又減一等，並許人捕。廂耆巡察人失覺察私鑄錢，徒一年。巡檢縣尉都監減一等，縣令州城內知州通判各又減一等。若雜物私造者，各又遞減一等，以上。知而不舉或故縱者，減罪人罪二等。內廂耆巡察人故縱犯人，應配者仍配五百里。鄰保知而不糾，加五保不糾罪一等。若雜物私造止依五保知而不糾律。即保內如能糾舉免罪，獲者給賞如法。

諸製造賣借若與人鑄錢作具者，減犯人罪一等，罪買借及受之者，與同罪。

諸有私鑄不搥毀而輒行使者，杖一百，許人告。

已造而未成者，減三等。許人告。

（宋）謝深甫等《慶元條法事類》卷二九《榷禁門·私鑄錢》〔名例敕〕諸私鑄錢者，不以蔭論，命官不在議請減之例。

諸官司受納諸色人錢，專庫揀擿之類，以私鑄混雜換易罪，輕者杖一百，仍勒停許人命。

（宋）謝深甫等《慶元條法事類》卷二九《榷禁門·私錢博易》〔雜敕〕諸博易私錢以規利者，杖一百。一百文加一等過，徒三年。一貫加一等；十貫，配本城。三犯徒鄰州編管。即將私錢博易官錢者，加二等，罪止配鄰近錢監。鄰近無錢監即配鄰近牢城。各不得過五百里。引領博易人，準此以上許人告。

（清）嵇璜等《續文獻通考》卷八《錢幣考·錢》〔金章宗明昌〕五年三月定限錢禁。宰臣奏：民間艱於得錢，以豪家多積故也，請依唐元和行限錢法。帝令參酌定制，官民之家以品從物力限見錢，多不過二萬貫，明安穆昆則以牛具爲差，不得過萬貫。凡有所餘，盡易諸物收貯。有能告數外留錢者，奴婢免爲良傭者出離，以十之一爲賞，餘皆沒入。而人多不遵，乃令御史臺及提刑司察之。至承安三年十月，更定官民存留見錢法，減元限之數三分。爲率親王公主品官許留一分，餘皆半之，其贏餘之數，期五十日內盡易諸物，違者以違制論，以錢賞告者。泰和四年七月，乃罷限錢法，從户部尚書上官瑜請也。七年七月復行限錢法。品官及民家存留見錢比舊更減其數。詳後鈔考。八年十二月，宰臣奏限錢過數雖許奴婢以告乃有所屬，默令其主藏匿不以實首者，可令按察司察之，若舊限已滿，當更展五十日許再行變易鈔引諸物。

臣等謹按元和行限錢法，雖有賞告之文，未聞招誘，其奴婢也。馬氏猶譏其開告訐之門，重爲煩擾。今乃明懸奴告主之律，復恐其容隱而令法司臣察之，爲貨幣通塞之計，則滋亂之道矣。

承安三年正月禁錢越境。省奏隨處榷場若許見錢越境即與銷燬無異。遂立制以錢與外方人使及交易者，徒五年；三斤以上死。駔儈同罪。捕告人之賞，官先代給。錢五百貫其逮及與接引館伴先排通引書表等以次坐罪，仍令均償。

（清）嵇璜等《續通典》卷三《食貨・錢幣》〔金章宗承安二年〕公私同見錢用仍定銷鑄及接受稽留罪賞格。舊例銀每鋌五十兩，其直百貫，民有截鑿者價亦隨低昂。凡官兵俸及邊戍軍須皆以銀鈔相兼行使。三年令以錢與外方人使及與交易者，徒五年，三斤以上死。駔儈同罪。捕告人官先代給賞五百貫。其接引館伴等以次坐罪，仍令均償。

（清）嵇璜等《續文獻通考》卷二六《市糴考・市舶互市》〔金章宗承安〕三年十月，開榷場於錫喇努，尋定見錢入外界罪。從行樞密院奏也。先是九月，行樞密院奏：薩察等告，開榷場擬於錫喇努安置，許自今年十一月貿易，尋定制隨路榷場，若以見錢入外界與外人交易者，徒五年，三斤以上死。

《金史》卷四八《食貨志》〔金泰和七年〕五月，以戶部尚書高汝礪議，立鈔法條約，添印大小鈔，以鈔庫至急切，增副使一員。汝礪又與中都路轉運使孫鐸言錢幣，上命中丞孟鑄、禮部侍郎喬宇、國子司業劉昂等十人議，月餘不決。七月，上召議於泰和殿，且諭汝礪曰：今後毋謂鈔多，不加重而輒易之。重之加於錢，可也。明日，勅民間之交易、典質，一貫以上並用交鈔，毋得用錢。須立契者，三分之一用諸物。六盤山西、遼河東以五分之一用鈔，東鄙屯田戶以六分之一用鈔。不須立契者，惟遼東錢鈔從便。犯者徒二年，告者賞有差，監臨犯者杖且解職，縣官能奉行流通者升除，否者降罰，集衆沮法者以違制論。工墨錢每張止收二錢。商旅賫見錢不得過十貫。所司籍辨鈔人以防偽冒。品官及民家存留見錢，比舊減其數，若舊有見錢多者，許送官易鈔，十貫以上不得出京。

又定制，按察司以鈔法流通為稱職，而河北按察使斜不出巡按所給券應得鈔一貫，以難支用，命取見錢，御史以沮壞鈔法劾之，上曰：糾察之官乃先壞法，情不可恕。杖之七十，削官一階解職。

戶部尚書高汝礪言：鈔法務在必行，府州縣鎮宜各籍辨鈔人，給以條印，聽與人辨驗，隨貫量給二錢，貫例雖多，六錢即止。每朝官出使，則令體究通滯以聞。民間舊有宋會子，亦令同見錢用，十貫以上不許持行。榷鹽許用銀絹，餘市易及俸，並用交鈔，其奇數以小鈔足之，應支銀絹而不足者亦以鈔給之。

（清）嵇璜等《續文獻通考》卷八《錢幣考・鈔》〔泰和七年十一月〕敕：捕獲偽造交鈔者皆以交鈔爲賞。時民以貨幣屢變往往怨嗟聚語，亦令許人捕告，賞錢三百貫。

（清）嵇璜等《續文獻通考》卷八《錢幣考・鈔》〔金宣宗貞祐三年〕七月改交鈔名爲貞祐寶券仍立沮格罪。

至明年正月，又定捕獲偽造寶券官賞。九月御史臺言交鈔之價寖減，近用貞祐寶券以革其弊。又慮既多而民輕與舊鈔無異也，乃令民間市易悉從時估，嚴立罪賞。遂使商旅不行，物價日貴，且時估月再定之而民間價旦暮不一。今有司强之而市肆盡閉，復議搜括隱匿必令如估鬻之則，京師之物指日盡而百姓重困矣。臣等謂惟官和買計贓之類可用時估，餘宜從便制可。

（清）嵇璜等《續文獻通考》卷八《錢幣考・鈔》〔金興定元年二月〕造貞祐通寶用之，凡一貫當貞祐寶券千貫，增重偽造阻格罪及捕獲之賞。【略】

五年閏十二月，造興定寶泉，縣官能使民流通者進官一階，陞職一等。或姑息以致壅滯則追降的決爲差。州府官以所屬司縣定罪賞，命監察御史及諸路行部官察之，定撓法失糾舉法。失舉則御史降決行部官降罰，集衆妄議難行者徒二年，告捕者賞錢三百貫。元光元年二月始詔行之。

（清）嵇璜等《續通典》卷一二《食貨・錢幣》興定元年，始詔行之，凡一貫當貞祐寶券十貫，重偽造阻格罪及捕獲之賞。時制鈔紙用桑皮故紙皆取於民，至是鈔法屢更，得紙甚艱令計價但徵寶券、通寶，名曰桑皮故紙錢。五年宰臣奏：向者寶券既弊乃造貞祐通寶以救之，迄今五年其弊又復如寶券之末。初通寶四貫爲銀一兩，今八百餘貫矣。宜復更造興定寶泉，子母相權，與通寶兼行，每貫當通寶四百貫，以二貫爲銀一兩，隨處置庫，許人以通寶易之。縣官能使民流通者，進官一階，陞職一等。其或姑息以致壅滯，則亦追降的決爲差，州府官以所屬司縣定罪賞，命監察御史及諸路行部官察之定撓法、失糾舉法。失舉則御史降決，行部官降罰，集衆妄議難行者，徒二年；告捕者，賞錢三百貫。元光元年始詔行之。

（清）嵇璜等《續文獻通考》卷九《錢幣考·鈔》　中統三年五月，真定路巴雅爾哈雅擅殺造僞鈔者三人，詔詰其違制之罪。至元三年十二月敕：僞造鈔者送京師審核。至是，乃申明其禁。至十六年十一月中書平章政事阿哈瑪特言有盗以舊鈔易官庫新鈔百四十錠，罪不應死，然盗者之父執役臣家，不論如法，亦當自畏。詔處死。

《元典章》卷二〇《户部·鈔法·僞鈔·僞鈔自免罪》　至元五年二月，欽奉聖旨節該：若同造僞鈔人内有悔過自首到官與免本身罪。欽此。

《元典章》卷二〇《户部·鈔法·僞鈔·兄首弟安藏造僞科罪》　至元六年七月初二日，中書省劄付右三部來呈濟州申：鄆城縣劉宣差男劉大首獲同居弟劉伯察兒知情安藏歹獄造僞人蘇堅，又於本家雕造僞鈔，取問招是實，欲依已斷安藏雕造僞鈔體例，斷杖一百七下。緣同籍親兄劉大首告到官，合無量決五十七下，乞照詳事省府相度劉伯眼察兒所犯雖是親兄，首獲。緣係印造僞鈔，事理難準減輕，合科全罪。合下仰照驗依將劉伯眼察兒決杖一百七下，行下合屬就便斷決施行。

《元典章》卷二〇《户部·鈔法·僞鈔·僞鈔堪以行使處死》　至元七年閏十一月十九日，尚書省據刑部來呈博州路申：聊城縣石治民狀招至元五年七月内於瓦上雕成司天臺印一顆，本頭上雕成至元年月日階見欲寫司天臺文字，又於至元六年八月内雕成五百文、五十文、二十文僞鈔板印各一副，兩次自行印造僞鈔二十一貫四百九十文，節次使訖七貫五百文。擬定石治民合行處死。乞照詳事，爲此移準中書省咨都省議得：據石治民所招即係自行發意雕板印造僞鈔罪犯，依準所擬。其石治民合行處死，於至元七年閏十一月十六日聞奏，過奉聖旨：依著您的言語者。欽此。

《元典章》卷二〇《户部·鈔法·僞鈔·僞鈔不堪行使流遠》　至元七年閏十一月二十日，尚書省來呈德州歸勘到司都喜狀招：至元七年二月初八日，爲糾合蘇瘦兒等計七人同情節次印造到僞鈔九百五十貫，俱各不曾使用，紅印並墨條印被捉到。官先將蘇瘦兒等斷訖，擬定司都喜合行處死。呈之照詳，事爲此移準中書省咨，該都省議得：司都喜所招印造僞鈔未曾使用，紅印墨條印事發到官。罪犯即係爲造未成，並部卷内該本處官司驗得委的不似其鈔，難以行使。爲此照得已前斷例使僞鈔的斷一百七下。若依例杖斷，恐礙鈔法，擬將司都比其餘爲首印造僞鈔已成，中使的人減死一等，流入直北鷹房子種田處住坐。於至元七年閏十一月十六日聞奏，過奉聖旨：依著您的言語者。欽此。

（清）嵇璜等《續文獻通考》卷九《錢幣考·鈔》〔元世祖至元〕十四年十一月詔僞造寶鈔同情者並處死；分用者，減死，杖之。具爲令。

《元典章》卷二〇《户部·鈔法·僞鈔·造僞鈔不分首從處死》　至元十五年二月中書省照得，寶元交鈔大小差發課程並行收受，又軍國調度諸遍行最爲大事，鈔面明該僞造者斬，賞銀五定。近年以來，造僞鈔之人事發到官辨驗，堪以行使，爲首處死，爲從雕板、抄紙、安藏、印造、知情，受分人等俱各杖斷，捉事人賞銀五定。其鈔不堪行使，爲首流遠，餘者依上杖斷。緣爲各路申到僞造之人甚多，再行議得：但犯僞鈔，無問堪與不堪行使，爲首處死，餘皆杖斷。捉事人賞銀一十定，官支五定，犯人名下均征五定，應捕人減半。今又據刑部呈到，僞鈔交鈔起數於内更有經斷不改之人，蓋是所定法輕，況兼收復亡宋地面寬闊，若不重立罪賞禁治，儻或鈔法澁滯，深係利害。爲此，都省議得：今後印造僞鈔之人數内起意底雕板底印鈔底抄紙底項科號底家里安藏著印底收買顔色物料底俱是同情僞造，皆合處死。外知是僞鈔分使底不用錢買使僞鈔底，斷一百七十下，捉事人依上給應捕人減半。奏奉聖旨，準。欽此。

《元典章》卷二〇《户部·鈔法·貫伯分明即便授受》　至元十五年六月，行中書省體知得街市買賣人等，將貫伯分明，微有破損寶鈔，依前不行接轉，及各處平準行用鈔庫所倒昏鈔，盡是貫伯分明，堪以行使寶鈔。蓋是本庫官典不爲用心行用鈔法，以致如此。省府相度，須合再行出榜曉諭：諸行買賣人等，今後行使寶鈔，雖是邊欄破碎，仍存貫伯分明，即便接受，務要通行流轉，不致澁滯鈔法。若有似前將貫伯分明，微有破軟，不肯接受行使，告投到官，嚴行治罪。及將堪申行用寶鈔赴庫倒換，仰庫官人等亦不得回倒。如庫官人等却將堪中行用寶鈔倒换，定將官典斷罪。施行。

《元典章》卷二〇《户部·鈔法·僞鈔·造僞鈔似不似同斷》至元十七年五月，得御史臺準御史臺咨承奉中收省劄付，二月初三日奏過事内一件，前者兩起兒造僞鈔得拏住也那的每根底俺每不疑惑，教扎撒裏入去在先的官人每，僞鈔根底不似那真鈔麽道。不教死教打著道有來查每尋思呵似真鈔一般行使，得呵，如何？拏得他造僞鈔呵！怎生？般尋思著造有似不似呵！他每尋思得歹有，但拏查呵！依著大體例有甚疑惑。麽道奏呵！那般者，麽道聖旨了也。欽此。

《元典章》卷二〇《户部·鈔法·整治鈔法》至元十九年十月，中書省奏準下項整治鈔法條畫：都省除已劄付御史臺常切糾查外，咨請遍合屬照會，仍出榜文曉諭。施行。

倒换金銀價例：

課銀每定：入庫價鈔一百二兩五錢，出庫價鈔一百三兩。

白銀每兩：入庫價鈔一兩九錢五分，出庫價鈔二兩。

花銀每兩：入庫價鈔二兩，出庫價鈔二兩五錢。

赤銀每兩：入庫價鈔一十四兩八錢，出庫價鈔一十五兩。

整治鈔法條畫：

一、鈔庫内倒换昏鈔每一兩取要工墨三分，不得刁蹬多要工本。庫官吏人等令人於街市暗遞添答工墨轉行倒换一十兩以下，決杖五十七下，一十兩之上，決杖七十七下。一定之上，決杖一百七下，罷職。兩相倒鈔之人，罪同。於犯人名下追鈔五定給付捉事人充賞，專委管民官常切提調，如不用心提調治罪施行。

一、買賣金銀付官庫依價回易倒换，如私下買賣諸人告捉到官，金銀價鈔全行斷没，於内一半付告捉人充賞，應捕人減半。一十兩以下，決杖五十七下，一十兩以上，決杖七十七下。一定以上，決杖一百七下，於犯人名下更追鈔兩，給付捉事人充賞。

一、賣金銀人自首告者，免本罪，將金銀官收給價買主，不首者，價鈔斷没，更於犯人名下追鈔，一定與告人捉人充賞。買主自首者，依上施行。

一、金銀匠人開鋪打造開張生活之家憑諸人將到金銀打造於上鑿記匠人姓名，不許自用金銀打造發賣，若已有成造器皿赴平準庫貨賣，如違，諸人告捉到官依私倒金銀例斷罪給賞。

一、如拏獲私下買賣金銀人等，要訖錢物放了有人首告，依例追没給賞，斷罪放了的人一般罪。本坊偶巡禁應捕官兵人等不爲用心捉拏，取招斷罪。

一、收倒鈔當面於昏鈔上就使訖毁印封，訖將昏鈔每季解納，如不使毁印者，決杖五十七下，罷職。

一、鈔庫官吏侵盗金銀寶鈔，出庫借貸移易做買賣使用，見奉聖旨條畫斷罪，委本處管民長官總管一月一次計點，如本處官吏通行作弊，與犯人同罪。

一、鈔庫官吏將倒下金銀不行附歴，却添價倒出，更將本庫倒下金銀捏合買金銀人姓名用鈔换出，却暗地添價轉賣與人，許諸人捉拏得獲不計多寡，處死。將價鈔給付捉事人充賞。

一、如諸人將金銀到庫，依殊色隨即將倒，不得添減殊色，非理刁蹬，如違決杖五十七下，罷職。

（清）嵇璜等《續通典》卷一三《食貨·錢幣》〔至元二十四年〕依中統之初，隨路設立官庫，貿易金銀，平準鈔法。每花銀一兩入庫，其價至元鈔二貫，出庫二貫五分。赤金一兩入庫二十貫，出庫二十貫五百文。僞造鈔者，論如例。告者，賞鈔五錠，仍以犯人家産給之。時衆欲計至元鈔二百貫，贓滿者，死。趙孟頫曰：始造中統時，以銀爲本，虚實相權。今二十餘年間輕重相去至數十倍，故中統爲至元又二十年後，至元鈔必復如中統矣。若計鈔抵法，疑於太重。或詰之曰：今朝廷用鈔，故犯法者以鈔計贓，汝以爲非欲阻格至元鈔耶？孟頫曰：頫奉詔與議，不敢不言。今中統鈔虚，故改至元鈔。謂至元鈔終無虚時，寧有是理？

《元典章》卷二〇《户部·鈔法·行用至元鈔法》至元二十四年三月，尚書省奏奉聖旨定到元寶鈔通行條畫開具於後。一、至元寶鈔一貫當中統寶鈔五貫，新並行公私通例。一、依中統之初，隨路設立官庫買賣金銀平準鈔法，私相買賣並行禁斷。每花銀一兩入庫，官價至元寶鈔二貫，出庫二貫五分。白銀各依上買賣課，一定官價寶鈔，二定發賣寶鈔一百二貫五百文。赤金每兩價鈔二十貫，出庫二十貫五百文。今後若有私下買賣金銀者，許諸人首告，金銀價直没官，於内一半付告人充賞財富。仍於犯人名下徵鈔二定。一就給付銀一十兩、金一兩以下，決杖五十七下。銀一十兩、金一兩以上，決杖七十七下。銀五十兩金一十兩以上，決杖九十七下。

一、民間將昏鈔赴平準庫倒换至元寶鈔，以一折五，其工墨不正，依舊例每貫三分。客旅買賣欲圖輕便用中統寶鈔倒换至元寶鈔者，以一折五依數收换。各道宣慰司、按察司、總管府常切體究禁治，毋致勢要之家並庫官人等自行結攬，多除工墨，沮壞鈔法，違者痛斷，庫官違犯，斷罪除名。

一、民户包銀願納中統寶鈔者，依舊止聽收四貫，願納至元寶鈔，折收八百文，隨處官並仰收受，毋得阻當。其餘差税内有折收者，依上施行。

《元史》卷九三《食貨志》　〔至元〕二十四年，遂改造至元鈔，自二貫至五文，凡十有一等，與中統鈔通行。每一貫文當中統鈔五貫文。依中統之初，隨路設立官庫，貿易金銀，平準鈔法。每花銀一兩，入庫其價至元鈔二貫，出庫二貫五分；赤金一兩，入庫二十貫，出庫二十貫五百文。僞造鈔者處死，首告者賞鈔五錠，仍以犯人家産給之。

《元典章》卷二〇《户部·鈔法·僞鈔·僞鈔鄰首罪名》　至元二十五年，行尚書省准中書省咨户部議得：印造僞鈔，主首社長、長鄰佑知而不首者，比附買使僞造犯人減一等，其行首獲僞造寶鈔者，仍依諸人例給賞相應，都省準呈，請依上施行。

《通制條格》卷四《户部·僞鈔妻屬》　元貞元年二月，中書省御史臺呈：北兵馬司副指揮高貴將印造僞鈔人張閏僧妻妾何春哥等隱藏昵使，犯在革前。刑部議得：欽奉聖旨，印造寶鈔，僞造者處死，首告者賞銀伍定，仍給犯人家産，别無斷没妻屬明文，合將何春哥等發下元籍當差。都省準擬。

《元史》卷一八《成宗本紀》　〔元成宗元貞元年〕五月，增重挑補鈔人罪，告捕者仍優其賞，令犯人給之。

《元典章》卷二〇《户部·鈔法·挑鈔·挑補鈔罪例》　中書省咨：元貞元年五月初八日奏過事内一件挑補鈔的，一兩挑補做二兩，五錢挑補做一兩使的在先。火魯火孫等官人每拏住那半賊呵，打七十七下，爲從的打五十七下，拏住的人每根底與兩定鈔，賞官司支與一定，賊每根底追與一定麽道，立著體例來。如今臺官每並部官每説挑補鈔底人每的罪過輕，有拏賊的人每根底與的賞錢少。有因那般拏的人每少的上頭，挑補鈔的多了也。那般拏賊的人每根底與十定鈔，正犯人打一百七下，爲從的打八十七下。拏住的人每根底十定鈔内，官司支與五定，犯人錢物内與五定。只般説有，俺商量底賊每做來，他每使有拏住的人每根底，官司又與錢呵，不宜十定鈔，正犯人名下追與者。如不敷呵，爲從來的賊每根底追與。若這般兩項更不敷呵，官司添與杖罪，依著他每斟酌來的呵。怎生？奏呵！那般者，聖旨了也。欽此。

《元史》卷二一《成宗本紀》　〔大德七年正月〕丙午，定諸改補鈔罪例，爲首者杖一百有七，從者減二等。再犯從者杖與首同，爲首者流。

《元典章》卷二〇《户部·鈔法·僞鈔·禁治僞鈔》　大德七年十二月初六日，江西行省准中書省咨刑部呈奉省判江浙行省咨，杭州等路見禁囚内印造僞鈔人十八起二百七十四人，始自大德元年至大德四年三月收禁，多係追取板印僞造到官，止是同犯一、二名逃亡便作未完追勘。今後若蒙照依强盗體例，但獲僞造寶鈔之徒追捜獲印到官取責明白招狀，隨即明正典刑，如此則塞造僞之源。本部請到户部侍郎王奉政一同講議得：除起意底雕板底印造底收買顔色物料底，俱是同情僞造。合依奏奉聖旨事意處死外，議得：知情分買人等各各罪名議得知情分買行使之人，初犯決一百七下，再犯除斷外徒役一年，三犯流遠。鄰佑人等知是僞造寶鈔而不首告決杖七十七下。禁治不嚴，失覺者，各地分當該巡捕軍兵三十七下。捕盗正官及鎮守巡捕軍官各決二十七下，坊里正主首社長一十七下。已獲賊徒追板印僞鈔贓物無疑，廉訪司審覆冤，先行結案。首告捉事人賞錢如板印到官，犯人招證明白，廉訪司審録無冤，本路隨即當官給付仍申合於上司照驗。若應給而遷延不給，聽廉訪司糾察究治外，其未發而自守者，原其罪。就捕同伴者，仍減半給賞。若有未獲賊徒，應捕官兵依强盗例捕限緝捉。有令有司嚴加禁治，畧節真書罪賞排門粉壁，使民知懼遞相覺察除外，咨請遍行合屬依上施行。

《元典章》卷二〇《户部・鈔法・僞鈔・縱賊虚指買使僞鈔》 大德十年正月，御史臺咨承奉中書省劄付，來呈燕南道廉訪司申：寶鳳狀告印僞造人王丑兒指張仲温等買使僞鈔等事，濮陽縣典史司吏人等取受鈔物，除另行外，此聞諸處捉獲造鈔賊徒，有司往往縱令指攀富實之家，知情買使輒勾無辜被害。求免官破蕩家産，擬合設法通行禁治相應，緣係爲例事理本臺，具呈照詳。送刑部議得：印造買使僞鈔人等，已有斷例，所擬官吏取受縱令犯人虚指富户，破蕩家産，違枉等事合從廉訪司糾治，都省仰依上施行。

《元典章》卷二〇《户部・鈔法・僞鈔・格後行使僞鈔》 大德十年，江南行臺準御史臺咨，承奉中書省劄付來呈山東道廉訪司申：知情分買行使僞鈔之人初犯杖一百七下，再犯斷罪外，徒役一年，三犯流遠。其各處見禁所犯買使僞鈔之人，有犯在遠年二、三次經斷者，亦有犯在大德三年三月初三日欽遇赦恩已前一次經斷者。今次格後再犯事發到官，如此之類未審前犯與今犯通理斷罪徒流遠，或自大德七年各處承奉斷例日月以準爲始，各驗所犯經斷次數坐罪。本臺看詳，强切盜賊已有定例外，據罪使僞鈔之宜令若干部分定擬具呈照詳。送刑部議得：知情分買行使僞鈔之人經遇恩再犯者，赦後爲坐。都省準擬合，下仰照驗依上施行。

《元典章》卷二〇《户部・鈔法・挑鈔・挑鈔再犯流遠屯種》 大德十年十一月，行臺準御史臺咨，河北河南道廉訪司申：爲挑鈔賊人今後再犯，爲首的杖斷一百七下，流遠。爲從的斷一百七下。不見挑鈔賊人先犯爲首，再犯爲從，先犯爲從，再犯爲首各各斷例。又不見爲首斷罪流遠處，所乞照詳，呈奉中書省劄付，送刑部議得：挑鈔之人毁真作僞，壞害鈔法，其有爲首經斷不悛前過，又復爲從，挑鈔及先次挑鈔爲從，再犯爲首者，俱各流遠。漢兒蠻子發付遼陽、色日、高麗遞去，湖廣行省收管屯種，相應都省準呈，仰依上施行。

《元典章》卷二〇《户部・鈔法・僞鈔・燒燬僞鈔印板》 至大四年十一月，福建宣慰司奉江浙行省劄付，近據徽州路申：方子華等印造僞鈔，所據印板作仗理宜燒燬外，據刀鋸等物合行變賣，作鈔起解相應，乞明降事。得此備準中書省咨，印造僞鈔印板作仗理宜燒燬外，據刀鋸等物合行變賣作鈔起解看詳。若依元準咨文一一咨稟，似爲便當，咨請照驗。準此送刑部議得：印造僞事既結絶，所據印板作具例合燒燬。若令行省一一咨稟，似涉紊繁，宜從本省就便分揀，依例發落。若有可疑，臨時咨稟相應，具呈照詳。都省咨請依上施行。

《元典章》卷二〇《户部・鈔法・挑鈔・買使挑鈔斷例》 皇慶元年五月江浙行省準中書省咨，來咨湖州申：許季二挑鈔等事除將正犯人許季二依例杖斷一百七下，徒役一年。王萬九等爲從，各杖八十七下。看詳買使挑鈔之人，有犯到官合無照依挑鈔爲從定論。唯復比附買使僞鈔減等斷罪。本省參詳，如將買使挑鈔之人比依買使僞鈔例減等杖斷九十七下，緣係通例，咨請照驗，準此送刑部照得：即不見挑鈔之人許季二所犯年月，難便定擬，宜從都省移咨行省照勘明白，就便依例施行。議得：挑剜裨凑寶鈔以真作僞者，不分首從杖斷一百七下，徒一年，再犯流遠。其買使挑鈔之人，合準江浙行省所擬減等杖斷九十七下相應，具呈照詳。都省咨請依上施行。

《元典章》卷二〇《户部・鈔法・挑鈔・挑鈔窩主罪名》 皇慶元年七月江西行省準中書省咨，刑部呈河東宣慰司關晉寧路備河東府萬泉縣申：馬顯捉獲挑鈔人蔡軟驢同贓仗等物，除正犯人蔡軟驢因訊瘡發潰身死外，窩主王月興不合於至大四年九月初三日窩藏蔡軟驢，於本家地窨子内與訖本人至元真鈔一貫一張，筆墨刀兒挑改作二貫是實。照得至大四年四月欽奉詔：中書内一欵諸僞造寶鈔，首謀起意之人，並雕板抄紙，收買顔料，書填字號，窩藏印造，但同情者，並行處死，仍没家産。雖會赦不原。又一欵挑剜裨凑寶鈔以真作僞者，初犯杖一百七下，徒一年。再犯斷罪流遠。又一欵告補挑剜裨凑者，賞中統鈔一十定，犯人名下追給。欽此。除欽遵外，本部議得：王月興不合窩藏蔡軟驢于地窨子内與訖本人至元真鈔一貫一張筆墨器具改作二貫，正犯人蔡軟驢因訊瘡發潰身死，别無定奪。所據窩主王月興即係過犯資給造僞之人，合依正犯人一體斷遣，緣係爲例事理，如蒙準呈，遍行照會相應，具呈照詳。都省準呈，咨請照驗施行。

《元典章》卷二〇《户部・鈔法・挑鈔・侏儒挑鈔斷》 延祐二年十二月行省準中書省咨刑部呈奉省判江西省咨，臨江路備新擧塗州申：弓手陳子明於蔣福二手内搜到至元二貫文鈔一張，據稱係文伏俚討來挑鈔辨驗得到官鈔一張，元是中統鈔二貫文交鈔挑作至元二貫寶鈔，問得文伏俚等，指係於東坊蕭郎中家買到挑鈔。追問得蕭郎中名真狀指不合，因爲家貧，於延祐元年四月二十二日將買到胭脂中統元寶交鈔二貫文，省真鈔一張，用右手指甲刮除字貫及邊欄墨跡，筆描改作至元通行寶鈔二貫文一張收藏在家。當月二十六日有驚迹人文伏俚同蔣伏二將至元五百文昏鈔一張賣與文伏俚蔣伏二行使。五月初十日又將至元鈔三百文一張在家挑改作至元五百文，未成。不期弓手陳子明捉獲。文伏俚等將真捉拏到官，招伏是實。文伏俚，蔣伏二各狀招不合用鈔買到蕭真挑鈔行使情罪相同。議得：蕭真挑鈔以真作僞，亂壞鈔法，例杖一百七下，徒一年。緣本人年七十一歲，又係侏儒殘疾，不任杖責，依例議罰，罪中統鈔一百七兩没官外，據合徒一節。若使發遣，誠恐差池，緣係通例，咨請照詳。準此送刑部議得：蕭真所犯挑鈔例杖一百七下，徒一年。本人年已七十一歲，殘疾罪已收贖外，據徒一年，例六十七下，擬合罰贖，中統鈔六十七兩相應，具呈照詳。得此議得：挑鈔人蕭真即係違法重事，擬合責斷徒一年。既本省將正罪贖鈔了當，依準部擬合，後若有似此人等故犯者，咨稟定奪，勿請依前贖罪。都省咨請依上施行。

《元典章》卷二〇《户部·鈔法·挑鈔·挑補鈔犯人罪名》延祐三年八月行省準中書省咨户部呈：大都在城王黑厮挑補鈔兩赴庫，因提調官不爲用心鈐束，以致庫官司庫循習舊弊，接授不堪等鈔倒換。官本議得：今後各庫庫官庫子人等遠近興販客旅，街市貿易細民擬合照依都省元定二十五等鈔様，依例起庫倒换，不得刁蹬停留，宜從都省出榜嚴加禁約，送户部與刑部一同議擬施行。奉此約會到刑部員外郎杜朝例議得：挑剜裨凑，描改寶鈔，以真作僞者初犯依例一百七下，徒一年。再犯斷罪流遠。窩主同罪。知情買使初犯杖九十七下，再犯一百七下三。犯科斷加徒一年。兩鄰知而不首者，杖五十七下，坊里正主首社長失於覺察並巡捕官兵各杖二十七下。捕盗官及鎮守兼捕軍民各決一十七下。未獲賊，依切盗例捕限緝捉。具呈照詳得此，除另行外。據挑剜、接補、裨凑、描改，以真作僞，擬到罪名一節移付刑房就便施行，準此送據刑部呈議得：挑剜、裨凑、描改寶鈔以真作僞者，初犯依例杖一百七下，徒一年，再犯斷罪流遠。窩主同罪，知情罪使決九十七下，再犯加等科斷。兩鄰知而不首決六十七下，坊里正主首社長並捕盗官兵及鎮守兼捕軍官軍人失於覺察者，臨事量情究治相應，具呈照詳。都省準擬咨請依上施行。

《元典章》新集《刑部·刑禁·雜禁·禁銅錢買賣銷燬》至治元年二月□日，江西行省準中書省咨江浙省咨，杭州路税課提舉司申：近有客商將到廢銅前來投税，中間夾帶銅錢，或五包、十包在内。問得物主，稱係於本路客人處收買。就杭州路鑄銅器，除照時價收税外，誠恐奸商因而將銅錢前去瀕海地處博易出海。又獲到下河係匿税銅錢一十一箯包，若作匿税歸問却緣見奉省札，禁治，不許税買未敢懸便。除將物主丁阿保保管並將現獲銅錢收貯聽候得此。本省看詳，事干通例，咨請照詳，準此送據户部呈議得：江浙省咨杭州路申：歷代銅錢官有現在收貯聽候民間銅錢不見合無買賣銷燬用度，以此參詳，歷代銅錢現在者已蒙官爲收貯聽候。民間買賣銷燬用度，甚非所宜，擬合禁止相應，具呈照詳。得此咨請依上施行。

《元史》卷一〇五《刑法志》諸僞造寶鈔，首謀起意，並雕板抄紙，收買顔料，書填字號，窩藏印造，但同情者皆處死，仍没其家産。兩隣知而不首者，杖七十七。坊〔里〕正、主、首社長失覺察，並巡捕軍兵，各笞四十七。捕盗官及鎮守巡捕軍官各決三十七，未獲賊徒，依强盗立限緝捕。買使僞鈔者，初犯杖一百七，再犯加徒一年，三犯科斷流遠。諸捕獲僞鈔，賞銀五錠，給銀不給鈔。諸父子同造僞鈔者，皆處死。諸父僞造鈔，子聽給使，不與父同坐；子造僞鈔，父不同造，不與子同坐。諸夫僞造寶鈔者，妻不坐。諸僞造寶鈔，印板不全者，杖一百七。諸僞造寶鈔，没其家産，不及其妻子。諸赦前收藏僞鈔，赦後行使者，杖一百七。不曾行使而不首者，減一等。諸僞造鈔罪應死者，雖親老無兼丁，不聽上請。諸捕獲僞造寶鈔之人，雖已身故，其應得賞鈔，仍給其親屬。諸奴婢買使僞鈔，其主陳首者，不在理賞之例。諸挑剜裨輳寶鈔者，不分首從，杖一百七，徒一年，再犯流遠。年七十以上者，呈稟定奪，毋輒聽贖。買使者減一等。諸燒造僞銀者，徒。諸造賣僞銀，買主不知情，價錢給主，僞銀内銷，提真銀没官，依本犯科罪。諸僞造各倉支發糧籌者，笞五十七，已支出官糧者，準盗係官錢物科罪。諸倉官人等有犯者，依監主自盗法，贓重者從重論。諸冒支官錢，計贓以枉法論，並除名不叙。

《明太祖集》卷六《敕・命中書議律敕》　尚書復云：市村小民行使僞鈔，元律杖一百，倍追。今卿等欲以太重，將輕之。朕恐因小惠有大患，他日鈔無用矣。以朕深思熟慮，律合如前，不許別議。其倒印鈔而無律，欲收入漏印律，當哉！

《大誥・僞鈔》　寶鈔通行天下，便民交易。其兩浙、江東西，民有僞造者甚。惟句容縣，楊饅頭本人起意，縣民合謀者數多，銀匠密修錫板，文理分明；印紙馬之户，同謀刷印。捕獲到官，自京至於句容，其途九十里，所梟之尸相望，其刑甚矣哉。朕想決無復犯者，豈期不逾年，本縣村民亦僞造寶鈔，甚焉鄰里互知而密行，死而後已。嗚呼，若此頑愚，將何治耶！

《大誥續編・錢鈔貫文》　鈔法之行，皆云貫錠。銅錢之行，皆云萬千百文。若以錢云文數，一文至千百數萬可以言之。以鈔云文數，並無奇零十文、五十文。今會稽等縣河泊所官張讓等故生刁詐，廣衍數目，意在昏亂掌鈔者。如會稽魚課鈔，本該六千六十七貫二百文，所進鈔本却寫作六百六萬七千二百文。及至關勘合入庫交納，其鈔並非奇零文數，已將各官吏治以重罪。今後敢有如此者，同其罪而罪之。

《大明律》卷七《户律・倉庫・鈔法》　凡印造寶鈔，與洪武大中通寶及歷代銅錢相兼行使。其民間買賣諸物，及茶、鹽、商税，諸色課程，並聽收受。違者，杖一百。若諸人將寶鈔赴倉場、庫務，折納諸色課程，中買鹽貨，及各衙門起解贓罰，須要於鈔背，用使姓名私記，以憑稽考。若有不行用心辨驗，收受僞鈔，及挑剜描輳鈔貫在内者，經手之人，杖一百，倍追所納鈔貫，謂誤收僞鈔，並挑剜描輳鈔，一貫倍追寶鈔二貫。僞挑鈔貫燒燬。其民間闗市交易，亦許用使私記。若有不行仔細辨驗，誤相行使者，杖一百，倍追鈔貫。止問見使之人。若知情行使者，並依本律。

《大明律》卷七《户律・倉庫・錢法》　凡錢法設立寶源等局，鼓鑄洪武通寶銅錢與大中通寶及歷代銅錢，相兼行使，折二，當三，當五，當十，依數堆算。民間金銀、米麥、布帛諸物價錢，並依時值，聽從民便。若阻滯不即行使者，杖六十。其軍民之家，除鏡子、軍器，及寺觀庵院鐘、磬、鐃、鈸外，其餘應有廢銅，並聽赴官中賣，每斤給價銅錢一百五十文。若私相買賣，及收匿在家，不赴官中賣者，各笞四十。

《大明律》卷二四《刑律・詐僞・私鑄銅錢》　凡私鑄銅錢者，絞。匠人罪同。爲從及知情買使者，各減一等。告捕者，官給賞銀五十兩。里長知而不首者，杖一百；不知者，不坐。若將時用銅錢剪錯薄小，取銅以求利者，杖一百。若僞造金銀者，杖一百，徒三年。爲從及知情買使者，各減一等。

《大明律》卷二四《刑律・詐僞・僞造寶鈔》　凡僞造寶鈔，不分首從，及窩主若知情行使者，皆斬。財産並入官。告捕者，官給賞銀二百五十兩，仍給犯人財産。里長知而不首者，杖一百；不知者，不坐。其巡捕、守把官軍，知情故縱者，與同罪。若搜獲僞鈔，隱匿入己，不解官者，杖一百，流三千里。失於巡捕，及透漏者，杖八十；仍依强盗，責限跟捕。若將寶鈔挑剜、補輳、描改，以真作僞者，杖一百，流三千里。爲從及知情行使者，杖一百，徒三年。其同情僞造人，有能悔過，捕獲，同伴首告者，與免本罪，亦依常人一體給賞。

（明）戴金《明條法事類纂》卷四二《刑部類・私鑄銅錢・通行禁約私鑄銅錢若為從及知情買使者俱枷號充軍例》　成化十四年八月十七日，都察院掌院事太子少保兵部尚書兼左都御史王等題，爲訪獲興販假錢事。河南道呈，先奉本院劄付，本道呈，該錦衣衛掌衛事都指揮同知牛循奏：該校尉李忠丘等訪獲興販假錢男子六名到衛，審得一名王原，招係旗手衛中所軍餘，一向逃在河南歸德州，地名丁家道口潛住。成化十四年二月内，原得未獲許州民人宋名、何剛、張剛、趙進、宋鑒、張讓、侯名、杜禮等家鑄造銅錢貨賣。是原不合收買雜銅，問宋名等兑换銅錢來京，到於今在官叔王端家藏放。有鋪户于祥等發賣肥已迴還。又同今在官歸德衛逃軍張五、山東長山縣逃民屈升合夥收買雜銅，仍到宋名等家换得假錢萬餘文，用驢裝馱於七月初九到京，仍在王端家藏放。有鋪户于祥、許寬、陳銘各將銀兩來買。每價錢一千五百五十文賣銀一兩，致被體訪捉獲，及審張五等各供相同。竊詳錢法（朝）〔乃〕朝廷權宜重事，今各犯仍敢自行造販，圖利肥家，全無畏法之心，合送法（同）〔司〕依律治罪。仍乞敕該衙門通行天下禁約（拏）〔等〕因，具題。奉聖旨：是。都察院知道。欽此。欽遵抄出到道。查得先該刑部題：訪得近年以來在京用使新錢，多係蘇、松、常、鎮、杭州、臨清軍民人等私鑄，四方客商人等雲集收買，各處發賣，陰壞錢法。合無通行南直隸並浙江、山東巡撫、都御史等官，各出榜禁約所屬地方。今後軍民人等，如有仍前私鑄貨賣，事發到官，將爲首並匠人律問擬明白，監候呈詳，待報處決。爲從及知情買使者，俱用百斤大枷枷號，示衆一月。滿日，各連當房家小俱發附近衛所充軍，俱止終本身。係邊衛者，舍餘仍發附近衛所，俱止終本身。軍職、旗軍調發極邊衛分差操。職官有犯，奏請發落。若里老、鄰右、火甲人等知情故縱者，一體問罪等因，具題。奉聖旨：是。欽此。欽遵已經轉行各該巡撫等官出榜禁約（法）〔去〕後，（命）〔今〕該前因，具呈本院。看得銅錢乃朝廷之制度，天下之貨泉，富國利民，關係甚重，故祖宗法律，私鑄律絞，知情買使者流，其禁可謂嚴矣。奈何近年以來，四方詐奸之徒，爭相私鑄，輦轂之下，公然行使，雖有刑部奏準前項事例，止行南直隸、浙江、山東，不曾通行，是以日滋月盛，違法愈多，非□故違國禁，（其）〔甚〕者，有傷治體。今錦衣衛都指揮同知牛循奏，要通行禁約，合準所擬。欲令該道將見獲犯人王原審問明白，依律議擬。內知情者，照依刑部奏行前項，事例，枷號一月，滿日邊衛充軍。不知情止照常例發落。候大理寺審録畢日，本院備由出榜，通行南北兩京及直隸各府並浙江等十三布政司張掛禁約。敢有仍前違犯者，一體問罪，俱照前例發落。庶使奸人知懼，錢法流通使益。緣係事例，及節該奉欽依都察院知道事理，未敢擅便等因，具題。奉聖旨：是。欽此。欽遵抄出到道，已將人王原、屈升、張五問擬私鑄銅錢知情買使者減私鑄絞罪一等，減等各杖一百、徒三（千）〔年〕；于祥、許寬、陳銘、王端各不應事重減等，各杖七十；王原等三名照例枷號一月，滿日各連當房妻小，俱發附近衛分充軍，止終本身；于祥、許寬照例運炭，陳銘照例納鈔，各完日；王端係王原叔，依家人共犯免科；各還職着役隨住。具本。發大理寺審允，回報前來。臣將各犯議擬發落外，緣係奏奉欽依審録畢日，出榜禁約事理，具呈到院，欲刊印榜文，發去各處張掛。緣天下衙門數多，難以（偏）〔遍〕給，合無兩京地方本院印記張掛外，其南北直隸並浙江等十三布政司每處印給榜文二道發去，巡按御史各將一道張掛，依式翻刊，俱用各該印信鈐記張縫，發屬張掛曉諭。緣係出榜禁約事理，未敢擅便，具題。次日，奉聖旨：是。欽此。

（明）戴金《明條法事類纂》卷一三《户部類・鈔法・**申明禁約假錢疏通鈔法例**》　成化十五年初二日，太子少保、〔户〕部尚書楊等題，爲禁約假錢，疏通鈔法便民等事。廣西清吏司案呈，奉本部送內府抄出欽差提督巡察光禄寺事、內官監太監楊鵬題，臣本庸（遇）〔愚〕，叨蒙恩命提督寺事，夙夜憂遑，自知才識疏薄，弗克負荷，思圖補報，力有不（建）〔逮〕。臣竊見比年以來，鈔法不行，僞造假錢日甚。雖在（米）〔未〕然之時，恐有已然之弊，不可不嚴加禁約，以爲預防也。照得洪武、永樂年間，印造大明寶鈔與銅錢相兼通行使用，不過節用便民而已，實祖宗萬年之良規，誠爲不易之法也。且以朝廷造鈔一貫，正料浩繁，艱辛萬狀。每鈔一貫，抵折銅錢一千文，每銀一兩，值鈔八十貫。〔鈔〕雖碎破，字印分明者，遍於天下通行使，無有阻滯。是以軍民人等富庶，〔皆〕樂於生理。迄今新鈔一貫，止值銅錢一文。舊鈔五六貫不值銅錢一二文，計其工料之繁難，尤不及假錢之時價，已與朝廷制度大不相同。詳其所由，蓋因先年以來，在京在外，鄉村市井買賣，軍民人等將鈔不行，惟使歷代舊錢，紛紜交易。止法司贖罪並估計贓物，照依舊制折收鈔貫。其在京諸司衙門，將鹽、糧、商稅、門攤等項課鈔，俱與銅錢中半徵收。況內外官員人等折俸鈔貫，累年折支銅錢、布疋等物，致使銅錢〔價〕重，大明寶鈔輕微，絶棄不用。看得本寺遞年每季〔支〕數於天財庫，會關錢鈔相兼，着令行使，依時價買辦果品等物，供給應用。每鈔一貫折錢二文。其各行户每每告稱鈔不值錢，不肯關領。及至關出，堆放在家，無人收買，虧折資本，累及艱難。近年以來，又將舊錢收藏不用，惟（後）〔使〕僞造鉛銅假錢。遞訪京師內外，有等罔知法度貪利之徒，專一私家鑄造，販賣行使，累及巡視官校捉拿送問，依律發遣示衆。但（遇）〔愚〕民無知，溺於取利，仍無畏懼，肆意鑄造，愈加假錢日熾。若不嚴加禁革，深恐不便。使（其）昔之鵝眼、（縱壞）〔綖環〕之弊，（傷）〔復〕見於今，不惟下人不沾實惠，抑且虛（實）〔費〕朝廷恩典。及照户、禮等部坐派諸色錢糧物料，多有不産去處，或由路途寫遠，人（方）〔力〕艱難，或懼盜賊風火不（使）〔便〕，將帶輕齎來京買辦、進納。比因外處人民畏懼內府衙門出入不便，或因不識貨物好歹、高低，不知時價貴賤。誠恐納官不過，私自包與攬頭進納，其間多被無籍之徒乘機誆哄拐帶。累行事發，例問充軍。攬頭畏〔懼〕，棄家逃躲，坑陷解户。或在京揭借賠納，或走回原籍典當田産，賣男鬻女，又行來京重復買納。終年累歲，不能完結，以致供應缺乏。似此之弊，難以枚舉，病國損民，莫甚於斯。如蒙伏望聖恩軫念時弊，乞敕該部通行在京在外諸司衙門，將鹽、糧、商税等項課鈔，並法司贖罪及做工等項估價贓物折收鈔貫，俱照鈔法及律内舊例，每鈔一貫準折銅錢一千文；每舊錢一千文準鈔一貫。不拘錢、鈔，聽從民便送納。其門攤等項課鈔，拘收鈔貫，不許折收銅錢。務待徵收鈔法疏通，方將庫内收貯鈔貫放支。其破爛不成張（並）〔片〕鈔貫，該庫照例燒燬，及將收貯新錢銷燬，不全放出。仍將洪武、永樂、宣德年間行使鈔貫並阻壞鈔法舊例申明，出榜曉諭天下司、府、州、縣等衙門及在京在外鄉村市井交易軍民人等，務令悉遵舊制，將大明寶鈔但成張片（寄）〔記〕印分明者，與歷代舊錢相兼通行使用。如有不遵行使而阻壞鈔法，及挑描剜補、僞造假錢假鈔販賣，並買〔賣〕使用者，在外着落巡撫、巡按並司、府、州、縣等衙門，在京行令巡城御史、錦衣衛巡視官校、五城兵馬等衙門官員人等，一體緝拿，俱照錢、鈔二法究問如律。仍將前項所犯之人每鈔一貫追錢一千文，每假錢十個追鈔五十貫，完日照依原擬發落。亦許（者）〔諸〕人赴官首告。如果是實，依例給賞。若有刁潑之徒誣陷良善者，抵罪發問，照例追鈔。如此，則僞造可以自（照屏）〔然平〕息，而鈔法可以疏通。其錢糧不致虚費，而府庫得以充實，（其目）〔天下〕之人或得實惠。如有天下解户到京，赴部投文，遂審其錢糧。如有原來本色物料者，照舊送納。如無原來物料或帶輕齎價銀買納者，就（林）〔由〕本部收貯當官明計。殷實之家，有本行户照，依價估計，兩手交納。不許物擡高價，虧官損民。亦不許將不堪料進納，刁（潑）〔蹬〕留難，寫立認狀，連人送赴經該衙門附寫印信簿籍，先（於）〔令〕納完物料，取獲長單，赴部照數給遠價銀。其收貯價銀官員，不許聽從諸色人等囑托，私將價銀領去買納，通同作弊。但有此等事發，將聽從（之人）〔及〕囑托攬納〔之人〕拿問，嚴〔格〕照依私銀數，（米）〔每〕銀一兩，追鈔一千貫，畢日依律發落。若有攬頭高擡時價，及將不精潔細好錢糧物料進納者，驗看得出，就行捉拿送問。將不堪錢糧物料没官，另行追納，庶使解户錢糧易於完納，而攬頭不敢誆騙小（人）〔民〕，不得在外指稱官員人等名目詐取財物等因，具題。奉聖旨：該部看了來説。欽此。欽遵，抄出到部送司。節該伏覩《大明律》，内一款：凡印造寶鈔〔與〕洪武大中通寶及歷代銅錢相兼行使。其錢法條内亦開諸物價錢，並依時值，聽從民便。欽此。欽遵。看得自洪武、永樂年間，鈔法稍有不通，隨時疏通，軍民便利。宣德年間立河西務、臨清等處鈔關，船料及京城九門車馱（諫）〔課〕程，俱收鈔貫，亦爲疏通鈔法而設。正統十三年監察御史蔡愈濟題稱，交易之間紛競銅錢，不復以爲鈔事，尤要禁約。本部查例題準通行禁約外，成化元年爲因京城（錢）〔鈔〕法不通，軍民過活（難）〔艱〕難，本部議擬，題奉欽依將内外户口食鹽並商税等項課鈔，錢（法）〔鈔〕中半兼收。每鈔一貫收銅錢四文，不拘新舊銅錢，（近）〔年〕代遠近，盡數驗收，已經欽遵外，後因商民納課，多告銅錢折鈔過重，本部又經奉準，每鈔一貫折收銅錢二文，錢、鈔仍照舊中半兼收。至今十五年間，京城内外錢、鈔相兼行使，民頗稱便。今太監楊鵬奏前因，要將鹽、糧、商税等項課鈔，並法司贖罪及做工等項贓物，折收鈔貫，俱照鈔法及律内舊例，每鈔一貫折銅錢一千文一節。所言固爲有理，但人情逐時變遷，物價以時低昂。緣鈔係當代印造，民間不能多有，銅錢歷代所鑄，貧富皆得通用。須錢、鈔相兼行使，民情法制，兩不防礙。假如貧民一人傭工一日，僅得銅錢二十文，十文、五文零用，易買諸物用度，不防行使。若將銅錢一千文準鈔一貫，必積至五十日方得寶鈔一貫。如遇糴買柴米，〔如〕何可使？及要將門攤等項俱收鈔貫，不收銅錢，務在徵收鈔法疏通，方將收貯鈔貫放支。緣官不收受銅錢，民間必有用使，阻滯（且）〔並〕非舊例錢鈔相兼〔行〕使（之意）〔所致〕。況朝廷賞賜、進晏、節錢、買辦等項，俱要逐時支鈔，若鈔有收無（收）〔支〕，前項用度從何支給？及奏要〔將〕破爛不成張〔片鈔〕貫。該庫照例燒燬，〔此〕係例見行。其要將新錢（會）銷燬，查無舊例。所據要將大明寶鈔與歷代舊錢相兼行使，禁約阻壞鈔法及挑描剜補、僞造假錢〔假〕鈔販賣等事，本部（準）已屢經通行禁治去後。但恐例行年久，人心怠忽，固當申明懲治。但所追罰禁令，律有明條，法外重加，抑恐人難遵守。又要將天下解户到部審無〔原〕來物料，或帶價銀買納者，本部收貯，（詳）殷實行户交納，取獲長單，照數給還價銀一節。緣各該納户所納物料，例止交納。（此）〔買納〕

係民間私交易，以〔逐〕〔遂〕己便，法所當治。今若官庫收貯，聽其承攬，則是縱令故違結攬。且京城所賣糧、諸牲口、果品等物，皆因四方納官運米，遂致客商販市，兩相情願交易。若納〔令〕官者不運本色，〔諸〕〔將〕帶輕齎前來，納户極爲方便，但恐客商畏懼，不肯運販。原收之價，必至遇物湧貴，買納不敷，有誤供用。況各部原無收價，官庫執掌錢糧數目，不許經收。收散物價，豈能顧瞻？案呈，合無仍照舊制及本部節次奏準通行事例，將大明寶鈔但成張〔片〕字印分明者，與歷代舊錢相兼行使。及各處〔人〕户口〔食〕鹽、門攤等項鈔貫，仍須錢、鈔相兼收受，庶使錢，鈔二法相爲疏通；並買辦物件、賞賜、節錢等項，亦要錢、鈔相兼收支。本部出榜張掛，〔脱〕〔曉〕諭禁約，仍行都察院轉行巡撫、巡按並司府、州、縣衙門，在京行令巡城御史、錦衣衛巡視官校、五城兵馬，一體訪緝。務令錢，鈔相兼行使，不有阻壞。禁約各處納户人等，如果本地原無本色，帶有輕齎來京收買，聽令各照時價换易，不許聽信無籍之人包攬進納。敢有將鈔挑剜描補及僞造鉛錫破爛等錢行使，及攬頭人等乘機誆騙坑陷納户，許令各該巡視人員拿送法司究問如〔待〕〔律〕，〔益究〕〔照依〕見行事例發落。緣係申明禁革假錢、疏通鈔法等項，及奉欽依該部看了來説事理，未敢擅便，具題。本月初四日奉聖旨：是。欽此。

（明）戴金《明條法事類纂》卷一三《户部類・鈔法・各處鈔關收鈔及山東山西北直隸紙劄要行解京》 成化十六年正月二十八日，户部尚書陳等題，爲預積糧儲事。照得近年以來，天下司府州縣運遭水旱災傷，人民艱窘，公私匱乏。兼以内外大小衙門年例該用軍需等料，歲辦一應錢糧等項，悉出於民。各邊歲計錢糧、草束與〔夾〕〔夫〕動調軍馬供給，亦皆取辦於下。用度日見增添，財務愈至困竭。況太倉見貯銀兩不下三十萬數。盡此數以供邊儲，〔則〕〔亦〕無一年之用。矧今災傷去處，免賦税數多，若不權宜處置，多方區畫，竊恐財用缺乏，有誤國用。臣等專職錢穀，實切〔等〕〔危〕慮。今將議擬合行事件開坐。節該奉旨：準擬行。欽此。

計開：

一、清船料以除奸弊。照得順天府河西務等關，收受往來客商船料鈔貫，每年大約收鈔二千四百餘萬〔貫〕。成化七年，本部爲照各處委官不得其人。多有通同量〔致〕〔收〕，鈔額減少，累年不完。已經奏準差官前去各處監收，比之往年，鈔數頗多。後因各官有例取回，仍行各府委官，照依本部委官收過鈔額收解。近年以來，各府委官不行從公量度收受，或私自受財而賣放，或通同作弊而侵分，以致鈔數不及原額。訪得江南每年鈔一貫該收銀一分或銅錢八九文，俱被委官寅緣勢豪之人，包攬來京。卻收買紙鈔，每一千貫僅可值銀三兩。上焉無益於國課，下焉有損於人民。若不另〔於〕〔予〕處置，竊恐國課日減，深爲未便。除湖廣、荆州該納船料鈔貫留彼〔又〕〔支〕用，及順天府河西務、山東臨清、淮安板閘等鈔關仍將錢鈔解京外，基揚〔州〕、蘇州、杭州、九江等鈔〔貫〕〔關〕合無斟酌平價，暫將今收夏秋扣至明年春季一年該收船料，每鈔一貫，折收銀一分，傾瀉成錠，按季差人解部備邊支用。以後仍收鈔貫。其收鈔，委該府堂上的當官一員，照依本部原收船料則例收受，務使原額不失。每季終解納，俱依水程，限期到部。敢有違限者，原委官員問罪、住俸。如此，則國課不〔敢〕〔致〕虧減，商人免致指勒，有益於官民矣。

（明）戴金《明條法事類纂》卷四二《刑部類・私鑄銅錢・挑揀並僞造銅錢枷號例》 成化十六年十二月十九日，户部尚書等題，爲疏通錢法，便益軍民，殄息盜賊等事。雲南清吏司案呈，户部抄出順天府大興縣民人何通奏：伏覩《大明律》内一款：凡錢法，設立寶源等局鼓鑄，洪武通寶銅錢與大中通寶及歷代銅錢相兼行使，折二、當三、當五、當十，依數準算。民間金銀、米麥、布帛物價錢並依時價，直聽從民便。若阻滯不即行使者，杖六十。欽此。看得先年每銀一兩，準使銅錢八百文，以此錢貴米〔錢〕〔賤〕，軍民安業。近年以來，不料外處僞造銅錢，〔與〕〔興〕販來京，在衛貨賣行使，每銀一錢準使一百三十文，且如一家有人五七口者，或賣菜或挑脚爲生，自朝日暮覓錢，不過三二十文，買柴糴米，一家人口爲能度日。以此賊盜日生，推其所由，緣於飢寒切體所致。近於十二月以來，街市選揀銅錢，阻滯不行，米價愈加增貴。如蒙乞敕該府行屬着落地方里老，將挑揀錢之人拏送法司。如果洪武錢不使者，每錢一文罰洪武錢十文，一百文罰洪武錢一千文，揀此樣錢。如此，則錢法疏通，米價平易，軍民便益，賊盜殄〔怠〕〔息〕等因，具本。該通政使司官奏，奉聖旨：該部知道。欽此。欽遵鈔送到司。查得先該本部爲錢法不通，將京城九門並都税、宣課等衙門該納課程銅錢兼收，所有銅錢除錫錢鑄破僞造不收外，其餘不（俱）〔拘〕年代遠近，囫圇銅盡數驗收，以便商民等因。成化元年七月十一日，本部具題，節該奉聖旨：除破碎並錫錢不收，其餘銅錢不拘新舊年代遠近，盡數驗收。欽此。除通行欽遵去後，今該前因，看得民人何通奏要禁約揀錢一節，應合處治，案呈到部。臣等仰惟我朝自太祖高皇帝創業（䍃）〔遙〕統，曁列聖相承，印造大明通寶、洪武通寶等錢，與歷代銅錢相兼行使，聽從民便，不許阻滯。正欲流通錢法，便利商民。奈何近日以來買賣人等，罔知遵守，奸計百出，將洪武、永樂等錢往往挑揀不用，抑或加數折算，米糧因而涌貴，雜物亦皆價高，軍民人等愈至難食，物議〔沸〕騰，閭閻怨咨。若不嚴加禁約，非（爲）〔惟〕錢法不得通行，抑且貧民不能存活。合無照依本部先年題奉欽依京城九門及都税、宣課司等衙門收錢事例，除破碎等僞造錫錢不收外，其餘不拘年代遠近，但係囫圇錢即（使）〔便〕行使，不許刁難挑揀，阻滯錢法。仍行都察院出榜禁約，及行移兩廠並（汲）〔巡〕城御史、錦衣衛巡視官校，五城兵馬等衙門官員人等，用心緝訪。如有揀錢並僞造之人，挐送法司，枷號滿日，究問如律，並許諸人指實赴官（者）〔首〕告，就將犯人名下追罰銅錢給賞。若有刁潑無籍之徒，乘機誣告良善，誆騙財物者，事發一體照例追給問擬發落。如此，則錢法流行，而商民（而使）〔利便〕。緣係疏通錢法，及奉欽依該部知道事理，未敢擅便，具題。次日，奉聖旨：是。欽此。

（明）戴金《明條法事類纂》卷四二《刑部類·私鑄銅錢·內外私鑄新錢販賣及行使者通枷號例》 成化十七年二月三日，户部尚書陳等題，爲疏通錢法事。雲南清吏司案呈，照得先該順天府大興縣民人何通奏稱，街市挑揀銅錢，買賣阻滯，要行禁約。本部查得先年題奉欽依京城九門及都宣税課司等衙門收錢事例，除破碎僞造錢不使外，其餘不拘年代遠近，但係囫圇好錢，即便行使，不許挑揀。仍行都察院出榜禁約，並行兩廠及巡城御史、錦衣衛巡視官校人等緝訪，如有揀錢並私造之人，挐送法司問罪枷號等因，具題。奉聖旨：是。欽此。欽遵已行禁約去後，今訪得京城内外有等富豪無籍之徒，欺公玩法，恬無忌憚，雖有前項禁約榜文，公然違法，往往私造及將各處私造鉛錫等項新錢收買在家，乘將販賣，以規（原）〔厚〕利，致使僞錢盛行，物價涌貴。兼以户口、食鹽等項，舊錢每年輸官，不下二千八百七十餘萬，堆積在庫，有收無放，（問）〔間〕有光禄寺買賣廚料，所支不多。查得在京各衙門文武官吏人等，成化十二年上半年折色俸糧，本部已經題準，於内府天財庫關支銅錢。爲照各該官吏因循怠事，至今七個月餘俱未關支。及照成化十四年前項官吏人等折色俸糧，亦未定擬。合將銅錢一並關支，庶使舊錢得以疏通，〔商〕民各得利便。案呈到部。臣等伏覩《大明律》：凡私鑄銅錢者絞，匠人同罪，爲從及知情買使者各減一等，告捕者官給賞銀五十兩。欽此。欽遵外，所（以）〔有〕我祖宗以來鑄造大明寶鈔，洪武、永樂、宣德等鈔，歷代銅錢相兼行使。凡有阻滯者，已有罪條照示天下。奈何近年以來，人民多奸頑，罔知遵守，不將歷代及我朝銅錢行使，卻將私造僞錢販賣，致使錢賤物貴，小民怨（恣）〔咨〕，若不嚴加禁約，則錢法終止於阻壞，軍民益難於（遇）〔過〕活，深爲未便。合無查照本部近日題準禁約事例，再行申明，出給榜文，着令五城兵馬〔司〕於京城内外常川張掛，曉諭街市鄉村軍民商賈人等，務要仰遵律令。凡遇買賣交易，止許將歷代舊錢及我朝洪武、永樂、宣德舊錢相兼行使，每錢八文算白銀一分，每錢八十文作銀一錢，不許再將私造新錢攙和，阻壞錢法。仍行移兩廠、錦衣衛巡視官校、五城兵馬司等衙門官吏人等，用心緝訪，敢有（佸）〔怙〕終不悛，仍將新錢販賣及行使者，挐送法司，追出私造之人，通行枷號示衆，滿日依律照例發落。有能將私造之人告（補）〔捕〕得實者，官爲給賞。若鄰人等知情不首者，事發連坐。仍通行南北直隸及河南、山東布政司府行錢地方，亦要備云出榜禁約：軍民客商人等，不許私自鼓鑄及將私造新錢行使，並裝載來京貨賣。違者，連窩家鄰右俱照此例施行。其在京各衙門官員人等，該支成化十二年折色銅錢，俱限三月中旬關訖。若（在）〔有〕過違限期，就便住支還官。及十四年上半年折色俸糧，亦照例感於該庫關支銅錢。以後年分，計算在庫銅錢多寡，量爲折支。如此，則法令嚴明，而私造販賣之弊自息，舊錢疏通，而懲遷有無之利可興。緣係疏通錢法出榜禁約事理，未敢擅便，具題。次日奉聖旨：是。今後只許歷代並洪武、永樂、宣德舊錢，每白銀一錢準錢八十文。能告捕私造的量賞，及私販的着官校用心（輯）〔緝〕拏。有知情容隱不首，事一體治罪。見今揀錢枷號監問的，便放了。該衙門知道。欽〔此〕。

（明）戴金《明條法事類纂》卷四二《刑部類・私鑄銅錢・僞造假銀及知情行使之人各枷號一個月滿日發落例》 弘治四年八月二十四日，都察院右副都御史白等題，爲立法禁約行使假銀事。山西道呈奉本院劄付，準刑部咨，山西清吏司案呈，奉本部送刑科抄出巡撫大同右僉都御史（候）〔侯〕奏：伏覩《大明律》內一款：凡僞造金銀者，杖一百，徒三年；爲從及知情行使者，各減一等。欽此。欽遵。照得大（倒）〔同〕地方軍民雜處，商賈輻輳，比之他處（有）〔又〕同。但街市買賣行使銀兩，多係茴香花銀，止有六七成色，易買物貨，折算白銀價（直）〔值〕相等，因循已久，率難變更。有無籍軍民人等，不務本等，恣肆非爲，通同本地方久慣並外來光棍銀匠，專用銅鉛僞造假銀，號爲滚灰、擠描、瓜發、添過街、紅長道□等項名色，混同行使，愚（昇）〔弄〕良苦。鄉屯軍民人等，來城變賣雜糧、頭畜等物，因不認識，輒被瞞昧，得手藏（朶）〔躲〕，莫知所之，退換無主，控訴無名，只得含冤負屈而回。利己瘠人，莫此爲甚。非但大同一城如此，而外衛城市（街）〔皆〕然。（此）〔比〕臣初到，聞此寒心，（以）〔已〕嘗設計通行禁約，但奸詐之徒因而事發，止是依律問罪，别無重例懲治，以此不改非心，仍蹈故轍，奸僞日滋。如蒙乞敕法司，從長計議，將前各城行使假銀，今後遇有事發到官，追究明白，就將僞造銀人匠並設意買使之人，軍調别處邊衛，民與舍餘發附近衛所充軍。知情牙行痛加責罰，照依常例發落充軍。職官有犯，奏請定奪。以後街市銀兩，止許足色白銀或茴香花銀兩平買賣，隨時用使，不許故違，自罹重憲。庶奸知所警懼，而假銀不敢再造，買賣得以疏通，而良善不（敢）〔致〕受害便益等因，具題。奏奉聖旨：法司知道。欽此。欽遵移咨備抄到道，具呈到院。看得巡撫大同右僉都御史侯所奏，要將僞造假銀人匠並設意買使之人，軍調别處邊衛，民與舍餘發附近衛分充軍一節。臣等詳看得前項僞造假銀奸詐之徒，若止依律問擬徒罪，委得人心易玩。若俱發遣充軍，則又立法太嚴。合無今後遇有前項僞造假銀及知情買使之人，事（法）〔發〕到官，依律擬議，不分軍民舍餘，俱於本處地方枷號一個月，滿日照例發落充軍。職官有犯，仍照常例施〔行〕，並通行內外問刑衙門一體遵守。如此，則法令適中，人知警懼，而良善不受害矣。具題。奉聖旨：是。欽此。

黄彰健《明代律例彙編》卷二四《刑律七・詐僞・私鑄銅錢》 凡私鑄銅錢者，絞。匠人罪同。爲從，及知情買使者，各減一等。告捕者，官給賞銀五十兩。里長知而不首者，杖一百。不知者不坐。若將時用銅錢，剪錯薄小，取銅以求利者，杖一百。若僞造金銀者，杖一百，徒三年。爲從，及知情買使者，各減一等。

弘治問刑條例

一、私鑄銅錢，爲從者，問罪，用一百斤枷，枷號一箇月。民匠舍餘發附近充軍，旗軍調發邊衛食糧差操。若販賣行使者，亦枷號一箇月，照常發落。

一、僞造假銀及知情買使之人，俱問罪，於本處地方，枷號一個月發落。

大明律直引所載問刑條例

一、僞造金銀者杖一百，徒三年。爲從，知情使用者，各杖九十，徒二年半。

黄彰健《明代律例彙編》卷二四《刑律七・詐僞・僞造寶鈔》 凡僞造寶鈔，不分首從，及窩主，若知情行使者，皆斬。財産並入官。告捕者，官給賞銀二百五十兩，仍給犯人財産。里長知而不首者，杖一百。不知者不坐。其巡捕守把官軍，知情故縱者，與同罪。若捜獲僞鈔，隱匿入己，不解官者，杖一百，流三千里。失於巡捕，及透漏者，杖八十，仍依强盗責限根捕若將寶鈔挑剜補輳描改，以真作僞者，杖一百，流三千里。爲從，及知情行使者，杖一百，徒三年。其同情僞造人，有能悔過捕獲同伴首告者，與免本罪，亦依常人一體給賞。

《刑部現行則例》卷下《詐僞》 一、私鑄爲首及匠人處斬，家産入官。爲從及知情買使者，立決處絞。賣錢經紀、鋪户與販攙和私錢者，責四十板枷號一個月流徙尚陽堡。在京總甲，在外各鄉村，十家長、鄰佑知私鑄而不拿獲舉首者，俱照爲首者處斬，家産入官。若不知者，責四十板枷號一個月徒一年。傍人告捕私鑄者，審實，內則該部、外則地方官賞給銀五十兩。明季廢錢不許攙入舊錢之內，舊錢不許攙入新錢之內，如有故違攙和行使者，係民責四十板枷號一個月，係旗下人鞭一百枷號一個月。有能舉首者，審實，將貿易之錢內有禁止不使舊廢錢入部，其好錢全給舉首之人，此外，部中再賞銀十兩。該管地方官知情任其私鑄者，亦照爲首者處斬，家産入官。若不知者，交與該部。在內五城坊官，在外州、縣衛所各官，如該地方經紀、鋪户販賣攙和者，該州、縣不能覺察，或係上司查出，或被別地方人告發一起以上者，交與該部掌印兵馬司並各省知府、直隸知州。若不能覺察一起以上者，交與該部。司、道各官不能覺察二起以上者，交與該部。知府以下或捕盜同知通判，州、縣下吏目、典史有捕資責任者，其罪各照掌印官例。鹽運司、鹽運使照司、道例。分司照知府例。鹽場大使照典史例。若營伍內有私鑄販賣等弊，千總、守備、都司各官俱照州、縣例，遊擊、參將、副將照司、道例。在內責成五城御史，在外責成該撫嚴加察訪，如有私鑄及經紀、鋪户販賣私錢者，係何官失於覺察，即指名題參，照例議處。若五城御史、各該撫不實力奉行，怠玩不行查出者，科、道指參，交與該部。其內外各鑄錢官員務期照式鼓鑄，磨鑢精工，若不合式，輕小者，指參交與該部。

一、私自鑄錢並攙和小錢行使者，京城及直隸各省官員嚴加查拿。拿獲私自鑄錢之人，仍照先所定之例治罪。凡經紀、鋪户、民等將所禁小錢攙和行使者，傍人拿首，俱不準算該管官員巡查拿獲者。不論錢數多寡，枷號一個月責四十板流徙尚陽堡。如仍怠玩不行查拿，或被科、道糾參，或被户部查出，將該管官員亦照治罪。其錢司內爐頭、匠役人等私自盜鑄小錢，令錢法侍郎等並稽查錢局科道官員、該監督等嚴加查拿。如不嚴加查拿，或被傍人出首，或被科、道糾參，將錢法侍郎並稽查錢局科道官員、該監督等俱交吏部議處。

一、將有滿字順治重一錢四分錢銷燬者，照燬化制錢例治罪。

一、凡有燬化制錢者，其犯人與失察官員俱照定例治罪。如有旗下人燬化制錢者，將不行嚴察之驍騎校照知縣例，佐領照知府例，參領照司、道例，都統、副都統照巡撫例治罪。小撥什庫每事鞭責一百。其銅器如不禁造賣者，銅價騰貴，於鼓鑄無資。除紅銅鍋並見用已成銅器外，其軍器、樂器、鏡子、臉盆、鈕子、鎖鑰、箱櫃、鞦轡事件，戥子、天平、法馬、刀束、刀箍、刀鐶、煙袋等物，此俱係民間必用之物，五斤以下者，許其造賣。除此指出名色物件外，一應銅器不許製造。此外，銅佛、銅鐘、火盆一應銅器皿等物，一概禁止鑄造。如有拿獲鑄造者，係旗下人枷號一個月鞭責一百。係民責四十板流三千里。係文武官俱革職。所獲之銅入官。

《大清律例》卷一一《户律·倉庫·錢法》 律

凡錢法，設立寶源、寶泉等局，鼓鑄制錢，內外俱要遵照户部議定數目，一體通行。其民間金銀米麥布帛諸物價錢，並依時值，聽從民便使用。若阻滯不即行使者，杖六十。

其軍民之家私蓄銅器，除鏡子軍器及寺觀庵院鐘磬鐃鈸外，其餘應有廢銅，並聽赴官賣。每斤官給銀七分，增減隨時。若私相買賣及收匿在家不赴官者，笞四十。

條例

一、各省開採銅、鉛，令道員總理，府佐官分理，州縣官專管其事。凡産銅、鉛之處，聽民採取。稅其二分，造册季報。所剩八分，任民照時價發賣。有墳墓處所，不許採取。如有不得銅、鉛及不便採取之處，該督撫題明，停其採取。其各州縣産銅、鉛之山，令地主報明採取。地主無力開採，聽本州縣報名採取。州縣無匠役，許於鄰近州縣雇募。該州縣自行稽察。如有別州縣民人夥衆越境採取，聚至三十人以上，爲首者，發近邊充軍；爲從，枷號三個月，杖一百。不及三十名者，爲首枷號三個月，杖一百；爲從，滿杖。衙役恣意攪擾致人裹里足者，爲首枷號兩個月，發附近充軍。爲從減一等。

一、承辦銅商逾限並無貨物出口，或非採易銅斤之貨，嚴拏究處，著落追賠。其進口之時，或非原出口地方，該汛地方官立速查報，並知照原出口之該汛官，弁勒催起解。倘有侵那隱匿之弊，將該商從重治罪。倘辦員侵欺扣克，串通朦混，以致奸商那新掩舊，督撫據實題參，治罪。上司徇隱，一並交部議處。

《大清律例》卷三一《刑律·詐僞·私鑄銅錢》 律

凡私鑄銅錢者，絞監候；匠人，罪同；爲從及知情買使者，各減一等。告捕者，官給賞銀五十兩。里長知而不首者，杖一百；不知者，不坐。

若將時用銅錢剪錯薄小，取銅以求利者，杖一百。

若以銅鐵水銀僞造金銀者，杖一百，徒三年；爲從及知情買使者，各減一等。金銀成色不足，非係假造，不用此律。

條例

一、私鑄，爲首及匠人斬決，家産入官；爲從及知情買使者，絞決。房主及鄰佑、總甲、十家長知私鑄而不拿獲舉首者，俱照爲從例絞決。不知情者，係旗人，鞭一百；係民，杖一百；係官，降一級留任。該地方官知情任其私鑄者，擬斬監候；不知情者，與該管各上司俱交部分别論處。旁人告捕私鑄審實者，官給賞銀五十兩。官船户夾帶私錢者，杖一百，流三千里。同船之人知情不舉首者，枷號一個月，杖一百，徒二年。押船官知情任其夾帶者，革職；不知情者，降三級調用。

一、拿獲私鑄之案，將各犯情由審明，照强盗例，分别法所難宥、情有可原，於疏内聲明，三法司詳加覈覆，將法所難宥者照例立決，情有可原者請旨發遣。如受些微傭值、挑水打炭燒火，及停工散局之後貪其價錢，偶爲買使者，俱杖一百，流三千里。其有將空房别舍誤借匪人，及有見聞隨即驅逐，未經首捕者，果係並未在場，亦非受賄容隱，杖六十，徒一年。如承審各官並不嚴究實情，或移輕就重，草率定案，或移重就輕，故爲開脱，該督撫題參，照故出入律治罪。其上司各官通同徇隱者，照例議處。

一、方造私鑄器具，尚未鑄錢，被獲審實者，將起意爲首並同夥商謀之人，均照僞造印信未成爲首律，杖一百，流三千里。其凑錢入夥並房主、鄰甲、十家長，知情不拿首者，均照爲從減一等律，杖一百，徒三年。房主、鄰甲不知情者，不坐。如該地方官不實力訪拿，别經發覺，交部議處。

一、拿獲私鑄，如本犯問擬斬、絞，其知情、分利之同居父兄、伯叔與弟，減本犯罪一等，杖一百，流三千里；如本犯問擬發遣，亦減一等，杖一百，徒三年。雖經分利而實係並不知情者，照本犯之罪減二等發落。其父兄不能禁約者，杖一百。有能據實出首，準予免罪。本犯仍照律内得相容隱之親屬互相告言、各聽如罪人本身自首法科斷。

一、凡將前代廢錢攙和行使者，不論錢數多寡，枷號一個月，杖一百。

一、凡燬化制錢，犯人及失察各官俱依私鑄例治罪。

一、凡燬化小制錢，爲首者，即在本處枷號兩個月，杖一百，應發三姓地方給窮披甲之人爲奴者，照《名例》改發雲貴川廣烟瘴少輕地方；爲從，在本處枷號一個月，杖一百，流三千里。該管地方官知情故縱者，與同罪；不知情者，交該部照例降三級調用。房主及鄰佑知情不拿獲舉首者，照爲從例治罪；不知情者，杖九十。

一、凡經紀鋪户人等，攙和私錢行使者，或被該管官員查拿，或被旁人首告，不論錢數多寡，應發黑龍江給窮披甲之人爲奴，照名例改發雲貴川廣烟瘴少輕地方。

一、凡經紀鋪户人等，有收買剪邊錢攙和貨賣數至十千以上者，照攙和私錢行使例治罪。其不及十千者，俱枷號一個月，杖一百。

一、凡將大制錢剪邊打造煙袋等物貨賣者，拿獲之日，審明剪錢器具、合夥之人、打造器皿確實有據者，剪邊至十千文以上，爲首之人照私鑄律擬絞監候，爲從杖一百，流三千里；如不及十千文，爲首者照燬化小制錢例治罪，爲從減一等。其房主、鄰甲人等知情不拿獲舉首者，俱照爲從例擬斷；一千文以下者，本犯枷號三個月，杖一百。該地方官並各上司不行查拿，俱交部分别議處。

一、凡地方文武各官，嚴拿私鑄，務於山陬水濱人迹罕到及居民繁庶、人烟稠密處所，並宜差委妥練員役不時察訪查拿。如遇有私鑄之事，知情故縱者應照例治罪外，其不知情者，從前雖漫無覺察，今但能拿獲，不論年月遠近，俱免其處分。文官拿獲者，並免同城武職之處分；武弁拿獲者，亦免同城文官之處分。交界之所，此縣拿獲，彼縣亦免處分。至果能實心查拿者，不論本管地方及别州縣，準以拿獲之多寡交部予議叙。若該地方官不加意緝拿，或係上司查出，或被旁人告發，俱仍照例處分。

一、凡用銅、鐵、錫、鉛、藥煮僞造假銀，或騙人行使發覺，爲首者，係旗人另户，枷號兩個月，鞭一百，發黑龍江當差；係家人，枷號兩個月，鞭一百，發黑龍江給披甲之人爲奴；係民，枷號兩個月，杖一百，發雲川廣烟瘴少輕地方。爲從及知情買使者，係旗人，枷號一個月，流三千里，折枷號兩個月鞭一百；係民，枷號兩個月，流三千里，至配所杖一百。

一、凡傾造錫鏍充假銀貨賣者，在本地方枷號一個月，杖一百，流三千里。

一、凡將銀挖孔，傾入銅鉛等物，及用銅鉛等物傾成錠鏍，外用銀皮包好，並銅鉛等物，每兩内攙實銀二三四五錢不等，僞造銀使用者，均照以銅、鐵、水銀僞造金銀律，分別首從擬徒。

《清高宗實録》乾隆十四年三月〔己未〕應照私鑄爲首例，擬斬決。得旨。刑部議覆此案，與昨所題湖南羅朝倫一案，同係私鑄，而一擬斬決，一擬斬候。雖私鑄例内，原有銅鉛砂壳之分，但條例即殊，援引反難畫一。議法者轉得高下其手，以出入人之生死。若以爲斬決之例過重，因增出砂壳一條，則既同一私鑄，何不歸併斬候，以從輕比。朕意私銷之罪，應重於私鑄。而外省題到案件，多屬私鑄，並未見有拏獲私銷之案。可見私銷較難查拏，而私鑄之人，未必即係私銷之人。地方官辦理私鑄之案，從不究及私銷，殊非禁遏奸匪之道。嗣後私銷應照私鑄之例，一體研鞫查禁。其作何另行妥辦定議之處，著九卿詳悉定議具奏。

《清高宗實録》乾隆十四年四月 丁酉，刑部議覆福建巡撫潘思榘題賴膾私鑄錢文一案，請嗣後拏獲各犯，不論砂壳銅錢爲首及匠人，俱擬斬候。爲從及知情買使者，俱發遣爲奴。如受些微雇值及停工後利其價賤買使，並房主鄰佑、總甲、十家長知而不舉者，俱照爲從減一等杖一百，徒三年。其房主人等並不知情，但失於查察，俱杖一百，或將空房誤借匪徒，未經首捕，非受賄容隱者，仍照不知情科斷。該上司及地方官均交部分別議處。至私銷之犯，情罪較私鑄尤重，嗣後應將爲首者擬斬決，家産入官。惟私銷者形蹤詭密，稽察較難，應令地方官設法密查，有能拏獲者，交部議叙。如失於覺察，與該上司均交部分別議處。至房主、鄰佑、總甲人等知情受賄，代爲隱匿者，照爲從例治罪。如並未分肥，不行首告者，減一等杖一百，流三千里。如並未知情止失察者俱杖一百。其首捕審實者，官給賞銀五十兩。再拏獲私鑄到案，應先嚴究曾否私銷，倘得確實，即照私銷從重治罪。現在賴膾之案，即依此例辦理。從之。

《回疆則例》卷八《禁止私毁私鑄錢文》 一、回疆每年所收銅斤，以七成鑄當五錢文，以三成鑄當十錢文，原所以裕經費而利行使，倘不肖商回希圖漁利，私毁私鑄，則於錢法大有關礙，即責成各城臺市營員阿奇木伯克嚴加訪查，如有私毁私鑄者，即行拿送該管衙門，照例究辦，加重治罪。

《大清律續纂條例》卷四《刑律・私鑄銅錢》 一、私造鉛錢爲首者，及匠人俱擬絞監候；爲從及知情買使者，各減一等。里長知而不首者，杖一百；不知者，不坐。

一、私鑄案内情有可原免死減等之犯，俱僉妻發黑龍江等處給披甲人爲奴。

一、凡私造鉛錢除夥黨鳩工大爐廣鑄至十千文以上者，照例定擬外，其鎔化些須鉛觔鑄錢不及十千者，爲首及匠人俱照私鑄銅錢情有可原例，於疏内聲明請旨發遣；爲從及知情行使者，依次遞減。

《大清律續纂條例》卷六《刑律・私鑄銅錢》 一、凡各省拿獲私鑄之犯，不論砂殼銅錢，爲首及匠人，俱擬以斬候；爲從及知情買使者，俱發遣爲奴。如受些微雇值，挑水、打炭、燒火，及停工散局之後，貪其價賤，偶爲買使，以及房主、隣佑、總甲、十家長，知而不拿獲舉首者，俱照爲從遣罪減一等，杖一百、徒三年。其房主人等，並不知情，但失於查察者，杖一百。或有空房別舍，誤借匪人，一有見聞，立即驅逐，未經首捕者，果係並未在場，亦非受賄容隱，俱以不知情科斷。失察各官，交部分別議處。官船户夾帶私錢，應照偶爲買使例定擬。同船之人知情不舉首者，照不應重律治罪，押船官交部分別議處。若拿獲銷燬制錢之犯，審實將爲首者，擬以斬決，家産入官；爲從者，絞決。仍令該地方官設法密拿，有能拿獲私銷者，地方官交部議叙；失察者，地方官及該管上司交部分別議處。其房主、隣佑、總甲人等，知情受賄，代爲隱匿者，依爲從例治罪。但知情，不首告並未分贓者，照爲從例減一等，杖一百、流三千里。並未知情，止於失察者，俱杖一百。旁人首捕審實者，官給賞銀五十兩。至私鑄之犯，容有即係私銷之人，承審官拿獲私鑄案犯，必先嚴究有無銷燬情事，倘有私銷確據，即照私銷例從重治罪。

（清）吴壇《大清律例通考》卷三二《刑律・詐僞・私鑄銅錢》 律文

凡私鑄銅錢者，絞監候。匠人罪同。爲從及知情買使者，各減一等。

告捕者，官給賞銀五十兩。里長知而不首者，杖一百；不知者，不坐。若將時用銅錢剪錯簿小，取銅以求利者，杖一百。若以銅、鐵、水銀僞造金銀者，杖一百、徒三年。爲從及知情買使者，各減一等。金銀成色不足，非係假造，不用此律。

謹按：此條係仍原律，其小注係順治初年律内集入。查私鑄銅錢，例應斬候；私銷，例擬斬決。家産入官。僞造假銀者發遣，與此不符，應查後例核辦，毋庸泥律。合併聲明。

第一條例文

方造私鑄器具尚未鑄錢，被獲審實者，將起意爲首並同夥商謀之人，均照僞造印信未成爲首律，杖一百，流三千里。凑錢入伙者，照爲從減一等律，杖一百、徒三年。該地方官不實力訪拿，別經發覺，交部議處。

謹按：此條係雍正十三年定例。乾隆五年律例館奏準附律。乾隆三十二年館修，以此條原例内有私鑄未成之房主、鄰佑人等，照爲從減一等，杖一百、徒三年等語。查乾隆二十四年，湖北按察使沈作朋條奏，私鑄未成之首犯，既得減已成一等，免死發遣。其私鑄未成之鄰甲人等，應照私鑄已成之房主、鄰甲人知而不拿獲舉首滿徒例減二等，杖八十、徒二年，另有定例開載於後，合將原例房主、鄰佑人等杖一百、徒三年之處删去。再，原例内有房主、鄰甲不知情，不坐一語，應歸入下條房主、鄰佑治罪例内，此處應並删去，纂如前例。

第二條例文

拿獲私鑄，如本犯問擬斬、絞，其知情分利之同居父兄、伯叔與弟，減本犯罪一等，杖一百、流三千里。如本犯問擬發遣，亦減一等，杖一百、徒三年。雖經分利，而實係並不知情者，照本犯之罪減二等發落。其父兄不能禁約者，杖一百。有能據實出首，準予免罪。本犯仍照律内得相容隱之親屬互相告言各聽如罪人本身自首法科斷。

謹按：此條係雍正十三年定例。原議内同居之父兄、伯叔與弟，實係知情而不分利者，照强盗同居之父兄、伯叔等知情而不分贓例，杖一百等語，乾隆五年館修，查與名例内親屬得相容隱之義不符，但縱容子弟爲盗貽害地方，與聽憑子弟私鑄不能禁止，較之別項罪犯之父兄，情尤難恕，均爲法所當懲。此條内亦照强盗條下，並改爲其父兄不能禁約者，杖一百。纂如前例。

第三條例文

凡經紀鋪户人等，攙和私錢行使者，或被該管官員查拿，或被旁人首告，不論錢數多寡，應發黑龍江給窮披甲之人爲奴，照名例改發雲貴、兩廣烟瘴少輕地方。

謹按：此條係雍正三年律例館奏準，列入欽定例内。原例内係發黑龍江給披甲之人爲奴，乾隆五年館修，改如前例。

又按：條内改發烟瘴少輕地方之處，乾隆三十七年，業經湖北巡撫陳輝祖奏準，停發烟瘴，改發極邊足四千里充當苦差，面刺烟瘴改發四字。應即於本條内註明，以便查擬。合併聲明。

第四條例文

凡經紀鋪户人等，有收買剪邊錢攙和貨賣，數至十千以上者，照攙和私錢行使例治罪。其不及十千者，俱枷號一個月，杖一百。

謹按：此條係雍正十三年定例。原議内：數至十千以上者，照攙和私錢行使例治罪。不及十千者，杖一百、流三千里。一千文以上者，枷號一個月，杖一百等語。乾隆五年館修，查律内有：將時用銅錢剪錯簿小，取銅以求利者，杖一百。此例但係收買數不及十千者，即擬滿流，較剪錯錢文之犯科罪獨重，因改爲俱枷號一個月，杖一百。再，原議内其並無收買貨賣等情，或數止十文以上者，歲底交官等語，事屬瑣屑，俱删。纂如前例。

第五條例文

凡地方文武各官嚴拿私鑄，務於山陬水濱人迹罕到及居民繁庶人烟稠密處所，並宜差委妥練員役，不時察訪查拿。如遇有私鑄之事，知情故縱者，應照例治罪外，其不知情者，從前雖漫無覺察，今但能拿獲，不論年月遠近，俱免其處分。文官拿獲者，並免同城武職之處分；武弁拿獲者，亦免同城文官之處分。交界之所，此縣拿獲，彼縣亦免處分。至果能實心查拿者，不論本管地方及別州縣，準以拿獲之多寡，交部量予議叙。若該地方官不加意緝拿，或係上司查出，或被旁人告發，俱仍照例處分。

謹按：此條雍正年間定例，兩條並纂爲例。查雍正三年先經律例館奏準，纂附一條，内開：一、凡地方文武，各宜務宜上下一心，嚴拿私鑄。於山陬水濱人迹罕到及居民繁庶人烟稠密處所，尤當差委妥練員役，不時察訪查拿。又，雍正五年律例館奏準，續纂一條，内開：一、地方官遇有私鑄之事，知情故縱者，應從重治罪外；其不知情者，從前雖漫無覺察，今但能拿獲，不論年月遠近，俱免其處分。文官拿獲者，並免同城武職之處分；武弁拿獲者，亦免同城文官之處分。交界之所，此縣拿獲，彼縣亦免處分。至果能實心拿獲者，不論本管地方及别州縣，準以拿獲之多寡，交部量予議叙。若該地方官仍前怠玩，不加意緝拿，或係上司查出，或被旁人告發，俱仍照舊例處分各等語。乾隆五年館修，以上二條語意聯絡，應並爲一條。其從重治罪句，應改爲照例治罪，條末仍照舊例處分句改爲照例處分，並將煩冗字句酌删，纂如前例。

第六條例文

凡用銅鐵錫鉛藥煮僞造假銀，或騙人行使，發覺，爲首者，係旗人另户，枷號兩個月，鞭一百，發黑龍江當差；係家人，枷號兩個月，鞭一百，發黑龍江給披甲之人爲奴；係民，枷號兩個月，杖一百，發雲貴、兩廣烟瘴少輕地方。爲從及知情買使者，係旗人，枷號一個月，流三千里折枷號兩個月，鞭一百；係民，枷號兩個月，流三千里，至配所杖一百。

謹按：此係從前原例，係康熙四十五年題準：凡以銅鐵水銀僞造金銀，騙人行使，爲首者，係旗下另户人，枷號兩個月，鞭一百，發黑龍江當差；係旗下家人，枷號兩個月，鞭一百，發黑龍江給窮披甲之人爲奴；係民，枷號兩個月，責四十板，僉妻發黑龍江給窮披甲之人爲奴。爲從知情買使者，係旗人，枷號一個月，流三千里，折枷號兩個月，鞭一百；係民，亦枷號一個月，僉妻流三千里，至配所杖一百，折責四十板。嗣雍正元年，又欽奉上諭：僞造假銀之人，甚屬可恨。此等人犯，治罪之例甚輕。著交與九卿、詹事、科道，另行嚴加定例議奏。俟命下通行，曉喻直隸各省，自雍正三年起，照新例擬罪。遵旨議準：嗣後若用銅鐵錫鉛藥煮僞造假銀，不分旗、民，爲首者，擬絞監候；爲從及知情買使者，即在本地方枷號兩個月，杖一百。係旗人另户，發往黑龍江當差。係民及旗下家人，俱發黑龍江給披甲之人爲奴。雖遇恩赦不準援免。雍正五年，律例館將欽定例文奏準附律。乾隆五年館修，以此條較僞造印信止圖誆騙財物之犯治罪稍重，先據陞任甘肅巡撫德沛條奏，請照從前所定原例内：若用銅鐵錫鉛藥煮僞造假銀或騙人行使，發覺，爲首者，係旗人另户，本地方枷號兩個月，鞭一百，發黑龍江當差；係家人，枷號兩個月，鞭一百，發黑龍江給披甲之人爲奴；係民，枷號兩個月，責四十板，發黑龍江與披甲人爲奴。今照例民人酌發雲、貴、川、廣烟瘴少輕地方。爲從及知情買使者，係旗人，枷號一個月，流三千里，折枷號兩個月，鞭一百；係民，枷號兩個月，流三千里，至配所杖一百，折責四十板。如此量爲末減，更爲允協等語。應如所奏，酌核改擬。再，查恩赦詔書，俱係臨時欽定。此條雖遇恩赦，不準援免二語，亦應删，改如前例。

第七條例文

凡將銀挖孔傾入銅鉛等物，及用銅鉛等物傾成錠錁，外用銀皮包好，並銅鉛等物每兩内攙實銀二、三、四、五錢不等，仿造銀使用者，均照以銅鐵水銀僞造金銀律，分别首、從擬徒。

謹按：此條係雍正五年律例館奏準，列入欽定例内，至今仍之。

第八條例文

私造鉛錢，爲首及匠人俱擬絞監候；爲從及知情買使者，各減一等。

謹按：此條係乾隆八年四月内，刑部議覆調任閩浙總督那蘇圖條奏定例。乾隆十一年，律例館奏準附律。原例條末有里長知而不首，杖一百；不知者，不坐等語。乾隆三十二年館修，查乾隆二十五年廣東按察使來朝條奏，私鑄銅錢十千以上之房主、鄰佑、總甲、十家長等，知而不首，杖八十、徒二年；失察者，杖八十。另有定例，載入例册遵行。應將原例内里長知而不首，不知者，不坐二語删去，輯如前例。

第九條例文

凡私造鉛錢，除夥黨鳩工大爐廣鑄至十千文以上者，照例定擬外；其熔化些須鉛觔，鑄錢不及十千者，爲首及匠人俱照免死減等例，發往黑龍江等處給披甲之人爲奴；爲從及知情行使者，依次遞減。

謹按：此條係乾隆九年十二月内，刑部議覆原任福建按察使王廷諍條奏，乾隆十一年律館奏準附律。原例内有鑄錢不及十千，爲首及匠人俱照私鑄銅錢情有可原，於疏内聲明，請旨發遣等語，乾隆三十二年館修，查私鑄不及十千之犯，已於乾隆三十年二月内，江西布政使張逢堯條奏，發往黑龍江等處給披甲之人爲奴。應將例文改正，輯如前例。

第十條例文

凡各省拿獲私鑄之犯，不論砂殼銅錢，爲首及匠人俱擬以斬候；爲從及知情買使者，俱發遣爲奴。如受些微雇值挑水、打炭、燒火，及停工散局之後，貪其價錢偶爲買使，以及房主、鄰佑、總甲、十家長知而不拿獲舉首者，俱照爲從遣罪減一等，杖一百、徒三年。其房主人等並不知情，但失於查察者，杖一百。或有空房別舍誤借匪人，一有見聞立即驅逐，未經首捕者，果係並未在場，亦非受賄容隱，俱以不知情科斷。失察各官，交部分別議處。官船户夾帶私錢，應照偶爲買使例定擬。同船之人知情不舉首者，照不應重律治罪。押船官交部分別議處。若拿獲銷燬制錢之犯，審實，將爲首者擬斬決，家產入官；爲從者，絞決。仍令該地方官設法密拿。有能拿獲私銷者，地方官交部議敘。失察者，地方官及該管上司，交部分別議處。其房主、鄰佑、總甲人等，知情受賄代爲隱匿者，依爲從例治罪。但知情不首告並未分贓者，照爲從例減一等，杖一百、流三千里。並未知情，止於失察者，俱杖一百。旁人首捕審實者，官給賞銀五十兩。至私鑄之犯容有即係私銷之人，承審官拿獲私鑄案犯，必先嚴究有無銷燬情事。倘有私銷確據，即照私銷例從重治罪。

謹按：此條緣前明寶鈔、銅錢相兼行使，有關天下財用，其舊律内原係凡僞造寶鈔者，不分首、從及窩主，若知情行使者，皆斬，財產並入官。其巡捕、守、把官軍知情故縱者，與同罪。至康熙十九年，律例館纂呈現行則例，内開：一、凡私鑄銅錢，爲首者及匠人皆斬立決，家產入官。爲從及知情買使者，皆絞立決。在京總甲、在外鄉村十家長知情不首者，俱照爲首例立斬，家產入官；不知者，枷號一個月，徒二年。該管地方文武各官，知情故縱者，皆斬立決，家產入官；不知者，交該部議處。旁人告捕者，官給賞銀五十兩。其該管各上司官，俱按起數交該部分別議處。其從別省車船裝載私販者，盤獲之人，官給賞銀十兩。又開：一、凡官船户夾帶私錢者，照興販例治罪。同船之人不行拿首者，照總甲不知情例治罪。押船官員，分別知情不知情，俱交該部議處。雍正三年律例館奏準，將前兩例並纂一條，内開：私鑄爲首及匠人斬決，家產入官；爲從及知情買使者，絞決。房主及鄰佑、總甲、十家長，知私鑄而不拿獲舉首者，俱照爲從例絞決。不知情者，係旗人，鞭一百；係民，杖一百；係官，降一級留任。該地方官知情任其私鑄者，亦照爲首例斬決，家產入官；不知情者，與該管各上司，俱交部分別議處。旁人告捕私鑄審實者，官給賞銀五十兩。官船户夾帶私錢者，枷號兩個月，杖一百，流徙尚陽堡。照例改發遼陽安插。同船之人知情不舉首者，枷號一個月，杖一百、徒二年。押船官知情任其夾帶者，革職；不知情者，降三級調用。乾隆五年館修，以地方官知情任其私鑄，究與爲首本犯有間，擬以斬決，家產入官，似覺過重，應改爲擬斬監候。後段官船户夾帶私錢，原係改發遼陽安插，是年進呈清漢合璧時，改爲杖一百、流三千里。餘俱悉仍雍正年間律内原文。乾隆十六年館修，查照乾隆十四年四月内，刑部議覆福建巡撫潘思榘審擬賴膾私鑄錢文一案，遵旨議定條例，並以舊例内載：官船户夾帶私錢者，杖一百、流三千里。同船之人知情不舉首者，枷號一個月，杖一百、徒二年。押船官知情任其夾帶者，革職；不知情者，降三級調用等語。蓋夾帶私錢問擬滿流，蒙上知情買使絞決而言。今知情買使者既改擬發遣，偶爲買使者改擬滿徒，似船户夾帶私錢，亦應改照偶爲買使例定擬，押船官交部分別議處，因改並纂如前例。並將雍正三年間律内舊例删除，合併聲明。

第十一條例文

凡奸民將制錢剪邊圖利者，審實即照私銷制錢例，分別首、從治罪。

謹按：此條係乾隆十八年十二月内，刑部議覆護理江西巡撫王興吾題鄧集風等私鑄一案，刑部會同九卿議準定例。乾隆二十一年館修入律。再，剪邊下原例有熔銷二字，乾隆三十四年大學士、公傅恒奏準，查定例，凡有將制錢剪邊熔銷圖利者，照私銷例治罪。爲首擬以斬決，家產入官；爲從擬以絞決。歷來問刑衙門遇有剪邊案件，俱照此例辦理。查私剪錢邊之犯，所剪錢邊或自行熔銷另鑄，或轉售他人打造器皿，總之同歸銷燬。是一經私剪即屬私銷，毋論錢數多寡、已未熔化，即應照銷燬制錢例，分別首、從治罪。定例不必再存熔銷字樣，以致辦理或有兩歧，因將樣本内熔銷二字删除。合併聲明。

第十二條例文

私鑄銅錢首犯、匠人，核其錢數至十千以上，或雖不及十千而私鑄不止一次，後經發覺者，照例擬斬監候。其錢數不及十千者，仍照免死減等例改發黑龍江等處，給披甲之人爲奴。若鑄造未成畏罪中止者，發雲貴、兩廣烟瘴地方，嚴加管束。

謹按：此條係乾隆二十三年三月內，大學士、公傅恒會同九卿議準刑部尚書鄂彌達條奏定例，乾隆二十六年律例館奏準附律。原例內首句係私鑄銅錢案犯，又後經發覺者下，係秋審時俱入情實七字。其錢數不及十千者，原同鑄造未成畏罪中止之犯，均發雲貴、兩廣烟瘴地方管束。乾隆三十二年館修，以原例首句云私鑄銅錢案犯，查案犯有二，一係首犯，一係匠人。但云案犯尚未明晰，因將案犯二字改爲首犯、匠人四字。再，私鑄銅錢不及十千之犯，原例改發雲貴、兩廣，乾隆三十年二月內，已準江西布政使張逢堯條奏，發往黑龍江待處給披甲之人爲奴，應遵照改正。又，乾隆三十二年十月刑部奏準，將後經發覺者下，將秋審時俱入情實改爲照例擬斬監候。乾隆三十三年律例館亦經遵照更正，纂如前例。

第十三條例文

凡私鑄銅錢未成之房主、鄰佑、十家長知而不拿獲舉首者，照私鑄已成之房主、鄰佑、十家長減二等治罪，杖八十、徒二年；不知情者，不坐。其私鑄未成案內，有雇令挑水、打炭、燒火之人，亦照已成之受雇人等減二等治罪。

謹按：此條係乾隆二十四年，刑部議準湖北按察使沈作鵬條奏定例，乾隆二十六年律例館奏準附律。乾隆三十二年館修，將前條删去里長不知者不坐一語。於本條二年下增入，以憑核辦。纂如前例。

第十四條例文

私鑄鉛錢之案，如有夥衆開爐鑄至十千以上者，房主、鄰佑、總甲、十家長等知而不首，俱杖八十、徒二年。失於查察者，杖八十。

謹按：此條係乾隆二十五年六月內，刑部議覆廣東按察使來朝條奏定例，乾隆二十六年館修入律。

第十五條例文

奸徒假借前代古錢名色私鑄私販者，照私錢律一體分別治罪。

謹按：此條係乾隆三十七年五月內，大學士仍管兩江總督高晋等奏請定例，是年館修入律。

已删條例文

一、私鑄銅錢，爲從者問罪，用一百斤枷枷號一月，民匠、舍餘發附近充軍，旗軍調發邊衛食糧差操。若販賣行使者，亦枷號一月，照常發落。

一、僞造假銀及知情買使之人，俱問罪，於本地方枷號一個月發落。

謹按：以上二條俱係明律舊例，順治初年律内仍之。雍正三年律例館奏準，俱與正律及現行例不符，删。

一、凡將前代廢錢攙和行使者，不論錢數多寡，枷號一個月，杖一百。

謹按：此條係康熙十九年纂呈現行原例，雍正三年律例館奏準，酌加枷號附律。乾隆三十七年館修，以此條係禁止行用古錢治罪之例，乾隆三十七年五月內，據大學士仍管兩江總督高晋等奏請，凡奸徒假借前代古錢名色私鑄私販者，按律治罪。其實係前代舊錢行之已久，應仍遵二十二年欽奉諭旨聽從民便等因，奏準遵行。除私鑄古錢治罪之處現已纂入條例外，所有此條舊例，删。

一、拿獲私鑄之案，將各犯情由審明，照强盜例分別法所難宥、情有可原於疏内聲明，三法司詳加核覆，將法所難宥者，照例立决，情有可原者，請旨發遣。如受些微雇值挑水、打炭、燒火，及停工散局之後，貪其價賤偶爲買使者，俱杖一百、流三千里。其有將空房別舍誤借匪人，及有見聞隨即驅逐未經首捕者，果係並未在場，亦非受賄容隱，杖六十、徒一年。如承審各官並不嚴究實情，或移輕就重草率定案，或移重就輕故爲開脱，該督撫題參，照故出入律治罪。其上司各官通同徇隱者，照例議處。

謹按：此條係雍正十一年定例，原議內有：將空房別舍誤借匪人及有見聞隨即驅逐未經首捕者，果係並未在場，亦非受賄容隱，徒一年，枷號兩個月，責四十板等語，乾隆五年館修，查徒一年只應杖六十，因將枷號二句删去，改爲杖六十，纂如前例。乾隆十六年館修，查與新例不符，删。

一、凡燬化制錢犯人及失察各官，俱依私鑄例治罪。

謹按：此條係康熙年間現行則例，雍正三年律例館奏準附例。乾隆十六年館修，以此條亦與新例不符，删。

一、私鑄案內，如係無字砂殼小錢，爲首及匠人均擬斬監候。其例應絞決者，改爲分別發遣。應發遣者，改爲滿流。流罪以下，依次遞減一等。

謹按：此條係乾隆六年五月，刑部議覆御史楊朝鼎條奏定例，乾隆八年律例館奏準附律。乾隆十六年館修，以此條與新例不符，刪。

一、凡燬化小制錢，爲首者，即在本處枷號兩個月，杖一百。應發三姓地方給窮披甲之人爲奴者，照名例改發雲、貴、川、廣烟瘴少輕地方。爲從，在本處枷號一個月，杖一百、流三千里。該管地方官知情故縱者，與同罪；不知情者，交該部照例降三級調用。房主及鄰佑知情不拿獲舉首者，照爲從例治罪；不知情者，杖九十。

謹按：此條係雍正五年律例館奏準，列入欽定例內。乾隆五年館修酌改，輯如前例。乾隆二十一年館修，以此條已於本年閏九月內，刑部議覆廣西按察使梁鴻翥條奏，燬化制錢無論大小，均照奏定燬化制錢例一體問擬，其舊例刪。

一、凡傾造錫鏍充假銀貨賣者，在本地方枷號一個月，杖一百、流三千里。

謹按：此條係雍正五年律例館奏準，列入欽定例內。乾隆二十一年館修，以例文既云錫鏍，又曰假銀，此不過市肆戲玩之物耳，何至坐以流罪。若有用藥製造充銀貨賣別情，則有僞造假銀之例在，何必別立一例。此條刪。

一、凡將大制錢剪邊打造煙袋等物貨賣者，拿獲之日審明剪錢器具、合夥之人、打造器皿，確實有據者，剪邊至十千文以上，爲首之人照私鑄律擬絞監候，爲從杖一百、流三千里。如不及十千文，爲首者，照燬化小制錢例治罪；爲從，減一等。其房主、鄰甲人等，知情不拿獲舉首者，具照爲從例擬斷。一千文以下者，本犯枷號三個月，杖一百。該地方官並各上司不行查拿，俱交部分別議處。

謹按：此條係雍正十三年定例，乾隆五年律例館奏準附律。三十二年館修，以奸民將制錢剪邊圖利，新例照私銷例分別首、從擬以斬決、絞決。此條分別數定擬絞候、滿流之處，係屬舊例，業已不行，刪。

一、私鑄案內，情有可原免死減等之犯，俱僉妻發黑龍江等處給披甲人爲奴。

謹按：此條係乾隆八年閏四月內，刑部議覆陞任安徽巡撫喀爾吉善題劉二璽等存留宋押等私鑄錢文一案，附請寧例，乾隆十一年律例館奏準附律。三十二年館修，以私鑄新例十千以上問擬斬候，秋審入於情實，不及十千者改發黑龍江爲奴，並無別有情有可原免死減等之犯。此條係舊例，業已不行。刪。

（清）祝慶祺《刑案匯覽》卷五一《刑律詐僞・私鑄銅錢》　戶部奏各省收買小錢一案，經臣部於乾隆五十七年閏四月內因各省所定收買，價值多寡不一，隨將京城所收之小錢入爐熔化，除去折耗，核計收買成本定爲每觔六十文，並通行各省均不得有逾此數。近以節年收繳尚未净盡，本年八月內，臣部復於議覆山東巡撫條奏。案內奏明民間行使小錢節經奉旨給價收買，乃數年以來仍未免攙和行使，顯係觀望不□，未便再給價值，致啓玩法之漸，請□□□□□旨勒限一年，通行京城各省。倘有收存小錢，自行繳出者，免其治罪，毋庸給與價值等。因奏蒙允，準通行。在案嗣於九月一十日欽奉上諭，前經户部奏請，各省收繳小錢，俱不準給價，勒限一年呈繳，已準令通行各小遵照辦理。原因繳出小錢復與易給銀兩，小民等惟利是趨，轉致私鑄小錢，冀圖沽潤，是以停止給價。今思民間日用及商賈貿易所有存留小錢，俱不免有需資本，若祇令其呈繳入官，不稍償以價值，小民等或因此裹足不前，私相藏匿，呈繳稀少，以致小錢仍不能净盡。著傳諭各督撫察看情形，如可仍照部議章程，概不給價，並無妨礙之處，固屬甚善。若須稍爲變通，或於呈繳小錢酌量給價十之一二，俾各聞風踴躍呈繳，可期净盡，似亦辦理之一法。著各督撫體察各該處情形，將應如何酌辦之處各就所見據實速奏。到日再行交部核議等因，欽此。在案今據各該督撫陸續奏到，臣等逐加查覈，內湖南、湖北、山西、江西四省則仍照從前部定章程聲請，毋庸給價。直隸總督及長蘆鹽政則請量給價值指廉給發。甘肅則每觔請給三十文。浙江則請給十分之二。廣西則每觔請給銀二分三分。惟兩江總督奏請嗣後呈繳小錢，每觔仍照五十六年酌定價值，以六十文收買各等因。臣等正在核議間復，據四川總督奏酌量給價及嚴飭沿江濱湖查拿私鑄、私販各事，宜並聲明恭候勅部議定刑行遵辦等因，具奏。奉旨交臣等速議具奏。欽此。臣等伏思民間行使小錢，原千例禁節荷聖恩體卹定價收繳，並屢展限期，以期净盡。乃年來仍有攙雜行使之事，此時鑄辦章程，自不應仍行給予價值。準是此項小錢，自定限收買以來，各省節年所收之數已爲不少，而民間仍不能净盡。推原其故在殷實之户資本有餘者自必顧惜自家，諒不肯私行藏匿致罹罪戾，惟肩挑負販傭趁手藝之人，所有小錢皆由零星存積而來。若令其全數交官不稍償其資本，愚民析其錙銖，心存吝情，或因此遷延觀望，裹足不前。且民情樂於趨利，憚於赴官，經手吏胥多端嚇詐，小民既無得利，又以交官爲畏，小錢之不能净絶根株或由於此。臣等恭繹恩諭並確核情形似仍應量爲給價以期人皆樂從，則呈繳自倍加踴躍。現在京局正當酌定章程之時，臣等復將步軍統領衙門等處所收小錢交臣部寶泉局監督，親率爐匠跟同試鑄查局鑄大錢一串，例重七觔八兩。今以小錢八觔八兩改鑄大錢一串，照每觔六十文收買之數核算，加以改鑄工判，祗用錢六百九十七文是每鑄大錢一串，尚盈餘三百文有零。雖各省小錢銅質或有參差，要亦不致大相懸絶，是從前所定六十文之價，於成本實有盈餘，而民間易獲此項大錢。若再行私銷改鑄不能漁利，而反有虧折，竟恐無虞□弊，應請即照此定價通行京城及各省。毋拘錢數多少，即數文數十百文者均準其赴官呈出易換大錢，並予以一年之限令其收買净盡。倘再有私行藏匿，不肯赴官呈繳，則是有心玩法，一經官爲查出，或旁人告發，即照現在廣西巡撫所奏，比照經紀鋪户收買剪邊錢攙和貨買分别錢數至十千以上，照攙和私錢行使充軍例量減一等治罪。不及十千者，枷號一個月，杖一百以示懲儆。使愚民等咸知。繳出者免罪，而資本不致全虧。不繳者，獲戾而所藏終歸烏有。利害較然，各知避就，庶可漸期净盡。再查各省水陸馬頭，如重慶、漢口、江寧、蘇州等處均爲小錢聚集之所，奸猾商賈私販漁利，尤宜嚴密勘查，至長江大湖及深山密箐更易滋私鑄之弊。應如四川總督所奏交各該督撫轉飭地方文武員並督率兵役各於本境梭織游巡，嚴密查拿。如無私鑄、私販，令各該管官每月結報，以憑查核。倘經該督撫察出弊□，即將該管文武嚴參治罪，以昭懲儆，並欽遵現奉諭。昔責成各省道員嚴密稽察，認真妥辦，毋得濫委劣員搜查滋擾，致社弊轉以生弊。其雲南、貴州、廣東、福建、陝西、安徽、江蘇、河南、山東，奉天等省均尚未覆奏。候奏到之日，容臣等詳加酌核，如實有真知灼見，辦理得要者，臣等仍行核奏。若情形大畧相同，即無庸逐案瀆奏以歸簡易等，因乾隆五十九年十一月初六日具奏，奉旨依議。欽此。此原奏照説帖底本録。乾隆六十年二月二十七日奉旨，户部匯奏各省收繳小錢情形一摺，此事前據各省督撫奏到辦理，未能畫一，業經户部核議，具奏將新定給價六十文通行京城及各省一體遵照。該督撫及監督等惟應查縣户部奏定章程各矢天良董飭兵役於關律要隘實力嚴查，安爲經理，毋致日久懈弛，並不得任聽員役藉端滋擾，務使小錢净盡，國法肅清，方爲不負委任。欽此。【略】

江西道御史奏稱私鑄鉛錢不及十千，房主人等知而不首，各依次遞減，若房主人等失於查察者，俱杖八十。未成爲從，及房主人等仍各依次遞減科斷。查未成之案，房主人等僅止失於查察，應否減爲杖七十或照私鑄銅錢未成之例，不知情不坐，似應補出等語。查私鑄鉛錢之例，係仿照私鑄銅錢之例纂定，而罪名則微有等差者，蓋因私鑄鉛錢其情較私鑄銅錢稍輕，故其罪亦難與私鑄銅錢並論。惟查私鑄銅錢例内未成之房主人等不知情者不坐，而私鑄鉛錢例内祗言未成爲從及房主人等仍各依次遞減科斷，並無不知情者不坐之文。若因例内未經載明，還將私鑄未成失於查察之房主於杖八十遞減科斷。是較之私鑄銅錢之案辦理轉重，不足以示持平。自應將例文酌加修改，應請於例内未成爲從及房主人等之下添入知而不首四字，於遞減科斷之下，添入不知情者不坐六字，以便引用。

《清宣宗實録》道光十八年五月 丁未，諭内閣據實興奏：近年銀價日昂，紋銀一兩易至制錢一串六七百文之多。由於奸商所出錢票，注寫外兑字樣，輾轉磨兑，並無現錢，請嚴禁各錢鋪不準支吾磨兑，總以現錢交易，以防流弊等語。著步軍統領衙門順天府五城會議具奏，尋奏應請嗣後凡有開設錢鋪，仍照舊由大宛兩縣查明是否殷實，取具五家互保甘結，如有一家歇業，即令所保之家報明，另補一家。如有隱匿不報，查出治罪。設有關閉錢鋪，無論財主管事人鋪夥到案，先行枷號，仍勒限兩箇月開發票存錢文。如奸商捐有頂帶，先行咨革，以便枷示。雖遇熱審及對印期内，仍照常枷號。如限内開發完竣，方予省釋，頂帶一並開復。若限内不能開發完竣，送交刑部，將該犯照例擬軍，不得輾轉再行討限。其票存錢文，仍行文原籍追産賠交，並令互保之四家代爲開發。如此嚴定章程，使奸商知所畏懼，自不敢故昂銀價，虚出錢票矣。從之。

《大清法規大全》卷一《新定專律·修訂法律大臣奏偽造外國銀幣擬

請設立治罪專條摺》竊維銀圓創自外洋西班牙、墨西哥諸國，中國近亦鑄造，各省流暢通行，惟利益所在，詐僞因之而生。是以私造變造之案層見迭出。上年財政處會同户部奏請嚴定私造銀圓、銅圓、紙幣治罪章程，經刑部議以按照私鑄制錢例從嚴治罪。凡私鑄銀圓、銅圓，僞造紙幣不論贓數、次數，但經鑄成造就，爲首及匠人均擬斬監候，照章改爲絞監候，秋審入於情實。爲從發遣新疆給官兵爲奴，受雇及知情買使者杖一百，徒三年。如鑄造未成，畏罪中止者，爲首及匠人發往極邊，足四千里充軍等因。奏準通行，在案是私造銀銅圓紙幣已有定章可循，惟是此項新章係專指私造中國銀銅圓紙幣而設，誠以銀銅圓紙幣爲我國家財政所繫，故擬罪獨從其重。至於外國銀圓，中國雖一律通行，惟究與國寶不同，如有僞造，擬罪自應略分輕重，以示區別。查各國法律私鑄一項均以本國、外國分別治罪，如法國刑法，凡僞造、改造金銀貨幣，處無期徒刑，僞造、改造外國貨幣，處有期徒刑。俄國刑法凡私鑄俄國錢幣無限公權，全奪罰作八年以上十年以下苦工，私鑄外國錢幣無限公權，全奪罰作四年以上六年以下苦工。英國刑法，凡僞造貨幣處終身徒刑，僞造外國貨幣處五年至七年之徒刑或二年以下之囚獄。日本改正刑法行使之目的將通用貨幣紙幣僞造變造者，處無期或五年以上之懲，役將國内流通之外國貨幣紙幣僞造變造者處三年以下之懲役。是俄、法、英、日各國治罪之輕重，雖有不同，而私造外國貨幣均較本國處刑爲輕。現在中國銀幣盛行，而外國銀圓流通内地，並無歧視，致僞造外國銀圓人犯所在多有現行律例並無治罪明文，與其就案斟酌臨事，鮮有依據。何如定立專條，隨時可資引用。臣等公同商酌，擬請嗣後凡僞造外國銀圓行使，無論贓數、次數，多寡爲首及匠人均於奏定私鑄銀幣章程絞罪上減一等，擬以流三千里。其爲從及鑄造未成之犯，各於流罪上減一等，問擬所得流徒罪名仍照章收入習藝所工作。似此明定章程庶立法寬嚴得中，而匪徒知所警戒矣。如蒙俞允即由臣等通行内外，問刑衙門一體遵照。謹奏光緒三十二年四月初二日具奏。奉旨依議，欽此。

（清）席裕福《清朝政典類纂》卷三八二《刑十四・户律倉庫・錢法》

凡錢法設立寶源、寶泉等局鼓鑄制錢，内外俱要遵照户部議定數目一體通行，其民間金銀、米麥、布帛諸物價錢並依時值聽從民便使用。若阻滯不即行使者，杖六十，其軍民之家私畜銅器，除鏡子軍器及寺觀庵院鐘磬鐃鈸外，其餘應有廢銅並聽赴官賣，每斤官給銀七分，增減隨時。若私相買賣及收匿在家不赴官者，笞四十。

條例

一、各省開採銅鉛令道員總理，府佐官分理，州縣官專管其事，凡產銅鉛之處，聽民採取稅其二分，造册季報。所剩八分任民照時價發賣，有墳墓處所不許採取。如有不得銅鉛及不便採取之處，該督撫題明停其採取。其各州縣產銅鉛之山令地主報明採取，地主無力開採，聽本州縣報明採取。州縣無匠役，許於鄰近州縣雇募。該州縣自行稽察，如有別州縣民人夥衆越境採取，聚至三十人以上，爲首者發近邊充軍，爲從枷號三月，杖一百。不及三十名者，爲首枷號三月杖一百；爲從滿杖。衙役恣意攪擾，致人裹足者，爲首枷號兩月，發附近充軍；爲從減一等。謹案此條乾隆五年改定。

一、承辦銅商逾限並無貨物出口或非採易銅斤之貨嚴拏究處，著落追賠。其進口之時或非原出口地方，該汛地方官立速查報並知照原出口之該汛官并勒催起解。儻有侵挪隱匿之弊，將該商從重治罪。儻辦員侵欺扣剋串通朦混，以致奸商挪新掩舊，督撫據實題參治罪。上司徇隱一並交部議處。謹案此條雍正十一年定。

一、雲南等省銅廠經放豫給工本銀兩，如課長鑪户有剋扣分肥，侵吞入己情弊，審究確實，即照常人盜倉庫錢糧例計贓科罪。將家產查封，變估抵補，仍責成該管之員實力稽查。儻該管各員徇隱不究，察出即行指名題參。謹案此條乾隆三十七年定。

一、京城銅鋪私造五斤以上銅器售賣者，照收匿廢銅不赴官賣律笞四十。官民人等除鼎彝樂器等件外，如私藏五斤以上銅器者，係民與私造同罪，係官交部照例議處，銅器俱入官。其官員銅器在三斤以上，民人銅器在一斤以上，查出一並入官，免其治罪議處。倘胥役藉端訛詐，照蠹役詐贓例治罪。謹案此條同治九年續纂。

事例

雍正三年，諭制錢乃日用之所必需，務使遠近流通，始便民用。京師錢局每歲鼓鑄，則制錢應日加增。今雖不致缺乏，聞各省未得流佈，民用不敷，是必有銷燬官錢以爲私鑄者。且聞湖廣河南等省私鑄之風尤甚，爲此特頒諭旨，著直隸及各省督撫申飭該地方官密訪查拏，嚴行禁止，毋使奸徒漏網。儻稽察稍疏，仍蹈前弊，一經訪覺，定將大小官吏分別從重治罪。

道光二十一年諭：前因滇黔兩省辦理銅鉛船隻在途躭延，著沿途各督撫酌，擬催儹章程並交户部詳加核議，即經降旨責成派出之藩臬大員各飭所屬實力奉行，並據户部將經過之四川等省藩臬兩司開列名單，請旨簡派，著即責成派出各員遵奉前降諭旨，嚴飭各道府及沿途地方文武員弁一體認真稽查。各該運員無故逗遛，地方官扶同結報，即由該道府理明詳報該督撫嚴行參辦，該藩臬等務當不時查察，毋任稍有揑飾仍至有名無實。

刑案

錢局匠役索分料價勒寫字據發黑龍江爲奴加枷號兩個月。嘉慶二十一年安徽司案。

官局鑄錢輕重參差計贓罪止杖笞，應將鑪頭照違制律滿杖加枷，輕錢賠補改鑄官錢，每文重一錢三分。道光九年浙江案。

（清）席裕福《清朝政典類纂》卷四〇六《刑三十八・刑律詐僞・私鑄銅錢》 凡私鑄銅錢者絞監候，匠人罪同，爲從及知情買使者各減一等。告捕者，官給賞銀五十兩。里長知而不首者杖一百，不知者不坐。若將時用銅錢剪錯薄小取銅以求利者，杖一百。若以銅鐵水銀僞造金銀者，杖一百徒三年，爲從及知情買使者各減一等。金銀成色不足非係假造，不用此律。

條例

一、凡各省拏獲銷燬制錢及將制錢剪邊圖利之犯，審實將爲首者擬以斬決，家産入官，爲從者絞決，仍令地方官設法密拏。有能拏獲者，地方官交部議敘，失察者，地方官及該管上司交部分別議處。其房主、鄰佑、總甲、十家長等知情受賄代爲隱匿者，依爲從例治罪。但知情不首告並未分贓者，照爲從例減一等，杖一百，流三千里。並未知情止於失察者，俱杖一百。旁人首捕審實者，官給賞銀五十兩。至私鑄之犯容有即係私銷私剪之人，承審官拏獲案犯，必先嚴究有無銷燬剪邊情事。儻有確據，即以私銷私剪例，從重治罪。謹案：此條乾隆五十三年修並改定。

一、凡各省拏獲私鑄之案，不論砂殼銅錢，核其所鑄錢數，至十千以上或雖不及十千而私鑄不止一次後經發覺者，爲首及匠人俱擬以斬候，爲從及知情買使者，俱發新疆給官兵爲奴。如受些微雇值挑水、打炭及停工散局之後貪其價賤偶爲買使者，照爲從遣罪上減一等，杖一百，徒三年。其鑄錢不及十千者，首犯匠人俱發新疆給官兵爲奴；爲從及知情買使並受雇之犯，各照鑄錢十千以上從犯之罪，遞減一等。其房主、鄰佑、總甲、十家長知而不拏獲舉首者，杖一百，徒三年。若並不知情但失於查察者，杖一百。或有空房別舍誤借匪人，一有見聞立即驅逐未經首捕者，果未在場亦未受賄縱容，俱以不知情科斷。官船户夾帶私錢者，杖一百，徒三年。同船之人知情不稟者，杖八十。若私鑄未成畏罪中止者，首犯與匠人俱改發足四千里充軍。仍迴避雲貴等省出産銅鉛地方。其雇令挑水、打炭、燒火之人及房主、鄰佑、十家長知而不拏獲舉首者，俱杖八十，徒二年，不知情者不坐。方造器具尚未鑄錢被獲審實，將起意爲首並同夥商謀之人，均杖一百，流三千里。湊錢入夥者，照爲從減一等律，杖一百，徒三年。凡失察之該地方官及押船官不實力訪拏，別經發覺，交部照例分別議處。謹案：此條乾隆十四年定，道光元年十年修改，二十五年修復。

一、凡私鑄鉛錢如有夥黨鳩工大爐廣鑄至十千文以上者，爲首及匠人俱擬絞監候；爲從及知情買使者各減一等，杖一百，流三千里。房主、鄰佑、總甲、十家長等知而不首者，俱杖八十，徒二年。其鎔化些須鉛斤鑄錢不及十千者，爲首及匠人俱發新疆給官兵爲奴，爲從及知情買使並房主人等知而不首，各依次遞減。若房主人等僅止失於查察者，俱杖八十。至私鑄鉛錢未成，將起意爲首之犯杖一百，流三千里；爲從及房主人等知而不首，仍各依次遞減科斷。不知情者不坐。謹案：此條乾隆二十五年定，道光元年、十年、十五年、二十五年四次修改。

一、奸徒假借前代古錢名色私鑄私販者，照私鑄律一體分別治罪。謹案：此條乾隆二十七年定。

一、凡地方文武各官嚴拏私鑄，務於山陬水濵人跡罕到及居民繁庶人烟稠密處所，並宜差委妥練員役不時察訪查拏。如遇有私鑄之事知情故縱者，應照例治罪外，其不知情者，從前雖漫無覺察，今但能拏獲，不論年月遠近，俱免其處分。文官拏獲者，並免同城武職之處分。武弁拏獲者，亦免同城文官之處分。交界之所，此縣拏獲，彼縣亦免處分。至果能實心查拏者，不論本管地方及別州縣準以拏獲之多寡交部量予議敘。若該地方官不加意緝拏或係上司查出或被旁人告發，俱仍照處分。謹案：此條係乾隆五年刪並。

一、凡將銀穵孔傾入銅鉛等物，及用銅鉛等物傾成錠錁，外用銀皮包好，並銅鉛等物每兩內攙和實銀二三四五錢不等，仿造銀使用者，均照以銅鐵水銀僞造金銀律，分別首從擬徒。謹案：此條雍正五年定。

一、凡用銅鐵錫鉛藥煮僞造假銀，或騙人行使發覺爲首者，枷號兩月杖一百，發雲貴兩廣烟瘴少輕地方。爲從及知情買使者，枷號兩月流三千里，至配所杖一百。謹案：此條乾隆六年定，嘉慶十九年修改，道光五年復奉頒修。

一、拏獲私鑄，如本犯問擬斬絞，其知情分利之同居父兄伯叔與弟減本犯罪一等，杖一百，流三千里。如本犯問擬發遣，亦減一等，杖一百，徒三年。雖經分利而實係並不知情者，照本犯之罪減二等發落。其父兄不能禁約者，杖一百。有能據實出首，準予免罪，本犯仍照律內得相容隱之親屬互相告言各聽如罪人本身自首法科斷。謹案：此條乾隆八年定。

一、拏獲收買私錢及剪邊錢攙和行使並貨賣之案，如收買攙和貨賣均在十千以上者，發各省駐防給官員兵丁爲奴。收買在十千以上攙和貨賣不及十千者，於遣罪上減一等，杖一百，徒三年。收買在十千以上，尚未攙和貨賣者，再減一等，杖九十，徒二年半。收買及攙和貨賣均不及十千者，枷號一月，杖一百。收買不及十千，尚未攙和貨賣者，照不應重律，杖八十。謹案：此條嘉慶六年、十九年兩次修改，咸豐二年修並。

一、私鑄當十銅大錢，照私鑄銅錢例分別定擬。如經紀牙行人等於交易時不照錢面數目字樣任意折減。及與鋪户人等通同舞弊減成定價，甚至造言煽誘抗不收使，將爲首阻撓者杖八十，徒二年，加枷號兩月；隨同附和者，杖六十，徒一年，枷號一月。均先於犯事地方枷號示衆，滿日起解。謹案：此條同治九年續纂。

一、凡銷燬錢文之案，除當十銅錢仍照銷燬制錢例定議外，如有存留各項停用當百、當五十、當五銅錢，當十鐵錢、鉛錢、制錢，並不赴官售賣輒自銷燬者，於私鑄制錢爲首斬決，爲從絞決例上酌減一等。爲首發邊遠充軍，爲從杖一百，流三千里。謹案：此條同治九年續纂。

一、私鑄案内知情租給房屋之主，照例治罪，房屋入官。謹案：此條同治九年續纂。

事例

康熙四十五年題準：凡以銅鐵水銀僞造金銀騙人行使，爲首者係旗下另户人，枷號兩月，鞭一百，發黑龍江當差；係旗下家人，枷號兩月，鞭一百，發黑龍江給窮披甲人爲奴；係民枷號兩月、責四十板，僉妻發黑龍江給窮披甲人爲奴。爲從及知情買使者，係旗人枷號一月、流三千里折枷號兩月，鞭一百，係民亦枷號一月，僉妻流三千里，至配所杖一百，折責四十板。

四十七年諭：嗣後私鑄及販賣事發，地方文武官員知情則立斬，家產人口入官；不知情則革職。司道官員事發一起，則降一級，事發兩起，則降四級調用。私鑄爲首之人及工匠私販買賣爲首之人，被獲則立斬，家產人口入官；爲從之人則立絞。鄰佑、總甲、十家長知情而不擒拏舉首，俱照私鑄倡首之人治罪。糧船上人私販被獲，亦照此例治罪。管船千總、船頭則立斬，家產人口入官。總管連船廳官知情，亦照此例治罪；不知情者，革職。凡商船、鹽船内私裝販賣之人，亦照此例治罪，貨物船隻俱入官。糧船過往取沿途河泊所在地方管員，並無興販買賣私錢保結，立刻給付催趕起行，給此文後，別處搜獲船中私錢，何處買錢，即將賣錢地方出結官革職。

雍正元年諭：僞造假銀之人甚屬可恨，此等人犯治罪之例甚輕，著交與九卿詹事科道另行嚴加定例議奏，俟命下通行，曉諭直隸各省。自雍正三年起照新例擬罪，遵旨議準。嗣後若用銅鐵錫鉛藥煮僞造假銀，不分旗民，爲首者擬絞監候；爲從及知情買使者，即在本地方枷號兩月，杖一百，係旗人另户，發往黑龍江當差；係民及旗下家人，俱發黑龍江給披甲之人爲奴。雖遇恩赦，不準援免。

乾隆六年議準：私鑄砂殼小錢之犯，爲首及匠人均擬斬監候。其例應絞決者，改照免死減等例分別發遣。例應發者，改爲滿流，流罪以下依次遞減一等。

九年議準：查私鑄錢文有關國寶，是以定例甚嚴。若無字砂錢，雖亦銅質究與成字錢文不同，是以從前議罪各遞減在案。今爇煮鉛錢較之砂錢並非銅質，其錢不久顔色脱落，即成無用之物，似與砂錢更屬有間。但例内惟有爇煮鉛銀爲首擬遣爲從及知情買使者擬流之條，並無私鑄鉛錢之例，若竟照此例問擬，又似太輕。謹酌議照國初私鑄銅錢原律，爲首及匠人擬絞監候，爲從及知情買使者各減一等，里長知而不首者杖一百，不知者不坐。

十八年諭：今日進呈刑部議覆河南巡撫蔣炳訪獲私鑄一本。蔣炳因訪獲私鑄究出私銷，將聽從銷鑄之李紹臣依銷燬制錢爲從例，絞立決，所辦甚爲合宜。從來錢文私銷之弊甚於私鑄，然私鑄易於發覺，私銷非實心訪察，難以跟尋。前經降旨令各省督撫飭屬嚴查，而近年來拏獲私鑄不過就案完結，未能實力跟查於私鑄之中究出私銷者，積習因循，徒使奸徒漏網，何以示懲？嗣後各該督撫等，均應照蔣炳所辦，嚴飭各屬實力奉行，務使究出銷燬確情按律定擬，不得混行結案。可於伊等奏事之便，再行傳諭知之。

六十年諭：刑部議覆湖廣盤獲私販小錢案内，通同販賣之犯請改爲杖一百，流二千里。此等擬流之犯發配向無一定省分。現在正當肅清錢法整頓剔除之際，而雲貴、四川、廣西等省向爲小錢淵藪，若將此等不法奸民發往，更易作奸牟利。嗣後遇有拏獲販賣小錢應行擬流之犯，著諮部查明向無私鑄小錢省分，按照里數酌量發配，以杜奸販而絶弊端。

嘉慶十八年奏準：嗣後地方有私鑄、私銷之案，該管各官除知情故縱及不知情失於覺察，俱仍照向例分别辦理外，其不知情之地方官因公出境並自行訪獲或協同拏獲破案，不論年月遠近，次數多寡，俱免其失察處分。如犯被應行緝拏之武職拏獲，文職亦準免議。如破案限緝，後犯被鄰境拏獲及案在别處發覺，而該管地方官能將首犯及匠人立時自行拏獲者，俱照鄰境别汛獲犯之例，減等議結。其本境並未破案，人犯即被鄰境拏獲者，該管官應仍照本例議處。至案由本境發覺，如僅獲爲從之犯而首犯及匠人脱逃者，止免其失察處分，仍照命案緝兇之例，勒限嚴緝。限滿不獲，將承緝接緝各官，亦照命案緝兇不力例，分别查參議處。如參限内自行拏獲，準其免議，毋庸給予議敍。如自行訪獲破案，能將首犯及匠役立時全獲，每一案準其紀録一次。

二十五年議準：嗣後私鑄私銷之案，無論錢數多寡，地方官知情故縱者，仍照舊參革治罪。其止失於覺察者，在内五城司坊官，在外州縣印捕官，每起酌改爲降一級調用，知府、直隸州、知州，每起酌改爲降一級留任。該管各上司俱免議。如甫經置爐做堆製造錢模尚未鑄成者，别經發覺，將該地方官酌改爲降一級留任，自行查出究辦者免議。武職查出究辦，文職亦準免議。如私鑄、私銷之案，地方官訪聞破案，能將首犯及匠役立時拏獲，每一案酌加一級。

道光九年諭：李鴻賓奏遵旨查辦夷錢一摺。前據御史張曾奏廣東省行使錢文内有夷錢攙雜，並有另立名號託爲夷錢等弊，降旨令該督撫查確究辦。兹據李鴻賓查明，粤東各屬多係濱海，向與外夷各國通市貿易。各店鋪攙用夷錢，實所不免。現雖飭屬嚴禁，恐日久仍然行使，必須設法收繳净盡，永杜弊端。著照所請通飭各屬，曉諭鋪户居民人等，如有積存夷錢，立即檢出交。地方保甲於每月朔望各赴該管州縣稟繳，每斤照部議制錢六十文。係通省文武各員，均捐公費内，按數支給，統限半年呈繳净盡。並責成各州縣認真查繳，按月將繳過夷錢若干文，計重若干觔，稟報一次，所收夷錢毋庸運局撥鑄，俟限滿解省銷燬。其各關津要隘處所，並令一律查驗收繳。如逾限不繳復敢留存攙使，一經查出，立即嚴拏，照例治罪。仍將繳收不力之地方官嚴行參懲，並著粤海關監督嚴諭洋行各商，嗣後各國夷人買賣，俱令以銀易制錢，並於洋船進口時詳加查察。如有夾帶夷錢，不準開艙，飭令帶回。如違，惟洋商是問。至依樣倣鑄及另立名號託爲夷錢等弊，尤應隨時稽查。如有此弊，即行查拏重究，並將該管地方官嚴參。該督等務當嚴飭所屬，認真查辦，不可有名無實日久視爲具文，致干咎戾。

十四年奏準：嗣後内地奸民有摹造洋板、銷化白銀仿鑄洋錢圖利者，一經當場拏獲，如數在一百元以上者，即照白銀出洋一百兩以上例，發近邊充軍。一百元以下者，杖一百，徒三年。不及十元者，枷號一個月，杖一百。爲從各減一。

又諭：訥爾經額等奏請查禁通省私錢一摺。湖北爲各省水陸通衢，商販雲集，私錢最易攙用。經該督等奏明，飭屬查拏辦理尚屬認真，該督等務必隨時委員密訪。倘各州縣始勤終怠，以致私錢充斥，即當照例嚴參。至道府爲州縣親臨上司，耳目較近，嗣後每届年終，各州縣查明境内有無私錢，照例出結後，由該管道府覆查確實加結，詳核具奏。如有結報不實，一經查出，即將該管道府一並參處，以示懲儆。

咸豐三年奏準：嗣後如有私造鈔票誆騙行使者，不計銀數多寡，將爲首私造之犯擬斬監候，爲從及知情買使者發新疆給官兵爲奴。其私造已成尚未行使之首犯，於斬罪上減一等，杖一百，流三千里。私造未成之首犯於流罪上減一等，杖一百，徒三年，爲從各減一等。

又諭：刑部奏請酌定私鑄大錢罪名一摺。本年刑部辦理王立兒私鑄大錢一案，照新定私造官鈔章程擬以斬候，業經照擬允行。如原情定罪法之必行現當局鑄大錢膽敢玩法私造，即應立置重刑，亦屬罪所應得。恐承審各員或因罪名甚重改擬情節巧爲開脱，是峻法徒爲虚設，而藐法。奸民轉因此而幸免。嗣後私鑄大錢人犯，著即照刑部所請，首犯之人係發新疆，給官兵爲奴。所有前擬斬候之王立兒等一案，即著照此辦理。至私鑄大錢爲數較少或數不及十千而私鑄不止一次者，並著照私鑄制錢例辦理。

四年奏準：嗣後如有私造錢鈔之犯即照私造銀鈔之例，不計錢數多寡，將爲首之犯擬斬監候，爲從及知情買使者，發新疆給官兵爲奴。其私造已成尚未行用之首犯，於斬罪上減一等，杖一百，流三千里。私造未成之首犯，於流罪上減一等，杖一百，徒三年。爲從各減一等。

又諭：刑部奏遵旨加等嚴定私鑄大錢罪名並奸商阻撓請從重治罪一摺。近來私鑄日多，官鑄大錢日形壅滯，復有奸商任意阻撓，抗不行使，於國用民生均妨礙。若非嚴行懲辦，何以肅法紀而儆奸頑？著照所議，嗣後私鑄當百以下大錢，人犯如係爲首及匠人數至十千以上，或未及十千而私鑄不止一次者，即於斬監候罪上從重，請旨即行正法。其私鑄僅止一次，爲數又在十千以下者，仍照前擬定爲斬候，入於秋審情實。至爲首阻撓任意折算之商民人等，即照所擬杖八十、徒二年，再加枷號一個月，均於犯事地方枷號示衆，以示懲儆。其私鑄人犯即已嚴行懲治，官局各項大錢尤應加工鑄造，磨鍊精工，以期經久無弊。並著各該管錢法堂官嚴飭該管監督司員，認真查驗。倘有偷工減料，攙和雜沙及模糊破損等弊，除將鑪頭、工匠按律治罪外，並將該管堂司各官一並懲處不貸。

又議準：嗣後辦理私販大錢之案，如有大夥興販帶有器械拒捕傷人者，不分錢數多寡，仿照興販私鹽拒捕傷人之例，擬以斬候。其並結夥持械，僅止零星收買貨賣均在十千以上者，應於販運私錢發各省駐防爲奴罪上，從重發黑龍江給披甲人爲奴，再加枷號兩個月。收買在十千以上貨賣不及十千者，於杖一百，徒三年罪上從重杖一百流二千里。收買在十千以上尚未貨賣者，於杖九十徒二年半罪上，從重杖一百，徒三年。收買貨賣均不及十千者，於枷杖罪上從重杖六十徒一年，均再加枷號一個月。其收買不及十千尚未貨賣者，仍照不應重律杖八十，亦酌加枷號一個月。以上各犯均先於犯事地方枷號示衆，以示懲儆。

五年奏準：嗣後官役人等拏獲私鑄大錢之案，如有受賄賣放者，即照受財故縱與囚同罪至死者絞律，擬絞。仍從重按私鑄人犯罪名，分別立決、監候。其僅止徇隱包庇並無受賄賣放情事者，俱按減罪人罪一等律，於私鑄大錢斬罪上酌減一等，仍從重發往新疆，酌撥種地當差。其挾嫌妄拏誣告平人及恐嚇索詐擾害商民者，除罪已死無司復加外，其餘俱發往疆給官兵爲奴。至奸民知情容隱者，於私鑄銅錢知而不首杖一百徒三年例上加一等，擬杖一百，流二千里。知情容隱私鑄未成者，即於流罪上減一等，擬杖一百徒三年。以上各犯如係在官人役，犯該發遣者，枷號三個月，犯該軍流者，加枷號兩個月，犯該徒罪者加枷號一個月，均先於犯事地方枷號示衆，以昭懲儆。

七年覆準：嗣後私鑄案内，無論磨錢、打炭、抽拉風箱，凡罪至擬徒等犯不準減杖。遇有配逃在恩詔以前者，亦一體緝拏。

八年議準：嗣後私鑄鉛錢與私鑄銅錢各錢之犯，不論首從就地正法。其知情買使及得受些微雇值挑水打炭等項人犯，即照私鑄銅錢一並科罪。至私鑄鉛錢未成之犯，分別首從問擬軍徒。

又議準：當百、當五十、當五銅錢，當十鐵錢鉛制錢等，錢文雖經停用，究係國寶，不容與廢銅廢鐵等類齊觀。其銷化之人，即使情有可原，亦只應量從末減。擬請於私銷制錢爲首斬決，爲從絞決本例上配減一等。爲首者擬發邊遠充軍，爲從者杖一百，流三千里，以示懲儆。其私銷當十銅錢、鐵制錢者，仍照銷燬制錢本例定擬，不得開脱避就，致滋輕縱。

光緒二十二年議準：嗣後各省拏獲私鑄銀錢之案，如短少分兩或攙雜僞銀，核其所鑄之數，按官錢分兩至十兩以上，或雖不及十兩而私鑄不止一次，後經發覺者，爲首及匠人俱擬斬監候，爲從俱發新疆給官兵爲奴。如受些微雇值在局傭工者，照爲從遣罪上減一等，杖一百，徒三年。其所鑄不及十兩及知情買使者，俱照用銅鐵錫鉛藥煮僞造假銀例治罪。至房主、隣佑人等知而不首，或僅止失察暨官船人夾帶私銀錢，私鑄未成畏罪中止，或方造器具尚未鑄成以及失察之地方官不實力訪拏之押船官，俱照私鑄制錢例，分別治罪議處。

刑案

漁利故買假銀尚未行使，於知情買使枷號兩個月滿流例上減一等，滿徒加枷號一個月。嘉慶十九年直隸案。

僞造假銀例有軍流徒罪之分緫，視其所造銀内是否攙有真銀爲斷。若全以銅鐵錫鉛僞造，即應按例擬軍，不得援引擬徒之文。嘉慶十九年山東司案。

僞造假銀未成，比照以銅鐵水銀僞造金銀滿徒律量減一等，徒二年半。嘉慶二十年陝西案。

私鑄未成案内，照料帳務並代買銅鉛之人即屬爲從，未便僅照受雇人問擬，應於首犯流罪上減徒。嘉慶二十年雲南案。

銷燬制錢案内，僅止圖利將錢送交代化並未幫銷之犯，與幫同燒燬裝灌者有間，依銷燬制錢爲從絞決例，酌改絞候。嘉慶二十一年奉天司案。

私鑄鐵錢五千餘文，比照私鑄鉛錢不及十千例問擬。嘉慶二十三年河南案。

零星剔存小錢三十千恐繳官發價無幾，起意售賣歸本，並非有心買使圖利，且未行使，於攙和私錢行使例上量減滿徒。嘉慶二十五年河南案。

夥買小錢雖未攙和行使，第結夥同行偷越關津，收錢六十九千之多，運至數百里之外，欲圖銷用，即與行使無異，比照收買剪邊錢攙和貨賣數至十千以上例，發駐防爲奴，從犯擬徒。道光二年浙江案。

收買鉛錢未及十千亦未行使，比照鋪户收買剪邊不及十千例，杖枷。道光五年直隸案。

私鑄銅錢案内指引販運之犯，比照私鑄案内房主知而不首例，問擬滿徒。道光五年雲南案。

私鑄鐵錢未成，比照私鑄鉛錢未成爲首例，擬以滿流。道光六年貴州案。

子於伊父在日聽從私鑄鉛錢，比照拏獲私鑄如本犯問擬斬絞、其知情分利之同居父兄伯叔與弟減本犯罪一等例，擬以滿流。道光十二年直隸司案。

紀事

《史記》卷三〇《平準書》〔元朔七年〕於是縣官大空，而富商大賈或蹛財役貧，轉轂百數，廢居居邑，封君皆低首仰給。冶鑄煮鹽，財或累萬金，而不佐國家之急，黎民重困。於是天子與公卿議，更錢造幣以贍用，而摧浮淫并兼之徒。是時禁苑有白鹿而少府多銀錫。自孝文更造四銖錢，至是歲四十餘年，從建元以來，用少，縣官往往即多銅山而鑄錢，民亦間盜鑄錢，不可勝數。錢益多而輕，物益少而貴。有司言曰：古者皮幣，諸侯以聘享。金有三等，黃金爲上，白金爲中，赤金爲下。今半兩錢法重四銖，而奸或盜摩錢裏取鋊，錢益輕薄而物貴，則遠方用幣煩費不省。乃以白鹿皮方尺，緣以藻繢，爲皮幣，直四十萬。王侯宗室朝覲聘享，必以皮幣薦璧，然後得行。

又造銀錫爲白金。以爲天用莫如龍，地用莫如馬，人用莫如龜，故白金三品：其一曰重八兩，圜之，其文龍，名曰白選，直三千；二曰以重差小，方之，其文馬，直五百；三曰復小，擶之，其文龜，直三百。令縣官銷半兩錢，更鑄三銖錢，文如其重。盜鑄諸金錢罪皆死，而吏民之盜鑄白金者不可勝數。【略】

有司言三銖錢輕，易奸詐，乃更請諸郡國鑄五銖錢，周郭其下，令不可磨取鋊焉。【略】

自造白金五銖錢後五歲，赦吏民之坐盜鑄金錢死者數十萬人。其不發覺相殺者，不可勝計。赦自出者百餘萬人。然不能半自出，天下大抵無慮皆鑄金錢矣。犯者衆，吏不能盡誅取，於是遣博士褚大、徐偃等分曹循行郡國，舉兼併之徒守相爲（吏）〔利〕者。而御史大夫張湯方隆貴用事，減宣、杜周等爲中丞，義縱、尹齊、王温舒等用慘急刻深爲九卿，而直指夏蘭之屬始出矣。

〔元狩四年〕而大農顏異誅。初，異爲濟南亭長，以廉直稍遷至九卿。上與張湯既造白鹿皮幣，問異。異曰：今王侯朝賀以蒼璧，直數千，而其皮薦反四十萬，本末不相稱。天子不説。張湯又與異有郤，及人有告異以它議，事下張湯治異。異與客語，客語初令下有不便者，異不應，微反脣。湯奏異當九卿見令不便，不入言而腹誹，論死。自是之後，有腹誹之法（以此）〔比〕，而公卿大夫多諂諛取容矣。【略】

郡國多奸鑄錢，錢多輕，而公卿請令京師鑄鍾官赤側，一當五，賦官用非赤側不得行。白金稍賤，民不寶用，縣官以令禁之，無益。歲餘，白金終廢不行。【略】

其後二歲，赤側錢賤，民巧法用之，不便，又廢。於是悉禁郡國無鑄錢，專令上林三官鑄。錢既多，而令天下非三官錢不得行，諸郡國所前鑄錢皆廢銷之，輸其銅三官。而民之鑄錢益少，計其費不能相當，唯真工大奸乃盗爲之。

《漢書》卷一六《高惠高后文功臣表》〔慎陽侯〕建元元年，侯買之嗣，二十二年，元狩五年，坐鑄白金，棄市。

《漢書》卷三五《吴王濞傳》會孝惠、高后時天下初定，郡國諸侯各務自拊循其民。吴有豫章郡銅山，即招致天下亡命者盗鑄錢。

謝桂華等《居延漢簡釋文合校》〔漢宣帝〕元康元年十二月辛丑朔壬寅，東部候長長生敢言之候官：官移太守府所移河南都尉書曰：詔所名捕及鑄僞錢盗賊亡未得者牛延壽、高建等廿四牒書到，廋。

〔宋〕王欽若等《册府元龜》卷六一七《刑法部·守法》時，帝禁行惡錢，有二人在市，以惡錢易好者。武侯執以聞，帝令悉斬之。綽進諫曰：此人坐當杖，殺之非法。帝曰：不關卿事！綽曰：陛下不以臣愚暗，置在法司。欲妄殺人，豈得不關臣事！帝曰：撼大木不動者，當退。對曰：臣望感天心，何論動木？帝復曰：啜羹者，熱則置之。天子之威，欲相挫耶！綽拜而益前，訶之不肯退，帝遂入。治書侍御史柳彧復上奏切諫，帝乃止。

《宋書》卷八一《顧琛傳》顧琛字弘瑋，吴郡吴人也。【略】琛仍爲吴興太守。明年，坐郡民多翦錢及盗鑄，免官。

《梁書》卷二四《蕭景傳》普通五年，〔昱字子真〕坐於宅内鑄錢，爲有司所奏，下廷尉，得免死，徙臨海郡。行至上虞，有敕追還，令受菩薩戒。昱既至，恂恂盡禮，改意蹈道，持戒又精潔。高祖甚嘉之。

《宋史》卷四《太宗本紀》〔太平興國二年十一月〕丁酉，禁江南諸州新小錢，私鑄者棄市。

〔宋〕李燾《續資治通鑑長編》宋真宗大中祥符五年七月 先是，詔禁命官取息錢，犯者勿償。大理寺丞、知考城縣皮子良貸京師民錢十七萬，到官即自首。上惡子良無行，憲司鞫問，法當贖銅，命停官。

《宋史》卷二九二《丁度傳》時葉清臣請商州置監鑄大錢，以一當十。度奏曰：漢之五銖，唐之開元及國朝錢法，輕重大小，最爲折中。歷代改更，法雖精密，不能期年，即復改鑄。議者欲繩以峻法，革其盗鑄。昔漢變錢幣，盗鑄死者數十萬。唐鑄乾元及重輪乾元錢，錢輕幣重，嚴刑不能禁止。今禁旅戍邊，月給百錢，得大錢裁十，不可畸用，舊錢不出，新錢愈輕，則芻糧增價。臣嘗知湖州，民有抵茶禁者，受千錢立契代鞭背。在京西，有强盗殺人，取其敝衣，直不過數百錢。盗鑄之利，不啻數倍。復有湖山絶處，兇魁嘯聚，鑪冶日滋，居則鑄錢，急則爲盗。民間銅鉛之器，悉爲大錢，何以禁止。

〔元〕楊譓《崑山郡志》卷二《名宦》王安貞字吉卿，彰德安陽人。以中書僉寫補浙西府椽。至元二十九年，授將仕郎，浙省理問知事。元貞初，遷從仕郎，臺州經歷、江浙省答剌罕丞相、勾補省椽。大德七年，改承事郎、温州永嘉縣尹。平反張明一等冤獄，全活二十三人。正僞造鈔曹元三之罪，民大悦。服。至大三年，擢奉訓大夫、工部主事銜。

《元史》卷三二《文宗本紀》〔元文宗天曆元年九月〕中書左丞相别不花又言回回人哈哈的，自至治間貸官鈔，違制别往番邦，得寶貨無算，法當没官，而倒剌沙私其種人，不許，今請籍其家。從之。

《明太祖實録》洪武三年十二月〔甲子〕中書省臣言，民有販賣私鹽者，於法當誅，請如律。上曰，彼皆細民，恐衣食不足而輕紀法，姑杖之，發戍蘭州。既又有潭州民艾立五等以私鑄錢，亦論當死。上亦命免其死，杖發寶源局充工。

《明太祖實録》洪武八年九月 甲子，民有入内庫理鈔者，誤攜鈔以入，門者執之以聞。上曰：彼誤耳命釋之。

（明）談遷《國榷》成祖永樂二年三月 庚戌，刑部奏：方禁銀交易，江夏民有父死，以銀買葬具，上曰：禁銀交易，恐鈔輕耳。詩曰凡民有喪，匍匐救之。其赦勿治。

（明）陳懋仁《泉南雜志》卷下 丙午，旱魃爲虐，米價騰貴。兼一時私錢盛行，即官錢縣亦不用。議者欲減價平糴，並禁私錢。百姓嗷嗷，至於罷市。余白府曰，泉地米少，不比米多處，可以定價。今所藉以裕地方者，全在海商。若一減價，商必走他郡趣厚利。泉雖多財，如米之不至何？故宜一聽市值，俾海商聞之俱來。米即集而價未有不平者。若私錢新鑄也，火色未純，與官錢異，第緝治以私鑄之辠，則官錢自復。府然余言，不浹旬而海米來集，其價遂平，錢亦復故。

（清）祝慶祺《刑案匯覽》卷五一《刑律詐僞·私鑄銅錢》 東撫咨：高興唐京控劉泳興販賣鉛錢，串逼伊叔高佩祥誣認一案。查例載私鑄鉛錢知情買使者杖一百，流三千里等語。此案高佩祥憑伊族叔高大年作保，向劉泳興借銀雇覓李大成、張繼、王存小車赴河南温縣置買鐵貨，因與該縣民人尚法旺撞遇，談及鑄有鉛錢，高佩祥貪利販賣，即邀同李大成赴尚法旺家，向尚法旺並張士傑共買得鉛錢七十八千，用簍盛貯，推回本縣，捏稱錢交寄存夏元良店内。經莊雕楊廣積等查知，司夏元良赴縣首繳拘訊，高佩祥畏罪妄供劉泳興主使販買。該縣將劉泳興傳案一並收禁。後傳到高大年質訊，高佩祥供出實情。該縣將劉泳興提禁録供通詳，高佩祥之父高文智因高佩祥赴豫貿易，係劉泳興出銀作本，心疑果有主使販私情事，囑高佩祥胞姪高興唐疊赴府司院各處翻控尚未審結，高文智病故，高興唐猶懷疑未釋，復赴京具告。咨交該省審明，實係高佩祥自行起意販私，查高佩祥圖利販買鉛錢，至七十八千之多，雖尚未行使，第例無買而未使應行減等之條目，應即照知情買使例治罪。李大成眼同販買並不勸阻，即屬爲從。除私鑄鉛錢之，尚法旺等業經豫省拿獲審結外，該省將高佩祥依私鑄鉛錢知情買使例擬杖一百，流三千里。李大成減一等，擬杖一百，徒三年。援上年兩次恩赦，分別減杖寬免。查覈情罪相符至高興唐赴京具控，雖未得實究係欲爲伊叔出罪，懷疑誤控，事出有因，情尚可原。該省擬以不應重杖酌加枷號兩個月，亦屬允協，應請照覆。嘉慶十七年説帖。

（清）祝慶祺《刑案匯覽》卷五一《刑律詐僞·僞造假銀》 山東司審擬何五等僞造假銀行使一案。查律載以銅鐵水銀造假銀者杖一百，徒三年；爲從及知情買使者，各減一等等語。嗣於乾隆五年本部議覆，甘肅巡撫德條奏，案内議將凡用銅鐵錫鉛藥煮僞造假銀行使者，枷號兩個月，發烟瘴少輕地方；爲從及知情買使者枷號兩個月，流三千里。又將銀窀孔傾入銅鉛等物及用銅鉛等物傾成錠錁，外用銀皮包好並銅鉛等物每兩内攙實銀二、三、四、五錢不等，僞造銀使用者均照以銅鐵水銀僞造金銀律分別首從擬徒。纂輯例文兩條歷久遵行，在案是僞造假銀騙人行使及知情買使例有軍流徒罪之分。總視其所造銀内是否攙有真銀爲斷，若全以銅鐵錫鉛僞造假銀，即應按例擬軍不得仍引擬徒律文。此案何五所造假銀係全用白銅鎔化成錠，以水銀擦洗做就，與窀孔傾造及用銀包裹攙用實銀者不同，正應照銅、鐵、錫鉛藥煮僞造假銀例，將該犯與知情買使之高天祥等分別擬以軍流。今該司將何五等依以銅鐵水銀僞造金銀律擬徒，係屬錯誤。應請交司縣例改擬。嘉慶十九作現審案説帖。

陝撫咨：武邦顯製造賭具案内之楊步武僞造假銀未成，將楊步武比照以銅鐵水銀僞造金銀滿徒律上量減一等，杖九十，徒二年半。嘉慶二十年案。

直督咨：劉馬駒明知任光才僞造假銀，故買漁利，第尚未行使於行使假銀枷號兩個月，滿流例上量減一等，杖一百，徒三年，加枷號一個月。嘉慶十九年案。

（清）祝慶祺《刑案匯覽》卷五一《刑律詐僞·私鑄銅錢》 浙撫咨：張南樞收存私錢五十餘千，並不隨時呈繳，輒用制錢攙和欲圖行用，應照鋪户人等攙和行使擬遣例上量減一等，杖一百，徒三年。嘉慶二十一年案。

南撫咨：外結徒犯郭長青販布賣錢間有小錢夾雜不能過於挑剔零星積存三十餘子，恐繳官發價無幾致有虧折，起意貨賣歸本，並非有心買使圖利且未行使，應照攙和行使，擬遣例上量減一等，滿徒。嘉慶二十五年案。

（清）祝慶祺《刑案匯覽》卷五一《刑律詐僞·私鑄銅錢》 浙撫咨

李庭起意夥買小錢，陳孔揚等聽從收運，雖非剪邊，亦未攙和行使第結，夥同行偷越開汛取錢六十九千之多，運至數百里之外，欲圖銷用即跑，行使貨賣無異。李庭應比照收買剪邊錢攙和貨賣數至十千以上例發駐防爲奴。陳孔揚等均依爲從減一等，滿徒。張有成等將剔出小錢匿不呈繳，復敢遠出圖銷，周松剛藏匿小錢私行賒賣，計錢均不及十千，俱比照收買剪邊錢攙和貨賣不及十千例各枷號一個月，杖一百。道光二年案。

違犯鹽鐵法分部

綜述

（宋）王欽若等《册府元龜》卷四九三《邦計部・山澤》（長慶二年）五月詔曰：兵革初寧，方資榷筦，閭閻重困，可議蠲除。如聞淄、青、鄆三道，往年糶鹽價錢，近收七十萬貫，資費優贍有餘。自鹽鐵使管事已來，軍府頓絶其利。遂使經行陣者，有停糧之怨；服隴畝者，興加税之嗟；犯鹽禁者，困鞭撻之刑，理生業者，乏鹽醬之具。雖縣官受利，而郡府益空，俾人獲安，寧我節用。其鹽鐵，先於淄、青、兗、鄆等道管内，置小鋪糶鹽，巡院納榷，起今年五月一日已後，一切並停。仍各委本道納校，比年節度使自収管，充軍府逐急用度，及均減管内貧下百姓兩税錢數。至年終，各具糶鹽所得錢，並均減兩税聞奏。是時，王承元爲平盧軍節度，均輸鹽法，未嘗行於兩河。承元悉歸之有司。

《舊五代史》卷一一二《周書・太祖本紀》（廣順二年八月）壬寅，鄆州節度使高行周薨。癸丑，詔改鹽麴法，鹽麴犯五斤已上處死，煎鹻鹽者犯一斤已上處死。先是，漢法不計斤兩多少，並處極刑，至是始革之。

（宋）王欽若等《册府元龜》卷六一三《刑法部・定律令》（廣順二年）八月，勑承前所立鹽麴條法，每犯，至少盡處極刑。近年以來抵罪甚重，兼以邑居人户隨税請鹽，既不許將入城隍，又不容向外販賣，立法之弊，一至於斯，爰自新朝，尚法舊制。昨因鄭州按獄，備見百姓銜冤既詳，斷之踰違，亦條令之疑誤，覩兹深刻，須議改更，庶令輕重得中，兼復上下知禁。國計之重，立法爲先，貴在必行，何須過當。凡鹽麴犯一斤以下至一兩，杖臀十七，配役一年；五斤以下一斤已上，杖脊二十，役三年；五斤以上，杖死之。煎鹻鹽犯一斤已下，杖脊二十，役三年；一斤已上，杖死之。若捉獲鹻土及水煎成鹽了，秤之定罪。顆鹽末各有界分，如界分相侵，同犯鹽罪論。鄉村所請蠶鹽各自充用，不得將入城邑村坊郭博易貨賣，如違同犯鹽論。所請蠶鹽處，道路津鎮，須驗公憑。凡賣鹽麴並須官場官務，若衷私興販，同犯鹽麴例論。官場官務有羨餘鹽麴並盡底納官，如輒將貨賣，同犯鹽麴論。凡鹽户酒户衷私與場官院官買賣，同犯例論。凡鹽麴同情共犯，若是卑幼骨肉奴婢同犯，只罪家長，主者不知情，只罪造意者，其餘減等。凡城郭人户係屋税鹽並於城内請給，若外縣鎮郭下人户亦許將所請鹽歸家供食，即本部官據人户合請數都計於俵場請數，點檢入城，不得因便帶入。其郭下户或城外有莊田合併户税者，亦本處官預前分説，勿令逐處都請。凡鹽麴鹽鹻隨處地分節級專切捉搦，如透漏必重科斷。告犯鹽麴人死罪者賞錢五十千文，不死罪賞三十千文，以本處係省錢充，故斟酌輕重，立此科條。宜令三司施行，其中有合指揮件目，隨事處分以聞。

（宋）李燾《續資治通鑑長編》宋太祖建隆三年三月　是月，詔增官鹽闌入至三十斤，煮鹻至十斤，坐死。蠶鹽入城市百斤以上，奏裁。又修酒麴之禁。凡私造，差定其罪，城郭二十斤，鄉閭三十斤，棄市。民敢持私酒入京城五十里，西京及諸州城二十里至五斗，死。所定里數外，有官署沽酒，而私酒入其地一石，棄市。此據本志。

（宋）李燾《續資治通鑑長編》宋太祖建隆三年八月　丁巳，詔刑部：應諸道州府有犯鹽、麴人合配役者，祇令本州充役，示寬典也。

（宋）佚名《宋大詔令集》卷二〇〇《政事・刑法・增犯鹽斤兩詔乾德四年十二月》　孔子謂刑罰不中，民無所措手足。則法令之用，欽恤爲先。應犯鹽條例，在建隆詔書，已從降貸。尚念近年以降，抵罪者多，特示明文，更從輕典。宜令有司量增所犯鹽斤兩，差定其罪。著於甲令。

（宋）李燾《續資治通鑑長編》宋哲宗元祐元年閏二月　户部言：右司郎中張汝賢奏，立定福建路産賣鹽額，候及五月，有併增併虧，自依海行條貫施行。内四州軍賣鹽後，應抑勒人充鹽鋪户，並願退免，不爲施行者，各徒一年。提舉鹽事知而不舉，與同罪。從之。

（宋）李燾《續資治通鑑長編》宋哲宗元祐五年十一月　丁亥，刑部言：

犯外界青白及顆鹽，一兩杖八十，一斤加一等；過徒一年，十斤加一等；一百斤皆配五百里本城，一百二十斤絞。再犯杖，鄰州編管；再犯徒，一犯流，皆配本城。結集徒黨，持杖興販，依興販物法，一百二十斤皆絞。即非興販者，二分以一分定罪，罪止流三千里；罪至流配本城，二百四十斤配五百里本城。親入外界博買者，不以首從及興販，非興販一斤徒三年，三斤加一等，四斤配千里，七斤配二千里，並本城，十斤配廣南，二十斤絞。以上並許人捕，罪至死者奏裁。從之。《新》、《舊》並同，或可削。

（宋）李心傳《建炎以來繫年要録》紹興三年十月　壬辰，詔：自今犯私鹽，並依紹興敕斷罪。如亭户非亭户煎鹽與私販，及軍人聚集百姓依借軍兵聲勢私販，本犯不至徒者，配鄰州。若罪至徒，即配千里。如係流罪，即刺配廣南。内私販拒捕之人，依政和指揮，不以赦降原減。其去年十二月甲午勑旨，及今年六月辛丑尚書省批狀指揮勿行。先是殿中侍御史常同及對，論私販刑名太重。上曰：凡舉事不能有利無害，第當擇利多害少者爲之。非卿言，朕不知其害。同復奏。紹興勑，私有鹽一斤，徒一年。三百斤，配本城。煎煉者一兩比二兩，刑名不爲不重。後來復降指揮，並不用蔭原赦。再因官司申請，雖遇特恩不原，行法之深，乃至於此，可謂盡矣。去年之冬，因大軍所駐，嘗有兵卒私販，百姓因之。故又有亭户不以多寡杖脊配廣南指揮，蓋一時禁止，非通行天下永久之法也。昨因権貨務看詳，以謂諸路亦合一體施行，遂批狀行之。提領官張純，一堂吏耳，但欲附會去相之意。朝廷不謀之近臣，不付之户部，不稟之聖旨，遂以批狀行之，何其易哉！自此法之行，州郡斷配日有之，破家蕩産不可勝計。主議之臣，聞人一語及此，則以爲沮壞鹽法，但曰刑不峻，不足以致厚利。夫嚴刑章而不恤害民，此蔡京、王黼之術也。奈何令遂用之。訪聞官司所捕獲，皆貧下之户，不過數十斤之資，至於有力之家，則結集人衆，持兵守護，動至千萬斤，巡尉熟視，莫敢誰何？嶺外險遠，平時攘刼之風，已自難制。今配私販之徒，往聚於彼，豈遠方之利。自古及今，刑之所施，必稱罪之輕重，豈有罪無等降，一用重刑之理？今私鹽一斤至杖脊配廣南，則孰不相率爲百千斤之多哉！祖宗仁德在人，猶人之有元氣。今天下之勢，可謂病矣。奈何遂欲傷元氣乎？法令之行，繫乎國本，不使有識搢紳之士議之，而使刀筆之吏，弄其文墨，非國之福也。望付三省以前後所降私販刑名，更加熟議。如有犯禁，且從紹興編勑定斷。若軍人聚集及百姓依借軍兵聲勢私販，即依甲午指揮。所有不用蔭原赦指揮，亦乞詳酌施行。契勘榷貨務都茶場，特一場務耳，非省部寺監之比。自今應干茶鹽事，乞送户部看當。事屬刑名者，兼送刑部擬定。其場務及提領官受客人詞狀，並申尚書省，不許徑牒諸路施行，事下户、刑部、大理寺參詳。至是乃定。用户部尚書黄叔敖奏也。熊克小歷載此事甚略，且附於六月末間。案常同此時自柳州詔還，未至都，今年八月，始除御史。九月丁丑，同奏私鹽刑名太重，詔户部勘當。至是進呈，克實誤也。克又並載張純下大理治罪在六月末，亦誤。純下大理，在十月己亥。今別繫本月。

（明）丘濬《大學衍義補》卷一〇三《愼刑憲·戒濫縱之失》　高宗紹興中，殿中侍御史常同論私鹽刑名太重。主議之臣但曰刑不峻，不足以致厚利。夫峻刑章而不恤民害，此奸臣之所爲也。自古及今，刑之所犯，必稱罪之輕重，豈有罪無等降，一用重刑之理？今私鹽一斤，至杖脊配廣南，則孰不相率而爲百千斤之多哉？祖宗之仁德在人，猶人之有元氣。今天下之勢，可謂病矣，奈何遂欲傷元氣乎？法令之行，係乎國本，不使有識縉紳之士議之，而使刀筆之吏弄其文墨，非國之福也。

（宋）汪應辰《文定集》卷一六《汪應辰上陳丞相》　惟是賣鹽一事，頃歲承乏，見帥司財用窘迫殊甚，嘗謀於鄭少嘉、朱元晦、陳季若。惟元晦以謂寧可作窮知州，不可與民爭利，而少嘉、季若則以爲可。故於三人中從二人之言，止是行於城中，間有犯者，不過量行笞罰，雖杖罪亦絶少。時有不相樂者，言於廟堂，以謂福唐禁鹽，徒流無虚日。又有民在塗炭之語，省部行下。嘗具申朝廷，乞委官體究。若果如言者之説，乞重行黜罰。朝廷知其無他，止行下照會而已。然聞後來併外邑亦皆分賣，地頭既廣，刑罰頗峻，每切追悔前日之舉，殆亦作法於凉者也。竊聞僕射相公，寬平簡易，民自不犯。非復前日紛擾之弊，皆暗消於冥冥之中。竊謂常如今日可也。後之來者，人各有心，未必能一遵約束，則紛擾之害，或更甚矣。君子之政，當爲斯民無窮之慮。

（清）徐松《宋會要輯稿・刑法二・禁約》〔慶元二年〕八月十四日，中書門下省〔言〕：訪聞臨安府城内外私塩盛行，多是無賴之徒脅持鋪户、寺觀、營寨或士庶之家隨門椏賣，理合措置。欲令臨安府日下大字鏤板曉諭，以前罪犯一切不問，若今後再敢違犯，許諸色人告，依格給賞，犯人送獄根勘，依法斷罪、追賞。如自能執捕販人赴官陳首，〔降〕〔除〕與免罪外，更與依格椎賞。從之。

《金史》卷四九《食貨志》 世宗大定三年二月，定軍私煮鹽及盜官鹽之法，命猛安謀克巡捕。【略】

二十三年七月，博興縣民李孜收日炙鹽，大理寺具私鹽及刮鹹土二法以上。宰臣謂非私鹽可比，張仲愈獨曰：私鹽罪重，而犯者猶衆，不可縱也。上曰：刮鹻非煎，何以同私？仲愈曰：如此則渤海之人恣刮鹻而食，將侵官課矣。力言不已，上乃以孜同刮鹻科罪，後犯則同私鹽法論。【略】

〔明昌〕三年六月，孫郎康等同鹽司官議，軍民犯私鹽，三百里内者鹽司按罪，遠者付提點所，皆徵捕獲之賞於販造者。猛安謀克部人煎販及盜者，所管官論贖，三犯杖之，能捕獲則免罪。又濱州渤海縣永和鎮去州遠，恐藏盜及私鹽，可改為永豐鎮與曹子山村各創設巡檢，山東、寶坻、滄鹽司判官乞陞為從七品，用進士。上命猛安謀克杖者再議，餘皆從之。【略】

〔明昌五年〕十一月，以舊制猛安謀克犯私鹽酒麴者，轉運司按罪，遂更定軍民犯私鹽者皆令屬鹽司，私酒麴則屬轉運司，三百里外者則付提點所，若逮問犯人而所屬憸不遣者徒二年。【略】

〔承安三年〕四月，宰臣奏，在法，猛安謀克有告私鹽而不捕者杖之，其部人有犯而失察者，以數多寡論罪。今乃有身犯之者，與犯私酒麴、殺牛者，皆世襲權貴之家，不可不禁。遂定制徒年、杖數，不以贖論，不及徒者杖五十。

（清）嵇璜等《續文獻通考》卷一三七《刑考・徒流》〔金章宗〕承安三年四月，定明安穆昆身犯私鹽、私酒、麴、殺牛者，徒一年，杖數不以贖論，不及徒者，杖五十。

《金史》卷四九《食貨志》〔泰和五年〕八月，命山東、寶坻、滄州三鹽司，每春秋遣使督按察司及州縣巡察私鹽。【略】

〔泰和五年〕十月，簽河北東西大名路按察司事張德輝言，海壖人易得私鹽，故犯法者衆，可量戶口均配之。尚書省命山東按察司議其利便，言萊、密等州比年不登，計口賣鹽所斂雖微，人以為重，恐致流亡。且私煮者皆無籍之人，豈以配買而不為哉。遂定制，命與滄鹽司皆馳驛巡察境内。

【略】

〔泰和七年〕十二月，尚書省以盧附翼所言，遂定制竈戶盜賣課鹽法，若應納鹽課外有餘，則盡以申官，若留者減盜一等。若刮鹻土煎食之，採黄穗草燒灰淋鹵，及以酵粥為酒者，杖八十。

《金史》卷一七《哀宗本紀》〔金哀宗正大七年〕八月，賜陝西死事之孤鹽引及絹。

史金波等譯《天盛改舊新定律令》卷一八《鹽池開閉門》 一、諸人賣鹽，池中烏池之鹽者，一斗一百五十錢，其餘各池一斗一百錢等，當計税實抽納，不許隨意偷税。倘若違律時，偷税幾何，當計其税，所逃之税數以偷盜法判斷。

一、國内有不開閉池鹽，應護之者當護之，不許守護無鹽之鹹池。倘若閉護池中鹽而盜抽者，依其盜抽多寡，當依所犯地界中已開池納税次第法量之，以偷盜法判斷。其中守護無鹽之鹹池，分別令掩蓋之，謂已抽鹽時，徒六個月。

《元史》卷五《世祖本紀》〔世祖中統四年正月癸卯〕設東平等路巡禁私鹽軍，從之。【略】

〔秋七月〕禁蒙古、漢軍諸人煎、販私鹽。【略】

〔八月〕冀州蒙古百户阿昔等犯鹽禁，没入馬百二十餘匹，以給軍士之無馬者。

《元史》卷六《世祖本紀》〔至元三年三月〕己未，王晉及侍中和哲斯、濟南益都轉運使王明，以隱匿鹽課皆伏誅。【略】〔四年春正月〕丁酉，申嚴平陽等處私鹽之禁。【略】〔八月〕辛酉，申嚴平灤路私鹽酒醋之禁。【略】〔二十年夏四月〕申私鹽之禁，許按察司糾察鹽司。

《元史》卷一六《世祖本紀》〔至元二十八年〕江淮行省言：鹽課不足，由私鬻者多，乞付兵五千巡捕。

《元史》卷七《世祖本紀》〔至元八年九月〕詔，以四川民力困敝，免茶鹽等課税，以軍民田租給沿邊軍食。仍敕：有司自今有言茶鹽之利者，以違制論。

《元史》卷二一《成宗本紀》〔元成宗年間〕禁内外中書省户部轉運司官，不得私買鹽引。罷致用院。禁諸人毋以金銀絲線等物下番。

《元典章》卷二二《户部·課程·鹽課·鹽法通例》延祐六年八月十三日，承奉上司指揮，承奉江浙等處行中書省劄付，準中書省咨，來咨據兩浙運司申：延祐元年八月十八日有中書省差來官直省舍人欽賫御寶聖旨開讀，節該：經國之費，鹽課爲重，比歲以來所司失於關防，以致私鹽犯界，鹽貨生發侵襯官課，澁滯鹽法。仰所在管民官、管軍官常切用心提調關防禁治，毋致似前違犯。所有條畫開例於後。欽此！除遵依外，照得頒降條畫一十，一欵，内有該載未盡，其餘干犯等罪名，若候申稟通例至日施行，却緣每日各處解到，違犯私鹽起數甚多，切恐日積月增，不無久淹停禁。卑司除將窮問私鹽犯人無疑者，照依今次坐到條畫科斷外，據該載未盡干犯等項罪名，取問明白，審録是實，權依舊例斷決外。若蒙省府開咨都省令合干部分通行，一一讞擬定，付下遵依，似望輕重得倫，法令歸一。本省合行咨請照詳。準此送據刑部呈，約請户部侍郎楊中議一同議擬間，又準户部關奉省劄山東鹽運使張太中言諸偷犯私鹽不曾貨賣自行食用，依例斷罪。再犯以上依貨賣私鹽例。諸偷犯鹽貨賣，初犯依例斷配，再犯全籍家産，決杖一百七下，仍於手背刺鹽徒二字，發付淘金恬冶等處配役三年。三犯以上比賊徒，出軍例論。諸人但犯持杖般偷私鹽拒捕的、殺傷的、燒燬房舍的，比依强盜論罪等事。本部議得：前項所言事干刑名，如今刑部約會本部官一同從長商議明白，議擬相應，都省準擬關請依上施行。準此，請户部侍郎王中憲到部一同議擬。到下項事理開呈照詳得此。都省咨請依上施行。

一、本省咨稟

一、見欽奉聖旨内一欵，節該：諸犯私鹽者，科徒二年，決七十，財産一半没官，決訖發下鹽場鐐役。兩隣知而不首者，決六十。買食私鹽者，杖六十。轉行貨賣博易諸物者，同私鹽法。正犯鹽徒加犯加等斷罪居役。三犯斷訖發付邊遠屯田。前件除欽遵外，照得大德八年八月十二日也可札魯忽赤奏準與省官院官臺官衆人商量來，舊賊每根底兩遍做了賊，經刺來的賊每拏獲呵，是第三遍。有將這的每交了軍三遍做了賊，經刺來的賊每拏獲呵，是第四遍。省將這的每也交出軍，色目人有會出軍的明白問了無隱諱呵？今各路官司依例斷遣漢兒人、蠻子人申解遼陽省發付出軍，色目、高麗及申解湖廣省發付出軍。得此都省準擬，仰依上施行。奉此切詳。斷遣鹽徒即與斷遣賊人條例相似，未審鹽徒先當經犯取訖，招伏斷配罪名。及婦女犯私鹽拏獲，本司止是單衣受刑杖七十，抄財産免鐐役。今後婦女犯此罪者，未審如何處斷。又博易諸物同私鹽法，謂如有將私鹽博易諸物緞疋布帛衣服、孳畜或有博易喫食酒肉、瓜果、五穀、草鞋、簑笠、柴草等微賤之物，若不論其多寡俱同鹽法一概斷配，似涉輕重不論，乞照詳。刑部一同議得：私鹽事發到官，取訖招狀，合以赦後爲坐。其三犯者與再犯一體斷罪。蒙古、色目人發付兩廣海南；漢人、南人發付遼陽屯田；色目人煎販私鹽者，依例科斷。婦人有犯單衣受刑，例合免徒。轉行貨賣博易諸物者不以物細價之多寡，依例全科相應前件，依準部擬。【略】

一、諸犯私鹽淹浥魚鰕鮝鮎竹筍貨賣或自家食用及博易諸物者，前件照得每年本司於額辦鹽内提豁七八千引分俵兩浙召募瀕海漁户人家，請買給引支查淹浥海鮮魚蝦鮝鮎竹筍檢據給程發賣。若有私鹽淹浥者捉獲本司，比同私鹽法科斷。正犯人杖七十，財産一半没官，鐐役二年。挑擔受寄爲牙引領之人杖六十，食用者，笞五十七下。終非都省定到通例。今次未審若何？乞照詳。刑部一同議得：私鹽淹浥魚鰕者，合依運司所擬，比同私鹽法科斷，籍配。所據挑擔受寄爲牙引領並食用之人知情者，依上科斷。不知情者依例革撥。前件議得：私鹽浥魚鰕鮝鮎竹筍貨賣或自家食用及博易諸物犯人罪名，合依運司元呈，餘準所擬。

一、諸犯私滷刮取鹹土，前件照得在先有百姓於竈户處買到滷水歸家，以私自煎鹽貨賣被獲，同私鹽法科斷。終非成鹽，本司量情將買賣之人，各杖六十。挑擔撑載受寄爲牙引領之人，減等笞五十。潛地偷取滷水者，止坐偷鹵之人，買食私鹵竊取鹹土淋滷食用者，各笞四十七下，終非都省定到通例。今次未審若何，乞照詳。刑部一同議得：諸人於竈户處買到滷水歸家，欲以私自煎鹽貨賣被捉到官，合準運司所擬。所據潛地偷取滷水之人、買食私鹽竊以鹹土淋滷食用者，照得至元八年刑部準中書省劄付：日照縣人户馬青等偷掃鹹土。舊例掃刮鹹土食用者，與採買穗草、燒灰淋滷，難同私鹽，量笞三十七下相應。前件議得：挑擔撑載受寄爲牙引領犯人罪名，合依運司元呈，餘準部擬。【略】

一、準户部關承奉中書省劄付，本部呈奉省判山東鹽運張大中言，本司歲辦鹽課浩大，供給國用不爲不重，近年以來諸人往往攙擾澁壞沮滯鹽法，不能辦集畧舉合行事理開坐照詳。奉此。本部議得下項事理，乞照詳。得此，都省議得下項事理開坐前去合下仰照驗就便行移，依上施行，奉此。除外數内一項，諸犯私鹽科徒二年，決杖七十，財産一半没官。決訖發下鹽司帶鐐居役，滿日疎放。若人告捕得，獲於没官物内一半充賞。如獲犯界鹽貨減犯私鹽罪一等，仍委自州縣長官、提點禁治私鹽及犯界鹽貨。如禁治不嚴，致有私鹽並犯界，鹽貨生發，初犯笞四十，再犯杖八十，三犯以上開具申省聞奏定罪。欽此！量擬到下項事理於後諸偷犯私鹽不曾貨賣自行食用，依例斷罪，再犯以上比依貨賣私鹽例。諸偷犯私鹽貨賣，初犯依例斷配，再犯全籍家産，杖一百七下，仍於手背刺鹽徒二字，發付淘金鐵冶等處配役三年。三犯以上，比依賊徒出軍例論。諸刮鹹淋滷私煎鹽賣與不賣，初犯斷配，再犯全籍家産，決杖一百七下，仍於手背刺鹽徒二字，發付淘金鐵冶等處配役三年。三犯以上，比依賊徒出軍例論。諸人但犯持杖般偷私鹽拒捕的、傷的、燒燬房舍的比依强盗論罪。前件本部議得：前項所言事干刑名，如今刑部會本部官一同從長通行講究明白，議擬相應多省準擬仰就便施行。關請依上議擬就便施行。前件照得鹽法條畫内一欵：諸犯私鹽者，科徒二年，決杖七十，財産一半没官，決訖發下鹽場鐐役。兩隣知而不首者，決杖六十，買食私鹽者，杖六十，轉行貨賣博易諸物者，同私鹽鹽法。正犯鹽徒，再犯加等斷罪居役。三犯斷訖，發付邊遠屯田。欽此！又照得至元八年刑部準中書省劄付，日照縣人户馬青等偷取鹹土舊例。掃取鹹土食用者與採買穗草、燒灰、淋鹵，難同私鹽，量笞三十七下。奉此議得：諸犯私鹽並刮鹹土之人，合依前例區處，相應前件依準部擬。

《元史》卷一八四《王克敬傳》〔王克敬爲監察御史〕擢江西廉訪副使，轉兩浙鹽運司使，首減紹興民食鹽五千引。温州逮犯私鹽者，以一婦人至，怒曰：豈有逮婦人千百里外，與吏卒雜處者，污教甚矣！自今毋得逮婦人。建議著爲令。

《元史》卷一〇四《刑法志》　諸犯私鹽者，杖七十，徒二年，財産一半没官，於没物内一半付告人充賞。鹽貨犯界者，減私鹽罪一等。提點官禁治不嚴，初犯笞四十，再犯杖八十，本司官與總管府官一同歸斷，三犯聞奏定罪。如監臨官及竈户私賣鹽者，同私鹽法。諸僞造鹽引者斬，家産付告人充賞。失覺察者，鄰佑不首告，杖一百。商賈販鹽，到處不呈引發賣，及鹽引數外夾帶，鹽引不相隨，並同私鹽法。鹽已賣，五日内不赴司縣批納引目，杖六十，徒一年，因而轉用者同賣私鹽法。犯私鹽及犯界斷後，發鹽場充鹽夫，帶鐐居役，役滿放還。諸給散煎鹽竈户工本，官吏通同剋減者，計贓論罪。諸大都南北兩城關厢，設立鹽局，官爲發賣，其餘州縣鄉村並聽鹽商興販。諸賣鹽局官、煎鹽竈户、販鹽客旅行鋪之家，輒插和灰土硝鹻者，笞五十七。諸蒙古人私煮鹽者，依常法。諸犯私鹽，會赦，家産未入官者，革撥。諸私鹽再犯，加等斷徒如初犯，三犯杖斷同再犯，流遠，婦人免徒，其博易諸物，不論巨細，科全罪。諸轉買私鹽食用者，笞五十七，不用斷没之令。諸捕獲私鹽，止理見發之家，勿聽攀指平民。有榷貨，無犯人，以榷貨解官；無榷貨，有犯人，勿問。諸巡捕私鹽，非承告報明白，不得輒入人家搜檢。諸犯私鹽，被獲拒捕者，斷罪流遠，因而傷人者處死。諸巡鹽軍官，輒受財脱放鹽徒者，以枉法計贓論罪，奪所佩符及所受命，罷職不叙。

《元史》卷一〇四《刑法志》　諸出銅之地，民間敢私鍊者禁之。

諸鐵法，無引私販者，比私鹽減一等，杖六十，鐵没官，内一半折價付告人充賞。僞造鐵引者，同僞造省部印信論罪，官給賞鈔二錠付告人。監臨正官禁治私鐵不嚴，致有私鐵生發者，初犯笞三十，再犯加一等，三犯别議黜降。客旅赴冶支鐵引後，不批月日出給，引鐵不相隨，引外夾帶，鐵沒官。鐵已賣，十日內不赴有司批納引目，笞四十；因而轉用，同私鐵法。凡私鐵農器鍋釜刀鎌斧杖及破壞生熟鐵器，不在禁限。江南鐵貨及生熟鐵器，不得於淮、漢以北販賣，違者以私鐵論。

諸衛輝等處販賣私竹者，竹及價錢並沒官，首告實者，於沒官物約量給賞。犯界私賣者，減私竹者一等。若民間住宅內外並闌檻竹不成畝，本主自用外貨賣者，依例抽分。有司禁治不嚴者罪之，仍於解由內開寫。

諸私造唆魯麻酒者，同私酒法，杖七十，徒二年，財產一半沒官，有首告者，於沒官物內一半給賞。諸蒙古、漢軍輒造私酒醋麯者，依常法。諸犯禁飲私酒者，笞三十七。諸犯界酒。十瓶以下，罰中統鈔一十兩。笞二十，七十瓶以上，罰鈔四十兩，笞四十七，酒給元主。酒雖多，罰止五十兩，罪止六十。

諸匿稅者，物貨一半沒官，於沒官物內一半付告人充賞，但犯笞五十，入門不吊引，同匿稅法。諸辦課官，估物收稅而輒抽分本色者，禁之。其監臨官吏輒於稅課務求索什物者，以盜官物論，取與同坐。諸辦課官所掌應稅之物，並三十分中取一，輒冒估直，多收稅錢，別立名色，巧取分例，及不應收稅者，各以其罪罪之，廉訪司常加體察。諸在城及鄉村有市集之處，課稅有常法。其在城稅務官吏，輒於鄉村妄執經過商賈匿稅者，禁之。諸辦課官，侵用增餘稅課者，以不枉法贓論罪。諸職官，印契不納稅錢者，計應納稅錢，以不枉法論。

諸市舶金銀銅錢鐵貨、男女人口、絲綿段匹、銷金綾羅、米糧軍器等，不得私販下海，違者舶商、船主、綱首、事頭、火長各杖一百七，船物沒官，有首告者，以沒官物內一半充賞，廉訪司常加糾察。諸市舶司於回帆物內，三十分抽稅一分，輒以非理受財者，計贓，以枉法論。諸舶商、大船給公驗，小船給公憑，每大船一，帶柴水船、八櫓船各一，驗憑隨船而行。或有驗無憑，及數外夾帶，即同私販，犯人杖一百七，船物並沒官，內一半付告人充賞。公驗內批寫物貨不實，及轉變滲泄作弊，同漏舶法，杖一百七，財物沒官；舶司官吏容隱，斷罪不敍。諸番國遣使奉貢，仍具貢物，報市舶司稱驗，若有夾帶，不與抽分者，以漏舶論。諸海門鎮守軍官，輒與番邦回舶頭目等人。

（清）汪輝祖《元史本證》卷三二《證遺・食貨志三》〔文宗至順三年十月〕食貨諸犯私鹽者。案《紀》至順三年十月，定婦人犯私鹽罪。

黃彰健《明代律例彙編》卷八《户律五・課程・鹽法》 凡犯私鹽者杖一百，徒三年。若有軍器者，加一等。誣指平人者，加三等。拒捕者，斬。鹽貨車船頭匹，並入官。引領牙人，及窩藏寄頓者，杖九十，徒二年半。挑擔馱載者，杖八十，徒二年。非應捕人告獲者，就將所獲私鹽，給付告人充賞。有能自首者免罪，一體給賞。若事發，止理見獲人鹽。當該官司，不許展轉攀指。違者，以故入人罪論。謂如人鹽同獲，止理見發。有確貨，無犯人者，其鹽沒官，不須追究。

凡鹽場竈丁人等，除正額鹽外，夾帶餘鹽出場，及私煎貨賣者，同私鹽法。百夫長知情故縱，及通同貨賣者，與犯人同罪。

凡婦人有犯私鹽，若夫在家，或子知情，罪坐夫男。其雖有夫而遠出，或有子幼弱，罪坐本婦。

凡買食私鹽者，杖一百。因而貨賣者，杖一百，徒三年。

凡守禦官司，及鹽運司、巡檢司，巡獲私鹽，即發有司歸勘。各衙門不許擅問。若有司官吏，通同脫放者，而犯人同罪。受財者，計贓以枉法從重論。

凡守禦官司，及有司、巡檢司，設法差人，於概管地面，並附場緊關去處，常川巡禁私鹽。若有透漏者，關津把截官，及所委巡鹽人員，初犯笞四十。再犯笞五十。三犯杖六十。並附過還職。若知情故縱，及容令軍兵隨同販賣者，與犯人同罪。受財者，計贓以枉法從重論。其巡獲私鹽入己，不解官者，杖一百，徒三年。若裝誣平人者，加三等。

凡軍人有犯私鹽，本管千百户有失鈐束者，百户，初犯笞五十，再犯杖六十，三犯杖七十，減半給俸。千户初犯笞四十，再犯笞五十，三犯杖六十，減半給俸。並附過還職。若知情容縱，及通同販賣者，與犯人同罪。

凡起運官鹽，每引二百斤爲一袋，帶耗五斤。經過批驗所，依數掣摯秤盤。但有夾帶餘鹽者，同私鹽法。若客鹽越過批驗所，不經掣摯關防者，杖九十，押回盤驗。

凡客商販賣官鹽，不許鹽引相離，違者同私鹽法。其賣鹽了畢，十日之內，不繳退引者，笞四十。若將舊引影射鹽貨者，同私鹽法。

凡起運官鹽，並竈户運鹽上倉，將帶軍器，及不用官船起運者，同私鹽法。

凡客商將官鹽插和沙土貨賣者，杖八十。

凡將有引官鹽，不於拘該行鹽地面發賣，轉於別境犯界貨賣者，杖一百。知而買食者，杖六十。不知者不坐。其鹽入官。

弘治問刑條例

一、越境興販官私引鹽至二千斤以上者，問發附近衛所充軍。原係腹裏衛所者，發邊衛充軍。其客商收買餘鹽，買求掣掣，至二千斤以上者，亦照前例發遣。經過官司縱放，及地方甲鄰里老知而不舉，各治以罪。巡捕官員乘機興販，至二千斤以上，亦照前例問發。

一、貧難軍民，將私鹽肩挑背負，易米度日者，不必禁捕。其豪强鹽徒，聚衆撐駕大船，張掛旗號，擅用兵仗響器者，巡捕巡鹽官兵尋訪擒捕。若拒敵殺傷人命者，俱梟首示衆。

一、各處鹽場無籍之徒，號稱長布衫、趕船虎、光棍、好漢等項名色，把持官府，詐害客商，犯該徒罪以上，及再犯杖罪以下者，俱發邊衛充軍。

一、各鹽運司總催名下，該鹽課納完者，方許照名填給通關。若總催買囑官吏，并覆盤委官，指倉指囤，扶同作弊者，俱問發邊衛充軍。

續例附考

一、南直隸竈丁犯罪，撫按衙門發覺者，除人命强盗重情，照例提問。其餘一應輕罪，俱行巡鹽御史問理。不許動輒勾擾，致誤煎辦。

胡瓊集解附例

一、兩淮長蘆浙江運司中鹽商人，必須納過銀兩紙價，方給引目守支。若先年不曾到彼上納銀兩，故捏守支年久等項，虛詞奏擾，圖侵鹽利，阻壞鹽法者，問擬奏事不以實罪名，仍照各處鹽場光棍，把持官府，詐害客商事例發遣。【略】

嘉靖新例

一、嘉靖陸年貳月刑部題準：鹽徒犯該拒捕者，爲首之人斬罪。豪强聚衆，駕使大船，張掛旗號，擅用兵仗響器，拒捕殺傷人命者，仍不分首從，俱梟首。其止是伍陸人或拾人，合夥興販，原無兵仗響器，遇有追捕，奔命拒敵，因而傷人至貳命者，追究爲首及下手之人，比竊盗拒捕傷人律皆斬。其不曾下手傷人者，仍爲拒捕從論罪。貳千斤以上充軍。或聚衆興犯，持有兇器拒捕傷人至叁命者，比强盗，不分首從律斬，奏請定奪。

一、嘉靖貳拾年□月刑部題準：開中引鹽，備行各邊巡撫都御史，並本部管糧郎中，務要招報殷實真正商人，派撥緊要城堡倉場，上納本色糧料草束，不許徇私，收納折色，以圖侵欺花費。如有似前，違例縱容，聽權豪勢要人員占窩賣窩等項情弊，聽各該撫按，指實參奏提問。

嘉靖問刑條例

一、凡豪强鹽徒，聚衆至十人以上，撐駕大船，張掛旗號，擅用兵仗響器，拒敵官兵，若殺人及傷人，至三命者，比照强盗已行得財律，皆斬。爲首者，仍梟首示衆。其雖拒敵，不曾殺傷人，爲首者，依律處斬。爲從者，俱發邊衛充軍。若止十人以下，原無兵仗響器，遇有追捕，奔命拒敵，因而傷人至二命者，爲首及下手之人，比照官司捕獲罪人，聚衆中途打奪，追究爲首及下手之人，各坐以斬絞罪名。其不曾下手傷人者，仍爲從論罪。貧難軍民，將私鹽肩挑背負，易米度日者，不必禁捕。

萬曆問刑條例

一、凡豪强鹽徒，聚衆至十人以上，撐駕大船，張掛旗號，擅用兵仗響器，拒敵官兵，若殺人及傷三人以上者，比照强盗已行得財律，皆斬。爲首者仍梟首示衆。其雖拒敵，不曾殺傷人，爲首者依律處斬。爲從者，俱發邊衛充軍。若止十人以下，原無兵仗，遇有追捕拒敵，因而傷至二人以上者，爲首依律處斬。下手之人，比照聚衆中途，打奪罪人，因而傷人律，絞。其不曾下手者，仍爲從論罪。若貧難軍民，將私鹽肩挑背負、易米度日者，不必禁捕。

一、越境興販官司引鹽，至三千斤以上者，問發附近衛所充軍。原係腹裏衛所者，發邊衛充軍。其客商收買餘鹽，買求掣掣，至三千斤以上者，亦照前例發遣。經過官司縱放，及地方甲鄰里老，知而不舉，各治以罪。巡捕官員，乘機興販，至三千斤以上，亦照前例問發。

一、凡兩淮等處運司，中鹽商人，必順納過銀兩紙價，方給引目守支。若先年不曾上納，故捏守支年久等項，虛詞奏擾者，依律問罪。仍照各處鹽場無藉之徒，把持詐害事例發遣。

一、萬曆十五年十二月二十日題奉欽依：以後問擬鹽犯，止以見護人鹽爲生，不許勒攀指多人，招後照捕，致滋緝擾。其有商竈軍民越境興販者，必浙鹽越至淮鹽地方，廣鹽越至福鹽地方，且數滿三千斤以上者，方許引例發遣。如尚在本引鹽地方，雖越府省，止依律科斷，毋得一概行遣。

黄彰健《明代律例彙編》卷八《户律五・課程・阻壞鹽法》 凡客商中買鹽引勘合，不親赴場支鹽，中途增值轉賣，阻壞鹽法者，買主賣主，各杖八十。牙保減一等。鹽貨價錢並入官。其鋪户轉買拆賣者，不用此律。

黄彰健《明代律例彙編》卷八《户律五・課程・私礬》 凡私煎礬貨賣者，同私鹽法論罪。

《刑部現行則例》卷中《課程》 一、凡興販私鹽民、兵俱照律治罪。地方官失於覺察被人首告一次者該御史指名題參降職一級，二次者降職二級，俱戴罪限一年緝獲私鹽一次者還職一級，二次者還職二級。被人首告三次者，革職爲民。至營兵販賣私鹽，由管營官失於鈐束，如被地方拿獲一次者指名題參降職一級，二次者降職二級，俱戴罪限一年將私販兵丁拿獲，一次者還職一級，二次者還職二級。如被地方拿獲三次者革職爲民。凡旗下人並放爲人等私鹽事犯本主係官罰俸兩個月，不係官鞭七十，佐領、驍騎校包衣大各罰俸一個月，小撥什庫、催莊撥什庫各鞭五十，放馬人等興販私鹽者，總管去的旗下章京、每甲喇去的章京等俱罰俸兩個月，撥什庫等各鞭八十。不及十人，一二人私販，或十人以上不帶軍器，仍照律治罪。官員照前定例議處。興販私鹽旗下人之主佐領、驍騎校、小撥什庫等及放馬人等，所管章京、撥什庫等仍照前定例議處外，凡旗人兵民，聚衆十人以上帶有軍器興販私鹽者，無論拒捕傷人，俱照强盗已行得財律立斬。至於興販私鹽一體交與文武各官嚴行緝拿。其不及十人及十人以上不帶軍器者，汎地武官失於覺察，亦應照前定文官處分之例處分。若十人以上帶有軍器興販私鹽失於覺察者，將失事地方專管文武官員革職，兼轄官降二級，俱留任，限一年輯拿緝獲一半以上者，還其官級，若不獲者，題參之日照此定例革職降級。仍應請勅下各該督撫、巡鹽御史、提督總兵官嚴加督緝。如有失察官員，即行題參。倘徇庇不參，或被傍人出首，或科道官糾參，照徇庇例議處。專管官一年内拿獲十人以上帶有軍器大夥私販一次者紀録一次，二次者紀録二次，三次者加一級，四次者加二級，五次者不論俸滿即陞兼轄官。一年内拿獲三次者紀録一次，六次者紀録二次，九次者加一級。如拿獲次數多者，俱照此次數紀録加級。

《清世宗實録》雍正四年夏四月〔甲子〕户部又議覆：漕運總督張大有等疏言：一、長蘆兩準産鹽之處，奸民串通竈丁，私賣私販。伺回空糧船經過，搬運上船。地方官稽查不及，請嚴行禁止。違者官弁、運丁、販賣人等俱照私鹽例治罪。一、糧船回空時，請於瓜州江口，派委瓜州營協同廳員搜查，以杜夾帶私鹽之弊。一、運司等官拏獲夾帶私鹽，請照專管兼轄等官例議叙。一、隨幫官專管回空，有能拏獲，首明私鹽三次，及該幫船三次回空，並無私鹽事故者，該管上司咨部，以千總推用。一、運糧船每船量帶食鹽四十觔，多帶者照私鹽例治罪。一、糧船準帶土宜六十石，如有夾帶，站包攬商船木筏者，查出照漏税例治罪，貨物入官。一糧船之中，不許帶火礮、鳥鎗，違得照私藏鳥鎗例治罪。該管官照失察銃礮鳥鎗例議處，俱應如所請。從之。

《清世宗實録》雍正七年五月 甲子，諭户部：朕聞各省糧船過淮抵通之時，該管衙門官吏胥役人等，額外需索陋規，以致繁費甚多，運丁重受其累。特命御史前往稽查，禁革苛索等弊。又查向來之例：每船北上許帶土宜六十石，朕思旗丁運駕辛苦，若就糧艘之便，順帶貨物，至京貿易，以獲利益，亦情理可行之事。著於舊例六十石之外，加增四十石，準每船攜帶土宜一百石，永著爲例。惟是運丁人等繁多，素有惡習，如偷盗米石，掛欠官糧，夾帶私貨，藐視法紀，向來之通弊也。又如昔年浙江湖廣二省糧船因私岔小怨，遂致操刄持戈，殺傷多命。又從前偶值回空守凍，遂致縱容水手，公然搶奪，擾害居民。此皆衆所共知者，是以數年以來，内外臣工條奏旗丁不法者，不下數百紙。前又有奏稱販賣私鹽之弊，在糧船爲尤甚。有一種積梟巨棍，名爲風客，慣與糧船串通，搭載貨物，運至淮揚，託與本地奸徒，令其賣貨買鹽，預屯水次。待至回空之時，一路裝載，其所售之價，彼此朋分。糧船貪風客之餘利，風客恃糧船爲護符，於是累萬盈千。直達江廣私販日多，而官引日滯等語觀此，則旗丁之作奸犯科，誠難以悉數也。朕年來屢飭該管官，嚴行禁約，又復念其勞苦，疊沛恩膏。近見伊等之惡習刁風，亦漸悛改，是以特頒諭旨，嚴禁過淮抵通苛索之陋規。復令增添攜帶土宜，俾得多沾餘潤以贍家口，伊等益當感戴朕恩，遵守法度，共爲良善，以免罪愆。著總督倉場侍郎、漕運總督將朕此旨通行刊布。每船各給一張，使運丁人等觸目警心，以副朕體恤訓誨之至意。

《大清律例》卷一三《户律·課程·鹽法》 律

凡犯無引私鹽凡有確貨即是，不必贓之多少。者，杖一百，徒三年。若帶有軍器者，加一等。流二千里。鹽徒誣指平人者，加三等。流三千里。拒捕者，斬監候。鹽貨車船頭匹並入官。道涂引領秤手牙人及窩藏鹽犯寄頓鹽貨者，杖九十，徒二年半。受僱挑擔馱載者，免罪，一體給賞。若一人自犯而自首，止免罪不賞，仍追原贓。若私鹽事發，止理見獲人鹽。如獲鹽不獲人者，不追；獲人不獲鹽者，不坐。當該官司不許聽其展轉攀指，違者，官吏以故入人罪論。謂如人鹽同獲，止理見發，有確貨無犯人者，其鹽沒官，不須追究。

凡鹽場竈丁人等，除歲辦正額鹽外，夾帶餘鹽出場，及私煎鹽貨賣者，同私鹽法。該管總催知情故縱，及通同貨賣者，與犯人同罪。

凡婦女有犯私鹽，若夫在家，或子知情，罪坐夫男。其雖有夫而遠出，或有子幼弱，罪坐本婦決杖一百，餘罪收贖。

凡買食私鹽者，杖一百；因而貨賣者，杖一百，徒三年。

凡管理鹽務及有巡緝私鹽之責文武各衙門巡獲私鹽，即發有司歸勘，原獲各衙門不許擅問。若有司官吏通同原獲各衙門脱放者，與犯同罪；受財者，計贓，以枉法從其罪之重論。

凡管理鹽務及有巡緝私鹽之責文武各衙門，設法差人於該管地面，並附場緊關去處，常川巡禁私鹽，若有透漏者，關津把截官及所委巡鹽人員，初犯，笞四十；再犯，笞五十；三犯，杖六十；公罪。並留職役；若知情故縱及容令軍兵隨同販賣者，與犯人同罪；私罪。受財者，計贓，以枉法從重論，其巡獲私鹽入己不解官者，杖一百，徒三年。若裝誣平人者，加三等。杖一百，流三千里。

凡起運官鹽每引照額定斤數爲一袋，並帶額定耗鹽，經過批驗所，依引目數掣挈秤盤；隨手取袋，挈其輕量。但有夾帶餘鹽者，同私鹽法。若官鹽越過批驗所，不經掣挈及引上不使關防者，杖九十，押回，逐一盤驗。盡盤鹽而驗之，有餘鹽以夾帶論罪。

凡客商販賣有引官鹽，當照引發鹽，不許鹽與引相離，違者，同私鹽法。其賣鹽了畢十日之内不繳退引者，笞四十。若將舊引不繳影射鹽貨者，同私鹽法。

凡起運官鹽，並竈戸運鹽上倉，將帶軍器，及不用官船起運者，同私鹽法。

凡客商將驗過有引官鹽，攙和沙土貨賣者，杖八十。

凡將有引官鹽，不於拘定應該行鹽地面發賣，轉於别境犯界貨賣者，杖一百。知而買食者，杖六十；不知者，不坐。其鹽入官。

條例

一、越境如淮鹽越過浙鹽地方之類興販官司引鹽至三千斤以上者，問發附近地方充軍。其客商收買餘鹽，買求掣挈，至三千斤以上者，亦照前例發遣。經過官司縱放，及地方甲、隣、里老知而不舉，各治以罪。巡捕官員乘機興販至三千斤以上，亦照前例問發。須至三千斤，不及三千斤，在本行鹽地方，雖越府、省，仍依本律。

一、凡僞造鹽引、印信，賄囑運司吏書人等，將已故並遠年商人名籍中鹽來歷填寫在引，轉賣誆騙財物，爲首者，依律處斬外，其爲從並經紀、牙行、店戸、運司、吏書一應知情人等，但計贓，滿數應流者，不拘曾否支鹽出場，俱發近邊充軍。

一、各鹽運司總催名下該管鹽課納完者，方許照名填給通關。若不曾納課總催買囑官吏，并覆盤委官假指課已上倉、指上囤，扶同作弊者，俱問發邊衛充軍。

一、各處鹽場無籍之徒，號稱長布衫、趕船虎、光棍、好漢等項名色，把持官府，詐害客商，犯該徒罪以上，及再犯杖罪以下者，俱發近邊充軍。

一、凡豪强鹽徒聚衆至十人以上，撑駕大船張掛旗號，擅用兵仗響器，拒敵官兵，若殺人，及傷三人以上者，比照强盗已行得財律，皆斬。爲首者，仍梟首示衆。傷二人者，爲首，斬決；爲從，絞監候。傷一人者，爲首斬監候；爲從，發邊衛充軍。其雖拒敵不曾殺傷人，爲首，絞監候，爲從，僉妻流三千里。若貧難軍民，將私鹽肩挑背負，易米度日者不必禁捕。

一、凡兵民聚衆十人以上，帶有軍器，興販私鹽，拒捕殺人，及傷三人以上，爲首併殺人之犯，斬決；傷人之犯，斬監候；未曾下手殺傷人者，發近邊充軍。傷二人者，爲首，斬；下手者，絞，俱監候。傷一人者，爲首，絞監候；下手者，發邊衛充軍；爲從，滿流。其雖帶有軍器，不曾拒捕者，爲首，發邊衛充軍；爲從，流二千里。若十人以下拒捕、殺人，不論有無軍器，爲首者，斬；下手者，絞；俱監候。不曾下手者發近邊充軍。傷至二人以上者，爲首者，斬監候；下手之人，絞監候。止傷一人者，爲首，絞監候；下手之人，絞監候。止傷一人者，爲首，絞監候；下手之犯，杖一百、流三千里。其不曾下手者，仍照私鹽本律治罪。其不帶軍器、不曾拒捕，不分十人上、下，仍照私鹽律，杖一百、徒三年。若十人以下，雖有軍器，不曾拒捕者，爲首，亦照私鹽帶有軍器加一等律，杖一百、流二千里；爲從，杖一百、徒三年。其失察文武各官交部議處。有拿獲大夥私販者，交部議叙。

一、凡竈丁販賣私鹽，大使失察者，革職。知情者，枷號一個月發落。不準折贖。該管上司官俱交該部議處。

一、凡回空糧船，如有夾帶私鹽闖閘、闖關，不服盤查，聚至十人以上，持械拒捕，殺人及傷三人以上者，爲首，併殺人之人，擬斬立決；傷人之犯，斬監候；未曾下手殺傷人者，發近邊充軍。其雖拒捕，不曾殺傷人，爲首，絞監候；爲從，流三千里。十人以下拒捕殺傷人者，俱照兵民聚衆十人以下例，分別治罪。頭船旗丁、頭舵人等，雖無夾帶私鹽，但闖閘、闖關者，枷號兩個月，發邊衛充軍。隨同之旗丁、頭舵，照爲從例，枷號一個月，杖一百、徒三年。不知情不坐。賣私之人及竈丁將鹽私賣與糧船者，各杖一百、流二千里。窩藏、寄頓者，杖一百、徒三年。其雖不闖閘、闖關，但夾帶私鹽，亦照販私加一等，流二千里。兵役受賄縱放者，計贜以枉法從重論。未受賄者，杖一百，革退。販私地方之專管官兼轄官，及押運官，並交部議處，隨幇革退。其雖無夾帶私鹽，倚恃糧船，闖閘、闖關者，押運等官革職，隨幇責三十板，革退。不服盤查，持械傷人者，押運等官革職，隨幇責四十板，革退。倘闖閘各官勒索、留難，運官呈明督撫，叅處。

一、拿獲販私販，務須逐加究訊，買自何地，買自何人，嚴緝窩頓之家。將該犯及窩頓之人一代照販私鹽例治罪。若私鹽買自場竈，即將該管場使，並沿途失察各官，題叅議處。其不行首報之竈丁，均照販私例治罪。

一、凡大夥興販、聚衆拒捕，及執持器械，殺傷巡役人等脱逃之梟徒，照强盜例勒緝。地方文武各官疎縱，及上司容隱不叅，交部議處。

一、拿獲私鹽，限四個月完結。其案内私鹽，交與本處鹽商，較時價減十分之一二立即變價。所獲騾馬牛驢，如延挨不變以致倒斃，着落該州、縣官照中等價値賠補。車船等物亦照依時價據實變價，報部查覈。倘有侵漁揑報情弊，並逾限不行完結，及不即變價報解者，將該州、縣分別議處治罪。

一、鹽船在大江失風、失水者，查明，準其裝鹽復運。倘有假揑情弊，以販私律治罪。

一、除行鹽地方大夥私販嚴加緝究外，其貧難小民，年六十歲以上，十五歲以下，及年雖少壯身有殘疾，並婦女年老孤獨無依者，於本州、縣報明驗實註册，每日赴塲買鹽四十斤挑賣，只許陸路，不許船裝、並越境至別處地方、及一日數次出入，如有違犯，仍分別治罪。

一、巡鹽兵捕自行夾帶私販，及通同他人運販者，照私鹽加一等治罪。

《大清律例》卷一三《户律・課程・阻壞鹽法》 凡客商赴官中買鹽引勘合，不親赴場支鹽，中途增價轉賣，以致轉賣日多，中買日少，且詭冒易滋，因而阻壞鹽法者，買主、賣主，各杖八十，牙保減一等；買主轉支之鹽貨、賣主轉賣之價錢並入官。其各行鹽地方鋪户，轉買本主之鹽而拆賣者，不用此律。

《大清律例》卷一三《户律・課程・私礬》 凡私煎礬貨賣者，同私鹽法論罪。凡產礬之所，額設礬課，係官主典，給有文憑執照，然後許賣。

《大清律續纂條例》卷二《户律・鹽法》 一、凡收買肩販官鹽越境貨賣，審明實非私梟者，除無拒捕情形仍照律例問擬外，其拒捕者，照罪人拒捕律加罪二等；如興販本罪應問充軍者，仍從重論；倘拒捕毆人至折傷以上者，絞；殺人者，斬，俱監候。爲從各減一等。

《大清律續纂條例》卷三《户律·鹽法》 一、鹽商雇募巡役，如遇私梟大販，即飛報營汛協同擒拿，其雇募巡役不許私帶鳥鎗，違者，照私藏軍器律治罪，失察之地方官，交部照例議處。

《兵部處分則例》卷一三《海禁·鐵鍋不準貨賣出洋》 一、洋船出口除每日煮食之鍋外，不許貨賣鐵鍋出洋，違者照捆載廢鐵出洋例治罪。官弁明知故縱者，革職。私罪。賄縱者，革職提問。私罪。失察者，降一級調用。公罪。如能當時拿獲者，免議。

（清）席裕福《清朝政典類纂》卷三八四《刑十六·户律課程·阻壞鹽法》 凡客商赴官中買鹽引勘合不親赴場，支鹽中途增價轉賣，以致轉賣日多，中買日少，且詭冒易滋因而阻壞鹽法者，買主賣主各杖八十，牙保減一等。買主轉支之鹽貨賣主轉賣之價錢並入官。其各行鹽地方鋪户轉買本主之鹽而折賣者，不用此律。歷年事例。康熙二十八年議準鹽店小票商店鹽丁概行禁止，若仍擅用照違禁律治罪。

紀事

《舊五代史》卷一四六《食貨志》 周廣順元年九月，詔改鹽法，凡犯五斤已上者處死，煎鹹鹽犯一斤已上者處死。先是漢法不計斤兩多少，並處極刑，至是始革之。

（宋）李燾《續資治通鑑長編》宋太祖乾德元年四月 丙申，兵部郎中、監秦州税曹匪躬棄市，海陵、鹽城兩監屯田副使張藹除籍爲民，并坐令人齎輕貨往江南、兩浙販易，爲人所發故也。

《宋史》卷四《太宗本紀》〔太平興國二年十一月〕癸酉，詔定晋州礬法，私煮及私販易者罪有差。

《宋史》卷二六八《王顯傳》〔太平興國〕時制，沿邊糧斛不許過河西，河西青鹽不得過界販鬻，犯者不以多少，處斬。〔王〕顯請犯多者依法，自餘别爲科斷，以差其罪。

（宋）李燾《續資治通鑑長編》宋仁宗慶曆四年八月 司勳郎中張可久責授保信節度副使。坐前爲淮南轉運使，販私鹽萬餘斤在部中也。監察御史包拯乞不以見獲斤兩定罪，特於法外重行遠地編置，以警贓吏，故有是命。

《宋史》卷二七七《鄭文寶傳》 先是，諸羌部落樹藝殊少，但用池鹽與邊民交易穀麥，會饋輓趨靈州，爲繼遷所鈔。文寶建議以爲銀、夏之北，千里不毛，但以販青白鹽爲命爾。請禁之，許商人販安邑、解縣兩池鹽於陝西以濟民食。官獲其利，而戎益困，繼遷可不戰而屈。乃詔自陝以西有敢私市者，皆抵死，募告者差定其罪。行之數月，犯者益衆。戎人乏食，相率寇邊，屠小康堡。内屬萬餘帳亦叛。商人販兩池鹽少利，多取他徑出唐、鄧、襄、汝間邀善價，吏不能禁。關、隴民無鹽以食，境上騷擾。上知其事，遣知制誥錢若水馳傳視之，悉除其禁，召諸族撫諭之，乃定。

（宋）李心傳《建炎以來繫年要録》紹興三年正月 詔私販茶鹽，再遇大禮赦亦不合原免。先是浙西提舉官夏之文言，茶鹽係一司專法，慮不應引用海行條。大理卿張宗臣、權刑部侍郎章誼皆言委得允當，於是行下。

（明）張四維《名公書判清明集》卷一二《懲惡門·豪横·檢法書擬》 王元吉，亦奸民之尤也，頂冒功賞，假稱制屬，結托豪民楊子高爲聲勢，蔑視國法，毒害平民，蓋不一端而足。今姑以大者言之，旁緣制司名色，增長私販鹽價，銷縛抑勒鋪户，取償者，則又執私約以欺騙，計贓一千貫有餘，被害者不知其幾人矣。在法：質借，投托之類爲名，其詐稱官遣人追捕以取財者，以强盗論。即此一項所犯，已該絞刑。又況遣子商販，往來江右，動以官錢易砂毛私鑄，搬入攝夾雜行用，以求厚利，遂使私錢流入湖湘販者衆。在法：剪鑿錢取銅，及賣買興販之者，十斤配五百里。元吉父子所犯，據供已五百貫，以斤計之，抑又不知其幾千百矣。甚至以趣辦工匠課程，取媚芮路分，致投之水者二人，以鹽船漂泊，趨打稍工赴水者一人，估據良人女爲小妻，逼迫其父自縊者一人。在法：以恐懼逼迫人致死者，以故鬥殺論。若元吉之犯絞刑，蓋亦屢矣。惡貫已盈，豈容幸免，欲將王元吉決脊杖二十，配廣南遠惡州軍。所是日前賣鹽廢約，並不行用。仍帖縣，給屋業還趙十一管業，詞人放。

（明）談遷《國榷》太祖洪武六年正月〔辛酉〕江西商人坐阻鹽法論死。上曰：彼直貪耳，無他心，俱輸作臨濠。

（明）余繼登《典故紀聞》卷一五　成化十九年三月，內官王鈿奏令家人中河東鹽二萬餘引，户部請治其罪，憲廟曰：祖宗之制，內官不許私置産業，矧敢違例中鹽，與民爭利？且其服食之需，皆自內給。今鈿營利，於外將焉用之？户部其查，例揭榜禁約，後有犯者，必罪不宥。

《明神宗實録》萬曆四十六年九月〔庚寅〕直隸巡按龍遇奇參劾河南商水知縣王揆疇，賄護私鹽，以壅官課，乞從降處，從之。

（清）祝慶祺《刑案匯覽》卷一二《兵律關津·私出外境及違禁下海》

山海關副都統咨稱遵奉部示，酌議各商買運鐵觔出口、觔數章程，報部核辦等因。查此案前據該都統以拿獲司泳順等私帶鐵條八百餘觔出口交遷安縣。審明司泳順等係由建昌營鐵鋪價買，運往口外轆軸溝大杖子地方，備打農具，並非興販，且係該縣境內，亦非出縣，請免禁止。嗣後凡遇鋼鐵出口，或應照該縣所請，毋庸禁止，抑或仍照舊例嚴禁緝拿。攜帶鐵鍋、農具，日用之物，準令出口。令各該監督於到口時詳細查明，按例徵税，將名色件數填注票內，令該商持票赴口驗放。至廢鐵、鐵料有關打造軍器，仍令嚴禁等語。令據副都統等會議章程內稱，商人買運鋼鐵出口，在於境內打造農具，請以百觔爲度，令商人呈明地方官給照赴口驗放。如查有夾帶不成器皿之鐵，照觔數多寡分別治罪，係於防弊之中，仍不妨便農之事，亦應如所咨辦理。應行交近邊省分，一體遵照，並令直隸總督飭將司泳順等一案審擬，報部核辦。道光四年直隸司通行已纂例。

謹按，查該督統咨稱，僅以五十觔出口者，量予薄懲，百觔以外，照例治罪，並未指定罪名。辦理難免參差，自應分晰指明。惟查沿海地方商民圖利，將鐵觔私販，遞運海洋，交賣商、漁船隻至一百觔以上，發近邊充軍，係指業經賣與商、漁船隻而言。其但係私行夾帶亦未賣與商、漁船隻，自應量予減等酌議五十觔以上者，照不應重律，杖八十。一百觔以上者，於遞運海洋賣與商漁船隻例，減一等擬徒。再原咨內稱，錦、復、熊、蓋、金五城係何州縣，未據指明。查據山海關覆稱，錦，係錦州；復，係復州；蓋，係蓋平縣；金係金州，即寧海縣；熊，係熊岳，在蓋平縣界內，皆接近海洋，應纂入例內。

違犯茶法分部

綜述

（宋）李燾《續資治通鑑長編》宋太宗太平興國四年十二月　開寶中，禁民賣假茶，一斤杖一百，二十斤以上棄市。己未，詔自今準律以行，濫，論罪。

《宋史》卷八《真宗本紀》〔大中祥符五年夏四月戊申〕有司請違法販茶者許同居首告，帝謂以利敗俗非國體，不許。

《金史》卷四九《食貨志》　自宋人歲供之外，皆貿易於宋界之榷場。世宗大定十六年，以多私販，乃更定香茶罪賞格。章宗承安三年八月，以謂費國用而資敵，遂命設官製之。【略】五月，以山東人戶造賣私茶，侵侔榷貨，遂定比煎私礬例，罪徒二年。

泰和四年，上謂宰臣曰：朕嘗新茶，味雖不嘉，亦豈不可食也。比令近侍察之，乃知山東、河北四路悉椿配於人，既曰強民，宜抵以罪。此舉未知運司與縣官孰為之，所屬按察司亦當坐罪也。其閱實以聞。自今其令每袋價減三百文，至來年四月不售，雖腐敗無傷也。

五年春，罷造茶之坊。【略】

宣宗元光二年三月，省臣以國蹙財竭，奏曰：金幣錢穀，世不可一日闕者也。茶本出於宋地，非飲食之急，而自昔商賈以金帛易之，是徒耗也。泰和間，嘗禁止之，後以宋人求和，乃罷。兵興以來，復舉行之，然犯者不少衰，而邊民又窺利，越境私易，恐因泄軍情，或盜賊入境。今河南、陝西凡五十餘郡，郡日食茶率二十袋，袋直銀二兩。是一歲之中妄費民銀三十餘萬也。奈何以吾有用之貨而資敵乎。乃制親王、公主及見任五品以上官，素蓄者存之，禁不得賣、饋，餘人並禁之。犯者徒五年，告者賞寶泉一萬貫。

《元史》卷九四《食貨志》　世祖至元五年，用運使白賡言，榷成都茶，於京兆、鞏昌置局發賣，私自採賣者，其罪與私鹽法同。六年，始立西蜀四川監榷茶場使司掌之。

（清）嵇璜等《續通典》卷一五《食貨・榷茶》　元之茶課，大率因宋之舊而爲之制。世祖至元五年，用運使白賡言：榷成都茶於京兆，鞏昌置局發賣私自採賣者，其罪與私鹽法同。

《元典章》卷二二《户部・課程・茶課・私茶同私鹽法科斷》　中書省於至元二十二年二月十九日柳林裏奏過事内一件，據東平濟南路鹽局規運官于敏陳言，目即貨貨澁滯客人將廢引循環行使中間影，蓋私茶侵覷官課，俺商量得古今鹽茶後國家榷貨，俱合與引相隨。鹽無引者，便作私鹽斷沒。據無引茶貨，若便依鹽法究治，恐傷百姓。如不關防，又慮作弊，夾帶私茶，侵覷官課，擬咨各處行省禁約。江南應有茶貨，權且止於江南發賣，令襄陽、真州、廬州、淮安州、陽邏渡沿江官司關防，毋令客人舡來迤北候腹裏路分無引茶貨立限賣絶。省明文到彼，方許放行。令户部將客旅行鋪店局人等應有見在茶貨，限一百日賣絶。限外有賣不盡之數，官司依市價收買。如有隱匿，同私鹽法科斷。奏呵，奉聖旨那般者，欽此！

《元典章》卷二二《户部・課程・茶課・私茶罪例》　至元二十四年五月建甯等處榷茶提舉司會驗先承奉中書省降到條内一欵，但犯私茶者，杖七十，所犯私茶一半沒官，一半付告人充賞。應捕人亦同如茶園磨户。犯者及運茶車舡主知情夾帶裝載無引私茶一體科斷。本處官司禁治不嚴，致有私茶生發去處，仰將本處當該官吏勾斷。年實辦課數須要不失元額，令産茶地面有茶樹之家，驗多寡物力貧富均辦有司隨地租門攤，一年兩次催斂起解。既已抱納，聽民自便，不得因而將無文引茶貨偷販出境。貨賣告發到官，便同私茶斷沒。若遇客旅賫，據詣造茶，依例辦課，或外方客人賫有引茶貨入境，聽從貨賣仍出榜曉諭，依上恢辦施行。

（清）嵇璜等《續文獻通考》卷二二《征榷考・榷茶》　〔至元〕二十四年五月重定私茶罪。

先是，命私茶同私鹽法科斷，至是定但私茶者杖七十，茶一半沒官，一半付告人充賞。應捕人亦同茶園磨户，犯者及運茶車船主知情夾帶亦與同罪。有司禁治不嚴，致私茶生發罪及官吏茶過批驗去處不批驗者，杖七十，其僞造茶引者斬，家産付告人充賞。諸私茶非私自入山採者，不從斷沒法。

《元典章》卷二二《户部・課程・茶課・僧道私茶事》　大德元年二月，江西行省爲榷茶司運捉獲僧人張了興發賣私茶公事，移準中書省咨，送户部照議得：隨路鹽茶即係立法榷貨，難同其餘買商税。參詳僧道販賣合依行省所擬一體禁治。若有違犯一體追斷。相應咨請照驗施行。

《元典章》卷二二《户部・課程・茶課・優卹茶户》　大德元年四月江西行省檢會欽奉聖旨，節該：中書省官人每奏江西運司所辦的茶課浩大，有他每勾當其間裏不揀是誰休入去者，麼道那般。聖旨有來，如今辦課時分，依著在先。聖旨體例裏不揀誰體入去者。這般宣諭了呵，他每勾當其間裏入去沮壞的人每要罪過者，又欽奉聖旨條畫内一欵，節該：造茶人户常加優卹，不致生受。又一欵節該，應客旅裝買茶貨車舡官司並不得拖拽。若必合顧直抵發賣地面下卸訖，方許和顧，如違陳告得實，決杖六十。因而故縱取受者，同罪。如有邀當客旅拘買取利者，杖六十，茶付本主買價沒官。欽此。

《元典章》卷二二《户部・課程・茶課・私茶》　大德七年八月初六日，江西行省準中書省咨，該來咨榷茶運司申諸人販賣私茶事發到官，除正犯人欽依決杖外，茶園人户依驗客賫公據由引，別無詐冒，方許成交。如有事發駁得茶貨與公據輕重不同，茶園人户合無科罪。其各處提調正官禁治不嚴，可否照依鹽司定到罪名科決。惟復別行定奪，準此送户部與刑部一同議得：管辦茶課人員止是發賣，引據事簡務輕，課額非重，即與鹽運司事體不同。所據官吏但肯廉勤奉職，私茶之徒減少亦無擾民被問之弊。今後茶園磨户但有買茶客旅須要驗所賫引據，依數發賣。如有不驗由引夾帶多買買賣之人即同私茶科斷。若告捕得獲，依例給賞。提舉司禁治不嚴，正官取招議罪。首領官吏的決標注過名任滿解由内開寫。如蒙移咨本省行下合屬遍行出榜曉諭。相應都省咨請依上施行。

（清）嵇璜等《續文獻通考》卷二二《征榷考・榷茶》　〔元大德〕七年八月，申定販賣私茶罪。

凡茶園磨户但有買茶客旅，須驗所齎引據，依數發賣，如不驗由引夾帶多賣買賣之人，同私茶罪。若告捕得實，依例給賞。提調正官及首領官吏等，比鹽官加等治罪。

《元史》卷一〇四《刑法志》　諸茶法，客旅納課買茶，隨處驗引發賣畢，三日内不赴所在官司批納引目者，杖六十；因而轉用，或改抹字號，或增添夾帶斤重，及引不隨茶者，並同私茶法。但犯私茶，杖七十，茶一半没官，一半付告人充賞，應捕人同。若茶園磨户犯者，及運茶船主知情夾帶，同罪。有司禁治不嚴，致有私茶生發，罪及官吏。茶過批驗去處，不批驗者，杖七十。其僞造茶引者斬，家産付告人充賞。諸私茶，非私自入山採者，不從斷没法。

黄彰健《明代律例彙編》卷八《户律五・課程・私茶》　凡犯私茶者，同私鹽法論罪。如將已批驗截角退引，入山影射照茶者，以私茶論。

【略】

弘治問刑條例

一、成化十八年閏八月二十九日，節該欽奉憲宗皇帝聖旨：私茶有興販夾帶五百斤的，照見行私鹽例，押發充軍。欽此。

嘉靖問刑條例

一、凡興販私茶，潛住邊境，與番夷交易，及在腹裏販賣與進貢回還夷人者，不拘斤數，連知情歇家牙保，俱發烟瘴地面充軍。其在西寧甘肅河州洮州販賣者，雖不入番，一百斤以上，發附近；三百斤以上，發邊衛，各充軍。不及前數者，依律擬斷，仍枷號兩箇月。軍官將官縱容弟男子姪興販，及守備把關巡捕等官知情故縱者，各降一級，原衛所帶俸差操。失覺察者，照常發落。若守備把關巡捕等官，自行興販私茶通番者，發邊衛；在西寧甘肅洮河販賣至三百斤以上者，發附近，各充軍。

一、陝西洮州河州西寧等處行茶地方，但有冒頂番名，將老弱不堪馬，二匹以上中納支茶者，官軍調别處極邊衛分，帶俸差操。民並舍餘人等，發附近衛分充軍。冒支茶斤俱入官。參將撫夷等官本身，並縱容子弟軍伴人等，冒中二匹以上者，一體問調邊衛，帶俸差操。醫獸通事土民人等，通同作弊者，枷號一箇月發落。

一、做造假茶五百斤以上者，本商並轉賣之人，俱問發附近；原係腹裏衛所者，發邊衛，各充軍。店户窩頓一千斤以上，亦照例發遣。不及前數者，問罪，照常發落。

萬曆問刑條例

一、凡興販私茶，潛住邊境，與番夷交易，及在腹裏販賣與進貢回還夷人者，不拘斤數，連知情歇家牙保，俱發烟瘴地面充軍。其在西寧、甘肅、河州、洮州、四川雅州販賣者，雖不入番，一百斤以上，發附近；三百斤以上，發邊衛，各充軍。不及前數者，依律擬斷，仍枷號兩箇月。軍官、將官，縱容弟男子姪家人軍伴人等興販，及守備把關巡捕等官知情故縱者，各降一級，原衛所帶俸差操。失覺察者，照常發落。若守備把關巡捕等官，自行興販私茶通番者，發邊衛；在西寧甘肅洮河雅州販賣至三百斤以上者，發附近，各充軍。

一、陝西、洮州、河州、西寧等處行茶地方，但有冒頂番名，將老弱不堪馬二匹以上中納支茶者，官軍調别處極邊衛分，帶俸食糧差操。民並舍餘人等，發附近衛分充軍。冒支茶斤俱入官。參將撫夷等官本身，並縱容弟男子姪家人軍伴等，冒中二匹以上者，一體問調邊衛，帶俸差操。醫獸通事土民人等，通同作弊者，枷號一箇月發落。

《大清律例》卷一三《户律・課程・私茶》　律

凡犯私茶者，同私鹽法論罪。如將已批驗截角退引，入山影射照出支茶者，以私茶論。截角，凡經過官司一處驗過，將引紙截去一角，革重冒之弊也。

條例

一、官給茶引，付産茶府州縣。凡商人買茶，具數赴官，納銀給引，方許出境貨賣。每引照茶一百斤。茶不及引者，謂之畸零，别置由帖付之。量地遠近，定以程限，於經過地方執照。若茶無由引及茶引相離者，聽人告捕。其有茶引不相當或有餘茶者，並聽拏問。賣茶畢，即以原給由引赴住賣官司告繳。該府州縣俱各委官一員專理。

一、私茶有興販夾帶五百斤者，照見行私鹽例，押發充軍。

一、凡興販私茶，潛住邊境，與外國交易及在腹裏販賣與來京回還外國人者，不拘斤數，連知情歇家、牙保，發烟瘴地面充軍。其在西寧、甘肅河州、洮州、四川雅州販賣者，雖不入番，一百斤以上，發附近；三百斤以上，發邊衛，各充軍。不及前數者，依律擬斷。仍枷號兩個月。文武官員縱容弟男、子姪、家人、軍伴人等興販及守備、把關、巡捕等官知情故縱者，各降一級調用。失覺察者，照常發落。若守備、把關、巡捕等官自行興販私茶通番者，發邊衛，在西寧、甘肅河洮、雅州販賣至三百斤以上者，發附近，各充軍。

一、做造假茶五百斤以上者，本商並轉賣之人俱問發附近地方充軍。若店戶窩頓一千斤以上者，亦照例發遣。不及前數者，問罪，照常發落。

一、陝西、洮州、河州、西寧等處行茶地方，但有冒頂番名，將老弱不堪馬二匹以上，中納支茶者，官員問罪，軍民人等發附近衛分充軍。冒支茶斤俱入官。

一、凡茶商赴楚買茶，應照會典，每茶一千斤準帶附茶一百四十斤，令產茶地方官給發船票，開明該商引目茶數。不得另給印票收茶。其應行盤查之地方官，悉照引目及正附茶斤驗放，不許掯勒留難。如于部引之外有搭行印票，及附茶不依所定斤數，多帶私茶者，即行查拿，照私鹽律治罪。查驗地方官故縱、失察者，照失察私鹽例處分。至五司變賣茶斤，如有地僻引多、壅滯不能行銷者，各商具呈該司，詳報甘撫行令往賣司分，照數盤查，聽其發賣辦課。

（清）席裕福《清朝政典類纂》卷三八四《刑十六・户律課程・私茶》

凡犯法茶者，同私鹽法論罪。如將已批驗截角退引入山影射照出支茶者以私茶論。凡經過官司一處驗過將引紙截去一角，革重冒之弊也。

條例

一、凡興販私茶，潛往邊境與外國交易及在腹裏販賣與來京回還外國人者，不拘斤數，連知情歇家牙保發烟瘴地面充軍。其在西寧、甘肅河州、四川雅州販賣者，雖不入番，一百斤以上發附近，三百斤以上發近邊，各充軍。不及前數者，依律擬斷，仍枷號兩個月。文武官員縱容弟男子姪家人軍伴人等興販及守備把關巡捕等官知情故縱者，各降一級調用。失覺察者，照常發落。若守備把關巡捕等官自行興販私茶，通番者發近邊。在西寧、甘肅河洮、雅州販賣至三百斤以上者，發附近各充軍。謹案：此條雍正三年改定。

一、做造假茶五百斤以上者，本商並轉賣之人俱問發附近地方充軍。若店户窩頓一千斤以上者，亦照例發遣。不及前數者問罪照常發落。謹案：此條係原例俱問發附近，下有原係腹裏衛所者發邊衛十字，雍正三年刪。

一、官給茶引付產茶府州縣，凡商人買茶具數赴官納銀給引方許出境貨賣。每引照茶一百斤。茶不及引者謂之畸零，別置由帖付之，量地遠近定以程限，於經過地方執照。若茶無由引及茶引相離者，聽人告捕，其有茶引不相當或有餘茶者，並聽拏問。賣茶畢即以原給由引赴住賣官司告繳該府州縣俱各委官一員專理。

一、私茶有興販夾帶五百斤者，照現行私鹽例押發充軍。謹案：以上二條均係原例。

一、凡茶商赴楚買茶應照例每茶一千斤，準帶附茶一百四十斤，令產茶地方官給發船票，開明該商引目，茶數不得另給印票收茶，其應行盤查之地方官悉照引目及正附茶斤驗放，不許掯勒留難。如於部引之外有搭行印票及附茶不依所定斤數，原例係正附茶斤外多帶私茶者，即行查拏，照私鹽律治罪查驗。地方官故縱失察者，照失察私鹽例處分。至五司變賣茶斤如有地僻引多壅滯，不能行銷者，各商具呈該司詳報甘撫行令往賣分照數盤查聽其發賣辦課。謹案：此條雍正三年定。

事例

道光元年，諭孫玉庭等奏查議海關茶船出口情形，例納税放行一摺。江西省江海關向準茶葉出口運往北省銷售。嗣因防其載往閩廣禁止販運，上年該撫奏請弛禁而給事中孫世昌又以事多流弊請仍飭禁。茲據該督等詳查江海關出口茶船與閩廣浙省之船，司以利涉深洋者，不同舵水人等，又不能諳習南洋沙綫勢難偷越，目係實在情形，著照舊例：凡北赴山東、天津、奉天等處茶船，仍準其納税放行，其向由內河行走輪税者，照舊禁止出洋，不容紊越。該督等飭知管關道員認真稽察，凡遇商販出口船隻查明與關牌税單行知所往口岸核實查驗，如有攜帶違禁貨物偷漏出洋之事，即行截拏治罪。若守口員弁私行放縱，一並嚴參懲辦。

紀　事

（宋）李心傳《建炎以來繫年要録》紹興三年正月　詔私販茶鹽，再遇大禮赦亦不合原免。先是浙西提舉官夏之文言，茶鹽係一司專法，慮不應引用海行條。大理卿張宗臣、權刑部侍郎章誼皆言委得允當，於是行下。

（明）談遷《國榷》太祖洪武三十年六月　駙馬都尉歐陽倫賜死。時禁私茶，倫檄陝西布政司起車五十輛，販茶河州。倫家人周保縱暴，驅迫有司，爲蘭縣河橋巡檢吏所發。上怒，並布政司官論死，没其茶，敕勞巡檢司吏。

談遷曰：外戚干禁，罪無所逭。然誅周保等，奪倫爵，布衣就第，亦罰之宜也。遽賜灰釘之命，將置長主於何地。帝晚益振厲，刑威黷矣。夫私茶與謀逆孰重，倫不良死，李祺謫江浦，順逆殊軌，生死異法，未敢謂得其平也。

（明）何棟如《皇祖四大法》卷八《治法》〔洪武三十年六月〕已酉，駙馬都尉歐陽倫坐販私茶事覺，賜死。初，上命秦蜀歲收巴茶，聽西番商人以馬易之，中國頗獲其利。其後商旅多有私自販鬻，致爲夷人所賤，馬價遂高，乃下令嚴禁之。有以巴茶私出境者，寘以重法。倫嘗遣家人往來陝西，販茶出境，貨鬻倚勢，横暴所在，不勝其擾。雖藩閫大臣皆畏威奉順，略不敢違。時四月農方耕耨，倫適在陝西，令布政使司移文所屬，起車載茶往河州。倫家人有周保者，尤縱暴，所至驅迫有司索車五十輛至蘭縣，河橋巡檢司捶辱其吏，吏不能堪，以其事聞。上大怒，以布政使司官不言，並倫賜死。保等皆坐誅，茶貨没入於官。

中國第一歷史檔案館《清代檔案史料叢編》第十輯《巴哈納題報私茶私馬變價銀兩事本順治六年十月十九日》　户部尚書臣巴哈納等謹題，爲匯報私茶私馬變價銀兩事。

陝西清吏司案呈，奉本部送户部抄出該巡視陝西茶馬監察御史蘇京題前事内稱，竊惟私茶私馬雖有明禁，而愚民不無犯者，皆變價入官，以爲買馬孳牧之需。此項銀兩，在明季半爲茶臣公費，不以上聞，臣毫不敢染也，擬於覆命之日通行匯報。今有增差，臣恐報遲則不便也，先將銀數匯報。西安撫民官拿獲温存茶九斤十二兩，變銀四錢九分，貯鄠縣庫。張守禮茶八斤十二兩，變銀四錢三分七厘五毫，貯長安縣庫。拜守榮茶四斤半，變銀二錢二分五厘，貯臨潼縣庫。王一秋茶四十斤半，變銀二兩二分五厘，貯高陵縣庫。張友才茶一十一斤，變銀五錢五分，貯三原縣庫。劉加福茶二十斤並竹籠，變銀一兩三分，貯長安縣庫。吴國平茶五百二斤，變銀一百二十七兩三錢，買種馬發監孳牧訖。長安縣拿獲王孟賢、于守寧、王守起、郭君仁四起，共茶四十三斤，變銀二兩一錢五分，貯本縣庫。咸寧縣拿獲傅從新、王加福二起，茶八斤，變銀四錢，貯本縣庫。涇陽縣拿獲趙名世等，私馬除發營外，餘老弱十二匹，變價二百二十九兩，貯本縣庫。武功縣拿獲楊守奇茶一十一斤，變銀五兩五錢，貯本縣庫。咸陽縣拿獲趙九登私馬三匹，變價三十四兩，買種馬發監孳牧訖。漢刑官拿獲馮守勛茶三百一十篦，發洮中馬訖。樊門子茶一百三十五斤，批變價未報。賈西泉茶一百二十二斤，批變價未報。沙惟孝茶一百二斤並驢一頭，共變銀七兩六錢，貯略陽縣庫。鞏刑官拿獲吴秤茶二百四十四斤半，變銀八十六兩，貯隴西縣庫。分守關西道拿獲李春得、馬龍老弱私馬六匹，變價二十六兩，取寄鞏昌府庫。分巡關内道拿獲王應艾等茶二十六斤，批變價未報。興平縣拿獲張起鳳私馬二匹，變價二十四兩，買種馬發監孳牧訖。漢中府拿獲徐中文等茶八十二斤，變銀八兩二錢，貯該府庫。醴泉縣拿獲屈三賓茶七斤，批變價未報。高爾朗私馬一匹，變價十三兩，貯本縣庫。分巡隴西道拿獲李尚榮私馬三匹，變價二十九兩，貯秦州庫。又拿獲鍾何成私馬二匹，除一匹發營，一匹原價一十六兩，貯西和縣庫。鳳翔縣拿獲閻德茶二斤半，變銀一兩，貯本縣庫。以上各犯皆按法究治，其變價銀兩，除動支一百八十五兩三錢買馬孳牧，並變價未報到外，見在貯庫共銀三百二十八兩六錢七厘五毫，以備易買種馬發監孳牧之需，嗣有續獲另報，伏祈敕下該部存案查照施行。等因。順治四年七月二十五日題，八月十九日奉聖旨：該部察案。欽此欽遵。抄出到部。送司。奉此。相應議覆案呈到部。

該臣等看得，茶馬按臣蘇京疏報各衙門拿獲私茶私馬變價銀兩，未知拿獲變賣是否止於此數，拿獲各犯作何問擬，並買過種馬趙名世原馬幾匹，馮守勛私茶中過馬幾匹，俱無數目，似應行督臣孟喬芳備查明確，奏請定奪者也。既經該巡視茶馬御史具題該司案呈前來，相應覆請恭候命下，臣部轉行遵奉施行。等因。順治四年八月二十五日具覆，二十六日奉聖旨是。欽此欽遵。抄出到部。隨移咨陝西總督備查明確，奏請定奪去後。

隨該陝西總督孟喬芳題爲匯報私茶私馬變價銀兩事。順治四年九月二十二日，準户部咨陝西清吏司案呈，奉本部送户科抄出該巡視陝西茶馬監察御史蘇京題前事。等因。順治四年八月十九日奏聖旨：該部察奏。欽此欽遵。抄出到部。送司。奉此。相應議覆案呈到部。

看得茶馬按臣蘇京疏報各衙門拿獲私茶私馬變價銀兩，未知拿獲變賣是否止於此數，拿獲各犯作何問擬，並買過種馬趙名世原馬幾匹，馮守勛私茶中過馬幾匹，俱無數目，似應行督臣孟喬芳備查明確，奏請定奪者也。既經該巡視茶馬御史具題該司案呈前來，相應覆請恭候命下，臣部轉行遵奉施行。等因。具覆奉聖旨：是。欽此欽遵。抄出到部。備咨到臣。隨經臣移文茶馬御史蘇京詳查去後。

嗣於本年十月初六日準茶臣手本回稱，查得各屬詳報拿獲私茶馬販多寡不一，而問擬各異。有問杖決者，有站配者，有折責者，俱批允發落外。至變價銀兩有已報銀數貯庫者，有批變價未報銀數者，有題後續報者，止有此數，俱歷歷在案可考。謹備録私茶私馬並變價銀兩數目，及問擬罪名送覽或再行各屬詳查，嗣有續獲者業另疏奏聞，不在此疏之内。其動過銀一百八十五兩三錢，差承差燕運開、張惟高在河州買種馬十匹，發安定監孳牧。趙名世等原馬四十三匹，解貴部院十二匹，撫院十二匹，潼關營四匹，發該縣作草料賞功三匹，餘老弱十二匹，變價一百二十九兩，見寄縣庫。至馮守勛私茶三百一十篦，發洮司搭配中馬，原未報有中過馬數，似應徑行洮岷道備查明確奏請定奪者也，並各屬拿獲私茶私馬及變價數目，問擬罪名揭到臣。準此。隨經牌行洮岷兵備道查報中過馬數去後。

今據分守隴右道帶管洮岷兵備道參議李永昌呈稱，行據署洮州事原任金縣知縣龔勝先呈稱，查得順治四年六月初八日，原蒙蘇茶院撥發馮守勛私黄茶三百一十篦，運到洮司，該卑職如數收完。自七月十四日起，動守勛私茶三百四篦，中完馬二十一匹，存剩茶六篦。並岷司先後陸續發到新舊黄茶内搭配，又中馬二十九匹，共湊五十匹。遵奉本道轉奉寧夏胡撫院憲檄，業經委官王友善等押解寧夏鎮交割，取獲該鎮實收另繳外，今奉行查，從實呈報。等情到道。轉報到臣。據此。

該臣看得，茶臣疏報拿獲私茶私馬各犯，以販數之多寡，定擬罪重輕，蓋踵舊例而行也。其變價銀兩動買種馬發監孳牧者，有見貯府州縣官庫者，揭開明晰無容復贅。其趙名世等原馬共四十三匹，内移送臣標及撫標各十二匹，潼關營四匹，發涇陽縣三匹，變價準作草料並賞有功官兵訖，餘十二匹變價見貯該縣官庫。其原獲守勛私茶，運發洮州司，以三百四篦中完馬二十一匹，下剩六篦搭配岷司黄茶，又中馬二十九匹，共五十匹，俱解寧鎮訖。既經查明前來，除備抄原揭咨送户部外，相應具題，伏乞聖鑒敕部察核施行。等因。順治五年二月二十六日題，三月十七日奉聖旨：該部知道。欽此欽遵。抄出到部。

又準陝西總督孟收喬芳咨同前事，鈔送茶院原揭一扣内開，西安府撫民官拿獲温存茶九斤十二兩，變銀四錢九分，貯鄠縣庫，問擬杖決發落訖。張守禮茶八斤十二兩，變銀四錢三分七厘五毫，貯長安縣庫，問擬杖決發落訖。拜守榮茶四斤半，變銀二錢二分五厘，貯臨潼縣庫，問擬杖決發帶訖。王一秋茶四十斤半，變銀二兩二分五厘，貯高陵縣庫，擬徒折責發落訖。張友才茶十一斤，變銀五錢五分，貯三原縣庫，問擬杖決發落訖。劉加福茶二十斤並背籠，其變銀一兩三分，貯長安縣庫，問擬杖決發落訖。吴國平茶五百二斤，變銀一百二十七兩三錢，差承差燕運開等買種馬發監孳牧外，本犯似徒折責發落訖。長安縣拿獲王孟賢、于守寧、王守起、郭君仁四起，共茶四十三斤，先報應變價二兩一錢五分，續據實收茶並口袋布，共變銀四兩七錢三分，貯本縣庫，問擬折責發落訖。咸寧縣拿獲傅從新、王加福二起，茶八斤，變銀四錢，貯本縣庫，問擬折責發落訖。涇陽縣拿獲趙名世等馬共四十三匹，内前疏報解軍門十二匹、撫院十二匹、潼關副將營四匹，發該縣三匹，變價作草料並賞有功官兵訖，餘老弱馬十二匹，變銀一百二十九兩，貯本縣庫，各犯問擬杖發配的決訖。武功縣拿獲楊守奇茶一十一斤，變銀五兩五錢，貯本縣庫，本犯責逐訖。咸陽縣拿獲趙九登馬三匹，變銀三十四兩，差承差燕運開等買種馬發監孳牧外，本犯擬折責發落訖。漢中府理刑官拿獲馮守勛茶三百一十篦，發洮司中馬，未報中過馬數，樊門子茶一百三十五斤，前疏變價未報，續據呈詳，變銀一十兩八錢，貯漢中府庫，責治發落訖。沙惟孝茶一百二斤，驢一頭，前疏報據該廳呈詳，共議變銀七兩六錢，貯略陽縣。今據該廳復詳内稱，前價太減，卑職將茶議價一十二兩，驢議價四兩，改貯漢中府庫，擬徒免贖折責發落訖。賈西泉茶一百二十二斤，前疏變價未報，續據呈詳，變銀一十二兩二錢，擬徒免贖折責發落訖。鞏昌府理刑官拿獲吳秤茶二百四十四斤半，變銀八十八兩，貯隴西縣庫，擬徒擺站訖。分守關西道拿獲李春得、馬成老弱馬六匹，變銀二十六兩，取寄鞏昌府庫，候買馬用，二犯折責發落訖。分巡關內道拿獲王應艾等茶二十六斤，前疏變價未報，續報變銀一兩五錢六分，貯盩厔縣庫，折責發落訖。興平縣拿獲張起鳳馬二匹，變價二十四兩，差承差燕運開等買種馬發監孳牧外，杖決發落訖。漢中府拿獲徐仲文等茶八十二斤，變銀八兩二錢，貯本府庫，擬徒免贖折責發落訖。醴泉縣拿獲屈三賓茶七斤，前疏變價未報，續報變銀二兩八錢，貯本縣庫，責治發落訖。高爾朗馬一匹，變銀十三兩，貯本縣庫，責治發落訖。分巡隴西道拿獲李尚榮馬三匹，變銀二十九兩，貯秦州庫，擬徒折責發落訖。鍾可成馬二匹，除一匹發巡隴道標下騎征，一匹原價十六兩追出，貯西和縣庫，擬徒折責發落訖。鳳翔縣拿獲閻德茶二斤半，變銀一兩，貯本縣庫，責治發落訖。等因。到部送司。奉此。呈堂議覆。奉批，司查私茶私馬變價買孳牧，並解各撫鎮有無舊例孳牧馬若干匹，每匹用價若干，一並查明説堂送司。奉此。

查得順治二年九月內，題差御史廖攀龍至三年九月內差滿，奏繳冊報內載有盤獲私茶賞弊，私馬發各鎮營騎征，並各監孳牧在案。復查明季會典內，止載有給茶易馬，解苑馬寺孳牧給各鎮營，並未開有私茶私馬變價買馬之例。至於孳牧馬若干匹，每匹用價若干，查秦督咨開，動私茶變價銀一百二十七兩三錢，私馬變價銀五十八兩，共銀一百八十五兩三錢，差承差在河州買種馬十匹，發安定監孳牧，每匹價值細數並未分晰。等因呈堂。奉批，咨總督查明具奏。隨移咨總督逐一查明具奏，以憑議覆去後。隨準陝西總督孟喬芳咨覆前事內開，準此。隨經移文茶馬御史備查去後。

今準回稱，查得私茶私馬變價買馬原無此例，近緣茶缺，監厩空匱，前院蘇京將拿獲散茶並私馬之老瘦不堪騎征者，變價買馬，以廣孳息，此一時權宜之計也。彼時安定監具有收過馬匹毛齒，與各馬價值細數冊一本，蘇院因與增差李顯春互訐，即帶京面質訖。本院將衙門內文卷細加查點，止有總數一百八十五兩三錢，買騍馬十匹，發安定監孳牧之案。等因。準此。爲照私茶私馬變價買馬一事，原無舊例，該前任茶馬御史蘇京，因茶缺牧空，遂以拿獲散茶並老瘦不堪私馬變價買馬，發監孳息，亦因時調劑之一法也。至於馬價細數，原冊已經帶赴北京，與李增差面質訖，別無底案可稽，似應就近令行蘇京查明具奏者也。既經移文前來，相應咨覆，合咨貴部煩請查照施行。等因。到部送司。奉此。隨呈堂移咨都察院，轉行蘇御史查明具奏去後。今準都察院資前事內開，據巡按直隸真順廣大兼管屯田監察御史蘇京呈稱，本年正月十八日，奉本院勘札準户部咨陝西清吏司案呈，奉本部送準陝西總督孟喬芳咨前事。等因。到部。奉批，司查原案説堂。奉此。查得茶馬御史蘇京題報拿獲私茶私馬變價買馬緣由，該本部復奉論旨，咨行秦督備查明確，奏請定奪，隨該秦督查明咨覆。該本部查得動私茶變價銀一百二十七兩三錢，私馬變價銀五十八兩，共銀一百八十五兩三錢，買種馬十匹，發監孳牧價值細數並未分晰，復咨行去後。今準秦督咨稱，私茶私馬變價買馬一事，原無舊例，該前任蘇御史因茶缺牧空，遂以拿獲散茶老疾不堪私馬，變價買馬細數已經蘇京帶赴北京與李增差面質，別無底案可稽，應令蘇京查明具奏，咨復前來，相應咨都察院轉行蘇御史查明具奏可也。等因。移咨備札到職。

該職爲照查明具奏，乃孟總督覆部一語，非奉明旨，職何敢妄行瀆奏，止緣馬價細數原冊職帶赴京與李顯春面質，彼處有總數而無撒數，故令職就近查明回部具奏耳。今將安定監牧馬原冊並收管一張封送堂台，其馬價毛齒尺寸細數盡在其中，伏祈台照移咨户部與職奏冊查照施行。等因到部。據此。擬合就行。爲此，合資貴部煩爲查照施行。

計咨送安定監牧馬原冊壹本內開，蘇登啓領粉青騍馬八歲，三尺四寸，右鬃輕尾，價銀十七兩三錢。丘琢領黃退赤騍馬六歲，三尺三寸，右鬃長尾，價銀十九兩二錢。王養蒙領青騍馬五歲，三尺三寸，分鬃輕尾，價銀十九銀七錢。孫三姓保領棗騮騍馬三歲，三尺四寸，分鬃長尾，價銀十九兩三錢。董邦乾領豆青騍馬三歲，三尺三寸，分鬃長尾，價銀十八兩三錢。張邦茂領玉頂黃退赤騍馬三歲，三尺三寸，右鬃長尾，價銀十八兩五錢。顧天禄領綫臉黃騍馬四歲，三尺三寸，右鬃長尾，價銀十八兩三錢。孫應樂領海（留）〔騮〕騍馬三歲，三尺三寸，右鬃長尾，價銀十八兩二錢。談崇科領釋喇文退青騍馬三歲，三尺三寸，左鬃長尾，價銀十八兩三錢。俞希聖領玉頂棗（留）〔騮〕騍馬五歲，三尺三寸，分鬃輕尾，價銀十八兩二錢。收管一張各等因到部。送司。奉此。相應議復案呈到部。

該臣等看得，前巡視茶馬御史蘇京，動支盤獲私茶私馬變價銀兩買馬發監孳牧，先準督臣孟喬芳咨稱，原因茶缺牧空，因時調劑之法。又準都察院咨送安定監牧馬原册，並收管前來，買馬十匹共用銀一百八十五兩三錢，數目既已相合，該監領牧見在，似應準其開銷結案者也。既經該總督都察院咨復該司案呈前來，相應題請恭候命下，臣部轉行遵奉施行。緣係匯報私茶私馬變價銀兩事理，未敢擅便，謹題請旨。

批紅：皇父攝政王旨：是。

中國第一歷史檔案館《清代檔案史料叢編》第十輯《巴哈納題嚴禁定南王孔有德私自運茶易馬事本順治八年正月二十六日》 户部尚書臣巴哈納等謹題，爲特參藩王運茶易馬事。

陝西清吏司案呈，奉本部送户科抄出巡視陝西茶馬監察御史吴達題前事內開，臣督茶漢中，聞有定南王差員載茶千馱，從潼關入秦，赴西寧市馬。臣緣私茶私馬屢奉嚴綸飭禁，隨檄行潼關、西寧兩道臣確查去後。十一月十七日，據潼關兵備道臣陳素抱呈稱，據潼關驛申稱，八月初四日，閿鄉來定南王差大人郭九錫、張雲鳳、盧萬鐘並鄖陽撫院差官何源押茶一千四馱，初五日送前路訖，上貼本封條，不敢盤查。等因。十一月二十七日據西寧兵備道臣孫啓賢呈，據監收廳回稱，據店□曹印、蘇成美結稱，十月初九日，進定南王差官阿思哈哈番張雲鳳、郭九錫、馬弘基、盧萬鐘，雇脚八百三頭，馱茶一千九百零五包，至西寧秤重九萬五千斤，備報到道，具報到臣。該臣看得征南需馬，自應請命於朝廷，而以茶易馬，尤爲法紀之明禁。今定南王自楚載茶入秦，既未奉有部文，顯屬違禁之舉。此端一開，是藩王先不遵朝廷之功令，而又何以責境內私販之奸民也。除一面檄行西寧道臣，羈留候旨外，伏祈皇上、皇父攝政王敕部查覈施行。等因。順治七年十二月初三日題，八年正月十三日奉聖旨：該部察議具奏。欽此欽遵。抄出到部。送司。奉此。相應議覆案呈到部。

該臣等看得各處官兵用馬，非奏奉諭旨，不得擅自市買。前平西王奏請市馬，原未準行。況以茶易馬尤有明禁。定南王運到茶斤，應敕茶馬御史查收，爲易馬之用，其買茶用過銀兩，於湖廣額賦銀內，照數給還，脚價不必議□，違例載茶易馬本應議罪，新奉恩赦免議。既經該巡視茶馬御史具題，該司案呈前來。相應復請，恭候命下，臣部移行遵奉施行。緣係特參藩王運茶易馬事理，未敢擅便，謹題請旨。

批紅：是。

中國第一歷史檔案館《清代檔案史料叢編》第十輯《稜德弘題審問張亮等私運茶斤事本順治八年七月十五日》 刑部多羅順承郡王臣稜德弘等謹題，爲盤獲私茶事。

貴州清吏司案呈，奉本部送刑科抄出陝西巡撫馬之先題前事內開，據按察司呈，問得一名張亮，即張瞎子，年三十一歲，西安府長安縣人，狀招亮素性不軌，專一興販私茶，向未事犯。於順治七年四月內，糾合先未脱逃王結子即郭候，同在官秦州回民袁中禄即袁守才、哈應舉，富平縣人楊成吾即楊希才，涇陽縣人楊耀吾即李光祖，何將官即何大忠，略陽縣人徐三即徐六。各不合故違私茶興販，夾帶五百斤，照見行私鹽充軍事例，在於漢中府興販私茶四十一擔，各妝將官，挾帶弓矢，發運別地貨賣間。在官鳳翔府人王守才亦不合興販私茶四擔。在官馬塢鎮店家吕見亭，前往漢中賣油，事完亦不合興販私茶二擔。前後共茶四十七擔，重四千八百六十七斤八兩，彼此約同擔運吕見亭店內發賣。亮等伙內因索包攬銀，兩相嚷將情互禀馬塢鎮防守高友義拘審間，比亮等各不合稱有固山票文，及至驗看，並無票文。本官自係私茶重情，遂塘報臨鞏王總鎮處，郭候先已脱逃，行提張亮等前來。王守才遂具出首假官殺命情詞內稱，冤逢蠹惡張瞎子股合哈回子等口稱，將官興販私茶，自漢中包攬守才茶斤，每擔與包攬銀二兩，行至馬塢，詎意張瞎子、何客、袁客狼心不滿，每茶一擔又索包攬銀一兩，守才止與銀一半，弓弦捆打。陳大、何二等證。竊思客民身穿蟒衣，妝稱將官，犯法異常，準究正法。等情。蒙本鎮當堂嚴審得，張亮等各招稱，往漢中買茶共四十七擔是實。據此。看得張亮等形本客商，盡是烏合，而又無票文，乃敢詐稱漢中將官，興販私茶，挾帶弓矢，擾害地方者，豈止一處爲然。二罪並論，法難輕縱者也。各犯發鞏昌府羈監，將情移會巡茶吴御史處。隨具疏內稱，復看得茶法一事，私販公行，大壞極敝，秦地奸民盡借將官名色撓亂茶政，即使私販出自將官，法亦不貸。況無票可證，而操弓挾矢，以縱其横行耶？是真王法所嘔宜剪除，以儆衆心者也。伏乞敕下臣衙門將張亮、袁守才、哈應舉、楊希才、李光祖、何大忠、徐六、王守才、吕見亭等律究擬，庶奸民知懼，而私茶四千八百六十七斤八兩，或發司中馬，或存司賞番，仰候聖裁。等因。奉旨：張亮等著該撫巡視御史究似具奏。該部知道。欽此欽遵。抄部送司。案呈到部。合咨前去。煩爲遵旨及咨文内事理，即將張亮等查照原疏究擬具奏施行。等因。準此。

隨即備行分守隴右道勘擬外，又咨都察院札行巡茶吴御史，案行按察司轉移該道，札仰鞏昌府官吏查照備原來文事理，即將張亮等依律研究明確，連人招牌本道，立等復審轉解施行。依奉備行署隴西縣事推官岳峻極，行提張亮等到官，嚴加訊審前情明白。看得私茶之禁，律例森嚴，何物張亮等藐法若戲，趨利如崩，合夥成群，竟爾公然興販，櫜弓挾矢，敢行假借作威。查原茶四十七擔，共計四千八百六十七斤八兩，王守才之首告，信不誣矣。律云：私茶有興販夾帶五百斤者，照見行私鹽例押發充軍。今張亮、袁守才、哈應舉、楊希才、李光祖、何大忠、徐六所犯與例相符，法當擬戍。吕見亭茶止二擔，合照凡犯私茶者，同私鹽法論罪，杖一百，徒三年。律例俱在，王章劃一，亮等其何説之辭。王守才雖販茶四擔，律有自首免罪之條，茶應入官，罪合免擬，庶無枉亦無縱也。問擬亮等各軍罪，吕見亭徒罪，招解到府。該知府高拓斯復詳無異。看得張亮與袁守才、哈應舉、楊希才、李光祖、何大忠、徐六皆私販之群棍也。隸籍不同，烏合爲非，欲收利於採山，輒效謀於登壟，載負私茶四十七擔，數至四千八百有奇，竟假將官，自謂人莫敢詰，懸帶弓矢，任意越境，興販詎嶄，孽根敗露，罪貫自昭，豈非恢恢之靡漏耶？榷貨已獲，私家遣戍，用彰國憲。若吕見亭茶雖二擔，事違公禁，但念爲數不多，姑照本律擬徒，於法不枉。至王守才亦有四擔，私販自首，似應免罪，用開樂首之門也。仍擬亮等各軍罪，吕見亭徒罪，招解到道。

該本道參議李永昌復審無異。看得茶法之設，嚴禁私販，何物張亮等乃敢合伙違禁興販，數至四千八百餘斤之多乎！真〔擔〕〔膽〕大包天，目無王章，竟假將官以張威，擅挾公矢而射利，正所謂孽由自作，法網難逃，贓茶既獲，遣戍何辭。至吕見亭茶止二擔，徒懲允宜。其王守才茶雖四擔，府縣既引以自首免罪之條，似應免究，茶應入官。仍擬亮等各前罪移招到司。

該按察使黄紀復詳看得，張亮等假官張威，興販私茶，律既有違，均戍奚辭，吕見亭雖係夥販，茶止二擔，擬徒蔽辜。王守才私茶自首，照律寬釋，但查各犯事在赦前，應否免罪，茶仍入官，伏候裁奪。將亮等取問罪犯，議得張亮等所犯，張亮、袁守才、哈應舉、楊希才、李光祖、何大忠、徐六除無官而詐稱有官，有所求爲輕罪不坐外，俱合依私茶興販夾帶五百斤照私鹽例律押發充軍，拘妻僉解。吕見亭依犯私茶者同私鹽法論律杖一百，徒三年，係民審無力，定發衝要驛遞，照徒年限擺站滿放。照出軍徒犯人張亮、袁守才、哈應舉、楊希才、李光祖、何大忠、徐六、吕見亭俱免紙，王守才告紙銀二錢五分，追貯鳳翔縣官庫，聽文支銷。其見獲私茶四千八百六十七斤八兩，或應發司中馬，或應存司賞番，聽候詳示，通取實收繳報，餘無再照。等因到臣。

該臣看得張亮等假稱將官，挾帶弓矢，興販私茶，數至四千八百有奇，人茶並獲，遣戍不枉。吕見亭茶止二擔，按律擬徒，允蔽厥辜。王守才雖有四擔之多，既經出首，姑從免議。查各犯事在赦前，可否免罪，臣未敢擅便，既經該司招呈前來，臣謹會同茶臣吴達合詞具題，伏乞聖鑒敕部議復施行。等因。於順治八年三月十八日題，四月初六日奉聖旨：刑部核議具奏，欽此欽遵。抄部送司。案呈到部。

該臣等復核看得，興販私茶，例有嚴禁，何物張亮、袁守才、哈應舉、楊希才、李光祖、何大忠、徐六、吕見亭假將官之名，張弓挾矢，公然興販，真目無三尺矣。分别遣配，誠不爲枉，但事在赦前，各犯俱議免罪。王守才既經出首免議，茶俱入官。謹題請旨。

批紅：張亮等俱依議。

賦役違制分部

論說

睡虎地秦墓竹簡整理小組《睡虎地秦墓竹簡·法律答問》 不會，（治）〔笞〕；未盈卒歲得，以將陽（有）〔又〕行（治）〔笞〕。今士（五）〔伍〕甲不會，（治）（笞）五十；未卒歲而得，（治）〔笞〕當（駕）〔加〕不當？當。**【略】**

（可）〔何〕謂逋事及乏（繇）〔徭〕？律所謂者，當（繇）〔徭〕，吏、典已令之，即亡弗會，爲逋事；已閱及（敦）〔屯〕車食若行到（繇）〔徭〕所乃亡，皆爲乏（繇）〔徭〕。

《漢書》卷二《惠帝紀》 〔六年〕令民得賣爵。女子年十五以上至三十不嫁，五算。應劭曰：《國語》越王勾踐令國中女子年十七不嫁者父母有罪，欲人民繁息也。漢律人出一算，算百二十錢，唯賈人與奴婢倍算。今使五算，罪謫之也。

（宋）洪邁《容齋續筆》卷一《田宅契券取直》 《隋書志》：晋自過江，凡貨賣奴婢馬牛田宅，有文券，率錢一萬，輸估四百入官，賣者三百，買者一百。無文券者，隨物所堪，亦百分收四，名爲散估。歷宋齊梁陳，如此以爲常。以人競商販，不爲田業，故使均輸，欲爲懲勸。雖以此爲辭，其實利在侵削也。今之牙契投稅，正出於此，田宅所係者大，奉行唯謹，至於奴婢馬牛，雖著於令甲，民不復問。然官所取過多，並郡邑導行之費，蓋百分用其十五六，又皆買者獨輸，故爲數多者率隱減價直，賒立歲月，坐是招激訐訴。頃甞因奏對，上章乞蠲其半，使民不作僞以息爭，則自言者必多，亦以與爲取之義。既下有司，而戶部引條制沮其說。

（宋）洪邁《容齋三筆》卷九《射佃逃田》 漢之法制，大抵因秦，而隨宜損益，不害其爲炎漢。唐之法制，大抵因隋，而小加振飾，不害其爲盛唐，國家當五季衰亂之後，其究不下秦隋，然一時設施，固亦有可采取。案周世宗顯德二年，詔應逃户莊田，並許人請射承佃，供納稅租。如三周年内本户來歸者，其桑田不計荒熟，並交還一半。五周年内歸業者，三分交還一分。如五周年外，除本户墳塋外，不在交付之限。其近北諸州陷蕃人户來歸業者，五周年内三分交還二分，十周年内還一半，十五周年内三分還一。此外者，不在交還之限。其旨明白，人人可曉，非若今之令式文書，盈於几閣，爲猾吏舞文之具，故有捨去物業三五十年，妄人詐稱逃户子孫，以錢買吏而奪見佃者，爲可歎也。

（元）胡祗遹《紫山大全集》卷二二《論逃户》 漢人鑿井而飲，耕田而食，蠶績而衣，凡所以養生者，不地著則不得也。故安先世之田宅，服先疇之畎畒，守前人之世業，十世百世，非兵革易代，擄掠驅逐，則族墳墓，戀鄉井，不忍移徙。此漢人之恒性，漢人之生理，古今不易者也。今也背鄉井，棄世業，抛擲百器，遠離親戚姻婭，轉徙東西南北而無定居，寄食於異鄉異域，一去而不復返，此豈人之性也哉，是有不得已焉耳矣！勞筋苦骨，終歲勤動，豐年不免於凍餒，稱貸無所得。里胥鄉吏，蚤督暮逼，絲銀之未足、兩稅之懸欠、課程之未納、和雇和買造作之未辦，百色横斂，急於星火。糠秕藜藿，百結而不能自恤，仰瞻父母，俯顧妻子而謀曰：今日尚矣，明日將如何矣？吾血肉不堪以充賦稅，吾老幼不足以供賃傭，與其閉口而死，曷若苟延歲月以逃。於是遠徙他所，廢主户爲客户，分耘人田，托棲簷隙，皇皇焉，惴惴焉，惟懼刷逃竄責逋欠者之相尋也。人生至此，可哀之甚也。今之牧民者恬不矜恤，一念申呈上司之不準，再念户口消耗之責己，三念照刷之劬勞，四念乘人之危困，乘時政之失，反可因緣而爲姦利。今歲某鄉某村逃訖某户，即將本户抛下屋宇若干、田畝若干、其他産業若干，會計其直，督令鄰里及本土主首或典或賣，以充本户合該差發，有餘則官分其半，吏分其半；來歲如有典賣不盡者，一遵前例。田宅既盡，披散逃户分數於見在户；繼有逃户則亦然。假如某村某年元抄十户，累歲逃訖六户、七户、八户，見在三户、二户抵當十户差發，以至應當不前，竟亦逼迫逃去，遂成空村。復將空村抛下分數普散於一縣。以近年見在户所當差發較之初定元額，豈止十倍而已耶。

下民無所控告，以至於此。司縣官三年一轉，官得解事而去，復得美除，以虐民之罪爲進階之功，侵漁僥幸，普天同風。吁！貪殘無厭，上行下效，刑之則不可勝刑，然則如之何其可也？當立格限，自某年爲始，已逃竄者官爲贖買元棄田宅，以招來之，撫安之，免三年之租税而温厚之；見在者除去代當他人分數以安全之；有産業而三年不復者，不在贖買之限；無産業而願安他所者，聽從民便。今後再有逃户不即申報所屬者，罷官治罪。又踵前非擅賣民業者，重行治罪。

（元）胡祗遹《紫山大全集》卷二二《論復逃户》　三尺之童皆知有天下者以民爲本，不可使之不安。然而去鄉井，舍恒産，東西南北就口食而逃賦役，可謂安乎？爲政者首以招集逃户爲亟務，明示黜陟，勸懲府州司縣牧民之官，廣推恩惠，復業者一年租庸調皆免，二年征其半。勞心畫策，可謂勤矣。以愚觀之，似救其末而不救其本，口惠甘美，而實德未洽，以此爲計，正猶以無枝之木來衆鳥，潢汙行潦聚群魚，不爲不集，集則何以爲巢爲穴乎？民之去業也，出於不得已也。貧苦不能自存，田産物業典賣質當，十去其半；今日出門，明日上户、鄰佑、坊正、曰吏、曰官者公明典賣。即今濟寧一路逃户八千，而有土田官司知數者無十數户，是果無所遺乎？足見公私蒙蔽，質典貨賣無餘矣。然則招來復業而無業可復。木之無枝尚不能集鳥，水之行潦尚不能聚魚，而況童山涸轍乎？愚熟思之，逃民之不能還業，其難有十：無抛下事産，來無所居，欠少錢債，來不能償，一也；他處得生理，二也；元籍非本鄉，已得還鄉，漂流已久，地理窵遠，無力提挈移徙，四也；流移遠方，爲商賈，爲工匠，五也；元抛産業已爲他人所有，六也；夫亡，妻適他人，七也；父母已老死，子孫不知原籍，八也；子孫作贅於人，九也；因流寓而户絶，十也。復業則有此十難，而況無業可復。就令還家，便得所遺事産，舍屋推倒，垣墉無有，反若異鄉。兼一年之内能作何活，來歲又復當差，租税從何而出？論至於此，無惑乎逃竄之不復。自壬子籍户，到今三十餘年，上策莫若再籍，以籍爲定；中策莫若勸令守土官、鄰佑人供責逃户元抛土田事産，官爲見數招人種佃，所得子粒，官爲收貯，復業者連産業與所收子粒并給之，三年全免差役；下策信從虚文，今年招到復業户若干，明年却報逃竄，公私無益，虚費紙筆，爲姦吏所弄。

（元）胡祗遹《紫山大全集》卷二二《民間疾苦狀》　一、逃户不能復業。今日離業，明日官司將抛下物業便行典賣訖。一、見在户替代逃户差發。假令元抄十户，逃訖五六户，見在户包當。

（明）王陽明《陽明先生集要經濟編》卷四《告示七門從逆軍民》　督府示諭省城七門内外軍民雜役人等，除身犯黨逆不赦另議外，其原被寧府迫脅，僞授指揮、千百户、校尉、護衛及南昌前衛一應從亂雜色人役家屬在省城者，仰各安居樂業，毋得逃竄；有能寄聲父兄子弟改過遷善，擒獲首惡，詣軍門報捷者，一體論功給賞，逃回報首者，免其本罪。仍仰各地方將前項人役一名名赴各該管門官處開報，令各親屬一名，每五日一次打卯，其有收藏軍器，許盡數送官，各宜悔過，毋取流亡。

綜　述

張家山二四七號漢墓竹簡整理小組《張家山漢墓竹簡·户律》　諸不爲户，有田宅，附令人名，及爲人名田宅者，皆令以卒戍邊二歲，沒入田宅縣官。爲人名田宅，能先告，除其罪，（有）〔又〕畀之所名田宅，它如律令。

《後漢書》卷一上《光武帝紀》　〔建武二年五月〕詔曰：民有嫁妻賣子欲歸父母者，恣聽之。敢拘執，論如律。

（清）杜貴墀《漢律輯證》卷三　略賣人。《光武紀》建武七年詔：吏人遭饑亂及爲青徐賊所略爲奴婢下妻欲去留者恣聽之，敢拘制不還以賣人法從事。按此比略賣人口律罪之也。臣表元光五年嗣侯陳何坐略人妻棄市。鴻嘉三年嗣蒲侯蘇夷吾坐婢自贖爲民，後略以爲婢免。按唐律略人略賣人在《賊盜四》。據魏《新律序》，漢盜律有和賣買人。

（清）杜貴墀《漢律輯證》卷四　度田不實。《光武紀》河南尹張伋及諸郡守十餘人坐度田不實，皆下獄死。《劉隆傳》是時天下墾田多不以實，又戸口年紀互有增減，詔下州郡檢覈其事，而刺史太守多不平均，於是遣謁者考實，具知奸狀，隆坐徵下獄，其疇輩十餘人皆死，以隆功臣特免，免爲庶人。《酷吏·李章傳》坐度人田不實，以章有功，但司寇論月餘，免刑歸。《晉書・傅玄傳》上便宜五事，共首以二千石，雖奉務農之詔，猶不勤心以盡地利，昔漢氏以墾田不實徵殺二千石以十數，臣愚以爲宜申漢氏舊典以警戒天下郡縣，皆以死刑督之。

《史記》卷三〇《平準書》　商賈以幣之變，多積貨逐利。於是公卿言：郡國頗被菑害，貧民無産業者，募徙廣饒之地。陛下損膳省用，出禁錢以振元元，寬貸賦，而民不齊出於南畝，商賈滋衆。貧者畜積無有，皆仰縣官。異時算軺車賈人緡錢皆有差，請算如故。諸賈人末作貰貸賣買，居邑稽諸物，及商以取利者，雖無市籍，各以其物自占，率緡錢二千而一算。諸作有租及鑄，率緡錢四千一算。非吏比者三老、北邊騎士，軺車以一算；商賈人軺車二算；船五丈以上一算。匿不自占，占不悉，戍邊一歲，没入緡錢。有能告者，以其半畀之。賈人有市籍者，及其家屬，皆無得籍名田，以便農。敢犯令，没入田僮。

（漢）桓寬《鹽鐵論》卷九《繇役》　大夫曰：《詩》云：玁狁孔熾，我是用戒。武夫潢潢，經營四方。故守禦征伐，所由來久矣。《春秋》譏戎驪未至，預禦之。故四支强而躬體固，華葉茂而本根據。故飭四境所以安中國也，發戍漕所以審勞佚也。主憂者臣勞，上危者下死。先帝憂百姓不贍，出禁錢，解乘輿驂，貶樂損膳，以賑窮備邊費，未見報施之義，而見沮成之理，非所聞也。

文學曰：周道衰，王迹熄，諸侯爭强，大小相凌。是以强國務侵，弱國設備。甲士勞戰陣，役於兵革，故君勞而民困苦也。今中國爲一統，而方内不安，繇役遠而外内煩也。古者無過年之繇，無踰時之役。今近者數千里，遠者過萬里，歷二期。長子不還，父母愁憂，妻子詠歎。憤懣之恨發動於心，慕思之積痛於骨髓。此《杕杜》、《采薇》之所爲作也。

《文物》一九九三年第十期《蕭武威旱灘坡東漢墓》　民占數以男爲女辟更繇，論爲司寇。

（唐）長孫無忌等《唐律疏議》卷一二《户婚・脱漏户口增減年狀》

諸脱户者，家長徒三年；無課役者，減二等；女户，又減三等。謂一户俱不附貫。若不由家長，罪其所由。即見在役任者，雖脱户及計口多者，各從漏口法。

疏議曰：率土黔庶，皆有籍書。若一户之内，盡脱漏不附籍者，所由家長合徒三年。身及户内並無課役者，減二等，徒二年。若户内並無男夫，直以女人爲户而脱者，又減三等，合杖一百。注云謂一户俱不附貫，此文不計人數，唯據脱户。縱一身亦爲一户，不附，即依脱户，合徒三年；縱有百口，但一口附户，自外不附，止從漏口之法。若不由家長，謂家長不知脱户之情，罪其所由，家長不坐。即見在役任者，謂身見在官驅使，而户籍無名，雖脱户，從漏口法。既見在役任，即無課調，若一身脱户，合杖六十。及計口多者，各從漏口法，漏有課口，罪止徒三年；漏無課口，罪止徒一年半。

脱口及增減年狀，謂疾、老、中、小之類。以免課役者，一口徒一年，二口加一等，罪止徒三年。

疏議曰：謂脱口及增年入老，減年入中、小及增狀入疾，其從殘疾入廢疾，從廢疾入篤疾，廢疾雖免課役，若入篤疾即得侍人，故云之類，罪止徒三年。

其增減非免課役及漏無課役口者，四口爲一口，罪止徒一年半；即不滿四口，杖六十。部曲、奴婢亦同。

疏議曰：口雖有所增減，非免課役者，謂增減其年，不動課役。其漏無課役口者，謂身雖是丁，見無課役及疾、老、中、小，若婦女。四口爲一口，罪止徒一年半，漏四口徒一年，十二口徒一年半，不滿四口杖六十。並謂無課役者。若其户内漏口，或有課役、無課役罪名不等者，從併滿之法，以課口累不課口科之。若課口自一口至罪止，或累併不加重者，止從一重科之。奴婢、部曲亦同不課之口。律稱以免課役，課役理不相須，一事得免，即從脱、漏之法。

《宋史》卷一《太祖本紀》〔建隆三年五月〕甲申，詔均户役，敢蔽占者有罪。

（宋）竇儀等《宋刑統》卷一二《户婚律・脱漏增減户口》　諸脱户者，家長徒三年。無課役者減二等，女户又減三等。謂一户俱不附貫。若不由家長，罪其所由。即見在役任者，雖脱户及計口多者，各從漏口法。脱口及增減年狀，謂疾老中小之類。以免課役者，一口徒一年，二口加一等，罪止徒三年。其增減非免課役及漏無課役口者，四口爲一口，罪止徒一年〔半〕，即不滿四口杖六十。部曲奴婢亦同。

疏：諸脱户者，家長徒三年。無課役者減二等，女户又減三等。注云，謂一户俱不附貫。若不由家長，罪其所由。即見在役任者，雖脱户及計口多者，各從漏口法。

議曰：率土黔庶，皆有籍書，若一户之内，盡脱漏不附籍者，所由家長，合徒三年。身及户内並無課役者減二等，徒二年。若户内並無男夫，直以女人爲户而脱者，又減三等，合杖一百。注云，謂一户俱不附貫。此文不計人數，唯據脱户，縱一身亦爲一户，不附即依脱户，合徒三年。縱有百口，但一口附户，自外不附，止從漏口之法。若不由家長，謂家長不知脱户之情，罪其所由，家長不坐。即見在役任者，謂身見在官驅使，而户籍無名，雖脱户，從漏口法。既見在役任，即無課調，釋曰：課調具在《役令》。若一身脱户，合杖六十。及計口多者，從漏口法。漏有課口罪止徒三年，漏無課口罪止徒一年半。

又云，脱口及增減年狀。注云，謂疾老中小之類。又云，以免課役者，一口徒一年，二口加一等，罪止徒三年。議曰：謂脱口及增年入老，減年入中小，及增狀入疾，其從殘疾入廢疾，從廢疾入篤疾，廢疾。釋曰：老小中疾具在下條。雖免課役，若入篤疾，即得侍人，故云之類，罪止徒三年。又云，其增減非免課役及漏無課役口者，四口爲一口，罪止徒一年半，即不滿四口杖六十。注云，部曲、奴婢亦同。議曰：口雖有所增減，非免課役者，謂增減其年，不動課役。其漏無課役口者，謂身雖是丁，見無課役，及疾老中小若婦女，四口爲一口，罪止徒一年半。漏四口徒一年，十二口徒一年半，不滿四口杖六十，並謂無課役者。若其户内漏口或有課役、無課役，罪名不等者，從並滿之法，以課口累不課口科之。若課口自一口至罪止，或累並不加重者，止從一重科。奴婢、部曲亦同不課之口。律稱以免課役，課役理不相須，一事得免，即從脱漏之法。

（宋）孫應時等《琴川志》卷六《鄉役人》 一、據申役政之弊始於版籍之不明，版籍之弊始於過割之不謹。本縣今將各都新排經界田籍備録一本印押，交付機察謹密收藏。每遇人户典賣田産，並許具狀經縣陳乞，送下機察，仰置簿打號發下。保正役主内係起催夏税以後入狀者，即責付新苗。保内係起催秋苗，以後卽責付新税。保長令取責契，照及兩家，砧基點對，保明類申機察。機察類申本縣，送鄉戛局參對，官籍移割。其詭名寄産者，繳回元狀，不許容情，相與爲欺，違者一例坐罪。務要户籍常清，保長可無陪納之患。本縣自十二月初一日以後，受移割夏税狀，止正月十五日終。自六月初一日以後，受移割秋苗狀，止六月終。限滿更不受理。

（宋）周去非《嶺外代答》卷四《法制門·南海役法》 自免役法行，天下無復有鄉差爲吏之州，獨海南四郡不行焉。聞仕於海南者曰，海南名爲鄉差，實募人爲吏，彼受募者已世其業，民閒反謂免役爲便，願輸役錢而不可得。夫權利之心，人皆有之。地邇京師，則人以功名爲權利。去朝廷遠，人絶榮望，惟知利之爲權利耳。廣西州縣之吏，皆鄉落大姓，能爲一鄉之禍福，人莫不尊敬之。與江浙之恥爲吏者大異，遠方之貴吏，猶江浙之貴仕也。況南海之遠乎。向之所知殆一二受募吏輩，自固之言。嘗謂免役之法，聖人所謂順非而澤者也。人生天地之閒，生於憂患而死於安樂。富民爲吏，豈不艱苦，然而甲乙執役，必能自愛其鄉黨。雖不保其不爲非，必不至舞文以毒民。如今日之吏，就使斯民得輸錢免役以自逸，而心厭作吏之賤。舉先王良法美意，納之於斯民厭惡之心，俾募雇爲吏者，長子孫於害民之閒，而斯民有無窮之患，豈不甚可痛哉。自免役之法一行，有志於世之士，至終不敢復。蓋民之所安者在是，聖人所謂順非而澤者，其是法乎？鄉差之法，非役民以自養也，與民長慮而全其生也。今日舉世之民，受吏之害，幸海南四郡，遺法尚存。吾懼繼此有搖撼欲去之而行免役者，羊亡禮遂亡矣。

（清）嵇璜等《續文獻通考》卷一二《户口考·户口丁中》 〔金世宗大定〕二十一年六月，命避役之户，舉家逃於他所者，元貫及所寓司縣官同罪。爲定制。

至章宗泰和七年六月，勑中物力户有役則多逃避，有司令以次户代之，事畢則復業，以致大損不逃之户。令省臣詳議。宰臣奏舊制太輕，遂命課役全户，逃者徒二年，賞告者錢五萬。先逃者，以百日内自首，免罪。如實銷乏者，内從御史臺，外從按察，體究免之。

（清）嵇璜等《續文獻通考》卷一二《户口考·户口丁中》 泰和五年六月，制鎮防軍逃亡致邊事失錯陷敗户口者罪。興定元年十二月招逃户復業。

自衛紹王之時，軍旅不息，宣宗立，而南遷死徒之餘，所在爲虚，户口日耗，軍費日急，賦斂繁重，皆仰給於河南，民不堪命，率棄廬田相繼亡去，乃屢降詔，復業者免其歲之租。然以國用乏竭，逃者之租皆令居者代出，以故多不敢還。至是帝欲懸賞募人捕亡，已而復慮騷動，遂命依已陳詔書已免債逋更招一月，違而不來者，然後捕獲治罪，而以所遺地賜人。至四年省臣奏河南以歲饑而賦役不息，所亡户令有司招之，至明年三月不復業者，論如律。

（清）嵇璜等《續通典》卷七《食貨·鄉黨版籍》〔金章宗泰和〕七年敕：中物力户有役則多逃避，有司令以次户代之。事畢則復業，以致大損不逃之户。令省臣詳議。宰臣奏舊制太輕，遂命課役全户，逃者徒二年，賞告者錢五萬。如實銷乏者，内從御史臺，外從按察司，體究免之。

史金波等譯《天盛改舊新定律令》卷一五《橋道門》　沿諸小渠有來往道處，附近家主當指揮建橋而監察之，破損時當修治。若不建橋不修治時，有官罰錢五緡，庶人十杖，橋當建而修治之。

史金波等譯《天盛改舊新定律令》卷一五《灌渠門》　諸租户家主除冬草蓬子、夏蒡等以外，其餘種種草一律一畝當納五尺捆一捆，十五畝四尺背之蒲葦、柳條、夢蘿等一律當納一捆。前述二種繩捆當爲五寸捆頭，當自整繩中減之。使變換冬草中蓬子、夏蒡及條爲納雜草等時，納者及斂者一律當計量所納草及應納條，未足者計價，以偷盗法判斷。

史金波等譯《天盛改舊新定律令》卷一五《收納租門》　一、租户家主自己所屬地上冬草、條椽等以外，一頃五十畝一塊地，麥草七捆，粟草三十捆，捆繩四尺五寸，捆袋内以麥糠三斛入其中。袋囊中二袋，各自依地租法當交官之所需處，當入於三司庫。逾期時與違納租穀物之納利相同。

一、所屬郡縣局分大小人交納種種地租多少，十一月一日於轉運司不告交簿册，憑據，遲緩時罪：自一日至五日十三杖，五日以上至十日徒三個月，十日以上至二十日徒六個月，二十日以上一律徒一年。

史金波等譯《天盛改舊新定律令》卷一五《租地門》　一、僧人、道士、諸大小臣僚等，因公索求晨田司所屬耕地及寺院中地，節親主所屬地等，諸人買時，自買日始一年之内當告轉運司，於地册上註册，依法爲租傭草事。若隱之，逾一年不告，則所避租傭草數當計量，應比偷盗罪減一等，租傭草數當償。已告而局分人不過問者，受賄徇情則依枉法貪贓罪判斷，未受賄情則依延誤公文法判斷。

史金波等譯《天盛改舊新定律令》卷一五《春開渠事門》　一、畿内諸租户上，春開渠事大興者，自一畝至十畝開五日，自十一畝至四十畝十五日，自四十一畝至七十五畝二十日，七十五畝以上至一百畝三十日，一百畝以上至一頃二十畝三十五日，一頃二十畝以上至一頃五十畝一整幅四十日。當依頃畝數計日，先完畢當先遣之。其中期滿不遣時，伕事小監有官罰馬一，庶人十三杖。

史金波等譯《天盛改舊新定律令》卷一五《地水雜罪門》　一、租户家主有種種地租傭草，催足中不速納而住滯時，當捕種地者及門下人，依高低斷以杖罪，當令其速納。

一、春開渠發役伕中，當集唐徠、漢延等上二種役伕，分其勞務，好好令開，當修治爲寬深。若不好好開，不爲寬深時，有官罰馬一，庶人十三杖。

一、諸租户家所屬租地河水已斷，沙□已入，及池起石出，地高水不至，致不堪耕種而爲舍，告曰我求註銷者，轉運司大人、承旨一人當往視之。地邊相鄰者應擔保，是實言，則當明其頃畝數而奏報註銷。若言語隱瞞，告者與視者、擔保者隨意無理註銷時，一律以頃畝數計價，當比偷盗法減一等判斷。又先已註銷，後其地中所種可生，及爲舍處又損而他遷等，不許隨意種之，當告轉運司而種之，種種租傭草當依拓新地法納之。不告而擅自隨意種之時，所避之租傭草價以偷盗法判斷，依租傭草法當償之。

一、諸人租地中已爲林場，除先已註銷以外，此後不許註銷，當依租庸草法爲之。若違律時，所註銷地之種種租計價，依偷盗律判斷。

一、諸人互相買租地時，買者地名註銷，買者曰我求自己名下註册，則當告轉運司註册，買者當依租傭草法爲之。倘若賣處地中註銷。買者自地中不註册時，租傭草計價，以偷盗法判斷。

一、諸人互相賣租地，買地者曰我求丈量，告轉運司者，當遣人丈量，買憑據上有頃畝數不足者，賣地者其地原是甚多，另二三種已賣，餘持自種，則皆當丈量，超地所在處當承租傭草事，空頃畝上當減之，價當還買地者。其中地雖未另賣，然部分地主人自己未種，皆賣與一人，少於地册上有者，轉運司大人、承旨一人當往丈量。是實言，則當奏而註銷頃畝未足之數。若不應註銷時，依邊等隱瞞官私地而避租傭草事之計量罪狀法判斷，受賄則與枉法貪贓罪等比較，從重者判斷。

《元史》卷一四六《耶律楚材傳》 詔自庚寅正月朔日前事勿治。且條便宜一十八事頒天下，其略言：郡宜置長吏牧民，設萬户總軍，使勢均力敵，以遏驕横。中原之地，財用所出，宜存恤其民，州縣非奉上命，敢擅行科差者罪之。貿易借貸官物者罪之。蒙古、回鶻、河西諸人，種地不納税者死。監主自盗官物者死。應犯死罪者，具由申奏待報，然後行刑。貢獻禮物，爲害非輕，深宜禁斷。帝悉從之。

（清）嵇璜等《續文獻通考》卷一六《職役考·歷代役法》 〔元世祖中統〕三年五月詔：驗實租逃户輸納絲銀税租，逃民苟免差税，重加之罪。

（清）嵇璜等《續文獻通考》卷一八《征榷考·征商》 〔元世祖中統四年〕令凡在京權勢之家爲商賈及以官銀買賣之人並赴務輸税，入城不弔引者同匿税法。

用部轉運司阿哈瑪特等言也，至至元十九年十一月，以勢家爲商賈者阻遏舟船，立沿河巡察軍，犯者没其家。仁宗元祐五年二月，敕上都諸寺權豪商販貨物並輸税課。

臣等謹按《元典章》中統二年六月恢辦課程條畫十二事内一條，諸犯匿税者，貨物一半没官，一半付告人充賞。但犯笞五十。入門不弔引者，同匿税科斷。《食貨志》謂是年用阿哈瑪特等言，始定是制。與《典章》年月不同。

（清）嵇璜等《續文獻通考》卷一六《職役考·歷代役法》 〔元世祖至元〕二十三年，刑部尚書崔彧言，大都高貲户多爲僧格所容庇，凡百徭役止令貧民當之。今後徭役不問何人，宜皆均輸，有敢如前以賄求人、容庇者，罪之。二十八年三月以江淮富民多行賄權貴，爲府縣吏卒容庇，平户遇有差役反及貧民，詔江淮行省嚴禁之。皆從之。

（清）嵇璜等《續文獻通考》卷一六《職役考·歷代役法》 〔元大德〕十一年七月詔：唐古圖魯格户籍已定，其人諸王駙馬各部避役之人及冒匿者，皆有罪。武宗至大三年十月敕諭中外民户托名諸王妃主貴近臣僚規避差役已當禁止，自今違者，俾充軍驛及築城。中都、郡縣不覺察者，罷職。十二月諭，中外因避役占籍諸王者，俾充軍驛。四年二月敕諸王駙馬户在縉山、懷來、永興縣者，與民均賦徭役。英宗至治五年正月敕諸王位下民在大都者與民均役。順帝至正二十二年四月詔，諸王駙馬御史臺各衙門不許占匿人民不當差役。

仁宗延祐元年三月敕姦民宫其子爲閹宦，謀避徭役者罪之。

（元）沈仲緯《刑統賦疏·第七韻》 見役在官脱户止從於漏口。《户婚律》諸脱户者家長徒三年，無課役者減二等，女户減三等。注：謂一户，俱不附貫，若不由家長罪坐所由。即見在役任者，謂身在驅使而户籍無名，雖脱户從漏口法，即見在役任即無課調，若一身脱户合杖六十，計户多者從漏口法，漏有課口罪止徒三年，漏無課口罪止徒一年半。蓋漏口者漏其户内之口而已，而户猶存。脱户者全户脱之而貫不附。户之存者猶有可究之理，貫若不附雖加檢察亦莫知之矣。若脱户身見在官任役者亦可察而知之，故脱户止從漏口法坐罪矣。

直解：謂本身見在官役使，雖是脱户止從漏口法。

通例：至元十七年十月户部呈，衛輝路軍户李秀告户程玉將男程暗住軍籍内漏報役充軍站户，既然得軍籍正是漏了，終是原簽正軍，程玉親男程暗住擬合與程玉依舊同户當軍別行補撥車站身役。

《大明令·兵令》 凡軍民以籍爲定，軍官頭目無得巧立名色徑行勾捉百姓充軍。民户亦不得詐稱各官軍人貼户，躲避差役。果有在逃軍人，在内申奏大都督府，在外申奉行中書省明文，方許勾取。

《大誥·陝西有司科斂》 陝西布政司、按察司官，府、州、縣官王廉、蘇良等，害民無厭，恬不爲畏。造黄册，科斂於民。朝覲，科斂於民。買求六部寬免勘合限期，科斂於民。征收二税促逼，科斂於民。造上中下三等民册，科斂於民。其贓官贓吏實犯在獄，招出民人官吏，指定姓名，各寄鈔銀、氈衫、氈條、氈褥、氈韈、頭疋等項，各照姓名坐追。其布政司、府、州、縣聞此一至，且不與原指寄借姓名處追還，却乃一槩遍府、州、縣民科要，平加十倍。如此害民，其心略不將陝西百姓於心上躊躕。民人苦楚，且如西凉、莊浪等處，河州、臨洮、岷州、洮州軍人缺糧，著令民人趲運，地將盈雪尺餘，深溝陡澗，高山峻嶺，莊農方息，勞倦未甦，各備車輛，重載涉險，供給軍儲。中路車頹牛死者有之，人亡糧被盗取者有之。若牛死車存，人在中途，進退兩難，寒風凜冽，將欲墮指裂膚，上畏法度，謹遵差期。雖死不易，苦不勝言。設若到衛交納，淋尖跌斛，加倍輸納，無敢妄言。如此艱辛，布政司、府、州、縣官，按察司官，果會軫念於民？爲此，法所難容，各科重罪。

《大誥續編・民間差發》官府一應差發，皆是細民應當。正是富家，却好不會正當官差。筭起買囑官吏，不當正差。私下使用錢物，計筭起來，與當差不争來去，不知如何愚到至極之處。你這等豪户，然後定差貧民。貧民無物可買，著實應當。嗚呼！似此小民，尚且應當，此害此苦，年年有之，不會見細民家破人亡，大户刁頑，直至家破人亡後已。此誥一出，豪富之家聞有差發，隨即應當，不許出錢買免。爾若出錢買免，官吏貪污，心無厭足，其差故疊疊至門。不買官吏，著實應當，其官吏無可奈何。今後一體朕意，倘有官吏刁蹬百端，爾勿賄賂，少加窘逼，縛吏赴京來奏。所在良民，必依朕言，官吏自清，民無横害。不依朕言，誘引官吏貪污，事發，全家遷於化外，不許與良民同於中國，的不虚示。

《大誥續編・路費則例》今後每歲有司官赴京，進納諸色錢鈔並朝覲之節，朕已定下各官路費脚力矣。若向後再指此名頭科民鈔錠脚力物件，官吏重罪。

每有司官壹員，路費脚力共鈔一百貫，周歲柴炭錢五十貫。吾良民見此，若此官此吏仍前不改非爲，故行攪擾，隨即赴京伸訴，以憑問罪。

一、進商税路費脚力鈔一百貫。

一、朝覲路費脚力鈔一百貫。

一、周歲柴炭鈔五十貫。

《大誥續編・議讓納糧》催糧之時，其納户人等糧少者，或百户，或十户，或三五户，自備盤纏，水覔船隻，旱覔車輛，於中議讓幾人總領，根隨糧長赴合該倉分交納，就鄉里加三起程，其糧長並不許起立諸等名色，取要錢物。其議讓領糧交納人既是加三領行，毋得破調不敷。若科糧之時，民有頑者故不依期，刁頑不納，糧長備書姓名，赴京面奏。拿與糧長對問，非是糧長排陷，實是頑民故違，闔家遷於化外。糧長揑詞朦朧奏聞，罪如之。

《大誥三編・公侯佃户》公侯世祿佃田人户，往往不肯與民一例當差。此誥一出，今後一切雜泛差役，一體應當。敢有不當者，全家遷發化外。管莊人阻當，管莊人處斬。有司聽從囑托分付，一體處斬。且公侯佃田人户，秋夏二税辦納之際，比之衆民甚是易辦。凡收糧之時，各府遣人詣莊所催督，衆户送赴交納，並無刁蹬留難，淋尖，跌斛及上倉、蘆蓆、脚錢諸等使且並無，比之衆民減輕多矣。若再不與衆民一體當差，定遷化外。其管莊人倚恃公侯之家，上謾朝廷，下謾本官，假以各官佃户爲由，擅隱當差人民入己者處斬，的不虚示。

《大誥三編・工匠頂替》工作人匠，將及九萬。往者爲創造之初，百工技藝盡在京城，人人上不得奉養父母，下不得歡妻撫子，如此者二十六七年。邇年以來，工多成就，人匠應合省差。朕爲事繁，一時不能打點。其所任工部官吏，惟務貪饕，本無大工，假此作爲由，將近九萬人設計勾差。一千、二千方勾到京，文案明立到京月日，實不與上工，待一月後，半月後方許上工。及至關安家鈔並月支食錢，照依文案所立月日，一槩關支鈔錠出庫。及其賞匠也，或萬或千，或數千人，止論上工之日準工。餘虚半月一月，鈔雖開出，諸色匠人不得，如此奸弊。諸匠雖關食錢、安家錢，工滿應放回還，不即與批，又行刁蹬留難，直至將安家錢、每月食錢勒要賄賂，方才放歸，諸匠所得甚少。近年以來，愈見工減甚多，無處役使匠人。其工部官吏設計，將諸色目人勾至便賣，得錢便放。來者方到，有錢賄賂即歸。未到者，連日發批勾取。被賣去者，到家都無半月，親戚鄰里雖欲面會，不能完全，又乃起程。似如此者，九萬工技之人，年年在途者有之，暫到京者有之，方到家者亦有之，無錢買囑終年被微工所役者有之。嗚呼！九萬工技之人，年年在途，在京，在家，皆無寧息，上廢朝廷之供，下殃百工技藝，惟工部官吏肥己爲奇，智人君子深察至此，豈不恨哉！九萬工技之人，至如此艱難跋涉，不得休息。朕命進士秦逵職工部侍郎，掌行其事。本官到任未久，識此奸詭甚多，躬親來奏。其辭曰：創造已定，工技有勞甚久。雖有些須未完，所用人匠甚不須多。匠將應用數目，立定限期，編成班次，使輪流而相代之。其九萬之人，一班諸色匠人不滿五千，以此輪之。四年有餘，方輪一交。朕見其詞善，可其奏，不月編成。除當該赴工者在京，餘有八萬五千盡皆寧家，各奉父母，保守妻子。嗚呼甚矣哉！秦逵爲諸色匠人造福有如此乎！此係良謀良政，公當無移。如此者將一年餘，第四班人匠心生奸計，侮慢朝廷，自取禍殃。朝廷既除多人徒勞汎濫工役，減省用人，其諸技藝人等必躬親赴工者乃當。人匠減少，所來者技藝不精，工有所誤，事多遲滯，責罰焉。人匠沈添二等二百七名，中有三名乃親身赴役，餘皆以老羸不堪、幼懦難用以代正身，致使工不能就。點出奸頑，將幼丁老者盡發廣西充軍，復於家下，務必要正身赴官。如此者自取不寧，又何恨哉！今後諸色匠人敢有不親身赴工者，遷發雲南。

《大誥三編·拖欠秋糧》 設置糧長，惟在催徵本區内一萬石税糧。其税糧俱係各户自行辦納，本非難辦之事，自合依期納足。其糧長人等，却將各人户税糧徵收入己，故意抵頑，遷延不納。直至下年秋熟，方才將下年秋糧補納上年欠數。蓋是奸臣胡、陳並郭桓等在時，倉廒不明，糧數不精，糧長人等慣於虚買實收，妄稱足備，自以爲得計。不知自洪武十八年以來，朕知其弊，特命户部將各衙門歲用糧米逐月分派，一月置倉一廒，一年置倉一十二廒，倉糧數目精明，難以仍前作弊，因此顯出奸頑。不納糧糧長張時傑等一百六十名，身亡家破。今後糧長務要依期納足，如是仍蹈前非者，一體治罪不赦。

（明）王世貞《弇山堂别集》卷九九《中官考十》 正德末，内監各軍匠率多冗濫，已而奉詔汰減，弊源頗清。至是，御用監太監黄錦言：工煩，匠不足用，請選經汰人役及見役户丁二千名供事。兵部議覆，匠不足用，以私役賄免虚冒者衆也，不此之稽，而欲更選以充，非所以奉明詔，且開幸進之路，仍冗食之轍，不便。疏入，上命選五百名應用，而嚴私役虚冒之禁。

黄彰健《明代律例彙編》卷四《户律一·户役·隱蔽差役》 凡豪民令子孫弟姪，跟隨官員，隱蔽差役者，家長杖一百。官員容隱者，與同罪。受財者計贓，以枉法從重論。跟隨之人，免罪充軍。其功臣容隱者，初犯免罪附過。再犯，住支俸給一半。三犯，全不支給。四犯，依律論罪。

黄彰健《明代律例彙編》卷四《户律一·户役·逃避差役》 凡民户逃往鄰境州縣，躲避差役者，杖一百，發還原籍當差。其新管里長，提調官吏故縱，及鄰境人户，隱蔽在己者，各與同罪。若里長知而不逐遣，及原管官司，不移文起取，若移文起取，而所在官司，占恡不發者，各杖六十。其在洪武七年十月以前，流移他郡，曾經附籍當差者，勿論。限外逃者，論如律。若丁夫雜匠在役，及工樂雜户逃者，一日笞一十，每五日，加一等。罪止笞五十。提調官吏故縱者，各與同罪。受財者，計贓以枉法從重論。不覺逃者，五人笞二《會典》作三十。每五人加一等。罪止笞四十。不及五名者，免罪。

弘治問刑條例

一、各州縣里甲，解户、納户、鋪户，但有差占，及供送人來京犯罪，俱查理明白，笞杖的決發落。徒罪以上，審無力者，與逃民俱遞回原籍官司，各照彼中事例發落。

一、太常寺光祿寺厨役，私自逃回原籍潛住，許里甲人等首官解部。不許津貼盤纏。其在原籍中途，及到部挾詐誆騙告害人者，問罪，立案不行。逃回至三次以上者，問發口外爲民。

嘉靖問刑條例

一、沿邊地方軍民人等，躲避差役，逃入土夷峒寨潛住，究問情實，俱發邊遠衛分，永遠充軍。本管里長總小旗，及兩鄰知而不首者，各治以罪。有能擒拿送官者，不問漢土軍民，量加給賞。

萬曆問刑條例

一、沿邊沿海地方軍民人等，躲避差役，逃入土夷峒寨海島潛住，究問情實，俱發邊遠衛分，永遠充軍。本管里長總小旗，及兩鄰知而不首者，各治以罪。有能擒拿送官者，不問漢土軍民，量加給賞。

黄彰健《明代律例彙編》卷五《户律二·田宅·欺隱田糧》 凡欺隱田糧，脱漏版籍者，一畝至五畝，笞四十。每五畝，加一等。罪止杖一百。其田入官。所隱税糧，依數征納。若將田土移坵換假，那移等則，以高作下，減瞞糧額，及詭寄田糧，影射差役，並受寄者，罪亦如之。其田改正，收科當差。里長知而不舉，與犯人同罪。其還鄉復業人民，丁力少而舊田多者，聽從盡力耕種，報官入籍，計田納糧當差。若多餘占田而荒蕪者，三畝至十畝，笞三十。每十畝，加一等。罪止杖八十。其田入官。若丁力多而舊田少者，告官，於附近荒田内，驗力撥付耕種。

胡瓊集解附例

一、主文書算飛詭税糧事發，有顯跡情重者，旗軍問發邊衛，民並軍丁發附近，俱充軍。情輕者，問罪，枷號一個月。縱容官員作罷軟黜退。失覺察者，照常發落。若各衙門書手飛詭税糧二百石以上者，問發邊衛充軍。

一、書手將開墾起科田地，不行報册起科作弊者，俱依飛詭税糧事例，問發邊衛充軍。官吏從重治罪。

一、山東河南北直隸各處空閒地土，祖宗朝俱聽民盡力開墾，永不起科。

嘉靖新例

一、嘉靖陸年貳月拾叁日詔令：州縣書手，久慣作弊，受賂，將税糧飛走灑派。今後許諸人指實首告，問發邊衛，永遠充軍。贓銀盡其財産追入官，給主。官司縱容不舉，作罷軟黜退。有贓者以贓論。

一、嘉靖拾貳年拾壹月户部題準：各處塗田灘地山場湖蕩新生續沙洲等項，但係開墾新增無糧田地，或被官豪勢要占種，或被豪民侵隱，行委能幹官員，逐一清查，招撫無業居民佃種，每畝徵銀叁分。高者照依彼中土俗，量爲加添，定徵租銀，各數目，造册奏繳。

一、嘉靖貳拾年户部題準：各邊鎮地方，如有空閒地土，應給軍民耕種者，即行查給，暫免徵税，候其耕種年久，地熟利多，量爲徵税。

萬曆問刑條例

一、凡宗室置買田産，恃强不納差糧者，有司查實，將管莊人等問罪。仍計算應納差糧多寡，抵扣禄米。若有司阿縱不舉者，聽撫按官參奏重治。

黄彰健《明代律例彙編》卷七《户律四・倉庫・隱匿費用税糧課物》

凡送本户應納税糧課物，及應入官之物，而隱匿費用不納，或詐作損失，欺妄官司者，並計所虧欠物數，準竊盗論，免刺。其部運官吏，知情與同罪。不知者不《會典》作免坐。

舊例

一、刑部山東清吏司案呈：奉本部送刑科抄出，山東布政司奏，據東昌府申：查得犯人姜友勝先充恩縣兵房典吏，本縣令伊收完弘治二年分地畝站錢銀三百二十八兩八錢四分一釐，侵欺費用。蒙弘治五年三月初八日赦宥。姜友勝不合不行首官，本縣將姜友勝拏解山東布政司，問得犯在革前，止擬不應，杖罪，具呈巡撫何都御史詳允，遞發本府監追，將地土産業盡行變賣銀一十九兩一錢交納在官，餘銀監追未完，委的無從追納，具本奏行本部。查得先年廣東司犯人江海劉清，俱爲誆受銀兩數多，監追年久，家産盡絶，無力陪納，遇革，該本部題奉聖旨：各犯既年久家産盡絶，免監追，照例連當房家小，押發陝西固原衛永遠充軍。欽此。查呈到部。看得犯人姜友勝侵欺官銀，監追年久，既經查勘，委的家産盡絶，無從陪納，比與江海等情罪相同。題奉聖旨：是。姜永勝免監追，照例連當房家小，押發陝西固原衛，永遠充軍。欽此。

中國第一歷史檔案館《滿文老檔》天命七年正月　初七日，汗諭衆漢人曰：凡酉年照例應徵之物，著從速完納。有官馬者，入告我有官馬，勿得隱匿所有馬匹，否則將其隱匿者殺之。其無馬之人，本戌年每男丁納銀五錢。自今五月起〔原檔殘缺〕合出一馬，此〔原檔殘缺〕諸凡人如何交來〔原檔殘缺〕。

《大清律例》卷八《户律・户役・丁夫差遣不平》　律

凡應差丁夫雜色在官工匠，而差遣勞佚不均平者，一人，笞二十；每五人加一等，罪止杖六十。

若丁夫雜匠承差，而稽留不著役，及在役日滿而所司不放回者，一日，笞一十；每三日加一等，罪止笞五十。

《大清律例》卷八《户律・户役・逃避差役》　律

凡民户逃住鄰境州縣，躲避差役者，杖一百，發還原籍當差。其親管里長提調官吏故縱，及鄰境人户隱蔽在己者，與同罪。若鄰境里長知而不逐遣，及原管官司不移文起取；若移文起取，而所在官司占吝不發者，各杖六十。

若丁夫雜匠在役，及工樂雜户謂驛竈醫卜等户逃者，一日，笞一十，每五日加一等，罪止笞五十。提調官吏故縱者，各與同罪；受財者，計贓，以枉法從重論。不覺逃者，五人，笞二十；每五人加一等，罪止笞四十。不及五名者，免罪。上言躲避鄰境，是全不當差役者，故其罪重。此言在役而逃，是猶當差役者，故其罪輕。

條例

一、因兵荒逃避之民，有司多方招撫，仍令附籍，復業、當差。或年久逃遠，府州縣造逃户周知文册，備開逃民鄉里、姓名、男婦口數、軍民匠竈等籍及遺下田地税糧若干、原籍有無人丁、應承糧差，送各處督撫，督令復業。其已成家業願入籍者，給與户由、執照，附籍當差。如不自首，雖首而所報人口不盡，或展轉逃移及窩家不舉首者，各杖一百。

一、有司委官挨勘流民名籍，男婦大小丁口，排門粉壁，十家編爲一甲，互相保識，分屬當地里長帶管。如或游蕩作非，公舉治罪。若團住山林湖泊，或投託官豪勢要之家藏躲，抗拒官司，不服招撫者，正犯並里老、窩家知而不首及估吝不發者，各依律科。

一、沿邊、沿海地方軍民人等，躲避差役，逃入土夷、峒寨、海島潛住，究問情實，俱發邊遠衛分充軍。本管里長、管軍人知而不首者，各治以罪。有能擒拏送官者，不問漢土軍民，量加給賞。

《大清律例》卷八《户律·户役·隱蔽差役》律

凡豪民有力之家，不資工食，令子孫弟姪跟隨官員，隱蔽差役者，家長杖一百。官員容隱者，與同罪；受財者，計贓，以枉法從重論；跟隨之人免杖罪，附近充軍。

其功臣容隱者，照律擬罪，奏請定奪。

《大清律例》卷九《户律·田宅·功臣田土》律

凡功臣之家，除朝廷撥賜公田免納糧當差外，但有自置田土，從管莊人盡數報官入籍，照額一體納糧當差。違者計所隱之田，一畝至三畝，杖六十；每三畝，加一等；罪止杖一百，徒三年；罪坐管莊之人。其田入官，仍計遞年所隱糧税，依畝數年數額數徵納。若里長及有司官吏阿附踏勘不實，及知而不舉者，與管莊人同罪；不知者，不坐。

《大清律例》卷九《户律·田宅·欺隱田糧》律

凡欺隱田糧，全不報户入册。脱漏版籍者，一應錢糧，俱被埋没，故計所隱之田，一畝至五畝，笞四十；每五畝加一等，罪止杖一百。其脱漏之田入官，所隱税糧，依畝數額數年數，總約其數徵納。

若將版籍上自己田土，移坵方圓成坵。換假，丘中所分區段。那移起科等則，以高作下，減瞞糧額，及詭寄田糧，詭寄，謂詭寄於役過年分，並應免人户册籍。影射脱免自己之差役，並受寄者，罪亦如之。如欺隱田糧之類。其減額詭寄之田改正，丘段收歸本户起科當差。

里長知而不舉，與犯人同罪。

其還鄉復業人民，丁力少而舊田多者，聽從盡力耕種，報官入籍，計田納糧當差。若多餘佔田而荒蕪者，三畝至十畝，笞三十；每十畝加一等，罪止杖八十，其田入官。若丁力多，而舊田少者，告官於附近荒田內，驗力撥付耕種。

條例

一、凡宗室置買田産，管莊人恃强不納差糧者，該管官察實，將管莊人等問罪。宗室知而縱容者，交該衙門察議，仍追徵應納差糧。若該管官阿縱不舉者，聽督撫參奏重治。

一、將自己田地應納錢糧灑派别户者，按數計贓以枉法論，田地入官，其灑派錢糧照年分、畝數追徵。

一、各處奸頑之徒將田地詭寄他人名下者，如受寄之家首告，準免罪。

一、各鄉里書飛灑詭寄税糧，二百石以上者，問邊衛充軍。

一、州縣徵收糧米之時，預將各里、各甲花户額數的名填定聯三版串，一給納户執照，一發經承銷册，一存州縣查封。按户徵收，封册完納，即行截給歸農。其未經截給者，即係欠户，該印官查摘追比。若遇有糧無票、有票無糧等情，即係胥吏侵蝕，嚴比治罪。

《大清律例》卷一一《户律·倉庫·隱匿費用税糧課物》律

凡本户自運送本户應納税糧課物，如蠶絲銅鐵之類。及應追入官之物，已給文送運，而隱匿肥己、私自費用不納，或詐作水火盜賊損失，欺罔經收官司者，並計所虧欠物數爲贓，準竊盜論；罪止杖一百，流三千里。免刺。其部運官吏知隱匿詐妄之情，與同罪；不知者，不坐。此係公罪，各留職役，若受財故縱，以枉法從重論。小户附搭，侵匿者，仍依此律準竊盜。

條例

一、石壩大通橋，設立經紀剝船，轉運京倉糧米。倉場及坐糧廳各差妥役，沿閘稽查。如剥船回空，搜查無米藏匿者，其摯欠仍責經紀賠補。若船底搜出有米藏匿，即將摯欠之米令船户代役照數攤賠，枷責革役。其失察之經紀，一並責懲。

《大清律例》卷一三《户律·課程·人户虧兑課程》律

凡民間周歲額辦茶鹽商税諸色課程，年終不納齊足者，計不足之數以十分爲率；一分，笞四十；每一分加一等，罪止杖八十；追課納官。

若茶鹽運司、鹽場、茶局及税務、河泊所等官，不行用心催辦課程，年終比附上年課額虧欠兑缺者，亦以十分論；一分，笞五十；每一分加一等，罪止杖一百；所虧課程，著落追補還官。

若人户已納，而官吏人役有隱瞞不附簿，因而侵欺借用者，並計贓，以監守自盜論。

條例

一、鹽課錢糧不完者，將經督各官照分數議處外，其各商名下應完鹽課作爲十分，欠不及一分者，責二十板；欠一分者，枷號一箇月，責二十板；欠二分者，枷號一箇月半，責二十五板；欠三分者，枷號兩箇月，責三十板；欠四分者，枷號兩箇月半，責三十五板；欠五分者，枷號三箇月，責四十板。以上欠課各商，題參之日，扣限一箇月，全完者，免處。如逾限不完，照此例枷責。如於枷限內照數全完者，釋放，免責。如枷限滿日仍全不完納，除杖責外，將該商咨參革退，並帶徵等項俱以引窩變抵。欠六分者，將該商杖六十，徒一年，所欠課項限四箇月全完；欠七分者，杖七十，徒一年半，限六箇月全完；欠八分者，杖八十，徒二年，限八箇月全完；欠九分者，杖九十，徒二年半，限十箇月全完；欠十分者，杖一百，徒三年，限一年全完。以上自六分至十分，將該商鎖禁，嚴查家産。如限內全完，革退，商人免其杖徒。倘逾限不完，即將該商發配，所欠新課帶徵等項，著落引窩家産變抵。

一、管收税課錢糧，倘有隱匿，加倍著追。如接收官不行清查，上司不行轉報題參，俱著落分賠。

《大清律續纂條例》卷一《户律》一、凡民間活契典當田房，一概免其納税。其一切賣契，無論是否杜絶，俱令納税。其有先典後賣者，典契既不納税，按照賣契銀兩實數納税。如有隱漏者，照律治罪。

一、民間私頂軍田，匿不首報，一畝至五畝笞四十，每五畝加一等，罪止杖一百。

《大清律續纂條例》卷二《户律·人户虧兑課程》一、在京在外官員眷口船隻過關，除無貨物照常驗放，胥吏人等毋得任意需索外，如有奸牙地棍假稱京員科道名帖，或京員子弟執持父兄名帖，討關夾帶貨物，希圖免税者，該管關員即行查拏究治，如該管關員不行詳查及明知瞻徇，照例議處。

《蒙古律例》卷二《户口差徭·徵取屬下人差役》一、凡蒙古王、台吉等每年向伊屬下人徵收差使，有五牛以上之人，取羊一隻；有二十隻羊之人，取羊一隻；有四十隻羊之人，取羊二隻；雖多不準增取。有兩牛之人，取米六釜，有一牛者，取米三釜。其進貢、會盟、移營、嫁娶等事，百家以上者，於十家內取馬一匹、牛車一輛；有三隻乳牛以上者，取奶子一肚；有五隻乳牛以上者，取奶子酒一瓶；有百隻羊以上者，增取毯子一條。若混行多徵差使者，治罪。

（清）西清《黑龍江外紀》卷五　牛馬羊豕外諸貨皆無税。惟城中典鋪，每鋪歲征銀二兩餘，號曰贓銀。而典物限二年內取贖，過限爲死。聽其變價，且無問典錢如干，概三分息，此與京師不同。

（清）席裕福《清朝政典類纂》卷三七九《刑十一·户律户役·脱漏户口》　凡一家曰户全不附籍，若有田應出賦役者，家長杖一百。若係無田不應出賦役者，杖八十，準附籍。有賦照賦，無賦照丁。當差著將他家人隱蔽在户不報，及相冒合户附籍者，各減二等。所隱之人，並與同罪。改正立户別籍當差其同宗伯叔弟姪及壻，曰來不會分居者，不在此斷罪改正之限。其見在官，役使辦事者，雖脱户然有役在身、有名在官，止依漏口法，若曾立有户，隱漏自己成丁，十六歲以上人口不附籍，及增減年狀，妄作老幼、廢疾以免差役者，一口至三口，家長杖六十，每三口加一等罪，止一百。不成丁，三口至五口，笞四十。每五口，加一等。非立止杖七十。所隱人口入借成丁者，當差若隱蔽他人丁口，不附籍者罪亦如之，所隱之人與同罪，發還本户附籍。當差若里長失於取勘，致有脱户者，一户至五户，笞五十。每五户加一等，罪止杖一百。漏口者，一口至十口，笞三十。每十口加一等罪，止笞五十。本縣提調正官首領，官吏失於取勘致有脱户者，十户笞四十。每十户加一等罪，止杖八十。漏口者，十口笞二十，每三十口加一等罪，止笞四十。知情者，並與犯人同罪。受財者，計贓以枉法從重論。若官吏曾經三次立案取勘，已責里長文狀叮嚀省諭者，事發，罪坐里長。如里長官吏知共脱漏之情，而故從不問者，則里長官吏與脱漏户口之人同罪，若有受財者，並計贓以枉法從重論。

一、直隸各省編審察出增益人丁實數，繕册奏聞，名爲盛世滋生户口册。其徵收錢糧，但據康熙五十年丁册定爲常額，續生人丁，永不加賦。如額徵丁糧數内有開除者，即將各該省新增人丁補足額數。至新增人丁□不據實開報，或有私派錢糧及造册之時藉端需索，該督撫嚴查題參。謹案此條雍正三年定，現行例内據續生人丁下删去遵康熙五十二年三月十八日恩詔十四字。

一、八旗凡遇比丁之年，各該務旗將所有丁册逐一嚴查，如有漏隱，即據實報出，補行造册送部。如該旗不行詳查，經部察出，即交部查議。謹案此條係雍正十二年定。

事例

雍正五年議準廣東省山多田少，無田耕種窮民，趕山、搭寮、取香、砍柴、燒炭等項，令各州縣每寮給，遇有遷徙消長赴縣添除。違者，寮長照脱漏户口律治罪。儻窩藏奸宄，勾通匪類，寮長不報官究治或被旁人首告者，照總甲容留棍徒例治罪。各寮長將此等人查出，即行報官者，免其治罪。至入山之窮民，如不赴官報明，搭寮居住，種麻種靛者，照盗耕田畝律治罪。其山主不經官驗準，私自批佃搭寮者，照違令律治罪。文武各官，漫不經心約束，以致窩藏奸宄勾通匪類，經督撫題參，照溺職例處分。乾隆五十四年奏準編查旗丁，倘編造遺漏，故縱殷富軍丁竄入民籍，並將田産代爲隱匿脱漏者，將原查之該管州縣衛所官弁革職，發往新疆効力贖罪，永不敘用。失察之糧道知府一並革職，不準捐復其營。謀脱漏之本丁發往黑龍江給與兵丁爲奴，該丁之弟兄子孫仍編入軍籍，僉派辦運。嘉慶四年，嗣後有漕省分，各督撫必當嚴飭糧道及州縣衛所各官，於僉廳出運一節，力除積弊，務將殷實僉派充當。倘一丁力薄，即酌令數家籍貼定爲正副軍丁，斷不許無賴貧丁混冒充數，寬力稽查，毋令沿途盗賣。倘有前項情弊，將漕運總督、糧道州縣衛所等員嚴行究辦，不行查察之督撫交部議處。

(清) 席裕福《清朝政典類纂》卷三七九《刑十一・户律户役・人户以籍為定》 凡軍民驛竈醫卜工樂諸色人户，並以原報册籍爲定。若詐冒脱免，避重就輕者，杖八十。其官司妄準脱免及變亂改軍爲民、改民爲匠。版籍者，罪同。軍民人等各改正當差。若許稱各衛軍人不當軍民差役者，杖一百，發邊遠流充軍。

條例

一、應試童生如詭捏數名，或頂名入場，希圖幸進者，照許冒律，杖八十。保結之廪生知情者同罪。謹案此條乾隆八年定。一、順天府考試審音之時，究出冒籍情弊，將本生及廪保俱照變亂版籍律，杖八十，廪保仍革去衣頂。知縣教官，如審音不實，濫行申送，俱照徇庇例交部議處。受財者計贓從重論。謹案此條乾隆十年定。一、各處衛所官軍人等及竈户，置貧民田，一體坐派糧差。若不納糧當差致累里長包賠者，查係欺隱田畝，及典買不過割者，各按本律定擬，其田入官。若無欺隱等情，止係不納糧當差，照收糧違限律治罪。謹案此條係嘉慶六年改定。一、各省樂籍並浙省惰民丐户，皆令確查削籍，改業爲良。若土豪地棍，仍前逼勒陵辱及自。

(清) 席裕福《清朝政典類纂》卷三七九《刑十一・户律户役・隱蔽差役》 凡豪民有力之家不資工食令子孫弟姪跟隨官員隱蔽差役者，家長杖一百，官員容隱者，與同罪。受財者計贓以枉法從重論。跟隨之人免杖罪附近充軍。其功臣容隱者，照例擬罪。奏請定奪。謹案其功臣容隱者下原文，初犯免罪，附過再犯，住支俸給一半，三犯全不支給，四犯依律論罪。雍正五年改。

(清) 席裕福《清朝政典類纂》卷三七九《刑十一・户律户役・禁革主保里長》 凡各處人民每一百户内，議設里長一名，甲首一十名，輪年應役、催辦錢糧、勾攝公事。若有妄稱主保小里長保長主首主管甲首等項名色生事擾民者，杖一百，遷徙。比流減半準徒二年。若無生事擾民實蹟，難議遷徙。其合設耆老，須於本鄉年高有德衆所推服人内選充，不許罷閒吏卒及有過之人充應，違者杖六十。革退。當該官吏笞四十。若受財枉法從重論。

條例

一、直省各州縣編賦役册以一百一十户爲里，推丁多者十人爲長，餘百户爲十甲，甲凡十人，歲役里長一人，管攝一里之事。城中曰坊，近城曰厢，鄉里量，凡十年一周，先後則各以丁數之多寡爲次，每里編爲一册，册首總爲一圖，其鰥寡孤獨不任役者，則帶管於百一十户之外，而列於圖後，名曰畸零册。成人一本送户部，布政司及府州縣各存一本。謹案此條係原例，原本係賦役黄册。雍正三年因康熙七年停造黄册，止有報部册籍，將黄字删去。

刑案

武生設局包辦錢漕雜差漁利，擬杖一百，徒二年半。道光七年河南案。

（清）席裕福《清朝政典類纂》卷三七九《刑十一·户律户役·逃避差役》

凡民户逃往鄰境州縣躲避差役者，杖一百，發還原籍當差。其親管里長提調官吏故縱及鄰近人户隱蔽在己者，各與同罪。若鄰境里長知而不逐遣及原管官司不移文起取，若移文起取，而所在官占悋不發者，各杖六十。若丁夫雜匠在役及工樂雜户謂驛竈醫卜等户逃者，一日笞一十，每五日加一等，罪止笞五十。提調官吏故縱者，各與同罪。受財者，計贓以枉法從重論。不覺逃者，五人笞二十，每五人加一等，罪止笞四十，不及五名者免罪。上言躲避鄰境，是全不當差役者，故其罪重。此言在役而逃是猶當差役者，故其罪輕。

條例

一、因兵荒逃避之民，有司多方招撫仍令附籍復業當差，或年久逃遠，府州縣造逃户周知文册。備開逃民鄉里姓名、男婦口數、軍民匠竈等籍，及遺下田地税糧若干，原籍有無人丁應承糧差，送各處督撫督令復業。其已成家業應入籍者，給與户田執照，附籍當差。如不自首，雖首而所報人口不盡或轉展逃移乃窩家不與首者，各杖一百。謹案此條係原例。督撫二字，原文係撫按。各杖一百，原文係俱發附近衛所充軍，均雍正三年改。一、有司委官挨勘流民名籍，男婦大小丁口，排門粉壁，十家編爲一甲，互相保識，分屬當地里長帶管。如或遊蕩作非，公舉治罪。若團住山林湖濼，或投託官豪勢要之家藏躲抗拒官司，不服招撫者，正犯並里老窩家知而不首者、及占悋不發者，各依律科。謹案此條係原例，小注十字雍正三年增。一、沿邊沿海地方軍民人等，躲避差役逃入土夷峒寨海島潛住，究問情實，俱發邊遠地方充軍。本管里長管事人知而不首者，各治以罪。有能擒拏送官者，不問漢土軍民，量加給賞。謹案此條係原例，管軍人三字原文係總小旗，雍正三年改。順治十六年覆準凡無籍棍徒遊手好閒之人，不許容留在京，令八旗都統五城御史嚴飭各該管官逐户挨查，驅逐回籍。有違法者，該管官卽拏送部，嚴審定罪。如或徇情容隱被人拏首，卽將該管都統以下、領催以上分别議處。康熙五年覆準，五城司坊及巡捕三營官，查各該管地方，有無業游手來歷不明之人，卽送該城遣回原籍，仍查明犯事，離籍情由擬罪。如該管官不行拏送，别經查出者，聽該部議處。總甲等並容留居住之房主俱責三十板。十年覆準，凡無業之人，在街道打手鼓、踢石毬者，拏送到部。係旗下人鞭五十，係民責二十板。雍正五年議準，各省游蕩奸僞之徒，潛來京城，引類呼朋，招摇撞騙，造言生事，哄誘善良，種種不法，肆行無忌，應嚴加訪逐，飭行五城司坊。大宛兩縣凡客店之内，俱令各該坊該縣不時稽查，取具並無容留來歷不明生事妄行之人甘結，其通衢僻巷□屋居住者，亦令房主詢明保人來歷，並著令兩鄰稽查，儻有此等游棍，該鄰佑房主協同斥逐毋得徇情。至於庵觀寺廟，該僧綱道紀二司，留心訪察，亦取具並無容留甘結，以憑各衙門查閲，其該官仍不時查察，若有徇情及受賄容留者，後經發覺，將本犯按律治罪，並將容留之客店寺廟及房主一體連坐。若該管官不行查出，將該管官員照失察例議處。

（清）席裕福《清朝政典類纂》卷三七九《刑十一·户律户役·攬納税糧》

凡攬納他人税糧者，杖六十，著落本犯赴倉照所攬數納足，再於犯人名下照所納數追罰一半入官。若監臨主守官役挾勢攬納者加罪二等。仍追罰一半入官。其小户畸殘田零零丁不足以成一户米麥因便湊數於本里納糧人户處附納者勿論。包攬侵費正數及多科費用以誆騙論。若侵欺以監守自盗論。包與者不應杖罪。

條例

一、凡内府錢糧及内外倉場糧草各處軍需等項不拘起運存留，但有包攬誆騙銀一百兩，糧一百石以上不行完納，事發責限三箇月以内完納者，照常發落，過期不完者，盡其財産賠納，發近邊充軍。各邊武職主使家人伴當跟隨交結人員挾勢攬納作弊者，參問究擬聽使之人仍照前例問發。謹案此條乾隆五年改定。一、内外各處收受草束，若兜攬之徒恃强將不堪水濕小草充數，囑托監收官員收受者拏送問罪，枷在本處倉場門首，三月發落。謹案此條係原例起處原作京通並馬房倉場等處，雍正三年奉御批改定。

事例

康熙元年覆準凡地棍衙蠹侵蝕漕糧者，道府州縣及廳倉監督等官據實揭報督撫總倉場及巡倉御史題參，若徇縱不報者，事發之日一並題參議處。四十五年覆準一應捐納錢糧俱令本人親身赴納，如有包攬誆騙以致錢糧虧缺事發，限三箇月内完納，照常發落。過期不完發邊遠充軍。

雍正六年覆準貢監生員非本身錢糧包攬催收入己拖欠國課者，應行黜革發黑龍江當差。雖無拖欠而身爲衿監包攬錢糧，亦應黜革。至里民不自封投櫃聽人包攬者，照不應重律治罪，仍追包與之數完官。

刑案

生員攬納錢糧，漕書索錢折價，生員斥革，依誆騙準竊盜一兩以上律杖七十，枷號一箇月。漕書照違制律杖一百，加枷號兩箇月，革役。乾隆四十二年山東奏準案。

包漕取利，攙和醜米，勒令斛收，比照刁徒直入衙門挾制官吏擬軍例，量減擬徒。道光十四年江蘇案。

包漕挾制拆廒搶斛，照刁徒直入衙門挾制官吏例，發近邊充軍。道光六年浙江案。

覺羅包攬甲米，赴倉代領，照誆騙準竊盜律擬杖七十，仍按打攪倉場例枷號一箇月。道光四年貴州司案。

櫃書代借利銀墊完民欠錢糧，照違制杖一百律擬杖斥革，折責發落。光緒三年直隸案。

囊書包徵錢漕勒折浮收朘削擬斬立決。光緒六年浙江案。

生員包收官租，被縣責銷塗黑□門，比照折毁申明亭律滿流。乾隆四十二年福建案。

託人完糧致被清書假券誆騙，比照業户將契混交匪人代投致被誆騙，照不應重律杖八十。道光二年湖北案。

虚出通□朱鈔凡錢糧通完，出給印信長單，爲通關食庫截收，則暫給紅批照票爲朱鈔。

凡倉庫收受一應係官錢糧等物原數本不足而監臨主守通同有司提調官吏虚出通關給發者，計所虚之數並贓，不分擬各犯皆以監守自盜論。若委官盤點錢糧，數本不足，扶同監臨提調官申報足備者，罪亦如之。亦計不足數以守自盜論並贓受財者計入己贓以枉法從重論，其監守不收本色詐言奉文折收財物虚出朱鈔者，亦以監守自盜論。納户知情減二等免刺。原與之贓入官，不知者不坐，其贓還主。同僚知而不舉者與犯人同罪。至死減等。不知及不同署文案者不坐。以失覺察論。

紀事

張家山二四七號漢墓竹簡整理小組《張家山漢墓竹簡·奏讞書》 十一年八月甲申朔己丑，夷道汾、丞嘉敢讞之。六月戊子發弩九詣男子毋憂，告爲都尉屯，已愛致書，行未到，去亡。毋憂曰：（變）〔蠻〕夷，大男子，歲出五十六錢以當（繇）〔徭〕賦，不發爲屯，尉窑遣毋憂爲屯，行未到，去亡。它如九。窑曰：南郡尉發屯有令，（變）〔蠻〕夷律不曰勿令爲屯，即遣之，不（智）〔知〕亡故，它如毋憂。詰毋憂：律，（變）〔蠻〕夷男子歲出賨錢，以當（繇）〔徭〕賦，非曰勿令爲屯也，及雖不當爲屯，窑已遣，毋憂即屯卒，已去亡，何解？毋憂曰：有君長，歲出賨錢，以當（繇）〔徭〕賦，即復也，存吏，毋解。問，如辭。鞫之：毋憂（變）〔蠻〕夷，大男子，歲出賨錢，以當（繇）〔徭〕賦，窑遣爲屯，去亡，得，皆審。疑毋憂罪，它縣論，敢讞之，謁報，署獄史曹發。史當：毋憂當（要）〔腰〕斬，或曰不當論。廷報：當（要）〔腰〕斬。

《史記》卷三〇《平準書》 天子既下緡錢令而尊卜式，百姓終莫分財佐縣官，於是（楊可）告緡錢縱矣。【略】卜式相齊，而楊可告緡遍天下，中家以上大抵皆遇告。杜周治之，獄少反者。乃分遣御史廷尉正監分曹往，即治郡國緡錢，得民財物以億計，奴婢以千萬數，田大縣數百頃，小縣百餘頃，宅亦如之。於是商賈中家以上大率破，民偷甘食好衣，不事畜藏之産業，而縣官有鹽鐵緡錢之故，用益饒矣。

《三國志》卷四八《吴志·吴主傳》 〔天璽元年〕會稽太守車浚、湘東太守張咏不出算緡，就在所斬之，徇首諸郡。

《開元岐州郿縣尉判集殘卷·編號P. 二九七九》 不伏輸勾徵地税及草前申第廿五：

開元廿三年地税及草等，里正眾款，皆言據實合蠲；使司勾推，亦云據實合剥。里正則按見逃見死，以此不徵；使司則執未削未除，由是却覽。爲使司則不得不爾，處里正又不得不然。而今現存之人，合徵者猶羈歲月，將死之鬼，取辦者何有得期。若專徵所由，弊邑甚懼。今盡以里正等録狀上州司户。請裁垂下。不伏輸勾徵地税及草後申第廿六：

廿三年地税及草等被柳使剥由，已具前解，不蒙聽察，但責名品。若此税合徵，官吏豈能逃責。只緣有據，下僚所以薄言。今不信里正據薄之由，惟憑柳使按籍之勾，即徵即坐，不慮不圖，欲遣雕殘之郿，爰從可否之命。況准慮條，自徒已下咸免。又承恩敕，逋欠之物合原。里正雖是賤流，縣尉亦誠卑品，確書其罪，能不有辭。依前具狀，録申州司户，請乞審慎，無重所由。【略】

岐陽郎光隱匿防丁高元牒問第卅：

高元郡縣百姓，岐陽寄田，其計素奸，其身難管，昨以身着丁防，款有告身。往取更不報來，遣追因即逃避。至如郎光、郎隱，不知何色何人。既糾合朋徒，指揮村野，横捉里正毆打，轉將高元隱藏。若此朋兇，何成州縣。且見去年孫象，今日劉誠，皆是庸愚，起此大患，實由下人易爲扇動，狂狡迭爲英雄。若小不遂懲，必大而難挫，是事利國，當亦利人，其高元請送其身，郎隱乞推其黨。

岐山吕珣隱匿防丁王仵牒問第卅一：

人之云兇，不必待亂，但倚强作暴，恃力作欺，外捍州縣之權，居爲逋逸之藪。此則虐不可縱，患不可容。如岐山吕珣，不知何者，家藏逃户無數。其人昨緣一户防丁，久匿其舍，有伯叔往以追括，執文書信足有憑，而吕珣逆而捍之，詛以爲賊，以物以縛，不異虜掠其人；將匿將携，更以脅遷其黨。同奸之輩，所識者半是郿人；儻合之朋，與彼者咸非家屬。今敘長官，威動旁邑，衆寮案聲隱甸畿，則有此狷人，潛黷（亂也）明訓，不知其故，敢乞圖之。其若干鶻子及莊阿仵等，實限公縛送來，無縱吕珣跋扈。具狀牒岐山縣。【略】

署錢税不納户第卅三：

百姓之中解事者少，見温言則不知慚德，聞粗棒則庶事荒馳，如此例看，何以從化。今長官恩惠已足，此輩頑嚚亦多，仰並限此月十六日納畢，不畢，里正攝來，當與死棒。

《永泰河西巡撫使判集殘卷》 又判：某乙自到沙州，偏户盡無率税，費用約儉，且得支持。中倉年計則多，人上秋收不少。何須加税，頗涉食言。雖耆壽有詞，或得權宜之妙；而使車無信，實虧經久之謀。但仍舊而行，自然兼濟，何必改作，有紊彝章。牒沙州依比年收税訖申。但據頃畝均徵，固無偏併。

甘州地税勾徵，耆壽訴稱納不濟。

彼州户人，頗聞辛苦。應緣張環稗政，遂令百姓艱勤，今既李牧撫臨，亦冀蒼生蘇息。尚頻申訴，何以而然。地子勾徵，俱非雜税。妄求蠲免，在法無文。馬料兵糧，固須支給。倉儲虛竭，何計供承。若望沙州相資，必恐不及時要。終須自活，豈可妄求。牒到，請使君審與耆壽商量，穩便處置。合放任放，須徵任徵。此間無物可支，彼處固須自給。終須設法，以叶權宜。沙州祭社廣破用。

艱虞已來，庶事儉省。沙州祭社，何獨豐濃。税錢各有區分，祭社不合破用。更責州狀，將何填陪牛直，將元案通。

《新唐書》卷一六九《韋貫之傳》 帝舅鄭光主墅吏豪肆，積年不輸官賦，澳逮繫之。它日延英，帝問其故。澳具道姦狀，且言必真以法。帝曰：可貸否？答曰：陛下自内署擢臣尹京邑，安可使畫一法獨行於貧下乎？帝入白太后曰：是不可犯。后爲輸租，乃免。由是豪右斂迹。

（明）余懋學《仁獄類編》卷二五《及期還亡糧》 唐韋丹徒江南西道觀察使，有吏主倉十年，丹覆其糧，亡三千斛。丹曰，吏豈自費邪。藉其家，盡得文記，乃權吏所奪。丹召諸吏，謂之曰，若恃權干倉，罪也，與若期一月還之。皆頓首謝，及期無敢違。

《宋史》卷二六一《李萬超傳》 〔李萬超〕屬有詔重均田租，前牟平令馬陶，籍隸文登縣，隱苗不通，命繫之，將斬而後聞。陶懼遁去，由是境内肅然。

《宋史》卷三〇五《薛映傳》〔薛映〕與鉉既不協，遂發鉉納部内女口及鬻釦器抑取其直，又廣市綾羅不輸稅。真宗遣御史臺推勘官儲拱劾鉉，得實，貶連州文學。映坐嘗召人取告鉉狀，當贖金，帝特貰之。

（宋）蘇軾《東坡全集》卷六《奏議集・奏為法外刺配罪人待罪狀》

元祐四年八月某日，龍圖閣學士朝奉郎知杭州蘇軾狀奏：右臣自入境以來，訪聞兩浙諸郡，近年民間例織輕疎糊藥紬絹以備送納，和買夏稅官吏。欲行揀擇，而姦猾人户及攬納人遞相扇和，不納好絹，致使官吏無由揀擇。期限既迫，不免受納。歲歲如此，習以成風。故京師官吏軍人，但請兩浙衣賜，皆不堪好。上京綱運，歲有估剥，日以滋多。去年估剥，至九千餘貫。元納專典枷鏁鞭撻，典賣竭産有不能償。姑息之弊，一至於此。臣自到郡，欲漸革此弊。即指揮受納官吏，稍行揀擇。至七月二十七日，有百姓二百餘人，於受納場前，大叫數聲。官吏軍民，並皆辟易，遂相率入州衙，詣臣喧訴。臣以理喻遣，方稍引去。臣知此數百人，必非齊同發意，當有兇奸之人，爲首糾率。密行葺探，當日據受納官仁和縣丞陳皓狀申，有人户顔巽男顔章顔益納和買絹五疋，並是輕疎糊藥，丈尺短少，以此揀退。其逐人却將專典拊撮及與攬納人等數百人，對監官高聲叫嗽，奔走前去。臣即時差人捉到顔章顔益二人，枷送右司理院禁勘。只至明日人户一時送納好絹，更無一人敢行喧鬧。續據右司理院勘到顔章顔益，招爲本家有和買紬絹共三十七疋。章等爲見遞年例，只是將輕疎糊藥紬絹納官。今年本州爲綱運估剥數多，以此指揮要納好絹。章等既請和買官錢每疋一貫，不合將低價收買昌化縣輕疎糊藥短絹納官。其顔章又不合與兄顔益商量，若或揀退，即須拊撮專揀，扇搖衆户，叫嗽投州，嚇脇官吏，令只依遞年受納不堪紬絹，尋將買到輕疎糊藥短絹五疋，付揀子家人翁誠納官，尋被翁誠覆本官揀退。章等既見衆户亦有似此輕疎短絹多被揀退，尋拊撮翁誠叫屈。顔益在後，用手推翁誠，令顔章拊去投州，即便走出三門前，叫屈二聲，跳出欄干，將兩手擡起，唤衆户扇摇叫嗽，稱一時投州去來。衆户約二百餘人，因此亦一時叫嗽，相隨投州衙喧訴。臣尋體訪得顔章顔益係第一等豪户顔巽之子，顔先充書手，因受贓虚消稅賦，刺配本州牢城，尋即用倖計構胥吏醫人托患放停，又爲詐將産業重疊當出官鹽，刺配滁州牢城，依前托患放停歸鄉，父子姦兇，衆所畏惡。下獄之日，閭里稱快。謹按顔益顔章，以匹夫之微，令行於衆，舉手一呼，數百人從之。欲以衆多之勢，脇制官吏。必欲今後常納惡絹，不容臣等少革前弊。情理巨蠹，實難含忍，本州既已依法決訖。臣獨判云：顔章顔益，家傳兇狡，氣蓋鄉閭，故能奮臂一呼，從者數百，欲以搖動長吏，脇制監官。蠹害之深，難從常法，已刺配本州牢城去訖。仍以散行曉示鄉村城郭人户，今後更不得織造輕疎糊藥紬絹，以備納官，庶幾明年全革此弊。伏望朝廷詳酌，備録臣此狀，下本路轉運司，遍行約束曉示。所貴今後京師及本路官吏軍人，皆得堪好衣賜，及元納專副，不至破家陪填。所有臣法外刺配顔章顔益二人，亦乞重行朝典。謹録奏聞，伏候勅旨。

貼黄，勘會本州去年發和買稅物帛計一十四綱，今來只估剥到四綱已及九千餘貫，乞下左藏庫，方見估剥數目浩大。

《宋史》卷一九《徽宗本紀》〔崇寧三年二月〕以刊定元豐役法不當，黜錢適以下九人。

（明）孫世芳《宣府鎮志》卷一九《法令考・元》世祖至元十六年定選用扈從漢軍之制。凡大都上都路各衛扈從，漢軍每户選練習壯丁一人，常充，仍於貼户内選兩人輪番供役，其有故必合替换者，須萬户同千百户相視，所换之可用，然後用之百户千户萬户私换者，驗名數多寡論罪解降。

《元典章》新集《刑部・人口・逃驅・探馬赤軍人逃驅》延祐七年五月日，江南行臺準御史臺咨奉中書省劄付，延祐六年十二月三十日，奏過事内一件。今後探馬赤的驅口逃走了，捉獲呵教斷八十七，捉獲人根底於逃驅家私内，斷沒一半充賞。明知是驅，誘引窩藏不行告首的人，各斷七十七。窩藏之家曾將逃驅傭使者，依鄉原例徵理傭工之價給付，本使兩鄰主首社長知而不首告，斷五十七下，不知情者，不坐。諸人捉獲於逃驅，家私斷沒一半充賞。同主驅獲十口以上者，即放為良，仍賞中統鈔一百貫。應捕官兵捕獲每名給中統鈔五十貫，並於犯人名下追給。當該有司承告取問明白，不行依例發落，而放驅者判署正官笞三十七，首領官笞四十七，司吏笞五十七，其餘諸逃驅，並依大德八年奏準通例行呵，怎生商量來奏呵奉。聖旨：那般者，欽此。仰欽依施行。

《元典章》新集《刑部・人口・隱藏人口・延祐七年革後稟到隱藏人口例》 延祐七年八月日，江西廉訪司奉臺劄準御史臺咨奉中書省劄付來呈：延祐七年三月十一日，革後稟例送刑部照擬到下項事理，都省準呈，仰依上施行。

諸人誘略良人等，罪經原免，其被賣之人，雖未勘會完備，合無發付給親。訴良之人，或有寄養坊正主首，或於本主之家，勘會歲月未完，因而養主推稱在逃，隱匿不令赴官，罪經原免，其人合無追究，給聚刑部照得：延祐四年二月十二日，呈準中書省劄付諸誘略人等，罪經原免，其被賣之人，雖未勘會完備，理合發付給親，庶免羈留迷失之苦。訴良之人，或有寄養於本主之家，勘會歲月未完，因而本主推稱在逃，隱匿不令赴官，罪經原免，其人擬合著落，追徵給親完聚。今承見奉本部議得，諸誘略刁藏圖利興販及轉於遠方騙良人等，罪經原免，合依前例追究，給親完聚，已經照會。今承見奉本部議得，上項事理，合依前例，一體施行相應。

至治元年四月日，福建宣慰司奉江浙行省劄付準中書省咨來咨：延祐七年三月十一日，革後合稟通例，云云。見盜賊，遇革贓給主例。隱藏係官人口頭疋並收匿闌遺等物，爭訟到官，犯人罪經釋免，隱藏收匿之物，有破用轉賣，其物在見已未承伏合無追究，拘收還官。前件照得，延祐七年五月二十日，呈準中書省劄付本部呈：諸人隱藏係官人口頭疋，已有招伏，擬合追徵，未有承伏，本物見在拘收還官，都省準擬承此，已經遍行照會。今承見奉本部議得，諸人隱藏係官人口頭疋，已未承伏，依前例追問外，據收匿闌遺之物，爭訟到官，罪經釋免，已有承伏，拘收入官，未有招伏，革撥相應。

（明）王恕《王端毅奏議》卷一《申明律例奏狀・一件囚徒會赦事》

伏覩景泰二年五月初二日，詔書内一欵：官吏軍民人等為事問遣運米做工等項，悉行放免。欽此。該衙門因見詔書不曾開有煎鹽、炒鐵、充軍伴、儀從、膳夫之類，止運米做工等項放免，却將煎鹽、炒鐵之類仍前拘役，切詳運米做工與煎鹽、炒鐵等項囚徒，俱係犯該徒流并雜犯死罪人數，止是一時發落有此頭項不一。矧詔書明開運米做工等項，竊恐煎鹽、炒鐵之類亦在其中。若止將運米做工囚徒放免，其餘煎鹽、炒鐵等項不行放免，非惟有違詔書事意，且使囚徒不得均霑曠蕩之恩。況煎鹽、炒鐵等項，多是窮苦軍民，在工日久，未免逃躲及至挨拏，又不出官工役處所，既不得其出力原籍原衛，又不得伊當差，兩相擔閣，俱不得用，徒有虛名實未便益。如蒙準言，乞敕三法司計議，合無將曾經赦煎鹽、炒鐵、充儀、從軍伴、膳夫等項囚徒，悉與運米做工等項一體放免。如此，則赦無彼此之分，囚徒沾均一之恩矣。

（明）孫世芳《宣府鎮志》卷一九《法令考・明》 〔弘治〕十一年令清查屯種。凡用强占種屯田者問罪，官調邊衛帶俸差操，旗軍丁人等邊衛充軍，民發口外爲民，管屯等官不行用心清查者糾奏治罪。凡各處荒閑田地及有人佃種無糧差者，撥與所在衛所軍餘屯種納糧。凡屯軍逃亡遺下田地撥與官旗軍士户下人丁佃種，照官田納糧，餘剩及積荒田地撥與民間佃種，照民田納糧，其積荒田地待耕三年成熟，亦照例徵納，候有軍之日撥軍屯種。凡軍職舍人及家人女婿無差使者，五丁朋作一名，撥與閑地四十二畝，照例納糧。

中國第一歷史檔案館《雍正朝滿文硃批奏摺全譯・刑部尚書阿爾松阿等奏參隱瞞女兒案摺雍正二年十月初六日》 該臣等會同户部議得：鑲白滿洲旗都統議政大臣世子弘昇等參奏其旗席爾根佐領下正藍蒙古旗副都統烏爾泰等，及特呑佐領下原披甲五十八之孀妻隱匿其女而未補行引見等情咨送一案，將烏爾泰已於黑都所告隱匿其孫女案内革職，其子伊勒岱罪擬號鞭而奏結，相應不議外，審據五十八之孀妻供稱：我女現年十九歲，去年七月應許嫁給四十九。本年正月閱女時，行抵景山，我女突然患病，故撤名未入。我聽説，在掩克索及患之女皆不閱看。乃於六月，嫁給同旗江往佐領下披甲四十九爲妻是實。除此女外，并無他女隱匿等語。據四十九供稱：將五十八之女，我於去年七月説定，本年六月十三日娶了。我不知彼等未經閱看隱匿之情等語。彼等自皆承認。是故，將五十八之孀妻，本應比照將入官之人隱匿一口杖七十徒一年半之例，因係旗人枷號二十日鞭七十。因係女人，按律準贖。五十八之女，照例離異，交總管内務府配嫁辛者庫差上行走之人爲妻。審得四十九，并不知曉五十八之女未經補行閱看情由，相應毋庸議。署理特呑佐領事務二等侍衛烏奇、驍騎校余勒等，查出匿女之情，呈文該旗大臣參劾，相應毋庸議。

硃批：因係孀婦，著寬免。其女既已嫁人，免其抽取。餘依議。

中國第一歷史檔案館《咸豐同治兩朝上諭檔》咸豐二年十二月二十一日 張芾奏棍徒聚衆鬧漕，請將署任知縣撤任留緝一摺。江西泰和縣棍徒於該縣開徵漕糧時，膽敢聚衆滋事，拒捕奪犯，若不嚴拏懲辦，何以肅漕政而儆兇頑。江西署泰和縣事贛州府通判王宇英自該犯等滋事以來，已逾半月，未獲一犯，緝捕實屬懈弛。王宇英著先行撤任，飭令協同接署知縣上緊緝拏，務將此案首從要犯按名弋獲，從重究辦，并著該署撫查明起釁根由，如係該署縣辦理不善以致激成事端，即行嚴參懲處。

（清）李星沅《李文恭公奏議》卷二二《附奏土棍亟宜嚴懲片子》 蘇濱海之區風氣向稱獷悍，又鹽匪沙匪出没無常，動輒勾結滋事。昭文自二十二年即有土棍徐二蠻等聚衆抗租，焚燒運丁船隻，並打毁業户多家，經前撫臣審明照律治罪在案，【略】久未除，現在金得順等一案核其起釁甚微，竟敢糾約拒捕肆行不法，地方官稍不詳慎，即爲浙江奉化之續。節飭該府縣會營設法兜拏，首從悉獲，自應從重究辦，示儆將來。查太倉州毗連昭文，尚有濱海鄉民打毁文生錢鼎銘家一案，情節雖輕，亦即效尤之漸。業經緝獲各犯，提省確審，究擬不任稍有枉縱，當此□□民玩積習囂凌，惟有遇事嚴懲，寬猛相濟，既防操切尤戒姑容，以期除暴安良。

《嘉興歷代碑刻集·嘉興府儒學重修紀成碑碑陰》 七月十四日，一件埋没田糧事，犯人花郎祥、王鎮，原犯作弊，飛隱田糧。該嘉興縣問杖罪外，各罰穀四十石，各折銀一十兩，共二十兩，止完銀一十七兩四分。【略】九月初七日，一件首弊杜患事，犯人陳於國、沈湘，原犯作弊，飛隱田糧。該嘉興縣問杖罪外，罰穀各三十石，共折銀一十五兩。

破壞市廛分部

綜　述

睡虎地秦墓竹簡整理小組《睡虎地秦墓竹簡·效律》 斗不正，半升以上，貲一甲；不盈半升到少半升，貲一盾。半石不正，八兩以上；鈞不正，四兩以上；斤不正，三（朱）〔銖〕以上；半斗不正，少半升以上；參不正，六分升一以上；升不正，廿分升一以上；黄金衡（羸）〔纍〕不正，半（朱）〔銖〕〔以〕上，貲各一盾。

睡虎地秦墓竹簡整理小組《睡虎地秦墓竹簡·效律》 衡石不正，十六兩以上，貲官嗇夫一甲；不盈十六兩到八兩，貲一盾。（甬）〔桶〕不正，二升以上，貲一甲；不盈二升到一升，貲一盾。

（唐）長孫無忌等《唐律疏議》卷二六《雜律·校斛斗秤度不平》

諸校斛斗秤度不平，杖七十。監校者不覺，減一等；知情，與同罪。

疏議曰：校斛斗秤度，依《關市令》：每年八月，詣太府寺平校，不在京者，詣所在州縣平校，並印署，然後聽用。其校法，《雜令》：量，以北方秬黍中者，容一千二百爲龠，十龠爲合，十合爲升，十升爲斗，三斗爲大斗一斗，十斗爲斛。秤權衡，以秬黍中者，百黍之重爲銖，二十四銖爲兩，三兩爲大兩一兩，十六兩爲斤。度，以秬黍中者，一黍之廣爲分，十分爲寸，十寸爲尺，一尺二寸爲大尺一尺，十尺爲丈。有校勘不平者，杖七十。監校官司不覺，減校者罪一等，合杖六十；知情，與同罪。

（唐）長孫無忌等《唐律疏議》卷二六《雜律·私作斛斗秤度》 諸私作斛斗秤度不平，而在市執用者，笞五十；因有增減者，計所增減，準盜論。

疏議曰：依令：斛斗秤度等，所司每年量校，印署充用。其有私家自作，致有不平，而在市執用者，笞五十；因有增減贓重者，計所增減，準盜論。

即用斛斗秤度出入官物而不平，令有增減者，坐贓論；入己者，以盜論。其在市用斛斗秤度雖平，而不經官司印者，笞四十。

疏議曰：即用斛斗秤度出入官物，增減不平，計所增減，坐贓論。入己者，以盜論，因其增減，得物入己，以盜論，除、免、倍贓依上例。其在市用斛斗秤度雖平，謂校勘訖，而不經官司印者，笞四十。

（宋）竇儀等《宋刑統》卷二六《雜律·校斗秤不平》　諸校斛斗秤度不平，杖七十。監校者不覺，減一等，知情與同罪。

疏議曰：校斛斗秤度，依《關市令》，每年八月詣太府寺平校，不在京者，詣所在州縣官校，並印署，然後聽用。其校法，《雜令》，量以北方秬黍中者容一千二百爲龠，十龠爲合，十合爲升，十升爲斗，三斗爲大斗一斗，十斗爲斛。秤權衡以秬黍中者百黍之重爲銖，二十四銖爲兩，三兩爲大兩一兩，十六兩爲斤。度以秬黍中者一黍之廣爲分，十分爲寸，十寸爲尺，一尺二寸爲大尺一尺，十尺爲丈。有校勘不平者，杖七十。監校官司不覺，減校者罪一等，合杖六十。知情與同罪。

（宋）竇儀等《宋刑統》卷二六《雜律·私作斛斗秤度》　諸私作斛斗秤度不平，而在市執用者，笞五十，因有增減者，計所增減準盜論。即用斛斗秤度出入官物而不平，令有增減者，坐贓論，入己者以盜論。其在市用斛斗秤度雖平，而不經官司印者，笞四十。

疏：　諸私作斛斗秤度不平，而在市執用者，笞五十，因有增減者，計所增減準盜論。

議曰：　依令，斛斗秤度等，所司每年量校，印署充用。其有私家自作，致有不平，而在市執用者，笞五十。因有增減，贓重者，計所增減準盜論。

又云，　即用斛斗秤度出入官物而不平，令有增減者，坐贓論，入己者以盜論。其在市用斛斗秤度雖平，而不經官司印者，笞四十。議曰：　即用斛斗秤度出入官物，增減不平，計所增減坐贓論。入己者以盜論，因其增減得物入己，以盜論，除免、倍贓依上例。其在市用斛斗秤度雖平，謂校勘訖而不經官司印者，笞四十。

（清）徐松《宋會要輯稿·食貨六二·京諸倉》〔建隆〕二年七月，追奪右衛率府薛勳在身官，配沂州衛前收管坐監。常盈倉不能御轄所部，用斗稍重，爲覘者所捕，下獄伏罪。太祖怒而黜之，棄倉吏於市。

《宋史》卷四《太宗本紀》〔太平興國二年〕秋七月庚午，詔諸庫藏敢變權衡以取羨餘者死。

（清）徐松《宋會要輯稿·食貨四一·量衡》〔太宗太平興國二年〕七月十一日詔：權衡之設，厥有常制，出納之吝，謂之有司。儻求羨餘，必恣掊克。苟視成而不戒，將謂守財之道焉。應左藏庫及諸庫所受諸州上供金銀絲帛及他物，監臨官當謹視秤者，無得欺而多取，俾上計吏受其弊。是今敢有欺度量而取餘羨，其秤者及守藏吏皆斬，監臨官亦重致其罪。先是，諸州吏護送官物於京師，藏吏卒乘鈎爲奸，故外州吏多負官物，至於破產不能償。太宗知其事故，下詔禁之。

（清）徐松《宋會要輯稿·刑法二·禁約》〔紹興五年〕六月八日詔：行在受納米斛錢帛倉庫，今後須管兩平交納，不得大量升合，非理退剝，阻節騷擾。如違，許納人經尚書省越訴，其合干官吏並科二年之罪。及許人告提，每名支賞錢二百貫。仍令尚書省出榜曉示。

《元典章》卷五七《刑部·諸禁·雜禁·禁私斛斗秤尺》　至元二十三年□月□日，行書省準中書來咨，擬議到事内一件。照得先爲各路行舖之家，行用度尺升斗秤等俱不如法，札付合屬照依係官見行用法物同樣制造，差官較勘均平，一體封裏印烙，定立本價發下隨路遍歷行使，立限拘收舊使斛檻升斗尺秤。若有不遵違犯之人，嚴行禁治。及劄付御史臺糾察外，今體知各路官司雖承官降式樣，終不曾制造完備。有行户人等恣意私造使用，或出入斛斗秤度不同，以致物價低昂，深恐不便。都省議得：遍行各路文字，到限六十日，令各路總管府驗所轄司縣街市民間合用斛斗秤度，照依省部元降樣制成造委本路管民達魯花赤長官較勘，相同印烙，訖發下各處，公私一體行用，常切關防較勘，毋令似前作弊抵換。據合該工物照依在先體例官爲借用各驗關降數目却令撥還，即將不依法式斛斗秤度，隨即拘收，入官毀壞。仍令本處達魯花赤長官不妨本職常切用心提調，如限外違犯之人捉拿到官，斷五十七下。正坐見發之家。親民司縣正官禁治不嚴，初犯罰俸一月，再犯各決二十七下。三犯別議。親民州部與司縣同。仍標注過名任滿於解由内明白開寫以憑定奪外，據路州達魯花赤長官不爲用心提調，致有違犯，初犯罰俸二十日，再犯取招別議定罪。

《元典章》卷五七《刑部·諸禁·雜禁·斛斗秤尺牙人》　皇慶元年

七月，袁州路奉江西行省劄付吉安路申：本路河岸市井行舖之家多有私造斛斗秤尺，俱不依法，又有違禁使用亡宋但有鑾桶大小不同，除依様成造斛斗秤尺給散及革去私牙外，乞照詳。得此。檢會先準中書省咨爲各路行舖之家行用度尺升斗秤等俱不如法，劄付合屬照依係官見行用法物同様制造，差官較勘均平，一體釘裹印烙，定立本價，發下隨路遍歷行使，立限拘收，舊使斛檻升斗秤尺。若有不遵違犯之人，嚴行究治。今體知得各路官司雖承官降式様，終不曾制造完備，有行户人等恣意私造使用或出入斛斗秤度不同以致物價低昂，深爲不便。都省議得：遍行各路文字到限六十日，令各路總管府驗所轄州縣街市民間合用斛牙秤度，依部元降式様制造，委本處管民達魯花赤較勘，相同印烙訖發下各處公私一體行用。常切關防較勘，毋令似前作弊抵换。合該工物照依先體例，官爲借用各驗關降數目，隨令撥還，即將不依法式斛斗秤度拘收入官毁壞，仍令本處達魯花赤不妨本職用心提調。如限外違犯之人捉拿到官，決五十七下，止坐見發之家親民司縣正官禁治不嚴。初犯罰俸一月，再犯各決二十七下，三犯別議。親民州郡與司縣同。仍標注過名任滿於解由内開寫以憑定奪外，據路府州縣達魯花赤長官不爲用心提調，致有違犯初犯罰俸二十日，再犯取招別議定罪。又準中書省咨：蓋里赤擾害百姓，已行禁罷，况兼客旅買賣依例納税，若更設立諸色牙行，抽分牙錢，刮削市利，侵漁百姓，於民不便。除大都羊牙依上年例收辦及隨路應立文契買賣人口頭疋莊宅牙行依前存設驗價取要牙錢，每十兩不過二錢，其餘各色牙人並行革去。又準都省咨發到鐵升斗小口方斛様制，咨請收管。準此，已下各路依様成造行用去後，爲體訪得各處諸行舖户不將官降斗斛行用，貪圖厚利，欺瞞客旅，別行私造大小斛斗，遇有販到米麥用大者收糴，小者出糶，所有秤尺亦皆效此。又有一等詐稱牙人把柄行市及將好米拌濕白麨插和米粉情弊多端，已經禁治。今後行舖之家，凡用斛斗秤尺，須要行使印烙官降法物，及不得於米麨内僞濫插和糶賣，如有似前違犯之人，許諸捉拿赴官，枷項號令，嚴行斷罪。於犯人名下徵至元鈔一定，給付告人充賞。除應設莊宅人口官牙依例存設外，據其餘諸色私牙人等截日盡行革去，仍將私造斛斗秤尺盡數官爲拘收去訖。今據見申，省府仰照依都省元行事理，嚴加禁治施行。

《元史》卷一〇五《刑法志》：諸度量權衡不同者，犯人笞五十七。司縣正官，初犯罰俸一月，再犯笞二十七，三犯別議，仍記過名。

（明）談遷《國榷》成祖永樂二年，戊寅，禁小秤交易。

黄彰健《明代律例彙編》卷一八《户律七·市廛·私造斛斗秤尺》

凡私造斛斗秤尺不平，在市行使，及將官降斛斗秤尺作弊增減者，杖六十。工匠同罪。

若官降不如法者，杖七十，提調官失於校勘者，減一等。知情與同罪。

其在市行使斛斗秤尺雖平，而不經官司校勘印烙者，笞四十。

若倉庫官吏，私自增減官降斛斗秤尺，收支官物而不平者，杖一百。以所增減物，計贓重者坐贓論。因而得物入己者，以監守自盜論。工匠杖八十。監臨官知而不舉者，與犯人同罪。失覺察者，減三等。罪止杖一百。

黄彰健《明代律例彙編》卷一八《户律七·市廛·把持行市》 凡買賣諸物，兩不和同，而把持行市，專取其利，及販鬻之徒，通同牙行，共爲奸計，賣物以賤爲貴，買物以貴爲賤者，杖八十。若見人有所買賣，在傍高下比價，以相惑亂，而取利者，笞四十。若已得利物，計贓重者，準竊盜論，免刺。

《大清律例》卷一五《户律·市廛·私造斛斗秤尺》 律

凡私造斛斗秤尺不平，在市行使，及將官降斛斗秤尺作弊增減者，杖六十；工匠同罪。

若官降不如法者，官吏工匠，杖七十；提調官失於較勘者，減原置官吏工匠罪一等；知情，與同罪。

其在市行使斛斗秤尺雖平，而不經官司較勘印烙者，即係私造，笞四十。

若倉庫官吏，私自增減官降斛斗秤尺，收支官物而不平，納以所增出以所減者，杖一百；以所增減物，計贓重於杖一百者，坐贓論。並贓，不分首從，查律科斷。工匠杖八十。監臨官知而不舉者，與犯人同罪；失覺察者，減三等，罪止杖一百。

《大清律例》卷一五《户律·市廛·把持行市》 律

凡買賣諸物，兩不合同，而把持行市，專取其利，及販鬻之徒，通同牙行，共爲奸計，賣己之物以賤爲貴，買人之物以貴爲賤者，杖八十。

若見人有所買賣，在旁混以己物高下比價，以相惑亂而取利者，雖情非把持，笞四十。

若已得利物，計贓重於杖八十，笞四十者，準竊盜論，免刺。贓輕者，仍以本罪科之。

條例

一、會同館内外四鄰軍民人等，代替外國人收買違禁貨物者，問罪枷號一箇月，發近邊充軍。

一、凡外國人朝貢到京，會同館開市五日，各舖、行人等將不係應禁入館，兩平交易。染作布絹等項，立限交還。如賒買及故意拖延，騙勒遠人久候，不得起程者，問罪。仍於館門首枷號一箇月。若不依期日及誘引遠人潛入人家，私相交易者，私貨各入官，舖，行人等照前枷號。

一、甘肅、西寧等處遇有番夷到來，所在該管官司委官關防督查，聽與軍民人等兩平交易。若勢豪之家主使弟男、子姪、家人等將遠人好馬、奇貨包收，逼令減價，以賤易貴，及將一切貨物，頭畜拘收，取覓用錢方許買賣者，主使之人問發附近充軍，聽使之人減主使一等。委官知而不舉，通同分利者，叅問治罪。

一、各處客商輻輳去處，若牙行及無籍之徒用强邀截客貨者，不論有無誆賒貨物，問罪，俱枷號一箇月。如有誆賒貨物，仍追比完足發落。若追比年久，無從賠還，累死客商者，發附近充軍。

一、凡内府人員家人及王貝勒貝子公大臣官員家人領本生理、霸佔要地關津，倚勢欺陵，不令商民貿易者，事發，將倚勢欺陵之人擬斬監候。如民人借貸王以下大臣官員銀兩，指名貿易，霸佔要地關津，恃强貽累地方者，亦照此例治罪。又，内府人員家人及王以下大臣官員家人指名倚勢，罔收市利，挾制有司，干預詞訟，肆行非法，該主遣去者，本犯枷號三個月，鞭一百，本犯私去者，照光棍例治罪。王貝勒貝子公失察者，俱交與該衙門照例議處。管理家務官革職。大臣官員失察者，亦俱革職。不行察拏之該地方文武官，交該部議處。

一、漢番交界之處，每月定場期三次，並令公平交易。該管衙門選差兵役稽查。如有强買强賣及短少價值者，照把持行市律治罪。仍追原價。兵役藉端勒措者，照衙門人役恐嚇索詐例，計贓治罪。如有私入夷穴交易者，照私與外國人交通買賣例，分別治罪。不嚴行約束之地方官及該管上司，並交部議處。

一、大小衙門公私所需貨物，務照市價，公平交易。不得充用牙行，縱役私取。即有差辦，必須秉公提取，毋許藉端需索。如有縱役失察，交部分別議處。其衙役照牙行及無籍之徒用强邀截客貨者，不論有無誆賒貨物例，枷號一個月，杖八十。如贓至三十五兩者，照枉法贓問擬。所得贓私貨物，分別給主、入官。

《清仁宗實録》嘉慶十七年八月〔丁未〕諭軍機大臣等：本日御史李仲昭奏奸商賄增法馬，侵欺國課一摺，據稱長蘆現用法馬，斤兩增重，以致額引之外，多有侵欺，皆緣總商江公源即查有圻，爲通商造謀之首，請旨嚴究等語。現在降旨交留京王大臣等審辦，著祥紹將欽差侍郎景禄比對多出斤兩封請究辦之法馬，迅速派委妥員解京查驗，並將該御史所叅之查有圻内司馮昶、外司樊宗鑑及任秉衡等各綱總，一並押解赴部，以憑訊辦。設此時解部法馬，有被人偷換情獘，將來驗明並非原法，則該鹽政獲罪甚重，不能寬貸。再查有圻現在天津充當鹽商，所有該處貲産，並著該鹽政派人密行看守，毋任隱匿寄頓。如審出該商實有營私舞獘等情，再行降旨查抄。將此傳諭知之。

紀事

（宋）鄭克《折獄龜鑑》卷六《覈姦・李南公》 李南公尚書初知長沙縣，諸村各有詭名戶，稅存而戶亡，每年戶長代納之。南公悉召其豪右謂曰：此田不過汝曹典買耳。與汝一月限，為我推究出，不然，汝曹均分輸納。及期，盡得其人，使之承稅。聞之士林。

按詭戶之稅，非獨豪右作此弊也，蓋其鄉司相與為姦，今專責豪右而鄉司獲免，殆亦於理有未盡歟？善覈姦者，宜並按之。抑又有説焉，若專令鄉司任責，則豪右愈更得計，必以厚賂使填逋欠，稅數之外，物力所減，固亦多矣。內外相比，以欺縣官，何由可得其實乎？然則責豪右宜急，責鄉司宜緩，南公之意當在此也。

（明）余懋學《仁獄類編》卷二九《宥漁人匿稅》 洪武十六年，山東魚戶以累年匿稅課，逮至京，都察院論罪，當流者六十人。上曰：商人若稅自昔有之，況貧民乎。命悉宥之。

（明）毛一鷺《雲間讞略》卷七《一件滅憲屠家事·江院汪批告人沈宗狀詞》 前件審得：沈宗之主沈巽以田售之殷宦，蓋越二紀矣。細驗原契，且印且過割，其爲絶賣何疑。蓋世固未有管業廿餘年，而猶得以典契藉口也。獨此田時價較昔頗高，而所得原值視今值甚懸，巽固時時垂涎，亦時時圖恢復，徒以年遠則窮於例，即窮於口，而宦在則屈於理且屈於勢。如欲燃之火，姑且藴之，而未吐燄也。近值殷宦物故，經紀家事者，僅其弟殷廷楠，習儒而懦，巽以是爲易與耳，田可圖也，因轉托廷楠之親周道光圖贖。道光固無行老青衿，貪巽假道之餌，挾己渭陽之誼，謂廷楠必不能抗己，且必不能抗巽，遂爲之構扇歛弄於其間。廷楠不允而道光不直告之巽，巽強贖，而道光亦不再告之廷楠，竟收巽之田價以爲是可以防求，而巽亦借道光之收價，謂我且得楚弓也。遂儼然恃己業，而沈宗輩且盡攘收其田之租米。夫廷楠之抵死不允，匪獨道光知之，巽亦知之。廷楠之未收田價，匪獨巽知之，衆人亦皆知之。奈何設虛局以罔實業，借強投之價以奪久絶之產也？亦太横矣。謂廷楠而不赴控求直也，人情乎？及告道批海防該廳，欲得宗等一質，而宗顧堅匿不出，乃疊差人促之，而堅匿如故。且乘蔣魁之妻死，反捉鎖廷楠之僕殷揚。夫殷揚與勾攝之人同往，鎖揚而偵者復閧傳，以爲且並鎖勾役也。廳始再檄黄知事，及嚴督地方協拘，而後宗始不得不赴質。夫以主人未清之產，從亂命而公然奪租，以主人未結之訟，藐府檄而私自縶人，該廳之重科沈宗而斷給田租，良有以也。第道光爲廷楠至親，而反爲沈巽奧主，巽之贖田恃有道光，宗之搶租恃有巽，非盡宗罪也；即捉鎖殷揚，宗無辭於拒捕，然殷揚原非捕人，而釁端且由蔣魁，罪亦不盡在宗也。宗量末減可耳。至若贖田一節，在廷楠絶賣既真，歷年又遠，俱載原墨，可以覆視。在巽稱典契，稱欠票，俱如說夢，似已無可再議。第時值較原價太相懸絶，而巽與殷宦自交易之後，從未加嘆，是在巽固終有未斷之欲根，而在殷亦終爲不了之孽債，姑令照時價加銀二百兩，其半即以原搶租米准數，其半令廷楠找給。又道光原收巽田價業，令照數吐出。至若道光者，逞鼷鼠之欲，肆鬼蜮之奸，嗜利蔑親，操戈入室，卒至誤廷楠，並誤沈巽，爲此訟戎首，一杖殊不盡辜。第念景逼桑榆而跡冒衣巾，姑照原擬。其餘背逆之蔣魁，黨惡之周元、沈元，各杖非枉。此外仍有趙橋、紀橋，一從臾而妄證，一朋比而肆横，各應並擬。

（清）張之洞《張文襄公全集》卷六《奏議·審辦劉定邦摺光緒九年三月十一日》 竊查代州棍徒劉定邦向在口外歸薩等處倚勢横行，積為商民之害，恃其雄於貲財廣通聲氣，屢被控告到廳到道到省，均經輾轉營脫。經臣飭拏奏革，委提人卷來省，發交太原府審辦去後。茲據該府馬丕瑤訊明由，藩臬兩司解勘前來。臣親提研訊，緣劉定邦籍隸代州，寄居薩拉齊廳，向在歸化城等處開設糧店，素性狡黠強横，人人畏懼，同治九年報捐遊擊職銜，輒敢捏稱由軍營保舉副將銜遊擊，擅用二品頂戴勾串防營將弁各衙門官吏丁役，囑託詞訟把持行市，並顧打手金全仔等十餘人，各執刀槍出入自衛，威嚇商民。十餘年來，專以買空賣空為事，贏則立時取貨，虧則恃強狡騙。由此致富，商民多被坑害，各城街市為之惶惶。前大同鎮總兵馬陞訪聞劉定邦勾結匪徒遊六緝獲脫逃，疊被民人周大禮等控告多案。光緒七年夏間，劉定邦因歸薩等處商民畏避不敢與之交易，復起意於薩拉齊廳所屬之包頭鎮買空賣空，從中漁利，在聚源、元純兩店內謊立福星聚字型大小，定買廣豐等十八家糧店麻油二百四十萬斤，每油百斤價銀四兩三錢至五兩七錢不等，共合價銀十四萬餘兩，詭稱秋標付銀。取油轉運他處售賣，廣豐店等信以為真，立有定帖，嗣屆標期油價賤落。劉定邦既無現銀，又慮虧折，復狡稱油有攙雜，堅欲退回，廣豐等店不允，屢向索價，劉定邦即率領金全仔等將廣豐等店油斤封存，不許售賣，價仍分毫未付。復先架詞控廳傳訊，將油驗明加封諭令分別交銀取油，或酌給油店賠項。劉定邦均抗不遵斷，以致各商民被封之油既不能照帖取銀，復不能轉售他主，十餘萬金之資本盡成虛懸。一時闔鎮鋪戶凡與十八家糧店來往者，因封貨興訟帳不能結債，不能收受累者甚多，竟有閉門歇業者，被各商民來省控告。臣素聞其劣蹟多端，為害地方，當即密飭署大同鎮總兵張樹屏設法捕獲解省，並將其職銜奏革，復咨準。甯夏將軍善慶查復並無劉定邦保案，提集人卷審悉前情不諱，應即擬結查。例載：凶惡棍徒屢次生事，行兇無故擾害良人，人所共知，確有實據者，發極邊足四千里安置。凡係一時一事實有情兇勢惡者，亦照例擬發。又奸民買空賣空賭賽市價長落，其賣空者照用計詐欺局騙人財物計贓，准竊盜論罪，止杖一百流三千里，買空之犯照為從律減一等。又凡無官而詐稱有官，並未造有憑劄但係圖騙一人圖行一事，犯該徒罪以下者發近邊充軍。各等語。此案劉定邦起意買空賣空，從中漁利，向廣豐等店定買麻油二百四十萬斤，值銀十四萬餘兩之多。嗣因油價賤落，挑剔狡賴，並率領金全仔等赴廣豐等店將油封存，不準售賣，架詞揑控。該廳斷令分別交銀取油，復斷酌給油店賠項，一味狡抗不遵，以致各商民鉅貲虛懸事外，鋪戶多家亦因之賠折苦累。且其平日以遊擊虛銜假冒副將銜遊擊，勾串文武營署顧養打手威嚇街里，擾害商民，實屬情兇勢惡，大為地方之害。查該犯空買麻油尚未空賣，自應按例問擬，劉定邦除勾結大青山匪徒游六，訊明僅止結交匪人，尚未隨同，滋事免其置議，及起意空買空賣假冒副將銜遊擊，諸輕罪不議外，合依兇惡棍徒屢次生事行兇，無故擾害良人，人所共知，確有實據者，發極邊足四千里安置。凡係一時一事實有情兇勢惡者，亦照例擬發極邊足四千里充軍到配，折責安置。遊擊職銜部照追出繳銷，廣豐店夥朱永明、恒興店夥牛承恩、公盛泉店夥王銘、復盛錦店夥施德潤、永和成店夥張翽於劉定邦買麻油訂期交價均係實貨存店，經該廳驗明加封，並非空賣，且不知劉定邦有意空買，未便科以賣空之罪。惟口外糧店悉兼兌換銀錢，該鋪均係行頭，當劉定邦謊立，福星聚字型大小並未照五家互保之例報官存案，又未查明劉定邦有無貲本，輒與交易，致興訟端，累及案內案外眾鋪戶，實屬不合。所有廣豐店朱永明、恒興店牛承恩、公盛泉店王銘、復盛錦店施德潤、永和成店張翽應與未經到案之各店夥，並代開福星聚字型大小之聚源店，夥冀步青楊椿齡、元純店夥丁如佐均酌照不應重律各擬杖八十。張翽係廩生，照律納贖，追取贖銀，入官冊報。朱永明等折責發落，匪徒遊六早經在保病故，已據歸化廳驗訊。擬結：周大禮控案亦經訊結，均無庸議。金全仔等緝獲，另結劉定邦所定油斤雖係空買，而廣豐等店所賣之油係屬實存，不得謂為賣空，免其入官案已訊結。未到人證免提省。累查山西買空之風甚熾，名曰虎盤銀錢，米麥花布油觔洋藥一切大宗百貨皆可為之，大抵皆奸商地棍借此以陷無知之富人。籠愚弱之賈販始則情同賭博，繼則計等局騙，其因此而破家蕩產者，指不勝屈，皆由地方官吏貪其陋規，以致悍然無忌。省城附近之平遙、祁縣、太谷等處，皆所不免。口外歸化、薩拉齊兩廳尤甚，臣現已嚴飭地方官認真禁絕，如有得規庇縱者，即當嚴行參處，除將全案供招咨部查核外，所有審擬緣由，理合繕摺具奏。伏祈聖鑒。

（清）李秉衡《李忠節公奏議》卷四《奏查明廣東釐稅尚無朦弊中飽及裁大湟江釐卡摺光緒十三年正月二十四日》　查明粵西抽收釐稅尚無朦混中飽等弊，並酌裁大湟江卡恭摺，覆陳仰祈聖鑒事。竊臣於光緒十二年八月十一日承准軍機大臣字寄，光緒十二年七月初七日奉上諭，有人奏浙江省征收釐金積弊甚多，其利半歸中飽，亟須整頓等語。抽釐助餉為朝廷不得已之舉，豈容不肖局員罔利營私，此等弊端總由該管督撫不能破除情面，審擇賢員實力整頓，一聽該員等以多報少朦混侵吞，致釐稅日見虧短，殊堪痛恨，一省如此，他省恐亦不免。著各直省督撫懍遵，疊次諭旨，力矯積習，認真稽核，如查有委員舞弊情事，即行從嚴參辦，毋稍姑容，將此各諭令知之，欽此。遵旨寄信前來，仰見聖朝有弊必除，力求覈實至意。臣跪誦之下感悚莫名，當即欽遵飭行省局司道，通飭各卡委員一體懍遵在案。伏查粵西釐務按貨抽收久經嚴定章程，比較功過，遇有劣員舞弊，均即隨時撤參。臣自欽奉恩命護理巡撫，因腹地未清，邊防未撤，餉絀用繁多藉鄰省協助，廣西就地自籌除釐金一項別無可開之源，是以不時嚴查，督飭司道認真整頓，各卡委員有經理不力者，立即撤參，不稍遷就。查有委辦白馬釐金補用通判王紹祖擅添名目，辦理乖謬，據釐局司道查明詳參，經臣奏請將王紹祖以縣丞降補在案，嗣因上年入夏以後抽收又復減色，隨即委員密查，緣各屬米價昂貴，民食維艱，貨物行銷不旺，且歷來西省米穀販運，東省有釐可收。十一年夏間，桂平梧潯柳等府屬均被水災收成歉薄，轉資鄰省接濟，無出境米穀釐銀可抽，因而徵收較絀，尚無以多報少，及朦混中飽等弊。

（清）陳夔龍《庸盦尚書奏議》卷一五《查覆貨捐土稅局員被參名款摺宣統三年正月十六日》　有人奏直隸貨捐土稅各局局員朋比為奸，侵蝕鉅款，列款糾參一摺，著陳夔龍按照所奏各節確切查明，據實具奏，毋稍徇隱。原摺著鈔給閱看，欽此。當經臣欽遵飭委布政司淩福彭、提法司齊耀琳會同嚴密確查，茲據該司等查明稟覆前來，臣復加查核，如原參直隸北段火車貨捐局委員皆總辦所用，皆其私人，該總辦到差之日即飭其私人於各卡均設立總記帳一本，即總辦之私帳，收款則以多報少，發款則以少報多一節。查該局總辦即丁憂候補四品京堂前江蘇補用道鹿溥理，該員本充直豫火車貨捐局總辦，前年開辦北段火車貨捐局。經督臣委令兼辦，所用委員雖由鹿溥理分別遴委，惟各省人員俱有詢諸員司人等有與鹿溥理本來並不相識者，其非皆屬私人，可知各卡另立總記帳一本，偏詢員司據稱無有，原參既云私帳事屬祕密無可查證，至收款則有印單為憑，發款亦有帳簿可查，尚無報少報多之事。又原參商人報捐每制錢八百五十文勒令繳洋一元，而市價每洋一元合制錢一千一二百文，是商民每繳捐一元即虧折二三百文一節。查北段捐局開辦在直豫捐局以後，直豫捐局係光緒三十年開辦，其時洋價甚賤，該局折收以制錢八百五十文合洋一元，□年北段捐局開辦一切章程均援照直豫捐局辦理，遂亦按制錢八百五十文合洋一元，嗣因洋價日漲，該局已改為制錢一千合洋一元，並未始終以八百五十文折合，所有折合盈餘之款均作為局中委員川資司巡津貼等項之用。又原參每煤車例捐洋一元者加索私費四毛一節，查該局每煤一車捐洋一元外加一角四分為開銷，一切小費曾由郵傳部咨查，經前督臣端方查明咨覆，有案並無加收四毛之事。又原參房租月僅十六金以三十金開報，夏令涼篷冬令煤炭所用不過數十金，竟報至四五倍，該總辦明目張膽親書手諭，飭令捏造，並每年止到局二三次一節。查房租每月開報三十兩，調查租摺數目相符，據房主聲稱前立摺時曾向該局借銀添蓋房屋，言明按月酌扣租價十餘金，現在業已扣清。因先有扣十餘金之約，以致誤傳為月租十六金，夏令涼篷冬令煤炭，稽之報冊，詢之員司，尚無多報之弊，檢查各卷亦無鹿溥理。飭令捏造冊報之手諭在內，至鹿溥理兼管上稅，及直豫捐局不止北段一處，聞係往來，周曆尚無不常到局之事。又原參種種聚斂皆其私人司事，吴紹伯、王子隨等為之經理，先解該總辦私宅帳房由陸同雲手鮮，該總辦所開德成厚銀號存放每年侵蝕之款實有四五萬金一節。查該局全年所收正款不過四五萬兩上下，侵蝕之數何至亦有四五萬兩。博訪在事員司並調查德成厚銀號，鹿溥理並無侵蝕鉅款證據。司事吴紹伯、王子隨兩人亦無實在劣跡，其私宅帳房並無經理局中解款，亦無陸同雲其人。惟局中匯解公款確有交德成厚銀號之事，然亦並不全交該號一家匯解。此查明北段捐局之情形也。又原參直隸土稅局該總辦管理四年開支浮冒，提調月支薪水一百兩，以何鼎冒名所具領紙皆司事李兩人偽造文案，委員冊報月薪八十兩實發五十六兩，房租三十兩冊報七十餘兩，心紅紙張所用不過數十兩開報數百兩一節。查該局當開辦之初，一切草創費用稍廣，嗣以規模漸定，即經兩次裁併節省，有卷可稽，其局中每月收支亦均呈報督辦土稅大臣查核。至提調何鼎係湖南籍候選知府確有其人，尚非冒捏。光緒三十四年十一月業經裁撤，現冊並無其名，查詢李兩人亦無捏寫領紙之事，文案月薪原定八十兩，嗣因裁節經費，稟明九折發銀七十二兩。文案委員王會中現尚在局，詢據聲稱前年二月間因病適值趕辦財政表冊，由鹿溥理添派長蘆候補鹽經歷王復和到局差遣，月薪三十兩，未便開報，即在王會中薪水內劃銀十八兩，鹿溥理自給銀十二兩共合三十兩之數，當時王會中實領銀五十四兩，迨八月冊表辦竣，王復和旋即銷差，王會中仍支原薪七十二兩。其房屋租冊報之數，查與租摺亦屬相符，心紅紙張等有帳可憑，亦無以數十兩報作數百兩之事。又原參員司巡丁偶有過失，輒罰薪一月半月，細大不捐盡飽私囊，有該總辦手諭可查，局員可問一節。查局中罰薪從前本無此事，因各員可恐有擅行離局，有曠職守，於去年冬間始定立此章，初被罰者數人，嗣因被罰諸人均知愧奮，由鹿溥理如數發還。有諭單存卷可查。又原參謂罰款多不上報，最著者本年三月間石家莊土商復順魁四箴隆販運私土罰銀一千兩，並未冊報，以百金給緝私委員吴承貴，餘均入己，皆收支委員陸福元所為。四年之久侵蝕不下十餘萬兩一節，查各案罰款皆有卷可查，石家莊一案檢查原卷所罰確係千兩，惟已由鹿溥理全數充作賞，號現有領紙存卷，電詢督辦土稅大臣柯逢時，此項罰款曾經冊報有案。至局中收支查無陸姓其人，所稱侵蝕十餘萬兩，近年煙禁日嚴，販土日少，前年所收土稅不過四萬餘兩，何能有十餘萬兩鉅款，任其侵蝕。自係傳聞之訛，此查明土稅局之情形也。原參又稱直豫貨捐局委該總辦兼辦該總辦故智復萌仍以辦直隸貨捐局，收洋勒價之法辦理，每年勒收餘款不下十餘萬兩，與豫省委員朋分，而以該總辦為最多，每制錢九百文勒收洋一元，商民在河南撫署控告，前撫吴重熹批飭按照市價折收，該總辦勒收如故，當吴重熹委員查辦時，該總辦親筆寄諭局中，屬其彌縫。而委員執其親筆以為挾持一節，查鹿潯理先經委辦直豫貨捐，嗣始兼辦北段貨捐，是直豫辦法當無仿照北段之理，況該局事務尚係直豫兩省，各派總辦一員，亦非鹿潯理一人所能自便。全年所收捐款止有十五六萬串，而餘款反過於正款，似無此理。前年兩省總辦因洋價大落，商人稟控，曾經稟奉前河南撫臣吴重熹批準，將洋元按照市價合算，每元準長收制錢六十文，作為一切小費，有案可稽。所謂餘款當即指此，尚非勒索可比。至河南委員查辦時，鹿潯理有無親筆信函致本局屬為彌縫，遍詢員司均不知有此事，又原參上年款項長收該總辦稟請以二千餘串獎勵局員，其實僅以一千分給餘則入己，琉璃河拏獲私運賞錢二千餘串，該總辦以四百串分給餘則入己，皆提調沈鑄吾、吴錫三為之經理一節。查宣統元年八月鹿潯理因款項長收，稟請獎款二千餘串係分兩次發給員司，琉璃河拏獲私運賞錢二千餘串亦係兩次分給，均有鹿潯理諭單存卷，可查。沈鑄吾、吴錫三均係直豫捐局員司，琉璃河係北段捐局，事不相涉，自非由沈鑄吾、吴錫三為之經理。此查明直豫捐之情形也，又原參稱各該自總辦以至司事將充公之煙土私賣私吸，該總辦煙癖尤深。今年丁憂百日服内，照常理事，委員接辦抗不交出，希圖肥潤，以上所言僅舉大概，而該總辦掊克聚斂尚不止此一節。查該總辦與各局司員未聞有吸煙並將充公煙土私賣情事，鹿潯理丁憂後即據電稟辭差，當經派員往代，嗣復將直豫北段兩局分别改委接辦。鹿潯理本係自請辭差，尚無抗不交替之事，至謂掊克聚斂尚不止此，既未指明何事，無憑查覆。此查明該總辦與各局員司之情形也。伏查鹿潯理辦理直豫北段貨捐及土稅局被參各節，雖經查明，或事出有因，或傳聞歧誤，但所收貨捐公款多由自開之銀號匯解，其收捐合洋辦法直豫與北段又未能始終一律辦理，究欠妥洽，惟核其貨捐收數遞年，均有增多裨益，餉源頗著成效，弟以馭下嚴，刻自處於叢怨之地，實亦為致謗之由，應否免其置議，抑或交部察議之處。

軍事犯罪部

違犯軍政分部

論　說

（明）朱長春《管子榷》卷二《為兵之數》 為兵之數。存乎聚財而財無敵。存謂專立意存之，君無財，士不來，故存意於聚財，則彼國之財不能敵也。存乎論工而工無敵。工者，所以造軍之器用者也。存乎制器而器無敵。器謂兵器。存乎選士而士無敵，存乎政教而政教無敵。政教，軍中號令。存乎服習而服習無敵。服，便也，謂便習武藝。存乎遍知天下而作徧知天下無敵。徧知天下，謂徧知其地形險易，主將工拙，士卒勇怯。存乎明於機數而明於機數無敵。機者，發內而動外，為近而成遠，不疾而速，不行而至，見其為之，不知其所以為。有數存焉於其間，故曰機數也。故兵未出境，而無敵者八。是以欲正天下，財不蓋天下，不能正天下。財，謂貨財。不能蓋天下，則無以正天下也。財蓋天下，而工不蓋天下，不能正天下。工蓋天下，而器不蓋天下，不能正天下。財雖蓋天下，而工與器不能蓋，則無以正天下。餘皆放此。器蓋天下而士不蓋天下，不能正天下。士蓋天下，而教不蓋天下，不能正天下。教蓋天下，而習不蓋天下，不能正天下。習蓋天下，而不偏知天下，不能正天下。偏知天下，而不明於機數，不能正天下。故明於機數者，用兵之勢也。大者，時也。小者，計也。王者征伐，能立大功者，在於合天時也。至小者捷勝，亦在人計謀也。王道非廢也，而天下莫敢窺者，王者之正也。大寶之位，神器也。故今所共傳，非有蹔廢。而天下莫敢窺窬者，以王者當樂推之運，應天人之正。衡庫者，天子之禮也。衡者所以平輕重，庫者所以藏寶物，不令外知者也。言王者用心，常為準平天下，既知輕重審用於心，無令長耳目者所得，此則天子之禮然也。是故器成卒選，則士知勝矣。選，謂簡其精練。遍知天下，審御機數，則獨行而無敵矣。所愛之國而獨利之，所惡之國而獨害之，則令行禁止，是以聖王貴之，貴，謂貴兵。勝一而服百，則天下畏之矣。立少而觀多，則天下懷之矣。立少，謂興亡國雖少，天下共觀之，故曰觀多。桓公救邢遷衛，用此術也。或曰觀當為勸。罰有罪，賞有功，則天下從之矣。故聚天下之精財，論百工之銳器，春秋角試，以練精銳為右。右，上也。成器不課不用，不試不臧。兵器雖成，未經課試，則不用不臧。收天下之豪傑，有天下之駿雄，故舉之如飛鳥，動之如雷電，發之如風雨，莫當其前，莫害其後，獨出獨入，莫敢禁圉，成功立事，必順於禮義，故不禮不勝天下，不義不勝人。故賢知之君必立於勝地，故正天下而莫之敢御也。

《司馬法·定爵》 凡戰：定爵位，著功罪，收遊士，申教詔，訊厥衆，求厥技，方慮極物，變嫌推疑，養力索巧，因心之動。凡戰：固衆，相利，治亂，進止，服正，成恥，約法，省罰，小罪乃殺，小罪勝，大罪因。順天，阜財，懌衆，利地，右兵，是謂五慮。順天奉時，阜財因敵，懌衆勉若，利地守隘險阻，右兵弓矢禦，殳矛守，戈戟助。凡五兵五當，長以衛短，短以救長，迭戰則久，皆戰則強。見物與侔，是謂兩之。主固勉若，視敵而舉。將心，心也，衆心，心也，馬、牛、車、兵、佚飽，力也。教惟豫，戰惟節。將軍，身也，卒，支也，伍，指拇也。凡戰，智也。鬪，勇也。陳，巧也。用其所欲，行其所能，廢其不欲不能，於敵反是。凡戰，有天，有財，有善。時日不遷，龜勝微行，是謂有天。衆有，有，因生美，是謂有財。人習陳利，極物以豫，是謂有善。人勉及任，是謂樂人。大軍以固，多力以煩，堪物簡治，見物應卒，是謂行豫。輕車輕徒，弓矢固禦，是謂大軍。密靜多內力，是謂固陳。因是進退，是謂多力。上暇人敎，是謂煩陳。然有以職，是謂堪物。因是辨物，是謂簡治。稱衆，因地，因敵，令陳。攻，戰，守，進，退，止，前後序，車徒因，是謂戰參。不服，不信，不和，怠，疑，厭，懾，枝，柱，詘，頓，肆，崩，緩，是謂戰患。驕驕，懾懾，吟曠，虞懼，事悔，是謂毀折。大小，堅柔，參伍，衆寡，凣兩，是謂戰患。凡戰：間遠，觀邇，因時，因財，貴信，惡疑。作兵義，作事時，使人惠。見敵靜，見亂暇，見危難，無忘其衆。居國惠以信，在軍廣以武，刃上果以敏。居國和，在軍灋，刃上察。居國見好，在軍見方，刃上見信。凡陳：行惟疏，戰惟密，兵惟雜，人教厚，靜乃治，威利章。相守義，則人勉，慮多成，則人服。時中服，厥次治。物既章，目乃明。慮既定，心乃強。進退無疑，見敵無謀。聽誅，無誑其名，無變其旗。凡事，善則長，因古則行，誓作章，人乃強，滅厲祥。滅厲之道：一曰義，被之以信，臨之以強，成基，一天下之形，人莫不說，是謂兼用其人；一曰權，成其溢，奪其好，我自其外，使自其內。一曰人；二曰正；三曰辭；四曰巧；五曰火；六曰水；七曰兵，是謂七政。榮，利，恥，死，是謂四守。容色積威，不過改意，凡此道也。唯仁有親，有仁無信，反敗厥身。人人，正正，辭辭，火火。凡戰之道：既作其氣，因發其政，假之以色，道之以辭，因懼而戒，因欲而事，蹈敵制地，以職命之，是謂戰灋。凡人之形：由衆之求，試以名行，必善行之。若行不行，身以將之，若行而行，因使勿忘，三乃成章，人生之宜謂之灋。凡治亂之道：一曰仁；二曰信；三曰直；四曰一；五曰義；六曰變；七曰尊。立法：一曰受；二曰灋；三曰立；四曰疾；五曰禦其服；六曰等其色；七曰百官宜無淫服。凡軍，使灋在己曰專，與下畏法曰法。軍無小聽，戰無小利，日成行微曰道。凡戰，正不行則事專，不服則法，不相信則一。若怠則動之，若疑則變之，若人不信上，則行其不復。自古之政也。

（晉）陸雲《陸士龍文集》卷九《請防不法啓》　郎中令臣雲言：國人兵放橫，多行非法，至使暴及市道，聲聞京邑。親信兵乃罵詈洛陽市丞，遠近囂然，聲論日廣。而主者前後所報，每蒙寬宥，故羣小敢肆其暴虐。前輿駕當東時，臣具以奏聞。上立節度，亦備嚴上下司察，念在奉宣。而親信卒泰，矯稱突關，強市民物，至使行道哀窮，路人歎惋。臣下祇命，幸使罪人時獲，僉以泰宜加重戮，以戒肅方來。軍都督李嬰，行實奸穢，然身備王人，雖不致法，猶加捶楚。主者奏泰，依嬰決罸。事寢不出，而特令原泰。泰之凶狡，罰至大辟，至於今日，不蒙薄罸。臣竊以自今羣醜虎視，競爲暴虐矣。小人得志，則下淩上替。前卿顯言事大農，文旨倨傲，反成卻安。功名之士，議在不辱，而顯等恃恩，敢行侮慢。臣時列啓，並呈顯言事，事寢不省，是以自來拱嘿，未敢多言。而竊見國法日侈，而恩有無已，誠懼威禁遂頽，醜聲滋聞。愚謂自今宜齊之以法，使下知禁。有司所執，猶宜時聽。不然以往，則監司之吏，鋒鉅靡加，而準繩替矣。臣忝竊非據，與聞國政。服事以來，荏苒三年，朝憲多違，威禦無列，好問不登，而流聲播越，皆由執政之臣，官非其人。常思收跡自替，以避賢路，退惟受遇，微報未効。是以忍垢素餐，敢用文諫。唯殿下哀明愚臣，繾綣愚忠，不以前後干迕，多見罪責。臨紙慷慨，言不自盡。

《魏書》卷六六《崔亮傳》　〔平表曰〕及平硤石，宜聽處分，方更肆其專恣，輕輒還歸。此而不糾，法將焉寄？按律臨軍征討而故留不赴者死，又云軍還先歸者流。軍罷先還，尚有流坐，況亮被符令停，委棄而反，失乘勝之機，闕水陸之會？緣情據理，咎深故留。今處亮死，上議。

（唐）皮日休《皮日休文集》卷七《斥胡建》　古者將在軍君命有所不受，若穰苴之斬莊賈，孫武之僇官嬪，魏絳之辱楊干是也，如建者為軍正丞，設御史有奸，在建職當以狀聞。自有天子之刑名。如擅斬者乃一夫之暴賊，上吏者也，以辱國威。國威者，軍刑者也。夫軍正之職，當申明其法於軍師，亦不可擅行誅殺也。正且不可，況又丞哉！嗚呼！漢不以是僇建以正其罪，反以詔命賞之，嘻妄矣！過直近乎暴物，過訐近乎擅命。有之不戢，在家為賊子，在國為亂臣，其建之謂矣！

（宋）歐陽修《歐陽文忠公集》卷一〇二《奏議·論乞不勘狄青侵公用錢劄子》　臣風聞邊臣張亢近為使過公用錢，見在陝西置院根勘，其勘官所取干連人甚衆。亦聞狄青曾隨張亢入界，見已勾追照對。臣伏見國家兵興以來五六年所得邊將，惟狄青、种世衡二人而已。其忠勇材武，不可與張亢滕宗諒一例待之。臣料青本武人，不知法律，縱有使過公用錢，必不似葛宗古故意偷謾，不過失於點檢，致誤侵使而已。方今議和之使，正在賊中，苟一言不合，則忿兵為患，必至侵邊。謹備過防，正藉勇將。況如青者無三兩人，作三兩人而已。可惜因些小公用錢，於此要人之際，自將青等為賊拘囚，使賊聞之以為得計。伏望特降指揮元勘官，只將張亢一宗事節，依公根勘，不得枝蔓勾追。其狄青縱有干連，仍乞特與免勘。臣於邊臣本無干涉，豈有愛憎，但慮勘官只希朝廷意旨，不顧邊上事機，將國家難得之人與常人一例推鞫，一旦乏人誤事，則悔不可追。伏乞朝廷特賜寬貸邊臣，知無功之將犯法必誅，一作行。要藉之人，以能贖過，則人人自勵，將見成功。取進止。

（宋）歐陽修《歐陽文忠公集》一〇三《奏議·論韓綱棄城乞依法劄子》臣伏見前知光化軍韓綱近為酷虐兵士，致兵士等作亂攻劫州縣，驚動朝廷，上貽君父之憂，下致生民之患，而又不畏法棄城遁走。其罪狀顯著，便合誅夷。朝廷慎於用刑，尚令勘鞫，至今多日未見施行。竊以斷獄之議，不過兩端而已，有正法則依法，無正法則原情。今韓綱所犯，法有明文，情無可恕，謹按律文：主將守城為賊所攻不固守而棄者斬。此韓綱於法當斬。有明文也。綱不能撫綏士卒，致其叛亂，但其棄城而走，情最難容。當初亂兵未有器械，韓綱手下自有六十餘人不亂兵士，又有官庫器甲，既不能盡力禦捍，又不能閉城堅守，公然將手下兵士津送全家上船，便棄牌印，城池而去。致兵之亂，起自綱身，臨難逃身，而不死國。方今盜賊可憂之際，若使天下州縣皆効韓綱見賊便走，則在處城池皆為賊有。陛下州縣誰肯守之？此韓綱之情又無可恕也。綱之一死，理在不疑。一有然字。外人但見拖延多日未行斷決，皆謂朝廷好行姑息，漸有恩貸之意。又緣綱是大臣家子，作如此大過生如此大患，犯如此大刑名，若曲法不行，即不知一作今後。孤寒有罪者，何以行法。其韓綱伏望聖慈出於睿斷，早賜依法施行。取進止。

（宋）歐陽修《歐陽文忠公集》卷一一五《河東奉使奏草·米光濬斬決逃軍乞免勘狀》右臣訪聞岢嵐軍，昨於四月中捉獲逃走萬勝長行張貴虎翼張貴李德等三人，並係禁兵。本軍勘正法司檢用編敕禁軍料錢滿五百文逃走捕捉獲者，處斬訖奏。其張貴等，並依法處斬訖。本路轉運司檢會先降令勑，春夏不行斬刑，合決重杖處死。糾駁本軍不合斬斷，見差嵐州團練判官劉述取勘岢嵐軍使米光濬等。竊緣岢嵐軍地接西北二邊，正是秋冬大屯軍馬之處，若管軍將率斬一逃軍，卻遭勘罰，則無由統衆，漸啓兵驕。況重杖與處斬俱是死刑，無所失入。運司守令勑糾按，雖執常科，兵官以軍令斬人，亦是常事。況米光濬等勘成公案，亦不過得違制失入刑名。論情定罪，所犯至輕，沮將率以長兵驕，其損不細。伏乞朝廷只作訪聞此事，特降聖旨，與免勘劾。所貴沿邊將率知朝廷委遇之恩，盡心効用，兵戎畏肅，不致驕恣生事。謹具狀奏。

（宋）歐陽修《歐陽文忠公集》卷一一六《河東奉使奏草·論永寧軍捉獲作過兵士劄子》臣近據永寧軍捉獲作過兵士，已曾具結集作過因依聞奏訖。蓋以河北屯聚兵馬雖多，自來未有威名將帥鎮撫，而卒士驕狠，相習為常。昨自保州變亂之後，安肅軍衛州通利軍等處相繼結集不已，只如今來趙牧等，本亦別無酷虐情狀，只是偶然束試不當，況自有部署轉運提點司等處，自可依公論訴，豈得小不如意，便謀結集。以此見雖是官吏乖方，亦由驕兵好亂。臣伏見有唐驕兵逐帥之禍，起自河北，始務姑息，養成大患。況今河北為國家重地，事之利害，所繫不輕，尤宜遠慮周思，防微杜漸。今官吏敗事，偶寬責罰，未至失刑，若驕兵過示姑息，一啓其端，則他時有不可制之患。昨保州之事，知州通判並遭殺害，其餘官吏各重行責降，至今保兵自為得志，動皆引以為言，而即日統兵之官，亦自始以為戒，軍威日削，士氣益驕。今永寧之事，亦因茲而馴致也。其趙牧等雖為可罪，若便重行黜責，則河北驕兵結集，竊恐自此漸多，開啓其端，養成後患。以此而言，趙牧等可罪之人，誠不足惜。所可惜者，朝廷事體也。其趙牧等，欲乞候斷訖作過兵士，且與移一河北隣近，依舊資序差遣，不使驕兵得志而後患轉滋，必欲更行移降事，〔疑〕朝旨定，逾時亦未為晚。

《宋史》卷一九五《兵志》熙寧元年，詔曰：國家置兵以備戰守，而主兵之官冗占者衆，肄習弗時，或誤軍事。帥臣、安撫、監司其察所部有占兵不如令者以聞。十月，樞密院請陝西、河東選三班使臣及士人任殿侍者，以為河北諸路指使，教習騎軍。或言河朔兵有教閱之名，而無其實，請班教法於其軍，久而弗能者，罷為廂軍。奏可。二年，帝常語執政：並邊訓練士卒，何以得精熟？安石對曰：京東所教兵已精强，願陛下推此法以責邊將，間詔其兵親臨閱試。訓練簡閱有不如詔者罰之，而賞其能者。賞不遺賤，罰不避貴，則法行而將吏加勸，士卒無不奮勵矣。

《宋史》卷一九四《兵志》〔熙寧〕四年，詔付趙卨：聞鄜延路諸軍數出，至鬻衣裝以自給，可密體量振恤之。先是，王安石言：今士卒極窘，至有衣紙而擐甲者。此最為大憂，而自來將帥不敢言振恤士卒，恐成姑息，以致兵驕。臣愚以為視士卒如愛子，故可與之俱死，愛而不能令，譬如驕子不可用也。前陛下言郭進事，臣案進傳，言進知人疾苦，所至人為立碑紀德。士卒小有違令，輒殺之。惟其能犒賞存恤，然後能殺違令者而人無怨。今宜稍寬牽拘將帥之法，使得用封樁錢物隨宜振恤，然後可以責將帥得士卒死力也。

《宋史》卷一九七《兵志》〔熙寧五年〕時帝欲利戎器，而患有司苟簡。王雱上疏曰：漢宣帝號中興賢主，而稱技巧工匠，獨精於元、成之時，是雖有司之事，而上繫朝廷之政。方今外禦邊患，內虞賊盜，而天下歲課弓弩、甲冑入充武庫者以千萬數，乃無一堅好精利實可為備者。臣嘗觀諸州作院兵匠乏少，至拘市人以備役，所作之器，但形質而已。武庫之吏，計其多寡之數而藏之，未嘗責其實用，故所積雖多，大抵敝惡。夫為政如此，而欲抗威決勝，外攘內脩，未見其可也。儻欲弛武備，示天下以無事，則金木、絲枲、筋膠、角羽之材，皆民力也。無故聚工以毀之，甚可惜也。莫若更制法，度斂數州之作聚為一處，若今錢監之比，擇知工事之臣專其職，且募天下良工散為匠師，而朝廷內置工官以總制其事，察其精窳而賞罰之，則人人務勝，不加責而皆精矣。聞今武庫太祖時弓尚有如新者，而近世所造，往往不可用，此可見法禁之張弛矣。大抵雱為此言，以迎逢上意，欲妄更舊制也。【略】〔熙寧六年〕其時周士隆上書論廣西、交阯事，請為車以禦象陣，文彥博非之。安石以為自前代至本朝，南方數以象勝中國，士隆策宜可用，因論自古車戰法甚辯，請以車騎相當試，以觀其孰利。帝亦謂北邊地平，可用車為營，乃詔試車法，令沿河採車材三千兩，軍器監定法式，造戰車以進。【略】帝慮置監未有實効，而虛用材役，詔中書樞密院覈實其事，令條畫以聞。軍器監奏，置監以來，增造兵器若干，為工若干，視前器增而工省。帝復詰之，且令與御前工作所較工執省，驗器孰良。王韶謂：如此恐內外相傾成俗，且往年軍器監檢察內臣折剥弓弩，隙由此生。今令內臣較按軍器監，又如曩日相傾無已。帝曰：比累說軍器監事，若不較見事實，即中外便以為聽小臣譖愬。今令得實行法，所以明曲直也。安石曰：誠當如此。若每事分別曲直，明其信誕，使功罪不蔽，則天下之治久矣。王韶曰：軍器監事不須比較。帝曰：事不比較，無由見枉直。安石曰：朝廷治事，唯欲直而已。其後安石卒以辯口解帝之疑，而軍器監獲免欺罔之罪。

《宋史》卷一九四《兵志》〔大觀元年〕至若省併之法，凡軍各有營，營各有額。皇祐間，馬軍以四百、步軍以五百人為一營。承平既久，額存而兵闕，馬一營或止數十騎，兵一營或不滿一二百。而將校猥多，賜予廩給十倍士卒，遞遷如額不少損。帝患之，熙寧二年，始議併廢。陝西馬步軍營三百二十七，併為二百七十，馬軍額以三百人，步軍以四百人。其後凡撥併者，馬步軍營五百四十五併為三百五十五，而京師、府界、諸路及廂軍皆會總畸零，各足其常額。

凡併營，先為繕新其居室，給遷徙費。軍校員溢，則以補他軍闕，或隨所併兵入各指揮使，依職次高下同領。帝嘗謂輔臣曰：天下財用，朝廷稍加意，則所省不可勝計。廼者銷併軍營，計減軍校十將以下三千餘人，除二節賜予及傔從廩給外，計一歲所省，為錢四十五萬緡，米四十萬石，紬絹二十萬匹，布三萬端，馬藁二百萬。庶事若此，邦財其可勝用哉。

初議併營，大臣皆以兵驕已久，遽併之必召亂，不可。帝不聽，獨王安石贊決之。時蘇軾言曰：近者併軍蒐卒之令猝然輕發，甚於前日矣，雖陛下不恤人言，持之益堅，而勢窮事礙，終必不變。他日雖有良法美政，陛下能復自信乎？樞密使文彥博曰：近多更張，人情洶洶非一。安石曰：事合更張，豈憚此輩紛紛耶。帝用安石言，卒併營之。自熙寧以至元豐，歲有併廢。

《宋史》卷一九三《兵志》〔靖康元年十二月〕逃亡之法，國初以來各有增損。熙寧五年詔：禁軍奉錢至五百而亡滿七日者，斬。舊制，三日者死。初，執政議更法，請滿十日。帝曰：臨陣而亡，過十日而首，得不長姦乎。安石曰：臨陣而亡，法不計日，即入斬刑，今當云在軍興所亡滿三日，論如對寇賊律。樞密使蔡挺請沿邊而亡滿三日者斬。安石曰：沿邊有非軍興之所，不可一槩坐以重刑。本立重法，以禁避寇賊及軍興而已。帝曰：然。文彥博固言：軍法臣等所當總領，不宜輕改。如前代銷兵乃生變。安石曰：前代如杜元穎等銷兵，乃其措置失當，非兵不可銷也。且當蕭俛時，天下兵至多，民力不給，安得不減。方幽州以朱克融等送京師，請毋遣克融還幽州煽衆為亂，而朝廷乃令克融等飄泊京師，久之不調，復遣歸北。克融所以復亂，亦何預銷兵事？彥博曰：國初，禁軍逃亡滿一日者斬。仁宗改滿三日，當時議者已慮壞軍法。安石曰：仁宗改法以來，活人命至多，然於軍人逃亡，比舊不聞加多。仁宗改法不為不善。帝乃詔增為七日。

（宋）留正等《中興兩朝聖政》乾道九年八月 戊子，臣僚上言：建康府駐劄御前後軍軍人李進等各持刀劫盜馮、念二家，本軍差將官軍兵捉獲。其吏部人吏將獲賊人引用獲强盜法擬行推賞，已降指揮孫福等四人，各特與轉一官，張顯等一十一人各支犒設錢。今看詳上件條法係是海行，不干礙官司軍兵，即非本部合用條法。今檢準見行條法諸監臨主司所部犯法及失覺察者，自有罪名，何緣更當推賞。臣以謂當今要務莫先於軍政，當罰而賞與賞盜何異？軍政如此，紀綱法度後將奈何？欲望特降睿旨將本軍將佐孫福等四人推賞指揮特賜寢罷，仍乞參照前年戚世明部下軍兵杜彥等作過將佐降官等指揮比類責罰施行。

（宋）徐夢莘《三朝北盟會編》卷一一三《炎興下帙》〔建炎元年九月〕臣僚乞考驗京城失守，將吏、士卒効命與逃遁者，誅賞示戒。臣僚上言，竊觀去冬京師失守，城池非不高深，兵甲非不堅利，士卒非不衆多，然上下弛慢嬉戲，城上坐觀其填濠，復縱其登城。又曰公然逃遁，無復衛上之心。遁於城内者，反導敵人刦掠居民，遁於城外者，結集徒衆焚刼州縣，逮今未能偃兵。何以爲戒？若命留守司於金人登城之所三、二百步内，考驗將吏、士卒姓名，效命致死者，褒其忠義，賞賚其家永保廪給，逃遁得生者，梟首示衆，屏逐其家，永離其處，則人知效死，則享名榮而福家屬。偷生則受顯戮而禍妻子。忽有師旅之事，其誰不以死衛其上乎有旨令宗澤具功罪，尤甚之人申朝指揮。

（明）楊士奇等《歷代名臣奏議》卷二一七《慎刑》〔宋〕高宗時，張浚上議刑罰。狀曰：臣竊見前此為帥者，皆謂嚴刑重罰可以整治軍旅，不察其情，不原其心，故刑不當，罪多怨怒，而深恨之者方平居無事。時雖上下相制，不敢犯分，然而人心已離矣。一旦有警，誰與效命？不測之變，殆將由是而生焉。庸將鮮知此理，嗚呼！人心不可輕失，豈特為將者然哉？為人上者，儻不思所以正心脩身，事每謹微，一失其心，不可追悔也。

（明）楊士奇等《歷代名臣奏議》卷二一四《法令》端明殿學士汪應辰上奏曰：臣聞兵所以衛民也，民所以養兵也，相須而成，其實一體。然苟惟御之不以其道，則或更相為瘉，而不得其所矣。夫以三代盛時，兵出於農，而其告戒之詞猶曰：無敢冦攘、踰垣墻、竊馬牛、誘臣妾。況後世兵農之分，而政治又不及三代乎！唐劉蕡謂足蹈軍門，視農夫如草芥，可以見其弊矣。雖然此唐末之政也，若夫聖人有作，雖兵農已分，雖三代已遠，所以因時制宜者，固自有道矣。恭惟陛下明察政體，總攬權綱，駕馭將帥，惟所進退訓飭堅明，賞罰必信，是以軍旅所在雖雜耕錯處，而部伍整肅，無敢諠譁，兵民相安，帥守協濟。凡昔人所云云者，今皆可以無慮矣。乾道二年，因三省、樞密院有請戒敕諸將，禁約人兵不得侵擾百姓，如有陳訴，聽守臣一面追捕、依條斷治，如有本將不即發遣，仍聽守臣具因依聞奏。所以防微杜漸，可謂至矣。將帥固已擇人，士卒固已用命，而詔令之下又如此其明白，其消患於冥冥之中，蓋不可勝數。伏見乾道新書，偶不該載，竊恐或者以為一時指揮未必常用，非所以申嚴約束，傳示永久之意。伏望聖慈更詔有司，以前此詔旨載之著令，使帥守皆得遵奉，兵民皆得通曉。人有所畏，則法雖設而不犯矣。臣蒙恩假守實當兵馬屯駐之地，憑藉朝廷威令之重，所謂兵民相安、帥守協濟，竊庶幾於萬一焉。是以敢冒昧言之，臣不勝戰栗之至。

（宋）陽枋《字溪集》卷二《書・與南疇王使君論時政書》排軍姚受毆其妻入水，律之以法，自服死刑。然其妻犯盗發覺，姚受不勝羞忿正誼而毆之，以致入水，亦可謂有羞惡之心，以軍法原之，不當抵以死罪。聞法司具上絞刑，法是矣，而情未也。昔吳起故殺妻求大將，史氏且録功恕罪。蓋軍法與國法不同故也。姚受固非良善，但議法原情當從忠厚，欲望明公特加原貸，從竄法施行，誠為允當。

（元）胡祗遹《紫山大全集》卷二二一《又二軍前身死在逃之弊狀》吳起之用兵，與士卒同甘苦，士病疽則親為吮。古人之愛民也如是，故得人之死力，安忍有違背棄絕不相親附者哉！今之管軍官視軍如草芥，如糞土。少有技藝者日程月課，不得休息，不許人替代。無技藝者種田種菜，打牆蓋屋，打捕牧放，風雨寒暑，不勝困憊。十日半月一點集，一出令，責其所無之物，令於己家貴買。軍無盤費，不許於諸人處借貸，須於己家取債，不百日半年而出利過倍。所以勞苦憔悴，困餓愁戚，疾病、逃竄、死亡，無所不有。管軍官恐負逃軍之罪責，皆以死夭申報，復來鄂勒起發補數，本家執狀申訴曰：我家某人累有家書，見於某所當役，不曾身故。亦有貪財喜功，用兵無法，軍以敗亡，不敢以實報，復申曰在逃，本家執狀申訴曰：苟若在逃，經今數年，本人有家有子，即今又無外國，何不還家？鄂勒亦無可驗明。作奸之人乘此不誠相欺，務為欺謾，不貧難而告貧難，不殘疾而訴殘疾，不身死而告身死。孔子曰：上好信，則民莫敢不用情。豈虛言哉？前件愚見：當戒諭軍官愛士卒如子侄，無得以私事困苦，私怨捶撻。有病者善為醫藥；必不能救而死者，當明注年月日，身死病證，牌子頭姓名，身故人司縣村莊、籍貫姓名、埋瘞處所。如在逃者，先罪責牌子頭、五十戶有失關防，及移文鄂勒詰問本人何故在逃。治罪起發，無有欺謾，不敢重並，庶幾不致逃竄。

（元）胡祗遹《紫山大全集》卷二二《民間疾苦狀》　一、江南民心未甚結固，不可屢失。自收附以來，兵官嗜殺，利其反側叛亂，已得從其擄掠，貨財子女則入於軍官，壯士巨族則殄殲於鋒刃，一縣叛則一縣蕩為灰燼，一州叛則一州莽為丘墟，然則於國何益矣。申院申省，反以為功。朝廷不究詰所以反叛之由，而慣賞其將卒定亂之勇。人情孰不欲安？屋粟火食，夫耕婦織，賦役之外，養老慈幼，樂享太平，此億兆之一心也。今也棄此遐福，去生就死，甘為肝腦塗地，父母妻子駢首受戮者，是何心哉？是蓋牧民者有以激之使然。前省所選人員，例以賄賂得官，屠沽駔儈、市井無賴，群不逞之徒十居七八。《詩》云：愷悌君子，民之父母。使若輩之民，欲民之安則不可得矣。淫奪人妻子，強取人財產、田宅、馬牛羊畜，聽訟之間，恣情枉法，以是為非，以非為是，百計千方，務在得錢。民之冤抑無所控告，司縣州府上下一律哀聲怨氣鬱積而不能發，所以冒死而不顧國家。自平金以來有事於宋，五六十年而後混一，豈不艱哉！良將精卒經營戰鬥於數世，一旦以濫官汙吏恣其貪殘而壞之，惜哉！

【略】

一、軍人應役還家一往一來之弊。軍自分撥以來，紛擾重併，民不勝其困弊，吏橫恣其奸欺。何以知之？假如一戶軍戶，某人係某縣某村元籍，某年為始簽作軍戶，根腳係隸某官帳下，應役到今不曾改撥，如此則或有軍前因事因病身故，或避役在逃，交替不至，或貧難疾病，單丁不能應役，或元籍戶頭身故，子孫更改官名，及一切事故，管軍官照驗各人鄉貫姓名，移文本管鄂勒官勾追補發。若網在綱，有條而不紊。自一經分撥，別隸他人所管行伍，不相識官吏無籍冊可照，一憑本人稱呼，中間不無欺詐。不惟如是，或又於某年再經分撥，或又於某年某歲累經分撥，遇有前項事故，輾轉推求，不見根腳出軍，吏人亦非經手舊吏，是以妄行移文勾追。鄂勒吏人照得與元籍姓名點畫少差，卻行回文審問，一問一答，往復經歲。軍前既承回文，不無自疑，遂於他路勾喚。似此紛亂，純實謹畏者恐遭罪責，或已行親當又復雇覓，或兩處重當，不能辨明，不得交代，以至壞產破家，無處申訴。不畏官法敢為奸欺者，賄賂鄂勒官吏，通同作弊，或在家而云已行應役去訖，或富實而妄言貧難，或身在而言身故，或有餘丁而云戶絕，或妄以鄉貫村莊姓名爭差為問，逗遛歲月。似此欺蔽，不止一端。究其受病之源，皆出於分撥奇零，隸屬無定。即今南方無事，管軍官員數太多，名為萬戶，軍不滿千，千戶軍不滿百，降至鎮撫百戶，有止管二三人者，是所謂十羊九牧者也。照得管軍官員亦非皆出於累世將家，勳舊武弁，以一時軍功得官，今乃袖手癡坐，無高爵之可邀，無厚祿之可得，無精兵鋭卒之可管，意亦顒望國家優恤。莫若檢照各官，如根腳尚日淺，年老無子侄可代者，與一優便差除，祿以養廉。軍官既減，則散軍可並；散軍可並，則可復無籍。可並可復，則選擇良將善撫馭者於要害重鎮屯戍，以之鎮守則威重而奸亂不生，緩急有用，則精鋭成師而得力。往復交代及一切事故則不能致肥吏而瘠民，欺官而誤事。

（明）王守仁《王文成全書》卷九《陳言邊務疏弘治十二年時進士》　何謂行法以振威臣聞李光弼之代子儀也，張用濟斬於轅門。狄青之至廣南也，陳曙戮於戲下。是以皆能振疲散之卒而摧方强之寇。今邊臣之失機者，往往以計倖脱。朝喪師於東陲，暮調守於西鄙，罰無所加，兵因縱弛。如此則是陛下不惟不寘之罪，而復爲曲全之地也，彼亦何憚而致其死力哉？夫法之不行，自上犯之也。今總兵官之頭目，動以一二百計，彼其誠以武勇而收録之也，則亦何不可之有。然而此輩非勢家之子弟，即豪門之夤緣，皆以權力而强委之也。彼且需求刻剥，騷擾道路，仗勢以奪功，無勞而冒賞，懈戰士之心，興邊戎之怨。爲總兵者且復資其權力，以相後先其委之也，敢以不受乎？其受之也，其肯以不庇乎？苟戾於法，又敢斬之以徇乎？是將軍之威固以因此輩而索然矣，其又何以臨師服衆哉！臣願陛下手敕提督等官，發令之日，即以先所喪師者斬於轅門，以正軍法。而所謂頭目之屬，悉皆禁令發回，毋使潰擾侵冒，以撓將權。則士卒奮勵，軍威振肅，克敵制勝，皆原於此。不然雖有百萬之衆，徒以虛國勢民而亦無所用之也。

（明）佚名《新纂四六合律判語》卷上《兵律·宿衛守衛人私自代替》　編名衛直，既爲肘腋之兵；謹職更番，庶竭爪牙之力。豈容私代，輒自偷安。苟不輸執戟之忠，何以遏履霜之漸。今某心懷鼠黠，氣乏鷹揚。當宿衛守衛之時，昧必躬必親之義。曷名更替，乃藉口於同袍。肆爾優游，遂委身於私第。荷戈擁盾，兜鍪空列於班行。究實詢名，姓字已迷於甲乙。倘兵興於定策，必遲左袒漢諸吕作亂，周勃入軍中令曰：爲劉氏者左袒。軍中皆左袒。之從；若釁起於斬關，應見前徒之倒。周武王討紂，紂之前徒倒戈。既巧圖於安逸，宜亟受於鞭笞。

（明）佚名《新纂四六合律判語》卷上《兵律·門禁鎖鑰》　金城設險，規模重謁於門扉；宵柝防奸，法令先嚴於鎖鑰。宜謹晨昏之限，毋違闔闢之常。故漢帝稱郅鄆之拒關，漢光武嘗出獵夜歸。至上東門，守門者郅鄆不肯開門，曰：此禁門，臣不敢受詔。由他門而入。翌日賜絹三百疋。而唐宗美志玄之辭詔。今某心忘警夜，職愧司閽。故虛掩乎玉關，弗横施於鐵鍵。寂爾過魯君於垤澤，居然出齊客於函關。將謂堯人可封，《王莽傳》：堯舜之民，比屋可封。故鮮狗盜之侶。抑以王者無外，有疎魚鑰之心。不知暴客之無常，奚可重門之失待抱關爲事，空欲望於侯嬴；爲吏門監者。犯門有人，將何禦於臧紇。若茲罪過，合麗刑章。

（明）佚名《新纂四六合律判語》卷上《兵律·懸帶關防牌面》　周節分於龍虎，《周禮》：山國虎茹，澤國龍節。特禁奸欺；唐符辨其免魚，用防詐僞。故檢驗於有無，庶防範其來往。今某腰横寶帶，曾無鐵綰牙懸；身掛青衫，未見木垂銅委；無終軍請纓之志，安得投繻；非李白謫仙之才，豈宜解佩？李白號謫仙，嘗解佩换酒。楚公掉臂而去，莫知其由；朝見倚市而歌，孰按其事？職官量罰實賣鈔，厨校當服鞭笞。

（明）佚名《新纂四六合律判語》卷上《兵律·擅調官軍》　禦武折衝，將令雖嚴於邊閫；興師動衆，軍權實總於朝廷。故奉世甘矯制之愆，漢宣帝時，馮奉世使西域，矯制入諸國兵，擊斬莎車國王弟呼屠徵。而無忌冒竊符之罪。今某紛更用智，徼倖圖功。金闕九重，曾乏一封之朝奏；玉關千里，致令萬馬之宵馳。罔俟魚符，輒提虎旅。不知狼烟風寂，既無儆報於甘泉，漢文時，匈奴儆投烽火，達於甘泉。則彼鐵騎雲屯，安得遽於細柳。罪宜榜百，亟除仕籍之名，罰不待三，遠配邊戍之役。

（明）佚名《新纂四六合律判語》卷上《兵律·申報軍務》　從主帥以徂征，既受專兵之討；驅全軍而克敵，宜知報命之恭。必羽檄之先聞，斯虜功之可録。今某謬承分調，遠事攻圍。勒燕然之銘，竇憲征匈奴，登燕然山，班固作銘。尺紙不申於督府；收淮淝之捷，謝玄破苻堅於淝水。寸箋罔達於楓宸。寧知明主旰食之皇皇，不念大將憂心之悄悄。朱泚既破李晟，胡爲亟奏於唐宗；元濟成擒李愬，必當先聞於裴相。豈心存偃武，恐邊釁之再開。抑志在柔夷，遏廷威之旁及。欲明軍法，請服官刑。

（明）佚名《新纂四六合律判語》卷上《兵律·飛報軍情》　戎馬縱横，既狼烽之有警；兵機慎密，宜羽檄之先聞。凡軍書，皆羽檄其上，取其疾也，謂之羽檄。庶幾弭變於方張，安得徇情於故弊。今某惟知玩敵，不惜欺君。玁狁入涇陽，尺牘尚稽於紫塞；王師喪南詔，寸箋罔達於彤庭。豈不聞鼙鼓之震天，似未見風雲之接地。《詩》：塞上風雲陰。縱使鼠偷狗竊，不足厪霄旰之憂；尚念蠆尾蜂針，亦或貽辛螫之害。盍思元振隱吐蕃之入寇，唐祚幾危。弗鑒似道諱襄陽之被圍，宋宗隨覆。懲茲罪過，麗以刑章。

（明）佚名《新纂四六合律判語》卷上《兵律·邊境申索軍需》　邊境係於社稷，留屯肅虎豹之羣；軍需仰於朝廷，申索急貔貅之濟。宜有求而即應，庶所向而成功。故蕭何之轉漕不窮，若寇恂之饋餉相繼。今某樞曹踐任，督府司權，視疆場之羽徼交馳，知將帥以軍資告急，居然怠緩，一封罔達於九重；肆爾稽留，累牘直看於故紙。斗粟故委諸太倉之乏，寸兵憚啟夫天府之藏。忍看羅雀於張巡，（宋）〔唐〕張巡守睢陽，城中乏食，掘鼠羅雀以爲食。三軍無叛心。直使量沙於道濟。檀道濟爲將，軍中糧盡，命軍士夜間唱量沙，敵以爲糧足，遂引去。北來饑渴，徒厪雨雪之歌；西征苦寒，誰爲帽裘之賜。受若直，怠若事，汝罪安所逃乎；加而罪、奪而官，我法無所宥矣。

（明）佚名《新纂四六合律判語》卷上《兵律·軍人替役》　受命從征，既編名於尺籍；克期赴敵，難代役於他人。蓋坐食於平時，宜宣動於一旦。今某奸同鼠黠，勇乏鷹揚。念重謀生，荷戟輒資於異姓；心難效死，執殳罔事於前驅。《詩》：伯也執殳，爲王前驅。不能輸共事之忠，祇解爲自全之計。倩市人而授之甲，敬業之計難成；率漁人而隸於兵，潘壬之師必潰。安得手便於弧矢，應知目駭於旌旗。各加杖責之刑，兼就編戍之列。

（明）佚名《新纂四六合律判語》卷上《兵律・主將不固守》　王公設險，式嚴禦侮之防；長子帥師，允重專城之寄。蓋疆圉要害，關社稷安危。欲光推轂之恩，宜懋折衝之績。今某未著詩書之譽，晋謀元帥。趙衰曰：郤縠可。敦禮樂而説詩書。謬膺鎖鑰之司。仗鉞臨戎，慷慨若期於報國；望塵避敵，倉惶祇解於全身。不思尊俎之謀，敢棄金湯之險。算無遺策，罔念充國之備金城；漢王欲征先零諸羌，趙充國曰：無逾老臣，願至金城。圖上方略，遂陳屯田便宜十二策。力竭孤忠，寧效孝寬之守玉璧。解茲即墨，將誰固海岱之圻封；棄爾睢陽，獨無惜江淮之保障。欲厲五兵之警，宜〔加〕兩觀之誅。

（明）佚名《新纂四六合律判語》卷上《兵律・縱軍擄掠》　百姓不知兵，始見戎行之肅；三軍無所犯，良因紀律之嚴。故賈復部將殺人，寇恂難宥；若宏淵騎士奪劍，顯忠必誅。蓋弔民不可殃民，而禦寇奚宜爲寇。今某統臨驍卒，捍守雄邊。縱令廣掠於貲財，深入不毛之地。未是亟承於調遣，陰圖一戰之功。遂使雞犬失其安棲，致驚燕雀迷其故壘。寧自甘於污行，食二卵而戒苟變之貪。子思言：苟變可爲將。文侯曰：吾聞其嘗食民間二卵，故不用也。子思曰：豈以二卵棄干城之將乎？因故緩於嚴誅，取一笠而血吕蒙之刃；吕蒙行軍，有一卒與蒙同鄉，時大雨，取民間一笠，以覆甲，蒙曰：豈以鄉人而廢法？遂涕泣而斬之。請就從戍之役，更加鞭楚之刑。

（明）佚名《新纂四六合律判語》卷上《兵律・不操練軍士》　止戈爲武，義若重於銷兵；忘戰則危，法宜嚴於簡衆。蓋欲折衝於倉卒，必先練習於平時。既握兵權，當明將令。今某身居虎帳，智乏龍韜。寧思孫武戮宫嬪以申威，孫武爲吴將，於宫中教習女兵，請王之愛妾一人爲隊長，皆相視而笑。武乃斬隊長，衆嬪股栗，俱就教習。祇謂淮陰驅市人而可戰。韓信爲諸將論兵法，曰：此所謂驅市人而戰，予之生地皆走，寧得而用之乎。雲屯萬竈，弗講坐作進退之方。霧湧千軍，靡習拒守攻圍之術。爾既不詳三令五申之法，彼何由知六花八陣之圖。空閑虎豹之羣，坐索貔貅之氣。愧方叔師干之試，甘距心失伍之愆。得無悦禮樂而敦詩書，遂因戢干戈而櫜弓矢。欲肅柳營之令，必申棘寺之刑。

（明）佚名《新纂四六合律判語》卷上《兵律・公侯私役官軍》　列爵受封，既申盟於帶礪；奉公守法，宜遠跡於嫌疑。故師出雖聽命於元戎，然公侯難役人於私室。能知由禮，是謂懷刑。今某職參貂蟬，班聯鵷鷺。奔走戎官之貴，冠裳顯赫於公門。趨蹌卒伍之英，甲胄反望乎軍壘。曾惜赳赳本干城之器，乃令僕僕同奴隸之羣。珠履聯翩，不是聚孟嘗之客；孟嘗君有珠履客三千。銕衣軒揭，非緣莅方叔之師。知陰結於爪牙，殆潛謀於心復。竟弗思宋宰相以官兵治任道，尚謝鈞衡；豈不見唐果毅以府兵假私人，遂隳軍制。合論刑於司寇，庶儆衆於元勛。

（明）佚名《新纂四六合律判語》卷上《兵律・優恤軍屬》　賈復傷瘡於真定，漢光武時，都護將軍賈復與五校戰於真定，隨傷瘡甚，光武大驚，乃曰：吾聞其婦有孕，生女吾子娶之，生子吾女嫁之。不令其憂妻女也。婚姻憐光武之期。馬謖敗績於街亭，慨嘆動孔明之祭。加恩既往，激義將來。今某濫叨公閫之權，殊乏待士之惠。陣亡背水，誰憐身殞銷鋒；圍久大原，孰知疾生暑雨。罔問甘苦，不見推誠。秋風故怨氣之悲，則曰金彫入耳。夜雨動冤聲之慘，乃日滴漏寒心。待下弗仁，處軍不義。彼惟無恩士卒，我則有法將兵。

綜述

《尚書・費誓》　今惟淫舍牿牛馬。杜乃擭，敜乃穽，無敢傷牿，牿之傷，汝則有常刑。

（清）孫星衍《尚書今古文注疏》卷二六《費誓》　魯人三郊三遂，峙乃芻茭，無敢不多，注：史遷多作及。鄭康成曰：茭乾芻也。汝則有大刑。

疏：芻茭者，《説文》云：芻，刈艸也。茭，乾芻。史公作峙乃芻茭。糗糧楨榦，無敢不逮。甲戌築而征徐戎，無敢不及。有大刑，則此不及，蓋不多之異文也。芻茭不至，牛馬不得食，不可以戰，故有大刑。若及而不多，不應云大刑也。當從《史記》：多字與及相似而誤，鄭注見《書》疏。

（漢）孔鮒《孔叢子》卷六《問軍禮》〔陳王問大師行軍之禮〕答曰：有司簡功行賞，不稽于時。其用命者，則加爵受賜於祖奠之前；其奔北犯令者，則加刑罰戮於社主之前。

《司馬法・天子之義》 從命爲士上賞，犯命爲士上戮。

《商君書・境内篇》 其戰，百將、屯長不得斬首。

吴九龍《銀雀山漢簡釋文・守法守令十三篇》一〇《兵令》 吏戍一歲，戰而失其將吏，及將吏戰而死卒獨北而（環）〔還〕，其法當盡斬之。將吏將其卒北。【略】

（述）〔遂〕亡不從其將吏比於亡軍父母。

睡虎地秦墓竹簡整理小組《睡虎地秦墓竹簡・秦律雜抄》 戍律曰：同居毋並行，縣嗇夫、尉及士吏行戍不以律，貲二甲。

《文物》一九八一年第二期《大通上孫家寨漢簡釋文》 將長及死不出營，營私卒將吏皆耐爲鬼（新）〔薪〕。

（清）杜貴墀《漢律輯證》卷三 夜行。《周禮・秋官・士師》軍禁注引漢法，軍有讙囂夜行之禁。司寤氏以詔夜士夜禁，禁宵行者，禁夜游者。注，夜士主行夜。徼候者，如今都候之屬。疏：行夜來往周旋謂徼候者。《白帖》四十八犯夜門霸陵亭史呵斥廣，廣騎曰故李將軍，曰今將軍尚不得夜行何故爲也。《文選》鮑明《遠放歌行》注引崔實政論永甯詔鐘鳴漏盡，洛陽城中不得有行者。《魏志・田豫傳》年過七十而以居位譬猶鐘鳴漏盡而夜行不休是罪人也。按《唐律》犯夜門在《雜律一》。

（清）張鵬一《漢律類纂・興律・乏軍興》 無詔書虎符，擅發郡國邊兵及擅斥騎士，警惑吏人者，乏軍興，棄市論。魏新律序，漢乏軍興者斬。《吴王濞傳》七國敗，弓高侯告膠西王曰未有詔書，虎符擅發，兵王其自圖之，邛遂自殺。《趙廣傳》坐擅斥騎士，乏軍興要斬。《功臣表》軑黎扶元封元年爲東海太守，坐行過擅發卒爲衛，當斬會赦免。又公孫戎奴爲上黨太守，發兵不以聞，免。《後書・袁安傳》竇憲弟尉爲篤執金吾，擅使乘驛施檄，緣邊諸郡發突騎及善騎射有才力者，漁陽雁門上谷三郡各遣吏將送至景第，安乃劾之。擅發邊兵警惑吏乏人二千石論死。乏而無害者，貶秩，入贖有差。景曰《功臣表》成安侯韓延年，元封六年坐爲太常，行大行令，事留外國書一月，乏軍興，入穀贖完爲城旦。段會宗博爲西域都護，以擅發戍已校尉兵，乏軍興有詔贖，論軍法。

（清）張鵬一《漢律類纂・興律・軍法》 從軍行，逗留畏懦。《韓安國傳》國引軍法。《功臣表》博望侯張騫坐以將軍，擊匈奴畏懦當斬贖罪免。《武帝紀》天漢三年匈奴入雁門，太守坐畏懦棄市。

及在軍逃亡者斬。《高五王傳》引軍法，《衛青傳》右將軍蘇建與單于戰，盡亡其軍三千餘騎，獨以身得亡去自歸。青議郎周霸白建軍逃亡可斬。

軍征士亡，考竟其妻子。《魏志・高柔傳》鼓吹宋金等在軍逃亡，舊法軍征士亡，考竟其妻子。太祖患猶不息更重其刑。金有母妻及二弟皆給官主者，奏盡殺之，柔以爲宜貸其妻子，一可使賊中不信，二可使誘其還心。太祖曰善，即不殺。

上功首虜不以實者，以多少爲差，削爵，罰作斬首論。《馮唐傳》，魏尚爲雲中守，上功幕府首虜差六級，下吏削其爵作之。《功臣表》高不識坐擊匈奴增首不以實當斬。《車千秋傳》車順坐擊匈奴盜虜獲自殺。

軍正無屬將軍，將軍有罪已聞，二千石以下，行法焉。《胡建傳》武帝天漢中建守軍正丞，時監軍御史爲奸，穿北軍壘垣以爲賈區，建約卒斬之。遂上奏曰：臣聞軍法立武以威，衆誅惡以禁邪，今監御史公穿軍垣以求賈利，私買賣以與士市，不立剛毅之心，勇猛之節，亡以帥先士大夫，尤失理不公。用文吏議，不至重法。黄帝李法曰壁壘已定穿窬不繇路，是謂奸人，奸人者殺。臣謹案軍法曰，正亡屬將軍，將軍有罪已聞，二千石下以行法焉。丞於用法疑，報事不諉上，臣謹以斬，昧死以聞。

吏卒斬首，以尺籍書，下縣移郡，令人故行，不行，奪勞二歲。《史記・馮唐傳》引軍法。注：尺籍，謂書其斬首之功於一尺之板。故行不行，謂故命人行而身不自行奪勞一歲也。故與雇同。

父子俱從事，有死事得與喪歸。《灌夫傳》引軍法。

案《高帝紀》八年令。士卒從軍死者，爲櫘歸共縣，縣給衣衾棺葬具，祠以少牢，長事視葬。《陳忠傳》有人從軍屯及給事縣官者，大父母，父母死未滿三月，皆勿徭，令得送葬。

軍中讙囂夜行，有禁。《周禮・士師》注。

守尉力不足禦賊，失守城邑者，免坐。《高帝紀》十年令。邊郡力不足戰，則守。追虜料敵不拘以逗留。《光武紀》十二年令。

（清）張鵬一《漢律類纂・盜律・盜武庫邊鄙兵》 武庫及邊鄙兵所居比司馬闌入者，髡。值百錢者，棄市。其兵器矢鏃不全，弩弦異處者，減等論。《鹽鐵論・刑德》篇引律。《困學紀聞》六翁注引《白孔六帖》決獄事，曰甲爲武庫卒，盜强弩，一時與弩異處，當何罪論？曰：兵所居傳司馬闌入者，髡。重武備貴精兵也。弩蘗機郭弦軸異盜之不至，盜武庫兵陳論。曰：大車無輗，小車無軏，何以行之？甲盜武庫當棄市乎？曰：雖與弩異處，不得弦不可謂弩，矢射不重，與無矢同，不入與無鏃同律。此邊鄙兵所贓值百錢者，當坐棄市。案此條句多不辭，當有脱誤。

（清）杜貴墀《漢律輯證》卷六　詐增虜獲。《功臣表》宜冠侯高不識坐擊匈奴，增首不以實當斬，贖罪免侯。《外戚恩澤表》嗣侯車順本始三年，坐詐增虜獲自殺。《馮唐傳》云中守尚坐上功首虜差六級下吏削爵罰作之。《白帖》後漢楊熊起中郎趙序坐畏懦不進，詐增首級，徵還棄市。

（清）杜貴墀《漢律輯證》卷六　乏軍興。《地官・旅師》注縣官徵聚物曰興今之軍興是也。《尚書・費誓》孔傳汝則有乏軍興之死刑。《正義》曰：興軍征伐而有乏。少謂之乏軍興。《段會宗傳》以擅發戊已校尉之兵乏興有詔贖論。《趙廣漢傳》擅斥除騎士乏軍興。《章帝紀》注軍興而致闕乏當死刑也。《白帖五十一》漢黃霸爲京兆尹發騎士詣北軍，以馬不適士劾乏軍連興貶秩。注馬少士多不相補滿也。《唐律》乏軍興在《擅興一》。

（清）杜貴墀《漢律輯證》卷六　棨戟即爲斧鉞。《後書・郭躬傳》竇固出擊匈奴，秦彭在別屯而輒以法斬人，固奏彭專擅，請誅之。議者皆然。固奏，躬獨曰：於法彭得斬之。帝曰：軍徵校尉一統於督，彭既無斧鉞可得專殺人乎。對曰：一統於督謂在部曲也，今彭專軍，別將兵事呼吸不容，先關督帥。且漢制棨戟即爲斧鉞，於法不合罪。《平帝紀》遣執金吾侯陳茂假以鉦鼓。應劭注，將帥乃有鉦鼓，今茂官輕兵不少，又但往諭曉之耳，所以假鉦鼓者欲重其威也。

（清）杜貴墀《漢律輯證》卷六　軍士逃亡考竟其妻子。《魏志・高柔傳》舊法，軍征士亡考竟其妻子。太祖患猶不息更重其刑，柔曰：士卒亡軍誠在可疾，然竊聞其中時有悔者，愚謂乃宜貸其妻子，一可使賊中不信，二可使誘其還心，正如前科固已絶其意望。云云。亦見《盧毓傳》。《唐律》從軍征討亡在《捕亡》。降敵者誅其身沒其家。《史記・商君列傳》匿姦者與降敵同罰。《索隱》引律按《李陵傳》族陵家母弟妻子皆伏誅。據此是漢時仍用此律。

《新唐書》卷八一《三宗諸子傳・孝敬皇帝弘》　會有司以征遼士亡命及亡命不即首者，身殊死，家屬沒官。弘諫以爲士遇病不及期，或被略若溺、壓死，而軍法不因戰亡，則同隊悉坐，法家曰亡命，而家屬與真亡者同沒。《傳》曰：與殺不辜，寧失不經。臣請條別其科，無使淪胥。詔可。

（唐）長孫無忌等《唐律疏議》卷一六《擅興・揀點衛士征人不平》

諸揀點衛士，征人亦同。取捨不平者，一人杖七十，三人加一等，罪止徒三年。不平，謂捨富取貧，捨强取弱，捨多丁而取少丁之類。

疏議曰：揀點衛士，注云征人亦同。征人，謂非衛士，臨時募行者。若取捨不平者，一人杖七十，三人加一等，罪止徒三年。揀點之法，財均者取强，力均者取富，財力又均先取多丁，故注云不平謂捨富取貧，捨强取弱，捨多丁而取少丁。之類者，謂老少、能否，臨時比校不平者，皆是。

若軍名先定而差遣不平，減二等；即應差主帥而差衛士者，加一等。其有欠剩者，各加一等。

疏議曰：軍名先定，謂衛士之徒，臨時差遣不平者，減罪二等：一人笞五十，三人加一等，罪止徒二年。即應差隊副以上而差衛士者，加一等，謂一人杖六十，三人加一等，罪止徒二年半。此直爲主帥、衛士不同，故加一等，罪止徒二年半。其揀點衛士及征人有欠剩，亦各加本罪一等，主帥欠剩亦同。其不平之與欠剩，既罪名不等，即準並滿之法科之。

（唐）長孫無忌等《唐律疏議》卷一六《擅興・校閲違限》　諸大集校閲而違期不到者，杖一百，三日加一等；主帥犯者，加二等。即差發從行而違期者，各減一等。

疏議曰：《春秋》之義，春蒐，夏苗，秋獮，冬狩，皆因農隙以講大事，即今校閲是也。又，車駕親行，是名大集校閲。而有違期不到者，謂於集時不到，即杖一百，每更三日加一等。主帥犯者，加二等，謂隊副以上，將軍以下，集時不到者。即差發從行而違限者，各減一等，謂正身當時不到杖九十，每三日加一等，主帥以上同上解。其折衝府校閲，在式有文，不到者，各準違式之罪。若所司不告者，罪在所司。

（唐）長孫無忌等《唐律疏議》卷一六《擅興・乏軍興》　諸乏軍興者斬，故、失等。謂臨軍征討，有所調發，而稽廢者。

疏議曰：興軍征討，國之大事。調發征行，有所稽廢者，名乏軍興。犯者合斬，故、失罪等：爲其事大，雖失不減。注云謂臨軍征討，有所調發，兵馬及應須供軍器械，或所須戰具，各依期會，克日俱充。有所闕者，即是稽廢，故云有所調發而稽廢者。若充使命，告報軍期，而違限廢事者，亦是乏軍興，故、失罪等。

不憂軍事者，杖一百。謂臨軍征討，闕乏細小之物。

疏議曰：謂隨身七事及火幕、行具細小之物，臨軍征討，有所闕乏，一事不充，即杖一百。注云謂臨軍征討，亦據臨戰，不及別求。若未從軍，尚容求覓，即從違式法。

（唐）長孫無忌等《唐律疏議》卷一六《擅興·征人稽留》 諸征人稽留者，一日杖一百，二日加一等，二十日絞。即臨軍征討而稽期者，流三千里；三日，斬。

疏議曰：謂名已從軍，兵馬并發，不即進路而致稽留者，一日杖一百，二日加一等，二十日絞，謂從軍人上道日計滿二十日。即臨軍征討者，謂鉦鼓相聞，指期交戰，而稽期者，流三千里；經三日者，斬。

若用捨從權，不拘此律。或應期赴難，違期即斬，或捨罪求功，雖怠不戮，如此之類，各隨臨時處斷，故不拘常律。

疏議曰：推轂寄重，義資英略，閫外之事，見可即爲。軍中號令，理貴機速，用捨從權，務在成濟。故注云或應期赴難，違期即斬；捨罪求功，雖怠不戮者，謂或違於軍令，別求異功，或雖即愆期，擬収後效；或戮或捨，隨事處斷。如此之類，不拘此律。

（唐）長孫無忌等《唐律疏議》卷一六《擅興·主將守城棄去》 諸主將守城，爲賊所攻，不固守而棄去，及守備不設，爲賊所掩覆者，斬。若連接寇賊，被遣斥候，不覺賊來者，徒三年；以故致有覆敗者，亦斬。

疏議曰：主將者，謂主領人兵，親爲主將者，或鎮將、戍主，或留守邊城，州縣城主之類。守城爲賊所攻擊，不能固守，棄城而去；及守備不設，謂預備有闕，巡警不嚴，被賊所掩襲覆敗者：斬。若連接寇賊，謂軍壘連接，旗旐相望；被遣斥候，謂指斥候望，不覺賊來入境者徒三年。以故致有覆敗者，以其不覺賊來，爲賊掩襲，致城及人兵有覆敗者，亦斬。

（唐）長孫無忌等《唐律疏議》卷一六《擅興·主將臨陣先退》 諸主將以下，臨陣先退；若寇賊對陣，捨仗投軍及棄賊來降，而輒殺者：斬。

疏議曰：主將以下，謂戰士以上，臨陣交兵而有先退；若寇賊對陣，而捨仗投軍，謂背彼兇徒，捨仗歸命及雖非對陣，棄賊來降，而輒殺之者：斬。謂先退以下，皆從此坐。

即違犯軍令，軍還以後，在律有條者，依律斷；無條者，勿論。

疏議曰：若違犯軍中號令者，軍還以後，其所違之罪，在律有條者，仍依律斷。直違將軍教令，在律無條，軍還之後，不合論罪，故云無條者，勿論。

（唐）長孫無忌等《唐律疏議》卷一六《擅興·鎮所私放征防人還》 即諸在軍所及在鎮戍，私放征、防人還者，各以征、鎮人逃亡罪論；私放輒離軍、鎮者，各減二等。

疏議曰：在軍所者，謂在行軍之所。鎮戍者，謂在鎮戍之處。私放征、防人還者，謂征、防之人未合還家，輒私放者。各以征、鎮人逃亡罪論，依《捕亡律》：從軍征討而亡者，一日徒一年，一日加一等，十五日絞。臨對寇賊而亡者，斬。主司故縱，與同罪。若放征人令還，各得此罪。又條：防人向防及在防未滿而亡者，鎮人亦同，一日杖八十，三日加一等。放防人還者，各得此罪。是名各以征、鎮人逃亡罪論。即私放輒離軍鎮者，謂放軍人去軍，防人離鎮，既非即放還家，征、防二色，各減本罪二等。

若放人多者，一人準一日；放日多者，一日準一人。謂放三人各五日，放五人各三日，累成十五日之類。並經宿乃坐。臨軍征討而放者，斬。被放者，各減一等。

疏議曰：依《捕亡律》：從軍征討而亡，一日徒一年，一日加一等，十五日絞。若放十五人，各一日亦合絞。其放鎮戍人而還，一人一日杖八十，三日加一等，三十一日流三千里，若放三十一人，一日亦流三千里。即私放輒離軍鎮者，各減二等，謂放征人去軍，一日杖九十，一日加一等，十五日徒三年；若放防人離鎮，一日杖六十，三日加一等，罪止徒二年半。是爲放人多者，一人準一日；放日多者，一日準一人。注云謂放三人各五日，放五人各三日，俱累成十五日，各合絞。稱之類者，或放七人各二日，又放一人經一日，亦爲十五日，合絞。人之與日，並得相累，或人或日，累成十五日，皆至死刑，故云之類。並經宿乃坐，不經宿者，無罪。雖經宿，不滿日者一人，從不應爲之坐。征人從重，鎮戍從輕。注云經宿乃坐者，以人、日相率，恐放十人經半日即爲五人之罪，故云經宿乃坐，還與百刻義同。臨軍征討而放者，斬，謂臨陣對寇，輒放征人，不待終日，即合處斷，被放者流三千里。被放征人、防人，各減主司罪一等，故云各減一等。

（唐）長孫無忌等《唐律疏議》卷一六《擅興・遣番代違限》 諸鎮、戍應遣番代，而違限不遣者，一日杖一百，三日加一等，罪止徒二年；即代到而不放者，減一等。

疏議曰：依《軍防令》：防人番代，皆十月一日交代。如官司違限不遣，若準程稽違不早遣者，一日杖一百，三日加一等，罪止徒二年。即代到不放，謂防人十月一日替到不放者，減一等，謂一日杖九十，三日加一等，罪止徒一年半。

若鎮、戍官司役使防人不以理，致令逃走者，一人杖六十，五人加一等，罪止徒一年半。

疏議曰：依《軍防令》：防人在防，守固之外，唯得脩理軍器、城隍、公廨、屋宇。各量防人多少，於當處側近給空閒地，逐水陸所宜，斟酌營種，並雜蔬菜，以充糧貯及充防人等食。此非正役，不責全功，自須苦樂均平，量力驅使。鎮、戍官司使不以理，致令逃走者，一人杖六十，五人加一等，罪止徒一年半。若使不以理，而防人雖不逃走，當從違令科斷。

（唐）長孫無忌等《唐律疏議》卷二八《捕亡・從軍征討亡》 諸征名已定及從軍征討而亡者，一日徒一年，一日加一等，十五日絞，臨對寇賊而亡者，斬。主司故縱，與同罪。下條準此。

疏議曰：征名已定，謂衛士及募人征名已定訖，及從軍征討而亡者，一日徒一年，一日加一等，八日流三千里，十五日絞。若臨對寇賊，謂壁壘相對，矢石將交而亡者，斬。亦據應戰之人。主司故縱，與同罪，謂主司知情，容其亡避，各與亡者罪同：亡者合斬，主司合絞。注云下條準此，謂下條向防及在防未滿而亡者，主司故縱亦各同罪。其臨對寇賊而有亡者，但亡即坐，不計日數及行遠近。其有從軍征討而亡，未滿十五日軍還者，未還以前依征亡之法；征還之後從軍還亡罪而斷，將未還之日，並滿軍還之日累科。

軍還而先歸者，各減五等，其逃亡者，同在家逃亡法。

疏議曰：軍雖凱還，須依部伍，若不隨團隊而輒先歸者，各減軍亡罪五等。其逃亡者，同在家逃亡法，謂一日笞四十，十日加一等，罪止流二千里。若軍還先歸，一日徒一年上減五等，合杖六十，罪止徒一年半。日若少，從先歸日科；日若多，從有軍名亡法。

（唐）長孫無忌等《唐律疏議》卷一六《捕亡・防人向防及在防亡》

諸防人向防及在防未滿而亡者，鎮人亦同。一日杖八十，三日加一等。

疏議曰：防人向防，謂上道訖逃走，及在防年限未滿而亡者，鎮人亦同，一日杖八十，三日加一等。既無罪止之文，加至流三千里。亡日未到罪止，鎮防日已滿者，計應還之日，同在家亡法，累併爲罪。

《新唐書》卷二一六上《吐蕃列傳》 〔玄宗開元年間〕帝以書賜將軍裴旻曰：敢有掩戰功不及賞者，士自陳，將吏皆斬。戰有逗留，舉隊如軍法。能禽其王者，授大將軍。於是士益奮。

劉俊文《敦煌吐魯番唐代法制文書考釋・格・開元職方格斷片》 竟不來，遂使軍州佇望消息，於今後，仰放火之處約述逗留，放火後續狀遞報，勿稽事意，致失權宜。輒違□刻，捉官別追決卅，所由知烽建兒決六十棒。

法令滋彰，盜賊多矣。堤防不設，姦□□興，欲存紀綱，須加捉搦。仰□□□提，相知捉搦，務令禁斷。

（宋）宋敏求《唐大詔令集》卷一〇七《政事・備禦・誡勵諸軍州牧將詔》 分命督將，保寧封疆，且變無知之俗，長為不叛之臣，必也仁明，在乎備整。若脂膏不潤，毫髮無私，開懷納戎，張袖延狄，彼當愛官吏猶父母，安國家如天地，欲其亡散，庸可得乎！若其心不至公，所視惟利，放縱部曲，阿容子弟，此乃求鷹鸇以馴乳，使豺狼以掌牧，欲其輯寧，庸可得也。往年翽在榮府，綏通乖方；近日張知運在單于，徵調失所。遂令東胡擾亂，北虜披猖，爰遘征伐之勤，頗煩瘡痍之誥。言念於此，可為深戒。今諸番歸降，色類非一，在番者則漢官押領，入附者或邊陲安置。風俗未通，言語不達，至於畜養，實務綏懷。宜令所在軍州牧將等，倍加撫恤，申其寃，盡其理，同疾苦，知饑寒。公私不得相侵，巨細必令無擾。儻處馭多僻，威恩不孚，龜玉之毀，典刑斯及。御史出日，仍詔察以聞。開元五年八月。

（宋）宋敏求《唐大詔令集》卷一〇七《政事・備禦・禁諸道將校逃

亡制常衮》敕：軍興以來，十有四載，未息戎備，尚勞師徒，各以名數，隸於麾管。朕念三軍之勤役，率萬姓以供饋，躬自節儉而贍濟之，定尺籍伍符，厚其資糧扉履。掖庭織室，俾給戎衣。鈎盾弄田，亦調軍食，推誠惠養，靡不至焉。雖感激忠義，勇於赴難，而差次官賞，固不遺勞。誠宜戮力，以永所事。如聞諸節度及團練使下官健，多有逃入諸軍，去其所從，犯我明禁，在於國令，固合懲姦，眷其戎勳，尚容改過。自今已後，切宜禁止。應有此色，諸軍不得輒容，差人遞還，各付所統。其額内官健有逃死者，不須更填。宣示軍州，令知朕意。

（唐）樊綽《蠻書》卷九《南蠻條教第九》每歲十一、十二月，農收既畢，兵曹長行文書境内，諸城邑村谷，各依四軍，集人試槍劍，甲冑腰刀，悉須犀利，一事闕即有罪。其法一如臨敵，布陣羅苴子在前，以次弓手排下，以次馬軍三十騎爲隊，如此次第，常爲定制。臨行交錯爲犯令。

《宋律》卷六《擅興律》諸乏軍興者斬，故失等謂臨軍征討有所調發而稽廢者。不憂軍事者杖一百。謂臨軍征討闕乏細小之物。

諸征人稽留者一日杖一百，二日加一等，二十日絞。即臨軍征討而稽期者流三千里，三日斬，若用捨從權不拘此律。或應期赴難違期即斬，或捨罪求功雖愆不戮如此之類各隨臨時處斷，故不拘常律。

諸密有征討而告賊消息者斬，妻子流二千里，其非征討而作間諜，若化外人來爲間諜或傳書信與化内人，并受及知情容止者並絞。

諸主將守城爲賊所攻不固守而棄去，及守備不設爲賊所掩覆者斬。若連接寇賊被遣斥候，不覺賊來者，徒三年。以故致有覆敗者亦斬。

諸主將以下臨陣先退，若寇賊對陳捨仗投軍，及棄賊來降而輒殺者斬。即違犯軍令，軍還以後在律有條者依律斷，無條者勿論。

諸在軍所及在鎮戍，私放征防人還者，各以征鎮人逃亡罪論，即私放輒離軍鎮者，各減二等，若放人多者，一人准一日，放日多者一日准一人。謂放三人各五日，放五人各三日，累成十五日之類，並經宿乃坐。臨軍征討而放者斬，被放者各減一等。

諸臨軍征討而巧詐以避征役，巧詐百瑞謂若誣告人故犯輕罪之類。若有校試以能爲不能以故有所稽乏者以乏軍興論，未廢事者減等，主司不加窮覈而承詐者減罪二等，知情者與同罪，至死者加役流。諸鎮戍有犯本條無罪名者各減征人二等。

諸戎仗非公文出給而輒出給者，主司徒二年。雖有符牒合給未判而出給者杖一百，儀仗各減三等。

諸鎮戍應遣番代而違限不遣者一日杖一百，三日加一等罪，止徒二年，即代到而不放者減一等。若鎮戍官司役使防人不以理致令逃走者，一人杖六十，五人加一等，罪止徒一年半。

諸有所興造應言上而不言上，應待報而不待報，各計庸坐贓論減一等，即料請財物及人功多少違實者笞五十。若事已損費各併計所違贓庸重者坐贓論減一等。本料不實料者坐，請者不實請者坐。

諸非法興造及雜傜役十庸以上贓論。謂爲公事役使而非法令所聽者。

諸工作有不如法者笞四十，不任用及應更作者，併計所不任贓庸坐贓論減等，其供奉作加二等工匠各以所由爲罪，監當官司各減三等。【略】

諸役功力有所採取而不任用者計所欠庸坐贓論減一等，若有所造作及有所毁壞備慮不謹而誤殺人者徒一年半，工匠主司各以所由爲罪。

諸應差丁夫而差遣不平及欠剩者一人笞四十，五人加一等罪止徒一年。即丁夫在役日滿不放者，一日笞四十，一日加一等，罪止杖一百。各坐其所由。

諸被差充丁夫雜匠而稽留不赴者，一日笞三十，三日加一等，罪止杖一百，將領主司加一等，防人稽留者各加三等，即由將領者將領者獨坐。餘條將領稽留者準此。

諸丁夫雜匠在役而監當官私使及主司於職掌之所私使兵防者各計庸準盗論，即私使兵防出城鎮者加一等。

（宋）竇儀等《宋刑統》卷一六《擅興律·主將不固守城臨陣先退私放征防人還》諸主將守城爲賊所攻，不固守而棄去，及守備不設，爲賊所掩覆者斬。若連接寇賊，被遣斥候不覺賊來者，徒三年，以故致有覆敗者，亦斬。

疏義曰：主將者，謂主領人兵，親爲主將者，或鎮將戍主，或留守邊城，州縣城主之類。守城爲賊所攻擊，不能固守，棄城而去，及守備不設，謂預備有闕，巡警不嚴，被賊所掩襲覆敗者斬。若連接寇賊，謂軍壘連接，旗旐相望，被遣斥候，謂指斥候望，不覺賊來入境者，徒三年。以故致有覆敗者，以其不覺賊來，爲賊掩襲，致城及人兵有覆敗者，亦斬。

諸主將以下臨陣先退，若寇賊對陣，捨仗投軍，及棄賊來降而輒殺者斬。即違犯軍令，軍還以後，在律有條者依律斷，無條者勿論。

疏：諸主將以下臨陣先退，若寇賊對陣，捨仗投軍，及棄賊來降而輒殺者斬。議曰：主將以下，謂戰士以上，臨陣交兵，而有先退。若寇賊對陣，而捨仗投軍，謂背彼兇徒，捨仗歸命，及雖非對陣，棄賊來降，而輒殺之者斬。謂先退以下，皆從此坐。

又云，即違犯軍令，軍還以後，在律有條者依律斷，無條者勿論。議曰：若違犯軍中號令者，軍還以後，其所違之罪，在律有條者，仍依律斷。直違將軍教令，在律無條，軍還之後，不合論罪，故云無條勿論。

諸在軍所及在鎮戍，私放征防人還者，各以征鎮人逃亡罪論。即私放輒離軍鎮者，各減二等。若放人多者，一人準一日，放日多者，一日準一人。謂放三人各五日，放五人各三日，累成十五日之類。並經宿乃坐。臨軍征討而放者斬，被放者各減一等。

疏：諸在軍所及在鎮戍，私放征防人還者，各以征鎮人逃亡罪論。即私放輒離軍鎮者，各減二等。議曰：在軍所者，謂在行軍之所，鎮戍者，謂在鎮戍之處。私放征防人還者，謂征防之人，未合還家，輒私放者，各以征鎮人逃亡罪論。依《捕亡律》，從軍征討而亡者，一日徒一年，一日加一等，十五日絞。臨對寇賊而亡者斬。主司故縱與同罪。若放征人令還，各得此罪。又條，防人向防，及在防未滿而亡者，鎮人亦同，一日杖八十，三日加一等。放防人還者，各得此罪。是名各以征鎮人逃亡罪論。即私放輒離軍鎮者，謂放軍人去軍，防人離鎮，既非即放還家，征防二色，各減本罪二等。

又云，若放人多者，一人準一日，放日多者，一日準一人。注云，謂放三人各五日，放五人各三日，累成十五日之類。並經宿乃坐。又云，臨軍征討而放者斬，被放者各減一等。議曰：依《捕亡律》，從軍征討而亡，一日徒一年，一日加一等，十五日絞。若放十五人一日，亦合絞。其放鎮戍人而還，一人一日杖八十，三日加一等，三十一日流三千里。若放三十一人一日，亦流三千里。即私放輒離軍鎮者，各減二等。謂放征人去軍一日，杖九十，一日加一等，十五日徒三年。若放防人離鎮，一日杖六十，三日加一等，罪止徒二年半。是爲放人多者，一人準一日，放日多者，一日準一人。注云謂放三人各五日，放五人各三日，俱累成十五日，各合絞。稱之類者，或放七人各二日，又放一人經一日，亦爲十五日，合絞。人之與日，並得相累，或人或日，累成十五日，皆至死刑，故云之類。並經宿乃坐，不經宿者無罪。雖經宿不滿日者，一人從不應爲之坐，征人從重，鎮戍從輕。注云，經宿乃坐者，以人日相率，恐放十人經半日，即爲五人之罪，故云經宿乃坐，還與百刻義同。臨軍征討而放者斬，謂臨陣對寇，輒放征人，不待終日，即合處斬，被放者流三千里。被放征人、防人各減主司罪一等，故云各減一等。

（宋）竇儀等《宋刑統》卷一六《擅興律・大集校閲乏軍興》 諸大集校閲而違期不到者，杖一百，三日加一等，主帥犯者加二等。即差發從行而違期者，各減一等。

疏議曰：《春秋》之義，春蒐、夏苗、秋獮、冬狩，皆因農隙以講大事，即今校閲是也。又車駕親行，是名大集校閲。而有違期不到者，謂於集時不到，即杖一百，每更三日加一等。主帥犯者加二等，謂隊副以上、將軍以下，集時不到者。即差發從行而違限者，各減一等，謂正身當時不到，杖九十，每三日加一等。主帥以上同上解。其折衝府校閲，在式有文不到者，各準違式之罪，若所司不告者，罪在所司。

諸乏軍興者斬，故、失等。謂臨軍征討，有所調發而稽廢者。不憂軍事者杖一百。謂臨軍征討，闕乏細小之物。

疏：諸乏軍興者斬，故、失等。注云，謂臨軍征討，有所調發而稽廢者。議曰：興軍征討，國之大事，調發征行，有所稽廢者，名乏軍興，犯者合斬，故、失等。爲其事大，雖失不減。注云，謂臨軍征討，有所調發，兵馬及應須供軍器械，或所須戰具，各依期會，克日俱充，有所闕者，即是稽廢，故云有所調發而稽廢者。若充使命，告報軍期，而違限廢事者，亦是乏軍興，故、失等。

又云，不憂軍事者杖一百。注云，謂臨軍征討，闕乏細小之物。議曰：謂隨身七事及火幕行具細小之物，臨軍征討，有所闕乏，一事不充，即杖一百。注云，謂臨軍征討，亦據臨戰不及別求，若未從軍，尚容求覓，即從違式法。

（宋）竇儀等《宋刑統》卷一六《擅興律・揀點征人衛士》 諸揀點衛士，征人亦同。取捨不平者，一人杖七十，三人加一等，罪止徒三年。不平謂捨富取貧，捨强取弱，捨多丁而取少丁之類。若軍名先定而差遣不平，減二等。即應差主帥而差衛士者，加一等。其有欠剩者，各加一等。

疏：諸揀點衛士。注云，征人亦同。又云，取捨不平者，一人杖七十，三人加一等，罪止徒三年。注云，不平謂捨富取貧，捨强取弱，捨多丁而取少丁之類。議曰：揀點衛士，注云，征人亦同。征人謂非衛士，臨時募行者。若取捨不平者，一人杖七十，三人加一等，罪止徒三年。揀點之法，財均者取强，力均者取富，財力又均，先取多丁。故注云，不平謂捨富取貧，捨强取弱，捨多丁而取少丁之類者，謂老少能否，臨時比校，不平者皆是。

又云，若軍名先定而差遣不平，減二等。即應差主帥而差衛士者，加一等。其有欠剩者，各加一等。議曰：軍名先定，謂衛士之徒，臨時差遣不平者，減罪二等，一人笞五十，三人加一等，罪止徒二年。即應差隊副以上而差衛士者，加一等，謂一人杖六十，三人加一等，罪止徒二年半。此直爲主帥、衛士不同，故加一等，罪止徒二年半。其揀點衛士及征人有欠剩，亦各加本罪一等，主帥欠剩亦同。其不平之與欠剩，既罪名不等，即準並滿之法科之。

（宋）竇儀等《宋刑統》卷二八《賊盜律・征人防人逃亡流徒囚人逃亡宿衛人逃亡　丁夫雜匠工樂雜户逃亡　非逃亡浮浪他所官户奴婢逃亡　在官無故逃亡》

諸征名已定，及從軍征討而亡者，一日徒一年，一日加一等，十五日絞。臨對冦賊而亡者斬。主司故縱與同罪。下條準此。軍還而先歸者，各減五等。其逃亡者，同在家逃亡法。

疏：諸征名已定，及從軍征討而亡者，一日徒一年，一日加一等，十五日絞。臨對冦賊而亡者斬。主司故縱與同罪。注云，下條準此。議曰：征名已定，謂衛士及募人征名已定訖，及從軍征討而亡者，一日徒一年，一日加一等，八日流三千里，十五日絞。若臨對冦賊，謂壁壘相對，矢石將交，而亡者斬，亦據應戰之人。主司故縱與同罪，謂主司知情，容其亡避，各與亡者罪同，亡者合斬，主司合絞。注云，下條準此。謂下條向防及在防未滿而亡者，主司故縱亦各同罪。其臨對冦賊而有亡者，但亡即坐，不計日數及行遠近。其有從軍征討而亡，未滿十五日軍還者，未還以前，依征亡之法，征還之後，從軍還亡罪而斷，將未還之日，並滿軍還之日累科。

又云，軍還而先歸者，各減五等。其逃亡者，同在家逃亡法。議曰：軍雖凱還，須依部伍，若不隨團隊而輙先歸者，各減軍亡罪五等。其逃亡者，同在家逃亡法，謂一日笞四十，十日加一等，罪止流二千里。若軍還先歸，一日徒一年上減五等，合杖六十，罪止徒一年半。日若少，從先歸日科，日若多，從有軍名亡法。

諸防人向防及在防未滿而亡者，鎮人亦同。一日杖八十，三日加一等。

疏議曰：防人向防，謂上道訖逃走，及在防年限未滿而亡者，鎮人亦同，一日杖八十，三日加一等，既無罪止之文，加至流三千里。亡日未到罪止，鎮防日已滿者，計應還之日，同在家亡法，累並爲罪。

諸流徒囚役限內而亡者，犯流徒應配，及移鄉人未到配所而亡者亦同。一日笞四十，三日加一等，過杖一百，五日加一等。主守不覺失囚，減囚罪三等。即不滿半年徒者，一人笞三十，三人加一等，罪止杖一百。監當官司又減三等。故縱者各與同罪。

疏：諸流徒囚役限內而亡者。注云，犯流徒應配，及移鄉人未到配所而亡者亦同。又云，一日笞四十，三日加一等，過杖一百，五日加一等。議曰：流徒囚謂或流或徒者，各其在役限內而亡者。注云，犯流徒應配，及移鄉人未到配所而逃亡者，各與流徒囚役限內而亡罪同，一日笞四十，三日加一等，十九日合杖一百，過杖一百，五日加一等，五十九日流三千里。

又云，主守不覺失囚，減囚罪三等。即不滿半年徒者，一人笞三十，三人加一等，罪止杖一百。監當官司又減三等。故縱者各與同罪。議曰：主守謂主守囚徒之人，及部領流移人等，不覺囚亡，減囚罪三等，謂從囚本罪上減三等，不從逃坐減之。即不滿半年徒者，謂徒役將滿，餘日不滿半年徒，而有逃亡者，不計逃日而科，唯據亡人之數爲罪。一人笞三十，三人加一等，謂四人亡，合笞四十，不覺二十二人亡，即至罪止，合杖一百。監當官司又減三等，謂減主守罪三等，不覺二十二人亡者，罪止杖七十。故縱者各與同罪，稱各者，謂監當官司及主守，各與亡囚本犯罪同。

諸宿衛人在直而亡者，一日杖一百，二日加一等。即從駕行而亡者，加一等。

疏議曰：宿衛人謂諸衛大將軍以下，當番衛士以上在直番限內而有逃亡者，一日杖一百，二日加一等，計一十七日流三千里。直滿以後，即同在家亡法。即從駕行者，以其陪從事重，故加宿衛一等之坐，亡者一日徒一年，二日加一等，十五日流三千里。

問曰：衛士於宮城外守衛，或於京城諸司守當，或被配於王府上番，如此之徒而有逃亡者，合科何罪？

答曰：宮城之外，兼及皇城、京城，若有逃亡，罪亦與宿衛不別，若其準減三等之例，即太輕於在家而亡，是知守當雜犯有減三等之科，逃亡之辜得罪與宿衛不異。

諸丁夫雜匠在役，及工樂雜戸亡者，太常音聲人亦同。一日笞三十，十日加一等，罪止徒三年。主司不覺亡者，一人笞二十，五人加一等，罪止杖一百。故縱者各與同罪。即人有課役，全户亡者亦如之。若有軍名而亡者，加一等。其人無課役，及非全戸亡者，減二等。即女户亡者，又減三等。其里正及監臨主司故縱户口亡者，各與同罪，不知情者不坐。

疏：諸丁夫雜匠在役，及工樂雜戸亡者。注云，太常音聲人亦同。

又云，一日笞三十，十日加一等，罪止徒三年。主司不覺亡者，一人笞二十，五人加一等，罪止杖一百。故縱者各與同罪。議曰：丁謂正役，夫謂雜徭，及雜色工匠，諸司工樂雜户。注云，太常音聲人亦同。丁夫雜匠，並據在役逃亡，工樂以下，在家亡者，亦是一日笞三十，十日加一等，罪止徒三年。主司謂監當主司，不覺逃亡者，計人數坐之，一人笞二十，五人加一等，四十一人逃亡，即至罪止，杖一百。主司故縱者，各與逃亡者同罪。

又云，即人有課役，全户亡者，亦如之。若有軍名而亡者，加一等。其人無課役，及非全戸亡者，減二等。即女户亡者，又減三等。其里正及監臨主司故縱户口亡者，各與同罪，不知情者不坐。議曰：人有課役，謂或有課無役，或有役無課，而全户亡者，亦如丁夫在役逃罪，一日笞三十，十日加一等，罪止徒三年。若有軍名而亡，謂衛士、掌閑、駕士、幕士之類，名屬軍府者，總是有軍名。其幕士屬衛尉，駕士屬太僕之類，不隸軍府者，即不同軍名之例。有軍名而亡者，雖非全户，加一等，合流二千里。其人無課役，謂全户亡者，其有課役，謂非全户亡者，各減有課役全户亡罪二等，罪止徒二年。若其人無課役，又非全戸亡者，又減二等，罪止徒一年。即女戸亡，亦謂全戸而亡者，又減三等，總減有課役亡者五等，罪止杖一百。婦女非全户亡，又減二等，合杖八十。其里正及監臨主司，折衝府於軍人亦同監臨之例，故縱户口、軍人亡者，各與亡者罪，同不知情者不坐。

問曰：有軍名而亡於他處附貫，課役如法，唯無軍名，合當何罪？

答曰：逃亡之罪，多據闕課，無課之輩，責其浮遊。亦既編户，見存課役如法，準式仍徵賦役，附處復有課輸，於官課役無違，唯免軍名合罪，依例，逃亡自首減罪二等坐之，仍勒還本所。

諸非亡而浮浪他所者，十日笞十，二十日加一等，罪止杖一百。即有官事，在他所事了，留住不還者，亦如之。若營求資財及學宦者，各勿論。闕賦役者，各依亡法。

疏議曰：非亡謂非避事逃亡，而流宕他所者，十日笞十，二十日加一等，一百九十日罪止，杖一百。即有官事已了，留住不歸者，亦同浮浪之罪。若營求資財者，謂貿遷有無，遠求利潤，及學宦者，或負笈從師，或棄繻求仕，各遂其業，故並勿論。闕賦役者，各依亡法，謂因此不歸，致闕賦役，各準逃亡之法，依狀科罪。若全户者，罪止徒三年，非全户者減二等。

諸官户、官奴婢亡者，一日杖六十，三日加一等。部曲、私奴婢亦同。主司不覺亡者，一口笞三十，五口加一等，罪止杖一百。故縱官戸亡者，與同罪。奴婢準盜論。即誘導官私奴婢亡者，準盜論，仍令備償。

疏議曰：官戸及官奴婢逃亡者，一日杖六十三日加一等。注云，部曲、私奴婢亦同。部曲雖取良人之女，其妻若逃亡，罪同部曲。主司不覺謂不覺官户、官奴婢亡者，一口笞三十，五口加一等，三十六口罪止，杖一百。故縱官户亡者，同官户逃亡之罪，罪止流，準加杖二百之法。故縱官奴婢亡者，準盜論，謂計贓五匹徒一年，五匹加一等。即誘道官私奴婢亡者，謂不將入己，道引令亡者，並準盜論，五匹徒一年，五匹加一等，仍令備償。故縱亡者，得罪不償。若誘道官户部曲亡者，律無正文，當不應得爲從重，杖八十。與同行者，同過致資給之罪。

諸在官無故亡者，一日笞五十，三日加一等，過杖一百，五日加一等。邊要之官加一等。

疏議曰：在官謂在令式有員，見在官者，無故私逃者，一日笞五十，三日加一等，過杖一百，五日加一等，五十六日流三千里。邊要之官，《户部式》，靈勝等五十九州爲邊州，此乃居邊爲要，亡者加罪一等，謂品官以上一日杖六十，三日加一等。

（宋）李燾《續資治通鑑長編》宋真宗咸平五年十一月　壬子，詔陝西振武軍士，逃亡捕獲，曾爲盜及情理蠹害罪至徒者，所在處斬訖奏，杖罪部送闕下首身如舊法。振武兵皆取自鄉民，俸錢惟五百，而他物給半。及其逃亡，則依禁軍罪至死。上以其禄廩頗殊，而條禁太重，故有是命。

（宋）李燾《續資治通鑑長編》宋真宗咸平六年六月　威虜軍魏能上言：軍士亡入賊境者，即請沒其妻子爲奴婢。上慮其無以自新，乃詔先監其家屬，限百日招誘，限滿不獲，實入賊境者，其妻子論如法。

（宋）李燾《續資治通鑑長編》宋真宗景德三年六月　壬申，詔諸路部署司禁兵逃亡，捉獲及首身，所在州軍不得裁遣，並送本司。

（宋）李燾《續資治通鑑長編》宋真宗景德三年八月　丁酉，上謂王欽若等曰：累有人言，西路緣邊州軍有能梟取爲惡蕃族首級者，賞給素有條約，然恐因此害及平人。朕思之，逐處雖有次第部署之人，豈得容此枉濫！然言者既多，亦宜過爲防檢。乃詔自今斬獲蕃族首級，須辨問的實，當行殺戮者，許依前詔給賞，如其非理，即以軍法論。

（宋）李燾《續資治通鑑長編》宋真宗大中祥符二年七月　閤門祇候盧鑑言，前知儀州，有軍士亡命入蕃，自首者皆從減等，至有再亡命者，蓋罰輕之弊，望自今並從斬決。上曰：首而戮之，是使人無自新之路也。遂詔緣邊諸州軍士亡命入蕃自首者，並械送赴闕。其後法寺定制，卒請斬之，妻子免緣坐，情重者論如律。

（宋）佚名《宋大詔令集》卷二〇一《政事・刑法・獲逃軍不得烙腕碎脛詔大中祥符三年》 如聞近日諸處捕獲逃軍，或以鐵烙其腕及碎脛骨，方就斬決，此亦非理。宜令自今不得更然，違者論如律令。

（宋）李燾《續資治通鑑長編》宋真宗大中祥符五年二月 乙巳，内殿崇班、閤門祗候錢昭厚言： 河清卒有惰役者，以鎌斧自斷足指，利於徙隣州牢城。自今望決訖隸本軍。從之。

（宋）李燾《續資治通鑑長編》宋真宗大中祥符五年六月 乙丑，詔： 諸軍故斷手足以避征役及圖徙便郡者，自今決訖，並隸本州下名，罪重者從重斷，傷殘甚者決配本鄉五百里外城。從知昇州張詠之請也。

（宋）許洞《虎鈐經》卷二《軍令第九》 大將既受命，總專征之柄，犒師於野，畢而下令焉，不從令者必殺之。夫聞鼓不進，聞金不止，旗舉不起，旗低不伏，此謂悖軍。如是者斬之。呼名不應，召之一作引。不到，往復愆期，動乖師律，此謂慢軍。如是者斬之。夜傳刁鬥，怠而不振，更籌乖度，聲號不明，此謂懈軍。如是者斬之。多出怨言，怨其不賞，主將所用，崛強難治，此謂橫軍。如是者斬之。揚聲笑語，若無其上，禁約不止，此謂輕軍。如是者斬之。所學器械，弓弩絕弦，箭無羽鏃，劍戟澀鈍，旗纛凋敝，此謂欺軍。如是者斬之。妖言詭辭，撰造鬼神，托憑夢寐，以流言邪說恐惑吏士，此謂妖軍。如是者斬之。奸舌利嘴，鬥是攢非，攢怨吏士，令其不協，此謂謗軍。如是者斬之。所到之地，陵侮其民，逼其婦女，此謂奸軍。如是者斬之。竊人財貨，以為己利，奪人首級，以為己功，此謂盜軍。如是者斬之。將軍聚謀，逼帳屬垣，竊聽其事，此謂探軍。如是者斬之。或聞所謀及軍中號令，揚聲於外，使敵聞知，此謂背軍。如是者斬之。使用之時，結舌不應，低眉俯首而有難色，此謂狠一作根。軍。如是者斬之。出越行伍，爭先亂後，言語喧嘩，不馴禁令，此謂亂軍。如是者斬之。托傷詭病，以避艱難，扶傷舁死，因而遁遠，此謂詐軍。如是者斬之。主掌財帛給賞之際，阿私所親，使吏士結怨，此謂黨軍。如是者斬之。觀寇不審，探寇不詳，到而言不到，不到而言到，多言而少，少言而多，此謂誤軍。如是者斬之。營壘之間，既非犒設，無故飲酒，此謂狂軍。如是者斬之。此令既立，吏士有犯之者，當斷斷之時，大將以問，諸將曰罪當斬，遂令吏士扶於外斬之。斬斷之後，使傳令告諸吏士曰： 某人犯某罪，適與諸將議當斬。已處斷訖，公等宜觀此以自戒。是大將以禮行罰，使士卒無冤死，衆有畏心矣。故軍法者，將之大柄也，可不重乎！是以吕蒙涕泣而斬鄉人，穰苴立表而誅莊賈。此皆先尊法令，後收功名者也。

（宋）李燾《續資治通鑑長編》宋神宗元豐五年正月 措置麟府路軍馬司言： 自今逃走兵員，乞許人告捕或斬級支賞，不立首限。從之。

（宋）李燾《續資治通鑑長編》宋神宗元豐五年六月 詔殿前、馬軍司，限外首身逃亡兵級，其所亡衣甲並冒請食錢、口食，更不根究，只劾逃亡罪以聞。

（宋）李燾《續資治通鑑長編》宋哲宗元祐元年四月 戶部言諸綱兵士逃、死，押綱人等科罪。從之。

（宋）李燾《續資治通鑑長編》宋哲宗元祐六年十一月 刑部言： 外州軍人逃亡於京畿首獲者，流以下罪，具録所招罪款，檢坐條格，枷錮送住營或見差出處，委本處收管依法施行；若無別犯，字號分明，或逃亡罪無憑照，並牒送元逃處勘斷；畿縣住營外軍，杖以下各準此。即應牒送人入京城門內，其捕獲者，有作賊鐶子，並元是配軍，及餘犯流以下，並先從不應爲輕重決訖，牒送畿縣；減二等本罪，徒以上，仍不並計。已上未至本所逃走，於京城內及畿縣捕獲者，於元斷罪遞加二等；內畿縣罪止杖一百，仍具條牒報。從之。

（宋）謝深甫等《慶元條法事類》卷七五《刑獄門・部送罪人》

〔捕亡勑〕諸禁軍兵級逃亡上軍斬，在七日內者，流三千里配千里，首身杖一百，下軍第一度，徒三年，首身杖九十。

諸廂軍兵級及刺面人逃亡者，不以有無料錢，第一度杖九十，刺每度逃走字。首身者，各減三等。

《金史》卷一五《宣宗本紀》 〔金宣宗興定元年八月〕 乙丑，制增定擒捕逃軍賞格及居停人罪。

《金史》卷一六《宣宗本紀》 〔元光元年八月〕 甲申，增定藏匿逃亡親軍罪。【略】〔十二月〕 定宋人來歸賞格及詐誘征防軍人逃亡罪法。

《金史》卷一六《哀宗本紀》 〔哀宗即位，詔〕 國家已有定制，有司往往以情破法，使人罔遭刑憲，今後有不遵本條者，以故入人罪罪之。

史金波等譯《天盛改舊新定律令》卷五《季校門》 一、諸溜盈能、大小軍頭監、末驅、舍監、軍卒等季校披、甲、馬、氈物等，短缺不全罪法：

正軍屬：

披、甲、馬三種有一種不備，十三杖；二種不備，十五杖；三種皆不備，十七杖。其另外雜物、武器多寡不備者，則當入其下。

披、甲、縛袋二種有一種不備，當受十杖，二種不備，當受十三杖。

此外種種雜物缺者，當入缺縛袋罪下。直接箭袋、弓、箭、槍、劍五種有一、二種缺短，八杖，三種不備，十杖。此外雜物多少缺短罪，當入其下。上述堅甲、雜物等均檢驗合格，但弓、弦、皮囊、鐵笊籬、砍斧等有一、二種不備，則笞十，在其數以上不備，一律笞二十。

輔主屬：

弓、箭、木櫓一二種不備，八杖，全不備則十杖。負擔：弓、箭、矛杖、鍬钁一樣有一二種不備，笞十五，三四種全不備，則笞二十。

一、諸軍首領、末驅、小首領等所屬有披、甲、馬三種，短缺罪如前述另明以外，自下屬軍卒所有披、甲、馬三種校有短缺，則總共分爲十分，缺三分以內者，不治罪；於此以上缺四五分，十三杖；缺六七分，徒六個月；缺八九分，徒一年；十分全缺則十三杖，官、職、軍皆當革。無官者則當徒二年，再令其於限期內償修，務使全備。

一、大小軍頭監及所屬軍卒等披、甲、馬三種校時缺短，依所定承缺短罪，則當入各種雜物短缺罪下。若官馬、堅甲三種皆備不缺，則其人雜物、武器中箭袋一副，弓、箭、槍、劍、木、櫓、鍬、矛杖、披、甲、縛袋等校時，不全具備，治罪法：

有十至百種時，缺二十五種不治罪；二十五種以上至五十種不備，七杖；五十種以上至七十五種不備，十杖；七十五種以上至百種不備，十三杖。

有百種以上至千種中，二百五十種不備，不治罪；二百五十種以上至五百種不備，七杖；五百種以上至七百五十種不備，十杖；七百五十種以上至千種不備，十三杖；逾千種以上不備，一律徒三個月。

治罪：披、甲、馬十分中一二分未補償者，徒六個月；三、四分未補償者，徒一年；五、六分未補償者，徒二年；七八分未補償者，徒三年；八分以上未補償者，一律當革官、職、軍。無官者徒三年。【略】

一等雜物、武器八種實無有，當補償，力能補償而未使補償時，其首領按應補數總計分爲十分：百種以內者一律十分中有二分未補償者，不治罪；三、四分未補償者，七杖；五、六分未補償者，十杖；七、八分未補償者，十三杖；八分以上未補償者，一律徒三個月。

百種當補償者，十分中二分未補償者，不治罪；三、四分未補償者，打十三杖；五、六分未補償者，徒三個月；七、八分未補償者，徒六個月；逾八分以上未補償者，一律徒一年。

百種以上至二百種當補償者，十分中二分未補償者，不治罪；三、四分未補償者，徒三個月；五、六分未補償者，徒六個月，七、八分未補償者，徒一年；八分以上未補償者，一律徒二年。

二百種以上至三百種當補償者，十分中二分未補償者，不治罪；三、四分未補償，徒六個月；五、六分未補償，徒一年；七、八分未補償，徒二年；八分以上未補償者，一律徒三年。

三百種以上雜物、武器當補償者，十分中二分未補償，不治罪；三、四分未補償，徒一年；五、六分未補償者，徒二年；七、八分未補償者，徒三年；八分以上全未補償者，不論官多寡，一律當革職、軍。【略】

一、軍卒季校時，所校軍頭監不依所給聚集日限前來，則遲一日至五日，十三杖；五日至十日，徒三個月；十日至十五日，徒六個月；十五日以上至校期未畢前來，徒一年。校日已畢來及完全未來者，一律當革職、軍，徒二年。其中有官者當與官品抵。

一、軍正首領因公任其他職，軍上權檢校在，校集日遲至及完全不至時，其權檢校中爲末驅小首領、舍監者，不論有官無官，與正首領校集日遲至及完全不至罪相同判斷。無軍職者，代替革軍職，當增一年勞役爲三年。

一、小首領、舍監、末驅等校集日遲至者，遲一至十日，十杖；十日以上至二十日，十三杖；二十日以上遲至校期未畢纔到來，徒六個月；檢校日已畢後來及完全不至者，一律當革職、軍，徒一年。無軍職則徒二年。有官者許以官品抵。

一、季校時諸正軍、輔主之官馬、堅甲檢校完全不至者，庶人徒六個月。本人不來校，派別人時，何人徒三個月。首領、正軍等知情者十三杖，不知者不治罪。

史金波等譯《天盛改舊新定律令》卷四《敵動門》 一、諸人我方更口主防線及敵人屬，我方已陷，地底上打堡城處計監有名處等上【略】打堡城來，大小巡檢失於監察者，大小巡檢□□□與以上越過相同判斷。正統、副行統□檢校將軍等等，依先前次序相□□□□□□等徒六年，遨檢校徒五年□□□□□正統徒三年，若未指揮，則依經所示罪狀□□當依次再增加一年判斷。【略】

一、敵人軍馬已動，欲來進攻，已聞確實消息，我方兵馬應發不發，說敵軍可能不來，心測度而不發兵者，敵軍已越過，無住滯則□□大人徒四年，其下職屬共相議者徒三年，□□□□□則有多少□所言重輕相引導中，原本同謀□□自願前往者，命令□□□□□□□□判斷，先同□□□□□□軍動時不應虛假，擅自□□□□□□□□進攻者，造意主管謀中以外已知覺□□□□者此自願前往罪狀減少一等。□□□□□中以外，說汝在發兵之中，其法□□□□□連，刺史、監軍司等，自己雖有貪贓，知覺人有所貪已知覺，以如此妄謀，發兵命令上妄記作手記，若記語清，發軍馬時、造意、主管、同謀、知覺等何是，依前述法判斷。未貪贓，□□爲他人所造假，則勿治罪。軍馬已發，已集，未行及已行，未入敵埋伏，比□□已入敵埋伏之罪狀，依次當減二等。

史金波等譯《天盛改舊新定律令》卷四《修城應用門》 一、局分人所屬城中準備種種置□□□□令無飲食，給於諸人、借、貸，賣出者□□□□□時，州主、城守、通判等知覺，則指揮□□□□罪令與局分人相等。未知，則有官罰馬一，庶人十三杖。

一、州主、城守、通判等所屬城上戰□□□□□繩索、板門、石砲等損壞，城□□□□□不修治，壘淺不開掘時，所治中□□□價等當計重，十緡以下徒六個月，十緡以上至二十緡徒一年，二十緡以上至三十緡徒二年，三十緡以上一律當革職，徒三年。除有官則革職以外，有勞役者當以官相抵。

一、州主、城守、通判等，所屬城上有當塗泥時，不好好塗泥者，按所用人工數一日一工算，一人至三十人，有官罰馬一，庶人十三杖；三十人以上至七十人，徒三個月；七十人以上至一百人，徒六個月；一百以上一律徒一年。【略】

一、州主、城守、通判等所屬城中，種種準備聚集，城戰具、鐵繩索、勿串、板門、石砲、壘等聚集應修治而未做，每年不按期以狀告監軍司，而懈怠時，城主、城守、通判等一律有官罰馬一，庶人十三杖，以下局分人一律十杖。

史金波等譯《天盛改舊新定律令》卷四《敵軍寇門》 一、在逃跑者及敵盜寇者後追門者，力堪全勝而未使敗時：十人以內微勝之者，則大主管有官罰馬一，庶人十三杖；毫無勝利使皆穿越，則徒三個月；若十人以上則全部十分中五分入手，五分穿過者，功罪相抵；四分入手，六分穿過者，徒六個月；七分穿過，徒一年；八分穿過，徒二年；九分穿過，徒三年；十分皆穿過，則徒四年。小主管當比大主管罪減一等，其下軍士勿治罪。若在逃跑後追門時，拋擲、丢失我方人馬、甲胄、武器者，所亡失多少，現引軍馬爲十分，依前已有敕條比量，按承罪之法，及逃跑人穿過罪等，依其重者判斷。

一、敵軍、盜賊入寇者，人數越過多寡，畜、人入未入手，不曾住滯，則在邊境任職管事軍溜等，當按邊檢校、正副統等因大意，指揮、檢校不當之罪所定判斷。

軍溜盈能之罪：

一人至十人越過，十杖；

十一人至三十人越過，徒三個月；

三十人以上至七十人越過，徒六個月；

七十人以上至一百人越過，徒一年；

一百人以上至五百人越過，徒三年；

五百人以上至一千人越過，徒五年；

一千人以上越過，一律徒六年。

邊檢校之罪：

一人至十人越過，勿治罪；

十一人至三十人越過，十三杖；
三十人以上至七十人越過，徒三個月；
七十人以上至一百人越過，徒六個月；
一百人以上至五百人越過，徒一年；
五百人以上至一千人越過，徒三年；
一千人以上，一律徒五年。

副行統之罪：
一人至三十人越過，勿治罪；
三十人以上至七十人越過，罰馬一；
七十人以上至一百人越過，徒三個月；
一百人以上至五百人越過，徒一年；
五百人以上至一千人越過，徒二年；
一千人以上，一律徒四年。

正統之罪：
一人至七十人越過，勿治罪；
七十人以上至一百人越過，罰馬一；
一百人以上至五百人越過，徒六個月；
五百人以上至一千人越過，徒一年；
一千人以上越過，一律徒三年。

一、敵人、盜賊入寇者來，逃跑者外逃，檢人先監察，已報邊檢校、營壘主管等，不往，應追及而懈怠，不好好追鬥者，軍溜、邊檢校等徒五年。軍卒中已報不往者徒一年。遠追不懈怠，未追及或已追及，因人甚少，確實不敵他人力，所言確實，則不治罪。

一、敵人、盜賊入寇者來，我方逃跑者往逃時，管事正副統等追鬥中應不應往，審視自己與敵人威力上下，本人應往則當往；本人不應往則當派遣應遣人。局分處命令應行不行。若前有□□中，應遣人不遣，命令應行不行，□□應往不往等時，正統當徒一年，副行統徒二年。若正統、副行統等本人已往追趕，應追及而懈怠，不好好追鬥，追及力堪勝而惜命不勝時，副行統等依前述邊檢校等法判斷，正統當比其減一等。

一、先有敵人盜賊入寇者越過、逃跑者往逃邊檢校、營壘主管、軍溜、管事副行統、正統等已報告，不【略】

一、當叛逃者或强賊侵入我國土時，未經追蹤，卻同其發生遭遇，並使敵落入〔我〕手之處格

一、可能派隊追擊判逃者和强賊，並可能殲滅之，但力量不足，〔敵人〕未能被殲

一、歸順於我之牧民因在其逃離區找不到支持而又跑掉

一、非按令差派之哨卒。扣留別國耕夫中盜賊

一、官吏收受外國强賊賄賂，告知其哨〔位〕，未提前通報

一、自願受遣給外敵或强賊引路

一、發放跟蹤敵人報酬，和人、畜落敵之手又返回

一、官畜落入敵手

史金波等譯《天盛改舊新定律令》卷四《邊地巡檢門》 一、檢人已監察，先知敵人入寇者已來，當告所屬營壘軍溜堡城，相接旁檢等，檢人於長□邀界上當監視軍頭，敵軍改道別地往時，軍頭所向處當重派告者。若不派告者，而不察軍頭，有住滯者，先見時已告相接新檢軍溜等，因偵察軍頭未準，未重派告者等，檢主管、庶人十三杖，檢人勿治罪。其中已派告身而未往者，依前法十三杖，主管勿治罪。

一、大小檢人知覺敵軍、盜賊入寇來，已監察，先往告兩上旁檢相接處，其旁檢相接地放逸逃避，告者等人呼叫，知覺不回報告，傳語已斷，所屬地上敵軍、盜賊穿過，失於監察者，所屬檢人當按所穿越多少承罪。屬地上敵軍、盜賊未穿過，於先見處更口中過者，相接旁檢來告，因知未回報告，檢主管徒六個月，檢人徒三個月。

一、敵軍、盜賊入寇者來時，正面穿過防線而歸，另外更口上通過，未發現，失於監察者，當比前已見處更口主之罪狀減一等判斷。

一、敵軍、盜賊已來而往，檢人已監察，先追及，力足勝任而不盡力好好勝時，主管徒三個月，檢人十杖。

一、邊地巡檢，隊提點、夜禁主管等，局分檢沿口當常巡檢，當緊緊指揮巡檢人，令每人依確定地段當值。若違律住滯時罪，及指揮妥當之功，當依所定實行；

一、等局分檢人中，已檢所屬逸放，受賄皆不前往巡檢，及檢人擅自

不往檢□地段已逸放等，知而不告、不令催促等，有住滯□時，令與主管失於監察相同，無住滯時，徒一年。貪贓者與枉法罪比，依其重者判斷。

一、等巡檢隊言過處夜禁主管等，擅自放棄地界，自在處巡檢人指揮未當，失於監察，敵軍盜賊入寇者等穿過之罪：

一人至十人穿過，十三杖；

十人以上至三十人穿過，徒六個月；

三十人以上至七十人穿過，徒一年；

七十人以上至一百人，徒二年；

一百人以上至五百人，徒三年；

五百人以上至一千人穿過，徒四年；

一千人以上，一律徒六年。

一、等局分檢人實已派遣，指揮甚緊，無受賄，未散放，受檢隊者自立處未放，所在處敵軍未來，而局分所屬兩上相接處大小檢失於監察，敵軍盜賊入寇穿過者，所屬巡檢人當依法承罪。受檢隊者□之罪：敵、盜入寇者，一百以下則有官爲馬一，庶人十三杖，一百人以上，一律徒六個月。【略】

一、檢隊言過處夜禁主管等局分，我方人逃跑者穿過時，依所定罪判斷：

一人至三十人，不治罪；

三十人以上至七十人，十三杖；

七十人以上至一百人，徒六個月；

一百人以上至五百人，徒一年；

五百人以上至一千人，徒二年；

一千人以上，一律徒四年。

史金波等譯《天盛改舊新定律令》卷四《邊地巡檢門》 一、任大小檢人者，當依數派遣確剛健人，當分隊按期前往地段明顯處住，若不住地段明顯處，并且退避輔移他處住時，失於監察，在所管地上敵兵步騎、盜賊入寇，多少軍兵穿過，畜、人、物未歸入手者，因大意，庶人依所定判斷。其中有應降職、軍者，當先降落職、軍，所剩勞役當與官品當。

放過一至十人，主管徒三個月，檢人十三杖；

放過十一至三十人，主管徒一年，檢人徒三個月；

放過三十以上至七十人，檢主管徒二年，檢人徒六個月；

放過七十以上至一百，檢主管徒三年，檢人徒一年；

放過一百以上至三百，檢主管徒四年，檢人徒二年；

放過三百以上至五百，檢主管徒五年，檢人徒三年；

放過五百以上至七百，檢主管徒六年，檢人徒四年；

放過七百以上至八百，檢主管徒八年，檢人徒五年；

放過八百以上至九百，檢主管徒十年，檢人徒六年；

放過九百以上至一千，檢主管徒十二年，檢人徒八年；

放過一千以上，一律檢主管當絞殺，檢人徒十年。

一、敵人、盜寇者已出，失於監察，入內地，畜、人、物已入手，住滯出時，當視錢數，依以下所定判斷。檢人比檢頭監罪減一等，軍溜、盈能等減二等，邀檢校減三等。管事住邊副行統減四等。當依次遞減。正統者，住附近指揮、檢校，追門等遲緩□□追門，無論指揮、檢校、有住滯時，當比副行統罪狀減一等。若住於遠處，追門未至，邀地不住滯時法：先前管事處已行，指揮無懈怠住滯，則勿治罪。以被彼敵人，盜賊進入，畜、人、物入手罪，及未入手空歸，依人數所承之罪，按其重者判斷。

一緡至五十緡，徒三個月；

五十緡以上至一百五十緡，徒六個月；

一百五十緡以上至五百緡，徒一年；

五百緡以上至一千緡，徒二年；

二千緡以上至一千五百緡，徒三年；

一千五百緡以上至二千緡，徒四年；

千緡以上至二千五百緡，徒五年；

二千五百緡以上至三千緡，徒六年；

三千緡以上至三千五百緡，徒八年；

三千五百緡以上至四千緡，徒十年；

四千緡以上至五千緡，徒十二年；

五千緡以上，一律當絞殺。

史金波等譯《天盛改舊新定律令》卷四《棄守大城門》 一、守大城者，一城城皆放棄時，州主、城守、通判棄城，造意等有官無官，及在城中之正副溜中無官等，一律以劍斬。其中正副溜有官者，官、職、軍皆當革除，徒十二年。正首領、權檢校等職，軍皆革，徒六年。小首領、舍監、末驅等當革職，徒二年。有官則以官品當。其下軍卒，正軍十三杖，輔主寨婦勿治罪。

一、前述副行統人等令軍馬解散，大小城全放棄，其□下局分都案、案頭説不應已過問，大人、承旨未聽，則勿治罪。未過問則一律徒二年。

史金波等譯《天盛改舊新定律令》卷四《棄守營壘城堡溜等門》

一、軍首領、輔全營壘、□□□等棄者，大小首領、舍監、末驅等□□□一日至十日徒六個月，十日以上至二十日徒一年，二十日以上至一個月徒二年，勿革軍職，一個月以上一律革軍職，徒三年。其下正軍十三杖，負擔、寨婦勿治罪。

一、守邊境營壘軍溜等者，當於所定地區聚集而住，退避或變住處時，提出退避之造意者及邊檢校、營壘主管、正副溜等，一律革軍職，徒十二年。其下正首領、舍監、末驅等勿革軍職。其中正首領徒四年，舍監、末驅等一律徒三年。若行退卻□其上與敵人相近處延伸者，當有所避疑，則依減罪法判斷。無所免疑，而是接近水源、蔬草地，則當比前有罪減一等。

一、諸副行統等率軍馬防守，住於邊境，在任時期日未滿，及雖日滿但其地上敵人不安定，及聞知有疑，未得局分指示擅自放棄軍寨，並令所率防守軍馬等散去時，住滯出不出，一律與邊檢校、營壘主管、州主等放棄軍溜相同判斷。

一、正統人住邊境軍寨，無指示放棄軍寨，並令所率防守軍馬等擅自解散時，審計有無住滯、語情輕重，依時節等奏計實行。

史金波等譯《天盛改舊新定律令》卷六《發兵集校門》 權頭監者比舍監、末驅校給集日遲至，正身不等之罪狀當減少一等。

一等末驅、小首領、舍監等集中日當校軍。完畢以後，一至五日之內來者，徒一年。五日以上遲至□□□一律皆革職、軍，徒二年。遲至未及戰，及完全未至等，皆革職、軍，皆徒三年。兩度不至者，皆革職、軍，徒六年，三度不至者，皆革職、軍，徒十二年。

一等軍卒□□□等五日以內當校畢者。其中未及校，已校以後五日內到來者，十三杖，五日以上到來者，及戰，則徒六個月。不及戰，及完全不至等，一律徒六年。兩度不往，徒十年。三度不往者，無期徒刑。【略】

一、正副將佐、大小軍首領等，在軍頭持牌散軍之語未至，此處外逃者徒八年。持牌者到來，聞散軍之語，不待指揮先往者，先往一、二日，徒三個月；三、四日，徒六個月，五日，徒一年；五日以上與軍頭外逃一樣判斷。軍卒校畢而往及解散傳牌不至，而入軍頭住營等，依出師全未往法判斷。執牌到來聞退師語至，而不待指揮先行者，軍卒不論先行時日長短，一概徒六個月。

一、大軍不發，行攤派時，應依額當從現有人中派遣，令集所需處。不允從逃爭人已過，籍上有軍中派往。若遠律軍數缺，則錯遣者首領錯遣一、二人者徒一年；三、四人者徒二年；五、六人者徒三年；七、八人者徒四年；九、十人者徒五年；十一至十二人者徒六年；十三至十四人者徒八年；十五至十六人者徒十年；十七至十八人者徒十二年；十九至二十人者無期徒刑；二十人以上者一律皆絞殺。有貪則與貪贓枉法罪比，依其重者判斷。

一、比鄰各首領發大小軍頭字來時，當依次相傳告，若不相傳告，使傳語中斷時，則中斷傳告者罪應按所告人遲誤時日多寡，以及完全未告，有何住滯相同判斷。所告人不治罪。

一、軍寢續守時，軍首領、權檢校等整期不往者，庶人徒一年。軍卒整期不往者，正軍徒六個月，輔主徒三個月。又續守時日限未滿逃跑者，依所遺缺時日計算。首領等遺一至十日者，有官罰馬一，庶人十三杖；十一日至二十日者，徒六個月；二十日以上者，悉與整期不往罪判斷。軍卒遺一至十日者，正軍十三杖，輔主十杖；十五日至一個月者，正軍徒三個月，輔主十三杖；一個月以上者一律與整期不至同罪。其首領及以下軍卒等集日遲至者，承與日限未滿而逃歸相同之罪。

(元)沈仲緯《刑統賦疏·第五韻》 契同於符矣，用而發兵。符以銅爲之，謂之魚符，朝廷發兵之符也。公式令下魚符，畿內三左一右，畿外五左一右。左者在內，右者在外。用行之日，從第一爲首，後更有事須用以次發之，周而復始。發兵之司得左符與右符相合從發兵之事。《擅興律》：應給發兵符而不給，應下發兵符而不下，或符不合不速以聞各徒二年，餘符各減二等。注云，凡言餘符者契亦同，即契應發兵者同發兵符法。疏議曰：依令車駕巡幸，皇太子監國，有兵馬受處分者爲木契，若王公以下在京留守及諸州有兵馬受處分并行軍所及皇城内諸街鋪各給木爲之，謂之木契。以此觀之，銅符與木契各不同。律云，木契發兵同發兵符法，如此則木契發兵與銅符一體矣。

直解：木契與發兵銅魚符同，用皆可以發兵。

通例：皇慶六年十二月，嶺址行省咨往來使臣通政院呈部，應給別理奇直至和寧路繳納，沿路經過脱脱木孫辨驗無僞，背批相同，庶革詐冒。

（元）孟奎《粗解刑統賦》 本部如本屬也，而屬尊於部。部以官長之義屬以親族之恩，皆當尊敬故曰如。如者同也，但屬則有服而部則無服矣，故曰尊於部。

（元）孟奎《粗解刑統賦》 詐傳制書情類詐爲。防微杜漸，國政之本。以己意詐冒虛傳天子之命則與詐爲制書之罪不異矣。

（元）佚名《別本刑統賦解》 契同於符者用而發兵。契者木器也，符者虎符也，皆古發兵用事之具。虎符乃發兵大事用之，其事急也。木契，皇城部庫用之其事緩也，然木契亦有時而發兵，既用發兵即與符無異也，故雖契之給下苟有違誤或從事不速，并與違虎符之罪同也。

《元典章》卷三四《兵部·軍役·逃亡·處斷逃軍等例》 至元五年十月欽奉聖旨，據樞密院奏先爲軍前多有逃亡事，故歇役軍人奏奉聖旨差官與各路奥魯官吏一同磨問，其間若有欺弊隱匿，定到奥魯官吏罪名罷職，斷没人口財産，如此嚴切起補去訖。如到軍前管軍不肯用心撫治依前占破騷擾，再交逃亡歇役。又未奥魯官起補輔致損壞軍馬、生受。乞降聖旨禁約事。準諸道與各路行省、行院、都元帥、各衛指揮使招討萬户並已下大小軍官、鎮撫人等，你是專一管軍底官人，下度軍力難易其間指名占破不依體例行事，騷擾軍人不安，因此逃亡歇役，致令奥魯官吏作弊，這罪過都在憑軍官每身上有。然此已行聖旨，分頭差官再行起補去也。若到軍前須要各各安貼，當役不到依前占破騷擾，今交樞密院遍行省諭禁治，更令提刑按察司官常切用心體究。如不用心撫治，依前作弊占破騷擾，再有逃亡歇役者，軍官首領官鎮撫依著奥魯官體例罷職，人口、財産斷没一半，再不敍用。若在意撫治，不交逃亡歇役，不作過犯好勾當，軍官首領官鎮撫人等遷加官賞，或有軍官私下一面起補逃亡事故者，仰奥魯官同申院取問。今後逃走軍人仰根捉正身，依理取問。犯杖一百七下，再犯處死。若差定出征逃走，但犯處死，就軍前對衆施行。大小管軍官吏人等照依樞密院條畫禁約事理，不得違犯。仰樞密院同行省、行院將軍官所行公事考較功過，明白聞奏定奪，賞罰施行。

（清）嵇璜等《續文獻通考》卷一三五《刑考·刑制》 〔元世祖至元十六年八月〕詔漢軍出征逃者罪死，沒其家。

初，至元五年，詔諭四川行省，沿邊屯戍軍士逃役者處死。至是，又定漢軍出征逃亡法。成宗大德六年正月，又詔千戶、百戶等軍中先事而逃者罪死。敗而後逃者杖而罷之，沒入其男女，尋又詔軍官擅離所部者悉遣還，違者論如律。軍人不告所部私歸者杖而遣之。大德八年三月，敕誘匿軍民逃奴者論罪有差。

《元典章》卷三四《兵部·軍役·逃亡·處斷逃亡等例》 又至元二十一年荊湖占城等處行中書省札付，準樞密院咨：見起占城出征新附漢軍一萬五千名。議得，爲頭起意糾合軍人在逃、拿捉得獲合無處死。爲從逃軍，杖斷一百七下，發遣邊遠當軍，請聞奏事，準此。於羊兒年十月十七日本院奏阿里海牙奏將來唆都根底去的一萬五千軍人沿路去時，那人每逃去有。爲頭兒走的殺了，爲從走的斷一百七下，打了交出軍，怎生？麽道奏將來有。俺官人每商量時得他的言語是底一般有麽道。奏呵！是也那般敲了者。麽道聖旨了也。欽此。

又至元二十四年，樞密院準江西行樞密院咨：廣東最係極邊烟瘴重地，各處鎮守軍官申到在逃軍人盤捉到官，將首從人依例斷罪發下，合屬應役。其間有復行在逃人數，蓋因法輕，以致如此。今後若有在逃軍人，合無將爲首人對衆明正典刑；爲從者，杖一百七下。咨請定奪準此。至元二十四年十二月初九日安童怯薛第一日本院官奏月的迷失奏將來有鎮守城子的軍人每逃走，有在先那般逃走的根底一百七下，打了呵，放了有來那般呵，慣了的一般有。如今那般逃走的每根底爲首的每根底敲了，爲從的每根底一百七下家打呵，怎生？麽道將來有俺與省官每忙兀歹一處商量來，忙兀歹也說，我也待題來。若不那般禁約呵，不中的一般麽道説有。葉右丞也那般道有。王速帖木兒大夫俺一同商量的依著月的迷失的言語爲首的每根底敲了，爲從的每根底一百七下，家打了懲戒呵，怎生，麽道，奏呵！爲首的每根底問了取了招伏呵，對著多人訂見了呵，敲了者，爲從的每根底依著在先聖旨體例裏一百七下，家打了放者麽道。欽此。

《元典章》卷五四《刑部・雜犯・違慢・收捕不救援例》　大德三年六月二十六日，行臺準御史臺咨江西道廉訪司申：瑞州翼千户范震、永新縣尉周鐸收捕草賊不行救援，被賊殺死喬百户馬巡檢等。呈奉中書省送刑部議得，千户范震、簿尉周鐸被差收捕耗賊，與百户喬林議定把截賊人出入要路，互相救援，其各人不行前去，致將喬林等殺死，聞知不即追襲，情犯深重，罪遇詔恩原免，量擬罷職不敘，依例標附。都省移準樞密院咨合準刑部所擬咨請照驗，仰依上施行。

《元史》卷一〇三《刑法志》　軍律諸軍官離職、屯軍離營、行軍離其部伍者，皆有罪。諸軍官不得擅離部署。赴闕言事，有必合言者，實封附遞以聞。諸隨處軍馬，有久遠營屯，或時暫經過，並從官給糧食，輒妨擾農民、阻滯客旅者，禁之。諸臨陣先退者，處死。

諸統軍捕逐寇盜，分守要害，約相爲聲援，稽留失期，致殺死將士，仍不即追襲者，處死，雖會赦，罷職不叙。諸軍民官，鎮守邊陲，帥兵擊賊，紀律無統，變易號令，背約失期，形分勢格，致令破軍殺將，或未戰逃歸，或棄城退走，復能建招徠之功者，減其罪，無功者，各以其罪罪之。

諸防戍軍人於屯所逃者，杖一百七，再犯者處死。若科定出征，逃匿者，斬以徇。諸軍户貧乏已經存恤而復逃者，杖八十七，發遣當軍。隱藏者減二等，兩鄰知而不首者，又減隱藏罪二等。諸軍户告乏求替者，從有司覆實之，其詐妄者，廉訪司憲之。

（明）孫世芳《宣府鎮志》卷一九《法令考・明》　高皇帝洪武三年禁官吏克減軍糧。凡指揮千百户以上管軍官吏，酷害軍人剋減月糧，將無作有以有作無者，許旗首軍人奏聞。即將害人的官吏抄没家財，就與告人再加重賞。若旗首通同官吏害軍者，許軍人自告。

（明）談遷《國榷》太祖洪武四年十一月　乙亥，定衛所逃軍之罰。

（明）王世貞《弇山堂别集》卷八七《詔令雜考三》　洪武十七年三月初三日，兵部欽差鎮撫周仁、翟忠傳奉聖旨：恁去説與雲南、大理等處守禦衛所，有發到的有罪斷發軍人，編入伍，著他種田；把關去處盤獲有罪斷發，但是曾刺字不刺字的，刺旗不刺旗的逃囚軍人，拿住發與原衛所，將爲首逃的廢了示衆。又各衛所上緊屯種，儘問軍人每，若是有糧，便差内官送將家小來。欽此。

《大誥・勾取逃軍》　十二布政司、按察司、府、州、縣官，爲兵部勾取逃軍，或有頑民犯法，各部勾取。其布政司、府、州、縣貪圖賄賂，不將正犯解官，往往拿解同姓名者。因贓迷惑其心，止知己利，不知良善受害，無可伸訴。若將犯罪受刑之苦，以己推之，豈有貪贓害於良善者。且罪人受刑，罪重，晝則枷項杻手，夜則繫項鈴足；輕則鎖索牽行。父母妻子悲啼。送程倉卒，一時催起，路無盤費，是後父母妻子，收拾盤纏，意在往供。有司刁蹬，不與引行。既而買引，沿途追趕，有中途病死者，有飲食不節而負病者。所勾之人，惟恐違限，日加棰楚，雖有微命，猶在幾死之間。若法司審理不明，即作真犯擬罪。若上官既明，更不枉法，方得放歸。其苦萬端，當時法司肯將此苦量推於己，豈有良善受害哉。然有司因此無辜於善良，天鑑不遠，一旦發露，罪及身家。如此者，數數開諭，每每加刑，會有幾人而省此禍殃！

《大誥續編・逃軍》　《誥》到之日，所在有司官吏往日曾受逃軍財物買囑不行起發，今《大誥》遍滿天下，兩隣里甲不許影射。若不甲爲曉諭有司官吏，必是兩隣里甲照依《大誥》事内拘送赴京，那是有司官吏其罪難逃。《誥》到，肯聽朕言，將境内逃軍省令里甲、親戚人等，或百、或千、或十，各各令里長送赴京來。一里長十名者送十名，五名者送五名。當該有司差佐貳官該吏，用前路關文，一程程關給食米，不致逃軍失所，送赴京來。若逃軍改名换姓影在境内，聞《誥》到日，三五人自行赴官首告，赴京著役。如在京衛分，赴在京衛分。各都司衛分，赴各都司衛分。雖是在逃十年、十五年、十七八年、三五年，亦行盡皆出首，與免本罪，仍前著役。如不出首，兩隣、里甲見了《大誥》，毋得隱藏逃軍，雖是至親必須首告，免致鄉村良民被捉拿逃軍連累受苦。敢有違朕之言，仍有勾逃軍官吏生事攪擾良民，其良民中豪傑之士、耆宿老人會議捉拿赴京，見一名賞鈔五錠。如是仍前影射，被人告發或挨勾得出，兩隣並影射之家盡行拿充軍役。衆百姓，我説的言語聽著，你若不聽，便三家兩家垜一丁爲軍。比及如此，你衆人只休隱逃軍在鄉，却不免致動了你每户下人丁。看了我的言語，你每衆百姓將附近逃軍，家下影射的逃軍，衆人好生撫綏送出來，各衛軍亦不缺役，你每衆百姓安樂。便是你百姓受了逃軍財物，隱藏十年之上，如今送出來，也不問你每要罪。嗚呼！因無藉不良之家，心生姦詐，屢次故違號令，影射逃軍，致令貪官污吏賣遍同名同姓，異姓者亦皆受害。嗚呼！朕居京九重，知天下拿逃軍，擾害吾良民，民怨已滿朕耳。你影射逃軍之家，如何不將仁心發見，改革前非？坐視羣民受害，一家父母妻子兄弟並無一箇爲善者，皆是同惡相濟之人。此《誥》出後，仍前故違，許令隣里耆宿並豪傑之士，會議將隱藏逃軍之家全家拿赴京來，遷居化外，家私就賞捉拿之人，免致捉拿同名同姓，逼抑異姓良民。朕言至此，耆民豪傑之士必從朕命，方乃是安。此患不除，終無寧息。智人見之，毋視尋常。

（明）談遷《國榷》惠宗建文四年十月 甲寅，諭兵部尚書茹瑺、劉儁以逃軍降罰本將之罪。

（明）孫世芳《宣府鎮志》卷一九《法令考・明》 文皇帝永樂十二年頒行軍法令。凡交鋒之際，突入賊陣透出其背殺敗賊蒙者，勇敢入陣斬將搴旗者，本隊已敗賊衆別隊勝負未失而能□援克敵者，受命能任其事出奇破賊成功者，皆爲奇功。齊力進前首，先敗賊者，前隊交鋒未決後□□前殺敗賊衆者，皆爲頭功。凡建立奇功、頭功者，其親管頭目即爲報知，妄報者治以重罪。行營及下營之時擒獲奸細者，陞賞準頭功。哨壘生擒虜賊一人者，賞銀三十兩。斬首一級者二十兩。凡行營之時遇有□馬衣服器械不同者，衣甲器械相同而喝問荅號不同者，皆即擒之。來降虜賊擄人口財畜，分毫不許侵犯，即時來報。凡與賊對陣須齊力殺賊，不許竊爲一處掣拽，空歛如力不能支不能決勝，無勇無謀及不盡力殺賊者，全伍皆斬。凡隊伍已定不許馬軍入步隊，步軍入馬隊，違者，重罪。如臨陣混戰失其本隊插入別陣者，不拘。凡殺敗虜賊須盡力進勦，不許搶掠人畜財物，違者，重罪。如所乘馬困乏，許以所擒賊馬換乘。凡對敵之際，一隊遞看一隊，有不齊力前進者，戰勝之後，許連隊之人首告，治以重罪。容情不首告罪同。凡管軍頭自須愛恤軍士，軍士聽令不許怠慢，如伍中有一人不在，小旗報總旗，總旗報百户，以次報至總兵官，總兵官奏知從征官軍，有在逃者斬。該管頭目不報者重罪。凡軍士須人馬相應，不許以軟弱不堪者插入隊伍。如人壯馬弱或馬壯人弱者，許弱者以馬與壯者，若自己有馬臨戰之際能借與驍勇者，殺賊有功，許借馬人分賞，不願分者，聽其戰馬臨敵許騎無事，騎者治罪。各營馬監須愛惜馱載，該管官時常點閲，有故違及將軍器抛失，或盜賣者俱重罪。凡軍士行糧該管官旗時行點，鬧有過用及遺棄者并該管頭目皆斬。凡軍行及下營之時，須各認隊伍，不許擅離及雜入別營別隊，違者，併該管頭目俱重罪。凡夜行相遇即喝問，有荅號不得者，擒送辨驗，果是奸細，照例陞賞。故不荅號及見而不擒者，事覺俱治以重罪。凡軍中遇夜以各様大小銅角笛聲爲號，不許聲音相同，各聽號聲識認隊伍，不許叫營，違者論罪，但夜間有諠譁者，即問所起之處及左右應聲之人與該管頭目皆治以重罪。凡行營須待大營旗纛起行，或聽駕前銅角聲，各營方許起行。每日下營量撥步軍或五隊十隊，馬軍五隊或三四隊，步軍披甲，馬軍不摘鞍，伺候長圍及架砲者，布列已定方許入營休息。有盜人衣糧諸物及盜驢馬宰殺，并撿括隱藏人遺失物者，俱斬。知情首實者給賞，知而不首者同罪。若牧得馬驢騾垜者，即送該軍，轉送大營，召人識認，如有遺失披後哨官軍收獲者，收後官治以重罪。凡各營有失火者，即是與賊遞送消息，并該管頭目俱重罪。其每日行營不許在途炊飯，違者并本管頭目皆斬。下營掘井必令人監守，不許作踐及占藏私用。凡軍中有病者，管隊官旗即令醫療，掌藥料官及醫士常加巡視，不許勒取財物，違者重罪。凡長圍及坐冷者須晝夜關防，各管架砲者，務依方瞭望，有灰塵揚起人馬往來，若聞哨馬管及四面砲響，即時傳報。其管事官遇有事，隨即飛報，不許頃刻遅慢。凡掠陣官臨敵時視有畏避退後者，即斬之。紀功過官遇有功者，即紀之。有過者即録之，以憑賞罰。凡臨陣令内官持象牙牌視有勇敢當先殺賊能立奇功頭功者，即與牙牌收執，徑赴大營給與勘合，以憑陞賞。凡軍中有妄談災異及妖言或漏泄軍機者，皆斬。知情不首者罪同，首實者重賞。凡見鹿及野馬黄羊諸物驚走突入營伍，及望見塵起或旋風揚沙，野獸騰踏及見死馬牛羊與牛羊駝馬遺穢踪跡，或拾得一應物件，若男女衣服首飾并文字等項，不論久近隨即報知。凡軍行在道不許圍獵，或遠望似馬非馬似鹿非鹿似人非人，白日見烟，人夜見火，不論是非即報。凡功罪務須實報，有虚誑者重罪。所報實者給與勘合，無勘合者，不許陞賞。凡號令總兵官告都指揮，都指揮告指軍，指揮告千户，千户告百户，百户告總旗，總旗告小旗，小旗告軍士，務令遵守。

《明仁宗寶訓》卷二《明刑》〔永樂二十二年〕十二月丁未，鎮守遼東武進伯朱榮奏千户劉彪等七人當備禦遼東，或逗遛不發，或中路逃歸，命逮至。上諭彪等曰：國家平時養將士正望宣力效勞，臣之事君當朝受命，夕就道。今受命備禦邊境，非有赴湯蹈火之難，乃怯避不行，使將士皆如此，國家不復使人耶！命都察院錦衣衛官曰有罪不誅無以示懲，即械送遼東，令勞集諸軍，斬以徇其中，有訴嘗從征，被傷未愈及病未能行者，上命刑部訊之。且諭之曰：有罪不可不誅，無罪不可濫誅，必得其實耳。

《明宣宗寶訓》卷四《武備》〔宣德五年〕九月，都察院奏金吾衛軍士應得宣德三年四月冬夏布，至今年五月方給，請治衛官稽緩之罪。上從之。召武臣諭曰：朝廷慮軍士貧難，令及時給之。管軍官當先時舉行，庶下人得用。此輩安享俸祿，上不體朝廷之意，下失衆人之望，已命都察院罪之。爾等當以軍士爲心，勿踵斯弊。國法不爾貸也。

（明）孫世芳《宣府鎮志》卷一九《法令考·明》〔睿皇帝正統三年〕禁占役軍卒及隱縱逃軍。凡衛所官有將殷實軍占作軍伴，賣放買閒新勾軍不行存卹，抑逼在逃者，軍士事故管軍官不將在營人收補，及以見軍役妄作事故者，清軍官具奏提問。凡勾軍人潛回原籍，糧里長容留者，照窩藏逃軍例問發。凡逃軍軍丁觧後復逃者，連妻小押赴原衛，如觧人脱放，就發補本軍原伍，本軍得獲發邊遠充軍，其軍丁已觧清册後。到者取鄰里保明行衛查勘，不必重觧户丁。

《明史》卷一七〇《于謙傳》〔正統十三年十月，郕王監國，也先入窺京師。謙列陣九門外。〕下令：臨陣，將不顧軍先退者，斬其將；軍不顧將先退者，後隊斬前隊。

（明）孫世芳《宣府鎮志》卷一九《法令考·明》〔睿皇帝正統〕十四年申明軍前法令。令每隊伍中立公正掌令官二人，務令頭目軍士死生相顧，臨陣有進無退。若頭目不顧軍士，先自退怯者，掌令官即斬其首，别選頭目代之。若軍士不顧頭目先自退怯者，許後隊斬前隊，準常功陞賞。軍士不勇不進致頭目失陷者，斬其前隊頭目，不勇不進致軍士失陷十人者，斬首。至二十人者，斬首不與承襲。至三十人及全隊者，斬首，籍没其家。凡軍士頭目應斬而有奇功者，量與贖免。其總兵官申令不明不嚴致十隊退怯者，罰俸一年。至三十隊者，降二級，至五十□□□者，罷職，全軍退怯者，斬。但降敵者，全家斬首，籍没財産。凡行軍之際，有敢搶掠民財至十貫以上者，斬首示衆。頭目縱容軍士搶掠，至十人者，罷職充軍，二十人以上至全隊者，梟首營門。軍士並皆處死。凡軍中新軍及召募初入營伍之人，不知軍法敢有造言惑亂人心，沮撓號令致壞事機者，凌遲處死，籍没其家。凡臨陣在逃及不聽總兵號令者，斬。

《明英宗實録》景泰元年閏正月〔丁未〕少保兼兵部尚書于謙奏在京官軍多有陸續在逃者，乞請聖旨榜文曉諭：自今年正月初一日以後在逃者，腹裏軍人發邊衛充軍，守墩瞭哨，邊軍全家調發極邊衛分守瞭，官員降三等，終身守邊，但有窩藏官軍者，窩主就發京衛充軍。榜出十日有能自首，與免本罪，若事發擒拿，發遣瞭哨並自首復還職役，未久仍復在逃者，正犯斬首梟示，全家發極邊衛分充軍哨瞭。仍行在外各處一體倲捕。從之。

（明）余繼登《典故紀聞》卷一二　景泰時，兵部尚書于謙奏：整點各營官軍。其官軍不到者，動以萬數，衣甲全無。蓋由總兵官及坐營把總等官苟且因循，鈐束不謹。乞量黜罰，以警將來。詔：總兵等官缺軍一萬以上者，罰俸半年；以下者罰三月。限半月内齊集總督等官。十日一點視，如仍前怠忽，必殺不赦。

（明）孫世芳《宣府鎮志》卷一九《法令考·明》純皇帝成化元年申明軍令。各邊官軍遇賊如曾率衆對敵，及寡不敵者，雖失利不罪。其閉門坐視見賊先退者，乃坐失機。凡監鎗内臣專管神鎗火器，勿得惧用，其餘一切機務並不許干預阻壞，以致憒事違者，鎮巡官司參奏問罪。凡鎮守官官舍隨任者，許五人，分守許三人，其軍伴鎮守内外官二十名，分守十五名，守備十名。團營官軍非警急不許輒便調遣，違者罪之。凡總兵官出師臨敵軍中有違犯號令者，聽以軍法從事。尋常出哨等項不許。

《明憲宗寶訓》卷二《明斷》 成化六年正月乙酉，巡撫陝西都御史馬文昇、王鋭各奏，去冬虜入延綏、葭州、保安等縣，寧塞、安邊等營殺掠人畜，焚燒室廬，因劾守備都指揮陳英等閉門坐視，守堡指揮盛銘、隋能等捍禦無策，且言知州孟泰等不先移民入堡，亦當治罪。

上曰：州縣官不係統兵守備之任，且方給軍需難於槩問，若邊將弛備之罪良由法令不振而然，陳英等宜行巡按御史究治，其有功勞可贖者，仍具實來聞。

(清)查繼佐《罪惟録》紀卷九《憲宗紀》 〔成化九年冬十月〕敕邊軍：衆寡懸，雖失利，不罪，反走者坐失機。

《明憲宗寶訓》卷二《正法》 〔成化十八年〕十一月甲辰，巡按廣西監察御史言，梧州等處地方猺賊數入境殺掠人畜，守備指揮張灝、丁端，百户王勝、許銘俱不能禦敵，分守左參議唐盛、分巡僉事蕭蒼、陳璉、知府陳棫亦各不能督屬隄備，都察院擬罪以聞。

上曰：朝廷設布政按察官令分地巡守，設知府令畫境而治，本以衛民保境也。比年各邊屢有失利，罪止武臣，而不及藩郡，以故視爲泛常，恬不知戒。盛等四人可下巡按御史逮治其罪，若邊將失機，自有常典。灝等三人俱如擬發邊衛充軍。

《明憲宗寶訓》卷二《正法》 〔成化十八年〕閏八月甲午，大同守臣奏，八月中虜才三騎入黄土墩，又三十餘騎入牛嶺殺掠人畜。守瞭所鎮撫等官李寬等既不能防禦，而參將盧欽、右少監陸誾又隱匿不聞，俱請治罪。

上諭兵部臣曰：虜入境内，再肆殺掠，才數十騎耳，寬等尚不能禦，使彼擁衆而來，其將何以制之。不寘於法，無以示戒。欽、誾宜即服罪，顧乃隱匿不發冀得幸免是重其罪也。爾等宜行巡按御史俾究問其故，彼將何説以自解乎？

(明)孫世芳《宣府鎮志》卷一九《法令考·明》 〔純皇帝成化〕二十年詔閲軍實。令輪操官軍有違限一個月之上者，參問其撥補逃故等項，違兩個月以上者，解人連坐，若軍士一班不到者，罰班六個月。軍兩班官一班不到者，發居庸、密雲、山海關，罰班六個月。軍三班官兩班不到者，發宣府大同邊衛，罰班一年。官三班不到者，發邊衛，罰班一年半，自首者俱免罰邊衛。若見操在逃一次至三次，應罰操者，比前例遞減一等。

(明)戴金《明條法事類纂》附編《操官在逃查例前例後收數發落》

成化二十年八月初十日，刑部尚書張等題，該兵部咨查得在逃官員。成化十年四月初六日，該刑部奏有欽準事例，在逃一次、二次照常例納鈔等項復職；三次者，發邊方衛分立功。一年滿日，迴衛帶俸差操。成化十一年三月二十四日，該司禮監太監懷恩傳奉聖旨：京衛及外衛輪操官軍並匠作人等，近來多有姦頑(豪)〔逃〕避職役，逃在京城内外潛住，不肯上操做工，已寬宥，限一個月出首，免罪了。今後敢有似前違犯的，着巡城御史、錦衣衛官督同五城兵馬，着落地方火甲，拏送法司究問。初犯的打七十；再犯的，打一百；俱送操着役。三犯不改的，官軍連家小押發邊；在操人匠枷號三個月，滿日仍着役；鄰佑火甲人等，容隱不首報的，都治罪。恁兵部便出榜去嚴加禁約。欽此。欽遵。已經通行外，今該前因看得：指揮使等官林璋等俱例後在逃二次，别無定奪外，指揮使郭宣等，俱例前在逃一次，例後在逃一次，參照指揮千百户等官林璋等，俱係在京操練緊關聽調人數，中間有例後在逃一次者，有例前、例後共逃二次者，俱屬有違。今既查勘明白，欲行各該府衛挨拏行獲解赴兵部，輔送刑部究問如律。拐馬者，追要原拐馬匹，俱照傳奉事例發落。畢日，仍送該管收操。及照此等操官例前、例後在逃次數不一，合無今後逃官除查係例前，在逃三次以上(永)〔未〕曾問罪者，俱照舊例立功一年。其例前在逃一次、二次，已經問罪發落者，俱不通算。此例(役)〔依〕逃次續算，依例發落。具題。次日奉聖旨：是。欽此。

(明)戴金《明條法事類纂》卷二三《兵部類·各門各鋪守衛官軍不許擅離及賣放等項》 成化二十三年二月初四日，兵部左侍郎何等題，爲嚴謹守衛防姦事。該御用監太監羅祥題，訪得皇城外周圍紅鋪七十二座，每座原設守護旗軍十名，(己)〔已〕有内外官員點閘，日則看〔守〕鋪舍，夜則轉鈴巡視，時刻不敢擅離。近年以來，屢有無籍之徒，或因逃走，或盜府庫財物，夜間於鋪空處而越皇墻，垂下繩索顯跡，並無守鋪之人巡視捉獲。有旗校訪出者，奏送法司，將本犯治以重罪，參提該鋪官軍，又蒙聖恩(始)〔從〕輕發落，以致人心怠忽。柰何有等管軍官員，罔遵法度，不以爲重。貪飲軍士酒食，或侵要直米而受錢縱放，不行在鋪。雖有內官三日一點，留守衛官輪流白日點閘，將至各鋪，軍人呼喊報預先得知，多方破調，或倩人披戴，虛應（故）故事，一時搪哄得過，鋪舍仍是空虛。成化二十二年七月內，東安門（逃迄此）〔外迤北〕第三鋪，夜無官軍在鋪，被人丟棄男子死尸一軀在內，被浄官守鋪官軍李昊等問罪外，各鋪官軍尚不知警。今訪〔得〕每鋪止有二、三、四、五名或六、七名者，全無者亦多。黄昏時分，止是留守衛官點閘一次，夜間再無別官點視，各回私家宿歇去訖，原有銅鈴八十個，訪得損失三個，見有七十七個。每夜俱該發盡，卻乃互相朦蔽，止發三五十個，鋪內無人轉遞，積聚數多，筐擡抱送，其餘（不）不發，亦無稽考。似此懈怠，深當禁治。乞敕該部行令原點閘內外文武官員，專與夜間不定時候暗行逐鋪點閘，務使旗軍在鋪周圍提鈴巡視。若〔鋪〕內軍少，指名參奏管軍官員，不到軍士問罪。如此則鋪舍無虛而守衛充實等因，具本奏。奉聖旨：兵部看了來說。欽此。欽遵抄出送司。查得洪武二十七年十二月初八日，太子少保（廉）〔兼〕兵部尚書茹瑺等節該欽奉太祖高皇帝聖旨榜文：自古到如今，各朝〔皇帝〕差軍守衛皇城，〔務要本隊伍正身當直。〕上至頭目，下至軍人，不敢頂替。這守衛等，是緊要的勾當，若是頂替，干係利害。若軍別無事故，各各見在〔衛所，其〕當該管軍人員，不行仔細檢點，照依原伍上直，致令小人賣放在閑，點視不到，定將本管指揮、千百户、衛所鎮撫、總小旗各杖一百，指揮降千户，千户降百户，衛鎮撫降所鎮撫，百户（所鎮撫）降總旗，〔總旗〕降小旗，小旗降做軍，〔俱〕調邊衛。如是受財賣放，以致隊伍不全，係是圍〔宿〕重事，不問贓多少，處以重罪。欽此。及查得前項守衛官軍例該留守衛官員，並給事中、御（事）〔史〕，（事）〔本〕部委官點閘。續爲守衛事。該虎賁左衛呈稱，原選守衛軍人在逃，雇人冒點。本部議得，今後除留守衛等官員並科道等官照舊點閘，或恐不能議認替身，仍聽本衛軍政官每（直）〔出〕其不意，詣門點閘一次。但有仍前冒名代點及私役、賣放等弊，俱要隨即舉（行）〔奏〕，其他守衛〔衙門〕亦照此例。具題。成化十四年八月初四日奏，奉聖旨：是。欽此。續爲陳情守衛事。該旗守衛右所軍人曹銘奏稱，守門官內使勒要守衛軍人網巾、煤炭等項銅錢。本部議得，合無行令科道點城官並本部委官留守五衛委官，照依本部節次（及）奏行事例，今後務要用心時常點閘，各門守衛官軍務令全伍直宿，不許一時違誤，如有賣放遠出及別項差占，並勒要財物者，聽各官指實具奏拿問等因。成化二十二年二月十三日，節該奉聖旨：是。今後守衛官軍敢似前指此爲由，多科軍士錢物，送與門官內使，賣放回營，及指揮、千百户等侵〔剋〕肥己的，事發官降一級，軍人調發邊衛差操。恁還通行各門（守門）守衛等內、外官軍人等遵守。欽此。已經通行欽遵外，今該前因案呈到部，看得御用監太監羅祥題稱，前因臣等竊惟皇城禁密之地，設立守衛官軍以訪姦（究）〔宄〕，最爲重事。內有各（衛）〔門〕，外有各鋪，〔各〕內外官員管（速）〔束〕點閘，事體停當。則近來衛所該管官員玩法作弊，或剋減直米，包納月錢，縱令回家，一遇內外點城官員前來，互相冒名替點，（直）〔真〕僞莫（辯）〔辨〕，而其姦弊滋多。蕭墻周圍，鋪舍爲甚。日不看守，夜不巡鈴，誠如太監羅祥所奏。本當參究，但無（止）〔指〕實姓名，其守衛旗軍逃故數多，亦係衛所因循之弊，相應查補。本部合無行移各該衛所，嚴督內外各門並各鋪守衛官軍，今後遇有輪班上直之日，務要常川各守地方，匾牌什物各令齊備，全伍專一守直，內外官員不許托故賣放、私役，剋減直米，勒要銅錢，逼令逃竄，及縱容懸帶銅牌四外游去，除管該內臣常川點視外，其給事中、御史並（木）〔本〕部點城官員，照依見行事例，出其不意，不時點閘。但有托故不到，查出前弊，許令各官輕則量情發落，重則具實參奏，照例問擬。其周圍紅鋪，許令夜間不拘時候，暗行着實點閘。如果鋪內人少，及仍令逃走偷盜之人於內潛住，該直事〔官〕軍從重參問。本衛軍政官員，不拘門鋪等，仍要每直一次點閘，以（辯）〔辨〕詐冒。及行各衛查勘，但有官軍事故，（總旗）〔額數〕缺少，作急點名撥補，務令完足，不許前因循，以致缺人應役。每月一次，衛所軍政首領官吏，同守衛官將見在事故數目開報本部委官處比較。前各鋪銅鈴，仍令點城各衛門官，會同督令留守五衛官究查點視，着令每夜俱要盡數遞發，不許積聚，筐擡抱送，及互相影射。如違，罪不輕貸。其損（朱）〔失〕銅鈴三個，追究明白，徑自奏請定奪。具題。奉聖旨：是。點城內外官，今後夜間不時點閘，但有縱容不〔法〕等項情弊，從實奏來，重罪不繞。欽此。

（明）戴金《明條法事類纂》卷二三《兵部類·守衛官軍上直不到發落》　弘治三年七月十八日，兵部尚書馬等題，爲嚴謹守衛事。該刑部廣東清吏司問得犯人王安，招係府軍右衛指揮僉事，在西長安等門上直守衛。弘治三年五月初五日，安與燕山前等衛今在指揮李漢、張剛，及正千户何友、吴謹、吴江、曹通、劉真等，副千户岳泰、郝興、李名，百〔户〕王永、蔣鎧，鎮撫張通，軍人王斌等玖拾陸名，輪該本日上直。俱〔名〕〔明〕知有例，軍人該直之日，務令常川在門上直，不許頃〔刻〕擅離信地，敢有故違，（德）〔聽〕點城等内官員查點，參送法司問罪，畢日照例降調邊遠衛分差操。各不合故違。安等各不合不行管（東）〔束〕各軍上直，張剛又不合不行嚴謹（務）〔鈐〕束點閘在門，以致王斌等各不合私自回家，致使兵部委官郎中熊祿點閘不到，參奏抄出送司。問擬王安、李漢、張剛、何友、吴謹、吴江、曹通、劉真、岳泰、郝興、李名、王永、蔣鎧、張通並軍人王斌等，俱犯該違制，減等杖九十。王安等一十四員俱守衛官，王斌等九十六名俱守衛軍（名）〔人〕，照例納鈔，完日還職着役。王安等俱送兵部收查發落。查得先爲守衛事，永樂七年四月二十四日早，本部尚書方等欽奉太宗文皇帝聖旨：皇城四門守衛官軍，恁部家便將舊制榜文曉諭他每知道。欽此。查得洪武二十七年十一月初八日，本部官欽奉太祖高皇聖旨：自〔古〕到如今，各朝皇帝差軍守衛皇（帝）〔城〕，務要本隊伍正身當直。上至頭目，下至軍人，不敢項〔頂〕替。這等守衛，是緊〔要〕的〔勾〕當，若是頂替，干係利害。撥散隊伍守衛，（是）尤其利害。且如輕隊伍守〔衛〕，撥（邦）〔那〕所軍，守衛若用軍多，盡〔本〕所守衛。若用〔少〕，或五百、〔三百〕、二百、一百，務要整百户守衛。若軍別無事故，各衛所其當該管軍人員不行仔細檢（本）〔點〕，照依原伍上直，〔致〕令小人賣放，見在或閒居住在衛所，（住）或私自縱放，不在衛所，點視不到。定將本管指揮、千百户、（千户降百户）衛所鎮撫、總小旗各杖一百，指揮降千户，調邊遠；千户降百户，調邊遠；百户降總旗，調邊遠；〔邊鎮撫降所鎮撫，調邊遠；總旗降小旗，調邊遠；〕小旗降做軍，調邊遠〔衛〕。如是受財賣放，〔以致〕隊伍不全，係是圍宿重事，不問贓多少，處以重罪。欽此。已經欽遵木刻紅榜，見在端門外右、左張掛曉諭，及留守左等五衛指揮例該齊領内府銅符，輪流點閘。續該本部題内一件：嚴謹守衛。皇城各衛官軍，往往私自回家營幹私事，以致門禁缺人防禦。倘有不虞，誤事非輕。合無今後官軍該直之日，務令全伍常川在門上直，不許頃刻擅離信地。敢有故違，聽點城内外官員查點，參送法司問罪，畢日仍照前例俱降調邊遠衛分等因。奉聖旨：都準行。欽此。近該本部委官郎中熊禄題稱，弘治三年五月初五日前去點閘得，長安右等門至西安門上燕山等衛千户等官吴謹等、下軍人劉彪等一百三名不到，並虎賁左衛右所千户等官曹通等三員不到，若非受財賣放，即係鈐束不嚴。其曹通、劉真、蔣鎧並劉虎等輪班上直，自合常川各守地方，〔不許〕頃刻擅離，卻乃恃頑玩法，該直不到，及照各衛該日管領指揮不行嚴加鈐束，縱容官軍離直數名。再照留守五衛該日巡點指揮，亦不勤加點閘，俱各提問等因，〔具〕奏。奉聖旨：是。刑部都提了問。欽此。欽遵已經提問去後，今準前因，除將軍人王斌等俱發各該衛所着役外，及查得府軍右衛千户岳泰下不到軍人一十二名，百户王永名下不到軍人一十一名，俱係指揮王安總管。燕山前衛千户吴謹下不到軍人一十四名，千〔户〕郝興下不到軍人十名，所鎮撫張通下不到軍人十名，不到百户一員蔣鎧，俱係指揮李漢總管。燕山右衛千户吴江下不到軍人九名，千户李名下不到軍人八名。府軍衛千户何友下不到軍人（王）〔五〕名，虎賁右衛千户劉真不到，本官名下不到軍人八名。千户曹通不到，本官名下不到軍人十名。及查留守前衛指揮張剛，係該日齎領銅符巡點官員。案呈到部，參照前項等，衛指揮千百户等官王安等不行鈐束軍人，以致離直數多，劉真等三員，該直不直，擅離信地，私自回家。其張剛一員，亦又失於查點，致令官軍離直數多。該法司問擬明白，送部收查發落。其王安等一十員，（撥）〔揆〕之舊例，雖無故縱賣放情由，若（干）止（點）〔照〕常例發落，誠恐以後守衛官員不知警懼，上直軍人亦無忌憚，多擅回家，不（無）〔行〕守衛，有誤重事。合無指揮僉事王安、李漢等，千户岳泰、吴謹、郝興、何友、李名、吴江、王永，所鎮撫張通量爲降級，惟復重加罰俸，伏乞聖明裁處。其千户劉真、曹通、蔣鎧既係上直官員，不當擅自回家，情犯頗重，合照例送武選司改調邊衛，帶俸差操。指揮僉事張剛（不）〔係〕上直之數，合令還職。今後守衛官員所管軍人，每員名下除鈐〔束〕不嚴以致離直，點視不到，五名以下者，俱照例問罪發落。其有著實回家，以致隊伍不全，點視名下軍人，但有十名以上不到者，俱照例降調邊衛。受財賣放該處重罪者，奏請發落。其留守五衛官，除（授）〔受〕財賣放一體降調，若止是巡點不嚴，亦照常例問罪還職。本部通行法司，各該點〔城〕官及各該衛所一體遵守，庶使官軍知懼，守衛嚴謹。具題。次日奉聖旨：是。王安、李漢、岳泰、吴謹、郝興、何友、李名、吴江、王永、張通各罰俸三個月。欽此。

（明）孫世芳《宣府鎮志》卷一九《法令考・明》〔敬皇帝弘治〕四年令核軍餉。凡查盤邊糧正糧勾數積有富餘，照數作正支銷，若耗糧不足，計其守支久近准除折耗，守支三年以上者，每石追耗粮一升，三年以下者升半，全無耗粮者，查究問罪。凡盤折草束務提商人納户追出攬頭姓名，令均陪還官。監頭照例全家發邊遠充軍。凡各場收草官攢有□支八九年例，該起送及周歲考滿官，其收受草束□令部官查盤見數。若有塌爛虧折者，官攢仍令守□，不許朦朧起送。後有虧折連坐以罪。凡宣府等處各邊收草大椺五萬束，小椺三萬束。每三年一次，著給事中御史查盤，其查盤之時，於内量折一椺見數就以虚報之數，問以侵欺罪。名其餘草椺據此折筭。

（明）孫世芳《宣府鎮志》卷一九《法令考・明》〔敬皇帝弘治〕七年申明盤核軍餉之令。凡科道官查盤邊方馬草，但有塌陷粮藉無人管顧者，即將該管守備掌印等官叅奏拏問，革去管軍管事。凡各邊盤糧除正耗勾數外，耗糧不必作正，責令經手人員看守候一年以上，放盡者每石開折耗□□升，如有耗□不及年久者，照例問罪，追陪。其查盤草束正數已勾，亦候放支盡絶，方以守支遠近，扣筭耗草多寡。後又奏准各邊查盤粮料，照例每石一年開折二升，各以守支年分扣，筭遞減，其除已經查盤正糧，放支絶盡者，積有耗糧附餘就令經手人員即便作正放支，如有虧欠，一併究治。若正耗之外，又有積出附餘一體作正支銷。

（明）孫世芳《宣府鎮志》卷一九《法令考・明》〔敬皇帝弘治〕十三年定邊方禁例。凡邊方鎮守内臣所在選能通書筭軍餘二名，總兵官并分守監鎗守備等官各一名，令其跟隨書辦與免征操，奏本公文内俱照，令史僉書以防欺弊。其餘官軍號稱主文干預書辦者，聽巡撫巡按并按察司官舉問，俱調極邊衛所帶俸食糧差操。凡各處備禦官軍失班不到者，拿獲問罪。免其納鈔的決解送各邊鎮巡官查審，軍一班不到者，在原備邊處罰班五個月。軍兩班官一班不到者，□□本處城堡罰班八個月。軍三班官兩班以上不到者，極邊城堡罰班一年。其補班月日各自扣筭，若來遲不曾失班者，止補來遲月日。凡各邊將官并管軍頭目私役軍民，及軍民私出外境釣豹捕鹿砍木掘鼠等項，并把守之人知情故縱，該管里老官旗軍吏扶同隱蔽。若夜不收出境哨探而與夷人交易者，除真犯死罪外，其餘俱調發烟瘴地面民人里老爲民，軍丁充軍。官旗軍吏帶俸食糧差操。凡各邊關堡墩臺等項，守備去處若官軍用財買閑者，官員問罪調極邊衛分守禦，旗軍人等發沿邊枷號一箇月。常川守哨若原在關營官軍逃回原籍潛住，及架砲夜不收守墩軍人，寅夜回家輪班不去者，俱照前項調衛枷號守哨發落。凡失誤軍機除律有正條者，議擬監候奏請外，若賊擁大衆入寇官軍卒遇交鋒損傷，被虜數十人之上，不曾虧折大衆，或被賊衆入境虜殺軍民數十人之上，不曾虜去大衆。或被賊白晝寅夜突入境内搶掠頭畜衣糧數多，不曾殺虜軍民者，俱問守備不設，被賊侵入境内虜掠人民本律發邊遠充軍。若是交鋒入境損傷虜殺四五人，搶去頭畜衣糧不多者，亦問前罪，數内情輕律重有碍發落者，仍備由奏請處置。其有被賊入境將爪探夜不收，及飛報聲息等項，公差官軍人等一時殺傷捉去，事出不測者，俱問不應杖罪還職。如境外被賊殺虜爪探夜不收非智力所能防範者，免其問罪。凡各邊地方遇賊入境，若殺虜男婦十名口以上，牲畜三十頭隻以上，不行開報者，軍民職官問罪，降一級。加前數一倍者，降二級。加二倍者，降三級。甚者罷職。其上司及總兵等官知情，扶同事發叅究治罪。凡遼薊宣大延寧等邊分守守備并府州縣官員，禁約該管官旗軍民人等不許擅將應禁林木砍伐販賣，違者問發南方烟瘴衛所充軍。若前項，官員有犯軍職俱降二級，發回原衛所。都司終身帶俸差操，文職降邊遠敍用。鎮守并副叅等官有犯指實叅奏其經過，河道守把官軍容情縱放者究問治罪。凡淮邊旗軍舍餘犯該監守常人竊盜掏摸搶奪至徒罪以上者，俱送總兵官處查撥，缺人墩臺守哨滿日踈放。凡各處鎮守總兵内外官跟隨軍件二十四名，協守副總兵十二名，遊擊將軍與分守内外官十八名，監鎗内官十六名，守備内外官十二名俱不許額外役占，及賣放軍人辦納月糧，違者許巡撫按官司查照軍職役占賣放事例上請。其巡按御史年終仍將各官有無多占賣放緣由具奏。凡都司衛所官吏求索解到新軍財物，因而逼勒在逃者，指揮十名以上，千户鎮撫六名以上，百户四名以上，各問罪，降一級。每十名、六名、四名各照數遞降，不及前數及不曾得財者照常發落。凡每歲七月，兵部請勑各邊遣官軍往虜人出没之地，三五百里外乘風縱火焚燒野草以絶胡馬，名曰燒荒。事畢，以撥過官軍燒過地方造册繳奏。凡每歲□月本部請勑各邊鎮守總兵巡撫官遇冬年節不許宴樂，仍轉行分守守備等官一體遵守。凡各邊軍馬數目遠邊一年一報，近邊半年一報，本部每三年一次具題，差文武大臣各一員同行閲實。每年一次具題差御史二員分行巡視，有設置未備器械未精軍伍不足年久未更代者，逐一理之。凡各邊每歲四月八月遣官軍修葺邊墻墩堡，增築草場，封堆時加巡察，有越塞耕種移徙界至者，治罪。

（明）孫世芳《宣府鎮志》卷一九《法令考·明》 〔嘉靖〕三年禁邊將尅害軍役。凡邊方軍士比之腹裏勞苦尤甚，爲鎮守總兵等官者不肯撫恤，及行尅害有財者，占納月錢有力者，役使耕種其不占役者，不免重差。軍士受害如此，豈有鋭氣禦寇？今後該管官員務要改過自新，不許仍前役占取罪。凡邊方軍士月糧多被該管官旗假以公用爲名扣除尅減，以致軍士不得全支，及各倉場收糧官攢人等通同勢要親屬包攬，插和沙土糠粃，虚出通關，致令倉庫空虚，所在風憲官訪察拿問追究，治以重罪。凡邊方官軍月糧有經年累月不得關支者，撫按官督率司府等官量所處給，以甦民困。

（清）龍文彬《明會要》卷六一《兵·軍法》 嘉靖中，命：自今遇敵逗遛者，都指揮以下即斬；總兵官以下，先取死罪狀奏請。

譚棣華等《廣東碑刻集·吴川且建一軍一餘碑記》 夫設軍以衛民，丁以繼軍，俾民無虞，而軍伍不缺，此我太祖高皇帝制也。故國初歸附者，蒸蒸然奮義，卒成□□□□，以際雲龍風虎之會，大都有人世以户侯之禄者居多，無論已。粤稽科貢，考邑人蕭惟昌調戍金陵，尚□登景泰甲戌榜，而□□仕，初不以後軍而限之，即知丁□祖軍者，亦孟氏往役之義，胡統攝者不朔流窮源，□惟□苦不同，而且肆虐，以致太祖□□之□□諸會典例，燦若天日，森嚴可畏，□□耳目然□之願從者，無有驗丁例行，夫梁之先，户民户丁民丁，因有軍而後有應繼，因在營而□號全伍未聞，人人役丁，丁□□□□□以辨乾也。噫！均一軍也，均一餘也。昔何以歡，今何以悲。昔何以靖，今何以擾。當涂者側目，激□舊矣。按院龔公痛初時□頒行一軍一餘之例，余悉放習讀務農，有産者照籍版圖當差，誠美意良法也。一道張公徐公，重申告□至□□切□軍及餘，若解倒懸，稍稍法守無□。分守道朱公巡行□，知軍餘□弊，議將例表銀兩，照額數欽之，旗軍正許一丁在所操守聽繼，□爲定規，大□□道使知遵守。又謂親臨日，暫而以查訪之責，請於附近有司。且曰：軍民皆赤子也，司民□者，忍獨安厥民□忽若軍若餘乎。適大父母王公莅邑，軍民咸得所矣，復何言？復何言？一□□幸□爲□□員，不則前乎。此亦不知作何狀，尚安得以睹今日也。恐案牘久而湮滅，役役猶故。父老□□以饒道憲文□諸石，用垂久求之意，請而擭可，遂立之以爲當業者戒。萬曆六年，内奉按院龔爺，據分守嶺東道漆議一軍一餘事宜，揭呈憲院，備開碣石□衛所軍家餘丁，不拘五□十□，俱令差操□□□，月拆乾爲奴使用，或有十五六歲，標致讀書，强奪跟伴，教送鼓手，有錢□□兑，其餘□□如此，是全户充軍，乞行禁革。□□□此爲照前事，不但嶺□□□□得，通省均有是弊。除已往姑不究外，通行嚴禁，牌仰呈堂，即便刊示，遍發各該衛所，當□張挂禁約，□□官員蒙府稗仰本所，將餘丁盡數發放寧家，耕種生理。

萬曆七年，内奉巡、守二道徐、張爺，據餘丁鄭文源等具告□□以後議定一軍一餘。少則補足，多則釋放歸農，不得私役包占。中有一軍，而餘丁三四人者，止許一丁聽繼。倘有逃跑，亦不得冒將别户餘丁頂補，或有□□□□，有司仍屬本□□納□，各官軍遵守不易，未爲成規，發府出示，通諭知照。

萬曆十二年，内奉守道朱爺，爲出巡事。照得本道巡歷吴川，查得寧川所軍餘，先該前道□□□察院詳允行所，遵照止許一軍一餘在所差操，間有一軍而餘丁三四在册，亦止許一丁聽繼，其餘釋放歸農。或有糧米□□，有司仍屬本縣輸納，及該所表箋銀兩，亦經議有成規，不許□□□□役占，未爲遵守去後，今照法□弊生，各官故違前禁，如起造私屋，則役其搬磚運泥，□子出入而使之抬轎，□□□□表箋銀兩，正數之□□，又加□□私囊，深違法紀，其非仰體恤軍之意，本應參究，但念已往，姑不追論。除行吴川縣□□外，□行嚴禁。爲此，示諭該所各官軍知悉，今後俱要遵照原議，止許一軍一餘在所操練，其每年表箋銀兩，止照正數□納。敢有故違，仍前分外私役包占加收者，各軍餘指名陳告，以憑參呈□□，決不輕貸。

萬曆六年，內奉本所軍政掌印千户令□，都司錢爺，遵奉按院并守巡道明文給示，將各户餘丁悉數歸農，俱無差役。一軍一餘在册聽繼，其表箋□，依正數一十肆兩三錢三分，旗軍出□，并無多科，永爲定規。

萬曆十三年菊月吉旦。

（明）鄭茂等《靖海紀略》卷四《團練鄉兵條約》　泉州府同安縣爲保固地方事，照得叛寇流突，沿海地方，最宜戒嚴。本縣遵奉上司號令，團會鄉兵捍禦，業已一呼立應，據各鄉都會保團練殺賊頗有成效。但人心涣散，非有紀律約束，野戰未免參差。本縣今將訓練鄉兵條約開示，各鄉都任事人等，遵照施行，俱毋違錯不便。須至示者。

計開

一、選壯丁。合保選丁壯幾百名，每日若干名輪流更番守禦，每名每日給銀三分飯食，其哨隊長另行加給。倘遇賊登岸，一齊擒捉，其未登之時，先鳴鑼鬨保，以便家甲接應。立大旗一面，寫某保選鋒。於百名中作四隊，每隊給一小旗，鑼一面，螺一個。

一、編家甲。將所選壯丁外，每十人爲一甲，立一甲長。每保分作若干甲統於保長副，遇鳴鑼之時，保長副催甲長，甲長催家甲，即齊集接應。

一、別旗幟。每保設大旗一面，每甲小旗一枝，旗依五方色號，大旗書某保團練鄉兵，另一小旗書第幾甲，臨時各依色號無雜。

一、精器械。每壯丁各要利器一長一短，諸甲中各要利器時樹門首，每壯丁給竹甲笠一個，十人給牌一面，千人給銃一個。

一、貯糧食。就保内上中下分派，一人收銀，一人給發。

一、謹瞭望。每家中於選壯丁外，各保内日輪二人，到某處瞭望，倘有何事故，即時到鄉約所，繫鼓聞知，仍赴本保集衆。凡保中有公事，則到鄉約所，鳴金鼓三通，螺單吹，倘是警報，則鳴金，雙螺齊吹。

一、修柵隘。各保各巷，俱宜修整柵隘，其柵隘去處，則合衆修整，每日輪一人，到總隘盤驗往來，以杜奸細。其入隘之人，各要石二塊。

一、造金鼓。每保各設金一面，鼓一面，螺一個。倘有事故，金螺齊鳴，一保開知，則衆保俱鳴。

一、定賞罰。遇賊登岸時，奮勇擒捉者，官賞外，另一級賞銀貳兩，有退縮不前者，依法行事。其保内遇有事故，到約所鳴鼓三通，每甲不到者，即時公衆定罰，仍解縣擬罪。

一、嚴約束。爾輩修隘設兵，總以身家爲慮，所選壯丁及諸甲，除賊登岸須奮勇擒捉，餘不得乘機生事。違者究罪。

左選鋒長某人　副某人　第一隊隊長某人

鄉兵某人　餘各隊倣此　巡視某人

右選鋒長某人　副某人　第一隊隊長某人

鄉兵某人　某保保長某人旗紅色

一甲甲長某人　二甲甲長某人餘倣此

選鋒民壯糧食，依本保内家資稍裕者，從公酌議上中下派助。上助一兩或八錢，中助五錢或四錢，下助三錢或二錢。設一簿，擇謹實之人，一人收貯，一人給散，每保助銀，俱係保長交入，當衆登簿，以便稽覈。其給散之銀，亦即當衆登簿，以便查帳。如有未給，當再商畫，事平之日，將公簿結算。如有餘貯，看一兩用幾錢，一錢用幾分，扣算分還。其有仰體上司德意，念切梓里，破格助銀者，隨其自定。凡諸同事之人，宜和勉飭，以共成勝事。

（明）韓浚等《嘉定縣志》卷一六《軍法之弊》　祖宗之制沿革多矣，乃法不足以懲凶慝，而足以禍善良。于上無涓埃之益，于下有丘山之損者，解軍是也。國初欲實邊伍，凡遣戍者該里爲辦裝，後欲均其勞費，則通一縣而輸解之。夫犯法至遣戍者，多勇悍險賊人也。里排必平民也，無異羊將狼家教猱矣。審解之日，軍必先索資財以爲私費，軒然謂足以制解者生死之命。而解者亦惴惴然自以爲生死由之，其費常逾數百金。幸及到衛指揮以下，或利軍刀筆延爲上賓，而反訶詰解軍者，甚者蒙扭械。若犯重法，囊中不留一錢，或假貸奉之，乃幸無事。軍已入賄以差，爲名歸家安坐而解者，尚守批文動延歲月，是作姦犯科者軍也，流離蕩析者解軍者也。嘉定之法屢變而益善，獨此爲民禍，是在愷悌君子哀而爲之所耳。

《明熹宗實録》天啓三年十月〔壬戌〕巡視京營科彭汝楠等言：近

郊大盜縱橫，而南海子一帶莽蕩無際，又爲中使編直之所，諸姦盜每藉之爲逋逃主。近捕獲盜犯，半是逃兵，又半是通州營丁。前已鼓譟於部道之門，今且肆劫於周行之道。該總兵張士顯開鎮近都，統領多兵，紀律不聞，縱容有據，伏祈天語申飭，力清營伍。但遇逃亡，不時開除。如以後有强盜同自該營，總兵官一並參處。上從之，著近京各鎮通行申飭。

《明熹宗實録》天啓七年四月 〔壬寅〕兵科都給事中許可徵言：江東危迫，毛文龍差都司毛文顯領兵一千以救宣州。永顯陰約民船，載家眷兵丁西逃，被旅順叅將張繼善拏獲。石城島游擊高萬重倡言鐵山雲從胥失，因席捲島中貨物子女，奪凍船爲糧防海竄歸河西，又都司馬承勳、李鑛、鄭維魁等皆西逃，俱徐敷奏倡言摇惑所致也。請將萬重審實正法，並逃亡摇惑之徒，如拏獲在役，即任彼中處分具奏，有未獲者，待緝到究治。得旨：東江緊急，關寧登三鎮總兵務相機出奇聯絡，毛帥救援屬國，紓鎮東顧，高萬重臨敵脱逃，著該鎮拏解法司依律問擬，逃亡摇惑拏獲在島者，任從彼中處分具奏，未獲者候緝到究問，以肅軍法。

（明）陳仁錫《明世法録》卷六九《邊防》 三月，巡撫陝西都御史鄭時奏，今年正月，虜賊深入臨洮金縣，殺掠軍民三千餘人，牛羊畜牧以萬計，守備蘭州太監藍蕙、都指揮僉事于昇，弛備召寇，畏縮斂兵，俱屬有罪。事下兵部，言蘭州等處自去冬以來，累有處警，嘗令巡按御史核藍蕙、于昇罪。今虜復深入，殺掠不知幾千萬數，而兩月之間，不聞一人一騎，少遏其鋒。宜令巡按御史並加勘究。自蘭州安定一帶被虜之地，失誤提督守瞭墩臺等官悉從逮問，守備太監藍蕙等官，亦係失機。而都指揮于昇情罪尤重，俱宜究治。且蘭州自黄河迤北，西至涼州莊浪，東接寧夏中衛，相去三百餘里，爲虜賊屯牧之塲。河南自州界東逹靖虜，亦三百餘里，俱缺墩臺守瞭，宜令鎮守巡撫等官督屬按視，某處可設城堡，屯聚兵糧，某處可修築臺窯，拘收人畜，一切禦虜安邊之策，馳奏與行。

上是之，曰：于昇情罪尤重可逮問，藍蕙戴罪殺賊，蘭州安定地方，合通查失誤之人，究問明白以聞。六月巡撫甘肅都御史唐瑜等奏虜寇出没莊浪者多自東北而來，其寇涼永者則滿都魯部下。寇甘肅者則亦思馬因等酋部下也。虜之出没，路徑既多，我軍惟蘭州一路，不據而守，使虜知先據河橋，則我之援餉俱絶。爲今之計，宿重兵於蘭州，加輕兵於古浪，鎮番鎮夷高臺等處，而又嚴備肅州且遣人往諭哈密都督罕慎，使原結小列秃因之招誘。亦思馬因等酋至彼屯聚，毋令東行，爲我遺患，則戰守舉得其要矣。事下兵部，言彼地虜衆多不過數千，使守將能運謀振武，則本鎮兵力，足以禦之。矧河凍之後，自蘭東抵神木，俱須兵分佈，難以分調。宜移文瑜等第閲境内精兵，分佈要害。其招誘諸夷之計，宜從其便。報可。

上曰：甘肅境内，被虜殺掠者數矣，今總鎮處所，又亡失數多，守邊者當不職如是耶。瑜等自陳，至日其並上總兵焦俊罪狀處之。

（明）陳子龍等《明經世文編》卷三一五蔡汝楠《攄愚個言邊情替修攘以光神武事疏》 虜患頗緩，所宜亟正者朝廷之紀綱。紀綱維何，曰：朝廷所以令天下震服，不敢違越者，法耳。《春秋》城濮之戰而子玉誅，《五代史》高平之役而樊愛能死，卒之争長江漢，而威震關南。此明法令之効也。今三法司明刑畿内，用克弼成政教，然見近禁網頗繁審於巖廊之前，闊畧於邊境之上。求諸邊激勸不可得也。往因陛下垂恩曠蕩，將士恃恩以至今日，但去年石州太原之犯猶先抵戰至撑拒不勝，然後摧靡。陛下赦原斯有可言。今年李秦、李朝陽、楊德、何堂、盧瑾、張文懿或假按伏以避聲勢，或恣旁觀以失事機，或守拘攣以絶策應，罪皆難原。而李秦遠任懷仁，退避嶂頭，致賊過左衛，犯馬邑，而漫然不知。若言鋒不可當，何不殊處一戰，遽令深入，罪狀尤甚。臣恐有掇拾殘功，希掩惡跡，俾其漏網者。臣本刑官，謹按《大明律》失悮軍機者斬，豈有虜越城堡，踰重關，城外關箱爲賊虜掠，而無一人當其罪者。兵法一鼓作氣，曾不一鼓，曾不成列，斯其謂何不用命戮於社。三代已然，不能謀人之軍而死，亦載於禮。將臣可宥，百千生靈之命獨不可閔耶！朝廷閔生民而勅法，將臣引禮誓以就刑。此於明作之中實寓中孚之意，願陛下即下紀功官明勘以付法官，處以前罪，不惟典刑慎修且令邊塞踴躍。前車既戒，作新將來，此謂紀綱正。紀綱正，而次第不舉者未之有也。

（明）陳子龍等《明經世文編》卷四八三李之藻《謹循職掌議處城守軍需以固根本疏》 臣願自今軍需修造悉遵舊估，免其什一扣除。有獻新巧車制銃制，堪以施用者，不妨稍寬其值，以盡其用。估務充不務儉，器貴精不貴多。庶幾制一器，獲一器之用，而不以卒與敵妝乎。至於作姦冒破，法在必懲。更須申飭，赫連勃勃之治軍器也。以弓射不貫即斬弓人，射貫即斬函人。今六曹分秩笞杖，不得擅擬，極大姦猾，叅送之後每從輕釋，人亦何憚。而不玩法以漁利哉。當此用兵之日，一器不精，即戕一卒之命，必須造器之時，三復查驗，倘有作弊不堪，有司扑造，堪者必鐫官匠名，送營之後，試驗不堪，坐名鞭貫，臨敵誤事，必斬以殉。治軍器參用軍法，理或宜然，則亦庶知儆乎。

黄彰健《明代律例彙編》卷三《吏律二·公式·漏泄軍情大事》 凡聞知朝廷，及總兵將軍，調兵討襲外番，及收捕反逆賊徒，機密大事，而輒漏泄於敵人者，斬。若邊將報到軍情重事而漏泄者，杖一百，徒三年。仍以先傳説者爲首，傳至者爲從，減一等。若私開官司文書印封看視者，杖六十。事干軍情重事者，以漏泄論。若近侍官員漏泄機密重事於人者，斬。常事杖一百，罷職不敘。

胡瓊集解附例

一、巡撫巡按題奏邊方腹裏賊盗機密重情，各該經由衙門，嚴加慎密，毋致泄露。如有透漏傳遞姦詐之徒，即便擒拏。應奏請者先行拘繫，隨即奏請追究來歷的實明白，比照境內奸細起透消息於外人者律斬，即時奏請處決，梟首示衆。其經由衙門官吏不行慎密，以致透漏轉遞者，參究治罪。【略】

萬曆問刑條例

一、在京在外軍民人等，與朝貢夷人私通往來，投托管顧，撥置害人，因而透漏事情者，俱問發邊衛充軍。軍職有犯，調邊衛帶俸差操。通事並伴送人等，係軍職者，從軍職之例。係文職者，革職爲民。

黄彰健《明代律例彙編》卷一四《兵律二·軍政·申報軍務》 凡將帥參隨總兵官征進，如總兵官分調攻取城寨，剋平之後，隨將捷音差人飛報，一申總兵官，一申五軍都督府，一行兵部。另具奏本，實封御前。若賊人數多，出沒不常，如所領軍人不敷，須要速申總兵官，添發軍馬，設策勦捕。不速飛申者，從總兵官量事輕重治罪。若有來降之人，即便送赴總兵官，轉達朝廷區處。其貪取來降人財物，因而殺傷人，及中途逼勒逃竄者，斬。

黄彰健《明代律例彙編》卷一四《兵律二·軍政·飛報軍情》 凡飛報軍情，在外府州差人，一申布政司，一申都指揮使司，及行移本道按察司。其守禦官差人，一行移都指揮使司。都指揮使司差人，一行本管都督府，一具實封。布政司，一差人行移兵部，一具實封。俱至御前開拆。按察司差人，具實封直奏。在内直隸軍民官司，並《會典》作并，誤。差人申本管都督府，及兵部，另具實封，各自奏聞。若互相知會，隱匿不速奏聞者，杖一百，罷職不敘。因而失誤軍機者，斬。

弘治問刑條例

一、各處巡撫巡按等官，遇有報到賊情，即行都布按三司分巡分守及掌印官，嚴督捕盗官兵人等緝捕。如有隱蔽賊情，不行開報，事發之日，應提問者就便拿問，應參奏者奏請拏問，畢日，一二次不報者，住俸挨捕，三次不報者，戴罪挨捕。至四次以上不報者，不分軍民職官，俱監候，奏請降等敘用。【略】

條例，而該書本條，誤附嘉靖例此款。

胡瓊集解附例

一、凡各邊及腹裏地方，遇賊入境，若是殺虜男婦十名口以上，牲畜三十頭隻以上，不行開報者，軍民職官問罪，降一級。加前數一倍者，降二級，加二倍者降三級。甚者罷職。其上司及總兵等官，知情扶同，事發，參究治罪。

胡瓊集解附例

一、各處强賊嘯聚，多有隱匿不報，以致滋蔓。今後但有强賊刼掠，隱匿不報者，罪坐所由，官員罷職不敘。因而失誤情重者，查照飛報軍情律條，問擬斬罪，奏請發落。

黄彰健《明代律例彙編》卷一四《兵律二·軍政·邊境申索軍需》 凡守邊將帥，但有取索軍器錢糧等物，須要差人，一行布政司，一行都指揮使司再差人，一行五軍都督府，一行合干部分。及具奏本，實封御前。其公文若到該部，五軍都督府須要隨即奏聞區處，發遣差來人回還。若稽緩不即奏聞，及各處不行依式申報者，並《會典》作并，誤。杖一百，罷職不敘。因而失誤軍機者，斬。

黄彰健《明代律例彙編》卷一四《兵律二·軍政·不操練軍士》 凡各處守禦官，不守紀律，不操練軍士，及城池不完，衣甲器仗不整者，初犯杖八十，附過還職。再犯，杖一百，指揮使降充同知，同知降充僉事，僉事降充千戶，千戶降充百戶，百戶降充總旗，總旗降充小旗，小旗降充軍役，并發邊遠守禦。若隄備不嚴，撫馭無方，致有所部軍人反叛者，親管指揮、千戶、百戶、鎮撫，各杖一百，追奪，發邊遠充軍。若棄城而逃者，斬。

弘治問刑條例

一、凡京操軍一班不到者，送營罰班半年。軍兩班，官一班，不到者，發附近居庸密雲山海等關，罰班半年。官兩班，軍三班不到者，發大同宣府等邊衛，罰班一年。官三班不到者，邊衛罰班年半。其補班月日，各另扣算。俱先送法司問罪，畢日，免其納鈔杖斷，送回兵部發遣。若該班不到，自行出首者，止問越關等罪，照例補操罰班，免發邊衛。前項自首，及該班不到，並承批管解，扶同捏故，軍職俱不必參奏，徑自送問。

一、各邊備禦官軍失班不來者，備行各該巡按御史，督屬拏獲問罪。免其納鈔的決，差人解送各邊鎮巡官查審。軍一班不到者，在原備邊處罰班五箇月。軍兩班，官一班不到者，改撥本處沿邊城堡，罰班八箇月。軍三班，官兩班以上不到者，極邊城堡，罰班一年。其補班月日，各另扣算。若來遲，不曾失班者，止補來遲月日。

黄彰健《**明代律例彙編**》**卷一四**《**兵律二·軍政·從征違期**》：凡軍官軍人，臨時征討，已有起程日期，而稽留不進者，一日杖七十。每三日加一等。若故自傷殘，及詐爲疾患之類，以避征役者，各加一等。並罪止杖一百，仍發出征。若軍臨敵境，託故違期，一日不至者，杖一百。三日不至者，斬。若能立功贖罪者，從總兵官區處。

嘉靖新例

嘉靖拾年貳月刑部題準，宣大貳鎮立功人犯，俱送本鎮總兵官處，查撥各該營路，令其自備鞍馬器械，跟隨截殺。不許改發別鎮。

黄彰健《**明代律例彙編**》**卷一四**《**兵律二·軍政·失誤軍事**》：凡臨軍征討，應合供給軍器行糧草料，違期不完者，當該官吏，各杖一百，罪坐所由。若臨敵缺乏，及領兵官已承調遣，不依期進兵策應，若承差告報軍期而違限，因而失誤軍機者，並（《會典》作并，誤）斬。

黄彰健《**明代律例彙編**》**卷一四**《**兵律二·軍政·主將不固守**》：凡守邊將帥，被賊攻圍城寨，不行固守，而輒棄去，及守備不設，爲賊所掩襲，因而失陷城寨者，斬。若與賊臨境，其望高巡哨之人，失於飛報，以致陷城損軍者，亦斬。若被賊侵入境內，虜掠人民者，杖一百，發邊遠充軍。其官軍臨陣先退，及圍困敵城而逃者，斬。

弘治問刑條例

一、失誤軍機，除律有正條者，議擬監候奏請外。若賊擁大衆入寇，官軍卒遇交鋒，損傷被虜數十人之上，不曾虧折大衆；或被賊衆入境，虜殺軍民數十人之上，不曾虜去大衆；或被賊白晝貪夜突入境內，搶掠頭畜衣糧數多，不曾殺虜軍民者，俱問守備不設，被賊侵入境內，虜掠人民本律，發邊遠充軍。若是交鋒入境，損傷虜殺四五人，搶去頭畜衣糧不多者，亦問前罪。數內情輕律重有礙發落者，仍備由奏請處置。其有被賊入境，將爪探夜不收及飛報聲息等項公差官軍人等，一時殺傷捉去，事出不測者，俱問不應，杖罪還職。如或境外被賊殺虜爪探夜不收，非智力所能防範者，免其問罪。【略】

續例附考

一、各處府州縣衛所官員，平時守備不設，及至被賊攻圍，又不能竭力拒守，或棄城逃走，或開門延賊，以致被賊進入，殺掠男婦數十人之上，燒燬官民房屋等項數多，與守邊將帥失陷城寨事體相同者，不分有無城池，將衛所掌印官并專一捕盜官，坐以斬罪，府州縣掌印官及兵備官每一起降一級，分守分巡官每二起降一級，三司掌印官每三起降一級，甚者充軍，俱奏請發落。【略】

一、各邊巡按御史，今後查有臺軍犯該哨守，失於飛報，杖罪，發邊遠充軍者，問罪畢日，暫發本處墩臺哨守，經該職役管束具奏，候查取發落。若有因而逃避，依律發極邊衛分哨守。

胡瓊集解附例【略】

一、各處擒捕盜賊，多因下不用命，以致誤事。今後動調軍民兵快人等剿殺盜賊去處，但有不肯用命，臨陣先退者，依律處斬。其鎮巡參將等官，許以軍法從事。

一、各處兵備守備分巡分守等官，聞有盜賊，不行剿捕，畏縮閉門，以致地方受害者，鎮巡官參奏提問，奏請降黜。其鎮守巡撫官不能設法弭盜者，科道官劾奏黜退。巡按御史不能督捕糾舉者，都察院考察降黜。

嘉靖新例

一、嘉靖貳拾壹年叁月邢部議準。今後守邊將帥，失誤軍機，除律有正條外，其餘俱照先年議準事例，若賊寇入境，衆寡相當，堪以出戰，將官故不設備，閉門不出，被擄人民者，依律問發邊遠充軍。若虜衆兵寡，勢難抵敵，止可固守，不可輕出，致被擄掠人民者，查勘是實，奏請定奪。其止搶掠生畜，擄掠人民，及殺傷沿邊哨探軍人與採打柴草軍民，不係境內人民者，俱坐以應得罪名，不許引用被賊入境擄掠律條，致無輕重。若輕率少謀，軍無紀律，以致損折官軍者，律無正條，引律比附，奏請定奪。如能奮勇追敵，殺敗虜賊，雖是斬獲賊級數少，官軍陣亡數多，仍須論功陞賞，不許摘引律內損軍字樣，妄擬治罪。

一、嘉靖貳拾貳年伍月兵部會題準：勑下總督大臣，今後臨陣退縮，及逗遛不進者，都指揮以下，即許其斬首。總副參游官，許其先取死罪招由，令其戴罪殺賊。勑下總兵官，今後軍士臨陣退縮，及逗遛不進者，亦許其斬首，止開呈軍門知會。【略】

嘉靖三十四年續準問刑條例

一、凡沿邊沿海及腹裏府州縣與衛所同住一城者，及衛所自在一城者，若遇大虜及大賊生發攻圍，不能固守，或棄城逃走，或開門延賊進入，殺虜男婦三十名以上者，燒毀官民房屋，衛所掌印官與專一捕盗官，俱比照守邊將帥失陷城寨者律斬。其府州縣掌印官及捕盗官與衛所同住一城者，不能竭力協守，俱起送吏部，降一級別用。其餘府州縣不分各邊腹裏，原無設有衛所，但有專城之責者，若有前項失事，掌印捕盗官俱比照牧民官激變良民，因而失陷城池律斬罪。其自來不曾建立城池，與雖設有城池，被賊潛踪隱跡，設計越城，進入刼盗，事出不測，雖有前項失事，俱不得比用此律。守巡兵備，止於參究治罪，量事情輕重，臨時奏請定奪。【略】

續題事例

一、凡沿邊沿海腹裏都司衛所，自住一城，及與府州縣同住一城，但遇賊寇攻城，不行固守，或先期避出，或臨時棄去，致賊入城，及守備不設，爲賊掩襲而入，殺虜男婦三十人以上，焚燒官民房屋者，都司並各該城分衛所掌印與專一捕盗官，俱比照守邊將帥失陷城寨者律斬。其同住府州縣掌印與專一捕盗官不行固守，而輒棄去失陷者，亦比問斬罪。若在城同守，止因防禦不固失陷者，比照守邊將帥被賊侵入境內虜掠人民者律，發邊遠充軍。若兩縣與衛所同城者，止以賊從某縣所管城分入城，其掌印與專一捕盗官各照前二項治罪，其餘衛所府州縣佐貳首領官，但分有守城信地，致賊於所守去處攻打掩襲入城者，亦比照被賊侵入虜掠之律充軍。若各城原無設有都司衛所，而府州縣職守專城，但有前項失事者，不分不行固守棄去及守備不設，各掌印並專一捕盗官俱比照守邊將帥失陷城寨律斬。若兩縣同在府城，亦止以賊從某縣所管城分入城，其掌印官與專一捕盗官，各照前比問斬罪。其餘府州縣佐貳首領官，但分有守城信地，被賊於所守去處入城者，並各州縣自來不曾設有城池，被賊攻入刼殺焚燒者，亦比照被賊侵入虜掠律充軍。其守巡兵備官駐劄該城，先期托故遠出，臨時潛踪避匿，及守備不設，以致失陷者，亦比照守邊將帥被賊侵入境內虜掠人民律充軍。若守巡原無定駐，止是遙制失陷者，參奏爲民。【略】

萬曆問刑條例

一、凡沿邊沿海及腹裏府州縣與衛所同住一城，及衛所自住一城者，若遇大虜及盗賊生發攻圍，不行固守，而輒棄去，及守備不設，被賊《會典》作盗攻陷城池，刼殺焚燒者，衛所掌印與專一捕盗者，俱比照守邊將帥失陷城寨者律斬。府州縣掌州，並捕盗官，與衛所同住一城，及設有守備官駐劄本城者，俱比照守邊將帥，被賊侵入境內，虜掠人民律，發邊遠充軍。其兵備守巡官，駐劄本城者，罷職爲民。若非駐劄所處，兵備守巡，及守備官，俱降三級調用。若府州縣原無設有衛所，但有專城之責者，不分邊腹，遇前項失事，掌印捕盗官，照前比律處斬。兵備守巡官，亦照前罷職降調。其有兩縣同住一城，及府州縣佐貳首領，但分有守城信地，各以賊從所管城分進入坐罪。若無城池，與雖有城池，被賊潛蹤隱迹，設計越城進入刼盗，隨即逃散，不係失陷者，止以失盗論，俱不得引用此例。

黄彰健《明代律例彙編》卷一四《兵律二・軍政・縱放軍人歇役》

凡管軍百戶，及總旗、小旗、軍吏，縱放軍人出百里之外買賣，或私種田土，或隱占在己使喚，空歇軍役者，一名杖八十。每三名加一等。罪止杖一百，罷職充軍。若受財賣放者，以枉法從重論。所隱軍人，並杖八十。若私使出境，因而致死，或被賊拘執者，杖一百，罷職，發邊遠充軍。至三名者，絞。本管官吏，知情容隱，不行舉問，及虛作逃亡，符同報官者，與犯人同罪。若小旗、總旗、百戶，縱放軍人，其本管指揮、千戶、鎮撫，當該首領官吏，知情故縱，或容隱，不行舉問，及指揮、千戶、鎮撫，故縱軍人，其百戶、總旗、小旗，知而不首告者，罪亦如之。若鈐束不嚴，致有違犯，及失於覺舉者，小旗名下一名，總旗名下五名，百戶名下十名，千戶名下五十名，各笞四十。小旗名下二名，總旗名下十名，百戶名下二十名，千戶名下一百名者，各笞五十。並附過還職，不及數者不坐。若軍官私家役使軍人，不曾隱占歇役者，一名笞四十。每五名加一等。罪止杖八十。並每名計一日追雇工錢六十文入官。若有吉凶借使者，勿論。

弘治問刑條例

一、凡都指揮跟隨軍伴六名，指揮四名，千百戶、鎮撫二名，不管事者一名。但有額外多占正軍，五名以下，問罪，降一級。六名之上，降二級。甚至十名以上者，止於降三級。其賣放軍人，包納月錢者，亦照前名數，分等降級。甚者罷職，發邊衛充軍守禦。

一、軍職役占餘丁至五名以上者，問罪，降一級。十名以上者，降二級。二十名以上者，降三級。三十名以上者，奏請發落。若受財賣放者，仍照前項名數，分等降級。

一、凡各處鎮守總兵內外官，跟隨軍伴二十四名。協守副總兵二十名。遊擊將軍與分守內外官十八名。監鎗內官十六名。守備內外官十二名。俱不許額外役占，及賣放軍人辦納月錢。違者，許巡撫巡按官，查照軍職役占賣放事例上請。其巡按御史年終，仍將各官有無多占賣放緣由具奏。

一、五軍團子手並皇城內外守衛軍士，及紅盔將軍，下班之日，其本管官員及守門內官把總指揮等官，不許擅撥與人做工等項役使。違者參問。雖不係自己佔用，亦照私役軍人事例發落。

一、各邊關堡墩臺等項守備去處，若官軍用財買閑者，官員問罪，調極邊衛分守禦。旗軍人等，發沿邊，枷號一箇月，常川守哨。若原在關營官軍逃回原籍潛住，及架砲夜不收守軍墩人畫夜回家，輪班不去者，俱照前項調衛，枷號守哨發落。

一、軍職賣放，並役占軍人，二罪俱發，其賣放已至十名以上，役占不及數者，依賣放甚者事例，罷職充軍。役占已至十名以上，賣放不及數者，依役占甚者事例，減降三級。賣放役占俱至十名以上者，從重發落。俱不及十名者，並數通論，降級。役占軍人五名，又占餘丁十名，及包納月錢滿貫者，從重降級，仍發立功。滿日，照所降品級，於原衛所帶俸差操。

續例附考

一、弘治十六年十月刑部等衙門議奏：今後內外問刑衙門，凡有貪婪官員，私占軍伴，及管操把總等官，將官馬私占騎用，及撥與人騎者，俱要查照，所役軍伴，委滿五名，私騎及撥與人騎馬，委滿五匹之數，方降一級。不及此數者，俱依律問擬，照常發落。奉聖旨：是。照律例行。欽此。

大明律直引所載問刑條例

一、(含)〔貪〕婪官員揀擇殷實軍丁，或二三十名，或四五十名，甚至百名以上者，私占在家，包納月錢，空歇軍役，及管操把總等官，將馬匹私占騎用，及將與人騎坐，或二三匹者有之，或五七匹者有之，弊日滋深，人不知閔，此例所以不得不嚴。蓋例所謂役占軍伴五名，及私占與發騎官馬五匹以下者，俱依五名五匹爲率，近所以給事中孫瑱致有此言。合無通行內外問刑衙門，今後凡有犯該前罪者，俱要查照所役軍伴，委滿五名，私騎及撥與人騎，委受五匹之數，方降一級。不及此數者，俱依律問擬，照常發落。【略】

一、鎮守分守內外守備及都司衛所掌印等官，各將紀録幼軍，不肯存恤，私自占役，包納月錢。若有事發，照役占賣放正軍餘丁事例科斷。

一、軍職役占軍伴，委滿五名，及將官馬私占騎用，或撥與人騎坐者，委滿五匹之數，照例降一級。不及此數者，照常發落。

一、備邊壯勇，守備等官私役賣放者，事發，照依私役軍人事例，從重問降。

嘉靖問刑條例【略】

一、凡都指揮跟隨軍伴六名，指揮四名，千百戶鎮撫二名，不管事者一名。但有額外多占正軍至五名者，降一級。六名以上，降二級。甚至十

名以上，止於降三級。其賣放軍人，包納月錢者，亦照前名數，分等降級。甚至二十名以上者，罷職，發邊衛充軍守禦。【略】

一、凡鎮守分守內外守備及都司衛所掌印等官，將紀録幼軍，私自占役，包辦月錢者，悉照役占賣放軍餘事例；其守備等官，私役備邊壯勇，及賣放者，俱照私役賣放軍人事例，各科斷。

嘉靖三十四年續準問刑條例

一、凡軍職有犯倚勢役占，並受財賣放餘丁至三十名以上，致地方防守妨廢。俱照軍職賣放正軍，包納月錢至二十名以上事例，罷職，發邊衛充軍守禦。【略】

萬曆問刑條例

一、各處總兵官並分守守備等官，精選能通書算軍餘各一名，令其跟隨書辦，與免征操。奏本公文內俱照令典僉書，以防欺弊。其餘官軍，號稱主文，干預書辦者，聽巡撫巡按並按察司官舉問，俱調極邊衛所，帶俸食糧差操。【略】

一、凡各處鎮守總兵官跟隨軍伴二十四名，協守副總兵二十名，遊擊將軍分守參將十八名，守備官十二名，都指揮六名，指揮四名，千百戶鎮撫二名，不管事者一名。但有額外多占正軍至五名，餘丁至六名以上，俱問罪，降一級。正軍六名以上，餘丁十名以上，降二級。正軍十名以上，餘丁二十名以上，止於降三級。其賣放軍人，包納月錢者，正軍五名至十名，餘丁六名至二十名，俱問罪，照前分等降級。若正軍至二十名以上，餘丁至三十名以上，俱罷職，發邊衛充軍。其役占賣放紀録幼軍者，照餘丁例；役占賣放備邊壯勇者，照正軍例，各擬斷。【略】

一、軍職賣放，並役占軍人，二罪俱發。其賣放已至十名以上，役占不及數者，依賣放例，罷職充軍。役占已至十名以上，賣放不及數者，依役占例，降三級。賣放役占俱至十名以上者，從重發落。俱不及十名者，並數通論，降級。役占軍人五名，又占餘丁十名，及包納月錢滿貫者，從重降級，仍發立功，滿日，照所降品級於原衛所帶俸差操。【略】

新頒條例

一、爲營官占軍太多，申明律例成憲，以守晝一事。該山東司呈李鏜占役緣由，本部題，以後法司比擬，占軍多數者，俱照十三年重修《大明律》刪定明例軍伴數目擬罪，不許以未採入占軍數多例，妄行擅比。求脫罪者，參奏重治。仍行沿邊沿海軍衛處所問刑衙門，一體遵行，等因具題。奉聖旨：是。李鏜占役營軍，包納月錢數多。該部查照十三年事例，從重擬罪。毋得輕縱，以啓僥尤。欽此。【略】

問刑條例

一、各王府軍校，逃回在京潛住，都牢固押發極邊衛分充軍。窩藏及兩隣不首，事發，一體發遣充軍。

擬罪條例

一、各處鎮守總兵官跟隨軍伴二十四名，協守副總兵【略】不管事者一名，但有額外多占正軍至五名者降一級，六名以上降二級，甚至十名以上，止於降三級。其賣放軍人，包納月錢者，五名至十名，照前名數，分等降級。甚至二十名以上者，罷職發邊衛充軍。

一、軍職役占餘丁至六名以上者，問罪降一級，十名以上者降二級，二十名以上者，止於降三級。其賣放軍人包納月錢者，六名至二十名，照前名數，分等降級，甚至三十名以上者，罷職發邊衛充軍。

一、鎮守分守內外守備及都司衛所掌印官，將紀録幼軍，私自占役賣放者，照餘丁例；私役備邊壯勇及賣放者，照正軍事例，各科斷。

黄彰健《明代律例彙編》卷一四《兵律二・軍政・從征守禦官軍逃》

凡軍官軍人從軍征討，私逃還家，及逃往他所者，初犯，杖一百，仍發出征。再犯者，絞。知情窩藏者，杖一百，充軍。里長知而不首者，杖一百。若軍還而先歸者，減五等。因而在逃者，杖八十。若在京各衛軍人在逃者，初犯杖九十，發附近衛分充軍。各處守禦城池軍人在逃者，初犯杖八十，仍發本衛充軍。再犯並杖一百，俱發邊遠充軍。三犯者絞。知情窩藏者，與犯人同罪。罪止杖一百，充軍。里長知而不首者，各減二等。本管頭目知情故縱者，各與同罪。罪止杖一百，罷職充軍。其在逃官軍，一百日內，能自出官首告者，免罪。若在限外自首者，減罪二等。但於隨處官司首告者，皆得準理。若各衛軍人，轉投別衛充軍者，同逃軍論。其親管頭目，不行用心鈐束，致有軍人在逃，小旗名下，逃去五名者，降充軍人。總旗名下，逃去二十五名者，降充小旗。百戶名下，逃去一十名者，減俸一石；二十名者，減俸二石；三十名者，減俸三石；四十名者，減俸四石。逃至五十名者追奪，降充總旗。千戶名下，逃去一百名者，減俸一石；二百名者，減俸二石；三百名者，減俸三石；四百名者，減俸四石；逃至五百名者，降充百戶。其管軍多者，驗數折算減降。不及數者不坐。若有病亡殘疾，提撥等項事故者，不在此限。

弘治問刑條例

一、在京在外守禦城池軍人，在逃一次二次者，問罪，照常發落。三次，依律處絞。

一、軍官軍人遇有征調，點選已定，至期起程，不問已未關給賞賜，若有避難在逃者，依律問斷。其征期已過，送兵部編發宣府獨石等處沿邊墩臺哨瞭，半年滿日，放回原衛，還職著役。若仍發出征，及哨瞭在逃者，依從征私逃再犯者律，處絞。

一、輪操官軍，逃在京城內外潛住者，俱照奉憲宗皇帝欽定：初犯、打七十；再犯，打一百，送操事例發落。官旗無力納鈔者，就在原問衙門，單衣決打。若逃回原籍原衛者，以越關論。其在逃三次者，不分革前革後，各免決打納鈔。京衛調外衛，外衛調邊衛，俱帶俸食糧差操。

大明律疏附例此款附有按語云：今法司通擬違制。若照欽定事例，決打，不引有大誥減等。若逃回再犯，則除越關。

一、弘治十一年十一月內節該欽奉聖旨：今後各王府軍校逃回在京潛住的，著錦衣衛五城兵馬，各照地方，嚴加訪察，務要得獲，都牢固押發極邊衛分充軍。窩藏及兩隣不首，事發一體發遣充軍。欽此。【略】

一、各衛所京操官員，故行搆訟，不肯赴操者，除犯該死罪，並立功降調罪名，另行更替外，其餘悉聽掌印官，申呈巡撫巡按衙門，鎖項差人解兵部發操。若有抗違不服，或挾私排陷者，參奏，問調邊衛帶俸差操。掌印官縱容不舉，參究治罪。

續例附考

一、鞠問逃軍，務要追究在逃次數明白，不拘拿獲並遇例免問自首復役等項，通計在逃次數問罪。除一次二次者，俱照常例發落。如果三次以上，比照雜犯死罪，準徒五年，照徒年限瞭哨滿日，仍回原伍差操。各處衛所清勾逃軍，發冊布政司起解逃軍批文，務要追究，填寫在逃次數明白。違者查考究治。【略】

一、錦衣衛旗校軍士，在逃一年之內，聽其首告。查無侵欺拐馬躲差爲事避難情弊，初犯準令復役，再犯調衛充軍。若一年之外，曾經造冊清勾者，不準首補。原籍官司另勾戶丁解補。【略】

大明律直引所載問刑條例

一、署員外郎事主事侯溪奏：審得犯人陳伯廣，成都府郫縣民，招稱：先年間祖充南京豹韜衛軍，弘治七年九月內，本縣將伯廣解衛著伍。弘治八年伯廣越關逃回避生，弘治九年正月輪該本戶陳伯森接軍，陳伯森等共出盤纏貼與伯廣潛當。一十五（？）年本（？）月二十九日本縣將伯廣起解赴衛著伍，弘治十年四月初一日伯廣又越關逃回。弘治十一年八月十三日陳伯森首送到縣，將伯廣問擬越關罪名，仍解赴衛補伍。遇革，弘治十三年九月十一日伯廣又不合越關逃回，事發，本府問擬陳伯廣在京各衛軍人在逃三犯者律絞，秋後處決。會審得，本犯執稱：先年在營著伍已滿，回還後替陳伯森應當，因伊不貼盤纏，給引回還取討，被陳伯森等嗔怪，將伯廣首作逃軍，誣捏三犯死罪。查得逃軍律內開：限外自首者減罪二等。今陳伯廣雖稱在逃三次，緣數內一次亦是陳伯森首發，亦可以比同自首，況三次犯在革前，依律處決，情有可矜。臣等看得：陳伯廣替陳伯森當軍，在（？）況二次俱經遇革，況止一次問罪，革後又逃一次，仍屬親屬首發，難以通併問擬三犯絞罪律，合辨問越度關津者律。一名史榮，成都府那（？）縣民，係遼東都司廣寧衛軍，招係洪武年間故祖史文廷爲事充軍，弘治八年四月內解榮赴衛著伍，弘治九年十月內榮越關逃回避住，弘治十年二月十七日本縣緝，將榮問罪，解赴兵部，轉發換山墩巡哨未滿，弘治十一年九月初四日榮又越關逃回，遇革。弘治十二年四月內本縣將榮仍解兵部轉發原衛補伍。弘治十三年十二月內，榮又不合越過山海邊關逃回。弘治十四年四月內，本縣見得年久不獲，批回拘男史萬宣解。查有男懼怕，將陳逃回原由供出，行提到官，查審是實，問擬史榮犯該各處守禦城池軍人在逃三犯者律，絞，秋後處決，會審得：本犯執稱：在營艱難，雇人替回，取討盤纏，被戶鄰人等首縣，作逃起解，致問重罪。切詳史榮屢次在逃，法固難恕。但爲衣食所迫，潛回取討盤纏，亦或有之。況二次犯在革前，一次係是伊男供出，依律處決，情有可矜。這等看得：史榮在逃二次，俱經遇革，況止一次問罪，今革後又逃一次，難以通併問擬三犯絞罪律，合辨問越度邊關塞者律，俱遇例通減二等，史榮杖八十，徒二年，係逃邊軍，照（刻）〔例〕轉發缺人墩臺，照徒年限，巡哨滿日著役。陳伯廣係民，的決寧家。緣各犯先問絞罪，俱情有可矜，今辨徒杖罪名，各具本題。奉聖旨：陳伯廣史榮，都準辨發落。欽此。

大明律集解增附

一、逃軍自首免問，責限起解。其拏獲者，原籍并所在官司問明，初犯再犯依律的決，差親屬隣里管解原衛所著役。三犯者，監候申詳，依律處決，先將戶丁解補。隣里人等仍照隱藏逃軍榜例治罪，窩家發附近衛所充軍。若窩家係軍人，發邊遠衛分充軍。其窩家懼罪不拏，將逃軍轉遞藏躲者，不分軍民，俱發烟瘴□□充軍。所有官同知情故縱者，依律□□□□□。有司起解逃軍及軍人軍丁，務要量□□□，□立程限，責令長解人等管送。若縱容□□□□起程，照依榜例，違限半年之上者，依律坐罪，一年之上者，收發附近衛所充軍。犯人發邊遠充軍。

一、勾補軍役。若正軍戶下本有人丁，預先朦朧空作無勾，即便改正勾解，與免前罪。如仍扶捏回申，照依榜例，軍丁發邊衛充軍。原保里隣人等收發附近衛所充軍，官吏依律坐罪。

一、軍戶之家有全家逃躲，里老隣佑明知逃避去處，暗索財物，容情不行拏解，照依榜例，正軍發邊遠充軍。知情保結里老隣人，發附近衛分充軍。

一、爲事編發及調衛旗軍，更易姓名鄉貫，及到衛所，又不將原籍原衛丁口從實供報，照依榜例，正軍發邊衛充軍，家下另選壯丁補伍。里隣知而不首者，依律問罪。

一、弘治十二年九月初五日兵部題：今後外衛所欠少人馬，都司五百之上，衛一百之上，所三十之上，俱提問住俸。都司一百之上，衛三十至五十之上，所一十至二十之上，止是提問。都司不及一百，衛不及三十，所不及一十，俱免提問，止是責限完報。其領班都指揮若欠少五百名之上，就行提問。果至一千名之上，照舊提問，仍住俸糧。前項住俸止以三個月爲率，過此不完，許支半俸。

一、嘉靖六年詔書，內外逃軍原籍行勾，曾經回答戶絶十次以上者，不必濫開擾害。【略】

嘉靖新例

一、嘉靖元年柒月兵部題準：逃操官軍如初犯再犯，原無拐馬者，內除軍人，仍照舊例責打發落外，其各官每人各降壹級，仍發原伍操練。身故之日，仍襲祖職。叁次肆次以上，並拐馬在逃者，不分官軍，俱照舊例，京衛調外衛，外衛調邊衛，追馬完日，內調衛官員，每人仍各降貳級，俱於見調衛分，永遠帶俸，食糧差操，不許管軍管事。年老身故，子孫止從見除職事襲替，不得告承祖職。其各營坐營官，並各該號頭千總及各衛掌印官，壹年之內，查無在逃官軍者，俱聽各營提督官員，以賢能字樣，年終類奏，量加犒賞。本部遇有相應將官員缺推用。其坐營官管下不分官軍及拐馬在逃，數目多者，即係鈐束不嚴，亦聽本部分別所管年月久近，人數多寡，年終查奏罰治。仍各營按月，各衛按季，照例先行開送本部查考。其見逃官軍，各營號頭把總並該衛掌印指揮，俱限壹月以裏，務要追究下落，拿獲送問。壹月不獲，聽法司各一體參奏拏問。以後赴操官員，亦照外衛京操事例，本部徑送法司，查照前例收問施行，仍按月類奏，送科備照查考。

新例

一、嘉靖六年四月兵部題稱：今後拐馬在逃官軍，限一月以裏出首，免其送問。如限外出首，及被拿到官，俱送問。初犯再犯及原拐馬匹見在者，責打發落。三犯以上，及原拐馬匹或餓死，或變賣，不分官軍，京衛調外衛，外衛調邊衛，追馬完日，官降一級，於見調衛所差操，不許管軍管事。子孫回原籍襲替祖職。若官軍偶然因馬匹病死，懼追樁銀，或隻身患病，無人告官，具勘分豁，照常發落。再照坐營把總並各衛等官，平時不能管束撫恤，以致官軍在逃數多，合無照例一年之內，查無在逃官軍者，本部類奏犒賞推用。如各處千總及各衛掌印官，一年之內，在逃官軍二十名之上，各營坐營官，一年之內，在逃官軍一百五十名，倒死馬一百匹之上，俱照舊例，參問罰治，仍通行問刑衙門遵行。奉聖旨：是。處拐馬在逃官軍事例，既勘停當，都依擬行。欽此。【略】

一、嘉靖十二年漕運衙門奏準：今後運軍脫逃，分別次數，初逃一次者，照常發落。二次者枷號一箇月，方許收運食糧。三次者，照依操軍事例，俱調衛。

《大明令·兵令》凡有軍情，在外各府軍民官司申行省行移各道；按察司行省，一咨中書省，一咨大都督府；各道按察司申御史臺。在内直隸都督軍民官司，一申中書省，一申大都督府，一申御史臺。省、府、臺各自聞奏。如都督府、御史臺與中書省互相知會，隱匿不速聞奏者，以奸臣論罪。輕者流竄烟瘴，重者處以極刑。

（明）戚繼光《紀效新書》卷三《臨陣連坐軍法篇第三》旗鼓既習，斯謂之名，一衆人之目矣，而心則未也，於是申之以連坐賞罰以威其心，故《軍法篇》爲第三。凡臨陣的好漢，只有數人，每斬獲首級，常是數十百人叢來報功，再不想你一起人退來報功，使衆兵相望誤認是敗走，大家都走了。况一個賊首，數十人報功，若斬數十賊首，就該數百人來報，不知這一陣上能有幾個數百人，反是自誤了性命。此臨陣第一禁約。今後其長牌、長槍、狼筅，凡該當先，長兵之數決不許帶解首刀，只管當先殺去，不許立定顧戀首級。其殺倒之賊，許各隊短兵砍首，每一顆止許一人就提在陣後，待殺完收兵，有令催驗，方許離陣赴驗。其誰當先，誰有分，誰無分，俱聽當先隊長對衆從公報審。敢有因其恩仇報不公者，軍法。【略】

凡戰間賊遺財寶、金銀、布帛、器械之類，此誘我兵争財，彼得乘機冲殺，往往墜此套中。今後臨陣，遇有財帛，每隊止留隊中一人收拾看守，待賊平，照隊收拾之，多寡各給本隊兵均分，百哨隊長加一倍，必不許他官克留及後進次到隊伍仍留人渾賴。此正是賊當窮敗之際，各兵照常奮勇前進，務要加力百倍，庶賊可滅。如違令圖財，致兵陷没，或賊冲突得脱，搶財物之兵不分首從，總哨官俱以軍法斬。【略】

凡伏兵，遇賊不起及起早者，領伏兵隊長通斬，各兵扣工食給恤，仍通捆打。如正兵見奇兵、伏兵已起，不即回應者，同例。

凡每甲，一人當先，八人不救，致令陣亡者，八人俱斬。陣亡一人，即斬獲真賊一級，八人免罪；亡一得二，八人通賞。哨隊照例。【略】

凡陣亡一人，本甲無賊級者，各扣工食一月，給亡者之家優恤，失隊者扣一隊，失哨長扣一哨，失官扣一枝。但係亡者屬下頭目仍斬獲，功如其所失，通免究，亦不扣工食。亡兵亡官，官爲給銀優恤。【略】

凡若大陣敗走、被賊殺死、官兵傷在背後者，還以敗事論，并不優恤，仍罪其各家并原募之人。

凡器械借代、頑鈍欠利、私擅更易軍裝器械、入場忘帶一件以上者，軍法捆打，照臨陣事例，伍隊長總哨官連坐。

凡行列不齊，行走錯亂，擅離隊伍，點鼓不行，聞金不止，按旗不伏，舉旗不興，開旗不接，得令不傳，傳令不明，道路擠塞，言語喧譁者，俱治軍法。【略】

凡差探賊塘報及官兵有聞賊中消息，不拘要緊不要緊，不許官兵於中途邀截問答，徑自閉口，速赴主將陳説之後，許宣於衆者，方可與把總等官説。若未見主將之先，敢於中途因人問起，即便説出，但有一人先知在主將之前，定以泄漏軍機，問者、答者皆坐軍法。就是本管的把總哨夥伴問，也不許對他説。又或有已經稟知主將之後，蒙分付不許傳説者，到底不許再泄，敢有以强固行要問者，許原人稟來，一體重治。

凡遇賊，各隊嚴備聽令，候探知賊人多寡，以憑發兵，不許違令争先，恐陷不測。

凡臨陣抛棄軍器者，及不冲鋒官兵臨戰易换軍士精利器械馬匹者，各以軍法從事。

（明）戚繼光《紀效新書》卷四《論兵緊要禁令篇第四》號令既繁，人無所措，故復分此别卷，其可以少從緩也，以次旗鼓號令之餘，故以《禁令篇》爲第四。凡軍中要緊的第一件，只是不許喧譁説話。凡欲動止進退，自有旗幟金鼓。若無令許説話，但開口者，都要着實重處，夜間尤是切禁，千萬千萬。

凡兵逃走，同隊之人各捆打，分一半監固，分一半保拿。如不獲，各監一年，通扣工食，另募。

凡征住地方，每隊十二人務在一家安歇，時刻不許相離，别生事端，互相覺察。若一家難容，即分對門或間壁，不許攙隔。如不隨本隊住者，隊長與各兵以軍法治之。一哨在一街，一營在一隅，各營不許相混，各哨不許相混，各隊不許相混。及行營，攙越前後，非令先行先歇，途中下路，一體連坐哨隊長。若解手，許同隊一人立在道旁候畢，催上，不許過二里。

凡立成營盤，即是人家墻垣屋舍一般，若人家不謹門户，及容人墻上扒走的事，有也没有？但向營出入者，不拘何官何人，定要由門，奉號令，方準放出照入，決容不得各處攙進攙出。如行路時，決不容别人兵馬閑人穿路與同路混行。倘是賊般的，却不被詐劫了？營盤此一節，又至緊至緊，臨賊而故縱者，軍法示衆。

凡行營，三千人單行二三十里，有事如何傳得到？今定約令：凡兵行，不拘從何處起，若有話該報來，務要簡明，不過二三句，或往前傳，或往後傳。自起處，俱隊長高聲接傳，挨傳到止處明白，仍傳稱知道了，再傳回原説之人回復。若傳到半中途差錯，許又傳回，云才傳的不明白，只傳到原傳話人再傳明白。隊長一例接傳前去，若傳至中途間，而不接傳又差錯者，挨出軍法重治，因而誤軍機者，軍法示衆。餘兵并不許開口接助傳話，多言者割耳。

凡賞罰，軍中要柄，若該賞處，就是平時要害我的冤家，有功也是賞，有患難也是扶持看顧，若犯軍令，就是我的親子侄，也要依法施行，決不干預恩仇。

凡武藝，不是答應官府的公事，是你來當兵，防身立功，殺賊救命，本身上貼骨的勾當爾。武藝高，決殺了賊，賊如何又會殺你？你武藝不如他，也決殺了你。若不學武藝，是不要性命的呆子。況吃着官銀兩，又有賞賜，又有刑罰，比那費了家私、請着教師學武藝的便宜多少？想你往日不學武藝，器械不整的精利，不肯着重甲，只是因自來臨陣，原無紀律號令，不曾分别當先退後者施行軍法，方才安心臨陣要走，料定不用槍刀對手之故。今番連坐法已定，號令已明，進前退後都有個法子連坐管定，軍法決照條内施行，你們既無躲身之法，不想學武藝，不是與性命有仇的人，不是呆子，是何物？身上有甲，就使他戳砍我一下，不能傷我，就手段不濟，第二下我也殺到他身上了，敢是無甲的會死，思之思之！

【略】

凡你們本爲立功名報效而集，兵是殺賊的東西，賊是殺百姓的東西，百姓們豈不是要你們的殺賊？設使你們果肯殺賊，守軍法，不擾害他，如何不奉承你們？只是你們到個地方，百姓不過怕賊搶擄，你們也曾搶擄，百姓怕賊焚毁，你們也曾折毁，百姓怕賊殺，你們若争起也曾殺他，他這百姓如何不避，如何不關門鎖户？且如去年，我往臺州，因是衆人家兵難制，沿路百姓固也受害，兵們宿無處，炊無處，又被百姓告來拿着的，挨累官哨隊長打死了多少。如今年，我自己的兵，宿有程頭，火兵先定歇處，挨次而入，起行依號，扎營點步鼓，挨次而行，經過百姓們聞説到，殺猪牛，販酒米等待，是個店上，也要留住一日，他有生意，這方是兵民相體的光景。暑行千里，我不曾打一個兵五棍，可不也省了多少打殺？兩家都有便宜，却不是好也。

凡古人馭軍，曾有兵因天雨取民間一笠以遮鎧即甲也者，亦斬首示衆。況砍伐人樹株，作踐人田産，燒毁人房屋，奸淫作盗，割取亡兵的死頭，殺被擄的男子，污被擄的婦人，甚至妄殺平民假充賊級，天理不容，王法不宥者，有犯，決以軍法從事抵命。

凡軍中，惟有號令，一向都被混帳慣了，是以賞也不感，罰也不畏。我今在軍中，再無一句虚言與你説，凡出口就是軍令，就説的差了，寧任差誤底，決不改還。你們但遇號令金鼓旗幡是聽，是看，是怕，不可還指望不便處，又告有改移，或望寬饒。將無還令，此在口之常談，你們豈不知？宋時北兵稱岳爺軍曰：撼山容易，撼他一個軍難。只是個畏將法、守號令之驗。如此則將也成名，你們也得成功，又保全了性命，多少好處。今後不知學好的，若再平時用好言好語，個個説是勇猛忠義，你就説得活現，決不信你，只是臨陣做出來，便見高低。改圖改圖。

凡冒名頂替入操者，正替身俱以軍法捆打，所雇之人即充兵收操，工食即將原雇之人分支一半。

凡兵在家，生有父母，教有師長，户有户長，里有里長、老人，你們思量，那個做百姓的少得這内一件？你今既來當兵，甲長就是你的户長，隊長就是你的里長，哨長就是你的老人，哨官把總就是你的父母官，但能教道你們的號令武藝者，都是你的師長。你再思量，世間有無里長老人管的百姓無有，就知在軍中有無隊哨長管的兵無有；世間有無父母生的人無有，就知在軍中有無哨官把總管的兵無有；世間有無師長教訓天生會識字念文的人無有，就知在軍中有無不聽教師將令訓練的兵士無有。這都是就你心上少不得的去處曉諭，你若抗違哨隊長，比做百姓抗違里老的法度不同；不聽教師將令習武操練，比做童蒙時不聽師訓的法度、與平日牧民的法度不同，捆打尚是小事，重便割去頭，再可復生否？此諄諄真正化誨，你若不聽，軍法無情，慎之慎之！

凡你們當兵之日，雖刮風下雨，袖手高坐，也少不得你一日三分。這銀分毫都是官府征派你地方百姓辦納來的，你在家那個不是耕種的百姓，你肯思量在家種田時辦納的苦楚艱難，即當思量今日食銀容易，又不用你耕種擔作，養了一年，不過望你一二陣殺勝，你不肯殺賊保障他，養你何用？就是軍法漏網，天也假手於人殺你。

（明）戚繼光《紀效新書》卷五《教官兵法令禁約篇第五》 此篇之中，亦有兵士當知者。但士卒者，愚人也，繁以號令而無所遵，不如無令而氣壯，故明以教官兵之法爲第五。 一常日，每一名各將米二升，炒黄包裹，一升研爲細末，一升另包；麥面二升，一升用香油作煤，一升蒸熟，六合用好燒酒浸，曬干，再浸，以不入爲度，研爲面，另包；四合用鹽醋曬浸，以不入爲度，曬研爲末，另包。行軍之際，非被賊圍困至緊，不許用。出兵隨行，忘帶者如失軍器同。

凡各兵進教場，過放静炮後到者，俱開不到究治。各門封鎖後，閑人出入及縱游兵閫營，皆巡視旗之罪。【略】

凡器械不鮮明，專罪哨長；號令不明，專罪把總；武藝不精習，專罪哨官。逃去奸盗等事，不詰首，專罪隊長與同隊甲兵。

凡責成之例，不拘平時臨陣，凡違誤遲玩、畏避退縮、器鈍事犯等項，每甲三人以上，連坐甲長；每隊一甲以上，連坐隊長；每哨一隊以上，連坐哨長；五分以上，連坐領兵官哨官。

凡遇傳示號令，巡視旗止傳各領兵官，領兵官傳與哨長，哨長傳隊長，隊長傳甲長，甲長傳各兵。若有得令不傳，傳到不遵者，常操，遲誤打四十棍；臨征，軍法施行。

我一人，你們三四千，一句説話如何傳得遍？知我有事要分付，只是傳與把總哨官，把總哨官須要一一傳説與哨隊長，哨隊長須要一一傳説與兵勇。若是分付去，一時記不全了，還許來問我，我再説去分付他。若傳説不明，或忘了不來再問，聽我倏於隊内抽取數兵來問；若問稱不知，挨查隊長；隊長不知，挨查哨長，以次挨到把總，各傳不明，軍法重治。【略】

凡公所，哨官見把總，一跪一揖；哨長見把總，兩跪一揖；隊長不許作揖。哨長見哨官一跪一揖，隊長亦不許作揖；隊長見哨長作揖侍立。

俗諺有軍中立草爲標，况朝廷堂堂名分？凡有屬下者，既知惡屬下抗違不能行事，即知己身不可又效屬下之人復抗在上頭目，决恃不得鄉曲故交，軍機乃國家重務，情難掩法。敢有親識相容、故違明抗，容者、犯者通以軍法重治。

（明）戚繼光《紀效新書》卷七《行營野營軍令禁約篇第七》 凡操中法令旗鼓既習，將來必試敵而調發，所不免也，故即以《行營篇》爲第七。凡派探夜不收，派探不的，聽人言語，不親到賊所，欺詐因而誤失事機者，軍法從事。若傳報違期，集兵遷延，以致誤事，罪同。

凡軍行在途，遇有疾病，把總官驗實，隨即禀明，給文送所在官司撥醫調治。痊可，即便追來。敢有詐病推避者，治以軍法。

凡旁哨後哨，見有乏弱人馬不能前進，或在路旁潛藏者，隨即收送中軍，不許私自縱放。

凡軍行，定委巡哨官生二員；止宿，委巡視官生二員，差巡視旗十面。但有干犯軍令，即便指實呈報，不許隱匿。及因而需索詐騙者，各依法究治。

凡前哨官前途，給與清道藍旗十面、令旗一面，凡遇大小事務，俱要差人傳報中軍。清道旗手仍先期禁斷人畜，不許攙入隊伍，衝冒旗纛。如遇應該迎候禀事人員，及各處差來賫送緊急公文之人，前總領哨官審實，差人報知，方許進見。倘有異言異服可疑之人，送中軍研審發落，不許擅放擅問。【略】

凡軍行在路遺落器械什物，見者許即收帶至止宿處，送中軍招人認領失物。得物之人照格賞罰；隱匿不報者，治罪；亦不許私相交割。【略】

凡軍臨賊境，或林木異常，與賊共守之處，各兵嚴勒器械，須立定以待，候差各塘報搜覆無警，再聽令行。【略】

凡火器應用繩藥、鉛子，銃手須於出征頭一日請給完足，不許臨賊假稱放盡討索，通以畏避論罪。

（明）戚繼光《紀效新書》卷七《行營野營軍令禁約篇・剳野營説》

野外屯剳，對壘列營，畫地以守於前，樵蘇以繼於後，夜防警襲，晝結行陣，其役也勞，其事也險。使吾氣常鋭，戰守兼舉，吁，豈易易哉！

凡每日五更盡，擂鼓已畢，各起梳洗。聽掌號二遍，各兵通赴木城邊，各擎鎗立定，作守城之勢。各營把門人役赴中軍報守門無事，訖，聽鳴鼓升旗，各營開門放汲。其汲者，限四刻，掌頭號落旗回營。進城蔬菜等項者，限一個時辰，到營外取齊，聽掌二號進營。遲進及後出者，俱打二十棍。每隊三名以上，隊長同責；四隊俱有，合九名以上者，哨長官同責。申時放汲一次，號令執槍之法俱同早辰，買蔬菜止許早辰一次。【略】

凡登厠，員役照各厠坑，由各營門將腰牌懸於門上，方準開門而出赴坑。所事畢，即還，自認取腰牌回營。如夜間，不許出營，即於各自廠邊方便，天明即打掃送出坑内。違者照前汲水例行法。

凡中軍遇晚鼓擂三次畢，各營通即斷火，禁喧，斷人行，違者，隊長與兵同治；隊長有犯，官哨一體各打三十棍。【略】

凡夜間遇有報事人役，先令門外約近二十步之間，即喝令立定，守門人辨其聲音。如係別衙門差來，問其別衙門來歷，如有書帖文移者，令將書帖文移擲在地下，着營外傳語人取遞，由木城縫接送中軍，有令箭放進者，方許開門放進；無令箭者不準。如有遷延不去，及不遵禁止，徑闖木城下者，許即打射殺死者勿論。【略】

凡遇賊臨近，不拘營内營外，違令者俱軍法從重，決不輕貸而生。

凡官兵無故非時違令出營者，捆打一百棍，游營示衆。二十名以上，官同法；十名以上，哨長同法；三名以上，止於隊長、伍長。【略】

凡夜傳暗更籌箭，每隊撥兵三名守木城，即傳箭。迷失更箭者，上下挨查，得出，軍法示衆。

凡遇有警，肅静，各守信地，木城閉，聽令發兵。如有喧言亂走者，軍法重治。【略】

凡夜營，俱照定過燈炬爲號，各看燈籠遵依。各哨視中軍之燈，各隊視本哨之燈，各兵視本隊之燈，如視晝旗一般，違錯俱比白晝軍法加一等。遇大風雨，則視火把。遇出奇，或暗地移營別處，燈籠留在虛營，各聽隨時編發字型大小，如中軍説甲字則是左哨，凡言甲字者即是左哨第一隊。餘倣此。不預定者，恐奸細知之也。如再近賊，則又不用字型大小，以禽獸之聲爲號，隨時給與哨官，哨官依次相諭通知，學鷄鳴爲某哨，學牛鳴爲某哨之類，皆不預設。

（明）戚繼光《紀效新書》卷一七《守哨篇第十七·墩軍號火走報軍法》

一、賊所登犯之地，本墩失誤放火卓旗，遇賊流至鄰墩之下，鄰墩放火卓旗而本墩後接者，全墩軍法示衆。

一、遣下墩海邊人役失誤者，罪坐下墩海邊之人，墩上者連坐，捆打一百。

一、近賊本墩放火卓旗，而全墩接應失誤者，鄰墩軍法示衆。

一、舉火遲延，走報不時，因而誤事者，軍法示衆。

一、風汛時月，墩軍不拘正墩、鄰墩，敢有下墩回家，及雖近墩而不在墩者，無賊至，捆打一百，割兩耳；有警，軍法示衆，該管官捆打、穿耳，連坐。

一、應備前項什物軍器，欠缺一件者，墩軍捆打一百，割耳，仍罰月糧置辦。該管官連坐捆打。

一、應備前項什物軍器，雖不欠缺而不如法者，墩軍捆打四十，扣月糧改置。該管官以分數論罪，治以軍法。

（明）戚繼光《紀效新書》卷一七《守哨篇第十七·查點墩堠法式》

一、每月，本職十次，把總七次，衛所五次，各差人本府，於見駐之處，起南北分發人員點閘。如有不到者，即便綁解治罪。或本府自坐小綱船，由潮不拘時日，親閲查點。

（明）戚繼光《紀效新書》卷一七《守哨篇第十七·守城軍法》一、凡一廠内一人不至，或夜歸私家，連坐垜長，各打二十棍；本犯割耳；同垜同廠連坐。遇賊攻打城池之時而不到者，本犯軍法示衆，垜長割耳，同垜、同廠捆打。

一、凡旗廠器械、矢石、火銃、三鼓之類一件不完者，本犯捆打，坐連同垜同廠。五垜以上，本官俱捆打。衛城五鋪以上，所城二鋪以上，掌印官旗、本管官捆打。臨賊攻城之時以致缺少、及放及分不如法者，本犯軍法示衆，照前連坐者，皆割耳。

一、回頭者割耳。

一、擅行動者割耳。

一、見賊大言喧嘩者，或被傷高叫驚走者，遵照臨陣退縮軍法示衆。

一、夜驚者，治其所由，同廠、同垜、本管官旗連坐。

一、中軍高處接應在外并墩堠號令遲法者，掌印官重治嘹堠司號之人，軍法示衆。

一、在外伏路墩堠誤事致賊猝至者，究其伏路官軍以法。

一、各鋪内遇守城時，或致種火斷滅，與凡傳敲鑼鼓，或起或止不明，俱罪該管百户。如一百户而兼數印，不得分身者，罪其旗甲，百户從輕發落。

（明）戚繼光《紀效新書》卷一七《守哨篇第十七·伏路軍法》 一、凡伏路人出伏遲期，及備該隨身前項火藥不如法，藥繩、藥綫濕落不堪，雨具不整，及在外之人不候交代而輒回家者，通以軍法捆打一百，割耳。如有誤事，軍法示衆，陸路官連坐。

（明）戚繼光《紀效新書》卷一八《治水兵篇第十八·平居號令禁約》

一、夜暮以朦朧爲期，中軍船發擂三通，起更。各船齊擊竹梆，打更者打鼓一次，梆響一遍。每更用兵二名，一名船頭遠視，一名船尾高嘹。遇有船過，即便鳴鑼，各船齊備。倘水上有黑塊夜浮者，恐賊人踏水偷椗，支更兵夫速以石打，一面高叫本船捕兵同看。若是别物流入，則已；若是賊人，即便鳴鑼打銃，各船一體防備。違令支更兵夫，重治割耳，因而失事者斬首。

（明）戚繼光《紀效新書》卷一八《治水兵篇第十八·臨敵號令軍法》

一、中軍船戰聲喇叭響，各鳴鑼，齊擂戰鼓，天鵝聲響，大聲吶喊，奮勇剿殺。獲有功級，各送領兵指揮驗實，類送中軍紀驗解報。退縮後至者，斬。其捕盗船行遲曲而後到者，斬。其捕盗舵工遇淺者，斬。其扳招手，船雖先到而不直射賊船，傍邊擦過者，斬。其舵工繚手使風不正者，斬。其舵工繚手如已使逼賊舟，相并不能成功，致賊舟復走者，斬。其捕盗各甲長有能挨報某兵不用心、某兵不用心者，其不用心之兵斬首，甲長止於捆打。

一、敵人慮我官兵追戰，將船内器物遺棄水中，兵夫敢有撈拾而不追賊者，許本船捕甲割耳示衆，故縱者連坐斬首。

一、凡已打敗賊舟一隻，而餘舟不行分投追打别賊，共相攢來爭撈首級，致賊遁走者，各船獲級俱止歸先打一船之功，餘船捕盗捆打一百，割耳。其一船雖已逼到賊舟，而未即打敗，餘舟接應會同用力者，不在此例。

一、各船遇敵，敢有畏勢，揚帆遠望，逗遛不進者，捕盗舵工俱就陣斬首示衆。各船放銃，須將火藥收藏安便，免至火星爆入，貽患匪細。倘有失誤，銃手、管藥兵夫一體軍法施行。【略】

一、各船打敗倭寇，所擄獲財物包裹，聽船捕盗從公分給，以多半付動手首功之人，餘皆均處。敢有官捕頭目勒分，甚至夾打追侵，公然放肆者，許各兵徑於回日赴官告首，决打重治，加倍追付各兵，頭目依律治罪。其軍器則要報官解驗，不許各兵隱藏。

一、與賊船對泊，船椗□上用猫竹擘開包裹□上，以防敵人夜竊之患。違令，舵手捆打。

一、各船遇警，聽中軍船天鵝聲喇叭響，各船鳴金鼓一通，捕兵大聲吶喊，以壯軍威。違令，治以軍法。

一、各船遇警，捕舵兵夫不許解衣而卧。違令，察出，治以軍法。

一、報警至急，起椗不前，即使用大猫竹一段，計長一二丈，縛於椗□浮水，以便班師各自認取。違誤，舵手割耳示衆。

一、各船捕舵兵夫，過泊船山澳，無故不許上山閑游，恐遇警，一時下船不便，致有誤事。若要取水，輪直兵夫赴中軍船告稟明白，方許取水。違令上山，人拿治不恕。

中國第一歷史檔案館《滿文老檔》天命八年九月二十八日，汗曰：朝會仍循費阿拉之例，是凡諸申、漢人、蒙古牛彔之人，須於天明前集於其牛彔額真、備禦之衙門，由牛彔額真、備禦查其在否。天明後，總兵官，副將，參將及遊擊、備禦皆集於固山貝勒之衙門。集合後檢查各官來否。其後，由固山貝勒率領，於日出時，集於八角殿。集會時，自總兵官以下，備禦以上，須攜帶各自所掛之小旗插於殿前各該插旗之處，驗其小旗以查未來之官員。戍守官及因事差遣之官員，由其子弟代朝。每日一次，各官於各該固山貝勒衙門取信。再，各牛彔之人，每晚集於該牛彔額真衙門一次，以嚴查其在否。若違朝會，則罰貝勒羊，罰總兵銀四兩，副將三兩，參將、遊擊二兩，備禦一兩，千總五錢。白身之人，鞭五下。外面城堡鄉村，亦如此〔原檔殘缺〕

中國第一歷史檔案館《滿文老檔》天聰四年五月十一日，汗諭大小人等曰：爾等勿謂出兵之期，仍如去年遲誤。今年須乘草青時前往，從速修理軍械，不得有誤。如欲先往查看田地，即回來後修治軍械者，則先往查看田地，隨後修理。再者，每牛録各備大刀五把、棉甲十副，均由固山額真、貝勒監造。此番所俘之人，給以衣食，善加撫養。若能善加撫養，何致逃亡耶？其逃亡者，皆撫養不善故耳！倘能加意撫養之，則皆爲我羽翼也。身歷行間，備受其苦，蒙天眷佑，畀我之人，可勝惜哉！又屢禁售弓箭於蒙古，仍有盜賣者。今若知其賣者，將治以盜罪。可管田土、甲胄、審事三衙門之人，爾等須身體力行，勿憚勞苦，各勤職業。

中國第一歷史檔案館《清初内國史院滿文檔案譯編》天聰七年正月初八日，天聰汗頒詔書曰：各牛録額真，爾等自十七日〔原檔殘缺〕乘前去之便，爾牛録額真等各以督率所屬長幼，於春夏秋三時勤加習射，部臣前往驗射，若有不能射者，則治爾牛録額真之罪。

中國第一歷史檔案館《清初内國史院滿文檔案譯編》天聰七年十月初七日，大閱。操演畢，汗諭八旗巴雅喇纛額真、甲喇額真曰：凡臨陣對敵，必排列齊整，循序漸進，若有不依己之汛地，而溜至他人之後，棄(已)〔己〕之隊伍，而混入他人隊伍，他人既進，而卻立觀望者，或斬，或籍沒，或鞭責，或革職，或罰贖，皆量其罪，依法處治。整隊前進，稍有先後，勿以我先爾後爲言，凡遇敵不退縮，能擊敗即可。若爭論先後，是居心不良，亂之道也！敵若不戰而逃，則選精騎追之。追時，纛額真勿得在前，宜引纛結隊躡蹤。若追兵誤入敵伏，或四散追逐，遇敵横截纛額真即當接戰。

中國第一歷史檔案館《清初内國史院滿文檔案譯編》天聰八年正月二十一日，聞蒙古察哈爾汗部下流民散於席爾哈席伯圖地方。遣戴青塔布囊、布哈塔布囊、松蓋、巴色喀、達巴蓋、康喀爾、德爾格爾七大臣率蒙古每牛録甲兵一名及外藩遊牧蒙古巴林、喀喇沁、阿録阿巴漢等部兵，約於都爾鼻地方，合兵往征。汗諭之曰：爾等須盡心籌劃而行，前設哨卒防守，見火煙時，勿令知覺，乘夜突襲以取之。降者勿殺，拒者殺之，其攜歸之人，須嚴加防守，若有疏忽，恐竊馬而遁也。所獲俘虜，與前往兵士共之。

中國第一歷史檔案館《清初内國史院滿文檔案譯編》崇德三年八月二十七日，大學士剛林讀滿洲文敕書，理藩院承政塞冷讀蒙字敕書，大學士范文程讀漢文敕書。敕文云：古帝王征遏克敵，撫定疆宇，必選擇於衆，撥一良將，授以兵權，而大事克成。今我常欲和而明不從，樂於干戈，故授爾多羅貝勒岳托敕書及揚武大將軍印，統帥右翼軍西伐明國。爾其同多羅安平貝勒、滿洲、蒙古、漢軍衆固山額真，僉慮協謀，擇善而從，勿以授命重而邀功，勿以將士勇而輕敵，凡駐營壘，嚴設偵探，小心提防，勿得少怠，務必信賞必罰，激勵將士，破彼邊關，直入其境，多謀定策，密察敵情，易攻則克之，指南進北，聲東擊西，出其不意，攻其下備。至於待將士，勿護所愛，勿蔽所憎，有衝鋒破敵，奮勇先登有功者，必破格優賞，仍録其名以奏。甲喇章京以下，有敗陳及違軍紀者，先斬後奏。若遇左軍奉命大將軍，則聽其言，以贊其謀。勿違朕命。

《清太宗實録》崇德六年春正月〔甲辰〕瑣爾和隨和碩鄭親王出征，接取蘇丹蘇班代之時，見杏山城下有牲畜，令每旗甲喇章京一員，率兵往取，而瑣爾和不親至城下，誑言首中礮傷，使其弟苗塞至陳泰處，遂還。護軍校希斯漢往取，乃獲牲畜，罪一。大軍敗敵時，瑣爾和並不同擊汛地敵兵，擅離本旗，潛走他處，罪二。又設伏伺敵之處，猝遇敵兵，不戰先遁，乃云未嘗遇敵，讒言欺上，罪三。部議瑣爾和應論死，並籍其家。奏聞。上召群臣集篤恭殿，命諸王貝勒下護衛，傳諭於衆，數瑣爾和怯懦無能之狀，免死，革職，籍其家。

《清太宗實録》崇德七年冬十月丙寅，初阿桑喜訐告護軍參領宜成格、巴雅當錦州敵兵衝鑲黄旗壕塹時，宜成格等率部下護軍越壕而遁，阿桑喜力戰拒敵。法司訊實，宜成格、巴雅應論死，監候。至是以喇嘛固請。上命宜成格、巴雅免死，納贖。

《清世宗實録》雍正二年閏四月〔乙未〕兵部議奏，嗣後各處駐防兵丁，如有歸旗之後私行逃回者，令該管官員嚴行查捕，解京治罪。儻有隱匿不報者，照隱瞞逃人之例，該管官以失察議處。從之。

《西寧青海番夷成例・敵人犯界不齊集剿殺》一、凡敵人侵犯邊境，所有寨落，凡頭目等各將家産牲畜收回，即帶領所屬兵丁，速行前往所犯地方齊集。若不齊集者，千戶等罰犏牛五十條，百戶等罰犏牛四十條，管束部落之百長等罰犏牛三十條。齊集之後，即公同商議，協力剿殺。若千戶百戶所屬小百長等，如不齊集者，亦照此例罰服。

《西寧青海番夷成例·派定出兵不去》一、出兵派定，若有千戶等不去者，罰犏牛五十條，百戶等罰犏牛四十條，管束部落之百長等罰犏牛三十條。凡管束部落之頭目等帶領全寨部落不去者，以軍法治罪。指定前往地方違限一日不到者，千戶等罰犏牛七條，百戶等罰犏牛五條，管束部落之百長等罰犏牛三條。違限數日者，計日遞加罰牛。

《西寧青海番夷成例·出兵被盜馬匹》一、若被賊偷去馬匹，於出兵丁圍之處認着，其人所得果有別故，另抵馬一匹，原馬收回。

《西寧青海番夷成例·對敵敗績及行軍紀律》一、凡千户、百户、百長等對敵敗績者，將所管之人俱行撤出。如係平人，斬決，並將家產、牲畜、妻子抄沒。或頭目、或平人，有能奮勇争先破敵者，賞。凡頭目對敵，或別部落之人敗績，或有一部落頭目等能打仗救援者，將敗績之頭目等所管部落内撤出五十户人口，賞給打仗之人。若別部落之頭目等打仗，或一部頭目等敗回者，將敗回之千户、百户、百長等革去職銜爲平人，將所管之人全行撤出，給與打仗頭目等充賞。至一部落人等，或一半打仗，或一半敗績者，將敗績之千户、百户、百長等革去職銜爲平人，將所管人户全行撤出，給與該部落打仗之人。如部落内一半戰敗，一半不能前進者，免罪，將敗績之頭目等革去等級爲平人，所管之人全行撤出，給與部落内無罪之頭目並打仗之頭目等充賞。若各部落整頓未備，一部落之頭目已備打仗者，視其功之大小輕重加賞。凡於曠野之處打仗，與對敵進戰之處，千户、百户、百長、小頭目等不按隊伍，混行亂進，或見敵人稀少，不探虛實，混行馳逐者，罰取所騎馬匹，此次所據之物不準分給。凡於排陣對敵之時，整齊隊伍，各按隊伍緩行趨進。其進之時不隨本哨而躲避他哨之後，或離本隊而入他隊，以及他人進戰而立視者，或斬，或抄家，或責，或革職，或罰服之處，量其所犯，分別治罪。若隊伍已齊，進戰之時，或有奮先退後之處，有言某隊落後、某隊奮先者，不準查究。或敵敗走，應行追趕者，仍揀選强壯兵馬追趕。其追趕之時，管束部落之千户、百户、百長等不得前往追趕，帶領旗纛列伍尋跡追趕。或追趕之人陷入伏兵，或散行追趕遇接應之兵，該千户、百户、百長等即行剿殺。凡兵馬起身，各按隊伍行走。或有一二人去取遺物，前後亂行，並見有醉人，即行責處，毋得遺妄。條約當凛遵，行走毋得喧嚷喊叫。若喧嚷喊叫，該管頭目等加意曉諭各屬下隊伍，倘見有喧嚷喊叫者，即行責處。若離本隊纛幟行走者，即拏一二人送至該管部落之千户、百户、百長頭目等處治罪，拏送之人賞犏牛一條。凡失火者，斬，偷他人鞍轡籠頭絆靮者，坐以盜賊罪鞭責。凡夜行，不許喧嚷及掌號，違者治罪。行兵如有一二人潛行搶擄被殺者，將其妻子充爲擄俘，該管之頭目治罪。凡有寺廟，不許拆毁，不許殺害行路之人。逆者誅之，順者養之。不許剝取所得之人衣裳，拆離夫妻。雖所得之人不可使用，亦不得剝取衣裳，不得傷害。凡頭目及平人，不得令所擄之人看守馬匹。若令看守馬匹，被其拐馬逃走者，治罪。凡各處領兵頭目，務須安定地方，撫綏番民，嚴束所屬之小頭目并兵丁，不可搶奪胡行，不可騷擾良善番民。若能安定地方，撫綏番民者，必奏聞將賞。倘頭目違例，不行約束，任其所屬兵丁搶奪胡行，不分良分，妄稱賊盜，希圖獲利，混行殺害者，從重治罪。凡對敵交戰之時，有仆倒之人，能扶上馬救出者，其扶救之人若係千户等，給犏牛十條，百户等給犏牛八條，管束部落之百長等給犏牛五條，小頭目及平人給犏牛兩條。所給犏牛均令仆倒之人出給。

《西寧青海番夷成例·會盟不到》一、凡會盟已經傳知，如有推故不到者，千戶等罰犏牛十五條，百戶等罰犏牛十條，管束部落之百長等罰犏牛五條。如過期不到者，計日罰犏牛。

《理藩院則例》卷三四《邊禁·塔爾巴哈臺守卡臺吉失察哈薩克私越卡倫議處》一、塔爾巴哈臺管理霍尼邁拉虎等卡倫臺吉一年更换期滿，無過，各予紀録一次。倘遇有哈薩克私越卡倫行走，該臺吉等疏於防查，致被他處盤獲者，將該臺吉等各罰二九牲畜。

《理藩院則例》卷三四《邊禁·失察蒙古人出境》一、各旗蒙古人出境，必於本旗稟明。違者，將失察之管旗章京、副章京、參領、佐領、十家長，照疏於約束例分别議處。

《理藩院則例》卷三四《邊禁·卡倫官兵曠職》一、卡倫官兵等曠職、誤期，佐領革職，罰三九牲畜。驍騎校革職，罰二九牲畜存公。披甲人等鞭一百。不至所派之處另至他處者，章京、驍騎校革職，披甲人等鞭八十。

《理藩院則例》卷四四《罪罰・科布多屯田收穫分數不足蒙古官兵分別罰九責懲》一、科布多屯田收穫分數不足，在五分以上者，該管官兵免議。不及五分者，將該管蒙古官員交院議處，各罰一九牲畜存公。兵丁由該大臣責懲。

《理藩院則例》卷四六《疏脱・臺吉脱逃該扎薩克罰俸》一、內扎薩克六盟、喀爾喀四部落臺吉等逃走，即革去臺吉職銜，開明年貌，逃走日期，報院通行緝捕。逃後曾否行竊爲匪，緝獲時另行審辦。其失查之扎薩克罰俸六個月。緝獲後訊明如無別項情弊者，交該扎薩克嚴行管束。

《理藩院則例》卷四六《疏脱・卡倫官兵疏縱逃人》一、卡倫官兵疏縱逃人追趕不及而回者，佐領革職，罰三九牲畜；驍騎校革職，罰二九牲畜；小領催革退，罰五牲畜，鞭一百；披甲人等各鞭一百。

《蒙古律例》卷四《會盟行軍・凡會盟傳集管旗章京不到》一、凡會盟傳集外藩蒙古，管旗章京以下，十家長以上不到者，管旗章京罰馬五匹，副章京四匹，參領三匹，佐領兩匹，驍騎校一匹，小領催等罰犍牛一隻，十家長罰三歲牛一隻。負約不到者，管旗章京罰馬四匹，副章京三匹，參領兩匹，佐領一匹，驍騎校犍牛一隻，小領催三歲牛一隻，十家長鞭二十七。索倫總管照外藩蒙古副章京治罪，副總管照參領治罪，佐領、驍騎校、小領催、十家長照外藩蒙古佐領、驍騎校、小領催、十家長治罪。

《蒙古律例》卷四《會盟行軍・鄰邊部落忽有兵警，即速會於被警之境》一、凡鄰境部落忽有兵警，已未管旗王、貝勒、貝子、公、台吉、塔布囊將戶口收送內地，一面帶領屬下所有兵丁速集於被警之境，一面行文各鄰近旗分，令即領兵一同救援，畢集後同議征進。若不速會於被警之境，或鄰近旗分王等雖奉調取，不即鄰兵赴援者，俱削爵。

《蒙古律例》卷四《會盟行軍・梅針大披子兔兒叉骲頭各色箭上未書號記》一、梅針大披子兔兒叉骲頭各色箭上不書號記者，罰三歲牛一隻，給付摘發之人。

《蒙古律例》卷四《會盟行軍・每年春間扎薩克王等點驗軍裝弓箭》一、每歲春間，扎薩克王、貝勒、貝子、公、台吉、塔布囊並各旗台吉等，各聚兵一處，修整盔甲、弓箭，較射以試之。如未經監修，即行起程前赴約所，其總閱時係某旗軍械缺壞，即將某旗扎薩克該管人等罰俸六個月。若台吉兵丁軍械缺壞，罰五畜。各盔後尾衣背上不錠號條，軍器等物繫帶無號記者，罰三畜馬。不烙印、不拴號牌者，罰兩歲牛一隻，給付舉發之人。

《蒙古律例》卷四《會盟行軍・王等騎瘦行軍傳禁之馬》一、已未管旗王、貝勒、貝子、公、台吉、塔布囊等將行軍傳禁之馬匹騎瘦者，各罰俸六個月；無俸台吉、塔布囊罰馬十匹。

《蒙古律例》卷四《會盟行軍・奉派出征官兵躲避不赴》一、凡奉派出征之官員、領催、披甲人等，於起程之日躲避不前，官則革職，罰三九牲畜，仍令披甲趕送軍前；領催、披甲人等則鞭一百，仍發往軍前。

《蒙古律例》卷四《會盟行軍・王貝勒貝子公台吉等敗陣》一、凡王、貝勒、貝子、公、台吉、塔布囊等戰陣時，別旗敗北，獨一旗王、貝勒等接戰，以援別旗，將敗北之旗下王、貝勒、貝子、公、台吉、塔布囊等各罰屬下人一佐領給付接戰之人。別旗王、貝勒等接戰而一旗之王、貝勒、貝子、公、台吉、塔布囊等敗北，將敗北之王、貝勒、貝子、公、台吉、塔布囊等革去封爵，作爲平人，其屬下人盡行撤出，撥給接戰之王等。若一旗內半戰半北者，將敗陣之王、貝勒、貝子、公、台吉、塔布囊革去職銜，作爲平人，其屬下人俱撥給該旗接戰之人。若一旗內半雖戰敗，而半屬無計前赴者，免罪，將敗北之王、貝勒等革去封爵，作爲平人，其屬下全行撤出，撥給該旗之無罪王、貝勒、貝子、公、台吉、塔布囊等，或賞給交戰之王、貝勒、貝子、公、台吉、塔布囊等。若各旗未及成列，而獨有一旗之王、貝勒、貝子、公、台吉、塔布囊成列出戰，則視其功之大小、擄之多寡以爲賞賜。若平人敗陣者，斬，其產畜、妻子籍沒。不論台吉、平人，但身先入陣破敵者，賞。凡野戰對陣、迎面進兵之際，王、貝勒、貝子、公、大臣等，若不按等級率爾馳人，或見敵兵少，不行偵探，妄先衝馳者，將所騎之馬罰出，此次之俘裁去。凡臨陣對壘，宜整暇成列，以各爲趨進。其進時有不入汛地而附於他人尾後，或棄其隊伍而入於他人隊中，或他人已進而伊獨立視不前，按罪治以斬首、籍没、責打、革職、收贖之法。迨成列而進時，不得以少前少卻而謂（巳）〔已〕先彼後，此漸不可長。再追逐奔潰之兵，宜遣以壯兵健馬。若王、貝勒、管旗章京等，勿得突爾而前，樹旗整隊後再行追躡。若所追之人或誤陷伏兵，或分逐而遇游兵，王、貝勒、管旗章京等即行接戰。兵丁起程時，各隨纛分隊起行。若有一二人擕取遺忘物件，往來亂行，或醉酒者，隨所見聞，即行懲責，恐忘行規。堅志以行之，喧嘩者禁之，違者管旗章京、副章京、參佐領向各管隊伍婉詞以詢其故，將喧嘩之人隨所見聞，即行懲責。如有一二擅離旗纛行者，拿送該旗王、貝勒、管旗章京處，罰犍牛一隻，給付摘發之人。失火者，斬。若偷竊鞍轡籠絆韂片者，以盜賊鞭責。至連夜趕行時，勿得喧嘩呼哨，違者罪之。軍行時，若一二人離伍行劫被殺，將伊妻子即作爲俘，罪坐該管章京。廟宇勿得毀壞，行人勿得妄殺，抗者斬之，順者養之。俘者衣勿剝，夫婦勿離。即不可作俘之人，衣亦勿剝。不得侵犯王、貝勒、貝子、公、台吉、塔布囊、管旗章京、副章京、參佐領、驍騎校、小領催、披甲人等。勿令俘虜看守馬匹。若令看馬以致取馬逃逸者，罪之。諸處領兵前往之王、貝勒等務宜安定地方，救濟民人，嚴飭所屬章京、兵丁不得混行搶掠，貽害良民。能安輯者，賞必及之，且即陞之。若違例縱放所屬章京、兵丁搶奪劫掠，妄拿平民指爲盜賊，以圖有獲，混行殺戮者，必從重治罪。若勢均力敵、正當鏖戰之際，而能以馬付僕者騎出，即向僕者取馬以還從前陣間給馬之人，公等以下、副章京等以上，令出馬十匹，參領、輕車都尉以下，馬六匹，平人馬二匹。

《蒙古律例》卷四《會盟行軍・奉派出征王等不行前往》 一、凡奉派出征之王、扎薩克、貝勒、貝子、公、台吉、塔布囊不行親往者，削爵，仍發往軍前。若控制全旗盡不前往者，即以軍法從事。約定之處一日不到者，罰俸三個月；兩三日不到，罰俸六個月；四日不到，罰俸九個月；五日以上不到，罰俸一年。

《蒙古律例》卷四《邊境卡哨・坐哨人等軍器不全》 一、章京、驍騎校本分軍器不全，罰二九牲畜存公；披甲人等軍器不全，鞭八十。佐領、驍騎校未將坐哨人等軍器不全之處查出，罰一九牲畜存公。

《蒙古律例》卷五《邊境卡哨・坐哨人等疏漏逃人》 一、坐哨之章京、披甲人等疏漏逃人，追趕不及而回者，佐領革職，罰三九牲畜；驍騎校革職，罰二九牲畜；小領催革退，罰五牲畜，鞭一百；披甲人等各鞭一百。

《蒙古律例》卷五《邊境卡哨・坐哨者曠職》 一、出派坐哨之章京、披甲人等曠玩不坐，佐領則革職，罰三九牲畜，驍騎校革職，罰二九牲畜存公；同派坐哨之披甲人等鞭一百。坐哨人等不坐所指之處，另坐他處者，章京、驍騎校革職，披甲人等鞭八十。

（清）嚴如熤《三省山内風土雜識》 團練之法，各寨寨勇，設寨長寨副，大旗小旗，以次分管。寨長必須寨民公保承充，十數寨必相其人之多寡，爲設寨總，選紳士之有才幹，爲衆所服者充之。近邊要隘，則各寨輪撥數人，設卡守之。當東作之時，百姓分佈耕種，防匪之突至。各卡於高山眺望，偵有賊踪，放一砲，則耕作之人，盡皆收檢農具。偵賊向此路，則放二砲，人畜皆歸寨堡。賊近則放三砲，寨總糾會各寨，盡整器械，集壯丁堵禦。前卡信砲卽放，後卡聞聲接放，頃刻之時，數百里間，咸知警備。賊至不放砲，與非賊至放砲，寨總查出均卽稟官嚴懲。偵探不明，便至誤事。而探卒難得其人，往往於中途，逗留數日，回則糊塗捏報，團練既行於各邑。沿邊小心，寨總各給木戳，探止本境者，其探票内，必要取寨總戳記。如至鄰省鄰邑，飭令所到營縣，稟請於票内加用印信，以杜道聽（塗）〔途〕説之弊。寧優給口糧，票内無戳記印信，必加重懲。

（清）沈書城《則例便覽》卷三四《官兵擄掠》 一、領兵出征大臣，縱放官兵將良民廬舍燒燬，擄掠子女，搶奪財物，或分兵所往之處，官兵私自搶擄，該督撫隱匿不行具題者，俱革職。

（清）沈書城《則例便覽》卷三四《濫給千把委牌》 一、額外外委千把總照經制原額添設一半，於兵丁内揀選拔補。如該督撫濫將營外之人，給與千把總委牌者，照徇庇例降三級調用。

（清）沈書城《則例便覽》卷三四《補充兵丁》 一、兵丁缺出，該管武職不從公速補，及冒充之人不嚴查逐退，該地方文職知情不報，降二級留任。道府不查明轉報，降一級留任。督撫不行題參，罰俸一年。

（清）沈書城《則例便覽》卷三四《馬匹截曠按季扣除》 一、官兵馬匹截曠銀兩，如有拖遲壓捺等弊，除營員交兵部議處外，將司道照乾沒侵欺不行查出例降一級調用。

（清）**沈書城《則例便覽》卷三四《備造軍需器用動支錢糧》** 一、各省備造盔甲器械船隻等項，及有别項應用之處動支錢糧，司道等官如不申詳督撫，預行題明，藉詞軍機緊急，擅自動用，竟造入奏冊請銷者，革職。所用錢糧不準開銷，令其賠還，代爲奏銷之督撫降四級調用。已經申詳督撫不行題明，擅令動用者，申詳官免罪，督撫革職。賠還惟有正在勦克逆賊之際，刻不可緩，遇有軍需動用錢糧之事，督撫司道等官一面具題諮報，一面動用。若不具題諮報，擅自動用，督撫司道等官各降五級調用。所用錢糧不準開銷，令其賠還，若司道等官並未申詳督撫，擅自動用者，降五級調用。令其賠還，督撫竟爲題銷者，降二級留任。已經申詳督撫不行具題，擅令動用，司道官免議，督撫降五級調用，令其賠還。

（清）**沈書城《則例便覽》卷三四《供應大兵俸餉》** 一、供應大兵俸餉米豆等項，如有重支錢糧不行扣抵，將承放官員不論重支銀數，均降三級調用，不行查報參之司道等官督撫。降三一級留任。其重領官員隱匿不行舉首者，革職。照數賠還。不行查出之參領夯蘭大領兵大員，俟回兵之日，照屬員乾沒侵欺預先不行查出例，分别議處。至一應製造採買等項，如有冒銷侵欺事發，俱照軍前供應米豆草束浮冒開銷例議處，舉首之員一並照例議敘。

（清）**沈書城《則例便覽》卷三四《射箭不到》** 一、官員射箭不到者，罰俸兩個月。

（清）**沈書城《則例便覽》卷三四《貴州省古州各廳簡閲屯軍》** 一、古州屯軍，各該廳員不於冬季巡視，督率簡閲者，降一級留任。道府不委員查驗，罰俸六個月。

（清）**沈書城《則例便覽》卷三四《緝拿逃兵》** 一、兵丁有拐帶餉米盜騎馬匹脱逃者，即移會原籍地方官，向逃兵嫡屬名下嚴追，拐盜錢糧馬匹照數賠補。還項並嚴究逃兵所去之處，差役緝獲，如該地方官不行嚴究緝拿，罰俸一年。

（清）**沈書城《則例便覽》卷三四《製造軍器》** 一、官員製造緊急軍需急用器物，不行速完。違限遲延者，革職。若遲延預備軍需者，降一級調用。

（清）**沈書城《則例便覽》卷三四《販賣軍器》** 一、官民兵丁人等，將軍器販賣與土司番蠻之人，該管官知情故縱者，與同罪。不知情者，州縣官降四級調用。府道降二級留任。督撫罰俸一年。該管官自行拿獲者，免議。有能拿獲販賣軍器者，照拿獲興販硝磺例議敘。見海防門。

（清）**沈書城《則例便覽》卷三四《包修戰船》** 一、水師修造戰船，如有不肖營員希圖射利包修者，將承修官與包修官俱革職，督修官照徇庇例降三級調用，督撫降一級調用。

（清）**沈書城《則例便覽》卷三四《違誤兵船》** 一、官員大兵需用縴夫堵門相阻致縴夫越站者，革職提問。如全誤不行解到者，革職。如不照數僱給夫力與缺少者，降二級調用。

一、官員大兵經臨需用船隻，全無解到者，革職。如解船短少者，降一級調用。該管官不力行督催，罰俸一年。

（清）**沈書城《則例便覽》卷三四《遲延官兵口糧船隻》** 一、官員將應給移駐官兵口糧船隻遲延者，罰俸一年。

（清）**沈書城《則例便覽》卷三四《修理戰船苛索使費》** 一、交收戰船時，武弁縱令兵丁人等勒索使費，除武弁交兵部議處外，將失察之道府等官，罰俸一年。如通同徇隱，降三級調用。

（清）**沈書城《則例便覽》卷三四《大兵班師封解鹽船》** 一、官員因大兵班師，將回空鹽船違例封解者，罰俸一年。

（清）**沈書城《則例便覽》卷三四《看守戰船》** 一、預備戰船係交與地方官看守者，令道府副參等官不時巡察。如損壞一二三四五六隻者，將看守之官降二級留任、二級調用、四級調用。壞至七隻以上者，革職。

（清）**沈書城《則例便覽》卷三四《私鑄砲位》** 一、失察私鑄紅衣大小砲位，地方官革職，該管府州降四級調用，道員降三級調用，督撫藩臬各降二級留任。

（清）**沈書城《則例便覽》卷三四《失察鳥鎗》** 一、民間舊有編號鳥鎗，令地方官查銷。其有必需應用之州縣，該地方官仍編號登冊以備稽查。如有失察私藏不編號鳥鎗，及私造鳥鎗發賣者，罰俸一年。其業經查禁之州縣，一年内有失察私造私藏一次者，降一級留任。二次者，降一級調用。道府失察所屬一次者，罰俸一年。二次者，降一級留任。倘地方查銷未盡有舊存編號鳥鎗發覺者，亦照此例議處。

（清）**沈書城《則例便覽》卷三四《採辦硝斤》** 一、福建委員赴山東辦硝，東省派委丞倅督同地方官協辦，以委員到東之日，勒限十個月，辦足起運回閩。如限滿不能辦足，即由東撫查參，將該委員降職一級。協辦之丞倅地方官住俸，再限六個月辦完。再逾限不完，該委員革職。俟採辦事竣，押令運回方許回籍，不準開復。協辦丞倅地方官均降二級調用，另行委員協辦。

（清）**沈書城《則例便覽》卷三四《浙省委弁採辦硝斤》** 浙省委弁赴江南河南採辦硝斤，定限六個月運回，準其以到地之日報明地方官起，限該督撫飭令地方官協同委員採辦，並派丞倅督催。如地方官不實力督同採辦，以及阻揹並硝戶將硝偷漏等情，許委弁報明該管上司查催。如委弁不即上緊採辦，或故延遲誤，該地方官稟報本省督撫查參。其江南河南產硝之地方官，如有瞻徇延誤，一任過期不行辦竣，初限不完，將該地方官住俸，限四個月趕辦。完竣準其開復，如再逾限，即降二級調用。

（清）**沈書城《則例便覽》卷三四《營用硝磺委員採辦章程乾隆五十二年例》** 江南省營用磺觔，於前一年委員赴買，限五個月往回預咨山西巡撫，飭令產磺州縣幫同採辦。買足之日，依限運回報部。如有遲延，照運送銅鉛遲延之例。逾限不及一月者，降一級留任。逾限一兩三四月以上者，降一二三四級調用。五月以上革職。其藩司詳委後，限一月內領銀起程，如延至一月以上者，即照逾限五個月例革職。委解不慎之上司，亦照運送銅鉛上司例議處。產磺州縣如有不實力幫同採辦，以致委員逾限。亦令該督撫查參，一並議處。至徐州府屬硝觔，亦於前一年飭買。以發批到日爲始，限四個月交營，逾限即照辦磺例議處。藩司詳辦限期統於前一年春間出給批文，如有遲逾，即行查參。其各省營用硝磺，亦各按程途遠近，勒定限期。承買地方官幫同採辦沿途催儹，毋許遲延，以及藩司詳委領銀起程，逾限各處分，均照此一律辦理。

（清）**沈書城《則例便覽》卷三五《守城》** 一、府州縣城池失守，將同城道府州縣印捕官俱革職提問，同知通判經歷照磨知事檢校，州同州判縣丞主簿等官，俱革職。不同城之該管道府住俸催勦。乾隆三十九年案例。守七州縣不能保禦城池。應與武職均照守邊將帥陷城寨律擬斬。

（清）**沈書城《則例便覽》卷三五《承緝叛犯》** 一、地方遇有叛逆重案，失察之州縣等官革職，該管各上司降二級調用。督撫降一級留任。地方官能將首夥各犯盡行嚴拿究治，及將逃叛即行全獲者，免議。如有在逃餘犯，未獲承緝，各官均革職戴罪，限一年緝拿。不獲，革任。逆犯交與接緝官緝拿，督緝官降二級戴罪，限一年緝拿。不獲，降一級調用。一年限內，將逸犯緝獲，開復，接協緝官於接緝逆犯發覺之日計算，如未滿一年，仍停其陞轉緝拿。俟滿一年，將接協緝官罰俸一年，免其停陞。未獲逆犯，照案緝拿，如將叛逆人犯及其父母兄弟妻子縱放逃走，及逃犯未獲，作爲已獲頂替者，叛逆未滅，謊報已滅者，地方官俱革職提問。轉報之上司，各降四級調用，督撫降一級調用。其餘應行解部家屬，不行解部，或聽其賣贖，或謊稱亡故者，降二級調用。如起解遲延，並叛逆人犯出入境內，不能查獲者，俱降一級調用，該管上司罰俸一年。

（清）**沈書城《則例便覽》卷三五《通緝叛犯》** 一、通緝反叛人犯潛匿在境，地方官知情藏匿者，革職提問。其並未查出，以並無潛匿申覆。後經發覺者，如係案內首犯，州縣革職。知府司道降四二級調用，督撫降一級留任。係案內重要人犯，州縣降二級調用，府道罰俸一年。係案內牽連軍流人犯，州縣罰俸一年。拿獲叛案正犯要犯軍流從犯，每一名加一級。紀録一次。

（清）**沈書城《則例便覽》卷三五《查拿奸細》** 一、奸細出入境內，不能查拿者，州縣降四級調用，該管上司降二級調用。

（清）**沈書城《則例便覽》卷三五《身受僞劄》** 一、官員身受僞劄，謊稱並未受過僞劄者，革職提問。究擬徇情出結官，亦革職提問。

（清）**沈書城《則例便覽》卷三五《失報投誠官脫逃》** 一、投誠官員棄劄脫逃不報及遲延者，地方州縣官降一級調用，知府同知通判，俱降一級留任。道員罰俸一年。

（清）**沈書城《則例便覽》卷三五《失繳僞劄》** 一、官員繳送投誠僞官劄付印信遲延，或並未繳送揑稱繳送者，俱罰俸一年。

（清）**沈書城《則例便覽》卷三五《謊奏請功》** 一、官員謊稱親身招撫僞兵呈請議敘，及以少報多者，革職。代爲具題官，俱降二級留任。

《清仁宗實録》嘉慶二年閏六月丁未，刑部議覆山西巡撫蔣兆奎奏逃兵辛廷喜自首一疏。得旨：此等逃兵定擬暫候，永遠監禁，名爲從嚴，而該犯轉得不離鄉里，坐食囚糧，殊不足以示懲儆。嗣後此等自行投首逃兵，仍著照舊例發往烏魯木齊給兵丁爲奴，所有辛廷喜一犯，即照此辦理。

《清仁宗實録》嘉慶二年閏六月乙丑，諭内閣，昨據提督衙門將山陽縣駐防脱逃西安滿兵黑祿拏獲具奏，即降旨交刑部照逃兵之例辦理。但此等逃兵，一經拏獲，立即正法。律有專條，毋庸另行查辦。從前緑營脱逃兵丁，皆照例辦理。何况滿洲兵乎！今黑祿膽敢由防守處脱逃，殊屬有玷滿洲顔面，著交留京辦事王大臣等傳諭知之。

刑部，令將在京各營兵丁傳集數名，將黑祿即行正法示懲外，仍交軍營領兵大臣等通行明白曉諭各兵丁。伊等如果打仗奮勉，或有陣亡者，朕必加恩卹，儻有似黑祿脱逃者，必照此辦理。國法決不寬宥也。至黑祿係專派駐防之兵，該管官員等理宜隨時約束，乃竟疏忽，以致逃逸，咎實難辭。副都統花尚阿駐劄省城，距山陽縣較遠，該佐領阿爾綳阿曾經管教黑祿數次，花尚阿、阿爾綳阿，俱著加恩免其議處。其餘現在山陽縣之該驍騎校等官，著交花尚阿查取職名，咨部議處。

《大清律例》卷一九《兵律·軍政·申報軍務》凡將領叅隨統兵官征進，如統兵官分調攻取城寨，剋平之後，將領隨將捷音差人飛報知會本管統兵官，轉行兵部，統兵官又須將克捷事情另具奏本，實封御前。無少停留。

若賊人數多，出没不常，如所領軍人不敷，須要速申統兵官添撥軍馬，設策勦捕。不速飛申者，聽從統兵官量事輕重治罪。至失誤軍機，自依常律。

若有賊黨來降之人，將領官即便送赴統兵官，轉達朝廷區處。其貪取來降人財物，因而殺傷其人，及中途逼勒逃竄者，斬監候。若無殺傷逼勒，止依嚇騙律科。

《大清律例》卷一九《兵律·軍政·飛報軍務》凡飛報軍情，在外府州，如聞屬縣及巡司等報，即差人申督撫、布政司、按察司本道，仍行移將軍、提鎮。其守禦官差人各申督撫，仍行本管將軍提鎮。督撫、將軍、提鎮得報，差人一行移兵部，一具實封直奏御前，若互相知會，隱匿不速奏聞者，杖一百，罷職不叙；因而失誤軍機者，斬監候。

《大清律例》卷一九《兵律·軍政·邊境申索軍需》凡守邊將領，但有缺乏取索軍器錢糧等物，須要差人一行布政司，一申督撫將軍提鎮，再差人轉行合干部分，及具缺少應用奏本實封御前。其公文若到該部，須要隨即將所申事情奏聞區處，發遣差來人回還。若稽緩不即奏聞，及邊將於各處衙門不行依式申報者，並杖一百，罷職不叙。因不申奏，以致臨敵缺乏，而失誤軍機者，斬監候。

《大清律例》卷一九《兵律·軍政·失誤軍事》凡臨軍征討，有司應合供給軍器行糧草料，若有徵解違期不完者，當該官吏各杖一百，罪坐所由。或上司移文稽遲，或下司徵解不完，各坐所由。

若臨敵有司違期不至，而缺乏及領兵官已承上司調遣而逗遛觀望，不依期進兵策應，若軍中承差告報會軍日期而違限，因而失誤軍機者，並斬監候。

《大清律例》卷一九《兵律·軍政·從征違期》律

凡官軍已承調遣臨當征討，行師已有起程日期，而稽留不進者，一日，杖七十；每三日，加一等。若故自傷殘，及詐爲疾患之類，以避征役者，各加一等。計日坐之。並罪止杖一百，仍發出征。若傷殘至不堪出征，仍選本户壯丁充補，令其出征。

若軍臨敵境，託故違期，一日不至者，杖一百。不必失誤軍機。三日不至者，斬監候。統兵官竟行軍法。若能立功贖罪者，從統兵官區處。

條例

一、凡官兵從征，無故起程違期者，官革職，兵杖一百，仍發出征。在外違期者，官革職拏問，兵杖一百。將所俘獲人口入官。出征處所兵丁藐視該管官，干犯號令，違法亂行者，將爲首之人正法；爲從者，俱枷號三個月，杖一百。該管官仍交該部議處。

《大清律例》卷一九《兵律·軍政·主將不固守》律

凡守邊將帥，被賊攻圍城寨，不行固守而輒棄去，及平時守備不設，爲賊所掩襲，因此棄守無備而失陷城寨者，斬監候。若官兵與賊臨境，其望高巡哨之人失於飛報，以致陷城損軍者，亦斬監候。若主將懈於守備，及哨望失於飛報，不曾陷城失軍，止被賊侵入境内，擄掠人民者，杖一百，發邊遠充軍。

其官軍臨陣先退，及圍困敵城而逃者，斬監候。

條例

一、失誤軍機，除律有正條者，擬議監候、奏請外，若是賊擁大衆入寇，官軍卒遇交鋒，損傷、被擄數十人以上，不曾虧損大衆；或賊衆入境，擄殺軍民數十人以上，不曾擄去大衆；或被賊白晝、夤夜突入境內，擄掠頭畜衣糧數多，不曾殺擄軍民者，俱問守備不設、被賊侵入境內、擄掠人民本律，發邊遠充軍。若是交鋒入境，損傷、擄殺四五人，搶去頭畜衣糧不多者，亦問前罪。以上各項內，情輕律重，有礙發落者，備由奏請處置。其有被賊入境，將爪探夜不收，及飛報聲息等項，公差、官軍人等一時殺傷捉去，事出不測者，俱問不應杖罪，留任；或境外被賊殺擄，爪探夜不收，非智力所能防範者，免其問罪。

一、凡沿邊、沿海及腹裏府、州、縣與武職官同住一城者，若遇邊警及盜賊生發攻圍，不行固守而輒棄去，及守備不設，被賊攻陷城池，劫殺焚燒者，除武職官比照守邊將帥失陷城寨者律擬斬監候外，其府、州、縣掌印並捕盜官，俱比照守邊將帥被賊侵入境內擄掠人民者律，發邊遠充軍。其守巡道官交部分別議處、提問。若有兩縣同住一城，專管官分有守城、汛地，各以賊人所管城分進入坐罪。若無城池，與雖有城池被賊潛隱設計，越入劫盜，隨即逃散，不係失陷者，止以失盜論，俱不得引用此例。

《大清律例》卷一九《兵律·軍政·不操練軍士》 律

凡各處邊方腹裏守禦官，不守紀律，不操練軍士，及城池不完，衣甲器仗不整者，初犯，杖八十；再犯，杖一百。

若守禦官隄備不嚴，撫馭無方，致有所部軍人反叛者，該管官各杖一百，追奪誥敕，發邊遠充軍。若因軍人反叛棄城而逃者，斬監候。

條例

一、架砲夜不收，守墩軍人夤夜回家，輪班不去者，在守哨處枷號一個月發落。

《大清律例》卷一九《兵律·軍政·縱放軍人歇役》 律

凡管軍千總、把總及管隊軍吏，縱放軍人出百里之外買賣，或私種田土，或隱占在己使喚，空歇軍役不行操備者，計所縱放及隱佔之軍數，一名，杖八十；每三名加一等，罪止杖一百，罷職。若受財賣放者，以枉法從重論。所隱縱放隱佔賣放各項軍人，並杖八十。若私使出境，因而致死，或被賊拘執者，杖一百。罷職，發邊遠充軍；至三名者，絞監候；本營專管官吏知情容隱，不行舉問，及虛作逃亡，扶同報官者，與犯人同罪。罪止杖一百，發邊遠充軍。若管隊、把總、千總縱放軍人，其本營專管官吏知情故縱，或容隱不行舉問；及本營專管官故縱軍人，其千總、把總、管隊，知而不首告者，罪亦如之。私使出境而不首告者，同罪。

若鈐束不嚴，原無縱放私使之情，致有違犯，或出百里，或出外境，私自歇役，及原無知情容隱，止失覺舉者，管隊名下一名，把總名下五名，千總名下十名，本營專管官名下五十名，各笞四十；管隊名下二名，把總名下十名，千總名下二十名，本營專管官名下一百名，各笞五十；並留任。不及數者，不坐。

若武職官私家役使軍人，不曾隱佔歇役妨廢操備者，一名，笞四十；每五名加一等，罪止杖八十。

並每名計一日，追雇工銀八分五釐五毫入官。

若有吉凶借使者，勿論。

條例

一、凡軍士下班之日，其本管官員擅撥予人做工等項役使，照私役軍人本律發落。

《大清律例》卷一九《兵律·軍政·官馬不調習》 凡牧馬之官，聽乘官馬，而不調習者，一匹，笞二十；每五匹加一等，罪止杖八十。

《大清律例》卷一九《兵律·軍政·從征守禦官軍逃》 律

凡官軍已承調遣從軍征討，私逃還家，及逃往他所者，初犯，杖一百，仍發出征；再犯者，絞監候。知在逃之情窩藏者，不問初犯再犯，杖一百，充軍。原籍及他所之里長知而不首者，杖一百。若征討事畢軍還，官軍不同振旅而歸者，減在逃五等；因而在逃者，杖八十。若在京軍人逃者，初犯，杖九十；各處守禦城池軍人逃者，初犯，杖八十；俱發充伍。再犯，不問京、外，並杖一百，俱發邊遠充軍；三犯者，絞監候。知在逃之情窩藏者，與犯人同罪，罪止杖一百、充附近軍。不在邊遠、處絞之限。里長知而不首者，各減窩藏二等。從杖罪減科，罪止杖八十。其從征軍與守禦軍本管頭目知情故縱者，各隨所犯次數與同罪，罪止杖一百，罷職，附近充軍。其征守在逃官軍，自逃日爲始，一百日内，能自出官首告者，不問初犯再犯，免罪；若在限外自首者，減罪二等；但於隨處官司首告者，皆得準理。準免罪及減罪二等。

若各營軍人不著本伍，轉投別營當軍者，同逃軍論。或初犯再犯，皆依上文律科斷。

條例

一、隨征兵丁自軍前逃回，照官軍從軍征討、私逃再犯律擬絞監候。其跟隨之奴僕、傭工有偷竊馬匹、器械逃回者，照竊盜滿貫律擬絞監候。其不曾偷盜馬匹、器械之奴僕逃回者，等送墩門，俟大兵凱旋之日訊問。伊主情願領回者，鞭一百，刺字，取具保結，給領；不願領回者，發黑龍江等處給披甲之人爲奴。其不曾偷盜馬匹、器械之傭工逃回者，如所傭係旗下家奴，枷號三個月，鞭一百，刺字，交還本主。如所傭係民人，刺字，解回原籍，杖一百，徒三年。仍向各犯家屬及中保人等追出原傭價值，給還原主。

一、廣東省盜賊投撫分發入伍壯丁初犯脱逃，如原犯之罪在軍流以上，俱面刺逃丁字樣，酌發雲、貴、川廣極邊地方足四千里，交地方官嚴行管束。若在徒杖以下者，照流犯在配脱逃例，枷號兩個月，責四十板，加徒三年。其隣族、保甲知情容隱者，照犯人原犯罪減一等治罪。

一、各處守禦兵丁，有拐帶餉米，馬匹脱逃者，計贓，照常人盗官物律，加一等治罪。如拐帶同營餉銀，計贓，照竊盜加一等治罪。所拐帶餉米等項，仍向該犯家屬名下照數追賠。知情容留之人同罪。

一、旗丁不拘重運、回空，如有無故潛逃、棄船中途不顧者，照守禦官軍在逃律治罪。仍於面上刺逃丁二字。

《大清律例》卷三八《工律·營造·造作不如法》 律

凡官司造作，官房器用之類。不如法者，笞四十。若成造軍器不如法，及織造段疋粗糙紕薄者，物尚堪用。各笞五十。若造作、織造各不如法，甚至全不堪用及稍不堪用應再改造而後堪用者，各並計所損財物及所費雇工錢，罪重於笞四十、五十者，坐贓論。罪止杖一百，徒三年。其應供奉御用之物，加坐贓罪二等。罪止流二千五百里。工匠，各以所由造作、織造之人爲罪；局官，減工匠一等；提調官吏，又減局官一等；以上造作、織造不如法，不堪用等項。並著工匠、局官、提調官吏，均償物價工錢還官。

條例

一、凡打造弓箭，擅改式樣，貨賣者，笞五十。

《大清律例》卷三八《工律·營造·造作過限》 律

凡各處每年額造常課段匹、軍器，工匠過限不納齊足者，以所造之數十分爲率，一分，工匠笞二十；每一分加一等，罪止笞五十；局官，減工匠一等；提調官吏，又減局官一等。

若官司不依期計撥額造之物料於工匠者，局官，笞四十；提調官吏，減一等。工匠不坐。

《兵部處分則例》卷四《限期·歸旗違限》 一、八旗外任緑營職官，因裁缺另補或緣事降革休致及丁憂事故，應行歸旗者，任内並無未清事件，離任之後，無論前任文職武職，統限六個月起程回旗。該將軍、總督、巡撫、提督、總兵等即嚴飭該地方官催令起程，照各省程途遠近定限。大路有驛站者，日行一站。僻路無驛站者，日行五十里。自伊本任地方，照站數里數按日計算扣定到京日期。其有水路處所願由水路行者，即於起程之先，呈明由某省水路，聽其行走，仍按原定限期計算，到京俱諮報部旗查覈。若無故不即起程，及已起程而中途逗留或不行進京，而在他處居住，或本身進京，而家口在他處居住，違限在三月以上者，有職者革職。私罪。已革職者，交刑部治罪。私罪。如實因患病或任内有未清事件，難以起程者，該總督、巡撫查明確實，將不得已情由諮報部旗，準其展限三個月。如三個月限滿，病尚未愈及事件未清，準其聲明報部，再行展限。倘展限滿後不即起程，違限三月以上者，免議。違限半年以上者，降一級調用。公罪。一年以上者，革職。公罪。無職者，交刑部分別治罪。公罪。至起程後行至中途患病，及因風水阻滯難行，取具地方官印結報明部旗，其應展例限，及違限處分亦照此例辦理。

一、官員應行回旗，責成該地方專汛官速催起程，如有一官及伊家口在地方潛住至半年以上者，降一級留任。公罪。兼轄統轄官罰俸一年。公罪。提督、總兵罰俸六個月。公罪。一年以上者，專汛官降一級調用。公罪。兼轄統轄官降一級留任。公罪。提督、總兵罰俸一年。公罪。

《兵部處分則例》卷二〇《儀式·禁止披執》一、盔甲旗纛軍裝等項除查驗操演日期，及本管大員經臨查點穿帶執持外，如欽差大臣經過，該巡防弁兵披執迎送，將失察之該管官罰俸一年。公罪。

《兵部處分則例》卷二四《郵政·馳遞緊要公文逾限》一、定限日行六百里加緊公文，若不依限馳遞，將遲延三刻以上之員，降一級調用。公罪。兼管臺站上司，降一級留任。公罪。如係限行四五百里緊要公文，將遲延三刻以上之員，降一級留任。公罪。上司罰俸一年。公罪。若因中途遇雨連綿，河水漲發，及馬驚跌斃馬夫等事，取有地方官印結報部，並逾限一二刻者，俱準其免議。其無故遲延至三刻以上者，該總督、巡撫據實查參，照例議處。

《兵部處分則例》卷二八《軍政·提督總兵造送軍政履歷違限》一、凡軍政之年，各省提督、總兵等將履歷事實造冊，於十月内送部。如不遵照例限送部者，兵部題參，將該提督、總兵照違令公罪律，罰俸九個月。公罪。

《兵部處分則例》卷二八《軍政·違例注考》一、軍政填注考語含糊參差，及將應注考語者漏注，不應注考者違例注者，或開報年歲不符，並失注去留者，該管大臣罰俸六個月。公罪。申報之該管官，罰俸一年。公罪。其不由申報官係該管大臣自行漏注者，即將該管大臣照申報官例議處。如將舉劾官員合爲一本具題者，該管大臣罰俸一年。公罪。

《兵部處分則例》卷二九《軍器·軍器缺額》一、各營軍器以都司守備爲專管官，副將、參將、遊擊爲兼管官，其營中軍火甲械有無故缺額者，經總督、巡撫、提督、總兵題參，將專管官罰俸一年。公罪。兼管官罰俸六個月。公罪。照數分賠。如兼管官查出揭報者，將專管官罰俸一年私罪，獨賠。俱限六個月賠完。如逾限不完，將專管官住俸。公罪。兼管官停陞。公罪。仍令按數賠補。俟賠完之日開復。其兵丁缺少，該管官自行查出揭報追補足額者，免議。如兼管官病故，著落專管官獨賠。專管官病故，著落兼管官獨賠。倘專兼各官俱病故，著落從前未經查出之專兼各官賠補。其缺少軍器，如果係歷久朽壞，出師缺損，因公動用者，準其報明兵部，動用公費銀兩按數制補，免其議處。倘有藉端派累者，照因公科斂例，將爲首之員，降一級調用私罪。爲從之員罰俸一年。私罪。

《兵部處分則例》卷二九《軍器·委員盤查軍器》一、各營軍裝器械總督、巡撫、提督、總兵委員盤查，取具本營並無缺少印結，及委員並無揑飾甘結存案。每年均於封印前，保題一次。將所屬各營一切軍裝器械，各守禦救火器具數目，原制原修年份，分晰各標營造冊，並送部查覈。如任意遲逾，即照造冊遲延例，議處。例載限期門。其每年十月以後，有收支軍械，即造入下年題報冊内送部。如委盤保題之後，仍有缺少，別經發覺者，將從前委查之員，罰俸六個月。公罪。提督、總兵罰俸三個月。公罪。總督、巡撫交吏部議處。倘委員明知缺少，扶同揑結報稱並無缺少者，將缺少本員及委驗之員各降三級調用。私罪。

《兵部處分則例》卷二九《軍器·查驗各管兵丁腰刀》一、各營汛兵丁所帶腰刀，該管官不時點驗，如有白鐵無鋼者，經總督、巡撫、提督、總兵委員查出，將兵丁重責，革伍。該管官罰俸一年。公罪。

《兵部處分則例》卷二九《軍器·收貯盈餘器械》一、直省各營盈餘器械，如有混行銷毀者，將該管官降一級調補。私罪。遺失及堆貯潮濕地方以致銹壞者，將該管官罰俸六個月，公罪。仍令照數賠補。

《兵部處分則例》卷二九《軍器·各省砲位收貯不慎》一、各直省標營庫貯立限修製各項砲位，如有收貯不慎，及未經洗演以致起銹漸蝕者，將該管官罰俸六個月。公罪。

《兵部處分則例》卷二九《軍器·各省存貯火藥缺額霉顯》一、各省營伍貯庫火藥霉顯不堪應用者，看守官罰俸一年。公罪。該管上司罰俸六個月。公罪。其存貯火藥，令看守官賠補。

《兵部處分則例》卷二九《軍器·失察兵丁偷賣火藥器械》一、營中火藥器械存貯庫局，該管各員弁不能嚴行稽查，致營兵有偷漏私賣等事，經別處拿獲，查係該管、兼轄、統轄各官知情縱容者，均革職提問。私罪。失察之總兵，降三級調用。公罪。提督降一級調用。公罪。如該管、兼轄、統轄各官不知情失於覺察者，各降三級調用。公罪。總兵降三級留任。公罪。提督降一級留任。公罪。自行查出究辨者，均免議。

《兵部處分則例》卷二九《軍器·軍械完固毋庸屆限修製》一、各直省庫貯軍械，雖逾定限，尚屬完固整齊者，毋庸拘泥限期修製，致滋糜費。如有限期雖屆，將完固軍械因有定例年限率行報部冒混修製者，別經發覺，除不準其開銷外，將冒混修製之員，降一級調用。私罪。查驗失實之上司，降一級留任。公罪。

《兵部處分則例》卷二九《軍器·各省戰哨船隻》一、各省水師戰哨船隻，照陸路軍火器械之例，該總督、巡撫、提督、總兵委員點驗，於歲底保題一次。如有滲漏損失，即行指參，照缺少軍器例賠補。專管官仍罰俸一年。公罪。兼轄官罰俸六個月。公罪。

《兵部處分則例》卷二九《軍器·糧船私帶銃砲鳥槍》一、糧船重運押空千總各準帶鳥槍一杆，仍令漕運總督衙門編立字號，毋許私行多帶。如有失察旗丁私帶鳥槍者，罰俸一年。公罪。私帶銃砲者，降一級調用。公罪。如自行查出破案究辦者，免議。

《兵部處分則例》卷二九《軍器·軍械破壞匿不修製》一、各直省庫貯軍械未屆年限，先行破壞者，著落該管官賠修。如該管官任其廢棄，匿不詳請修製，經總督、巡撫於閱操之時查出參奏者，降一級留任。私罪。

《兵部處分則例》卷二九《軍器·出師官兵攜帶軍械如有損壞隨時修製》一、出師官兵攜帶軍裝器械，先期諮報兵部備案，於凱撤回營之時，派委文員會同該管將備確切查驗，將帶回堪用之件，盡數歸額，其損壞各件，準其隨時修製。如有浮冒，經部查出，或別經發覺，將查驗及承辦各營員，照冒混修製軍械例議處。

《兵部處分則例》卷三〇《火禁·火藥局被轟》一、各省存貯火藥局該管各官若不加謹巡防，以致被轟者，將同城專管兼統各官，俱革職留任。公罪。不同城之兼統各官，降一級留任。公罪。平時防範不嚴之提督、總兵罰俸一年。公罪。

《兵部處分則例》卷三八《營造·修整軍器》一、直省各標營額設軍械，均應妥爲收貯，倘有未屆年限損壞者，如係經管之員收藏不慎，罰俸六個月。公罪。仍將原械開銷之價，按其未滿年限作爲分數，勒令賠補。如係承辦之員偷減工料，查明不及定限之半者，責令全行賠補。已逾定限之半者，將原械開銷之價，按其未滿年限作爲分數，勒令賠補。承辦之員追不足數，於各上司及驗收之員名下追賠。仍將承辦之員，革職提問。私罪。失察之上司及查驗失實之委員，各降三級調用。公罪。

《兵部處分則例》卷三三《緝逃·軍營兵丁脱逃》一、緑營兵丁派往軍營，如有脱逃，該管官於三月以内拿獲者，免議。逾限不獲，每一名專管官罰俸一年。公罪。兼轄官罰俸六個月。公罪。如所管兵丁一月内報逃三名以上未獲者，專管官降三級調用。公罪。兼轄官降一級留任。公罪。該營統轄大員罰俸六個月。公罪。一月内報逃十名以上未獲者，專管官革職。公罪。兼轄官降一級調用。公罪。該營統轄大員罰俸一年。公罪。如本日脱逃，不即申報，遲至兩三日後始報者，罰俸三個月。公罪。如已逃走數日，捏報本日脱逃者，降一級調用。私罪。隱匿不報者，革職。私罪。其軍營一帶卡倫失察偷越一二名者，專管官罰俸三個月。公罪。兼轄官罰俸一個月。公罪。五名以上者，專管官降一級調用。公罪。兼轄官罰俸一年。公罪。十名以上者，專管官革職。公罪。兼轄官降一級調用。公罪。如具奏後續有自行拿獲，訂其報逃之日在三月以外者，仍各按數酌減議處，以上降級，□俸任内無加級紀録可抵者，均照例註册□□戴罪效力，俟凱旋後，量其功績大小，分別開復。如能續立功績，交部議叙者，準統轄大臣於請叙案内聲明，將該員所得功加級紀録，隨咨部部議抵。其革職留營者，果能奮勉出衆，著有超等功績，亦準統轄大臣專摺具奏聲請開復，再立功績，即準議叙陞擢。

一、派往軍營兵丁脱逃原籍，原營該管武職以軍營咨到之日起，勒限一年緝拿，限滿不獲，該總督、巡撫按其名數分別咨參，一二名以上不獲者，專管官罰俸九個月。公罪。兼轄統轄官，罰俸六個月。公罪。五六名以上不獲者，專管官罰俸一年。公罪。兼轄統轄官，罰俸九個月。公罪。十名以上不獲者，專管官罰俸二年。公罪。兼轄統轄官罰俸一年。公罪。均再限一年緝拿，限滿不獲，一二名以上者，專管官降一級留任。公罪。兼轄統轄官罰俸一年。公罪。五六名以上者，專管官降一級調用。公罪。兼轄統轄官，罰俸二年。公罪。十名以上者，專管官降二級調用。公罪。兼轄統轄官降一級留任，完結。公罪。如承緝官未經限滿離任，接緝官限一年緝拿，限滿不獲，罰俸一年。公罪。提督、總兵於接到文移之日起，一年内統計，所屬獲不及半者，總兵罰俸一年。公罪。提督罰俸六個月。公罪。均再限一年督緝，一年限滿，統計所屬拿獲仍不及半者，總兵罰俸二年。公罪。提督罰俸一年。公罪。

一、派往軍營兵丁脱逃，如有確據實係脱逃者，仍照定例，按名議處外，其是否有心脱逃，現在無從查明情節者，原營承督緝各官，均照本例減一等議處。一二名以上不獲者，專管官罰俸六個月。公罪。兼轄統轄官罰俸三個月。公罪。五六名以上不獲者，專管官罰俸九個月。公罪。兼轄統轄官罰俸六個月。公罪。十名以上不獲者，專管官罰俸一年。公罪。兼轄統轄官罰俸九個月。公罪。均再限一年緝拿，限滿不獲，一二名以上者，專管官罰俸一年。公罪。兼轄統轄官，罰俸九個月。公罪。五六名以上者，將專管官降一級留任。公罪。兼轄統轄官，罰俸一年。公罪。十名以上者，專管官降二級留任。公罪。兼轄統轄官罰俸二年，完結。公罪。如承緝官未經限滿離任，接緝官限一年緝拿，限滿不獲，亦照本例減等，罰俸九個月。公罪。俟該兵拿獲，及投首之日審明係有意脱逃者，仍照原例補議。其實係因病受傷落後，不及歸伍，並非有心脱逃者，原議減等處分。準其一並查銷。

一、軍營逃兵拿獲之日，訊明該逃兵會回原籍原營，該管武職未經查拿者，專管官降二級調用。公罪。兼轄統轄官降一級留任。公罪。提督總兵罰俸二年。公罪。

一、隨征餘丁脱逃將軍營帶兵之該管各官，及原管該管各官均照額兵脱逃之例，酌減議處。

一、軍營報逃兵丁，如實係携帶物件私自潛逃，衆證確鑿，或拿獲之後訊明無可交飾者，帶兵各官仍照定例議處外，其中或有因傷落後，或係中途被害，是否有心脱逃，無從查明情節者，該軍營大臣將帶兵各官職名報部存案。俟逃兵拿獲，或自行投首，審有確據，該總督、巡撫聲明情節報部，再行分别覈辦。

《兵部處分則例》卷三三《緝逃·軍營漏報逃兵》 一、軍營兵丁脱逃，統兵大臣將逃兵名數限三個月彙咨一次，並將帶兵該管各官職名報部覈議，統兵大臣免其處分。若脱逃後，統兵大臣並不彙咨報部，僅止行文各處緝拿，經原營將承緝職名咨參送部，或有別省地方將逃兵拿獲報部者，除將帶兵該管各官照逃兵本例議處外，其遺漏不報之統兵大臣，按其逃兵名數，每名罰俸六個月。公罪。

《兵部處分則例》卷三三《緝逃·營兵私逃》 一、營兵私逃，百日限内拿獲，免其參處。如百日限滿不獲，專管官罰俸一年。公罪。兼轄官罰俸六個月。公罪。若該管官苦累兵丁，以致兵丁逃走者，降一級調用。私罪。兼轄官失察者，降一級留任。公罪。統轄官罰俸一年。公罪。如該管員弁規避處分，捏報玩法革伍或久假辭退者，照所規避之處分加等議處。巡捕營兵丁脱逃，亦照此例辦理。

《兵部處分則例》卷三三《緝逃·臺灣換班兵丁脱逃》 一、臺灣換班兵丁，中途脱逃，管帶官防範不嚴，每一名，降一級留任。公罪。原營派撥不慎之員，每一名罰俸一年。公罪。至班兵到臺灣後，責令臺灣該管營員嚴加約束，如在臺灣地方脱逃，令臺灣該管營員緝拿。若换回内地，在内地中途脱逃，仍責令原營該管各官緝拿。百日限滿不獲，均照營兵脱逃例，專管官罰俸一年。公罪。兼轄官罰俸六個月。公罪。

《兵部處分則例》卷三八《營造·修製軍械逾限》 一、凡官員製造緊急軍器，不依限速完遲誤者，革職。公罪。督製官降三級調用。公罪。總督、總兵降三級留任。公罪。總督、巡撫交吏部議處。若修製尋常操演及换防需用各軍械，如有貽誤，承修承製官逾限不及一月者，免其議處。一月以上者，罰俸六個月。公罪。兩月以上者，罰俸一年。公罪。三月以上者，罰俸二年。公罪。四月以上者，降一級留任。公罪。五月以上者，降一級調用。公罪。督修督製之員，違限一月以上者，罰俸三個月。公罪。兩月以上者，罰俸六個月。公罪。三月以上者，罰俸一年。公罪。四月以上者，罰俸二年。公罪。五月以上者，降一級留任。公罪。提督、總兵違限一月以上者，免議。兩月以上者，罰俸三個月。公罪。三月以上者，罰俸六個月。公罪。四月以上者，罰俸九個月。公罪。五月以上者，罰俸一年。公罪。總督、巡撫交吏部議處。如承修承製之員將應領之帑請領遲延者，按其違限月日，照修製逾限例分别議處。倘該上司故意勒掯，以致遲誤者，將該上司降二級調用。私罪。承修承製官免議。

《兵部處分則例》卷三八《營造·修造戰船》 一、各省修造戰船，該管員於屆修之年，未將應修船隻依限查明申報者，降一級留任。公罪。如屆修之前一月底，不將船隻駕赴廠所，遲延者，罰俸一年。公罪。如承修之員將應領之帑請領遲延者，按其違限月日，照修造戰船逾限例，分别議處。倘該上司故意勒掯，以致遲延者，將該上司降二級調用。私罪。承修官免議。

一、承修督修各官，如有修不如式，不能堅固，未至應修年份損壞者，著落承修官賠六分，督修官賠四分，仍將承修官革職。公罪。督修官降二級調用。公罪。至小修限三個月完工，大修拆造，限四個月完工。山東省小修，仍限三個月完工。大修，限五個月完工。拆造，限六個月完工。倘有遲誤違限，未及一月者，承修官罰俸一年。公罪。督修官罰俸六個月。公罪。將軍、提督、總兵，罰俸三個月。公罪。違限一月以上者，承修官降一級調用。公罪。督修官罰俸一年。公罪。將軍、提督、總兵罰俸六個月。公罪。違限兩月以上者，承修官降二級調用。公罪。督修官降一級留任。公罪。將軍、提督、總兵罰俸一年。公罪。違限三月以上者，承修官降三級調用。公罪。督修官降一級調用。公罪。將軍、提督、總兵，降一級留任。公罪。違限四月上者，承修官降四級調用。公罪。督修官降二級調用。公罪。將軍、提督、總兵降二級留任。公罪。違限五月以上者，承修官革職。公罪。督修官降三級調用。公罪。將軍、提督、總兵降三級留任。公罪。

一、承修官將未經修完船隻，捏稱完工轉報者，承修官革職。私罪。督修官降二級調用。私罪。失於查明，遽行轉報之將軍、提督、總兵，降一級調用。公罪。如承修官申報未完，督修官作爲已完申報者，督修官革職。私罪。承修官照限議處。如承修、督修官申報未完，將軍、提督、總兵捏報完工者，將軍、提督、總兵革職。私罪。承修、督修官照限議處。載入前條。

一、交戰船時兵丁人等藉端勒索使費者，將該管官照失察在官人役犯贓例議處。詳載在官人役犯贓例內。若武弁需索者，革職提問。私罪。將軍、提督、總兵知所屬員弁需索情弊，徇庇不行揭報題參者，降三級調用。私罪。至屆修造之期，該管船隻將弁，若不將船上什物交代清楚，致頭舵兵丁人等私行偷賣，因而短少殘缺者，除頭舵兵丁人等治罪，分別追賠外，將該管將弁降一級調用。公罪。未經查參之該管上司，降一級留任。公罪。

《兵部處分則例》卷三八《營造・混詳修船》 一、凡不應修理船隻，限前混行申詳修理者，都司、守務、千總、把部降二級調用。私罪。失於詳查，遽行轉報之副將、參將、遊擊降一級調用。公罪。具題之將軍、提督、總兵罰俸一年。公罪。

《兵部處分則例》卷三八《營造・防護城垣》 一、各省城垣令營汛員弁一體稽查，如遇坍塌，立即移明州縣修理。若昇調離任，照例查明交代，具揭詳報，倘有遺漏，將該汛弁降一級留任。公罪。如昇任官查詳具報，接任官故意勒掯，將接任官降二級調用。私罪。

《大清律續纂條例》卷五《兵律・主將不固守》 一、凡統兵將帥，玩視軍務，苟圖安逸，故意遷延，不將實在情形具奏，貽誤國事者；又凡將帥因私忿娟嫉，推諉牽制，以致糜餉老師，貽誤軍機者；又凡身爲主帥，不能克敵，轉布流言，搖惑衆心，藉以傾陷他人，致誤軍機者，均屬有心貽誤，應擬斬立決。

《大清律續纂條例》卷五《兵律・激變良民》 一、凡刁惡之徒，聚衆抗官，地方文武員弁，即帶領兵壯迅往撲捉。如稍有遲延者，即照定例嚴議。其撲捉之時，該犯即俯首服罪不敢抗拒，應分別末減。如該犯等持仗抗拒，許文武官帶同兵壯持械擒拿。若聚衆之犯，並未執有器械，文武官縱令兵壯殺傷者，嚴加議處。

一、凡直省刁民，因事鬨堂塞署，逞兇毆官，聚衆至四五十人者，爲首，依例斬決，仍照强盜殺人例，梟示。其同謀聚衆轉相糾約，下手毆官者，雖屬爲從，其同惡相濟，審與首犯無異，亦應照光棍例，擬斬立決。其餘從犯，照例擬絞監候。被脅同行者，照例各杖一百。如遇此等案件，該督撫先將實在情形奏聞，嚴飭所屬立拿正犯，速訊明確，分別究擬。如實係首惡，通案渠魁，該督撫一面具題，一面將首犯於該地方即行斬梟，並將犯事緣由及正法人犯姓名刻示遍貼城鄉，俾愚民咸知儆惕。如承審官不將首犯究出，混指他人爲首，因而坐罪，及差役誣拿平人，株連無干，濫行問擬者，嚴參治罪，該督撫一並交部嚴加議處。

（清）席裕福《清朝政典類纂》卷三八七《刑十九・兵律軍政・不操練軍士》

凡各處邊方腹裏守禦官不守紀律、不操練軍士及城池不完，衣甲器仗不整者，初犯杖八十，再犯杖一百。若守禦官隄備不嚴，撫馭無方，致有所部軍人反叛者，該管官各杖一百，追奪誥敕發邊遠充軍。若因軍人反叛棄城而逃者，斬監候。謹案：雍正三年改定。

條例

一、架砲夜不收守墩，軍人黄夜回家，輪班不去者，在守哨處枷號一個月發落。謹案：此條雍正三年删定。

事例

道光十七年諭：給事中鄭世任奏請飭各直省操練民壯等語。各直省州縣設立民壯以衛庫獄，例應與兵丁一體操演，庶無事則可供差遣，有事則藉資保護。若如該給事中所奏，近年各州縣民壯僅止解犯送差，平時並不認真操練，以致緝捕不能得力。以此積習相沿，必當力加整頓。直隸省前因琦善具奏條款業經降旨準行外，著各省督撫嚴飭各屬遵照定例招補足額，責成州縣官勤加訓練，造册移送。營員每月隨營操演，分班在署值宿。其不住宿者，援以紀律，令其與營兵扣明足額，一聞傳呼立即會集。其民壯器械亦即存貯住宿之處，以資捍衛。該督撫務當督率文武員弁實力奉行，隨時查覈，不得虚應故事仍至有名無實。將此通諭知之。又諭：御史劉夢蘭奏外省緑營兵丁多染吸食鴉片習氣，請飭查辦等語。國家設立營伍訓練兵丁，原期悉成勁旅，巡防禦侮方能得力。道光十二年連川猺匪滋事一案，因兵丁吸食鴉片煙臨事不能得力，降旨將李鴻賓、劉榮慶革職發遣，用昭炯戒。若如該御史所奏近來各省兵丁多染此習，積習難返，虚糜餉項，是此風尚未盡戢。若不嚴行查禁，何以肅營務而厲戎行。著各直省督撫提鎮振刷精神，加意整飭，申明律令，嚴行訪拿。該兵丁等有犯此弊者，即著按名裁革，照律懲辦。各營員弁如有染此習氣，亦著嚴行參辦，毋稍徇縱，務使營伍肅清。一兵得一兵之用，方爲無忝厥職。倘視爲具文不肯認真查禁，致兵丁疲弱不能得力，李鴻賓等即其前車之鑒。朕惟知執法從事不能曲爲寬貸也。十九年諭：金應麟奏水師操演廢弛，請飭查究一摺。東南各省水師最爲緊要，必須操演精熟，方足以資預備。若如所奏近來浙省乍浦地方督臣閱兵竟以船隻不備爲辭，寧波等處報有盗舟，該將弁□久方出。江南鎮江府屬戰船每歲止演一次，遇風即止演，試既不能如法，戰船亦不能駛駕，轉以需索規費，爲害行旅。松江、上海各處每遇修船，武弁需索陋規，福建、厦門亦然，以致文員領帑興修，憚於賠累，推諉稽延，將備狡猾，遇事生風，訛詐包庇，甚且剋扣兵餉、吸食鴉片等語。積習相沿至於此，極恐尚不止此數，當必應力加整頓。著各直省將軍督撫及該管大臣激發天良，破除積習，每歲操演必期精細，毋得視爲具文。其所致種種弊端及將備等吸食鴉片，尤當嚴密訪查，有犯必懲，毋得稍爲迴護，務使法令森嚴，緩急可待，庶足以靖海疆而成勁旅。將此通諭知之。二十三年諭：御史陳慶鏞發營伍積弊一摺。據稱近日各省營伍操演之日，所有馬匹兵勇往往臨時雇覓替代，甚至官弁人等各有蔭糧以致通融頂替，其軍械或至朽爛不堪，火藥或至不能遠速。設兵原以衛民，一兵必有一兵之用，方爲有備。若如該御史所奏，不獨平時操演盡屬具文，而國家養兵之費適飽營員私橐，上下相蒙一至於此。若不嚴加汰除，何以整肅綱紀？著各督撫提鎮確切查明，力除積弊。如稍有諱飭，不以整頓營伍爲急，須自問天良何在？一經發覺，朕惟執法以行，斷不能倖邀也。二十六年諭：鄂順安奏校閲通省營伍情形一摺。河北鎮標右營都司明安泰馬箭生疎，該員曾經出師著有勞績，著以守備降補見觀後効，餘著照所議辦理。該部知道至所稱各州縣額設民壯隨營調考放槍準頭，尚屬合式等語。民壯一項原爲保護地方及雜項差使，借補兵力所不足，與各營兵丁尤屬不同，刀矛雜技果能認真訓練，已足備用，何妨兼習鳥槍弓箭。著通諭各督撫知之。以上均訓。

刑案

水師操練洋槍走隊錯亂被斥，哨官脇衆告假挾制，從重發往軍台効力，贖罪軍犯在恩詔前不準援減。光緒十一年楚督奏準案。

紀事

《史記》卷六八《商君列傳》匿姦者與降敵同罰。

《漢書》卷六七《胡建傳》胡建字子孟，河東人也。孝武天漢中，守軍正丞，貧亡車馬，常步與走卒起居，所以尉薦走卒，甚得其心。時監軍御史爲姦，穿北軍壘垣以爲賈區，建欲誅之，乃約其走卒曰：我欲與公有所誅，吾言取之則取，斬之則斬。於是當選士馬日，監御史與護軍諸校列坐堂皇上，建從走卒趨至堂皇下拜謁，因上堂〔皇〕，走卒皆上，建指監御史曰：取彼。走卒前曳下堂皇。建曰：斬之。遂斬御史。護軍諸校皆愕驚，不知所以。建亦已有成奏在其懷中，遂上奏曰：臣聞軍法，立武以威衆，誅惡以禁邪。今監御史公穿軍垣以求賈利，私買賣以與士市，不立剛毅之心，勇猛之節，亡以帥先士大夫，尤失理不公。用文吏議，不至重法。《黄帝李法》曰：壁壘已定，穿窬不繇路，是謂姦人，姦人者殺。臣謹按軍法曰：正亡屬將軍，將軍有罪以聞，二千石以下行法焉。丞於用法疑，執事不諉上，臣謹以斬，昧死以聞。制曰：《司馬法》曰國容不入軍，軍容不入國，何文吏也？三王或誓於軍中，欲民先成其慮也；或誓於軍門之外，欲民先意以待事也；或將交刃而誓，致民志也。建又何疑焉？建繇是顯名。

《漢書》卷六《武帝紀》〔天漢三年〕秋，匈奴入鴈門，太守坐畏愞棄市。

《漢書》卷五〇《馮唐傳》夫士卒盡家人子，起田中從軍，安知尺籍伍符？

《漢書》卷五五《衛青傳》〔元朔六年〕蘇建盡亡其軍，獨以身得亡去，自歸青。青問其罪正閎、長史安、議郎周霸等：建當云何？霸曰：自大將軍出，未嘗斬裨將，今建棄軍，可斬，以明將軍之威。閎、安曰：不然。兵法小敵之堅，大敵之禽也。今建以數千當單于數萬，力戰一日餘，士皆不敢有二心。自歸而斬之，是示後無反意也。不當斬。

《後漢書》卷一下《光武帝紀》〔光武十二年〕詔邊吏力不足戰則守，追虜料敵不拘以逗留法。

《後漢書》卷四六《郭躬傳》永平中，奉車都尉竇固出擊匈奴，騎都尉秦彭爲副。彭在別屯而輒以法斬人，固奏彭專擅，請誅之。【略】帝曰：軍征，校尉一統於督。彭既無斧鉞，可得專殺人乎？躬對曰：一統於督者，謂在部曲也。今彭專軍別將，有異於此。兵事呼吸，不容先關督帥。且漢制棨戟即爲斧鉞，於法不合罪。帝從躬議。又有兄弟共殺人者，而罪未有所歸。帝以兄不訓弟，故報兄重而減弟死。中常侍孫章宣詔，誤言兩報重，尚書奏章矯制，罪當腰斬。帝復召躬問之，躬對章應罰金。帝曰：章矯詔殺人，何謂罰金？躬曰：法令有故、誤，章傳命之謬，於事爲誤，誤者其文則輕。帝曰：章與囚同縣，疑其故也。躬曰：周道如砥，其直如天。君子不逆詐。君主法天，刑不可以委曲生意。帝曰：善。

《中國簡牘集成二編・斯坦因第二次中亞探險所獲樓蘭出土簡牘、殘紙文書》□□牛一匹□

鎧曹謹條所領器杖及亡失（薄）〔簿〕

監倉謹條正領雜穀（薄）〔簿〕狀

將尹宜部，溉北河田一頃，六月廿六日剌。

東空決六所，并乘堤，已至大決中，作五百一人作。

增兵。

以駑鈍，衆備員，數聽事，目下慚無材稱以報與施，夙夜

十月卅日受兵胡秋兒辭，將敕以鼓著麾（？）上，持刀盾，營壤＝〔壞〕，不及取，亡失。審辭具（？）

將張忠坐不與兵魯平世相隨，令世陏〔墮〕水物故，行問者，請行＝五十□

去蔚黎城可卅余里。焉耆軍住葦橋，未來出。葦橋去苻

□海貸麨五斗□

□增一升，日七〔升〕

〔別〕在右記到□□□藏輸入謹

□言□□記□□史□〔還告追賊〕於□閒

□〔獲〕賊馬，悉還所掠，記到，令所部咸使聞知，斂

會月廿四日卯時，謹案文書，書即日申時到，斯由神竹

□□□□□□〔振旅〕□□里閭□〔人莫不稱〕□

《中國簡牘集成二編・斯坦因第三次中亞探險所獲樓蘭出土簡牘、殘紙文書》□將張僉言，謹文書兵劉□

□四枚，五年假督王珮部失亡

《中國簡牘集成二編・尼雅等地出土的簡牘文書》西域長史營寫鴻臚書到，如書羅捕言，會十一月廿日，如詔書律＝令。

寫下詔書，到羅捕言，會三月卅日，如，詔書

鄯善王

于窴王寫下詔書到奉

去三月一日騎馬詣元城收責，期行當還，不克期日，私行無過

違會不還，或安別牧，私行糴買，無過所啓信，前各私從＝吏周

（？）
上言府，普告絶逐捕，不得使經家而不禽獲，已〔牧〕〔收〕攝‖皆
先問前所經
獲得，〔牧〕〔收〕收攝經付
右八人寫啓辭，前已言府逐捕，今重下普下
捕未獲
日言，被都官從軍符，此牒胡與擊者辭連，胡
□〔洛〕生等與擊者辭連符，問友答辭吶儉
□右一人，屬典客寄□纖錢佛屠中，自賚敦煌太守往還過

唐長孺《吐魯番出土文書·翟彊辭為征行逋亡事》 □得□翟彊

□
□廿□當征行，其□□
□受魯得等五人□□
□令，逋不往還即白逋。□□
□往
□竟受令狐國□□
□引彊〇云共彊知□
□乞賜教付曹召款并枉□□檢校
□□不受枉謹辭。

唐長孺《吐魯番出土文書·翟彊辭為負麥被抴牛事》 □春從人□

奴，
奴佛流
□二斛夏□償麥三斛，
□夏麥□□茫惡已償
麥一斛五斗殘負麥一斛五斗，比
尔當方宜索償。彊是貧
□，外□□牛一頭載致。流抴牛
□去，經四日□願賜教付曹，
□流以牛見還比尔當舉便
償流。謹辭以聞。

唐長孺《吐魯番出土文書·唐小德辦辭為被蕃捉去逃回事》 審但小
德今月二日牽車城東塠地，
其日齋時，賊從東北面齊出，遂捉小德
并牛。至夜在葦東食，人定後，即發向
□草澤宿，至三日明，即發入突播山，
□眲泉谷宿。至四日夜在小嶺谷宿，
□自解手走上山，經三日上山，
□投得維磨戍烽，其賊見
在小嶺□小德少解蕃語，聽賊語，明
□擬發向駞嶺逐草。其抄小德等來
□可有二百騎，行至小嶺谷内，即逢

唐長孺《吐魯番出土文書·武周智通擬判為康隨風詐病避軍役等事》

康隨風一介庸生，名霑蔄點之色，而乃避其軍役。
於是妄作患由，臂肘蹉跌遂非真病，攣舉拳手腕，
乃是詐爲。使生將謂非虛，遂乃放從丁例。此□
□知，匪□一生□事。推窮狀情□露，將爲□□
推索氏之能爲。誌問其生，□答知無謬，兩家皆成
矯妄，彼此並合入軍。宜牒府知收領訖上。又斬啜□
狂，蟻居玄塞，擁數千之戎卒，勞萬乘之徒
師。奉勑伊、西二州，占募强兵五百，官賜未期至
日，私家借便□裝。憑虛藏帛萬餘，托相知於
百里，虛無事上之意，令乖惡子之心，彼此二生，罪
非輕小，齊楚之失，了在□□兩家。更細推尋
□斷。諮智通白。

《永泰河西巡撫使判集殘卷》 藉□勞尚書判肅州、建康先行文牒，
如妄推
□必書長官，豈惟脣芒齒寒，或慮芝焚蕙嘆，須從
□□無從小慈，王使君處事精通，固應割己，趙大使在
□□必藉用心，各請及時般了速報。甘州切須撙節，
不可專恃親憐。
肅州請閉糴，不許甘州交易。

鄰德不孤，大義斯在。邊城克守，小利須通，豈唯甘、肅比州，抑亦人煙接武。見危自可奔救，閉糴豈日能賢。商賈往來，請無壅塞。粟麥交易，自可通流，准狀，仍牓軍州，切勒捉搦，少有寬許，當按刑書。

建康尚書割留氎三百段，稱給付將士，不具人姓名。

分給緤布，不具人名。既無節約，懸稱用盡。事涉瓜李，法在根尋。准狀，牒建康並牒重芳蘭，切推問給賞事由上。如相容隱，當別書科。

管內倉庫宴設給納館遞撙節事。

艱難已來，軍州凋弊。支持不足，破用則多，非直損於公途，亦乃傷乎人庶。若無先見，何至後圖。儉約之資，公家所尚。給用之費，文薄須明。各牒所由。

豆盧軍請西巡遠探健兒全石糧。

子亭回絶，所以加糧。平下兩巡，援例又請。若依支給，衆□無言。以此商量，理宜從記。

甘州送糧五千石，又請稱不足。

甘州斛斗已送五千，以有均無，將爲適濟。更來申請，何貪無厭。非直軍州有詞，抑亦般運難致。自須樽節支給，豈得相次申陳。食糧之人，理資減省。灼然不濟，方可官支。須知來處艱辛，預作向前准擬，用盡更索，計出何方，牒甘州，任自圓融取濟。

建康軍物被突厥打將，得陪半周兵馬使。

先公後私，聞諸古議。以小防大，未益今時。兵馬使所獲無多，建康所損又廣。以此處置，祇合奉公。總仰入官，理將穩便。

豆盧軍健兒（卌）〔四十〕七人，春賜請加。

軍司既稱無物，使局何計能爲。比日曾不有言，今年忽然妄訴。有物任給，無物告停。一任當軍圓融處置。

建康軍使寧僖擅給緤布，充防城人賜。

尚書所留緤布，令給不濟之人。凡是行官，足得自養，不存後計，誰曰公心。先已牒徵，乃可知過。更來申訴，有似飾非。防城塹勞，便則給賞，卒更久戍，何以支持。若不徵收，無懲專擅。依前牒軍切徵。

豆盧軍兵健共卅九人，無賜。

沙州兵健，軍合支持。既欲優憐，復稱無物。空申文牒，徒事往來。不可因循，終須與奪。使司有布，准狀支充。如至冬裝，任自迴易。

甘州兵健冬裝，肅州及瓜州並訴無物支給。

甘州兵健冬裝，酒泉先申借助。及令支遣，即訴實無，祇緣前政荒唐，遂令今日失望。即欲此支物往，又慮道路未清。時屬霜寒，切須衣服，事宜應速，不可後時。瓜州既許相資，計亦即令付了。休明肅州少物，今請迴易皮裘。押衙此行，須成彼事。先博得麥，寄在戚昌。楊珽有書寫白人案，切宜勾當，以濟時須。王使君通才，亦請處置。恤鄰救難，不可全物無。請與籌重，早達前所。

沙州地稅，耆壽訴稱不濟，軍州請加稅四升。

艱難之時，倉廩虛竭。耆壽計料，雅合權宜。畝別加稅四升，計亦不損百姓，兼之官吏，各據田苗，立限徵收，並須戮力。

《永泰河西巡撫使判集殘卷》

軍將親觀事迹，近到沙州具陳。建謨出自中權，縱逼方憑外寇。逐兔者犬，可矜愚於小戎，指踪者人，宜責智於大匠。覽三軍之狀，已辨□、□。聽兩道之詞，了分曲直。館中毀玉，曾未許於守持。衙內攫金，何遽受於旌節。承僞便行文牒，憑虛莫畏幽明。侮法無懼三千，搏風妄期九萬。尚書忠義，寮屬親崇。生前人無問言，歿後狀稱矯詔，假手志誣爲國，披心恨不顯誅。豈惟名行湮沉，實謂奏陳紕繆。將士見而憤激，蕃虜聞而涕流。咸謂煞國之忠良，更興謗讟。屏王之耳目，使不聰明。伏尋表草之言，却似首陳之狀。上書自然不實，下策何煩漫行。此乃欲蓋彌彰，將益反損。既知指的，方敢奏聞。又僞立遺書，躬親筆削。恣行貪猥，莫顧章程。況隨使資財，盡知優贍，供軍玉帛，眾委豐饒。人雖非命薨亡，物合却歸府庫。今者馬承官印，貨被私收；雜畜全留，家僮半放；語親殊非骨屬，論義正是血仇。更何因依，獨擅封植。且殺人求餉，尚召初徵。害使貪榮，能無後患。離心速寇，當即非賒。奪魄喪名，期於不遠。事復彰露，迹甚猖狂。匪直紊亂二庭，亦恐動搖四海。察其情狀，法所難容。宜絶小慈，用崇大計。彼道軍將，早挹忠貞；數州具寮，素高節操。前車既覆，已莫辨於熏蕕；後轍須移，可早分於玉石。事上固能勦絶，臨下豈憚鏟埋。請從曲突之謀，勿誤焦頭之禍。周逸非道，遠近盡知。理合聞天，義難釐務。既要留後，任擇賢良；所貴當才，便請知事。某某謬司觀察，忝迹行軍，欲寬泉下之魚，有慚弦上之矢。公道無隱，敢此直書。各牒所由，准狀勘報。當日停務，勿遣東西。仍録奏聞，伏待進止。

差鄭支使索救援河西兵馬一萬人。

戮力勤王，古今所重。帥義弥寇，春秋則書。蓋生人之令謨，實臣子之守節。況河湟尚阻，亭障猶虞。元帥一昨親巡，本期兩道征點。豈謂中途遇害，遂令孤館自裁。痛憤轅門，悲感□□，□□□□，□問水濱之人。雖虜未平，須徵塞上之馬。□□□□俗，令必惟行。周獨坐忠，信臨邊謨，無不□□□□日以遄徵。四鎮驍雄，佇排風而聚進。彼此□□□□□及時勉哉，是行以副斯請。差河□□□□善，專往計會，徵發訖，先報，各牒所由，准狀□條表録奏。周逸與逆賊僕固懷恩書。

《舊唐書》卷九〇《杜景儉傳》 聖曆二年〔杜景儉〕復拜鳳閣侍郎、同鳳閣鸞臺平章事。時契丹入寇，河北諸州多陷賊中，及事定，河内王武懿宗將盡論其罪。景儉以爲皆是驅逼，非其本心，請悉原之。則天竟從景儉議。

《文明判集殘卷・編號P.三八一三》 亡弓。賊來相逼，陵乃以石亂投，賊徒大潰。總管以陵陣功，遂與第一勛。檢勾依定，判破不與陵勛。未知若爲處斷？經緯乾坤，必藉九功之力；剋平禍亂，先資七德之功。往以蕞尔朝鮮，久迷聲教。據遼東以狼顧，憑薊北以蜂飛。我皇鳳跱龍旋，天臨日鏡。掩八紘而頓綱，籠萬代以翔英。遂乃親總六軍，龔行九伐。羽林之騎，肅五校而風驅；傾飛之倫，儼七萃而雲佈。李陵雄心早着，壯志先聞。彎繁弱以從戎，負干將而應募。軍臨駐蹕，賊徒蜂起。駭其不意，失馬亡弓。眷彼事由，豈其情願？於時兇徒漸逼，鋒刃交臨。乃援石代戈，且前交戰。氣擁萬人之敵，膽壯匹夫之勇。投軀殞命，志在必摧。羣寇翰威，卒徒魚潰。是以丹誠所感，魯陽回落日之光，忠節可期，耿恭飛枯泉之液。以今望古，彼實多慚。於時總管叙勛，陵乃功標第一。司勛勾檢，咸亦無疑。兵部以臨陣亡弓，棄其勞效。以愚管見，竊未弘通。且飾馬彎弓，俱爲戰備。弓持御賊，馬擬代勞。此非儀注合然，志在必摧兇醜。但人之稟性，工拙有殊；軍事多權，理不專一。陵或不便乘馬，情願步行；或身拙彎弓，性工投石。不可約其軍器，抑以不能。苟在破軍，何妨取便。若馬非私馬，弓是官弓，於戰自可録勛，言失亦須科罪。今若勛依舊定，罪更別推，庶使勇戰之夫，見標功而勵己；怯懦之士，聞定罪而懲心。自然賞罰合宜，功過無失。失縱有罪，公私未分，更仰下推，待至量斷。

《安西判集殘卷·編號P.二七五四》 際深懼飛塵，而府縣官〔中缺〕夜嚴，方全壘壁，前第晨警，始静邊隅，脱〔中缺〕於千里，身嬰憲典，實所甘心，急陷軍人，將何塞責。尚恐官□處事，亦識科條，積習生常，仍懷怠慢。苟悦妻〔中缺〕禄之資。遠慮深謀，闕於謹恒，危烽要路，失不防閑。萬一辦□侵疆，引弓爲寇，入境便當難免，失户即遣死刑。假令素實寛疏，見罪如何不避。勤心職事，臣下常途；豈待提撕，然爲剋己。比聞烽夫，差遣是殘疾中男，遠望必闕機宜。聞者即可心寒，所部何能不懼。略檢本州兵士，尚有二（石）〔百〕餘人，分捉城隍，雖言要重，校量烽調度無缺所須，覘候用心隨機，弛報若處分明了，衆事覘條歲候，於事即輕。望抽壹佰餘兵，兼助諸烽守備。實冀縣官巡察，明示是非。令長務閑，親加檢校。必使在烽調度，無闕所須，覘候用心，隨機馳報。若處分明了，衆事剋條，歲暮綸功，自陞上第。必圕指的，物務虧違，非直目下科繩，考日亦當貶降。遐方磧外，特異中州，守境臨邊，尤資謹慎，幸宜勖勵，無掛刑書。並仰縣令專知，不得更推丞、尉。

《安西判集殘卷·編號P.二七五四》 奉判：伊州鎮人侯莫陳等請安西效力事。

弓月未平，人皆奮臂；吐蕃侵境，士悉冲冠。競願展效賊庭，用表誠心報國。伊州兵募，一百餘人，棲望鄉閭，一時迴駕。神□流類，索蕩雄圖，負戟從戎，每懷壯志。遂抑思歸之引，冀成定遠之功。語事論心，故難違拒。安西都護，鄰接寇場，兵馬久屯，交綏未決，非是軍謀不及，良由兵力尚微。目下待人，必知饑謁。方獲圖滅，急若斷弦。崔使今春，定應雷擊，于闐經略，亦擬風行。彼此俱藉雄兒，東西各資驍勇。得人即是濟要，添衆更益兵强。幸已裝束遵途，無義遲疑不遣。況京畿徑卒，倍勝河西。雖言廿九人，終敵瓜、沙二百。於國利益，事合機宜。忝曰奉公，何容留礙。高頭、阿龍，久諳琴瑟，昨因貧病，遂阻參商。龍游蕩子之家，忽悲鸞而獨舞；頭寄隅之黴，恒驚鵠以空棲。事非出於兩情，運以黴於釁意。無夫之媛，不可空擲春霄；闕妻之男，實是難窮秋夜。遠念和鳴之緒，近詢鰥寡之由。頭緣疾病頓身，龍遂猖狂自閑，不能拘制，唯恐孤危，倚官豈敢致尤，抑從棄薄。生人之婦，昔時尚被奪將；死鬼之妻，今日何須不理。況有一女，見在堂中。既曰分腸，誠悲眼下。合之則兩人全愛，離之則一子無依。見子足可如初，憐妻豈殊於舊。何勞採藥自遇，下山已屬稾砧。境任從再合，於理無妨。以狀牒知，任爲公驗。郭微先因傔從，爰赴二庭，遂補屯官。方牒萬石，未聞檢校之效，遽彰罪過之踪。笞撻有情，豈緣公務。所爲無賴，祇事陰私。握手足即破三人，役正、副便輕一命。人聞馴燕，何僁而被嗔；兵下養駒，駒何好而抑買。城局專行粗杖，豈是使人之方。牛子無事再笞，難見牧羣之失。況營農之務，本資氣力。悦喻之法，誠表難容。寒耕熱耘，露體塗足。高宗所以逌野，帝舜由是號天。帶經之榮，於兹見矣；敬鍤之責，豈爲别途；常合免諸，以誠其事。何得不思其位，不恤其憂，浪有預忏，漫行威福。略問並今符會，元情實可重科。但爲再問即臣，亦足聊依輕典。按雜律云，諸不應得爲而爲之者，笞卌

〔後缺〕

（唐）陳子昂《陳子昂集》卷三《爲副大揔管蘇將軍謝罪表》 臣某

言，伏奉某月日子前赦書，赦臣萬死。纔削見任官秩，還復本將軍名，始慶再生。即榮寵命，宛轉踴躍，感戴慙惶。中謝。臣聞鑿門受律，本合忘生，對敵臨戎，殉節唯死。此乃國家恒典，軍政嚴科。臣妄以庸才，謬叨重任，不能深圖遠筭，誠醜權凶，以宣廟略之威，永息安人之患。屬前軍挫衂，士卒奔亡，臣後繼驅馳，戰鬪交合，川谷地險，客主勢殊，步馬相懸，左右受敵，決命爭死，力盡途窮，遂以豺貅之師，釁於犬羊之衆。誠宜刎首謝國，殺身報恩。陛下洪湯禹之仁，務寬大之典，愚臣同孟明之侶，遂免嚴誅，白骨再榮，丹慊未泯，誓將枕戈嘗膽，殄速梟凶，躬為士卒之先，以雪傷魂之墳，肝腦塗地，少荅鴻私，不勝荷戴再生榮幸之至。

（唐）白居易《白氏長慶集》卷六六《判·得乙為軍昧夜進軍諸將不發欲罪之辭云不見月章》 表旗示信，戎政貴明。在九章而或乖，雖三令而惟反。乙是稱戎帥，未達軍容，奉明罰之辭，無聞月捷；月潛師之計，方事宵征。徒欲董以爪牙，曾不明其耳目。況將經武，必在昭文：夜號未申，有虞固宜不進；月章莫舉，毀覆自可當辜。訴非失辭，責乃當罪。

（唐）白居易《白氏長慶集》卷六七《判·得丁將在別屯士卒有犯每專殺戮御史舉劾訴稱曾受棨戟之賜》 將非處右，莫敢示威；軍或別屯，則宜專命。丁位雖佐理，分以戎行。執專征之權，錫弓於周典；操司殺之柄，受棨於漢儀。既有令而必行，信無瑕而可戮。實握兵之能政，奚執簡之舉違，如或稟命於連營，畏予不敢；今則分部而賜戟，無我有違。宜崇魏絳之威，勿議秦彭之罪。

（明）蕭良泮《重刻釋音參審批駁四語活套》卷二《參語》 唐張巡，南陽人，唐玄宗時爲真原令。安禄山反，遂起兵，戰賊至睢陽，力戰大小三百餘合。矢盡糧竭，救兵不至。巡西向而拜，曰：臣力竭矣！臣生不能以報陛下，死爲厲鬼以誅賊。巡等三十六人，皆被害。是乃玩寇殃民，豈爲勝殘禦暴？知縣鄭庚，職寄專城，才非經略。不能爲民死守，却乃委城保身。委，棄也。塗炭生靈，市戮奚免。

指揮褚子，職居武弁，志尚奸貪。既不能以義自持，登壟斷而罔市利；孟云：登壟斷而罔市利，言貪婪之無厭也。復不能以法繩下，擅差人而勾屬官。千户衛丑，叨承祖職，器局庸流。垂涎於路柳墻花，廉恥之道盡喪。露跡於差人應捕，行求之贓俱形。法紀有乖，相應提問。

參將趙甲，武弁庸流。軍威不振，遇警固應調捕，豈可徑自擅專？指揮錢乙，處鄰封而分當救護，不策應而釀禍蕭墻。原情頓異，厥罪惟均。給事中馮壬，不能效股肱盡瘁之忠，語云：鞠躬盡瘁於王家。却乃泄機密重情於外。御史陳道，謬以風紀，猥以菲才。承君命而托故濡留，濡，遲滯也。以軍情而假手胥吏。憲臣之體有乖，屍位之誚難免。無功食禄曰屍位素餐。言人食君之禄，不能盡臣之職。以上各官所犯，雖有重輕，均宜分別治罪。用警將來，以勵曠職。

指揮蔣寅，叨承武弁，不守官箴。既縱欲而私娶樂人，樂人係娼婦。已冒不職之罪。復違例而佔役軍士，益彰匪德之愆。匪德，不德也。愆，過也。趙甲深情厚貌，人面獸心。謀人命而姦奪其妻，惡甚鏌鋣之慘；鏌鋣，解見前。賄虛文而希圖遮飾，機同陷穽之深。沈氏不慕貞潔，肆爾淫奔。謀毒之情雖出於罔覺，而致殺之故緣實於姦通。均宜寘重，以正淫風。

錢丙既引賊以報私仇，惡有甚於窩謀；復漏泄以致之竄，情實同於奸細。合彰梟首之例，用示效尤之愆。

指揮田丑，性同鬼蜮，詩云：爲鬼爲蜮。言人之醜行。貪若犬狼。謀管屯則倚勢侵田，謀掌印則違禁取利。事權竊據，靦面目而不慙。靦音偭。即無羞恥也。囊橐盈充，盈，滿也。充，足也。犯贓私而不改。窮奸可惡，窮，極也。首惡當懲。魏熊等黨奸欺以肆侮，吠犬同聲。邏軍卒以張威，翊虎爲虛。宜正協從之典，用杜爲厲之階。千户王收，責司巡捕，志當預防。城樓灰燼而不救，寢榻晏安而罔知。指揮賈執，叨居武舉，借爲冒俸之階。委督屯糧，縱放科斂之辟。遇革而創悟絕聞，不知改也。愈放肆以起釁。被告而買求中寢，復逞黠以愚人。

指揮洪壬，烽火不明於平時，五里置一烟墩，謂之烽火。賊衆突入而罔備。行伍不整於臨敵，軍民多被其傷殘。指揮水癸，軍政管操，武備久弛而不練；弛，怠也。不練，不習也。臨時策應，鋒鏑未見其能交。鋒鏑：刀槍之屬，謂不能衝鋒冒敵也。金康既有操守之責，操守，謂其操練防守也。胡無晘禦之方。縱賊由本堡而過渡，致賊至觀望而潛逃。均屬有罪，法難輕容。

指揮陳受，叨承將帥之責，全乏預患之防。未能籌張以決勝，籌，算也。若能運籌於帷幄之外，決勝於千里之外。却乃縱酒以自驕。致使失事損威，被其擄掠人畜。雖未至喪師敗績，易云：失律喪師。亦難免謫發充戍。火福當兵刃既接之時，無見危受命之義。輒敢保身以自全，臨陣而先退。原其負國偷安，允宜按以軍法。王辛被劫官銀雖出於不測，棄毀公文實干於軍機。處以重刑，罪亦允當。馮壬不思三軍待哺，史云：嗷嗷待哺，即饑餓乏糧。乘隙恣意侵欺。干係沿海錢糧，所當照例斬首。陳癸心存市利，遇事嚇騙人財。事屬枉法，相應立功贖罪。褚子因騙財不遂小忿，忘家長撫育深恩。據其虛捏之辭，宜同誣父之律。衛丑私造戎具，豈識家不藏甲？語云：家不可藏兵器。蔣寅隨征逃歸，罔思千日豢養。法既有違，罪俱難宥。沈卯盜軍器以賣人，心與穿窬無異。韓辰因酒困而被盜，事比棄毀不同。依律議擬，情亦奚虧。

指揮趙角，本以庸流，謬承祖職。色納部軍月糧，不顧行伍虛曠。已著貪饕污跡，奚辭謫發立功？錢亢名叨士類，心同市井。署篆事而庫藏疏虞，已犯失覺之咎。知侵欺而納賄斯止，難逃故縱之尤。孫氏始則適己自便，買閑而僱役盜銀。繼則酗酒行兇，忘分而悖逆犯上。雖盜官銀法得准首，而毆傷親叔罪不容誅。李甲庫役委於匪人，致有侵欺之患。盜贓分以入己，不顧自盜之條。李房雖切同胞之念，敢率衆惡之兇，打奪致傷於公差，當盡首從之本律。周心爲異姓之鄰，同居濟惡之羣黨。例既有違，均宜遣戍。

指揮王辛，叨世禄而不知報效，置鄰患而若罔聞知。非惟無以振中國之威，抑足以長敵人之氣。損己之威，長人之氣，無制敵之能。遣戍邊陲，夫復何辭？

趙甲、錢乙，始則違禁下海，已蹈喪元之典；孟云：勇士不忌喪其元，即斬首也。繼又夥寇劫掠，難逃梟首之條。陳癸臨敵無受命之勇，語云：見危受命。臨財肆苟得之貪。均服上刑，委無虧枉。何戊捐棄財產，助給軍需，是以一介之小民，能濟三軍之大命。論功雖無汗馬之勞，蕭何（未）有汗馬之功，勒名太常。即功之大者也。奏擢宜膺（小）〔卜〕式之賞。

千户馮壬，職叨武弁，志尚貪饕。守衛既無發奸之積，臨財反肆苟得之謀。事屬違枉，法難輕容。太監王辛，不思絹帛何物也，乃敢萌偷盜以自私。千户韓辰，罔知禁門何地也，而可令匪人以守衛。李丁倚戀役而索人財，自罹充戍之典。李八因私債而毆人至死，難逃邊遣之條。楊氏始慕貞潔以持身，繼乃從容以就義。雖匹婦之自經固不足惜，自經，自縊也。而天地之正氣實不可磨。宜加旌表，以正綱常。

胡壬始受業而不敬其師，殊悖發蹤指示。漢高祖封功臣，蕭何食邑獨多。功臣曰：何未有汗馬之勞，反居臣等上，何也？高祖曰：諸君知獵乎？追殺獸者，狗也。發蹤指示者，人也。諸君徒能走獸功，狗也。至如蕭何功，人也。羣臣莫敢言矣。繼奪館而毆傷其臂，誠謂入室操戈。以夫子之道，反害夫子入室之道。鄭玄傳：任城何休好公羊學者，著公羊墨守、左氏膏肓、〔穀梁廢疾。玄乃發墨守，針膏肓，〕起廢疾。休見而嘆曰：康成入吾室，操吾戈而伐我乎？康成即鄭玄也。當懲重典，以爲不義者之戒。

（宋）馬令《南唐書》卷一九《誅死傳》　王建封少爲軍校，驍勇任俠。平建州，功冠諸將，拜信州刺史，爲人剛鷙，無所忌憚。及陳覺等矯命討李仁達，建封帥師圍福州，與諸將爭功，城垂尅而先退，諸軍由此潰散，遂失晉安。元宗大怒，陳覺、馮延魯皆被流竄，而建封不自安。元宗召還，慰撫之，使掌禁兵，建封怙罪，愈多僭侈。時魏岑鍾謨李德明皆當清要，而岑詭佞尤甚，謨及德明，亦輕脱，俱不恊衆望。户部員外郎范沖敏頗耿介負氣，深疾岑等，而與建封相善，以建封方被寵任，可去羣黨。因勸建封上書，歷詆用事者，請盡去羣小，進用正人。元宗大怒，以其武臣握禁兵，不當干預國政，流建封池州，賜死於路，沖敏棄市。

（宋）呂中《宋大事記講義》卷三《太祖皇帝·閱武　水戰　砲車　騎射》　乾德三年九月，御講武殿閱兵以馬軍爲驍勇，步軍爲雄武，並屬侍衛司。初京師之兵以殿前侍衛二司領之。時殿前司領騎兵之額三十七，步兵之額二十六，侍衛司領騎兵之額三十五，步兵之額八十三。上命給諸軍緡錢俾娶妻，王繼勳主雄武軍不能戢，下凡百餘人掠人妻女，上聞大怒命捕戮之，小黄門見而不奏亦杖數十。雄武肆掠者誅。

開寶四年十二月郊大赦，廢川班内殿直郊禮行賞。上以御馬直扈從特命增給川班内殿直蜀兵百餘輩上擇爲川班，援例擊登聞鼓陳乞。上怒曰：朕之所與即爲恩澤，又安有例哉？命斬其妄訴者四十餘人，遂廢其班川班妄訴者戮。時内臣李承進前，事後唐上問曰：莊宗以英武定中原，享國不久何也？承進曰：莊宗好畋獵事姑息威令不行，賞罰無節，因以兆亂。上拊髀嘆曰：二十年夾河戰爭取天下，不能用軍法耶？夫此輩縱其無厭之求，以茲臨御，誠為兒戲，朕今撫養士卒固不吝惜爵賞，苟犯吾法惟有劍耳。

（宋）呂中《宋大事記講義》卷一〇《仁宗皇帝·嚴贓吏　戮敗將》

康定元年正月，元昊寇邊，鄜延都監黄德和引衆先遁，劉平石、元孫被執。賊圍延門七日，德和既走，使人誣奏平叛。命御史文彦博鞫之，盡得其實。斬德和於河中府。大舜之仁於誅四凶見之，孔子之仁於兩都之誅見之，蓋去不仁乃所以為仁去不善，乃所以為善也。以漢文之仁，欲嚴盜環犯蹕之罪，重薄昭新垣平之誅。以我仁祖之仁而贓吏者誅，敗將者殺，蓋不如是，則是以不禁奸邪為寬大，以縱釋有罪為不苛，是特姑息而非仁也。彼王安石毀漢文以輕仁祖豈真知賢主之用心哉。

（元）張光祖《言行龜鑑》卷六《政事門》（宋仁宗時）李公及知秦州，及至州，將吏心亦輕之。會有屯駐禁軍白晝掣婦人銀釵於市，吏執以聞。公方坐觀書，召之使前，略加詰問，其人服罪。公不復下吏，亟命斬之，復觀書如故。將吏驚服。

（元）張光祖《言行龜鑑》卷六《政事門》（宋仁宗嘉祐時）職方張珙知江陰，軍吏盜錢三百貫，蓋三十年矣。發其奸，捕繫數十人。轉運使趙廓謂曰：此應賞典願寘吏，吾以聞。珙慘然曰：殺人以求賞，可乎？悉召吏諭之，以償錢則貸出，不爾，爾曹死矣。吏之親屬聞者，争出錢以償，十日而足，乃推二人死者爲首，餘悉貸不問。廓愧且嘆曰：公長者，非吾所及也。珙乃簡肅公之婿。

（明）吴訥《棠陰比事續編·立節論情》 孫立節崇寧間爲桂州節度判官，時謝麟經制溪洞事。宜州守王奇與蠻戰死，立節被旨鞫吏士有罪者，謝因收大小使臣十二人付立節，欲盡斬之。立節持不可。謝以語侵立節，立節曰：獄當論情，吏當從法。逗撓不進，諸將罪也。既伏其辜，其餘可盡戮乎？若必欲非法斬人，則經制司自伏其辜，其餘可盡戮乎？若必欲非法斬人，則經制司自爲之，我何預焉？謝即奏立節抗拒，立節奏謝侵獄事。刑部議如立節言，十二人皆不得死。其後立節遷官進秩，子二人皆舉進士，遂至大貴。以上十三人善可爲法。

（宋）洪邁《容齋續筆》卷一六《醉尉亭長》 李廣免將軍爲庶人，屏居藍田，嘗夜從一騎出，從人田間飲，還至亭，霸陵尉醉呵止廣。後廣拜右北平太守，請尉與俱，至軍而斬之，上書自陳謝罪，武帝報曰：報忿除害，朕之所圖於將軍也。王莽竊位，尤備大臣抑奪下權，大司空士夜過奉常亭，亭長苛之，告以官名，亭長醉曰：寧有符傳邪！士以馬箠擊亭長，亭長斬士，亡，郡縣逐之。家上書，莽曰：亭長奉公，勿逐。大司空王邑斥士以謝。予觀此兩亭尉長，其醉等耳。霸陵尉但呵止李廣，而廣殺之，武帝不問，奉常亭長殺宰士，而王莽反以奉公免之，亦可笑也。

（宋）洪邁《容齋三筆》卷四《軍中抵名為官》 紹興以來，兵革務煩，軍中將校除官者，大帥盡藏其告命，只語以所居官，其有事故亡沒者，亦不關申省部除籍，或徑以付它人，至或從白身便爲郎大夫者。楊和王爲殿帥，罷一統領使歸部，而申樞密院云：此人元姓名曰許超，只是校尉，偶有修武郎李立告，使之鼎名，因得冒轉，續以戰功積累，今爲武顯大夫，既已離軍，自合依本姓名及元職位。超詣院訴，而不能爲之詞。予檢詳兵房，爲言曰：一時冒與，自是主將之命。修武以前，固非此人當得。若武翼之後，皆用軍功，使其戰死於陣，則性命須要超承當。今但當尅除不應得九官，而理還其餘資，庶合人情，於理爲順。兩樞密甚然予說，即奏行之。

（宋）李攸《宋朝事實》卷一六《兵刑》 李繼隆討夏寇，與轉運使盧之翰有隙，欲陷之罪，乃檄轉運使，期八月出塞，令辦芻粟。轉運司調發方集，繼隆復爲檄，言陰陽人狀陳，八月不利出師，當更取十月。轉運司遂散芻粟。既而復爲檄云，得保塞胡偵候狀，言賊且入塞，當以時進運芻粟，即日取辦。是時民輸挽者適散，倉卒不可復集，繼隆遂奏轉運司乏軍興。太宗大怒，立召中使一人，付三函，令乘驛取轉運使盧之翰、竇玭及某人首。丞相吕端、樞密使柴禹錫皆不敢言，惟樞密副使錢若水争之，請先推驗有狀，然後行法。上大怒，拂衣起入禁中。二府皆罷。若水獨留廷中，不退。上既食久之，使人偵視廷中有何。報云：有細瘦而長者，尚立焉。上出，詰之曰：爾以同州推官，再期爲樞密副使，朕所以擢用爾者，爲賢爾，乃不才如是耶！爾尚留此安俟。對曰：陛下不知臣無能，使待罪二府。臣當竭愚慮，不避死亡，補益陛下，以報厚恩。李繼隆外戚，貴重莫比，今陛下據其一幅奏收，誅三轉運使，雖彼有罪，天下何由知之。鞫驗事狀明白，乃爾加誅，亦何晚焉。獻可替否，死以守之，臣之常分。臣未獲死，故不敢退。上意解，乃召吕端等。端等奏請如若水議，先令責狀。許之。三人皆黜爲行軍副使。既而虜欲入塞事皆虚，繼隆坐落招討，知秦州。若水由是知名天下。

（宋）司馬光《涑水紀聞》卷六　石熙政知寧州，上言昨清遠軍失守，蓋朝廷素不留意，因請兵三五萬。真宗曰：西邊事，吾未嘗忘之，蓋熙政遠不知耳。周瑩曰：清遠失守，將相不才也。熙政敢如此不遜，必罪之。真宗曰：群臣敢言者，亦甚難得，其言可用，則用之，不可用，置之。若必加罪，後誰敢有言者因賜詔書褒嘉焉。

（宋）李攸《宋朝事實》卷一六《兵刑》　靈州河外寨主李瓊以城降賊，有司將坐其家屬。上曰：窮邊孤壘，又無援兵，緣坐之法，朕不忍行也。案下文書二年則此上自必繫年，爲傳寫者脱去。二年，契丹入邊，邊將言文安、大成二縣監軍棄城遁走，請以軍法論，上遣中使誅之。既行，謂之曰：此奏尚有疑，得無所部召之耶，當詳而後決。使至，訊之，果乾寧軍令部送民入城，非擅離所部，遽釋之。上之明察如此。

（宋）王闢之《澠水燕談録》卷二《名臣》　張忠定公詠知通，進銀臺司。并州有軍校笞他部卒至死，獄具，奏上，法官謂非所部，當如凡人。公執奏曰：并接羌胡，州兵數十萬，一旦因一卒法，死一校，使卒有輕所部之心，且生事，不若杖遣，於權宜為便。上如法官議。不數月，并果有卒怨本校，白晝五六輩提刀趨喧爭前，刺校心胸，狼籍尸下，遂竄去。朝廷方以公言向所執為是。

（宋）岳珂《桯史》卷一四《二將失律》　王師始度淮，李汝翼以騎帥，郭倬以池，田俊邁以濠，分三軍並趨符離，環而圍之。虜守實欲迎降，忠義敢死已肉薄而登矣，我軍反嫉其功，自下射之。顛隮者曰：是一家人猶爾，我輩何以脱於戮？始復爲備。符離一尉遊徼於外，不得歸，城外十里間有叢木，尉兵依焉。我之餉軍者，輦過其下，招司不夙計，征丁於市，人皆無衛，部運官吏多道匿，無與俱者。尉鳴鼓，餉者盡棄而奔，則出於本間，聚而焚之。已輒歸，三將無覺者，但怪糧不時至。居數日，而士不爨矣。初，取泗無攻具，夜發盱眙染肆之竿，若寺廟之刹，爲長梯以登。泗本土堙，又無禦者，幸而捷。忠義與軍士，已爭功而譁，及是復不攜寸木往。居泗一月，而後之宿。宿聞有我師，以其帥府命，先芟積清野待，砲械無所取辦，敢死又已前郤，乃坐而仰高，搏手莫知所施。汝翼之至也，舍於城南有方井之地，夷坦不宿草，軍吏喜其免於崇薙也，而營之。會夜暑雨大作，營乃故積水卑窪處，草以浸死，元非可頓兵也。平明，帳中水已數尺，軍饑，遂先潰。二軍不能支，皆掃營去，改塗自蘄縣歸。入城少憩，而虜人坐其南門，覆諸山下矣，兵出方半，縣門發屋者，皆桀石以投人，我軍機殲焉。大酋僕撒孛堇者，使謂汝翼曰：田俊邁守濠，實誘我人而啓釁端，執以歸我，我全汝師。汝翼不敢應，池之帥司提轄余永寧者，聞之以告倬曰：今事已爾，何愛一夫而不脱萬衆之命乎！倬憮然頷之，永寧傳呼，召俊邁計事，至則毆下馬，反接。俊邁厲聲呼倬曰：俊邁有罪，太尉斬之可也，柰何執以與虜！倬回顧汝翼，俱不言，第目永寧，使速行。俊邁脱手自扼其喉，卒復敓之。俊邁有二馭者，忘其名，實在旁，不能救，泣而逃。虜既得俊邁，折箭爲誓，啓門以出二將，猶勦其後騎，免者不能半焉。輕騎至盱眙幕府自歸，余時適至，二將舍玻瓈泉，猶傳呼，揚揚自若。倬，蓋招撫倪之弟也，意右之，招余言，頗自文，欲縶以歸於宣臺。議既定，問余何以處，余曰：大義滅親，正典刑以全門戶，上策也。使它日朝廷欲勿行，則失刑矣，何以馭軍？行之則失恩矣，何以待招撫？倪勃然變乎色，不終席而揖余以湯，招幕有與余厚者，退而咎余言太峻。余笑不答，遂登舟以歸。倬未行，客有獻計於倪者曰：軍方敗，事未宣也，縶而歸之，其聞愈章。遂庇弗遣。余歸，病中得邸狀，汝翼、倬俱薄謫湘、湖間，意泯熄矣。居亡何，有旨，命大理正喬夢符即京口置獄，推俊邁事，皆莫測所以發。既乃聞余永寧者，適以事至宣司，遇俊邁之馭，執之，呼冤，丘樞訊焉，得其情。以事已行，不欲究，第杖永寧脊黥流海島。倬之弟僎，輕佻人也，好大言，聞永寧得罪而恕，實不知其事之出於倬，妄謂不然，以訴於平原。平原謂之曰：平反易耳，第萬或一。然國有常憲，彼時何以爲君地？不如姑已。僎固稱枉，請直之。喬遂來復追永寧於道，俱下吏，左驗明甚。九月，獄具，永寧礫死，倬棄市，從者皆論極典，汝翼以不出語，得減死，竄瓊州。復劾其匿軍帑之罪，籍其家貲。俊邁家賜宅予官，時倪猶帥揚，上親灑宸翰慰安之。龍舒守章以初升之方待次居京口，因至揚，倪泣謂之曰：岳監倉在否？爲我謝之，愧不及先知之明也。至冬，倪亦以怯懦罷，遂謫南康。嘉定更化，與僎俱流嶺南，貲産隨所在沒入之。僎蓋又儀眞喪師之將也。倬之罪不及汝翼，倬嘗爲建康副帥，在廬輕財勇往，遷池不數旬，即出兵於艱難中，頗得士卒心。方潰時，不得已俱至蘄，猶力戰，獨以一諸罹禍。汝翼嘗爲九江帥，刻剝無藝，軍士甚貧者，日課屨一雙，軍中號爲李草鞋。其遷馬帥也，船發琵琶亭，塗人咸詬而提擊之。既敗，猶取馬司五萬緡歸其家，焚其籍。倬死之後，喬再入院鞫贓罪，兼旬而竟，僅得不死，人猶以爲幸也。明年，有自虜逃歸者云，見俊邁尚在虜，蓋不殺。或謂郭氏實倡言以自宣，莫可致詰。倪、倬、僎皆棣、杲、果之諸子，浩之孫，世將家，寵利盈溢，進不知量，隤其家聲云。

（元）劉孟琛《南臺備要·完者帖木兒》 至正十二年三月十九日，準御史臺咨。承奉中書省劄付，至正十二年三月二十二日，咬咬怯薛第三日，嘉禧殿裏有時分，速古兒赤不答失裏，雲都赤，迭裏必失，殿中阿不花，給事中塔海帖木兒等有來，脫脫答剌罕太傅，右丞相伯撒裏，知院定住，平章搠思監，大夫普化，平章賈魯，左丞朵兒只，中丞帖理帖莫爾，參政烏古孫良楨，參政劄撒兀孫，侍御童子，治書偰哲篤，參政脫火赤，參議王敬方，參議李稷，參議伯帖木兒，郎中周璿，郎中孛羅帖木兒，參議馬碩理，經歷劉繪，員外郎咬住，都事安明德，都事直省舍人安童，蒙古必闍赤忙哥帖木兒等奏，山南廉訪司官，將分司副使完者帖木兒取回總司，委領千戶壹員。將壹阡名軍人壯丁前去，與反賊迎敵呵。副使完者帖木兒於正月二十六日，迎見反賊，不行迎敵。當日避走騎坐鋪馬，經由四川狹西省來，到這裏有行事之際，似這般怠慢了避走的，若不整治呵，怎懲戒多人。俺省院臺官衆人商量來，如今完者帖木兒根底，取了招伏，將他杖斷壹百柒下，追奪所受宣敕不敘，發去海南常川安置呵。怎生奏呵。奉聖旨那般者，欽此。除外都省合下仰照驗欽依施行，承此。除外本臺合行移咨請照驗欽依施行。

（元）沈仲緯《刑統賦疏·第五韻》 行御史臺該準御史臺咨：監察御史呈，體察追問到樞密院通事阿八赤等占使軍人，並省椽王良能等私下借使易官車牛搬載己物，取道各各招伏追斷，及將王典量情斷罪。外，本臺議得：内外諸衙門管軍匠人夫並收掌係官頭匹官物，遍行明諭，取與之人，俱各有罪，嚴加禁治。

（明）余懋學《仁獄類編》卷二九《役軍宥連坐》 洪武十二年，刑部言古北口千戶擅役軍士，八人出境伐木，爲賊所殺，論當死。衛指揮以下凡七人，俱當連坐。上曰：千戶違法，擅役軍致死，可論如法，餘人竝宥之。

（明）余懋學《仁獄類編》卷二九《釋觸舟漁人》 洪武二十年，留守衛軍士運官司甓與漁人舟相觸，溺死，官執漁者，請罪之。上曰：兩舟相觸而軍士不謹，致溺死，豈漁者故害之邪。命釋之。

（明）余懋學《仁獄類編》卷二九《治逃軍誣奏》 洪熙元年，安東中護衛百戶丁源等五十餘人，奏韓府長史楊耀宗、護衛指揮謝輝及承奉楊緣不法數事。宣宗諭行在兵部尚書張本曰，韓王嘗訴護衛官軍皆畏平涼道遠，不肯隨從之國，逃逸甚多，已命捕治之，此輩得非逃逸者乎。汝即勘對王所奏姓名同否。本復奏五十餘人皆是。上曰：所告長史等罪，悉是誣罔以，蓋已非不可信也。付行在刑部鞫之，既而刑部奏言，源等誣告，意圖脫護衛。上曰：枉人以利己，賊之尤者，繫其首讓者於獄，治如律，餘悉械送王自治之。

（明）韓邦奇《苑洛集》卷一三《怯懦將官燒荒遇敵奔敗事》 謹題為怯懦將官燒荒遇敵奔敗事。據宣府在城坐營管操都指揮僉事朱彬呈，據把總千戶孫鎮等呈稱本年十月初一日，蒙鎮守總兵官劉淵統領坐營都指揮朱彬等，官軍三千餘員名前往中路青邊口堡燒荒，至本月初二日卯時，分與同本路叅將都勳守備操守官楊鉞、王勳、靳尚武、張輔等人馬俱從本堡大變新臺西空出境。都勳領兵前哨，朱彬等後哨相繼行走。至未時分哨至地名紅崖兒等處，與張家口堡燒荒宣府遊擊王鎮，南路叅將劉江人馬會合，仍分兵各從原路回還。朱彬等當先，都勳等人馬繼後，各責令夜不收，四散燃火。至地名大莊窩，被南山溝内潛伏北敵約有二十餘騎，乘隙風煙前敵突出，拍馬喊叫衝來。各官軍并叅將都勳帶領有馬官軍往東混亂跑走，遺下步軍被敵邀追射破。當蒙總兵官劉淵，坐營官朱彬督率職等官軍齊力奮勇，與敵兵刃相接，射中三敵，拖拉去訖，將步軍馬匹救入營内。復督官軍追至紅崖兒，其敵敗遯山林趨避，欲再窮追，山河艱險，樹林深密，時值天晚，恐墮敵計，收兵回還。查得本管並無疎虞，若不具呈又恐官軍怯懦跑走，儻將本管人馬驚亂致失大事，恐難分辯。呈乞轉達等因備呈前來行，問隨準分守中路左參將都指揮使都勲手本。嘉靖十二年十月初二日卯時，蒙鎮守總兵官劉淵統領宣府并本路官軍從青邊口新臺西空出境，燒荒分布，本職等前哨行至地名紅崖兒等處，離邊約遠七十餘里，各下營劄立傳，令官軍發火焚燒，至未時分起營回還。總兵官劉淵前行本職收兵，後行至地名大莊窩迤西，比時煙霧蔽天，忽被南溝林内突出北敵二十餘騎，拍馬喊叫來衝。本職督令官軍下馬各用神鎗弓矢射打，當有總兵官劉淵急來救援，復督官軍齊力奮勇射打，傷中數敵。各賊見我兵勢衆大，慌張奔走往西北去訖。欲要追趕，山險林密河道阻隔，恐墮敵計，收兵入境續據葛峪堡。守備指揮楊鉞呈稱，查得被敵射傷旗軍三名，劉剛、崔恕、武三，射死軍人李小大下馬一匹。操守常峪口堡指揮靳尚武呈稱，查得被敵射傷軍人二名，田仲禮、周小柴。操守羊房堡指揮王勲呈稱查得被敵射死軍人一名，潘永倉，擄去本軍下馬一匹，神鎗一把，再無別項疎虞。又據操守青邊口堡指揮張輔呈，查得本堡並無損傷，官軍馬匹等因各呈到職，恐有漏報，取具各官不致隱漏。結狀在官等因備具手本到，臣會同巡按直隸監察御史參照左參將某當燒荒之際，為殿後之軍提數千之精兵遇二十騎之零敵，兵刃未交，望風退縮，致諸軍之大敗而四散奔逃，使羣敵之長驅而縱横出没，重為邊境之羞，益驕敵人之志。良以本官才本凡庸性復怯懦，惟平昔之威名欠振，故臨陣之紀律不嚴，及至開報緣由，又多隱匿情實，圖脱重罪，肆揑虚文。再照守備操守等官某各提一堡之兵，同為奔北之將，使當時有一人負勇而自立，則諸軍必不至相視而大潰，通屬有違法當參究如蒙。勑下法司，將某等依律從重究治庶邊。臣知警而軍威可振矣，邊係怯懦將官燒荒遇賊奔敗事理，未敢擅便，為此専差謹題請旨。嘉靖十二年十月十一日。

（明）佚名《四川地方司法檔案》 壹起爲分豁軍犯病故事。壹名，李斌，年陸拾歲，成都府石泉縣富谷鄉民籍。狀招：故父李咸受生故兄李春與斌並已故弟李森。李春生李成，並撫養在官義男李興。李成娶在官妻張氏，生伊在官男李濟。嘉靖貳拾壹年拾壹月内，李成奉例納撥四川墒底倉攢典，嘉靖貳拾貳年叁月拾柒日收參。嘉靖貳拾叁年正月拾陸日役滿，考撥本縣六房，嘉靖貳拾陸年貳月拾叁日收參户房。嘉靖貳拾捌年陸月内，爲別卷問結本縣未到民李伸、張拱將知縣李鼎並李成等訐告巡撫老爺李處，批行按察司，蒙將李成問擬終身軍罪呈詳，定發建昌衛。嘉靖貳拾玖年伍月初柒日，蒙本府紙牌，仰縣行拘軍犯李成真正妻小并僉差底業長解貳名，給文解府轉解。蒙縣行拘斌與李興到官給文，於本月初伍日批差甲首張月管解行間，比張氏因無人在家務農，就令李濟頂替李興，就不合聽允在家，李濟亦不合聽允頂名，於本月貳拾肆日投府。蒙府給文批付斌等，將李成解赴布政司，給咨轉解四川行都司□□，赴察院老爺鄢處挂號領出管解。行間，彼因李成追贓監久，缺少盤纏，再三向斌言説，你可念我叔侄親情，將我解向石泉縣轄些盤纏與你同去，豈不是好？比斌亦就不合聽允，當將李成管押，於陸月拾貳日起程回籍，取討盤纏。行至綿竹縣地方，彼因天氣炎熱，李成在途陡得傷寒病症，轉加痢疾，請醫調治，愈加沉重。是斌與李濟見得病重，難以管解，斌又不合不行告明，朦朧僱倩綿竹縣不知姓名脚夫扛擡，於本月拾玖日辰時到家，本日申時分因前疾重，氣絶身死。比斌等見得李成身故，恐後貽累，將情具狀，於本月貳拾壹日首赴本縣。蒙批典史張得才相視，當蒙本官帖差里老李近陽、杜萬益眼同相得已死，身屍壹軀，委係李成身屍。恐有別故，李近陽等人又用銀簪插探，委無別情，呈繳本官。尤恐不的，親詣李成屍所相驗，與前相同。重復查審，李興方將李濟頂名情由説出，具由呈繳本縣。蒙縣將斌等監候，具由申詳布政司老爺處。蒙批：仰將李斌等問招報奪。縣將斌等行提到官，逐一查審明白，各無異詞。將斌等取問罪犯。

□【略】斌招同。

壹口，張氏，年叁拾陸歲。供與李斌供同。

□，議得：

李斌、李興、李濟所犯，俱合依不應得爲而爲之事理重者律，各杖捌拾，俱有□□減等，各杖柒拾。俱民，李斌審有力，李濟、李興審俱稍有力，合照例，李斌、李興、李濟折納工價贖罪，完日與供明張氏各寧家。審得李斌原領布政司咨批壹套，係奉察院挂號定立限期批文，今軍犯李成病故，擅難銷繳，務候詳允，行縣差人押解銷號。卑縣未敢擅便，俱候申詳允示施行。

（明）張瀚《松窗夢語》卷一《宦游紀》 戊辰歲暮，海北參將耿宗元謁庭下，狀貌甚偉。余喜得驍將，語之曰：海寇林容，縱横江上，汝宜亟往剿除。即日辭去，復之嶺東謁巡撫熊。熊遽令率標下民兵，出剿平山屯聚倭夷。元以兵非素練，熊曰：與爾旗牌，不用命者聽行軍法耳。元乃入營號令，把總周雲翔等聚衆謀曰：何處戇漢，擅號令我！不殺，將爲若害。遂突入殺元，衆盡髡黔，反投賊中。余遠駐肇慶，相隔千里。夫熊本始事，倉猝召變。乃該科獨參論余，降二級，不言及熊。余聞變，令中軍率狼兵數千，盡殲倭夷，生擒雲翔。捷聞，熊以功受賞，余僅贖罪。若熊，亦可謂善掩罪邀功已！人臣爲國效力，何敢自明。顧九閽遠於萬里，孤臣又在萬里外，惟憑省中一疏，以行賞罰。有言責者，尚慎之哉！

（明）梅守德等《徐州志》卷三二《王獻傳》 王獻由舉人仕，爲兵馬指揮，執正不阿，時禁軍盜劫戚里財命，捕甚急，獻緝獲。法司欲有所原，獻抗章竟置于法。

（明）祁彪佳《莆陽讞牘》卷一《莆田縣監·一起嚴緝逃亡以肅部伍事》 依軍臨陣先退而逃者律斬秋後處決已批允未會審監候

犯人一名洪宇

前件看得洪宇以生平習膚篋之奸，乃倉卒應援遼之募。給餉甫肥私橐，即陰懷裹足之心。荷戈未及中途，輒遽作抱頭之竄。匿姓名而仍竊，在伊父之供報甚嚴。無差遣而潛歸，即主將之移文更確。矧今邊氛孔熾，方將責敵愾於前途。倘軍令不申，何以肅我行於後繼。故泥私逃之律而論擬，恐法弛於失伍之三。惟照臨陣之條而斬，庶紀肅於懲百之一。

（明）祁彪佳《莆陽讞牘》卷一《莆田縣監·一起嚴緝逃亡以肅部伍事》 依軍臨陣先退而逃者律斬秋後處決已批允未會審監候

犯人洪宇

前件看得亂用重典，國之經也。自有東事以來，逃風一倡，望塵輒奔。蓋因烏合者皆市井無賴，惟是作騙餉詐錢之計，豈其有從軍禦侮之思。以故朝廷費數百萬金錢，不得一士之用。邇者當事議截殺逃兵，人有固志，卒收寧遠之捷。若洪宇者，而可寬縱之乎？按本犯生平習胠篋之奸，倉卒應援遼之募，給餉甫肥私橐，即陰懷裹足之心。荷戈未及中途，輒遽作抱頭之竄。匿姓名而仍竊，在伊父之供報甚嚴。無差遣而潛歸，即主將之移文更確。矧今邊氛孔熾，方將責敵愾於前途，倘軍令不申，何以肅戎行於後繼。罪不止於失伍之三，法必申於懲百之一。然使當時立斬以狥，原無辯竇可疑。而今司讞者原情定法，尚有從征初逃之律在耳，伏候裁奪。

（明）張肯堂《㽦辭》卷二《徐邦輔寧山衛軍》 徐邦輔故寧山衛軍也，視其年力，尚堪荷戈，乃當本縣以軍興簡閱，此何等時，而顧以殘邁之徐邦彥代爲應役也。就邦彥論，則老弱應汰。即就邦輔論，失伍獨不應去乎。革之而以楊進孝補其缺，非過也。況邦輔之軍，其正名爲孫明遠，得既倖致，失亦偶然，非若祖襲者之確然不易也。今邦輔之所以越訟者，軍名不難敝屣棄之，而軍產則不勝雞肋戀之，一日一盡失所據，寧無怏怏於懷。量於進孝名下追銀六兩給之，鼷鼠之腹庶可飽乎。以此謝邦輔，而以邦輔之一杖謝進孝，此兩人之所以頫首而無詞也已。

（明）張肯堂《㽦辭》卷四《孫承祚軍》 孫承祚逃軍也。先是有習苟俚者，爲宣班戍卒。承祚瞰其絕而謀充焉。因得有其軍產一頃，每年典與錢萬敖等三人，而收其入以爲踐更費，蓋有少利而無全害也。乃久而玩矣，既不歸伍，復不輸糧，逍遙河上坐食嘉穀。於是千夫長洪守業禁不得佃。承祚非惟不敢出氣，且惴惴慮追亡之令，而特以爲萬敖等愚民，濬又隔邑，可以乘間鬥捷。庸知守業之挺身而證也。奴見大家，能無心死乎？軍之應除、應補，業之應予、應奪，該衛爲政，而至若萬敖等既出典價，盻盻西成，總之不任受過矣。

（明）張肯堂《㽦辭》卷一一《牛金等二》 逃兵豨突，本縣日討鄉兵而訓之，磨厲以須，常如寇至，庶幾稍效一割，而不意僅僅小用之牛金等也。獲後不敢不以上聞，而旋爲諸卒乞命者，蓋見敵時自應惟力是視，而就縛後尤必以法爲衡。諸卒昌鎮撤回，今既有文移可據，贏粻千里，豈能秋毫不擾，然他境竊掠，多不自承，正不必一一窮追之也。至若牛金拔刀欲砍，幾入死法，而先發制之，刃不及下，猶可開一面之網，乃知初二日之一舉，非僅衛縣居民之幸，抑亦此十九人之幸矣。寧直諸人，即後來之絡繹於途者，聞風色阻，貔貅之氣，化爲處子。道路有口，誰謂非剿捕之微效哉。抑本縣所請者，更不止此，蕞爾濬邑，實爲南北交衢，宜溝大道，既爲往來必繇。他如繇陽陰而取道長垣以至河南者，則裴家莊一帶受之。繇滑縣什村以至衛輝者，則二郎廟等處受之。自宜溝捷徑以達封丘者，則鉅橋衛縣集等處受之。繇彰德捷徑以達封丘者，則屯子等鎮受之。至間道之通於東省者，又未易一數也。載路兜鍪，如馳如織，雖鎮設鄉兵，無所不備，然豈能是處置人於途，而物色其爲瓜代爲逋亡也哉。伏乞上臺特申嚴示，廣諭軍民，凡係兵丁，俱束隊連行，一遵宜溝大路。若有執持器械什伍成羣竄入小路者，雖係放班，亦以逃兵法論，必罪無赦。庶踐更者不得乘多事之時以自便；而逃亡者亦不得借班軍之名以自文。此一得之慮，或可備擇於高深者也。諸卒來歷已明，似應寬釋。牛金當先逞兇，或應量加責治，或聽本縣移文彼中，自正軍法。貯庫軍器，應否並給，統候裁奪施行。

（明）蕭良泮《重刻釋音參審批駁四語活套》卷二《參語》 周壬職司戎務，貪黷成心。賊首投戈自降者，投戈自降，謂棄其兵甲而自歸降。因索財而殞命。虜羣乘虛攻襲者，乘虛，乘其無備。襲，陷也。遂委營而偷生。委，棄也。法應擬斬，夫復奚辭？

中國第一歷史檔案館《雍正朝滿文硃批奏摺全譯・刑部尚書佛格等奏請處置軍前逃人哈爾岱等事摺雍正元年二月二十五日》 查康熙五十六年七月內，準兵部咨稱：跟隨鑲紅旗自備鞍馬往軍前效力之原任公來什之包衣分太佐領下披甲道保、閑散五兒、薩滿七十兒，帶了駝馬逃回。從前在出兵處逃回之察哈爾地方閑散渣木素、達爾紀，經議政大臣議覆：伊等逃回時偷有馬匹，甚爲可惡。將渣木素、達爾紀解往察哈爾地方正法示衆等因具奏，奉旨，將伊等監禁，俟軍機完日再議具奏。欽此。應將道保等交送刑部監禁，俟軍機完日再議具奏等因，將道保等送部監禁。後各處拿送披甲、柏唐阿、家下人等，亦俱監禁。於康熙六十年十二月初十日經臣部原任尚書托賴等摺奏，現今監禁死罪人犯並發遣人犯，及軍前逃回人犯，共一千有餘，拘集一處，病死者甚多，將應發科布多、烏蘭古木人犯，暫交就近便道宣化、大同等府所屬州縣，分收羈禁，俟修站完日，再行發遣。軍前逃回人犯內，披甲、柏唐阿等仍監禁，俟軍機完日另結。其逃回之家下人哈爾岱等，俱審理照逃人例治罪完結等因具奏，奉旨：依議。欽此。除將應發科布多、烏蘭古木地方人犯，俱分發宣化、大同等府所屬州縣羈禁外，從軍前逃回家下人等各主俱在軍前，若只據伊等口供治以輕罪釋放，軍前所有官兵所仗係家下人等，一聞此信，俱各逃回，恐致官兵受累，有伊等各主子弟稱無人使喚，懇乞治罪，交伊領去。在該旗具呈，咨有印文者，將幾人照例治罪釋放。後因軍機關係甚大，再并未釋放，將哈爾岱等八十餘犯仍行監禁至今，今或照逃人例治罪釋放，或俟軍機完日完結，或據伊等各主懇求釋放者即行釋放之處，臣等未敢擅便，伏候上裁。

硃批：軍機完日請旨釋放。伊等主子若請求釋放，即釋之。定據實取保，日後伊等主子不可有話。

中國第一歷史檔案館《雍正朝滿文硃批奏摺全譯・川陝總督年羹堯奏參違法遊擊並區處摺雍正二年四月二十四日》 聖主委臣爲撫遠大將軍，特以軍務爲重。諸凡調轉之事，爲使統一，即爲提督、總兵等官，無不同心圖報所委之事，故臣在上，仰仗天威，在下則賴衆力所助，方平定青海之事。先和州邊外鐵布、本巴之賊番等搶掠四川驛站馬匹，殘害驛站軍士，倚地主險固不降。中途行劫。故臣命鞏昌營游擊楊昌率土司楊汝松之兵二千，同署理和州副將事務之游擊岳朝龍與四川兵相會，乘機征服。楊昌不從我之所委，一兵未帶，只身出邊，且於四月初三日，值四川、陝西綠旗兵、土司兵征伐賊番之際，未待事竣，即棄之返歸。倘每人均仿此行，臣如何調轉官兵？此種隨意進退，貽誤軍機之員，理應遵敕命，即依法懲處。惟軍務大事均結，臣寬恕楊昌斬罪，綁縛杖四十示衆外，伏乞聖主諭該部，將楊昌革職。

硃批：甚應該。尚應軍法處治，已諭部。

中國第一歷史檔案館《雍正朝漢文諭旨》雍正五年九月二十二日 兵部爲領兵前往阿爾泰駐防，沿途折領草價，騷擾百姓，議將原任將軍穆克登副都統花善等降級留任一本摺。奏奉旨。朕即位之初，令穆克登等領兵前往阿爾泰地方，此係駐防兵丁，並非征勦之兵，伊等臨行時，朕曾諄諄降旨，切加訓誡，令其約束管轄，勿得騷擾地方，乃敢踈縱兵丁沿途折領草價，以致民人含怨，具罪甚大。該部祇照咨取口供議以各降一級留任，顯屬狗庇，這事情著暫行收貯巴賽穆克登換班回京時交與議政王大臣務將此事實情審明，定議具奏。

中國第一歷史檔案館《雍正朝滿文硃批奏摺全譯・大學士鄂爾泰等奏議將軍傅爾丹等罪行摺雍正十年七月十二日》 切查傅爾丹等交戰時躲閃案，

雍正十年七月十二日，據派往圖爾舒勒委參領烏拉岱處來報：十一日日出，抵達布爾齊克特山，登高望之，賊勢衆多，營於察罕鄂洛莫等處。見由賊軍出兵五、六百名，急促向空格依而來。故我等返回。等情。臣與傅爾丹商議，由扎布喀、空格依所備兵内，將寧夏五百兵丁留察罕廋爾城鎮守。通告其阿勒達爾托洛海、伊魯等處駐兵，俱速往烏蓀墜勒齊集。等情。駐鄂依渾處之額駙策凌等爲截殺賊人，同傅爾丹之軍合力事，行文駐鄂登楚勒之王桑里達等。十二日晚，傅爾丹等啓程，十四日寅時、申時、酉時，自傅爾丹處相繼來報：前隊之兵較遠接數百賊兵作戰，防備堅固，後又數次擊敗賊兵。等情。十五日晨，傅爾丹等紛紛撤回軍營，當時未及稽察。今查問得，據傅爾丹稱：傅爾丹同策旺扎布遵大將軍交付，於十二日啓程，十三日午時，抵達烏蓀墜勒。經我等商議，在烏拉岱率往二百圖爾舒兵尾，遣派奉天等處兵、察哈爾兵三百名，交付總管勞章敦珠克捉生，烏拉岱並未見賊情。等語。揀派奉天、吉林烏拉、土默特兵丁三百名，交付烏拉岱差遣。十四日巳時，自烏拉岱等處來報：數百賊兵，來侵我等，立於額勒圖地方。等情。傅爾丹我等共商議，共揀派兵一千六百餘名，交付烏查喇、阿納布、公羅布藏車布登、扎薩克臺吉喇布坦，編爲二隊往援。續撥給阿岱一千二百兵丁繼前隊去。因此留守營、埋伏等兵，餘兵由我等親率出烏蓀墜勒，阿納布等處來報二次擊敗賊兵。等情。差遣護軍校喀喇往告阿納布等防賊引誘。據喀喇回報：阿納布等收兵立於原陣地。等語。以此又以子母炮四尊、兵丁一千五百名，交付營總敦珠克等啓程，將羅布藏喇錫處所餘兵丁、右衛兵丁交付羅布藏喇錫、阿三往追方啓程之兵，我等將收衆兵即往，收伏兵帶來。等因差人去。後據放哨之人回報：賊兵大隊向我前兵衝來。等情。傅爾丹、策旺扎布、僧衮扎布、沙津達賴率所有兵丁，急猝向前迎接數里，我兵跑步衝來。我等雖各自盡力止兵，竟不止而衝去。羅布藏喇錫到後，我等抵達前，兵丁回撤，並不能制止。等因告之。繼之阿岱亦以不能止兵等因來會。因此，我等由殿後而行，從戰地歸來之兵丁未入營，因我等本人留在軍營則無用，故羅布藏喇錫、僧衮扎布、沙津達賴、阿岱、我等行走一夜，十五日抵達大營。此特係傅爾丹我之死罪。等語。

據羅布藏喇錫對曰：我率本盟之一千二百兵前往。傅爾丹二次遣派九百兵。十四日晚，阿三率一百兵同我照傅爾丹交付急速前往時，抵達前遇我等兵返回。欲阻止而不停，經此而去。賊兵前來交戰，斬賊十餘人便衝出回來者，實我之罪。等語。

據貝勒僧衮扎布答言：傅爾丹以有賊情而發兵時，我每次欲前往，報而不準，故留於傅爾丹處。因不能制止我兵撤回，故俱經過。賊兵前來交戰，射倒十餘賊便返回者是實。此即我之罪。等語。

據烏查喇答言：傅爾丹於十四日辰時撥給營總隆保等共九百餘兵，續調往圖爾舒勒軍中。阿納布、羅布藏車布登之兵抵達後，共奪七峰，斬百餘賊，退至原陣地列隊。阿岱之兵抵達，於我兵前續列陣交戰，斬我本處賊兵三百餘人。正交戰時天色已昏黑，突然三百餘賊冲破，當時，不知何處、何營之兵先動，我被圍困一夜，天明而出，因營内無人，便返回者是實，係我之死罪。等語。

阿納布、羅布藏車布登供詞俱與烏查喇同。

據阿岱供稱：傅爾丹交我共一千二百兵，遣續烏查喇等。阿岱率兵續烏查喇列陣，交戰時，斬我本處賊兵五百人。等語。餘詞俱與烏查喇等同。

據阿三供稱：我於十三日牽駝啓程，前往察罕廋爾領取口米，十四日晨啓程，於申時抵達烏蓀墜勒，共率四百兵往尋傅爾丹。阿三我依傅爾丹交付率一百兵與羅布藏喇錫同啓程行里，見我兵撤退。因此羅布藏喇錫欲往尋傅爾丹而去。阿三我雖制止撤退之兵，未能止住，故返回。至前抵達之兵如何交戰、撤回之處，我不知曉。戰時未追及者，乃我之罪。等語。查到達烏蓀墜勒之兵八千名，傅爾丹等未占據烏蓀墜勒之水源，理路整備。圖爾舒勒之人來報：距離烏蓀墜勒六十里處額勒圖嶺見賊勢。等情。傅爾丹等未定如何抵抗，只陸續調遣，而傅爾丹未親臨戰場，先行抵達交戰之三千餘兵撤回，傅爾丹未能制止，棄營返回。副都統阿三於十二日獲悉，由臣處咨行兩次。時阿三既於十三日晨取馬畢，且借故取米，於十四日申時方抵達。故此，將阿三按律亦同傅爾丹緝拿之。請將傅爾丹、阿三俱交該部從重治罪。王羅布藏喇錫、貝勒僧衮扎布、參贊大臣阿岱、副都統阿納布、烏查喇、公沙津達賴、羅布藏車布登等，於額爾德尼召地擊敗賊，將伊等交部議罪在案，效力贖罪之處，恩出自聖主。再，於烏蓀墜勒戰役負重傷而出之官兵，復於額爾德尼召地交戰官兵之罪在案外，於烏蓀墜勒等處棄炮、軍器而來之者，現即分辨輕重，懲打治罪，仍將伊等之罪記於撤回官兵册内。再，於烏蓀墜勒戰役，何人何隊先動，無證可查，惟有於烏蓀墜勒處撤退，且又因賊兵圍困大營，而妄懼躲避之官兵，尚未歸來，情甚可惡。將伊等解來後，予以查明，將其起意倡首逃避之官兵即以軍法處置示衆。臣錫保承擔重大之責，以至兵丁俱屬臣管轄之人，於烏蓀墜勒地方撤退者，係臣無才能，未能指教所致，委實慚愧且畏懼。請諭該部，將錫保一並從重議罪。等語。

臣等議得：傅爾丹係率兵將軍，諸事應詳謀相機尋求牢固而行。前年輕率進伐，於和通呼爾哈失利之次，應即從重治罪。然聖主命伊復收兵，能保衛科布多城，賊兵來時，又遣塔爾岱達錫等斬賊，因奪回被奪之駝隻、行李，而施以鴻恩，寬免其重罪，仍爲將軍，以獲效力之路。以此傅爾丹應思報聖主之恩，拼命效力贖罪。去年賊兵來時，傅爾丹陸續調兵，而未親臨戰地，見先抵達交戰兵撤退時，又未能制止，一齊〔敗退〕來尋大軍營，甚爲膽怯。此罪甚重，既然不可不按軍法懲治，則咨行順王，將傅爾丹解至京城。到達後，交三法司擬罪具奏。再，阿三者，特遣往軍前效力之人，理應照大將軍調遣勤奮效力。前年同陳泰率援兵駐扎科布多河地方，且由衮泰處二次行文取之，並不理睬，反而流言蜚語，動摇軍心，急忙率兵向内前往扎巴喀，貽誤軍機。彼時即應將阿三亦從重治罪。聖主以伊隨行陳泰，寬恕未予治罪。以此阿三理應感激聖恩，冒死效力贖罪。去年大將軍調伊至烏蓀墜勒，時阿三又借故躊躇後抵達，見賊即敗者，情甚可惡。將阿三亦同傅爾丹一併解至京城。俟到達時，交三法司，將阿三前年所犯罪一併擬罪具奏。土默特公沙津達賴，前年於和通呼爾哈戰役，率其所轄兵先行敗出，且去年於烏蓀墜勒地方又撤回，其後雖於額爾德尼召地方與衆人擊敗賊兵，但兩次犯罪，不可與羅布藏喇錫等相比。既然如此，則將公沙津達賴交付該部，從重議罪。又查得，同傅爾丹在烏蓀墜勒戰役撤回之王羅布藏喇錫、貝勒僧衮扎布、參贊大臣阿岱、副都統阿納布、烏查喇、公羅布藏車布登等，因於額爾德尼召地方擊敗賊，奉命伊等功罪相抵，寬免治罪。再，於烏蓀墜勒戰役負傷官兵，復於額爾德尼召地方交戰官兵，既然功罪相抵，無庸議外，順王言：於烏蓀墜勒等處棄炮、軍器而回之人等，先分别輕重懲打治罪，將伊等罪記於撤回官兵檔册内。又有於烏蓀墜勒地方撤回，因圍困大營而膽怯肆意躲避官兵，至今未歸，將伊等帶回後，查出其起意倡首躲避者，按軍律正法示衆。等語。俱照順王所奏爲之。又據疏言：錫保承當重大之任，以至兵丁俱屬臣管轄之人，於烏蓀墜勒地撤退者，係臣無才能，未能指教所致，請將錫保一併從重議罪。等語。查順親王錫保係總督率官兵大將軍，諸凡調遣事項，理應詳盡預測，隨機應變，以求萬全。統率數萬大軍，預先並未理路備辦，賊兵靠近，又未能截殺，於烏蓀墜地方駐軍，且又召傅爾丹至大軍營，知曉賊兵前來，方將傅爾丹遣往烏蓀墜勒，無暇準備。因陸續調遣兵丁，以至撤退。此皆順親王錫保平素未能熟慮指教所致。既然如此，則將順親王錫保亦交宗人府議罪可也。

中國第一歷史檔案館《咸豐同治兩朝上諭檔》咸豐四年正月二十一日

前因書元奏參協領塔芬布挾制上司各案，當經降旨，派柏葰前往盛京會同善燾查辦。本日據書元奏稱，協領塔芬布佐領恩合父子狼狽爲奸，於上年十二月二十八日輕聽謡言，擅調兵勇自護私宅，於歲除日申刻開城以致旗民惶惑，幾至激變。將軍奕興任其播弄，曲爲袒護等語。盛京爲根本重地，豈容此等劣員任性妄爲，致滋驚擾。本日已有旨將塔芬布恩合革職拏問，交盛京刑部監禁。著柏葰於馳抵盛京後，即會同善燾監提。該革員等嚴行審辦，秉公定擬，毋得稍有瞻徇。又據恒毓書元奏請將供詞狡展屢控不休之已革舉人劉祖堯等移交柏葰等，就近審辦等語。此案著一併交柏葰、善燾親提人證卷宗，秉公研訊，確情按律定擬，具奏。原摺二件均著抄給閱看。

（清）岑毓英《岑毓英奏稿》卷一《守備王文鳳請革職示懲片》

〔同治七年十月初六日〕鶴麗鎮中營守備王文鳳，帶勇駐紮嵩明州屬之兑龍。該村人民先經避難遠出，遺有埋藏穀米，該弁縱容兵勇發掘盜賣，並失察勇丁陳老十訛詐村民李應海已得財物。經臣訪聞，嚴提該弁到案，飭司審訊屬實。今據兼署按察使糧儲道韓錦雲詳請奏參前來。臣查該弁管帶兵勇漫無紀律，致令擾害村民，殊屬輕縱。除飭將滋事勇丁從嚴究辦外，相應請旨將鶴麗鎮中營守備王文鳳即行革職，以肅軍政而示懲儆。是否有當，謹附片具陳，伏乞聖鑒訓示。謹奏。

（清）岑毓英《岑毓英奏稿》卷五《都司郭應超貪鄙玩誤審明正法片》

〔同治九年十二月初九日〕嗣後各路統兵大臣暨用兵各省分督撫務，當力加整頓，正己率屬，令在必行，遇軍營帶兵之員失機僨事，貪鄙玩誤者，文官四五品，武員三品以上各員，即行嚴參懲辦，其文員六品以下，武弁四品以下，即行奏明於軍前正法，以期迅掃賊氛，拯民水火，毋得視爲具文，致干重咎。等因，欽此。欽遵知照在案。

茲有補用都司郭應超，經臣派令紮營，延不遵辦，復查該員有冒支軍糧，剋扣兵勇賞需情弊，並據該營弁目沈大猷等具稟前來，實屬貪鄙玩誤。經臣審訊明確，欽遵諭旨，將該弁即於軍前正法，以肅軍紀而勵戎行。

（清）岑毓英《岑毓英奏稿》卷五《參將邵天貴燒殺搶擄查拏正法片》

〔同治十年二月初八日〕澂江回民，有實係脅從先期反正者，臣俱安置離城十五里之下左所村内居住，交總兵馬忠時加約束，並嚴禁兵勇滋擾，以示撫順勦逆，仰副聖主愛民至意。

乃府城克復之後，參將邵天貴，都司嚴勝美、楊永清等，膽敢主使勇丁，於二月初三日夜間潛赴該村，燒殺搶擄財物，實屬目無法紀。臣派副將吳永安、參將柳明泰帶隊馳往查拏，仍敢拒敵。經臣督飭都司陸純綱等四面兜勦，生擒該勇丁十九名。訊據供稱，實係邵天貴等同謀主使。即圍拏該員等到營，質訊明確，當將邵天貴、嚴勝美、楊永清等即於軍前正法，以肅軍紀。

（清）岑毓英《岑毓英奏稿》卷七《拏辦棄營私逃都司楊九貴片》

〔同治十二年正月二十二日〕游擊銜補用守備趙有福，係石屏州人，經臣札調隨征大理，膽敢聚衆逗留州城，滋擾百姓，據署該州知州李衍綬稟請拏辦前來，當即檄飭設法辦理。因該犯拒捕，即行格殺，解散脅從，地方現已安靖。又游擊銜補用都司楊九貴，係蒙自縣人，歷年藉辦團練爲名，跋扈横暴，擅殺多人。前歲臣統兵圍攻館驛各處賊巢，檄調來營效力贖罪，乃當勦賊喫緊之際，竟敢棄營私逃回籍，把持錢糧公事，經該地方官紳疊次稟報前來。

查趙有福聚衆擾民，楊九貴肆行無忌，均屬大干法紀。現在趙有福業經殲除，罪有應得。惟楊九貴在逃未獲，相應請旨游擊銜補用都司楊九貴一併革職，嚴拏究辦，以肅軍紀。

中國第一歷史檔案館《光緒宣統兩朝上諭檔・穆騰阿奏遵將甲兵閧鬧協領衙署案分別審擬一摺光緒元年三月二十日》 上年京口駐防甲兵榮華等因催放兵米，以致人多擁擠，損壞協領衙署，雖訊無爭鬥情事，究屬不守法紀。榮華、榮升、祥林，均著革去馬步甲，仍照所擬枷一百徒三年，各折枷號兩箇月，滿日照數鞭責發落。榮升並撤銷六品功牌，以肅營伍。協領延康等於各兵聚鬧時，不及約束，情尚可原，延康善連著開復，革職留任，處分仍交部議處。副都統恆惠雖無别項情弊，究屬辦理不善，著交部議處。餘著照所議辦理。

（清）劉錦棠《劉襄勤公奏稿》卷六《統兵大員並駐京委員侵蝕軍餉各節摺二月二十八日》 軍營員弁呈控統兵大員並駐京委員侵蝕軍餉，請飭查辦一摺。據稱從九吳正剛、守備張喜各供均投效哈密辦事大臣明春軍營，欠領薪水口糧銀兩甚鉅，該員等先後來京向催餉委員副護軍參領常恩請領，不發，並健威兩軍每年領到協餉十餘萬兩，未發過弁勇薪糧，前因遣散馬隊奏請專餉八萬兩，由號商匯至涼州，經道員鐵珊查知，祇有四萬兩，亦未深究各等情。案關統兵大員侵蝕軍餉是否屬實，亟應徹底根究，著劉錦棠按照所控各節確切查明，據實參奏吳正剛、張喜，即著刑部解往歸案質訊，原摺一件呈二件著鈔給閲看，將此諭令知之。欽此。欽奉之餘，復准刑部咨同前因，當即恭録分别咨行。遴委臣營務處分省題奏道員袁鴻祐分省升用同知鄭錫滜會同按照該員弁等呈控事理，逐層確查，據實稟覆，以憑核奪，覆奏去後，嗣於光緒九年三月十六日據報刑部遞解之官犯吳正剛、張喜到哈，隨飭袁鴻祐等查驗年籍，悉心推訊。茲據稟稱此案牽涉人證多名，離營已久，程途窵遠，更有事外株連，無從著落。若必概待傳到，遷延不了，拖累滋甚，迭次稟請行催，除湯國俊、黎飛雄、周思敬、李朝僑未能到案，張廷舉、趙半箇娃、馮麗成由地方官訊取供結，徐小田即徐常鎬具稟告假多年，呈内所指，一概不知外，所有應訊之要證。常恩、魏長林、馬定邦、師玉春、陶聯陞、李洪超、劉成圖、謝長清等，業經先後提案，隨時提該原告吳正剛、張喜按款質訊取具切實供結，稟請核辦前來。臣逐一查閲，其有關章程册據者，仍咨哈密辦事大臣明春查取校核。如吳正剛原控辦理健銳中營文案，照依楚章，每月薪水二十四兩，積算至一千四百餘兩，查楚軍文案，向由營官酌給薪水，從無限定二十四兩之規，咨查該健鋭軍餉章各營弁勇，係照楚軍章程支給，其文武員弁書役人等，係照前哈密辦事大臣文麟威儀軍章程支給，每書職一名月支銀二兩四錢，概由營官自行招募，又按威儀軍於光緒二年九月内由左大臣處籌款遣散弁勇四百八十餘員名，其餘歸併步隊一營馬隊兩旗等語，查左宗棠原撥此項兼定資遣章程，均係照章將所借撥銀三萬兩，按名散放，有案可稽。又控健威軍馬步六營威儀軍馬步三營，總共弁勇一千七百餘員名，數年來並未發過大餉，祇於年節犒賞。每年不過萬兩，歷年領到之餉，究歸何處等語。咨查該軍營制，每馬隊一營員弁勇夫共七百六員名，計健鋭威儀兩軍馬步共十一營外，隨營文武員弁書役人等共三百九十一員名，營中用款以採買糧料爲大宗，年須市斗萬石有奇，當光緒五年以前，每石價銀十餘兩十兩不等，每年收到各省之餉，間尚不敷糧價，勢不能不按成酌發，騰款製辦冬夏衣履並發月餉，年復一年積欠纍纍，所有歷年支用餉數據鈔清册，併送户部暨各省發餉公文，照核悉符。又控山東欠餉，經常恩承領未解回營，有前坐催委員師玉春等可證等語。據補用總兵師玉春投稱，光緒二年奉委催領山西山東協餉，先於山西領獲銀三萬三千兩，除兑還商款外，實解到營六千兩。三年轉赴山東，四年領獲銀一萬五千兩，回營銷差，至常恩經手之餉，實不知情，無可指證。據副都統銜補用參領常恩投稱，前奉委催領山東之餉，東省撥銀二萬，委員解赴察哈爾都統衙門轉給承收採辦軍裝，比經造報，四年十二月領銀三萬兩内，除一萬五千兩，交本軍委員志勝領解回哈外，下餘一萬五千兩，與原催委員候選知府景春經手領獲之五萬兩俱會同撥還商款糧價，旋即聞訃丁憂。咨查係因營中匯借商款并積欠回部糧價極多，索取甚迫，各隨委員守領曾經奏明，在於山東應解餉内先爲撥還借款糧價，共銀四萬，兩商款三萬五千兩，札飭該參領等照撥。嗣因山東欠發銀一萬兩，致將回部糧價祇撥三萬，另由川楚兩省撥歸一萬，有片稿部文可查。又控遣散中前兩營馬隊共弁勇二百八十名，又準後營假勇五十名，有魏長林、馬定邦、黎飛雄可證等語。據陝西候補遊擊魏長林，投稱同治十三年管帶健鋭中營馬隊補用，都司馬定邦投稱光緒三年管帶健鋭前營馬隊，均於光緒六年十一月奉札裁撤，每營員弁勇夫三百三十一員名，分別回漢，先後遣盡，祇發半年欠餉，計營官一員銀一千二百兩，哨官五員每員銀五十兩，什長二十五名，每名銀四十六兩八錢，馬勇二百二十五名，每名銀四十五兩，長夫七十五名，每名銀十八兩，兩營計共給銀二萬八千二百三十兩，當經造具册領，悉數領訖，願具甘結互質。吴正剛供稱，該營原分回漢分起遣散，但見頭起回勇之數，即已離營，未知續裁後起漢勇咨查從前抽裁健鋭馬步五營，共官弁勇夫二千七百八十員名；又裁隨營文武員弁書役一百八十四員名，悉照奏定章程補放半年欠餉，共需銀八萬六千五百八十一兩八錢，請由户部墊發，俾速資遣。至各處欠解協餉，截至光緒六年六月川鄂兩省欠至一百五十餘萬，斷難補解，開諭闔軍悉行報効，概不找補，領到餉銀照數分給奏咨在案，均有册領文稿可查。又控聞風鑽謀，視銀如泥，送蜀軍告假員弁李洪超川資一千兩，假稱製造軍裝等語，據提督李洪超投稱，前帶蜀軍右營請假回川，路過哈密，送明大臣車輛騾馬并紙張等件，明大臣行知四川催餉委員，給銀千兩以償價值，毫無别項情弊。互質吴正剛供稱，當日所聞説是送與川資，不知抵有車馬紙張各物。又控章廷舉、謝長清等皆充當營官，歷保二品，受傷成殘，令在高臺乞食等語。據安肅道就近傳訊詳送供結，補用參將張廷舉曾投効明大臣部下。告假之際，給過川資銀二百四十兩，現於高臺，與人夥開小店餬口，並未乞食。補用副將謝長清投稱，十年前在文大臣麾下充當營官，受傷成殘請假出營，其時明大臣尚未接統，現在高臺開店爲業尚未乞食。互質吴正剛供稱，曾見兩人旅寄高臺，幾與乞食相似，亦是極言其貧。又控恣意嗜好，不懼物議，收戲旦趙半箇娃爲干兒，留住署内，又爲花鼓戲旦馮麗成在署招賭，故軍中有兵勇不如戲旦之謡等語。據安肅道就近提訊趙半箇娃詳送供結，稱係唱戲爲生，光緒五年出關，曾在哈密營中演戲酬神，並未出入衙門，拜認干兒，隨又進關，在金塔班演唱度日。又據庫爾喀喇烏蘇糧員就近提訊馮麗成詳送供結，稱於光緒八年來哈，即在茶鋪工作，並未在明大臣衙門邀賭抽頭，是年冬月離哈，現來精河貿易。質之吴正剛，供稱當時見有匿名揭貼，不能確指住署招賭之實據。又控光緒八年二月來京稟陳苦衷，常恩匿不與面，囑托劉成圖相勸同路旋陝就陝餉局算給薪糧，詎意抵陝四月之久，僅於劉成圖手給銀一百五十兩，欲歸不得欲止不能，祇得轉京泣叩等語。據常恩稱八年二月晤劉成圖談及有前充健鋭軍營營書吴正剛來京，欲向借用銀兩託其吹噓，參領答以此人素未謀面，營友甚多，何能應付？以後劉成圖如何勸他如何借銀，概不得知。據參將劉成圖投稱，前年進京投咨引見，適晤吴正剛，據説欲向常恩算加薪水，不得會面，即欲在部稟控，參將因念同營，婉言勸阻，約同出京，願代償銀一百五十兩。此係參將擔承，吴正剛并無異議。互質吴正剛供稱，原未晤過常恩，有劉成圖婉勸出京，共借銀一百五十兩，實係相愛，此案亦不與伊相干。又控奏請專餉八萬兩，由協同慶號匯兑涼州祇有四萬，被鐵道查知，有張喜可證等語，查核張喜呈内相同。據遊擊陶聯陞投稱，光緒六年奉明大臣委赴户部請領專餉八萬六千六百兩，適哈密回王呈請在京餉内撥兑三萬兩，交赴京之差弁那斯胡里，明大臣面諭照撥，旋經如數領到，當撥交回弁那斯胡里三萬兩，協同慶號匯兑涼州四萬兩，本軍委員志勝由京回哈帶解銀一萬兩，遊擊隨自解銀六千六百兩，張喜祇知匯兑之四萬不知尚有撥兑回弁之三萬與志勝帶解之一萬，行據甘涼道鐵珊稟覆。傳訊協同慶號供稱，明大臣所匯京餉實係四萬兩。又據哈密回王沙木胡索特結稱，光緒六年職父邁哈默特差弁那斯胡里赴京請領福晉册封，並製買衣料等物，值明大臣差領京餉，呈請京撥糧價以便分完，共挪商款，蒙準撥銀三萬兩交那斯胡里，即於是年在明大臣應撥糧價内照扣歸還。互質吴正剛張喜供稱，當初不知另有撥解各項，但指匯數言之，至張喜原控同治四年投入健鋭軍充當馬勇一十四年，共領過銀一百二十四兩。向算存儲口糧八百六十九兩，僅給盤費銀十五兩，本欲轉懇恩施，奈營中不肯進言，再四籌維，惟有常恩與明大臣有表兄弟之親，駐京坐催，可以轉請算給等語。據常恩稱光緒元年到營，并不知有張喜其人，祇丁憂在京時不記日期，據家人回説有張姓投信一件拆閲，係前統健鋭軍原任烏魯木齊提督成祿所致，托幫張喜盤費數十金，資其回籍，參領細思與成提督素未謀面，若張喜更不認識，成在刑部何能給信疑其有詐？遂令拒絶而去。咨查係同治十二年接統健鋭軍出關，該弁請假即給馬匹盤川遣出口糧無存，至於舊欠係前統該軍成提督任内之事，無從查算。原訊該弁同治十二年以後，尚當馬勇，係在何營何哨，無以爲對。有守備馬富侯千總褚餘良與張喜面質，光緒五年二月張喜來哈求差未收，伊等轉懇明大臣賞給盤費路票，不許在哈逗留。互質張喜供稱，同治十二年以前，應找口糧，原係成前統領缺餉欠發，因歸明大臣接統是以向算，餘即詞窮。吴正剛按算尚應找銀八錢，比已照補。據與張喜同供，營中歷欠最鉅，明大臣發銀不敷使費，且聞匯餉數短，懷疑呈控冀可多算攙領。今蒙訊明，不敢誣執，各出具誤控悔結，懇免究辦，經臣親提研鞫無異，應即擬結此案。吴正剛所控，以遣勇不符爲冒支而求增薪水，係其切己之圖。張喜所控以匯餉不符爲侵盗，而求領舊欠，係其切己之圖。例應隨同管隊頭目公同陳告，乃吴正剛但見頭起遣勇，又以僅放欠餉半年疑有剋扣，張喜因聞匯餉止四萬兩疑係侵冒，各向常恩索借不遂。赴部具吴奉旨飭臣查參兹已質訊明確，似此以卑控尊，誣砌虚款，本應按律問擬，姑念其向算短欠薪糧非出無因，一經環質自知情虚，即據首悔核，與始終誣執者有間。相應請旨，將從九吴正剛由部斥革，守備張喜即行革職，均遞解回籍，交地方官嚴加管束，嗣後不准在外滋事，並不准投效各路軍營，希圖開復，以示懲儆。哈密辦事大臣明春接統健鋭各營，前因各省欠餉難恃，奏明抽裁營伍，其餘遣勇匯餉各數目，歷有各營官及回王并經手各委員供結册領可憑，實未從中侵蝕餘款亦屬虚無。惟勇夫口糧既照楚軍章程開支而營書乃照威儀軍之章月，僅給薪銀二兩四錢，塞外苦寒，百物騰貴，殊失體恤之道，且其平日隊伍疏於訓練，規制未能整肅，皆緣餉項艱窘，不免馭之過寬。幸賴天威耆定，全疆業已陸續裁畢，明春久征邊塞，曾著戰功，可否寬其既往之處，出自鴻施。其常恩前此經手領餉，交卸清楚，丁憂回旗，與訊明案内人證均無不合，應請概免置議，未到免提，以省延累所有查明軍營假退員弁呈控統兵大員并駐京委員侵蝕軍餉各節。

（清）劉錦棠《劉襄勤公奏稿》卷八《哨弁戕斃營官脅衆譁潰隨即撲滅摺十一月二十六日》 竊駐紮烏魯木齊精騎馬隊營官總兵王玉林，由阜康移防未久，忽據署鎮迪道英林迪化州知州潘效蘇稟，本年十月十五日夜三更時，該馬隊後哨哨長趙良敬乘王玉林熟睡，率什長楊玉成等攜帶鐗刀，悄入臥内，猛將王玉林用刀戕斃，嗾黨持刃，迫脅馬勇一百數十人，向西譁潰躡追無及，餘人越壘奔散等情前來。臣錦棠竊計綏來西至奎屯，嚮係臣部統領親軍，甘肅西甯鎮總兵譚上連汛地，該潰卒倉猝盗兵驚愕無定，夙知大道防汛嚴密，勢必避而走險，惟彼時地已凍合，如其繞出安集海，則頭頭是道，且與伊塔兩城地界毗連，不無可慮。比飛飭譚上連迅率所部分道攔截，相機勦撫，查明首要之外，脅從免治。一面撥營策應，並知會金順錫綸密爲戒備。臣升泰聞報，比飭英林等親往勘驗，確查起衅根由，收輯在營弁勇歸哨管束，會商提臣金運昌專弁執持大令，探蹤招撫。宣示悔罪免死，並傳飭北路印官營汛嚴防截堵，殊該潰卒星夜亡命，疾馳頃越昌吉而西，十六日夜半已繞過樂土驛，由綏來縣治東黑梁灣地方取經西竄，時譚上連先已得報，詗知潰卒所嚮隨督同所部署瑪納斯協副將張清和頭起馬隊提督李其森率隊分道攔截。次日黎明李其森馬隊已先奪路迎堵，譚上連等步隊亦至傳令軍士大呼下馬棄械自首者，准撫，衆心觀望未定，趙良敬情急計生，乘招諭之隙，暗執洋礮向李其森測準竊發，洞中右顴，登時殞命。並嗾楊玉成等齊放槍礮，怒馬衝突。譚上連揮隊圍攻，陣斃潰卒十餘名，奪獲旗幟矛桿二十餘件，洋槍十一桿，戰馬三十餘匹，生擒四名。薄至河岸斫斃二名，官軍亦有傷折，趙良敬等潰圍向西南鄉牛圈子一帶狂竄，分合不定。官軍以步當馬跟蹤躡勦，適十八至二十一等日連霈大雪，道路瀰漫莫辨，軍士耐寒窮追，墮指裂膚，苦難言狀。二十二日初更時，追至湖家海子。該潰卒全股屬聚民莊，拼死抗拒，譚上連率隊層層合圍，陰輓柴草，次日黎明，督隊環攻，槍礮齊發，一面縱火焚堡，且轟且燒，一鼓殲滅，生擒十餘名，奪獲戰馬一百餘匹，洋槍矛桿一百三十餘件，突圍逸出者不過二十餘騎。訊據擒犯供稱，趙良敬冒火遁走，楊玉成業已陣斃，官軍陣亡七員名，潰卒二十四員名。其牛圈子等處逃逸零騎經綏來縣知縣李原琳、已革都司趙興體所調民團馬隊沿途截殺擒獲。其四十餘名，據譚上連、李原琳先後稟報到臣錦棠行營，飭即録供詳報候奪，惟趙良敬實爲此案渠魁罪不容誅。並在逃各犯，亟應嚴拏按治，正懸賞緝拏間，旋據統領安遠軍甯夏鎮總兵譚拔萃呈報。趙良敬同餘犯劉正乾喬禮和等三名，騎馬三匹，業據署濟木薩縣丞曠琦弋獲。同該營派去巡查，押送古城，訊據趙良敬供年四十七歲，安徽宿州人，嚮來在營喫糧，光緒八年由精騎馬隊右旗撥歸後營，本年二月陞充後哨哨長，王營官每次領到餉銀，當堂發散，並無剋扣，惟遇事督責鞭打辱詈令人難堪。該犯前次督隊修路，遭其怒罵罰跪多時，懷憾在心。十月十三日合操，又被痛辱，中哨史金山、楊玉成首先倡率平日積憾諸人共推該犯作主，議乘間殺害王營官洩忿遠遁，連日集議不定微露風聲。該犯懼事情敗露禍生不測，十五日乘正副哨長内有四人出差未回，定更後暗邀史金山暨同謀之二十餘人齊集後哨三棚定議，三更後探聽王營官熟睡，該犯一干各執馬刀在外堵禦，斷其救援。楊玉成手持鍘刀，闖入臥内，將王營官猛刀砍斃，迫脅各哨隊一百餘人騎馬乘夜同逃，日夜兼程。將到瑪納斯，被官軍截住大路，混打一仗多有傷亡，計議去嚮，各人意見不合，致馬彪帶十餘人爲一起，楊玉成帶數十人爲一起。該犯同史金山爲一起，各投小路分竄，二十二日楊玉成一股仍在湖家海子會合，不料官兵抄至致被圍住，該犯由後門乘間率十七騎衝出棄械向東逃命。昨到大龍口民家借宿，被拏送案。所供是實，劉正乾喬禮和供詞略同，已交縣鎖解赴哈訊辦，並鈔具逸犯名單賫（齊）呈前來。臣錦棠查趙良敬供詞核與英林等原報情節相符，其無起衅別故，似無疑義，應俟趙良敬解到臣營，覆訊定奪，至西征馬隊原以二百五十騎爲定額，該馬隊譁潰後，隨經英林赴營點驗未潰人數，實存弁勇六十一名，續後連日逃回收伍，通計存營哨長六員名，正勇八十八名，火勇十二名，核計潰卒實止一百四十餘名。據昌吉綏來營縣原報並裹脅人數約近二百名，經官軍兩次堵殺圍撲，暨民團擒斬，核與原潰人數無甚參差。惟據犯供馬彪另起十餘騎，又同逃之十七騎尚有十四名在逃未獲，要犯史金山已否伏誅。仍由臣嚴飭確查通緝，務獲歸案訊明分別核辦，斷不敢稍涉枉縱，被戕之王玉林已據報驗右面受鍘刀砍傷一處，從耳際起橫斷頭頸過半，屍具殯殮淺厝存營，弁勇由臣錦棠委員管帶。其昌吉綏來之西南各鄉被害民户，被燬村堡，已飭該縣履勘極力撫恤，毋任一夫失所。此精騎馬隊倉猝譁潰，業經追捕撲滅辦理之實在情形也。臣查王玉林本皖軍舊將，前督辦臣左宗棠委帶精騎馬隊治軍嚴整，遇事奮勉，臣等均所素知，惟馭下嚴峻，致罹斯禍，幸賴威稜遠懾，譚上連等赴機迅速，浹旬之間全股撲滅。

（清）劉錦棠《劉襄勤公奏稿》卷一四《汛明潰弁就地正法片六月十二日》 上年六月二十七日夜，塔爾巴哈臺綏靖中營勇丁潰變。該營哨官杜天成、張玉成於潰勇戕殺營官後均私取營官馬匹槍礮，帶同潰勇搶掠參贊衙署並攻撲開花礮隊，事後同逃。經庫爾喀喇烏蘇防營盤獲送廳，録供詳，由臣批飭提省發審，因供詞狡展，飭候咨查於上年九月間奏明俟查取確情，再行該辦在案。茲准署塔爾巴哈臺參贊大臣額爾慶額咨覆詢，據前綏靖左營幫辦陳芝廷並各勇丁等僉稱，是晚確見該犯帶領潰勇攻逼營壘，搶掠衙署等情，咨請從嚴懲辦前來。臣飭營務處道員袁鴻祐提案覆鞫該二犯，供認前情不諱。臣查杜天成、張玉成身充哨弁，膽敢帶領潰勇，攻打礮隊，搶劫衙署，實屬罪大惡極，當於訊明後綁赴市曹，就地正法，並梟首示衆，以昭炯戒。

（清）陳忠倚《清朝經世文三編》卷六〇《刑政·律例·遵議武營扣餉缺額罪名摺光緒二十二年六月初二日》　經筵講官降一級留任刑尚部書臣松溎等謹奏：為遵旨議奏事內閣鈔出，浙江道監察御史彭述奏，武營扣餉缺額，積弊已深，請嚴定罪名一摺。光緒二十二年四月初一日，奉上諭御史彭述奏，武營扣餉缺額，積弊已深，請嚴定罪名一摺，著刑部議奏，欽此。鈔出到部，據該御史原奏內稱，竊惟自強之計，寔以講求武備為先，風聞各營扣餉缺額，所在恒有雲南、江南、安徽、奉天、廣西等省，經該將軍督撫先將奏參在案，或請革職永不續用，或請革職，或請降調。在該將軍督撫體念時艱，極力整頓，固已破除情面，其有原請降調奉旨改為革職者。皇上權衡至當，尤為欽佩莫名。抑更有請者近來將領，提鎮居多無可再陞，遂絕上進之志，缺分較少，除授頗難雖官職已至一二品，而未經除授。彼若不以為榮，即令除授有期而祿俸所入不如統領之多，故有補缺多年，並非得力統將，而仍留帶防營。如衛汝貴者，無非意在戀棧，求滿欲壑，縱有發覺之日，革職永不續用，亦若不自顧惜。且一旦有警既短兵勇之餉，又屬短額之營，驅之赴敵，兵勇必懷怨，望不願竭力以衛其主，即令臨時補足未經訓練見敵必逃，統將勢孤，將恐不能自保。平日扣餉缺額，罪止革職，永不續用，猶恐坐擁厚資，在忠勇廉潔之統將，固明致身之意。其貪黷而扣餉缺額者，趨避極熟飽則思颺反，以永不續用為得計，以致提鎮以下，與夫文職之為統將而不知自愛者，亦復不免。所以上年雖有雲南奏參之案，而江南、安徽、奉天等省繼之。今年廣西又繼之，雲南雖參曾紹梅等，而張以仁繼之，江南雖參馮士元，而沈茂勝等繼之，劉祖遺等又繼之，安徽雖參周雲田，而徐思忠等繼之。皆由懲治從寬，不足儆一戒百。當此時勢萬難之際，外而強敵環視要狹甚多，內而回匪未平，偏災時見，皇上宵衣旰食，一息難安，統將帥師徒飽私囊。匪惟度支奇絀，糜餉可惜，設遇緩急尤為大局所關，所有武營扣餉缺額等弊相應請旨，飭令刑部嚴定罪名。嗣後如敢再犯，按律懲治，以肅軍政，而儆效尤等因。奏奉諭旨著臣部議，奏臣等查律載，管軍官吏冒支軍糧入己者，計贓準竊盜論。注云取之於軍，非取之於官也。若軍已逃散，不行扣除而入己者，以常人盜官糧論。若承委放支而冒支者，以監守自盜論。又例載，盜竊漕糧數至一百石以上者，擬絞監候，又監守盜倉庫錢糧入己者在一千兩以上者，擬斬監候各等語。是管軍官吏冒支軍糧，及承委放支而冒支與軍已逃散不行扣除而入己，分別取之於官取之於軍，照例以常人盜監守盜計贓擬，以斬絞監候。律例各有治罪專條，文職身為統將，及武職將領有犯扣餉缺額等弊，一經審實即按照律例分別科斷，無虞輕重。今據該御史彭述奏，武營扣餉缺額，罪止革職，永不續用，懲治從寬，不足儆一戒百，請嚴定罪名，以儆效尤等因。查近年以來各路統帶管帶兵勇員弁，扣餉缺額等弊，實屬不少，該御史奏請嚴定罪名。以因時勢多艱此弊不除，一旦有警驅之赴敵勢，必各懷怨望不肯竭力。自係為大局攸關，力加整頓起見。惟定例管軍官吏冒支軍糧及承委放支而冒支與軍已逃散不行扣除，而入己，分別取之於官取之於軍，照例以常人盜監守盜計贓，擬以斬絞監候。立法已屬詳盡，全在各省督撫及各路統兵大員，認真稽查，有弊必究，有犯必懲，自足以儆貪婪，而懲玩法。若徒事瞻徇不肯切實究辦，即冒充軍糧各律例亦成虛設，復行嚴立科條，亦恐有名無實。溯查此等案件自光緒十一年以來，僅止已革臺灣道劉璈一案。係監司大員兼統營務因冒支公夫月餉，虛開招勇船價，經欽派大臣審明計贓照監守盜倉庫錢糧例，擬斬監候。在案此外並不多見，即或偶爾參劾，不以為擬請降調即以為革職，永不續用，從無按照律例定擬之件，誠有如該御史所奏者。於軍（榮）〔營〕殊有關係，臣等公同酌議與其另立新章，何如申明舊例，相應請旨飭下各省督撫及各路統兵大員嗣後遇有武營扣餉缺額等弊，一經審實即行查照律例計贓，分別治罪，不得以革職留營，及永不續用等詞含糊完結，以除積弊而肅軍政。再此摺於四月初三日鈔出到部，合併聲明所有臣等議奏。緣由謹恭摺具奏請旨。

關津違禁分部

論　說

（明）佚名《新纂四六合律判語》卷上《兵律・私越冒渡關津》　控要地以爲關，式資禦寇；據通津而置渡，尤重防奸。因夫異服異言，詰其奚之奚自。故老子出函谷，載勤令尹之迎。若宣尼過楚津，猶待仲由之問。今某越藩籬而私渡，冒姓字以長趨。豈奮勇以斬關，設險虛嚴於虎豹。《天文志》：天門下有虎豹守之。《楚辭》：虎豹當關兮，害下人些。抑舉身而飛渡，爲禁無俟於黿鼉。亡秦不假於鷄鳴，渡楚無勞於贈劍。徒使重門警柝，雙扉漫鎖於寒雲。衹看野水扁舟，一葉空歸於明月。爾既爲私渡，我加以杖刑。

（明）佚名《新纂四六合律判語》卷上《兵律・私出外境及違禁下海》

通商阜貨，雖勤職業之常；內憂外夷，當知藩籬之限。蓋物產本資於中土，則商旅難達於殊方。抑將肅猾夏之防，兼用謹交番之漸。今某邪心叵測，異志多岐。馳旅轡於咸陽，衹自惜邯鄲之奇貨。泛仙槎於星漢，未應慕博望之高風。以胡越爲一家，謂强梁之無禁。貪財念重，畏法心輕。雖轉物以爲商，實用財而資敵。不知奇男子尚思請函谷之封，隗囂將王元曰：臣請以一丸泥，爲大王東封函谷關。云云。豈比賤丈夫亦欲破禹門之浪。《三秦記》云：禹門浪有三汲。宜官收悖出之貨，更爾加榜百之刑。

綜　述

《周禮注疏》卷三五《秋官司寇・士師》　士師之職，掌國之五禁之

瀆，以左右刑罰。一曰宮禁，二曰官禁，三曰國禁，四曰野禁，五曰軍禁，皆以木鐸徇之於朝，書而縣於門閭。

疏：古之禁書亡矣。今宮門有符籍，官府有無故擅入，城門有離載下帷，野有田律，軍有嚚讙夜行之禁，其粗可言者。

《漢書》卷五〇《汲黯傳》〔元狩二年〕匈奴渾邪王帥衆來降，漢發車二萬乘。【略】後渾邪王至，賈人與市者，坐當死五百餘人。黯入，請間，見高門，曰：夫匈奴攻當路塞，絶和親，中國舉兵誅之，死傷不可勝計，而費以鉅萬百數。臣愚以爲陛下得胡人，皆以爲奴婢，賜從軍死者家；鹵獲，因與之，以謝天下，塞百姓之心。今縱不能，渾邪帥數萬之衆來，虛府庫賞賜，發良民侍養，若奉驕子。愚民安知市買長安中而文吏繩以闌出財物如邊關乎？

（清）杜貴墀《漢律輯證》卷三　無故擅入城六門離載下帷。《秋官・士師》掌國之五禁之法。注：鄭司農引漢法，賈疏離載下帷者，謂在車離耦，耦載而下帷，恐是姦故，禁之。《唐律》城內街巷走車在馬雜律一。城門校尉主王城，十二門天官司門注引漢法。

《北史》卷一〇《周本紀・高祖武帝》〔建德四年〕秋七月己未，禁五行大布錢不得出入關，布泉錢聽入而不聽出。

（唐）長孫無忌等《唐律疏議》卷二七《雜律・得闌遺物不送者》

諸得闌遺物，滿五日不送官者，各以亡失罪論；贓重者，坐贓論。私物，坐贓論減二等。

疏議曰：得闌遺之物者，謂得寶、印、符、節及雜物之類，即須送官，滿五日不送者，各得亡失之罪。贓重者，謂計贓重於亡失者，坐贓論，罪止徒三年。私物，坐贓論減二等，罪止徒二年。其物各還官、主。

（唐）長孫無忌等《唐律疏議》卷八《衛禁・越州鎮戍等城垣》　諸越州、鎮、戍城及武庫垣，徒一年；縣城，杖九十。皆謂有門禁者。

疏議曰：諸州及鎮、戍之所，各自有城。若越城及武庫垣者，各合徒一年。越縣城，杖九十。縱無城垣，籬柵亦是。注云：皆謂有門禁者。其州、鎮、戍在城內安置，若不越城，直越州、鎮垣者，止同下文越官府廨垣之罪。

越官府廨垣及坊市垣籬者，杖七十。侵壞者，亦如之。從溝瀆內出入

者，與越罪同。越而未過，減一等。餘條未過，準此。

疏議曰：官府者，百司之稱。所居之處，皆有廨垣。坊市者，謂京城及諸州、縣等坊市。其廨院或垣或籬，輒越過者，各杖七十。侵，謂侵地；壞，謂壞城及廨宇垣籬：亦各同越罪，故云亦如之。

注：從溝瀆内出入者，與越罪同。越而未過，減一等。餘條未過，準此。

疏議曰：溝瀆者，通水之渠。從此渠而入出，亦得越罪。越而未過，或在城及垣籬上，或在溝瀆中間，未得過者。從越州城以下，各得減一等。餘條未過準此者，謂越皇城、京城、宮殿垣及關、津應禁之處未過者，各得減罪一等。

（唐）長孫無忌等《唐律疏議》卷八《衛禁·私度及越度關》 諸私度緣者，徒一年。越度者，加一等。不由門爲越。

疏議曰：水陸等關，兩處各有門禁，行人來往皆有公文，謂驛使驗符券，傳送據遞牒，軍防、丁夫有總曆，自餘各請過所而度。若無公文，私從關門過，合徒一年。越度者，謂關不由門，津不由濟而度者，徒一年半。

已至越所而未度者，減五等。謂已到官司應禁約之處，餘條未度準此。

疏議曰：水陸關棧，兩岸皆有防禁。越度之人已至官司防禁之所，未得度者，減越度五等，合杖七十。餘條未度準此者，謂城及垣籬、緣邊關塞有禁約之處，已至越所而未度者，皆減已越罪五等。若越度未過者，準上條減一等之例。

即被枉徒罪以上，抑屈不申及使人覆訖，不與理者，聽於近關州縣具狀申訴。所在官司即準狀申尚書省，仍遞送至京。若無徒以上罪而妄陳者，即以其罪罪之。官司抑而不送者，減所訴之罪二等。

疏議曰：關外有人被官司枉斷徒罪以上，其除、免之罪，本坐雖不合徒，亦同徒罪之法。抑屈不申及使人覆訖，不與理者，文稱及者，使人未覆。亦聽於近關州、縣具狀申訴。所在官司，謂近關州、縣，即準狀申尚書省，仍遞送至京。若勘無徒以上罪而妄訴者，妄訴徒流還得徒流，妄訴死罪還得死罪。妄訴除免，皆準比徒之法，謂元無本罪而妄訴者。若實有犯，斷有出入，而訴不平者，不當此坐。其應禁及散送，並依所訴之罪，準令遞之。若官司抑而不送者，減所訴之罪二等，謂枉得死罪，官司不送，合徒三年之類。

（唐）長孫無忌等《唐律疏議》卷八《衛禁·不應度關而給過所》

諸不應度關而給過所，取而度者，亦同。若冒名請過所而度者，各徒一年。

疏議曰：不應度關者，謂有征役番期及罪譴之類，皆不合輒給過所，而官司輒給；及身不合度關，而取過所度者；若冒他人名，請過所而度者：各徒一年。

即以過所與人及受而度者，亦準此。

疏議曰：以所請得過所而轉與人，及受他人過所而承度者，亦徒一年。但律文皆云度者得徒一年，明知未度者不合徒坐。若關司未判過所以前，準越關未度，各減五等之例；若已判過所，未出關門，同未過：各減一等。其與過所人既因度成罪，前人未度，亦同減科。不應給過所而給者，不在減例。

若家人相冒，杖八十。主司及關司知情，各與同罪，不知情者不坐。即將馬越度，冒度及私度者，各減人二等。餘畜，又減二等。家畜相冒者，不坐。

疏議曰：家人不限良賤，但一家之人相冒而度者，杖八十。既無（名）〔各〕字，被冒名者，無罪。若冒度、私度、越度，事由家長處分。家長雖不行，亦獨坐家長。此是家人共犯，止坐尊長之例。主司，謂給過所曹司及關司，知冒度之情，各同度人之罪。不知冒情，主司及關司俱不坐。將馬越度、冒度、私度，各減人二等者，越度杖一百，冒度、私度杖九十。餘畜又減二等者，除馬之外，應請過所者，並爲餘畜。越度杖八十，私度、冒度杖七十。其家畜相冒者，謂毛色、齒歲不同，相冒並不得罪也。

（唐）長孫無忌等《唐律疏議》卷八《衛禁·齎禁物私度關》 諸齎禁物私度關者，坐贓論；贓輕者，從私造、私有法。

疏議曰：禁物者，謂禁兵器及諸禁物，並私家不應有者，私將度關，各計贓數，從坐贓科罪：十疋徒一年，十疋加一等，罪止徒三年。準贓輕者，從私造、私有法。《擅興律》：私有甲一領，弩三張，流二千里。矟一張，徒一年半。私造者，各加一等。假令私將矟度關，平贓直絹三十疋，即從坐贓，科徒二年，不計稍爲罪。將甲一領度關，從私有法，流二千里，即不計贓而斷。

若私家之物，禁約不合度關而私度者，減三等。

疏議曰：依《關市令》：錦、綾、羅、縠、紬、綿、絹、絲、布、氂牛尾、真珠、金、銀、鐵，並不得度西邊、北邊諸關及至緣邊諸州興易。從錦、綾以下，並是私家應有。若將度西邊、北邊諸關，計贓減坐贓罪三等。其私家不應有，雖未度關，亦没官。私家應有之物，禁約不合度關，已下過所，關司捉獲者，其物没官；若已度關及越度被人糾獲，三分其物，二分賞捉人，一分入官。

（唐）長孫無忌等《唐律疏議》卷八《衛禁·越度緣邊關塞》　諸越度緣邊關塞者，徒二年。共化外人私相交易，若取與者，一尺徒二年半，三疋加一等，十五疋加役流。

疏議曰：緣邊關塞，以隔華、夷。其有越度此關塞者，得徒二年。以馬越度，準上條減人二等合徒一年。餘畜又減二等，杖九十。但以緣邊關塞，越罪故重。若從關門私度人、畜，各與餘關罪同。若共化外蕃人私相交易，謂市買博易，或取蕃人之物及將物與蕃人，計贓一尺徒二年半，三疋加一等，十五疋加役流。

私與禁兵器者，絞；共爲婚姻者，流二千里。未入、未成者，各減三等。即因使私有交易者，準盜論。

疏議曰：越度緣邊關塞，將禁兵器私與化外人者，絞。共爲婚姻者，流二千里。其化外人越度入境，與化內交易，得罪並與化內人越度、交易同，仍奏聽勑。出入國境，非公使者不合，故但云越度，不言私度。若私度交易，得罪皆同。未入者，謂禁兵器未入，減死三等，得徒二年半。未成者，謂婚姻未成，減流三等，得徒二年。因使者，謂因公使入蕃，蕃人因使入國。私有交易者，謂市買博易，各計贓，準盜論，罪止流三千里。若私與禁兵器及爲婚姻，律無別文，得罪並同越度、私與禁兵器、共爲婚姻之罪。又，準別格：諸蕃人所娶得漢婦女爲妻妾，並不得將還蕃內。又準《主客式》：蕃客入朝，於在路不得與客交雜，亦不得令客與人言語。州、縣官人若無事，亦不得與客相見。即是國內官人、百姓，不得與客交關。私作婚姻，同上法。如是蕃人入朝聽住之者，得娶妻妾，若將還蕃內，以違勑科之。

《舊五代史》卷六《梁書·太祖本紀》　〔開平四年十一月〕乙巳，詔曰：關防者，所以譏異服、察異言也。況天下未息，兵民多奸，改形易衣，覘我戎事。比者有諜皆以詐敗，而未嘗罪所過地，叛將逃卒竊其妻孥而影附使者，亦未嘗詰其所經。今海內未同，而緩法弛禁，非所以息奸詐、止奔亡也。應在京諸司，不得擅給公驗。如有出外須執憑繇者，其司門過所，先須經中書門下點檢，宜委宰臣趙光逢專判出給，俾繇顯重，冀絶奸源。仍下兩京、河陽及六軍諸衛、御史臺，各加鈐轄。公私行李，復不得帶挾家口向西。其襄、鄧、鄜、延等道，並同處分。

（宋）竇儀等《宋刑統》卷八《衛禁律·越州縣鎮戍城及官府廨垣私度越度冒度關津給過所　關津留難　齎禁物度關　越度緣邊關塞共化外人交易婚姻》　諸越州鎮戍城及武庫垣，徒一年，縣城杖九十。皆謂有門禁者。越官府廨垣及坊市垣籬者，杖七十，侵壞者如之。從溝瀆內出入者，與越罪同。越而未過，減一等。餘條未過準此。【略】

疏：諸越州鎮戍城及武庫垣，徒一年，縣城杖九十。注云，皆謂有門禁者。議曰：諸州及鎮戍之所，各自有城，若越城及武庫垣者，各合徒一年，越縣城杖九十。縱無城垣，籬柵亦是。注云，皆謂有門禁者，其州鎮戍城內安置，若不越城，直越州鎮垣者，止同下文越官府廨垣之罪。

又云，越官府廨垣及坊市垣籬者，杖七十，侵壞者亦如之。議曰：官府者，百司之稱，所居之處皆有廨垣。坊市者，謂京城及諸州縣等坊市，其廨院或垣或籬，輒越過者，各杖七十。侵謂侵地，壞謂壞城及廨宇、垣籬，亦各同越罪，故云亦如之。

注云，從溝瀆內出入者，與越罪同。越而未過，減一等。作條未過準此。議曰：溝瀆者，通水之渠，從此渠而入出，亦得越罪。越而未過，或在城及垣籬上，或在溝瀆中閑，未得過者，從越州城以下各得減一等。餘條未過準此者，謂越皇城、京城、宮殿垣及關津應禁之處未過者，各得減罪一等。【略】

諸私度關者徒一年，越度者加一等，不由門爲越。已至越所而未度者減五等。謂已到官司應禁約之處。餘條未度準此。即被枉徒罪以上，抑屈不申，及使人覆訖不與理者，聽於近關州縣具狀申訴。所在官司卽準狀申尚書省，仍遞送至京。若無徒以上罪而妄陳者，卽以其罪罪之。官司抑而不送者，減所訴之罪二等。

疏：諸私度關者徒一年，越度者加一等。注云，不由門爲越。議曰：水陸等關兩處各有門禁，行人來往，皆有公文。謂驛使驗符券，傳送據遞牒，軍防丁夫有總曆，自餘各請過所而度。若無公文私從關門過，合徒一年。越度者，謂關不由門，津不由濟而度者，徒一年半。

又云，已至越所而未度減五等。注云，謂已到官司應禁約之處。餘條未度準此。議曰：水陸關棧兩岸皆有防禁，越度之人已至官司防禁之所，未得度者，減越度五等，合杖七十。餘條未度準此者，謂城及垣籬、緣邊關塞有禁約之處，已至越所而未度者，皆減已越罪五等。若越度未過者，準上條減一等之例。

又云，卽被枉徒罪以上，抑屈不申，及使人覆訖不與理者，聽於關州縣具狀申訴。所在官司卽畢狀申尚書省，仍遞送至京。若無徒以上罪而妄陳者，卽以其罪罪之。官司抑而不送者，減所訴之罪二等。議曰：關外有人被官司枉斷徒罪以上，其除免罪本坐雖不合徒，亦同徒罪之法。抑屈不申，及使人覆訖不與理者，文稱及者，使人未覆，亦聽於近關州縣具狀申訴。所在官司謂近關州縣，卽準狀申尚書省，仍遞送至京。若勘無徒以上罪而妄訴者，妄訴徒流，還得徒流，妄訴死罪，還得死罪，妄訴除免，皆準比徒之法。謂元無本罪而妄訴者，若實有犯，斷有出入而訴不平者，不當此坐。其應禁及散送並依所訴之罪，準令遞之。若官司抑而不送者，減所訴之罪二等。謂枉得死罪，官司不送，合徒三年之類。

諸不應度關而給過所，取而度者亦同。若冒名請過所而度者，各徒一年。卽以過所與人及受而度者，亦準此。若家人相冒杖八十。主司及關司知情，各與同罪，不知情者不坐。卽將馬越度、冒度及私度者，各減人二等，餘畜又減二等。家畜相冒者不坐。

疏：諸不應度關而給過所。注云，取而度者亦同。又云，若冒名請過所而度者，各徒一年。議曰：不應度關者，謂有征役、番期及罪譴之類，皆不合輒給過所，而官司輒給，及身不合度關，而取過所度者。若冒他人名請過所而度者，各徒一年。

又云，卽以過所與人及受而度者，亦準此。議曰：以所請得過所而轉與人，及受他人過所而承度者，亦徒一年。但律文皆云度者得徒一年，明知未度者不合徒坐。若關司未判過所以前，準越關未度各減五等之例。若已判過所，未出關門，同未過各減一等。其與過所人既因度成罪，前人未度亦同減科。不應給過所而給者，不在減例。

又云，若家人相冒杖八十，主司及關司知情，各與同罪，不知情者不坐。卽將馬越度、冒度及私度者，各減人二等，餘畜又減二等。注云，家畜相冒者不坐。議曰：家人不限良賤，但一家之人相冒而度者，杖八十。既無各字，被冒名者無罪。若冒度、私度、越度事由家長處分，家長雖不行，亦獨坐家長，此是家人共犯，止坐尊長之例。主司謂給過所曹司，及關司知冒度之情，各同度人之罪。不知冒情，主司及關司不俱不坐。將馬越度、冒度、私度各減人二等者，越度杖一百，冒度、私度杖九十。餘畜又減二等者，除馬之外，應請過所者，並爲餘畜，越度杖八十，私度、冒度杖七十。其家畜相冒者，謂毛色齒歲不同相冒，並不得罪也。

諸關津度人無故留難者，一日主司笞四十，一日加一等，罪止杖一百。

疏議曰：關謂判過所之處，津直度人，不判過所者。依令，各依先後而度，無故留難不度者，一日主司笞四十。主司謂關津之司。一日加一等，七日罪止杖一百。此爲非公使之人，若軍務急速而留難不度，致稽廢者，自從所稽廢重論。

諸私度有他罪重者，主司知情，以重者論，不知情者依常律。

疏議曰：私度者，謂無過所從關門私度，止徒一年。或有避死罪逃亡，別犯徒以上罪，是名有他罪重。關司知情者，以故縱罪論，各得所度人重罪。不知情者依常律，謂不知罪人別犯之情者，依常律不覺故縱之法。

諸領人兵度關，而別人妄隨度者，將領主司以關司論。關司不覺，減將領者罪一等，知情者各依故縱法。有過所者，關司自依常律。將領主司知情，減關司故縱罪一等，不知情者不坐。

疏議曰：準令，兵馬出關者，依本司連寫敕符勘度。入關者，據部領兵將文帳檢入。而別有人妄隨度者，罪在領後官司，故云將領主司以關司論。知情與同罪，不覺減二等。若知別有重罪，亦依重罪科之。關司不覺者，謂關司承將領者文簿，不覺別人隨度者，減將領者一等，謂減度者罪三等。知情者各依故縱法。稱各者，將領主司及關司俱得度人之罪。有過所者，關司判度，自依常律，不減將領主司之罪。若將領主司知情，減關司故縱罪一等，不知情者不坐。

諸齎禁物私度關者，坐贓論。贓輕者，從私造私有法。若私家之物禁約不合度關而私度者，減三等。

疏：諸齎禁物私度關者，坐贓論。贓輕者，從私造私有法。議曰：禁物者，謂禁兵器及諸禁物，並私家不應有者。私將度關，各計贓數，從坐贓科罪。十匹徒一年，十四加一等，罪止徒三年。準贓輕者，從私造私有法。《擅興律》，私有甲一領，弩三張，流二千里。矟一張徒一年半。私造者各加一等。假令私將矟度關，平贓直絹三十四，卽從坐贓科徒二年，不計矟爲罪。將甲一領度關，從私有法流二千里，卽不計贓而斷。

又云，若私家之物禁約不合度關而私度者，減三等。議曰：依《關市令》，錦、綾、羅、縠、紬、綿、絹、絲、布、犛牛尾、真珠、金、銀、鐵並不得度西邊、北邊諸關，及至緣邊諸州興易。從錦綾以下，並是私家應有，若將度西邊、北邊諸關，計贓減坐贓罪三等。其私家不應有，雖未度關，亦没官。私家應有之物，禁約不合度關已下，過所關司捉獲者，其物没官。若已度關及越度，被人糾獲，三分其物，二分賞捉人，一分入官。

諸越度緣邊關塞者，徒二年。共化外人私相交易若取與者，一尺徒二年半，三匹加一等，十五匹加役流。私與禁兵器者絞，共爲婚姻者流二千里。未入、未成者，各減三等。即因使私有交易者，減盜論。

疏： 諸越度緣邊關塞者，徒二年。共化外人私相交易若取與者，一尺徒二年半，三匹加一等，十五匹加役流。議曰：緣邊關塞以隔華夷，其有越度此關塞者，得徒二年，以馬越度，準上條減人二等，合徒一年，餘畜又減二等，杖九十。但以緣邊關塞越罪故重，若從關門私度，人畜各與餘關罪同。若共化外蕃人私相交易，謂市買博易，或取蕃人之物，及將物與蕃人，計贓一尺，徒二年半，三匹加一等，十五匹加役流。

又云，私與禁兵器者絞，共爲婚姻者流二千里。未入、未成者，各減三等。即因使私有交易者，準盜論。議曰：越度緣邊關塞，將禁兵器私與化外人者絞。共爲婚姻者，流二千里。共化外人越度入境，與化內交易，得罪並與化內人越度交易同，仍奏聽敕。出入國境，非公使者不合，故但云越度，不言私度。若私度交易，得罪皆同。未入者，謂禁兵器未入，減死三等，得徒二年半。未成者，謂婚姻未成，減流三等，得徒二年。因使者，謂因公使入蕃，蕃人因使入國。私有交易者，謂市買博易，各計贓減準盜論罪，止流三千里。若私與禁兵器及爲婚姻，律無別文，得罪並同越度、私與禁兵器、共爲婚姻之罪。又準別格，諸蕃人所娶得漢婦女爲妻妾，並不得將還蕃內。又準《主客式》，蕃客入朝，於在路不得與客交雜，亦不得令客與人言語，州縣官人若無事亦不得與客相見。即是國內官人百姓，不得與客交關，私作婚姻同上法。如是蕃人入朝，聽住之者，得娶妻妾，若將還蕃內，以違敕科之。

（宋）竇儀等《宋刑統》卷八《衛禁律·外奸入內奸出烽候不警》 諸緣邊城戍有外奸內入，謂非衆成師旅者。內奸外出，而候望者不覺，徒一年半，主司徒一年。謂內外奸人出入之路，關於候望者。其有奸人入出，力所不敵者，傳告比近城戍。若不速告及告而稽留，不即共捕，致失奸寇者，罪亦如之。

疏： 諸緣邊城戍有外奸內入。注云，謂非衆成師旅者。又云，內奸外出，而候望者不覺，徒一年半，主司徒一年。注云，謂內外奸人出入之路，關於候望者。議曰：國境緣邊皆有城戍，式遏寇盜，預備不虞。其有外奸內入，謂蕃人爲奸，或行間諜這類。注云，謂非衆成師旅者。依《周禮》，五百人爲旅，二千五百人爲師。此謂小小奸寇抄掠者。若成師旅，自依《擅興律》連接寇賊，被遣斥候不覺賊來，徒三年。有內奸外出者，謂國內人爲奸，出嚮化外，或荒海之畔，幽險之中，候望之人不覺有奸人出，合徒一年半。雖非候望者，但是城戍主司不覺，得徒一年。謂內外奸人出入之路，關於候望者，目所堪見爲關，謂在候望之內也。

又云，其有奸人入出，力所不敵者，傳告比近城戍。若不速告及而稽留，不即共捕，致失奸寇者，罪亦如之。議曰：共其有奸人入出，所經城戍皆即捕之，若力所不敵者，即須傳告比近城戍，令共捕逐。若不速告及告而稽留，不即共捕，致失奸寇者，並徒一年。

《宋史》卷四《太宗本紀》〔太平興國七年〕冬十月癸亥，詔：河南吏民不得闌出邊關侵撓略奪，違者論罪；有得羊馬生口者還之。

（宋）李燾《續資治通鑑長編》宋真宗景德元年五月 戊子，禁中國人隨外蕃進奉使出境，邊吏嚴加伺察，違者論如律，仍傳送闕下。先是，襄州人聶廷憲等數輩有謀，竊入蠻界爲判官，至巫山，津吏捕得以聞，因著條約。

（元）沈仲緯《刑統賦疏·第七韻》 度關三等自首而獲免者冒度。度關之罪有許首原者有不許首原者，何耶？名例律云，諸犯罪而自首者原其罪，若越度關不在自首之例。疏議曰，度關三等罪，越度私度冒度，其私度自首不原，冒度之罪自首合免，蓋越度者不由關門不由津濟，已到官司應禁之處，自度私度者由門由濟無公文而自度也，冒度者冒他人之名而度也。蓋欲度私度之跡顯而易見，雖悔不及是以不在自首之例，若冒度者其跡雖已難追，然冒名之事猶可改正，是以獨許首原也。

直解： 越度私度不許首免，惟冒度得許首免。

通例： 至元二十六年八月樞密院議擬到禁約諸軍例內一款，關津渡口把隘去處，當該官員軍兵人等常切用心巡綽，一等作過歹人務要嚴謹，毋致受私財貨故行如違，體察得實痛行斷罪。

（元）沈仲緯《刑統賦疏·第四韻》 責其已越則未過重乎未度。原夫越城度關皆冒禁約以出入也，蓋不由門者爲越，由門者爲度。然以勢觀之，越城爲難，度關爲易。故衛禁律云，諸越州鎮戍城徒一年，縣城杖九十，越而未過減一等。又條，私度關者徒一年，越度者減一等，已至官司應禁之處而未度者減五等。蓋人之犯法既有淺深，而法之論罪不無輕重。越城未過已越而未過罪減一等，不以爲重，度關未度者已至越所而未越罪減五等，不以爲輕。是故越城未過而罪重，度關未踰則罪輕也明矣。

直解：越城爲難，未過故減一等，度關爲易，未踰故減五等。

通例：至元二十八年八月樞密院禁例，關津渡口把隘去處，當該官員軍兵人等用心巡綽，盤捉一等作過歹人，致受財放行，如違痛斷。至元三年七月二十三日監修官呈，捉獲跳過太掖池圍子標墻人楚添兒，狀招於六月二十四日帶酒見例，訖上墻望潭内有船採蓮蓬跳過墻。

《通制條格》卷一八《關市·濫給文引》至元二十三年十二月，中書省樞密院呈：腹裏州城諸投下官司信從人户，以江南等處作買賣爲由，濫放文引，因而般取軍人在逃，使管軍官不能拘繫，擬合遍行禁約。都省議得：今後諸人若因事或爲商賈前去他所勾當，經由有司衙門陳告，取問隣佑是實，令人保管，別無違礙，方許出給差引，明置文簿銷照外。據其餘衙門並各投下官司，雖有印信，無得擅行出給文引。

《通制條格》卷一八《關市·下番》至元二十五年八月，中書省御史臺呈：海北廣東道提刑按察司申，廣州官民於鄉村糴米伯碩阡碩至萬碩者，往往般運前去海外占城諸番出糶，營求厚利，擬合禁治。都省準呈。

《通制條格》卷一八《關市·關渡盤詰》至元二十六年八月，樞密院議：擬到禁約諸軍例內一款：關津渡口把隘去處，當該官員軍兵人等常切用心巡綽盤捉一等作過歹人，務要嚴謹，毋致私受財貨放行。如違，體察得實，痛行斷罪。

《通制條格》卷一八《關市·雇船文約》至元三十一年二月，中書省議得：今後凡江河往來雇船之人，須要經由管船飯頭人等叁面説合，明白寫立文約。船户端的籍貫姓名，不得書寫無籍貫並長河船户等不明文字。及保結攬載已後，儻有疎失，元保飯頭人等亦行斷罪。及將保載訖船户，並客旅姓名，前往何處勾當，置立文簿，明白寫開。上下半月，於所屬官司呈押，以憑稽考。

《通制條格》卷一八《關市·市舶》延祐元年七月十九日欽奉聖旨節該：中書省奏：在前設立市舶下番博易，非圖利國，本以便民。比聞禁止以來，香貨藥物銷用漸少，價值陡增，民用闕乏，乞開禁事。準奏，仰於廣東、泉州、慶元復立市舶提（與）〔舉〕司，杭州依舊設立市舶庫，知事市舶公事，直隷行省管領諸人不得攪擾沮壞。所有法則開列於後：

一、金、銀、銅錢、鐵貨、男子婦女人口、絲綿、段疋、銷金、綾羅、米糧、軍器，並不許下海私販諸番。違者，舶商、船主、綱首、事頭、火長，各決壹伯柒下，船物俱行没官。若有人首告得實，於没官物内壹半充賞。重者，從重論。發船之際，仰本道廉訪司嚴加體察。

一、抽分則例：粗貨拾伍分中抽貳分，細貨拾分中抽貳分。據舶商回帆已經抽解訖物貨，市舶司並依舊例，於抽訖物貨内，以叁拾分爲率，抽要舶税過壹分，通行結課，不許非理刁蹬舶商，取受錢物。違者，計贓，以枉法論罪。

一、諸王、駙馬、權豪、勢要、僧、道、也里可溫、荅失蠻諸色人等下番博易到物貨，並仰依例抽解。如有隱匿，不行依理抽解，許諸人首告，取問是實，錢物没官，犯人决杖壹伯柒下，有官者罷職，仍於没官物内壹半付首告人充賞。若有執把免抽聖旨懿旨，仰行省、宣慰司、廉訪司就便拘收。

一、拘該市舶去處，行省官、宣慰司官、市舶司官不得拘占舶船，梢帶錢物，下番買賣。如違，許諸人首告，取問是實，犯人决杖壹伯柒下，罷職不叙，錢物没官，没官物内壹半付告人充賞。船主、事頭不舉首者同罪。

一、下番使臣在前託以採取藥材根買希罕寶貨，巧取名分，徒費廪給，今後並行禁止。果有必合遣使者，從中書省聞奏差遣，其餘諸衙門近侍人等不得干預。朝廷若有宣索諸物，責令順便番船綱首博易納官。

一、諸處舶商每遇冬汛北風發舶，從舶商經所在舶司陳告，請領總司衙門元發公驗公憑，並依在先舊行關防體例填付。舶商大船請公驗，柴水小船請公憑。願往番邦，明填所往是何國土經紀，不得詭寫管下洲島別名，亦不許越過他國。至次年夏汛南風回帆，止赴元請給驗憑發舶司抽分，不許越投他處舶司。各處市舶司，如不係本司元發船隻，亦不得信從風水不便，巧説事故，一面抽分。違者，決伍拾柒下，解見任，因而受財者，以枉法論。如本舶司依見定例抽解訖，從舶商發賣與般販客人，亦依舊例就於所在舶司請給公遣，從便於各處州縣依例投税貨賣。如不於元指所往番邦經紀，轉投別國博易物貨，雖稱風水不便，並不憑準，船物盡行没官，舶商、船主、綱首、事頭、火長各杖壹伯柒下。若有告首者，於没官物内壹半付告人充賞。

一、舶商請給公據，照舊例召保舶牙人，保明某人招集人伴幾名，下舶船收買物貨，往某處經紀。公驗開具本船財主某人，直庫某人，梢工某人，雜事等某人，部領等某人，碇手某人，作伴某人，船隻力勝若干，檣高若干，船面闊若干，船身長若干。每大船壹隻止許帶柴水船壹隻、捌櫓船壹隻，餘上不得將帶。所給大小船公驗公憑，各仰在船隨行。如有公驗或無公憑，及數外多餘將帶，即是私販，許諸人告捕，得實，犯人決壹伯柒下，船物俱没官，没官物内一半付告人充賞。所載柴水，捌櫓小船，於公憑内備細開寫，亦於公驗内該寫力勝若干，檣高若干，船面闊若干，船身長若干，召到物力户某人委保，及與某人結爲壹甲，互相作保。如將帶金銀違禁等物下海，或將奸細歹人回船，並元委保人及同結甲人一體坐罪。公驗後空紙捌張，行省用訖縫印於上。先行開寫販去貨物各各名件觔重若干，仰綱首某人親行填寫。如到彼國博易物貨，亦仰綱首於空紙内就於地頭即時日逐批寫所博到物貨名件色數，點秤抽分。如曾停泊他處，將販至物貨轉變滲泄作弊，及抄填不盡，或因事敗露到官，即從漏舶法，決杖壹伯柒下，財物没官，保内人能自告首，將犯人名下物貨壹半充賞。如舶司官吏容庇，或覺察得因事發露到官，定將官吏斷罷不叙。所給公驗，行中書省置半印勘合文簿，立定字號，付綱首某人收執。前去某處經紀，須要尊依前項事理。所有公憑小船並照公驗一體施行。

一、海商不請驗憑，擅自發船，並許諸人告捕，船商、船主、綱首、事頭、火長各杖壹伯柒下，船物俱行没官，於没官物内壹半付告人充賞。如已離舶司，即於沿路所在官司告捕，依上追斷給賞。

一、海商自番國及海南收販物貨到國，已赴市舶司抽分而在船巧爲藏匿者，即係漏舶，並行没官。仍許人告首，依例於没官物内壹半充賞。犯人決杖壹伯柒下。

一、舶商去來不定，多在海南州縣走泄細貨。仰籍定姓名，仍令海南海北廣東道沿海州縣鎮市地面軍民官司用心關防。如遇回舶船隻到岸，嚴切催趕起離，前赴市舶司抽分。如官吏知情容縱，決伍拾柒下；受賂者，計贓，以枉法論罪。

一、市舶司招集舶商船隻，行省以下衙門不得差占，及有新造成舶船之家，並仰籍定數目，今後亦不得差占，有妨舶商興販經紀。其有運糧船隻，不得因而夾帶奪占，失悮海運。

一、各處市舶司每年辦到舶貨，除合起解貴細之物外，據其餘物色必須變賣者，所委監抽官監臨有司，隨即估計實直價錢，再令不干礙官司委廉幹正官復估相同，別無虧官損民，將民間必用並不係急用物色，驗分數互相配荅，須要一並通行發賣作鈔解納。並不許見任官府權豪勢要人等詭名請買。違者，許諸人首告，得實，將見獲物價盡數没官，於没官價内壹半付告人充賞，犯人決杖陸拾柒下。仍仰監察御史、肅政廉訪司嚴行體察。

一、番船南船請給公驗公憑回帆，或有遭風被劫事故，合經所在官司陳告，體問的實，移文市舶司轉申總司衙門，再行合屬體覆。如委是遭風被劫事故，方許銷落元給驗憑字號，若妄稱遭風被劫事故，私般物貨，欺謾官司，送所屬勘問是實，舶商、船主、綱首、事頭、火長，各決壹伯柒下，同船梢水人等各決柒拾下，船物盡行没官。若有人首告，於没官物内壹半充賞。或有（公）〔沿〕途山嶼灘岸停泊，漏水取柴，恐有梢碇、水手、搭客等人乘時懷袖偷藏貴細物貨，上岸博易物件；或著商舶之家回帆將到舶司，私用小船推送食米接應舶船，却行般取貴細物貨，不行抽解，即是滲泄，並聽諸人告捕，全行斷没，犯人杖壹伯柒下，告捕人於没官物内壹半充賞。仍仰沿海州縣出榜曉諭嶼嶼等處鎮守軍官巡尉人等，常切巡捉，催趕船隻，隨即起離彼處，不許久停，直至年例停泊去處，劄時具申。各處市舶司差廉能官封堵坐押，赴元發市舶司，又行差官監般入庫，檢空船隻，搜檢在船人等懷空，方始放令上岸。如在番阻風住冬不還者，次年回帆，取問同船或同伴船隻人等是實，依例抽分。若是妄稱風水不便，轉折買賣，許諸人首告，得實，舶商、船主、綱首、事頭、火長各決壹伯柒下，同船梢水人等各決柒拾下，船物盡行没官，没官物内壹半付告人給賞。

一、海商所用兵器並銅羅作具，隨舶泊處具數申所屬依例寄庫，起舶司給付。除外多餘將帶，同私販法。

一、海商每船募綱首、直庫、雜事、部領、梢工、碇手，各從便具名呈市舶司申給文憑。船請火印爲記，人結伍名爲保。

一、海商貿易物貨，以舶司給籍用印關防，具註名件觔數，綱首、雜事、部領、梢工書押，回日以物籍公驗納市舶司。

一、行省、市舶司官每歲斟酌舶船回帆之時，本省預爲選差廉干官員，比之肆月已裏，須到抽解處所，等待舶船到來，隨即依例封堵，挨次先後抽分。不得因而遲延，走泄物貨。其所差監抽官亦不得違期前去，停滯舶商人難。

一、定到舶法、抽分則例，關防節目，仰行省、各處市舶司所在官員奉行謹守，不得減裂違犯。行御史臺、廉訪司常加體察，毋致因而看循廢弛。

一、番國遣使賫擎禮物赴闕朝見，仰具所賫物色報本處市舶司秤盤檢驗，別無夾帶，開申行省移咨都省。如隱藏不報，或夾帶他人物貨，不與抽分者，並以漏舶論罪斷没，仍於没官物内壹半付告人充賞。其舶船果有順帶南番人番物者，從本國地頭於元給舶船公驗空紙内明白填付姓名並物貨名件觔重，至舶司照數依例抽解。番人回還本國，亦於所在番船公驗内附寫將去物貨，不許夾帶違法之物。如到番國不復回程，却於元賫公驗空紙内開除，附寫緣故。若有一切違犯，並依前罪，止坐舶商、船主。

一、舶商下海開船之日，仰市舶司輪差正官壹員，親行檢視各各大小船内有無違禁之物。如無夾帶，即時放令開洋，仍取本司檢視官重甘罷職結罪文狀。如將來有人告發，或因事發露，但有違禁之物，決杖捌拾柒下，解見任，降貳等。受財容縱者，以枉法論。却不得因而非理搔擾舶商。本道肅政廉訪司嚴加體察。

《元史》卷一〇五《刑法志》 諸關廂店户，居停客旅，非所知識，必問其所奉官府文引，但有可疑者，不得容止，違者罪之。諸官户行錢商船，輒竪旗號，置弓箭鑼鼓，揭錢主衙門職名，往來江河者，禁之。諸經商，及因事出外，必從有司會問鄰保，出給文引，違者究治。 諸投下並其餘有印信衙門，並不得濫給文引。

（明）談遷《國榷》太祖洪武四年十二月 命吴王左相靖海侯吴禎籍溫台慶元方氏遺兵及蘭秀山流民，凡十一萬一千七百五十人，分成各衛，仍禁瀕海民不得私出海。

黄彰健《明代律例彙編》卷一三《兵律一·宫衛·越城》 凡越皇城者，絞。京城者，杖一百，流三千里。越各府州縣鎮城者，杖一百。官府公廨墻垣者，杖八十。越而未過者，各減一等。若有所規避者，各從重論。

弘治問刑條例

一、成化十年九月十八日節該欽奉憲宗皇帝聖旨：都城外四圍沿河居住軍民人等，越入墻垣，偷魚割草，竊取磚石等項，輕則量情懲治，重則參奏拏問，枷號示衆。若該城徇情縱容不理，及四隣知而不首的，都治以罪。其守門官軍，亦不許於城外河邊栽種蔬菜，牧放頭畜，因而引惹外人入内作踐。違者，一體治罪。欽此。

黄彰健《明代律例彙編》卷一五《兵律三·關津·私越冒度關津》 凡無文引，私度關津者，杖八十。若關不由門，津不由渡，而越度者，杖九十。若越度緣邊關塞者，杖一百，徒三年。因而出外境者，絞。守把之人，知而故縱者，同罪。失於盤詰者，各減三等。罪止杖一百。軍兵又減一等，並罪坐直日者。餘條準此。若有文引，冒名度關津者，杖八十。家人相冒者，罪坐家長。守把之人，知情與同罪。不知者不坐。其將馬贏私度冒度關津者，杖六十。越度，杖七十。私度，謂人有引，馬贏無引者。冒度，謂馬贏冒他人引上馬贏毛色齒歲者。越度，謂人由關津，馬贏不由關津而度者。

大明律直引所載問刑條例

一、查得法司問擬操備舍餘勇士人等，犯該笞杖罪名，俱令照例納鈔，中間多有無力，不能納鈔者，法司因無别項發落事例，不敢改擬，往往監追累月，不得完結，查得逃操事例，官旗無力納鈔者，就在原衛門決打，及衛所舍人舍餘總小旗無力亦許的決，惟獨操備舍餘人等乃欲不分有力無力一概納鈔，非惟監追人難，反致朶（？）誤操備，深爲未便。合無今後凡問操備舍餘人等，除有力仍照舊例納鈔，無力的決，悉照衛所舍人舍餘總小旗事例的決發落，如此則刑罰平而人心悦。【略】

萬曆問刑條例

一、官吏旗校舍餘軍民人等，有因爲事問發爲民充軍，或罷職冠帶閑住，與降調出外，各來京潛住者，問擬明白，除充軍並口外爲民，照逃例改發外，文官降調者，革職，冠帶閑住。閑住者，發原籍爲民；爲民者，改發口外爲民。武官帶俸者，革職，隨舍餘食糧差操。原隨舍餘食糧差操者，發邊衛差操。其知情容留潛住之人，各治以罪。

（明）陳子龍等《明經世文編》卷三五六徐陟《奏爲懇乞天恩的時事各法紀以善臣民以贊聖治事》 宦家網利，臣查律法，官豪勢要之人，乘船經過關津，不服盤驗者，杖一百。此蓋謂各衙門自恃官勢，强越關津者耳。關津乃衆人共行之處，不服盤驗，非越分生事之比，况以有官者尚坐前罪。至於運河，乃專爲糧運而設，驛驛官船亦是借行，况私船裝載客貨者，可横行其間，而無忌乎？近來宦家人，假充弟男子姪名色，撑駕官民船隻滿裝貨物，所至商販，漁獵民財，憑籍官勢，而奸惡聚衆，欺打餘船，横行河道，阻遏糧軍，擾害地方，毆逐閘埧，官吏毀罵，軍民人等，無所不至，甚非禮法。必須分别等第，定爲罪例。今後不拘官民宦家，弟男子姪等項，但有撑駕貨船，仍前生事，攪擾運河及一應河道者，不分有無違禁貨物，許所在地方各色官民人等徑自捉送所在官司，將犯人治以重罪，船隻貨物盡行入官變賣，送部濟邊。其捉送之人，若無利賴，必不肯任怨行事，仍須照依匿税律法，於入官内將十分之三充賞，以鼓其趨。文武職官，縱容家屬生事，應叅究者叅究，應提問者提問，所在官司如或徇情故縱，撫按官一體訪查，以罷軟論斥，庶豪惡知警。

中國第一歷史檔案館《滿文老檔》天命元年六月 聞沿邊之明人皆越境擾害諸申地方。故汗曰：每歲越境掘銀採參，砍伐樹木，尋覓松子、蘑菇、木耳，擾害尤甚。欲禁其擾亂事，曾立石碑，刑白馬盟誓。然負前盟，每歲逾越帝界。我即戮之，亦不爲過也！遂遣達爾漢侍衛，令將於各處所遇越境之五十餘明人殺之。其後，明執往見廣寧新都堂之剛古里、方吉納並從者九人，以鐵索繫之，並遣人來曰：我民出邊，爾宜解還，何故殺之？英明汗曰：昔立碑盟言，見越帝邊者不殺，則罪及不殺之人。爾爲何不顧前盟而如此强辭？明人不肯，並曰：將爾爲首之達爾漢侍衛解來此由我殺之，否則，事必釀大。堅以此言相要挾。英明汗拒之曰：不可。明人曰：此事上已聞知，不容隱也！爾何愁無有罪犯，不妨將其交出，解至我沿邊地方，斬首示衆，則此事息矣！英明汗欲圖所遣十一人還，即將往葉赫偷盜被執禁於牢中之十人，解至邊界殺之，明人遂將所拘十一人釋還。

《刑部現行則例》卷中《關津》 凡砍木燒炭之人，工部每人各給票一張，令其前去，工部仍照例查收换給。八旗口外一應有地之人，如有將口内之人每年雇去種地者，令其雇種。將所雇之人，户部各給票一張，令其出口，仍令户部查收。若口外無票行走之民，令各處查拿。八旗口外居住莊頭等去到别旗村内打牲及在山峪中搭窩鋪打牲之人，隱匿不拿，或被傍人出首，或被巡察之人拿獲者，將不行捉拿之人交與看口章京解送刑部從重治罪。革去莊頭，交與伊主另换，若不更换，仍留復犯事者，將伊主一並交與該部治罪。古北口、喜峰口外居住驛站之人將伊等附近地方别處人來打牲及在山峪中搭窩鋪打牲者，查拿送與看口章京，轉送該部從重治罪。如驛站之人隱匿不逐並不查拿及會同去拿匪人，不去同拿者，或被傍人出首拿獲，將驛站章京、頭目隱匿之人一並交與該部從重治罪。若將無票之人，巴林翁牛忒之莊頭等隱匿不逐又不查拿，或被傍人出首者，將莊頭等交與理藩院從重治罪。其雅圖溝、黑山、度山、流河、波羅河屯等處謊稱砍木、燒炭起票轉賣及匪人買票帶在身邊存住莊村並砍木燒炭之人，有違禁放鳥鎗行走者，拿送各該部治罪。

《刑部現行則例》卷中《關津》 遵旨會議，凡無票私出口外之民，責四十板，並妻及未分家之子發往烏喇、寧古塔等處給與窮披甲爲奴。具題。奉旨依議，民人停其發往烏喇、寧古塔，在山海關外遼陽等處安插。

《清聖祖實録》康熙三十三年二月 〔庚申〕九卿會議，浙江巡撫張鵬翮疏，言出洋貿易船隻，地方官印烙給以票照許，帶軍器出洋。乃有内地商人在外國打造船隻，帶有軍器出入關口，既無印烙可據，又無票照可憑，地方官難以稽查。請一槩禁止。其暗帶外國之人偷買犯禁之物者，並嚴加治罪應。請。從之。

《西寧青海番夷成例·越界住牧》 一、凡分定地方，有他處千户等移進住牧者，罰犒牛七條，百户等罰犒牛五條，管束部落之百長等罰犒牛三條，係平人按户各罰牛一條。

《西寧青海番夷成例·越界頭目罰服》一、凡越過分定疆界，另處遊牧者，千户等罰犏牛五十條，百户等罰犏牛四十條，管束部落之百長等罰犏牛三十條，小百長等罰犏牛十條。如係平人，有人知覺者，即將其人並家産牲畜全給所見之人。

《大清律例》卷二〇《兵律·關津·私越冒度關津》律

凡無文引私度關津者，杖八十。若關不由門，津不由渡，別從間道而越度者，杖九十。若越度緣邊關塞者，杖一百，徒三年；因而潛出交通外境者，絞監候。守把之人知而故縱者，同罪。至死減一等。失於盤詰者，官各減三等，罪止杖一百；軍兵，又減一等；並罪坐直日者。

若有文引，冒他人名度關津者，杖八十。家人相冒者，罪坐家長。守把之人知情，與同罪；不知者，不坐。

其將無引馬騾私度冒度關津者，杖六十；越度，杖七十。私度，謂人有引，馬騾無引。冒度，謂馬騾冒他人引上馬騾毛色齒歲。越度，謂人由關津，馬騾不由關津而度。

條例

一、凡雇倩口內之人往口外種地及砍木燒炭者，戶、工二部照例給票出口。回日仍察收。無票之人，令各處查拏。若揑稱種地及砍木燒炭名色、起票前往而將票轉賣與人及買者，一並拿送該部治罪。

一、凡民人無票私出口外者，杖一百，流二千里。緣邊關口每季將出入人數造册，取具並無匪類出口印甘各結，申報。倘守口官不驗明印票及賄縱出入，該管官察出，即行詳報該管將軍、督撫，提鎮，題參，交部嚴行治罪。若該管將軍、督撫、提鎮通同徇庇，不行查參及稽查不嚴，以致匪類越境生事者，一並從重議處。

一、凡湖廣沿邊苗民，俱以塘汛爲界。民人，責令有司詳查；苗人，責令游巡官員詳查。若民人無故擅入苗地，照越度緣邊關塞律，杖一百，徒三年。苗人無故擅入民地，亦照民例充徒。該管各官失於覺察及該管上司一並交部議處。

一、凡土官、土人，如有差遣公務應赴外省者，呈明本管官，轉報督撫給咨，並知會所往省份督撫，令事竣勒限，毋許逗遛。仍知照本省督撫。倘不請咨牌、私出外省，土官革職；土人照無引私度關津律，杖八十，遞回。如潛住外省、生事爲匪，別經發覺，除實犯死罪外，徒罪以上，俱照軍人私出外境擄掠，不分首從，發邊遠充軍律，遞回，照例枷責，同家口、父母、兄弟、子侄一並遷徙安插。其不行管束之該管官及失於查報之外省地方官，均交部議處。

《理藩院則例》卷三四《邊禁·哈薩克私入卡倫拒捕擬罪》一、伊犁等處如有哈薩克迷路誤入卡倫，因被查拿拒捕者，照竊馬例擬以絞決。

《蒙古律例》卷五《邊境卡哨·凡使者由某旗卡哨而來即令該哨章京遞送》一、準噶爾、厄魯特、俄羅斯之使者由某旗卡哨而來，該哨章京即僉派領催、披甲人等護送，著落前途旗分由各旗直遞送至張家口。若在某旗地方被竊，嚴查確實，令其賠償；不實，則登記檔案，發覺時酌議。若更換疲乏馬駝，以跟役爲證立字，並注其姓名、佐領。

《蒙古律例》卷五《邊境卡哨·使者途中被竊將坐哨章京等治罪》一、凡使者由某旗經過，其旗下坐哨章京等宜行照料護送。倘不照料護送，以致被竊，將坐哨章京等罰三九牲畜，披甲人等鞭一百。

《蒙古律例》卷五《邊境卡哨·蒙古等進口出口記數》一、凡內外各扎薩克蒙古等，俱令由山海關、喜峰口、古北口、獨石口、張家口、殺虎口行走。進口時俱稟明邊門章京等，記數後方準入。其出口時仍驗對原數後方準出。倘有添買之物，報院轉行兵部給與口票，以便出口。除此六邊門外，其餘邊門不準行走。

《蒙古律例》卷五《邊境卡哨·他王侵入人各所分地界》一、人各所分地方，已未管旗之別王侵入，罰馬十匹；貝勒、貝子、公，馬七匹；台吉、塔布囊，馬五匹；平人，每家牛一隻。

《蒙古律例》卷五《邊境卡哨·侵過所分地界另行遊牧》一、侵過所分地界另行遊牧者，已未管旗王、貝勒、貝子、公、台吉、塔布囊等罰俸一年，無俸台吉、塔布囊等罰馬五十匹。係平人，則見知之人將本人並畜産一同收領。

《兵部處分則例》卷一二《關禁·無票出口》一、凡邊關隘口綠營守口官員，若民人並無用印文票，及有文票人數浮多，失察偷渡，一、二名者，降一級留任。公罪。三、四名者，降一級調用。公罪。五名以上，降二級調用。公罪。十名以上，降三級調用。公罪。放出私販人口者，革職。私罪。受賄縱放者，革職治罪。私罪。若夾帶違禁貨物，徇縱放出者，按其所帶之物，分別治罪。私罪。如失察盜犯、逃犯，偷渡一名者，降一級留任。公罪。二名，降一級調用。公罪。三名以上，降二級調用。公罪。五名以上，降三級調用。公罪。十名以上，革職。公罪。如該管官拿獲及半者，免議。或該管官拿獲未能及半，及別處拿獲破案者，將未獲名數減等議處。如有隱匿不報者，照諱盜例，革職。私罪。

一、出口之人帶有印票，該管官不即驗票放行，稽遲勒措者，降二級調用。私罪。至驗票兵丁有需索等弊者，該管官如實係失察，照在官人役犯贓例，議處。十兩以上者，降一級留任。公罪。十兩以下者，罰俸一年。公罪。

一、張家口、獨石口凡出入人等，均會守口旗員驗票盤查，如有失察違禁等物，責任旗員營員免其處分。

《兵部處分則例》卷二二《關禁·私給出邊關印票》　一、關口以內武職官員，違例私給印票出邊口者，革職。私罪。若給出外國接壤邊口印票者，革職，提問。私罪。

《兵部處分則例》卷二二《關禁·雲南臨安開化二府設立關口》　一、雲南臨安、開化二府所屬上司均通外境，於要隘處所設立關口，專派員弁駐紮巡查，如有疏漏一名者，守口官罰俸一年。公罪。二名，降一級留任。公罪。三名，降一級調用。公罪。五名以上，降三級調用。公罪。十名以上，革職。公罪。

《兵部處分則例》卷二二《關禁·臺灣民人越界》　一、臺灣南勢、北勢一帶出口，生番、熟番分界勒石，界以外聽生番採捕。如奸民越界墾地搭寮，抽藤吊鹿及私挾貨物擅出界外者，失察之專管官，降一級調用。公罪。該管上司罰俸一年。公罪。若有賄縱情弊，該管官革職。私罪。計贓論罪。如三年之内民番相安無事，將該管官紀録一次。鄉保土官兵丁人等，該總督、巡撫加獎賞。

《兵部處分則例》卷二二《關禁·無照民人偷渡過臺灣》　一、內地民人往臺灣者，該地方官給與照票，由厦門盤驗出口。其無照偷渡者，嚴行禁止。若拿獲偷渡之人，詳報該總督、提督，訊係逸犯逃遣，查明沿海陸路，在何處出口，何處藏匿，如係知情賣放，窩隱者，將該員弁俱革職，治罪。私罪。其失察出口員弁，降二級調用。公罪。失察藏匿地方員弁，降一級調用。公罪。如失察無照民人眷屬偷渡過臺灣者，降二級調用。公罪。失察隻身無照民人偷渡者，降一級調用。公罪。徇隱不報者，革職。私罪。該地方官能盤獲逸犯逃遣每一名準予紀録二次，拿獲携帶妻子脱逃之犯者，每一起準予加一級。其兵目澳保，能將偷渡各項人犯在臺灣拿獲訊明屬實，即將船隻貨物賞給，以示獎勵。

一、有遇商船因風漂泊到岸者，驗有牌照立即放行。如兵役借帶勒索，該管各官知情徇縱者，革職提問。私罪。失察者，降一級調用。公罪。兼轄官通同徇隱者，降二級調用。私罪。失察者，降一級留任。公罪。自行查出究辦者，皆免議。

一、有積慣船户客頭，在於內地沿海小港，攬載圖利，致奸民偷渡過臺灣，地方官能拿獲者，即照拿獲逸犯逃遣之例，議敘。如不實力查拿，照偷渡之例，查議。

一、官兵因公差委，將所乘船隻偷渡無照人等過臺灣，專管官知情者，革職，提問。私罪。不知情者，降二級調用。公罪。兼轄、統轄等官徇穩不行揭報題參者，均降二級調用。私罪。失於覺察者，兼轄、統轄官降一級留任。公罪。總兵罰俸一年。公罪。提督罰俸六個月。公罪。總督交吏部查議。

《兵部處分則例》卷二二《關禁·臺灣船隻私越口岸》　一、臺灣南北一帶口岸，不許內地船隻往來之處，如有內地船隻私行越界，口岸員弁失於查禁，罰俸一年。公罪。

《兵部處分則例》卷二二《關禁·內地民人私越越南》　一、廣西之南寧、太平、鎮安三府漢土各屬路通越南之處，漢土各兵聯絡守禦互相游巡，其有內地民人潛越出外開礦者，押回原籍，照律治罪。若兵丁擅離汛地，互相推諉者，責革。賄縱者，追贓，治罪。若沿邊各官稽查不力以致民人出口潛越越南開礦者，專汛官降二級調用。公罪。兼轄官同城者，降一級調用。公罪。不同城者，降一級留任。公罪。統轄將領同城者，降一級留任。公罪。不同城者，罰俸一年。公罪。專汛各官賄縱者，革職。私罪。計贓，治罪。如往越南開礦之人，經由全州、賓州等處，該地方專汛官失於查拿者，各降一級留任。公罪。

《兵部處分則例》卷一二《關禁・私越朝鮮邊界》 一、沿海商漁船隻被風飄至朝鮮境界，並無船照可據，及内地民人越渡沿邊關塞至朝鮮境内者，拿獲之日審明由何處出口，如彼處防守官員，係明知故縱者，革職，提問。私罪。徇庇不行揭報之該管上司，降三級調用。私罪。徇隱不行題參之該提督、總兵降二級調用。私罪。若實係失於覺察，將彼處防守官員，降二級調用。公罪。該管上司，降一級調用。公罪。該提督、總兵罰俸一年。公罪。總督、巡撫交吏部查議。

《兵部處分則例》卷一二《關禁・喇嘛進香出口人數不符》 一、五臺等處喇嘛前往普陀進香，如出口人數與部發路引不符，將稽查不力之守口官弁，降一級調用。公罪。

《兵部處分則例》卷一三《海禁・鐵鍋不準貨賣出洋》 一、洋船出口除每日煮食之鍋外，不許貨賣鐵鍋出洋，違者照捆戴廢鐵出洋例治理。官弁明知故縱者，革職。私罪。賄縱者，革職提問。私罪。失察者，降一級調用。公罪。如能當時拿獲者，免議。

《兵部處分則例》卷一三《海禁・稽查商漁船夾帶禁物》 一、出口商船並採捕漁船，俱不許携帶槍炮等器械，如有夾帶硝磺、鐵釘、軍火、器械、樟板等物接濟奸匪者，守口官弁失於盤查，降三級調用。公罪。如有賄縱情弊，革職，提問。私罪。自行盤獲究辦者，免議。

一、外洋商船人等，私帶炮位進口，外方官失於查繳，降一級調用。公罪。守口員弁，查出炮位，不即令其呈繳者，革職。私罪。

一、商販出洋貿易，如有私將銅斤、鐵斤、並銅鐵器携帶貨賣圖利者，按照斤數分別首從治罪，貨物銅斤船隻入官，其關汛武職員弁知情賄縱者，革職，治罪。私罪。失察者，降一級調用。公罪。自行盤獲者，免議。

一、出販東洋南洋之大船準其携帶炮位，每船炮不得過二位，鳥槍不得過八桿，腰刀不得過十把，弓箭不得過十副，火藥不得過三十斤，造炮鳥槍時，該船户呈明地方官，給與照票，赴官局製造，完日地方官親驗鏨鑿姓名、號數，其腰刀、弓箭、火藥等項，同牙行置造完日，報官查點。俱於船照内，將炮位輕重大小，鳥槍、火藥、腰刀、弓箭數目分晰填明，以備海關監督，並口岸文武員弁盤驗稽察，回棹日，照原帶軍器數目逐一查點，將炮貯官庫，俟開船之日，再行給還。如有買外夷銅炮帶回者，地方官給與時價，以充鼓鑄之用。倘有船隻遭風打破，軍器沉失者，該船户客商出具甘結，於所在地方官報明，免其治罪。如船隻無恙，妄稱沉失，該總督、巡撫嚴加究訊，照接濟外洋例，治罪。守口官稽查不實，俱照前例議處。

一、外洋行走之船，動經數月，所有鐵釘、油灰、棕絲、黄麻等物酌量携帶，亦於船照内填明數目以備查驗。如有動用，同船之人出具甘結，回棹日，送地方官稽察。若有藉端多帶者，仍照夾帶違禁貨物例，治罪。守口官稽查不實，俱照前例議處。

一、漁船出口、入口，如有裝載貨物接渡人口者，雖無夾帶禁物奸民情弊，汛口官失於查禁，罰俸一年。公罪。

一、出洋樵採船隻，每船帶食鍋一口，所携斧斤，每名止許一把，在船人數，不得過十人，俱於照内註明。出口入口汛口官，均行查驗，若越數夾帶出口，及進口缺少者，未經查明之汛口官，罰俸一年。公罪。

《兵部處分則例》卷一三《海禁・稽查商船出入》 一、出海洋貿易商船，出口至入口時，守口官驗明舵水人等，如有越數多帶，或詭名頂替，汛口官失於盤查，以致夾帶奸匪入口者，降三級調用。公罪。受賄者，革職。私罪。計贓，論罪。若並無夾帶違禁情事，汛口員弁藉端勒掯者，降二級調用。私罪。如兵役有勒索情弊將失察之守口官，降一級調用。公罪。自行查出究辦者，免議。

《兵部處分則例》卷一三《海禁・查驗山東海船》 一、山東外洋商船，照該省驗單查對外，其登州、萊州二府民人，前往奉天貿易，及奉天等處民人有過海者，商人船隻出口入口，該州縣俱給與印單，將客人姓名、貨物名單、賣貨地方、同船户水手姓名一一開載，守口官掛號驗單放行。若兵役有勒索情弊，守口官失察者，降一級調用。公罪。如有流民私往奉天偷渡出口，守口武弁失察者，降二級調用。公罪。

《兵部處分則例》卷一三《海禁・沿海有底無蓋剥船一體編號給照》
一、沿海有底無蓋剥船，一體報官驗烙編號給照，責成守口員弁，將該船舵水年貌、姓名、籍貫查填入照，鈐蓋印戳登號，準其出口入口。如失於盤查，以致夾帶奸匪出入者，降三級調用。公罪。若並無夾帶違禁情事，汛口員弁藉端勒措者，降二級調用。私罪。如兵役勒索，守口員失察者，降一級調用。公罪。自行查出究辦者，免議。

《兵部處分則例》卷一三《海禁·澳門夷船給照》 一、西洋人附居廣東、澳門，如出口時夾帶違禁貨物，並將中國之人偷載出洋，入口時將無故前來之西洋人夾帶入口，及容留居住者，守口官及該地方武職徇情疏縱者，革職。私罪。失於稽察者，降三級調用。公罪。

《兵部處分則例》卷一三《海禁·盤查海船》 一、海洋中形迹可疑之船，已被巡洋員弁盤獲，如貨物人數不符單牌票者，限三日内查明。如係賊船，交與地方官治罪。果係商船，即速放行，將放行之處仍申報該上司存案。如以賊船作爲商船釋放，或以商船作爲賊船故事稽遲擾害者，均革職。私罪。索取財物者，革職，提問。私罪。該上司查出題參者，免議。如巡洋員弁擅放賊船，上司失察者，同城，降二級調用。公罪。不同城，百里以内者，降一級調用。公罪。百里以外者，降一級留任。公罪。擾害商船，上司失察者，同城，降一級調用。公罪。不同城，降一級留任。公罪。

《兵部處分則例》卷一二《關禁·蒙古賊犯入内地殺掠》 一、蒙古賊犯擅進内地殺人搶掠，失察之專汛官，革職。公罪。兼轄官，降二級調用。公罪。總兵降二級留任。公罪。提督降一級留任。公罪。俱戴罪圖功，至並未傷人搶掠牲畜等物，該管官失於攔阻者，將專汛官，罰俸一年。公罪。兼轄官，罰俸六個月。公罪。

《兵部處分則例》卷一二《關禁·外番入内地》 一、凡官員該管地方外國之人私自進口，失於查報者，降一級調用。公罪。該管上司，罰俸一年。公罪。

《兵部處分則例》卷一三《海禁·匪船沿邊私駕出洋》 一、沿海巡查武職並守口員弁，失察匪船不由汛口沿邊私駕出洋者，均降二級留任。公罪。若匪船私駕出半，駛回時洋面尚無失事報案，該管武職能細心盤查，獲犯解究官，免其從前失察處分。如案已別經發覺，知會關拿，始行盤獲破案者，其從前失察沿邊私駕之處分量行酌減，改爲罰俸二年完結。公罪。倘官員於獲犯時，意存迴護，不將盜匪偷越地方究明指出者，降二級調用。私罪。

《兵部處分則例》卷一三《海禁·盤獲入口匪犯酌免出口處分》 一、匪船混冒出口後入口，時洋面尚無失事報案，守口官能細心盤察，獲犯解究者，免其從前失察出口處分外，若案已別經發覺，知會關拿，於匪從入口時盤獲破案，其失察出口處分應議降調用者，改照所降之級留任，扣滿年限，開復。

《兵部處分則例》卷一三《海禁·盜船出入海口》 一、盜犯從外洋竊發，咎在出洋分巡、委巡之員，將守口官免議。若盜犯由海口以内奪坐船隻出洋爲盜，失察之守口各官，降二級調用。公罪。若守口官能自行拿獲者，免議。至外洋行劫之盜，散黨登岸，混冒入口，守口官失於覺察，降一級留任，公罪。限一年緝拿，全獲開復，限滿不獲，降一級調用。公罪。如於限内盜犯被鄰境拿獲者，減爲降一級留任。公罪。

《兵部處分則例》卷一三《海禁·拿獲偷渡外洋》 一、沿海營汛員弁拿獲偷渡外洋，十名以上者，專管官紀録一次，兼轄官毋庸議叙，兵役賞銀二兩。二十名以上者，專管官紀録二次，兼轄官紀録一次，兵役賞銀四兩。三十名以上者，專管官加一級，兼轄官紀録二次，兵役賞銀六兩。四十名以上者，專管官加二級，兼轄官紀録三次，兵役賞銀八兩。五十名以上者，專管官以應昇之缺即用，兼轄官加一級，兵役賞銀十兩。其所賞兵役銀兩，即於偷渡船户名下追出充用。倘稽察不力，以致偷渡十名以上者，專管官罰俸一年，公罪。兼轄官免議，兵役責二十板。公罪。二十名以上者，專管官降一級留任，公罪。兼轄官罰俸六個月，公罪。兵役責三十板。公罪。兼轄官罰俸一年，公罪。兵役責四十板，公罪。四十名以上者，專管官降三級留任，公罪。兼轄官降一級留任，公罪。兵役責四十板，公罪。革役。五十名以上者，專管官革職留任，公罪。兼轄官降二級留任，公罪。兵役枷號一個月，責四十板，公罪。仍革役。如能另案拿獲偷渡人犯，按其所獲名數抵銷，準其開復。倘有拿獲偷渡人犯，隱匿不報者，官，革職。私罪。兵役，責四十板，私罪。革役。賄縱者，官，革職。私罪。兵役，革退。私罪。俱計贓治罪。

《清宣宗實録》道光十五年春正月〔乙酉〕諭内閣：朱爲弼奏查禁糧船水手滋事，酌議章程一摺。糧船水手，沿途恃衆滋事，必應迅速查拏，嚴行懲辦。兹據該漕督奏稱，押運北上，例隨尾幫。其在前各幫，難於遥制，所有在前各幫水手滋事，著責成押運官弁，會同地方文武官嚴拏務獲。不獲分別嚴議。拏獲之犯，即交地方官訊明，按律從嚴速辦。本船漁照舊開行前進，無誤限期。所犯之罪，除重應正法，輕應枷號外，其應發遣弁軍流以下罪名，訊明後著先於犯事地方枷號示衆，俟漕竣後再行核辦。地方官儻有疏縱情弊，即著該省督撫嚴行參辦，毋稍寬貸。至投充水手，定例責成頭舵。分別雇用確知姓名籍貫保結。又有前後船十家保結，有犯連坐。嗣後水手有犯，頭舵能查明稟報者，著酌給獎賞。十家保稟報，免其連坐，仍給獎賞。其頭舵十家保，能將重犯縛送運官究辦者，優加獎賞。若知情徇隱，亦著加倍治罪。幫弁於雇募水手到幫及停泊時，按船查驗腰牌，如敢仍前虚應故事，並不認真稽查，即著該漕督從嚴懲辦，以儆奸徒而肅漕政。

《回疆則例》卷八《稽查回子出卡》 一、各城回子有往别城庸工貿易者，均由阿奇木伯克呈報本城大臣，請領路票，註明年貌及因何事前往何處，酌量遠近給予限期，總不得過一年。仍咨明前往處所之大臣查照，到日，令其繳銷路票；回日，即由該處發給執照，飭令旋回。如有並未領票任意往來者，一經訪獲到案，將該回子從重治罪，倘無票回子私自出卡者，經臺卡員弁盤獲，即行報明本城大臣，照私越開歧例嚴行辦理，並將該管伯克及温巴什玉孜巴什等分别懲處。

《户部則例》卷三九《關税・關滿盤查》 一、巡撫委員監收之江海、揚州、蕪湖、浙海、贛關、太平、臨清各關，及歸巡撫考覈之鳳陽關期滿，於每年奏報之先，責成巡撫覈實查驗。倘有虧短，即行嚴參懲辦。果皆實儲，於奏報後，即將徵存銀兩遵照例限解部。起解例限詳見按限報解門。遇有部撥之款，於文到五日内迅即起程。倘有短絀遲逾，惟奏報盤查之巡撫是問。

《户部則例》卷四〇《關税・巡查偷越》 一、江蘇省海州、沭陽出産黄豆等貨，概不準從青口行走，繞由海運。責令海州、沭陽文武員弁輪赴青口，同淮關監督派役巡查。

一、安徽省鳳陽、穎州一帶出産豆餅，例應由洪澤湖載運南來，赴淮關投税，毋許徑走臨淮關，抄路南下，巧避漏税。淮關監督遴派妥役渡湖巡查，以杜越漏。

一、江蘇省丹陽、常州、無錫等處路通太湖，南北往來雜貨從此偷越。各該地方官幫同滸墅關監督，一體查拿究治。

一、豫東販赴蘇、松一帶銷賣之豆、雜等貨，例由湖墅關納税。其有由甘泉縣之六閘盤入通州、泰州内河，繞至滕家壩等處分剥出江，並從通州、泰州鹽河之任家港出口直達上海，及販進京口之貨物繞至江陰縣之黄田港出口直至上海，希圖漏税者，均令各該地方官稽查嚴禁，並於黄田港添設巡船駐守巡查，毋得隱漏。

一、重運糧船抵滸墅關向不簽查，押運員弁賫帶印票，按船準帶土宜貨物一百五十擔之數掛驗，不準逾額多裝，責成運弁嚴禁丁舵人等，不許包攬偷漏，查出官參丁處。

一、商貨須直赴關口按例輸税，陸路不許繞避别口，水路不得私走支河。若有船户、脚夫包送，希圖漏税等弊，將奸商船户等分别究治，地方官並予議處。

一、恰克圖、庫倫等處商販皮張及牛、羊、駝馬，令多倫諾爾同知查詰明白，於票内註明，赴張家口照例納税。進關，不準繞越古北口，致滋偷漏。若並非商販，衹帶馬數匹、羊數隻進古北口者，聽其自便，亦不得概行禁阻。

一、江北、江廣、江寧等處貨船赴蘇、杭者，均進京口，歸滸墅關報税。福建、浙江、關東錦州、山東登萊等處貨船及本省通州土物由海對渡者，均進劉河、上海等口，歸江海關報税，倘有將應赴滸墅關貨物繞道由海關納税者，查出治罪。

一、閩、廣、江西貨船從長江直下蘇州、松江等處者，令赴北新關納税。蘇州、松江等處商客戴貨往閩、廣等處者。北新、浙海二關任其投納税銀。若從海關、澉浦納税過鱉子門從長江行走者，北新關不得重税。倘奸商偷過應行之路，查獲從重治罪。

一、六合縣額設騾行八户，江浦縣額設騾行四十二户，不準額外添設。如有於額設騾行之外，私行添設，及勾串大宗船貨違例盤陸北上，偷漏正税者，嚴拿究治。

《户部則例》卷四〇《關税・私帶參珠》 一、山海等關一年之内搜獲人參至二十斤、珠子至四兩者，巡查人等共賞銀二十兩；每人參二十斤，珠子四兩，遞加賞銀二十兩，該管官分别議叙。若搜查不力以致私帶過關者，分别查議，巡役責處。

《户部則例》卷四〇《關税・隱匿皮張》一、商人販運貂皮等物經過關口應納税者，照例納税；詳載各關税則。應查驗者，驗明放行，遇有隱匿私越者，照例治罪，物件入官。守口員弁亦不得違例率拿，致擾商旅。

一、寧古塔地方商人貿易皮張，俱令報明，該處都統填給照票。過關時，聽官查驗，照例納税。隱匿私越者，從重治罪，物件入官。

《户部則例》卷四一《關税・海洋商船驗照》一、海洋貿易商船，令報明海關監督及地方官。該地方官嚴查，確係殷實良民，取具保結，準其依式成造。仍取具船主不得租與匪人甘結，將船身烙號刊名，查明在船人口，與例相符，填給執照，於出口時，呈官檢放。若遇舵水偶有事故，許該船户就近召募，出具保結，赴該海關聽縣請照頂補，掛號造册，回日銷號。沿海貿易之船，亦令於出口時，驗照掛號，回日覆驗銷號。若有詭名頂替及違例多帶舵水人等，汛口官盤查不實，或别有勒措失察情弊，俱分别議處治罪。

一、各項商人出洋，地方官查明真實姓名，居住地方及往何洋貿易，取具里鄰甘結，給與印照，守口官弁驗準放行，仍載入稽考簿内。其從外洋販貨進口者，亦必詳查人貨，汛明經由何洋，概行註册。

一、出洋小本商民，因風信届期不能回籍請照，在福建者呈明厦門同知，在廣東者呈明南海縣，在浙江者呈明海關監督及乍浦海防同知。該海關聽縣取具行户、船主保結，給與印照，行知該地方官備案。回日，仍赴原衙門銷照。其舵水貨客有在番地帳目不清及别項事故者，原給照衙門取具鄰船客商水手甘結，移行地方官存案。回日，呈明繳銷。

一、由五虎門出口渡臺商民，向在閩省置貨貿易，不能赴原籍領照者，責令行保出具保結，並將置何貨物，裝攬何船報明福防同知衙門，就近給照放行。

一、由淡水内渡商民，免其給照，飭令取具行鋪認保，開明姓名、年貌、籍貫，由船户持交管口官弁，驗戳放行。

一、渡臺商民不由行保人等查明出結，報明該管同知衙門給照掛驗，私自偷渡者，照私渡關津律治罪。行保人等知情故縱者，一體坐罪。

一、厦門商運船隻，不許越赴泉州府蜀之蚶江口渡載。

一、泉州府屬之蚶江口商、漁船隻，往江浙及福州省城、福寧、福安等處貿易，責令蚶江通判查察，掛驗放行。如有違例偷渡臺灣，人照不符及夾帶禁物等項，查拿究治，守口文武員並故縱失察，分别參處。

一、臺灣府屬之鹿仔港海口出入船隻，壹令鹿仔港同知查察，掛驗放行。

一、福寧、興化、漳州等府並厦門所屬沿海小港，及臺灣府屬之淡水、彰化、嘉義、鳳山所轄之各處小港，均責成沿海各屬及守口員弁實力查禁。如有拿獲無照只私渡者，船户照越渡緣邊關塞律治罪，船隻入官。倘有夾帶違禁貨物出口者，各照本律分别治罪。若文武官員有故縱失察情弊，分别查參議處。

一、有照商船因風漂泊收岸者，守口員弁驗明牌照放行。

一、閩省舶舺船易滋偷漏，永禁置造，違者嚴行究治。

《禮部則例》卷一八七《主客清吏司・邊關禁令》一、各國貢道例由各省入境者，水路俱遵定制。别道毋許放入。謹按：嘉慶十一年議覆盛京將軍，嗣後貢使回國，先遣出邊報信之員役，須由驛路行走，不許岔道。貢使回國、該國遣人接濟口糧之員役，祇許在邊門守候，不許入邊。至朝鮮貢包車輛，令鳳凰城城守尉代爲僱覓，所用車價報部支銷。其自帶貨物，仍令該貢使自行僱覓車輛，毋得攙混冒銷。

一、外國來使不得私買違制服色、兵器、史書、一統志、地理圖，及凡違禁之物。伴送人員亦不得將違禁貨物私相貿易。違者俱按律治罪。

一、外國有事陳請，其疏奏不得交遣往使臣帶來。俱令專差陪臣交各該督撫轉奏。

一、外國一應事齎文申報各部，俱由禮部轉發，不得擅自徑申及直陳奏御前。謹按□治元年定，朝鮮一應事宜，叙功等事申吏部，地畝、倉庫、錢糧等事申兵部，朝賀，貢獻、婚娶等事申禮部，軍務、逃□等事申兵部，詞訟、首告等事申刑部，修理城池邊關等事申工部。應申各部之文，仍由禮部轉發。乾隆十三年、二十八年，嘉慶十六年，朝鮮國王因日本國關白新立，查照舊例，差使前往致賀，諸報禮部，均經禮部奏明，係該國王循例遣使，毋庸置議。

一、各省督撫、提鎮官，與各外國王，非有公事不得擅自移文，私相往來。

一、凡外國饋送各該督撫禮物，永行停止。

一、使臣出入關口，通事及迎送守關官兵，不得索取土物陋規。違者，該管官參處。謹按：嘉慶十六年，盛京將軍奏，鳳凰城城守尉並防禦等收受朝鮮陋規銀兩。奉旨：和克積善著革職，同領催奢渾太福生解交宗人府同刑部審辦。防禦禮扎桑阿亦著革職，交該將軍審辦。

《工部則例》卷八〇《關税・嚴禁關市積弊》 嘉慶十九年欽奉上諭：關市之設，所以通商便民，成法極爲詳備。近日該管官奉行不實，日漸廢弛，各關口應立之税課木榜並詳單、小本，均不竪立、刊刻。商賈不知税例多寡，任聽家人、吏役額外抑派，多收少報，虧課病商，叢滋弊竇。至各省牙行，亦不按年清查，率多頂冒朋充，甚或假託官差，多方苛索，俱應隨時查禁。著通飭管理税務衙門及直省地方官申明例禁，實力奉行，勿任奸胥、市儈勾串欺朦，以除積蠹。欽此。

道光三年欽奉上諭：給事中清安等奏整飭關務以澄弊源一摺，各關正額盈餘例有常數，近年徵收虧短，緣積習未能悉除。凡關津市鎮地方，往往有惡棍把持，蠹役盤踞，及牙行、鋪户人等相緣爲奸。包攬商賈，串囑在關家人、書吏以重報輕，以多報少，通同掩飾、漁利分肥，甚至納賄私放，偷漏隱匿，皆所不免。嗣後各關務須實力整頓，訪懲奸蠹包攬等弊，嚴行約束家人、書吏，毋得稍有徇縱，俾榷務胥歸核實，以裕課項。欽此。

（清）席裕福《清朝政典類纂》卷三八八《刑二十・兵律關津・私越冒渡關津》 凡無文引私渡關津者，杖八十。若關不由門，津不由渡，別從間道而越渡者，杖九十。若越渡緣邊關塞者，杖一百，徒三年。因而潛出交通外境者，絞監候。守押之人知而故縱者，同罪。至死減一等。失於盤詰者，官各減三等，罪止杖一百；軍兵又減一等，並罪坐值日者。若有文引冒他人名渡關津者，杖八十。家人相冒者，罪坐家長。守把之人知情，與同罪。不知者，不坐。其將無引馬騾私度、冒度關津者，杖六十。越度杖七十。私度，謂人有引，馬騾無引。冒度，謂騾馬冒他人引上騾馬毛色、齒歲。越度，謂人由關津，馬騾不由關津而度。

條例

一、東三省出口之人，若將在京所買奴婢，不照例當官立契，載入口票，私帶出境，該守關兵弁即時拏送刑部。如訊係拐賣，即照拐賣例分别治罪。如無拐賣情事，將不行當官立契、載入口票之人，照冒度關津律治罪。謹案：此條乾隆三十三年定。一、凡土官土人如有差遣公務，應赴外省者，呈明本管官轉報督撫，給咨並知會所往省分督撫，令事竣勒限，毋許逗遛。仍知照本省督撫。儻不請咨牌，私出外省，土官革職，土人照無引私度關津律杖八十遞（回）〔加〕。潛往他省生事爲匪，别經發覺，除實犯死罪外，徒罪以上俱照軍人私出外境擄掠，不分首從，發邊遠充軍，律遞（回）〔加〕，照例枷責。同家口父母兄弟子姪一並遷徙安插。其不行管束之該管官，及失於查報之外省地方官，均交部議處。謹案：此條雍正十三年定。

一、緣邊關口，有熟識路徑奸徒引領遊民私自偷越，或受賄引送夾帶違禁貨物之人出口者，除將偷越及夾帶本犯各照律分别治罪外，其引送之人，如審係僅圖微利，並無别情者，照違制律杖一百、加枷號一月，交該管官嚴行管束。如偷越之人出口，别有奸謀，該犯明知引送婪索多贓，照守把之人知情故縱律治罪。兵弁失於查拏，照例參處。謹案：此條乾隆十六年定。一、指引逃匪偷越出口之犯，如實係不知逃匪情由，僅止私行引送者，仍照違制律問擬外，若明知逃匪故行引送者，照故縱律與犯人同罪。至再犯、三犯者，各按本罪，以次遞加。得財故縱者，計贓從重論。謹案：此條乾隆二十九年定。

一、凡民人無票私出口外者，杖一百、流二千里。緣邊關口，每季將出入人數造册，取具並無匪類出口印甘各結申報。倘守口官不驗明印票及賄縱出入，該管官察出，即行詳報。該管將軍督撫、提鎮題參，交部嚴行治罪。若該管將軍、督撫、提鎮通同徇庇，不行查參，及稽查不嚴，以致匪類越境生事者，一並從重義處。謹案：此條乾隆五年修並。

一、東三省身任京員及在京當差者置買家奴，於當官立契時俱詢明賣身之人或只願在京服役，或情願日後隨回東省，當官載於契紙。若只願在京服役，伊主回家時聽其另行投主，交還身價。若情願日後隨去者，伊主回家時報明本旗，咨行該省將軍存記。只許永遠役使，不許轉賣圖利，如違，俱按興販人口例治罪。仍令該將軍每年將有無轉賣圖利之處，年終諮報刑部備查。一、凡山東民人前赴奉天，除各項貿易船隻並隻身帶有本錢貨物貿易者，查明係往何處、貿易何物，確有憑據，仍準地方官給票出口，毋庸禁止外，其有借稱尋親覓食，出口前赴奉天，並無確據者，地方官概不許給票。如不查明確實，濫行給票放行，致有私刨樵採及邪教煽惑等事別經發覺，將給票之地方官，照濫行出結例議處。謹案：以上二條係乾隆四十二年定例。

一、凡雇倩口內之人往口外種地及砍木燒炭者，户工二部照例給票出口，回日仍察收。無票之人，令各處察拏。若捏稱種地及砍木燒炭名色起票前往，而將票與人及受者，並杖八十。受財者，計贓以枉法從其重者論。謹案：此條嘉慶六年改定。

一、凡滇省永昌、順寧二府以外沿邊關隘，禁止私販碧霞璽、翡翠玉、葱玉、魚鹽棉花等物。如拏私販之人，審訊明確，共夥人數在一二十人以上，爲首者擬絞立決，爲從及數在四人以上不及十人者，俱發極邊足四千里充軍。若止三人以下者，杖一百、流三千里。如有因私販透漏軍情消息者，審實無論人數多寡，請旨即行正法。關口員弁或有失察、故縱情弊，查出分別從重治罪。謹案：此條嘉慶十九年、咸豐三年二次修改。

一、吉林地方卡倫外，毋許流民居住。若軍民人等私越卡倫者，發雲貴、兩廣烟瘴稍輕地方充軍。該將軍令守卡各官隨時嚴查，三個月更換交代時，出具並無流民潛住甘結，呈報將軍衙門查核，仍按季選派協領等官覆查。如守卡各員不實力奉行，嚴參治罪，並令該將軍隨時密查，每屆年終核實具奏。謹案：此條道光十年續纂。

事例

乾隆二十五年議準：民苗結親，原係例禁，前經奏準，永順一府及永綏，綏甯各苗，俱令與內地兵民結姻。其乾鳳一廳並靖州通道等處，仍照例禁止。查苗峒僻處深山，服飾風俗究與民人有別，情願婚姻者，大率游手無賴之民利其產業，而苗性貪得財禮，借其力作，久之情意不投，每滋訟獄。且恐奸民藉口姻親，出入苗地，勾結成釁。應請概行禁止。其現在已婚已娶者，飭令娶回，不許贅居苗寨。如奉禁後仍有違例結親，及無故擅入苗地者，按例治罪。失察之地方官照例參處。《會典》事例。

嘉慶八年奏準：嗣後民人出口入口，除隻身前往貿易傭工、就食貧民，仍令呈明地方官給票，到關查驗放行。攜眷出口之户，概行禁止。又奏準：嗣後商民出關，或在原籍或在貿易處起票驗放。即攬載車夫，亦應將其年貌、姓名，同注票內，以憑查覈放行。以上均兵部通行。道光十年諭：扎隆阿等奏，從前隨同大兵出關之餘丁，請給口糧飭令回籍等語。前次回疆軍務，隨同大兵出關餘丁及連送軍裝夫役人等，凱撤時多半未隨入關。此項無業遊民，散處各城，必須給以口糧，遣令仍歸原籍。著照所請，準其每名每站日給口糧麪一觔，沿途支領至嘉峪關爲止。俾令回籍，即著知照各城大臣一體查辦，並著陝甘總督、吐魯番領隊大臣，嗣後凡有內地出關及北路南來各民人，務飭該管道廳查明實係各商帶有貨物者，方準給票出關。其單身無業之人，一概不準給票，以杜冒濫。聖訓。

刑案

烏什回民越卡偷布魯特馬匹，依越度關塞律科斷。道光四年陝西司案。

私越毗連番界偷淘金沙，照無票私出口外擬流例，量減擬徒。道光五年陝西案。

內地民人受雇與夷船工作，比依民人無票私出口外例，擬流。道光五年廣東司案。

發遣宗室，私帶婦女朦混出關，擬交黑龍江將軍重責四十板，永遠鎖禁。私帶婦女勒令回旗。道光十三年福建司説帖。

婦女無文引路，照關津盤獲，擬於私度關津杖八十，律上減等科斷。光緒三年盛京將軍奏結案。

（清）席裕福《清朝政典類纂》卷三八八《刑二十・兵律關津・關津留難》

凡關津往來船隻，守把之人不即盤詰驗文引放行，無故阻當者，一日笞二十，每一日加一等，罪止笞五十。坐直日若取財者，照在官人役取受有事人財例，以枉法計贓科罪。若官豪勢要之人乘船經過關津，不服盤驗者，杖一百。若撑駕渡船稍水，如遇風浪險惡，不許擺渡。違者，笞四十。若不顧風浪，故行開船至中流，停船勒要船錢者，杖八十。因而殺傷人者，以故殺死傷未死論。或不曾勒要船錢，止是不顧風浪，因而沉溺殺傷人者，以過失科斷。

事例

道光十六年諭：御史王藻奏請嚴禁渡口訛詐，並沿途卡汛認真巡緝一摺。各省沖途要口，每届冬令水涸之時，非照常擺渡即搭蓋浮橋，並派河夫常川應役，所以便驛遞而利行人。若該御史所奏，地方官每以渡口爲瑣屑，漫不經心。夫役盤踞，凡車輛馱載過輒訛錢，並有於河淺處所暗掘深坑，逼令傾陷不行，乘機訛詐。且山東德州河次，歷年俱搭浮橋，近因領造不敷所用，該州遂停止搭橋，通年擺渡，任令夫役訛詐不休。又蒲臺縣運鹽河，係登萊青三府往來孔道，兩岸擺渡較他處勒索更多。似此擾害行旅，肆無忌憚，必應嚴行查禁。山東如此，他省應亦不免。著各直省督撫嚴飭所屬，該地方官於所屬渡口認真稽察，如有夫役任意訛詐，即行懲辦，以儆刁風。至沿途營汛卡房，原爲盤詰奸宄、護送行旅而設，著各直省督撫，責成地方文武各官實力整頓，隨時修葺，兵役挑選精壯，加意巡防，以弭盜賊而安行旅。倘日久視爲具文，以致有名無實，著即嚴參懲辦。將此通諭知之。同治八年諭：景壽、察杭阿奏，查明崇文門並無勒索大貢官物銀兩一摺。前因御史全善等奏，蘇州織造委員管解龍衣大貢並緞疋庫官物，被崇文門税務衙門扣留。當諭景壽等查辦，茲據查明並無勒索情弊，即著毋庸置議。嗣後解京貢物及承解官物者，著户部傳知各關差，織造等遵照舊章，報明崇文門税務衙門放行，毋許稍有留難。倘有吏胥差役人等，藉端勒索即著該監督從嚴懲辦。管解委員亦不得借貢差爲名，夾帶私貨，希圖偷漏，以重税課。以上均《聖訓》。

刑案

朝鮮貨物到邊，故意躭延，圖索土物，照違制律滿杖，再加枷號三個月。嘉慶十九年奉天司案。

（清）席裕福《清朝政典類纂》卷三八八《刑二十·兵律關津·盤詰奸細》 凡緣邊關塞及腹裏地面，但有境内奸細走透消息於外人，境外奸細入境内探聽事情者，盤獲到官，須要鞫問，接引入内起謀出外之人，得實，不分首從皆斬監候。經過去處，守把之人知而故縱及隱匿不首者，並與犯人同罪。至死減一等。失於盤詰者，官杖一百、軍兵杖九十。罪坐直日者。

條例

一、凡州縣城鄉，十户立一牌頭，十牌立一甲頭，十甲立一保長。户給印票一張，書寫姓名丁數，出則註明所往，入則稽其所來。其客店亦令各立一簿，每夜宿客姓名幾人，行李牲口幾何，作何生理，往來何處，逐一登記明白。至於寺觀，亦分給印牌上寫僧道口數、姓名，稽察出入。如有虚文應事，徒委捕官吏胥需索擾害者，該上司查參治罪。謹案：此條雍正三年定。

一、廣東省窮民赴山搭寮，取香、砍柴、燒炭、種麻、種靛等項，令各州縣每寮給牌，遇有遷徙消長，赴縣添除。違者，寮長照脱漏户口例治罪。儻窩藏奸宄，勾通匪類，寮長不報官究治，或被旁人首告者，照總甲容留棍徒例治罪。如有不赴官報明，徑自搭寮居住者，照盜耕田畝律治罪。山主不經官驗準，私令批田搭寮者，照違令律治罪。若文武各官漫不約束，以致藏奸。該督撫即行題參，交部議處。謹案：此條乾隆五年删改。

一、浙江、江西、福建等省棚民在山種麻、種靛，開爐扇鐵，造紙、做菰等項，責成地主並保甲長出具保結，造册送該州縣官，照保甲之例每年按户編查，並酌撥官弁防守。該州縣官於農隙時務會同該營汛逐棚查點，毋得懈弛。如有窩匪奸盜等事，山地主並保甲長不行首告，照連坐律治罪。該管官失察，交部議處。謹案：此條雍正三年定。

一、交結外國及私通土苗，互相買賣借貸，誆騙財物，引惹邊釁，或潛住苗寨，教誘爲亂，如有刼民財，以强盜分別。貽患地者，除實犯死罪如越邊關、出外境將人口軍器出境賣與硝磺之類外，俱問發邊遠充軍。謹案：此條乾隆五年改定。

一、沿邊關寨及腹裏地面盤詰奸細處所，歸復鄉土人口被獲到官，查審明白，即行起送歸籍。有妄作奸細，希圖冒功者，以故入人罪論。若實係奸細，能首降者，亦一體給賞安插。謹案：此條乾隆五年改定。

一、沿邊近蒙古地方，令汛渡弁兵，將貿易割草人於去時登記人數，回時照數稽察。如有發遣人犯混入逃匿，即行文知會蒙古，拏送該處，照本犯原罪分別治罪。儻弁兵疎縱脱逃，漫無覺察，將弁員交部議處，兵照失於盤詰例治罪。若蒙古知係内地逃犯，仍容留隱匿者，照窩藏逃人例治罪。謹案：此條乾隆五年删改。

一、凡盤獲形跡可疑之船，貨物人數不符税單牌票者，限三日内查明。果係商船，即速放行。如係賊船交與地方官審鞫有無行刼，按律例分別治罪。如巡緝官兵以賊船作爲商船，釋放者，照諱盜例治罪；以商船作爲賊船擾害者，照誣良爲盜例治罪。索取財物者，拏問。該管上司失察，照例議處。謹案：此條乾隆五年改定。

一、沿柳條邊之蒙古地方，有内地民人種地居住者，交與扎薩克等。十家内設立一長，逐户嚴查，不許閒人存留。取具十家長保結。如民人内有隱匿内地逃人者，著該扎薩克將逃人與隱匿逃人之民人，一並查拏，解部治罪。謹案：此條乾隆五年改定。

一、滇省與外夷商販，江西、湖廣人爲多，尤宜嚴禁。永昌府有潞江一處，順寍府有緬寍一處，俱爲通達各邊總匯之區，應派妥幹員弁專司稽察，遇有江楚客民，驅令歸回。其向來居住近邊之人，地方官照内地保甲之例編造寄籍册檔，登記年貌，互相保結，嚴禁與附近玀夷結親。如有進關回籍等事，俱用互結保明官給印票，關口照驗放行。回滇時照驗放出，若無印票不準放行。守關員弁如有混放，偷漏情事，查明參處。其永昌、騰越、順寍、緬寍、南甸、龍陵一帶所有本籍民人、保甲亦一體嚴爲稽核，毋許江楚客民混匿，違者從嚴懲治。至緬匪需用之黄絲等貨，概不許販至潞江、緬寍隘口。如有私販出關者，貨物入官，本犯究處。謹案：此條係乾隆四十二年定例。

一、凡有外國人等私越邊境，無論是否賊匪，守卡官員即行擒拏，有將軍參贊駐劄者，報明將軍參贊；有督撫駐劄者，報明督撫，聽候辦理。如守卡官員任意賄縱，查出即行正法。其該管之將軍、參贊、督撫等，不遵照妥辦，亦一並從重治罪。謹案：此條係乾隆四十八年遵旨定例。

一、洋面山島，不許民人搭蓋房屋居住。令該鎮將督同弁兵，於出洋會哨時奮勇搜捕，見有在海島内搭蓋房屋者，除有爲匪實跡，各照定例拏究辦理，即未爲匪，所有房屋亦立即燒燬。仍於歲底將各海島有無建房屋居住及人數多寡之處，諮報軍機處。兵刑二部查明匯奏。謹案：此條係乾隆六十年遵旨定例。

一、盛京地方遇有匪徒越邊偷運米石，接濟山犯。未至一石，照違制律杖一百；至一石者，杖六十、徒一年。每一石加一等，五石以上擬杖一百、流三千里。倘有運送雜糧吃食貨物等項，計其馱載之馬，每馬一匹作米五斗，照偷運米石之數一律辦理。若僅止揹負運送者，仍照違制律杖一百。謹案：此條咸豐三年續纂。

事例

天聰四年諭：令後有藏匿奸細者，全家論死，妻子爲奴，其親兄弟而異居者免罪。《通考》。康熙十四年議準：凡奸細、放火兇徒，專責步兵五城三營、大宛二縣嚴拏。有能拏獲一名者，將拏送之官紀録一次；至五名者加一級，十名者不論俸滿即陞。拏獲之人，照所獲犯人，每名賞銀二十兩。除專責緝拏官員人等外，其餘官員人等有能拏獲一名者，官加一級；至五名者，不論俸滿即陞。平人照所獲人犯，每名賞銀五十兩。此給賞之銀，户部給發。其該汛地各官不能查拏，被別汛官員拏獲者，降四級調用。該上司降二級調用。若將平人挾仇拏送者，照誣告律擬罪。乾隆四十四年，黑龍江將軍參奏，俄羅斯人越入境内，被卡倫官兵袞布等拏獲，並不報明將軍，將俄羅斯馬匹、皮張等物私留縱放，請將守卡官員治罪一案。奉上諭：佐領袞布等擒拏越境之俄羅斯多人，並不解送將軍，轉勒留伊等馬匹、皮張等物，私行縱放，不法已極。因特降諭旨，將袞布等押赴卡倫，眼同俄羅斯頭人立行正法。嗣後如有外國人等私越我境，無論是否賊匪，即行擒拏。有將軍、參贊駐劄者，報明將軍、參贊；有督撫駐劄者，報明督撫，聽候辦理。儻敢如袞布等任意賄縱，查出即行正法。若該管之將軍、參贊、督撫等不遵此旨妥辦，亦一並從重治罪。五十四年議準：海洋盜犯出没之所，設法禁止，嚴行稽查。請令該鎮將等於出巡時見有在海島搭蓋房屋者，立即燒燬等因。奉硃批：依議速行，其各海島有無建房居住及人數多寡，著各督撫於歲終具摺奏聞。以上均《會典》事例。

道光十三年諭：葉紹本奏保甲事宜，請責成地方官以收實效。保甲一法，著之令甲，立法本極周密，本爲弭盜良規。地方官果能實力奉行，原可使風移俗易。無如法立弊生，檢防難極，以致編查徒爲具文，未能遍收實效。如所稱委員弊混，需索供給，騷擾地方州縣，勒派浮費，書吏需索規禮。並保甲隱匿遺漏，牌甲保長任意妄爲，無籍流民任意容留，恣爲不法。種種弊端，不可不嚴行查禁。嗣後各直省督撫責成各道府慎選委員，會同地方正佐各官親歷編查，不準攜帶多人，致滋紛擾。倘虚應故事，或不安本分，地方官宜據實詳稟上司，即嚴行參辦。如徇隱不報，亦著一並嚴參。至一切紙張回籍，俱令地方官自行捐給，不準絲毫擾累。其領牌繳册及丁役規禮，概行革除。匿者從重究辦。甲長、牌頭以及里正、保正，並著地方官慎重點派，隨時稽查。如有訛索包庇等弊，立卽嚴懲、更替。其小心供役者，酌加獎勵。外來行踪詭異之流民，嚴行驅逐，不準編入保甲。查有習教窩匪實跡，嚴行懲辦，務凈根株。並將牌甲、保長分別失察知情，按律懲治。其山鄉遠僻户口畸零者，著仿十家總牌之法，俾令簡便易行。其風俗頑梗，素稱難治者，酌設四鄉講約之法。總之，有治人無治法，惟地方官實心經理，該上司認真查察，破除情面，毋尚虛文，務使閭閻安業，宵小潛跡，以敦風俗而飭吏治。將此通諭知之。十六年諭：御史王藻奏教會錮蔽已深，請設法採訪稽查一摺。會匪創立名目，習教傳徒，斂錢惑衆，迨至聚集既久，密相構煽，往往滋生事端。疊經隨案查拏，從嚴懲辦，而根株未斷，萌蘖漸滋。總由地方官不能先事預防，留心稽查，甚或訪有縱蹟，任令奸胥蠹役挨户搜查，攫取財物。不遂所欲，卽以邪教指拏治罪，而正犯聞風脱逃。不可不熟籌善法，以戢邪慝而安良善。著直省各督撫等嚴飭所屬地方官，實力奉行保甲之法，認真編查，分別良莠。其衙門胥役，派令按鄉輪查者，務當嚴加約束。倘敢藉端嚇索，濫及無辜，立卽重治其罪。同城佐貳各官，如有公事認真者，準其帶同胥役，隨時採訪，一有匪徒蹤蹟，立時密稟訪拏。庶汛兵地保不至畏累諱匿，而查訪可收實效。至所稱各學諸生，訪有匪徒萌動，準令密稟教官，隨時訪拏等語。諸生散處鄉莊，果能確有見聞，據實稟告，原可從此根究，消患未萌。但該生等賢否不一，倘有刁生劣監挾嫌誣蹈等弊，該教官一經輕聽，轉遂其藉端滋擾之私，亦不可不防其漸。至地方鄉耆，各知保護身家，如有匪徒，原許密稟。州縣訪查妥辦，不得任令該紳耆等借此干預公事。地方官亦不得動以公事傳唤，致滋擾累。庶查察愈周，而匪徒無所隱遁，於除莠安良之道方有裨益。將此通諭知之。以上均《聖訓》。同治四年奏準：嗣後各省團練，除奸細、土匪並盜賊，及遇有要犯，經官扎令協緝者，準其拏解外，其餘逃軍、逃流並一切尋常案犯，仍責成地方官拏辦。倘該團練私行拿案，因捕釀命者，卽照謀故鬭殺各本律定擬。通行。

（清）席裕福《清朝政典類纂》卷三八八《刑二十·兵律關津·私出外境及違禁下海》 凡將馬牛、軍需、鐵貨、未成軍器銅錢、緞疋、紬絹、絲綿私出外境貨賣及下海者，杖一百。受雇挑擔馱載之人，減一等。貨物船車並入官，於内以十分爲率，三分付告人充賞。若將人口、軍器出境及下海者，絞監候，因而走洩事情者，斬監候。其該拘束官司及守把之人，通同夾帶或知而故縱，與犯人同罪。至死減等。失覺察者，官減三等，罪止杖一百。軍兵又減一等。罪坐直日者，若守把之人受財，以枉法論。謹案：雍正三年改定。

條例

一、沿海採捕出洋船隻，務將本船作何生業貿易，於照内詳細填注。俟到口上岸之日，稽查官弁令將貨物核對，除與原照相符者，卽行放進外，若貨物與照内不符，卽時盤詰。如係來歷不明，移交地方官審鞫；或來歷有因，亦詳記檔簿。遇洋面報有失事，地方官卽開具失單，關查各口設有被竊日期並所失貨物與檔簿相符者，立卽根究嚴拏。仍飭兵役人等，不得藉端索詐措留，影射滋事。如有失察故縱及擾累無辜情弊，各照諱盜誣良例分别治罪。謹案：此條乾隆二十五年定。

一、出洋船隻，除商船仍將在船舵水人等並填給照外，其漁船止將船主年貌、姓名、藉貫及作何生業，開填入照，並將船甲字號大書深刻於桅篷船傍，出口時責成守口員並將該船前往何處、作何生業，並在船舵水年貌、姓名籍貫逐一查填，照後鈐蓋印戳，並將所填人數照登號簿，遇有一船爲匪，按簿查緝。儻州縣官將照給與匪人，及汛口文武員弁查填不實，均交部分别議處。

一、租賃船隻出洋爲匪之案，除犯該徒罪以下船主不知情者，仍照自造商船租與他人例，杖一百、枷號三月外，其犯該流罪以上者，船主雖不知情，照夾帶違禁貨物接濟外洋原保結之人治罪例，杖一百、徒三年。船隻入官充賞，失察地方官照例議處。如船主實有事故，不能親自出洋，别令親屬押駕，許赴地方官呈明，取結將親屬開填入照，方許出洋。如未呈明，以頂冒論罪。

一、海關各口如遇往洋船隻倒换照票，務須查驗人數，登填簿籍，鈐蓋印戳，始準放行。進口時責成該委員吏役稽查，其有人照不符、船貨互異，即送地方官審究，如失於查察，致匪船濫出濫入，審明係何處口岸，有委員者，將該委員照例議處；無委員者，將該吏役責革，加枷號一月。並將失察之該管官交部議處。儻關口員役藉端需索，照例分别參處治罪。

謹案：以上三條乾隆三十二年定。

一、船隻出洋，十船編爲一甲，取具連環保結，一船爲非，餘船並坐。餘船能將爲非船户首捕到官者，免其坐罪。初出口時，必於汛口掛號，將所有船照呈送地方官或營官，驗明填注月日，蓋印放行。入口時呈驗亦如之。總計經過省分，一省必掛一號，回籍時仍於本籍印官處送照查驗，違者治罪。如有不由各汛，偷越外洋者，船户、舵工人等並富民謀利自造商船，租與他人及租之者，俱各杖一百，枷號三月。失察及知情之該管各官，俱交該部議處。謹案：此條雍正五年定。

一、奸商販賣軍器與土司番蠻者，杖一百，發邊遠充軍。管官知情故縱者，罪同不知情者。道府會州縣官及武職專管兼轄官，並該管督撫、提鎮，俱交該部照例分别議處。謹案：此條雍正五年定。

一、凡沿海船隻在朝鮮國境界漁採及私行越江者，被朝鮮國人捕送，爲首發邊遠充軍，從犯減一等。該地方官員交部察議。謹案：此條雍正五年定。原文捕送下有嚴行治罪四字，無爲首至減一等十二字。

一、各邊兵役出境巡察，或探聽賊情，若與賊人私擅交易貨物者，除實犯死罪外，其餘問發烟瘴地面充軍。謹案：此條雍正三年改定。

一、沿海一應採捕及内河通海之各色小船，地方官取具澳甲鄰佑甘結，一體印烙編號，給票查驗。如有私造賣及偷越出口者，俱照違禁例治罪。甲鄰不行呈報，一體連坐。儻船隻有被賊押坐出洋者，立即報官，將船號、姓名移知營汛緝究。容隱不首，日後發覺，以接濟洋盜治罪。其呈報遭風船隻，必查訊實據，方準銷號。捏報者即行究治。

一、臺灣流寓之民，凡無妻室者，應逐令過水，交原籍收管；其有妻子、田産者，如犯歃血訂盟，誘番殺人，捏造匿名揭帖，强盗窩家，造賣賭具，應擬斬絞軍流等條。除本犯依律例定擬外，此内爲從罪輕之人，並教唆之訟師，均應審明，逐令過水。越界生事之漢奸，如在生番地方謀占番田，並勾串棍徒，包攬偷渡及販賣鴉片煙者，亦分别治罪，逐令過水。謹案：以上二條雍正八年定。

一、附近苗疆五百里以内民人，煎宄、窩囤、與販硝黄事發，如在十斤以下，杖一百；其十斤以上者，杖六十、徒一年；二十斤以上者，按照五徒，以次遞加；五十斤以上者，杖一百、流二千里；八十斤以上者，杖一百、流二千五百里；一百斤者，杖一百、流三千里。多至百斤以上者，照合成火藥賣與□徒例，發近邊充軍。若囤積未曾與販，減私販罪一等。焰硝每二斤作硫黄一斤科斷。鄰保、挑夫、船户，照例分别發落。其該地銀匠、藥鋪、染房需用硝黄，地方官照例給批定，限每次不得過五斤，違者治罪。

一、洋船掛驗出口之時，該汛弁詳細驗明，押交前途各汛押送。俟放洋後方許回汛，如船户有違禁攬載偷渡者，一經拏獲，即嚴行究擬。兵役按拏獲偷渡人犯名數給賞，十名以上，各賞銀二兩。每過十名，遞加二兩。至五十名以上，各賞銀十兩，即於船户名下追出充用。儻不實力查拏，以致疎脱，十名以上者，兵役各責二十板；每過十名，加責十板；至四十名以上，各責四十板，革役；五十名以上，枷號一月發落。專管兼轄官分别議處。其洋船回時，如有照外多載，或頂充偷渡，又潛匿不回等弊，船户舵水俱照窩藏盜賊例治罪。出結之族鄰行保，杖一百、徒三年。承查出結及汛口盤查各員，交部議處。有贓革職，杖一百、流二千里。仍計贓從重論。如出洋之人果有病故等情，令同往之人及船户、舵水具結存案。謹案：以上二條雍正十二年定。

一、在番居住閩人，實係康熙五十六年以前出洋者，令各船户出具保結，準其搭船回籍，交地方官給伊親族領回，取具保結存案。如在番回籍之人，查有捏混頂冒，顯非善良者，充發烟瘴地方。至定例之後仍有托故不歸，復偷渡私回者，一經拏獲，即行請旨正法。謹案：此條係乾隆元年定。

一、凡守把海防武職官員有犯聽受外番金銀貨物等項，值銀百兩以上，許令船貨私入，串通交易，貽害地方及引惹番賊海寇出没，戕殺居民，除實犯死罪外，其餘俱發邊遠充軍。謹案：此條乾隆五年定。

一、凡盜賊前往朝鮮國劫掠者，該國王即行追拏殺戮，生擒解送。其飄風船隻入内，實係有票並未生事者，照例送回。若無票匪類妄行生事，該國王即照伊律審擬，咨部具題請旨完結。儻伊國防汛之員不能擒獲題參治罪，該國王一並交部議處。謹案：此條係乾隆五年修改。

一、奉天錦復雄蓋四帶，出口及進口缺少，即行嚴究治罪。謹案：此條乾隆五年定。

一、凡商漁船隻，分别書刻字様，其營船刊刻某營第幾號，哨船舵工、水手人等，俱各給與腰牌，刊明姓名、年貌、籍貫。如船無字號，人有可疑，即嚴加究治。至漁船出洋，不許裝載米酒，進口不許裝載貨物，違者嚴加治罪。其守口之文武各官，不行盤查，照例議處。謹案：此條雍正五年定，乾隆五年修改。

一、奸徒將米、穀、豆、麥、雜糧偷運外洋，接濟奸匪者，擬絞立決。如止圖漁利，並無接濟奸匪情弊者，米過一百石，發近邊充軍；一百石以下，杖一百、徒三年；不及十石者，枷號一月，杖一百。爲從及知情不首之船户，各減一等。穀及豆、麥、雜糧，每二石作米一石科斷。所有奸徒偷運米石及船隻貨物，給拏獲之員弁充賞。失察之汛口文武各官，照例議處。如有得賄故縱者，即行參革，以枉法計贓治罪。儻有不肖員弁，奉委之後並不親身出口，及妄拏商船額帶食米訛詐者，一體嚴參。其有得贓者，照恐嚇取財律治罪。謹案：此條乾隆六十年增定。

一、凡民人偷越定界，私入臺灣番境者，杖一百。如近番處所，偷越深山，抽籐、釣鹿、伐木、採椶等項，杖一百、徒三年。其本管頭目鈐束不嚴，杖八十，鄰保、計長各減一等。巡查不力之值日兵役，杖一百。如有賄縱，計贓從重論。謹案：此條乾隆二年定。

一、往販外夷之大洋船，準其攜帶礮位，每船礮不得過二門，火藥不得過三十斤。其鳥槍、弓箭、腰刀等項亦仍準攜帶。至制礮之時，該船户呈報地方官給照，赴官局製造，完日官驗鑿船户籍貫、姓名及製造年月字樣，仍於縣照内註明所帶礮位輕重、大小，以備關口官弁盤驗。回日即行繳庫，開船再領。儻遭風沉失，令船户客商具結，所在地方官，免其治罪。如船隻無恙，妄稱沉失查究，照接濟外洋例治罪。謹案：此條係乾隆二年定。

一、出海樵採船隻，每船準帶食鍋一口外，每名許攜斧斤一把，在船人數不得過十人。俱註明照内，出入查驗。若有夾城，俱係海疆。嗣後無論天津、山東等處商船，俱著於設有官兵處所停泊上岸，以便稽查。仍飭輪班兵役嚴行訪查，如拏獲無票船隻、私渡民人者，船户民人俱照越渡緣邊關塞律治罪，船隻入官。若有票商船私帶票内無名之人，查出將本人照私渡關津律治罪，遞回原籍。船户照違制律治罪，船隻免其入官。謹案：此條係乾隆十二年定。

一、凡臺灣流寓之人，如有過犯，罪止杖笞以下，查有妻室、田産者，照常發落，免其驅逐。至犯該徒罪以上，及奸盜詐僞，恃强生事，擾累地方者，審明之日，一概押回原籍治罪，不許再行越渡。承審各官不行遞逐，容留在臺者，該督撫查參，交部分别議處。謹案：此條乾隆十六年定。

一、絲斤違例出洋，過一百斤，照米石出洋例，發近邊充軍；不及百斤者，杖一百、徒三年；不及十斤者，枷號一月，杖一百。爲從及船户知情不首告者，各減一等，船隻貨物入官。其違例偷漏綢緞、綿絹等物，按照絲斤分兩多寡，分别治罪。失察之汛口文武各官，並照失察米石出洋例，分别議處。謹案：此條係乾隆十四年定。

一、拏獲偷渡過臺客民，如尚在陸路客店、道路，未登舟以前客頭、船户、客民，俱照本例減一等發落。如已登舟，無分大船小船、已未出口，將客頭、船户、客民即照偷渡本例治罪。若不法客頭、船户内有積慣在於沿海村鎮引誘包攬，招集男婦老幼數至三十人以上者，無論已未登舟，一經拏獲，即將客頭、船户年力强壯者，發遣新疆給種地兵丁爲奴；年老殘廢者，改發極邊烟瘴充軍。至拏獲偷渡客民，務須嚴究沿海陸路在何村鎮客店會集，將該處兵役、澳甲、地保、客店究明，如止於失察，兵役杖一百，澳甲、地保、客店人等杖七十。如有賄縱情弊，計贓從重論。兵役、澳甲人等能於客店聚集時拏獲及首報偷渡客民者，雖在本汛，亦按照拏獲偷渡客民計名給賞。若將並非偷渡之人輒行妄拏、圖功邀賞，及挾嫌嚇詐情事，仍各照本例分别從重治罪。謹案：此條乾隆三十五年定。

一、東省登萊等處有票船隻，如有夾帶無照流民私渡奉天者，將船户照無票船隻夾帶流民例量減一等，杖九十、徒二年半，船隻入官。若船户不能親身出洋，别令親屬押駕，已經報官不給票者，將押駕之人即照户例治罪，船隻入官。謹案：此條係乾隆四十二年定。

一、沿海省商漁船隻，地方官給發照票，於舵工、水手人等年貌項下添注箕斗，令守口員弁查驗。如人數與照内不符及年貌、箕斗不合者，將船扣留，移交地方官查明嚴辦。其有捏稱照票遺失，或稱存留在家者，即審明實無爲匪情事，亦照違制律治罪，船隻入官。其水手人等或在洋患病，臨時雇覓别船水手，準該船户於收口時出具保結，呈報該管官員。於新雇水手年貌之下亦填注箕斗，仍驗明同船之人每名箕斗皆屬相符，方準具保。若有病故、淹斃，即令同船之人出具切實甘結。如有無故不回者，準令地鄰出首。儻獲破盜案內有同票之人，將出結之船户、水手及原出甘結又不稟首之地鄰，一並分別治罪。如守口弁兵不實力稽查，私行賣放，一經發覺，審明該犯於何年月日在何處口岸透漏出口，即將該弁兵治罪，不行覺查之上司從重議處。如係自行查出者，準予免議。謹案：此條乾隆六十年定。

一、商民等偷越生番地界者，杖一百；偷越深山伐木等項，杖一百、徒三年。致啓邊釁或教誘爲亂，貽害地方者，除實犯死罪外，問發邊遠充軍。謹案：此條嘉慶十年定。

一、凡外國貢船到岸，未曾報官盤驗，先行接買番貨，并外國人入貢，經過地方街市，鋪行人等私與外國人交通買賣，如所買賣貨物不係違禁者，均照違制律杖一百、枷號一月，貨物入官。如所買賣係違禁貨物，並會同館內外四鄰及軍民人等代替外國人收買違禁貨物者，俱枷號一月，發近邊充軍。若外國差使臣人等朝貢到京，與軍民等交易，止許光素紵絲，絹布、衣服等件，不許買黃紫、黑皂大花西番蓮紏疋，並不得收買史書。違者，將買給之人照代爲收買違禁貨物例枷號一月，發近邊充軍。如有將一應違禁軍器、硝黃、牛角、銅鐵等物，圖利賣與進貢外國者，爲首依私將應禁軍器出境因而走泄事情律，斬監候。爲從發近邊充軍。謹案：此條嘉慶十六年修併。

一、凡沿海地方奸豪勢要及軍民人等，私造海船，將帶違禁貨物下海，前往番國買賣，潛通海賊，同謀結聚，及爲鄉導劫掠良民者，正犯比照謀叛已行律處斬梟示。其父兄伯叔與弟知情分贓，杖一百、流三千里；如不知情之父兄，仍照不能禁約子弟爲盜例，杖一百。其打造海船賣與外國圖利者，造船與賣船之人，爲首者立斬，爲從者發近邊充軍。若將船隻雇與下海之人，分取番貨，及糾通下海之人私行接買番貨，與探聽下海之人番貨到來，私買販賣蘇木、胡椒至一千斤以上者，俱發近邊充軍。番貨並入官。謹案：此條嘉慶六年修改。

一、商船漁隻不分單桅雙桅，悉從民便，造船時呈報，州縣官查取澳甲、户族、里長、鄰佑保結，方準成造。完日報官親驗，給照開明在船人年貌、籍貫並商船所帶器械件數，及船內備用鐵釘等物數目，以便汛口察驗。若商漁內夾帶違禁硝磺、鐵釘、樟板等物，接濟外洋者，船户以通賊論斬，舵工、水手知情同罪，不知情者皆杖八十、徒二年。原保結之人，皆杖一百、徒三年。若船主在籍而船隻出洋有事，並責問船主。承察取結之該地方官及汛口盤察之文武各官，俱革職。賣放者革職，流二千里。其稅關衙門先驗看地方官印照，然後給牌。有妄給者，亦照地方官例議處。若汛口盤察掛號文武各官有勒索疎縱者，亦交與該部議處。謹案：此條乾隆五年增定。

一、黃金白銀違例出洋，如白銀數在一百兩以上者，發近邊充軍；一百兩以下，杖一百、徒三年；不及十兩者，枷號一個月、杖一百。爲從及知情不首之船户，各減一等。至黃金每兩作白銀十兩科斷，失察賄縱之汛口文武各官，俱照失察賄縱米穀例懲辦。謹案：此條道光十五年修改。

一、商民收買鐵觔，除近苗産鐵處所，令呈明地方官外，其內地興販，悉從民便。若沿海地方商民，圖利將鐵斤及廢鐵鐵貨并紅黃銅器、銅斤私販遞運海洋，交賣商漁船隻，一百斤以下者，杖一百、徒三年；一百斤以上及舟車捆載者，發近邊充軍。爲從各減一等。若將前項銅鐵等貨賣與外國及海邊賊寇者，照將軍器出境下海律擬絞監候。爲從杖一百、流三千里。船户、挑夫各減本犯罪二等。貨物、銅鐵、船隻入官。關汛文武官弁失察，故縱，分別議處治罪。如內地貨賣官弁兵役藉端索詐，計贓治罪。其漢夷船隻有將鐵鍋出洋貨賣者，亦照此例行。至商船每日煮食之鍋，照舊置用，官吏不得藉端勒索滋擾。謹案：此條嘉慶六年修併。

一、臺灣地方拏獲番割，除實犯死罪外，但經訊有散髮改裝，擅取生番婦女情事，即照臺灣無籍遊民獷悍不法，犯該徒罪以上例，酌量情節輕重，分別充軍。其僅止擅取生番婦女，並無髮改裝情事者，杖一百、徒三年。謹案：此條道光十五年續纂。

一、臺灣奸民私煎硝磺，無論已未興販，如數在十斤以下者，杖一百，刺字，逐令過水；十斤以上，杖六十、徒一年。每十斤加一等，多至一百斤以上及合成火藥在十斤以下者，發近邊充軍；多至三百以上及合成火藥至十斤以上者，照私鑄紅衣等大小礮位例處斬，妻子緣坐財産入官。如將硝磺與生番交易貨物及偷漏出海者，均以通賊論。總董、牌甲、鄰佑、挑夫、船户知情不舉者，連坐。失察各官，照例議處。自行拏獲者免議。謹案：此條道光十五年續纂。

一、閩省不法棍徒，如有充作客頭，在沿海地方引誘偷渡之人，包攬過臺，索取銀兩，用小船載出澳口復上大船者，爲首發近邊充軍，爲從及澳甲、地保、舵工人等知而不舉者，杖一百、徒三年。如有拏獲攬載偷渡船隻，將搭載大船及雇倩小船各船户，俱照客頭例分别首從治罪，船隻變價充公。出具連環互結之船户，並原保澳甲及開張歇寓之人，知情容隱者，俱杖一百，枷號一個月，均不準折贖。其偷渡之人，照私度關津律杖八十，遞回原籍。若將哨船偷載圖利者，亦照此例分别治罪。倘奸徒中途有謀害情事，人已被害身死者，將同謀之人不分首從，俱照江洋行劫大盗例擬斬立決，梟示。如被害未死，將爲首者比照强盗傷人例，擬斬立決。同謀之人發黑龍江給披甲人爲奴，雖未同謀下手，但同船知情不首告者，杖一百，徒三年。至拏獲偷渡人犯，訊明從何處開船，將失察奸船及隱匿不報之文武官弁，交部分别議處。謹案：此條嘉慶六年、道光元年、咸豐二年三次修改。

一、内洋失事，仍照例文武官帶同事主會勘外；如外洋失事，聽事主於隨風飄泊進口處，帶同舵水赴所在文武衙門呈報。該衙門接據報呈，以事主所指被劫地方爲準。倘事主不能指實地名，即將洋圖令其指認。如在本縣該管洋面被劫者，即行差緝，一面移會交界縣分一體緝拏；如所報係在鄰縣或鄰省洋面被劫者，該縣一面緝拏，一面將報呈飛移失事地方，並洋報該督撫，分别咨行，毋庸傳同事主會勘。仍令該督撫嚴飭所屬，不分畛域，實力奉行。地方文武官倘有藉詞推諉，或令事主改换呈報，或令盗犯捏供别處者，照規避例參革究辦。至詳報督撫衙門，無論内外洋失事，以事主報到三日内出詳馳遞，以便據報行查。海關各口將税簿賬單互相較核。有貨物相符者，即將盗船夥黨姓名呈報關拏。若守口員弁有規避處分，互相推卸，或指使捏報他界者，將推諉員弁交部照例議處。其稽查關口員役，如於未接文檄之先能查出匪船，拏獲稟報者，分别議敘。吏役酌量給賞。如奉到文檄能按照單、簿據實查出飛移所在地方，將盗犯拏獲者，免其處分。謹案：此條道光十年修改。

一、山海關所屬冷口迤東一帶，與奉天、錦州、復州、蓋平三州縣，及蓋平縣界内之熊岳城並盗海縣皆近接海洋，除奸民私販鋼鐵、遞運海洋，交賣商漁船隻，分别斤數照例問擬外，其近邊州縣、内地商民，若因打造農具，買運鋼鐵，出口一百斤以内者，準其買運。令該商民呈明運往境内何處，該地方官填給印照，呈遞守口員弁，查驗放行。如查有額外攜帶及無照夾帶不成器皿之鐵，並非遞運海洋，亦非賣與商漁船隻，至五十斤者，將鐵入官，照不應重律杖八十。一百斤以外者，於沿海地方商民，將鐵遞運海洋交賣商漁船隻，一百斤以上，軍罪例上減一等，杖一百、徒三年。守口員弁有藉端需索者，參處治罪。謹案：此條道光五年續纂。

一、凡商人有攜帶引茶貨物在喀什噶爾等處，與私越進卡之布魯特等易换貨物或相買賣者，除違禁軍器、硝磺實犯死罪外，餘俱發邊遠充軍。如係私茶，即照興販私茶與外國交易例，發烟瘴充軍。知情容留之歇家，説合之牙保，各與本犯同罪，貨物入官。如商人攜貨私越卡外，及越卡進内交易之布魯特，俱發雲貴、兩廣烟瘴充軍。謹案：此條道光十年續纂。

一、太監在宫門及禁門以内吸食鴉片煙者，擬斬監候。家屬發往新疆給官兵爲奴。失察之總管革職，該處首領不論知情與否，俱發往黑龍江給官兵爲奴。同屋太監，均發往打牲烏喇給官員爲奴。如係首領吸食，將本管總管革職發遣，其餘首領及太監等俱發吴甸鍘草五年。如在外圍等處及陵寢當差太監，吸食者均擬絞監候，失察之總管實降二級，首領革職，同屋太監發吴甸鍘草三年，係首領吸食，均照禁門以内例治罪。如有告假在外，或潛住私宅，及在他處吸食者，將首領太監永遠枷號，若係首領在私宅吸食，將其家屬杖一百、徒三年。房屋入官。他處有客留太監吸食鴉片煙者，加等治罪。房屋一律入官。其王公門上、大臣宅中及已爲民之太監，有吸食鴉片煙者，亦照外圍等處例治罪。謹案：此條道光二十年修改。

一、官員及兵丁吸食洋藥，俱擬絞監候。係旗人銷除本身旗檔，失察之該管官均交部議處。謹案：此條道光二十年、同治九年修改。

一、洋藥客商在鋪開館及别鋪並住户開設煙館，照開場聚賭例治罪。在館吸食之人，照違制律杖一百。房主知情，將房室入官，不知者不坐。謹案：此條道光二十年、同治九年兩次修改。

一、官員及兵丁買食洋藥，家長不能禁約，照不能禁約子弟爲竊盗例治罪。謹案：此條道光十五年續纂、同治九年修改。

一、官員及兵丁吸食洋藥，後經改悔，如存留烟灰未毁棄者，杖一百。謹案：此條道光十二年續纂，同治九年修改。

事例

順治十三年諭：海氛未靖，必有奸民暗通綫索，資以糧物。若不立法嚴禁，何由廓清？今後凡有商民船隻私自下海，將糧食、貨物等項與逆賊貿易者，不論官民，俱奏聞處斬。貨物入官，本犯家産盡給告發之人。其該管地方文武各官不行盤緝，皆革職，從重治罪。地方保甲不行舉首，皆處死。凡沿海地方口子，處處嚴防，不許片帆入口、一賊登岸。如有疎虞，專汛各官即以軍法從事。督撫、提鎮並議罪。十八年題準：福建、浙江、江南三省所禁沿海境界，凡有官員兵民違禁出界貿易及蓋房居住、耕種田地者，不論官民，俱以通賊論處斬，貨物家産俱給許告之人。該管文武官不能查獲，俱革職，從重治罪。地方保甲知情不首者，處絞。其違禁出境之人，審明係何地方出口，將守口官兵知情者以同謀論，立斬。不知情者，從重治罪。康熙四年題準：青登萊沿海等處居民，準令捕魚外，若有藉端捕魚，在沿海貿易，通賊來往者，照先定例處分。六年議準：兵民違禁出海，文武各官該管汛地拏獲者，免罪。將别汛出口之人查緝十名以上者，紀録一次；百名以上者，加一級。督撫所屬地方，有奸民違禁出海，不行查獲，事發之日，將總督降二級留任，巡撫降一級留任。至於督撫、提鎮、副將、道府所轄兵民違禁出海之人拏獲者，統轄各官均免議。七年議定：凡官兵民人有犯違禁出海貿易等罪者，照例擬罪外，其地方保甲長同謀故縱者，處斬。知情不首者，絞。不知情者，杖一百、流三千里。該管文職不知情者，州縣官革職，永不叙用。府道官各降三級調用，巡撫降一級留任。九年題準：凡官兵拏獲出海貿易者，將貨物家産一半給賞，一半入官。若遇赦免罪，免其入官，仍將一半給拏獲之人。二十三年議準：出海貿易之禁已開，其先定處分之例拏獲奸民議叙之條，俱行停止。凡直隸、山東、江南、浙江等省民人，情願在海上貿易捕魚者，許令乘載五百石以下船隻往來行走，於各口出入之處豫行稟明。該地方官登記名姓，取具保結，給發印票，令防守官員驗票點數，準其出入。如有打造雙桅、五百石以上違式船隻出海者，不論官兵民人，俱發邊衛充軍。該管文武官員及地方甲長同謀打造者，徒三年。明知打造，不行舉首者，官革職，兵民杖一百。又議準：凡違禁將硫黄、焰硝、軍器等物私載在船出洋貿易者，仍照律治罪。其防守管官員知情故縱者，亦照律處分。雍正二年議準：山海等關若有搜查不力，以致私帶人參珠子過關者，該管官照失察例降三級調用，巡查人等照不應重律杖八十。明知故縱者，該管官革職，巡查人等杖一百、枷號一月。受賄賣放者，計贓以枉法從重論。六年議準：洋船出入海口，必按定期限方易稽查。嗣後每年出口船隻，應令於四月内造報。入口船隻於九月内造報。如入口之船有番賬未清，不便即回者，準俟來年六、七月間回港。有遭風飄泊他省者，準取具該地方官印結齎回。有舟行被溺，無憑查據者，飭取飄回餘人、鄰船客商等確供詳核。儻故意遲延並徇私捏報，即行分别究處。至每船應酌帶米石，暹羅大船三百石、中船二百石，噶喇巴大船二百五十石、中船二百石，吕宋等處大船二百石、中船一百石，埭仔等處大船中船各一百石。如有偷漏，以接濟外洋例論罪。再出洋之船，動經數月，油釘椶麻等物酌量許帶，仍註明數目，以憑查驗。九年議：準嗣後有將廢鐵潛出邊境及海洋貨賣者，照越販硝黄之律科斷。又諭：據廣東布政使楊永斌奏稱鐵器一項，所關綦重，不許出境貨賣。律有明條，粤東出産鐵鍋，凡洋船貨買歷來禁止，乃夷船出口買鐵鍋，有自一百連至二三百連，甚至五百連、一千連者。查鐵鍋一連約重二十斤，若一船帶至五百連、千連，即無慮一二萬斤。計算每年出洋之鐵爲數甚多，誠有關係。嗣後請照廢鐵之例一體嚴禁，違者，該商船户人等即照例治罪。官役通同徇縱，亦照徇縱廢鐵例議處。楊永斌報奏甚是，嗣後稽察禁止，及官員處分、商人船户治罪之處，悉照所請行。儻地方官並視爲具文，奉行不力，經朕訪聞或别經發覺，定行從重議處。粤東既行查禁，則他省洋船出口之處，亦當一體遵行。著該部通行曉諭，永著爲例。乾隆三十四年諭：高晋等奏審擬蔣士達等揑造海糧假票一案，已批交三法司覈議速奏矣。此等匪徒造票煽惑愚民，實屬不法，一經訪獲，自應按例定擬，以示懲創。但江蘇地面何以多有此等犯案，屢懲不悛，皆由該地方官平時不能善爲教導所致。海票之説本屬荒唐，究所從來，大約起於明末倭船混行之時，藉端煽誘，容或有之。本朝百餘年來，時際昇平，海疆寧謐，各處口岸肅清。惟有名可考之洋行，估船往來貿易，此外從無形迹可疑船隻敢於闖入海口，安得有散賣米票之事？不過地方一二奸徒意圖哄騙財物，愍不畏死，覆轍相仍，甘蹈法網。而愚民人貧智短，一聞少出錢文，卽可重獲利息，輒不察事之虛實，被其煽惑。曾不思出銀五錢，經年卽得十六兩之利，相去不止三十倍，乃情理所必無。且又不問海洋何故有如許銀米散給貧民，而所賣之票又止係尋常圖記，其爲無稽作僞更屬顯然。稍一尋思，斷不致墮其詭術。在奸民罔顧法紀，造票騙錢，無不卽時敗露，立寘重典，自作之孽毫無足惜。而百姓等代爲散佈，及買受票張，一經發覺，重則遣流，輕亦不能免於枷杖。未來之利既不可得，且與其空費銀錢，復遭刑責，何如安貧守分，共爲謹愿良民常享太平之福乎？所屬地方官，若以此出示曉諭，令其簡明易解，或於巡查保甲時，每見村農野老隨處提撕，並令各保正廣爲宣佈，使窮鄉僻壤皆得共喻共聞。小民縱極愚蒙，自無不憬然省悟，不復爲人誘惑。奸民卽欲復萌故智，見無可欺愚，其風自熄。此亦正本澄源之一法也。著傳諭高晋，通飭各屬實力奉行，毋得僅以具文塞責。六十年諭：向來臺灣拏獲偷渡人犯，將首犯擬遣，並在海口枷號。俟續有拏獲人犯枷示後，再行釋枷發遣。此等偷渡爲首之犯，既經擬發遣，若俟續有獲犯始行釋枷僉解，設日久無獲，將待至何時爲？止轉不足以示懲儆，未爲允協。嗣後臺灣拏獲偷渡爲首之犯，著枷號海口半年，滿日卽行發遣。以上均《會典》事例。嘉慶元年諭：盜匪在洋往來行劫，及經官兵追捕，又竄入外洋苟延殘喘。其船中日用淡水食米從何而來，必係沿海漁船人等貪圖小利，私爲接濟，以致盜匪得有食米，久住海洋。雖海濱貧民向借捕魚爲生，勢難概行禁止，然當於魚汛之時嚴密盤詰，查其船中人口若干、帶米若干，按口計食，倘有額外多帶糧食，立卽查究，則漁户等知所儆懼，不致仍夾帶偷賣。而盜犯等無所得食，自不能常在洋面。況盜犯所得贓物，必須上岸銷售，地方文武果能於各隘口實力嚴查，遇有形迹可疑之人攜帶物件，卽行拏究。如此斷其接濟之路，四面兜截，自無虞其遠颺漏網。魁倫吉慶不可不實力妥辦，以靖海疆而副委任。毋得久而生懈，將此諭令知之。三年諭：魁倫奏拏獲在洋疊劫盜犯一摺，已交軍機大臣會同行在法司核議速奏矣。但摺內稱拏獲盜船一隻，起出大小礮位八門。此項礮位該盜匪等從何而得？豈盜匪倉卒所能鑄造？若非沿海營汛礮位被盜搶竊，卽係汛兵私自賣給，或在洋遺失。其起出礮位，俱鑄有營分及製造年月號數，無難查辦。何以向來閩粵等省拏獲盜船，起出礮位，總未問及究辦？及此誠爲可笑。著傳諭魁倫等，卽將此案起出礮位是何營分、如何被盜搶劫、遺失之處查明。著落根究辦理，並著傳諭粵東督撫，遇有拏獲盜船礮位，亦應照此一體嚴行查辦，毋得顢頇了事。將此各諭令知之。五年諭：副都御史繼善奏請嚴禁沿江濱海地方私造渡船一摺。嗣後沿海各督撫，務須督飭地方州縣及守口將弁，遵照定例實力嚴查，毋得仍前疎懈，聽其私造、私渡。如遇緝獲洋盜，務將船隻係由何處成造、何員驗照放行，有無代運物件之人？及知情故縱、收受陋規情弊，隨摺聲明附參，以憑查辦。倘經此番申明例禁訓飭之後，仍復因循舊習含糊結案，必將該督撫等一並議處。以上均《聖訓》。又奏準：嗣後凡有漁船應行給照，該州縣必須當堂親自給發，不許假手書役，私取陋規。經由海口礮台弁兵及該管巡檢，亦不得需索分文。鹽船不許硬取魚蝦。自奏明如敢抗違，仍有勒取情事，許漁户控告。不論文武員弁兵丁，先於海口枷號一年示衆，滿日仍按律問擬。如有員弁得賄私放柴米違禁等物出洋，兵民代盜銷賣贓物，不論員弁兵丁，先於該處海口枷號半年，滿日仍按律計贓定擬。通行。十一年諭：御史蔡維鈺條奏江浙米價昂貴，請嚴申出洋例禁一摺。各省盜匪在洋肆劫，設非有內地奸民私行接濟口糧，則該匪等何由得食，必致束手待斃。是米石出洋之禁，卽遇價平歲稔之時，亦當嚴密察禁，勿使稍有偷漏。況江浙等省頻年積歉，小民口食尚有不敷，乃各省地方官全不實心查察，任令商販等乘機漁利，因緣爲奸。甚或不肖員弁，亦有交通情弊。似此既妨民食，又資盜糧，近來海洋盜風不靖，實由於此。著傳諭各該督撫飭屬嚴禁，於商船領票出口時，逐一認真盤驗，毋得陽奉陰違，稍滋弊混。倘各督撫並不實力查禁，將來設有放米出洋之案，別經發覺，則惟各該督撫是問。十三年諭：吴熊光、恩長參奏差委緝犯之員擅入夷地，私與夷目文移往來，請旨革職一摺。此案題並羅成縣知縣、西隆州州判崔鈞，於秦緝之張老二祇係尋常拜盟行劫之犯，並非如內地叛民竄匿夷地者可比，卽使有要犯逸入夷地，承緝官亦應票知督撫，奏聞請旨，行文該國緝拏内送，斷無內地官員自入夷境緝犯之理。乃崔鈞並不稟明督撫，輒渡越邊關，私入夷地，擅用印文知照夷目，實屬任意妄爲。該督等僅請將崔鈞革職，尚不足以示儆。著吴熊光等於定議時將該員發遣新疆，至該督等自請處分，統俟將濫給鈐印、空白及失察文書，各職名查明參奏，到時再降諭旨。餘俱著照所奏辦理。二十年諭：蔣攸銛等奏酌定查禁鴉片煙章程，請於西洋貨船到澳時先行查驗，並明立賞罰，值地方官知所懲勸等語。鴉片煙一項，流毒甚熾，多由夷船夾帶而來。嗣後西洋貨船至澳門時，自應按船查驗，杜絶來源。至粵省行銷鴉片積弊已久，地方官皆有失察處分，恐伊等瞻顧因循，查拏不力。嗣後有拏獲鴉片煙之案，除查明地方委員等有得規故縱情事，應嚴參辦理外，其僅止失察者，竟當概行寬免處分。至所請始獲與販煙斤自二百斤至五千斤以上，分别紀録加級，及送部引見。並軍民人等拏獲獎賞以及誣良治罪之處，俱著照該督等所請行。道光十一年諭：嗣後内地奸民人等有種賣煎熬鴉片煙者，即照興販鴉片煙之例，爲首發近邊充軍，爲從杖一百、徒三年。地保受賄故縱者，照首犯一體治罪。贓重者，計贓以枉法從重論。其知情容隱，雖未受賄，亦照爲從例問擬。所種煙苗拔毀，田地入官。各督撫即責成該管道府督飭各屬實力查禁，乘抽查保甲便，於春間赴鄉稽查一次，將有無私栽鴉片，出具印結，年底由司會齊咨部，並著各督撫於每年具奏編查保甲摺内一並詳晰聲敘，如有拔除不盡，仍任流毒地方，即遵照道光三年部定處分，分别參處，毋稍徇隱。將此通諭知之。以上均《聖訓》。十三年議準：嗣後黄金白銀違例出洋，如白銀數在二百兩以上者，照偷運米穀一百石以上例，發近邊充軍；一百兩以下，杖一百、徒三年；不及十兩，枷號一月，杖一百。爲從及知情不首之船户，各減一等。至黄金每兩作白銀十兩科斷，失察賄縱之汛口文武各官，俱照失察賄縱米穀律懲辦。通行。十七年諭：鍾祥等奏籌議海防章程一摺，均著照所議辦理。閩浙洋面極爲遼闊，匪類最易潛藏，向來外洋失事，陸路文武恃無處分。往往妄爲畛域，意存觀望。嗣後著責成沿海鎮道督飭陸路員弁協同緝辦，務期有犯必懲。倘有洋匪在岸潛藏，不能破獲，即將水陸各員弁一體奏參，分别處分。至水師分巡，原爲緝制稽查起見，如有藉口風潮不利，隨處寄椗遷延者，一經查出，即酌按玩愒軍法從重參辦，毋稍寬縱。自此次明定章程以後，該督等惟當嚴飭所屬，實心實力認真巡緝，不得日久生懈，視爲具文，以靖海疆而戢兇暴。又諭：昨因沿海各口岸紋銀出洋，於國計民生關係匪輕，已降旨嚴飭沿海各督撫認真查辦。該督撫等均受朕厚恩，自必共矢忠勤、力加整頓，但思錮習已久，非破格示以勸，驟難挽回。嗣後如該督撫等仍視爲具文，並不實力查辦，必當從嚴懲處。其沿海文武員弁巡緝不力，甚至書役包庇、奸民勾串，仍有偷漏。著該督撫嚴參，加等治罪。如海口文武員弁果能實力堵緝，或連獲數起，破除巨案，即著該督撫據實保奏，朕必施恩，破格陞用，以示獎勵。自此次諄諭之後，該督撫等其各竭誠體國，務絶弊源，勉副朕力挽頽風至意。十九年諭：姑息非所以愛民，明刑即所以弼教。鴉片來自外夷，日甚一日，兼以内地栽種罌粟，影射漁利，軍民人等受其毒者，始則被人引誘，繼乃習爲泛常，甚至蕩産戕生，罔知悛改。關繫於人心風俗者甚鉅，若不及早查禁，永杜弊源，則傳染日深，其害伊於胡底，朕痌瘝在抱，欲爲天下除此禍患，不憚再三訓誡。特議刑章，以期易欲移風，遷涫反朴，因思海販窑口實禍首罪魁，倘非一律從嚴，概置重典，不足以防偷漏而塞來源。至吸食之弊一日不斷，則興販之來一日不絶，亦不得稍從寬宥。今定以死罪，該將軍督撫等果能早爲查辦，何至流毒如今日之甚。朕姑寬其既往，自此次明定章程以後，其各激發天良，剪除積習，同心協力，仰體朕懷，爲民除害。其有不肖屬員，諱飾不辦者，立即據實嚴參，重治其罪。倘仍意存玩泄，視條教爲具文，或畏難苟安，或始勤終怠，則是甘心骫法，自喪天良。朕言出法隨，决不寬貸。其各凛遵毋忽。同治元年諭：王慶雲奏請定官弁、士子、兵丁吸食洋藥限制一摺。前於咸豐九年間，經惠親王等奏□定弛禁洋藥章程内，官弁、士子、兵丁仍不準其吸食，以示限制。兹據王慶雲奏，瀝陳官弁、士子、兵丁吸食洋藥流弊，請嚴定限制等語。所陳實爲切中竅要，洋藥一項雖已弛禁，惟流弊之甚者，於風俗紀綱殊有關係。文武官弁各有職司，倘俾晝作夜，公事廢弛，安能整頓？諸務士子勵志膠庠，備登仕版，若學業荒蕪，安能復成大器？兵丁奮力戎行，宜嫻軍旅，倘精神疲軟，技藝荒廢，安能陷陣摧堅？現當訓迪官方、整飭行伍之際，豈容任其自暴自棄，不加明禁？嗣後吸食洋藥，除平民仍照變通章程，不在禁例外，其官弁、士子、兵丁三項，著仍照變通章程一律禁止。並著文武該管上司及學政教官等實力查察，有犯者立予重懲斥革，不準姑容徇隱，以期力挽頽風。至太監服役禁庭，宫衛森嚴，尤不準以洋藥帶入禁地。著總管内務府，飭知内廷總管太監嚴行禁止，如查有犯禁者，即行查辦，以昭嚴肅。以上均《聖訓》。二年議準：嗣後地方民人仍不準開設煙館，違者照賭博例治罪。隨同吸食，無論人數多寡，照違制律杖一百。房主知情者，房屋入官，不知情者不坐。七年奏準：自同自治八年爲始，一概嚴禁栽種罌粟花等類。如違私自栽種者，即比照在館吸食鴉片煙，按違制律杖一百。若核其畝數過多，情節較重者，酌量加擬枷號。以上均通行。

刑案

將船隻雇給出洋肆刦，以致慘殺十七命之多，比照將人口軍器下海律擬絞監候。乾隆五十一年福建案。

向夷人换得硝砂，在海外販賣，比例擬發近邊充軍。嘉慶二十五年廣東案。

吸食鴉片，供出販賣之人在逃未獲，仍照例擬滿徒。道光十三年通行。

內廷太監吸食鴉片，復因病告假，私往天津運買，擬先後枷號三個月，發黑龍江爲奴。道光十一年《邸鈔》。

興販鴉片煙，自首不實，照收買違禁貨物，擬軍減擬徒。道光十三年安徽司案。

將寄存鴉片煙食用售賣，照興販鴉片煙擬軍例，減等科斷。道光十三年江西司案。

拾獲鴉片煙袋並不即時銷燬，照不應重律杖八十，加枷號一個月。道光十三年四川司案。

勾引夷船運送鴉片，賣給樟腦，比照將違禁等物賣與進買外國者，爲首斬候例，擬即斬決梟示。道光十四年福建司案。

商販米船被巡洋把總兵丁訛詐，照恐嚇取財例，計贓加等發新疆當差，其餘分別治罪。道光四年浙江案。

因受雇看守魚網，違禁出海，照違制律滿杖，加枷號三個月。道光八年浙江案。

下海守桁私帶軍器，照將軍器下海絞罪上減等擬流。道光十四年浙江案。

包庇擅入禁出洋面捕魚拒捕，比照近邊軍民人等擅自入山將應禁春木砍伐例，加拒捕罪問擬。道光九年浙江案。

在川楚陝交界地方煎硝拒捕，比照附近苗疆民人煎穵硝磺事發例，加拒捕罪二等擬徒二年半。道光十一年四川案。

營弁私赴夷地招摇滋事，比附加等問擬，發往軍台効力贖罪。光緒三年四川案。

華民在日本殺人，由理事官訊取確供定擬，依故殺律擬斬監候，遞回辦理。光緒十年江蘇案。

紀事

《韓非子・外儲説左下》 梁車新爲鄴令，其姊往看之，暮而後門閉，因踰郭而入，車遂刖其足，趙成侯以爲不慈，奪之璽而免之令。

甘肅省文物考古研究所《居延新簡》 建武六年三月庚子朔甲辰，不侵守候長業敢言之：謹移劾狀一編，敢言之。

三月己酉，甲渠守候移移居延，寫移如律令。掾譚令史嘉。

建武六年三月庚子朔甲辰，不侵守候長業劾移居延獄，以律令從事。

廼今月三日壬寅，居延常安亭長王閎，子男同，攻虜亭長趙常及客民趙閎、范翕一等五人俱亡，皆共盜官兵，臧千錢以上，帶刀劍及鈹各一，又各持錐小尺白刀箴各一，蘭越甲渠當曲隧塞，從河水中天田出。案常等持禁物蘭越塞，於邊關傲逐捕未得，它案驗未竟。

蘭越塞天田出入□

□典主不發覺□案□

□其月二日，猛還詣候□

□狀辭曰：公乘居延中宿里、年五十一歲，姓陳氏。

今年正月中府補業守候長，署不侵部，主領吏迹候備寇虜盜賊爲職。廼今月三日壬寅，居延常安亭長王閎，閎子男同，攻虜亭長趙常及客民趙閎、范翕等五人俱亡，皆共盜官兵，臧千錢以上，帶大刀劍及鈹各一，又各持錐小尺、白刀箴各一，蘭越甲渠當曲客塞，從河水中天田出。案常等持禁物蘭越塞，於邊關傲逐捕未得，它案驗未竟。以此知而劾，無長吏使劾者，狀具此。

（宋）李昉等《文苑英華》卷五四五《關門・越關判》 越度關，府欲科罪，稱告急切，不暇請公文。

對　張欽敬

恭惟我王，設險以守，是立關禁，防諸未游。彼何人斯，千國之紀異驅，傳之高節，非買符之達人。去必乘星，學鷄鳴而夜度，行惟渴日，談馬邑而朝迷。此則匿奸於心，詐僞難恕，縱急切以文過，豈刑章之可逃？速歸爾尤，無惑朝憲。

同前　封玠

王者署一作置，避諱。關，是爲巨防，所以察出入，驗符繻，故終軍入秦，棄之以擊節；臧文相魯，廢之而受嫌。彼何人斯，輒此踰越，稱急切之利往，冀刑章而免科。當今烽堠，無虞蠻貊，請職荒徼，不聞於擊柝私室，寧容於度關？請科罔上之人，用杜憑虛之説。

同前　于孺卿

因固作關，設險居國，豈伊征筭？是隔夷夏，踰則歸法，理惟其常。越何人斯，初聞有告，棄繻抗志。無似終軍之游，辭謀遂行且殊。蘧瑗一作伯，避諱。之出，彼則請給寧異。公文足可坐視更籌，候鷄鳴而容度。豈謂意陵霄漢，學梟飛而影移。行雖有由，越侵無狀，寘之於理，其誰不然。

（宋）李昉等《文苑英華》卷五四五《關門·謁者私度關判》　汾陽縣竟戎，幼學弱冠，應舉西入關。遂委過所，至京不應作對。退從小選，補謁者。戎情思罷，歸請過所，專一曹。司以無來文不給。

對

竟戎地接汾河，業膺洙泗。道標强學，擅英妙於州一作鄉。閭。年在弱冠，慕明斅一作經。於鄉國。籋雲行地，載馳千里之路；警露聞天，爰振九皐之響。遷亭記柱，馬生之壯志可追；函谷棄繻，終軍一作子。之雄心尚在。雖言高方朔，而調下孫弘，便抑大成，將從小選。入仕有吏曹之耻，出關無使者之榮。名宦以調役生悲，田園以歸來興嘆。昔時過所，以委於中途；今日行文，須憑於下署。無宜部傳，不可買符，事在弘通，理難退抑。

（宋）李昉等《文苑英華》卷五四五《道路·私僱船渡人判》　洛水中橋破，絶往來渡。縣令楊忠以爲時屬嚴寒，未可修造，遂私僱船舫，於津所渡人。百姓杜威等連狀，舉忠將爲幹濟。廉使以忠懦弱，不舉職事，以邀名，欲科不伏。

對

上洛飛湍，中橋施構。參差危柱，若星影之全開；斷絶浮梁，似虹光之半起。望九衢之車馬，未見川流；瞻兩岸之風烟，更疑波委。楊忠宣風帝輦，作宰神州，以修造之辰，當沍寒之節，私僱船舫，公然來往。論惠雖是恤人，語事便非濟物。且雨畢理道，水涸成梁，莫不率由舊章，抑亦編諸甲令。故違憲法，自寘刑科，廉使以懦弱繩愆，正符厥理；杜威以幹濟連狀，未識其宜。

同前

圭廛勝壤，鼎邑名都。八達開衢，傍連鶴嶠，九重危堞，近枕龜津。鐵鑠長橋，衣冠不絶，金錢廣埒，車馬相望。楊忠擢以茂材，宰斯京縣屬。虹梁落構，翠瀲驚波，滯商賈於平川，阻騑驂於上路。將以日躔南陸，氣葉冬郊。當此沍寒，難於修葺，役徒未集，且葉愛人。船舫有私，何乖蒿事。杜威蘊德載述風猷，廉使繩違遽投霜翰。究其所以，蓋取義於隨時；觀其所由，亦何煩於褒貶。

同前　李孝言

曲洛圭廛，交風鼎邑，途開九達，城控八關。積溜澄雲，王子吹笙之浦；驚湍落日，馮夷剖蚌之川。衣冠之所往來，商賈於焉交集，所以亘兹星柱，架此虹橋。疑海上之浮黿，似天津之飛鵲。誠合因人啓塞，隨事修營。豈可使曲一作直岸全崩，危梁中絶？驚波淼淼，却停流水之車，急浪悠悠，翻擁桃花之騎。楊忠涖斯劇縣，輒樹私恩，不遵十月之規，有損二周之化。造舟之義，自有公營；浮航之機，詎宜私估？道橋有闕，懦弱可知。請依直指之科，寘以曲從之坐。

同前　崔釋

三川朝市，六合樞機。冠蓋如雲，擁金錢之馬埒；軒車若水，赴鐵鎖之虹橋。遐邇所資往來，爲要不謂波湍溜激、柱朽梁推。捉烏鵲填河，空餘處所；驅黿鼉駕海，尚有規模。自合修營，豈宜停廢？楊忠佐光銅墨，境控圭廛。仙舸横流，異林宗之共泛；漁船逗浦，非仲卿之來遊。縱狥私情，恐乘公理；雖當冬月，况屬閑時。造橋用功，冀暫勞而永逸，渡船費力，但有損而無成。官橋自可官修，何關縣長私船輒爲私估，便累宰君？郡人褒揚，將何稱首？廉察附請，即可甘心，以狀告知，庶無喧訴。

（宋）趙與時《賓退録》卷八　秦捕商君，商君亡至關下，欲舍客舍。客不知商君也，曰：商君之法，舍人無驗者，坐之。商君喟然歎曰：嗟乎，爲法之敝，一至此哉！蘇文定謫雷州，不許居官舍，遂僦民屋。章子厚又以爲强奪民居，下州逮民究治。及子厚謫雷，亦問舍於民。民曰：前蘇公來，章丞相幾破我家，今不可也。人以爲報，古今一轍也。

（宋）周密《癸辛雜識續集》卷上《船吼》　甲戌歲，越中縈邸兩舫舟忽有聲如牛吼，移時方止，俗謂之船吟，不祥之徵也。未幾，有透渡之禍。庚寅歲十一月朔，西興渡以舟子不謹，驅趁渡人上沙太早，既而潮至，趨岸不及，溺死者近百人。時王篠竹、孫小隱同問渡，目覩其事，以鈔一錠命舟，僅救三人。孫遂以事白省，遂斷兩監渡各一百七下，梢人則處典刑，以謝溺者。既而渡口之舟復大吼，豈溺者有知而然邪！

《明憲宗實録》成化十七年五月〔乙未〕禁邊人出境。巡撫山西都御史何喬新奏：緣邊軍民往往潛出境外伐木、捕獸，猝遇虜寇，多被拘執考問虛實。其人冀得免死，不復隱情，虜遂用爲鄉導侵犯邊境。設有桀黠不逞者，如匈奴之於衛律、趙元昊之於張元，用其計謀，擾我疆埸，其爲邊患，〔豈〕可勝言哉！是宜嚴立禁防，犯者問擬奴律，仍奏請處治。其守城把關之人知情故縱，及該管里老、官旗人等，俱謫發烟瘴地方，領軍守備等官並都指揮犯者亦復奏請。有能捕獲者給賞犯人財産，庶奸頑知警而邊防益嚴也。奏上，從之。

《明憲宗實録》成化十八年秋八月　辛亥，雲南守臣奏：浪穹縣民張平者，率十餘人群行賣卜，自元江府白沙等營，沿河間道竊出境外，爲安南水尾州土官陶崧等所執，械送以來，又以舟載其二人曰李甲、楊保春者，由水道進，莫知所往。其已至者論絞，而未至二人復行本貫踪迹所在。章下，兵部請移文督之，仍行諸關津慎固封守杜塞前所由間道。上是之。

藏挾軍械分部

綜述

（清）張鵬一《漢律類纂·興律·擅藏兵器》　弓弩甲兵，不得私藏。《周亞夫傳》亞夫子爲父買工官，尚方，甲楯五百被可以葬者。取庸苦之，不與錢。庸知其盗買縣官器，怨而上變告子，事連污亞夫。書既聞上下，吏簿責亞夫，夫欲自殺，其夫人止之，以故不得死，遂入廷尉，因不食五日歐血而死。邊垂戶一人，得具弓弩，備不虞，不得行來。《陸康傳》引舊制。案武帝時，公孫宏建議：以十賊彍弩，百吏不敢前。請禁民毋得挾弓弩。上下其議。吾邱壽王以爲聖王務化而省防禁，引秦銷兵折刃卒致亂亡以折之。又曰且所爲禁者，爲盗賊之以攻奪也。攻奪之罪死，然而不止者，大奸之於重誅。固不避也。臣恐奸人挾之，吏不能止，良民自備，反抵法禁，是擅賊威而奪民救也。宏雖詘服，禁終未除，蓋衛民之心，終不敵防民之念。漢代亦有然已。

《北史》卷一一《隋本紀·高祖文帝》〔開皇九年四月〕壬戌，詔曰：今率土大同，含生遂性。兵可立威，不可不戢，刑可助化，不可專行。禁衛九重之餘，鎮守四方之外，戎旅軍器，皆宜停罷。武力之子，俱可學文。人間甲仗，悉皆除毁。

《隋書》卷二《高祖紀》〔開皇十五年〕二月丙辰，收天下兵器，敢有私造者坐之，關中緣邊不在其例。

（唐）長孫無忌等《唐律疏議》卷一六《擅興·私有禁兵器》　諸私有禁兵器者，徒一年半。謂非弓、箭、刀、楯、短矛者。

疏議曰：私有禁兵器，謂甲、弩、矛、矟、具裝等，依令私家不合有。若有矛、矟者，各徒一年半。注云謂非弓、箭、刀、楯、短矛者，此上五事，私家聽有。其旌旗、幡幟及儀仗，並私家不得輒有，違者從不應爲重，杖八十。

弩一張，加二等；甲一領及弩三張，流二千里；甲三領及弩五張，絞。私造者，各加一等；甲，謂皮、鐵等。具裝與甲同。即得闌遺，過三十日不送官者，同私有法。

疏議曰：弩一張，加二等，謂加私有禁兵器罪二等，合徒二年半。甲一領及弩三張，流二千里，有甲、有弩，各得此罪。甲三領及弩五張，絞，亦甲、弩準數，各得絞罪。私造者，各加一等，謂私造甲、弩及禁兵器，各加私有罪一等。

問曰：私有甲三領及弩五張，準依律文，各合處絞。有人私有甲二領並弩四張，欲處何罪？

答曰：畜甲、畜弩，各立罪名，既非一事，不合併滿。依《名例律》：其應入罪者，舉輕以明重。有甲罪重，有弩坐輕；既有弩四張已合流罪，加一滿五，即至死刑，況加甲二領，明合處絞。私有弩四張，加甲一領者，亦合死刑。

注：甲，謂皮、鐵等。具裝與甲同。即得闌遺，過三十日不送官者，同私有法。

疏議曰：鐵甲、皮甲，得罪皆同。私有具裝，與甲無別：有一具裝，流二千里，有三領者，亦合絞。即得闌遺，過三十日不送官，謂得闌遺禁兵器以下，三十一日不送官者，同私有法。既稱過三十日，即三十日內不合此罪。又，依《軍防令》：闌得甲仗，皆即輸官。不送輸者，從違令，笞五十。滿五日者，依《雜律》各以亡失罪論，其亡失之罪，從本條解釋。其甲非皮、鐵者，依《庫部式》，亦有聽畜之處，其限外剩畜及不應畜而有者，亦準禁兵器論。但甲有禁文，非私家合有，爲非皮、鐵，量罪稍輕，坐同禁兵器，理爲適中。

造未成者，減二等。即私有甲、弩，非全成者，杖一百；餘非全成者，勿論。

疏議曰：造未成者，謂從上禁兵器以下，未成者，各減私造罪二等，謂甲三領、弩五張以上，縱更多有，各止處徒三年。即私有甲、弩非全成者，謂不堪著用，又非私造，杖一百。餘非全成者，勿論，謂甲、弩之外，所有禁兵器，非全成者，皆不坐。既是禁兵器，雖不合罪，亦須送官。

（唐）長孫無忌等《唐律疏議》卷二七《雜律·得宿藏物隱而不送》

諸於他人地內得宿藏物，隱而不送者，計合還主之分，坐贓論減三等。若得古器形制異，而不送官者，罪亦如之。

疏議曰：謂凡人於他人地內得宿藏物者，依令合與地主中分。若有隱而不送，計應合還主之分，坐贓論減三等，罪止徒一年半。注云若得古器形制異，而不送官者，謂得古器，鍾鼎之類，形制異於常者，依令送官酬直。隱而不送者，即準所得之器，坐贓論減三等，故云罪亦如之。

問曰：官田宅，私家借得，令人佃食；或私田宅，有人借得，亦令人佃作，人於中得宿藏，各合若爲分財？

答曰：藏在地中，非可預見，其借得官田宅者，以見住、見佃人爲主，若作人及耕犂人得者，合與佃住之主中分。其私田宅，各有本主，借者不施功力，而作人得者，合與本主中分。借得之人，既非本主，又不施功，不合得分。

（元）馬端臨《文獻通考》卷一六一《兵考·軍器》 元宗天寶末，天子以中原太平，修文教，廢武備，銷鋒鏑，以弱天下豪傑。於是挾軍器者有辟，畜圖讖者有誅，習弓矢者有罪。【略】

德宗貞元元年詔：槍甲之屬不畜私家。

憲宗元和元年敕：京城內無故於街衢中帶戎仗及聚射者，治罪。

六年，京兆尹王播奏：諸縣軍鎮放牧人等，不得帶弓箭、刀劍、器仗。從之。

晉天福二年敕：禁諸道不得擅造器甲。

《新五代史》卷八《晉書·高祖本紀》 〔天福三年三月〕丁丑禁私造銅器。

（宋）竇儀等《宋刑統》卷一六《擅興律·私有禁兵器》 諸私有禁兵器者，徒一年半。謂非弓、箭、刀、楯、短矛者。弩一張加二等，甲一領及弩三張，流二千里，甲三領及弩五張絞。私造者各加一等。甲謂皮鐵等，具裝與甲同。即得闌遺，過三十日不送官者，同私有法。造未成者，減二等。即私有甲弩非全成者，杖一百，餘非全成者勿論。

疏：諸私有禁兵器者，徒一年半。注云，謂非弓、箭、刀、楯、短矛者。議曰：私有禁兵器，謂甲弩、矛矟、具裝等，依令私家不合有，若有矛矟者，各徒一年半。注云，謂非弓、箭、刀、楯、短矛者，此主五事，私家聽有。其旌旗、幡幟及儀仗，並私家不得輒有，違者從不應爲重，仗八十。

又云，弩一張加二等，甲一領及弩三張，流二千里，甲三領及弩五張絞。私造者各加一等。議曰：弩一張加二等，謂加私有禁兵器罪二等，合徒二年半。甲一領及弩三張流二千里，有甲有弩，各得此罪。甲三領及弩五張絞，亦甲弩準數，各得絞罪。私造者各加一等，謂私造甲弩及禁兵器，各加私有罪一等。

問曰：私有甲三領及弩五張，準依律文，各合處絞。有人私有甲二領並弩四張，欲處何罪？

答曰：畜甲畜弩，各立罪名，既非一事，不合併滿，依《名例律》，其應入罪者，舉輕以明重。有甲罪重，有弩坐輕。既有弩四張，已合流罪，加一滿五，即至死刑，況加甲二領，明合處絞。私有弩四張，加甲一領者，亦合死刑。

注云，甲謂皮鐵等，具裝與甲同。即得闌遺，過三十日不送官者，同私有法。議曰：鐵甲、皮甲，得罪皆同，私有具裝，與甲無別。有一具裝，流二千里，有三領者，亦合絞。即得闌遺，過三十日不送官，謂得闌遺禁兵器以下，三十一日不送官者，同私有法。既稱過三十日，即三十日内不合此罪。又依《軍防令》，闌得甲仗，皆即輸官，不送輸者，從違令笞五十。滿五日者，依《雜律》各以亡失罪論。其亡失之罪，從本條解釋，其甲非皮鐵者，依《庫部式》亦有聽畜之處，其限外賸畜，及不應畜而有者，亦準禁兵器論。但甲有禁文，非私家合有，爲非皮鐵，量罪稍輕，坐同禁兵器，理爲適中。

又云，造未成者，減二等。即私有甲弩非全成者，杖一百，餘非全成者勿論。議曰：造未成者，謂從上禁兵器以下，未成者，各減私造罪二等。謂甲三領，弩五張以上，從更多有，各止處徒三年。即私有甲弩非全成者，謂不堪著用，又非私造，杖一百。餘非全成者勿論，謂甲弩之外，所有禁兵器非全成者，皆不坐。既是禁兵器，雖不合罪，亦須送官。

(宋) 李燾《續資治通鑑長編》宋太宗太平興國八年二月 丙午，有司言：先禁江南諸州民家不得私蓄弓劍、甲鎧，違者按其罪。按《律疏》禁民私有兵器，謂甲、弩、矟、具裝等，若弓箭、刀楯、短矛並聽私蓄，望釐改之。詔從其請。

《宋史》卷五六《太宗本紀》 〔至道二年九月戊寅〕詔川峽諸州民家先藏兵器者，限百日悉送官，匿不以聞者斬。

(宋) 李燾《續資治通鑑長編》宋真宗大中祥符五年九月 詔：軍民有私置刀兵器甲，限五十日送官，違者論如法。罪至流者並其家屬部送赴闕，至徒者決配本處牢城，冶鑄者如之。其緣邊諸處曾被旨許留者，聽如舊。

(宋) 李燾《續資治通鑑長編》宋真宗大中祥符六年七月 辛巳，太常博士齊革，言蜀民以射生爲業，民私蓄弓矢，請行禁絶。上曰：平時民家或用防盜，不必禁也。

(宋) 李燾《續資治通鑑長編》宋仁宗景祐二年十二月 詔廣南東、西路民家不得私置博刀，犯者並鍛人並以私有禁兵律論。初，轉運使言，民爲盜者多持博刀，捕獲止科杖罪，法輕不能禁，故更此條。

(清) 徐松《宋會要輯稿・刑法二・禁約》 〔宣和〕七年正月二十四日詔：民間私置博刀及爐戶輒造，並依私有禁兵器法。見有者，限一月赴官首納。限外罪賞，依本法。仍令諸路提刑司行下所屬州縣。

(清) 畢沅《續資治通鑑》宋高宗紹興十六年秋七月 戊子，言者乞禁福建民間私藏軍器，帝曰：此自有法，宜令民通知。若絶其源，則盜自不作矣。

(宋) 謝深甫等《慶元條法事類》卷二八《榷禁門・茶鹽礬》 〔擅興敕〕諸私有禁兵器，論如律。槍及紙甲同。

(宋) 謝深甫等《慶元條法事類》卷二八《榷禁門・興販軍須》 〔衛禁勅〕諸將堪造軍器物，謂弓弩，竹木材槍杆、箭簳，□角、鰾膠、白蠟、牛皮、皮單鞾及皮鞵底。餘條堪造軍器物準此。入三路緣邊及河北京東路、緣海州界者，徒一年。物價據見獲物估。及二貫加一等。過，徒三年，五貫加一等。物没官，許人告。關津税務官司失覺者，杖一百。

諸以堪造軍器物賣與化外人及引領者，並徒二年。計贓一尺，徒三年；一匹加一等。徒罪皆配千里，流罪皆配二千里。三十匹皆配遠惡州，物没官。知情停藏負載人減犯人一等，仍依犯人配法。熟鐵造成器物同。與外國使人非使人同。交易，罪輕者徒三年，配千里，許人告。非使人許捕。

(宋) 謝深甫等《慶元條法事類》卷七五《刑獄門・刑獄雜事》 〔斷獄勅〕諸形勢之家豪民同輒置獄具而闌留人者，徒二年。情理重者，奏裁。

許彼闕留人越訴。

（清）畢沅《續資治通鑑》宋孝宗淳熙二年閏月〔金大定十五年〕己酉朔，金定應禁弓箭、刀槍之制，惟品官之家奴及客旅等許帶弓箭。

（清）嵇璜等《續文獻通考》卷一三四《兵考·軍器》〔金章宗承安二年〕《穆延盡忠傳》曰：穆延盡忠爲恩州刺史，上言凡賣買軍器，乞令告給憑驗，以防盜賊私市。尚書省議，止聽係籍人匠貨賣，有知情售不應存留者，同私造法。從之。

史金波等譯《天盛改舊新定律令》卷七《敕禁門》　一、全國內不允諸人藏武器。若違律持時，持者徒十二年，打者匠人徒十年。

（元）孟奎《粗解刑統賦》　詐傳制書情類詐爲。私造兵器罪加私有。

私家造作兵器者比與隱藏者罪當加等，造私酒飲私酒者同此。

《元史》卷六《世祖本紀》〔至元五年二月〕戊戌，改軍器局爲軍器監。【略】〔三月〕禁民間兵器，犯者驗多寡定罪。

《元典章》卷三五《兵部·軍器·隱藏·隱藏軍器罪名》　至元五年，中書省咨，該：先據右三部呈欽奉聖旨，禁斷百姓不得懸帶弓箭，執把軍器，違者處死。於三月初三日聞奏過聖旨：咱每是那般行來，都交死呵，多也者。你道的，也依著你商議的行者。欽此。本省今將擬奏定罪名，聞坐前去，請依準施行。仍將見禁隱藏軍器人等，照依所招，依上歸斷。

甲：私有全副者，處死；不成副，決杖五十七下、徒一年；令散甲片，不堪穿吊禦敵者，笞三十七。

槍或刀弩：私有十件者，處死；五件以上，杖九十七下、徒三年；四件以下，杖七十下、徒二年；不堪杖五十七下。

弓箭：私有十副者，處死；每副弓一張，箭三十隻。五副以上，杖九十七下、徒三年；四副以下，杖七十七下、徒三年；不成副，杖五十七下。

（元）沈仲緯《刑統賦疏·第四韻》　私造兵器罪加私有。夫兵器乃戰征之具，非私家所宜有，用而私有私造者皆律之所以禁也。《擅興律》云，諸私有兵器者徒一年半，（努）〔弩〕一張加二等，甲一領及弩三張流二千里，甲三領弩五張絞，私造者加一等。蓋從無造之之謂私造，因其有而畜之謂之私有，造者造之於未成之前，私有者畜之於既成之後。先王立法之意蓋惡其始作而已矣。

直解：起意私造情重於私贓已成者。

通例：至元五年右三部定擬禁斷軍器甲私有，全付者處死，不成付杖五十七下徒一年，零散甲片不堪穿吊者笞三十七下，鎗或刀或弩私有十件者處死，五件以下杖九十，四件以下杖七十，七下各不全減等。至元二十五年都省禁治不得私造與諸人一切軍器，如違嚴行治罪。

《元典章》卷三五《兵部·軍器·許把·打捕户許把弓箭》　至元六年十二月，中書省欽奉聖旨：隨路打捕御膳野物，除正打捕户執把弓箭外，其餘人等並行禁斷。欽此。

《通制條格》卷二七《雜令·造紙弓箭》　至元十五年五月，中書省樞密院呈：揚州路官軍萬户史塔剌渾申，今次起得各路逃亡等軍，除衣襖完備外，買置到箭隻、箭笴、箭頭，俱各不堪射，不惟枉費錢物，有誤軍前勾當。都省準擬，送刑部行下合屬，今後遇有出征軍人和買弓箭，禁約毋令成造低觧。

《元史》卷一〇《世祖本紀》〔至元十六年二月〕禁諸奧魯及漢人持弓矢，其出征所持兵仗，還即輸之官庫。

《通制條格》卷二七《雜令·禁約軍器》　至元二十一年四月十六日，中書省奏：在先欽奉聖旨，漢兒人休執把弓箭者，軍人、打捕户這的每執把者，這般聖旨有來，火魯火孫奏將來：除軍人外，打捕護每弓箭休教執把呵，怎生？商量來。奏呵，奉聖旨：教罷了者。欽此。

《通制條格》卷二七《雜令·供神軍器》　至元二十一年十一月，中書省南京等路宣慰司呈：見欽奉聖旨遍行各處禁斷拘收軍器，除欽依外，今訪聞得隨處廟宇往往有諸人供獻鞭簡、鎗刀、弓箭等真軍器，並旌旗、鑼鼓、斧鉞、儀仗，黨有觧人就用，致使愚民枉遭刑憲。刑部議得：今後民間若有必合使用供神器物，經官給據，聽以土木紙綵假物代之，以寓事神之意。如有違犯之人，捉拿斷罪，都省準擬。

（清）嵇璜等《續文獻通考》卷一三四《兵考·軍器》〔至元〕二十三年二月勅：中外凡漢民持鐵尺、手撾及杖之有刃者，悉輸於官。

三月拘收弓手軍器。

江西行省請除軍人合賫軍器，令本管軍官營局造作與軍人行使，無令衛下諸人私造私賣執把行使。其各路弓手置備器仗，責令簿尉、巡檢盡數拘收，置庫收貯。遇有賊盜，斟酌緩急關撥，事畢還庫。仍令達魯噶齊提調。

《元典章》卷三五《兵部·軍器·拘收·拘收吉朶刀子》至元二十三年四月，湖廣行省準中書省咨：準哈喇赤阿剌八赤蒙古文字譯該，漢兒民户根底帖尺古朶又帶刀子、拄捧，尋出來了。麽道交覷呵。安童根底説了，交行文書，疾忙拘收者。麽道聖旨了也。欽此。

《通制條格》卷二七《雜令·私下帶造》至元二十五年五月，中書省照得：民間軍器累奉聖旨禁斷，慮恐内外雜造局院除正額外私有帶造數目，都省擬合遍行，除年例額造並省部明文横造軍器外，並不得私下與諸人帶造一切軍器。如違，嚴行治罪。

《通制條格》卷二七《雜令·買賣軍器》至元二十八年三月，中書省刑部呈：鷹房官阿沙不花、黄兀兒指揮送到賣鐶刀等物人魏得榮並買主李仲璋。除將已到官鐶刀送庫寄收聽候外，本部參詳，若將鐶刀等物拘收，照例擬罪。却緣自前不曾禁斷貨賣軍器，魏得榮俱係商賈之人，又經赴務投税，別無情弊，全無將已到官鐶刀回付本主，賣與應合執把軍器人等，權以免罪相應。都省準擬。

《元典章》卷三五《兵部·軍器·雜例·體察鐵匠等事》至元二十九年御史壹咨：據監察御史呈照刷出中書省右司文卷一宗，江淮行省準。該據江東道宣慰司八兒思不花呈將領軍馬前去甯國饒州兩路招捕作耗，賊人參詳賊人，若無軍器，豈能叛亂？蓋是各處鐵匠打造發賣，若將應有鐵匠全家起移，各路住坐似爲便當。咨請定奪。正月二十日都省回咨本省將草賊生發去處人匠依上起移，禁治施行。卑職切詳，工商農民各有恒産，無不懷其土而安其業也。若盡起移附近住，坐擾之，又擾伏慮作耗之徒甚於前日。又彼中廣土衆民所用農器之類，何處取給，深爲未便。若令鐵匠依舊安業住坐，不令起遣，督勒各處官司嚴加禁治，無令打造軍器，遴選循良廉去體察勾當行呵，弓箭交拿者，麽道兩遍。聖旨有來，如今尚書省官人每奏了，但是百姓的漢兒蠻子弓箭軍器禁了者拿的人，在先體例要罪過者，麽道行了，文書有俺商量來監察廉訪司官人每是拿做賊説謊的，衙門有歹人每不愛的多有也者。體察勾當行時分不交拿弓箭不中的一般可憐兒呵，依先聖旨體例交拿弓箭呵，怎生？奏呵。奉聖旨那般者。欽此。本臺咨請欽依施行。

《元典章》卷三五《兵部·軍器·拘收·拘禁僧人弓箭》大德三年十一月，行中書省札付準中書省咨準：河北、河南等處行中書省咨，據襄陽路總管府備房州房陵縣申，弓手節級儺再立狀呈：有僧正司官任速前來本州普濟寺，要下賫夯環刀一口、箭一把、紅油鎗一條。照得軍器累蒙上司禁斷，今有僧人係是出家善人，別無把執軍器體例。縣司若便追取，却緣本僧係房州僧正，移文僧正司取發。回牒該會驗上司條畫内一欵：漢兒人若有隱藏軍器、縣帶弓箭，即便赴官送納，仍禁圍獵等事。照得本州僧正係河西色目人數，未審貴州奉到是何上司文字，追取色目僧官弓箭體例，難便施行。準此，照得僧人任速雖是河西人氏，剃度出家，又爲房州僧官，率衆告天，祝延聖壽，慈悲忍辱清净之家。別無執把弓箭體例，行移不計次數，不肯依例拘禁。本省看詳，剃髮僧人修祝爲善，執把弓箭、環刀軍器，若不拘禁，慮恐因而別生事端。咨請定奪。送刑部議得：河西僧人執把弓箭鎗刀，如準行省所擬，拘禁相應。都省準擬，請依上拘禁施行。

《元典章》卷三五《兵部·軍器·拘收·禁治弓箭彈弓》至大元年行臺準御史臺咨，奉中書省札付：大德十一年十二月初四日，傳奉聖旨，漢兒人每拿弓箭的多有什麽道説有，如今依在先聖旨體例，弓箭、彈弓休拿者。省諭多人教行文書者，麽道傳聖旨來。欽此。照得至元二十年正月，準中書省奏除弓人外，別個漢兒人每弓箭軍器不交執把拘收呵，怎生？奏呵。奉聖旨，伯顔的言語是有在先，已言語了，來行了來，那不曾，如今省官每根底説者，那般行者。欽此。又於大德四年初四日，傳奉聖旨，大都裏舊城裏有的百姓每，不揀是誰休造彈弓者也，休拿彈弓者。這般宣諭了，造彈弓的、拿彈弓的打七十七、八十七，斷沒一半家私者。聖旨了也。欽此。

《元典章》卷三五《兵部·軍器·拘收·禁斷軍器》至大三年三月，江西行省準尚書省咨：至大二年十一月十二日奏，在先有姓的漢兒蠻子每弓箭軍器休交拿者，麽道世祖皇帝行了，聖旨有來。近年以來，爺的替頭裏孩兒哥哥替頭裏兄弟投充校尉倉裏鬭請來，麽道因著那般執把弓箭的多有。又衙門裏行著鬭要來的，又將著諸王駙馬並官人每的文字，執把弓箭、環刀軍器行的多有。如今依著世祖皇帝行來的聖旨體例，各處行與文字，但是有姓的漢兒蠻子人每根底有的弓箭軍器交拘收在後，若有執把的拿住呵，依在先聖旨體例斷罪。又武備院裏行與文字，今後推稱各衙門勾當裏行來，麽道索要的漢兒蠻子人每根底休交與呵，怎生？奏呵。奉聖旨是有那般者。欽此。都省咨請欽依施行。

《通制條格》卷二七《雜令·兵杖應給不應給》　至大三年七月二十九日，御史臺奏：在先塔察兒、月兒魯那延臺裏行時分，禁約漢兒人休拏弓箭軍器上頭，世祖皇帝根底奏呵，按察司官人每是拏說謊做賊的人每有，壹箇兩箇出去體察勾當行呵，弓箭交拏者。麽道兩遍聖旨有來。如今尚書省官人每奏了，但有姓的漢兒、蠻子，弓箭軍器禁止了者，拏的人依在前體例要罪過者。麽道行了文書有。俺商量來，監察廉訪司官人每是拏做賊說謊的衙門有，歹人每不愛的多有也者，體察勾當行的時分，不教拏弓箭呵，不中的一般有。可憐見呵，依先聖旨體例教拏弓箭呵，怎生？奏呵，奉聖旨：那般者。欽此。

皇慶二年十一月十六日，樞密院奏：弓箭軍路的勾當專與軍人者，麽道，世祖皇帝好生記心有來。如今無問遠近内外去的使臣每根底，又大小衙門裏行的首領官、令史每，春秋上下往來，索要弓箭的多有。似這般索要呵，用着的時分短少了去也。今後除與軍前去的使臣每外，其餘使臣每根底並各衙門首領官、令史每根底，休教與呵，怎生？奏呵，奉聖旨：您說的是有。那般者。院裏行文字物料造作來的軍器，各衙門首領官、令史、漢人、蠻子、高麗人每根底休與者。欽此。

大德七年十一月，中書省河東陝西道奉使宣撫呈：太原路所轄州城有姓在閑達魯花赤多有執把弓箭之人，合行禁約。刑部議行：有姓達魯花赤如係漢兒人，擬合欽依禁約。都省準擬。

至元十一年三月初五日，大司農司奏：都水監管勾當官壕寨差出爲河道勾當裏去呵，山裏水裏難田地裏行有，別無隄防器械，合無令各人帶弓箭壹副。奉聖旨：教帶弓箭者。欽此。

至元十四年三月初一日，中書省奏：南省官人每與的文書來，蠻子田地裏做去底官人每田地遠有，民户新入來有，軍器不把着呵，沿路上做賊的歹人每，莫不擅着麽，那般道將來。臣等議得：去的官人每，斟量着教把着軍器行呵，怎生？奉聖旨：那般者。欽此。

元貞元年十月初三日，中書省奏：江浙省、南京省所轄的地面，巡禁私鹽的漢軍、新附軍相參安置着有。漢軍每有軍器，新附軍無軍器。賊每行呵，將着軍器行有，這巡禁的新附軍每無軍器的上頭，被賊每傷害有。這的每根底也依那體例裏索將軍器來呵，俺院官每根底商量來，這的每是巡禁的軍人，合與，麽道說有。俺也商量來，不教其餘的指例與呵，怎生？奏呵，奉聖旨：與者。休教別箇的指例者。欽此。

至元二十三年六月二十七日，中書省奏：拏賊的巡馬每在先教拏着悶棍道來。拿賊的將着悶棍呵，賊每到有弓箭，拏的人每傷着去也，麽道說將來。俺商量的，路裏壹拾副弓箭，散府州裏各柒副弓箭，縣裏教伍副弓箭呵，怎生？奏呵，是有。那般者。聖旨了也。欽此。

大德六年五月，中書省江浙省咨：合屬地面多是依山瀕海去處，盜賊不時生發，執把軍器，捕盜官兵却無弓箭軍器，不能擒捕，擬合依例給付。都省議得：路府州縣巡防捕盜衙門懸帶弓箭已有定數，各處巡檢每處量給弓箭叁副。

大德七年十一月，中書省江浙省咨：饒州路胡國用告，周蘭十二揑合根脚，淹北求仕回家，懸帶弓箭環刀，稱係怯薛歹人，改名周也里占。歸問間，欽遇詔恩。都省議得：周也里占所犯罪經革撥，怯薛身役，既是蠻子人氏，擬合罷去，發付元籍當差，見帶弓箭追收還官。

至元二十四年二月，尚書省河東山西道宣慰司呈：西京、太原、太和嶺等處把隘軍人，若將弓箭軍器拘收，儻有疏失，不及申訴。劄付樞密院，照擬得：漢兒執把弓箭軍器即係禁斷事理。所有上項把隘軍人，既宣慰司呈所把隘口險惡，不時防送官物，合許執把悶棍巡防勾當。仍令本管色目人員常切鈐束，不致生事違錯。都省準擬。

至元二十四年五月二十四日，尚書省奏：江西行省官人每與將文書來，吉、贛等地面，湖南、廣東、福建這地面相連着。每年草賊生發呵，出備軍器，聚集弓手人每收捕來。年時江南地面漢兒南人休把弓箭禁斷時分，這裏的弓箭拘收了來。如今依着漢兒城子裏與了的體例裏與的。說將來有。俺商量得：在先中書省官人每奏，每一個路裏拾副弓箭、散府裏州裏柒副弓箭、縣裏伍副弓箭教執把呵，怎生？麽道。奏呵，是也。那般者。麽道聖旨了來。如今依着那體例，路裏拾副、散府州裏柒副、縣裏伍副教執把，城子裏的達魯花赤、達達、畏吾兒、回回官人每教管者。若收捕賊的勾當有呵，巡軍根底教把弓箭，無勾當時拘收了庫裏放着呵，怎生？麽道。奏呵，那般者。好人根底委付者。麽道聖旨了也。欽此。

（清）畢沅《續資治通鑑》元順帝至元三年夏四月　癸酉，禁漢人、南人、高麗人不得執持軍器，有馬者拘入官。

《元典章》卷三五《兵部·軍器·拘收·禁買賣人軍器》　皇帝聖旨汴梁湖廣行中書省、行御史臺、宣慰司、廉訪司軍官每，市舶司官人每根底，城子裏達魯花赤官人根底，但是海島裏有的、各處外國裏做買賣去的，斡脱每根裏做買賣每根底，衆百姓根底。宣諭的聖旨，衆官人每斡脱每做買賣的每，做自己的面皮、待交買賣行海裏入去的，時從這裏馬匹弓箭每，箭幹竹子等別軍器也哏將去。到那壁呵，變換了衆隻將著做上位使將來。麽道那裏忻都每的頭目每，根底説謊與有。今後除咱每賜與將去的之外，説謊與自己的財物，從這裏馬匹軍器，不揀誰休將去者。用別財物買要了象隻，那壁忻都每根底休將去者。道了這般，宣諭了呵，海裏馬匹、象隻，不揀什麽軍器，將去的人他的財物，要了罪過斷没者。聖旨俺的鼠兒年七月十二日上都有時分寫來。

《元史》卷一〇五《刑法志》　諸郡縣達魯花赤及諸投下，擅造軍器者，禁之。諸神廟儀仗，止以土木紙綵代之，用真兵器者禁。諸都城小民，造彈弓及執者，杖七十七，没其家財之半，在外郡縣不在禁限。諸打捕及捕盗巡馬弓手、巡鹽弓手，許執弓箭，餘悉禁之。諸漢人持兵器者，禁之；漢人爲軍者不禁。諸賣軍器者，賣與應執把之人者不禁。諸民間有藏鐵尺、鐵骨朶，及含刀鐵拄杖者，禁之。諸私藏甲全副者，處死；不成副者，笞五十七，徒一年；零散甲片不堪穿繫禦敵者，笞三十七。鎗若刀若弩私有十件者，處死；五件以上，杖九十七，徒三年；四件以下，七十七，徒二年；不堪使用，笞五十七。弓箭私有十副者，處死；五副以上，杖九十七，徒三年；四副以下，七十七，徒二年；不成副，笞五十七。凡弓一，箭三十，爲一副。

《明神宗實録》萬曆二十三年十二月〔庚戌〕詔奸犯柯潤，僧覺經隱匿軍器，著鎮撫司打問。刑部請並拘解官周德對質擬罪，從之。

（清）查繼佐《罪惟録》紀卷一二《熹宗紀》〔天啓元年〕夏四月甲戌，禁抄發軍機。

黄彰健《明代律例彙編》卷一四《兵律二·軍政·私藏應禁軍器》

凡民間私有人馬甲，傍牌，火筒，火砲，旗纛，號帶之類，應禁軍器者，一件杖八十。每一件加一等。私造者，加私有罪一等。各罪止杖一百，流三千里。非全成者，並勿論，許令納官。其弓、箭、鎗、刀、弩及魚叉、禾叉，不在禁限。

附例備考

凡旗牌，鎮守内臣五面副。鎮守掛印總官官十面副。鎮守分守不曾掛印都督並副總兵四面副。參將遊擊三面副。泛濫私用者，巡撫巡按按察司糾舉。

中國第一歷史檔案館《滿文老檔》天命八年四月　初六日，都堂書諭：漢人軍士及百姓，凡有弓矢刀槍炮等軍械，限於二十日内，送交各該管官，逾二十日隱匿不送者，被人首告，治以重罪。禁止漢人工匠售賣弓矢刀槍等軍械，十日以後，賣則罪其售賣之人，買則罪其購買之人。限各所屬人於二十日將軍械送交完竣，並著該管官員具文上奏。

中國第一歷史檔案館《滿文老檔》天命八年四月　十三日，都堂書諭：【略】自牛莊以東，英額以西，邊外之地，庶人可留炮、弓、撒袋、刀、槍。自此以南城堡屯鄉，勿留軍械，查各所管轄屯堡之軍械，盡收之。並限於本四月内，概行送來。若未收盡，所留軍械，被人首告，則收藏之人，治以重罪，該管官亦罪之。漢人若造售軍械，則售於諸申，不得售於漢人。若售於漢人，則罪其賣者，買者亦罪之。

《清聖祖實録》康熙四十七年閏三月〔甲午〕諭兵部：鳥鎗等火器，祇當用於蒐獮行陣之間，此外一應旗下民間不得擅用。著嚴行禁止。

《清聖祖實録》康熙四十七年六月〔丙辰〕兵部議覆太原總兵官馬見伯疏言：火器鳥鎗，久奉明禁，近來商民尚有私用私造者，請勅該地方官，將民間見存鳥鎗限期繳官入庫，永行禁止。如有必用鳥槍之處，先令呈明地方官，止許長一尺五寸，刊刻地方姓名。違者照律治罪。至硝磺乃火器中所用，請嚴禁私賣，以杜奸宄，均應如所請。從之。

《西寧青海番夷成例・私進内地》 一、凡千戶、百戶、百長、小頭目等及平人，若進内地，不稟明該管之處，私買軍器出口，被關隘查出者，千戶等〔罰〕三九，百戶等罰二九，管束部落之百長等罰一九，小百長等罰牲畜七件，小頭目等罰牲畜五件。若係平人，鞭八十，將所帶軍器俱行入官。

《西寧青海番夷成例・擅動兵器》 一、千戶等擅動兵器者，罰二九，百戶等罰一九，管束部落之百長等罰牲畜七件，小百長等罰牲畜五件，小頭目以及平人罰牲畜三件。

（清）嵇璜等《清朝通典》卷八六《刑・雜議》〔乾隆三十九年十一月〕大學士舒赫德奏：查民間私鑄鳥鎗，向干例禁而鄉落村民往往托爲禦侮獲禽之用，至商賈保驃護貨，尤不能不藉以自衛。民間所製遂爾日多，遇有好勇鬭狠之徒不知例禁，小則鬭毆細故動致火器傷人，大則施擊逞兇猶得肆無忌憚。即如此次壽張逆犯王倫，雖有滿漢官兵鼓勇無前，得以早行剿滅，亦因賊無鳥鎗，搜捕較易爲力。是知民間藏匿鳥鎗所關甚鉅，若不實力查禁，恐日久滋生事釁。臣請所有商民防禦盜賊猛獸，應用鳥鎗呈明製造之例，永行停止，其竹銃鐵銃之類亦概不許私造。民間現在存藏者，請立定限期交地方官查收。如有逾限不繳及地方官不能查察者，請皇上敕部嚴定科條，示以懲儆。尋兵部議鳥鎗爲營中利器，民間私鑄，例有明禁。緣例内載有商民防禦盜賊，準其製造報官編號之條，是以商民得以藉口製造，而失察處分，例止罰俸，往往視爲具文，並不實力稽查，以致民間私藏鳥鎗並竹銃鐵銃之類。

《蒙古律例》卷五《邊境卡哨・置買軍器等物給票》 一、内外諸扎薩克内人丁孳生，編設佐領，或軍器殘缺，應行修補者，該扎薩克等出具保呈，將置買軍器數目繕寫印文報院，註明兵部票内，方準置買。若成套成副者，奏明請旨後，方準置買。倘逾票内數目，額外多帶，或於入口原數較多，發覺時，已未管旗王、貝勒、貝子、公、扎薩克台吉、塔布囊罰俸六個月，閑散台吉、管旗章京以下、驍騎校以上罰一九牲畜，平人鞭八十，將額外多帶軍器入官。

《蒙古律例》卷五《邊境卡哨・軍器等物不準賣給俄羅斯》 一、内外諸扎薩克、蒙古等不得將盔甲、弓箭、軍器賣給俄羅斯及厄魯特、回子人等。若有偷賣並遣送親戚，或被獲，或被人拿獲首告者，已未管旗王、貝勒、貝子、公、扎薩克台吉、塔布囊等罰俸一年，無俸台吉、塔布囊罰馬五十匹；平人爲首者擬絞監候，產畜籍没，爲從者鞭一百，罰三九牲畜。抄罰之產畜俱賞給拿獲首告之人。若奴僕首主，令其出離主家。

《蒙古律例》卷一〇《雜犯・王等擅動有刃之物》 一、已未管旗王、貝勒、貝子、公、台吉、塔布囊等擅動有刃之物者，各罰俸六個月，無俸台吉、塔布囊等罰一九牲畜；平人罰五牲畜。

（清）沈書城《則例便覽》卷三四《失察竹銃》 一、地方有私造私藏竹銃者。將失察之地方官，照失察鳥鎗例罰俸一年。

（清）沈書城《則例便覽》卷三四《失察藤牌》 一、地方官失察平民私製藤牌，照失察鳥鎗例罰俸一年。

《兵部處分則例》卷一二《關禁・蒙古攜帶軍器》 一、蒙古進口守口官兵，查明人數，軍器記檔，出口時查封原檔，多帶者不許放出。其喀爾喀額魯特及各扎薩克等，如有添丁新編佐領，初次置買軍器，或將年久破損軍器修補者，理藩院查明移咨兵部，給與口票，該守口官驗明部票，放行。若比票内多帶或比原進口之數多帶者，報明理藩院，議罪。其内地民人將軍器販賣與蒙古及守口官兵，知情故縱者，俱交刑部議罪。不知情放出者，守口官革職。公罪。該管上司降五級調用。公罪。提督、總兵降三級留任。公罪。總督、巡撫交吏部查議，如守口官拿獲究辦者，免議。

《兵部處分則例》卷二九《軍器・收貯盈餘器械》 一、直省各營盈餘器械，如有混行銷燬者，將該管官降一級調補。私罪。遺失及堆貯潮濕地方以致銹壞者，將該管官罰俸六個月。公罪。仍令照數賠補。

《兵部處分則例》卷二九《軍器・失察兵丁偷賣火藥器械》 一、營中火藥器械存貯庫局，該管各員並不能嚴行稽查，致營兵有偷漏私賣等事，經别處拿獲，查係該管、兼轄、統轄各官知情縱容者，均革職提問。私罪。失察之總兵，降三級調用。公罪。提督降一級調用。公罪。如該管、兼轄、統轄各官不知情失於覺察者，各降三級調用。公罪。總兵降三級留任。公罪。提督降一級留任。公罪。自行查出究辦者，均免議。

《兵部處分則例》卷二九《軍器・典當軍器》 一、官員兵丁將關給軍器、衣甲、旗幟私當者，係官，革職。私罪。兵丁，革退。私罪。俱照津治罪。失察之該管地方將領各官，罰俸一年。公罪。

《兵部處分則例》卷二九《軍器·私鑄炮位》　一、凡地方不逞之徒，如有私鑄紅衣大小炮位者，將炮入官，該犯交與刑部議罪，其失察之該管官革職。公罪。兼轄官降四級調用。公罪。提督、總兵降二級留任。公罪。該管官自行緝獲破案究辦者，均免議。

一、鐵炮火器不得擅自私用，如有私藏火炮不行送庫者，將失察之專管官，降一級調用。公罪。能自行緝獲破案究辦者，免議。

《兵部處分則例》卷二九《軍器·失察藤牌》　一、武職該管地方，如有失察私制藤牌者，罰俸一年。公罪。能自行緝獲破案究辦者，免議。

《兵部處分則例》卷二《軍器·販賣軍器與土司番蠻》　一、苗夷溪峒地方，倘有私造鳥槍，私販硝磺者，照販賣出洋律治罪。其該管官知情故縱及失於覺察者，亦照販賣出洋例，分別議處。見海禁門漁船夾帶禁物條內。

《兵部處分則例》卷二九《軍器·失察私藏鳥槍》　一、鳥槍一項，除各省營汛摻演及奏明準留捍衛地方者，照舊存留外，其餘俱不準存留。令地方武職員弁實力稽察，如平時失察，能遇案查拿連械起獲懲辦者，該管各官，免其議處。

一、民間私藏鳥槍，地方官失於查拿，别經發覺，一年内失察一次者，該管官降一級留任。公罪。兼轄官罰俸一年。公罪。失察二次者，該管官降一級調用。公罪。兼轄官降一級留任。公罪。至近山濱海地方，必應存留鳥槍守禦者，報明地方官，於槍械上鑿刻姓名編號，立册存案。倘不報官編號，私自收藏，地方官如能遇案查拿連械起獲懲辦者，免其議處。失於查出，别經發覺者，將該管官罰俸一年。公罪。

《兵部處分則例》卷二九《軍器·失察鐵銃竹銃》　一、地方失察私藏鐵銃、專汛官罰俸九個月。公罪。失察私藏竹銃，專汛官罰俸六個月。公罪。如自行查出破案究辦者，免議。

《兵部處分則例》卷二九《軍器·糧船私帶銃砲鳥槍》　一、糧船重運押空千總各準帶鳥槍一桿，仍令漕運總督衙門編立字號，毋許私行多帶。如有失察旗丁私帶鳥槍者，罰俸一年。公罪。私帶銃砲者，降一級調用。公罪。如自行查出破案究辦者，免議。

（清）祝慶祺《刑案匯覽》卷一一《兵律軍政·私藏應禁軍器》　奉天司，查本年二月内兩江總督具奏民間私藏鳥槍請限收繳一摺，欽奉上諭：通行飭禁立限呈繳，如逾限不繳，於按律擬絞之外，分别加枷號。當經本部通行各直省督撫將軍一體欽遵辦理在案。兹據該將軍以盛京等處向無具奏私藏鳥鎗之案，嗣於乾隆六十年本部題準行令該將軍於每年十月底咨報，以便彙核辦理。當經該將軍恭録乾隆五十四五等年欽奉清字上諭二道，咨請部示復經本部行令欽遵上諭，毋庸查禁在案。此次復奉諭旨，可否遵照前旨毋庸查禁，抑或欽遵現奉諭旨辦理之處，聽侯部覆等因。恭查乾隆五十四年十二月初一日奉上諭：據科靈阿奏，一年之内並無私造鳥鎗等事，照例彙奏等語。督撫等年終彙奏稽察私造鳥槍鎗一事，原屬具文，將軍、副都統並無民社之責，亦於年終彙奏，尤屬虚交故事。况旗人能打造鳥鎗，甚屬美事，朕尚嘉之，又何禁之有？將此交東三省駐防各處將軍、副都統等，嗣後年終不必彙奏禁止私鎗之事等因。欽此。又乾隆五十五年十二月十一日奉旨：據宜興等奏，奉天府所屬州、縣居民人等，並無私用鳥鎗之處查明彙奏等語。東三省人等俱賴打牲爲業，不但不可禁止私用鳥鎗，即居民之私用鎗者，亦斷不能盡行查禁。各督撫等年終彙奏，俱係虚應故事。前業經降旨，著將軍、副都統等將禁止私用鳥鎗年終彙奏之例停止，宜興等未見此旨乎？况不查旗人私用鳥鎗，只禁止民人私用鳥鎗，其事亦不可行。宜興等仍照例將查禁私用鳥鎗之處彙奏，甚屬拘泥不曉事體，著將宜興等申飭。欽此。查各省居民私造藏鳥鎗，固應欽遵現奉諭旨辦理，而盛京等處旗民私用鳥鎗，既於乾隆五十四五等年欽奉諭旨毋庸禁止，且於六十年本部題：令於每年十月底咨報彙辦時，曾經該將軍恭録欽奉諭旨二道，咨請部示，即經本部行令欽遵上諭毋庸查禁在案。現在自仍應欽遵前奉諭旨毋庸查禁。相應咨覆盛京將軍，並通行吉林、黑龍江暨奉天府尹一體遵照。【略】

江督奏查律載：民間私有應禁軍器者，一件杖八十，每一件加一等。私造者，加私有罪一等。各罪止杖一百，流三千里。又例載：深山邃谷及附近山居驅逐猛獸，居民應需鳥鎗守禦者，務須報明地方官詳查明確，實在必需，準其照營兵鳥鎗尺寸製造，上刻姓名編號，立册按季查點。如有不報官私造者，杖一百。該管官不行，查出交部議處。又例載：如有應留備用鳥鎗之州、縣，失察私藏、私造一次，降一級留任；二次以上，降一級調用。各等語。是民間私有、私造罪止杖責，而地方官則視應留備用與否，定處分之輕重，如不應備用，失察一次應議降留，失察二次即予降調，是治罪輕而處分重，輕則易於犯禁，重則轉啓諱匿。且分別應否備用與否，亦易滋高下其手。臣愚昧之見，凡私造、私藏火器，如因興販私鹽及逞兇鬥狠，按律本應加重治罪毋庸議外，其但止私造、私藏，一經查獲，於按律擬杖之外，似應酌加枷號，俾知儆畏。應請嗣後凡私造者，加枷號兩個月；私藏者，加枷號一個月。使知犯案到官羈身荷枷，不能僅以一杖發落，庶有畏憚而不敢妄爲。至於地方官雖失察於平日，如能隨時遇案查拿起獲懲辦，不稍諱匿，即於例内將應備不應備字樣節删，添注：自行查拿連械獲案者，免議。如此則失察應處而獲案即免，無所用其隱匿，即可責令隨時查察矣。臣更有請者，愚民罔知例禁私造，積習固深，必須先申誥誡出示曉諭，寬其既往，立限半年給價收繳。凡民間家有擡鎗、鳥鎗各器者，許依限赴官呈繳，領價安業。但逾限不繳，一經查獲，即照例治罪。俾知繳官可以得價，而存匿必干罪戾，自不致仍然私藏。儻附近深山以及濱海地方必須存留鳥鎗守禦者，許報明地方官查實，即就其現存之鎗械鏨刻姓名，編號立册存案。地方官果能勸導有方，於半年限内收繳盡净，報明督撫察覈，予以記功註册，量才獎擢。道光二年奏準通行已纂例。

河南道御史奏請嚴禁民間私藏火器一摺。道光十年十月初九日奉上諭：御史慕維德奏請嚴禁私藏火器一摺，民間私藏擡鎗、鳥鎗等項，前經降旨通諭各省出示曉諭，予限呈繳，如逾限不繳，將私造、私藏之犯，於按律擬杖外，分別枷號。茲據該御史奏，日久玩生近時民間私藏者，在在皆有，而江南鳳潁淮徐一帶爲尤甚。即如本年七月霍邱縣漢回械鬥，皆係兩家用擡鎗對放轟斃，其禮拜寺、房屋，亦係擡鎗、鳥鎗連環轟焚。又沿江一帶鹽梟出没，亦皆恃有火器等語。擡鎗、鳥鎗查禁已久，鳥鎗尚可藉口守禦器小易藏，至擡槍乃陣前應用，且爲器長大。若如該御史所奏，以一村之地私藏，竟可對放連環，平日地方官所司何事。積習相沿，不獨江南爲然，必應嚴行查禁。著申諭各省督撫嚴飭所屬，出示曉諭，凡有私藏火器者，仍予限半年勒令繳官。儻有逾限不繳，日後發覺者，照舊例加等治罪。失察官亦加等議處。至擡鎗更非民間應有，如有私造、私藏者，照私鑄、私造礮位例治罪。失察官亦照失察私鑄、私藏礮位例議處。至江南鳳、潁、淮、徐毗連河南光州一帶，凡有演習刀鎗、長桿者，亦應一體嚴禁，著責成該地方官曉諭查拿。該督撫等務當飭屬認真查辦，不許擾累閭閻，總期如意整頓，俾强悍知所儆畏。如日久視爲具文，仍致有名無實，一經發覺，必將該督撫嚴懲不貸。欽此。河南司通行。

雲撫咨外結徒犯王鬵囤積硝黄私鉛，例無治罪專條。惟黑鉛攸關軍火，與硝黄無異，將王鬵比照囤積硝黄未曾興販者，減私販一等，於私販焰硝一百觔以上滿徒例，減一等，杖九十，徒二年半。道光三年案。

（清）席裕福《清朝政典類纂》卷三八七《刑十九·兵律軍政·私藏應禁軍器》 凡民間私有人馬甲、傍牌火筒礮、旗纛號帶之類應禁軍器者，一件杖八十，每一件加一等。私造者加私有罪一等，各罪止杖一百、流三千里。非全成不堪用者並勿論，許令納官。其弓箭、槍刀、弩及魚叉、禾叉不在禁限。

條例

一、苗猓蠻户俱不許帶刀出入及私藏違禁等物，違者照民間私有應禁軍器律治罪。該管頭目人等知而不報者杖一百，地方文武官並失察照例議處。謹案此條雍正六年定例。

一、官員出差赴任回籍及商民出外貿易等事，如有携帶軍器途中防護者，在京取具兵部印票，在外取具該差遣衙門及該地方官印票，註明所帶件數，以備出城沿途照驗。仍知會所到地方，限一月繳銷。如藏匿原票不繳者，照違令律治罪。謹案此條係雍正十二年定例。

一、臺灣民人停止製造鳥槍，違者照例治罪。謹案此條係乾隆二年定例。

一、各省深山邃谷及附近山居驅農猛獸，並甘肅蘭州等府屬與番回錯處毘連各居民及濱海地方應需鳥槍守禦者，務須報明該地方官詳查明確。實在必需，準其仍照營兵鳥槍尺寸製造，上刻姓名，編號立册，按季查點。如有不報官私造者，杖一百枷號兩個月；私藏者杖九十枷號一個月，仍各照例每一件加一等，罪止杖一百流三千里。該管地保失察私造者，杖一百革役。如係知情故縱，加枷號一個月。該管官不行查出，交部議處。

如兵丁有借查鳥槍名色擾民者，該管官一並議罪。至私造私藏竹銃及失察故縱之地保，俱照鳥槍例治罪。地方官失於覺察亦照鳥槍例議處。謹案此條道光五年、十年、十五年三次修改。

一、內地民人窩囤興販硫磺十觔以下杖一百，十觔以上杖六十徒一年，二十觔以上以次遞加，五十觔以上杖一百流二千里，八十觔以上杖一百流二千五百里，一百觔杖一百流三千里，百觔以上發近邊充軍。若甫經窩囤尚未興販減興販罪一等。燄硝每二觔作硫磺一觔科斷，硝磺入官。鄰保知情不首杖一百，不知情杖八十。挑夫船户知情不首減本犯罪二等，知情分贓與犯同罪，贓重以枉法從重論，首報人免罪，仍照硝磺入官價值向本犯另追給賞。如合成火藥賣與鹽徒，不問觔數多寡，發近邊充軍。其本省銀匠、藥鋪、染房需用硝磺，每次不許過十觔，令其呈明地方官批限，買完繳銷，違者以私囤論。謹案此條咸豐三年、同治九年兩次修改。

一、凡民間如有私製籐牌者杖一百，失察之地方文武官照失察私藏鳥槍例議處。謹案此條道光五年修改。

一、私鑄紅衣等大小礮位及抬槍者，不論官員軍民人等及製造匠役，一並處斬，妻子給付功臣之家爲奴，家産入官。鑄造處所鄰佑房里長等知情不首者，俱擬絞監候。專管文武官革職，兼轄文武官及該督撫提鎮俱交該部議處。其私藏礮位及抬槍之犯，除訊有不法重情，仍照各律例從重定擬外，如訊無別情僅止私藏者，即於私鑄罪上減一等，杖一百流三千里，失察之地方官交部分別議處。謹案此條嘉慶十五年、道光十五年、咸豐三年三次修改。

一、京城製造花爆之家於地方保申門牌内註明業花爆字様，止準售賣花爆，不準售賣火藥。如違例售賣火藥數不足十觔者笞五十，十觔杖六十，每十觔加一等，至五十觔以上者杖一百徒三年，其應需硝磺如不由官行官店承買者，照私囤例治罪。謹案此條道光二十年續纂。

一、內地奸民在産硝磺地方私行剪窓，無論已未興販，照臺灣之例科斷。十觔以下杖一百刺字，十觔以上杖六十徒一年，每十觔加一等。百觔以上及合成火藥在十觔以下者，發近邊充軍；三百觔以上及合成火藥在十觔以上者，照私鑄紅衣等大小礮位例斬，妻子緣坐，財産入官。如將硝磺濟匪以通賊論，知情故縱及隱匿不首並與犯同罪，至死減一等，俟軍務完竣仍照舊例辦理。謹案此條同治九年續纂。

一、四川、雲南、貴州所産黑鉛，除由官採辦外，其餘無論在廠在店，一律嚴禁出境。如違例私運照窩囤興販硫磺例治罪。兵役知情徇隱減犯人罪一等，受財故縱與犯人同罪，贓重者以枉法從重論。倘有濟匪情者以通賊論，仍須人鉛並獲乃坐。謹案此條同治九年續纂。

事例

雍正九年議準：鳥槍一項禁例甚嚴，但廣省之瓊州孤縣海島外，與交趾連界，內與黎人錯處，居民多借鳥槍以爲防禦之具，似未便照內地一例收繳。請將民間現有鳥槍令報明地方官註册，並令地方官嚴飭保甲，於十家牌内開明數目，一户止許藏槍一桿，其餘交官收貯。如違禁多藏，察出照例治罪。至鬥毆搶竊案内執有鳥槍者，本罪應擬絞監候不可再行加等者仍照例定擬外，其徒罪以下俱各本罪加二等發落。如有將鳥槍資助盜賊者，與本咨一例同科。該地方有失於覺察及諱飾等情，照例降調。又議準：粤東山海交錯，民俗刁悍，真猺匪黎峒等處儻有殷實商民需用鳥槍者，請將瓊州定例止於長一尺五寸，家置一桿，赴官報明，鏨字備用。所有從前私藏違式鳥槍，限六個月悉令繳官，違者照私藏應禁軍器律治罪。其命盜案内有執用違式鳥槍及未經鏨字者，將失察之地方官議處。儻該管官希圖隱諱不行叙入察出，照諱盜例議處。以上均《會典》事例。道光二年諭：孫玉庭奏立限收繳私造鳥槍並申明例禁酌寬處分一摺，民間私藏鳥槍恐致日久貽患，自應加以重懲，俾知儆畏。一經查獲著於按律擬杖之外，私造者加枷號兩個月，私藏者加枷號一個月，以示懲儆。地方官雖平時失察，如能遇案查拏連械起獲懲辦者，即免其議處。至近山濱海地方必應存留鳥槍守禦者，報明地方官，於槍械上鏨刻姓名，編號立册存案。地方官能於半年限內收繳盡净，並著各該督撫覈實記功註册量予鼓勵。《聖訓》。咸豐三年覆準：嗣後京城地方如有得受匪徒重貲，私爲代買火藥雖不及百觔，亦應將爲首之犯擬斬監候。如無前項重情私買火藥爲首之犯，不及百觔發近邊充軍，百觔以上者加三等發極邊充軍。又奏準：嗣後各省如有得受匪徒重貲私爲代買火藥，應即仿照京城巡防章程問擬。至官役人等有持文影射夾帶情事，即計其夾帶觔數，照例加一等治罪。關津渡口兵役人等，有得規包庇者應與本犯同罪。計贓重者，以枉法從重論。以上均通行。五年議準：嗣後出産黑鉛省分，如有私販偷漏，沿途經過及差役包庇失察之州縣印捕官，俱照失察私販硝磺例議處。如由廠内偷漏私販者，將廠員照失察偷漏硝觔之地方官議處。至關津隘口專司稽查尤宜防範，如有失察偷漏例無作何議處專條，臣等會同酌議。應請將各關隘口之尋管官係失察於查拏，照輕過地方官加等議以降三級留任，兼轄官罰俸二年。如失察差役包庇該管官降二級調用。兼轄官降二級留任。以上各項處分雖係公罪，不準抵銷。自行訪拏究辦者，仍準免議。如能拏獲鄰境私販實係人鉛並獲者，亦照拏獲私販硝磺人犯例給予議敘，候軍務告竣之日，仍照舊辦理。吏部通行。九年奏準：查私販硝磺久干例禁，况值用兵之時尤當嚴禁訪拏，以免偷漏濟賊。兹酌議擬請嗣後責成各該州縣會督營汛選派兵役隨同該營汛弁督率保甲在於所轄集市及交界要隘處所嚴加盤詰，遇有奸民私煎硝磺、奸商囤積興販，立將人犯硝磺拏送地方官訊供稟解，比照私鑄炮位及興販通賊例處斬。倘訊明確有通賊實據，除該犯按照軍法辦理外，其房屋財産一並查抄入官。兵役保甲受賄故縱與同罪，房主、鄰右、挑夫、車夫、船户知情不首，照例分別加等治罪。其該地方銀匠、藥鋪、染坊、花砲鋪需用硝磺，地方官照例給批定限，每次不得過五觔，違者照私販例懲治。該管文武係縱容以通賊論，係失察嚴參革拏，仍按月將禁拏情形出具印結，通送備查。若出結後經他處拏獲私販審明係在該州縣境内販賣，並偷運經過者，立提兵役人等嚴究有無賄縱包庇情弊，分別治罪參革。該管文武能將私販匪徒全獲，不使一名漏網，亦當從優保奬。同治元年議準：嗣後除出産硝磺本省銀匠、藥鋪、染坊需用硝磺每次不許過十觔，令其呈明地方官批買仍照定例辦理外，如有内地奸民私煎硝磺，無論已未興販，即照臺灣之例科斷。數在十觔以下者杖一百刺字，十觔以上杖六十徒一年，每十觔加一等。多至一百觔以上及合成火藥在十觔以下者，發近邊充軍；多至二百觔以上及合成火藥在十觔以上者，照私鑄紅衣等礮位例處斬，妻子緣坐，財産入官。如將硝磺接濟賊匪，即以通賊論。知情故縱及隱匿不首者，並與犯人同罪，至死減一等。二年奏準：嗣後遇有興販硝磺問擬軍流徒罪各犯，無論事犯在奏定章程以前，一概擬以不準援免。恐各省辦理此等案件未能畫一，相應通行，直省各督撫將軍都統府尹一體查照辦理。以上均通行。八年諭：嗣後各路軍營遣散之勇，如有未繳軍器私行帶走者，無論有無滋事，一經沿途地方官查出，即治以私藏軍器之罪。如有刦奪殺傷人者，即以軍法從事。光緒元年諭：崇實奏請飭民間私賣洋槍礮械等語，民間私藏售賣洋槍炮械及驃局代購洋槍火藥濟賊，殊屬可恨，著總理各國事務衙門即行分咨直隸山東各海口及沿海省分嚴密稽查，所有洋槍火藥一概不準民間私相販賣。如有故違，即著嚴拿懲辦。以上均《聖訓》。又議準：嗣後拏獲私販洋礮之案，應於私鑄大小礮位處斬例上酌減爲發新疆給官兵爲奴，仍例改發極邊足四千里充軍，到配加枷號六個月。販賣洋槍照私造鳥槍例枷號兩個月杖一百，每一件加一等罪，罪止杖一百流三千里。販賣洋藥洋砂銅帽，即照内地民人窩囤興販硫磺例，分別斤數多寡定擬。倘有濟匪情事，均以通賊論。至近山濱海地方存備洋槍守禦者，亦應照鳥槍例必須報明地方官，鏨刻姓名，編號立案。如有私藏，照私藏鳥槍例按禁治罪，仍嚴禁不許藉端搜拏，致滋拖累。如此分別科斷，庶奸民知所儆畏而私販之風可期盡絶。五年覆準：查撲槍、長槍、□刀槍例内均未載及檢查歷辦成案，仍以兇器論，自未便辦理兩岐。嗣後遇有此等案件，凡非民間常用之物，一經傷人，均仍照兇器傷人科斷，以歸畫一而免歧異。以上均通行。

刑案

販硝曾經納税，未便照私販科斷，依違制律擬滿杖。嘉慶十七年四川司説帖。

私販土硝提净在六十斤以上，比照違制律加一等，擬杖六十徒一年。嘉慶二十一年山東案。

造賣火繩如歸官用，免其禁上。嘉慶二十二年山西司説帖。

私製火藥尚未售賣被獲，比照合成火藥賣與鹽徒擬軍例上減等滿徒。嘉慶二十年廣東案。

販硝三千餘觔，比照私鹽擬軍。嘉慶二十一年江蘇案。

囤積黑鉛，照私販焰硝例治罪。道光三年雲南案。

圖利私造綫槍價賣與人打雀，比照私造鳥槍例免其伽號，並免按件加等。道光六年直隸案。

東三省旗民私用鳥槍，毋庸查案。道光二年奉天司説帖。

民間私藏擡槍，照礮位治罪。道光十年通行。

私行煎熬焰硝賣與官硝經紀，均照私販例擬徒。道光十三年邸鈔。

買賣私硝僅止十斤以上均照違制滿杖。道光十四年安徽司案。

硝户將官用餘硝私行售賣，照不應重律杖八十。道光十一年安徽司案。

白碾户私賣官剩火藥販賣，比照私販硫磺五十觔、焰硝一百觔、以上例擬滿徒。道光十二年廣東司案。

京師花爆鋪户不準售賣火藥。道光十七年邸鈔。

私造綫槍圖賣獲利，比照私造鳥槍例擬杖一百，免其枷號。道光八年廣東司案。

門丁將會匪犯禁之刀藏匿，依長隨倚官滋事累及本官革職例，擬杖六十徒一年加伽號兩個月。道光四年安徽司案。

客商私帶□槍，弁兵藉端嚇詐，照蠹役許贓十兩以上例擬軍，客商比照私藏鳥槍例治罪。道光十三年安徽司案

紀　事

《三國志》卷二七《魏志·徐邈傳》〔明帝時，徐邈爲凉州刺史〕以漸收斂民間私仗，藏之府庫。

《明英宗實録》天順二年六月〔乙亥〕斬民匠陳傑等三名，以其私鑄銃鉋短鎗賣與虜徒也。

中國第一歷史檔案館《滿文老檔》天命八年五月十四日，汗與大貝勒往視沿邊築城之處【略】途中於新開河之野午膳時，有析木城南百長官屯之百長王孫兒上書，首告名白世忠者，藏匿刀、槍、弓、箭、盔甲等情。遂令逮捕藏匿之人，並遣駐海州之扎爾庫持書前往，該書曰：前頒汗諭，軍士所執器械，皆交於各該管官之家，妥善保存。此城堡各寨之鄉民所有器械亦皆交送。藏匿不交者，一經他人首告，則擬以重罪。此諭未曾言乎？今白世忠爲何違背汗命，私藏兵器？所藏之甲，爾欲何時服用？遂令析木城備禦逮捕白世忠，並將其妻孥户口解來。其所匿之刀、槍、弓、甲等，著送首告者王孫兒處，至於百長官屯、白世忠所寫之告示，乃外飾堯、舜之言，内藏桀、紂之心也。凡屯中暴亂之人，不過一二。百長官屯之鄉人，爾等勿懼於白世忠之惡。一人之惡株累衆人再遇類此歹人，爾衆當協力執送。

（清）祝慶祺《續增刑案匯覽》卷四《兵律軍政·私藏應禁軍器》

廣東撫咨：外結徒犯馮學周商同羅會全等私製火藥，欲賣獲利，尚未售賣，即被拿獲。將馮學周比照合成火藥賣與鹽徒擬軍例，量減一等，杖一百，徒三年。嘉慶二十年案。

（清）祝慶祺《續增刑案匯覽》卷四《兵律軍政·私藏應禁軍器》

山西司查律載：民間私有人馬甲、傍牌、火筒、火礮、旗纛、號帶之類應禁軍器者，一件杖八十，每一件加一等。私造者，加私有罪一等，罪止杖一百，流三千里。又例載：私造鳥槍，杖一百。又私販硫黄五十觔、焰硝一百觔以上者，杖一百，徒三年。合成火藥賣與鹽徒者，發近邊充軍。各等語。此案山西民人徐三向在甘肅開鋪，因來京向開雜貨鋪之崔發潮販賣火繩，崔發潮向胡二承買轉賣給徐三，欲運往寧夏賣給滿城兵丁。至山西寧鄉縣地方，被官役查獲。該撫以徐三所賣火繩，雖未用硝煮，已可爲施放鳥槍之用。乾隆五十七年工部頒發則例内開嗣後山東等六省尋常操演所用火繩，一體令兵丁自備。今徐三等販賣火繩，恐沿途賣給鹽梟奸匪，以致拒捕滋事，且輾轉賣給兵丁，於兵丁生計多賣。請嗣後民人私造火繩，照私造軍器律治罪；販賣火繩，照私販焰硝例懲治等因。臣等詳查例案軍器鳥槍非民間所應有，故例禁綦嚴。至火繩一項，係爲施放鳥槍用以發藥，例不言私造火繩者，蓋以但有火繩而無鳥槍，則火繩亦屬無用。如既經造有鳥槍，則凡屬可以引火之物甚多，專禁火繩亦屬無益。是火繩一物，不得與軍器鳥槍相提並論。又查硫黄、焰硝物性猛烈，得此即堪配合火藥，故私販者，例應按其觔數問擬。城旦配合火藥賣給鹽梟，則係助匪滋事，故例擬充軍。如私造火繩之犯，係用硝黄匱作，自應嚴究硝黄來歷，按其觔數治以私販之罪。今據該撫咨查順天府傳訊製造火繩之胡二，據供係用水合草灰煮透曬乾，即可作爲火繩。是胡二等所造火繩，並未需用硝黄；販賣之人，又並非助匪滋事，若即照私販焰硝例一律治罪，與實在販賣焰硝者，何所區别。至該撫援引工部例較山東等六省所用火繩，應令兵丁自備一節，臣等現在查據工部覆檪兵丁自備之語，係專指不準開銷錢量而言。至本地麻觔物料不堪應用，是否準令民人在外省販賣，

抑令兵丁自赴外省直辦，例内並未詳載等因。伏思民人販賣火繩，果係知情賣給鹽梟通同爲匪，即與配合火藥賣給鹽梟無異，自應嚴行究懲。如實因本地所産物料不堪應用，在他處販賣運往轉賣歸爲官用，係愚民意圖獲利，並無爲匪滋事之心。工部又並無不準民人造賣明文，實無所用其懲辦。且火繩一項，各省情形不同，有可以日行直辦之處，有必須價買應用之處，若必官爲示禁飭令自行製造，勢有難行，並恐陽奉陰違，徒增胥役滋擾之弊，或致價值直昂，於兵丁轉多未便。現據該撫查明甘省、寧夏滿城兵丁每年操演所用火繩，因本處所出綫麻不能得力，是以向鋪户買用麻繩，用藥末燒酒製造等語。是甘省兵丁操演所用火繩，必須向鋪户價買應用，行之已久，未便遽議更張。臣等悉心酌核，應請嗣後造賣火繩各犯，如審係賣給鹽梟助匪滋事，應照將硝黄合成火藥賣給鹽梟例擬軍。其僅止圖利造賣歸爲官用者，聽其自便。該撫議請將私造火繩及販賣火繩，照私造軍器及私販焰硝例治罪之處，應毋庸議。是否有當，伏候訓示遵行。晋省現獲販賣火繩之徐三、並脚户劉庭文、及製造之胡二、發賣之崔發潮等，業經該無聲請免議，應如所奏辦理。嘉慶二十二年説帖。

（清）祝慶祺《續增刑案匯覽》卷四《兵律軍政・私藏應禁軍器》　西城察院移送王四私造綫鎗一案，查王四開設鐵鋪，□係打造官用鳥槍，該犯希圖獲利，私造綫鎗十餘桿，查驗綫鎗係挺長塘細，僅可灌貯鐵砂，堪以打雀，與軍械鳥鎗身短塘寬能容鉛丸者不同。王四應比照私造鳥鎗，杖一百，枷號兩個月，每一件加一等，例免其枷號，並免按件加等。將該犯擬杖一百，折責發落，賣鎗錢方文入官，未賣綫鎗全行查銷。並令提督衙門嚴禁鋪户毋許造賣。安二欲圖打省買得綫鎗一桿，携回點放試驗，即被拿獲，應比依鳥鎗□城市有人居止舍施放者，雖不傷人例，笞四十。道光六年直隸司現審案。

厩牧分部

論説

（唐）白居易《白氏長慶集》卷六七《判・得景為私客擅入館驛欲科罪》　辭云：雖入未供傳舍是崇，使車攸處；將供行李，必辨公私。何彼客遊，欲從公食。豈無逆旅，宜受饋於盤飧；既匪使臣，何苟求於館穀？信饔飱而是啓，寧僭濫之可容？同周官之廬，入宜銜命；非鄭氏之驛，置豈延賓？法既自干，咎將誰任？然則不應入而妄入，刑固難逃；而已供與未供，罪宜有别。請從減降，庶叶科條。

（明）佚名《新纂四六合律判語》卷下《兵律・私賣戰馬》　習戰必資乎馬力，駿材每需於難求。有獲宜屬諸官圉，武士豈容於私鬻。故貳師勤大宛之頒，漢貳師得良馬於大宛。而武帝興渥洼之歌。漢武帝得天馬於渥洼，命作歌紀之。今某濫備全驅，遠從簿伐，荷戈而進，忽聞伏櫪之嘶，引轡而歸，無俟脱驂之贈。孔子之衛，遇舊館人之喪，入而哭之哀，出使子貢脱驂而賻之。不是趙高之指鹿，真爲項羽之遺騅。乃弗報於公家，敢輒易其厚利。得塞翁既失之物，似矜命照於福星；博捐人不吝之金，更羡價高於死骨。得無修文偃武，追華山之遐風。寧有從步捨車，踵大莽之遺矩。加以嚴刑，懲兹貪卒。

（明）佚名《新纂四六合律判語》卷下《兵律・孳生馬匹》　惟當國之資，徵於畜産；斯牧馬之效，責之编氓。故一師四圉，能嚴僕御之法；則三牝一特，自收蕃育之功。使游牝之有方，何生財之不盛。今某身司圉監，念重薪蒸，令屬孟春，既往勤於焚牧；時將初夏，尚不解於通津。徒聞騾牡成騋牝之羣，《詩》：秉心塞淵，騋牝三千。未見玄駒增驪黄之數。豈原蠶之未禁，《周禮・馬質》：禁原蠶者，爲其傷馬，物不能兩大也。房星遂暗於儲精。胡畜産之莫蕃，渥水徒思於汗血。欲定應得罪名，宜視畜駒多寡。

（明）佚名《新纂四六合律判語》卷下《兵律・驗畜産不以實》

畜産蕃於牧養，固竭心思；價值定於品裁，宜精目力。豈可忘於高下驪黄之辨，乃不慎於粗良美惡之分。國用攸資，官刑斯著。今某漫矜驢技，黔驢之技，見柳文。妄覬羊珠。飯牛無百里溪之能，相馬昧九方皋之術。既佳騍之罔識，豈良駒之能收？相驗輒紊乎病傷，分擇頓忘其高下。遂使服箱良犢，誤停丙相之車。忍看伏櫪庸材，魏武《樂府》：老驥伏櫪，志在千里。倍作涓人之價。齊使涓價賣千金市千里馬。犢首尚誇於角濈，健蹄猶羨於形龐。健弱更速於入蜀之資，徒別其爲青爲白。疾遲罔解於埋沙之性，祇憐其知水知風。六物之鑒既昏，三尺之刑當坐。

（明）佚名《新纂四六合律判語》卷下《兵律・官馬不調習》

南征北伐，必資駒馬之多；西祀東封，悉賴驅馳之利。茍調習未行於平素，胡馴良可冀於一朝。今某不知芻牧之事，濫居閑廄之官。櫪下驕嘶，盡是啣枚騄牝。轅門長卧，一皆從駕駑駘。既非衛氏三千，難擬顔家一匹。顔回望吴門馬，見一匹練。孔子曰：馬也。然則馬之光景一匹長耳。天街夜雨，漫憐錦帳之泥。王濟乘馬不肯渡水也。是必惜錦帳。泥去之乃渡。苜蓿春風，飽嚙黄金之勒。何堪披竹，杜《題馬詩》：竹披雙耳峻。豈解追風？使載禄山之肥，必致半途而廢；或遇檀溪之難，烏能一躍而支。劉備初奔劉表，屯樊城，左右設酒會取備，備覺，於厠便出，所乘的盧馬，走隨襄陽西檀溪中，備急謂的盧曰：今日急，不可不努力。一躍，乃得遇。既爾曠官，當加明法。

（明）佚名《新纂四六合律判語》卷下《兵律・鋪舍損壞》

行來高嶺和低嶺，嘆形踪步跡之難。過却長亭又短亭，見水宿風餐之苦。蓋羽書先於神速，而政務在於星馳。驛遞郵亭不宜損壞，留難公館要必維新。今某職專守令，責有民人。忍視傳舍之亭，委作荒蕪之境。苔階蝸壁，罔事經營。風瓦雨垣，全無補葺。弗借竹頭於陶令，陶侃性慎密，凡竹頭木屑皆收貯之。後伐吴遇雨，竹頭以釘舡筏，木屑以填道路，皆得重用。何求大木於工師。堤築六橋了事無蘇公之守，舉興百廢勤能愧滕子之明。無能席地幕天，必致餐風卧雪。嘆增杜甫，思重曹參。欲懲曠職之官，須盡鞭笞之法。

（明）佚名《新纂四六合律判語》卷下《兵律・驛使稽程》

諮諏拜教，既分使節之榮。靡及興懷，當職皇華之義。蓋璽書之鄭重，宜驛馬之馳驅。能勤接淅之行，庶事在公之役。今某徒然泄泄，罔效駪駪。奔走候人虚糜廩餼，徘徊驛路頓越程期。真爲玩日愒時，何以達情宣德。豈心懷於畏道，抑志切於埋輪。張綱事見前。得無謂使虜之蘇卿，蘇武使北虜，留十九年，始歸。數載尚羈於北海。獨不問城齊之山甫，八鸞遄返於東方。欲懲驛使之愆，合正刑官之法。

（明）佚名《新纂四六合律判語》卷下《兵律・多乘驛馬》

執皇皇之使旌，既有等威之辨。策騑騑之驛騎，宜安職分之常。毋求結駟之榮，徒重皇華之耻。今某貪心無厭，穢行自甘。着祖生之鞭，劉琨少與祖游善，琨與親故書曰：吾枕戈待旦，老梟逆虜，嘗恐祖生先我着鞭。攬轡輒踰於定數，叱王尊之馭，據鞍更羨於多乘。宜憐郵人應給之艱，祇快官道馳驅之便，獨弗見賢如桓典，一驄自可以辟人；桓典爲御史，彈劾不避權貴，好乘驄，京師語曰：行行且止，避驄馬御史。抑未聞忠若子儀，單騎自輕於見虜。豈周穆之八駿欲以遍游；抑乘漢文之九良争誇超逸。合加杖責，允謂平刑。

（明）佚名《新纂四六合律判語》卷下《兵律・多支廩給》

供億周於驛路，既隆授粲之儀；《詩》：適子之館兮，還予授子之粲兮。支取據乎官符，當勵守身之節。故辭禄表原思之狷介，而稱事見文正之清勤。今某執持使旌，勾攝公事。廩繼粟而庖繼肉，膏粱之願已充。谿壑之心無厭。豈是一飯斗米，若廉頗之能餐，不得已而多取。抑將日餐萬錢，梁何曾爲尚書，性好奢。一食錢，猶云無下箸處。想何曾之下筯，有所爲而傷廉。弗知念稼穡之艱難，祇解假聲威之煊赫。然朝饔夕飧，止於盈腹；胡見利忘義，忍於失身。罪合計贓，刑將用警。

（明）佚名《新纂四六合律判語》卷下《兵律・公事應行稽程》

土工荒度，娶塗山四日即行。玁狁内侵，載常服六月就道。故遲速關事機之成敗，而呼吸係軍國之安危。使徇意以稽違，豈盡心於職分。今某惟思便己，罔恤偷安。自謂懷光之逗遛不進，敢云桓温之拜表即行。視公事爲緩圖，置移文於高閣。連瓜及代，不思齊侯見弑管連。按事緩行，安忍絜舜受誅張敞。張敞以嚴延年事連及，命吏絜舜探之。舜還，私語曰：五日京兆耳。敞以他事殺絜舜。無心效職，故意淹留。昔莊賈違日中之期，穰苴爲齊將，請齊侯愛臣爲監軍，齊侯以莊賈往，苴約曰：日中當至。賈過期方至，苴立斬之，三軍電肅。在穰苴治而不赦。顧淮陰負同陵之約，爲吕后斷而必誅。合真憲章，用警荒怠。

（明）佚名《新纂四六合律判語》卷下《兵律・佔宿驛舍上房》 潭潭驛舍，既隆正宿之儀。皇皇使旌，斯駐啟居之節。苟未登於顯秩，安得僭於華堂。今某承領官符，勾當公事，僕僕爲人役，方安小吏之卑；悻悻若王臣，乃佔上房之麗。緣夙嫌於張象之矮屋，唐張象登科爲華陰主簿，爲守令所抑。嘆曰：大丈夫有凌雲蓋世之志，而拘於下僚，若處身矮屋之下，使人抬頭不得。乃棄官去。故暫寓夫陶穀之郵亭。弗念莊周之蘧廬，何必擇地？豈慮凡伯之賊盜，强欲居尊。非所安而安，真比妖狐之卧榻；宋徽宗時，有妖狐卧御榻上，卒召金人之亂，後擄之去。不宜據而據，應同乳狗之眠茵。懲兹犯分之徒，加以笞刑之罪。

（明）佚名《新纂四六合律判語》卷下《兵律・乘官畜産車船附私物》 畫鷁秋風得乘節使，丹旌曉日攸設王官。名器既有司存，公物豈容冒濫？故馬將軍盈車薏苡，馬援征交趾有瘴氣，食薏苡可却。後載歸一車，謗者以爲明珠。卒以招尤；而賈相國滿載鹽鹺，因而致禍。今某不思負乘之羞，徒假濟川之具。一紙公文乘傳上國，萬金私物馳驛還歸。漫誇喊喊如鸞，惟騁摇摇似箭。崖珠崑玉，敢爲依意裝回，蜀錦揚金，恣縱乘機夾帶。名爲出使，實則營家。不能師製畫之船，但欲借蒲葵之價。行同趙普，清愧曹彬。曹彬下江南時，惟圓書數卷而已。私物入官，按刑坐杖。

綜　述

（清）杜貴墀《漢律輯證》卷六 故行不行。《史記・馮唐傳》集解如湻注漢軍法，吏卒斬首以尺籍書下縣移郡，令人故行不行奪勞二歲。索隱：案故行不行，謂故命人行而身不自行。故與雇同。《唐律》征人稽留征人冒名相代竝在《廄庫》。

（清）杜貴墀《漢律輯證》卷三 馬弩關。《昭紀》始元五年罷天下亭母馬及馬弩關。孟康曰，舊馬高五尺六寸齒未平弩十石以上皆不得出關。案《藝文類聚》九十三引《史記》馬高五尺九寸以上不得出關。《唐律》不應度關在《衛禁二》。按此條雖未明舉律文，以上條入關出關，推之知必爲律文所有，故竝録焉。他類此者不復出。

（唐）長孫無忌等《唐律疏議》卷一五《廄庫・受官羸病畜産養療不如法》 諸受官羸病畜産，養療不如法，笞三十；以故致死者，一笞四十，三加一等，罪止杖一百。

疏議曰：依《廄牧令》：官畜在道，有羸病不堪前進者，留付隨近州縣養飼療救，粟草及藥官給。而所在官司受之，須養療依法，有不如法者，笞三十。以故致死者，謂養療不如法而致死者，一笞四十，三加一等，罪止杖一百。

（唐）長孫無忌等《唐律疏議》卷一五《廄庫・大祀犧牲養飼不如法》 諸供大祀犧牲，養飼不如法，致有瘦損者，一杖六十，一加一等，罪止杖一百；以故致死者，加一等。

疏議曰：供大祀，犧牲用犢；人帝配之，即加羊豕。其養牲，大祀在滌九旬，中祀三旬，小祀一旬，養飼令肥，不得捶扑，違者，是不如法。致有瘦損者，一杖六十，一加一等，五不如法，罪止杖一百。以故致死者，加罪一等：一死杖七十，五死徒一年。其羊豕雖供人帝，爲配大祀，故得罪與牛皆同。《職制律》：中、小祀遞減二等，餘條中、小祀準此。即中祀養牲不如法，各減大祀二等；小祀不如法，又減中祀二等。

（唐）長孫無忌等《唐律疏議》卷一五《廄庫・乘官畜脊破領穿》 諸乘駕官畜産，而脊破領穿，瘡三寸，笞二十；五寸以上，笞五十。謂圍繞爲寸者。

疏議曰：乘駕官畜産，謂牛、馬、駞、騾、驢。乘騎者脊破，駕用者領穿，瘡三寸，笞二十；五寸以上，笞五十。稱以上者，瘡雖更大，罪亦不加。若是别傷，非乘駕所損，自從傷官畜産之罪，不當此坐。注云謂圍繞爲寸者，便是瘡圍三寸，徑一寸；圍五寸一分，徑一寸七分。雖或方圓，準此爲法，但廉隅不定，皆以圍繞爲寸。

若放飼瘦者，計十分爲坐，一分笞二十，一分加一等；即不滿十者，一笞三十，一加一等。各罪止杖一百。

疏議曰：若將官畜放飼，謂牧監之官及牧子以上令瘦者，計十分爲坐。假令一羣百疋馬，十疋瘦爲一分，合笞二十；一分加一等，九分並瘦，或百疋皆瘦，合杖一百。即不滿十者，一笞三十，一加一等，謂止放八疋，一瘦笞三十；八疋並瘦，更加七等，合杖一百。故云各罪止杖一百。監及牧尉，皆以所管通計爲罪。餘雜畜準數得罪皆準此，羊準例減三等。

（唐）長孫無忌等《唐律疏議》卷一五《厩庫·官私畜損食物》 諸放官私畜産，損食官私物者，笞三十；贓重者，坐贓論。失者，減二等。各償所損。若官畜損食官物者，坐而不償。

疏議曰：謂放官私畜産，損食官私之物，損食雖少，即笞三十。若準贓得二疋一尺，合笞四十，是名計贓重者，坐贓論。失者，減二等，謂非故放，因亡逸而損食者，減罪二等。各償所損，既云損食官私之物，或損或食，各令畜主備償。若官畜損食官物，坐而不償。公廨畜産損食當司公廨，既不同私物，亦坐而不償；若損食餘司公廨，並得罪仍備，一準上文。

（唐）長孫無忌等《唐律疏議》卷一五《廄庫·乘官畜草私馬大載》

諸應乘官馬、牛、駝、騾、驢，私馱物不得過十斤，違者，一斤笞十，十斤加一等，罪止杖八十。

疏議曰：應乘官馬、牛、駝、騾、驢者，謂因公得乘傳遞，或是軍行。但因公事而得乘官畜者，私馱物不得過十斤。十斤之外更著者，一斤笞十，十斤加一等，罪止杖八十。

其乘車者，不過三十斤，違者，五斤笞十，二十斤加一等，罪止徒一年。即從軍征討者，各加二等。

疏議曰：應乘官車，或載官私之物，載限之外，私物不得過三十斤。違者，五斤笞十，二十斤加一等，罪止徒一年。從軍征討者，各加二等，馬、牛以下，車以上，各加常犯二等：馬、牛、駝、騾、驢，七十一斤罪止杖一百；車，二百五斤罪止徒二年。

若數人共馱載者，各從其限爲坐。監當主司知而聽者，並計所知，同私馱載法。

疏議曰：若數人共馱載者，謂乘官畜及車。應得私載物限外，謂畜過十斤，車過三十斤。假有十人，同乘官畜，馱私物各十斤，其中五人數外各過一斤，依律各笞十；三人各過十一斤，各笞二十；二人各過八兩，律云過一斤笞十，今數不滿一斤，依律各無罪。又有十人同車，載私物各三十斤，其中五人數外各過五斤，依律各笞十；三人各過二十五斤，各笞二十；二人各過二斤八兩，依律數不滿，各無罪。其監當主司知情者，並計前畜，總過三十九斤，同私馱法科，合笞四十；車總過一百五斤，同私載法，合杖六十之類。若從軍征討，亦依前各加二等。其有他人寄物，各計一斤以上爲罪，皆同私馱、載法。主當車馬及寄物之人，得罪各等，亦無首從。當官司知情，準上解。若隨身衣仗應將行者，各在私物斤數之外，不在計限。

（唐）長孫無忌等《唐律疏議》卷二七《雜律·乘官船違限私載》

諸應乘官船者，聽載衣糧二百斤。違限私載，若受寄及寄之者，五十斤及一人，各笞五十；一百斤及二人，各杖一百；但載即坐。若家人隨從者，勿論。每一百斤及二人，各加一等，罪止徒二年。

疏議曰：應乘官船之人，聽載隨身衣糧二百斤。若二百斤外更載，若受人寄物及寄物之人，物滿五十斤及一人者，各笞五十；一百斤及二人，各杖一百。稱各者，謂人之與物，得罪各等，亦不限所載遠近，故云但載即坐。若將家人隨從者，皆不坐。每一百斤及二人，各加一等，罪止徒二年。

從軍征討者，各加二等。監當主司知而聽之，與同罪。空船者，不用此律。

疏議曰：從軍征討者，謂以船轉運軍資而私自載物，若受寄及寄之者，各加二等，謂五十斤及一人，各杖七十；一百斤及二人，各徒一年半；每一百斤及二人，各加一等，罪止徒三年。監當主司知而聽之，謂監船官司知乘船人私載，受寄者，與寄之者罪同，故云與同罪。若是空船，雖私載、受寄，準行程無違者，並悉無罪，故云不用此律。

（唐）長孫無忌等《唐律疏議》卷二七《雜律·行船茹船不如法》

諸船人行船、茹船、寫漏、安標宿止不如法，若船栰應迴避而不迴避者，笞五十；以故損失官私財物者，坐贓論減五等；殺傷人者，減鬬殺傷三等。

疏議曰：船人，謂公私行船之人。茹船，謂茹塞船縫。寫漏謂寫去漏水。安標宿止，謂行船宿泊之所，須在浦島之內，仍即安標，使來者候望。違者，是不如法；若船栰應迴避者，或泝洄相逢，或在洲嶼險處，不相迴避，覆溺者多，須準行船之法，各相迴避，若湍磧之處，即泝上者避浛流之類，違者，各笞五十。以不茹、寫，迴避之故，損失官司私財物者，坐贓論減五等，謂十疋杖六十，十疋加一等，罪止杖一百。殺傷人者，減鬬殺傷罪三等，謂殺人者，徒二年半，折人一支者，徒一年半之類。其於湍磧尤難之處，致有損害者，又減二等。監當主司，各減一等。卒遇風浪者，勿論。

疏議曰：激水爲湍，積石爲磧。謂湍磧險難之所，其有損失財物，或殺傷人者，又減二等，謂失財物，於坐贓上減七等；殺傷人者，減鬬殺傷五等。監當主司，各減一等，謂各減行船人罪一等。卒遇暴風巨浪，而損失財物及殺傷人者，並不坐。

劉俊文《敦煌吐魯番唐代法制文書考釋·格·神龍散頒刑部格殘卷》

一、盜及殺官駝馬一匹以上者，先決杖一百，配流嶺南，不得官當贖。其知情博換賣買，及過致人居停主人知情者，並準此人有糺告者，每糺得一匹，賞物廿匹，糺數雖多，不得過一百匹。其外境五人以上，與中上考應貶者，聽功過相折，御史巡察使出日仍訪察奏聞。

（唐）元稹《元氏長慶集》卷三八《論傳牒事》 據武德軍節度使王紹，六月二十七日違敕擅牒路次州縣館驛，供給當道故監軍孟昇進喪柩赴上都，勾當部送軍將官健驢馬等轉牒白一道，謹具如前。又得東都都亭驛狀報：前件喪柩人馬等，準武寧軍節度轉牒祗供，今月二十三日未時到驛宿者。伏準前後制敕，入驛須給正券，並無轉牒供擬之例。況喪柩私行，不合擅入館驛停止，及給遞乘人夫等。當時追得都句當押衙趙伾到責狀稱：孟監軍去六月十四日身亡，至七月五日蒙本使差押領神柩到上都，領得轉牒，累路州縣，並是館驛，供熟食、草料、人夫、牛等。又狀稱：其監軍只是亡日聞奏，更不別奏，只是本使僕射發遣，亦別無敕追者。謹檢興元元年閏十月十四日敕：應緣公事乘驛，一切合給正券，比來或聞諸州諸使，妄出食牒，煩擾館驛。自今已後，除門下省東都留守及諸州府給券外，餘並不得輒入館驛。宜委諸道觀察使及所在州縣切加捉捕，如違犯，請資官所在勒留，具名聞奏。餘並量事科決，仍具給牒所由牒中書門下者。又準元和二年四月十五日敕節文：諸道差使赴上都奏事，及押領進奉官並部領諸軍防秋軍資錢物官，及邊軍合於度支請受軍資糧料等官，並在給券，餘並不得給。如違，本道專知判官録事參軍，並準興元元年十二月十七日敕處分者。謹詳前後敕文，並不令喪柩入驛及轉牒州縣祗供。今月二十四日已牒河南府，並不令供給人、牛及熟食、草料等。仍牒都亭驛，（畫）〔晝〕時發遣出驛，並追得本道牒到在臺收納訖。右件謹具如前。伏以凶柩入驛，穢觸典常，轉牒祗供，違越制敕。正僕射位崇端揆，合守朝章，徇苟且之請，紊經制之法。給長行人畜甚衆，勞傳遞牛夫頗多。弊緣路之疲人，奉一朝之私惠。恐須明罰以勵將來。伏準前後敕文，給券違越，並合申牒中書門下，不敢別狀彈奏。伏乞特有科繩，其本判官等，準敕並合節級科附。謹具事由如前，伏聽處分。具狀上中書門下，謹録狀上。

（宋）竇儀等《宋刑統》卷一五《厩庫律·養飼犧牲》 諸供大祀犧牲，養飼不如法，致有瘦損者，一杖六十，一加一等，罪止杖一百。以故致死者，加一等。

疏議曰：供大祀犧牲用犢，人帝配之，即加羊豕。其養牲，大祀在滌九旬，中祀三旬，小祀一旬，養飼令肥，不得捶朴，違者是不如法。致有損瘦者，一杖六十，一加一等，五不如法，罪止杖一百。以故致死者，加罪一等，謂一死杖七十，五死徒一年。其羊豕雖供人帝，爲配大祀，故得罪與牛皆同，《職制律》，中小祀遞減二等，餘條中小祀準此。即中祀養牲不如法，各減大祀二等，小祀不如法，又減中祀二等。

（宋）竇儀等《宋刑統》卷一五《厩庫律·乘駕損傷官畜官馬不調習》

諸乘駕官畜產，而脊破領穿，瘡三寸笞二十，五寸以上笞五十。謂圍繞爲寸者。若放飼瘦者，計十分爲坐，一分笞二十，一分加一等，即不滿十者，一笞三十，一加一等，各罪止杖一百。

疏：諸乘駕官畜產，而脊破領穿，瘡三寸笞二十，五寸以上笞五十。注云，謂圍繞爲寸者。議曰：乘駕官畜產，謂牛馬駞騾驢。乘騎者脊破，駕用者領穿，瘡三寸笞二十，五寸以上笞五十。稱以上者，瘡雖更大，罪亦不加。若是別傷，非乘駕所損，自從傷官畜產之罪，不當此坐。注云，謂圍繞爲寸者。即是瘡圍三寸，徑一寸，圍五寸一分，徑一寸七分，雖或方圓，準此爲法，但廉隅不定，皆以圍繞爲寸。

又云，若放飼瘦者，計十分爲坐，一分笞二十，一分加一等，即不滿十者，一笞三十，一加一等，各罪止杖一百。議曰：若將官畜放飼，謂牧監之官及牧子以上令瘦者，計十分爲坐。假令一群（放）百匹馬，十匹爲一分，合笞二十。一分加一等，九分並瘦，或百匹皆瘦，合杖一百。即不滿十者，一笞三十，一加一等，謂止放八匹，一瘦笞三十，八匹並瘦，更加七等，合杖一百，故云各罪止杖一百。

監及牧尉，皆以所管通計爲罪。餘雜畜準數得罪，皆準此。羊準例減三等。

諸官馬乘用不調習者，一匹笞二十，五匹加一等，罪止杖一百。

疏議曰：依《太僕式》，在牧馬二歲即令調習，每一尉配調習馬人十人，分爲五番上下，每年三月一日上，四月三十日下，又令云，殿中省尚乘，每配習馭調馬，東宮配翼馭調馬，其檢行牧馬之官，聽乘官馬，即令調習，故官馬乘用不調習者，一匹笞二十，五匹加一等，即是四十一匹罪止，杖一百。上臺、東宮供御馬不調習，得罪重於此條，即從《職制律》車馬不調習本條科罪。

（宋）竇儀等《宋刑統》卷一五《厩庫律·官私畜損食物》 諸放官私畜産損食官私物者，笞三十。贓重者，坐贓論，失者減二等，各償所損。若官畜損食官物者，坐而不償。

疏議曰：謂放官私畜産損食官私之物，損食雖少，即笞三十。若準贓得二匹一（人）〔尺〕，合笞四十，是名計贓重者坐贓論。失者減二等，謂非故放，因亡逸而損食者，減罪二等，各償所損。既云損食官私之物，或損或食，各令畜生備償。若官畜損食官物，坐而不償。公廨畜産損失當司公廨，既不同私物，亦坐而不償，若損食餘（私）〔司〕公廨，並得罪，仍備釋曰：備猶償。一準上文。

（宋）竇儀等《宋刑統》卷一五《厩庫律·損敗倉庫物》 諸倉庫及積聚財物安置不如法，若曝涼不以時，致有損敗者，計所損敗坐贓論。州縣以長官爲首，監（置）〔署〕等亦準此。

疏議曰：倉謂貯粟麥之屬，庫謂貯器仗、綿絹之類，積聚謂貯柴草雜物之所，皆須高燥之處安置。其應曝涼之物，又須曝涼以時，若安置不如法，曝涼不以時，而致損敗者，計所損敗多少，坐贓論。州縣以長官爲首，以下節級。釋曰：節級猶等級也。爲從。監署等有所損壞，亦長官爲首，以次爲從，故云亦準此。

（宋）竇儀等《宋刑統》卷二七《雜律·主守官物亡失簿書》 諸主守官物而亡失簿書，致數有乖錯者，計所錯數，以主守不覺盜論。其主典替代者，文案皆立正案，分付後人，違者杖一百。並去官不免。

疏：諸主守官物而亡失簿書，致數有乖錯者，計所錯數，以主守不覺盜論。議曰：凡是官物，皆立簿書，主守之人亡失簿書，爲失簿書之故，遂令物數乖錯者，計所錯之數，依不覺盜論。《厩庫律》，主司不覺盜者，五匹笞二十，十匹加一等，過仗一百，二十匹加一等，罪止徒二年。

又云，其主典替代者，文案皆立正案，分付後人，違者杖一百。注云，並去官不免。議曰：謂主典替代，所有文案，皆須立正案，分付承後人。違而不付者，合杖一百。雖從去官，不同《名例》免法，故注云，並去官不免。

（宋）竇儀等《宋刑統》卷二七《雜律·官船私載物行船茹船不如法》 諸應乘官船者，聽載衣糧二百斤，違限私載，若受寄及寄之者，五十斤及一人，各笞五十，一百斤及二人，各杖一百，但載即坐。若家人隨從者勿論。每二百斤及二人各加一等，罪止徒二年。從軍征討者，各加二等。臨當主司知而聽之，與同罪。空船者不用此律。

疏：諸應乘官船者，聽載衣糧二百斤，違限私載，若受寄及寄之者，五十斤及一人，各笞五十，一百斤及二人，各杖一百。注云，但載卽坐。若家人隨從者勿論。又云，每一百斤及二人，各加一等，罪止徒二年。議曰：應乘官船之人，聽載隨身衣糧二百斤。若二百斤外更載，若受人寄物，及寄物之人，物滿五十斤及一人者，各笞五十，一百斤及二人，各杖一百。稱各者，謂人之與物，得罪各等，亦不限所載遠近。故注云，但載卽坐。若將家人隨從者，皆不坐。每一百斤及二人，各加一等，罪止徒二年。

又云，從軍征討者，各加二等。臨當主司知而聽之，與同罪。空船者不用此律。議曰：從軍征討者，謂以船轉運軍資，而私自載物，若受寄及寄之者，各加二等。謂五十斤及一人，各杖七十，一百斤及二人，各徒一年半，每一百斤及二人，各加一等，罪止徒三年。監當主司知而聽之，謂監船官司知乘船人私載，受寄者與寄之者罪同，故云與同罪。若是空船，雖私載受寄，準行程無違 者，並悉無罪，故云不用此律。

諸船人行船、茹船、寫漏、安標宿止不如法者，若船栰應迴避者，笞五十。以故損失官私財物者，坐贓論，減五等。殺傷人者，減鬬殺傷三等。其於湍磧尤難之處，致有損害者，又減二等。監當主司各加一等。卒遇風浪者勿論。

疏：諸船人行船、茹船、寫漏、安標宿止不如法者，若船栰應迴避而不迴避者，笞五十。以故損失官私財物者，坐贓論，減五等。殺傷人者，減鬬殺傷三等。議曰：船人謂公私行船 之人，茹船謂茹塞船縫，寫漏謂寫去漏水，安標宿止謂行船宿泊之所，須在浦島之内，仍卽安標，使來者候望，違者是不如法。若船栰應迴避者，或沿泝相逢，釋曰：沿謂順水，泝謂逆水。或在洲嶼險處，不相迴避，覆溺者多，須準行船之法，各相迴避。若湍磧之處，卽泝上者避沿流之類。違者各笞五十。以不茹、寫，迴避之故，損失官私財物者，坐贓論，減五等，謂十匹杖六十，十四加一等。罪止杖一百。殺傷人者，減鬬殺傷罪三等，殺人者徒二年半，折人一支者徒一年半之類。

又云，其於湍磧尤難之處，致有損害者，又減二等。監當主司各減一等。卒遇風浪者勿論。

議曰：激水爲湍，積石爲磧，謂湍磧險難之所，其有損失財物或殺傷，又減二等。謂失財物，於坐贓上減七等，殺傷人者，減鬭殺傷五等。監當主司各減一等，謂各減行船人罪一等。卒遇暴風巨浪，而損失財物，及殺傷人者，並不坐。

（元）**沈仲緯《刑統賦疏・第五韻》**　借物係監臨者車計庸而船計賃。《職制律》諸監臨之官，借奴婢牛馬駝驢騾車船碾磑邸店之類，各計庸賃，以受所監臨財物論。疏議曰，監臨之官私役使所部之人，及從所部借奴婢、牛馬駝驢騾、車船碾磑邸店之類，各計庸賃之價，人畜車計庸船已下準賃以受所監臨財物論强者加二等，其借使人功計庸一日絹三尺。蓋人畜車三者所宜有常，故一日準絹三尺而名之曰庸，船碾磑邸店有大小闊狹閑要之不同，其價無定，故隨犯時高下計之，而名之曰賃也，不亦宜乎。

直解：監臨之官私借所部馬牛駝驢車之類各計庸價，若船碾磑邸店之類各準價值計錢，依受所監臨財物論。

通例：行御史臺該準御史臺咨監察御史呈，體察追問到樞密院通事阿八赤等占使連署人并省椽王良能等私下借使易官車牛搬載己物取道，各各招伏追斷，及將主典量情斷罪外，本臺議得，内外諸衙門管軍匠人夫，并收掌系官頭匹官物偏行明諭取與之人，俱各有罪，嚴加禁治難應借使官物。

（元）**沈仲緯《刑統賦疏・第七韻》**　誤殺私馬牛者法止無罪。《廄庫律》内諸故殺官私馬牛者徒一年半，贓重及殺餘畜産若傷者計減價準盗論各償所減價，其誤殺傷者不坐但償其減價。蓋馬牛二物於國於民爲畊稼之本，馬有致遠供軍之勞，在官在私皆當愛之，苟無愛心而故殺者法所不容。若目所不見心所不意殺者此皆謂之誤殺，是以不坐其罪但償其減價耳。以此見先王定制惟貴適中而已矣。

直解：誤殺傷私馬牛者不坐其罪但償其價。

通例：天曆三年五月兵部議得，内外諸衙門出使人員除軍情緊急，重事不限程途，餘事日行不過三站，仍於闕文闕寫。自　站起程至　站止宿若無故違限走死鋪馬，驗價陪償仍科其罪。

（元）**沈仲緯《刑統賦疏・第七韻》**　故傷親畜産者價亦不償。《廄庫律》：諸殺緦麻以上親畜産馬牛者與主自殺同。殺餘畜者坐贓論罪，止杖一百各償其價。又條云，主自殺馬牛者徒一年。上文緦麻以上馬牛明是止説故殺，而誤殺不與焉，止云殺字而不言傷則是故傷誤傷皆不作罪。問答曰，傷及誤殺律既不坐罪名即無備償之法，傅博士注内云，言不坐不償其餘，親親之意則善矣，若夫去惡防奸則未也，且故傷親屬畜産無異於故毁器物，誤殺亦類於誤毁，在法故毁緦麻以上親器物比凡人雖減等，然以坐罪而備償如法，以誤殺馬牛之類謂無意於殺而不坐不償斯可矣。若其故傷亦不坐不償殆非防奸之意也，已夫毁傷他人之物未有不償之理，挾情故犯又豈可苟免之也。則知問答云，誤殺故傷不坐不償之言似不可行也，用刑君子宜詳審之。

直解：故殺緦麻以上親畜産者不坐其罪又不陪償。

通例：延祐三年三月，河南省咨準歸德府問到楊忙黑等挾仇刺死王十六牛隻，罪犯欽依革撥内除王歪貫剌死周居義義父牛隻名下合該價錢免徵外，王孫兒楊課驢剌房公牛隻雖是親屬相犯，即係另居合與餘賊一體，均徵給價本主。

《永樂大典》卷一九四一六《站赤一》　世祖皇帝中統元年五月奉聖旨，於望雲立一站，又於榆林望雲之間酌中處立一站。五月二十一日，中書省官忽都不花奉旨，縉山至望雲，速取徑道，立海青站者。中書議差斷事官亦揑哥等，赴宣德州置縉山、靜邊、望雲三驛。撥榆林站肥馬五十匹與縉山，雷家店站馬四十匹與靜邊，宣德州站馬四十匹與望雲。就令各站頭目馬主，備馬腳灑子，使臣飲食等具。近者二日期，遠者三日期，達於新站當役，違者以失誤軍期論罪，仍從宣德州，擇能幹官一員充。脱脱禾孫除遞傳諸侯王哈必赤來使外，餘不得給。其榆林雷家店宣德州三站，增補馬各二十五匹，每匹支價鈔元寶鈔二十貫，總計三十定買備訖。是月奉聖旨，今後使臣官員，除軍情急速公事，有海青牌者入望雲站，直截前來。其餘使臣，**【略】**如無急速公事海青牌者，不得縱令縱由望雲，止令入大站，如違治罪。

《永樂大典》卷一九四一六《站赤一》　中統元年七月，劉天麟奏告，故劉權府元受先帝聖旨，賽典赤處關鈔一千錠，規運利息，專與燕京置買在城使臣騎坐小鋪馬，除已納訖，乞換授事。準奏，給降聖旨付天麟，照依已前體例，從長規劃，不得違錯。

《永樂大典》卷一九四一六《站赤一》 中統二年二月，奉旨大名等路宣撫司，所管州城諸色人匠，織造到系官叚匹，雜造到應用生活，並採捕到皮貨、翎毛、鷹鶻，及年例應有進呈等物，起發來時，依例合應付脚力者，仰宣撫司照依舊例斟酌物件輕重，即出給鋪頭口文面，不得遲住。今後若無宣撫司文面，州城站赤不得一面應付脚力，違者治罪。據出給入站文面回程時，卻令赴本司繳納。若各管頭目，已有奉到許令入站聖旨。並各投下令旨，亦仰經由宣撫司照依各得體例應付與鋪車頭口。如有不應，開具緣由申省聞奏，仍下所屬去處照會。

《永樂大典》卷一九四一六《站赤一》 中統二年四月中書省奏，宣撫司若遇緊要並機密公事，須當赴朝省計稟，即乘坐鋪馬走遞，如是尋常公事，止令入遞轉發。除降去起馬劄子外，本司不得別給，宣撫使起馬五匹，副使四匹，委差官令吏等三匹。又宣撫司官，及頒俸以來，權依使臣分例批支。

《永樂大典》卷一九四一六《站赤一》 中統二年五月十九日奉聖旨，節該南合奏，也裏海牙所轄州城宣使軍馬，多索祇應，民戶至甚苦之，定到分例，每人日支肉一斤，麵一斤，米一升，酒一瓶，乞降聖旨事準奏。今後無得分外取索騷擾，違者治罪。十二月聖旨，諭濟南濱益都路宣撫司，節該已前體例，隨路管軍官、管民官，朝見來時，俱各騎坐自己馬匹往來。今官員有朝廷勾當，將引一行人吏，不計匹數，盡行騎坐鋪馬，以致站赤困乏，今後除有聖旨宣召人員，自有定去鋪馬數目外。據朝見官員須合來者，仰計稟過本路宣撫司，騎坐自己長行馬匹前來，不得乘騎鋪馬。

《元典章》卷三六《兵部·驛站·使臣·使臣驛內安下》 中統二年，欽奉聖旨，節該據往來使臣，城子裏沒勾當的休入去。如有勾當入城去的使臣，仰於蓋下的使臣館驛內安下者，官員民戶每的房子裏休得安下。這般聖旨有來。今再行省諭經過使臣，今後照依已前聖旨體例行者。若城外立站，在城別無勾當公事，仰速便倒換合騎鋪馬前去勾當，並不得輒入城中，遷延遲滯。若委是城中合有勾當仰於系官館驛內安下，並不得於官員民戶舍內安下，如違，治罪。仍仰站赤人等依理驗視，應付鋪馬祇應，如違亦行治罪，無得違犯事。欽此。

《元典章》卷三六《兵部·驛站·站赤·立站赤條畫》 至元 年 月，中書省奏奉聖旨，六部併作四部，欽依別行外，據別路站赤鋪馬數目，仰本部常切檢校。今逐一區處。

一、諸站鋪馬，大概一體走遞，其間或有馬疋參雜瘦乏病患氣力生受去處，雖因走遞使然，亦由站間不得其人，及本路官司有失照覷。今後委自本路管民正官，督勒管站，常州計點草料槽具，各站戶人等，將所養馬疋依時飲喂，須要肥壯，無令瘦弱。若是不禁，走遞頻頻倒死，驗數補買。不唯有損站戶，抑亦失誤鄰站驛程緊急公事。省部不測差官前來檢校，若有侶此站官，就便斷遣。

一、四戶養馬一疋。若有倒死，又索補買，一歲之間，所費甚重。今知得諸處站赤，不恤站戶疾苦，中間因事作弊，妄行科斂錢物，百般搔擾，仰各路總管府常切體察，或有人告首到官，取問是的，依條重斷，追贓還主，別差好人代替。

一、站戶多有影占近上人戶不令供馬，止要出備錢物以益私己，若不禁治，切恐久而靠損其餘戶計。今後有人告發，或官司察究得知，痛行治罪，諸人結攬者同。

一、元奉省劄，站戶依驗使臣分例上應付當日首思，若使臣有勾當住呵，官司應付者。今體知得諸處站赤例於馬戶處冒行攢歛羊酒米麵首思等物，除使臣分例食用外，多有克落數目，今後委自總管府斟酌，各站緊慢使臣起數，扣筭必用首思數目。令本站於馬戶處依理計置，明附文簿，排日依分例支銷。總府每月照刷，如有冒破及不應者，勒本站官陪償。

一、元奉省劄，總站許設頭目三員，其餘站驛量設二員，額外不許添設，仍具管站頭目姓名申來。

一、今後站戶如遇買馬，仰本管先行相視過，然後立契成交，須要根買年小肥壯無病耐騎坐者，無得聽從站戶止圖價少，濫買年老有病瘦弱馬疋。目下雖省些小馬價，不久倒乏，官司兩不便當。

一、管站官不得私騎站馬，及令般駝諸物。如違，痛行治罪。

一、遇有使臣經過，管將起馬劄子辨驗無偽，即便應付鋪馬。毋得止驗來站關子倒換，亦不得非理刁蹬停留。

一、諸站元有牧馬草地，仰管民官與本站打量見數，插立標竿，明示界畔，無得互相侵亂，亦不得挾勢冒占民田。如有種田與人收到子粒，附簿收貯，不得非理破使。

一、使臣經過起數，仰總府取會，每季不過次月初十日已裏申部，仍開使臣姓名並鋪馬數目，齎擎是何官司起馬劄子，來往某處勾當公事。

《元典章》卷三六《兵部・驛站・使臣・禁使臣修畫》 中統三年三月，欽奉聖旨，道與諸路達魯花赤管民官衆百姓每，據中書省奏告，今體知得出征軍馬往來使臣人等，內有不畏公法之人，村下取要飲食馬疋草料，扯拽頭疋，搔擾百姓不安，乞禁約事。準奏，年前為殺退阿裏不哥，大軍回程，燕京住冬，有益都李總管反叛，不免降兵征討，及令各處簽軍守把城池，皆因反賊李壇，致使百姓生受，令逐一區處下項事理。

一、據征進往來軍馬，今後私經過去處，每六七十里趁好水草地面安置營盤一所，差蒙古漢兒官員祗待。據合與底依例應副軍馬使臣不得一面輒入州縣村寨店鎮。如有不來設置營盤去處，故意於沿路宿頓，或村下取要飲食馬疋草料，百姓人等並不得應副。如有違犯之人於已委祗待官處陳告，與管軍官一同取問得實，照依劄撒斷遣。如斷不定呵，經由本路達魯花赤管民官教奏說來者。

一、海青牌子使臣並往來使臣，於過往客旅莊農百姓人等處奪要拽車牽船騎坐頭疋，有妨農種，及阻礙客旅經行，深為不便當。除舊立站赤添補氣力，又禮經直道上創設海青新站，其餘使臣依舊赴站倒換。海青使臣如來到前站沿路倒了一疋呵，換一疋者。乏了兩疋呵，換兩疋者。如是元騎馬疋不乏。強行奪要頭疋，不有罪過，那甚麼？

一、長行馬疋草料，照依已先體例，截自四月一日為頭住支，不以是何人等，毋得鄉下取要馬疋草料，百姓亦不得應付。這般省會已後，卻有強行取要之人，寫了姓名於本路達魯花赤總管民官處陳告，取問是實，照依劄撒斷遣。如斷不定呵，教奏說將來者。

一、近據和買草料起運諸物，雖是官為支價，其搬運腳力，百姓亦是生受。已後怎生可憐見，咱每不識那甚麼。即目正是養種農忙時分，據未散雜役人夫盡行住罷，所據和買草料，內若有已支訖價錢，或準訖諸課數內有拖欠者，依數送納。如今已是四月為頭和買，仰趁時分種養，毋得失誤歲計。

一、軍馬經行鎮店村寨百姓人等避怕搔擾，時暫趓避。今已嚴行禁約不令搔擾外，仰本路達魯花赤管民官多出文榜，招集百姓依舊復業寧家，趁時種養。使臣住坐者，如達魯花赤管民官並委付去底人每看覷面皮，不為用心勾當，亦行斷罪。

一、諸處軍馬草料，截自四月一日住支者。

《元典章》卷三六《兵部・驛站・使臣・使臣不過三站》 至元十年九月，河南等路行部見欽奉聖旨。供給兩處行院並上司差遣使臣往來勾當，全藉錢馬走遞幹辦。照得本部並諸衙門差出勾當緩慢人員乘騎鋪馬，沿路因事停住，上馬趁趕程限走驟，以致將馬疋即漸瘦弱倒死。若不定立程限，切恐站赤生受。省部議得，今後凡差出勾當人員，出給鋪馬劄付，於上驗事標寫緊慢字號，除為軍情急速勾當，不拘此限外，據常例緩慢勾當，差出人員，每日不越三站走遞。仰更為照依坐去下項事理，行下管轄州縣並站赤，依上施行。

一、各處如遇宣使人等到站須要站赤官屬覷起馬劄子，若軍情急速勾當，即便依數應付肥壯好馬，毋得停留。如系緩慢公事，當日行過三站，更要起馬，或無劄子，取要鋪馬，不得應付。

一、今後站赤但有宣使人員到站，依驗劄子應付正馬。所據兀剌赤，如元來騎馬者亦教坐馬，系步行者止令步行。回馬本站更行關文與前路站赤。依上施行。

一、差出馳驛勾當人員，合得飲食，依例應付，毋得闕誤。如違，定是取招施行。若有騎坐長行馬疋官員人等，站赤毋得應付飲食草料。如有齎奉上司文字合應付飲食者，止令州縣應付，如違治罪。

一、諸府州司縣官探伺迎接官員差人不得乘坐鋪馬。

一、今後除為朝廷急速公事之外，毋得擅差報馬，亦不得亂行前路文字。

一、今後使臣人員，騎坐前站馬疋，遇晚到站不能回還，仰於所到站內，依例遞相對喂草料，毋致闕誤。

一、站內槽前鞍轡苫氈繩索一切什物，須要完整，仰各處提點官每月赴站點覷，毋令短少，亦不致馬疋瘦弱闕乏。

《永樂大典》卷一九四二四《站赤九》 大德五年，中書兵部承奉中書省劄付通政院呈，揚州水站，正戶不行當役，管站頭目人等結攬，轉雇諸人替當，損壞船隻，瘦弱頭疋，失誤遞運，都省議得，除站戶雇人當役事理，聽從民便，站官頭目人等，不應結攬。依已行禁約，遞運船隻，須要堪中。若有損壞，釐勒脩理。除外，仰就行合屬依上施行。奉此。遍行照會去後，回準通政院關該。本院議得。即與元行禁約不同，又兼車馬水旱站赤，先為站官頭目人等，與站戶並別管人戶私下結攬當役，不行依例走遞，屢常禁約，弊猶難除，更若縱令雇攬，非惟勞佚不便，又恐因而倒壞站赤。又準戶部關，奉中書省判，江浙行省咨宣使怯列呈，管押木綿到陵州，停滯一十餘日，隨處站船人夫俱是替名，不係當站正戶，卻將船隻於避靜溝港灣泊，都堂鈞旨送戶部，行移合屬，就便究問施行。又奉省判前劄魯花赤都事苗好謙呈，因差經由山後桓州等一十一站，提領百戶人等貪圖濟己，勒令站戶，不令親身應當，每年馬一疋，受雇錢中統鈔二十五錠，牛一隻，鈔一十六錠攬當。所以站戶貧難，典賣田宅在逃，無可伸訴，其餘路分，蓋其一也。今後合令各站置簿摽附一戶，自上而下，挨次輪流當役，站官每日署押，用印關防，逼勒攬當馬牛身役之人，斷罪罷役，仍令監察御史、各道廉訪司，常切體察。上項文簿，每上下半年與其餘卷宗一體照刷，革去前弊，奉都堂鈞旨送兵部照擬連呈。奉此，移準通政院關，照得大德元年四月承奉中書省劄付，御史臺呈，監察御史察知大都馬站官劉亨等結攬閆榮等馬疋，代替走遞，要訖工錢。若便追斷，終無所守通例。伏慮差池送兵部，擬將劉亨結攬站役工錢追沒，罪犯量情斷決。今後內外水旱車站馬疋等，須要正身應當，管站官吏結攬者，工價等鈔追沒，痛行斷罪，仍取提調正官招伏申呈。仰依上禁約施行。奉此。遍行禁約去訖。今準前因，除已行下揚州等處依上禁約，外關請依奉都省劄付內處分事理禁約施行，準此，本部參詳，宜從通政院所擬相應覆過，奉都堂鈞旨送兵部，依上施行。

站赤罰俸，二十七、三十七、四十七、五十七、六十七、七十七、八十七、一百七。詐稱位下使臣騎坐鋪馬，當日站官，脫脫禾孫縱令在逃，站司，正犯人配役；官吏貨中站馬，驗馬疋當時實直，追徵沒官，計餘利依枉法論罪，仍給本主。

背站馳驛兩路決，使臣須要站道經過，不得於辭路徑直取過。兀剌赤失去鋪馬劄決，走死站馬，取招斷罪，追陪馬價給主，補買借騎鋪馬，借騎人決，禁約借用鋪馬劄子起馬。違例，應付鋪馬駝段匹，宣尉司首領官。十日脫脫禾孫，半月宣慰司令史夾帶從人多騎鋪馬，帶軀多騎一疋，罷役帶從多騎一疋，摽附過名多取分例，私帶官物，決口別行求仕使臣多餘取要分例，職官具名申部呈省。無職人員就便追理。

《元典章》卷三六《兵部·驛站·站赤·拯治站赤》 至大元年五月，江浙行省中書省咨，於至大元年正月初九日，奏準下項事理。都省除外，咨請欽依施行。

一件，因著使臣頻並上頭，赤每哏生受有，良鄉站裹，去年九月至十二月四個月，其間起至一萬三千三百餘馬來。各處差的使臣內無體例的，並多騎去鋪馬的人每多有。依著至元二十八年完澤丞相為鋪馬生受的上頭也，曾奏奉世祖皇帝聖旨，將大都應有諸處差來未廻去的使臣分間來，俺如今也好生分間，有體例無體例的，緊的慢的分間了，不合與的不教與，多要的鋪馬教減了，不緊的使臣每，教水路裹相合回去，這般行呵，無體例多濫騎鋪馬的人每也怕也者，奏呵，奉聖旨那般者。

一件，外處差出去的使臣每，打拷站赤，取要錢物，多要鋪馬。又騎坐鋪馬越至幾路不便換打，沉重駝馱的都教這差將去的人每問者。他每合斷的，就便要罪過者。他每問不得記了姓名，文書裹說將來。又管站官外脫脫禾孫站頭目每，作弊壞了站的也有也者。那般的人每，也都交這差去的使臣問了，自脫脫禾孫以下，就便要罪過呵，怎生，奏呵，奉聖旨，那般者。委付好人做脫脫禾孫者。

一件，各處的站赤，在先教各路達魯花赤總管提調著來。如今臺官人並行省官與將文書來，只教路官提調站呵。離著站遠的耽誤了勾當的一般者。本處有的路府州縣官，就近提調呵。便當的一般，麼道說有俺商量來。整治站赤的其間他每的言語是的，一般教路府州縣達魯花赤長官提調呵。怎生，奏呵。奉聖旨那般者。欽此。

《永樂大典》卷一九四一六《站赤一》 九月六日聖旨，據濟南府張榮奏告，經過使臣，不肯令驗降去御寶文字，即取鋪馬，準奏。如聖旨到日，除軍期急速事物，並進呈諸物人等，依驗物件應付外。不以是何使臣，若不令看過元降文字，即取鋪馬者，開具姓名，聞奏治罪。若看狗不驗，輒給驛馬者，亦罪之。

《永樂大典》卷一九四一六《站赤一》　二十一日奉旨，闊出太子軍前使來，沿路驛站斷絕，令忒末兒赤剌溫等，往諭西京應州崞縣、忻州、太原、及太原至潞州酌中地。又潞州椀子城、懷州、各立一站，馬各二十匹。黄河岸，令劉甫立一站，馬三十匹。西京應州，令堝端躬往建立。太原州城八哥，潞州椀子城秀才、懷州合思迷裹，各躬往建立。黄河渡口，劉甫專一勾當。上項站馬，别用火印烙記。止令闊出太子軍前使臣騎坐，其餘並不得應付，如有别使欲騎，給者受者，並斷按答奚死罪。每站須管，立有心力能幹官一員，提領勾當。如法養飼，不得死損，如死，逐旋補數。若上項委官差故。仰各人名下見在官員，準上勾當。若有違慢，並斷按答奚罪。軍前來使，若遇不選是何作□賈回回人等，可奪馬馳驛，不與者，亦斷按答奚罪。

《永樂大典》卷一九四一六《站赤一》　九年丁酉，八月二十三日奉聖旨，若曰：聞各路往來使臣，在城别無公事，不經站路走遞，稱有牌劄，索取祗應。有公事使臣到城，走馬二匹，或三匹，卻領不幹礙十人，二十人，及牽私己馬匹，取祗應草料，應付豬牛馬粘糲等肉，不肯食用，須要羊肉，縱與羊肉。卻又稱瘦。回回使臣到城，多稱不食死肉，須要活羊，又不肯於館驛內安下，止欲於達魯花赤管民官家內止宿，如此刁蹬，公事了畢，推稱事故，不肯起發。除正使臣應付與鋪馬外，其餘親隨鋪驢車牛遞送，須要鋪馬。若到前路站赤又不交替遞送，及有長行車具到城，又要倒換新車及取繩索，如此騷擾。聖旨到日，今後如有朝廷差去使臣，齎把御寶文字之人，依分例日支米一升、面一斤、肉一斤、酒一瓶。其餘親隨並隨投下諸衙門差去人、催糧絲線顔色官吏人員支米一升。如無牌劄，不得應付。公事了畢，若得鋪馬不得稱瘦倒換。若到前路站赤，即便交替，及不得倒換長行車具取要繩索，無事不得入城。若有多索酒食活羊馬匹草料之人，仰達魯花赤管民官，差人一同前去斷事官，折證治罪施行。仰宣德州達魯花赤管民官收附，遍行諸路，一體施行。

《永樂大典》卷一九四一六《站赤一》　十年戊戌，六月二日聖旨，論劄魯花赤大官人胡都虎塔魯虎□訛魯不等，節該目今諸路。應有系官諸物及諸投下宣賜絲線匹段，並由燕京宣德西京經過，其三路鋪頭口，難以迭辦。今驗緊慢定立鋪頭口數目，驗天下戶數，通行科定，協濟三路，通該舊戶二百一十七戶，四分著馬一匹，新戶四百三十四戶，八分著馬一匹。舊戶一百六十九戶，二分著牛一頭，新戶三百三十八戶，四分著牛一頭。聖旨到日，仰就差人與各路差去人，一同前去所指路分，著緊催促驗數，分付各路收管者。見得以南路分馬匹牛畜艱難，今約量定立到：每馬一匹，價銀三十兩，每牛一頭，價銀二十兩，仰各處皆驗。燕京酌中時估，折納輕齎匹段紗羅絲綿絹布等物，用鋪頭口轉遞交付。卻令三路置庫收貯，明附文曆支銷回易諸物，於迤北民戶內，逐旋倒換頭口用度。若各路自願計置頭口分付者，聽從民便。不得因而刁蹬抑勒，多要輕齎。只令一次，諸路協濟已後，止令三路逐旋補數，其各鋪所置頭疋。仰三路各差本處州府司縣官一員，專一提控，轉差官一員，專一管勾其草料，於三路各驗民戶多寡，均科應付。若非理死損，並勒提控官親管勾當官均陪。若因病倒死，即仰作急貨賣皮肉，逐旋補買，不得闕數。若使臣非理騎坐死損者，仰依條令使臣陪償。若蹉程死損者，每三次罰馬一匹，與被蹉之鋪充輔馬用度。除各路另給御寶文字外，據協濟路分，仰欽依作急應付施行。

《永樂大典》卷一九四一六《站赤一》　十一年己亥十月十五日奉旨，驛傳勿給懷駒牝馬。如違，給者乘者，各杖五十。使臣若無急事，令乘牛車。十二年庚子十一月二十三日奉聖旨，據燕京路達魯花赤禿魯别迭兒，管民官鋼疙疸奏，過往使臣，多有無牌劄，及增乘驛馬，多索分例祗應草料之人。乞禁約事準奏。仰禿魯别迭兒鋼疙疸等委人辨驗過往使臣，有無牌劄，增乘驛馬，及不合起馬之人，並據合得分例祗應。照依已降分例支遣，兼有長行馬匹草料。自十月一日草枯時為始放支，至向前四月一日住支。每馬一匹，依準大軍體例支料三升，草一秤，若十匹以上不得支遣。本處如有官中勾當公事使臣，依例祗應。如無勾當，許令應付一日，次日不得支遣。如違，照依大劄撒，將犯人枷鎖前來斷罪。出軍之人，不在此限。十二月十三日聖旨。據孛利□都魯班等奏告前來，奉降劄撒據運酒米中站內，諸人不得經行，今來卻有不合經行人等，於站內經行，及射野物事。聖旨到日，仰將射野物人等，隨逐塔海欠。不出軍者，若不曾射野物，於中站經行人等，據應有頭口內，各斷一半沒官。甲辰年三月，朝命節該據東平府路萬戶總管軍民長官嚴忠濟奏，隨城郭居住，別投下開鋪營運之家，不肯協濟本路祇應。準奏，仰照依元降大劄撒協濟祇應，如違治罪。

《永樂大典》卷一九四一六《站赤一》 既是各家前來應當站赤身役，並不得科取錢物，侵擾不安，違者治罪。

《永樂大典》卷一九四一七《站赤二》 七年正月十一日，中書省臣阿裏傳旨，若曰：內外諸處往來使臣，須憑印信文字給驛。無文憑而起馬、給馬者，皆有罪。

《永樂大典》卷一九四一七《站赤二》 二月中書省，據左三部呈，與右三部議擬站赤事理下項：一、總管府在城驛，設官二員。就於見役人員內，擇有根腳經事者任之。直隸總官府，不得用私己人。一、州縣驛，設頭目二名。如見役人，即是相應站戶，就令依上任事，不系站戶，則就本站馬戶內別行選用。一、府州司縣官站官，皆不得借乘鋪馬，影占站戶及擅科差發侵擾，仰總管府常切體究，違者治罪。

《永樂大典》卷一九四一七《站赤二》 是月九日，始立諸站都統領使司，兀良哈□斡脫哥，欽奉聖旨。專一管領站赤公事，來往使臣，令脫脫禾孫盤問，無聖旨牌面起馬者，裁減之。非急務則應付牛驢，事速則馳驛，一切整治，委命兀良哈□斡脫哥霍木海三人主之。有不聽其號令，致鋪馬倒死，首思失誤者，罪之。

《永樂大典》卷一九四一七《站赤二》 八年正月二十五日，中書省議鋪馬劄子，初用蒙古字。其各處站赤，未能盡識，仰繪畫馬匹鑄造小印，於劄子年月日之後，墨印馬匹數目，復以省印覆之，庶無疑惑。因令今後各處取給鋪馬，摽附文籍具馬匹數，付譯史房書寫畢，就左右司用墨印，印給馬數，目省印印訖，別行附籍，發行墨印左右司封掌。四月狹西四川等處，提刑按察司，言書史、書吏、奏差、元例給鋪馬一匹，似為不敷。御史臺議擬每道增給鋪馬八匹，如書史、書吏、奏差、侍官巡按，量地之近遠。事之閑劇，給馬不得過二匹。回日繳納，照會為例施行。

《永樂大典》卷一九四一七《站赤二》 五月御史臺，言監察御史，各道按察司，巡按體察公事，合乘鋪馬，呈省出給劄子，不惟遲誤，亦有事涉機密，如制國用使司，樞密院遣使，俱自出給劄子。合無依例，就便斟酌出給事，都省準呈，下尚書兵部，遍行照會。

《永樂大典》卷一九四一七《站赤二》 九年五月，中書工部差委造甲官馳驛，引領作頭等人。前去隨路指使造甲，送戶部定擬分例。所至應付，罷役住支，知會造甲官宣德府甲局。劉應日支白米一升，面一斤、肉一斤、鹽油菜燈等物。作頭一名，日支白米一升、面半斤、肉半斤、油鹽菜等。八月中興等路提刑按察司，言五品以上長官，俱得進表稱賀。止令乘己馬，預期來上。照得中興等路行省，每遇聖節元日，差人進表，俱各乘驛。臯司相去朝廷，不啻萬里。今後合無依行省例，馳驛進表，一就赴臺計稟公事，似為便益。省部議得各路計稟公事，及押送諸物人等，尚得馳驛，其賫擎表章人員，皆以臣子赤誠，若由常行馬匹，於禮未安。據中興等路，道途迢遠，今後遇天壽聖節元日，差人捧表詣闕稱賀，擬合起馬一匹相應。所據各道按察司，並隨路總官府五品以上，及直隸省部官署，一體施行，移文遍諭遵行。是月西京路脫脫禾孫昔班盤詰，詐使忽賽因及無劄子起馬之人劄璘親乘鋪馬，押送二人，赴諸站都統領使司區處。西京路，言昔班乘驛非法，都省下本司推問，昔班引據舊制，云脫脫禾孫盤問下使臣夾帶物貨，許從鋪馬押送。今次已嘗白於西京路達魯花赤等官，令遵先例送上，以故起馬，非我罪也。諸站都統領使司，議昔班因公馳驛，初不為過。省部準擬，今後脫脫禾孫若有公幹，合行馳驛，即於本路官司出給劄子方許起馬，照會各路依上施行。又諸站都統領使司，言朝省諸司局院，及外路諸官府，應差馳驛使臣，所賫劄子從脫脫禾孫辨詰。無脫脫禾孫之處，令總管府驗之各站，明白相關所差之由。如斡軍務急速公事，依例走遞。事苟細緩而非理馳驟，所過州城探親飲酒留滯，及至上馬兼程走驟傷損鋪馬者，當治罪勒償相應。都省準呈施行。十一月河間路備清州會川縣，言本縣路當山東、益都、淄萊、濟南等處沖要，卻無設立站赤，不時驛使經過，索換鋪馬，除將官吏已馬應付外，又復邀奪船隻，客旅及坊郭軍民馬匹乘傳，騷擾不安，因而死損民馬，多致訴訟。合無令自大都迤南，並益都淄萊濟南站赤，凡往來起馬人員，今後並由站路經行，嚴諭各站官吏，及回馬之人。須令引送前路立站去處換馬，毋取小道，似望□

民安便。省部準擬，行下合屬，依上施行。

《永樂大典》卷一九四一七《站赤二》 九月中書兵部議諸官府出使，事非急速往往在路停止，及至上馬，兼程奔驟，遂將鋪馬損斃。今立程法，遍行遵守。

一、驛使到站，先驗起馬劄子，其事幹軍務急速，即仰如數應付良馬，毋得停滯。如系緩慢公事，當日行，過三站，復欲起馬，或無劄子，不得給行。

一、依驗劄子應付正馬外，其元來兀剌赤，已給馬者聽。無馬者徒步，引送許乘正馬以回，仍關前路照會。

一、馳驛使臣合祗應飲食分例，不得闕誤。若有長行官員，雖賫上司文字，令應付飲食者，州縣與之，站赤毋得擅給。

一、諸府州縣官，迎送官員，不得差人乘驛馬。

一、今後除朝廷軍情急速公事之外，毋得擅差鋪馬，亦不得亂行前路文字。

一、今後使臣人員，乘前站馬匹，遇晚到站，不可還者，仰本站依例遞相飼秣，毋得闕誤。

一、站內槽前鞍轡繩索一切什物，須要完備，仰各處提調官每日點視，毋令短少，馬匹不得瘦弱闕役。

《永樂大典》卷一九四一七《站赤二》 一、中書省以下諸官司所差使臣今後推故違慢，追陪元支，祗應治罪。

一、諸使不得將引家屬需求飲食及常行馬芻粟，除軍務急速，不拘程限。餘事各計往回幹辦公事，小大程期，明書差劄，令所過官司站赤辨驗，其無故走死鋪馬，或違限遷延行程，多支祗應，無省部許支文憑，取要家人飲食，常行馬芻粟者，並勒陪償治罪。

一、諸驛擇有家業廉謹之人充站官，月具支過省臺部院等來使分例，起馬之數，各因是何公事，申報省部通政院，及元差官府勘會。

一、除上都榆林迤北站赤外，據隨路道元撥官錢，不須支付，驗其閑劇，量增站戶，協力自備，首思當站。

《永樂大典》卷一九四一七《站赤九》 《元朝典章》斷例，站赤免罪，罰俸二十七，三十七，五十七，六十七，七十七，一百七，處死。

詐騎鋪馬次二。第三站官不曾起問馬劄子，倒換與鋪馬，為頭不曾盤問起馬劄子，應付與鋪馬。站官決，直日管站官決。脫脫禾孫盤問後，縱令在逃決，站司決。詐稱大王位下使臣，倒換鋪馬，取要飲食決。詐稱使臣文字騎鋪馬，及詐傳聖旨，正犯人借騎鋪馬。品官借與，罰俸一月，諸人徒二年，騎鋪馬底人，決背站馳驛，經由兩站。不系正路，量情決四十七下，在逃站戶，逃去了站戶，拿將來，打七十七，欠下差發交納。失去鋪馬劄子，兀剌赤背著宣匣內。不見了劄子一道，打九十七下。站赤偷盜官物，偷盜本站頓放系官布疋，分屍。各站曉諭，使臣驛內安下。

（清）沈書城《則例便覽》卷三三《馬政·馬場》 一、每旗分設騸馬各一場，騍馬各五場。設立員外郎八員專管，將騸馬場分作十分，馴練不熟不堪用一二三四分以上者，將該管員外郎罰俸三六九個月、一年。五六分以上者，降一二級留任。七分以上者，降三級調用。將騍馬場亦共分作十分，若於原給數缺額一分以上者，罰俸一年。二三分以上者。降一二級留任。四五分以上者，降三四級調用。

（清）沈書城《則例便覽》卷三三《馬政·馬羣官員議敘議處》 一、管養息牧馬羣官員，除正額馬外，如有孳生至十匹四十匹七十匹以上者，將總管官員紀錄一二三次，自百匹至一百二十匹者，加一級。哈岱管騸馬羣官員，如一年一百匹馬內保全，不致倒斃，準加一級。倒斃自一五匹至四八匹者，紀錄二次。自九匹至十二匹者，無庸議處議敘，倒斃自十一、二十一、三十一匹至二三四十匹者，罰俸一二三年。自四十一匹至五十匹者降一級留任，再有多者照倒斃數目計算，降級。騍馬羣缺一分二分，照馬場騍馬缺額例議處。

（清）沈書城《則例便覽》卷三三《馬政·扈從官員倒傷馬匹》 一、皇上行幸各處，各部院衙門取用馬匹內。倒失一二匹，躧病損傷五匹以下者，將該執事領去章京官員，罰俸六個月。五十匹以下者，罰俸一年。八匹十五匹以下者，降一級留任。十一二十匹以下者，降二級調用。十四匹二十五匹以下者，降三級調用。十七三十匹以下者，降四級調用。至十八三十一匹以上者，革職。至騎驛馬內閣中書欽天監太醫院等官，所騎馬數既少不過三四匹。如將所騎馬匹躧病損傷倒失一二匹者，罰俸六個月、一年。三四匹者，罰俸一年，降一級留任。以上馬匹倒傷等項。如該管官情願賠補者，免其處分。

（清）沈書城《則例便覽》卷三三《馬政・領票買馬》 一、民人無票私販馬匹，暗通牙子，將馬匹接賣，州縣官不行查出，罰俸一年。典史吏目驛丞斥，該管知府同知道員，各罰俸六個月。訪督撫各罰俸三個月。

一、官員奉差買馬，於號票之外多帶及假借號票帶買販賣者，革職。所過地方官不行盤驗查拿，俱罰俸一年。徇情縱放者革職。受賄者革職提問。其差委員役買馬溢數多帶者，將差委之官罰俸一年。

一、營驛各官不詳請督撫咨明兵部，私自差人來京買馬者，罰俸一年。

（清）沈書城《則例便覽》卷三三《馬政・馬販派索》 一、馬販人等暗結將軍督撫提鎮子弟，將疲備不堪之馬坐索高價，道府營守代爲壓派，甚至無驛站之州縣管步兵之頭目一概派索，屬官勉强收受。將不行約束子弟之將軍督撫提鎮降一級調用，知情縱容者，革職。勒派之道府降二級調用。被勒收受之員，降一級調用。上司各官，徇庇不行揭參，降三級調用。

（清）沈書城《則例便覽》卷三三《馬政・解馬倒斃》 一、解送軍營馬匹，每百匹準其倒斃三匹，如倒斃至四五六七匹者，罰俸六個月、一年。八九匹者，降一級留任。十四十一匹，十二三匹，十四五匹者，降一二三級調用。十六匹至二十四者，革職。二十匹以上者，革職，杖一百。三十，三十五，四十，四十五匹以上者，杖六七八九十，徒一年一年半二年二年半。五十匹以上者，杖一百。徒三年。如有盜賣別情，從重治罪。至總理督解之員，合計總數，亦照此分別議處治罪。

（清）沈書城《則例便覽》卷三三《馬政・餵養馬羸疲瘦》 一、運送馬羸，如原購州縣不加意餵養，以致疲瘦。三匹以下者，免議。十，二十，三十匹以下者，罰俸三六九個月。四十匹以下者，罰俸一年。五六十匹以下者，降一級留任調用。比此數多者，革職。該管道府五十匹一百匹一百五十匹以上者，罰俸三六九個月。二百匹以上者，罰俸一年。二百五十匹以上者，降一級留任。三百匹以上者，降一級，罰俸一年。三百五十匹以上者，降一級調用。

（清）沈書城《則例便覽》卷三三《馬政・販賣馬匹》 一、姦人圖利。將馬匹在接壤處所販賣與賊，該管官知情故縱者，以同謀論，拿交刑部治罪。如不知情，州縣官革職提問，府道降五級調用，督撫降三級留任，其販賣之人，由本汛拿獲，各官俱免罪。拿獲之官，照拿獲興販硝磺例議敘。見海防門。

（清）沈書城《則例便覽》卷三三《馬政・失察宰殺馬匹》 一、地方官失察，宰殺堪用馬一二三四匹十五匹以上者，罰俸二六九個月一年。三十匹以上者，降一級留任。宰殺病死馬匹，照律不坐。

（清）沈書城《則例便覽》卷三三《馬政・拿獲竊馬議敘》 一、官員拿獲竊馬者，每案紀録一次。其偷竊馬匹經過地方，各官免議。

紀　事

唐長孺《吐魯番出土文書・北涼玄始十二年失官馬責賠文書二》

〔前缺〕

失官馬

稱□□付馬使

看□□生亡失官馬

守莊□若亡失官馬

前

財帛吏樊照

紀識奉行。

玄始十二年二月九日白

主簿　起

五官　□

唐長孺《吐魯番出土文書・北涼玄始十二年失官馬責賠文書》

李頡前列辭：

□叻馬一匹付兵王冬恩，

陪（賠）馬即責恩辭。

亡馬。檢恩給頡

償頡。唯知□

亡失□

李頡馬

〔中缺〕

亡失官馬今仰恩

□吏樊照李宗督入曹

玄始十二年二月九日白

□簿　起

〔二〕

憘

《永泰河西巡撫使判集殘卷》　判諸國首領停糧。

沙州率糧，非不辛苦。首領進奉，憑此興生。雖自遠而來，誠合優當。淹留且久，難遂資糧。理責適時，事宜停給。

甘州請肅州使司貯糧。

肅州寄貯，其數頗多。近日破除，實將稍廣。終宜減割，以救時須。不可告勞，遂令乏絶。仰百方圓融一千石，依前轉送。張卿名行衆推，審慎(孤)〔寡〕，文閑政理，早着能聲。差攝支度副使判官，專注勾當。應須防援，任便指麾。所由慢官，必按軍令。肅州刺史王崇正錯用張環僞官銜。

王使君植性沉和，爲官審慎。實謂始終勿替，豈期歲寒有渝。使用僞銜，不曾下問。强索進馬，有忤中官。初似知情，誠宜正法。後能聞義，或可全生。宜捨深刑，終須薄責。罰軍糧一百石。

建康軍請肅州多樂屯。

肅州無糧，或可率税。建康乏絶，又要般運。救患恤鄰，何妨撥與。任自收獲，又省往來。

甘州欠年支糧及少冬裝。

《易》貴隨時，《書》稱儀事。調弦理無膠柱，求劍不可刻舟。事在官長運爲，豈得空行文牒。使司有物，尋已支持。倉庫無資，頻申何益。只合撙節處置，兵健量事停糧。自可當州圓融，何須再三申請。李使君長材廣度，是以請行。諸官寮達識精明，方膺妙選。並請設法安養，無使坐見流離。其冬裝亦請預爲支計。甘州請專使催糧。

李開府悉心奉公，威名宿著。既典彼郡，何事不成，但取指麾，必能兼濟。更差專使，徒有煩勞。

條目處置冬裝糧料烽鋪事。

緝理軍州，政惟牧守。既委賢行，佇聽良能。更此起予，必期聞命。如將未便，亦任改申。倘叶權宜，各請遵守。並須戮力，以俟時康。小有乖張，恐招議替。

《敦煌社邑文書輯校·社狀牒·開元十四年二至四月沙川勾徵開元九年懸泉府馬社錢案卷》〔伯三八九九背〕

白

依判，諮，欽示，

十二日。

依判，度示，

十二日。

沙州

前校尉判兵曹張袁成注五團欠開九年馬

數内徵張袁成

捌仟陸(伯)〔佰〕捌拾文徵前府史翟崇明欠未納。

敦煌縣主者得府牒稱：前校尉張袁成經州陳牒稱，牒懸泉府校尉遣判兵曹事，徵前件馬社麥，當衛士貧弊，徵索不得，已後徵得前件麥數，納貳拾伍碩陸斗典氾貞禮、翟崇明等，給得文抄見在，所有欠物並君護等諸人上，袁成爲年滿六十，倚團已後，府司所由將作物在袁成腹内，□當時估獨徵袁成錢。欠數合出諸人。今蒙開元十三年十一月十日制：諸色逋懸欠負官物，合當免限，謹以諮陳。請乞處分者，刺史判，付府勘會虛實申者。謹依各追所由人等到，問得款稱，欠負不虛，並自立限伏納。

數内捌仟肆佰伍拾壹文，勘問所由，並不臣伏，袁成
自立限伏納，具檢如前，請處分者，開九年馬社前校尉判
兵曹張袁成專徵，馬社既欠闕未填，社錢所由未納，□□
得錢便五團，既不將輸，府司申州，下縣徵納。張袁成
借注五團，奉判勘會欠由，今問並皆臣伏，各自
納者，勘如前者。刺史判，着攝
□處問錢，此月廿日内納了。
徵者，懸泉府主帥張
縣，依限徵納訖申。
狀下縣，宜準狀，符

佐
史范魯

開元十四年二月十日下
二月十五日録事
尉判主簿俊付司兵
張袁成等欠馬社錢
貼所由，限三日内
納。俊白，
十六日。

牒
翟崇明欠馬社錢貳佰肆仟柒佰捌拾文，又捌仟陸
張袁成捌仟肆佰伍拾壹文。
右被符令徵前件錢，頻徵，各自立限，□
違不納，事恐阻違，請處分。
牒件狀如前，謹牒。
二月　日史索忠牒。
催，俊白，
廿七日。

〔中空約三行〕

牒檢有事至，謹牒。
三月　日史宋仁牒。
連。俊白，
四日。

司户
懸泉府馬社錢壹佰叁拾壹貫叁佰伍拾伍文所由府史翟崇明。
右件錢州司已判下府徵訖，謹録狀上。
牒件狀如前，謹牒。
開元十四年三月　日史汜光宗。
參軍判司户賈履素。
問，既用官馬，何得牒追不納，着謹審。
右錢既就州陣訴，其錢判下府徵馬錢已就，餘欠柒
文在前由典汜禮處，見在州㯳項推問，請乞檢，判案日
錢，馬弌疋在案内填付，乞限今日案前將馬錢到縣
違限，求受重杖卌，被問依實，謹牒。
開元十四年三月　日品子翟崇明（牒）。
頻追不得，決十下，限取狀。當
日不了，史決付本典。度□，
四日。

前校尉張袁成負馬社錢八千四百文已送納七千七百文欠七百文
前府史翟崇明欠馬社錢八千六百文
取府馬用填錢處。
牒件狀如前謹牒。
開元十四年三月　日史范思魯
參軍判司户賈履素
付司。既欠不足，
決十下。度示。
四日。
三月四日録事
尉攝主簿俊付司兵。

檢納□耀白，四日。
檢，俊白，　四日。
前府史翟明欠馬社錢貳佰□文。前徵
一百卅一貫三百五十五文，得州史氾光狀，出□
七十三貫三百廿五文欠目，限今日得了，狀
後徵捌仟陸佰文，得州史范魯狀，中馬一疋，用填錢處。
前校尉張袁成又捌仟肆佰文七千七百文得州史范魯狀納訖。欠七百文長官決十下。
右先被符徵上諸錢，比日徵催，具已納未納
如前。
牒件檢如前，謹牒。
三月　日史宋仁牒
付庫，檢納，耀白。
翟明等欠錢，今日
不了，明朝唱過。俊
白，
四日。
牒，檢有事至，謹牒。
三月　日史宋仁牒。
連。俊白，
六日。
付司，既催納，限十日
内納訖，如違，注追，帖
長□
六日。
前校尉張袁成負馬社錢柒佰伍拾壹文，
右件錢今日納足。
牒件狀如前，謹牒。
開元十四年三月五日范思魯牒。
參軍判司户賈履素。
付司，度示，

帖　五日。
三月五日録事
尉攝主簿俊　付司兵。
連，俊白，
六日。
付庫收領，納訖。連□
□六日
檢六日，耀白。
懸泉府馬社錢柒拾參仟貳佰肆拾伍文
右件錢得府狀稱，所由典氾禮欠者，刺史判付司
推問徵者，其人見在州推徵，錢不在翟明處。
牒件狀如前，謹牒。
開元十四年三月　日史氾光宗牒。
參軍判司户賈履素。
付司問，如没州
當何罪，度示，
符，官下云有欠，
六日。
三月六日録事
尉攝主簿俊　付司兵。
準判問。俊白，
六日。
馬社錢前後徵貳佰壹拾參貫貳佰捌拾文
問，被符徵上件錢，今得州史氾光，范魯狀，合出府家，並
折馬價，和後更有符下覆徵，求受何罪，仰答者，謹審
被符徵上件錢壹佰叁拾壹貫叁佰伍拾伍文，州符下者，然秋
出千人柒拾叁仟貳佰肆拾伍文，今徵所由典氾禮，今人在州
枷項推徵，其錢不在崇明腹内；捌仟陸佰文，中馬一疋便折填還。
其上件錢等，如後更有符徵崇明上件錢，求受重杖六
十，仍請準法科罪。被問依實。謹牒。度。

開元十四年三月　日品子翟崇明牒。

、明、

勘。俊白，

六日。

七十三千二百卌五文，州檢見

牒縣司，神山（金）〔令〕是土鎮兵，合着五番上，（金）〔令〕已

請仕，謹牒。神沙鄉燉煌縣。

中空一行

翟明馬社錢貳佰壹拾叁仟貳佰捌拾文，

一百卅一千三百五十文，州狀出懸泉府；

七十三千二百卌五文，州狀見徵汜禮；

八千六百文，州狀中馬一疋便折填還。

張袁成八千四百文，州狀稱納了。

右檢案内被符徵上件錢者，今得州史汜光，范魯等狀稱具件如前，又問翟明，得款，錢壹佰叁拾壹貫叁佰伍拾伍文，州符下府，至秋均出千人；柒拾叁仟貳佰肆拾伍文，合徵典汜禮，今見在州枷項，捌仟陸佰文，中馬一疋便折填還。其錢如後更有符徵，崇明求受重杖六十，仍請準法科罪者，件勘如前。

牒　件　狀　如　前，謹　牒。

三月　日史宋仁牒。

被符合徵前府史翟明等錢，州檢得報，錢出府兵及納了，具審，慮箽虛矯，重問縣錢送州，汜。款如前，如後更有符，準款依數科決。諮，弘俊

白，

六日。

依判，度示，

六日。

翟崇明馬□錢□□拾□

〔中空約四行〕

懸泉府

前府史翟崇明欠馬社錢捌仟陸佰文，前校尉判兵曹張袁成欠馬社錢叁仟肆佰伍拾文

燉煌縣得折衝都尉藥思莊等牒稱，檢案内前件人等欠上件社錢，頻徵不納，先已錄狀申州。州司判，下縣徵，月廿日内納了。依檢，其錢至今不納，事須處分者，翟崇明負府司社錢，違限不納，準狀牒燉請垂處分者。今以狀牒，牒至准狀。謹牒。

開元十四月（年）四月廿三日。

府

折衝都尉莊

史李崇英

廿六日禮。

四月廿六日錄事

尉攝主簿俊　付司兵

檢案。俊白，

廿七日。

〔牒〕檢　案　連　如　前，謹　牒。

四月　日史慶仁。

檢。俊白，

廿七日。

〔後空約三行，再後缺〕

《文明判集殘卷·編號P．三八一三》奉判：選人忽屬泥涂，賃馬之省。泥深馬瘦，因倒致殂。馬主索倍，選人不伏。未知此馬合倍已不？但選人向省，遠近易知。平路雖泥，艱危可見。向使揚鞭抗策，故事

奔馳，馬倒制不自由，取斃似如非理。披尋狀迹，懸亦可知。折獄片言，於兹易盡。向若因奔致倒，明知馬死因人。馬既因倒致殂，人亦無自由制。人乃了無傷損，馬倒即是乘閑。計馬既倒自亡，人亦故無非理。死乃抑惟天命，倍則竊未弘通。至若馬倒不傷，人便致死，死狀雖因馬倒，馬主豈肯當辜？倒既非馬之心，死亦豈人之意。以人況馬，彼此何殊。馬不合倍，理無在惑。

《元典章》卷三六《兵部・驛站・給驛・禮上官員二千里外騎鋪馬》

至元十七年三月，行御史臺準御史臺咨，至元十七年正月十五日，孛魯忽答兒中丞等啟過皇太子事理內一件，俺的按察司上任去時，騎鋪馬有來。時五月裏答察兒奏，這遷轉的官人每來去，站裏騎鋪馬有，今已後休交騎鋪馬呵，怎生，奏呵，那般者，麼道，聖旨有來。如今俺每商量得，蠻子田地裏，河西田地西川京兆這般差將去的官人每有，自已氣力裏去呵，去不一般。二千里迤外去的與鋪馬，二千里迤裏差去的，教長行頭口裏去，令旨，那般者，欽此。又皇慶元年五月，江南行臺準御史臺咨，至大四年十二月二十七日，奏過事內一件，在先薛禪皇帝時分，臺裏，行臺裏，廉訪司裏之任去的官人每，二千里之外，驗著他的品從與鋪馬來，如今上位根底奏了。臺裏，行臺裏，廉訪司裏之任去的官人每有呵，依著在先行來的體例裏，就起程處與鋪馬呵，怎生，奏呵。那般者麼道，聖旨了也。欽此。本臺咨請欽依施行。

《元典章》卷三六《兵部・驛站・給驛・乘坐站船鋪馬例》　至元二十三年三月初三日，御史臺官奏過，近日昂吉兒教奏過，按察司官人每鋪馬裏行呵，水路裏不行，旱路行呵，交百姓生受有，麼道，奏呵。王速帖木兒根底説者麼道，聖旨有來。俺商量了，合水路行底田地裏水路裏行者，合旱路裏行的田地裏教鋪馬行呵，怎生，奏呵，奉聖旨那般者。欽此。

《元典章》卷三六《兵部・驛站・給驛・之任鋪馬站船》　大德三年二月，江西行省為兩廣福建之任官員，聽除人員，賫所受宣敕，欲便赴任，告給鋪馬站船，合無應付。移準中書省咨，該照得遠方之任官員，如過河水結凍，及不通水路去處，都省給付鋪馬，聖旨前去。若水路通便，劄付兵部行移通政院應付站船。至有不通舟楫地面，所在官司依例應付鋪馬，咨請照勘明白文憑，依例施行。

《元典章》卷三六《兵部・驛站・給驛・使臣起馬數目》　大德五年正月日，湖廣行省準中書省咨，通政院呈，蒙古文字譯該鼠兒年九月二十六日奏，上位並各衙門差去的使臣，五個六個家鋪馬行有。站家鋪馬，為那上頭生受有。今後兩個三個四個鋪馬以下官人每，斟酌的來的，交與四個鋪馬以上，上位不奏了，休與呵，怎生麼道，奏呵，那般者，麼道聖旨了也。欽此。

《元典章》卷三六《兵部・驛站・給驛・遠方病故官屬回還腳力》

延祐七年十一月，欽奉至治改元詔書內一款，雲南四川福建廣海之任官員，已有給驛定例。到任之後，不幸病故，拋下家屬，無力出還，窮困遠方，誠可哀憫。仰所在官司取勘見數，應付元去鋪馬車船，仍給行糧遞送還家。如有典賣親屬人口，並聽圓聚，價不追還，永為定式。

《元典章》卷三六《兵部・驛站・給驛・給降鋪馬劄子》　至元十九年四月初九日，中書省欽奉聖旨。有人説禿博田地裏，多有您省家文書裏騎鋪馬的人行有。欽此。回奏則不是禿博田地裏，省家鋪馬劄子有。又俺每催趁課程錢糧一切公事，差人去呵，都騎鋪馬有。更有一兩個常川騎鋪馬劄子與了的也有。外前行省家，它每自出劄子往來勾當公事的也多有，奏呵。奉聖旨，那省裏來的來著雖這般呵，您商量者。今後您省家休與鋪馬文字者。這裏與聖旨者，欽此。

《元典章》卷三六《兵部・驛站・給驛・省臺出給站船差劄》　至元二十三年十二月十一日，中書省奏過事內一件，如今騎鋪馬根底，與聖旨交去有。又水路裏去的站船有，與聖旨忒多了有。俺省家文書裏交去呵，怎生麼道，奏呵。那般者，麼道，聖旨了也。欽此。

《元典章》卷三六《兵部・驛站・給驛・鋪馬印信文書裏行》　至元二十六年閏十月，福建行省準尚書省咨，該至元二十六年八月二十八日奏過事內一件，遼陽省官人每，與將文書來，軍情勾當裏使喚人呵，在先與的牌子闕少有。再兩個差使圓牌索將去也。俺商量得依著他每索將來的與呵。怎生麽道，奏呵。牌子不索與您。今後但帶牌子的，賫奉聖旨的使臣差呵。這人根底這些鋪馬，這田地裏為這般勾當去也，麽道，騎鋪馬牌子聖旨外，拿著行的您的印信文書裏行者。麽道，聖旨了也，欽此。

《元典章》卷三六《兵部・驛站・給驛・印信文字乘驛鋪馬》 至大三年五月，行臺準御史臺咨，奉尚書省劄付，來呈，淮西廉訪司申，追照得廬州内為蓋寺造船行卷内。至大二年二月十六日，有安豐路高府判馳驛前來。報稱，本路長押官違限未到，蒙宣慰司提調官見將本路張經歷鎖索問罪。為此差録事孫徵事馳驛前去和州催併，及差録判程貞前去六安州收買生漆，應付站馬各一疋。照得起鋪馬聖旨二道，俱已差官欽賫出外。議得系欽奉聖旨蓋寺，緊切事理，止用本路印信文字，應付鋪馬。除已取當該首領官吏招伏，若便議擬，在前並不曾斷過如此體例。其餘諸衙門亦有似此違例給驛起數。據當該判署正官，亦合一體究問，本臺看詳，淮西廉訪司所言，宜令合干部分定擬，仍取問禁約相應。送據兵部呈，移準通政院關，該今後各處應有差委，不出本境，催辦公事人員擬合止騎長行馬疋。餘準御史臺所擬，取問禁約相應。準此。本部參詳，廬州不應止用本路印信文字，差委録事孫徵事等前去和州等處催辦公事，既系至大二年十月十七日詔恩已前事理，别無定奪。今後事遇緊急，必須差人馳驛者，欽依已降聖旨事意施行，毋得止用印信文字乘騎鋪馬。如有違犯，取與官司，並取招伏，驗事輕重定罪。不出本境催辦差發者，依準御史臺通政院所擬，止騎長行馬疋。如蒙準擬，移咨各省劄付本部遍行遵守。仍令御史臺體察相應，具呈照詳。都省仰依上施行。

《元典章》卷三六《兵部・驛站・使臣・使臣索要妓女》 至元二十一年七月，行御史臺據嶺北湖南道提刑按察司申，準分司官按察使周通議牒，近據管妓樂管勾張椿狀告，崔局長將手帕令椿散與妓女人家取要錢物，並差人賫帖子要妓女三名赴館驛内伴宿了當。次後崔局長再來喚妓女三名，為是夜深不曾差撥。因此將椿毆打乞施行事。得此。除外，追照得管勾張椿掌管差撥妓女文曆及總管府批帖，自至元二十一年正月十一日至三月十五日，經過使臣索要妓女宿睡，内知官職姓名四員，餘只該不知使臣。總差撥應付妓女八十八人，各各開寫姓名，並伴宿月日夜數。就問得除事故外妓女三十二名，各狀供相同。仍審問並不得分文鈔兩。今檢會到至元十四年七月内欽奉聖旨，今南宋平定，擬立提刑按察司條畫内一款，節該諸出使人員，若非理搔擾各處官司，因事取要錢物者，仰按察司體究得實，申行御史臺施行，欽此。看詳出使人員，只有上司定到飲食分例，别無許令差撥妓女伴宿。今出使人員有此汙濫不潔。若不糾察申覆，切恐所在人民觀感成俗，此道官政未易肅清。牒請照驗定奪。備申行御史臺照詳施行。得此。照得欽奉聖旨條畫内一款，節該諸官吏入茶坊酒肆者，委監察御史糾察。又欽奉聖旨條畫内一款，節該察到職官汙濫罪犯，每上下半年類申御史臺。又一款節該，諸出使人員，若非理搔擾各處官司，仰按察司體究得實，申臺呈省。欽此。憲臺照得知名不經歷時宣使等四名，即系職官汙濫，除另行究問外，仰照驗，今後若有侶此汙濫搔擾各處官司之人，常加體察禁約施行。

《元典章》卷三六《兵部・驛站・使臣・使臣不得騎馬入酒肆》 至元二十四年七月，燕南河北道按察司承奉御史臺劄付，該奉中書省劄付，通政院咨，據西京路申，豐州站官李子進等告稱：本站馬疋，雖系倚郭站赤，見於府外一十餘里立站，遇有上司差來本府勾當人員，供送各人騎坐馬疋。無問勾當緊急緩慢，每日須要將馬疋拴繫，時常於座子人家茶房酒肆内，或看探親知人等，直至打禁鐘時後才方回站，以致將馬疋餓損瘦弱倒死，必須勒令站户隨即補買。切恐因而靠損人戶，失誤站赤。事系利害，咨請更為劄付各衙門如有差出人員，毋令似前違犯。都省除外仰照驗依上施行。

《元典章》卷三六《兵部・驛站・使臣・禁使臣打站官》 至元二十七年，行尚書省劄付準尚書省咨，據通政院呈：應出使人員至站，無問鋪馬首思曾無失誤，便將站官人等非理拷打，選揀馬疋，站官人等避怕趓閃，轉致違誤。今後使臣人等到站，若失誤鋪馬首思人等，明白取招，呈省申院斷罪，似為不致站赤生受。行省地面各省就便出榜，其餘路分令合屬禁治事。都省除外，咨請照驗。遍行所屬出榜禁約。出使人員，無故不得將管站頭目人等非理打拷，仍拘鈐管站頭目人等，常切在站聽候，毋得輙離站赤失誤支持。準此。

《元典章》卷三六《兵部・驛站・使臣・使臣拷打站官》 至大四年

八月，江西行省準中書省咨，刑部呈：山東廉訪司關：至大元年九月十九日，有開讀聖旨使臣忽赤兀歹等，為河東軍人勾當，將利津縣尹成克孝打傷身死。勾促忽赤兀歹等到官取問，欽遇詔書釋放了當。又使臣五兒等二起到站拷打官員，多要羊肉米麵鈔兩等物。本部議得，若有差使，須差有職役人員，無祿之人，不許差遣。如欺凌官府擾民，重者，呈稟聞奏，輕者本處官司就便斷罪。具呈照詳。得此。又據御史臺呈，陝西行臺咨，漢中道廉訪司申，德順州隴安驛等站官邵信等告：至大元年九月內御位下西僧使臣烈思八巴等，多起馬疋車輛，取要鈔兩等物，打拷站官等事。至大元年十一月二十五日，欽遇詔赦革撥。今後內外出使人員，似此擾害站赤，宜從都省聞奏，嚴加禁約，實為便益。具呈照詳。送刑部，議得，今後若有差遣出使，須要委令有職役人員外，據革閑無祿之人，不許濫行差遣。除腹裏諸衙門內，每月將發訖使臣開具給驛事由，起馬數目，具申合幹部分查勘外，據各處行省宜從都省移咨，每季照勘。若有冒濫不應人等，淩虐官府，拷打站官，重者呈稟聞奏，輕者本處官司就便斷罪，相應。具呈照詳。都省咨請依上施行。

《元典章》卷三六《兵部·驛站·使臣·禁約使臣稍帶沉重》 至元二十九年閏六月，中書省據通政院呈：照得內外諸衙門並各處行省出使人員騎坐鋪馬，為無駝馱馬疋，多於兀剌赤馬上稍帶氈袋行李皮篋子沉重物貨，更有不盡，令兀剌赤沿身負帶，致將馬疋壓損，因而倒死，逼令站戶補買。即日馬價，比之向日添加數倍，委是生受。乞禁約事。都省議得，今後出使人員，除隨身衣服鋪蓋雨衣外，別不得稍帶其餘物件。除已劄付本院行下各處脫脫禾孫體問外，咨請照驗依上施行。

《元典章》卷三六《兵部·驛站·使臣·出使筵會事理》 大德十年六月，湖廣行省準中書省咨，刑部呈，奉省判御史臺呈：監察御史呈，備河間運司書吏嚴士元狀首：大德八年四月二十九日，戶部楊司計為催起京敖鹽引，蒙本司郭運使等省會立帖子，於陳案牘處借到中統鈔七十五兩，買到羊一口馬奶子餅酪，及令王三姐等歌唱筵會了當。責得楊元狀招，不合依隨高經歷等前去黄伯善花園內，食用訖郭運使等熟羊一口，馬奶子等物，及樂妓婦女歌唱筵會，罪犯是實。本臺看詳司計楊元所招罪犯，宜令合干部分定擬外，據運使郭浩等合從省臺已委官一就取問，通行議擬，相應。呈奉中書省劄付送刑部。議得凡出使人員，於所至之處，若是彼無營求免避之事，此無徇私欺公之實，賓主飲食宴樂，即古今內外通理。參詳今次取到司計楊元運使郭浩等招伏詞因，難議坐罪。都省準擬，仰依上施行。奉此，照得出使人員，已有日給定例，年終兵部依例照算。訪聞朝廷使臣並省院臺部諸內外衙門一切出使人等，所到郡縣，除日常例外，官吏懼其威勢，私結情好，自下馬送路，日遊賞鋪張筵會，所費甚多。用過錢物既不出官吏己身，又不敢明破官錢，止是詭名作弊，多端移易，非取之官，即取之民，習以成風，公私並困。今後諸出使官吏，除正祗應分例外，並不得預本處官吏宴會，其本處官吏並不得邀請。許提刑按察司體察，如有違犯之人，計贓定罪。設宴及赴宴之人，一體科斷。使官府民間並免侵漁，非為小補。行下合屬體察去訖。又照得，至元三十一年七月初四日，本臺奏過事內一件，在前世祖皇帝聖旨裏，不揀甚麼勾當裏差出的使臣每，到外頭非理搔擾各處官司，因事取受錢物，更有多吃祇應沒體例，交百姓受底，交俺體察來。近間開讀聖旨詔赦，差出去底使臣每，更不揀甚麼大小勾當裏使出去底人每，到外頭，城子裏官人每根底要肚皮吃祇應。那官人每催著梯己俸錢麼道，就裏動支官錢科斂百姓，這般行的也有。如今皇帝登寶位，這般使見識做賊說謊底人每根底，不整治呵，大勾當怎生行得，百姓每怎生不生受底。如今俺似這般聞奏過，各道行文書禁了呵，似這般犯著底人每，體察出來呵。重底聞奏了要罪過，輕底俺每就斷呵，怎生麼道，奏呵。那般者。聖旨了也。欽此。又奏過一件，近年以來，裏頭外頭，不揀那個大小衙門裏做筵席呵，官人令史俸錢裏頭克除著出麼道，除著他每俸錢，卻於官錢裏頭借要了底也有，祗應裏要了也有，他每俸錢裏出來底也有，為那上頭養活不得，無怕懼，無羞恥，罪過裏入去底多有。如今中書省樞密院不揀那個衙門官人每筵席呵，自己氣力裏做筵席者，他每管著底以下衙門官吏俸錢根底，不交克除要呵，怎生麼道，監察每這般說有。俺商量來，監察每言語是有。更但凡尋道子求仕的人每，並所屬官吏每，與筵席的交禁治呵，怎生麼道，奏呵。那般者。省官人每根底說與者，麼道。欽遵外，今據前因，本臺看詳，楊元職居戶部司計，催起所屬運司鹽貨，因事飲用本司官吏筵會有違禁例，罪遇元免，難同賓主宴樂古今通禮。若以為例，使出使人員仿傚侵漁官府，誠為未便。本部議得，御史臺撿會到奏準聖旨事意，擬合欽依禁治外，所言出使人員，不得預本處官吏宴會，設宴赴宴之人科斷事理，今來參詳，凡出使人員於所至之處，如親戚故舊，禮應往返之人，賓主宴樂，理難斷絕。其餘不應飲用官吏筵會，侵漁官府，禁治，相應。具呈照詳。都省準擬，請依上禁治施行。

《元典章》卷三六《兵部・驛站・站戶・禁約差役站戶》 皇帝聖旨，行中書省官人每根底，行樞密院行御史臺宣慰司官人每根底，廉訪司管城子的達魯花赤每根底，火失不花奏將來，蠻子田地裏有的站戶每説有，自立站以來，除當站外，不揀甚麼差役不當有來。如今管民官每，重要差役有。忙的不忙的使臣每，都騎鋪馬有，麼道，奏將來。如今忙的根底鋪馬裏，不忙的使臣每根底牛驢船與者，站戶每根底除當站外，不揀誰休重科差役者，道來，這般宣諭了呵。不忙的騎鋪馬的，站戶每根底，重科差役的人每，有罪過者。聖旨俺的蛇兒年三月初六日，奪羅歡火失溫有的時分寫來。大德元年，湖廣行省劄付，據通政院呈本院官奏奉聖旨，分院前來鎮江置立整治江南四省站赤。除欽遵外，後站戶人等往往赴院陳告，各路府州縣差充里正主首雜泛差役，耽誤應當站赤。於至元三十年三月初六日奏奉聖旨，節該站戶每除當站外，不揀誰休重科差役者。這般宣諭了呵，重科差役底人每有罪過者，欽此。近據平江路管下水站戶赴院陳告，承充裏正主首外，若不再行移各路，欽依已降聖旨事意禁治，誠恐其餘路分亦有似此重複差役擾擾，站戶日漸靠損，深為未便。今將元奉聖旨全文重録在前，呈乞行下合屬欽依施行。

《元典章》卷三六《兵部・驛站・站戶・元簽站戶不替》 元貞元年三月二十三日，通政院奏，站戶在先薛禪皇帝聖旨裏，籍冊裏入去了的，休交出去者麼道，聖旨有來。如今有氣力的站戶出去了呵。站赤倒斷了的般有。有氣力呵，站戶不交出去，依著在先聖旨體例，只教當站呵，怎生，奏呵。那般者，聖旨了也。欽此。

《元典章》卷三六《兵部・驛站・站戶・站戶別投戶事》 大德二年正月，通政院準上都通政院咨，據桓州至昌平土站達魯花赤申，照得各站額設車正貼人戶有，近上富實有丁力站戶避重逐輕，或弟或兄，擅自將本戶分房家口，一面呈獻諸王位下隱占，或投充人匠校尉等戶，不肯當站。止靠見役人戶應當，若不於本處相應戶內別行抽換，或依舊勾充元簽站戶當役，誠恐久而為例轉投屬別管官司，至日倒斷站赤。事系利害。又據灤湯站申，亦為此事。得此。大德元年七月二十二日，奏過事內一件，站戶每各投下大王每根的，后妃每根底，怯憐口裏，匠人校尉裏入去了的有。如今那般入了的每根底，和那各投下的頭目每一處分揀著，奉聖旨入去了的有也者，無聖旨自意入去的，打了交當站呵，怎生麼道，奏呵。重打了回與者麼道，聖旨了也。欽此。

《元典章》卷三六《兵部・驛站・站戶・分間站戶事》 大德二年三月，御史臺承奉中書省劄付，通政院呈，大德元年三月二十三日，本院官奏過事內一件，漢兒田地裏有的站戶富的窮了也，窮的富了也。這底每差發，覷了貧的富的，分揀當差發呵，怎生麼道奏呵。那般者。聖旨了也。欽此。

《元典章》卷三六《兵部・驛站・站戶・體覆消乏站戶》 大德五年五月，行御史臺準御史臺咨，承奉中書省劄付，通政院呈，照得大德二年十月二十四日準鎮江通政院咨，各省消乏站戶，請早為聞奏補替施行。準此。於大德三年正月初七日聖旨，江南有的塔海為頭官人每，俺根底説將來，在先江南四省管著消乏逃亡站戶每，在先行省官人每替頭裏補與來。如今省家官人每根底説將去定奪，交替頭裏補換呵怎生，麼道，奏呵。那般者麼道，聖旨了也。欽此。已於二月二十九日具呈都省行移各省，欽依施行去訖。至三月十一日，準兵部關該承奉中書省劄付，通政院呈準江南分院咨，各省消乏逃亡站戶，都省除已移咨各省，委有消乏逃亡人戶，保勘體覆，明白擬定咨省。得此。咨各處行省並鎮江通政院依上施行去訖。今準本院咨，江南各省消乏逃亡站戶，始初有司體覆是實，隨即於應應戶內簽補。將合該稅糧收除明白，不失官司元額。不惟官民兩便，站赤亦得成就。緣前項逃乏站戶，始自本院奏準至今相及二年，未經簽補。如又令體覆明白至日咨省見得各處因此遷延，卒急不能成就，誠恐倒斷站赤，事系利害。照得，腹裏補戶，須於額內除豁合納差稅，江南補戶抵數替換。收除明白，不失官司限額。擬合令廉訪司疾早體覆，實為便當。當院除已移咨本院使塔海通奉等馳驛前赴。貴院咨請，早為會議聞奏施行。準此。於大德四年十二月，二十一日奏，蠻子田地裏有的消乏站戶每，豬兒年奏呵，替頭裏百姓每裏頭補換與，麽道，聖旨有來。省家官人每，行省家官人每，體覆者麽道，文書與將去來。行省家官人每體覆了，合補換有麽道，行省家與將文書來。如今省家官人每，又交廉訪司官人每體覆麽道有。比及體覆回將文書來呵，見役的站戶每生受有。如今廉訪司官人每體覆的委實消乏是實呵，那每每替頭裏那裏相應的百姓每裏頭補換呵怎生麽道，奏呵。那般者麽道，聖旨了也。欽此。

《元典章》卷三六《兵部・驛站・給驛・起馬置曆挨次》　大德十年四月，湖廣行省準中書省咨，兵部呈奉省判御史臺呈，陝西行臺咨，西蜀四川道廉訪司申，準本道廉訪使曹少中牒：切見四川站戶，多係凋瘵，貧民三十家應當鋪馬一疋，每疋不下中統鈔一十餘錠。又況山路崎嶮，每站相去百有餘里，其馬馳驟，易於困乏死損。提調官司不曾立法，恣任站官弄權，將富勢之家馬疋作弊歇閑，其貧弱者連日差遣，以致死損馬疋，消乏站戶。近因成都蜀川驛站馬倒損數多，慮有此弊。體問得本站設馬七十六疋，除日逐起送使臣外，小鋪馬日差三二十疋，止有走遞鋪馬曆一扇，別無差撥小鋪馬文曆。凡送使臣，站官紊亂差遣，不曾遍輪。自三月初一日四月終兩個月，查照得本站馬數，每疋有走至七番六番，或四番三番，卻有止差一二番者，如此偏重不均。除另行外，省會本站自五月初為始，置總差文簿一扇，附寫馬數。凡遇起馬，照依元附文簿一扇附寫馬數。凡遇起馬，照依元附文簿自上而下挨次點差。仍每疋出給勘合印貼一張，並置勘合簿一扇，於貼簿上該寫某人馬疋起送是何使臣，分付管馬牌頭，令各牌依上置曆附寫過，責付養馬人夫收管遞送。其站官日逐書押，須要周而復始，輪流走遞，不得越次偏重，重併差遣。每旬結附本站官查照，憑準元貼，從實照勘。又小鋪馬亦挨次輪差，三日或二日交換，俱要依上置簿附寫，每旬結附，以備查照。近來追到元置文簿，查照得五月至六月終，亦該兩個月，元設馬數走遞，每疋不過四番，尚有止當三番未差遍者。小鋪馬每疋不過十三日，中間亦有已當二十日，未差遍者。較之在前未置文簿之前，番數減半，咸得其平，而偏重靠損之弊，又恐不實。再行差官磨問得委是均平，及查照本站元置印貼文簿相同。當職看詳，成都府站置立總要去處，提調官親臨提調，弊且如此。其他各路所屬，此弊不無。今將查照到本站三月初一日至四月終，未曾置簿之前元差馬疋次數，並今次置簿關防之後輪差數目開坐前去，請照驗。準此。申乞明降，得此。咨請照驗。準此。本臺看詳，若準所言便益，具呈照詳施行。批奉都堂鈞旨，送兵部照擬連呈。奉此，移關通政院依上照擬去後。今準本院關，照得前項事理，累經行移各處官司常切提調所管站赤，將各該車馬船隻明附文簿輪番走遞，不致偏負。今準前文，當院看詳，若準本道所言，遍行照會禁約，誠為允當。關請照驗。準此。本部參詳上項事理，宜從所擬，遍行照會禁約相應，具呈照詳。都省除外，咨請依上禁治施行。

《元典章》卷二《聖政・恤站赤》　大德十年五月十八日，欽奉整治政化詔書內一款：諸處站赤消乏，蓋因諸王駙馬並內外官府不詳事體緩急，動輒馳驛，以致站戶逃移。今後非軍情錢糧緊急之務必合乘驛者，毋得濫差。

大德十一年五月，欽奉登寶位詔書內一款：蒙古站赤消乏尤甚，別行接濟。其餘諸站，仰通政院定奪優恤，仍禁各投下諸衙門毋得濫給鋪馬。

大德十一年十二月，欽奉至大改元詔書內一款：諸處站赤消乏，蓋因近年以來內外衙門諸王駙馬各投下濫行給驛，脫脫禾孫不為用心盤詰，有司失於整治之故。仰中書省通政院先將消乏逃亡人戶合併僉補。管站頭目因而典買本管站戶親屬，並聽完聚，價不追還。蒙古站赤並其餘整治事理，次第舉行。

至大二年九月，欽奉立尚書省詔書內一款：軍站輸役繁重，宜令樞密院通政院察其利病，講究舉行，以示存恤。站戶消乏者體覆是實，隨即補替。

至大四年三月十八日，欽奉登寶位詔書內一款：站赤消乏，蓋因使客繁多，失於檢察。除海青外應進獻鷹隼犬馬等物，並令止罷。各處歲貢方物，有司自有額例，其餘非奉宣索，不得擅進，應有執把聖旨令旨，盡行拘收。諸王駙馬投下及各衙門鋪馬聖旨，仰中書省定擬以聞。諸齎物為驗者，今後毋得給馬。不應差使營幹己私，罪及給馬判署正官，監察御史肅政廉訪司常加糾察。

延祐七年三月，欽奉登寶位詔書內一款：各處站赤差發繁並，迤漸消乏。仰中書省通政院設法樽裁。諸衙門毋得泛濫給驛，違者，罪及當該判署官吏。路府提調官鈐束站赤官人等，毋得聚斂侵克，差役不均。監察御史肅政廉訪司嚴加糾治。

延祐七年十一月，欽奉至治改元詔書內一款：站赤消乏，蓋因差使頻並。今後諸衙門並諸王公主駙馬各枝兒常加樽節，如有必合差人馳驛幹辦公事，斟酌應副，務從省減。一切關防約束事理，悉從舊制。脫脫禾孫用心盤詰，違者隨申本道廉訪司究問。通政院給馬之際，若有不應差人及多餘濫給鋪馬者，嚴加斷罪。

《元典章》卷九《吏部・官制・站官・整治站官事理》至大元年五月，江浙行省準中書省咨，照得大德十一年十二月二十七日改元詔書內一款，見本詔，於大德十一年十二月二十六日奏過事內一件，站赤氣力消乏的上頭，這裏差去的人每鋪馬，斟酌事務計較與鋪馬。中書省樞密院御史臺依舊從便差使，其餘諸衙門，但有必合差人出去的公事，中書省斟酌應付鋪馬。各處行省宣慰司轉運司等衙門，除緊急軍情勾當外，即便差人報來者，其餘不緊的勾當類著。一處，差請俸人一名鋪馬里來呵，站赤每也省氣力，勾當也便益。又除大數目鷹房子外，其餘不揀是誰，為因自己的勾當上頭，推送鷹鷂鋪馬裏來的每根底，休濫與鋪馬。實是堪中上位根底進呈的好鷹鷂有呵有。司官親身相驗過，分揀了堪中好的，教印信文書省部裏與將來者。大數目鷹房子送納鷹鷂來的時分，行省宣慰司有司親身相驗了堪中的，教鋪馬裏送來者，不堪的休與鋪馬者。到這裏將來的鷹鷂歹呵，交鋪馬生受費耗支應上面上頭，將元分揀來的官人並選將來的人根底要罪過，更指稱進呈諸物麼道，濫騎鋪馬的，馱沉重的無體例打拷站赤的，百姓每根底科斂首思等一切不便該載不盡合行的勾當，俺斟酌行文書整治呵怎生。又站赤頭目卻是通政院行省各路官委付的人，有今後大都上都在城站裏，於到選雜職人員委付受敕官二員，其餘站裏各委付受敕官一員，依體例與俸錢，以次人員交通政院選著委付，這般整治了。通政院官專一用心提調，各處脫脫禾孫用心盤問，別了的人每根底，依體例要罪過呵怎生。奏呵，奉聖旨，是也。那般者。欽此。

皇慶元年七月，江西行省準中書省咨，來咨，站戶內選保站官，本欲優恤站戶，誠為美意。卻緣站赤之設，通設朝廷政令，遠方邊關事情，不為不重。廣海極邊，新附地面，相離本省三十餘里，即與腹裏事體不同，若比於站戶內選取，豈惟不諳站赤事務，倘有機密公事，中間恐非所宜。莫若於色目北人內選用相應，相參勾當，但為長便。咨請回示。又準湖廣江浙行省咨，為前事擬合照依舊例，從本省於已設提領內銓注委任，百戶從路府州縣提調正官於站戶內選保相應。送據兵部呈，照得江西等省咨，站戶內選保站赤，江南腹裏事體不同，倘有邊關軍情機密事務，恐非所宜。以此參詳。合咨各省照勘各站驛令，若有急缺，或不設去處，於相應人內銓注提領一名，相參勾當。如蒙準呈，照會相應。具呈照詳。得此。都省咨請依上施行。

（元）劉孟琛《南臺備要・公差人員》至正十二年正月二十一日，準御史臺承奉中書省劄付，各省使呈，照得都省統領萬機，總裁庶務。凡無直省宣使人等通報事，辦集公務，往往推稱緣故及託病，不經由元行站道，輒乘站船，恣意遠轉，探覷親戚，遷延歲月，不行回還，以致公事遲慢。若不立法，深為未便。今後公差人員，出使四方，照依水陸路程，往回給限。果有病疾，拘該有司令醫看治。開寫患病緣由，痊可日期。明白具印信文解申達，以憑稽考。若違元限，驗日數遠近定擬罪名，不惟使人知所警畏，庶得公務早為辦集。以此參詳上項事理，宜從都省劄付，合干部分定擬遍行各處，為例遵守相應。具呈照詳。得此。送據刑部呈，檢會到至正條格內一款。至正十四年四月，湖廣省咨，本省譯史姚朵魯朵海因押運麯蘗回還至南京，不由正道馳驛，卻與溫蒂罕參政稍帶家書衣服，經由襄陽府水站還省。都省擬四十七下罷役。一款，天曆二年九月二十四日，中書省奏，中書省綱維百司，總裁庶政，其餘大小諸衙門裏，委付的人每，合遵守中書省節制行。有近聞省官每，上位根底奏過，眾人商量定各處，為錢糧等事，被差的人，關訖鋪馬，聖旨差劄推稱事故，不肯去的也有。若便取問呵，罪經釋免。如今遍行文書，今後但凡中書省差使裏，如無緣故不去的，記了他的名字。上位根底奏呵。怎生奏呵。奉聖旨，受宣的咱每根底奏者，受敕的恁就要罪者，欽此。本部議得各省使臣，公差人員，凡差直省舍人，宣使人等通報事情，辦集公務，往往推稱緣故，及託病疾不行經由元去站道，輒乘站船探親，遷延歲月不行回還，以致公事遲慢。若不立法，深為未便。今後公差出使人員，照依水陸路程，往回給限。果有病疾，拘該有司，開寫患病緣由，痊可日期，具印信文解申達，以憑稽考。若違元限，驗日數遠近，定擬罪名，以此參詳。今後諸衙出使人員，果有營幹己事，故託患病稽違程限，失誤公事，擬合停俸取問，照勘明白，依例治罪，庶幾人知警畏，事免稽違。如蒙準呈，遍行為例遵守相應，連呈照詳得此。除外都省合下仰照驗依上施行，承此。除外咨請依上施行。

（元）劉孟琛《南臺備要·僉補站戶》 至正十二年二月二十六日，準御史臺咨，承奉中書省劄付御史臺呈，據監察御史福安劉繪，檢會到至正條格內一款，大德六年八月，兵部議得逃亡消乏站戶，合令親管州縣保勘。具申總管府委不干礙五品以上管民官，親行體覆是實，開具元僉增損，自今實有丁差，申覆省部定奪，監察御史，廉訪司體察。但有不實，將保勘體覆等官驗數多寡責罰，標附過名，任回降等遷敘，主典人吏，勒停都省準擬。又泰定四年五月，兵部議得各處水旱站赤消乏，有司遷延，不肯保勘，廉訪司以體察例不回文，往復數年，不能補替，致將同甲貼戶，一併靠損。參詳站戶消乏，例合隨即僉補。雖有呈準通例，令親管官司保勘不幹礙五品官體覆，監察御史廉訪司體察，為無所立程限，往覆淹延，民受其害。今後擬合自動文字日為始，至監察御史廉訪司體察了畢，通理不出一年，須要完備。若有限外不完去處，從監察御史廉訪司常加體察，都省準擬承此。依奉憲臺劄付，巡歷京畿東道至三河縣，照刷出本縣文卷內一件，夏店驛站戶趙信刑運成等，貳拾肆戶陳告貧難消乏，累經數載，遷延不與從公保勘體覆。又檀順二州平谷昌平等縣，似此事理，遲慢者眾，已將隨處官吏，量情責罰外，切詳比年以來，水旱站赤，蓋因諸衙門給驛泛濫，使客頻繁，以致逼臨日漸消乏。及至陳告到官，各處親管州縣官司，以保勘不完為由，故行遷調往復，動經數年，不能隨即補替，致使站戶愈加靠損，其中質男鬻女，應役者有之，拋家棄業，逃亡者有之，灼其民病，莫甚於斯。雖有舊章，不出一年，須要完備，多不遵守，蓋為別無定立限外罪名。因而拘該有司，視同泛常，徒為文具。今既呈準，虛申站戶，消乏逃避，保勘不實，並將貧下小戶，虛捏事產，妄作富實人戶僉充，已有關防所定罪名，遍行各處。並大德六年任回降等，主典人等勤停通例外，其出違程限一節。若不嚴立科條，必致年復一年，踵習前弊，又係前日虛文也。今後站戶果有消乏逃亡，從各戶赴當該站役官司告稱，端的不能當站，貧乏緣由，及或有在逃人戶，不行應役，津納同甲貼戶差發，即時行移元籍官司。照依該載事例扣筭首尾，不出一年，須要保勘體覆完備。隨即飛申本管上司，於相應戶內，依例從公僉補替換。若有出違程限去處，當該親管州縣正官首領官，比例照依戶數多寡坐以責罰罪名，標附其拘該上司。並不干礙體覆等官，如果限外遲慢，臨時詳情究問，從監察御史廉訪司嚴加體察。非惟站赤少蘇，亦且官吏知畏，事無遲滯，所據罪名等第，宜從憲臺具呈都省，令合幹部分，明白定擬遍行，為例遵守相應，具呈照詳得此。送據兵部呈。本部議得監察御史建言，逃亡消乏站戶，親管官司，保勘不干礙體覆等官，出違程限，定立罪名等第。已有呈準定例，遍行各處，別難再擬，如蒙準呈，宜從都省劄付御史臺，本部依上施行，具呈照詳得此。已經劄付本臺照驗，依上施行，去訖。又據御史臺呈，監察御史福安劉繪元言，今後站戶，果有消乏逃亡者，各戶赴親管站役官司告稱，端的不能當站，貧乏緣由，及有在逃人戶，不行應役，津納同甲貼戶差發。即時行移元籍官司，照依該載事例扣筭首尾，不出一年，須要保勘體覆完備，隨即開申本管上司，相應戶內，依例從公僉補替換。若有出違程限去處，當該親管州縣正官首領官，比例照依戶數多寡，坐以責罰罪名，標附其拘該上司，並不干礙體覆等官。如果限外遲慢，臨時詳情究問，從監察御史，廉訪司體覆，今奉照到通例。止是虛申站戶逃亡消乏，元申體覆官司，各各不實罪名，具呈照詳得此，送據兵部呈。議得監察御史劉繪等建言，水旱站赤，比年以來，諸衙門給驛泛濫，使客頻繁，以致逼臨，日漸消乏，及至陳告到官，親管州縣以保勘不完。故行遷調往復，動經數年，不能補替，致使站戶愈告靠損。其中質男鬻女，應役者有之，拋家棄業，逃亡者有之，詢其病民，莫甚於斯。雖有舊章，不出一年，須要完備，多不遵守，蓋為別無定立限外罪名。因而視同泛常，徒為文具。若不嚴加科條，必致年復一年，踵習前弊。以此參詳監察御史所言，整治站赤，事關急務。今後水旱站戶，果有端的消乏貧難，或有逃亡，委無親族同戶丁產者，並聽當該站官受理，隨即行移元籍，親管州縣委官體勘。不出兩月，不干礙五品官體覆，不過三月申達省部定奪。一年之內，須要於相應戶內，依例僉補了畢，毋致耽懸歇役。若過違程限，本年事不結絕者，親管州縣。每一戶至五戶，正官罰俸半月，首領官罰俸一月，司吏笞決七下，五戶以上至十戶，正官罰俸一月，首領官笞決七下，司吏一十七下。十戶以上至二十戶，正官七下，首領官一十七下，司吏二十七下。二十戶之上，罪止正官一十七下，首領官二十七下，依舊勾當，司吏三十七下，革役別敘。其不干礙五品官，或引本廳司吏，承管公文，顧忌違程，不行體覆回報者，驗戶多寡，與親管州縣官吏一體論罪。如拘該本管上司路府州縣，準所屬申解。苟延不依程限催行，以致相耽站役，逼臨見戶代當者，正官罰俸一月，首領官笞決一十七下，司吏二十七下，通行標附從監察御史廉訪司官，嚴加照刷，體察究治。庶幾站赤少蘇，而官吏知所警畏，如蒙準呈，宜從都省移咨各省劄付御史臺。本部遍行為例遵守相應，具呈照詳得此，都省準擬除外，合下仰照驗就行。依上施行。承此。除外本臺咨請依上施行，準此。

中國第一歷史檔案館《雍正朝滿文硃批奏摺全譯·和碩廉親王允禩奏請商都牧馬被盜處分官員摺雍正元年四月十一日》 二月十七日夜，脫逃之厄魯特等，將我商都東端布爾噶泰噶爾地方及牧群總管烏拉岱屬烏蘭地方牧群，以及牧群總管勞張等人所管之兩個牧群，於四更時盜走二百零四匹馬。二十一日晨，我親自由達布遜諾爾前往我牧群地蘇魯克北部，於諾渾奴魯等地，看視小總管阿玉錫及旨跡等尋馬之人緊急啓行等因來報。臣等議覆，總管福壽乃專交付看管馬群事務之人，然并未勤謹看管，致馬匹被盜，殊爲懶怠，應立即治罪，惟伊等稟稱；目今已遣小總管阿玉錫等人前往尋馬，跟隨賊踪，除阿玉錫等人返回報來之時，再另行議奏外，將馬匹被盜情形，先恭奏以聞，奉旨：知道了。欽此。欽遵。在案。三月十七日，據總管福壽奏稱：奴才所屬商都方面翼長阿畢達所管騍馬群之二百零四匹馬，被脫逃之厄魯特等盜去，此皆係該管頭目懶怠所致。目今被趕走之馬匹，雖已陸續尋得，然小總管阿玉錫、商都方面翼長阿畢達、委翼長烏沁、阿目虎、牧長烏拉岱、勞張人等人懶散，難辭未勤謹照看牧群之咎。伏乞將阿玉錫、阿畢達等人交付該部議罪。再，奴才庸懦不及，未能嚴管難辭，伏乞將奴才一併交部等因，於本日具奏，奉旨：交部議奏可也。欽此欽遵。臣等議覆，目今福壽所管商都方面牧群之馬被盜，雖陸續照數找回，此皆伊等懶散所致。查得，定例內開：御用牧群、大牧群、騍馬群、駱駝群，若馬駝白日丟失，則守衛、巡邏之人賠償馬駝，無力賠償者鞭百。若因大雨、風雷，馬駝驚失，或夜間丟失，牧群守衛、巡邏之人賠償馬駝，無力賠償者鞭百。有品級之牧長，鞭八十折贖，副牧長鞭七十。該班侍衛若丟失馬駝五匹以上，罰俸六個月等語。既然如此，小總管阿玉錫、翼長阿畢達，比照丟失五匹馬以上之例，罰俸六個月。委翼長烏沁、阿目虎既無品級，照例各鞭五十。牧長烏拉岱、勞張各鞭八十，副牧長、牧群之人，各照例鞭七十。總管福壽雖已領取春季錢糧入邊，然伊既係總管官員，故罰俸三個月。應鞭打之人，交付福壽鞭之。命下之日遵行。

硃批：丟失之馬既已全部找回。寬宥之。

中國第一歷史檔案館《雍正朝滿文硃批奏摺全譯·刑部尚書勵廷儀等奏請將違犯驛站法紀之二員從重治罪摺雍正元年十二月十八日》 盛京兵部侍郎吳爾泰等奏稱：凡馳驛人員俱從兵部領取勘合火牌，方準馳驛。編審人丁員外郎色克圖、內管領闕保，并無勘合火牌，不遵法度，在衆驛站索取食物、草料，又在每驛站强騎驛馬二匹至二十一匹不等，相應題參，將色克圖、闕保交與該部，嚴加議處。驛遞員外郎劉進標等雖具稟報，但無勘合火牌，官員遽行供應驛馬、食物，將劉進標等二十二人一併嚴加議處，等因具奏前來。今員外郎色克圖、內管領闕保自沙河站起至舊邊驛止，十一驛并無勘合火牌，擅騎驛馬，索取食物、草料，騷擾驛站，不知法紀。應將員外郎色克圖、內管領闕保，均照例革職。色克圖、闕保係內務府派往編審人丁之員，應行文內務府拿交刑部，從重治罪。

再查，遽行供應驛馬、食物之員外郎劉進標等二十二人相應革退外，即交與盛京刑部，照律治罪等因。雍正元年十月十三日奏，十五日奉旨：依議。欽此欽遵。相應移咨刑部，等因。嗣於十二月十二日，準內務府將色克圖、闕保，拿送臣部。

查定例內，無勘合火牌，謊稱奉公差使支取驛遞夫、馬應用，索詐財物，從重治罪等語。今色克圖、闕保，係差往編審人丁之員，并無勘合火牌，在衆驛站索取食物、草料，又在每驛站擅騎驛馬，殊干法紀，應將色克圖、闕保從重各枷號三個月，鞭一百。

硃批：依議治罪，流放烏拉，籍沒家產。

中國第一歷史檔案館《雍正朝滿文硃批奏摺全譯·吉林將軍哈達奏請

平反阿思哈冤案事摺雍正三年五月初三日》　奴才我來吉林烏拉地方後，聽聞衆議，被監察御史邁柱、給事中趙殿最等參劾囚於獄中之阿思哈，乃一好漢，罪名冤枉。奴才聽聞後，即訪查實訊，參劾阿思哈之原由，即阿思哈原任巡察狩獵圍場之協領，驛站之人違禁，於圍場内放槍捕獵，阿思哈巡察嚴格，懲辦杖責，邁柱、趙殿最等乘驛而來時，驛站領催等欲將阿思哈構罪，編造説阿思哈由驛站取七百二十兩銀，管理暴虐。又吉林烏拉驛站之人，訟告伊驛站領催張玉春給草料錢糧欠缺，張玉春答稱阿思哈取走二百五十兩銀，故邁柱、趙殿最等即參奏阿思哈貪虐，革職後審訊時以阿思哈侵吞二百五十銀爲罪過。驛站領催等又訟告阿思哈藉口官用取走七百二十兩銀，邁柱、趙殿最等不明情由，威脅阿思哈招認，不招認則夾訊。阿思哈知必追問伊，承認伊母亡故時借用。阿思哈此次承認之七百二十兩銀之緣由，前任將軍等每年觧送貢品時，名義上自己籌措而俱係驛站領催等自願出資斂銀，雇車解送。六十一年派阿思哈觧送貢物時，二十六座驛站領催等共交給雇車銀七百二十兩後，阿思哈將銀辦給車夫後，解送貢物。抓獲阿思哈審訊時，由於承認借用此七百二十兩銀，將阿思哈定爲侵吞情實，奏爲斬監候。奴才我來吉林烏拉地方一年矣，詳密訪查，與以前所聞無異。阿思哈罪由冤枉，奴才伏請，將阿思哈承認之七百二十兩銀，限伊一年内償完，則聖主睿鑒，施予鴻恩，寬恕阿思哈之性命，披甲效力。

硃批：此事率巴賽審明情由，果真用於公務則阿思哈無罪矣，亦無償銀之必要。指靠巴賽償還耳。審明案由議奏。

中國第一歷史檔案館《雍正朝漢文諭旨》雍正十年十月二十二日　兵部參奏前往馬廠之副都統徐仁圖爾沁並不親身稽查牧養，以致官馬疲瘦一案，於雍正十年十月二十二日題，二十五日奉旨，徐仁圖爾沁俱從寬免，其枷責，徐仁著往查克拜達里督率種地之人効力贖罪。

誣告陷害部

綜　述

《商君書·慎法》 故有明主忠臣産於今世，而（散）〔能〕領其國者，不可以須臾忘於法。破勝黨任，節去言淡，任法而治矣。使吏非法無以守，則雖巧不得爲姦。使民非戰無以效其能，則雖險不得爲詐。夫以法相治，以數相舉者，不能相益，訾言者不能相損。民見相譽無益，相管附惡；見訾言無損，習相憎不相害也。夫愛人者不阿，憎人者不害，愛惡各以其正，治之至也。臣故曰：法任而國治矣。

睡虎地秦墓竹簡整理小組《睡虎地秦墓竹簡·法律答問》 告人盜百一十，問盜百，告者（可）〔何〕論？當貲二甲。盜百，即端盜（駕）〔加〕十錢，問告者（可）〔何〕論，當貲一盾。貲一盾應律，雖然，廷行事以不審論，貲二甲。

告人盜千錢，問盜六百七十，告者（可）〔何〕論？毋論。

誣人盜千錢，問盜六百七十，誣者（可）〔何〕論？毋論。

甲告乙盜（直）〔值〕□□，問乙盜卅，甲誣（駕）〔加〕乙五十，其卅不審，問甲當論不當？廷行事貲二甲。

甲告乙盜牛若賊傷人，今乙不盜牛、不傷人，問甲（可）〔何〕論？端爲，爲誣人；不端，爲告不審。

甲告乙盜牛，今乙賊傷人，非盜牛（殹）〔也〕，問甲當論不當？不當論，亦不當購；或曰爲告不審。

甲盜羊，乙（智）〔知〕，即端告曰甲盜牛，問乙爲誣人，且爲告不審？當爲告盜（駕）〔加〕（臧）〔贓〕。

甲盜羊，乙（智）〔知〕盜羊，而不（智）〔知〕其羊數，即告吏曰盜三羊，問乙（可）〔何〕論？爲告盜（駕）〔加〕（臧）〔贓〕。

甲告乙盜牛，今乙盜羊，不盜牛，問（可）〔何〕論？爲告不審。貲盾不直，（可）〔何〕論？貲盾。

當貲盾，沒錢五千而失之，（可）〔何〕論？當誶。告人曰邦亡，未出徼闌亡，告不審，論（可）〔何〕（殹）〔也〕？爲告黥城旦不審。

誣人盜（直）〔值〕廿，未斷，（有）〔又〕有它盜，（直）〔值〕百，乃後覺，當并（臧）〔贓〕以論，且行真罪、（有）〔又〕以誣人論？當貲二甲一盾。

上造甲盜一羊，獄未斷，誣人曰盜一豬，論（可）〔何〕（殹）〔也〕？當完城旦。【略】

（可）〔何〕謂州告？州告者，告罪人，其所告且不審，（有）〔又〕以它事告之。勿聽，而論其不審。

當耐司寇而以耐隸臣誣人，（可）〔何〕論？當耐爲隸臣。當耐爲（侯）〔候〕罪誣人，（可）〔何〕論？當耐爲司寇。

當耐爲隸臣，以司寇誣人，（可）〔何〕論？當耐爲隸臣，（有）〔又〕毄（繫）城旦六歲。

完城旦，以黥城旦誣人，（可）〔何〕論？當黥。甲賊傷人，吏論以爲鬭傷人，吏當論不當？當誶。

當黥城旦而以完城旦誣人，（可）〔何〕論？當黥（劓）〔劓〕。

睡虎地秦墓竹簡整理小組《睡虎地秦墓竹簡·法律答問》 有投書，勿發，見輒燔之；能捕者購臣妾二人，（毄）〔繫〕投書者鞫審讞之。所謂者，見書而投者不得，燔書，勿發；投者（得），書不燔，鞫審讞之之謂（殹）〔也〕。

張家山二四七號漢墓竹簡整理小組《張家山漢墓竹簡·二年律令·告律》 誣告人以死罪，黥爲城旦舂；它各反其罪。

告不審及有罪先自告，各減其罪一等，死罪黥爲城旦舂，城旦舂罪完爲城旦舂，完爲城旦舂罪鬼薪白粲及（府）〔腐〕罪耐爲隸臣妾，耐爲隸臣妾罪耐爲司寇，司寇、（䙴）〔遷〕及黥（顔）〔顏〕頯罪贖耐，贖耐罪罰金四兩，贖死罪贖城旦舂，贖城旦舂罪贖斬，贖斬罪贖黥，贖黥罪贖耐，耐罪金四兩罪罰金二兩，罰金二兩罪罰金一兩。令、丞、令史或（偏）得之，相除。

〔偏〕先自

（清）杜貴墀《漢律輯證》卷三 誣告。宣帝元康四年詔師古注，誣告人及殺傷人皆如舊法。《功臣表》義陽侯衛山太始四年坐教人誑告衆利侯，當時棄市，罪獄未斷病死。《後書・彭城王恭傳》國相趙牧誣奏恭祠祀惡言大逆不道，恭上書自訟朝廷，令考實無徵，牧坐下獄，會赦免死。《孝明八王・陳敬王傳》愍王寵嗣國相師遷追奏前相魏愔與寵共祭天神希幸非冀罪至不道云云，酺等奏愔職在匡正而所爲不端，遷誣告其王，罔以不道，皆誅死。按《唐律》誣告反坐在《鬭訟三》。《王嘉傳》故事尚書希下章爲煩擾百姓證驗繫治或死獄中，章文必有敢告之字迺下，師古注所以丁甯告者之辭絶其誣也。據魏《新律序》，漢《廄律》有告反逮驗。

（清）杜貴墀《漢律輯證》卷四 誣罔欺謾。鄭司農《周禮》爲邦誣注，誣罔君臣使事失實，蓋漢律語。夏陽人成方遂詐稱衛太子，誣罔不道，要斬，見《雋不疑傳》。《武帝紀》元鼎五年樂道侯欒大坐誣罔要斬。始元元年司隸校尉雒陽李仲季主爲廷尉，坐誣罔下獄棄市。《兩龔傳》丞相王嘉上書薦故廷尉梁相等，尚書劾嘉言事意迷國，罔上不道。《後書・楊震傳》河間男子趙騰上書指陳得失，帝發怒收考詔獄結以罔上不道。《王子侯表》甘露四年新利侯偃坐上書謾免。涉侯綰坐上書謾耐爲鬼薪。《薛宣傳》遂冊免宣曰云云。迺者廣漢羣盗横恣殘賊吏民朕數問君，君封輒不如其實，西州鬲絶云云詔君案驗復無欲得事實之意，九卿以下同時陷於謾欺之辜，咎繇君焉。据魏《新律序》云漢《賊律》有欺謾詐僞。

《三國志》卷二《魏志・文帝紀》〔黄初〕五年春正月，初令謀反大逆乃得相告，其餘皆勿聽治；敢妄相告，以其罪罪之。

（唐）長孫無忌等《唐律疏議》卷二三《鬭訟・誣告謀反大逆》 諸誣告謀反及大逆者，斬；從者，絞。若事容不審，原情非誣者，上請。若告謀大逆、謀叛不審者，亦如之。

疏義曰：誣告謀反及大逆者，謂知非反、逆，故欲誣之，首合斬，從合絞。若事容不審者，謂或奉别勑閲兵，或欲修葺家廟；見閲兵疑是欲反，見修宗廟疑爲大逆之類，本情初非誣告者，具狀上請，聽勑。若告謀大逆、謀叛不審，亦合上請，故云亦如之。

（唐）長孫無忌等《唐律疏議》卷二三《鬭訟・誣告反坐》 諸誣告人者，各反坐。即糾彈之官，挾私彈事不實者，亦如之。反坐致罪，準前人入罪法。至死，而前人未決者，聽減一等。其本應加杖及贖者，止依杖、贖法。即誣官人及有蔭者，依常律。

疏義曰：凡人有嫌，遂相誣告者，準誣罪輕重，反坐告人。即糾彈之官，謂據令應合糾彈者，若有憎惡前人，或朋黨親戚，挾私飾詐，妄作糾彈者，並同誣告之律。反坐其罪，準前人入罪之法，至死而前人雖斷訖未決者，反坐之人聽減一等。若誣人反、逆，雖復未決引虚，不合減罪。本應加杖者，謂誣告部曲、奴婢流罪，若實，部曲、奴婢止加杖二百；既虚，誣告者不流，亦準杖法反坐。單丁應加杖者，亦依決杖反坐。及贖者，謂誣告老、小、廢疾，若實，即前人合贖；虚，即反坐者亦依贖論。即誣官人及有蔭者，假有白丁誣七品官流罪，若實，官人即合例減、官當；如虚，反坐還得流罪。誣告有蔭之人，事合減、贖，反坐之者，不得準前人減、贖法，並真配徒、流。是名依常律。

若告二罪以上重事實，及數事等但一事實，除其罪；重事虚，反其所剩。即罪至所止者，所誣雖多，不反坐。

疏義曰：若告二罪以上重事實，假有甲，告乙毆人折一齒，合徒一年；又告人盗絹五疋，亦合徒一年；或故殺他人馬一疋，合徒一年半。推殺馬是實，毆、盗是虚，是名告二罪以上重事實。又有丙，告丁三事，各徒一年，此名數事等，但一事實，除其罪。重事虚，反其所剩者，假如甲告乙盗絹五疋，合徒一年；又告故殺官私馬牛，合徒一年半。若其盗是實，殺馬牛是虚，即是剩告半年之罪，反坐半年，故云反其所剩。即罪至所止者，所誣雖多，不反坐，假有告人非監臨主司因事受財百疋，勘當五十疋實，坐贓五十疋，罪止徒三年；剩告五十疋，爲罪至所止，不反坐之類。

其告二人以上，雖實者多，猶以虚者反坐。謂告二人以上，但一人不實，罪雖輕，猶反其坐。若上表告人，已經聞奏，事有不實，反坐罪輕者，從上書詐不實論。

疏義曰：告二人以上，罪雖實者多，猶以虚者反坐，以其人、事各別，故得罪不同。注云謂告二人以上，但一人不實，罪雖輕，猶反其坐，假有人告甲乙丙丁四人之罪，三人徒罪以上並實，一人笞罪事虛，不得以實多放免，仍從笞罪反坐。若上表告人，已經聞奏，事有不實，反坐罪輕於上書不實，準從上書詐不實，處徒二年。不應反坐者，無罪。假如甲上表告乙兩箇徒一年，一實，一虛，準律既免反坐，於甲無上書不實之罪。

（唐）長孫無忌等《唐律疏議》卷二三《鬬訟・告小事虛》 諸告小事虛，而獄官因其告，檢得重事及事等者，若類其事，則除其罪；離其事，則依本誣論。

疏義曰：告小事虛，而獄官因其告，檢得重事者，假有告人盜驢，檢得盜馬，其價又貴，是爲得重事。及事等者，假如告盜甲家馬，檢得盜乙家騾，其價相似，是爲事等。若類其事，謂騾、馬、驢等，色目相類，所告雖虛，除其妄罪。離其事者，謂告人盜馬，檢得鑄錢之屬，是離其事，則依本誣論，仍得誣告盜馬之罪。此條爲依告狀檢贓生文，不同獄官狀外求罪之例。

問曰：告人私有弩，獄官因告乃檢得甲，是類事以否？

答曰：稱類者，謂其形狀難辨，原情非誣，所以得除其罪。然弩之與甲，雖同禁兵，論其形樣，色類全別，事非疑似，元狀是誣。如此之流，不可爲類。

（唐）長孫無忌等《唐律疏議》卷二三《鬬訟・誣告人流罪以下引虛》

諸誣告人流罪以下，前人未加拷掠，而告人引虛者，減一等；若前人已拷者，不減。即拷證人，亦是。誣告期親尊長、外祖父母、夫、夫之祖父母，及奴婢、部曲誣告主之期親、外祖父母者，雖引虛，各不減。

疏義曰：誣告死罪，自有別制。唯誣告人流罪以下，前人未加拷掠，而告人自引虛者，得減反坐之罪一等。若前人已拷者，無問杖數多少，然後引虛，即不合減。即拷證人亦是，謂雖不拷被告之人，拷傍證之者，雖自引虛，亦同已拷，不減。其誣告期親尊長以下，及奴婢、部曲誣告主之外祖父母以上，雖即引虛，各不合減。

問曰：律云：前人未加拷掠，而告人引虛，減一等。未知前人已經斷訖，然後引虛，合減以否？

答曰：律文但言已加拷掠，不言事經斷訖。拷訖已傷，律有成制；斷訖未損，理合減科。若事經奏訖，不合追減。及已役、已配，亦是已損已傷前人，計與拷掠義同，不在減科之例。

（唐）長孫無忌等《唐律疏議》卷二四《鬬訟・誣告府主刺史縣令》

諸誣告本屬府主、刺史、縣令者，加所誣罪二等。

疏義曰：誣告本屬府主等，加所誣罪二等者，謂誣告一年徒罪，合徒二年之類。若告除名、免官、免所居官等事虛，亦準比徒法加罪。其有緦麻以上親，任本屬府主、刺史、縣令者，自依告親法；若告尊長，各從重論。

（唐）長孫無忌等《唐律疏議》卷二四《鬬訟・投匿名書告人罪》

諸投匿名書告人罪者，流二千里。謂絶匿姓名及假人姓名以避己作者。棄、置、懸之俱是。

疏義曰：有人隱匿己名，或假人姓字，潛投犯狀，以告人罪，無問輕重，投告者即得流坐。故注云謂絶匿姓名及假人姓名以避己作者。棄、置、懸之俱是，謂或棄之於街衢，或置之於衙府，或懸之於旌表之類，皆爲投匿之坐。假人姓名，經官司判入，言告人罪，從違令科。非是投匿，所以科違令。投匿告祖父母，科絞；告期親卑幼，減凡人二等；大功，減一等；小功以下，以凡人論。匿名書告他人部曲、奴，依凡人法。是大功相犯，不合減一等、二等，他皆倣此。告緦麻以上親部曲、奴，即依減法。

得書者，皆即焚之，若將送官司者，徒一年。官司受而爲理者，加二等。被告者，不坐。輒上聞者，徒三年。

疏義曰：匿名之書，不合檢校，得者即須焚之，以絶欺詭之路。得書不焚，以送官府者，合徒一年。官司既不合理，受而爲理者，加二等，處徒二年。被告者，假令事實，亦不合坐。若是書不原事，以後別有人論告，還合得罪。輒上聞者，合徒三年。若得告反逆之書，事或不測，理須聞奏，不合燒除。

問曰：投匿名書，告人謀反、大逆，或虛或實，捉獲所投之人，未知若爲科罪？

答曰：隱匿姓字，投書告罪，投書者既合流坐，送官者法處徒刑，用塞誣告之源，以杜姦欺之路。但反逆之徒，釁深夷族，知而不告，即合死刑，得書不可焚之，故許送官聞奏。狀既是實，便須上請聽裁；告若是虛，理依誣告之法。

(唐) 長孫無忌等《唐律疏議》卷二四《鬭訟・告人罪須明注年月》

諸告人罪，皆須明注年月，指陳實事，不得稱疑。違者，笞五十。官司受而爲理者，減告罪一等。即被殺、被盜及水火損敗者，亦不得稱疑，雖虛，皆不反坐。其軍府之官，不得輒受告事辭牒。若告謀叛以上及盜者，依上條。

疏義曰：告人罪，皆注前人犯罪年月，指陳所犯實狀，不得稱疑。違者，笞五十，但違一事，即笞五十，謂牒未入司，即得此罪。官司若受疑辭爲推，並准所告之狀，減罪一等，即以受辭者爲首，若告死罪，流三千里；告流，處徒三年之類。即被殺、被盜，爲害特甚，或被人決水、縱火漂焚財物，盜即不限强、竊，漂焚不問多少，告者皆須明注日月，不合稱疑。推問雖虛，皆不反坐。若稱疑者，官司亦不合受理；即雖受理，官司亦得免科。其軍府之官，亦謂諸衛及折衝府等，不得輒受告事辭牒。告謀叛以上及盜者，依上條爲受即送官司之法。

(唐) 長孫無忌等《唐律疏議》卷二四《鬭訟・為人作辭牒加狀》

諸爲人作辭牒，加增其狀，不如所告者，笞五十；若加增罪重，減誣告一等。

疏義曰：爲人雇倩作辭牒，加增告狀者，笞五十。若加增其狀，得罪重於笞五十者，減誣告罪一等，假有前人合徒一年，爲人作辭牒增狀至徒一年半，便是剩誣半年，減誣告一等，合杖九十之類。若因雇倩受財，得贓重者，同非監臨主司因事受財坐贓之罪，如贓重，從贓科；贓輕者，從減誣告一等法。

即受雇誣告人罪者，與自誣告同，贓重者坐贓論加二等，雇者從教令法。若告得實，坐贓論；雇者不坐。

疏義曰：上文爲人作辭牒，雖復得物，不雇誣告，因有加增，得減誣告一等；此文即受雇誣告人罪者，謂彼此同謀，本共誣搆，情規陷害，故與自誣告罪同。贓重者，坐贓論加二等，假有得絹十疋，受雇誣告人一年半徒，坐贓論，十疋合徒一年，加二等，即徒二年之類。雇者從教令法，依下條教令爲從，減受雇者一等，仍得一年徒。若告得實，坐贓論，謂受絹十疋，告得實事，合徒一年之類。雇者不坐，以其得實，故得無罪。

(唐) 長孫無忌等《唐律疏議》卷二四《鬭訟・教令人告事虛》

諸教令人告，事虛應反坐，得實應賞，皆以告者爲首，教令爲從。

疏義曰：教令人告，事虛應反坐，謂誣告人者，各反坐；得實應賞，謂告齎禁物度關及博戲、盜賊之類令有賞文，或告反、逆臨時有加賞者：皆以告者爲首，教令者爲從。

問曰：律云：得實應賞，皆以告者爲首，教令爲從。未知告得賞物，若爲作首從分財？

答曰：應賞在令有文，分賞元無等級，既爲首從之法，須準律條論之，又不可徒、杖別作節文，約從杖一百之例：假如教人告杖一百罪虛，即告者爲首，合杖一百，教令爲從，合杖九十，即從者十分減一。應賞義亦準此。假有輕重不同，並準十分爲例。

即教令人告緦麻以上親，及部曲、奴婢告主者，各減告者罪一等；被教者，論如律。若教人告子孫者，各減所告罪一等。雖誣亦同。

疏義曰：其有教令人自告緦麻以上親，或教人部曲、奴婢告主者，告實及誣，各減告者罪一等。其告緦麻以上親，即尊者坐重，卑者坐輕；部曲、奴婢告主，皆絞。故云各減告者罪一等。被教者，論如律，謂被教告緦麻以上親及告主，各得本罪。若教人告子孫者，告子孫本既無罪，各減所告罪一等，雖是死罪，亦減死處流。注云雖誣亦同，謂雖教誣告，亦減罪一等。既上條祖父母、父母誣告子孫、外孫、子孫之婦妾及己之妾，各勿論；此條但云教人告子孫，各減所告罪一等，既外孫以下，亦準教令告子孫法，減所告罪一等。教人部曲、奴婢告主期親以下，雖無別理，亦合有罪：教告主期親及外祖父母者，科不應爲重；教告主大功以下、緦麻以上，科不應爲輕。雖無正文，比例爲允。

(唐) 長孫無忌等《唐律疏議》卷二四《鬭訟・邀車駕撾鼓訴事不實》

諸邀車駕及撾登聞鼓，若上表，以身事自理訴，而不實者，杖八十；即故增減情狀，有所隱避詐妄者，從上書詐不實論。

疏義曰：車駕行幸，在路邀駕申訴；及於魏闕之下，撾鼓以求上聞；及上表披陳身事：此三等，如有不實者，各合杖八十。注云即故增減情狀，有所隱避詐妄者，從上書詐不實論，謂上文以理訴不實，得杖八十；若其不實之中，有故增減情狀，有所隱避詐妄者，即從上書詐不實論，處徒二年。

自毀傷者，杖一百。雖得實，而自毀傷者，笞五十。即親屬相爲訴者，與自訴同。

疏義曰：邀車駕以下，訴人所訴非實，輒自毀傷者，皆杖一百。若所訴雖是實，而自毀傷者，笞五十。即親屬相爲訴者，親屬謂緦麻以上，及大功以上婚姻之家。爲訴者，與自訴同。自邀車駕以下，虛、實得罪，各與自訴罪同。

（宋）王溥《唐會要》卷四一《雜記》〔永徽〕六年十一月二十七日詔：投匿名書，國有常禁。凡厥寮庶，咸應且悉。近遂有人向朝堂之側，投書於地。藏其姓名，誣人之罪。朕察其所陳，皆極虛妄。此風若扇，爲蠹方深。自今以後，内外法司，及別勅據事，宜並依律文。勿更別爲酷法。其匿名書，亦宜准律處分。

劉俊文《敦煌吐魯番唐代法制文書考釋・格・神龍散頒刑部格殘卷》

但有告密，一准令條。受告官司，盡理推鞫。如先有合決笞、杖者，先決本笞、杖，然後推逐狀内。不當密條者，不須勘當。密條灼然，有逗留者，卽准律掩捕，馳驛聞奏。如無指的，不須浪追及奏。若推勘事虛，先決杖一百，然後依法科罪，仍不得減贖。若責狀不吐，確稱有密者，即令自抄狀自封，長官重封；如不解書，推勘官人爲抄，長官封印署，馳驛進奏。仍禁身待進止。有不肯抄狀，并不受推勘者，卽與無密，宜便准前決杖及科本罪，若死囚，旨苻已到，有告密者，不須爲受。其有相知，遣人數頭分告，及取人文狀，或稱聞人傳説，或稱疑有如此，或云恐如此卽告，並重告他人所告之密，勘當虛事，其杖及反坐無密等罪，一准告人科決。其告密人，雖抄封進，狀内所告非密，及稱狀不盡妄請面見者，亦同無密科罪。縱別言他事，並不須爲勘當。或緣鬭競，或有寃嫌，卽注被奪密封；事恐漏洩，官司不爲追卽攝，云黨助逆徒：有如此色者，並不須爲勘當。仍令州縣録勅，於所在村、坊要路牓示，使人具知，勿陷入罪。

劉俊文《敦煌吐魯番唐代法制文書考釋・格・神龍散頒刑部格殘卷》

官人被推贓罪，事跡分明，擬爲訴辭，規避不對；或經恩赦，求請證徒，若得重推，多有翻動；或使過之後，州縣容翻：宜審詳元狀，如事驗明白，身雖未對，不須爲理。必稱枉酷，任經省論，州縣不得輒受申訴。其告事人但審引虛，先決杖六十，仍各依法處斷。支證翻者，亦同此科。

（宋）宋敏求《唐大詔令集》卷八二《政事・刑法・訴事人先經州縣勅》

六卿分設諸郡咸理，在於人下合免寃滯，如聞越局侵務，背公向私，其傷則多，為政必紊。宜令天下州縣百司寮寀俱守乃曹，各勤所職，或有身名尚屈，刑罰不平，賦役未均，徵差無次，爰及侵奪亦兼違負，凡人所訴，大畧如斯。若縣不為申，州必須舉，州不能理，省必為裁。上下相持，寃訟可息。自今以後，訴事人等先經縣及府州并尚書省，被理由延滯，不為斷決，委御史採訪奏聞，長官以下節級量貶。開元十年閏三月。

（宋）孫奭《律音義・鬭訟第八》

兩怒相犯則鬭，二辭相勝則訟，此民之常情也。辨是窒忿，宜得其平。後魏始析前世《繫訊律》爲《鬭律》。北齊附以訟事，爲《鬭訟律》。後周改曰《鬭競》。隨復齊名焉。

（宋）竇儀等《宋刑統》卷三《名例律・誣告比徒及出入罪比徒》

諸除名者，比徒三年。免官者，比徒二年。免所居官者，比徒一年。流外官不用此律。謂以輕罪誣人及出入之類，故制此比，若所枉重者，自從重。若誣告道士、女冠應還俗者，比徒一年。其應苦使者，十日比笞十。官司出入者，罪亦如之。

疏：諸除名者，比徒三年。免官者，比徒二年。免所居官者，比徒一年。流外官不用此律。議曰：除名、免官、免所居官，罪有差降，故量輕重，節級，釋曰：節級猶等級也。比徒。流外之職，品秩卑微，誣告反坐與白丁無異，故云不用此律。注云，謂以輕罪誣人及出入之類，故制此比。議曰：假有人告五品以上官監臨主守内盗絹一匹，若事實，盗者，合杖八十，仍合除名。若虛，誣告人不可止得杖罪，故反坐比徒三年。免官者，謂告五品於監臨外盗絹五匹，科徒一年，仍合免官。若虛，反坐不可止科徒一年，故比徒二年。免所居官者，謂告監臨内姦婢，合杖九十，姦者合免所居官。若虛，反坐不可止得杖罪，故比徒一年。及出入之類者，謂不盗監臨内物，官人枉判作盗所監臨，或實盗監臨，官人判作不盗，即是官司出入，除名比徒三年。若出入免官者，比徒二年。出入免所居官，比徒一年之法。其藏匿罪人，若過致資給，或爲保證及故縱等，有除免者，皆從比徒之例。故云之類。

注云，若所枉重者，自從重。議曰：謂誣告及出入之罪重於比徒之法者，自從反坐等重法科之，不復仍準比徒之法。

又云，若誣告道士、女冠應還俗者，比徒一年。其應苦使者，十日比笞十。官司出入者，罪亦如之。議曰：依格，道士等輒著俗服者還俗。假有人告道士等輒著俗服，若實，並須還俗，既虛，反坐比徒一年。其應苦使者，十日比笞十。依格，道士等有歷門教化者，百日苦使。若實不教化，枉被誣告，反坐者誣告苦使十日，比笞十，百日杖一百。官司出入者，謂應斷還俗及苦使，官司判放，或不應還俗及苦使，官司枉入，各依此反坐徒杖之法，故云亦如之。失者各從本法。

（宋）竇儀等《宋刑統》卷二三《鬭訟律·告反逆諸色誣告反坐糾不實》

諸知謀反及大逆者，密告隨近官司，不告者絞。知謀大逆、謀叛不告者，流二千里。知指斥乘輿及袄言不告者，各減本罪五等。官司承告，不即掩捕，經半日者，各與不告罪同。若事須經略，而違時限者，不坐。

疏議曰：謀反者，謂知人潛謀，欲危社稷，大逆者，謂知人於宗廟及山陵、宮闕已有毀損，並須密告隨近官司，知而不即告者絞。若知謀大逆，謂知始謀欲毀宗廟、山陵等，謀叛者，謂知謀欲背國從僞，亦須密告官司，不告者流二千里。若知指斥乘輿，謂情理切害，及袄言者，謂妄說休咎之言，不告者各減本罪五等，本應死者，從死上減五等。袄言惑不滿衆者，流上減五等。是名各減五等，官司承告謀反以下，不即掩捕，若經半日者，謂經五十刻，不即掩捕，各與不告罪同。若事須經略，謂人衆既多，須得人兵器仗，如此經略，以故違時限而失罪人者，不坐。其知謀反以下，雖不密告隨近官司，能自捕送者，亦與密告同。因其自捕，驚失罪人，或已就拘執而失者，並同失囚之法。

諸誣告謀反及大逆者斬，從者絞。若事容不審，原情非誣者，上請。若告謀大逆、謀叛不審者，亦如之。

疏議曰：誣告謀反及大逆者，謂知非反逆，故欲誣之，首合斬，從合絞。若事容不審者，謂或奉別勑閱兵，或欲脩葺宗廟，見閱兵疑是欲反，見脩宗廟疑爲大逆之類，本情初非誣告者，具狀上請聽勑。若告謀大逆、謀叛不審，亦合上請，故云亦如之。

諸誣告人者，各反坐。即糾彈之官挾私，彈事不實者，亦如之。反坐致罪，准前人入罪法。至死而前人未決者，聽減一等。其本應加杖及贖者，止依杖贖法。即誣官人及有蔭者，依常律。若告二罪以上，重事實，及數事等，但一事實，除其罪。重事虛，反其所剩。即罪至所止者，所誣雖多，不反坐。其告二人以上，雖實者多，猶以虛者反坐。謂告二人以上，但一人不實，罪雖輕，猶反其坐。若上表告人，已經聞奏，事有不實，反坐，罪輕者，從上書詐不實論。

疏：諸誣告人者，各反坐。即糾彈之官挾私，彈事不實者，亦如之。

注云，反坐致罪，准前人入罪法。至死而前人未決者，聽減一等。其本應加杖及贖者，止依杖贖法。即誣官人及有蔭者，依常律。議曰：凡人有嫌，遂相誣告者，准誣罪輕重，反坐告人。即糾彈之官，謂據令應合糾彈者，若有憎惡前人，或朋黨親戚，挾私飾詐，妄作糾彈者，並同誣告之律，反坐其罪，准前人入罪之法。至死而前人雖斷訖未決者，反坐之人聽減一等。若誣人反逆，雖復未決，引虛不合減罪。本應加杖者，謂誣告部曲、奴婢流罪，若實，部曲、奴婢止加杖二百，既虛，誣告者不流，亦准杖法反坐。單丁應加杖者，亦依決杖反坐。及贖者，謂誣告老小廢疾，若實，即前人合贖，虛即反坐者，亦依贖論。即誣官人及有蔭者，假有白丁誣七品官流罪，若實，官人即合例減官當，如虛，反坐還得流罪。誣告有蔭之人，事合減贖，反坐之者不得准前人減贖法，並真配徒流，是名依常律。

又云，若告二罪以上，重事實，及數事等，但一事實，除其罪。重事虛，反其所剩，即罪至所止者，所誣雖多，不反坐。議曰：若告二罪以上，重事實，假有甲告乙毆人折一齒，合徒一年，又告人盜絹五匹，亦合徒一年，或故殺他人馬一匹，合徒一年半，推殺馬是實，毆盜是虛，是名告二罪以上，重事實。又有丙告丁三事，各徒一年，此名數事等。但一事實，除其罪。重事虛，反其所剩者，假如甲告乙盜絹五匹，合徒一年，又告故殺官私馬牛，合徒一年半，若其盜是實，殺馬牛是虛，即是剩告半年之罪，反坐半年，故云反其所剩。即罪至所止者，所誣雖多，不反坐。假有告人非監臨主司，因事受財百匹，勘當五十四實，坐贓五十四，罪止徒三年，剩告五十四爲罪至所止，不反坐之類。

又云，其告二人以上，雖實者多，猶以虛者反坐。注云，謂告二人以上，但一人不實，罪雖輕，猶反其坐。又云，若上表告人，已經聞奏，事有不實，反坐，輕罪者，從上書詐不實論。議曰：告二人以上罪，雖實者多，猶以虛者反坐。以其人事各別，故得罪不同。注云，謂告二人以上，但一人不實，罪雖輕，猶反其坐。假有人告甲乙丙丁四人之罪，三人徒罪以上並實，一人笞罪事虛，不得以實多放免，仍從笞罪反坐。若上表告人，已經聞奏，事有不實，反坐。罪輕於上書不實，准從上書詐不實，處徒二年。不應反坐者無罪。假如甲上表告乙兩箇徒一年，一實一虛，准律既免反坐，於甲無上書不實之罪。

諸告小事虛，而獄官因其告，檢得重事，及事等者，若類其事，則除其罪，離其事，則依本誣論。

疏議曰：告小事虛，而獄官因其告，檢得重事者，假有告人盜驢，檢得盜馬，其價又貴，是爲得重事。及事等者，假如告盜甲家馬，檢得盜乙家騾，其價相似，是爲事等。若類其事，謂騾馬驢等，色目相類，所告雖虛，除其妄罪。離其事者，謂告人盜馬，檢得鑄錢之屬，是離其事，則依本誣論，仍得誣告盜馬之罪。此條爲依告狀檢贓生文，不同獄官狀外求罪之例。

問曰：告人私有弩，獄官因告，乃檢得甲，是類事以否？

答曰：稱類者，謂其形狀難辨，元情非誣，所以得除其罪。然弩之與甲，雖同禁兵，論其形樣，色類全別，事非疑似，元狀是誣。如此之流，不可爲類。

諸誣告人流罪以下，前人未加拷掠，而告人引虛者，減一等。若前人已拷者，不減。即拷證人亦是。誣告周親尊長、外祖父母、夫、夫之祖父母，及奴婢、部曲誣告主之周親、外祖父母者，雖引虛各不減。

疏議曰：誣告死罪，自有別制。唯誣告人流罪以下，前人未加拷掠，而告人自引虛者，得減反坐之罪一等。若前人已拷者，無問杖數多少，然後引虛，即不合減。即拷證人亦是，謂雖不拷被告之人，拷旁證之者，雖自引虛，亦同已拷不減。其誣告周親尊長以下，及奴婢、部曲誣告主之外祖父母以上，雖即引虛，各不合減。

問曰：律云，前人未加拷掠，而告人引虛，減一等。未知前人已經斷訖，然後引虛，合減以否？

答曰：律文但言已加拷掠，不言事經斷訖。拷訖已傷，律有成制，斷訖未損，理合減科。若事經奏訖，不合追減。及已役已配，亦是已損已傷前人，計與拷掠義同，不在減科之例。

（宋）竇儀等《宋刑統》卷二四《鬬訟律・投匿名書告人罪被囚禁不得告舉他事》 諸投匿名書告人罪者，流二千里。謂絶匿姓名，及假人姓名，以避己作者，棄置、懸之俱是。得書者，皆即焚之，若將送官司者，徒一年。官司受而爲理者，加二等，被告者不坐。輒上聞者，徒三年。

疏：諸投匿名書告人罪者，流二千里。注云，謂絶匿姓名，假人姓名，以避己作者，棄置、懸之俱是。議曰：有人隱匿己名，或假人姓字，潛投犯狀，以告人罪，無問輕重，投告者即得流坐。故注云，謂絶匿姓名，及假人姓名，以避己作者，棄置、懸之俱是。謂或棄之於街衢，或置之於衙府，或懸之於旌表之（顛）〔類〕，皆爲投匿之坐。假人姓名經官司判入言告人罪、從違令科，非是投匿所以科。違令投匿告祖父母科絞、告周親卑幼減凡人二等，大功減一等，小功以下以凡人論。匿名書告他人部曲奴，依凡人法。是大功相犯，不合減一等、二等，他皆倣此。告緦麻以上親部曲奴，即依減法。

又云，得書者，皆即焚之，若將送官司者，徒一年。官司受而爲理者，加二等，被告者不坐。輒上聞者，徒三年。議曰：匿名之書，不合檢校，得者即須焚之，以絶欺詭之路。得書不焚，以送官府者，合徒一年。官司既不合理，受而爲理者，加二等，處徒二年。被告者假令事實，亦不合坐。若是首不原事，以後別有人論告，還合得罪。輒上聞者，合徒三年。若得告反逆之書，或不測，理須聞奏，不合燒除。

問曰：投匿名書告人謀反、大逆，或虛或實，捉獲所投之人，未知若爲科罪？

答曰：隱匿姓字，投書告罪，投書者既合流坐，送官者法處徒刑，冀塞誣告之原，以杜姦欺之路。但反逆之徒，釁深夷族，知而不告，即合死刑，得書不可焚之，故許送官聞奏。狀既是實，便須上請聽裁。告若是虛，理依誣告之法。

准：唐大中二年九月七日敕，比來多有無良之徒，妄於街衢投置無名文狀，及於箭上，并於旗幡上，肆爲姦言，欲以惑聽。自今以後，如有此色，宜準寶曆三年正月十八日敕，令所在地界，便於當處焚毀蘊藏，不要聞奏。

諸被囚禁，不得告舉他事，其爲獄官酷己者聽之。即年八十以上、十歲以下及篤疾者，聽告謀反、逆、叛，子孫不孝，及同居之内爲人侵犯者，餘並不得告。官司受而爲理者，各減所理罪三等。

疏：諸被囚禁，不得告舉他事，其爲獄官酷己者聽之。議曰：人有犯罪，身在囚禁，唯爲獄官酷己者得告，自餘他罪，並不得告發。即流囚在道，徒囚在役，身嬰枷鎖，或有援人，亦同被囚禁之色，不得告舉他事。又准《獄官令》，囚告密者，禁身領送，即明知謀叛以上聽告，餘准律不得告舉。

又云，即年八十以上、十歲以下及篤疾者，聽告謀反、逆、叛，子孫不孝，及同居之内爲人侵犯者，餘並不得告。官司受而爲理者，各減所理罪三等。議曰：老小及篤疾之輩，犯法既得勿論，唯知謀反、大逆、謀叛，子孫不孝，及闕供養，及同居之内爲人侵犯，如此等事，並聽告舉，自餘他事，不得告言。如有告發，不合爲受。官司受而爲理者，從被囚禁以下減所推罪三等。假有告人徒一年，官司受而爲理，合杖八十之類。

問曰：有人被囚禁，更首別事，其事與餘人連坐，官司合受以否？

答曰：《斷獄律》云，被囚禁不得告舉他事。此既首論身事，非關別告他人，縱連旁人，官司亦合爲受，被首之者，仍依法推科。

（宋）竇儀等《宋刑統》卷二三《鬬訟律・告人罪不得稱疑》 諸告

人罪，皆須明注年月，指陳實事，不得稱疑，違者笞五十。官司受而爲理者，減所告罪一等。即被殺、被盜及水火損敗者，亦不得稱疑，雖虛皆不反坐。其軍府之官，不得輒受告事辭牒。若告謀叛以上及盜者，依上條。

疏議曰：告人罪，皆注前人犯罪年月，指陳所犯實狀，不得稱疑，違者笞五十。但違一事，即笞五十，謂牒未入司，即得此罪。官司若受疑辭爲推，並准所告之狀，減罪一等，即以受辭者爲首。若告死罪流三千里，告流處徒三年之類。即被殺、被盜，爲害特甚，或被人決水縱火，漂焚財物，盜即不限强竊，漂焚不問多少，告者皆須明注日月，不合稱疑。推問雖虛，皆不反坐。若稱疑者，官司亦不合受理，即雖受理，官司亦得免科。其軍府之官，亦謂諸衛及折衝府等，不得輒受告事辭牒。告謀叛以上及盜者，依上條爲受，即送官司之法。

准律：誣告人者各反坐，即被殺、被盜及水火損敗者，亦不得稱疑，雖虛皆不反坐者。臣等參詳，若有因被殺、盜、漂、焚之後，便故意誣告，別懷挾恨之人，並非猜疑，情在陷害，致官司傷其人者，減所誣罪二等，未加拷掠者又減二等。其非故意挾恨，陷害誣告者，准律文處分。

疏：唐會昌元年六月六日敕節文：自今以後，應有朝官及上封事人，進章表論人罪惡，並須證驗明白，狀中仍言請付御史臺案問，不得更云請留中不出。如軍國要機，事關密切者，不在此例。推勘後如得事實，必奬奉公，苟涉加誣，當令反坐。

（宋）竇儀等《宋刑統》卷二四《鬭訟律·為人作辭牒教令人告事》

諸爲人作辭牒，加增其狀，不如所告者，笞五十。若加增罪重，減誣告一等。即受雇誣告人罪者，與自誣告同。贓重者，坐贓論，加二等。雇者從教令法。若告得實，坐贓論，雇者不坐。

疏：諸爲人作辭牒，加增其狀，不如所告者，笞五十。若加增罪重，減誣告一等。議曰：爲人雇倩作辭牒，加增告狀者，笞五十。若加增其狀，得罪重於笞五十者，減誣告罪一等。假有前人合徒一年，爲人作辭牒，增狀至徒一年半，便是剩誣半年，減誣告一等，合杖九十之類。若因雇倩受財，得贓重者，同非監臨主司因事受財坐贓之罪。如贓重，從贓科，贓輕者，從減誣告一等法。

又云，即受雇誣告人罪者，與自誣告同。贓重者，坐贓論，加二等。雇者從教令法。若告得實，坐贓論，雇者不坐。議曰：上文爲人作辭牒，雖復得物，不雇誣告，因有加增，得減誣告一等。此文即受雇誣告人罪者，謂彼此同謀，本共誣構，情規陷害，故與自誣告罪同。贓重者，坐贓論，加二等。假有得絹十四，受雇誣告人一年半徒，坐贓論，十匹合徒一年，加二等即徒二年之類。雇者從教令法，依下條，教令爲從，減受雇者一等，仍得一年徒。若告得實，坐贓論，謂受絹十四，告得實事，合徒一年之類，雇者不坐，以實得實，故得無罪。

諸教令人告事虛，應反坐，得實應賞者，皆以告者爲首，教令爲從。即教令人告緦麻以上親，及部曲、奴婢告主者，各減告者罪一等，被教者論如律。若教人告子孫者，各減所告罪一等。雖誣亦同。

疏：諸教令人告事虛，應反坐，得實應賞者，皆以告者爲首，教令爲從。議曰：教令人告事虛，應反坐，謂誣告人者，各反坐。得實應賞，謂告賫禁物度關，及博戲、盜賊之類，令有賞文，或有反逆，臨時有加賞者，皆以告者爲首，教令者爲從。

問曰：律云，得實應賞，皆以告者爲首，教令爲從。未知告得賞物，若爲作首從分財？

答曰：應賞在令有文，分賞元無等級，既無首從之法，須准律條論之，又不可徒杖別作節文，約從杖一百之例。假如教人告杖一百罪虛，即告者爲首，合杖一百，教令爲從，合杖九十，即從者十分減一，應賞義亦准此。假有輕重不同，並准十分爲例。

又云，即教令人告緦麻以上親，及部曲、奴婢告主者，各減告者罪一等，被教者論如律。若教人告子孫者，各減所告罪一等。注云，雖誣亦同。議曰：其有教令人自告緦麻以上親，或教人部曲、奴婢告主者，告實及誣，各減告者罪一等。其告緦麻以上親，即尊者坐重，卑者坐輕。部曲、奴婢告主皆絞。故云各減告者罪一等。被教者論如律，謂被教告緦麻以上親及告主，各得本罪。若教人告子孫者，告子孫本既無罪，各減所告罪一等，雖是死罪，亦減死處流。注云，雖誣亦同，謂雖教誣告，亦減罪一等。既上條祖父母、父母誣告子孫、外孫、子孫之婦妾及己之妾各勿論，此條但云教人告子孫各減所告罪一等，既外孫以下亦准教令告子孫法，減所告罪一等。教人部曲、奴婢告主周親以上，雖無別理，亦合有罪。教告主期親及外祖父母者，科不應爲重。教告主大功以下、緦麻以上，科不應爲輕。雖無正文，比例爲允。

（清）徐松《宋會要輯稿·刑法三·勘獄》

〔政和〕五年十二月十八日，刑部尚書慕容彥逢奏：竊見被鞫罪人自知不免，往往泛引讎怨，妄有指執，終雖辨明，而已枉遭追訊。乞照有司，誣執人並結勘別科事發，更爲之罪。從之。

《宋史》卷三一《高宗本紀》

〔紹興二十五年〕八月丁丑，申嚴誣告加等法。

（宋）熊克《中興小紀》紹興二十五年十一月〔癸丑〕詔近歲士風澆薄，持告訐爲進取之計，深害風教。或有不悛，重寘於法。

（宋）胡寅《斐然集》卷一〇《輪對劄子五》　臣聞天下之惡，莫大于謀為反逆。先王豈不知是為深可懲戒哉。然止于未萌，固亦多術，而未有預懸重賞誘人使告者。蓋知告訐之路一開，則其禍不可勝言故也。臣伏見昨來有言者以建昌軍人作過，請降空名官告付下州郡，誘人告變。夫以反逆加人，雖人情之所不忍，然見官秩可以告變而得，則淺思寡慮與夫凶猾怨家，不忍小忿而致人于大惡，非難事也。故自令行以來，適當防秋之際，建昌廬陵數郡相繼告發，何昔日之絶無，而今乃競有耶？彼建昌之禍，則有所本矣。不治其本，而禁其末。見目前之小利，昧經久之遠圖，將使官吏軍民盻盻相伺。在上者不敢治其下，在下者得以持其上。謀慮如此，傳笑四方。臣謂弭亂之要，在于州郡得人，至若陳告之法，自來條制莫不備盡。只合申明行下，所有昨來已降指揮。伏望聖慈特賜追寢，庶幾人心不搖，禍亂不作。

（宋）陸遊《渭南文集》卷五《奏筠州反坐百姓陳彥通訴人吏冒役狀》

臣近因民間詞訴勘會，到本路筠州百姓陳彥通，因訴事夾帶，稱高安縣押録陳諒，經兩次徒杖罪斷罷，不合冒役事。其本州於淳熙六年十月內，以為陳彥通所論冒役不實，遂引用乾道六年八月二日臣僚陳請妄訴冒役科反坐刑名，仍引在法諸州縣公人曾因犯罪勒停。謂於法不該收敘及未該收敘者。放罷編配，再行投募充役者，許人告諸州縣收敘，公人於令格有違者徒二年。公人依法不該收敘，而隱落過犯，或改易姓名，別行投募者，准此。將百姓陳彥通決脊杖十三。臣竊詳反坐之法，本謂如告人放火而實不曾放火，告人殺人而實不曾殺人，誣謟善良，情理重害。故反其所坐，然有司亦不敢即行，多具情法，奏取聖裁。今愚民無知，方其為姦胥猾吏之所屈抑，中懷冤憤，訴之於官，但聞某人曾以罪勒罷。又有許告指揮，則遂於狀內夾帶冒役之語，村野小民，何由身入官府，親見案牘，小有差誤，亦當末減，以通下情。縱使州郡欲治其虛妄驀越之類，亦自有見行條法，笞四十至杖八十，極矣。與反坐之法有何干涉？若一言及吏人冒役，便可捃摭置之徒罪，則百姓被苦，豈復敢訴，吏何其幸，民何其不幸也。自昔善為政者，莫不嚴於馭吏，厚於愛民，今乃反之。事屬倒置，兼見今諸處冒役吏人，雖究見是實，亦不過從杖罪科斷罷役而已，未有即置之徒罪者，豈有百姓訴吏人冒役，卻決脊杖之理。臣本欲即按治筠州官吏，又緣有上件乾道六年八月二日臣僚陳請到指揮，顯見因此陳請，致得州郡憑藉，用法深刻。臣蒙恩遣使一路，出自聖知拔擢，苟有所見，不敢隱默，欲望聖慈，更賜詳酌，如以臣所奏為然，即乞特降睿旨，寢罷乾道六年八月二日因臣僚陳請所降指揮，庶使百姓不致枉被深重刑責，且下情獲通，胥吏稍有畏憚，天下幸甚。

（宋）王栐《燕翼詒謀録》卷四　士大夫治小民之獄者，縱小民妄訴，雖虛妄灼然，亦不反坐，甚而聽其驀越，幾於摟攬生事矣。曾不思善良之民，畏官府如虎狼，甘受屈抑，不敢理雪。而奸猾之民，以恐脅把持為生，與吏囊橐，視官府如私家，肆行不忌。士大夫墮其計中，為其所困，殊不自覺，良可嘆也。太祖皇帝乾德二年正月己巳，詔應論訴人不得驀越陳狀，違者科罪。開基創業之初，首念及此，慮為善良害也。真宗咸平元年七月，詔所訴虛妄，好持人短長，為鄉里害者，再犯，徒；三犯，杖，訖械送軍頭引見司。苟能舉而行之，庶幾妄訴者息矣。

《遼史》卷六二《刑法志》　道宗清寧元年，詔諸宮都部署曰：凡有機密事，即可面奏；餘所訴事，以法施行。有投誹訕之書，其受及讀者皆棄市。

《金史》卷九《章宗本紀》〔明昌二年十一月〕甲子，制投匿名書者，徒四年。

《元典章》卷五三《刑部・訴訟・越訴・告罪不得越訴》　中統四年正月，欽奉聖旨，宣諭燕京路總管府条畫內一款節該：諸告人罪者，皆須明注年月，指陳實事，不得称疑。誣告者，抵罪反坐。不得越訴。若有本処官司理断偏向，及應合回避者，許令赴部或断事官処陳告。

《元典章》卷五三《刑部・訴訟・告事・告罪不得稱疑》　中統五年，欽奉聖旨條畫內一款節該：諸告人罪者，皆須明注年月，指陳實事，不得称疑。誣告者，抵罪反坐。如有論告本管官司者，許令直赴上司陳告。其餘並不得越訴。如有冤枉，屢告不理，及決断不公，亦許直赴上司陳告。

《元典章》卷五三《刑部・訴訟・誣告・誣告本屬多科》　至元三年，

省准部擬豐州王平等八名各狀招，不合誣告本州安知州多科差發入已罪犯王平爲首四十七下，爲從各決三十七下。

《元典章》卷五三《刑部·訴訟·誣告·奴誣告主斷例》至元三年十一月初九日，承省判送下高德祿誣告本使金宣差使令張彈壓齎文字並玉帶前去南界進奉蠻子皇帝罪犯，今本使告乞減刑歸斷事。法司擬舊例：奴婢應告主事而誣告皆斬，本主求免者，聽減一等。今本使告乞減刑，合徒五年。部擬決一百七下。省准。

《元典章》卷五三《刑部·訴訟·禁例·禁治風聞公事》至元六年二月，提刑按察司欽奉聖旨條畫内一款：隨処凶徒惡黨，不務本業，以風聞公事，妄搆飾詞，告論官吏，恐嚇錢物，沮壞官府。此等之人，並行究治。

《元典章》卷五三《刑部·訴訟·禁例·禁寫無頭圓狀》至元六年十月，中書省判送：御史臺呈：監察御史照刷出大都路違錯文卷一宗，為涿州斡脱局申本管種田戶郭成書畫圓狀，欲告本管官司科差不均。照得：元奉中書省劄付：樞密院呈：袁百戶聚軍人，紙上無頭兒圓狀寫看保那郝千戶。奏奉聖旨：没體例，省裏説者，交行文書者。後頭那般狀子休寫者。寫的人，死者。欽此。省府議得：那般圓狀寫呵，起意的，交死者。別箇但是教寫着名兒的人，斷一百七下。奉聖旨：那般者。欽此。

《元史》卷七《世祖本紀》〔至元八年二月〕辛酉，敕：凡訟而自匿及誣告人罪者，以其罪罪之。

《元史》卷一二《世祖本紀》〔至元二十年正月〕又言：自今應訴事者，必須實書其事，赴省、臺陳告。其敢以匿名書告事，重者處死，輕者流遠方；能發其事者，給犯人妻子，仍以鈔賞之。

《元典章》卷四一《刑部·諸惡·謀反·誣告謀反者流》東平路歸問到軍戶周僧兒招伏：不合誣告趙千戶糾合辛荼等一十三人，於至元四年四月謀反，罪犯。部擬：處死。

省斷：入鷹房子種田。

《元典章》卷五三《刑部·訴訟·代訴·禁治富戶令幹人代訴》大德三年二月，奉行御史臺劄付：據江西道廉訪司申：為江西地面刑豪富戶令佃客幹人代訴詞訟事。今後，隨処税戶，除令佃戶種田納租外，毋得非理驅使。如有主使興詞論訴公事，及代為主戶冒名陳告之人，取問是實，痛行懲治。果有年老、篤廢等疾，止令同居親屬通知所告事理之人代訴。如此庶望日漸弊除，民安事簡。申乞照詳。得此。憲臺相度：諸人訴訟，自有定例。各処受理官司，宜當詳審。除外，仰依例禁治施行。

《元史》卷二一《成宗本紀》〔大德七年正月〕乙卯，詔凡爲匿名書，辭語重者誅之，輕者流配，首告人賞鈔有差，皆籍没其妻子充賞。

《元典章》卷五三《刑部·訴訟·禁例·又禁撇無頭文字》大德七年四月，江浙行省准中書省咨：御史臺呈：大德七年正月二十六日，奏過事内：昨前御史臺殿中司門前撇下的無頭文字，商量了説者。麼道，聖旨有來。俺衆人商量來：這幾日撇無頭文字的多了有。世祖皇帝時分，中山府一個薛寶仁小名的人，我收拾得無頭文字。麼道將來呵，後頭問呵，他招了。將它敲了，張掛榜文來。麼道行了的榜文聽過，奏呵，依在先體例裏行者。麼道聖旨有呵，又奏，撇無頭文字的人根底，任誰拏住呵，若是他寫的言語重呵，將本人敲了，將他底媳婦、孩兒，斷與拿住的人，更與賞錢二十定。若寫底輕呵，將本人流遠，拿住的人根底，將犯人媳婦、孩兒斷與，更與賞錢一十定。麼道聖旨有來。如今依在先聖旨體例裏，若是寫的重呵，將本人敲了，將他的媳婦、孩兒，拿住的人根底斷與，更他的賞錢，與二十定的與一百定。若寫底輕呵，將本人流遠，他的媳婦、孩兒，拿住的人根底斷與，更他的賞錢，與十定的與五十定。省官人每根底説與，交行榜文呵，怎生？奏呵，那般者。麼道，聖旨了也。欽此。

《元典章》卷五三《刑部·訴訟·告事·諸人言告虛實例》大德七年，中書省咨：今後諸人言告事内，若重事得實，輕事招虛，擬合免罪，輕事若實，重事誣者，依條反坐。庶望少革僥倖之弊。如蒙准呈，遍行照會，相應。具呈。都省准擬。

《元典章》卷五三《刑部·訴訟·告事·告事非全虛例》大德十年十月，御史臺咨：奉中書省劄付：來呈：備監察御史呈：桓州人戶韓伴驢等告本州官教化州判等不公。除知州高孛羅歹所招，不合將帶高州祇候張得進前來，以致本人置備酒食，於人戶處齊斂鈔兩，罰俸半月；教化州判不合擅自離職，迤北尋馬，量決二十七下，罷職外，元告人韓伴驢等誣告教化州判大德九年七月三十日接受魏三中統鈔五定，對問得卻係祇候人王甫將鈔二定收受入己，依枉法例，斷訖四十七下，革去。看詳：韓伴驢等誣告罪犯，欲依重事告虛例全科，卻緣一項事。除已將過錢人王甫斷訖，或將所剩杖數斷決，不見所守通例，宜令合干部分定擬。具呈照詳。送刑部議得：知州高孛羅歹、州判教化所犯，依准臺擬外，元告人韓伴驢等所告教化州判於過錢季交加處，受魏三中統鈔五定，對問得係祇候王甫將鈔二定過與教化，不曾接受，入己，將王甫斷罪革去。韓伴驢等雖招元告教化州判取受不實，終是魏三曾令王甫將鈔二定過付，既非所告全虛，依例難議科罪。都省議得：今後所犯，量事輕重，詳情議罪。餘准部擬。除外，仰依上施行。

《元典章》卷五三《刑部·訴訟·越訴·越訴的人要罪過》 大德十一年，江浙行省准中書省咨：大德十一年九月初一日，中書省特奉聖旨：不揀甚麼勾當，告的人有呵，依着立定的體例，當訴的每根底自下而上告者。麽道，恁省諭行文書者。越訴的人每，依體例要罪過者。麽道，聖旨了也。欽此。

《元典章》卷四一《刑部·諸惡·謀反·誣告謀反者流》 東平路歸問到軍户周僧兒招狀，不合誣告趙千户糾合辛茶等一十三人，於至元四年四月謀反罪犯，部擬處死，省斷入鷹房子種田。

《元典章》卷四一《刑部·諸惡·謀反·誣告道大言語》 濟南路任靜，狀告本府權府麗國楨，於去年七月初七日夜，獨身於真武廟上面，覷北斗，言道：王參政早成帝位，國楨若得樞密院官時，起蓋北極大殿語句。歸問得元告人任靜狀招，不合挾仇陳告前項大言語，麗同知道來罪犯法司，擬舊例口陳欲反之言心無真實之計而無狀可尋者徒四年，具元告招虛，合同誣告，反坐徒四年，部擬量決五十七下，省斷一百七下。

《元典章》卷五三《刑部·訴訟·誣告·誣告官吏斷罪》 至大元年，行臺近據來申：淮廉訪司牒：近來犯贓經斷之人，摭拾元問官吏赴上司稱冤，信憑一面詞因，犯除名不叙者却得叙用，官吏反被誣執。貪婪之人因得快意，但公正有爲之人豈肯向前！莫若今後被問經斷之人如有冤抑，先赴御史臺陳告，受理照勘，犯人若果冤抑，隨即改正，仍治元問官吏不應枉問之罪；若對問得已斷別無冤抑，再斷本人誣告罪犯。庶使問事官吏肯爲盡心詳察實情，不致枉問，被斷之人别無冤抑，不致紊煩上司。誠爲便益，申乞照詳。得此，已經移咨御史臺照詳去訖。照得近欽奉聖旨節該：今後，告監察廉訪司官吏每不公外，枉問來的人有呵，依在先的聖旨體例裏，御史臺裏告者。若合問呵，問的是實了，被告的官吏每根底依體例要罪過者；若虛呵，告的人每根底加等斷罪者。欽此。

《元典章》卷五三《刑部·訴訟·禁例·禁止干名犯義》 至大二年九月十一日，欽奉詔書内一款：風化，王道之始。宜令所司表率敦勸，以復淳古。如有子證其父，奴訐其主，及妻妾、弟侄幹名犯義者，一切禁止。

又，至大三年四月，行臺准御史臺咨：奉尚書省劄付：來呈：行臺咨：福建廉訪司申：人家一等年深奴婢，或需求不充所欲，便成寇仇，巧撰非為，以誣其主。若不禁治，習俗成風。如主家有犯反逆、謀故殺人之事，許令告首；其餘雜泛，不許陳告。緣係為例事理。得此。送刑部議得：奴婢告主，以卑淩尊，以賤犯貴，甚傷風化，大失人倫。如准御史臺所呈，遍行禁治，相應。得此。議擬間，至大二年九月，欽奉云云。欽此。都省除遵依及行移合屬禁治外，仰欽依施行。

《元典章》卷四一《刑部·諸惡·謀反·亂言平民作歹》 至大三年九月　日，福建宣慰司承奉江浙行省劄付，准尚書省咨：刑部呈：於至大三年三月二十五日，蒙都堂鈞旨，分付到木八剌告指亂言文狀一紙，仰本部約請尚書省斷事官懷都、詹事院斷事官朵兒只一同歸問明白，連銜呈省。奉此。依上約請各官到部一同歸問得木八剌狀招既是回回人氏，庄農爲業，自合守分過日，却不合於至大三年三月十九日，爲知官司捉獲帖里等謀歹，將首告人給與官賞，及懷疑本村住坐人馬三等，時常指攀木八剌應當一切雜泛差役，因此將木八剌幼小聽得妄傳詞話，自行捏作亂事情，虛摭馬三於至大元年六月二十日，有馬三就於甸内鋤田處，對木八剌道：往常時，漢兒皇帝手裏有兩個好將軍來，殺底這達達剩下七個，走底山洞裏去了，上頭吊著一個驢，下面一個鼓兒，聽得撲洞洞響，諕得那人不敢出來。您殺了俺，幾時还俺。那將軍道：日頭月兒厮見呵。还您。如今日月厮見也。這的是还他也，又虛捏於：當月二十日，有本莊住人小甲，就於甸内鋤田處，對木八剌言説，如今真定府背後河元曲吕來，直了也。漢兒皇帝出世也。趙官家來也。漢兒人一個也不殺，則殺達達、回回，殺底一個没，又妄指攔十：於當年十二月内不記日上燈前後，就於伊家對木八剌説道：簸箕星下界也，達達家則有一年半也。又虚供：在先累次前來赴省陳告，爲是不識人等，將木八剌當攔以此还家，不曾陳訴，如此亂言。木八剌又親筆寫到文字一紙，意望官司將各人拷問坐罪。木八剌請受官員。又招：既於三月十九日，止曾對阿藍沙到，俺村裏漢兒人每謀反語句。又不合虚招：將上項言語，對阿蓋沙説，本人道：好咱每告去。又不合於三月二十四日，就降福宫前問不得名校尉道：宫裏有那無太子，有那無太后，有那無多少怯薛歹。蒙將木八剌拿住。於木八剌沿身搜出木八剌親筆揑合亂言文字，與一干人等面對得木八剌逐項虚誑不實罪犯，及取訖阿藍沙，既是木八剌説稱村裏漢兒人謀反，不行告首招狀。議得：木八剌比例於市曹杖斷一百七下，阿藍沙擬决四十七下，相應。呈奉尚書省判送：准奏事房付：至大三年三月十八日奏將來：木八剌小名的人，告訖馬三、攔十等人每寫立着文字，説大言語麽道説有。奏呵，差的買買去，將他每已招了的，典刑了，轉遞號令者，再似這般發露的，好生問得端的，招了呵，尚書省官人每忽剌出等提調着典刑了轉遞號令者，麽道，聖旨了也。欽此。覆過，奉都堂鈞旨木八剌所招罪犯，連送刑部，欽依施行。餘准所擬就行各處照會，奉此。依上將木八剌於市曹欽依典刑訖。除已依上施行，各處照會外，據行省地面，宜從都省行移照會，相應。具呈照詳。得此。照得：先謂帖里、八扎哈牙等作歹，一干人等明正典刑訖，告人已經陞賞，爲此，一等不畏公法小人，貪圖功賞，似此亂言人數，俱已典刑了當，若不遍行，誠恐愚民不知，枉遭刑憲。都省咨請遍行合屬，禁治施行。

《元典章》卷五三《刑部·訴訟·禁例·禁擲無頭文字》 至大四年三月十八日，欽奉登寶位詔書内一欵：諸投寫匿名書，隨時敗獲者，依條処斷。得書者，即便焚毁。將送入官者，減犯人罪二等。官司受而為理者，減一等。

《元典章》卷五三《刑部·訴訟·禁例·傳聞不許言告》 至大四年六月十三日，江西廉訪司承奉行臺劄付：准御史臺咨：監察御史呈：近欽奉詔書内一款：近年以來，云云。不許言告。欽此。切惟官吏貪饕，巧取民財，僥倖百端。若止許出錢人自告，乃為正理，其出錢之人犯法非違，以財行求，枉法行事，或脱免愆過，則覬覦之心，惟恐不從，何肯而自言之？照得：至元三十一年，月魯那顔為頭臺官人每：在前欽奉先皇帝聖旨節該：提説言語底人，説底是呵，與賞也者；説底不是呵，不要罪過。近間詔書裏：不揀誰，提説言語底人有呵，提説者。麽道行有來。皇帝可憐見呵，裏頭臺裏外頭，行臺裏官人每、監察每、各道肅政廉訪司官人每，各自省得底勾當有呵，欽依先皇帝聖旨體例，皇帝聖旨裏不揀誰，提説勾當者。説底是呵，皇帝識者；説底不是呵，不要罪過。這般行呵，遠近勾當，好底、歹底都知道也者。俺臺家，見底眼、聽底耳朵委付著有。自中書省為頭，諸衙門官吏，行得是底、不是底，休察行有。不揀甚麽大勾當、小勾當，便當、不便當底，提奏有。機密底勾當有呵，俺空便裏奏有來。拿了桑哥底後頭，御史臺官人每為甚麽不先説來？麽道，先皇帝俺根底哏道不是來。待打呵，饒了來。奏呵，奉聖旨：説底是有。麽道，聖旨萬也。欽此。又至元五年，欽奉世祖皇帝聖旨，立御史臺條畫内一款：諸官吏乞受錢物，委監察糾察。又一款：諸監臨之官，知所部有犯法，不舉劾者，減罪人罪五等。糾察之官，知而不舉劾者，亦減罪人罪五等。欽此。其糾彈之官，糾察官吏取受，必須察聽，憑準他人傳聞，指説顯跡，以為察目，而後糾問。今既傳聞取他人物者不許言告，是使無憑而察也。且告訴官吏取受民財，事有因類。若兩爭相訴，別無證驗，未結正間，其理屈者以財行求官吏，理直者明知顯正，知以傳聞取他人之物不容告訴；又官吏暴斂於民，其被害者皆係純善，隱忍無言；或老疾單弱，不能赴訴，其伊有服之親、婚姻之家、鄉閭之長，明見被害，若此之類，一概禁斷，不許告官，其如公道何？其人情何？是滋奸詐而開貪路，以假仁義而塞治道也。理宜明白聞奏，施行。具呈照詳。得此。至大四年二月二十一日，本臺官啟過事内一件：尚書省要肚皮的上頭，他每遮蓋自己的罪過。今後要了肚皮的，本主自告者，別人休首告者。麽道行了聖旨有來。俺商量來：有罪過的人幹勾當呵，他每根底與了肚皮，勾當完備了呵，怎肯告他每有？這的是不交顯出他人每要肚皮的緣故有。依著世祖皇帝立來的法，交監察、廉訪司官糾彈外，告事人告的實呵，依體例交問呵，怎生？奏呵，那般者。皇太后根底啟者。麼道，皇太子令旨了也。皇太后根底啟呵，那般者。麼道，懿旨了也。敬此。

《元典章》卷五三《刑部・訴訟・禁例・傳聞不許言告》　至大四年月，詔書內一欵：近年以來，嗶訐成風，下陵上替。今後，諸取受己之錢物者，許以實訴，其傳聞取他人物者，不許言告。欽此。

（元）胡祗遹《紫山大全集》卷二一《小民詞訟奸吏因以作弊》　條畫四欵，事關投下，約會不至者，從本土官斷決。奸吏反藉約會虛調關文，累年不決。諸交關典賣文契自有公據、問賬、正契，然後赴務投稅，契本契尾印押，方為完備，中間猶有欺詐奸偽。近見司縣斷案，憑文契定屈直，所立文契無公據，無問賬，縱有正契，無房親鄰佑，田畝則無條段尺寸四五，經稅則無契本，契末印押多使木印，篆文難辨，明見詐偽，司縣官吏便為憑據，實為欺枉。諸詞訟文契元無鄰佑，奸吏欲行欺誑，教令訴訟人虛指鄰佑干證，引領作見人，捏合虛詞，強行指證，潤飾文案，以為屈直分明，雖使明敏公直者照刷，亦以為處決允當，無瑕可指。

（元）徐元瑞《吏學指南・獄訟》　爭罪曰獄，爭財曰訟，《易》注云：反爭也。言之於公也，故訟字從言從公也。

雀角鼠牙：言人遭訟，謂之雀角鼠牙之撓。《毛詩・行露》注云：雀有咮而無角，鼠有齒而無牙。故以雀言獄，鼠言訟也。【略】

《易》曰：險而健訟。謂好爭也。

稱疑：謂事涉疑似，虛實難憑者。

告訐：《賈誼傳》曰：面相斥罪也。趙廣漢受吏民投書，使相告訐。

匿名：謂隱匿己名，假人姓字，僭投犯狀，以告人罪者。漢曰匿名。

反坐：謂告人罪而涉虛，以其罪而罪之者。

誣告：謂造虛詞情規陷害平人者。

（元）沈仲緯《刑統賦疏・第三韻》　誣輕爲重者反坐，剩從杖入徒者罪論以全。

凡人誣者告人罪，官司故入人罪，二者皆以仇嫌私曲所置也。然以情言之，則誣告重，故入輕。以事言之，則誣告難而故入易。故《鬬訟律》謂諸人誣告人罪者各反坐。即糾彈之官挾私彈事不實者，亦如之。若告二罪以上，重事實，輕事虛，除其罪。輕事實，重事虛，反坐所剩之罪坐之。又《斷獄律》諸官司入人罪者若入全罪，以全罪論。從笞杖入徒流，從徒流入死，亦以全罪論。蓋無告誣人罪爲難，故止坐所剩之罪。若其官司故入人罪者，欲徒則徒，欲流則流，在於一時反覆之間耳。故凡官司從笞杖入徒流，從徒流入死罪以全罪罪之，此無他，爲其故入人罪爲易故得以全罪論之也。噫！執法之士宜盡心於議刑之際耳。

直解：凡人以人之輕罪增坐重罪誣告人者反坐所剩之罪，官司故入人罪者以全罪論。

通例：至順三年正月刑部議得，凡告官吏人等取受一事之內虛增贓錢，即係誣輕爲重，對問明白，合以剩罪反坐，此反坐所剩。至元三十年四月中書省刑部呈德平縣達魯花赤哈剌主簿劉克中枉問郭瘦兒等勒死張牛兒事，其達魯花赤主簿劉克中所犯即係故入人罪未曾斷決擬合各減一等斷一百七下，除名不敘，都省准擬。此罪論全。

（元）佚名《別本刑統賦解》　棄囚拒捕亦事之因緣。竊囚者得囚爲志，盜財者得財爲主，若竊囚得囚而拒捕則從劫，竊盜得財而拒捍則從强，此法之定論也。其有行盜之際，事主追捕棄財逃竄，因而拒捍，則盜之意亡矣。原情不過拒捍傷人而作竊盜不得財之科罪。又棄囚拒捕者與竊盜拒捍不殊，難作劫囚之論，此二者皆是有因緣也。近者平江路行過竊賊沈千一不曾得財，刃傷事主，欽遇釋放，上司刷卷違錯該本賊所犯即係先竊後强不曾刺字，一面疏放本路申奏省劄移准都省咨送刑部議得沈千一所犯方欲竊盜，事主知覺致被捉獲，意欲脫身，戳傷事主即係拒捍傷人，平江路釋放相應詳其所議即與刑統一義也。

（元）佚名《別本刑統賦解》　誣輕爲重者反坐所剩。誣告人者懷挾仇恨虛撰一端，以無作有入輕爲重，意望人聳動官府，復仇報怨，然是非在證人辨折曲直，從官司察聽，若誣告二罪已上笞杖，是實徒流，是虛反坐所剩之罪也。今例諸誣告一事之內，誣輕作重以所剩杖數坐之，則與上文同也。

《元史》卷一〇五《刑法志》　諸豪橫輒誣平人爲盜，捕其夫婦男女，於私家拷訊監禁，非理陵虐者，杖一百七，流遠。其被害有致殘廢者，人徵中統鈔二十錠，充養贍之貲。

《元史》卷一〇三《刑法志》　諸造謀以已賣田宅，誣買主占奪，脅取錢物者，計贓論罪，仍紅泥粉壁書過于門。

《元史》卷一〇四《刑法志》 諸壻誣妻父與女姦者，杖九十七，妻離之。

《元史》卷一〇四《刑法志》 諸夫妻不睦，夫以威虐，逼其妻指與人姦者，杖七十七，妻不坐，離之。

《元史》卷一〇五《刑法志》 諸寫匿名文書，所言重者處死，輕者流，沒其妻子，與捕獲人充賞。事主自獲者不賞。諸寫匿名文字，訐人私罪，不涉官事者，杖七十七。諸投匿名文字於人家，脅取錢物者，杖八十七，發元籍。諸見匿名文書，非隨時敗獲者，即與燒毀，輒以聞官者，減犯人二等論罪。凡匿名文字，其言不及官府，止欲訐人罪者，如所訐論。

《元史》卷一〇五《刑法志》 諸告人罪者，須明注年月，指陳實事，不得稱疑。誣告者抵罪反坐，越訴者笞五十七。

（元）張養浩《牧民忠告》卷上《聽訟·察情》 人不能獨處，必資衆以遂其生。衆以相資，此訟之所從起也。故聖人作《易》，以《訟》繼《師》，其示警固深矣。夫善聽訟者，必先察其情，欲察其情，必先審其辭。其情直，其辭直；其情曲，其辭曲。政使強直其辭，而其情則必自相矛盾，從而詰之，誠僞見矣。《周禮》以五聲聽獄訟，求民情固不外乎此。然聖人謂：「聽訟，吾猶人也。必也使無訟乎！」蓋聽訟者折於已然，苟公其心，人皆可能也；無訟者救過於未然，非以德化民，何由及此？嗚呼！凡牧民者，其勿恃能聽訟爲德也。

（元）張養浩《牧民忠告》卷上《聽訟·弭訟》 起訟有原書，訟牒者是也。蓋蚩蚩之氓闇於刑憲，書訟者誠能開之以枉直，而曉之以利害，鮮有不愧服，兩釋而退者。惟其心利於所獲，含糊其是非，陽解而陰嗾，左縱而右擒，舞智弄民，不厭不已，所以厥今吏按情僞混殽，莫之能信者，蓋職乎此也。大抵一方之訟，宜擇一二老成鍊事者使書之，月比而季考，酌其功過而加賞罰焉。若夫毆詈假質，凡不切之訟，聽其從宜諭遣之；諭之而不伏，乃達於官；終無悛心，律以三尺。如此則訟源可清，而民間澆薄之俗庶幾乎復歸於厚矣。

（元）張養浩《牧民忠告》卷上《聽訟·勿聽讒》 健訟者，理或不勝，則往往誣其敵，嘗謗官長也。聽之者，當平心易氣，置謗言於事外，惟覈其實而遣之，庶不墮奸民計中矣。

（元）王結《文忠集》卷六《善俗要義·息鬭訟》 古之人，行者讓路，耕者讓畔，下不犯上，卑不言尊，所以厚風俗而正綱紀也。近年民間爭鬭日興，造訐成俗，稍相違忤，便至紛爭，或侵數壟之田，或競一尺之地，親戚故舊，化為仇讎，甚則醜詆骨肉陰私，訐舉官府過錯，誣陷昏賴，無所不為。此皆守土之官失於訓導撫治之過，而人之如此，亦流為狡猾凶頑好訟之徒矣。今後各縣正官及社長人等，勸諭所在人民，興行禮讓，敍別尊卑。若鄉里之人有愚戇無知，誤相觸犯，酒後迷酗，偶相詆毀者，皆宜容忍，以全親故之情。田畝宅舍，明有界畔，各當固守，勿相侵奪。至於告骨肉則害吾之恩，告官府則傷吾之義，俱宜悛改，勿陷凶猾。父兄能行之於上，子孫皆效之於下，如此則化為忠厚之人，而成禮義之俗矣。

《大明令·刑令》 一三八、凡誣告者，抵罪反坐。告二人以上，但誣告一人者，隨其輕重抵罪。告二事以上，重事告實，輕事招虛，或衆事罪等，但一事告實者，皆免罪。若告二事以上，輕事告實，重事招虛，或告一事誣輕爲重者，笞、杖、徒、流，皆反坐所剩。

《嘉興歷代碑刻集·洪武十五年禮部曉諭生員臥碑》 近年以來，諸府、州、縣生員父母有失家教之方，不以尊師學業爲重，保身惜行爲先，方知行文之意，眇視師長，把持有司，恣行私事。少有不從，即以虛詞，徑赴京師以惑聖聽，或又暗地教唆他人爲詞者有之。似此之徒，縱使學成文章，後將何用？況爲人必不久同人世，何也？蓋先根殺身之禍干身，豈有長生善終之道？所以不得其善終者。事不爲己而訐人過失，代人報仇，排陷有司，此志一行，不至於殺身，未知止也。出榜之後，良家子弟歸受父母之訓，出聽師長之傳，志在精通聖賢之道，務必成賢。外事雖入，有干於己，不爲大害，亦置之不忿，固性含情，以拘其心，待道成而行，豈不賢人者歟。所有事理，條列於後。

今後府、州、縣學生員，若有大事干於己家者，許父兄侄具狀入官辨訴。若非大事，含情忍性，毋輕至公門。

生員之家父母賢知者少，愚痴者多。其父母賢知者，子自外入，必有家教之方，子當受而無違，斯孝行矣，何愁不賢者哉。其父母愚痴者，作為多非，子既讀書，得聖賢知覺，雖不精通，實愚痴父母之幸。獨生是子，若父母欲行非為，子自外人或就內知，則當再三懇告。雖父母不從，致身將及死地，必欲告之，使不陷父母於危亡，斯孝行矣。【略】

民間凡有冤抑，干於自己及官吏賣富差貧，重科厚斂，巧取民財等事，許受害之人將實情自下而上陳告，毋得越訴。非干自己者不許，及假以建言為由，坐家實封者，前件如已依法陳告，當該府、州、縣、布政司、按察司不為受理，及聽斷不公，仍前冤枉者，方許赴京伸訴。

江西、兩浙、江東人民，多有事不干己代人陳告者，今後如有此等之人，治以重罪，若果鄰近親戚，人民全家被人殘害，無人伸訴者，方許。

各處斷發、充軍及安置人數，不許建言。其所管衛所官員，毋得允許。

若十惡之事，有干朝政，實迹可驗者，許諸人密竊赴京面奏。

《大誥·奸吏建言》 紹興府餘姚縣吏葉彥彬，父亦在閑之吏。其子邑呼曰小疾靈，以黃冠符篆印作縣印，用使批文，下鄉騙民，被弓兵史敬德覺露。本吏賄於有司，虛有罪，實釋之。後以吏役起赴京師，其吏心懷舊恨，外名仁義，內包禍心，建言便民事理，中含報讎於弓兵史敬德等二人。依所言章，皆以人至法司。對問間，所言事內已虛三件，況實報讎告人。御史王式文，徇情出妄告之罪。御史王式文因別事不公者多，由小疾靈因事發露，墨面文身，挑筋去指。書吏梁仲真亦然。既刑之後，皆繫獄中。係原問小疾靈之官，不餘數日，乃與小疾靈同獄。疾靈係是有罪之徒，因罪未決，得以縱橫，遶房代人書寫。疾靈事內被告者，知疾靈奸詐百端，難以口對免，曰：毋我對詞。疾靈知被詐者畏懼，謂曰：若毋對爾，將何我益？曰：以銀相送。時在獄中，不便取與，人各與花押一枚為照。是後各出繫獄，果送鈔、銀、布疋。時朕親問諸司，疾靈他犯又將及身，促為所知，畏懼罪責，乃以鈔、銀、緞、絹、布疋，赴通政司首。嗚呼！人不畏法，有若是歟。疾靈繫獄處所，黥刺斷筋者盈牢，呻吟動地，膿血交流，本身之罪未決，輒敢於苦楚處受贓。父本老吏，朝廷起取，即推風疾不起。其子赴京，父子俱至。疾靈被獲，傍云：父亦在是。詢及疾靈：伊父果來乎？對曰：歸矣。遣人試捕，就京被獲。父子無端，有若是耶。詢情鞠弊，其罪甚深，父子皆死，孰不目擊耳聞。其他犯者，尤有甚焉。

《大誥·鄉民除患》 今後布政司、府、州、縣在役之吏，在閑之吏，城市鄉村老奸巨滑頑民，專一起滅詞訟，教唆陷人，通同官吏害及州里之間者，許城市鄉村賢良方正、豪傑之士，有能為民除患者，會議城市鄉村，將老奸巨滑及在役之吏，在閑之吏，幫縛赴京，罪除民患，以安良民。敢有邀截阻當者，梟令。拿赴京之時，關津渡口毋得阻當。

《大誥續編·枉禁淩漢》 十二道按察司，為朕耳目，所在激濁揚清，進賢退不肖。豈期任非其人，所在事枉人冤。且如浙江按察使陶晟，贓貪不已，治下皆輕薄小吏。洪武十八年，將會稽縣知縣淩漢，吹毛求疵，入獄收監五月有餘，有罪無罪，並不與決，故意枉禁淩漢。及朕覺，陶晟已待罪在京。朕思伊父相從之舊，已行釋免在間。為枉禁淩漢，復枷項前去浙江按察司，取淩漢至京。其陶晟至按察司，公然項帶沉枷，徑趨公座，將淩漢出獄至其前。其晟大肆無禮，身已受刑，猶憾淩漢。謂曰：爾漢何由使上知爾在禁？漢對曰：外無代訴者。晟曰：家有甚人？漢曰：二子皆稚，長不出十一，次方八歲，一女七歲，遠在河南。自到任以來，並入禁月日，妻子未知存與亡。漢語既，晟又令獄卒復收入禁，半月方起。晟如此奸頑。初，朕命晟帶刑往取，星馳前來，所以星馳者，為漢年高，恐疾於獄中，所以救之速者，為此也。晟故不畏法，乃敢復淹禁半月而後行。及其抵京也，就船又監四日，方交法司。嗚呼！晟有罪，朕宥之；復有罪，磨難令省之；終不自省，愈肆奸頑，殺身後已。

《大誥三編·代人告狀》 天下十三布政司良民極廣，其刁頑者雖有，惟江西有等頑民，姦頑到至極之處，變作癡愚，且如郭和卿告王迪淵等四十五名，皆係害民吏、皂隸、豪民，及至提到，其中二十名皆實，一十八名係是虛告。惟劉弘道等七名，令原告當面互相訴訟，惟原告郭和卿默然無對。通政司官謂原告曰：何故不對？原告曰：和卿無可對。為甚麼無對？對曰：此等被告，係是周繼奴寄與我姓名數目，和卿就與寄告其狀。嗚呼！似此癡愚，上侮朝廷，下虐良民，為害深重，莫甚此徒。十三布政司內除江西代人告狀，如此愚民，已行梟令處決數次。今郭和卿不以前犯為懼，公然代人告狀，以致殺身亡家。其餘布政司刁民雖有，未見如此者。

《大誥三編·詭名告狀》自古民之訴訟者，本爲被人冤抑苦楚，氣不能伸，所以不得已訴之於官，以求辯其曲直，明其是非，使冤伸而枉理，未嘗有無冤妄訴，故亂法度而煩官府者。今烝民中有等頑民，其姦其詐，不可勝言。如處州松陽縣民楊均育，本與葉惟宗冤讎，不行明白具狀來告，却將葉惟宗姓名寫狀，告其兄葉允名係積年老吏，弟葉允槐係逃軍。及至法司差人將帶原告，詣所在勾提被告對問，其原告已自在逃。承差人詣本處將原告姓名及被告人數，照名提至松陽縣，承差人熟視，非是帶去原告。及至法司再三審問，其拿至原告葉惟宗曰：惟宗自幼並不出鄉，亦不曾赴京告狀。今所告之人，係是惟宗兄弟，與我並無讎隙可告。法司以聞，特命釋之。其葉惟宗曰：惟宗雖蒙釋宥，亦當挨究告狀之人。出獄後，於京城行走間，忽見鄉中熟識楊桃兒曰：你如何出來？其葉惟宗以情告之。熟識曰：將你名字告狀的人，係是楊均育。本人見將伊母藥死，圖賴告我。我於通政司前拿住，搜出本人身上狀草一紙，係是你名字告狀。其人見在。本人因同拿赴都察院，問招明白，凌遲處死。嗚呼！民有巧生姦計，欲以嫁禍於人者，有若是歟。其楊均育如此設計，自以爲良，豈知神明撥置，不能害人，反以自害。使其安分守己，孰禍殃之相尋？今乃上干天憲，自取殺身，悔之何及。天下良民，觀之戒之。

《大誥三編·朋奸匿黨》朝廷設置學校，教育生徒，所以望實材之用。而生徒之爲學者，所以學乎立身事君之道，自昔志士，莫不皆然。故其任職，罔循親舊之私情，恪守事君之大節，惟務造福於民，所以顯身榮親，垂名千古。今監生中有等姦頑不才之徒，一得官位，輒忘所學，身名莫顧，惟務徇私作弊，壞政亂法，罪惡貫盈，不可容誅。如潘行係金壇縣人，由監生任樂安縣知縣。周公煥係樂安縣人，由監生任太平府同知，丁憂回還樂安守制。其二人比先在監，實爲同堂生員。周公煥有叔周德泰，原任旌德縣丞，爲事刺面，僥倖回家。叔姪二人因時常於潘知縣家來往，説事過錢。縣民陳添用赴縣陳告民人羅本中係是胡惟庸行財之人，先被廖慶芳告發，已行用錢買息。本人懼怕黨事漏池，因將財穀散與葉志和等五十八人，自後宰殺牲口，與各人賫夜商議，前往福建楊門庵，請給彭玉琳作和尚旗號回歸；搶掠本都民人楊恩等家錢穀，意在積糧，接應彭玉琳作亂。及見官軍剿捕，彭玉琳被獲，方纔止息。觀此情狀，其羅本中等係是舊逆餘黨，今次懼罪及身，又復倡謀作亂，首禍殃民，在法無赦。知縣潘行不思此徒設若謀成，其爲殃禍，誠非淺淺，却乃徇私，輒從周公煥叔姪並禮生耆宿曾原鼎等囑託，接受羅本中等銀鈔賄賂，聽其設計：我今日教羅本中男羅伯彰，來告陳添用强占有夫婦人等事，相公可作比先日期題押，便顯得陳添用狀是妄告。及至着落里長體勘，羅伯彰所告，俱係涉虛。其周公煥叔姪等又行設計，與知縣潘行言説：如今不如將陳添用只作積年民害解去便了。因將陳添用並積年民害柳召生等共一十三人，枷釘起程。繼即聞知陳添用賫擎《大誥》赴京伸訴，知縣潘行聲言：上位如今也饒我三箇死罪，他終不告我四狀。然實恐陳添用告出前情，却差皂隷楊添召與同周德太趕至土名大嶺，將陳添用脱放了當。其陳添用心忿知縣徇情枉法，酷害良民，又行赴京告其不法。知縣潘行聞知，即喚弓兵胡士亨等到縣，差令狀供管解陳添用等，行至進賢縣深山去處，有陳添用等將弓兵幫縛在樹，打開枷鐐，俱各逃走。如此捏詞，具本來奏，以至事覺。嗚呼！昔人讀書，委身事君，尚有憂國而忘其家者。今潘行等不思朝廷教育之恩，不知榮身立名之道，不能造福於民，惟匿朋友之私，迷於賄賂之得，乃敢罔告反之情，再三設計陷害原告。如此同惡肆貪，朋奸罔上，罪怒神人，法不容宥。朕雖欲生之，其道無由，所以凌遲示衆。所在監生、進士居官者，觀此以爲大戒，立志成人於悠久，吉哉！

《大誥三編·排陷大臣》嗚呼！自古人臣爲國爲民者，其忠爲君，其仁爲民。其忠仁之道，若非始終動天地鬼神，使良民君子懷之，其始勤終怠者，奚足道哉！所以動天地鬼神，良民君子懷之者方可，云何？謂姦邪無藉者多，兼時君雜聽而無斷，忠臣艱於效忠，難於布君之德，若非忠以格天，鬼神呵護於良臣，而固社稷甚艱，爲人臣難於立名。嗚呼甚哉！古今之姦邪，爲國民之害，有若是耶。洪武二十年正月二十九日，通政司奏：有來告者，言都御史受賂。命錦衣衛收繫本人，朕親問之。明日錦衣衛引至告人宋紹三，朕謂紹三曰：爾何知徽之密？曰：鄰監囚人許原者，不知紹三告訐本人親兄許昂，原乃謂紹三曰：你爲何事入禁久矣？紹三回曰：告事甚多，不蒙發落。紹三亦謂原曰：你因何事而在禁？原曰：我事不妨，兄許昂已囑到都御史熟識人王舍，過銀十箇送與本官。紹三聽知，爲其久禁，特來告訴。朕謂紹三曰：彼在禁之囚，盈牢千餘，押禁囚稠，凡所賄賂，意欲脱難者，賂恐鬼神知，安敢與鄰囚互知？設使一囚互知，不逾時盈牢者皆覺。今在禁者衆，其主囚御史愚鈍者多，貪財者廣，公明者少，致囚幾年、數月、數旬、數日往往有之，非爾一而已。爾今來訴，無乃擅聽人遣乎？紹三俛首，託病甚。朕觀人情容貌，此設心矣。命錦衣衛覓許原所在，隨詣原問北平道索取許原。御史任輝等云，本人已發户部矣。即於户部取索，户部該吏言原已於正月二十八日身故。朕聽所言，噫！是設心矣，其姦用計非淺淺哉。何以見？許原二十八日死，宋紹三二十九日具狀，況許原本因原犯欠糧事，追徵足備，已於户部無相干涉，本道已行完結。設此計後，强謂未審虚實，推與户部，密令人藥死，以絶對問。由是朕命錦衣衛，著要北平道原問御史何哲等，及監送皂隷張榮，並户部看監禁子陳聰四、該吏孟敏，朕爲之親問，略見情僞，命雜推之。明日問者來告，御史何哲、任輝等皆妨賢病國之徒，邪謀設計，轉折既多，情理深重。於是命中書翰林等官槩明情由，備開節次，以告臣民。

一凌遲示衆四名：

三名何哲、任輝、齊肅，俱任北平道監察御史。何哲先爲追問尤榮一告不應事内，受鈔七十貫，銀十兩，將一干人不曾提問，被都御史詹徽舉問。又爲編管小牢子遲慢，被都御史喝罵搶出。因此懷恨，於洪武十九年十二月二十八日，與同道御史任輝、齊肅商議，會同各道御史魏卓等十八名言説：我前日爲兩件事不停當，被都御史當衆辱詈，又奏了喫打，好生惶恐。受氣不過，如何是好？衆人回説：你且耐心，待尋得他些事，再做商量。至洪武二十年正月初十日朝回，因邀魏卓等十八名至家喫茶，詐捏詞情，對各官言説：我本道有兩起原告，一名許昂告曹爲是胡黨，許昂不曾與曹爲對證。徐阿真告莫糧長不法事，倒被發去充軍。只把這兩件事，著人告他受了銀子便了。各官回説：待各道人齊時，大家商量。至本月二十七日，哲又與衆御史言説：如今我道裏有一名原告宋紹三告狀，都院五十日不與給批提人。如今只放保著他去通政司告，准也由他，不准也由他，只説道是許原教他去告。如此捏詞排陷，妨賢蠹政。

一名魏卓，任四川道監察御史。除同謀排陷都御史事情與何哲相同外，又欲提問太倉衛指揮使孫茂。其卓揣知本官係是勳舊，不行明白奏聞，朦朧具本，送科給批，將本官一槩提取，意在陷害勳臣。及平日在道問事，囚罪本有一分，輒增作二三分，文致其罪。其囚一分情真，增以二分，文飾無罅。意在獻能，希求陞用，故使是非混淆，如此亂政。

一、同謀排陷，罪在不宥，姑容戴罪鐐足在道問囚一十四名：

一名喬鼎。任浙江道御史。

一名張澤。任河南道御史。

一名甘泉。任陝西道御史。

一名鄭珇。任廣西道御史。

一名張敏。任四川道御史。

一名李子實。任浙江道御史。

一名程士箴。任廣東道御史。

一名程善。任山西道御史。

一名茹太素。任福建道御史。

一名鄭能。任山東道御史。

一名傅弼。任浙江道御史。

一名蔡用强。任湖廣道御史。

一名丁麟。任江西道御史。

一名趙恒。任江西道御史。

(明)何棟如《皇祖四大法》卷八《治法》〔洪武二十四年七月〕戊申，禁罪人誣引良善。上謂刑部尚書楊靖曰：善與惡異趨。廉者，必不同貪；公者，必不濟私。然惡或誣善，事雖可白，不免受辱，宜嚴禁之。使有所勸懲。繼今犯法者，不許誣引良善。違者，所誣雖輕，亦坐以重罪。爾刑部其榜諭之。

(清)查繼佐《罪惟録》志卷二一《刑法志》 永樂元年，詔誣告反坐宜重。及三四人者，杖百，徒三年。五六人者，流三千里。十人以上，淩遲梟示，家屬遷化外。

《明太宗寶訓》卷一《明決》〔永樂九年〕九月庚辰，通政司言，黄巖縣民告豪民持建文時士人包彝古所進楚王書藁與衆聚觀，書中有干犯語，請付法司治之。上曰：此必與豪民有怨，而欲報之。朕初即位，命百司凡建文中上書有干犯語言，皆朕未即位以前事，悉毀之。有告者，勿行。今復行之，是號令不信矣。況帝王豈念舊惡。帝王之度，如海納百川，無所不容，故能成其大。何暇瑣瑣追咎往事！所告勿聽。

（明）余繼登《典故紀聞》卷一二 景泰中，有學官爲生員誣陷贓罪，械至京，自經於逆旅。事聞，都察院請通行天下禁約：凡生員有以奉師束脩贄見儀物爲贓搆詞誣陷者，官司鞫實，即與分豁，毋一概論贓。其生員誣陷師長，真情暴白，仍械京治罪。從之。

（明）余繼登《典故紀聞》卷一一 京民有受財教唆捏寫訟狀誣告平人者，刑部奏，雖稱教唆，不係越訴。英宗命充軍，後有犯者，悉准此例。

《明英宗寶訓》卷三《禁非為》 正統十四年三月辛丑，上諭吏部尚書王直等曰：近聞各處放回官吏人等，多有奸詐，挾制官府，欺害小民，及因而誘人爲非，以致盜賊生發。爾吏部查禁約事例來聞。直等悉疏永樂、宣德禁約例上之。上覽畢，諭之曰：放回官吏人等挾制有司，交結害民者發口外充軍。有奸詐豪橫，誘人爲非因而聚衆刼掠鄉村者，本身梟首，家屬發邊遠充軍。爾吏部移文內外法司衙門，遍諭有衆，使知所警。

（明）戴金《明條法事類纂》附編《文武職官誣告十人以上照例奏請發落例》 成化十六年六月初八日，都察院掌院事太子太保威寧伯兼左都御史王等題，爲定議事例，以息刁訟事。河南道呈。查得：見行事例，各處軍民人等，原籍詞訟驀越赴京奏訟誣告十人以上者：軍旗、舍餘，問發邊衛充軍；吏民人等，連當房家小，發口外爲民。其奏告謀反及叛逆等項機密重事，並無主人命與官吏侵盜，係官錢糧不實者，文武職官有犯，奏請發落。軍職、舍餘、吏民人等，俱照誣告十人以上事例：屬軍衛管轄者，俱發口外爲民；原係邊衛者，發極邊衛分充軍；屬有司管轄者，發口外爲民。此例遵行已久，但文武職官，有犯誣告十人以上於例不曾該載，往往難以發落，呈乞施行。等因到院。臣等會同刑部、大理寺、太子少保、刑部尚書等官林等議得：前項誣告十人以上者，除軍民人等，仍舊照例發落外，若文武職官有犯，俱照奏告無主人命等項不實事例，一體奏請發落。庶事體歸一，人易遵守，緣係事例，未敢擅便，具題。次日奉聖旨：是。欽此。

成化十四年十一月二十日，都察院掌院事太子太保兵部尚書謙、都察院御史王等題，爲振肅風紀事。竊惟朝廷設官分職，各有攸司，御史受耳目之寄，凡目有所見，耳有所聞，皆得言之行之。自周迄今，舉重此官。洪惟我朝廷自祖宗創業以來，設立浙江等一十三道，共御史一百十員。每歲與南北直隸及浙江等布政司，各差一員，前去巡按。其官吏之貪酷，軍民之詞訟，政令得失，地方之安危皆有所理。而六部如糧儲、軍政等項，事有窒礙者，悉奏行巡按御史幹辦外，有三司事有難行者，悉行移巡按御史裁決。一人之身，百責具備。又不清軍者，巡監者，提學巡（茶）〔察〕者，刷卷者，管河者，捕盜者，巡倉者，巡關者，又不時差不出提人者，勘事者，凡有姦弊必得御史以禁革之。至於糾察百僚，扶持公道，又御史分內事。其責任可謂重矣。是以我祖宗立法，不許以新進初仕，及知印承差人等充用。皇上臨御以來，克承祖訓，乘命於行人，知縣等官內，三年考滿科目出身者，選除，自是該部照例查訪，行取考選相惠者，奏送各道試職一年，或理刑半年，本院考中，方纔奏請實職，否則黜退，其選用可謂精矣。然人之有贓否，才行有高下：間生事不才者，固有；而守法幹能者，亦多。考之已往，御史有犯貪贓者，或降、或調、或謫戍、或爲民，重加其罪，未嘗少貸。有廉能出衆者，在京即陞侍郎、都御史等官。一懲一勸，各有攸當。未嘗以一人之不才，而棄衆人之才，其駁之可謂嚴，而待之可謂厚矣。然所以任之專、選之精、駁之嚴、待之厚者，無非重風紀也。節該伏睹憲綱內一款：凡〔監〕察御史巡歷去處，但知有司等官守法奉公、廉能昭著者，隨即有若姦貪廢事蠹政害民者，即便拏問。其應奏請者，具實奏聞。若知善不舉、見惡不拏，杖一百，發煙瘴地面安置。欽此。欽遵。欽遵又一款：凡風憲官，問定官員贓罪，如有冤枉，本犯從實（聲）〔申〕訴。若果有犯實跡，不肯服罪，或挾讎捏造等項，爲詞摭拾原問，於本罪止加二等坐罪。欽此。欽遵。此祖宗風紀之意也。及查正統十一年七月內，爲摭拾風憲事，該本縣擬得罪囚，果有冤枉，止許將應訴情詞訴告，若牽告原問官員，必須行勘明白，果有循私枉問及受贓等項實跡，方許提問。如告涉虛本犯例，該原籍爲民者，發口外爲民。該附近充軍者，發邊衛充軍。係邊遠者，原衛常川瞭哨，若摭拾不干己事，裝誣原問官者，照例參出不准。等因具題。奉英宗皇帝聖旨：准擬。

但伸訴冤枉的，法司從公與他辨理。原告原問官且不提，只行勘他事情，及先提事内緊關人犯究問。如所告是實，依法提原問官問罪。若係妄告的，還常例問罪，他果刁發情重的，該衙門指實參奏，治以重罪。欽此。欽遵。此先帝重風紀之意也。又查得：成化三年九月内，爲禁納妄訴事。該户部等衙門會議得：官員中間，有等不才之徒，贓證明白，問擬罷職，卻又捏詞摭拾原問官吏，傚傚成風，無所畏懼。今後有犯摭拾原問官吏：原問充軍者，發邊遠充軍；原問爲民者發口〔外〕爲民。等因具題。節該奉聖旨：准擬。欽此。欽遵。又查得：成化十三年六月内，陳言弭災保治事。該監察御史戴縉奏稱：近來犯罪問發官吏人等隱匿已過，恃潑來京誣告毁謗，以致巡按御史往往被其誣奏下獄，遂使風憲之官從兹委靡。伏乞皇上俯察，此官少加寬貸。等因。本院議得：今後有訴冤枉者，隔别委官從公勘問。果有冤枉，即與辦理。若牽告原問御史者，該衙門看有不干己事例，立案不行。若係干己並應奏事情，行移巡撫官，如無巡撫去處，方差京官先提事内緊關人犯勘問。若御史果有受贓等項重情，就便參提問理。如無重情，止是公錯小事，候替迴之日，宜從該衙門參提奏問。若官吏人等，原問罪名，允當别無違枉，卻又捏詞裝誣風憲者，俱依正統十一年並成化三年，奏奉欽依内事理施行。等因具題。奉聖旨：是。欽此。欽遵。此又皇上重風紀之意也。奈何（禁）〔近〕年以來，各處貪酷等官吏人等，或被巡按御史拏問、或會問發遣、或差官吏差事已明白結絶，往往來京巧捏浮詞，率引不（耳）〔干〕己事，及將暗昧事情問款，〔具〕奏誣告。皇上恐有冤抑，准其一二，此固月蝕（　）〔?〕之德，但天下之大，所問貪酷等項官吏人等數多，僅聞風背來妄，非惟煩瀆聖聽，抑且有虧國體。如御史果有不才，勘問明白，朝廷加之以罪，雖犯無悔。若輒與所斷囚人對問，誠恐後來御史惟怕裝誣受辱，因而推托利害，不肯盡心，則貪酷愈加放肆，軍民益被其害，所係非小。且臣等叩蒙恩遇，濫任風化，所以夙夜戰兢，勉圖報稱於萬一者，惟欲風紀之振肅耳。今風紀不振，囚犯不服，犬馬之心，寢食不安，措躬無地。伏望皇上申憲之制，重設官之法，今後官民、軍捕人等，爲事問發奏告原問官員者，乞敕該衙門通行查照舊例，若有不干己事，及已經差官會勘明白，奏有欽依發落者，俱立案不行。若干己並應奏事情，仍行巡按、〔巡〕撫官，如無巡撫官去處，行無礙御史、或三司官事重者，奏差原官，俱先提緊關干證人犯問理，果礙原問官員，方許指實參奏。有贓貪重情者，依律比有餘官員加二等科罪，重加竄逐。無贓貪重情，止是誤小失，亦依律問罪，照常發落。所犯人犯。如無冤枉，捏詞摭拾，妄行奏告者，亦照舊例：原問爲民者，發口外爲民；原問充軍者，發極邊充軍。係極邊者，常川瞭哨。其御史中間，亦有操履端方，練達有爲者，仍乞。成化十四年十二月初十日，太子少保刑部尚書林等題。

計開：

一件息濫訟見行事例，内開鎮守、總兵、參將等官，不分越分侵奪職掌，濫受軍民詞訟，輒行軍衛有司問理。臣今見南京守備等官，遇有軍官被人告發受既等情，及軍民人等一應鬥毆相爭等項詞訟，輒便濫受，及妄告出語，送南京法司問理，致使事體紛更而不歸一，詞訟濫泛而欠公平。如蒙乞敕都察院申明舊例，給榜於南京通政使司（問）〔門〕首張掛曉諭：今南京軍民人等，一應大小詞訟，務要俱赴南京通政使司告送，南京法司問理。仍行南京守官，各宜遵守職掌，不許似常濫受詞訟。其南京各衙門及兵馬司，亦不許取受並轉送法司，如有奏行不至，仍前承受送至法司者，就便立案不行。如此，則職掌有歸，而刑獄無濫矣。

前件查得：在外鎮守總兵、參將，及守備地方内外官員，不許濫受軍民詞訟，輒行軍衛有司問理明白，係見行禁約事理，其在京軍民人等詞訟，俱赴通政使司，告送法司問理，係是舊制。今御史李紀奏稱：南京守備等官，遇有軍民詞訟，輒便濫受，妄（家）〔加〕出語，送南京法司問理，致使事體紛更，要行南京守備等官各宜遵守，不許濫受詞訟一節。（切）〔竊〕惟南北兩京事體相同，内外守備地方爲重，合無今後南京軍民人等，所告詞訟若不干係地方及軍民利病等項，應該内外守備官員受理者，聽其受理。有户婚、田土、鬥毆人命一應詞訟，該法司問理者，悉遵舊制，赴通政司告送法司問理。庶得兩京事體〔歸〕一，下人易於遵守。

（明）戴金《明條法事類纂》附編《通行各處問刑衙門遇有誣告十人以上發口外為民者，或買逃、或逃迴，又行捏詞誣告平人者，聽點撥附近衛分充軍，並各該衙門遇有僧道軍民人等將爭兢不明、買過及寺觀田土，朦朧投獻於王府，假捏典賣文契掩飾者，照例問發邊衛充軍，田土給還寺

觀及應得之人管業例》 成化十八年二月二十三日，都察院等衙門右都御史等官戴等題，爲處置民情事。江西道呈内府抄出鎮守江西司〔禮〕監太監劉奏前事。蒙聖旨：命守江西，夙夜戰兢，恐辜委任，雖識見短淺，無所建明，然有當行當革事宜，不敢緘〔點〕〔默〕，今將三事條陳乞敕法司，計議施行等因。具本奏。奉聖旨：該衙門知道。欽此。欽遵。抄出到道，除所言便驛傳，一係兵部掌行抄呈本院部施行外，數内抑刁訟、禁獻二事，具呈到院，公同刑部、大理〔事〕〔寺〕太子少保尚書等官林等，會同議明白，各立前件，欲各該問刑衙門，查照施行。及行巡按江西監察御史，徑自出榜曉諭，緣係會議事件，及奉欽依該衙門知道，事理未敢擅便，開坐具題。本月二十五日奉聖旨：准議行。欽此。

計開：

一、抑刁訟。看得：江西地方，雖曰文獻之邦，然民俗刁頑，素稱健訟。有等刁潑之徒，不務生理，專以捏詞告人，圖利肥己。有因爭鬥小忿，就將遠年病死人命，捏作打死，有被强盜竊去家財，就告平昔有讎之人强劫。有因爭競一事，捏作不干己數事，牽告百十餘人。所司審出虛詐，不與准理，私忿不遂，輒便赴京捏詞奏告。及行提問，百無一實。中間又有一等豪惡之徒，因事打死人命、或占人田土、姦人妻女、搶人家財、騙人財物被人告，自知罪惡深重，不肯出官對理，卻乃隱下前情，妄捏謀逆重情，赴京伸訴，聳動朝廷，煩瀆聖聽，節蒙差官前來勘問，往往虛多實少，雖是明證其罪，俱干連人重累死者多，況誣告十人以上者，例該口外爲民，其間多有正身不去，買囑解人，故令家人頂解，或於中途買脱，或於配所逃迴。所以苟得偷生，恬不知懼。臣惟此等刁頑之徒玩法害民，爲惡非細，若不另嚴禁條以抑之，則刁風日盛，民俗日薄，良善何由而安之？乞敕法司計議，今後江西軍民赴京奏告人命、贓私、搶奪、詐騙，及户婚、田土，仍照常例行令所司問報。其間果有干礙地方不軌，及一切違〔法〕重情，乞免差官止行巡按御史，會同臣與布、按二司官究問明白，具奏定奪。其一應奏告之人，但有負累平民致死者，依律問擬。誣告人因而致死，絞罪。誣奏十人以上者，吏民人等免發口外爲民，改發附近衛所永遠充軍。以便管拘軍餘旗校人等，照舊發邊衛充軍。文武職官有犯具奏定奪。仍行令巡按御史，備榜曉諭。如此，則姦頑知懼，而刁訟永息矣。

前件會議得：太監劉偶奏稱：軍民人等，奏告人命贓私、搶奪、詐騙，及户婚、田土，俱行所司問報，干礙地方等項重情，行移鎮守、撫按等官究問，具奏處置，係見行事例，別〔請〕定奪。其勘問事情，乞免差官，及一應誣告人負累平人致死者，要行徑擬，誣告因而致死絞罪一節，照應奏訴重情，應不差官勘問，法司臨時擬奏，取自上裁。觀以定擬，俱免差官。及查得：誣告人因而致死者，律無正條，先年法司，亦曾摘擬前律。近年以來，此等囚犯，俱依誣告人因而致死，隨行有服親屬一人者，絞。今要摘律控擬誣告人因而致死者，絞。緣俱係真犯合准所言通行在外，問刑衙門遇有此等囚犯，徑自摘擬前律，呈〔詳〕〔請〕施行。其稱吏民人等誣奏十人以上者，發口外爲民，改擬附近衛分永遠充軍。查得：《大明律》内，誣告常人罪止滿流及有減等滿徒，先發法司，議擬奏准。誣告十人以上者，民發口外爲民，軍發邊衛充軍，職官有犯奏請處置，揆之於律，以是重於遠流。今又要將誣奏十人以上犯，改撥附近衛所充軍，不無太重，人難遵守，合無通行各處問刑衙門，今後遇有此等囚犯，俱照前項見行事例問發。中間若有刁頑之徒始終不悛、或中途脱逃、或配所買迴，又行誣告捏詞平人、擾害良善，所司推問明白，方聽改擬附近衛所充軍。旗軍、舍餘、校尉人等並職官有犯，照依舊例施行。如此，則刑法適中，刁頑知警。

（明）戴金《明條法事類纂》附編《問發囚犯許將冤枉實情伸訴別委勘理，敢有別捏贓私不干己事摭拾原勘問官吏，問發充軍，軍職為民》 成化十九年五月十五日，都察院右都御史戴等題，爲陳情挾仇誣枉陷害事。都察院咨巡撫宣府等處右僉都御史秦奏：乞敕法司，查照前例通行禁約。其犯事之人，果被原問官吏枉罪，止許將冤枉實情奏訴，改調別衙門勘問。果係冤枉，即與人辨明改正。仍將原問官吏依律究問。若有挾仇摭拾原問官吏別項贓私，不干己事排陷者，俱照例問罪，發遣情詞立案不行等因。具本奏。奉聖旨：該衙門知道。欽此。欽遵。抄出到道，案查先該萬全都司參奏淮安衛指揮周英，私借預備倉糧，索取軍人財物等情，已經奏行巡按直隸監察御史劉綸提問，續該周英奏稱，刁軍李來川妄告被委官副斷事趙蘭挾任誣枉，致蒙參提，及稱趙蘭接受楊場官銀伍兩，又將原告李來川免杖罰炭入己等情，又經呈行御史劉綸併查勘去後，及查得見行事例，今後御史（周遇）〔問過〕官吏軍民人等，若有伸訴冤枉者，隔別委官從公勘問，果有冤枉，即興辨理。若牽告原問御史干己應奏事情，行移巡撫官勘問，若御史果有受贓等項重情，就便參問。如止是公錯小事，候替迴奉奏提問。若御史問過官軍民人等罪名允當，卻乃捏詞裝誣風憲，俱照正統十一年並成化三年奏行事例：原問充軍者，發極邊衛分充軍；原問爲民者，發口外爲民。

今該前因，（查）〔案〕呈（道）〔到〕院。看得：巡撫宣府右僉都御史秦奏稱：爲事指揮周英訴告原問官副斷事趙蘭贓私事情，已該巡按御史問出涉虛，並周隆等，俱係發落外，其稱宣府軍職犯罪，往往倚恃刁潑，摭拾原問官員，查照舊例通行禁約，爲事人果被官吏枉問者，止許將枉問實情奏訴，改行勘理。若有摭拾別項贓私不干己者，照例問罪。奏詞立案不行一節。緣舊例，止言摭捏原問風憲官員不曾該載，其餘問刑衙門，以此姦貪之徒，全無忌憚。凡有贓私算項，上司委官勘問輒便挾讎阻壞，必欲屈法曲法以遂其姦。及至廉正官員徒公勘問，明證其罪，被橫生節技，妄行摭捏，或牽不干己事，或捏枉法贓私連累無辜，事難結絶，只今各處俱有此弊，誠如右僉都御史奏所告，不比照前例通禁約，將使姦貪刁潑之徒愈加縱肆，法度不行，率由於此。合無通行兩京法司，及各處巡撫、巡按、按察司等項問〔刑〕衙門，今後問刑，務要原情定罪，必求允當。其問發官吏、軍民人等，若有伸訴冤枉者，止許將冤枉實情伸訴，以憑隔別委官勘〔問〕，果有冤枉，即與分豁。原問勘官吏果有別失出入情由，依律參問。其問發囚犯，不許仍前倚恃刁潑，妄捏別項贓私，不干己事，混誣原問官員，敢有故違，一體比照前項事例：原問充軍者，發極邊衛分充軍；原問爲民者，發口外爲民。軍職有犯監候，奏請定奪。中間若有摭拾原問勘官別項贓私，不干己事，俱照前例立案不行。具題，奉聖旨：是。欽此。欽遵。擬合通行。

（明）戴金《明條法事類纂》附編《申明誣（奉）〔告〕十人以上充軍事例》 成化十九年九月二十三日，該户部等衙門，太子少保户部尚書等官余等題，該巡撫山西都察院右（參）〔僉〕都御史邊奏，一件禁姦詐以革刁訟事。照得：近年以來，在外府州縣、衛所，有等姦詐之徒，不務本等生理，專一教唆詞訟。於是遠近告狀之人，聞風賫利投寓狀詞，彼既得其利，務求副其心，不免虛飾文、多羅織。或因告一事而牽諸事；或因告一人而混告一家，牽引四鄰。及至到官對理，虛者十常八九，以致訟獄猬興，平人濫罹負害之苦，文案堆積，官司徒費聽斷之勞，揆厥本原，習由寫狀之人有扇惑之。如蒙乞敕都察院，行移在外司府州縣、衛所大小問刑衙門，今後〔接受〕詞狀之際，狀後務要明開寫狀之人。如所告涉虛，犯徒罪以上並誣告十人以上者，告狀人照依在京伸訴不實事例，民開口外爲民，軍人、舍餘發邊衛充軍，寫狀之人，照依在京教唆詞訟事例，不分軍民舍餘人等，俱發邊衛充軍。若軍人，舍餘，原係邊衛者，發極邊衛分充軍。若狀係自己寫，比對筆跡相同，而所告有涉虛者，亦照前例而行。如此，庶使人知警畏，刁風可息，民訟可簡矣。會議前件，都察院申明舊例，節該奉聖旨：准擬。欽此。查得先該大理寺卿王槩題爲詞訟事。合無照例通行各處問刑衙門，今後在外軍民人等，妄將輕事捏作重事，驀越赴京奏告者，照例見行越訴事理問罪的，決遞迴原籍，官司勘問，其中果牽連負累人衆，但係誣告十人以上者，軍發邊衛充軍，民發口外爲民，仍追究在京在外，替寫本狀之人，詞教唆及受雇受寄之人，鞫問明白，不分軍民，連當房家小，發邊衛充軍。其告革前並不干己事，照舊立案不行。若在京，一應詞訟其替寫本狀教唆之人，止照例發。奉聖旨：是。欽此。

（明）戴金《明條法事類纂》附編《勘問訴冤被奏官員須察其貪廉》 成化二十年七月二十八日，刑部爲建言民情等事。成化十九年月日不等，於禮科抄出吏部等衙門聽選等官人牟釗等，建言民情事件。該通政使司掌事太子少保禮部尚書張等，看係建言事理，合著禮部抄出，會官議。奉聖旨：是。欽此。欽遵。抄出刑部會同各部、都察院、通政司、大理寺、六科給事中議得數內四十件。合准所言，宜從吏部等衙門查勘定奪施行，未敢擅便，各官奏。奉聖旨：照例。欽此。欽遵。一件辯明廉貪，以杜刁風。該吏部聽選官牟釗奏：乞皇上明見，萬里之外，深知警戒。乞敕法司，合無自後奏告内外文武官員不法等情，行移理刑風憲，遵承朝廷耳目從公辯明是非，要在訪察告人及被害人員，平昔是否刁良貪廉，躬親理問冤情，果干己，官爲酷蠹枉抑，告實者，悉照律例問擬。其中受財脱逃及息詞，及招情與告人素無相干訊訴者，不分輕重，照例立案。乞將原告徒流者，隔别改擬充軍。北人發去沿河並兩廣煙瘴處所；南人發極邊寒苦地方。仍將受財賣放者抵罪。再乞備榜於各處都察院門首，常川張掛曉諭，誡使廉勤公正感天恩，無枉極之由；刁風姦貪，遵國法，有警懼之杜矣。前件，法司查例禁約，備抄移咨送司，案呈先爲禁約刁風事。都察院題，該江西按察司牟俸等奏。内開：今後軍民人等詞訟，有將不干己事混同干己之事，多捏情詞開款奏告，所司從重參詳。如有告二事以上，内有一事干己，止將干己一事施行，要與按内明白開説。某事不干己，立案不行。若是受財買免及所奏不實，故意中途逃躲，不行到官，與官吏侵盗，係官錢糧不實者，除文武職官有犯，仍照舊例。奏奉欽依，通行問刑衙門，欽遵去後，續該本院題，河南道呈。查得：見行事例：各處軍民人等，原籍詞訟驀越來京奏訴，誣告十人以上者，軍旗舍餘問發充軍，吏民人等連當房家小，發口外爲民。其奏謀反叛逆等項機密重事並無主人命與官吏侵盗，係官錢糧不實者，文武職官有犯，奏請發落，旗軍、舍餘、吏民人等，俱照誣告十人以上事例：屬軍衛管轄者，俱發邊衛；原係邊衛，發極邊衛分充軍；屬有司管轄者，俱發口外爲民。此例遵行（軍）〔年〕久，但文武職官有犯誣告十人以上，於例不曾該載，難以發落，呈乞施行。等因到院。會議前項誣告十人以上事理，中間文武職官既不該載，合當定擬。合無通行在京兩法司並在外問刑衙門，將見問今後問擬囚犯，但係赴京奏告詞訟，犯該誣告十人以上者，除軍民人等，俱照舊例發落外，若文武職官有犯，俱照奏告無主人命等項不實事例，奏請發落。又經具題通行，欽遵去後，今聽選官牟劍奏稱：合無自後奏告内外文職官員不法等事，行移理刑風憲躬親理究。如果干己告實者，悉照律例問擬。其中受財脱逃及息詞，及招情與告人素無相干，誣訴不分輕重，立案不行。乞將原告徒流者，隔别改發充軍者，北人發去沿海並兩廣煙瘴處所，南人發往極邊寒苦地方。仍將提解逃者，着落所司，務待挨候之日，一體發遣及備榜曉諭一節。緣有前項見行事例，通行遵行久矣，難以分更，合在申明禁戒。

（明）戴金《明條法事類纂》附編《奏告内外官員查照干己弊不干己弊發落》 成化二十年七月二十九日，禮部等衙門尚書等官周等題，爲建言民情事。該吏部聽選官牟劍奏前事内，一件辯明廉貪，以杜刁風。竊詳官軍、人民中間，刁潑者，蓋因平昔好閑不務本等，逞其兇頑、欺公玩法，見得剛直廉勤官軍，處事執法奉公，無從浸潤，或者因公被責懷恨在心，無由報復，結搆（群蜂）狐朋狗黨，稱言貪贓壞法，輒便砌捏本狀，驀越奏告，蒙行巡撫，巡按等官，提人問理委官，請近向勘。所委官員從公辯明者固有，循私枉誣者亦多，内有爲國勤政，因其所誣，意實分陳，心懷憂慮及（扯）〔恥〕辱，不敢告訴，内有恐污名譽，忍辱含冤，揭債買免，虚誣罪名不過徒流，極甚充軍。及至附近配所官司，聞知刁風，有貪婪廢政者，官軍受財聽囑，上下交謀，情結心（復）〔腹〕，賄賂財物，均分肥己。佯官稱送稍有不從，徑自告理潛便脱逃，非惟府官被其攪擾，亦且公廉受害，刁貪愈習。如蒙乞敕法司，合無自後奏告内外文武官員不法等情，行移理刑風憲，從公辯明，要在廣行詢察，情果干己官爲酷蠹枉抑，告實者，悉照律例問擬。其中受財脱逃，及息詞及招情，與告人素無相干，誣者，不分輕重，俱照立案。乞將原告徒流者，隔别改撥充軍。北人發去沿海並兩廣煙瘴處所；南人發往極邊苦寒地方。仍將提解脱逃者，着落所司，務本挨獲之日，一體開遣。若迎送之人受財賣放者，抵罪。再乞備榜於各處〔都〕察院門首，常川張掛曉諭等因。前件會議得，法司查例禁約，案查先爲禁約刁訟事。都察院題，該江西按察司使牟俸等奏内開：今奏軍民人等詞，（詞）〔訟〕若有將干己事，混同不干己事，多捏情詞開款奏告者，所司從公參詳，如告二事以上，内有一事干己，止將一事干己施行。要於案内明白開訖，某事不干己，立案不行。若有受財買免，及所奏告不實，故意中途逃躲、不行到官，與官吏俱盗，係官錢糧不實者，除文武職官有犯，仍照舊例奏請發落外，其餘軍舍、旗餘、吏民人等，俱照誣告十人以上事例：屬軍衛管轄者，俱發邊衛；原係邊衛者，發極邊衛分充軍；屬有司管轄者，俱發口外爲民。等因〔具〕題。奉欽依通行問刑衙門，欽遵去後，續據本院題，河南道呈，查得：見行事例，各處軍民人等，原籍詞訟，驀越來京奏訴，誣告十人以上者，軍旗舍餘，問發邊衛充軍，吏民人等，連當房家小，發口外爲民。其奏告謀反叛逆等項機密重事並無主人命，與官吏侵盗，係官錢糧不實者，文武職官有犯，奏請發落。軍旗舍餘吏民人等，俱照誣告十人以上事例：屬軍衛管轄者，俱發邊衛；原係邊衛者，發極邊衛分充軍；屬有司管轄者，俱開口外爲民。此例通行年久，但文武職官，犯誣告十人以上，於例不曾該載，難以發落。呈院會議，合無通行在兩京法司並在外問刑衙門，今後問擬囚犯，但係赴京奏告詞訟，犯發誣告十人以上者，除軍民人等，俱照舊例發落外，若文武職官有犯，俱照奏告無主人命等項不實事例，奏請發落。又經具題，欽遵去後，今聽選官牟釗奏稱前因，合無申明禁約。

（明）戴金《明條法事類纂》附編《禁約擅入禁門，及教唆詞訟誣告十人以上並寫本狀，俱書姓名不干己事立案》 弘治元年四月初二日，刑部尚書何等題，爲陳言事。准兵部咨該彭城衛右所副千户陶瓚奏。奉聖旨：該衙門知道。欽此。欽遵。通抄到部，除選軍政清軍伍，放糧蘇軍餘，係例别衙門掌行。看得：副千户陶瓚奏稱：禁奔〔趨〕以革囑託之害，近年以來，有等無知官舍軍民人等，專以奔趨内府衙門，交結近侍，或攬事囑託，盜用書簡圖書，凡可以營利肥己者，無所不爲。乞照洪武、永樂年間事例，不許内外交結。仍敕東廠、科道、錦衣衛，行辨訪案一節。查得：弘治元年二月十二日，該太監覃昌傳奉聖旨：朝廷政事，祖宗俱有成憲。今後五府、六部、部察院、通政司、大理寺等衙門（連）〔遵〕守，不許徇情，互相囑託，有虧公道。敢有寫貼子囑託：係内官的，將貼連人送與楊鵬；外官的，送與朱驥奏來處理。若容隱不拏，具奏的，或體訪得出，或被害之人奏發，都治下重罪不饒。欽此。欽遵。今奉前因，緣有前項欽奉事例，别無施行。其奏稱：禁主寫以除侵擾良民之害。竊見京城人煙繁雜，詞訟紛經。中間多係爲事罷閑官吏人等，苟圖衣食在京潛住，專一主使起滅蠱害良善，雖節有榜文禁約，着令地方四鄰供報，況此等之徒，狡猾百端，埋名托籍，最難懲治，東遷西住，不敢（潛）〔定〕住。亦有曾經主寫事發充軍者，今迎來京依前（非）〔主〕寫，似此之徒，玩刑憲如飲食，視禁約爲故紙，明知故犯，曾不加懼，非惟官司被擾，良善多致殘害，若不懲治，甚傷風化。如蒙乞敕都察院，重出榜文，嚴加禁約，前項主寫無知之徒，許令諸人捉拏，赴京照依問發。仍行通政使司，今後軍民人等，詞訟本狀，務問寫人氏姓名，於後倘有不實，一體究問一節。查得：宣德四年四月二十五日，都察院官欽奉宣宗皇帝聖旨：軍民一應詞訟，自下而上陳告不許越訴，已有定制。近有姦頑潑皮之徒，或犯姦盜詐僞等罪被人告發，充軍、爲民、做工等項，或因户婚、田土，互有爭占打奪、騙要等事，往往不遵舊制，巧揑虚詞，擅動實封，及雇倩人赴京遞狀報復私讎，甚至將清正好官人，每也都揑詞告了，攬擾官府，好生無理。恁都察院便出榜，去各處張掛曉諭多人知道。今後軍民人等，除機密重事得實許其本實封奏來，其餘一應私己事務，非干朝廷機密事，都要將實情自下而上陳告，敢有仍前不遵舊制，擅動實封，及雇人遞狀，驀越訴告的，不問實與不實，即將犯人拏問並挨究，主使及教唆揑詞並寫本狀的人，不分軍民、餘丁、匠役等項，都拏來各杖一百，將正犯牢固枷釘，連當房家小，發遼東邊衛充軍。永爲定例。欽此。欽遵。（切）〔竊〕惟法嚴則人知懼，訟簡則民自安。伏惟宣宗皇帝深知訟繁興及良善。是此，嚴立禁例（欺欲）〔息訟〕爭，自願强弱各安，以共亨太平之樂也。今經五十餘年，庸懦之吏既怠於遵行，刁詐之徒亦莫知是懼，雖屢經申明，抵冒如故。況京城人煙輳集，有等罷閑官吏、刁潑之徒，潛住其間，往往替人寫本、寫狀，教唆軍民，將不干己事，排告官吏，誣陷良善。或因鬥毆而添揑重情，或因田土而牽告人命，覽其狀詞，似有可信，及至勘問，多是涉虚告。其寫本寫狀之人，又稱過往客商，不知姓名，姦弊多端，誠如副千户陶瓚所言，合無本部出榜禁約，但有罷閑官吏爲民、充軍逃迴人犯，在於京城内外潛住，替人寫本、寫狀者，許諸人捉拏送官究問明白，從重懲治。今後軍民人等詞訟，除謀反、叛逆、姦細、機密重情，許將實情赴京奏告。其一應人命、户婚、田土、鬥毆等項干己事情，俱要及自下而上陳告。其奏告本狀後，務要開寫代書之人，姓名、籍貫、住址，問理衙門審實，方與提人對問。如果奏事得實，及重事告實，輕事招虚者，告人照常例發落。其代寫本狀之人不必究問。若非密而妄言密，無冤而詐稱冤，牽告不干己事，誣告十人以上，或雇人遞狀，或受人寄告，或以建言爲由，而蔓辭以報私怨，或以陳情爲説，而巧詞以陷平人，或隱匿自己姓名，使老幼男婦由名抱告，俱要問擬如律，照見行事例發落。及將代寫文狀之人，行拏到官，對問明白，悉照宣德年間事例不分軍民、餘丁、匠役等項，各杖一百，將正犯牢固枷釘，連當房妻小發遼東邊衛充軍。若職官有犯者，奏請發落。其奏告不干己事，元年雖有事例，因革不常，合無今後在京奏告本狀中間，有不干己者，立案不行，止將原告問擬發遣。如有一二事干己其餘不干己者，將干己事情問理，不干己者，亦立案於照出項下明開，某事不干己，照例立案，仍行都察院，一體禁約施行。如此，則刁頑知懼，而詞訟不敢蝟興，良善獲安，而官司免其攪擾。奉聖旨：是。這等罷閑官吏在京潛住，有擅入禁門交結的，看各門官仔細盤結拏住，送錦衣衛着實打一百，連當房家小，押發煙瘴地面永遠充軍。及教唆詞訟的，錦衣衛、五城兵馬司，要嚴加緝拏，照例編發，欽此。

（明）戴金《明條法事類纂》附編《奏乞恩分豁軍政禁革刁頑等事》

弘治元年九月十四日，刑部等衙門尚書等官何等題，爲興利除害，安養軍民等事。該忠（議）〔義〕前衛指揮使司周宗奏，各處衛所官旗軍人，聽人主使，受人雇倩、結黨類（駕）〔聚〕、浮捏詞〔訟〕奏告本管官員者，法司勘問明白，果無贓私罪名，奏告之人，不分管旗軍人，調發邊衛分常川守哨等因。奏行兵部。成化十一年十一月復奏。准行。

前件，節該伏睹《大明律》內一款：誣告人笞罪加二等，徒流、杖罪加三等，至死罪。而所誣之人已決者，及坐；已死未決者，杖一百、流三千里。欽此。欽依。今前（倒）〔例〕不曾分別所誣之罪輕重，欲調極邊衛分常川守哨，似欠明白，難以遵守，此例可革。

（明）戴金《明條法事類纂》附編《文武官偷職誣告十人發落》

弘治三年十月初二日，都察院右都御史屠等題，該巡按湖廣監察御史史簡奏。問得：犯人丁信招係襄陽衛副千户，成化二十二年十月內，有本所運軍王敏貧難，告蒙衛所將軍人張良僱運。成化二十三年正月內，信管運糧儲，不合面更替運軍吳剛等嚇説：若不貼錢，仍要運糧。各人被嚇，吳剛將銀三兩八錢、豬一隻，周寬將銀四兩各與。信明知原運軍人扈恭實難在逃，不合拘來勒要銀一兩，又許次日再送一兩。當將軍人李賢頂替，李賢畏避，亦將銀二兩親送與信，又不合枉法接受，卻將本所軍人劉昇頂替扈恭。本年八月初三日，信運糧到張家灣稍舡，因見樂婦楊妙定要行嫁人，信明知有例，娶樂婦照依宿娼事例調衛差操，又不合故違娶討本婦爲妾。遇蒙本年九月初六日赦宥，各不合不行首官改正後，信差人將劉昇等捉拏監追。劉昇令伊妻崔氏具狀赴襄陽撫民毛副使處告，蒙將劉昇等行提到司問擬發落，（昭）〔招〕出信係有贓軍職，參提問信與本所軍人姜寧各明知有例，驀越赴京誣告十人以上職官有犯，奏請發落。替寫本狀之人，不分軍民，連當房妻小，發邊衛充軍。各不合故違，信將銀七錢密與姜寧，不合枉受入己替寫捏寫本稿。開稱：千户張洪將殷實旗甲洪寬等賣放，卻將貧難陳海等差運，反捏毛副使接受穀城縣民人邵玉銀一百兩、指揮謝鑑二百兩、王洪銀伍拾兩、徐瓘銀三十兩，又捏指揮黄瓚科要軍吏徐志等銀四百八十兩等項虛情，奏蒙都察院，轉行巡按湖廣監察御史勘問。蒙將信等並原行文卷提吊到院，查審明白，問擬。信犯了該受財枉法有祿人八十貫，律絞，照例發邊方立功五年。滿日，仍照舊宿事例，調衛帶俸差操，不許管事。查得：〔見〕行事例，驀赴京奏告十人以上：屬軍衛者，發邊衛；係邊衛者，發極邊衛分充軍；屬有司者，發口外爲民；職官有犯，奏請發落。今丁信犯該前項罪名，例該立功調衛，並奏請發落人數。奉聖旨：都察院知道。欽此。欽遵。查得：軍職和娶樂婦，照宿娼事例調衛。今丁信所招，和娶樂婦，係在革前，與例不合。及查得：內外問刑衙門，問擬誣告十人以上囚犯，除軍人、餘丁有犯，俱照前例徑自發落遣外，其文武職官有犯，例該備照奏送刑部、或本院覆奏有欽依，照原擬罪名發落還職者，有照前例發遣充軍並口外爲民者，往往事體不一，人難遵守。看得：巡按湖廣監察御史史簡奏。問得：犯人丁信犯該前罪，參評合律，别無定奪，但誣奏十人以上文武職官有犯，止照原擬發落還職，則職官誣奏事例以爲虛設，不無太輕，若照軍民一（例）〔律〕發邊，則貴賤無别，又似過重，合無今後夫職有犯誣奏十人以上：係見任並致仕者，俱革職冠帶閑住，義官發口外爲民；軍職有犯係見任及帶俸差操者，俱調邊衛差操；原係邊衛者，調極邊衛分差操；老疾致仕者，革職於本衛所冠帶隨住。若先爲事已問革爲民隨住者，依例發遣充軍。庶輕重適均，人易遵守。今丁信犯有前罪。欲咨兵部，將本犯註調邊方衛所立功五年，滿日，於本衛所帶俸差操，不許管軍、管事。本院仍通行內外問刑衙門，今後遇有文武職官，有犯誣奏十人以上者，俱照前例問擬，奏請發落。奉聖旨：是。欽此。

（明）戴金《明條法事類纂》附編《禁約》

弘治四年七月十六日，禮部爲建言民情事。禮科抄出直隸武平等衛指揮並省祭等官，及民人王溥等，建言民情事件。會同各部、都察院、通政使司、大理寺、六科議得：

除有例見行及泛言難准外，數内六十五件，合准所言宜從吏部等衙門，查勘定奪禁約施行。具題。奉聖旨：是。欽此。

一、浙江湖州府長興縣民袁江言：本縣有等奏田土等項刁豪姦詐，自知妄奏别項之情由涉虚，卻將平昔有讎之人，寫代書姓名，要行報復私讎，乞敕都察院，轉行巡撫、巡按、浙江都察院御史，嚴加出榜禁約，今後奏告之人除親書外，若有捏寫有讎之人姓名，提對字樣不迴者，就立案不行，今後不得再將有讎之人捏寫陷害。庶使姦計可革。前件都察院禁約。

一、天下文武官員，不許違例將私事捏詞妄奏紊亂舊章。

弘治五年九月初七日，户部等衙門尚書等官葉等題，爲公務事。

計開：

一恪遵祖宗成憲，洪惟我太祖高皇帝，龍飛（淮）〔淮〕甸，混一區（守）〔宇〕，酌古准今，創立法制，盡善盡美，超軼後（先）〔世〕子孫。臣庶所當萬世遵守而不可易者也。迨我太宗文皇帝、仁宗昭皇帝、宣宗章皇帝、英宗睿皇帝、憲宗純皇帝，相繼守成，一遵舊典。中間法制，或有所當未備者，率皆斷自宸衷，或敕令庭臣，揆度事體，斟酌時宜，着爲定例，通行天下，永爲遵守，亦確乎不可改移者矣。詩曰：不懲不忘，率由舊章。孟子曰：遵先王之法，而過者未之有也。蓋以此耳。柰何近年以來，天下文武官員、内官行止，不惜奔競，無耻者可（日）〔因〕（切）〔巧〕門，或因報復私忿，輒將不合時例己事，裝捏虚情，粉飾浮詞，朦朧妄奏，幸圖更改，用遂姦計。雖皇上日月之明，洞見萬里，不爲所惑，抑恐覆盆之下，明光（來）〔未〕照，亦有所存，從以非格遵成憲（耳）〔而〕由舊章之美意也。如蒙乞敕該部通行在京衙門，今後遇有天下文武官員，敢將違例私事，故捏情詞，妄行具奏，紊亂舊章，就將奏詞立案不行。仍查所奏之人，應參究者，參究；應提問者，提問；痛加懲治，勿事姑息。庶使法令歸一，人易遵守，而宗社享萬年太平之治矣。

（明）戴金《明條法事類纂》附編《誣告人死罪出入人罪誣告遷徙等項俱照舊減等例》 弘治六年閏五月二十一日，刑部尚書彭等題，爲請明律意事。福建清吏司案呈，奉本部送刑科抄出巡按福建監察御史吴一貫奏。稱：律令乃國家常典，至精至備；刑名（有）〔乃〕有司職業，是訓是行。臣以言爲貴，忠愛固所當陳；以法爲家，刑名尤所當究。莫於律意取不熟讀講明，俾用刑輕重一如衡之平耶。但意趣淵深，未易通曉，而日夜（動）〔勤〕勉、常在誦思。謹摘律令意較令之擬而（有）〔又〕擬者陳之。如監守盗、常人盗二條，皆云盗倉庫錢糧等物，不分首從併贓論罪，並於臂膊上刺字。竊謂之並則無所不然，未能嘗分於贓貫滿與不滿也。今之擬者，止刺徒流以上，而斬絞免焉，告曰應死，又皆雜犯得生，苟不刺字，則盗贓少者反顯而有鑽；盗贓多者，潔罪而無污，似與律之本意未合也。如誣告一條，前去誣告人死罪未決者，杖一百、流三千里，加役三年。竊以加役蓋爲其全誣，是告無罪之人主死未決者。今之擬其止問流罪減等，而加役免焉。若曰有例，亦可總徒四年，苟不加役，則誣告至罪未決者，不别。其有因全誣至死未決者，不見其輕重，視於律之初意頗礙也。其官吏受財之條有曰：説事過錢者，有禄人，減受錢人一等；無禄人，減二等罪，止杖一百，各遷徙。竊詳遷徙此流減半，唯徒二年者，實有原議所犯之罪也。今擬者多於《大誥》減等之下，減杖不減徒。臣愚以爲既蒙減等，雖徒三年，流而極（述）〔遠〕者，尚減而爲徒流，此流減半，唯徒二年者，豈可不減而爲輕乎？其官司出入人罪之條有曰：凡官司故出入人罪，增輕作重，減重作輕，以所增減論。註云：入至徒罪者，每徒一等，折杖二十。至流罪者，每流一等，折徒半年。竊詳此，蓋據其增減，折以杖徒，蓋欲折出於輕耳，豈可通算作杖，仍折爲徒，而反重乎？夫監（等）〔守〕盗、常人盗滿貫，（刺）〔判〕將刺字，誣告平人至死未決者，欲行加徒，説事過錢，遷徙者，欲於減等下徒一年半，出入人罪，增減者，欲隨徒流罪，各自爲折。此雖微臣管見，其實未敢以爲可否，但念刑獄大事，纖毫不到，恐傷於民情，罪惟均然後克允，而況前項數條，又該切於諸衙門，日逐問理者，議論靡同，疑惑莫定。乞敕法司詳擬，果合律意，斟酌通行。庶幾百官知所遵守，輕重有餘，法度適當等因。奏。奉聖旨：法司看了來説。欽此。欽遵。抄出送司，案呈到部，臣等會同右副都御史等官翟等查議得：伏聞太祖高皇帝定律之初，斬絞二罪，俱各依律處決，不曾分有真犯、雜犯之意，故監守自盗、常人盗滿貫者，一體處死。不滿貫者，徒杖刺字。後又欽定：人命、强盗等項爲真犯，監守自盗等項爲雜犯。真犯者，監候聽決；雜犯者，准徒貸死。既貸其死不言仍又刺字，蓋愛禮存詳之意也。彼因議擬囚犯罪名並減等名目，故捏告人死罪未決者，杖一百，流三千里，加役三年。流者，置之於彼，使不得還鄉，加役者，役以苦辛之事：既流又役，因其情重而深之也。後因御制大誥頒行天下，欲令遵行，但有咸帶此書，犯該罪以下，得減一等科斷。自此，誣告人死罪未決，剖問減等，徒三年，無復有。況罪是既徒三年，若又加役，是徒六年也，撥之事理，有礙難行。若説事過錢者，隋其所得杖罪，俱各遷徒，准徒二年。及科減等，止減其杖，不減其徒，爲杖數參差而徒耳，無二致也。當《大誥》初頒之時，即以此減等，未嘗一減其徒，其出入人罪，減重作輕，增輕作重，則註有明文，不敢錯用，別無適算作杖，仍作爲徒之説。右件法司相傳，擬斷發落，殆今百餘年中間，亦有議論，欲將雜犯、死罪一例刺字，但係干舊制，難擅變矣。今御史吴一貫奏稱前因，合無通行天下問刑衙門，照舊遵行。庶使事體歸一。具題。奉聖旨：是。欽此。

（明）戴金《明條法事類纂》附編《弘治七年九月二十七日刑部等衙門太子少保尚書等官白等題》 一、禁刁惡以息詞訟。（切）〔竊〕見江南地方，先年爲因錢糧浩大，徵收繁雜，故設糧長，以總催納，則小民有所統屬，官府易爲會計。近年以來，有等刁惡之徒，營充前役略無忌憚費錢糧。如因先年不才官吏，賄賂交通，畏懼挾制，不敢更換，縱令年終任官任侵盜。其間，有侵貸倉糧萬餘石者，有花費官銀千餘兩者，一（過）〔遇〕上司比併，止將工人、義男頂名代追，苟延歲月，希望恩宥。少併緊急，卻有捏寫本稿，雇倩慣訟之徒，違例赴告奏擾，有將遠年還過私債，而捏作原詐糧價，又將近日納過租税，而妄作係官錢糧，人有將原還田價，而捏作恐嚇之數者，計開項下一十二款，牽誣無干三四百人，及至行對提問正犯，又不出官，仍將家人搪塞，既不知情，衆稱冤枉，以致奉到勘合，終年不得結絶，無干小民累歲被其牽害。間有廉明有司執法杖併，輒便令人捏奏贓情，前來尚未明結。後本復又劄行，例該充軍爲民刁惡自爲常事。如蒙乞敕令今後遇有此等人詞審問，不係正身及的親弟男，就將報本之人照例問罪，遞迴原項情詞，不問虚實俱立案不行。仍行各處巡撫、巡按並在外問刑衙門，如有奉到此等勘合，拘提本犯正身不出，事無對證者，亦將雇倩之人，照例問擬。所奏情詞，亦立案不行。前件查得：見行事例：軍民人等干己詞訟參訴者，具本親賫投進，聽候歸結。若不行親賫，雇倩他人，（胃）〔冒〕頂姓名報賫者，照例問罪，遞迴所奏情詞，不問虚實，俱各立案不行。今御史劉瓚奏稱前因，合無通行兩京法司並在外問刑衙門，今後各處糧長並一應主守錢糧人員及兩京攬頭，如有侵欺錢糧利自花費，事發到官，及行捏詞誣賴平人，折攀同類，計取財物，替伊陪納，甚至牽連不干己事，並自己不行。比官令人頂名奏告者，不分奏告虚實，俱合立案不行。若在外人役，來京隱下事發情由，朦朧奏告者，止行該管官司，亦要查出本犯侵欺錢糧，已經事發緣由，將奏詞一體立案不行。敢有循私施行者，或上司查出，或被告發，從重問遣，内外問刑衙門不許推避嫌疑，故違此例。

敕該部轉行巡按、監察御史，將欠糧指揮董文、千户張輔、馬英提問，追究如律，照例發落，以警其餘，便益。緣係軍職，未敢擅便，具本。該通政使司官奏。奉聖旨：該衙門知道。欽此。欽遵。鈔送到司，案查，先該本部議得：各都司衛所屯種子粒，年終不完者，都司管屯各衛所掌印、管屯並有屯種官之家，俱各住俸。若一年上不定者，將都司衛所僉書及首領，並按察司管屯官一體住俸，候完日，照舊關支。已經題准通行去後，續該都給事中等官張海題稱：南北直隸住俸催糧事例，暫具停罷。又經依擬題准，將該管俸糧照舊關支外，今奏前因，查照指揮董之、千户張輔、馬英，既係專管屯糧官員，自合依朝催徵上納爲當，卻乃遷延二年之上不完，況拖欠米麥數多，中間顯有侵欺情弊，誠如副留守芮昂等所言。聖旨：准擬。欽此。欽遵。

一、蘇、〔松〕、常、鎮四府，錢糧浩大，蘇、松爲最，常州次之，鎮江又次。設立糧長，以近就近催收本區錢糧最（如）〔好〕。但糧長無替更之期，父出子入，兄亡弟繼，積襲之漸，致使其威力逼於官府。小民畏懼，甚於官府；小民畏懼，甚於虎狼；催徵則先祖債，而後錢糧；侵欺則將新年，以補舊年。事一敗露，還官給主之贓，動經千萬。雖或部革僉換，寅緣不出本家，事理仍是舊人。年領關勘合（害）〔者〕雖曰重新編審，亦正改名而已。他人蠱其事，有黏亦不樂。然替補虧官，損民〔頑〕〔玩〕法，欺公莫此爲甚；詞訟之多，囹圄不空，〔皆〕由此弊。且糧一區，大於江北中縣，其間丁糧相應，豈止一家二家而已，合無趁今年攢造黃州將蘇、松、常、鎮屬照每區預選丁相糧，應人戶二十名，照依見每區年二名，仍照里甲事例，黃册註定其人，充其年糧長，輪流關領勘合應役，下次造册。若有消乏及爲事問革，另選本區未經選定糧爲最者，預備。其他布政司糧長，亦照此例。如此，則糧應役有時，而威力稍減，縱有假欺，追部一年易了，而官民兩便矣。前件看得：本官所言各處糧長，虧官損民，欺公玩法，要趁今年攢造黃册，每區預選相進人戶二十名，每年二名，仍照里甲事例黃册註定，輪流役一節。照得：宣〔得〕〔德〕年間以前，各處糧長俱是編定年分輪流應役，因言者以其輪年應當，錢糧首尾不能周知，且如上年糧長拖欠錢糧，下年糧長不興徵催，多有誤事，乃立常年應當之例，今本官所言。要將糧長照依里甲事例編當一節，合行各處巡撫官及布政司。查得：原無設立糧長及原設通行處置，如果相應照依里甲事例編定年分，應當將備緣細由，具奏定奪。若有窒礙，昭舊施行。如〔已〕〔以〕前虧官損民，欺公玩法，及侵欺害民等弊，照拏問革，另僉善良家替補。

（清）龍文彬《明會要》卷六六《刑・矜老弱》 弘治六年十二月，令：凡誣告人罪，年在七十以上、十五以下及廢疾者，依律論斷。例應充軍瞭哨口外爲民者，仍依律發遣。若年八十以上及篤疾，有犯應永戍者，以子孫發遣；應充軍以下者，免之。

（明）蘇茂相《新鐫官板律例臨民寶鏡》卷五《人命類審語・誣告二命》 高三父死非命，情殊可憐。然結正已經年餘矣，故違已完之懸案，瞞昧已領之葬埋。高三年少無知，林黃茂寬、陳聖養縱恿教唆之所起也。倘遂其誣辭，而濟其疊騙，葬已復葬，埋已更埋，一歲十兩，十歲百兩，則高三之父何不早死幾年，而令仨得商販奇貨之多日乎。雖則頑民，然實稚子，姑免究外，茂寬、聖養以唆坐罪。

（明）蘇茂相《新鐫官板律例臨民寶鏡》卷五《人命類審語・冤害女命》 審得謝道周一女也，去歲則告婿兄國祚挾妻扛毆吐血身死。今年又告國祚舅希科强姦〔唯〕〔推〕跌墮胎而亡。以婿及兄，因兄及舅，枝頭延蔓，愈變愈遷。一女身命兩家死；一辭人命兩家股告。質之女翁彭應秀，則應秀訴其疊誣。訊之自證薛玉潛，則玉潛亦稱其圖騙。道周老奸渾身膽，口亦何説也。杖以懲之。

（明）蘇茂相《新鐫官板律例臨民寶鏡》卷五《人命類審語・縊死》 審得姚宗聖借債於黃從佾、黃君寬等，往往以微貲而起厚息，其重不可舉也。始則以利而轉利，後遂轉利而作本，挾原契而不還，勒生女以作質。黃從佾一女被羈，伊鬱侘傺貧寠，醫哺無措，惡疾攻心難忍，傷哉！計無所出，雉經而亡也。行捕曹相驗，據忤作報稱，拘鄰佑鞠咨，質醫生研究，從佾之死果無宗聖毆逼情由，陰症傷寒自行縊死明矣。宗聖豪民，既以債負羈人子女，而乖其天性之和，復以怨毒砭人中腸，而促其不稱之計，雖可逭威逼致死之律，其能逃爲富不仁之誅！燒埋杖罰，依捕廳所擬不枉。董氏婦鳴夫冤，雖誣不誣。徐君憲以教唆坐之，庶可少戢後來扛幫誣告之風耳。

（明）蘇茂相《新鐫官板律例臨民寶鏡》卷六《人命類審語・乞救人命》 據林氏親筆手印婚書，則吼娘係胎疾無用之人。故十二歲女子，止得銀一兩五錢。楊元翰討爲使女，經今八載，其撫養至大，止供使。今既係胎疾，當無姦情。據吼娘投井處所，去楊稍近，去林稍遠。楊尚不知，而林遽負屍以來。則吼娘之死，楊元翰所訴故討耳環，一途詈迫，忿身投井，似爲近理。不然林氏何以知吼娘之死，又何以知吼娘之死在其井中也。據吳齊明、林得就衆證，則撈屍到元翰門首，並無別人，止一林氏。則吼娘之屍，實林氏負來矣。如果元翰逼死，林氏當呼地方同去撈屍，而何林氏自撈耶？林氏口稱有人來報，而不知姓名，要見來報者何人，其誣立見。吼娘之死，的係林氏，不由元翰。且元翰富軍也，林氏以疾女無用，裝成圈子，欲行設詐，故十一日投水，二十三日告縣，旬日之中所幹何事？索詐不遂，乃告擾耳，坐誣論。黃崇實等各主唆論。

（明）蘇茂相《新鐫官板律例臨民寶鏡》卷七《姦類審語・誣姦張氏》 朱其幼童，未諳調姦之事，況能强姦人妻乎，張氏魁然，尚堪撫孺子於掌股之上。倘有此情，彈指倒褪之可也。乃以姦强爲詞，而遮掩五錢借銀，不情無耻甚矣。本合重杖，憐老逐之。

（明）蘇茂相《新鐫官板律例臨民寶鏡》卷七《姦類審語・幫誣强姦》 林氏本淫潑之婦，劉游又吳越之家。往來娛狎，本非一日之故矣。修郄逞忿，借端興戎。設阱以待狼子，褫衣以報仇人，所踵郵亭，風光好之故知也，安能爲乃公瞞哉。不然，鼎元懦弱孱軀，林氏健悍路妓，執此以坐强姦，三尺童子之所不信也。鼎元以游蕩不羈，合受教朴。君堯以設局幫覺，合坐教唆，俱屬不枉。

（明）蘇茂相《新鐫官板律例臨民寶鏡》卷七《誣告類審語・兩辭相誣》　鄭邦進不過欠余堪果銀一分，輒以白晝打搶銀物一兩二錢爲詞抵賴，何其誣也。堪只合訴辯不曾打搶，則誣專在鄭矣。復扯邦進父子竊盜張在禍，鼠竊調姦。憎人之誣，而已效尤更甚。合與邦進同罪，而邦進老，堪少矣，杖余笞鄭以爲誣官者警言。

（明）蘇茂相《新鐫官板律例臨民寶鏡》卷七《匿名類審語・誣人匿名》　倉官非接詞之官，投狀何用？黄夜非首告之時，知告何人？李功一妄捏匿名僉告，乃狀在何處？中是何文？倉官不知鋪司無遞，功一假此以霹捏良懦，而污篋中篝。是人匿於夜，而彼匿於晝；人匿其名，而彼匿其情。人縱以匿爲匿，其匿顯；而彼以辯匿爲匿，其匿更陰矣。誰謂村鄙之民，有此穢劣肺腸也。誣人匿名，已罪坐是。

（明）蕭良泮《重刻釋音參審批駁四語活套》卷一《參語》：　周戊假羅織以生事，羅織，謂編造也。設陷穽而害人。陷穽，坑坎也。官民之受誣者，甚於操戈，戈，兵器也。今人受禍之慘，猶如操戈。單揭之搜獲者，多至盈篋。盈，滿也。篋即書箱、書匣之類。播惡已蓄衆怨，擬遣始快人心。

《明會典》卷一三一《刑部・訴訟・誣告充軍及遷徙》　凡誣告充軍者，民告，抵充軍役。軍告，發邊遠充軍。若官吏故將平人頂替他人軍役者，以故出入人流罪論，杖一百，流三千里。若誣告人説事過錢者，於遷徙比流減半，准徒二年上，加所誣罪三等，併入所得笞杖通論。

黄彰健《明代律例彙編》卷一九《刑律二・人命・殺子孫及奴婢圖賴人》　凡祖父母父母故殺子孫，及家長故殺奴婢，圖賴人者，杖七十，徒一年半。若子孫將已死祖父母父母，奴婢雇工人將家長身屍圖賴人者，杖一百，徒三年。期親尊長，杖八十，徒二年。大功、小功、緦麻，各遞減一等。若尊長將已死卑幼，及他人身屍圖賴人者，杖八十。其告官者，隨所告輕重，並依誣告平人律論罪。若因而詐取財物者，計贓，准竊盜論。搶去財物者，准白晝搶奪論。免刺。各從重科斷。

弘治問刑條例

一、故殺妾及弟姪子孫，與子孫之婦，及故將妻妾男婦等項打傷墮胎圖賴人者，俱問罪。屬軍衛者發邊衛，屬有司者發附近，各充軍。【略】

萬曆問刑條例

一、故殺妾、及弟、妹、子、孫、姪、姪孫，與子孫之婦，圖賴人者，俱問罪。屬軍衛者發邊衛，屬有司者發附近，各充軍。

黄彰健《明代律例彙編》卷二二《刑律五・訴訟・誣告》　凡誣告人笞罪者，加所誣罪二等。流徒杖罪，加所誣罪三等。各罪止杖一百，流三千里。若所誣徒罪人已役，流罪人已配，雖經改正放回，驗日於犯人名下，追徵用過路費給還。若曾經典賣田宅者，著落犯人，備價取贖。因而致死隨行有服親屬一人者，絞。將犯人財產一半，斷付被誣之人。其被誣之人致死親屬一人者，犯人雖處絞，仍令備償路費，取贖田宅。又將財產一半，斷付被誣之人養贍。至死罪，所誣之人已決者，反坐以死。其被誣之人，已經處決者，犯人雖坐死罪，亦令備償路費，取贖田宅，斷付財產一半，養贍其家。未決者，杖一百，流三千里，加役三年。其犯人，如果貧乏，無可備償路費，取贖田宅，亦無財產斷付者，止科其罪。其被誣之人，詐冒不實，反誣犯人者，亦抵所誣之罪。犯人止反坐本罪。謂被誣之人，本不曾致死親屬，詐作致死；或將他人死屍，冒作親屬，誣賴犯人者，亦抵絞罪。犯人止反坐誣告本罪，不在加等備償路費取贖田宅斷付財產一半之限。若告二事以上，重事告實，輕事招虛，及數事罪等，但一事告實者，皆免罪。若告二事以上，輕事告實，重事招虛，或告一事，誣輕爲重者，皆反坐所剩。若已論決，全抵剩罪。未論決，笞杖收贖，徒流止杖一百。餘罪亦聽收贖。謂誣輕爲重，至徒流罪者，每徒一等，折杖二十。若從徒入流者，三流并准徒四年，皆以一年爲所剩罪，折杖四十。若從近流入至遠流者，每流一等，准徒半年爲所剩罪，亦各折杖二十。收贖者，謂如告一人二事，一事該笞五十，一事該笞三十，是實，即於笞五十上，准告實笞三十，外該剩下告虛笞二十，贖銅錢一貫二百文。或告一人，一事，該杖一百是虛，一事，該杖六十是實，即於杖一百上，准告實杖六十，外該剩下告虛杖四十，贖銅錢二貫四百文，及告一人一事，該杖一百，徒三年，是虛，一事該杖八十，是實，即於杖一百，徒三年上，准告實杖八十，外該剩下告虛杖二十，徒三年之罪。徒五等，計折杖一百，通計杖一百二十。反坐元告人，杖一百，餘剩杖二十，贖銅錢一貫二百文。又如告一人，一事，該杖一百流三千里，於內問得止招該杖一百，三流并准徒四年，通計折杖二百四十。反坐元告人，杖一百，餘剩杖四十，贖銅錢二貫四百文之類。若已論決，並以剩罪全科，不在收贖之限。至死罪，而所誣之人已決者，反坐以死。未決者，止杖一百，流三千里。若律該罪止者，誣告雖多，不反坐。謂如告人不枉法贓二百貫，一百二十貫是實，八十貫是虛，依律，不枉法贓一百二十貫以上，罪止杖一百，流三千里，即免其罪。其告二人以上，但有一人不實者，罪雖輕，猶以誣告論。謂如有人告三人，二人徒罪是實，一人笞罪是虛，仍以一人笞罪，上加二等，反坐原告之類。若各衙門官進呈實封，誣告人，及風憲官挾私彈事，有不實者，罪亦如之。若反坐，及加罪輕者，從上書詐不實論。若獄囚已招伏罪，本無冤枉，而因之親屬妄訴者，減囚罪三等。罪止杖一百。若囚已決配，而自妄訴冤枉，摭拾元問官吏者，加所誣罪三等。罪止杖一百，流三千里。

弘治問刑條例

一、凡驀越赴京，及赴巡撫巡按按察司官處，各奏告叛逆等項機密重事不實，并全誣十人以上，屬軍衛者發邊衛充軍；屬有司者發口外爲民。

一、曾經考察考核被黜人員，若懷挾私忿，妄捏摭拾經該官員別項贓私，不干己事者，不分見任致仕閒住，一體問發爲民。所奏情詞，不問虛實，立案不行。

一、文武官吏人等，犯該爲民等項罪名，不分已未結正，伸訴冤枉者，准行辯理。其有妄奏冤枉，摭拾原問官員，勘問涉虛，原問爲民者，發口外爲民。原問充軍者，發極邊衛所充軍。

一、凡糧長并一應主守錢糧人員，及攬頭，如有侵欺花費事發，又行捏詞，誣賴平人，指攀同類，搆害納户者，問罪，俱立案不行。若隱下侵欺事發情由，朦朧奏告者，行至該管官司，查出事發緣由，將原詞一體立案不行。

續例附考

一、弘治十七年閏四月刑部議奏：今後軍民人等，告訴詞狀，若有親屬死者，止混告致死根因不明，欲要追勘，不曾誣執是某人打死；其布絹〔奉〕〔俸〕糧等項，止混告無有下落，不曾誣執是某人侵欺，及雖告侵欺，不曾開有數目者，俱止問以不應，或加誣罪名發落。奉聖旨：准擬。欽此。

一、内外問刑衙門，問擬誣告人因而致死囚犯，務要查究被誣之人，委係平人及因拷禁身死者，俱依本律問擬。其誣輕爲重，及雖全誣平人，但係患病在外身死者，俱問擬應得罪名發落。

胡瓊集解附例

一、今後若有親屬死者，止混告致死根因不明，欲要追勘，不曾誣執是某人打死，其布絹俸糧等項（上）〔止〕混告無有下落，不曾誣執是某人侵欺，及雖告侵欺，不曾開有數目者，俱止問以不應，或加誣罪名。

【略】

大明律直引所載問刑條例

一、及（在？）京法司及在外問刑衙門，今後凡有首告，一應本狀到京，必先參詳，内有某事干己，於律應論者外，審察□人證，重與指名勾取，速爲□□□，有事不干己及律該□□者，俱立案不行。若審有誣捏及教唆之人，鞫問明白，務要查例，從重問發。問刑官員敢有不行參詳，將牽扯該勿論并不干己事，一概濫准，妄行勾擾者，事發，參處治罪。仍令刊置板榜，□□□□，曉諭軍民人等，一體遵守。

一、陝西巡撫都御史周季□奏：要將在鄉在市，勾軍勾民，比照主文書算快手宅利人等久戀衙門事例，屬軍，發邊衛；民人并軍餘，發附近，各充軍一節，例難再議。合無轉行撫巡官員，嚴加禁約：軍衛有司如有前項刁徒，情□罪重者，問罪畢日，統在本處地方枷號半年，從重發落。庶幾法令明備，人知警懼矣。

一、查得律例，節該大明律内：凡誣告笞罪，加所誣二等。該徒杖罪，加所誣罪二等，各罪止杖一百，流三千里。若所誣徒罪人已役，流罪人已配，因而致死隨行有服親屬者律絞。律意蓋指全誣平人，因而致死隨行親屬者，其致死被誣之人，律不該載，先年法司往往比附斷擬。近來則奏行有例，摘引前律，法亦相應。本寺月逐審過此等囚犯，皆是全誣平人，及因拷案身死，方纔依律問擬。凡誣輕爲重，及被誣之人或因患病、或在外身死，止是照常發落。今在外問刑衙門概將誣輕爲重，及在外患病身死者，俱問絞罪，非惟事體不一，抑且冤抑囚犯。合無通行内外問刑衙門，今後問擬誣告人因而致死囚犯，務要參詳律例，查究被誣之人委係平人及因拷禁身死者，俱依本律。及誣輕爲重，及雖全誣平人，但不係因拷禁，止是患病在外身死，俱問擬應得罪名，照例發落，庶使刑罰得中，事體歸一。

一、告人打得實，又誣告人死罪未決，不做誣輕爲重，該問誣告人死罪未決者，杖一百，流三千里。

一、負累平人致死，見依誣告人因而致死一人論。

一、誣告人笞罪，加所誣罪二（一？）等，笞二十。加二等，杖六十，加三等，杖九十。

新例

一、嘉靖七年十月大理寺等衙門會題：看得誣告而累死被誣之人，摘引誣告人因而致死律條科斷，與律意不合。陳禎等今將洗玄金等誣死獄中，相應改比誣告人因而致死隨行有服親屬一人絞罪。仍通行內外問刑衙門：今後凡有誣告平人致累監故者，俱比照前例問擬。或在外別因他故身死者，止問以應得罪名，照常發落。如此則於律意不違，而情法相當矣。奉聖旨：是。陳禎李誠周俊舒興唐朝紳都依擬處決。欽此。

一、嘉靖十年七月刑部等衙門會題：看得大明律所載誣告人死罪未決者，本謂平人全被所誣，雖未處決，然已破家失業，苦楚備嘗，故律於誣者，必坐以杖一百，流三千里，加役三年，所以深惡其情而重懲之也。若止以減等徒三年擬之，則混於誣輕爲重至死未決之條，似失之輕。若以准徒五年擬之，則比之雜犯死罪之數，不無加重。合無通行內外問刑衙門：今後全誣平人至死未決者，誣告之人全用本律加役，總徒四年，不得減去律文。其誣輕爲重，至死未決者，照常問擬。庶幾律意不失，而人知警畏矣。奉聖旨：都准擬行。欽此。

新例補遺

一、嘉靖十三年八月刑部題奉欽依：凡無籍棍徒，私相串結，將不干己事，捏寫本狀，聲言要奏，恐嚇財物，計贓滿貫者，不分首從，俱發邊衛充軍。

備考新例

一、嘉靖十三年十二月二十二日，題奉欽依：凡奸徒結黨，捏寫本狀奏告，妄指宫禁親藩事情爲詞，誣陷平人者，不分首從，俱枷號三個月，發極邊衛分充軍。本狀立案不行。

嘉靖問刑條例

一、誣告人因而致死，被誣之人委係平人，及因拷禁身死者，比依誣告人因而致死隨行有服親屬一人絞罪，奏請定奪。若誣輕爲重，及雖全誣平人，卻係患病在外身死者，止擬應得罪名發落。

一、凡誣告平人死罪未決者，全引杖一百流三千里加役三年本律，比照已徒又犯徒者，總徒四年發落。在京遇熱審，在外遇審録之期，不得再減。其誣輕爲重者，照常問擬。

一、各處刁軍刁民，專一挾制官吏，騙害良善，起滅詞訟，欺打平人，結黨捏詞，纏告把持官府不得行事等項，情犯深重者，事發問罪，仍於本處地方，枷號半年發落。

一、凡問發充軍及口外爲民人犯，遇例放回原籍，但有起滅詞訟，誣害良善，挾制官府等項，事發枷號三箇月，俱發極邊衛分充軍。

一、凡無籍棍徒，私自串結，將不干己事情，捏寫本詞，聲言奏告，恐嚇得財，計贓滿貫者，不分首從，俱發邊衛充軍。若妄指宫禁親藩爲詞，誣害平人者，不分首從，枷號三箇月，照前發遣。

萬曆問刑條例

一、軍旗有欲陳告運官不法事情者，許候糧運過淮，並（會典作并，是）也。完糧回南之日，赴漕司告理。如赴別衙門，挾告詐財者，聽把總官就拏送問。犯該徒罪以上，調發邊衛充軍，另拘户丁補伍。

一、各處刁軍刁民，專一挾制官吏，陷害良善，起滅詞訟，結黨捏詞纏告，把持官府不得行事等項，情犯深重者，民發附近，軍發邊衛，充軍，仍於本地方枷號三箇月發落。若原係充軍口外爲民人犯，遇例放回原籍，有前項罪犯者，各枷號三箇月，發極邊衛分充軍。

一、各處姦徒串結衙門人役，假以上司訪察爲由，纂集事件，挾制官府，陷害良善，或詐騙財物，或報復私讎，名爲窩訪者，事發，勘問得實，依律問罪。用一百二十斤枷，枷號兩箇月發落。該徒流者發邊衛充軍。

黄彰健《明代律例彙編》卷二二《刑律五・訴訟・教唆詞訟》　凡教唆詞訟，及爲人作詞狀，增減情罪，誣告人者，與犯人同罪。若受雇誣告人者，與自誣告同，受財者，計贓以枉法從重論。其見人愚而不能伸冤，教令得實，及爲人書寫詞狀，而罪無增減者，勿論。

弘治問刑條例

一、代人捏寫本狀，教唆或扛幫赴京，及赴巡撫巡按并按察司官處，各奏告叛逆等項機密强盜人命重事不實，并全誣十人以上者，俱問發邊衛充軍。

一、凡將本狀用財雇寄與人赴京奏訴者，并兜攬受雇受寄之人，屬軍衛者，俱發邊衛充軍；屬有司者，俱發口外爲民。原詞立案不行。

續例附考

一、弘治十六年十一月刑部題准：各處刁軍刁民，專一挾制官吏騙害良善，起滅詞訟，欺打平人，結成羣黨，捏詞纏告，制縛官府不得行事等項，情犯深重者，事發問罪。就於本處地方枷號半年，從重發落。

胡瓊集解附例

一、刑部等衙門會議開題：今後軍民人等告訴詞狀，審其口詞與狀相同，方許問理。如有增減情節，異於口詞，即拿代書之人問罪，原詞立案不行。

大明律直引所載問刑條例

一、查得見行事例，軍民人等干己詞訟，若無故不行親賫，并隱下壯丁，故令老幼殘疾婦女家人抱賫奏訴者，俱各立案不行，仍提本身或壯丁問罪。近來各處賫抱本狀來京奏訴者，問不係壯丁，俱兩京法司轉行原籍官司，照例查勘究問。但在京軍民人等奏告者，未見舉行。有等刁潑之徒，或懷挾私仇，或嚇詐財物，駕捏動聽虚詞，牽摭詭名證佐，隱下壯丁，故令老幼廢疾婦女出名，告送法司，提問招虚，不過收贖。以此刁頑得志，良善受累，深爲未便。合無兩京法司，遇有在京軍民人等使令老幼殘疾男婦出名抱賫奏訴者，先行查勘本家果無壯丁，方許提人問理。如或有壯丁，故令老幼廢疾男婦出名奏訴，即將原詞不問虚實，俱照前例，立案不行。仍提壯丁問罪。庶内外事體歸一，刁風可息，而良善得安矣。

嘉靖新例

一、嘉靖叁年肆月拾玖日詔令：軍民人等，曾經問發充軍爲民，遇例放回，若仍蹈前非，起滅詞訟，誣害良善，挾制官府，事發枷號叁個月，仍照例問發邊衛充軍。

一、嘉靖捌年拾貳月刑部題准：今後軍民或因田土竊盜鬭毆等情，許令里老隣族理論剖決，或經官告理。如有服毒自縊身死者，其同居親屬，俱坐以知情唆使重情。若該管里老隣佑，不行禁諭，縱有前項致死，及事發不行舉首者，亦連坐罪。

大明律集解增附

一、嘉靖六年詔書：各邊鎮及腹裏地方兵備官不知事體，濫受民詞，提人監禁，中間多有與巡守官行事相背，屬官難以遵承，往復淹滯，及有將各州縣民兵涉遠百里之外，調集團操，妨民生理，又有私立大漢等項名色，在官聽候，甚非事體所宜。撫按官通行查禁，具實參究。

萬曆問刑條例

一、凡將本狀用財産寄與人赴京奏訴者，并受雇受寄之人，屬軍衛者，發邊衛充軍。屬有司者，發口外爲民。其在京校尉，軍匠，舍餘人等，并各處因事至京人員，將原籍詞訟，因便奏告者，各問罪。原詞俱立案不行。

擬罪條例

一、問發充軍及口外爲民人犯，遇例放回原籍，但有起滅詞訟，誣害良善，挾制官府等項，事發，枷號三個月，俱發極邊衛分充軍。

《明會典》卷一四一《刑部・犯姦・誣執翁姦》 凡男婦誣執親翁，及弟婦誣執夫兄欺姦者，斬。

黄彰健《明代律例彙編》卷二八《刑律十一・斷獄・獄囚誣指平人》

凡囚在禁誣指平人者，以誣告人論。其本犯罪重者，從重論。若官吏鞫問獄囚，非法拷訊，故行教令誣指平人者，以故入人罪論。若追徵錢糧，逼令誣指平人代納者，計所枉徵財物，坐贜論。其物給主。其被誣之人，無故稽留三日不放回者，笞二十。每三日加一等。罪止杖六十。若鞫囚而證佐之人不言實情，故行誣證，及化外人有罪，通事傳譯番語，不以實對，致罪有出入者，證佐人減罪人罪二等。謂證佐人不説實情，出脱犯人全罪者，證佐人減犯人全罪二等。若增減其罪者，亦減犯人所得增減之罪二等之類。通事與同罪。謂化外人本有罪，通事符同傳説，出脱全罪者，通事與犯人同得全罪。若將化外人罪名增減傳説者，以所增減之罪坐通事。謂如化外人本招承杖六十，通事傳譯增作杖一百，即坐通事杖四十。又如化外人本招承杖一百，通事傳譯減作笞五十，即坐通事杖五十之類。

胡瓊集解附例

一、府州縣衛所軍衛門捕盜官員，捕獲强賊，務要贓杖明白，其間指攀者，尤要研審同謀同盗真情，及姓名貫址的確，方許另行挨拏。如應捕人員意圖財賄，憑賊妄攀，事後從重究治。

（明）海若湯《古今律條公案》附録《擬罪問答》　問曰：一如人只受枉法贓銀一兩伍錢，其人添告作得一十兩，何斷？

答曰：不可以誣輕為重論之。律内明云：誣告雖多，律該罪止不反坐。今本犯所招之贓已該滿貫，則無罪可反坐矣。只問不應為是。

中國第一歷史檔案館《滿文老檔》天命元年十月　汗子四貝勒專主之大臣伊拉喀巴圖魯，不肯出力，反上訴曰：我無端不受撫養，願往投養我之汗。汗即與諸貝勒、大臣商議曰：昔雖在我處，亦未出力，受益不大，勞我頗甚，且我不計其惡，擢爲大臣，歸子專主也！爾不出力，反誣無端不受撫養，豈容爾於我等之間反復作亂耶？遂將伊拉喀殺之。

中國第一歷史檔案館《滿文老檔》天聰六年三月　十三日，降諭云：汗曰：若首告諸貝勒，則原告是否離異，前已有旨，照辦之。其餘彼此訐告者，今更定例。凡首告人務以實告，如告兩事以上，重者審實，輕者審虚，則不坐誣告罪，仍准原告離主。再如上述，首告諸事，審實一事，亦免坐誣告之罪。如所告多實，則准原告離主。所告多虚，原告不准離主。虚實相待，亦准離主。倘所告兩事以上，而輕者實，重者虚，或告一事，而以輕誣重，則審實，坐被告以應得之罪，其原告仍坐誣告之罪，原告不准離主。若子告父、妻告夫及同胞兄弟相告，乃果係反叛逃亡、有異心於汗與諸貝勒者，許告。其餘不許告，倘有告者，被告照常審擬，原告罪亦與被告者同，不准原告離主。所以禁止者，以此乃古聖王之成法，故今仿而行之耳。先前禁不許亂倫婚娶，此亦一定例也。

中國第一歷史檔案館《清初内國史院滿文檔案譯編》崇德三年五月　初四日，正黄旗多多闊牛録下楚録家莊頭豪巴爾，爲本家豪約才首告於法司曰：　豪巴爾易馬，多收銀三兩，未曾繳税，易牛，多收四兩，亦未繳税。又以骲頭箭射我妻，又私糶稻二十倉石，稗子二十倉石，又隱丁兩名。經審，易牛馬射首告者妻、私糶稻稗事皆虚，故首告者鞭八十。至匿丁事，經查，一丁在册，匿一丁果實，牛録章京多多闊坐以應得之罪，罰其供丁銀五兩入官。

初五日，正白旗阿爾律，馬克圖、齊默克圖、卓羅等告法司曰：貝子和托私入圍場射獵。訊之，貝子和托對曰：我射獵事實，貝子博洛、俄羅賽臣亦于圍内射獵矣。貝子博洛、俄羅塞臣對曰：未曾射獵。經質審，所謂博洛、俄羅塞臣入圍内射獵者虚也。貝子和托射獵事實。遂以貝子和托私入圍内射獵，反誣貝子博洛、俄羅塞臣，應罰馬一匹，又以私入圍内射獵，應罰馬一匹。奏聞，上命免其私入圍場射獵而罰之馬匹，以誣告貝子博洛、俄羅塞臣而所罰馬一匹，由兵部承政伊孫、古爾布希取之。其後，貝子和托至貝勒豪格家，對貝子博洛曰：我誠誣陷爾等入圍場射獵，則我墜馬折頷而死，爾等若誑言未曾入圍場内射獵，則爾等亦墜馬折頷而死。言畢，跪拜天地，叩頭三次，銜刀發誓，遂擬貝子和托應罰銀五百兩，並笞責，奏入，上命免杖，仍罰銀五百兩。

《刑部現行則例》卷中《賊盗》　旗人以竊爲强，并無被劫謊稱被劫報部者，行文該撫審實，將謊報之人鞭一百。

《刑部現行則例》卷下《訴訟》　一、誣告叛逆，被誣之人已決者，誣告之人擬斬立決。若未決者，擬斬監候，雖遇赦不與原宥。不得株連妻子家産。如告言人罪不即赴審，輒行脱逃者，除將被誣及證佐俱行釋放，本犯獲日，所告事不與審理，仍以誣告擬罪。

一、凡誣告平民因致死一、二人者，照律擬絞。遇赦援免，拖累致死三人以上者，以故殺論，不准赦免。

一、凡誣告平民拖累監禁及刑拷致死一、二人者，將原告仍照例擬絞。在外旅店乃途中病死者，照律内條例，止坐應得罪名發落。

一、凡家僕告主將謀反、大逆、謀叛、隱匿奸細者，許其首告。其餘一切事情家僕首告者，除所告事不准行，控告之人，係旗下鞭一百，係民責四十板。

一、凡實係切己之事許其陳告，若將弁剋餉，務要營伍管隊等頭目率領兵丁公同陳告，州、縣徵派，務要州、縣里長率領衆民公同陳告者方行准審外，如有違禁將非係公同陳告之事，懷挾私仇誣揑姓名、砌款粘單、牽連羅織、希圖准行妄行陳告者，除所告不准，照律治以誣告之罪。

一、如事款有礙本官不便控告，或有冤抑審斷不公，須於狀内將控過衙門、審過情節開載明白方許准理。若未告州、縣或已告州、縣不候審斷越訴者，將越訴之人治罪。若上司官准其越訴者，將違例准狀之官議處。州、縣一應大小事件，如有審斷不公、顛倒是非者，或經别衙門審出，將原問官題參嚴加議處。

一、詞狀止許一告、一訴，告狀之人止許告真犯、真證，不許波及無辜，亦不許陸續再行投詞牽連原狀無名之人。如有牽連婦女，别具投詞波及無辜之人者一概不准，仍從重治罪。承審官於聽斷之時，如供證已確，縱有一、二人不到，非係緊要犯證，即據見在人犯成招。不得借端稽延，違者議處。

一、惡棍包攬詞訟，串通官役，捏詞誣告者，審實從重治罪。承問官不將誣告惡棍依律例定罪者，嚴加議處。

一、府、州、縣等處，除良民仍准開店外，其土豪積蠹、紳衿父兄違禁在衙門左右開店歇客，唆訟嚼民等事，照律從重治罪。該管官知而不行查出，督撫題參到日，該部議處。

一、凡寫狀之人，令其寫録原告真情控告。若教唆詞訟及爲人作詞狀增減情罪誣告人，并駕詞越告以致人傷財害俗者，令地方官嚴拿，照律例從重治罪。若地方官徇畏不報，該督撫訪問題參，將不報之地方官交與該部議處。其在京向刑部院衙門控告者，亦令寫録真情控告，若訟師教唆詞訟增減情罪誣告人者，亦嚴拿，照律例從重治罪。

一、如有投充及賣身之人代伊親屬控告者，概不准理。其賣身與旗下之後將爲民之舊事告理者，亦不准理。

一、匿名揭帖不係兩造對理，布散揭帖首告部院衙門，投送者，俱不准行。出首送揭之人緝拿移送刑部照例治罪。不行拿送者，降四級調用。若接受具題審理者，將接受具題審理官革職。若不肖之官唆使惡棍粘貼揭帖，或令布散首告不係兩造對理揭帖，亦照粘貼揭帖布散首告不係兩造對理之人例治罪。其匿名揭帖不係兩造對理，揭帖布散粘貼之人，地方該管不行嚴加查拿，從傍發覺，將司坊官、專汛把總等俱各罰俸一年。監察御史兼轄營官罰俸半年。步軍校等各罰俸一年。步軍副尉罰俸半年。步軍統領、步軍總尉各罰俸三個月。該看守地方步軍枷號三個月鞭一百。營兵人司坊衙役枷號三個月責四十板。

《刑部現行則例》卷下《訴訟》一、凡寫狀之人，令其寫録原告真情控告。若教唆詞訟及爲人作詞狀增減情罪誣告人，并駕詞越告以至人傷財害俗者，令地方官嚴拿，照律例從重治罪。若地方官徇畏不報，該督撫訪問題參，將不報之地方官交與該部議處。其在京向刑部院衙門控告者，亦令寫録真情控告，若訟師教唆詞訟增減情罪誣告人者，亦嚴拿，照律例從重治罪。

《清世宗實録》雍正七年十一月〔庚寅〕刑部議覆，尚書德明條奏律内向無竊盜誣良治罪之條，故兇惡之徒肆行扳害。嗣後竊盜有將良民詐陷，或指稱窩贓，妄行扳害者，應加等比依三犯竊盜，分别贓數多寡治罪。如地方官故行徇縱，照失察誣良例。誣扳致死者革職。未經致死者，降四級調用。再，强盗扳害良民，較之竊賊誣扳被害尤甚，請嗣後除首盗殺人，及傷人夥盗，并行劫三次者，俱例應正法，無庸加等外。其未傷人之夥盗，有誣扳良民者，加等照夥盗傷人例，擬斬立決。均應如所請。從之。

《西寧青海番夷成例·毁謗頭目》一、凡平人公然毁謗千户者，罰二九；毁謗百户者，罰一九；毁謗管束部落之百長者，罰牧畜七件。如背後毁謗者，質訊是實，亦照例問擬。詈罵小百長者，罰牲畜五件；詈罵小頭目者，罰牲畜三件。

《理藩院則例》卷四二《首告·匿名揭帖》一、凡蒙古地方拾獲匿名揭帖，即將原帖銷毁不准查辦。惟關係國家重大事務者，密切報院，奏聞請旨。

《蒙古律例》卷一〇《雜犯·誹謗王等》一、平人明誹謗已未管旗王等者，罰三九牲畜，貝勒、貝子、公等罰二九牲畜，台吉、塔布囊等罰一九牲畜。若背地誹謗者，審實仍照此。駡首領大臣者罰一九牲畜，駡副章京者罰七牲畜，駡參領者罰五牲畜，駡佐領者罰三牲畜，所罰牲畜給被駡之人。

《大清律例》卷三〇《刑律·訴訟·投匿名文書告人罪》律

凡投貼隱匿自己姓名文書告言人罪者，絞監候。雖實亦坐。見者，即便燒毁。若不燒毁將送入官司者，杖八十。官司受而爲理者，杖一百。被告言者，雖有指實不坐。若于方投時能連人與文書捉獲解官者，官給銀一十兩充賞。指告者勿論。若詭寫他人姓名詞帖，訐人陰私陷人，或空紙用印，虚捏他人文書，買囑鋪兵遞送；詐以他人姓名，注附木牌，進入內府，不銷名字，陷人得罪者，皆依此律絞。其或係泛常罵詈之語，及雖有匿名文書，尚無投官確據者，皆不坐此律。

條例

一、凡凶惡之徒，不知國家事務，捏造悖謬言詞，投貼匿名揭帖者，將投貼之人及知而不首者俱擬絞立決。旁人出首者，授以官職。奴僕出首者，開戶。

一、凡布散匿名揭帖及投遞部院衙門者，俱不准行。仍將投遞之人拿送刑部，照例治罪。不行拿送者，交該部議處。接受揭帖具題及審理者，革職。若不肖官員唆使惡棍粘貼揭帖，或令布散投遞者，與犯人罪同。如該管官不嚴加察拿，別有發覺者，將司坊官、專汛把總、步軍校及巡城御史、兼轄營官、步軍副尉、總尉、統領，俱交該部分別議處。步軍營兵及司坊衙役并枷號三個月，杖一百。

一、駐防旗人與民人姦匪交結，捏寫匿名揭帖，傾陷平人者，查獲之日，本犯即行正法，父母妻子俱發黑龍江給披甲人爲奴。

《大清律例》卷三〇《刑律·訴訟·誣告充軍及遷徙》 律

凡誣告充軍者，照所誣地里遠近，抵充軍役。

若官吏故失出入人軍罪者以故失出入人流罪論。

若誣告人罪應遷徙者，于比流減半准徒二年上，加所誣罪三等，并入所得杖罪通論。凡徒二年者，應杖八十。今加誣告罪三等，流二千里，應得杖一百之罪，并論決之。

《大清律例》卷三〇《刑律·訴訟·誣告》 律

凡誣告人笞罪者，加所誣罪二等。流徒杖罪，不論已決配、未決配。加所誣罪三等，各罪止杖一百，流三千里。不加入于絞。若所誣徒罪人已役，流罪人已配，雖經改正放回，須驗其被逮發同之日，于犯人名下追徵用過路費，給還被誣之人。若曾經典賣田宅者，著落犯人備價取贖，因而致死隨行有服親屬一人者，絞監候。除償費贖產外，仍將犯人財產一半斷付被誣之人。至死罪所誣之人，已決者，依本絞斬反坐誣告人以死；雖坐死罪，仍令備償取贖，斷付養贍。未決者，杖一百，流三千里，就于配所加徒役三年。

其犯人如果貧乏，無可備償路費、取贖田宅，亦無財産斷付者，止科其罪。

其被誣之人詐冒不實，反誣犯人者，亦抵所誣之罪，犯人止反坐本罪。謂被誣人本不曾致死親屬，詐作致死，或將他人死屍冒作親屬，誣賴犯人者，亦抵絞罪；犯人止反坐誣告本罪，不在加等、備償路費、取贖田宅、斷付財産一半之限。

若告二事以上，重事告實，輕事招虛，及數事不一，凡所犯罪同等，但一事告實者皆免罪。《名例》律：罪各等者，從一科斷。非逐事坐罪也。故告者一事實，即免罪。

若告二事以上，輕事告實，重事招虛；或告一事，誣輕爲重者，除被誣之人應得罪名外，皆爲剩罪。皆反坐以所剩不實之罪。若已論決，不問笞杖徒流。全抵剩罪；未論決，所誣笞杖收贖；徒流止杖一百，餘罪亦聽收贖。謂誣輕爲重至徒流罪者，每徒一等，折杖二十。若從徒入流者，三流并准徒四年，皆以一年爲所剩罪，折杖四十。若從近流入至遠流者，每流一等，准徒半年爲所剩罪，亦各折杖二十。收贖者，謂如告一人二事，一事該笞五十是虛，一事該笞三十是實；即于笞五十上，准告實笞三十外，該剩下告虛笞二十，贖銀一分五厘。或告一人，一事該杖一百是虛，一事該杖六十是實；即于杖一百上，准告實杖六十外，該剩下告虛杖四十，贖銀三分。及告一人，一事該杖一百，徒三年是虛，一事該杖八十是實。即于杖一百，徒三年上，准告實杖八十外，該剩下告虛杖二十，徒三年之罪，徒五等該折杖一百，通計杖一百二十，反坐原告人杖一百，餘剩杖二十，贖銀一分五厘；又如告一人，一事該杖一百，流三千里，于內問得止招該杖一百，三流并准徒四年，通計折杖二百四十，准告實杖一百外，反坐原告人杖一百，餘剩杖四十，贖銀三分之類。若已論決，并以剩罪全科，不在收贖之限。至死罪，而所誣之人已決者，反坐以死；未決者，止杖一百，流三千里。不加役。

若律該罪止者，誣告雖多不反坐。謂如告人不枉法贓二百兩，一百三十兩是實，七十兩是虛，依律不枉法贓一百二十兩之上，罪應監候絞，即免其罪。

其告二人以上，但有一人不實者，罪雖輕，猶以誣告論。謂如有人告三人，二人徒罪是實，一人笞罪是虛，仍以一人笞罪上加二等反坐原告之類。

若各衙門官進呈實封誣告人，及風憲官挾私彈事有不實者，罪亦如告人笞杖徒流死，全誣者坐之，若誣重反坐及全誣加罪輕不及杖一百，徒三年者，從上書詐不實論。以杖一百，徒三年科之。

若獄囚已招伏罪，本無冤枉，而因之親屬妄訴者，減囚罪三等，罪止杖一百。若囚已招伏，笞杖已決、徒流已配，而自妄訴冤枉，摭拾原問官吏過失而告之者，加所誣罪三等，罪止杖一百，流三千里。若在役限內妄訴，當從已徒而又犯徒律。

條例

一、誣告人因而致死被誣之人，委係平人，及因拷禁身死，或將案外之人拖累拷禁致死一、二人者，比依誣告人因而致死隨行有服親屬一人絞罪，奏請定奪。若誣輕爲重，及雖全誣平人，却係患病在外身死者，止擬應得罪名發落。

一、姦徒串結衙門人役，假以上司察訪爲由，纂集事件，挾制官府，陷害良善，或詐騙財物，或報復私仇，名爲窩訪者，審實，依律問罪，用重枷枷號兩個月發落，該徒流者，發邊衛充軍。

一、無籍棍徒私自串結，將不干己事捏寫本詞，聲言奏告，詐贓滿數者，准竊盜論，贓至一百二十兩以上者爲滿數不分首從，俱發邊衛充軍。若妄指宫禁親藩，誣害平人者，俱枷號三個月，照前發遣。

一、凡詞狀，止許一告一訴，告實犯實證，不許波及無辜及陸續投詞，牽連原狀内無名之人。如有牽連婦女，另具投詞。倘波及無辜者，一概不准，仍從重治罪，承審官於聽斷時，如供證已確，縱有一、二人不到，非係緊要犯證，即據現在人犯成招，不得借端稽延，違者議處。

一、凡告言人罪，不即赴審，輒行脱逃者，除將被誣及證佐俱行釋放外，脱逃犯人獲日，所告之事不與審理，仍以誣告擬罪。

一、凡實係切己之事，方許陳告。若將弁剋餉，務須營伍、管隊等頭目率領兵丁，公同陳告，州縣徵派，務須里長率領衆民公同陳告，方准受理。如違禁將非係公同陳告之事，懷挾私仇，改捏姓名，砌款粘單，牽連羅織，希圖准行妄控者，除所告不准外，照律治以誣告之罪。

一、倫參爲從人犯誣扳良民爲財主，及率領頭目者，不論旗、民，枷號兩個月折責，照例發遣。

一、八旗有將伊祖父時，或係養子、或係分户、年久之人子孫復行混告者，該部題參，係官革職，係平人枷號兩個月，鞭一百。如有訛詐逼勒等情，被害人告發審實者，照嚇詐律治罪。

一、挾仇誣告人謀死人命，致屍遭蒸檢，爲首者絞候；爲從杖一百、流三千里。其有審無挾仇止以誤執傷痕誣告蒸檢者爲首，發邊衛充軍。爲從滿徒。其官司刑逼招認妄供者，革職。審出實情者，交部議敘。

一、期親以上尊長按律不應抵命者，若誣告人謀死人命致蒸檢卑幼身屍，仍照誣告人死罪未決律治罪。其餘親屬尊長，律有應抵之條者，如誣告謀死人命致蒸檢卑幼之屍，及卑幼誣告致蒸檢尊長之屍，俱照例擬絞監候。

一、控告人命，如有誣告情弊，即照誣告人死罪未決律治罪。不得聽其自行攔息。其間或有誤聽人言，情急妄告，於未經驗屍之先盡吐實情，自願認罪，遞詞求息者，訊明該犯果無賄和等情，照不應重律治罪完結。如有教唆情弊，將教唆之人仍照律治罪。該地方官如有徇私賄縱者，指名題參，照例分别議處。

一、詞内干證，令與兩造同具甘結。審係虚誣，將不言實情之證佐按律治罪。若非實係證佐之人，挺身硬證者，與誣告人一體治罪，受贓者計贓以枉法從重論。地方官故行開脱者，該督撫題參，交部嚴加議處。

一、直省各上司有恃勢抑勒者，許屬員詳報督撫，即行題參。若該督撫徇庇不參，或自行抑勒者，仍准其直揭部、科。該部、科查明具奏，將原揭一并行令該督撫，據實確查審實，將該上司交部議處。若屬員已知上司訪揭題參，即摭砌款迹，捏詞誣揭部科者，該部、科查明參奏，將該員解任，并將原揭行令該督撫據實確審。如審係誣揭，題參到日，將該員革職。一事審虚，即行反坐其被參之本罪，輕於所誣之罪者，照誣告律治罪。倘本罪有重於誣告者，仍於本罪從重歸結。武職悉照文職例行。

一、有舉首詩文書札悖逆譏刺者，除顯有逆迹，仍照律擬罪外，若祇是字句失檢，涉於疑似，并無確實形迹者，將舉首之人即以所誣之罪依律反坐。承審官不行詳察，輒波累株連者，該督撫科道察出題參，將承審官照故入人罪律，交部議處。

《大清律例》卷三三《刑律・犯姦・誣執翁姦》 凡男婦誣執親翁，及弟婦誣執夫兄欺姦者，斬監候。强姦子婦未成，而婦自盡，照親屬强姦未成例科斷。義子誣執義父欺姦，依雇工人誣家長。嫂誣執夫弟，及緦麻以上親誣執者，俱依誣告。

《大清律例》卷三六《刑律・斷獄・獄囚誣指平人》 凡囚在禁誣指平人者，以誣告人加三等論。其本犯罪重于加誣之罪者，從原重者論。

若本囚無誣指平人之意，官吏鞫問獄囚，非法拷訊，故行教令誣指平人者，以故入人全罪論。

若官司追徵逋欠錢糧，逼令欠户誣指平人代納者，計所枉徵財物，坐贓論；罪止杖一百、徒三年，以贓不入已也。其物給代納本主。

其被囚誣指之平人，無故稽留三日不放回者，笞二十；每三日加一等，罪止杖六十。

若官司鞫囚，而證佐之人有所偏徇不言實情，故行誣證，及化外人有罪，通事傳譯番語，有所偏私不以實對，致斷罪有出入者，證佐人，減罪人罪二等。證佐不說實情，出脫犯人全罪者，減犯人全罪二等。若增減其罪者，亦減犯人所得增減之罪二等之類。通事，與同罪。謂化外人本有罪，通事扶同傳說，出脫全罪者，通事與犯人同得全罪。若將化外人罪名，增減傳說者，以所增減之罪坐通事。謂如化外人本招承杖六十，通事傳譯增作杖一百，即坐通事杖四十。又如化外人本招承杖一百，通事傳譯減作笞五十，即坐通事杖五十之類。

《清宣宗實録》道光十六年八月〔癸酉〕諭內閣：向來投遞匿名文書，告言人罪，拾獲者照例銷燬，原所以戢奸宄而防傾陷。近來各省士民，習染漸深，往往編造歌謡，妄將該管各官肆行詆毁，冀圖洩忿。迨經簡派大臣前往，或交督撫大吏秉公查訪，所指各款多屬子虛。而爲所指斥者，不但聲名頓減，且牽涉多人，紛紛提究，受累已不待言。揆厥由來，大率懷挾私讎，妄希拖累，又慮出名控告，一經審虛，即照誣揑治罪。是以情變百出，作爲歌詞，隱匿姓名，巧相誣衊。即審明實無其事，全係捕風捉影之談，亦得置身局外，無從究治其罪。是此等鬼蜮伎倆實與匿名揭帖無異。於風俗人心大有關係，不可不嚴行查禁。嗣後各直省大吏遇有傳播歌謡，指斥公事者，惟當虛衷體訪，嚴密根追，並究明編自何人。一經得有揑寫主名，即行密拏到案，訊明平日有何讎怨。照例嚴行懲治，無稍寬縱，以省株累而挽頹風，將此通諭知之。

（清）卞寶第《卞制軍政書》卷一一《禁止控示》 民間詞訟例應赴所在有司衙門呈訴，如州縣不爲審理，或審斷不公，方准赴上司衙門申理，亦應由下而上，不得越訴，迺自入境已來，披閱攔輿呈遞各詞，多未在府道司衙門具控，遽行越訴，實屬顯違定例，合亟申明例載各條，出示諭遵，毋得故違，致干究辦，凛之特示。

一、律載軍民詞訟皆須自下而上，越訴者即實亦笞五十。

一、律載凡越赴督撫告機密重事不實，並全誣十人以上者，發邊遠充軍。

一、例載若未告州縣，及已告州縣不候審斷越訴者，治罪。

一、例載詞訟未經該管衙門控告，輒赴控院司道府。如院司道府，濫行准理，照例議處。其業經在該管衙門控理，復行上控，先將原告窮詰，果情理近實，始行准理。如審理屬虛，除照誣告加等治罪外，先將該犯枷號一個月示衆。

一、例載凡有控告事件，其呈詞俱責令自作，不能自作者，准其口訴，令書吏及官代書，據其口訴之詞，從實書寫，如有增減情節者，將代書之人照例治罪。其唆訟棍徒該管地方官實力查拏，從重究辦。

譚棣華等《廣東碑刻集·奉府憲示碑》 本年九月十五日，據遂溪縣紳民教職易泰亨，理問銜黄中立，布經銜麥廣香，守備銜梁開元，千總銜龐□興、梁大猷，增貢生羅建中、梁惠元，廩生楊甲東，增生楊逢時、盧奪標，例貢生鄧有贊，武生袁仲甫、戴昌冠、袁大光、楊立東、梁景元、趙仲光、楊撫東，監生王元發、楊作梯、麥賓朝、易臨亨、蘇文揚、李文明、陳纘緒、李麟祥、温中潤、歐鴻瑶、陳奪魁、何屏、黄中柱，職員李洪慶、黄中位、陳維新、龐捷魁、符兆熊、袁錦新、賓生歐鴻達、戴昌平、蔣安、舒潛□、歐文雅、陳戊賡等遣抱告李妃二呈稱：切分司當道，情甚豺狼，蠹役横行，害同虺蜴，溯自設建□，職所專司者，惟在巡緝盜賊，稽查奸宄，於詞訟并不以攝理。道光十二年，先經王前道憲行文嚴禁，不準擅受民詞，而干切令。迨廿八年，又經盧府奉李藩憲，一體嚴行禁止擅理詞訟，勾串奸徒，藉端索擾等由在案。是大憲早知貪酷佐貳，貽害不淺。故有屢次嚴禁矣。詎禁者自禁，而貪者自貪。邇來聽弄行險，濫差肆威，釁由役抖，□與官爲，觸役觸官，畏官畏役，滋擾恐嚇。遂欲則囊括無遺，捉影捕風，拂意則刑押牽累，虎噬鯨吞。任甚一任，此訛彼許，年慘一年。被控者莫不傾家，受剥者幾無遺户。如此廢法漁利，違禁嚼民，釀成無底大禍。倘不叩乞嚴禁則楊柑所轄之地方，皆席卷而爲分司魚肉矣。勢迫聯名陳情，懇恩如例給示，俯賜刻碑，永遠禁止，杜後擅受民詞，濫批弊竇，庶遍境安靖，咸沐除害保□□仁，等情到府。據此當批：佐雜擅受民詞，本屬大干例禁，該教職等聯名具呈，候查明該縣丞差役，有借端索擾情弊，定爲嚴行飭禁，以肅官方而安閭閻。如敢抗違，即行擬參，并提差役究辦不貸。粘抄附除批揭示，并札飭遂溪縣縣丞遵照外，合符出示曉諭。爲此，示諭紳士商民人等知悉，爾等遇有控告，一切事件，必須赴地方官衙門控理，不得赴佐雜衙門具□。該縣丞亦應恪守遵功令，循分供職，不得多添差役，藉案滋擾，以肅法紀而安閭閻。倘敢故違例禁，擅受民詞，任役□擾，一經查訪的實，定行擬參，并提差役，照例究辦。爾等亦不得藉有此示，致生枝節。各宜凛遵無違。特示。咸豐十年九月二十三日立於下山井埠。

吴明哲《温州歷代碑刻二集》第一編《勒石示碑陳寶善》 永邑風氣素尚敦厚，自瑞、平會匪倡亂以後，人心大壞，藐法之徒從而蠢動，幾謂離城較遠之鄉村不妨肆行無忌。本縣察閲違列呈詞，知吾民深遭棍惡擾害者，或乘危劫奪，或恃衆横行，或設誓私團，或擄人勒贖，或遇收成稍歉租穀短交，或值穀價驟昂截境遏糴，種種不法，難以枚舉，以致吾民受其脅制，有欲控不得之隱。本縣莅任四載，洞悉前情，業將著名之十一都地棍□□□等獲案重辦，冀懲一儆百，第羽黨亟宜翦除，陋習更應痛革，合特出示勒石永禁。爲此示仰閤邑各都人等知悉：爾等務農作賈，須各安分守法，毋得心存不肖，致犯前情。嗣後如有本地棍徒敢於横行鄉曲，借端生事，毋論何項人氏，許該紳耆捆送到縣，聽候查訊得實，按例治罪，決不姑饒，紳富人等亦不得挾忿尋釁，致累無辜。當以和睦鄉黨，體恤貧民爲要。本縣爲安民除暴起見，爾等不得以身試法，其各凛遵毋違，特示。

同治貳年肆月日。

上海博物館圖書資料室《上海碑刻資料選輯・兩江總督為嚴禁自盡圖賴以重民命告示碑同治七年十月》 自盡人命，律無抵法。而小民遇憨，每因細故，動輒輕身。其親屬聽人主唆，無不砌詞〔混控〕，〔牽涉多人〕，意在求財，〔兼圖〕泄〔忿〕。〔經年累〕月，蔓〔引株〕連，〔被〕告深受其害。夫父子，兄弟、夫婦，皆人道之大經，乃死而因以爲利，是難覥然人面，實則禽獸不如，尤人心風俗之憂也。本部堂院現已通飭各屬，隨事整頓，〔力挽頽波〕，〔凡自盡〕命案，均限一〔個月審〕結。倘有聳令自盡，誣告詐賴等情，即嚴究主使棍徒，一併從重治罪。此後爾等即或自拚一死，總不能貽害别人，其親屬雖欲〔逞刁〕，一經〔審出〕實情，不過自取罪〔戾〕，亦〔無〕人〔肯與賄和〕。是〔不〕但死〔者枉送〕性命，不值一錢；即生者因此又犯刑章，更屬無益有損。本欲害人，遷以自害，徒爲讎人所快，復何等須知身命爲重，既死不可復生，公論難誣，千虛焉逃一實？〔誣師〕羅織伎倆，今日不復能行。嗣後務各自愛其身，毋得逞〔忿輕生〕，希圖誣害。其親〔屬亦不〕許聽唆誣告，〔枉費譸張〕。〔所有〕律例罪名，〔逐條開示〕于後：

一、子孫將祖父母父母尸身圖〔賴人者〕，〔杖一百〕，〔徒三年〕。〔期親尊長杖八十〕，徒〔二年〕。〔妻將夫尸圖赖人者，罪同。功緦遞減一等。〕〔告官〕者，以誣告反坐。杖一百，流三千〔里，加徒役〕三年。因而詐取財物者，計贓〔准竊盗論〕。〔搶去財物〕者，准搶奪論。

一、詞狀止許實告〔實證〕。〔若陸續投詞〕，〔牽連婦女及原告内無名之人〕，〔一概不准〕，〔仍從重治罪〕。

一、赴〔各〕衙門告言人罪，一經批〔准〕，即令原告投〔審〕。〔若無故兩月不到案〕，〔即將被告證佐俱行釋放〕，〔所言之事不與審理〕，〔專拿原告〕，治以誣告之罪。

一、控告人命，如有誣告情弊，照律治罪，〔不得聽其攔息〕。〔或有誤聽人言〕，〔情急妄告〕，〔於未經驗尸之先〕，〔盡吐實情〕，〔自願認罪〕，〔遞詞求息〕者，果無賄〔和等情〕，〔照不〕應〔重律〕，杖八十。〔如有〕主唆之〔人〕，照律治罪。

以上〔均係律例明〕文，何等嚴切！本部堂院力除積弊，〔務挽澆風〕，〔惟有執法從事〕。〔爾等各宜猛省〕，〔慎勿自貽伊戚〕，徒〔悔噬臍〕。〔凛遵〕，〔特示〕。

（清）席裕福《清朝政典類纂》卷四〇四《刑三十六・刑律訴訟・誣告充軍及遷徒》 凡誣告充軍者，照所誣地理遠近、抵充軍役、若官吏、故出失出入人軍罪者，以故失出入人流罪論。若誣告人罪應遷徒者，於比流減半、准徒二年上、加所誣罪三等、並入所得杖罪通論、凡徒二年者、應杖八十，今加誣告罪三等，流二千里，應得杖一百之罪，併論決之。　謹案：律文雍正三年改定，小注乾隆五年增。

刑案

誣告學習白蓮教，應照律反坐，發新疆給官兵爲奴，面刺外遣二字。嘉慶二年直隸案。

誣告攙和私錢行使，如果屬實，應發駐防爲奴。今係虛誣，應比照誣告充軍抵充軍役反坐，發駐防爲奴。道光六年江蘇案。

誣告教匪謀叛與誣告平人不同，擬於誣告叛逆斬監候罪上，量減滿流。光緒十年奏准案。

各州縣嚴辦誣告人命鬨鬧屍廠（清）張之洞《張文襄公全集》卷一一六《公牘・批宜昌府稟請通飭各州縣嚴辦誣告人命鬨鬧屍廠光緒十七年三月二十八日》查藉屍圖詐，捏傷誣告禁令何等森嚴，至地方刁徒聚衆鬨鬧屍廠，甚至毆辱官長，尤應按律從重治罪，斷不可稍存姑息，致令無所儆畏，愈熾刁風。本部堂深知湖北各州縣近年多有此等惡習，無非地棍訟師從中主使，煽動所致，皆由地方官吏違道干與撓法長奸養成惡習，要知犯上即作亂之漸，若百姓不畏州縣，國家政令何由而行，關繫實非微細，仰北按察司嚴行通飭各府州縣申明定例，出示曉諭嚴禁，嗣後各屬如遇有此等惡習，務即將爲首之人嚴拏審實，分別究誣，按擬詳辦，不得再以事出有因，懷疑誤控，及到案供明等詞，曲爲開脱，至鬨鬧屍廠侮辱官長，必應究明主使之人，無論有無功名，均須據實詳名，分別奏咨，褫革懲辦，不得畏其挾制，隱忍彌縫，致長亂萌而撓國憲。

《各省審判廳判牘》第二編《判詞類・賣女與人為使女雲南高等審判廳案》訊據李應昌供：昆明縣人，年五十五歲，在小東門開銀匠鋪。宣統二年七月女兒出嫁宋姓，需用使女，適有剃頭匠李椿林來説，周金品夫婦托賣伊次女小文，當經議定由小的給身價銀二十六兩，周金品夫婦親立字據，將小文賣與小的爲婢，詎買後周金品夫婦來鋪賒取首飾不遂，忽稱身價過輕，忽稱并未賣斷，滋鬧不休。經巡警鄰佑勸解，給錢五百文了事。不料本年二月，周金品又以伊女係由李椿林薦往幫工，小的因李椿林死無對證，捏稱已由李椿林得銀二十元出字賣斷等情，控經地方審判廳訊明，判將小文給周金品領回，轉罰小的銀十兩，是以不服上訴，求公斷。周金品即周吉成供：晉寧州大周營人，年三十四歲，務農爲業。娶妻李氏，生有一子三女，皆幼，家貧難養，因於去年七月領同次女小文到省托舊識之李椿林代賣，適有李應昌女兒出嫁需用使女，當憑李椿林議定身價銀二十六兩，由小的夫婦親立字據，賣與李應昌爲婢，嗣因到李應昌家賒取首飾不遂，前往滋鬧，經巡警鄰佑勸解，李應昌給小的錢五百文了事。本年二月，小的又以民女係由李椿林薦往李應昌家幫工，李應昌因李椿林死無對證，捏稱已由李椿林得銀二十元出字賣斷等情，控經地方審判廳，斷將身價充公，女兒交小的領回。詎李應昌不服上訴，今蒙審訊，不敢誣執是實。周李氏供：晉寧州人，年三十四歲，周金品是丈夫，餘供與周金品同。小文供：晉寧州人，年十二歲，周金品是父親，周李氏是母親，去年七月，父親、母親將小女子引到省城，賣與李家爲婢，後來李家姑娘出嫁宋姓，又跟着過去，别的事不知道各等供。據此，查此案李應昌價買周金品次女小文爲婢，事在現行刑律頒降之後，地方審判廳依例處罰，并無不合。惟周金品即周吉成夫婦親立契據將女賣與李應昌爲婢，因賒物不遂，乘李椿林死無質證，誣控李應昌以雇工作買婢，經該廳究明始據供出，實與罪未發而自首者有間。該廳援自首律輒免其罪，實屬引斷錯誤，亟應分别按律問擬。查律載：誣告人流徒罪，加所誣罪三等，罪止流三千里。又例載：因貧而賣子女者，處七等（罪）〔罰〕，買者處八等罰，身價入官，人口交親屬領回。又律載：二罪俱發，以重者論各等語。此案周金品即周吉成控李應昌捏稱以雇工作買婢，如果屬實，李應昌應依設方略誘取良人爲奴婢律，罪擬滿流。訊係虛誣，自應反坐。周金品除賣女輕罪不議外，合依誣告人流徒罪，加所誣罪三等罪止流三千里律，擬流三千里，工作十年，限滿開釋。李應昌違禁買婢，應如原判，合依因貧而賣子女者，買者處八等罰例，擬處八等罰。周李氏係周金品之妻，業坐尊長，應毋庸議。身價追繳入官。小文交周金品領回。

《各省審判廳判牘》第二編《判詞類・妻允妾改嫁復控誘拐梧州地方審判廳案》審得覃莫氏供稱，有胞侄名覃安祥，丈夫覃顯楨已死四年，遺下二妾，均姓李氏。第二妾李氏生一子一女，子今年五歲，女今年十一歲。現妾等與小婦人在家耕有廢田幾頃，家計不足，實難度日。去年十一月初間，第二妾李氏托言探親，一去不回，今年三月始訪知嫁與潘亞二爲妻。潘亞二素不相識，是否他拐李氏，亦不得知，懇求判將李氏回家撫養兒女，若李氏願嫁不返，小婦人亦允肯，但懇恩補給李氏身價，斷回小婦人收領等語。又據覃李氏供稱，十五歲嫁與陳本文，二十歲被陳本文賣與覃顯楨爲第二妾，生子女各一人，子五歲，女十一歲，大婆莫氏，二婆李氏俱在，丈夫覃顯楨已死四年，家貧不能坐守，遂與莫氏相商，莫氏允其改嫁，但要收回財禮二百毫。後族侄覃安祥等欲將小婦人出賣，小婦人不願，故來梧州尋親，住白屋地陳黎氏家。去年十一月十一日到梧，忽染重病，伙食醫藥無着。二十五日，即憑媒陳黎氏、李亞樓作媒，嫁與潘亞二爲妻，親手收潘亞二銀三十元花用。小婦人與潘亞二從前并不認識，何有拐帶情事，嫁後曾托莫氏之婿陳某帶信與莫氏。今年三月十四日去深塘村與大婆莫氏見面，曾言明已嫁潘姓，惟一時無二百毫身價銀與莫氏，覃安祥即來報案等語。又據潘亞二供稱，在梧城白屋地住了十五年，每日蒸松糕販賣以養老母，去年十一月內，由媒人陳黎氏、李亞樓説合娶李氏爲妻，并問明媒人知李氏夫死，經已服滿，亦與大婆商允改嫁，訂明身價銀三十元，親手交與李氏收領，兼説明莫氏幾時來梧，幾時交財禮，莫氏向未來過。本年三月二十二日，覃安祥與梁秀石到伊家，要伊再補銀一百元，次減作六十元，後又減作二十元，伊因一時無錢，約以緩期，不料覃安祥即以拐帶具控。小的實係憑媒正娶，并無拐帶情事，亦無强娶等語。質訊陳黎氏供稱，潘亞二母子在小婦人屋住有十五年，平日做小生意，素來安分。因去年十一月十一日覃李氏到梧州，向小婦人説欲改嫁，托小婦人爲媒，小婦人遂同李亞樓兩人，向潘亞二母子兩人説合，正娶爲妻，小婦人曾得過媒人銀五十毫，李亞樓得媒人銀二十毫。李亞樓前同居住，現已遷搬，不知去向，李氏并得過潘亞二銀三十元，確係有媒正娶，并無强娶，亦無拐帶情事各等情。查此案李氏係夫死四年，家貧不能自守，曾與大婦莫氏相商，允其改嫁，既非居喪嫁娶，復非背夫私逃。覃莫氏亦願收回財禮銀二百毫。則覃李氏之改嫁已爲覃莫氏所認可。但財禮銀兩係二人契約行爲，李氏既願當庭將銀給領，應準雙方履行契約，交清財禮銀二百毫，與覃莫氏收領完案。至潘亞二在梧素營小貿，與李氏本不相識，得陳黎氏、李亞樓作媒正娶，既非拐帶强娶，亦非和誘同逃，潘亞二、覃李氏自應照章宣告無罪。

紀事

《戰國策》卷一七《楚四》魏王遺楚王美人，楚王説之。夫人鄭褎知王之説新人也，甚愛新人。衣服玩好，擇其所喜而爲之；宫室卧具，擇其所善而爲之。愛之甚於王。王曰：婦人所以事夫者，色也；而妬者，其情也。今鄭褎知寡人之説新人也，其愛之甚於寡人，此孝子之所以事親，忠臣之所以事君也。鄭褎知王以己爲不妬也，因謂新人曰：王愛子美矣。雖然，惡子之鼻。子爲見王，則必掩子鼻。新人見王，因掩其鼻。王謂鄭褎曰：夫新人見寡人，則掩其鼻，何也？鄭褎曰：妾知也。王曰：雖惡必言之。鄭褎曰：其似惡聞君王之臭也。王曰：悍哉！令劓之，無使逆命。

《史記》一二二《酷吏列傳》湯爲御史大夫七歲，敗。河東人李文嘗與湯有郤，已而爲御史中丞，恚，數從中文書事有可以傷湯者，不能爲地。湯有所愛史魯謁居，知湯不平，使人上蜚變告文姦事，事下湯，湯治論殺文，而湯心知謁居爲之。上問曰：言變事縱跡安起？湯詳驚曰：此殆文故人怨之。謁居病卧閭里主人，湯自往視疾，爲謁居摩足。趙國以冶鑄爲業，王數訟鐵官事，湯常排趙王。趙王求湯陰事。謁居嘗案趙王，趙王怨之，并上書告：湯，大臣也，史謁居有病，湯至爲摩足，疑與爲大姦。事下廷尉。謁居病死，事連其弟，弟繫導官。湯亦治他囚導官，見謁居弟，欲陰爲之，而詳不省。謁居弟弗知，怨湯，使人上書告湯與謁居謀，共變告李文。事下減宣。宣嘗與湯有郤，及得此事，窮竟其事，未奏也。會人有盗發孝文園瘞錢，丞相青翟朝，與湯約俱謝，至前，湯念獨丞相以四時行園，當謝，湯無與也，不謝。丞相謝，上使御史案其事。湯欲致其文丞相見知，丞相患之。三長史皆害湯，欲陷之。

始長史朱買臣，會稽人也。讀《春秋》。莊助使人言買臣，買臣以《楚辭》與助俱幸，侍中，爲太中大夫，用事；而湯乃爲小吏，跪伏使買臣等前。已而湯爲廷尉，治淮南獄，排擠莊助，買臣固心望。及湯爲御史大夫，買臣以會稽守爲主爵都尉，列於九卿。數年，坐法廢，守長史，見湯，湯坐牀上，丞史遇買臣弗爲禮。買臣楚士，深怨，常欲死之。王朝，齊人也。以術至右内史。邊通，學長短，剛暴彊人也，官再至濟南相。故皆居湯右，已而失官，守長史，詘體於湯。湯數行丞相事，知此三長史素貴，常淩折之。以故三長史合謀曰：始湯約與君謝，已而賣君；今欲劾君以宗廟事，此欲代君耳。吾知湯陰事。使吏捕案湯左田信等，曰湯且欲奏請，信輒先知之，居物致富，與湯分之，及他姦事。事辭頗聞。上問湯曰：吾所爲，賈人輒先知之，益居其物，是類有以吾謀告之者。湯不謝。湯又詳驚曰：固宜有。減宣亦奏謁居等事。天子果以湯懷詐面欺，使使八輩簿責湯。湯具自道無此，不服。於是上使趙禹責湯。禹至，讓湯曰：君何不知分也。君所治夷滅者幾何人矣？今人言君皆有狀，天子重致君獄，欲令君自爲計，何多以對簿爲？湯乃爲書謝曰：湯無尺寸功，起刀筆吏，陛下幸致爲三公，無以塞責。然謀陷湯罪者，三長史也。遂自殺。

湯死，家産直不過五百金，皆所得奉賜，無他業。昆弟諸子欲厚葬湯，湯母曰：湯爲天子大臣，被汙惡言而死，何厚葬乎！載以牛車，有棺無椁。天子聞之，曰：非此母不能生此子。乃盡案誅三長史。丞相青翟自殺。出田信。上惜湯。稍遷其子安世。

《漢書》卷九《元帝紀》〔元帝初元二年〕十二月，中書令弘恭、石顯等譖望之，令自殺。

《漢書》卷八二《王商傳》初，大將軍鳳連昏楊肜爲琅邪太守，其郡有災害十四，已上。商部屬按問，鳳以曉商曰：災異天事，非人力所爲。肜素善吏，宜以爲後。商不聽，竟奏免肜，奏果寢不下，鳳重以是怨商，陰求其短，使人上書言商閨門内事。天子以爲暗昧之過，不足以傷大臣，鳳固争，下其事司隸。先是皇太后嘗詔問商女，欲以備後宫。時女病，商意亦難之，以病對，不入。及商以閨門事見考，自知爲鳳所中，惶怖，更欲内女爲援，乃因新幸李婕好家白見其女。

會日有蝕之，太中大夫蜀郡張匡，其人佞巧，上書願對近臣陳日蝕咎。下朝者左將軍丹等問匡，對曰：竊見丞相商作威作福，從外制中，取必於上，性殘賊不仁，遣票輕吏微求人罪，欲以立威，天下患苦之。前頻陽耿定上書言商與父傅通，及女弟淫亂，奴殺其私夫，疑商教使。章下有司，商私怨懟。商子俊欲上書告商，俊妻左將軍丹女，持其書以示丹，丹惡其父子乖迕，爲女求去。商不盡忠納善以輔至德，知聖主崇孝，遠别不親，後庭之事皆受命皇太后，太后前聞商有女，欲以備後宫，商言有固疾，後有耿定事，更詭道因李貴人家内女，執左道以亂政，誣罔誖大臣節，故應是而日蝕。《周書》曰：以左道事君者誅。《易》曰：日中見昧，則折其右肱。往者丞相周勃再建大功，及孝文時纖介怨恨，而日爲之蝕，於是退勃使就國，卒無怵愁憂。今商無尺寸之功，而有三世之寵，身位三公，宗族爲列侯、吏二千石、侍中諸曹，給事禁門内，連昏諸侯王，權寵至盛。審有内亂殺人怨懟之端，宜窮（意）〔竟〕考問。臣聞秦丞相吕不韋見王無子，意欲有秦國，即求好女以爲妻，陰知其有身而獻之王，産始皇帝。及楚相春申君亦見王無子，心利楚國，即獻有身妻而産懷王。自漢興幾遭吕、霍之患，今商有不仁之性，乃因怨以内女，其姦謀未可測度。前孝景世七國反，將軍周亞夫以爲即得雒陽劇孟，關東非漢之有。今商宗族權勢，合貲鉅萬計，私奴以千數，非特劇孟匹夫之徒也。且失道之至，親戚畔之，閨門内亂，父子相訐，而欲使之宣明聖化，調和海内，豈不謬哉！商視事五年，官職陵夷而大惡著於百姓，甚虧損盛德，有鼎折足之凶。臣愚以爲聖主富於春秋，即位以來，未有懲姦之威，加以繼嗣未立，大異並見，尤宜誅討不忠，以遏未然。行之一人，則海内震動，百姦之路塞矣。

於是左將軍丹等奏：商位三公，爵列侯，親受詔策爲天下師，不遵法度以翼國家，而回辟下媚以進其私，執左道以亂政，爲臣不忠，罔上不道，《甫刑》之辟，皆爲上戮，罪名明白。臣請詔謁者召商詣若盧詔獄。鳳固争之，於是制詔御史：蓋丞相以德輔翼國家，典領百寮，協和萬國，爲職任莫重焉。今樂昌侯商爲丞相，出入五年，未聞忠言嘉謀，而有不忠執左道之辜，陷于大辟。前商女弟内行不修，奴賊殺人，疑商教使，爲商重臣，故抑而不窮。今或言商不以自悔而反怨懟，朕甚傷之。惟商與先帝有外親，未忍致于理。其赦商罪。使者收丞相印綬。

《漢書》卷九七下《外戚傳・孝元馮昭儀》哀帝即位，遣中郎謁者張由將醫治中山小王。由素有狂易病，病發怒去，西歸長安。尚書簿責擅去狀，由恐，因誣言中山太后祝詛上及太后。太后即傅昭儀也，素常怨馮太后，因是遣御史丁玄案驗，盡收御者官吏及馮氏昆弟在國者百餘人，分繫雒陽、魏郡、鉅鹿。數十日無所得，更使中謁者令史立與丞相長史大鴻臚丞雜治。立受傅太后指，幾得封侯，治馮太后女弟習及寡弟婦君之，死者數十人。巫劉吾服祝詛。毉徐遂成言習、君之曰：武帝時毉修氏刺治武帝得二千萬耳，今愈上，不得封侯，不如殺上，令中山王代，可得封。立等劾奏祝詛謀反，大逆。責問馮太后，無服辭。立曰：熊之上殿何其勇，今何怯也！太后還謂左右：此乃中語，前世事，吏何用知之？是欲陷我效也！乃飲藥自殺。

先未死，有司請誅之，上不忍致法，廢爲庶人，徙雲陽宮。既死，有司復奏：太后死在未廢前。有詔以諸侯王太后儀葬之。宜鄉侯參、君之、習夫及子當相坐者，或自殺，或伏法。參女弁爲孝王后，有兩女，有司奏免爲庶人，與馮氏宗族徙歸故郡。張由以先告賜爵關內侯，史立遷中太僕。

哀帝崩，大司徒孔光奏由前誣告骨肉，立陷人入大辟，爲國家結怨於天下，以取秩遷，獲爵邑，幸蒙赦令，請免爲庶人，徙合浦云。

（宋）**鄭克《折獄龜鑑》卷二《釋寃・劉賀》** 劉賀承制，初舉進士，為懷州修武令。民有醉不能歸者，其侶得其衣以還其家。醉人道斃，喪家遂執以訴。賀曰：以衣還者，非所以殺也。由是得免。段少連薦賀可為將，自著作佐郎改內殿承制。見吕大防丞相所撰墓誌。

按，此非訴者造誣也，但痛夫斃者，故疑其殺耳。若不遇賀以情理察之，則彼負寃未易得釋也。

（宋）**鄭克《折獄龜鑑》卷三《辨誣・丙吉》** 漢丙吉為廷尉時，陳留有一老人，年八十餘。前妻有一女，已適人，後妻生一子。而翁死家甚富，子方數歲，女欲奪其財，乃誣後母所生非我父之子。郡縣皆不能決，聞於臺省。吉乃言曰：吾聞老人之子，不耐寒，日中無影。時方八月，取同歲兒，均服單衣，唯老人之子畏寒變色。又令與諸兒立於日中，唯老人之子無影。遂奪財物，歸後母之男，前女服誣母之罪。舊不著出處。

或疑無影，恐其不然。按《南史・蕭映傳》，荊州三津張元始，年九十七生兒，遂無影。前代之人固嘗驗此，尚何疑哉。

《後漢書》卷二《明帝紀》〔永平四年〕十二月，陵鄉侯梁松下獄死。坐縣飛書誹謗。

《後漢書》卷五《安帝紀》〔建光元年〕五月庚辰，特進鄧騭及度遼將軍鄧遵，並以譖自殺。

（宋）**王欽若等《冊府元龜》卷六六九《牧守部・枉濫》** 曹紹，中嘗侍曹節從子也，靈帝時爲東郡太守。建寧中，青蛇見前殿，大風拔木。郎中謝弼上封事，左右惡其言，出爲廣陵府丞，去官歸家。紹忿疾於弼，遂以它罪收考掠案，死獄中。時人悼傷焉。

《後漢書》卷八《靈帝紀》〔中平元年六月〕皇甫嵩、朱儁大破汝南黃巾於西華。詔嵩討東郡，朱儁討南陽。盧植破黃巾，圍張角於廣宗。宦官誣奏植，抵罪。遣中郎將董卓攻張角，不剋。

《後漢書》卷八《靈帝紀》〔中平三年冬十月〕前太尉張延爲宦人所譖，下獄死。

《三國志》卷一一《魏志・國淵傳》 時有投書誹謗者，太祖疾之，欲必知其主。淵請留其本書，而不宣露。其書多引二京賦，淵勑功曹曰：此郡既大，今在都輦，而少學問者。其簡開解年少，欲遣就師。功曹差三人，臨遣引見，訓以所學未及，二京賦，博物之書也，世人忽略，少有其師，可求能讀者從受之。又密喻旨。旬日得能讀者，遂往受業。吏因請使作箋，比方其書，與投書人同手。收攝案問，具得情理。

《三國志》卷一二《魏志・司馬芝傳》 有盜官練置都廁上者，吏疑女工，收以付獄。芝曰：夫刑罪之失，失在苛暴。今贓物先得而後訊其辭，若不勝掠，或至誣服。誣服之情，不可以折獄。且簡而易從，大人之化也。不失有罪，庸世之治耳。今宥所疑，以隆易從之義，不亦可乎！太祖從其議。

《三國志》卷二四《魏志・高柔傳》 民間數有誹謗妖言，帝疾之，有妖言輒殺而賞告者。柔上疏曰：今妖言者必戮，告之者輒賞。既使過誤無反善之路，又將開兇狡之羣相誣罔之漸，誠非所以息奸訟，强熙治道也。昔周公作誥，稱殷之祖宗，咸不顧小人之怨。在漢太宗，亦除妖言誹謗之令。臣愚以爲宜除妖謗賞告之法，以隆天父養物之仁。帝不即從，而相誣告者滋甚。帝乃下詔：敢以誹謗相告者，以所告者罪罪之。於是遂絶。校事劉慈等，自黄初初數年之間，舉吏民姦罪以萬數，柔皆請懲虛實；其餘小小挂法者不過罰金。

《三國志》卷四〇《蜀志·彭羕傳》〔彭〕羕仕州，不過書佐，後又爲衆人所謗毁於州牧劉璋，璋髡鉗羕爲徒隸。

《晉書》卷一一四《苻融传》〔苻融〕在冀州，有老母遇劫於路，母揚聲唱盜，行人爲母逐之，既擒劫者，劫者返誣行人爲盜。時日垂暮，母及路人莫知孰是，乃俱送之。融見而笑曰：此易知耳，可二人並走，先出鳳陽門者，非盜，既而還入，融正色謂後出者曰：汝真是盜何以誣人！

《宋書》卷五二《褚叔度傳》景平二年，富陽縣孫氏聚合門宗，謀爲逆亂，其支黨在永興縣，潛相影響。永興令羊恂覺其姦謀，以告淡之；淡之不信，乃以誣人之罪，收縣職局。

《宋書》卷五七《蔡興宗傳》有解士先者，告申坦昔與丞相義宣同謀。時坦已死，子令孫時作山陽郡，自繫廷尉。興宗議曰：若坦昔爲戎首，身今尚存，累經肆眚，猶應蒙宥。令孫天屬，理相爲隱。況人亡事遠，追相誣訐，斷以禮律，義不合關。若士先審知逆謀，當時即應聞啓，苞藏積年，發因私怨，況稱風聲路傳，實無定主，而干黷欺罔，罪合極法。

（南朝宋）劉義慶《世説新語》卷下《黜免》諸葛厷在西朝，少有清譽，爲王夷甫所重，時論亦以擬王。後為繼母族黨所讒，誣之為狂逆。將遠徙，友人王夷甫之徒，詣檻車與別。厷問：朝廷何以徙我？王曰：言卿狂逆。厷曰：逆則應殺，狂何所徙？

（宋）司馬光《資治通鑑》齊武帝永明十一年二月　雍州刺史王奐惡寧蠻長史劉興祖，收繫獄，誣其搆扇山蠻，欲爲亂。敕送興祖下建康；奐於獄中殺之，詐云自經。上大怒，遣中書舍人吕文顯、直閣將軍曹道剛將齊仗五百人收奐，敕鎮西司馬曹虎從江陵步道會襄陽。

《南齊書》卷四三《謝瀹傳》謝瀹遷司徒左長史，出爲吳興太守。長城縣民盧道優家遭劫，誣同縣殷孝悌等四人爲劫，瀹收付縣獄考正。孝悌母駱詣登聞訴稱孝悌爲道優所誹謗，橫劾爲劫，一百七十三人連名保徵，在所不爲申理。瀹聞孝悌母訴，乃啓建康獄覆，道優理窮款首，依法斬刑。有司奏免瀹官。瀹又使典藥吏煑湯，失火，燒郡外齋南廂屋五間。又輒鞭除身，爲有司所奏，詔竝贖論。在郡稱爲美績。母喪去官。

（宋）司馬光《資治通鑑》梁紀武帝天監三年三月　高肇本出高麗，時望輕之。帝既黜六輔，誅咸陽王禧，專委事於肇。肇以在朝親族至少，乃邀結朋援，附之者旬月超擢，不附者陷以大罪。尤忌諸王，以詳位居其上，欲去之，獨執朝政，乃譖之於帝，云詳與皓、冑、季賢、掃静謀爲逆亂。夏，四月，帝夜召中尉崔亮入禁中，使彈奏詳貪淫奢縱，及皓等四人怙權貪横，收皓等繫南臺，遣虎賁百人圍守詳第。又慮詳驚懼逃逸，遣左右郭翼開金墉門馳出諭旨，示以中尉彈狀，詳曰：審如中尉所糾，何憂也！正恐更有大罪横至耳。人與我物，我實受之。詰朝，有司奏處皓等罪，皆賜死。

帝引高陽王雍等五王入議詳罪。詳單車防衛，送華林園，母妻隨入，給小奴弱婢數人，圍守甚嚴，内外不通。五月，丁未朔，下詔宥詳死，免爲庶人。頃之，徙詳於太府寺，圍禁彌急，母妻皆還南第，五日一來視之。

（宋）司馬光《資治通鑑》梁紀武帝天監十四年秋七月　祚與植皆惡于忠專横，密勸高陽王雍使出之；忠聞之，大怒，令有司誣奏其罪。尚書奏：羊祉告植姑子皇甫仲達云：受植旨，詐稱被詔，帥合部曲欲圖於忠。臣等窮治，辭不伏引；然衆證明昞，準律當死。衆證雖不見植，皆言仲達爲植所使，植召仲達責問而不告列。推論情狀，不同之理不可分明，不得同之常獄，有所降減，計同仲達處植死刑。植親帥城衆，附從王化，依律上議，乞賜裁處。忠矯詔曰：凶謀既爾，罪不當恕；雖有歸化之誠，無容上議，亦不須待秋分。八月，己亥，植與郭祚及都水使者杜陵韋儁皆賜死。儁，祚之婚家也。忠又欲殺高陽王雍，崔光固執不從，乃免雍官，以王還第。朝野冤憤，莫不切齒。

（宋）司馬光《資治通鑑》梁紀武帝天監十八年九月〔庚寅〕太后從容謂兼中書舍人楊昱曰：親姻在外，不稱人心，卿有聞，慎勿諱隱！昱奏揚州刺史李崇五車載貨、相州刺史楊鈞造銀食器，餉領軍元乂。太后召乂夫妻，泣而責之。乂由是怨昱。昱叔父舒妻，武昌王和之妹也。和即乂之從祖。舒卒，元氏頻請別居，昱父椿泣責不聽，元氏恨之。會瀛州民劉宣明謀反，事覺，逃亡。叉使和及元氏誣告昱藏匿宣明，且云：昱父定州刺史椿，叔父華州刺史津，並送甲仗三百具，謀爲不逞。叉復構成之。遣御杖五百人夜圍昱宅，收之，一無所獲。太后問其狀，昱具對爲元氏所怨。太后解昱縛，處和及元氏死刑，既而叉營救之，和直免官，元氏竟不坐。

（宋）司馬光《資治通鑑》梁紀武帝中大通三年六月 魏楊播及弟椿、津皆有名德。播剛毅，椿、津謙恭，家世孝友，緦服同爨，男女百口，人無間言。椿、津皆至三公，一門七郡太守，三十二州刺史。敬宗之誅爾朱榮也，播子侃預其謀；城陽王徽、李彧，皆其姻戚也。爾朱兆入洛，侃逃歸華陰，爾朱天光使侃婦父韋義遠招之，與盟，許貰其罪。侃曰：彼雖食言，死者不過一人，猶冀全百口。乃出應之，天光殺之。時椿致仕，與其子昱在華陰，椿弟冀州刺史順、司空津、順子東雍州刺史辨、正平太守仲宣皆在洛。秋，七月，爾朱世隆誣奏楊氏謀反，請收治之，魏主不許；世隆苦請，帝不得已，命有司檢按以聞。壬申夜，世隆遣兵圍津第，天光亦遣兵掩椿家於華陰，東西之族無少長皆殺之，籍没其家。世隆奏云：楊氏實反，與收兵相拒，已皆格殺。帝惋悵久之，不言而已，朝野聞之，無不痛憤。津子逸爲光州刺史，爾朱仲遠遣使就殺之。唯津子愔於被收時適出在外，逃匿，獲免，往見高歡於信都，泣訴家禍，因爲言討爾朱氏之策。歡甚重之，即署行臺郎中。

《魏書》卷四五《辛紹先傳》 〔辛〕祥初在司馬，有白壁還兵藥道顯被誣爲賊，官屬推處，咸以爲然。祥曰：道顯面有悲色，察獄以色，其此之謂乎？苦執申之。月餘，别獲真賊。

《魏書》卷四六《許彦傳》 受敕討丁零，丁零既平，〔許〕宗之因循郡縣，求取不節。深澤人馬超毁謗宗之，宗之怒，遂毆殺超。懼超家人告狀，上超謗訕朝政。高宗聞之，曰：此必妄也。朕爲天下主，何惡於超，而超有此言。必是宗之慎罪誣超。按驗果然。事下有司，司空伊馛等以宗之腹心近臣，出居方伯，不能宣揚本朝，盡心綏道，而侵損齊民，枉殺良善，妄列無辜，上塵朝廷，誣詐不道，理合極刑。太安二年冬，遂斬於都南。

《魏書》卷五八《楊播傳》 〔元〕叉乃使和及元氏誣告昱藏隱宣明，云：父定州刺史椿、叔華州刺史津，並送甲仗三百具，謀圖不逞。叉又構成其事。乃遣左右御仗五百人，夜圍昱宅而收之，並無所獲。靈太后問其狀，昱具對元氏讎釁之端，言至哀切。太后乃解昱縛，和及元氏並處死刑，而叉相左右，和直免官，元氏卒亦不坐。及元叉之廢太后，乃出昱爲濟陰内史。中山王熙起兵於鄴，叉遣黄門盧同詣鄴刑熙，并窮黨與。同希叉旨，就郡鎖昱赴鄴，訊百日，後乃還任。

《魏書》卷六三《宋弁傳》 〔宋〕維見叉寵勢日隆，便至乾没，乃告司染都尉韓文殊父子欲謀逆立懌。懌坐被録禁中。文殊父子懼而逃遁。鞫無反狀。以文殊亡走，懸處大辟。置懌於宫西别館，禁兵守之。維應反坐，叉言於太后，欲開將來告者之路，乃黜爲燕州昌平郡守，紀爲秦州大羌令。

《魏書》卷二四《崔玄伯傳》 〔崔〕敞亡後，鍾貪其財物，誣敞息子積等三人非兄之胤，辭訴累歲，人士嫉之。尒朱世隆爲尚書令，奏除其官，終身不齒。

《魏書》卷三〇《王建傳》 〔王〕斤遂驕矜，不順法度，信用左右，調役百姓，民不堪之，南奔漢川者數千家。而委罪於雍州刺史陽文祖、秦州刺史任延明。世祖召問二人，各以狀對。世祖知爲斤所誣，遣宜陽公伏樹覆按虛實，得數十事。遂斬斤以徇。

《隋書》卷二五《刑法志》 〔天保〕七年，豫州檢使白擲，爲左丞盧斐所劾，乃於獄中誣告斐受金。文宣知其姦罔，詔令按之，果無其事。乃敕八座議立案劾格，負罪不得告人事。於是挾姦者畏糾，乃先加誣訟，以擬當格，吏不能斷。又妄相引，大獄動至千人，多移歲月。然帝猶委政輔臣楊遵彦，彌縫其闕，故時議者竊云，主昏於上，政清於下。

《隋書》卷四七《韋世康傳》 其弟太子洗馬世約，譖巖於皇太子，上謂太子曰：古人有沽酒酸而不售者，爲噬犬耳。今何用世約乎，適累汝也。世約遂除名。

《新唐書》卷九一《皇甫無逸傳》 〔唐高祖年間〕皇甫希仁，憸人也，誣告無逸爲母故陰交世充，帝判其詐，斬希仁，遣給事中李公昌馳諭。又有告無逸交通蕭銑者，時無逸與行臺僕射竇璡不協，因表自陳，并上璡罪。有詔劉世龍、温彦博按之，無狀，遂斬告者而黜璡。及還，帝勞曰：比多譖毁，但以正直爲佞人憎爾。無逸頓首謝，帝曰：卿無負，何所謝？

（清）陳芳生《疑獄箋》卷一《平大獄·唐某御史》 唐高祖舉義師於太原，李靖與衛文昇爲隋守長安，乃收皇族害之。及平關中，誅文昇等。及靖，靖言曰，公定關中，惟覆私仇亦爲天下耶？若爲天下，未得殺靖。乃捨之，爲岐州刺史。或有人希旨告靖謀反者，高祖命一御史往按之，謂曰，李靖反狀實便可處分。御史知其誣罔，請與告事者偕行，行數驛，御史佯失告狀，驚懼異常，鞭撻行典，乃祈告事者，曰：李靖反狀分明，親奉聖旨，今失告狀，幸救命。告事者乃别疏狀與御史，驗其狀，與元狀不同，即日還京以聞，告事者伏誅。《折獄龜鑑》曰：按，唐《李靖傳》靖未嘗爲岐州刺史，亦無誣以謀反者。小説載事多失實，不足信。然辨誣之術，苟有可取，亦不當廢也。

（唐）吴兢《貞觀政要》卷六《杜讒邪》 魏徵爲祕書監，有告徵謀反者。太宗曰：魏徵，昔吾之讎，祇以忠於所事，吾遂拔而用之，何乃妄生讒構！竟不問徵，遽斬所告者。

（唐）吴兢《貞觀政要》卷八《刑法》 貞觀九年，鹽澤道行軍總管、岷州岷州，今爲西和州。隸陝西。都督高甑生，史無傳。坐違李靖節度，又誣告靖謀逆，減死徙邊。時有上言者曰：甑生舊秦府功臣，請寬其過。太宗曰：雖是藩邸舊勞，誠不可忘。然理國守法，事須畫一，今若赦之，使開僥倖之路。且國家建義太原，元從及征戰有功者甚衆，從。去聲。若甑生獲免，誰不覬覦！有功之人，皆須犯法，我所以必不赦者，正爲此也。

《舊唐書》卷六五《長孫無忌傳》 〔顯慶〕四年，中書令許敬宗遣人上封事，稱監察御史李巢與無忌交通謀反，帝令敬宗與侍中辛茂將鞫之。敬宗奏言無忌謀反有端，帝曰：我家不幸，親戚中頻有惡事。高陽公主與朕同氣，往年遂與房遺愛謀反，今阿舅復作惡心。近親如此，使我慚見萬姓。敬宗曰：房遺愛乳臭兒，與女子謀反，豈得成事？且無忌與先朝謀取天下，衆人服其智，作宰相三十年，百姓畏其威，可謂威能服物，智能動衆。臣恐無忌知事露，即爲急計，攘袂一呼，嘯命同惡，必爲宗廟深憂。誠願陛下斷之，不日即收捕，準法破家。帝泣曰：我決不忍處分與罪，後代良史道我不能和其親戚，使至於此。敬宗曰：漢文帝漢室明主，薄昭即是帝舅，從代來日，亦有大勳，與無忌不别。於後惟坐殺人，文帝惜國之法，令朝臣喪服就宅哭而殺之，良史不以爲失。今無忌忘先朝之大德，捨陛下之至親，聽受邪謀，遂懷悖逆，意在涂炭生靈。若比薄昭罪惡，未可同年而語，案諸刑典，合誅五族。臣聞當斷不斷，反受其亂，大機之事，間不容髮，若少遲延，恐即生變，惟請早決！帝竟不親問無忌謀反所由，惟聽敬宗誣構之説，遂去其官爵，流黔州，仍遣使發次州府兵援送至流所。其子祕書監、駙馬都尉冲等並除名，流於嶺外。敬宗尋與吏部尚書李義府遣大理正袁公瑜就黔州重鞫無忌反狀，公瑜逼令自縊而死，籍没其家。無忌既有大功，而死非其罪，天下至今哀之。上元元年，優詔追復無忌官爵，特令無忌孫延主齊獻公之祀。

無忌從父兄安世，仕王世充，署爲内史令，東都平，死於獄中。安世子祥，以文德皇后近屬，累除刑部尚書，坐與無忌通書見殺。

（唐）張鷟《朝野僉載》卷五 垂拱年，則天監國，羅織事起。湖州佐史江琛取刺史裴光判書，割字合成文理，詐爲徐敬業反書以告。差使推光，疑書是光書，疑語非光語。前後三使推，不能決。敕令差能推事人勘當取實，僉曰張楚金可，乃使之。楚金憂悶，仰卧西窗，日高，向看之，字似補作。平看則不覺，向日則見之。令唤州官集，索一甕水，令琛投書於水中，字一一解散，琛叩頭伏罪。敕令決一百，然後斬之。賞楚金絹百疋。

《新唐書》卷一九七《循吏傳·裴懷古》 裴懷古，壽州壽春人。儀鳳中，上書闕下，頻補下邽主簿，頻遷監察御史。姚、巂道蠻反，命懷古馳驛往懷輯之，申明誅賞，歸者日千計。俄縛首惡，遂定南方，蠻夏立石著功。恒州浮屠爲其徒誣告祝詛不道，武后怒，命按誅之。懷古得其枉，爲后申析，不聽，因曰：陛下法與天下畫一，豈使臣殺無辜以希盛旨哉？即其人有不臣狀，臣何情寬之？后意解，得不誅。

（清）陳芳生《疑獄箋》卷一《平大獄·張行岌》 則天朝或誣告駙馬崔宣謀反者，敕侍御史張行岌按之，其告者先誘藏宣家妾，乃誣云宣有妾將發其謀，宣殺之，投死屍於洛水。行岌案畧無其狀。則天怒，令重案，行岌奏如初。則天曰，崔宣反狀分明，寬縱之耶？我令俊臣案勘，

《新唐書》卷一二四《宋璟傳》 張易之誣御史大夫魏元忠有不臣語，引張説爲驗，將廷辯，説惶遽，璟謂説曰：名義至重，不可陷正人以求苟免。緣此受謫，芬香多矣。若不測者，吾且叩閤救，將與子偕死。説感其言，以實對，元忠免死。

《新唐書》卷一一五《狄仁傑傳》 會爲來俊臣所構，捕送制獄。于時，訊反者一問即臣，聽減死。俊臣引仁傑置對，答曰：有周革命，我乃唐臣，反固實。俊臣乃挺繫。其屬王德壽以情謂曰：我意求少遷，公爲我引楊執柔爲黨，公且免死。仁傑歎曰：皇天后土，使仁傑爲此乎！即以首觸柱，血流沫面。德壽懼而謝。守者寖弛，即丐筆書帛，置褚衣中，好謂吏曰：方暑，請付家徹絮。仁傑子光遠得書上變，后遣使案視。俊臣命仁傑冠帶見使者，私令德壽作謝死表，附使以聞。后乃召見仁傑，謂曰：臣反何耶？對曰：不臣反，死笞掠矣。示其表，曰：無之。后知代署，因免死。武承嗣屢請誅之，后曰：命已行，不可返。時同被誣者鳳閣侍郎任知古等七族悉得貸。御史霍獻可以首叩殿陛苦爭，欲必殺仁傑等，乃貶仁傑彭澤令，邑人爲置生祠。

《新唐書》卷七六《則天武皇后傳》 有上封事言嶺南流人謀反者，太后遣攝右臺監察御史萬國俊就按，得實即論決。國俊至廣州，盡召流人，矯詔賜自盡，皆號哭不服，國俊驅之水曲，使不得逃，一日戮三百餘人。乃誣奏流人怨望，請悉除之。於是太后遣右衛翊府兵曹參軍劉光業、司刑評事王德壽、苑南面監丞鮑思恭、尚輦直長王大貞、右武衛兵曹參軍屈貞筠，皆攝監察御史，分往劍南、黔中、安南等六道訊鞫，而擢國俊左臺侍御史。光業等亦希功于上，惟恐殺人之少。光業殺者九百人，德壽殺七百人，其餘亦不減五百人。太后久乃知其冤，詔六道使所殺者還其家。國俊等亦相踵而死，皆見有物爲厲云。

《新唐書》卷二〇四《方技傳·嚴善思》 嚴善思名譔，同州朝邑人，以字行。【略】武后時擢監察御史，兼右拾遺内供奉，數言天下事。方酷吏構大獄，以善思爲詳審使，平活八百餘人，原千餘姓。長壽中，按囚司刑寺，罷疑不實者百人。來俊臣等疾之，誣以罪，謫交趾，五歲得還。是時李淳風死，候家皆不效，乃詔善思以著作佐郎兼太史令。

（唐）劉肅《大唐新語》卷四《持法第七》 則天朝，奴婢多通外人，汝當勿自悔。行岌曰：臣推事不若俊臣，陛下委臣必須實狀，若順旨誣陷平人，豈法官所守？臣以爲陛下試臣耳。則天厲色曰：崔宣若實有妾，反狀自然明矣，不獲妾，如何自雪。復案不成，則令俊臣推勘，汝勿悔也。行岌懼，乃逼宣家訪妾，宣再從弟思兢，乃於中橋南北多致錢帛，募匿妾者，數日畧無所聞，而宣家每竊議事，則獄中告者輒知之，思兢揣宣家見有同議者，乃詐謂宣妻曰，須絹三百疋僱俠客殺告者。語已遂侵晨微服伺於臺側，宣家有館客舒某，婺州人，言行無缺，爲宣所信任，同於子弟，思兢須臾見客至臺，賂門人以通告者，遽稱云崔家僱刺客殺我，請以聞臺中驚擾，思兢素重館客，客不知其疑也，思兢密隨至天津橋，乃罵曰，若崔宣必引汝同謀，何路自雪。汝幸出崔家妾，我遺汝五百縑歸鄉，足成百年之計，不然殺汝必矣。客悔謝，乃引思兢於告者之黨，搜獲妾，宣得免，告者伏誅。

（宋）鄭克《折獄龜鑑》卷三《辨誣·張楚金》 唐垂拱年，羅織事起。湖州佐史江琛，取刺史裴光書，割取其字，輳合成文，以為與徐敬業反書，告之。則天差御史往推。光欵云：書是光書，語非光語。前後三使，皆不能決。或薦張楚金能推事，乃令再劾，又不移前欵。楚金憂悶，偃臥窗邊，日光穿透，因取反書向日之，乃見書字補葺而成，平則不覺，向日則皆見。遂集州縣官吏，索水一盆，令琛以書投於水中，字字解散。琛叩頭服罪，勅決一百，然後斬之。

按，此非智筭所及，偶然見之耳。荀卿有言：今夫亡鍼者，終日求之而不得，其得之非目益明也，眸而見之也。心之於慮亦然，要在至誠求之不已也。楚金之求獄情，何以異於此哉？是亦盡心之效也。楚金事蹟，見《唐書·張道源傳》乃其族孫也。以傳考之，楚金儀鳳初進刑部侍郎，至垂拱初凡歷十年，資望已高矣，猶被薦推事，斯亦可疑也。

（元）馬端臨《文獻通考》卷一六六《刑考·刑制》 太后自垂拱以來，任用酷吏，先誅唐宗室貴戚數百人，次及大臣數百家，其刺史郎將以下不可勝數。每除一官，户婢竊相謂曰：鬼朴又來矣。不旬月，輒遭掩捕族誅。監察御史朝邑嚴善思公道敢言，時告密者不可勝數，皆誘人奴婢告其主，以希功賞。太后亦厭其煩，命善思按問，引虛伏罪者八百五十餘人。羅織之黨爲之不振，乃相與搆陷，善思坐流貶。

輒羅告其主，以求官賞。潤州刺史竇孝諶妻龐氏，為其奴所告夜醮，敕御史薛季旭推之。季旭言其咒詛，草狀以聞，先於玉階涕泣不自勝，曰：龐氏事狀，臣子所不忍言。則天納之，遷季旭給事中。龐棄市，將就刑，龐男希瑊訴冤於侍御史徐有功，有功覽狀曰：正當枉狀。停決以聞。三司對按，季旭益周密其狀。秋官及司刑兩曹既宣覆而自懼，衆迫有功。有功不獲申，遂處絞死。則天召見，迎謂之曰：卿比按，失出何多也？有功曰：失出，臣下之小過；好生，聖人之大德。願陛下弘大德，天下幸甚！則天默然久之，曰：去矣！敕減死，放于嶺南。月餘，復授侍御史。有功俯伏流涕，固不奉制。則天固授之，有功曰：臣聞鹿走於山林，而命懸於廚者何？勢使然也。陛下以法官用臣，臣以從寬行法，必坐而死矣。則天既深器重，竟授之，遷司刑少卿。時周興、來俊臣等羅告天下衣冠，遇族者數千百家。有功居司刑，平反者不可勝紀，時人方之于定國。

（宋）王溥《唐會要》卷六四《史館雜録下》 長安三年，張易之、昌宗欲作亂，將圖皇太子。遂譖御史大夫知政事魏元忠。昌宗奏言可用鳳閣舍人張説爲證。説初不許，遂賂以高官。説被逼迫，乃僞許之。昌宗乃奏元忠與太平公主所寵司禮丞高戬交通密謀，構造飛語曰：主上老矣！吾屬當挾皇太子，可謂耐久。時則天春秋高，惡聞其語。鳳閣侍郎宋璟恐説阿意，乃謂曰：大丈夫當守死善道。殿中侍御史張廷珪又謂曰：朝聞道，夕死可矣！起居郎劉知幾又謂曰：無汚青史，爲子孫累！明日，上引皇太子相王及宰相等於殿庭。遣昌宗與元忠高戬對於上前。上謂曰：具述其事。説對曰：臣今日對百寮，請以實録。因厲聲言魏元忠實不反，總是昌宗令臣誣枉耳！是日，百寮震懼。上聞説此對，謂宰相曰：張説傾巧，翻覆小人。且總收禁，待更勘問。異日，又召依前對問。昌宗乃屢誘掖逼促之。説視昌宗言曰：乞陛下看取。天子前尚逼臣如此！況元忠實無反語，奈何欲令臣空虛加誣其罪？今大事去矣！伏願記之：易之昌宗，必亂社稷！天后默然，令所司且收禁。掌諫議大夫知政事朱敬則密表奏曰：魏元忠素稱忠正，張説又所坐無名。倶令抵罪，恐失天下之望。願加詳察。乃貶元忠爲高要尉，説流欽州。

（宋）王溥《唐會要》卷六二《諫諍》 神龍二年，京兆韋月將上書訟皇后爲亂。中宗大怒，令撲殺之。御史中丞宋璟執奏，請按而後刑。中宗怒甚，謂璟曰：朕以爲斬訖，何故緩之？璟曰：韋言中宮爲亂於武三思。陛下不知勘問，直言斬論事者，臣恐朝野有竊議者。中宗轉怒。璟曰：請先斬臣！不然，臣不敢奉詔。上意少解。遂配流。三年八月，節愍太子誅武三思之後，安樂公主及宗楚客兄弟，并冉祖雍李悛等，共誣構安國相王。鎮國太平公主，與太子連謀舉兵。請收制獄。上召御史中丞蕭至忠，令鞫之。至忠泣而奏曰：陛下富有四海，貴爲天子，豈不容一弟一妹？忍受人羅織。宗社存亡，實在於此。臣愚竊爲陛下不取！《漢書》云：一尺布，尚可縫；一斗粟，尚可舂。兄弟二人不相容。願陛下詳察此言。初，則天欲立相王，累日不食，請迎陛下。固讓之誠，天下傳説。足明冉祖雍等所奏，咸是虛構。上深納之。遂停鞫問。

（宋）王欽若等《册府元龜》卷六一九《刑法部・枉濫》 李承嘉爲御史大夫，時武三思註構指彦範，貶爲龍州司馬。是歲秋，三思又陰令人疏皇后穢行，牓於天津橋，請加廢黜。中宗聞之，怒，命承嘉推求其人。承嘉希三思旨，奏言彦範與敬暉、張柬之、袁恕己、崔玄暐等，教人密爲此牓，雖託廢后爲名，實有危君之計。請加族滅，制依承嘉所奏。大理丞李朝隱執奏云：敬暉等既未經鞫問，不可即肆誅夷，請差御史案罪，待至准法處分。大理卿裴談奏云：敬暉等只合據敕斷罪，不可別候推鞫，請並處斬籍没。中宗納其議。仍以彦範等五人嘗賜之鐵券，許以不死，乃長流彦範於瀼州、敬暉於崖州、張柬之於瀧州、袁恕己於環州、崔玄暐於古州，並終身禁錮。子弟年十六已上者，亦配流嶺外。擢授承嘉金紫光禄大夫，進封襄武郡公。韋氏又特賜承嘉綵物五百段，瑞錦被一張，擢拜裴談爲刑部尚書，左貶李朝隱爲聞喜令。

（宋）王欽若等《册府元龜》卷六六九《内臣部・貪貨》 唐牛仙童爲内謁者監，玄宗開元二十七年，以坐贓杖殺。太子太師蕭嵩坐累貶官。制曰：王者立法，所貴無私。有過必懲，古之令典。太子太師蕭嵩累踐清資，嘗居重任，身寵茅土，家榮姻戚。人臣之貴莫二，止足之分當知。曾不是思，乃行非道。城南別業，地即膏腴，畝直千金，蓋謂於此。遂將數頃，輒遺仙童，名位若斯，恩遇亦甚，昵於庸竪，更欲何求？靜言其情，深所未諭。但久經任使，措在朝廷，自不飾觀，良用驚聽，豈可輔道太子，頡頏正人！宜從貶出，以肅紀綱，可青州刺史。仙童又與幽州節度使張守珪，財貨交通。制曰：張守珪本自戎行，夙承任遇。去歲軍務失實，乃命謁者監。牛仙童宣諭朕意，輒便結託，凡細令其詭詞，賂以百金，兼之數口。恐懼邊塞，或容苟求，遣謁軒墀，何不早自披露？用玆奉國，曷以爲顔？猶念舊勳，俾從寬典，可括州刺史。

（宋）鄭克《折獄龜鑑》卷三《辨誣・張鷟》　唐張鷟，為河陽尉。有吕元者，偽作倉督馮忱書，盗糶官粟。忱不認，元堅執，久不能決。鷟乃取告牒，括兩頭，留一字，問元：是汝書，即注云是。不是，即注云非。元注云非。去括，乃是元告牒，遂決五十下。又取偽書括字問之，元注云是。去括，乃是偽作馮忱書也。元遂服罪。舊不著出處。

按，鷟蓋已知其誣，而欲使之服，故括字以覈其姦，問書以正其慝，斯不可隱諱矣，亦安得不服乎。

（宋）鄭克《折獄龜鑑》卷三《辨誣・李德裕》　唐李德裕，鎮浙西。有甘露寺主僧，訴交割常住物，被前知事僧沒金若干兩，引前數輩為證，遞相交付，文籍在焉。新受代者已服盗取之罪，未窮破用之所。德裕疑其非實，僧乃訴寃曰：居寺者樂於知事，積年以來，空交分兩文書，其實無金矣。衆人以其孤立，不狎流輩，欲乘此擠之。德裕惻然曰：此不難知也。乃以兜子數乘，命闗連僧入對，坐兜子中，門皆向壁，不得相見。各與黄泥，令模前後交付下次金形狀，以憑證據。而形狀皆不同，於是劾其誣罔，一一服罪。舊不著出處。

（宋）鄭克《折獄龜鑑》卷三《辨誣・蘇渙陸廣附》　蘇渙郎中知衡州時，耒陽民為盗所殺，而盗不獲。尉執一人，指為盗。渙察而疑之，問所從得，曰：弓手見血衣草中，呼其儕視之，得其人以獻。渙曰：弓手見血衣，當自取之以為功，尚何呼他人？此必為姦。訊之而服。他日，果得真盗。見蘇轍門下所撰墓誌。

按，辨誣者或以情理察之，程戡是也。或以辭理察之，蘇渙是也。皆可謂之明矣。

然陸廣校理知導江縣時，盗入民家，尉誣一人，執以詣縣。廣視而言曰：非也。釋之。尉力爭，衆亦疑，終不聽。後果獲真盗。見王安石丞相所撰墓誌。此何以知之？蓋廣能布耳目，察民事，而先知尉所執非盗，則不必如渙問所從得也。衆既莫曉，故亦疑焉。至于獲真盗終不以語人，蓋布耳目，察民事者，不可使衆皆知也。

（宋）王欽若等《册府元龜》卷六二八《環衛部・虐害》　唐劉希暹，初以騎射得入神策軍典領禁兵。時魚朝恩專掌神策兵，希暹屢陳武略，又善候朝恩意，甚爲朝恩親信，累遷太僕卿，充神策軍都虞候，與神策兵馬使王駕鶴同掌軍務，累封希暹爲徐國公，又進封爲交河郡王，希暹以爲虞候之任，合主不法。遂諷朝恩，於北軍置獄，召坊市凶惡不逞之徒役使之，捕坊城内富人，誣以違法，掩置獄中，忍害拷訊，録其家産盡没之，仍分賞捕者。或有選舉士，財貨稍殷，客於店肆遇横死者，非一坊市人苦之，謂爲入地牢。捕者之帥有賈明觀尤凶蠹。以屢擒得人，財産大獲。希暹掌兵，地在禁密，人無所訴。魚朝恩縱之繇也。及朝恩誅，上以希暹掌重戎旅，一切寬宥，加希暹兼御史中丞，依前都虞候。希暹以素志非順，慮不見容，常自疑懼。與王駕鶴聯職，希暹詞多不遜，駕鶴淳謹，上嘗信任之。至是，以希暹語上聞，乃寘于法。

（宋）王欽若等《册府元龜》六一六《刑法部・議讞》　王晙爲殿中侍御史，朔方軍元帥魏元忠討賊失利，歸罪於副將韓思忠，奏請誅之。晙以思忠既是偏裨，制不由己，又勇智可惜，不可獨殺非辜，乃庭議爭之，思忠竟免。

《舊唐書》卷九一《敬暉傳》　初，暉與彦範等誅張易之兄弟也，洛州長史薛季昶謂暉曰：二兇雖除，産、禄猶在，請因兵勢誅武三思之屬，匡正王室，以安天下。暉與張柬之屢陳不可，乃止。季昶歎曰：吾不知死所矣。翌日，三思因韋后之助，潛入宫中，内行相事，反易國政，爲天下所患，時議以此歸咎於暉。暉等既失政柄，受制於三思，暉每推牀嗟惋，或彈指出血。柬之歎曰：主上疇昔爲英王時，素稱勇烈，吾留諸武，冀自誅鋤耳。今事勢已去，知復何道。

三思既深憤惋，以許州司功參軍鄭愔素被暉等廢黜，因令上表陳其罪狀。中宗詔曰：則天大聖皇后，往以憂勞不豫，凶豎弄權。暉等因興甲兵，剗除妖孽，朕録其勞效，備極寵勞。自謂勳高一時，遂欲權傾四海，擅作威福，輕侮國章，悖道棄義，莫斯之甚。然收其薄效，猶爲隱忍，錫其郡王之重，優以特進之榮。不謂谿壑之志，殊難盈滿，既失大權，多懷怨望。乃與王同皎窺覘内禁，潛相謀結，更欲權兵絳闕，圖廢椒宫，險迹醜辭，驚視駭聽。屬以帝圖伊始，務静狴牢，所以久爲含容，未能暴諸遐邇。自同皎伏法，釁跡彌彰，倘若無其發明，何以懲兹悖亂？迹其巨逆，合置嚴誅。緣其昔立微功，所以特從寬宥，咸宜貶降，出佐遐藩。暉可崖州司馬，柬之可新州司馬，恕己可竇州司馬，玄暐可白州司馬，並員外置。暉到崖州，竟爲周利貞所殺。睿宗即位，追復五王官爵，贈暉秦州都督，謚曰肅愍。建中初，重贈太尉。

（宋）王欽若等《册府元龜》卷五二一《憲官部・希旨》　賈全爲御史中丞，德宗貞元中，夏州節度使韓潭朝京師，其監軍賈英秀在鎮，挾誣捕州人馮翊，節度推官王游順、典李縉朝，以枷拉殺翊。翊子琪以冤上訴，兼告英秀贓狀，下御史臺按之。全希旨，以附中人，奏請留免英秀於内侍省。餘黨於臺推得實，故游順等坐死，英秀獨削一階。

（宋）王欽若等《册府元龜》卷五一一《邦計部・誣調》　韓滉代宗時爲户部侍郎判度支，大曆十二年秋，霖雨害稼，京兆尹黎幹奏畿縣多損田。滉執云幹奏不實，乃命御史巡覆，迴奏諸縣凡損三萬一千一百九十五頃。渭南令劉澡曲附滉言，所部無損。户部分巡官御史趙計復簡行奏與澡合。帝覽而疑之，命御史朱敖再簡渭南損田三千餘頃。澡計皆伏罪，貶滉。弄權樹黨皆此類也。俄改太常卿，羣議未息，又出爲晉州刺史。憲宗即位，滉爲鎮海軍節度使，貞元二年，尚書右丞元琇判度支以關輔旱儉請運江淮租米以給京師。帝以滉素著威名，加江淮轉運使，欲令專督運務。琇以滉性剛愎難與集事，乃條奏令滉督運江南米至楊子，凡一十八里，自楊子而北皆元琇主之。滉深怒於琇。琇以京師錢重貨輕切病之，乃於江東鹽監院收穫見錢四十餘萬貫，令轉送入關。滉不許，乃誣奏之，以爲運千錢至京師，費錢萬，於國有害，請罷之。帝以問琇，琇奏曰：一千之重約與米一斗，均自江南水路，至京一千之運，所費三百耳。豈至萬乎！帝然之。遣中使齎手詔令運錢。滉堅執以爲不可。其年十二月加滉度支諸道轉運等使遂逞宿怒，誣奏琇罪，貶雷州司户。其責既重，舉朝以爲非。

《舊唐書》卷一二三《劉晏傳》　德宗嗣位，言事者稱轉運可罷多矣。初，楊炎爲吏部侍郎，晏爲尚書，各恃權使氣，兩不相得。炎坐元載貶，晏快之，昌言於朝。及炎入相，追怒前事，且以晏與元載隙憾，時人言載之得罪，晏有力焉。炎將爲載復讎，又時人風言代宗寵獨孤妃而又愛其子韓王迥，晏密啓請立獨孤爲皇后。炎因對敭流涕奏言：賴祖宗福祐，先皇與陛下不爲賊臣所間。不然，劉晏、黎幹之輩，揺動社稷，凶謀果矣。今幹以伏罪，晏猶領權，臣爲宰相，不能正持此事，罪當萬死。崔祐甫奏言：此事曖昧，陛下以廓然大赦，不當究尋虚語。朱泚、崔寧又從傍與祐甫救解之，寧言頗切，炎大怒，故斥寧令出鎮鄜坊以摧挫之。遂罷晏轉運等使，尋貶爲忠州刺史。炎欲誣構其罪，知庾準與晏素有隙，舉爲荆南節度，以伺晏動静。準乃奏晏與朱泚書祈救解，言多怨望，炎又證成其事，上以爲然。是月庚午，晏已受誅，使迴奏報，誣晏以忠州謀叛，下詔暴言其罪，時年六十六，天下冤之。家屬徙嶺表，連累者數十人。貞元五年，上悟，方録晏子執經，授太常博士；少子宗經，秘書郎。執經上請削官贈父，特追贈鄭州刺史。

《新唐書》卷一六七《裴延齡傳》　〔德宗貞元末〕時大旱，人情愁惴。延齡言：〔陸〕贄等失權怨望，顯言歲飢民流、度支糧芻乏以激怒衆士。它日，帝畋苑中，而神策軍訴度支不賦厩芻者，天子惑延齡言，乃下詔斥逐贄等，朝廷震恐。延齡又捕〔京兆尹李〕充所善吏張忠榜掠之，誣充没官錢五十萬緡，以餌結權幸，令妻以犢車載金餉贄。忠具獄，其母投訴光順門匭，有詔御史審劾，一夕得狀，乃釋忠。延齡不得逞，復奏充妄用京兆錢穀，願下有司比句，以比部郎中崔元翰欲釋憾於贄也。賴刑部侍郎奚陟辨治，充等得不冤。

（宋）王欽若等《册府元龜》卷五二二《憲官部・誣調》　姚庭筠爲御史中丞。節愍太子之舉兵，魏元忠子昇爲其脅從，遂稷爲亂兵所殺。庭筠誣奏曰：臣聞貞觀中，兵部尚書侯君集有社稷元勳蒙賜鐵券，后與太子承乾謀反，法司斷以極法，太宗臨朝謂羣臣曰：君集有功于國，朕將乞其性命，公卿等許我乎？于時羣臣爭進，皆云君集擬傾危社稷，天地不容，請處斬之，以明大法。太宗涕泣與訣，令依國典斬於四達之衢，以謝天下。其後房遺愛、薛萬徹及齊王祐等作逆，雖是懿親，皆從國法誅戮。今魏元忠與李多祚等結搆謀反，並男俱入逆從。陛下仁恩，欲掩其過。臣今許揚，是犯龍鱗，忤主意。但以事緣宗社，豈能希旨不言！且元忠功不逮君集，身又非國戚，君集等反形讒見，未有兵戈。元忠等兵纏紫微，圍逼宸座。今朝廷諠議，皆云據元忠釁逆合赤族汙宮。在朝廷有朋黨寬救其惡，爲飾詐詞，以惑聖聽。昔宣尼爲魯司寇七日，誅少正卯。臣蒙擢居憲司已經十日，不能誅鋤逆黨，息朝廷紛議，可謂素飡尸禄，負陛下鼎鑊之烹，願行兩觀之誅，以絶四凶之慝。中宗頗然之，繇是貶元忠宋州員外司馬。

（宋）王欽若等《册府元龜》卷六七〇《内臣部·誣搆》 薛盈珍，德宗貞元十五年爲鄭滑監軍使，姚南仲爲節度使。盈珍怙勢干奪軍政，南仲不從，數爲盈珍讒搆於帝，帝頗疑之。十六年，盈珍遣小使程務盈馳驛表奏南仲，誣譖頗甚。南仲裨將曹文洽時奏事赴京師，竊知盈珍表中語，文洽私懷忿怒，遂晨夜兼道，追務盈致長樂驛。及之，與同舍宿，中夜殺盈。沉務盈表於厠中，乃自殺。日旰，驛吏闢門，見血傷滿地，旁得文洽二緘，一緘狀末告於南仲，一緘表理南仲寃，且陳謝殺務盈。帝聞其事頗駭動。

（宋）王欽若等《册府元龜》卷六九九《牧守部·枉濫》 杜亞，德宗時爲東都留守。惡大將令狐運。會賊發雒城之北，運適與其部下畋於北部。亞意其爲盗，遂執訊之，逮繫者四十餘人。監察御史楊寰按其事，亞以爲不直，密表陳之。寰遂得罪亞。將逞其宿怒，且以得賊爲功，上表指明運盗之狀，帝信而不疑。宰臣以獄大宜審奏，請覆之。命侍御史李元素就決。亞迎以獄成告，元素驗之。五日盡釋其囚以還。亞大驚，且怒親追送，馬上責之，元素不答。亞遂上疏，又誣奏元素。元素還奏，言未畢，帝怒，出俟命。元素曰：臣未盡詞。帝又曰：且去。元素復奏：臣一出不得復見陛下，乞容盡詞。帝意稍緩。元素盡言運寃狀明白，帝乃寤。曰：非卿孰能辯之。後數月，竟得真賊，元素繇是爲時器重。

（宋）王欽若等《册府元龜》卷五二二《憲官部·誣調》 竇羣，性險躁，喜營爲，與李吉甫善。元和三年，吉甫擢爲御史中丞。及得權，反與知雜事吕温、侍御史羊士諤等黨比，同搆陷吉甫，每陰伺其過。吉甫嘗召術者陳登宿於安邑第。翌日，羣命吏捕登考鞫，僞搆吉甫陰事，密以上聞。憲宗召登，立辯其僞，貶温爲均州刺史，士諤資州刺史，羣出爲潭州刺史。既行，又貶爲黔州刺史。

（宋）王欽若等《册府元龜》卷六七〇《内臣部·誣搆》 許遂振爲嶺南監軍使，時楊於陵爲節度使，遂振悍戾貪恣，干撓軍政。於陵奉公潔己，遂振無能奈何，以飛語上聞。憲宗初驚惑，賴裴垍輩爲於陵申理，帝感悟，乃除吏部侍郎，遂振終得罪。

《新唐書》卷一七三《裴度傳》 下邽令裴寰，才吏也，不爲禮，因構寰出醜言，送詔獄，當大不恭。宰相武元衡婉辭諍，帝怒未置。度見延英，言寰無辜，帝恚曰：寰誠無罪，杖小使；小使無罪，且杖寰。度曰：責若此固宜，第寰爲令，惜陛下百姓，安可罪？帝色霽，乃釋寰。

《舊唐書》卷一五四《孔巢父傳》 〔孔〕戣高步公卿間，以方嚴見憚。俄兼太子侍讀，遷吏部侍郎，轉左丞。九年，信州刺史李位爲州將韋岳讒譖於本使監軍高重謙，言位結聚術士，以圖不軌。追位至京師，鞫於禁中。戣奏曰：刺史得罪，合歸法司按問，不合劾於内仗。乃出付御史臺。戣與三司訊鞫得其狀。位好黄老道，時修齋籙，與山人王恭合鍊藥物，別無逆狀。以岳誣告，決殺。貶位建州司馬。時非戣論諫，罪在不測，人士稱之。愈爲中官所惡，尋出爲華州刺史、潼關防禦等使。入爲大理卿，改國子祭酒。十二年，嶺南節度使崔咏卒，三軍請帥，宰相奏擬皆不稱旨。因入對，上謂裴度曰：嘗有上疏論南海進蚶菜者，詞甚忠正，此人何在，卿第求之。度退訪之。或曰祭酒孔戣嘗論此事，度徵疏進之。即日授廣州刺史，兼御史大夫、嶺南節度使。

戣剛正清儉，在南海，請刺史俸料之外，絶其取索。先是帥南海者，京師權要多託買南人爲奴婢，戣不受託。至郡，禁絶賣女口。先是準詔禱南海神，多令從事代祠。戣每受詔，自犯風波而往。韓愈在潮州，作詩以美之。時桂管經略使楊旻、桂仲武、裴行立等騷動生蠻，以求功伐，遂至嶺表累歲用兵。唯戣以清儉爲理，不務邀功，交、廣大理。穆宗即位，召爲吏部侍郎。長慶中，或告戣在南海時家人受賂，上不之責，改右散騎常侍。二年，轉尚書左丞。累請老，詔以禮部尚書致仕，優詔褒美。仍令所司歲致羊酒，如漢禮徵士故事。長慶四年正月卒，時年七十三。

（宋）王欽若等《册府元龜》卷六七〇《内臣部·誣搆》 高重昌，憲宗元和九年，爲江西監軍使，誣奏李位，決四十，剝邑，配役於建陵，仍籍沒其家。

（宋）王欽若等《册府元龜》卷六七〇《内臣部・誣搆》　王守澄爲神策中軍尉，文宗（太）〔大〕和五年二月戊戌，守澄奏得本軍衙前虞候豆盧著，狀告宰相宋申錫與十宅漳王謀反。末後帝令中人急召宰相入赴。延英中人赴宰相牛僧儒私第，至安邑里北街，馬奔乏死於道，即於僧孺里第易所乘馬，趨以復命。是日，宰相路隨、李宗閔、牛僧孺、宋申錫、旬休在私第，悉聞命赴召，至中書東門。中人曰：所召無宋申錫。始知被罪，望延英以笏叩額而退。隨等至，帝以守澄所奏狀示隨等，隨等相顧皆愕然。初，守澄於浴堂以鄭注所搆告於帝，登時即於市里追捕，又將以二百騎就靖恭里屠申錫之家。會内官馬存亮同入見，爭於帝曰：今謀反者宋申錫耳，盍不召南司他相會議。今卒然爲此，京師企足自亂矣！守澄不能難，乃止三月己亥，右軍差人於宋申錫宅，輔孔目官張全貞家人買子信緣等，又於十六宅及市肆追捕胥吏，以成其獄。庚子，詔以宋申錫爲太子右庶子，辛丑上巳休假，宰相竝入中書帝在，延英中人復出宣事，勅旨令召師保僕射、尚書丞郎、嘗侍給事、諫議舍人、御史中丞、京兆尹、大理卿同於中書，及集賢院，雜驗北軍豆盧著所告宋申錫反狀。翌日壬寅，國忌宰相復入中書便赴延英召對應昨日議事官，帝竝召入，親自詢訪。太子太保趙宗儒以年老宣令不拜。已而，兩省諫官，自嘗侍已下，至午時，復於延英請對，帝即時召入。於是左嘗侍崔玄亮、給事中李固言、諫議大夫王質、補闕盧鈞之、舒元褒、羅泰、蔣係、裴休、竇宗直、韋温、拾遺李羣、韋端符、丁居晦、袁都等一十四人皆伏玉階下，請北軍所告不於中鞫。帝曰：吾已謀於公卿大僚訖，卿等且出。玄亮固言，援引古今，辭理懇切。玄亮涕泣久之，帝意稍解。乃曰：今即與宰相商議，玄亮等退。即於是日復召宰相入議。翌日癸卯，詔漳王降封巢縣開國公，又詔宋申錫可守開州司馬員外，置同正員，仍馳驛發遣内官飛龍使，開府儀同三司馬存亮，袁請致仕。初，守澄奏：據當軍同正將兼衙前虞候豆盧著狀，告前供内品官市典朱訓，與前十六宅宮市典晏敬則，及宰相宋申錫親事王師文等同謀反逆。并取受宋申錫銀絹，稱與漳王計會直上之事，兼受漳王信物等。臣准告狀，追晏敬則等推問，咸伏取受。及得支證人貨賣銀絹，櫃坊主人賣物、牙郎，及見晏敬則從十六宅西門至漳王院取信，累路往過所勾當門司所繇十六宅判官張忠榮等，不告報官司，各得款狀。百姓朱訓得款，稱取受絹五百二十疋、銀五挺。又責得朱訓狀稱：先與宰相宋申錫親事王師文知聞多時，因語話次，其人稱伏。狀宋申錫多年本使云聖人多疾，又緣太子小，未堪成立，其次合是漳王要結，託佗日之事。問訓：有何人通徹得？訓即云：比與晏敬則兄弟相識多時，委知其人是十六宅宮市使典曾伏事漳王來。王師文見訓說，遂潛報宋申錫知。至閏十二月初，訓與晏敬則、王師文同於宣平坊商量此事，前後約二十餘度。去年閏十二月内一度，見宋申錫云一切委王師文，君但與王師文計議。訓前後三度於師文邊領得銀三挺，又於晏敬則得銀一挺，又前後兩件共領得絹二百八十疋，轉分付晏敬則，又正月内訓謀王師文，作人何公義同於十六宅門外待晏敬則。至午時，敬則從十六宅出來，便身上解下白吴綾汗衫一件并白熟線綾一疋充信。宋申錫通徹漳王，結託佗日之事，并取受宋申錫銀絹之愆，請准法科斷。又品官晏敬則兩度取受宰相宋申錫絹及銀共二百八十五兩，絹二百八十疋，銀五挺，賣得一百五十七貫文。去年十二月内，見朱訓説宋申錫有一事擬結託取漳王，至望在他日。便説宋申錫欲與漳王進奉銀，結向後事，王師文道：宋申錫云；國無皇太子，恐後漳王相忘，所以教敬則向漳王邊取得白吴綾汗衫子，白熟線綾一疋充信物，竝付敬則。上繫着王師文，朱訓解下，分付王師文，因兹便説宋申錫意道國無太子，欲擬商量阿郎爲太子，恐阿郎不知，佗日相忘，具漳王便言虚實，敬則云實，其憑虚搆詭譎如此！甲辰勅，宋申錫已從別勅處分。朱訓、晏敬則宜各決痛杖一頓，處死。作人何公義配流康州，奴楊忠義配流春州竝錮身。所在差人防押遞過，至彼到，具月日聞奏，王師文委御史臺下，縣及諸道切捕捉獲日聞奏。餘各委本司疎理處分，其餘被誣詿、決杖、配流、追捕凡數十百人，天下莫不寃之。初，申錫爲翰林學士，帝初即位，嘗患中人權柄太盛，自元和寳曆比致宮禁之禍，及守澄領禁兵恃其宿舊，跋扈尤甚。有鄭注者，依恃守澄爲姦，利入軍禁，賣官販權，中外咸扼腕。帝雅聞之，不能堪。申錫時居内庭，帝察其忠厚，可任之事，嘗因召對，從容言及守澄外縱鄭注，無可奈何者。以密旨諭申錫，令與外廷朝臣謀爲去之計，且約即日當命爲相。申錫頓首謝。未幾，自翰林出拜尚書右丞。逾月，加平章事。内知申錫素謹直，寵遇超輩。數月之後，剖斷循嘗望實不相副，既以鄭注附押守澄，貨賂大行，乃除王璠爲京兆尹，喻之中旨，璠不能行，而注與守澄潛爲備。漳王者，帝之愛弟也，賢而有人望。有豆盧著者，職屬禁軍，與注親表。注又告以其謀，遂令著結成申錫與漳王反狀，白於守澄。翌日，奏上，其謀交織璅密，帝不省其詐，遂罷申錫爲右庶子。時京城恟恟，衆庶譁言，以爲宰相真連十宅反，百寮震駭。居一二日，方審其詐。諫官伏閤懇論，帝赫，怒叱諫官出者數四。時中外屬望大寮三數人廷辨其事，僕射竇易直曰：人臣無將，將而必誅。聞者愕然，唯京兆尹崔琯、大理卿王正雅連上疏請出內獄，且曰：王師文未獲，即獄未具。且請出豆盧著與申錫同付外廷勘當，人情翕然推重。初議申錫抵死，顧物論不可，又投於嶺表。帝終寤外廷之言，乃有開州之命。初，申錫既被罪，怡然不以爲意。自中書歸私第，止于外廳，素服以俟命。妻出謂之曰：公爲宰相，人臣位極於此，何負天子反乎？申錫對曰：吾自書生，被厚恩，擢相位，不能鋤去姦亂，反爲所羅網。夫人察申錫，豈反者乎？因相與泣數行下。申錫自居內廷及爲宰相，以時風侈靡，居要位者尤取納，不顧風俗，不暇更方遠古，且與貞元時甚相背矣。申錫至此，約身謹潔，尤以公廉爲己任。四方問遺，悉無受者。既被罪，爲有司驗劾，多獲其四方受領所還問遺之狀，朝野爲之歎息。丁未，詔曰：朕以非德，奉茲丕搆，雖虔恭修，已不敢暇逸。而誠亮格物，未能弘敷。遂使姦宄懷非覬之端，藩戚有陷君之責。外註宰臣，傍連禁吏，怵惕自咎，中宵靡寧。親臨鞫訊，改寘刑典，顧爲大義，實愧御家。猶慮憸狡之徒，忿怨相冒，遂至誣引。或連非幸，載懷靦慙，宜諭深旨，應緣漳王及宋申錫等，被論告事。除今月六日已前，准勅旨處分，竝捕捉王師文一人外，餘竝一切不問。宣示中外，用體朕懷。申錫雖爲竄謫，姦人尚未快其意。是日詔下，後中外爲寬解。

《舊唐書》卷一七六《宋申錫傳》 大和五年，忽降中人召宰相入赴延英。路隨、李宗閔、牛僧孺等既至中書東門，中人云：所召無宋申錫。〔宋〕申錫始知被罪，望延英以笏叩頭而退。隨等至，文宗以神策軍中尉王守澄所奏，得本軍虞候豆盧著狀，告宋申錫與漳王謀反，隨等相顧愕然。初，守澄於浴堂以鄭注所構告于文宗，守澄即時於市肆追捕，又將以二百騎就靖恭里屠申錫之家。會內官馬存亮同入，諍於文宗曰：謀反者適宋申錫耳，何不召南司會議。今卒然如此，京師企足自爲亂矣。守澄不能難，乃止。乃召三相告之。又遣右軍差人於申錫宅捕孔目官張全真、家人買子緣信等。又於十六宅及市肆追捕胥吏，以成其獄。文宗又召師保、僕射、尚書丞郎、常侍、給事、諫議、舍人、御史中丞、京兆尹、大理卿，同於中書及集賢院參驗其事。

翌日，開延英，召宰臣及議事官，帝自詢問。左常侍崔玄亮，給事中李固言，諫議大夫王質，補闕盧鈞、舒元褒、羅泰、蔣係、裴休、竇宗直、韋温，拾遺李群、韋端符、丁居晦、袁都等一十四人，皆伏玉階下奏以申錫獄付外，請不於禁中訊鞫。文宗曰：吾已謀於公卿大僚，卿等且出。玄亮固言，援引今古，辭理懇切。玄亮泣涕久之，文宗意稍解，貶申錫爲右庶子，漳王爲巢縣公。再貶申錫爲開州司馬。

初，申錫既得密旨，乃除王璠爲京兆尹，以密旨喻之。璠不能謀，而注與守澄知之，潛爲其備。漳王湊，文宗之愛弟也，賢而有人望。豆盧著者，職屬禁軍，與注親表。文宗不省其詐，乃罷申錫爲庶子。時京城恟恟，衆庶譁言，以爲宰相真連十宅謀反，百僚震駭。居一二日，方審其詐。諫官伏閤懇論，文宗震怒，叱諫官令出者數四。時中外屬望大僚三數人廷辯其事。僕射竇易直曰：人臣無將，將而必誅。聞者愕然。唯京兆尹崔琯、大理卿王正雅連上疏請出內獄，且曰：王師文未獲，即獄未具，請出豆盧著與申錫同付外廷勘。當時人情翕然推重。初議申錫抵死，顧物論不可，又將投於嶺表。文宗終悟外廷之言，乃有開州之命。

初，申錫既被罪，怡然不以爲意，自中書歸私第，止於外廳，素服以俟命。其妻出謂之曰：公爲宰相，人臣位極於此，何負天子反乎？申錫曰：吾自書生被厚恩，擢相位，不能鋤去姦亂，反爲所羅織，夫人察申錫豈反者乎？因相與泣下。

申錫自居內廷，及爲宰相，以時風侈靡，居要位者尤納賄賂，遂成風俗，不暇更方遠害，且與貞元時甚相背矣。申錫至此，約身謹潔，尤以公廉爲己任，四方問遺，悉無所受。既被罪，爲有司驗劾，多獲其四方受領所還問遺之狀，朝野爲之歎息。

七年七月，卒於開州。詔曰：申錫雖不能周慎，自抵憲章，聞其亡歿遐荒，良用悲惻。宜許其歸葬鄉里，以示寬恩。開成元年九月，詔復申錫正議大夫、尚書左丞、同中書門下平章事、上柱國，賜紫，兼贈兵部尚書。仍以其子慎微爲城固縣尉。

《舊唐書》卷一七《文宗紀》〔大和五年二月〕戊戌，神策中尉王守澄奏得軍虞候豆盧著狀，告宰相宋申錫與漳王謀反。即令追捕。庚子，詔貶宋申錫爲太子右庶子。壬寅，左常侍崔玄亮及諫官等十四人伏奏玉階：北軍所告事，請不於内中鞫問，乞付法司。帝曰：吾已謀於公卿矣，卿等且退。崔玄亮泣涕陳諫久之，帝改容勞之曰：朕即與宰臣商議。玄亮等方退。癸卯，詔漳王湊可降爲巢縣公，右庶子宋申錫開州司馬同正。初，京師恟恟，以宰相實聯親王謀逆，三四日後，方知誣搆。人士側目於守澄、鄭注，故諫官號泣論之，申錫方免其禍。【略】

〔夏四月〕丁亥，詔：史官記事，用戒時常，先朝舊制，並得隨仗。其後宰臣撰時政記，因循斯久，廢墜實多。自今後宰臣奏事，有關獻替及臨時處分稍涉政刑者，委中書門下丞一人隨時撰録，每季送史館，庶警朕闕，且復官常。

《舊唐書》卷一六九《王涯傳》十一月二十一日，李訓事敗，文宗入内，涯與同列歸中書會食，未下筯，吏報有兵自閤門出，逢人即殺。涯等蒼惶步出，至永昌里茶肆，爲禁兵所擒，并其家屬奴婢，皆繫於獄。仇士良鞫涯反狀，涯實不知其故，械縛既急，搒笞不勝其酷，乃令手書反狀，自誣與訓同謀。獄具，左軍兵馬三百人領涯與王璠、羅立言，右軍兵馬三百人領賈餗、舒元輿、李孝本，先赴郊廟，徇兩市，乃腰斬於子城西南隅獨柳樹下。涯以榷茶事，百姓怨恨，詬罵之，投瓦礫以擊之。中書房吏焦寓、焦璇，臺吏李楚等十餘人，吏卒争取殺之，籍没其家。涯子工部郎中、集賢殿學士孟賢，太常博士仲翔，其餘稚小妻女，連襟係頸，送入兩軍，無少長盡誅之。自涯已下十一家，資貨悉爲軍卒所分。涯積家財鉅萬計，兩軍士卒及市人亂取之，竟日不盡。

涯博學好古，能爲文，以辭藝登科，踐揚清峻，而貪權固寵，不遠邪佞之流，以至赤族。涯家書數萬卷，侔於秘府。前代法書名畫，人所保惜者，以厚貨致之；不受貨者，即以官爵致之。厚爲垣，竅而藏之複壁。至是，人破其垣取之，或剔取函奩金寶之飾與其玉軸而棄之。

涯之死也，人以爲冤。昭義節度使劉從諫三上章，求示涯等三相罪名，仇士良頗懷憂恐。初宦官縱毒，凌借南司。及從諫奏論，凶焰稍息，人士賴之。

（元）馬端臨《文獻通考》卷一六六《刑考・刑制》照義軍節度使劉從諫上表請王涯等罪名，且言：涯等儒生，荷國榮寵，咸欲保身全族，安肯搆逆，訓等實欲討除内臣，兩中尉自爲救死之謀，遂至相殺，誣以反逆，誠恐非辜。設若宰相實有異圖，當委之有司，正其典刑。豈有内臣擅領甲兵，恣行剽劫，延及士庶，横被殺傷，流血千門，僵尸萬計，搜羅枝蔓，中外恫疑。臣欲身詣闕庭，面陳臧否，恐并陷孥戮，事亦無成。謹當修飭封疆，訓練士卒，内爲陛下心腹，外爲陛下藩垣。如姦臣難制，誓以死清君側。

（宋）王欽若等《册府元龜》卷六七〇《内臣部・誣搆》田令孜爲神策軍中尉，僖宗光啓元年十月壬子，詔隨邠寧節度使朱玫，以本軍兼統鳳翔兵共三百萬，屯沙苑攻河中。王重榮出師拒之。先是，其年春，有詔追封王重榮父縱及加父母妻國邑號。時以令孜假子爲使，重榮恃勲，待之不厚。及還，乃謀于令孜。令孜因奏兩池之利，請歸正省。重榮知之，又有詔移鎮，欲以太原軍送王處存至任。重榮不自安，乃抗表述令孜擅權，復修僞詔，以書諭太原云：近奉密詔，俟公送處存至此，則令當鎮圖之，皆朱温、朱玫與令孜惑朝廷也。使者因出僞詔示之。時太原與汴師有隙，遂累上表請討温玫。朝廷務紓國難，每降詔抑之。繇是太原頗以私嫌積憤于帝，既因河府之間，遂起兵上章，以誅田令孜，朱玫爲名。

（唐）陳子昂《陳拾遺集》卷四《表・為李卿讓本官表》臣某言，伏奉月日恩勑，依舊授臣中大夫守司農卿。臣枯骨再生，更蒙寵命，魂魄競越，不知所圖云云。臣寔庸愚，本無名節，庇身公族，竊軒冕之餘，假翼宗枝，濫衣冠之末，因循寵服，累歷榮班，素飡之責每深，効拙之勤未補，横被逆賊徐敬真以私仇架禍誣臣，云與叔孝逸交通逆竪，獄官執法，寘以極刑。臣腰領之誅，已甘灰粉，泉壤之魄，分隔幽明，不圖天地之恩，再生枯骨，日月之照，曲被幽泉。察臣非辜，愍臣無罪，不牽文法之議，特垂赦宥之慈，螻蟻微軀，復得全活。自非陛下，克明克聖，至德至仁，臣之魂骸，不保今日。臣免死爲幸，豈敢期榮，陛下重加寵章，還臣舊職，典司宗伯，以睦周親，愚臣胡顔，敢冒朝典。况臣叔孝逸，推使未迴，在於愚臣，更須待罪，安敢私職，以玷國章，伏懇天恩。照臣愚懇，不勝感戴生榮之至。

（唐）高彥休《唐闕史》卷上《趙江陰政事》　咸通初，有天水趙宏者任江陰令，以片言折獄著聲。由是累宰劇邑，皆以雪冤獲優考。至於疑似晦僞之事，悉能以情辨之。時有楚州淮陰農者比莊，頃以歲豐而貨殖焉，其東鄰則拓腴田數百畝，資鏹未滿，因以莊券質於西鄰，貸緡百萬，契書顯驗，且言來歲賫本利以贖。至期，果以腴田獲利，首以貯財贖契，先納八百緡。第檢置契書，期明日以殘資換券，所隔信宿，且恃通家，因不徵納緡之籍，明日賫餘鏹至，遂爲西鄰不認矣。且無保証，又乏簿籍，終爲所拒。東鄰冤訴於縣，縣爲追勘，無以證明。邑宰謂曰：誠疑爾冤，其如官中所賴者券，乏此以證，何術理之？復訴於州，州不能辨。東鄰不勝其憤，遠聆江陰之善政訟者，乃越江而南訴于趙宰。【略】先是，鄰州條法，唯持刃截江，無得藏匿。追牒至彼，果擒以還。然西鄰自恃無跡，未甚加慎。至則旅於庭下，趙厲聲謂曰：幸耕織自活，何爲寇？江因則號呼泪隨曰：稼穡之夫，未嘗舟楫。趙又曰：辨證甚明，且姓氏無差。或言：僞而堅，則血膚取實。因則大恐，叩頭見血，如不勝其冤者。趙又曰：所盜率多金銀錦綉，非農家所宜有也，汝宜籍舍之産以辨之。囚意稍開，謂皆非所貯者，且不疑東鄰之越訟也。乃言有稻若干斛，莊客某甲算納到者，紬絹若干匹，家機所出者，錢若干貫，東鄰贖契者，銀器若干件，匠某鍛成者。趙宰大喜，即再審其事，復謂曰：汝果非寇江者，何爲諱東鄰所贖八百千？遂引訴鄰，令其偶質，於是慚懼灰色，祈死廳前。趙令桎梏往本土，檢付書契，然後寘之於法。參寥子曰：江陰邑之遐者，天水吏之微者，卓異之政，無由人知。史氏宜採此以廣當朝循吏傳。

（宋）桂萬榮《棠陰比事·李傑買棺》　唐李傑爲河南尹，有寡婦告子不孝。傑察其狀，非不孝者。迺謂曰：汝寡居，惟一子。今罪至死，得無悔乎？婦曰：不順之子，寧復惜之？傑曰：審如是，可買棺來取屍。因使人覘之，乃謂一道士曰：事了矣！俄將棺至。傑尚冀其悔，而寡婦堅執如初。時道士在門外，密令擒之。一問承服，曰：某與寡婦有私常爲兒制故欲除之。乃杖殺道士，以棺盛之。

謹按：《大明律》云父母誣告子孫，勿論。今觀所載，母與所私道士謀誣告其子，欲致於死，母勿論，則道士難科教唆之罪。萬一遇此，當比依謀殺人已行未曾傷人者，杖一百，徒三年，比擬奏請。

《舊五代史》卷四〇《唐書·明宗本紀》〔天成四年〕後有自浙中使還者，言昭遇無臣鏐之事，爲玫所誣，人頗以爲冤。乙未，詔諸道通勘兩浙綱運進奉使，並下巡獄。

《舊五代史》卷四一《唐書·明宗本紀》〔長興元年正月丙子〕其夕，右散騎常侍蕭希甫封狀申樞密稱，得河堰衙官狀，告本都將校二十餘人欲謀不軌，至旦追問無狀，斬所告人。

《舊五代史》卷四一《唐書·明宗本紀》〔長興元年〕八月乙未，捧聖軍使李行德、捧聖軍使，原本作章使，考《歐陽史》作捧聖都軍使，《通鑑》作軍使，今從《通鑑》改正。十將張儉、告密人邊彥温並族誅，案：李行德等族誅，《歐陽史》作壬寅，與《薛史》異。（《舊五代史考異》）以其誣告安重誨私市兵仗故也。

（宋）王欽若等《册府元龜》卷六七〇《内臣部·誣構》　後唐李延安、李從襲、吕知柔，皆供奉中官也。莊宗同光三年伐蜀，魏王繼岌爲都統，郭崇韜爲副。十月十日下鳳州，拔固鎮，敗賊三泉，收劍利，興元，梓州望風納款，勢如破竹。其招懷制置，官吏補署，師行籌畫，軍書告喻，皆出招討府，繼岌承命而已。時莊宗令延安從襲知柔，爲都統府綱紀。見崇韜行府職事殷繁，將吏請謁輻湊，降人爭爲賂遺。其都統府惟大將省謁，牙門索然，繇是大爲訴恥。及軍至僞蜀，六軍使王宗弼歸款行賂先招討府。洎王衍以成都降崇韜，居王宗弼之府。先是，宗弼徙王衍於西宫，衍之珎玩妓妾，宗弼擇其善者，邀留以奉崇韜，求爲蜀帥。崇韜子廷誨令蜀人列狀見魏王，請奏崇韜爲蜀帥。繼岌覽狀，召崇韜謂曰：主上倚侍中，如衡華尊於廟堂之上，以制四夷，必不置元老於蠻夷之地。況予不敢議此，請諸公詣闕自陳。李從襲等謂繼岌曰：郭公收蜀部人情，意在難測，王宜自備，繇是陰相猜察。帝令中官向延嗣齎詔喻蜀促令班師。詔使至，崇韜不郊迎，於禮稍倨。延嗣情憤，告從襲曰：乃公何者？魏王貴太子也。主上萬福！郭公專弄威柄，旁若無人。昨令蜀賊請己爲帥，令郭廷誨擁從出入，貴擬王者，所與游狎，無非軍中驍果，蜀士兇豪，晝夜妓樂相歡，指天畫地。近聞廷誨白父，請表以爲蜀帥。又曰兩川數百萬戶，珎玩貨泉，靡所不有。地形阻固，自是一秦。大人何不善自爲謀？此語流聞遠近，父子如此，可見其心。今諸軍將校，無非郭氏之黨。魏王懸軍孤弱，一朝班師，事恐紛擾。吾屬莫知暴骨之所矣！因相向垂涕。向延嗣迴，具以事奏。劉皇后泣告於帝，請保全繼岌。帝復閱蜀簿，且曰：人言蜀中珠玉金銀不知其數，何如是之微也！延嗣奏曰：臣聞到西川見招討府吏言，蜀川珎貨皆積崇韜之門。言崇韜自入蜀所得，金萬兩，銀四十萬兩，錢百萬，名馬千匹，王衍愛妓六十，樂工百，犀玉帶百。郭廷誨有金銀十萬兩，犀玉帶五十，藝色絶妓七十，樂工七十，佗財物稱是。臣見魏王所居，除公府外，蜀人賂遺，不過匹馬、束帶、唾壺、麈柄而已。蜀府空竭，無足爲怪。帝初聞蜀人留崇韜，已不平之。又聞所得妓樂、寶馬，怒見顔色。即日，命中官馬彦珪馳往蜀川，視崇韜去就。如恭命班師則已，若別有遲留跋扈之狀，則與繼岌圖之。彦珪請見劉皇后，遽曰：臣見向延嗣説蜀中事勢，今已不可。主上遣臣偵視，凡禍機之發，間不容髮，何能於三千里外緩急資決？皇后再言之。帝曰：傳言未知事實，吾以關外兵柄付之，無故行事，否則患生，詎可便令果決？皇后不得請，因自爲。教與繼岌令殺崇韜。是時，成都雖定，諸州山林羣盗結聚。崇韜令任圜、張筠分道招撫，孟知祥未至，慮發軍之後，別生變故。稍緩，班師之期正月六日，馬彦珪至。時大軍定取。十二日發離成都令，任圜權知蜀事，以俟知祥。諸軍部署已定，彦珪出皇后教示。繼岌曰：大軍將發他無釁端，安得爲此負心之事！公輩勿復言。從襲等泣白曰：聖上既有密勅，王若不行，使彼沿路訪知，則中途有變，爲患轉深。繼岌曰：帝無詔書，徒以皇后文字，安得殺招討使！從襲巧造事端以間，繼岌既無英斷，即僶俛從之。詰旦，從襲傳繼岌，命召崇韜計事，繼岌登樓以避之。崇韜方昇階，魏王爪牙奮檛以碎其首。小人廷信從父請死，即殺之。李從襲率兵圍招討府以攻廷誨，擒而殺之。收其妓樂、寶馬。崇韜有子五人，廷誨、廷信從父死於蜀。第三子廷説爲尚書郎，在雒陽。及馬彦珪報殺崇韜，令楊彦珞誅於其家。第四子廷讓誅於鄴，第五子廷議誅於太原，家産籍没。明宗即位，詔令歸葬，所有郭氏田宅，皆賜崇韜妻周氏。廷誨有男奴哥，廷讓有男行奴，皆稚齒，姻族保之獲免，令周氏鞠養於晉陽之故第。崇韜服勤盡節，左右王家，草昧艱難，功無與比。西平巴蜀，宣暢皇威，誣搆而誅，其禍已酷。身死之日，夷夏冤之。

（宋）王欽若等《册府元龜》卷六七〇《内臣部・誣構》 李存乂爲鄜州節度使，同光四年伏誅於邸。存乂，莊宗異母弟也。郭崇韜之子壻。崇韜既誅，其後朝野駭惋，羣居州處，議論紛然。帝令閹豎綱紀，察訪外事，言存乂於諸將坐上，嘗訴郭氏無罪，言詞怨望。又於妖術人楊千郎所居飲酒，聚會兇豪，攘臂垂泣。楊千郎者，魏州賤民，自言傳墨子術於婦翁。能役使陰物，帽下召食物果實之類。又蒲博必勝，人有拳握之物，以法必取。又説錬丹乾水，易人形，破扃鐍，或云可驗。初在鄴都，貴要間皆神奇之。白於帝，甚蒙待遇，官至簡較尚書郎賜紫。其妻出入宫掖，頗承恩寵。人士有憑之，而仕宦者及在雒陽輕薄少年畢與之游。皇弟存乂、存渥、元行欽嘗朋滛於其家，至是，姦閹欲盡去郭氏之黨，故誣告之，千郎亦被其禍。

（宋）王欽若等《册府元龜》卷四四九《牧守部・專殺》 李洪信爲陝州節度使，乾祐末，洪信奏馬步都指揮使聶召、秦國指揮使楊德、護聖指揮使康審澄等與節度判官路濤、掌書記張洞、都押牙楊紹勍等同謀叛並殺之，唯康審澄夜中放火殺關奔歸。初朝議以諸道方鎮，皆是勳臣，不諳政理，其都押牙孔目官令三司軍將内選才補之，藩帥皆不悦。故洪信因朝廷多故誣奏加害焉。

（清）吴任臣《十國春秋》卷一一五《拾遺・前蜀》 僞蜀給事中王允光，性嚴刻，吏民有犯無貸者。及判刑院，本院杖直官張進，因與宅内小奴子誦火井縣令蔣貽恭《詠王給事絶句》云：厥父元非道郡奴，允光何事太侏儒。可中與箇皮裩著，擎得天王赤脚無？奴子記得兩句，時唸誦之。允光問誰人教汝，對云：杖直官張進。允光大怒，尋奏進受罪人錢物，遂置極法。後允光病寒熱，但見張進執火炬燒四體，高聲唱索命，允光連叱不去，痛楚備極，數日而終。

《舊五代史》卷一〇七《漢書・史弘肇傳》 弘肇都轄禁軍，警衛都邑，專行刑殺，略無顧避，無賴之輩，望風匿迹，路有遺棄，人不敢取。然而不問罪之輕重，理之所在，但云有犯，便處極刑，枉濫之家，莫敢上訴。巡司軍吏，因緣爲姦，嫁禍脅人，不可勝紀。案《宋史・邊歸讜傳》：史弘肇怙權專殺，閭里告訐成風。歸讜言曰：邇來有匿名書及言風聞事，搆害良善，有傷風化，遂使貪吏得以報復私怨，讒夫得以肆其虛誕。請明行條制，禁遏誣罔，凡顯有披論，具陳姓名。其匿名書及風聞事者，並見止絶。論者韙之。（《舊五代史考異》）

時太白晝見，民有仰觀者，爲坊正所拘，立斷其腰領。又有醉民抵忤一軍士，則誣以訛言棄市。其他斷舌、決口、斮筋、折足者，僅無虛日。故相李崧爲部曲誣告，族戮於市，取其幼女爲婢。自是仕宦之家畜僕隸者，皆以姑息爲意，而舊勳故將失勢之後，爲廝養輩之所脅制者，往往有之。軍司孔目吏解暉，性狡而酷，凡有推劾，隨意鍛鍊。人有抵軍禁者，被其苦楚，無不自誣以求死所，都人遇之，莫敢仰視。有燕人何福殷者，福殷，原本作福因，今據《通鑑》改正。案：《歐陽史》作何福進，疑訛。（《舊五代史考異》）以商販爲業。嘗以十四萬市得玉枕，遣家僮及商人李進賣於淮南，易茗而迴。家僮無行，隱福殷貨財數十萬，福殷責其償，不伏，遂杖之。未幾，家僮詣弘肇上變，言契丹主之入汴也，趙延壽遣福殷齎玉枕陰遺淮南，以致誠意。弘肇即日遣捕福殷等繫之。解暉希旨，榜掠備至，福殷自誣，連罪者數輩，並棄市。妻女爲弘肇帳下分取之，其家財籍沒。

《舊五代史》卷一〇八《漢書·蘇逢吉傳》〔蘇逢吉，長安人〕初，高祖至汴，以故相馮道、李崧爲契丹所俘，竚於真定，乃以崧第賜逢吉，道第賜禹珪，崧於西洛有別業，亦爲逢吉所有。及真定逐契丹，崧、道歸朝，崧弟嶼以逢吉占據其第，時出怨言。未幾，崧以西京宅券獻於逢吉，不悦。會崧有僕夫欲誣告謀反，逢吉誘致其狀，即告史弘肇，令逮捕其家。逢吉遣直省吏召崧至第，即令監至侍衛獄。翌日，所司以獄辭上，其李嶼款招云：與兄崧、弟嶬，與家僮二十人商議，比至山陵發引之時，同放火謀亂，其告是實。蓋自誣之辭也。逢吉仍以筆添注二十人字爲五十人，封下有司，盡誅崧家。時人冤之，歸咎於逢吉。逢吉深文好殺，從高祖在太原時，嘗因事，高祖命逢吉静獄，以祈福祐，逢吉盡殺禁囚以報。及執朝政，尤愛刑戮。朝廷患諸處盜賊，遣使捕逐，逢吉自草詔意云：應有賊盜，其本家及四鄰同保人，並仰所在全族處斬。或謂逢吉曰：爲盜者族誅，猶非王法，鄰保同罪，不亦甚乎？逢吉堅以爲是，僅去全族二字。時有鄆州捕賊使臣張令柔盡殺平陰縣十七村民，平陰，原本作手除，今從《通鑑》改正。良由此也。

逢吉性侈靡，好鮮衣美食，中書公膳，鄙而不食，私庖供饌，務盡甘珍。嘗於私第大張酒樂，以召權貴，所費千餘緡。其妻武氏卒，葬送甚盛，班行官及外州節制，有與逢吉相款洽者，皆令齎送綾羅絹帛，以備縞素，失禮違度，一至如此。又性不拘名教，繼母死不行服，妻死未周，其子並授官秩。有庶兄自外至，不白逢吉，便見諸子，逢吉怒，且懼他日凌弱其子息，乃密白高祖，誣以他事杖殺之。

（宋）王欽若等《册府元龜》卷四四九《牧守部·專殺》 漢王繼弘爲彰德軍節度使，乾祐初誣殺節度判官張易，斥逐觀察推官張制。易鎮州人，繼弘事有所不當，易必抗言爭之。繼弘粗褊，心不能容，嘗於席上問國家西面用兵事，易曰：或説尚洪遷力戰傷重，蓋性太剛故也。繼弘正色曰：洪遷傷重，合有邸報，子安得此言揺惑羣情。遽繫之於獄。奏易訛言惑衆殺之，以聞制曹州人，繼弘事有非理，與張易協力極言之。繼弘嘗乘醉攘臂毆於牀下，至是因殺易乃誣奏制與易同出訛言而削其官牒而逐之。後因郭謹代繼弘，又令害制焉，衆冤之。漢法深刻蕃方奏刑殺不問端倪，即順其情，故當時從事鮮賔客之禮重足一迹而事之不暇。

（宋）鄭克《折獄龜鑑》卷三《辨誣·寒朗》 後漢寒朗，以謁者守侍御史。與三府掾屬共考案楚獄顔忠、王平等，辭連耿建、臧信、鄧鯉、劉建四侯。建等辭未嘗與忠、平相見。是時，顯宗怒甚，吏皆惶恐，諸所連及，率一切陷入，無敢以情恕者。朗心傷其冤，試以建等物色獨問忠、平，而二人錯愕不能對。朗知其詐，乃上言：建等無姦，專為忠、平所誣。疑天下無辜，類多如此。帝乃召朗入，問曰：建等即如是，忠、平何故引之？朗對曰：忠、平自知所犯不道，故多有虛引，冀以自明。帝曰：即如是，四侯無事，何不早奏，獄竟而久繫至今邪？朗對曰：臣雖考之無事，然恐海內別有發其姦者，故未敢時上。帝怒罵曰：吏持兩端。促提下。左右方引去，朗曰：願一言而死。小臣不敢欺，欲助國耳。帝曰：誰與共為章？對曰：臣自知當必族滅，不敢多汚染人，誠冀陛下一覺悟而已。臣見考囚在事者，咸云凡妖惡大故，臣子所宜同疾，今出之不如入之，可無後責。是以考一連十，考十連百。又公卿朝會，陛下問以得失，皆長跪言：舊制失，大罪禍及九族。陛下大恩，裁止於身，天下幸甚。及其歸舍，口雖不言，而仰屋竊歎，莫不知其多冤，無敢牾陛下者。臣今所陳，誠死無悔。帝意解，詔遣朗出。後二日，車駕自幸洛陽獄，録囚徒，理出千餘人。出《後漢書》本傳。舊集不載。

按，傳言朗廷爭冤獄，范曄以比晏子一言，齊侯省刑。云：篤矣乎，仁者之情也。彼其惶恐，一切陷入，無敢以情恕者，唯務一己逃責，豈恤衆人負冤，斯不仁哉。仁者必有勇，於朗見之矣，是故能辯誣也。

《宋史》卷二六四《薛居正傳》 漢乾祐初，史弘肇領侍衛親軍，威權震主，殘忍自恣，無敢忤其意者。其部下吏告民犯鹽禁，法當死。獄將決，居正疑其不實，召詰之，乃吏與民有私憾，因誣之，逮吏鞫之，具伏抵法。弘肇雖怒甚，亦無以屈。

《宋史》卷二《太祖本紀》 （開寶二年冬十月）癸卯，西川兵馬都監張延通、内臣張嶼、引進副使王珏爲丁德裕所譖，延通坐不遜誅，嶼、珏並杖配。

《宋史》卷二《太祖本紀》 （開寶四年）夏四月丙寅朔，前左監門衛將軍趙玭訴宰相趙普，坐誣毀大臣，汝州安置。

《宋史》卷二七〇《邊珝傳》 有富民訴廣陵尉謝圖殺其父，本部收尉囚之，官吏推劾累三百日，獄未具，州以狀聞。詔珝案鞫，盡得其實。乃富民以私憾誣告尉，即反坐之。

《宋史》卷二七四《劉審瓊傳》 開寶中，累遷至軍器庫使。會樞密使李崇矩門人鄭伸擊登聞鼓，誣告崇矩受太原席義叟黄金，私結翰林學士扈蒙，以甲科私義叟，引審瓊爲證。上怒，召審瓊詰問，審瓊具言其誣枉，得解，遂出知鎮州。

（宋）錢若水《宋太宗皇帝實録》太平興國九年六月 丁未，免開封府推官張雍、左右軍巡判官韓昭裔、宋延煦、博州博平縣令楊處仁等，左右軍巡使殿直麗則王業並降充殿前承旨，醫人陳士良等並決杖流海島。初寡婦劉氏有姦狀，恐事露遂成憂悸之疾，復懼其子陳告，遂令侍婢陳訴稱其子王元吉寘毒于食中，因病但未死。事下開封府，右軍巡按之未得實狀，移於左軍巡，推典受劉氏賕，掠治元吉，遂自誣。及開封府引問元吉，始以實對。府中不能決，又移於司録司，盡捕兩軍巡元推胥吏，按問之，稍見誣構之迹，而府中以追捕者衆，遂列狀引見。上以元吉藥母事狀暗昧，令免死決徒，開封府將杖元吉。元吉大呼曰：元吉苟受刑，府中官吏豈得了乎？須盡還元吉所用貨賂。府中不敢決，因問元吉行賂之狀。元吉歷指之，遂具元吉詞款上言，元吉復令妻張氏撾登聞鼓以聞。上覽之，臨軒顧問，悉見其冤枉之狀。亟令中使收捕元推官吏送御史臺再鞫之，至是獄具引見，自雍而下。上一一親問。咸伏其辜。特詔免元吉而有是命。先是元吉繫左軍巡，爲獄吏縶縛榜笞，備諸慘毒，不勝其苦。至是，上復令縛獄吏以其法償之。獄吏宛轉號叫，惟求速死。上曰：汝猶不勝其苦，他人能勝之乎！及解其縛，兩手不能舉，良久方復。上因謂宰相曰：刑獄中有如此慘酷，京城尚如此，況僻遠乎！遂以右諫議大夫辛仲甫代劉保勳知開封府，保勳洎判官李繼凝各奪一季俸，郴州刺史張再興責授右率府副率坐知雄州日以羸率自任失政故也。

（宋）李攸《宋朝事實》卷一六《兵刑》 李繼隆討夏寇，與轉運使盧之翰有隙，欲陷之罪。乃檄轉運使，期八月出塞，令辦芻粟。轉運司調發方集，繼隆復爲檄，言陰陽人狀陳，八月不利出師，當更取十月。轉運司遂散芻粟。既而復爲檄云，得保塞胡偵候狀，言賊且入塞，當以時進運芻粟，即日取辦。是時民輸輓者適散，倉卒不可復集。繼隆遂奏轉運司乏軍興。太宗大怒，立召中使一人，付三函，令乘驛取轉運使盧之翰、竇玭及某人首。丞相吕端、樞密使柴禹錫皆不敢言。惟樞密副使錢若水爭之，請先推驗有狀，然後行法。上大怒，拂衣起入禁中。二府皆罷，若水獨留廷中，不退。上既食，久之，使人偵視廷中有何。報云，有細瘦而長者，尚立焉。上出，詰之曰：爾以同州推官，再期爲樞密副使。朕所以擢用爾者，爲賢爾，乃不才如是耶！爾尚留此安候？對曰：陛下不知臣無能，使待罪二府，臣當竭愚慮，不避死亡，補益陛下，以報厚恩。李繼隆外戚，貴重莫比。今陛下據其一幅奏書，誅三轉運使，雖彼有罪，天下何由知之？鞫驗事狀明白，乃爾加誅，亦何晚焉？獻可替否，死以守之，臣之常分。臣未獲死，故不敢退。上意解，乃召吕端等。端等奏請如若水議，先令責狀，許之。三人皆黜爲行軍副使。既而虜欲入塞事皆虚。繼隆坐落招討知秦州。若水由是知名天下。

（宋）李燾《續資治通鑑長編》宋真宗咸平三年四月 張思鈞恃平賊功，頗驕恣。巴西尉傅翺有善馬，思鈞求之，翺不與，思鈞怒，託以饋運稽期，輒斬之。翺家詣闕訴冤，乃命供備庫副使開封張煦爲綿、漢等州都巡檢，召思鈞付御史臺鞫治，罪當斬，特貸死，削籍，流封州。思鈞削籍，

《實録》在十月壬子，今并書之。思鈞召歸下獄，則無其時，據《續耆舊傳》及國史，皆繫於四月，今因雷孝先奏捷，附見其事。

（宋）王欽若等《册府元龜》卷六七〇《内臣部・誣搆》 西門重遂爲左觀軍容使。初天威都馬軍都將賈德晟以李順節非罪見殺，曾宣怨言於人，重遂誣以他罪奏帝，帝遂誅之。時都下馬千餘騎，皆驚散西投鳳翔。自是，朝廷勢削，鳳翔軍盛矣。

（宋）李燾《續資治通鑑長編》宋真宗景德二年四月 丙戌，斬布衣申宗古於西市，坐詣登聞院誣告宰臣寇準與安王元傑謀反故也。

（宋）李燾《續資治通鑑長編》宋真宗大中祥符六年三月 癸丑，進士魏剛決配崖州，周惟翰勒出科場，大理寺丞魏瓘停官，鄜城縣令張汚衝替。剛與惟翰素有隙，因誣告惟翰詆天書，按鞫無狀；瓘坐延剛與惟翰於家；汚即瓘之近親，與剛等欵匿，故并責焉。瓘，羽之子也，嘗爲開封府倉漕參軍，會上元與内侍督作燈山，而内侍誅索擾人，瓘密以狀聞，詔杖内侍於省中。詆天書，據瓘本傳，然本傳云剛詆天書，則又誤也。張汚，浦城人，劉敞誌墓。此別一張汚也。

（宋）李燾《續資治通鑑長編》宋神宗熙寧五年二月 甲戌，復昭信軍節度副使王陶爲度支郎中致仕。陶前坐妄奏官吏及子履潔販私茶、銅、鹽敗官，雖會赦當敍，而年已七十，故令致仕也。

（宋）李燾《續資治通鑑長編》宋神宗熙寧十年四月 提點兩浙刑獄司、安撫張謂誣奏前知蘇州沈紳俵糴不如法，獄訟滯留，至蒙差替。詔紳除落差替。

（宋）李燾《續資治通鑑長編》宋神宗熙寧五年正月 庚辰，詔開封府判官吴幾復劾東頭供奉官王永年，以永年詣宰相訟宗室叔皮等易衣私出求卜。宰臣王珪言：永年嘗言宗室與臣是親，蓋臣妻父鄭戩兄載女嫁楊億之子紘，紘子緘非鄭氏所出，緘有女嫁宗室叔兼，故永年言與臣親。今永年所論，言涉不順，乞下有司推究有無與臣相涉事，免惑衆聞。從之。

永年妻，叔皮女弟。永年自江南罷官，押錢綱赴京師，盜用數千緡，冀妻家爲償之，叔皮不爲償。三司督錢甚急，永年知叔皮嘗於上元夜微服游閭里，乃夜扣東府告變，云叔皮兄弟私訪卜者，謂己有天命，謀作亂，密造乘輿服御物已具。故命幾復鞫之，幾復按驗皆無狀。永年既服罪，會病死獄中。

《宋史》卷三二七《王安禮傳》 王安禮，字和甫，安石之弟也。**【略】**〔宋神宗年間〕邏者連得匿名書告人不軌，所涉百餘家。帝付安禮曰：亟治之。安禮驗所指，皆略同，最後一書加三人，有姓薛者，安禮喜曰：吾得之矣。呼問薛曰：若豈有素不快者耶？曰：有持筆來售者，拒之，鞅鞅去，其意似見銜。即命捕訊，果其所爲也。即梟其首于市，不逮一人，京師謂爲神明。

《宋史》卷一八《哲宗本紀》〔紹聖三年八月〕庚辰，以范祖禹、劉安世在元祐中構造誣謗，祖禹責授昭州別駕、賀州安置；安世新州別駕，英州安置。

《宋史》卷三〇四《方偕傳》〔方偕〕爲御史臺推直官。澧州逃卒傭民家自給，一日，誣告民事摩駝神，歲殺十二人以祭。州逮其族三百人繫獄，久不決。偕被詔就劾，令卒疏所殺主名，按驗皆亡狀，事遂辨，卒以誣告論死。

《宋史》卷二九八《李及傳》 州民趙諫者，素無賴，持郡短長，縱爲奸利。及受命，諫在京師，乃謁及，及不之見，慢駡而去，投匿名書誣及，因以毁朝政。會上封者發諫事，命轉運使與及察其狀。及條上諫前後所爲不道，詔御史劾得其實，斬於都市，及由是知名。

（宋）葉紹翁《四朝聞見録》卷一《甲集・天子獄》 永康之俗，固號珥筆，而亦數十年必有大獄。龍川陳亮既以書御孝宗，爲大臣所沮，報罷居里，落魄醉酒，與邑之狂士甲命妓飲于蕭寺，目妓爲妃。旁有客曰乙，欲陷陳罪，則謂甲曰：既册妃矣，孰爲相？甲謂乙曰：陳亮爲左。乙又謂甲曰：何以處我？曰：爾爲右。吾用二相，大事其濟矣。乙遂請甲位于僧之高座。二相奏事訖，降階拜甲，甲穆然端委而受。妃遂捧觴，歌《降黄龍》爲壽。妃與二相俱以次呼萬歲，蓋戲也。先是，亮試南宫，何澹校其文而黜之。亮不能平，偏語朝之故舊曰：亮老矣，反爲小子所辱。澹聞而銜亮，未有間。時澹已爲刑部侍郎。乙探知其事，遂不復告之縣若州，亟走刑部上首狀。澹即繳狀以奏，事下廷尉。廷尉，刑部屬也，笞亮無全膚，誣服爲不軌。案具，聞于孝宗，上固知爲亮，又嘗陰遣左右往永康，廉知其事。大臣奏入取旨，上曰：秀才醉了胡説亂道，何罪之有？以御筆畫其牘于地。亮與甲俱掉臂出獄。居無幾，亮又以家僮殺人于境外，適被殺者嘗辱亮父，其家以爲亮實以威力用僮。有司笞搒，僮氣絶復甦者屢矣，不服。讎家寘亮父于州圄，又囑中執法論亮情，重下廷尉。時王丞相淮知上欲活亮，以亮款所供嘗訟僮于縣而杖之矣。讎家以此尤亮之素計，持之愈急，王亦不能决。稼軒辛公與相壻素善，亮將就逮，亟走書告辛。辛公北客也，故不以在亡爲解，援之甚至，亮遂得不死。時考亭先生、水心先生、止齋陳氏俱與亮交，莫有救亮迹。亮與辛書，有君舉吾兄，正則吾弟，竟成空言云。驪塘危公嘗語予曰：羅樞密點自西府歸里，有里人從容扣羅公曰：吾有疑于公者，蓄而不敢白者有年。公今容某白其疑，可乎？羅公曰：言之何傷？其人曰：以某觀公，平生未嘗妄行一步。公爲從官時，天夜大雪，某醉歸，見公以鐵拄杖撥雪，戴温公帽，丁屐微有聲，吾醉不敢與公揖。後有蒼奴佩篋，蒼奴亦吾所識，爲公奴。吾固醉，以爲誤認公則不可。公笑曰：子之言與所見，是未嘗醉也。陳同父原注亮字。獄事急，吾未嘗識之，憐其才援之吏手，篋内皆白金也。同父死矣，吾故因子問而發之。

《宋史》卷二八七《李昌齡傳》 遷殿中侍御史。閤門使王遵度領皇城，遣卒刺事，告賈人有爲契丹間諜者，捕繫皇城司按劾。命紘覆訊，紘悉得其冤，抵卒罪，降遵度曹州兵馬都監。

《宋史》卷二六八《楊守一傳》 郭贄參知政事，鎔以同府之舊，嘗有所請託，贄不從。鎔摭堂吏過失以聞，贄見上，白鎔私謁，即召鎔廷辯。詞屈，出爲梓、遂州都巡檢使，改左驍衛大將軍，領郡如故。【略】嘗遣吏卒變服，散之京城察事。卒乘醉與賣書人韓玉鬥毆，不勝，因誣玉言涉指斥。禹錫等遽以聞，玉坐抵法。太宗尋知其冤，自後廉事不復聽。

《宋史》卷二五七《李處耘傳》 在新平日，折氏甥詣闕誣告處耘之罪，周祖信之，黜爲宜禄鎮將。從阮表雪其冤，詔復隸麾下。

《宋史》卷二五二《武行德傳》 時禁鹽入城，犯者法至死，告者給厚賞。洛陽民家嫗將入城鬻蔬，俄有僧從嫗買蔬，就筥翻視，密置鹽筥中，少答其直，不買而去。嫗持入城，抱關者搜得鹽，擒以詣府。行德見盛鹽襆非村嫗所有，疑而詰之，嫗言：適有僧自城外買蔬，取視久之而去。即捕僧訊治之，具伏與關吏同誣嫗以希賞。行德釋嫗，斬僧及抱關吏數輩。

《宋史》卷二八六《蔡齊傳》 有衛士告黄衣老卒筒火入直，延慶察卒色辭，疑焉，詢之，果爲所誣，即反坐告者。

《宋史》卷三一一《張士遜傳》 初，陳堯佐罷參知政事，人有挾怨告堯佐謀反，復有誣諫官陰附宗室者。士遜曰：憸人構陷善良，以摇朝廷，姦僞一開，亦不能自保矣。帝悟，抵告者以罪，誣諫官事亦不下。

（宋）陳襄《州縣提綱》卷二《誣告結反坐》 近世風俗大率初入詞輒以重罪誣人者，不可不察。如白日相毆於路，則必誣曰刼奪；入於其家而相競，則必誣曰搶刼；與其婦女交争，則必誣曰强姦；墳墓侵界，則必誣曰發掘骸骨。似此類其眞實者豈可謂無，但鑿空假此以爲詞訟之常談者可怪耳。甚至公然以大辟誣人，略不知懼。且有一人病且死，與甲初無預，而甲妄認親屬誣乙毆死，固知其無罪，然事屬大辟，有司不敢不受，勢須委二官檢覆。吏胥之追求，里保之乞覓，一鄉騷然。幸值明有司早得脱，而其家已破矣。或羣用事，寘之縲絏，卒未得直，故良善畏事之家，往往多厚賂求休息，爲甲者無故而獲千金，故鄉俗目之曰經紀。萬一乙不賂，至有司淹延日久，窮見實情，甲之罪不過杖一百耳。蓋縣家凡一事解郡所費不貲，或郡吏求疵疏駁罪反及身，故縣家多從末減，此風所以滋長而無忌憚也。似此誣告，必先勒結反坐，果誣必結解盡法而行，庶懲一戒百。内有畏反坐者，輒令老人婦人入詞，故老人須追子，婦人須追夫，同結反坐後追究。

（宋）熊克《中興小紀》建炎元年五月 丁酉，詔宣仁聖烈皇后保佑哲廟有大功，而奸臣造言，仰誣盛德，著於史牒，以欺後世。可令國史院據實而脩，播告天下。於是蔡卞、邢恕皆追貶之。

（宋）熊克《中興小紀》建炎二年五月 秦檜久專朝政，而士大夫之急於進者多附檜意。掎摭人之語以爲謗訕，通判常州沈長卿，舊常與前參知政事李光啓曰：搢紳守和親，甘出婁敬之下策。敵人難信結孰慮吐蕃之卻盟。檜時已惡之，至是與左從政郎芮曄同賦牡丹詩爲鄉舍人所告，以爲譏議，送大理寺，獄具。檜奏其事。僉書樞密院兼權參知政事鄭仲熊默無一語。罷朝，檜頗咎之。時有旨皆除名編管長卿永州，曄武岡軍。長卿、曄皆烏程人也。選人陳祖安緣與長卿密交，亦嘗追證。而仲熊嘗營救祖安，故得脱免。於是侍御史董德元、右正言王珉，論仲熊以謂此豈政府所爲。六月己卯，仲熊罷爲提舉太平興國宫。又有前知泉州趙令衿居衢州。因觀秦檜家廟記，口誦君子之澤五世而斬之句，通判汪召錫，教授莫汲，皆於坐間。聞之。因告令衿謗訕，守臣王師心勸之不能止。既而詔謫令衿於汀州，且置獄召錫迫其行。師心復調護之，召錫，伯彦子汲，歸安人也。

（宋）熊克《中興小紀》紹興三年夏四月　癸巳，上曰：鄒浣乞雪昭慈之謗，今當大祥。因此時下詔如浣言可也。上遂問昭慈得罪泰陵之因，俯對以昭懷上僭及左道之誣。席益曰：此皆章惇、蔡卞之罪也。遂詔昭慈謚號，别加討論。甲午，上曰：浣，浩之弟，欲擢之。乃令上殿。徐俯曰：鄒浩亦有子名柄，然嘗爲李綱客。今當以其父故用之。若終嫌其陷於綱黨，浩更有次子。上曰：直臣之子，復擢用之爲御史使言事，聳動四方，亦足爲國家之光也。

（宋）熊克《中興小紀》紹興十二年八月　言者論端明殿學士僉書樞密院何鑄，首董岳飛之獄，閲日滋久。初無一言敍陳，既而以樞臣使金，乃謂以讞獄不合，遂致遠行。又言飛之獄本其徒所告，反狀甚明，而鑄所遷延，乃在黨惡。遂罷鑄以本職提舉太平觀，尋詔落職，責徽州居住。既又論殿中侍御史胡汝明，及監察官歸安施鉅長洲李溢，皆鑄所薦，詔悉與外任。

（宋）熊克《中興小紀》紹興十三年六月　初徽猷閣學士胡舜陟知静江府因奉詔捕郴賊駱科餘黨，以饋餉不繼，與廣西轉運副使吕源有隙，舜陟劾源沮軍事。時有府吏徐竿者，因獲罪，舜陟杖而逐之。竿乃陰求舜陟之失，得其邕州買馬折閲事以告源。源即誣奏舜陟受金，且以書抵秦檜，言舜陟非笑朝政。檜素惡舜陟，遂入其言，差大理寺丞袁相燕仰之於静江府制勘。竿亦對獄。舜陟入獄二十日，至是死。人皆寃之。竿歸纔及家而卒，既而舜陟妻汪氏訴於朝。上曰：舜陟是從官兼罪未至死，勘官不可不絀。相仰之並送吏部。相等送吏部在明年二月今聯書之。

（宋）熊克《中興小紀》紹興十三年十月　秘閣修撰張九成與徑山主僧宗杲爲莫逆交，時緇流之赴宗杲者，皆百舍重趼，凡二千餘衆徑山雖巨刹至無所容。宗杲更敞千僧閣以居之，而九成往來其間。左僕射秦檜恐其議己，於是言者論九成宗杲謗訕朝政，詔九成落職，謫居南安軍，而宗杲編管衡州。先是九成寓鹽官縣僧剎，一夕夢水陸遠行，至一城郭，亦寓小剎，似悒悒不樂。及至南安，皆如所夢。十二月甲申，九成私議之。

（宋）熊克《中興小紀》紹興十七年六月　是月，金國主亶遣廉訪使蕭裕，徧至諸路，詢民間自郡官以下，皆究其治狀而陞黜之。時國嗣未立，亶以故宋王宗幹之子岐王亮爲左丞相，亮有包藏窺伺之意，祚王元者，乃故主太祖旻之孫。地居嫡長，以次當立。亮欲先除去以爲己計，因河南叛兵妄稱皇弟者，亮誣以語相符合，實欲結連。乃譖於亶，寘之重法，國人皆謂亶淫於用刑，不知由亮之所陷也。亮頗能矯情飾貌，欺世盜名，故竊弄權柄，害其宗黨如此。

（宋）潘永因《宋稗類鈔》卷一《吏治二十四》　羅點春伯爲浙西倉，攝平江府。有故主訟其逐僕欠錢者，究問雖得實，而僕黠甚，反欲汚其主，乃自陳嘗與其主饋之姬通，實無有也。於是遂令僕自供姦狀甚詳，因判云：僕既欠主人之錢，又且汚染其婢。事之有無，雖未可知，然其自供罪狀已明。合從姦罪定斷，徒配施行。所有女使，候主人有詞日根究。聞者無不快之。

（宋）潘永因《宋稗類鈔》卷一《吏治二十六》　蔡挺爲江東提點刑獄。有處州職官譖本州幕掾奸利事。蔡留職官於坐，呼掾面證之，而初無是事，職官慚懼伏罪。蔡責之曰：汝小人也。吾雖可欺，奈何譖無過之人乎？叱去之。自是無復譖毁，而人伏其不可欺也。

（宋）周密《癸辛雜識續集》卷上《子山隆吉》　梁棟，字隆吉，鎮江人，登第，嘗授尉，與莫子山甚稔。一日，偶有客訪子山，留飲，作莱元魚爲饌，偶不及棟，棟憾之，遂告子山嘗作詩有譏訕語，官捕子山入獄。久之，始得脱而歸，未幾病死。余嘗挽之云：秦邸獄成盃酒里，烏臺禍起一詩間。紀其實也。後十年，棟之弟投茅山許宗師爲黄冠，許待之厚。既而棟又欲挈妻孥而來，許不從，棟遂大罵之。許不能堪，遂告其曾作詩云：浮雲暗不見青天，指以爲罪。於是捕至建康獄，未已病死。此恢恢之明報也。

（宋）周密《癸辛雜識續集》卷下《衢吏徐信》　衢之常山有道院，三月三日上真誕辰，道侶雲集，吏魁徐信主此會。有一道人鬮得如意袋三，寄留徐家，約以四月八日合會復至以取，且贈以詩云：一方眼目共推尊，禍福無門却有門。夜半或傳人一語，明朝推背受皇恩。徐大刻之石，及期，道人不至。未幾，詹峒作梗，誘其罪於徐，夜半省劄下，竟伏極刑。陸大匹時爲龍游宰，親言之。

（宋）李心傳《建炎以來朝野雜記乙集》卷一四《雜事·岳少保誣證斷案》 岳武穆飛之死，王仲元《揮麈録》載王俊告變狀甚詳，且云：嘗得其全案觀之。仲貫甫爲尚書郎，問諸棘寺，則云：張俊、韓世忠二家争配饗時，俊家厚賂，取其原案藏之，今不存矣。余嘗得當時行遣省劄，考其獄詞所坐，皆一時煅煉文致之詞，然猶不過如此，則飛之冤可見矣。今録於後：紹興十一年十二月二十九日，刑部、大理寺狀：進尚書省劄子，張俊奏：張憲供通，爲收岳飛文字後謀反，行府已有供到文狀。奉聖旨，就大理寺置司根勘，聞奏。今勘到神龍衛四厢都指揮司、閬州觀察使、高陽關路馬步軍使副都總管、御前軍都統制、權副都統、節制鄂州軍馬張憲，僧澤一，右朝議大夫、直秘閣、添差廣南東路安撫司參議官于鵬，右朝散郎、添差通判興化軍孫革，左武大夫、忠州防禦使、提舉醴泉觀岳雲，省蔭人智浹，承節郎、進奏官王處仁，從議郎、新授福州專管巡捉私鹽蔣世雄，及勘證得少保、武勝定國軍節度使、充萬壽觀使岳飛所犯。内岳飛因爲探報得金人侵犯淮南，前後十五次，乃受親劄指揮，令策應措置戰事，而坐觀勝負，又逗遛不進。及因董先、張憲問：張俊軍馬如何？怎生地言之。道：都敗了回去也。便乃指斥乘輿。問張憲、董先道：張家韓家，你只將一萬人，已跎踏了。及因罷兵權後，又令孫革寫書與張憲，令措置別作擘畫，又令看訖焚之。又令張憲虚申報四太子大兵前來侵犯上流。自是之後，張憲商議待反背而據襄陽，及把截江岸，兩下令擄官私舟船。又累次令孫革奏報不實，及制勘虚妄等罪。除罪輕，及指斥乘輿，情理相切害者，斬。係罪重。外法寺稱：律有臨軍征討，稽期三日者，斬。其岳飛合依斬刑私罪上定斷：合決重杖處死。看詳：岳飛坐擁重兵，於兩軍未解之間，十五次被受御筆，并遣中使督兵，逗遛不進，及於此時輒對張憲、董先指斥乘輿，情理相切害者；又説張憲、董先跎踏張俊、韓世忠人馬；及移書與張憲令措置別作擘畫，致張憲意待謀反，據守襄陽等處作過。委是情理深重。敕，罪人情重法輕，奏裁。張憲爲收岳飛書，令憲別作擘畫，因此張憲謀反，要提兵占據襄陽，投拜金人，因王俊不允順，方有無意作過之言；并知岳飛指斥切害不告；并依隨岳飛虚申無糧，進兵不得；及依于鵬書申岳飛之意，令妄申探報不實，及制勘虚妄。除罪輕外，法寺稱：律，謀叛絞。其張憲合於絞刑私罪上定斷：合決重杖處死；仍合依例追毁出身以來告敕文字，除名。本人犯私罪，絞。舉官見行取會，候到，別具施行。岳雲爲寫咨目與張憲，稱可與得心腹兵官商議擘畫，因此致張憲謀叛。除罪輕次等外，法寺稱：敕，傳報朝廷機密事，流三千里，不以蔭論。敕，刺配比徒三年，本罪徒以上通比，滿六年比加役流。律，五品犯流以下，減一等。其岳雲合比加役流私罪斷：官減外，徒三年，追一官，罰銅二十斤入官，勒停。看詳：岳雲因父罷兵權，輒敢交通主兵官張憲節，次催令得與心腹兵官擘畫，因此致張憲提兵謀叛；及傳報朝廷機密，惑亂軍心。情重，奏裁。岳雲犯私罪徒。舉官見行取會，候到，別具施行。于鵬爲所犯虚妄，并依隨岳飛寫咨目與張憲等，妄説岳飛出使，并令張憲妄供探報。除罪輕外，法寺稱：敕，爲從，不配。律，五品犯流罪，減一等。于鵬合徒三年，私罪。官減，徒二年半，追一官，罰銅十斤入官，勒停。情重，奏裁。于鵬犯私罪徒。舉官見行取會，候到，別具施行。孫革爲依隨岳飛寫咨目與張憲，稱措置擘畫等語言，并節次依隨岳飛申奏朝廷不實。除罪輕外，法寺稱：律，奏事不實，以違制論，徒二年。律，官犯罪徒，減一等。其孫革合徒一年半，私罪。官減外，徒一年。合追見任右朝散郎一官官誥文字，當徒一年，勒停。情重，奏裁。孫革犯私罪徒。舉官見行會問，候到，別具施行。王處仁爲知王貴申奏朝廷張憲背叛，供申岳飛，并説與蔣世雄。法寺稱：敕，傳報漏泄朝廷機密事，流三千里，配千里；應罪刺配，比徒三年，本罪徒以上通比，滿六年加役流。官當准徒三年。其王處仁合於比加役流，私罪斷，合追見任承節郎并歷任承信郎共兩官官誥文字，當徒三年。據案，別無官當，更罰銅八十斤入官，勒停。情重，奏裁。王處仁犯私罪流。舉官見行會問，候到，別具施行。蔣世雄爲見王處仁説王貴申奏朝廷張憲待背叛事於岳飛處覆。除罪輕外，法寺稱：律，傳報漏泄朝廷機密事，流三千里，從，減一等。其蔣世雄合徒三年私罪斷：官減外，徒二年半。合追從議郎、秉義郎兩官官誥文字，當徒二年；餘半年，更罰銅十斤入官，勒停。情重，奏裁。蔣世雄犯私罪徒。舉官見行會問，候到，別具施行。僧澤一爲制勘虛妄，并見張憲等待背叛，向張憲言：不如先差兩隊軍馬防守總領、運使衙門，并欲與張憲詐作樞密院劄子，發兵過江；及要摸搨樞密院印文。除罪輕外，法寺稱：律，謀叛者絞，從，減一等。其僧澤一合流三千里，私罪斷：合決脊杖二十，本處居住一年，役滿日放。仍合下本處，照僧人犯私罪流還俗條施行。情重，奏裁。智浹爲承岳雲使令，要將書與張憲等，并受岳雲金、馬，令智浹將書與張憲等，共估錢三百二貫足。除罪輕外，法寺稱：律，坐贓致罪，一貫徒一年，十貫加一等，罪止徒三年。謂非監臨主司，因事受財，七品官子孫犯流罪以下，聽贖。其智浹合徒三年。贓罪贖銅六十斤。情重，奏裁。小帖子：據貼黃稱：契勘岳飛次男岳雷，係岳飛一處送下，今來照證得岳雷別無干涉罪犯，緣爲岳飛故節飲食成病，依律合召家人入侍，已就令岳雷入侍看覷，候斷下案內人日，所有岳雷亦乞一就處分降下。又小帖子稱：所有僧澤一合下本處依條施行。又小帖子稱：契勘數內于鵬，見行湖北轉運司根究銀絹等四百萬，合下所屬照會，候根究歸着日，即乞依今來所斷指揮施行。又小帖子稱：看詳：岳飛、張憲所犯情重，逐人家業并家屬，合取自朝廷指揮，拘籍施行。看詳：岳飛等所犯，內岳飛私罪斬，張憲私罪絞，并係情理所重；王處仁私罪流，岳雲私罪徒，并係情理所重；蔣世雄、孫革、于鵬私罪徒，并係情理稍重；無一般例。今奉聖旨根勘，合取旨裁斷。有旨：岳飛特賜死。張憲、岳雲并依軍法施行，令楊沂中監斷，仍多差兵將防護。餘依斷，于鵬、孫革、蔣世雄、王處仁除名。內于鵬、孫革永不收叙。于鵬送萬安軍，孫革送潯州，王處仁送連州，蔣世雄送梧州，并編管。僧澤一決脊杖二十，刺面，配三千里外州軍牢城小分收管。智浹決臂杖二十，送二千里州外軍編管。岳飛、張憲家屬分送廣南、福建路州軍拘管，月具存亡奏聞。編管人并岳飛家屬并令楊沂中、俞俟，其張憲家屬令王貴、汪叔詹，多差得力人兵防送前去，不得一併上路。岳飛、張憲家業籍沒入官，委俞俟、汪叔詹逐一鈔劄，具數申尚書省。餘依大理寺所申，并小帖子內事理施行。仍出榜曉諭：應緣上件公事之人，一切不問，亦不許人陳告，官司不得受理。

（宋）鄭克《折獄龜鑑》卷二《釋冤・蔡高》 蔡高，調福州長溪尉。縣媪二子漁於海而亡。媪指某氏為仇，告縣捕賊。吏皆難之曰：海有風波，安知不水死乎？雖果為仇所殺，若不得屍，則於法不可理。高獨謂：媪色有冤，不可不為理也。乃陰察仇家，得其跡。與媪約曰：期十日，不得屍，則為媪受捕賊之責。凡宿海上七日，潮浮二屍至。驗之，皆殺也。乃捕仇家伏法。高，端明殿學士襄之弟也。見歐陽修參政所撰墓誌。

按：人之冤訴，苦於抑塞。謂不得屍則不可理者，豈非抑塞乎？夫尉以捕賊為職，苟不恤冤訴，是不勤職業，豈疾惡慕義之士所為乎。雖然，高受而理之，亦有以也。吏患不得屍，而屍在海者皆隨潮出，第恐不幸潮落他境耳，故與媪約曰：期十日，不得屍，則為媪受捕賊之責。宿海上七日，而潮浮二屍至，此其至誠勤恤之效也。屬吏所患何足慮。是以卒能伸冤也。

（宋）鄭克《折獄龜鑑》卷二《釋冤・陳薦王璩附》 陳薦資政，初為益州華陽尉。有盜殺人，棄屍民田。薦往驗屍，旁一女子以移屍告。田主即殺女子之母，其家執以訴官。縣欲文致殺二人罪，免薦失盜之責。薦曰：是責何足避。不可使有冤不報，與囚自誣以死。既而果獲真盜。見本傳。

按：田主殺女子之母，固當死矣，又使其自誣為盜殺人，則盜之罪幸免，而殺者冤弗報，咎莫大焉。乃以苟避簡書之責耳，未為知輕重也。寧可已任其責，當使彼伸其冤，豈非君子之用心乎？

大理寺丞王璩為越州剡縣尉時，嘗出，見屍覆水中，治之。或曰：歲饑，人多死，未必有他故也。治之寧免捕賊之罰耶？卒使捕賊。居數月，州已批罰，果得殺人者。見王珪丞相所撰墓誌。此其用心葢與高同，皆君子不苟者也。

（宋）鄭克《折獄龜鑑》卷三《辨誣・武行德薛居正附》 武行德之守洛京也，國家方設鹽法，有能捉獲一斤以上者，必加厚賞。時不逞之徒，往往以私塩中人者。常有村童，負菜入城。途中，值一尼自河陽來，與之偕行。去城近，尼輒先入。既而，門司搜閱，於菜籃中獲鹽數斤，遂繫之以詣府。行德取其鹽視之，裹以白綃手帕子，而龍麝之氣襲人，驚曰：吾視村童，弊衣百結，葢窶之甚者也。豈有薰香帕子？必是奸人為之耳。因問曰：汝離家以來，與何人同途？村童以實對。行德聞之，喜曰：

吾知之矣。此必天女寺尼與門司冀倖以求賞也。遂問其狀，命親信捕之，即日而獲。其事果連門司，而村童獲免。自是官吏畏服而不敢欺，京師肅然。先是，行德以採薪為業，氣雄力壯，一谷之薪，可以盡負。置麾下，攀鱗附翼，遂至富貴，然聽訟甚非所長。至是明辨如此，論者異之。

按：薛居正丞相，漢乾祐中為開封府判官時，吏有告民以鹽冒法者，獄具，當死。居正疑之，召詰其狀，乃是有憾以鹽誣之也。逮捕具服，即抵吏法。與行德事頗相類矣。彼以希賞而然，此以釋憾而然，皆能辨明其誣者，唯在深察其事也。

（宋）鄭克《折獄龜鑑》卷三《辨誣·張保雍》　張保雍刑部為湖北轉運使時，漢陽俚民販茶，知軍駱與京誣其捍邏檢，二十人法當死，百餘人當從坐。保雍親往慮之，遂明其誣。首得不死，從者皆貰。

按：誣人大辟，必不徒然，或以希賞，或以釋憾，斯不仁哉。宜乎保雍力為辨雪也。

（宋）鄭克《折獄龜鑑》卷三《辨誣·王長吉》　江南提點刑獄王長吉等言：南安軍上猶縣僧法端、守肱忿漁人索魚直，誣以行刼，賂縣胥，集耆保，掩捕其家，四人遭殺，三人被傷，以殺獲刼賊告於官。縣尉驗屍，受賕，隱其縻縛之跡。縣令覆視，老眊，又為典吏所罔。本軍劾得實，僧皆坐死，餘當原赦。請理巨蠹，以其狀聞。詔：縣尉杖脊，配道州衙前。縣令貶文學參軍。餘配廣南者十五人。以僧私田給漁者家。見祥符九年詔令。

按：僧誣漁者，本非難辨，庸吏漫不省察，姦吏相與為市，故如此耳。長吉劾正其罪，雖已無及，然猶愈於縱惡不治。特著於篇，庶可鑒也。

（宋）鄭克《折獄龜鑑》卷三《辨誣·王臻賈昌齡附》　王臻諫議知福州時，閩人欲報仇，或先食野葛而後鬭，即死其家，遂誣告之。臻問：所傷果致命耶？吏持驗狀曰：傷無甚也。臻以為疑。反訊告者，乃得其實。按，賈昌齡少卿，初為饒州浮梁尉。其俗輕死，與人有怨，往往先食野葛，以誣怨者。昌齡輒能辨究之，與臻問傷類矣。是皆深察者也。

（宋）鄭克《折獄龜鑑》卷三《辨誣·錢惟濟》　錢惟濟留後，知絳州。民有條桑者，盜強奪之不能得，乃自斫其右臂，誣以殺人。官司莫能辨。惟濟引問，面給以食，而盜以左手舉匕筯，因語之曰：他人行刃，則上重下輕。今下重上輕，正用左手傷右臂也。誣者引伏。已上三事並見本傳。按，此以其傷下重上輕，知為自用刃矣。但疑在右臂，故給之食以驗其手，而誣狀灼然，彼安得不服耶。

（宋）鄭克《折獄龜鑑》卷三《辨誣·方偕唐介附》　方偕大卿為御史臺推直官時，澧州逃卒與富民有仇，誣以歲殺人十二祭磨駞神。逮捕繫獄，而久不決，詔偕就鞫之。偕命告人疏所殺主名，訪考驗，尚多無恙，事遂辨白。按，王珪丞相撰唐介參政墓誌言：介為岳州沅江令。按《宋史·唐介傳》，介為平江令，斷李氏事。今書中作沅江令，考《地理志》，岳州有平江縣，沅江本隸常德。乾道中，始割隸岳州，介係仁宗時人，當從《宋史》作平江令。州民李氏有鉅貲，吏數以事動之，既不厭所求，乃言其家歲殺人祠鬼。知州事孟合喜刻深，悉捕繫李氏家無少長，榜笞久，莫伏。以介治縣有能名，命更訊之。介按劾無他狀。合怒，以其事聞朝廷。詔遣殿中侍御史方偕，徙其獄於澧州。已而，不異介所劾。其後州吏皆坐罪去，偕以活死者得官。介終不自言。此與章頻驗治偽券，而黃夢松擢用類矣。皆篤厚君子也。頻事見《察姦門》。

然則誣告者非澧州逃卒，而富民乃岳州人，特徙其獄于澧州鞫之耳。且偕是時不為推直官也。《名臣傳》所書，不若此誌本末詳備，殆未得其實歟？惟使告人具疏主名，辨誣之術，有足取者，故特著之。

（宋）鄭克《折獄龜鑑》卷三《辨誣·杜衍李紘附》　杜衍丞相提點河東刑獄時，高繼昇知石州，為其僕所告，云與西河蕃部謀叛。捕繫數百人，久不決。詔衍覆案，得僕誣狀，卒論殺之。

按：李紘龍學為殿中侍御史時，皇城司卒有告賈人為契丹刺事者，捕繫起大獄。更詔紘訊之，盡得其寃狀，告者遂伏辜。頗亦類此。誣告人罪，法當反坐。苟非明察，豈能然耶？已上二事，並見本傳。

（宋）鄭克《折獄龜鑑》卷三《辨誣·程戡》　程戡宣徽，知處州。民有積為仇者，一日，諸子私謂其母曰：今母老且病，恐不得更毒，請以母死報仇。乃殺其母，置仇人之門，而訴於官。仇者不能自明，而戡疑之。僚屬皆言理無足疑，戡曰：殺人而置其門，非可疑耶？乃親劾治，具得本謀。見王珪丞相所撰墓誌。

（宋）鄭克《折獄龜鑑》卷三《辨誣·郭勸》 郭勸給事通判萊州時，有民為仇人所誣，罪當死。吏受賕且傅致，勸為辨理得免，民家畫其像而生祠之。見本傳。

（宋）鄭克《折獄龜鑑》卷三《辨誣·冦平》 冦平少卿，知淮陽軍。始至，獄有繫囚，當殊死。疑未得實，而更訊之，果為吏所誣。因且釋，吏僅得減死。衆相戒敕，不敢為欺。見王珪丞相所撰墓誌。按，勸與平所以辨誣，不得之其辭，則得之其情也。明可知矣。是故造誣者懼焉，被誣者懷焉，皆其盡心察獄之效也。

（宋）鄭克《折獄龜鑑》卷三《辨誣·單孟陽》 單孟陽大卿為御史臺推直官時，有以贓誣江南轉運使吕昌齡者，中丞張昪亦言之。累鞫不承，詔孟陽以制獄案治。孟陽雖御史屬，不阿其長，而卒直之。因請避，得知濮州。

（宋）鄭克《折獄龜鑑》卷三《辨誣·魏濤景德驛卒一事附》 魏濤朝奉，知沂州永縣。兩仇鬭而傷，決遣，而傷者死。濤求其故而未得，死者子訴于監司。怒，有惡語。濤歎曰：官可奪，而囚不可殺。後得其實：是夕罷歸，騎及門，墜而死。鄰證既明，其誣乃辨。見陳師道正字所撰墓誌。

按：此蓋死者子因其常鬭以誣其仇人也。夫鬭而即決者，傷不致甚，彼騎法無保辜，今乃誣以傷而死也。且辜限內死，若有他故，唯坐傷罪，彼騎而墜是他故也，可見其傷不應保辜也。濤能求得其實，辨明其誣，可謂盡心矣。

景德間，有縣胥醉，與驛卒相毆。夜歸，胥仆於路。或以告卒，地寒恐僵死。卒往視之，則已死矣。里胥執送官，以為毆殺人，其實寒凍死也。卒之母訴于州，又訴于朝，皆反得罪。真宗以此喻宰臣，令謹擇刑獄之官。若鬭傷者不遇魏濤，則驛卒何以異哉？其能盡心，亦足為賢也。

（明）張四維《名公書判清明集》卷一三《懲惡門·誣賴·假為弟命繼為詞欲誣賴其堂弟財物》 王平窮而無所歸，乃托鄉里人爲之懇問堂弟王省元子才，欲爲管掌典庫。王子才篤友于之愛，乃從而收拾之，其意未嘗不美。已經八九年，情分無虧。去年九月，王平因病身死，是時兄王方與諸親棺殮了畢，經隔二十日後，王方起顗覦之意，迺經縣入詞，指乞送主簿廳，根出王平同共營運之財物，及爲之命繼。續王子才陳狀，併送主簿，追到干證人逐一供對，灼見事情，其曲皆在于王方，已自結斷具申。王方知所訴之妄，一向閃避不出，本縣斷錮承差人根追，備申臺府，如遇王方有詞，乞押下結絶。其王方乃遣其子經倉司番論，蒙送僉廳案斷由呈，已擬判：王方、王用之之情理可罪，姑從闊畧，且行門示知委，仍帖縣從主簿所斷結絶。王方依前躲閃，復令王用之經提刑司論訴，蒙釘錮押下本縣，監追正身，多方差人緝捕，獲到王方出官。若非繡使之嚴明，幾爲之漏網矣。方收在獄，屢有百姓江五六論王用之與阿江，將義女八姐强占求食。又據吴七畫一王用之之事，透誘黄小六之女使阿乙，行賕汪四三公事，盗何中甫之酒器，奪夏小八之財物等事，備載詞頭。官司未敢信憑，就內點喚黄小六等兩名，據供，王用之作王丙乙名，騙乞官會五十五貫文，又乞何中甫見錢一十貫文足，各已供證分明。其他未欲盡追，恐涉支蔓。嘗照逐人所供，面問張仃、王用之，令其從實供吐。若以鞭朴縲索加之，則王方父子必以爲箠楚綳吊，抑勒供招，只以理開諭。已據王用之、王方實情供吐，稱王平受傭于王子才之家，卽無財物同共營運之説。而阿江打傷靈席一節，追到李七供證，已自分曉。而阿江尚自抵諱，再行審問，方始畧畧承認，及供出王平入殮之時，尚留衣服三件收下，則王平之無錢可知也。契勘王方，王用之之父子，以識字健訟爲家傳之學，每遇監司按部，則脅持公吏，欲以事過誣訴，吏輩恐其生事，皆以錢私與之。而王方父子以爲得計，則欺騙良善，靡所不爲，人畏之如虎，亦不敢論訴，縱使有詞，吏亦不敢承行。今以弟王平之身死，乃妄論王子才收去財本，不爲卜葬立嗣。原其意向，只欲謀騙王子才之錢，既不如意，則經縣陳詞，不候結絶，而復訟于倉、憲、使臺，必欲有所利于己而後息訟。及至追司，便行走避，可謂藐視官府。所據逐人供招，情節在前，合取自臺旨。

（明）張四維《名公書判清明集》卷一三《懲惡門·妄訴·妄論人據母奪妹事》 朱千三子，去年五月抱牌經縣，論祝千二、祝萬五據其母阿孫，奪其妹壽娘，氣死其父朱元乙。詞説甚怪，駭人聽聞，展轉一年，不曾結絶。今追到干繫人徐廿七、祝萬五、葉季乙等，及索出朱元一休妻文約辨驗，則知阿孫係出嫁祝千二，而非據也。壽娘係嫁鄭廿九，再出嫁祝萬五，而非奪也。其父朱元一，自係吐血身死，非祝千二、祝萬五之罪也。朱元一既死，其妻阿孫，已歸在朱世三家。壽娘又嫁葉季一爲妻，並無詞說。朱千三何所據憑，作此險訟，煩紊官司乎？今文約證驗分明，顯見朱千三虚妄，豈容輕恕。重則當解州徒斷，輕亦合刺環拘鎖。念阿孫年老，止有一子侍養，若盡法施行，則阿孫必至饑餓失所，只得從輕。照得朱千三原係犯盜刺環人，且與勘杖一百，填刺舊環，免拘鎖，併一行人[illegible]並放，未到人住追。

（明）張四維《名公書判清明集》卷一三《懲惡門・妄訴・以劫奪財物誣執平人不應末減》 羊六、楊應龍等因醉爭道，本無深傷。而羊六素挾狡猾之資，遽興羅織之訟，謂應龍等白晝行劫，奪去財物凡十餘項，正經陳于本縣，又越訴于憲臺，牽連追呼，不一而足。及至憲臺灼見虚妄，押下本府結絶，羊六自知罪不可免，乃于中道而逃。本府將其父錮身監追，凡歷四旬而後出，併得其荷擔之僕周八二、張四十者，與之對證，然後盡得其情，前後狀詞，無一直實。照得在法，劫奪財物，罪名不輕。羊六因尋常之爭，而誣人以莫大之罪，既欺罔縣道，又欺罔監司，既貽累于平人，又貽累于乃父。首尾三載，始肯伏辜。蕞爾村夫，而反覆變詐如此。若從末減，則是出虎兕于柙也，其何以懲姦慝而安善良哉？古人謂見惡如農夫之務去草焉，芟夷蘊崇之，勿使能殖，則善者信矣。羊六勘杖一百，編管五百里，餘人並放。

（明）張四維《名公書判清明集》卷一三《懲惡門・妄訴・妄以弟及弟婦致死誣其叔》 阿周，所墮之胎，月數已滿，非驚墮也。許千八自以病死，非驚死也。有隣有證，一一分明。許佳，爲人之姪，輒將弟婦墮胎，妄謚叔父許三傑，又敢將自死之弟，重疊誣執叔父，又敢將叔父毆打，驗傷有尖物痕，見之縣案。又扛許千八屍首入叔父房，打碎叔父門窗、户扇、什物之屬，又將屍首扛入叔家壽木之內。許三傑父子不堪其擾，煮湯潑出，致傷許母阿姜頭面，原情定罪，諸佳不可勝誅。況撰造致死公事，騙挾平人，尚不可恕，今仍騙挾叔父，此何心哉？許佳妄以弟及弟婦致死誣人，自合反坐，兼毆傷叔父，合于徒三年上加一等。雖已經赦，而赦後妄訴不已，本合斷配。緣許佳之父日新，自始至終不曾出官，可見猶有愛弟之意，但不能教訓悖逆之子耳。今若將許佳斷配，則許三傑與兄日新同居，共門出入，兄弟自此何以相見？然此等兇惡之人，亦不可恕。許佳勘下脊杖十五，編管五百里，枷項押下本縣，限十日，監賠壽木一具，并脩整打壞門窗、户扇、什物，還許三傑，取領狀申，切待爲減罪名。如恃頑不伏賠還，解來引斷押發。許三傑湯潑兄嫂，照赦勿論。直司剖決民訟，不論道理，以白爲黑，以曲爲直，有如此者，書擬官奪俸一月，追吏人問。

（明）張四維《名公書判清明集》卷一三《懲惡門・告訐・教令誣訴致死公事》 江謙亨家饒於財，武斷鄉曲。前此得罪憲臺，已經編置，自應知所警戢。近因與童詵小有私隙，別生事端，以楊十八縊死，輒教令楊百九作拖扯趯打推落塘水，因此致死，遂興大訟。所幸差官檢覆，事獲昭明。而獄司勘得其情，誣罔之狀了然可燭。江謙亨罪該徒刑，雖係宗女夫，緣係再犯私罪，情不可贖。萬一僥倖漏網，則姦計滋長，善良未易得以安也。尋具勘到事情，申取提刑衙指揮。後準提刑衙行下，點對本州所勘，備見江謙亨教令誣訴，蹤跡分曉。其人已曾犯罪編管處州，既非善良，豈可使之屢犯屢贖，得以長惡？然以祖蔭及宗女夫之故，所合姑從末減，牒州引上江謙亨，降從杖一百，押上當廳正斷，仍送原編管所處州收管。

（明）張四維《名公書判清明集》卷一三《懲惡門・妄訴・妄訴者斷罪枷項令衆候犯人替》 大凡詞訟之興，固不能事事皆實，然必須依並道理，略略增加，三分之中，二分真而一分僞，則猶爲近人情也。今葛晞泰所訴王思濟等三事，一曰呪咀，二曰趕打，三曰圍占塘地。今據獄司所勘，僉廳指定，三事悉皆虚妄。原其所因，蓋晞泰嘗以盜桑事，爲王思濟所訟，遂平白妄狀，以求報復耳。此邦風俗，大率愚而好訟，其間利害不能以粺米，即嬴糧棄已，並走吏庭，憑僞飾虚，以無爲有，聲冤號痛，駭動見聞。及至兩辭既成，曾無一事着實。前後以此之故，鞭扑徒配者凡幾人矣，而習尚曾不爲之少衰。無乃向所施行，猶未浹于愚民之耳目歟？葛晞泰勘杖八十，寄廂，遇詞狀日，押上枷項令衆，候犯人替。

（明）張四維《名公書判清明集》卷一三《懲惡門・告訐・誣訐》 死有冤濫，自有血屬能訴，何待他人干預？楊曰之死，方福平白生事，節節資給教唆，以興大辟之獄，不特擠陷方三，抑亦嘗試臺府。照條所坐，理所當然。方福且從輕決脊杖十二，編管五百里，楊梓年老免徒，斷編隣州，以爲誣訐者之戒。牒府録問訖，照斷。

（明）張四維《名公書判清明集》卷一三《懲惡門·告訐·告訐服内親》 王齊敬毆拽其兄，辱駡其嫂，凌虐其姪，凡至再至三矣。初焉黄知縣坐以毆兄之罪，試之既非士人，贖之又無誥勑，合當杖，無可疑者。而黄知縣以長厚存心，秪撻竹篦，此可謂莫大之幸，當自悛省可也。而齊敬乃方蓄怨藏怒，一旦快其兄王齊檜之死，即牽其二子王潦、王幼共爲悖逆，凌其孀嫂，虐其孤姪，此情尤不可恕。而温知縣又以長厚存心，以其族有仕宦，秪從輕杖一百封案，王潦、王幼押尊㾾長庭訓，此尤莫大之幸。王齊敬凡兩漏憲網，稍有人心者，亦當知愧，斂退謹守可也。況王齊敬年齒日長，侵尋暮景矣，而乃頑然不悛，怙終自若，今者無故以其從姪王聖時改墓之事，而惹論其素所讎怨之堂姪王聖泳，以爲報復之計。且遷改父祖墳墓，在法雖當經官自陳，然今人子孫以風水不利，而遷改父祖墳墓者往往有之，雖達官貴臣之家，有所不免。經官自言者曾幾何？王聖時自己父墓而自改之，何預從叔王齊敬之事？況王聖時亦頗知書，又非病狂喪心，必不肯無故毁壞其親父之骨殖。而王齊敬平生傲狠悖逆如此，其於親堂兄嫂姪且躪籍之，不啻犬豕，必不至於其從兄王齊白，獨興惻隱之心，不忍其改墓而興此訟也，特假之復讐耳。古之霸主，多假義以行私。跡王齊敬平生之所爲，何等犬彘，而敢爾誣罔，誠大可惡。況在法：五服内許相容隱，而輒告論者，並同自首。今王齊敬視游氏係堂嫂，王聖泳係堂姪，王聖時係從姪，皆在五服内，縱有罪犯，各合從自首原免。又照在法：告緦麻以上卑幼得實，猶勘杖八十。王齊敬合照上條科罪。游氏又訴王齊敬、王潦等攔駡去失珠簪一節，亦合根究，將齊敬照温知縣判折封勘斷。然當職獨念不肯薄於黄、温二宰之所爲。如王齊敬者，誠非所恤也。游氏所訴，念今隆暑，勸諭其免究論。王齊敬合照前判，且更與從杖一百，封案一次。餘人並放。

（明）張四維《名公書判清明集》卷一三《懲惡門·告訐·資給人誣告》 婺州東陽，習俗頑嚚，好鬭興訟，固其常也。至其誣人以殺人之事，撰之於法，兹豈細事。村疃豪民，志在立威以求逞，扶持資給，賕賄營謀，不擠其人於幽枉無告之地不止也。當職自涖事以來，斷後有冤民平反，此等獄訟，未嘗不審見其實而痛戢之。往往懲之未幾，犯者踵至，其間情狀，至有極其慘虐而不忍聞者。戴髮含齒，名之曰人，吞噬之毒，過於狼虎。青天白日之下，詎容有此乎？蔣元廣，東陽田間一屠噬之毒，過爲不道，驟致富强，稱雄一方，披猖萬狀。居家則蓄養惡少金九一等三十來輩，以供爪牙之役；在州則結交黠吏俞鑑等，以通腹心之謀，縣吏望風憚之，罔不惟命。一方善良，吞聲飲氣，誰敢與之抗衡。許鏞，貧士也。有婢郭秋香，因澣衣於池，失足不救，其父郭太在旁觀看，自見屍首，初無他故。既殮而葬之，蔣元廣平白資使許議，鑿空興詞，誣訴許鏞，窘之致死。趙知縣察見非辜，坐以誣告之罪，申取提刑司行下遣。公道之不容泯没，蔣元廣可以息心矣。方且調撥許議、蔣五、許茂，遍走刑部、憲司，攻訐不已，干連誣報，到于妻子。家道一破，生理蕩然，力既不支，事且未艾。許鏞爲此憂迫無憀，竟爲客死之鬼，今就暴露邸舍，未得所歸，與操刀而殺之者，何以大相過？通邑之人，誰不冤之？今本州亦再差官洗檢秋香屍首，毫髮無傷。死者何辜，罹此荼毒，兹又泉下不能自伸之冤也。蔣元廣積惡有餘，罪狀顯著，天刑國憲，舉不容逃，決脊杖十七，仍刺面，配五百里信州東城。許議、許茂、蔣五，利一時之資給，輕冒刑章，此同惡相濟之人也。許義決脊杖十七，編管五百里建寧府。許茂、蔣五各決脊杖十五，拘鎖外寨。俞鑑，已黥之郡吏也，寅緣逃歸，專易安也，決脊杖十二，填刺押回原配所，永不放還。仍備榜行下，以儆愚俗。

（明）張四維《名公書判清明集》卷一三《懲惡門·告訐·資給誣告人以殺人之罪》 婺州厲百七，本陳姓也，棄而爲厲五一之子。厲百一乃其從兄，其妻阿沈與厲百七私通，乃夫初未之覺也。元年四月二十九日深夜大雨，溪流暴漲，厲百一始慮水碓被浸，方披衣起視間，是夜適有過往鯗販宿於對門，聽得有人來排其門者至再至三，就以報之。厲百一初亦未知其爲何人也，逐而捕之，人情之常。厲百二等亦與之同行，追躡無蹤，徑回去。當夜，鄰里皆聞其聲言捉賊，却非曖昧不明之事。越四日，但見厲百七屍首沿溪漂流，則此排闥之人，方知其爲厲百七也，一時倉後逃走，落水致死，此豈厲百一有心爲之哉！參之於律，罪人被捕，逼迫窮窘，或自殺，或落坑穽而死之類，皆勿論。厲百一顛免官司之擾，私將錢物賂遺血屬，求息其事，此愚民不曉法理之故。今指此以爲殺人之實，可乎？其母與妻爲之棺殮葬埋，既逾年矣。次年五月内，王祥創生事端，始者誘致厲百七本生兄陳三告論不遂，再呼陳一入詞投保，徑以殺人誣之。自縣而之上臺，攻擊不休。大獄之興，流毒日慘。四次委官洗驗厲百七屍首，自頂而踵，無瑕可求，則厲百一之冤，既得以自白矣。及收上一行人付有司根鞫，本末事情，歷歷可考。及勘出王祥父子資給把持之狀，尤爲詳明。如將帶陳一往提刑司陳狀，實與王祥偕行。索出陳一狀藁，復出於十目所視，更復何逃。王祥，富民也，專以脩怨立威爲事，豈復知三尺法。且傷人者，犬也，嗾而使之者，人也。原情而論罪，則有歸王祥。準條決脊十五，送五百里州軍編管。陳一頑冥無識，啗於資使之利，至陷于罪，特從末減，併王登決脊杖十三。國家典憲，昭如日星，天下士民所共知也。今以近年觀之，此邑之姦豪無狀，自投罪罟者，覆轍相踵。有司奉法而行，兹豈得已。天下本無事，庸人自擾之，聞之者可以戒。

（明）張四維《名公書判清明集》卷一三《懲惡門·告訐·叔告其姪服内生子及以藥毒父》 郭百三服内生子，其罪固不可逃。然郭應龍爲叔父，教之可也，教之不從，繼之以怒，雖父子之間且有責善則不祥之懼，況叔姪乎？責善且以爲不祥，況暴揚其惡而訟之於官乎？原應龍之心，非果以愛兄之道來也，不過見其家稍厚，不甘歸之螟蛉之子，故從事於告訐，以行騙脅之計耳。訟其生子非時，猶云可也。謂其毒父以藥，是何言歟？使其果有此事，則當其始死之日，應龍既聞而知之，自合卽時發覺，何爲更歷一歲有餘而後有詞。且世間大惡，孰有加於弑逆者？使其果有此事，則狀内當直指而極陳之，不當爲含糊之説。其爲妄誕，不問可知。一爲告訐，一爲虚妄，本合送法司照條坐罪，且從輕決竹篦二十。

（明）張四維《名公書判清明集》卷一三《懲惡門·譁徒·撰造公事》 譁徒張夢高，乃吏人金眉之子，冒姓張氏，承吏姦之故習，專以譁訐欺詐爲生。始則招誘諸縣投詞人户，停泊在家，撰造公事。中則行賕公吏，請囑官員，或打話倡樓，或過度茶肆，一鉼可入，百計經營，白晝攫金，畧無忌憚。及其後也，有重財，有厚力，出入州郡，頤指胥徒，少不如意，卽唆使無賴，上經臺部，威成勢立，莫敢誰何。乘時邀求，吞併産業，無辜破家，不可勝數。當職被命兼守，入境以來，訪民疾苦，已知其爲一郡之害，未欲便行追治。禍積惡盈，鬼奪其魄，乃於當職初受詞之日，往來自投，與高萬二秀等計囑公事。及押下司理院根勘之後，又於便袋中搜出文牒一道，已拆去封皮，係是行在大宗正司牒本州追究譁徒趙時消不法事。牒内係是七月，此去行都僅數日程，豈有遷延月餘之久。夢高、時消，皆本州譁徒渠魁，未必非陰相表裏，擅自拆遞折牒，藏之於身。卽此一事，可見其全無官府，全不知有三尺。其他如民户止是小争，則裝架詞語，唆令越訴。官司止是索案，則與賄囑併人申解。如兄弟止是争鬭，則教作分産誣論。官司方行追究，則與之入狀和對，顛倒反覆，盡出其手。未得錢，則嗾之使論，既得，則尼之使止。推原其罪，不可勝誅。不黥其面，無以懲惡，不竄其人，無以安衆。獄吏畏其姦兇，在獄事之如兄，所供罪犯，百未一二，然所招打話行賕受財，已二十五項，該贓近五十貫。教唆譁徒，與貼同科。況又係武義縣吏人金眉之子乎？又妄稱九歲與張忠翊爲子。九歲抱養，亦是違法，而況托假姓，以避其非吏人之子乎？張夢高決脊杖十五，刺配台州牢城，免監贓，卽日押遣。仍申提刑司。推吏法司，徇情賣弄，從輕杖一百。

（明）張四維《名公書判清明集》卷一二《懲惡門·豪横·結托州縣蓄養罷吏配軍奪人之産罪惡貫盈》 當職任江西提刑日，有陳姓一族，原與楊子高是至親，後因財穀交争，被其挾勢譖間於孟馬帥之前，斬其父首，併其財物。及陳氏亦經江西憲司有詞，且廣印怨歌，四路散貼。當職是時下落遺，累追不獲，合併勘問。

（明）張四維《名公書判清明集》卷四《户婚門·争業上·乘人之急奪其屋業》 張光瑞圖謀洪百四屋業，情節極分明，却因送鄱陽獄，反致情節含糊。今詳地頭體究及詣獄引問，見得張光瑞屋與洪百四連至，平日欲吞併而不可得，爲見洪百四病且死，又無以爲身後送終之資，遂乘其急，下手圖謀。若欲自出名，必須洪百四邊人寫契，度其子未必肯寫，外人知其不出於洪百四父子之情願，亦必未肯爲代寫，遂自令其子張曾七，寫成見契。子既寫契，難以自出己名，又借女壻詹通十乙名作契頭，其謀可謂深且巧矣！當時蓋已欺見洪千二、洪千五無能爲役，又且心欲得錢，殯殮其父，必是俯首聽從。又且借洪百四之兄洪百三以長凌之，意謂必無不可，却不擬洪百四出繼子周千二者歸家，不肯。其張光瑞已視此爲囊中物，冒急至將周千二趕打，周千二既退聽，則可以遂其所圖矣。殊不思人不心服，必有後患，未幾，周千二果與洪千二經官，以驚死乃父陳詞，且以所湊還未盡錢後把爲求和之物。周千二待誣告固有罪，亦張光瑞有以招之。此事合兩下斷治，若誣告死事，若抑勒謀圖，皆不可恕。當時人狀，係周千二、洪千二，其洪千二因訟而病死，繼而周千二亦死，天已罰之，無身向斷。其他張光瑞所執主使，妄詞也，不必問。張光瑞子寫契，壻出名，乘人將死，奪人屋業，子、壻均合斷罪，然皆張光瑞使之，罪在一身。兼因此事，展轉死者二人，張光瑞豈可漏網，從輕杖一百，併餘人放，其錢免監，其業本合給還業主，以其誣告，不及坐罪，業拘入官，以示薄懲。

（明）張四維《名公書判清明集》卷八《户婚門·檢校·侵用已檢校財産論如擅支朝廷封樁物法》 湖湘之民，率多好訟，邵陽雖僻且陋，而珥筆之風亦不少。然自當職到官以來，每事以理開曉，以法處斷，凡素稱險健者，率皆屈服退聽，未嘗有至再訟者。獨曾仕珍父子狼戾頑嚚，犯議犯刑，恬不知畏。本府未及結斷，而遽經漕司；漕司方爲索案，而又經帥司；帥司方爲行下，而又經憲司。使其果抱屈抑，亦須候逐處官司施行了當，方可次第經陳，豈有首尾不及兩月，而偏經諸司者。何況本府之處斷，未嘗敢容一毫私意己見，皆是按據條令。又其越獄之罪，已從寬恕，不復窮究，亦可謂曲盡矣。而小人略不知辜，恃其能訟，輒敢求勝不已。使其訟於諸司者，曰本府斷獄不當，猶云可也。今乃一則曰禁死其父，再則曰禁死其父，曾不思囹圄之中，有官有吏，有同禁之人，若或死於非命，十目所視，十手所指，何可誣也。況其逃竄之後，其親戚隣里有見之者，藏之者，案牘可考而知，其人可追而問，此又何可誣也。而曾元收，乃敢妄爲此言，以誣罔臺閫，以誣賴州郡。觀此一節，則其平日罪惡，信有如鄉鄰之所云，姪女之所訟者矣。此一段事既在憲臺，本府當置之於不問。但準勑：輒支用已檢校財産者，論如擅支朝廷封樁錢物法，徒二年。又律：詐爲官司文書及增減者，杖一百。今曾元收擅支已檢校錢六百餘貫，錢盞二十隻，又揩改朱契六道，其視法禁何有哉？若不照條科斷，則聞者將謂本府亦爲其所持，莫敢至詰，自此姦民皆將是則是傚矣。詎可不以柱後惠文彈治之乎？二事俱發，以重者論，曾元收決脊杖十五，其曾士殊一分家業，照條合以一半給曾二姑。今僉廳及推官所擬，乃止給三分之一，殊未合法。大使司劄内明言：興詞雖在已嫁之後，而户絶則在未嫁之先。如此則合用在室女依子承父分法給半，夫復何説。餘一半本合沒官，當職素不喜行此等事，似若有所利而爲之者，姑聽仕珍、仕亮兩位均分外，仕殊私房置到物業，合照户絶法盡給曾二姑。限三日對定，照已判，專人解推吏併詞人抱案赴提刑司。

（明）張四維《名公書判清明集》卷九《户婚門·庫本錢·背主賴庫本錢》 初據羅居汰坐牌伸冤，稱被主家枷項一月，訊腿兩次，傳鄉院號令，逼死其妻。當職一見狀詞，便知其妻之死不因於此，特欲借之以動官府之聽，冀施行之力耳。獨於枷訊一事，則不能無疑焉。蓋此邦僻在一隅，風俗悍戾，豪富之家率多不法，私置牢獄，擅用威刑，習以成風，恬不爲怪。如羅居汰所訴，未可盡以爲無也，追逮容已乎！今兩造在庭，一以爲有，一以爲無，到執偏詞，固皆難信。但羅居汰稱五月十六日被訊一百，二十五日又訊三十，僅兼旬耳，當廳看驗，了無瘢痕。又於廳前吏卒中喚一同時被訊之人，與之比視，此則形迹斑斑可考。由此觀之，則其虚妄已不難見。及問其開解始末，自庚子年三月爲始，節次共領過本錢一千一百貫，每歲收息一分柒厘半。湖湘鄉例，成貫三分，成百四分，極少亦不下二分。今所收僅一分七厘半，則饒潤亦不爲不多，又不可謂之爲富不仁矣。然區元鼎初何負於羅居汰，而羅居汰乃敢如此反噬哉？若區元鼎果以富而虐貧，其罪固不可恕；今羅居汰既以僕而背主，其情實不可容。且以時暑，從輕勘杖一百，限半月將典本還主家，未盡息免監，出外居住。

（明）張四維《名公書判清明集》卷一〇《人倫門·兄弟·弟以惡名叱兄》 丁細七盜葬祖墓，既從遷改，其罪已可原。但與丁居約、丁五十二爲堂兄弟，略無友愛之義，而遽興誣罔之詞，狀中所稱，一則曰丁花晚，再則曰丁花晚，爲人之弟，而以此等惡名叱其兄，委是有傷風教。杖一百，枷項令衆半月，餘人並放。

（宋）桂萬榮《棠陰比事·虔校鄧賢》 沈括《筆談》云：江南人好訟，有一書名《鄧思賢》者，作僞詞狀法也。始教以侮文，文不可得，則欺誣以取之；欺誣不可得，則求其罪以劫之。鄧思賢，人名也，始傳此術，遂名其書，村校中往往授生徒。韓琚通判虔州，民有僞作冤狀，悲憤叫呼，似若可信。琚攝郡，究其風俗，考其枉直，莫之能欺。民皆以爲不冤。琚，魏公之兄，終於轉運使。

按：虔州今之贛州府也。括熙寧中任知制誥，去今四百年矣。世道日漓，刁民僞爲冤狀以陷人者，在在有焉。貧弱有冤無處訴告者，亦無地無焉。受人財爲人揑造冤苦詞情若鄧思賢者，亦有之焉。《易》訟卦彖曰：利見大人。言訟者求辨曲直，利見光明中正之大人以决其所訟也。《康誥》曰：如保赤子。言赤子未能言，爲父母者誠心求之，則能得其心之所欲矣。今之任民牧者，民呼爲父母；居顯要者，人呼爲大人，其可不思盡其心，稱其名，以上無負聖天子之委任，下無負斯民之仰望乎？

（宋）桂萬榮《棠陰比事・王珣辨印》 少師王珣知昭州日，有誣告僞爲州印文書，獄久不决。吏以印文不類，珣索景德舊牘，視其印文，則無少異，誣者乃伏。蓋其文書乃景德時者。

（宋）桂萬榮《棠陰比事・韓參乳醫》 參政韓億知揚州時，土豪李甲者，兄死，迫嫁其嫂。因誣其子爲異姓，以專其貲。嫂歷訴於官，甲輒賂吏，使掠服之。億視舊牒未曾引乳醫爲證，一日，盡召其黨，以乳醫視之，衆乃無詞。其冤遂白。

（明）吳訥《棠陰比事補編・梅妻逆夫》 有王梅者，好酒。其妻不潔，圖去梅，以快所私。梅與族叔鍇素讎，相絶。歲鄉人社會梅家，醉散。入夜，梅忽死於碎甕間，鍇乍聞惻隱。往視急還。妻懼鍇或訐發。謀所私者誣鍇挾讎乘梅醉跌未死，往殺之。有司逮至訊鞫，凡刑加梅妻輒毁，加鍇酒無毁焉，疑其妻冤，益拷鍇，不勝，遂誣服。尋上官讞改鍇戍邊。遇雷雨，必焚香籲天。後梅妻頸生惡瘡三，呻吟苦楚以死。所私者亦别奸重典。蓋妻故碎甕擠梅於上，刃其頸三，擬詭稱醉跌觸甕死。適鍇往視，以其讎誣之則易信，且滅所忌也。刑具則所私賂吏卒，夾視等鐵異新故，索異麻草，堅韌朽脆相懸絶，同惑有司云。夫情僞微緩，其變千狀，奸惡不足異也，明慎可少忽耶！若夫天人之際亦嚴矣。

（明）吳訥《棠陰比事補編・田滋得稿》 田滋爲浙西廉訪使，有縣尹張或者，被誣以贓，獄成。滋審之，但俯首泣而不語。滋以爲疑。明日齋沐詣城隍祠，禱曰：張或坐事有冤，伏願神明其誣。守廟道士進曰：曩有王成等五人，同持誓狀到祠焚禱，火未盡而去之。爐中得其遺稿，今藏於壁間，豈其人耶？視之果然。明日，詣憲司詰成等，不服。因出所得火中誓狀示之，皆驚伏罪。張或得釋。

（明）吳訥《棠陰比事補編・澤民訊僧》 汪澤民同知岳州事。州民李氏以貲雄，其弟死，妻誓不他適，兄利其財，嗾族人誣婦以姦事。獄成，而澤民至，察知其枉，爲直之。及爲平江府推官，有僧净廣，與他僧有憾，久絶往來。一日邀廣飲，廣弟子急欲得師財，且苦其捶楚，潛往他僧所殺之。明日訴官，他僧不勝拷掠，乃誣服。三經審録，詞無異，結案待决。澤民取行兇刀視之，刀上有鐵工姓名。公召問之，乃其弟子刀也。一訊吐實，即械之而出。他僧人驚以爲神。

此非用心切至者，不能有。官君子庸可少忽乎？

（宋）曾鞏《隆平集》卷五《宰臣》 陳堯佐罷參知政事。有挾怨上言堯佐欲反，復有誣諫官陰附宗室者，士遜置二奏上前，且言憸言動摇朝廷。若一開奸萌，則臣亦不能自保矣。上悟，置告者於法，誣諫官事亦寢。

（宋）趙善璙《自警編》卷八《政事類》 張文懿罷相，由范文正公彈也。文懿復相，一日，仁宗語文懿曰：范仲淹嘗有疏乞廢朕，可施行之。文懿曰：仲淹法當誅，然不見章疏，乞付外施行。上曰：未嘗見其疏，但比有爲朕言者，且議其罪。文懿曰：其罪大，無他法無文案即不可行。望陛下訪之，凡數日則一請其疏，凡十數請。上曰：竟未見之。然爲朕言者多矣，可從末減。曰：人臣而欲廢君，無輕典。既無明文，則不可以空言加罪。上意解。

《金史》卷七六《太宗諸子傳・永元》 大定六年，丁母憂，起復崇義軍節度使，徙順義軍。朔州西境多盜，而猾吏大姓蠹獄訟，瞀亂賦役，永元剔其宿姦，百姓安之。坐賣馬與驛人取贏利，及瀋州防禦使斡論坐縱孳畜踐民田，俱解職。頃之，永元起爲保大軍節度使，歷昭義、絳陽、震武軍，遷濟南尹、北京副留守。

寧國家婢醜底與咸平人化胡有姦，醜底於主印處給取印署空紙與化胡，遂寫作永元、寧國生日時辰，誣告永元、寧國謀逆。詔有司鞫問，乃醜底意望爲良，使化胡爲之。上曰：化胡與醜底有姦，造作惡言，誣害宗室，化胡斬，醜底處死。改興中尹，爲彰德軍節度使。卒官，年五十一。喪過中都，遣使致祭，賻銀三百兩、綵十端、絹百匹。

《元史》卷一三〇《阿魯渾薩理傳》 至順二年，除江西等處行中書省平章政事。時有誣告富民負永寧王官帑錢八百餘錠者，中書遣使諸路徵之。使至江西，岳柱曰：事涉誣罔，不可奉命。僚佐重違宰臣意，岳柱曰：民惟邦本，傷本以斂怨，亦非宰相福也。令使者以此意復命。時燕帖木兒爲丞相，聞其言，感悟，命刑部詰治，得誣罔狀，罪誣告者若干人。宰相以奏，帝嘉之，特賜幣帛及上尊酒。

《元史》卷一七二《鄧文原傳》 〔延祐六年鄧文原移江東道〕徽州民謝蘭家僮汪姓者死，蘭姪回賂汪族人誣蘭殺之，蘭誣服。文原録之，得其情，釋蘭而坐回。時久旱不雨，決獄乃雨。

《元史》卷一六三《李德輝傳》 〔至元〕七年，帝以蝗爲憂，命德輝録囚山西、河東。行至懷仁，民有魏氏發得木偶，持告其妻挾左道爲厭勝，謀不利於己，移數獄，詞皆具。德輝察其冤，知其有愛妾，疑妾所爲，將搆陷其妻也，召妾鞫之，不移時而伏，遂杖其夫而論妾以死。

《明太祖寶訓》卷一《論治道》 〔洪武元年〕十月己卯，民有告富人謀反者，命御史臺臣刑部勘問，皆不實。臺臣言告者事在赦前，宜編戍遠方。刑部言當抵罪。太祖以問，秦裕伯對曰：元時凡告謀反不實者，罪止杖一百，以開來告之路。太祖曰：不然。姦徒若不抵罪，天下善人爲所誣多矣。自今凡告謀反不實者，抵罪。有司著爲令。

（明）余懋學《仁獄類編》卷二九《責御史陷民》 洪武二年，御史謝恕巡按松江，以欺隱官租逮繫一伯九十餘人，至京師，多有稱冤者，治書侍御史文原吉以聞，上召數人，親閲之，悉得其情，乃責恕曰，御史，耳目之司，當與民辨是非，明曲直，不使冤抑方爲稱職，今爾爲御史，不能爲民伸冤理枉，反陷民于無辜，朝廷耳目，將何賴邪。於是盡釋其人，以恕下吏，原吉等能不蔽聰明，賞綵幣有差。

（明）何棟如《皇祖四大法》卷五《治法》 〔洪武十年五月〕人有誣山西之民從故元四大王爲寇者，捕獲至京。法司以聞，上曰：刑罰所以威惡，施之必當其罪，則刑不濫而人心服。彼四大王以元之遺孽，竄匿山谷，聚逋逃以爲民患。山西之民邊其巢穴者，往往被其驅掠迫脅爲盜，皆不得已，豈真爲盜者！古人云得其情則哀矜勿喜，此之類也。今民相捕獲，將延蔓不已，是助之立黨而激之爲亂也。其釋之，各給道里費遣還鄉里。

（明）談遷《國榷》太祖洪武十四年十月 甲戌，江西按察司吏許副使某常服寫表，以妄訐正其罪。

（明）談遷《國榷》太祖洪武十九年五月 甲申，麗水卜者妄告大姓陳公望等五十七人謀叛，遣千户周原往捕之。知縣南昌倪孟賢微行察民，耕織如故，疏其誣，遂論妄告之罪。

（明）何棟如《皇祖四大法》卷八《治法》 〔洪武二十五年〕三月壬午朔乙未，處州青田縣民詣闕，言往年官軍平温州山賊葉丁香，其餘勦滅未盡者尚數十人。上曰寇平已久，今復來言，必有罪者恐他人發其姦，故來訴耳。乃遣人詣其鄉里察之，果得誣狀。斬之。

《明太祖實録》洪武二十七年九月 己酉，温州府樂清縣民爲錦衣衛卒誣告，逮至京。事白，衛卒伏誅，賜民鈔人十錠遣還，免其今年田租。

（明）余繼登《典故紀聞》卷二 洪武初，有告富人謀反者，命御史臺刑部勘問，皆不實。或言元時告謀反不實者，罪止杖一百，以開來告之路。太祖曰：奸徒若不抵罪，天下善人為所誣多矣，自今凡告謀反不實者抵罪，著為令。

（明）談遷《國榷》成祖永樂元年二月 嚴誣告法。

（明）談遷《國榷》成祖永樂二年四月 〔甲申〕有官軍採木安慶，凌脅民貲，誣其誹謗，縛送刑部。獄上。上曰：諺恒言，軍强民弱，必軍誣民。下府部訊實遂釋民，抵官軍罪，并罪刑部官之枉民者。

（明）余繼登《典故紀聞》卷六 永樂二年，禮部尚書李至剛言：皇上即位以來，廣開言路，凡有可行，無不聽納。然無知小人，往往搜求細故，拑制諸司，或懷挾私讎陷害良善，或妄稱奏訴躲避差徭，或馳騁小才希求進用。甚者無稽泛言，煩瀆聖聽，雖稱興利除害，其實假公營私，宜治以重罪，榜示天下。詔可之。【略】

成祖召刑科都給事中楊恭等，諭曰：國家號令，使小人畏而不犯可矣，雖其爲惡之心未必革，然爲上者用法當以寬，不以猛。待人當以誠，不以僞。猛則民不堪，僞則民不信。去歲命御史給事中往各處撫安軍民，禁止奸慝，導其爲善。臨遣之際，諄諄告戒，務要安民。昨日給事中丁琰等奏云，至四川見無犯法者，乃陰遣親信，用銀誘之交易，已而果有犯之，是其心終不戒也，遂執之。琰不肖刻薄如此。假令民畏法，反執陰誘者送官，何以處之？古人治天下，無非公平正大之道。昔唐太宗以物示人，待其受之則加之罪，賴魏徵諫而止。朕嘗戒此事，思得魏徵其人，置於左右。今此輩小人，但圖邀功，不顧枉陷良善，甚孤朕任使。其令都察院遣人馳往，釋所誣民，而執琰等赴京罪之。

《明太宗寶訓》卷一《明決》〔永樂四年〕四月己丑，錦衣衛校尉有許朝臣謗毀時政之失者。上曰：此必誣之。蓋朝廷未嘗行此政彼安得有此言。命錦衣衛詰之，果挾私忿誣之。上曰：人言聽言之際，豈可不審。向若不察，付之法司，則死誹謗必矣。小人敢誣君子，此風不可長。命以校尉付法司論如律。

（明）談遷《國榷》成祖永樂四年四月　己丑，錦衣衛校尉摘朝臣某謗毀朝政。上詰其實，則私忿也。上惡其誣善，下校尉法司，論如律。

（明）談遷《國榷》成祖永樂四年七月　乙巳，申嚴誹謗之禁。

《明太宗寶訓》卷一《明決》〔永樂四年〕九月癸未，上御右順門，三法司官引奏浙西人告數人誹謗罪，及追至面對，皆未嘗相識，告者當抵罪。上諭之曰：汝以死罪誣人，若朝廷遂聽汝言，彼死何辜。汝造一言欲殺數人，小人雖有無知者，豈若爾之險惡。汝今實自戕，何悔。諭三法司曰：此譬之蛇蝎，不可暫留，留則復毒人。其速誅之。即日棄之。

（清）查繼佐《罪惟録》紀卷三《太宗紀》〔永樂四年九月〕斬誣告人，誹謗者，并申匿文書之禁。户部人才高文雅言時政，首舉建文中事，語率直，都御史陳瑛指狂妄，宜置法，上曰：草野不知忌諱，顧言有可擇，豈以其直而廢之！

《明太宗寶訓》卷一《明決》〔永樂五年〕七月乙亥，通政司言，有養馬軍人告人呪咀其馬死者。上曰：此誣詞也。彼不用心畜馬，致馬病死。豈有馬不病而人能呪死之理！愚昧小人誣平民，罔朝廷，以規免已罪，不可聽。遂斥之。

《明太宗實録》永樂六年春三月〔辛未〕都察院劾奏：給事中朱肇捕盜虐民。初命肇撫安江西軍民，安福縣有盜十數人行劫，郡縣不能捕，肇出獄囚爲耳目捕之，既而所出囚爲盜所殺，肇以聞。發京衛官軍二千捕盜，令肇同江西三司官督捕，肇詣盜所，集諸縣民丁萬五千人，伐木立柵圍盜，盜盡所有，賂守柵者，中夜得間走，久不獲。肇悉誣安福民庇盜，虐以淫刑，備極楚毒，死者不可勝數。富民之豪黠者以計行賄肇家，其家寓書肇云：緩捕可得，急不得也。肇從之。盜夜復還，殺傷官軍十餘人而走。肇懼罪及己，又誣平民庇盜，逮至三千三百人，死於獄者什一。於是，被誣者擊登聞鼓訴肇。上曰，不能獲盜而害平民如此。命都察院爲民伸理，其被誣者皆得釋。遂徵肇下獄。

《明太宗實録》永樂六年夏四月〔戊子〕有告言肅王楧聽百户劉成言，輒罪平源衛軍者。上曰，下人所爲，未必盡出王意。勑王械成等送京師。因顧侍臣曰，王居深宮，豈得悉聞外事，皆由左右小人作威福，於其所好惡者造飾毀譽於王前。王與之狎暱有素，更不察其是非，而一意從之。今過則皆於王矣。故讒佞，德之蠹也。林無蠹有木。左右無讒佞，有美德。不可不去。

《明太宗寶訓》卷一《明決》〔永樂六年〕十二月丁亥，通政司奏：北京種田民告運木軍民有怨謗語。上曰：軍民出力運木，未免自嘆勞苦，人情之常也。此人以罪謫彼屯田，必造誣以規僥倖脱己罪。告訐之風不可長。命付法司治之。

（明）卜世昌等《明通紀述遺》永樂七年六月　刑科右給事中耿通等劾奏，都御史陳瑛及御史袁綱、覃珩朋比蒙蔽，誣搆兵部主事李貞，陷之死地。綱、珩已下獄，瑛爲長官，不宜獨宥，請并治之。皇太子召綱、珩面詰之，皆承伏。具其罪狀，詣行在奏請處分。

《明仁宗寶訓》卷二《防微》永樂七年十二月戊申，上爲皇太子監國南京。守京城門内使言，城門郎擅離所守，縱酒廢事。城門郎亦言，嘗以母病，白内使，暫歸即來，未嘗擅離。蓋嘗以事忤内使，故挾私誣搆。上曰：城門郎無罪。内使小人縱私，上罔朝廷，下誣無罪之人，豈可復用！命下錦衣衛治之，仍命司禮監榜示，今後内官使有言事不實及挾私枉人者，悉寘重典。

（明）余懋學《仁獄類編》卷二九《監國疑冤獄》永樂七年，刑科給事中耿通等，劾左都御史陳瑛及御史袁綱覃珩朋比蒙蔽，誣搆善良，陷之死地，請并治罪。初，陳瑛言武庫主事李貞，受皂隸等四人銀四兩，請下貞獄，皇太子曰，貧賤乃爲皂隸，豈有銀數賂邪。無罪者勿枉，其審實。行之數日，貞妻擊登聞鼓陳訴御史遣獄吏至家傳夫之言，索首飾銀納贓而索甚急，自念夫志守廉潔，且家陝西素貧，而今始仕，未嘗有餘貲制銀首飾，乞爲辨理。皇太子曰，此冤獄也，吾初固已不信，必出法司煅煉，命吏部尚書蹇義，會六部大臣于詹事府審之，義等坐府中，自辰至午，追貞等不至，至者惟皂隸，葉轉已拷掠不勝，詢貞等不至之故，曰貞及皂隸皆笞死三日矣。問貞未死時承伏受銀否，曰惟不承伏，故備極楚毒以死。曰，爾以何罪。曰，御史誣轉等以銀賂貞，得早遣就役。轉四人皆貧民，何自有賂，貞如有銀，當賂縣吏，不遣爲隸京師矣。問事之所起，轉言在獄時聞貞云，袁覃兩御史，嘗俱至兵部索皂隸，貞猝未有以應之，御史怒，適轉等四人就役，遂詐爲風聞以興此獄，彼三人者，已唧冤同貞死，轉雖不死，去死一間耳。言已悲慟，號冤義等以聞，皇太子召綱珩而詰之，皆承伏。於是通等并劾瑛罪，皇太子曰，瑛大臣蓋爲下所欺，不能覺察耳，姑寘之。綱珩敢縱私殺人，其械繫之。并具其罪狀，詣行在，奏請處之。

《明太宗實録》永樂八年夏四月〔丙辰〕前北京刑部左侍郎馮京死于獄。京，武功人。洪武乙丑進士，授翰林編修，敦實有容，履潔持正，陞通政司使，改大理寺卿。臨事務持大體。永樂元年，改北京刑部左侍郎。時皇太子守北京，命京兼輔導，京盡誠冀贊，皇太子甚重之，而爲漢王高煦貯忌，數毀之於上，謫戍廣西。會有旨令百司舉軍中文學士，有舉京者，既至猶以前事下錦衣衛獄。居數月死獄中。

《明太宗實録》永樂八年五月　甲午，吏科給事中陶瑋有罪，下獄。時瑋啓其鄉一工匠不赴公役，而私賈於外。皇太子曰：爾以是爲忠耶？朝廷置六科，雖以考察奏牘，防閑欺蔽，亦欲政事之闕失，下人之休戚。今朝廷政事，兵民休戚，豈無當言者？皆未聞汝言，而瑣瑣及此，豈汝嘗有私憾乎？命刑部召匠訊之。刑部還言：匠以役滿將歸，暫賈以給路費，其家居與瑋隣，素有私忿，蓋誣之。遂下瑋獄。

（明）談遷《國榷》成祖永樂十三年七月　丁酉，諭行在左副都御史李慶曰：灤州知州何敬、代州同知安損、武清知縣李潛，皆殘吏，已置法。備録所犯榜天下，以警民牧。

（明）余繼登《典故紀聞》卷六　國朝最重誣告之法，永樂初定，凡誣告三四人者，杖一百，徒三年；五六人者，杖一百，流三千里。所誣重者，從重論。誣告十人以上者，淩遲處死，梟首其鄉，家屬遷化外。

（明）鄧士龍《國朝典故》卷四六《三朝聖諭録中》　洪熙元年二月朔旦，臣士奇、武英門獨對。上問近日外間事，對曰：覺告訐之風復萌，且動輒加人誹謗，禍及身家。請諭法司禁止。上曰：不特此，如自宮一事，朕所甚惡，尤須嚴禁。對曰：此當用璽書行之。上曰：爾更思二三事通行。蓋聖心惓惓於仁政，無時忘也。

《明仁宗寶訓》卷二《明刑》　洪熙元年五月壬申，湖廣溆浦縣民告里人謀反，命監察御史陳紹夔徃按。無狀還奏。上曰：反叛極惡，是欲枉人於族，命誅告者。

《明宣宗寶訓》卷五《正法》〔宣德四年三月〕壬子，錦衣衛舍人張恕差江西取逃匠併家屬赴京，恕肆貪虐，人以所居易銀與之，不足，固縶而捶其妻至死，又取其幼女。事覺，法司鞫問得實。上曰：逃匠非有大罪，肆毒如此，鬼神不容，其斬於市。

《明宣宗實録》宣德四年六月　乙未，行在大理寺奏，萊州府學生程章、姜辛惡教授戚虎學規嚴章，造誹謗語，使辛誣告虎。論章依律抵罪應絞，辛誣人死罪未決，應徒，近例皆罰工，畢日遣還學。上曰，學者當務孝弟忠信。兩人存心如此，尚可教乎。章依律，辛杖一百，發戍極邊。

（明）鄧士龍《國朝典故》卷四七《三朝聖諭録下》　宣德四年，顧佐自陞都御史，憲度嚴明，宿弊清革，下至吏卒，悚駭懍然。吏有遺笞者，捃摭佐之過，謂受皂隸賂放歸，悉具姓名訴通政司以聞。上密以示士奇，且曰：爾不舉佐廉乎？對曰：所訴之事誠有，非誣。蓋今朝臣月俸米止給一石，薪炭、馬芻咸資于皂，不得不遣半歸，使備所用。皂亦皆樂得歸耕，實官、皂兩便。此京師大小臣寮皆然，臣亦然。自永樂以來如此，仁宗皇帝固知之，所以增朝臣之俸。上嘆曰：朝臣之難如此。因怒訴者曰：朝廷用一好人，輒爲小人所排。欲下法司治之。士奇對曰：此末事，不足上干聖怒，但付佐自治，恩與法并行矣。士奇退，上召佐，以吏訴狀授之，諭之曰：放皂歸耕，使給薪芻，京官皆然，不足爲過。小人不樂檢束，誣陷正人，汝自治之。佐叩首退，召吏示之狀，吏恐甚，佐曰：上命我治汝，我姑容汝，但改行爲善。竟不治之。上聞之，喜曰：佐得大體矣。數月，有囚告佐累枉人重罪，不聽訴理者。上大怒，召楊榮及士奇諭曰：此必有重囚教之排佐，小人陷正人，不可不究治。遂命三法司鞫之，實千户臧清殺一家無罪三人，當死，代寫狀教之誣告。上曰：不誅之，佐何以行事！立命磔清于市。蓋上去惡佑善，明決率類此。

《明英宗實録》正統六年八月〔壬午〕調陝西署都指揮僉事張通、李諒於邊衛。初，通得慶陽軍旗賂而停其紮束之征。諒役軍士，盜官鐵以治私第，逼取富商金，强娶民家女子。事覺，巡按御史論通絞，繫都司獄。按察司論諒斬，械如京。詔調通極邊，諒甘肅。通懼，詐稱疾，囑都指揮僉事費銘釋己出獄治療，遂亡去。銘坐是，贖杖還職。已而通至京，奏右副都御史陳鎰令御史重己罪，諒亦訴鎰令按察使鄧榮枉己，且謂鎰縱其婿父索賂中鹽，陰致妓者與姦。於是命行在刑科給事中廖莊往覆之。莊還言通、諒事多實，所奏鎰事皆誣。行在刑部改論通、諒罪當贖復職。上曰：通、諒既負重罪，復誣風憲官，不宜論以常律。其仍調之。

《明英宗實録》正統七年冬十月〔乙未〕逮監察御史胡鑑、胡宗下獄。先是南京户部主事張溥監直隸鳳陽府糧儲，與管糧副都御史周銓相訐奏，俱蒙恩宥。銓啣溥，囑管糧御史胡鑑廉發溥罪。鑑遂奏溥占騎驛馬，下南京刑部獄，坐杖六十。銓不慊，又囑御史胡宗廉之，宗復言溥需索驛官酒食，移文南京刑部，增坐杖七十，溥訴冤。事下刑部，劾奏銓恃恩不悛，鑑、宗阿銓誣溥罪，俱合究治。上曰：然。銓姑不逮，俟獄成，有及以聞。

《明英宗實録》正統七年十一月 癸酉，宥監察御史李純、吉慶、曹泰罪。初純巡按遼東，與塩買陳進善，進復善都指揮李弼，純赴京議邊務，進偕弼僕謁純，有告弼杖死其父者，當行純勘，適見之，疑其囑純執以告官，下慶驗之。慶因誣純受弼白金二十兩，奏逮純，且收純子先鞫。泰與純同陝西道率隸捕純子，不獲，令兵馬指揮縱卒圍純宅捕之。純訴常有怨于都御史王文，慶聽文囑，故入己罪。泰阿附文縱卒圍己宅。俱逮治法司，純、慶坐贖徒，泰坐贖笞，獄具。上俱宥之。

《明英宗實録》正統八年春正月〔癸酉〕得匿名文書於大明門外。大意指法司問擬不公，因犯冤屈，宜因郊肆赦，所言多狂悖。上以示法司，刑部尚書魏源等言近日鞫讞，罔不敬謹，此必犯囚設計覬覦恩典，宜邏捕以杜姦欺。從之。仍戒源等盡心慎罰，不可偏徇，以廢國憲。

《明英宗實録》正統八年十一月 有發内官盜官物私用者，錦衣衛鞫以爲誣。命戍威遠衛。

《明英宗實録》正統九年三月〔癸丑〕監察御史陳永因吏有從紀功御史出口外者，永令諸吏斂銀贐之，諸吏誣奏永自取斂銀并他不法數事，下錦衣衛收鞫，具得其情。法司坐永贖杖還官。從之。

《明英宗實録》正統十年十二月〔壬子〕廣昌王府總旗徐禮告内使阮通匿國課，盜軍儲，且擅與山西署都指揮僉事江洪宴飲，内使范玉、典仗丁惠皆有銜於通，因禮告通，資之路費。事下巡按監察御史熊璘覈實，廣昌王亦奏禮刁詐。上命杖禮，發戍邊。玉、惠、道俱杖釋之。

《明英宗實録》正統十年十二月 壬子，晉府儀永眠賓駱善因宴於王所，與儀賓王裕相毆。懼裕奏己，誘裕從人誣告其過支禄米百餘石，且發其擅收自宫之人。山西按察司請治善、裕罪。上曰：此輩不循禮法，奚可容。但念王府親屬，姑不收治。裕住禄米三月，善誣陷人，其罪尤大，住禄米一年。不悛必治之。

《明英宗實録》正統十二年六月〔甲子〕先是南京監察御史、給事中劾奏南京右副都御史周銓罪，逮銓下錦衣衛獄，銓以瘐死。錦衣衛言御史范霖、楊永、胡鑑銜銓嚴束，故誘諸御史脇制諸給事中劾之，其所劾皆誣。奏送刑部論罪。尚書金濂等論爲首者霖、永罪絞，斷貲産之半贍銓家，鑑贖絞復職。爲從者御史辛浩、潘英、左輔、聞人謨、張斌、張禮、楊觀、王紹宗、儀溥、張承翰、尚褫、給事中劉煒、劉華甫、干璠、盧祥、劉昭、張雲翰贖徒復職。上以所擬諸給事中爲當，而諸御史宜重其罰。謫鑑、浩、英戍鐵嶺衛，降調輔等爲邊遠驛丞。初諸御史之就逮也，復發銓嘗姦其兄嫂表姊及户部郎中郭亮妻，取指揮義子婦爲妾，以銓死不及窮治云。

《明英宗實録》正統十二年秋七月〔己亥〕山西太原衛卒仇庸等與寧河王妃父劉瑛及寧化王所選與婚張瑛、張璟、郝瑛有隙，欲傾之，賂除名御史頡文林以庸名具奏，瑛等皆規求與王婚，其實倡優隸卒之家非可與婚者。事下，巡按御史劾得庸、文林等姦誣狀，俱械至京。上命杖之一百，發充邊衛軍。

《明英宗實録》正統十三年六月〔己卯〕禮科給事中余忭以吏部會官薦爲知府，章未上，户部員外郎孫鏞言：忭定擬雲南澂江府，有烟瘴，忭奏臣常以薦舉不公等事劾禮部尚書胡濙，濙銜臣，薦臣爲知府，假以公道，投之烟瘴遠方，以快私計。上命錦衣衛執忭，鏞鞫之，忭應徒，鏞應杖，贖罪還職。上命贖罪畢，發忭充吏。

《明英宗實録》正統十三年秋七月〔辛卯〕南京水軍右衛指揮僉事賈福被其異姓姻戚陳玞冒爭官職，南京刑部右侍郎齊韶必欲奪福官與之，大理少卿廖莊疑而駁焉，及調問廣東道御史張春、曹得、趙雯索玞與理，韶復不遣，遂杖死福。鎮守太監劉寧奏之。上昭逮韶。時玞亦奏莊、春等受福賂，莊、春等與韶俱就逮，命錦衣衛鞫。指揮馬順謂韶納玞賂，玞奏莊、春等皆妄，皆韶所嗾，且韶嘗稱王振太監爲鄉親，錦衣衛指揮王山、王林爲姪，恃勢逞威，凌壓部官，蒞任角一載，獄囚爲淹，係死者百二十餘人，百户史宣姪女已被選召，受賜歸，韶托駙馬趙輝，兵部侍郎徐琦逼之取爲妾，又僭買永嘉大長公主府卧牀。三法司坐韶斬，玞絞，莊及春等當復職。從之。韶屢陳冤。上不允，後十餘日斬于市。

《明英宗實録》正統十三年秋七月〔庚戌〕翰林院編修賴世隆嘗有案于本縣官不得銜之，遂令其子發縣官科斂諸事，法司問有誣。當世隆贖徒還職。上命贖既，降官二等外用。

《明英宗實録》正統十三年十一月〔丙戌〕翰林院編修劉定之以弟寅之等與鄉人有隙相訐訴，詞連定之，下獄。法司覈所訴多誣，坐寅之徒，定之失戒當贖杖還職。從之。

《明英宗實録》正統十四年六月〔丙辰〕能仁寺番僧朶兒只星吉、烏荅麻室哩二人相誣奏以不法，刑部論贖徒。上命發戍遼東鐵嶺衛。

《明英宗實録》景泰三年三月〔己亥〕守備倒馬関帶俸都指揮使陳友坐誣奏鎮守等官諸罪，法司當贖徒還職。從之。

《明英宗實録》景泰三年閏九月〔庚辰〕巡按山西監察御史張鎣奏詔鞫爲民右參政林厚罪，具徵厚所盜官物。厚於是歷疏都御史年富巃暴不法，謂審昔任給事中呼爲杠子，繼陞參政，號曰閻王。嘗用輀杠杖傷泰州李知州，取美妾五人飲燒酒百栝，毁襄垣王爲異種，陷少監韋力轉於死地。又欺凌太監裴當，少監馬慶，每宴輒僭坐其上，受參將都督跪拜，總兵而下俱爲所制，擅以歲兇殺山川諸祀牲物，改創斗秤，削去王祭，受都指揮唐鑑、參議鄭原銀數百兩，出官銀給貧民市牛耕種，多有侵盗，與代王私有所通，坐屏畫紅日，僭擬王者。事下都察院，請命山西巡撫等官覆之。詔曰：此必厚怨富而誣之，朕以邊事付富，豈聽一人言而遽加辰耶。

《明英宗實録》景泰四年四月 壬辰，大寧都指揮同知王昇、署都指揮僉事王茂、劉信、王振安奏脱所屬千户接受銀絹侵剋軍糧之罪。下法司，俱論贖徒還職。從之。

《明英宗實録》景泰六年二月〔甲申〕致仕右副都御史李純先巡撫遼東貪淫無厭，事覺徵還京師，諸御史給事中劾令致仕。純希求復用，留京師一年不歸。尋復誣奏，與大學士王文、左副都御史寇深有夙怨，爲其搆陷。御史陳述受深餽淮浙塩二千引，與深符同劾已。文上疏陳狀，純遂下獄。刑部按純誣告述受財枉法，死罪，贖徒，且言純貪淫，例當爲民。從之。

《明英宗實録》天順元年七月〔乙丑〕復前貴州布政司左參議盧彬職。彬在貴州受土人金，下都察院獄，黜爲民。至是彬奏巡撫右副都御史蔣琳等挾私誣陷前罪。又言總兵官石亨與臣同鄰，向見臣被誣，館臣于家數與臣密謀南城事，因撰詔藁付亨，黜相事機之功，臣寔有焉，乞加録用。上問亨，亨以爲然。故命彬復職，彬逗留不赴任，朝夕希覬重用。亨數薦彬，宜入文淵閣，上不允。

《明英宗實録》天順元年八月〔壬子〕復貴州按察司僉事李叔義職。先是，叔義以受賂事覺，黜爲民。詣京所奏副都御史蔣琳挾私主使巡按御史靳敏誣陷，并訐琳擅作威福數事。命御史楊貢等廉之，適琳以他事敗，貢遂體覆叔義所奏琳事皆實，故有是命。

《明英宗實録》天順元年十月〔壬辰〕命浙江處州府知府萬安復任。先是麗水縣典史周紹文嘗受民賕，安發其罪，後紹文誣安科銀入己。都察院移覈未報以例奏，令安冠帶閑住。至是浙江鎮守巡按三司等官具屬民保安狀，爲白其情，吏部以問，故復其職。

《明英宗實録》天順二年二月〔庚戌〕總兵官忠國公石亨奏：昨迎駕者蒙恩陞賞文册具定。今百户童銘以人訴其冒功下獄，臣當時舉事最爲慎密，雖家人尚不能知，外人豈知其的，若罪銘輩嫉忌者，乘機誣訴，煩瀆朝廷，乞釋銘。自今有告功次不明者，請俱付臣審之，果有姦弊，臣當奏請罪之，如此則可全忠義之士，而不中姦詐之計。上命錦衣（錦）〔衛〕釋銘。

《明英宗實録》天順三年二月〔辛酉〕右僉都御史蕭啓養疾居家，爲鄉人所誣奏，逮下錦衣衛獄，坐杖。上命啓冠帶閒住，謫誣奏者充開平衛軍。

《明英宗實録》天順四年冬十月〔丁巳〕楚府儀賓方規誣奏承奉范敬等謀殺門官陳鑑，及交結湖廣都指揮汪澤等諸不法。法司勘之無驗，當規贖徒，敬等贖杖，俱還職。上曰：規兇頑，豈可以常律處之，其令帶頭巾隨住，敬等如所擬。

《明英宗實録》天順五年五月〔戊辰〕廣東南雄府知府劉實瘐死獄中。實在郡切切愛民，適中官過郡，有所索弗得中，怒叱左右捽之，時候役夫百餘人聞之，遂大呼入，擁實以去，中官慚且益忿，上言實毆之，實亦言中官酷狀。詔兩逮至，上親召至前，面詰之得狀，遂俱下錦衣衛獄鞫，中官具伏罪。實得白將出，乃病以死。

《明英宗實録》天順五年六月〔壬申〕禮部奏：湖廣施州衛木册長官司故土官舍人譚文壽在鄉兇暴，代人書奏詞，造不法誹謗之言，法司論罪當刑。今文壽母向氏進馬以贖，如從之，恐土人無忌憚，倣效成風。上曰：國法不可以不正，向化之心亦不容以不納，宜給鈔百錠，以慰其母。其子犯罪者，仍錮禁之。

《明英宗實録》天順六年二月〔己巳〕内官弓勝奉詔捕虎，過代州崞縣，索賂于知縣楊慶，怒其少，欲杖之。慶不服，斥其以虎害人，且命縣民舁所得虎趣之去，勝慚恚以聞。上怒，命執慶下錦衣衛獄，都察院奏其不安分，敢與内臣抗，宜重罪。上命姑禁之。

《明英宗實録》天順七年十一月〔辛巳〕下右都御史李實、右副都御史林聰錦衣衛獄。時福建僉事包瑛自以在任頗守法，乃爲校尉誣以罪，繫都察院獄，不勝忿，自縊死。實、聰劾提牢御史陳相疎脱。六科給事中復劾實、聰法度廢弛，且不請罪，遂與相俱下獄。

《明憲宗寶訓》卷二《明斷》成化元年十一月癸亥，左軍都督過興鎮守廣西，召還道湖廣祁陽縣，怒知縣李翰接應夫船不時。令子得隆率部卒拽翰及其子釗，搒掠無完膚，俱死河下，而興亦以疾死于道。翰妻入愬于朝，事下法司，差官勘實，得隆伏罪。其母擊登聞鼓稱冤。上以其妄愬不聽命，即誅之。

《明憲宗寶訓》卷二《明刑》成化二年六月丁未，大理寺卿王槩言：指揮僉事徐盛逼人致死，畏罪脱逃。近有例如是者，即以衆證定罪。蓋欲以絶姦詐也。但情有重輕，今盛所犯頗輕，若如例，恐失之濫。

上曰：致人於死地而又亡命，以希免罪，此正姦人也。豈得爲濫，仍如前例行之。

《明憲宗寶訓》卷三《懲酷刑》〔成化三年〕三月壬午，監察御史朱賢巡按福建，其同年進士黄景隆適丁憂居家，有姻家訟田。賢怒杖之，死者五人。事連景隆，俱逮至京。刑部擬賢罪當徒，景隆以下罪有差。上以賢殘酷，命贖罪除名爲民。景隆調外任。

《明憲宗實録》成化三年八月〔癸卯〕河南爲事按察使吴中奏愬陽武縣爲事知縣王佐，誣其贓私，該問御史陳相偏入己罪。命三法司錦衣衛爲中辯理，至是中贖杖還職，佐坐監守自盗，贖斬爲民。

《明憲宗實録》成化四年六月〔壬辰〕，都察院左僉都御史張岐有罪除名。岐巡撫遼東出山海關，以主事馮續慢己銜之。未幾，軍士領給冬布於闕庫，布頗有惡者，意或換易，併欲以中傷續，遂執領布委官并續左右鞫之，一人被杖而死，餘下巡按御史崔讓，皆坐以侵盗罪，内三人走訴冤闕下。命給事中鄧山、刑部員外郎周正方往按之，具得其本末。科道官遂並劾岐罪。詔代岐還聽理，岐在道連三奏申辯，且力訐給事中毛弘及按己者事。既至，會官鞫於廷，乃伏罪。當流，例贖復官。上覽獄詞有未明者，仍以山、正方置對。已而岐所訐皆誣，特黜爲民，讓坐贖徒還職。初，訴冤之，奏毛弘在刑科實參舉行之，故岐之申辯訐弘不已。有旨命弘自陳，弘具陳其由，乃宥之。

《明憲宗實録》成化十一年秋七月〔辛亥〕左僉都御史張綱巡撫直隸，嘗怒都指揮張英參謁獨後，欲笞之，英遂奏綱酣飲及擅杖方面諸事。

命右通政程萬里往勘，萬里還奏，綱惟秉酒杖人當罪，而英奏多誣，請俱逮治。上宥之，停綱俸半年，英俸三月。

《明憲宗實録》成化十一年九月〔乙卯〕寧王奠培，石城王奠堵交惡，各訐奏人命妖書重情，詔巡按御史楊守隨勘之，多誣。守隨請勑切責之，乃降勑曰：先因王兄弟累次訐奏，未審虛實，已令巡按御史、三司官勘問，今各官審實來聞，謂寧王不合焚燬祖考、有出宫人二屍及不修祖廟，公姑子婦同案奉安於齋宫旁室，祭獻徵薄并逼死郡主使女四人，上虧孝道，下傷人命，咎實非細。石城王恐前日事情不足以傾害寧王，乃重搆虛詞，誣其與儀賓孔永明同閱《推背圖》，有僭妄之語。其設心不義，戕害同氣，咎亦非小。揆諸祖訓，皆爲有違，但念宗藩，姑置不問。兹特降勑切責王兄弟，自今宜各加修省，痛改前非，謹祀先之誠，惇天倫之好，存恤下之仁，庶乎可以長守爵位，不失令名，而於藩輔之道得矣！不然祖宗成憲具在，朕於王兄弟可得而獨私乎！王等其戒之慎之。

《明憲宗實訓》卷三《革奸弊》〔成化十三年〕十一月戊子，上以天下諸司官吏朝覲至京，姦詐之徒或緣私讎妄相告訐，嚇騙財物，及陰搆以事，中傷善良，大傷治體。其朝覲官賢否不同，朝廷黜陟，自有常典，亦不許與京官往來，交通賄賂，營求作弊。命都察院揭榜，通行禁約，違犯者，槩治以罪。

《明憲宗實録》成化十五年三月 庚辰，巡按陝西監察御史劾奏行都司致仕都指揮僉事陳智，守備鎮番署都指揮使馬昭，互相訐奏，事皆不實，法當治罪。都察院覆奏。從之。

《明憲宗實録》成化十六年二月〔甲寅〕瀋王佶焞，惡潞州知州蔣容忤己，奏容欺侮違法等事，遣官勘問，皆誣。并得其下有金榮者左使之，故命下勑戒諭王，以榮罪重杖，杖之發戍遼東，又以容與王既有讎嫌，調潼川州。

《明憲宗實録》成化十六年三月 甲午，降廣西潯州府知府史芳爲雲南麗江軍民府同知。先是芳奏巡撫兩廣右都御史朱英，受土官岑應等重賂，及奏按察司僉事陳琳等違法事，且言英等假勑行姦，貪汙欺罔，朋黨害民。詔刑科給事中劉清等往勘之，清等言芳造哨舡，擅徵物料於蜀邑，爲英所責，遂懷小忿，羅織人罪。都察院亦奏芳誣奏上司官數多，理難輕貸，詔降二級邊遠用。

《明憲宗實録》成化十六年五月〔戊子〕貴州都司都指揮僉事華昇，先爲普安衛指揮使，有訴衛卒毆殺其從兄者於按察司僉事劉簡，簡以付昇同普安州知州重鞫之，昇意簡欲緩其罪，令檢視者謬言其人實服毒自盡，巡按御史覆按得其狀，因劾奏昇及簡俱當治罪，都察院爲覆請。從之。

《明憲宗實録》成化十八年十一月〔庚申〕華陽王申鍷既革爵閑住，因剋減旗軍月糧，爲鎮撫侯良所奏，遂誣奏良重罪，下巡按御史驗問得其狀，都察院覆奏，上賜勑切責申鍷曰：爾爲宗室之親，不顧名節，爲非飾詐，與閭閻細民無異，自省于心能無愧乎？今宜遵守禮法，圖滌前愆，勿貽後悔。

《明憲宗實録》成化十九年六月〔乙亥〕寧化王府輔國將軍鍾鏮，訐奏山西左布政使李益，故違祖訓條例，將應得禄米詭計支吾，及侵盜官銀，姦淫貪暴數事，都察院請遣官按之，事誣。鍾鏮乃賂益左右爲證，益亦以持身少謹坐罪，都察院具聞。上曰：人各有心，曲直誠僞不能自掩，鍾鏮捏詞害人，反買求誣證，此末俗姦人所爲而謂宗室爲之可乎？降勑切責，俾知愧改。益既無貪淫實情，縱有小過，不宜深責，令贖罪還職，仍停其俸半年。

《明憲宗實訓》卷二《正法》〔成化十九年〕九月壬辰，妖人王臣任錦衣衛千户，以妖術爲太監王敬所信任。敬使蘇常等府及百户王完等十九人從行，大肆擾害。至是，有發其姦惡者。上曰：人情常患於不能上達，王臣等在外矯詐姦惡，使東南赤子重罹荼毒，朕安得知之？罪狀既露，非重戮不足以謝天下，亟斬之。仍梟首於被害州縣。王敬充南京孝陵衛浄軍，王完等發開原肅州二衛充軍，家屬隨住。

《明憲宗實録》成化二十一年八月 乙亥，監察御史王相有罪逮下刑部獄，降調邊任。相巡鹽兩淮，性暴急，好重杖人以立威；又製木爲掌繫短杖端，用批人頰，或折其齒，嘗導從出行，有一人引避稍遲，及一千户以公事見，應對少誤，各杖其足踝，擊其面數十，至是，怒守備儀真指揮宋綱，求其罪劾奏之，綱遂訐奏相罪，逮下刑部獄按問，綱死於途，相坐事不實罪當徒，有旨：相擅作威福執杖平人，又挾讎妄奏有傷憲體，降二級授雲南南寧縣丞。

《明孝宗實録》弘治六年五月〔丙戌〕錦衣衛鎮撫司奏上太醫院院判劉文泰罪狀，言：文泰初欲奏尚書王恕，與後軍都督府帶俸都〔督僉〕事閔祖計議，因得恕擅作威福等事，即寫成奏稿一紙，又將恕所刊傳示爲民都御史吴禎，禎見内引《尚書·五子之歌》：外作禽荒，内作色荒，酣酒嗜音，峻宇雕墻，有一於此，未或不亡等語。意近詆毁，因言待我舉奏，爲先帝報不平，雖死不悔，遂亦創成奏稿留文泰家，文泰自摘稿内立心矯詐等語，增入己稿，禎後又爲文泰潤色，及增迹此姦欺、不臣可見等語。且詞連大學士丘濬，謂文泰嘗往謁濬，語及恕傳，濬言不當扳行，若有豪傑之士奏聞厥罪不小及硃語沽直謗君四字爲濬所説。緣文泰因挾私恨朋，謀奏詆大臣，及言恕傳詆毁先帝，無從取證，所述濬言亦係單詞，諸逮濬、恕對理，並治吴禎等罪。上曰：劉文泰誣奏及妄攀大臣，甚是刁潑，宜重〔罪〕〔治〕，且從輕，降太醫院御醫，王恕作傳，費直沽名，本當究治，宥之。傳并板即令焚燬，丘濬罷。其餘悉免問。恕復奏申辯，且言文泰奏臣無一得實，又係革前之事，法司將臣與主使寫本符同妄奏，有罪之人一槩參奏，似無分别，乞勑法司辯理，應不枉抑。上曰：此事已發落矣。

《明孝宗實録》弘治六年五月〔辛未〕太子太保吏部尚書王恕奏：太醫院院判劉文泰，先因怨臣沮其倖進，捏詞誣奏，意在陷臣于死地，荷聖明容臣回話，臣謹按文泰奏臣欲謀起用，託人薦舉，不知臣所託者何人？又奏臣因怨先帝退歸作爲詆毁之言，以彰先帝之惡，臣傳作於成化二十年，臣致仕在成化二十二年，觀此則其誣妄可知，傳内所書，多是臣子承弼之忠言，足以彰先帝納諫之盛德，不知何以爲彰君之惡？又奏臣變亂成法，臣之除授吏目，陞用御醫，俱是遵依諸司職掌及見行事例，不爲變亂，且文泰無賴小人，其造此機巧深刻之詞，非老於文學陰謀詭計者不能，乞勑法司執文泰於午門前，會官追問，及究主使之人，明正其罪，以警將來。命下文泰錦衣衛獄鞫之。

《明孝宗寶訓》卷三《正法》弘治七年二月辛酉，巡按河南監察御史徐昇奏，山陜人孫騰霄等三十人，三五爲群，道遇丐者，以衣食誘之爲傭，隨其所至，令守舍給炊爨。騰霄等遊行市門，視有富商巨家，輒持貨與之貿易，論直高卑，則以言激其怒，相毆駡隨號咷而去。夜則殺丐者，舁至其門，群哭之，揚言欲訟于官。其人懼，出財物以求解，乃復舁去焚之。名曰：販苦惱子。前後殺數十人，乞重其罪。都察院覆奏。

上曰：人命至重，此曹乃以爲貨殖，姦巧横出。所殺者至數十人，罪難輕貸。其爲首者，凌遲處死。爲從者斬，並梟首示衆。仍榜示天下知之。

《明孝宗實録》弘治十一年二月〔己卯〕遼東東寧衛指揮使劉寧奏：鎮守太監韋朗，巡撫都御史張岫，及都指揮使胡忠等諸不法，因發朗及太監汪直，都御史陳鉞成化間殺進貢夷人冒功事，命給事中王宸，刑部〔郎〕中尹嘉言，錦衣衛副千户姚讓往勘之，久而未決，復遣大理寺右寺丞何鈞等往，始得其狀，擬忠等罪有差，朗、直、〔越〕〔鉞〕誘殺冒功，事雖既往，亦當追論，寧以私忿誣奏十人以上，當重治。并劾宸及嘉言，讓各不職，請〔加〕〔皆〕寘之於法。上以朗等罪應究治，第奉有先帝成命，俱宥之，岫令致仕，劉寧降二級，調陝西鎮番衛差操，忠等准擬。

（清）查繼佐《罪惟録》紀卷一〇《孝宗紀》〔弘治十七年春正月〕壬午，嚴誣告之禁。

《明孝宗實録》弘治十七年八月〔辛酉〕初，吏科給事中吴蕣言：頃者，吏部、都察院奉命考察京官，而尚書馬文升之子，都御史戴珊之妻妾，適以贓敗。人或以文升之子爲他人冒名，珊之妻妾爲讎人毁謗，殊不知其陰妻縱子、平素之姦，固有以來之也。乞命文武大臣及科道官會問，若得其實，即將文升、珊下獄治罪，更選賢能以代其任。户科給事中王蓋亦言：文升老病侵尋，神識衰耗，少子納賄，司屬作契，俱不能知，不可以長銓衡之地。珊縱容螟蛉，溺愛牝鷄，推薦挾私，差遣徇囑，穢跡彰聞，人望已去，不可以長臺察之司。乞各令致仕。於是，文升、珊各自劾乞休，上俱温詔勉留之。既而監察御史馮允中，率同列奏言：馬文升，戴珊歷事累朝，清謹素著。吴蕣等職居言路，雖許風聞，亦當覈實。今事涉曖昧，其於國體所関不細，且考察之典，所以進退人才，肅清綱紀，整飭政務，天下之事未有急於此者，豈可以一人之言而遂廢乎！伏願皇上，奮黜陟之大柄，信耆舊之大臣，仍勑文升、珊速行考察，不得復緩，被黜之人，敢有摭拾奏擾者，即明正其罪，庶不墮於小人之計。上命文升、珊即從公考察，毋得辭避。下彝等鎮撫司獄，令究問明白奏聞。於是，文升、珊共奏：彝、盖，皆素行不謹，恐考察見黜，故首先論列臣等，欲使避嫌，不敢黜退。但二人不謹，實跡皆有，文卷可驗，人所共知。令若黜之，則恐彼以報復籍口，不黜則爲避嫌不公，有負重託，伏乞聖明裁處。上命查考文卷以聞，文升等乃舉彝、盖爲人所奏實跡上之，而彝惡尤甚，且事非一端，命彝落職爲民，盖冠帶閑住。既而，鎮撫司具彝等獄詞，劾其妄言生事，送刑問擬罪以請。上以其既黜，特宥之。時又有刑部主事張敎者，坐與鄉人妻飲狎。下都察院部擬杖罪，送吏部查處。敎不服，復請會官辯理，珊奏寢其事，敎怨之，遂奏珊妻妾受贓，珊上疏自辯，上以敎摭拾原問大臣，命鎮撫司鞫之，所奏皆誣，令革職爲民。

《明史》卷一八〇《湯鼐傳》 吉人者，長安人。成化末進士，爲中書舍人。四川饑，帝遣郎中江漢往振。人言漢不勝任，宜遣四使分道振，且擇才能御史爲巡按，庶荒政有裨。因薦給事中宋琮、陳璚、韓鼎，御史曹璘，郎中王沂、洪鍾，員外郎東思誠，評事王寅，理刑知縣韓福及壽州知州劉槩可使，而巡按則鼐足任之。〔御史魏〕璋遂草疏，僞署御史陳景隆等名，言吉人抵抗成命，私立朋黨。帝怒，下人詔獄，令自引其黨。人以鼐、璘、思誠、槩、福對。璋又嗾御史陳璧等言：璘、福、思誠非其黨，其黨則鼐、槩及主事李文祥、庶吉士鄒智、知州董傑是也。槩嘗饋鼐白金，貽之書，謂夜夢一人騎牛幾墮，鼐手挽之得不仆，又見鼐手執五色石引牛就道。因解之曰：人騎牛謂朱，乃國姓；意者國將傾，賴鼐扶之，而引君當道也。鼐、槩等自相標榜，詆毁時政，請並文祥、智、傑逮治。疏上，吉從中主之，悉下詔獄，欲盡置之死。

刑部尚書何喬新、侍郎彭韶等持之，外議亦洶洶不平。乃坐槩妖言律斬，鼐受賄，戍肅州；人欺罔，削籍；智、文祥、傑皆謫官。吏部尚書王恕奏曰：律重妖言，謂造作符讖類耳。槩書詞雖妄，良以鼐數言事不避利害，因推詡之。今當以妖言，設有如造亡秦讖者，更何以罪之？帝得疏意動，命姑繫獄。既而熱審，喬新等言：槩本不應妖言律。且槩五歲而孤，無兄弟，母孫氏守節三十年，曾被旌，老病且貧。槩死，母必不全，祈聖恩矜恤。乃減槩死，戍海州。

槩，濟寧人。成化二十年進士。除壽州知州，毁境內淫祠幾盡，三年教化大行。弘治初上言：刑賞予奪，人主大柄，後世乃有爲女子、小人、强臣、外戚所攘竊者，由此輩心險術巧，人主稍加親信，輒墮計中。愛者，乘君之喜而游言以揚之；惡者，乘君之怒而微言以中之，使賢人君子卒受曖昧而去。卿相缺人，則遷延餌引，待有交通請屬軟美易制之人，然後薦用。其剛正不阿者，輒媒孽而放棄之，俟其氣衰慮易，不至大立異同，乃更收録。巧計既行，刑賞予奪雖名人主獨操，實一出於其所簸弄。迨黨立勢成，復恐一旦敗露，則又極意以排諫諍之士，務使其君孤立於上，耳無聞，目無見，以圖便其私，不至其身與國俱敗不止。故夫刑賞予奪，必由大臣奏請，臺諫集議，而後可行。或有矯誣，窮治不輕貸，則讒佞莫能間，而權不下移矣。考績赴都，遂遇禍，竟卒於戍所。

《明武宗實録》正德二年十二月〔乙酉〕除山西布政司參議吕鏜名，仍杖三十。初鏜爲南京御史，與同官李熙、王蕃貢安甫、葛浩、姚學禮、陸昆等劾論武昌知府陳晦不謹事。至是，巡撫官湯全等劾無實跡，追罪之。熙等先已除名，仍逮問。

《明武宗實録》正德十三年五月〔癸亥〕晉府奉國將軍奇瀳爲其下所誘，因平民誣以盜穿王墻得銀器，皆竭産賄之，乃得釋。後又與人爲僞券，誣儀賓〔王龍〕負其債，其於鎮國中尉〔表榴又〕屢出鬪狠，山西巡撫守官以聞。詔革其奇瀳禄米三之一。

（清）陳芳生《疑獄箋》卷二《盜未識面》 嘉靖初，太倉知州林塈精于聽訟，一日有獄囚乃□盜，盜羈獄久矣，忽訐告鄉民某曾與同盜，林疑其詐，密呼被告者審之，其人稱寃，且曰與盜並未識面，況同事乎，林知其誣，乃令其人如皂隸狀立庭下，令一皂隸衣其人之衣跪庭下，戒勿語，已而出其不意，亟取盜至前，與跪者並指皂隸而謂盜曰，據汝所告，拘彼至此，奈彼不服何。盜諦視良久，乃與隸辨曰，爾與我共事，今日何爲抵諱？隸受敎惟俛首不答，林又謂盜曰，莫非不是此人否？盜又諦視，作色曰：此人姓某名某居某處某月日同盜某家，分贓若干，又盜某家，分贓若干，何爲不是？言甚鑿鑿，但所言姓名居址雖眞，而惟與皂隸辨，被告人在傍絶不一顧，林探問再三，盜執益堅，林始笑曰：汝與若人初不相識，誣其爲盜，其間必有主之者，窮究之，盜不能諱，卒吐其實，乃一糧長與彼有隙，故賂盜以誣之也。

《明世宗實録》嘉靖十三年九月〔辛卯〕岷府黎山王府鎮國將軍彦淮惟兇忍，正德中以罪廢爲庶人，與其同母弟鎮國將軍彦㳻俱黷貨漁色，以私怨戕繫殺人甚衆，然二者殊不相能也。其長兄黎山王彦濵□，長子譽枚故與彦㳻密，朝夕相過，淮疑㳻與濵助入寇氏有姦。飛語聞枚所，枚不能察。一夕，淮率衆壞宫垣入索㳻，不獲，乃與枚幽寇氏别室。遂誣借主母李氏名疏陳㳻惡。㳻亦假李氏名詆淮，辯前疏非出己。俱下撫按官，逮諸撥置人鞫狀，至是五年餘矣。巡撫都御史林大輅以獄成來讞。法司議覆：彦淮怙終不悛，既多殺無辜，又裝誣寡嫂，屢干憲典，宜盡法。彦㳻宣淫縱虐，悖違祖訓，宜重懲。譽枚聽兇叔指使，不憚嫁醜繼母，宜戒諭。詔悉從之。乃發彦淮鳳陽高墻禁住，降彦㳻爲庶人，責譽枚令自新。

《明世宗實録》嘉靖十八年閏七月〔己酉〕浙江處州府舉人盧綱先以武斷罔利，爲鄉人所訟。而巡按浙江御史周汝員、傅鳳翺亦咸訪治之。前後累下獄，諸所霸擅田土多見奪。以是怨其知府吴仲、孫存、張一厚、同知車露、通判宥鎬等，乃誣搆仲等贓罪四十餘事，上書闕下。上覽而大怒，謂各官干紀違法，黷貨害民，情犯深重。詔各該巡撫械繫至京治之。

（明）沈德符《萬曆野獲編》卷一八《刑部・告訐》　嘉靖己亥，世宗南巡還後，有任邱罷閒進士王聯，以不法爲御史胡續宗所按，乃告胡作詩詛上，比舜狩蒼梧事，至逮下獄拷問。後胡僅從編管，而聯竟抵法。至丙辰，趙少保恨李太宰默不推爲本兵，乃訐其試諸生策中，有漢武帝、唐憲宗紛更祖制語，謂爲謗訕，上怒，逮李下獄。刑官謂無律可比，上竟批云：自古無臣罵君律，意謂必無之事，今有之。著處斬候決。此王趙兩人舉動，豈尚可列於士類？至萬曆甲申，御史丁芍原此吕追論侍御高啓愚南場舜禹題，謂爲江陵謀逆張本，而冢卿楊夢山巍等，又劾丁以曖昧陷人族誅，是先朝王聯、趙文華故智，御史輩不受，反脣相攻，以故太倉相公八不平疏。內曰此又誤矣。奈何以禽獸律人，誠然哉。時同丁御史論高啓愚媚張江陵謀逆者，尚有北給事劉一相，南給事王亮。

嘉靖初年，又有錦衣革任千户王邦奇者，迎上意，追論故大學士楊廷和、兵部尚書彭澤等罪，上逮廷和諸子壻訊治，楊壻編修葉桂章自剄死。

（明）卜世昌等《明通紀述遺》嘉靖三十九年十月　趙王厚煜有賢行，嘗屏妃妾獨處。一夕，以蒼頭二人侍寢。早起見王縊於床下，大驚，呼妃成氏、子成皐王入視。翌日，長史以病薨計，哭臨如禮。而外議洶洶，言變起宫闈，且及成皐王。王懼，乃以自縊狀聞，而歸罪於彰德知府傅汝礪、通判田時雨。詔械詣京，即訊汝礪戍極邊，時雨以威逼論死，械至河南斬之。長史以下，咸罰有差。

（明）佚名《四川地方司法檔案》　重慶府呈，今將問完犯人殷敬祖等招由理合開具，須至呈者。壹名，殷敬祖，年陸拾歲，重慶府合州定遠縣新興里民。狀招：正德肆年内，敬祖已故伯殷玉山、殷剛山，户兄殷伏祖將田壹斗肆升，該糧叁升，受價柒兩；正德陸年内，已故户兄殷得祖將田地肆升伍合，該糧捌合，受價貳兩貳錢；正德柒年，殷得祖又與伊故弟殷伏祖將田貳斗叁升，該糧肆升，受價拾兩伍錢；已故户弟殷守祖將田壹斗壹升，該糧貳升，受價伍兩伍錢；已故户叔殷仲山叁起將田貳斗伍升，該糧伍升伍合，受價壹拾貳兩柒錢；已故户兄殷相祖將田地陸升，該糧伍合，受價貳兩伍錢；正德捌年，殷伏祖又將田壹斗，該糧伍合，受價肆兩，俱賣與已故馮大和為業。各起賣契存照，正德拾年，馮大和遇例將各起田糧過割伊户，作額辦納。後馮大和病故，前田遺與伊在官男馮仲堅，孫馮月東、馮月政、馮月曜、馮月中，各承受管業無混。嘉靖玖年、貳拾貳年、貳拾叁年，敬祖要將己糧飛詐馮仲堅等，捏情告縣去任毛知縣、李知縣，署印本州熊同知處。准拘，伊等叁起將穀叁石、板倉壹眼賞給敬祖。出官審得，田責年遠，與敬祖無干。省發訖。嘉靖貳拾玖年貳月內，敬祖仍向馮月曜求説，你衆人再加賞我些東西。伊不與。因而各不合相講壹場。祖不忿，不合具狀，隱下年月，捏稱祖買劉景和、景柏、景川田糧陸斗叁升，故民殷仲山、殷得祖、殷相祖陸續賣與馮大和、馮月曜、月中，止過叁斗，遺糧叁斗叁升，在户陪納。告縣筭明，覓姐夫生員趙達囑稟，壹向含糊等項虚情，及牽扯在官劉永慶、劉月東在狀，令在官男殷月華於本月初柒日抱赴四川布政使司告，批：仰該府問報。提解敬祖、馮仲堅等到府。致蒙本府李知府審得，馮大和各起買殷玉山等田糧過割年遠，遺與男馮仲堅、孫馮月東等承受叁代，並無丟糧。與敬祖無干。敬祖又捏告叁次，賞給明白，今因與馮月曜求説加賞不與相講，以此又行捏告各情是的。將敬祖等取問罪犯。

□□，馮月曜，年陸拾柒歲，係定遠縣民。招同。

□□，馮仲堅，年柒拾歲；馮月東、劉永慶各陸拾伍歲；馮月政，肆拾捌歲，馮月中、劉月東各伍拾歲，俱定遠縣民。各供同。

〔壹〕，〔議〕〔得〕

殷敬祖若告馮月曜等遺糧賠納情實，本犯坐以不應事重，杖捌拾。今虛，殷敬祖合依誣告人杖罪加所誣罪叁等律，杖陸拾，徒壹年。馮月曜依不應得為而為之事理重者律，杖捌拾。有《大誥》減等，殷敬祖杖壹百，馮月曜杖柒拾。俱民，審殷敬祖無力，馮月曜有力，申詳允日，各照例，馮月曜納贖，殷敬祖的決，與供明馮仲堅、馮月東、馮月政、馮月中、劉永慶、劉月東各發寧家。

（明）佚名《四川地方司法檔案》 潼川州今將問完犯人劉邦才等招由書册理合伏乞詳施行，須至册者。壹，問得：

壹名，劉邦才，年伍拾歲，潼川州豐饒鄉軍籍。狀招：高祖劉思中生曾祖劉鑑並已故劉氏（大）貳人。宣德玖年間，劉思中將劉氏嫁與同鄉河堆井在官吳添文祖吳應祥為妻，劉思中與劉鑑隨將田地壹段受價柒拾兩，立契絕賣與吳應祥管業，認納稅糧壹斗，遞年於劉鑑戶下納辦糧差。弘治元年，邦才故父劉召南、故叔劉之南、劉景南等各思吳添文祖買前項田地未討賞給，向吳添文故祖吳朝寬説要加賞，不理，伊就具狀告赴本州錢知州處。拘審問，吳朝寬另備馬牛貨物捌拾兩賞給邦才父叔劉召南等，立有合約，赴州叩給各照。弘治拾陸年，劉召南、劉之南等因糧差重大，又向吳朝寬説要照糧認差，伊將祖認額糧壹斗之外，加認壹斗，遞年貼給父叔劉召南等納當不缺。嘉靖貳拾陸年玖月內，邦才在官侄劉萬佩去向吳添文説討糧銀，伊止認壹斗，劉萬佩不忿，狀告本州升任盛同知處。審斷吳添文照前糧差，共認貳斗，遞年貼併邦才等納當，責寫合約過照省發外，嘉靖貳拾捌年三月內，邦才不合不遵前斷，又具狀捏稱吳添文拋丟糧差虛情告州，准送去任安吏目處，審斷吳添文照舊認糧貳斗貼併。取供間，本官丁憂回籍未結。嘉靖貳拾玖年，邦才家尋出宣德元年吳應祥買種田地認糧貳斗叁升文約壹紙在家，邦才就不合不查的實，就倚前約，明知吳添文祖買額糧壹斗，後增壹斗，遞年貼併不缺，又經節告審斷，並無前約，又不合具狀捏稱吳添文祖原認糧貳斗叁升，寫立合同分書百十餘年無亂，陡被吳添文等欺隱稅糧，假寫契書，盗印遺糧叁升，差役雜派不認等項虛情在狀，於本年叁月內赴布政司告。批：仰州查問報繳。蒙州行拘，比吳添文不合不行赴州投問，又不合亦具狀添捏邦才在官弟劉邦銳違例科收銀叁兩，又捏州將在官弟吳添武監禁兩月等項虛實情詞及計開下將在官劉邦傑等姓名概添在狀，於本年閏陸月初叁日赴分守道祖爺戴處。蒙批：仰潼川州併問詳報。邦才又不合仍具前項虛情，令邦銳亦不合出名，赴本道訴。批：仰潼川州併問繳。行拘邦才、吳添文、劉邦銳等到州，蒙本州署印祁推官研審得：吳添文祖買邦才田地止承納糧壹斗，弘治年間複與賞給銀兩文契，未開糧數，後吳添文又於額糧壹斗之外加認糧壹斗，照糧貼給。邦才應當糧差亦有合約可證。及審邦才執出宣德元年契內吳應祥承糧貳斗叁升，不足憑據。斷令吳添文仍認額糧壹斗，後加壹斗，共貳斗，遞年照糧貼併邦才等收納應差，以後不許紊亂。今蒙取問罪犯。

貳名，吳添文，年肆拾陸歲，劉邦銳肆拾歲，俱本州民。招與劉邦才各招同。

三名，劉邦傑，年伍拾伍歲，劉萬佩，吳添武各肆拾三歲，俱本州民。各供同。

壹，議得：

劉邦才等所犯，劉邦才除不應，吳添文除添告罪名不坐外，劉邦才若告吳添文欺隱稅糧，假寫契書等情得實，本犯合坐以不應事重律，杖捌拾，今虛，依誣告人杖罪，加所誣罪叁等律，杖陸拾，徒壹年。吳添文、劉邦銳俱合依不應得為而為之事理重者律，各杖捌拾。俱有《大誥》減等，劉邦才杖壹百，吳添文、劉邦銳各杖柒拾。係民，審劉邦才、吳添文俱稍有力，劉邦銳無力，羈候申詳允日，各照例贖、決完日，〔與〕供明劉萬佩、劉邦傑、吳添武等各發寧家。

（明）卜世昌等《明通紀述遺》 **隆慶元年十月** 先是嘉靖中，錦衣經歷沈鍊以上疏請誅嚴嵩，謫保安州爲民。嵩與世蕃深啣之，會楊順總督宣大，嵩屬順使殺鍊。適虜犯大同，順妄殺被擄者，冒報首功。鍊爲詩刺之，有白草黄沙風雨庚，冤鬼多少覓頭顱之句。順恨之遂與巡按路楷誣以交通妖賊，竟坐鍊死。士論冤之。後嚴氏敗。鍊尋以遺詔獲卹。至是吏科給事中陳瓚追論侵匿賑銀及邊儲銀七千兩賂楷共殺鍊。鍊子襄亦爲父訟冤。迺命逮順及楷，雜治，坐交結近侍律斬。

《嘉興歷代碑刻集・嘉興府儒學重修紀成碑碑陰》 萬曆二年七月初二日

本府一件冒官打詐事，犯人沈瑜犯該誣告徒罪，拆贖銀二十兩，委官典史陳月積、耆民孫岳督同本犯親自買料，修理學前牌坊及游藝、據德二齋，并正殿、廡廊，不敷料價訖。

本府一件打殺人命事，秀水縣問解犯人賈優犯該誣告徒罪，告願折贖銀一十三兩。廡廊、堂齋等處失估，不敷料價訖。

《明神宗實録》 萬曆十年七月 〔辛巳〕改調高淳縣知縣李永。永宰邑嚴，鄉官副使張蘊、知州張應亮、陳時文恨其進徵錢糧，鼓愚民陳灼等誣告之。應天巡撫孫光祐以聞。上以近來法令廢格，皆因勢豪阻撓，褫張蘊冠帶，革陳時文職，俱爲民，與張應亮俱令按投臣逮訊。

《明神宗實録》 萬曆十三年二月 〔甲子〕先是四川巡按御史赫瀛以採木科斂參知州等官劉冠南、陳邦謨、梁有貞、吴郡、石佩、王遴、蹇來亨等七人繫詔獄，嚴訊不承。有旨詰：責撫按官，而冠南等猶竊邸舍以待彼中處分。于是刑科給事中常居敬等言：守令者，天子所命以臨衆庶者也。若絀辱不以其罪，則繼此任事者難矣，自今逮問之舉猶鄭重焉。報聞。

（清）查繼佐《罪惟録》紀卷一四《神宗紀》 〔萬曆十七年〕秋八月壬寅，嚴匿名揭之禁。

《明神宗實録》 萬曆二十八年二月 〔己丑〕河南礦務太監魯坤參原湊官陳永壽。奉旨，陳永壽先以巡洞馳驛，騷擾州縣，科斂各總甲銀兩，參題未結。今又挾仇誣奏，知事張有倫及鍾應交已經奉旨拏解去了，永壽刁惡異常，着原差官較，一併扭解來京追究。

《明神宗實録》 萬曆三十年閏二月 〔乙巳〕刑科給事中張鳳翔言，近因礦税不忍遽止之故，將釋罪起廢行取三事，一併收回，命閣臣併擬三旨。已而果下，行取雖稍遲難，臣極知皇衷之無他，就中亦有難徑行者，故籌度遷延而未決耳。臣等職居言責，豈愚盡出南企仲下而待企仲之喋喋阻激哉，將雨未雨之間，使皇澤之施不下究也，不能不令人痛恨矣。皇上但知其越俎市忍，而不知其發端蓋有自也。企仲與南京兵部主事武之望爲兒女親，先年同官吏部，名位相軋擠，之望外黜，怏怏至不能堪。頃入京給由，將企仲一生隱伏刊刻成册，遍遞長安，企仲知爲至親所揭，清議必不能容。皇上知之，尤不能容，與其姦宄露而蒙黜，何如借建言而徼譽，飭醜猶可不失吾故物耳。雖然一企仲何足較，乃皇上將沛之仁，爲其中阻，恐非皇上之初心也。詔獄諸繫，度刻如年，其情可憫，臣關職掌，久欲上請，祇以皇躬未獲全安，不敢祖企仲之故智，復激聖怒。今幸聖體復常，人不敢不誅其心，以成皇上初發之慈。乞暫釋諸臣繫，緩議復職，其企仲釣譽飾醜，亟行罷斥，以爲人臣撒潑無耻之戒。得旨南企仲無耻可惡，革職爲民，永不許叙用。

《明神宗實録》 萬曆三十三年十一月 〔壬申〕錦衣衛都指揮李承恩家人翟春持匿名揭帖，内訐鎮遠侯顧大禮，永康侯徐文煒，都督僉事陳胤徵，錦衣衛指揮余彦發及撫寧侯朱繼勳各事情，投首錦衣衛南鎮撫司管事陳胤徵處。胤徵與大禮等合詞奏聞，乞下法司嚴究。承恩母寧安大長公主亦具疏代辯，謂翟春懷讎搯寫。上以事情重大，命法司從公勘議具奏，議再上，得旨，李承恩投遞匿名有迹，本當重處，念在八議之列，姑罰俸一年，翟春依律問擬。

《明神宗實録》 萬曆三十七年四月 〔庚申〕南京神樂觀道士湯自明等以私揭本管，太常寺典簿滕萬里，移如律治之。【略】〔戊寅〕福建詔安縣生員沈士昌奏，戍宦沈汝梁自戍所逃回及諸不法狀，命立限行撫按具奏。

《明神宗實録》 萬曆三十七年十一月 〔甲申〕直隸曲周縣生員楊浩奏，其父生員楊啓芳被本縣令王參恒誣攝，爲攝者郭可訓毆死，可訓復脱重辟。命下法司。

《明神宗實録》 萬曆四十六年四月 〔丙辰〕有滁州奸吏王應期，假都察院劄付以告州官孫森。御史發其奸，請問如律，下部院科罪。

（明）沈德符《萬曆野獲編》卷二二《府縣・縣令處分人命》 吴俗最嚚，無命輒以人命入狀，究之毫無影響，吏茲土者亦視爲尋常故套，漫然准其行，亦漫然聽其罷。然而温飽善良罹其毒者，必至破家而後已。至有狀行許久，然後求覓尸骨以實其刁詐者。近戊戌年粤人鄧雲霄拜長州令，熟知此弊。凡告人命者，其狀寫明某日打傷，某處某時身死，尸停何處，去城幾十里，如虛甘責幾十板。告者無一不准，即刻身往檢驗，路遠者限定時刻，擡至聽檢，其誣者立即如數痛笞，不饒一下，行之半年，告人命者絕迹。鄧洫任七年，此弊頓絕，甫去而刁風仍熾矣。

（明）王臨亨《粤劍編》卷二《志時事》 冶葛，一名胡蔓草，食之殺人，隨地有之。粤俗輕生，與人爭，不勝，每服此圖賴，人死訟之於官，多有因而抵償者。即不然，官且斷給葬埋，死者之家亦利，人死而不悔。長樂張叔弢，賢尹也，下令民間，凡服毒圖賴者，其仇釋不問，主者之家，有父兄則以故殺子孫罪之，有子弟則以弑逆罪之。仍欲拔除其根苗，令民間以事投牒者，每一牒納毒草三斤，官始收其牒，犯笞杖者，每一十納毒草五斤以贖，積而焚之。行之二年，縣治數里内已絕此種矣。余謂當事者應倣此令，遍行粤地，此種或可絕也。

（明）陳仁錫《明世法録》卷八六《内閣輔臣·楊文敏公傳》 十一月有囚犯告都御史顧佐枉人重罪，不聽訴理者。上大怒，召榮及楊士奇論曰：此必有重囚教之排佐。上人陷正人，不可不究。及法司鞫實，實千户臧清殺一家無罪三人，當死，教之誣告，立命磔清於市。

（清）查繼佐《罪惟録》紀卷一六《熹宗紀》 〔天啓五年三月〕錦衣衛鎮撫許顯純等勘問汪文言獄，詞連趙南星、楊漣、左光斗、魏大中、繆昌期、袁化中、惠世揚等，王之宷、毛士龍、鄒維璉、鄧漢、盧化鰲、夏之令、錢士晉、徐良彦、熊明遇、施大德皆與。大抵誣揑爲三案報復，並誣楊、熊二經略入賄停刑，内監王安因緣壞法。於是周朝瑞、黄龍光、顧大章等亦以求緩楊、熊獄附入，而漣等六人光斗、化中、大中、朝瑞、大章詔獄追贓，其餘各官趙南星等俱削籍，外撫按題問，追贓具奏。

夏四月，科臣霍維華描摹三案，以實諸人之罪，請宣付史舘，以便實録，名曰：《三朝要典》。指孫慎行等劉一燝、周嘉謨、楊漣、左光斗、王之宷、陸大受、張問達、鄒元標、鍾羽正。線索王安，爲三案中邪黨；指方從哲等黄克纘、徐景濂、汪慶百、劉廷元、唐嗣美、曾道唯、岳駿聲爲主持三案正人，至以江西監生楊維休《泰昌日録》一書，謂諸臣潛授意旨，并訊。〔五月，御史顧宗孟請嚴債帥之禁，罷三科武舉之用。御史張樞極陳驛弊，驛馬竟宜官養，勿輕僉派。〕

（清）查繼佐《罪惟録》紀卷一六《熹宗紀》 〔天啓五年冬十月〕十一月，旅順關城成。以兵部尚書趙彦山東平賊非其功，奪世廕，毀路碑生祠。詔以殿工梁柱初建恩例，内臣忠賢加米一千二百石，崔呈秀陞工部右侍郎，黄克纘加俸一級，李養德加通政使，楊夢袞改太僕寺卿。御史潘汝禎、李時聲疏參刑部侍郎朱世守、熊明遇，大理寺卿楊一鵬，兵部侍郎劉策，布政使陸完學，咸指爲東林健足。坐詞臣陳子壯試録譏訕，并其父科臣熙昌削職，追奪誥命。坐原任吏部尚書趙南星納賄，執訊遣戍。巡撫郭尚友恐南星援年踰七十收贖之例，復參其子清行、甥王中龐，并罪追贓。主事彭參疏前任知府陳標、同知徐日升，中旨：彭參原係左光斗私人，反噬求解，參標、日升，並削奪。揚州知府劉鐸以題詩便面，涉譏訕，被逮。總兵文龍獻俘，詔以零級不受獻。時登撫武之望與島帥文龍不和，文龍又與朝鮮不和，降旨調協，尋改之望南兵部添設侍郎。以楊麒爲總兵，鎮守山海，經略遼東。又經略高第疏爭執掌，以申用懋爲順天巡撫。禮部尚書薛三才乞休，許之。以錦衣衛李不矜、周顯祚、王受善等依傍門户，坐削籍。時指東林首事以爲五鬼，御史羅承欽直訐顧憲成、李三才、趙南星爲渠魁；以王圖、孫慎行、高攀龍爲副帥；以曹于汴、湯兆京、史記事、魏大中、袁化中等謂之前茅；以李朴、賀烺、沈正宗、丁元薦等謂之敢死軍人；以孫丕揚、鄒元標爲土木魔神。御史吴裕中再糾次輔丁紹軾，上以紹軾初論廷弼公忠，坐裕中執復，削奪。時楊漣等五人皆死獄，而方震孺獨以皇嗣恩獲免。定戍趙南星、孫慎行、熊明遇、黄龍光、鄧漢、鄒維璉、徐良彦、張慎言等。

天啓六年丙寅春正月，御史曹欽程削奪。中旨：各犯官輸贓延玩，不論生死，著嚴比家屬。

（明）王錡《寓圃雜記》卷一〇《熊概濫冤》 長洲顧蒙、張玉被人誣於巡撫熊概，概不能審，即往籍其家，各有農具一屋，而冤號之聲人不可聞。太監劉寧曰：此陰隲，不在我也。蒙與玉皆入極典，子孫盡戍遠方。後熊在京病劇，見二人立於前，麾叱不退，遂死。

（明）陳洪謨《治世餘聞》下篇卷一 鄒智，蜀人，甫冠，中甲科，改庶吉士，即言事直斥内外執政，人多忌之。己酉春，知州劉概、御史湯鼐妄言朝政，忌者遂指爲妖言，并捕鄒下獄，苦楚不可言。鄒無所曲撓，供詞略云：智與今湯鼐等來往相會，或論經筵不宜以大寒大暑輟講，或論午朝不宜以一事兩事塞責，或論紀綱廢弛，或論風俗浮薄，或論生靈憔悴，無賑濟之策，或論邊境虛空，無儲蓄之具。議者欲處以死，彭侍郎韶辭疾不爲判案。乃得末減，左遷石城吏目。

（明）韓浚《嘉定縣志》卷二《疆域》 又有傾險狡悍之甚者，上官欲察州里之豪，不能不假耳目，而姦人常爲之窟，欲中害人者，陰行賂賄置怨家其中，羅織罪狀，暗投陷穽，及對簿上之人，雖心知其冤，終不得釋其人。揚揚然謂執一縣生死之柄，上至長吏，猶或陰持短長，伺間肆螫。名曰訪行。市井惡少恃勇力辯口，什伍爲群，欲侵暴人者，輒陰賂之，令于怨家所在，陽相觸忤，因群毆之。則又誣列不根之詞，以其黨爲證佐，非出金帛厚謝之不得解，名曰打行。訐告成風，一家有事，閭巷輒蜂起，連數十人爲一黨，連數十事爲一詞，非必真負寃抑，特欲魚肉之以爲利耳，名曰連名設呈。睚眦之憾，或先有借貸，邂逅一家之内有死者，輒以告官，其人不服，則求檢驗，檢驗則無不破家矣。其言曰人命無真假，只在原告不肯罷。江東之民與竈戶雜居，黠者欲淩愚弱，輒以竈籍訟之運司，運司懸隔數百里外，一經勾攝，親戚哭別，如赴市曹，既至私幽之僻處，進無對簿之期，退乏饔飧之資，動延歲月，多縲紲以死者。漕折以來，田價倍增，故民間訟事多起于贖田，既經明禁不得言田事，則摭爲游詞無一語及田；而良民不習置對，不能與辨。或有妻子抆淚而還契券者，若其人能自直於官，則誣告者徃徃抵罪。葢亦有兩家俱破者。

（明）韓浚《嘉定縣志》卷一一《彭昚傳》 彭昚字孝常，爲監察御史，執法不阿，受知宣廟數平反疑獄，有緋衣之賜，時鈔禁甚嚴，有旨使潛行廉訪具得姦民捍法者。又邊將匿虜貢馬，昚就按伏法。嘗以事被蠛下，廷尉雜治無驗。宣廟笑曰，朕固知彭昚非受賄者，擢福建參政，行法嚴峻爲部民所誣，坐削籍歸。

（明）韓浚《嘉定縣志》卷九《尹正傳》 尹正，廉介强直，職主賦入，毫無所取。民有曹相者，誣其親屬以盜逮繫獄。一夕自經者十三人。後正署篆召鞫未死二人，具得其情，抵相罪，時稱明允。

（明）韓浚《嘉定縣志》卷一一《潘暄傳》 潘暄字時易，有儁才，爲詩文援筆立就，性疎簡抗直，不屑爲小廉曲謹。嘗爲同官所誣，謫戍上谷，遇宥。放於詩酒，或勸其治生，笑曰，漢二疏何如人，自號半散叟，喜汲引後進，一時才儁多出其門，所居有頤節堂，自爲記。二子京密皆舉於鄉。京子臨字大中，正德間以貢試南宮大廷皆第一，授順天訓導，以母貞婦周氏三上疏乞歸終養。孝無間於内外，云後起爲壽張教諭。臨子聚，字子敬，諸生時以文行冠多士，臺使薦之。救母疾而傷手，急兄難而破家，尤生平之較著者。

（明）焦竑《玉堂叢語》卷二《政事》 王端毅公恕，初知揚州，折獄咸得其情。有一老婦嘗誣鄰人爲盜，公閱其贓，有二裙，一寬而長，一短而窄。老婦謂其子婦之裙，其鄰謂其嫂與妻之裙。公詰老婦曰：爾一人之裙，詎宜有長短廣狹不同耶？遂明其非盜。

（明）毛一鷺《雲間讞略》卷一《一件豪惡事》 鹽院韓批華亭縣告人高忠狀。前件審得：高忠生於蔣電，繼於張倫。而電與倫皆蔣貞厮養也。查貞曾售倫於國琦之父，則忠真琦僕耳。雖忠以吏役出居，騎墻於良賤之間，然未敢抗禮於琦也。後忠漸萌跋扈，意在飽颺。琦因告府批縣，忠亦誑憲批府。兩審皆坐忠以罪，而仍歸忠於琦。亦唯是溯源及流，分誼無可跳越也。乃忠今日之復控者何？故緣當日訐訟時，兩造親族欲爲息訟計，議忠以四十金酬琦，以忠出姓。葢見忠鞅鞅不願爲乘，而又以忠爲倫繼子，非親子也，琦欲許之。而蔣貞以故主之由乘間爭阻。忠又寒盟於所議之數，故議中寢，而忠且徘徊於將出將入之際，趑趄於不良不賤之途，故遂以銀田指爲詐贓，復誑本院。今細審辭證，與議諸人僉謂忠真琦僕也，訟時果議忠出姓也，琦果已許可而銀田尚未交割也。即蔣玄簡爲貞親族，不能諱立議約之非真。則已有成議而背之，貞多事矣。即余孝爲忠姻婭，不能諱主僕之非真，則意在出笠而反大言反噬，忠尤誕妄可恨矣。第主僕以義聚，强項如忠，琦能保其終爲已畜乎？矧前此卵翼之餘，尚許之優遊局外，今業已許之解維而復縶其奔踶也，得乎？應從衆議，仍令以四十金給琦，並斷銀三兩給貞，稍示不忘水木之意，聽忠出姓歸宗，以杜訟端。高忠刁訐，應反坐，第念銀田原有影響，議約出於兩願，姑從末減。蔣貞以已賣之僕，復多翻弄，亦應並仗。

（明）毛一鷺《雲間讞略》卷二《一件陷殺事》 鹽院方批上海縣告人丘道行狀。前件審得：丘兆芳乃丘暘之子，與道行爲堂兄弟。道行貧，先年鬻產於暘，又佃種暘田。去歲因負租，暘索之急。道行無以應，遂牽其耕牛以去。道行詐語不遜，雖迹嫌於犯上，乃暘忍而無親，亦自掇侮耳。兆芳見弟抗其父，亦謾罵相向，致道行父丘曜且責子以服厥罪。暘之氣伸矣。乃自此飲讎宿怨，欲一雪恨於道行而甘心焉。適張池有子張元、張魁先同道行往天津衛充義勇，荷戟經年。元與道行先歸，而魁爲調遣前驅，未得遄歸。道行偶有所負於魁，池緩索之，則賴不與；急索之，則語復無忌。池甚忿忿不平。暘遂挑之，令以殺子極冤告府。乃所告又張元非張魁也。夫不告於始歸之日，而告於索債之後；不以未歸之張魁告，而以即返之張元告，移甲就乙，指鹿爲馬，總不過一時捏扯之套局。而況作祟操戈有暘爲之煽動耶。道行此告，蓋懼中蕭墻之伏弩，且不欲以血喋如蠆之鋒耳。丘暘借劍殺人，而己不出刀，老猾可恨。念係尊長，薄從杖治。張池聽唆，突起風波，亦不良之民。與添情之丘道行俱從薄擬；兆芳身厠衣巾，乃不能馴頑父之暴，亦宜並論。念父子於分俱長於道行，恐爲干名者樹幟，且使渠日修怨尋隙無已時也，姑以抱訴丘寧論杖。

（明）毛一鷺《雲間讞略》卷三《一件倒懸事》 按院鄧批嘉定縣告人蔡繼狀。前件審得：朱周乃吴尚質妻翁也。周少時亦濫竽青衿，以行劣被訪，褫革擬戍。時因所坐贓鍰，力不能措，以田業僕隸鬻之尚質父吴應麟，蓋已越二紀矣。買後，周遞從尚質父子加價者。再後，周又訟之官，復得返田數畝。周之咥尚質已不遺餘力，可無憾於尚質矣。乃壑欲未厭，蜮謀復逞，竟不屑作加嘆尋常套局，突構奸且愚之蔡繼，詭謂所賣田有蔡繼原産八畝在焉。周因收繼廿四金，即自立退契與繼，若視田爲己物。尚質爲外府無足當一吷者，蓋繼恃有周，周恃有分，度尚質必不敢色忤，而質則佯爲不知，唯照舊管業。蓋屈於分，不敢爲忿兵；而以固彼圉，姑將爲應兵耳。周遂飾爲倒懸之辭，令繼以佔田訟尚質，而列周爲證，此何等肺腸也。夫業已久賣屢加，而又分屬翁婿，乃一不得意，輒横操入室之戈，復巧藉含沙之舌，其薄惡已非人類。況彼實擅賣婿田，而反誣尚質爲佔。彼實以自身作祟，而故令蔡繼興戎，其險詐不啻幻鬼。且又互更其辭，或自爲首告，或連名共訐，奇兵間道，紛然四出。何物朱周，乃狠戾無親至此！設以誣坐周，雖尊行，罪亦不在末減。第翁婿亦有不可逃之分，且有不可剖之情。即爲周者不自好，而尚質豈容終絶於周。今盡法繩之，是虚懸其分；而實割其情，彼不軌如周將益逞其獸心。且尚質以半子之誼，亦安能恝然耶？姑以一杖薄懲，存翁婿之分，仍傍依田價分數，斷三十金給周，以聯翁婿之情。蔡繼冒舊主而逞新局，亦不逞之輩。第倡謀設算，俱出朱周。繼特諾於其呼，以圖得田耳。今田既不遂，價又未吐，繼之計亦左矣。姑薄從杖治。所交田價，聽其自與朱周清理。尚質固不幸，而爲周之婿，遭其蠶食，無有寧局。然周苦控其處已太薄，而好爲遊冶蕩費，得無所薄者厚乎？翁不愛婿，或未必不念女。女在而甘心於婿，尚質亦自不善調停耳。

（明）毛一鷺《雲間讞略》卷三《一件侮法玷憲事》 鹽院温批上海縣告人李侃狀。前件審得：吴科素與王胤訐訟爲仇。科如鬼，胤亦如蜮。科糾王琦、蘇袍、曹鍠、康濟等爲之爪翼，而琦則科黨中最狡猾無賴者也。欲約胤之仇侄王德於袍家會議，乃機事不密，字托王諫傳送。乃胤亦素饒機械者，覺之而密誘開緘，知其中多詭秘語，欲借此反噬，乃不自發難，而以李侃與蘇袍勢在不共，遂以前書授侃，爲一網打盡計。及至議和索書，胤詐爲烏有，復代環作原字，給封於曹鍠，則胤固陰謀鬼計之尤哉。蓋科等蠅營蟻聚，罪固不（貰）〔貸〕，而胤含沙射影，法所難宥。矧嚴鞫造訪，絶無影響。賄賂一無指據。即信中諸語，不過盟約結黨。度所爲，大率爲朋謀復告之計，且無姓名實迹，終難以買訪懸坐也。李侃誣告多贓，王胤主唆陷害，俱應重擬。科等糾衆歃血，手書可劵，各應杖治，仍請枷號，以爲樹黨妄爲者之戒。

（明）毛一鷺《雲間讞略》卷七《一件譖官害民事》 江院李批青浦縣告人楊雲狀。前件審得：楊雲頂王義所賃房，將營酒腐之業。乃王義在房之日，以車椗爲生，有半間稍空，借與張懋新收布。蓋松俗，市布唯在平旦，故彼此貿易兩不相妨耳。及轉賃與楊雲，雲所業酒腐，與義不同，自不得以其餘及懋新，此亦情理之常。懋新何得強踞而乃以謀占擄殺告也。告時縣正公出，縣捕爲政，暫與收詞而馴復闢堂，縣捕官未多事也。維時楊雲正宜聽縣剖分，即萬一情直被抑，而後控訴於上未晚也，乃聽李坤之慫恿，遂奪牌籤爲越訴地。雖其始事較直，乃刁訐之狀亦大可恨也。所告官吏，蓋緣高縣丞收詞闢堂，而懋新之兄日新曾充府吏，故以譖官害民爲詞，冀爲聳上聽聞耳。及審此事，捕官曾未處分，日新並不干預，彼其曲譖者何人，而逼詐者何時耶？蓋官吏不肖，難保必無。至奸民動以官吏裝頭，則此中惡套也。懋新先揑呈爲兵端，且於理不直；楊雲控告爲應敵，實於情不經，均宜誣坐。第念鄉愚無知，比之赤子入井，姑杖治之。仍請枷責，以懲刁横。然爲新左袒而助雲爲祟者，沈天球與李坤也，各宜杖警。房仍楊雲居住，懋新不許攙越。

（明）**祁彪佳《按吴親審檄稿·一件屍抄事》** 行據蘇州府解犯李重等到院，審得李重訟棍也。堂弟李允忠贅於王思湖家有年矣，以賭去衣服自縊而死。想思湖待婿必過於嚴，至於允忠赤貧，依翁過活，有何財可謀，尤爲不根之説。重乃冒名李允貞，一告之吴江，再告之吴江，又告之本院，其誣已爲可恨矣。又有賭棍許卿與沈昌和訐告，而串同李重復牽及昌和，以爲曾代思湖買和，不知昌和與思湖絕不相干，何曾代思湖和處，豈不是説鬼説夢。李重斷應坐誣徒擬，並申詳江院。其該縣各告詞一筆註銷，以安良善。周言奉差騷擾，已重責之矣。

（明）**祁彪佳《按吴親審檄稿·一件出巡事》** 案據崑山縣告人朱元爲首玷事，龔定爲機密事，顧山爲訪露事，朱芳爲機密事各等情前來，隨經執發蘇州府理刑廳去後，今據里排鄰佑徐化、吉用等具息到院爲照，朱芳、龔定與朱元、金泉有仇，有凌魁者刁棍也，揑稱朱元、金泉造訪，以致芳、定驚而控告，元亦告泉以自明，皆凌魁播弄所致。魁責之，前案准註銷。

（明）**祁彪佳《按吴親審檄稿·一件出巡事》** 據常熟縣解犯黄義等到院，審得徐四刁棍也，冒龔泉之名，一告海防廳，一告總巡廳，被其告者劉江、沈萱錢雲等也。四之弟徐祥亦從中作鬼，然猶不敢顯然出頭。若四則引差遍詐，已重責之矣。至黄義之具告江院，批水利廳者，審其事不過些小債尾一二兩之數。乃提稱强劫，牽告周明、顧和、丁園、王二、屈潭諸人，如屈潭不過作保乃亦牽及，其刁逞可知。被告之費累甚於所逋欠。義亦訟棍也。但江院詞無請銷之例，仰縣申詳水利廳審結可也。其海防總巡二詞，縣申彼註銷，債負免追。

（明）**祁彪佳《按吴親審檄稿·一件為出巡事》** 行據無錫縣解犯林廷等到院，隨經本院面審得，林廷又誑告江院，養弘又誑告人命，甚矣錫民之刁訟也，俱各責之。曾養弘種林廷之田四畝而逋其租，其事甚小，乃林廷告之，該縣批糧三衙，輒誣養弘爲搶麥。不知田係弘佃，麥係弘物，豈有反行搶劫之理。甚矣衙官斷事之不明也，差役陸責十五板。立案。

（明）**祁彪佳《按吴親審檄稿·一件倫變事》** 行據華亭縣解犯錢丑等到院，審得錢策、錢奎皆無賴也。奎之拐賣庶母，誣告盗情，已有成案。奎與策方訐告錢譜、錢丑，倆爲仇敵，而丑乃强姦策妻，有是理乎！且策有子有女，妻非少艾，輒以妻誣同宗，塗面喪心，禽鹿不是過矣。重責之，立案。

右行華亭縣。

（明）**祁彪佳《按吴親審檄稿·一件親剿事》** 行據上海縣解到犯人曹恩等到院，審得趙元之兄有田五畝，曾賣與曹恩，恩轉賣之倪玉元。之兄死，元向玉贖回其田，此事理之極明者。曹恩尚有垂涎，不容趙元管業。元方具告，而恩適有侄死，遂以人命誣告於該道。初之謀田，繼之誣命，種種皆恩罪案也。責之，仍發縣枷號半月示衆。蓋人命之狀，最易使人破家，不可不重懲以杜刁風耳。

右行上海縣。

（明）**李中馥《原李耳載》卷上《為師白冤》** 張青毛鳳翥，余長男岳也。入陽曲庠，有名。潘侍御延江南趙公鳴陽至晋爲子弟師，青毛亦從受業。將三載，趙公南旋，爲仇者所陷，言逆璫魏忠賢票擬俱出鳴陽手。逮至京，下獄。青毛奔命叩閽，言某年至晋課徒，某年方去，安能分身禁地也。趙公得白，出獄，嘆曰：吾將有以報子矣！偕青毛渡江南，游蘇、杭諸勝地。將返，盡以所著舉業及行文科律授之。庚午薦元，更寘第二。趙公子名玉成者，亦中式北上，握手歡甚，言：家君見山西試録，拍案大喜，曰：吾言驗矣！

（明）**祁彪佳《莆陽讞牘》卷一《本府一件誣殺事》** 杖罪，鄭翰初。審得陳得玉失盗，未嘗誣指鄭翰初。乃翰初恐其告盗，先爲反誣之計。翰初之盗未必真，而誣揑之罪不可逃矣。姑杖儆取供。

（明）**祁彪佳《莆陽讞牘》卷一《本府一件逼姦亂常事》** 罰穀，蘇學聖。審得蘇學聖不務生理，倡衆演戲。有陳恭、陳忠經過其家，言語相詈，遂致鬥毆。學聖輒唆妹出告以姦强爲名，其誣顯然。學聖杖之。陳恭、陳忠亦不宜以少年預無干之事，各罰穀二石。

（明）**祁彪佳《莆陽讞牘》卷一《一件打死妻命事》** 審得趙舜侯、

潤侯，同祖兄弟也，趙觀瀾同曾祖兄弟也，共屋而居。六月十三日觀瀾外出，妻陳氏向舜侯催糧相争，迨閏六月十三日觀瀾回又相争，已投之鄉老林達齋等。至於相毆，鄉老未之見也。陳氏於七月十二日死，距初争之期亦已兩月，況相毆無證，屍傷不開，當時未告，其不可以人命論，明矣。潤侯慮罪，先控之本府，所稱賴掠，並無一證，況兩造同房，屍無可移，潤侯之告，蓋妄也。惟是死非繇毆，觀瀾着令自己領埋，潤侯起釁應杖。至於扯舜侯姦觀瀾之妻，查陳氏年已四十餘歲，寧有姦情？潤侯之父守容稱斥姦羞斃，守容分屬叔也，何至指及曖昧未明之事？即果以斥姦致死，亦守容之罪，況絶無是事乎？守容年老，姑免科。

（明）祁彪佳《莆陽讞牘》卷一《帶管分守道一起殺叔抄掠事》 審得方嘉韶之訐侄成昌也，起於成昌之稺弟叔奇與嘉韶之使婢春女言競，蓋因小釁耳。昌庶母申氏方告之府，而嘉韶遽而越控矣。以絶小之事駕絶大之辭，所稱通夷接濟窩盜開張毫無一據，不幾説鬼説夢耶？方審質而兩造息詞，隨至韶亦知無情之辭難以求勝耳。雖叔侄名分所係，而侄實無取罪於叔處，則杖嘉韶之誣訐，寬成昌之無辜，亦於天倫不礙，而三尺允當也。

（明）祁彪佳《莆陽讞牘》卷二《本館・莆田縣一件黑冤慘害事》 票行陳昌魏四等查審。魏四始誣弟窩，後致他人誣己以盜，雖無贓證，而素行無良，一杖不枉，魏六以陳昌之告疑兄，併應笞儆，餘如照取實收繳。

（明）祁彪佳《莆陽讞牘》卷二《本館・莆田縣一件種毒誣良事》 徐宜亨被盜，豈復窩盜？陳坤之誣指不辯自明。該縣一杖懲之，自此捕役知畏，而良民得安枕矣。陳坤屢經訐告，玩法可知，仰革役另撥誠實之人充當本區應捕，餘如照通取實收繳。

（明）張肯堂《㽧辭》卷一《楊新國》 王進孝擁艾妻王氏而居於楊新國之室，瓜李之嫌易招物議，而劉進才固小人中之好事者也，廣佈浮言，致入李氏之耳。李氏欲其女自明心跡，迫以發誓，譙訶大嚴，遂致雉經，此一案之本末也。向嘗搆訟於縣，心竊疑之。謂王氏如果清操無玷，何不留此身以自明，而遽就尺組。通姦一事，殊有可疑。嚴鞫新國，有死不承。及遍詢傍人，僉謂事屬風影。即質之劉進才，進才亦不敢於公庭作詿語也。匹婦之諒，溝瀆自經，亦可哀已。斷令新國助銀三兩以恤其喪，而杖進才以啟釁，各已允服無辭。乃若今者之告，則實爲羅化龍所使耳。曲遁其辭，不曰姦而曰毆，夫姦則不毆，毆則非姦。可知李氏何緣逼其女以自矢，即王氏亦何冤不可伸而遂至自縊也。進孝無言，而化龍代爲陳控，若私家之仇，謂非教唆可乎。

（明）張肯堂《㽧辭》卷二《郭崇顯》 薄俗喜訟，無情之詞十有八九，然未有若郭崇顯之甚者也。其所告劉三友等多人，係麥、牛、車等多物，一似確有實據者。至臨審之前，忽添一原狀無名之郭自冬爲口實，謂竊牛之人雖不親睹，而買牛之人固可面質也。聽之疑信相半，蓋天下事固有溯流而窮源者，遂並拘自冬而問之。實則自冬之牛即買之於崇顯，事在七月間，見買則有付守祖，經紀則有王世花與三友等，真所稱風馬牛不及也。而後崇顯之情始可燭照數計矣。就彼吞吐其詞，陰留地步，既借三友之狀以中自冬，並借自冬之牛以中三友，其設機非不甚巧，而孰知無自冬則買牛之情未確，而三友盜案折獄者尚未能釋然於胸中也。自結自解，自吐自供，殆天誘其衷也已。强賊何名，盜劫何罪，而顧可以眇無踪影之事加人乎哉。

（明）張肯堂《㽧辭》卷二《馮三知開州人》 此一事也而三詞，始則僞馮選告譚鳳吾等，一若有至冤深抑，而越境以求雪者。次則真馮選出焉，而以代訟者爲馮三知。既則馮三知出焉，而以代訟者爲馮中英。衆喙争鳴，未知罪人爲誰。是折獄者之所聽熒也。夫馮選皤然一農叟耳，對官吏則惴惴焉，若刑之加己，且與鳳吾等衡宇相接，無纖芥也，訟從何生？所難辨者，三知、中英莫識托名之爲誰耳。竊意造此局者，必其人與兩姓各有嫌忿，以故巧作黎丘，令其自相膠結而已。且袖手於其側，又必其人素逞鷗鶻之奸，而偶於此事幻出奇局。詢之衆口，中英無一於此，而三知則皆有焉。稱其素行，無不欲起而食其肉者。且馮選於中英叔也，夫然後而三知之罪案定矣。獨是從來健訟之局，至於易姓改名，甚則子虛無是而止耳，未有明托他人之姓名，以肆其中傷者也。且也前此則借名於馮選，而後此則嫁禍於中英，倘一誤中其毒，其爲善良之害豈小哉。是獄也，充類至盡，定當比之匿名之條，姑開一面，仍以教唆論配可耳。馮國定亦其腹黨，併予一杖。

（明）張肯堂《䇶辭》卷三《田世禄內黄人告開州人》 李九德爲澶淵惡少，而田世禄則內黄之以妻妾招摇者也。九德見世禄妻葛氏而悦之，與之暱處有日，在九德方以漁色爲快，而世禄且沾沾以爲此少年乃入吾彀中者也。夫兩惡相當，則狡者勝。九德雖姦，其能脱此平康之穽乎。傾囊而擲，吮髓過於胠篋矣。事後成殃，亦曾一訟捕廳，想未厭厥心，復行上控。今九德既以他事竄匿，並有爲之藪者，闞取至再，僅得其黨羣養氣一人。據世禄稱，訟詞出養氣手，或未可信，而對簿之間，抵掌皆作九德語，則嗾使亦已見其一班矣。世禄局騙，養氣教唆，皆犯正律。第原告既不在，詞即鐵案猶疑懸坐，各從杖警，得謂非兩人之厚幸乎哉。

（明）張肯堂《䇶辭》卷三《黄三才滑縣人》 黄三才者黄三樂之親弟，而黄應魁之從兄也。與應魁争黄朝位遺産，積有深仇，互告屢矣。度不能大勝，借三樂爲名而以截劫事告。三樂既老且聵，惟其頤指。對簿之日，囁嚅顧盼，不能舉其詞，乃三才代對甚悉，仿佛嗇夫上林，然終不能悉其被劫何狀，見劫何人。則無情之詞，與嗾使之故，概可見矣。夫爲己雪憤，而使兄出名，爲計頗巧，然匿端於興詞，而露肘於作證，爲術亦蓁窮矣。三樂聽人穿鼻，神已游於大庭栗陸間，姑貰其罪，三才奸網已破，一杖無辭。

（明）張肯堂《䇶辭》卷三《謝進忠滑縣人》 謝進忠者滑之無賴人也。八月間縣缺正官，幕僚爲政，捕官遂有修柵之舉，差民壯郭中孝持票以行，而中孝又轉委之進忠，於是乎安永慶之家遂有進忠跡矣。夫人至奉銜官之使令，雖鷄豚不能無擾。然苟其捐金以祈免，必不用之役人可知也。況進忠寒乞襤褸之狀，又可一望而知爲影役乎。即其訴詞中所稱別有可託之人，其微意可概見矣。故永慶之行賄未必虚，而進忠之得賄總未實也。至若王才爲窰户行頭，催永慶出備磚瓦修理縣治，此是前縣事，與此絕無相涉，不得一概混入此中。進忠代役下鄉，即此便應與杖，他情可置勿論矣。

（明）張肯堂《䇶辭》卷三《高正滑縣人》 馬海、馬章皆高正之妻之侄也，父死母嫁不能自存，海差長故得食力於他家。而章固呱呱襁褓也，其叔馬君長屬正善視之，乃正妻實章姑也。生而鞠養，病而醫藥，死而殯埋，藹然猶子也。特君長無賴，借章死以爲正罪，欲因罔利，故嗾海使訟耳。海之致討於正也，其言無足聽者，特云正居距海不十里，而近歿之日，曾不馳一信以相聞，是則其持説甚正，而正亦無以自解者也。以此杖正，而以嗾使杖君長，海口可杜矣。

（明）張肯堂《䇶辭》卷三《趙三才》 張崇喜以販木爲生，而李三元者，供五百役於縣中者也。三年十一月間，三元奉捕官之使，取崇喜雜木數根，議價一兩九錢。止緣本官上計趣裝，視爲緩圖，索之三元又無以應，遂疑三元與牙行趙三才等共爲乾没。向訟之縣，猶甚情也，縣不及理不得不聳上聽，而詞遂離其本矣，稱税稱搶。謊欲霹空，能禁聽者之躕實以求乎。三元雖役於公，然能操取物之權，而不能即償其值，即非爲暴法，固當懲矣。與崇喜同科一杖，鬼蜮狐鼠庶幾其各知警哉。

（明）張肯堂《䇶辭》卷三《郭萬善滑縣人》 郭自然之爲蝥賊於滑也，發其奸者爲郭萬善，控道批濬，事閲二載，而遥追贓擬配，不爲自然假也。今萬善自與李國治以争地構郄，而詞中猶以自然爲藉口，其意以爲自然之罪案不滅，則國治之連坐無辭。其所以中國治輩蓁巧也。夫自然即銜蠹乎，三年鬼薪，豈尚未足蔽辜，舊染宿僭亦宜有維新之一路，而蔓延舊事，旁及無辜，即證佐亦無一承者，嫉惡如仇獨萬善一人乎哉。陰陽之術破，而國治等之脱然也，無俟詞畢矣，誣告即一人亦坐，況尚有國治等三人乎。

（明）張肯堂《䇶辭》卷四《杜尚先滑縣人》 杜尚先爲滑人，而劉旌奇、郭翰以及生員侯胤昌等並濬人也。先是胤昌買尚先一馬，價僅四兩，尚有九錢未交。然胤昌實無負意，不必訟也。即訟矣，以爲己實滑民，則宜以滑籍訟；以爲負價者，爲濬生，則亦以濬籍訟。乃訟府，而謬托於長垣之編户，且無端嫁禍旌奇以及多人。而胤昌則詭其名爲侯新國，是豈真爲馬價乎哉？據旌奇愬稱：因禁縲鎖，詐錢五千等語，事在莫須有。而自去年八月以至於今，請見不許，求歸不許，行李羈留，曠日持久，旌奇之費亦已多矣。郭翰代弟候詞，本無他意，旌奇之訟以翰爲首，惡其同爲濬人而左袒尚先耳。以此縲人不幾苛乎！尚先一配，足謝諸人。不必更爲株及矣。

（明）張肯堂《䇶辭》卷六《李友才開州人》 澶民張明武恣淫李友才之妓，而負其纏頭，蓋不逞甚矣。張明仕雖與明武共族，然清濁攸分，且友才向所恃爲緩急者也。姦劫一訟，明攻明武，陰喝明仕，一箭雙鵰。爲友才計者不綦狡乎。明武既已支調未發，即保家現在，罪無移坐，若明仕等則尤當亟爲省發者也。友才藉姦爲生，而乃以姦訟，已足令人嘔噦，況復株累多人也。杖刑之服，即屈膝請和，無可貰矣。

（明）張肯堂《䇲辭》卷六《周邦教東明人》　周邦教者東明刁棍也。時以貿絲往來於濬之王二莊。先與市人邊永深以爭價攘臂，訐訟非一，然與李加勛無與也。無端遷怒，訟及勛等，狀批東明，終以理絀受譴，不能逞志。復嗾其黨卓國香詭途訟之，一波未平，一波復起。終歲訟庭，宿舂不繼，加勛等蓋已不勝其苦矣。今即味其訴詞，既已串黨坑價爲加勛罪，乃云卓國香將伊等俱告，與教無干。發縱指示，不已明明供吐乎。此中民風近醇，惟是逐末之人，頗習機變，奇贏折閱，乃欲以愚民之髓爲償，左右罔利不必登壟矣。薄擬杖刑，用杜婪壑。

（明）張肯堂《䇲辭》卷六《劉先進滑縣人》　劉先進好訟之民也。其居界於長、滑之間，而亦復往來於濬，故三邑之民時被其毒。然而凌人不祥，頗受大創。即今以他罪受羈，出押無日。而至若程加美所訟一詞，猶其薄乎云爾者也。蓋先進尚常訟王要諸人於蒲，因復株及加美，旋爲太仙等告發其奸，罪案已定，故加美更爲順風之呼耳。原其本情，加美雖受牽累，先進實未得財。更從一杖，不爲縱矣。

（明）張肯堂《䇲辭》卷七《靳國寶李君寵長垣人》　長垣人靳國寶與李君寵向無纖芥之忿，緣有崔光宗者，以他事訟君寵之弟李三，而國寶爲之證。君寵坐是有憾於國寶，乘縣官陞任之後，妄訟衙官以紓其積憤。此國寶所以有棰詐一詞也。隤坂之丸轉觸轉下，嗣是而其怒愈深，其鬥愈力矣。佐爭起釁，國寶實自招之，乃君寵報施，亦已太甚。偏勝必驕，兩敗始哉。各與杖刑，庶幾悔過而寢訟乎。

（明）張肯堂《䇲辭》卷七《李大成等長垣人》　民之習爲邏告者，其伎倆全在越籍行關。蓋關文一行，則兩地之覺察，俱有所不及。於是衙役爲政，而原告遂得陰陽其間。今曹慎行所告李大成等一事，非本縣代攝縣務，則不能深悉其弊也。先是有蒲民王自登府告陳光業一詞，詭托濬籍，詞中有曹世行名。此時但知據狀行關而已，世行之發與不發，一聽該縣，無關喫緊。該縣旋差民壯李進拘攝，況又巧訛慎行之名爲世行，其到與不到，該縣即有心計，亦無自從察淵，而不意自登之爲術深也。緣先是有李少山者，蓄憾慎行，嗾自登訟之詞尾，逮李進差出，旋以少山之叔李大成代之。夫以同夥爲原告，而即以至戚爲公差，亦何事不能如意，而謂慎行能甘之乎？讎勾抄詐一詞，真字字欲淚矣，誣告之王自登，唆訟之李少山，白役之李大成，纍纍城旦，夫復何詞，第念三犯皆赤貧無賴，本縣署事非久，恐貽後來案牘之累，姑擬杖刑，仍祈加責，亦可少紓慎行之痛矣。既詳讞其狡謀，而復懇寬其罪案，抑亦有當於上臺矜恤之仁乎。

（明）張肯堂《䇲辭》卷八《張所性開州人》　開州麻餅店家王林，以居積爲生。凡客之以餅至者，主於其家，得價則去，而不問其售之者何人，如濟南張所性是也。其小民之以錢易餅者，隨取而給，或先資以貨，而徐索其值，其人亦止知望肆而趨耳，而亦不問餅之出於誰客。如陳仲文等是也。今所性一詞以負價告仲文等，詰之則與仲文諸人未嘗識面，無論價值契券之不相謀也。蓋仲文等皆有宿逋於林，各以田畝爲抵，林意圖兼併，而不欲身爲訟端，故嗾性發難耳。究竟所性不能言，而林代之言，則何如自具一詞猶覺吞吐如意哉。諸人負各有約，亦自願還。然性開其局，而林享其成，持三尺者不若是之委蛇也。錢聽私還，所性、王林，唆訟者與受訟者，其罪均耳。

（明）張肯堂《䇲辭》卷八《馬存智濬縣人告滑縣人》　馬存智與王國鵬夥賒生員王珽、朱錦土絲求售，本以營利也。而時命相舛，遂至折閱。人情利來未必交讓，而利盡必至互推。又其最易混者，兩人子母分合數既難稽，而況所賒者又兩家之物乎？國鵬爲兩生所逼，則訟之滑。緣珽、錦皆滑生，而國鵬亦滑人也。存智私心過計，懼三人合謀以傾之。故巧發訟端，借國鵬之侄印彥爲名，欲至濬就理耳。此等葛藤非到底直窮，必難盡斬。試銖銖而度之，除還訖者不具論，共欠兩生價銀四十四兩六錢二分。欠在朱者爲二十一兩六錢，俱應存智還。欠在王者爲二十三兩二分，內惟九兩七錢六分應國鵬還，而餘亦皆應存智還。蓋先剖兩生之價，使之各不相蒙；後於兩生中復剖兩人之欠，使之各不相蒙，而始得朗然如鏡中游。蓋不獨兩生首肯，即兩犯亦心服矣。獨是理之所在，是處一揆也。即滑令操算，寧有殊於濬乎？而橫生彼我，且又取事外之人，而駕空生訟，杖不加存智而誰加與。

（明）張肯堂《晉辭》卷八《石明武滑縣人》　滑民石明武有女嫁與李聲古之子李其爲妻，忽遘厲疾，不勝楚而縊死。此數月以前事也。明武病爲求醫，死亦會葬，曾無閑言。事後訟滑，既已贅矣。今上控而致討於聲古之弟述古，何爲乎？蓋此中陋習，凡女之出嫁而死者，往往訟其婿家，以冀索妝奩之餘潤。而此則姻婭敦好，訟之無名，故移師述古耳。據云與爭蘇氏遺服。然聲古固在也，兄弟析產，侄妻何與？且人之愛媳，不啻愛女。假令石氏之死，毒繇述古，聲古安得無言，而待明武爲戎首耶。

（明）張肯堂《晉辭》卷九《和士登清豐人》　清豐生員韓胤昌鬻於育子，娶和士登女和氏爲妾已四年矣。一旦以米鹽凌雜之故，不無過督，女子無識，遂至投繯，此二年八月間事也。士登痛女搆訟，事亦有端，然自縣而府而學院，不啻再三，則近於刁矣。前此訊獄者，惡其刁也，屢杖懲之，而士登之忿也更甚，膚愬求伸，蓋庶幾其一得當與。娶妾既非得已，雉經復出意外，胤昌情在可原，然以詬誶速其斃，不幾逼乎。量追葬埋銀十兩，給與士登，而登則仍從一杖，蓋一以恤其亡女之慘，一以懲其屢訟之奸，庶胤昌永可免於訟庭，而士登亦悔禍而戢乎。

（明）張肯堂《晉辭》卷九《劉自煖滑縣人》　滑民王得才、劉自煖輪充保長，皆肩地方之責者也。先是有里人楊大明者，家遭鼠竊，求賊未獲，適見無賴趙大，昏夜獨身持一柳椽而行，詰所從來，語塞無以應，異其踪跡，遂訶止之。是時自煖方充前役，隨將本犯交與執縛，待旦而後細詰之。自煖以事無確據，便縱之行，此賊兔脱，更無留影。後縣以干掫不嚴罪及守望，而自煖已經謝役，禍貽得才。懲羹之吹，訟自繇來乎。自煖詐贓無據，即失主牌頭，皆能白之。然縱賊豈可爲訓，杖刑是服，於謝得才有餘矣。

（明）張肯堂《晉辭》卷一〇《王鳳開州人》　開州人梁九德與王鳳兄弟故有田產交易，向其弟王林計嗾張所性以客價誣告本府，蒙批濬審，既擬罪以讞矣。奸計不行，詭生他訟，聽者偶爲所熒，所性輩遂得志去。乃所性者，即河南杜結一案所供之張仁宇也。既經拘繫，其黨遂衰，故九德等今而後得反之耳，失勢請和，盡反侵地。薄從一杖，安事深求乎哉。

（明）張肯堂《晉辭》卷一一《謝又學河南蘭陽縣人》　蒲城一邑，與河南之儀封、蘭陽等縣，壤地相錯，人民雜處，故多互訟之事。如謝守德之告謝好學也，本爲好學先訟儀封，發衙重責，而發乃訶行之後，兩造相避如環無端，最後拘攝欲齊，而好學又以他事罹罪蘭陽，荷較未有釋日矣。守德求結此局，以日爲歲，若更俟之，不並守德而化爲亡是公子者幾希。又學，好學弟也，誼當代罪，並杖黃建極之居停而莽梗其人者。

中國第一歷史檔案館《清初内國史院滿文檔案譯編》崇德三年六月

初十日，超品公塔詹家高麗婦女二口，名唤古達吉之滿洲婦女一口，守看縫衣房時，塔詹往淫其滿洲婦女。公之妻格格聞之，至彼，令隨行婦女三人毆滿洲婦女。滿洲婦女因至大清門跪告：格格以我從其夫命，手執烙鐵毆我。章京方喀拉、寧塔哈送法司質詢時，滿洲婦女反告稱以烙鐵烙之。詢據格格稱：烙者，虛也，以其縫裙質劣，毆之是實。詢同往之婦女蘇都拉、訥穆尼、詹哲三人，供稱：非無故毆之，止以其縫裙質劣，毆也。我等曾勸格格矣。詢公據云：我因我妹有事，且我未曾出痘，故懼而未去縫衣房。果與之同宿，直言不諱，彼乃寡婦也。詢二高麗婦女，供稱：清晨，公曾來我三婦女所在房屋，未見同宿。經審，公與滿洲婦女同宿果實，格格用烙事虛，毆之果真。又據古達吉供：我曾在薩哈布家，格格遣婦女滿代，攜我來，公與我同宿。詢滿代供稱：以喀爾喀兵來侵歸化城，大軍往征後，格格曾遣我往古達吉處，令其守諸子避痘房。問古達吉曾有人知遣人一事？曰無。於是，以格格爲夫生怒，毆古達吉，應罰銀一百兩、公本與古達吉宿而不認，且庇其妻，應罰銀五十兩，與格格同往婦女應各鞭五十，首告婦女，誣陷格格，誑稱烙之，應鞭一百，給還其主，奏入，上命概免之，公禁二晝夜，不供食。首告准其離主，交付户部。

中國第一歷史檔案館《清初内國史院滿文檔案譯編》崇德三年八月

〔初十〕是日，正白旗色古德牛彔下洪科與固山額真阿山子塞赫口角，洪科訐塞赫臨戰退避之事，以和碩額駙古爾布希、正藍旗唐貴、蒙古固山額真額駙蘇納知其事，遂命勘問時，惟洪科之言是聽，置塞赫不問。於是，法司議古爾布希額駙爲洪科姻親，袒護洪科，應革一前程，上命免之，仍罰銀一百兩。唐貴亦爲洪科妹夫，加以袒護，應鞭一百，罰銀三十三兩三錢折贖。額駙蘇納繁言强證，挾仇誣害塞赫，罰銀一百兩，革固山額真任。

中國第一歷史檔案館《清初內國史院滿文檔案譯編》崇德三年十月初四，正黄旗牛録章京趙文翰被本牛録金永久所訐，蘇三之妻與蘇英成通姦，被獲，〔趙文翰〕僅執蘇英成鞭三十即釋之，並隱而未告刑部。經審，通姦是虛。牛録章京趙文翰，爾擅自抓人鞭責，既釋又未告刑部，故罰以規定之罪。

（清）李之芳《棘聽草》卷二《盜情・按院一件為火冤事》 審得周成之即周翀與周彝之雖同族雁行，素多嫌隙，乘陳希文於九年三月初九夜被盜強劫，並失牛一隻，告緝在縣，而成之遂將彝之名呈送。蓋因順治五年間曾從匪類，疑其形跡，然實挾仇害之也。未幾於彝之家起出黄牯牛一隻，事主希文亦未察其是否，遂經認領，於是彝之欲展辯為非盜不可得，箠楚所加，冀扳報以苟免一時之嚴訊，供有周思敦、周思成、周英之等多人。差捕曹達、孔尚、牟興往拘英之，因取其家下零星物數件，英之激而上控所由來也。但指彝之為盜者，所據唯失主之耕牛。今細究此牛，又係彝之己物，乃縉雲人汪四逵聘親代銀五兩者。猶慮其言未可信，即提四逵親質，果係順治七年間聘親之物也。反覆諦審，此牛實非陳希文牧養之牛，最真最確，則彝之非盜希文者可知；所供周英之等非真盜夥，又可知。不識希文見牛即認者何心，而成之因盜呈送者何意？若據當日周成之等公結該縣申詳，則彝之已陷死法，設非職一念之明，無復生理，此真極冤大枉，不幾飛六月之霜，竭三秋之雨乎？若成之者，即與首事妄結之周克佐、周敷之等並杖為寬，不盡之辜，再請加責。前牛既非盜贓，應仍給還彝之，其劫希文真盜另緝。但彝之信口供招，雖冀免刑楚，而妄指多人，致滋拘擾，固不能逭於一杖。其所告俞仲全審無庇盜出書情節，特以希文係其莊客，因波及之。周君舜審並無干，亦以其誼關同族，身為刑房不復臂援，故嗔而牽告。若夫曹達等三捕乘票滋擾，並從杖革，牟興另行提究，其所得物件查追給主。

（清）李之芳《棘聽草》卷一《人命・按院一件為激典男命事》 審得吕福壽即吕泰轉買陳大有之田，乃係王應貴向所耕種者。初因糞田疇而致訟，繼因失麥穗而致争，此禍胎矣。應貴原抱尫羸之疾，但於八年四月二十日攘臂互争，朱氏於二十四日保辜，應貴於六月初五日身死。若使負傷甚重，必不能旦晚需矣，豈能延至四十餘日之久乎？死於限外政毋論，其死於病、死於毆，而萬無抵償之説也。若夫六兩之銀出於地保、家長諸人議以津殮，亦因管其前田，憐其失麥，而惜其既死耳，似可置於不論之列。設非福壽抄詐控府，則朱氏亦相忘無言久矣。惟是福壽不能少制血氣，以致釀此禍階，罪亦止於一杖。至於陶升、樊信、黄德指取檢屍，詐銀八兩、豆二十斤烹分；童相得銀八兩，託言衙門之費，皆不能免於並杖追給。

（清）李之芳《棘聽草》卷六《睦理・按院一件為出巡事》 審得張星纂名士籍，青衿爲護身之符；結納公門，指詐挾通神之技，真敗檢無良之尤也。其罪狀已悉前詳，再經憲臺庭讞，握犀觀火，猶以惡跡甚彰，供吐不悉，復蒙駁問，安敢不盡法研訊！逐嬸吞產等事，在徐氏則謂貪嫠婦之所有，在張星則謂起帷薄之不修，而陳是之所以同居，張昊之所以不娶，陳女之所以不嫁，乃提其女婿、妻黨諸人確問之，陸可文則徐氏婿也，云向在陳是家內，自上年七月始至彼家。即其親兄亦言其妹與陳是同居爲醜行。而陳是妻黨張戬者言陳女雖許張昊，並未曾聘，然其中實有未便合婚者，亦以徐氏與陳冒不韙之嫌耳。氏雖未免於物議，而星猶然侄也，叔死骨肉未寒，操戈之釁旋起，興詞搆訟，歷年不休，争產見於杭府之訐案，而徐氏終以此不返，陳是終以此黜革，張昊、陳女亦未竟其婚姻，謂非星之害理忍心所致歟？即烝庶一事，徐氏言出亡夫之口，研訊無憑，固不能起死者而復質。昊於崇禎九年喪父，至順治四年始至星家，使其離母就兄，不過欲其俯仰唯命，陽藉撫弟令名，而陰踞其產。星將何以自解乎？至若占王名徵住房，拘其子王復起對質，取原契查驗，用價一百八十兩，所買是真，不必坐爲詐贓。而編審里役松盛一圖，指稱造册紙張與里書劉德昭、劉蘭亭共詐四百三十八兩，實係三人烹分。即陳二之告吴仲仁者，與星商議使然，既曰商議，則其烹分可知，在陳二應得父物，星何爲而攫其半？況受吴仲仁子吴天眷餽遺乎？餘款與前審無異。職初閱原招，見其惡跡種種，不勝眦裂，以爲所讞不逮所聞。及對簿細加嚴鞫，總之事經憲審，秦鏡所彰，秋毫難遁，除犯應援宥者追贓免擬，按以城旦亦足示懲。劉德昭、劉蘭亭因公科斂，均應徒擬，贓並入官。何嘉宰、陳二等蒙憲審明，相應省釋。徐氏吞產一款，久經結案，現在房屋等項，應給張昊管業。吴與陳女婚嫁雖愆，人言宜恤，各須另擇良配，免標梅之歎，而誦芣苢之宜也。

（清）李之芳《棘聽草》卷七《誣妄・臬司奉撫院一件為敕近便民事》

審得陳奇與張元滿田界相鄰，奇田在下，元滿田居上，故元滿車水溉禾，不得不由奇田，乃奇方種豆，無事灌浸，此爭之所由起。毆撲而前，則元滿禾稼自不能無損，遂以控縣。即此鼠牙之釁，似亦小人恒情，而奇乃以抄殺虛詞聳瀆撫院，批送憲臺，可謂健訟矣。今蒙批審，所稱屍傷驗無可據，究之事起最細。及今俯首悔過，兩造俱以願息為請，但陳奇抄殺之說太屬不根，念其蚩蚩之氓，姑從一杖示儆。

（清）李之芳《棘聽草》卷七《誣妄・部按兩院一件敕典真命事》

審得王周勝真刁健之徒哉！其叔王祖培原係賊黨，即所告干證樓方孫，亦不能諱其為賊也。於五年間被社兵搜獲，遂為郭廷科所殺。李繼賢時為社長，祖培妻陳氏嗔其不救，遂掘其寄葬之妻棺，致繼賢告縣。陳氏訴詞方稱人命，初未曾因被殺而具鳴也。使祖培無端而死非命，周勝為叔報仇，必不能旦夕隱忍，何待至今日始上控哉？且此事原案曾與王祖鳳何涉，復何與其壻徐應理及其子王朱壽事？而周勝充兵在省，蓋嘗冒商指祖鳳盜木，一控於南關，再控於義烏。迨奸計不售，輒翻往事，牽告多人，不過欲圖遂其詐。夫人命不於本籍告理，而冒籍杭州，憲批誠燭照秋毫矣。最可駭者，王祖鳳並未赴控，亦皆王周勝代為揑告，則又何也？蓋詞內借稱殺子，而祖鳳子朱壽具在，冀欲以此罪其反坐，用心深險已極。此一犯者，射人如含沙之飛蜮，變幻類白日之黎丘，指告皆誣，按徒不枉。

覆審得王周勝之以人命控也，原藉為修郄之舉，以圖索詐耳。初，周勝賣山一畝與王祖鳳，得價三兩，屢找不遂，故藉山有木，訟之於榷部；再揑名姚萬元，提解於義烏。兩計不售，而人命之鳴始起，實與祖鳳若風馬牛之不及也。即其叔王祖培，實順治五年間作賊被殺，追尋致其死命者，社兵雖多，而下手惟郭廷科一人，即今周勝亦自稱為廷科矣。李繼賢雖係社長，當賊勢搶攘之際，據供率社援勦，四處奔應，廷科之甘心於賊黨者，固未嘗縱之使然也。前縣審謂祖培妻陳氏即告東陽，蓋未查東陽縣卷始末耳。今弔閱當日原案，實因繼賢告其發掘妻棺，而後陳氏始以人命應之，初不聞先行具控。設使繼賢果涉於人命，必為隱忍之謀，祖培殞命於無端，豈肯有待而發，更瞭然易明也。此事既非繼賢下手，已有定案，則五年以前之事，別無可罪繼賢。若夫王祖鳳等牽連詞內，復有揑名之控者，周勝在省充兵，易於隨便投牒，而祖鳳以龍鍾不能動履之人，兼且子幼，安能與之掎角？第觀其呼天搶地，方明投匿之虛；再觀周勝掩尾藏頭，益顯舉動之詐。況揑名姚萬元前已行之，則此鬼蜮伎倆，非周勝其誰哉？仍照原擬不枉。郭廷科俟該縣緝獲另結。

（清）李之芳《棘聽草》卷七《誣妄・鹽院一件為壓屠慘冤事》

審得朱國仲原有三畝二分之田，屬於諸暨何承奇家為業。問其交易，則皆兩姓祖上之事，契券分明，已經推收找絕。今歷年已久，廼他人之田疇，非曾孫之稼穡，為國仲者亦可已矣。奈何因其改佃，遂乘機而盜塘內之魚乎？此承奇與之分理不聽，控縣所由來也。迨署縣李同知審實而責之，夫亦自取其咎，何復有此鳴也！田雖故物，難問既逝之波；羨已臨淵，殃非池魚之比。盜魚不可也，因盜魚而反誣以吞搶，益不可也。況詞內種子虛！本應按律坐誣，念其冥頑，請從寬政，擬杖示懲。

（清）李之芳《棘聽草》卷七《誣妄・分守道一件為黨蠹屠詐事》

審得龔六十與龔五十五係堂兄弟，親族五房，有車門一座，出入所由，實五房公共。六十造屋三間，上無覆瓦，甚不足觀，而乃顧瞻衡宇車門之上，鄰鄰者瓦也，爰思公共之門，遂欲拆其應得之瓦。龔五十五起而阻之，未為非是；但以占路訟縣，指小事以誣大，則不情矣。及該縣批教官王萬彥踏勘，尚未履其地，六十輒有此控。所謂鄭文挺者，學書也；王祿者，學役也；王學齊者，即指王教官也。蓋此舉不過欲免於踏勘之煩，而報其訟縣之怨，詞連官役，特挾為必中之技耳。宜禁獄、刑拷種種皆虛，而買命、勒銀事事烏有也，杖復何詞！龔五十五借題搆釁，併杖非枉。

（清）李之芳《棘聽草》卷七《誣妄・分守道一件為枉法事》

審得李芬卿弟李明德原以田二百五十把於順治四年賣與徐徵熙，而其田即係明德兄弟佃種，糧亦仍在明德名下徵納。其初四、五兩年，李氏兄弟於斂穧之後，照眾完租，故徵熙即付銀五錢與明德，以輪正供，兩皆無詞。獨至六、七、八三年，李無租以償，徐遂亦不復往索錢糧矣。則糧之不完，實李明德等負租使然也。上年徵熙將前田轉賣與表兄弟李霖輝即李賢卿，而明德因去夏亢旱，益得以藉口於逋租，致霖輝告之汪典史，責而倉之，且欲追前負，未為不可。奈何芬卿輒架此詞哉？蓋其專為賴租而發，宜滿紙虚詞，不覺其誣也。最可恨者，摭拾遠年風影之事，牽累事外無辜之人，婺俗刁健之徒，事起細微，動粘單款，使纍纍對簿公庭，究皆虚假。若芬卿者，其何以自解於誣妄乎？本應按律重懲，氓之蚩蚩，姑從杖擬。其不蔽之辜，仍請加責，負租行追。

（清）**葉晟《求芻集·搥死人命事》** 審得：李印喜酒徒也，常往來於張穩之酒務。某月某日酣飲之後，怒張穩索錢，至於忿詈。張穩不能讓醉漢，遂與之角口，因而揮拳，印喜左眼被傷，樊魁等勸而散之。是夜印喜遂宿於張穩之店，匹夫見短，懷忿自經，當勸散。進店之後，印喜復據案飲酒，曹亨之可證也；落繩解救之時，白復興點燈呼人，岳麻子鑿據也；左眼傷非致命，項下繩痕顯然，搥死之説胡為乎來哉？業有胞弟李印才告狀，而戶侄，戶兄之李建、李培連何為紛紛紙筆，非告、非證之生員李聖用何為咆哮公堂？豈誠哀痛由衷，不過助瀾揚波，借命居奇耳。左眼拳傷，張穩不能辭威逼之辜，應斷燒埋銀十兩，令印才領屍埋葬。印才誣輕為重，本應按律究擬，姑念兄死，從寬薄責，以儆刁告。培連具狀之日，已經責治，尚未蔽辜。但聖用以黌門青衿，而立心行己如此，又無論於嗤嗤之愚民矣，如再出人公門，自有學政條約在。

（清）**盧崇興《守禾日紀》卷四《一件憲殛巨豪事》** 審得：魯國宗與魯順川爭故兄之遺產，以致興訟。而蕭大公則順川之干證也。國宗與順川為仇，而遷怒於大公，遂以憲殛巨豪之詞控之，誣其詈吞胞兄之田產，兼掠其嫂氏而鬻之。任三今庭詰其實，則任三之娶蔡氏也，有媒妁、有婚書，並無掠賣之情。而詈吞之愬，亦與蕭姓無涉。即原證趙升等，皆委之不知，而不能為之左袒矣。國宗之控既虚，應坐全誣，念係無力貧民，已經責懲，免供逐釋。

（清）**盧崇興《守禾日紀》卷四《一件滅倫弒佔事》** 審得：朱美有姊適於懷伯仁，而懷奉璞者，其次甥也。美與奉璞因口角微嫌，而美遂興雀角之訟，謂伯仁父子佔其祖遺之產，並誣其長甥以烝父妾之事，指其姊以為證。今伊姊既力辯其誣，而庭鞫之下，不獨鶉奔鵲彊之事盡屬子虚，即所謂鵲巢而鳩居者，亦無是也。所告既誣，量責以警。至奉璞不念舅氏，而與美訴訐，全無渭陽之情，亦應並責。若各犯俱有當坐之條，而免其供擬者，猶以全親誼也。存案。

（清）**盧崇興《守禾日紀》卷五《一件律斬勢棍事》** 看得：陳江回，武衿也。有鄉民吴元，遷葬母棺，偶從火化，或以年深土薄，棺具朽壞，無力再爲買備耳。回乃以焚母爲囮，欲得志而甘心焉。兩命家人駕船邏捉，雖元與其子幸脱縲紲，顧聲勢駭然，震驚四鄰矣。今審楊二、朱三、王四倚勢横行，江回登壇指縱，各犯供證鑿然，律以光棍，夫豈云枉？但念人未就縛，贓無入囊，而陳江回堅以進京爲辭。杖楊二等而寬江回，亦姑示以自新之路耳。船鏈發給。立案。

（清）**盧崇興《守禾日紀》卷五《一件欽奉恩詔事》** 查得：王祿所控宦棍結黨一詞，首犯陳遇辰已經物故，職府取有該令印結在案。但陳漢山實係游弁，行踪無定，雖嚴提未到，而案内人犯業已行拘數載，保無有無辜而受拖累者乎？且經前府審勘時，據有親識朱立安等息詞，則又知原、被均屬相安，合無詳請憲臺，姑念事在赦前，俯賜轉詳撫憲，邀恩援免，應否出自憲裁。

（清）**盧崇興《守禾日紀》卷五《一件掘墩扛屠事》** 看得：宗某，豪棍也。鄉民張卯有墳一塋，適近宗某祖壙。宗某即欲取泥，獨不思有鄰墳之礙乎？乃私命徐留傍墳掘土，棺雖未見，何辭侵凌。若曲譖衙官，尤見强横，予以杖懲，誡其妄也。立案。

（清）**盧崇興《守禾日紀》卷五《一件懇提法究事》** 看得：陳安刁健之徒，而徐世美好事子衿也。有徐孟文等持經茹素，雖未披緇，亦清修道流也。安乃以邪教污蠛，先控巡廳，復謀之世美出首，陰陽學官，而何瑞正亦依樣葫蘆，朦朧轉報。今庭訊之際，安手出演禽抄本，妄謂拆自伊父枕中，且云供養彌勒尊佛，上有火焰，下有蓮座等耳。夫彌勒尊佛，釋氏所常供，而火焰蓮座，亦佛家之莊嚴。今乃以此爲邪教，豈貝葉優曇盡爲盛世亂具乎？且抄本一書，是否拆自伊父枕中，俱未可信。況訊以見付何人？即安亦茫然如坐雲霧中，又安知非該犯捏造不根，爲污篾粉本耶。邪經既無實據，開堂並無風聲。陳安子訟其父，姑擬杖懲；世美好事揑誣，發學記過。立案。

（清）**盧崇興《守禾日紀》卷六《一件扛弒反誣事》** 審得：項偉然

老而無行者也。以徽民而流寓禾郡，僅有妻吳氏，不能衣食之，而工傭於同鄉之戴爾符家，所司者炊爨耳。踰年而爾符娶妻，偶係項姓，偉然遂冒認尊行，儼然以伯岳自居，則名分不幾倒置乎？爾符不勝其仇，斥而逐之。以致偉然啣恨，遂摭曖昧之事，駕為虛誑之詞，誣其烝嫂。今庭鞫之下，再三窮詰，竟無一人目擊者，而諉之八歲無知之幼婢，其為遁詞也無疑。偉然所告既虛，責枷示儆。爾符斥逐吳氏之時，未免過甚，亦經薄責，庶幾小懲大誡之意云爾。

（清）盧崇興《守禾日紀》卷六《一件蠹國病民事》 審得：周爾欽有田轉售於李美，而陸信思欲奪之。然事微理曲，不可以為訟端。於是誣美以私開典押，假刊木印，販小錢、使假銀等事。今鞫其實，則所謂木印者，乃架書之查同二字，而未嘗假冒篆記也。所開私典、小錢、假銀各款，則並無實據，供係李美所說焉。有美自為之而自言之者乎？所控佔奪之田畝，則云干證已死，無可對質，一派蜃樓，茫無指實，在陸信本應坐誣，但系蚩蚩之氓，姑從寬典，杖擬可也。

中國第一歷史檔案館《雍正朝漢文諭旨》雍正七年九月二十四日 謝濟世註釋《大學》毀謗程朱一案，奉上諭，據順承郡王錫保以在軍前効力之謝濟世註釋《大學》毀謗程朱，參奏前來。朕觀謝濟世所註之書，意不止于毀謗程朱，乃用《大學》內有見賢而不能舉兩節，言人君用人之道，借以書寫其怨望誹謗之私也。其註有拒諫飾非、必至拂人之性、驕泰甚矣等語。觀此，則謝濟世之存心昭然，可見朕即位以來，於用人之際，至公無私不惟可以自信，亦天下臣民所共知者，即以田文鏡謝濟世二人之事言之，田文鏡在聖祖皇帝時，爲內閣侍讀學士，朕從未識其面，亦并未知其姓名。因雍正元年，伊奉差祭告華山回京陛見，將山西通省荒歉情形急切陳奏，備極周詳，朕以山西被災，其時之巡撫德音身在地方，匿不奏聞，而田文鏡以奉差經過之員，念切民瘼，直言無隱，其忠君愛國之忱悃深屬可嘉，遂令田文鏡前往山西撫綏賑濟，伊到彼果能盡心辦理，是全活山西數萬生靈之命者，田文鏡之力也。於是將伊授爲山西布政使，令與諸岷協衷共濟，而山西吏治整頓一新。嗣因河南諸事廢弛，調任河南布政使，未幾擢爲河南巡撫。現今授以河東總督之任，數年來寔心任事，正己率屬，洵爲公忠體國之大臣。夫以素不識面之人，見其陳言敷政，有益于吏治民生，遂于一二年間擢爲巡撫，深加信任，尚可謂見賢而不能舉，舉而不能先乎？又如李紱蔡珽與黃振國邵言綸汪誠等結黨行私，營求報復，而謝濟世奸惡狼戾，聽其指使，參奏田文鏡貪贓納賄，任意誣衊，借直言敢諫之名，行其排擠傾陷之計。朕當謝濟世陳奏之時，立即洞燭其奸，拿交刑部審問奸謀，鑿鑿敗露。朕尚未忍置之重典，著令革職發往軍前効力贖罪。一時在廷諸臣無不以爲至公至當，以此尚可謂之見不善而不能退，退而不能遠乎？至於朕心并無私好私惡，惟以其人之善惡爲好惡，以衆論之是非爲好惡。何嘗預存成見于胸中，即如引見各官有朕見其才具似優者，亦令該上司試看，有見其人似屬平常者，亦令該上司試看并諭令該上司秉公考課，不必存迎合瞻顧之念。是以各員蒞任之後，或朕旨曾奬其優而督撫參劾者，多有之。或朕旨以爲平常而督撫保題稱職者，亦有之。朕未嘗以一己之好惡令天下督撫以阿狥，而各督撫亦能仰體朕意，從未嘗以朕之好惡漫爲迎合也。朕之用人惟期有益於國計民生者，可謂之好人之所惡，惡人之所好乎。如浙江巡撫之任前此三年之內七易其人，令得李衛公正之臣自久任不易也。又如直隸總督西安巡撫之任數年來更易甚多，至今尚未得其人，至若田文鏡之在豫省，鄂爾泰之在雲貴，岳鍾琪之在川陝，地方寧謐，吏畏民懷，是以田文鏡加爲河東總督，鄂爾泰加爲雲貴廣西總督，凡此皆以萬民之好惡爲朕之好惡，毫未嘗自任其私，安可云拂人之性也。謝濟世於公正任事之田文鏡則肆行誣參，於婪贓不法之苗振國以及黨護鑽營之李紱蔡珽邵言綸汪誠等，則甘聽其指使，而爲之報復，乃真顛倒是非，紊亂黑白好惡，拂人之性者矣，天理國法所不能容。菑己逮身而猶不知省懼，何其謬妄。至于此極可謂下愚不移者矣。夫拒諫飾非之説，乃朕素所深戒。然必責難，陳善忠言讜論而後可謂之諫。若乃排擠傾陷之私，奸陰狡惡之邪論，豈可以直諫自居。而冀朕之聽受耶？試問謝濟世數年以來伊爲國家敷陳者何事，爲朕進諫者何言，朕所拒者何諫，所飾者何非，除處分謝濟世黨同伐異誣陷良臣之外，尚能指出一二事否乎。謝濟世以應得重罪之人，從寬令其効力，乃仍懷怨望，恣意謗訕，甚爲可惡，作何治罪之處，着九卿翰詹科道秉公定議具奏。特諭。欽此。隨會同九卿翰詹科道將謝濟世擬以斬決，于雍正七年七月初三日題，閏七月十六日內閣奉上諭，九卿等將陸生楠謝濟世二人議罪之本，可仍發與順承郡王錫保，令其將此二本與陸生楠謝濟世看，本内所載諭旨各條伊等有何辯對，著一一訊問，確取明白口供具奏。

中國第一歷史檔案館《雍正朝漢文諭旨》雍正十年四月二十四日 正黄旂漢軍都統金以担等奏送厢藍旂漢軍參領高焕侵用庫銀一案，於雍正十年四月二十四日題，二十六日奉旨，旂員侵盗國帑，定例昭然，高焕藐視法紀，明知故犯，且畏懼該都統查庫敗露，預先捏詞妄奏，又復誣扳驍騎校張杓，其居心狡獪已極，高焕着照議即行處斬，以爲匪類玩法欺公之戒。

中國第一歷史檔案館《雍正朝漢文諭旨》雍正十一年八月二十一日 厢白旂滿洲都統奏送五彭額家人陳禄聽信伍什泰教唆，誣告伊主一案，將陳禄照律斬立決等因，于雍正十一年八月二十一日題，二十三日奉旨，伍什泰圖謀伊侄伍彭額所襲官職，利誘伍彭額家人陳禄捏欵誣告其主，薄惡已極，議以鞭責不足蔽其辜，着交與該旂永遠枷號示衆，陳禄之罪固可無逭，但伊與伍什泰亦有主僕之分，一時誤聽指使，情稍可原，着改爲應絞監候，秋後處決。

中國第一歷史檔案館《雍正朝漢文諭旨》雍正十三年十二月十九日 屬員於被參之後，訐告上司最爲惡習，况常安離任，而汪波始赴都察院控告，希圖翻案，情弊顯然。若汪波果有冤抑何不於常安在任之時早行揭報也。此等刁風斷不可長，都察院所奏汪波控告之案，著交與新任巡撫俞兆岳秉公查審，若其中果有屈抑情由，亦著據實查奏。

楚雄彝族文化研究所《武定土司檔案·邱茂才等訴為呼天鑒誣（現）〔陷〕良拯孤繼絶事乾隆二十五年六月二十日》 訴狀人邱茂才、周自昌等訴爲呼天鑒誣（現）〔陷〕良拯孤繼絶事。情緣已故貢生那嘉猷妻安氏，惟生一女，無知懷私，被人蠱惑，是以首報小的抄搶毆辱等情一案。蒙批州主審詳。蟻等静聽，在州不敢再訴。已蒙審訊二次，誣情自露。常守嗣詭計貪謀不能自諱，尚在狡口遮辨，又復節外生枝以賄買通事。毆辱抄劫置之不問之詞將安氏、那氏之名色以爲護身之符，着人赴省捏聳朦弊天聰。夫賄買憑之於何人，受之於何姓，亦有指名至謂毆辱於何形，辱於何迹，因查點物件之故而捏此情，查點物件並未出於那家門外，現存静明齋内，並無一人卷席而去。何爲抄劫也？是護安氏顯宗子母。總因受人之愚弄唆哄捏誣八駝銀兩千萬無數之言，悉皆含沙射影，蜃樓駕霧之意也，自難瞞天臺推情度理之洞鑒也。其申氏所生之子實係貢生那嘉猷之骨血。伊惡忍心害理，隱諱有子而無子，滅絶天倫以絶血食，欲圖財産，婦女向外，實妾婦之短見也。無如常守嗣陰謀未遂，即主唆安氏首之逆奴夥叛，此非逆奴，實忠良也。輔孤立嗣亦是那門之榮耀，與別人何干。辯言顯宗實係婢所生，不服約束之言，殊不知伊等之始，抑亦母以子貴者也。常守嗣只知命妻爲重，而不知己罪，既知命妻爲大，伊那氏娶到無辜休賣命妻禄氏以爲望門守寡廢嫡寵妾，知法犯法而不自覺有何狡辯。總因貪圖心迷，惟是誣陷人致死，伊等得以高枕而卧之念。且又四路招呼，各馬分人等以酒肉哄誘捏詞遞供。此皆常守嗣千謀百計之所爲也。伊不絶那門之後決不休矣！兼又捏以姦情，敗壞那門之門風，誣良爲賤，壞人名節，此皆傷心徹骨，乃天地所不容，神人所共憤，祖宗所切齒。那氏捏唆安氏，守嗣做筆交加虚爲案迹祈究明確。自甘認死，其馬分親身人等嘵嘵具訴者，而實由於守嗣之吞謀暮連之故。衆等云稱：常家原是馬龍州之籍，先年守嗣之父常應運招入撒甸，後伊反叛擾害一方之生靈也，苑州主稟請各憲大老爺發本營官兵征剿，追趕至四川拿獲，服毒自盡，割頭解省，張掛教場營門口示衆。當時守嗣幸有家人期罵護領三江口岩洞逃命。今有悖叛之餘孽，刀口之餘生，乃漏網之犯也。兹又復萌欲吞暮連地土，將來難免擾害生靈也。是以立心親身入甲等言，守嗣乃赫赫有名之訟棍。府州積案如山，墨迹未干，二十四馬無不受害，衆怒沸騰，誰不畏懼。蟻等何等人物與伊控告。切思事主莫過於忠良，孝親莫切於順從。聽主命撫幼子反獲其罪，只得冒死哀訴。伏乞青天做主，大施惻隱積萬代之陰功。府准立嗣，斷給所索之財物，契紙穀米等項，追還賞給孤子，庶利口刀姦者知有王法也。而貢生嘉猷雖在九泉之下感恩不淺矣！爲此迫情投天上訴本府大老爺臺前施行。乾隆二十五年六月二十日訴。

楚雄彝族文化研究所《武定土司檔案·嚴提賊贓事嘉慶十一年四月十三日》 茂連鄉那顯宗謹稟大老爺座前萬福金安：敬稟者，竊於四月初八日接奉鈞牌，據捕役馬良具稟天差提贓賊一案。職員即於初九日着家人協同天差前往麻當僻傳喚那裕先，令伊將賊犯二名、贓馬七匹交出，以便轉解赴轅聽候發落。據裕先供稱：於正月内失馬三匹、騾一匹，當即報知捕役馬良，着伊根究。奈伊延挨不理，只得着家人李時新四路查訪。有法鳥窑上失主等聞踪相遇，張尚誠尋獲馬六匹，各自認回。不意馬良貪心未遂，揑稟廳主，曾經具訴在案。今復誣稟，情切難甘，自願赴案對質，並無贓賊等語。職員無憑解交，只可傳那裕先同原差出州候訊。至捕役馬良揑稟職員專人持書與張紹。竊思失馬有主，起贓有地，裕先縱有叔侄之親，而他頗無統轄之分。職員何能擅行關提，伊等亦安肯俯從起解。蓋由馬良捕風捉影，欲假此以御縱賊分肥之罪。且伏冀憲臺飭差提問張尚誠有無書信，及着人追贓情事，祈恩嚴訊馬良無故誣枉陷害情弊，庶蠹役知有王章，而良善免遭冤抑，頂祝禄位世代不朽。肅此具稟，恭請福安。伏惟鈞鑒。那顯宗謹稟。

嘉慶十一年四月十三日具稟。

（清）胡文炳《折獄龜鑑補》卷三　有訟妻被拐逃，訪明逃於鄰邑恩縣某莊。余關傳而來，乃知前夫出門未歸，久無音耗，鄰人憫其妻之無依，而勸之嫁，非後夫之拐而逃也。衆供確然，判歸前夫，案已結矣。官媒索其妻之飯食錢於前夫，允歸措錢來携婦。

越日，有汛兵羅玉者，獲販鴉片煙犯人投案，乃尋到之前夫也。第令押下。次早，傳官媒及其妻來，隔別研訊。命役語其妻曰：爾賄營兵誣拿爾夫。彼官媒已招矣。爾焉抵飾？語官媒亦如是。兩婦各自供出：乃後夫往別婦，婦不忍舍。官媒曰：無難，吾鄰有羅將爺者，善辦事。盍往求之！羅曰：方今功令禁鴉片最嚴。吾以是誣之，雖至輕亦徒罪。汝二人可常合也。酬以錢七千。是日，適前夫來携婦，過羅門，羅呼與語，硬以鴉片置諸其懷，捉之送案。兩婦所供，無一字訛，乃各予掌責，令前夫將婦領去。語於汛官開羅糧，根追究鴉片所從來，則詭謂買自州城者，姑置不理，第重處之。

幕友以不崇朝而案破，謂余何若是之神。余曰：昨呈者錢許鴉片耳，而以云販，有是情乎？方其投案時，即已洞然。及得兩婦所供，若余親見之者。

《例案摘要・越訴・衝突儀仗罪止近邊仍照告重事不實例發邊遠軍嘉慶十七年湖廣司》　查此案李承宰因私買官爲封禁山場，被鄧德桐控告，經官斷結，復挾鄧德桐等折棚伐樹之嫌，起意翻控洩忿，憶及現在廣東巡撫韓曾任河南藩司，該犯商同陳昌熾並伊弟李白珩等照依歷控情節，控將買山造物被鄧姓揑稱盜買，經州審斷並以鄧冠英等統衆抄搶，焚燒屋宇等情，令李白珩赴廣東巡撫衙門呈控，並另繕叩閽詞狀，呈請轉奏，由廣東解回湖南審明，全屬虚誣。李承宰所控鄧冠英罪應騈首按所誣罪止擬流加徒，即該犯繕寫叩閽呈詞，妄請巡撫衙門轉奏，例無越赴隣省督撫誣告作何治罪專條，即因繕寫叩閽詞狀，請轉奏，比照衝突儀仗例，亦罪止近邊充軍。該省將李承宰依赴京告重事不實，若全誣十人以上例發邊遠軍。陳昌熾照依强佔民山場律擬流。李白珩照爲從，擬徒。查核情罪均屬允協，應請照覆。

《清宣宗實録》道光二十四年四月〔乙巳〕又諭本日都察院奏，河南民人孫森呈控受串縱匪害命滅口一案。此案該民人所控伊兄因盜樹送縣，爲捕役等毆斃私埋，既經該縣及委員等驗出致命重傷，且屢經該民人及伊叔赴府控告，何以該府並不認真究辦，反將柴庭良等釋放。其中有無瞻徇庇護情弊，著鄂順安確查研訊，毋許稍有不實不盡，將此諭令知之。尋奏，賊犯孫五到案後，曾與店保柴庭良爭毆，受有微傷，另因痢疾身死。伊弟孫森聽從伊胞叔孫洪望主使誣控。除孫洪望已故外，孫森擬杖，餘犯分別問擬。下部議，從之。

譚棣華等《廣東碑刻集・奉憲嚴禁碑記》　道光二十五年十一月，生員湯琇魁、馮應珍、鍾粹琦，廪生梁彝彰、吴喧、馮文光、劉居莊，歲貢黄奮昌、謝天香、李文鍔，例貢李步横，武生鄭庭剛，舉人司徒晋、伍耀東，武舉張大筠，監生黄殿華等，節經列款呈請書差辦公等項。二十六年四月，自蒙府憲汪公給示憲禁，七月赴府呈請，又蒙府憲楊公批示：所議各款尚近情理，自應如是所請，由縣立案永禁。□若書役人等，有串同無賴，捕風捉影，誣陷平民，籍公法以魚肉百姓，逞私勢而羅織無辜，一經察出，即從重懲治。檄行到縣，仰縣文到，立即遵照詞内事理，查明各款，勒石永禁。仍一面將查辦各緣由，稟復核奪等諭。九月奉檄叩縣，蒙縣核申詳，隨即出示嚴飭，一體遵行，諭生等善爲辦理，勒石永禁，以杜弊端等情。今將府縣準行條款列次於左：【略】

納糧書吏延不發給印串，或私收單，希圖侵用，又將以納之糧兜收阻匿，□籍未納之户，妄指勒索，連及族人，横行拖累，甚至故意算錯，以

圖勒索，狡通無賴圖差，誣陷平民。倘有偶犯，即稟究。【略】

贓犯誣扳良民，如有保老赴案具結，訊明實係安分良民，立予擇釋，即當堂保老領回，承差不得勒索錢文。如違，稟究。

勘驗夫價、程途、扛尸、誣陷等項，以及卯期遞呈向供，并縣早夜隨便問話，均遵到縣李臺給定章程，不得勒索。如違，稟究。

《清宣宗實録》道光二十六年七月〔丙申〕諭軍機大臣等本日據都察院奏廣東民人陳通合控案，已明降諭旨，交耆英等提訊矣。據控鹽户巡丁挾讎稟，差役率領土棍搶店貨，濫捉平人，致斃三十餘命之多。如果屬實，大干法紀。該督等迅即親提究辦，秉公查訊，務得確情，以儆刁風。至該委員有無受賄徇私，及該縣知縣果否回護前詳延不拘解，著一並認真查究，據實參奏，毋稍含混。將此諭令知之。尋奏訊明陳亞利等實係興販私鹽，雇船户陸有船隻裝載，被巡丁何連等查獲。陳亞利擲石拒捕，致何連閃跌落河淹斃，並非鹽户巡丁挾讎誣稟。該縣營因赴郭亞瑞陳通合鋪内查拏私犯陳亞利時兵役僅止將其鋪門打毁，並無率領土棍毆搶店貨，致斃三十餘命之事。委員王銘鼎實無得賄徇私，知縣謝嵩齡亦無心存回護延不拘解等情。陳亞利合依鬬毆殺人者不問手足他物金刃並絞監候例，擬絞監候，業經病故，應毋庸議。陳通合捏情京控，應照蓦越來京告重事不實例，發邊遠充軍。惟伊堂姪代爲首明，且已病故，亦毋庸議。其餘各犯照例分别擬罪下部議。從之。

中國第一歷史檔案館《咸豐同治兩朝上諭檔》咸豐元年七月初六日

御史雷維翰奏吏治疲體，訐告成風，請申明舊例一摺。近來各省被劾人員，往往投遞呈詞，藉端挾制訐告之案，層見迭出，如被劾之員果有冤抑，原許其據實申訴，若於被劾本案之外，摭拾别項款跡砌詞聳聽，顯係懷挾私仇，藉圖報復。而該管上司等恐被訐告，遂多徇隱，或於開缺之後，始行糾參，或於已參之後，復爲消弭以致刁劣屬員肆無忌憚，尚安望其整飭官方耶。嗣後如有被參人員以不干己事訐告上司以圖報復者，内外問刑衙門著照定例立案，不行仍分别治罪，以杜挾制。各省督撫以下凡有表率之責者，如果各勵廉隅奉公守法，自立於無過之地，俾該屬員無瑕可指，亦何至啓反噬之漸，惟當激發天良，潔己率屬，不可因豫防挾制，隱忍姑容，亦不得因有立案不行之條，恃爲無人發覆，遂不自加檢束也。至各省遇有特旨查辦之案，均應澈底根究，迅速清釐，毋得回護遷就，轉致稽延。庶大法小廉而劣員亦知所懲警，於吏治人心均有裨益。

中國第一歷史檔案館《光緒宣統兩朝上諭檔》光緒元年四月二十四日

有人奏浙江覆訊重案意存瞻徇，請派大員查辦各摺片。浙江餘杭縣民婦葛畢氏毒斃本夫葛品連，誣攀舉人楊乃武因姦同謀一案，前經楊乃武之姊葉楊氏赴都察院呈訴，經該衙門咨回覆，訊因原問官回護，前非經楊乃武之妻楊詹氏赴步軍統領衙門復訴冤情，當交楊昌濬督同臬司親提人證訊擬具奏。現在葛畢氏及錢寶生等既已供出實情，自應從此根究，以期水落石出，何以該問官屢用嚴刑，逼令照依原供，且葛畢氏既堅稱因仇誣攀，實與楊乃武無干，何以該問官仍置若罔聞，似此意存瞻徇，殊屬不成事體。著胡瑞瀾提集此案人證，秉公嚴訊，務期究出實情，以成信讞。儻該學政見好同官，代爲回護，仍照原題含混結案，别經發覺，定惟胡瑞瀾是問。此案情節極重，該問官一味遷延，難保不希冀楊乃武等有一監斃便可含糊了結。現交該學政查辦，更難保不暗中布置，致死滅口，著楊昌濬嚴飭承審各員，將楊乃武葛畢氏及案内要證妥爲看管，聽候審訊。儻有監斃等情，不但治該員等以應得之罪，恐楊昌濬亦不能當此重咎也。

中國第一歷史檔案館《光緒宣統兩朝上諭檔》光緒元年八月初一日

胡瑞奏查辦案件先陳大概情形一摺。餘杭民婦葛畢氏因奸毒斃本夫一案，現經胡瑞瀾委員研訊，以犯供狡展未能即時定讞，著該學政俟考遺事畢，仍督同委貟秉公審辦，務將葛品連是否楊乃武起意謀斃研訊明確，總期無枉無縱，以成信讞。

中國第一歷史檔案館《光緒宣統兩朝上諭檔》光緒三年二月十六日

前因給事中王書瑞奏浙江覆訊民人葛品連身死一案，意存瞻徇，特派胡瑞瀾提訊，嗣據該侍郎仍照原擬具奏，經刑部以情節歧異，議駁。旋據都察院奏浙江紳士汪樹屏等聯名呈控降旨提交刑部審訊，經刑部提集人證，調取葛品連屍棺驗明，實係因病身死，並非服毒。當將相驗不實之知縣劉錫彤革審，並據御史王昕奏承審大員任意瞻徇，復令刑部澈底根究，茲據該部審明定擬具奏。此案已革餘杭縣知縣劉錫彤因誤認屍毒刑逼葛畢氏楊乃武妄供因姦謀斃葛品連枉坐重罪，荒謬已極，著照所擬從重發往黑龍江効力，贖罪不准收贖。前杭州府知府陳魯於所屬知縣相驗錯誤，毫無覺察，並不究明確情行具詳實屬玩視人命。寧波府知府邊葆誠嘉興縣知縣羅子森、候補知縣顧德恒、龔世潼承審此案未能詳細訊究，草率定案，候補知縣鄭錫經巡撫□令密察案情，含糊稟覆均著照所擬革職。巡撫楊昌濬據詳具題，既不能察出冤情，迨京控覆審，又不能據實平反，且於奉旨交胡瑞瀾提訊後，復以問官並無嚴刑逼供等詞，嘵嘵置辯，意存回護，尤屬非是。侍郎胡瑞瀾於特旨交審要案，所訊情節既與原題不符，未能究詰根由，詳加覆驗，率行奏結，殊屬大負委任。楊昌濬胡瑞瀾均著即行革職，餘著照所據免結，人命重案罪名出入攸關全在承審各員盡心研鞫，期無枉縱。此次葛品連身死一案，該巡撫等訊辦不實，始終回護，幾致二命慘罹重辟，殊出情理之外，嗣後各直省督撫等於審辦案件，務當督飭屬員悉心研究，期於情真罪當，不得稍涉輕率，用副朝廷明慎用刑至意。

《各省審判廳判牘》第二編《判詞類・捏情妄控重慶地方審判廳案》

緣劉吳氏係巴縣商民劉子謙之妾，從前劉子謙乏嗣，伊妻盧氏商令納妾。爲嗣續計，於光緒三十一年，憑媒周易氏及監保高人和覓納吳氏爲妾，議取財禮銀四十兩，由吳氏母弟吳俊卿出約主婚。計今過門六載，平日侍奉伊姑劉包氏尚能盡道，初來三載，嫡庶相安，劉子謙亦無苛責之意，後因劉包氏別居，屢被劉氏刁撥，劉子謙相待漸刻，稍有疏虞，惡詈横毆。吳氏賦性純樸，吞聲忍受，非止一次。劉子謙視其可欺，愈加嫌賤。本年九月，劉吳氏又因細故觸犯，遭劉子謙箠楚交加，不堪其虐，潛往涪州東岳廟尼庵暫避，因向尼僧述及出外避威情由，并無别故，尼僧暫允容留。庵内向有女學堂一所，就便住堂誦讀，由尼僧墊給食費，媒證周易氏、高人和均不知情。劉子謙因吳氏私出，找尋無着，遂疑高人和等刁唆串同吳俊卿藏匿，憑衆理論，斥吳俊卿尋出息事。迨後，日久無獲，劉子謙控經警署迭訊，斷飭吳俊卿等限日交人，仍未尋獲交案。十二月初間，吳氏始由尼庵潛回，劉包氏苦乞收留，備陳在尼庵栖身之故，劉子謙未經探悉，迭以遵懇提究等情赴巴縣初級審判廳起訴，經該廳推事會同檢察官察訊，旋據劉包氏代領吳氏到案，供稱吳氏潛往尼庵，委係避威起見，并非背夫逃亡等語。該廳恐供情不確，於本月二十三日，將人證卷宗移送本廳復究。當經刑庭勘問媒證高人和等，實無刁唆支匿各情，復移歸民庭訊斷。隨於二十五日齊集人證，訊悉前情，自應據理判決。查此案劉子謙貨納吳氏爲妾，本爲育嗣之謀，乃從正妻盧氏，苛嫌虐待，始而不安於室，繼復逼迫出外，迨後尋覓不獲，輒敢捏情妄控，株累多人，若非伊母劉包氏將吳氏送案質明，幾至釀成重案，本應按律科以不應之律，惟念釁起閨闥，未便因其妾避，嚴斥傷和。劉吳氏潛往尼庵，雖訊無唆串私誘別故，究有不合。姑念婦女無識，平日奉姑盡道，均予從寬免究。劉包氏既願將劉吳氏領回，一面開導劉子謙，令其團聚，尚屬正辦，應飭即日領回，將其嫡庶相安，再行送歸同處。斷令劉子謙月給銀十元以作用度，即由劉包氏經手支發，免其浪費，各具切結完案。訟費十兩，着劉子謙呈繳。

《各省審判廳判牘》第二編《判詞類・教唆詞訟誣告人致死蘇州鳳池庵冤獄江蘇高等審判廳案》　本廳總核，現供宣統元年九月十四日，府學西首漫野草地内發現之尸，決爲無名男尸，毫無疑義。丁道士、須阿慶、王葉卿同在所病故之馬有祥在縣供認，尸名王阿根，係伊等謀斃。及各人與妙蓮通奸各節，全憑世保之供。而世保之供均係小毛即毛順所教。現經本廳多方調查，廣集人證，再三研鞫，質證明確，案無遁飾，應即審正，依律判決，以免枉縱。查吳縣白役毛順即小毛，教幼尼世保供詞，以致全案冤抑，并地保張仁山等得贓，遵章合議審正一案。緣毛順即小毛、張順山即大阿根、胡榮、張斌、魏廉、朱兆鈞分充吳縣副役、地保、差役、刑書等。世保、妙蓮、定修均係鳳池案尼僧，楊阿五係庵中香工，丁道士、須阿慶、王葉卿并在所病故之馬有祥等，或與尼僧定修等認識，或在庵織機，或與尼僧定修等素不相識。宣統元年九月十四日，地保張仁山查見鳳池庵前荒地内有男尸一具，身受多傷，報經吳縣陳令其壽詣驗，飭仵報傷填格，尸手握有頭髮一綹及尸旁燈籠，當時實未帶回儲庫。該縣詢及近鄰尼庵平時是否安分，地保張仁山回稱，鳳池庵尼僧妙蓮聲名不佳，該縣即飭值日差役魏廉、張斌緝凶，曾至鳳池庵，查無形迹，復經加派差役胡榮協緝。十九日午間，地保張仁山因尸場辦差賠錢，向鳳池庵住持定修借錢貼補，定修未允，張仁山即説没有也好，過幾日看顏色，紙老虎要真就真，要假就假，不要後悔。張仁山想因此借錢，定修并不在意。二十二日，該縣票傳尼僧訊問，胡榮令夥役毛順即小毛同魏廉等往傳。彼時，鳳池庵香工陳阿五不在庵中，由住庵織機在所病故之馬有祥陪庵尼定修、妙蓮，世保先到吳縣前茶館吃茶，毛順遂領九歲幼尼世保至僻處，向問殺人之事，世保回說：我不敢說。毛順因此生疑，騙世保買東西吃，不說，要將世保嚇打，世保害怕，毛順教世保到堂要說死尸是庵中所殺，師父妙蓮有姘頭五個，此一個死人就是五個姘頭内一個，被師父這四個姘頭所殺等語。及該縣提訊，世保即照毛順所教而供稱，訊及妙蓮、定修、馬有祥，均不承認通奸殺人之事，馬有祥只供稱丁道士、須阿慶常來庵中。當夜陳令即提丁道士、須阿慶到案，鳳池庵香工陳阿五當晚回庵，始知庵尼被提，即向縣署探詢，被差帶案。王葉卿於是月十九日，由常熟原籍來蘇，到伊表姐陸楊氏家，二十三日午後，聞鳳池庵犯事，携外甥至庵後門首閑看，推動庵門，被看庵地保等帶縣。是日，差保將丁道士等帶至茶館，地保張仁山向每人索洋四十元，丁道士、須阿慶不允給錢，香工陳阿五由其母應允付給。是夜，該縣提驗王葉卿，頭上有疤，少髮，謂係死者扯脱。第二次提訊，妙蓮則因畏受刑，想起地保張仁山及保夥均名阿根，隨口供稱死尸名阿根，其姓王及常熟人，妙蓮均未供過，係該縣誤聽喝訊，隨口供認。并問是否初九日所殺，妙蓮亦即供是。後提訊馬有祥、丁道士、須阿慶、王葉卿等均依此定讞，不與世保質訊，隨即詳奉臬司批飭。彼時鳳池庵香工陳阿五在押患病，先後交地保張仁山洋四十一元，乃得保釋，刑書朱兆鈞即金生得洋六元，張斌得洋六元，魏廉得洋三元，毛順得洋四元，張仁山得洋二十二元。又該縣將鳳池庵發封充公，所有庵内器物、銀元均由刑書朱兆鈞檢點開單賬。友錢品齋搬取附卷之單，與朱兆鈞呈出有錢品齋圖記之單不符，賞給差役賞洋一百元，查卷在鳳池庵存縣之洋内提撥，而差役魏廉等均供未領用，亦并無領狀。該縣自奉臬司批飭後，聲叙具詳。將馬有祥等解府，經蘇州府何守剛德提訊翻供，并審出有毛順教供情事，發回原縣。陳令復訊，定修混供死者王阿根，常熟人，吃典當飯，未及具詳，卸事。吴令到任接審，因本廳成立，移送檢察廳起訴到廳。本廳查卷集訊，與原縣訊迴異，移請嚴緝教供之毛順，一面查得常熟縣并無營業典當走失未歸之人，亦無王阿根其人，驗明縣移之髮與王葉卿頭上之髮不同。又據檢察廳移以馬有祥在所病故，旋獲毛順送廳，環訊研鞫。據各供明前情不諱，再三究詰，矢口不移，則鳳池庵前荒地之尸實屬無名男尸，并非馬有祥等謀斃無疑，應即審正，依律判決。查例載：教唆詞訟誣告之人案，係教唆之人起意主令者，以主唆之人爲首，聽從控告之人爲從。又，誣告人因而致死被誣之人，委係平人及因禁身死者，擬絞監候。又律載：十五歲以下犯流罪以下收贖，十歲以下除殺人應死者，餘皆勿論。又例載：内外大小衙門蠹役，恐嚇索詐貧民者，計贓一兩至五兩，徒一年，十兩以上，流二千五百里。又：正身衙役違禁私帶白役者，處十等罰，革役。白役犯贓，正身衙役知情者，同罪。又：僧道招徒，如年未四十即行招受，照違令律治罪，生徒勒令還俗。又：違令律者處五等罰各等語。此案白役毛順教令幼尼世保，妄供其師父妙蓮有奸夫五人，鳳池庵前荒地男尸爲五人之一，被四人在庵中殺死，以致拖累無辜之馬有祥等多人誣認，并致馬有祥在所病故。遍查律例，無白役教供誣告，被誣之人致死，作何治罪專條，應將毛順即小毛除分得陳阿五贓洋四元，并教令世保誣指妙蓮有奸輕罪不議外，合依誣告人因而致死，被誣之人委係平人，及因禁身死，擬絞監候例，擬處絞監候。地保張仁山除向鳳池庵住持定修及丁道士等訛索不遂不計外，其索詐陳阿五洋四十一元，計分得洋二十二元，每元六錢八分估算，計贓洋十四兩九錢六分，差役張斌及刑書朱兆鈞各分得洋六元，差役魏廉分得洋三元，計贓以一兩以上，自應計贓各科其罪。張仁山即大阿根，合依内外大小衙門蠹役恐嚇詐貧民，計得贓十兩以上，流二千五百里例，處流二千五百里。張斌、朱兆鈞即朱金生、魏廉計得贓各一兩以上，合依一兩至五兩處徒一年例，各處徒一年。差役胡榮雖未分贓入手，惟將分得陳阿五贓洋四元交與白役毛順，即屬知情同罪，計贓一兩以上，除私帶白役輕罪不議外，合依例處徒一年。張斌、朱兆鈞、魏廉、胡榮各革役，遵例發工藝所，依限工作。幼尼世保聽毛順逼嚇教唆，誣供伊師妙蓮有奸夫五人，謀殺一人，雖例定爲從，惟年只九歲，合依十歲以下除殺人應死者餘皆勿論例，擬予勿論，發堂還俗留養，年長擇配。妙蓮供認前曾與已死之僧犯奸，事在恩赦以前，應準援免外，惟年未四十收徒，係屬違令，合依違令律處五等罰，勒令還俗，發堂擇配。丁道士、須阿慶、王葉卿、陳阿五俱訊與受傷身死男尸案無干，分別省釋。馬有祥在所病故，看守醫生人等均無凌虐及誤投方藥情事，應毋庸議，尸棺飭屬領埋。張仁山取出分得贓洋，追還給主。妙蓮罰銀追入官。定修年已五十有九，聽其領取吴縣所存錢物及自置十全街房屋一所，自行焚修。錢品齋搬取鳳池庵器物洋元附卷之單，與朱兆鈞呈出原單不符，及該縣賞給差役洋一百元，魏廉等俱供未領，應由提法司飭令該縣明白聲復，該庵早經入官，應免置議。陸楊氏等甘結及醫生證書，魏廉等所呈差票附卷，頭髮、血衣等存儲。風池庵前荒地受傷無名男尸，由檢察廳移會吴縣及巡警各區招取尸屬領棺，并另行緝凶，獲日審辦此案。按：此案以誣告人致死而索詐而得贓以及奸情人命内容不一，故爲編入訴訟門中。

《各省審判廳判牘》第二編《判詞類・誣告保定地方審判廳案》 緣李二即李成，籍隸北京，莊農度日，父母均故。張進寬係李二之婿，張妞兒係張進寬之女。張進寬憑媒説合，將張妞兒嫁給段獻增爲妾，立有爲妾字據，於宣統二年五月初六日過門，嗣張妞兒不安於室，歸寧後，堅不回家，張進寬因貧病交迫，謀生無計，勒令張妞兒赴保定府城内八條胡同怡紅院娼窑賣奸，經段獻增查知，赴巡警局控告。李二因恐張進寬到官治罪，即以段獻增以妻作妾，捏詞誣控，希圖抵制。經巡警局訪明實情，將李二、張進寬、張妞兒拿獲，送由地方檢察廳起訴到廳，當即提犯審訊，據供前情不諱，究詰不移，應即判决。

查現行律載，誣告人罰金罪者，加所誣罪二等。又，以妻作妾者，處十等罰。又，抑勒乞養女與人通奸者，義父處十等罰，抑勒親女與人通者，罪亦如之各等語。此案李二之外孫女張妞兒憑媒嫁給段獻增爲妾，張妞兒之父張進寬因貧難度，乘張妞兒歸寧，勒令赴娼窑賣奸，經段獻增查知控告，李二因恐張進寬到官治罪，輒敢捏控段獻增以妻作妾，希圖抵制，實屬誣告。查該犯所控，如果得實，段獻增罪應罰金，今審係虚誣，自應按律加等反坐，李二即李成合依誣告人罰金罪者加所誣罪二等律，於以妻作妾處十等罰罪上加二等，擬徒一年半。年逾七旬，照律收贖。張進寬勒令其女張妞兒賣奸，合依抑勒乞養女與人通奸義父處十等罰，抑勒親女與人通奸者罪亦如之律，擬處十等罰。張妞兒照律不坐，系娼窑，無奸夫可指，應免傳究，張妞兒送交保定濟良所擇配。

《各省審判廳判牘》第一編《批詞類・吴家楨誣告一案大理院批示》 案查革生吴家楨因已故堂兄吴紹奇之妻陳氏病故，所有産業概歸該革生承受。吴紹奇妹夫楊順芳夫妻前往吊喪，囑令赴川搬吴紹奇父母靈柩，該革生謂其干涉家産，遂以抄搶瓜分等情呈控，經該縣訊明，依誣告死罪未决律，擬以滿流加役。控經該省審判廳，仍照原判定擬。兹復以前情赴院上訴。詳加查核，楊順芳等抄搶一節，既據該縣訊明并無其事，且該革生業出具誣告甘結存案，即屬供誣確鑿，其上訴各節顯係畏罪，希圖翻案，應即駁斥。惟原所擬罪名係指誣告强盗未决而言。查楊順芳爲吴紹奇胞妹之夫，惟無尊卑名分可言，在律圖爲無服之親，當吴紹奇之妻甫經病故之時，産業是否該革生承受，尚未有定，應仍以吴紹奇之産論。如楊順芳抄搶屬實，酌照無服之親行强盗减一等科斷，罪名滿流。今訊係誣告，依誣告流罪不論已决未决，仍止流三千里。該縣據科以誣告死罪未决，係屬錯誤，應即更正。吴家楨應改（悮）〔誣〕告流罪，不論已决未决，罪止流三千里律，擬三千里。係常赦所得原，收入本地習藝所工作，十年限滿釋放。其宋錫洪一犯應照原判，依不應重律擬處八等罰，吴紹奇抵押宋錫洪之父宋壽山之田業，應照原判，由吴家楨備價贖回，餘均如所擬辦理。

《各省審判廳判牘》第二編《判詞類・誣告人罰罪琿春初級審判廳》 緣日人相見龜之助在琿春西關鏵尖子路北開設相見仙藏商店，於本年二月十一日失去俄帖五十八元，次日早八點鐘，遇見陳學田，即行拿住，交領事館轉送巡警局，移送檢察廳起訴前來。當傳龜之助供稱，陳學田去年十二月間曾偷日本家什物，被人拿住，於二月十一日，又到該店將日本帖子找換時，適午後一點鐘，該店主及雇工永原甚六均在屋内，當時陳學田换帖不成，即出店去，及至二點鐘，該店查櫃内失去俄帖五十八元，遂疑陳學田竊去等情。經提陳學田再三研訊，據供未到過該龜之助店内，但供去年冬在街上誤撞該龜之助小車，將棉花碰落，彼此口角争毆，因此相仇等語。此案既無現獲贓證，又經巡警局當時將陳學田行篋搜查，亦無證據，本廳當移檢察廳派員調查案内情形。據查，該店藏帖之有盖洋鐵匣，係在内櫃桌抽屜内，屜由内開，其地位祇容一人等情，研究情節，其爲虚罔無疑。當時該店主、雇工皆在屋内，而又明知找帖者爲匪人，例應嚴加防閑，豈容陳學田優游入其櫃内，且俄帖藏在櫃内，又加一有盖洋鐵匣，開屜開匣豈無聲響，被竊之言既不在情理之中，指竊之人毫無真贓實據，自應據理判决。查現行律載：凡誣告人罰罪者，加所誣罪二等。惟此案尚未將罪决定，從寬免議，以免拖累。

（清）李星沅《李文恭公奏議》卷三《查辦已革典史吴恒控案摺子》

前據陶廷杰奏，陝西坐選典史吴恒在西安府呈控驛站積弊一案。當降旨令壁昌於差竣赴陝時沿途留心查訪，嚴行懲辦，以肅郵政。兹據該將軍奏稱，沿途挨次點查各驛額設馬匹均無短缺，所需麸料草束詢之民間，并無勒取折扣、藉端濫派各情，已革典史吴恒所控著無庸議。至該革員以事不干己，妄言聳聽，其中有無挾制圖幫私和抑勒情弊。著陝西巡撫李星沅於到任後覈實查辦。以儆刁風，欽此。并抄録原奏咨送前來臣遵於入境後接見文武各官悉心體訪僉云。該革員吴恒初意未始非借此大題，妄希挾制圖幫。後因查明各驛無弊，恐至奏參革審，遂認冒昧粗率，懇求寬宥。合省皆知并無私和抑勒等語，詢之同城司道均無異詞。臣以吴恒原禀指陳似非無據，何以一經查辦，旋即認誣，起滅自由，未遽信爲無弊，即本省道府奉委互查亦難保非意存消弭。驛站事關通省，所挾既非一處，所圖亦非一人。如果勢勒賄和，自難泯然無跡，當即遴委在省候補知縣陳炳琳、傅棨勳、畢賡言、張調分赴四路驛站，改裝密查，并附片陳明。奉硃批是。欽此。嗣據各委員覆稱設法採訪輿論均符，實無别項情弊。又經臣以訛索在人自首免罪，諄飭管驛州縣從實禀出，後經發覺加等參究。復據各州縣禀覆吴恒自認誣控，委非抑勒私和并出具切結存案。臣思此案大要，總以驛站有無積弊爲衡。今陝省各驛先經前署撫臣陶廷杰分委確查，馬匹足額，毫無弊竇，復經欽差福州將軍壁昌沿途挨次親驗，驛馬均無短缺，且詢之里民，所需麸料草束并無勒取折扣、藉端濫派各情。在陶廷杰認真推求，固不敢稍存欺飾，在壁昌祇奉特旨順道覆查，更無所用其迴護，但使所禀得實，均應嚴切究懲，亦安肯遷就扶同代人受過，是吴恒禀訐驛站積弊，全屬子虚，將挾制而無從，將圖幫而莫應。論理既無須抑勒，準情亦不必私和。臣自到任以來，覈實詳查其爲畏罪認誣，似屬可信。惟吴恒以在籍坐選微員潛來陝省，敢以不干己事，妄言聳聽，雖無圖幫之據，必有挾制之心。迨查係全虚，慮恐革審，又認咎止粗率冒昧，顯係預存輕減情節，爲日後捐復地步，似此居心奸巧，行同無賴，豈容再登仕版，貽害地方。相應請旨將已革典史吴恒永不叙用，即加成報捐亦不准行，以示懲儆而肅官常，所有查辦緣由，理合繕摺具奏。【略】上諭：李星沅奏查明革員妄控驛站，尚無勒和情弊一摺。已革典史吴恒以在籍坐選微員，潛赴陝省，敢以不干己事妄言聳聽，現據該撫查明所控驛站情弊全屬子虚，雖無挾制圖幫等情，究屬居心奸巧，行同無賴。吴恒業經革職，著永不叙用，以示懲儆。該部知道。欽此。

（清）李星沅《李文恭公奏議》卷一〇《審結東臺縣民周紹汶控案摺子》

竊照東臺縣民周紹汶以周幗勳等吞欠竊毆，并印在莊司巡檢柯偉吸煙開賭等情，遣抱赴提督衙門呈控，送交刑部訊供咨解來蘇。經前撫臣孫養實飭司行提人卷委員節次提訊，衆供確鑿，惟周紹汶因被控之巡檢柯偉先已飭委運銅進京，藉口狡執，旋將柯偉追傳到案，周紹汶無可置辯，按擬招解，仍復翻異。又經添派幹員會審，去後兹據署臬司積喇明阿詳據委員蘇州府等，援照堅不成招之例，詳請具奏前來。臣隨親提人證，詳加研鞫，緣周紹汶即周堂，又名周梆榮，一名周三虎，籍隸東臺，其父周應鵬於道光十四年二月十六日病故。周紹汶即於二十四日妄控胞叔周應鸞霸阻家産，竝擅牽繼母周王氏牛隻，經縣提訊周王氏，代求寬免完案。周紹汶轉赴府翻控，竝招留匪類在周王氏地内居住，爲其叔周應鳳等呈首，訊將周紹汶問擬杖枷。周紹汶擅冒周王氏之名求免發落，周王氏查知呈明補枷，因病保釋。二十一年閏三月周應鳳病故。周紹汶播弄其子周幗勳等争論喪費，復被控縣訊責，周紹汶知犯衆怒，挈眷遷居泰興縣季家莊地方。此周紹汶節次干犯滋訟之劣跡也。周紹汶原籍有田四十一畝，草房五間，於二十一年十月央武生丁長芝等作中議價四百四十千文賣與周幗勳爲業，外加遷移錢二十千。周幗勳嫌其昂貴，契内止書價錢三百六十千餘作幫項。先後付過錢一百六十千餘錢，寫給欠據注明二分起息，陸續措還。至二十三年七月尚欠錢二百千，周紹汶遣妻周張氏至周幗勳家坐索，旋因欠票遺失，疑爲周幗勳竊去，口角争鬧。周紹汶赴揚州府同知衙門呈控未准，其子周鍔將周幗勳家農船兩隻撑至魯恒盛行内變賣。當即追回一隻，周幗勳向周王氏告知，周王氏代爲出名控縣，提訊未到。此周紹汶與周幗勳因契價未清涉訟之原委也。周紹汶在季家市開張碾坊，與貢生耿中生意往來，結欠米錢二百二十千。至二十三年五月周紹汶向耿中索討，耿中因係店夥經手，稱須從新結算，周紹汶不依争吵，竝將茶碗摔碎，欲毆耿中，就近赴印莊巡檢衙門具禀。周紹汶亦捏耿中將欠抵作賭帳情詞，赴泰興縣呈告。該巡檢柯偉接受耿中呈詞，前詣查勘，因周紹汶挺撞喧鬧，將其杖責十板，詳縣提究。此周紹汶與耿中因帳目涉訟受杖之原委也。周紹汶即寫就呈詞，遣弟周紹祖赴提督衙門呈控，交部訊供。咨解來蘇委員屢審堅不成招，詳請勘奏前來臣親提研鞫，周紹汶仍不輸服，隨就所控各情逐層駁詰，如周幗勳盗取借券一節，查盗券必圖賴欠。今周幗勳承認欠錢不諱，是借券係遺失而非盗去，已無疑義。又耿中欠伊米價慫恿巡檢杖責一節，查耿中因係店夥經手稱須另算，實止欠錢二百二十千，該犯輒摔碗逞毆致被控發。又因挺撞受責，咎實自取，至巡檢擅受濫責應由官爲查辦，亦非該犯所能挾持。又縣書李宏章詐錢未遂，弊匿帳簿一節，查泰興縣卷内現有帳簿，已據認係原物。李宏章係印莊巡檢衙門字識，並非縣書。又東臺縣書房廷揚撕毁呈詞，將其掌責一節，訊之通案人證僉稱該犯自遷居泰興後從未回籍。又周幗勳等搶去錢船一節，訊係該犯之子周鍔撑賣周幗勳船隻，現有其母周王氏代爲認控可據。又巡檢柯偉吸食鴉片煙一節，查定例吸煙有癮方坐，不准旁人首告，且經前署蘇州府桂文耀督同候補知縣施燕辰等飭傳柯偉提同該犯，熬試一晝夜。又經現任蘇州府桂超萬候補知府鍾殿選候補直隸州知州嚴達覆加訊試，委無煙癮。又巡檢柯偉開設賭場，與耿中結盟宴樂，站堂指喝一節，既無賭具又無同賭同盟人姓名，及開賭宴樂年月日期更屬毫無影響，乃該犯理屈詞窮無可抵賴，輒云柯偉吸食鴉片煙係已故謝賓山向伊告知。又云所控縱多不實，現奉恩赦，總不該將伊問罪，堅不成招，察其狡猾情形，無非爲挾嫌誣告，審虚畏罪起見。查例載近來淮揚一帶好訟成風，若因始終狡執稍事遷就，刁民更無忌憚。查例載驀越赴京告重事不實者，發邊遠充軍。又審辦案件有實在刁健，堅不成招，如犯該徒罪以上者，仍具衆證情狀，奏請定奪各等語。此案周紹汶父死未及一旬，即因争産誣控胞叔擅牽繼母牛隻，招留匪徒，播弄是非，致令同堂弟兄同室操戈，種種干犯妄爲，本非善類。又以錢債細故，因被稟責挾嫌添砌巡檢吸食鴉片煙開場聚賭及結盟宴樂各重情，驀越京控，迨經審虚擬辦，復敢屢次翻供，堅不成招，刁詐已極。周紹汶應請照驀越赴京告重事不實例，發邊遠充軍，仍照例聲明。請旨定奪。事犯到官，雖在道光二十五年五月二十四日清刑恩旨以前，不准援減。巡檢柯偉接受耿中稟詞，前詣查勘，因周紹汶頂撞杖責，雖即詳縣業已擅受，應請交部照例議處。周幗勳承買田房拖欠價值，致肇訟端，復聽從周王氏混控截搶，應照不應重律杖八十。事犯到官在大霈甘霖以前，應予援免。貢生耿中與周紹汶帳目糾纏，係由店夥經手，因周紹汶毁物滋鬧，就近赴巡檢衙門指告，訊無結盟宴樂站堂指喝情事，應免置議。周幗勳所欠田價二百千，耿中所欠米錢二百二十千，飭各如數繳給周紹汶之子周鍔等。强賣周幗勳船隻，係屬取物抵欠，飭縣查提責懲。所未追回農船一隻，由縣著令繳還，餘屬無干概行省釋。

譚棣華等《廣東碑刻集·嚴禁借命訛詐以肅法紀事碑》 照得惠潮嘉各屬民情刁詐，每因睚眦細故，動輒便服毒藥，前往怨家撒賴恐嚇，希圖挾制。迨毒發身死，必以威迫斃命指控。又有民間婦女，不明大體，偶因家庭不睦，或因外人口角，抱忿輕生，於是母家夫家因而藉尸混告。又有因病身故，而家屬輒先殮埋，籍以人命訛詐。又有外來游丐，病斃中途，視爲奇貨可居，冒認死者親屬，沿鄉訛索，擇肥而藉噬，稍不遂欲，則指爲毆斃，滅尸揑情呈控。種種不法，實屬危害閭閻。尤可惡者，遇有真正命案，尸親遞呈，必將訛詐不遂之殷實良民，列控首名，指爲喝令主謀。此外，正幫各凶，亦任意羅織百餘名及數十名不等。地方官如不加察，率行照案差拘，即墜奸徒詭計之中，立貽善民破家之苦。夫人命以尸傷見證爲憑，固不准空言混指，即被控人證，亦不容累及無辜，當知誣告，例有反坐之條，詰訟亦有終凶之戒。本道承乏此邦，十餘年來，披閲各屬紳民所遞呈詞，其中控告人命之案不少，而求其曾經報縣，驗明證據確鑿者十無一二。顯有訟棍刁徒從中唆播弄，勝固可肥囊橐，輸則越訴抗傳，相習成風，幾於恬不爲怪，全不思官之驗訊可憑，□□爲彼之詳張得計？若不嚴行示禁，何以肅法紀而安善良。除通飭各縣隨時拿辦，并督率各鄉紳耆務加戒約，即將告示一體泐石，以垂厲禁外，合亟出示曉諭。爲此，示諭各屬紳士軍民人等知悉：爾等身爲家長者，務先訓飭服屬子女、親丁，各宜守分安居，保身惜命，勿因徽嫌毒，希圖恐嚇，以及婦女輕生，籍尸混告之案，均准被害之家據實呈訴。一面具保投到，聽候提集質明，治以誣告之罪。其真正命案，限天三日内報縣詣驗，并指明正凶，見證姓名，以憑拘拿究辦，不得多延時日，及混行辜累多人，致干嚴究。如人命重情，未經報官驗明，輒將尸身私自殮埋者，概不准理。如敢飾詞具控，除原呈立案不行外，并將具呈之人，照誣告人死罪例，按法懲辦，以昭炯戒。仍嚴行根究唆訟棍徒，按名弋獲，盡法處治，決不寬貸。至各鄉保約，務宜隨時留心查看山林曠野，如出産毒草，立刻鏟除凈盡，不留遺孽，以免害人。兹將按方書所載救治服毒良方若干條附示内，以備臨時施治，用昭法外之仁。本道愛民若赤，執法如山，不憚三申五令，淳淳告誡，爾等務各幡然悔悟，慎毋自蹈危機。各宜勉旃，毋違。

其他犯罪部

侵占擾害分部

論説

（清）董誥《全唐文》卷八五五馬承翰《請禁走馬害人奏》　伏見都下衢街窄狹，人物殷繁，其有步履艱難，眼目昏暗，老者幼者悉在其間。車馬若縱於奔馳，生性必見於傷害，況律禁無故走馬傷人殺人，素有嚴典。臣竊恐功勳之子、軍伍之人向來偶昧於憲章，此際忽思於馳騁。害人者死，是殺二人，殺人既多，亦傷至化。臣以爲不若令之在前，使民知禁。臣乞特降明詔，示諭内諸司以下及諸軍，巡於街衢坊曲並不得走馬，兼乞指揮逐界金吾司所由及軍巡所由，常切止約。如有故違走馬者，不問是何色目人，並捉搦申所司，請依律科斷。若所由不切止約，致走馬害人者，逐界分所由，與所犯人同罪科斷。其或自内中急傳宣旨者，即請賜銀牌或牙牌，令以手持之，俾路人及所由辯認，易爲奔避。上行其令而下不敢違，非惟得罪者無同，抑亦所犯者應少。

（宋）李燾《續資治通鑑長編》宋仁宗寶元二年三月　戊申，吴育又言：近年以來，多有造作讖忌之語，疑似之文。或不顯姓名，暗貼文字，恣行毁謗，以害讎嫌。或密聞朝廷，自謂赤忠。若真是公直無隱，何不指事明言？若憑虛造作，必藴邪謀，更與隱秘姓名，正使姦人得計。臣恐自今忠良立身，易爲傾陷，國家舉事，便欲摇動。惑君害時，無大於此。在古之法，皆殺無赦。雖陛下聰明，必不熒惑，亦不可使聖朝長此風俗。詔開封府、御史臺覺察以聞。

（宋）陳襄《州縣提綱》卷二《無輕役民》　公廨有傾則必修，有敝則必葺，無致因循頹毁，以貽後費。至利民之事，如建學校開溝渠隄防，立城壁之類，必於農隙盡心力而爲之。若起臺榭、廣園沼以爲無益之觀美者，力有未及，宜小緩。蓋勞民役衆，寧亡怨嗟？和買竹木，寧亡騷動？在審其緩急輕重耳。昔盈川令政慘酷，惟專務亭臺，書榜額爲美名，宜其爲遠近笑耳。

（宋）陳襄《州縣提綱》卷二《禁擾役人》　争役之訟，多起於縣家非泛科需。按非泛猶云非常，蓋宋時有此語。期限嚴迫，不時鞭撻，兼吏輩每過取，役未滿而家破，故力争以冀倖免。若盡絶非泛科需，量地遠近立限，凡事皆酌其輕重而少寬之。又嚴禁吏，每限亡過取則人樂其優恤，争先願充，又何競之云。

（宋）陳襄《州縣提綱》卷二《示不由吏》　凡親民之官，稍有知者，孰不欲平心以決事。然事有不得平者，蓋由姦豪居鄉則殘虐細民，在公則刦持胥吏。訟至有司，胥吏奉承其意，惟恐或忤，以至以曲爲直，以是爲非。長官不明不公者，則唯吏是從。間有公且明者，一切自出己見。彼之訟不勝，輒以胥役受賂，妄訴吏者多矣。吏何足恤，但姦民得志，吏益畏憚，小民之屈，愈不可伸。故凡吏呈事案，須先引二競人立于庭下，吏置案于几，斂手以退，遠立于旁。吾惟閲案有疑，則詢二競人。俟已判始付吏讀示。蓋將以其曲直，不出於彼，非惟吏不得以詐取民財，且俾姦民無歸咎於吏而妄訴矣。

（宋）陳襄《州縣提綱》卷二《禁差役之擾》　縣令不明，則吏因差役並緣爲奸。如差甲得賂，輒改差乙。差乙得賂，輒改差丙。本差一户，害及數家。争競擾擾，久而莫定。故差役之先，必嚴責所差吏罪狀。如被差人有詞，則令供合充之家，當廳索差帳，與籍參究定差，無至再誤。如始差不當，必罪元差。

（宋）陳襄《州縣提綱》卷二《燕會宜簡》　爲縣官者，同僚平時相聚，固有効郡例，厚爲折俎，用妓樂倡優，費率不下二三十緡者。夫郡有公帑，於法當用，縣家無合用錢，不過勒吏輩均備耳。夫吏之所出，皆民膏脂，以民之膏脂，而奉吾之歡笑，於心寧亡媿？兼彼或匱乏，典衣質襦以脱棰楚，吾雖歡笑於上，而彼乃蹙頞於下。況郡有郎將，如家有嚴君，子弟不敢狎。縣家同僚，彼此如兄弟。用妓之數，必至於褻，終招謗議。故縣官於公退休沐之暇，宜以清俸爲文字飲，不妨因而商榷職事，物雖不足，而情有餘矣。

（宋）陳襄《州縣提綱》卷二《禁告訐擾農》：頑民健訟，事或干己，猶有可諉；事不干己，可不力懲？且冒占逃絶户産，若匿牙税之類，在法固許人告，使告果得實，豈但追逮？奈有一等無圖之人，不務農業，當農事正急時，輒乘間以此誣告，擾農民邀挾錢物，方其訴時，未必一一知其實。惟擇善儒或有讎之家，泛然入詞，以僥倖其一中。且如告一户冒占，畫一不下數十項。有司追究不盡，則恐終不能絶詞。若悉追究，則牽連動是數十人，淹延動是數月。都保之追逮，鄰里之供證，一鄉騷然。良民業在務農，耕耘一失其時，則終歲饑餒，往往不憚厚賂以求和。或不賂，則至於有司窮究得直，彼不過負妄訴之罪，而被訴之家，所損已多矣。在法諸氓困之訟，自二月以後爲入務。今縣家多畏誣告者之健訟，兼或撰造經郡，若監司脱判送下，往往未必入務。故不務之人，得以乘其農急而規財，使務農者不得安業。要當候務開日追究，或係郡若監司送下，亦宜具此利害以聞。

（宋）陳淳《北溪大全集》卷四七《上傅寺丞論民間利病六條》：某伏承台慈，不以愚賤訪及民間利病，敢采摭目前切近者凡六條，上浼台聽：

一、此間民俗大概質朴畏謹，然其間亦有姦雄健訟爲善良之梗使不獲安息者，在民師帥不可以不知。蓋緣一種人長於詞理，熟公門事體淺深，識案分人物高下，專教人詞訟，爲料理公事，利於觧貫頭錢，爲活家計。凡有詞訟者，必倚之爲盟主，謂之主人頭。此其人或是貢士，或是國學生，或進士困於場屋者，或勢家子弟宗族，或宗室之不覊者，或斷罷公吏，或破落門户等人，皆於影下教唆，或小事粧爲大事，或無傷損粧爲幾喪性命，或一詞實而粧九虚以夾之，或一事切而粧九不切以文之。承行之吏亦樂其人爲鷹犬，而其人亦樂於挾村人之財與之對分，此詞訟之所以日繁一日，聽斷之所以徒爲虚勞，而善良者之所以虚被其撓也。前政趙寺丞知其然，當聽訟時，灼見有此等人便嚴行懲斷，其在士類者，則善處之自訟齋，齋在州後園。窮年不與歸。人因畏戢不敢健訟。次年所引詞狀日不到三十紙。莊卿繼之，廢自訟齋，詞訟翕然日至四五百。其中虚妄健訟者，雖亦能燭破其情，末却放之善去，無所懲艾。於是姦雄鼓舞而詞訟益蔓，善良益不克安迹矣。張郎中再按趙寺丞故事，榜儀門曉示，詞訟又頓少。今寺丞下車第一引詞狀日幾至三四百者，亦以故事未曾舉行故也。而今而後宜申嚴約束，如有此等人出入公門，隱匿司房，爲詞人盟主者，門卒案吏同坐。若其人非士類，則依條重行科斷。在士類者，則循舊例決竹篦，處之自訟齋，窮年使讀《論語》、《小學》之書，是乃以善治之之道。如此則健訟者，無復敢恣爲虚妄而肆行教唆，然後人之以詞訟來者，必皆其事之不可已而情之不容僞，聽斷自可常清明，獄訟自可常簡少也。

一、此間村民有一種折合之風，甚爲善良之擾。蓋村民中有浮浪貧窮無顧藉人，不安已分營生，反妬人之有財，專萌折合之心。如同儕輩是一樣門户，纔見渠所蓄有二三十緡稍勝於己，便思以事與相干涉而折合之。或以牛羊踐踏賴，或以妻兒鬬罵賴，甚至或食野葛仆於其室，或潛夤夜經於其門必卷他家之財爲己有然後已，况視産業温燠家，其設計謀取錢物，尤爲詭譎。一唱百和，至朴拙無能者，亦相效成風。故或田主取償於佃户，而佃户適有家人病死，乃以賴其金穀者。或財主索債於貸户，而貸户無還，乃殺其幼孩以謀錢帛者。或屋主有責事於店客，而店客生憾，乃扼吭殺其病母以刼白金數百兩者。或良家産户婢僕不幸嬰病以卒，而父母兄弟姑姨叔伯必把爲奇貨，羣湊雇主之門中，爭攫珍貝者。悖理傷義，大不可言。亦由州縣無清明有司，復於其中乘隙圖一分已賂，推波助瀾，遂愈滋蔓。前政葉檢院知其俗，一鎮以無事。凡有此意來者，悉折之不行，至其實有鬬死，方與依條究治。蓋其所辨别，亦惟以貧論富，以賤論貴則決知其爲折合之計。或兩家之力俱相等，方疑其有鬬敵而爲之受詞。龍溪陳宰亦深能照破此等姦狀，只於其始便遏絶之，不與肆。數年來閭閻田里，此風稍息，粗獲安寢。今仁政之下決不容此等俗，然亦不可以不預知。

一、屠牛之風與盜賊實相表裏。蓋屠牛者盜殺人之牛與承盜者之牛而屠之，以盜遇盜，豈但姑爲一牛之故而已，必無不盜之所由長也。此間屠牛，在城是宗室不檢者，鄉村是亡命浮浪者，近日肆行，蓋緣前政以軍需牛皮不欲科配，只出官錢付吏和買，承吏因自收錢入己，只分些少與屠家爲名，屠家因是公然牽人之牛而屠之，村民失牛者拱手相視，無敢誰何。今使府新政之初，尚稍觀望斂戢，既而旬日便遂縱横無顧忌。春功將動，耕牛有限，安能供日日無窮之屠！恐不可不申嚴約束，如有犯者，若是亡命浮浪人，宜借一人重行懲治，以警其餘，未可只與一決杖快便而去。須索烹宰之具槌毀之，錮身徧押諸下縣，納牛肉錢及徧號令四境諸鄉村以苦之，到一年後有犯者代之，方可聽放。若是宗室亦如前決竹篦，窮年閉之自訟齋以善治之。又嚴左右鄰甲告首，若容隱必同坐。如此則人自不敢犯。果屠牛能禁止，則是亦去盜賊之一端也。

一、此間有所謂鄉税擾民甚於官租。官租猶時有定目，鄉税則不可以一目計，而又無時之能已也。何謂鄉税擾民之甚？如諸廟之率斂民財，其一也。蓋此間民俗尚淫祀，多以他鄉非鬼立廟，其植禍深，其流殃蔓。今未暇細論，姑以目前粗擾者言之：一般浮浪不檢人託鬼神圖衣食，趂廟中會首，每裝土偶，如將校衣冠名曰舍人，或曰太保，時騎馬街道號爲出隊羣，不逞十數輩擁旌旗，鳴鉦鼓隨之，擎疏頭假簽土居尊秩名銜爲都勸，緣繼以宗室列其後，入人家抄題錢物，託名脩廟，或託名迎神禳灾。脅以禍福，不分貴賤貧富，必足數而後去。雖肩擔背負小夫，亦必索百文五十爲香錢，連日自朝至暮，徧匝城市，無一户得免者。其實所抄題錢，大槩皆是會首入己自用爲醉飽計，爲肥妻孥計，於鬼神何有計？闔城諸祠似此類假託者，不知其幾廟，一歲間自春徂冬，人户遭此等撓聒者，不知其幾。蓋愚民無知，畏鬼誅譴，割仰事俯育之具爲無用不切之輸，不勝其苦，此鄉税之至横者。漳民無大經商，衣食甚艱，十室而九匱，非如温陵市舶連甍富饒之地，其何以供此。爲千里人之主，可坐視而不之問乎？假鬼神以亂政，及哀斂民財，在法有明禁，恐不可不申嚴約束。如有故違者，將會首計贓依條重行斷罪，仍押徧歷在城及鄉村諸廟門，號令以困苦之。若然則姦民知懼，不復賣弄，人户遂可省此等横賦之擾，庶乎其稍蘇矣。

一、此間多有一般無行止姦雄浮浪客旅，上既非商賈販賣之流，下又非殘疾跛躃之輩，形貌魏堂如大兵，氣力兇很如暴虎，假名尤溪師巫，或攜刀子，或鳴牛角，或吹竹筒，或木拳槌胷打業，或蓬頭，或裸體，入人家乞丐厲色峻辭，如誅所負，排門逐户，無一放過，應之稍遲，便出惡口，人户畏憚，不敢譏呵。有人一日一番，有人三四日一番，有日三四人疊至徧氓，間日又爲。此等所撓，茲又鄉税之一横者。熟覩其人，實非乞丐，乃假託此態，窺覰人門户爲盜竊計，目今夜行之黨甚熾者，多此曹之預其間也。前政張郎中嘗榜緝捕，閭里清晏，今亦不可不申嚴約束，應旅邸不可居停。有依舊臨人門户者，許人户告廂官，地分等捕捉，趨押出境。不然，刺爲散兵而重役之。是亦去盜賊鄉税之一端也。

一、此間僧寺極多，極爲富饒，十漳州之産而居其七。凡爲僧者，住無礙屋，喫無礙飯，著無礙衣，使無礙錢，因是不復知稼穡艱難而至於驕縱。雖已出家爲方外之徒，不肯安分修方外之行，却與俗人結寃於貪癡嗔愛之場，争人我者甚。大如五禪大剎爲郡頭目，皆出頭好鬧，至猾黠者圖之，握錢穀大權在手，聚姦凶大衆在院，遂作無邊罪苦，侵虐平民，陵抗士夫，非有率衆脩善根意。以聖節道場一所，係闔郡文武祝聖，爲體甚重，而主者乃舊住光孝犯姦坐獄行賕茍脱之人，豈不爲公家汙辱。其他多此類，不待言。外而環城諸寺，尤爲豪横，多買土居尊官爲芘護，舉院界址皆託名爲土居尊官墳林，倚靠聲勢，酷毒村民，有拾界内一枝薪者，則以爲斫墳林而吊打之，有牛馬羊豕食界内一葉草者，則以爲踐墳庭而奪没之。村民受苦，無敢誰何。諸寺類皆招集無圖浮浪人充行者，結束作士人衣冠，凶悍如大兵氣勢，專以打人示威，名曰爪牙。外護其出入，踐履公庭，尤甚於民間健訟之夫。至其恃財縱欲行姦，亂民伍汙風教者，久被俗之常態，穢人楮筆，不在論。祖例：州縣凡有營繕修造等大役，官司量以錢付僧家，仍授之規模，而責成焉。至有不給則令彼出陪補，亦不離公家常住之財，於吾民免被擾而閭里獲安息。後來諸僧院設計厚賂都吏，去其籍，遂破元例，而有事復斂之民，民遂被擾而僧家安養端坐無爲矣。自是有司行遣作輟不常。存心公明正大者，則寧役無用閒僧，而不忍擾吾民以種福田。爲心者，則無暇慮及吾民，而惟恐一毫有傷於佛子。二説相持，然一邪一正，一公一私，賢有司爲國家根本地者，不可莽鹵無辨也。昔南軒先生帥靖江日待僧家甚得體，以公廳非接見夷狄之所，凡有干謁白事者，但令趨庭，無上廳接見之禮。其説載在語録，誠可爲斯世大公至正之式。今宜比傍自訟齋，將後園冗屋一間作自訟庵，有躡公庭犯典憲，其罪不在徒流之科者，處於其中，一如自訟齋行遣。是亦善治之道，而可使之斂戢無復縱横者矣。

（宋）胡太初《晝簾緒論·勢利篇》：其有陵轢善良，欺慢寡弱，或武斷於鄉曲，或羅織於平民。事若到官，所當照法剖決，然使小人無知，蔑有名分，因事以咆哮，乘醉以憑陵，詎容不與之懲戒乎？其有聲勢淩人，慘酷御下，或吞併他人財產，或强占他人婦女。被苦有訴，所合盡法施行，然使頑狡行竊，誣賴主家，租債不伏了還，界至輒行侵易，詎容不與之理直乎？

（宋）黄榦《勉齋集》卷三三《判語·大學生劉機罪犯》 行已有耻，則謂之士；鄉黨稱弟，則謂之士。劉機既爲士人，又嘗游太學，自合動循禮法，恪守士行。今乃專鶩豪縱，陵蔑閭里，人言籍籍，姑置不問。既入酒肆，復毆妓弟，行檢如此，便使讀書破萬卷，文章妙天下，亦何足以齒於爲士之列。淮人本醇質，士子亦皆重厚，劉機但以太學之故，而所爲狂悖乃如此。當官而行，何强之有，一太學生亦何足道哉！劉機且與從恕放，如敢再犯，定當具奏，屏之遠方，以爲不守士行者之戒！

（明）張四維《名公書判清明集》卷一〇《人倫門·宗族·恃富淩族長》 本司以勸農河渠繫銜，水利固當定奪；本職以明刑弼教爲先，名分尤所當急。范寬以富而淩虐其窮困之族叔，動輒以服絶爲言，如此，則族之尊長皆可以服絶而毆辱之矣！後生小子，不知有宗族骨肉之義，本合科斷，以其稍能讀書，不欲玷其士節。押下僉廳，請吴兼僉捶楚二十，以爲恃富淩族長者之戒。仍帖縣嚴行，不許富豪霸占水利，以困小民。其范啓特與免追，詞人放。

（明）清波逸叟《折獄明珠》卷二《分條珥語·强横類》 劫殺冤生，劫財殺命，滅法殺擄，民害剋骨。倭寇同惡，流毒一方。蜂蠆心腸，虎狼威勢。藐法律若弁髦，視生靈如螻蟻。倚官行覇，虐民無厭，藐法强抗，益肆跋扈。勢焰薰天，錢神通聖。若豪奸惡不懲，小民荼毒難忍。

（明）清波逸叟《折獄明珠》卷二《分條珥語·奸豪類》 交結一類光棍，黨害鄉民。收留迷失女子，在家宿占，恃爲妻妾。竊毒池魚，盗割禾稻，偷砍墳山樹木，流毒一方。做造諸般假銀，横行使用，賺買貨物，害衆成家。占人家田地，勢類土王；淫人婦女，勝如宿妓。吱人搆訟，插入挩和分贓。

綜述

《周禮·秋官司寇·大司寇》 以嘉石平罷民。凡萬民之有罪過而未麗於灋而害於州里者，桎梏而坐諸嘉石，役諸司空。重罪旬有三日坐，朞役；其次九日坐，九月役；其次七日坐，七月役；其次五日坐，五月役；其下罪三日坐，三月役。使州里任之，則宥而舍之。

《禮記·月令》 山林藪澤，有能取蔬食田獵禽獸者，野虞教道之；其有相侵奪者，罪之不赦。

《晋書》卷三〇《刑法志》 向人室廬道徑射，不得爲過，失之禁也。都城人衆中走馬殺人，當爲賊，賊之似也。

《北史》卷三三《李孝伯傳》〔天安初年〕時人困飢流散，豪右多有占奪，安世乃上疏陳均量之制，孝文深納之。後均田之制，起於此矣。

《北史》卷三《魏本紀·孝文帝》〔太和十四年〕十二月壬午，詔依準丘井之式，遣使與州郡宣行條制。隱口漏丁，即聽附實。若朋附豪勢，陵抑孤獨，罪有常刑。

（唐）長孫無忌等《唐律疏議》卷一八《賊盜·殘害死尸》 諸殘害死尸，謂焚燒、支解之類。及棄尸水中者，各減鬭殺罪一等；緦麻以上尊長不減。

疏議曰：殘害死尸，謂支解形骸，割絶骨體及焚燒之類；及棄尸水中者：各減鬭殺罪一等，謂合死者，死上減一等；應流者，流上減一等之類。注云緦麻以上尊長不減，謂殘害及棄尸水中，各依鬭殺合斬，不在減例。

棄而不失及髡髮若傷者，又各減一等。即子孫於祖父母、父母，部曲、奴婢於主者，各不減。皆謂意在於惡者。

疏議曰：棄尸水中，還得不失。髡髮，謂髡去其髮。傷，謂故傷其尸，傷無大小，但非支解之類。各又減一等，謂凡人各減鬭殺罪二等，緦麻以上尊長唯減一等，大功以上尊長及小功尊屬仍入不睦。即子孫於祖父母、父母，部曲、奴婢於主者，各不減，並同鬭殺之罪，子孫合入惡逆，決不待時。注云皆謂意在於惡者，謂從殘害以下，並謂意在於惡。如無惡心，謂若願焚尸，或遺言水葬及遠道尸柩，將骨還鄉之類，並不坐。

（唐）長孫無忌等《唐律疏議》卷一八《賊盜·穿地得死人》 諸穿地得死人不更埋，及於冢墓燻狐狸而燒棺槨者，徒二年；燒尸者，徒三年。緦麻以上尊長，各遞加一等；卑幼，各依凡人遞減一等。

疏議曰：因穿地而得死人，其尸不限新舊，不即埋掩，令其暴露；或於他人冢墓而燻狐狸之類，因燒棺槨者：各徒二年。謂唯燒棺槨，火不到尸。其燒棺槨者，緦麻以上尊長，從徒二年上遞加一等，至期親尊長，流二千五百里。其卑幼，各依凡人遞減一等：緦麻，於二年上減一等，徒一年半；小功，徒一年；大功，杖一百；期親，杖九十。若穿地得死人，可識知是緦麻以上尊長，而不更埋，亦從徒二年上遞加一等，卑幼亦從徒二年上遞減一等，各準燒棺槨之法。其燒尸者徒三年，緦麻以上尊長各遞加一等，謂從徒三年上遞加一等，燒大功尊長尸流三千里，雖期親尊長，罪亦不加。其卑幼，各遞減一等，謂緦麻卑幼減凡人一等，徒二年半；遞減至期親卑幼，猶徒一年。

問曰：下條發冢者，加役流，注云招魂而葬亦是。此文燒尸者徒三年，未知招魂而葬亦同以否？

答曰：準律，招魂而葬，發冢者與有尸同罪。律有燒棺槨之文，復著燒尸之罪，招魂而葬，棺內無尸，止得從燒棺槨之法，不可同燒尸之罪。

若子孫於祖父母、父母，部曲、奴婢於主冢墓燻狐狸者，徒二年；燒棺槨者，流三千里；燒尸者，絞。

疏議曰：稱子孫於祖父母、父母者，曾、高亦同。部曲、奴婢者，隨身、客女亦同。子孫於祖父母、父母，部曲、奴婢於主冢墓燻狐狸者，徒二年；若燒棺槨者，流三千里；燒尸者，絞。

（唐）長孫無忌等《唐律疏議》卷一八《賊盜·夜無故入人家》 諸夜無故入人家者，笞四十。主人登時殺者，勿論；若知非侵犯而殺傷者，減鬭殺傷二等。

疏議曰：夜無故入人家，依刻漏法：晝漏盡爲夜，夜漏盡爲晝。謂夜無事故，輒入人家，笞四十。家者，謂當家宅院之内。登於入時，被主人格殺之者，勿論。若知非侵犯，謂知其迷誤，或因醉亂，又老、小、疾患，並及婦人，不能侵犯，而殺傷者，減鬭殺傷二等。若殺他人奴婢，合徒三年，得減二等，徒二年之類。

問曰：外人來姦，主人舊已知委，夜入而殺，亦得勿論以否？

答曰：律開聽殺之文，本防侵犯之輩。設令舊知姦穢，終是法所不容，但夜入人家，理或難辨，縱令知犯，亦爲罪人。若其殺即加罪，便恐長其侵暴，登時許殺，理用無疑。況文稱知非侵犯而殺傷者，減鬭殺傷二等，即明知是侵犯而殺，自然依律勿論。

其已就拘執而殺傷者，各以鬭殺傷論，至死者加役流。

疏議曰：已就拘執，謂夜入人家，已被擒獲，拘留執縛，無能相拒，本罪雖重，不合殺傷。主人若有殺傷，各依鬭法科罪，至死者加役流。

（唐）長孫無忌等《唐律疏議》卷二〇《賊盜·以私財奴婢貿易官物》 諸以私財物、奴婢、畜産之類，餘條不別言奴婢者，與畜産、財物同。貿易官物者，計其等準盜論，官物賤，亦如之。計所利以盜論。其貿易奴婢，計贓重於和誘者，同和誘法。

疏議曰：以私家財物、奴婢、畜産之類，或有碾磑、邸店、莊宅、車船等色，故云之類。注云餘條不別言奴婢者，與畜産、財物同，謂反逆條中稱資財並没官，不言奴婢、畜産，即是總同財物，又《厩庫律》：驗畜産不以實者，一笞四十，三加一等，罪止杖一百。若以故價有增減，贓重者，計所增減，坐贓論。即無驗奴婢之文，若驗奴婢不實者，亦同驗畜産之法。故云餘條不別言奴婢者，與畜産、財物同。貿易官物者，謂以私物貿易官物。計其等準盜論，假將私奴貿易官奴，其奴各直絹五疋，其價雖等，仍準盜論，各徒一年。注云官物賤，亦如之，謂私奴直絹十疋，博官奴直絹五疋，亦徒一年。計所利以盜論，謂以私物直絹一疋，貿易官物直絹兩疋，即一疋是等，合準盜論，監主之與凡人並杖六十；一疋是利，以盜論，凡人亦杖六十。有倍贓，若是監臨主守，加罪二等，合杖八十。應累併者，皆將以盜累於準盜加罪之類，除、免、賠贓各盡本法。注云其貿易奴婢，計贓重於和誘，同和誘法，假有監臨之官，以私奴婢直絹三十疋，貿易官奴婢直絹六十疋，即是計利三十疋，監臨自盜合絞；凡人貿易奴婢，計利五十疋，即合加役流。以本條和、畧奴婢，罪止流三千里，雖監臨主守亦同，即於此條貿易不可更重，故云同和誘法，並流三千里。

（唐）長孫無忌等《唐律疏議》卷二〇《賊盗・山野物已加功力輒取》

諸山野之物，已加功力刈伐積聚，而輒取者，各以盗論。

疏議曰：山野之物，謂草、木、藥、石之類。有人已加功力，或刈伐，或積聚，而輒取者，各以盗論，謂各準積聚之處時價，計贓，依盗法科罪。

（唐）長孫無忌等《唐律疏議》卷二六《雜律・無故於城内街巷走車馬》　諸於城内街巷及人衆中，無故走車馬者，笞五十；以故殺傷人者，減鬭殺傷一等。殺傷畜産者，償所減價。餘條稱減鬭殺傷一等者，有殺傷畜産，並準此。

疏議曰：有人於城内街衢巷街之所，若人衆之中，衆謂三人以上，無要速事故，走車馬者，笞五十。以走車馬，唐突殺傷人者，減鬭殺傷一等。注云殺傷畜産者，償所減價。餘條稱減鬭殺傷一等者，有殺傷畜産，並準此，謂下條向城及官私宅，若道徑，射、放彈及投瓦石、施機槍、作坑穽，殺傷人者，減鬭殺傷一等；若以故殺傷畜産，並償減價之類。

若有公私要速而走者，不坐；以故殺傷人者，以過失論。其因驚駭，不可禁止，而殺傷人者，減過失二等。

疏議曰：公私要速者，公謂公事要速及乘郵驛，并奉敕使之輩。私謂吉、凶、疾病之類，須求醫藥，并急追人。而走車馬者，不坐。雖有公私要急而走車馬，因有殺傷人者，並依過失收贖之法。其因驚駭，力不能制，而殺傷人者，減過失二等，聽贖，其銅各入被傷殺家。若殺傷祖父母、父母，並同《名例律》過失殺傷祖父母、父母法。因驚駭不可禁止，得減二等者，亦同減例。

（唐）長孫無忌等《唐律疏議》卷二六《雜律・向城官私宅射》　諸向城及官私宅，若道徑射者，杖六十；放彈及投瓦石者，笞四十；因而殺傷人者，各減鬭殺傷一等。

疏議曰：向城，謂城中有人；及官私宅，亦謂宅中有人住；若道徑射者：杖六十。

（唐）長孫無忌等《唐律疏議》卷二六《雜律・施機槍作坑穽》　諸施機槍、作坑穽者，杖一百；以故殺傷人者，減鬭殺傷一等；若有標識者，又減一等。

疏議曰：有人施機槍及穿坑穽，不在山澤擬捕禽獸者，合杖一百。以施槍等故，而殺傷人者，減鬭殺傷罪一等。若於機槍、坑穽之處，而安標識，欲使人知，而人誤犯致死傷者，又減一等，謂總減鬭殺傷罪二等。若不殺傷人，從杖一百減一等，合杖九十。

其深山、迥澤及有猛獸犯暴之處，而施作者，聽。仍立標識。不立者，笞四十；以故殺傷人者，減鬭殺傷罪三等。

疏議曰：深山、迥澤，謂非人常行之所，或雖非山澤，而有猛獸犯暴之處，施作機槍、坑穽者，不合得罪。仍立標識。不立者，笞四十。若不立標識，而致殺傷人者，減鬭殺傷罪三等。若立標識仍有殺傷，此由行人自犯，施機槍、坑穽者不坐。

（唐）長孫無忌等《唐律疏議》卷二六《雜律・受寄物輒費用》　諸受寄財物，而輒費用者，坐贓論減一等。詐言死失者，以詐欺取財物論減一等。

疏議曰：受人寄付財物，而輒私費用者，坐贓論減一等，一尺笞十，一疋加一等，十疋杖一百，罪止徒二年半。詐言死失者，謂六畜、財物之類，私費用而詐言死及失者，以詐欺取財物論減一等，謂一尺笞五十，一疋加一等；五疋杖一百，五疋加一等。

問曰：受人寄付財物，實死、失，合償以否？又監臨受寄，詐言死、失，合得何罪？

答曰：下條云：亡失官私器物，各備償。被强盗者，不償。即失非强盗，仍令償之。以理死者，不合備償；非理死者，準《厩牧令》，合償減價。若監臨主司受寄，詐言死、失者，以詐欺取財物減一等科之。

（唐）長孫無忌等《唐律疏議》卷二六《雜律・侵巷街阡陌》　諸侵巷街、阡陌者，杖七十。若種植墾食者，笞五十。各令復故。雖種植，無所妨廢者，不坐。

疏議曰：侵巷街、阡陌，謂公行之所，若許私侵，便有所廢，故杖七十。若種植墾食，謂於巷街阡陌種物及墾食者，笞五十。各令依舊。若巷陌寬閑，雖有種植，無所妨廢者，不坐。

其穿垣出穢污者，杖六十；出水者，勿論。主司不禁，與同罪。

疏議曰：其有穿穴垣墻，以出穢污之物於街巷，杖六十。直出水者，無罪。主司不禁，與同罪，謂侵巷街以下，主司並合禁約，不禁者，與犯罪人同坐。

（唐）長孫無忌等《唐律疏議》卷二六《雜律・占山野陂湖利》 諸占固山野陂湖之利者，杖六十。

疏議曰：山澤陂湖，物產所植，所有利潤，與衆共之。其有占固者，杖六十。已施功取者，不追。

（唐）長孫無忌等《唐律疏議》卷二七《雜律・在市人衆中驚動擾亂》

諸在市及人衆中，故相驚動，令擾亂者，杖八十；以故殺傷人者，減故殺傷一等；因失財物者，坐贓論。其誤驚殺傷人者，從過失法。

疏議曰：有人在市內及衆聚之處，故相驚動，謂誑言有猛獸之類，令擾亂者，杖八十。若因擾亂之際而失財物，坐贓論；如是衆人之物，累併倍論，併倍不加重於一人，失財物者即從重論。因其擾亂而殺傷人者，減故殺傷一等，驚人致死，減一等流三千里；折一支，減一等徒三年之類。其有誤驚，因而殺傷人者，從過失法收贖，銅入被傷殺之家。

（唐）長孫無忌等《唐律疏議》卷二七《雜律・食官私田園瓜果》

諸於官私田園，輒食瓜果之類，坐贓論；棄毀者，亦如之；即持去者，準盜論。

疏議曰：稱瓜果之類，即雜蔬菜等皆是。若於官私田園之內，而輒私食者，坐贓論。其有棄毀之者，計所棄毀，亦同輒食之罪，故云亦如之。持將去者，計贓，準盜論。並徵所費之贓，各還官、主。

主司給與者，加一等。彊持去者，以盜論。主司即言者，不坐。非應食官酒食而食者，亦準此。

疏議曰：當園主司，將瓜果之屬給與人食者，加坐贓罪一等，謂一尺笞三十，一疋加一等。給與將去者，準盜上加一等，一尺杖七十，一疋加一等。彊持去者，謂以威若力，彊持將去者，以盜論，計贓同真盜之法，其贓倍徵，贓滿五疋者，免官。若監臨主司自彊取者，加凡盜罪二等，除名、倍贓並依常律。主司當即言告者，主司不坐。非應食官酒食而輒食者，亦準此，謂輒食者，坐贓論；棄毀者，亦同持去者，準盜論；彊持去者，以竊盜論。若主司私持去者，並同監主盜法，若非主司，不因食次而持去者，以盜論。彊者，依彊盜法。

（唐）長孫無忌等《唐律疏議》卷二七《雜律・得宿藏物隱而不送》

諸於他人地內得宿藏物，隱而不送者，計合還主之分，坐贓論減三等。若得古器形制異，而不送官者，罪亦如之。

疏議曰：謂凡人於他人地內得宿藏物者，依令合與地主中分。若有隱而不送，計應合還主之分，坐贓論減三等，罪止徒一年半。注云若得古器形制異，而不送官者，謂得古器鍾鼎之類，形制異於常者，依令送官酬直。隱而不送者，即準所得之器，坐贓論減三等，故云罪亦如之。

問曰：官田宅，私家借得，令人佃食；或私田宅，有人借得，亦令人佃作，人於中得宿藏，各合若爲分財？

答曰：藏在地中，非可預見，其借得官田宅者，以見住、見佃人爲主，若作人及耕犂人得者，合與佃住之主中分。其私田宅，各有本主，借者不施功力，而作人得者，合與本主中分。借得之人，既非本主，又不施功，不合得分。

（唐）長孫無忌等《唐律疏議》卷二七《雜律・得闌遺物不送官》

諸得闌遺物，滿五日不送官者，各以亡失罪論；贓重者，坐贓論。私物，坐贓論減二等。

疏議曰：得闌遺之物者，謂得寶、印、符、節及雜物之類，即須送官，滿五日不送者，各得亡失之罪。贓重者，謂計贓重於亡失者，坐贓論，罪止徒三年。私物坐贓論減二等，罪止徒二年。其物各還官、主。

（唐）長孫無忌等《唐律疏議》卷二五《詐僞・詐教誘人犯法》 諸詐教誘人使犯法，犯者不知而犯之。及和令人犯法，謂共知所犯有罪。即捕若告，或令人捕、告，欲求購賞；及有憎嫌，欲令入罪：皆與犯法者同坐。

疏議曰：鄙俚之人，不閑法式，姦詐之輩，故相教誘，或教盜人財物，或教越度關津之類。犯禁者不知有罪。教令者故相墜陷，故注云犯者不知而犯之。及和令人犯法，謂和教人奴婢逃走，或將禁物度關，外示和同，內爲私計，故注云謂共知所犯有罪。即捕若告，謂即自捕、告，或令他人捕、告，欲求購賞；及有憎惡前人，教誘令其人入罪者：皆與身自犯法者同罪。

劉俊文《敦煌吐魯番唐代法制文書考釋・格・神龍散頒刑部格殘卷》 宿霄行道，男女交雜，因此聚會，並宜禁斷。其隣保徒一年，里正決杖一百。

（宋）王溥《唐會要》卷七二《太僕寺》 元和元年三月勅：京城內，無故有人於街衢中帶戎仗及聚射，委吏執送府縣科決。其諸軍諸使，禁身奏取進止。

（宋）竇儀等《宋刑統》卷一五《廐庫律・以官奴婢畜産借人及自借畜産損食官私物》 諸監臨主守以官奴婢及畜産私自借，若借人，及借之者，笞五十。計庸重者，以受所監臨財物論。驛驢加一等。卽借驛馬，及借之者，杖一百，五日徒一年。計庸重者，從上法。卽驛長私借人馬驢者，各減一等，罪止杖一百。

疏：諸監臨主守以官奴婢及畜産私自借，若借人，及借之者，笞五十。計庸重者，以受所監臨財物論。驛驢加一等。議曰：監臨主守之官以所監主官奴婢及畜産私自借，謂身自借用，若轉借他人，及借之者，或一人一畜，但借卽笞五十。或借數少而日多，或借數多而日少，計庸重於借罪者，以受所監臨財物論，累贓爲坐。驛驢加一等，謂借卽得杖六十，計庸重，以受所監臨財物論，加一等。其車船、碾磑、邸店之類，有私自借，若借人，及借之者，亦計庸賃，各與借奴婢、畜産同，律雖無文，所犯相類。《職制律》，監臨之官借所監臨及牛馬駞騾驢、車船、邸店、碾磑，各計庸賃以受所監臨財物論。計借車船、碾磑之類，理與借畜産不殊，故附此條，准例爲坐。

又云，卽借驛馬，及借之者，杖一百，五日徒一年。計庸重者，從上法。卽驛長私借人馬驢者，各減一等，罪止杖一百。議曰：卽私借驛馬及官（私）〔司〕借之者，各杖一百，五日徒一年。計庸重者，從上法，謂計驛馬之庸，當上絹八匹，合加一等，徒一年半。卽驛長私借人馬驢者，減一等。准令，驛馬驢一給以後死，卽驛長陪填，是故驛長借人驢馬，得罪稍輕，各減一等。謂上文借驛馬驢加受所監臨財物一等，今驛長借人驢馬，各減一等，與受所監臨財物罪同，罪止杖一百。

（宋）竇儀等《宋刑統》卷一五《廐庫律・假借官物不還監臨主司以官物私貸借及貸借人》 諸假請官物，事訖過十日不還者，笞三十，十日加一等，罪止杖一百，私服用者加一等。若亡失，所假者自言所司，備償如法，不自言者，以亡失論。

疏：諸假請官物，事訖過十日不還者，笞三十，十日加一等，罪止杖一百，私服用者加一等。議曰：假請官物，謂有吉凶，應給威儀鹵簿或借帳幕氈褥之類，事訖十日內，皆合還官。若過十日不還者，笞三十，十日加一等，停留總過八十日，罪止杖一百。因而私服用者，謂吉凶事過以後，別私服用者，每加一等，過八十日徒一年。

又云，若亡失，所假者自言所司，備償如法，不自言者，以亡失論。議曰：假請官物有亡失者，若於請物所司自言失者，免罪，備償如法。不自言失，被人舉者，以亡失論。依《雜律》，亡失官物者，准盜論，減三等。又條，亡失者官私器物，各備償。故得亡失之罪，又備償之。

諸監臨主守以官物私自貸，若貸人，及貸之者，無文記以盜論，有文記准盜論，文記謂取抄署之類。立判案減二等。即充公廨及用公廨物，若出付市易而私用者，各減一等坐之。雖貸亦同，餘條公廨准此。〔即〕主守私貸，（即）無文記者依盜法。所貸之人不能備償者，徵判署之官。下條私借亦准此。

疏：諸監臨主守以官物私自貸，若貸人，及貸之者，無文記以盜論，有文記准盜論，注云，文記謂取抄署之類。又云，立判案減二等。議曰：監臨主司謂所在之處官物有官司執當者，以此官物私自貸，若將貸人，及貸之者，此三事無文記，以盜論，有文記准盜論。文記謂取抄署之類，謂雖無文案，或有名簿，或取抄及署領之類皆同。無文記以盜論者，與真盜同。若監臨主守自貸，亦加凡盜二等。有文記者准盜論，並五疋徒一年，五疋加一等。立判案減二等，謂五疋杖九十之類。

又云，即充公廨及用公廨物，若出付市易而私用者，各減一等坐之。注云，雖貸亦同，餘條公廨准此。即主守私貸，無文記者依盜法。議曰：即充公廨，謂以官物迴充公廨，及私用公廨之物，無文記，有文記，立判案，若官物從庫藏積聚之中出，付人將市易，其市易人私用者，各准前官物應坐之罪，皆減一等坐之。稱私用者，雖貸亦同，餘條公廨准此。謂一部律內，但稱公廨，私用及貸皆准此，減盜罪坐之。即主守私貸，無文記者依盜法，即與真盜同，加常盜二等，徵倍贓，有官者除名，故云依盜法。

又云，所貸之人不能備償者，徵判署之官。注云，下條私借亦准此。議曰：監臨主守以官物貸人，所貸之人不能備償，謂無物可徵者，徵判署之官。判案者爲判官，署案者爲主典及監事之類。注云，下條私借亦准此，謂下條監臨主守之官，以官物借人，若所借人不能備償，亦徵判署之官，故云准此。

諸監臨主守之官以官物私自借，若借人，及借之者，笞五十，過十日坐贓論，減二等。

疏議曰：監臨主守之官以所監臨主守之物，謂衣服、氈褥、帷帳、器玩之類，但是官物，私自借，若將借人，及借之者，各笞五十。過十日，計所借之物，准坐贓論，減二等，罪止徒二年。

（宋）竇儀等《宋刑統》卷一八《賊盜律・夜入人家》 諸夜無故入人家者，笞四十，主人登時殺者勿論。若知非侵犯而殺傷者，減鬭殺傷二等。其已就拘執而殺傷者，各以鬭殺傷論，至死者加役流。

疏：諸夜無故入人家者，笞四十，主人登時殺者勿論。若知非侵犯而殺傷者，減鬭殺傷二等。議曰：夜無故入人家，依刻漏法，晝漏盡爲夜，夜漏盡爲晝，謂夜無事，故輒入人家，笞四十。家者，謂當家宅院之内。登於入時被主人格殺之者，勿論。若知非侵犯，謂知其迷誤，或因醉亂，又老小疾患，并及婦人不能侵犯而殺傷者，減鬭殺傷二等。若殺他人奴婢，合徒三年，得減二等，徒二年之類。

問曰：外人來姦，主人舊已知委，夜入而殺，亦得勿論已否？

答曰：律開聽殺之文，本防侵犯之輩，設令舊知姦穢，終是法所不容。但夜入人家，理或難辯，縱令知犯，亦爲罪人。若其殺即加罪，便恐長其侵暴，登時許殺，理用無疑。況文稱知非侵犯而殺傷者，減鬭殺傷二等，即明知是侵犯而殺，自然依律勿論。

又云，其已就拘執而殺傷者，各以鬭殺傷論，至死者加役流。

議曰：已就拘執，謂夜入人家，已被擒獲拘留執縛，無能相拒，本罪雖重，不合殺傷。主人若有殺傷，各依鬭法科罪，至死者加役流。

（宋）竇儀等《宋刑統》卷二六《雜律・走車馬傷殺人彈射傷殺人施槍作坑穽傷殺人》 諸於城内街巷及人衆中，無故走車馬者，笞五十。以故殺傷人者，減鬭殺傷一等。殺傷畜産者，償所減價。餘條稱減鬭殺傷一等者，有殺傷畜産，並准此。若有公私要速而走者不坐。以故殺傷人者，以過失論。其因驚駭不可禁止，而殺傷人者，減過失二等。

疏：諸於城内街巷及人衆中，無故走車馬者，笞五十。以故殺傷人者，減鬭殺傷一等。注云，殺傷畜産者，償所減價。餘條稱減鬭殺傷一等者，有殺傷畜産，並准此。議曰：有人於城内街衢巷衖之所，若人衆之中，衆謂三人以上，無要速事故走車馬者，笞五十。以走車馬唐突殺傷人者，減鬭殺傷一等。注云，殺傷畜産者，償所減價。餘條稱減鬭殺傷一等者，有殺傷畜産，並准此。謂下條向城及官私宅若道徑，射放彈及投瓦石，施機槍，作坑穽，殺傷人者，減鬭殺傷一等。若以故殺傷畜産，並償減價之類。

又云，若有公私要速而走者不坐。以故殺傷人者，以過失論。其因驚駭不可禁止而殺傷人者，減過失二等。議曰：公私要速者，公謂公事要速，及乘郵驛，并奉敕使之輩，私謂吉凶疾病之類，須求醫藥，并急追人，而走車馬者不坐。雖有公私要急而走車馬，因有殺傷人者，並依過失收贖之法。其因驚駭力不能制，而殺傷人者，減過失二等聽贖，其銅各入被傷殺家。若殺傷祖父母、父母，並同《名例律》過失殺傷祖父母、父母法。因驚駭不可禁止，得減二等者，亦同減例。

諸向城及官私宅若道徑射者，杖六十，放彈及投瓦石者，笞四十，因而殺傷人者，各減鬭殺傷一等。若故令入城及宅中殺傷人者，各以鬭殺傷論，至死者加役流。

疏：諸向城及官私宅若道徑射者，杖六十，放彈及投瓦石者，笞四十，因而殺傷人者，各減鬭殺傷一等。議曰：向城謂城中有人，及官私宅亦謂宅中有人住，若道徑射者，杖六十，放彈及投瓦石者，笞四十。即因射若彈及投瓦石而殺傷人者，各減鬭殺傷罪一等。

又云，若故令入城及宅中殺傷人者，各以鬭殺傷論，至死者加役流。議曰：即射彈投瓦石之人，故令箭等入城宅之中，殺傷人者，各以鬭殺傷論，尊卑、長幼、貴賤並同鬭殺傷之法，准罪至死者，加役流。其有射及放彈、投瓦石不向所親尊長，并貴人之宅，而非意殺傷者，即依《名例律》本應重而犯時不知者，得依凡論，本應輕者聽從本。

諸施機槍、作坑穽者，杖一百。以故殺傷人者，減鬭殺傷一等。若有標幟者，又減一等。其深山迥澤，及有猛獸犯暴之處，而施作者聽，仍立標幟。不立者，笞四十。以故殺傷人者，減鬭殺傷罪三等。

疏：諸施機槍、作坑穽者，杖一百。以故殺傷人者，減鬭殺傷一等。若有標幟者，又減一等。議曰：有人施機槍及穿坑穽，不在山澤擬捕禽獸者，合杖一百。以施槍等故而殺傷人者，減鬭殺傷罪一等。若於機槍、坑穽之處而安標幟，欲使人知，而人誤犯致死傷者，又減一等，謂總減鬭殺傷罪二等。若不殺傷人，從杖一百減一等，合杖九十。

又云，其深山迥澤及有猛獸犯暴之處，而施作者聽，仍立標幟。不立者，笞四十。以故殺傷人者，減鬭殺傷罪三等。議曰：深山迥澤，謂非人常行之所，或雖非山澤而有猛獸犯暴之處，施作機槍、坑穽者，不合得罪，仍立標幟。不立者，笞四十。若不立標幟而致殺傷人者，減鬭殺傷罪三等。若立標幟仍有殺傷，此由行人自犯，施機槍坑、坑穽者不坐。

（宋）竇儀等《宋刑統》卷二七《雜律·食官私瓜果》 諸於官私田園輙食瓜果之類，坐贓論，棄毁者亦如之。即持去者，准盗論。主司給與者，加一等。彊持去者，以盗論。主司即言者不坐。非應食官酒食而食者，亦准此。

疏：諸於官私田園輙食瓜果之類，坐贓論，棄毁者亦如之。即持去者，准盗論。議曰：稱瓜果之類，即雜蔬菜等皆是。若於官私田園之内，而輙私食者，坐贓論。其有棄毁之者，計所棄毁，亦同輙食之罪，故云亦如之。持將去者，計贓准盗論，並徵所費之贓，各還官主。

又云，主司給與者，加一等。彊持去者，以盗論。主司即言者不坐。非應食官酒食而食者，亦准此。議曰：當園主司將瓜果之屬給與人食者，加坐贓罪一等，謂一尺笞三十，一匹加一等。給與將去者，准盗上加一等，一尺杖七十，一匹加一等。彊持去者，謂以威若力彊持將去者，以盗論，計贓同真盗之法，其贓倍徵。贓滿五匹者免官。若監臨主司自彊取者，加凡盗罪二等，除名、倍贓，並依常律。主司當即言告者，主司不坐。非應食官酒食而輙食者，亦准此。謂輙食者坐贓論，棄毁者亦同，持去者准盗論，彊持去者以竊盗論，若主司私持去者，並同監主盗法。若非主司，不因食次而持去者，以盗論，彊者依强盗法。

（宋）竇儀等《宋刑統》卷二七《雜律·地内得宿藏物得闌遺物》 諸於他人地内得宿藏物，隱而不送者，計合還主之分，坐贓論，減三等。若得古器，形制異而不送官者，罪亦如之。

疏議曰：謂凡人於他人地内得宿藏物者，依令，合與地主中分，若有隱而不送，計應合還主之分，坐贓論，減三等，罪止徒一年半。注云，若得古器，形制異而不送官者，謂得古器鍾鼎之類，形制異於常者，依令送官酬直，隱而不送者，即准所得之器，坐贓論，減三等，故云罪亦如之。

問曰：官田宅私家借得，令人佃食，或私田宅有人借得，亦令人佃作，人於中得宿藏，各合若爲分財？

答曰：藏在地中，非可預見，其借得官田宅者，以見在、見佃人爲主。若作人及耕犁人得者，合與佃住之主中分。其私田宅各有本主，借者不施功力，而作人得者，合與本主中分。借得之人既非本主，又不施功，不合得分。

諸得闌遺物，滿五日不送官者，各以亡失罪論。贓重者，坐贓論，私物坐贓減二等。

疏議曰：得闌遺之物者，謂得寶、印、符、節及雜物之類，即須送官，滿五日不送者，各得亡失之罪。贓重者，謂計贓重於亡失者，坐贓論，罪止徒三年。私物坐贓論，減二等，罪止徒二年。其物各還官主。

准：《捕亡令》，諸得闌遺物，皆送隨近縣，在市得者送市司，其金吾各在兩京巡察，得者送金吾衛。所得之物，皆懸於門外，有主識認者，檢驗記責保還之。雖未有案記，但證據灼然可驗者，亦准此。其經三十日，無主識認者，收掌，仍録物色目，牓村坊門，經一周年無人認者，没官録帳，申省聽處分。没入之後，物猶見在，主來識認，證據分明者，還之。

准：《廐牧令》，諸官私闌遺馬駝騾牛驢羊等，直有官印，更無私記者，送官牧。若無官印，及雖有官印，復有私記者，經一年無主識認，即印入官，勿破本印，並送隨近牧，别羣牧放。若有失雜畜者，令赴牧識認，檢實印作還字付主。其諸州鎮等所得闌遺畜，亦仰當界内訪主，若經二季無主識認者，並當處出賣。先賣充傳驛，得價入官。後有主識認，勘當知實，還其價。

准：《雜令》，諸公私竹木爲暴水漂失，有能接得者，並積於岸上，明立標牓，於隨近官司申牒，有主識認者，江河五分賞二分，餘水五分賞一分。限三十日，無主認者，入所得人。

准：《軍防令》，諸闌遺得甲杖，皆即輸官。

准：《軍部式》，諸收獲破賊及闌遺器仗等，並申省隨狀處分，納近便庫。如有不堪用者，即須毁卻，任充當處修理軍器用。

（宋）竇儀等《宋刑統》卷二七《雜律·市衆中故相驚動》 諸在市及人衆中故相驚動，令擾亂者，杖八十。以故殺傷人者，減故殺傷一等。因失財物者，坐贓論。其誤驚殺傷人者，從過失法。

疏議曰：有人在市内及衆聚之處，故相驚動，謂誑言有猛獸之類，令擾亂者，杖八十。若因擾亂之際，而失財物，坐贓論。如是衆人之物，累並倍論。並倍不加重於一人失財物者，即從重論。因其擾亂而殺傷人者，減故殺傷一等。驚人致死，減一等，流三千里，折一支，減一等，徒三年之類。其有誤驚，因而殺傷人者，從過失法收贖，銅入被傷殺之家。

（宋）竇儀等《宋刑統》卷二七《雜律·不修隄防盗決隄防》 諸不修隄防，及修而失時者，主司杖七十。毁害人家，漂失財物者，坐贓論，減五等。以故殺傷人者，減鬭殺傷罪三等。謂水流漂害於人，即人自涉而死者非。即水雨過常，非人力所防者勿論。其津濟之處，應造橋航，及應置船栰，而不造置，及擅移橋濟者，杖七十，停廢行人者，杖一百。

疏：諸不修隄防，及修而失時者，主司杖七十。毀害人家，漂失財物者，坐贓論，減五等。以故殺傷人者，減鬭殺傷罪三等。注云，謂水流漂害於人，即人自涉而死者非。又云，即水雨過常，非人力所防者勿論。

議曰：依《營繕令》，近河及大水有隄防之處，刺史、縣令以時檢校。若須修理，每秋收訖，量功多少，差人夫修理。若暴水汎溢，損壞隄防，交爲人患者，先即修營，不拘時限。若有損壞，當時不即修補，或修而失時者，主司杖七十。毀害人家，謂因不修補，及修而失時，爲水毀害人家。漂失財物者，坐贓論，減五等，謂失十匹杖六十，罪止杖一百。若失衆人之物，亦合倍論。以故殺傷人者，減鬭殺傷罪三等，謂殺人者徒二年半，折一支者徒一年半之類。注云，謂水流漂害於人，謂由不修理隄防而損害人家，及行旅被水漂流，而致死傷者。即人自涉而死者非，所司不坐。即水雨過常，非人力所防者，無罪。

又云，其津濟之處，應造橋航，及應置船栰，而不造置，及擅移橋濟者，杖七十，停廢行人者杖一百。議曰：津濟之處，應造橋航，謂河津濟渡之處，應造橋及航者，編舟作栰，及應置舟船，及須以竹木爲栰以渡行人，而不造置，及擅移橋梁濟渡之所者，各杖七十。停廢行人，謂不造橋航，及不置船栰，並擅移橋濟，停廢行人者，杖一百。

諸盜決隄防者，杖一百。謂盜水以供私用，若爲官檢校，雖供官用亦是。若毀害人家，及漂失財物，贓重者，坐贓論。以故殺傷人者，減鬭殺傷罪一等。若通水入人家，致毀害者，亦如之。其故決隄防者，徒三年。漂失贓重者，准盜論。以故殺傷人者，以故殺傷論。

疏：諸盜決隄防者，杖一百。注云，謂盜水以供私用，若爲官檢校，雖供官用亦是。又云，若毀害人家，及漂失財物，贓重者，坐贓論。以故殺傷人者，減鬭殺傷罪一等。若通水入人家，致毀害者，亦如之。議曰：有人盜決隄防，取水供用，無問公私，各杖一百。故注云，謂盜水以供私用，若爲官檢校，雖供官用亦同。水若爲官，即是公坐。若毀害人家，謂因盜水汎溢，以害人家，漂失財物，計贓罪重於杖一百者，即計所失財物坐贓論，謂十四徒一年，十四加一等。以故殺傷人，謂以決水之故殺傷者，減鬭殺傷罪一等。若通水入人家，致毀害殺傷者，一同盜決之罪，故云亦如之。

又云，其故決隄防者，徒三年。漂失贓重者，准盜論。以故殺傷人者，以故殺傷論。

議曰：上文盜水，因有殺傷，此云故決隄防者。謂非因盜水，或挾嫌隙，或恐水漂流自損之類，而故決之者，徒三年。漂失之贓，重於徒三年，謂漂失人三十匹贓者，准盜論，合流二千里。若失衆人之物，亦合倍論。以決隄防之故，而殺傷人者，以故殺傷論，謂殺人者合斬，折人一支流二千里之類。上例殺傷人減鬭殺傷罪一等，有殺傷畜產，償減價，餘條准此。今以故殺傷論，其殺傷畜產，明償減價。下條水火損敗，故犯者徵償。

臣等參詳，今後盜決隄防，致漂溺殺人，或衝注廬舍、田苗、積聚之物，害及一十家以上者，頭首處死，從減一等。溺殺三人，或害及百家上者，以元謀人及同行人並處死。如是盜決水小，隄堰不足以害衆，及被驅率者，准律處分。

（宋）佚名《宋大詔令集》卷一八二《政事・田農・勸農詔乾德二年正月辛巳》　敕，朕惟德之不明，亦至於用武，久興師旅，重困黎元。有閔民愛物之心，誰能副予意者。信賞必罰之令，今將舉而行之。朕言有條，其聽毋忽。夫農天下之本也，凡爲國者，莫不務焉。要將節用則易充，勉其力使不匱。今夫食者甚衆，而輸者已殫，勸之不勤，而取之仰足。使民盡耕猶不給，而半爲遊惰之手，使歲常熟猶恐乏食，而多罹水旱之凶，調斂不得已也。而吏之不仁者，緣以誅求。賦役自有法也，而政之不明者。重爲煩費，農者有幾，害者若兹。欲寬吾民，何可得也。既富而教，豈無術乎？體予兹懷，望爾良吏，自今在官，有能興水利、闢田荒、課農桑、增户口，凡有利于農而不擾者，有司具具賞格，當議旌酬。其或陂池不修、田野不闢、桑棗不植、户口流亡，慢政瘝官，亦行降黜。夫言而不信，法弛於寬，朕久患之。方思革弊，爾毋習舊態，慢我新書。此匪虛名，必期責寔。凡爲條約，告示既明，賞不吾欺，罰無爾悔。

（宋）佚名《宋大詔令集》卷一九八《政事・禁約・禁止上供錢帛不得差擾居人詔乾德六年五月乙未》　王者之治，使人以時，非惟不奪於農功，亦冀無煩於民力。自今應諸道州府軍縣，上供錢帛，並各車乘輦從。其西川諸路合般錢物，即於水路官自漕運，不得差擾所在居人。仍於諸路粉壁，揭詔書示之。

（宋）佚名《宋大詔令集》卷二一四《政事・保疆・保疆詔太平興國七年十月癸酉》　朕君臨萬國，子育兆民，思欲覆載之間，盡躋仁壽之域。兵曰凶器，豈必用之。况契丹一邦，素無釁隙，頃歲交通使命，保守封疆，亭候無虞，烽塵罷警。尋以太原舊壤，僭竊相承，毒虐生民，拒違朝化。朕所以親提鋭旅，直抵孤城，蓋爲伐罪之行，非有黷武之意，而契丹朋附逆黨，棄背驩盟，輒率强悍之民，來爲脣齒之援，蚊蝱暴集。不免於驅除；豺狼無厭，須行於剪伐，既平汾晋，尋幸塞垣。靡辭再駕之勤，親略全燕之地。顧茲曲直，炳若丹青。邇來金革甫寧，創痍漸復。百姓等各思安堵，務勉服田。不得闌出邊關，侵擾帳族，及掠奪畜産，騷動邊陲。宜令所在州縣，嚴切偵邏，違者重論其罪。生口羊馬等，並送於塞，以稱朕屈己息民之意焉。

（宋）佚名《宋大詔令集》卷二一四《政事・保疆・誡沿邊毋得侵掠詔端拱元年四月癸巳》　朕凝命上元，居尊中土，唯思禁暴，豈欲佳兵。至如幽薊之民，皆吾赤子，每聞交鬬，盡然傷懷。近者已許邊疆，互相貿易。自今沿邊戍兵，無得輒恣侵掠，務令安静，稱朕意焉。

（宋）佚名《宋大詔令集》卷一九八《政事・禁約・禁約民取富人穀麥貸息不得輸倍詔淳化四年七月辛亥》　古者立限田之制，以抑兼并；設常平之倉，用救凶歉。今宇宙至廣，生齒寔繁。阡陌之法，既經界而未定；豪强之族，尚獄市以兼容。累年以來，多稼不稔。蠢茲黎庶，阽於死亡。富者操奇贏之資，貧者輸倍稱之息。歲或小稔，復猶歉然。而横恣之家，責償甚急。什一之税，尚未及供，伏臘之資，固已皆竭。使細民益困，大田卒萊。國計不能充，地利不盡出，職此之由也。宜令州縣吏，戒里胥鄉老，嚴察部民，有取富人家穀麥，貸息不得輸倍。未輸税不得先償私負，違者加罪。所在粉壁，揭詔書示之。

（宋）佚名《宋大詔令集》卷二一七《政事・貸雪・貸脅從人罪詔淳化五年三月甲寅》　近者兇民嘯聚，蜀郡驚擾，聊舉偏師，往伸薄伐，已聞虎旅，將獲梟巢。既顯戮於鯨鯢，慮俱焚於玉石。令招安使王繼恩候前軍所下處，其賊黨敢抗王師，即須殺戮。其有本州同惡、受制兇徒，先被脅從，今能歸順者，並釋其罪，倍與安存，所以明好生惡殺之心，所以舉懲惡勸善之法。凡爾民庶，深體至懷。

（宋）佚名《宋大詔令集》卷二一四《政事・保疆・答趙保吉詔至道元年四月壬寅》　先敕邊郡，各謹封略，無敢相侵。內屬邊人所盜羊馬錢物，今並已還卿。敵性貪狼，尚恕其罪，自今敢犯卿者誅之可也。

（宋）佚名《宋大詔令集》卷二一四《政事・保疆・誡約不得入北界劫掠詔》　天寓所臨，是惟王土，雖或淪於異俗，久隔皇化，顧念赤子，孰非吾民。如聞邊隅，頗縱驚擾，殊爽綏懷之義，寧忘軫惻之心。自今緣邊百姓，不得輒入北界劫掠。違者仰所在捕繫，具獄以聞。

（宋）李燾《續資治通鑑長編》宋真宗咸平四年五月　丙戌，御史臺言：曹州民蘇荘出兵器，匿亡命，剽民財産，小不如意，必焚其廬舍，積贓計四十萬，請籍其家。上曰：暴横之民，國有常法，籍之斯過矣，可論如律。

《宋史》卷六《真宗紀》〔咸平四年十二月丁未〕，訛言動衆者有司斬以聞。

（宋）李燾《續資治通鑑長編》宋真宗景德元年十一月　乙丑，詔留守官司，如車駕離京後，有無賴不逞，騷動人民，情理難恕者，並斬訖以聞。

（宋）佚名《宋大詔令集》卷二一四《政事・保疆・緣邊城池依誓約止行修葺外移徙寨柵開浚河道悉禁止詔景德四年五月庚子》　頃以外邦，來脩信好，務寧民庶，爰有誓言，乃眷疆場，所宜遵守。自今緣邊城池，依誓約止行脩葺外，自餘移徙寨柵，開浚河道，無大小悉禁止之。

（宋）佚名《宋大詔令集》卷一九九《政事・禁約・禁誘人子弟求析家産及壞坟域詔大中祥符二年正月戊辰》　字氓之術，敦教爲先。眷乃細民，尚迷至化。但謀酗樂，罔慎行藏。或靡顧宗親，顯求析户；或不聞尊屬，潛舉息錢。頗開獄訟之源，終致流離之苦。念茲多僻，宜示禁科。自今誘人子弟，求析家産，恣爲不逞，及輒壞坟域者，仰逐處即時捕捉，并許本家親族鄰人陳告，鞫按以聞，當議決配。其知情放債人所假錢物，不在還理之限，如因事彰露，應干繫官吏鄰保，並等第勘斷。

（宋）李燾《續資治通鑑長編》宋真宗大中祥符二年六月　乙未，詔如聞京城多有無賴輩妄稱稟命偵察，諸司宜令三班捕而懲之。

（宋）李燾《續資治通鑑長編》宋真宗大中祥符三年四月　戊寅，

詔：訪聞關右民每歲夏首於鳳翔府岐山縣法門寺爲社會，遊惰之輩，晝夜行樂，至有姦詐傷殺人者。宜令有司量定聚會日數，禁其夜集，官吏嚴加警察。

（宋）佚名《宋大詔令集》卷一九九《政事・禁約・禁約不得囑求公事保庇豪右仍貸今日以前詔大中祥符六年七月庚戌》　乃眷官師，各膺寄任，宜稟行於朝命，庶無瀆於彝章。屢降詔條，杜其請託。承寬漸久，爲弊滋深。乃有交結富豪，潛行假貸，冒稱屬戚，輒恣規求。在于公朝，實爲蠹政。宜申明敕，用革澆風。應今日以前，曾以公事私禱者，特示寬恩，更不按問。起今後，文武官諸色人，如復敢于諸處囑求公事、保庇豪右者，並委所在官司具事以聞。文武官並行貶削，諸色人決配。情理重者，自從重法。官司不即覺察，與犯者同罪。

（宋）佚名《宋大詔令集》卷一九二《政事・誡飭・約束文武臣僚子弟詔》　朕以世禄之家，堂搆是荷，期於樹立，以備選掄。顧惟文武之臣，方居要重之地，乃有子弟，洎乎族姻，或在外邦，分掌庶務。必當奉循法理，祗畏官箴，内無忝於門風，上可俟於朝賞。其或罔思矜慎，稍露尤違，所在轉運使州府長吏，不得輒狥顔情，公爲掩蔽。即須舉按，用正典章。儻若廉謹有聞，政能可獎，亦許條其事實，明具薦論。善否之爲，黜陟斯在。苟監司之弛職，固常憲之難逃。各念敦修，務茲勖勵。

（宋）李燾《續資治通鑑長編》宋仁宗天聖七年十二月　丁酉，詔河北盜決屯田堰岸者，從盜決隄防律，再犯者送河南州軍編管。

（宋）李燾《續資治通鑑長編》宋仁宗景祐元年十一月　詔京舊城内侵街民舍在表柱外者，皆毀撤之，遣入内押班岑守素與開封府一員專其事。權知開封府王博文請之也。

（宋）李燾《續資治通鑑長編》宋仁宗景祐二年七月　壬寅，詔：如聞河北、河東有不逞之民，陰相朋結，號爲棍子社，亦曰没命社。自今捕獲者決配它州牢城，爲首者奏裁，能自首者除其罪。

（宋）李燾《續資治通鑑長編》宋仁宗慶曆元年十月　上封者言：近有停閑、丁憂、不及第人多游邊。停閑者不思已過，致犯律法。丁憂者不執親喪，唯務經營謁託。不及第者不言文理訛謬，無由進取。凡得聚集，例生怨謗。況國家未寧，宜杜絶此輩，望降指揮三路都轉運司轄下州縣常切覺察，無令聚集，非土居者，悉禁游邊。從之。此據《會要》，乃壬寅日事。

（宋）李燾《續資治通鑑長編》宋仁宗慶曆七年六月　乙巳，詔畜猛獸而害人者，以違制論。

（宋）佚名《宋大詔令集》卷一八三《政事・田農・無奪民時振救失業詔治平四年閏三月乙巳》　朕惟方今孟夏，乃農民作勞之時。比來歲少順成，今春雨澤以時。農民桑蠶穀麥，種作勤勞。一歲之功，併在此時。尚慮州縣闒慢之吏，覆按細罪，拘牽微文，召呼證辨。連逮丁壯，加以興土木不急之務，留繫工役，理公私未償之負。監錮其身，失業數旬，受弊卒歲。委安撫轉運司，明加敕誡，省事息民，無奪其時。仍令州縣吏，躬親勞農勸民，專力致勤，務盡地力。毋或自失，以俟有秋給公，上奉孝養焉。其有去歲不登，今春少雨，農民艱食失業者，令所在郡縣速振救之，無使流移，以稱朕愛民厚農之意。

（宋）佚名《宋大詔令集》卷二一四《政事・保疆・誡諭諸路各務安静詔熙寧四年二月壬申》　日者守邊將吏，或貪功生事，妄稱釁端，以開邊隙，雖已體量黜責，尚慮未能盡體朝廷鎮撫四裔之意，須議特行戒諭。除夏國作過不許朝貢外，宜令逐路帥臣，自今遵守約束，各務安静覺察。緣邊將吏，無令引惹生事。如稍有違，當重行誅責。

（宋）李燾《續資治通鑑長編》宋神宗熙寧八年九月　初，以練亨甫、范鏜、彭汝礪爲別試所考試官。亨甫待士人不以禮，及引試第二場，故事，雨甚則罷試，是日大雨而不罷，衆益怒，聲言試院火，衆皆驚起。有不逞者相率索亨甫，欲毆之。亨甫避匿復棚上得免，衆大詬而退。既而試院方出榜，別日引試，榜語復有涉侵侮者，衆取榜毀之，而毆守榜軍士。試院以事聞，詔開封府捕爲首者。汝猷等見執，辭服，相推爲首從，然無證左人，皆疑其冤。獄成而勘官郭晙不肯簽書，知府陳繹、判官吴幾復獨以具獄上。汝猷、方穀皆衣冠家子，特不用蔭，杖之。

（宋）李燾《續資治通鑑長編》宋神宗元豐七年二月　上批：據劉定言，澶、魏保甲初無凶惡跡狀，乃是素懷不忠，異議之人，張大扇摇，破壞保甲成法，以至上達，朝廷爲之動心，差官窮治其事，駭聞四方。可下劉定密切具析元初張皇官司以聞，無得避忌不盡。仍下李宜之、王子淵見鞫保甲事，限十日結絶。杖以下勿禁。下劉定，據《御集》在二月八日；又十七日，令王子淵、李宜之歸本任，只委劉定結絶。所有限十日令李宜之、王子淵結絶，《御集》乃無之。四月十二日。

（宋）佚名《宋大詔令集》卷一九四《政事·誡飭·誡約搢紳詔元祐元年六月甲寅》 向者朝廷講求法度，務以寬厚愛民。而搢紳之士，往往不原朝廷本意，速希功賞，有誤使令。或議法失當，或掊斂無節，或姦回附勢，或搆事飾非，或多結權貴，或妄舉邊事，殘民蠹物，久益知弊。致使羣言，交攻不已。苟無澄肅，必紊紀綱。止以其罪顯者，迺行竄逐，自餘干涉之人，夙夜怵惕，不無憂虞。予當新政，務存大體，一切示以寬恩，更不追劾，咸使改過自新，各安職業。可傚此意，作詔書布告中外。乃下詔曰：朕惟先帝臨御以來，講求法度，務在寬厚，愛物仁民。而搢紳之間有不能推原朝廷本意，希功速進，多誤任使。或罔上飾非，或違公附勢，或議法乖當，或擅爲掊克，或妄生邊事，或連起犴獄。積其源流，久乃知弊。此羣言所以未息，而朝廷所以懲革也。救正風俗，修振紀綱，茲出大公，蓋不得已。況罪顯者已正，惡鉅者已斥，則宜蕩滌隱疪。闊略細故，豈復究治，以累太和。夫疾之已甚，孔子不爲；御衆以寬，虞舜所尚。爲國之道，務全大體。應今日以前，有涉此事狀者，一切不問，言者勿復彈劾，有司毋得施行，各俾自新，同歸美俗。布告中外，體朕意焉。

（清）徐松《宋會要輯稿·刑法二·禁約》 紹聖元年五月二十三日，三省樞密院言：近聞姦人多妄説朝廷未施行事，以惑民情。詔開封府界提點司及諸路監司常切覺察，其違犯者，並依法。情重録案以聞，當議編配。有蔭人不用蔭，命官重行黜責。

（宋）李燾《續資治通鑑長編》宋哲宗元符元年十月 工部言：金水若河道蓋閘處擅開掘，或安置重物者，各杖八十。即偷引河水私用者，許人告，及地分軍巡人看管人捕獲，每名支賞錢三貫，並以犯事人家財充。從之。

（宋）李燾《續資治通鑑長編》宋哲宗元符元年十二月 吏部員外郎王博聞言：按律，宗室下人從，輒以鞭棒之類爭奪馬路者，杖八十。請令百官同爲一法。從之，仍情重加二等。

（宋）李燾《續資治通鑑長編》宋哲宗元符元年十二月 工部言諸路、州、軍、城、寨、縣、鎮遇有修造，只得於城外淺壕内近處取土使用，如違，其所主修造官司杖八十，當職都監、監押有失檢察，減二等。從之。

（宋）佚名《宋大詔令集》卷一八三《政事·田農·蜀江修堰禁約御筆大觀二年七月二十一日》 蜀江之利，置堰溉田。旱則引灌，澇則疏導，故無水旱之患，其利甚博。然歲計修堰之費，敷調於民。工作之人並緣爲姦，濱江人户，困於騷動。自今如敢妄有檢計，大爲工費，計所剩坐贓論，入己准自盜法，許人告。

（清）徐松《宋會要輯稿·刑法二·禁約》〔宣和元年〕四月一日詔：滄州清池縣饒安鎮市户張遠、無棣縣新豐村張用、清州乾寧縣齊圯等，各爲燒香受戒，夜聚曉散，男女雜處，互相作過。見今根勘，仰承勘官子細研窮，不得漏失，有罪亦不得横及無辜。兼訪聞滄、清、恩州界日近累有夜聚曉散。公事從來條約甚明，深慮愚人易惑，因而滋長，害及良民。仰本路提點刑獄司檢會條貫，申明行下，令逐州縣鎮粉壁曉示，重立告賞。其爲首人於常法之外，當議重行斷罪。

（清）徐松《宋會要輯稿·刑法二·禁約》〔紹興四年〕二月一日詔：巡幸所至，令御營使用嚴切覺察，如有官員、將兵、人吏彊占民間舍屋，輒奪商旅舟船，買物不還價直及諸般搔擾等事，將上取旨，犯人重作施行，應干官司取索等事，不經三省樞密院取旨，行下事件州縣不得回報，亦不得應副，三省六曹不得發白帖子。勾唤人吏，須經官長印押勾追，方許發。如違，官員勒停吏人決配，仍出牓曉示。

（清）徐松《宋會要輯稿·刑法二·禁約》〔紹興六年二月〕十九日，中書門下省言：訪聞臨安府并諸路州縣，多有邪僞之人，於通衢要鬧處，割截支體，刳剔腸胃，作場惑衆。俗謂南法，遞相傳習。若不禁止，爲害不細。詔令刑部，檢坐斷罪條法，遍牒諸路州縣，申嚴禁止。

（清）徐松《宋會要輯稿·刑法二·禁約》〔紹熙二年〕三月十七日，侍御史林大中言：近有造匿名詩，嘲訕宰相、學官及樞臣侍從者，乞申嚴法禁，有犯毋貸。詔：本府多出文牓曉諭，如有捉獲之人，送獄根勘，重作施行。

（宋）謝深甫等《慶元條法事類》卷四九《農桑門·勸農桑》〔職制勅〕諸緣勸農輒追擾人户者，徒二年。容縱公吏等與同罪。

諸守令勸農輒用妓樂及宴會賓客者，徒一年。

職制令：諸守令出郊勸農，每歲用二月十五日。不得因而游翫，及多帶公吏，輒用妓樂宴會賓客。

（宋）李燾《續資治通鑑長編》宋理宗寶祐五年正月　丙午，禁姦民作白衣會，監司、郡縣官失覺察者坐罪。

（明）張四維《名公書判清明集》卷一三《懲惡門・譁徒・譁鬼訟師》　當職昨領州軍，已聞婺州有金、鍾二姓人，迭爲脣齒，教唆譁徒，脅取財物，大爲民害。方欲追上根究，豈謂積釁稔惡，乃因楊登龍訴姜氏事，自投憲網，是天鋤之也。金千二，係勢家幹僕之子。鍾炎，係州吏鍾暐之子。狼貪虎噬，種習相傳，以獰乾、黥吏之子，而又冒名郡庠，冒玷鄉舉，此虎而翼者也。稱州縣無如我何，棒不到我喫，所以敢於出入州縣，敢於欺壓善良，敢於干預刑名，敢於教唆脅取，敢於行賕計囑。金千二曾造樓閾縣衙，爲本縣斷治毀拆。鍾炎招陳俏陳論，爲本州下學屏斥。金千二或姓金，或姓劉，或名培，或名埴之，變詐反覆，無非預爲姦狼敗獲之地。是二人者，同惡相濟，互爲羽翼，一郡譁徒之師。既追到獄，推欵以下，畏威懷餌，逐日置酒獄房，與之燕飲，更不敢推勘，其威力過於官府。當職黥配推吏，斷行賕之人，改委外縣官推勘。賄賂既絶，而後姑以姦惡百之一二中上。譁魁訟師之可畏如此哉！金千二教唆脅取，所犯三十四項，入己贓二千六百四十餘貫，鍾炎教唆脅取，所犯一十七項，入己贓一千三百餘貫，並合黥配，以爲將來之戒。以士友曾爲之請，當職曾許之末減，金千二決脊杖十五、編管二千里。鍾炎免申禮部駁放，更免勘，決竹篦二十、編管一千里，免監贓，即日押行。其楊登龍所訴取奩田嫁資一項，已經累政所斷，且免根究。餘照勘官所擬，仍榜衙門，並申省部、御史臺。

（明）張四維《名公書判清明集》卷一四《懲惡門・霸渡・裴乙訴鄧四勒渡錢行打》　裴乙過渡，鄧四邀求，因而作鬧。游八，鄧三，殊無干涉，故入生事。今之買撲津岸，多是結集一黨破落無賴之徒，遇有交爭，群然相助，無敢與較，此風最不可不懲。今作鬧之端未欲鞫勘，是非當無兩詞，扭拽經官，中塗勸解，此意亦善。但據鄧四賫出裴乙對定文狀，甚於放債戒厲，既言裴乙通衆興販茶貨，又言斐乙自行裝載檜杖，果如其說，船沉茶貨，自與鄧四不相干，何敢更以違法自來陳訴。其實興販茶貨，則有以入裴乙之罪，自載檜杖，則又以脱鄧四之罪。觀此文約，非羣兇相翼，計議撰造，以絶裴乙之訟，決不能如此，可見姦驵。然見今裴乙無所傷損，不欲盡情根究。鄧四、鄧三、游八各杖十五，餘人並放。

（明）張四維《名公書判清明集》卷一四《懲惡門・霸渡・私撑渡船取乞》　撑船過渡，人出薄少以酬其勞，此固不免。停篙中流，要勒錢物，情最無狀，法亦不輕，其與持仗劫掠何異？又且自擅外邀，不伏出官。李二從輕杖一百，押下本縣，就地頭令衆十日。自後水漲橋斷，合行措置。再敢有違，追上縣吏懲斷，餘人並放。

《遼史》卷一〇《聖宗紀》〔統和元年〕二月戊子朔，禁所在官吏、軍民，不得無故聚衆私語及冒禁夜行，違者坐之。

（清）嵇璜等《續文獻通考》卷一三五《刑考・刑制》〔金世宗大定〕二十年詔定踐蹂禾稼罪。先是十九年二月帝如春水，見民桑多爲牧畜囓毀，詔親王公主及勢要家，牧畜有犯民桑者，許以屬縣官立加懲斷。至是帝又見有踐蹂禾稼者，詔宰臣曰：今後有踐民田者杖六十，盜人穀者杖八十，並償其直。

史金波等譯《天盛改舊新定律令》卷七《邪行門》　諸人自屬畜物，不允説是大人□□上虚假，以及大人、兒童、牧人等諸人取水眼、井欄護水草使不通，自屬畜、物、人有差錯，及使監守侵奪鄰里，違律時徒一年。若有貪贓則計量，按枉法貪贓罪法算，其中人作差誤者，當算日數、力價，總計與枉法貪贓罪法及前述三等罪按其重者判斷。

史金波等譯《天盛改舊新定律令》卷七《邪行門》　諸大小官員男女諸人等，不允鄉中無理拿取牛、羊、柴薪、蔬草等種種物品。倘若違律時，所取何物當計量數，按枉法貪贓算，其中傷人及有創傷者，比諸人相打鬥毆傷留創傷第十四卷上罪狀當增加一等，所增不應及死刑。人死則按强盗殺人法判斷。

史金波等譯《天盛改舊新定律令》卷一五《取閑地門》　土地所有者所棄土地已由他人耕種的調查【略】棄之，租傭草屬者自未納之，住滯，又未逾三年，不許諸人佔據。若違律時，有官罰馬一，庶人十三杖。

史金波等譯《天盛改舊新定律令》卷一五《租地門》　官私農主依先自已所執頃畝數當執之，不許於地邊田壟之角落聚渠土而損之，於他人地處拓地、斷取相鄰地禾穗等。若違律斷取禾穗者，計錢價，以偷盜法論。於他人地拓地，損壞地邊角時，計拓地何長寬、地錢價，當比偷盜罪減一等。舉賞計價十分中當得一分，勿過百緡。

史金波等譯《天盛改舊新定律令》卷一五《租地門》 諸人賣自屬私地時，當賣情願處，不許地邊相接者謂我邊接而强買之、不令賣情願處及行賄等。違律時庶人十三杖，有官罰馬一，所取賄亦當還之。

史金波等譯《天盛改舊新定律令》卷一五《租地門》 諸人地册上之租地邊上，有自屬樹草、池地、澤地、生地等而開墾爲地者，則可開墾爲地而種之。開自一畝至一頃，勿爲租傭草，當以爲增舊地之工。有開地多於一頃者，除一頃外，多所開大小數當告轉運司。三年畢，堪種之，則一畝納三升雜穀物，傭草依邊等法爲之。彼諸人新開至一頃之地，不許告舉取狀。若違律告舉取狀，導助者等有官罰馬一，庶人十三杖。若多開於一頃以上，依邊等法，與逃避租傭草同樣判斷。已告日畢，局分處不過問，察量者之租等級以頃畝低入高時，與邊等估據閑地，逃避租傭草，人虛雜之罪狀同樣判斷。

史金波等譯《天盛改舊新定律令》卷一五《地水雜罪門》 一、沿唐徠、漢延諸官渠等租户、官私家主地方所至處，當沿所屬渠段植柳、柏、楊、榆及其他種種樹，令其成材，與原先所植樹木一同監護，除依時節剪枝條及伐而另植以外，不許諸人伐之。轉運司人中間當遣勝任之監察人。若違律不植樹木，有官罰馬一，庶人十三杖。樹木已植而不護，及無心失誤致牲畜入食時，畜主人等一律庶人笞二十，有官罰五斤鐵。其中官樹木及私家主樹木等爲他人所伐時，計價以偷盜法判斷。諸人舉之時，舉賞當依偷盜舉賞法得之。彼監護樹木者自捕之而告，則赦其罪。自伐之時，無論樹數多少，一律庶人十三杖，有官罰馬一。

一、沿渠幹官植樹木中，不許剥皮及以斧斤斫刻等。若違律時，與樹全伐同樣判斷，舉賞亦依邊等法得之。【略】

一、沿唐徠、漢延及諸大渠等，不許諸人沿其閘口、垛口、□口、諸墊版等取土、取柴而抽損之。若違律取土抽損，致彼水斷破時，抽損者之罪與渠頭放棄職守致渠斷破罪狀同樣判斷。未斷破，則計土、柴，以偷盜罪及徒三個月從其重者判斷。他人舉時，當依舉盜賞法得賞。

一、租户家主沿諸供水細渠田地中灌水時，未畢，此方當好好監察，不許諸人地中放水。若違律無心失誤致渠破培口斷，舍院、田地中進水時，放水者有官罰馬一，庶人十三杖。種時未過，則當償牛工、種籽等而再種之。種時已過，則當以所損失苗、糧食、菓木等計價而償之。舍院進水損毁者，當計價而予之一半。若無主貧兒實無力償還工價，則依作錯法判斷。若人死者，與遮障中向有人處射箭投擲等而致人死之罪相同。

史金波等譯《天盛改舊新定律令》卷一七《供給交還門》 領用種種官畜、穀、物等時，領者及他人等不許謂局分人不速授予而毆打之，及無理挑揀所領之物而苦辱局分人等。倘若違律時，徒三年。

史金波等譯《天盛改舊新定律令》卷一七《急用不買門》 一、諸司有應派人買種種官之物，雜財産、樹草炭等，及臨時買畜、物等，諸家主雙方情願，可買賣，不許强以逼迫買取。若違律强以逼迫買取等時，大人、承旨、都案、案頭、局分人等之罪，一律以强買取物之價與所予之價相較，令家主所損幾何，少則徒一年。若倚官買時行欺騙，本人已留，壓低價，則令家主損失幾何，物多索幾何當計之，比偷盜罪當減一等。倘若非因私食之，雖因公買之，然壓低家主之價值，則當計超出幾何，依前比本人因私已留罪當再減一等判斷。

史金波等譯《天盛改舊新定律令》卷一九《官畜馱騎門》 諸人不許牧人未知而隨意捕官私畜馱騎耕作。若捕捉畜以馱騎耕作時，比前述牧人擅自將官私大小畜借人之日限罪狀加一等，最重當爲十年長徒。

史金波等譯《天盛改舊新定律令》卷一九《牧場官地水井門》 一、牧人當依前律令修造水井，倘若水井劣時，斷十三杖。又官地方水源泉有諸人鑿井者，則於不妨害官畜處可鑿井。若於妨害處鑿井及於不妨害處鑿井而牧人護之等。一律有官罰馬一，庶人十三杖。

（清）嵇璜等《續文獻通考》卷一八《征榷考·征商》 〔元太宗〕六年，立徵收税課所。凡倉庫院務官并合干人等，命各處官司選有産有行之人充之。其所辦課程，每月赴所輸納。有貿易借貸者，並徒二年，杖七十。所官擾民取財者，罪亦如之。

《通制條格》卷一六《田令·軍馬擾民》 中統四年正月，欽奉聖旨：道與阿木都元帥等，在先爲軍馬於百姓處取要諸物，或縱放頭疋踏踐麥苗田種，及咽咬桑菓等樹，這般搔擾上已曾禁約去來。今又體知得，隨處多有屯駐蒙古等軍馬，往往將請到糧料私下糶賣，却於百姓處强行取要糧料、人夫、一切物件。及有探馬赤人每將自己養種收到物斛愛惜，却行營於百姓處取要搔擾。這言語是實那是虚？如聖旨到日，仰省會萬户、千户、百户每體究問當者。若端的有這般搔擾百姓的人每，管軍官與宣慰司一同問當了，是實呵，依着扎撒陪償斷遣者。若去宣慰司處遠呵，止與本處達魯花赤管民官一處斷者。如千户、百户每不行用心禁約，及覰面皮不肯斷遣呵，他每不怕那甚麽！

《通制條格》卷一六《田令・司農事例》　中統五年八月，欽奉聖旨條畫内一款：諸軍馬營寨及達魯花赤、管民官、權豪勢要人等，不得恣縱頭疋損壞桑棗，踏踐田禾，搔擾百姓。如有違犯之人，除軍馬營寨約會所管頭目斷遣，餘者即仰本處官司就便治罪施行，並勒驗所損田禾桑果分數陪償，及軍馬不得於村坊安下，取要飲食。

《元史》卷七《世祖紀》　〔至元七年十一月〕癸未，詔諭西夏提刑按察司管民官，禁僧徒冒據民田。壬辰，申明勸課農桑賞罰之法。

《通制條格》卷一六《田令・農桑》　至元九年二月，欽奉聖旨節該：據大司農司奏，自大都隨路州縣城郭周圍，並河渠兩岸，急遞鋪道店側畔，各隨地宜，官民栽植榆柳槐樹，令本處正官提點本地分人護長成樹。係官栽到者，營修隄岸、橋道等用度，百姓自力栽到者，各家使用，似爲官民兩益。准奏。仰隨路委自州縣正官提點，春首栽植，務要生成。仍禁約蒙古、漢軍、探馬赤、權勢諸色人等，不得恣縱頭疋咽咬，亦不得非理斫伐。違者並仰各路達魯花赤、管民官依條治罪，本處官司却不得因而搔擾。

《元典章》卷五七《刑部・諸禁・雜禁・禁弄蛇蟲唱貨郎》　至元十二年，中書兵刑部承奉中書省判送刑房呈：今體知得一等〔元〕〔無〕圖小民，因弄蛇蟲禽獸，聚集人衆，街市貨藥，非徒不能療病，其間反致害人。又在都唱琵琶詞貨郎兒人等聚集人衆，充塞街市，男女相混，不唯引惹鬬訟，又恐别生事端。蒙部堂議得，擬合禁斷，送部行下合屬依上行。奉此，施行間又奉都堂鈞旨：唱琵琶詞貨郎兒人等止禁大都，在城外山客貨藥，遍下隨路禁約者。

《元史》卷一九《世祖紀》　〔至元十四年秋七月〕戊戌，申禁羊馬羣之在北者，八月内毋縱出北口諸隘踐食京畿之禾，犯者没其畜。

《通制條格》卷一六《田令・影占民田》　至元十五年七月二十五日，中書省御史臺呈：奏過事内一件節該，官民房舍田土，諸官豪勢要之家毋得擅立宅司莊官，冒立文契，私己影占，取要房錢租米，違者並行糾察。奏呵，奉聖旨：那般者是有。欽此。

《通制條格》卷一六《田令・農桑》　至元二十三年六月十二日，中書省奏：立大司農司的聖旨，奏呵，與者，麽道聖旨有來。又，仲謙那的每行來的條畫，在先也省官人每的印信文字行來。如今條畫根底省家文字裏交行呵，怎生？麽道。奏呵，那般者，麽道聖旨了也。欽此。今將奏奉聖旨定到條畫開立於後

一、諸縣所屬村疃，凡伍拾家立爲壹社，不以是何諸色人等，並行入社，令社衆推舉年高、通曉農事、有兼丁者，立爲社長。如壹村伍拾家以上只爲壹社，增至伯家者另設社長壹員。如不及伍拾家者，與附近村分相併爲壹社。若地遠人稀不能相併者，斟酌各處地面，各村自爲壹社者聽。或叁村或伍村併爲壹社，仍於酌中村内選立社長。官司並不得將社長差占别管餘事，專一照管教勸本社之人務勤農業，不致惰廢。如有不肯聽從教勸之人，籍記姓名，候提點官到彼，對社衆責罰。所立社長，與免本身雜役。年終考較，有成者優賞，怠廢者責罰。仍省會社長，却不得因而搔擾，亦不得率領社衆非理動作聚集，以妨農時。外據其餘聚衆作社者，並行禁斷。若有違犯，從本處官司就便究治。

一、農民每歲種田，有勤謹趁時而作者，懶惰過時而廢者，若不明諭，民多苟且。今後仰社長教諭，各隨風土所宜，須管趁時農作。若宜先種者，儘力先行布種植田，以次各各隨宜布種，必不得已，然後補種晚田瓜菜。仍於地頭道邊各立牌橛，書寫某社某人地段，仰社長時時往來點覰，將勸誡諭，不至荒蕪。仍仰隄備天旱，有地主户量種區田，有水則近水種之，無水則鑿井。如井深不能種區田者，聽從民便。若有水田之家，不必區種，據區田法度另行發去。仰本路鏤板，多廣印散，諸民若農作動時，不得無故飲會，失悮生計。

《通制條格》卷一六《田令・農桑》　至元二十三年六月十二日，中

書省奏：【略】今將奏奉聖旨定到條畫開立於後。

一、應有荒地，除軍馬營盤草地已經上司撥定邊界者並公田外，其餘投下、探馬赤、官豪勢要之家自行冒占年深荒閑地土，從本處官司勘當得實，打量見數，給付附近無地之家耕種爲主。先給貧民，次及餘户。如有爭差，申覆上司定奪。外據祖業或立契買到地土，近年銷乏時暫荒閑者，督勒本主立限開耕租佃，須要不致荒蕪。若係自來地薄輪番歇種去處，即仰依例存留歇種地段，亦不得多餘冒占。若有熟地夾間本主未耕荒地，不及壹頃者不在此限，仍督責早爲開耕。

一、每社立義倉，社長主之。如遇豐年收成去處，各家驗口數，每口留粟壹斗，若無粟抵斗，存留雜色物料，以備歉歲就給各人自行食用。官司並不得拘檢借貸動支，經過軍馬亦不得强行取要。社長明置文曆，如欲聚集收頓，或各家頓放，聽從民便。社長與社户從長商議，如法收貯，須要不致損壞。如遇天災兇歲不收去處，或本社内有不收之家，不在存留之限。

一、本社内若有勤務農桑，增置家産，孝友之人，從社長保舉官司，體究得實，申覆上司，量加優恤。若社長與本處官司體究所保不實，亦行責罰。本處官司并不得將勤謹增置到物業添加差役。

一、若有不務本業，游手好閑，不遵父母兄長教令，兇徒惡黨之人，先從社長叮嚀教訓，如是不改，籍記姓名，候提點官到日，對社衆審問是實，於門首大字粉壁書寫不務本業、游惰、兇惡等名稱。如本人知恥改過，從社長保明申官，毁去粉壁。如終是不改，但遇本社合着夫役，替民應當。候悔過自新，方許除籍。

一、若有蟲蝗遺子去處，委各州縣正官壹員，於拾月内專一巡視本管地面。若在熟地，併力翻耕。如在荒陂大野，先行耕圍，籍記地段，禁約諸人不得燒燃荒草，以備來春蟲蝻生發時分，不分明夜，本處正官監視就草燒除。若是荒地窄狹，無草可燒去處，亦仰從長規劃，春首捕除。仍仰更爲多方用心，務要盡絶。若在煎鹽草地内蟲蝻遺子者，申部定奪。

一、若有該載不盡農桑水利於民有益或可預防蝗旱災咎者，各隨方土所宜，量力施行。仍申覆上司照驗。

一、前項農桑水利等事，專委府州司縣長官，不妨本職提點勾當。若有事故，差出以次官提點。如但有違慢沮壞之人，取問是實，約量斷罪。若有恃勢不伏或事重者，申覆上司究治。其提點官不得勾集百姓，仍依時月下村提點，止許將引當該司吏壹名，祇候人壹貳名，毋得因而多將人力，搔擾取受。據每縣年終比附到各社長農事成否等第，開申本管上司通行考較。其本管上司却行開坐所屬州縣提點官勾當成否，編類等第，申覆司農及申户部照驗。才候任滿，於解由内分（朗）〔明〕開寫排年考較到提點農事功勤廢惰事跡，赴部照勘呈省，欽依見降聖旨比附以爲殿最。提刑按察司更爲體察。

《通制條格》卷一八《關市・牙行》　至元二十三年六月，中書省照得：先爲蓋里赤擾害百姓，已行禁罷。况客旅買賣，依例納税，若更設立諸色牙行，抽分牙錢，刮削市利，侵漁不便。除大都羊牙及隨路買賣人口頭疋莊宅牙行依前存設，驗價取要牙錢，每拾兩不過貳錢，其餘各色牙人，並行革去。

《通制條格》卷七《軍防・禁治擾害》　至元十四年七月，樞密院：泰安州長清縣尹趙文昌呈，切見出征軍人苦冒矢石，屢犯霜露，傾家産以給軍需，捐身軀以衛社稷，觀其勞苦，實可哀憫。其管軍人員不知存恤，縱令父兄子弟凡遇農桑蠶繅出行修造一切力役，將軍人落後家屬非理占使；又以出放錢債爲名，令軍使用，不出三四月便要本利相停，一歲之間獲利數陪，設有違悮，輒加罪責。其軍人畏避管軍官形勢，思忖出軍之人命懸於管軍官人員，雖搔擾百端，抱負屈抑，竟不敢於官陳訴，致使久而靠損，深爲未便。樞府參詳：所言允當，合行依上禁治。如有違犯之人，許諸人告首到官，取問是實，就便斷罪。

至元十五年三月，欽奉聖旨條畫内一款：軍官人等不得於軍人處擅科取受分文錢數頭疋一切諸物。欽此。

至元二十六年八月，樞密院議擬到禁約諸軍例内一款：管軍官於所管軍人處並不得擅科取要分文錢物，假借換要頭疋物件，搔擾軍人不安，亦不得私自占破役使軍人，致令生受。已有條畫禁約，既軍中無擾，軍人却不得離役在逃。若有在逃軍人，行移合屬奥魯官司根捉得獲，就軍前照依聖旨定到罪名對衆施行。

《通制條格》卷一六《田令・理民》　至元二十八年六月，中書省奏准《至元新格》：

諸理民之務，禁其擾民者，此爲最先。凡里正、公使人等貼書亦同，從各路總管府擬定合設人數，其令司縣選留廉幹無過之人，多者罷去。仍須每事設法關防，毋致似前侵害百姓。

諸村主首，使佐里正催督差税，禁止違法。其坊村人户鄰居之家，照依舊例以相檢察，勿造非違。

諸社長本爲勸農而設，近年以來多以差科干擾，大失元立社長之意。今後凡催差辦集，自有里正、主首。其社長使專勸課，凡農事未喻者，教之，人力不勤者，督之，必使農盡其功，地盡其利。官司有不遵守妨廢勸農者，從肅政廉訪司究治。

諸州縣官勸農日，社内有游蕩好閑、不務生理、累勸不改者，社長須得對衆舉明，量示懲戒。其社長若年小德薄，不爲衆人信服，即聽詢舉深知農事、年高純謹之人易换。

諸假託靈異、妄造妖言、佯修善事、夜聚明散，並凡官司已行禁治事理，社長每季須一誡諭，使民知恐，毋陷刑憲。

諸遇災傷闕食，或能不恡己物，勸率富有之家，協同周濟困窮，不致失所者，從本處官司保申上司，申部呈省。

諸義倉本使百姓豐年貯蓄，歉年食用，此已驗良法。其社長照依元行，當復修舉。官司敢有拘檢煩擾者，從肅政廉訪司糾彈。

諸富户依託見任官員影避差役者，所在肅政廉訪司官常須用心禁察，毋使循習舊弊，靠損貧民。違者，其官與民並行治罪。

諸論訴婚姻、家財、田宅、債負，若不係違法重事，並聽社長以理諭解，免使妨廢農務，煩擾官司。

《通制條格》卷一六《田令・農桑》　至元二十九年閏六月，欽奉聖旨：宣諭諸路府州司縣達魯花赤、管民官、提點農桑水利官員人等，據中書省奏，在前爲勸農的上頭，各處立着勸農司衙門來，後頭罷了，併入按察司時節，按察司名兒裏與了聖旨來。如今按察司改做肅政廉訪司也，依那體例裏倒换與他每聖旨宣諭，似望各各盡心，早得成就。准奏。仰各道肅政廉訪司照依已降聖旨，巡行勸課，舉察勤惰。隨路若有勤謹官員，仰各路具實跡牒報，巡行勸農官體覆得實，申大司農司呈省聞奏，於銓選時定奪。如文字遲慢，仰廉訪司官即將當該司吏，對提點官就便取招，申大司農司責罰。其各路並府州提點官違慢者，大司農司取招呈省定奪。外據社長委有公謹實效之人，行移巡行勸農官體察得實，申覆大司農司定奪。如有違慢者，仰就便依理責罰黜罷。這般省諭了呵，勸農官吏人等却不得因而取受，看循面情，非理行事。本處官司及不以是何人等，亦不得使氣力搔擾社長，妨奪勸農事務。如違治罪。仍仰肅政廉訪司照依已降聖旨，更爲體察施行。

《元典章》卷五七《刑部・諸禁・雜禁・禁射小弩彈弓》　至元三十年三月，江西道廉訪司承奉行臺劄付：江南城郭人民繁盛，不務本業游蕩之人，持挾弩子彈弓，凡宫殿、廟宇、園林、樹木，但見飛禽坐落，輒便射打，不顧傷人。有司未嘗禁約，深爲未便。除另行移宣慰司行樞密院出榜禁治，若有違犯之人，捉拿赴官，追收弓弩，痛行斷罪施行。

《元典章》卷五七《刑部・諸禁・雜禁・禁約划掉龍船》　至元三十年三月，福建行省准中書省咨：據御史臺呈，准行臺咨，據福建道廉訪司申：據經歷赦（琖）〔盞〕從事呈，見奉憲司指揮與福建行省員外郎嚴承直、福州路總管燕正議，審録福州路在城諸衙門及附廓懷安等三縣罪囚數内，候官縣一起鄭發林十七二名，爲虞德寧狀告，至元二十九年五月初五日端午節，有閩縣都頭鄭發划掉龍船，謀算男虞源騎坐船頭，鄭發於船尾用力把拖，將船般挨頭欹斜，將源蹦落水中身死。取問得鄭發等狀稱，虞源委是自行落水身死，别不曾謀算本人性命。得此，除另行歸斷外，體知得亡宋蕤賓節日風俗，鳩斂錢物，划掉龍船飲酒食肉，男女水陸聚觀，無所不爲，以爲娱樂一時之興。江淮、江西、福建、兩廣諸路皆有此戲，歸附後未嘗禁治。若不具呈，更張切思無益之事，不便於將來，擬合禁治。乞行移各路禁治，及申行御史臺遍行一體施行。卑司看詳，若准所呈禁治，似爲允當，申乞照詳施行。本臺看詳：如准所申，實爲允當，除已遍下合屬禁治施行。

《通制條格》卷七《軍防・禁治擾害》　至元二十九年三月初十日，御史臺奏節該：姓張底管軍百户去年夏裏上都俺根底文書裏告，樞密院家五衛萬户千户百户官人每，十年其間裏，軍人每根底貳拾一萬定鈔齊斂要未也者。説有。俺省得的奏，雖是大四至説呵，這裏頭實的是也有也者，虚的也有也者，交打算不交打算，上位識者。麽道。奏呵，月魯那演奏，這言語比及我入院已前伴當每我根前説了幾遍來，舊底雖是不交打算呵，上位奏了，軍官每這箇那箇官人每根底與茶飯麽道，軍每根底休交齊斂要者，軍人每根底休交生受者，後頭底禁治，麽道説來。麽道。奏呵，那般者。禁治者。舊底後頭交打算不交打算，咱每尋思了説。麽道聖旨了也。崔中丞奏，月魯那演、也先帖木兒兩箇院裏恰纔入去了也，這般不整治呵，後底這兩箇官人根底也來去也。麽道。奏呵，恰纔不言語了也那？整理者。麽道聖旨了也。欽此。本臺議到下項合禁事理：

一、諸萬户千户百户等人員，已有奏奉聖旨定到各各占破軍數除外，欽依累降聖旨處分事意，並不得多餘占使，亦不得因公多行差占。及據應得占破軍人，止許依公支使，並不得爲私己勾當修造工役，營運買賣，行船走車。及各官到處，不得就令出辨盤纏、酒食、馬疋、草料。

一、除各軍年例置備外，欽依累降聖旨處分事意，並不得私下科取錢物及齊斂追節、生辰、送路、洗塵、筵會、婚聘一切人情，亦不得別指名稱托散諸物，陪告不辦散書押、疏頭、抄化，剋除管軍官吏俸錢。

一、不得差倩屯田軍人並牛隻車輛耕種私己田禾，般載己物。

一、各衛請俸書吏並寫發人等，並不得就當影占本户軍役，依例另當本户正軍。

一、每年放軍還家置備鞍馬軍需氣力，其所差千户百户頭目中間放富差貧，科斂錢物，諸般搔擾，以致軍户生受。令各翼圓議立法鈐束，不致生受。

一、各衛屯田官地多與軍官自己地土相靠，儻遇災傷，軍官人等將被災者買作官田，收成者妄爲己地。今後並不得似前如此作弊。

至元三十一年六月，御史臺准樞密院咨：近欽奉詔書内一款節該：屯戍征進軍人久服勞苦，仰奥魯官撫養，不得妄有科配。欽此。近年以來，各處起軍官遍諳軍户取要賫發，一面接受軍人詞訟，定奪氣力貼軍錢物，又勾喚欠少已債軍人家屬監收追徵，漸將軍户侵損。今後勾補逃亡事故等軍，摘委廉幹軍官行下本路勾補，若是依前遍諳軍户索要錢物，及接受詞狀句喚欠債軍人家屬監收追徵者，令各道廉訪司體察，及許令各處奥魯官司覺察申院，取問定罪。如奥魯官知而不舉，故縱搔擾，與同罪。

《元史》卷一九《成宗紀》〔大德元年〕諸王也只里部忽剌帶於濟南商河縣侵擾居民，蹂踐禾稼，帝命詰之，走歸其部。帝曰：彼宗戚也，有是理耶？其令也只里罪之。禁諸王、駙馬并權豪，毋奪民田，其獻田者有刑。

《通制條格》卷一六《田令·司農事例》大德二年三月，欽奉聖旨節該：大司農司官人每奏，過往的軍馬、富豪、做買賣人等，頭口不攔當，田禾喫了踏踐了有，桑樹果子樹啯咬折拆了有，城子裏達魯花赤官人每那般不在意禁約有，麽道奏來。從今已後，田禾裏，但是頭口入去喫了，桑樹果木樹斫伐了呵，折拆了呵，城子裏達魯花赤每、總管每就便提調者，依着在先聖旨體例裏教陪償了，要罪過者。這聖旨這般宣諭了呵，城子裏達魯花赤每、總管每〔不〕好生用心禁約呵，覷面皮不教陪償呵，咱每根底奏者。雖這般道了呵，推着田禾無體例勾當休做者，休教人每生受者。

《通制條格》卷二《户令·官豪影占》大德三年六月初九日，中書省奏：闊里吉思題説福建合行事内一件，那裏的官人每、富户有勢的人每，將百姓每田地占着，教百姓每佃户，不教當雜泛差役有，合禁治。麽道説有。俺商量來：教百姓每做佃户種養呵，種養也者，根脚裏的不揀甚麽差發有呵，依體例當者，休遮護者。麽道，在前也禁約着有來。如今，做佃户教種養的種養也者，依衆百姓每體例裏不揀甚麽差發教當者，有勢力人每休遮護者。麽道，行文字更教廉訪司官人每也着糾察。麽道，奏呵，奉聖旨：那般者。欽此。

《通制條格》卷二七《雜令·諸王經行科斂》大德三年七月，中書省河南行省咨：河南府路申，竊見四方鎮遏諸王駙馬朝會赴闕，未曾起程，先行前路文字，並不開寫官員數目。有司避怕罪責，多餘准備羊酒鷄豬鵝鴨，宿頓處所鋪陳地氈，綵絹繳裹柱壁，又於界首用椽箔創搭掃里棚座邀頓，動壹科拾，動拾科伯，損民不便。都省議得：諸王駙馬經行人員飲食馬駝草料，自有定擬明文。所據創搭掃里棚座邀頓鋪陳，准備羊酒鷄鵝等物，今後憑准上司許支明文，從實應副，毋得多餘科斂，擾民違錯。

《元史》卷二〇《成宗紀》〔大德〕四年春正月丙申，申嚴京師惡少不法之禁，犯者并黥刺，杖七十，拘役。

《通制條格》卷一六《田令・打量田土》 大德四年十二月初二日，樞密院奏：歸德府趙知府文字裏題說將來，推陽縣官吏每信着歹人每言語，打量軍户地土行呵，踏踐了田禾，軍户每根底使氣力哏搔擾有。麽道說將來有。上位有聖旨，軍的民的田地，通行取數目時分打量呵，是也。民户的地土不打量，軍户底地土打量有。奏呵，奉聖旨：是有。不得咱每的聖旨，軍户每的地土休打量者。欽此。

《元典章》卷五七《刑部・諸禁・雜禁・禁科斂迎木偶》 大德五年，（月）〔行〕御史臺據監察御史呈：嘗聞天生烝民，渾然至善，未始有惡。其中有不善者，乃知誘物化，染習所至，夫所以爲善。豈緇黄祝禳祈禱之事哉？約而言之，不過盡人事之當爲爾。孝悌勤儉，供國濟私，餘暇讀書，篤志力行。閒居可以範人，出仕可以德衆，則鬼神不求福祐而自福祐之。《易》辭曰積善之家必有餘慶者，此也。今市井之人，捨人事而不爲，冒法禁而爲之，又有各衙節級首領人等，輪爲社頭，通同廟祝，買囑官吏，印押公據。糾集遊惰，扛抬木偶，沿街斂掠，攪擾買賣。直使户户出錢，而後已所得贏餘朝酒暮肉。每次祈賽，每日不寧，街衢喧閧，男女混雜。去歲端午，紀機察等衆划船溺死六七人，然所謂口願社火者，其事甚鄙。囚徒荷校之醜，亦喜爲人，曾謂明正之神享此奉乎？至於求福乞祐，焚檀焚紙，煙焰熏炙，木偶凝煤，曾謂明正之神受此賂乎？是知其必不享受也。徒增僥倖，迷惑人心，最害人倫之大者。今此所爲，皆素所禁，乃敢公然冒犯國法，侵擾人民，臺察所臨，猶有此弊，其閩廣州軍尤甚。除各家自備香酒，上廟享祭外，據社頭廟祝扛迎木偶，排門斂掠，糾集徒黨祈賽等項，情罪非輕。按刑統云：諸恐喝取人財者，准盜論。又曰：公取何異竊取，况此等人以鬼神惑衆，禍福怖人，非恐喝而何？昨江西賊人作叛，初嘗以鬼神惑衆駟致作亂，欲乞遍行禁約，官民兩便。乞照詳。得此，憲臺相度，祈賽神社已有禁例外，戲划龍船，抬舁木偶，斂錢侵擾事理，仰遍行合屬禁約施行。

《通制條格》卷二《户令・官豪影占》 大德七年三月欽奉聖旨條畫内一款節該：各處官吏毋得影占人户，供給私用，犯者治罪。

《通制條格》卷一六《田令・撥賜田土還官》 大德七年四月，中書省江浙行省咨：各路府州司縣所管官房地基，多係官豪勢要人等租賃住坐，故將元舊屋宇改拆間架，欲爲己業，計搆上下路府司縣官吏、主首，坊里正人等通同捏合，推稱年深倒塌，不堪修理，低估價錢變賣；或稱事故，以租就買，朦朧除豁官租，私相典兑，并不申明官司。今後係官房舍基地，毋得似前變賣典兑及以租就買。户部照擬得，合准本省所擬，遍行禁治。都省准呈。

《元典章》卷五七《刑部・諸禁・禁豪霸・閑良官把柄官府》 大德七年十月十九日，江西行省准中書省咨：伊滋等言諸閑良官内有一等豪猾無知小人，不曾請奉勾當，誑受宣勑，不去遠方之任。或有馳驛，因作買賣，虚走一遭，推事迴環，别續求仕。或在家住坐，與司縣官接爲交友，俱不當雜役，更影占别户，如此把柄不均。若有此等人員，合無責限有司追收所受宣勑牌面。如司縣官不追申者，司吏斷罪罷役，典史正官取招定罪，廉訪司嚴行體察施行。送刑部議得：如有似此人員，宜令所在官司究問明白，取招申上。仍令各道廉訪司體察相應，都省咨請依上施行。

《通制條格》卷二八《雜令・擾民》 大德七年十一月十八日，欽奉聖旨節該：中書省官人每奏，這幾年田禾不收，百姓每生受的其間，各枝兒飛放圍獵的、住冬的、往來行的，喂養馬疋的人等，將引老小，村坊裏安下，取要飲食草料，教百姓每生受有，不教各枝兒搔擾百姓禁治的聖旨。麽道奏來。今後打捕的昔寶赤、八兒赤、貴赤、哈剌赤、拔都每、阿魯渾、阿速每、放官頭疋的、蒙古人匠、探馬赤、站赤、憨哈納思、諸王的伴當每，往來行的各枝兒裏，不以是何人，除奉省部文字外，村坊裏倚氣力休安下者，無體例休取要飲食草料者，休教損壞桑棗果木等樹者。又禁地裏有打捕野物的人每呵，依在先聖旨體例，不經由管民官，禁圍場的，擅自休斷者。道來。這般宣諭了，於百姓每房舍内倚氣力安下，無體例取要飲食草料，損壞樹木行呵，管城子的達魯花赤官人每將要了來的飲食草料，損壞了的樹木，教陪償了，依着合得的罪過斷了，將他每名字寫將來者。禁地裏打捕野物的人每有呵，禁圍場的每不經由管民官斷没呵，有罪過者。若管民官知道搔擾百姓的不問呵，有罪過者。廉訪司官人每體察者。

至大二年二月二十一日，欽奉詔書條畫一款：圍獵飛放、喂養馬駝及各色過往屯駐軍馬出使人員，自有合得分例。父復欺凌官府，擾害百姓，多取飲食錢物，縱放頭疋，踏踐田禾，嚙咬樹木，事非一端，民受其害，前詔累嘗戒飭。今聞仍襲前弊，罔有悛心，仰有司再行禁治。其不爲申理者，一體斷罪。監察御史、廉訪司依期分詣各處，嚴加體察。

至大四年二月二十二日，李平章、回回參議啓：各處進呈鷹鶻虎豹犬馬希罕等物，鋪馬來的多有，消乏了站赤，沿路取要祇應草料人夫，哏搔擾百姓有。啓呵，今後我的言語，不揀是誰，休教來者。便將來呵，得甚濟？您各處行將文書去者。麽道令旨了也。敬此。

《元史》卷二一《成宗紀》〔大德七年〕禁僧人以修建寺宇爲名，齎諸王令旨乘傳擾民。

《通制條格》卷一六《田令・江南私租》大德八年正月，欽奉詔書內一款：江南佃户承種諸人田土，私租太重，以致小民窮困。自大德八年，以拾分爲率，普減貳分，永爲定例。比及收成，佃户不給，各主接濟，無致失所。借過貸料，豐年逐旋歸還，田主毋以巧計多取租數。違者治罪。

《元典章》卷五七《刑部・諸禁・禁豪霸・豪霸紅粉壁迤北屯種》大德八年正月二十五日，湖廣行省准中書省咨江西福建道奉使宣撫呈：巡行至江西，據諸人言告，有一等驟富豪霸之家，內有曾充官吏者，亦有曾充軍役離職者，亦有潑皮凶頑者，皆非良善。以强凌弱，以衆害寡，妄興橫事，羅織平民，騙其家私，奪占妻女，甚則害傷性命，不可勝言。交結官司視同一家，小民既受其欺，有司亦爲所侮，非理害民，縱其奸惡，亦由有司貪猥。馴致其然，莫若嚴禁。各處行省已下，大小官吏非親戚不得與所部豪霸茶食，安停人等。似前違犯，取問是實，初犯於本罪上比常人加二等斷罷。紅土粉壁，標示過名；再犯痛行斷罪，移徙邊遠。如此少革侵害細民之弊。具呈照詳。得此，送刑部議得：除見任官吏不得於所部之內受要饋獻，明有禁例外，據見呈各處豪霸兇徒害民，凌犯官府，合准奉使，宣撫所擬，嚴加禁約。敢有違犯之人，痛行斷罪。於各處門首，泥置粉壁書寫過名，若三年改過，許令除籍；其有不悛再犯者，加等斷罪，遷徙北地面屯種相應。都省准擬，請依上施行。

《通制條格》卷一六《田令・農桑》大德九年二月，欽奉詔書內一款：仲春已後，此農民盡力耕桑之時，其敕有司，非急速之務，慎毋生事煩擾，或有小罪，即與疎決，勿禁繫妨其時。

《元典章》卷五七《刑部・諸禁・禁豪霸・札忽兒歹陳言（三）〔二〕件》大德十（一）年（十一）月（二十一）日，江浙行省准中書省咨：杭州路達魯花赤札忽兒歹呈，本路事務繁冗，實與其他路分不同。豪霸把持官府，破落潑皮擾民等項事理，開呈照詳。送刑部議擬到本官所言事理。都省逐一議擬於後，請依上施行。

一件：把持官府之人處處有之，其把持者杭州爲最。每遇官員到任，百計鑽刺，或求其親識引薦，或賂其左右吹噓。既得進具，即中其奸。始以口味相遺，繼以追賀餽送。窺其所好，漸以苞苴。愛聲色者，獻之美婦；貪財利者，賂之玉帛；好奇異者，與之玩器。日漸一日，交結已深，不問其賢不肖，序齒爲兄弟。同席飲宴者有之，下碁打雙陸者有之，並無忌憚。彼此家人妻妾，不避其嫌疑，又結爲姊妹，通家往還，至甚稠密。街坊人民見其如此，遇有公事，無問大小，悉皆投奔囑托關節，俗號貓兒頭，又曰定門。貪官污吏吞其鈎餌，惟命是聽，欲行即行，欲止則止，稍有相違，發言告訴，被其掯勒。拱手俯聽，是非顛倒，曲直不分，民之冤抑無所伸訴。其有廉謹官吏，欲立紀綱拒絕此徒，則權門所蠹，羣聚而謀，加逞豪霸，捏合事情，裝飾詞訟，編排證佐，設誓告論，使品官與皂結對詞庭下，比至辯證明白，受辱已多，致使善良爲之喪志。近聞本路於潛縣常縣尹、臨安縣郭縣尹，俱被累斷，把持人何福秀、羅文胖等糾集羣黨，焚香設誓，虛捏贓錢，妄經廉訪司告論。牒發本路，問出似此之類，不可殫數。若不嚴法禁治，無以警戒。參詳：豪霸之害民，已有禁例，中間似有未盡。今後但有把持公事，並妄告官吏之人，初犯枷項於犯人門首示衆，痛行斷罪，紅粉壁書寫過名。所在官司標附籍記，令充夫役三年，改過方許除籍。如是不悛，再犯加等斷罪，移徙邊遠。在任官吏與此等豪霸把持之人交結，追往接受饋遺，雖不因事，即同贓論。庶望官府稍肅，生民得安。移關本路申奉，江浙行省札付，相度本官所言，將此豪霸把持之人斷訖，籍充夫役，甚爲允當。仰依上禁治施行。奉此，除已依上施行外，終無准到都（臺）〔省〕（御史）明文，各衙門不肯奉行。伏乞鈞詳，更（望）賜移本省禁約施行。刑部議得：前事江浙行省既以所言甚當，准擬禁治。各衙門不肯奉此，蓋是官府紀綱未立，教令不行，上下〔交〕相失職，以致如此。本官見任本路達魯花赤，若親臨上司並同僚官員相與贊助，依公撫治，必然不敢犯禁。合咨行省照會添力究治。

前件議得，此等之徒初犯枷項，於犯人門首示衆，痛行斷罪，紅粉壁書寫過名，籍充夫役三年，改過方許除籍。如是不悛，再犯加等斷罪，據移徙邊遠一節，及在任官吏結交，追往接收餽遺，隨事輕重定擬。餘准部擬。

一件：杭州城寬地闊，人烟稠集，風俗澆薄，民心巧詐。有一等不畏公法，遊手好閑破落惡少，結籍經斷，警跡並釋放賊從，與公吏人等，以爲朋黨，更變服色，遊玩街市，乘便生事，搶掠客人笠帽，强奪婦人首飾。奸騙良人妻女，及於娼優、拘欄、酒肆之家乞取酒食錢鈔，因而鬬毆致傷人命，或公然結攬諸物於税司、酒務、倉庫，投托計囑，故將官吏欺凌攪擾，或詐稱巡捕人員，攔截往來客旅，奪要鈔物。非止一端，縱然敗露，又有各官門下隨使人數，並諸衙門袛候面前人等，所在官司雖是受理，中間受情調弄者有之，囑請脱放者有之。原其所由，蓋無嚴法警畏，及因有司禁治不嚴，應捕官兵知而不問，以致兇惡滋長，侵害良民，深爲未便。看詳：此等兇徒理宜督飭，合屬應捕官兵如法用心巡（警）〔禁〕及責社長隣佑預行勉勵，無致違犯。如是執迷不悛，許令覺察申報，交犯人枷項於自己門首示衆，痛行斷罪；就置粉壁書寫過名，所在官司標籍，常充夫役工作。若過知恥，三年改過，申明除去粉壁。再犯重斷，遷移遠郡，使其離鄉，不能行志欺人。如社長、隣佑勉勵不聽，隱諱不舉，恣意作過，驗所犯事情，重者與犯人同罪，輕者減等斷決。本管官司巡禁不嚴，或事發到官，調弄脱放，嚴行懲治，仍先戒諭上下官府，囑託之源，如此庶望兇徒少息，小民得安。爲此移關本路，申奉江浙行省劄付，相度本官所言甚當，仰依曉諭，禁治施行。更爲多方用心緝捉兇徒。破落之徒痛行斷罪，須管不致擾民生事。奉此，除已依上施行外，終無准到都省明文，各衙門不肯（承）奉（施）行。伏乞録詳，更望即賜移咨本省，禁約施行。刑部議得：前項事理江浙行省以所言的當，准擬禁治。各衙門不肯奉行，即與前事一體合咨本省，依上禁治。

前件議得，奸騙良人妻女，致傷人命之類，各有定例，其餘兇徒惡黨，從本省嚴加禁治。若經斷不悛者，加等斷罪，移徙邊遠，臨事定擬，餘准部擬。

《通制條格》卷一六《田令·司農事例》　大德十一年五月二十二日，欽奉詔書内一款：民者，國之根本，軍國用度，一切財賦，皆所自出，理宜常加存撫。其經過軍馬，牧養馬駝人等，毋得取要飲食錢物，非理搔擾，縱放頭疋踏踐田禾，咽咬桑棗。所在官司嚴加禁約，違者斷罪陪償，本管頭目有失鈐束，亦仰究治，重者申聞。

《元典章》卷五七《刑部·諸禁·禁豪霸·禁富勢擅錮奴隸》　至大元年月，行省准中書省咨：御史臺備監察御史呈，訪聞在都富勢之家奴（隸）〔婢〕有犯，並不經官言理，往往用鐵枷釘項。凡奴（隸）〔婢〕之數，貴賤雖殊，亦皆人之子也。設有愆過，若本使不恕，理（宜）〔應〕送官懲戒，豈有法外凌虐傷殘之理？甚傷風俗，擬合禁止。本臺看詳：富勢之家奴（隸）〔婢〕有犯，私置鐵枷釘項禁錮，又有擅自刺面者，誠非所宜。如蒙監察御史所言，遍行禁治相應。具呈照詳。送刑部議得：奴（隸）〔婢〕有罪，本使自當依理決罰，若擅自刺面者，即係不應。合准臺呈，遍行禁治相應。都省准擬，咨請依上施行。

《元典章》卷五七《刑部·諸禁·禁豪霸·禁治行兇潑皮》　至大三年正月（二十二日），行省准尚書省咨：至大二年十一月二十六日奏，前者禁治行兇潑皮交伯勝、乞失剌、撒都了、也了干這四箇，提調上位奏來，如今撒都了説有行兇的潑皮。每一遍撒潑皮呵，要了罪過，它的門首泥寫紅粉壁；第二遍、第三遍撒潑皮呵，要了罪過，交拽車配役呵。怎生？奏呵。那般者，各處行文字曉諭者。麽道聖旨了也。欽此。都省咨請欽依施行。

《通制條格》卷一六《田令·司農事例》　至大四年三月，欽奉詔書内一款節該：農桑，衣食之本。仰提調官司申明累降條書，諄切勸課，務要田疇開闢，桑果增盛，乃爲實效。諸官豪勢要、經過軍馬及昔寶赤、探馬赤喂養馬駝人等，索取飲食草料，縱放頭疋，食踐田禾桑果者，所在官司斷罪陪償。

《通制條格》卷二《户令·官豪影占》　至大四年七月，中書省御史臺呈：江南三省所轄之地，民多豪富兼併之家，專令子孫弟姪華裾駿馬，根隨省官恃勢影占，不當差役，營幹身事，把持官府，欺壓良民，以私害公，若不禁止，實爲未便。刑部議得：合從監察御史、肅政廉訪司用心體察，如有違犯之人，痛行斷罪，發還元籍，再犯加等處斷。若因而影避差徭者，罪及家長。元引官員量事輕重治罪，仍標注私罪過名。都省准擬。

《通制條格》卷二八《雜令·船路阻害》 至大四年七月，中書省禮部呈：高榮孫陳言，江河霸闌攬載人等，故用損船繩攬，名爲盤淺，阻截民船，及河岸設立部頭，把隘軍人，假名辨驗，刁蹬客旅，取要錢物。刑部議得：盤淺船隻，游手潑皮及河岸部頭把隘軍人作弊，刁蹬客旅，取受錢物，擾民不便等事，合令所在官司出榜嚴加禁治。仍令都水分監並瀕河巡防捕盗官，不妨巡捕，常加體察禁約。敢有違犯之人，捉拿到官，痛行追斷。除把隘軍人發還本翼交换，餘皆就發元籍收管。都省准擬。

《通制條格》卷七《軍防·禁治擾害》 至大四年閏七月，中書省御史臺呈：江南行臺咨，侍衛軍官每歲放還，遍歷所管軍户索要洗泥、吉凶、慶吊人情，其間蓋造屋宇，人夫、木植、馬疋、草料，並行科斂軍户，每以點軍爲名，取要飲食、盤纏及回程送路，巧取無厭。又南方鎮守軍官多以取封裝、奔喪及承襲承替求仕等事，遍歷所管軍户取斂錢物。雖曰人自欣與，其實陰行告報，挾勢强取。合令監察御史、廉訪司官嚴加體察，及令諸人首告，得實依例斷罪罷職，庶幾軍户稍安，不致貧窮。都省照會樞密院行下各路奥魯官，若有似此軍官人等搔擾軍户，許當該鄉村里正、主首、社長、鄰佑人等赴所在官司陳告到官，依例取問斷罪。

《元典章》卷五七《刑部·諸禁·禁豪霸·禁富户子孫跟隨官員》 至大四年閏七月，行省准中書省咨，御史臺呈行臺咨：監察御史呈，切惟江南三省所轄之地，民多豪富兼並之家，第宅、居室、衣服、器用，僭越過分。逞其私慾，靡所不至。重其財賄，結托上下。專令子孫弟姪，華裾駿馬，從朝至暮，相隨省官。窺伺所欲，競爲趨陷，要一奉百，侈其貪心。使之親愛如骨肉，出入無禁忌，舉動郎中舍人之稱呼。求幹省官咨保，充宣使知印、譯史，並院務錢穀、站赤名闕，影避差徭。欺凌路府州縣，倚仗權勢，莫敢誰何。以致問諜同僚不和，官府失政，每每皆然。更有一等恃勢小人，挾讐仇，報私怨，致傷人命者有之。威福自專，豪强難制，侮弄省官，有同兒戲。遞相倣傚，漸以成風。蓋因官府不得其人，貪猥之所致也。若不禁止，實爲未便。如蒙朝廷將江南此等豪猾富上之家子孫弟姪人等，遍行合屬出榜嚴加禁治。今後不得見任官吏，影避門役。官吏亦不得結識税户爲跟隨，親往來交私。委自各道廉訪司體察，如有違犯之家，痛行斷罪，發還元籍當差。若不悛改，再犯者遷徙迤北屯種，其影占官吏仍亦定罪。庶望各安其分，貴賤有章，風俗醇厚，此救弊之一端也。具呈照詳。得此，送刑部議得：除見任官員不得結識富家爲親已有禁例外，據江南富户以財賄結托見任官員，令子孫弟姪人等跟隨勾當，究其本情，實恃權勢，影占差徭，或把持官府，欺壓善良，以私害公，使上下官府不和，莫不由此。在前屢嘗約束，終莫禁絶。以此參詳，合准御史臺所言，從監察御史、肅政廉訪司常切用心體察，如有違犯之人，除犯人痛行斷罪，發還元籍，再犯加等處斷，若因而影避差徭者，罪及家長。無引官員臨時量事輕重，亦行治罪，仍標注私罪過名。如蒙准呈，遍行合屬，多出文榜，明白禁約，庶革此弊。具呈照詳。都省准擬，咨請依上施行。

《元典章》卷五七《刑部·諸禁·禁聚衆·禁治聚衆作會》 至大四年十月二十五日，江浙行省准中書省咨：御史臺呈陝西行臺備監察御史呈，體知得安西路僧人了恩、文行等，自至大四年二月以來，於本路開元寺以修建萬僧水陸資戒大會爲名，聚集山東、河南、冀寧、晋寧、河中、並鳳翔迤西等處僧衆萬人，及扇惑遠近俗人男子、婦人前來受戒，觀者車馬充塞街衢，數亦非少。僧俗混淆，男女忙亂，深爲未便。又安西路出榜禁約，諸人毋得作鬧沮壞。爲此，追照得本路行卷內，至大二年十二月初六日承奉陝西行省劄付，該據華州華陰縣敷水鎮浄土院住持僧人了恩、文行告稱，至大二年就安西府大開元寺啓建萬僧水陸大會七晝夜，端次告天祝壽，爲國祈福。請爲添力提調禁約，省府仰依上施行。提調禁約施行，本路行録事司並長安、咸寧二縣委官提調，及給榜於本寺，張掛禁約，閑雜人等毋令中間作鬧沮壞佛事，如有違犯，捉拿斷罪。照得如此。卑職等看詳，事當貴於防微，患常生於所忽。蓋思患預防，則無後艱，患至而圖，無益於事。今僧人了恩、文行別無欽奉聖旨、懿旨、令旨，亦不奉都省明文，擅聚僧俗一二萬人，修設資戒大會，經七晝夜，男女混淆，啓惡召奸，傷風壞俗。又安西地面別無鎮守軍户，中間倘有乘間竊發，或爲奸盜，或搆異謀者，何以備之？所繫非輕，不可不慮。况兼本主遞年以來，蝗旱相仍，田禾薄收，人民闕食。陡添遊食者衆，物斛增價，亦甚耗散民力。欲便禁止，緣彼托以告天祝壽，爲國祈福，用是不敢。以卑職等所見，宜從憲臺取安西路正官重甘結罪文狀，晝夜多方用心防禁，毋致別生事端外，今後但有倡此聚衆修設善事者，必須經由都省明白聞奏，方許建修。庶革未萌之奸，亦防不測之患也。具呈照詳。送刑部議得：安西路僧人文行等聚集山東、河南、冀寧、河中、鳳翔迤南等路僧俗萬人，以作水陸資戒大會七晝夜，中間僧俗錯雜，男女混淆，惑衆罔民，其於風化甚非所宜。若不禁治，伏慮因而別生事端，宜從都省（府）聞奏禁治。

《元典章》卷五七《刑部·諸禁·禁聚衆·祈賽神社》 延祐四年五月，行省准中書省咨：照得近爲諸處城邑村坊鎮店，多有一等游手末食之民，不事生業，聚集人衆，祈賽神社，賭博錢物。已嘗遍行禁治去訖，切恐有司不爲申明舊章，使下民枉遭刑憲。都省議擬到各各罪名，開坐前去，咨請照驗，行移合屬，排門粉壁，嚴加禁治施行。祈賽神社、扶鸞禱聖，夜聚明散等事已〔嘗〕禁治，除五岳四瀆等載在祀典者，所在官司依例歲時致祭外，各處一等不畏公法之徒，鳩斂錢物，聚衆粧扮，鳴鑼擊鼓，迎神賽社，不惟枉費資財，又且有妨農務，或因而別生事端，深爲未便。今後所在官司嚴加禁治，若有違犯之人，許諸人告發到官。爲（着）〔首〕正賽者，笞決五十七下，爲從者，各減一等。坊里正、主首社長有失鈐束，知而不行首告者，減爲從者罪一等；其所屬官司禁治不嚴，有失覺察者，又減二等。其元鳩錢物没官，仍於犯人名下均徵中統鈔一百貫，付告人充賞。廉訪司常加糾察。

《元典章》卷五七《刑部·諸禁·禁聚衆·流民聚衆擾民》 延祐四年六月，中書省咨：河南省咨淮東道宣慰司呈，爲（評）〔許〕重二等家告，被流民張德玉等部引老少一千五百餘人搶奪米物財貨等事。除已差官馳驛前去，與淮東道官一同根捉搶奪鈔物犯人。得獲，依例追斷，及兀勒各處官司、巡警撫諭接濟，無致失所外，咨請照詳。准此，照得近爲廬州路等處流民缺食，延祐三年十一月二十日奏奉聖旨節該：如今這裏差人，行省裏與將文書去，交他每提調著。將這的每應付，與行糧發付，各還元業。於内若端的不能迴還的每有呵，休交侶前聚集着，交他每各從自便，四散住坐者。欽此。都省移咨河南行省，依上施行外，又照得延祐四年三月二十六日奏奉聖旨節該：江浙行省與將文書來，俺所管的地面裏，各處來的流民聚着一二百人，自立頭目，搔擾百姓行有，如今交管民官提調着那人每根底分揀了，委係鰥寡孤獨，所在州縣官司係官糧内養濟。少壯有頭疋氣力的每根底，與些小行糧。每起不過三十人，一程程接送至本鄉，破落潑皮、無籍之人，要了罪過，交發還本籍去呵相應。依着他每説將來的，交行文書呵。怎生？奏呵。那般者，麽道聖旨了也。欽此。除欽依外，今准前因，都省移咨河南省依例追問、更爲設法關防外，咨請若有聚集流民，依上施行。

《元典章》卷五七《刑部·諸禁·禁聚衆·住罷集場聚衆等事》 延祐四年六月，行省准中書省咨：大司農司呈燕南廉訪司申，起立集場，實使力本之人習爲遊惰，淳朴之俗變爲澆浮，其間興訟生盜及一切不便等事。於延祐四年三月二十六日曾經奏過事内一件，各處縣分村鎮上立集衆，衆買賣的至開春住罷者，又麽道奏了行文書來。似這般立集呵，走透課程有多人聚衆呵，妨礙農務、滋長盜賊，有合住罷了。麽道在先各處與將文書來有，前者臺裏也與將文書來有，他每説得是有。住罷了集衆，依前敘衆唱詞的祈神賽社的住罷了，各處行將文書去呵。怎生？商量來麽道奏呵。那般者，麽道聖旨了也。欽此。都省咨請欽依施行。

《元典章》新集《刑部·刑禁·禁治集場祈賽等罪》 延祐六年〔閏〕八月日，江西行省准中書省咨：御史臺呈監察御史呈，禁罷集場，蓋爲各處官（府）〔司〕別無失守之責，如蒙議擬通例，遵（行）〔守〕相應。具呈照詳。送刑部照得，延祐六年五月初二日奏過事内一件，去年爲（敘）〔聚〕衆唱詞的，祈神賽社的，又立著集場做買賣的，教住罷了者。奏了，各處行了文書來有。如今又夜間敘著衆人祈神賽社、食用茶飯、夜敘曉散的上頭，昨前似這般敘著衆人妄説亂言，麽道一兩起事發的上頭，差人問去了也。那人每問了來呵，另奏也者。似（者）〔這〕般的，若不嚴切禁治呵，慣去了也。今後夜間敘著衆人唱詞的，祈神賽社的，立集場的，似這般敘衆著妄説大言語、做歹勾當的有呵，將爲頭的重要罪過也者。其餘祈神賽社、立集場的每，比常例加等要罪過。州縣管民官每提調者，若不用心提調，他每所管的地面裏似這般生發呵，官人每根底要罪過呵。怎生？奏呵。〔奉〕聖旨：那般者。欽此。又祈神賽社、扶鸞禱聖、夜敘明散，已嘗禁治，除載祀典者依例致祭外，各處不畏公法之徒，鳩斂錢物，敘衆裝扮，鳴鑼擊鼓，迎神賽社，擬合禁治。若有違犯之人，許諸人告發。爲首正賽笞五十七下，爲從者各減一等。坊里正、社長、主首有失鈐束，知而不行首告，減爲從者罪一等。其所屬官司禁治不嚴，有失覺察者，又減（一）〔二〕等。其元鳩錢物没官，仍於犯人名下均徵中統鈔一百貫，付告人充賞。廉訪司（詳）〔常〕加糾察，又照得至元二十八年四月二十一日，欽奉聖旨節該〔云〕：縣裏村裏唱詞敘衆例。欽此。本部議得，除祈神賽社已前定例，今後有犯欽依加等斷罪外，據起意集衆，（主）〔立〕集唱詞，在前雖曾禁約，未有定到罪名。各依已擬，爲首犯人決四十七下，禁治不嚴親民州縣正官各決一十七下，當該社長、主首、鄰佑人等決二十七下。故縱者各加一等。（均）〔仍〕委路府正官提調，有失覺察者，各罰俸鈔一月，標附其餘。集場買賣、人民商旅、聽唱人等皆係蚩蚩愚氓，事干人衆，似難一概論罪。如蒙准呈，遍行照會，排門粉壁，曉諭相應。都省准擬，〔咨請〕依上禁約施行。

《元典章》卷五七《刑部・諸禁・禁聚衆・禁罷集場》 延祐六年九月二十四日，江浙行省准中書省咨：御史臺呈監察御史呈，近爲東安州等處百姓，仍舊起集買賣，取訖各處官吏人等禁治不嚴違錯招伏，呈奉憲臺劄付，就便施行。承此除外，看詳禁罷集場本爲妨農滋盜，走透課程，生事不便，節次明白奏罷，輦轂之下尚且奉行不至，何况外路？原其所以，盡爲各處官司，别無失守之責。是以因循苟且，以致若此，如蒙憲臺備呈都省，議擬通例遵守相應。具呈照詳。得此，送據刑部呈，照得延祐六年五月初二日，拜住怯薛第三日奏過事内一件，去年爲聚衆唱詞的云云。全文見前。欽此。又照得至元二十八年四月二十四日欽奉聖旨節該：在前縣裏村裏唱詞聚衆的交當有來。前者我鑾子田地裏去回來時分，見村裏唱詞聚的人每多有郵得每根底交當了者呵。怎生？麼道奏呵，交當了者。又阿速根底説者，交行者，當了的。後頭這般唱詞的每根底拿者，麼道聖旨了也。欽此。本部議得：除祈神賽社已有定例，今後有犯，欽依加等斷罪外，據起意聚衆立集場唱詞在前，雖曾禁約，未有定到罪名，合依已擬爲首犯人決四十七下。禁治不嚴，親民州縣正官各決一十七下。當該社長、主首、隣佑人等，決二十七下。故縱者，各加一等。仍委路府正官提調。有失覺察者各罰俸〔鈔〕一月，標附其餘。集場買賣人民、商旅聽唱人等，皆係蚩蚩愚民，事干人衆，侶難一概論罪。如蒙准呈，遍行照會，排門粉壁曉諭相應。具呈照詳。得此，都省准擬除外，咨請依上禁約施行。

《元史》卷一〇五《刑法志》 諸故縱牛馬食踐田禾者，禁之。諸所在鎮守蒙古、漢軍，各立營所。無故輒入人家，求索酒食，及縱頭匹食踐田禾桑果，罪及主將。諸藩王無都省文書，輒於各處徵收差發，强取飲食草料，爲民害者，禁之。

《元史》卷一〇五《刑法志》 諸鬭爭折辨，輒提大名字者，罪之。諸職官因公失口亂言者，笞二十七。諸快意中，或酒後，及害風狂疾，失口亂言，别無情理者，免罪。

諸惡少無賴，結聚朋黨，陵轢善良，故行鬭爭，相與羅織者，與木偶連鎖，巡行街衢，得後犯人代之，然後決遣。諸惡少白晝持刀劍於都市中，欲殺本部官長者，杖九十七。諸無賴軍人，輒受財毆人，因奪取錢物者，杖八十七，紅泥粉壁識過其門，免徒。諸先作過犯，曾經紅泥粉壁後犯未應遷徙者，於元置紅泥粉壁，添録過名。

諸豪右權移官府，威行鄉井，淫暴貪虐，累犯不悛者，徙遠惡之地屯種。諸頻犯過惡，累斷不改者，流遠。諸兇人殘害良善，强將男子去勢，絶滅人後，幸獲生免者，杖一百七，流遠。諸貴勢之家，奴隸有犯，輒私置鐵枷，釘項禁錮，及擅刺其面者，禁之。諸獲逃奴，輒刺面劓鼻，非理殘苦者，禁之。諸無故擅刺其奴者，杖六十七。諸囉哩、回回爲民害者，從所在有司禁治。

《元史》卷一〇五《刑法志》 諸毁傷體膚以行丐於市者，禁之。諸城郭内外放鴿帶鈴者，禁之。諸諸王駙馬及諸權貴豪右，侵占山場，阻民樵採者，罪之。諸關譏不嚴，受財故縱者，罪之。諸江河津渡，或明知潮信已到，及風濤將起，貪索渡錢，淹延不渡，以致中流覆溺，傷害人命者，爲首處死，爲從減一等。

《大誥續編·松江逸民為害》 自開國以來，惟兩浙、江西、兩廣、福建所設有司官，未嘗任滿一人，往往未及終考，自不免乎贓貪。官固非人，實由所在吏卒並在閒不務生理之徒，安保茶食之輩，浸潤説誘陷害者多。間有執法，爲政以仁，超然而出，其甚不多。今洪武十九年，松江府吏卒有犯，都察院詢問害民之由。其所供也，止松江一府，其不務生理者，專於衙門阿附役吏皂隸，夤緣害民。吏，其名曰正吏，曰主文，曰寫發。皂隸，其名曰正皂隸，曰小弓兵，曰直司。牢子，其名曰正牢子，曰小牢子，曰野牢子。此三等牢子，除正牢子合應正役外，餘有小牢子、野牢子九百餘名，皆不務生理，紛然於城市鄉村擾害吾民。詢情至此，官貪於上，吏卒横加虐害於下，其吾松江之良民，豈不哀怨而動天乎！朕聞之，愈加宵衣，不遑寧處，於是復誥，再與吾民約。從吾命者，五福備於身家，不從吾命者，五刑備坐於家身。所以約者，里甲要明，户丁要盡。户丁既盡，雖無井田之拘，約束在於鄰里。除充官用外，務要驗丁報業，毋得一夫不務生理。是農是工，各守本業，毋許閒惰。巨賈微商，供報入官，改古之制，常年守業。消乏不堪，復入官報，更名某業，不許在閒。此《誥》既出，賢者良者互相勸勉，樂天之樂。嗚呼！《誥》由是而不遵，未有不刑者也。

《大誥續編·遣牌唤民》 十二布政司、府、州、縣，凡有臨民公務，遣牌下鄉，指鄉村，坐地名下姓氏，遣牌呼唤。民至，撫綏發落。有司不妨命者，民赴京訴。若牌至民所，三呼而民不至，方遣皂隸詣所在勾拿。民至，必詢不至之由。所以詢者爲何？恐民單夫隻妻，爲生理而遠出，或近處急事有妨。果如是，非民得罪也。若加以罪，實有司故虐吾民。設若有辭，有司之罪，巨微不赦。戒之哉。

《大誥續編·民拿下鄉官吏》 十二布政司及府、州、縣，朕嘗禁止官吏、皂隸，不許下鄉擾民，其禁已有年矣。有等貪婪之徒，往往不畏死罪，違旨下鄉，動擾於民。今後敢有如此，許民間高年有德耆民，率精壯拿赴京來。

《大誥續編·灑派包荒》 民間灑派、包荒詭寄、移坵换段，這等俱是奸頑豪富之家，將次没福受用財賦田産，以自己科差，灑派細民。境内本無積年荒田，此等豪猾買囑貪官污吏及造册書筭人等，其貪官污吏受豪猾之財，當科糧之際，作包荒名色徵納小户，書筭手受財，將田灑派，移坵换段，作詭寄名色，以此靠損小民。此《誥》續出，所在富家當體朕意，將田歸於己名，照例當差。倘不體朕意，所在被害人户及鄉間鯁直豪傑，會議將倚恃豪傑之家，捉拿赴京，連家遷發化外，將前項田土給賞被擾羣民，的不虚示。

《大誥續編·閑民同惡》 今後敢有一切閑民，信從有司，非是朝廷設立應當官役名色，而於私下擅稱名色，與不才官吏同惡相濟，虐害吾民者，族誅。若被害告發，就將犯人家財給與首告人，有司凌遲處死。

《大誥續編·罪除濫設》 民有不能修修福而造禍者，無如蘇、松兩府市井良民中刁頑不良之徒，造禍有如是耶，人皆市井之徒。民有四業，此等之徒，一業不務，惟務好閑，結搆官府。此等之類，松江一府坊廂中，不務生理交結官府者一千三百五十名，蘇州坊廂一千五百二十一名。嗚呼！務業者有限。此等不務生理者如許，皆是市井之徒，不知農民艱苦，餘業費心。此等之徒，幫閑在官，自名曰小牢子，野牢子，直司，主文，小官，幫虎，其名凡六。不問農民急務之時，生事下鄉，攪擾農業。芒種之時，栽種在手，農務無隙，此等賫執批文抵農所在，或就水車上鎖人下車者有之，或就手内去其秧苗鎖人出田者有之。嗚呼！公務有不急者，尚不奪農時，况無事乎！今二府不良之徒，除見拿外，若必欲搜索其盡，每府不下二千人，皆是不務四業之徒。嗚呼！此等之徒，上假官府之威，下虐吾在野之民。野民無知，將謂朕法之苛。野民止知如此，不知此等之徒，上假朝廷，下假官府，朕朝治而暮犯，暮治而晨亦如之。尸未移而人爲繼踵，治瘉重而犯愈多，宵晝不遑寧處，無可奈何。設若放寬，此等之徒愈加昌熾。在野之民，豈得而安生？嗚呼艱哉！刑此等之徒，人以爲君暴。寬此等之徒，法壞而綱弛，人以爲君昏。具在方册，掌中可見，其爲君者，不亦艱哉！朕除此無藉之徒，諸處不良之徒，見朕是《誥》，當戒之哉。勿蹈前非，永保吉昌。設否此誥，身亡家破矣。戒之哉！戒之哉！

《大誥續編·遞送潘富》 民頑者，莫甚於溧陽、廣德、建平、宜興、安吉、長興、歸安、德清、崇德蔣士魯等三百七户。且如潘富係溧陽縣皂隸，教唆官長貪贓壞法，自己挾勢持權。洪武十八年，知縣李皐，係陝西人材，一到任後，與皂隸潘富等同謀害民，設計科斂，名色紛然。及其下鄉也，本人不行冠帶，徑與潘富等皂隸一般粧扮，頭戴宣帽。鄉民聞縣官至，耆民會而共迎，道傍待至。及其至也，乘驢者羣然。耆民謂曰：縣官者何？傍曰：出皂隸一驢頭者，縣官也，民知官矣。本官豈止如此，自到任不月中間，潘富用浸潤之計，將所取民財於蘇州買到女子一名，與本官爲妻，就舍潘富家。本官與本家往來三五遭，然後潘富占恡此女，不與本官，自行收要，本官亦莫誰何。潘富與諸吏教本官行害民計，著科荆杖，遍二溧陽所屬人民，盡要荆杖。及其有將荆杖至者，故推不好，不行收受，留難刁蹬，生事捶楚，民出錢矣。既得錢後，而乃荆杖息焉。爲此，民黄魯上章，朕親問之，遣人按治，情狀昭然。潘富在逃，境内民蔣士魯等一十三户，不思潘富害民之首，自溧陽節次遞至廣德。蔣士魯係儒士，引導前行。至建平縣，拈踪追捕，建平民王海三等，潛遞復回溧陽。溧陽民朱子榮等，暗遞至宜興。宜興民杭思鼎等，暗遞至安吉。安吉民潘海，私遞至長興。長興民錢弘真等，遞至歸安。歸安民吴清甫等，遞至德清。拈踪追及，德清民趙罕仁暗遞至崇德。崇德豪民趙真，勝奴，家盈數萬貲財，日集無藉之徒五十餘人在家，常川販賣私鹽，鄰里相朋者二百餘人。潘富遁於此家，追者至，本户將潘富遞入千乘鄉僧寺。僧澄寂、周原善却將追捕者，率領二百餘丁終宵困逼，致被追者殺訖一名，殺傷一名，後天明而解去。追者回奏，將豪民趙真、勝奴並二百餘家盡行抄没，持杖者盡皆誅戮。沿途節次遞送者一百七户盡行梟令，抄没其家。嗚呼！見惡不拿，意在同惡相濟，以致事發，身亡家破，又何恨歟！所在良民，推此以戒狂心，聽朕言以擒奸惡，不但去除民害，身家無患矣。

《大誥續編·民拿害民該吏》　朕設府、州、縣官，從古至今，本爲牧民。曩者所任之官，皆是不才無藉之徒，一到任後，即與吏員、皂隸、不才耆宿及一切頑惡潑皮，夤緣作弊，害吾良民多矣。似此無藉之徒，其貪可厭，其惡何已，若不禁止，民何以堪！此《誥》一出，爾高年有德耆民及年壯豪傑者，助朕安爾良民。若靠有司辨民曲直，十九年來未見其人。今後所在有司官吏，若將刑名以是爲非，以非爲是，被冤枉者告及四鄰，旁入公門，將刑房該吏拿赴京來；若私下和買諸物，不還價錢，將禮房該吏拿來；若賦役不均，差貧賣富，將户房該吏拿來；若舉保人材，擾害於民，將吏房該吏拿來；若勾補逃軍力士，賣放正身，拿解同姓名者，鄰里衆證明白，助被害之家將兵房該吏拿來；若造作科斂，若起解輪班人匠賣放，將工房該吏拿來。若民從朕命，着實爲之，不一年之間，貪官污吏盡化爲賢矣。爲何？以其良民自辨是非，姦邪難以横作，由是逼成有司以爲美官。其正官、首領官及一切人等，敢有阻當者，其家族誅。

《明宣宗寶訓》卷二《卹民》　〔洪熙元年〕八月癸未，以直隸及浙江諸郡有司不得其人，土豪肆虐，良民不安，命大理卿胡槩等巡撫。

上謂行在吏部尚書蹇義等曰：朕爲生民主恩澤，所施必先貧弱，豈知姦豪爲虐如此。譬如治田，不去稂莠，嘉穀豈茂？其命槩等往巡察，犯者悉治以罪，必使小民皆得其所。

《明宣宗寶訓》卷五《正法》　〔宣德三年〕九月，山東新城縣董諒奏，岳景賢等四十一人欺公玩法，把持公事，不納税糧，乞懲治之。

上謂行在户部臣曰：祖宗之世立老人，正如古鄉師黨正以教小民，訣小頌必須年高有德者爲之。近聞此輩多不出於推擇，悉是以賄求充。妄訐上官，侵害下民，以私滅公，無所不至。誠如諒所言，其令布政司治之以法，庶儆其餘。

（明）談遷《國榷》英宗天順二年四月　乙酉，敕曰：近聞勳戚文武大臣中多有藏匿罪人亡虜，有令家人强占軍民田地，造室私市，詭名中鹽，挾制官司者，夫京師天下本貴戚近臣，四方視效，欲無干朕憲，在守位循禮矣。比會昌侯弟顯宗姪璘，令家人造房罔市利，朕不敢用外戚故屈法也，諸臣有犯前所云者，自首免罪。不首自發者，罰無赦。家人投託人，皆永戍邊。

《問刑條例·户律二·田宅·盜耕種官民田條例》　成化十年七月十一日節該欽奉憲宗皇帝聖旨：陝西、榆林等處近邊地土，各營堡草場，界限明白。敢有那移條款，盜耕草場及越出邊墻界石種田者，依律問擬追徵花利，完日，軍職降調甘肅衛分差操。軍民係外處者，發榆林衛充軍；係本處者，發甘肅衛充軍。有毁壞邊墻私出境外者，枷號三箇月發落。欽此。

《明憲宗寶訓》卷二《正法》　成化十六年六月癸丑，皇親王源侵占民田事覺。

上曰：源舊所賜地仍給管業，餘俱還官給民牧種。家奴首惡者二人，俱杖五十，械送原籍當差。户部即備榜通行禁革。

《明憲宗寶訓》卷三《抑干請》〔成化十九年〕七月丁巳，錦衣衛千户姚福員嘗請莊地不與，至是復請，獻青二縣地，户部奉旨看詳，以福員妄請，州民妄獻，不可再宥。

上曰：前代外戚奉法循理者，上可以補助清化，下亦能保族宜家，具載史傳，以爲美稱。福員以外戚受官，享有禄俸，尚不知足，又累次奏擾欲奪小民之産，縱不畏國法，獨不爲保家計耶。今姑再宥之，投獻者可謫戍如例。

《明憲宗寶訓》卷三《禁非為》成化二十一年三月乙未，錦衣衛軍靳璽奏：京城内外，邇來姦惡之徒日則在街行兇害人，夜則荒淫賭博，及爲人報復私仇，爲害多端。强竊盗賊多起於此，乞令巡城等官緝捕爲便。都察院覆奏。

上諭之曰：昔漢郭解，一豪傑之雄耳。武帝因公孫弘之言殺之，以懲不逞。論者謂其有關治體。今群惡少相倚爲姦，恐將來效尤者無所不至，宜榜禁之。仍令保伍自相覺察，有怙終不悛，知而不告者，各治以罪。

（清）查繼佐《罪惟録》紀卷一〇《孝宗紀》〔弘治九年〕九月己酉，禁勢家侵奪民利。

（明）余繼登《典故紀聞》卷一四 匿名帖子，舊有明禁，而不逞之徒不便己私者，往往指人姓名揭於内府及京城内外，明加傷害。憲廟初，諭都察院禁約，許諸人首出，并緝拏者皆處死，首者緝拏者視捉獲强盗例陞賞。

《明神宗實録》萬曆十六年五月 己酉，刑科給事中楊文焕疏天災流行，安民無術，劾王道亨、鄭承憲，憑恃戚畹，肆毒小民諸不法事。上諭：戚臣受國厚恩，當安分守法，何以輒行横肆。鄭承憲、王道亨應如法即訊，姑以寛政，全親親之誼，聽其省改。疏内多犯，都付法司提問。

《明神宗實録》萬曆三十年七月 庚午，刑部覆，南和伯方爌奏稱二祖墳塋被李大銀等侵占，鑿山蓋屋，强横不法，移咨南京刑部，行提本内有名人犯，到官究擬。從之。

黄彰健《明代律例彙編》卷五《户律二・田宅・盗賣田宅》 凡盗賣換易，及冒認，若虚錢實契典買，及侵占他人田宅者，田一畝，屋一間以下，笞五十。每田五畝，屋三間，加一等。罪止杖八十，徒二年。係官者，各加二等。若强占官民山場湖泊，茶園蘆蕩，及金銀銅場鐵冶者，杖一百，流三千里。若將互爭，及他人田産，妄作己業，朦朧投獻官豪勢要之人，與者，受者，各杖一百，徒三年。田産及盗賣過田價，并遞年所得花利，各還官給主。若功臣初犯，免罪附過；再犯，住支俸給一年；三犯，全不支給；四犯，與庶人同罪。

弘治問刑條例

一、凡用强占種屯田者，問罪。官調邊衛，帶俸差操。旗軍軍丁人等，發邊衛充軍。民發口外爲民。管屯等官不行用心清查者，糾奏治罪。

一、軍民人等，將争競不明，并賣過，及民間起科，僧道將寺觀，各田地，朦朧投獻王府及内外官豪勢要之家，捏契典賣者，投獻之人，問發邊衛永遠充軍，田地給還寺觀及應得之人管業。其受投獻家長，并管莊人，參究治罪。山東河南北直隷各處空閑地土，祖宗朝俱聽民儘力開耕，永不起科。若有占奪投獻者，悉照前例問發。

續例附考

一、弘治十六年十月，刑部等衙門議奏：今後軍職舍餘旗軍餘丁，果有用强霸占屯田五十畝以上，不納子粒者，俱照用强占種事例調發。若止是侵種，不曾用强，或不及前數者，自依侵占官田問罪。屯田人等屯田轉賣與典主買主，俱比照用强占種事例，問罪調發。如管屯指揮等官，知情不舉，或受財容隱，一體參問。奉聖旨：是。照律例行。欽此。

大明律直引所載問刑條例

一、刑部等衙門會議開題：大明律一款，凡侵占人田一畝以下，笞五十。每田五畝加一等。罪止杖八十，徒二年。係官者，各加二等。欽此。又查得見行事例，凡用强占種屯田者，問罪，官調邊衛帶俸差操，旗軍餘丁人等，發邊衛充軍，民發口外爲民。臣等會議得，强占屯田者，屯畝委有多寡之殊，而人情所犯亦有輕重之異。況前例所謂强占屯田調發者，專指用强霸占者而言。若不曾用强，止因無人承種，而混占及侵過界至者，自依侵占官田律坐罪。但近來問刑衙門，不察條例本意，一概調發，誠有如給事中楊□所言。合無通行兩京問刑及各該巡撫巡按轉行司屬等衙門，今後如有軍職舍餘及旗軍餘丁人等，果有用强霸占屯田五十畝以上，不納子粒者，俱照前例調發。若止是侵種，不曾用强，或不及前數者，自依侵占官田問罪，照常發落。如此庶輕重得均，而人心服矣。

胡瓊集解附例

凡用强占種屯田一款。【略】

一、今後軍職舍餘及旗軍餘丁人等，果有用强霸占屯田五十畝以上，不納子粒者，俱照用强占種事例調發。若止是侵種，不曾用强，或不及前數者，自依侵占官田問罪，照常發落。

一、各處屯田人等，將屯田轉賣與典主買主，俱比照用强占種屯田事例問罪。官調邊衛帶俸差操，旗軍餘丁人等發邊衛充軍，民發口外爲民。如管屯指揮等官，知情不舉，或受財容隱，一體參問。

一、各處管屯僉事，禁約各衛所旗軍，務照原額屯種，不許擅自更換。敢有仍前貪圖賄賂，隱占軍田，私自更換屯軍等項，事發，悉照軍職役占餘丁事例名數，分別等第，問罪降級，奏請發落。

附録舊例

凡王府人役假借威勢一款。【略】

一、軍職舍餘旗軍餘丁果有用强霸占屯田五十畝以上，不納子粒者，俱照用强占種事例調發。若止是侵種，不曾用强，或不及前數者，自依侵占官田問罪。屯田人等將屯田轉賣與典主買主，俱比照用强占種事例問罪調發。如管屯指揮等官，知情不舉，或受財容隱，一體參問。

一、管屯僉事禁約各衛所旗軍，務照原額屯種，不許擅自更換。敢有貪圖賄賂，隱占軍田私自更換屯軍等項，事發，悉照軍職役占餘丁名數事例，分別等第問罪降級。

嘉靖問刑條例

一、嘉靖八年四月初四日户部題准：投獻地土，其受投之家一體永遠充軍。事干勳戚，追究管莊佃僕。

嘉靖問刑條例

軍民人等將爭競一款。【略】

一、凡用强占種屯田五十畝以上，不納子粒者問罪，官調邊衛，帶俸差操。旗軍軍丁人等發邊衛充軍，民發口外爲民。其屯田人等將屯田典賣與人至五十畝以上，與典主買主各不納子粒者，俱照前問發。若不滿數及上納子粒不缺，或因無人承種而侵占者，依律論罪，照常發落。管屯等官不行用心清查者，糾奏治罪。

萬曆問刑條例

一、軍民人等，將爭競不明、並賣過、及民間起科、僧道將寺觀、各田地，若子孫將公共祖墳山地，朦朧投獻王府及内外官豪勢要之家，私捏文契典賣者，投獻之人，問發邊衛永遠充軍。田地給還應得之人，及各寺觀，墳山地歸同宗親屬，各管業。其受投獻家長，并管莊人，參究治罪。山東河南北直隸各處空閑地土，祖宗朝俱聽民儘力開種，永不起科。若有占奪投獻者，悉照前例問發。

《刑臺法律·名例副卷·比附雜犯罪律》 一、如馳驟車馬之人，不以資次緩行，却自奔競，因而殺傷人者，將使車之人拏送法司。擬明白，將頭匹附死者之家，正犯發邊遠衛充軍。

一、民人結攬寫發比依禁革主保、小里長止生事擾民。

一、軍官將帶操軍人非理凌虐，以致在逃，比依牧民官非法行事，激變良民者律，斬。

一、軍官將羈官逃軍非法凌虐、科差，以致在逃，比依牧民官非法行事，激變良民律斬。

一、雇工人做烟火點火，衆人驚躋，踩踏壓死，比依燒香集衆夜聚曉散佯脩善事，扇惑人民，爲首者絞，爲從者流。

中國第一歷史檔案館《滿文老檔》天聰元年正月 二十日，遣遊牧蒙古牛録下蒙古六人之妻孥至義州城食糧，由阿哥湯古岱、阿哥巴布泰攜之前往。汗乃下詔書曰：恐諸申、蒙古擾害降民，宜妥善管理，其犯罪之人，爾等可就地了結。

中國第一歷史檔案館《滿文老檔》天聰三年十一月 初七日，聞羅文峪民，爲蒙古所擾害。遂作蒙古字及漢字書傳諭曰：汗曰：前曾有旨，凡貝勒大臣等，有掠歸降地方財物者斬，擅殺歸降明人者必誅其殺人者以抵命，掠財物者，計所取之數，倍償其主。唆相識作亂者，是鬼蜮也，此不誅何爲？

中國第一歷史檔案館《滿文老檔》天聰六年四月 二十八日，駐蹕。集諸申、蒙古、漢人衆軍諸貝勒、大臣及軍士等，宣諭曰：汗曰：進兵之地，有拒敵，敗走者殺之，不拒敵者勿殺之。再者，勿離散人夫婦，分賞俘虜之前，勿淫婦女。如有離人夫婦及淫婦女者，論死。殺不拒敵者及掠其衣服者，則奪其所俘，賞與首告之人，仍照例鞭責。除豚雞可宰食外，羊及膻羊以上，不許擅宰，宰則亦奪其所俘，賞與首告之人，仍照例鞭責。勿毁廟宇，勿犯廟中爲祭祀所設之一切物件，違者論死。勿擾害廟内僧衆，勿取其財物，可開載僧衆數目來報。若人畜逃入廟中，則聽俘獲。勿屯住廟中。即照此文繕成蒙文，頒發科爾沁、扎魯特、阿魯、敖漢、奈曼、喀喇沁、扎賴特等各族之主各一函。於是日，鑲藍旗奈格牛録下佟色執一來其妻之母家貿易之錫伯人攜至，爲廝養卒。因其錫伯人盜米，殺之。佟色坐擅帶新人罪，鞭一百，貫耳鼻。鑲紅旗賴珠牛録下拜賽、康喀賴牛録下希福、奈曼部班金台吉下多鐸、拉巴希喜、布拉克泰五人，奪取圖魯什、勞薩前行招服蒙古人之鍋七、狼皮一、狐皮十，爲蒙古人告發。多鐸、拜賽爲首犯，殺之。拉巴希喜、希福各鞭一百，貫耳鼻。布拉克泰鞭一百，以其父有功，免貫耳鼻。將失查之甲喇額真博爾善、賴珠、康喀賴，並照例罰贖。正黄旗塔海牛録下阿布納，寧古欽牛録下費約色二人，盜土謝圖額駙部下蒙古馬轡，失主認之，告於法司，將二人割嘴。正白旗喀克都里牛録下綽納、考托及特瑣，盜土謝圖額駙部下蒙古馬絆，爲蒙古所執，告於法司，擬將以小刀割破三人足筋。凡所獲遺物自馬絆、籠頭、馬轡、碗、匙以上，俱收集，令各失主認領。

中國第一歷史檔案館《滿文老檔》天聰六年十二月 初十日，汗率諸貝勒出獵，至撫順所。有獵卒八人，强取民間堆積榛子柯，各鞭二十七。汗集八旗大臣諭曰：自今以後，不許私入莊屯，擅取民間堆積柴草。不許往尚未狩獵之山上伐木。亂行者執究。

《刑部現行則例》卷中《賊盜》 凡無業之人在街道打手鼓、踢石毬者，拿獲送部治以違禁之罪。旗下人鞭五十，民人責二十板。白晝搶奪及竊盜行竊二次者，將伊主父兄係官交與該部議處，平人係旗下者鞭五十，係民責二十板。

《刑部現行則例》卷中《賊盜》 無賴兇徒，雖無立約張帖詐取之處，聚衆行兇，無故將人擡去混打者，將爲首係民責四十板徒三年，係旗下人枷號四十日鞭一百。餘人係民責四十板，係旗下人鞭一百。此内人犯，有罪重於此例者，仍照律遵行。

《刑部現行則例》卷中《賊盜》 一、凡惡棍設法索詐内陸蒞任、外陸來京官員財物，或各處張貼揭帖詐財，或告理各衙門嚇詐官民財物，或勒寫文約取財，並因官民鬥毆糾聚用繩繫頸，謊言欠債不容分辯蜂擁拏去處害、勒寫文約，或嚇詐財物不遂其意竟行打死。此等真正光棍事發者，不分得財與未得財，爲首者立斬，爲從者俱擬絞監候，秋後處決。將光棍之家主、父、兄係旗下鞭五十，係民責二十板，係官交與該部議。其光棍如有家主、父、兄出首送部者，光棍仍照律治罪外，家主、父、兄免其治罪。

《刑部現行則例》卷中《市廛》 一、凡内包衣下，内外王、貝勒、貝子、公大臣官員家人，領本霸佔要地、關津，任意生理，不令商民貿易，倚勢欺凌者，或傍人首告，或受累之人首告，或科道糾參，將倚勢欺佔之人，在原犯事處即行立斬示衆。其人若係内包衣下人，將該管官員革職。若係宗室王以下、公以上家人，將親王罰銀一萬兩，郡王罰銀五千兩，貝勒罰銀二千五百兩，貝子罰銀一千三百兩，公罰銀七百兩，將伊等仍交與宗人府從重議處。其管理家務官俱革職。若係在外親王家人罰銀一萬兩，將王降爲郡王等王。若係郡王等王，罰銀五千兩，降爲公。其管理家務官俱革職。若係民公、侯、伯大臣官員家人，俱行革職。其霸佔欺民之人，汛地文武各官不行查拿者，俱行革職。至於王以下大臣各官，將銀借貸民人，指名貿易霸佔要地、關津，倚强貽累地方民人者，亦照此例治罪。内包衣下人及諸王、貝勒大臣家人所在指稱名色以網市利，干預詞訟等事，肆行非法，有司不敢犯其鋒，反行財賄，此等事犯，將行財賄之官革職。使去之人若伊主知而使去，係官革職。内包衣，王、貝勒等家下，該管官若知而使去，亦革職。王以下宗室以上，若知而使去，交與該衙門從重議處。其去人若伊主知而使去，枷號三個月鞭一百。伊主不知私自去者，照光棍處決。

《刑部現行則例》卷中《錢債》 外省駐防旗人、土棍串黨朋奸，放債盤勒重利、開賭囮騙愚民准折子女、强買市肆、擅砍樹木、鬨然罷市、辱官種種行惡者，將所行之人，酌所犯情罪輕重，照律例定罪。有此等不肖行走之事，犯至枷號三個月鞭一百之罪者，該管官員不行查出，將該管之驍騎校、防禦佐領各降二級調用。駐防協領、管旗參領各降一級留任。將軍、副都統各罰俸一年。駐防協領、管旗參領以下驍騎校以上官員，伊等本身不肖行走者俱革職。該管之將軍、副都統各降一級留任。若旗下人民等將此等不肖之處行走者，令該督撫查參。該督撫不行題參者，將該督撫等降一級留任。

《刑部現行則例》卷中《市廛》 旗下民遇有喪葬，聽憑本家之便雇覓擡送，而作作行私分地界倚勢霸佔，扛擡分外多取利者，永行禁止。若仵作行違禁者，事發係旗下人，刑部照律治罪。係民五城監察御史照律治罪。

《刑部現行則例》卷下《訴訟》 府、州、縣等處，除良民仍准開店外，其土豪積蠹、紳衿父兄違禁在衙門左右開店歇客，唆訟嚼民等事，照律從重治罪。該管官知而不行查出，督撫題參到日，該部議處。

《刑部現行則例》卷中《錢債》 旗下人違禁私自越出旗下人所居之地需索財物，借端挾詐，囑托行私擾民等弊事犯者，另户之主親自去者，係平人枷號三個月鞭一百，係官革職不准折贖鞭一百，失察之佐領罰俸三個月，驍騎校罰俸六個月，小撥什庫鞭八十。若將家僕明知差去，此等事犯者，其差去之本主係平人鞭一百，係官革職，其去之家僕枷號一個月鞭一百。其取債探親事犯者，另户之主親自去者，係平人鞭一百，係官革職，失察之佐領罰俸一個月，驍騎校罰俸三個月，小撥什庫鞭五十。如將家僕明知差去，差去之主係平人鞭八十，係官罰俸一年，其去之家僕亦鞭八十。其莊屯居住另户之主並僕若私自越出旗下人所居之地，犯此等事者，佐領、驍騎校、小撥什庫及本主免其治罪，將屯撥什庫照小撥什庫治罪。

《刑部現行則例》卷下《雜犯》 一、凡旗下家人、莊頭等在外倚勢害民，霸佔子女，將良民無故拿到家去綑綁打死，把持衙門，此等事發者，若係內包衣人，將該管降一級留任。若係王、貝勒、貝子、公家人，將該管理家務官亦降一級留任。若係民、公、侯、伯大臣官員家人，將各主降一級留任。若係平人，鞭一百。

《武夷山文化叢書·摩崖薈萃·武夷山四曲巖壁石刻》 崇安縣正堂孔□爲嚴禁蠻棍買茶短價，以蘇積累事。照得崇邑山川，武夷名勝，昔係仙真棲所，今爲緇羽焚修地產名茶，籍資清供。即出之居民種植，辛勤終歲，亦爲薪水所資，時價交易，原無滋擾之事。本縣到任以來間或需茶一二，悉照時價公買，不敢以口腹纍人；即或上憲購買，原論茶之高下，照值平買，並無絲毫短少，無如地方蠻棍，向有籍名官價買茶之弊，地方苦累不已。本縣深悉此害，久經飭諭，誠恐冥頑不法，未得革心，今再示禁。爲此，示仰本山住持僧道以及居民人等知悉：如有不法棍徒，仍借官買名色，不依時值，虧短勒買，致累僧道居民者，許即指名報縣，以憑拿究。即本縣亦決不出票買茶，以滋擾民。敢有牙行書役等仍敢作弊者，定照律治罪，斷不少假，各宜改轍，毋貽後悔。特示。

康熙三十五年二月日給霑恩　僧道勒石

《武夷山文化叢書·摩崖薈萃·武夷山四曲巖壁石刻》 福建分巡延建邵按察使司僉事曰：爲嚴禁蠻棍藉名官價買茶，以杜擾害事。照得崇邑、武夷乃自古名山，閩中勝迹，向有高人棲隱。現今僧衆焚修，樵賴産茶，以資清供自宜，官民無擾。近訪有衙門蠻役勢惡土豪，勾通本地姦牙，每遇清明節，藉稱採買菜茶，百般刁孑，擾害僧人，合行出示嚴禁，爲此，仰本山住持僧人及一切居民知悉：如有前項蠻棍不遵示禁仍有藉稱官買菜茶，不依民價虧短勒索者，本道查訪得實，即行拿究，定將蠻役棍役以索詐例，從重治罪，決不寬容，勿貽噬臍。特示。

康熙三十五年二月日給霑恩　僧道勒石

《武夷山文化叢書·摩崖薈萃·武夷山北水簾洞巖刻》 巡撫福建等處地方提督軍務、都察院右僉御史張□爲飭禁事。據崇安縣生監劉秉欽、劉秉鎮呈稱：竊欽祖宋儒屏山諸賢，居武夷山水簾洞講學，卒即洞建祠。從游門人朱文公親題匾額百世如見四字，現懸祠中，春秋祀典。後裔執事歷今六百餘年無異。上憲叠行修整山志、木柱、匾額，炳據確證。突有泉州妖僧景真寅緣勢力，占開茶行。去年九月縣發差票，逼守祠奉祀居遷移別處，聽僧住持，通邑駭蕩。欽等投訴無門。竊屏山諸賢乃朱子之師，水簾一洞乃講學遺址，一旦毀匾滅主，政制轉祀，聖學人心，關係非小等事情。都院據此合函出示禁飭。爲此，示仰該地方官民人等知悉，所有武夷山水簾洞宋儒劉屏山祠宇，仍聽該裔孫看守。僧人景真立速驅逐，不許容留居住。如有故違，定即嚴拿究處，決不輕貸。特示。

康熙四十八年□月給

《武夷山文化叢書·摩崖薈萃·武夷山四曲巖刻》　提督福建全省陸路等處地方軍務總官兵、左都督加八級揚爲飭禁事。照得武夷名山各僧道焚修之地，寺觀庵院及附近居民向無園可耕，專籍種茶，以供巖火衣糧，各官買茶自應赴牙行照時價公平買賣。訪得建協上下、衙門目兵人等，每於春末夏初差役報票，經赴各巖採買，或短其價，或需索供應。各官滋甚，令行嚴禁。爲此，示仰建協各營大小弁目人等知悉：嗣後茶□照時價赴牙行平買，不許仍前往各巖採買，蓄累僧道居民。倘敢故違，一經察出，定行查究。特示。

康熙五十三年四月　日給霑恩　僧衆勒石

《工部則例》卷四六《河工·堤上禁增民房》　乾隆二年欽奉上諭：江南黃、運兩河堤工之上居住者，曾經河臣議令拆毀遷移，以防作踐。旋以小民安土重遷，止令移去險要工所之處房屋，其餘仍舊存留，此國家體恤貧民之恩澤也。查各堤所有民房俱無額徵租税，惟高郵、寶應、江都、甘泉，山陽五州縣，每年有應徵銀叁百捌拾餘兩，其間拖欠不完者往往有之。朕念此等蔀屋茅檐非有力之家可比，若留此輸公之項，雖爲數無多而追呼不免，且恐有胥役借端苦索之弊。用是特頒諭旨，將此項租銀永行停止。并將歷年拖欠未清之數悉予豁除。惟是上下堤工乃河渠之保障，理宜加意慎重，以固河防。除現在已成房屋無礙堤工者免其遷移外，將來不許再有增添。如有違禁增蓋者，即行驅逐治罪。并將徇隱之官弁，分別議處。欽此。

《大清律例》卷九《户律·田宅·擅食田園瓜果》　律

凡於他人田園，擅食瓜果之類，坐贜論。計所食之物價，一兩以上，笞一十；二兩，笞二十；計兩加等，罪止杖六十，徒一年。棄毀者，罪亦如之。其擅將挾去及食之者，係官田園瓜果，若官造酒食者，加二等。照擅食他人罪，加二等。主守之人給與，及知而不舉者，與同罪。若主守私自將去者，並以監守自盜論。至四十兩，問雜犯准徒五年。

《大清律例》卷二五《刑律·賊盜·夜無故入人家》　律

凡夜無故入人家内者，杖八十；主家登時殺死者，勿論。其已就拘執而擅殺傷者，減鬥殺傷罪二等；至死者，杖一百，徒三年。

條例

一、凡黑夜偷竊，或白日入人家内偷竊財物，被事主毆打至死者，比照夜無故入人家，已就拘執而擅殺至死律，杖一百，徒三年。若非黑夜，又未入人家内，止在曠野，白日摘取蔬果等類，俱不得濫引此律。

《大清律例》卷九《户律·田宅·盜賣田宅》　律

凡盜他人田宅賣，將已不堪田宅换易，及冒認他人田宅作自己者，若虚寫價錢實立文契典賣，及侵佔他人田宅者，田一畝、屋一間以下，笞五十。每田五畝、屋三間，加一等，罪止杖八十，徒二年。係官田宅者，各加二等。

若强佔官民山場、湖泊、茶園、蘆蕩及金銀銅錫鐵冶者，不計畝數杖一百，流三千里。

若將互爭不明及他人田產，妄作己業，朦朧投獻官豪勢要之人，與者、受者各杖一百，徒三年。盜賣與投獻等項田產及盜賣過田價，並各項田產中遞年所得花利。各應還官者還官，應給主者給主。

若功臣有犯者，照律擬罪，奏請定奪。

條例

一、軍民人等將爭競不明並賣過及民間起科，僧道將寺觀各田地，若子孫將公共祖墳山地朦朧投獻王府及内外官豪勢要之家，私捏文契典賣者，投獻之人問發邊遠充軍。田地給還應得之人。其受投獻家長並管莊人參究治罪。直隸各省空閑地土，俱聽民盡力開種，照年限起科。若有佔奪投獻者，悉照前例問發。

一、用强佔種屯田五十畝以上，不納子粒者，問罪，照數追納。完日，軍發邊衛充軍，民發邊外爲民。其屯田人等將屯田典賣與人至五十畝以上，與典主、買主各不納子粒者，俱照前問發。若不滿數，及上納子粒不缺，或因無人承種而侵佔者，照常發落。管屯等官不行用心清查者，參奏治罪。

一、西山一帶密邇京師地方。如有官豪勢要之家私自開窑賣煤、鑿山賣石、立廠燒灰者，枷號一個月，發邊衛充軍。干礙内外官員，參奏提問。

一、近邊分守武職並府州縣官員，禁約該管軍民人等，不許擅自入山將應禁林木砍伐販賣。違者問發雲貴川廣煙瘴少輕地方充軍。若前項官員有犯，俱革職爲民。鎮守並副參等官員有犯，指實參奏。其經過關隘、河道守把官軍容情縱放者，究問治罪。

一、各省丈量田畝及抑勒首報墾田之事，永行停止。違者以違制律論。

《大清律例》卷九《户律·田宅·盜耕種官民田》 律

凡盜耕種他人田園地土者，不告田主。一畝以下，笞三十；每五畝加一等，罪止杖八十。荒田減一等。强者，不由田主。各指熟田荒田言加一等。係官者，各通盜耕强耕荒熟言。又加二等。仍追所得花利，官田歸官，民田給主。

條例

一、近邊地土，各營堡草場，界限明白。敢有那移條款，盜耕草場及越出邊墻界石種田者，依律問擬，追徵花利。至報完之日，不分軍民，俱發附近衛所充軍。若有毁壞邊墻，私出境外者，枷號三個月發落。

《大清律例》卷一四《户律·錢債·得遺失物》 凡得遺失之物，限五日内送官，官物盡數還官，私物召人識認，於内一半給與得物人充賞，一半給還失物人；如三十日内無人識認者，全給。五日限外不送官者，官物，坐贓論，罪止杖一百，徒三年，追物還官。私物，減坐贓二等，其物一半入官，一半給主。若無主，全入官。

若於官私地内，掘得埋藏無主之物者，並聽收用。若有古器鐘鼎符印異常之物，非民間所宜有者，限三十日内送官。違者，杖八十，其物入官。

《大清律例》卷三九《工律·河防·侵佔街道》 律

凡侵佔街巷道路而起蓋房屋，及爲園圃者，杖六十，各令拆毁修築復舊。其所居自己房屋穿墻而出穢汙之物於街巷者，笞四十。穿墻出水者，勿論。

條例

一、在京内外街道，若有作踐掘成坑坎，淤塞溝渠，蓋房侵佔；或傍城使車，撒放牲口，損壞城脚；及大清門前御道棋盤，並護門柵欄、正陽門外御橋南北，本門月城、將軍樓、觀音堂、關王廟等處，作踐損壞者，俱問罪，枷號一個月發落。

《大清律例》卷三二《刑律·詐僞·詐教誘人犯法》 律

凡諸人設計用言，教誘人犯法，及和同共事故誘令人犯法，却自行捕告，或令人捕告，欲求賞給，或欲陷害人得罪者，皆與犯法之人同罪。罪止杖流。和同令人犯法，看令字，還是教誘人而又和同犯法也。若止和同犯法，則宜用自首律。

條例

一、遊手好閑，不務本業之流，自號教師，演弄拳棒教人，及投師學習，並輪叉舞棍，遍遊街市，射利惑民者，並嚴行禁止。如有不遵，一經拿獲，將本犯照違制律治罪。仍枷號一個月。拿獲之衙門即行發落，遞回原籍。如訪店寺院容留不報，地保人等不行查拿，均照不應重律，杖八十。地方文武各官失於覺察，照例議處。

《大清律續纂條例》卷二《刑律·詐教誘人犯法》 一、苗、瑶、僮所住地方，如有外來匪徒，教誘犯法，即視所犯之人，如罪應擬杖者，將教誘之人加一等治罪。徒罪以上，教誘之人比照住居苗寨、教誘爲亂例，問發邊遠充軍。犯該死罪者，教誘之人與本犯一例擬以斬絞，遇赦不宥。失察之地方官，照徇庇例議處；隱諱故縱者，照溺職例革職。

《理藩院則例》卷一〇《地畝·禁止出邊開墾地畝》 口内居住旗民人等不准出邊在蒙古地方開墾地畝，違者照私開牧場例治罪。

《理藩院則例》卷一〇《地畝·私募開墾地畝已未得受押荒銀錢及稱名攬頭分別治罪專條》 一、各扎薩克、王、貝勒、貝子、公、臺吉、塔布囊，閑散王、貝勒、貝子、公等私行招聚民人開墾地畝未經得受押荒銀錢者，一民至十民罰世職俸二年，失察之盟長等罰扎薩克俸一年；十一民至二十民罰世職俸三年，失察之盟長等罰扎薩克俸三年；二十一民至三十民罰世職俸四年，失察之盟長等罰扎薩克俸四年；三十一民至四十民罰世職俸五年，失察之盟長等罰扎薩克俸五年；四十一民至五十民革職留任，八年無過聲明報院開復，失察之盟長等罰扎薩克俸六年；五十民以上革職，仍罰三九牲畜，失察之盟長等罰扎薩克俸八年。無俸協理臺吉、塔布囊，閑散臺吉、塔布囊等招聚一民至十民，罰四九牲畜，失察之盟長扎薩克各罰扎薩克俸六個月；十一民至二十民罰五九牲畜，失察之盟長扎薩克各罰扎薩克俸九個月；二十一民至三十民罰六九牲畜，失察之盟長扎薩克各罰扎薩克俸一年；三十一民至四十民罰七九牲畜，失察之盟長扎薩克各罰扎薩克俸二年；四十一民至五十民革職，罰七九牲畜，六年無過報院開復，失察之盟長扎薩克各罰扎薩克俸三年；五十民以上徑行革職，永遠不准開復，失察之盟長扎薩克各罰扎薩克俸五年。所屬蒙古等私行招募民人開墾地畝，未經得有押荒銀錢者，無論人數多寡，官員革職罰五九牲畜，平人枷號九個月，滿日鞭一百，嚴加管束。失察之該臺吉、塔布囊及該扎薩克、協理臺吉等照例分別罰九，以上罰俸罰九。失察之盟長、扎薩克、臺吉、塔布囊如有加級紀録，准其抵銷。其招民開地之員雖有加級紀録，不准抵銷。如招募民人開墾地畝獲罪已結後，仍不知悔改，依舊違犯，或代認該王公、臺吉、塔布囊私募開墾罪名者，先行枷號兩個月，月滿日發往南五省交驛站充當苦差，該王公、臺吉、塔布囊等於本例上加一等治罪。

一、凡各扎薩克王、貝勒、貝子、公、臺吉、塔布囊，閑散王、貝勒、貝子、公、臺吉、塔布囊，官員、平人私招民人開墾地畝得受押荒銀錢者，即以所得民人押荒銀錢照刑例詐欺取財律，計贓擬以杖枷徒流。扎薩克王、貝勒、貝子、公、臺吉、塔布囊如犯至杖罪者革職留任，八年無過開復，失察之盟長扎薩克各罰扎薩克俸六年。犯至徒罪者徑行革職，失察之盟長等罰扎薩克俸八年。犯至流罪者革職，仍罰三九牲畜，罪止革職罰畜，失察之盟長等隨案擬議處分請旨。其臺吉、官員、平人犯該杖罪者，臺吉、官員徑行革職，平人的決，失察之盟長扎薩克罰扎薩克俸一年。犯該徒罪者，臺吉、官員革職，與平人一體照例折枷，失察之該盟長扎薩克各罰扎薩克俸二年。犯該流罪者，臺吉、官員、平人均定地實發，罪止杖一百、流三千里，失察之該盟長扎薩克各罰扎薩克俸三年。其失察之無俸該管協理臺吉、臺吉、塔布囊等照罰俸數目分別折罰牲畜。以上罰俸罰九。失察之盟長扎薩克、臺吉、塔布囊雖有加級紀録，不准抵銷。倘私招民人開墾地畝已犯前項罪名後，不知悔改依舊違犯者，王、貝勒、貝子、公於本例上加罰二九牲畜，臺吉、官員、平人加枷號兩個月治罪。

一、民人私開蒙古荒地稱有攬頭名目者，事發到案審明，僅止寫地獲利尚無不法別情，照詐欺取財本律，計贓問擬流徒，若杖罪以下仍枷號兩個月，遞籍管束。倘有主唆愚民抗不丈地交租情事，照凶惡棍徒無故擾害例發極邊足四千里充軍。

《理藩院則例》卷三四《邊禁·貿易報明該旗》 凡蒙古人等貿易，稟明扎薩克王、公等並管旗章京、副章京，擬一章京爲首領令十人以上合伙而行。若伙中無首領之人，或令十人以上合伙而行。若伙中無首領之人，或被傍人拿獲，或滋生事故，各坐應得之罪。其管旗王、公、臺吉、章京、副章京、參佐領俱照疏於約束例治罪。至探望親戚及有事故行走之人，各稟明管旗王、貝勒、貝子、公、臺吉或管旗章京、副章京，將緣由註明給與執照前往。若持照前往之人往返途間行竊、爲匪，各坐應得之罪。其給照之王、公等，管旗章京、副章京照失察例治罪。若僞造假照，詐冒而行被獲，爲首者鞭一百，罰三九牲畜；爲從者鞭九十，罰二九牲畜。設僞造假照，詐冒而行，往返途間又犯行竊、爲匪等事者，除鞭罰本罪外，仍視其所犯案由，治以應得之罪。從犯減一等。所有該管王、公等，各照疏於約束、失察本例，上加一等治罪。

《理藩院則例》卷三七《偷竊上·私入圍場人犯不論首從刺字》 一、拿獲私入圍場人犯，審明或打槍、放狗，或採菜、砍木，除照例分別治罪外，不論首從，已得贓者，皆面刺盜圍場字；未得贓者，皆面刺私入圍場字。如有再犯易於辨識。木蘭私入圍場者，亦照此例一律辦理。

《比引成案新編》卷一《户律田宅·盜賣田宅》〔安徽司嘉慶二十二年〕咨：周廷福因貪王朝佐未經絶賣之地膏腴，即仿照原典契另行謄寫，添揑無力回贖、聽憑投税字樣，混行投税，希圖杜絶回贖，即與冒認田畝，虚錢實契無異。惟王朝佐之地實係伊家先行承典，並非平空揑造，全行冒認。周廷福應於冒認他人田宅，虚寫錢數，寔立文契典賣一畝以下笞五十、每五畝加一等，罪止杖八十徒二年罪上，減一等杖七十，徒一年半。

《比引成案新編》卷一《户律田宅·盜賣田宅》〔安徽司嘉慶二十二年〕咨：張泳存因開煤窑之李陞素有瘋病，托伊經管煤窑，該犯以在窑辦事並無憑據，誆令李陞立給送窑字據，復私改合同，誘令窑夥張天錫等畫押，以作霸窑憑據，殊屬刁詐。惟該犯經管煤窑，原係李陞囑托，且李陞實有寫給送窑字據，似與倚恃勢力，憑空强占有間。張泳存應於强占山場流罪上量減一等，滿徒。

（清）祝慶祺《刑案匯覽》卷一二《兵律厩牧・宰殺馬牛》 直隸司嘉慶二十三年正月二十三日奉上諭：方受疇奏審擬馬販妥文興縱馬踐食麥苗，被村民驅逐失散一案，已交刑部議奏矣。農畝禾苗，攸關民食，朕每遇巡幸地方，恐隨扈人等乘馬踐踏青苗，特派員查禁違者，照例懲治，原以保護農民生計。乃販馬奸商輒將馬羣晝圈夜行，縱令踐食田禾，大爲閭閻之害。著該督等出示徧行曉諭，嚴禁馬販人等不准縱馬夜行，如有不遵禁令，帶領馬羣乘夜行走踐食麥禾者，該村民即行報官追拿。除將馬販照例治罪外，其所販馬匹由當縣衙門拿獲，即報明該管上司，全行入官，以充營驛公用。欽此。應行文各督撫欽遵辦理。照通行録。

《回疆則例》卷七《阿奇木伯克等把持糧價》 回疆各城每届秋收糧石入市，毋許阿奇木伯克等把持市價，應先儘回户糧石入市糶賣。其阿奇木伯克等所獲之糧俟回衆糶竣後再行售賣，違者，准回户入城喊控，查明嚴行治罪。

《回疆則例》卷七《阿奇木伯克等地畝不准攤派牛具》 回疆各城阿奇木及伊什罕以下伯克等，本身田地及歇荒地畝應用牛具人工，不准攤派窮回耕種，如有違犯，倘被回户告發或經該管大臣查出，從重治罪。

《回疆則例》卷六《禁止大小伯克侵占渠水》 回疆雨澤稀少，回衆農田全藉引水灌溉，以滋耕種。各城駐劄大臣于每年春夏出示曉諭，飭禁大小伯克及回衆等，不許侵占渠水，務使均勻澆灌。仍責成該伯克等不時察查渠道，如有損壞即行督令閤莊回子妥爲修理。倘伯克内有倚勢侵占渠水，或回衆有恃强截流偷引澆灌者，一經查出抑被控告：係伯克，參革究辦；係回衆，照例嚴懲。仍將該管伯克等治以失察之咎。

《工部則例》卷六九《橋道・禁止侵佔官街》 石道兩旁及各城大街開設棚攤，城内由步軍統領衙門，城外由管理街道衙門詳細稽查，如有侵佔官街列肆貿易之處，即押令挪移收窄，不准有礙轍道。倘胥役籍端滋擾，或得錢包庇，及將公地據爲私界，一并從重懲辦。九門内外各管地面之員，每年將并無棚攤侵佔官街之處，結報各該管衙門一次。

《工部則例》卷四六《河工・堤坡留寬丈尺禁止偷種》 道光十三年欽奉上諭：麟慶奏查明運河廳宿汛西岸堤坡偷種菜蔬一案，分别擬議并酌定章程一摺。此案民人馬文擧，因堤坡受雨冲淋，地被壓入私占坡脚種菜，非尋常侵佔官地可比。馬文擧著於本律杖八十上酌加枷號兩個月，即枷示運河廳宿汛西岸，滿日責放，以示懲儆。撤任把總蔣永、協防劉鶴年，訊無受賄故縱情弊，究屬失察，現已開缺，著罰令充當苦差。俟三汛安瀾後酌量降補。再黄河大堤灘地向以里四外六丈量，共寬十丈，歸官栽種柳草，以護堤根。其河北運河堤堰，則内外灘地多係民業，自應劃分官民界限，以重堤防。著仿照黄河大堤留寬十丈之例減定爲留寬二丈，將河北之運河中河兩廳所屬運河兩岸，自堤根起内外留寬一丈。其應完錢糧數目由地方官查覈，分别豁免。禁止耕種，歸官栽植柳株，非特可以護堤根，并可備河工採料之用。經此次定立章程之後，該署河督總須實力奉行，斷不可有名無實。并著責令汛員隨時稽查，如再有侵越盜種者，拿解地方官審辦。儻有隱匿不報及弁兵自行偷種者，一經查出，將該管官嚴參示懲。欽此。

《吏部處分則例》卷四五《雜犯・查拿棍徒》 一、凡外來生事妄爲之人，在京令五城司坊、大宛兩縣，在外令各州縣官不時稽察。如有知情容留之家，立即查拿，訊明從前曾經潛匿何處，將不行查出之該地方官罰俸一年。公罪。自行拿究者免議。

一、凡地方惡棍遊行街市，借端訛詐，勒騙錢物，酗酒行兇，在京令五城司坊、大宛兩縣，在外令各州縣官，不時稽察。如有知情隱匿者，革職。私罪。得贓故縱者，革職治罪。私罪。若係失于覺察，降一級留任。公罪。自行拿究者，免議。

一、凡地方豪惡之人，窩養兇徒，作爲牙爪，地方官縱容隱匿者，俱革職。私罪。該道府不行揭報，督撫不行題參，均降三級調用。俱私罪。若地方官失于覺察，降一級留任。公罪。自行拿究者，免議。

《清宣宗實録》道光二十四年八月 〔癸亥〕又諭：御史田潤奏，飭拏地面惡蠹一摺，南城坊役王成即王泰，捕頭王貴即王順，著步軍統領衙門嚴拏，務獲究辦。至沿街强化登門坐索之僧人，如例無專條，應如何酌定懲治之處，著步軍統領議奏。尋奏，查僧道坐門强化應概行驅逐，如有訛索，即從嚴究辦。至穿掌釘顋，各項惡化，應按律擬杖。從之。

《清穆宗實録》同治八年十一月己丑，諭内閣：御史李德源奏，請將冒稱宗室，句結匪徒、假充官役，訛詐搶刧各犯嚴拏懲辦一摺。京城爲首善之區，理應地面嚴肅，若如該御史所奏，匪徒冒稱宗室，假扮番役，句結贓賊、誣害善良；並聚集多人在京城内外設立下處盤踞滋擾，並有居住客店之張姓被人鎖拏，非刑拷打，索要銀錢等情。如此肆意横行，實爲閭閻之害，著步軍統領衙門、順天府五城一體查拏，送交刑部。如實有宗室人等，即著該部會同宗人府從嚴究辦，以儆刁風。並著各該衙門嗣後傳拏人證，明定章程，使匪徒無從假冒，用杜弊端。另片奏匪徒藉控案，訛詐理刑各衙門，恐拖累無辜，聽其私自説合，以致訛詐之風愈熾等語。著問刑各衙門遇有此等案件，徹底根究。如有藉端陷害者，即著從嚴治罪，毋許稍有寬縱。

（清）席裕福《清朝政典類纂》卷三八〇《刑十二·户律田宅·盜賣田宅》 凡盜他人田宅賣，將已不堪田宅換易，及冒認他人田宅作自己者，若虚寫價錢實立文契，典買，及侵占他人田宅者，田一畝屋一間以下，笞五十。每田五畝屋三間加一等，罪止杖八十徒二年。係官田宅者，各加二等。若强占官民山場湖泊茶園蘆蕩及金銀銅錫鐵冶者，不計畝數杖一百流三千里。若將互争不明及他人田産妄作己業，朦朧投獻官豪勢要之人，與者、受者，各杖一百徒三年。盜賣與投獻等項田産及盜賣過田價，並各項田産中遞年所得花利。各應還官者還官，應給主者給主。若功臣有犯者，照律擬罪，奏請定奪。謹案：原文若功臣初犯免罪附過，再犯住支俸給一半，三犯全不支給，四犯與庶人同罪，雍正三年改。

條例

一、凡子孫，盜賣祖遺祀産至五十畝者，照投獻捏賣祖墳山地例，發邊遠充軍，不及前數，及盜賣義田，應照盜賣官田律治罪，其盜賣歷久。宗祠一間以下杖七十，每三間加一等，罪止杖一百徒三年。以上知情謀買之人各與犯人同罪。房産收回給族長收管，賣價入官，不知者不坐，其祀産義田，令勒石報官，或族黨自立義單公據方准按例治罪。如無公私確據，藉端生事者，照誣告律治罪。謹案：此條雍正三年改定。

一、盛京家奴莊頭人等，如有因伊主遠在京師，私自盜賣所遺田産至五十畝者，均依子孫盜賣祖遺祀産例發邊遠充軍，不及前數者，照盜賣官田例治罪。盜賣房屋，亦照盜賣官宅律科斷，謀買之人與串通説合之中保均與盜賣之人同罪，房産給還原主，賣價入官，其不知者不坐。倘不肖之徒藉端訛詐，照誣告律治罪。謹案：此條雍正三年定。

一、凡民人告争墳山，近年者，以印契爲憑，如係遠年之業，須將山地字號畝數，及庫貯鱗册，并完糧印串，逐一丈勘查對，果相符合即斷令管業，若查勘不符，又無完糧印串，其所執遠年舊契及碑譜等項，均不得執爲憑據，即將濫控侵佔之人按例治罪。謹案：此條乾隆五年改定。

一、西山一帶，密邇京師地方。如有官豪勢要之家私自開窑賣煤，鑿山賣石，立廠燒灰者，枷號一月，發近邊充軍。干礙内外官員，參處提問。謹案：此條係原例。

一、近邊分守武職，併府州縣官員，禁約該管軍民人等，不許擅自入山，將應禁林木砍伐販賣，若砍伐已得者，問發雲貴兩廣烟瘴稍輕地方充軍，未得者，杖一百徒三年。若前項官員有犯，俱革職。計贓重者，俱照監守盜律治罪。其經過關隘河道，守把官軍知情縱放者，依知罪人不捕律治罪，分守武職併府州縣官，交部分别議處。謹案：此條嘉慶六年改定。

一、各省丈量田畝及抑勒首報墾田之事永行停止，違者，以違制律論。謹案：此條雍正十三年定。

一、土目土民不許私相典買土司田畝，如有違禁不遵者，立即追價入官，田還原主，並將承買之人，比照盜賣他人田畝律，田一畝笞五十，每五畝加一等，罪止杖八十徒二年。其違例典賣，並倚勢抑勒之土司，失察之該管知府，均交部議處。謹案：此條乾隆四十二年定。

一、用强占種屯田五十畝以上，不納籽粒者，照數追納完日發近邊充軍，其屯田人等，將屯田典賣與人，至五十畝以上，典主買主各不納籽粒者，俱照前問發。若數不滿五十畝，及上納籽粒不缺，或因無人承種而侵占者，照侵占官田律治罪。典賣與人者，照盜賣官田律治罪，管屯等官，不行用心清查者，參奏，依違制律，杖一百。謹案：此條嘉慶六年改定。

一、軍民人等將争競不明，併賣過及民間起科，僧道將寺觀各田地，若子孫將公共祖墳山地朦朧投獻王府及内外官豪勢要之家，私捏文契典賣者，投獻之人問發邊遠充軍，田地給還應得之人。其受投獻家長，並管莊人參究治罪。直隸各省空閒地土，俱聽民儘力開種，照年限起科，若有占奪投獻者，悉照前例問發。謹案：此條乾隆五年改定。

一、凡租種山地棚民，除同在本山有業之家，公同畫押出租者，山主棚民，均免治罪外，著有將公共山場，一家私召異籍之人搭棚開墾者，即照子孫盜賣祖遺祀産至五十畝例，發邊遠充軍。不及五十畝者，減一等，租價入官，承租之人，不論山數多寡，照强占官民山場律，杖一百流三千里。爲從並減一等。父兄子弟同犯，照律罪坐尊長、族長、祠長失於查察，照不應重律科罪。至因召租釀成事端致有搶奪殺傷者，仍各從其重者論。謹案：此條嘉慶十二年安徽巡撫奏，徽屬山主有將山場混召異籍之人，搭棚開墾以致外來游匪聚集日多，擾害居民。山主棚民，表裏爲姦。請嚴立科條，以示懲敬。經部覈准定例。

一、黔省漢民如有强占苗人田産，致令失業釀命之案，俱照棍徒擾害例問擬。其未經釀命者，仍照常例科斷。謹案：此條道光十五年續纂。

事例

雍正四年諭：年久被失之地，所有爭告無憑詞告該衙門俱行註銷。凡民人所有灶地，嗣後止許賣與竈户永遠爲業，如有仍轉行典賣與民者照盜賣官地律治罪。永以爲例。

道光十七年諭：嗣後無論公山私産概不准其違例招租開墾，如有違犯即查照舊定章程問擬重辦。其向無棚民地方，著責成該地方官嚴行禁止，年終出具並無棚民印結通送查考以昭核實，仍著該督等嚴飭所屬認真稽查，隨時妥辦，如日久弊生，以致有名無實，惟該督等是問。

刑案

私賣洲灘官地，因奉示禁中止，照强佔官民山場擬流律量減滿徒。嘉慶二十二年江南案。

代人經理煤窑，誘立字據圖佔，照强佔山場擬流律上量減擬徒。嘉慶二十二年安徽案。

旗地業已投充入檔，輒復私行價賣，比照盜賣他人田係官者加二等律科斷。嘉慶二十二年安徽司案。

典契改作賣契投税希冀杜絶，照冒認他人田宅虛錢實契，杖八十徒二年律量減一等，杖七十徒一年半。嘉慶二十二年安徽司案。

盜賣陞科洲地，買主知情，同罪。嘉慶二十二年江蘇案。

種公主府地，抗不交租又不退佃，比照佔種屯田五十畝以上不納子粒例發近邊充軍。嘉慶二十五年直隸案。

新漲官灘，欲行盜賣未成，照强佔官民蘆蕩擬流律量減滿徒。嘉慶二十五年江蘇案。

盜賣族中公共祖塋墳旁餘地，比照子孫盜賣墳塋房屋碑石，計贓准竊盜加一等例治罪。嘉慶二十五年貴州司案。

看墳家人，盜賣伊主墳旁祭田，比照子孫盜典祖遺祀産例，問擬。道光二年貴州司案。

筆帖式，盜賣伊父未葬墳地二頃以上，比依子孫盜賣祖遺祀産五十畝例擬軍從重發烏魯木齊效力贖罪。道光二年浙江司改案。

革兵將墾熟官地，佔種收租，照强佔官山擬流律減一等滿徒，係革兵仍照例加一等擬流。道光三年浙江案。

明知公産私行出典慫令挾勢控追擬杖九十徒二年半。嘉慶二十四年奉天司案。

私業斷作官荒違禁占割柴草依强占官湖擬流律量減一等科斷。道光十一年湖廣案。

租種官地抗不交租，占地不退，比照占種屯田五十畝以上不納子粒擬軍例量減科斷。道光八年直隸司案。

違禁租種蒙古地畝，照强占官民山場擬流律量減一等科斷。道光三年直隸司案。

家人私租地畝定銀尚未侵蝕，量減擬杖一百徒三年。道光十二年山西司案。

（清）席裕福《清朝政典類纂》卷三八一《刑十三·户律婚姻·强占良家妻女》 凡豪强勢力之人，强奪良家妻女，姦占爲妻妾者，絞監候。婦女給親，婦歸夫、女歸親。配於子孫弟姪家人者，罪歸所主亦如之，所配男女不坐，仍離異給親。

條例

一、强奪良人妻女，賣與他人爲妻妾，及投獻王府並勳戚勢豪之家者，俱擬絞監候。謹案：此條乾隆五年改定。

一、强奪良家妻女，中途奪回，及尚未姦污者，照已被姦占律減一等定擬。若已被姦污，而婦女自盡者，照强姦已成本婦羞忿自盡例，擬斬監候。未被姦污而自盡者，照强姦未成本婦羞忿自盡例，擬絞監候。若强奪良家妻女，其夫或父母親屬羞忿自盡者，亦分别已成未成，照本婦自盡之例，問擬。謹案：此條嘉慶十五年修改。

一、强奪良家妻女姦占爲從之犯，應照爲首絞罪，減一等，杖一百，流三千里。如被逼誘隨行，止於幫同扛擡照未成婚減絞罪五等，杖七十徒二年半。其中途奪回及尚未姦污，爲從者審係助勢濟惡，減爲首流罪一等杖一百徒三年。如被逼誘隨行，止於幫同扛擡，各照不應重律，杖八十。謹案：此條係乾隆六年定。

一、凡聚衆夥謀，搶奪曾經犯姦婦女，已成，無論在途在室，首犯發黑龍江給披甲人爲奴，爲從幫搶者，杖一百流三千里。同謀未經同搶之犯，杖一百徒三年。如圖搶未成，首犯杖一百流三千里，爲從幫搶者，杖一百徒三年，同謀未經同搶之犯，杖九十徒二年半。如婦女犯姦，後已經悔過自新，確有證據者，仍以良人婦女論。謹案：此條嘉慶十年定。

一、凡謀占資財，貪圖聘禮，期功卑幼用强搶賣伯叔母姑等尊屬者，擬斬監候。期功卑幼，搶賣兄妻胞姊，及緦麻卑幼、搶賣尊屬尊長並疏遠無服親族搶賣尊長卑幼者，均擬絞監候。如尊屬尊長圖財强賣卑幼，係期功，杖一百流三千里，係緦麻發附近充軍，未成婚者各減已成婚一等。若中途奪回，及娶主自送回，未被姦污者，均以未成婚論。如婦女不甘失節因而自盡者，期功以下卑幼，及疏遠親族，仍照本例分别斬絞監候，緦麻尊屬尊長，亦擬絞監候，期功尊屬尊長，發近邊充軍，若已成婚，而婦女因他故自盡者。仍依圖財强嫁問擬，不在此例。娶主知情同搶，及用財謀買者，各減正犯罪一等，不知者不坐。如因家貧不能養贍，或慮不能終守，勸令改嫁，並非圖財圖産起見，均照强嫁例定擬，不得濫引此例。謹案：此條係嘉慶六年增定。

一、凡聚衆夥謀，搶奪路行婦女，或賣或自爲妻妾奴婢。及被姦污者，並聚衆夥謀於素無瓜葛之家入室搶奪婦女，無論曾否媒説。一經搶獲出門，即屬已成。審實不分得財與未得財，爲首者斬立決，爲從者皆絞監候，知情故買者，減正犯罪一等，不知者不罪。如圖搶入室，未將婦女搶獲者，首犯擬絞監候，爲從實發極邊煙瘴充軍。至因夥衆搶奪婦女，拒捕殺人者，無論已成未成，下手殺人之犯，斬決梟示。幫毆成傷從犯，不論手足他物金刃，均擬絞監候。其並未幫毆，首從各犯，仍分别已未搶獲婦女本例問擬。家奴奪，伊主知情不首者，照知情故買治罪。該管官員不行嚴禁查拿者，交部議處，領催總甲杖八十。其有並非夥衆，但强賣與人爲妻妾者，擬絞監候，若於素有瓜葛之家，必實有戚誼者，方以瓜葛論。先經媒説未允，因而糾衆强搶者，仍按强奪姦占已未成本律例科斷。如有拒捕殺傷人者，照搶奪殺傷人例辦理。謹案：此條嘉慶六年將搶奪路行婦女一條併修，十一年修改，十九年復奉頒修。

事例

順治十三年覆准：凡就撫賊盜所有在先擄掠良民婦女被原夫認識不與者，准向該管官控告，斷歸原夫。

乾隆五年議准：嗣後强奪良家妻女，中途奪回，及尚未姦污者，照已被姦占絞監候律減一等，杖一百流三千里。至於男女成婚問名定約，豈容改易，若因所定之女病亡殘廢，輒將女之姊妹，用强搶奪，實與豪勢之人强奪姦占無異。嗣後，如有將所定之女之姊妹，用强搶奪，已被姦占者，依强奪良家妻女姦占爲妻妾律，擬絞。若中途奪回，及尚未姦污者，亦減一等，杖一百流三千里。

嘉慶十年，刑部具題，山東土棍田二與其父田坤、弟田三，均係掖刀匪徒行兇强横，姦占良家妻女一案，奉旨：此案田二與父田坤弟田三，均係掖刀匪徒，田二先將犯姦之王謝氏姦宿，逼令其夫王振海賣休，留占爲妻。經伊父田坤放還，田二復聲言，欲將王振海殺死，以致王振海畏懼，棄家充爲道士。田二又因鄰村朱漢清之妻張氏少艾，圖搶爲妻，見張氏獨處，即拔刀嚇禁强搶姦污，轉向朱漢清嚇詐牛隻錢文。刑部等衙門，照依豪勢之人强奪良家妻女姦占妻妾者絞監候律，將田二擬絞監候，尚覺情浮於法，田二一家父子兄弟，均係掖刀匪徒，平日行兇生事，擾害良民，本有應得之罪，田二復疊逞淫兇，種種不法，情罪尤重，將來辦理秋審時亦必予勾田二着改爲絞立決。嗣後，尋常强奪良家妻女姦占爲妻妾者，仍照本律定擬外，如有似此掖刀匪徒，行兇强横，姦占良家妻女者，均着照此案辦理。

道光四年奏准：嗣後聚衆夥謀、搶奪興販婦女，已成者，爲首擬絞監候，爲從，實發雲貴兩廣極邊烟瘴充軍。同謀未經同搶之犯，杖一百流二千里。如圖搶未成，爲首實發雲貴兩廣極邊烟瘴充軍。爲從杖一百流三千里，同謀未經同搶之犯，杖一百徒三年。其有並非聚衆，但將興販婦女搶奪，已成者，爲首發極邊足四千里充軍，爲從杖一百徒三年，同謀未經同搶之犯，杖九十徒二年半。若圖搶未成，爲首杖一百徒三年，爲從杖九十徒二年半，同謀未經同搶之犯杖八十徒二年。如有拒捕及所殺傷係興販之犯，仍同凡論，若係本婦及本婦有服親屬，均依罪人拒捕律科斷。

五年奏准：嗣後聚衆夥謀，搶奪婦女，已成案内，從犯，如業經入室，或雖未入室而事後姦污，或幫同架拉，或夥搶不止一次，或被搶數至三人，或係致釀人命案内幫同逼迫之犯，或係拒捕殺人案内在場助勢之犯，或本犯自行拒捕傷人，或由本犯領賣致被搶之人尚無下落者，擬入情實。其無前項情事者，擬入緩決。至夥衆搶奪路行婦人，已成之從犯，則以曾否動手爲斷，但經動手搶奪之犯，均入情實，其雖未動手搶奪，而有姦污者，及前項情事者，亦入情實，若並不動手搶奪，亦無前項情實者，擬以緩決。

光緒十四年奏准：嗣後聚衆夥謀，搶奪婦女，如係拒殺事主，或執持火器，將事主拒傷，並倚衆乘機分搶財物，情同强盗案内，爲從擬絞之犯，不論次數人數，是否入室架拉，事後曾否姦污領賣，及有無在場助勢等情，均擬情實。其非執持火器，拒傷事主，並乘便携取隨身衣物案内，從犯仍照向章分別辦理。

刑案

嚇逼本夫休妻，乘機聘取爲媳，照棍徒擬軍。乾隆五十八年直隸司説帖。

縱姦致被强占本夫情急妄告，依强搶犯姦婦女已成遣罪上量減一等科斷。嘉慶十八年安徽司案。

夥搶被誘婦女從犯將女姦污，依聚衆夥搶犯姦婦女已成爲首例，擬軍。道光六年直隸司説帖。

搶賣有夫改嫁之婦，並非夥衆，量減問擬滿徒。嘉慶二十五年山東案。

挾嫌攔截婦女，致被他人姦污，擬於搶奪婦女姦污律上量減滿流。嘉慶二十四年福建案。

强搶買休之婦，比照搶奪犯姦婦女之例辦理。道光四年江蘇司説帖。

夥搶犯姦婦女，誤搶良婦嫁賣，擬絞監候。嘉慶二十三年江西案。

姦夫圖謀爲妻商同氏母强逼本夫休棄，成婚，照兇惡棍徒生事擾害例，擬軍。嘉慶十九年直隸司説貼。

受人臨終寄託、隨姦占其妻，比照强奪良家婦女姦占律量減擬流。嘉慶十九年福建司案。

嚇逼孤身婦女成姦，復帶至家姦宿，并拆去房屋，擬絞監候。嘉慶十二年陝西司説帖。

明知夥搶犯姦之婦，故買作妾，比照夥搶路行婦女知情故買者減正犯罪一等例，擬徒。嘉慶二十二年山東案。

因戀姦率衆搶奪十二歲優伶，比照强搶犯姦婦女已成例，擬軍。道光二年江蘇案。

嚇逼勉從代爲媒説幫同架拉有夫之婦，照聚衆夥謀搶奪婦女已成爲從絞候例，量減擬流。嘉慶十八年安徽案。

聽從夥搶婦女臨時畏懼逃回，於爲從絞罪上，量減擬流。道光四年山東案。

將先曾託伊轉買之婦，追入良家後，糾衆搶奪，照搶奪興販婦女新例，擬絞。道光四年山東案。

並未聚衆，將婦女奪獲，尚未成婚，畏懼將婦女送還，比例於絞罪上，減流。道光八年江蘇案。

逼嫁胞叔之妾，致氏忿激自盡，應以凡論。道光九年湖廣司説帖。

六功尊長，挾嫌搶賣卑幼之妾，照尊長圖財强賣卑幼係期功滿流例，問擬。道光九年浙江司説帖。

父搶親屬之女，其子强逼姦污，應將其子照强占律，擬絞。道光十年雲南司説帖。

强搶婦女成婚，事後拒殺本婦堂兄，應照罪人拒捕殺人科斷。道光十年安徽司説帖。

差役糾衆夥搶，身雖不行應以爲首論。道光十一年直隸司説帖。

過繼異姓，理應歸宗，糾搶本宗媒合未允之女，不得謂之瓜葛。道光十一山東司説帖。

搶奪路行婦女，甫經拉走被獲，亦應照搶奪已成問擬。道光十二年安徽司説帖。

聚衆强搶婦女，應以臨時是否三人爲斷。道光十二年山東司説帖。

强搶婦女，事後追捕拒殺捕人，依罪人拒捕殺所捕人律，擬斬。道光十二年貴州司説帖。

搶居喪改嫁已成婚之婦，比依搶奪犯姦婦女例，分別首從治罪。道光十三年山東司説帖。

非應主婚人，收受財禮，不得即爲聘定之妻，强奪成婚量減，擬以滿流。嘉慶二十一年雲南案。

强搶僅止口許並未聘定之女，於素有瓜葛先經媒説未允因而强奪尚未姦污例上，量減擬徒。嘉慶二十四年江蘇案。

後聘之家圖搶未成，致女情急自盡，量減，擬以滿流。嘉慶二十五年貴州案。

夥搶孀婦未成致婦羞忿自盡，比照强奪良家妻女未被姦污因而自盡例，擬絞監候。道光元年江蘇案。

糾搶無服族叔祖之妻，尚未嫁賣，亦無姦污，依疎遠無服親族搶賣尊長例上量減，擬以滿流。道光二年山東案。

素無瓜葛媒説已允，强搶婦女，釀成二命，比照兇惡棍徒例，加等發極邊烟瘴充軍。道光十三年直隸案。

代人媒説不允，强搶素有瓜葛之女，比照强奪良家妻女尚未姦污例，擬流。道光十二年江蘇案。

素有瓜葛，媒説未定，强搶成姦，照强奪良家妻女姦占爲妻者，絞監候律，減等擬流。道光四年山東案。

聽從他人搶賣弟妻，跌斃幼女，依期功尊長圖財强賣卑幼之婦未經成婚例，擬徒。

革役糾衆强搶良婦嫁賣，照聚衆夥謀，入室搶奪婦女，已成爲首，例擬斬決，加梟示。道光五年河南案。

將人携帶女孩截留，勒贖訛詐，依棍徒擾害例，發極邊足四千里充軍。道光十三年安徽案。

强搶姦拐婦女，未成，致令自盡，依聚衆夥搶犯姦婦女未成例上，加等擬軍。道光十二年安徽司案。

夥衆强搶賣休未成之婦，比照聚衆夥謀搶奪興販婦女已成爲首例，擬絞監候。道光十二年安徽司案。

聽從夥搶婦女，至期因病不行，比照共謀爲盜因病不行事後不分贓例，擬徒。道光元年廣西案。

被父逼脅同行，中途畏懼落後，復又聽從前往嫁賣，律無正條，比例擬徒。嘉慶十五年安徽案。

媒合不從，代搶素有瓜葛之孀婦，照并非夥衆但强賣與人爲妻妾例治罪。道光三年河南案。

夥搶爲從，雖未入室，仍應擬絞。嘉慶二十年奉天司説帖。

强搶婦女，已成，尚示姦賣，聞拿投首，比依未傷人之首盜聞拿投首例科斷。道光三年江蘇案。

夥搶婦女轉賣首犯，聞拿投首，比照傷人首盜投首，擬斬監候。嘉慶二十一年安徽案。

繼子搶奪婦女，旋將婦女交還，比照强盜同居父兄不能禁約子弟爲盜例擬杖。道光二年直隸司説帖。

强搶犯姦婦女，刃傷事主之雇工，照例加拒捕罪二等，發遣新疆爲奴。嘉慶二十二年河南司説帖。

搶奪興販婦女，拒傷興販之人，以凡鬬論。道光三年山東司説帖。

强搶娼婦已經陪客飲酒之女，比照夥衆强搶犯姦婦女已成例，發極邊烟瘴充軍。道光六年河南案。

搶賣無服尊長，係犯姦之婦，量減擬杖九十徒二年半。道光十四年安徽司案。

娶有夫之婦退還，後復行强搶，比例擬滿徒。道光十三年貴州案。

調戲成姦，復將姦婦霸占，比照强奪良家妻女姦占擬絞律，減等擬流。道光四年江蘇案。

聽從强搶無服尊長婢女，已成，以搶奪良家女論，照例擬絞候。道光十四年河南案。

母將賣人爲妾之女，强搶轉賣，比照尊長圖財强賣卑幼係期功滿流未成減一等，擬徒。道光十一年雲南司案。

職官誘姦寄女，從重，擬發往黑龍江充當苦差，到配後用重枷枷號三個月。光緒十年江蘇案。

（清）席裕福《清朝政典類纂》卷三九七《刑二十九·刑律賊盜·夜

《無故入人家》凡夜無故入人家内者，杖八十。主家登時殺死者，勿論。其已就拘執而擅殺傷者，減鬬殺傷罪二等。致死者，杖一百，徒三年。

條例

一、凡事主，奴僕雇工皆是。因賊犯黑夜偷竊，或白日入人家内院内偷竊財物，並市野偷竊有人看守器物，登時追捕毆打至死者，不問是否已離盗所，捕者人數多寡，賊犯已未得財，俱杖一百徒三年，餘人杖八十。若賊犯已被毆跌倒地及已就拘獲，輒復疊毆致斃或事後毆打致死者，均照擅殺罪人律擬絞監候。其曠野白日偷竊無人看守器物，毆打致死者，不問是否登時，亦照擅殺罪人律擬絞監候，餘人均杖一百。如賊犯持仗拒捕，被捕者登時格殺，仍依律勿論。凡刀械、石塊皆是持仗。事在頃刻，勢出倉猝，謂之登時。抵格而殺，謂之格殺。謹案：此條嘉慶六年由罪人拒捕門移改在本門，分爲三條。十年刑部奏請修併爲二條，十一年續奉頒修。

一、鄰佑人等因賊犯黑夜偷竊，或白日入人家内院内偷竊，攜贓逃遁，直前追捕，或賊勢强横，不能力擒送官，登時倉卒毆斃者，杖一百，徒三年，餘人杖八十。若賊已棄贓及未得財，輒復捕毆致斃，並已被毆跌倒地及就拘獲後，輒復疊毆；又捕人多於賊犯，倚衆共毆致斃者，仍照擅殺罪人律擬絞監候，餘人杖一百。其賊犯持杖拒捕，登時格殺者，亦勿論。謹案：此條嘉慶六年修改。

一、賊犯曠野白日盗田園穀麥，蔬菓、柴草、木石等類，被事主鄰佑毆打致死者，不問是否登時，有無看守，各照擅殺罪人律擬絞監候。其賊犯持杖拒捕，登時格殺者，仍勿論。謹案：此條嘉慶六年修改，十年十一年續奉頒修。

事例

道光十年議准：嗣後捕賊之案，但經倒地及已就拘執，疊毆致死，無論傷痕先後輕重，即應依例擬絞，不得照登時毆打至死之例擬徒。

十三年覆准：嗣後遇有事主登時追逐，賊犯失足落河溺斃或失跌致斃者，均照罪囚逃走，捕者逐而殺之律勿論辦理。

刑案

徒手毆死徒手拒（傷）〔捕〕有據之賊，應照罪人持仗拒捕格殺律，勿論。嘉慶二年浙江案。

戳死拒捕成傷轉身欲逃之賊，即曰轉身，已無拒捕情形，傷及脊背及又非格毆所致與抵戳而殺者不同，應照登時追捕致死例擬徒。嘉慶五年奉天司説帖。

毆死竊賊，分别擬絞擬徒，總以是否黑夜白日及是否登時爲斷。如在黑夜，無論所偷之物有無看守，殺係登時，罪止城旦；若係白日，則分在家在野及有無看守之人，分别問擬絞徒。嘉慶十五年河南司説帖。

黑夜偷竊山内無人看守柴薪，登時追毆致死，應照黑夜偷竊，登時追捕，毆打至死例，擬徒。嘉慶十五年河南案。

毆死黑夜撞門攻擊，同强刦瘋發之人，應依無故入人家已就拘執而擅殺律，滿徒。嘉慶十八年福建案。

白日偷竊放養屋後雞隻，事主聞聲追毆賊人致死。放養屋後並非曠野，聞聲出視難謂無人。應照白日偷竊市野有人看守器物，登時追捕毆打致死例，擬徒。嘉慶二十年貴州案。

疑賊共毆，致死瘋發之人，依共毆人致死，下手致命傷重例，擬絞。嘉慶二十三年河南案。

毆死黑夜闖入屋内瘋發婦女，依夜無故入人家已就拘執而擅殺律，擬徒。嘉慶二十三年四川案。

差役毆死因瘋鬬鬧大堂之人，比照鬬殺擬絞律上量減滿徒。嘉慶二十五年河南案。

登時毆死持刀拒捕，未經成傷之賊，因刀已被事主奪獲，與格殺律不符，改照不應重律。道光二年湖北案。

毆死白日躺卧伊嫂房内炕上出言褻狎瘋發之人，狀似圖姦，殺由氣忿。比照有服親屬殺死圖姦未成罪人例，擬絞。道光六年陝西案。

共毆賊犯致死之案，如下手傷重之人，將賊犯毆跌倒地後，不復動手，餘人再行毆打，並非正犯主使，不得將餘人所毆輕傷致入正犯重罪，自應仍依登時毆死之例問擬。道光十一年四川司説帖。

擅殺罪人與凡鬬不同，並無原謀之例。道光十一年貴州司説帖。

被竊已逾三日，將賊犯燒斃，照事主因賊犯偷竊財物，事後毆打致死者，照擅殺罪人例擬絞候。道光元年雲南司説帖。

被賊持械撞門，事主銃斃盗犯，比照賊犯持仗拒捕，被捕者格殺勿論例，勿論，仍科私藏竹銃罪。道光六年廣西案。

綑毆竊賊，送究中途凍死，比照事主因竊犯黑夜偷竊，登時追捕毆打至死例，問擬滿徒。道光八年陝西案。

獲賊脱逃，事主追趕，賊犯溺斃，匿不禀報，照不應重律，杖八十。道光六年安徽司案。

代訪贓賊，誤聽往緝，互毆身死，比依誣指良民爲强盜，發邊遠充軍例上量減，滿徒問擬。光緒四年安徽案。

《大清法規大全・民政部》卷四《違警律・民政部札發核定違警律内未載之現犯抗傳及損毁追償辦法文》 據内城巡警總廳申請核定違警律内未載之現犯抗傳及損毁追償之案，係爲執行警律時常有之事，亟應核定辦法，以便遵守。嗣後遇有現犯違警律，應行傳案之人，審係確有抗拒情狀者，即由巡警廳局按違警律各本條加二等罰辦。其有擅毆巡警者，無論已未成傷，仍一律送交審判廳按律審辦。至犯本律内損毁官私器物者，無論故誤，除按各本條處罰外，仍照律例，一律驗數追償，用昭整飭。合行札飭，仰遵照可也。

内城巡警總廳爲申請事，竊查違警律總例第二條内載本律所不載者，不得比附援引等語。又上年遵奉部札，内開違警律如有疑義，須隨時申明本部，以本部解釋所定者爲準，庶免紛歧等語。本總廳自辦理違警以來，徵驗事實，詳參法意，有本律雖無明文，尚應援據現行律例以定辦法者，舉其最要約有二端：一、現犯抗傳，應否加重也？查大清律例内載，凡犯罪拒捕者，各於本罪上加二等。違警律於現犯本律各款者，定有巡行傳案之文，而於現犯抗傳者未經定有辦法。揣立法之意，以爲違警事屬細微，本可依律罰辦，如果抗傳即同拒捕，已入刑法範圍，自應各按刑律，分別治罪，故本律不設規定。惟違警律既與刑律分離，此項抗傳人犯雖應按律加等，而本罪究係違警，擬請於新刑律未經頒布以前，暫由巡警廳區參照大清律例罪人拒捕律，於違警現犯應行傳案之人，審係確有抗拒情狀者，即按違警律各本條加二等罰辦。其有擅毆巡警，無論已未成傷，及至折傷以上者，仍一律送交審判，按律懲辦，以重警政而尊法權。

一、損毁器物，應否追償也？查大清律例内載，棄毁官私器物者，計贓準竊盜論，各坐罪追償等語。此項人犯雖有故毁誤毁之分，而官物則無論故誤皆坐罪，追償併科。私物則僅認毁者償而不坐。是損傷，賠償實爲坐罪外，應有辦法。惟查違警律第二十七條第八款、第三十八條第三款、第三十九條第二款、第二十條第二款、第三十二條第一二款、第四十條第一款、第四十三條第一款規定事項，雖違警分類性質各有不同，而其爲損毁官私器物則一，應否驗數追償，本條俱未設規定。判斷之際，殊覺困難。若聽其坐而不償，則官私財産損失必多，亦與刑律法例不合。蓋損毁器物，輕者入於違警，重者入於刑律，第能執此以定違犯程度之區别，而不能執此以定償與不償之區别。事苟應償，雖輕於纖忽，法固未便從寬；事不應償，即重於泰嶽，法亦未便從刻。嗣後遇有損毁器物之各項違警人犯，擬請遵照大清律例，無論官私、無論故誤，除按本律各條處罰外，一律驗數追償，俾總法理之平。以上皆違警律固有之疑義，且爲施行中常有之事實，既無明文，不便援引，可否照擬辦理之處，理合備文申請憲部迅飭參議廳核議，呈堂核定通行。

紀事

《漢書》卷九九中《王莽傳》 是時諸將在邊，須大衆集，吏士放縱，而内郡愁於徵發，民棄城郭流亡爲盜賊，并州、平州尤甚。莽令七公六卿號皆兼稱將軍，遣著武將軍逯並等填名都，中郎將、繡衣執法各五十五人，分填緣邊大郡，督大姦猾擅弄兵者，皆便爲姦於外，撓亂州郡，貨賂爲市，侵漁百姓。莽下書曰：虜知罪當夷滅，故遣猛將分十二部，將同時出，一舉而決絶之矣。内置司命軍正，外設軍監十有二人，誠欲以司不奉命，令軍人咸正也。今則不然，各爲權勢，恐猲良民，妄封人頸，得錢者去。毒蠚並作，農民離散。司監若此，可謂稱不？自今以來，敢犯此者，輒捕繫，以名聞。然猶放縱自若。

《南史》卷五三《梁邵陵攜王綸傳》 普通五年，〔蕭綸〕以西中郎將權攝南徐州事。在州輕險躁虐，喜怒不恒，車服僭擬，肆行非法。遨遊市里，雜於厮隸。嘗問賣䱸者曰：刺史何如？對者言其躁虐，綸怒，令吞䱸以死，自是百姓惶駭，道路以目。嘗逢喪車，奪孝子服而著之，匍匐號叫。籤帥懼罪，密以聞。帝始嚴責，綸不能改，於是遣代。綸悖慢逾甚，乃取一老公短瘦類帝者，加以衮冕，置之高坐，朝以爲君，自陳無罪。使就坐剥褫，捶之於庭。忽作新棺木，貯司馬崔會意，以轜車挽歌爲送葬之法，使嫗乘車悲號。會意不堪，輕騎還都以聞。帝恐其奔逸，以禁兵取之，將於獄賜盡。昭明太子流涕固諫，得免，免官削爵土還第。

《陳書》卷一四《陳方泰傳》 〔陳〕方泰少麤獷，與諸惡少年羣聚，游逸無度，世祖以南康王故，特寬貰之。天嘉元年，詔曰：南康王曇朗，出隔齊庭，反身莫測，國廟方修，蒸嘗須主，可以長男方泰爲南康世子，嗣南康王。後聞曇朗薨，於是襲爵南康嗣王。尋爲仁威將軍、丹陽尹，置佐史。太建四年，遷使持節、都督廣衡交越成定明新合羅德宜黄利安建石崖十九州諸軍事、平越中郎將、廣州刺史。爲政殘暴，爲有司所奏，免官。尋起爲仁威將軍，置佐史。六年，授持節、都督豫章郡諸軍事、豫章内史。在郡不修民事，秩滿之際，屢放部曲爲劫，又縱火延燒邑居，因行暴掠，驅録富人，徵求財賄。代至，又淹留不還。至都，詔以爲宗正卿，將軍、佐史如故。未拜，爲御史中丞宗元饒所劾，免官，以王還第。

《陳書》卷二八《武陵王伯禮傳》 武陵王〔陳〕伯禮字用之，世祖第十子也。天嘉六年，立爲武陵王。太建初，爲雲旗將軍、持節、都督吴興諸軍事、吴興太守。在郡恣行暴掠，驅録民下，逼奪財貨，前後委積，百姓患之。太建九年，爲有司所劾，上曰王年少，未達治道，皆由佐史不能匡弼所致，特降軍號，後若更犯，必致之以法，有司不言與同罪。十一年春，被代徵還，伯禮遂遷延不發。其年十月，散騎常侍、御史中丞徐君敷奏曰：臣聞車履不俟，君命之通規，夙夜匪懈，臣子之恒節。謹案雲旗將軍、持節、都督吴興諸軍事、吴興太守武陵王伯禮，早擅英猷，久馳令問，惟良寄重，枌鄉是屬。聖上愛育黔黎，留情政本，共化求瘼，早赴皇心，遂復稽緩歸驂，取移凉燠，遲回去鷁，空淹載路，淑慎未彰，違惰斯在，繩愆檢迹，以爲懲戒。臣等參議以見事免伯禮所居官，以王還第，謹以白簡奏聞。詔曰可。

《北齊書》卷一〇《上黨剛肅王涣傳》 與常山王演等築伐惡諸城。遂聚鄴下輕薄，凌犯郡縣，爲法司所糾。文宣戮其左右數人，涣亦被譴。

《魏書》卷五六《鄭羲傳》 在州貪惏，妻定豐王元延明女，專爲聚斂，貨賄公行，潤及親戚。户口逃散，邑落空虚。乃誣良民，云欲反叛，籍其資財，盡以入己，誅其丈夫，婦女配没。百姓怨苦，聲聞四方。爲御史糾劾，死罪數十條，遇赦免，因以頓廢。齊文襄王作相，每誡厲朝士，常以伯猷及崔叔仁爲論。武定七年，除太常卿，其年卒，年六十四。贈驃騎大將軍、中書監、兖州刺史。

（宋）王欽若等《册府元龜》卷六九七《牧守部·酷虐》 隋庫狄士文爲貝州刺史，至州發摘，姦諂長吏，尺布斗粟之贓，無所寛，得千人，悉配防嶺南。親戚相送，哭聲遍於州境。至嶺南遇瘴癘死者十八九，於是父母妻子唯哭士文。士文聞之，令人捕搦捶楚，盈前而哭者彌甚。司馬京兆韋焜，清河趙達二人並苛刻，唯長史有惠政，時人語曰：刺史羅刹政，司馬蝮蛇瞋。長史含笑判，清河坐喫人。文帝聞之歎曰：士文暴過猛獸。竟坐免。

《隋書》卷七四《酷吏傳·王文同》 王文同，京兆頻陽人也。性明辯，有幹用。開皇中，以軍功拜儀同，尋授桂州司馬。煬帝嗣位，徵爲光禄少卿，以忤旨，出爲恒山郡丞。有一人豪猾，每持長吏長短，前後守令咸憚之。文同下車，聞其名，召而數之。因令左右剡木爲大橛，埋之於庭，出尺餘，四角各埋小橛。令其人踣心於木橛上，縛四支於小橛，以棒毆其背，應時潰爛。郡中大駭，吏人相視懾氣。

及帝征遼東，令文同巡察河北諸郡。文同見沙門齋戒菜食者，以爲妖妄，皆收繫獄。比至河間，召諸郡官人，小有遲違者，輒皆覆面於地而箠殺之。求沙門相聚講論，及長老共爲佛會者數百人，文同以爲聚結惑衆，盡斬之。又悉裸僧尼，驗有淫狀非童男女者數千人，復將殺之。郡中士女號哭於路，諸郡驚駭，各奏其事。帝聞而大怒，遣使者達奚善意馳鎖之，斬於河間，以謝百姓。讎人剖其棺，臠其肉而噉之，斯須咸盡。

（宋）司馬光《資治通鑑》唐玄宗開元二年春正月 薛王業之舅王仙童，侵暴百姓，御史彈奏；業爲之請，彈，徒丹翻。爲，于僞翻。敕紫微、黄門覆按。姚崇、盧懷慎等奏：仙童罪狀明白，御史所言無所枉，不可縱捨。上從之。由是貴戚束手。

《新唐書》卷一六七《李實傳》 詔書蠲人逋租，〔李〕實格詔固斂，畿民大困，官吏皆被榜罰，掊取三十萬緡。吏乞貣豪氂，輒死，桉之無罪者，猥曰死亦非枉，復殺之。專以殘忍爲政。順宗在諒闇，不踰月，實殺數十人于府。貶通州長史。市人爭懷瓦石邀劫之，實懼，夜遁去，長安中相賀。以赦令內移，死虢州。

（唐）段成式《酉陽雜俎》卷八《黥》　李夷簡，元和末在蜀。蜀市人趙高好鬥，常入獄。滿背鏤毗沙門天王，吏欲杖背，見之輒止，恃此轉爲坊市患害。左右言於李，李大怒，擒就廳前，索新造筋棒，頭徑三寸，叱杖子打天王，盡則已，數三十餘不絶。

《新唐書》卷一七五《劉栖楚傳》　故事，侍郎無宣授者，【略】數月，改京兆尹，峻誅罰，不避權豪。先是，諸惡少竄名北軍，凌藉衣冠，有罪則逃軍中，無敢捕。栖楚一切窮治，不閱旬，宿姦老蠹爲斂迹。一日，軍士乘醉有所凌突，諸少年從旁譟曰：癡男子，不記頭上尹邪？

（唐）段成式《酉陽雜俎》卷八《黥》　上都街肆惡少，率髡而膚劄，備衆物形狀。恃諸軍，張拳强劫一作弓劒，至有以蛇集酒家，捉羊胛擊人者。今京兆薛公元賞，上三日，令里長潛捕，約三十餘人，悉杖殺，尸于市。市人有點青者，皆炙滅之。時大寧坊力者張幹，劄左膊曰生不怕京兆尹，右膊曰死不畏閻羅王。又有王力奴，以錢五千召劄工，可胸腹爲山、亭院、池榭、草木、鳥獸，無不悉具，細若設色。公悉杖殺之。

《新唐書》卷一七二《杜兼傳》　京師惡少優戲道中，具騶唱呵衛，自謂盧言京兆，驅放自如。中立部從吏捕繫，立箠死。

《舊唐書》卷一八下《宣宗本紀》　〔大中二年〕九月，敕：比有無良之人，於街市投匿名文書，及於箭上或旗旛上縱爲奸言，以亂國法。此後所由切加捉搦，如獲此色，便仰焚瘞，不得上聞。

（宋）李昉等《文苑英華》卷五三〇《商賈門·於市驚衆判》　乙於市驚衆擾亂。對，日中爲市，天下攸集。貿絲抱布，虛往實來。士馬星繁，寶貨山積。君平卜肆，推步自資。相如酒鑪，朝夕牟利。乙識非賢達，情昧憲章。闤闠少游，未見閲書之美，旗亭之下，自貽恐衆之愆。一等事源，不可開恕，三尺律令，請寘嚴科。

（宋）李燾《續資治通鑑長編》宋太祖建隆元年二月　前鄉貢《三傳》孫蘭治《左氏春秋》，聚徒教授，其門人有被黜退者，蘭乘醉突入貢部，諠譁不已，下吏案之，壬辰，蘭決杖配商州。

《宋史》卷四六三《外戚傳·王繼勳》　繼勳所爲多不法。會新募兵千餘隸雄武，將遣出征，多無妻室，太祖謂繼勳曰：此必有願爲婚者，不須備聘財，但酒炙可也。繼勳不能諭上旨，縱令掠人子女，京城爲之紛擾。上聞大驚，遣捕斬百餘人，人情始定。時后已崩，上追念后，故不之罪也。

乾德四年，繼勳復爲部曲所訟，詔中書鞫之。解兵柄，爲彰國軍留後，奉朝請。繼勳自以失職，常怏怏，專以臠割奴婢爲樂，前後多被害。一日，天雨墻壞，羣婢突出，守國門訴冤。上大駭，命中使就詰之，盡得繼勳所爲不法事。詔削奪官爵，勒歸私第，仍令甲士守之。俄又配流登州，未至，改右監門率府副率。

開寶三年，命分司西京。繼勳殘暴愈甚，强市民家子女備給使，小不如意，即殺食之，而棺其骨棄野外。女僧及鬻棺者出入其門不絶，洛民苦之而不敢告。太宗在藩邸，頗聞其事。及即位，人有訴者，命户部員外郎、知雜事雷德驤乘傳往鞫之。繼勳具伏，自開寶六年四月至太平興國二年二月，手所殺婢百餘人。乃斬繼勳洛陽市，及爲强市子女者女儈八人、男子三人。長壽寺僧廣惠常與繼勳同食人肉，令折其脛而斬之。洛民稱快。

《宋史》卷二五七《吴廷祚傳》　雍熙三年，徙知秦州。州民李益者，爲長道縣酒務官，家饒於財，僮奴數千指，恣横持郡吏短長，長吏而下皆畏之。民負息錢者數百家，郡爲督理如公家租調，獨推官馮伉不從。益遣奴數輩伺伉按行市中，拽之下馬，因毆辱之。先是，益厚賂朝中權貴爲庇護，故累年不敗。及伉屢表其事，又爲邸吏所匿，不得達，後因市馬譯者附表以聞，譯因入見，上其表。帝大怒，詔元載逮捕之。詔書未至，京師權貴已報益，益懼，亡命。元載以聞，帝愈怒，詔州郡物色急捕之，獲於河中府民郝氏家，鞫于御史府，具得其狀，斬之，盡没其家。益子仕衡先舉進士，任光禄寺丞，詔除籍，終身不齒。益之伏法，民皆飯僧相慶。

（宋）李燾《續資治通鑑長編》宋真宗景德二年六月　曹州民趙諫與其弟諤，皆凶狡無賴，恐喝取財，交結權右，長吏多與抗禮，率干預郡政。太常博士鄭人李及受詔通判州事，諫適來京師，投刺請見，及拒之，諫大怒，慢駡而去。因帖牓言及非毁朝政，及得之，以匿名事，未敢發。

會大理寺丞任中行本諫同鄉里，盡知其姦慝，密表言之。上即遣中使就訪，京東轉運使施護、知曹州謝濤并及，皆條疏諫兄弟醜迹，乃逮繫御史獄。又詔開封府、曹州吏民，先爲諫、謂恐喝者，得自首露釋罪。命搜其家，得朝士、内職、中貴所與書尺甚衆，計贓鉅萬。己丑，並斬於西市，黨與決杖流嶺外，與之游熟者並坐降黜。因詔：自今訟不干己事，即決杖荷校示衆十日，情理切害，屢訴人者，具名以聞，仍配隸遠處。上初欲窮治與諫交游者，内出姓名七十餘人付獄，中丞吕文仲請對，言逮捕者衆，或在外郡，苟悉索之，慮動人聽。上曰：卿執憲，當嫉惡如讎，豈公行黨庇耶？文仲頓首曰：中司之職，非徒繩糾愆違，亦當顧國家大體。今縱七十餘人悉得姦狀，以陛下之慈仁，必不盡戮，不過廢棄而已。但籍其名，更察其爲人，置於冗散，或舉選對揚之日擯斥之，未爲晚也。上從其言。施護，未見。

（宋）李燾《續資治通鑑長編》宋真宗大中祥符五年正月　環慶路巡轄馬遞鋪使臣言蕃部酒醉，强奪馬纓，尋送本界監押和斷遣之。上曰：熟户蕃人敢干使命，令本路部署究其狀，重行鞫罰。

《宋史》卷二九九《薛顔傳》　部有豪姓李甲，結客數十人，號没命社，少不如意，則推一人以死鬥之，積數年，爲鄉人患，莫敢發。顔至，大索其黨，會赦當免，特杖甲流海上，餘悉籍于軍。

《宋史》卷二八八《孫沔傳》　孫沔字元規，越州會稽人。【略】以資政殿學士知杭州。遷大學士，徙知青州。又遷觀文殿學士，知并州。而諫官吴及、御史沈起奏沔淫縱無檢，守杭及并所爲不法，乃徙壽州。詔按其迹，而使者奏，沔在處州時，於遊人中見白牡丹者，遂誘與姦。及在杭州，嘗從蕭山民鄭昊市紗，昊高其直，沔爲恨。會昊貿紗有隱而不税者，事覺，沔取其家簿記，積計不税者幾萬端，配隸昊他州。州人許明有大珠百，沔妻弟邊珣以錢三萬三千强市之。沔愛明所藏郭虔暉畫《鷹圖》，明不以獻，初，明父禱水仙大王廟生明，故幼名大王兒。沔即捕按明僭稱王，取其畫鷹，刺配之。及沔罷去，明詣提點刑獄，斷一臂自訟，乃得釋。杭州人金氏女，沔白晝使吏卒輿致，亂之。有趙氏女已許嫁莘旦，沔見西湖上，遂設計取趙女至州宅，與飲食卧起。所刺配人以百數，及罷，盜其按去，後有訴冤者多以無按，不能自解。在并州，私役使吏卒，往來青州、麟州市賣紗、絹、綿、紙、藥物。官庭列大梃，或以暴怒擊訴事者，嘗剔取盜足後筋，斷之。奏至，乃責寧國節度副使，監司坐失察，皆被絀。

《宋史》卷二七《高宗紀》〔紹興三年五月〕壬申，詔守、令、尉、佐，境内妖民聚集不能覺察致亂者，並坐罪。

（清）徐松《宋會要輯稿·食貨六六·役法》〔嘉泰〕四年十一月二十八日，臣僚言：差役論煙爨去處以爲出入之鄉，都法也。今豪强之人，利於寬鄉，大姓之多而徒焉。家有數十餘千之税，而役有十數餘年之次。富者安佚，貧者頻併，一役而竭，再役而窶，至於流亡而莫之雇也。户長之專掌催科，一税一更替，亦法也。今爲一年之户長，則有二年之煙火。承領催科之帖，日爲比較之程，縲以箠楚，加以誅剥，絶户不除，逃亡責代，甚至棄鬻妻子，方且監錮而不釋也。乞令户部申嚴行下諸路州縣，應民間差役並遵用見行成法，以税錢物力高下，煙爨鄉都去處。稽其版籍，輪流定差。其有詭名挾户及不在所居煙爨鄉保出役，規避巧免，重困下户者，許人陳告。官司與之重法施行，其户長專司催科，一税一替，或州縣抑令代納逃亡。管幹煙火違法科擾之類，並許民間越訴，將違戾官吏重行罪罰。從之。

（宋）黄榦《勉齋集》卷三三《判語·徐華首賭及邑民列狀論華》

稂莠不去，則穀不能以自植，敗羣者不斥，則羊不能以自肥。本縣實緣敗壞之久，姦豪得志，細民被害，歷考其尤者，則寄居中蓋有其人，而士人則徐莘是也。徐莘僥倖一舉，本不足道，乃恃强狠，大爲一縣之害，兩經縣道牓示，尚不悛改。去年又與寄居扶同論訴縣道，權縣已被行遣，合干人亦將斷配，自此愈見恣肆。本縣雖訪聞本人頗爲民害，然人户不敢論訴，亦且暫已。今探聞當職時暫差出，便復論訴人吏，全無着實。尋又據市民列狀，賫出縣牓論訴，顯見徐莘擾害鄉民。照得朝廷日來深慮寄居等人擾害鄉曲，故雖欒安鄉山、曾復係是命官，亦且押送他州居住，蓋投之四裔，屏之遠方，古人所以治頑民者，不若是則終無以絶其本根。今徐莘者若不屏逐，無以遏絶姦惡。今備詞并縣牓申解使軍，欲乞將徐莘押送外州居住，庶絶後患。本縣除已將一行人疎放外，其徐莘合行申解。奉軍判，徐莘押送吉州拘管，申朝省及諸司會。

（宋）黄榦《勉齋集》卷三三《判語・張日新訴莊武離間母子》張敷文孫名日新，經官論編管人莊武又名三聘，離間其母，使其母盡逐兩旁兒婦。持到莊武親書，與其母簡帖兩紙，外作妻封，内作自名，當將莊武送獄根究。兩紙委是親書，據莊武供，舊曾在張宅作舘客，豈有舊舘客輒寫簡帖與舘主寡婦之理，又供前後往來，飲酒雜坐無間，此何理耶！且其簡帖之詞，有曰：自安人從家間歸去，他們便大字寫在書院牕上呪人，及要殺人。又曰：除是安人出外商議方可，看了毁之。其詞意褻狎，情理切害乃如此，是必欲逐其子，而惟莊武之言是聽也。亂男女之别，離子母之情，莊武之罪其可貸乎！若採之衆論，則又不止於簡帖往來而已，一郡之人爲之不平。夫能使母逐其子而不顧，則是必有以蠱惑其心者矣！顧人子不敢言，官司亦不必推究，庶幾子母可以復合也。且莊武，福州人，自稱曾請鄉舉，觀其詞氣字畫，不類士人，嘗以爲人指引代筆，編管當塗，自當少知斂戢。姦險凶横，累有過犯。爲朱僉判舘客，既道之爲非矣，復挾人以訟之，朱竟罷去。爲張伸舘客，則以尋捉學生爲名，徑登其女之卧榻，以致論訴。至於撻使婢而使之縊死，輕税官而敢於無禮，皆見之訟牒。每追到官，則先爲兇暴之狀，以陵駕長官。雖宇文侍郎以法從之貴，亦不免於無禮，官司亦每以士類而曲貸之。凡此數事，苟未至於甚爲人害者，猶可貰也。張敷文以宦族故家，而莊武乃專其家政，若不懲治，則張氏家悉歸於莊氏，兩子無所歸，一家將自此破矣！爲政者豈得不爲之動心乎？竊謂當塗本非莊武之故鄉，莊武見係編管之罪人，以士類之故，且免其斷治，再將莊武移徙鄰郡，則寡婦之謗可以自明，孤子之愛可以復合，張氏之家不至大破，莊武亦不至於稔其罪，而猶可以自新。但莊武元係得旨編管人，州郡不敢自專，若欲申聞朝省，則么麽小官，暫攝郡事，亦不敢以輕舉。寶文大卿到日呈。

（明）張四維《名公書判清明集》卷一一《人品門・公吏・違法害民》

當職未巡歷之前，已聞弋陽有孫、余二吏之横，民不堪之。及至安仁，則弋陽百姓爭來哀訴，節次收六十四狀，或專狀，或聯名，傴僂拜起，纍纍車前，伏地不去，欷歔號呼，有困迫無聊而自擲於地者，非割剥膏血，民怨徹骨，豈至是乎？一虎咆哮於市廛之間，民且狼顧，斗大之邑，而爲虎者數人，民其有不重困者乎？孫迴累經編管，僞冒置充吏，首占縣權，自號立地知縣，弟孫萬八横行市井，人呼八王，其他可知。捉人毆打，輒用紙裹木棒，名曰紙餛飩。收拾配吏、破落鄉司，分布爪牙，競爲苛虐，私押人入獄，訊腿荆至一、二百。余信昨同張成脅取百姓劉慶一千二百餘貫，本司止將張成勘斷，所以恐之也。乃敢率弓手正等二十餘人，以迎神爲名，擒捉詞人。本司錫匣累行追逮，拒而不出，方且酣飲娼樓，揚揚自得。既有無名錢，又有自寄錢，又有比呈展限錢，又有保正每月常例錢，敲鎚骨髓，怨聲徹天。今據獄中供招，雖未及萬分之一，然孫迴計一萬一千七百餘貫，余信計一萬八百餘貫，而見錢不預焉。民膏民脂，日剥月削，以啗此曹，當職實痛心焉。孫迴決脊杖二十，刺配惠州牢城，余信決脊杖十七，刺配南康軍牢城。張細、李崧乃同孫、余爲惡之人，贓數不下五千貫，本合一例從配，姑從輕決脊杖十五，編管一千里，仍監贓。帖報本縣併備榜。再奉台判，當職再得之衆論及知縣之言，皆謂本縣綱解首尾，皆在孫迴名下，欲得了辦畢日行遣。當職念本縣月解窘急，重違其請。孫迴照已判決脊杖二十，寄配惠州，收禁縣獄，上禁單，候了本縣綱解畢日，追上照刺。仍帖縣追孫萬八赴司，限一日，仍併備榜。

（明）張四維《名公書判清明集》卷一一《人品門・宗室・宗室作過押送外司拘管爪牙並從編配》刑故無小，三細不宥，以細罪小罪，犯至於三，事出於故，猶且不宥，何況罪大惡極。有如趙若陋，若不痛懲，則譁徒無所忌，姦民無所懼，而善良不得以安其居矣。趙若陋者，專置譁局，把持饒州一州公事，與胥吏爲黨伍，以惡少爲爪牙，以致開櫃坊，霸娼妓，騙脅欺詐，無所不有。然亦官司有以縱之，今不暇盡述其過惡。謂如魯海，被若陋粧造脅詐，以致死於非命，當時吏人爲地，只決竹篦三十，此一次漏網也。前政郡守知其姦惡，因教艾氏掛幡述冤事，方行追究，若陋奉身鼠竄，竟追不到，此二次漏網也。去秋士子羣集秋試，若陋輒將夏斗南兇打，士子不甘，欲求直於有司，一時士子雖婉轉爭競，然事有所因，官司乃痛治士子，而不問若陋，是又數數爲惡，不止漏網而已。昨者之竄，猶有懼心，既而來歸，已懷玩意。當職到司之初，得於諮訪，謂此州不去此惡，則善良有不得其死者，非特不得安其居而已。然區區之意以人治，人改而止。遂因監贓錢判云：餘人贓錢並放，若陋贓若不監，更監何人。所以露意者，正望其改過。輒敢於除夜因賭局打人，略無忌憚，則是非惟不畏州郡，視監司如無矣。法不行於近，何以及遠，耳目所及，猶置不問，則一道之譁徒姦民相視而動，豈不重爲一道害，不容不與嚴行。若陋罪如山積，郡獄刻木，皆其黨與，所勘百不及一，然合州士民之所願痛治者，事既從衆，允合人心。申省及宗司，將若陋押送外宗拘管，併移其家。所有陳念三、陳萬三並係其爪牙，亦自有司置櫃坊本罪。内陳念三係已配逃回，又占據娼妓一家二人，牒州將陳念三決脊杖十三，填刺押回原配所。其王四姐并妹，並付官牙，改嫁從良。陳萬三追上杖一百，送鄰州編管。餘人候再有犯到官，追上斷刺。

（明）張四維《名公書判清明集》卷一一《人品門·士人·士人充攬戶》 觀操舜卿所供，亦粗有文采，但既是士人，便不應充攬户。既充攬户，則與縣吏等耳。既恃頑拖欠官物，又咆哮無禮縣官，本縣杖之，亦未爲過。乃不自反，結計反罪之人，匿名報復，此風最爲薄惡，所當究竟重斷，以其粗知讀書，姑與押下縣學，習讀三月，候改過日，與撾毁攬户印記，改正罪名。就縣給據，仍申本司，再犯重作施行，餘並照擬行。

（明）張四維《名公書判清明集》卷一二《懲惡門·豪横·豪强》

李鏜儒衣儒冠，以豪俠横行，李麟麄轡大片，以强狠横行。雖深險粗暴不同，其爲鄉井之害則一。兩不相能，紛紛起訟，連篇累牘，各指其平日之過惡。今據各人獄中所認，曾不及十之一二，揆之所犯，皆不應爲，且從輕各勘杖一百，以爲生事不靖者之戒。如更不悛，再興詞訴，追上重斷編管，餘照擬行。

（明）張四維《名公書判清明集》卷一二《懲惡門·豪横·檢法書擬》

陳瑛操不仁之心，貪不義之富，出入縣道，以神其姦，交結配隸，而濟其惡，主把公事，拏攫民財，但知爲一家之肥，不知爲衆怨之府。今據所招情犯言之，放債取息，世固有之，然未有乘人之急、謀人之産如陳瑛者也。羅喆，始者借其錢六百貫，一入圈繢，纏磨不休，本錢已還，累息爲本，逼迫取償，勒寫田契，已是違法。甚至唆使張雲龍誣賴不還，告□以興訟，取媚縣道，令納千緡寄庫以從和。操担捭闔，惟意所欲。既以此逼寫膏腴之業，又以此没其寄庫未盡之錢。專務行霸以自昱，烏知鬼神之所瞰。今兩詞對定，羅喆前後實借去錢三千一百貫，陳瑛則累本利共取八千一百八十貫，勒寫田業準還，又寄庫支用外，悉是白奪其四千四百餘貫之業。原其設心措慮，非空羅氏之産不休。乃若主持賀八饒屋之訟，始則執毛信打奪所追人王世斌，寘之囹圄，終則受其財賄，夤緣縣官，號召縣吏，便可白休。惟得之求，寧顧法理。今其身罹憲綱，猶運通神之力，厚賂獄吏，拷縛詞人，逼令退款，則其横行閭里，吞噬鄉民，其毒豈物如蛇蝮而已哉！惡貫已盈，罪不容逭。在法：諸欺詐取財滿五十貫者，配本城。又法：諸以賣買、質借投託之類爲名以取財，狀實强奪者，以强盗論。欲將陳瑛決脊杖二十，配一千里。吴與係已配人，既爲牙爪謀騙，又作陳瑛名摺縛田業，計五百貫以上，助惡謀業，受保借錢一百貫，欲決脊杖十五，加配五百里。李三六係茶食人，行賕公事，受錢五十貫，欲決脊杖十三，配三百里，并監贓所奪錢業，送案别呈。羅喆、羅茂才且監下，毛信、毛六四先放。

（明）張四維《名公書判清明集》卷一二《懲惡門·豪横·斷罪》

楊子高何等物數，輒以制屬自呼；王元吉與結死交，正是凶德參會。倚恃制司芮將聲勢，頂冒死人王舉官資。鹽利乃國家所資，至敢夾帶私販，抑配强敷，肆爲侵奪。銅於法禁最重，公然剪鑿私鑄，搬販砂毛，莫敢誰何，遂使江西三角破錢，盡入湖南一路界内。姦占良人婦女爲小妻，爲寵婢，不敢陳論者七人；賊殺無辜平民，或赴水，或自盡，死於非命者四項。一孔微利，必欲焚林竭澤。萬口交怨，恨不食肉寢皮。傾湘江之水，不足以洗百姓之冤；汗南山之竹，不足以洗二兇之惡。本合坐以絞罪，庶可以快衆情，但以當職行去官，且慮停囚反以長智。兼其分遣爪牙，紛然求援，富有財力，可以通神，纔一轉身，必至漏網，豈可養虎遺患，縱令死灰復燃。王元吉且照檢法所定罪名，刺配廣州摧鋒軍，拘監重後，日下押發，贓監家屬納，餘照行。所有本人頂冒綾紙，曾無收索，及原追未到人，曾無再催，别呈。已取上王元吉，斷配廣州摧鋒軍。

（明）張四維《名公書判清明集》卷一二《懲惡門·豪横·舉人豪横虐民取財》 匿名文書，固不可受。譚一夔罪惡，亦不可不知。印本糊塗，謄過附案，以憑參合民詞，審虚實施行。

譚一夔，豪民之傾險者也，冒受官資，詐稱制屬，交結同黨爲羽翼，蓄養無賴爲爪牙，誇張聲勢，凌壓善民，流毒一方，不可殫述。或撰造公事，恐嚇奪人之山地，或把握民訟，暗中騙取其資財，或高擡制司鹽價，誘人贖買，又逼迫捉縛，準折其田宅，或與人交易，契一入手，則契面錢抵捱不肯盡還，或作合子文字，貸之錢物，則利上紐利，準折產業以還。騙業及於妻家，索租及於官地，即此推之，他可知矣。近年以假手請本州文解，如虎而翼，聲燄愈張，被害愈衆。如謝小一以陳洪邁等二十五人，相率赴司伸訴，所司勘究，具得其實，紐計諸色贓，計四千三百六十餘貫，十七界官會五百餘貫。蓋世間未有如一夔之豪横，而不顧國法者也。在法：諸欺詐取人財物滿五十貫者，配本城。又法：以賣買、質借、投托之類，追捕人以取財物者，以强盜論。如一夔係犯死罪，一配有餘，欲將譚一夔決脊杖二十，配二千里，仍監贓。譚三俊、陳節平日與一夔同惡相濟，邑人有三將軍、十將軍之號，亦可概見，又何止同謀奪謝小一山地一項而已。欲將陳節、譚三俊各決脊杖十五，編管五百里。谷昌係罷縣吏，受其資給，凡一夔欺詐取財者，皆本人佐之，至於匿下陳洪邁錢，計六百貫入己，其他可知，欲將谷昌決脊杖二十，配千里，監贓。陳德係腹心幹僕，冒稱承信，凡一夔鎖縛取財者，皆本人助之，至於勒劉文先白寫領鹽錢手會，及私自脅取，其他亦可得知。欲將陳德決脊杖二十，配千里，仍監贓。蕭明、譚興、譚文、李念四各係人力，內蕭明、譚興助主爲惡，至妄以隱寄事誣害平民，欲各決脊杖十五，編管五百里，譚文索契不到，勘杖八十，李念四得罪，其主資給，乃説令繼父謝小一白寫地契與之，勘杖一百。陳士淵承叔父之命，寫契與人，免科。詞人譚安進等放。

已録問訖，索冒賞吏部帖及文解帖，遵照擬判，逐一施行。

（明）張四維《名公書判清明集》卷一二《懲惡門·豪横·何貴無禮邑令事》 趙令舍縣治而弗居，托迹民廛，卑隘納侮。何貴等入縣捉吏之際，旁無一卒，自揮尊拳，致遭耻辱，足以覘其平時邑政之不綱。但其受天子之命而爲令，有社有民，必其有罪，臺諫可彈，監司可劾，朝廷可汰，而部民不可辱也。使金四三之船果係郡民之物，本縣差使一次，此固縣道之所得爲，況本非其舟，不過歲輸緡錢，投託豪右，從而霸占，以爲抵拒官司差使之計。縣一犯其鋒，狠僕成羣，直造縣治，入擒胥吏，猶可諉也，扯知縣衣，傷知縣之指，天下亦安有此等事哉！世降俗薄，私慾横流，何所不至，所藉以相維而不亂者，以有紀綱法度耳。分陽小邑，密拱行都，妄一武夫，怙强習霸，至於縱其家奴，辱長官之衣冠，而本州方且咎知縣之過，若監司更不爲主張，即是併朝廷之紀綱法度而不能以自守焉。陵夷不已，長此安窮。本司不得已而請之朝，所惜者事體，所重者綱維，於趙令無所謂德，於邵克忠無所謂怨也。何貴決脊杖二十，配一千里。葉三三決脊杖十五，編管五百里。金四三杖一百，船籍拘官。牒州照斷，仍再申朝省，備牒諸監司。

（明）張四維《名公書判清明集》卷一二《懲惡門·豪横·不納租賦擅作威福停藏捕逃脅持官司》 王東家於溪洞之旁，既爲攬户，又充隅總。據狡兔之穴，挾猛虎之翼，縣道其能誰何之乎？自其爲攬户也，則兩都之税賦不復輸於公室矣；自其充隅總也，則兩都之獄訟遂專決於私家矣。蕞爾編氓，而輒敢奄有王租，擅作威福，其罪已不可恕。而又交涉溪洞，停藏逋逃，脅持官司，邀索錢物。如近日周七十二師殺兩人而遁，巡、尉追捕數月，乃得蹤跡於其家。重索賄金，必滿所欲而後出之。託奉峒以爲辭，實同惡以相濟。小人之無忌憚以至於此，其可不以柱後惠文彈治之乎？當職雖是去官，然不可惡惡而不能去。決脊杖十二，配五百里。且以其見病免決，俟監税錢足日，押發。

（明）張四維《名公書判清明集》卷一二《懲惡門·豪横·母子不法同惡相濟》 當職到官之初，咨訪民瘼，已知有順昌官八七嫂母子之名。積年兇惡，恣爲不法，貽毒一縣平民，及外州商旅。前後官府月吏素與交結，往往將詞人科罪，含冤白死者不一。是以三十年間，民知有官氏之强，而不知有官府，鄉民有争，不敢聞公，必聽命其家。官八七嫂姓劉，已經編管信州，老而益肆。長男官千乙，名日新。次男官千二，名世肅，納粟得官，今任鄱陽西尉。兩孫官千三，名衍，同惡相濟，蓄養惡少過犯，百十爲羣，以爲爪牙鷹犬。私置牢獄，造慘酷獄具，如蒺藜、槌棒、獄仗，銅鎚索，手足鎖之類，色色有之，兵仗、弓、刀、箭鏃，特其末者。最慘酷者，取細砂炒，令紅赤，灌入平民何大二、羅五二、五三、廖六乙耳内，使之立見聾聵。追到被苦之人，流涕供對。雖蠻夷之地，未必行此，而官氏王民，乃爾不道。只此一節，已駭聽聞。其居在三縣之界，霸一鄉之權，而其家造兩鹽庫，專一停塌私鹽，搬販貨賣，坐奪國課，致順昌一縣，敗壞二十餘年，累政縣令，緣此皆罷。又私置税場，攔截紙、鐵、石灰等貨，收錢各有定例，贓以萬計。因此白奪平民田園屋業，富壓兩縣。常殺耕牛以數百計，牛馬大耗。又掠人女與妻，勒充爲婢，不償雇金，在法當絞。奪人之妻，擅改嫁與惡少爪牙，而取其財。一鄉千家，父母不得子其子，夫不得妻其妻。歛索八百人財物，以防盜結願爲名，又白掠五百餘人，以修橋爲名，得財入己，民敢怨而不敢怒。至如占人田業，責立虚契，無錢付度，借人錢物，已償復取，伐人墓林，棄人尸柩，勒被害人親書罪狀，以盜誣之，用爲到官張本。奪人之貨，毆人致死者有之，脅人自縊者有之。私行文引，捕人拷掠，囚之牢房，動經旬日。拆去官道橋梁石址，以架造私室，事發之後，輒僞作逹官書劄，欺詐郡縣。且據今此詞狀百餘紙，本州委司法同知縣前去體究。及到官氏子母之家，其浮財並已先期搬傳净盡，僅存留契書與閑廢簿帳，及私鹽五百餘斤，并上項獄具。鄉民被害者數百人泣訴，若一一追逮，暑月搔擾淹延，合速與決遣。官日新送州院，官衍等送司理院，今各已供招得實。官日新係雜犯死罪，從輕決脊杖二十，刺配新州。官衍年方十三，且勘下杖一百，編管汀州。楊十一係世肅妻弟，催勘爪牙符大二、符大四、傅六三、蔡六一、余小大、范廿三，各從輕決脊杖二十，編管五百里。李勝饒州八江州三葉八各決脊杖二十，編管鄰州。陳小六、傅七十決臀杖二十。楊二決小杖十五。僧惠暕爲官氏子母率歛民財，寄收贓物，及姦范廿三妻，決脊杖十三，毁度牒。所有官八七嫂年老，合追正身，仍牒饒州，取官世肅證對，及同惡爪牙案具名點追，勘正別斷。所索到契書，送僉廳官併體究官逐一點檢抄上，併官千乙、官千二、劉氏置到建楊縣田業，申牒建寧府，請照條抄劄，待憑併申尚書省，照近降指揮發納安邊所。仍榜地頭，計人首隱藏物業，差官一員，同巡檢親至官氏家，拆去慘酷牢房，及所居停爪牙屋宇、私鹽庫，限十四除拆。已斷人各權寄上牢，候詞人對未盡不法事畢，押發。女使進喜、巧奴、小童，各係誘掠得之，各放。夏四及被害之人並放。申尚書省臺部及諸司、江東提刑司照會。續再勘楊十一招伏情罪，已從輕決脊杖二十，編管五百里建昌軍。及再申江東提刑司，追官世肅前來本州，勘斷施行。

(明) 張四維《名公書判清明集》卷一二《懲惡門・把持・訟師官鬼》 龍斷小人，嚚訟成風。始則以錢借公吏，爲把持公事之計；及所求不滿，則又越經上司，爲刧制立威之謀。何等訟師官鬼，乃敢如此。況以錢借尉司弓兵，正犯軍債之條。勘八十，僉廳契勘是真士人，僉廳尋再據項元明供狀擬呈，奉台判，從輕決竹篦十五，以爲借吏錢，放軍債之戒。

(明) 張四維《名公書判清明集》卷一二《懲惡門・把持・把持公事趕打吏人》 當職自到任以來，於士類每加敬禮，至於假儒衣冠者，或例借以辭色，此劉必先輩所以習玩視而無忌憚也。劉必先昨論蘇廿二占田，本縣已與斷罪監租。未納足間，劉必先排日入衙催促。若承人不爲押上，只合當廳陳詞，而劉必先忽挾徒黨鮑垣、劉魏實二人，突至廳前，趕打公吏，此何理也？在法：無故入縣門者，杖八十，至吏者加二等。而況於輒至公廳乎？又法：對州縣長官咆哮者，杖一百。而況醉酒而陵忽乎？訪聞劉必先兄弟，每以把持公事爲生，鮑垣者，實其羽翼，市人號金毛猫，其名不齒于士類可見。兼見有訟在本州直司未決，今輒敢到縣犯分如此，可無罪乎？劉必先、劉魏實、鮑垣三人，合照條勘杖一百，斷訖，備榜枷項示衆。

(明) 張四維《名公書判清明集》卷一二《懲惡門・把持・先治依憑聲勢人以為把持縣道者之警》 新化本在一隅，民淳事簡，果不難治。只緣有數輩假儒衣冠，與一二無賴宗室，把持縣道，接攬公事，所以官吏動輒掣肘，趙添監其一也。螻蟻小官，初何足道，蕞爾之邑，他無顯人，愚民無知，以爲果可憑藉，遂争趨之，以抗衡官府，其來非一日矣。今三僧監繫於縣，不求於他人，而皆指添監以爲歸，則其平時城狐社鼠，已可想見。鞭車驚牛，豈容但已。三僧各杖一百，枷項押本縣，示衆一日，放。仍榜縣門。

(明) 張四維《名公書判清明集》卷一二《懲惡門・把持・士人教唆詞訟把持縣官》 孔子曰：不在其位，不謀其政。曾子曰：君子思不出其位。聖賢之意，蓋欲天下之人，各安其分，各至其所，以無相奪倫而已。否則位卑而言高，其不陷於罪者幾希。劉濤，篳門圭竇之人耳，自當安貧樂道，篤志好學，如仲舒之下帷講誦，三年不園窺，如昌黎之焚膏繼晷，矻矻以窮年，可也。公家之事，豈宜過而問焉。今乃背聖賢之戒，繆用其心，出入公門，摟攬關節，又從而爲之辭曰：此義也。嗟夫！天下之義事，豈常人之所能爲哉！杜季良豪俠好義，憂人之憂，樂人之樂，而馬援猶誡兄子不可效之，濤實何人，而敢爲馬援之所不敢乎？使濤果出於誠心，則吾嘗聞于孟子矣！曰：今有同室之人鬭者，救之，雖被髮纓冠而救之，可也；鄉鄰有鬭者，被髮纓冠而往救之，則惑矣，雖閉户可也。孟子以往救鄉鄰之鬭爲惑，而濤以干預他人訟爲義乎？當職採之輿論，咸謂濤本非善良，專以教唆詞訟爲生業，同惡相濟，實繁有徒。把持縣官，劫制胥吏，頤指氣使，莫敢不從。以故闔邑之人，凡有争訟，無不並走其門，争納賄賂，以求其庇己。濤之所右，官吏右之，所左，官吏左之。少咈其意，則浮言胥動，謗語沸騰，囂囂嗷嗷，不中傷其人不已。慣此得便，習以成風，新化之所以不可爲，其厲階實在於此。今當知録攝邑之始，而濤首以吴允星之事請託之，蓋欲假此以嘗試其可否，幸其見聽，則自此城狐社鼠，晝伏夜動，登壟斷而罔市利，將無所不爲。已不料知録之介然有守，凜不可犯，徑以事上之於府也。今觀其一劄所陳，備見其罪狀之不可掩。過證贓物，犯法也，而濤之劄有曰，自借己財，以與案吏，則是過證贓物明矣。計囑公事，犯法也，而濤之劄有曰，遂浼典押，以求僉書，則是計囑公事明矣。漏泄獄情，犯法也，而濤之劄有曰，自將案款，躬詣台墀，則是漏泄獄情明矣。即此三事以觀之，不知濤之不自愛重，觸冒刑辟而不顧者，果爲義乎，爲利乎？將不待辨而明矣！況濤之學術，繆憝尤甚。比以所爲文來謁，命意造辭，全未知蹊徑，見者無不撫掌，豈天之降才爾殊哉。蓋其平時顛迷於利欲之場，奔走於形勢之途，故不暇於吟六藝之文，披百家之編耳。揆之於法，本合科斷，且念其職在學校，不欲使之保膚受杖，姑從撻記，以示教刑，送學決竹篦十下罷，押下自訟齋，仍榜縣市。備帖催，將吴允星事日下從公結絶。

（明）張四維《名公書判清明集》卷一三《懲惡門・譁徒・譁徒反覆變詐縱橫押圖》　婁元英，係無賴子弟。始者道民曹十一，月有所獻，則認其庵以爲己庵，從而蓋庇，是猶可諉。胡四四者，因往庵内求乞，爲曹十一打縛，越五十餘日而病死。血屬胡四三投隅發覺，元英目爲奇貨，入身樓攬，始則發使胡四三反倒詐賴，張大其事。繼則破擘曹十一錢物，打話捏合，砧基田業，抵當於本人之家，主掌錢財，行用於本人之手。掩贏入己，爲錢三百千。説合既成，然後將胡四四尸首焚化。事已息矣，曹暉、曹昇目擊，元英懼惹前事，則與其弟連名具狀，論曹暉等蓋庇曹十一打殺胡四四公事。夫始而發使胡四三詐賴者，元英也。已而攘臂打話者，亦元英也。主張血屬焚燒尸首者，元英也。公然出名論曹暉、曹昇者，亦元英也。雖其始則迫於圖利，其後則迫於救害，然變詐反覆，押闔操縱，玩官府於掌股，以巧弄爲得計，使胡四四不得以安其死，曹十一不得以保其生，則元英之爲也。浙右之俗，囂訟成風，非民之果好訟也，中有一等無藉譁徒，别無藝業，以此資身，逐臭聞腥，索瘢尋垢，事一到手，倒横直竪，一惟其意，利歸於此輩，禍移於齊民。若不痛加蘊崇，風俗何由可變。況於殺人，公自有對首。近閲訟牒，此等公事率是勢家挾持，或曰某是某宅莊佃，某是某府幹僕，狡幹旁午於庭下，右姓肆行其胸臆，如是而求田里無事，良善安枕，難矣！況胡四四身死，於婁氏有何相關，而元英甚者乃親爲入詞，尤無忌憚。合從法官書擬，徒一年半，決脊杖十三，仍加送五百里外軍州編管。未許押發，拘鎖外寨一年，限滿别呈。仍鏤榜遍行曉諭，其有蹈此習者，宜知悔悟，毋犯有司。

（明）張四維《名公書判清明集》卷一三《懲惡門・告訐・豪與譁均爲民害》　甚矣，豪與譁之爲民害也。豪民肆行，良民受抑，未必能訴，必有譁者出而攻之，糾合呼嗾，併力角特，雖甚豪亦豈能免。然譁者又自此得志，其爲害一耳。以毒攻毒，做賊人謂之併旗鼓，厮僕人謂之併旗帳，造蠱人謂之蜈蚣蝦蟆蛇。自將吞陷，莫若併去之。王松龍之豪，與王元方之譁，僉廳所擬，已得其情，不待重説偈言，何況二人自是同族而相攻，亦壞風俗。刑以弼教，尤欲懲一戒百，以厚兄弟之倫。二俱難免，彼亦可自揣其心。若非自知有罪，何必先供年甲，以爲脱罪張本。但二者之中，罪有輕重。王松龍犯衆怒，杖一百，編管一千里。王元方杖八十，編管鄰州。餘人放。僉廳審訂年甲，呈行。

（明）張四維《名公書判清明集》卷一三《懲惡門・誣賴・騙乞》　姦民告事，旁緣騙乞，皆由巡檢受白詞，縱吏受財所致。照得豪民恃强生事，漁奪細民，黠吏旁緣爲姦，擾害百姓，巡檢違法受詞，縱吏受財，是三者其罪雖同，推原事情，合以巡檢爲首。姦民無知，動以撰造公事，欺騙善良爲生。見人家烹犬，則曰本家失犬。見人家牽牛，則曰本家失牛。見人家女使病死，則曰原係本家轉顧，恐有連累。見人家僕死，則曰係是本家親族，不曾走報。鑿空入詞，文引纔出，則計會公吏、耆長之類，追擾執縛，殆同重囚。又使一等游手之人，從旁打合，需求酒食，乞取錢物，飽其所欲，而後和對。里俗相傳，謂之裨補。田里被害，含寃茹苦，無所赴愬。此何等氣象，乃見于清明之時邪！當職區區之意，自以爲官司苟能致察，亟折其鋒，則此風遂可少戢。故自到任以來，愚民有犯到官，必須因事察情，深懲痛治，使之知畏。前後所斷，具有成案，年歲之間，方幸少息。孰謂巡檢武夫，不奉朝廷法令，不遵臺府約束，與吏爲市，公然受詞，每遇有狀，不顧事理之是非，不察情辭之眞僞，動輒受理，差寨兵三兩輩下鄉追擾。健卒所至，鷄犬一空，逮其取乞饜足，竟從但已。或遇鄉民經縣有詞，索到案牘，方及知覺。且以魏四乙之事言之，魏四乙原係屠户，私殺耕牛，所不能免。王文甫乃勢家族黨，覘知魏四乙宰牛，輒作王朝散幹人，經寨入狀，自稱本宅有水牛一頭，於初十日放出遊食，至晚遍尋不見，竊恐被賊人偷盜貨賣，今就魏四乙家買得牛肉一片見在，乞追人根究。其狀實今年正月十三日也，訴事合指陳事實，投詞今經所屬官司，牧牛豈無其人？失牛豈無其所？不登時發覺，從官司行下尋索，乃以首牛肉爲由，但經巡檢寨，直指魏四乙爲盜，此非恃强生事，漁奪細民乎？巡檢何人，大書特書，先差寨兵陳璋、陳琳兩名追捕。魏四乙避不敢出，憑耆老江才送米肉及錢兩貫文五十陌，與陳琳等爲飯食之費，又憑王五六送官會一十貫文，與陳琳爲水程之費。陳琳既得所欲，收上原引，并差魏生催追。魏四乙恐懼，遂托陳五乙、王五六，將見錢五貫文足、銀纏五兩，送與王文甫填備牛錢。不知王文甫失牛，魏四乙盜牛，有何發覺？有何證驗？乃被誣擾，誅求錢物，一至于此。事定之後，魏四乙經縣告論，巡檢乃於三月初三日解到牛肉一片。不知經隔五十日之後，牛肉尚能存留否乎？梁應係本縣貼司，因承行收買牛皮，遂同丘七下鄉，將紙扇倈托與魏四乙索求物，得官會三貫文，不滿其意，輒令丘七就余四九家買得牛皮五十文，經寨首論魏四乙、余四九，欲爲取乞之地。此非旁緣爲姦，擾害百姓乎？巡檢主作又復判狀，差周成、翁保追致，翁保取受過魏四乙、余四九官會三貫文，亦因魏四乙經縣，寨官方併牛肉申來。此非違法受詞，縱吏取財乎？追證既明，不容輕恕。王文甫以失牛爲名，輒經不係所屬官司陳詞，取受過魏四乙錢物，勘杖八十，監贓。梁應以公人下鄉，取乞屠户錢物，又資給丘七經寨首論牛肉，勘杖一百。陳彬同承引人取乞官會，計贓滿貫，勘杖一百。翁保追人，取乞官會，勘杖八十，監贓。丘七不合受梁應使令，經寨入狀，勘杖八十。王五六、陳五一不合受過度錢物，勘杖六十，先放。周成據供不曾到地頭，且免斷，押回本寨。馮禧承勘公事，不切用心，勘杖八十。魏四乙不合同未到人葉遇、李三七、余十七爲借衣買牛，物無見存，時暑不欲枝蔓追究。余四九勘杖八十，魏四乙念其被擾，勘杖六十，催未到人回申。照會巡檢受詞，非但先來兩争，如黄一妄告黄七身死不明，范誨興誣告何法興師巫，馮七三狀論馮大三掘墓，吴大三狀論余三八宰牛，巡檢皆與受狀，差人追擾。其餘百姓論寨兵生事，見行追會者，又有數事，併申取使府指揮，仍申諸司。

（明）張四維《名公書判清明集》卷一四《懲惡門・姦惡・元惡》

卜元一係已行兇遇赦恩不償命之囚，免死逃歸，稔惡愈甚，已略見于當職前判。今據本州所申獄中情節，及張士表等二百一十七人所訴罪犯，如殺人性命，窩藏盜賊，刼掠財物，擄掠牛羊，姦占婦女，燒燬人屋，賊害人生理，斫掘人墳墓，前無官府，上無朝廷，擅造兵器，恃一溪之險，聚集亡命，此其包藏禍心，意欲何爲哉？打死吴百五，同打死姚四二，搶趙寺丞牌木，奪婺州客人布、會，强取楊千五樟板，毁拆毛百七船隻，刼取夏三衣服，停着刺環人王曾一，受銀杯衣服贓件，斫鄭百四、鄭百五桑樹，割王千一、徐千一、周百一麥豆，下至蔗芋，生理悉爲掃蕩，强牽汪五、蔣百六、鄭八四等耕牛，强奪毛百七珍珠，卜十八猪羊，下至鷄犬，悉爲擄掠，鑿掘邵四祖墓，强斫邢奎墓木，既斫曾宅墳林，又拆倒其亭。匿崔大家之女，强姦踰月乃放，占江八娘之婦，欺詐得賂乃還。戲方千一之妻，怒其夫作色，則拔其苧蔴，搶其生麵以困之，姦徐三之妻，怒其夫問阻，則鋤其桑栽，害其條桑以苦之。怒錢曾八不從嘯聚，而打併其鍋鑊。怒吴曾乙等不從聚集，則扯拔其髮膚，甚至蕩其家私，焚其屋室。怒守山吴姜孫不合走報，則聚卜烏兒等五十餘人持叉杖，戴兜鍪，披紙甲，列旗幟，終夕秉炬，嘯指呼欲往吴家放火讎殺，吴家恐懼爲備，相持月餘。怒鋪兵不拆示遞角，則麻索吊縛。憾本邑書司，則攔住毆打。碎巡檢之轎，俾狼狽而走。截知縣之舟，致中霄而遁。尤可駭者，臺府行下追究，仍復斷航匿舟，截人往來，嗚鑼嘯聚所養亡命徐百九等，與官爲敵，其意叵測，不至生變不止也。前後官司非不憤其無狀，蓋慮一觸其怒，則相挺而起，所以養癰護疽，以至今日潰裂而不可遏。設非郡侯嚴明，筆硯皆有方略，坐縛渠魁，置之於獄，則十里之内，已迫蕭墻，其患有未易言也。稂莠不除，終爲禍根，虎兕出柙，咎將誰歸？所合照本州所申及法官所擬，從絞刑定斷。當職尚矜其愚，欲全其一線生路，姑與減死一等，決脊杖二十，刺配三千里遠惡州軍，拘鎖土牢，鎔鐵錮鎖門扃，具存亡申本司。仍責牢司軍令狀及監臨官狀，不許逃走。牒本州照斷，仍備榜曉示。所申鄭淮等取受，併催根勘，結斷訖申，仍備申尚書省。

(明) 張四維《名公書判清明集》卷一四《懲惡門・姦惡・把持公事欺騙良民過惡山積》 唐黑八與蔣黑念二，兩人同把握二水一縣民訟權柄，過惡如山，怨嗟盈路。今州妄陳冒賞，是特小事。只詳唐自如一詞讀之，令人悲酸。此郡吏强之名，聞於天下，重以此兩虎分霸在鄉在市，若不剿除，吾民其爲魚肉矣！唐黑八枷送衡陽縣勘，詞人隨司，仍榜本州照蔣念二例，如被害人陳訴，併牒通判、帖職官受民訴繳申。蔣堂黑八枷項，并蔣百二、唐九二，同狀首唐自如及父唐少四，并案祖帖押下衡陽縣照勘，限三日具申。

(明) 張四維《名公書判清明集》卷一四《懲惡門・姦惡・檢法書擬》

唐梓，小人中之狼虎也。始者以騙賭，博得富室不肖子袁八錢八千貫成家，增長氣勢，交結公吏，計會允役，私置獄具，縱横鄉落，不惟接受民户白詞，抑且自撰白狀，以飽溪壑之欲。或誣人閉糴，徑自收縛唐正二，騙去錢四百貫而後已；或以停着鹽客，收捉蔣七三，騙去銀五百貫而後放；或誣賴染户取羅，騙去蔣四六錢六十七貫而後休；或詐稱有文引勾追證對公事，捉縛蔣四八，騙去十八界官會三百貫；或因民訴到官，及執陳德一喚使捉縛，騙錢一百貫。其他如諸唐、諸蔣被其妄生事端捉縛，或取受錢三百十貫，或六、七十貫，不可勝計。以至謀奪隣舍表五七屋業，妄執其與婢使通姦，收捉本人，而割去其耳。件件違法，事事兇强，州縣公吏，皆其親故，被害者莫敢誰何。如唐自如等所陳，具有其實，總計贓錢一萬一百一十八貫零，揆之雜犯死罪，唐梓一死有餘，欲且將唐梓決脊杖二十，刺配廣南遠惡州軍，仍籍没家財，永鎖土牢不放。唐百一、唐百二濟父之惡，蔣百二爲强惡爪牙，凡唐梓平日捉縛平民欺騙，此三人者無往不俱，欲將唐百二各決脊杖二十，配千里，併永鎖，蔣百二決脊杖十七，配一千里，監贓。趙秀本是官妓，脱籍與唐梓爲小妻，凡悖入之財，皆其收掌，及事敗露，乃敢挾厚貲爲之行用，欲決脊杖十二，押下雄楚寨，與戍兵射給多中者爲妻。袁萬一爲趙大姐搬挈衣物寄附，後能自督，欲勘杖一百。唐九二係唐自如被逼買屋錢主，無罪可科，欲並放。

唐梓撰造百端詞訟，騙奪一方善良，貪虐甚于豺狼，兇暴烈于虎豹，公吏惟所號召，州郡爲其控持。今獄官所勘，法官所擬，僅得其一二爾。其最干繫一方利害者，所交所結，無非猺獠，作敵作使，皆聽指揮，平時則推肌剥髓，不遺秋毫，有事則挑變激釁，欲邀功賞。方當剗平峒寇之後，正是安輯人心之時，若不殺草除根，必至養虎遺患。原其積惡，雖萬死不足贖，若更誅心，尤三尺所不容。姑照今法官所定常刑，不欲于平世更施重典。引上照斷，仍報本司，請備榜曉示。

(明) 張四維《名公書判清明集》卷一四《懲惡門・姦惡・合謀欺凌孤寡》 昔者先王之治天下也，一則曰哀此煢獨，再則曰不敢侮於鰥寡，蓋謂煢獨鰥寡之人，天下之窮民而無告者也，故發政施仁，必先於此。今觀阿賀所陳，豈非所謂窮而無告者歟！内而宗族親戚，外而鄉黨隣里，不能相與扶持，而乃群起而欺凌之，或搶奪其財物，或占去其田産，或抑勒其改嫁，磨牙摇毒，不奪不饜。阿賀以一未亡人，其能勝群兇之虐燄乎？幸而權縣灼見姦謀，爍金之口不得以惑。詳閲所判，是非曲直，了然目中，無復餘蘊矣。但一行人情狀姦狡如此，此王法之所必誅，今既見其情，而罰畧不及傷其毫毛，則小人何憚而不爲惡哉！惡惡而不能去，此郭之所以亡也。善乎然明之告子産曰：愛民如子，見不善者誅之，如鷹鸇之逐鳥雀也。吾儕爲政，固當以仁爲本，然保姦留慝，以害善良，寧不爲吾仁之賊乎！帖縣于内點追緊要人申解，照條施行，餘人並放。縣押上科斷，庶幾自今以往，姦民知所懲，而鰥寡煢獨有所恃以自安矣。

(宋) 周密《癸辛雜識續集》卷下《打聚》 闤闠瓦市專有不逞之徒，以掀打衣食户爲事，縱告官治之，其禍益甚。五奴輩苦之，切視其所溺何妓，於是歛金以償其直，然後許以嫁之，且俾少俟課錢足日娶去。然所逋故爾悠悠，使延引歲月，而不肖子陰墮其計中，反爲外護，雖欲少逞故智，不可得矣。其名曰打聚。

（宋）葉隆禮《契丹國志》卷一七《麻荅傳》 麻荅貪殘猾忍，民間有珍貨美女，必奪而取之。又捕村民，誣以爲盗，披面抉目斷腕，焚炙而殺之，欲以威衆。常以其具自隨，左右前後懸人肝膽手足，飲食起居於其間，語笑自若。出入或被黄衣，用乘輿，服御物，曰：茲事漢人以爲不可，吾國無忌也。又以宰相員不足，乃牒馮道判史館，李崧判弘文館，和凝判集賢，劉煦判中書，其僭妄如此。然契丹或犯法，無所容貸，故市肆不擾。常恐漢人亡去，謂門者曰：漢有窺門者，卽斷其首來。

《元史》卷一五九《趙璧傳》 壬子，爲河南經略使。河南劉萬户貪淫暴戾，郡中婚嫁，必先略之，得所請而後行，咸呼之爲翁。其黨董主簿，尤恃勢爲虐，强取民女有色者三十餘人。璧至，按其罪，立斬之，盡還民女。劉大驚，時天大雪，因詣璧相勞苦，且酌酒賀曰：經略下車，誅鋤强猾，故雪爲瑞應。璧曰：如董主簿比者，尚有其人，俟盡誅之，瑞應將大至矣。劉屏氣不復敢出語，歸卧病而卒，時人以爲懼死。

《元史》卷一六七《姜彧傳》 〔中統間〕時行營軍士多占民田爲牧地，縱牛馬壞民禾稼桑棗，彧言於中書，遣官分畫疆畔，捕其强猾不法者置之法。乃課民種桑，歲餘，新桑偏野，人名爲太守桑。

（元）俞希魯《至順鎮江志》卷一一《田土》 初學有田在郡之丹徒縣丹徒鄉十都圖山之陰，自胡鼻石觜抵孔家廟灣中山，石觜横亘山趾，下極大江塗泥。宋咸淳中，有趙一飛者，爰始侵占，學言之郡，郡業諸學混一後田旁沙益可墾。一飛死，其子允成有地，鄰學田，私貨于豪民邱永崇，永崇乃並緣蒙昧，包括吾田占租于官，學申理省，臺鞫。究永崇佃業無所根據，伏厥辜，田乃復舊。大德改元，永崇輩立虚券以田千八百餘畝質于鎮南王乳母家蒼頭歲哥，盤踞攘敚，有司莫敢誰何。丞相荅剌罕由江浙行省大用，入朝道經，朱方儒生叩馬陳訴，丞相命從官窮詰械永崇市區，罪逮支黨，復歸吾田。永崇怙終罔或懲畏，益長虓□縱横，每夏若秋，輒鳩合歲哥擁嫖忽猛鷙男子，控弦臂鷹隼歗歌騰突，動數十騎，至遇儒生搒辱之，驅迫農民，旦莫奮勵，摽掠麥禾，絶江西去，衆拱手無能前者。學凡移縣申府，聞監察御史肅政廉訪司，上達省臺，緜曠歲月，詳擬明斷，以十數計。永崇且死弗悛，其子德仁世其惡。後歲哥失勢，德仁遂稱業永安莊田獻佃鎮南王府，獲緡錢萬五千。儒生蕭去病等控告省臺，省臺檄郡，郡達魯花赤嘉議太平公總管，太平段公暨寮屬長吏固執公議。弗撓弗奪。亟命縣尹趙孝祖教授郭景星行田具狀，令德仁前導指畫，弓步大小十有二圍，爲田二十八頃九十五畝九分四釐，具集里胥父母地比之民，根覈驗著。延祐元年夏始，名田制歛法輸賦官廩。二年，奉詔經理。是實德仁又妄稱已馬田，言于官，且糾結鄉之里正猾民執驗其説。夏四月，天子命重臣奉使宣撫江南，既聽政教授王天覺率儒生孔克懋蕭去病等拜行府訴焉。廷詰兩造，去病具對辨析，德仁理詘辭窮，竟黨與服罪。中命郡縣歸田于學。秋七月，鎮南王自京師就第廣陵郡，乃述使命移告王傅啓奉王命以田來歸。先是行省具以其事咨都省，四年省檄甫至，追德仁所獲緡錢没入于官，奎適承乏攝學事，諸儒請以本末勒諸石併以省檄刻之不朽。余誼不得辭。嗚呼！有司法令明備，賢能在官，無情者不得盡其辭。彼邱氏子將胡然耶！豈頑冥强梗，物有所間，必噬嗑而後亨耶？吾田之復，固有時哉！聖朝惠育多士，恩澤洋溢。侵奪贍學地土，有明詔仳，仳小夫孰敢予侮繼？自今敬慎恃守，毋易以忽茲田也，其永久無斁矣！

《元史》卷一三九《朶爾直班傳》 〔至正初〕尋出爲遼陽行省平章政事，階榮禄大夫。至官，詢民所疾苦，知米粟羊豕薪炭諸貨皆藉鄉民販負入城，而貴室僮奴、公府隸卒争强買之，僅酬其半直。又其俗編柳爲斗，大小不一，豪賈猾儈得以高下其手，民咸病之。即飭有司厲防禁，齊稱量，諸物乃畢集而價自平。

《大誥三編·巡闌害民》 歙縣民吴慶夫，買求本縣官吏，充作巡闌。其家父子兄弟於本處鄉村所在，上持官府之威，下懷肥己之姦，將鄉民程保家買到牛二隻農田，著要税錢二十六貫。民程保不敢與抗，遂與之。本家蓋房，本料俱係是本處山場土産，其吴慶夫逼要税錢八十貫。販乾魚客人至于本鄉，著要税錢，准乾魚三十斤。嗚呼！民人起蓋房屋，居在萬山之中，木植係是土産，又係自己山場，民人樂太平之年，起蓋房屋以安家眷，今吴慶夫如此生事攪擾，民何得安！耕牛二隻係是客商處買來，已有入官文契，又行著要二十六貫。其賣乾魚客人，步挑至於深山去處，能者挑百十斤，力中者八十斤，力小者六十斤，本人税訖三十斤，又於遍處鄉村，不問有無門店，一概科要門攤。以此觀之，如此强豪奸頑，民何生理！遂命法司差人押發原籍，本人凌遲，其弟及男同惡害民，皆梟令示衆。今後爲巡闌者，倚恃官威，剥盡民財，罪亦如之。三十分中，定例税一，豈有重疊再取者！今後敢有如此者，雖赦不宥。

《大誥三編·民違信牌》 民有姦頑難治者如此。往常爲有司官吏，動輒差人下鄉勾擾，及官吏親自下鄉擾害，其良民被不才官吏、皂隸、弓兵人等酷害至極，無所伸訴。以其恃以官威，難以伸訴。古人爲官者，務必便民，冤者伸之，枉者理之。今不才官吏，無故害衆成家，虐害吾民，所以前編兩《誥》禁止，不准官吏下鄉，諸司亦不得差人勾擾，凡有一切公務必合用民者，止時遣牌。前《誥》所云：三牌不至，方許遣人捉拿。《誥》布天下，有司遵奉。如頑民余永延等故行抗拒，不服牌喚，三牌不至者二百五十一户，有司以狀來聞者數矣。又最頑民人劉以能，不止三牌不行，倒將承差人幫縛赴京，以致問出前情，得罪甚不輕矣。今後凡吾良民，但凡有司牌至，不問爲何事務，隨牌速赴衙門。倘或官吏著令辦事，諸等科差，推派不均，自合當官哀告，以訴實情。實情既訴，若官吏不准，生事留難，或收入禁中，或散羈在外，不令還家，致使有妨生理，彼時赴京伸訴，必罪有所歸。今後良民欽遵朕命，毋蹈惡人之非。嗚呼！禁官吏之貪婪，以便民生，其頑民乘禁侮慢官長；及至禁民以貴官吏，其官吏貪心勃然而起，其仁義莫知所在。嗚呼！是其難治也。

《大誥三編·御史劉志仁等不才》 朝廷設置百官，分理庶務，於中恐有未當，所以特設御史，司朕耳目，糾察百司，得以風聞言事，激濁揚清，號爲風憲之官。士生何幸，獲居是任。自昔有志之士，雖位登宰輔，而先不得爲御史者，於心終有未愜，其任可謂重矣。今朕設監察御史，任同乎古，往往由進士、監生即授是任。其中有等不才之徒，不知官之清要，不知職之在乎糾人，乃假御史之名，揚威脅衆，恣肆貪淫。如劉志仁、周士良二人，俱由監生擢任監察御史，爲追問剋落課程等事前往淮安，暗行體察，明彰追問。其劉志仁等一到淮安，輒欲非爲，恐爲淮安、大河二衛守禦官所覺，於是提取二衛卷宗查刷。查出二衛俱將積年害民皂隸人等二百六名收補軍役，心喜其弊，聲言具奏，實肆把持之術，並不以狀來聞。自是與衛官日相往來，飲酒遊獵，因得大肆貪婪之心，時常挾妓飲宴，並不將巡闌陳五等原侵欺課程追徵還官，却乃指以追贓爲由，故縱巡闌誣指平民，帖下鄉村，遍邑科擾。又行容留里長鞠七等説事過錢，受銀一百五十兩，金三十四兩，鈔二萬五千二百貫，如此害民。豈止如此，乃敢將民人夏良等故以指贓爲由，拘收各人妻小，捶楚威逼，因而姦騙。如此妄爲百端，以致事發。及至差錦衣衛千户蔣福前去追提，其劉志仁等自知罪不容誅，却用銀七十兩、金肆兩、鈔五十貫，紵絲四表裏及綿布等物，買求本官至京好言，欲以掩其罪惡。嗚呼！既已爲惡，事已發露，方用取受之贓轉賂於人，欲以求免，其可得乎！當其設計之初，把持軍衛，然後肆惡貪淫，自以爲不致敗露，豈知罪惡貫盈，神人共怒，罪將焉逃！所以劉志仁等凌遲示衆，以快吾被害良民之心，凡百有官君子，觀之戒之。

《大誥武臣·耿良肆貪害民》 耿良，着他做廣西都指揮。自他做都指揮時，與布政司官、府、州、縣官交結，生事作爲，百般科歛，將百姓每害得荒了，以致連年嘯聚不已。及他事發，差人拿問，共計二十八招，都是害軍害民的歹勾當。因此上，取回他來打殺了。及打殺了他，廣西的百姓都安然無事，也不反了。這般看來呵，那是百姓每要反，則是被他逼凌得没奈何了，所以如此。這等害人的人，若不罪他呵，天也不肯。今將所犯略節，條陳于後：

一、騙要黄知府銀六百兩、金一百兩入己；

一、剋落軍人月鹽鈔三千三百八十一貫入己；

一、爲起蓋譙樓，科鈔一萬三千貫、銀一千八百兩入己；

一、强將民人杜道蔭秋糧米三百五十石搬運回家；

一、拘收指揮韓觀出征所得水黄牛六百五十四頭、馬七匹入己；

一、挾讎妄奏充軍官吏不肯出征，將吏人三十八名廢了；

一、挾讎妄奏李巡檢推病不肯出征，張司吏交結官府，致將李巡檢割斷腿筋，張司吏梟令了當；

一、强娶韓鎮撫姐姐爲妾；

一、私役軍丁，栽種苜蓿，餵養自己馬疋；

一、教唆軍人告南寧衛王指揮，索要本官玉條環等物入己；

一、脱放犯奸百户邢文，受要本人黄牸牛一隻；

一、賣放偷官鹽所吏劉彦章；

一、挾讎將赦免宰殺牛隻民人一十八名，復拿監問；

一、將追到犯人佘仲玉銀六十兩、鈔四十九貫、銅錢三萬六千文入己；

一、唤軍婦吴四姐在家奸宿；

一、挾讎將言李指揮不公事人姜子華杖八十；

一、强娶軍人鐵脱思女。

《明太宗實録》永樂六年春三月 戊寅，勑遼王植曰：王在國中，素循禮法，於造作商販之事未嘗妄爲。今聞所遣内人在外縱恣撓法，侵擾軍民，王之美名，此輩必懲治之，不可恕也。

（明）余繼登《典故紀聞》卷七 隆平侯張信强占練湖八十餘里，又占江陰縣官田七十餘頃，爲都御史陳瑛所劾。成祖曰：昔中山王有沙洲一區，耕農水道所經，其家僮嘗據之以擅利，中山王聞之，遂歸其地於官。今信何敢貪縱厲民如此！命法司雜治之。

《明宣宗實録》宣德六年冬十月 乙丑，行在刑部奏直隸儀真衛千户楊貴强取所部寡婦女爲妾，當治罪。上曰：本管官於所屬有父母之道，故不許嫁娶，況可强取耶？其治之如律。

《明英宗實録》正統二年九月 〔癸卯〕直隸丹徒縣民徐義等數人不理生産，惟持人短長，告訐以取錢帛，共刺血誓死生，無相背，又立爲開山龍、猛烈虎、利言鸜鵒諸名號，揚言以懼其邑人。事覺，械至京。法司論贖死寧家。上曰：此亂民也，不可復齒之齊民。悉編戍邊衛。

《明英宗實録》正統十年十一月 〔丁酉〕四川民因縣官下鄉責其逋税急，遂嘯衆毆之，盡敓各里折税銀布。法司坐徒。上命充遼東邊衛軍。

《明英宗實録》正統十二年閏四月 〔己卯〕刑部尚書金濂言：民以玉觀音像施智化寺僧，求囑事，僧不肯，乃追取所施甚迫，論罪當杖，但其情重，難以常律處。上是之，特命發民充鐵嶺衛軍。智化寺，太監王振所建者也。

《明英宗實録》景泰二年九月 〔戊午〕浙江署都指揮僉事張勇、王越坐捕賊武義等縣，擅令軍人虜掠平民子女。法司俱論罷職充軍。從之。

《明英宗實録》天順二年五月 〔辛亥〕都指揮孫顯宗家人私充牙行，勒收商貨，事覺，法司論當徒。上命枷示一月，發充貴州邊衛軍。

《明英宗實録》天順六年夏四月 〔戊辰〕刑部奏，在京指揮弟男等六人結成郡夥，酗酒毆人，誆取貲物，罪應贖杖。然居輦轂之下敢爾恣横，難照常例處置。上命錦衣衛枷示大街三月。

（明）余繼登《典故紀聞》卷一五 成化間，京城内外奸惡之徒，行凶害人，荒淫賭博，甚至占人妻女，爲人報讎。憲廟因錦衣衛官奏，謂之曰：昔漢郭解一豪俠之雄耳，武帝因公孫弘之言，殺之以懲不逞，論者謂其有關治體。今羣惡少相倚爲奸，恐將來傚尤者無所不至，宜榜禁之。仍令保伍，互相覺察，知而不告者，各治以罪。

（明）余繼登《典故紀聞》卷一五 成化十年十二月，有自宫者五十餘人，日赴禮部喧訴求進。尚書鄒幹以聞，命錦衣衛執之枷項於禮部前，并各大市街示衆。

《明憲宗實録》成化十二年九月 〔壬子〕晋府沁源端憲王長子詮鍾，强買民地，誘取民財，又縱其下爲惡，毆平人致死。刑部以其罪狀上聞請戒飭。詔從之，命寫勑切責，其所强取財物，追給其主。

《明孝宗實録》弘治四年十月 〔丙午〕遼王寵涭，奏鎮國將軍恩鑙、恩鐸、恩鎗，奉國將軍恩（稠）〔錭〕，中尉恩鍦、恩鍊、恩鋼等，聽儀賓袁鏞招集惡少，奪人財産，箠死平人。上惡其不道，命鎮守湖廣左監丞劉雅，密啓遼王拘恩鑙等幽之，其所集凶徒即遣人往捕，並袁鏞等皆問擬明白以聞，不許疎漏。

《明世宗實録》嘉靖十一年四月 〔戊戌〕禮部奏：净身男子八千餘人守闕求進。詔法司治其爲首者，餘皆驅逐出城，自後九門放入及藏匿者，皆治罪不貸。

《明世宗實録》嘉靖十二年四月 〔丁亥〕削趙府臨漳王府輔國將軍祐禍禄米三之一。祐椋性素貪殘狀，集市井惡少百十輩，私刻關防，置牢獄于太行尖站口，創立山寨，詔納四方〔亡〕命。又于磁州高臾琉璃各馬頭水陸所輳，私立榷場，歲攘利不貲。久之，益無忌憚，縱横搪朴。小民遭之，無不傾家蕩業，免死爲幸。嘗怒民殷祥，登時掠死，縱奴斷其首，殘其面目肢體，棄之。大爲一坊害。有司者稍稍詰及群小，椋即憤怒侵轢，屢入京訐奏，誣蔑風憲。祐禍强執孀嫂，留姦府中，而又攘奪其財，私用炮炙之刑，致人墮指。祐椋亦復挾取其資，禍連親黨，皆致顛沛。事聞，屢下撫按，逮其黨鞫治，掠又輒奪去。至是巡撫都御史吴山、巡按御史王儀備疏其罪狀以聞，且言祐椋之惡屢徵不悛，奪禄不足以示警，請加革削。祐椋事雖有間，而民怨亦深，請加罰治。其煽誘黨與，已各按罪如律，輔導等官，亦宜正其失職之罪。都察院覆從其請，遂削奪之。

《明世宗實録》嘉靖二十一年正月〔甲辰〕奪周府鎮國中尉安滋爵爲庶人。河南諸宗人缺禄米三百萬石，安滋糾諸宗數百人凌逼撫臣，欲于舊例外每石加銀一錢，出袖中狀勒令批下有司。撫臣魏有本慰遣始退。至是列狀以聞。上曰：宗室擁衆凌逼撫臣，不守朝廷法度，本當通行究治。但罪重首倡安滋革爵爲庶人，餘令周王遵照勑旨嚴加約束。仍治其輔導官罪。

《明史》卷一一八《伊王㰘》 世子典楧嗣，貪而愎，多持官吏短長。不如指，必構之去，既去復折辱之。御史行部過北邙山外，典楧要笞之。縉紳往來，率紆途取他境。經郛外者，府中人輒追挽其車，詈其不朝，入朝者復辱以非禮。府墻壞，請更築，乃奪取民舍以廣其宫。郎中陳大壯與邸鄰，索其居不與，使數十人從大壯卧起，奪其飲食，竟至餧死。所爲宫，崇臺連城，擬帝闕。有錦衣官校之陜者，經洛陽，典楧忽召官屬迎詔，鼓吹擁錦衣入，捧一黄卷入宫。衆請開讀，曰：密詔也。遂趣錦衣去。錦衣謂王厚待之，不知所以。其夜大張樂，至曙，府中皆呼千歲，詐謂天子特親我也。閉河南府城，大選民間子女七百餘，留其姝麗者九十人。不中選者，令以金贖。都御史張永明、御史林潤，給事中丘岳相繼言其罪狀。再遣使往勘，革禄三之二，令壞所僭造宫城，歸民間女，執群小付有司。典楧不奉詔。部牒促之，布政使持牒入見。典楧曰：牒何爲者，可用障檽耳！四十三年二月，撫按官以聞。詔禮部會三法司議。僉謂：典楧淫暴，無藩臣禮，陛下曲赦再四，終不湔改，奸回日甚。宜如徽王載埨故事，禁錮高墻，削除世封。詔從其議，與子褒𤏪俱安置開封。

（明）顧起元《客座贅語》卷一《浙兵》 歲壬辰有倭警，遠在朝鮮。時參贊大司馬衷公議召募浙江義烏兵數千人，屯於南京龍江關地方，備倭也。倭事息，此兵遂不可撤。其人多趫悍，間有事故死亡，若歸故土者，雇倩本地惡少年冒充之，而享其糈。地方毫無所益，而歲費錢穀幾十萬。纔議撤，已飛語鼓譟不可聽聞矣。尤可恨者，羣聚剽市人之物，或公然爲刦盜，奸亂無所不至。有被其害鳴於官，官畏衆囂不敢問，甚且反笞被害者。又或三四人共取一婦，嬲而淫之，同人道於牛馬。地方人談之，皺眉切齒。余嘗私計，江防既有舊營，此營真可無設。御之之法，或以漸分布江上要害地方，如新江營、浦口等處，四散其黨，庶在此猶資其防守扞禦之力，不至若今之屯聚而肆螫。如不能，然則惟有逃亡不補，久而需其盡耳。大校不過一二十年，其人可盡。昔張蒙溪司馬，因倭患立振武營，後卒兆庚申之變。深心爲桑土計者，於此可毋慮哉！

（明）顧起元《客座贅語》卷二《尼庵》 嘉靖間，霍文敏公爲南大宗伯，檄毁城内外諸淫祠，一時尼庵之折毁者亡算。顧當時祇行汰除，而不計尼之亡所歸者，是以久而漸復營建，至今日而私刱者，閭閈間且比比矣。尼之富者，衣服綺羅，且盛飾香纓麝帶之屬，淫穢之聲，尤腥人耳，而祠祭之法獨亡以及之。余謂宜令地方報其居址名數，部置册籍，申飭厲禁，毋使滋蔓。至於講經説法，男女混殽，晝夜叢沓，尤當禁戢。而邇年以來，僧道無端創爲迎接觀音等會，傾街動市，奔走如狂，亦非京邑所宜有也。表立清規，楷正流俗，是在有識者深計之而已。

《明神宗實録》萬曆八年三月〔丁巳〕南京雲南等道御史楊際熙等奏稱：鎮江兇徒范梓等將私錢買米不遂，輒糾合黨與，逼勒官府强出告示，擁入鹽漕二察院檛鼓，諠稱錢法不通，及拆毁該商栅欄。二院諭之不戢，該府發官銀五百兩買米，仍將所拆栅欄免委官點閘，衆方解散。似此兇徒，漸不可長，乞明正典刑。因參該府同知毛似蘇闒防疎縱，并當叅治。上以奸惡逼脅官府，强行私錢，比前蘇松饑民聚集不同，朝廷唯恤窮民，不宥亂民，鹽漕兩御史既不能嚴加禁戢，擒治首惡，乃復擅發官銀買米，又令移拆栅欄，免官點閘，法紀蕩然，緩急何賴？李棟茹、宗舜候回道考察，范梓等着撫按即便分别問擬具奏。

《明神宗實録》萬曆三十五年十一月〔乙未〕湖廣巡按史學遷，請豁犯官謝世爵，生員沈機、仇國彦等，爲郢中激變之獄也。初陳奉之入楚，諸亡命依之，所在爲虐，而參隨薛長兒、李二生皆郢人，故讎報郢人，獨愶生員沈希孟、張奕業，遂與諸生哭于武穆纛下，鄉民從之，鬨不可止。陳奉兩疏，參諸司道，遂逮沈希孟、張奕業，斃于獄中。久之，事稍觧，而謝世爵以不閉城門，沈機等十七人以從旁觀望，尚繫案中，至是按臣乃援恩詔例出之。

《明神宗實録》萬曆四十年三月〔己未〕南直寧國府涇縣童生張載通等以元夕入鄉宦顔文選宅内觀戲，稱被顔宦毆死。時府方試士，次日，宣、南、涇、寧、旌五縣童生圍繞文選宅，及市中無籍破屋入室，盡刼其貲去。提學御史及撫按以聞。部覆：將首惡從重定罪，且停勒五縣童生，概不進學，若人命搶財等情，應俟彼中細勘，毋致漏網株連。至於各處童生，擡神鼓譟生員侮辱有司，皆屬亂萌，均當究處，應聽學臣究問歸結。因言有司，能一意奉公，不狥權勢囑託，以濫取童生，不博長厚虚聲，以縱容行簡，則孤寒快心，怙惡戢志，必無有聚黨要挾者矣。

上是之，且諭：近來士風薄惡，屢次生事，提學官還嚴行約束，有司官也著秉公正己，以服人心。是時科臣周曰庠亦以爲言。

《明神宗實録》萬曆四十一年十月〔丙戌〕巡城御史李養志拷掇國子生徐光漢，士論譁然，養志恚之，復以號召黨類淩辱法司上聞，因劾國子監司業孟時芳一味悞熟，漫無約束。時芳言光漢方以救兄被毆，及被非刑，泣籲于臣，夫肄業于監，而寄食于兄，此亦事理之常，法所不能强也。寄食于兄而禦侮于人，此意外之變，教所不能防也。至于疏内所指黨類，則各堂班簿無此姓名，于臣何與？而舉以罪臣乎。因引疾求去，上不允。

《明神宗實録》萬曆四十三年閏八月〔戊申〕三法司奉旨會審盗木占廠李三才情罪。擬將三才家人李七、李四等戍遣，商人汪信、李元等徒杖，其原占倉基、廠基并張坤等廠地盖房，通行拆卸，聽户工二部查照原址畝數，追退還官。其未收木，除追還用過及漂流外，尚欠二萬四千四百九十三根，聽工部查明果否漂流實數，確議追除，其不係漂流各木，工部仍着汪信等各名下，照原開團長，如數追出。至于李三才原係應議大臣，恭候。【略】

癸丑，錦衣衛拿獲駙馬王昺寫本人犯王言，仍請欽命刑科給事中一員僉名駕帖。上以作本正犯未獲，降旨責之，王言暫且監禁。【略】

〔丁巳〕錦衣衛奏見獲王昺家人曾三臺等寫本，人役王言，教書生員劉如砥及與昺會飲監生陸宗本等，乞勑法司或鎮撫司審明正法。上恐波及無辜，命從輕治，以昭寬仁之意。

《明熹宗實録》天啓元年二月〔甲子〕蜀王奉銓言：臣左護衛百户楊琨，子楊桂等倚藉青衿，霸占田土，前後逋糧千石。臣行令承奉拘責其僕，尋僕病故，桂等假借人命，糾黨數百，圍逼臣宫。世子妃彭氏竟致驚殞，承奉典儀槩被抄掠，仍復呼朋引類膚愬當道，凡隸名王府者一網打盡，府官稍持正論輒捏造傳奇，并摭臣母王妃於内，言之痛心扼腕，惟皇上篤念親親，逮治桂等，追租正罪，無使弱藩爲惡生魚肉。上曰：近來士風澆惡，生員每每聚黨橫行，大干法紀。楊桂等本當逮問，姑念干連甚衆，即著彼處撫按官嚴提奏内有名人犯根究，黨同、主使，并捏造傳奇之人從重擬罪，不得徇情偏護，一應侵占田土悉行清查退出，聽本府自行佃種，撫按官仍親詣王宫安慰。久之，撫按遵旨提訊，言：查傳奇原無指實，驚薨世子妃亦難懸罪，惟是楊桂等以世隸而逋藩府之租，倚青衿而忘冠履之分，始與承奉爲難，諠聲直徹宫闈。繼糾通學，興詞謗帖編黏城市，披猖若此，法紀謂何？因將奏内有名七生問擬黜降，配杖各有差，仍將田土退還，聽王自行佃種。部覆如撫按所擬，上從之。

《明熹宗實録》天啓二年六月〔癸酉〕禮部覆南京右都御史祁伯裕及山東道御史曹谷等疏參惡生文時光、何光顯等。上命南京法司拏問具奏。時光先以幫訟爲御史何薦可責罰，光顯等糾黨數十人劈門排闥，恣行詬辱，至于碎教官之示撰捲堂之文，蓋無法甚矣。

《清世宗實録》雍正五年九月　刑部疏叅蔡珽從前四川巡撫任内，屢蹈重罪，部議革職。及威逼屬員蔣興仁自盡，部議斬罪，悉蒙聖慈寬宥，擢授左都御史，洊至兩部尚書兼漢軍都統，署理直隸總督，仍敢肆行無忌，種種不法，復蒙矜宥，調授奉天府尹。乃尚不知改悔，挾詐懷私，罪案山積。今將蔡珽所犯諸罪，謹列陳之：如怡親王等查勘水利，撥兵引導，訛傳七省，騷擾營兵，其罪一。伊子廕生，欺公請復，其罪二。本章錯誤，並不認罪，狡飾狂悖，其罪三。寧遠州知州孫大桐，將徵收米豆私自借出，蔡珽徇隱不叅，其罪四。屬員刑名案件，故違部限，蔡珽袒庇不提，其罪五。錦縣知縣吕曰宫虧空米豆，蔡珽代爲欺隱，其罪六。奉天府屬徵收銀米，擅令停解，任意藐法，其罪七。奉屬各府州縣支給俸工銀兩，竟不飭查日期，疎忽政務，其罪八。寧遠等州縣所收莊頭餘地租糧草束，改折銀穀，並不詳查，玩忽國計，其罪九。舖司被人奪去公文，並不批查，懈弛公務，其罪十。良民控告訛詐案件，竟不准理，縱暴殃民，其罪十一。盛京侍郎武格所參孫大椆疎縱一案，並無冤抑，蔡珽懷私妄奏，其罪十二。私受夔州府知府喬鐸夔關稅銀一千八百八十兩，富順縣知縣劉上駟鹽規銀五千兩，婪贓入己，其罪十三。揑造公用名色，冒銷藩庫銀三萬兩，其罪十四。收受貪殘不法之程如絲銀六萬六千兩、金九百兩，貪賄庇姦，懷欺保舉，其罪十五。交結大逆不道之查嗣庭，其罪十六。黨庇行止妄亂之戴鐸，其罪十七。讒譖岳鍾琪，稱爲不可深信。後岳鍾琪經過保定時，又恐姦迹敗露，轉以無稽荒謬之語，巧爲播弄，讒忌姦險，其罪十八。按之律例，蔡珽所犯諸罪，均干大辟。蔡珽應斬立決，伊妻子入辛者庫，財産入官。今伊現在四川質審，應行文四川巡撫，將伊作速鎖解來京正法。得旨：蔡珽從寬改爲應斬，著監候，秋後處決。餘依議。

四川省檔案館《清代巴縣檔案彙編・欺詐・乾隆四十五年五月初六日廉里十甲民蔣坤義稟狀》 今於太爺臺前爲掘堰揹約，電追杜患事。

情蟻父蔣品然買王崇浦田業，被劉其輝、劉其郁、劉榮木霸占，控案訊斷。前月二十六日，劉其輝毆斃蟻父報案，二十七日蒙恩相驗安埋，已沐深恩渥矣。蟻當請仁憲踏界，因田塍堬窄，不便勘踏。殊劉其郁藐玩，二十八日將蟻古堰掘挖崩毀，堰水灌河，害蟻田涸，無水栽插，兼之劉榮木騫將蟻土二塊當與唐老五，獲錢五千，係熊蒼輔立約。今蟻向唐老五索取，揹約不還。泣蟻父故，慘蟻幼稚，不稟恩電作主追約，培砌古堰，後患難免。爲此稟懇並究杜患，田業得保，存殁均沾。伏乞。

縣正堂批：業經訊斷在案，劉其郁、唐老五復敢滋事，殊屬藐玩。着即遵照所斷，速將當約呈繳存卷。如再抗違，定干究處。

四川省檔案館《清代巴縣檔案彙編・忤逆・乾隆五十一年十一月十四日忠里十甲陳元碧稟狀》 爲遵諭稟繳，賞憐救耕事。

情蟻堂弟陳之應逞刁慣訟，與蟻結仇，事繁難録。於前月二十八日，與蟻之應在渝甫歸，稱言害蟻家貧等語。殊逆之應大喪天良，暗謀毒害，與蟻居近。蟻（逆）於本月初一日起、初二、三、初四□連期用藥毒斃蟻作耕大小水牯牸牛共六隻，開剥牛隻，咽喉俱有藥迹，情實傷慘。蟻投鳴約鄰劉世遠、世洪等集□活證。俯思牛畜原有瘟瘴，無憑曷敢擅控，律有反坐之條。蟻慮比鄰俱屬農民，喂有耕牛，並無牛斃。惟蟻五日倒斃六隻，顯係藥毒。牛係瘟疫總有十期，半□方能倒斃。蟻被仇弟暗害，耕作無牛何以耘業，俯仰何生。激蟻初九日來轅控究，憲恩公出，蟻以仇弟叠害事將牛尾六個繳控廳主，蒙廳當堂審訊。收詞公冗，未沐批示，諭蟻將牛尾撿存，詳轅嚴究等諭。是以遵諭稟明憲恩，將牛尾六個繳案，憐農賞究救耕，頂祝不朽。伏乞太爺臺前俯准施行。

縣正堂批：事無確據，難以剖斷，姑候並案查訊可也。

《清高宗實録》乾隆五十九年三月 庚寅，諭軍機大臣曰：孫士毅奏，拏獲倡教惑衆、騙錢、讎殺、放火之匪犯，審明定擬一摺。此案杜朝舉等倡立邪教，惑衆騙錢，並因保正程範受赴州首報，膽敢將伊家殺死四命，放火燒房。又復兩次拒捕，不法已極。該署督一接稟報，即派令臬司等先後帶領兵役，前往搜捕。當將拒捕首犯四名立即擒拏，又續獲匪犯八十三名，親提審訊，分別辦理，甚爲迅速。孫士毅著賞給大荷包一對、小荷包四個，以示優奬。所有查拏此案之臬司林儁、知府邱之芬，及捕搜出力之文武員弁，俱著一併查明，交部議敘。其千總高傑帶兵往捕，將拒捕之匪犯五名即時格殺，並擒獲匪犯六名，甚屬可嘉。著將高傑遇有應陞之缺題補，保正程範受訪聞奸民有倡教惑衆情事，即行赴州稟報，被匪犯聞知懷恨，將伊家殘殺四命，焚燒房屋。殊屬可憫，著加恩賞，給銀一百兩，用資撫卹；並賞給金頂榮身，以示鼓勵。至首先起意戕殺保正一家四命之王應隴，實屬兇殘可惡，著該署督查明該犯如有子嗣，即行正法示儆。其逸犯二名，著該署督飭屬嚴拏務獲，毋致漏網稽誅。將此諭令知之。

《清仁宗實録》嘉慶十二年三月 諭軍機大臣等：恩長奏會匪鄧弗成等糾夥行刼，審明後先行歸案辦理一摺。又據另片奏稱，平樂縣會匪首犯係李元瀣、張世聰、楊開來三人，計共首夥九十五名。除已獲歸入盜案之鄧弗成等九名外，現又捕獲五十二名，尚未獲首夥三十四名。現在分別查拏究辦等語。廣西民人風氣淳樸，向無結會爲匪之事。此次平樂縣拏獲案犯，訊係廣東民人欲復興天地會名目，輒在該縣隴家嶺地方糾聚多人，焚香設誓，傳受口訣，因而行刼打搶。若不亟爲懲辦，淨絕根株，恐廣西本地民人耳濡目染，日漸效尤，將來結會拜盟，種種不法，地方風氣日壞，甚有關繫。現在首夥各犯，除鄧弗成九名已歸入盜案辦理外，其續獲首夥張世聰、楊開來等五十二名著即嚴行審辦，並將未獲首夥李元瀣等三十四名上緊緝捕。務須逐名就獲，分別按擬，毋任漏網。此案審結之時，並當於本省地方大張示諭。以民人結會拜盟，大干法紀，向來本省地方從無此等案件，可見民人等各能安分守法。今廣東會匪潛來鄰境，大肆不法，現即將首夥各犯全行拏獲，按名嚴辦，無一倖逃。爾民人惟當觸目警心，倍知畏法，勿爲其所誘惑。庶安居樂業，永作良民，（不致）誤蹈刑網。如此剴切曉諭，民人等自必共知警戒，不致漸染惡習。仍當嚴飭地方官留心盤詰，設有廣東匪徒潛來境內，必當隨時懲創，勿任蔓延。將此諭令知之。

《比引成案新編》卷一《户律田宅・盜賣田宅》　江蘇司，嘉慶二十三年咨：徐寶舟等明知胡覺文盜賣祖遺，報明陞科洲地貪利故買。雖盜賣田宅律內並無買主知情、作何治罪明文，惟查重復典賣，其典買之人知情與犯人同罪。則盜賣亦應一體科斷，按買地畝數目照盜賣律科罪。

《例案摘要・越訴・抗糧直入公所挾制縣官毆傷差役比例擬軍嘉慶二十四年江西司》　查例載：刁徒直入衙門，挾制官吏，若係干己事情及有冤枉者，照例審斷，仍治以不應重律。其不係干己事情，别無冤枉，俱發近邊充軍等語。此案官親往各鄉催征錢糧，旋至羅姓村內，住歇該族公祠，飭傳甲首催納。羅尉圖欠錢糧，起意挾制，隨邀羅添德、羅蔚，羅添德闖入公所，聲言該縣下鄉征糧，當自置公所，不應住歇民房。該縣吆喝，羅蔚等頂撞喧嚷，羅五等在外咐和喊叫。該縣飭令丁役拘拿羅尉並羅添德，羅五等各拾碎磚，將丁役人等擲傷等因。查羅蔚抗欠錢糧，與事情干己身，負冤抑者迥異。今邀同羅添德直入公所，用言挾制縣官拒傷差役，較之高克儉中途挾制驛丞，情無殊致。該省將該犯等照比刁徒直入衙門挾制官吏例擬軍，羅蔚係伊父獲送，照聞拏投首例，減等擬徒，尚屬允協，似可照覆。

《比引成案新編》卷一《户律田宅・盜賣田宅》　貴州司，道光二年咨：送屈進喜係宗室吉勒章阿看墳家人，輒敢將伊主墳旁祭田二十五畝盜典得價，惟律例內並無家人盜典主人墳地治罪明文，將屈進喜比照子孫盜典祖遺祀產不及五十畝例，杖六十，徒一年。

《比引成案新編》卷一《户律田宅・盜賣田宅》　浙江司，道光三年咨：革兵黄添榮明知坦塘係應禁官地，輒敢恃强佔據，召佃收租。惟該地先經該犯之故祖、故叔私墾成熟，並非該犯首先佔墾，未便遽照强佔官山律擬流，以致漫無區别。黄添榮應照强佔官山，不計畝數，杖一百，流三千里律上量減一等，杖一百，徒三年，係革兵照例加一等杖一百流二千里。

（清）林則徐《林則徐集》奏稿八《南漳縣民郜宗敬京控貢生范鎬串唆涉訟案審明定擬摺道光十七年六月二十五日》　奏爲遵旨審明定擬，恭摺奏祈聖鑒事：

竊照湖北南漳縣民郜宗敬，以貢生范鎬串唆涉訟等情，赴步軍統領衙門具控，奏奉諭旨：此案著交訥爾經額、周之琦親提人證卷宗，秉公審訊，按律定擬具奏。原告郜宗敬，該部照例解往備質。欽此。旋准將原告遞解到楚。行司委提人卷未到，訥爾經額卸事。

臣林則徐莅任，會同臣周之琦細覈所控各情，有教演八卦拳棒一節，如果屬實，深恐貽害地方，必須澈究嚴辦。查南漳係襄陽府所屬，新調之知府金石聲，無所用其回護，當經密飭確查去後。兹據該府查明，南漳一帶並無八卦拳棒名目。郜宗敬詞內所指拳師姚姓，查係范鎬家幫工之姚理興，曾於工畢時偶與同伴范紹勝等試舞柴棍，提拏碾轂滚石賭力爲戲，並非演教八卦拳棒。搜查范鎬家，亦無私藏應禁器械。訊取地鄰周澤泮等供結，提解人卷來省。飭據委員署武昌府知府成善録供，由臬司程銓詳解前來。

臣等提齊人證，逐一研訊。緣郜宗敬籍隸南漳，范鎬係捐納貢生，黄明前充該縣典史衙皁，早經退卯。郜宗敬先年曾買其堂兄郜宗典屋基一段，道光十三年冬間郜宗典乏用，與父郜士禮商賣山地，因其地與前賣屋基毗連，央范鎬並范士衡、閻廣仁往向郜宗敬説合，索價錢三十八千文，郜宗敬嫌貴未允。郜士禮疑爲勒措控縣，郜宗敬亦即具訴，落寓何文紀家候審。該前縣朱霦飭差黄之導、張華傳訊。十四年二月間，范鎬、黄明因與郜宗敬等素好，勸令仍照原議價錢承買，代爲具呈請息。郜宗敬亦念郜士禮等係屬一本，隨即允買，信知其家，雇廖茂修挑送八折錢八十千，折實錢六十四千文，憑中給郜宗典地價實錢三十八千文，給黄之導等飯食錢五千，還歇家何文紀飯食並盤費共錢十千。維時范鎬亦因欠少歇家范仲義飯錢，向部宗敬借錢四千文歸償。部宗敬尚存錢七千，易銀收存。范鎬、黄明復向部宗敬索謝不允，未爲呈遞息詞。部宗敬遂以范稿唆訟串詐，並添砌黄明鎖押情詞，赴臬司暨前督臣衙門先後具控，批飭襄陽府提審。部宗敬前往投到，適范鎬同黄明赴府具訴轉回，與閻安仁、徐添秀同行，路遇部宗敬走至。范鎬邀令赴縣投解未允，即與黄明硬將部宗敬所帶盤費銀兩衣物奪取，欲作訟費。部宗敬回縣呈控，交差黄之導等帶候，因屢傳人證不齊，未經起解。部宗敬心懷不甘，起意赴京控告。憶及十五年八月其雇工信思孔失足跌傷身死，尸父信世崇恐有別故，赴縣報驗，疑爲范鎬主使。又伊家田畝向由連界之閻大烈田内開溝放水灌溉，嗣閻大烈慮殘禾苗，不准開溝，伊父部士楚恐係范鎬主唆，赴縣具控有案。又因曾見范鎬家雇工姚理興、范紹勝於工畢時舞弄柴棍，提拏碾轂滚石賭力爲戲，疑係范鎬招引教習拳棒。即照前控情詞，並摭拾八卦拳混名，添砌范鎬聚徒教演糾衆兇辱等情，自作呈詞，赴步軍統領衙門具控。奏奉諭旨敕交審辦。行據新任襄陽府知府金石聲，密查范鎬家並無聚徒教演拳棒及私藏應禁軍器，該縣地方亦無八卦拳棒混名，訊取地鄰供結申送。提集人證，審悉前情。

臣等查范鎬干預訟事，輾轉構釁，已難保無圖詐別情，而部宗敬在本省控詞並無演習八卦拳棒之語，何以於京控詞内忽行添入？今雖查無其事，究竟八卦拳棒是何取義，有無憑據？復向該原告再三開導，令其據實指出，以憑嚴辦。據部宗敬供稱，實因范鎬延訟受累，復被截奪銀物，氣忿不過，見其雇工舞弄棍石，隨意摭拾八卦拳棒字樣，希圖聳聽，委無實據。范鎬及縣差黄之導等，除借用及開銷飯食錢文之外，如別有索詐情事，正可供求重辦，何肯代爲隱瞞等語。質之范鎬及在案人證，僉供如一，似無遁飾。

此案部宗敬因范鎬、黄明處和訟事未結，控經批府提審，范鎬等復將其衣物搶留，疑係串唆圖詐，輒牽列雇工信思孔自行跌斃，及閻大烈控争田水舊案，並范鎬工人姚理興等戲舞棍石指爲教演八卦拳棒，赴京呈控。雖非平空誣告，究屬失實。部宗敬應照申訴不實，杖一百律，杖一百，折責四十板。范鎬訊無唆訟串詐及聚徒教演拳棒情事，其私和公事，需索謝資，律止杖笞，惟與黄明奪取部宗敬銀物欲作訟費，即與平空搶奪無異，自應按律問擬。范鎬應革去貢生，合依白晝搶奪人財物，不計贓，杖一百，徒三年律，杖一百，徒三年；黄明爲從，應減一等，杖九十，徒二年半，至配折責安置。范鎬原捐執照追繳咨銷。縣役黄之導、張華得受部宗敬飯食錢五千文，折實銀五兩，應照蠹役詐贓一兩至五兩例，杖一百，加枷號一箇月。黄之導業經病故，張華現未解省，飭縣傳案枷責，革役刺字。姚理興、范紹勝雖無教習拳棒情事，惟於農隙時舞弄棍石，亦屬不合，應照不應重律，杖八十，各折責三十板，交保管束。廖茂修等訊未過付錢文，閻安仁等亦無幫同攔搶，均毋庸議。范鎬等所搶部宗敬銀兩衣物及借欠錢文，追繳給領。部宗敬田畝應否由閻大烈田内開溝放水，飭縣勘明訊斷。信思孔自行跌傷身死一案，已據該縣訊明通詳立案，未到人證，並免提質。

除供招送部外，所有審明定擬緣由，理合恭摺具奏，伏乞皇上聖鑒，敕部議覆施行。

再，該原告赴臬司暨前督臣衙門各呈控一次，覈與在京所具甘結相符，合併陳明。謹奏。

《清宣宗實録》道光二十四年三月 諭内閣：前據給事孫起端奏，上年湖州八幫，在清江浦有聚衆持械，武弁被傷之事。當經降旨，著李湘棻查明具奏。兹據奏稱，密飭地方官確查，並無其事。且清江浦距該漕督駐劄地方祇三十餘里，又爲河督駐劄之所，李湘棻既無所聞，復據咨詢潘錫恩，亦覆稱並無此案。該給事中所奏，著無庸議。惟糧船水手人數衆多，約束不嚴，易於滋事。著照該漕督所議，責成各糧道於幫船未開以前，會同地方文武在水次搜查，不准攜帶違禁器械。俟過淮時，再由該漕督派委將弁逐船嚴密搜查。如將來沿途水手有持械滋事之案，即將在次在淮搜查各員一併參處，並嚴飭總運及各幫弁，於糧船停泊時，按照舊章實力稽查，所雇短縴，亦給腰牌，以示辨别。並著直隸、山東、江南沿途各督撫嚴飭所屬認真查察，有犯必懲，以儆兇頑，毋稍寬縱。

庚辰，諭内閣：李湘棻奏查拏匪犯現在審辦等語。江蘇省、河北一帶毗連齊豫，捻匪、鹽梟每相勾結，地方營汛規避處分，諱匿延擱，以致盜風日熾。竟有持械拒捕重情，若不嚴加懲創，必致釀成巨案。此次拏獲盜犯李佩章、李春洪等，業經知會該督，並會同河督親提研訊。其供出著名要犯孫克順、王開文等，仍著嚴拏務獲，淨絶根株。河北地連三省，並著江蘇、山東、河南各督撫嚴飭接壤營縣，但有匪徒入境，不分畛域，立即捕拏懲治，毋任漏網，以安行旅而儆兇頑。

《清宣宗實録》道光二十六年五月　又諭：鄂順安奏，提審聚衆鬨堂各犯，並請將署任知縣撤任查訊一摺。此案河南新鄉縣民賈學彦等，因希圖減少納糧錢文，輒敢黏貼匿名揭帖，聚衆鬨堂，致傷官長，實屬暋不畏法。著該撫速即親提現犯，並飭密拏未獲各犯，嚴審按律究辦。該署任知縣彭鳴盛，著即撤任歸案查訊。其徵收錢糧，果否循照舊章，有無浮勒別情，亦應徹底查究，毋稍諱飾。

《清宣宗實録》道光二十八年十月　刑部奏現審案犯，訊有結拜訂盟情事，請旨飭交審辦。得旨：此案馬蘭漋、陸得林、劉虎兒、蕭二小，經刑部訊出曾在盛京地方結拜弟兄，難保無爲匪不法情事。著一併解交奕興，並押令指拏巴安等，務獲歸案嚴訊，按律定擬具奏。内地民人私往盛京吉林一帶結拜訂盟，兩月之間在京已連獲二案，恐此外尚復不少。著奕興、經額布一體飭屬認真查訪，按名嚴辦，有犯必懲，務期盡絶根株，勿留餘孽。奸宄必除，務令根本之地肅清。是爲至要，懔勉爲之。尋奏：劉文富與馬蘭漋等十人結拜弟兄，訊無違法別情，究屬不安本分。請將劉文富、巴安、佟發、陳得春、馬蘭漋、頓萬玉、孫萬發、路廣盛、李金財、巴廣分別問擬杖枷。陸得林、劉虎兒、蕭二小並未結拜同盟，俟馬蘭漋等枷號期滿，一併遞籍收管。下部議，從之。

（清）丁日昌《撫吴公牘》卷一九《札飭王聲金京控案内究出訟棍張本治發府審辦》　爲札飭事，照得通州民王聲金，京控册書侯廷芝等浮收逼完，單彭年等包攬豁糧，索費勒息等情一案。據該署司審擬解候勘咨前來，經本部院親提覆審無異，隨訊據王聲金王石舟等，供通州漕米，每石收錢十八千，或十二千不等，該書差等，平日浮收勒索，魚肉鄉民無疑，來詳僅將册書侯廷芝議擬杖革。季聯奎劉恩澤劉炳蔡裕，均未擬罪，頗屬輕縱。業將此案書差季聯奎劉恩澤劉炳蔡裕，分別責懲，應即一併革役，由司另行妥擬罪名詳辦。又據供稱沈鴻綸張本治係此案訟棍，已將沈鴻綸當堂戒飭，應將其附貢生即行斥革，一併核入正案聲叙。其訟棍張本治，據王石舟劉恩澤供其扛幫涉訟，已來省窺探數月，而且恃刁欠糧，即經派委押令王石舟指交該訟棍，連寓所竹箱，一併解案，當堂搜獲詞底狀式領結等件。訊據張本治供稱，伊因總書劉恩澤浮收，復被季聯奎勒索各情，赴臬司衙門告狀，故此來蘇等供。但來省已經數月，何以至今始行具控，情詞亦屬閃爍，當將張本治一名，同竹箱一隻，先行標單押發蘇州府收管候示。並將京控原被犯證，仍發蘇州府照舊分別禁管，以備提質。所有指明之作詞訟棍張本治，訊不承認，是否畏罪狡賴，亟應澈究，以成信讞。除將搜獲張本治詞底狀結等件同供單一併發府審辦外，合將原供招發還，札到該司立即轉飭遵照，迅將張本治提案，同京控原被犯證，逐一質訊究明。此案如何唆訟，有無另犯教唆不法別案，務得確情，録供詳候察奪。一面由司將京控案内書差，另行妥擬罪名詳辦。再據季聯奎等，當堂開出通州慣作詞狀之人，有王榮華住西關顧姓住新地，又山港沈姓，又崔姓住如皋，仰再研訊明確，即飭該州密速訪實查拏，務獲確訊録供詳辦，均毋任延，速速，特札。

《清德宗實録》光緒六年七月　〔乙亥〕諭内閣：銘安等奏吉林廳、長春廳文童鬧考，分別訊辦飭拏各摺片。吉林廳文童永福等於廳官考試，點名進場後，藉端嚷鬧。永福膽敢扭壞龍門鐵鎖，與雙喜、成林等一齊闖出。因衆童並未出號，恐仍扃門考試，復商同返回逼令全行散考，長春廳文童赫選三等。因該廳覆試争挑堂號，輒敢聚衆鬨堂肆鬧，開門出場，均屬目無法紀。吉林甫經設立考棚，尤宜首端士習，豈容不法之徒任意滋鬧？此風斷不可長。永福、雙喜、成林均著照所擬，杖一百流三千里，雖係旗人，情節較重，即行實發，不准折枷，以警效尤。赫選三、萬鶴亭、程龍榜、王竹林、王玉麟等，著該將軍等飭令地方官按名嚴拏，務獲究辦。並著曉諭士子，務宜各知自愛，嗣後儻有不守場規，藉端滋鬧情事，即著照例從重懲辦。

僧道妖妄分部

綜述

《周禮注疏・天官冢宰・内宰》禁其奇衺。注：奇衺，若今媚道。疏：漢法有官禁，云：敢行婦道者，若然，媚道者，謂道妖衺巫蠱以自衒媚。

《周禮・秋官司寇・庶氏》庶氏掌除毒蠱，以攻説禬之，嘉草攻之。

《禮記・王制》假於鬼神、時日、卜筮以疑衆，殺。

（清）孫希旦《禮記集解》卷一四《王制》曰：假於鬼神、時日、卜筮以疑衆，殺。

孫希旦集解云：鄭氏曰：今時持喪葬、築蓋、嫁取、卜數文書，使民倖禮違制。孔氏曰：謂妄陳邪術，恐懼於人；假託吉凶，以求財利。馬氏晞孟曰：卜、筮者，先王所以使民信時日，畏法令，而不以正告則謂之假。

（清）錢儀吉《三國會要》卷二九《民政・風俗》黄初三年，敕豫州禁吏民妄往老子亭禱祝。《續高僧傳》。

《三國志》卷二《魏志・文帝紀》〔黄初五年十二月詔〕叔世衰亂，崇信巫史，至乃宮殿之内，户牖之間，無不沃酹。甚矣，其惑也！自今其敢設非祀之祭，巫祝之言，皆以執左道論。著于令典。

《南齊書》卷三《武帝本紀》〔武帝永明十一年七月戊寅詔〕：自今公私皆不得出家爲道，及起立塔寺，以宅爲精舍，並嚴斷之。

《陳書》卷六《後主本紀》〔太建十四年四月〕庚子，詔曰：【略】應鏤金銀薄及庶物化生土木人綵花之屬，及布帛幅尺短狹輕疏者，並傷財廢業，尤成蠹患。又僧尼道士，挾邪左道，不依經律，民間淫祀祆書諸珍怪事，詳爲條制，並皆禁絶。

《魏書》卷七上《高祖孝文帝紀》〔皇興二年〕二月乙巳，詔曰：【略】頃者淮徐未賓，廟隔非所，致令祠典寢頓，禮章殄滅，遂使女巫妖覡，淫進非禮，殺生鼓舞，倡優媟狎，豈所以尊明神敬聖道者也。自今已後，有祭孔子廟，制用酒脯而已，不聽婦女合雜，以祈非望之福。犯者以違制論。其公家有事，自如常禮。【略】

〔太和〕九年春正月戊寅，詔曰：【略】自今圖讖、祕緯及名《孔子閉房記》者，一皆焚之。留者以大辟論。又諸巫覡假稱神鬼，妄説吉凶，及委巷諸卜非墳典所載者，嚴加禁斷。

《新唐書》卷二《太宗本紀》〔武德九年〕九月壬子，禁私家妖神淫祀，占卜非龜易五兆者。

（唐）長孫無忌等《唐律疏議》卷一八《賊盜・造祆書祆言》諸造祆書及祆言者，絞。造，謂自造休咎及鬼神之言，妄説吉凶，涉於不順者。

疏議曰：造祆書及祆言者，謂構成怪力之書，詐爲鬼神之語。休，謂妄説他人及己身有休徵。咎，謂妄言國家有咎惡。觀天畫地，詭説災祥，妄陳吉凶，並涉於不順者，絞。

傳用以惑衆者，亦如之；傳，謂傳言。用，謂用書。其不滿衆者，流三千里。言理無害者，杖一百。即私有祆書，雖不行用，徒二年；言理無害者，杖六十。

疏議曰：傳用以惑衆者，謂非自造，傳用祆言、祆書，以惑三人以上，亦得絞罪。注云：傳，謂傳言。用，謂用書。其不滿衆者，謂被傳惑者不滿三人。若是同居，不入衆人之限；此外一人以上，雖不滿衆，合流三千里。其言理無害者，謂祆書、祆言，雖説變異，無損於時，謂若豫言水旱之類，合杖一百。即私有祆書，謂前人舊作，衷私相傳，非己所製，雖不行用，仍徒二年。其祆書言理無害於時者，杖六十。

（唐）長孫無忌等《唐律疏議》卷一二《户婚・私入道》諸私入道及度之者，杖一百。若由家長，家長當罪。已除貫者，徒一年。本貫主司及觀寺三綱知情者，與同罪。若犯法合出觀寺，經斷不還俗者，從私度法。即監臨之官，私輒度人者，一人杖一百，二人加一等。

疏議曰：私入道，謂爲道士、女冠、僧、尼等，非是官度，而私入道，及度之者，各杖一百。注云若由家長，家長當罪，既罪家長，即私入道者不坐。已除貫者，徒一年，及度之者，亦徒一年。本貫主司，謂私入道人所屬州縣官司所住觀寺三綱，知情者，各與入道人及家長同罪。若犯法還俗，合出觀寺，官人斷訖，牒觀寺知，仍不還俗者，從私度法。斷後陳訴，須著俗衣，仍披法服者，從私度法，科杖一百。即監臨之官，不依官法，私輒度人者，一人杖一百，二人加一等，罪止流三千里。若州縣官司所度人，免課役多者，當條雖有罪名，所爲重者自從重論，並依上條妄增減出入課役科之。其官司私度人，被度者知私度情，而受度者爲從坐，若不知私度情者，而受度人無罪。

《新唐書》卷五《玄宗本紀》〔開元三年十一月〕乙未，禁白衣長髮會。

（宋）李昉等《文苑英華》卷四六五《詔勅・禁斷妖訛等勅》 勅：釋氏汲引，本歸正法。仁王護持，先去邪道。失其宗旨，乃般若之罪人。成其詭怪，豈涅槃之信士？不存懲革，遂廢津梁。眷彼愚蒙，相陷坑穽。彼有白衣長髮，假託彌勒下生。因爲妖訛，廣集徒侶，稱解禪觀，妄説災祥。或别作小經，詐云佛説。或輒畜弟子，號爲和尚，多不婚娶，眩惑閭閻。觸類寔繁，蠹政爲甚。刺史縣令，職在親人，拙於撫馭，是生姦宄。自今以後，宜嚴加捉搦。仍令按察使採訪，如州縣不能覺察，所由長官並量狀貶降。開元三年十一月十七日。

《舊五代史》卷一一五《周書・世宗本紀》〔顯德二年五月甲戌詔〕男子女子如有志願出家者，並取父母、祖父母處分，已孤者取同居伯叔兄處分，候聽許方得出家。男年十五已上，念得經文一百紙，或讀得經文五百紙，女年十三已上，念得經文七十紙，或讀得經文三百紙者，經本府陳狀乞剃頭，委録事參軍本判官試驗經文。其未剃頭間，須留髮髻，如有私剃頭者，却勒還俗，其本師主決重杖勒還俗，仍配役三年。兩京、大名府、京兆府、青州各處置戒壇，候受戒時，兩京委祠部差官引試，其大名府等三處，衹委本判官録事參軍引試。如有私受戒者，其本人、師主、臨壇三綱、知事僧尼，並同私剃頭例科罪。應合剃頭受戒人等，逐處聞奏，候敕下，委祠部給付憑由，方得剃頭受戒。應男女有父母、祖父母在，别無兒息侍養，不聽出家。曾有罪犯，遭官司刑責之人，及棄背父母、逃亡奴婢、姦人細作、惡逆徒黨、山林亡命、未獲賊徒、負罪潛竄人等，並不得出家剃頭。如有寺院輒容受者，其本人及師主、三綱、知事僧尼、鄰房同住僧，並仰收捉禁勘，申奏取裁。

僧尼俗士，自前多有捨身、燒臂、鍊指、釘截手足、帶鈴掛燈、諸般毁壞身體、戲弄道具、符禁左道、妄稱變現還魂坐化、聖水聖燈妖幻之類，皆是聚衆眩惑流俗，今後一切止絶。如有此色人，仰所在嚴斷，遞配邊遠，仍勒歸俗，其所犯罪重者，準格律處分。

（宋）李燾《續資治通鑑長編》宋太祖建隆二年閏三月 庚午，詔開封府集衆杖殺皇建院僧輝文，僧録瓊隱等十七人各決杖配流。先是，上還自揚州，左右街僧道出迎，輝文等攜婦人酣飲傳舍，爲其黨所告，逮捕按驗得實，故有是命。

（宋）竇儀等《宋刑統》卷一二《户婚律・僧道私入道》 諸私入道及度之者，杖一百。若由家長，家長當罪。已除貫者，徒一年。本貫主司及觀寺三綱知情者，與同罪。若犯法合出觀寺，經斷不還俗者，從私度法。即監臨之官私輒度人者，一人杖一百，二人加一等。

疏議曰：私入道謂爲道士、女冠、僧尼等，非是官度，而私入道，及度之者，各杖一百。注云，若由家長，家長當罪。既罪家長，即私入道者不坐。已除貫者，徒一年，及度之者，亦徒一年。本貫主司，謂私入道人所屬州縣官司，及所住觀寺三綱。知情者，各與入道人及家長同罪。若犯法還俗，合出觀寺，官人斷訖，牒觀寺知，仍不還俗者，從私度法。斷後陳訴，須著俗衣，仍披法服者，從私度法，科杖一百。即監臨之官不依官法，私輒度人者，一人杖一百，二人加一等，罪止流三千里。若州縣官司所度人免課役多者，當條雖有罪名，所爲重者自從重論，並依上條妄增減出入課役科之。其官司私度人，被度者知私度情，而受度者，爲從坐。若不知私度情者，而受度人無罪。

准：《禮部式》，諸五品以上女及孫女出家者，官齋行道皆聽不預。

（宋）佚名《宋大詔令集》卷一九八《政事・禁約・禁天文相術六壬遁甲三命及陰陽書詔太平興國二年十月甲戌》 兩京及諸道州府：陰陽卜筮人事，向令諸州傳送至闕，詢其所習，皆不通其業，無所取其所由。蓋持禍福之言，於閭里間誑耀愚民，以資取給耳。自今後除二宅及易筮外，其天文、相術、六壬、遁甲、三命及他陰陽書，民間並不得私習。先有蓄者，限詔到一月，悉以送官。限外不送及違詔私習者，悉斬。有能告者，賞錢十萬。州縣吏匿不以聞者，亦重寘其罪。

（清）徐松《宋會要輯稿·刑法二·禁約》〔大中祥符二年〕七月四日，詔曰：禁呪之方，擊刺之術，既靡緣於南畝，實有亂於齊民。言念僻違，用申科禁。其河北諸州軍民户，惰棄農業，學禁術槍劍桃棒之伎者，自今委諸縣令佐常切覺察，違者論如法，重者以令衆。

（宋）佚名《宋大詔令集》卷一九九《政事·禁約·禁妖妄人詔大中祥符五年三月癸未》訪聞閭閻門内，有人衆目爲先生，每夕身有光明，能於隙竅出入無礙。是必妖妄惑衆，其令開封府速擒捕禁止之。

（宋）佚名《宋大詔令集》卷二一七《政事·貸雪·妖人谷隱干連人等放罪詔大中祥符八年五月甲辰》先王立法，在妖邪而必誅；有國詳刑，亦哀矜而爲務。顧小民之多僻，習左道而相傳，苟用常科，難逃極斷。屈茲彝憲，投置遠方，惟彼朋徒，合行追捕。特從寬宥，咸許自新。其谷隱下弟子，除係禁勘別行指揮外，其餘干連人並放，仰州縣安撫，各令著業，自今不得傳習。

（宋）佚名《宋大詔令集》卷一九九《政事·禁約·禁金商等州祭邪神詔天禧三年四月戊辰》隆平之政，實貴於防邪；聰直之神，不歆於非類。是以前聖立教，明王守邦，具有憲章，絶其淫祀。朕纂承基緒，撫育蒼黔，伸孝饗於宗祊，奉禋燔於天地，一則以歸功報本，一則以祈福兆祥，所冀寰區，畢登仁壽。而小民寡識，鄙俗易訛。如聞金、商等州，頗有邪神之祭。或緣妖妄，輒害生靈，達於予聞，良用矜軫。宜令所在，嚴禁絶之。如復造作休祥，假託祭祀惑衆，所犯頭首及豪强者並處死，餘決訖黥面配遠惡處牢城。

（清）徐乾學《資治通鑑後編》宋仁宗天聖元年十一月　戊戌，詔禁江南諸路師巫邪術。先是知洪州夏竦，索部中師巫得一千九百餘户，勒令歸農，毁其淫祠，因奏請朝廷嚴賜條約，故降是詔。

（宋）李燾《續資治通鑑長編》宋仁宗天聖二年十二月　丙寅，權判都省馬亮言：天下僧以數千萬計，間或爲盜，民頗苦之。請除歲合度人外，非時更不度人；仍自今毋得收曾犯真刑及文身者係帳。詔可。

（宋）李燾《續資治通鑑長編》宋仁宗景祐二年十二月〔甲子〕　禁益、梓、夔利路民夜聚曉散，傳習妖教，徒中能自糾摘，及他人告者，皆賞錢三萬。

（清）徐松《宋會要輯稿·刑法二·禁約》　寶元二年三月十七日，左正言、直集賢院吴育言：竊聞近歲以來，有造作讖忌之語，疑似之文，或不顯姓名，暗貼文字，恣行毁謗，以害讎嫌。臣只傳聞，未審虚實。若有此事，乞降出姓名，問其事狀。情若涉於妖妄，意或在於傾邪，則乞嚴與行遣，以絶姦弊。詔：開封府、御史臺常切覺察。

（清）徐松《宋會要輯稿·刑法二·禁約》〔慶曆八年〕三月四日詔：諸傳習妖教，非情涉不順者，毋得過有追捕。初，王則之亂州郡，大索妖黨，被繫者不可勝數，帝恐濫及良民而寬之。

（宋）包拯《包孝肅奏議集》卷五《去妖妄·論妖人冷清等事第一章》臣奉勑差與趙槩等録問冷清公事。臣尋往軍巡院將公案看詳，據冷清欵招伏，前後狂言非一。原其情狀，法所無赦，致之極典，固在不疑。兼詳放停軍人高繼安欵，先因罪犯配鼎州，尋却入京，託病放免。而妄談幻術，交結權貴，所至之處，多以禱祠爲名，扇惑州縣。頃年於潭州，即將帶冷清隨行，沿路累造妖言，知而故縱，不以告官。及冷清事發，則教令詐作心風，果得免罪。尋又教以狂悖之語，所不忍聞。且都城之内，豈可令此輩輕慢憲法，惑亂大衆。若不速行顯戮，以戒未來，則啓姦邪之心，爲國生事。防微杜漸，不可忽也。乞令盡法施行。

（宋）李燾《續資治通鑑長編》宋哲宗元祐七年九月　刑部言：夜聚曉散，傳習妖教者，欲令州縣以斷罪告賞全條於要會處曉示。監司每季舉行。從之。

（宋）李燾《續資治通鑑長編》宋哲宗元符元年三月　詔今後在京禪僧寺院，士庶之家婦女除同本家男夫作齋會聽人入外，餘輒入者，並杖一百；夫子知而聽行及主首不舉，各一等科罪。先是，開封府奏請乞嚴行禁止，故有是詔。

（清）徐松《宋會要輯稿·刑法二·禁約》〔大觀三年〕八月二十六日，詔：毁在京淫祀不在祀典者，其假託鬼神以妖言惑衆之人，令開封府迹捕科罪，送鄰州編管。情重者奏裁。

《宋史》卷二〇《徽宗本紀》〔大觀四年春正月〕辛酉，詔：士庶拜僧者，論以大不恭。

（清）徐乾學《資治通鑑後編》宋徽宗政和二年正月　癸未，詔：釋教修設水陸及祈禳道場，輒將道教神位相參者，僧尼以違制論，主者知而不舉，與同罪。著爲令。

（清）徐松《宋會要輯稿·刑法二·禁約》〔宣和六年〕二月四日臣僚言：比者紛然傳出一種邪説，或曰《五公符》，或曰《五符經》，言辭詭誕不經，甚大可畏。臣竊意以謂，其書不可留在人間。奉聖旨，令刑部遍下諸路州軍，多出文榜，分明曉諭。應有《五公符》，自今降指揮到，限一季於所在官司首納，當時即時焚毁，特與免罪。如限滿不首，並依條斷罪施行。仍仰州縣官嚴切覺察。詔限一季首納，限滿不首，依讖書法斷罪，許人告，賞錢一百貫。餘依已降指揮。

《遼史》卷一六《聖宗本紀》〔開泰九年〕十二月丁亥，禁僧燃身煉指。

《遼史》卷二七《天祚皇帝本紀》〔天慶二年正月〕甲戌，遼禁僧尼破戒。

《金史》卷七四《宗望傳》〔大定十二年九月〕詔曰：德州防禦使文、北京曹貴、鄜州李方皆因術士妄談禄命，陷於大戮。凡術士多務苟得，肆爲異説。自今宗室、宗女有屬籍者及官職三品者，除占問嫁娶、修造、葬事，不得推算相命，違者徒二年，重者從重。上以文家財産賜其故兄特進齊之子斂住，並以西京留守京没入家産賜之。

《金史》卷九《章宗本紀》〔明昌元年正月〕戊辰，制禁自披剃爲僧道者。

史金波等譯《天盛改舊新定律令》卷一二《無理註銷詐言門》

諸人不許謂見佛神明光以迷惑家門，亦不許説有將降恩之語。倘若違律時，言重有疑患，則應處何罪當奏報實行，若言輕無疑患則徒一年。有屢屢不停言之者，應處何罪及應不應遷轉住地等，視其言狀，依時節奏報實行。

《通制條格》卷一六《田令·妄獻田土》至元七年正月，欽奉聖旨條畫内一款：和尚每根底，歹人每將無主荒閑田地，不經由官司，一面獻與和尚每做主有。高上和尚、下次和尚每並怯里赤每那般做也者，那的每根的當呵，怎生？欽奉聖旨：那般者。拏者。欽此。

《通制條格》卷二九《僧道·漢僧紅衣》至元七年正月，尚書省奏準聖旨條畫内一款：漢兒和尚每穿着土鉢和尚紅衣服一迷地行有。欽奉聖旨：那般着的拏者。

《元典章》卷四一《刑部·諸惡·不道·厭鎮》至元九年中書省劄付該：七月二十一日布布魯麻里奏，在先一個厭鎮底人，阿合馬平章覷面皮不會殺了，放了來。阿合馬平章回奏，那底見厭鎮我來底人，我怎肯覷面皮？聖旨裏退使教殺了者，麽道不曾有來。相哥等奉聖旨減刑時節，召保放了來。如今見拿者，五大兒厭鎮底人有。奉聖旨：阿合馬道的是，有如今見拿著底做厭鎮底人每，您好生問當了。是實呵，依著扎撒行了者。今後若再有這般做厭鎮底人每，不殺那甚麽。好生出榜省諭者。欽此。都省準部擬斷過。王鵬舉因與馬闍暗通姦，有劉顯引領前去馮珪處厭魅馬闍闍夫耿天祐，欲令身死。王鵬舉一百七下，劉顯四十七下。馮珪係脱賺錢物厭魅，決五十七下。

《元典章》卷五七《刑部·諸禁·禁聚衆·禁跳神師婆》至元十一年 月 日，中書兵刑部爲五月十六日省掾元仲明傳奉都堂鈞旨：大都街上多有潑皮廝打底，跳神師婆並夜聚曉散底。仰本部行文字禁斷，如是依前違犯，除將跳神師人並夜聚曉散人等治罪外，據潑皮廝打的發付著役施行。省部除外，合下仰照驗，速爲嚴行出榜禁治。如有違犯人等，依上治罪施行。

《通制條格》卷二九《僧道·寺觀僧道數目》至元十七年六月二十二日，孛羅副樞張平章欽奉聖旨節該：道與中書省官人每者，長春宫裏先生每與和尚每爭奪觀院，其間裏聚着伍伯人來。先生每把着棍棒，打和尚每去來。先生每他每的教法裏不行，卻把着棍棒胡做呵，那裏有這般體例。已前京兆府地面裏王祖師庵頭聚着人衆生歹心來，如今這先生又那般胡行有。這先生明白招承了上頭，爲頭兒的殺了兩箇也，别箇的割了耳朵鼻子的割了也，打的打了也，其餘的教做了軍也，這般斷了也。今後自淮河迤北隨處和尚先生每，壹箇寺觀裏壹伯箇已外休教住者，别了這言語的和尚先生要重罪過者，聖旨了也。欽此。

《通制條格》卷三八《雜令·禁書》至元十八年三月，中書省御史臺呈：江南行臺咨，都昌縣賊首杜萬一等指白蓮會爲名作亂。照得江南見有白蓮會等名目，《五公符》、《推背圖》、《血盆》，及應合禁斷《天文圖書》，一切左道亂正之術，擬合禁斷。送刑部，與秘書監一同議得：擬合照依聖旨禁斷拘收。都省準擬。

《元典章》卷五二《刑部・詐僞・詐・詐稱神降》　至元二十三年五月，湖東道提刑按察司委官審斷袁州路宜春縣朱千二招伏：不合在家寫榜貼，謊稱是釋迦老子，又號白衣居士，詐稱神降，妄言禍福，扇惑鄉民燒香請水。議得：朱千二爲首，即與本司斷過詐稱神降胡士宗一體擬斷六十七下；爲從朱千八三十七下，失覺察牌頭一十七下。

《元章典》卷三〇《禮部・禮制・祭祀・禁祭星》　至元二十四年十二月，福建行省尚書省咨該：據忍都於思太常香山奉御呈，七月十六日安童怯薛第一日合剌合裏有的時分，奏諸處陰陽人每多因點照祭星，別生事端。今後教省家遍行文字榜禁約了呵，免致別生事端。奏呵，奉聖旨：那般者。欽此。

《通制條格》卷二九《僧道・拈鬮射利》　至元二十五年五月，中書省御史臺呈：江南行臺咨，監察御史體知各處新附寺院僧徒，例指興建爲由，聚集人衆，拈鬮射利。其始置備利物數拾件，撰造籤籌仟萬枚，托散權豪勢力之家轉行俵賣，招誘新附徒衆，約日大聚，遠近雲合，動以千計。僧收籌價，使之抽拈探取利物。喧鬧往來，填塞街路，獲利甚多，無所畏忌。守土官司坐視不禁。初止城郭寺院如此，比來山林假靜僧寺亦復傚尤不已。事同賭博聚衆，儻致別生事端，爲害非細，合令有司嚴切禁治。刑部及總制院議得擬合禁約。都省準擬。

《通制條格》卷二九《僧道・俗人做道場》　至元二十八年正月初八日，欽奉聖旨節該：聰講主舍思剌、阿思監兩箇奏有，大同路有的俗人每無做道場的體例有，夜頭聚衆人多，做道場打鐃鈸作鬧有，恐怕生做賊說謊的勾當，遮當呵，不肯有。麼道奏來。如今已後，除和尚每，不揀誰夜頭休做道場者。俗人每打的鐃鈸那裏有的，宣慰司官人每、城子裏達魯花赤官人每，和尚每根底添氣力奪要了與者。這般道了呵，做道場的、夜頭動鐃鈸作鬧行的、鐃鈸藏着不收拾的人每，斷案荅奚罪過者。聖旨了也。欽此。

《元史》卷二〇《成宗本紀》　〔元成宗大德五年七月〕癸丑詔：禁畏吾兒僧、陰陽、巫覡、道人、咒師，自今有大祠禱，必請而行，違者罪之。

《元典章》卷四一《刑部・諸惡・大逆・妖言虛說兵馬》　大德五年七月，中書省咨：近準河南行省咨，追問到賊人段丑厮等詐稱神異，妄造妖言，虛說兵馬，扇惑人衆。除將爲首及信從並知情不首者並行處斬，妻子籍没入官，首捉人張德林等別行遷官給賞外，今後若有似此詐妄之人，聞者隨即捕送赴官，依上理賞。其信從及不首者，準上斷罪。都省咨請依上施行。

《元典章》卷三九《刑部・刑制・刑名・僧盜做賊殺人管民官問者》　中書劄付：大德七年二月二十四日奏過事內一件，爲斷僧道每詞訟上頭，世祖皇帝的聖旨。皇帝的聖旨明白有犯姦的、殺人的、做賊說謊的、犯罪過的僧道每，則交管民官問者。其餘與民相爭地土，一切爭訟勾當，管民官約會他每頭目一同問者。聖旨有來，在後宣政院官奏過，不揀甚麼勾當有呵，約會一同問者。爲那上頭，僧道做賊說謊，圖財、因姦致傷人命的，僧道多者。似那般約會待問呵，他每約會不來，使人去呵，將使去人打了，更教賊人躲閃了有，因此遷調得詞訟長了，交百姓每生受有。爲那上頭，上位奏過，則交管民官問者。麼道世祖皇帝根底，皇帝根底奏過的。奏事聽讀了。奏呵，奉聖旨：既是那般呵，那般做賊說謊來的，致傷人命的僧道，依在先體例，則交管民官問者。欽此。

《通制條格》卷二九《僧道・拘收執把文字》　大德七年七月初六日，中書省奏：荅失蠻宣政院官人每與俺文字來，他每的經歷怯烈題說，近年以來僧人使見識，指蓋寺爲由，各處燒香去有，麼道。諸王、公主、駙馬每根底要了令旨，經過州城索要鋪馬、衹應，長行馬疋草料。若不與呵，好生訂害百姓有。似這般和尚每禁約了呵，百姓每得濟。麼道，題說呵，宣政院官人道他的言語是有，麼道，俺根底與文書來。俺商量來，這般執把諸王令旨無體例行的和尚每根底，教官民官每禁約者，不教行呵，怎生？商量來。奏呵，奉聖旨：那般者。欽此。

《通制條格》卷二九《僧道・姦盜》　大德七年七月中書省御史臺呈：江北淮東道廉訪司申，僧道既處淨門，理宜潔身奉教，卻有犯姦作盜，甚傷風化，擬合一體斷遣還俗。刑部議得：僧尼道士女冠有犯姦盜，俱合一體斷罪還俗。都省準擬。

《通制條格》卷二九《僧道・給據簪剃》　大德八年正月，欽奉詔書内一款：軍站民匠諸色户計，近年以來往往爲僧爲道，影蔽門户，苟避差徭，若不整治，久而靠損貧下人民。今後除色目人外，其願出家，若本户丁力數多，差役不絃，及有昆仲侍養父母者，赴元籍官司陳告，勘當是實，申覆各路給據，方許簪剃。違者斷罪，勒令歸俗。

《通制條格》卷二九《僧道・過錢》　大德十年六月二十三日，御史臺奏：江南行臺官人每文書裏説將來，勾當裏行的官吏問人要肚皮，干礙着和尚每過付見證呵，事發之後，爲是和尚麽道，約會他本管的頭目問呵，於事有窒礙，不能結絶有。麽道。俺商量來，要錢的人這般使見識，教和尚每過付錢物，和尚每自已道子裏不行，官吏每的見識裏過錢行呵，和尚每的勾當裏不同有。他每的别勾當裏不干預。似這般過錢的和尚每有呵，不教約會和尚每的頭目，則教監察廉訪司就便依例取問呵，怎生？又在前這勾當也聞奏上位來，要錢的人每見識有。如今和尚先生每根底，這勾當裏不休犯者，麽道，行文書禁約呵，怎生？奏呵，奉聖旨：那般者。欽此。

《元典章》卷三三《禮部・釋道・道教・道宫有妻妾歸俗》　至大四年十月行御史臺準御史臺咨，來咨浙西廉訪司申：加興路玄妙觀住持提點楊立之畜養妻子及典雇張十四娘等三名通房使喚，革後不行悛改，又以祈雪禳蝗爲由，題捨鈔定等事，以不應違例畜妻，罪犯合決六十七下，退罷爲民。緣所犯係在革前，若依有妻僧官斷罪，收係爲民。緣道官未有通例，咨請照詳。呈奉中書省劄付，送禮部呈參議道官楊立之求娶妻妾，不務焚修，指稱祈禳爲名，鳩集鈔定，似此貪污，理宜懲戒。卻緣所犯，欽遇赦恩，釋免。合令本人歸俗當差。相應都省準擬，仰照驗施行。

《元典章》卷三二《禮部・學校・陰陽學・禁約陰陽人》　皇慶元年四月，江西行省準中書省咨該：集賢院備司天臺呈，至大四年十一月二十一日，特奉聖旨有的漢兒、回回陰陽人每，諸王、諸子、公主、駙馬、大官人處多休教行者，教行文書禁約者。麽道聖旨了也，欽此。具呈照詳。都省咨請欽依施行。

《元典章》卷五七《刑部・諸禁・雜禁・禁投醮捨身燒死賽願》　皇慶二年正月　日，福建廉訪司承奉行臺準御史臺咨，承奉中書省劄付：呈據山東東西道廉訪司申，本道封内有泰山東嶽，已有皇朝頒降祀典，歲時致祭，殊非細民諂瀆之事。今士農工商至於走卒、相撲、排擾、娼妓之徒，不諳禮體，每至三月，多以祈福賽還口願，廢棄生理，斂聚錢物，金銀、器皿、鞍馬、衣服、疋緞，不以遠近，四方輻湊。百萬餘人連日紛鬧。近爲劉信酬願，將伊三歲癡兒抛投醮紙火池，以致傷殘骨肉，滅絶天理，聚衆别生餘事。嶽鎮海瀆，聖帝明王，如蒙官破錢物，令有司歲時致祭，民間一切賽祈，並宜禁絶。得此，本臺具呈照詳。送刑部與禮部一同議得：照到元貞元年六月　日，承奉中書省劄付，御史臺呈備監察御史呈，會驗先奉中書省劄，奏準禁約祈神賽社，扶鸞禱聖，夜聚曉散等事，已經遍行依上施行。又照得至元二十一年二月十四日，奏祈神賽社、扶鸞禱聖、夜聚曉散，並自傷肌體，掛勾子打脊，硬物抄化的人每也，合禁約的人每也，合禁約。聖旨準奏，欽依禁治去訖。今承見奉，本部約請到禮部郎中李朝列一同議得：嶽鎮名山，國家致祭，況泰山乃五嶽之尊，今此下民不知典禮，每歲孟春延及四月，或因父母，或爲已身，或稱祈福以燒香，或托賽神而酧願，拜集奔趨，道路旁午，工商技藝遠近咸集，投醮捨身，無所不至。愚惑之人即衆，姦惡之徒豈無？不惟褻瀆神靈，誠恐别生事端。以此參詳，合準本道廉訪司所言，行移合屬，欽依禁治相應。具呈照詳。得此，都省仰依上施行。

《通制條格》卷二九《僧道・河西僧差税》　延祐元年十二月二十八日，中書省奏：河西田地裏有的僧人每當着差發、税糧、鋪馬、掃里，好生的生受有。依着其餘和尚每的例，不揀甚麽差發休教當者。麽道帝師教捌思吉斡節兒奏了。奉聖旨，與了宣政院官人每别里哥的上頭，他每與了俺文書有，河西田地裏住的和尚每，教與民一體當差者。麽道在前幾遍聖旨有來。那裏百姓每稀少，又兼那和尚每多半有妻子，與其餘和尚每不廝似有。教依在先聖旨體例里行呵，怎生？奏呵，是有。那般者。有妻室的每教當差發、税糧、鋪馬、掃里者，無妻室的和尚每休教當者。麽道聖旨了也。欽此。

《元史》卷一〇五《刑法志》　諸棄俗出家，不從有司體覆，輒度爲僧道者，其師笞五十七，受度者四十七，發元籍。諸以白衣善友爲名，聚衆結社者，禁之。諸色目僧尼女冠，輒入民家强行抄化者，禁之。諸僧道僞造經文，犯上惑衆，爲首者斬，爲從者各以輕重論刑。諸以非理迎賽祈禱，惑衆亂民者，禁之。諸俗人集衆鳴鐃作佛事者，禁之。諸軍官鳩財聚衆，張設儀衛，鳴鑼擊鼓，迎賽神社，以爲民倡者，笞五十七，其副二十七，並記過。諸陰陽家天文圖讖應禁之書，敢私藏者罪之。諸陰陽家僞造圖讖，釋老家私撰經文，凡以邪説左道誣民惑衆者，禁之，違者重罪之。在寺觀者，罪及主守，居外者，所在有司察之。諸妄言禁書者，徒。諸陰陽家者流，輒爲人燃燈祭星，蠱惑人心者，禁之。諸妄言星變災祥，杖一百七。諸陰陽法師，輒入諸王公主駙馬家者，禁之。諸以陰陽相法書符呪水，凡異端之術，惑亂人聽，希求仕進者，禁之，違者罪之。

《大誥·僧道不務祖風》 僧尼、道士、女冠，敢有不務祖風，混同世俗，交結官吏，爲人受寄生放，有乖釋道訓愚之理，若非本面家風，犯者棄市。

《大誥續編·交結安置人》 昔先王之治，人有罪而非甚者，則屏於化外，使不得與良民同於中國。維時民良，見有罪者，則羞與之齒，心甚疾之，所以教化流行，人民大安。朕嘗慕此，法古爲治，罪姦制頑，欲懲一而戒百。奈何今之人心不然，見善則遠而不從，見惡則趨而黨比。如李子中等九名，先爲造罪淵深，遷徙福建沙縣安置，磨其姦頑之心，使得自省。其李子中等怙惡不悛，構非日甚，復入衙門交結官吏，頑民汪澄、林均澤等。其澄等不以子中得罪於朝廷，輒與交友，朋黨構非。吁！使子中等之罪，縱朝廷罪之不當，澄等豈得與之來往？況子中等罪惡貫盈，法不容宥而宥之。澄等既不能疾惡，卻乃同惡相濟，殺身之罪可得而逃乎？

《大誥武臣·呪詛軍人》 金吾後衛百户秦仲良，差他領軍出海運糧。行至太倉泊船，各軍自備鈔貫買酒肉祭神祈福，不曾將去送與他。他因此懷恨各軍，當日晚夕就在船頭對天燒香，呪説道：這一隻船就太倉河裏沉番了，把這一船的蠻軍都淬死了。若是不沉了，到那黑水洋裏也教沉了。我爺兒四五箇，便做死了我時，我也有兒子出來承襲做官。他後來這事發露，貶去雲南屯種。他已自做官了，卻和那小軍每爭些酒食，做這等見識，説將起來，也惶恐死人。似這等人，他如何去管得那人下？你怕他逃得將去！

（明）何棟如《皇祖四大法》卷八《治法》 〔洪武二十四年〕六月丙辰朔丁巳，命禮部清理釋道二教。勅曰：佛本中國異教也。自漢明帝夜有金人入夢，其法始自西域而至。當是時，民皆崇敬。其後有去鬚髮出家者，有以兒童出家者，其所修行，則去色相，絶嗜慾，潔身以爲善。道教始於老子，以至漢張道陵能以異術役召鬼神，禦灾捍患，其道益彰，故二教歷世不磨滅者。以此今之學佛者曰禪，曰講，曰瑜珈；學道者曰正一，曰全真：皆不循本俗，汙教敗行，爲害甚大。自今天下僧道，凡各府州縣寺觀雖多，但存其寬大可容衆者一所，並而居之，毋雜處於外，與民相混，違者治以重罪。親故相隱者，流。願還俗者，聽。其佛經番譯已定者，不許增減詞語。道士設齋醮，亦不許拜奏青詞。爲孝子慈孫演誦經典報祖父母者，各遵頒降科儀，毋妄立條章，多索民財。及民有倣瑜珈教，稱爲善友，假張真人名，私造符籙者，皆治以重罪。

（明）談遷《國榷》太祖洪武二十六年六月 開卜筮禁。

《大明律》卷一〇《禮律·祭祀·禁止師巫邪術》 凡師巫假降邪神，書符呪水，扶鸞禱聖，自號端公、太保、師婆，及妄稱彌勒佛、白蓮社、明尊教、白雲宗等會，一應左道亂政之術，或隱藏圖像，燒香集衆，夜聚曉散，佯修善事，扇惑人民，爲首者，絞；爲從者，各杖一百，流三千里。若軍民裝扮神像，鳴鑼擊鼓，迎神賽會者，杖一百，罪坐爲首之人。里長知而不首者，各笞四十。其民間春秋義社，不在禁限。

《大明律》卷一一《禮律·儀制·僧道拜父母》 凡僧尼道士女冠，並令拜父母，祭祀祖先，喪服等第皆與常人同。違者，杖一百，還俗。若僧道衣服，止許用紬絹布疋，不得用紵絲綾羅。違者，笞五十，還俗，衣服入官。其袈裟道服，不在禁限。

《明太宗實訓》卷五《清釋道》 永樂五年正月辛未，直隸及浙江諸郡軍民子弟私披剃爲僧，赴京冒請度牒者，千八百餘人。禮部以聞，上怒甚曰：皇考之制，民年四十以上始聽出家。今犯禁若此，是不知有朝廷矣。命悉付兵部編軍籍發戍遼東、甘肅。又嘆曰：朕遵承舊制，一不敢忽下人，尚縱肆如此，何況後來？此不可宥。此輩皆民螟螣，不可蓄育。

《明太宗實訓》卷五《清釋道》 〔永樂五年〕九月庚午，直隸蘇州府嘉定縣僧會司奏：縣舊有僧六百餘人，今僅存其半，請以民之願爲僧者，令披剃給度牒。不聽。

上諭禮部臣曰：國家之民服田力穡，養父母，出租賦，以供國用。僧坐食於民，何補國家？度民爲僧，舊有禁令，違者必罪。

（清）查繼佐《罪惟録》紀卷三《太宗紀》〔永樂六年春正月〕詔内外諸色人等，擅自爲僧者，並其父兄發五臺山輸作畢，就北京種田。

《明太宗寶訓》卷五《清釋道》 永樂十五年五月丙午，上謂禮部臣曰：佛道二教，本以清淨，利益羣生，今天下僧道多不守戒律。民間脩齋誦經，動輒較利厚薄，又無誠心；甚至飲酒食肉，游蕩荒淫，略無顧忌。又有一種無知愚民，妄稱道人，一槩蠱惑，男女雜處無別，敗壞風化。洪武中，僧道不務祖風，及俗人行瑜珈法，稱火居道士者，俱有嚴禁。即揭榜申明，違者殺不赦。

《明太宗實録》永樂十五年閏五月 癸酉，禁僧尼私建庵院。上以洪武年間，天下寺院皆已歸併，近有不務祖風者，仍於僻處私建庵觀，僧尼混處，屢犯憲章，乃命禮部榜示天下，俾守清規，違者必誅。

《明宣宗寶訓》卷五《屏異端》 宣德七年三月壬戌，申嚴僧人化緣之禁。上謂都御史顧佐曰：佛本化人爲善，今僧人多不守戒律、務祖風，往往以創寺爲名，拏舁佛像，遍歷州郡化緣，所得財物，皆非禮耗費。其申明洪武中禁令，違者必罪之。

《明英宗實録》宣德十年十二月〔戊子〕禁僧道私自簪剃及妄言惑衆者。從給事中李性言也。

（明）余繼登《典故紀聞》卷一一 正統十年，英宗召禮部尚書胡濙等，諭之曰：洪武以來，寺院庵觀已有定額，近年往往私自創建，勞擾軍民，其嚴加禁約。除以前蓋造者，遇有損壞，許令修理，今後不許創建，敢有故違者，所在風憲官執問，治以重罪。若縱容不問，一體究治不宥。

（明）余繼登《典故紀聞》卷一二 景泰中，給事中林聰等因災異陳言，内一款：汰僧道以去遊食。先儒有曰：國無遊民，則生者衆矣。遊食者爲國之蠹也，今京城内外，僧行道童，皆以請給度牒爲名，或居寺觀，或寓人家者，動以萬計；或有已給度牒而不回，假託遊方而來此，皆不耕而食，不蠶而衣，雖朝廷未嘗給以糧餉散以衣布，然其所服食者，皆軍民之衣糧也，蠶食京師，莫此爲甚。況此輩既無家室，又無差役，服夷狄之服，心禽獸之心，是以昔者猖妖言之趙才興固僧人也，近者造妖書之淨慶亦僧人也。復有佯狂而直入禁庭，有謀財而殺傷人命，其他姦盜詐僞不可勝計。且景泰二年已度僧三萬有奇，若今歲復度，恐天下之民將半爲僧道矣。乞令錦衣衛、五城兵馬司查究各寺觀及人家，但有遊方掛搭寄住僧道，悉皆驅遣出京，各回鄉里，有敢隱藏者，治以重罪，庶民有正業之趨，國無冗食之費。

（明）余繼登《典故紀聞》卷一三 天順初，留守左衛小旗陳福奏：洪惟太祖高皇帝創業之初，建創寺觀，設立僧道，已有定額，其後往往私創菴院，濫將無籍之徒收充，亦有逃軍囚匠改名易姓，削髮頂冠，人莫之識，偷享安閒，不耕而食，不蠶而衣，不貨殖而財用有餘，故人皆樂爲之。近年旱潦相仍，百姓艱食，其遊惰之人，或託爲僧道，遊食四方而愈盛矣。以在京觀之，寺觀動至千百，僧道不可數計，求財索食，沿街塞路，張掛天神佛像，擅言禍福，以蓋造寺觀爲名，務圖肥己，飲食酒肉，宿歇娼妓，無所不爲。又有燃指焚香，刺膚割股，驚駭人目，扇惑人心，不惟饕餮於民，抑且有傷風化。乞在内令巡城御史、五城兵馬司，在外令巡按御史及有司等官拏問發落，仍敕禮部將各府州縣蓋定寺觀額設僧道名數，除已給度牒者，暫令各寺觀附籍，其餘查無度牒，悉發寧家隨住當差。遇有額内缺數，方許簪剃。設有仍前私自簪剃及指稱行者道童名色，躲避差徭，將本犯並寺觀住持悉發充軍，其餘濫設寺觀盡行拆毀。從之。

（明）余繼登《典故紀聞》卷一五 成化時，錦衣衛奏：在京城内外，盜賊生發，前後捕獲七百餘人，其中强盜多係僧人。乞自後僧行道童不給有司文憑私自來京者，緝出俱發邊衛，並罪其所主之家。從之。

（明）王恕《王端毅奏議》卷一〇《論知州劉槩有犯此依妖言律過重奏狀》 竊見刑部河南清吏司問得犯人劉槩，合比依造妖言者律斬，秋後處決。〔湯鼐依風憲官受財加其餘官受財不枉法有祿人一百二十貫二等罪上律減等，杖一百徒三年。吉人依奏事詐不以實者律減等，杖九十徒二年半。李文祥鄒智俱依不應得為而為之事理重者律減等，杖七十，俱職官各照例運磚各完日，湯鼐係有贓官，革職為民。吉人李文祥鄒智俱浮躁淺露人數送吏部收查定奪，東思誠曹璘俱供明各還職，大理寺審擬合律奏。奉聖是，這厮每既情犯深重，劉槩捏造非言，依律處決，湯鼐風憲犯贓押發陝西肅州衛充軍，吉人肆奸欺罔，發回原籍為民。李文祥鄒智私交妄議降三級，調邊任，都免運磚，其餘准擬，欽此。欽遵。抄招用手本連李文祥等送本部施行等因，除湯鼐、李文祥等罪不至死，臣不敢妄議外，但劉槩比依前律坐以斬罪，臣則不能無疑焉。伏覩《大明律》云：凡造讖緯妖書妖言及傳用惑衆者皆斬，欽此。先儒謂讖緯，如亡秦者胡之讖及赤伏符等及諸經之緯書，蓋讖緯之書即妖書，讖緯之言即妖言，以其説未來之興亡，能惑衆亂民，壞國家之事，故禁之嚴，使之不敢犯也。今劉槩招稱不合要得阿諛湯鼐，又捏寫一夢書，内稱別後時夢中會見一夕，夢一老人騎牛背上，行陷於泥淖中，公左手把一五色石子，右手捉牛角引就正路，其人謝而去，因思人騎牛背儼然一朱字，正我朝之姓氏，豈非天生豪傑欲賴之引君當道邪？但五色石子意不可曉，或者公自臺中首先抗疏為彈之第一等邪，請試思之如何等情。臣切詳劉槩書詞，固為狂妄，不能無罪，其夢有無亦未可知，推原其情，不過因見湯鼐節次建言，指陳得失，不計利害，以為天生豪傑，以道事陛下也，是乃與人為善之意，别無惑衆亂民之情。今比依造妖言者律論以死罪，臣竊以為過矣，設有造如亡秦者胡也之類之言惑衆亂民者，不知更以何罪加之。昔之時有以忠諫者為誹謗，深計者為妖言，至今人為之痛惜。陛下受天明命，正位宸極，以堯舜之道治天下，天下愛戴之如堯舜矣。今法司以如此之情，坐劉槩以妖言死罪，不無有累陛下清明之政，欲使天下後世不為之痛惜，恐不可得也？且一婦含冤，三年不雨，今各處災異，人情洶洶，此正朝廷欽卹刑獄，求言脩省，以回天意，以弭災變，以安人心之時。若使劉槩緣此死於獄中，豈不愈傷天地之和，愈召水旱之災，而臣忝在六卿之列，知而不言則違先聖事君有犯無隱之戒，其罪將安逃乎？是以不避鈇鉞，為陛下言之。倘蒙聖明裁察，寬宥劉槩死罪，將見天下後世莫不稱頌皇上矜恤之仁，豈不召和致祥，衍慶延祚於無窮也？弘治二年四月初三日具奏，奉聖旨：劉槩造妖引喻非類，法司比律問擬未為不當，你如何這等來説，且監著，待後發落，刑部知道。欽此。

《明孝宗實訓》卷二《正風俗》　弘治十年七月戊申，先是巡視東城監察御史程文以鄭村壩軍餘劉普善妄稱天仙玉女託夢於己，令蓋造殿宇，各處男女聽其誘惑爭趨禮拜，布施錢物，請賜禁治，命都察院揭榜嚴禁之，既捕獲都察院請治以左道惑衆之罪。

上曰，普善輩左道惑衆，有壞風俗，即宜禁止，但愚民無知，姑從輕處治，悉杖而遣之。

（明）查繼佐《罪惟録》紀卷一五《孝宗紀》〔弘治十二年二月〕

戊甲，嚴左道惑衆之禁。

（明）林俊《見素集奏議》卷七《秋臺稿·辯王元愷等獄疏》　題為恤刑獄以新初政以答天戒事，【略】今死宇文鍾落職回家狂放無度，與今死樂婦劉四十三往來姦住。正德七年間宇文鍾前來本縣仰天池等處，占買莊田，舉放私債，及能與衆浮沈，人皆趨附，又將元愷訕謗，以此成讐，又與今死崔仕仁時常縱酒講論時事。正德九年二月初八日，在官王進收藏妖書三本，不合傳用惑衆，俱係行軍破陣、驅神攝鬼、起雲動雨、破天兵、立乾坤等項符呪。宇文鍾同崔仕仁王進各時常講解傳用惑人。本年日月不等，在官田山李鋭各因强盜搶奪事發問擬充軍，逃回俱投宇文鍾，跟用聽從講論妖書。楊儀義男婦青梅被宇文鍾見伊姿色，誘引為妾，楊儀以此嗔怪，遂絶往來。又因屈聰訐告楊儀地土姦情，楊儀疑是宇文鍾主使，益加讐恨。正德十三年七月内，劉四十三與宇文鍾姦住情濃，説稱我夜夢見爾家照壁金龍覆罩等語。本年九月内，宇文鍾置酒叫到樂婦劉關寶，今死樂工王林唱飲各散，馬黒眼舊與王林爭婿有隙，不合妄捏宇文鍾向王林説稱爾是好漢，我與銀二十兩置買什物，待我起手之日調用等情向元愷報説，元愷思起前恨，又不合將袁潔王介今死焦思聰捏作宇文鍾鳩聚無賴圖謀作亂，商議駕在榆林日久，城内見無人馬，我等潛奪省城，甚無難事等情，親來陝西報與知府，劉祥差人查訪。正德十四年七月内，宇文鍾弟生員宇文評在府考試不中，責打問，宇文評稱説看家兄分上，知府劉祥益加怒罵，宇文鍾聞知，要尋劉祥事情訐奏，劉祥切齒怪恨。本月内楊儀因宇文鍾前讐要得陷害，知伊親家楊宏見任後府都督僉事，却佯為好意，作書《恐動》内云舍親伯秀，在樓觀招集亡命之徒，及銀茶僧道謀為鄧滿之舉，以取滅宗之禍，幸遇王黄門通三司撓散，吾輩免池魚之殃，但詒金龍覆罩之祥，此心尚未脱去等情。楊宏看係重事不敢隱匿，只得舉首行間。本年八月内，崔仕仁將扇一把題詩内云：其中或有龍潛隱，一朶卿雲手上飛。又一首内云：炎凉蓋世惟安待，六合茫茫任所飛等項語句。本月二十一日，劉祥訪得王進與宇文鍾崔仕仁妖言事情，及田山李鋭備知來歷哄叫到府，將宇文鍾同崔仕仁王進講論妖言真情説出，劉祥就令田山等出首，劉祥要得重陷宇文鍾重罪，添作田山李鋭各稱山為事，充軍回家，因慣習武藝，妖人王進叫山并李鋭在於宇文鍾家糾合，商議向山言説，你們好漢從我如何？又令崔仕仁以法相山有兩重天權，要起反心，令山聽從，及要與山法藥一丸喫用，但喫了就迷心性，從伊調用，王進有法常在水中藏住，又知天勢，各處招下人馬，要在十月中自乾地起手往鳳翔，復到陝西，圖坐秦府，作宇文王。及訪得宇文鍾去年因駕在榆林時，窺得守巡官俱出城，曾要起手，城外用王進以妖書惑人，城内崔仕仁以藥及相術惑人，山等恐怕事發罪重，口首知府劉祥，外為此具狀首鎮守劉太監處，劉祥亦將元愷前項告變情由，稟知劉太監當差官舍人等，將王進崔仕仁捉獲，王進隨身搜出妖書一本，崔仕仁原題詩扇一把，又於王進家内搜妖書二本，水遁尿胞一箇，弓箭等器俱送鎮守衙門。究問間，田山李鋭各又不合將今死劉子玉、淡聰、陳連，白元、張勉、張璠，各口告同謀，元愷楊儀聞知要得輳成反逆大獄，各不合乘機元愷將今死焦杲鞏得海等，楊儀將今死吕節徐三英等，馬黑眼等亦不合將王林俱報同謀。本府分投差人，當將有名人數捉獲，又向宇文鍾家内搜獲鎖子甲、斗牛撒袋、邊箭鉞斧、銅鼓等器，俱行三司轉行知府劉祥，四衛掌印指揮把鉞等審問，各不合不行查審真情，以致劉祥將宇文鍾、崔仕仁、王進并淡聰、吕節等，用刑拷訊。宇文鍾等妄招與袁潔時常講論，要謀起手，自置飛誓飲血酒及到龍泉寺殺宰牛羊，領衆祝天，稱説佑我動兵爭得天下江山，用銀十萬重脩寺院，并添脩黑虎玄壇，義勇武安廟，禮畢置酒大會，各演鎗、演刀、演馬、演弓，及稱我是宇文王後代，有人夢我金龍罩體等語，却又加封衆人五府六部官職，省城改作順天府等項虚情，連人呈解都布按三司，會審問，都督楊宏將前書信備由呈蒙兵部移咨巡撫鄭都御史，會鎮守劉太監，巡按陳御史各案行三司，仍併行知府劉祥指揮把鉞等通提事内干審人犯再問，各亦不合不行研審，仍照劉祥等原問招情取供呈解，都布按三司掌印守巡等官不合不行駁勘體實，仍具原取供詞呈解鎮巡衙門問。本年十一月二十一日，蒙欽差頭目帶同夜不收前來吊取宇文鍾等，蒙鎮巡衙門各差官將文鍾等四十八名口，并元愷楊儀等管解軍門，行至中途，徐三英等三名病故，餘犯轉送南京刑部錦衣衛，監候間宇文鍾、郝舟、焦思聰、王林、周縉、楊氏、武朝用、李智在監各病故，後將各犯解至臨清、通州等處，崔仕仁、馬萬疆、淡聰、吕節、劉子玉、鞏得江、張璠病故，到京將王進等解送錦衣衛鎮撫司監候。焦杲、袁一臯、張勉、白元、鞏得海、楊世英在監病故，元愷并楊儀、田山、李鋭、馬黑眼、劉四十三，俱被江彬脱放，劉四十三亦故。正德十六年六月内，蒙錦衣衛將王進等奏送刑部，及元愷袁潔各具本奏行本部，題奉欽依移咨都察院備行，巡按陝西喻御史案行本司，轉行各該掌印等官勘問間。嘉靖元年二月初八日，楊世全在監病故，蒙將元愷等人卷提吊到官會審前情明白，及審據元愷等執稱已故，焦杲、焦思聰、鞏得海、鞏得湖、楊世英、鞏得江、馬萬疆、楊世全、郝舟，原係元愷捏告，袁一臯、楊氏，亦係告内人犯家屬，淡聰、陳連、白元，原係田山捏告，張勉、張璠、劉子玉，原係李鋭捏告，王林原係馬黑眼捏告，徐三英、吕節、周縉、劉四十三，原係楊儀各誣報致累身死是的，問擬王進妖書傳用惑衆，斬罪，王元愷、楊儀、田山、李鋭、馬黑眼，俱比依誣告人因而致死，隨行有服親屬一人者律，絞罪。奏奉欽依，各依擬處決，監候間，今會審解到，審得王進搜有妖書，田山李鋭各有告狀，各情真罪當，照例監候聽決，内王元愷、楊儀、馬黑眼稱寃不服。臣等切詳宇文鍾黨結逆瑾，因而落職，放肆無忌，猖狂自恣，講論時事，傳用妖言，情向未卜，金龍兆夢，招納叛亡，心迹難明，味黨人題扇詩句，隱然包藏亂機，王元愷、楊儀私書傳報，雖以田地小嫌而為報怨復讐之舉，竊恐江湖隱憂，不無防微杜漸之意。若非劉祥之挾恨戳告，劉賓之圖利妄拏，則元愷之傳報徒託空言，楊儀之私書終為故紙，且拏問成招俱出劉祥之鍛鍊，而同讞來歷又多宇文鍾之自招，況自來謀叛事每起於妖言。今妖言是實，跡亦涉於疑似，使累死俱為平人，則文鍾之妖言惑衆而衆者果為誰耶？是以陝之巨室宦族始聞其事，各懷狐兎蛇草之驚，同為王元愷楊儀之致怨事久，論公及鄉民耆老得蒙曲突徙薪之惠者，遮路哭訴，願為元愷楊儀之代死。即今王進等果又率衆反獄逃叛，則元愷、楊儀、馬黑眼之情罪通可矜疑，臣等看得本官會審，王元愷、楊儀、馬黑眼前情俱可矜疑等因。嘉靖二年六月二十三日，本部尚書林俊等具題，奉聖旨：是，這情可矜疑的都饒死，各押發邊衛，永遠充軍，係人命的還著實打一百發遣，欽此。

《明神宗實録》萬曆四年六月〔戊辰〕巡按陝西御史劉光國獲咸寧縣妖人李一真等，並其宣淫倡逆罪狀以聞。詔：一真等即便處決，劉安等徒口外，其妖邪惑衆之民，各撫按嚴如禁戢，犯者悉遵炤此例不貰。

《明神宗實録》萬曆三十一年二月〔己亥〕吏部以捕獲走空神棍王紹溪等，並營幹官劉悌，請下法司治罪。從之。

《明熹宗實録》天啓三年六月〔乙酉〕商周祚文言：泉州府一錢會邪民倡亂，業行道府捕治首犯，解散餘黨，地方旋已安堵。得旨：邪會倡亂，還著地方官加意禁戢。

《刑臺法律・名例副卷・比附雜犯罪律》一、僧道徒弟與師共犯罪，徒弟比依家人共犯免科。

一、僧道舊寺觀，故僧遺存原造侍奉佛像三尊，去別寺院侍奉，比依不應從重論。

黄彰健《明代律例彙編》卷一一《禮律一・祭祀・禁止師巫邪術》

凡師巫假降邪神，書符咒水，扶鸞禱聖，自號端公、太保、師婆，及妄稱彌勒佛、白蓮社、明尊教、白雲宗等會，一應左道亂正之術，或隱藏圖像，燒香集衆，夜聚曉散，佯修善事，扇惑人民，爲首者，絞。爲從者，各杖一百，流三千里。若軍民裝扮神像，鳴鑼擊鼓，迎神賽會者，杖一百，罪坐爲首之人。里長知而不首者，各笞四十。其民間春秋義社，不在禁限。

弘治問刑條例

一、各處官吏軍民僧道人等來京，妄稱諳曉扶鸞禱聖，書符咒水，一切左道亂正邪術，扇惑人民爲從者，及稱燒煉丹藥，出入内外官家，或擅入皇城，夤緣作弊，希求進用，屬軍衛者發邊衛充軍，屬有司者發口外爲民。若容留潛住，及薦舉引進，鄰甲知情不舉，並皇城各門守衛官軍不行關防搜拿者，各參究治罪。

胡瓊集解附例

一、内外問刑衙門今後遇有燒香聚惑爲從，及稱爲善友，求討布施，聚至十人以上，接引窩藏之人，不問來歷，若寺觀住持披剃冠簪，致令入境探聽事情。若軍民人等被誘，舍與應禁鐵器等項事發，有如犯人買成劉安定，俱發隔别衛分，永遠充軍。其不知情，止是布施飲食，别無容留披剃冠簪，及額外僧道行童本無逃避刑罪，善友聚衆不及十人，俱照常例發落。

大明律直引所載問刑條例

一、雇工人故明火點火，人衆驚擠，踐踏壓死，比依燒香聚衆，夜聚曉散，(作)〔詐〕善事，扇惑人民，爲首者絞，爲從者流，造作人不應從重論。

嘉靖問刑條例

一、内外問刑衙門，遇有左道惑衆之人，或燒香集徒，夜聚曉散，爲從者，及稱爲善友，求討布施，至十人以上，並軍民人等，不問來歷，窩藏接引，或寺觀住持容留披剃冠簪，探聽境内事情，及被誘軍民舍與應禁鐵器等項，事發，屬軍衛者，俱發邊衛充軍；屬有司者，發口外爲民。

萬曆問刑條例

一、凡左道惑衆之人，或燒香集徒，夜聚曉散，爲從者，及稱爲善友，求討布施，至十人以上，並軍民人等，不問來歷窩藏接引，或寺觀住持，容留披剃冠簪，探聽境内事情，及被誘軍民，舍與應禁鐵器等項，事發，屬軍衛者，俱發邊衛充軍，屬有司者，發口外爲民。

中國第一歷史檔案館《滿文老檔》天聰六年十二月〔初四日〕汗提及祭奠事，謂諸貝勒曰：仍照前定例，初祭一次，大祭一次。凡人祭奠，乃多以紙爲樓塔，上造佛像而焚化之，甚非所宜也。佛、神豈能祭奠時用耶？著永行禁止。

中國第一歷史檔案館《滿文老檔》崇德元年三月〔十二日〕汗復諭衆人曰：喇嘛等口作訛言，假以供佛持戒爲名，潛姦婦女，貪圖財利，常悖逆造罪，索取生人財物牲畜，聲稱使人免罪於幽冥。誕妄莫過於此者！爾喇嘛等造罪在此索取財物牲畜也，至於冥司，誰念爾等索財之情面，遂免其罪孽乎？今之喇嘛，當稱爲妄人，不宜稱爲喇嘛。蒙古人深信喇嘛之言，糜費財物牲畜，懺悔罪過，欲求冥魂超生福地。愚謬莫過於此者！嗣後，故其蒙古人爲死人懸轉輪結布旛之事，一律禁止。

《刑部現行則例》卷上《名例》習天文之人不必禁止。若妄言禍福煽惑愚人，仍照律擬罪。

《刑部現行則例》卷中《祭祀》 邪教惑衆，在京五城御史，在外直省各該督撫，已經通行嚴禁。如該地方官不行嚴禁，該督撫徇庇不參，科道官訪實題參，一並交與該部。其邪教惑衆者，照律治罪。傍人出首者，不論犯人多寡男女共追銀二十兩，給與出首之人。如係專拿之人拏獲者，追銀十兩，給與拏獲之人。

《刑部現行則例》卷中《祭祀》 一、奉旨居住喇嘛班第等外，和碩親王以下及民間有喇嘛班第者，相應俱令出京城外，往查漢綽爾濟喇嘛處居住。京城内外寺廟及民間私自行走喇嘛班第並阿木道等處喇嘛班第等，若寺廟留住，將容留寺廟住持僧道枷號三個月，責四十板爲民。尼僧留住者，將留住住持之尼僧及所住之喇嘛俱處絞。同住之僧道尼姑知而不舉，緣由責四十板爲民。若被傍人拏獲出首者，住持僧道與同住尼姑罰銀五十兩，給與拏首之人。該管僧道録司不行嚴查，緣由罰銀一百兩。專管僧道官革職，罰銀一百兩爲民，所罰之銀交與户部。其空寺廟若有喇嘛班第、阿木道等處喇嘛班第存住者，被傍人拏獲出首，無專住之人，將該管僧道録司及僧道官罰銀一百兩，於内取五十兩給與拏首之人。至於民人將伊子弟家人送與喇嘛爲班第，及將私自行走喇嘛班第、阿木道等處喇嘛班第留住家内者，將送留家主枷號三個月，責四十板。十家長及兩鄰知而不舉，緣由責四十板。若被傍人拏獲出首，向問罪之家罰銀五十兩，給與拏首之人。該城監察御史及順天府府尹不行嚴查，緣由交與該部罰俸一年，專管知縣等官併兵馬司指揮等官革職。有僧道尼姑寺廟及空寺廟並民家居住喇嘛班第，阿木道等處喇嘛班第，俱入官，交與禮部理藩院發落。

一、京城内白塔寺居住喇嘛九名，嗘咀咀廟居住喇嘛八名及厄木齊喇嘛均應照舊留住外，其崇國寺居住喇嘛應令出京城，在四天主廟居住。嗣後和碩親王以下及民間如有喇嘛班第者，俱出城外，在查漢達爾、漢綽爾濟喇嘛處居住。凡人如有治病、唸經、供齋者，須夫妻同坐，白日請來即令回去，如夫不在家，而婦人們請喇嘛班第到家者，照不應重律治罪。如稟過該佐領、驍騎校請來者，無罪。其私造寺廟及婦女寺廟燒香往來行走者，照律治罪。此等事被傍人拏首者，從犯人名下追銀十兩給與拏首之人。如漢僕出首，照首主例治罪。到於容留婦女行縱污穢並做喇嘛及私進京城居住者，係外邊喇嘛交與理藩院，係阿木道喇嘛交與禮部。

《刑部現行則例》卷中《賊盗》 一、凡妄説虛言、書寫張帖煽動人心者，交與步軍統領、五城，順天及宛大二縣不時嚴行查事，如拿獲，將爲首者立斬，爲從者俱擬斬監候，秋後處決。

《刑部現行則例》卷下《雜犯》 一、凡有狂妄之徒，因事造言，捏成歌曲，鄙俚喋褻、刊刻傳誦、沿街唱和者，内外各地方官即時查拿，照不應重律治罪。若有妖言惑衆等詞，仍照律治罪。

《大清律例》卷一七《禮律·儀制·術士妄言禍福》 凡陰陽術士，不許於大小文武官員之家，妄言國家禍福。違者，杖一百。其依經推算星命卜課，不在禁限。

《大清律例》卷八《户律·户役·私創庵院及私度僧道》 律

凡寺觀庵院，除見在處所先年額設外，不許私自創建增置，違者，杖一百。僧道還俗，發邊遠充軍；尼僧女冠，入官爲奴。地基材料入官。若僧道不給度牒，私自簪剃者，杖八十。若由家長，家長當罪。寺觀住持及受業師私度者，與同罪，並還俗。入籍當差。

條例

一、民間子弟，戸内不及三丁或在十六以上而出家者，俱枷號一個月，並罪坐所由。僧道官及住持知而不舉者，各罷職還俗。

一、僧道犯罪，雖漏給度牒，悉照僧道科斷。該還俗者，查發各原籍當差。若仍於原寺、觀，庵，或他寺、觀、庵、院潛住者，並枷號一個月，照舊還俗。其僧道官及住持知而不舉者，照違令律治罪。

一、民間有願創造寺觀神祠者，呈明該督撫具題，奉旨方許營建。若不俟題請，擅行興造者，依違制律論。

一、由禮部頒發度牒給在京及各省僧綱司等。如情願出家之人，必須給予度牒，方準披剃。仍飭地方官嚴查。僧官、胥吏毋得藉端需索，擾累僧徒，違者從重治罪。

一、僧道凡有事故，將原領牒照追出彙繳，毋許改名更替。如有暗行隱匿及私相授受者，僧道照違制律治罪。僧道官斥革，還俗。地方官照失察例處分。

一、現在應付、火居等頂僧道，止於優給本身牒照，不準招受生徒。

其合例應招生徒之僧道，所有許其招受之人，即於伊師原發牒照上註明年貌、籍貫、簪剃年月。伊師身故之日，即爲本人之牒照，不必另行給發。該州縣歲底彙報該撫。該撫隨五年審丁之期，另具清册報部。如所招之人身犯姦盗重罪，除將伊師牒照内名字除去外，伊師亦不準再行續招。如所招之人無罪犯而病故者，準另招一人爲徒。亦於牒照内註明身故續招緣由。其牒照有水火盗賊遺失等情，準其呈明地方官，咨部另給。

一、僧道年逾四十，方準招受生徒一人。如有年未四十即行招受及招受不止一人者，照違令律，笞五十。僧道官容隱者，罪同。地方官不行查明，交部照例論處。所招生徒勒令還俗。

《大清律例》卷一〇《户律·婚姻·僧道娶妻》 律

凡僧道娶妻妾者，杖八十，還俗。女家主婚人同罪。離異。財禮入官。寺觀住持知情，與同罪，以因人連累，不在還俗之限。不知者，不坐。

若僧道假託親屬或童僕爲名求娶，而僧道自占者，以姦論。以僧道犯姦加凡人和姦罪二等論，婦女還親，財禮入官，係强者以强姦論。

《大清律例》卷一七《禮律·儀制·僧道拜父母》 律

凡僧尼、道士、女冠，並令拜父母，祭祀祖先。本宗親屬在内。喪服等第，謂斬衰、期功、緦麻之類。皆與常人同。違者，杖一百，還俗。

若僧道衣服，止許用紬絹布疋，不得用紵絲綾羅。違者，杖五十，還俗，衣服入官。其袈裟道服，不在禁限。

《理藩院則例》卷五三《違禁·喀爾喀四部落已授職臺吉及正項佐領下人等不準資助呼圖克圖喇嘛商上為徒》 一、凡喀爾喀四部落蒙古汗、王、貝勒、貝子、公、扎薩克臺吉等屬下已授職臺吉及正項佐領下人等，不準資助呼圖克圖喇嘛商上爲徒，違者，本人勒令還俗，該扎薩克等照違制律議處。其屬下未及歲臺吉、臺吉喇嘛、隨丁、幼丁喇嘛，未及歲、逾歲，閑散以及姦生子，無依婦女人等，有願爲呼圖克圖喇嘛之徒者，聽其自便，仍由各該扎薩克報院核準，照例給予度牒。

《理藩院則例》卷五九《喇嘛事例四·喇嘛逃走》 一、凡喇嘛班第等私自逃走自行投回者，初次鞭六十，二次鞭八十，三次鞭一百，革退。如拿獲者，鞭一百，革退。該管之德木齊等隱匿不報者，初次罰錢糧一個月，二次罰錢糧二箇月，三次以上俱罰錢糧半年。

《理藩院則例》卷五九《喇嘛事例四·喇嘛廟内容留婦人》 一、喇嘛所住廟宇内不準婦人行走。若喇嘛等住房内令婦人行走者，容留之大喇嘛罰二九牲畜，德木齊罰一九牲畜，格隆班第等罰五牲畜存公。所住婦人之夫若係内地官員、民人，一並交該部治罪。

《蒙古律例》卷二《户口差徭·禁止私當喇嘛班第》 一、凡喇嘛等，若將家奴及他人送來之人收爲班第，並將無籍喇嘛、班第隱匿存留者，將該管之大喇嘛革退管轄之職，罰三九牲畜，格隆班第等罰三九牲畜。内地人若將家人作爲班第，送與喇嘛，留於家内，並將無籍私行之喇嘛、班第隱留者，自該都統以下、小領催以上，將隱匿之人與首者一並交部，質審明白，從重治罪。再外藩蒙古地方，除檔内所載之喇嘛外，將私自混行之喇嘛、班第盡行驅逐。若隱留不逐，並將屬下家奴私爲班第，倘被旁人及屬下家奴首出者，係王、貝勒、貝子、公、扎薩克臺吉等，各罰俸一年，若係無俸之臺吉，罰馬五十匹，官則革職，平人鞭一百，該管王、貝勒、貝子、公、臺吉罰俸九個月，管旗章京、副章京、參領罰一九牲畜，佐領、驍騎校罰二九牲畜，小領催、十家長鞭一百。將所罰之畜作爲三分，一分給付首者。若係屬下家奴首出，令出其主家。將私爲班第之人、私往之喇嘛、班第俱革退，發回本旗本主。遊牧之察哈爾八旗、素魯克人等亦照此按等治罪。

《蒙古律例》卷二《户口差徭·披甲壯丁不許私為烏巴什》 一、凡披甲壯丁，不得私爲烏巴什。年老殘疾丁册裁名之人，有願爲烏巴什者，聽之。若披甲莊丁私爲烏巴什，照私爲喇嘛班第之例治罪。

《蒙古律例》卷二《户口差徭·禁止私為齊巴汗察》 一、凡内外婦人不許爲齊巴汗察。若私爲齊巴汗察，照私爲喇嘛班第之例治罪。

《蒙古律例》卷一一《喇嘛例·喇嘛格隆等準其穿用黄色金黄紅色衣服》 一、喇嘛、格隆等穿用黄色、金黄、紅色衣服，班第等穿紅衣。喇嘛、班第之帽，準作素色。五巴什、烏巴三察停其穿用黄色、金黄、紅色。喇嘛等若御賜各樣衣服，準其穿用。大喇嘛等若違此穿用者，罰一九牲畜。班第、五巴什、烏巴三察鞭八十。

《蒙古律例》卷一一《喇嘛例·禁止喇嘛班第等私行》 一、凡人欲請喇嘛、班第等治病念經者，將緣由稟明該管大喇嘛，準其帶往。帶往之人送回，特交付大喇嘛。若喇嘛、班第等宿於所去之家，不告知大喇嘛，私自行走，請喇嘛之人不告知大喇嘛，帶往令宿其家内者，將擅行住宿之喇嘛、班第罰三九牲畜存公，將私自帶往之人交院治罪。若宿於無夫之婦人家内，革退喇嘛，鞭一百，外地婦人亦鞭一百，内地婦人交該部治罪。若齊巴汗察行姦者，將齊巴汗察革退，鞭一百，該管大喇嘛罰三九牲畜，扎隆克喇嘛等二九牲畜，德（大）〔木〕齊等各罰一九，存公。喇嘛等住房内若容留婦人者，大喇嘛罰二九牲畜，德木齊等一九牲畜，格隆、班第等各罰五牲畜，存公。盛京、錫勒圖庫倫、歸化城外四十九旗所有喇嘛等，雖進貢來念經治病行走者，各稟明該管之大喇嘛、該管旗之王、貝勒等，訂期行走。

《蒙古律例》卷一二《喇嘛例·喇嘛所住廟内禁止容留婦人》 一、喇嘛所住廟宇内禁止婦人行走。若喇嘛等住房内令婦人行走者，容留之大喇嘛罰二九牲畜，德木齊一九牲畜，格隆、班第等罰五牲畜，存公。所往婦人之夫若係内地官員，民人，一並交該部治罪。

《蒙古律例》卷一二《喇嘛例·喇嘛等犯罪，令先革退喇嘛》 一、凡喇嘛等因事拘審，先革退喇嘛，再審。俟訊明無罪，復其喇嘛。犯罪所抄財物送院收存，作賞給諸寺廟喇嘛等項之用。

《蒙古律例》卷一二《喇嘛例·喇嘛等容留賊盜》 一、凡喇嘛若容留犯罪賊盜者，與犯人一律科罪。

《清高宗實録》乾隆四十八年秋七月〔甲辰〕 諭軍機大臣等：據朱椿奏續獲混元邪教案犯搜出宗派牒文審訊一摺内稱許明德牒文，係廣東翁源縣道人湯鼎學所傳；朱雲華牒文，係廣東曲江縣道人陳明德所傳等語。此案傳徒得賄首犯，俱籍隸廣東，且牒文復又註明鈔自廣東羅浮山榮林觀。是該處定有倡立邪教之人。暨牒文底本，前經巴延三等奏，派委臬司李天培等前往查辦。現在曾否獲犯，著傳諭巴延三等，飭令該司等，務將湯鼎學、陳明德二犯拏獲，訊明傳自何人，有無夥黨，徹底根究，盡數緝獲，嚴審辦理，以示懲創。至粤西現獲各犯，即著朱椿嚴審實情，按律定擬具奏，將此由五百里各諭令知之。尋巴延三等奏覆，訪查博羅縣羅浮山，止有酥醪、黄龍、白鶴、九天、冲虚五觀，並無榮林觀名。各觀道士，從不出外雲遊。續拏獲湯鼎學，訊其牒文，向有熟識之火居道士何書生，托名羅浮山十三代宗派，自熬膏藥，往各處擺賣。湯鼎學亦欲擺賣膏藥，隨拜何書生爲師。鈔給牒文一張，填寫十四代湯鼎學字樣，並蓋用何書生做道場用的木戳。後至粤西荔浦縣，遇鄉親許明德，見其帶有道牒，向伊詢問。伊將托名羅浮山道士緣由告知，許明德隨拜伊爲師。轉託店主照鈔牒文一張，填寫十五代許明德字様。今據該犯堅供，實係賣藥營生，並非邪教惑衆。但係一面之詞，尚須解赴廣西歸案辦理。報聞。

《吏部處分則例》卷四五《雜犯·邪教惑衆斂錢》 嘉慶十八年十一月二十七日奉上諭：從來治民之道，教化爲先。國家撫有黎庶，設衆有司，陞以司牧之任。所以迪牖斯民，俾日興于善，非第催科斷獄即可稱爲良有司也。近來地方官積習因循，稍能守法奉職者，已不可多得，至於教化之事則置焉不講。間有恥爲俗吏勤思治本者，鮮不視爲迂談。朔望讀法，孟冬鄉飲，皆著於令甲，舉行者蓋已寥寥，況實能導民于善，更化易俗者乎！夫孝、悌、忠、信、禮、義、廉、恥，此八者，爲盡人所當知、當行。凡在四民，舍此則無以爲人；地方有司，舍此亦無以爲教。《孟子》曰：經正則庶民興，庶民興斯無邪慝。官吏不修正教，無怪愚民習於邪教。其初大率爲學好修福之説所惑，因愚入妄，因妄而至於犯上作亂，及罹於罪辜，國有常刑，而實皆由於地方官教化不興，以致陷溺斯民至於如此。《語》云：邪不勝正。所謂正者，即孝悌忠信禮義廉恥。嗟我良民，何辜受邪説之害？朕思之，實爲憫惻，著通諭各直省督撫轉飭該州縣等，於所屬民人實力化導，宣講聖諭廣訓，務俾家喻户曉。久之，人心感發，知仁而有所不忍爲，知義而有所不敢爲，則正教昌明，邪説自熄矣。至生監爲齊民表率，尤當束身名教，共相砥礪。著名學政督率教官，加意訓迪。於歲報優劣，秉公甄别。俾知有所勸懲，再習尚侈靡，尤爲風俗人心之害。近日民間服飾器用竟尚繁華，以致物力匱乏，民貧則姦邪易生，不可不示以節制。並著該地方官嚴申禁令，務俾崇儉黜奢，先義後利。庶幾尚日端用，副朕敦俗化民之至意。欽此。又同日奉上諭：各省邪教之起，其始止於燒香拜會，聚衆斂錢，或由數人至數十人，多亦不過百餘人。地方官一經訪聞，隨時拿獲，案律懲辦，邪説自可漸熄。無如州縣因循怠玩，於所屬村鎮匪徒夜聚晝散，傳教授徒等事，俱視爲故常，不加究詰。久之，奸民徒黨衆多，潛懷悖亂，養癰滋蔓，貽害至不可勝言。

前特降旨，寬免地方官失察處分，以除諱匿之弊，仍恐伊等存畏事之見，不認真查辦，著再通行申諭。嗣後各直省州縣官到任後，先周分村莊，稽查保甲，將境内有無邪教申報該管上司。如訪有萌櫱，立即查拿究辦，毋稍玩洩。倘飾有爲無，化大爲小，經上司訪聞，將該州縣從重參處。若州縣詳報，而上司諱匿消弭，準該州縣直揭部科，代爲陳奏，將該管上司嚴懲不貸。欽此。

咸豐四年十月初八日奉上諭：定例地方文武員弁失察習教傳徒，斂錢聚衆重案，處分綦嚴。原以無業莠民所在，多有查拿不力，每致釀成巨患，是以嚴定科條，使地方官自顧考成，隨時覺察。該管文武果能認真查辦，消患未萌，何至自蹈愆尤。乃近來地方官往往規避處分，因循諱飾，其有舉發懲辦者，該上司或又以遇事張皇，轉嚴申飭，遂至相率彌縫，逆匪得肆其猖獗。推原釀亂之由，實堪痛恨。當此軍務未竣，各省匪徒潛伏，尚復不少。若地方官恐干吏議，仍存避就之心，何以除姦慝而安良善。著通諭各省督撫，嗣後遇有匪徒潛匿，及奸細勾結重案，無論被人呈告，或被鄰境查拿，本地方官審有確據，即行申詳嚴辦者，準將應得處分奏請免議。其本地方官自行訪拿首要逆匪及通賊奸細，實在勞績可稱者，並準其酌量鼓勵。倘事前既不查拿，及事發到官又復畏難徇隱，立即予革職，治以應得之罪，決不寬貸。各該督撫務宜嚴加督率，懲勸兼施，痛改從前因循諱飾之錮習，以期盡絶姦萌，勿負朕諄諄誥誡之至意。將此通諭知之，欽此。

一、地方奸民自稱爲神，爲佛，倡設邪教，傳布符水、經板，惑衆斂錢，並非滋事重案者，將不行查拿之州縣官，降二級調用，府州降一級留用，道員罰俸一年，兩司罰俸九個月，督撫罰俸九個月。俱公罪。其或私相傳習，尚無惑衆斂錢顯績，州縣官不行查禁者，降一級調用，府州罰俸一年，道員罰俸九個月，兩司罰俸六個月，督撫罰俸三個月，俱公罪。如州縣官反給與此輩執照告示者，革職。私罪。失察之府州降一級調用。道員降一級留任。兩司罰俸一年。督撫罰俸九個月。俱公罪。如州縣官能訪拿破案者，免議。或由上司、鄰境訪拿在先，該員能隨同獲犯者，照本例減等議處。倘有姑息、縱容、隱匿不報，漸至釀成滋事不法者，即改照邪教滋事重案例議。若上司諱飾不辦，將上司降二級調用。私罪。由後任州縣查出，前任官亦降二級調用。公罪。

一、地方官於奸民倡設邪教，能立時訪聞拿獲，罪應擬斬首犯一名者，準其加一級。伙犯首罪應擬斬案内。每名準其紀録一次。拿獲五名以上者，準其送部引見。十名以上者，五名、十名均兼首伙而言。準該督撫指定應陞官階保奏，免其送部引見。如犯由州縣以下等官拿獲，覈與州縣官引見之例相符，準其分別試用實缺，或以遇缺盡先補用，或以應陞之缺保題。覈與州縣官指定應陞之階保奏之例相符者，亦準其指定應陞之階保題，毋庸送部引見。至鄰境拿獲邪教一案，照此一律辦理。

一、奸民倡設邪教，州縣官能立時訪聞拿獲，經該督撫奏聞時，欽奉特旨，指明以何官陞用，或以何官盡先補用，應欽遵諭旨辦理。其並非特旨恩施，係該督撫指明保奏以何官陞用，或以何官盡先補用，奉旨允準者，仍由吏部奏明請旨。

《回疆則例》卷六《禁止莫洛回子習念黑經》 一、各城莫洛回子，如有習念黑經者，查出即行報明審實，分別久暫，酌擬發遣枷責，咨部覈覆遵辦。仍於每歲孟春，由該管大臣申明定例，出示曉諭，嚴行飭禁，該管伯克等亦不得藉端滋擾。

（清）祝慶祺《刑案匯覽》卷一〇《禮律祭祀·禁止師巫邪術》 山東司查例載：捏造經咒邪術，傳徒斂錢，一切左道異端，煽惑人民，爲從者發新疆爲奴。又紅陽教及各項教會名目，並無傳習咒語，但供有高老祖及拜師授徒者，發往烏魯木齊爲奴。其雖未傳徒，或收藏經卷者，發邊遠充軍各等語。又二十年十二月，直隸總督條奏，將邪教從犯改發回城爲奴。又本年四月奉旨，嗣後各直省遇有倡立邪教，惑衆騙錢案内應行發遣之犯，著該督撫於審明定案時，酌留一二名於犯事地方永遠枷號示衆。欽此。各在案此案除首先傳教之張魯彦、王有先病故勿議外，張東安一犯先後拜從張魯彦、王有先爲師，李習大乘教，復傳孟光柱等四人爲徒，並購買高倘志經卷及護道榜文。雖據該撫審明，委非李習八卦教，亦無惑衆斂錢違悖不法情事，惟業經口授鄙俚咒語，並唸誦經卷、拜師傳徒，自應依例定擬。該撫將該犯比照傳習教會名目、拜師授徒例，擬發烏魯木齊，殊屬輕縱。張東安應改照捏造經咒邪術傳徒爲從例，改發回疆爲奴。該犯年逾七十，應如該撫所奏，遵照前奉諭旨，留於犯事地方永遠枷號示衆，以昭示戒。該撫奏稱：季化民孟光柱均拜張東安爲師，張崇得拜王有先爲師，張彦拜李義爲師，均應照爲從減等律，於張東安遣罪上減一等，各杖一百，徒三年等語。查季化民等拜從張東安等爲師，並未傳徒，惟季化民會齋唸經卷，張崇得受寄經卷收藏。張彦亦供稱，前經拜從李義吃齋唸經，俱屬情節較重。季化民、張崇得、張彦三犯均應改照雖未傳徒或收藏經卷例，發邊遠充軍。其孟光柱一犯，據供因不識字，僅止吃素經佛，並未習經咒。應如所奏，減爲杖一百，徒三年。嘉慶二十一年説帖，犯事地方永遠枷號之例，已於道光元年改爲發往配所永遠枷號。

《清宣宗實録》道光二十五年四月〔己亥〕諭軍機大臣等：前據裕泰等奏，緝獲青蓮教犯，當諭令研訊確供，按律懲辦。本日又據奏，續獲從犯，究出夥黨竄匿處所，飛咨各省一體緝拏等語。覽奏均悉，該犯等現在供詞，恐尚有不實不盡，仍著嚴飭承審各員，再行確訊。如續行究出夥犯姓名，著即一面咨拏，一面具奏。其所供湖南教犯彭超凡、張致讓等，已據委員前往守提，務須獲案究辦。該督等辦理此案，務在根究確情，毋稍縱脱，亦不得拖累平民。是爲至要，將此諭令知之。

又諭：裕泰等奏，續獲習教從犯，究出夥黨潛匿處所，飛咨緝拏，並開具清單呈覽。據單内開謝致良即謝克畏，係湖南人，隨帶徐傳貴、文先覺、鍾大環在河南省傳教，兼傳直隸。住處在開封府，城門上有任洗心堂條子等情。奸民習教傳徒，最爲地方之害。直隸爲畿輔重地，該犯等膽敢傳教惑人，尤應迅速查拏，盡法懲治。著訥爾經額嚴飭各屬密行訪查，如果有謝致良等私匿境内，設教傳徒情事，即著嚴密掩捕，務其弋獲。仍須不動聲色，毋得累及平民，轉滋驚擾。其所供開封府城住址，果否確實，並著鄂順安遴派幹員，按照供詞密速查辦。至此案青蓮教首李一原，並主壇立教之陳汶海、彭超凡、郭建汶等現尚在逃，前已分飭陝、甘、四川等省一體兜捦，亦恐該犯等依其同類，潛行竄匿。著訥爾經額、鄂順安並飭查，毋任漏網，以儆邪慝而淨根株。將此各諭令知之。尋鄂順安奏，拏獲謝致良即謝克畏，訊明拜從楚省陳依精即陳汶海爲師，傳徒惑衆，請即正法。汪秋陽等分别遣杖。下部議，從之。

《清宣宗實録》道光二十六年六月〔戊辰〕諭軍機大臣等：御史蘇學健奏，訪聞不法匪徒術誑幼孩，傳佈寖廣一摺。據稱，近日京城地面有新來匪徒，以食物誑騙幼孩。又有以假種天花爲名，於種痘時用術迷拐等情。現有由步軍統領衙門拏獲，咨送刑部之案，並稱此等匪徒起於浙江，沿及江蘇、閩、廣等處，於路上抛置食物，並於果餅鋪内售賣食物時暗中更換，小兒食之即斃，斃後潛取腦髓心肝。甚有隱用妖術，將瓦瓶攝人魂魄，尤爲怪誕。有經拏送及訪獲到官者，熬審受刑並無畏懼，總未審有端倪。以致該匪徒流傳漸廣，江淮以北及保定等處亦有遭其毒害者。似此鬼蜮伎倆，肆行無忌，實爲地方之害，著步軍統領、順天府尹各就摺内所指情形，密飭訪拏，並著都察院堂官密傳五城御史，一體嚴密查拏。務期有犯必獲，並訊明此術傳自何人，隨時按律懲辦，以靖地方而衛民生。是爲至要，將此各諭令知之。

（清）席裕福《清朝政典類纂》卷三八一《刑十三·户律婚姻·僧道娶妻》

凡僧道娶妻妾者，杖八十，還俗。女家主婚人同罪，離異，財禮入官。寺觀住持知情，與同罪，以因人連累，不在還俗之限。不知者不坐。若僧道假託親屬或僮僕爲名求娶，而僧道自占者，以姦論，以僧道犯姦，加凡人和姦罪二等論。婦女還親，財禮入官，係强者，以强姦論。

（清）席裕福《清朝政典類纂》卷三九〇《刑二十二·刑律賊盜·造妖書妖言》條例

一、凡妄布邪言，書寫張貼，煽惑人心，爲首者，斬立決。爲從者，皆斬監候。若造讖緯妖書妖言，傳用惑人，不及衆者，改發回城，給大小伯克及力能管束之回子爲奴。至狂妄之徒因事造言，捏成歌曲，沿街唱和，及以鄙俚褻嫚之詞刊刻傳播者，内外各地方官即時察拏，審非妖言惑衆者，坐以不應重罰。謹案：此條嘉慶六年修，並十九年、道光元年修改。

一、凡坊肆市賣一應淫詞小説，在内交與八旗都統、都察院、順天府，在外交督撫等轉行所屬官弁嚴禁，務搜板書，盡行銷燬。有仍行造作刊刻者，係官革職，軍民杖一百，流三千里。市賣者，杖一百，徒三年。買看者，杖一百。該管官弁不行查出者，交與該部按次數分别議處。仍不準藉端出首訛作。

一、各省抄房在京探聽事件，捏造言語，録報各處者，係官革職，係軍民杖一百，流三千里。該管官不行查出者，交與該部按次數分别議處。其在京責近大臣家人子弟，儻有濫交匪類，前項事發者，將家人子弟並不行約束之家主，並照例議處治罪。謹案：以上二條，均雍正三年定例。

（清）席裕福《清朝政典類纂》卷三八五《刑十七・禮律祭祀・禁止師巫邪術》 凡師巫假降邪神，書符咒水，扶鸞禱聖，自號端公太保師婆名色，及妄稱彌勒佛、白蓮社、明尊教、白雲宗等會，一應左道異端之術，或隱藏圖像，燒香集衆，夜聚曉散，佯修善事，煽惑人民，爲首者絞監候，爲從者各杖一百，流三千里。若軍民裝扮神像，鳴鑼擊鼓迎神賽會者，杖一百，罪坐爲首之人。里長知而不首者，各笞四十。其民間春秋義社以行祈報者，不在此限。

條例

一、各處官吏軍民僧道人等，妄稱諳曉扶鸞禱聖，書符咒水或燒香集徒，夜聚曉散，並捏造經咒，傳徒斂錢，一切左道異端邪術煽惑人民，爲從者改發回城給大小伯克及力能管束之回子爲奴。其稱爲善友，求討布施，至十人以上者，或稱燒煉丹藥出入内外官家，或擅入皇城，夤緣作弊，希求進用者，並軍民人等，寺觀住持，不問來歷，窩藏、接引、容留披剃冠簪至十人以上者，俱發近邊充軍。若不及十人，容留潛住、薦舉引用及鄰甲知情不舉，並皇城各門守衛官軍不行關防搜拏者，各照違制律治罪。如事關重大，臨時酌量辦理。至守業良民諷念佛經、茹素邀福，並無學習邪教捏造經咒，傳徒斂錢惑衆者，不得濫用此例。謹按：此條嘉慶六年修，並道光元年修改。

一、邪教惑衆照律治罪外，如該地方官不行嚴禁，在京五城御史在外督撫徇庇不行糾參，一並交與該部議處。旁人出首者，於各犯名下並追銀二十兩充賞。如係應捕之人拏獲者，追銀十兩充賞。謹案：此條係雍正三年定例。

一、凡有姦匪之徒將各種避刑邪術私相傳習者，爲首教授之人擬絞監候，爲從學習之人杖一百、流三千里。若事犯到官，本犯以邪術架刑者，照規避本罪律遞加二等，罪止杖一百、流三千里。其犯該絞斬者，仍照本罪科斷。至事犯到官，本犯雇人作法架刑者，亦照以邪術架刑例治罪，並究出代爲架刑之人，照詐教誘人犯法與犯人同罪律，至死減一等，得贓照枉法從重論。保甲鄰里知而容隱不首者，照知而不首本律笞四十。地方官不行查拏者，照例議處。謹案：此條係雍正十一年定例。

一、私刻地畝經及占驗推測妄誕不經之書，售賣圖利，及將舊有書板藏匿不行銷燬者，俱照違制律治罪。謹案：此條係乾隆九年定例。

一、各省遇有興立邪教哄誘愚民事件，該州縣立赴搜訊，據實通稟。聽院司按覈情罪輕重，分別辦理。儻有諱匿輒自完結，別經發覺，除有化大爲小，曲法輕縱別情，嚴參懲治外，即罪止枷責，案無出入，亦照諱竊例從重加等議處。謹案：此條係乾隆四十六年定例。

一、凡傳習白陽、白蓮、八卦等邪教，念荒誕不經咒語，拜師傳徒惑衆者，爲首擬絞立決，爲從年未逾六十及雖逾六十而有傳徒情事，俱改發回城，給大小伯克及力能管束之回子爲奴。如被誘學習尚未傳徒，而又年逾六十以上者，改發雲貴兩廣烟瘴地方充軍。旗人銷除旗檔，與民人一律辦理。至紅陽教及各項教會名目，並無傳習咒語，但供有飄高老祖及拜師授徒者，發往烏魯木齊分別旗民當差爲奴。其雖未傳徒或曾供奉飄高老祖及收藏經卷者，俱發邊遠充軍。坐功運氣者，杖八十。如有具結改悔赴官投首者，準其免罪。地方官開造名册，申送臬司衙門存案。倘再有傳習邪教情事，即按例加一等治罪。若拏獲到案始行改悔者，各照所犯之罪問擬，不準寬免。如訊明實止茹素燒香，諷念佛經，止圖邀福，並未拜師傳徒，亦不知邪教名目者，免議。謹案：此條係道光元年修改。

一、各項邪教案内應行發遣回城人犯，有情節較重者，發往配所永遠枷號。謹案：此條道光元年續纂。

一、凡奉天主教之人，其會同禮拜誦經等事，概聽其便，皆免查禁。所有從前或刻、或寫奉禁天主教各明文，概行刪除。謹案：此條同治九年續纂。

事例

天聰五年諭：凡巫覡星士妄言吉凶，蠱惑婦女誘取財物者，必殺無赦。該管佐領、領催及本主各坐應得之罪，其信用之人亦坐罪。

崇德七年諭：凡老少男婦有爲善友惑世誣民者，永行禁止。如不遵禁約，必殺無赦。該管各佐領、領催及各主不行查究者，一例治罪。

順治六年，定凡僧道巫覡之流，妄行法術蠱惑愚衆者，治以重罪。

十三年諭：凡左道惑衆，如無爲、白蓮、聞香等教名色，起會結黨，迷誘無知小民，殊可痛恨。今後再有踵行邪教，聚會燒香，斂錢號佛等事，在京著五城御史及地方官，在外著督撫、司道、有司等官設法緝拏，窮究姦狀，於定例外加等治罪。

十八年，定凡無名巫覡私自跳神者，杖一百。因而致人於死者處死。

康熙元年題准：人有邪病請巫覡道士醫治者，須稟明都統，用印文報部，準其醫治，違者巫覡道士正法外，請治之人亦治以罪。

五年覆准：凡邪教惑衆，在京行五城御史，在外行督撫，轉行文武各地方官，嚴禁查拏。如不行查察，督撫等徇庇不參，事發，在內該管官每案罰俸三月，在外州縣官降二級調用，督撫罰俸一年。

十二年題准：凡端公道士私行跳神醫人者，免死杖一百。雖會稟過禮部，有作爲異端跳神醫治致人於死者，照鬬毆殺人律擬罪，其私請之人，係官議處，係平人照違令律治罪。

十八年議准：凡迎神進香，鳴鑼擊鼓，肆行無忌者，爲首之人照邪教惑衆律擬絞監候，秋後處決。爲從之人枷號三月。係旗下鞭一百，係民責四十板，俱不準折贖。該管官不行查拏，事發，係旗下人將佐領、驍騎校、步軍校，係民將司坊官、府州縣，係兵將守備、把總每案罰俸半年，領催鞭八十，總甲責三十板。其參領副尉、五城御史、布按司道副將、參將、遊擊每案罰俸三月。步軍統領、總尉、總督、巡撫、提督總兵官，每案罰俸兩月。若係內務府佐領下人，該管官照參領、佐領、驍騎校、領催例治罪。若係僧道，將該管僧道官革職，責三十板。僧録道録司官革職。

以上均會典事例。

嘉慶十八年諭：嗣後各直省州縣官到任後，先周歷村莊，稽查保甲，將境內有無邪教申報該管上司。如訪有萌孽，立即查拏究辦，毋稍玩洩。倘飾有爲無，化大爲小，經上司訪聞，將該州縣從重參處。若州縣詳報，而上司諱匿消弭，準該州縣直揭，部科代爲陳奏，將該管上司嚴懲不貸。《聖訓》。

二十年議准：各項邪教爲從，及造妖書妖言傳用惑人不及衆各項人犯，例應遣額魯特者，悉改發回城，給大小伯京及力能管束之回子爲奴。通行。

咸豐四年諭：嗣後遇有匪徒潛匿及奸細勾結重案，無論呈告或被隣境查拏，本地方官審有確據，即行申詳嚴辦者，準將應得處分奏請免議。其本地方自行訪拏首要逆匪及通賊奸細，實有勞績可稱者，並準其酌量鼓勵。儻事前既不能查察，及事發到官又復畏難徇隱，立予革職，治以應得之罪，決不寬貸。《聖訓》。

刑案

沙彌行腳蓄髮披垂，概令薙去，不準混留。乾隆四十五年通行。

和尚被人雞姦，改扮女粧同逃，並無姦淫婦女情事，照左道惑衆絞罪上減等擬流，加枷號兩個月。嘉慶二十四年奉天司案。

教匪僅受名號，並未傳徒，比照傳教惑人無多亦無名號例擬絞。道光二年，四川案。

邪教案內遣犯，篤疾不準收贖。道光四年說貼。

婦女習教擬軍，原議同夫發配，後其夫雖故，仍應實發附近充軍，不必改發駐防。道光十三年直隸司說貼。

學習邪教後經悔悟出教，並未到官投首，照白楊教悔悟出教之案，發烏魯木齊爲奴。嘉慶二十四年河南案。

聽從伊姑傳習經咒，照邪教爲從，發回城爲奴。嘉慶二十五年安徽案。

聽從傳習黃天道教習，照念荒誕不經傳徒惑衆爲從例，發回城爲奴。道光元年山西案。

兩次聽從入教，復自傳徒多人，酌擬絞候。道光元年奉天司案。

因患病拜師入會，並未傳徒，比照雖未傳徒曾收藏經卷例，減等擬徒。嘉慶十九年浙江案。

如意教唱說好話，與邪教有間，量減擬徒。嘉慶二十三年直隸案。

出教免罪，復被煽惑，聞訪自首，照左道惑人爲從，遣罪上量減擬徒。嘉慶二十一年直隸案。

改悔出教，復又聽從圍爐燒香，量減擬徒。嘉慶二十二年直隸司案。

婦女傳習紅陽教，分別實發監禁。嘉慶二十一年直隸案。

各項邪教首犯，無論罪名輕重，俱不準其援赦。道光十二年奏準通行。

道人唸經跪香，煽惑騙錢，照師巫假降邪神燒香集衆，煽惑人民爲首擬絞律，量減擬流。道光十三年山東案。

道士供奉無生老母木像募化，比照各項教曾供奉飄高老祖例，發邊遠地方充軍。道光十二年直隸案。

教論扶乩治病，照書符咒水，扶鸞禱聖煽惑人民爲首擬絞律，量減擬流。道光十二年浙江案。

武弁聽從教犯茹素，並無拜師唸經情事，照不應重律杖八十，加枷號一個月。道光九年貴州案。

邪教從犯起解毆傷禁役欲逃，交提督衙門，永遠枷號。道光十二年廣西司案。

釋回教匪在籍不安本分，照舊發遣，永遠枷號。道光十五年邸抄。

釋回各省教匪，儻在中途逗遛，仍行發遣。道光十二年通行。

傳習邪教首犯在逃，從匪先行擬辦。光緒十年河南案。

紀事

《三國志》卷三《魏志·明帝紀》青龍三年中，壽春農民妻自言爲天神所下，命爲登女，當營衛帝室，蠲邪納福。飲人以水，及以洗瘡，或多愈者。於是立館後宫，下詔稱揚，甚見優寵。及帝疾，飲水無驗，於是殺焉。

《晉書》卷六《明帝紀》〔太寧二年春正月〕庚辰，赦五歲刑以下。術人李脱造妖書惑衆，斬於建康市。

《南史》卷二六《袁君正傳》〔袁〕君正美風儀，善自居處，以貴公子早得時譽。爲豫章内史。性不信巫邪，有師萬世榮稱道術，爲一郡巫長。君正在郡小疾，主簿熊岳薦之。師云：須疾者衣爲信命。君正以所著襦與之，事竟取襦，云神將送與北斗君。君正使檢諸身，於衣裹獲之，以爲亂政，即刑於市而焚神，一郡無敢行巫。

《隋書》卷七九《外戚傳·獨孤陁》〔獨孤陁〕好左道。其妻母先事猫鬼，因轉入其家。上微聞而不之信也。會獻皇后及楊素妻鄭氏俱有疾，召醫者視之，皆曰：此猫鬼疾也。上以陁后之異母弟，陁妻楊素之異母妹，由是意陁所爲，陰令其兄穆以情喻之。上又避左右諷陁，陁言無有。上不悦，左轉遷州刺史。出怨言。上令左僕射高熲、納言蘇威、大理正皇甫孝緒、大理丞楊遠等雜治之。陁婢徐阿尼言，本從陁母家來，常事猫鬼，每以子日夜祀之，言子者鼠也。其猫鬼每殺人者，所死家財物潛移於畜猫鬼家。陁嘗從家中索酒，其妻曰：無錢可酤。陁因謂阿尼曰：可令猫鬼向越公家，使我足錢也。阿尼便咒之歸。數日，猫鬼向素家。十一年，上初從并州還，陁於園中謂阿尼曰：可令猫鬼向皇后所，使多賜吾物。阿尼復咒之，遂入宫中。楊遠乃於門下外省遣阿尼呼猫鬼。阿尼於是夜中置香粥一盆，以匙扣而呼之曰：猫女可來，無住宫中。久之，阿尼色正青，若被牽曳者，云猫鬼已至。上以其事下公卿，奇章公牛弘曰：妖由人興，殺其人可以絶矣。上令以犢車載陁夫妻，將賜死於其家。陁弟司勳侍中整詣闕求哀，於是免陁死，除名爲民，以其妻楊氏爲尼。先是，有人訟其母爲人猫鬼所殺者，上以爲妖妄，怒而遣之。及此，詔誅被訟行猫鬼家。陁未幾而卒。

《新唐書》卷九四《李君羡傳》先是，貞觀初，太白數晝見，太史占曰：女主昌。又謡言當有女武王者。會内宴，爲酒令，各言小字，君羡自陳曰五娘子。帝愕然，因笑曰：何物女子，乃此健邪！又君羡官邑屬縣皆武也，忌之。未幾，出爲華州刺史。會御史劾奏君羡與狂人爲妖言，謀不軌，下詔誅之。天授中，家屬詣闕訴冤，武后亦欲自詭，詔復其官爵，以禮改葬。

《新唐書》卷八八《裴寂傳》浮屠法雅坐妖言，辭連寂，坐免官，削封邑半，歸故郡。寂請留京師，帝讓曰：公勳不稱位，徒以恩澤居第一。武德之政，間或弛紊，職公爲之。今歸掃墳墓，尚何辭？寂遂歸。未幾，汾陰狂男子謂寂奴曰：公有天分。監奴白寂，寂惶懼不敢聞，遣監奴殺所言者。奴盜寂封邑錢百萬，寂捕急，遂上變。帝怒曰：寂有死罪四：爲三公，與妖人游，一也；既免官，乃恚稱國家之興皆其所謀，二也；匿妖人言不奏，三也；專殺以滅口，四也。我戮之非無辭。議者多請貸，乃放静州。

《舊唐書》卷一八五《良吏傳·田仁會》麟德二年，轉右金吾將軍，所得禄俸，估外有餘，輒以納官，時人頗譏其邀名。仁會强力疾惡，晝夜巡警，自宫城至於衢路，絲毫越法，無不立發。每日庭引百餘人，躬自閲罰，略無寬者。京城貴賤，咸畏憚之。時有女巫蔡氏，以鬼道惑衆，自云能令死者復生，市里以爲神明，仁會驗其假妄，奏請徙邊。高宗曰：若死者不活，便是妖妄；若死者得生，更是罪過。竟依仁會所奏。

（唐）張鷟《朝野僉載》卷五　景雲中，有長髮賀玄景，自稱五戒賢者，同爲妖者十餘人，於陸渾山中結草舍，幻惑愚人，子女傾家産事之。給云至心求者，必得成佛。玄景爲金簿袈裟，獨坐暗室，令愚者竊視，云佛放光，衆皆懾伏。緣於懸崖下燒火，遣數人於半崖間，披紅碧紗，爲仙衣隨風習颺，令衆觀之，誑曰：此仙也。各令着仙衣以飛就之。即得成道，克日設齋，飲中置莨菪子，與衆餐之。女子好髮者，截取爲剃頭串仙衣，臨崖下視，眼花恍忽，推崖底一時燒殺，没取資財。事敗，官司來檢，灰中得焦拳尸柩數百餘人。敕決殺玄景，縣官左降。

《舊唐書》卷一七上《敬宗本紀》〔長慶四年〕十二月乙未，徐泗王智興請置僧尼戒壇，浙西觀察使李德裕奏狀論其姦幸。時自憲宗朝有敕禁私度戒壇，智興冒禁陳請，蓋緣久不興置，由是天下沙門奔走如不及。智興邀其厚利，由是致富，時議醜之。

《宋史》卷二《太祖本紀》〔乾德四年〕十二月庚辰，妖人張龍兒等二十四人伏誅，夷龍兒、李玉、楊密、聶贇族。

《宋史》卷三〇四《王濟傳》〔景德四年〕睦州有狂僧突入州廨，出妖言，與轉運使陳堯佐按其實，斬之，上嘉其能斷。

（宋）李燾《續資治通鑑長編》宋真宗大中祥符二年八月〔癸巳〕上之後宫，杜氏入道在洞真宫，故與諸公主同例。杜氏，昭憲皇后姪女也。上禁銷金嚴甚，還自東封，杜氏乃服以迎車駕，上見之，怒，遂令出家爲道士。由是天下無敢犯禁者。杜氏入道事迹，《國史》不載，今據江休復《雜誌》編入。江云太和宫，誤也。

《宋史》卷八《真宗本紀》〔大中祥符九年十一月〕丁未，河西節度使石普坐妄言災異，除名流賀州。【略】〔天禧二年六月〕乙巳，訛言帽妖至京師，民夜叫譟達曙，詔捕嘗爲邪法人耿概等棄市。

（宋）李燾《續資治通鑑長編》宋神宗熙寧八年五月〔丙寅〕監管趙世居親的骨肉陳惟和言，居有乳母姨嬿乞配度爲尼。從之。又言已籍記其家貲。詔均給其妻焦氏等，令大宗正司給訖具數以聞。

（清）徐松《宋會要輯稿·刑法二·禁約》〔政和〕四年二月五日，臣僚言：欲乞下諸路，括責州縣，前此有以講説、燒香、齋會爲名而私置佛堂道院，爲聚衆人之所者，盡行毀拆。明立賞典，揭示鄉保，仍令逐都保，每季具有邪法聚衆申縣，縣申州，州申提刑司，類聚以上朝廷。結集徒黨，事非細密，申令已明，儻復違犯，當嚴鄰保之法。州城兵官、縣巡尉，其不覺察之罪，比他官宜加等坐之。庶止邪於未形，且使無知之人免陷於刑戮。從之。

（清）徐松《宋會要輯稿·刑法二·禁約》〔政和四年〕十一月二十五日，臣僚言：竊見民間尚有師巫作爲淫祀，假託神語，鼓惑愚衆。二廣之民，信向尤甚，恐非一道德、同風俗之意也。臣愚欲乞申嚴法禁，以止絶之。若師巫假託神語，欺愚惑衆，徒二年。許人告，賞錢一百貫文。

（清）徐松《宋會要輯稿·刑法二·禁約》〔宣和元年〕二月四日，提舉道籙院奏：伏覩僻遠鄉邑，畫三清玉皇儀像於尺素方紙間，每薦以盤葷盃酒，混雜諸神。習之既久，不爲禁止，欲望特降睿旨下諸路，委監司廉訪守令及以次當職官吏嚴行下，覺察搜訪，正以典刑。仍以捕獲强盜之賞賞之。從之。

（宋）程顥等《二程集·河南程氏文集》卷四《明道先生文四·程郎中墓誌》　先是，蔡州妖尼惠普，以左道惑衆，數年之間，四方響動，奔走奉事，惟恐不至。其後姦跡暴露，有司猶暴其罪，但坐杖背，羈置歷陽。時朝廷當有赦，惠普即詐疾以俟，卒得免杖，人皆神之，謂果不可得而刑也。居和未久，崇奉者稍稍自遠而至，郡守禮之甚謹。公始戾止，會守以謫去，權領郡事。一日捽至庭下，布獄械於前，使具道所以罔人之狀。故其姦謀詭説，皆掀揭呈露，乃正其罪而刑之。有識之士以謂微公之斷，不能解天下之惑。

有李洞元者，爲神怪之説，妄言受知昭陵，嘗以金字書賜之。江、淮之間，從者如市，公亦按置於法。

（宋）熊克《中興小紀》紹興二十年五月　言者論夔路有殺人祭鬼之事，乞嚴禁止之。己未，上謂宰執曰：此必有大巫唱之，但治巫則此自止。西門豹投巫於河以救河伯娶婦，蓋知此道也。

《宋史》卷三三三《榮諲傳》　榮諲字仲思，濟州任城人。【略】爲開封府判官，太康民事浮屠法，相聚祈禳，號白衣會，縣捕數十人送府，尹賈黯疑爲妖，請殺其爲首者而流其餘，諲持不從，各具議上之。中書是諲議，但流其首而杖餘人。

（明）張四維《名公書判清明集》卷一四《懲惡門·妖教·痛治傳習事魔等人》 白佛載於法，已成者殺；黄巾載於史，其禍可鑒。饒、信之間，小民無知，爲一等妖人所惑，往往傳習事魔，男女混雜，夜聚曉散。懼官府之發覺，則更易其名，曰我係白蓮，非魔教也。既喫菜，既鼓衆，便非魔教亦不可，況既係魔教乎？若不掃除，則女不從父從夫而從妖，生男不拜父拜母而拜魔王，滅天理，絶人倫，究其極則不至於黄巾不止。何況紹興間饒、信亦自有魔賊之變，直是官軍剿滅，使無噍類，方得一了。若不平時禁戢，小不懲，大不戒，是罔民也。今照通判所申，道主祝千五決脊杖十二，刺配五百里；祝千二、十三、仇百十四各杖一百，編管鄰州。阿毛杖六十，以爲婦人無知者之戒。阿何責付其兄別嫁。私菴毁拆，如祝千二、十三、祝百一庵舍或有係墳庵，因而置立，則去其像；或有係神廟，因而會聚，則問其所事，若血食之神勿去，如或否，則係素食之神，不礙祀典者，移其神於寺舍，而去其廟。牒通判録問訖行，仍請備榜。

（明）張四維《名公書判清明集》卷一四《懲惡門·淫祠·計囑勿毁淫祠以爲奸利》 本府毁拆淫祠，整葺舖驛。蓋尋常州縣間，遇有修造，皆是科役村保，起集鄉夫，望青採斫，其爲民害甚大，今本府只欲不擾而辦，故廢無益以作有益，無害於民而有補於官，實爲兩便。而愚夫無知，□惑於鬼神之説，輒多端以沮撓之。當職去年諭俗榜文，其所以開明人心，非不甚悉，何爾民之惑也滋甚。且自當職到任以來，拆淫祠不知其幾，若使因此而獲戾於上下神祇，則何緣連年陰陽和而風雨時，五穀熟而人民育，災害不生，禍亂不作，降康降祥，反遠過於往年。以此觀之，則淫祠之當毁也明矣！卿二十二平時自稱神老，憑藉此廟，誑惑鄉民以爲奸利，一旦見官司拆毁，深恐失其所依，遂欲裒斂民財，計囑官吏，以存此狡兔之穴。此等奸民，何可不治，勘杖一百，餘人並免根究，放。但昨據本尉所申，謂阿李等聚集三十餘人，各執器杖，趕殺弓手、保正，若果有此事，則其罪當何如。今據各人所供，原來卻是恁地弓手、保正意在求勝鄉民，故張大聲勢，驚駭聽聞，縣尉又不討仔細，便行乞追捕。若使本府信其偏詞，輕易施行，則一鄉雞犬皆無孑遺矣。帖縣追保副姜全、弓手王瑫，各杖六十，以爲妄申官府之戒。

（明）張四維《名公書判清明集》卷一四《懲惡門·淫祀·寧鄉段七八起立怪祠》 狄仁傑持節江南，毁淫祠千七百所，李德裕觀察浙西，除淫祀一千一十所，前賢所爲，大槩爲風俗設也。伍倫易會稽之俗，宋均移辰陽之風，一出於此。假鬼神以疑衆，聖人所必殺，後世反憑以爲徼福之用，愚亦甚矣！昏淫之鬼，散在荊楚，習尚尤甚。禮已亡矣，若不禁止，此無乃其戎之先乎？近有白劄子，指言寧鄉段七八因刼墓事發，禱神得免，竭力爲祠，奉於水濱，謂之東沙文皇帝。此何神也？夫祭祀之典，法施於民，則祀之，以死勤事，則祀之，以勞定國，則祀之，能禦大災，捍大患，則祀之。東沙之神，何功於民，乃立廟祀。據本縣體究回申，朱書年命，埋狀屋下，更相詛咒，專行巫蠱之事，廟非所當，今棟宇宏壯，圖像炳煥，愈爲民惑。刲羊刺豕，日享血食之奉，此猶可也，用人於亳社，必有周公之所不享者，豈容聽其滋長以爲風俗之蠹。行下尉司，一切焚毁，已據申到，犁庭掃穴，悉付炎火，尺椽寸瓦，不復存在。楚之爲俗，荒於巫風，久其日矣，牢不可破。尉有定力，不惑於衆，以身行之，可爲善俗之助，亦古之所謂賢德者也。段七八決脊杖五十，刺配武岡軍，並家口押發，置在廂軍，使之改業。縣尉發門陞狀。

（明）張四維《名公書判清明集》卷一四《懲惡門·誑惑·劉良思占充廟祝》 假鬼神以疑衆，自有常刑。劉良思元充廟祝，僞作神降，破獄出囚，妄以神力所致。州縣根勘，自當從條，一時姑息，編置隣州，可謂漏網。今又輒敢逃歸，仍前在廟，佔據神祝，意在生事，倘不懲戒，疑惑羣聽，爲禍必大，合決脊杖二十，刺配千里。別擇信實人充。

（明）張四維《名公書判清明集》卷一四《懲惡門·誑惑·説史路岐人仵常掛榜縣門》 仵常遠鄉怪民，言僞而辯，鼓惑衆聽，此真執左道以亂政之人。當職到官，首行戒約，今輒大張榜文，掛於縣外，與本縣約束，並行曉示，肆無忌憚，自合懲斷。且以正旦，與免行刑，只今押出本縣界。再敢入境，勘杖一百，令衆，無恕。

（明）張四維《名公書判清明集》卷一四《懲惡門·巫覡·巫覡以左道疑衆者當治士人惑於異者亦可責》 《王制》曰：執左道以亂政，

殺；假於鬼神疑衆，殺。古先聖王，豈樂於殺人哉，蓋以其邪説詖行，足以反道敗常，詭計姦謀，足以階亂稔禍，故不容不嚴爲之禁也。楚俗尚鬼，其來已久，而此邦爲尤甚。當職正欲極攘卻詆排之力，毁淫昏妖厲之祠，開明人心，變移舊習，庶幾道德一，風俗同，庶民安其田里，無或譸張爲（幼）〔幻〕，以干先王之誅。而黄六師者，乃敢執迷不悛，首犯約束。觀其所犯，皆祀典之所不載，有所謂通天三娘，有所謂孟公使者，有所謂黄三郎，有所謂太白公，名稱怪誕，無非魑魅魍魎之物，厭勝咀呪，作孽興妖，若此者，真所謂執左道，假鬼神，亂政疑衆者矣。若不誅鋤一二，以警動其餘，則異時傳習日滋，妖訛者甚，埋桐人以造蠱，用生人以代犧，何所不至哉！宜伸國禁，毋俾世迷。姑以榜示之初，恐未聞，知之未徧，未欲重作施行，且從輕杖一百，編管鄰州。其烏龜大王廟，帖縣日下拆毁，所追到木鬼戲面等，併當廳劈碎，市曹焚燒。但李學諭既爲士人，當曉義理，豈不知人之疾病，或因起居之失節，或因飲食之過傷，或因血氣之衰，或因風邪之襲，但當惟醫藥之是急，不當於鬼神而致疑。而乃謂其父病之由，起於師巫之呪，釘神之脅，則父之痛在脅，釘神之心，則父之痛在心，此何等齊東野人之語，而發於學者之口哉！當職於其初詞，已嘗訓以博奕之事，尚不通曉，而又見之所供。胸中所存，亦可知矣，其何以訓諭諸生乎？以其昏昏，使人昭昭，無乃不可乎？牒學且與罷職，請教授勉令篤志學問，無使復爲異端所惑。

（明）張四維《名公書判清明集》卷一四《懲惡門·巫覡·提刑司押下安化曹萬勝訟曹九師符禁事范西堂》 假於鬼神以疑衆者，殺，此聖人之格言也。曹萬勝狀論曹九師，將一家年命埋廟中，以興災患，係是王魂三憑神報知，就廟搜尋，果有鐵符在内。準提刑判下，則曰邪巫惑衆，豈可不治，遂送縣追曹九師根究。據知縣所申，則曰巫蠱在廟，王自爲之，啓其終訟，罪當坐王。然曹以師名，王以魂名，二者皆假鬼神以疑衆者也，不可偏恕，各脊杖十二，刺配鄰州，不許放還。餘人並放。無得再詞，違定懲斷。

《元史》卷一七〇《張昉傳》 金亡，還鄉里。嚴實行臺東平，辟爲掾。鄉人有執左道惑衆謀不軌者，事覺逮捕，詿誤甚衆，諸僚佐莫敢言，昉獨别白出數百人，實才之，進幕職。

《元史》卷六《世祖本紀》 〔至元三年二月〕壬午，平陽路僧官以妖言惑衆伏誅。

《元史》卷一五七《張文謙傳》 〔至元〕五年，淄州妖人胡王惑衆，事覺，逮捕百餘人。丞相安童以文謙言奏曰：愚民無知，爲所詿誘，誅其首惡足矣。詔即命文謙往決其獄，惟三人坐棄市，餘皆釋之。

《元史》卷一三七《察罕傳》 〔至元〕二十八年，授樞密院經歷。未幾從奥魯赤移治江西。寧都民言：某鄉石上雲氣五色，有物焉，視之玉璽也。不以兵取，恐爲居人所有。衆惑之。察罕曰：妄也，是必搆害讎家者。覈問之果然。

《元史》卷二〇二《釋老傳》 至大元年，上都開元寺西僧强市民薪，民訴諸留守李璧。璧方詢問其由，僧已率其黨持白梃突入公府，隔案引璧髮，捽諸地，捶撲交下，拽之以歸，閉諸空室。久乃得脱，奔訴於朝，遇赦以免。二年，復有僧龔柯等十八人與諸王合兒八剌妃忽秃赤的斤争道，拉妃墮車毆之，且有犯上等語。事聞，詔釋不問。而宣政院臣方奏取旨：凡民毆西僧者，截其手；詈之者，斷其舌。時仁宗居東宫，聞之，亟奏寢其令。

《元史》卷二〇二《釋老傳》 泰定間，以帝師弟公哥亦思監將至，詔中書持羊酒郊勞；而其兄瑣南藏卜遂尚公主，封白蘭王，賜金印，給圓符。其弟子之號司空、司徒、國公，佩金玉印章者，前後相望。爲其徒者，怙勢恣睢，日新月盛，氣焰熏灼，延於四方，爲害不可勝言。有楊璉真加者，世祖用爲江南釋教總統，發掘故宋趙氏諸陵之在錢唐、紹興者及其大臣塚墓凡一百一所；戕殺平民四人；受人獻美女寶物無算；且攘奪盜取財物，計金一千七百兩、銀六千八百兩、玉帶九、玉器大小百一十有一、雜寶貝百五十有二、大珠五十兩、鈔一十一萬六千二百錠、田二萬三千畝；私庇平民不輸公賦者二萬三千户。他所藏匿未露者不論也。

《元史》卷一四二《納麟傳》 至正二年，除行宣政院使。上天竺耆舊僧彌戒、徑山耆舊僧惠洲，恣縱犯法，納麟皆坐以重罪。請行宣政院設崇教所，擬行省理問官，秩四品，以治僧獄訟，從之。

（明）丘濬《大學衍義補》卷一〇九《慎刑憲·慎眚災之赦》 元西僧歲作佛事，或恣意縱囚以售其姦宄，俾善良者，喑啞而飲恨。

臣按：赦宥出於上，識治體者猶以爲非。元人信胡僧之言，每作佛事，輒縱罪囚以希福報。恩不出於上而出於下，人不感帝之恩而感乎僧，是以每遇將作佛事之先，有罪在係者，輒賂僧以求免。遂使兇頑席僧勢以稔惡，善良抱寃屈而莫訴。胡俗所爲，無足責也，中國之治，烏可效而尤之哉。

（明）王圻《續文獻通考》卷二二四《物異考·訛言》 太祖洪武八年甲寅冬十二月，陜州人獻天書，辭涉妄誕，斬之。

《明太祖實録》洪武十七年秋七月 壬戌，盱眙縣民有僞造天書獻者，命誅之。

（清）查繼佐《罪惟録》紀卷三《太宗紀》〔永樂五年春正月〕建五臺山佛殿浮屠。據祖制，年非四十以上不許剃度，以違制，千八百人編運籍，戍極邊。

（明）余繼登《典故紀聞》卷七 永樂十五年，成祖以洪武間天下寺觀皆已歸併，近有不務祖風者，仍於僻處私建庵觀，僧尼混處，屢犯憲章，命禮部榜示天下，俾守清規，違者必誅。

（明）余繼登《典故紀聞》卷七 成祖謂禮部臣曰：近有一種無知愚民妄稱道人，一概蠱惑，男婦雜處無別，敗壞風俗。洪武中行瑜珈法，稱火居道士者，俱有嚴禁，即揭榜申明，違者殺不赦。

《明宣宗實録》宣德五年秋七月 甲辰，斬鄜州妖人申敏。敏，府軍前衛軍逃至寧州，自稱王居士，假佛法以禍福惑衆，州民被其誑誘，襄樂巡檢司執之，解京師。上命行在都察院鞫訊得實，斬於市。

（明）余繼登《典故紀聞》卷一〇 宣德間，湖廣荊門州判官陳襄言：各處近有惰民，不顧父母之養，妄從異端，私自落髮，賄求僧司文憑，以遊方化緣爲名，徧歷市井鄉村，誘惑愚夫愚婦，靡所不爲。所至，官司以其爲僧，不之盤詰，姦人得以恣肆。乞敕天下有司、關津，但遇削髮之人，捕送原籍，治罪如律。果是僧，止居本處，不許出境，庶革姦弊。從之。

（明）余繼登《典故紀聞》卷一〇 宣德間，廣東按察司僉事曾鼎奏：僧道二家，各奉其教，既已出家，自當離俗。今廣東、浙江、江西等處寺觀田地，多在鄰近州縣，頃畝動以千計，謂之寄莊，止納秋糧，别無科差。而收養軍民子弟，以爲行童，及匿逃軍逃民，代爲耕種，男女混雜，無異俗居。又有荒廢寺觀土田，報爲寄莊，收租入己。所在貧民無田可耕，且多差徭，而僧道豐富，安坐而食。乞敕禮部會議，取勘僧道寄莊之田及廢寺觀田，有人耕種者，開報佃人户籍，頃畝多，則均分本處無田之民，以供徭税。其私置莊所，隱逃軍逃民，男女雜居者，所在法司，嚴捕治之。

《明英宗實録》正統三年六月〔辛酉〕有僧嘗因旱乾積薪，欲自焚，請兩火舉而走，既而獲之，發龍門充軍。至是脱歸，得一銅印以獻，輒沿街大呼，謂所獻乃紫金印，復有金鎖甲在泰山之顛，巡邏者擒之。法司論妖言當斬。上以此妄男子，何足罪。命械復原伍。

《明英宗實録》正統九年二月 癸卯，天文生陳伯武私言觀星臺券門下車爲徃來，震動風水，今聖駕將幸國子監，若得過臺一視，依南京移置殿前爲便，校尉得其語以聞。命枷之臺下，以戒妄言者。

《明英宗實録》正統十一年九月 辛巳，有僧四人私建佛寺於彰義門外，監察御史林廷舉等奏付法司，坐當杖，充邊衛軍。從之。

《明英宗實録》正統十三年秋七月〔壬辰〕江西南城縣人龔謙多妖術，能誘婦人，自稱張神仙法孫，因所誘婦人曰曹氏者見知於禮部尚書胡濙，濙遂舉謙爲天文生，更名益之。既而數冒濙名，詐人賄賂。事覺法司論當徒。上命充鐵嶺衛軍。謙往來濙家甚習，頗有醜聲，士論耻之。

（明）余繼登《典故紀聞》卷一一 正統時，内使金榮等三人變其衣帽潛出禁門，至密雲縣青洞口内，剃髮爲僧，被緝事人擒獲，錦衣衛鞫實以聞，英宗命誅之。

《明英宗實録》景泰七年八月 甲子，巡按湖廣監察御史齊昭奏遼府校尉張智等十三人先以造妖言惑衆坐斬，今遇恩宥黨釋，命發邊遠充軍。

《明英宗實録》天順元年五月〔庚午〕河南武陟諸縣逃民有徐朗者諳星象，自稱菩提。有馬璘者自稱西天白馬佛下世，俱數以妖言鼓衆。衆推朗爲軍師，璘爲祖師，期今年爲亂。其黨有不協者發其事，朗自縊死，璘被擒亦死。法司具其餘當數十人獄以聞。上命俱宥之，充鐵嶺衛軍。

《明憲宗實録》成化二年八月〔壬子〕淄川人趙亮以妖書惑衆，爲緝訪者發其事，坐斬。

《明憲宗實録》成化十二年九月〔己酉〕妖人李子龍等伏誅。子龍本侯姓，名得權，保定易州民。幼名立柱兒，爲狼山廣壽寺僧，更名明果。稍長遊方至河南少林寺，遇術士江朝，推其命後當極貴。又遇道人田道真傳與妖書。有云陝西長安縣曲江村金盆李家有母孕十四月，生男名子龍，有紅光滿室，白蛇盤繞之異。得權得其説，遂更名子龍，蓄髮往來真定間，交結不逞之徒。又有術士黑山者，批其命若遇猴鷄鳳凰交之語，得權以與朝所言符信之。又遇道士方守真者，引至京寓軍匠楊道仙家。先是道仙有僞朝章勘合併勾籌符印，散與内使鮑石、崔宏，長隨鄭忠、王鑑、常浩，左少監宋亮，右副使穆敬，得權乃得夤緣出入内府。石忠等皆爲所誑，敬信之，時引至萬歳山觀望，羽林衛百户朱廣素與石忠相識，密言其事。廣遂同小旗王原訪得權，稱有貴相。乃傳于亮等，日久情稔，往還各遺以鞍馬服用等物。石嘗報織染局内官韋寒，設饌具以待，每入内府，石忠等稱爲上師北面拜，得權不爲禮，勢日張大。既而爲錦衣衛官校所發，執得權等下獄，將送都察院，出衛門忽報曰韋寒死矣。都察院鞫實，得權及道仙、山、廣、石皆伏誅，餘黨俱發充軍。已而刑科〔都〕給事中雷澤等言：得權、鮑石等内外交通，陰謀不軌，醞釀禍亂，死有餘辜，乃止將得權等五名處死，餘黨王原等九名俱獲宥免。刑罰太縱，恐無以謝神人之怒，彰朝廷之法，乞追究悉誅之。上以事既行，不聽兵部言，錦衣官校孫賢等，俱都指揮袁彬提督能捕獲妖賊，例應陞賞。詔命陞彬俸一級，賞白銀十兩，綵段二表裏，賢等各陞一級。

《明憲宗實録》成化十六年三月〔庚寅〕御馬監右監丞吴雄，以所得妖書示軍人朱謙，内有黑青字，謙言徃歳京城有物傷人，即是此類。已而復創邪妄語惑人，爲緝事者所發，上命雄送司禮監處治，謙發戍邊衛。

《明孝宗寶訓》卷二《斥異端》弘治元年正月乙丑，都察院左都御史馬文升等言：嶽鎮濟瀆等祠廟皆有前太監陳喜及姦人鄧常恩所造石函，周遭有符篆，中貯泥金書道經及金銀錢、寶石、五穀，似爲魘鎮之術者。又有先帝遣陳喜致祭祝文，其文不知何人所撰，皆刻之石。本廟故事，凡改元之初及水旱災傷，則致祭嶽鎮海瀆之神，例命翰林院撰文，分遣朝廷。以往未聞用外官撰文，内臣往祭之。況石函魘鎮，世無此理。今常恩等已正憲典，其石函、石碑尚存，於寧以妖術惑人，自言得聚寶盆於桃花洞，知州程觀信之，事聞，俱坐斬。既遇赦，寧發戍邊遠，都察院以天下妄言惑衆如寧者尚多，請出榜禁約，故有是命。

《明孝宗實録》弘治元年十一月〔甲申〕妖僧繼曉伏誅。曉，湖廣江夏縣人，姓黄氏。成化中以星命之術，因太監梁芳以進，大見親幸，賞賚甚厚，請給護勅，旌其門曰：孝行。復請太監蔡忠第以居，後以其隘，又移居都督馬俊宅，請賜額於門曰：輔教寺。屢進邪説，有人所不得聞者，陞國師，因以創寺請，遂許購民居百餘家以成之。所居前後多置婦女。又賞袈裟、念珠等物，羣小多依附以求進。及回湖廣，以黄帕裹其一臂，謂嘗經御手所執也。至是，刑部擬曉罪死，妻子流二千里，以犯在赦前，請發原籍爲民。大理寺審允，有旨：令科道官看詳。刑科都給事中陳璚，浙江道監察御史魏璋等交奏，曉罪大惡極，刑部所擬不當，並請正芳引進邪人之罪。上是之，命即斬曉於市，妻子爲奴，財産入官。芳既充軍，姑貸其死。命南京守備官重杖之八十，仍充役。刑部尚書何喬新等令具實以聞。於是刑部、大理寺官，各自陳狀。得旨：堂上官停俸一月，經該司屬官各兩月。

《明孝宗實録》弘治二年十月〔己酉〕妖賊王良等伏誅。初，山西崞縣民王良，學佛法於彌陀寺僧李金華，見人輒爲好言勸諭之。忻州民李鉞聞而悦之，願爲弟子。所談皆虚幻事，從之者至數百人，遂謀不軌，相與言曰：吾佛法既爲人信服，由是而取天下亦不難，但邊兵密邇，慮或相撓沮。若與達虜通謀，令其犯邊，因〔與〕官軍出禦，乘間而起，事可濟也。於是，良與鉞撰妖書數十篇，謂皆夢中佛所授者。衆皆跪拜争觀，良曰：干戈炒，干戈炒，不得水，不得了。有一人解曰：水居北方，達虜是也。必達虜犯邊，方能了事。良即撰表，欲上迤北小王子，請犯邊，當爲内應。令何志海等四人，馳馬負表具旗號器械以行，至朔州胡浪莊失道，爲守墩者所獲。良等知事敗，即集衆欲攻崞縣，適巡撫都御史翟瑄等遣兵剿捕。良等率五百人奔定襄縣洪泉寨山間嘯〔聚〕剽掠，州縣官招撫之，不服。乃督民兵入山攻之，會大霧，賊不爲備，兵至倉卒不能敵，皆奔竄。獲鉞於開門峪山，良於五峯山，搜各山獲百二十三人，及妖書器械衣服馬匹頗多。瑄會鎮守太監劉政，及參將王昇、御史吴裕等，遣人（檻）〔械〕良等五十四人至京師，（會）〔命〕法司會官廷鞫得其情，悉斬之。瑄、政等，各賜敕獎勵。

《明孝宗實録》弘治四年七月〔壬寅〕鎮南衛軍餘簫聚妻李氏，幼居濟寧州魯橋，與鬼物交，遂號能知禍福，有穢行。至是蓋三更其夫矣！唐府妃蘇氏無子，幼與李氏同里，遣人迎入府問禍福，李氏言明年當生男。唐王喜，賞賚甚厚，後又以二女子及金銀叚諸物往遺之。爲緝事官校所發，下刑部鞫問，李氏左道亂正，律當絞。仍行巡按河南監察御史逮問承奉、長史不能匡正之罪。從之。

《明孝宗實録》弘治九年四月〔丁亥〕妖僧張金峯，不知何許人。初遊方至陝西朝邑縣，以藥餌符水惑衆。縣官逐之，乃往終南山聚徒數十人，自稱釋迦佛出世。其徒行安、行興等各有名號，裂布帛爲旗，祭以嬰孩，刻日爲二十四諸天，大會誘男婦燒香，啖以狂藥，令自起拜舞，欲歸則呪虎當路不能去。有雷柏川者，不肯飲藥，乘夜逃歸，亦不敢首官。時行道負薪炭者，多被逼脅，不從則見殺，或支解之，懸於樹。前後被殺者凡若干人，民居被毁者凡若干家。守臣調兵捕之，金峯與行興等拒捕死，守臣以聞。刑部言：行安等五人在獄，罪應凌遲處死。上命再審，無冤即依律處決，以柏川知情不首，並家屬械發口外充軍，守臣捕賊有功，賜敕勞之。

（明）余繼登《典故紀聞》卷一六 弘治初，禮部覆都御史馬文升奏：請令巡城御史及兵馬司、錦衣衛逐一搜訪，但有扶鸞禱聖、驅雷喚雨、捉鬼耳報一切邪術人等，及無名之人，俱限一月内盡逐出京。仍有潛住者，有司執之，治以重罪。主家及四鄰，知而不舉者連坐。

《明世宗實録》嘉靖二十一年閏五月〔庚午〕郭勳黨術士唐珠珊與其子舉人唐輔捕得，具獄。上曰：唐珠珊久挾邪術，潛住京師，交結權姦，妄言禍福，又假修煉御女等術，媚惑朝臣，害政罔利，懷姦蔑法。本當處死，姑從輕。錦衣衛杖五十，永戍極邊烟瘴地，財産没官。唐輔發口外爲民。

《明神宗實録》萬曆六年三月〔戊辰〕河南南陽地方喬濟時聚黨龔志尚等以左道惑衆，捏寫帛符，置造器械，未幾成擒。而志尚等脱逃無踪，所司奏聞。得旨：喬濟時即便梟示，龔志尚仍嚴限緝捕，務在得獲。近所捕劇寇，多係妖言煽亂，通行地方嚴禁，如有來歷不明，即便擒究。

《明神宗實録》萬曆六年四月 己亥，妖僧如橙等聲言建塔募化，造捏謗言，爲東廠拏獲。得旨：這僧稔惡惑衆，着錦衣衛着實打一百棍，遞回原籍爲民。仍着禮部出榜，嚴禁游僧。及五城御史，力加驅逐，以後違例來京并容隱的，都令各城與緝事衙門訪拏重治。

《明神宗實録》萬曆六年六月〔丙午〕湖廣靖州學生員賈邦奇先後私傳妖道，金雲峯、曾光等捏造《大乾起運録》等妖書，詣永順、保靖、酉陽三土司投遞，糾合猖亂。未幾，爲宣慰彭龜年所獲，曾光逃竄，撫按以聞。得旨：賈邦奇等會官審決，曾光嚴拏奏結。彭龜年賞銀十兩，餘者吏部紀録叙用。

《明神宗實録》萬曆七年正月〔己巳〕誅妖犯王鐸等，散其黨。鐸係武成中衛舍餘，幼爲僧，後還俗，師事妖人林福。左臂疤痕似半邊月形，脊背多白點如星，肋下白點形如北斗，腿上有三黑子。自稱天地三陽會首，又蓋三陽殿，造混元主佛三尊傍列，僞封蔡鎮等爲三十六天將，捏造妖書，違法器物，煽惑男婦六千餘人，以度劫爲名，事覺伏誅。

（明）顧起元《客座贅語》卷二《妖人》萬曆丙午冬至，百官當上陵行禮。先數日，有人詣大司馬孫公齋居上變，告妖人李王、劉天緒等謀不軌，將乘百官上陵日起事。孫公乃密發兵卒四捕之，得劉天緒等若干人，審實奏聞，而疏語欲專壹事權，稍與時忤。會又有牓揭妖言，逆狀尤著，公屬職方郎中劉宇發營兵捕之，而所株連有干礙緊要人役者，公峻持之。於是人情始變，而參駁之疏紛紛矣。旨下，天緒等僅得稍正法，而公卒解綬去，劉左其官。妖人黨與實繁，皆私授封號，以獻金錢衣服得之，甚且有以妻女薦寢者。事發私逃，拋妻子屋産不敢顧者頗衆。先是江北妖黨，扶挈而來，纍纍載路，及是始奔竄肆散。當時使非其黨自首告事，殆不可知，今吾鄉猶有憾不窮究之論，而當事者乃以三四捕役之不戢，蒙喜事之疑，可歎也。

《明神宗實録》萬曆四十六年十二月〔己未〕巡視京營兵科給事中吴亮嗣奏：十月二十五日，有孟世德，具首妖人張文經父子到官，審其妖書，誕妄不經。又造木印一顆，截出半角，謂半角原寄建州，但取半印彼此合符，可以免難，以此聳動愚民，其他所稱祭風避火未符雜咒不可殫說。乞勅諭五城御史及錦衣衛捕營等官明示曉諭内外譏察，庶不致爲姦民煽惑。

中國第一歷史檔案館《滿文老檔》天命八年二月〔十七日〕色勒阿哥在費阿拉時，曾以其家中一婦及牛録下之一婦爲妖精附體，而將該二婦打死。前在東京時，其母亡後，又爲製紙錢事，將牛録下章京郎善之妻擊瞎雙目。郎善章京爲其妻並前被殺之二婦首告之。遂革色勒阿哥備禦之職，令其償還被打死之二婦，按例罰銀十五兩。

三十日，參將沙金私取漢人豬四十口、雞一百隻，爲其家婦首告。故罰銀二十五兩，以銷所記之功。償四十口豬銀四十兩，一百隻雞銀十兩。千總庫里、札克丹、寧古欽三人因捆拿首告之婦，未告都堂，擅自用刑釋放，各罰銀十兩，以銷其功。首告之婦上門首告時，繆希渾令其返回，罰繆希渾銀十六兩。

沙金牛録下千總邁昆，因於烏拉窩藏人口而罪之，銷其功銀十兩，並收取其所匿之人。朱克舒因隱匿其牛録殺人案，故罰銀五兩，以銷其功。

中國第一歷史檔案館《清初内國史院滿文檔案譯編》崇德三年四月二十二日，岳託貝勒新福晉訴其大福晉於法司曰：大福晉請我至其家，召我近前，我即低頭，伊摘我頭上一髮，於是我未食飯肉，還至家，令塔爾布曰：爾往福晉家，索我頭髮，不與，則曰我必控訴。塔爾布曰：若出此言，爾首領難保矣。遂去。從此，塔爾布規避，竟不還報。因遣我家兩婦人往索之。大福晉亦遣兩婦人，恐嚇云：見爾髮上有蟣子，爲爾捉之，誤摘一髮，已於爾面擲之矣，我取爾髮何用？若張此事，與爾不利，與我亦不便等語。復遣其管家朱木布祿、薩瑪哈圖，仍以此言恐嚇。經審，兩人遣人恐嚇，摘髮以欺新福晉事俱實，遂擬大福晉應論死，塔爾布以新福晉寄語爲虚，偏護大福晉，恐嚇新福晉，云若出此言，爾首領難保等語，亦應論死，朱木布録、薩瑪哈圖，知兩福晉之事，不行舉首，應各鞭一百，奏聞，上諭曰：其母以犯朕罪誅之，其妹亦誅之，今朕若親審，處以重罪，彼將以爲其母之仇也，若輕之，彼焉知寬宥之恩也，此事朕不親自審理。爾親王、郡王、貝勒、議政貝子、固山額真、承政、議政大臣公審。於是衆議，皆以爲此係妖術，罪在不赦，應論死，奏入，上曰：此事恐有疑處，著復議之。衆議之無疑，仍以論死奏聞，上命曰：此罪本不當赦，若誅之，則其父將無子絶嗣，且其又有幼子，可免之死，另築室於園中，令彼分居，以撫養幼子，許伊爲幼子賽神，不許爲貝勒賽神，亦不得至貝勒所，貝勒亦不得往視，違則正法，著法司註册存案。遂奉令稟報諸王，貝勒至其家，另室居住。塔爾布因伊父有功，養之，乃鞭八十。朱木布禄、薩瑪哈圖各鞭八十。

中國第一歷史檔案館《清初内國史院滿文檔案譯編》崇德三年七月二十一日，饒餘貝勒違法，擅留無妻喇嘛，理藩院送法司審實，饒餘貝勒應倍罰銀三百兩，並替喇嘛罰取男人五名、牛三頭，奏聞，上命饒餘貝勒罰銀一百五十兩入官，將喇嘛交與察漢喇嘛。

中國第一歷史檔案館《清初内國史院滿文檔案譯編》崇德三年八月二十一日，正白旗蘇爾曼巴圖魯妻的前夫所生子之包衣拉爾球妻訟於和碩額爾克親王：蘇爾曼巴圖魯令我主之子的奶母，乳其親生之子，並令照看我主之子的兩男童去看守馬、羊。額爾克親王送法司審實，部議將奶母仍給原主之子，其子並家産斷離蘇爾曼，蘇爾曼仍罰以規定之罪。

此訴訟女人之夫拉爾球又被蘇爾曼反訴：拉爾球在本牛録一新滿洲之家稱自己爲薩滿，手持女手鼓，置水一碗，占星而擊手鼓。經審，跳神卜吉凶是實，因議拉爾球應鞭一百，貫耳鼻。新滿洲應鞭五十。

奏聞，上命：蘇爾曼罰以規定之罪，準其子並家産斷離蘇爾曼，暫留於額爾克親王處，再由巴哈納交理藩院承政尼堪、塞冷議處，送至其兄弟處。拉爾球鞭一百，貫耳鼻。又鞭五十之新滿洲已自亡。

中國第一歷史檔案館《清初内國史院滿文檔案譯編》崇德三年十二月二十九日，以喇嘛等不遵戒律，上遣察漢喇嘛、戴青囊蘇、理藩院參政尼堪、一等内侍衛俄博特、沙濟達喇等諭席勒圖綽爾濟曰：朕聞爾等衆喇嘛，不遵喇嘛戒律，肆意妄行等語。朕蒙天佑，爲大國之主，治理國政。今其不遵戒律，任意妄行者，朕若不懲治，誰則治之？則人請喇嘛誦經者，必率衆喇嘛同往，不許一、二人私行，且爾等衆喇嘛不出征行獵，除徒弟外，他人何用？喇嘛等曰：然，多餘之人，俱當遣還。察漢喇嘛、戴青囊蘇、理藩院參政尼堪、一等内侍衛俄博特、沙濟達喇等以喇嘛之言具奏，上曰：喇嘛處閒人雖多，然須於其中擇能隨征行獵有用壯丁，方可取之，否則，取之何用？乃止。於是，内齊托音喇嘛及諸無行喇嘛等所私自收集徒弟、漢人、朝鮮人等，俱斷出擄回，給還本主，給以妻室。以土謝圖親王下喇嘛一名、扎魯特部落青巴圖魯下喇嘛一名，不遵喇嘛戒律，肆行妄爲，令之娶妻，其又不從，閹之。

《清太宗實録》崇德七年十月　初，多羅安平貝勒杜度有疾時，福金以其病由氣鬱，令石漢招巫人荊古達至家祈禱。荊古達剪紙作九人，同太監捧至北斗下，半焚半瘞之，又禁福金，不令出外。至第三日，福金昏仆。石漢妻及羅查妻以告石漢，石漢泣云：何不幸而有此災難之事。道賴妻、達陽阿妻又言福金疾愈篤，石漢子穆成格聞之，呼籲天地痛哭。及杜度歿後，福金與其子杜爾祜、穆爾祜、特爾祜每哭時，輒言貝勒實未獲罪，皇上從未遣人來吊。凡貝勒以下等官，身後尚蒙賜祭，何獨遺我？似此苦衷，其誰知之？杜爾祜又語馬克扎云：因縱人往塔山，遂歸罪於我。罰則我不得免，賞則不及我，何欺陵之甚？又言將伊圖撥與尼堪貝子，實朝廷過舉。希福與之爭辯，拜山勸阻，希福抽刃斷拜山衣帶。阿本住，拜山、虎什同出首，法司審實，福金應論死；杜爾祜、穆爾祜、特爾祜應俱革公爵，降爲庶人，籍家口並屬員入官；石漢夫婦及巫人荊古達，應俱論死；馬克扎、楚虎里容隱不奏，應各鞭一百，貫耳鼻；達陽阿妻、道賴妻、羅查妻，應各鞭一百；穆成格痛哭，應鞭一百，貫耳鼻；僧格係刑部官，於未審之前暗洩消息，應鞭一百，貫耳鼻；太監隱諱焚瘞紙人事，應鞭一百，貫耳鼻；審事官根特身任刑部，見石漢哭泣，不行首告，應鞭一百，貫耳鼻。奏聞。

（清）夏燮《明通鑑·附編》清順治元年十二月　明起妖僧大悲之獄。時有吴僧夜叩洪武門，言語不類，爲京營戎政趙之龍所捕。阮大鋮欲假以誅東林及素所惡者，因造十八羅漢、五十三參之目，書史可法、高弘圖、姜曰廣等姓名内大悲袖中，海内人望，無不備列。錢謙益先已疏頌士英，且爲大鋮訟冤修好矣，大鋮憾不已，亦列焉，將窮治其事。獄詞詭秘，朝士皆自危。而士英不欲興大獄，乃當大悲妖言律，誅之。

《清聖祖實録》康熙四十八年四月　辛酉，和碩顯親王衍潢等遵旨會議，喇嘛巴漢格隆等咒魘皇太子情實，應將巴漢格隆、明佳噶卜楚、馬星噶卜楚、鄂克綽特巴俱淩遲處死。查巴漢格隆已充發奉天，其明佳噶卜楚等亦發往杭州看守，應行文該地方將軍、巡撫委員監視，即行正法。至皇長子護衛嗇楞雅突，明知大逆之事，乃敢同行，又雅突將皇長子復行咒魘，俱屬大逆，亦應淩遲處死。再此案内有察蘇齊引誘宗累格隆、陶州胡土克圖行咒魘之事，因布彦圖知情欲行出首，即將布彦圖殺害身死。察蘇齊雖經身故，係大逆首惡，應將察蘇齊之親兄弟、子孫、並嗇楞雅突之親兄弟、子孫俱即處斬。伊等妻女媳婦俱發往打牲烏喇處貧人爲奴。其族人内有職者革職，枷號三月，鞭一百，並妻子充發黑龍江當苦差。查雅突係諸木插什佐領下人，諸木插什不能覺察，亦屬不合，應將諸木插什革職，枷號三月，鞭一百，並妻子充發黑龍江當苦差。伊等内有世職者，俱不准承襲。咒魘諸物例有明禁，太監楊得志違例應付，亦應枷號三月，鞭一百，充發黑龍江當苦差。其脱逃之喇嘛扎什盆蘇克羅布藏扎什等，俟緝獲另結。得旨。此本交内閣收貯。

四川省檔案館《清代巴縣檔案彙編·洋教邪教·乾隆三十五年九月十一日巴縣查牌》　爲通行訪拿，務淨根株事。

案奉各憲飭拿合江縣宋朝倫、江津縣沈在伯等倡設邪教，誘惑鄉愚，斂收銀錢案内人犯到縣。奉此，合行差役訪拿。爲此，牌差該役會同兵目前往縣屬地方，實力密訪，細加查拿。如有邪教案犯，立即嚴拿赴縣，以憑審解。去役毋得藉牌滋事，如違重究不貸。速速。須牌。

張懋學

差

唐桂

四川省檔案館《清代巴縣檔案彙編·洋教邪教·乾隆三十六年七月拿獲端公跳神案》　十七日重慶鎮標府移

爲移交審訊事。

本年七月十七日，據海查額外閤倫稟稱：昨夜二更時分，額外帶領汛目查夜，密拿賊匪。查至本城南紀坊岑世訓家，□□□將端公張俊得、張祖泰鎖拿，並搜獲令牌一塊，卦一付，銅鉸□□□□並帶赴轅下候奪。等情。據此，查端公乃屬師巫邪教，〔缺七字〕查拿。今近城之内，此等匪徒竟敢借解厄名色，四處〔缺六字〕，有關風習，抑且地方文武，均干例議，未便疎縱。除本鎮憲外，擬合連人移送。爲此，合移貴縣，請煩查照，希將移到端公人犯嚴訊，如何習行邪教，並此外有無黨羽，仍祈將前次移交端公周懷仁等審訊確供，一併賜復，以便分案轉報施行。須至移者。□□交人犯張俊得、張祖泰、岑世訓，令牌一塊，卦一付，銅鉸一付。

十七日巴縣移文

〔缺若干字〕即將訊明責懲緣由移覆。

問，岑世（俊）〔訓〕供：本月十六日夜，有小的兒不好，叫張俊德與小的延送，不料被海查拿送，只求恩典。

問，張俊德供：張祖泰是小的兒子。小的先年學□端公，因禁革得緊，小的就改習道士。本月十六日，岑世（俊）〔訓〕來請小的與他兒子延送，兒子張祖泰來他家送禮，小的念的北斗經，與他延送。不料被海查把小的拿送案下。這是小的該死，求超釋。

問，張祖泰供：本月十六日，有岑世（俊）〔訓〕來請小的父親張俊德與他延送，小的到他家送禮，也被海查把小的拿送案下，只求超釋。

縣正堂判詞：岑世（俊）〔訓〕違禁，請巫張俊德在家跳神，殊屬不法，各責三十板。張祖泰姑念年幼，免責。均鎖石示衆。銅鉸存房，竹簧木牌一併銷毀。此判。

二十八日岑世訓街鄰陳思聖等保狀

南紀坊街鄰民陳思聖、錢正興、鍾元龍、袁玉文，今於太爺臺前與保狀事。

情因蟻等街鄰民岑世訓爲子染病，本月十六夜延道士張俊德在家擊鉸唸誦北斗經祈禳，被營兵查拿送案。十七日，沐恩責三十板，鎖石示儆，應候省釋。蟻等曷敢多瀆。但世訓蒙責鎖押，今染痢症，調治不便。兼之世訓一人，母寡子幼，亦病未愈，應門無人。蟻等念切街鄰，是以懇憲洪仁，網開一面，垂憐病患，賞准蟻等保釋世訓，歸調病愈，守遵法紀。倘再違延滋事，蟻等甘同坐罪。保狀是實。

縣正堂批：不准保。

四川省檔案館《清代巴縣檔案彙編·洋教邪教·乾隆四十七年至四十八年巴縣查禁天主教案》 四十七年九月劉舉菴等供詞

問，據劉舉菴供：小的巴縣人，年七十二歲。弟兄五人，大哥趙睿安、三弟劉順菴俱故；四弟劉粹菴，五弟劉泰菴，都已分居。父親劉尚智在日，原念天主經，是勸人行善，存天理，守良心，可以免災延年，是祖上遺留的。從何處得來，小的實不知道。小的自幼也曾念過，父親死後因查拿嚴緊，不敢念誦，就把《天主經書》、《闢妄》、《教要序論》共五本收藏在家。乾隆四十五年，小的年老不能耕種，空閒没事，檢出舊存經本供奉，肇造天地人物，真主神牌，仍然念誦。兄弟劉粹菴、劉泰菴，侄子劉智、劉順、劉壁，侄女何劉氏們，都在家各自學念起來。不料被縣主查知，搜獲經本到案。小的們實是各自在家，早晚念誦，並不是聚會一處，也没斂錢設教，轉相傳播的事，都是小的弟兄親戚們念誦。至熊同潮、熊同海的父親熊東昇與小的是同年弟兄，最爲相好。如今在熊家起出來的經本，也是小的父親在日給他父親的。今蒙研審，實没再有存留經本。求恩典。

問，據劉粹菴供：小的是巴縣人，年六十五歲。劉舉菴是小的二胞兄，劉泰菴是小的胞弟，久已分居。父親劉尚智，原念舊存的天主經，小的兄弟們都曾念過。父親死後，因查拿嚴緊，就把遺留的《萬物真元》、《教要序論》各一本收藏，没有再念。乾隆四十五年，見二哥劉舉菴仍在家念誦，小的也就念起的。今蒙查獲存留經書兩本，已經起繳。餘供與劉舉菴供同。

問，據劉泰菴供：小的巴縣人，年五十八歲。劉舉菴、劉粹菴都是小的胞兄。餘供與劉粹庵同。

問，據劉智供：小的年三十歲，父母俱故。劉舉菴們是小的堂叔，住隔十多里路。父親劉殿菴在日，曾念過家存的天主經。父親死後，小的也曾誦念。乾隆四十六年四月間，外甥女婿周大倫來家看望，看見經上都是勸人行善要做好事，不可姦盜邪淫，可以消災延壽的話。周大倫就把書借了四本，各自在家學念。後來妹夫盧盛容、甥婿梁萬成知道，也要學念，小的又口傳與他們。此外再沒傳授別人，也没經卷存留。前蒙徐主來家查拿，小的没有在家，如今纔來候訊的。周大倫拿去經四本，已經起繳。餘供與劉舉菴等供同。

問，據劉壁供：小的年四十六歲。父親劉順菴死有十多年，劉舉菴是小的胞伯，劉粹菴、劉泰菴都是小的胞叔。小的與劉舉菴、劉順同居各爨。祖父劉尚智在日曾念舊存的天主經，都是勸人行善，可以消災延壽的話，小的也曾念過。後因查禁嚴緊，就把書收藏，不敢再念了。乾隆四十五年，見劉舉菴又在家念誦，小的因想這經上都是正經好話，並不是邪教，仍舊供奉，肇造天地人物真主神位，早晚在家念誦。並没傳授別人，也没設有會首斂錢聚衆的事。求施恩。

二十七日重慶府批回

爲據稟飭查事。

除外，批差原解役特領後項人文前赴欽命四川等處提刑按察使司按察使總理驛傳加三級紀録九次孫、欽命四川等處承宣布政使司布政使隨帶軍功加二級又加一級紀録五次查臺前告投，遵奉批回。須至批者。

計申解犯人二十五名：劉舉菴、劉粹菴、劉泰安、周大昇、劉順、周大倫、劉壁、熊同海、熊同潮、劉智俱扭鎖，吴瑞洪、劉世位、周世俊、周世復、周世顯、劉茂榮、盧盛容、梁萬成俱鎖項，張全、何端序、李應宗、何劉氏、張牟氏、李張氏、何周氏俱散行。

公文一角封固

重慶府批：人犯帶回

右批。差原解役：牟泰、吴倖、馬昇、陳元、劉元、吴倖昇、陳禮、楊倫、劉玉、周正、陳彪、朱昇、舒貴、張登第、文昇、李順、岑世勛、朱貴、袁洪、梁仕才、張元斌、廖倖、魯大本、劉澤溥、周倖准此。

十二月初四月重慶府憲牌

爲札飭查辦事。

乾隆四十七年十二月十八日，奉按察使司繆憲牌：乾隆四十七年十二月初四日奉總督部堂福批：前署司會同藩司呈詳。審看得巴縣劉舉菴等供奉天主教一案。查劉舉菴籍隸巴縣，胞弟劉粹菴與劉泰菴，胞侄劉壁、劉順分居各爨，周大倫等俱誼屬姻親。緣劉尚智在日，向習天主教經書，家存《天主經》、《闢妄》、《教要序論》、《萬物真原》等經。劉舉菴弟兄曾隨念誦。嗣劉尚智身故，劉舉菴因見查拿嚴緊，不敢復習。乾隆四十五年，劉舉菴年逾七旬，不能工作，憶及前經，復行念誦。弟侄劉粹菴、劉泰菴、劉智、劉壁、劉順及侄孫劉世位、劉茂榮亦將舊存經本念習。又有侄女何劉氏並伊戚熊同潮、熊同海、吴瑞洪、周世俊、周世顯、周大紳、周大倫、周世復、盧盛容、梁萬成、張牟氏、何周氏、李張氏等，聞係勸人行善，可以弭災延年，亦共相效尤。或討誦經本，或互爲口授。内惟劉舉菴、劉壁、熊同潮、周世俊四家供奉肇造天地人物真□□□，俱各自在家早晚諷誦。經巴縣知縣徐鼎亨及重慶府和府宋守復先後訪聞，徐令會同□□□□□□□□中逐一搜查，起獲抄刻經本二十三本。稟蒙署制憲飭委嘉定府倭守，前往渝城會同該府宋守，復經嚴密確查，實無別項經卷及誘人入教情事。當□□□稟報，並將各犯押帶赴省。荷蒙憲臺批飭本兩署司審訊，究擬詳報。等因。

奉此，本兩署司遵即提犯，逐一研鞫，據供前情不諱。復加嚴詰，委無開堂設教、斂錢惑衆各項不法情事；抄刻經本亦無違礙，字句似無遁飾。查天主教久奉嚴禁，乃該犯劉舉菴等鄉愚無知，妄行誦習，實屬違〔缺一行〕劉舉菴、劉粹菴、劉智、劉壁、劉順、劉世位、劉茂榮、熊同潮、熊同海、吴瑞洪、周世俊、周世顯、周大紳、周世復、周大倫、盧盛容、梁萬成、何周氏、李張氏、張牟氏等，均各依違制律杖一百，各折責四十板。劉粹菴之子劉世位、劉順之子劉茂榮、周世俊之子周大紳、周大倫，均不准作家人共犯。劉舉菴、劉粹菴、劉壁、劉智、劉順、劉世位、熊同潮、熊同海、周世俊，或收藏經本，或供設神位，應各加枷號兩個月，滿日折責發落。何劉氏、張牟氏、李張氏、何周氏均係婦女，所得杖罪，應與年逾七十之劉舉菴俱照例收贖。李應宗、何端序、張全，訊未誦習，應行免議。其失察之保鄰人等，飭縣查拘到案，照例責懲。劉舉菴等習教，業經該縣會營自行拿獲，失察文武職名邀免開□。起獲各經本，呈驗後飭發銷毀。仍令該地方官嚴行出示，剴切曉諭，毋許再行入教。倘有私行奉教情事，察出從重治罪。是否允協，理合具文詳請憲臺俯賜察核批示飭遵。等因。奉批：仰即飭將劉粹菴、劉壁、劉智、劉世位、劉順、熊同潮、熊同海、周世俊俱照擬枷號兩個月，滿日重責發落。餘如詳飭遵。仍令出示剴切曉諭，毋許再行奉教誦經。倘再違犯，察出從重治罪不貸。此繳。

奉此，查此案人犯劉粹菴等二十五名，前經本司檄行成都府點交巴縣，原解役牟泰等承領帶回，聽候另檄，飭遵在案。今奉前因，合就檄行。爲此，仰府官吏查照牌内奉批事理，即便轉飭將劉粹菴、劉壁、劉智、劉世位、劉順、熊同潮、熊同海、周世俊俱照擬各枷號兩個月，滿日重責發落，餘照議飭遵。仍令出示剴切曉諭，毋許再行奉教誦經。倘再違犯，察出從重治罪不貸。毋違。等因。奉此，合填預仰空白檄行。爲此仰縣官吏查照牌內奉批事理，即將劉粹菴、劉壁、劉智、劉世位、劉順、熊同潮、熊同海、周世俊俱照擬各枷號兩個月，滿日重責發落，餘照議飭遵。仍令出示剴切曉諭，毋許再行奉教誦經。倘再違犯，察出從重治罪不貸。毋違。須至牌者。

四十八年二月二十七日劉舉菴等結狀

劉舉菴、劉粹菴、劉泰菴、吴瑞洪、周世復、周世顯、周大倫、盧盛容、梁萬成今於太爺臺前與結狀事。

情蟻等供從天主教。今奉文將蟻等發回，蒙恩將蟻等省釋，縣結歸〔家〕，〔今後〕並無異端邪術滋事等情。倘有異端滋事，自甘坐罪。中間不虛，結狀是實。

縣正堂批：存查。已示諭。

二十七日計開審單

劉舉菴收贖；劉粹菴、劉泰菴，枷號兩個月；劉壁枷號，劉世位枷號，熊同潮枷號，熊同海枷號，俱係兩個月；吴瑞洪、周世復、周世顯、周大倫、盧盛容、梁萬成，俱當堂結釋；劉智枷號，外貿去訖，不到；劉順枷號、劉茂榮枷號、周世俊枷號、周大紳枷號，俱在患病，不到；何劉氏、張牟氏、李張氏，俱各收贖，不到；何周氏病故。

原差張朝、盧宗、岑世勛、周世榮帶

三月十五日廉里六甲民熊同潮等稟狀

今於太爺臺前爲懇憐釋歸，以便安業事。

緣前月初十日，蒙恩票差喚蟻等赴案，已荷枷示，俟限滿釋放，應不敢煩瀆。但蟻等均屬農民，值此春深播種之際，至今穀種尚未下水，田已荒蕪，秋收何靠，舉家老幼悽惶。懇恩格外施仁，憐情作主，早賜省釋歸農，以便安業。各家啣恩。伏乞。

縣正堂批：姑着具不得滋事及並無存有經字保結。候開責放，交保領束。

十八日王朝仕等保結狀

今於太爺臺前與保結狀事。

情蟻等族鄰熊同海、熊同潮、劉世位、劉壁等實因奉天主教，前月二十七枷號伊等。本月十五日，伊等以憐釋歸農，具哀堂憲。批：姑著具不得滋事及並無存有經字保結，開放交保領束。今蟻等遵批，情願保結得同海、同潮、世位、劉壁四人歸家農耕，不得滋事，並無經字。倘後查出經字，惟蟻等是問。中間不虛，保結狀是實。

縣正堂批：候開枷交保，嚴行管束。

《清高宗實録》乾隆四十八年十二月 諭軍機大臣曰，舒常奏荆門州刁民萬世印等，抗糧聚衆，奪犯毆官，當經該知州蕭鳳詔，萬世印等二十一名拏獲到案，尚有逃逸之萬洪昌等未獲，現在親赴荆門，督率查拏等語。萬世印等抗糧不交，輒敢唱戲歛錢，約會搆訟，迨經該知州訪拏，其夥黨復在途鳴鑼劫犯，毆傷官役，實屬目無法紀。此案前據姚成烈奏到，業經降旨，令其迅速嚴拏，徹底究辦，並將該知州所辦是否得宜，一併查奏。今舒常復自行前往督拏，自屬妥善，所有未獲在逃各犯，務須嚴飭文武員弁，設法購綫，實力搜捕，剋期就獲，毋使一名漏網，其已獲各犯，即著舒常等嚴切審究，訊明情節，將情罪重大之犯，一面奏聞，一面即行正法，毋使稍稽顯戮。至該知州蕭鳳詔，辦理此案尚屬奮勉，應送部引見，若有別情激變之處，並著舒常一併查明，據實奏聞。將此由五百里傳諭知之。

四川省檔案館《清代巴縣檔案彙編·洋教邪教·乾隆五十九年重慶府飭禁邪教案》 四月初九日重慶府劄

爲劄發事。

乾隆五十九年三月二十二日奉閣督部堂孫憲劄。照得本閣部堂飭禁倡教騙錢，聚衆滋事告示一道，已經飭司刷印齊全，合行劄發。爲此仰該府官吏即將發來告示轉發所屬州縣，飭令約保人等裱糊結實，務於城鄉市鎮遍行張掛曉諭，毋使風雨漂淋，致易損壞。仍將貼過處所緣由具文申報。毋違等因。奉此，合就劄行。爲此仰縣官吏查照來劄事理，即將發來告示飭約保人等裱糊結實，務於城鄉市鎮遍行張掛曉諭，毋使風雨漂淋，致易損壞。仍將貼過處所具文通報。毋違。此劄。

右劄巴縣准此

二十七日巴縣申文

爲劄發事。

乾隆五十九年四月初九日奉憲臺憲劄、本府信劄；乾隆五十九年三月二十二日奉閣督部堂孫憲劄。照得全云。計發告示張等因。奉此，當經前縣吴令，遵將奉發告示飭發各場鎮，諭令約保人等裱糊結實，張掛曉諭，毋使風雨漂淋。卑職到任後查無異，所有貼過處所，理合造册，具文申報憲臺俯賜察核。除徑報閣督部堂暨臬憲外，爲此，各由申乞照驗施行。須至申者。

計申賚清册一本

右申督、臬府

二十七日巴縣劄

爲劄發事。

遵將奉發告示貼過處所造册呈核。須至册者。

計開：

朝天門　太平門　東水門

南紀門　金紫門　儲奇門

千廝門　通遠門　臨江門

浮圖關　鹿角場　界石場

龍鳳場　石硚鋪　太平場

跳石場　虎溪場　白市驛

魚洞溪　永興場　土主場

走馬崗　冷水場　太合場

興隆場　福子場　銅罐驛

涼水井　磁器鎮　陶家場

彭家場　木洞鎮　白背場

（清）祝慶祺《刑案匯覽》卷一〇《禮律祭祀·禁止師巫邪術》　直督咨：拿獲邪教案内，容留送信之韓緒等一案，查該省從前審辦大乘教案内之二會首宋連捷等，均擬雲貴兩廣極邊烟瘴充軍在案。此案韓緒係二會首韓理之弟，韓成隆係二會首韓志義之子，周四海係韓緒家雇工，曾拜韓理名下散會首周得貴爲師。韓緒與私雕木戳惑衆案内逸犯張九成認識，張九成逃至韓緒家，捏稱伊同劉幗名已得大乘教有印榜文，復圖興教，經官查拿，欲逃赴王振遠家躲避。韓緒即借給驢頭，並遣周四海將張九成送至王振遠家。後因差拿甚緊，該犯復遣周四海、韓成隆送信，囑令張九成遠颺。王球係二會首成復興名下散會首，因聞知劉幗名等已得有印榜文，復欲興教，曾囑伊弟王洛均前往鉅鹿代取榜文一張，收藏在家。又有劉登明聽從伊父，向已獲之赫資取得榜文一張，轉送王振遠，並探望張九成一次。查韓緒等或係原案二會首子弟，或曾經入教，乃敢容留送信，縱令張九成逃走，實屬玩法。除收藏榜文之王球業經監斃外，該省將韓緒、韓成隆，周四海，均照前原擬二會首罪名，發雲貴兩廣極邊烟瘴充軍。核與原案相符。至僅止聽從往取榜文，並未入教之王洛均、劉登明，擬以不應重杖，加枷號一個月。情罪亦屬允協，應請照覆。嘉慶十七年説帖。

（清）祝慶祺《刑案匯覽》卷一二《刑律賊盜·造妖書妖言》　陝撫咨：僧倪道元内伊故徒在外遊方回歸帶有不經謡帖，該犯並不即時呈首，復借給抄寫傳布，將倪道元比照讖緯妖書妖言惑人不及衆遣罪上量減一等，擬杖一百，徒三年。嘉慶二十年案。

北撫咨：周文才希圖免災，向逸犯李正才抄寫不經字帖，攜往鄰縣傳抄。訊非有心惑人，亦非自造，應比照造妖書妖言不及衆遣罪上量減一等，杖一百，徒三年。被惑之人照違制律，杖一百，加枷號兩個月。嘉慶二十年案。

（清）祝慶祺《刑案匯覽》卷一二《刑律賊盜·造妖書妖言》　河撫咨：革生楊英辰因醉後自思娶妾，指稱洪溝出有娘娘等語，實屬邪言妄布，將楊英辰依妄布邪言不及衆例，發遣爲奴。經本部駁令覆審訊明，楊英辰實係醉後戲言，並無心存不軌，傳播惑人情事，將楊英辰改依妄布邪言不及衆擬遣例量減一等，擬杖一百，徒三年。嘉慶二十一年案。

（清）祝慶祺《刑案匯覽》卷一二《刑律賊盜·造妖書妖言》　浙撫奏：劉孔易買得抄寫符書，畫符醫病，復敢教演拳棒誆騙錢文，應此照造妖書妖言傳惑不及衆例，改發回城爲奴。嘉慶二十二年案。

（清）祝慶祺《刑案匯覽》卷一〇《禮律祭祀·禁止師巫邪術》　比撫題彭自仁男扮女粧，與王盧氏等通姦，並學習符咒行醫騙錢，暨被王士現雞姦同行一案，查律載：師巫假降邪神、書符、咒水，一應左道異端之術煽惑人民，爲首者，絞監候。又例載：一切左道異端之術，煽惑人民爲從者，改發回城爲奴各等語。又檢查嘉慶十二年本部審擬邢大假扮婦人看香騙錢一案，該犯僅止與劉六互相雞姦，並無姦淫婦女情事，因男扮女粧，假稱狐仙，捏造圖像，看香治病，騙錢惑衆，審依左道惑衆爲首例擬絞。請旨即行處決，並將收留雞姦聽從惑衆之劉六，照邪教爲從例發遣等因在案。此案彭自仁男扮女粧，學習符咒行醫騙錢，又與王盧氏、陳賈氏通姦，誘拐王盧氏未成，嗣被王士現看出改粧，該犯願聽雞姦認爲夫婦同行，旋被拿獲。是該犯男扮女粧，既經學習符咒騙錢惑衆，又復姦人婦女，較之邢大並未姦淫婦女者爲重。該撫將彭自仁依師巫假降邪神、書符、咒水，煽惑人民爲首律擬絞監候，應請照邢大之案請旨即行處決。至王士現一犯，明知彭自仁男扮女粧，輒敢圖與雞姦認爲夫婦結伴同行，亦屬不法。該撫審照邪教爲從例，擬發回城爲奴，只可照覆。嘉慶二十三年說帖。

（清）祝慶祺《刑案匯覽》卷一〇《禮律祭祀·禁止師巫邪術》提督奏送僧人增亮被僧人戒寬並呂玉山先後雞姦，因將戒寬毆傷，聽從呂玉山改扮女粧私逃，並聽囑如被控到官，即捏稱於十二歲時被戒寬雞姦，圖減罪名。查向來辦理男扮女粧之案，如審有姦淫婦女，惑衆斂錢，均照左道惑衆律擬絞。今增亮並無圖姦婦女及惑衆斂錢情事，惟以僧人甘受汚辱，故爲詭異，應將增亮依左道惑衆絞罪上量減一等，擬杖一百，流三千里，仍盡本法枷號兩個月，勒令還俗。呂玉山與增亮雞姦，復主使改粧，並教令到案捏供。如果增亮十二歲時被戒寬雞姦屬實，戒寬罪應擬絞。應將呂玉山依教唆詞訟，以主唆之人爲首，誣輕爲重至死罪未決律，擬杖一百，流三千里。嘉慶二十四年奉天司現審案。

（清）祝慶祺《刑案匯覽》卷一一《刑律賊盜·造妖書妖言》雲撫咨周小四從已故胡世保家内得有符咒妖書，私行藏匿，並畫符治病，誆騙銀錢。若僅照隱藏妖書擬以杖徒，與止於收藏未經誆騙者無所區別，應將周小四比照他人造傳私有妖書隱藏不送官者滿徒律，酌加一等，擬杖一百，流二千里。道光二年案。

（清）祝慶祺《刑案匯覽》卷一〇《禮律祭祀·禁止師巫邪術》湖廣司查律載：師巫假降邪神、書符、咒水，一應左道異端，煽惑人民，爲首者，絞監候。又例載：捏造經咒邪術傳徒斂錢，一切左道異端煽惑人民爲從者，改發回城爲奴。各等語。此案周潮相，籍隸麻陽，因與伊兄周潮旺往貴州覓工，周潮旺在舊書擔上買得抄寫符咒口訣一本，係教人降神過陰、學習拳棒等事，並令周潮相同學。周潮旺旋即病故，周潮相復持書本符咒試演，經伊父周宗賢瞥見，將書燒燬禁止。嗣周潮相與弟周潮文偕往伊叔周貴賢家，談及伊能降神過陰，周貴賢與妻周鄧氏令其過陰查看故父亡子。周潮相書符念咒，周貴賢等俱甚信服。周潮相起意，令伊弟周潮文及周貴賢之子周添喜、周隴喜一同學習，周貴賢復令其外孫張起富、張起貴及緦麻服弟周仁泰同習。周仁泰稱係邪教不願從學，周潮相嚇稱，如不從學，定即請神降禍，周仁泰畏懼，與張起富等各出錢文一同拜從。周潮相用紙書牌位，上寫玉皇大帝等名號，點香書符念咒，並稱有神降臨，令周潮文等在旁敲打鑼鼓照樣演習。旋經什長稟報，營員帶兵往拿。周潮相首先喝令拒捕，用木棍拒傷縣役彭元左肐肘，被彭元用棍回毆倒地。周貴賢、周鄧氏、周潮文亦各拒捕，均被兵役格傷當被拿獲。周潮相、周貴賢、周鄧氏，均各被毆傷重身死。該撫將周潮相照左道異端煽惑人民爲從例，擬發回城爲奴。周貴賢、周潮文、周添喜、周隴喜、張起富、張起貴，均於周潮相遣罪上減等擬徒。周貴賢、周潮文，仍加拒捕罪二等擬流。周仁泰被脅勉從，於周添喜等滿徒上再減一等，杖九十，徒二年半。並聲明周潮相、周貴賢、周鄧氏，俱被格傷身死，應毋庸議等因。咨部查周潮相書符咒水，雖係聽從已故胞兄周潮旺學習，惟周潮旺僅止在家令伊弟學習，並未傳徒惑衆。該犯周潮相傳伊胞叔、胞弟、堂弟及伊戚張起富等多人，實屬煽惑，自應照律科以爲首之罪。其聽信學習之周貴賢等，亦均應依爲從定擬。且該犯等於官兵往拿，猶敢持仗拒捕，實屬瞀不畏法。誠恐傳習尚不止此數人，及另有爲匪滋事别情，該撫僅將周潮相依爲從擬遣，周貴賢等復於該犯遣罪上減等擬徒，並將初未肯習後經被嚇學習之周仁泰，再減一等，殊屬輕縱。罪名既關出入，案情亦未確鑿，應令該撫研訊確情，按律妥擬。道光九年說帖。

（清）林則徐《林則徐集》奏稿八《漢口訪獲楊守一教門餘黨片道光十七年六月十七日》再，楚北爲數省通衢，漢口尤五方雜處，臣等恐有逸犯潛匿境内，疊飭地方官認真編查保甲，如蹤迹可疑，即須拏究，不許稍有疏漏。茲漢陽府知府楊炳堃稟報：訪聞漢口鎮太平庵廟内，有四川人曹仲試念經傳徒，當即會督廳縣營汛，帶領兵役，先後拏獲曹仲試及聽從拜師之王太蒿、戴三沅、蕭汶恆、戴顯昆、張士烈、蔣蘭洪、楊汶亮、翁雲松、蕭汶相、曹大益、王友馨、史定華、盛成虔、祝選彬、蕭明禮、何錦太、雷有仁、黄復禮等十九名，並於廟内起獲經識佛像及四川逸犯袁無欺畫像一軸。查覈經識，俱係勸善戒惡，語句鄙俚，並無違悖不法字樣。旋據江夏縣知縣曠成春拏獲唸經之劉延耆，茹素之李青明、余斑鳩三名；漢陽縣巡檢典史拏獲茹素之胡學仁、李品啓兩名，一並申解。

該府復又出示曉諭，如有被惑之人，準其投首，照例免罪。即據民人彭悰爽、何魁沅、蕭謙理、周文洸、周濤、楊如億、孫大亮、淳大湧、朱潺等九名呈明誤聽曹仲試等拜師茹素，現已改悔開葷等情，自行投首。

該府等隔别研訊，據曹仲試即曹存揚供，係四川樂山縣人，拜從川省已正法之楊守一爲師，並有傳教之袁無欺即袁志謙，給予開示經念誦，供奉文殊普賢觀音等佛像，坐功運氣。道光八年間楊守一正法該犯聞拏逃避。十二年五月路遇在逃之黄金榜、宋必詳，將袁無欺託寄畫像一軸，悔罪願識一束，交給該犯，令其傳徒。該犯因查拏嚴緊，潛往峨眉山一帶躲避，並無一定住址。十七年正月二十三日來至漢鎮，託名賣綢，經王太蒿引至戴三沅所修太平庵空廟内借住，陸續哄誘現獲之王太蒿等及在逃之曹洪盛、彭氿盛，共三十四人，拜從爲師，各送給香錢數百文至千餘文不等。僅止供佛茹素，念誦開示經，坐功運氣，假説可以消災獲福，誆騙錢文，並無設立教名及另有不法重案。袁無欺、黄金榜並未來漢，聞在四川藏匿，不知實在下落等情。質之王太蒿等，亦各供認習教念經無異。

臣等查該犯曹仲試即曹存揚，係四川省已正法楊守一及逸犯袁無欺餘黨，乃敢攜帶經識畫像，潛至漢鎮傳徒斂錢，實屬愍不畏法。且袁無欺一犯，前於陝西省拏獲教犯徐繼蘭等案内，供有四川新都人黄金榜送袁無欺至漢口，旋即回川，袁無欺改爲姓吉，扮作賣綢客人在漢口潛匿，經陝省奏奉諭旨敕拏未獲。今其餘黨曹仲試在漢傳徒，恐袁無欺亦必來漢，復加研詰。據曹仲試堅供自道光五年在四川遇見袁無欺之後，久不知其下落，如袁無欺現在漢鎮，何必帶其畫像等供。覆查陝省道光八年咨緝原單，袁無欺年已六十八歲，與現獲之曹仲試年貌迥殊，復飭府縣嚴密搜查，實無袁無欺蹤迹。

除飛咨四川總督飭緝袁無欺等務獲，鈔録曹仲試犯事原案移覆到楚，以憑確究懲辦外，所有訪獲習教匪犯緣由，謹合詞附片具奏，伏乞聖鑒。謹奏。

縱火失火分部

綜述

《左傳·宣公十六年》　夏，成周宣榭火，人火之也。凡火，人火曰火，天火曰災。

睡虎地秦墓竹簡整理小組《睡虎地秦墓竹簡·法律答問》　廥火延燔里門，當貲一盾；其邑邦門，貲一甲。

(唐)長孫無忌等《唐律疏議》卷二七《雜律·山陵兆域内失火》　諸於山陵兆域内失火者，徒二年；延燒林木者，流二千里；殺傷人者，減鬭殺傷一等。其在外失火而延燒者，各減一等。餘條在外失火，準此。

疏議曰：山陵，前已釋訖。兆域者，鄭展云：除地爲塋，將有形兆。韋昭曰：兆，域也。起土爲塋域。《孝經》曰：卜其宅兆而安厝之。然山陵兆域之所，皆有宿衛之人，而於此内失火者，徒二年。延燒兆域内林木者，流二千里。殺傷人者，減鬭殺傷一等。其在外失火，謂於兆域外失火，延燒兆域内及林木者，各減一等，謂延燒兆域内，徒二年上減一等；若延燒林木者，流二千里上減一等。注云餘條在外失火，準此，餘條謂庫藏以下諸條，因在外失火延燒者，各減於内失火一等。

(唐)長孫無忌等《唐律疏議》卷二七《雜律·庫藏倉燃火》　諸庫藏及倉内皆不得燃火。違者，徒一年。

疏議曰：凡官庫藏及敖倉内有舍者，皆不得燃火。違者，徒一年。

(唐)長孫無忌等《唐律疏議》卷二七《雜律·非時燒田野》　諸失

火及非時燒田野者，笞五十；非時，謂二月一日以後、十月三十日以前。若鄉土異宜者，依鄉法。延燒人舍宅及財物者，杖八十；贓重者，坐贓論減三等；殺傷人者，減鬬殺傷二等。

疏議曰：失火，謂失火有所燒，及不依令文節制而非時燒田野者，笞五十。其於當家之内失火者，皆罪失火之人。注云非時，謂二月一日以後、十月三十日以前。若鄉土異宜者，依鄉法，謂北地霜早，南土晚寒，風土亦既異宜，各須收穫總了，放火時節不可一準令文，故云各依鄉法。延燒人舍宅及財物者，各杖八十。贓重者，謂計贓得罪重於杖八十，坐贓論減三等。準贓二十疋以上，即從贓科。殺傷人者，減鬬殺傷罪二等，謂燒殺人者，失火及燒田之人減死二等，合徒三年；不合償死者，從本殺傷罪減。其贓若損衆家之物者，並累亦倍論。

其行道燃火不滅，而致延燒者，各減一等。

疏議曰：人在行路之上，或須燃火，事了發去，皆須滅之。若不撲滅，而致延燒他人林木、舍宅、財物，或殺傷人者，各減上文罪一等；謂延燒贓少者，杖八十上減一等；贓重者，坐贓上減四等，罪止徒一年；殺傷人者，減鬬殺傷三等。故云各減一等。

（唐）長孫無忌等《唐律疏議》卷二七《雜律·官廨倉庫失火》 諸於官府廨院及倉庫内失火者，徒二年；在宮内，加二等。廟、社内亦同。損害贓重者，坐贓論；殺傷人者，減鬬殺傷一等。延燒廟及宮闕者，絞；社，減一等。

疏議曰：若有人於内外官府、公廨院宇之中及倉庫内失火者，徒二年。宮内，加二等，宮内，謂殿門外有禁門，其内並是。若失火者，徒三年。注云廟社内亦同，謂於宗廟及太社院内失火，亦徒三年。損害贓重者，謂因失火延燒，有所損害財物，計贓重於徒二年者，即準坐贓科之，謂燒官府廨内財物，計贓五十疋，合徒三年。若因失火有殺傷人者，減鬬殺傷罪一等，謂殺人者，流三千里；傷人折二支，徒三年。若殺傷畜産，不合從上條稱減鬬殺傷一等，償減價，自從水火損敗，誤失不償。延燒廟及宮闕者絞；社，減一等，流三千里。

（唐）長孫無忌等《唐律疏議》卷二七《雜律·燒官府私家舍宅》

諸故燒官府廨舍及私家舍宅，若財物者，徒三年；贓滿五疋，流二千里；十疋，絞。殺傷人者，以故殺傷論。

疏議曰：凡官府廨宇及私家舍宅，無問舍宇大小，並及財物多少，但故燒者，徒三年。計贓滿五疋，流二千里；贓滿十疋者，絞；殺傷人者，以故殺傷論，謂因放火而殺人者，斬；傷人折一支者，流二千里之類。若對主故燒非積聚延燒之物，只同棄毁人財物論。

（唐）長孫無忌等《唐律疏議》卷二七《雜律·見火起不告救》 諸見火起，應告不告，應救不救，減失火罪二等。謂從本失罪減。其守衛宮殿、倉庫及掌囚者，皆不得離所守救火，違者杖一百。

疏議曰：見火起，燒公私廨宇、舍宅、財物者，並須告見在及鄰近之人共救。若不告不救，減失火罪二等，謂若於官府廨宇内及倉庫，從徒二年上減二等，合徒一年；若於宮及廟、社内，從徒三年上減二等，徒二年；若於私家，從笞五十上減二等，笞三十。故注云從本失罪減，明即不從延燒減之。其守衛宮殿、倉庫及掌囚者，雖見火起，並不得離所守救火，違者杖一百。雖見火起，不告，亦不合罪。

（唐）長孫無忌等《唐律疏議》卷二七《雜律·水火損敗徵償》 諸水火有所損敗，故犯者，徵償；誤失者，不償。

疏議曰：水火有所損敗，謂上諸條稱水火損敗得罪之處。故犯者，徵償，故若決隄防、通水入人家，若故燒官府、廨舍及私家舍宅、財物，有所損敗之類，各徵償。其稱失火之處及不修隄防而致損害之類，各不償。

（宋）竇儀等《宋刑統》卷二七《雜律·失火倉庫内不得然火非時燒田野 故燒公私宅蠶簇（五穀財物）積聚（田苗） 見火不告不救 水火有所損敗》

諸於山陵兆域内失火者，徒二年。延燒林木者，流二千里。殺傷人者，減鬬殺傷一等。其在外失火而延燒者，各減一等。餘條在外失火準此。

疏議曰：山陵前已釋訖，兆域者，鄧展云：除地爲塋，將有形兆。韋昭曰：兆，域也。起土爲塋域。《孝經》曰：卜其宅兆而安厝之。然山陵兆域之所，皆有宿衛之人，而於此内失火者，徒二年。延燒兆域内林木者，流二千里。殺傷人者，減鬬殺傷一等。其在外失火，謂於兆域外失火，延燒兆域内及林木者，各減一等。謂延燒兆域内徒二年上減一等，若延燒林木者，流二千里上減一等。注云，餘條在外失火準此。餘條謂庫藏以下諸條，因在外失火延燒者，各減於内失火一等。

諸庫藏及倉内皆不得然火，違者徒一年。

疏議曰：凡官庫藏及敖倉内有舍者，皆不得然火，違者徒一年。

諸失火及非時燒田野者，笞五十。非時謂二月一日以後、十月三十日以前。若鄉土異宜者，依鄉法。延燒人舍宅及財物者，杖八十。贓重者，坐贓論，減三等。殺傷人者，減鬭殺傷二等。其行道然火不滅，而致延燒者，各減一等。

疏：諸失火及非時燒田野者，笞五十。注云，非時謂二月一日以後、十月三十日以前。若鄉土異宜者，依鄉法。又云，延燒人舍宅及財物者，杖八十。贓重者，坐贓論，減三等。殺傷人者，減鬭殺傷二等。議曰：失火謂失火有所燒，及不依令文節制，而非時燒田野者，笞五十。其於當家之内失火者，皆罪失火之人。注云，非時謂二月一日以後、十月三十日以前。若鄉土異宜者，依鄉法。謂北地霜早，南土晚寒，風土亦既異宜，各須收穫總了，放火時節不可一準令文，故云各依鄉法。延燒人舍宅及財物者，各杖八十。贓重者，謂計贓得罪重於杖八十，坐贓論，減三等，準贓二十匹以上，即從贓科。殺傷人者，減鬭殺傷罪二等，謂燒殺人者，失火及燒田之人減死二等，合徒三年。不合償死者，從本殺傷罪減其贓。若損衆家之物者，並累亦倍論。

又云，其行道然火不滅，而致延燒者，各減一等。

議曰：人在行路之上，或須然火，事了發去，皆須滅之。若不撲滅，而致延燒他人林木、舍宅、財物，或殺傷人者，各減上文罪一等。謂延燒贓少者，杖八十上減一等，贓重者，坐贓上減四等，罪止徒一年，殺傷人者，減鬭殺傷三等，故云各減一等。

准：户部式，諸荒田有桑棗之處，皆不得放火。

諸於官府廨院及倉庫内失火者，徒二年。在宫内加二等。廟社内亦同。損害贓重者，坐贓論。殺傷人者，減鬭殺傷一等。延燒廟及宫闕者絞，社減一等。

疏議曰：若有人於内外官府、公廨院宇之中，及倉庫内失火者，徒二年。宫内加二等。宫内謂殿門外有禁門，其内並是，若失火者，徒三年。注云廟社内亦同。謂於宗廟及太社院内失火，亦徒三年。損害贓重者，謂因失火延燒，有所損害財物，計贓重於徒二年者，即準坐贓科之。謂燒官府廨内財物，計贓五十匹，合徒三年。若因火有殺傷人者，減鬭殺傷罪一等，謂殺人者流三千里，傷人折二支徒三年。若殺傷畜産，不合從上條稱減鬭殺傷一等，償減價，自從水火損敗，誤失不償。延燒廟及宫闕者，絞；社減一等，流三千里。

諸故燒官府廨舍，及私家舍宅若財物者，徒三年。贓滿五匹，流二千里，十匹絞。殺傷人者，以故殺傷論。

疏議曰：凡官府廨宇及私家舍宅，無問舍宇大小，並及財物多少，但故燒者，徒三年。計贓滿五匹，流二千里，贓滿十匹者絞。殺傷人者，以故殺傷論，謂因放火而殺人者斬，傷人折一支者流二千里之類。若對主故燒，非積聚延燒之物，只同棄毀人財物論。

准：唐元和三年五月四日敕，失火燒棓子及屋一間兩間，並柴草等，不至驚動者，請不科責。燒屋三間以上，及燒鄰家，失火人常行杖當處決十五放。其合受科決人，如有品秩及應官，請決家人。如百姓老小，家人病患小弱，不堪科決，並品秩及應官無家人、作人者，並請量事科罰。或讎嫌潛肆燒爇，有情狀巨蠹，推問得實，所燒舍屋，不限多少，請決痛杖一頓處死。第十九亦有故燒人屋舍、財物條。

臣等參詳，今後有故燒人屋舍、蠶簇及五穀財物積聚者，首處死，隨從者決脊杖二十。

諸見火起，應告不告，應救不救，減失火罪二等。謂從本失罪減。其守衛宫殿、倉庫及掌囚者，皆不得離所失守救火，違者杖一百。

疏議曰：見火起燒公私廨宇、舍宅、財物者，並須告見在及鄰近之人共救。若不告不救，減失火罪二等。謂若於官府廨宇内及倉庫，從徒二年上減二等，合徒一年。若於宫及廟社内，從徒三年上減二等，徒二年。若於私家，從笞五十上減二等，笞三十。故注云，從本失罪減，明即不從延燒減之。其守衛宫殿、倉庫及掌囚者，雖見火起，並不得離所守救火，違者杖一百。雖見火起不告，亦不合罪。

諸水火有所損敗，故犯者徵償，誤失者不償。

疏議曰：水火有所損敗，謂上諸條稱水火損敗得罪之處，故犯者徵償。若故決隄防，通水入人家，若故燒官府廨舍及私家舍宅、財物，有所損敗之類，各徵償。其稱失火之處，及不修隄防而致損害之類，各不償。

（宋）李燾《續資治通鑑長編》宋真宗景德二年九月　乙亥，詔廣南西路州軍有縱火焚人廬舍，情理兇蠹者，依法決訖，刺配五百里外牢城。從太子中允盧幹之請也。盧幹，未見。

（宋）佚名《宋大詔令集》卷一八三《政事·田農·令十月後方得焚燒野草詔大中祥符四年八月丙午》　火田之禁，著在《禮經》。山林之間，合順時令。其或昆蟲未蟄，草木猶蕃。輒縱燎原，則傷生類。式遵舊制，以著常科。諸路州縣畬田並如鄉土舊例外，自餘焚燒野草，並須十月後方得縱火。其行路野宿人，所在檢校，無使延燔。

（宋）佚名《宋大詔令集》卷一五二《政事・儆災・榮王宮火延燒殿庭求直言詔大中祥符八年四月癸酉》 朕欽承大寶，祇勵小心。膺眷祐之無疆，荷靈禧之狎至，少虧周慎，俄有震驚，雖曰因人，敢忘克己。今月二十三日夜，榮王元儼宮不謹遺燼，遽致延燒。昏夕之間，撲滅靡及。遲明之際，士伍駢臻。尚賴群心，率力盡瘁，殿庭連屬，不免致焚。宮禁回環，率皆安堵。眷兹藩邸，自失於防微，仰謝宗祊，彌深於省咎。亦虞庶務，未洽太和。或政令匪中，或物情有壅。期聞讜論，以輔眇躬。應文武官並許直言，當從親覽。渴聞規益，勿悋傾輸。命刑部員外郎兼侍御史知雜事王隨按劾榮王宮遺火人以聞。

（宋）佚名《宋大詔令集》卷一八八《政事・慰撫・榮王宮火曉諭京邑牓大中祥符八年五月庚辰》 近者親王之第，遺燎旁延。頗聞京邑之人，盈衢引望，覩濡救之未及，形憂慼以皆同。言念至誠，實嘉忠順。故兹牓示，想宜知悉。

（宋）佚名《宋大詔令集》卷一五二《政事・儆災・禁中火求直言詔明道二年八月丁丑》 朕猥以眇躬，纂於洪緒。既絕畋游之好，又無臺榭之營。十載於兹，未嘗暇逸。不意掖庭之內，火禁非嚴，一夕延燔，遍於八殿。而端門正寢，禁帑群司，猶免俱焚，實繫衆力。緬思降儆，敢怠省循。其令內外臣寮，直言朝廷闕失，毋有所隱，副朕意焉。

（宋）佚名《宋大詔令集》卷一五五《政事・儆災・崇寧三年火四京畿內德音》 門下：朕紹承大統，昭事上穹，懋欽乃誠，靡敢遑怠。三月辛丑，災於宮隅，烈焰燔延，通夕震懼。賴天眷祐，卒底於寧。列聖神御之祠，累朝謨訓之閣，路寢府庫，悉獲保完。深惟儆誡之甚明，豈獨攸司之弗謹。寅畏修省，夙夜於兹。宜推渙恩，覃及近甸，應四京畿內。云云。於戲！遇災而正厥事，既有典常，施澤以惠我師，庶無罪悔。咨爾有衆，體予至懷。

史金波等譯《天盛改舊新定律令》卷八《燒傷殺門》 一、諸人無心失誤失火，燒燬他人畜物、房舍、人口、糧食、草捆者，當查明實數所值。燒燬二分之一，自己妻子、子、女、子媳、使軍、奴僕等以外，用其他畜物依數賠償。若□□□者，則當罰。失火者罪：已燒畜物價值五十緡以下者，有官罰馬一，庶人十三杖，五十緡以上至百緡徒六個月，百緡以上一律一年。其中死傷人者，依第十四卷上有遮障人在處打中人傷死法判斷。

一、諸人相惡而放火燒馬草及蒲葦、馬蓮根多有處□諸物時，徒三年。若其中蒲葦、馬蓮等計錢衆多，則與偷盜之錢量罪情相同。

史金波等譯《天盛改舊新定律令》卷八《燒傷殺門》 一、諸人相惡，於無人帳舍中及糧食、草捆及埂坡養草、蒲葦、野獸蒲草等放置處，及地面有糧食等處放火時，若議未往、已往未動手及已動手燒物等，分別依强盜持武器已往、未往、物已入手、未入手等罪情法則判斷。若有意於無人帳舍縱火焚燒，然無意燃至於有人帳舍處死傷人者，與毆打争鬥相殺傷罪相同。無意所燒各物數計量，依偷盜法判斷。其相惡有意放火，燒畜物財産房舍，及此外無意而燒各物等，放火者當償。未能償時，與第三卷上以工償還盜值法相同。

《元典章》卷五〇《刑部・諸盜・放火・放火同强盜追賠》 至元十四年三月（二十五日），中書兵刑部據大都路申，備宛平縣歸問得放火賊人谷得成狀招，不合於至元十三年九月初九日夜（二更前後）挾仇燒訖張鎖住等穀垛稍柴等物。欽遵赦恩將谷得成疎放，據燒訖斛粟，合同强盜一體治斷，未敢懸便追給。乞照詳事。省部照得，先據本路申，强盜紀驢兒刼訖事主財物，合無追徵給主。爲此，照得先欽奉聖旨條畫：見强盜無償折傭例。欽此。議得：賊人紀驢兒並餘賊，元盜破使正贓，欽依所奉聖旨條畫，值赦免罪外，於犯人名下並寄借之家，依上追徵給主。呈奉都堂鈞旨，送本部準呈。奉此，已經行下本路依上施行去訖。今據見申相度，谷得成所犯即係故燒田場積垛之物，例同强盜，合下仰照驗，依犯時月日估計，追賠給主施行。

《元典章》卷五〇《刑部・諸盜・放火・父首子燒人房舍》（至元　年　月　日）洛衮州申加詳縣申王祚狀告：三月二十一日夜間二更時分，被人燒訖草屋三間，有楊青自行鎖縛伊男楊買兒到官狀告。問得招狀，挾恨舊仇，故意燒訖王祚無人居止草房三間，（零）〔私〕物等，〔已〕估鈔（已有）二十九兩八錢二分。除楊買兒收禁徵贓外，乞照詳事。法司擬議得：楊買兒所招，即係故燒私家無人居止草房三間事理。舊例：故燒私家舍宅者，絞。若無人居止，但損害財物、畜産者，徒罪五年。贓滿二十貫之數者，亦絞。所燒屋舍價值二十貫餘，即與强盗二十貫相似。舊例：强盗二十貫，絞。照依中書省已斷强盗滿法，不曾傷人體例，合杖一百七下。今被楊青捉拏到官，依舊例理合受法。舊例：若於法許相容隱者，爲首及相告言者，各所如罪人身自首法。舊例：犯罪未發而自首者，原其罪，正贓猶徵如法。其楊買兒自首原免，部官〔公〕議得：楊買兒所挾讎，故意燒毁王祚舍屋，本罪非輕，緣伊父楊青將男楊買兒執縛到官，合從原減。今擬杖斷三十七下，所燒房價令其驗數徵還。行下本州〔仰〕依上施行。

《元典章》卷五〇《刑部・諸盗・放火・放火賊人通例》　至大元年七月〔初六日〕，得臺準御史臺〔咨〕：承奉中書省劄付，刑部〔呈〕備恩州賊人馬閏住狀招，不合挾仇，於大德十一年十二月夜五更前後，掏火於姑舅叔朱善兒東草屋東簷底行燒，著事主知覺救滅，罪犯是實。除將馬閏住依例免刺，比附强盗不曾傷人、不曾得財，一例體斷，杖〔決〕〔斷〕七十七下外，據徒配一節，若便發遣合屬居役，終非正犯，又兼放火賊人馬閏住係是事主朱善兒表姪。事干通例，誠恐差池，本部看詳議得：今以後凡有賊徒放火，故燒官房廳宇以及私家宅舍者，比同强盗。若於無人居止空房，並損壞財物、畜産以及田場積聚一切之物者，比同竊盗定論。照依得大德五年（　月　日）奏準盗賊通例，計贓斷配免刺，追賠燒毁物〔件〕〔價〕。捕盗官兵一體定立罪賞外，據馬閏住所犯，雖〔係〕〔是〕朱善兒表姪，以卑犯尊，合同凡人定論，擬合比例，徒一年半。

《元典章》卷五一《刑部・諸盗・失盗・捕（毆死人賊）〔放火人〕同强盗罪》　至元七年六月二十六日，尚書刑部爲曹州申呈，捉拏到故燒王〔淮〕〔准〕房〔舍〕賊人韓温（恭）、李真普等二名，乞於賊人名下徵賞事。省部照得，欽奉聖旨並中書省劄付，別不該載。放火賊人，應捕官兵罪賞。議得：今後（如有賊人）故燒官司廨舍、私家宅舍，賊人比同强盗。若無人居止空閒房舍，别無財物，畜産以及田場積聚之物者，比同竊盗，一體定立捕盗官兵罪賞。呈奉尚書省移準中書省準呈咨（請所），〔準〕擬〔遍行依上〕施行。

《元典章》卷五七《刑部・諸禁・禁火・禁治遺火》　至元十七年十一月十二日，行中書省劄付，會驗欽奉聖旨：新附城子裏火（爐）〔燭〕在意者。欽此。省府議到潭州禁治遺火事理，除另行外，仰欽依聖旨處分事意，及省府坐去事理，比附禁治施行内一欵。遺漏者，但犯於市曹枷項號令三日，斷決四十七下。延（徹）〔亂〕人家少者，七十七下，多者一百七下。燒訖係官廨舍錢糧及致傷人命者，別議施行。

《元典章》卷五七《刑部・諸禁・禁火・遺火決斷通例》　至大元年九月（二十九日），江浙行省準中書省咨：御史臺呈備江南（省）行臺咨，湖北道廉訪司申，照刷出武昌路卷内，江夏縣俞宗顯等四起遺火燒訖人户房屋，本路所斷，遺火杖數不一，别無定到通例。本臺看詳，上項事理，宜令合干部分定擬相應。得此，施行間又（奉到）〔準〕湖廣行省咨（文），亦爲此事送刑部議得：除故燒官私舍宅，已有呈準通例，所據諸人失火，謂燒自己房屋，笞二十七下。止坐本家失火之人。若（沿）〔延〕燒人舍及財物畜産者，笞五十七下；財物雖多，罪止八十七下。因而致傷人命者，依過失例論罪。其所損房屋財物，既是誤犯，不須徵償。具呈照詳。得此，都省準擬，咨請依上施行。

《元典章》卷五〇《刑部・諸盗・放火・放火賊人》　皇慶二年四月（十五日），江西行省準中書省咨：刑部呈奉省判，本部元呈山東（路）宣慰司關，益都路備樂安縣申，解到放火賊人盧千兒，責得本賊（所）〔狀〕招（詞狀實），因事主張林阻隔男婦張二嫂不得行姦，（心）挾（仇）恨（故）將張林草房（間）燒毁，被捉到官，另行議罪外，爲此本部（參呈）議得：放火（諸）賊徒，或因公仇，或挾私怨，乘風舉火，故燒官府廨宇或私家宅舍以及田場積聚之物。縱有知覺，使人無所措手，既不能向前救護，罄家所有，盡（屬）〔爲〕一空，甚有致傷人命。以此參詳，今後（如）〔若〕有挾公讎私怨故燒官府廨宇以及有人居〔止〕舍宅，將放火賊人，無問舍宇大小、財物多寡，比同强盗例，免刺，斷決一百七下，徒役三年。因（此）而殺傷人者，依例科斷。其如燒毁無人居止空房，並損壞家財畜産及田場積聚之物，比同竊盗，免刺，驗贓依例決遣，居役，仍各追賠所燒物價。敢有再犯，決配役滿，遷徙千里之外。如此〔則〕庶（幾乎可）使（諸）〔賊〕徒知所警懼。如蒙準呈，遍行照會。都省（準擬）咨請依上施行。

《元史》卷一〇三《刑法志》 諸民間失火，鎮守軍官坐視不救，而反縱軍剽掠者，從臺憲官糾之。

《元史》卷一〇五《刑法志》 諸城郭人民，鄰甲相保，門置水甕，積水常盈，家設火具，每物須備，大風時作，則傳呼以徇於路。有司不時點視，凡救火之具不備者，罪之。諸遺火延燒係官房舍，杖七十七；延燒民房舍，笞五十七；因致傷人命者，杖八十七；所毀房舍財畜，公私俱免徵償。燒自己房舍者，笞二十七，止坐失火之人。諸煎鹽草地，輒縱野火延燒者，杖八十七；因致闕用者，奏取聖裁。鄰接管民官，專一關防禁治。諸縱火圍獵，延燒民房舍錢穀者，斷罪勒償，償未盡而會赦者，免徵。諸故燒太子諸王房舍者，處死。諸故燒官府廨宇，及有人居止宅舍，無問舍宇大小、財物多寡，比同强盜，免刺，杖一百七，徒三年；因傷人命，同殺人。其無人居止空房，並損壞財物，及田場積聚之物，同竊盜，免刺，計贓斷罪。因盜取財物者，同强盜，刺斷，並追陪所燒物價；傷人命者，仍徵燒埋銀。再犯者決配，役滿，徙千里之外。諸挾仇放火，隨時撲滅，不曾延燎者，比强盜不曾傷人不得財，杖七十七，徒一年半，免刺，雖親屬相犯，比同常人。

《明英宗實録》正統九年二月〔己丑〕錦衣衛班劍司百户何清所居失火，妻妾子女死者四人，並焚其牙牌。法司論清律當杖，輸贖還職。上曰：清良可矜憐，乃欲罪之，不已甚乎！其宥，令復職，牙牌重造給之。

《刑臺法律·名例副卷·比附雜犯罪律》 一、光禄寺廚役，點燈偷飲官酒，醉卧，被火燒毀酒房，並上用寺酒。比依放火故燒係官積聚之物，及盜内府財物，斬。

黄彰健《明代律例彙編》卷二六《刑律九·雜犯·放火故燒人房屋》

凡放火故燒自己房屋者，杖一百。若延燒官民房屋，及積聚之物者，杖一百，徒三年。因而盜取財物者，斬。殺傷人者，以故殺傷論。若放火故燒官民房屋，及公廨倉庫，係官積聚之物者，皆斬。須於放火處捕獲，有顯迹證驗明白者，乃坐。其故燒人空閒房屋，及田場積聚之物者，各減一等。並計所燒之物，減價，儘犯人財產，折剉陪償，還官給主。

弘治問刑條例

一、成化八年六月十六日，節該欽奉憲宗皇帝聖旨，各邊倉場，若有故燒係官錢糧草束者拏問明白，將正犯梟首示衆。燒毀之物，先儘犯人財產，折剉陪償。不敷之數，著落經收看守之人，照數均陪。欽此。

一、放火故燒人田場積聚之物，及延燒人房屋者徒罪以上，俱發邊衛充軍。

【略】

大明律直引所載問刑條例

一、奴婢放火燒主房屋，此依奴婢罵家長律，絞。

萬曆問刑條例

一、凡放火故燒自己房屋，因而延燒官民房屋及積聚之物，與故燒人空閒房屋及田場積聚之物者，俱發邊衛充軍。

《大清律例》卷三四《刑律·雜犯·放火故燒人房屋》 律

凡放火故燒自己房屋者，杖一百。若延燒官民房屋及積聚之物者，杖一百，徒三年。因而盜取財物者斬，監候。殺傷人者，以故殺傷論。

若放火故燒官民房屋及公廨、倉庫，係官積聚之物者，不分首從。皆斬。監候。須於放火處捕獲，有顯迹證驗明白者，乃坐。其故燒人空閒房屋，及田場積聚之物者，各減一等。

並計所燒之物減價，盡犯人財產折剉賠償，還官給主。除燒殘見在外，其已燒物，令犯人家產折爲銀數。係一主者全償，係衆主者，計所故燒幾處，將家產剉爲幾分而賠償之，即官民亦品搭均償。若家產罄盡者免追，赤貧者止科其罪。若奴婢、僱工人犯者，以凡人論之。

條例

一、凡各邊倉場，若有故燒係官錢糧草束者，拿問明白，將正犯梟首示衆，燒毀之物，先儘犯人家產折剉賠償，不敷之數，著落經收看守之人照數均賠。

一、兇惡棍徒糾衆商謀，計圖得財，放火故燒官民房屋及公廨、倉庫、係官積聚之物，並街市鎮店人居稠密之地，已經延燒，搶奪財物者，均照强盜律，不分首從，擬斬立決。殺傷人者，梟示。有因焚壓致死者，將爲首之人梟示，仍照强盜例，將法所難宥、情有可原者，於疏内聲明。

其本非同夥，借名救火，乘機搶掠財物者，照搶奪律分别治罪。若故燒孤村，曠野，並不毗連民居之空閑房屋，及田場，積聚之物，均照律科斷，爲首者，仍枷號兩個月。其惡徒謀財放火，有已經延燒，尚未搶掠財物，又未傷人者，將爲首之人擬斬監候，爲從、商謀下手燃火者，枷號兩個月，發近邊充軍。誘脅同行者，杖一百，徒三年。如謀財放火，隨即救熄，尚未延燒，將爲首之犯擬絞監候，爲從、商謀下手燃火者，杖一百、流三千里。誘脅同行者，枷號兩個月，責四十板，若非圖劫財，止因挾仇放火延燒，因而殺人，及有焚壓致死者，即將爲首之犯擬斬立決，爲從、商謀下手燃火者，擬絞監候。其未傷人及傷而不死者，將爲首之犯擬斬監候，爲從者，發邊衛充軍，誘脅同行者，並杖一百、徒三年。如挾仇放火，當被救熄，尚未延燒，爲首之犯枷號兩個月，發邊衛充軍；爲從者，枷號三個月，杖一百。若地方文武官弁遇有此等惡徒放火，不即赴援撲滅、協力擒拿，照例議處。地方保甲人等一並治罪。

《大清律例》卷三四《刑律·雜犯·失火》 律

凡失火燒自己房屋者，笞四十；延燒官民房屋者，笞五十；因而致傷人命者，不分親屬、凡人。杖一百；但傷人者，不坐致傷罪。其罪止坐所由失火之人；若延燒宗廟及宮闕者，絞監候。社，減一等。皆以在外延燒言。

若於山陵兆域内失火者，雖不延燒，杖八十，徒二年；仍延燒山林兆域内林木者，杖一百，流二千里。若於官府公廨及倉庫内失火者，亦杖八十，徒二年，主守倉庫之人，因而侵欺財物者，計贓，以監守自盜論。不分首從。其在外失火而延燒者，各減三等。若主守人因而侵欺財物，不在減等之限。若常人因火而盗取，以常人盗論。如倉庫内失火者，杖八十，徒二年；比倉庫被竊盗，庫子盡其財産均追賠償之例。

若於庫藏廒内燃火者，但見内外火起，皆不得離所守，違者杖一百。

若點放火花爆仗，問違制。

條例

一、凡出征、行獵處失火者，杖一百。

《刑部現行則例》卷下《雜犯》 凡出征打獵之處失火者，鞭一百。

《刑部現行則例》卷下《雜犯》 自己疏防失火及放火，因而盗取財物，並故意燒官民房屋者，仍照律治罪。至雇覓之人疏忽失火，致燒本主房屋，延燒他人房屋，因而致傷人命者，俱比照房自己失火律治罪。

《西寧青海番夷成例·縱火熏洞》 一、縱火熏洞，有人見者，其人即罰縱火之人一九牲畜。若延燒致死牲畜，照數賠償；致死人命，罰三九牲畜。若係無心失火，以致延燒，所見之人罰失火之人牲畜五件。燒死牲畜，賠償；燒死人命，罰一九牲畜。

《西寧青海番夷成例·挾仇放火》 一、凡頭目及平人，有挾仇陷害放火燒死人者，放火之頭目絞，除妻子外，家産、牲畜抄没，給與事主；若係平人，斬，除妻子外，將家産、牲畜抄没，給與事主。若燒死牲畜者，將放火之頭目革退等級，除妻子外，將家産、牲畜抄没，給與事主；若係平人，鞭一百，除妻子外，將家産、牲畜抄没，給與事主。

《蒙古律例》卷一〇《雜犯·薰獸穴失火》 一、薰獸穴而失火，如有人見，則見之者罰給一九牲畜。若延燒以致牲畜死者，罰令賠償；致人死者，罰三九牲畜。若由誤失火，見之者罰給五牲畜。若延燒致牲畜死者，罰令賠償。致人死者，額罰一九牲畜。

《蒙古律例》卷一〇《雜犯·讎害放火》 一、凡官員、平人讎害放火，致死人者，放火之人係官員，絞；平人，斬監候。除其妻子外，抄没産畜，給付事主。致死牲畜者，官員革職，除妻子外，抄没産畜，給付事主；平人鞭一百，除妻子外，抄没産畜，給付事主。

《兵部處分則例》卷三〇《火禁·京師查拿放火兇徒》 一、京城關廂如有奸細放火兇徒，巡捕營失於查拿者，將該汛都司守備、千總、把總降四級調用，公罪。兼轄副將、參將、遊擊等官降二級調用。公罪。

《兵部處分則例》卷三〇《火禁·監獄失火》 一、監獄失火燒斃罪囚，撲救不力之專汛武職，降二級留任。公罪。同城兼轄統轄官，降一級留任。公罪。不同城兼轄統轄官，罰俸一年。公罪。

《兵部處分則例》卷三〇《火禁·火藥局被轟》 一、各省存貯火藥局該管各官若不加謹巡防，以致被轟者，將同城專管兼統各官，俱革職留任。公罪。不同城之兼統各官，降一級留任。公罪。平時防範不嚴之提督、總兵罰俸一年。公罪。

《理藩院則例》卷五五《雜犯·熏獸失火》 一、因熏獸穴及一切誤致失火者，罰一九牲畜給出首人。因而延燒致斃人命者，加罰三九牲畜，給死者之家。致斃牲畜者，照數賠償。如延燒出口貿易民人貨物，亦照賠償牲畜例辦理。

《理藩院則例》卷五五《雜犯・挾仇放火》　一、挾仇放火，致斃人命者，係官員擬絞，平人擬斬，各監候，籍没産畜皆給事主。致斃牲畜者，係官員革職，平人鞭一百，籍没産畜皆給事主。

《理藩院則例》卷五五《雜犯・民人失火延燒牧場》　一、凡内地民人出口貿易不戒於火致延燒牧場者，均照蒙古熏獸失火例罰取牲畜，無牲畜者，按照所罰牲畜數目折價罰取銀兩。

（清）祝慶祺《刑案匯覽》卷五三《刑律雜犯・失火》　户部奏：查典商收當貨物，按本計利，扣限取贖，原物各歸其主，故商民兩無所争。至典物被火焚失，事屬偶然，是以分别賠償，多就各該處情形，相沿辦理，未經明定章程。今據江督奏稱，江蘇、安徽、江西三省，既有賠多賠少之不同，又有著賠免賠之互異。辦理殊覺參差，恐因此紛紛訐訟。請嗣後典舖同行失火，被焚貨物悉以值十當五計算，照典價作準。如鄰火延燒實係猝不及防，因人連累者，照值十當五之例酌減十分之二，扣除本利，按計照償。其粗重之米豆棉花等物，當價較重，以貫二貫三遞減，著賠不扣息利等語。查典内自行失火，與鄰火延燒情事原有不同，自當畧爲區分，以昭平允。嗣後當舖失火，其未焚及搶出各物，仍聽當主照號取贖外，其被火焚毁貨物，應如該督所奏。自行失火者，以值十當五計算，照原典價值作爲準數；鄰火延燒者，減二，均按月扣除，息利照數賠償。至米、麥、豆石、棉花各物，該督摺内聲明，均以逢新爲滿。是過一年者，已不應贖，而遞減日期又須在半年以外，核計其中月日，相去無多，似毋庸多列科條，致互相抵賴。應將貫二名色删除，統以貫三計算，照原典價值給還十分之三。鄰火延燒者，減去原典償值二月，以減賸八分之數給還十分之三，向不扣除利息，按數著賠。倘姦商因有此例，於失火時將不及五貴重器物貪利隱匿，照隱没之物，按所值銀數計贓，準竊盗論例治罪。仍將原物給還本主，庶事理各得其平。再查各直省典鋪，雖一處有一處情形，向來俱未能畫一。但窮民質物被焚，其可憫之情，本無二致，相應奏明，行文刑部提督衙門。各直省督縣斟酌各該地方情形，轉飭一體遵照。其或亦有一年爲滿，當價較重者，即比照此案米豆棉花等物賠償之例辦理。乾隆四十一年奏準通行。

（清）祝慶祺《刑案匯覽》卷五三《刑律雜犯・失火》　提督咨送任天寶、呈報鄧六等因炒火查被燒身死一案。查嘉慶十六年十二月初三日，奉上諭：據步軍統領衙門奏，查明崔大花礮作坊燒斃人口共有十五命之多，甚屬可憫。向來製造火藥，即官局俱在曠閒地方。此案民人崔大花礮作坊開設鬧市，本屬非宜。著五城逐一查明，俱飭令遷徙空閒處所，以昭慎重。欽此。在案此案任光世，係在街市開設花礮舖，應即照違制律擬杖一百。嘉慶二十年江西司現審案。

（清）席裕福等《清朝政典類纂》卷四〇七《刑三十九・刑律雜犯・失火》　條例

一、凡出征行獵處失火者，杖一百。謹案：此條雍正三年定。

一、失火延燒官民房屋及官府公廨倉庫失火等案，各照本律笞杖充徒定擬，應否賠修，亦照律辦理。外失火延燒官民房屋，如數至一百間者，加枷號一月；至三百間者，加枷號兩月；若延燒官府公廨、倉庫官物及官民房屋到二百間以上者，加枷號三月，均於失火處所枷示。謹案：此條係嘉慶十一年遵旨議定。

事例

康熙九年議准：凡官員該管地方有失火延燒房屋者，罰俸三月；延燒文卷倉廒者，罰俸一年。如將錢糧文册擅藏私家以致焚燬者，降一級調用。

十五年議准：凡文武官員有違禁在紫禁城内及倉庫、壇、廟等處吃煙者，革職；旗下人枷號兩月、鞭一百；民人責四十板、流三千里。該管官不行捕首者，罰俸六月。宗室覺羅有犯，交與宗人府議。

二十二年議定：五城巡捕營所屬地方，有失火延燒房屋十間以下，卽行撲滅者，免議。自十一間以上至三十間者，吏目守備罰俸九月，兵馬司、指揮參將、游擊罰俸六月，巡城御史罰俸三月。延燒至三十一間以上者，吏目守備罰俸一年，兵馬司、指揮參將、游擊罰俸九月，巡城御史罰俸六月。

又議准：失火延燒房屋二百間以上者，吏目守備降一級調用，兵馬司、指揮參將、遊擊降一級留任，巡城御史罰俸一年。延燒四百間以上者，吏目守備降二級調用，兵馬司、指揮參將、遊擊降一級留任，巡城御史罰俸一年。延燒四百間以上者，吏目守備降二級調用，兵馬司、指揮參將、遊擊各降一級調用，巡城御史降一級留任。延燒六百間以上者，吏目守備、遊擊降三級調用，兵馬司、指揮參將遊擊各降二級調用，巡城御史降一級調用。

二十六年議准：雇倩之人失火致燒本主房屋，延燒他人房屋因而致傷人命者，照房主自己失火者律治罪。以上均會典事例。

乾隆四十一年奏准：嗣後當鋪失火，其未焚及搶出各物，仍聽當主照號取贖外，其被火焚燬貨物，自行失火者，以值十當五計算，照原典價值作爲準數。鄰火延燒者，減二，均按月扣除息利，照數賠償。至米麥豆石棉花各物，統以貫三計算，照原典價值給還十分之三。鄰火延燒者，減去原典價值二分，以減剩八分之數，給還十分之三，均不扣除利息，按數著賠。倘奸商因有此律，於失火時將不及五貴重器物貪利隱匿，照隱没之物，按所值銀數計贓，準竊盜論例治罪，仍將原物給還本主，庶事理各得其平。再查各直省典鋪雖一處有一處情形，向來俱未能畫一，但窮民質物被焚，其可憫之情本無二致。其或亦有一年爲滿當價較重者，即比照此案米豆棉花等物賠償之例辦理。户部通行。

刑案

監房失火，燒斃監犯九名，典史並提牢禁卒人等，均問擬徒罪，不準援免。嘉慶元年福建司説帖。

行宫被火延燒游廊，比照延燒宫闕絞候律減等，擬以滿流。嘉慶二十三年直隸案。

河兵失火，延燒稭料，比照官府公廨及倉庫内失火律問擬，仍照例追賠。道光十四年山東案。

空房失火，延燒東單牌樓柱子，比照官府公廨及倉庫内失火，杖八十，徒二年。其在外失火延燒者，減三等，律問擬滿杖。道光九年貴州司案。

（清）席裕福等《清朝政典類纂》卷四〇七《刑三十九·刑律雜犯·放火故燒人房屋》 凡放火故燒自己房屋者，杖一百。若延燒官民房屋及積聚之物者，杖一百、徒三年。因而盜取財物者斬監候。殺傷人者，以故殺傷論。若放火故燒官民房屋及公廨倉庫，係官積聚之物者，不分首從皆斬監候，須於放火處捕獲有顯跡證驗明白者乃坐。其故燒人空閒房屋及田場積聚之物者，各減一等，並計所燒之物減價，盡犯人財産折剉賠償，還官給主。除燒殘現在外，其已燒物令犯人家産折爲銀數。係一主者全償，係衆生者計所故燒幾處，將家産剉爲幾分而賠償之，即官民亦品搭均償。若家産罄盡者免追，亦貧者止科其罪。若奴婢雇工人犯者，以凡人論。

條例

一、凡各邊倉場，若有故燒係官錢糧草束者，鞫問明白，將首犯梟首示衆。燒燬之物，先儘犯人家産折剉賠償，不敷之數，著落經收看守之人，照數均賠。謹案：此條係原例。

一、兇惡棍徒糾衆商謀計圖得財，放火故燒官民房屋及公廨倉庫，或官積聚之物，並街市鎮店人居稠密之地，已經燒燬搶奪財物者，均照强盜律，不分首從擬斬立決，殺傷人者梟示。有因焚壓致死者，將爲首之人梟示，仍照强盜例，將法所難宥情有可原者，於疏内聲明。若本非同夥，借名救火，乘機搶掠財物者，照搶奪律加一等，分別首從治罪。其惡徒謀財放火，有已經燒燬房屋，尚未搶掠財物，又未傷人者，爲首擬斬監候。爲從商謀下手燃火者，枷號兩月，發近邊充軍。誘脅同行者，杖一百徒三年。如謀財放火隨即救熄尚未燒燬，爲首擬絞監候；爲從商謀下手燃火者，杖一百流三千里。誘脅同行者，枷號兩月責四十板。若並非圖財而懷挾私讎放火燒燬房屋，因而殺人及焚壓人死者，爲首擬斬立決；爲從商謀下手燃火者，擬絞監候。其未傷人及傷而不死者，爲首擬斬監候，爲從者發近邊充軍。誘脅同行者，並杖一百徒三年。如挾讎放火當被救熄尚未燒燬，爲首枷號兩月，發近邊充軍；爲從者枷號兩月，杖一百徒三年。若圖財挾讎故燒空地閑房及場園堆積柴草等物者，首犯枷號兩月，杖一百流三千里。如係孤村曠野内，並不毗連民居間房及田場積聚之物者，杖一百徒三年，爲從各減一等。當被救熄尚未燒燬者，又各減一等。地方文武官弁遇有此等惡徒放火，不即赴援撲滅，協力擒拏，照例議處。地方保甲人等，照不應重律治罪。謹案：此條嘉慶六年、道光十年修改。

挾仇放火，除有心燒死一家三命或一家二命者，仍各按律例擬以斬決凌遲外，其止欲燒燬房屋柴草洩忿並非有心殺人者，如致死一二命應照挾仇放火因而殺人及焚壓人死例，首犯擬斬立決；爲從商謀下手燃火者，擬絞監候。若致死一家三命以上，首犯斬決梟示，從犯擬絞立決。謹案：此條係嘉慶十年奉旨議定。

事例

雍正十年諭：鐵嶺城内民房失火，因一時風烈，延燒官署倉廒，事出不意，乃衆目共見，非有意捏飾者，可比著格外加恩，照部議免其賠補，不爲定例。若官吏等有虧缺糧石等情而借附近失火乘機作弊者，於賠補糧石賠修倉廒外，仍從重治罪。《會典》事例。

刑案

續姦不從至被本婦之父捉獲掙脱，挾嫌放火燒燬房屋，復用刀拒捕傷人，聞拿投首。其所燒房屋雖係堪以賠償之物，律準自首，第必俟其照數賠完後始減等。道光六年四川案。

挾讐放火故燒房屋柴草等物，必須尚未燃燒方可依例減等。若已將房屋柴草燒燬，即應照燒燬例科斷，不得照尚未延燒舊例曲爲寬減。道光十一年山東案。

縣署雇工因被攆逐無人雇用，挾讐潛至署内放火，尚未延燒，依惡徒挾讐放火當被救熄尚未延燒例酌加一等，發邊遠充軍。嘉慶二十二年江西案。

竊盜遺火延燒事主房屋尸棺，比照殘傷他人死尸律，杖一百流三千里。嘉慶二十三年河南案。

妻挾私讎商令伊夫放火故燒倉庫，尚未延燒，係一家共犯，應罪坐其夫，依挾讎故燒倉庫當被救熄例，枷號擬軍。嘉慶二十五年湖廣司案。

雇工偷竊雇主當鋪銀兩，情圖掩竊，放火延燒，與圖財放火無異。惟係行竊在前，放火之時並未搶掠，比照惡徒謀財放火已經延燒尚未掠財又未傷人例，斬候。道光元年廣東案。

挾讎放火故燒場内堆貯麥稭，致延燒三十七家住房，仍依故燒場圖堆積柴草例，枷號兩個月滿流。道光四年直隸案。

挾讎放火致斃人命，案内同謀隨行並未下手燃火，從犯於爲從下手燃火絞例，上量減滿流。道光四年四川案。

小功卑幼挾讎將場園堆積秫稭放火洩忿，當被救熄，未經燒燬，比依親屬相盗有犯殺傷以凡論之條，按照本例擬以滿流。道光九年山東案。

挾嫌寄放爆竹，暗拴香火圖向驚嚇，比照挾讎放火當被救熄尚未燒燬爲首例，量減滿徒。道光十一年奉天司案。

毆死無服姪女，放火燒房希圖滅跡，依放火故燒官民房屋律，擬斬監候。道光十一年直隸司案。

無服尊長挾嫌將卑幼空閒草房燒燬，照挾讎故燒空地閒房例，量減滿徒，枷號五十五日。道光十四年四川案。

聽從搶奪，遺火誤燒草堆，比照圖財故燒場園堆積柴草擬流例，減等科斷。道光十四年浙江案。

紀事

《左傳·昭公十八年》 鄭之未災也，里析告子産曰：將有大祥，民震動，國幾亡。吾身泯焉，弗良及也。國遷，其可乎？子産曰：雖可，吾不足以定遷矣。及火，里析死矣，未葬，子産使輿三十人，遷其柩。火作，子産辭晋公子、公孫於東門。使司寇出新客，禁舊客勿出於宫。使子寬、子上巡群屏攝，至於大宫。使公孫登徙大龜。使祝史徙主祏於周廟，告於先君。使府人、庫人各儆其事。商成公儆司宫，出舊宫人，寘諸火所不及。司馬、司寇列居火道，行火所焮。城下之人，伍列登城。明日，使野司寇各保其徵。郊人助祝史除於國北，禳火於玄冥、回禄，祈於四鄘。書焚室而寬其征，與之材。三日哭，國不市。使行人告於諸侯。宋、衛皆如是。陳不救火，許不吊災，君子是以知陳、許之先亡也。

《晋書》卷三〇《刑法志》 近日太祝署失火，燒屋三間半。署在廟北，隔道在重墻之内，又即已滅，頻爲詔旨所問。主者以詔旨使問頻繁，便責尚書不即案行，輒禁止，尚書免，皆在法外。

《南齊書》卷三九《陸澄傳》 左丞劉曚彈青州刺史劉道隆失火燒府庫，免道隆官。

《南史》卷八《梁本紀·簡文帝》 〔承聖二年十一月〕丁酉，大風，城内火燒居人數千家。以爲失在婦人，斬首尸之。

《南史》卷三四《周朗傳》 〔周朗〕後爲廬陵内史，郡界荒蕪，頗有野獸。母薛氏欲見獵，朗乃合圍縱火，令母觀之。火逸燒郡解，朗悉以秋米起屋，償所燒之限。稱疾去官，爲州司所糾，還都謝孝武曰：州司舉臣愆失多不允，臣在郡猛獸三食人，蟲鼠犯稼，以此二事上負陛下。上變色曰：州司不允，或可有之。蟲獸之災，寧關卿小物。

（宋）李昉等《太平廣記》卷一七一《精察・趙涓》　永泰初，禁中失火，焚屋室數十間，與東宮稍迫近，代宗深驚疑之。趙涓爲巡使，令即訊。涓周立案驗，乃上直中官遺火所致也。推鞫明審，頗盡事情，代宗甚嘉賞焉。

（宋）李燾《續資治通鑑長編》宋太祖建隆二年三月　丙申，内酒坊火。坊與三司接，火作之夕，工徒突入省署。上登樓見之，以酒坊使左承規、副使田處巖縱其下爲盜，並棄市。酒工五十人，命斬於諸門。宰臣極諫，上怒微解，遽追釋之，獲免者十二人而已。《宋朝大事記》：建隆二年三月，林德頌曰：在《易》之《乾》，君象也。其德，君德也。天以剛爲德，君德而非剛健，何以君天下？我太祖之開國也，以千百年破碎不可爲之天下，一舉而削平之。强者服，很者順，俛首聽命，惟恐或後。處藩鎮以環衛，而藩鎮無異辭，授守臣以倅貳，而守臣無異意，是果何道而得此哉？英武自天，雄斷如神。開寶六年，差利州知州李鑄通判成都府，川班妄訴，全班盡廢，雄武肆掠，戮及百人，役夫突入省部，其主將亦寘極法，吏黷貨賄者斬，官辭濁務者黜。威令之不可測如此，其誰敢忤人主之意哉。

（宋）李燾《續資治通鑑長編》宋真宗天禧二年三月　乙未，詔自今京城遺火，並論如法，内延燔多、情理重者奏裁。前歲春旱，京城頻火，因詔犯者悉處極典。至是，開封府援引舊詔，上以權宜之禁，非可久行，故改之。

（宋）江少虞《宋朝事實類苑》卷二二《官政治績・章惇》　熙寧七年，元絳為三司使，宋迪為判官。迪一日遣使煮藥，而遺火延燒記府，日午至申，焚傷殆盡。方火熾，神宗御西角樓以觀，是時章惇以知制誥判軍器監，遽部本監役兵往救火，經由角樓以過。上顧問左右，以惇為對。翊日，迪奪官勒停，絳罷使，以章惇代之。

（宋）李燾《續資治通鑑長編》宋神宗元豐二年三月　岐王顥之夫人，馮侍中拯之曾孫也，失愛於王，屏居後閣者數年。是春，岐王宫遺火，尋撲滅，夫人聞有火，遣二婢往視之。王見之，詰其所以來。二婢曰：夫人令視大王耳。王乳母素憎夫人，與二嬖人共譖之曰：火殆夫人所爲也。王怒，命内知客鞫其事，二婢不勝考掠，自誣云：夫人使之縱火。王杖二婢，且泣訴於太后曰：新婦所爲如是，臣不可與同處。太后怒謂上必斬之，上素知其不睦，必爲左右所陷，徐對曰：彼公卿家子，豈可遽爾！俟按驗得實，然後議之。乃召二婢，命中使與侍講鄭穆同鞫於皇城司，數日獄具，無實。又命翊善馮浩録問。上乃以具獄白太后，因召夫人入禁中。夫人大懼，欲自殺。上遣中使慰諭曰：汝無罪，勿恐。且命徑詣太皇太后宫，太皇太后慰存之。太后與上繼至，詰以火事，夫人泣拜謝罪，乃曰：縱火則無之，然妾小家女福薄，誠不足以當岐王伉儷，幸赦其死，乞削髮出外爲尼。太后曰：聞詛詈岐王，有諸？對曰：妾乘忿或有之。上乃罪乳母及二嬖人，命中使送夫人於瑶華宫，不披戴，舊俸月錢五十緡，更增倍之，厚加資給，曰：俟王意解，當復迎之。

（宋）鄭克《折獄龜鑑》卷一《釋冤上・柳渾》　唐江西觀察使魏少游，表柳渾為判官。州僧有夜飲，火其廬者，歸罪瘖奴。軍候受財不詰，獄具。渾與其僚崔祐甫白奴冤，少游趣訊僧，僧首服。因厚謝二人。按，僧飲酒、失火，二罪俱發，而謂失火者瘖奴耳，且掩其飲酒之迹也。若非軍候受財不詰，則此獄豈難辨乎。唯上下相蒙，不以獄事為意，故莫之辨耳。渾與祐甫，一代英賢，而白其冤。少游能聽用之，故趣訊僧云，斯亦可稱也。

（宋）鄭克《折獄龜鑑》卷二《釋冤下・錢治》　錢治屯田為潮州海陽令時，郡之大姓某氏火，迹其來自某家，吏捕訊之，某家號冤不服。太守刁湛曰：獄非錢令不可。治問大姓，得火所發牀足，驗之，疑里仇家物，因率吏入仇家取牀足合之，皆是。仇家即服曰：火自我出，故遺其跡某家者，欲自免也。某家乃獲釋。按，此蓋仇家放火也。察其家號冤之情，據仇家放火之證，情理、證驗灼然可見，彼安得不服乎。此善推事者，故能釋冤也。

（宋）桂萬榮《棠陰比事・張舉猪灰》　吴張舉爲句章令。有妻殺夫，因放火燒舍，乃詐稱火燒夫死。夫之親疑之，詣官告妻。妻拒而不承。舉遂取猪二口，一殺一活，積薪燒之。殺者口中無灰，活者口中有灰。因驗夫口中無灰，妻果伏罪。

（宋）桂萬榮《棠陰比事・程琳焚竈》　程宣徽知開封府時，禁中失火，當即根治，諸縫人已誣服，乃送府具獄。琳辨其非是，又命工圖火所經處，且言後宫人多而居隘，其烓竈近版壁，久燥而焚。此殆天災，不可罪人。上為寬其獄，無死者。

（宋）桂萬榮《棠陰比事·强至油幕》 强至祠部為開封府倉曹參軍時，禁中露積油幕，一夕火，主守者皆應死。至預聽讞，疑火所起，召幕工訊之。工言：製幕須雜他藥，相因既久，得濕則燔。府為上聞。仁宗悟曰：頃者真宗山陵火起油衣中，其事正爾。主守者遂比輕典。昔晋武庫火，張華以為積油所致，是也。

《遼史》卷六一《刑法志》 五院部民偶遺火，延及木葉山兆域，亦當死，杖而釋之，因著爲法。

《金史》卷八二《郭藥師傳》 郭安國，藥師子也。累遷奉國上將軍、南京副留守。貞元三年，南京大内火，海陵使右司郎中梁銶、同知安武軍節度事王全按問失火狀。留守馮長寧、都轉運使左瀛各杖一百，除名。安國及留守判官大良順各杖八十，削三官。火起處勾當官南京兵馬都指揮使吴濬杖一百五十，除名。

（元）葉留《為政善報事類》卷一〇《赦死自誣》 周必大字子充，監臨安府和劑局門。局内失火，延燒民家遠。捕居民及局吏繫獄。未論報間，子充問寺吏曰：假設火自官致，當得何罪？吏曰：當除籍爲民耳。子充遂自誣服，坐是罷職，吏民得免死。

《元典章》卷五〇《刑部·諸盗·放火·放火燒死人》 至元五年，河間路歸問得高奴廝狀招：至元五年正月二十三日，挾讎與弟高念奴各騎馬疋，前去劉堌子村，將火苗於趙妮子北屋章圍，燒訖本人房屋物件，並燒死九歲小女兒一個，罪犯。法司擬：舊例，故燒私家舍宅者，絞。又燒死九歲小女兒一個，舊例，以故殺傷人者，斬。二罪從重，合行處死，仍追燒埋銀，給付苦主。部擬呈省斷訖。

《元典章》卷五〇《刑部·諸盗·放火·婿燒妻家房舍離異》 至元八年九月二十五日，尚書刑部符文：韓軍兒（狀）告妹婿黄牛兒將婆婆阿周，母阿龍睡房燒訖，情理甚大，雖蒙斷訖，若再令本家與妹菊花完聚，委難同活。省部先據中都路張宜住毆妻之母犯義絶，呈奉到都（臺御史）〔省〕，劄付斷令離異。今據見（狀）告，事涉（太）〔吏〕重，仰省會將黄牛兒罪犯與其妻菊花離異，準此施行。

《元典章》卷五七《刑部·諸禁·禁遺漏·失火燒死弟》 至元十九年十月，行中書省據袁州路申：歸問到柳行叟招伏：不合遺火，燒訖兄弟屋宇，及弟柳念三燒死，罪犯。審囚官擬斷：柳行叟，合杖六十七下。呈奉省準擬斷訖。

《大元通制·放火》 凡故燒官舍，比同强盗。有人居止，無問大小、財物多寡，決一百七下。燒常人房舍，比同竊盗。無人居止，損壞財物及田場積聚之物，免刺，驗贓，依例決斷居役，仍各追所燒物價。再犯，決配，役滿遷徙千里之外。燒親屬房舍，同凡人論。

《明宣宗實録》宣德元年九月〔丁酉〕兵馬司引奏金吾衛軍婦遺火燒官民房，會當送法司治罪。上遥見其老，遣問年幾何，對曰：八十餘矣，且無子。嘆曰：老而有罪，當贖，況無子乎。命釋之。

《明英宗實録》正統七年二月〔戊午〕命誅南京尚膳監内使郭敬。敬不謹失火，焚内府廊房六十餘間，所貯物料、器皿等七十二萬五千五百有奇，及錢糧簿籍，守衛衣甲皆爲之空。南京刑部奉旨執敬鞫治，獄成以聞，命即誅之。

《明英宗實録》正統十年十一月〔丁酉〕看花匠不戒於火，延焚御花房二所，例當拘役贖徒。上命斬之，不必覆奏。

《明英宗實録》正統十四年六月〔辛亥〕陝西凉州衛掌衛事都指揮陳斌等坐本衛糧儲案牘等物延毁於火，上命陝西按察司逮鞫之。

《明英宗實録》景泰二年五月〔戊午〕大寧都指揮同知王昇、署都指揮僉事劉信、王振坐匿令史失火狀妄奏，贖徒還職。

《明英宗實録》景泰二年秋七月〔甲辰〕南京操江把總都指揮僉事許得坐不嚴所屬，致火延燒馬船及軍民居宅，贖杖還職。

《明英宗實録》景泰五年八月〔庚辰〕工部奏，南京民家火延毁應天府六房，及陰陽醫學文移又多煨燼者，宜命南京都察院治府尹等官馬諒罪。從之。

《明英宗實録》天順三年九月〔辛巳〕金盞兒甸馬房官草被焚，錦衣衛捕獲放火者三人。上命即於本處斬之，梟首示衆。

《明英宗實録》天順五年四月〔庚辰〕巡撫大同宣府右僉都御史韓

雍奏，蔚州衛草場火燒官草十九萬四千五百八十餘束。其經收看守官軍宜各治罪。事下户部，請行巡按御史密訪其放火之人，斬首號令，以警餘衆。上是之。

《明憲宗實録》成化二年十二月〔辛酉〕順天府壩上比馬房草垜火，焚官草二十三萬八千二百餘束，納户草四百六十車。時户部主事鄧球、内官張安等於納草者多徵其附餘，頗招人怨，又不能嚴於防視，致姦人縱火。球、安等皆坐罪有差。

《明憲宗實録》成化六年十一月己亥，應天府江浦縣民居火，焚軍民營房二百六十九家，飛火及江淮衛馬船，焚十二艘。刑部請逮官船指揮等官，罪之。詔可。

《明憲宗實録》成化十年冬十月〔丙申〕光禄寺火焚蔘花房九間，白米萬一千二百石有奇。巡視御史許進劾奏卿周騤，少卿父福、秦玘，奇丞陳綱、郭良及巡風官罪。詔宥之，各停俸三月。

《明憲宗實録》成化十一年二月〔己酉〕守備永寧等處奉御莫海，以失火焚燬勅書符驗，兵部請治其罪。上貸之。

《明憲宗實録》成化十七年九月〔己卯〕三月二十三日，山西代州草場火，焚草二百二十二萬八千束有奇，至五月十一日又焚六萬九千束。事聞，户部劾奏參將支玉，按察司副使蔡麟，並指揮知州各官罪，請巡按御史逮治，提督雁門等關都御史何喬新，請令停俸，督（補）〔捕〕縱火之人，報可。

《明憲宗實録》成化十八年秋七月〔己丑〕欽天監劾南京欽天監監副許恪，五官靈臺郎劉敔，觀候皇城火災，具奏延緩，法當究治，特命執賫奏人下獄，恪、敔俱宥之。

《明憲宗實録》成化十八年十一月〔戊午〕是夜，南京國子監火，焚監生號房八十七間。守備内官覃成國公朱儀等各奏其事，因劾掌監事南京太常寺卿劉宣及典簿巡風諸人罪。有旨：宥宣，餘俱逮治之。

《明憲宗實録》成化十八年十二月〔丁卯〕器皿廠火，焚廠房三十八間及竹木物料，命逮工部管廠主事李濬，兵馬副指揮宋鏞等問罪如律。

《明憲宗實録》成化十九年六月戊辰，降南京工部郎中王琮爲陝西静寧州知州，員外郎孫譓貴州都司都事，以工部被火，失於防救，法司逮治，具獄以聞，特降外任。

《明憲宗實録》成化二十年二月丁丑，山西陽和等衛草場火，凡焚草四萬餘束。巡按御史叅奏總理糧儲户部郎中高弼巡視不謹，巡撫右僉都御史郭鏜提督不嚴之罪。命弼付巡按御史究問，鏜姑置之。

《明憲宗實録》成化二十年五月壬子，巡按山西監察御史以山西都司經歷司火焚公廨及庫藏軍器，劾奏都指揮同知周能、署都指揮僉事張泰罪，都察院請下御史逮治如律，從之。

《明憲宗實録》成化二十一年七月壬申，巡撫湖廣都御史以都司火，劾奏都指揮使謝雄等罪，都察院請下巡按御史逮治如律，詔可。

（明）余繼登《典故紀聞》卷一一 成化時，宣府龍門所火，焚官草五十七萬餘，有司獲縱火者以聞，命即斬以徇。籍其家資以抵草數，不足則令經收看守官補之。

《明孝宗實録》弘治三年二月〔戊申〕黜祠祭署奉祀劉景容，祀丞張宗敏、夏以清原籍閒住，以郊壇内庫房不戒於火也。

《明孝宗實録》弘治十七年六月〔甲戌〕初，陝西延安府巨積倉火，焚穀草四萬九千餘束，倉副使趙瑄因納商人賄，多報所輸數，仍嗾巡視官軍妄稱災以脱罪。鎮巡官不之察，亦以災聞。户部奏差户科給事中許誥往會巡按監察御史核實，乃失誤警巡所致，並廉得瑄所爲姦狀，問擬充軍，餘人坐罪有差，所焚草束責償如例。因劾延安衛百户王英、陳幹，陝西都司都指揮宋英、把琮，按察司總理邊儲僉事丁翊，分巡副使張黻，布政司分守參政史簡，巡撫都御史陳壽，總兵官都督張安，鎮守太監劉保失於（都）〔督〕察之罪。都察院覆奏謂，各官職務有專，總治罪亦當區别輕重，陳壽、把琮皆事前遷職，律當紀録。上命陳幹、王英、宋英、丁翊下巡按監察御史逮問；罰史簡、張黻俸各二月；陳壽、把琮紀過，劉保、張安宥之。然延安倉場僻在山岡，隔絶烟火，當時雖稱密使人偵察，竟不明火所由起云。

《明世宗實録》嘉靖二年閏四月〔丁巳〕守備鳳陽太監張陽奏庶人總瀾縱火焚高墻鐵門，出不遜語。勅令張陽責之，再犯不宥。

《明世宗實録》嘉靖三十一年十月丁丑，巡按浙江御史蕭瑞蒙以鄉試失火論執事諸臣罪，詔下金谿縣知縣劉炌等六人於御史問，右泰政馬森、按察使陳洙、副使譚太初各奪俸一月。

《明世宗實録》嘉靖三十三年九月 癸丑，昌平白羊口草場火，詔奪守備齊維楨、户部員外郎劉崇文俸各二月。

（明）余懋學《仁獄類編》卷二九《宥治喪失火》 南城兵馬司奏，江寧縣民因治父喪失火，延燬官民居數百間，請罪之。上曰，失火固當罪，然因喪父，情有可矜，姑宥之。

《明神宗實録》萬曆二十九年九月〔癸亥〕革整飭懷隆兵備按察使馬崇謙職爲民。時天壽山失火，上以陵寢近山，深切憂惶，命嚴查起火根因，及各官疎縱失事情罪。總督梅國楨、巡撫彭國光皆請提問後障叅將張充實，罰治東路叅將張國柱，而免究崇謙。上怒，故有是命。天啓三年卹録詿誤，謫降官員準復原職。

《明神宗實録》萬曆三十三年十一月〔庚辰〕以刑部提牢廳失火，司獄俞大純提問如律。司官倪朝賓、兵爲莫踰位姑免究。

中國第一歷史檔案館《清初内國史院滿文檔案譯編》崇德三年十二月二十日，正紅旗哈尼下跟役趙門澤住所失火，火勢蔓延，燒其甲喇章京布丹團帳房之半，律例書及跟役崔海衣帽皆被燒。故議哈尼下跟役趙門澤應論死，以哈尼不奮力滅火，應罰銀五十兩，甲喇章京布丹未能宣布禁令，釀成火患，應坐以應得之罪。【略】奏聞，上命哈尼下跟役趙門澤，游示八門各一日，誅之，哈尼罰銀五十兩，布丹坐以應得之罪，准贖。

（清）沈書城《則例便覽》卷二二《燒燬劄付旗牌》 文武官員劄付旗牌等項，被火焚燒者，均免議。仍準題請重給。

（清）沈書城《則例便覽》卷二二《五城失火》 五城地方失火，延燒房屋十間以下，各官俱免議。其延燒十間以上至三十間、三十一間以上者，該管官罰俸九個月、一年，巡城御史罰俸三六個月。延燒三四六百間以上者，該管官降一二三級調用，巡城御史罰俸一年，降一級留任，降一級調用。

（清）沈書城《則例便覽》卷二二《外省地方失火》 外省地方失火，延燒民房，如係城内，將該管州縣照五城失火議處。同城府道照巡城御史例。其城外村莊失火，該管府道免議。如延燒民房十間以下，該管州縣駐劄佐雜等官，亦免議。其無駐劄佐雜地方，延燒民房十間以上至一百間者，該管州縣官罰俸九個月，一五百間以上，罰俸一年，降一級調用。有駐劄佐雜地方，將佐雜照州縣官例議處。州縣照武職兼轄官例。十一二百五百間以上，罰俸六個月，罰俸九個月，降一級留任。

（清）沈書城《則例便覽》卷二二《失火延燒文卷官倉》 失火延燒文卷及官倉米石，罰俸一年。如將錢糧文冊不貯公所，擕藏私家，或交衙役以致被焚者，降一級調用。如燒燬民房，又延燒文卷官倉錢糧文冊等項，事屬相因，照例從重歸結。

（清）祝慶祺《刑案匯覽》卷五三《刑律雜犯・失火》 福撫題海澄縣監房失火，燒斃監犯，將典史並提牢禁卒人等擬徒一案。查此案海澄縣監犯林吴氏因患胃痛，令伴婦邱陳氏在房煎藥，將爐内炭火傾地，被風吹燃，起火延燒監房兩號，燒斃命案人犯林吴氏等三名口，盗犯何三等三名，並什婦印陳氏及隨帶之幼女，與林吴氏所生男孩，大小共九名口。該省將該管典史並值宿提牢，及禁卒等，俱擬徒具題。職等查監獄重地，防範最宜詳慎，豈容合監犯將煎藥餘火隨便傾棄，以致被風吹燃，焚燬監屋，燒斃人口至九名之多。委攝典史何延廩與提牢王彰、禁卒陳垣、許馬林均屬玩忽，咎無可辭，所擬徒罪均應，不準援免。嘉慶元年説帖。

（清）祝慶祺《刑案匯覽》卷五三《刑律雜犯・失火》 川督題朱幗俸至田洪佐家飲醉，與田洪佐口角争毆，田洪佐之妻田張氏取高粱旁所放鋤柄向毆，朱幗俸奪過鋤柄，毆傷田洪佐身死。因田張氏取鋤柄時，誤將旁邊高粱挫倒火爐被火引燃，延燒房屋，致將田張氏之女田雙兒田射疤燒斃。田洪佐尸身亦被燒燬，將朱幗俸比照毆死一家三命擬斬立決例量減爲擬斬監候。經本部以田雙兒等被燒身死與朱幗俸無干，將朱幗俸仍改照鬭殺本律擬絞監候。田張氏應照失火延燒自己房屋因而致傷人命律，擬杖一百。嘉慶十八年案。

（清）祝慶祺《刑案匯覽》卷五三《刑律雜犯・失火》 安撫奏韋鋭遣弟赴京呈控成孔志等争窑燒棚燻斃四命一案。查律載：失火延燒致傷人命者，杖一百。又例載：人命案件按律不應擬抵，罪止軍流徒。人犯除致死二命，照律從一科斷外，如至三命者，於應得軍流徒本罪上加一等；三命以上者，按照致死人數追加一等各等語。此案成孔志先經糾夥在山開採煤窑，經官查知封禁。嗣聞知宫大理等潛在該山搭棚採煤，卽邀同李建等各持木棍，前往理阻喊罵，宫大理等走避。成孔志生氣，令李建等動手，將棚戳毁而去。其落下秫稭、席片、茅草堆塞窑口，因有油捻燈椀燃著秫草，焚燒煙氣逼入窑洞，致將在内挖煤之葉三、陳大、吴超、韋七孜燻斃。查成孔志等糾衆前往，意在毁棚，並有心放火。其戳落棚上秫草，被窑口油燈引燃焚燒，煙氣逼入窑洞，燻斃人命，實非該犯等意料所及，與失火延燒無異。惟該犯等釁起尋問，致燻斃四命之多，若僅照失火延燒致傷人命本律擬以滿杖，殊覺情浮於法。除爲首之成孔志應俟緝獲另結外，該省將爲從之李建照不應擬抵之人命，如至三命，於本罪上加一等，三命以上遞加一等。於杖一百罪上加二等，杖七十、徒一年半。爲從減等，杖六十、徒一年。查厫請罪允協，宮大理一犯以失火之案報爲放火斃命，係屬誣輕爲重。惟燒棚屬實，究與有心誣陷有間，照誣輕爲重至死罪未決滿流上量減一等，擬杖一百、徒三年。亦與例相符，均請照覆。嘉慶十八年説帖。

（清）祝慶祺《刑案匯覽》卷五三《刑律雜犯・失火》 東陵大臣奏膳房失火一案。查于老奉差打掃膳房，並不謹慎當差，輒因身子疲乏，點燈睡熟，以致失火，日燒膳房五間。惟所燒膳房係在行宮大墻以外，尚非宮闕可比。將于老比照失火延燒官府公廨律，擬杖八十，徒二年。嘉慶二十年山東司現審案。

（清）祝慶祺《刑案匯覽》卷五三《刑律雜犯・失火》 直督咨：僧人昌玉住持靈雨寺，廟墻貼近行宮重地，並不加意防範，輒敢於上供後點放花礮，致火礮紙被風吹散，延燒行宮游廊值房。惟行宮爲巡方駐蹕之所，究與宮闕稍有區别，且燒燬係游廊值房，將昌玉比照延燒宮闕絞候律量減一等，擬杖一百、流三千里。嘉慶二十三年案。

（清）祝慶祺《刑案匯覽》卷五三《刑律雜犯・失火》 直隸司奏文穎館失火延燒房屋一案。查衙役李海元於煤爐酥裂，燒透板壁，該犯未能先事豫防，第文穎館係修纂書籍之所，非宮闕重地可比。惟在紫禁城内，與在外衙署不同，將李海元照失火延燒宮闕絞候律量減一等，擬杖一百，流三千里，加枷號兩個月。嘉慶二十四年現審案。

（清）祝慶祺《刑案匯覽》卷五三《刑律雜犯・失火》 内務府奏内閣中書鮑唐輪應值宿至夜，未經熄燭睡臥，以致燭花爆燃櫃紙，焚燒房屋。查漢票簽乃中書辦事處所，本屬公廨。惟在紫禁城内，若僅依公廨失火律，擬杖八十，徒二年，與在外衙署失火者漫無區别。應將鮑唐革去中書，於公廨内失火律酌加二等，擬杖一百，徒三年。道光二年廣東司現審案。

（清）祝慶祺《刑案匯覽》卷五三《刑律雜犯・失火》 内務府奏御書處失火一案。查曾禄充當裱作匠役，因製造油紙，不諳製法，以致油性發作，自行生火，延燒房屋。雖與遺失火種有間，御書處亦非宮闕可比。惟在紫禁城内，與在外衙署不同，將曾禄失火延燒宮闕絞候律量減一等，擬杖一百、流三千里。道光二年，陝西司現審案。凡油紙重疊收藏，自能生火，係因製造時并用土子之故。

（清）祝慶祺《刑案匯覽》卷五三《刑律雜犯・失火》 山西司查律載：失火延燒致傷人命者，杖一百；又名例載：人命案件，按律不應擬抵，罪止軍流徒。人犯除毆死二命，照律從一科斷；加至三命者，於應得軍流徒本罪上加一等；三命以上者，按照致死人數遞加一等各等語。此案張翥因置有花礮、花筒、燒酒、零星等物，在張揖空房寄放，嗣於晚間張翥攜帶燈籠行至貨房，將燈放在門外，口吸煙袋，進内取出簸箕，詎烟火誤落地上紙内，以致火發，延燒花礮，引及燒酒，貨房坍塌，打倒張秉端住房，致張秉端並妻李氏暨二子一女被壓殞命。該撫將張翥依失火延燒民房致傷人命杖一百律上加枷號一個月等因。查人命案件，按律不應擬抵，罪止軍流徒。人犯如至三命以上，例應照致死人數遞加科斷。詳釋例内所稱，罪止軍流徒之語，係别於罪應擬抵者，而言其罪在軍流徒以下者，例内雖未能指明，惟同一律不擬抵，自應概行遞加科斷，方與例意相符。今張翥失火延燒轟塌房屋，打倒張秉端住房，以致張秉端夫妻子女五命被壓身死，按三命以上，照致死人數遞加之例，應於失火延燒傷人命滿杖上遞加三等，擬杖八十，徒二年，該撫將張翥擬以枷杖，殊未允協。至張執中係張秉端之叔，於張秉端夫妻子女被壓身死並未報官，輒邀同親戚任治河等棺殮寢息，雖張秉端等非被人毆死可比，惟張執中等私埋匿報，究干律擬。乃該撫僅將聽從匿報，業已病故之鄉地任仄敬擬以不應重杖。而於張執中等，應得之咎亦未議及，殊屬疎漏。本部擬難率覆，應令該撫詳叙供招，按例妥擬，到日再議。道光二年説帖。

（清）祝慶祺《刑案匯覽》卷五三《刑律雜犯・失火》 步軍統領、倉楊侍郎奏太平倉厫座失火，請將管厫值宿花户穆觀喜等交部審訊各一摺。道光五年三月十二日奉旨：本日據步軍統領衙門及倉場侍郎等具奏太平倉失火情形，向來倉厫重地，理應慎重防範，從未有被火之事。兹該倉雨字空厫並貯米之鈞字恩字二厫，同時燒燬，非尋常疎虞可比。且正當開放甲米之時，難保非米數短缺，借此彌縫，不可不澈底根究。所有太平倉花户人等，著交刑部嚴行審訊，務得確情，毋任飾詞狡展，冀圖推卸。倉場侍郎博啓圖、程含章，查倉給事中李振庸，監督善成、李德明，俱著交部分别議處。其燒燬米石並修復厫座，應作何分賠之處，宥倉場侍郎查明具奏。欽此。臣等查倉庾重地，理宜加意防範，何至不成於火，且現届開放甲米之時。誠如聖諭，難保非米數短缺，借此彌縫，是米數之果否足額，及致火之確實情形最爲此□緊要關□。當派司員卽刻前赴該倉查勘。據稟，該倉自朝陽門以南抵東便門，接建八十六厫，止於極北處。所設有龍門一座，各厫後身貼近城墻。厫門東向，門外車道距倉墻約闊二丈餘，墻外臨河，其墻均無坍缺之處，並查明兩字空厫全待燒燬，鈞字、恩字實厫俱止燒去屋頂，倉米亦僅將字面□□。其現在放米及修理各厫，均在被燒厫座以南，相距二里有餘等情。旋據該衙門將花户穆觀喜等送部，臣等遂加研鞫，緣穆觀喜籍隸大興縣，與同縣民人李成祥俱充當太平倉花户頭役。向係輪班在倉值宿，每人五日一輪，該倉每遇放米之日，一切領米及擡斛穵筲人夫，均在該倉極北之龍門出入，有看門兵役，在彼經管花户等均在放米處所當差，其各旗營支領米石，因挨次搭放有需時刻，領米人等間有走入空厫坐歇，花户等不能兼顧，至放米完畢，經該班監督飭令值宿花户等鳴鑼净倉驅逐，始將龍門封閉。本年三月初六日起，至初十日，輪應穆觀喜值宿，初十日該倉開放，正藍旗田米係落放秋字、光字二厫米石並修理俯字、大字、書字厫座，均在該倉極南處所。是日領採及擡斛穵筲人夫，並工程匠役，約有四五百名，均由現在失火之雨字鈞字恩字厫前經過，穆觀喜李成祥等在光秋二厫伺候，放米至申刻始行完竣，李成祥等均各散去。經該班之滿監督、善成督令穆觀喜帶同差役石懷錦等鳴鑼净倉，穆觀喜因空厫甚多，爲時已晚，未及逐厫檢點，卽將龍門封閉。隨同監督。在龍門外官廳值宿，是夜起更時，朝陽門城上該班之廂白旗蒙古驍騎校西里布等，因倉内突有火光，走至倉墻瞥見兩字空厫起火，卽行聲喊。經洛河巡兵張文升等聽聞，往向監督報知，該監督帶同穆觀喜開啓龍門，並弁兵等一同進倉，維時風勢甚大，雨字空厫並毘連之鈞恩二實厫，鈞已延燒，當經官兵等將火撲滅，該監督稟知倉場侍郎，馳赴該倉，一面派員盤驗，一面將倉厫值宿花户穆觀喜等奏送到部。審悉前情，惟起火之由，連日向穆觀喜等嚴行審訊，據供實無他故。惟初十日開放米石並修理厫座，均在被燒之雨鈞恩三厫以南，所有領米及工匠人等均由該處經過，雨字空厫内貯有舊鉓厫底壂朽木板，或係人夫進厫坐歇，遺落烟火，封倉時未能逐細檢點，以致延燒。其鈞恩二實厫，存貯稜米俱無虧短，焉肯放火自取賠累？至該倉前臨河沿後□城墻，均有弁兵巡邏，斷無目外放火情事。復片傳該監督善成及連同搜倉之差役，並該處弁兵到案，供無異詞。並據倉場卽查明恩鈞二厫應貯稜米二萬二千六百七十五石九斗零，盤出米二萬千一百二十石。計燻灼連折耗焦爛米，共五百五十六石五升四合二勺，核與原貯米數相符等因。奏明咨部。臣等查該倉米石既無虧短，則起火緣由，自係無關弊竇。該花户等所供各情，與該司員等勘驗情形均相吻合，似無遺飾，應卽按律擬結。查律載：倉庫内失火者，杖八十、徒二年等語，此案太平倉花户穆觀喜在倉該班，是日開放田米並修理厫座，人夫出入衆多，該犯理應嚴密稽察，乃任聽人夫進厫坐歇吃煙。迨封倉時輒因爲時遲晚，未將各厫逐細挨查，草率封門，以致遺火延燒。雖訊無因米虧短故燒情弊，究非尋常疎忽可比，應卽坐以失火之罪，穆觀喜合依倉庫内失火律，杖八十、徒二年。雖母老丁單，不準留養。石懷錦幫同穆觀喜鳴鑼搜查，並不逐細檢點，雖倉厫非其專責，究有不合，應照不應重律杖八十。李成祥於該倉失火之日，訊非在倉該班，應與訊屬無干之城上該班弁兵西里布等，並看守倉墻之汛兵張文升等，均毋庸議。該倉監督等業經奉旨，交部分别議處。應聽吏部照例辦理，其燒燬厫座及燻灼米石，亦據倉場侍郎奏明，分别賠修、賠補。應移咨户工二部查照核辦。再臣部前於嘉慶十六二十四等年審擬裕豐倉及舊太倉失火各案，奏請嚴禁領米穵筲人夫不準携帶烟火進倉。任案今太平倉復有延燒厫座之事，自係日久玩生。應請勅下該倉場侍郎申明舊例，嚴飭各倉監督，每逢開倉，督同各花户將領米穵筲人等，逐細搜查，毋許攜帶烟火之物。仍於封倉時逐厫檢點，以昭慎重等因。奉旨：依議。嗣後每逢開倉，著倉場侍郎嚴飭各倉監督，督同各花户將領米挖筲人等逐細搜查，毋許攜帶烟火進倉。仍於封倉時逐厫檢點，並著倉場侍郎隨時嚴查。如再有攜帶烟火者，即從重治罪，不貸。欽此。

（清）祝慶祺《刑案匯覽》卷五三《刑律雜犯·失火》 欽差穆奏：景陵西餑餑房後簷被人縱火燒焦，尚未延燒，犯逃未獲。應將主守甲兵達春等均比照山陵内失火延燒林木者，主守之人減三等律，擬杖八十、徒二年。已革章京明安等，不能督率甲兵小心防範，應於甲兵罪上減一等，各杖七十、徒一年半。係旗人折枷枷責，代替該班之兵丁得棚額等照守衛人私自代替律，杖六十。道光十二年邸抄。

中國第一歷史檔案館《咸豐同治兩朝上諭檔》咸豐三年三月〔初三日〕 濟奏拏獲燒燬料垛人犯之廳汛員弁懇請免議一摺。東河曹下汛五堡第六廠被焚料垛，既經該廳員賠補足數並將放火人犯立時拏獲，所有疏於防範之署曹河同知孫瑞齡協備楊輔廷曹下汛千總王清魁額外外委王存用均著免其置議，該河督仍飭各廳汛員弁隨時實力巡查，毋稍疎忽。獲犯李毛著即嚴行訊究，按律懲辦。

《清穆宗實録》同治五年三月 諭内閣：吏部奏科房不戒於火，請將書吏送部嚴訊，該衙門堂司各官，分別嚴議議處一摺。本年二月二十八日，吏部文選司燒燬科房四間，當經該部會同營官，旋即撲滅。其搶救不及已被延燒各案卷，著吏部堂官督飭司員詳細查明，分別辦理。所有直宿書吏，難保非平日舞文作弊，恐別經發覺，輒將案卷付之一炬，希圖滅跡，殊堪痛恨。著交刑部嚴行審訊，務期水落石出，盡法懲辦，不準稍涉寬縱。其當月直日司員，著查取職名，交都察院嚴加議處。吏部堂官及該司司員未能先事豫防，著一並交都察院分別議處。

賭博分部

綜述

《漢書》卷二四下《食貨志》 所忠言：世家子弟富人或鬥鷄走狗馬，弋獵博戲，亂齊民。乃徵諸犯令，相引數千人，名曰株送徒。入財者得補郎，郎選衰矣。

（清）杜貴墀《漢律輯證》卷三 博揜。見功臣表師古曰，搏揜，搏擊揜襲人財，搏或作博，一曰六博也，揜意錢之屬，皆謂戲而取人財也。元鼎四年嗣侯蔡辟方坐博揜，完爲城旦。元鼎元年嗣侯黄遂坐博揜，奪公主馬髡爲城旦。陳羣新律序曰雜律有博戲。唐律博戲賭財物在雜律。博立一子於中央謂之梟棋，見《考工記》察其菑注疏。

（唐）長孫無忌等《唐律疏議》卷二六《雜律·博戲賭財物》 諸博戲賭財物者，各杖一百；舉博爲例，餘戲皆是。贓重者，各依己分，準盜論。輸者，亦依己分爲從坐。

疏議曰：共爲博戲，而賭財物，不滿五疋以下，各杖一百。注云舉博爲例，餘戲皆是，謂舉博爲名，總爲雜戲之例。弓射既習武藝，雖賭物，亦無罪名。餘戲，計贓得罪重於杖一百者，各依己分，準盜論，謂賭得五疋之物，合徒一年。注云輸者，亦依己分爲從坐，謂輸五疋之物，爲徒一年從坐，合杖一百。贓多者，各準盜法加罪。若贏衆人之物，亦須累而倍論；輸衆人物者，依己分，倍爲從坐，若倍不重一人之贓，即各從一人重斷。

其停止主人，及出九，若和合者，各如之。賭飲食者，不坐。

疏議曰：停止主人，謂停止博戲賭物者主人；及出九之人，亦舉九爲例，不限取利多少；若和合人令戲者：不得財，杖一百；若得利入己，並計贓準盜論。衆人上得者，亦準上例倍論。故云各如之。賭飲食者，不坐，謂即雖賭錢，盡用爲飲食者，亦不合罪。

（宋）竇儀等《宋刑統》卷二六《雜律・博戲賭財物》　諸博戲賭財物者，各杖一百。舉博爲例，餘戲皆是。贓重者，各依己分準盜論。輸者亦依己分爲從坐。其停止主人及出九，若和合者，各如之。賭飲食者不坐。

疏：　諸博戲賭財物者，各杖一百。注云，舉博爲例，餘戲皆是。又云，贓重者，各依己分準盜論。注云，輸者亦依己分爲從坐。議曰：共爲博戲而賭財物，不滿五匹以下，各杖一百。注云，舉博爲例，餘戲皆是。謂舉博爲名，總爲雜戲之例。弓射既習武藝，雖賭物亦無罪名，餘戲計贓得罪。重於杖一百者，各依己分準盜論。謂賭得五匹之物，合徒一年。注云，輸者亦依己分爲從坐。謂輸五匹之物，爲徒一年從坐，合杖一百。贓多者，各準盜法加罪。若贏衆人之物，亦須累而倍論。輸衆人物者，依己分倍爲從坐。若倍不重一人之贓，即各從一人重斷。

又云，其停止主人及出九，若和合者，各如之。賭飲食者不坐。議曰：停止主人，謂停止博戲賭物者主人。及出九之人，亦舉九爲例，不限取利多少。若和合人令戲者，不得財杖一百，若得利入己，並計贓準盜論。衆人上得者，亦準上例倍論，故云各如之。賭飲食者不坐，謂即雖賭錢，盡用爲飲食者，亦不合罪。

（宋）李燾《續資治通鑑長編》宋太宗太平興國六年十一月　癸丑，詔諸州長吏察部内民有輕薄無賴、慾於孝義、貨鬻田業、追隨蒱博者，深加勸誡之；或聞義不服，爲惡務滋者，條其姓名以聞，當寘於法。

（宋）李燾《續資治通鑑長編》宋太宗淳化二年二月　己丑，詔：京城無賴輩相聚賭博，開櫃坊，屠牛馬驢狗以食，銷鑄銅錢爲器用雜物，令開封府戒坊市，謹捕之，犯者斬，匿不以聞及居人邸舍僦與惡少爲櫃坊者同罪。

（宋）李燾《續資治通鑑長編》宋真宗大中祥符二年五月　鎮定部署司言軍士賭博，其民家停留及知情者，望悉決配。上曰：　部署司第當約束軍伍。民家停留，乃府縣之職也。不許。

（宋）李燾《續資治通鑑長編》宋真宗大中祥符五年四月　雄州言邊民越入北界賭博者，準法決訖，徙隸河南軍籍。從之。

（清）徐松《宋會要輯稿・刑法二・禁約》〔大中祥符八年正月〕十九日詔：如聞諸軍亡命卒，每擒獲，多妄引同輩常共賭博。逮捕既衆，豈無濫刑？自今有司，更勿窮究，止用本罪論決。

《金史》卷四五《刑志》　大定八年，制品官犯賭博法，贓不滿五十貫者其法杖，聽贖。再犯者杖之。且曰：杖者所以罰小人也。既爲職官，當先廉恥，既無廉恥，故以小人之罰罰之。

史金波等譯《天盛改舊新定律令》卷七《殺葬賭門》　一、不允諸人用各種食饌，物作巫，及錢□□□賭錢物。若違律時，一緡以上則打賭者有官罰馬一，庶人十三杖。告賞十緡錢，犯罪者當出給。賭物當還給屬者。

一、射弈者當以現持畜物賭搏射弈，已負當互爲□□，又不允不持現畜物互賭博令負，已負亦不當還。若違律使負後取時，有官罰馬一，庶人十三杖。給物當還給。

《元典章》卷五七《刑部・諸禁・禁賭博・賭博流遠斷罪例》　至元二十四年三月（初五日），御史臺近準來咨：淮西江北道提刑按察司申，黄梅縣見禁罪囚王佯兒等七名，爲賭博錢物公事，除將爲從人蕭文質等五名量決五十七下外，爲首保兒李公壽二名係新附人民，不諳體例，合無比（例）〔斷〕人數，量加杖斷，免致淹禁，請定擬事。準此，今於別卷内照得，承奉中書省札付，準江淮等處行中書省咨：據平江路備常熟縣申，宋百六告張元一、安着、姚千六等，在家用火印竹馬子，並用太平銅錢八文賭撲八乂。被宋百六拿到頭錢四文，馬子七箇，取責至姚千六一干人等備細招結詞因。江南浙西道提刑按察司牒簽事王奉訓將一干人審録無冤，除斷遣外，據姚千六、宋百六、張元四三名仍舊監收聽候。照得元欽奉聖旨節該：禁約諸人不得賭博錢物並關撲諸物，如有違犯之人，許諸人捉拿到官，將犯人流去迤北遠田地裏種田者。欽此。本省參詳，今後若是開張兑房，聚衆賭錢，事發到官，不分首從痛斷。告人依告賊例給賞，請定奪事。又準本省咨到常州路葛省七等賭博錢物公事，都省議得：今後若有賭博錢物並關撲諸物之人，許諸人捉拿到官，各（各）決杖七十七下，攤場（上）錢物没官。仍於犯人名下均徵鈔（銀）二十五兩，發付捕告人（作）充賞之資。

《元典章》卷五七《刑部・諸禁・禁賭博・抹牌賭博斷例》　元貞元年正月（二十二日），中書刑部承奉中書省判送本部呈恩州申：至元三十一年六月二十三日，捉獲閆僧住、鄭猪狗抹牌，及追搜到印牌、木符，取訖各各招伏是實。將放頭人吕冬兒爲從，賭博人鄭猪狗、安主、蔣四兒，印板人葉鍪依例斷決了當。及將行使毀不盡紙牌九張，並攤場錢中統鈔三十六兩，發下永豐庫收貯。外據爲首糾合抹牌人閆僧住所招罪犯，若便（是）依（著舊）例施行，却緣閆僧住終是抹牌，（並）〔别〕不曾行使骰錢賭博錢物，切恐差池。本部照得至元二十三年二月内欽奉聖旨：禁約諸人不得賭博錢物，如有違犯之人，許諸人捉拿到官，將犯人流去迤北遠田地裏種田者。欽此。又照得江浙行省捉獲姚千六、葛省七等賭博錢物，於至元二十三年三月初六日奏，在先邨般賭博的根底拿著呵，交遠田地裏去種田者，麽道聖旨有來，麽道奏的。其間這裏的根前，是邨般道來也者。邨裏的索甚麽，邨般道有麽道。欽此。都省已擬賭博錢物斷例，各決七十七下，攤場錢盡數没官。本部參詳，抹牌賭錢人閆僧住所犯即係外路地面，若依江南姚千六等賭博錢物例斷決，似為相應。即係爲例事理，具呈照詳事。奉都堂鈞旨：準擬施行。

《元典章》卷五七《刑部·諸禁·禁賭博·職官賭博斷罷見任》 元貞元年七月，福建廉訪司準行御史臺劄付：照得元貞元年四月十四日，據海北、海南道肅政廉訪司申，至元三十一年十一月十八日，據雷州民户龔亮首告，袁簽事等賭撲錢物，責得李都事、名德賢招伏，不合將土銷銀一塊入場賭博，赢訖龔亮金一條、重三兩二錢，馬舍人中統（錢）〔鈔〕六定。爲無（錢）〔鈔〕，要訖文字一紙。袁簽事、名珍招伏，不合將中統鈔四定賭博，赢訖馬舍人、元係龔亮馬一匹，準鈔一十定。雷州路司獄谷禧招伏，不合將梯已金二塊、重四兩四錢，與各人賭博，雷州遂溪縣尹趙檜不合將銀壺一箇賭博是實。追到攤場錢物没官，將各人依（著舊定條例（杖）決七十七下，省會罷見職。（本部）參詳：谷禧、趙檜見任受勅職官，如此污濫，合擬永不叙用，唯復期年之後降二等求叙。乞明降。得此，爲係爲例事理，移準御史臺咨該，本臺照得各官所犯，難任親民之職，擬合降等，别行定奪相應。呈奉中書省劄付，送刑部議得：趙檜、谷禧所招賭博錢物罪已斷訖，難任親民，量擬解見任，期年之後於雜職内定奪，（仍）依（舊）例，標附相應。都省準擬，仰照驗，依上施行。

《元典章》卷五七《刑部·諸禁·禁賭博·禁賭博攀指》 大德六年七月（二十七日），江浙行省準中書省咨：杭州路備淮西道廉訪司牒，各處官司遇有告覆賭博犯人，往往信從扳指或有風聞告言，亦爲受理。官吏因而詐取錢物。今後如有犯賭之人，擬依元（例）〔行〕，須（自）〔是〕在場捉拿有攤場錢物，證驗明白，方聽理斷。其餘展轉扳指同賭人數，及風聞告言，理宜禁止。緣係通例，咨請照詳。送刑部議得：捉獲賭博錢物，不許展轉扳指，在前同賭人數，止理見發人等事理。如準訪司所言，遍行禁治相應。都省準擬，請照驗依上施行。

《元典章》卷五七《刑部·諸禁·禁賭博·賭博（各）〔錢〕物》 延祐四年五月，江西行省準中書省咨：照得近爲諸處城邑坊鎮店，多有一等游手末食之民，不事生業，聚集人衆，祈賽神社，賭博錢物，已常遍行禁治去訖。切恐有司不爲申明舊章，使下民枉遭刑憲，都省議（得）〔擬到〕：各各罪名開坐前去，咨請照驗（照行），行移合屬，排門粉壁，嚴加禁治施行。

照得至元二十四年三月（二十一日），御史臺呈王佯兒〔等〕七名賭博錢物公事，都省議得：今後若有賭博錢物並關撲諸物之人，許諸人捉拿到官，各決七十七下。攤場錢物没官，仍於犯人名下均徵鈔二十五兩，付捕告人充賞。承此，又皇慶二年五月中書刑部呈，承奉中書省判送江浙行省咨，爲金萬二告李才等相攙賭博公事，本部議得，云全例。得此，都省準呈，札付本部依上施行去訖。今體知近年以來，不畏公法之人，指以飲食爲名，影射賭博錢物，致使官司不能捉拿。今後但是賭博之人，許諸人捉拿到官。如攤場錢物、賭具籌牌，證驗明白，並依已行科斷相應。（倘）有攤場錢物，盡（行）付（與）告人充賞。及兩隣知而不首（杖）決四十七下。其雖非同日賭博，當場既有輸準田産、孳畜之類可爲證驗者，（須）一體追斷。（其）餘（仰）依舊（定條）例施行。

《元典章》卷五七《刑部·諸禁·禁賭博·賭博例赦後為坐》 延祐五年三月，江浙行省準中書省咨來咨：蔣文貴等於大德十年七月，因與沈七將巳挑僞鈔裝誣客人，杭州路總管府將蔣文貴杖（決）〔斷〕八十七下，至大二年六月又將與徐三商議，開置兑坊，蒙官司於本家門首紅泥粉壁，擅自除去。延祐四年爲頭與徐之等同情，商議依前開置賭坊，糾集人伴賭博八乂。事發到官，將各人依（定）例斷訖七十七下。若擬加徒，緣前犯（具）〔俱〕已年遠，即係延祐四年正月初十日已前事理。事干通例，咨請照詳。準此，送刑部議得：蔣文貴、徐三先犯開置兑坊等罪，累經欽遇詔赦，今次不悛，又行糾集人伴賭博。罪犯斷訖，準擬加徒。擬合比例赦後爲坐相應。具呈照詳。得此，都省準擬。

《元典章》卷五七《刑部・諸禁・禁賭博・賭博賞錢》 延祐六年七月初二日，江浙行省準中書省咨來咨：徽州路據休寧縣申，蒙江東建康道廉訪司分司巡歷到縣，照刷過文卷一宗。朱明元告，因與汪文勝等賭博致争，被汪文勝踢傷，邂逅身死。汪文勝等罪經詔恩釋免，係是因事發露，別無捉拿之人，合無追賞。參詳：元準都省咨文，但凡賭博諸人，捉拿到官，依例科斷。已有均徵賞鈔、攤場錢物，盡付告人之例，別無該載。同賭之人首告，給賞明文有司爲無遵守，往往給没不一。若準理問所所擬，一體給付。及準首再犯，依例科罪，不在理賞之限。事干通例，宜從合干部分定擬相應。咨請照驗。準此，送據刑部呈議得：諸人首告賭博，已有理賞定例。所據同賭人内有能悔過自陳，準首原罪，依例給賞；如或再犯，不在首原之限。其因事發露，既無告捉之人，賞鈔難擬徵理。具呈照詳。得此，都省準擬。

《元史》卷一〇四《刑法志》 諸以七十二局欺誘良家子弟、富商大賈，博塞錢物者，以竊盗論，計贓斷配。諸夜發同舟橐中裝，取其財者，與竊盗真犯同論。

《元史》卷一〇五《刑法志》 諸賭博錢物，杖七十七，錢物没官，有官者罷見任，期年後雜職内叙。開張博房之家，罪亦如之，再犯加徒一年。應捕故縱，笞四十七，受財者同罪。有司縱令攀指平人，及在前同賭人，罪及官吏。賭飲食者，不坐。諸賭博錢物，同賭之人自首者，勿論。諸賭博，因事發露，追到攤場，賭具贓證明白者，即以本法科論，不以展轉攀指革撥。

《大元通制・賭博》 當日在場同賭人數，諸人告捉到官，犯人，決七十七下；兩鄰知而不首，弓手、頭目人等故縱不行告捕，各決四十七下。攤場錢物沒官，仍於犯人名下均徵至元鈔二十五兩，付告人充賞。賭飲食者不坐。無籍之徒結黨設局，白日强騙人錢物，擬依竊盗首從例計贓斷罪，免刺，不追倍贓。其信從誘入局被騙之人，量事輕重斷罪。撇卷賊徒即與局騙財物一體事理，擬依竊盗例計贓斷配，免刺，不追倍贓，犯人門首紅泥粉壁，開寫過名。

（明）張四維《名公書判清明集》卷一四《懲惡門・賭博・因賭博自縊》 照得支乙之妻阿王，娼家女也。支乙於衢州南市樓上，開置櫃坊，樓下開置茶肆，以妻爲餌。徐慶三、何曾一、王壽、余濟皆與踰濫，與以錢物，群聚賭博，實爲欺騙淵藪。水寒冰生，醯酸蚋聚，至其家者前後不知其幾。今年閏月十六日晚，有鄭厨司誘至陸震龍，其時有留仍孫、陳暹等十一人，次第而來。支乙與鄭厨司、楊排軍商量，遂出賭博具下場賭，有余濟、陳通者聞風而至，亦與賭博。一時余濟等能將骰子兩雙，當留六兩面大采靠擲，或下枚人喝驍，不與陸震龍理贏下枚，遂致陸震龍輸過帶來舊會二百五十貫，其陳暹等贏過之數各有差，支乙等取過頭熟亦各有數。及既二鼓，陸震龍又自家中辦到舊會一百五十六貫，復與余濟等賭博，支乙再出賭具在旁下枚。其余濟等常留五六靠擲，其騙贏陸震龍一人錢物。陸震龍既輸帶來之錢，又以汗衫褐襖典當賭博，得官會三十五貫。既輸之餘，又多輸官會二十貫，遂剥皂褙抛當於余濟邊，其余濟等騙贏陸震龍官會亦各有差，支乙等討取頭熟各有其數。陸震龍前後共輸舊會四百六十一貫，爲余濟騙贏者一百五十貫，爲留仍孫騙贏者四十貫，楊排軍騙贏者七十貫，陳暹騙贏者四十貫，章千五騙贏者九十貫，鄭厨司騙贏者三十貫，支乙與鄭厨司、蔣萬二、徐元一討取頭熟，前後共三十一貫。陸震龍深夜欲歸，無衣可着，支乙乃與招檜，就余濟借皂褙與之披着以歸。支乙急欲陸震龍贖當還錢，既恐以無錢還時，我定到你家取討，又恐以若取無時，只得經官論取。取之既急，恐之又甚，宜乎陸震龍討出無聊，在家自縊而死。其父陸庭堅所訴，謂陸震龍歸家哭泣，稱被支乙等騙劃文錢，去住不得，此語是矣。余濟身在衢州獄，欲免拷訊，曾許郭振以官會三百千，雖未分付，然郭振求賂之心蓋可知矣。夫藥骰子騙人，出於一人之手，而衆人爲之犄角，今余濟等數輩，各能留五留六靠擲，欺騙贏錢，則與用藥骰子何異。陸震龍欲不輸，得乎？輸錢既多，無所措畫，欲不死，得乎？財者民之膏血，膏血既竭，身豈能存，是支乙、余濟等雖不殺之，勢實致之死地，今支乙等既已招承，欲具情節申。

余濟販鹽惡少，自將官會二千貫，就本州承買進納將仕郎誥書填，恃此專一欺騙善良，爲一州巨蠹。其在支乙家姦淫其妻，就爲窟穴，知陸震龍有錢可騙，既合謀設計，誘之使賭，又作套坐擲，使之盡輸，甚逼迫之窘，自縊而死，則是其縊卽余濟縊之也，其死則余濟死之也。姦猾之徒，動輒十數爲群，以賭爲名，欺騙取財，此等風俗，安可不戢。在法：恐迫人畏懼致死，以鬥殺論。余濟造謀恐迫陸震龍致死，正合上條。在法：進納將仕郎犯鬥毆人折傷以上者，不在當贖之例。余濟所承買將仕郎不該聽贖，合照條定斷，姑減等決脊杖十二，編管一千里，牒州追索將仕郎誥赴司。支乙以妻爲貨，合謀欺騙，杖一百，編管隣州。留仍孫決竹篦二十，押下州縣聽贖一年。陳通、陳暹牒州各杖一百，刊落名糧，拘鎖外寨。鄭厨司、楊排軍各杖八十，降移外寨。

（明）張四維《名公書判清明集》卷一四《懲惡門・賭博・禁賭博有理》　四民之所不收，百害之所必至，始而賭博，終而盗賊，始而嬉戲，終而鬥毆，始而和同，終而必争，敗事喪家，皆由此始，固官司之所必禁也。然禁戢者有司之責，信必者當職之令，有敢狃於習俗，視爲故常，官有明條，決脊無容恕。備榜曉諭：輸錢人自首，特原其本罪，追還其錢，却將贏錢人依條斷令。

《明英宗實録》正統十一年三月〔癸未〕順天府大興縣知縣馬聰言：京城内外有造諸色僞銀以紿人者，貧民被其紿，往往窘忿致死。又有號風流漢子者，專以賭博致錢酬花酒費，或失意費無所出，遂去爲盜。又有醉臥於道者，往往凍死，其貪饕固無足惜，但死有可憫。凡此皆風化所係。臣請槩命錦衣衛、五城兵馬嚴警察之，敢有造僞銀者重罪之，其鍜銀必張誧臨通衢，毋得扵私僻處爐頭，毋得有梅攀玉田沙。官軍民家、娼妓院毋得有雙陸骨牌、紙牌、骰子。道有醉卧者，冷鋪火夫舉置内，伺其醒，枷示之。章下，法司謂聰言可從，造僞銀者宜發充邊衛軍，賭博者運糧口外，但枷示醉人非舊典，不可行。上是之。

（明）沈德符《萬曆野獲編補遺》卷三《刑部・賭博厲禁》　今天下賭博盛行。其始失貨財，甚則鬻田宅，又甚則爲穿窬，浸成大夥劫賊。蓋因本朝法輕，愚民易犯。宋時淳化二年閏二月，太宗下令開封府，凡坊市有賭博者，俱行處斬，鄰比匿不聞者同罪。此法至善。蓋人情畏死，自然衰止。又有嗜賭者，將妻妾賣姦以償負進，亦有並妻注而輸去者。按洪武二十二年聖旨，學唱的割了舌頭，下棋打雙陸的斷手，蹴圓者卸腳，犯者必如法施行。今賭博者亦當加以肉刑，如太祖初制，解其腕可也。正統間，大興知縣馬通建白治賭博之法。法司覆議，已定犯者運糧口外矣。今此法何以格不行。僅從初制擬杖，卽加重者不過枷示，何耶？

（明）清波逸叟《折獄明珠》卷四《觀風告示・戒賭博》　嘗聞耕讀成家之本，賭博破家之源。近來胡習之者若飲醇醪，若會群仙。好之者終日不食，終夜不眠。貧户難存數椽之屋，富貴易消百畝之田。士子必妨其學，農民恒害扵耕。商賈資本罄空，軍餘穿窬相纏。此寔牧猪奴之戲，深非起家子之賢。輸錢易如墜地，盤本難若升天。入場之喜，則需茶索酒；到家之悶，則絶火斷煙。妻號寒而不顧，子啼饑而不憐。拍肩執袂，似同氣合；接耳交頭，如膠漆之堅。每旦披星而出，至晚帶月而還。空教白髮倚門望，白髮，親也。徒負紅顔舉案懸。家計從兹而失墜，産業由此而改遷。觀其行，固不足恤；視其容，寔若可憐。刑法加之無畏，文兄責之不悛。甚至偷盗他人財物，私竊父母金銀。盗賊之漸由兹而始，性命之危終不可延。若黄細弟因賭，至盗已死。於獄□祖生。因賭行劫，卒喪其元，人人憎厭，處處流傳。告發官司而千般苦楚，貽累父母而萬種憂煎。誨爾子弟，各務身家。士必期於大名，農必期於有積，工必期於成器，商必期於盈資。則朱門粉壁，福澤無疆，可以裕終身，可以遺子孫。而光祖德，何以賭博爲哉？今後再有仍蹈前非者，許各該地方人等，從實呈來，以憑從重究治，決不輕貸。

黄彰健《明代律例彙編》卷二六《刑律九・雜犯・賭博》　凡賭博財物者，皆杖八十，攤場錢物入官。其開張賭坊之人，同罪。止據見發爲坐。職官加一等。若賭飲食者，勿論。

弘治問刑條例

一、凡賭博人犯，若自來不務生理，專一沿街賭博，酗酒撒潑，或誆騙竊盗人財，或不孝不弟，曾經法司問斷，及開張賭坊者，定爲第一等；若平昔不係撒潑兇徒，止是與人賭博，但有銀兩衣服者，定爲第二等，俱問罪枷號一個月。若止將銅錢互求勝負，競賭酒食，或年十六以下，在傍看戲，及在外軍匠人等，初至京師，被人誘引在内者，定爲第三等，照常發落。其職官有犯，亦照前例，各分等第。一等二等者，奏請枷號，各發爲民。

萬曆問刑條例

一、凡賭博人犯，若自來不務生理，專一沿街酗酒撒潑，或曾犯誆騙竊盜，不孝不弟等項罪名，及開張賭坊者，定爲第一等，問罪，枷號二箇月。若平昔不係前項人犯，止是賭博，但有銀兩衣服錢物者，定爲第二等，問罪，枷號一箇月，各發落。若年幼無知，偶被人誘引在內者，定爲第三等，照常發落。其職官有犯一等二等者，奏請問罪。文官革職爲民。武官革職，隨舍餘食糧差操。

中國第一歷史檔案館《滿文老檔》天聰六年二月十一日，下書曰：汗曰：命刑部貝勒下書，諸凡以錢及貨物賭博者，概行禁止。若有賭者，則依律罰之。其賭食物者，勿禁。

《刑部現行則例》卷下《雜犯》 凡賭博，不分旗下、民人俱枷號兩個月。係旗下鞭一百，係民人責四十板。開場之人，在家容留賭博之人，將自己銀錢放頭、抽頭之人，各枷號三個月。係旗下人鞭一百，係民人責四十板。官員有犯賭博者，革職，枷號不準折贖。如該管各官不行嚴查緝拿，或被傍人拿首，或被賭博中之人出首，審實者，若係官員兵役，閒散另户之人，將佐領、驍騎校俱交與該部。小撥什庫不準折贖鞭五十。其參領所屬，參領下有犯二次賭博者，都統、副都統所管旗下有犯三次者，俱交與該部。若係民司、坊官交與該部，總甲不準折贖責二十板。至於地方內有犯賭博二次者，將該管城上官員交與該部。巡捕、營兵有犯賭博者，將所管把總交與該部。有犯二次者，將遊擊、參將交與該部。府佐領下人有犯賭博者，佐領并包衣大亦照在外佐領、驍騎校交與該部。小撥什庫亦不準折贖鞭五十。在屯居住之人有犯賭博者，將屯撥什庫亦不準折贖鞭五十。其該管官並小撥什庫及本主免議罪。府佐領下人有犯賭博者，都統、副都統、參領免交該部。凡家僕賭博，各有其主，其該管人員亦免交該部，其賭博人之主，係官交與該部，係旗下平人鞭二十五，係民責十板。傍人出首賭博，或賭博中人出首者，出首之人免罪。將賭博銀錢一半與出首之人，一半入官。凡係查管之人拿送者，其該管之人俱豁免。凡以財物打馬吊鬥混江，仍照賭博例治罪。其雖不賭錢，賭飲食者，照不應重律治罪，係官交與該部。此俱應照見發有據乃坐。

《大清律例》卷三四《刑律·雜犯·賭博》 凡賭博財物者，皆杖八十；所攤在場之財物入官。其開張賭坊之人，雖不與賭列，亦同罪。坊亦入官。止據見發爲坐。職官加一等。

若賭飲食者，勿論。

條例

一、凡軍民人等，擅入宗室府内教誘爲非及賭博、誆哄財物者，俱問發邊衛充軍。

一、凡賭博，不分兵民，俱枷號兩個月，杖一百。偶然會聚，開場窩賭，及存留之人抽頭無多者，各枷號三個月，杖一百。官員有犯革職，枷責不準折贖；奴僕犯者，家主係官，交與該部；係平人，責十板。該管各官不行嚴查緝拿，別經發覺者，交部議處。總甲笞五十。若旁人出首或賭博中人出首者，自首人免罪，仍將在場財物一半給首人充賞，一半入官。凡以馬吊混江賭財物者，俱照此例治罪。賭飲食者，坐不應重律。以上俱拿獲牌骰、見發有據者方坐。不許妄扳拖累。

一、凡旗人將自己銀錢開場誘引賭博，經旬累月，聚集無賴，放頭、抽頭者，初犯發極邊、烟瘴充軍，再犯擬絞監候。容留房主初犯發邊遠充軍，再犯發極邊、烟瘴充軍。俱照名例折枷月日發落。賭博之人，枷號兩個月，鞭一百。如係官員，革職，枷號兩個月，鞭一百，不準折贖，永不敘用。其失察該管各官俱交部議處。領催鞭五十，族長鞭二十五，係官亦交部議處，餘俱照前例科斷。

一、凡民人將自己銀錢開場誘引賭博，經旬累月，聚集無賴，放頭、抽頭者，初犯杖一百，徒三年，再犯杖一百，流三千里。存留賭博之人，初犯杖八十，徒二年，再犯杖一百，徒三年。輸錢者據實出首，免罪，仍追所輸之錢給還。若官員，無論賭錢、賭飲食等物，有打馬吊鬥混江者，俱革職，滿杖，枷號兩個月。上司與屬員鬥牌擲骰者，亦均革職，滿杖，枷號三個月，俱永不敘用。如該管上司並督撫容隱屬員賭博，及地方官弁疎縱賭博者，俱交部嚴加議處。稽查兵役亦照例治罪。

一、凡旗人造賣紙牌骰子，爲首者發極邊、烟瘴充軍，爲從及販賣爲首者發邊遠充軍，爲從販賣者發近邊充軍。俱照《名例》折枷月日發落。失察該管各官亦照失察賭博例治罪。但必有製造牌骰器具及開舖販賣確據，方許拿送。不得藉端訛詐。

一、凡民人造賣紙牌骰子，爲首者發邊遠充軍，爲從及販賣爲首者杖一百，流二千里，爲從販賣者杖一百，徒三年。如藏匿造賭器具、不行銷燬者，照販賣爲從例治罪。地方保甲知造賣之人不首報者，杖一百。

一、八旗、直省拿獲賭博，務必窮究牌骰之所由來。如不能究出，或被他處查出，將承審官交部議處。倘將無辜之人混行入罪，照不能查出造賣牌骰例，加一等治罪。其究出造賣之地方官交部議敘。或所屬地方有造賣之家，未經發覺能緝拿懲治，亦交部議敘。

一、奸民私造賭具，其左右緊鄰有能據實出首，照例給賞。如有通同徇隱，不即舉首者，杖一百。若得財，準枉法從重論，罪止杖一百，徒三年。所得之贓照追入官。若於未獲之先，本犯自首，準其免罪。仍詳記檔案。倘免罪之後又復造賣，發邊遠充軍。如同居之父兄伯叔等據實出首，本犯亦準免罪。

一、拿獲賭博人犯到案，不肯將造賣之人據實供出，即將案内出具牌骰之人依不應重律，杖八十。如係在場賭博人犯，仍照賭博本例從重治罪。若已將造賣之人供出，該地方官規避失察，朦朧結案，或該犯狡詞支飾，承審官不根究實情，後經查出，交部分別議處。

一、凡描畫紙牌，照印板造賣之犯減一等治罪；造賣牌骰未成，照造賣已成者減一等治罪。

一、凡開鵪鶉圈、鬥鷄坑、蟋蟀盆並賭鬥者，照開場賭博枷責例治罪。其該管官亦照開場賭博之該管官員例議處。

《大清律續纂條例》卷二《刑律》 一、在京轎夫，有借名依附、潛匿別處，開場誘賭，經旬累月者，將爲首開場及放賭抽頭之犯，均發邊遠充軍。同賭之人，俱枷號三個月，杖一百，遞回原籍拘束。其現用轎夫之王大臣有轎夫在家賭博，不加約束，及任其居住遙遠，開場放賭，將坐轎之本主照例議處。

一、地方官拿獲賭博，務向各犯嚴追賭具來歷。如不將造賣之人據實供出，即將出有賭具之人，照販賣爲從例，杖一百徒三年。

一、經旬累月開場窩賭之左右兩鄰，如有通同徇隱不即舉首者，照不應重律杖八十。得財者計贓準竊盜從重論。

一、凡壓寶誘賭者，將掌盒及同賭之人，悉照開場賭博例治罪。

《清世宗實録》雍正四年六月 諭刑部：緝拏賭博，當場所獲銀錢不必入官，即賞給拏獲之人，以示鼓勵。嗣後永爲定例。

《清世宗實録》雍正四年九月 壬子，諭内閣：賭博之事，最壞人之品行。若下等之人習此，必至聚集匪類，作姦犯科，放僻邪侈之事，多由此起。若讀書居官之人習此，必至廢時失事，志氣昏濁，何能立品上進？乃向來屢申禁飭，而此風尚未止息，深可痛恨。若不嚴禁賭具，究不能除賭博之源。著京城内外及各省地方官，將紙牌骰子悉行嚴禁，不許貨賣，違者重治其罪。嘗有窩賭之家，誘人入局以取其利，嗣後準輸錢之人自行出首，免其賭博之罪，仍追還所輸之銀錢，庶使賭博之人有害而無利，則其風可以止息。又見漢軍惡習，常以工於馬吊互相誇尚。夫既已居官，則應辦之事務甚多，日夕不遑，尚恐遲誤，安有餘閑爲此無益之戲？且聞有上司與屬員鬬牌爲樂者，尤非體統，大玷官箴。嗣後若有司官員鬬牌賭博，著該管上司及該督撫指名題參。至禁止賭博，宜如何定例之處，該部議奏。尋議定例，旗人製造紙牌骰子售賣者，照光棍爲從例，擬絞監候；而民人止於枷責，所以不知畏懼。嗣後應將民人之製賣賭具及賭博者，以充發杖流，分別擬罪。至官員賭博者，革職永不敍用。從之。

《清高宗實録》乾隆十三年七月 諭：據潘思榘奏，請嚴壓寶之禁，悉照製造賭具、開場誘賭定例治罪，地方文武各官均定以失察處分，拏獲議叙等語。向因賭博中牌骰最盛，故牌骰之禁甚嚴。要之凡涉賭博，皆當嚴禁，非牌骰當嚴而壓寶之禁遂不必嚴也。今如潘思榘所奏，明立寶局，聚至數百人，此正地方官所急應重懲之犯。所有製造寶匣及聚賭匪類，一照牌骰之例治罪，官吏縱容失察，即行糾參。亦何不可，又何必定爲新例，始行遵照辦理乎？夫好賭之人，何所不至，禁牌骰則興壓寶，禁壓寶又必變而別立新名。立一名從而定一例，例可勝定乎？此等案件，祇在地方文武官實心協力，嚴拏重處，使知畏懼，務必令行禁止。

《吏部處分則例》卷四五《雜犯・賭博》 一、直省州縣官失察賭博，每事罰俸一個月。公罪。自行拿獲送究者，免議。

一、五城司坊官失察賭博，每事罰俸一個月。公罪。巡城滿、漢御史，每二事罰俸一個月。公罪。自行查獲者，免議。

一、旗下派出查拿賭博之員職有專責。如有失察，每次罰俸一年。公罪。自行拿獲者，免議。

一、家人犯賭，其主係官罰俸二個月。公罪。如值因公他出，及自行拿獲者，免議。

一、轎夫犯賭，將坐轎之王大臣等罰俸兩個月。公罪。步軍統領、查旗御史，俱罰俸一個月。公罪。如王大臣自行送究，該管官自行拿獲者，俱免議。

一、本衙門書役犯賭，本官自行送究者，免議。失於查察，罰俸三個月。公罪。如明知賭博，不即送究，别經發覺者，罰俸一年。私罪。若别衙門書役同賭，不移會送究者，亦罰俸一年。公罪。自行查辦者，免議。

一、出差官員所帶人役犯賭，罰俸一個月。公罪。若在該班當差處所賭博，將失察之該管官罰俸一個月。公罪。自行查辦者，免議。

一、匪徒設立花會，誘衆聚賭，地方官自行拿究者，免議。别經發覺，照失察製造賭具例革職留任。公罪。如有諱匿及縱容情弊者，革職。私罪。受賄者照例治罪。

一、盛京、吉林、黑龍江三省，遇有放頭設局，開場聚賭，並無搶奪釀命情事，地方官自行拿究者，免議。如别經發覺，即照失察製造賭具例革職留任。公罪。如有諱匿及縱容情弊者，革職。私罪。受賄者革職治罪。

一、官員無論賭銀、賭食及開場聚賭，並上司與屬員同賭者，均革職治罪，永不敘用。

一、稽察官員賭博，州縣所屬，責之州縣；府州所屬，責之府州；府州以上，責之司道；司道以上，責之督撫。能查出揭參者，免議。若明知屬員犯賭，不行揭參，降三級調用。私罪。如係失察，同城者降一級留任，不同城者罰俸一年。俱公罪。

乾隆十三年七月初六日奉上諭：據潘思榘奏請嚴壓寶之禁，悉照製造賭具開場誘賭定例治罪，地方文武各官均定以失察處分，拿獲議叙等語。向因賭博中牌骰最盛，故牌骰之禁甚嚴。要之凡涉賭博，皆當嚴禁，非牌骰當禁，而壓寶之禁遂不必嚴也。今如潘思榘所奏，明立寶局至數百人，此正地方官所亟應重懲之犯，所有製造寶匣及聚賭匪類，一照牌骰治罪。官吏縱容失察，即行糾參，亦何不可，又何必定爲新例，始行遵照辦理乎。夫好賭之人，何所不禁，禁牌骰則興壓寶，禁壓寶又必變而别立新名，立一名從而定一例，例可勝定乎？此等案件，祇在地方文武各官實心協力，嚴拿重處，使知畏懼，務必令行禁止方爲有益，不在多定條例。任法不如任人，此之謂也。各省恐有似此者，著該督撫傳諭知之。欽此。

一、直省凡應專題、專咨案内，有牽連賭博者，將失察之地方官逐案隨招附參，其有本案僅止賭博，及鬥毆自盡案内，牽涉賭博，犯該徒罪以下例應外結者，統於每季咨部，將失察之員照例議處。倘地方官有心隱匿，不報臬司記檔者，罰俸九個月。私罪。其失察賭博之案，仍照例每事罰俸一個月。公罪。

（清）祝慶祺《刑案匯覽》卷五三《刑律雜犯·賭博》　山東司嘉慶十六年六月十四日奉旨：步軍統領衙門奏請將出租開設賭局之房間、棚座入官懲創，並請嗣後明定規條等語。此等游手匪徒，經年累月聚賭不散，其房屋及搭棚鋪户斷無不知，明係將房間棚座重利出租，知情容隱，不可不一並懲創。但從前既未飭禁，此時亦未便坐罪，姑先酌量薄懲，所有此次聚賭各案之房間、棚座，著概行入官。至此後若再有似此干禁圖利者，則不但將房屋、棚座入官，併當將房主、鋪户治以應得之罪。其應如何分别治罪之處，著交刑部議奏，奏聞，歸入條例。如係租住官房，並著内務府將經管官房之人查明懲治。此外，窩娼及輭棚等案，其房間、棚座均即照窩賭之例究辦。欽此。臣等伏查京師重地，理宜肅清。匪徒、聚賭、窩娼及開設輭棚，最爲風俗人心之害，然該犯等肆行不法，若非牟利之輩，貪圖重價將房屋棚座租給，則該犯等〔註〕〔駐〕足無所，不能逞其伎倆。仰蒙聖明洞鑒，將現在查辦窩賭、窩娼及開設輭棚等案房屋、棚座，概行入官。並令酌議房主鋪户治罪條例，實爲正本清源之道。查例載：賭博不分兵民，俱枷號兩個月、杖一百。偶然開場窩賭及存留之人，抽頭無多者，各枷號三個月、杖一百。又旗人開場誘賭，經旬累月，初犯發極邊烟瘴充軍，再犯擬絞監候。容留房主，初犯發極邊充軍，再犯發極邊烟瘴充軍。又民人開場誘賭，經旬累月，初犯杖一百，徒三年，再犯杖一百流三千里，存留賭博之人，初犯杖八十，徒二年，再犯杖一百，徒三年。又經旬累月左右兩鄰如有通同徇隱不即舉首者，照不應重律杖八十。又律載：賭博攤場，財物入官，賭坊亦入官。又例載：窩頓流娼土妓，月日經久者，杖一百，徒三年。再犯杖一百，流三千里。鄰保知情容隱者，杖八十各等語。是容留旗民開場聚賭之房主，及徇隱不舉之鄰佑，例無治罪明文，自應重申例禁，至窩賭及開設輭棚，事同一例，其知情之房主、鄰佑，應即照此分別酌立科條，以示懲創。臣等公同酌議，應請嗣後京城內外拏獲賭博，除訊係偶然聚賭窩賭，存留之人，照例治罪，房屋免其入官外，如開場聚賭經旬累月，其租給房屋、棚座之房主鋪户，均照容留旗民開場聚賭定例，分別治罪。鄰佑亦按例定擬，房屋、棚座概行入官。其窩娼並開設輭棚，月日經久之房主，亦照窩賭例，初犯杖八十，徒三年，再犯杖一百，徒三年。知情容隱之鄰佑，杖八十，房屋入官。若甫經窩娼及開設輭棚，即被拏獲，房主鄰佑實不知情，不坐，如業主所置房屋交家人經手出賃，有賃給聚賭窩娼、開設輭棚者，伊主實不知情，罪坐經手之人；倘係官房，即將知情租給經手官房之人，究明分別窩賭、窩娼、輭棚，亦即照例治罪。嘉慶十六年奏準通行，已纂例。此案係通飭五城順天府提督衙門徧示（翟）〔衢〕巷。

（清）祝慶祺《刑案匯覽》卷五三《刑律雜犯・賭博》 律例館查雲南司從前審結金山聚賭案內之王二一犯，應否仍發黑龍江爲奴等因，職等檢查原案，王二係步甲領催，因金山在該犯所管地面開場聚賭，經旬累月。該犯得受金山錢，交分給各兵丁使用，代爲包庇。金山照旗人開場誘賭經旬累月極邊軍罪上從重改發黑龍江當差，王二與金山一例，同科發往黑龍江給披甲人爲奴。奏奉諭旨：王二著加枷號兩年，游示九門，滿日再發黑龍江爲奴等因，欽此。查王二雖係由軍罪從重改發之犯，惟彼時因京師賭風甚熾，欽奉特旨嚴加懲創，今該犯枷號滿日，自未便照本罪改發內地，且該犯係旗下家奴投充步甲，本應實發黑龍江爲奴，亦不在調劑黑龍江遣犯改發新疆之列，應情仍照原案發黑龍江爲奴。嘉慶十八年說帖。

（清）祝慶祺《刑案匯覽》卷五三《刑律雜犯・賭博》 奉天司奏：竊查定例所載造賣賭具各條，分晰造賣、販賣，爲首、爲從，及已成、未成，刻印、描畫等項，固已明晰周詳，情法允當。惟查例開旗人造賣紙牌、骰子，爲首者，發極邊烟瘴充軍；爲從，發邊遠充軍。俱折枷號發落。民人爲首者，發邊遠充軍；爲從，杖一百，流二千里。詳繹例意，不曰製造紙牌、骰子，而曰造賣紙牌、骰子，是必造而已賣，方與此例相符。若造而未賣者，雖屬故違禁令，尚未貽害地方，按其情罪，原與造賣者有間，但例內未經指明作何懲治，是以內外問刑衙門往往援引紛歧，辦理互異。有竟照造賣例問擬充軍者，亦有照賣例擬充軍並請減等發落者。臣等雖經酌情量減，行令遵照完結，但未聲明畫一，究屬無所遵循，且恐將來任意輕重高下其手，反滋弊端。今臣等伏查律例館新書內載：造賣未成，照造賣已成者減一等治罪一條。現在纂輯例文亦不言製造未成而言造賣未成，則造未賣者，原可引用擬斷，毋庸另立科條。再查描畫紙牌，亦未註明已賣、未賣，似應一體分別遞減，庶歸畫一，而昭平允。事關申明條例，相應奏明。乾隆七年八月二十八日奉旨：仍著一體治罪，不必分晰。欽此。通行。

直督題：許然案內之劉得，拾骰三顆聚賭，並未成副，應仍按開場窩賭例，擬以枷杖。經本部改照出有賭具，不將造賣之人供出例，擬杖一百，徒三年。嘉慶十八年案。

《清仁宗實録》嘉慶二十年二月〔乙酉〕諭內閣：烏爾登前在協尉任內聽受步軍統領家人囑託，庇護轎夫聚賭，且於兵丁得賄故縱，均各知情。實屬卑鄙。今到配甫經三年，不準釋回，著再留三年。五福因承審竊案，非刑斃命發遣，該革員到配時先經枷號一年。迨期滿後在彼充當苦差，又閱二年，著準其釋回。

《清仁宗實録》嘉慶二十三年二月 又諭：御史蔣詩奏嚴禁製造賭具一摺，民間製造賭具，律有明禁，自應查拏懲治。但須查明實係私行製造之家，起獲究辦。若因稽查保甲，比户搜查，未免擾累。嗣後遇有賭博之案，務究明賭具來歷，將私行製造之人拏獲到案，按律懲辦，不得顢頇了事，致有疏縱。

（清）林則徐《林則徐集》奏稿三《密訪漢口一帶匪徒飭漢陽縣照單嚴拏札道光十年　月　日》 爲訪拏事：

照得漢口一帶，商賈輻輳，人烟稠密，每有匪徒開局窩賭，搭臺訛詐，大爲地方之害，亟令查拏懲辦，以儆匪類，而靖閭閻。茲訪得各犯姓名住址，合即黏單札飭密拏。札到，該縣立即查照單開姓名住址，選派妥幹差役，同時分赴該轄各地方，協同地保，將各犯嚴拏務獲。由縣先行訊究録供，稟覆核辦。倘差保查拏不力，甚至徇私賣放，本司隨時訪察，斷無不知，定即提轅嚴究，加倍懲辦，該縣亦大干未便！懔切，速速！特札。

（清）祝慶祺《刑案匯覽》卷五三《刑律雜犯・賭博》 江西道御史奏稱，偶然會聚，開場窩賭，及存留之人，抽頭無多，枷號三個月，杖一百。奴僕犯者，家主係官，交與該部；係平人，責十板。查官員交部是否應行議處，似應敘明等語。查此條例文，係雍正三年以前纂定，所稱交與該部，自係指交部議處。而言定例，遵行已久，辦理並無參差。所有該御史奏請於例内敘明之處，應毋庸議。道光十三年通行。

《兵部處分則例》卷三三《雜犯・官員賭博》 一、武職官員無論賭銀賭飲食等物，及開場容留賭博，並上司與屬員賭博爲樂者，均革職。私罪。照例治罪，永不叙用。其稽察屬員賭博，專汛官責之兼轄官，兼轄官責之統轄官，統轄官責之提督、總兵。如明知屬員犯賭不行揭參，別經發覺者，將專責之員，降三級調用。私罪。如係失察，將專責之員查係同城者，降一級留任。公罪。不同城者，罰俸一年。公罪。其已經揭參者，免議。

《兵部處分則例》卷三三《雜犯・兵丁賭博》 一、兵丁犯賭，本官自行查出申報者，免議。失於查察者，每次罰俸三個月。公罪。如明知賭博，不行查究，別經發覺者，將本官罰俸一年。私罪。

《兵部處分則例》卷三三《雜犯・失察賭博議處》 一、武職失察賭博，每次罰俸一個月。公罪。自行拿獲者，免議。如地方有經旬累月開場聚賭之案，破案時未能供出次數者，將未經查拿之專管官，罰俸六個月。公罪。

一、失察賭博，除咨題案内牽連賭博應行查參者，仍逐案隨招附參外，其僅止賭博，或鬥毆自盡命案牽連賭博例應外結者，該管專汛武職通報附該管上司，即詳記檔案，俟文員審明後，察其是否該員自行拿獲，抑係別經發覺，統於季終摘叙案由，將失察之員，彙齊咨參，照例議處。倘該專汛武職隱匿不報，或經告發，或被訪聞，將隱匿不報之員，照應申上而不申上私罪律，罰俸九個月。私罪。

一、官員因公他往，其所屬官兵及地方有賭博之案，免其議處。如存留賭具，係在公出之前者，仍應議處。如能自行拿獲者，亦免議處。

《兵部處分則例》卷三三《雜犯・失察賭具議處拿獲賭具議敘》 一、拿獲製造賭具之家，如銅錫寶盒，印板紙牌，骨骰等項均作賭具論。審明出於某汛，將該汛失察之專管官，降二級留任。公罪。如係描畫紙牌，失察之專管官，降一級留任。公罪。如係自行拿獲，將如何拿獲緣由，據實申詳總督、巡撫、提督、總兵，將專管官加一級。倘境内有藏匿製造紙牌板片，并存留舊製賭具，希圖售賣者，該汛專管官未經查出，罰俸一年。公罪。若境内有販賣賭具，專管官失於查拿，別經發覺，將失察之專管官，罰俸兩個月。公罪。其地方因聚賭存留賭具者，專管官罰俸一個月。公罪。

一、本境有製造賭具，專管官平日失於覺察，被上司訪聞差役拿獲者，將專管官仍照失察例議處。拿獲之上司照拿獲賭具例議叙。

《清穆宗實録》同治四年四月 又諭：阜保奏吉林地方賭風甚熾，請飭部變通舊例一摺。賭博一端，最爲風俗人心之害，定例本有明禁。茲據阜保奏稱，近來吉林地方，無業遊民開場聚賭者，實繁有徒。姦宄託跡其間，往往釀成搶殺之案。皆由差役圖賄包庇，官司規避處分，以致賭風日熾。亟應嚴申禁令，以絶亂萌。嗣後東三省地方賭博案件，除官吏書役、鄉地鄰佑，訊有受賄縱容，得贓徇隱情弊，仍照例盡法懲辦外，其旗民放頭設局，並同場聚賭各罪名，及官員失察徇縱，或避重就輕各處分，應如何從重定擬之處，著該部分別嚴議具奏。

《清文宗實録》光緒二年三月 兼署兩廣總督、廣東巡撫張兆棟奏：廣東各項賭博匪徒，請增訂刑律加重治罪。下刑部議，尋奏：闈姓、花會、白鴿標、山標、田標、屋標、鵪鶉鬬、蟋蟀鬬八項賭博，起意爲首之犯，俱實發雲貴極邊烟瘴充軍。仍照名例，以足四千里爲限。合夥出本之犯，擬發邊遠充軍；幫同收標收錢等犯，擬以杖一百徒三年。日後另有巧立賭博名色者，首從各犯亦照此例科斷。仍各盡賭博本法，先在犯事地方枷號兩個月，滿日發配。此等徒犯，仿照搶竊計贓計次擬徒之例。毋庸解配於開賭處所。鎖帶鐵杆石墪，五年限滿開釋。以上八項，標廠之地，保汛兵如有起意糾夥誘賭，或並未糾夥，僅止得規包庇者，仍照前擬，分別治罪。贓重者從重論。被誘入會買標之人，均照舊例枷號三個月，杖一百。摇攤揸攤，但經聚集放頭、抽頭，無論是否經旬累月及銀錢多寡，初犯擬杖一百，流三千里。再犯擬附近充軍。存留賭博之人，初犯擬杖一百，徒三年。再犯擬杖一百，流二千里。紙牌竹牌尋常賭博，照舊例辦理。著爲令。

《清文宗實録》光緒四年十一月 又諭：内閣侍讀學士廣安奏請嚴禁賭博，以清盜源等語。賭博一事最易藏姦，刻下天氣嚴寒，盜竊之案，層見迭出，亟應嚴禁賭博，以清其源。著步軍統領衙門、順天府、五城御史嚴行禁止，有犯必懲。毋得視爲具文，虚應故事。

（清）席裕福等《清朝政典類纂》卷四〇七《刑三十九·刑律雜犯·賭博》條例

一、凡賭博不分兵民，俱枷號兩月，杖一百。偶然會聚開場窩賭，及存留之人抽頭無多者，各枷號三月，杖一百。官員有犯，革職枷責，不準折贖。奴僕犯者，家主係官交與該部，係平人責十板。該管各官不行嚴查緝拏，别經發覺者，交部議處，總甲笞五十。若旁人出首或賭博中人出首者，自首人免罪，仍將在場財物一半給首人充賞，一半入官。凡以馬吊混江賭財物者，俱照此例治罪。賭飲食者坐，不應重律。以上俱拏獲牌骰、見發有據者方坐，不許妄扳拖累。謹案：此條乾隆五年改定。

一、凡民人將自己銀錢開場誘引賭博，經旬累月，聚集無賴，放頭抽頭者，初犯杖一百，徒三年，再犯杖一百，流三千里。存留賭博之人，初犯杖八十，徒二年，再犯杖一百，徒三年。輸錢者據實出首免罪，仍追所輸之錢給還。若官員，無論賭錢賭飲食等物，有打馬吊鬭混江者，俱革職，滿杖枷號兩月。上司與屬員鬭牌擲骰者，亦均革職，滿杖枷號三月，俱永不敘用。如該管上司並督撫容隱屬員賭博，及地方官弁疎縱賭博者，俱交部嚴加議處，稽查兵役亦照例治罪。謹案：此條乾隆五年修並改定。

一、軍民人等擅入宗室府内教誘爲非及賭博誆哄財物者，俱問發近邊充軍。謹案：此條係原例，其全條載在《名例》工樂户及婦人犯罪律内。雍正三年删存此條，移附本律。

一、凡壓寶誘賭以及開鵪鶉圈、鬭雞坑、蟋蟀盆賭鬭者，將開場及同賭之人，俱照賭博例治罪。其失察之該管官，亦照賭博之該管官員例議處。謹案：此條乾隆五十三年修並。

一、凡民人造賣紙牌、骰子，爲首者發邊遠充軍，爲從及販賣爲首者杖一百、流二千里。販賣爲從者杖一百、徒三年。如藏匿造賭器具不行銷燬者，照販賣爲從例治罪。若於未獲之先本犯自首，準其免罪，仍詳記檔案。儻免罪之後又復造賣，發邊遠充軍。如同居之父兄伯叔等據實出首，本犯亦準免罪。地方保甲知造賣之人不首報者，杖一百。受財者，計贓準枉法從重論罪，止杖一百、流三千里。

一、奸民私造賭具或經旬累月開場窩賭，其左右緊鄰有能據實出首，照例給賞。如有通同徇隱不即舉首者，杖一百。若得財，準枉法從重論罪，止杖一百、徒三年，所得之贓照追入官。謹案：以上二條，嘉慶十六年修並改定。

一、凡描畫紙牌照印板造賣之犯，減一等治罪。造賣牌骰未成，照造賣已成者減一等治罪。謹案：此條乾隆五年定。

一、在京輴夫有借名依附，潛匿别處，開場誘賭經旬累月者，將首開場及放賭抽頭之犯，均發邊遠充軍。同賭之人，俱枷號三月，杖一百，遞回原籍拘束。其現用輴夫之王大臣，有輴夫在家賭博不加約束，及任其居住遥遠開場放賭，將坐輴之本主，照例議處。謹案：此條乾隆二十二年定。

一、無賴匪徒串黨駕船設局，攬載客商勾誘賭博，折没貨物揹留行李者，初犯到案審係僅止一二次者，照開場誘賭例，杖一百徒三年；三次以上及再犯者，發雲貴兩廣極邊烟瘴充軍，並將首犯先於拏獲之沿河馬頭地方加枷號一月。其船户知情分贓者，初犯仍照爲從論，再犯亦與犯人同罪，船價入官。謹案：此條乾隆二十九年定。

一、凡容留製造賭具之房主，除訊不知情仍照不應重律治罪外，如審係貪得重利、知情包庇，但在一年以外者，亦將房主與造賣賭具爲首之犯，一例問擬發邊遠充軍。即在一年以内，將房主照製造爲從及販賣爲首例，杖一百流二千里。若在半年以内，將房主照販賣爲從例，杖一百徒三年。倘地方官拏獲造賣賭具之犯，不將窩留造賣月日研究明確從重定擬者，將承審之員嚴行參處。謹案：此條乾隆三十四年定。

一、八旗直省拏獲賭博，務必窮究牌骰之所由來。如不能究出或被他處查出，將承審官交部議處。儻將無辜之人混行入罪，照不能查出造賣牌骰例加一等治罪。其究出造賣之地方官，交部議敘。或所屬地方有造賣之家未經發覺，能緝拏懲治，亦交部議敘。謹案：此條乾隆五年增修。

一、拏獲賭博人犯到案，務向各犯嚴追賭具來歷。如不將造賣之人據實供出，即將出有賭具之人照販賣爲從例，杖一百徒三年。若已將造賣之人供出，該地方官規避失察，朦朧結案；或該犯狡詞支飾，承審官不根究實情，後經查出，交部分別議處。謹案：此條係乾隆三十二年修併。

一、凡現任職官有犯屢次聚賭，及經旬累月開場者，發往烏嚕木齊等處效力贖罪。若偶然犯賭及聚賭一二次者，仍革職，照例枷責，不準折贖。謹案：此條係嘉慶六年修改。

一、凡旗人有邀集抓金錢會者，將起意邀約之人，照違制律杖一百。隨同入會者，照爲從律減一等，杖九十。失察之該管官，交部查議。謹案：此條乾隆四十年定。

一、閩省拏獲花會案犯，訊明起意爲首者，照造賣賭具例發邊遠充軍。其夥同開設輾轉糾人之犯，照販賣賭具爲首例，杖一百、流二千里。其在場幫收錢文等犯，均照爲從例，杖一百、徒三年。仍各盡賭博本法，於開設花會處，先行枷號兩月，滿日定地發配。其被誘入會之人，俱枷號三月，杖一百。地保汛兵若有賄庇情事，即照爲首本犯一體問擬。如贓重於本罪者，仍計贓從重論。其知情容隱者，雖無受賄情事，亦科以爲從之罪，杖一百徒三年。若甫經開設實係失於查察者，比照造賣牌骰之保甲知而不首例，杖一百革役。失察之文武各官，俱照失察賭具例交部議處。如匪徒另立名色誘賭，聚衆數在三十人以上，與花會名異而實同者，均照此例辦理。謹案：此條乾隆四十四年定。

一、京城内外拏獲賭博，除訊係偶然聚賭窩賭，存留之人照例治罪，房屋免其入官。外如開場聚賭經旬累月，其租給房屋棚座之房主鋪户，均照容留旗民開場聚賭定例，分別治罪。鄰佑亦按律定擬。房屋棚座概行入官，如業主所置房屋交家人經手，有賃給聚賭，伊主實不知情者，罪坐經手之人。儻係官房，即將知情租給經手官房之人亦照前例治罪。謹案：此條嘉慶十六年遵旨定例。

一、奉天、吉林二省，如有設局放頭開場聚賭經年累月，以致姦宄托跡釀成重案，除實犯搶奪殺人及窩藏强盗各照本例治罪外，將設局開賭之犯，照棍徒擾害例科斷。其尋常賭博，仍照舊例辦理。謹案：此條同治九年續纂。

事例

順治初年定：凡犯賭博者，枷號鞭責，被獲財物一分給首告人充賞，二分入官。

六年定：凡旗下官民人等賭博者，嚴拏治罪，銀十兩給拏首人充賞。該管佐領、領催知而不舉者，問罪。

十一年覆准：凡開立賭場之人，照律枷號兩月，係旗下人，鞭一百，民人責四十板，賭博之人枷號八日，照例鞭責，仍追銀給賞。

十五年覆准：凡賭博人犯，係民杖一百徒三年，係旗下枷號一月、鞭一百。開立賭場之人，係民杖一百，流三千里，係旗下枷號兩月，鞭一百。兩鄰知而不舉者，係民責四十板，係旗下鞭一百五。城司坊官不行嚴拏者，交部議處。

十八年覆准：凡甲兵在出征處賭博及開場者，俱照例治罪。兩鄰知而不首者，鞭一百，該管領催鞭五十。將現獲銀錢，一分給出首之人，二分入官。

康熙二年定：將賭博銀錢一半給與出首之人，一半入官。

七年題准：凡招集賭博之人放頭抽頭者，係旗下枷號兩月，鞭一百，係民責四十板、流三千里。官員有犯賭博棚責者，不準折贖。

十一年覆准：凡以財物打馬吊鬭混江者，照賭博例治罪。其賭飲食等物者，照不應重律。係民折責三十板，係旗下鞭八十，係官罰俸一年，俱以現發有據爲坐。

十二年題准：民人犯賭博者，照旗下人例，分別枷號，責四十板，免其軍流。

十五年議准：失察賭博之司坊官與把總，照旗下佐領例，每起罰俸一月。二起者，將游擊、參將、巡城御史，照參領一體罰俸一月。賭博中人出首者免罪，仍將財物賞給一半。

三十年議准：凡造賣、紙牌、骰子俱嚴行禁止。京城内現在所有之紙牌骰子，俱限一月内銷燬。其直隸各省俟文到日，亦限一月内銷燬。若有違禁仍然造賣者，地方官查拏，將製造並販賣之人，俱照存留賭博例，枷號三月，係旗人鞭一百，係民責四十板。該管官不行查拏，亦照不拏賭博例治罪。查拏之時，必有造牌骰子之器、開鋪販賣確據，方許查拏，不得藉端訛詐。

三十一年諭：近見賭博愈盛，如此雖恩養兵丁，亦未能有益於生計，此皆大臣等管轄不嚴所致，且大臣内亦有賭博者，即身係大臣，尚行賭博，焉能管轄以下之人？如果自身不賭，嚴行管查，有何不能之處？遵旨議准：賭博開場之人，存留賭博家主，不分官員平人，俱照光棍爲從例，擬絞監候。世職承襲世管佐領不準與伊子承襲，與兄弟内才能之人管理承襲。犯賭博之大臣，俱革職枷號三月，不準折贖，永不敘用。著令披甲，其造賣紙牌骰子者，應照開場抽頭之人例，擬絞監候。餘俱照定例遵行。

三十八年題准：嗣後拏獲一起官員賭博，經刑部審實係旗員拏獲，將旗員紀録一次，番役拏獲將步軍統領紀録一次。拏獲數次者，照次數紀録，永爲定例。

雍正四年諭：嗣後緝拏一切賭博，所獲銀錢俱著賞給拏獲之人。

六年刑部議覆：内務府奏拏獲董五等違禁造賣賭具分別治罪，奉旨：董五等係嚴禁賭博之後初次犯法者，著寬減其罪，將應行充發者枷責完結，應行杖流者杖責完結。該部酌量輕重發落，仍將伊等姓名存記檔案，再違禁，嚴加治罪。此本内各犯供稱：骰子係本京造賣，紙牌係外省人販賣等語。今該部將如何根究造賣賭具之處，並未議及。嗣後京城有犯賭博者，務將何處造賣賭具之人，嚴行究出治罪。其該管地方官及督撫，一並處分，通著爲例。

七年諭：嗣後拏獲賭博之人，必窮究賭具之所由來，其製造賭具之家，果審明確有證據出於某縣，將該縣知縣照溺職例革職，知府革職留任，督撫司道等官各降一級留任。如本地有私造賭具之家，而該縣能緝拏懲治者，知縣著加二級，知府著加一級，督撫司道等官著紀録二次。將此勸懲之法永著爲例。

十二年諭：從前拏獲賭具議敘從優者，原爲力禁地方賭風起見。儻該員等但察究數案爲幸，叨議敘之舉，其餘仍怠，於稽查是徒邀國家之恩，而於地方毫無裨益。嗣後所屬地方，有賭博之事失於覺察，除照例議處外，將從前議敘之加級紀録，俱照案銷去。永著爲例。

乾隆五年議准：查造賣賭具，開場誘賭，實爲風俗人心大害。年來此風漸已稀少，而游手之徒又創立壓寶名色，引誘鄉愚，且恃非賭具，竟敢於稠人鬧市之中，明目張膽開寶囮錢，誘致多人生事滋擾，爲害地方，勢所必至，請嗣後如有開寶誘賭者，將掌盒之人，初犯枷號一月、責四十板，再犯枷號兩月、責四十板，交鄉保收管。壓寶之人，照違制律各責四十板止，據現發爲坐，在場財物入官。鄉保總甲容隱不報，照不應輕笞。兵役賄縱，計贓治罪。

四十年諭：六十七圖拉係職官，乃與奎亮等兩次聚賭，實屬不堪。部議將應行枷責之處改發烏嚕木齊效力贖罪，雖似從重定擬，而因遣發轉得免其枷責，是名爲重實則從輕，尚未允協。六十七圖拉著仍照例枷責，滿時再行發往烏嚕木齊效力贖罪。嗣後凡有此等改擬案件，俱著照此辦理。以上均會典事例。

嘉慶二十三年諭：御史蔣詩奏嚴禁製造賭具一摺，民間製造賭具律有明禁，自應查拏懲治，但須查明實係私行製造之家，起獲究辦。若因稽查保甲比户搜查，未免擾累，嗣後遇有賭博之案，務究明賭具來歷，將私行製造之人拏獲到案，按律懲辦，不得顢頇了事，致有疎縱。《聖訓》。

光緒二年議准：嗣後廣東省開設闈姓花會等八項賭博，起意爲首之犯照舊例酌量加重，實發雲貴極邊烟瘴充軍；合夥出本之犯，發邊遠充軍，幫同收票錢等犯，杖一百、徒三年，仍各盡賭博本法，先在犯事地方枷號兩個月，滿日毋庸解配，於開賭處所鎖帶鐵杆石墪，五年限滿開釋。

八年議准：嗣後凡業主知情將房屋租給賭局，一經事犯到官，訊係經旬累月，仍照例將房屋入官外，並聲明實係甫經窩賭，並非經旬累月，其租給房屋之房主訊係初犯，寬免入官一次。如再有犯，無論是否知情及日月久暫，概將房屋入官。

十年奏准：查呂宋票係出自日斯巴尼亞國，賣與中國商民，受害非淺，嗣後如有發帖招貼之華人，責成地保客寓查案，捕獲一名給錢二千文，得規窩頓容隱不首者，分別革究枷示。如獲有主使發貼之人，即照造賣賭具例，發邊遠充軍。夥同代貼招帖之犯，照販賣賭具爲首例，杖一百流二千，地方居民人等再至租累賣回發售收兑，一經查知姓名得彩等犯，仍照爲從例杖一百徒三年。以上均通行。

十二年議准：嗣後武職人員拏獲賭具之案，必須將拏獲緣由照例分款聲明。如本汎之員隨同協拏者，祇準免其失察處分，不準請給議敘。若實係拏獲隣境賭具，方準分別首先協獲，並所獲何項賭具，逐一敘明，咨請議敘。並將本汛失察之員，隨案咨參，不得率以隨同協拏等詞聲敘，希圖開脱處分。如僅將議敘之員咨送者，仍俟失察職名聞送到後一並核議。兵部通行。

刑案

明知造賣賭具，受雇雕刻牌板，並非夥同造賣，比照販賣爲從例滿徒。嘉慶十九年浙江案。

置買賭具尚未聚賭，卽被拏獲，供出造賣之人，照違制律杖一百。嘉慶二十二年江蘇司案。

誘賭局騙且有女在場，情近花會，勒寫輸錢票據，卽與人手無異，依設局誆騙人財物分别首從問擬。嘉慶二十四年河南案。

因賭輸錢與妻爭吵，致妻自盡，始行首出賭博，與自首不同，比照知人欲告而自首律，於賭博本罪上減二等，杖八十，枷號五十日。嘉慶二十五年浙江案。

製造竹牌比照描畫紙牌例科斷。嘉慶二十五年浙江案。

販賣賭具尚未售賣卽被拏獲，係屬販賣未成，於販賣爲首，擬流罪上量減滿徒。道光元年湖廣司案。

買得骰子給人聚賭抽分錢文，卽與販賣賭具無異，比照販賣骰子爲首例，擬流。道光三年江西案。

在酒肆設局誘賭，嗣復逼索賭欠，致被誘人自盡，與駕船誘賭無異，比照駕船誘賭一次例，擬徒。道光二年江西案。

開設歇店，囑令夥犯假扮行客，設局誘客賭博，揹留行李二十餘次，不分首從，均照匪徒駕船誘賭三次以上例，擬軍。道光五年直隸案。

旅人窩賭不論久暫，其造賣賭具亦無論已成未成，均應銷除旗檔，照民人一律問擬。道光五年安徽司說帖。

教子造賣賭具，律應罪坐。其父第年逾八十，律不加罪，應將伊子照造賣賭具例，擬軍。犯母年已七十，仍準留養。道光五年直隸司案。

因賭索欠威逼人致死，例無加重明文，自應按二罪俱發以重論之律，從重科以賭博之罪，仍盡威逼本法追埋銀十兩，給付尸屬具領。道光十二年直隸司說帖。

《大清法規大全·民政部》卷一三《禁賭·民政部通咨各省嚴禁人麻雀文宣統元年八月　日》 查得又麻雀賭博一項，近來各處盛行，官紳士商莫不沾染。此項習氣，誤事廢時，莫斯爲甚。當兹預備憲政，請求自治之際，豈容虛擲歲月，日事荒嬉，亟應認真整頓。現已由部通諭各省，一律嚴行查禁。凡各公會、局所、住宅、妓院，概不準再有此項賭博。無論官紳、士商、民人，一律查拿，照違警律懲辦。各省均應一體嚴禁，由各處巡警偵查辦理，以保治安而除弊俗。

紀事

《南史》卷二三《王質傳》 宣帝輔政，爲司徒左長史。坐招聚博徒，免官。

《南史》卷五三《梁昭明太子統傳》 〔大通三年〕又見後閤小兒攤戲，後屬有獄牒攤者法，士人結流徒，庶人結徒。太子曰：私錢自戲，不犯公物，此科太重。令注刑止三歲，士人免官。獄牒應死者必降長徒，自此以下莫不減半。

（宋）李昉等《文苑英華》卷五〇四《歲時門·競渡賭錢判》 揚州深，江都縣人。以五月五日於江津競渡，並設管弦。時有縣人王文身居父服，來預管絃，並將錢物賭競渡，因爭先後，遂拆舟人臂。

對　康建之

日一作日月。觀遥臨旁分，震澤雷阪。回瞰近屆邦溝，郊連五達之荘，地近一都之會。人多輕剽，俗尚驕奢。序屬良辰，躔係令節。江干可望，俱遊白馬之濤；邑屋相趨，並載飛龍之舳。泛長波而急槳，有類乘毛；湧倏浪而鳴舷，更同浮葉。蕭吟柳吹，疑傳塞北之聲，棹引蓮歌，即唱江南之曲。王文閭閻賤品，蓬蓽庸流，名教非閑，喪儀多闕。三年居廬，無聞毀瘠之哀；五月佳游，且預歌絃之樂。重以心存清勝，志在雄豪爭馳。赤馬之津，競賭青凫之貫。先後由其不等，忿爭於是遂興。無思李老之言，俄折楊公之臂。然則居喪聽樂，已紊科條，在服傷人，一何凶險。論情撫事，深穢皇猷，定罪明刑，理資丹筆。

（明）張四維《名公書判清明集》卷一四《懲惡門·賭博·自首博人

支給一半賞錢》本府嚴賭博之禁，與禁盜同，蓋以賭博不已，必至爲盜故也。而曾細三等乃公然犯令，本合一例科斷，且以近常立賞，許同徒人告首，今曾細三能自首，而熊幼乃不能。曾細三免罪，仍支給一半賞錢，仰當廳領賞，擔往諸廂，叫報市民曰：自首賭錢人曾細三，請到賞錢幾貫。仍以此寫紙旗二面，插在擔上，庶幾人人相勸。熊幼杖一百，枷項令衆，候犯人替。袁六二係開櫃坊停止賭博之人，杖一百，編管隣州，仍拆毀停止去處。蔣六、蕭二雖未曾下賭博，然袖手旁觀，意果安在，各杖八十，放。其賞錢熊幼、袁六二均監。

《明英宗實録》正統十三年八月〔己卯〕巡按直隸監察御史陳鑑言，今風俗澆浮，京師為甚，寇攘竊發，畿甸為多，此愚者以為迂緩不急之務，而知者所深慮也。臣推其故有五：其一，軍民之家事佛過盛，供養佈施傾貲不恡。其二，營辦喪事率主破家，惟誇睹視之美，實非送死之益。其三，服食靡麗，侈用傷財。其四，倡優為蠧淫無極。其五，賭博破産八九。凡此數者前此未嘗不禁，但禁之不嚴，齊之無禮，日滋月熾，害治非細。請下有司申明國初條例，參以前代禮制務使其簡而易，知畏而不犯，則盜賊可以消弭，而風俗可以還淳。禮部尚書胡濙等以為所言者，已嘗屢有禁。令無庸別作，施行事遂止。

（明）蘇茂相《新鐫官板律例臨民寶鏡》卷八《賭博類審語・賭博》

審得梁章以門子二爲賭師，假合香而誘惡少，爲害地方，已非一日。如林都憲子先芪，被騙一百兩，遂陰藏婦人於家，誘其日夜姦宿，以致喪軀。尤彰彰在人耳目者。此而不懲，何以齊俗。重責示儆。

（明）蘇茂相《新鐫官板律例臨民寶鏡》卷八《賭博類審語・窩賭》

陳應瑞窩賭爲慣，逆母不良。陳用仁以防鄰諭之，諭而不從告之。以諭而致告，以告而勸合，以和而稱匿。原被一口駕害陳孫，何其先公而後詭乎。用仁初二之晚，與應瑞爭毆，訟言於衆，誓質公庭。應瑞父登仁門而謝過乞免。此閭巷彰彰之耳目也。捨彰彰稱告之用仁，而剌求冥冥投告之陳孫，非人情矣。甯故多匿名狀，然有以匿爲匿者，亦有以非匿爲匿者。逞忿則告，得處則匿。告爲埋匿之張本，匿是寢告之溝壑。錢神識其陰陽之柄，官府窮於究詰之條，此等奸民，不枷不罰何以儆衆。

（明）蘇茂相《新鐫官板律例臨民寶鏡》卷八《賭博類審語・欺弟賭騙》鄭加、卯秀易爲調笑漢升，游棍相逐嬉娱，□菓之票，殊無足憑，乃惡少勒賺之巧柄。賭博之事，縱然有之，亦婪姦人着之行媒。漢升以賻誘淫，淫既成，輒反面而索負。鄭廷諱淫訟賭，賻得直，乃市弟而操贏。淫者總爲貪心所使，强以逋掠興戎，俱不得爲而爲者也。加幼，姑免兩犯。

（明）蘇茂相《新鐫官板律例臨民寶鏡》卷八《賭博類審語・招賭》

審得高氏以母首子，情辭甚迫。吴遷以賭招賭，勿吻不虚。遷坐淫賭，黄八、黄娘坐局賭，允伏其辜矣。若其支吾假銀一節，更屬不情。夫謝三以行使低偽弊法，而八娘以圈賭良幼坐刑。兩事絕無干連，姊舅亦難株蔓，安取借飾搪抵耶。遷野狸也，兩黄餒虎也，通行枷示巡儆，以懲博徒。

（明）蘇茂相《新鐫官板律例臨民寶鏡》卷八《賭博類審語・局賭》

看得吴中勛、陳京俱卯弱粲童也。喇虎床峻以戲蒲之技，結分桃之歡，得意則局賭，失意則首賭。政然得意，輒褫衣以償賭。豫防失意，輒賺契以證賭。伊父陳曾山之告詞，前任蔡爺塗抹之偽契，歷歷有據矣。一俊也，初名俊，再子恒，再明玉，奸詭已難方物。一勛京也，喜則淫，怒則劫，窮則告，此身誰爲？俊有極惡，敝民不容明盛者也，枷責示儆。

（明）蘇茂相《新鐫官板律例臨民寶鏡》卷八《賭博類審語・誘賭》

賭騙稚幼，理則有之。黄欽駕蒼然峨然，與李少壘輩年相醜，行相儔也。即有賭情必無賭局，指一羣而科多具。籍兄弟以爲戎端，此鄉正朱春廷面質，當物之皆虚，則賭賄化爲烏有。庸俗喜賭，本縣禁賭，往往以賭爲奇貨，父告子，兄證弟，私議在家門之中，承認於公廷之上。父兄嗾指仇怨，而唯命子弟甘受苦肉而不辭。此可得於幼懦之蕩子，而難通於蠢爾之欽駕也。少壘恒責積賭是真，欽駕以賭首賭是實，各笞以儆之。

（明）張肯堂《㽦辭》卷三《郭懷參等》胡美立、郭懷參、郭印三人皆博徒也，常投瓊於趙國興酒肆中。是日，美立每擲皆塞，輸錢二千五百文，雖渾身是膽，囊中實未嘗持一錢也。已而懷參等徵責不已，其家惟有一妻，計無復之，遂償與懷參爲婦。而郭印即爲之媒，除所負二千五百外，實交止二千文耳，而券乃浮立六千五百。夫償賭以婦已屬不甘，况二千青蚨又復虛錢實券乎，夫焉得而不訟矣。而其錢之應入官也，妻之應還原夫也，與夫三人皆應以第一等例枷示也，法也。然而此等貧民，錢入手費矣，即還其妻，而究不能有，不過重與以賭質耳。則姑因其券更追二千文給之，三人各從本律，而寬其一月之荷較，於法不廢，而於三人則真更生之日也。國興設局誘賭，厥罪惟均。

（明）祁彪佳《莆陽讞牘》卷一《一件地方賭博事》 審得梁朝夥王良卿、曾媽娘聚賭吴友鳳空房，致友鳳面禀本館。及發捕官審，而朝反扯友鳳二弟，尤爲可恨。三犯各無力，杖之，的決示儆。

中國第一歷史檔案館《雍正朝滿文硃批奏摺全譯·寧夏將軍席伯奏請將子從重治罪摺雍正八年六月初二日》 本年五月十八日，正黄旗協領雅郎阿上訴：將軍之子濟里、鑲紅旗佐領甘勝、正紅旗驍騎校長壽、筆帖式展柱等，晝夜暴飲、賭博，我極爲惶悚，便首告等呈狀。審雅郎阿於何處賭博？供稱：於正月，曾玩擲骰，近期玩骨牌，曾於甘勝家玩過，亦於我家玩過，近四月，於鑲紅旗佐領温圖輝箭房内賭博，等語。又審雅郎阿何人輸贏時，供稱：皆各用各自之錢，或帶一千，或幾百賭博，相互不曾拖欠，輸贏未記，等語。又審雅郎阿此外有無他事，供稱：即係我等貿易之地，察其情形，二萬滋生銀將皆攤我肩，等語。因該雅郎阿、甘勝、長壽皆係委派貿易之人，恐其貿易中有舞弊情形，委派副都統卓鼐往查其四店鋪，本利皆無短缺。臣將雅郎阿上告一事，交付八旗協領等審辦官員從詳鞫訊。該協領劉金恩等經審呈稱：查得，刑書内定：在京師或在外省之大小官員犯罪，或因公犯罪、或因私犯罪，該管官員擬寫罪情謹封奏聞請旨，不可私解鞫訊，倘若奉命詳審者，則照律議定奏聞，再行斟酌。仍復奏裁定施行了結，等語。又查得，定例内：凡賭博者，若被旁人出首，或被賭博同伙出首，皆没收其牌骰，以現有證據爲憑治罪，不可株連，等語。今協領雅郎阿呈告賭博一案，并非當即出首，又無憑據，無憑鞫訊等語前來。臣欽惟該協領出首一案，雖無憑證，若係無影之事，豈能出首？但若僅涉及該旗官員，臣尚可酌情辦理，因此案涉及臣之子，謂其無憑證，而不請旨詳審，則難免庇護兒子之嫌，且臣終生不敢徇私，孜孜黽勉，將被玷辱，辜負聖主殊恩。謹請聖主睿鑒，將協領雅郎阿出首臣之子濟里、佐領甘勝、驍騎校長壽、筆帖式展柱皆交付臣審辦，臣定能鞫明，照律治罪官員具奏外，將臣之子濟里加重治罪，并臣未能管束子輩，有失家教等處議定具奏。爲此惶恐具奏，請旨。

硃批：實屬允當，并會同卓鼐秉公從嚴審辦，關係爾之一生是非曲直。

中國第一歷史檔案館《雍正朝滿文硃批奏摺全譯·正藍蒙古旗參領佛凝峨奏陳嚴禁聚衆賭博摺雍正十二年六月十三日》 切臣查得，定例載：旗人若設賭場抽頭兒，則絞監候，賭博人枷號兩個月，鞭一百，云云。賭博人治以枷鞭之罪，且將設賭場抽頭兒人擬絞決罪者，特如不肖遑光棍者鬥鷄鶉設賭場。設賭場，又出銀錢以備借付，不時齊集衆多人，用巧引誘，務至賭博，以圖抽頭兒，貽害衆人，以利於己，嚴禁惡習，今觀之，或愚男愚婦不明知法度，到處用所拾得數年前舊色子，年節之際，三四人或四五人齊集，各自携錢相互賭博，有抽頭兒數百數十錢者。似此人之罪亦雖不可宥，但較特設賭場抽頭兒，情節略輕，定罪時似應分次序。惟例内未分出，或由各處拿獲賭博人後，不查是否真正設賭場抽頭兒人，即以設賭場抽頭兒參奏，由部照參劾擬斬罪，亦未可定。請諭三法司，嗣後，或按抽頭兒人財物數額，或按賭博次數，或按人多寡，將各種人照設賭場抽頭兒例治罪，將各種人照賭博例治罪，以及較賭博加重治罪之處，經詳議後，分别定例具奏，交各該處遵行外，仍將嚴禁賭博之所有例項，俱另行栞印，以滿漢文裝訂成册，每佐領各給一册，每月發放錢糧日，衆皆齊集佐領家時，佐領等務親督交付領催等，明白宣讀。如此，則大臣等可有遵行明例，處理輕重時，不致失適中，且旗人家喻户曉，人人皆知，不僅良善人斷不犯無故枷鞭罪，且即有意設賭場抽頭兒者，亦明聞死罪，知曉戒懼，自然悔改惡習，以仰副聖主憐恤教養旗人之至意。

四川省檔案館《清代巴縣檔案彙編·賭博·乾隆二十三年十二月二十七日涪州移巴縣文為訪拿事》 竊敝州濱臨大江，近訪有無籍匪類推架小船，傍船誘賭。當飭敝州吏目章麟，會同營汛密查，去後。嗣於乾隆二十三年十一月二十四日，據吏目禀稱：遵即會同駐防帶領巡役蔣明賢，汛兵柯瑞彩，查到金剛背地方，界連豐都，岸無人户，見有下水客船一隻，停泊沱内，隨有小船尾傍艙中。突出三人，走上大船，一見兵役，俱登岸奔逃。迅追拿獲，又於船户搜出寶盒一個，鑾刀一把。詢問姓名，一名庹朝棟，一名劉應和，一名陳天順。外有船户二名：江貴、萬仁道。一共五人，現帶在案，乞查審。至客船不知姓名，已經開放，未便傳喚，合併稟明。等情，駐防移同前由各等情。據此，隨當堂查訊。

問，據江貴供：小的是巴縣江北嘴人，今年十三歲，父死母存，小的與萬仁道伙推小渡船營生。十一月十八日，有陳天順他們兩個人雇小的船到唐家沱，要往大船上討帳，講定船錢一百文。推到唐家沱，没得大船，他們説想是欠錢開去了，許加船錢一百五十文，定要趕着。十五日早到涪州龍王沱，陳天順上岸買米煮飯，又同了一個人下來。開至金剛背，見有一隻下水船，陳天順叫小的把船推攏，才上船去，就被查拏的。小的没有見他們賭博，也没有開給船錢，是實。

問，據萬仁道供：小的今年十四歲，住巴縣江北嘴，父親名叫萬傳榮。餘供與江貴供同。

問，據庹朝棟供：小的是涪州人，今年二十五歲，船上推橈營生。十一月十九日，小的在陳正朝剃頭店里遇見素識的陳天順，向小的借了三十文錢買米，説窮苦難度，現雇有小船，大家到河邊船上哄人壓寶。贏些錢文用，荒野又無人拿賭。小的應允，同到金剛背地方，見有一隻下水客船停歇，陳天順、劉應和同小的把船推攏，假説討火吃煙，才一齊上去，忽見兵役來查，各人都上岸逃走，被差追來拿住的。小的實被陳天順哄誘同行，從前并没爲匪，求超釋。

問，據劉應和供：小的是荆州府江陵縣人，今年三十歲，在川河裏推橈爲活，與重慶府陳天順認識。十一月十八日同在朝天嘴館裏吃酒，大家説起窮苦，陳天順説，他從貴州帶得有寶盒錢比，不如沿江船上去哄人壓寶，贏些錢文分用。小的應允，走到朝天嘴河邊，許江貴、萬仁道船錢一百文，假説往唐家沱船上討帳開給。十九日早上到了涪州城外，陳天順説有一姓庹的朋友，我去借錢買米做飯。不一會同了庹朝棟下來，放船到金剛背，見歇有一隻下水米船，推去傍住，三人都説借火吃煙，才上船就被兵役拿的。餘供與庹朝棟供同。

問，據陳天順供：小的原籍貴州遵義府遵義縣人，今年二十七歲，上年來川，在重慶府巴縣千斯門背脚度日，與劉應和、庹朝棟熟識。十一月十八日，小的同劉應和在朝天嘴店裏吃酒，講起窮苦，小的説船上推橈的人都好押寶，我們伙贏些銅錢分用，劉應和應允。一同走到河邊，没有船錢，見江貴們年幼，哄他載至涪州，小的去尋庹朝棟借錢買米，在陳正朝剃頭鋪裏會見，向他借了三十文錢，小的便把伙賭的事對他説了，庹朝棟也願同去。放船到金剛背沱，已是傍晚時候，有一隻下水客船停泊，便把船攏歇，小的假説吃煙借火，内有一個推橈的楊萬書與小的認識。才在船頭叙話，庹朝棟説：差役來了，各人就登岸逃走，被差追拿的。小的實係才上船去，尚未勾賭。此外，實無伙黨竊劫別案，就夾死也供不出來的。至寶盒錢比，原是貴州帶來的，鑾刀在江北嘴拾取，不是行兇器具，乞恩典。等供。

據此，隨唤陳正朝到案查訊。據供：小的在本城東門開剃頭鋪，這庹朝棟與小的同住，他在船上推橈，從没見他爲匪。十一月十九日早，有一重慶府裏人會他一同出去。他們怎樣勾賭，小的並不知情。等供。據此，除具文通報外，所有江貴、萬仁道，訊無同伙情事，實屬被誘，究與此案無尤。查係貴治民人，擬合備文連船遞回。爲此合移貴縣，請煩查收，傳唤各親屬萬傳榮等到案承領管束。仍祈將收明緣由見復施行。須至移者。

計移解：江貴、萬仁道並小船一隻。

四川省檔案館《清代巴縣檔案彙編・賭博・乾隆二十八年二月二十三日慈里五甲慕思聰稟狀》爲遵批聲明，懇查究結事。

蟻年幼無知，父母俱亡。去年三月二十六日，遭嚕匪謝正榮等計誘蟻至賴五家，同謝子光、王懷信五人壓彈錢寶，輸欠謝正榮、謝子光二人錢十串零四百文，王懷信、賴五錢六串五百文，四人共勒蟻借約四紙。蟻畏法，不敢稟案。後因惡等逼勒情迫，去冬二十三，蟻以乘醉誘賭情詞自首應主，蒙準票差吴世洪往拘。正榮藐抗拖延。蟻叠稟應主，未沐拘結。今恩榮任，蟻稟仁天，蒙批録前。切伊誘蟻賭博，係彈錢寶，賭具伊等拿去，未獲呈繳，是以遵批聲明，懇恩拘訊究結。稍虚坐誣。稟乞。

縣正堂批：爾如果於三月二十六日被謝正榮等誘賭，輸錢勒約，彼時豈不呈首，延至十一月始行砌稟，明係先發制人，揑賭圖騙，殊屬刁健。再瀆定責。

四川省檔案館《清代巴縣檔案彙編・賭博・乾隆二十八年八月二十八日節里九甲羅遵先稟狀》爲懇憲查案，賞提究磕事。

情去年十月，曾武周誘蟻子羅朝宜至李純一家賭錢，偷蟻後塆田地準武周賭賬。詎武周撥蟻册糧一分五厘。本年二月，蟻完糧查册，始知控縣。批廳審實，詳憲批：羅朝宜盜賣父田，曾武周知情謀買，照律將盜賣過田産給主，仰即將朝宜、武周各責二十板，押令田歸羅遵先耕管，賣契吊銷。仍取其各遵依結狀查繳。武周抗不具結，捏控木洞司主，差岑安仁拘訊。安仁將蟻次子羅乾登鎖押，磕錢九千文，楊世安等過證。五月初三，木洞差役岑秀、賀頭來家，將蟻第三子羅乾惠並蟻鍬鎖，云徐主要錢打干，詐磕蟻錢十千文，李秀賢等過證。蟻被叠磕難甘，控縣，未沐提究。五月二十七，蟻以誘賭糾磕奔叩書祖，蒙批：仰巴縣嚴查報，如虛反坐。縣主要票差行拘武周，安仁等串差抗延。蟻叠禀，至今不帶訊究，磕冤無伸。欣逢祖憲撫綏渝郡，正蟻冤伸化日。爲此叩懇憲天，賞準查案提訊，究追磕錢，儆刁安良，永沾鴻恩。切情上禀。伏乞。

署重慶府正堂王批：仰巴縣嚴查速報。九月初八日。

四川省檔案館《清代巴縣檔案彙編・賭博・乾隆三十年五月二十七日涂金魁訴狀》爲挾捏妄控，訴懇嚴究事。

緣蟻與妹夫曾紹虞即曾姓，俱係璧民。本年二月內，來治馬鬃場開鋪屠猪，並買賣零星米糧鹽斤，素守法紀，不識擲骰估膘賭錢，街鄰李健行等皆知。禍因場頭王宗仁在場包賭估膘，每開賣桌一張，伊抽頭錢八十文。每聚衆以肉估膘，伊抽肉一斤，如無錢肉，伊即以場頭之勢詬衆違禁。場衆簡光廷等可質。蟻見理諭成隙，兼伊該蟻肉錢二百五十六文不給，向索逞兇。迫蟻本月十三奔控，有李健行等邀攔，攔詞現存。殊惡畏控，先發制人。十六日，連已回籍之昌榮上名，捏以懇究免累，妄稱同袁銀匠、曾姓窩集嘓匪，擲骰估膘賭錢各謊情在案。沐批：準即拿究，理合申訴。試問：窩集嘓匪何名，擲骰估膘何據，明係宗仁挾隙，妄捏控累，懇拘嚴究。如果有不法情真，甘斃杖下。伏乞。

縣正堂批：候訊。

四川省檔案館《清代巴縣檔案彙編・賭博・乾隆三十七年十二月十二日巴縣申解製造賭具人犯清册》據胡起麟供：小的年三十五歲，原籍湖廣漢陽縣人。來川多年，在本城金沙崗住，父母俱在，弟兄二人。小的向來做骨鈕扣生理。今年十月初九日，小的遇着相識的石如信，說起生意淡薄，無錢用度。石如信起意做骨骰賣錢分用，說他姨爹石文傳住居僻静，有間空房，好去借住。小的應允。於二日，小的去約傅宗榮同做，他也應允，就拿了鐵鑽器具到石如信家，買了牛骨顏料。十三日，石如信引小的與傅宗榮到石文傳家，石如信誆說借空房暫住兩日，做些骨鈕子，没有議給房租。石如信不□□□小的鋸銼打磨，傅宗榮鑽眼、點顏料。十四、十五兩日，造成骨骰五封，共二十五副。尚未發賣，十六日就被公差同地主鄰佑把小的們拿住，起出器具送案的。房主與地主約鄰們並不知情，小的從前實没有造賣過，此外亦没有販賣的人。求開恩。

據傅宗榮供：小的是巴縣人，年二十六歲，父母俱故。小的在本城做牛角鞋拔骨扣生理，與胡起麟同店做過手藝，向來熟識。今年十月十二日，胡起麟來小的家，說石如信約他往鄉里借僻静房子，做骨骰賣錢分用。小的因家貧，應允同做，就拿起刀鑽器具同到石如信家。十三日，石如信引到他親戚石文傳家。十四日做起，胡起麟鋸銼打磨，小的鑽眼點顏料。纔做兩日，還没發賣，就被公差們查出拿住。從前小的並没有造賣過。餘供與胡起麟供同。

據石如信供：小的是巴縣人，年三十六歲，現在江北楊家溪住，父母俱故，平日駕船生理。乾隆三十七年十月初九日，會遇相識的胡起麟閒談，說起貧苦無錢使用，小的知胡起麟會做骨鈕，隨即起意做造骰子，賣錢分用。胡起麟說没有僻静地方，恐□□□拿。小的想起姨爹石文傳住居山僻，又没鄰佑，有間空房□□借住，起麟應允。十二日又邀了傅宗榮，隨帶鋸銼刀鑽□□□□小的用幾十文錢，買備牛骨顏料。十三日一路引到石□□□家，小的哄他說是骨鈕扣，不過借住幾日，並没議給房租。小的不會做，是胡起麟鋸銼，傅宗榮鑽眼點顏料。十四、十五兩日，造成骨骰二十五副，尚未發賣，十六日就被公差們拿住，起出器具送案的。姨爹石文傳夫妻兩個，每日山上挖地，並不知小的們是做骨骰，地主約鄰俱相隔得遠，都不知情。小的實因貧苦難度，一時起意做這犯法的事，實在還没有發賣，認罪就是。各等供。

據此，該署巴縣事候直隸州知州李，審看得石如信等製造骰子一案。緣石如信駕船營生，與胡起麟素相認識。乾隆三十七年十月初九日，途遇胡起麟，彼此叙談，道及貧難。石如信知胡起麟習業骨匠，隨起意製造骰子賣錢分用。胡起麟慮無僻靜地方，石如信憶及伊親石文傳家住山僻，可以借住。胡起麟應允。旋於十二日胡起麟又往邀素識之傅宗榮，隨帶器具同抵石如信家。石如信隨用錢數十文置買牛骨顔料。十三日同詣石文傳家，石如信誑稱暫爲借住，做造骨扣。石文傳念屬親誼，並未議租。十四、十五兩日，胡起麟與傅宗榮造成骰子二十五副，尚未發賣。十五日，適石文相前赴石文傳家討租暫見，歸告鄰人湯顯庸、石明楊，各懼牽累，十六日會同往投鄉約，欲行禀首，旋遇巡查兵役肖俸等正在訪查，隨同往石文傳家，拿獲石如信、胡起麟、傅宗榮，並起獲骨骰器具送縣。訊供通詳，奉批飭審。復提集犯證逐加研審，各供前情不諱。石如信起意糾伙造賣，合依民人造賣骰子爲首例，發邊遠充軍，至配所杖一百折責四十板。胡起麟、傅宗榮合依爲從例，杖一百流二千里。至配所各折責四十板。房主石文傳訊非貪得重租知情包庇，應照不應重律，杖八十。鄉約朱君和雖訊無知情賄縱，但失於查察，合依總甲失察賭博例，笞五十，革役。笞杖人犯，照例取保，候奉批飭，先行折責發落。地主石文相、鄰佑湯顯庸、石明楊當經告知，協同查拿各犯，訊無同居父兄伯叔與弟知情，此外亦無販賣之人，均免置議。起獲骰子器具等物，隨招解驗，發回銷燬。

再，本案石如信等於乾隆三十七年十月十四日甫經製造，即於十六日被兵役拿獲，例得議叙。所有首先拿獲之文職職名，係卑職李協拿有，武職係重慶鎮標右營事城巴縣汛把總馬世珍，也相應開報。是否允協，理合連犯解候憲臺俯賜勘轉。再，本案應以乾隆三十七年十月十九日拿獲到官之日起限，扣至十二月十九日承審分限届滿。今卑職於十二月十七日審解，並未逾違。卑縣係附府首邑，不計程限，合併聲明。爲此，備由申乞照詳施行。須到申册者。

計申解招審犯人三名：石如信，扭鎖鐐灌鉛，年三十六歲，身中面紫微鬚，左耳□□，左手大二、三、四、五指俱斗。右手大指不成箕斗，二、三、四、五指俱斗，係巴縣人。胡起麟，扭鎖鐐灌鉛，年三十五歲，身中面紫三鬚胡，左耳有疤痕一個，左手大、二、三、四、五指俱斗，右手大、二、三、四、五指俱斗，係巴縣人。傅宗榮，扭鎖鐐灌鉛，年二十六歲，身中面白無鬚，左手大指斗，二指箕，三、四、五指俱斗，右手大、二、三、四、五指俱斗，係巴縣人。骰子五封未成賣，鐵鑽鐵條一包，鐵銼、削刀、鐵鋸各一把。解驗外批一張。

右申本府全銜。

《清高宗實録》乾隆四十四年四月 丙辰，刑部議準原任福建巡撫黄檢疏稱，閩省民俗刁頑，無賴棍徒詭立花會名色，以賭輸贏，多者至一二百人。向來遇此等案件，辦理太輕，請嗣後拏獲花會，訊明爲首之犯，照造買賭具例，發邊遠充軍。同夥開設輾轉糾人之犯，照販賣爲首例，杖一百，流三千里。在場幫收錢文等犯，均照爲從例，杖一百，徒三年。仍依賭博本法，先於該處枷號兩個月。被誘入會之人枷號三個月，滿日杖一百。如匪徒另立名色誘賭，聚衆至三十人以上者，均照此例辦理。地保、汛兵賄庇，照爲首之犯問擬，贓重者仍從重論。即僅知情容隱，亦科以爲從例。或甫經開設，實止失查者，比照造賣牌骰，保甲知而不首例，杖一百，革役。失察之州縣，革職留任，武職降二級留任。旬日内拏獲首從各犯，免議。倘諱匿不報，及有心縱容，別經上司訪拏，將該管官嚴參治罪。從之。

四川省檔案館《清代巴縣檔案彙編・盗匪・乾隆四十六年四月初五日巴縣正堂告示》 爲再行嚴禁事。

照得賭博一項，廢時失業，甚至破家蕩産，爲害不淺。私宰一事，貪圖微利，甚至將堪用耕牛忍心害殺，殊堪髮指，屢經出示曉諭在案。近聞此風未息，仍有賭博宰殺等事。昨據約客費玉等具禀前來，除飭差查拿外，合再出示嚴禁。爲此，示仰該場人等知悉，嗣後務須猛有痛改，勤理恒業，安分守法，別謀生涯。倘再仍蹈故轍，或被查拿，或經告發，定行從重治罪，決不寬貸。凛之慎之毋違。特示。

（清）祝慶祺《刑案匯覽》卷一九《刑律賊盗・恐赫取財》 浙撫咨：陳朝宗等誘賭威逼，致陳朝秀自縊身死一案。此案陳朝宗因貧難度，誘陳朝秀跌賭輸贏。因陳朝秀無錢償還，勒令將田作抵，寫立票據。至期未還，陳朝宗往向逼索，陳朝秀央緩，陳朝宗以如不還錢欲歸田畝之言恐嚇。陳朝秀之父陳勝德聞知，即將陳朝秀斥詈欲毆。陳朝秀被逼情急，投繯殞命。該撫將陳朝宗比照兇惡棍徒例擬軍，等因。查陳朝宗因陳朝秀懦弱，局賭贏錢，勒田作抵，逼欠毆詈。洵如鈞論，與誣詐逼斃人命之案情節可惡相等。惟查誣詐逼斃人命之案，唯誣良爲竊，並蠹役詐贓，及誣告人因而致斃人命者，均擬繯首。如常人案詐致斃人命，例無擬絞明文，且陳朝宗雖經誘引賭博，而檢閲尸格，陳朝秀年已三十，並非幼稚無知，其聽從賭博，輸錢亦由自取。令該撫因陳朝宗先曾犯竊犯姦，復誘賭逼命，將陳朝宗比照棍徒例擬軍，似已無可再加，只好照覆。嘉慶六年説帖。

（清）祝慶祺《刑案匯覽》卷五三《刑律雜犯・賭博》 江蘇司審辦劉二用羊拐子骨擲賭錢文，照賭博例治罪一稟。奉諭：應否照賭博定擬，交館查覈等因。遵查例載：賭博不分兵民，俱枷號兩個月，杖一百。凡以馬吊混江賭財物者，俱照此例治罪。箋釋云：賭博不拘雙陸、弈碁之類，凡用財物賭賽以決勝負者，皆是，各等語。檢查成案，乾隆五十二年七月内，有山東司董玉等用木簽三枝做套大糖，誘人賭錢一案；又五十三年七月内浙江司楊壽兄等用骨牌頂牛賭錢一案。以上二案，均照賭博例治罪在案。此案劉二用羊拐子骨與孩童擲賭錢文，查羊拐子骨雖非例禁賭具，但該犯用以賭賽勝負、輸贏錢文，卽屬賭博。核與董玉等用木簽做套大糖賭錢各案情事相同，該司將該犯照賭博不分兵民，例枷號兩個月、杖一百，屬妥協。乾隆五十七年説帖。

直督奏：劉煥若等開設誘賭，並施希文懷疑妄控伊弟施希太被人讐害致屍遭蒸檢一案。查案内之陳文魁因聽從劉煥若開場誘賭，出有賭具。事發被獲，脱逃復被拏獲。照律加等擬流，並不在不準留養之例。至施希太係因病身死，亦非該犯逼索賭欠輕生。該犯既係母老丁單，應準留養。該司擬以不準，自應改正。此案劉煥若起意商同陳文魁等，開場誘賭抽頭，陳文魁出有賭具，及被獲送縣。該二犯復敢中途脱逃，自應加等問擬。劉煥若合依開場誘賭初犯，擬徒例加二等，杖一百，流二千五百里。陳文魁合依賭博出有賭具，擬徒例加二等，杖一百，流二千五百里。據該督聲稱陳文魁母老丁單，惟罪關開場誘賭釀命，應不準留養等因。查開場誘賭，不在不準留養之例。至施希太係因病身死，非由該犯逼索賭欠輕生。該督擬以不準留養，殊未允協，應令將該犯照例枷責，準其養親。嘉慶十七年説帖。

（清）祝慶祺《刑案匯覽》卷五三《刑律雜犯・賭博》 慶西撫咨：外結徒犯俸攀驥與俸衛邦始則串同合夥將周粵蘭局賭輸錢，幾繼又勒令周粵蘭寫契將田作抵，雖勾誘賭博係俸衛邦起意，而勒契押田係俸攀驥作主，實與匪徒誘賭無異。將俸攀驥、俸衛邦均比照匪徒串黨駕船、設局誘賭、折没貨物初犯例，各杖一百，徒三年。嘉慶十八年案。

浙撫咨：徐老五造賣紙牌，係雇楊廷雕刻牌板，雖訊非夥同造賣，應將楊廷比照販賣爲從例，擬杖一百、徒三年。嘉慶十九年案。

北城察院移送王三造賣賭具案内，賣骰之史大係圖賭博使用，並非販賣，卽被拏獲，亦未經聚賭，且將造賣之人供出，應將史大照違制律，擬杖一百。嘉慶二十二年江蘇司現審案。

河南司審辦盧士勝等誘賭局騙張紹基輸欠銀錢寫立票據一案，職等查，誆騙之案一經立票收執，雖贓未入手，卽應與已得贓問科，況此案在逃之盧士勝，糾同現獲之李德揚等，兩次開場局賭，贓至八千八百兩之多，勒寫欠票，且有女人胡金氏在場，情近花會。陶章五復聞而效尤，各自起意，糾夥設局誘賭，賺錢五千吊，亦寫有票據，局騙贓到累千。情節實爲可惡。該司審明雖係虚贓，惟誆令寫立票據，卽與入手無異。將該犯等依誆賺局騙人財物律，分别首從科罪，洵屬允協。檢查嘉慶二十一年江蘇司審辦葛明等誆騙潘四一案，亦係誘賭局騙，贓至四千餘兩，寫立借券，贓未入手，依局騙得財律計贓分别首從問擬流徒，題結此案，與葛明成案相同，就請照辦。嘉慶二十四年説帖。

晉撫咨：外結賭博李懷錫，因向張子桂逼討賭欠，至張子桂被逼自縊。將李懷錫依威逼人致死律，擬杖一百，仍盡賭博本法，加枷號兩個月，追埋葬銀給領。嘉慶二十五年案。

直督咨：外結賭博馬得功，與劉忠賭博鬬毆，因被陳王氏詈駡，用刀將陳王氏扎傷，平復，馬得功除賭博枷杖輕罪不議外，應從重依刃傷人律，擬杖八十，徒二年。嘉慶二十五年案。

浙撫咨：外結徒犯應李氏製造竹牌，該氏以竹爲牌，用色點染，與描畫無異。應比照描畫紙牌。照造賣減一等例，擬杖一百，徒三年。係婦人照例收贖。嘉慶二十五年案。

浙撫咨：外結賭博内張允然賭輸錢文與妻方氏爭吵，致方氏自縊。報官呈明，惟該犯因妻自盡，始行呈出賭博，與自首不同。應照知人欲告而自首者，減罪二等，於賭博罪上減二等，杖八十，枷號五十日。嘉慶二十五年案。【略】

提督咨：送魏良吉在途檢拾紙牌欲行售賣，卽被拏獲。與買得賭具販賣者有間，應照販賣賭具擬流例量減一等，杖一百，徒三年。道光直隸司現審案。

北城察院移送韓二販賣寶盒，尚未售賣卽被拏獲。係屬販賣未成，應照販賣賭具擬流例，量減一等，杖一百，徒三年。道光元年湖廣司現審案。

江西撫咨：余時保因在荒貨擔上買得憑天倒骰子，開場窩賭，並將骰子分給周組善等開賭，逐日領取攤場分使贏錢，卽與販賣賭具無異。將余時保比照販賣骰子爲首例擬杖一百，流二千里。道光二年案。

江西撫咨：余紹連等串商局賭抽頭，復因逼索賭欠，致余以幸被逼自縊。訊係余紹連起意於酒肆局賭，卽與駕船誘賭無異，將余紹連比照駕船誘賭一次，例杖一百，徒三年。余紹魁照爲從減一等，杖九十，徒二年半。均係比例問擬，免其刺字。道光二年案。【略】

北城察院移送程二造賣賭具案内之穆生和，於程二將骰子托伊轉賣，並未應允。迨程二將骰子三副央懇押借錢文輒卽應允，將骰子代爲收藏，穆生和應比照地方保甲知造賣之人不首報例，擬杖一百。道光三年湖廣司現審案。【略】

提督咨送劉全德等造賣賭具一案，訊係該犯教令其子造賣，應照律罪坐其父。第該犯年逾八十，律不坐罪，應將伊子照造賣賭具例擬軍，犯母年已七十，仍準其存留養親。道光五年直隸司現審案。

安徽司審擬宋長春等聚賭一案，查本年四月内廂黄旗都統英奏懲勸旗人折内聲請：嗣後旗人窩賭及造賣賭具，俱銷除旗檔，照民人徒流。軍遣一體問擬，不準折枷。等因，奏準在案。此案旗人宋長春在不識姓名打鼓擔上買獲骨骰七顆，舊紙牌、竹牌各一副，欲行轉賣獲利。因尚未賣出，隨與旗人陳成瑞等賭博，卽被拏獲。查章程内所稱窩賭，既未分別久暫，是偶然會聚開場亦卽在應銷旗檔之列。况該犯係實獲賭具，未便折枷完結，應請將宋長春一犯銷除旗檔，照民人一體問擬，不準折枷，以昭平允，而歸畫一。道光五年現審案説帖。【略】

直隸司：此案張金斗出有賭具，與楊普、郝起業等賭博，楊普輸欠張金斗等錢文，張金斗邀同郝起業向索，楊普無錢歸還，愁急莫釋，投繯殞命。查張金斗賭博，出有賭具，罪應滿徒；郝起業在場同賭，罪應枷杖，其向楊普索討賭欠，以致愁急自盡，係屬威逼人致死，罪止擬杖。例内既無因賭威逼，作何加重？明文自應按二罪俱發，以重論之律，將張金斗依出有賭具例，擬徒；郝起業依賭博例，擬以枷杖。該督將張金斗、郝起業各於本例上量加一等，分別擬以流徒，係屬錯誤，應卽更正。張金斗除威逼人致死輕罪不議外，應改依賭博不將造賣之人供出卽將出有賭具之人照販賣爲從例，杖一百，徒三年；仍盡威逼本法，追出埋葬銀一十兩，給付尸屬具領。郝起業除聽從威逼人致死輕罪不議外，應改依賭博不分兵民例，枷號兩個月，杖一百。事犯到官在本年五月二十三日清理庶獄恩旨期内，張金斗應減爲杖一百，郝起業枷杖寬免。道光十二年説帖。

（清）許文濬《塔景亭案牘》卷三《王有貴呈》　查巫鎮南於唐港演戲之第三日，便卽開場聚賭。本知事訪查得實，卽於是晚親往捕拿。及到該鄉公所，鄉董駱葆章堅稱無賭，且稱昨日巫鎮南同巫曉文來所懇求設局，業經嚴詞拒絕，斷乎不敢再有賭局。等語。不圖問答未了，而吏警等已將寶盒、籌碼、布篷、茶箱及其餘一切賭具羅列於案前矣。駱葆章登時失色，幾於無地自容。本知事一笑置之，不加誚責。此蓋全其顏面顧其廉恥，非恕之也。該董果有心肝，正不知如何悔恨，又安肯於拿獲之賭犯出頭具保，措留不交。據呈該董邀同耆長，將已獲之巫鎮南、巫長春、孫老四保去，此明明是該吏警等借名飾混，何其敢也？張老三不得幸免，定是雉盧作祟。囊槖皆空，無力交歡耳。張老三著先帶訊，巫鎮南、巫長春、孫老四限午後三時送案，任芳、巴添四限兩日内拿解。有一名不獲，卽坐該吏警等以賄縱之罪。懍之！

逃匿縱庇分部

綜述

《尚書·費誓》馬牛其風，臣妾逋逃，勿敢越逐。祗復之，我商賚爾。乃越逐，不復，汝則有常刑；無敢寇攘，踰垣墻，竊馬牛，誘臣妾，汝則有常刑。【略】魯人三郊三遂，峙乃芻茭，無敢不多，汝則有大刑。

《左傳·昭公七年》周文王之法曰，有亡荒閲，所以得天下也。【略】昔武王數紂之罪以告諸侯曰：紂爲天下逋逃主，萃淵藪。故夫〔人〕致死焉。

《漢書》卷八《宣帝紀》〔地節四年〕夏五月，詔曰：父子之親，夫婦之道，天性也。雖有患禍，猶蒙死而存之。誠愛結于心，仁厚之至也，豈能違之哉。自今子首匿父母，妻匿夫，孫匿大父母，皆勿坐。

（唐）長孫無忌等《唐律疏議》卷二八《捕亡·容止他界逃亡》諸部内容止他界逃亡浮浪者，一人里正笞四十，謂經十五日以上者，坊正、村正同里正之罪。若將家口逃亡浮浪者，一户同一人爲罪。四人加一等，縣内五人笞四十，十人加一等。州隨所管縣通計爲罪。皆以長官爲首，佐職爲從。各罪止徒二年。其官户部曲奴婢亦同。

疏議曰：部内謂部界之内。容止他界逃亡浮浪者，一人里正笞四十。謂容止經十五日以上，始科里正之罪。坊正、村正部内容止逃亡，亦同里正之罪。若將家口逃亡浮浪者，家口不限多少，一户同一人爲罪。四人加一等即五人逃亡及以浮浪笞五十，二十五人杖一百，三十七人徒二年。縣内五人笞四十，十人加一等，九十五人合徒二年。州隨所管縣，通計爲罪，謂州管二縣者，十人笞四十，一百九十人徒二年。管縣更多，準此通計爲坐。皆以長官爲首，佐職爲從。既無以下之文，即明不及主典。各罪止徒二年。其容止官户、部曲、奴婢亦同良人之法。

若在軍役有犯者，隊正以上折衝以下，各準部内有盜賊之法。

疏議曰：稱軍役有犯者，謂於行軍征役之所，容止逃亡浮浪，即準州縣以下得罪，隊正、隊副同里正。校尉、旅帥減隊正一等。折衝、果毅隨所管校尉多少爲罪。故云隊正以上、折衝以下，各準部内有盜賊之法。

（唐）長孫無忌等《唐律疏議》卷二八《捕亡·知情藏匿罪人》諸知情藏匿罪人，若過致資給，謂事發被追及亡叛之類。令得隱避者，各減罪人罪一等。藏匿無日限，過致資給亦同。若卑幼藏隱，匿狀已成，尊長知而聽之，獨坐卑幼。部曲、奴婢首匿，主後知者，與同罪。即尊長匿罪人，尊長死後，卑幼仍匿者，減五等。尊長死後，雖經匿，但已遣去而事發，及匿得相容隱者之侣，並不坐。小功以下，亦同減例。若赦前藏匿罪人，而罪人不合赦免，赦後匿如故；不知人有罪，容寄之後，知而匿者：皆坐如律。其展轉相使而匿罪人，知情者皆坐，不知者勿論。

疏議曰：知情藏匿，謂知罪人之情，主人爲相藏隱。過致資給者，謂指授道途，送過險處，助其運致，並資給衣糧，遂使兇人潜隱他所。注云謂事發被追，若非事發，未是罪人，故須事發被追，始辨知情之狀。及亡叛之類，謂逃亡或叛國，雖未追攝，行即可知。過致資給，令隱避者，減罪人罪一等，合流三千里之類。稱之類者，或有亡命山澤，不從追唤，皆是。

注：藏匿無日限，過致資給亦同。若卑幼藏隱，匿狀已成，尊長知而聽之，獨坐卑幼。部曲、奴婢首匿，主後知者，與同罪。

疏議曰：藏匿無限日者，謂不限日之多少，但藏匿即坐。過致資給，亦同無日限。若卑幼藏隱，匿狀既成，以其同居得相容隱，故尊長知而聽之，獨坐卑幼，尊長不坐。部曲、奴婢作首，隱匿罪人，主後知者，與同罪，謂同部曲、奴婢，各減罪人罪一等，以主爲部曲、奴婢隱故也。

注：即尊長匿罪人，尊長死後，卑幼仍匿者，減五等；尊長死後，雖經匿，但已遣去而事發，及匿得相容隱者之侣，並不坐。小功以下，亦同減例。

疏議曰：謂尊長在日，自匿罪人，容其相隱，尊長死後，卑幼匿之如故，亦不限日之多少，減尊長罪五等，總減罪人罪六等。尊長死後，雖經匿，但發遣去後，罪始發覺。及匿得相容隱者之徒侣，假有大功之親，共人行盗，事發被追，俱來藏匿，若糾其徒侶，親罪即彰，恐相連累，故並不與罪。小功以下，亦同減例，即《例》云：小功以下相容隱，減凡人三等。今匿小功、緦麻親之侶，亦準此《例》減之，總減罪人罪四等，故云亦同減例。

注：若赦前藏匿罪人，而罪人不合赦免，赦後匿如故；不知人有罪，容寄之後，知而匿者：皆坐如律。

疏議曰：赦前藏匿罪人，而罪人不合赦免，假有匿十惡人，曾赦，十惡不合赦免，赦後匿如故；及不知人有罪，容寄之後，知而匿者：並依藏匿之罪科之。

注：其展轉相使而匿罪人，知情者皆坐，不知者勿論。

疏議曰：展轉相使匿罪人者，假有甲知情匿罪人，又囑付乙令匿，乙又囑丙遣匿，如此展轉相使匿者，乙、丙知是罪人，得藏匿之罪；不知情者，無罪。故云勿論。

罪人有數罪者，止坐所知。

疏議曰：罪人有數罪，謂或殺人，或姦盗，止坐所知者，謂於所知之罪上減一等之類。

問曰：有奴婢匿一流囚，主後知之，合得何罪？

答曰：有奴婢首匿流囚，罪合減一等，徒三年，加杖二百。主後知者，與奴婢同科，亦準奴婢之罪，合杖二百。其應例減、收贖，各準其主本法，仍於二百上減、贖。若奴婢死後，主匿如故，即得自匿之罪，不合準奴婢爲坐。

（唐）長孫無忌等《唐律疏議》卷二八《捕亡・防人向防及在防亡》

諸防人向防及在防未滿而亡者，鎮人亦同。一日杖八十，三日加一等。

疏議曰：防人向防，謂上道訖逃走，及在防年限未滿而亡者，鎮人亦同，一日杖八十，三日加一等。既無罪止之文，加至流三千里。亡日未到罪止，鎮防日已滿者，計應還之日，同在家亡法，累併爲罪。

（唐）長孫無忌等《唐律疏議》卷二八《捕亡・流徒囚役限内亡》

諸流徒囚役限内而亡者，犯流、徒應配及移鄉人，未到配所而亡者，亦同。一日笞四十，三日加一等；過杖一百，五日加一等。

疏議曰：流、徒囚，謂或流或徒者。各其在役限内而亡者，注云犯流、徒應配及移鄉人，未到配所而逃亡者，各與流徒囚役限内而亡罪同，一日笞四十，三日加一等，十九日合杖一百。過杖一百，五日加一等，五十九日流三千里。

主守不覺失囚，減囚罪三等；即不滿半年徒者，一人笞三十，三人加一等，罪止杖一百。監當官司，又減三等。故縱者，各與同罪。

疏議曰：主守，謂主守囚徒之人及部領流移人等。不覺囚亡，減囚罪三等，謂從囚本罪上減三等，不從逃坐減之。即不滿半年徒者，謂徒役將滿，餘日不滿半年徒，而有逃亡者，不計逃日而科，唯據亡人之數爲罪，一人笞三十，三人加一等，謂四人亡，合笞四十；不覺二十二人亡，即至罪止，合杖一百。監當官司，又減三等，謂減主守罪三等，不覺三十二人亡者，罪止杖七十。故縱者，各與同罪，稱各者，謂監當官司及主守，各與亡囚本犯罪同。

（唐）長孫無忌等《唐律疏議》卷二八《捕亡・宿衛人亡》　諸宿衛人在直而亡者，一日杖一百，二日加一等。即從駕行而亡者，加一等。

疏議曰：宿衛人，謂諸衛大將軍以下、當番衛士以上。在直番限内，而有逃亡者，一日杖一百，二日加一等，計一十七日流三千里。直滿以後，即同在家亡法。即從駕行者，以其陪從事重，故加宿衛一等之坐，亡者一日徒一年，二日加一等，十五日流三千里。

問曰：衛士於宮城外守衛，或於京城諸司守當，或被配於王府上番，如此之徒，而有逃亡者，合科何罪？

答曰：宮城之外，兼及皇城、京城，若有逃亡，罪亦與宿衛不別。若有準減三等之例，即太輕於在家而亡。是知守當雜犯，有減三等之科；逃亡之辜，得罪與宿衛不異。

（唐）長孫無忌等《唐律疏議》卷二八《捕亡・丁夫雜匠亡》　諸丁夫、雜匠在役及工、樂、雜户亡者，太常音聲人亦同。一日笞三十，十日加一等，罪止徒三年。主司不覺亡者，一人笞二十，五人加一等，罪止杖一百；故縱者，各與同罪。

疏議曰：丁謂正役，夫謂雜徭，及雜色工匠，諸司工、樂、雜户，注云太常音聲人亦同。一日笞三十，十日加一等，罪止徒三年。主司謂監當主司，不覺逃亡者，計人數坐之，一人笞二十，五人加一等，四十一人逃亡，即至罪止杖一百。主司故縱者，各與逃亡者同罪。

即人有課役，全户亡者，亦如之；若有軍名而亡者，加一等，其人無課役及非全户亡者，減二等；即女户亡者，又減三等。其里正及監臨主司故縱户口亡者，各與同罪；不知情者，不坐。

疏議曰：人有課役，謂或有課無役，或有役無課，而全户亡者，亦如丁夫在役逃罪，一日笞三十，十日加一等，罪止徒三年。若有軍名而亡，謂衛士、掌閑、駕士、幕士之類，名屬軍府者，總是有軍名。其幕士屬衛尉，駕士屬太僕之類，不隸軍府者，即不同軍名之例。有軍名而亡者，雖非全户，加一等，合流二千里。其人無課役，謂全户亡者；其有課役，謂非全户亡者：各減有課役全户亡罪二等，罪止徒二年。若其人無課役，又非全户亡者，又減二等，罪止徒一年。即女户亡，亦謂全户而亡者，又減三等，總減有課役亡者五等，罪止杖一百；婦女非全户亡，又減二等，合杖八十。其里正及監臨主司，折衝府於軍人，亦同監臨之例，故縱户口、軍人亡者，各與亡者罪同；不知情者，不坐。

問曰：有軍名而亡，於他處附貫，課役如法，唯無軍名，合當何罪？

答曰：逃亡之罪，多據闕課；無課之輩，責其浮游。亦既編户，見在課役如法，準式仍徵賦役，附處復有課輸於官，課役無違，唯免軍名，合罪依《例》逃亡自首，減罪二等坐之，仍勒還本所。

（唐）長孫無忌等《唐律疏議》卷二八《捕亡·浮浪他所》 諸非亡而浮浪他所者，十日笞十，二十日加一等，罪止杖一百；即有官事在他所，事了留住不還者，亦如之。若營求資財及學宦者，各勿論。闕賦役者，各依亡法。

疏議曰：非亡，謂非避事逃亡，而流宕他所者，十日笞十，二十日加一等，一百九十日罪止杖一百。即有官事已了，留住不歸者，亦同浮浪之罪。若營求資財者，謂貿遷有無，遠求利潤；及學宦者，或負笈從師，或棄繻求仕，各遂其業：故並勿論。闕賦役者，各依亡法，謂因此不歸，致闕賦役，各準逃亡之法，依狀科罪：若全户者，罪止徒三年；非全户者，減二等。

（唐）長孫無忌等《唐律疏議》卷二八《捕亡·官户奴婢亡》 諸官户、官奴婢亡者，一日杖六十，三日加一等。部曲、私奴婢亦同。主司不覺亡者，一口笞三十，五口加一等，罪止杖一百。故縱官户亡者，與同罪；奴婢，準盜論。即誘導官私奴婢亡者，準盜論，仍令備償。

疏議曰：官户及官奴婢逃亡者，一日杖六十，三日加一等。注云部曲、私奴婢亦同，部曲雖取良人之女，其妻若逃亡，罪同部曲。主司不覺，謂不覺官户、官奴婢亡者，一口笞三十，五口加一等，三十六口罪止杖一百。故縱官户亡者，同官户逃亡之罪，罪止流，準加杖二百之法；故縱官奴婢亡者準盜論，謂計贓五疋徒一年，五疋加一等。即誘導官私奴婢亡者，謂不將入己，導引令亡者，並準盜論，五疋徒一年，五疋加一等，仍令備償。故縱亡者，得罪不償。若誘導官户、部曲亡者，律無正文，當不應得爲從重，杖八十。與同行者，同過致資給之罪。

（唐）長孫無忌等《唐律疏議》卷二八《捕亡·在官無故亡》 諸在官無故亡者，一日笞五十，三日加一等；過杖一百，五日加一等。邊要之官加一等。

疏議曰：在官，謂在令、式有員，見在官者。無故私逃者，一日笞五十，三日加一等。過杖一百，五日加一等，五十六日流三千里。邊要之官，《户部式》：靈、勝等五十九州爲邊州。此乃居邊爲要亡者，加罪一等，謂品官以上，一日杖六十，三日加一等。

劉俊文《敦煌吐魯番唐代法制文書考釋·律·貞觀捕亡律斷片》 捕
得，及他人捕得，若囚已
得，及囚已死，若自首者，
減主守三等。故縱者，不給
間能自捕得，若囚已死，及
主司各準此。此篇監臨主司應限，不覺故縱者，並準此。
里正笞册。謂經十五日以上，坊正同里正之罪。若將家口逃
笞册，十人加一等。州隨所管
爲從。各止徒二年。其官户、部
隊正以上，折衝以下，各準
謂事發被追及亡叛之類。令得隱避者，各

資給亦同。若卑幼藏隱，匿狀已坐卑幼。部曲、奴婢首匿，主後知匿者減五等。尊長死後，雖經匿之治；並不坐。小功以下，亦同減例。若

不知人有罪，容奇之後知而匿者，情者皆坐，不知情勿論。

（宋）竇儀等《宋刑統》卷二八《捕亡律·征人防人逃亡流徒囚人逃亡　宿衛人逃亡　丁夫雜匠工樂雜户逃亡　非逃亡浮浪他所　官户奴婢逃亡　在官無故逃亡》

諸征名已定，及從軍征討而亡得，一日徒一年，一日加一等，十五日絞。臨對寇賊而亡者斬。主司故縱者與同罪。下條準此。軍還而先歸者，各減五等。其逃亡者，同在家逃亡法。

疏：　諸征名已定，及從軍征討而亡者，一日徒一年，一日加一等，十五日絞。臨對寇賊而亡者斬。主司故縱與同罪。注云，下條準此。議曰：　征名已定，謂衛士及募人征名已定訖，及從軍征討而亡者，一日徒一年，一日加一等，八日流三千里，十五日絞。若臨對寇賊，謂壁壘相對，矢石將交，而亡者斬，亦據應戰之人。主司故縱與同罪，謂主司知情，容其亡避，各與亡者罪同，亡者合斬，主司合絞。注云，下條準此。謂下條向防及在防未滿而亡者，主司故縱亦各同罪。其臨對寇賊而有亡者，但亡即坐，不計日數及行遠近。其有從軍征討而亡，未滿十五日軍還者，未還以前，依征亡之法，征還之後，從軍還亡罪而斷，將未還之日，並滿軍還之日累科。

又云，軍還而先歸者，各減五等。其逃亡者，同在家逃亡法。議曰：　軍雖凱還，須依部伍，若不隨團隊而輒先歸者，各減軍亡罪五等。其逃亡者，同在家逃亡法，謂一日笞四十，十日加一等，罪止流二千里。若軍還先歸，一日徒一年上減五等。合杖六十，罪止徒一年半。日若少，從先歸日科，日若多，從有軍名亡法。

諸防人向防及在防未滿而亡者，鎮人亦同。一日杖八十，三日加一等。

疏議曰：　防人向防，謂上道訖逃走，及在防年限未滿而亡者，鎮人亦同，一日杖八十，三日加一等，既無罪止之文，加至流三千里。亡日未到罪止，鎮防日已滿者，計應還之日，同在家亡法，累並爲罪。

諸流徒囚役限內而亡者，犯流徒應配，及移鄉人未到配所而亡者亦同。一日笞四十，三日加一等，過杖一百，五日加一等。主守不覺失囚，減囚罪三等。即不滿半年徒者，一人笞三十，三人加一等，罪止杖一百。監當官司又減三等。故縱者各與同罪。

疏：　諸流徒囚役限內而亡者。注云，犯流徒應配，及移鄉人未到配所而亡者亦同。又云，一日笞四十，三日加一等，過杖一百，五日加一等。議曰：　流徒囚謂或流或徒者，各其在役限內而亡者。注云，犯流徒應配，及移鄉人未到配所而逃亡者，各與流徒囚役限內而亡罪同，一日笞四十，三日加一等，十九日合杖一百，過杖一百，五日加一等，五十九日流三千里。

又云，主守不覺失囚，減囚罪三等，即不滿半年徒者，一人笞三十，三人加一等，罪止杖一百。監當官司又減三等。故縱者，各與同罪。議曰：　主守謂主守囚徒之人，及部領流移人等，不覺囚亡，減囚罪三等，謂從囚本罪上減三等，不從逃坐減之。即不滿半年徒者，謂徒役將滿，餘日不滿半年徒，而有逃亡者，不計逃日而科，唯據亡人之數爲罪。一人笞三十，三人加一等，謂四人亡，合笞四十，不覺二十二人亡，即至罪止合杖一百。監當官司又減三等，謂減主守罪三等，不覺二十二人亡者，罪止杖七十。故縱者，各與同罪，稱各者，謂監當官司及主守，各與亡囚本犯罪同。

諸宿衛人在直而亡者，一日杖一百，二日加一等。即從駕行而亡者，加一等。

疏議曰：　宿衛人謂諸衛大將軍以下，當番衛士以上，在直番限內而有逃亡者，一日杖一百，二日加一等，計一十七日流三千里。直滿以後，即同在家亡法。即從駕行者，以其陪從事重，故加宿衛一等之坐，亡者，一日徒一年，二日加一等，十五日流三千里。

問曰：　衛士於宮城外守衛，或於京城諸司守當，或被配於王府上番如此之徒而有逃亡者，合科何罪

答曰：　宮城之外，兼及皇城、京城，若有逃亡，罪亦與宿衛不別，若有準減三等之例，即太輕於在家而亡，是知守當雜犯有減三等之科，逃亡之辜得罪與宿衛不異。

諸丁夫雜匠在役，及工樂雜户亡者，太常音聲人亦同。一日笞三十，十日加一等，罪止徒三年。主司不覺亡者，一人笞二十，五人加一等，罪止杖一百。故縱者，各與同罪。即人有課役，全户亡者亦如之。若有軍名而亡者，加一等。其人無課役，及非全户亡者，減二等。即女户亡者，又減三等。其里正及監臨主司故縱户口亡者，各與同罪，不知情者不坐。

疏：　諸丁夫雜匠在役，及工樂雜户亡者。注云，太常音聲人亦同。又云，一日笞三十，十日加一等，罪止徒三年。主司不覺亡者，一人笞二十，五人加一等，罪止杖一百。故縱者各與同罪。議曰：　丁謂正役，夫謂雜徭，及雜色工匠，諸司工樂雜户。注云，太常音聲人亦同。丁夫雜匠，並據在役逃

亡，工樂以下，在家亡者，亦是一日笞三十，十日加一等，罪止徒三年。主司謂監當主司，不覺逃亡者，計人數坐之，一人笞二十，五人加一等，四十一人逃亡，即至罪止杖一百。主司故縱者，各與逃亡者同罪。

又云，即人有課役，全户亡者，亦如之。若有軍名而亡者，加一等。其人無課役，及非全户亡者，減二等。即女户亡者，又減三等。其里正及監臨主司故縱户口亡者，各與同罪，不知情者，不坐。議曰：人有課役，謂或有課無役，或有役無課，而全户亡者，亦如丁夫在役逃罪，一日笞三十，十日加一等，罪止徒三年。若有軍名而亡，謂衛士、掌閑、駕士、幕士之類，名屬軍府者，總是有軍名。其幕士屬衛尉，駕士屬太僕之類，不隸軍府者，即不同軍名之例。有軍名而亡者，雖非全户，加一等，合流二千里。其人無課役，謂全户亡者，其有課役，謂非全户亡者，各減有課役全户亡罪二等，罪止徒二年。若其人無課役，又非全户亡者，又減二等，罪止徒一年。即女户亡，亦謂全户而亡者，又減三等，總減有課役亡者五等，罪止杖一百。婦女非全户亡，又減二等，合杖八十。其里正及監臨主司，折衝府於軍人亦同監臨之例，故縱户口、軍人亡者，各與亡者同罪，不知情者不坐。

問曰：有軍名而亡於他處附貫，課役如法，唯無軍名合當何罪？

答曰：逃亡之罪，多據闕課，無課之輩，責其浮游。亦既編户，見在課役如法，準式仍徵賦役，附處復有課輸，於官課役無違，唯免軍名合罪，依例，逃亡自首減罪二等坐之，仍勒還本所。

諸非亡而浮浪他所者，十日笞十，二十日加一等，罪止杖一百。即有官事，在他所事了，留住不還者，亦如之。若營求資財及學宧者，各勿論。闕賦役者，各依亡法。

疏議曰：非亡謂非避事逃亡，而流宕他所者，十日笞十，二十日加一等，一百九十日罪止杖一百。即有官事已了，留住不歸者，亦同浮浪之罪。若營求資財者，謂貿遷有無，遠求利潤，及學宧者，或負笈從師，或棄繻求仕，各遂其業，故並勿論。闕賦役者，各依亡法，謂因此不歸，致闕賦役，各準逃亡之法，依狀科罪。若全户者，罪止徒三年，非全户者，減二等。

諸官户、官奴婢亡者，一日杖六十，三日加一等。部曲、私奴婢亦同。主司不覺亡者，一口笞三十，五口加一等，罪止杖一百。故縱官户亡者，與同罪。奴婢準盜論。即誘導官私奴婢亡者，準盜論，仍令備償。

疏議曰：官户及官奴婢逃亡者，一日杖六十，三日加一等。注云，部曲、私奴婢亦同。部曲雖取良人之女，其妻若逃亡，罪同部曲。主司不覺，謂不覺官户、官奴婢亡者，一口笞三十，五口加一等，三十六口罪止杖一百。故縱官户亡者，同官户逃亡之罪，罪止流，準加杖二百之法。故縱官奴婢亡者，準盜論，謂計贓五疋徒一年，五疋加一等。即導官私奴婢亡者，謂不將入己，導引令亡者，並準盜論，五疋徒一年，五疋加一等，仍令備償。故縱亡者，得罪不償。若誘導官户部曲亡者，律無正文，當不應得爲從重，杖八十。與同行者，同過致資給之罪。

諸在官無故亡者，一日笞五十，三日加一等，過杖一百，五日加一等。邊要之官加一等。

疏議曰：在官謂在令式有員，見在官者，無故私逃者，一日笞五十，三日加一等，過杖一百，五日加一等，五十六日流三千里。邊要之官，《户部式》：靈勝等五十九州爲邊州，此乃居邊爲要，亡者加罪一等，謂品官以上一日杖六十，三日加一等。

（宋）竇儀等《宋刑統》卷二八《捕亡律·部内容止逃亡知情藏匿罪人》

諸部内容止他界逃亡、浮浪者，一人里正笞四十，謂經十五日以上者。坊正、村正同里正之罪。若將家口逃亡、浮浪者，一户同一人爲罪。四人加一等。縣内五人笞四十，十人加一等。州隨所管縣通計爲罪。注云，皆以長官爲首，佐職爲從。又云，各罪止徒二年。其官户、部曲、奴婢亦同。議曰：部内謂部界之内，容止他界逃亡、浮浪者，一人里正笞四十，謂容止經十五日以上，始科里正之罪，坊正、村正部内容止逃亡，亦同里正之罪。若將家口逃亡、浮浪者，家口不限多少，一户同一人爲罪。四人加一等。即五人逃亡及以浮浪，笞五十，二十五人杖一百，三十七人徒二年。縣内五人笞四十，十人加一等，九十五人合徒二年。州隨所管縣通計爲罪，謂州管二縣者，十人笞四十，一百九十人徒二年，管縣更多，準此通計爲坐。皆以長官爲首，佐職爲從，既無以下之文，即明不及主典。各罪止徒二年。其容止官户、部曲、奴婢亦同良人之法。

又云，若在軍役有犯者，隊正以上折衝以下，各準部内有盜賊之法。議曰：稱軍役有犯者，謂於行軍征役之所，容止逃亡、浮浪，即準州縣以下得罪，隊正、隊副同里正，校尉、旅帥減隊正一等，折衝、果毅隨所管校尉多少爲罪，故云隊正以上、折衝以下，各準部内有盜賊之法。

諸知情藏匿罪人，若過致資給，謂事發被追，及亡叛之類。令得隱避者，各減罪人罪一等。藏匿無日限，過致資給亦同。若卑幼藏隱，匿狀已成，尊長知而聽之，獨坐卑幼。部曲、奴婢首匿，主後知者，與同罪。即尊長匿罪人，尊長死後，卑幼仍匿者，減五等。尊長死後，雖經匿但已遣去而事發，及匿得相容隱者之侶，並不坐。小功以下亦同減例。若赦前藏匿罪人，而罪人不合赦免，赦後匿如故，不知人有罪，容寄之後，知而匿者，皆坐如律。其展轉相使而匿罪人，知情者皆坐，不知者勿論。罪人有數罪者，止坐所知。

疏：諸知情藏匿罪人，若過致資給。注云，謂事發被追，及亡叛之類。又云，令得隱避者，各減罪人罪一等。議曰：知情藏匿，謂知罪人之情，主人爲相藏隱。過致資給者，謂指授道途，送過險處，助其運致，並資給衣糧，遂使兇人潛隱他所。注云，謂事發被追，若非事發，未是罪人，故須事發被追，始辨知情之狀。及亡叛之類，謂逃亡或叛國，雖未追攝，行即可知，過致資給，令隱避者，減罪人罪一等，合流三千里之類。稱之類者，或有亡命山澤，不從追喚皆是。

注云，藏匿無日限，過致資給亦同。若卑幼藏隱，匿狀已成，尊長知而聽之，獨坐卑幼。部曲、奴婢首匿，主後知者，與同罪。議曰：藏匿無限日者，謂不限日之多少，但藏匿即坐，過致資給亦同無日限。若卑幼藏隱，匿狀既成，以其同居，得相容隱，故尊長知而聽之，獨坐卑幼，尊長不坐。部曲、奴婢作首，隱匿罪人，主後知者，與同罪，謂同部曲、奴婢，各減罪人罪一等，以主爲部曲、奴婢隱故也。

注云，即尊長匿罪人，尊長死後，卑幼仍匿者，減五等。尊長死後，雖經匿，但已遣去而事發，及匿得相容隱者之侣，並不坐。小功以下亦同減例。議曰：謂尊長在日，自匿罪人，容其相隱，尊長死後，卑幼匿之如故，亦不限日之多少，減尊長罪五等，總減罪人罪六等。尊長死後，雖經匿，但發遣去後，罪始發覺，及匿得相容隱者之徒侣，假有大功之親，共人行盗，事發被追，俱來藏匿，若糾其徒侣，親罪即彰恐相連累，故並不與罪。小功以下亦同減例，即《例》云小功以下相容隱，減凡人三等今匿小功緦麻親之侣，亦準此例減之，總減罪人罪四等，故云亦同減例。

注云，若赦前藏匿罪人，而罪人不合赦免，赦後匿如故，不知人有罪，容寄之後，知而匿者，皆坐如律。議曰：赦前藏匿罪人，而罪人不合赦免，假有匿十惡人，曾赦，十惡不合赦免，赦後匿如故，及不知人有罪，容寄之後，知而匿者，並依藏匿之罪科之。

注云，其展轉相使而匿罪人，知情者皆坐，不知者勿論。又云，罪人有數罪者，止坐所知。議曰：展轉相使匿罪人者，假有甲知情匿罪人，又囑付乙令匿，乙又囑丙遣匿，如此展轉相使匿者，乙丙知是罪人，得藏匿之罪。不知情者無罪，故云勿論。罪人有數罪，謂或殺人，或姦盗，止坐所知者，謂於所知之罪上減一等之類。

問曰：有奴婢匿一流囚，主後知之，合得何罪？

答曰：有奴婢首匿流囚，罪合減一等，徒三年，加杖二百。主後知者，與奴婢同科，亦準奴婢之罪，合杖二百。其應例減、收贖，各準其主本法，仍於二百上減贖。若奴婢死後，主匿如（法）〔故〕，即得自匿之罪，不合準奴婢爲坐。

准：捕亡令，諸囚及征防、流移人逃亡，及入寇賊者，經隨近官司申牒，即移亡者之家居所屬，及亡處比州比釋曰：比猶近也。縣追捕。承告之處，下其鄉里村保，令加訪捉。若未即擒獲者，仰本屬録亡者年紀、形貌、可驗之狀，更移比部切訪。捉得之日，移送本司科斷。其失處、得處，並申尚書省。若追捕經三年不獲者停。

（宋）佚名《宋大詔令集》卷一八二《政事·田農·約束流民歸業不限半年詔淳化四年一月癸丑》 應開封府管內百姓等，一昨霖霪作沴，水潦薦臻。多稼既被於天灾，盡室不安於地著，遂致轉徙，其將疇依。先是今年三月辛亥詔，應流民限半年復業。限滿不復，即許鄉里承佃，便爲永業。又念民之常性，安土重遷，離去邱園，蓋非獲已。自今年十一月以前，因水潦逃移人户，任其歸業，不得以辛亥詔書從事。

（宋）佚名《宋大詔令集》卷一八二《政事·田農·募民耕曠土詔至道元年六月丁酉》 近年以來，天灾相繼，民多轉徙，田卒汙萊。雖招誘之甚勤，而逋逃之未復，宜申勸課之令，更示蠲復之恩。應諸道州府軍監管內曠土，並許民請佃，便爲永業。仍與免三年租稅，三年外輸稅十之三。應州縣官吏、勸課居民墾田多少，並書於印紙，以俟旌賞。

（宋）佚名《宋大詔令集》卷二〇七《政事·招諭·招流亡歸業詔景德二年正月丁丑》 昨以邊防有警，河朔用師。金革未寧，流亡頗衆，離去故土，越在他邦。自戢干戈，屢頒恩詔，持蠲租賦，式示招携，尚未復於先疇。深軫懷於旰食，再伸告諭，倍切撫存。宜令河北諸州軍官吏，設法招誘，俾其歸業。每縣令佐耆保，切如安恤，不得差擾。凡有招到户數，即具聞奏。其知州軍通判幕職録事令佐等，並書麻爲課，候替日付所司。

（宋）李燾《續資治通鑑長編》宋仁宗康定元年六月 戊申，詔：元昊刺事人自今獲一人者，賞錢百萬，補班行；其容匿者，家長斬，妻子配流，所在失覺者，重劾其罪。

（宋）謝深甫等《慶元條法事類》卷七五《刑獄門·移鄉》 諸知情藏匿劫盗者，折毀住屋，移徙家屬。

（清）嵇璜等《續文獻通考》卷一三五《刑考·刑制》 〔金宣宗興定〕五年十月，定藏匿逃亡罪。尚書省言：司縣官貪暴不法，部民逃亡，既有決罰，他縣停匿，亦宜定罪。從之。

《金史》卷一六《宣宗紀》〔元光元年八月〕甲申，增定藏匿逃亡親軍罪。

史金波等譯《天盛改舊新定律令》卷八《威勢藏妻門》 一、諸人妻子避其夫，自專逃避往諸家主中者，主人三個月期間當告局分處，罪不治。逾期不告時，逃人、主人等一律徒三年。其中婦人往避於原家中父兄處逃匿，且父兄允其逃避等，一律隱者父兄徒六個月，逃者婦人當依所定承罪。

史金波等譯《天盛改舊新定律令》卷九《行獄杖門》 一、有罪人未判斷而避罪逃脱，住家主人知其有罪而隱匿之，需本人時，來，則比有罪人減二等。已亡失，需本人時不能來，則依有罪人之從犯法判斷。若有罪人語不同，有二三種罪者，主人以知曉罪情論。未知者，以其是官與私、親與不親，逃脱告法，爲不爲罪，依第十三卷中明令實行。

一、諸人有罪而檢舉之，諸司有所尋問，前往傳喚，本人雖在，然節親人中有服九個月以上喪服之節上下自相隱匿，謂有罪人或逃往敵界，或逃隱尋而不得，或謂已亡，使出現等證詞虛只關時，比他人隱有罪人之罪情減一等。服五個月以下喪服者，因允許相互舉報，依他人相隱法判斷。

史金波等譯《天盛改舊新定律令》卷一三《逃人門》 一、官私人外逃，逃竄於國境內時，當地附近舉報人中，有因罪人爲織褐、捆草、繡女子者，予牧農主爲妻子等者，依法當得舉賞，可遷住處，勿轉院。

一、隱逃人者，有獨人自隱一至三人，及逃人妻子自二口以上實同户，數口住當以一户論，逃人户主徒三年。非全户有單身，亦依户主法判斷。隱者一二户徒三年，三户徒四年，四户徒五年，五户徒六年，六户徒七年，七户徒十年，八户徒十二年，九户無期徒刑，自十户以上一律當絞殺。

一、節親親戚至五服爲逃人，來而隱之者，自一户至三户徒六個月，自四户至六户徒一年，自七户至九户徒二年，自十户以上一律徒三年。逃人户主當獲徒二年。

一、虛舉隱逃人者，與所舉同等判斷。

一、逃人於主人之軍首領、正軍、遷溜檢校、交管等院中輔主人等□□局分遷院時□□，則住家主人、遷溜檢校等當火速起行，十個月期間當委托，在處屬者視近遠，則當告交邊中監軍司、京師界殿前司等，依遣送逃人時節、地程遠近，一等等臨近同次第司總合之，視其人數多少，住處主人中派善事能人，當與文字接，托付當地屬者，速當轉傳，所遣送及速傳者列名，言情當使分白，當具文告殿前司，同不同應核校。若當地屬者未明者，當交至京師殿前司。十個月期間他人舉告及自告交等不治罪，逾期不告舉交而他人舉之，逃人及主人依舉虛人等所定罪判斷。若已逾期然後主人自舉，則自罪當赦，依逃人罪法判斷。若逃人告，亦自罪當赦，主人依法當承罪。得舉功法中，門下人舉者依應舉言分明實行，他人舉時，舉一户賞十緡，舉一户以上一户加一等，至十户當得賞錢一百緡，是十户以上亦不過百緡。若人在者，未受賄、未知，則勿治罪。知覺，未受賄而不告，則當比隱者之罪狀減三等。受賄徇情，則與枉法貪贓罪比較，從重者判斷。

一、官人爲逃人，所管處首領、正軍、遷溜檢校、交管等當明外逃人之姓名、人數、列名、往住址已明，未明當令明，於十個月期間告局分人，住處明則當催促斷罪，托付所管處。若大小管事知其往住處，受賄使避雜事攤派而不告，或已告而掩蓋曰不知所住等時，以枉法貪贓罪及隱逃人者之罪狀比較，從重者判斷。雖知其所住處，然未受賄而懈怠，則當比隱逃人罪減二等。若不知所往，不告於局分，則有官罰馬一，庶人十三杖。

一、諸私人男女逃匿在外，家主中令住者，總計單身，算户數法應與官人相同，一個月期間當告，當尋主人，勿治計工價罪。若違律一個月期間不告，他人舉時，男人十歲以上七十錢，婦人十五以上五十錢當計工價，由住處出，當予屬者。隱六個月期間者，主人是庶人十三杖，有官罰七緡錢。隱六個月以上時，罪情一律比隱官人之罪狀當減二等。若不能全予工價，則依隱官人法當承全罪，不予工價。又一户以上户數甚多時，或能予工價，或未能，則能予之時於户數總計中減除，然後依未能予而當承同罪。若逾期自告，則勿治罪。彼逃人中單身及一户人口衆多，能出工價一半以上，則當比隱官人罪減一等。能出不過一半者不須減，依法判斷。

一、知官私人不在自家而在他人家，役使受賄等時，依隱逃人法判斷。

一、於國中爲逃人，他人有告舉者，告於諸司及城司、軍首領等處，局分大小、軍首領等與逃人徇情，不取□，不遣送逃人時，受賄使避雜事攤派，則以枉法貪贓罪及隱逃人罪等比較，從其重者判斷。若未受賄而懈怠，則當比隱逃人者之罪減二等。

一、官私人男女外出逃匿，諸人收留而送何往處，知逃匿情而未受賄者徒六個月，不計工價。又途中與外逃者遇，引導，予坐騎者，未知則勿治罪，知則有官罰馬一，庶人十三杖，其中受賄者當以枉法貪贓論。

《元史》卷一七《世祖本紀》〔至元三十年二月〕癸丑，太白犯壘壁陣。江西行院官月的迷失言：江南豪右多庇匿盜賊，宜誅爲首者，餘徙内縣。從之。申嚴江南兵器之禁。

（清）畢沅《續資治通鑑》元成宗大德八年三月　敕：軍民逃奴，有獲者即付其主；主在他所者，赴所在官司給之，仍追逃奴鈔充獲者賞；逃及誘匿者，論罪有差。

《元典章》卷五六《刑部・闌遺・孛蘭奚・孛蘭奚人口不得隱藏》

至大元年三月二十一日，江浙行省準樞密院咨，大德十一年七月二十五日，本院官奏：在先（的）探馬赤按的忽都哈脱完不花等萬户每奏將來，軍人每蠻子田地裏出征時得來的駈口一個，蠻子和尚該説著交蠻子百姓每回他本地面裏去者。麽道説呵，他每的奴婢每，白日裏將他媳婦孩兒每逃走呵，被他使長每跟趕上呵，迎敵著去了的也有；似那般逃走去了的每，於城子裏村坊裏，和尚先生寺觀裏，人匠局院裏隱藏入去的也有；用船筏偷渡過黄河大江去的也有。更他每的使長出軍去了呵，欺負著他每的媳婦的孩兒逃走了的多有。爲那上頭，軍人的氣力哏消乏了的。在先世祖皇帝聖旨裏，隱藏著孛蘭奚鷹犬的人每也有，罪過者。麽道遍行了，聖旨有來。如今體著在先，聖旨體例，交行文書著，麽道奏呵。不揀誰休隱藏者，隱藏的每有罪過者。逃走的人拏住呵，轉送與他本主者，麽道，完澤禿皇帝聖旨有呵。外處行了文字，交排門粉壁了來。如今管城子官人每不肯用心提調的上頭，逃走的駈口每也不首出來，有在家裏的人每放學著逃走了的上頭，軍人的氣力哏生受消乏了。麽道萬户每説有。俺衆官人每商量來，依著在先聖旨體例裏諸王駙馬公主每根底，各枝兒裏並和尚先生每根底，不以是何投下裏有隱藏入去的逃駈每呵，立與限一百日。限内出來，去他根腳裏的使長根底來呵，免了他每的罪過。這般道了，不肯出來的每，後頭有人首告出來呵，奴婢每根底斷八十七下，轉送與他本主。不揀是誰隱藏著，依體例不首出來的每，斷七十七下，家私内三分中，斷没一分與首告的人。兩鄰外主首社長明知道不肯告的，每杖六十七下，家私四分中，斷没一分與首告的人充賞。城子裏的官人每告發到官，覰面皮依著聖旨不行呵，斷三十七下。罷了他每的勾當，省諭衆人交排門粉壁呵，〔怎〕生議定來麽道皇太子根底奏過聖旨：那般者。欽此。

《元典章》新集《刑部・刑禁・禁聚衆・分揀流民》　延祐七年十一月　日，江南行臺準御史臺咨來咨：江東廉訪司申監察御史呈，建康等路流民，雖因荒歉流移，中間有不務生業無籍之徒，糾爲群黨，自立頭目，經過去處或搶奪民物，或監打縣官，擾害百姓，若不設法究治，誠恐因而聚衆别生事端。準此，呈奉中書省劄付，送刑部照得，延祐七年三月十一日欽奉詔赦。除欽遵外，本部議得：江東寧國等處流民，騎坐鞍馬，執把弓箭、旗鎗，擾害百姓，打奪錢物等事，俱係延祐七年三月十一日已前事理，合行革撥。今後此等流民，若許從便趁食，切恐愚民恃此，久而聚衆數多，深爲未便。以此參詳，擬合欽依奏準事意，催督委官分揀。如因缺食趁熟，少壯有頭疋氣力者，每起不過三十人，官爲應副行糧接送，轉發本鄉。於内若有鰥寡孤獨不能自存之人，官給口糧養濟。

《元史》卷二八《英宗本紀》〔至治二年五月〕置營於永平，收養蒙古子女。遣使諭四方，匿者罪之。

《元史》卷一〇五《刑法志》　諸奴婢背主而逃，杖七十七；誘引窩藏者，六十七。鄰人、社長、坊里正知不首捕者，笞三十七；關譏應捕人受贓脱放者，以枉法論。寺觀、軍營、勢家影蔽，及投下冒收爲户者，依藏匿論，自首者免罪。諸告獲逃奴者，於所將財物内，三分取一，付告獲人充賞。諸逃奴拒捕，不曾致傷人命者，杖一百七。

《大誥・積年民害逃回》　積年民害官吏，有於任所拿到，有於本貫拿到。此等官吏，有發雲南安置充軍者，有發福建、兩廣、江東、直隸充軍者，有修砌城垣二三年未完者。這等官吏，皆是平日酷害於民者。且如勾逃軍，賣正軍，解同姓。朝廷及當該上司，勾拿一切有罪之人，賣正身，解同姓。朝廷著追某人寄借贓鈔，皆不於某人處正追，卻於遍郡百姓處，一既科徵代陪，就中尅落入己，不下千萬。其餘生事科擾及民間詞訟，以是作非，以非作是，出入人罪，冤枉下民，啣冤滿地，其貪婪無厭，一時筆不能盡。此等之徒見在各處，軍者軍，工者工，安置者安置。設若潛地逃回，兩鄰親戚即當速首，拿赴上司，毋得容隱在鄉，以爲民害。敢有容隱不首者，亦許四鄰首。其容隱者同其罪而遷發之，以本家産業給賞其首者。

《大誥三編·空引偷軍》 所在官民，凡有赴京者，往年往往水陸赴京，人皆身藏空引。及其至京，臨歸也，非盜逃軍而回，即引逃囚而去，此弊甚有年矣。今後所在有司敢有出空引者，受者，皆梟令，籍没其家。關津隘口及京城各門盤獲到空引者，賞鈔十錠。齎引者罪如前，拿有司同罪。有等齎正引赴京，引本十人，至京之日，存留五名假作營生，餘五名，或偷囚，或偷軍，頂名而去，他日引後至，正名方歸。惟江西之民有等頑者，其姦尤甚。本引已偷軍囚去矣，卻乃故行哀憐，赴官陳告，同行將引先去，至曾以道等無引而歸。該司憐其所以，徑給引以往。如此數等，犯者已數人。今後敢有如此者，梟令於鄉閭，籍没其家，成丁家口遷於化外。

《明太宗實訓》卷二《警外戚》 永樂十八年八月己巳，皇親徐赫匿逃民，法司請罪之。上召赫，諭曰：疎遠小人，尚相戒守國法，不敢違。汝敢狎恩，先衆犯法。昔中山王勳親大臣謹守法度，不敢縱越分毫，故能流慶子孫。汝今縱肆如此，豈是受福之道？赫惶恐叩首。

上顧法司曰：不可以私廢公，治之如律。

（清）龍文彬《明會要》卷五〇《民政·逃戶》 宣德三年，定制：富户逃者，發邊充軍，官司隱匿者，坐罪。

五年，令：逃户已成産業，每丁種有成熟田地各五十畝以上，許告官寄籍。

七月，諭行在户部曰：人情皆欲安居，誰肯棄業逃徙，止緣有司不善撫恤，横征暴斂所致，比聞漳州强賊，皆是逃民，罪雖可誅，情亦可憫，推原其始，責在有司，其即榜示各處務從寬恤。若有擾害致其逃亡者，罪不貸。

正統元年六月，令各府、州、縣，造《逃户周知册》。

八年，令逃軍、逃匠、逃囚人等，自首免罪。

《明憲宗實訓》卷三《禁非為》 成化十三年九月壬申，監察御史許進言：文武官及旗校吏人有犯罪爲民，並冠帶閑住，立功充軍者，多匿名京師，或妄訴冤枉，或夤緣請託，議論時政，謗毀朝臣，無所不至，請一切逐之。有旨：此輩潛住京城，造言生事，非止一端，錦衣衛並巡城御史，其督同兵馬司推究姓名，發遣還家。如更容隱，俱重罪不宥。

黄彰健《明代律例彙編》卷一五《兵律三·關律·遞送逃軍妻女出城》 凡在京守禦官軍，遞送逃軍妻女出京城者，絞。民犯者，杖一百。若各處守禦城池，及屯田官軍，遞送逃軍妻女出城者，杖一百，發邊遠充軍。民犯者，杖八十。受財者，計贓以枉法從重論。其逃軍買求者，罪同。守門會典作把之人，知情故縱者，與犯人同罪。失於盤詰者，減三會典作二等。罪止杖一百。軍人又減一等。若遞送非逃軍妻女出城者，杖八十。有所規避者，從重論。

弘治問刑條例

一、居庸山海等關隘，引送口外邊衛逃軍過關，並守把盤詰之人賣放者，俱問發邊衛充軍。

中國第一歷史檔案館《滿文老檔》天聰四年四月 十六日，貝勒諭曰：地方居民，俱以爲我即還軍，故奸細至，隱匿不舉，見明哨卒來，亦不來報。天賜之地，我豈敢棄之而去耶？嗣後，倘若有收容奸細者，全家論死，妻孥爲奴，不株連其分居之親兄弟。有擒獲奸細來獻者，賞銀十兩，並將奸細所攜諸物，亦盡與之。明兵哨卒，經過歸附鄉村而來，諒爾民不能敵，何不來報？嗣後，有見明兵哨卒不報者，察其蹤迹，凡經過村莊之人，將誅之。

中國第一歷史檔案館《滿文老檔》天聰四年四月 三十日，致遷安書云：貝勒曰：匿人者論盜竊罪，鞭而刺其兩耳，人主不得收銀，富户若以銀贖其杖刑，可收之歸公，次者獲罪，或罰銀，或杖責，凡其自擇。

中國第一歷史檔案館《清初內國史院滿文檔案譯編》天聰九年二月 初六日，清點男丁數時，宣諭曰：凡年六十以下十八以上，並從本地帶來漢人，每家所有男丁若干名，俱行清點。其不能行之瘸子、視而不見之瞎子、不能持之癱手等，不入點數内。如諸貝勒、塔布囊及一切人等，在清點時隱匿男丁，或經人舉首，出首之人，準其離主，聽其所往，將所隱之人入官，仍交法司治以隱匿之罪。其十家之長，罰馬二。

《刑部現行則例》卷中《關津》　口外有滿洲家逃人交與該札薩克及管轄之人，於各旗佐領下遍行嚴加查拿。如獲解部，照伊應得之罪例從重治罪。

《西寧青海番夷成例·拿獲逃人》　一、凡有拿獲寨中行走之逃人，逃人之主給與拿獲之人二歲牛一條，將逃人鞭一百。若容隱逃人者，罰一九牲畜，給與逃人之主，其容隱逃人之十家長罰一九牲畜，給與逃人本主之十家長。

《西寧青海番夷成例·獲逃解送》　一、凡勿論何處逃人，不拘何處頭目捉獲者，將爲首之逃人限二日内速行解送西寧。如違二日之限者，千户等罰犏牛七條，百户等罰犏牛五條，管束部落之百長等罰犏牛三條。

《西寧青海番夷成例·部落人逃走》　一、凡大寨部落人等齊行逃走者，不拘寨落，照出兵例追趕。如不追趕者，千户等罰犏牛五十條，百户等罰犏牛四十條，管束部落之百長等罰犏牛三十條。

《西寧青海番夷成例·聚衆攜械同逃》　一、凡各寨部落人内，如有二十人以下攜帶軍器逃走者，本寨人等即行追趕。若二十人以上攜帶軍器逃走者，鄰近寨落之頭目等酌量逃走人數，即行裝束口糧、馬匹，無論方向，速行抵巢追趕。如不追趕者，千户等罰犏牛十五條，百户等罰犏牛十條，管束部落之百長等罰犏牛五條。即行具報逃走緣由，如不具報者，千户等罰犏牛七條，百户等罰犏牛五條，百長等罰犏牛三條。

《西寧青海番夷成例·追趕逃人》　一、凡追趕逃人之人，有能將爲首逃人殺死者，其所得人口並家産牲畜俱給追趕之人。逃人若將他人馬匹拐去逃走者，準給追趕之人一半。如爲首逃人縱脱，其所得人口不給追趕之人，仍給逃人之主。若逃人騎他人馬匹逃走者，逃人若有妻子家産牲畜，抵算賠償，逃人如無家産，免賠。如係家奴，有家産者，照數抵賠，無家産者，不向伊主追賠。

《西寧青海番夷成例·拿送逃奴》　一、凡家奴逃往他人邊界，有能拿獲送回者，將逃奴所帶之物一半給與拿獲之人，一半給與逃人之主，將逃人鞭一百。

《蒙古律例》卷二《户口差徭·離别年久之族人不準歸宗》　一、凡係離散就食，他往買賣年久遠族兄弟告求歸宗者，概不準行。若由久住之旗分逃往别旗者，逐回。若匿不發回，照隱匿逃人例治罪，將逃人鞭一百，仍發回原住旗分。

《蒙古律例》卷五《邊境卡哨·凡由邊前來之逃人兩日内送院》　一、凡由邊上逃到之人被該貝勒等撞遇，將逃來首犯於兩日内作速先解該院。若過兩日，將扎薩克王、貝勒、貝子、公、台吉、塔布囊罰俸三個月。

《蒙古律例》卷九《捕亡·出卡哨投往外國之逃人治罪》　一、凡出卡哨逃往外國之人，執械拒追者，不分首從，皆立斬。若不拒追，即被擒獲，爲首者立斬，其餘者立絞。若傷人逃逸，拿獲解到者，俱立斬。未傷人逃逸，拿獲解到者，照不拒追被獲之逃人擬罪。若逃而未傷人，自回者，鞭一百，給伊本主。

《蒙古律例》卷九《捕亡·全旗逃走者不分何旗追趕》　一、全旗逃走，則不分何旗，以軍制起程追趕。若扎薩克王、貝勒、貝子、公、台吉等不追者，各罰俸一年。

《蒙古律例》卷九《捕亡·繫撒袋人二十名以上逃走者，何人附近即令追趕》　一、繫撒袋人二十名以下逃走者，止伊旗下追趕。若繫撒袋人二十名以上逃走，則何人附近，其旗扎薩克王、貝勒、貝子、公、台吉、塔布囊等計量逃人，妥備馬匹、盤纏，知往何方，速追至盡頭處。不追者，各罰俸六個月。速將逃亡報院。不報者，各罰俸三個月。

《蒙古律例》卷九《捕亡·知逃往外國之逃人而遣去》　一、已未管旗主、貝勒、貝子、公、台吉、塔布囊等，若知人逃往外國，給與馬騎遣往者，革退封號、職銜，取其屬下之人。有頂官員絞，抄没産畜。平人則斬，仍抄没産畜。

《蒙古律例》卷九《捕亡·追逃人之章京等趕不及而回》　一、追逃人之章京、披甲人趕不及而回，若不到卡哨而回者，革退佐領，罰三九牲畜；革退驍騎校，罰二九牲畜；革退小領催，罰五牲畜，鞭一百；披甲人鞭一百。

《蒙古律例》卷九《捕亡·追逃之人若殺為首逃者，給其俘虜産畜》

一、凡追逃之人，若殺爲首逃走者，將俘虜産畜全給追趕之人。逃人若攜帶他人之馬逃走，追趕之人取其一半。若舉出爲首逃走之人，其俘不給追趕之人，給逃人之主。若逃人帶別人妻馬而逃者，將逃人之妻子産畜賠補其額。其逃人之家若無，則不令賠補。係家奴，如有則追賠，無則亦不罰於伊主。

《蒙古律例》卷九《捕亡·見逃人而遣去》 一、凡見逃人而令其逃去者，若扎薩克王、貝勒、貝子、公、扎薩克台吉、塔布囊等，罰俸一年。若攻逃犯致人死者，有俘虜則給一人補額，倍罰三九牲畜；若無俘虜，則由逃人之扎薩克王、貝勒等額罰三九牲畜。

《蒙古律例》卷九《捕亡·王等隱匿殺來投逃人者》 一、已未管旗王、貝勒、貝子、公、台吉、塔布囊等，若將殺來投逃之人隱匿者，各罰俸一年，無俸台吉、塔布囊等罰五九牲畜。以殺死出首之人，王等罰馬十匹，貝勒、貝子、公等罰馬七匹，台吉、塔布囊等罰馬五匹，給出首者，遣往伊願往之處。若不承認，令其伯叔發誓。

《蒙古律例》卷九《捕亡·隱匿内地逃人》 一、口外遊民並滿洲家奴，嚴飭諸扎薩克之各該佐領緝拿解部。若隱匿内地逃人者，官革職，鞭一百，罰三九牲畜，俱給拿獲之人。該扎薩克等不察出，或經部院察出，或別人首出者，該扎薩克王、貝勒、貝子、公、台吉等各罰俸一年，管旗章京、副章京、參領等各罰三九牲畜，佐領、驍騎校俱革職，罰三九牲畜，領催、十家長等鞭一百。出首之人若係家奴，作爲另户，若平人，由隱匿之一人罰給三九牲畜。

《蒙古律例》卷九《捕亡·王等商謀隱匿賊人，不行舉出》 一、已未管旗王、貝勒、貝子、公、台吉、塔布囊等商謀隱匿賊人，不首出者，各罰俸六個月，無俸台吉、塔布囊等各罰一九牲畜。

《蒙古律例》卷九《捕亡·拿獲逃人，於逃人之主罰兩歲牛》 一、村落中行走逃人，何人拿獲者，由逃人之主罰兩歲牛一隻，給付拿獲之人，將逃人鞭一百。若隱匿逃人，將隱匿之人罰一九牲畜，給逃人之主。其匿逃之十家長，罰一九牲畜，給逃主之十家長。

《蒙古律例》卷九《捕亡·拿獲逃人，將逃人所帶物件分給一半》 一、家奴脱逃，凡人於國内拿獲送來者，將逃人身所帶一切物件，給拿之人一半，一半給伊主，逃人鞭一百。

《蒙古律例》卷九《捕亡·家奴額魯特回子逃走》 乾隆三十八年十一月，本院奏準定例：一、官兵等自軍營帶來之額魯特回子内，另有關涉重情者，仍令聲明緣由具奏，恭候欽定，遵照辦理。如非關緊要，並無別情之逃犯，無論拿獲及自行投回，係初次，則枷號一個月，鞭一百，交原主嚴加管束；二次逃走，即發福州、廣州，給與旗下官兵爲奴。其在京居住之額魯特回子王公等自原籍帶來之額魯特回子家奴，如有逃走者，仍照八旗逃奴例，計其逃走次數、年月，分別辦理。

《理藩院則例》卷九《比丁·失散人口編入別旗不準歸族》 一、喀爾喀前因噶爾丹之亂失散人口於會集處未經收回之人，離居已久，均在各旗分編佐領載入丁册。如有懇請歸族等事，均不準行。倘從久居地方逃往別處者，追回照逃人例治罪。有不行追尋隱匿不報者，照隱匿逃人例治罪。

《理藩院則例》卷三四《邊禁·懲處逃回姦民》 一、未領執照姦民，有由蒙古部落業經逐回原處復行私回蒙古部落者，查出，將姦民枷號該處商市兩個月，滿日鞭一百，解回原籍，永不準出口。

《理藩院則例》卷四六《疏脱·故縱逃往外國之人》 一、已未管旗王、貝勒、貝子、公、台吉塔布囊等，若知人逃往外國給與馬騎遣往者，革退封爵、職銜，撤其屬下之人。官員絞，抄没家産。平人斬，仍抄没家産。

（清）丁日昌《撫吴公牘》卷二一《會銜示諭海島居民耕種安業毋窩留盜賊由》 爲剴切曉諭事。照得蘇省南洋各島，地面遼闊，山嶼錯雜，皆係外來客民耕漁爲業，其中安分者固多，而窩引外匪，行劫消贓者間亦有之。至於沿江之洲，俗多獷悍，亦復情事相同，皆由爾等小民僻在海濱，既未蒙就近地方官庇護照料，而邇來沿海沿江師船，又復有名無實，巡哨罕至，故爾等愍然無所適從：不窩賊，則無以自安；欲窩賊，則不惟終身受不美之名，而且官兵一至，有玉石俱焚之禍。此爾等平日進退兩難，不得已之苦衷，固本部堂、本部院所深爲惋惜者也。現在本部堂、本部院體恤爾各島、各洲居民，皆係聖明良善百姓，平日抱有冤屈，無處可以控訴，故特會商李軍門統帶全省水師以及大小輪船兵勇，巡行内外洋面。此全爲保護江海客商，使不被强盗劫奪，並保護各島、洲居民，使不受强盗逼脅起見，並非與爾等爲難也，亦無一草一木擾累爾等也。合行剴切曉諭。爲此諭仰沿海各島、沿江各洲一切居民知悉，自示之後，爾百姓安心捕魚耕種，不必絲毫驚惶。其有子姪鄰居向不安分之徒，不受勸誡者，爾老成人加意勸誡。勸誡不聽者，候師船過境時，送交李軍門代爲教訓。如再教訓不聽，即當照例辦罪，以儆其餘。儻有外來强盗，或盤踞山中，或停泊澳内，各宜率衆擒捕捆送，一面密稟師船，前往掩捕。自當論功行賞，願做官者，給以官階；不願做官者，賞以財物，以示獎勵。李軍門暨各總鎮等，或一月半月，或十日八日，總當來爾各島、各洲巡查一遍，儻有陽奉陰違及暗銷賊贓，接濟賊中食用者，一經官府查出，大禍立即臨門。爾等切不可貪一時之便宜，貽無窮之後患。如有不肖兵勇，訛詐爾一錢一米，爾即據實稟知，定即按照軍法，將該兵勇加等辦罪。將來安居樂業，盜賊潛蹤，本部堂、本部院仍當爲爾等籌設義學，另行奏明皇上，添設學額，使爾世世子孫可以讀書成人。本部堂、本部院待爾等良善百姓，譬如待親子弟一般，爾等切勿自甘化外，致負期望也。切切，特示。

（清）席裕福《清朝政典類纂》卷四〇九《刑四十一·刑律捕亡·知情藏匿罪人以非親屬及罪人未到官者言》 凡知他人犯罪，事發官司差人追唤，而將犯罪之人藏匿在家，不行捕告，及指引所逃道路，資給所逃衣糧，送令隱避他所者，各減罪人所犯罪一等。各字指藏匿、指引、資給説。如犯數罪，藏匿人止知一罪，以所知罪減等罪之。若親屬糾合外人藏匿，親屬雖免罪減等，外人仍科藏匿之罪。其事未發，非官司捕唤而藏匿，止問不應。其已逃他所，有展轉相送而隱藏罪人，知情轉送隱藏者，皆坐。減罪人一等。不知者勿論。若知官司追捕罪人，而漏泄其事，致令罪人得以逃避者，減罪人所犯罪一等。亦不給捕限。未斷之間能自捕得者，免漏泄之罪。若他人捕得及罪人已死，若自首又各減一等。各字指他人捕得及囚死自首説。謹案：注内如犯數罪，藏匿人止知一罪以下係乾隆五年增。

條例

一、宛平縣屬西山門頭溝地方開採煤窰，該縣設立印簿給發窰户。令將傭工人等姓名、籍貫、來去緣由，十日一報。該縣丞考查並令西路同知就近稽查，如該窰户不將各項工人開報，照脱漏户口律治罪。若各項工人有犯竊、犯賭或聚衆逞兇，致成人命，該窰户知情不行報究，發覺之日，除本犯按律治罪外，該窰户照總甲容留棍徒例杖八十。其有開設連夏鍋伙誆誘貧民，逼勒入窰關禁，不容脱身者，照兇惡棍徒例分别首從科斷。窰户知情縱容者，照知情藏匿罪人律治罪。各窰鍋伙内若將工作患病之人忍心擡棄，及病故不即報官者，照夫匠在工役之所有病，官司不給醫藥救療及地界内有死人不申報官司，輒移他處律分别治罪。

紀事

《漢書》卷一五下《王子侯表》 〔修故侯〕〔孝宣本始四年〕四月（乙）〔己〕丑封，五年，元康元年，坐首匿群盜棄市。

張家山二四七號漢墓竹簡整理小組《張家山漢墓竹簡·奏讞書》 胡丞憙敢讞之，十二月壬申大夫莿詣女子符，告亡。符曰：誠亡，詐自以爲未有名數，以令自占書名數，爲大夫明隸，明嫁符隱官解妻，弗告亡，它如所。解曰：符有名數明所，解以爲毋恢人也，（取）〔娶〕以爲妻，不智（知）〔前〕亡，乃疑爲明隸，它如符。詰解：符雖有名數明所，而實亡人也。律：（取）〔娶〕亡人爲妻，黥爲城旦，弗（智）〔知〕，非有減也。解雖弗（智）〔知〕，當以（取）〔娶〕亡人爲妻論。何解？解曰：罪，毋解。明言如符、解。問解故黥劓，它如辭。（鞫）〔鞫〕：符亡，詐自占書名數，解（取）〔娶〕爲妻，不（智）〔知〕其亡，審。疑解罪，擬（毄）〔繫〕，它縣論，敢讞之。吏議：符有數明所，明嫁爲解妻，解不（智）〔知〕其亡，不當論。或曰：符雖已詐書名數，實亡人也。解雖不（智）〔知〕其（請）〔情〕，當以（取）〔娶〕亡人爲妻論，斬左止爲城旦。廷報曰：（取）〔娶〕亡人爲妻論之，律白，不當讞。

張家山二四七號漢墓竹簡整理小組《張家山漢墓竹簡·奏讞書》 八年十月己未安陸丞忠（刻）〔劾〕獄史平舍匿無名數大男子種一月，平曰：誠（智）〔知〕種無〔名〕數，舍匿之，罪，它如（刻）〔劾〕。種言如平。問：平爵五大夫，居安陸和衆里，屬安陸相，它如辭。鞫：平

〔智〕〔知〕種無名數，舍匿之，審。當：平當耐爲隸臣，錮，毋得以爵、當賞免。令曰：諸無名數者，皆令自占書名數，令到縣道官，盈卅〔三十〕日，不自占書名數，皆耐爲隸臣妾，錮，勿令以爵、賞免，舍匿者與同罪。以此當平。南郡守强、守丞吉、卒史建舍治，八年四月甲辰朔乙巳，南郡守强敢言之，上奏七牒謁以聞，種縣論，敢言之。

張家山二四七號漢墓竹簡整理小組《張家山漢墓竹簡・奏讞書》 十一年八月甲申朔丙戌，江陵丞鶩敢讞之。三月己巳大夫祿辭曰：六年二月中買婢媚士五點所，〔賈〕〔價〕錢萬六千，迺三月丁巳亡，求得媚，媚曰：不當爲婢。媚曰：故點婢，楚時去亡，降爲漢，不書名數，點得媚，占數復婢媚，賣祿所，自當不當復受婢，即去亡，它如祿。點曰：媚故點婢，楚時亡，六年二月中得媚，媚未有名數，即占數，賣祿所，它如祿、媚。詰媚：媚故點婢，雖楚時去亡，降爲漢，不書名數，點得，占數媚，媚復爲婢，賣媚當也。去亡，何解？媚曰：楚時亡，點乃以爲漢，復婢，賣媚，自當不當復爲婢，即去亡，毋它解。問媚：年卅〔四十〕歲，它如辭。鞫之：媚故點婢，楚時亡，降爲漢，不書名數，點得，占數，復婢，賣祿所，媚去亡。年卅〔四十〕歲，得，皆審。疑媚罪，它縣論，敢讞之，謁報，署如廥發。吏當：黥媚〔顔〕〔顏〕頯，畀祿，或曰當爲庶人。

《漢書》卷七《昭帝紀》 〔昭帝元鳳五年〕六月，發三輔及郡國惡少年吏有告劾亡者，屯遼東。

《漢書》卷一五上《王子侯表》 〔安郭于侯〕侯崇嗣，元康元年，坐首匿死罪免。

《漢書》卷一五上《王子侯表》 〔陸元侯〕侯延壽嗣，五鳳三年，坐知女妹夫亡命笞二百，首匿罪，免。師古曰：妹夫亡命，又有笞罪，而藏匿之，坐免也。

《漢書》卷一五上《王子侯表》 〔平侯孝武元朔三年〕十月癸酉封，四年，元狩元年，坐知人盗官母馬爲臧，會赦，復作。師古曰：有人盜馬，爲藏匿之，雖會赦，猶復作。復作者，徒役也。

《漢書》卷一五上《王子侯表》 〔胡孰侯〕元鼎五年，侯聖嗣，坐知人脱亡名數，以爲保，殺人。免。師古曰：脱亡名數，謂不占户籍也。以此人爲庸保，而又別殺人也。

《漢書》卷一五下《王子侯表》 〔成陵侯〕侯德嗣，鴻嘉三年，坐弟與後母亂，共殺兄，德知不舉，不道，下獄瘐死。

《漢書》卷一六《高惠高后文功臣表》 〔任侯〕六年封，十六年，高后三年，坐匿死罪，免。户七百五十。

《漢書》卷一六《高惠高后文功臣表》 〔平悼侯〕孝文十六年，侯執嗣，十九年，孝景中五年，坐匿死罪，會赦，免。户三千三百。

《漢書》卷一六《高惠高后文功臣表》 〔穎陰侯〕臨汝。元光二年，侯賢以嬰孫紹封，九年，元朔五年，坐子傷人首匿，免。千户。

《漢書》卷四四《淮南衡山濟北王傳》 亡之諸侯，游宦事人，及舍匿者，論皆有法。其在王所，吏主者坐。今諸侯子爲吏者，御史主；爲軍吏者，中尉主；客出入殿門者，衛尉大行主；諸從蠻夷來歸誼及以亡名數自占者，内史縣令主。相欲委下吏，無與其禍，不可得也。

《漢書》卷一五上《王子侯表》 〔畢梁侯〕〔孝武元朔三年〕十月癸酉封，十九年，元封四年，坐首匿罪人，爲鬼薪。

《漢書》卷六三《燕刺王劉旦傳》 〔劉旦〕後坐藏匿亡命，削良鄉，安次，文安三縣。

《後漢書》卷六七《李膺傳》 〔延熹二年〕時張讓弟朔爲野王令，貪殘無道，至乃殺孕婦，聞膺厲威嚴，懼罪逃還京師，因匿兄讓弟舍，藏於合柱中。膺知其狀，率將吏卒破柱取朔，付洛陽獄。

《後漢書》卷七七《董宣傳》 〔董宣〕後特徵爲洛陽令。時湖陽公主蒼頭白日殺人，因匿主家，吏不能得。及主出行，而以奴驂乘，宣於夏門亭候之，乃駐車叩馬，以刀畫地，大言數主之失，叱奴下車，因格殺之。

甘肅省文物考古研究所《居延新簡》 男子訢相賜茂陵女子紀姣，皆有罪，疑殊死以上，與家屬俱亡。章所及姦能，當窮竟。

《南史》卷三四《沈懷文傳》 〔大明三年〕上又壞諸郡士族以充將吏，並不服役，至悉逃亡。加以嚴制不能禁，乃改用軍法，得便斬之。莫不奔竄山湖，聚爲盜賊。懷文又以爲言。

（宋）司馬光《資治通鑑》梁武帝天監十七年夏四月 〔丁酉〕臨川

王宏妾弟吴法壽殺人而匿於宏府中，上敕宏出之，即日伏辜。南司奏免宏官，上注曰：愛宏者兄弟私親，免宏者王者正法。所奏可。五月，戊寅，司徒、驃騎大將軍、揚州刺史臨川王宏免。

《新唐書》卷八〇《李恪傳》 鬱林王恪，始王長沙，俄進封漢。貞觀二年徙蜀，與越、燕二王同封。不之國，久乃爲齊州都督。【略】十年，改王吴，與魏、齊、蜀、蔣、越、紀六王同徙封。授安州都督。帝賜書曰：汝惟茂親，勉思所以藩王室，以義制事，以禮制心。外之爲君臣，内之爲父子，今當去膝下，不遺汝珍，而遺汝以言，其念之哉！坐與乳媪子博簺，罷都督，削封户三百。

《明英宗實録》正統六年十二月 〔壬寅〕巡按山西監察御史嚴敬奏：陽曲王美垙容留逃軍在府私役，又以私忿杖火者焦亨吴文致死。上以事在赦前，置不問。但移書諭王，戒以再犯不宥。

《明英宗實録》正統十二年九月 〔丁酉〕先是錦衣衛籍撫州府民徐翰家，有逃匿者。上命拷鞫見逮者，言籍翰之命初下，刑科給事中王理以告爲事按察副使王裕。裕與翰有姻，潛以告其家，故致逃匿。遂下理等於錦衣衛獄，俱論斷。上命固禁之。於是禮部左侍郎兼翰林院侍講學士王英自陳臣子裕有罪，實臣駑鈍衰朽，失於教訓所致，謹待罪。刑部請逮英。上命宥之。

《明孝宗實録》弘治元年閏正月 〔己卯〕下四川都司署都指揮僉事曹宗于獄，坐匿逃軍爲奴也。

《明孝宗實録》弘治十七年七月 〔丁酉〕巡撫江西都御史張本奏：江西諸府所獲盜賊凡六十五人，例應處以極刑，梟首示衆。然盜賊之源，皆由富家巨室藏匿分贓，官兵莫之敢捕，遂至猖獗。今獲匿主五人，亦問擬斬罪，宜比例梟首示衆。刑部、都察院會議以爲宜。從之。

（明）余繼登《典故紀聞》卷一五 成化時，兵部尚書余子俊以京城内外多盜，請差府部屬官五十餘員會錦衣衛巡城御史查究，内外官民之家有舍匿遊民及無籍軍匠罪囚者，各聽首實，送户工兵三部收役；若經赦死囚遣而復來者，處死，鄰居舍匿之家蔽占不舉者，亦以其罪坐之。仍令審編火夫坐鋪巡警，夜以五十人爲率，獲盜必追究，舍匿之家概治之，及印子鋪賭場俱宜禁治。自今犯者，其房舍没官，治以重罪。

（明）應檟《讞獄稿》卷四《池州寧國徽州等處公審疏》 〔嘉靖十年〕壹名汪廣，該直隸徽州府婺源縣見監，係本縣民。該監故查清招：嘉靖十年三月十七日，本府休寧縣見監程文，未獲汪啓，各不合向清與在官程保、程玉、方喜林説同打劫，清等各不合聽允。本月二十四日清説有十二都汪釗發積，我與在官汪廣相熟，未到妻趙氏又與通姦，此人家可以窩主。各到汪廣家屬説前情，汪廣亦不合報説這幾日汪釗不在家，去劫不妨。令妻煮飯與喫。是夜二更時分，清與程文、程保、程玉、方喜林、汪啓共劫出銀兩衣服等件分散，清與程保、程玉共分得銀一十九兩三錢，止將烏銀壓鬢一條，重二錢九分，小黄紵絲褶一件，付清，轉與汪廣接受。事發，本縣問議：查清、程玉、程保、方喜林，强盜得財；汪廣，强盜窩主分贓，俱斬罪。詳允。查清、程玉、程保、方喜林各監故，汪廣監候。臣等會審得：汪廣情已無異，但性本愚騃，素無知識，助惡之言，雖在於查清等未上盗之先，實在於查清等已成謀之後，初未見其有造謀、共謀之情。況因妻誨淫，致寇入門，雖有分受微贓，原無上盗兇迹。改盗後分贓之罪，固爲輕縱；依窩主分贓之刑，又似過重。必欲稱允於廷中，須當酌量於法外。

中國第一歷史檔案館《滿文老檔》天命八年正月 〔初一〕撫順額駙、西烏里額駙，往遷南海沿岸户口時，懸牌告示。其書曰：我奉汗命動身前來，派遣遊擊官員查其躲避之人，如有投親者，即將該村某人家中來丁情形，告知尋查遊擊。若無親戚，可由該村千長、百長將來本村之男丁或千或百、或十或一等情，告知尋查遊擊。若係遷移時逃往他村之人，則自行告知尋查遊擊。如此申報之後，仍行遣往應遣之地，則無罪。若此次尋查時隱匿不報，被人訐發或被查獲，則治逃人以潛逃罪，其收留之人治以盗人罪，二户皆作俘虜而爲奴。其不遷移之各屯人，仍照舊例，各往當迎之地迎之，及應送之地送之。

李駙馬曰：查人之衆官員：爾等當念汗豢養之恩，誠心效力，詳查逃人。凡人勿徇私情，勿取財帛。倘違我言，不妥加尋查，取財受賄，一旦聽聞，則奏汗而殺之。

中國第一歷史檔案館《滿文老檔》天命八年六月 二十六日，都堂致諸千總書曰：前頒告示云：凡地方之人皆詳查各所轄之衆。倘往他處，則所往之人及容納逃人之人，皆賊也。故抄没容納者之家産，使逃人爲奴等語。復州城，原計有七千男丁。據復州之人來此首告稱：復州城比原計七千男丁多出一萬一千男丁。由彼方來之奸細業已受書，其地方之人皆欲叛去等情。首告之言無信，故遣大貝勒往察。經查，男丁果然比原數多一萬一千，且將所有之糧，皆做成炒麵。叛情屬實，故將復州人殺之。各地之人，倘似復州隱匿額外人口，亦照此例。爾千總當詳察所轄之人，其人名皆録於册内。所計之數〔原檔殘缺〕終一次報來。爾千總所轄之人，若往他處，爾查明執之，其窩主之家産，分爾一半，其逃人亦給爾。倘爾容納他人，爲其主查獲，亦按此例將爾治罪。

中國第一歷史檔案館《滿文老檔》天聰二年十月　初九日，汗下詔書諭敖漢、奈曼、巴林、扎魯特部諸貝勒，曰：聞各處來歸之逃人，爾等要而殺之等語。嗣後，遇有來歸之逃人，其諸貝勒明知而殺者，則罰民十户。諸貝勒不知，而下人殺者，殺身抵命，並以其子妻爲奴。旁人前來首告，即將首告之人，留養内地。再者，著爾諸部周圍，妥設哨卒。

中國第一歷史檔案館《滿文老檔》天聰五年五月　初四日，敖漢、奈曼、巴林、扎魯特諸部爲書立法云：逃人無論從何方來，貝勒等若殺之，則罰十户諸申。若係平民殺之，誅其身，奪其妻子、牲畜，爲俘。凡人告訐殺害逃人者，將告訐之人斷出。貝勒若不遣人出哨，罰牛五；庶人不出哨，各罰牛一。

中國第一歷史檔案館《滿文老檔》天聰五年十二月　二十一日，遣使者往蒙古。遣拜里往孫杜稜、班迪衛征、達拉海塞桑、薩揚墨爾根、巴木布楚呼爾、東戴青等處，闢堆往達賴楚呼爾、達喇額克、海色巴圖魯、四字部落等處，孫達里往巴林、葉蘇特、哈喇車里克、喀喇沁、土默特部諸台吉塔布囊等處，鄂齊圖往敖漢、奈曼及扎魯特部右翼、左翼等處。此四人所齎書云：汗諭曰：管旗諸台吉等，攜所有交换之罪人，即於正月初六日，集於四子部落處。倘有如期不來齊集者，則盟長等令其下馬，再遇馳驛之時，令台吉等自乘幼馬，令其餘罪人仍乘牛、駝，切勿勞累壯馬。明火執杖大盗有幾何，均執之攜來。倘有隱匿賊犯，或縱令逃跑者，則罪其主。

中國第一歷史檔案館《滿文老檔》天聰六年二月　初三日，下書曰：兵部貝勒奉汗命諭諸申及蒙古屯撥什庫曰：據聞行路之人夜宿或因小事經過，必索工錢等語。今後索工錢者罪之。若不容宿而凍死者，則償其人。至獨身行路之人，令詳查之，若查出者係逃人，仍以擒獲逃人例給賞。倘不詳查獨行之人，其人出爾家後，爲他人擒獲，仍以容納逃人例罪之。

中國第一歷史檔案館《清初内國史院滿文檔案譯編》崇德三年正月　二十五日，葉辰旗額布根家莊頭馬山車七輛、胡希塔牛録下安泰家車三輛、蘇巴泰牛録下陳胡子車一輛，共車十一輛，人十一名往割蘆葦，時杜雷旗格巴庫牛録下撥碩庫古默陳駐牛莊提守臺門，葉克舒牛録下駐哨專達畢西二人，索取黄豆四斗，遣哨卒三名送之出門，額布根家漢丁一名自割葦處逃走。於是，邊門撥碩庫古默陳、駐哨專達畢西，以受工錢送之出門，論死，償還所逃之人。送之出門之三人應各鞭一百，貫雙耳，授工錢者馬山、陳胡子應各鞭八十，貫雙耳，奏聖汗以聞，上命葉克舒牛録下駐哨專達畢西、格巴庫牛録下古默陳免死，各鞭一百，貫雙耳。隨車前往之科科牛録下什德納，楚庫巴圖魯牛録下諾希、格巴庫牛録下本希俱免貫耳，各鞭一百，授工錢之馬山、陳胡子俱免貫耳，各鞭八十，畢西、古默陳、馬山、陳胡子四人，償還逃人入官。

中國第一歷史檔案館《清初内國史院滿文檔案譯編》崇德三年五月　〔初十〕正白旗李天魁牛録下分得撥碩庫修吉文，爲本旗牛録下闢英澤、修延期、張奇三人訐於法司曰：修吉文匿其一丁，未載於册，未繳丁銀。審實，修吉文遂鞭三十，罰丁銀五兩入官，牛録章京李天魁失察，坐以應得之罰。

中國第一歷史檔案館《清初内國史院滿文檔案譯編》崇德三年六月　初七日，固倫額駙蘇郎屬下人霍吉和禮班第往正白旗諾言姆圖牛録下古門家中隱留四年。法司審實。霍吉和禮班第應論死，窩藏之古門亦應論死，牛録章京諾姆圖知而容留，應革職，鞭一百，奏聞。上命：霍吉和禮班第無罪開釋，由承政尼堪交付蘇朗之巴達瑪。免古門死。鞭八十，貫耳，罪銀九兩，分爲兩份，一份四兩五錢入官，一份四兩五錢給蘇朗。諾姆圖罰以規定之罪。

中國第一歷史檔案館《清初内國史院滿文檔案譯編》崇德三年七月

二十日，拜音圖旗下厄爾格圖家漢人男子一名、朝鮮婦女一口，盜銀碗一個、匙子一個，攜馬二匹以逃，鑲藍旗孫塔牛録下莽堅於邊内獲之，問固山額真拜音圖，何不令追，對云：吾實未念及追，無言相答。半數官員議拜音圖身任固山額真，既聞逋逃乘馬遁去，何不即令章京等追之？此事尚不念及，豈能成就大事？應免其固山額真任，坐以應得之罪。半數官員議逃人出逃，皆欲奔他國耳，不拘未念及之言，凡事之怠忽，皆如此耳。應留其固山額真任，罰銀百兩。巴雅喇甲喇章京丹代，訥爾特依、阿禮哈超哈甲喇章京翁噶代、喀喀穆、龔滾等五人身爲甲喇章京、固山額真未念及此，何不各陳所欲以追之耶？俱坐以應得之罪。巴爾泰爲甲喇章京，委以部任，未令部人追之，應解部任，坐以應得之罪。厄爾格圖將逃人於莽堅所獲之地即行割耳，身爲部啓心郎，違法擅自割耳，應坐以應得之罪。珠瑪拉、達成奏聞，上命所議赴諸王、貝勒、貝子、固山額真聚所告之。遵命即告諸王、貝勒、貝子、固山額真。諸王、貝勒、貝子、固山額真等議：固山額真拜音圖未念及此，甚屬昏庸，切責而治以應得之罪。巴爾泰應解部任，治以應得之罪。諸甲喇章京應責而免罪。奏聞，上命拜音圖責而治以應得之罪，巴爾泰留部任，治以應得之罪，甲喇章京五員俱免應得之罪，厄爾格圖免其應得之罪，逃人巴哈塔處死，婦女鞭五十，割腳懶筋取被誅者之衣，婦女之工錢二兩，兩匹馬之工錢，每匹二兩，悉以交與莽堅。

中國第一歷史檔案館《清初内國史院滿文檔案譯編》崇德三年七月

〔二十五日〕阿代旗諸木圖牛録下昆圖輝及吴賴旗袞楚斯牛録下喇希泰，毁柵而逃，爲正藍旗諾爾博旗下駐邊臺之納海所獲，經審果實，遂擬昆圖輝論死，喇希泰鞭一百、貫兩耳，繞柵示衆後釋之。奏聞，上命昆圖輝免死，昆圖輝、喇希泰各鞭一百、貫耳，攜至法庫門，沿柵向西蒙古各屯示衆，至屏城邊門釋之。

中國第一歷史檔案館《清初内國史院滿文檔案譯編》崇德三年八月

〔初八日〕譚泰旗阿哈廉牛録下逃亡新滿洲，原在福喀牛録。後以逃人交付阿哈廉牛録時，户部理事官喀愷謂阿哈廉曰：嗣後，或逃亡或爲亂，惟爾是問。阿哈廉對曰：我屯與福喀屯，相隔五十里，我曾令本牛録安朱虎監視四五宿。阿哈廉設人監視四五宿，甚屬疏忽，此一也。新滿洲之妻，亡故安葬後，阿哈廉奪其家産，給與他人，此二也。以此二罪，議阿哈廉應罰銀五十兩。亡妻之齊發漢留於屯。牛録章京遣人攜之來，牛録章京阿哈廉謂之曰：爾留於此，俟我還再議爲爾配妻事。言畢往修路之地，後分得撥碩庫私遣之往。此一也。前往屯裏收新滿州馬匹，知逃亡烏克星額有馬匹而未之收，此一也。以弓一張、銀十兩買烏克星額馬匹。若欲買馬，可向他人購，爲何私購耶？爲何給新附之人以弓耶？此一也。見有人搭帳居於屯外，何不收之入屯耶？此一也。以此四事，議分得撥碩庫察楚應鞭一百，貫耳鼻，解分得撥碩庫任，償還所購馬匹及逃人攜去之馬匹。安朱虎，以專司監守，未收屯外居民，未收新滿洲馬匹，應鞭五十。福喀牛録下屯撥碩庫音泰，以一同逃亡婦女自屯邊回告遁走，追至中途而歸，應鞭一百。同往追趕之阿希譚、尼堪應各鞭二十七。追趕逃人之伊希達、伊喇尼以上曾命勤奮行事，然違命怠玩，追之不遠，未獲二男三女，一馬而還，應各鞭五十。首犯應論死，三男三女各鞭五十，割腳懶筋，奏聞，上曰：此逃人乃松花江地方人也。先時，王山叔及車爾格依率兵往征，獲而復令脱逃，因王山、車爾格依坐罪，革職，數次往征，未獲其同黨分得力，爲察爾納獲之來，其子女先後獲之一二人攜來。吴星格、齊發漢，朕曾諭英俄爾代、馬福塔召逃人烏克星額、齊發漢來見，朕其識認等語。以其在屯，或以其病，推辭一二次，終未引見。今將其安置松山府地方，抑或遁走，雖爲新滿洲，豈可視之爲一耶？固山額真譚泰視察愛養安置此等人事宜，而其視察者何耶？户部人等知此，何故安置於夫和希庫地方？阿哈廉應罰之銀五十兩，改罰譚泰二十兩，馬福塔二十兩，喀愷十兩。命纛章京龔噶代阿格、圖賴、理事官薩壁圖、副理事官伊禮布諭諸王、貝勒、貝子、固山額真等，嗣後人人念之於懷，銘之於心。復命逃人不必治罪，訓飭而釋之。分得撥碩庫察楚鞭一百，貫耳鼻，償還所買馬匹及逃人攜去之馬匹，解分得撥碩庫任。安朱虎鞭五十。福喀牛録下音泰鞭一百，尼堪鞭二十七，伊希達、伊喇尼鞭責不準贖，伊喇尼鞭五十。

中國第一歷史檔案館《清初内國史院滿文檔案譯編》崇德三年八月

十一日，正黃旗阿哈廉牛録下新滿洲逃去，吏部遣官追緝。因鑲藍旗鑲黃旗該直，遂僉派鑲藍旗海塞，又因鑲黃旗無官，僉派鑲白旗滿都户，以海塞、滿都户懦弱，另選次班正紅旗伊希達、鑲白旗伊喇尼往追，有吏部筆帖式圖爾寨牛録下莫羅渾告本旗伊希達曰：此非我旗班次，乃代鑲藍旗班次遣爾也。伊希達遂以其言往告禮親王。王遣人謂阿拜阿格曰：别旗班次，何遣我伊希達？伊希達係有罪之人，欲令其從軍攻城。又於郡王阿達禮府宴會時，禮親王謂睿親王曰：遣我旗之人代别旗班次，豈不冤乎？睿親王遂以其言於會議處告於諸親王、郡王、貝勒、貝子、固山額真、議政大臣，共議之曰：凡爲此差遣官員，該部酌情僉派，爾不悅部員僉派，欲另立一部耶？禮親王應罰銀五千兩，奪其五牛録屬員。伊希達在王前讒言，應論死。筆貼式莫羅渾身在部，以部人所言，私告於伊希達，應論死。奏聞，上命禮親王年老妄言，姑宥其罪，伊希達處死，筆帖式莫羅渾鞭一百，貫耳鼻，解部任，由諸親王、郡王、貝勒、貝子、固山額真、議政大臣共審之。

中國第一歷史檔案館《清初内國史院滿文檔案譯編》崇德三年八月

二十一日，鑲紅旗庫爾果禮爲本牛録戴木布禄赴法司首告隱匿本牛録男丁九名。審訊，匿三人是實，以一丁與本旗達楊阿牛録下筆帖式途勒希合謀銷名，企圖逃罪。遂擄其丁至，户部承政英俄爾岱觀之，言此丁非銷名者，筆帖式聞之懼，私撕檔册三頁棄之。法司審實，議庫爾果禮罷管牛録，鞭一百，罰匿丁四人銀，筆帖式途勒希塗改撕毁檔册，應論死，編審壯丁分得撥碩阿爾泰、小撥碩庫喀木布祿應鞭責，罰壯丁銀各二十兩，首告應斷出，奏聞，上命庫爾果禮鞭一百，罰銀三十三兩三錢折贖，以銀十兩入官，仍管牛録。筆帖式途勒希免死，鞭一百、貫鼻一耳、割一耳、解部任。分得撥碩庫阿爾泰、小撥碩庫喀木布祿各鞭三十。至隱匿四丁銀，庫爾果禮罰二十兩，阿爾泰罰二十兩，喀木布祿罰二十兩，以該項銀六十兩分爲三，其二份四十兩入官，一份二十兩給原告戴木布禄。又命户部副理事官鐘古，將所匿四男丁登記於牛録檔册，其首告斷出，安置於尼堪貝子旗。

中國第一歷史檔案館《清初内國史院滿文檔案譯編》崇德四年八月

二十八日，納貢之庫爾喀叛入熊島，上命朝鮮國發兵討伐，擒叛首加哈禪。額益都里至，訊其叛逃緣故，言康古禮、喀克篤禮、車齊克墨爾根、薩爾糾等謀從朝鮮逃入熊島，約令我等叛逃。事下法司鞫訊，叛逃是實。遂議謀叛之康古禮、喀克篤禮子塞古德、昂阿昂邦、禧福、濟闌、賴塔、賴他庫、莽塞、馬噶丹、洪科等俱應奪其奴僕並屬人。車齊克墨爾根之子精珠應革職，奪其奴僕。其同謀共逃之薩爾糾、班布里應論死，籍其家。奏聞，上命：將馬噶丹、昂阿昂邦、禧福、濟闌、莽塞、賴塔、賴他庫等之漢人男婦、馬、牛、驢、騾、羊、山羊分爲三份，奪其二份，交户部，一份給原主。馬噶丹革職。精珠革職，免奪奴僕。塞古德與其父喀克篤禮首倡叛事不實，又與其父素不相篤，嗣後爾當奮勉作戰，免罪。班布里亦免罪。又薩爾糾一案，先遣班布里與加哈禪同行時，薩爾糾曾言：班布里此行，必與加哈禪叛逃不返。對此，上曰：户部承政英俄爾岱，爾等延誤未奏。薩爾糾前言是也，無罪開釋。

中國第一歷史檔案館《清初内國史院滿文檔案譯編》崇德三年九月

初六日，正白旗包衣牛録章京伊拉木所管莊頭裘二將一丁隱匿未上册。牛録章京伊拉木罰以規定之銀十五兩，又罰隨丁銀五兩。

中國第一歷史檔案館《清初内國史院滿文檔案譯編》崇德三年十月

三十日，鑲黄旗俄木索科牛録下拜褚和首告俄木索於刑部：俄木索科隱丁二十六人，未納官賦，又令其跟役帶守城之披甲楊薩阿、烏申得去無甲軍中。經審，隱十六丁是實，其餘十丁是虛。跟役帶守城甲士楊薩阿去無甲軍中是實，所云帶烏申得一事是虛。遂議俄木索科應加倍罰以規定之罪，罰隨丁銀八十兩。分得撥什庫塔克通阿鞭三十，罰隨丁銀八十兩。小撥什庫布揚阿鞭三十，罰隨丁銀八十兩。村撥什庫杜拉什鞭三十，罰隨丁銀八十兩。本旗衛齊，爾身爲城守章京，竟將守城甲士楊薩阿遣去，亦罰以規定之罪。

中國第一歷史檔案館《清初内國史院滿文檔案譯編》崇德七年九月

〔初二日〕懷順王屬下石名雄、易崇寧、劉成遇、曾法孔、胡雲鸞等訐告懷順王曰：擄來松山人三十二名，塔山人十二名，隱匿未報。又杖斃陳舜田。又憾胡雲鸞訐告，仇責之。又馮有時係逃犯，正法後，懷順王收其尸，歲祭之。法司審實，議懷順王應革王爵，罰銀三千兩。奏聞，上命其隱匿松山、塔山人、仇責胡雲鸞、杖斃陳舜田諸罪俱免，唯以胡雲鸞所告歲祭馮有時一節，罰銀千兩，以銀五百兩入官，餘五百兩，給恭順王二百五十兩，給智順王二百五十兩，首告胡雲鸞斷出，交付户部，其餘四名首告，均不足議，未令斷出。

《清代檔案史料叢編・圖海題張維風窩隱人犯事本》　順治十二年十月十一日，太子太保、弘文院大學士、刑部尚書臣圖海等謹題，爲審明窩隱人犯事。

山東清吏司案呈，奉本部送刑科抄出兵科外抄，兵部督捕左侍郎吴達禮等題前事内開，職方督捕司案呈，奉本部送據清平縣知縣孫世杰申稱，據莊頭劉騰蛟稟稱，有鑲白旗拉打紅牛録家逃人一名李得仁、老婆孩子，在魏家灣地方張家莊居住。等情。具稟到縣。據此，隨差快手張應禎將逃人李得仁等拿獲到官，細加嚴審。據李得仁供稱：係鑲白旗拉打紅家人，於順治七年六月内帶家眷逃走，至清平縣張家莊張維風家居住，後被拿獲，原拿主子家莊頭婦人的銀簪子三根、手鐲一副、戒指四個，在連窩共换了銀子六兩花費訖。等情。供吐在卷。據此。隨將一干人犯申解到部，送司。奉此。

該本司審據逃人李得仁供稱：係鑲白旗那都虎牛録下付勒黑蝦家人，於順治六年帶妻高氏、子小有，逃在張家莊王少禮家住了一年，從他家出來，到張貴時家住了二年，從張貴時家出來，到張維風家住了三年，將我拿獲是實。審據張維風供稱：逃人不曾在我家住過三年，原住了一年。又問拿獲之時，從誰家拿獲？據供：在我家拿獲是實。等情。案呈到部。復審無異。據此。該臣等看得，逃人李得仁兩口子，已經各鞭一百歸主外，子小有年係十一歲，已經免責。張維風隱匿情真。例應正法，今張維風已經病故，無容再議。仍行文該縣，提取窩犯張維風人口房地家産册，並兩鄰地方人口家産房地册，到部之日，窩犯人口房地家産册入官，其兩鄰地方各責四十板押同徙發，房地册咨送户部，行該縣將十家長責四十板。清平縣知縣孫世杰，查解逃人，相應記檔。等因。於順治十二年八月二十八日題，本月二十九日奉旨：刑部核議具奏。欽此欽遵。抄部送司。奉此。

該理事官薩木彩、署司事主事賀繩烈核議呈堂。復議無異。該臣等看得，張維風將逃人李得仁並妻高氏、子小有隱住情真，例應擬絞，既已病故，無庸再議。餘復無異，仍照督捕議。

緣係審明窩隱人犯事，未敢擅便，謹題請旨。

批紅：依議。

四川省檔案館《清代巴縣檔案彙編・拐販賣人口・乾隆三十三年四月二日唐萬用稟狀》　爲獲奴送案，懇追領結事。

緣蟻主坐補甘肅凉州府平番縣知縣劉伸，有家奴錢萬榮，於乾隆三十年臘月背主潛逃，經家人王應龍報明憲天，並呈繳伊妻子在案。

三十一年二月，突被丁凱以萬榮掣酒具控。蒙恩押追，不意在衙脱逃，至今未蒙追還身價，給領妻子。今萬榮已被拿獲，特送天轅，祈追身價錢二十餘千文，飭伊領妻李氏並子大娃，頂感無暨。爲此，稟乞太老爺臺前府準施行。

縣正堂批：查錢萬榮現在赤貧，無追，準先將李氏母子交伊親領，其身價另候勒追可也。

（清）林則徐《林則徐集》奏稿八《永順縣拏獲習教之人片道光十七年十一月二十七日》　再，逆匪藍沅曠案内傳教之程孔固等犯，尚未獲案。經臣疊飭文武嚴密訪拏，並於巡閲時經過湖南各屬，遇有要隘地方及向來私梟匪類出没處所，均飭營縣加意嚴防。又因鎮筸營屯兵丁練勇差使較爲勤奮，當與該管鎮筸鎮總兵楊芳、辰沅道王簡酌商，派委員弁，分帶兵勇，赴各要口巡緝私鹽，查拏逸匪，如有獲犯，逕即稟報去後。

兹據辰沅道王簡稟，據派往永順縣王村要口之外委邢正倫稟稱：風聞溶田地方民人熊文政家窩留面生之人，習爲邪教，藏有邪書器械，當帶練勇前往，將習教人犯及邪書器械一並拏獲，交王村巡檢解審。該道當飭永順府督縣勘審等情。

臣查民人熊文政家，膽敢窩留習教匪犯，藏匿邪書器械，實屬不法，難保非即程孔固等案内習教之犯。雖已據報拏獲，而該弁等未敢訊供，其邪書係何語句，器械究有若干，均未訊明，恐現稟情形尚有不實不盡，必須澈底究辨，以期淨絶根株。臣現已密委武昌府同知陳天澤馳往勘訊稟覆，倘究出別有重情，即當提省審辨，斷不許稍有諱縱。所有據稟拏獲習教人犯緣由，合先附片奏聞，伏祈聖鑒。謹奏。

背禮棄義分部

論說

《孝經注疏》卷六《紀孝行章》 子曰：五刑之屬三千，而罪莫大於不孝。五刑謂墨、劓、剕、宮、大辟也。條有三千而罪之大者，莫過不孝。要君者無上，君者，臣之稟命也，而敢要之，是無上也。非聖人者無法，聖人制作禮樂而敢非之，是無法也。非孝者無親。善事父母爲孝，而敢非之是無親也。此大亂之道也。言人有上三惡，豈唯不孝，乃是大亂之道。

疏：子曰至道也。《正義》曰五刑者，言刑名有五也。三千者，言所犯刑條有三千也。所犯雖異，其罪乃同。故言之屬，以包之，就此三千條中。其不孝之罪尤大，故云而罪莫大於不孝也。凡爲人子，當須遵承聖教，以孝事親，以忠事君。君命宜奉而行之，敢要之是無心遵於上也。聖人垂範當須法則，今乃非之，是無心法於聖人也。孝者，百行之本，事親爲先。今乃非之，是無心愛其親也。卉木無識，尚感君政；禽獸無禮，尚知戀親，況在人靈，而敢要君，不孝也，逆亂之道，此爲大焉。故曰此大亂之道也。【略】云條有三千而罪之大者莫過不孝者。案《周禮》司刑掌五刑之法，以麗萬民之罪。墨罪五百，劓罪五百，宮罪五百，剕罪五百，殺罪五百，合二千五百。至周穆王乃命吕侯入爲司寇，令其訓暢夏禹贖刑，增輕削重，依夏之法，條有三千。則周三千之條首自穆王始也。《吕刑》云墨罰之屬千，劓罰之屬千，剕罰之屬五百，宮罰之屬三百，大辟之罰其屬二百。五刑之屬三千。言此三千條中，罪之大者，莫有過於不孝也。案舊注說及謝安、袁宏、王獻之、殷仲文等皆以不孝之罪，聖人惡之，云在三千條外。此失經之意也。案上章云三者不除，雖日用三牲之養，猶爲不孝。此承上不孝之後，而云三千之罪莫大於不孝，是因其事便言之，本無在外之意。案《檀弓》云子弑父，凡在官者，殺無赦。殺其人，壞其室，洿其宮而豬焉。即云學斷斯獄，則明有條可斷也。何者？《易・序卦》稱有天地，然後萬物生焉。自屯蒙至需訟即争訟之始也。故聖人法雷電以申威刑，所興其來遠矣。唐虞以上，《書傳》靡詳，舜命皋陶有五刑。五刑斯著。案《風俗通》曰，皋陶謨是虞時造也，及周穆王訓夏，里悝師魏，乃著《法經》六篇，而以盜賊爲首。賊之大者，有惡逆焉。決斷不違時，凡赦不免。又有不孝之罪，並編十惡之條，前世不忘後世爲式，而安、宏不孝之罪不列三千之條中，今不取也。

（清）惠棟《周易述》卷四《離》 不孝之罪，五刑莫大。燒殺棄之，不入于兆也。

疏：【略】《孝經》曰：五刑之屬三千，而罪莫大於不孝。故云不孝之罪，五刑莫大焉。如淳曰：焚如、死如、棄如者，謂不孝子也。不畜於父母，不容於朋友，故燒殺棄之。《周禮・秋官・掌戮》曰凡殺其親者，焚之。故鄭氏謂焚如。殺其親之刑，刑人之喪，不居兆域，不序昭穆。故燒殺棄之，不入于兆也。《說文》曰棄，捐也。從㐬。㐬，逆子也。此倉頡制字之義也。四所以取義於子者，火有養母之法，《白虎通》曰子養父母何法，法夏養長木。是以荀爽對策曰：離在地爲火，在天爲日。在天者，用其精，在地者，用其形。夏則火王，其精在天。温暖之氣，養生百木，是其孝也。冬時則廢，其形在地。酷烈之氣，焚燒山林，是其不孝也。蓋其義矣。

（清）王聘珍《大戴禮記解詁》卷九《虞戴德》 子曰：可哉！雖可而弗由，此以上知所以行斧鉞也。班，徧也。由，從也。上知，謂賢聖之君。斧鉞，軍戮也。《魯語》曰：大刑用甲兵，其次用斧鉞。父子於子，天也；君之於臣，天也。有子不事父，有臣不事君，是非反天而到行邪？故有子不事父，不順；有臣不事君，必刃。順天作刑，地生庶物。到，逆也。不順者，大逆也。刃，謂斧鉞刀鋸之刑。順天作刑者，《王制》曰：凡制五刑，必即天論。鄭注云：必即天論，言與天意合。地生庶物者，刑以順天，亦以法地，殺之所以生之。《孔子閒居》曰：地載神氣，神氣風霆，風霆流形，庶物露生，無非教也。王符《潛夫論・述赦》云：養稊稗者傷禾稼，惠姦宄者賊良民。《書》曰：文王作罰，刑茲無赦。先王制刑非好傷人肌膚，斷人壽命，乃以威姦懲惡，除民害也。

（漢）桓寬《鹽鐵論》卷五《孝養》 文學曰：善養者不必芻豢也，善供服者不必錦綉也。以己之所有盡事其親，孝之至也。故匹夫勤勞，猶足以順禮；歠菽飲水，足以致其敬。孔子曰：今之孝者，是爲能養，不敬，何以別乎？故上孝養志，其次養色，其次養體。貴禮，不貪其養，禮順心和，養雖不備，可也。《易》曰：東鄰殺牛，不如西鄰之禴祭也。故富貴而無禮，不如貧賤之孝悌。閨門之內盡孝焉，閨門之外盡悌焉，朋友之道盡信焉，三者，孝之至也。居家理者，非謂積財也，事親孝者，非謂鮮肴也。亦和顔色，承意盡禮義而已矣。

丞相史曰：八十曰耋，七十曰耄。耄，食非肉不飽，衣非帛不暖。故孝子曰甘毳以養口，輕暖以養體。曾子養曾皙，必有酒肉。無端絻，雖公西赤不能以養爲容。無肴膳，雖閔、曾不能以養卒。禮無虚加，故必有其實然後爲之。父子，與其禮有餘而養不足，寧養有餘而禮不足。夫洗爵以盛水，陞降而進糲，禮雖備，然非其貴者也。

文學曰：周襄王之母非無酒肉也，衣食非不如曾皙也，然而被不孝之名，以其不能事其父母也。君子重其禮，小人貪其養。夫嗟來而招之，投而與之，乞者猶不取也。君子苟無其禮，雖美不食焉。故禮：主人不親饋，則客不祭。是饋輕而禮重也。

丞相史曰：孝莫大以天下一國養，次禄養，下以力。故王公人君，上也；卿大夫，次也。夫以家人言之，有賢子者當路於世者，高堂邃宇，安車大馬，衣輕暖，食甘毳。無厭者褐衣皮冠，窮居陋巷，有旦無暮，食荈糲者葷茹，膢臘而後見肉害。老親之腹非唐園，唯菜是盛。夫荈糲，乞者所不取，而子以養親，雖欲以禮，非其貴也。

文學曰：無其能而竊其位，無其功而有其禄，雖有富貴，由跖、蹻之養也。高臺極望，食案方丈，而不可謂孝。老親之腹非盗囊也，何故常盛不道之物？夫取非有非職，財入而患從之，身且死禍殃，安得膢臘而食肉？曾參、閔子無卿相之養，而有孝子之名；周襄王富有天下，而有不能事父母之累。故禮菲而養豐，非孝也。凉囷而以養，非孝也。

丞相曰：上孝養色，其次安親，其次全身。往者陳餘背漢，斬於泜水，五被邪逆，而夷三族。近世主父偃行不軌而誅滅，吕步舒弄口而見戮。行身不謹，誅及無罪之親。由此觀之，虚禮無益於己也。文實配行，禮養俱施，然後可以言孝。孝在於質實，不在於飾貌，全身在於謹慎，不在於馳語也。

文學曰：言而不誠，期而不信，臨難不勇，事君不忠，不孝之大者也。孟子曰：今之士，今之大夫，皆罪人也。皆逢其意以順其惡。今子不忠不信，巧言以亂政，導諛以求合。若此者，不容於世。《春秋》曰：士守一不移，循理不外援，共其職而已。故卑位而言高者，罪也，言不及而言者，傲也。有詔公卿與斯議，而空戰口也。

《宋書》卷六四《何承天傳》 謝晦鎮江陵，請爲南蠻長史。時有尹嘉者，家貧，母熊自以身貼錢，爲嘉償責。坐不孝當死。〔何〕承天議曰：被府宣令，普議尹嘉大辟事，稱法吏葛滕籤，母告子不孝，欲殺者許之。法云，謂違犯教令，敬恭有虧，父母欲殺，皆許之。其所告惟取信於所求而許之。謹尋事原心，嘉母辭自求質錢，爲子還責。嘉雖虧犯教義，而熊無請殺之辭。熊求所以生之而今殺之，非隨所求之謂。始以不孝爲劾，終於和賣結刑，倚旁兩端，母子俱罪，滕籤法文，爲非其條。嘉所存者大，理在難申，但明教爰發，矜其愚蔽。夫明德慎罰，文王所以恤下；議獄緩死，《中孚》所以垂化。言情則母爲子隱，語敬則禮所不及。今捨乞宥之評，依請殺之條，責敬恭之節，於飢寒之隸，誠非罰疑從輕，寧失有罪之謂也。愚以謂降嘉之死，以普春澤之恩；赦熊之愆，以明子隱之宜。則蒲亭雖陋，可比德於盛明；豚魚微物，不獨遺於今化。事未判，值赦並免。

《魏書》卷一八《臨淮王傳》 孝友又言：今人生爲皂隸，葬擬王侯，存没異途，無復節制，崇壯丘壠，盛飾祭儀，隣里相榮，稱爲至孝。又夫婦之始，王化所先，共食合瓢，足以成禮，而今之富者彌奢，同牢之設，甚於祭槃。累魚成山，山有林木，林木之上，鸞鳳斯存。徒有煩勞，終成委棄，仰惟天意，其或不然。請自兹以後，若婚葬過禮者，以違旨論，官司不加糾劾，即與同罪。

《北史》卷三三《李孝伯傳》 瑒字琚羅，涉歷史傳，頗有文才，氣尚豪爽，公强當世。太師、高陽王雍表薦瑒爲友。時人多絶户爲沙門，瑒上言：三千之罪，莫大於不孝，不孝之大，無過於絶祀。安得輕縱背禮之情，而肆其向法之意；缺當世之禮，而求將來之益；棄堂堂之政，而從鬼教乎？沙門都統僧暹等忿瑒鬼教之言，以瑒爲謗毁佛法，泣訴靈太后。責之，瑒自理曰：鬼神之名皆是通靈達稱。佛非天非地，本出於人，名之爲鬼，愚謂非謗。靈太后雖以瑒言爲允，然不免暹等意，猶罰瑒金一兩。

（北齊）顔之推《顔氏家訓》卷六《治家》 夫風化者，自上而行於下者也，自先而施於後者也。是以父不慈則子不孝，兄不友則弟不恭，夫不義則婦不順矣。父慈而子逆，兄友而弟傲，夫義而婦陵，則天之凶民，乃刑戮之所攝，非訓導之所移也。

笞怒廢於家，則豎子之過立見；刑罰不中，則民無所措手足。治家之寬猛，亦猶國焉。

孔子曰：奢則不孫，儉則固；與其不孫也，甯固。又云：如有周公之才之美，使驕且吝，其餘不足觀也已。然則可儉而不可吝已。儉者，省約為禮之謂也；吝者，窮急不恤之謂也。今有施則奢，儉則吝；如能施而不奢，儉而不吝，可矣。

生民之本，要當稼穡而食，桑麻以衣。蔬果之畜，園場之所產；雞豚之善，塒圈之所生。爰及棟宇器械，樵蘇脂燭，莫非種殖之物也。至能守其業者，閉門而為生之具以足，但家無鹽井耳。今北土風俗，率能躬儉節用，以贍衣食；江南奢侈，多不逮焉。

梁孝元世，有中書舍人，治家失度，而過嚴刻，妻妾遂共貨刺客，伺醉而殺之。

世間名士，但務寬仁；至於飲食餉饋，僮僕減損，施惠然諾，妻子節量，狎侮賓客，侵耗鄉黨：此亦為家之巨蠹矣。

齊吏部侍郎房文烈，未嘗嗔怒，經霖雨絕糧，遣婢糴米，因爾逃竄，三四許日，方復擒之。房徐曰：舉家無食，汝何處來？竟無捶撻。嘗寄人宅，奴婢徹屋為薪略盡，聞之顰蹙，卒無一言。

裴子野有疏親故屬饑寒不能自濟者，皆收養之；家素清貧，時逢水旱，二石米為薄粥，僅得遍焉，躬自同之，常無厭色。鄴下有一領軍，貪積已甚，家童八百，誓滿一千；朝夕每人肴膳，以十五錢為率，遇有客旅，更無以兼。後坐事伏法，籍其家產，麻鞋一屋，弊衣數庫，其餘財寶，不可勝言。南陽有人，為生奧博，性殊儉吝，冬至後女婿謁之，乃設一銅甌酒，數臠麞肉；婿恨其單率，一舉盡之。主人愕然，俛仰命益，如此者再；退而責其女曰：某郎好酒，故汝常貧。及其死後，諸子爭財，兄遂殺弟。

婦主中饋，惟事酒食衣服之禮耳，國不可使預政，家不可使幹蠱；如有聰明才智，識達古今，正當輔佐君子，助其不足，必無牝雞晨鳴，以致禍也。

江東婦女，略無交遊，其婚姻之家，或十數年間，未相識者，惟以信命贈遺，致殷勤焉。鄴下風俗，專以婦持門戶，爭訟曲直，造請逢迎，車乘填街衢，綺羅盈府寺，代子求官，為夫訴屈。此乃恒、代之遺風乎？南間貧素，皆事外飾，車乘衣服，必貴整齊；家人妻子，不免饑寒。河北人事，多由內政，綺羅金翠，不可廢闕，羸馬顇奴，僅充而已；倡和之禮，或爾汝之。

河北婦人，織紝組紃之事，黼黻錦繡羅綺之工，大優於江東也。

太公曰：養女太多，一費也。陳蕃曰：盜不過五女之門。女之為累，亦以深矣。然天生蒸民，先人傳體，其如之何？世人多不舉女，賊行骨肉，豈當如此，而望福於天乎？吾有疏親，家饒妓媵，誕育將及，便遣閽豎守之。體有不安，窺窗倚戶，若生女者，輒持將去，母隨號泣，使人不忍聞也。

婦人之性，率寵子婿而虐兒婦。寵婿，則兄弟之怨生焉；虐婦，則姊妹之讒行焉。然則女之行留，皆得罪於其家者，母實為之。至有諺云：落索阿姑餐。此其相報也。家之常弊，可不誡哉！

婚姻素對，靖侯成規。近世嫁娶，遂有賣女納財，買婦輸絹，比量父祖，計較錙銖，責多還少，市井無異。或猥婿在門，或傲婦擅室，貪榮求利，反招羞恥，可不慎歟！

借人典籍，皆須愛護，先有缺壞，就為補治，此亦士大夫百行之一也。濟陽江祿，讀書未竟，雖有急速，必待卷束整齊，然後得起，故無損敗，人不厭其求假焉。或有狼籍几案，分散部帙，多為童幼婢妾之所點汙，風雨蟲鼠之所毀傷，實為累德。吾每讀聖人之書，未嘗不肅敬對之；其故紙有《五經》詞義，及賢達姓名，不敢穢用也。

吾家巫覡禱請，絕於言議；符書章醮亦無祈焉，並汝曹所見也。勿為妖妄之費。

（宋）張方平《樂全集》卷一二《不孝之刑》 臣聞五刑之屬三千，其罪莫大於不孝。《周官·司徒》以鄉八刑糾萬民，一曰不孝之刑，不孝於其親有能忠於其君者乎？有能睦於族姻者乎？有能義於朋友者乎？夫如是何有於民哉。故曰事親孝故忠可移於君。《詩》曰：孝子不匱，永錫爾類。王者張官布憲，訓民作極，必擇仁義之士，慈惠之師，所以教育元元導之以善，使民莊事而效法之也。若其身悖德禮，義愆庭闈，忠順兩虧，何以事上。涖官行法，民何則焉？故漢制郡國察舉，板其行狀，首曰：生事愛恭，喪没如禮。此漢之取士先其行之道也，夫親莫親於父母，愛莫愛於妻子。臣向覩邸報，竊見臣寮至有棄其母而不養，聞其没而不喪，或糟糠之伉儷纔仕宦而遣之，傷化敗倫，豈有甚此！且禄仕貴乎逮養，孝思至於終身，故累茵而坐，更起思親之感，三年之喪未報，免懷之重，同爨有服緦之恤，舊館有出涕之哀。況昊天之劬勞授我身之形氣，因心所至。蓋自然之義慈，跬步不忘，豈俟牽於禮律奚？衣冠之同處，曾蠻夷之不如相彼，虎狼尚知母子之愛，惟是梟蝮不禀陰陽之和，傷時人倫，汙我王道，且律文子詈父母者罪死。今夫生不養而没不哀，豈特一詈為惡之重乎？況不孝之刑十惡之首，非赦宥所解。臣謂必正叢棘之戮，肆諸市朝，投不毛之鄉，禦乎魑魅及聞乎有司，議辟但止乎停官罰金，臣竊悵然。惜賞刑之失也，伏以天下冠裳士人，鮮全孝友之行，率以宦游或緣婚媾，遂營卜乎田宅，輒輕去乎墳墓，苟思擇利而處，罔念首丘之仁。古者氏族各有流源，閭里繫乎圖版，一則賓舉自乎鄉里，一則忠孝考乎閥閲，轉徙僑寓，蓋由亂離，方我治朝，宜從土斷，豈有無故而去父母之國，獨善而委兄弟之親？臣實見之比比而是，流俗相習弗以怪，時議為常不以譏。節義所以陵遲，民德所以虧薄，此其玷陛下之風教，敗理世之體道，壞法侵紀，其損至大。臣伏乞應食禄之人父母在別無兄弟迎養而不養，没而匿不喪，父母在或因仕宦別營田業，雖父母亡没而鄉里有宗族墳墓，輒於別所立産而居者，無問貴卑並當削其官爵，投棄遐徼，雖經霈澤，不在原釋。諸當保任者，必先列此數條於舉狀，同贓私法連坐之。其父母俱亡未葬而求官，雖有明條率多冒犯，臣欲乞應居憂服闋，叙官日委，自本鄉及所居州郡官吏保明委已畢葬，即得與除叙。如此則中庸之人當循禮而後動，不義之子亦畏法而知懼，上敦王化，下厚人倫，固治道之本也。

（宋）李燾《續資治通鑑長編》宋神宗熙寧四年正月 丁未，降太子中允、權監察御史裏行林旦爲著作佐郎、知黄縣，薛昌朝爲大理寺丞、知宿遷縣。

先是，旦、昌朝言李定當爲所生母追服，不報。旦劾定：始則以侍養便爲行服之年，及聞朝廷議令追服，復稱仇氏非其所生，本末反覆，實避追服。伏以禮法二字，繫朝廷之大端，定既墮敗人倫，不能自請，尚冀朝廷申明以正薄俗，豈可曲徇定之私説，廢蔑大義復加擢用！又奏：按定初言，明知仇氏爲母，雖未行服，但嘗解官侍養，其情猶可恕者。因朝廷再加審詰，既避追服又懼得罪，遂作爲繆悠不可考實之言，冀爲終身之疑，内欺其心，上惑朝廷，此則天下之所共惡者。使定自請追服，猶未能逃名教之責，況朝廷覆問，言者紛紜，經涉時月，曾無一辭以請，安然自得，略無媿畏，便已背親，賊害忠孝，無甚於此。朝廷方且遷官進職，置在勸講，臣實不知其可也。又言：父子相隱，聖人以爲直。今李問閨門之私，郜氏、仇氏平時不正之偶，緣定之故，暴其宿醜，喧布朝野，彰父不義之惡，忘母所生之恩。又言：宰相王安石以定素出其門，力爲薦引，雖舊惡暴露，猶曲折蔽護，言事者敷陳義理，一不省顧。淮南轉運使劉瑾，定陰相交結，希合附會，故作疑辭，附下罔上，表裏欺蔽，致不孝之人擢爲君側。臣至中書，安石謂臣言：此事自出上意。臣聞古之事君者，善則稱君。今衆人知仇氏爲定母，安石獨以爲非；衆人知定爲不孝，安石獨以爲可。而昌朝亦言：仇氏死於定家，定已三十七歲，無有不知之理。人皆以定爲不孝，而安石獨以爲賢，定身負大惡，而安石置之勸講之地。蓋定素游其門，安石不顧是非，專欲取勝言者，故定合追服事理雖明，而猶再下淮南會問，淮南轉運司既憚安石之勢，又見中允恩命已行，遂不考實，作爲疑辭。安石不復質諸事理，便以上惑聖聽，使朝廷之上，經筵之間，寘一不孝之人，何以刑示天下？旦六疏，昌朝七疏，故有是命。

（宋）蘇軾《東坡全集》卷六三《乞改居喪婚娶條狀》 元祐八年三月日，端明殿學士兼翰林侍讀學士左朝奉郎守禮部尚書蘇軾狀奏。臣伏見元祐五年秋頒條貫，諸民庶之家，祖父母、父母老疾，謂於法應贖者。無人供侍，子孫居喪者，聽尊長自陳，驗實婚娶。右臣伏以人子居父母喪，不得嫁娶，人倫之正，王道之本也。孟子論禮色之輕重，不以所重徇所輕。喪三年爲二十五月，使嫁娶有二十五月之遲，此色之輕者也。釋喪而婚會，鄰於禽犢，此禮之重者也。先王之政，亦有適時從宜矣。然不立居喪嫁娶之法者，所害大也。近世始立女居父母及夫喪，而貧乏不能自存，並聽百日外嫁娶之法，既已害禮傷教矣。然猶或可以從權而冒行者，以女弱不能自立，恐有流落不虞之患也。今又使男子爲之，此何義也哉！男年至於可娶，雖無兼侍，亦足以養父母矣。今使之釋喪而婚會，是值使民以色廢禮耳，豈不過甚矣哉！《春秋》禮經記禮之變，必曰自某人始，使秉直筆者書曰：男子居父母喪得娶妻，自元祐始，豈不爲當世之病乎？臣謹按此法本因邛州官吏，妄有起請。當時法官有失考論，便爲立法。臣備位秩宗，前日又因邇英進讀，論及此事，不敢不奏。伏望聖慈特降指揮，削去上條，稍正禮俗。謹録奏聞。伏侯敕旨。

（宋）黎靖德《朱子語類》卷二四五《學・力行》 説修身應舉重輕之序，因謂：今有恣爲不忠不孝，冒廉恥，犯條貫，非獨他自身不把作差異事，有司也不把作差異事，到得鄉曲鄰里也不把作差異事。不知風俗如何壞到這裏，可畏！某都爲之寒心！

（宋）黎靖德《朱子語類》卷五七《孟子・離婁下》 孟子之於匡章，蓋怜之耳，非取其孝也。故楊氏以爲匡章不孝，孟子非取之也，特哀其志而不與之絶耳。據章之所爲，因責善於父母而不相遇，雖是父不是，己是，然便至如此蕩業，出妻屏子，終身不養，則豈得爲孝！故孟子言父子責善，賊恩之大者，此便是責之以不孝也。但其不孝之罪，未至於可絶之地爾。然當時人則遂以爲不孝而絶之。

（宋）黎靖德《朱子語類》卷一八二《本朝・法制》 宋莒公曰：應從而違，堪供而闕，此《六經》之亞文也。謂子不從父不義之命，及力所不能養者，古人皆不以不孝坐之。義當從而不從，力可供而不供，然後坐以不孝之罪。

（元）沈仲緯《刑統賦疏・第四韻》 親姑被出亦是親姑。凡人父出母或棄放母改醮他人，父爲義絶，爲子之道其可絶乎？是《鬪訟律》謂妻毆詈故夫祖父母父母者各減毆詈舅姑二等。問曰，子孫之婦，夫亡守志，其姑少寡改醮他人，或被棄放，此姑婦相犯者合得何罪。答曰，子孫身亡妻妾改嫁舅姑見在，此謂舅姑，今者姑雖被棄或以改醮他人，子孫之婦孀居守志，雖與夫家義絶，母子終無絶道，子既如母，其婦理亦如姑，姑雖適人，婦仍在室，理依親姑之法，不得同於舊舅姑。若夫之嫡繼慈養則不入此條。

直解：親姑雖被出嫁，婦亦事之如姑。

通例：太定二年七月，江浙省嘉興路申明龔端扎編服書云：夫爲人後者，其妻爲夫之本生舅姑。注云夫之生身父母也。義服大功，若夫先亡其婦猶服，故親姑被出卽是親姑，此之謂也，服制齊衰杖期，父卒母嫁，及出妻子爲母報服，亦同，大功九月，夫爲人後者，其妻爲本生舅姑。

（元）沈仲緯《刑統賦疏・第四韻》 繼母改嫁即非繼母。嘗聞以義合者義絶則離，以恩親者親缺則疏。人之繼母，以義合恩親也，故事之以周親之尊，若其父在被出，父沒改嫁，非獨義絶，而恩亦忘矣。蓋非父之配，禮同凡人也。故《鬪訟律》謂，告祖父母父母者絞。問曰，嫡繼慈母或被出或父卒後行，若爲科斷。答曰，嫡繼慈養依例雖同親母，被出改嫁，禮制便與親母不同，其改嫁者唯止服周，若犯此，母亦同。周親尊長被出者，禮既無服，并同凡人。

直解：人之繼母非父之配，既已改嫁禮同凡人。

通例：至元三十一年七月中書省奏：準不殺了後娘有犯那的道殺娘的休赦者，説有這的是殺了後娘的罪赦過，合赦了麽道，説得來有那的也，便是他的娘敲了呵，怎生奏呵敲了者。聖旨：了也，欽此。明同居繼母與親母并喪服一體論。

（元）沈仲緯《刑統賦疏・第五韻》 繼養恩輕於本生。律有親屬相隱之法，復有被殺私和之禁，盡親屬有罪不可告官，爲人所殺不可不告官也。《鬪訟律》，諸告祖父母父母者絞，注謂，非原坐之罪及謀叛以上而故告者。本條有云，卽嫡繼母殺其父及所養者殺其本生並聽告。疏議曰，嫡繼慈此三等母殺其父及所養父母殺其所生父母並聽告，若嫡繼殺其所生庶母亦不得告，故文但云殺其父者聽告。問曰，所生之母被出，其父更娶繼母，其繼母乃殺所出之母，出母之子合告以否。答曰，所養父母本是他人，殺其所生，故律聽告，今言出母卽是所生。名例稱犯夫及義絶者得以子蔭，卽子之於母孝愛情深，繼母殺其親母準例亦合聽告。蓋繼養之恩輕而本生父母之恩重也。

直解：繼養母殺其本生父母得相告言，餘皆不聽。

通例：泰定元年二月江浙省咨：考服書云，爲人後者爲本生父母亡降服齊衰不杖期解官申其心喪，及本生父母爲其子爲人後者報降服亦不杖期。《刑統》議曰生服雖曰降服，若有相犯，推恩重於義，則服三年反，輕於降服，養殺其本生聽告。此禮之所以定上下別親疏遠嫌疑，正名分也，男子外繼皆降本服一等，相犯取蔭各依本服也。考之斷例，父故殺子孫誣賴平人，是本生父母之親恩重，以子殺父恐傷人倫，故得減斷。繼父勒死妻同居前夫之女，從故殺結案。以此推之，繼養他人子女非已出憎惡之私，可見恩之輕於本生，故當償命。

綜述

（宋）蔡沈《書經集傳》卷四《周書·康誥》　王曰：封，元惡大憝，矧惟不孝不友。子弗祇服厥父事，大傷厥考心；于父不能字厥子，乃疾厥子。于弟弗念天顯，乃弗克恭厥兄，兄亦不念鞠子哀，大不友于弟。惟弔茲，不於我政人得罪，天惟與我民彝大泯亂。曰：乃其速由文王作罰，刑茲無赦。大憝，即上文之罔弗憝。言寇攘姦宄，固爲大惡，而大可惡矣，況不孝、不友之人。而尤爲可惡者，當商之季，禮義不明，人紀廢壞，子不敬事其父，大傷父心，父不能愛子，乃疾惡其子。是父子相夷也。天顯，猶《孝經》所謂天明，尊卑顯然之序也。弟不念尊卑之序，而不能敬其兄，兄亦不念父母鞠養之勞，而大不友其弟。是兄弟相賊也。父子兄弟，至於如此，苟不於我爲政之人而得罪焉，則天之與我民彝，必大泯滅而紊亂矣。曰者，言如此，則汝其速由文王作罰。刑此無赦，而懲戒之不可緩也。

《周禮·秋官司寇·大司寇》　凡遠近惸獨老幼之欲有復於上，而其長弗達者，立於肺石，三日，士聽其辭，以告於上而罪其長。正月之吉，始和，布刑於邦國都鄙，乃縣刑象之灋于象魏，使萬民觀刑象，挾日而斂之。凡邦之大盟約，涖其盟書，而登之於天府。大史、內史、司會及六官，皆受其貳而藏之。凡諸侯之獄訟，以邦典定之。凡卿大夫之獄訟，以邦灋斷之。凡庶民之獄訟，以邦成弊之。

《周禮·地官司徒·媒氏》　凡男女自成名以上，皆書年月日名焉。令男三十而娶，女二十而嫁。凡娶判妻入子者，皆書之。中春之月，令會男女。於是時也，奔者不禁。若無故而不用令者，罰之。司男女之無夫家者而會之。凡嫁子娶妻，入幣純帛，無過五兩。禁遷葬者，與嫁殤者。凡男女之陰訟，聽之於勝國之社；其附于刑者，歸之于士。

《周禮·秋官司寇·小司寇》　凡盜賊軍，鄉邑及家人，殺之無罪。凡報仇讎者，書於士，殺之無罪。若邦凶荒、札喪、寇戎之故，則令邦國、都家、縣鄙慮刑貶。

《禮記·王制》　宗廟有不順者爲不孝，不孝者，君絀以爵。不順者，謂逆昭穆。

睡虎地秦墓竹簡整理小組《睡虎地秦墓竹簡·法律答問》　免老告人以爲不孝，謁殺，當三環之不？不當環，亟執勿失。

張家山二四七號漢墓竹簡整理小組《張家山漢墓竹簡·奏讞書》　故律曰：死夫（？）以男爲後。毋男以父母，毋父母以妻，毋妻以子女爲後。律曰：諸有縣官事，而父母若妻死者，歸寧卅日；大父母、同產十五日。（敖）〔敖〕悍，完爲城旦舂，鐵𦣙其足，輸巴縣鹽。教人不孝，次不孝之律。不孝者棄市。棄市之次，黥爲城旦舂。當黥公士、公士妻以上，完之。

《南史》卷二七《孔靖傳》　深之大明中爲尚書比部郎。時安陸應城縣人張江陵與妻吴共罵母黄令死，黄忿恨自經死，已值赦。案律，子賊殺傷毆父母梟首，罵詈棄市，謀殺夫之父母亦棄市。會赦，免刑補治。江陵罵母，母以自裁，重於傷毆。若同殺科則疑重，用傷毆及詈科則疑輕。制唯有打母遇赦猶梟首，無詈母致死會赦之科。深之議曰：夫題里逆心而仁者不入，名且惡之，況乃人事？故毆傷呪詛，法所不原，詈之致盡，則理無可宥。罰有從輕，蓋疑失善，求之文旨，非此之謂。江陵雖遇赦恩，故合梟首。婦本以義，愛非天屬，黄之所恨，情不在吴，原死補治，有允正法。詔如深之議，吴免棄市。

《魏書》卷二一上《趙郡王傳》　幹妃穆氏表謚母趙等悖禮愆常，不遜日甚，尊卑義阻，母子道絶。詔曰：妾之於女君，猶婦人事舅姑，君臣之禮，義無乖二。妾子之於君母，禮加如子之恭，何得黷我風政！可付宗正，依禮治罪。

《魏書》卷一一一《刑罰志》　〔太和〕十一年春，詔曰：三千之罪，莫大於不孝，而律不遜父母，罪止髠刑，於理未衷。可更詳改。又詔曰：前命公卿論定刑典，而門房之誅猶在律策，違失《周書》父子異罪，推古求情，意甚無取。可更議之，删除繁酷。秋八月詔曰：律文刑限三年，便入極默。坐無太半之校，罪有生死之殊。可詳案律條，諸有此類，更一刊定。冬十月，復詔公卿令參議之。

《北史》卷八六《循吏傳·竇瑗》 及還鄴，上表曰：臣伏讀《麟趾新制》至三公曹第六十六條：母殺其父，子不得告，告者死。三返覆之，未得其門。何者？案律：子孫告父母、祖父母者，死。又漢宣云：子匿父，孫匿大父母，皆勿論。蓋謂父母、祖父母小者攘羊，甚者殺害之類，恩須相隱，律抑不言，法理如是，足見其直。未必指母殺父，止子不言也。今母殺父而子不告，便是知母而不知父，識比野人，義近禽獸。且母之於父，作合移天，既殺己之天，復殺子之天，二天頓毁，豈容頓默？此母之罪，義在不赦，下手之日，母恩即離，仍以母道不告，鄙臣所以致惑。如或有之，可臨時議罪，何用豫制斯條，用爲訓誡？

（唐）長孫無忌等《唐律疏議》卷一〇《職制·匿父母及夫等喪》

諸聞父母若夫之喪，匿不舉哀者，流二千里；喪制未終，釋服從吉，若忘哀作樂，自作、遣人等。徒三年；雜戲，徒一年；即遇樂而聽及參預吉席者，各杖一百。

疏議曰：父母之恩，昊天莫報，荼毒之極，豈若聞喪。婦人以夫爲天，哀類父母。聞喪即須哭泣，豈得擇日待時？若匿而不即舉哀者，流二千里。其嫡孫承祖者，與父母同。喪制未終，謂父母及夫喪二十七月内，釋服從吉，若忘哀作樂，注云自作、遣人等，徒三年。其父卒母嫁，及爲祖後者，祖在爲祖母，若出妻之子，並居心喪之内，未合從吉，若忘哀作樂，自作、遣人等，亦徒三年。雜戲，徒一年。樂，謂金石、絲竹、笙歌，鼓舞之類。雜戲，謂樗蒲、雙陸、彈碁、象博之屬。即遇樂而聽，謂因逢奏樂而遂聽者；參預吉席，謂遇逢禮宴之席參預其中者：各杖一百。聞期親尊長喪，匿不舉哀者，徒一年；喪制未終，釋服從吉，杖一百。大功以下尊長，各遞減二等。卑幼，各減一等。

疏議曰：期親尊長，謂祖父母，曾、高父母亦同，伯叔父母，姑，兄姊，夫之父母，妾爲女君。此等聞喪，即須舉發，若匿不舉哀者，徒一年。喪制未終，謂未踰期月，釋服從吉者，杖一百。大功尊長，匿不舉哀，杖九十；未踰九月，釋服從吉，杖八十。小功尊長，匿不舉哀，杖七十；未踰五月，釋服從吉，杖六十。緦麻尊長，匿不舉哀，笞五十；未踰三月，釋服從吉，笞四十。其於卑幼，匿不舉哀，及釋服從吉，各減當色尊長一等。出降者，謂姑、姊妹本服期，出嫁九月。若於九月内釋服從吉者，罪同期親尊長科之，其服數止準大功之月。餘親出降，準此。若有殤降爲七月之類，亦準所降之月爲服數之限，罪依本服科之。其妻既非尊長，又殊卑幼，在《禮》及《詩》，此爲兄弟，即是妻同於幼。

問曰：聞喪不即舉哀，於後擇日舉訖，事發合得何罪？

答曰：依《禮》斬衰之哭，往而不返。齊衰之哭，若往而返。大功之哭，三曲而偯；小功、緦麻，哀容可也。準斯禮制，輕重有殊，聞喪雖同，情有降殺。期親以上，不即舉哀，後雖舉訖，不可無罪，期以上從不應得爲重。大功從不應得爲輕；小功以下，哀容可也，不合科罪。若未舉事發者，各從不舉之坐。

又問：居期喪作樂及遣人作，律條無文，合得何罪？

答曰：《禮》云：大功將至，辟琴瑟。鄭注云：亦所以助哀。又云：小功將至，不絶樂。《喪服》云：古者有死於室中者，即三月爲之不舉樂。況乎身服期功，心忘寧戚，或遣人作樂，或自奏管絃，既玷大猷，須加懲誡。律雖無文，不合無罪，從不應爲之坐：期喪從重，杖八十；大功以下從輕，笞四十；緦麻卑幼，不可重於釋服之罪。

（唐）長孫無忌等《唐律疏議》卷一〇《職制·府號官稱犯父祖名》

諸府號、官稱犯祖父名，而冒榮居之；祖父母、父母老疾無侍，委親之官；即妄增年狀，以求入侍及冒哀求仕者：徒一年。謂父母喪，禫制未除及在心喪内者。

疏議曰：府有正號，官有名稱。府號者，假若父名衛，不得於諸衛任官；或祖名安，不得任長安縣職之類。官稱者，或父名軍，不得作將軍；或祖名卿，不得居卿任之類。皆須自言，不得輒受。其有貪榮昧進，冒居此官；祖父母、父母老疾，委親之官，謂年八十以上或篤疾，依法合侍，見無人侍，乃委置其親，而之任所；妄增年狀，以求入侍者，或未年八十及本非篤疾，乃妄增年八十及篤疾之狀；及冒哀求仕者，謂父母之喪二十五月大祥後，未滿二十七月，而預選求仕：從各府號、官稱以下，合處徒一年。注云謂父母喪，禫制未除，但父母之喪，法合二十七月，二十五月内是正喪，若釋服求仕，即當不孝，合徒三年；其二十五月外，二十七月内，是禫制未除，此中求仕，名爲冒哀，合徒一年；若釋去禫服而求仕，自從釋服從吉之法。及在心喪内者，謂妾子及出妻之子，合降其服，皆二十五月内爲心喪。若祖父母、父母及夫，犯死罪、被囚禁而作樂者，徒一年半。

疏議曰：祖父母、父母及夫，犯死罪、被囚禁，而子孫及妻妾作樂者，以其不孝不義，虧斁特深，故各徒一年半。

（唐）長孫無忌等《唐律疏議》卷一二《户婚・子孫別籍異財》 諸祖父母、父母在，而子孫別籍、異財者，徒三年。別籍、異財不相須，下條準此。

疏議曰：稱祖父母、父母在，則曾、高在亦同。若子孫別生户籍，財産不同者，子孫各徒三年。注云別籍、異財不相須，或籍別財同，或户同財異者，各徒三年，故云不相須。下條準此，謂父母喪中別籍、異財，亦同此義。

若祖父母、父母令別籍及以子孫妄繼人後者，徒二年；子孫不坐。

疏議曰：若祖父母、父母處分，令子孫別籍及以子孫妄繼人後者，得徒二年，子孫不坐。但云別籍，不云令其異財，令異財者，明其無罪。

（唐）長孫無忌等《唐律疏議》卷一二《户婚・居父母喪生子》 諸居父母喪，生子及兄弟別籍、異財者，徒一年。

疏議曰：居父母喪生子，已於《名例》免所居官章中解訖，皆謂在二十七月内而妊娠生子者，及兄弟別籍、異財，各徒一年。別籍、異財不相須。其服内生子，事若未發，自首亦原。

（唐）長孫無忌等《唐律疏議》卷一二《户婚・養子捨去》 諸養子，所養父母無子而捨去者，徒二年。若自生子及本生無子，欲還者，聽之。

疏議曰：依《户令》：無子者，聽養同宗於昭穆相當者。既蒙收養，而輒捨去，徒二年。若所養父母自生子及本生父母無子，欲還本生者，並聽。即兩家並皆無子，去住亦任其情。若養處自生子及雖無子，不願留養，欲遣還本生者，任其所養父母。

即養異姓男者，徒一年；與者，笞五十。其遺棄小兒年三歲以下，雖異姓，聽收養，即從其姓。

疏議曰：異姓之男，本非族類，違法收養，故徒一年；違法與者，得笞五十。養女者不坐。其小兒年三歲以下，本生父母遺棄，若不聽收養，即性命將絶，故雖異姓，仍聽收養，即從其姓。如是父母遺失，於後來識認，合還本生；失兒之家，量酬乳哺之直。

（唐）長孫無忌等《唐律疏議》卷一二《户婚・立嫡違法》 諸立嫡違法者，徒一年。即嫡妻年五十以上無子者，得立嫡以長，不以長者亦如之。

疏議曰：立嫡者，本擬承襲。嫡妻之長子爲嫡子，不依此立，是名違法，合徒一年。即嫡妻年五十以上無子者，謂婦人年五十以上，不復乳育，故許立庶子爲嫡。皆先立長，不立長者，亦徒一年，故云亦如之。依令：無嫡子及有罪疾，立嫡孫；無嫡孫，以次立嫡子同母弟；無母弟，立庶子；無庶子，立嫡孫同母弟；無母弟，立庶孫。曾、玄以下準此。無後者，爲户絶。

（唐）長孫無忌等《唐律疏議》卷一三《户婚・許嫁女輒悔》 諸許嫁女，已報婚書及有私約，約，謂先知夫身老、幼、疾、殘、養、庶之類。而輒悔者，杖六十。男家自悔者，不坐，不追聘財。

疏議曰：許嫁女已報婚書者，謂男家致書禮請，女氏答書許訖。及有私約，注云約，謂先知夫身老、幼、疾、殘、養、庶之類，老幼，謂違本約相校倍年者；疾殘，謂狀當三疾，支體不完；養，謂非己所生；庶，謂非嫡子及庶、孽之類。以其色目非一，故云之類。皆謂宿相諳委，兩情具惬，私有契約，或報婚書，如此之流，不得輒悔，悔者杖六十，婚仍如約。若男家自悔者，無罪，娉財不追。

問曰：有私約者，準文唯言老、幼、疾、殘、養、庶之類，未知貧富貴賤亦入之類得爲妄冒以否？

答曰：老、幼、疾、殘、養、庶之類，此縁事不可改，故須先約，然許爲婚。且富貴不恒，貧賤無定，不入之類，亦非妄冒。

雖無許婚之書，但受娉財，亦是。娉財無多少之限，酒食者非。以財物爲酒食者，亦同娉財。

疏議曰：婚禮先以娉財爲信，故《禮》云：娉則爲妻。雖無許婚之書，但受娉財亦是。注云娉財無多少之限，即受一尺以上，並不得悔。酒食非者，爲供設親賓，便是衆人同費，所送雖多，不同娉財之限。若以財物爲酒食者，謂送錢財以當酒食，不限多少，亦同娉財。

若更許他人者，杖一百；已成者，徒一年半。後娶者知情，減一等。女追歸前夫，前夫不娶，還娉財，後夫婚如法。

疏議曰：若更許他人者，謂依私約報書，或受娉財，而別許他人者，杖一百。若已成者，徒一年半。後娶者知已許嫁之情而娶者，減女家罪一等：未成者，依下條減已成者五等，合杖六十；已成，徒一年。女歸前夫，若前夫不娶，女氏還娉財，後夫婚如法。

（唐）長孫無忌等《唐律疏議》卷一三《户婚・為婚妄冒》 諸爲婚而女家妄冒者，徒一年。男家妄冒者，加一等。未成者，依本約；已成者，離之。

疏議曰：爲婚之法，必有行媒，男女、嫡庶、長幼，當時理有契約，女家違約妄冒者，徒一年。男家妄冒者，加一等。未成者依本約，謂依初許婚契約。已成者，離之。違約之中，理有多種，或以尊卑，或以大小之類皆是。

（唐）長孫無忌等《唐律疏議》卷一三《户婚・有妻更娶》 諸有妻更娶妻者，徒一年；女家，減一等。若欺妄而娶者，徒一年半；女家不坐。各離之。

疏議曰：依禮，日見於甲，月見於庚，象夫婦之義。一與之齊，中饋斯重。故有妻而更娶者，合徒一年。女家減一等，爲其知情，合杖一百。若欺妄而娶，謂有妻言無，以其矯詐之故，合徒一年半。女家既不知情，依法不坐。仍各離之。稱各者，謂女氏知有妻、無妻，皆合離異，故云各離之。

問曰：有婦而更娶婦，後娶者雖合離異，未離之間，其夫内外親戚相犯，得同妻法以否？

答曰：一夫一婦，不刊之制。有妻更娶，本不成妻。詳求理法，止同凡人之坐。

（唐）長孫無忌等《唐律疏議》卷一三《户婚・以妻為妾》 諸以妻爲妾，以婢爲妾者，徒二年。以妾及客女爲妻，以婢爲妾者，徒一年半，各還正之。

疏議曰：妻者，齊也，秦晉爲匹。妾通賣買，等數相懸。婢乃賤流，本非儔類。若以妻爲妾，以婢爲妻，違別議約，便虧夫婦之正道，黷人倫之彝則，顛倒冠履，紊亂禮經，犯此之人，即合二年徒罪。以妾及客女爲妻，客女，謂部曲之女，或有於他處轉得，或放婢爲之；以婢爲妾者：皆徒一年半。各還正之，並從本色。

問曰：或以妻爲媵，或以媵爲妻，或以妾作媵，或以媵作妾，各得何罪？

答曰：據《鬪訟律》，媵犯妻，減妾一等。妾犯媵，加凡人一等。餘條媵無文者，與妾同。即是夫犯媵，皆同犯妾。所問既非妻妾與媵相犯，便無加減之條。夫犯媵，例依犯妾，即以妻爲媵，罪同以妻爲妾。若以媵爲妻，亦同以妾爲妻。其以媵爲妾，律、令無文，宜依不應爲重，合杖八十。以妾爲媵，令既有制，律無罪名，止科違令之罪。即因其改換，以告身與迴換之人者，自從假與人官法。若以妾詐爲媵而冒承媵姓名，始得告身者，依《詐僞律》，詐增加功狀，以求得官者，合徒一年。若婢有子及經放爲良者，聽爲妾。

疏議曰：婢爲主所幸，因而有子；即雖無子，經放爲良者：聽爲妾。

問曰：婢經放爲良，聽爲妾。若用爲妻，復有何罪？

答曰：妻者，傳家事，承祭祀，既具六禮，取則二儀。婢雖經放爲良，豈堪承嫡之重。律既止聽爲妾，即是不許爲妻。不可處以婢爲妻之科，須從以妾爲妻之坐。

（唐）長孫無忌等《唐律疏議》卷一三《户婚・居父母夫喪嫁娶》

諸居父母及夫喪而嫁娶者，徒三年；妾減三等。各離之。知而共爲婚姻者，各減五等；不知者，不坐。

疏議曰：父母之喪，終身憂慼，三年從吉，自爲達禮。夫爲婦天，尚無再醮。若居父母及夫之喪，謂在二十七月內，若男身娶妻，而妻女出嫁者，各徒三年。妾減三等，若男夫居喪娶妾，妻女作妾嫁人，妾既許以卜姓爲之，其情理賤也，禮數既別，得罪故輕。各離之，謂服內嫁娶妻妾並離。知而共爲婚姻者，謂妻父稱婚，婿父稱姻，二家相知是服制之內，故爲婚姻者，各減罪五等，得杖一百。娶妾者，合杖七十。不知情，不坐。

若居期喪而嫁娶者杖一百，卑幼減二等；妾不坐。

疏議曰：若居期親之喪嫁娶，謂男夫娶婦，女嫁作妻，各杖一百。卑幼減二等，雖是期服，亡者是卑幼，故減二等，合杖八十。妾不坐，謂期服内男夫娶妾，女婦作妾嫁人，並不坐。

（唐）長孫無忌等《唐律疏議》卷一三《户婚·父母被囚禁嫁娶》

諸祖父母、父母被囚禁而嫁娶者，死罪，徒一年半；流罪，減一等；徒罪，杖一百。祖父母、父母命者，勿論。

疏議曰：祖父母、父母既被囚禁，固身囹圄，子孫嫁娶，名教不容。若祖父母、父母犯當死罪，嫁娶者徒一年半；流罪，徒一年；徒罪，杖一百。若娶妾及嫁爲妾者，即準上文減三等。若期親尊長主婚，即以主婚爲首，男女爲從。若餘親主婚，事由主婚，主婚爲首，男女爲從；事由男女，即男女爲首，主婚爲從。其男女被逼，或男年十八以下，在室之女，並主婚獨坐。注云祖父母、父母命者，勿論，謂奉祖父母、父母命爲親，故律不加其罪。依令，不得宴會。

（唐）長孫無忌等《唐律疏議》卷一三《户婚·居父母喪主婚》 諸居父母喪，與應嫁娶人主婚者，杖一百。

疏議曰：居父母喪，與應合嫁娶之人主婚者，杖一百；若與不應嫁娶人主婚，得罪重於杖一百，自從重科。若居夫喪，而與應嫁娶人主婚者，律雖無文，從不應爲重，合杖八十。其父母喪内，爲應嫁娶人媒合，從不應爲重，杖八十；夫喪從輕，合笞四十。

（唐）長孫無忌等《唐律疏議》卷一四《户婚·同姓為婚》 諸同姓爲婚者，各徒二年。緦麻以上，以姦論。

疏議曰：同宗共姓，皆不得爲婚，違者，各徒二年。然古者受姓命氏，因彰德功，邑居官爵，事非一緒。其有祖宗遷易，年代寖遠，流源析本，罕能推詳。至如魯、衛，文王之昭；凡、蔣，周公之胤。初雖同族，後各分封，並傳國姓，以爲宗本，若與姬姓爲婚者，不在禁例。其有聲同字别，音響不殊，男女辨姓，豈宜仇匹，若陽與楊之類。又如近代以來，特蒙賜姓，譜牒仍在，昭穆可知，今姓之與本枝，並不合共爲婚媾。其有複姓之類，一字或同，受氏既殊，元非禁限。若同姓緦麻以上爲婚者，各依《雜律》姦條科罪。

問曰：同姓爲婚，各徒二年。未知同姓爲妾，合得何罪？

答曰：買妾不知其姓，則卜之。取決蓍龜，本防同姓。同姓之人，即嘗同祖，爲妻爲妾，亂法不殊。《户令》云：娶妾仍立婚契。即驗妻、妾，俱名爲婚。依準禮、令，得罪無别。

若外姻有服屬而尊卑共爲婚姻，及娶同母異父姊妹，若妻前夫之女者，謂妻所生者。餘條稱前夫之女者，準此。亦各以姦論。

疏議曰：外姻有服屬者，謂外祖父母、舅、姨、妻之父母。此等若作婚姻者，是名尊卑共爲婚姻。及娶同母異父姊妹，若妻前夫之女者，注云謂妻所生者，謂前夫之女，後夫娶之，是妻所生者。如其非妻所生，自從本法。餘條稱前夫之女者，準此，據《雜律》姦妻前夫之女，亦據妻所生者，故云亦準此。各以姦論。其外姻雖有服，非尊卑者爲婚，不禁。

其父母之姑、舅、兩姨姊妹及姨若堂姨，母之姑、堂姑，己之堂姨及再從堂姨、堂外甥女，女婿姊妹，並不得爲婚姻，違者各杖一百。並離之。

疏議曰：父母姑、舅、兩姨姊妹，於身無服，乃是父母緦麻，據身是尊，故不合娶。及姨，又是父母小功尊；若堂姨，雖於父母無服，亦是尊屬；母之姑、堂姑，並是母之小功以上尊；己之堂姨及再從姨、堂外甥女，亦謂堂姊妹所生者，女婿姊妹，於身雖並無服，據理不可爲婚：並爲尊卑混亂，人倫失序。違此爲婚者，各杖一百。自同姓爲婚以下，雖會赦，各離之。

（唐）長孫無忌等《唐律疏議》卷一四《户婚·嘗為袒免妻而嫁娶》

諸嘗爲袒免親之妻，而嫁娶者，各杖一百；緦麻及舅甥妻，徒一年；小功以上，以姦論。妾，各減二等。並離之。

疏議曰：高祖親兄弟，曾祖堂兄弟，祖再從兄弟，父三從兄弟，身四從兄弟、三從姪、再從姪孫，並緦麻絶服之外，即是袒免。既同五代之祖，服制尚異他人，故嘗爲袒免親之妻，不合復相嫁娶。輒嫁娶者，男女各杖一百。緦麻及舅甥妻，謂同姓緦麻之妻及爲舅妻，若外甥妻，而更相嫁娶者，其夫尊卑有服，嫁娶各徒一年。小功以上，以姦論，小功之親，多是本族，其外姻小功者，唯有外祖父母。若有嫁娶，一同姦法。若經作祖免親妾者，各杖八十；緦麻親及舅甥妾，各杖九十；小功以上，各減姦罪二等。故云妾各減二等。並離之。姦妾，本條減妻一等，此條以姦論，妾減二等，即是娶妾者累減三等。稱以姦論者，並依姦法。小功之妻，若寡在夫家而嫁娶者，各依姦小功以上妻法。其被放出，或改適他人，即於前夫服義並絶，姦者，依律止是凡姦；若其嫁娶，亦同凡姦之坐。又，稱妾者，據元是袒免以上親之妾而娶者，得減二等。若是前人之妻，今娶爲妾，止依娶妻之罪，不得以妾減之。如爲前人之妾，今娶爲妻，亦依娶妾之罪。

（唐）長孫無忌等《唐律疏議》卷一四《户婚·夫喪守志而强嫁》 諸夫喪服除而欲守志，非女之祖父母、父母而强嫁之者，徒一年；期親嫁者，減二等。各離之。女追歸前家，娶者不坐。

疏議曰：婦人夫喪服除，誓心守志，惟祖父母、父母得奪而嫁之。非女之祖父母、父母，謂大功以下，而輒强嫁之者，合徒一年。期親嫁者，謂伯叔父母、姑、兄弟、姊妹及姪，而强嫁之者，減二等，杖九十。各離之。女追歸前家，娶者不坐。

（唐）長孫無忌等《唐律疏議》卷一四《户婚·和娶人妻》 諸和娶人妻及嫁之者，各徒二年；妾，減二等。各離之。即夫自嫁者，亦同。仍兩離之。

疏議曰：和娶人妻及嫁之者，各徒二年。若和嫁娶妾，減二等，徒一年。各離之，謂妻妾俱離。即夫自嫁者亦同，謂同嫁妻妾之罪。二夫各離，故云兩離之。

（唐）長孫無忌等《唐律疏議》卷一四《户婚·妻無七出而出之》 諸妻無七出及義絶之狀，而出之者，徒一年半；雖犯七出，有三不去，而出之者，杖一百。追還合。若犯惡疾及姦者，不用此律。

疏議曰：伉儷之道，義期同穴，一與之齊，終身不改。故妻無七出及義絶之狀，不合出之。七出者，依令：一無子，二淫泆，三不事舅姑，四口舌，五盗竊，六妒忌，七惡疾。義絶，謂毆妻之祖父母、父母及殺妻外祖父母、伯叔父母、兄弟、姑、姊妹，若夫妻祖父母、父母、外祖父母、伯叔父母、兄弟、姑、姊妹自相殺及妻毆詈夫之祖父母、父母，殺傷夫外祖父母、伯叔父母、兄弟、姑、姊妹及與夫之緦麻以上親若妻母姦；及欲害夫者，雖會赦，皆爲義絶。妻雖未入門，亦從此令。若無此七出及義絶之狀，輒出之者，徒一年半。雖犯七出，有三不去，三不去者，謂：一、經持舅姑之喪；二、娶時賤後貴；三、有所受無所歸。而出之者，杖一百。並追還合。若犯惡疾及姦者，不用此律，謂惡疾及姦，雖有三不去，亦在出限，故云不用此律。

問曰：妻無子者，聽出。未知幾年無子，即合出之？

答曰：律云，妻年五十以上無子，聽立庶以長。即是四十九以下無子，未合出之。

（唐）長孫無忌等《唐律疏議》卷二三《鬭訟·告祖父母父母》 諸告祖父母、父母者，絞。謂非緣坐之罪及謀叛以上而故告者。下條準此。

疏議曰：父爲子天，有隱無犯。如有違失，理須諫諍，起敬起孝，無令陷罪。若有忘情棄禮而故告者，絞。注云謂非緣坐之罪，緣坐謂謀反、大逆及謀叛以上，皆爲不臣，故子孫告亦無罪，緣坐同首法，故雖父祖聽捕告。若故告餘罪者，父祖得同首例，子孫處以絞刑。下條準此者，謂告期親尊長，情在於惡，欲令入罪而故告之，故云準此。若因推劾，事不獲免，隨辯注引，不當告坐。

即嫡、繼、慈母殺其父，及所養者殺其本生，並聽告。

疏議曰：嫡、繼、慈母者，《名例》並已釋訖。此等三母殺其父，及所養父母殺其所生父母，並聽告。若嫡、繼母殺其所生庶母，亦不得告。故律文但云殺其父者聽告。

問曰：所生之母被出，其父更娶繼妻，其繼母乃殺所出之母，出母之子合告與否？

答曰：所養父母，本是他人，殺其所生，故律聽告。今言出母，即是所生，《名例》稱：犯夫及義絶者，得以子蔭。即子之於母，孝愛情深，顧復之恩，終無絶道。繼母殺其親母，準《例》亦合聽告。

又問：嫡、繼、慈母，有所規求，故殺子孫，合得何罪？又，子孫得自理訴與否？此母或被出，或父卒後行，若爲科斷？

答曰：子孫之於祖父母、父母，皆有祖父子孫之名，其有相犯之文，多不據服而斷。《賊盜律》：有所規求而故殺期以下卑幼者，絞。論服相犯，例準傍期；在於子孫，不入期服。然嫡、繼、慈、養，依《例》雖同親母，被出、改嫁，禮制便與親母不同。其改嫁者，唯止服期，依令不合解官，據禮又無心喪，雖曰子孫，唯準期親卑幼，若犯此母，亦同期親尊長。被出者，禮既無服，並同凡人。其應理訴，亦依此法。

（唐）長孫無忌等《唐律疏議》卷二四《鬬訟·告期親以下緦麻以上尊長》 諸告期親尊長、外祖父母、夫、夫之祖父母，雖得實，徒二年；其告事重者，減所告罪一等；所犯雖不合論，告之者猶坐。即誣告重者，加所誣罪三等。告大功尊長，各減一等；小功、緦麻，減二等；誣告重者，各加所誣罪一等。

疏議曰：告期親尊長、外祖父母、夫、夫之祖父母，依《名例律》，並相容隱，被告之者，與自首同；告者，各徒二年。告事重於徒二年者，減所告罪一等，假有告期親尊長盜上絹二十五疋，合徒三年，尊長同首法免罪，卑幼盜所告罪一等，合徒二年半之類。注云所犯雖不合論，謂期親以下，或年八十以上，十歲以下，若篤疾，犯罪雖不合論，而卑幼告之，依法猶坐。即誣告期親尊長，得罪重於二年徒者，加所誣罪三等，假有誣告期親尊長一年半徒罪，加所誣罪三等，合徒三年，此亦是計加得重於本罪，即須加。告大功尊長，各減一等，謂告得實，徒一年半，重於徒一年半者，即減期親罪一等。假有告大功尊長三年徒，減期親一等，處徒二年。告小功、緦麻尊長，雖得實，同減期親二等，合徒一年；告事重者，亦減期親尊長二等。假有告三年徒，雖實，徒一年半之類。誣告重者，謂誣告大功、小功、緦麻重者。各加所誣罪一等，假有誣告大功尊長一年半徒，加所誣罪一等，合徒二年；誣告小功、緦麻尊長徒一年罪，亦加所誣罪一等，徒一年半之類。

即非相容隱，被告者論如律。若告謀反、逆、叛者，各不坐。其相侵犯，自理訴者，聽。下條準此。

疏議曰：小功、緦麻，非相容隱，被告之者，不得同於首原，各依律科斷，故云被告者論如律。若告謀反、逆、叛者，謂期親尊長以下，犯謀反、逆、叛三事，以其不臣，故雖論告，不科其罪。其相侵犯，謂期親以下、緦麻以上，或侵奪財物，或毆打其身之類，得自理訴。非緣侵犯，不得別告餘事。注云下條準此，謂下條告緦麻以上卑幼，雖有罪名，相侵犯，亦得自理。

問曰：告期親尊長竊盜三十疋，依檢二十五疋實，五疋虛，合得何罪？

答曰：律云：一事分爲二罪，罪法若等，則累論；罪法不等，即以重法併滿輕法。

按尋此狀，正當累併之條，將重並輕，總爲三十疋，減所告罪一等，便合處徒三年。

（唐）長孫無忌等《唐律疏議》卷二四《鬬訟·告緦麻以上卑幼》 諸告緦麻、小功卑幼，雖得實，杖八十；大功以上，遞減一等。誣告重者，期親，減所誣罪二等；大功，減一等；小功以下，以凡人論。

疏議曰：稱緦麻、小功，即外姻有服者亦是。其相隱既得減罪，有過不合告言，故雖得實，合杖八十。告大功卑幼，減小功一等；期親卑幼，又減一等。誣告重者，謂誣告期親重於杖六十者。減所誣罪二等，猶如誣告弟姪九十杖罪，合減所誣二等，合杖七十。若告大功，罪減一等，合杖八十。若告小功以下，以凡人論，仍得杖九十。

問曰：女君於妾，依禮無服。其有誣告，得減罪與否？

答曰：律云：毆傷妻者，減凡人二等；死者，以凡人論。若妻毆傷殺妾，與夫毆傷殺妻同。又條，誣告期親卑幼，減所誣罪二等。其妻雖非卑幼，義與期親卑幼同。夫若誣告妻，須減所誣罪二等；妻誣告妾，亦與夫誣告妻同。

即誣告子孫、外孫、子孫之婦妾及己之妾者，各勿論。

疏議曰：誣告子孫、外孫、子孫之婦妾者，曾、玄婦妾亦同，及己之妾者，各勿論。其有告得實者，亦不坐。被告得相容隱者，俱同自首之法。

（唐）長孫無忌等《唐律疏議》卷二四《鬬訟·子孫違犯教令》 諸子孫違犯教令及供養有闕者，徒二年。謂可從而違，堪供而闕者。須祖父母、父母告，乃坐。

疏議曰：祖父母、父母有所教令，於事合宜，即須奉以周旋，子孫不得違犯；及供養有闕者，《禮》云七十二膳，八十，常珍之類，家道堪供，而故有闕者：合徒二年。故注云謂可從而違，堪供而闕者。若教令違法，行即有愆；家實貧窶，無由取給，如此之類，不合有罪。皆須祖父母、父母告，乃坐。

（唐）長孫無忌等《唐律疏議》卷二四《鬭訟·部曲奴婢告主》 諸部曲、奴婢告主，非謀反、逆、叛者，皆絞；被告者同首法。告主之期親及外祖父母者，流；大功以下親，徒一年。誣告重者，緦麻，加凡人一等；小功、大功，遞加一等。即奴婢訴良，妄稱主壓者，徒三年；部曲，減一等。

疏議曰：日月所照，莫非王臣。奴婢、部曲，雖屬於主，其主若犯謀反、逆、叛，即是不臣之人，故許論告。非此三事而告之者，皆絞，罪無首從。注云被首者，同首法，謂其主雜犯死罪以下，部曲、奴婢告之，俱同爲首之法，奴婢獲罪，主得免科。奴婢爲主隱，雖告，準《名例律》，相容隱告言，自合同首。今律文重言同首法者，以相隱條無相隱字故。告主之期親及外祖父母者，流，不言里數者，爲同加杖二百。大功以下親，徒一年，稱大功以下，小功、緦麻亦同。此等並謂告得實。誣告重者，謂所誣之罪重於徒一年。緦麻，加凡人一等，若誣告主緦麻親徒一年，加一等，合徒一年半；小功，徒二年；大功，徒二年半之類。大功以下諸親，犯有輕重，應計等級加者，但重於徒一年，皆準此加法。即奴婢訴良，妄稱主壓者，謂奴婢本無良狀，而妄訴良，云主壓充賤者，合徒三年。不同誣告主者，開其自理之路。部曲，減一等。其主誣告部曲、奴婢者，即同誣告子孫之例，其主不在坐限。

（清）沈家本《歷代刑法考·律令四·乾元改重法》 《册府》刑法部：肅宗乾元元年四月，詔曰：百姓中有事親不孝、别籍異財、點汚風俗、虧敗名教，先決六十，配隸磧西，有官品者禁身。奏聞。

按：唐律諸祖父母、父母在而子孫别籍異財者徒三年，此改爲決杖配隸，視舊法爲重矣。先杖後配，正是明律徒流加杖之所昉。

（宋）王欽若等《册府元龜》卷六一二《刑法部·定律令》 〔元和三年〕三月詔：厚葬傷生，明敕設禁。但官司慢法，久不申明，愚下相循，遂至違越。其違制賃葬車人六人，各決四十。

（宋）王溥《唐會要》卷三八《葬》 長慶三年十二月，浙西觀察使李德裕奏：緣百姓厚葬及於道途盛設祭奠，兼設音樂等。閭里編甿，罕知報義。生無孝養可紀，歿以厚葬相矜。哭喪僭差，祭奠奢靡。仍以音樂榮其送終：或結社相資，或息利自辦，生業以之皆空。習以爲常，不敢自廢；人户貧破，抑此之由。今百姓等喪葬祭，並不許以金銀錦繡爲飾及陳設音樂。其葬物涉於僭越者，勒禁。結社之類，任充死亡喪服糧食等用。伏以風俗之弊，誠宜改張。緣人心習於僭越，莫冐循守，纔知變革，尋則隳違。臣今已施行，人稍知勸。若後人不改，積漸還淳。伏請臣當道自今已後，如有人郤置，準法科罪。其官吏以下，不能節級懲責，仍請常委出使郎官御史訪察。所冀遐遠之俗，皆知憲章。敕旨：宜依。

（宋）竇儀等《宋刑統》卷一〇《職制律·匿哀聽樂從吉　冒榮居官　委親之官冒哀求仕　父母被囚禁作樂》 諸聞父母若夫之喪，匿不舉哀者，流二千里。喪制未終，釋服從吉，若忘哀作樂者，自作、遣人等。徒三年，雜戲徒一年。即遇樂而聽，及參預吉席者，各杖一百。聞周親尊長喪，匿不舉哀者，徒一年。喪制未終，釋服從吉，杖一百。大功以下尊長各遞減二等，卑幼各減一等。

疏：諸聞父母若夫之喪匿不舉哀者，流二千里。喪制未終，釋服從吉，若忘哀作樂。注云，自作、遣人等。又云，徒三年，雜戲徒一年。即遇樂而聽，及參預吉席者，各杖一百。父母之恩，昊天莫報，荼毒之極，豈若聞喪。婦人以夫爲天，喪類父母，聞喪即須哭泣，豈得擇日待時。若匿而不即舉哀者，流二千里。其嫡孫主祖者，與父母同。喪制未終，謂父母及夫喪二十七月內。釋服從吉，若忘哀作樂，注云，自作、遣人等，徒三年。其父卒母嫁，及爲祖後者，祖在爲祖母。若出妻之子，並居心喪之内，未合從吉。若忘哀作樂，自作、遣人等，亦徒三年，雜戲徒一年。樂謂金石絲竹、笙歌鼓舞之類。雜戲謂樗蒲、雙陸、彈棊、象博之屬。即遇樂而聽，謂因逢奏樂而遂聽者。參預吉席，謂遇逢禮宴之席，參預其中者，各杖一百。

又云，聞周親尊長喪，匿不舉哀者，徒一年。喪制未終，釋服從吉，杖一百。大功以下尊長各遞減二等，卑幼各減一等。議曰：周親尊長謂祖父母，曾高父母亦同，伯叔父母、姑兄姊、夫之父母、妾爲女君，此等聞喪即須舉發，若匿不舉哀者，徒一年。喪制未終，謂未踰周月，釋服從吉者，杖一百。大功尊長匿不舉哀，杖九十，未逾九月，釋服從吉，杖八十。小功尊長匿不舉哀，杖七十，未逾五月，釋服從吉，杖六十。緦麻尊長匿不舉哀，笞五十，未踰三月，釋服從吉，笞四十。其於卑幼匿不舉哀，及釋服從吉，各減當色尊長一等。出降者，謂姑姊妹本服周，出嫁九月。若於九月內釋服從吉者，罪同周親尊長科之，其服數止準大功之月，餘親出降準此。若有殤，降爲七月之類，亦準所降之月爲服數之限，罪依本服科之。其妻既非尊長，又殊卑幼，在《禮》及《詩》，比爲兄弟，即是妻同於幼。

問曰：聞喪不即舉哀，於後擇日舉訖事發，合得何罪？

答曰：依《禮》，斬縗之哭，往而不返。齊縗之哭，若往而返。大功之哭，三曲而偯。小功、緦麻，哀容可也。準斯禮制，輕重有殊，聞喪雖同，情有降殺。周親以上不即舉哀，後雖舉訖，不可無罪。周以上從不應得爲重，大功從不應得爲輕。小功以下，哀容可也，不合科罪。若未舉事發者，各從不舉之坐。

又問：居周喪作樂，及遣人作，律條無文，合得何罪？

答曰：《禮》云：大功將至辟琴瑟。鄭玄注云：亦所以助哀。又云：小功將至不絶樂。《喪服》云：古者有死於室中者，即三月爲之不舉樂。況乎身服周功，心忘寧戚〔按，寧戚，局本作哀慼〕，或遣人作樂，或自奏管絃，既玷大猷，須加懲誡。律雖無文，不合無罪，從不應爲之坐，周喪從重，杖八十，大功以下從輕，笞四十，緦麻卑幼不可重於釋服之罪。

諸府號官稱犯祖父名而冒榮居之，祖父母、父母老疾無侍，委親之官，即妄增年狀以求入侍，及冒哀求仕者，徒一年。謂父母喪，禫制未除，及在心喪内者。若祖父母、父母及夫犯死罪被囚禁而作樂者，徒一年半。

疏：諸府號官稱犯祖父名而冒榮居之，祖父母、父母老疾無侍，委親之官，即妄增年狀以求入侍，及冒哀求仕者，徒一年。注云，謂父母喪，禫制未除，及在心喪内者。議曰：府有正號，官有名稱。府號者，假若父名衛，不得於諸衛任官，或祖名安，不得任長安縣職之類。官稱者，或父名軍，不得作將軍，或祖名卿，不得居卿任之類。皆須自言，不得輒受。其有貪榮昧進，冒居此官，其祖父母、父母老疾，委親之官，謂年八十以上或篤疾，依法合侍，見無人侍，乃委置其親而之任所，妄增年狀以求入侍者，或未年八十及本非篤疾，乃妄增年八十及篤疾之狀，及冒哀求仕者，謂父母之喪，二十五月大祥後，未滿二十七月有，而預選求仕，從府號官稱以下，各合處徒一年。注云，謂父母喪，禫制未除，但父母之喪，法合二十七月，二十五月内是正喪，若釋服求仕，即當不孝，合徒三年。其二十五月外、二十七月内是禫制未除，此中求仕，名爲冒哀，合徒一年。若釋去禫服而求仕，自從釋服從吉之法。及在心喪内者，謂妾子及出妻之子，合降其服，皆二十五月内爲心喪。

又云，若祖父母、父母及夫犯死罪被囚禁而作樂者，徒一年半。議曰：祖父母、父母及夫犯死罪被囚禁，而子孫及妻妾作樂者，以其不孝不義，虧斁特深，故各徒一年半。

（宋）竇儀等《宋刑統》卷一二《户婚律・父母在及居喪别籍異財居喪生子》　諸祖父母、父母在，而子孫别籍異財者，徒三年。别籍異財不相須，下條准此。若祖父母、父母令别籍，及以子孫妄繼人後者，徒二年，子孫不坐。

疏：諸祖父母、父母在，而子孫别籍異財者，徒三年。注云，别籍異財不相須，下條準此。議曰：稱祖父母、父母在，則曾高在亦同。若子孫别生户籍，財産不同者，子孫各徒三年。注云，别籍異財不相須，或籍别財同，或户同財異者，各徒三年，故云不相須。下條準此，謂父母喪中别籍異財，亦同此義。

又云，若祖父母、父母令别籍，及以子孫妄斷人後者，徒二年，子孫不坐。議曰：若祖父母、父母處分，令子孫别籍，及以子孫妄斷人後者，得徒二年，子孫不坐。但云别籍，不云令其異財，令異財者，明其無罪。

諸居父母喪生子，及兄弟别籍異財者，徒一年。

疏議曰：居父母喪生子，已於《名例》免所居官章中解訖，皆謂在二十七月内而妊娠生子者，及兄弟别籍異財，各徒一年。别籍異財不相須。其服内生子，事若未發，自首亦原。

（宋）竇儀等《宋刑統》卷一二《户婚律・養子立嫡》　諸養子，所養父母無子而捨去者，徒二年。若自生子及本生無子欲還者，聽之。即養異姓男者，徒一年，與者笞五十。其遺棄小兒年三歲以下，雖異姓，聽收養，即從其姓。

疏：諸養子，所養父母無子而捨去者，徒二年。若自生子及本生無子欲還者，聽之。議曰：依《户令》：無子者聽養同宗於昭穆相當者。既蒙收養而輒捨去，徒二年。若所養父母自生子，及本生父母無子俗還本生者，並聽。即兩家並皆無子，去住亦任其情。若養處自生子，及雖無子不願留養，欲遣還本生者，任其所養父母。

又云，即養異姓男者，徒一年，與者笞五十。其遺棄小兒年三歲以下，雖異姓，聽收養，即從其姓。議曰：異姓之男，本非族類，違法收養，故徒一年。違法與者，得笞五十。養女者不坐。其小兒年三歲以下，本生父母遺棄，若不聽收養，即性命將絶，故雖異姓，仍聽收養，即從其姓。如是父母遺失，於後來識認，合還本生失兒之家，量酬乳哺之直。

諸立嫡違法者，徒一年。即嫡妻年五十以上無子者，得立庶以長，不以長者亦如之。

疏議曰：立嫡者，本擬承襲，嫡妻之長子爲嫡子，不依此立，是名違法，合徒一年。即嫡妻年五十以上無子者，謂婦人年五十以上不復乳育，故許立庶子爲嫡，皆先立長，不立長者，亦徒一年，故云亦如之。依令，無嫡子及有罪疾立嫡孫，無嫡孫以次立嫡子同母弟，無母弟立庶子，無庶子立嫡孫同母弟，無母弟立庶孫，曾玄以下準此，無後者國除。

諸養雜户男爲子孫者，徒一年半，養女杖一百，官户各加一等，與者亦如之。若養部曲及奴爲子孫者，杖一百，各還正之。無主及主自養者，聽從良。

疏：諸養雜户男爲子孫者，徒一年半，養女杖一百，官户各加一等，與者亦如之。議曰：雜户者，前代犯罪没官，散配諸司驅使，亦附州縣户貫，賦役不同白丁。若有百姓養雜户男爲子孫者，徒一年半，養女者杖一百。養官户者各加一等。官户亦是配隸没官，唯屬諸司，州縣無貫，與者各與養者同罪，故云亦如之，雖會赦皆合改正。若當色自相養者，同百姓養子之法。雜户養官户，釋曰：雜户見在第三，官户見在第六。或官户養雜户，依《户令》，雜户、官户皆當色爲婚，據此即是別色，準法不得相養，律既不制罪名，宜依不應爲之法，養男從重，養女從輕。若私家部曲、奴婢養雜户、官户男女者，依《名例律》，部曲、奴婢有犯，本條無正文者，各準良人，皆同百姓科罪。

又云，若養部曲及奴爲子孫者，杖一百，各還正之。注云，無主及主自養者，聽從良。議曰：良人養部曲及奴爲子孫者，杖一百，各還正之，謂養雜户以下，雖會赦皆正之，各從本色。注云無主，謂所養部曲及奴無本主者，及主自養，謂主養當家部曲及奴爲子孫，亦各杖一百，並聽從良。爲其經作子孫，不可充賤故也。若養客女及婢爲女者，從不應爲輕法，笞四十，仍準養子法聽從良。其有還壓爲賤者，並同放奴及部曲爲良，還壓爲賤之法。

（宋）竇儀等《宋刑統》卷二三《鬬訟律・告祖父母父母告嫡繼慈養》

諸告祖父母、父母者絞。謂非緣坐之罪，及謀叛以上，而故告者。下條準此。即嫡、繼、慈母殺其父，及所養者殺其本生，并聽告。

疏：諸告祖父母、父母者絞。注云，謂非緣坐之罪，及謀叛以上，而故告者。下條準此。議曰：父爲子天，有隱無犯，如有違失理，須諫諍起恭犯翼祖廟諱改爲恭。起孝，無令陷罪。若有忘情棄禮而故告者絞。注云，謂非緣坐之罪。緣坐謂謀反、大逆及謀叛以上，皆爲不臣，故子孫告亦無罪。緣坐同首法，故雖父祖聽捕告。若故告餘罪者，父祖得同首例，子孫處以絞刑。下條準此者，謂告周親尊長，情在於惡，欲令入罪而故告之，故云準此。若因推劾，事不獲免，隨辯注引，不當告坐。

又云，即嫡、繼、慈母殺其父，及所養者殺其本生，並聽告。議曰：嫡、繼、慈母者，《名例》並已釋訖。此等三母殺其父，及所養父母殺其所生父母，並聽告。若嫡、繼母殺其所生庶母，亦不得告，故律文但云殺其父者聽告。

問曰：所生之母被出，其父更娶繼妻，其繼母乃殺所出之母，出母之子合告以否？

答曰：所養父母，本是他人，殺其所生，故律聽告。今言出母，即是所生。《名例》稱犯夫及義絶者，得以子廕。即子之於母，孝愛情深，顧復之恩，終無絶道。繼母殺其親母，準例亦合聽告。

又問：嫡、繼、慈母有所規求，故殺子孫，合得何罪？又子孫得自理訴以否？此母或被出，或父卒後行，若爲科斷？

答曰：子孫之於祖父母、父母，皆有祖父子孫之名，其有相犯之文，多不據服而斷。《賊盗律》，有所規求而故殺周以下卑幼者絞。論服相犯，例準旁周，在於子孫，不入周服。然嫡、繼、慈、養，依例雖同親母，被出改嫁，禮制便與親母不同。其改嫁者，唯止服周，依令不合解官，據禮又無心喪，雖曰子孫，唯準周親卑幼。若犯此母，亦同周親尊長。被出者，禮既無服，並同凡人，其應理訴，亦依此法。

（宋）竇儀等《宋刑統》卷二四《鬬訟律・告周親以下子孫違犯教令供養有闕》

諸告周親尊長、外祖父母、夫、夫之祖父母，雖得實，徒二年。其告事重者，減所告罪一等。所犯雖不合論，告之者猶坐。即誣告重者，加所誣罪三等。告大功尊長，各減一等，小功、緦麻減二等。誣告重者，各加所誣罪一等。即非相容隱，被告者論如律。若告謀反、逆叛者，各不坐。其相侵犯，自理訴者聽。下條準此。

疏：諸告周親尊長、外祖父母、夫、夫之祖父母，雖得實，徒二年。其告事重者，減所告罪一等。注云，所犯雖不合論，告之者猶坐。又云，即誣告重者，加所誣罪三等。告大功尊長，各減一等，小功、緦麻減二等。誣告重者，各加所誣罪一等。議曰：告周親尊長、外祖父母、夫、夫之祖父母，依《名例律》，並相容隱，被告之者，與自首同，告者各徒二年。告事重於徒二年者，減所告罪一等。假有告周親尊長盗上絹二十五匹，合徒三年，尊長同首法免罪，卑幼減所告罪一等，合徒二年半之類。注云，所犯雖不合論，謂周親尊長以下或年八十以上，十歲以下，若篤疾，犯罪雖不合論，而卑幼告之，依法猶坐。即誣告周親尊長得罪重於二年徒者，加所誣罪三等。假有誣告周親尊長一年半徒罪，加所誣罪三等，合徒三年。此亦是計加得重於本罪，即須加。告大功尊長，各減一等，謂告得實，徒一年半，重於徒一年半者，即減周親罪一等。假有告大功尊長三年徒，減周親一等，處徒二年。告小功、緦麻尊長，雖得實，同減周親二等，合徒一年。告事重者，亦減周親尊長二等。假有告三年徒，雖實，猶徒一年半之類。誣告重者，謂誣告大功、小功、緦麻重者，各加所誣罪一等。假有誣告大功尊長一年半徒，加所誣罪一等，合徒二年。誣告小功、緦麻尊長徒一年罪，亦加所誣罪一等，徒一年半之類。

又云，即非相容隱，被告者論如律。若告謀反、逆叛者，各不坐。其相侵犯，自理訴者聽。注云，下條準此。議曰：小功、緦麻，非相容隱，被告之者，不得同於首原，各依律科斷，故云被告者論如律。若告謀反、逆叛者，謂周親以尊長以下，犯謀反、逆叛三事，以其不臣，故雖論告，不科其罪。其相侵犯，謂周親以下、緦麻以上，或侵奪財物，或毆打其身之類，得自理訴。非緣侵犯，不得別告餘事。注云，下條準此，謂下條告緦麻以上卑幼，雖有罪名，相侵犯亦得自理。

問曰：告周親尊長竊盜三十匹，依檢二十五匹實，五匹虚，合得何罪？

答曰：律云，一事分爲二罪，罪法若等，則累論。罪法不等，即以重法並滿輕法。案尋此狀，正當累併之條，將重併輕，總爲三十匹，減所告罪一等，便合處徒三年。

諸告緦麻、小功卑幼，雖得實，杖八十。大功以上遞減一等。誣告重者，周親減所誣罪二等，大功減一等，小功以下以凡人論。即誣告子孫、外孫、子孫之婦妾及己之妾者，各勿論。

疏：諸告緦麻、小功卑幼，雖得實，杖八十。大功以上遞減一等。誣告重者，周親減所誣罪二等，大功減一等，小功以下以凡人論。議曰：稱緦麻、小功，即外姻有服者亦是。其相隱既得減罪，有過不合告言，故雖得實，合杖八十。告大功卑幼，減小功一等，周親卑幼又減一等。誣告重者，謂誣告周親重於杖六十者，減所誣罪二等。猶如誣告弟姪九十杖罪，合減所誣二等，合杖七十。若告大功以上，減一等，合杖八十。若告小功以下，以凡人論，仍得杖九十。

問曰：女君於妾，依禮無服，其有誣告，得減罪以否？

答曰：律云，毆傷妻者，減凡人二等，死者以凡人論。若妻毆傷殺妾，與夫毆傷殺妻同。又條，誣告周親卑幼，減所誣罪二等。其妻雖非卑幼，義與周親卑幼同。夫若誣告妻，須減所誣罪二等，妻誣告妾，亦與夫誣告妻同。

又云，即誣告子孫、外孫、子孫之婦妾及己之妾者，各勿論。議曰：誣告子孫、外孫、子孫之婦妾者，曾玄婦妾亦同，及己之妾者，各勿論。其有告得實者，亦不坐。被告得相容隱者，俱同自首之法。

諸子孫違犯教令，及供養有闕者，徒二年。謂可從而違，堪供而闕者。須祖父母、父母告乃坐。

疏議曰：祖父母、父母有所教令，於事合宜，即須奉以周旋，子孫不得違犯。及供養有闕者，《禮》云七十貳膳，八十常珍之類，家道堪供，而故有闕者各徒二年，故注云，謂可從而違，堪供而闕。若教令違法，行即有愆，家實貧窶，無由取給，如此之類，不合有罪。皆須祖父母、父母告者，乃坐。

臣等參詳，諸道州府民俗，閒有患瘟疫之疾者，悉使骨肉相棄，絶人看侍，以至死亡，亦不躬親葬殮，人倫之弊，莫甚於斯。應有上件邪俗未除之處，委州縣長吏以下，常加訪察，重行決斷。

（宋）竇儀等《宋刑統》卷二四《鬬訟・奴婢告主罪誣告本屬刺史縣令》

諸部曲、奴婢告主，非謀反、逆、叛者，皆絞。被告者同首法。告主之周親及外祖父母者流，大功以下親徒一年。誣告重者，緦麻加凡人一等，小功、大功遞加一等。即奴婢訴良，妄稱主壓者，徒三年，部曲減一等。

疏議曰：日月所照，莫匪王臣，奴婢、部曲，雖屬於主，其主若犯謀反、逆、叛，即是不臣之人，故許論告。非（謀逆）〔此三〕事而告之者，皆絞，罪無首從。注云，被告者同首法。謂其主雜犯死罪以下，部曲、奴婢告之，即同自首之法，奴婢獲罪，主得免科。奴婢爲主隱，雖告，準《名例律》相容隱，告言自合同首，今律文重言同首法者，以相隱條無相隱字故。告主之周親及外祖父母者流，不言里數者，爲同加杖二百。大功以下親徒一年，稱大功以下，小功、緦麻亦同。此等並謂告得實。誣告重者，謂所誣之罪重於徒一年，緦麻加凡人一等。若誣告主緦麻親，徒一年，加一等，合徒一年半，小功徒二年，大功徒二年半之類，大功以下諸親，犯有輕重，應計等級加者，但重於徒一年，皆準此加法。即奴婢訴良，妄稱主壓者，謂奴婢本無良狀，而妄訴良，云主壓充賤者，合徒三年，不同誣告主者，開其自理之路。部曲減一等。其主誣告部曲、奴婢者，即同誣告子孫之例，其主不在坐限。

（宋）佚名《宋大詔令集》卷一九八《政事・禁約・禁西川山南諸道祖父母父母在别籍異財詔乾德六年六月癸亥》

厚人倫者莫大於孝慈，正家道者無先於敦睦。況犬馬尚能有養，而父子豈可異居。有傷化源，實玷名教。近者西川管内及山南諸道，相次上言，百姓祖父母在者，子孫别籍異居。詔到日，仰所在長吏明加告諭，不得更習舊風。如違者並準律處分。

（宋）王栐《燕翼詒謀録》卷四

舊制，朞喪百日内妨試，尊卑長幼同。士人病之，多入京冒哀就同文試，洎中選被人論訴，不免坐罪。天禧四年二月壬申，翰林學士承旨晁迥上言：諸州士人以朞制妨試，奔湊京轂，請自今卑幼朞服，不妨取解。詔從之。自後冒哀求試者寡矣。大凡人家尊長朞喪，多年高者，卑幼朞喪，多年幼者，免避卑幼，則妨試亦鮮。

〔宋〕謝深甫等《慶元條法事類》卷七七《服制門・匿服》〔職制敕〕諸遭喪應解官，而臨時竄名軍中規免執喪者，徒三年。所屬知情容庇或爲申請起復者，徒二年。

諸居夫之父母喪，而忘哀作樂者，自作遣人等。杖一百。雜戲及遇樂而聽若參預吉席者，減三等。

〔雜敕〕諸君父母喪，而踰濫者，論如喪制未終雜戲律。

〔宋〕謝深甫等《慶元條法事類》卷七七《服制門・喪葬》〔雜敕〕諸喪葬有約束而違者，止坐行。【略】

〔户婚敕〕諸父母亡過五年，無故不葬者，杖一百。品官委御史一閤門彈奏，民庶之家令州縣覺察。

諸同居親疾病輒相棄絶，或死喪不親殮葬者，杖一百。

《遼史》卷一〇《聖宗本紀》〔統和元年〕十一月詔，民間有父母在別籍異居者，聽鄰里覺察坐之。

史金波等譯《天盛改舊新定律令》卷一《不孝順門》一、子女對自己親高、曾祖及祖父、祖母、父、母、庶母及兒媳對此數等人撒土灰、唾及頂嘴辱罵及舉告等之罪法：

一、撒土灰、唾等，實已著於身、面上，及當面説壞話、頂嘴等時絞殺。

一、除謀逆、失孝德禮、背叛等三種語允許舉告，此外不許舉告，若舉告時絞殺。有接子孫狀者則徒十二年，不許審問父母等之罪。其中父母與他人同謀犯罪，舉告者自他人處聞知以外，亦説於犯罪者之子孫口中聽到原話，則應審問，他人當依法承罪。父母等之罪因已由子孫講説當解脱，舉告人未從他人處聞覺，説直接從子孫中一人口中聽到，則不許接狀審問。

史金波等譯《天盛改舊新定律令》卷八《行非禮門》同姓結婚之媒人傳語之罪，比結婚者之罪，當減二年爲一年，婚姻當改過。

史金波等譯《天盛改舊新定律令》卷八《為婚門》一、諸婦人已至夫主家下，丈夫亡故者，小大孤父不許小監，若小監時徒二年。寡婦行三年孝禮期滿，有公婆則不許隨意出。若公婆情願放，有欲贖出者，則有無子女一律當聽贖出。無公婆，則願住即住，願往樂處即往，夫主之畜物勿取。若公婆孤父等寡婦欲往不令往及欲往樂處不放、婦人自意取畜物等，一律官罰馬一，庶人十三杖。

一、諸婦人住父母家下，婿已往，生子女，丈夫亡故時，有公婆時不許隨意往，當送公婆。未生子女則行三年孝禮，期滿，然後女父母得以隨意嫁與人爲婚。

一、諸人出□妻子，婦人有種惡中與人行淫一種，則父母及丈夫等共議不議一律允許出，不許反告。此外：一，不生子女；二，不侍奉公婆；三，有主多言；四，盗竊；五，妒忌；六，惡疾。有此六種錯，若丈夫及公婆等共議出之，則可往樂處。父母不知，丈夫出之，予憑據，曰當出，剪頭，遣往所願處，及丈夫不知而父母出之等，六個月期間誰未知者反告訴訟，則不須往樂處，父母出之則罪不治。丈夫出之而未問父母之意，則有官罰馬一，庶人十三杖。其中出言未取而剪其頭，則不許隨意往出。因無理剪頭，徒一年。無父母，告期已逾，然後不許妻丈夫反告訴訟，違律時有官罰馬一，庶人十三杖。彼有六種錯，然一者能行孝禮於公婆；二者娶時貧苦低微後富貴威上；三者迎娶時送者迎人根斷而無住處等；三種所不出及無罪錯婦人等，妻丈夫有出婦之心，女父母亦曰我贖出，則當出，□當還回。女父母不欲贖，妻丈夫曰出妻子媳等，則當罰聘價，退還嫁妝，隨其願往。父母不知不願，則反告訴訟程序、期限與前述相同。

一、諸人爲婚嫁女順序：親父母可嫁，祖父母、伯叔、姨、兄弟、嫂等其他節親不許嫁。若無親父母，則祖父母及共居庶母，女之同母兄弟嫂娣及親伯叔姨等共議所願處爲婚。若不共議而嫁時，六個月期間可上告，當接狀尋問。祖父母、伯叔、姨等嫁女者罪不治，兄弟嫂娣嫁則有官罰馬一，庶人十三杖。因未共議，婚姻當改過。

一、諸人索妻、媳，傳媒者不問父母時，父母六個月期間告，則當改過。因不宜婚姻，□子徒一年，成婚則徒六個月，媒人徒三個月，未知則罪不治。不許逾期告狀及他人舉報。違律告狀、接狀者等，有官罰馬一，庶人十三杖。問訊中父母皆同意及無父母等，則當許爲婚。【略】

一、諸人女在未嫁，父母不允，不許隨意搶親受禮。違律而父、兄弟告時，前搶親受禮者有官罰馬一，庶人十三杖。女人情願則答三十，不情願則不治，歸還父母，依願嫁之。若已侵凌婦人則徒六個月，隱匿於其地者徒一年。父、兄弟不告，不許他人舉報。違律告狀取狀者，一律有官罰馬一，庶人十三杖。

一、官私人男女相謀□□諸處逃避□□妻處等所生子女皆隨母往，當予婦人屬者，不許隨父往。若不予時，有官罰馬一，庶人十三杖，人當予。

一、婚姻是實，變而不婚曰我已爲婚□□等，一律比一女嫁二處罪加一等，徒四年。【略】

一、官家之女子、閤門帳下女子、織繡絹、結線□□沙州女子等等未有丈夫，本二人願□□生子女者，女當從母隨意而嫁，男則隨男相共而出。是官人根則輔主中註册，是使軍則不許爲使軍。所願處當爲官人輔主中。不注册時，有官罰馬一，庶人十三杖。

一、諸人爲婚迎媳，然後曰我未得嫁妝者，一年期間可告。女有父母，則前婚價所取當如數予之，女父母無力，則當以前所取價二分之一爲婚價，另一分爲嫁妝而予之。其中無力則不須予嫁妝，不情願者，不許强令按價給屋舍、地疇、使軍、奴僕等。其中已取二十緡以下實價嫁女者，當爲女價，不許因嫁妝訴訟。違律時，原先所辦不予及因二十緡以下予價之嫁妝訴訟告狀等，有官罰馬一，庶人十三杖。【略】

一、爲嫁妝次第：一錢當予實價二錢以内，不許濫超其數。一年期間予者，告則罪不治，所予超數當退還。倘若違律，追告不還及逾期告狀尋問者等，一律有官罰馬一，庶人十三杖。【略】

一、諸人有女，已送主家下，而後留有婚價尾數，一年期間皆當取。不予時可上告催促，不予者有官罰馬一，庶人十三杖。逾期不許取狀尋問。

一、諸人貪婚價，一女嫁二處時，未嫁往先有主處，婿亦未來，而另嫁送後有主家下及婿來，徒三年。未送，婿亦未來，則徒一年。嫁往先有主處及婿已往然後另嫁者，已送未送後有主處、婿來未來，於前述各各罪狀上加一等。其一女嫁二處者之父母、伯叔、姨、兄弟、嫂娣等議嫁者中，户主主持者一人當承罪，其餘相嫁罪不治。若無共議而嫁人，則主持不主持一律嫁者承之。後娶者、媒人等知覺是他人妻，則娶者比嫁女者之各各罪狀減一等，媒人依次減二等。不知，罪不治。妻當予先有主，所予價如數退還。有後有主處生子女者，當留之。若先有主不需妻子，則取先所予價，妻當歸後娶者。

一、諸人已予爲婚承諾，已飲酒食而未取價者，雖不算變婚，然而爲婚者曰女父母已食酒食而負諾詞，因此以妄言不合隨意搶女者，無論情願與否而强搶之，依搶匿人妻等之各各罪狀法判斷。婚姻是實，價多少已取而遺尾數時，妻丈夫有主等不議而强搶女，則徒一年。其中他人未取賄，因情面有意令搶女者，依搶女者從犯論。若已爲婚而取半價，告曰未曾取婚價，不合搶之，只鬬□□時，依變婚法判斷。

一、諸人妻丈夫曰我□，已予承諾，已飲酒食，而價未取，憑據未轉，則□□□□□。若他人取諾詞、飲酒食而謊言隨意奪妻者，無論情願與否而强搶之，與搶匿人妻等罪狀相同。若出妻已予贖價之半，或已賜出妻憑據，贖價日限已定而未取時搶妻者，有官罰馬一，庶人十三杖。他人有意令搶者，以搶妻者之從犯論。若出妻者或已取贖價，或已爲憑據時曰未爲憑據，未取贖價，只鬬争辯時，同樣判斷。

一、有妻子媳等人情願出之，則女父母可贖。若女父母可贖而未能贖，他人曰可贖，則婦人及女父母等情願贖當許，不情願贖則不許。若違律時，有官罰馬一，庶人十三杖。

一、諸人已爲婚，婿未往，或男死或女死等，一律當罰有主婚價，女當嫁情願處。

《通制條格》卷二七《雜令·非理行孝》 至元三年十月，中書省左三部呈：上都路梁重興爲母病割肝行孝。合依舊例，諸爲祖父母、父母、伯叔姑、兄姊、舅姑割肝剜眼剜臂臠胸之類，並行禁斷。都省準擬。

延祐元年十月，中書省禮部呈：樞密院都事呈，保定路清苑縣安聖鄉軍户張驢兒，爲父張伯堅患病，割股行孝，止有壹子舍兒叁歲，爲侵父食，抱於祖塋内活埋。本部議得：割股毁體，已常禁約。張驢兒活埋其子，誠恐愚民倣效，擬合遍行禁約。都省準擬。

《通制條格》卷三《户令·賣子圓聚》 至元七年十二月，尚書省御史臺呈：濟南路人户王瘦厮爲家貧無錢送納差發，賣訖二子，合無令父子完聚。仍禁治似此買賣兒女之人，庶望風俗淳厚。都省議擬：劄付户部，即將王瘦厮已賣兒男福興、僧兒於買主崔三、樊九處追付圓聚。據元買價錢，即係違法事理，不須回付。仍取問當該官吏樁配差稅致令賣子違錯情由，遍行禁約，今後毋令買賣親屬。

《元典章》卷四一《刑部・諸惡・不義・居喪為嫁娶者徒》　至元七年十二月，尚書（省）〔户〕部契勘父母之喪，終身憂慼，夫爲婦天，尚無再醮。今隨處節次申到，有於父母及夫喪制中，往往成婚，致使詞訟繁冗，爲無定例，（准）〔難〕便歸斷。檢會到舊例，居父母及夫喪而嫁娶者，徒三年，各離之。知而共爲婚姻者，各減三等。省部議得，若不明諭禁約，引訟不已，實是亂俗敗政。以此參詳，比及通行定奪，以來定立格限。渤海漢兒人等擬自至元八年正月一日爲始，已前有居父母、夫喪内嫁娶者，準（以）〔已〕婚爲定格，後犯者依法斷罪，聽離。如此庶免詞訟，似望漸厚風俗。呈奉尚書省移準中書省咨，依準施行。

《元典章》卷四一《刑部・諸惡・内亂・翁戲男婦斷離》　至元十年三月十七日，中書兵刑部據平陽路申：絳州正平縣董文江招狀，將男婦福怜用言調戲及揣抹手足，夤夜摇撼房門，罪犯。府司原其本情，雖未成姦，已亂人倫，尊卑之禮，於理合令高福怜與伊夫離異，乞明降事。省部依準所申，令高福怜與伊夫董綿和離異歸宗。據文江所犯，仰本路依理決斷施行。

《元典章》卷四一《刑部・諸惡・不義・焚夫屍嫁斷例》　至元十五年，行中書省據潭州路備録事司人户秦阿陳告，表兄杜慶病死，有嫂阿吴將兄骸骨揚於江内，改嫁彭千一爲妻。取到犯人杜阿吴招伏，不合於今年正月十二日有夫杜慶因病身死，至十八日焚化，將骸骨令夫（婊）〔表〕弟唐興分付趙百三揚於江内。至二十八日憑陳一嫂作媒，得訖鈔兩銀鐶等物，改嫁彭千一爲妻。罪犯陳一嫂、趙百三、唐興招伏相同。省府切詳，人倫之始，夫爲婦天，尚無再醮，其阿吴所犯，亂敗風俗，若不嚴行斷治，江南新附，誠恐漸迤，風俗澆薄。除已行下潭州路，擬將阿吴杖斷七十七下，聽離，與女真娘同居守服，以全婦道，仍將元財解省並彭千一違法成婚一節，就便取招斷四十七下，媒人陳一嫂、撒揚骨殖人趙百三，各斷四十七下，唐興杖三十七下外，仰遍行合屬，嚴行禁約。

《元典章》卷四一《刑部・諸惡・不孝・王繼祖停屍成親》　大德二年，行省準中書省咨：樞密院呈，張德清告本管千户王繼祖於伊父服停屍成親，責得王繼祖狀招，元貞元年六月二十日，父王喜身故，將妻馬大姐扶娶過門，拜靈成親。至二十三日，將父王喜埋殯了當是實，具呈照詳得此送禮部，照擬得至元二十（六）〔五〕年十月内奉尚書省劄付禮部呈河東山西道宣慰司關太原路臨州軍户王仲禄男王猪僧，至元二十一年十二月三十日娶到賀真真爲妻，至元二十三年正月内，王猪僧身死停屍在家，王仲禄却過房到王仲福男王唐兒爲男，令王唐兒與賀真真拜訖王猪僧屍靈，收繼成親。至二月初二日，才將王猪僧殯葬了當。收繼之後，已有所生兒男。本部照得詔條内收嫂者，有例，夫亡服缺守志者，有例。其王唐兒不候葬，訖伊兄於停喪之夜與嫂賀真真拜屍成親，大傷風化。若依已擬，將各人離異，相應都省準擬，令王唐兒與賀真真離異。本部擬得王繼祖父喪停屍，忘哀成親，亂常敗俗，莫甚於此。參詳宜從都省劄付樞密院，斷令各人離異，所據王繼祖擬合罷職，相應都省准呈，依上施行。

《元典章》卷四一《刑部・諸惡・不孝・揑克伯虚稱母死》　大德五年三月，行臺準御史臺咨，燕南河北道廉訪司申：準分司牒該體知晉州達魯花赤揑克伯家在解州，職居見任，思慕彼中妻子，（原）〔無〕由搬取，乃虚稱老母病亡，奔喪給假。前到解州，住經月餘，不顧老母之養，却携妻子同來任所。爲此責得揑克伯狀，招伏是實。得此切詳，父母，子之天地也，生事喪葬，俱有常例。其揑克伯母幸生存，忽言病故，給假以取妻子。其昵於私愛，棄絶大倫，無甚於此。若不懲戒，有傷風化，擬合將本官斷罪罷職，仍追離職月日俸給還官，遍行各處，以警其餘。牒請照驗，准此。卑司看詳，揑克伯所犯詐稱母死求假奔喪，規避官事，即係不忠不孝，其罪非輕。若准分司所擬，嚴行懲戒相應，申乞照詳〔得此〕。於十月二十二日，本臺奏過事内一件，燕南廉訪司文字裏說，將來晉州達魯花赤揑克伯小名的人，他娘死了。麽道，說謊，撇了勾當，去家裏取將他媳婦來。娘死了也，麽道說謊。家裏去來的，招了他的罪過。重有來詔書裏免了也，他的勾當裏罷了。不揀幾時，勾當裏（體）〔休〕委付呵。怎生奏呵。聖旨了也。欽此。

《元典章》卷五三《刑部・訴訟・禁例・禁止干名犯義》　至大二年九月十一日，欽奉詔書内一欵：風化王道之始，宜令所司表率敦勸，以復湻古。如有子證其父，奴訐其主，及妻妾弟姪干名犯義者，一切禁止。至大三年四月〔二十七日〕，行臺準御史臺咨奉尚書省札付，來呈行臺咨福建廉訪司申：人家一等年深奴婢，或需求不充所欲，便成寇仇，巧搆非爲，以誣其主。若不禁治，習俗成風。如主家有犯反叛謀逆，故殺人之事，許令首告，其餘雜泛不許陳告。緣係爲例，事理得此送刑部議得〔奴婢告主，以卑陵尊，以賤犯貴，甚傷風化，大失人倫。如準御史臺〕所呈，徧行禁治相應。得此議擬間，至大二年九月十九日欽奉：云云。欽此。都省除遵依及行移合屬禁治外，仰欽依施行。

《元典章》卷四一《刑部·諸惡·不孝·汪宣慰不奔父喪》　皇慶二年五月，江西廉訪司奉江南行臺劄付，準御史臺咨：近據淮東廉訪司申，淮東宣慰使汪元昌聞知父喪，不即奔赴。值先帝昇天，作樂飲酒，不忠不孝，合行明正其罪，永不敘用。申乞照詳。得此，呈奉中書省劄付，送刑部議得：汪元昌所犯，合依已擬除名不敘。遍行照會相應，具呈照詳。得此，都省照得，即係本臺元呈事理，仰就便聞奏事承去，皇慶二年正月十三日本臺官奏過事內一件，咋前省家俺根底與將文書來，淮東廉訪司官人每文字裏說將來。揚州宣慰使汪元昌小名（兒）的人，他的爺歿了呵，省家交他奔喪去，麼道與將文書去呵，他不奔喪，將省家文書藏了，每日筵席，有完澤篤皇帝昇天了呵，別了大體例。家裏喚得樂人來交唱，著他自彈著筵席，有更歿了爺不奔喪的罪過，遇赦免了也。刑部擬著他除名不敘，麼道俺商量來，依著他每擬定的行呵。怎生？奏呵，那般者，麼道聖旨了也。欽此。咨請欽依施行。

《元典章》卷四一《刑部·諸惡·不孝·臧榮不丁父憂》　延祐元年十一月日承，奉江南行臺劄付，近據江西道廉訪司申：劉浩然狀告臧榮不依父姓，改作莊榮。伊父莊覺（並）〔顯〕母陳氏病故後，受古州路知事，不候服闋，匿喪之任，於例有違，取訖莊榮招（狀）〔伏〕。申乞照詳。得此，移準御史臺咨，呈奉中書省劄付，送據刑部呈，照得元貞二年七月初四日，（呈）〔承〕奉中書省劄付，御史臺呈準淮西江北道廉訪司申：黄州路録事司判官靳克忠聞知父亡，不即奔訃，又行飾詞，不肯離職，詳其所爲，必合懲戒。得此送本部議得：職官奔喪已有定例，其黄州路（判録）〔録判〕靳克忠聞知父亡，申準本管官司明降，推故不行奔喪，量決四十七下，解見任，期年之後降一等。標附相應，得此，都省準擬。除外，合下仰照驗依例施行。今承見奉議得莊榮遭值父母重喪，服制未終，忘哀之任，（照）〔比〕例決四十七下，解見任，期年之後降一等敘用。罪過原免，依例標附相應，具呈照詳〔得此〕。都省〔除外，合下〕仰照驗施行。

《元典章》卷四一《刑部·諸惡·不孝·張敏不丁母憂》　延祐二年五月日，承奉行省劄付，準中書省咨陝西行臺咨監察御史呈，追問得三原縣尹張敏狀供，皇慶元年八月二十日，繼母黨氏身故，若便一概丁憂，伏慮躭誤官事，（人）〔又〕恐差池。移關本縣備申上司照詳，未蒙明降，依舊管事到今是實。看詳：張敏所供，繼母義同嫡母，當終三年之服，撫字之官，有傷風化。如將本官解見任，期年後降先（降）〔職〕一等敘用，標附過名相應。本臺看詳係爲例事，理宜從合干部分定擬相應，具呈照詳。送刑部議，張敏繼母黨氏係父張世英以禮求娶，義同親母。本官職居縣尹，表率下民，不即丁憂，原其所犯，量擬候終制注（遷）〔邊〕遠一任敘用，標附過名。緣事干通例，如今禮部講議相應。得此送據本部呈，約會到禮部官一同再行議得：縣尹張敏繼母黨氏，係父張世英以禮求娶，義同親母，合依已擬候終制注（遷）〔邊〕任敘用，標附過名。如蒙準呈，遍行照會相應，具呈照詳。得此議得：縣尹張敏所犯敗壞風化，難任牧民，擬降一等，雜職內任用，餘準部擬。除外，都省請依上施行。

《元典章》卷四一《刑部·諸惡·不孝·裴從義冒哀公參》　延祐五年六月，行臺準御史臺咨：承奉中書省劄付，來呈山南江北道申，孫弘恭告荆湖北道宣慰司令史裴從義母喪離役，丁憂未及終制，復補本司，令史責得裴從義狀招，繼母楊氏於延祐元年十二月二十一日亡歿，延祐二年四月初九日，纔聞訃音奔喪還家，丁憂自母亡日扣算，至延祐四年二月十四日纔及二十六月零二十六日，尚有未終制八日。自合依例候服闋從仕，却不合於延祐四年二月十四日冒哀公參帖補勾當，招（狀）〔伏〕是實。得此看詳，官吏丁憂實二十七月，未見合自親歿日或聞喪日理算。所據荆湖北道宣慰司令史裴從義母亡，丁憂未終，復補役事。理宜令合干部分定擬，仍早議通例，遍行各處遵守相應。具呈照詳得此，送據刑部呈照得至大四年三月十八日，欽奉詔書內一款。官吏丁憂已著令典，今後並許終制實二十七月，以厚風俗。朝廷奪情起復、並蒙古、色目管軍官員不拘此例。欽此。本部再行議得：典史裴從義延祐元年十二月二十一日母亡，延祐二年四月初九日聞喪丁憂，延祐四年二月十四日通閏計二十三月零四日，未經終制。北海道宣慰司敢充令史貼補勾當，以此參詳，諸父母喪亡，稽之典禮，皆以聞喪日爲始。令史裴從義所犯，若依知事臧榮一體斷罪降等，却緣見議始亡聞喪，通例未定，合依已擬量決二十七下，解見役，別行求仕，相應。（俱）〔具〕呈照詳。都省準擬，仰照驗〔依上〕施行。

《元史》卷一〇三《刑法志》 諸兄收弟婦者，杖一百七，婦九十七，離之。雖出首，仍坐。主婚笞五十七，行媒三十七。**【略】**諸奴收主妻者，以姦論，强收主女者，處死。

《元史》卷一〇五《刑法志》 諸以非理苦虐未成婚男婦者，笞四十七，婦歸宗，不追聘財。諸舅姑非理陵虐無罪男婦者，笞四十七，男婦歸宗，不追聘財。**【略】**諸爲子行孝，輒以割肝、刲股、埋兒之屬爲孝者，並禁止之。諸民間喪葬，以紙爲屋室，金銀爲馬，雜綵衣服帷帳者，悉禁之。諸墳墓以甎瓦爲屋其上者，禁之。諸家廟春秋祭祀，輒用公服行禮者，禁之。諸民間祖宗神主，稱皇字者，禁之。諸小民房屋，安置鵝項銜脊，有鱗爪瓦獸者，笞三十七，陶人二十七。

《大誥·鄉飲酒禮》 鄉飲酒禮。朕本不才，不過申明古先哲王教令而已。所以鄉飲酒禮，叙長幼，論賢良，別姦頑，異罪人。其坐席間，年高有德者居於上，高年淳篤者並之，以次序齒而列。其有曾違條犯法之人，列於外坐，同類者成席，不許干於善良之席。主者若不分別，致使貴賤混淆，察知，或坐中人發覺，主者罪以違制。姦頑不由其主，紊亂正席，全家移出化外，的不虛示。嗚呼！斯禮始古先哲王之制。妥良民於宇內，亘古至今。興者，鄉里安，隣里和，長幼序，無窮之樂，又何言哉。吾今特申明之，從者昌，否者亡。

《大誥·教官妄言》 天下府、州、縣學官，咸懷先聖先賢之道。於斯至精者，方敢領受是任，敷演先聖先賢之道，以開天生上智之人，以明中材之士，以訓下愚之徒。學校之設，豈非禮之徒易居之所，實乃賢人君子端本澄源之所。設使君子居是，其徒日漸君子矣。惡人居是，其徒日漸兇徒矣。洪武十八年冬十月，寧國府教授方伯循，實封寧國府知府韓居一，其辭曰：於齋戒未祭，先食牲牢肉臟，又且飲酒。及其勾問，其官府並無二項非爲，餘罪不律者有之。詢其所以，府官嚴督學校，以致教授方伯循，生員張恒等五名憾是督責，遂於祭祀之際，窺伺府官飲茶，教授方伯循自行飲酒，徑率諸徒詣齋所，將府官祭服四面揪捽。若奉上司明文，擒拿有罪者，如此非爲，人神共怒。且府、州、縣教官，禮義風俗忠孝出焉。凡遇祭祀，則當訓誨生徒，明以持心守戒之道，至期率赴壇所陪祀羣神。非獨本禮誠敬，將後生徒爲政，不勞祀神熟矣。其寧國府教授方伯循，不獨不本禮以奉神，於壇所大辱掌祭之官，可謂罪不容誅。又有餘罪，出納學糧不明，改換文案，以致本府檢舉，非止一端。嗚呼！有司提調學校，助君之急務也。生徒有姦頑者，師卒不能化，且得府官助其威嚴，以成成效，豈不美歟。奈何反與不才生徒，誣辱提調官，罪當皆死。所在學校，想宜知悉。

《大誥續編·申明五常》 今再《誥》一出，臣民之家，務要父子有親，率土之民，要知君臣之義，務要夫婦有別，鄰里親戚，必然長幼有序，朋友有信。衆尊有德，不拘年之壯幼，不序長幼之分，此古人之大禮也。此《誥》也，朕本非能，不過申明先王之舊章，而民從之，家和户寧，吉哉！倘有不如朕言者，父子不親，罔知君臣之義，夫婦無別，卑凌尊，朋友失信，鄉里高年並年壯豪傑者，會議而戒訓之。凡此三而至五，加至七次，不循教者，高年英豪壯者拿赴有司，如律治之。有司不受狀者，具在律條。慎之哉，而民從之。

《大誥續編·明孝》 嗚呼！古先哲王之要道，流至於今。朕不能申明，敷教於臣民，致臣民之愚，有若是耶。洪武十九年三月、四月，所在有司，耆宿舉到人材，皆稱孝廉。朕謂來者曰：有司、耆宿舉爾是否？對曰：是。曰：孝，何孝？曰：父母根前，晨省昏定，供奉飲膳，説的言語，不敢違了。朕復謂曰：止此乎？曰：是。嗚呼愚哉！以爾所言，人子之道，未見盡善，而稱孝廉，不亦難乎？且孝，冬溫、夏凊、晨省、昏定；飲膳潔净，節之；父母有命，善正，速行毋怠，命乖於禮法，則哀告於再三；父母已成之業毋消，父母運蹇，家業未成，則當竭力以爲之；事君以忠，夫婦有別，長幼有序，朋友有信；居處端莊，涖官以敬，戰陣勇敢；不犯國法，不損飢膚，閒中不致人之罵詈，朝出則告往某方，暮歸則告事已成未成，縱過歸期，父母指方而眄望，不致憂戚。嗚呼！孝子之節，非止一端，豈有但供飲膳而已。設使供飲膳爲孝，孰不能之？其各節行孝幽微，備明於首，註於足。從吾命者，家和户寧，身將終老，世將治焉。

冬溫，夏清，晨省，昏定。冬寒，則奉父母以溫；夏炎，則奉父母以涼，清晨，則問父母一宵安否，至暮，則俟寢方歸，斯謂之孝也。

飲食潔净，節之。父母飲食，必要十分精潔，供必以時，且得其中，不使過多，則謂之孝。

父母有命，善正，速行毋怠；命乖於禮法，則哀告再三。父母之命，其合理者，則速爲奉行。若不合於理者，則哀告再三。若一槩奉行，則致父母有殃，安得爲孝？雖違命而告至再三，實至孝也。

父母已成之業，毋消。人子承守父母産業者，必使常存，不至典賣及犯法而消廢，則謂之孝。

父母運蹇，家業未成，則當竭力以爲之。父母衰老，不能生理，況家業未成，子竭其力以成之，不致父母窘於衣食，則謂之孝。

事君以忠。孝子事君，知無不言，心無姦邪。上補於君，下有益於民。祿奉已亡，見存祖父母、父母，是謂大孝。

夫婦有别。人家有子，有孫，有兄，有弟，有姪，體先王之要道，别之以夫婦，家和户寧，是其孝也。若使混淆，不如禽獸，是謂不孝。

長幼有序。人有長幼，居家則有伯叔兄弟，隣里則有高年少壯。凡人居家無長幼之分，出則無長幼之序，其所被辱者多矣。此其所以不孝也。使其居家有長幼之分，出則有高年之敬，是其孝也。

朋友有信。人不能無朋友，必擇可交者與交，使言語可復，皆無虚詐。若事有參差，必能諫正，不至於善交之怨，惡交之陷，故謂之孝。

居處端莊。人於起居動静之際，威儀要肅，則人望而敬之，不敢褻狎，故謂之孝。

涖官以敬。土有祿位者，若能持己以敬而臨乎人，則事輯而人愛敬之，必不陷身於罪戾，故謂之孝。

戰陣勇敢。人之居行伍者，當戰陣之時，必奮勇以當先。成功則榮膺名爵，歿身則忠義旌顯，垂於千古，故謂之孝。

不犯國法。人皆父母之生，若不謹守法度，至遭罪責，則傷父母之遺體矣。故必保身毋犯，則謂之孝。

不損肌膚。君子愛護其體，爲父母之遺體也。設使無藉，被人揉辱，肌膚爲之傷，是爲不孝。

閒中不致人罵詈。人於閒中，若放肆妄誕，取人罵詈，則辱及父母矣。故閒静中，必謹言以保其身，則謂之孝。

朝出則告往某方，暮歸則告事已成未成。嗚呼！先王之道，至孝之哉。所以明所向之方，使父母暮指方而望。歸告事成與未成，使父母知其善與不善。至此之際，父母無猶豫之憂，樂然而快哉，此其所以孝也。

《大誥武臣・以妾爲妻》 祥符衛指揮郭祐，他去征進雲南，取到一箇婦人回家爲妾。他聽信本婦揑説是非，將乙未年間原娶正妻曹氏，如常打駡，連他兒女家人二十六口趕出另住，每日止與他帶糠粟米八升，却將雲南取來的婦人收爲正妻。如此不才，事發，貶去雲南。他乙未年娶的結髮夫妻，到今三十餘年，有兒有女了，且當初離亂時東奔西走，多少艱難，纔過活得到而今。而今天下太平了，他做官享俸祿，正好夫妻每受快活，他却將他娘兒每趕出了，一日止與他帶糠粟米八昇，他二十六口人，如何過？這等無恩義的，也那裏是箇人。

《明仁宗寶訓》卷二《退不肖》 永樂七年六月壬戌，上爲皇太子監國南京。江西道監察御史方恢父喪不丁憂，事覺。上曰：御史，朝廷紀綱之職，彼既不孝，何以糾正百僚。令錦衣衛執送行在，奏請罪之。

《明太宗寶訓》卷一《明决》〔永樂十一年十一月〕 庚寅，通政司奏有老婦告前夫之子不能供養，請治其不孝罪。上問是親生之子否？對曰：此婦於前夫亦是繼室，蓋此子之繼母。上曰：所謂子母無絶道者，非謂繼母。今繼母改適，即義可絶。已失於夫，乃責人不能盡孝。所言勿聽。

《明太宗寶訓》卷二《正風化》〔永樂二十二年〕 十月戊午，免遠安王貴燮、巴東王貴瑄爲庶人。勑曰：送終，人子大事，爾兄弟父薨不奔喪。五刑三千，莫大不孝。國之正法，朕不敢私。今悉削奪王爵，降爲庶人，仍屯荆州於簡王墳園居住。其原受遠安王、巴東王册印即封識付使者歸納，原隨校尉悉令同京。爾其深自循省，改過易行，以副朝廷優容之意。蓋二人永樂中嘗誣告其父有不軌謀，至是上諭禮部尚書呂震曰：正風化當自家族始。遂降勑削奪云。

（明）談遷《國榷》宣宗宣德四年二月 丁酉，敕法司曰：五刑之屬三千，莫大不孝。有烝父妾，收兄弟妻者，送京師治之。武臣及子弟犯者，失職毋襲。著爲令。

《明宣宗寶訓》卷五《正法》 〔宣德四年〕三月己巳，行在大理寺奏山西陽曲縣典史馬欽詐稱母喪避事去，律當杖，於近例納米贖罪。上曰：君子不忍死其親，今此舉忠孝兩虧矣。杖之百。謫爲邊民。

《明宣宗寶訓》卷一《明斷》 宣德六年二月己未，上元縣人王拜住年十四，爲陳氏養子。其父死，生母貧，行乞於途，拜住遇之，哀哭不告養母，以情訴於官，乞歸養生母。養母聞之，訟其詈己。刑部論拜住死罪。

上曰：彼年十四，依陳氏養母之恩豈能踰生母？遇生母行乞而不動心，是禽獸也。今歸養生母，但失於不告養母耳。可杖之。二母皆令終養。

《明憲宗寶訓》卷二《正法》 〔成化十六年〕十月丙寅，晋府故鎮國將軍鍾鏣無嗣，謀收其夫人張氏弟婦之有娠者入府生子，以爲己子，方山王鍾錠爲扶同奏請賜名，已而得封。至是爲人發其事，且及王近狎樂婦、杖死無辜等罪，命内外官勘報，不誣。上降勑切責鍾錠，曰：高皇帝封建藩屏，政欲子孫相承，永享富貴。柰何爾身居王位，貪淫酷暴，又甘與異姓爲骨肉，得罪祖宗，貽羞宗室。廷議僉謂紊亂宗支，難以輕宥。兹特革爾王爵禄米，爾其怨天乎？尤人乎？尚其悔悟之。

《明憲宗實録》成化十八年六月 己未，降南京監察御史方輅爲陝西肅州衛經歷。輅丁憂居鄉，占其叔田，奪寡嫂棺具，且制中縱子作樂，爲族人所奏。遣官勘治，擬贖杖復職。上以輅違法（多）〔多〕端，難居風憲，特降調之，時吏部擬注廣東南海衛，特改陝西。

《明神宗實録》萬曆四十三年九月 甲申，周府安昌王儀賓袁守基以娶弟妻，爲河南巡按張至發參奏，刑部奉旨審覆。上令革去衣冠爲民，仍追奪誥命。

（明）海若湯《古今律條公案》附録《擬罪問答》 問曰：一律云毆大功至死者絞，查得堂弟妹大功，堂孫小功。律又云毆殺者杖一百流三千里，不知前大功、小功何等親？答曰：大功年幼，止有堂弟妹。小功堂侄、侄孫之外，有再從弟之妻，夫之弟妹，侄之婦至死者，絞。承毆傷者，減等而言。故大功亦言在内，再從弟、弟之妻、夫之弟妹、侄之婦應合小功至死不減之律。及同堂弟妹與堂侄及侄孫提出另議，因其服雖輕而親尤重。毆死減等，以其無必殺之意。是故必殺則不減。【略】

問曰：一、如罵辱妻之父母，律例無文，當作何斷？答曰：律既無文，可引罵緦麻尊屬論。【略】

問曰：一、如妻罵其夫，律内無文，當作何斷？答曰：當問不應從重，亦須夫告理乃坐。【略】

問曰：一、如弟妹毆殺兄之妻，以尊長論否？妻殺夫之弟，以卑幼論否？答曰：相毆各有加減，至死者各依凡人論。

黄彰健《明代律例彙編》卷四《户律一·户役·别籍異財》 凡祖父母父母在，而子孫别立户籍，分異財産者，杖一百。須祖父母父母親告，乃坐。若居父母喪，而兄弟别立户籍，分異財産者，杖八十。須期親以上尊長親告，乃坐。

黄彰健《明代律例彙編》卷六《户律三·婚姻·居喪嫁娶》 凡居父母及夫喪，而身自嫁娶者，杖一百。若男子居喪娶妾，妻女嫁人爲妾者，各減二等。若命婦夫亡再嫁者，罪亦如之。追奪，並離異。知而共爲婚姻者，各減五等。不知者不坐。若居祖父母伯叔父母，姑兄姊喪，而嫁娶者，杖八十。妾不坐。若居父母舅姑及夫喪，而與應嫁娶人主婚者，杖八十。其夫喪服滿，願守志，非女之祖父母父母，而强嫁之者，杖八十。期親强嫁者，減二等。婦人不坐，追歸前夫之家，聽從守志，娶者亦不坐，追還財禮。

嘉靖新例

一、嘉靖玖年陸月刑部題准：强娶孀婦，未成，因而致死者，問發邊衛充軍。

黄彰健《明代律例彙編》卷六《户律三·婚姻·父母囚禁嫁娶》 凡祖父母，父母，犯死罪被囚禁，而子孫嫁娶者，杖八十。爲妾者，減二等。其奉祖父母父母命，而嫁女娶妻者，不坐，亦不得筵宴。

黃彰健《明代律例彙編》卷一二《禮律二·儀制·匿父母夫喪》 凡聞父母及夫之喪，匿不舉哀者，杖六十，徒一年。若喪制未終，釋服從吉，忘哀作樂，及參預筵宴者，杖八十。若聞期親尊長喪，匿不舉哀者，亦杖八十。若喪制未終，釋服從吉者，杖六十。若官吏父母死，應丁憂，詐稱祖父母伯叔姑兄姊之喪，不丁憂者，杖一百，罷職役不敍。無喪詐稱有喪，或舊喪詐稱新喪者，罪同。有規避者，從重論。若喪制未終，冒哀從仕者，杖八十。其當該官司，知而聽行，各與同罪。不知者不坐。其仕宦遠方丁憂者，以聞喪月日爲始。奪情起復者，不拘此律。

弘治問刑條例

一、文職官吏人等，若將遠年亡故父母詐作新喪者，問發爲民。若父母見在，詐稱死亡者，發口外獨石等處充軍。其父母喪若原籍程途三千里之上，限一年；不及三千里者，限半年。過限，匿不舉哀，不離職役者，俱發口外爲民。

胡瓊集解附例

一、軍民人等冠婚□會，及文武官員一應酒食，如有用大樣博爐□錠，大樣簇盤花籠插花，粘砌菓子看棹等項過多，暴殄天物，事發者，連舖行造賣人等，一體問罪。其初喪若出殯，俱不許扮戲唱詞，名爲伴喪，修齋設醮，鼓樂前導，及設葷酣飲。違者，喪主親賓僧道人等各治以罪。

新例補遺

一、嘉靖十一年二月吏部題奉欽依：今後京官丁憂，不分南北，亦不分堂上屬官，俱一例各於北京南京，關領勘合。公差官員聞喪，俱要赴京復命。事畢，關領勘合，照回守制。在家養病省親丁憂等官，俱不必關領勘合。南京官員公差丁憂，造册具本，差人奏繳。仍於南京吏部關領勘合，照回守制。【略】

萬曆問刑條例

一、文職官吏人等，或將遠年亡過父母，詐作新喪者，問發爲民。若父母見在，詐稱死亡者，發口外獨石等處充軍。其父母喪，計原籍程途每千里，限五十日，過限匿不舉哀，不離職役者，俱發口外爲民。【略】

黃彰健《明代律例彙編》卷一二《禮律二·儀制·棄親之任》 凡祖父母父母年八十以上，及篤疾，別無以次侍丁，而棄親之任，及妄稱祖父母父母老疾，求歸入侍者，並杖八十。若祖父母父母及夫犯死罪，被囚禁，而筵宴作樂者，罪亦如之。

黃彰健《明代律例彙編》卷二二《刑律五·訴訟·子孫違犯教令》

凡子孫違犯祖父母父母教令，及奉養有缺者，杖一百。謂教令可從而故違，家道堪奉而故缺者，須祖父母父母親告，乃坐。

中國第一歷史檔案館《清初内國史院滿文檔案譯編》天聰九年三月初十日，户部和碩貝勒傳汗諭曰：凡章京及章京兄弟、諸貝勒下人、專達、巴雅喇、分得撥碩庫等之女子、寡婦，須赴報明，部中人轉問各該管諸貝勒，方可準嫁，若不報而私嫁者罪之。至於小民女子、寡婦，須問各該管牛録章京，方可準嫁。凡人女子年滿十二歲後許嫁，未及十二歲而嫁者罪之。其專管牛録與在内牛録皆同此例。

中國第一歷史檔案館《清初内國史院滿文檔案譯編》崇德三年六月〔十一日〕正紅旗托克托係奉命察外藩蒙古作亂情形之臣，而不知本牛録下卓勒圖至盛京，聘正黃旗寧塔海牛録下阿爾薩蘭家納噶拜之女爲兒媳，攜之出邊。納噶拜未問何人，將女嫁出。托克托此事尚且不知，何況其悖亂之事耶？甚屬怠慢，托克托坐以應得之罪。

中國第一歷史檔案館《清初内國史院滿文檔案譯編》崇德三年七月十六日，禮部和碩豫親王定：凡違犯定制，不行禮義，變亂法度，若王、貝勒、貝子，則議罰；官吏則囚禁三日，議罰；庶民則枷號八日，責治而釋之。凡進出坐立，有差錯者，均坐以應得之罪。一切名號、等級，更定稱謂，有錯誤者，辱詈戒飭而釋之。若有效異國衣帽，束髮、裹足者，是身在大清而心在異國也。自今以後，若再有束髮者，則剃其頭皮殺之，裹足者斷其足殺之。凡家奴舉首者，出户，旁人首告者，與賞，仍治該管官。

《西寧青海番夷成例·家奴弑主》 一、凡奴僕弑家長者，淩遲處死。

《大清律例》卷八《户律·户役·立嫡子違法》 律

凡立嫡子違法者，杖八十。其嫡妻年五十以上無子者，得立庶長子。不立長子者，罪亦同。俱改正。

若養同宗之人爲子，所養父母無子所生父母有子而舍去者，杖一百，發付所養父母收管。若所養父母有親生子，及本生父母無子，欲還者，聽。

其乞養異姓義子以亂宗族者，杖六十。若以子與異姓人爲嗣者，罪同。其子歸宗。

其遺棄小兒，年三歲以下，雖異姓，仍聽收養，即從其姓。但不得以無子，遂立爲嗣。

若立嗣，雖係同宗，而尊卑失序者，罪亦如之。其子亦歸宗，改立應繼之人。

或庶民之家，存養良家男女爲奴婢者，杖一百，即放從良。

條例

一、無子者，許令同宗昭穆相當之姪承繼，先儘同父周親，次及大功、小功、緦麻，如俱無，方許擇立遠房及同姓爲嗣。若立嗣子之後却生子，其家産與原立子均分。

一、婦人夫亡無子守志者，合承夫分，須憑族長擇昭穆相當之人繼嗣。其改嫁者，夫家財産及原有妝奩並聽前夫之家爲主。

一、無子立嗣，除依律外，若繼子不得於所後之親，聽其告官別立。其或擇立賢能及所親愛者，若於昭穆倫序不失，不許宗族指以次序告爭，並官司受理。若義男女壻爲所後之親喜悦者，聽其相爲依倚，不許繼子並本生父母用計逼逐，仍酌分給財産。若無子之人家貧，聽其賣産自贍。

一、凡乞養異姓義子，有情願歸宗者，不許將分得財産攜回本宗。其收養三歲以下遺棄之小兒，仍依律，即從其姓，但不得以無子遂立爲嗣，仍酌分給財産。俱不必勒令歸宗。如有希圖貲財，冒認歸宗者，照律治罪。

一、旗人義子必該佐領具保，實係自襁褓撫養成丁，以繼其後者，準其另記檔案。不許將民間成丁子弟改隨本姓。

一、凡八旗無嗣之人，如無同宗及遠近族人昭穆相當可繼爲嗣者，除户下家奴、民間子弟，雖與另户旗人分屬至親，不準承繼外，其有另户親屬情願過繼者，取具兩姓族長人等，並該參佐領印甘各結咨部，準其繼立。倘實有同宗可繼爲嗣，揑稱並無族人，朦混繼立異姓者，仍按律治罪。

《大清律例》卷三〇《刑律·訴訟·子孫違犯教令》律

凡子孫違犯祖父母、父母教令，及奉養有缺者，杖一百。謂教令可從，而故違，家道堪奉，而故缺者。須祖父母、父母親告乃坐。

條例

一、子貧不能營生、養贍其父，因致其父自縊死，子依過失殺父律，杖一百、流三千里。

《大清律例》卷一〇《户律·婚姻·妻妾失序》律

凡以妻爲妾者，杖一百；妻在，以妾爲妻者，杖九十，並改正。若有妻更娶妻者，亦杖九十，後娶之妻離異。歸宗。

《大清律例》卷一〇《户律·婚姻·居喪嫁娶》律

凡男女居父母及妻妾居夫喪而身自主婚嫁娶者，杖一百；若男子居父母喪而娶妾，妻居夫喪女居父母喪而嫁人爲妾者，各減二等；若命婦夫亡，雖服滿再嫁者，罪亦如之，亦如凡婦居喪嫁人擬斷。追奪敕誥，並離異。知係居喪及命婦而共爲婚姻者，主婚人各減五等。財禮入官。不知者，不坐。仍離異，追財禮。若居祖父母、伯叔父母、姑、兄姊喪，除承重孫外。而嫁娶者，杖八十，不離異。妾不坐。若居父母舅姑及夫喪，而與應嫁娶人主婚者，杖八十。其夫喪服滿，妻妾果願守志，而女之祖父母、父母，及夫家之祖父母、父母强嫁之者，杖八十。期親加一等。大功以下又加一等。婦人及娶者，俱不坐。未成婚者，追歸前夫之家，聽從守志，追還財禮。已成婚者，給與完聚，財禮入官。

條例

一、孀婦自願改嫁，翁姑人等主婚受財，而母家統衆强搶者，杖八十。其孀婦自願守志而母家、夫家搶奪，强嫁者，各按服制，照律加三等治罪。其娶主，不知情不坐；知情同搶，照强娶律加三等。未成婚，婦女聽回守志；已成婚而婦女不願合者，聽。如孀婦不甘失節因而自盡者，照威逼例充發。其有因搶奪而取去財物及殺傷人者，各照本律從重論。

《大清律例》卷一〇《户律·婚姻·父母囚禁嫁娶》律

凡祖父母、父母犯死罪被囚禁，而子孫自嫁娶者，杖八十。若男娶妾，女嫁人爲妾者，減二等。其奉囚禁祖父母、父母命而嫁女娶妻者，不坐，亦不得筵宴。違者，依父母囚禁筵宴律，杖八十。

《大清律例》卷一〇《户律·婚姻·娶親屬妻妾》律

凡娶同宗無服姑姪姊妹之親，及無服親之妻者，男女各杖一百。若娶同宗緦麻親之妻、及舅甥妻，各杖六十，徒一年。小功以上之妻，各以姦論。自徒三年至絞斬。其親之妻曾被出、及已改嫁，而娶爲妻妾者，無服之親不與。各杖八十。若收父祖妾及伯叔母者，不問被出、改嫁，各斬。若兄亡收嫂，弟亡收弟婦者，不問被出、改嫁，俱坐。各絞。妾父祖妾不與，各減妻二等。被出、改嫁者，遞減之。若原係妻而娶爲妾，當從妻論；原係妾，而娶爲妻，仍從妾減科。

若娶同宗緦麻以上姑、姪、姊妹者，亦各以姦論。除應死外，並離異。

《大清律例》卷一七《禮律·儀制·匿父母夫喪》 律

凡聞父母若嫡孫承重與父母同。及夫之喪，匿不舉哀者，杖六十，徒一年。若喪制未終，釋服從吉，忘哀作樂，及參預筵宴者，杖八十。若聞期親尊長喪，匿不舉哀者，亦杖八十。若喪制未終，釋服從吉者，杖六十。

若官吏父母死，應丁憂，詐稱祖父母、伯叔、姑、兄姊之喪，不丁憂者，杖一百，罷職役不敘。若父母見在，無喪詐稱有喪，或父母已歿舊喪作稱新喪者，與不丁憂罪同。有規避者，從其重者論。

若喪制未終，冒哀從仕者，杖八十。亦罷職。

其當該官司知而聽行，各與同罪；不知者，不坐。

其仕宦遠方丁憂者，以聞喪月日爲始。奪情起復者，不拘此律。

條例

一、內外官員例合守制者，在內經由該部具題，關給執照；在外經由該撫照例題咨，回籍守制。京官取具同鄉官印結，外官取具原籍地方官印、甘各結。將承重祖父母、及嫡親父母與爲所後父母，例應守制，開明呈報。如有詐冒，照律例治罪。俱以聞喪月日爲始，不計閏，二十七個月服滿起復。若服滿，果無事故，在家遷延者，交該部照例議處。

一、官吏丁憂，除公罪不問外，其犯贓罪及係官錢糧，依例勾問。

一、凡文武生員及舉貢監生，過本生父母之喪，期年內不許應歲、科兩考及鄉、會二試，其童生亦不許應府、州、縣及院試，有隱匿不報，朦混干進者，事發，照匿喪例治罪。

一、凡官員出繼爲人後者，于起文赴部選補之時，即將本生三代姓氏存歿，一並開列，選補之後，即行知照該省。如有出仕之後，始行出繼歸宗者，即著該員取具本旗原籍印結，詳報咨部，改正三代。倘有臨時先謀出繼歸宗，預爲匿喪戀職地步者，一經發覺，將本官照匿喪例革職，不準原赦。扶同出結之旗籍各官，俱交該部照例議處。其扶同具結之鄰族，照不應重律杖八十。

《大清律例》卷一七《禮律·儀制·棄親之任》 律

凡祖父母、父母，年八十以上，及篤疾，别無以次侍丁，而棄親之任；及妄稱祖父母、父母老疾，求歸入侍者，並杖八十。棄親者，令歸養，候親終服闋降用；求歸者，照舊供職。若祖父母、父母及夫犯死罪，見被囚禁，而筵宴作樂者，罪亦如之。筵宴不必本家，並他家在內。

條例

一、凡應補應選人員有親老，情願終養者，於本省起文時，即具呈該地方官，轉詳咨部，在籍終養。若現任官員祖父母父母年七十以上，家無次丁者，或有兄弟而篤疾不能侍養，及母老雖有兄弟而同父異母者，其父母年至八十以上，雖家有次丁，願請終養者，或出仕後兄弟忽遭事故、無人奉事者，均不拘歷俸三年之限。該督撫查明該員倉穀錢糧並無虧空，任內並無挂誤，取具印結具題，俱準其回籍終養。俟親終服滿之日，該督撫給咨赴部銓補。如有揑報、借名詭避者，發覺之日，將呈請終養之員按律究擬。並將出結各官一並參處。

《大清律例》卷一七《禮律·儀制·喪葬職官庶民，三月而葬》 律

凡有尊卑喪之家，必須依禮定限安葬。若惑於風水，及託故停柩在家，經年暴露不葬者，杖八十。若棄毁死屍，又有本律。其從尊長遺言，將屍燒化，及棄置水中者，杖一百；從卑幼，並減二等。若亡歿遠方，子孫不能歸葬而燒化者，聽從其便。

其居喪之家，修齋設醮，若男女混雜所重在此，飲酒食肉者，家長杖八十；僧道同罪，還俗。

條例

一、八旗蒙古喪葬，概不許火化。除遠鄉貧人不能扶柩歸里、不得已攜骨歸葬者姑聽不禁外，其餘有犯者，按律治罪。族長及佐領等隱匿不報，一並處分。

一、民間遇有喪葬之事，不許聚集演戲以及扮演雜劇等類。違者按律究處。

一、民間喪祭之事，凡有用絲竹管弦演唱佛戲之處，該地方官嚴行禁止。違者照違制律治罪。

《大清律例》卷一七《禮律・儀制・鄉飲酒禮》 律

凡鄉黨敘齒，及鄉飲酒禮，已有定式。違者，笞五十。鄉黨敘齒，自平時行坐而言，鄉飲酒禮，自會飲禮儀而言。

條例

一、鄉黨敘齒，士農工商人等平居相見，及歲時宴會揖拜之禮，幼者先施。坐次之列，長者居上。如佃户見田主，不論齒敘，並行以少事長之禮。若親屬，不拘主佃，止行親屬禮。

一、鄉飲坐敘，高年有德者居於上，高年淳篤者並之，以次序齒而列。其有曾違條犯法之人列於外坐，不許紊越正席。違者照違制論。主席者，若不分別，致使良莠溷淆，或察知，或坐中人發覺，依律科罪。

《蒙古律例》卷二《户口差徭・內地民人不許娶蒙古婦女》 一、凡民人在口外蒙古地方貿易種地者，不得娶蒙古婦女爲妻。若有偷娶嫁者，被察發覺，將所娶婦人離異，給回母家，偷娶之民照內地例治罪。將偷嫁之媒證、蒙古等各罰一九牲畜。

《回疆則例》卷八《各城回子不准與安集延結親》 一、回疆各城流寓安集延人口，責成阿奇木伯克督同專管伯克按月編查，將增減人數具報大臣衙門查考。如安集延與回子結親事發，照例斷離。仍將回子治以嫁娶違例之罪。其安集延即行驅逐出卡。如有蒙混匿報，專管伯克革職，失查之阿奇木伯克降一等調用。

《回疆則例》卷八《稽查漢回擅娶回婦》 一、內地漢回前赴回疆貿易、傭工者，令在原籍請票出關，註明年貌執業，行抵各城繳票，註册回日，請票進關。如查有擅娶回婦爲妻，及煽惑愚回多方教誘，及充當阿渾者，即照新例治罪。

《回疆則例》卷八《禁止回婦私進滿城》 一、回疆滿城係專設之圉，駐劄官員以資戍防。倘有回婦私自入城或被人招引住宿者，一經本城大臣查出，即將城守營及阿奇木伯克等嚴加參處，仍將招引回婦進城之官兵，照軍律治罪。

《理藩院則例》卷五三《違禁・喪葬違禁》 一、凡內外扎薩克有修築墳墓者，準其修築。欲從蒙古風俗葬埋者，各聽其便。人死，毋許殺馬，毋許插嘛呢杆子，毋許渡口山嶺掛幡哈達。違者，王、貝勒、貝子、公、臺吉、塔布囊罰俸三個月，其不管旗之王、貝勒、貝子、公、臺吉、塔布囊及蒙古官員均罰五牲畜，平人鞭五十。

（清）佚名《治浙成規》卷五《臬政・錮婢二十五歲以上照例治罪並許親屬領回不追身價》 浙江按察使司臺會同布政使司富呈詳：爲遵批議覆事會，議得天台縣具稟州縣通詳內結外結並檢驗命案，不必候批。軍流在配病故，不必續詳，請咨。通行事件不必飭取，遵依以及禁止避疫錮婢積習各款一摺。奉憲批司查議詳奪等因。本司等遵加會核，如該縣稟稱通詳案件向例並候憲批齊全，始行詳解。【略】又該縣稟稱天邑民間偶遇時疫流行，往往有子棄其父，妻避其夫，各自逃匿，不相醫救。即妻子兄弟患疫者，莫不躲避，每聞病者，服侍無人，致多不起。且病故之後，伊妻若子並不回家治喪，僅令無干之工匠草率盛殮。間有竊盜乘機偷竊，迨後疫症平安，紛紛控緝者，相習成風，恬不知怪。此等惡俗接壤鄰境，或間有似此者，亦未可定。請飭一體查禁，曉諭等語。查共 疾病尚有扶持之義，何況骨肉至親，偶患時疫，輒乃遠避他方，棄置不顧，殊有關於風俗人心，應如該縣所請，通行各屬。如有似此避疫惡俗，一體曉諭嚴禁，以挽頹風。又該縣稟稱天邑民風，士庶之家往往有婢女，年至四十五十，並有老死不能適人者。現在遍行勸諭，如有契買婢女，年長二十以外者，統令適配。倘敢違抗不遵，除照例治罪外，並不準索還身價，即令父母親屬領回。邇來民間頗知畏法，擇配者多，第恐天邑如是，各邑民風或不能免，請飭一體再行勸諭懲儆等語。查例載紳衿庶民之家，如有將婢女不行婚配，致令孤寡者，照不應重律杖八十。係民的決，紳衿依律納贖，令其擇配。又乾隆十四年，前藩司議詳婢女二十五歲以上，不爲婚配者，無論典賣，許其父母親屬稟官領回，不準索還身價等因。奉批通飭遵照在案，是錮婢不爲婚配，久經通飭禁止。今天邑民間仍有婢女年至四十、五十，並老死不嫁，皆因地方官奉行不力之故，亦應如該縣所請，再行通飭，嚴切諭禁。如有仍前錮婢至二十五歲以上者，即行照例治罪，並許其父母親屬領回，不準索還身價。庶稍知儆惕，積習可除矣。緣奉飭議，是否允協，理合詳候憲臺批示，飭遵抑本司等更有請者。浙省一切詳定章程每有行之日久，官吏更易，未悉原委，以致不克遵循辦理，違誤比比皆是。查現在一切部議成案，俱由臬司衙門隨時刊發。所有刊費，每年各府州縣扣存，備公銀一兩，除刊例案外，尚有餘剩，應請嗣後一切議詳議稟事件，可爲永遠章程者，即將餘剩之銀亦一體刊布流傳交代，俾有遵循，似於政務不無裨益。合併聲請伏候憲奪等情於乾隆二十一年九月初三日詳奉。又奉宫保督部堂巡撫部院楊批均如詳通飭遵行，仍候督部堂批示繳。喀批均如詳通飭遵照。仍候撫部院批示繳。

（清）琴川居士《清奏議》卷六〇歐陽永琦《請定干犯庶祖母律例並服制疏乾隆三十九年》 江西按察使革職留任臣歐陽永琦跪奏：爲請定干犯庶祖母治罪之條，仰祈聖鑒事。竊照法莫重於倫常，罪期協於情理。律載父有子女之妾，稱爲庶母，又載妻子之打庶母，傷者，比依弟妹毆兄姊律，杖九十，徒二年半，又載妻之子及妾之子毆傷庶母，依律科斷；始毆至死者，擬斬監候；謀故殺者，亦擬斬監候，秋審酌量情罪定擬等語。是嫡子、衆子毆傷庶母與至死，已有專條。惟嫡孫、衆孫於祖有子女之妾，以庶祖母稱，而律例並無干犯，作何治罪明文？查嫡孫、衆孫與旁支卑屬不同，祖孫父子本屬一體，恩義並重，律無等差。況庶祖母乃父之庶母，親伯叔之生母也，因律無加重之條，毆打僅予輕笞，至死得同凡論，未免法輕易犯，亦于情理未安。且恐嫡子、衆子與庶母或有夙嫌，轉可縱子欺凌。禮禁未然，防維宜豫。臣請嗣後孫有所犯，罪同其父。遇有毆庶祖母傷者，即照毆庶母科斷。若毆至死及謀故殺者，亦擬斬監候，秋審酌量辦理。似於國法明罰，勅法之典愈昭詳肅抑。臣更有請者：律內嫡子、衆子爲庶母服齊衰，杖期嫡子、衆子之妻同，而於庶祖母並無服制，又妾爲家長父母制服期年，而於家長之祖父母亦無服制，似於推恩之道，稍爲未備。事關禮制，臣愚未敢輕議可否。勅部議覆，仰懇聖訓。臣管見所及是否可採，伏乞皇上睿鑒。

（清）席裕福《清朝政典類纂》卷三八一《刑十三·户律婚姻·典雇妻女》 凡將妻妾、受財立約出典驗日暫雇與人爲妻妾者，本夫杖八十，典雇女者，父杖六十，婦女不坐。若將妻妾妄作姊妹嫁人者，杖一百，妻妾杖八十。知而典娶者，各與同罪，並離異，女給親，妻妾歸宗，財禮入官，不知者不坐。追還財禮。仍離異。

條例

一、將妻妾作姊妹，及將親女並姊妹嫁賣與人作妻妾，使女名色騙財之後，設詞託故，公然領去者，照誆騙例治罪。若瞰起程中途聚衆行兇，邀搶人財者，除實犯死罪外，餘俱發近邊充軍，媒人同謀邀搶者，罪同。若僅止知情媒合，並未同謀邀搶，照將妻妾作姊妹嫁人律，減一等，杖九十。不知者不坐。謹案：此條嘉慶六年改定。

刑案

將妻作妹，嫁賣得財，糾衆搶回拒捕，於應得近邊充軍例上加拒捕罪二等問擬。嘉慶十五年山東司説帖。

將妻嫁賣後因轉嫁復行搶回，照例近邊充軍。嘉慶十八年湖北案。

揑作姊妹賣妻，本婦杖罪收贖。嘉慶十九年陝西案。

將女賣與人作妾得財，後串通族人私行領回，照誆騙計贓治罪。嘉慶十八年貴州司説帖。

將妻賣與知縣作妾，復行圖詐具控，比照將妻作姊妹嫁人杖一百律，加等科斷。道光十四年浙江案。

（清）席裕福《清朝政典類纂》卷三八一《刑十三·户律婚姻·父母囚禁嫁娶》 凡祖父母父母犯死罪被囚禁，而子孫自嫁娶者，杖八十。若男娶妾女嫁人爲妾者，減二等。其奉囚禁祖父母父母命，而嫁女娶妻者，不坐，亦不得筵宴。違者，依父母囚禁筵宴律秋杖八十。謹案：乾隆五年改定。

刑案

夫犯罪監禁，妻因貧擅自改嫁，雖伊姑知情，並未主婚，應以犯姦論。道光六年山東司説帖。

（清）席裕福《清朝政典類纂》卷三八一《刑十三·户律婚姻·同姓爲婚爲婚兼妻妾言，禮不娶同姓，所以厚別也》 凡同姓爲婚者，主婚與男女，各杖六十，離異。婦女歸宗，財禮入官。

刑案

同姓不宗，業已成婚，毆妻致死，與凡鬬罪名雖無出入，仍應依夫毆妻致死本律科斷。乾隆五十四年湖廣司説帖。

（清）席裕福《清朝政典類纂》卷三八一《刑十三·户律婚姻·民喪嫁娶》 凡男女居父母及妻妾居夫喪而身自主婚嫁娶者，杖一百。若男子居父母喪而娶妾妻居夫喪女居父母喪而嫁人爲妾者，各減二等。若命婦夫亡雖服滿再嫁者罪亦如之，亦如凡婦居喪嫁人者擬斷。追奪勑誥，並離異。知係居喪及命婦而共爲婚姻者，主婚人各減五等，財禮入官；不知者不坐，仍離異追禮。若居祖父母伯叔父母姑兄姊喪，除承重孫外，而嫁娶者，杖八十，不離異妾不坐。若居父母舅姑及夫喪，而與應嫁娶人主婚者，杖八十。其夫喪服滿妻妾果願守志，而女之祖父母父母，及夫家之祖父母父母，强嫁之者，杖八十，期親加一等，大功以下又加一等。婦人及娶者，俱不坐。未成婚者，追歸前夫之家，聽從守志，追還財禮。已成婚者，給與完聚財禮入官。謹案：末節係雍正三年奏準改定。

條例

一、孀婦自願改嫁，翁姑人等主婚受財，而母家統衆搶奪，杖八十。夫家並無例應主婚之人，母家主婚改嫁，而夫家疎遠親屬，强搶者，罪亦如之。其孀婦自願守志，母家夫家搶奪强嫁，以致被污者，祖父母父母，及夫之祖父母父母杖八十，期親尊屬尊長，杖七十，徒一年半；大功以下尊屬長，杖八十徒二年；期親卑幼，杖一百徒三年；大功以下卑幼，杖九十徒二年半；娶主不知情不坐，知情同搶，照强娶笞五十律，加三等，杖八十。未致被污者，父母翁姑親屬娶主，各減一等，婦女均聽回守志。如婦女自願完聚者，照律聽其完聚，財禮入官，親屬照律分別擬杖。若孀婦不甘失節，因而自盡者，不論已未被污，祖父母父母，夫之祖父母父母，杖一百徒三年；期親尊屬尊長，杖一百流二千里；功服，杖一百，流二千五百里，緦麻，杖一百流三千里，緦麻卑幼，發邊遠充軍，功服，發極邊充軍，期親，擬絞監候。娶主知情同搶，致令自盡者，以爲從論，各減親屬罪一等。若婦女自願完聚，復因他故自盡者，仍按服制，照律科以强嫁之罪，不在此例。若婦人情願守志，別無主婚之人，故有用强求娶，逼受聘財，因而致令自盡者，發近邊充軍，仍追埋葬銀兩。其有因搶奪而取去財物，及殺傷人者，各照本律，從其重者論。謹案：此條嘉慶六年將威逼人致死門一條修並。

事例

康熙十二年題准，凡婦人，夫亡之後，願守節者聽，欲改嫁者，母家給還財禮，準其領回。至家僕亡故其婦聽原主給還財禮領回，若僕有子願守節者不許復配與人，亦不準原主領回，違例復配者婦人斷歸原主，不追財禮。會典事例。雍正十三年諭：朕聞吉凶異道不得相干，故娶在三年之外，而聘在三年之內者，春秋猶以爲非，三年之喪，創深痛鉅，苟有人心必宜於此爲變矣。自今伊始，官員生監，三年之喪未終，不得嫁娶，違者奪爵禮服。其極貧皂隸編氓，父母卧疾，呻吟床褥必賴子婦，以爲躬薪水治饔飧者，聽其迎娶盥饋，疾愈喪畢，而後成婚。聖訓。

刑案

居喪嫁娶媒合人，減首犯一等。乾隆五十四年江蘇司説帖。

欲嫁兄妻未成，致氏自盡，如有謀占資財貪圖聘禮情事，應照例擬絞，如無照例極邊充軍。嘉慶十五年安徽司説帖。

圖得媒錢，誘令氏父寫帖改嫁，嗣因孀婦不從，逼斃氏父，比照婦人情願守志用强求娶致令自盡例，擬軍。道光二年湖北案。

功尊勸令孀婦改嫁，致令自盡，照孀婦自願守志母家搶嫁因而自盡功服尊長擬流例上，減等滿徒。道光四年直隸案。

貧難養贍，强嫁姪媳，尚未成婚，致婦自盡，照例擬流。娶主知情同搶，照爲從擬徒。道光十五年湖北説帖。

用强圖娶孀婦，致氏母自盡，比照孀婦情願守志如有强求娶逼受財禮因而致令自盡例科斷。道光四年浙江案。

因家貧，不能養贍父妾，逼令改嫁，比依妻妾果願守志夫家之祖父母父母强嫁者，杖八十，期親加一等律科斷。道光十四年貴州司案。

（清）席裕福《清朝政典類纂》卷三八一《刑十三・户律婚姻・卑幼私擅用財》 凡同居卑幼，不由尊長，私擅用本家財物者，十兩笞二十，每十兩加一等，罪止杖一百。若同居尊長應分家財不均平者，罪亦如之。

條例

一、嫡庶子男，除有官廕襲，先儘嫡長子孫，其分析家財田産，不問妻妾婢生，止依子數均分，姦生之子依子量與半分。如別無子立，應繼之人爲嗣與姦生子均分，無應繼之人，方許承繼全分。謹案：此條係原例。

一、户絶財産，果無同宗，應繼之人所有親女承受，無女者，聽地方官詳明上司，酌撥充公。謹案：此條乾隆五年改定。

事例

乾隆五十七年諭：嗣後駐防絶户財産賞給通營，作爲孤寡養贍之資。聖訓。

刑案

僧徒竊取伊師銀二百七十兩，比照卑幼私擅用本家財物十兩，笞二十，每十兩加一等律科斷。道光六年湖廣案。

職官毆殺私用寄家銀兩義子，擬杖一百，徒三年，遞配折責充徒。光緒六年四川案。

（清）席裕福《清朝政典類纂》卷三八一《刑十三·户律婚姻·尊卑爲婚》 凡外姻有服或尊屬或卑幼，共爲婚姻，及娶同母異父姊妹，若妻前夫之女者，各以親屬相姦論。其父母之姑舅兩姨姊妹，及姨若堂姨，母之姑，堂姑，己之堂姨，及再從姨，己之堂外甥女，若女壻之姊妹及子孫婦之姊妹，雖無服並不得爲婚姻，違者男女各杖一百。若娶己之姑舅兩姨姊妹者，雖無尊卑之分，尚有緦麻之服。杖八十。並離異，婦女歸宗，財禮入官。

條例

一、前夫子女，與後夫子女，苟合成婚者，以娶同母異父姊妹律條科斷。謹案：此條原例。

一、男女親屬尊卑相犯重情或干有律應離異之人，俱照親屬已定名分，各從本律科斷，不得妄生異議，致罪有出入。其間情犯，稍有可疑，揆於法制似爲太重，或於名分不甚有礙者，聽各該原問衙門，臨時斟酌擬奏，其姑舅兩姨姊妹爲婚者，聽從民便。謹案：此條勘酌議奏以上，係原例，姑舅兩姨二句，雍正八年定例，乾隆五年並爲一條。

（清）席裕福《清朝政典類纂》卷三八一《刑十三·户律婚姻·娶親屬妻妾》 凡娶同宗無服姑姪姊妹之親，及無服親之妻者，男女各杖一百。若娶同宗緦麻親之妻，及舅甥妻，各杖六十徒一年，小功以上之妻各以姦論，自徒三年，至斬絞。其親之妻曾被出及已改嫁，而娶爲妻妾者，無服之親不與，各杖八十。若收父祖妾及伯叔母者，不問被出改嫁，各斬。若兄亡收嫂，弟亡收弟婦者，不問被出改嫁，俱坐。各絞。妾父祖妾不與各減妻二等，被出改嫁者遞減之，若原係妻而娶爲妾，當從妻論，原係妾而娶爲妻，仍從妾減科。若娶同宗緦麻以上姑姪姊妹者，亦各以姦論。除應死外，並離異。

條例

一、凡收伯叔兄弟妾者，卽照姦伯叔兄弟妾律，減妻一等，杖一百流三千里。謹案：此條乾隆二十四年定。

一、凡嫁娶違律，罪不至死者，仍依舊律定擬。至兄亡收嫂，弟亡收弟婦，罪犯應死之案，除男女私自配合，及先有姦情，後復婚配者，仍照律，各擬絞決外。其實係鄉愚不知例禁，曾向親族地保，告知成婚者，男女各擬絞監候，秋審入於情實。知情不阻之親族地保，照不應重律，杖八十。如由父母主令婚配，男女仍擬絞監候，秋審時核其情罪另行定擬。謹案：此條嘉慶十九年修改。

刑案

與大功弟妻通姦，氏翁將氏賣休爲妻，照姦緦麻以上親之妻例，擬軍，其翁以凡論，擬徒。嘉慶十七年奉天案。

因弟逃亡外出，其尊長主婚，娶未婚弟婦爲妻，將起意者分别首從，擬以流徒，男女離異不坐。乾隆六十年奉天司説帖。

翁將已聘未婚次媳，因子物故，娶與長子爲妻，主婚人照弟亡收弟婦絞例上，減等擬流，男女皆免議，仍離異。道光六年湖廣案。

娶大功兄賣休之妻，男女均照姦論，本夫同罪。嘉慶二十一年四川司説帖。

聽從母命，娶大功兄妻爲妻，應獨坐主婚，男女免罪。道光六年陝西司説帖。

娶緦麻弟妻，係餘親主婚，應分首從，不得一概免罪。道光九年陝西司説帖。

（清）席裕福《清朝政典類纂》卷三八一《刑十三·户律婚姻·逐壻嫁女》 凡逐已入贅之壻，嫁女或再招壻者，杖一百，其女不坐。如招贅之女，通同父母，逐壻改嫁者，亦坐杖一百。後婚男家知而娶或後贅者，同罪。未成婚者，各減五等財禮入官。不知者亦不坐，其女斷付前夫，出居完聚。

刑案

因女被毆，接回改嫁，尚未成婚，依逐壻嫁女杖一百，未成婚減等擬笞。嘉慶二十四年湖廣司案。

因壻犯竊，將女接回改嫁，照逐壻嫁女律，滿杖。道光二年山東案。

因孫女之夫回籍，將孫女另嫁，比照逐壻嫁女律，擬杖。道光十一年江蘇司案。

母將時被翁夫毆責逃回之女改嫁，比照逐壻嫁女律，擬杖。道光九年安徽司案。

因婿外出，將女嫁賣，比照招贅之女通同父母逐壻改嫁杖一百律，加等科斷。道光六年山東案。

《漢中碑石》陝西南鄭縣八角山教堂《教案碑》〔同治間〕具懇免重罪，甘受輕罰，刊碑示衆，用儆尤事：情本堂教民吴年進、吴年忠、吴年選兄弟三人，懷英鋭之忿〔恨〕，逞不義之豪强，今於六月二十五日，膽敢轟擁堂內，辱詈毁謗本堂神父戴禮斐，實屬逆理犯分，神父因之〔氣〕鬱成疾。經本主教拔意大利傳教士拔士林行文，公議認咎輕罰，條目附刻於左。嗣後兄弟等改過自新，謹遵教命，永不仍蹈前轍。此係自知不倫，甘受輕罰，並不得妄挾仇恨，再滋無名事迹，特此勒石曉衆，宣示各會通知。計開：

一、請四十八會會長，齊集石路壩公館，證見了息。兄弟三人，項帶鎖鏈，協同紳糧會首人等，同赴主教臺前，認罪請罰。

一、於古路壩罰席筵三十桌，兄弟三人，項帶鎖鏈，手捧十字，並獻黄蠟十斤，鳴金放砲曉衆，由主教公館同紳糧會首人等，齊至古路壩堂內，兄弟三人同跪天主臺前，叩頭悔過。

一、於八角山堂內竪碑一面，註明起釁原尾，用警儆尤。兄弟三人依然項帶鎖鏈，鳴金放砲，同衆抬至八角山堂內竪立。

一、罰兄弟三人錢六十串，任隨主教公用天主臺前。

《清仁宗實録》嘉慶二十五年十月　諭內閣：朕恭閲《皇祖高宗純皇帝實録》，內載雍正十三年十一月奉聖諭。朕聞外省百姓，有生計稍裕之家，每遇喪葬之事，多務虚文，侈靡過費。其甚者，至招集親朋，開筵劇飲，謂之鬧喪。且有於停喪處所，連日演戲，舉殯之時，又復在途扮演雜劇者。從來事親之道，生事死祭，皆必以禮，得爲而不爲，與不得爲而爲之者，均爲非孝。况當哀痛迫切之時，而顧聚集親朋，飲酒演劇，相習成風，恬不知怪，非惟於禮不合，抑亦於情何忍！甚有關於風俗人心，不可不嚴行禁止等因。欽此。仰見我皇祖崇儉去奢，風世勵俗之至意。近日京師及外省風氣，競尚浮誇，亦不獨喪葬一事爲然。國家定制，凡婚葬祭祀，官員士庶，各有一定規制。若以侈靡互相矜詡，動致非禮僭越。記云。喪具稱家之有無，以一事之趨於習尚，蕩費資産，不念生計，甚至務虚文而蹈侈踰，其有關於風俗人心者甚大。亟宜嚴申禁令，以挽結習。著步軍統領及直省督撫各飭所屬，將民間婚喪等事，悉照會典所載規條刊發，徧行曉諭。務令祇遵，不得習尚浮華，有違定制。仍著該管各衙門。隨時稽察，如有不遵例制者，嚴行究辦，以副朕敦本務實至意。

紀事

睡虎地秦墓竹簡整理小組《睡虎地秦墓竹簡·封診式·告子》爰書：某里士（五）〔伍〕甲告曰：甲親子同里士（五）〔伍〕丙不孝，謁殺，敢告。即令令史己往執。令史己爰書，與牢隸臣某執丙，得某室。丞某訊丙，辭曰：甲親子，誠不孝甲所，（毋）〔無〕它坐罪。

《漢書》卷四七《梁孝王劉武傳》元朔中，睢陽人犴反，人辱其父，而與睢陽太守客俱出同車。犴反殺其仇車上，亡去。睢陽太守怒，以讓梁二千石。二千石以下求反急，執反親戚。反知國陰事，乃上變告梁王與大母爭尊狀。時相以下具知之，欲以傷梁長吏，書聞。天子下吏驗問，有之。公卿治，奏以爲不孝，請誅王及太后。天子曰：首惡失道，任后也。朕置相吏不逮，無以輔王，故陷不誼，不忍致法。削梁王五縣，奪王太后湯沐成陽邑，梟任后首於市，中郎胡等皆伏誅。梁餘尚有八城。

《漢書》卷六三《昌邑哀王劉髆傳》昌邑哀王髆天漢四年立，十一年薨，子賀嗣。立十三年，昭帝崩，無嗣，大將軍霍光徵王賀典喪。璽書曰：制詔昌邑王：使行大鴻臚事少府樂成、宗正德、光禄大夫吉、中郎將利漢徵王，乘七乘傳詣長安邸。夜漏未盡一刻，以火發書。其日中，賀發，晡時至定陶，行百三十五里，侍從者馬死相望於道。郎中令龔遂諫王，令還郎謁者五十餘人。賀到濟陽，求長鳴雞，道買積竹杖。過弘農，使大奴善以衣車載女子。至湖，使者以讓相安樂。安樂告遂，遂入問賀，賀曰：無有。遂曰：即無有，何愛一善以毁行義！請收屬吏，以湔洒大王。即捽善，屬衛士長行法。

《漢書》卷一五下《王子侯表》（海昏侯）〔孝宣元康〕（二）〔三〕年四月壬子，以昌邑王封，四年，神爵三年薨。坐故行淫辟，不得置後。

《漢書》卷七六《王尊傳》初元中，舉直言，遷虢令，轉守槐里，兼行美陽令事。春正月，美陽女子告假子不孝，曰：兒常以我爲妻，妒笞我。尊聞之，遣吏收捕驗問，辭服。尊曰：律無妻母之法，聖人所不忍書，此經所謂造獄者也。尊於是出坐廷上，取不孝子縣磔著樹，使騎吏五人張弓射殺之，吏民驚駭。

（五代）和凝《疑獄集》卷二《邴吉辨子影》邴吉字少卿。漢宣帝時，陳留有一老人，年八十餘，家富而無子，祇有一女已適人。其妻卒，翁又娶一妻，復生一子。後翁死，其妻育其子數年，前妻女欲奪財物，乃誣其後母所生非父之子，郡縣不能斷，聞於臺省。吉爲廷尉，乃曰：吾聞老人之子不耐寒，日中無影。時八月中，取小兒同歲均衣單衣，諸小兒不寒，惟老人之子變色。又與諸小兒立於日中，惟老人之子無影。遂財物歸於後母之兒，前女受誣母之罪。

（五代）和凝《疑獄集》卷二《仲堪止大妄》晉商仲堪爲荆牧，有桂陽人王欽生，一旦，妄言親歿，詐服縗麻，言迎父喪。府曹依律棄市，仲堪曰：原此旨當以二親生存而橫言死歿，情事悖逆，所不忍言，固當棄市。今欽生父實終歿，此徒有大妄之。遂活之。

《南史》卷三五《顧覬之傳》〔宋孝武帝〕大明元年，徵守度支尚書，轉吏部尚書。時沛郡相縣唐賜往比村彭家飲酒還，因得病，吐蠱二十餘物。賜妻張從賜臨終言，死後親刳腹，五藏悉糜碎。郡縣以張忍行刳剖，賜子副又不禁止。論妻傷夫，五歲刑，子不孝父母，子棄市。並非科例。三公郎劉勰議：賜妻痛遵往言，兒識謝及理，考事原心，非在忍害，謂宜哀矜。覬之議：以妻子而行忍酷，不宜曲通小情，謂副爲不孝，張同不道。詔如覬之議。

（宋）司馬光《資治通鑑》宋孝武帝大明四年冬十月〔庚寅〕前廬陵内史周朗，言事切直。上銜之，使有司奏朗居母喪不如禮，傳送寧州，於道殺之。朗之行也，侍中蔡興宗方在直，請與朗別；坐白衣領職。蔡興宗立於猜暴之朝，葬范義，别周朗，犯時主之怒而不加刑，素行有以孚乎人也。

（清）郝懿行《補宋書刑法志》〔大明四年〕改定制令，疑民殺長吏科，議者謂值赦宜加徙送，秀之以爲：律文雖不顯民殺官長之旨，若值赦但止徙送，便與悠悠殺人曾無一異。民敬官長，比之父母，行害之身，雖遇赦，謂宜長付尚方，窮其天命，家口令補兵。從之。

《宋書》卷五一《長沙景王道憐傳》〔劉〕謨弟遐字彦道，亦奉朝請、員外散騎侍郎。與嫡母殷養女雲敷私通，殷每禁之。殷暴病卒，未大殮，口鼻流血，疑遐潛加毒害，爲有司所糾。世祖徙之始安郡。

《南史》卷四《齊本紀・高帝》〔建元三年九月〕烏程令吴郡顧昌玄，坐父法秀宋泰始中北征死亡，屍骸不反，而昌玄宴樂嬉游，與常人無異。有司請加以清議。

《南史》卷五《齊本紀・明帝》〔建武元年〕十二月庚戌，宣德太僕劉朗之、遊擊將軍劉璩之子，坐不贍給兄子，致使隨母他嫁，免官，禁錮終身，付之鄉論。

《南齊書》卷三五《臨川王蕭映傳》長子子晉，歷東陽、吴興二郡太守，秘書監，領後軍將軍。永元初，爲侍中，遷左民尚書。坐從妹祖日不拜，爲有司所奏。

《南齊書》卷三四《沈沖傳》沖與兄淡、淵名譽有優劣，世號爲腰鼓兄弟。淡淵並歷御史中丞，兄弟三人，皆爲司直，晉宋未有也。中丞案裁之職，被憲者多結怨。淵永明中彈吴興太守袁彖。建武中，彖從弟昂爲中丞，到官數日，奏彈淵子繢父在僦白幰車，免官禁錮。

《南齊書》卷五五《王茂傳》子貞秀嗣，以居憂無禮，爲有司所奏，徙越州，後詔留廣州。

《隋書》卷二五《刑法志》〔天監〕三年八月，建康女子任提女，坐誘口當死。其子景慈對鞫辭云，母實行此。是時法官虞僧虯啓稱：案子之事親，有隱無犯，直躬證父，仲尼爲非。景慈素無防閑之道，死有明目之據，陷親極刑，傷和損俗。凡乞鞫不審，降罪一等，豈得避五歲之刑，忽死母之命！景慈宜加罪辟。詔流於交州。至是復有徒流之罪。其年十月甲子，詔以金作權典，宜在蠲息。於是除贖罪之科。

《南史》卷一三《長沙景王道憐傳》季連既至，詣闕謝罪，自東掖門入，數步一稽首以至帝前。帝笑謂曰：卿欲慕劉備而曾不及公孫述，豈無卧龍之臣乎？赦爲庶人。〔天監〕四年，出建陽門，爲蜀人藺相如所殺。季連在蜀，殺其父。變名走建鄴，至是報焉。乃面縛歸罪，帝壯而赦之。

《北史》卷二《魏本紀・高宗文成帝》〔和平四年〕十二月辛丑，詔以喪葬嫁娶，大禮未備，命有司爲之條格，使貴賤有章，上下咸序，著之於令。壬寅，詔曰：婚姻者，人道之始。比者以來，貴族之門多不率法，或貪利財賄，或因緣私好，在於苟合，無所擇選。塵穢清化，虧損人倫，將何以宣示典謨，垂之來裔。今制皇族肺腑王公侯伯及士庶之家，不得與百工伎巧卑姓爲婚，犯者加罪。

《北史》卷三《魏本紀・高祖孝文帝》〔承明十一年十月〕甲戌，詔曰：鄉飲之禮廢，則長幼之序亂。孟冬十月，人閑歲隙，宜於此時，導以德義。可下諸州，黨、里之內，推賢而長者，教其里人父慈、子孝、兄友，弟順，夫和，妻柔。不率長教者，具以名聞。

《北史》卷一六《臨淮王譚傳》〔臨淮王譚真君年間〕古諸侯娶九女，士有一妻二妾。晉令：諸王置妾八人，郡君、侯，妾六人。官品令：第一、第二品有四妾，第三、第四有三妾，第五、第六有二妾，第七、第八有一妾。所以陰教聿脩，繼嗣有廣。廣繼嗣，孝也。脩陰教，禮也。而聖朝忽棄此數，由來漸久【略】夫妬忌之心生，則妻妾之禮廢，妻妾之禮廢，則姦淫之兆興，斯臣之所以毒恨者也。請以王、公、第一品娶八，通妻以備九女；稱事二品備七；三品、四品備五；五品、六品則一妻二妾。限以一周，悉令充數。若不充數，及待妾非禮，使妻妬加捶撻，免所居官。其妻無子而不娶妾，斯則自絕，無以血食祖父，請科不孝之罪，離遣其妻。【略】請自茲以後，若婚葬過禮者，以違旨論。官司不加糾劾，即與同罪。

《北史》卷七七《柳彧傳》有應州刺史唐君明，居母喪，娶雍州長史庫狄士文之從父妹。彧劾之曰：君明忽劬勞之痛，惑嬿爾之親，冒此苴縗，命彼褕翟。不義不昵，《春秋》載其將亡；無禮無儀，詩人欲其遄死。士文贊務神州，名位通顯，棄二姓之重匹，違六禮之軌儀。請禁錮終身，以懲風俗。二家竟坐得罪。隋承喪亂之後，風俗頹壞，彧多所矯正，上甚嘉之。

《舊唐書》卷六二《楊恭仁傳》〔貞觀十三年〕恭仁少弟師道，隋末自洛陽歸國，授上儀同，爲備身左右。【略】十三年，轉中書令。太子承乾逆謀事洩，與長孫無忌、房玄齡同按其獄。師道妻前夫之子趙節與承乾通謀，師道微諷太宗冀活之，由是獲譴，罷知機密。轉吏部尚書。【略】子豫之，尚巢刺王女壽春縣主。居母喪，與永嘉公主淫亂，爲主壻竇奉節所擒，具五刑而殺之。

《舊唐書》卷一二五《張鎰傳》建中三年正月，太僕卿趙縱爲奴當千發其陰事，縱下御史臺，貶循州司馬，留當千於內侍省，鎰上疏論之曰：

伏見趙縱爲奴所告下獄，人皆震懼，未測聖情。貞觀二年，太宗謂侍臣曰：比有奴告其主謀逆，此極弊法，特須禁斷。假令有謀反者，必不獨成，自有他人論之，豈藉其奴告也。自今已後，奴告主者皆不受，盡令斬決。由是賤不得干貴，下不得陵上，教化之本既正，悖亂之漸不生。爲國之經，百代難改，欲全其事體，實在防微。頃者長安令李濟得罪因奴，萬年令霍晏得罪因婢，愚賤之輩，悖慢成風，主反畏之，動遭誣告，充溢府縣，莫能斷決。建中元年五月二十八日，詔曰：準鬬競律，諸奴婢告主，非謀叛已上者，同自首法，並準律處分。自此奴婢復順，獄訴稍息。今趙縱非叛逆，奴實姦兇，奴在禁中，縱獨下獄，考之於法，或恐未正。將帥之功，莫大於子儀；人臣之位，莫大於尚父。歿身未幾，墳土僅乾，兩壻先已當辜，趙縱今又下獄。設令縱實抵法，所告非奴，纔經數月，連罪三壻。録勳念舊，猶或可容，況在章程，本宜宥免。陛下方誅群賊，大用武臣，雖見寵於當時，恐息望於他日。太宗之令典尚在，陛下之明詔始行，一朝偕違，不與衆守，於教化恐失，於刑法恐煩，所益悉無，所傷至廣。臣非私趙縱，非惡此奴，叨居股肱，職在匡弼，斯是大體，敢不極言。伏乞聖慈，納臣愚懇。

上深納之，縱於是左貶而已，當千杖殺之。鎰乃令召子儀家僮數百人，以死奴示之。

（唐）白居易《白氏長慶集》卷六七《判・得甲居家，被妻毆笞之。鄰人告其違法，縣斷徒三年》妻訴云：非夫告，不伏。禮貴妻柔，則宜禁暴；罪非夫告，未可麗刑。何彼無良，扵斯有怒。三從罔敬，待以庸奴之心；一杖所加，辱扵女子之手。作威信傷扵婦道，不告未爽扵夫和。招訟於鄰，誠愧聲聞於外；斷徒不伏，未乖直在其中。雖昧家肥，難從縣見。

（宋）桂萬榮《棠陰比事·李傑買棺》　唐李傑爲河南尹，有寡婦告子不孝，傑察其狀非不孝者，乃謂曰：汝寡居，惟一子，今罪至死，得無悔乎？婦曰：不順之子，寧復惜之？傑曰：審如是，可買棺來取屍。因使人覘之，乃謂一道士曰：事了矣。俄將棺至。傑尚冀其悔，而寡婦執如初。時道士在門外，密令擒之，一問承服，曰：某與寡婦有私，常爲兒制，故欲除之。乃杖殺道士，以棺盛之。

謹按：《大明律》云：父母誣告子孫，勿論。今觀所載，母與所私道士謀誣告其子，欲致於死，母勿論，則道士難科教唆之罪。萬一遇此，當比依謀殺人已行，未曾傷人者，杖一百，徒三年，比擬奏請。

（宋）桂萬榮《棠陰比事·竇阻免喪》　唐竇初爲奉元尉。男子曹芬兄弟隸北軍，醉暴其妹，父救不止，恚赴井死。參當兄弟重辟，哀請俟免喪。參曰：父由子死，若以喪延，是殺父不坐。皆殺之。

《舊五代史》卷三九《唐書·明宗本紀》〔天成三年八月〕己巳，滑州掌書記孟昇匿母服，大理寺斷處流，特敕孟昇賜自盡。觀察使、觀察判官、録事參軍失其糾察，各行殿罰。襄邑縣民聞威，父爲人所殺，不雪父冤，有狀和解，特敕處死。

《舊五代史》卷七三《唐書·聶嶼傳》〔天成初〕嶼早依郭崇韜門庭，致身朱紫，名登兩史，浙江使迴，生涯巨萬。嶼爲河東節判時，郭氏次子之婦，孀居於家，嶼喪偶未久，復忍而納幣，人皆罪之。明宗在藩邸時，素聞其醜聲，天成中，與温韜等同詔賜死。

（宋）李燾《續資治通鑑長編》宋太祖乾德五年十一月　乙酉朔，工部侍郎毋守素免，坐居父昭裔喪納妾。其兄子岳州司法參軍正己告之，正己仍奪一任官。

（宋）李燾《續資治通鑑長編》宋神宗熙寧三年七月　詔流内銓取問前權秀州軍事判官李定先任涇縣主簿日，所生母亡，曾與不曾執喪以聞。

初，陳薦言陳薦四月二十一日權管御史臺，五月七日罷。論李定匿服，見五月九日，蓋薦入臺即論，不在五月九日，其行出乃五月九日也。定匿所生母喪弗服，而爲定辨者以爲定不自知所生，以爲乳母，及卒，或以語定，定請於父，父固以爲非所生。定心疑之，乃解官侍養，以喪自居，而不敢明言。及下江東、淮南體量，而兩路奏定實解官侍養，即不言曾乞持所生母心喪。上曰：所以不持心喪者，避解官也。定既解官，何所避而不明言心喪？然曾公亮等皆力爭，以爲定不可除御史，故又令定分晰。

既而王安石白上曰：陛下初除李定作諫官，定誠非高才，既不能爲陛下濟天下務，然近歲諫官，誰賢於李定？而宰相不肯用定者，正以定私論平直，不肯阿其朋黨，故沮抑之。陛下聽其說，改命爲御史，已是一失。此陛下予奪之權所以分，而正論之士所以不敢恃陛下爲主也。胡宗愈、蘇頌輩又言用定不合法制。人主制法者，乃欲以法拘制，不得以特旨指揮。天下事固無此理，況近制又無京官方得爲御史，選人卽不得擢爲御史指揮，此是其妄也。若言須用中丞舉，則先朝御史雖有奏舉法，然常有特旨用人，況近日薛昌朝亦然，宗愈輩何以不論，此又其妄也。又蘇頌輩攻李定終不敢言其不服母喪，獨陳薦言者，薦亦知李定無罪，但恃權中丞得風聞言事故也。事已明白不可誣，曾公亮乃疑合追服。定父稱仇氏非定所生，定又無近上尊屬可問，此定所以不敢明乞解官持喪，又疑鄉人所言或是，所以不敢之官。今定所生所養父母皆死，又不曾別訪得近上親屬。昨淮南所問鄰人，乃是定母死後方來僦居，不知令定何據，而今日始追服，此一不當追服也。又定初以仇氏爲乳母，又仇氏生定兄察，卽是庶母，庶母、乳母，皆服緦，卽定已嘗追服緦矣。若定今日方知是母，卽庶子爲後，不過服緦，如何令定爲母兩次服緦？若言未嘗持心喪，則定乞解官，正爲疑仇氏爲己所生，卽是已用心喪自處，如何今日又令定追服心喪？此定不當追服二也。假令定今可驗是母已明，從來未嘗服緦，卽小功尚不追服，緦麻固不合追，此定不可追服三也。此事唯陛下明察獨斷而已。上曰：李定處此事甚善，兼仇氏爲定母亦未知實否也。王安石云云，《日録》在此月十七日，朱本先附。

（宋）李燾《續資治通鑑長編》宋神宗熙寧四年正月　甲寅，太子中允、權監察御史裏行范育落御史裏行，爲崇文院校書。育前後七奏李定不服母喪，及奉使河東，又面論之，且乞罷免臺職。其言曰：天下之惡當先治其大者，而定背喪諱母；朝廷之法當先治其近者，而置不孝之人在天子左右。臣職在糾彈，此爲不正，焉暇及他。是以夙夜憂危，發憤悶、肆狂言而不知止也。臣昨在本臺，以定所供三狀案文求情，知其先信而後疑，先信發於誠心，後疑生於巧避。今王安石不信定之誠信，而獨信其妄疑，不爲質其母，而直爲辨其非母；不正其惡，而反謂之善。上誣天心，下塞公議。朝廷雖可惑，李定之心安可欺？臣言雖可抑，而天下之心焉可誣？伏願陛下以高明照物情，以神武斷羣議。或正罪李定，或貶削臣職。育既辭七日，而有是命。據育集乞罷狀，以二十日起發。

（宋）李燾《續資治通鑑長編》宋神宗熙寧八年十二月　江南西路轉運判官、太子中允、直集賢院呂升卿落職，降授太常寺太祝，監無爲軍酒稅。【略】初，升卿於上前言練亨甫以穢德爲王雱所昵，且曰：陛下不信，臣有老母，敢以爲誓。於是臺官言：王安國非議其兄，呂惠卿謂之不悌，放歸田里。今升卿對陛下親詛其母，比安國不既重乎！於是重責之。升卿親詛其母，此據司馬光《記聞》。《實録》但書李籍之事。或當時但以李籍爲名，其實坐此也。升卿，十月一日除江西轉運副使，蔡承禧兩章可考。

（宋）李燾《續資治通鑑長編》宋哲宗元祐元年四月〔左司諫王巖叟〕又言：觀察使、知潞州張誠一，前爲樞密院都承旨。有發其父墓，誠一託修墓告歸，即壙中取其父所繫犀帶服之。又誠一初聞發墓，殊不驚怛，既易其帶，又剥取母之首飾，盡刼柩中珠玉以歸。其不葬所生母，固無足怪。乞追誠一所刼壙中物，付其家廟拘管，給限令葬其母，然後終廢之。詔本路提刑司體量驗實，內不葬母事，令開封府體量實狀以聞。

（宋）李燾《續資治通鑑長編》宋哲宗元祐元年四月　左司諫王巖叟言：理天下者必以孝爲先，正天下者必自近爲始。方陛下清明之初，隆大孝以風化四方之時，而文武近班乃有大不孝之人，汙清明，亂風化，公議豈可容乎？伏見觀察使、知潞州張誠一，前爲樞密院都承旨日，有盜發其父墓，誠一以修墓爲名，謁告自往，因於壙中取其父所繫黑犀排方帶以歸，易襯而自腰之。此真宗皇帝以賜其父者，耆寶愛之，故家人以隨葬。今誠一乃忍因盜發墓，利而取之，復不自知此事爲大惡，而有德色以誇於人，人無不知者，皆曰誠一無嫉盜刼壙之心，而有喜盜爲地之意，其與同刼父墓無以異。盜可容也，誠一不可容也。族人無不憤怒，而欲朝廷正其罪者，方畏誠一怙寵弄權，威福在口，不敢發之。又其所生母死，歲月已深，無故不葬，尚委之城北寺中。誠一既富貴，又居京師之日久，非力未可營也，非時未可舉也，蓋貪嗜榮利，不肯輟數日之暇，以藏其母爾。省墓之行，倘非其中有可取，計亦不復謁告一往。推此心以事君，其何惡不可爲，此天下之所以恨不得而誅之也。

龍圖閣直學士、新知江寧府李定，既仕宦之久，見避持服，明知仇氏其母而不認。及致人言，乃歸過其父，而左右反復，巧爲疑辭，以欺其心，而背其親，遂若平生無母者。熙寧中，知制誥與諫官、御史交章論奏，有司考覈，迹狀明甚，天下無不憎其惡，而宰相王安石曲法枉道，獨爲主張，恣其陰肆奸回，顯行誣陷，盜竊名器，致身及今。

按誠一與定大逆不孝，天理之所不容，人倫之所共棄，而各以榮階貴秩，典領大藩，爲千里之長，其何以順天理，明人倫，正朝廷之治，厚四方之風？伏望睿明並行放棄，勿齒於朝，以爲天下萬世不孝者之戒。

貼黃：臣謹按誠一與定大不孝，喪壞禮法，傷敗風俗，非他罪比，望宸衷斷然不疑，特行竄殛，以開釋公議積年之憤鬱，且使天下後世知爲惡者終得禍，以扶世教。

又言：誠一初聞盜發其父墓，殊不驚怛，猶雍容出入禁闥者彌旬，待結裝嚴整而後行。既臨壙，曾無戚容而有德色。盜之所發，纔及棺外物，而倉皇不暇破其棺，誠一優遊，遂發棺而取之。既易其父之腰帶，又剥其母之首飾，並盡刼柩中珠玉以歸。雖黃巾、赤眉之暴，不聞施之於其父母也。誠一尚欲攫金於亡人，安肯費財於死者，則不葬所生母，無足怪耳。又誠一族大，骨肉之喪，歲不下數人，誠一爲承旨日久，歲積所得賻絹甚厚，而未嘗分一縑以及喪者之房，又未嘗出一縑爲亡者享祠資薦之用，一皆入其室。故其族人爲之語曰：承旨利我曹死耳！非虚語也。臣乞追誠一壙中所刼物，付本家正位影堂，係衆拘管，及給限令葬其母。仍計自受賻以來所得賻絹，勒令分給亡者逐房，然後棄之終身。臣竊以禽犢皆知有所生，而李定因避持服，遂不認母，曾禽犢之不若。自秀州軍事判官事發，是時便合放斥，今日名位，皆是合放斥後來僥幸所得，臣乞削奪訖，勒令追服，以正典刑，以服公論。使天下明知陛下好惡，以爲沮勸，大法幸甚！

巖叟論誠一及定前罪，凡三奏，殿中侍御史呂陶、中丞劉摯等相繼皆有章，乞明正二人典刑，乃詔開封府並京西提刑司，限十日根究誠一詣實事狀，及淮南提刑司根究定不持母服端的因由，仍就便移文問定結罪，保明以聞。此據王巖叟奏議及《元祐密疏》增修。根究誠一及定事狀，皆在四月二十六日，至五月十八日乃並加黜責。《舊録》删修云：巖叟又言：觀察使、知潞州張誠一，前爲樞密院都承旨，有發其父墓，誠一託修墓告歸，壙中取其父所繫犀帶服之。又誠一初聞發墓，殊不驚怛，既易其帶，又剝取母之首飾，盡刼柩中珠玉以歸，其不葬所生母，無足怪也。乞追誠一所刼壙中物，付其家影堂，係衆拘管。給限令葬其母，然後棄之終身。詔京西提刑司體量的實事狀，内不葬母事，令開封府體量諳實以聞。《新録》因之。按巖叟論張誠一及李定凡兩人，令淮南憲司體量者，李定不持服事也；令京西提刑司及開封府體量者，誠一盜父犀帶及不葬母事也。《舊録》全漏李定事，若爲定諱者。《新録》又因之，今並不取。王巖叟奏論張誠一、李定云：臣近連上章言張誠一、李定大不孝，喪壞禮法，傷敗風俗，非人倫所容，乞行放棄，至今未蒙施行。臣聞誠一取帶事，下京西提刑司體量，臣恐京西提刑司體量滅裂，不能究其真，不過止於訪問誠一墳莊之人。方誠一墓中盜取寶物之際，必不容外人隨逐，墳莊之人，何由得知？雖後來得聞，亦安肯略問便言？真宗皇帝賜其父者異犀排方，天下之至寶，因其盜竊，利而取之，是與盜同，此於情理又重。其所生母死已久，尚委之城北一寺中。於其父母既如此，則其事君可知，此天下之大惡，不可不重行。李定明知仇氏是其母而不認，及致人言，乃巧爲諱匿，歸過於父，終欲規避，不行追服，搢紳士大夫無不嫉惡之者。熙寧中諫官論列，有司考按，已得實狀，舉朝士大夫惡之。惟宰相王安石曲法枉道，蔽欺朝廷，私獨主張，反積怨含怒於士大夫。公肆姦邪，顯然欺陷，盜竊榮禄，致身至今。再奏李定雖已行遣，未嘗令追服，云李定自喪母以來，元未曾行服。今既正其罪，理合追服，若不追服，無以正其罪。雖奪官落職，放歸田里，若不令追服，終未合典禮，協人情。朝廷何忍庇護一大不孝之人，而不惜天下風俗！定不認母，不持喪，不過定自壞一身禮法，未有損於朝廷也。既經朝廷議正其罪，竟不追服，則是朝廷許其不持母服也。執政大臣何忍救一大逆之人，却不救天下禮法？何以示訓？上曰：待便教行。六月二十八日定再責。

（宋）李燾《續資治通鑑長編》宋哲宗元祐元年五月　中書舍人蘇軾、范百禄奏：刑房送到詞頭，奉聖旨：張誠一邪險害政，有虧孝行，追觀察使、遥郡防禦團練使、刺史，依舊客省使、提舉江州太平觀，發赴本任。臣等看詳，張誠一無故多年不葬親母，既非身在遠官，又非事力不及。冒寵忘親，清議所棄，猶獲提舉宫觀，已駭物聽，況諫官本言誠一開父棺槨，掠取財物。使誠有之，雖肆諸市朝，猶不爲過；使誠無之，亦當爲誠一辨明。緣事係惡逆不道，非同尋常罪犯，不可以不盡根究。今既體量未見歸著，即合置司推鞫，盡理施行。所有告命，臣等未敢撰詞。

貼黄稱：據京西提刑司體量文字稱：誠一取父排方犀腰帶，緣葬埋歲久，須令工匠重行裝釘。是時，誠一任密院都承旨，當直人從，皆可考驗。及慮棺柩内更有賊人盜不盡物，爲誠一等私竊收藏，其族人當有知者。臣等欲乞詳酌，依上件事理根究施行。《舊録》云：左司諫王巖叟言：誠一盜取父墓中犀帶。按：巖叟言章已見四月二十六日，今不復重出。但取蘇軾等所論具載之。六月十二日乃責左武衛將軍，分司南京。

軾、百禄又奏：刑房送到詞頭，奉聖旨：李定備位侍從，終不言母爲誰氏，强顔匿志，冒榮自欺，落龍圖閣直學士，守本官，分司南京，許於揚州居住。臣等看詳李定所犯，若初無人言，即止自身負大惡。今既言者如此，朝廷勘會得實，而使無母不孝之人，猶得以通議大夫分司南京，即是朝廷亦許如此等類得據高位，傷敗風教，爲害不淺。兼勘會定乞侍養時，父年八十九歲，於禮自不當從政。定若不乞，必致人言，獲罪不輕，豈可便將侍養折當心喪？考之禮法，須合勘令追服。所有告命，臣等未敢撰詞。

貼黄稱：準律：諸父母喪匿不舉哀者，流二千里。今定所犯，非獨匿而不舉，又因人言遂不認其所生，若舉輕明重，即定所坐，難議於流二千里已下定斷。王巖叟等劾李定與張誠一，同見四月二十六日。《舊録》載定事殊略，且爲之辭曰：定不知所生，父没，始解官持心喪，劉摯言其不持服也。《新録》因舊文稍删改云：定父没，始解官持所生母心喪，劉摯言其不持服。按《舊録》蓋定之黨所爲，故不敢正言其罪。《新録》亦復承用悖語，誠不可曉。今取蘇軾等繳奏具載，要須附以劉摯本章，如軾等所論，父年八十九歲乃乞侍養，必摯本章所指也。摯《奏集》及《遺藁》今皆無此，又不知軾等繳詞頭後如何行遣。六月二十八日再奏，仍坐巖叟章。

（宋）李燾《續資治通鑑長編》宋哲宗元祐元年六月　左正言朱光庭言：張誠一邪險害政，有虧孝行，乞重行黜責。詔誠一特責授左武衛將軍，分司南京，許於本處居住。五月十八日責授客省使、太平觀，紹聖元年正月七日追復舊官。

《宋史》卷二六六《錢若水傳》　兄若愚，比部員外郎。從弟若冲，大中祥符中，調河陽令。有僕酗酒，杖之百數。僕挾刀夜潛室中，斷其臂，若冲大呼，又害其幼子。詔磔僕於其門。

(明)張四維《名公書判清明集》卷九《户婚門・墓木・捨木與僧》

捨墳禁之木以與僧，不孝之子孫也；誘其捨而斫禁木者，不識法之僧也。若果如縣斷，則是爲尊者可捨墓木，爲姪者不合訴墓木，與法意大差矣！程端汝勘杖一百，僧妙日不應爲，杖六十。帖縣照斷。

(明)張四維《名公書判清明集》卷九《户婚門・墓木・賣墓木》

照得鄭茂與冷彦哲互争，初詞止緣鄭文禮兄弟斫伐墳木，賣與冷彦哲。續後冷彦哲父冷濬義供稱鄭茂贖田，還錢未盡。鄭茂再狀論冷彦哲殺牛，犒斫木人。此特其枝詞蔓説，官司何必深信。蓋嘗聞諸民間，固有嗜利之家，每樂於以輕價典人物業，而又幸其無錢可以收贖者矣。今冷濬義昨所典鄭茂田地，既是正行交易，豈應被鄭茂假寫錢，會，脱卸取去。況嘉定八年以來，無復有詞理索，及招鄭茂陳論之後，方始以贖田欠錢爲詞，則其説誠難信也。既又見諸條令，禁止宰牛，或告或捕，皆有不可誣者矣。今鄭茂所訴冷彦哲殺牛，但止憑口述，元無分毫贓證。況去年正月入狀之初，未嘗有此情節，及招冷彦哲解論之後，却再以殺牛犒夫爲詞，則其説果足信哉？至如斫伐墓木，衷私賣買，以致興訟，此其事頗於風教有傷，在官司不得不加體察。昨經使、府台判，亦既灼見其不孝不仁矣。今準帖命再行審定，據鄭茂狀，論鄭文禮兄弟斫賣衆祖墳畔木植，其鄭文禮雖稱係斫他挾户鄭舟山内之木，然既曰親堂叔姪，吾翁即若翁，應墳畔林木，蓋均之不可剪伐。拖照鄰保，昨具到山圖，亦有鄭舟墓地一穴，在衆祖墳側分明，鄭文禮姑指之以爲挾户，則是弗顧其乃祖墓木，而故賣之，其爲不孝也特甚！又據冷彦哲賫出元買鄭文禮木植手批，其中聲説自用斫伐，搬檐出賣，不涉買主之事。然車彦超千四乃兩下所同攀證之人，拖照車彦超稱是冷彦哲昨與鄭茂交争之時，係同在其祖墳山上，則亦明知是鄭氏墳木，而故買之，其爲不仁孰甚焉！定驗至此，鄭文禮擅賣墳木之罪，若果不可逃，則冷彦哲知情而買木，亦當與之同坐。所有斫下木植，昨來知縣李宣教雖欲拘椿，然其木並皆見在，合併申使、府，取自台旨施行。

(明)張四維《名公書判清明集》卷一○《人倫門・不孝・祖母生不養死不葬反誣訴族人》 阿王生而孤老，所當供養者其子孫也，死而葬埋，所當經埋者其子孫也。子孫零落，獨有一胡師琇尚存，迺飄棄出家不顧。祖母生則族人養之，死則族人葬之，爲師琇者，尚何面目立天地之間哉！族人哀金而葬，以其不利也而遷焉，與其他發掘塚墓，不可同年而同語也。使當職處此，遷葬者本自無罪可科。今所司既爲將兩人勘錮，監遷原處，爲師琇者亦可已矣。至經上臺，嚚訟不休，然則養其祖母，葬其祖母者，乃師琇之讐人邪？不可謂知恩報恩者矣！此蓋販賣丘中之骨未滿其意，親死之謂何，又因以爲貨，不孝者也。在法，供養有缺者，徒二年。此師琇祖母在時之刑也。骨肉相棄，死亡不躬親葬斂者，於徒二年上重行決配，此師琇祖母死時之刑也。罪在十惡之地，從輕勘杖一百，編管鄰州，申照會。

(明)張四維《名公書判清明集》卷一○《人倫門・亂倫・子妄以姦妻事誣父》 父有不慈，子不可以不孝。黄十爲黄乙之子，縱使果有新臺之事，在黄十亦只當爲父隱惡，遣逐其妻足矣，豈可播揚於外，況事屬曖昧乎！符同厥妻之言，興成婦翁之訟，惟恐不勝其父，而遂以天下之大惡加之，天理人倫，滅絶盡矣，此風豈可長乎？決脊黥配，要不爲過，且以愚蠢無知，從輕杖一百，編管鄰州，勒歸本宗。阿李悖慢舅姑，亦不可恕，杖六十。餘人並放。

《元典章》卷四一《刑部・諸惡・惡逆・奴殺本使一起》 至元四年，省準部擬，北京路張荼合馬挾仇本使劉懷玉打駡，於至元四年三月十四日，對同驅安馬兒並伊妻阿石及雇身人李不魯休説知欲殺本使，當日夜荼合馬下手，用钁頭將劉懷玉打死，阿石、李不魯休將本户衣服燒埋，荼合馬、安馬兒將尸藏埋罪犯。張荼合馬殺主，安馬兒、阿石知而不告，皆處死。李不魯休係雇身奴婢，知而不告，決一百七下。

又西京路申，歸問到路驢兒招伏，至元四年八月，將本使忽〔抹〕〔林〕察用刀子扎死，嚇要本使妻唆魯忽論，在逃通姦罪犯。取到本婦招伏相同。

路驢兒法司擬，舊例奴婢殺主者皆斬，其路驢兒合行處死。

部準擬，呈省準擬。

唆魯忽論法司擬，舊例奴姦主者絞，婦女減一等，合徒五年。又招知奴殺夫不告罪犯，舊例祖父母、父母及夫爲人所殺，私和者徒四年，雖不私和，知殺期以上親，經三十日不告者，減二等，徒二年。二罪俱有，從重者論。

唆魯忽論合徒五年、杖八十，（衣）〔正〕去衣受刑。部擬既是主被殺害，隨從在逃。通姦，前準法司所擬，似爲尤重。止據不行首告罪犯，量情六十七下。

呈奉省劄，除路驢兒待報外，唆魯忽論不合與賊爲妻，諸處藏匿，半年不首罪犯，杖一百七下。

《通制條格》卷四《户令·嫁娶》 至元十九年四月，山東東道提刑按察司議得：今後各處官司，斟酌居民多寡，詢問社長人等，推舉年高信實婦人爲媒，須要欽依聖旨，定到聘財求娶，不得中間多餘索要財禮錢物，亦不得拾分中取要壹分媒錢。如有違犯之人，諭衆斷決。

大德八年三月，中書省御史臺呈：流官到任，欺凌部民，諮問室女婦人，虚寫婚書，捏合財錢，娶作妻妾，實爲傷敗風化。送刑部，與禮部一同議得：外任遷轉官員時常不歸鄉里，如無正妻，或乏子嗣，若絶禁止不許任所求娶，恐涉未便。以此參詳，今後流官如委亡妻或無子嗣，欲娶妻妾者，許令官媒往來通説，明立婚書，聽娶無違礙婦女。如違，治罪離異，追没元下財錢。都省準擬。

《通制條格》卷四《户令·過房男女》 至元二十七年五月，尚書省户部呈：議得吴越之風，典雇妻子成俗已久。所據乞養過房繼嗣子女，合從人便轉賣爲軀，擬合禁治。都省準擬。

延祐二年十一月二十七日，欽奉詔書内一款：諸人乞養過房到男女，如值貧乏，赴所在官司具由陳告，勘當是實，出給公據，方許轉行乞養過房。圖利興販及轉於遠方者，有司嚴行禁治。仍仰監察御史、肅政廉訪司常加糾察。

大德元年九月，中書省御史臺呈：吉州路萬户府達魯花赤軀口馬兒過房良人王寄仔爲議男，展轉爲軀，擬令王寄仔與伊父完聚外，據軀口過房良民，擬合禁治。禮部議得：宜準所擬禁約。都省準呈。

《通制條格》卷四《户令·典雇妻室》 至元二十九年六月，中書省御史臺呈：浙東道廉訪副使王朝請言，夫婦乃人之大倫，故妻在有齊禮之稱，夫亡無再醮之禮。庶人固不可責以全禮。江淮薄俗，公然受價將妻典與他人，如同夫婦。今後擬合禁治，不許典雇。若夫婦一同雇身不相離者，聽。如此，不惟人倫有别，可以漸復古風。禮部議得：合準王朝請所言禁約。都省準呈。

《通制條格》卷四《户令·嫁賣妻妾》 至元三十一年十二月，中書省御史臺呈：山東廉訪司申，去歲災傷，百姓饑荒，以致父子兄弟離散，質妻鬻女，不能禁止。又有指稱買休，明受其價，將妻嫁賣。禮部議得：父子夫婦，人倫至重，比年闕食，往往嫁賣，俱係違法，擬合禁約。都省準呈。

《通制條格》卷四《户令·嫁娶》 大德三年十一月，中書省御史臺呈：江南行臺咨，兩廣烟瘴重地，比來官員染病身死，抛下妻妾改適他人，將前夫應有資財人口席捲而去。况在廣亡歿官員老小出廣，已有應付站船定例。今後若有身故抛下老小，聽從本處官司依例起遣還家，其妻妾不得擅自改嫁。如有違犯，斷罪聽離，前夫家私，勒令陪償。絶訟源，厚風俗之一端也。都省準擬。

《元史》卷一九《成宗本紀》 〔大德九年三月〕庚辰，札魯忽赤脱而速受賂，爲其奴所告，毒殺其奴，坐棄市。

《元史》卷一八一《虞集傳》 大德初，始至京師。以大臣薦，授大都路儒學教授，雖以訓廸爲職，而益自充廣，不少暇佚。【略】監祭殿上，有劉生者，被酒失禮俎豆間，集言諸監，請削其籍。大臣有爲劉生謝者，集持不可，曰：國學，禮義之所出也，此而不治，何以爲教！仁宗在東宫，傳旨諭集，勿竟其事，集以劉生失禮狀上之，移詹事院，竟黜劉生，仁宗更以集爲賢。

《通制條格》卷一六《田令·墳塋樹株》 皇慶二年三月十八日，中書省欽奉聖旨：百姓每的子孫每將祖上的墳塋並樹木賣與人的也有，更掘了骨殖將墳塋賣與人的也有。今後賣的買的並牙人每根底要罪過，行文書禁斷者。麼道。欽此。

《通制條格》卷三《户令·儒人被虜》 雞兒年四月十五日，欽奉聖旨節該：據高秀才奏告，已前的聖旨裏，真箇的和尚先生秀才，不揀誰討虜要來的，休做主者，道有聖旨既有。如今秀才每根底却做主有。更與贖的價要出來，麼道，道呵，不教出來有。奏過的上頭，如今真箇秀才每有呵，根脚裏買來的，依元價出來者。聖旨這般省諭了呵，真箇秀才每根底那般贖的價與了出來的時節，不揀是誰，休奪者，當者。更這般高秀才等有聖旨麽道，沒體例不是秀才的人秀才麽道影占來呵，他每不怕那，無罪過那甚麽。欽此。

《明太祖實録》洪武二十二年十一月 己巳，紹興府餘姚縣民有妄訴其族長私下海商販，當抵罪。上召諭之曰：人由祖宗積德，是至子孫蕃衍。今倉頡皓首者，爾族之長也，而妄訴之，是干名犯義，不知有祖宗矣。自古帝王之治天下，必先明綱常之道，今爾傷風敗俗，所訴得實，猶爲不可，况虚詐乎。命寘於法。

《明太宗實録》永樂七年六月 〔辛酉〕是日，江西道監御史方恢父喪，不丁憂。事覺，皇太子曰：御史，朝廷綱紀之職，彼既不孝，何以糾正百僚。令錦衣衛執送行在奏請罪之。

（明）談遷《國榷》英宗正統元年三月 〔癸未〕行在吏科給事中王偡匿父喪，下獄削籍。

《明英宗實録》正統六年八月 〔丁亥〕梁府奉祠正王喆匿母喪一年始歸守制，比起復爲吏部究出之。法司擬以贖杖。上怒其忍心不孝，命斥官邊遠。

《明英宗實録》正統六年十一月 〔辛丑〕，錦衣衛指揮僉事倪正居母喪娶妾，六科十三道交章劾之，法司擬正贖杖還職。上以正行止既虧，難居近侍，調邊衛差操。

（明）余懋學《仁獄類編》卷二九《罪詐喪不孝》 正統十年，福建長樂縣吏畏避承刷文卷艱難，殺犬置棺内，詐爲母死丁憂，事覺，法司擬贖杖，上曰，此吏詐喪不孝，不可以常律論杖，畢謫戍邊衛。

《明憲宗實録》成化元年六月 〔己卯〕山東東昌衛鎮撫卞能累犯不孝，遇赦當免罪。刑部奏，據例不許復職。上命革職爲民。

《明憲宗實録》成化七年二月 〔壬子〕代府定安王長子聰滀居喪無禮，多出狎遊。其母舅王讓等實左右之，教授葉宗顯諫不從，遂發其事，下巡按山西御史會三司逮讓等，鞫得其實，以具獄上大理寺詳審以聞。詔聰滀停封，俟改過處置，讓徙充遼東邊軍。

《明憲宗實録》成化十二年六月 〔己丑〕治修武伯沈煜等罪。初，僧官常琇拜故南和伯方英爲父，煜及泰寧侯陳桓、豐潤伯曹振、錦衣衛指揮王珩因皆與交好，琇至各家飲酒皆設妓樂，嘗在煜座起更衣，即招妓與亂。其徒告其奪占寺産，因發其通英妾並挾妓事，詞連煜等，並下錦衣鞫實，都察院議擬各坐罪有差。詔以琇通義父之妾，宿娼飲酒，情犯深重，免贖罪，杖一百，發充遼東開原衛軍。煜容聽通姦，並桓、振、珩混雜僧娼宴飲，俱有玷名爵。煜停禄戴民中閒住，桓、振、珩各停俸一年，不許侍衛管軍管事；且以其蔑棄禮法，有傷風化，命都察院出榜通行禁約之。

《明憲宗實録》成化十八年夏四月 〔癸卯〕濟川衛指揮僉事唐榮，以不孝罷爲民。

《明憲宗實録》成化二十年四月 〔戊寅〕盟津王見濍有罪革爵。見濍鄭王第三子也，以年長出府別居，因竊世子金册以去，他日復入宫欲取實。鄭王數使索册，不得已歸諸宫中，自是不復朝王。凡朝廷慶賀大禮皆廢，嘗乘轎〔皆〕〔過〕叔父涇陽王門，見叔父不下。妹廣寧郡主及笄，府中製卧床奩具，率人擊碎焚之，且詈王，又强取良家子爲宫婢，多占軍校至三百餘人，所爲多不法。鄭王不能制，奏之。遣刑部郎中王儼等，往會鎮守内官暨巡撫巡按等官雜治，得其狀以聞。有旨：盟津王毁罵父王，侮慢親叔，進賀表箋皆不行禮，又貪淫酷暴，違法多端，革去王爵，令戴平巾讀書習禮。鄭王不能教子，各寫敕切責。省諭其左右之情犯深重者六人，各杖一百發充榆林衛軍，餘十七人杖一百發遵化〔燭〕〔炒〕鐵三年，教授單元等解京，餘悉準擬。

《明憲宗實録》成化二十二年八月 〔癸未〕鄭王祁鍈奏發其子革爵津王見濍惡行，見濍懼罪，亦奏其父不法事。命官勘問得實，以父子讐嫌，人倫大變，不宜同城居處爲奏。上以見濍先犯不孝等罪革爵，今復怨其父，陰行魘魅，及笞死宫人，罪惡重大，降庶人，連本房發鳳陽居住。其餘連坐者，擬罪有差。以鄭王不能教子，又容宫人〔在〕〔出〕外，降勑切責曰：見濍之稔惡，伊誰之咎歟，王於見濍，親則父也，尊則君也，果能愛而知教之，則彼未必不可變惡而爲善。王乃不然，既因寵愛其母，聽彼失教於前，又因姑息於彼，致令造狠於後。况又不率以正，擅令宫人張氏以看女爲由，儀仗坐轎出，到儀賓宅内。不顧外人非議，王所爲若是，彼見濍其肯心服乎，此正所謂身不行道不行於妻子也。今後王當以正自處，以禮自防，務篤天倫之誼，廣義方之訓，俾一府之内，閨門整肅，家道雍睦，父子兄弟不至於傷恩招辱，斯可以爲宗藩之表率，不然祖訓具在，朕何敢私王，其省之，慎之。

《明孝宗實録》弘治八年三月 辛卯，革鄭府涇陽王見溢爵。初，見溢爲世子，荒淫已著。憾母妃張氏節制之不獲逞。母薨，乃殺一犬，殮以布衾埋之後圃，祭以牲醴，蓋以比其母。憲宗皇帝哀問至，見溢朝夕臨無戚容，以市禁屠宰自殺鹿食之。既襲封，信用内使王錦及左右羣小，居喪數召娼妓淫於喪次，奪其妃郭氏服飾予之。妃跪而泣諫，見溢怒捽之，撲於宫門，頻絶其飲食，又笞殺其從婢。聽校尉陳玉言，强納其母妃女弟爲妾，每酒食，數令庖人自貫於市，庖人不勝督責自縊死。又多負富商物價，度不能償，乃招其子爲儀賓，又不請命於朝。鄭王令長史吴勤、徐繼芳上奏。勤等不時奉令其妃兄郭信奏之。事下鎮巡官鞫訊辭服。至是，都察院具獄以聞，且劾勤等罪。上曰：見溢荒淫不孝，且聽信羣小，逼人至死，違法多端，姑從輕革爵，令戴頭巾閒住，仍勑鄭王切責之。陳玉等十六人導王爲非，悉發邊衛永遠充軍，吴勤等下所司逮問，王錦械繫至京重鞫之。

《明世宗實録》嘉靖三十八年十一月 〔庚寅〕懷仁王府庶人聰瀓先以罪發高墻，遺其母張氏及子俊梲居府。母以貧故售其府第，聰瀓尋宥歸，忿怨其母，幽之溷厠，損其飲食。妻竊與之食，瀓益怒，操挺逐母捛擊之致斃。事聞，詔撫按勑令自盡。

《明穆宗實録》隆慶二年七月 〔乙卯〕慶城王府庶人表朾與其姪奉國將軍知癹相仇，使其子知㶇謀殺知癹之子新堨，知癹亦病死。撫按官以聞，上以知㶇手刃宗姪勒令自盡，表朾主使發高墻禁住，弟知□與謀奪禄米三月。

（明）蘇茂相《新鐫官板律例臨民寶鏡》卷九《彝倫類審語·不孝可原》 林義者異姓孽子也。爲嫡甥范少峰媒孽而間阻之，致母方氏首告不孝。義果不孝，則鄰保鄉甲何苦曲庇？一村農野夫而娓娓詳雪其無悖逆行也。但天下多有離間之舅甥，而世間必無不是之父母。義不能善處孤孽之間，而曲鋤村悍之色，以自藉間者之口也。身屬螟蛉，恩忘烏鳥，無罪而實有罪矣。合示杖儆，以暢母心。少峰以甥間舅，在有母在，故從重論也。宥之。

（明）蘇茂相《新鐫官板律例臨民寶鏡》卷九《彝倫類審語·真不孝》 陳奇浪蕩子也。不能奉養承歡，致嫡母親養老送終之具，罄付姨子林永年收貯生息以糊其口。有子如此，不如無有。反以慘騙誣蔑永年，大可恨也。顧永年亦非計矣。以異姓而久踞阿姨老本，逆子垂涎一飽而不得焉。母在猶可，母殁得無自階訟端，而無辭以解乎。當堂公貯，俟陳氏子姓有公廉者收存贍母。衆共舉陳慶貽，則合付慶貽。

（明）蘇茂相《新鐫官板律例臨民寶鏡》卷九《彝倫類審語·犯倫》 骨肉不宜傷，名分不宜越，以弟犯兄則弟認罪，以侄犯叔則侄認罪，各下禮以全和息。

（明）蘇茂相《新鐫官板律例臨民寶鏡》卷九《彝倫類審語·滅祖毆尊》 嫡庶之間，情多不諧。夫在則庶恃寵凌嫡，夫死則嫡子孫恃嫡凌庶，此常情也。周純孝嫡妻佘氏生子延文，妾董氏生子周參，其田産合行二分均分。純孝欲厚庶子，故作三鬮，一歸延文，一歸周參，一以備妻妾生養死葬之費。寓意雖私，而立名則正。嫡子亦不得而違之。後純孝夫婦俱殁，而其一分田産竟歸董氏，故嫡孫克譜不能甘者。遂舉其租而中分之。内抽四十石以奉董氏。但親母當親子奉養，安得牽扯嫡母子孫。一參果孝子，始爲平陽主簿，繼爲王府典儀，必當奉母以從，留母於家，責養於嫡可乎？否乎？周參稱有四子四婦，不奉養董氏，而欲責養於嫡母子孫益非矣。參謂不尊祖母逼之投水，彼四子四婦安在，而俟一鄭良夫之救哉！其詞亦遁，其事益舛。特士振妻死，借董氏棺用，迄今未備，故遂有詞。夫有無相周，在朋友猶然，況於骨肉乎。此事須出本心，不由勉强。董氏既行索棺，士振理當奉還。合於士振名下追銀四兩，以償董氏棺費。若董氏生前奉養，死後埋葬，俱應參承管，不得混扯克譜，但四十石之數，歲輸已久，一但盡奪之，似有不堪。仍着克譜歲供十石，以贍董氏。克譜、士振不當負董氏棺直。周參不當推董氏出頭，骨肉大變，殊乖倫理，合俱杖儆。

（明）蘇茂相《新鐫官板律例臨民寶鏡》卷九《彝倫類審語·誣君滅母》 林延奇三子，嫡出者一，庶出者二。論長幼弟不可先兄，論倫序庶不可奪嫡。惟妾有專房之寵，故庶有專嫡之階。林延奇捨嫡子林寶而以庶子林珍承蔭，雖治命亦亂命矣。林寶之索帖固亦有辭，而林珍今則罷職矣。欲索於已罷之官，則帖無所處。但庶子既得官，嫡子當得產，以母贍租二百石，盡歸林寶，此亦公義。彼庶子者夫亦何說哉。第二百石之中，以三分均分，則林珍亦應得七十餘石。既不得官，又使失產，是林珍不帖。而林珍帖之，又非情也。合於蒸嘗二百石内抽出七十石，以補林珍，則嫡子庶子俱得其平矣。夫林寶既已得產，則嫡母喪葬當自任之。母曰嫡母，三子當共，復扯庶子也。即喪葬之費多逾百金，不當論矣。若庶母有變例，不當扯及嫡子，而林珍產業分毫不與，使之均出或亦不甘。必須以蒸嘗量留一年助之，此雖嫡子亦不得而執爭。

（明）蘇茂相《新鐫官板律例臨民寶鏡》卷九《彝倫類審語·壞俗》 歐恭父子，濟惡地方，遭其荼毒者非一人矣。黃周之婿賣米而指賣酒，隔埕而稱同居，且誣及閨門，謂黃氏亂俗，以一時之忿而污人以終身之辱，刁亦甚矣。當重罰之。歐森不在而黃周並告之，亦誣也，並杖。

（明）蘇茂相《新鐫官板律例臨民寶鏡》卷九《彝倫類審語·究脈續祀》 龔氏亂中拾兒，不知何自。據黃玄稱果係待貞之子，事或有據。然龔氏幼則撫育，長則婚娶，其香仔受恩於龔氏不爲不深矣。斷無歸宗之理。如以情處，香仔二子一歸龔氏，一歸待貞，存兩族香火可也。

（明）蘇茂相《新鐫官板律例臨民寶鏡》卷九《彝倫類審語·奪祀》

陳萃極係陳秉同一姓族長，陳秉高無子死，論序應秉同孫陳準立嗣。秉同往日與高結讎，故高死立有遺囑，以抱養良主與婿張來鸞承管家業。此雖真情，終非治命也。但秉同業爲仇人，使之繼嗣，則秉高當不瞑目於九泉之下。合於所遺田地中，量撥三十畝給陳準，其後田業仍聽良主、張來鸞管掌承祭。陳萃極爲族長，而處分失宜，相應治罪。秉同、張來鸞各擬不應。

（明）祁彪佳《莆陽讞牘》卷一《本府一起悍婦滅倫事》 審得已故林登相，林宦之次子也。登相曾繼堂叔占華。登相之次子景賢又繼親伯登俊。陳氏，登相妻也。潤博，景賢正妻之子也。黃氏，景賢繼妻也，黃氏之配景賢二十年矣。質其姑陳氏及通族，稱其不嫻婦道，且有所不可言者。潤博娶陳家之女爲室，而黃氏以非禮待之。潤博孱幼，不能安其妻，致陳氏雉經以死。姑陳氏怒其婦不慈於孫媳，致少婦投環。而黃氏不自悔禍，忤及其姑。於是族衆公憤之，而姑亦欲義絶其媳矣，而潤博亦遂疏其繼母矣。今不必究其所不可言者，只是不順於姑，不慈於媳，不得於通族，致親姑不以爲媳，死媳不以爲姑，通族不以爲婦，而黃氏之義絶於林氏也。即林氏以家法處之而有餘矣，況國法固因於家法乎？今即爲黃氏計，而一婦也，姑怒之，子疏之，通族憤之，其能一日安乎？是黃氏之不可再入林門，不待再計而決矣。姑陳氏已具有訣絶手模，所當聽其離異，婦宗者也。據陳氏稱，黃氏有私蓄於兄黃七、黃敷滋，今姑不深究。惟是景賢尚有婢生一女，名信哥者，而黃氏遽許配敷滋之子，則異日欲私厚其女，因而及澤其兄者，其心已顯然可誅矣。是據黃氏平日之私蓄亦足自贍，而黃七等亦應以贍妹，但念黃氏爲林氏婦者二十年，景賢尚遺有百餘石之租，此後林之一絲一粟黃氏不得問。應照林族公議，撥租二十石爲信哥奩貲，即所以爲黃氏贍貲也。姑絶之而尚贍之，則念其二十年林氏婦故耳。敷滋如不願信哥爲媳，聽林族公議别配，省後日子女之葛藤，即爲敷滋計，亦應如是耳。其租着林族撥出，聽敷滋收入養贍黃氏。若終在黃家，則百年之後以二十石租爲黃氏喪葬之費，若婦出黃門，則租應還林氏。黃七、敷滋始則不訓其妹，繼乃因以爲利，後則唆之忤姑，今且不究，若黃氏再生别情，便當以三尺二犯也，各免科。

（明）祁彪佳《莆陽讞牘》卷一《本府一起弒奪事》 審得吳揚、吳孟崇係同胞兄弟。祖諱梓，作知州，子四人，父炤其二子也。初每子撥租五百石，炤之五百石，父子花費殆盡，向知州公乞再與而無其名。適長房絶，應孟崇承繼，是孟崇復有五百石之租矣。乃知州公憐子炤家落，吳揚業儒可進，於五百石之内抽七十三石與揚爲讀書之貲。孟崇則曰五百皆我應得，七十三石兄篡取也。揚則曰有祖命在。各執一説，兩不相下。然何以相安於四十三年，突争於一旦？豈非孟崇以貧故耶？不知揚亦貧矣。七十三石之租所餘無幾，此時而欲盡撥還崇，不特拂知州公在天之靈，且勢之必不能也。但骨肉之間原不計以財利，孟崇不得執初繼之數，吳揚不得諉今日之貧，或量助兄崇二十金，或量撥租贍兄以終其天年，孟崇毋得多求也。還着吳孟堅、懋芳、王燮龍調處妥速報。

（明）祁彪佳《按吳親審檄稿·一件鬮族公舉等事》 行據崑山縣解犯吳室等到院，審得吳室有母王氏，室與同族吳呈以會銀相争，王氏不知何以受傷，室母王氏告之於縣，即統沈芝王在扛檯吳呈及吳華。吳華之死，未知是否有傷。而華以十一月十一日死，王氏亦以廿八日死。兩告人命，而族衆吴岑則袒呈而訐室。此其中人命尚有可疑，仰縣細審繇報，且慢發簡。

（明）張肯堂《䈏辭》卷五《李恪》 聽獄多矣，未有如李屬之一案者也。即恪之罪狀夥矣，卒未有若思不逞於媳，而辱其媳之父張一麟，頃刻憤懣而死者也。蓋恪生而梟獍，事犯多端。上之人每以青衿，故時從寬政，而被毒者復慴於其威，多不自白。諸如父死不哀，酣歌恒舞，更夜劈門，持刀擬母；滅兄而欺其嫂，搆叔而蠛其姨；淫人之妻，負人之債。其母舅張世賢能言之，其弟李恂能言之，其婿王中立能言之，其傭工男婦如劉守蘭、老孔婆諸人，類皆能言之，蓋無一而非鑿鑿者矣。猶曰：少年跅跐，多不自簡，且事已往矣。原之昔而按之今，尚無以服其心也。迄今年過半百，其妻黄氏亦出名裔，與之齊眉者幾三十年。其子源清，既二十而長矣。兇人之性，至此亦宜漸移。而不意髮短心長，且惟日不足也。試問其大杖逐子，必不復令其有室家之好者何念？裸撻其妻，種種非法之刑，來侯所未嘗造，致其妻覓死無路者何念？謂城居難以縱恣，移至鄉莊求逞其私者何念？何待徵李氏之詞，撿扣門之狀，而始信其無人道哉！所幸其媳義不受污，持刀明志，故僅以身免耳。蓋至其妻之兄黄元吉者，與其媳之父張一麟交訟之縣，爲之不怡者累日，終以中篝之言，所不忍道。姑曲諭兩人，令之潛消其事。而恪遂揚揚以爲莫予難也。不難自居獸行以污其媳，而辱詈於一麟之門。一麟雖入貲爲郎，然家世閥閲，清白自好，不能滅醜而更揚之耶。氣填臆中踴躍而死。恪罵未絶口也，而哭聲已徹户外矣。持三尺者能不爲之裂眦而投袂也哉！蓋嘗呼其子源清而察之，悲楚囁嚅，無聊萬狀。雖有親父，安知其不爲虎。爲源清者，亦至不幸已。似此穢惡，既難載之於牘，而亦不能盡爲之諱。遵例荷戈乃盡厥罪，既以褫其衣冠而辱之矣。按律減徒，於法允當。

（明）張肯堂《䈏辭》卷五《張望雲滑縣人》 尼智喜有妹楊氏歸於馬姓，年未四十而所天遂歿。不能自存，携幼三人，再醮滑民張望雲。望雲故有兩子，家復貧甚，食指漸繁，瓶粟益罄，所以無日不成反目也。楊氏既以二女就食智喜，而望雲亦出其一子爲傭，所存者惟楊氏三歲一女，及望雲次子騷胡而已。然望雲之督責楊氏者愈峻，饔飧絡緯，朝夕不遑，訶怒鞭扑猶不能免，二年來蓋已無生人之趣矣。騷胡年方十四，狃於望雲之陵，不復以繼母事楊，叫怒索飯，恣行無禮。一日望雲晨往於田，母子復相詬誶，族里厭聞此聲，閉門掩耳，習以爲常。少頃，楊氏、騷胡各奔訴於望雲。鄰人崔朝宦等但見楊氏手頸皆被刀傷，幼女顛踣項背血漬，哭告爲騷胡所斫。而在騷胡，直以爲楊氏持刀殺胡，誤中其女，惶怖自抹遂致傷頸耳。斯時爲望雲者，亟撻其子，並傅妻瘡，尚無及於事。乃漫然置之，若深幸其妻之被傷，而明侮其莫可控者。向非智喜挺身一訟，向隅幾不上聞矣。夫繼母猶母，持刀斫殺，罪犯不原。第騷胡一牧豎耳，菽麥未辨，安識律條，况當日刀出誰手，又無一人見者，特是禁戒不早，調停無術，既乖琴瑟之和，復愧義方之訓。望雲之罪無從解免耳。本縣以爲茲事尚可情聯，不宜純用法剖，責騷胡而訓之以繼母之不可犯，呼望雲而教之以撫其妻而誡其子，曲譬楊氏而諭以恩義之不可復離。又虞決罰既施，怨懟不解，責令親族鄰佑，共立保領一紙，倘望雲更縱騷胡以凌其母者，衆共訐之，寬典不再。乃楊氏伏地宛轉如就屠肆，而胡宦等亦且相顧失色，竟作滿堂木偶也。法既不可必伸，而情又不能曲締。則惟有杖望雲，而斷楊氏以歸宗别嫁，庶騷胡不至怙終捍網，而氏亦得出陷穽，以終餘年。即不盡如律乎，不可謂非法之權也已。

（明）張肯堂《䈏辭》卷七《杜孟魁長垣人》 杜孟魁與生員杜欽，雖爲兄弟行，然積不相能久矣。四年七月間，孟魁弟占魁與族叔明德以別釁鬨爭，魁母翟氏前救其子不勝，因而踣地。斯時杜欽未嘗在側也。翟氏氣結於胸，方欲自盡，適占魁之妻與鄰婦修合疥藥初就，倉卒仰之。夫攻毒之藥，類多毒成，即去鴆葛有間，然必非續命之膏矣，况歸之憤憤不平之焦腑乎。遷延十日，竟至殞命。向嘗訟縣，斷埋葬銀十兩，給與孟魁。而予明德以一杖，文無害也。乃孟魁未忘夙仇，必欲以明德之罪加之杜欽，其如衆目之難掩何。姑無他論，天下有父母之仇，而究竟以請和結局者哉。孟魁一杖，於是乎不容逭矣。

（明）張肯堂《䈏辭》卷八《崔應秋》 崔應秋爲崔應冬親兄，而崔子興則其父也。應冬少而無賴，經分數畝，不足當呼盧一擲。子興屢誡不聽，反欲無禮於其父。一家棄之，日祝其喪久矣。四月二十一日，應秋承其父志，誘人深室，奮斧砍之，應手而斃。徐呼子興告之，興亦深幸其死也，至縣自承，以爲手殺其子。後爲族弟崔子用所告，旋復具和，猶執前説如初。即呼應冬妻謝氏問之，俛首雨泣，亦以爲夫實不肖，爲翁所害，恐傷翁意，無敢出聲。審如是，則大義滅親，子興有焉，何罪之有，亟叱出之。不意謀殺一詞，且自痛定後發，而始明言罪人之爲應秋也。則因是分左右袒。子用業已行詞，正宜爲侄鳴冤，使非重賄私囑，何緣寢不終而深思焉，人情多愛少子，十指齊嚙，其痛均也。何以兄弟相戕，而子興訟。應冬以博蕩產，亦敗子常事。且所蕩者已產也，與應秋未有傷心之痛，何至推刃同氣，喋血不辭。種種疑案，殊費研窮。推鞫移時，乃能了了。而謝氏以身發難端，心已中悔，且出而不勝阿翁輩之交尤也，即於是日懸樑旅舍。婦人識短，併命從夫，崔姓之禍，抑何酷烈至此。屍經驗明，委無別故。應秋故殺親弟，依律減配，猶恨其輕。子用旋告旋和，雖無詐贓，難免一杖。子興飾詞隱情，亦應科罪，念其老諄無知，且又子媳雙亡，姑從寬政。

（明）張肯堂《䔧辭》卷八《范國安長垣人》　范子春與其弟子賢，各爲人供圬墁之役，而巧拙勤惰，每每相形，故兩家之門亦若分炎冷焉。一日王宦鳩工，子春方躭躭焉，以爲是役也可以獨擅，而子賢亦居然受事於其傍，見之能無憤憤乎？歸與其子國安謀之，圖欲一擊以紓其忿。而國安兇蠢人也，但顧父子情切，安知叔侄分森，以爲是振吾短而絶吾衣食者也，鐵鈎橫舉，骨肉爲糜，子賢死不旋踵矣。國安一斬，尚有餘辜。子春身且不免於杖，尚得以就木餘生，思爲其子作續命膠哉。服制滑審已經叙明，原招理宜增入，滑審誤以子春爲子賢，或從較正，庶不留魯魚之誤耳。

（明）張肯堂《䔧辭》卷九《袁思寵滑縣人告滑縣人》　滑民袁思寵拙於生事，救死不贍，於天啓六年將女袁雪兒鬻與滑民王南庭爲義女，迄今數年，而其女亦將及笄矣。南庭故長者，視之無異己女，近欲爲之擇配而字。而思寵愛女殊切，惟恐所天不倫，誤其終身之計。哀控一詞，無非冀還掌珠耳。理或稍乖，情殊可念，原價錢五千有奇，今量斷八千文，以酬南庭養育之費。思寵始則如飛鳥之依，今遂欲爲將雛之舉，雖於女厚，而於南庭亦恝矣，故杖。

（明）蕭良泮《重刻釋音參審批駁四語活套》卷一《參語》　李氏牝鷄鳴晨，牝，雌也。史云：牝鷄晨鳴，家事不寧。昔呂后欲移瞋家天下，人謂之牝鷄鳴晨。即今婦人妬惡是也。禍起蕭墻，蕭墻，家之屏墻也。即致禍於家内是也。駕言於父，逐其母而殺其子，於心既爲過忍。況又誘引姦事，淪其嗣而沒其家，淪，絶也。於法尤所難容。死有餘辜，情亦何逭？趙二年幾幼稚而不能嚴履霜之戒，《易》：履霜之戒，言無敬慎也。操持不慎，而卒陷非禮之爲。污衊音滅。家門，敗壞風化，但原情非其本意，論心尤可矜疑。兄弟二人死於婦人之手，百年家祀淪於妬牝之爲，妬牝，妬婦也。殆非國家興滅繼絶之盛典也。《語》云：興滅國，繼絶世。知府趙滿，信妾逐室，昧夫婦之倫，非法殺子，絶父子之恩。治家如此，治國可知。姑將滿從輕發落，用全其家祀。李氏從重議處，垂戒其將來。

（明）蕭良泮《重刻釋音參審批駁四語活套》卷二《參語》　李氏以妻毆夫，本應罪重。但夫抑勒之情，率先自處以不義。而李氏發惡之意，斯亦成隙以相戕。欲將本婦問以毆夫篤疾絞罪，然律應離異之人，未免失於過當。揆諸情法之中，合依凡鬥之律。

王巳以子駡母，本應罪重。但毀駡之聲雖出於本犯之口，而情之所具緣未出於親母之心。然母既得以相容，論法似當於輕究。

中國第一歷史檔案館《雍正朝滿文硃批奏摺全譯・刑部尚書塞爾圖等奏請會審中書之妻死事摺雍正三年六月初七日》　議政大臣刑部等部尚書臣塞爾圖等謹奏：爲請旨事。

該臣等與吏部會審得，正黃滿洲旗華色佐領下領催鄂勒吉泰報來該佐領下中書宗嘉之妻縊死一案，審據宗嘉供稱：本年四月十二日晚我洗罷脚，向我妻説把手巾給我。我妻之言：我不是爾的奴才。生氣爭嚷。我因一時之氣，將伊掌嘴九下是實。伊帶子睡了，我亦睡了。夜間何時縊死，我睡熟不知等語。據宗嘉妻之胞兄寶珠供稱：將我妹嫁給宗嘉，已八年有餘。宗嘉平時在家生活，因極其凶惡，我妹每次勸説，伊即毆打。自去年役使，直至此時。我妹死前，將役使、毆打情形，亦曾告訴我等。我等之意，業經嫁錯，故忍耐了。頃又將我妹毆打，因而縊死等語。主事扎勒布、保陶，帶領仵作賀魁、穩婆田氏驗看尸傷，脖項有帶子之印痕，兩邊未連接，縊死是實。自左右兩側眼泡至兩邊之腮，青傷、紅傷相交，難量分寸，係掌嘴之傷。欲解衣驗看，寶珠言告免其驗看，乃未驗看。

查得，夫妻關乎人倫。宗嘉身爲官，而平時并無夫妻之道，不時役使，毆打其妻，而現因一件小事，即掌其妻面目，以致青紅之傷不可量其分寸，殊屬凶暴，大辱官道。緣此，謹中書宗嘉審以革職。爲此謹奏，請旨。

議政大臣刑部尚書臣塞爾圖、尚書臣勵廷儀、右侍郎臣塞楞額、都察院左都御史署理刑部侍郎事務臣梁文科、太保吏部尚書公國舅臣隆科多、太子太傅吏部尚書臣朱軾、左侍郎臣查郎阿、右侍郎臣福敏、右侍郎臣沈近思。

硃批：宗嘉甚卑鄙無耻，行爲悖亂，朕稔知之。著革職枷號，永棄於門，雖遇赦亦勿宥。

（清）佚名《治浙成規》卷六《臬政·因貧居喪嫁娶援照因貧賣妻成例量減科罪免其離異》 浙江按察使司台呈詳：爲故殺絶嗣等事，看得壽昌縣民婦陳葉氏具控吴春生毆死伊孫陳阿發一案。緣葉氏有子陳綬魁娶妻唐氏生子阿發，年甫十一。乾隆二十一年二月初八日，綬魁病故，家貧，棺殮無資，伊母葉氏凂堂姪陳伯四爲媒，將媳唐氏許嫁與吴春生爲室，並帶幼孫阿發隨母撫養。議明財禮銀六兩，以三兩存爲春生撫養阿發飯食，三兩收回，備辦衣棺追殮埋。事畢，葉氏因口食無措，催令春生於二月二十八日將唐氏娶歸，阿發亦隨母過門。嗣因阿發染患疳症，春生無力延醫，漸至病重，於九月二十一日始接醫楊文生看視，服藥無效。又二十三日葉氏聞知，遣令陳伯四往看，並囑詢阿發有無被春生凌毆之事。經伯四詢明阿發，平日春生並未毆打，惟有訓罵之言轉告葉氏。詎阿發即於二十五日身故。葉氏痛孫情切，又疑春生平日即訓罵阿發，亦必毆打，遂駕以毆斃情詞控縣。驗訊供明，議擬通詳，奉批核擬。本司遵加察核，陳阿發患病身死之處，已據該縣驗訊明確，其非因毆致死無疑，陳葉氏除妄控吴春生毆斃係痛孫情切，懷疑具控到案，即據實供明，應照情急妄告，於未經驗屍之先儘吐實情例，杖八十。係輕罪不議外，其將居喪之媳主婚轉嫁，合依妻居夫喪而身自嫁娶者，杖一百。若由主婚獨坐主婚律，應杖一百，係婦人照律收贖，唐氏居喪轉嫁事由伊姑主婚應照律不坐。陳伯四應照媒人知情者減犯人罪一等律，杖九十。但聽從伊孀之命，代爲説合，係連累致罪，亦請準其收贖。娶主吴春生訊無淩毆阿發情事，但擅娶唐氏爲妻，應照知係居喪而共爲婚姻者，減五等律，笞五十，折責二十板。唐氏照律離異，仍照追財禮入官，餘訊無干省釋，屍棺飭屬領埋。再查律居喪嫁娶條下，妻妾居夫喪而身自嫁娶滿杖，離異者，原以其忘所天而懲不義也。但查乾隆十三年間，有會稽縣民毛文魁嫁賣伊妻蘇氏一案，係因貧病賣妻，情有可原。援引江蘇蔣連方賣妻案照據會所載家貧將妻不告官嫁賣與人爲妻之例，將毛文魁問擬重杖，媒人減等。蘇氏仍歸後夫完聚，免追財禮入官。詳奉前院憲批允，並令通飭遵照在案。今此案唐氏因伊夫病故，貧無以殮，以致伊姑令其鬻身買棺，情實可憐。今若依律科罪，並令唐氏離異，勢必貧難存活，又行改適一女而三易其夫，其情更可矜憫。且係因貧所致，與毛文魁之案情事相等，似應援照毛文魁之案將主婚之葉氏擬以不應重杖，餘犯亦予減一等，分別收贖發落。唐氏仍歸後夫完聚，免其離異，並免追財禮入官。如蒙允準，此等案件犯者甚多，並請飭令各屬一體照辦。是否允協，擬合，詳候憲臺察奪等情。於乾隆二十一年十一月十六日詳奉巡撫部院楊批陳葉氏等均如詳分別收贖發落，唐氏仍歸後夫。吴春生完聚，免其離異，並免追財禮入官，並通飭各屬一體照辦。仍候督部堂批示繳。十八日又奉宫保督部堂喀批仰候撫部院批示繳。

附舊詳案

浙江按察使司葉呈詳：爲報明事看得會稽縣民毛文魁因貧賣妻，及毛彩臣中途病斃一案。緣毛文魁久患黄病，家貧難度，伊妻蘇氏時相吵鬧，有同居叔祖母毛徐氏見其夫婦之情已離，於乾隆十二年十一月初一日央毛季文爲媒，氏作主婚，得受財禮銀十二兩，將蘇氏假稱孀婦嫁與沈阿相爲妻。毛彩臣往吃喜酒，行至中途，頭暈舊病復發，當即倒斃。伊弟毛雲祥等備棺收殮。地總報縣，訊供通詳，奉批飭查。兹據會稽縣覆訊，議擬由府核詳前來，本司復加察核。毛文魁將妻蘇氏賣與沈阿相爲妻，毛彩臣往彼吃酒，中途病發身死，各情已據該縣逐一訊明。毛文魁蘇氏合依賣休律，各杖一百，折責四十板。毛徐氏、毛季文合依媒合人減犯人罪一等律，各杖九十，折責三十五板。沈阿相雖不知情，但不查明來歷，亦有不合，應照不應重律杖八十，折責三十板。以上杖犯時逢熱審減責發落，蘇氏、徐氏係婦人照律收贖。再該府以毛文魁、蘇氏情已兩離，勢難復合，若將蘇氏依律離異，又別無可歸，請將蘇氏仍給沈阿相完聚，其財禮免追入官等語。查本司前任江蘇曾蒙陞任蘇撫部院陳牌開通飭事案，據臬司具詳，溧陽縣民蔣連方賣妻宗氏與蔡起鳳爲媳一案。先據該司將蔣連方等按照買休賣休之律分別擬杖，具詳當查買休賣休一條，本婦杖一百，以同係有罪之人，非因先姦後娶則或後夫見色起見本婦亦萌外心，其本夫貪利允賣，是以一體科罪。觀下文，若買休人與婦人用計逼勒本夫休棄等語，其義可見，因不出於嫁娶之正附人犯姦條内本婦自應離異歸宗，財禮入官也。若貧病賣妻之類，概引此條，其財禮即不能爲治生與醫殮之用，而費去者又難復追，或本婦無宗可歸，離異必致失所。如後夫原不知情，不追還其財禮，又擬以滿杖亦屬冤抑。據會有云家貧將妻不告官，嫁賣與人爲妻妾，依不應婦人仍歸後夫，洵足補律文之未備。如此案蔣連方不顧家業貧極賣妻，今據照買休賣休，在蔡起鳳知情嫁娶，與主婚爲媒之蔣明如等各杖不枉，但宗氏無族可歸，請給蔡成恩完聚，並財禮已費，免追仍與。此條律義未協總之。此等案件犯者頗多，全在隨事揆情，或比附典僱妻女，或援引妾作姊妹嫁人，或照據會擬，以不應庶幾情罪，不致兩相矛盾，隨經批行該司添酌律文妥擬具詳。去後續據該司詳覆蔣連方實因貧賣妻，自應量從末減，據會有云家貧將妻不告官，嫁賣與人爲妻妾，依不應婦人仍歸後夫，正與此案相符。蔣連方合依家貧賣妻例依不應重杖，先經該縣杖責，請免重科。宗氏仍歸後夫蔡成恩完聚，財禮毋庸議追等情。隨又批開據議已屬妥協，惟是因貧賣妻之罪，既照不應重杖則與各主婚之犯亦應照律遞減。仰飭將蔡明如等均減一等，杖七十，分別發落收贖等。因在案查婦人從一而終轉賣有關風化，但其中不無貧極顛連兩圖活命或因父母病故無資甘心舍妻棺殮，或值本夫病危，莫措需費，勢迫出身，似覺情可矜原，自應照據會科斷。倘有他故，又宜比附典雇各條。期於情罪允協至實，係賣休買休仍當原引本律定擬，不致有干出入。此等案件情態百端，江蘇各郡頗多引斷，須歸平允，合亟通飭。嗣後凡遇此等案件，務須參考律意，揆情準法，毋致拘泥失平，一體遵行等因，遵照在案。本司今查此案毛文魁實係貧病賣妻，出於無奈，若照律科斷，似覺稍重。江蘇蔣連方賣妻一案，既照據會云家貧將妻不告官，嫁賣與人爲妻妾，依不應重杖，婦人仍歸後夫完結。浙省事屬一體，可否將毛文魁一犯援擬不應重杖，折責三十板，毛徐氏、毛季文均照犯人減一等律杖七十，折責二十五板。沈阿相並不知情，但不查明來歷，亦有不合，應照不應輕律笞四十，折責十五板。時逢熱審，分別減免收贖。蘇氏仍歸後夫沈阿相完聚，免追財禮入官。毛彩臣既據查明病故，並無別情，應毋庸議，是否允協，相應，詳候憲臺核奪。如蒙允準，並請通飭本省各屬，一體遵照辦理，實爲德便等情。於乾隆十三年五月二十六日詳奉。

巡撫部院方批：既據訊明，毛文魁實係貧病賣妻，如詳援例分別杖笞，熱審減責收贖寬免，蘇氏仍歸後夫，免追財禮入官，並抄成案通飭所屬一體遵照。餘已悉候督部堂批示繳。六月二十七日又奉宮保督部堂喀批，仰候撫部院批示繳。

四川省檔案館《清代巴縣檔案彙編・忤逆・乾隆四十年韓恒基招佃祠堂居住案》 六月二十四日巴縣差票

票差該役前去，即押逐私佃韓燕、韓熙等祠堂内之張、趙、汪各姓，並搭益竹房人等，逐一押搬，毋許恒基再放招佃。如倘抗違，該差鎖押赴縣，以憑重究。去役毋得籍票需索，滋事干咎不貸。速速。

七月十五日皂役張仕偉稟

爲稟明事。

本年六月二十四日，韓燕、韓熙等具稟韓恒基私招佃户在祠堂内居住一案。蒙恩票差役往彼，押令搬移。役奉票邀同伊韓姓族衆理論，祠堂内佃户已經搬移，其有兩邊房屋，佃户俱議定至九月内雨季一概搬移。燕等允議。役有奉票之責，理合稟明。伏乞太爺臺前俯裁施行。

縣正堂批：既經搬移，票銷。

（清）祝慶祺《刑案匯覽》卷四九《刑律訴訟・子孫違犯教令》 蘇撫咨薛張氏呈首伊子薛隴兒忤逆照例擬軍一案，部駁以薛隴兒隨母張氏改嫁撫養成立，因索錢不給，出言頂撞，並無別項忤逆情事。且張氏改嫁已久，薛隴兒係其前夫徐姓之子，按之入母服圖例應服期年，義已有差。薛隴兒不遵母訓，儘可逐令歸宗。今因懼累起見，呈請發遣，是已嫁義絶之妻，致絶前夫之祀，於情於理均未平允。飭令另擬等因，查薛隴兒雖無別項忤逆情事，但平日游蕩不務正業，屢經伊母張氏管教不聽，又不顧伊母患病，輒向索錢頂撞，並在家吵鬧，已屬屢次違犯。張氏改嫁之時，隴兒甫生兩月，該氏即將其帶往撫養，歷經三十餘年，襁褓相依，至於壯歲。

是張氏於徐姓雖爲義絕，於隴兒實爲恩深。核其撫育辛勤，即與未嫁之母無異。遇有違犯例無專條，且查義子遇房，在十五歲以下，恩養年久，尚與子孫同科。則本係親生，而自幼隨帶，業已撫養長成，似不應子以未減，惟是母經改嫁服降期年，不得同於親母，則凡有子犯自當酌其情罪，定以區分。且張氏前夫徐姓止生隴兒一子，若竟照例擬軍，誠如部駁，是已嫁義絕之妻，致絕前夫之祀，情理未爲平允。將薛隴兒改照母呈首子發遣例量減一等，杖一百，徒三年，限滿勒令歸宗。乾隆四十四年通行本內案。

四川省檔案館《清代巴縣檔案彙編・亂倫・乾隆五十五年六月六日本城余懷民、余世節稟狀》爲以嫂爲妾，叩究正倫事。

情蟻等侄孫余崇金、余崇進弟兄。崇進在楚，原配王氏現存。崇金來渝，娶妻劉氏，在城生貿。迨後崇進亦至。不料崇金去五月故，遺妻劉氏。詎逆崇進人面獸形，全無倫紀，串棍程萬順爲媒，於本月初六日瞞蟻族衆，膽將劉氏成配爲妾。蟻等聞駭，往彼清問，硬認無辭，街鄰周知。切以叔爲嫂，律載森嚴，況敢爲妾，法更難寬。爲此，陳情賞拘究治，以正倫化。伏乞。

縣正堂批：兄亡以嫂爲妾，治罪律有明條，是否扶嫌捏控，仰約鄰確查實復，以憑嚴究。

四川省檔案館《清代巴縣檔案彙編・忤逆・乾隆五十九年十月孀婦周王氏子周廷相忤逆案》二月三日本城孀婦周王氏首狀

爲逆子不法，懇拘法究事。

緣氏夫周順臣於五十三年物故，遺有家財銀兩二千餘金，遺子三人，惟次子周廷相横暴，不聽氏約束，停妻娶妾，不恤資財，猶外浪蕩，肆費花銷，家資一空。氏與長子屢誡不悛，目前逆更外混雜，全無法紀。本月初一日，氏以好言化導，冀改過遷善，保全性命。詎逆目無天倫，逞横言語，不遜滅倫。此種逆輩大干法紀，律所不容，是以首懇憲恩，拘訊法究正倫。伏乞。

縣正堂批：準拘究。

二月十一日王勝先保狀

爲痛改前非，哀懇保釋事。

緣本月初二日，蟻胞妹周王氏以逆子不法事，首伊子周廷相游蕩不聽管束在案，蒙準差拘廷相來轅應候訊究。但廷相係蟻外侄，差拘押班，伊今深自痛改前非，務聽母訓，永不滋事，悲泣乞保。至蟻妹王氏未向蟻叙，具首憲案，蟻直理斥，見子跪哀，亦自流泪，心悔莫及，乞蟻具保。蟻係母舅，爲此哀懇仁憲垂憐，赦過宥罪，施解網之仁，賞準省釋。廷相歸家，倘再浪蕩，蟻亦甘同罪。伏乞。

縣正堂批：周廷相既知改悔前非，聽母訓誨，姑從寬典，免其查究。爾保回管束，再經首案，定行倍懲不貸。

（清）祝慶祺《刑案匯覽》卷四九《刑律訴訟・子孫違犯教令》江西撫咨程廷彪呈送伊子並伊媳一並發遣一案，此案程廷彪因伊子程邦桂不聽教訓，出言頂撞，伊媳王氏亦頂撞伊姑，不服管教，一並呈請發遣。該撫將程邦桂依律擬軍，王氏援照嘉慶六年本部審奏范氏觸犯伊姑離異之案斷令離異等。因查范氏係違犯伊姑教令，經伊夫各善呈送斷令離異，並非由翁姑呈送，與此案不同。查夫因妻不能奉侍翁姑，呈告到官，止應斷合離異。若翁姑呈送子媳懇求一並發遣，是夫婦皆屬不孝之人，自應一律治罪，以示懲儆，未便因律無一並發遣明文，僅令離異歸宗致滋寬縱。本部向來辦理此等案件，凡係父母呈送子與媳一並懇求發遣者，俱將其夫依例問擬，其妻即令隨同伊夫一並發配。今程邦桂夫婦既均爲父母呈送，自應一律辦理。程邦桂一犯應如所咨實發烟瘴充軍，其妻王氏應令該撫即交與伊夫程邦桂一並帶赴配所安置。嘉慶十三年説帖已纂例。【略】

江西撫咨朱汪氏呈送伊子朱志洪發遣，追悔懇請免遣一案，查律載子孫違犯教令者，杖一百。又例載祖父母、父母呈首子孫，懇求發遣者，將被呈之子孫實發烟瘴充軍各等語。是子孫一有觸犯經祖父母、父母呈送者，如懇求發遣，即應照實發之例擬軍。如不欲發遣，止應照違犯之律擬杖。此案朱志洪平日懶惰游蕩，不聽伊母教訓，經伊母呈請發遣，咨部核覆在案。今據該撫咨稱朱汪氏因苦守多年，别無子嗣倚靠，朱志洪向無觸犯情事，追悔前情，求免發遣。本部檢查朱志洪原案僅止違犯教令，尚無忤逆重情，既據伊母朱汪氏呈請免其發遣，自應照律科以違犯之罪。該撫將朱志洪比照軍犯告稱父母老疾應侍，家無以次成丁例，擬以枷杖，殊未允協。朱志洪應改依子孫違犯教令，律擬杖一百，給與伊母朱汪氏領回管束。嘉慶二十二年説帖。【略】

廣東司審奏宗室福羣因將伊母他他拉氏之使女蘭花責打，致伊母生氣用刀自傷，旋即平復。將福羣比照違犯教令，致母抱忿輕生自盡擬絞例，量減一等，擬以滿流，仍照例折圈。嘉慶二十五年案。【略】

廣東撫咨譚亞平等因貧不能養贍致繼母譚張氏自縊身死一案，查律載子孫違犯教令及奉養有缺者，杖一百。又例載子貧不能營生養贍致父母自縊死者，杖一百，流三千里各等語。惟原例義蓋以孝爲百行之首，人子事親朝夕口體之奉，不容稍有怠忽，故奉養有缺者，即擬滿杖示儆。父母因子不孝，抱忿自盡，即應分別觸忤違犯，擬以斬絞。至子貧不能養贍致親自盡之案，例文內於子貧之下申明不能營生養贍等字，則以鄉曲小民窮苦者，十居八九其日用所需固屬力不能給，然果思竭力事親，則或勤於工作，或學習技藝，以及貿易肩挑，皆可以得貲養贍。否則因家計艱窘，即惰其四肢，不顧父母之養，以致父母自盡，衡情定案，因其尚非有心觸忤違犯，故原其貧苦不得已之苦衷免其一死，而其親究因失養短見輕生，故嚴懲其不能善事之罪，擬以滿流。定例已有區分，不容再爲寬假。此案譚亞平、譚亞全因貧不能養贍，致繼母張氏自縊身死，原文內聲明譚亞平左足僅止微跛，仍能行走，並未成廢。將譚亞平、譚亞全均依子貧不能養贍，致父母自盡例，擬流。該司議將譚亞平改免置議等，因查譚亞平雖左脚微跛，然眇者可以準；傴者可以塗强；舂者可以負土。該犯僅止一足微跛，無礙持行，不難尋覓生理，並非廢疾篤疾不能動履者可比，今伊母既因缺養自盡，正與不能營生養贍致父母自盡之例相付。該撫原咨内既稱譚亞平仍能行走，又□不能力作，係屬自相矛盾。而將譚亞平、譚亞全均擬滿流，則引斷尚無歧誤，所有譚亞平一犯應請照擬滿流，毋庸議改。道光元年說帖。【略】

直督奏老吳張氏呈首伊媳小吳張氏屢次撒潑很觸，並壘次砌詞京控不服管教，懇求發遣一案，查律載子孫違犯教令者，杖一百。又七出條注云：不事舅姑。又例載祖父母、父母呈首子孫懇求發遣及屢次違犯觸犯者，即將被呈之子孫實發烟瘴地方充軍。如有子孫之婦一並呈送者，將被呈之婦與其夫一並僉發安置等語。是子孫之婦必與其夫一並呈送，始一並僉發。若子孫已故，其婦即有屢次違犯觸犯情事，例無舅姑呈送即將子孫之婦實發專條，蓋婦人義重從夫，所以不令隻身遠戍者，不惟示矜恤亦以維禮教。若令孀婦子身遠適異鄉儕於奴隸，尤非敦崇名節之義。此案小吳張氏與夫弟吳玢等訐訟及節次翻控，究因吳玢將其毆踢並砸毀器皿，經官斷結後，吳玢不即賠還所致，事出有因，尚非憑空誣捏，至該氏平日不服伊姑管教，屢次頂撞。雖有應得之罪，未干實發之條。乃該督以老吳張氏呈懇發遣，遽將該氏照呈送子孫實發烟瘴之例，改發駐防爲奴與例不符。小吳張氏除節次赴京呈控尚屬事出有因，不議外，應改依違犯教令律擬杖一百。事犯在嘉慶二十五年八月二十七日暨十二月初三日，並本年四月初七日恩詔以前，案關不孝應不準援免，惟係孀婦酌予收贖，該氏既屢次頂觸伊姑，有犯應出之律，應勒令歸宗以杜釁端。道光元年說帖。【略】

蘇撫咨周可江呈送伊子周長春發遣，旋即呈懇免遣一案，檢查嘉慶二十一年陝西司審辦陳張氏因子陳貴不服管束，呈請發遣，尚未起解，復據陳張氏呈求免遣，將陳貴依子孫違犯教令律擬杖一百，辦結在案。又二十二年奉天省咨馬尚齡請將觸犯呈送發遣之孫馬中孔存留養親一案。又咨馬照觸犯生父馬尚齡呈送發遣，解配中途脫逃回籍，經嗣母馬何氏帶同投首懇求留養，馬尚齡亦代爲懇求一案。又江西省朱汪氏呈送伊子朱志洪發遣追悔懇請免遣一案。此三案原擬俱照軍犯留養例擬以枷杖。咨部均經本部改依子孫違犯教令，律擬杖一百各在案。此案周長春病後糊塗，因伊父周可江買魚遲延，語言頂撞，經周可江呈請發遣，尚未起解，據周可江以老病無人呈求免遣。該省將周長春照遇赦查詢犯親願令回籍，依親老丁單留養例枷責發落，核與歷辦成案互異，應請交司查照更正。續據本司查出該司於道光五年核覆婁縣金咸棟觸犯伊父，金紹文呈送發遣，金咸棟在監悔過，金紹文結求免遣，照遇赦減徒例，枷責發落成案回堂，將周可江一案照覆。道光七年說帖。【略】

江西司查例載父母呈子懇求發遣，即將被呈之子實發烟瘴地方充軍。又爲人後者，如於本生父母有犯，仍照律定罪。又繼母告子不孝，拘四鄰親族人等勘審是實，依律問斷。又《名例律》載，繼母與親母律同各等語。此案江德熇出繼與胞伯江成洋爲嗣，江吳氏係該犯本生繼母。該犯先徑盜賣江吳氏膳田三十餘畝，經江吳氏備價贖回控縣，將該犯責釋。嗣江吳氏因食用乏資，將贖回田畝賣與同族江德照管業。該犯知而生氣，提説江德照謀買，屢向尋釁。江吳氏訓斥，該犯出言頂撞，江吳氏氣忿赴縣呈首。該撫以江吴氏係該犯本生繼母，與生母有間，將江德熇依父母呈子發遣例量減一等，擬以滿徒等。因咨部查爲人後者，於本生父母有犯，仍照律定罪。繼母與親母同例有明文，未便因非其所出，曲爲量減，自應將江德熇實發烟瘴地方充軍。乃該撫將該犯量減擬徒，罪關出入，應令另行按例妥擬。道光十一年説帖。

（清）張之洞《張文襄公全集》卷一二七《公牘·批大冶縣革生馬龍圖稟京控胞兄致死繼母一案光緒二十二年十月二十七日》　該革生馬龍圖以兄弟争産之故，興訟互詆，在縣三次願和不得，於是於繼母死已兩年之後，竟控其胞兄生員馬國蛟爲弑母。屢次呈請開棺檢驗，父族母族醫生皆具結力辨其誣一無證據，問官豈能違例妄準。於是京控叩閽任意攀引信口詆誣。該革生果係哀痛迫切真欲爲母伸寃，何以兩年有餘始行控告，乃謂被堂叔馬逢源禁錮不行。馬逢源一尋常人耳，既無牢獄又非盜巢，安能禁人？該革生有家屬，有雇工，有財産，且現在羈禁之中，尚能於數千里外京控叩閽。省城各衙門疊次許控，何至受人禁錮不能赴縣具呈，又何以自稱次春已經釋出。又遲至一年後始行指明具控虚妄顯然，現據臬司詳以衆證確鑿，誣告屬實。該革生又復來轅具控，捏稱諭旨準飭檢驗，堅請開檢。又屢稱馬國蛟謀換母柩，以爲開檢無傷，狡賴地步，其呈內，大率皆係不根之語，無干之事，蔓引毒詈，幾如風狂。該革生不過騎虎不下，狂詈逞忿耳。試思叩閽之案本應充軍，此時即使悔罪認誣亦止坐以軍罪，尚可保全其母屍骸。則雖悖謬糊塗於先，而悔悟輸誠於後，搏膺請罪尚可稍存天性，略贖前愆不致終身爲惡逆之人。若一經蒸檢虚誣反坐，則該革生罪應處斬，既殘其母又誣其兄，卒戕其身。身死之後莫洗惡名，何至冥頑若此。總之此案啟衅僅止爲公債一千緡，公完錢糧數十兩。該革生不願分攤，其兄馬國蛟又不肯獨認，家庭婦女訴誶争鬧，因此互控生波激成今日鉅案。檢查案卷，該革生兄弟父遺家産共有田租一千三百石，此外尚略有貿易，無論兄還弟還止多認五百緡，有何難事？且其兄管家多年，用費無節致多虧欠，又有其弟婦匳資在內，若念鞠子之哀自應力爲肩認。今搆訟四年兄弟分繫監卡，拖累耗費豈可勝言，大約其田産所存已不多矣。即以争財而論已屬大愚，況更因此釀成大獄乎？馬氏本屬紳士善良之家，不知有何宼孽，而致其母遭烹剥殘骸之慘。其子受惡逆莫大之刑，家産破敗細弱顛連波累，親族失業因苦。此案逞毒於馬龍圖，而召衅由於馬國蛟，其弟固屬狂悖，其兄亦屬下愚，不爲其身計，并不爲其祖父家聲計，兄弟妯娌叔姪攻擊吞噬視如寇盜，全無一隙之明，甘蹈滔天之惡，戾氣鍾於一門，誠可爲痛傷慘惻者矣。尤可歎者。該革生呈詞中既已極口醜詈，欲得其兄而甘心尚復稱引經傳，比擬聖賢，自稱道學，其兄馬國蛟呈詞中亦然。該革生兄弟俱列膠庠而末流至於如此，尤可爲世運士風痛矣。將來此案定時，即使馬國蛟被控全虚，似此争財搆衅薄於倫紀之生員亦應斥革。古來名賢良吏遇有民間不兄不弟，惡逆争訟者，每自咎教化不行，閉閣思過。若如該革生兄弟之昏愚搆禍，直如病狂，人倫之變，天下罕有。本部堂自愧德化不孚，致部下有此等乖棄倫理之士民。披閲全卷，目不能覩，筆不忍下，既深悚疚，益用憫傷。此事已經司詳定案，該革生此呈本應駁斥不理，姑予再行詳切訊鞫，以期折服愚蒙，或有醒悟。令該革生兄弟清夜捫心各思，所以自處，除於北按察司詳內批飭按照駁斥，該革生各節再行飭訊詳辦外，特此剴切批示該革生知之，并令馬國蛟回看。

雜禁違警分部

綜　述

《尚書·酒誥》　王若曰：明大命於妹邦。乃穆考文王，肇國在西土。厥誥毖庶邦庶士越少正御事，朝夕曰：祀兹酒。惟天降命。肇我民，惟元祀。天降威，我民用大亂喪德，亦罔非酒惟行，越小大邦用喪，亦罔非酒惟辜。

文王誥教小子有正有事：無彝酒。越庶國：飲惟祀，德將無醉。惟曰我民迪小子惟土物愛，厥心臧。聰聽祖考之彝訓，越小大德。小子惟一妹土，嗣爾股肱，純其藝黍稷，奔走事厥考厥長。肇牽車牛，遠服賈，用孝養厥父母；厥父母慶，自洗腆，致用酒。庶士有正越庶伯君子，其爾典聽朕教！爾大克羞考惟君，爾乃飲食醉飽，丕惟曰爾克永觀省，作稽中德，爾尚克羞饋祀。爾乃自介用逸，茲乃允惟王正事之臣。茲亦惟天若元德，永不忘在王家。

王曰：封，我西土棐徂，邦君御事小子尚克用文王教，不腆于酒，故我至於今，克受殷之命。

王曰：封，我聞惟曰：在昔殷先哲王，迪畏天顯小民，經德秉哲。自成湯咸至於帝乙，成王畏相惟御事，厥棐有恭，不敢自暇自逸。矧曰其敢崇飲？越在外服，侯甸男衛邦伯，越在內服，百僚庶尹、惟亞、惟服、宗工、越百姓里居，罔敢湎於酒。不惟不敢，亦不暇，惟助成王德顯越，尹人祗辟。

我聞亦惟曰：在今後嗣王，酣身，厥命罔顯於民，祗保越怨不易。誕惟厥縱淫泆於非彝，用燕喪威儀，民罔不盡傷心。惟荒腆於酒，不惟自息乃逸。厥心疾很，不克畏死。辜在商邑，越殷國滅無罹。弗惟德馨香祀，登聞於天；誕惟民怨，庶群自酒，腥聞在上。故天降喪于殷，罔愛於殷，惟逸。天非虐，惟民自速辜。

王曰：封，予不惟若茲多誥。古人有言曰：人無於水監，當監於民。今惟殷墜厥命，我其可不大監撫於時！予惟曰，汝劼毖殷獻臣，侯、甸、男、衛，矧太史友、內史友，越獻臣、百宗工，矧惟爾事，服休、服采，矧惟若疇，圻父薄違，農父若保，宏父定辟，矧汝剛制于酒。

厥或告曰：群飲。汝勿佚。盡執拘以歸於周，予其殺。又惟殷之迪諸臣惟工，乃湎於酒，勿庸殺之，姑惟教之。有斯明享，乃不用我教辭，惟我一人弗恤弗蠲，乃事時同於殺。

王曰：封，汝典聽朕毖，勿辯乃司民湎於酒。

《周禮·天官冢宰·酒正》　凡王之燕飲酒，共其計，酒正奉之。凡饗士庶子，饗耆老、孤子，皆共其酒，無酌數。掌酒之賜頒，皆有灋以行之。凡有秩酒者，以書契授之。酒正之出，日入其成，月入其要，小宰聽之。歲終則會，唯王及后之飲酒不會。以酒式誅賞。

（清）孫希旦《禮記集解》卷一四《王制》　關執禁以譏，禁異服，識異言。

《司關》掌貨賄之出入，以聯門市，故執上之所禁，以譏察其違禁者。又於身著異服者則禁之，於口爲異言者則辨識之，防姦僞，察非違也。劉氏曰：衣服易見，故直曰禁；語言難知，故必曰識。

（清）孫希旦《禮記集解》卷一四《王制》　作淫聲、異服、奇技、奇器以疑衆，殺。

鄭氏曰：淫聲，鄭、衛之屬也。異服，若聚鷸冠、瓊弁也。奇技、奇器，若公輸般請以機窆。

《史記》卷八七《李斯列傳》　商君之法，刑棄灰於道者。

《孟子·梁惠王下》　孟子曰：臣始至於境，問國之大禁，然後敢入。臣聞郊關之內，有囿方四十里，殺其麋鹿者，如殺人之罪。

《韓非子·內儲説上》　殷之法，刑棄灰於街者。子貢以爲重，問之仲尼。仲尼曰：知治之道也。夫棄灰於街，必掩人，掩人，人必怒，怒則鬭，鬭必三族相殘也。此三族之道也，雖刑之可也。且夫重罰者，人之所惡也；而無棄灰，人之所易也。使人行之所易，而無離所惡，此治之道。一曰殷之法，棄灰於公道者，斷其手。子貢曰：棄灰之罪輕，斷手之罰重。古人何太毅也？曰：無棄灰，所易也；斷手，所惡也。行所易，不關所惡，古人以爲易，故行之。

睡虎地秦墓竹簡整理小組《睡虎地秦墓竹簡·法律答問》　毋敢履錦履。履錦履之狀(可)〔何〕如？律所謂者，以絲雜織履，履有文，乃爲錦履，以錦縵履不爲，然而行事比焉。

《史記》卷一〇《孝文本紀》　於是夜下詔書曰：【略】朕初即位，其赦天下，賜民爵一級，女子百户牛酒，酺五日。集解：文穎曰：《漢律》三人已上無故羣飲，罰金四兩。今詔橫賜得令會聚飲食五日。

《漢書》卷五《景帝紀》　〔中三年〕夏旱，禁酤酒。

《漢書》卷八《宣帝紀》　元康三年，詔曰：前年夏，神爵集雍。今春五色鳥以萬數飛過屬縣，翱翔而舞，欲集未下。其令三輔，毋得以春夏擿巢探卵，彈射飛鳥。具爲令。

《漢書》卷一〇《成帝紀》　〔永始四年〕詔曰：聖王明禮制以序尊卑，異車服以彰有德，雖有其財，而無其尊，不得逾制，故民興行，上義而下利。方今世俗奢僭罔極，靡有厭足。公卿列侯親屬近臣，四方所則，未聞修身遵禮，同心憂國者也。或迺奢侈逸豫，務廣第宅，治園池，多畜奴婢，被服綺縠，設鐘鼓，備女樂，車服嫁娶葬埋過制。吏民慕效，浸以成俗，而欲望百姓儉節，家給人足，豈不難哉！《詩》不云乎：「赫赫師尹，民具爾瞻。」其申敕有司，以漸禁之。青緑，民所常服，且勿止。列侯近臣，各自省改。司隸校尉察不變者。

《後漢書》卷六《順帝紀》 永建四年，詔以民入山鑿石發洩藏氣，敕有司檢察所當禁絶，如建武、永平故事。

（宋）李昉《太平御覽》卷三〇《時序部・寒食》 《魏武明罰令》曰：太原、上黨、西河、雁門冬至後百有五日，皆絶火，沍寒之地，老少羸弱將有不堪之患。令人不得寒食，犯者家長半歲刑，主吏百日刑，令長奪一月俸。

（清）錢儀吉《三國會要》卷二九《民政・禁令》 科禁内學及兵書。《常林傳》注引《魏略・清介傳》。

《三國志》卷三八《蜀志・簡雍傳》 時天旱禁酒，釀者有刑。吏於人家索得釀具，論者欲令與作酒者同罰。

《南史》卷二《宋本紀・文帝》 （元嘉十二年）六月，禁酒。【略】丹陽、淮南、吴、吴興、義興大水，都下乘船。己酉，以徐、豫、南兖三州會稽、宣城二郡米谷百萬斛，賜五郡遭水人。

二十一年春正月己亥，南徐、南兖、南豫州、揚州之浙江西，並禁酒。

（二十二年）九月己未，開酒禁。

《南史》卷二《宋本紀・文帝》 （元嘉三十年七月）辛酉，詔崇儉約，禁淫侈。

《南史》卷二《宋本紀・孝武帝》 （孝建三年）夏四月甲子，初禁人車及酒肆器用銅。

《南史》卷二《宋本紀・孝武帝》 （大明二年三月）乙卯，以田農要月，命太官停殺牛。

《南史》卷三六《羊玄保傳》 （宋明帝泰始間）有司檢壬辰詔書：占山護澤，强盗律論。贓一丈以上皆棄市。希以壬辰之制，其禁嚴刻，事既難遵，理與時弛。而占山封水，漸染復滋，更相因仍，便成先業。一朝頓去，易致嗟怨。今更刊革，立制五條：凡是山澤先恒熂爐，養種竹木雜果爲林芿，及陂湖江海魚梁鰌鮆場，恒加功修作者，聽不追奪。官品第一第二聽占山三頃；第三第四品二頃五十畝；第五第六品二頃；第七第八品一頃五十畝；第九品及百姓一頃。皆依定格，條上貲簿。若先已占山，不得更占；先占闕少，依限占足。若非前條舊業，一不得禁。有犯者，水土一尺以上，並計贓依常盗律論。停除咸康二年壬辰之科。從之。

《南史》卷五九《任昉傳》 （齊永元中）時産子者不舉，昉嚴其制，罪同殺人。孕者供其資費，濟者千室。

《魏書》卷一一一《刑罰志》 高宗初，仍遵舊式。太安四年，始設酒禁。是時年穀屢登，士民多因酒致酗訟，或議主政。帝惡其若此，故一切禁之，釀、沽飲皆斬之，吉凶賓親，則開禁，有日程。

《北史》卷三《魏本紀・高祖孝文帝》 （皇興五年）夏四月，詔禁畜鷹鷂，開相告之制。【略】六月庚午，禁殺牛馬。

《北史》卷三《魏本紀・高祖孝文帝》 （太和十七年九月）丁巳，詔車駕所經，傷人秋稼者，畝給穀五斛。戊辰，濟河。詔洛、懷、并、肆所過四州，賜高年爵，恤鰥寡孤獨各有差。孝悌廉義文武應求者，皆以名聞。又詔厮養户不得與庶士婚，有文武之才積勞應進者，同庶族例，聽之。

《北史》卷三二《崔挺傳》 （孝文時）以犯罪配邊者多有逃越，遂立重制，一人犯罪逋亡，闔門充役。挺上書，以爲《周書》父子罪不相及，以一人犯罪，延及闔門，豈不哀哉！辭甚雅切，帝納之。

《北史》卷七《齊本紀・顯祖文宣帝》 （天保八年）夏四月庚午，詔禁取蝦蟹蜆蛤之類，唯許私家捕魚。乙酉，詔公私禁取鷹鷂。【略】是月，帝在城東馬射，敕京師士女悉赴觀，不赴省，罪以軍法，七日乃止。

《北史》卷一一《隋本紀・高祖文帝》 （開皇十三年二月）丁酉，制私家不得隱藏緯候圖讖。【略】夏五月癸亥，詔禁人間撰集國史，臧否人物。

《北史》卷一一《隋本紀・高祖文帝》 （開皇）十四年夏四月乙丑，詔曰：比命有司，總令研究，正樂雅聲，詳定已訖，宜即施用，見行者停。人間音樂，流僻日久，棄其舊體，競造繁聲，流宕不歸，遂以成俗。宜加禁約，務存其本。

《北史》卷一一《隋本紀·高祖文帝》〔開皇十五年二月〕禁河以東無得乘馬。

（唐）長孫無忌等《唐律疏議》卷九《職制·私有玄象器物》 諸玄象器物，天文，圖書，讖書，兵書，七曜歷，《太一》、《雷公式》，私家不得有，違者徒二年。私習天文者亦同。其緯、候及《論語讖》，不在禁限。

疏議曰：玄象者，玄，天也，謂象天爲器具，以經星之文及日月所行之道，轉之以觀時變。《易》曰：玄象著明，莫大於日月。故天垂象，聖人則之。《尚書》云：在璇璣玉衡，以齊七政。天文者，《史記·天官書》云天文，日月、五星、二十八宿等，故《易》曰：仰則觀於天文。圖書者，河出圖，洛出書是也。讖書者，先代聖賢所記未來徵祥之書。兵書，謂太公《六韜》、黃石公《三略》之類。七曜歷，謂日、月、五星之歷。《太一》、《雷公式》者，並是式名，以占吉凶者。私家皆不得有，違者，徒二年。若將傳用，言涉不順者，自從造祆言之法。私習天文者，謂非自有書，轉相習學者，亦得二年徒坐。緯、候及《讖》者，《五經緯》、《尚書中候》、《論語讖》，並不在禁限。

（唐）長孫無忌等《唐律疏議》卷二六《雜律·忌日作樂》 諸國忌廢務日作樂者，杖一百；私忌，減二等。

疏議曰：國忌，謂在令廢務日。若輒有作樂者，杖一百。私家忌日作樂者，減二等，合杖八十。

（唐）長孫無忌等《唐律疏議》卷二六《雜律·舍宅車服器物違令》 諸營造舍宅、車服、器物及墳塋、石獸之屬，於令有違者，杖一百。雖會赦，皆令改去之；墳則不改。

疏議曰：營造舍宅者，依《營繕令》：王公以下，凡有舍屋，不得施重拱、藻井。車者，《儀制令》：一品青油纁，通幰，虛偃。服者，《衣服令》：一品衮冕，二品鷩冕。器物者，一品以下，食器不得用純金、純玉。墳塋者，一品方九十步，墳高一丈八尺。石獸者，三品以上，六；五品以上，四。此等之類，具在令文。若有違者，各杖一百。雖會赦，皆令除去，唯墳不改。稱之屬者，碑、碣等是。若有犯者，並同此坐。

其物可賣者，聽賣。若經赦後百日，不改去及不賣者，論如律。

疏議曰：舍宅以下，違犯制度，堪賣者，須賣；不堪賣者，改去之。若赦後百日，不改及不賣者，還杖一百，故云論如律。

（唐）長孫無忌等《唐律疏議》卷二六《雜律·犯夜》 諸犯夜者，笞二十；有故者，不坐。閉門鼓後、開門鼓前行者，皆爲犯夜。故，謂公事急速及吉、凶、疾病之類。

疏議曰：《宮衛令》：五更三籌，順天門擊鼓，聽人行。晝漏盡，順天門擊鼓四百搥訖，閉門。後更擊六百槌，坊門皆閉，禁人行。違者，笞二十。故注云閉門鼓後，開門鼓前，有行者，皆爲犯夜。故，謂公事急速。但公家之事須行，及私家吉、凶、疾病之類，皆須得本縣或本坊文牒，然始合行，若不得公驗，雖復無罪，街鋪之人不合許過。既云閉門鼓後、開門鼓前禁行，明禁出坊外者。若坊內行者，不拘此律。

其直宿坊街，若應聽行而不聽及不應聽行而聽者，笞三十；即所直時，有賊盜經過而不覺者，笞五十。

疏議曰：謂諸坊應閉之門，諸街守衛之所，有當直宿，應合聽行而不聽，及不應聽行而聽者，笞三十。若分更當直之時，有賊盜經過所直之處，而宿直者不覺，笞五十。若覺而聽行，自當主司故縱之罪。

劉俊文《敦煌吐魯番唐代法制文書考釋·格·神龍教頒刑部格殘卷》

宿霄行道，男女交雜，因此聚會，並宜禁斷。其鄰保徒一年，里正決杖一百。

劉俊文《敦煌吐魯番唐代法制文書考釋·格·神龍教頒刑部檢殘卷》

私造違樣綾錦，勘當得實，先決杖一百。造意者徒三年；同造及挑文客織，並居停主人，並徒二年半；惣不得官當、蔭贖。踏碓人及村正、坊正、里正，各決杖八十。毛褐作文者，不得服用、買賣，違者物並沒官。有人糺者，物入糺人，官與市取。其勑賜者，聽與應服用人。如管內□□者，官司量事貶附。

劉俊文《敦煌吐魯番唐代法制文書考釋·判·文明判集殘卷》 長安縣人史婆陁家興販，資財巨富，身有勳官驍騎尉，其園池屋宇、衣服器玩、家僮侍妾比侯王。有親弟頡利，久已別居，家貧壁立，兄亦不分給。

有鄰人康莫鼻，借衣不得，告言違法式事。五服既陳，用別尊卑之叙；九章攸顯，爰遠上下之儀。婆陁闤闠商人，旗亭買豎族，望卑門，賤地寒微。侮慢朝章，縱斯奢僭。遂使金玉磊砢，無慙梁霍之家；綺縠繽紛，有逾田竇之室。梅梁桂棟，架迥浮空；繡桷彫楹，光霞爛目。歌姬舞女，紆羅袂以驚風；騎士游童，轉金鞍而照日。公爲侈麗，舞無憚彝章。此而不懲，法將安措。至如衣服違式，并合没官。屋宇過制，法令修改。奢之罪，律有明文。宜下長安，任彼科決。且親弟貧匱，特異常倫，室惟三徑，家無四壁。而天倫義重，同氣情深，罕爲落其一毛，無肯分其半菽。眷言於此，良深喟然。頡利縱已別居，猶是婆陁血屬，法雖不合征給，深可哀矜。分兄犬馬之資，濟弟到懸之命，人情共允，物議何傷。並不縣知，任彼安恤。

（宋）王溥《唐會要》卷四一《斷屠釣》 景龍二年九月八日敕：鳥雀昆蟲之屬，不得擒捕，以來贖生。犯者先決三十，宜令金吾及縣市司嚴加禁斷。

（宋）宋敏求《唐大詔令集》卷八一《政事・禮樂・禁斷女樂敕》 朕聞樂者起於心，心者動於物。物不正則不可爲樂，樂不和則不能理人。况天生黎蒸，區別男女。外則導之以禮，中則由之以樂。苟或不臧，孰云致理。自有隋頹靡，庶政彫弊《詔令》作缺。徵聲徧於鄭衛，衒色矜於燕趙。廣場角抵，長袖從風，聚而觀之，浸以爲俗。此所以戎王奪志，夫子遂行也。朕方大變澆訛，用清淄蠹。眷茲女樂，事切驕淫。傷風害政，莫斯爲甚。既違令式，尤宜禁斷。自今以後，不得更然。仍令御史、金吾嚴加捉搦，如有犯者，先罪長官，務令杜絶，以稱朕意。開元二年八月七日。

（宋）宋敏求《唐大詔令集》卷一〇九《政事・禁約・禁天文圖讖詔》 敕：天文著象，職在於疇人；讖緯不經，蠹深於疑衆。蓋有國之禁，非私家所藏。雖裨竈明征，子産尚推之人事；王彤必驗，景略猶置以典刑。况動皆訛謬，率是矯誣者乎！故聖人以經籍之義，資理化之本，側言曲學，實紊大猷，去左道之亂政，俾彝倫而攸敘。四方多故，一紀於茲，或有妄庸，輒陳休咎，假造符命，私習星曆，共肆窮鄉之辨，相傳委巷之談。作僞多端，順非而澤，熒惑州縣，詿誤閭閻，壞紀挾邪，莫逾於此！其玄象器蹋天文圖書、讖書、《七曜曆》、《太一》、《雷公式》等，私家並不合輒有。自今以後，宜令天下諸州府切加禁斷，各委本道觀察、節度使與刺史、縣令同爲捉搦。仍令分明榜示鄉村要路，並勒隣互遞相爲保。如先有藏蓄者，限敕到十日内齎送官司，委本州刺史對衆焚燬。如限外隱藏有人糾告者，其藏隱人等先決杖一百，仍禁身聞奏。其糾告人先有官及無官者，每告得一人，超資授正員官，其不願仕者，官給賞錢五百貫文，仍取當處諸色官錢，三日内分付訖，具狀聞奏。告得兩人以上，累酬官賞。其州府長史縣令本判官等，不得捉搦，委本道使具名彈聞奏，當重科貶。兩京委御史臺切加訪察聞奏，準前處分。咨示方面勳臣，洎十連庶尹，罔不誠亮王室，簡於朕心。無近宵人，慎乃有位，端本靜末，其誡之者。

大曆三年正月

（宋）王溥《唐會要》卷六七《車宮官》 會昌三年五月，京兆府奏：兩坊市閒行不事家業，黥刺身上，屠宰猪狗，酗酒鬭打，及僦構關節，下脱錢物，搒捕賭錢人等。伏乞今後如有犯者，許臣追捉。若是百姓，當時處置。如屬諸軍諸使禁司，奏聞。從之。

《舊五代史》卷四二《唐書・明帝本紀》 〔長興二年五月〕丁卯，詔：諸州府城郭内依舊禁麴，其麴官中自造，減舊價之半貨賣。應田畝上所徵麴錢並放，鄉村人户一任私造。

（宋）佚名《宋大詔令集》卷一九八《政事・禁約・禁採捕詔建隆二年二月己卯》 王者稽古臨民，順時布政。屬陽春在候，品彙咸亨。鳥獸蟲魚，俾各安於物性。罝罘羅網，宜不出於國門。庶無胎卵之傷，用助陰陽之氣。其禁民無得採捕蟲魚，彈射飛鳥。仍永爲定式，每歲有司具申明之。

（宋）佚名《宋大詔令集》卷一九八《政事・禁約・禁斫伐桑棗詔建隆三年九月》 桑棗之利，衣食所資。用濟公私，豈宜剪伐。如聞百姓斫伐桑棗爲樵薪者。其令州縣禁止之。

（宋）佚名《宋大詔令集》卷一八二《政事・田農・歲稔誡不得枉費詔乾德元年四月乙酉》 今宿麥已登，秋種尚茂，所宜修稼，以厚生民。其謹蓋藏，毋或捐棄。宜令州縣告諭人户，夏麥登熟。不得枉有縻費。

（宋）竇儀等《宋刑統》卷九《職制律・禁玄象器物》 諸玄象器物、

天文圖書、讖書、兵書、七曜曆、《太一》《雷公式》，私家不得有，違者徒二年。私習天文者亦同。其緯候及《論語讖》不在禁限。

疏議曰：玄象者，玄天也，謂象天爲器具以經星之文，及日月所行之道，轉之以觀時變。《易》曰：玄象著明，莫大於日月，故天垂象，聖人則之。《尚書》云：在璿璣玉衡，以齊七政。天文者，《史記·天官書》云，天文，日月、五星、二十八宿等。故《易》曰：仰則觀於天文。圖書者，河出《圖》，洛出《書》是也。讖書者，先代聖賢所記未來徵祥之書。兵書謂太公《六韜》、黃石公《三略》之類。七曜曆謂日月、五星之曆。《太一》《雷公式》者，並是式名，以占吉凶者。私家皆不得有，違者徒二年。若將傳用，言涉不順者，自從造祆言之法。私習天文者，謂非自有書，轉相習學者，亦得二年徒坐。緯候及讖者，《五經緯》、《尚書中候》、《論語讖》並不在禁限。

准：周廣順三年九月五日敕節文，今後所有玄象器物、天文圖書、讖書、七曜曆、《太一》《雷公式》，私家不得有及衷私傳習，如有者並須焚毁。有司天監、翰林院人員並不得將前件圖書等，於外邊令人看覽。其諸陰陽卜筮、占算之書不在禁限。所有每年曆日，候朝廷頒行後，方許私雕印傳寫，所司不得預前流佈於外，違者並准法科罪。

（宋）竇儀等《宋刑統》卷二六《賊盜律·國忌私忌》　諸國忌廢務日作樂者，杖一百，私忌減二等。

疏議曰：國忌謂在令廢務日，若輒有作樂者，杖一百。私家忌日作樂者，減二等，合杖八十。

准：唐大和七年二月二十三日敕，准令，國忌日唯禁飲酒、舉樂，至於科罰人吏，都無明文。但緣其日不合釐釋曰：釐猶治也。務，官曹即不得決斷刑獄，其小小笞責，在禮律固無所妨。起今以後，縱有此類，臺府更不要舉奏。

（宋）竇儀等《宋刑統》卷二七《雜律·違令及不應得為而為》　諸違令者，笞五十。謂令有禁制，而律無罪名者。別式減一等。

疏議曰：令有禁制，謂《儀制令》行路賤避貴，去避來之類。此是令有禁制，律無罪名，違者得笞五十。別式減一等，謂《禮部式》三品以上服紫，五品以上服朱之類，違式文而著服式者，笞四十，是名別式減一等，物仍沒官。

諸不應得爲而爲之者，笞四十。謂律令無條，理不可爲者。事理重者，杖八十。

疏議曰：雜犯輕罪，觸類尤犯宜祖上一字廟諱改爲尤。多，金科玉條，包羅難盡。其有在律、在令無有正條，若不輕重相明，無文可以比附，臨時處斷，量情爲罪，庶補遺闕，故立此條。情輕者，笞四十，事理重者，杖八十。

（宋）李燾《續資治通鑑長編》宋太祖乾德四年四月　河南府進士李靄，案《宋史》及薛應旂《續通鑑》，皆作李藹。決杖，配沙門島。靄不信釋氏，嘗著書數千言，號《滅邪集》，又輯佛書綴爲衾裯，爲僧所訴，河南尹表其事，故流竄焉。

（宋）李燾《續資治通鑑長編》宋太祖開寶五年九月　禁玄象器物、天文、圖讖、七曜（歷）〔曆〕、太一雷公、六壬遁甲等不得藏於私家，有者並送官。

（宋）李燾《續資治通鑑長編》宋太祖開寶五年十一月　癸亥，禁釋道私習天文、地理。

（宋）李燾《續資治通鑑長編》宋太祖開寶六年六月　禁嶺南諸州民捕象，籍其器仗送官。

（宋）佚名《宋大詔令集》卷一九八《政事·禁約·二月至九月禁捕獵詔太平興國三年四月丙辰》　方春陽和之時，鳥獸孳育。民或捕取以食，甚傷生理，而逆時令。自宜禁民二月至九月，無得捕獵，及持竿挾彈，探巢摘卵。州縣吏嚴飭里胥，伺察擒捕，重寘其罪。仍令州縣於要害處粉壁，揭詔書示之。

（宋）佚名《宋大詔令集》卷一八二《政事·田農·使民惇本從儉詔太平興國七年五月癸丑》　民惟邦本，本固邦寧。《傳》云：人生在勤，勤則不匱。故一年耕則有三年之食，一日勞則有百日之息，所以惇本厚生足食之原也。如聞南畝之地，汙萊尚多，比屋之民，游惰斯衆。歲稔則犬馬有餘於粱肉，饑年則妻女不厭於糟糠。罕能固窮，遂至冒法。豈君人者教化之未審，爲吏者誘導之乖方？宜申儆戒之條，式變已然之俗。今膏澤屢降，宿麥將登，當及豐候，更爲儲蓄。應州縣長吏，限詔到日，告諭鄉民，常歲所入，除租調外，不得以食養犬彘。酒醪嫁娶喪葬之具，並從簡儉。少年無賴輩，相聚蒱博飲食者，鄰里共捕之。凡爾民庶，宜體朕意。

（宋）佚名《宋大詔令集》卷一四八《政事·禮樂·申禁奢僭詔端拱五年十一月丙戌》　國家先定車服制度，尋以頒行。如聞士庶之間，尚多奢僭之事，重申禁約，用革澆浮。自今御史臺糾舉之。

（宋）李燾《續資治通鑑長編》宋真宗景德元年正月　辛丑，詔：圖緯、推步之書，舊章所禁，私習尚多，其申嚴之。自今民間應有天象器物、讖候禁書，並令首納，所在焚毀，匿而不言者論以死，募告者賞錢十萬，星算伎術人並送闕下。

（宋）李燾《續資治通鑑長編》宋真宗景德元年六月　丙辰，詔：諸州民詣闕舉留官吏，多涉徇私，或非素願，因而率斂，重有煩勞。自今百姓僧道，更不得輒詣闕庭，及經隣部舉留官吏，如實有善政，候轉運使到州即得舉陳，仍委本使察訪能否以聞。如敢違越，其爲首者論如律。

（宋）佚名《宋大詔令集》卷一九九《政事・禁約・禁天文兵書詔景德三年四月己亥》　天文兵法，私習有刑，著在律文，用防奸僞。顧兹羣小，尚或有違。將塞異端，宜懲薄俗。兩京諸路管内，除准敕合留陰陽卜筮書外，應元象器物、天文星算、相術圖書、七曜曆、《太乙雷公式》、六壬遁甲、兵書、先諸家曆算等，不得存留及衷私傳習。有者限一月陳首納官，釋其罪，令官吏當面焚毀訖奏。限滿不首，隱藏違犯，並當處死。内有私爲誑惑，言及災異，情理重者，當行處斷。論告者賞錢百千，逐處有星算術數人，並部送赴闕。令司天監試驗安排。瞽者不在此限。

（宋）李燾《續資治通鑑長編》宋真宗景德三年九月　壬子，詔：民以書籍赴緣邊榷場博易者，自非《九經》書疏，悉禁之。違者案罪，其書没官。

（宋）佚名《宋大詔令集》卷一八二《政事・田農・禁約擲棄米穀食物詔景德四年九月己卯》　所食惟穀，兆民之天。出於耕耘，是謂勞苦。今萬邦嘉靖，五稼大穰，是謂有秋，允符上瑞。如聞里巷，多所棄捐，宜令開封府告諭居民，無得棄擲米穀食物，犯者重寘其罪。

（宋）佚名《宋大詔令集》卷一一七《典禮・封禪・禁泰山樵採詔大中祥符元年四月丙申》　朕將陟介邱，祇答鴻貺。方遣先置，已諭至懷，而嶽鎮之宗，神靈攸處，尤宜安靜，以表寅恭。慮草木之有傷，在斧斤之不入。庶致吉蠲之懇，式符茂育之仁。應公私不得於泰山樵採，違者具以名聞，重行科斷。

（宋）李燾《續資治通鑑長編》宋真宗大中祥符二年二月　癸丑，太常博士、知温州李邈言：准詔，禁金銀箔線裝飾服用之物。伏見兩浙僧求匄金銀、珠玉，錯末和泥以塑塔像，有高袤丈者。毁碎珍寶，寖以成俗。望嚴行禁絶，違者重論其罪。從之。李邈，未見。

（宋）佚名《宋大詔令集》卷一九九《政事・禁約・禁約河北民棄農業學禁術詔大中祥符二年十月》　禁咒之方，擊刺之術，既靡緣於南畝，實有亂於齊民。言念僻違，用申科禁。其河北諸州軍民户，惰棄農業，學禁術槍劍挑棒之伎者，自今委諸縣令佐常切覺察，違者論如法，情重者以其令衆。

（宋）佚名《宋大詔令集》卷一九九《政事・禁約・令粘竿彈弓等不得攜入宫觀寺院詔大中祥符二年十一月癸酉》　朕承天育物，體道臨人，宗上聖之無爲，期有生之咸若。况列真祕宇、大覺仁祠，式示欽崇，豈宜褻瀆。自今應傷生鷙禽之類，粘竿彈弓等物，不得攜入宫觀寺院。及有屠宰，違者論如法。又令開封府條約民間，無使廣有採捕。

（宋）佚名《宋大詔令集》卷一九九《政事・禁約・禁粘竿彈弓罝網獵捕之物詔大中祥符三年二月乙亥》　方春陽和，庶物茂遂。爰申邦禁，以順天時。俾無傷夭之憂，以助發生之氣。諸州粘竿彈弓罝網獵捕之物，於春夏月悉禁斷之。犯者委長吏嚴行決罰。

（宋）佚名《宋大詔令集》卷一八二《政事・田農・京城四面禁圍草地許百姓耕墾畜牧詔天禧元年八月壬申》　朕臨御以來，恭勤自勵。宵旰之暇，固絶於從禽；翾蠕之微，咸思其遂性。矧自神宗在宥，德化誕敷。每輟畋游，動形勸戒。聿循丕矩，允協重熙。既元命之博臨，益端誠而匪懈。悉罷五方之署，遂除三面之羅。乃眷郊畿，尚存禁約，宜布絲綸之旨，用均樵採之恩。其京城四面禁圍草地，令開封府告諭百姓，許其耕墾畜牧。

（宋）佚名《宋大詔令集》卷一八二《政事・田農・令儲蓄誡奢僭詔天禧二年五月壬戌》　民氓之衆，稼穡爲天。將防水旱之虞，在乎儲蓄之備。與其肆情於侈靡，曷若盡力於耕耘。所謂利用厚生，既富而教者也。如聞風俗，尚習澆浮：器用服裝，動踰規制；車馬屋室，日務僭奢。雖遇順成，靡聞充積；時更小歉，田或未收。皆至匱空，莫得周給。念黎黔之有是，豈教導之未周。今年屬豐登，下無徭役，戒其既往，誨以自新。宜令三京諸路揭榜曉諭，常加察舉，有孝悌力田、儲蓄歲計者，長吏倍加存恤之。

（宋）佚名《宋大詔令集》卷一九九《政事・禁約・禁採捕山鶥詔天禧三年二月乙未》　山藪之廣，羽族寔繁，眷彼微禽，本乎善鬭，致嬰羈紲之患，以爲玩好之資。悦目則多，違性斯甚。載念有生之類，務敦咸若之仁，屬以陽春戒時，動植叶序，特申科禁，俾遂熙寧。自今諸色人，不得採捕山鶥，所在長吏，常加禁察。

（宋）李燾《續資治通鑑長編》宋真宗天禧三年十一月　乙卯，詔：自今犯酒麴、銅鍮等有死刑者去之。中書參詳，請令所在杖脊、黥面配五百里外牢城，詔可。

（宋）佚名《宋大詔令集》卷一九九《政事・禁約・禁錦背綉背遍地透背等詔景祐元年五月丙寅》　織文之奢，不鬻於國市；纂組之作，寔害於女工。朕稽若令猷，務先儉化。深維抑末，緬冀還淳。然猶杼軸之家，相矜於靡麗。衣服之制，弗戒於紛華。浮費居多，踰侈斯甚。宜懲俗尚，用謹邦彝。內自掖廷，外及宗戚，當奉循於明令，無故習於偷風。其錦背、綉背、及遍地密花透背段子並宜禁斷，西川歲織上供者亦罷之。

（宋）佚名《宋大詔令集》卷一九九《政事・禁約・禁鏤金詔景祐二年五月庚寅》　弊品之興，金鎰爲重。制財蓺貢，邦用賴焉。洪惟先朝，深鑒治本，特嚴塗鏤之禁，以杜奢僭之萌。而宵人末工，放利矜巧。如聞比日，潛冒禁防，縻壞至珍。崇華首服，浸相貿鬻。陰長奇衺，官司因循。曾未呵糾，宜申布於前令，俾大革其非心。尚或弗悛，罔有攸赦，敦風遠罪，當稱朕懷。應市肆造作縷金爲婦人首飾等物，並嚴行禁絶。

（宋）佚名《宋大詔令集》卷一九九《政事・禁約・禁鹿胎詔景祐三年》　冠冕有制，蓋戒於侈心；麛卵無傷，用蕃於庶類。惟茲麀鹿，伏在中林，宜安濯濯之游，勿失呦呦之樂。而習俗所貴，獵捕居多，資其皮存，用諸首飾。兢刳胎而是取，曾走險之莫逃，既澆民風，且暴天物。特申明詔，仍立嚴科，絶其尚異之求，一此好生之德。宜令刑部遍牒三京及諸路轉運司轄下州、府、軍監、縣等，應臣僚士庶之家，不得戴鹿胎冠子，及今後諸色人，不得採捕鹿胎，並製造冠子。如有違犯，並許諸色人陳告，其本犯人嚴行斷遣，告事人，如採捕鹿胎人支賞錢二十貫文，陳告戴鹿胎冠子並製造人，支賞錢五十貫文，以犯事人家財充。

（宋）李燾《續資治通鑑長編》宋仁宗景祐三年七月　禁民間私寫編敕、刑書，及毋得鏤版。

（清）徐乾學《資治通鑑後編》宋仁宗景祐三年八月　己酉，班民間冠服、居室、車馬、器用犯制之禁。

（清）徐松《宋會要輯稿・刑法二・禁約》　慶曆二年正月二十八日，杭州言：知仁和縣太子中舍翟昭應，將《刑統律疏》正本改爲《金科正義》，鏤板印賣。詔轉運司鞫罪，毀其板。

（宋）李燾《續資治通鑑長編》宋仁宗慶曆二年五月　戊辰，詔：有司申明前後條約，禁以銷金、貼金、縷金、間金、蹙金、圈金、剔金、陷金、明金、泥金、楞金、背金、闌金、盤金、織金、線金、撚金爲服飾，自宮庭始，民庶犯者必致之法。

（清）畢沅《續資治通鑑》宋英宗治平元年十月〔遼清寧十年十月〕　戊午，遼禁民間私刊印文字。先是遼書禁甚嚴，有以書傳入宋地者，罪至死。至是復行此禁。

（宋）佚名《宋大詔令集》卷一四八《政事・禮樂・誡僭奢詔嘉祐四年五月十日》　朕纘承丕基，撫有方夏，謂教之不可以家至，而行之每務於身先。惟是儉勤，敢忘勉勵，期與群庶，臻於富康。而人怠久安，驕於佚欲，物豐大盛，耗以虛浮。苟奉養以自私，忘僭奢之爲戾，士民交黷，貴賤靡分，惟其彊力之能，無復等威之制。考於著令，雖有舊章，顧在攸司，鮮聞用法，民遂安於常習，弊罔革以滋深，紀綱既紊於度程，風俗以至於流蕩。俾朕有欲治之意，不能副余之誠心。而民多自陷之愚，未免煩余之訓導。夫令信由於貴始，下化先於上行。眷予一二之臣，其率庶工而警職。俾爾多方之衆，勿踰常法以干刑。庶漸革於侈風，以共趨於治路。凡居室之制，器用之度，冠服之章，妾媵之數，其令中外臣庶，遵守前後條詔。如有違犯，仰御史臺及開封府糾察聞奏。其諸路州軍，即委轉運使、提點刑獄臣寮及逐處長吏施行。布告中外，咸使聞知。故茲詔示，想宜知悉。

（宋）佚名《宋大詔令集》卷一九九《政事・禁約・禁結集社會詔治平三年四月丙午》　夫左道亂法，淫祀敗俗，與夫賊殺善良之人，皆前古之所甚禁，而在上者所同疾也。朝廷比設防制，以糾奸違，厚賞以明告訐之科，嚴罰以重縱出之坐，而無知之民，抵罪尚衆。此皆奉詔者不能先事教飭，以時捕繫，但歲舉空文塞責而已。自今其務各悉乃心，謹察所部，毋或長惡，以亂吾民。慢令有誅，朕所不赦。宜令刑部遍牒諸路運司指揮官司，自今後常行檢察，毋得寬縱。如不切舉行，別致彰露，其長吏以下，當行朝典。

（宋）李燾《續資治通鑑長編》宋神宗元豐三年四月　詔：杭州禁民毋以言涉邊機文字鬻高麗人。

（宋）李燾《續資治通鑑長編》宋神宗元豐五年正月　大宗正司請外任宗室毋得造酒，許於舊宫院尊長及近親處寄醖。從之。

（宋）李燾《續資治通鑑長編》宋哲宗元祐三年三月　又詔：《編敕》及《春秋頒降條》其勿印賣。

（宋）李燾《續資治通鑑長編》宋哲宗元祐五年五月　戊寅，樞密院言：令舉人及曾教學人，並陰陽卜筮、州縣停閒人、會造兵器工匠，並不得入溪峒與歸明蠻人相見，違者以違制論，許人告，每名賞錢二十貫，仍委本地分巡檢、縣尉覺察。從之。

（宋）蘇軾《欒城集》卷四六《論禁宫酒劄子》　臣竊見：有司近以在京酒户虧失元額，改定宗室外戚之家賣酒禁約，大率從重。謹案嘉祐舊法：親事官等賣酒四瓶以上，並從違制斷遣，刺配五百里外本城，其餘以次定罪。皇親臨時取旨，仍許人告（提）〔捕〕，兩瓶以上，賞錢十貫止。及熙寧法，每賣一斗，杖八十，一斗加一等，罪止杖一百，許人告捕，一斗賞錢十貫，至百貫止。及元祐四年，所定刑賞與熙寧同，而有告無捕。及今年十一月六日、十二月十八日敕，刑從嘉祐而賞從熙寧，既兼用兩重及並行告捕，仍許入沽販之家，而取旨之法兼及本位尊長，是以此法一行，人情驚擾。臣竊惟有司所以立此法者，止爲酒户虧額而已。酒户虧額，但户部財利一事耳。今既兼取前後重法，施於沽販小人足矣。臣訪聞宗室之間，頗有疎遠外住之人，以窘乏之故，或賣酒自給。今既許人入其家捕捉，小人無知，以捕酒爲名，恣行凌辱，何所不至？兼逐位尊長，爵齒並崇，多連宗字，而卑幼犯酒，不免取旨。若取旨而不行，則雖取何益？若遂有行遣，竊恐聖意必不欲如此。故臣愚見以爲：當去尊長取旨之法，仍不許捕捉之人入皇親宅院。如此施行，頗爲酌中，伏乞特降指揮，速行改定，取進止。

貼黄。臣所言事干宗，室欲乞聖意裁定。如可施行，更不出臣此章，只作聖旨批降三省。

（宋）李燾《續資治通鑑長編》宋哲宗元符元年正月　户、刑部言：應外人無故輒入寺監者，並依入六曹法施行，有專條者依本法。從之。

（清）徐松《宋會要輯稿・刑法二・禁約》　大觀元年七月十六日，《新》無，合删。紹聖四年九月七日，可考。詔：天文等書悉已有禁。奉法弛藏盗習尚有之，一被告訐，詿誤抵罪。可令諸路應係禁書，限一季首納，並與免罪。不首，復罪如初。

（宋）佚名《宋大詔令集》卷一九九《政事・禁約・帶御器械郭天信乞罷翡翠裝飾御筆大觀元年十月二十日》　先王之政，仁及萬物，草木禽獸，皆在所愛。今取其羽毛，用於不急，傷生害性，非先王惠養萬物之意。可依天信所奏，仍令有司立法聞奏。

（清）徐松《宋會要輯稿・刑法二・禁約》　〔大觀二年〕三月十三日，詔：訪聞虜中多收蓄本朝見行印賣文集、書册之類，其間不無夾帶論議邊防、兵機、夷狄之事，深屬未便。其雕印書鋪，昨降指揮，令所屬看驗無違礙，然後印行，可檢舉行下。仍修立不經看驗校定文書，擅行印賣告捕條禁，頒降其松邊州軍，仍嚴禁止。應販賣藏匿出界者，並依銅錢法出界罪賞施行。

（清）徐松《宋會要輯稿・刑法二・禁約》　〔大觀四年正月〕三十日，詔：當春發生，萬物萌動，在京委開封府京畿並諸路仰州縣官告諭奉行，令禁止伐木毀巢，殺胎麛卵。檢會舉行牓示知委常切覺察，違犯依條施行。

（宋）佚名《宋大詔令集》卷一九九《政事・禁約・禁止雜服若氈笠釣墪之類御筆政和二年正月五日》　古者衣服冠冕，取法象數，尊卑有別，貴賤有等，各有其制，罔得僭踰。先王之法壞，□□□□□□□習尚既久，人不知恥。禮義所出，而違禮害義多矣。天下承平，百五十餘年。禮所當興，因陋承誤，未有之禁，非□□□之道。可自今應敢雜服若氈笠釣墪之類者，以違御筆論。布告中外，咸使聞知。

（清）徐松《宋會要輯稿・刑法二・禁約》　〔政和四年三月〕二十

七日，開封府奏太學生張伯奮狀卷：乞立法禁止《太平純正典麗集》，其間甚有詐僞，可速行禁止。仍追取印板，繳納。詔已賣在諸處者，許限一月繳納。所在官司繳申尚書省。如違，杖一百。賞錢五十貫，許人告。

（清）徐松《宋會要輯稿·刑法二·禁約》〔政和六年〕十月十八日，入内内侍省武翼大夫、淮南路走馬承受公事王道奏：外路州軍百姓，有報仇怨，包藏禍心，多用砒霜毒藥，密以中人。伏望特降睿旨，盡收入官，不得私相買賣。詔：違者徒二年，許人告，賞錢三百貫。

（宋）佚名《宋大詔令集》卷一五七《政事·學校·學生懷挾代筆監司互察御筆手詔政和六年十一月十五日》　學校以善養天下，比來法行令具。士有所養，餘二十萬人。絃頌之聲，無遠弗届。方周千里之畿遠矣，朕樂與天下士共之。而吏緣爲姦，士失所守，至假名代筆，覬免户役。挾書就試，僥幸苟得。請託求囑，覬望權要。比命有司，重置以法。此豈朕所望於士者！夫法久則弊，人玩則弛。其令諸路監司重置以法，知而不舉，皆與同罪。提舉教授，仍加二等。尚書省檢舉學事司官，察其失職者罷之。

（宋）佚名《宋大詔令集》卷一九九《政事·禁約·禁止不得用君字爲名字御筆政和八年二月十二日》　君出命以尹衆，主道也。古之人言聖君、明君、人君以尊天子，帝君、大君、元君以嚴高真，循名而考實，豈人臣可得而稱者？今則或以制名，或命字，或相謂爲君，紊上下之分，乖君臣之義，不可以訓。宜行禁止，以詔萬世。違者以大不恭論。

（清）畢沅《續資治通鑑》宋孝宗乾道五年三月　丁巳朔，詔趣修廬、和二州城。

丁卯，金命御史中丞伊喇道廉問山東、河南。

尚書省議網捕走獸抵徒罪，石琚曰：以禽獸之故而抵民以徒，是重禽獸而輕民命，恐非陛下意？金主曰：然。自今有犯，可杖而釋之。

《宋史》卷三五《孝宗本紀》〔淳熙七年〕申飭書坊擅刻書籍之禁。

《宋史》卷三〇《高宗本紀》〔紹興二十年〕冬十月戊辰，右迪功郎安誠坐文字謗訕，送惠州編官。

（宋）謝深甫等《慶元條法事類》卷三《服飾器物》〔雜勑〕諸以銷金爲服飾，及賣或興販，若爲人造者，各徒二年，並許人告。

（宋）謝深甫等《慶元條法事類》卷三《服飾器物》　諸採捕翡翠，若賣或興販，及爲人造，並服用，裝飾諸物同。各徒二年，並許人告。鹿胎、龜筒、玳瑁減三等。

（宋）謝深甫等《慶元條法事類》卷三《服飾器物》　諸服飾輒效四夷者，杖一百。許人告。令衆五日，命官及有蔭人奏裁。

（宋）謝深甫等《慶元條法事類》卷三《服飾器物》　諸營造，車服、器物及墳塋、石獸之屬，於格式有違者，論如於令有違律。

（宋）謝深甫等《慶元條法事類》卷一七《文書門·私有禁書》〔職制勑〕諸私有天象器物、天文圖書、讖書、兵書、《太一雷公式》、星曜、曆算、占候六壬遁甲、氣神軌限之書，《三略》、《六韜》、《司馬法》、《孫》、《吴》、《尉繚子》、《李衛公問對》、歷代史志、《通典》及常行卜筮之書，非。或私傳習者，各流叁阡里。雖不全成，堪行用者，減叁等。不堪行用者，又減叁等。非天象器物、天文圖讖、兵書，而不涉國家休咎及用兵之事者，雖堪行用，不坐。内圖書讖書，許人告。以上因私習經斷而復行其術者，還依私習之法。

（宋）謝深甫等《慶元條法事類》卷一七《文書門·給納印記》〔雜勑〕諸雕印御書、本朝會要及言時政、邊機文者書，杖捌拾，並許人告。即傳寫國史、實録者，罪亦如此。

（宋）謝深甫等《慶元條法事類》卷一七《文書門·給納印記》　諸私雕或盜印律、勑令、格式、刑統、續降條制、曆日者，各杖壹伯。增添事件，撰造大小本曆日、雕印貶賣者，准此。仍阡里編管。許人告。即節略、曆日、雕印者，杖捌拾。止雕印月分大小及節氣、國忌者，非。

（宋）謝深甫等《慶元條法事類》卷一七《文書門·給納印記》　諸舉人程文輒雕印者，杖捌拾。詩賦、經義、論曾經所屬詳定者，非。事及敵者情，流叁阡里。内試策事干邊防及時務者，准此。並許人告。

（宋）謝深甫等《慶元條法事類》卷一七《文書門·給納印記》　諸私雕印文書，不納所屬詳定輒印賣者，杖壹伯。印而未賣，減叁等。

（宋）謝深甫等《慶元條法事類》卷一七《文書門·給納印記》〔詐僞勑〕諸糾合人共犯私雕或盜印曆日，而首告以規賞者，徒貳年。

（宋）謝深甫等《慶元條法事類》卷一七《文書門·給納印記》〔賞令〕諸告獲私雕或盜印曆日，應賞。而犯人無財産或不足，以官錢代支者，不得過叁拾貫。

（宋）謝深甫等《慶元條法事類》卷一七《文書門・給納印記》諸色人告獲私雕印時政、邊機文書，錢伍拾貫。御書、本朝會要、國史、實録者，錢壹伯貫。告獲私雕或盗印律、敕令、《格式》、《刑統》、《續降條制》、曆日者盗印，錢伍拾貫。私雕印，增添事件，撰造大小本曆日，販賣同。錢壹伯貫。告獲輒雕印舉人程文者，杖罪，錢叁拾貫。流罪，錢伍拾貫。

（宋）謝深甫等《慶元條法事類》卷七九《畜産門・殺畜産》〔厩庫敕〕諸故殺犬者，杖七十。殺自己犬者，笞五十。

（宋）謝深甫等《慶元條法事類》卷七九《畜産門・殺畜産》〔賊盗敕〕諸盗殺犬者，杖八十。

《遼史》卷一九《興宗本紀》〔重熙十年〕秋七月壬戌，詔：【略】諸帳郎君等於禁地射鹿，決三百，不徵償；小將軍決二百以下；及百姓犯者，罪同郎君論。

（清）嵇璜等《續文獻通考》卷一三五《刑考・刑制》〔金海陵正隆五年〕十二月，禁朝官飲酒，犯者死。臣等謹按：世宗大定十四年詔：明安穆昆之民，自二月至八月禁絶飲宴，恐妨農功。雖閒月亦不許痛飲，犯者抵罪，雖同一酒禁，而用意絶殊，類而觀之，得失自見。

（清）嵇璜等《續文獻通考》卷一三五《刑考・刑制》〔金世宗大定〕七年七月，禁服用金線，其織賣者皆抵罪。

（清）嵇璜等《續文獻通考》卷一三五《刑考・刑制》〔金世宗大定二十七年〕十二月，禁女直人不得改稱漢姓，學南人衣裝，犯者，抵罪。

《金史》卷九《章宗本紀》〔明昌二年四月〕庚寅，禁民庶不得服純黄銀褐色，婦人勿禁，著爲永制。

（清）嵇璜等《續文獻通考》卷一三五《刑考・刑制》〔金章宗明昌二年〕六月，禁稱本朝人及本朝言語爲番，違者杖之。十一月，禁伶人不得以歷代帝王爲戲，及稱萬歲，犯者以不應爲事，重法科。

（宋）宇文懋昭《大金國志》卷一四《海陵煬王》〔金哀宗正大七年〕冬，制私家不得隱藏緯候圖讖，違者抵罪。

史金波等譯《天盛改舊新定律令》卷一八《雜麯門》一、諸人買敵之麯自用時，當比造私，罪減一等。麯當罰没納入官。

一、國内諸人不許釀飲小麯酒。若違律釀飲時，先後所釀小麯酒幾何，當總計其數，諸都案、案頭、司吏、賣糟局分人，其餘與平等之司大人承旨偏問者遣諸檢校。又有位臣僚、種種執事等，因是執法者，一律釀五斗以内者，無論小大，徒六年，五斗以上，一律八年長期徒刑。以下至溜首領、種種待命、軍民，一律釀五門斗内者，獲徒四年，五斗以上，一律當獲五年勞役。從犯及買者之罪者，從犯比釀者之罪減一等，買者減二等。飲者中有執律法者，承二年，其下軍民承一年勞役。舉賞：徒四年賞五十緡，徒五年賞六十緡，徒六年賞八十緡，徒八年賞一百緡。錢由釀者承擔，釀者不能，則由飲者承擔，當予舉者。彼亦未能，則官方予之。無舉者，問以知之，舉賞當納於官。

一、諸人不許釀釄酒、普康酒等。若違律□□，與釀飲酵酒之罪狀、獲舉賞次第同樣判斷。

一、踏麯庫。每年踏麯事中不好好踏，不細細磨，粗磨致麯劣，又不依時爲之等時，管事者局分大小監、庫監、出納、局分人等一律徒二年。

《通制條格》卷二八《雜令・圍獵》中統三年十月，欽奉聖旨：道與中書省忽魯不花爲頭官員，聖旨到日，照依舊來體例，中都四面各伍伯里地内，除打捕人户依年例合納皮貨的野物打捕外，禁約不以是何人等，不得飛放打捕鵝兔。這地面裏頭若有養鷹鷂飛放的人每，飛放的心有呵，咱每根底問了，教靠着咱每飛放也者。這般省諭了呵，咱的言語别了的，不有罪過那甚麽。

《元典章》卷五七《刑部・諸禁・禁夜・禁夜》中統五年八月，欽奉聖旨條畫内一款：隨州府驛路設置巡馬及馬步弓手，驗民户多少定立額數。除本管頭目外，其本處長官兼充提控官。其夜禁之法，一更三點，鐘聲絶，禁人行；五更三點，鐘聲動，聽人行。有公事急速，及喪病、産育之類，不在此限。違者笞二十七下，有官者笞一下，准贖元寶鈔一貫。欽此。

《元典章》卷三二《禮部・學校・陰陽學・禁收天文圖書》至元三年（七）〔十〕月，欽奉聖旨：道與中書省，據隨路軍人匠，不以是何投下諸色人等，應有天文圖書及《太乙雷公式》、七曜曆、《推背圖》，聖旨到日，限一百日赴本處官司呈納。（後）〔候〕限滿日，收拾前項禁書，如法封記，申解赴部呈省。若限外收藏禁書，並私習天文之人，或因事發露，及有人告首到官，追問得實，並行斷罪。欽此。

《通制雜格》卷二八《雜令·禁書》至元年三年十一月十七日，中書省欽奉聖旨節該：據隨路軍民人匠，不以是何投下諸色人等，應有天文圖書、《太乙雷公式》、七曜曆、推背圖，聖旨到日，限壹伯日赴本處官司呈納。候限滿日，將收拾到前項禁書如法封記，申解赴部呈省。若限外收藏禁書並習天文之人，或因事發露，及有人首告到官，追究得實，並行斷罪。欽此。

《元史》卷六《世祖本紀》〔至元三年十一月〕丁未，申嚴殺牛馬之禁。【略】詔禁天文、圖讖等書。丙辰，千戶散竹帶以嗜酒失所守大良平，罪當死，録前功免死，令往東川軍前自效。

《通制條格》卷二七《雜令·賣鷹鶻》至元五年十二月，中書省右三部呈：真定路打捕總管府捉獲貨賣兔鶻角鷹人等。都省奏奉聖旨：有海青呵，休教貨賣，送將來者。其餘鷹鶻不須禁斷。欽此。

《元典章》卷五七《刑部·諸禁·禁毒藥·禁賣毒藥亂行鍼醫》至元五年十二月（十四日），中書兵刑部承奉中書省劄付：據提點太醫院奏，奉聖旨：仰中書省嚴行禁約開張藥舖之家，內有不畏公法之人，往往將有毒藥物如烏頭、附子、巴豆、砒霜之類，尋常發賣與人，其間或有非違殺傷人命。及不習醫道諸色人等，不通醫書，不（識）〔知〕藥性，欺誑俚俗，假醫爲名，規圖財利，亂行鍼藥，誤人性命。又有一等婦人，專行墮胎藥者，作弊多端。禁約事。欽此。

《通制條格》卷一五《畜牧·鷹食分例》至元六年正月十七日，欽奉聖旨：如今鵝過來放海青時分，省會中都路地面城裏村裏人每，若是海青拏住鵝呵，恐怕人不識，將海青打傷。若拏住海青的人，送與本處官人每，教好人送將來者。如海青拏不住鵝呵，坐落的田地裏或是拏着雞兒，休打者。人見呵，拏住送將來者。拏不得呵，教人看着報知本處官司，轉送與鷹房子每者。

至元十年正月，中書省會驗：近爲順天路劉五十收住兔鶻不送官司，用牛肉餵死，量決肆拾柒下，奏奉聖旨：既是那般呵，打也不合打。咱已前爲這拏着鷹不送官司的人教死者，麽道行了文字來，那的忒重有。若已後海青鷹鶻等拏着呵，理會的人於就近官司便送納者，不理會的人於暗房子裏坐下海青鷹鶻等，教人看着，休教猫入去，即便於附近官司說了，官司取去，差會養鷹的好人送來者，那般行文書者。欽此。今約量擬定下（頃）〔項〕鷹食數目，仍令食用新肉，如無新肉，殺與雞猪者。

《通制條格》卷八《儀制·器物飾金》至元八年（十一）〔八〕月，尚書省欽奉聖旨節該：今後諸人但係磁器上並不得用描金生活，教省裏遍行榜文禁斷者。

至元八年十一月，中書省欽奉聖旨：鞍韂、鞦轡、靴子、箭頭，休教用金者，這般省會了，後頭拿住呵，便教拿住的人要者。欽此。

《元典章》卷五七《刑部·諸禁·雜禁·禁學散樂詞傳》至元十一年十（一）月（二十六日），中書兵刑部承奉中書省劄付：據大司農司呈，河北河南道巡行勸農官申，順天路束鹿縣頭店見人家內聚約百人，自搬詞傳，動樂飲酒。爲此，本縣官司取訖社長田秀井、田拗驢等各人招伏，不合縱令姪男等攢錢置面戲等物。量情斷罪外，本司看詳：除係籍正色樂人外，其餘農民市户良家子弟，若有不務本業，習學散樂，般說詞話人等，並行禁約，是爲長便。乞照詳事，都省准呈，除已劄付大司農禁約外，仰依上施行。

《元典章》卷三二《禮部·學校·陰陽學·禁斷推背圖書》至元十八年三月，中書省咨，刑部呈奉省判御史臺呈行臺咨：都昌縣賊首杜萬一等，指白蓮會爲名作亂。照得江南見有白蓮會等名目，五公符推背圖、血盆及應合禁斷天文圖（書）〔畫〕，一切左道亂（衆）〔正〕之術，擬合欽依禁斷。仰與祕書監一同擬議，連呈事。奉此，移准祕書監關，議得：擬合照依聖旨禁斷拘收外，據前項圖畫封記發來事，本部議得：若依祕書監所擬，將五公推背圖等天文等圖書，并左道亂正之術，依上禁斷拘收到官，封記發下祕書監收頓相應。都省（天）〔行〕下禁斷拘收發來施行。

《通制條格》卷二八《雜令·祈賽等事》至元十一年二月初四日，中書省奏：祈神賽社，扶鸞禱聖，夜聚曉散，並自傷肢體，掛鈎子打脊硬抄化的人每，也合禁約。奉聖旨：准奏。

至元十六年八月，中書省御史臺呈：燕南河北道按察司申，會驗欽奉聖旨，漢兒田地裏祈仙、禱聖、賽神、賽社，都交罷了者，欽此。體知得民間多有祈賽神社，置到神案、旗牌、鑼鼓、傘蓋、交椅、儀從等物，若不拘收，切恐因而別生事端。刑部議得：祈神賽社，擬合欽依已降聖旨禁約。旗牌鑼鼓等物令有司拘收入官。都省准擬。

至元二十二年正月，中書省御史臺呈：開元路等處女直之俗，患病宰殺牛羊禱祝，貧者至賣男女以買牛羊。本臺於至元二十一年十一月十七日啓奉令旨：禁斷者。敬此。

《通制條格》卷二七《雜令·搬詞》 至元十一年十一月，中書省大司農司呈：河北、河南道巡行勸農官申，順天路束鹿縣鎮頭店，聚約伯人，般唱詞話，社長田秀等約量斷罪。外本司看詳，除係籍正色樂人外，其餘農民市户良家子弟，若有不務本業，習學散樂，般唱詞話，並行禁約。都省准呈。

《通制條格》卷八《儀制·器物飾金》 至元十三年九月初十日，軍器監奏：昨日雜帶上與金料的人，喚將來者，有聖旨來，苫尚書喚將來也。奏呵，奉聖旨：我先不教軍器上休使金者麽道來，恁不曾行那甚麽？誰不曾行，尋者。再後金子根底休使者。再奏，大王每的使那不使？奉聖旨：也休使者。欽此。

《元史》卷一〇《世祖本紀》〔至元十五年十一月庚辰朔〕甲午，開酒禁。

《通制條格》卷二〇《賞令·私曆》 至元十七年六月，太史院欽奉聖旨：印造授時曆，頒行天下。敢有私造者，以違制論，告捕者，賞銀一佰兩。如無本院曆日印信，便同私曆。欽此。

《元典章》卷五七《刑部·諸禁·雜禁·禁治粧扮四天王等》 至元十八年十一月（初二日），御史臺（承）〔奉〕中書省劄付：（御史）〔據宣徽院〕呈提點教坊司申，閏八月二十五日，有八哥奉御、禿烈奉御傳奉聖旨：道與小李，今後不揀甚麽人，十六天魔休唱者，雜劇裏休做者，休吹彈者。四（大）天王休粧扮者，骷髏頭休穿戴者。如有違犯，要罪過者。（仰）欽此。

《通制條格》卷二《户令·典賣佃户》 至元十九年十二月，御史臺呈：山南湖北道按察司申，江南富户因買田土方有地客，即係良民，主家科派甚於官司，若地客生男，便供奴役，若有女子，便爲婢使，或爲妻妾。今後合無將前項地客户計，取勘實數，官司籍記，重立罪賞，禁治主家科派，使令與無税民户一體當役。又峽州路判官史擇善呈：本路管下民户輒將佃客計其口數立契典賣，不立年限，與駈口無異。此等良民生長山谷，無由告官，任人苦役，飢寒委可憐念。其間有將些小荒遠田地夾帶佃户典賣，稱是隨田佃客，公行立契。又佃客男女婚姻，主户攔當，需求錢物，方許成親。憲臺相度：前項事理即係亡宋弊政，至今未能改革。南北悉皆王民，豈有主户將佃客看同奴隸役使典賣，男女婚嫁亦聽主户可否之理。擬合嚴行禁約。

至元二十一年五月，中書省爲河間路捉獲賊徒隱藏苗太監僞造圖讖文書，奏奉聖旨施行外，又奏：這般星曆文書每，在先教拘收者道來，不好生拘收來的一般有。如今隨路裏行榜文，這般文書教拘收呵，怎生？奏呵，奉聖旨：這的索甚問？那般者。欽此。

《通制條格》卷二七《雜令·控鶴等服帶》 至元二十一年九月，中書省宣徽院呈：議得控鶴除輪番上都當役外，據大都落後並還家人等，元關只孫襖子裏肚帽帶，官爲收掌。如遇承應，却行關取。舊只孫襖子裏肚，不得將行貨賣。並織造只孫人匠，除正額織造外，無得附餘夾帶織造，暗遞發賣。如有違犯之人，嚴行治罪。及不係控鶴人等，若有穿係裏肚束帶，各處官司盡數拘收。若有詐妝控鶴搔擾官府百姓之人，許諸人捉拿到官，嚴行懲戒。行下拱衛司依上拘收禁約。都省准擬。

至元二十一年十二月，中書省蒙古文字譯該：中書省官人每根底伯顔言語，咱每根底行的祇候，繫着只孫裏肚繫腰定當外頭民户每有。麽道，他每的裏肚繫腰拘收來。如今諸王、諸子、官人每根底祇候每繫着裏肚係腰説，咱每根底行的祇候定當民户的一般。説有。麽道。奏呵，安童根底説了，教行文字拘收者。一就休教繫者。麽道聖旨了也。欽此。

《元史》卷一四《世祖本紀》〔至元二十三年〕雲南省平章納速剌丁上便宜數事：一曰弛道路之禁，通民來往；二曰禁負販之徒，毋令從征；三曰罷丹當站賦民金爲飲食之費；四曰聽民伐木貿易；五曰戒使臣勿擾民居，立急遞鋪以省驛騎。詔議行之。

《通制條格》卷二八《雜令·圍獵》 至元二十六年十二月二十八日，

尚書省奏：伯顏阿丁與文書，檀州等處山後的禁地面裏，劉得成等人每爲殺了野物的上頭，拿着問呵，招了也。麽道有。俺尋思得，他每待依着聖旨體例裏斷没説了。俺那人每根底問呵，他每説，今年爲不曾收田禾的上頭，闘食，譬如餓死麽道，將禁的野物殺喫來道來。待斷没呵，他每約有貳拾箇牛有來。將那牛待斷没了呵，後頭怎生養活喉嗉急，麽道。奏呵，休斷没者。禁約呵，爲這般上頭。麽道聖旨了也。欽此。

《通制條格》卷二七《雜令·賣鷹鶻》 至元二十七年九月三十日，尚書省奏：帖木兒平章説將來，這裏的官人每爲自己的勾當，推着上位鋪馬裏送鷹鷂皂鷹去有，這裏的站生受的其間裏，不教送去呵，怎生？前者壹起鋪馬裏送皂鷹的，當着不曾教送來，今後送鷹鷂來的，怎生呵是？麽道説將來有。奏呵，當的是也。今後休教送將來者。麽道聖旨了也。欽此。

《通制條格》卷二八《雜令·圍獵》 至元二十八年八月二十七日，中書省奏：咸平府那裏每這幾年田禾不曾收來。百姓每生受的其間，野物的不教禁約，教養百姓每喉嗉急呵，怎生？麽道，那裏的宣慰司官人每説將來有。俺商量得，依他每言語不教禁約呵，怎生？商量來，麽道。奏呵，那裏的怎生禁約來？自正月至七月，爲野物的皮子肉歹，更爲懷羔兒的上頭，普例禁約有。除那的外，教採打食者。完澤，你這些箇省不得那甚麽？聖旨了也。欽此。

至元二十八年十一月二十二日，御史臺奏：武平路廉訪司官人每説將來，今年田禾不收百姓飢餓有。在前灤河迤東採打野物呵休禁斷，灤河迤西打圍的禁斷者，麽道聖旨有來。如今他每河那壁城子所管的地面都禁斷有。麽道説將來。俺和貴赤明安一處説話來，河西裏依舊禁斷，河東裏教百姓每採捕野物呵，怎生？麽道。奏呵，索甚麽那般道，都交採打者，麽道聖旨有呵。再奏，没界畔呵，侵將這壁廂來去也，交分了地面呵，怎生？奏呵，那般者，麽道。懷羔兒時分休教採打者。他每根底教省得者，麽道聖旨了也。欽此。

至元三十年五月十一日，中書省奏：樂實宣慰司所轄的益都府、濟南府、般陽路、寧海州、泰安州、東平府等柒箇城子有。這柒處野物禁有，田地相隣直至蠻子田地哏寬有。那裏有的憨合納思、阿陳圍場，壹年呵，也遍不得惹箇地面有。如今這裏差將人去和樂實等宣慰司家官人每一處，憨哈納思，阿陳等打圍的每根底，斟量標撥與了他每地面，其餘地面不教禁約，教與窮暴忍饑的百姓每養喉嗉急。麽道，奏呵，不索尋思，那般者。有一句言語好生嚴切説將去，更行文書者。依在先聖旨體例裏，正月爲頭懷羔時分，河西每，憨哈納思，阿陳每，漢兒人每，不揀誰休圍場者。那其間裏場呵，肉瘦，皮子蟲蛀，可惜了，性命無濟有，野物呵也盡了去也。憨哈納思等與漢兒人每遞相體察者。九月十月十一月這三箇月圍場者，除這三箇月外休圍場者。河西每根底，阿陳每根底，斟酌標撥與了圍場地面，其餘的休禁者。聖旨了也。欽此。

《元典章》卷五七《刑部·諸禁·禁夜·犯夜軍官約會管民官斷罪》

元貞元年十月（二十二日），福建行省准中書省咨，欽奉聖旨節該：軍民其間裏有歸斷的勾當呵，管民官與管軍官一處聽了斷者。欽此。已經遍行欽依訖。今體知得，各處萬户府往往將巡捉到禁鐘之後犯夜百姓，管軍官不曾約會管民管，一面斷罪。省府除已劄付各處萬户府，今後若有犯夜，欽依約會，一同依（條）〔例〕斷罪外，依上施行。

《元典章》卷五二《刑部·詐僞·僞·僞造佛經》 元貞二年二月初五日，中書省咨准河南行省咨，陝州路遠安縣太平山無量寺僧人袁普照，自號無礙祖師，僞造論世秘密經文，虚謬凶險，刊板印散，扇惑人心，取訖招伏，於元貞元年十二月十七日奏過，京南府一箇山裏，普照小名的和尚僞造佛經。那經裏寫着犯上的大言語，有交抄與諸人讀有麽道，今夏南京省官人每與將文書來呵，俺上位奏了，差人與宣政院官一同問去來。如今問將來也是實，有和他一處做伴當徒弟，每總共四箇人，那的内共一箇和尚三箇俗人。普照小名的和尚，根脚裏造僞經來着。木頭雕着自已的形僞，用金粧着正面兒，坐着左右，立着神道。那經裏更有犯上的難説的大言語。又印寫的其間，向前做伴當來的兩箇和尚。這三箇的罪過重，有商量來奏呵，奉聖旨敲了者。又一箇徒弟姓成的，和尚別造着僞經，説着南京迤南，有的城子裏這般那般去也麽道哏，有歹言語，是赦前，有打一百七下，交流遠去。那般怎生麽道，奏呵，奉聖旨，雖是赦前呵，歹勾當有敲了者。又這的每外與他每做伴當來的十七箇扣尚，三箇俗人，斟量着各人的罪過，一百七、九十七、八十七、七十七，打了放呵，怎生商量奏呵，奉聖旨：那般者。欽此。

《元典章》卷三二《禮部・學校・陰陽學・禁治私造授時曆》 太史院欽奉聖旨印造大德授時曆頒行天下。敢有私造者，以違制論。告捕者，賞銀一百兩。如無本院曆日印信便同私曆。

《元史》卷一九《成宗本紀》〔大德元年〕十一月壬戌，禁權豪、僧、道及各位下擅據鑛炭山場。

《通制條格》卷二七《雜令・禁捕禿鷲》 大德三年七月十八日，中書省奏：揚州淮安管着地面裏生了蝗蟲呵，正打的其間，伍阡有餘禿鷲飛將來，不怕打蝗蟲人每，喫得蝗蟲飽呵，却吐了再喫，飛呵，一處飛起來，教翅打落，都喫了有。與將圖子來有，看了圖子奏呵，百姓每道是。麽〔有〕〔道〕聖旨有呵，自來不曾聽得這般勾當，皇帝洪福也者，這般説有。奏呵，奉聖旨：您行文書，這飛禽行休打捕者。好生禁了者。欽此。

《元史》卷二〇《成宗本紀》〔大德四年〕四年春正月丙申，申嚴京師惡少不法之禁，犯者黥刺，杖七十，拘役。辛丑，詔蒙古都元帥也速答而非奉旨勿擅決重刑。

《通制條格》卷七《軍防・巡軍》 大德八年三月，中書省刑部呈：大都兵馬司專爲捕盜先奏聖旨節該：拏賊的貳阡軍不交差使，則交管拏賊者。欽此。今官都諸衙門，不干賊盜，呼喚首領官吏着落根勾一切人數，必須差使巡軍頭目，動輒妨占旬月。若有違限，將首領官吏追呼決責，不能着司理會公事。本部議得：兵馬司除奸盜、誘略、詐僞、放火、賊情、一切非違及奉都堂鈞旨緊急事務外，其餘衙門根勾人等，合令所在官司根喚。都省准擬。

《通制條格》卷二八《雜令・佛像西天字段子》 大德九年八月初二日，宣政院奏：街下織段子的匠人每織着佛像並西天字段子貨賣有。那般織着佛像並西天字的段子賣與人穿着行呵，不宜的一般有。奏呵，奉聖旨：怎生那般織着賣有？説與省官人每，今後休教織造佛像西天字樣的段子貨賣者。欽此。

《通制條格》卷二七《雜令・山場》 至大二年九月十四日，尚書省奏：官人每根底放鷹〔犬〕分撥與的山場，禁治着不教百姓每採打柴薪，以致柴薪價錢貴了，麽道。奏呵，奉聖旨：如今不揀誰權豪勢要，休禁者。禁治的人每有，咱每知識的，奏者，不知識的，您尚書省官人每依體例要罪過者。教百姓每採打柴薪者。欽此。

至大四年正月十六日，詹事院官月魯帖木兒特奉皇太子令旨：在先薛禪皇帝時分，但屬係官的並寺院的山場裏出産的柴炭每，諸王、駙馬、官員、權豪人等倚着聖旨裏與了也，麽道，占來的，並因放狗占了的山場多有。但是那般禁了的去處，依着在先薛禪皇帝時分體例裏隨處迴與者。後頭占來的再休侵犯者。百姓依舊體例採打賣者。不揀誰抽分休要者。月魯帖木兒去和伯顔一處皇太后根底奏者。麽道奉令旨上頭。奏呵，奉懿旨：太子題的是有，那般者。教詹事院家疾忙行文書出榜者，中書省家也隨處出榜者。這般省諭了呵，占的人每、要抽分的人每有罪過者。麽道懿旨了也。敬此。

《通判條格》卷二八《雜令・圍獵》 至大四年三月，欽奉詔書内一款：百姓於禁地内打捕野物者，仰管圍場官與各處有司一同斷罪，毋得似前斷没家産。欽此。

《元典章》卷三二《禮部・學校・醫學・禁治庸醫》 至大四年十一月，江西行省准中書省咨，刑部呈：嘗聞醫出上古，實非小技，幾微之間死生係焉。若學〔醫〕之人深究其道，用藥得宜，庶幾不悮於人命。比年〔之〕〔以〕來，一等庸醫不通難素，不諳脈理，〔以〕至〔於〕〔如〕藥物，君臣佐使之分，九散生熟炮煉之製，既無師傳，詎能自曉？或日録野方，風聞謬論，輒於市肆大扁儒醫，以至閭閻細民不幸遭疾，彼既寡知，謾往求謁。庸醫之輩，惟利是圖。診〔後〕〔候〕中間，弗察虚實，不知標本，妄投藥劑，誤插針穴，僥倖愈者，自以爲能，謬誤死者，皆委於命。岐黄之道，果如是〔也〕〔耶〕？畧舉至元七年，益都府醫人劉執中，針犯也速歹兒元帥娘子腸胃身死，本人所犯擬決一百七十下，追給燒埋銀兩，以充營葬之資。至大二年廣平路曲周縣醫工張永，因朱當兒患心風病證，用梨蘆末調治，被毒致命。又陝西行省咨鳳翔府醫工王文素，看診李大使卒患陽證傷寒，用羌活府子藥餌，以致熱攻身死。幸而罪遇原免，此例擬徵燒埋銀兩外，本部俱有文案可考。似此致傷人命，不可縷數。以此參詳各處路府州縣，既有所設提領、教授、學〔正〕、教諭、提舉之官，今後醫户以及編氓子弟，願學醫者，必須期於精明濟物，每遇旦望，其提舉（學）教授等官嚴立規程，課試諸生醫書醫義。若能明察脈理，深通修合者，方許行醫看候。如有診候不明，妄投藥劑，誤插針穴致傷人命者，臨事詳其輕重追斷。所據提舉教授等官訓誡失宜，禁約不到，亦行究治。如蒙准呈遍行照會，以戒庸醫有所知懼，不致悮傷人命。具呈照詳。都省咨請依上施行。

《通制條格》卷二〇《賞令・私酒》 皇慶元年正月，中書省江浙江行省咨：諸人告獲私酒，犯人已有招伏，罪經釋免，未審合無理賞。都省議得：告獲私酒，犯人已招明白，雖經釋免，依例追給。

《通制條格》卷二八《雜令・各位下陰陽人》 皇慶元年正月，中書省集賢院呈：至大四年十一月二十一日，岳學士特奉聖旨：有的漢兒回回陰陽人每，諸王、諸子、公主、駙馬、大官人處都休教去者，教行文書禁約者。麽道聖旨了也。欽此。

《通制條格》卷二八《雜令・圍獵》 皇慶元年五月初七日，御史臺奏：脱忽思海迷失大王晉寧路地面裏去年農種時月圍獵來，合止當，麽道本道廉訪司官人每説將來。今後農種時月裏休圍獵者，麽道脱忽思海迷失根底説將去呵，怎生？奏呵，那般者。説將去者。今後圍獵呵，十月初頭圍獵者。麽道聖旨了也。欽此。

皇慶元年十二月十四日，中書省奏：八兒赤、養豹子的、養皂鷹的、兀裏養罕等，依着世祖皇帝時分行來的例，將着家小圍場者，麽道聖旨懿旨有來。文書裏照呵，世祖皇帝時分曾無將引家小圍場的，不見有將着家小曾圍場來。麽道他每言語裏這般説有。奏呵，口説的言語怎生？打圍場呵，索甚要家小擾民有？休教將引家小行者。麽道聖旨了也。欽此。

《通制條格》卷七《軍防・巡軍》 皇慶元年二月，中書省奏：八剌脱因題奏，有司官勾當裏差占着巡軍弓手的上頭，巡禁的勾當怠慢了。今後有司官其餘勾當裏不得差占，專一巡捕者。麽道，奏呵，那般者。麽道聖旨了也。欽此。

皇慶元年六月，中書省刑部呈：議得弓兵之設，本以巡警賊盜。其各處起納諸物，不分貴細麄重，一概差撥官兵護送，實妨巡捕。合咨各處行省，除貴細物貨依例止差弓兵，其餘麄重物貨不須防送押運人等。敢有違例占騎弓馬匹者，各處官司就便究治。都省准呈。

《通制條格》卷二七《雜令・禁捕天鵝》 皇慶元年十二月二十三日，中書省奏：迤南天鵝、鷀、鵚、鸘、雁、鴨等，依在先例禁了，休教打捕有，麽道，不花、即列等奏過，俺根底與了文書。在先止禁打捕天鵝、鷀、鵚、鸘來，其餘雁、鴨等在前不曾禁有。如今只依在前只禁打捕天鵝、鷀、鵚、鸘，別個的不禁呵，怎生？奏呵，江南百姓食用雁、鴨，養喉嗽急有，都禁了呵，他百姓每食用甚麽？只禁打捕鸘、鸘，國語借意壓。天鵝、鷀鵚的者。麽道聖旨了也。欽此。

《通制條格》卷一四《倉庫・酒牌侵鈔》 延祐元年九月，中書省：近爲街下枸欄、酒肆、茶房、浴堂之家，往往自置造竹木牌子，及寫帖子，折當寶鈔貼爪使用，侵襯鈔法。其酒牌止於本店支酒，不許街市流轉，其餘竹木牌子紙帖並行禁斷。

《通制條格》卷九《衣服・服色》〔延祐元年〕

一、庶人，除不得服赭黄，惟許服暗花紵絲、絲紬綾羅、毛毳，帽笠不許飾用金玉，靴不得裁置花樣。**【略】**

一、服色等第，上得兼下，下不得僭上。違者，職官解見任，期年後降壹等叙，餘人決伍拾柒下。違禁之物，付告捉人充賞。有司禁治不嚴，從監察御史、肅政廉訪司糾治。御賜之物，不在禁限。

《元史》卷一〇五《刑法志》 諸告獲私造曆日者，賞銀一百兩。如無太史院曆日印信，便同私曆造者，以違制論。

《元史》卷一〇五《刑法志》 諸但降詔旨條畫，民間輒刻小本賣於市者，禁之。

《元史》卷一〇五《刑法志》 諸夜禁，一更三點，鐘聲絶，禁人行。五更三點，鐘聲動，聽人行。違者笞二十七，有官者聽贖。其公務急速，及疾病死喪産育之類不禁。諸有司曉鐘未動，寺觀輒鳴鐘者，禁之。諸江南之地，每夜禁鐘以前，市井點燈買賣，曉鐘之後，人家點燈讀書工作者，並不禁。其集衆祠禱者，禁之。諸犯夜拒捕，斫傷徼巡者，杖一百七。

《元史》卷一〇五《刑法志》 諸毁傷體膚以行丐於市者，禁之。諸城郭内外放鴿帶鈴者，禁之。諸諸王駙馬及諸權貴豪右，侵占山場，阻民樵採者，罪之。諸闌議不嚴，受財故縱者，罪之。諸江河津渡，或明知潮信已到，及風濤將起，貪索渡錢，淹延不渡，以致中流覆溺，傷害人命者，爲首處死，爲從減一等。

《元史》卷一〇五《刑法志》　諸民間子弟，不務生業，輒於城市坊鎮，演唱詞話，教習雜戲，聚衆淫謔，並禁治之。諸弄禽蛇、傀儡，藏擫撇鈸，倒花錢，擊魚鼓，惑人集衆，以賣僞藥者，禁之，違者重罪之。諸棄本逐末，習用角觝之戲，學攻刺之術者，師弟子並杖七十七。諸亂制詞曲，爲譏議者，流。

《元史》卷一〇五《刑法志》　諸故縱牛馬食踐田禾者，禁之。諸所在鎮守蒙古、漢軍，各立營所。無故輒入人家，求索酒食，及縱頭匹食踐田禾桑果，罪及主將。諸藩王無都省文書，輒於各處徵收差發，强取飲食草料，爲民害者，禁之。

諸有虎豹爲害之處，有司嚴勒官兵及打捕之人，多方捕之。其中不應捕之人，自能設機捕獲者，皮肉不須納官，就以充賞。諸職官違例放鷹，追奪當日所服用鞍馬衣物没官。諸所撥各官圍獵山場，並毋禁民樵採，違者治之。諸年穀不登，人民愁困，諸王達官應出圍獵者，並禁止之。諸田禾未收，毋縱圍獵，於迤北不耕種之地圍獵者聽。諸軍人受財，僞造火印，將所管官馬盜换與人者，杖九十七，追贓没官。諸年穀不登，百姓饑乏，遇禁地野獸，搏而食之者，毋輒没入。諸打捕鷹坊官，以合進御膳野物，賣價自私者，計贓以枉法論，除名不叙。諸舟車之靡、器服之奇，方面大臣非錫貢，不得擅進。

《元史》卷一〇五《刑法志》　諸民户流移，所在有司起遣復業，輒以闌遺人收之者，禁之。諸鰥寡孤獨，老弱殘疾，窮而無告者，於養濟院收養。應收養而不收養，不應收養而收養者，罪其守宰，按治官常糾察之。

（明）宋濂等《元史本紀》卷三二《證遺九》〔順帝後至元〕禁令。案《紀》〔後〕至元二年四月，禁民間私造格例。禁服麒麟、鸞鳳、白兔、靈芝、雙角五爪龍、八龍、九龍、萬壽、福壽字、赭黄等服。三年四月，禁漢人、南人、高麗人不得執持軍器。禁漢人、南人不得習學蒙古、色目文字。五年十月，禁倡優盛服，許男子裹青巾，婦女服紫衣，不許戴笠乘馬。六年〔正〕〔二〕月，詔諸王侯不得懸帶弓箭、環刀輒入内府。

《大明律》卷一二《禮律・儀制・收藏禁書及私習天文》　凡私家收藏玄象器物、天文圖讖，應禁之書，及歷代帝王圖像，金玉符璽等物者，杖一百。若私習天文者，罪亦如之。並於犯人名下，追銀一十兩，給付告人充賞。

《明太祖實録》洪武六年二月　壬午，詔禮部申禁教坊司及天下樂人，毋得以古先聖帝、明王、忠臣、義士爲優戲，違者罪之。先是，胡元之俗，往往以先聖賢衣冠爲伶人笑侮之飾，以侑燕樂，甚爲清慢，故命禁之。

《大誥・京民同樂》　在京人民，朕於靜處，少有暇心，即思必與同樂，不期愚民爲胡、陳所誘，一槩動搖，至今非心不格，面從心異。曩者愚民奔走門下，紛然競起，構作馬前之卒，爲奇謀，爲吏役之道自慶，奸狡蔽其仁心，是非迷其本性，由是身亡家破。邇年以來，坊廂人户，不許差役，使得遂其生。今者諸司犯法，贓在坊廂。其坊廂村店人等，不奉朕命，固替奸貪隱匿，直至身亡家破而後已。今後天下内外城市鄉村，凡我良民，無得交結官吏。設若家道生受，誤用官吏贓私錢物，纔聞官吏發露，即於所在官司首告，與免交結之罪。

《大誥續編・互知丁業》　先王之教，其業有四，曰士、農、工、商。昔民從教，專守四業，人民大安。異四業而外乎其事，未有不墮刑憲者也。朕本無才，申先王之教，與民約告。《誥》出，凡民鄰里，互相知丁，互知務業，具在里甲，縣、州、府務必周知。市村絶不許有逸夫，若或異四業而從釋道者，户下除名。凡有夫丁，除公占外，餘皆四業，必然有效。若或不遵朕教，或頑民丁多，及單丁不務生理，捏巧於公私，以構患民之禍，許鄰里親戚諸人等拘拿赴京，以憑罪責。若一里之間，百户之内，見《誥》仍有逸夫，里甲坐視，鄰里親戚不拿，其逸夫者，或於公門中，或在市閭里，有犯非爲，捕獲到官，逸民處死；里甲四鄰，化外之遷，的不虚示。

一、知丁之法，某民丁幾，受農業者幾，受士業者幾，受工業者幾，受商業者幾。且欲士者，志於士。進學之時，師友某氏，習有所在。非社學則入縣學，非縣必州府之學，此其所以知士丁之所在。已成之士，爲未成士之師。鄰里必知生徒之所在，庶幾出入可驗，無異爲也。

一、農業者，不出一里之間，朝出暮入，作息之道，互知焉。

一、專工之業，遠行則引明所在。用工州里，往必知方。巨細作爲，鄰里採知。巨者歸遲，微者歸疾。工之出入，有不難見也。

一、商，本有巨微，貨有重輕。所趨遠邇，水陸明於引間。歸期難限其業，鄰里務必周知。若或經年無信，二載不歸，鄰里當覺之，詢故本户。或若托商在外非爲，鄰里勿干。朕所以命知丁者，但願民得其壽爾。若不申明先王之教，使民恣肆冗雜，構非成禍，身墮刑憲，乃朕不能申明先王之教，致民墮於刑憲，將不得其死者多矣。若或遵朕申明之教，頓然皆入仁壽之鄉，樂天之樂，豈不快哉！而民從之。

《大誥續編·辨驗丁引》 此《誥》一出，自京爲始，遍布天下。一切臣民，朝出暮入，務必從容驗丁。市村人民，舍客之際，辨人生理，驗人引目。生理是其本業，引目相符而無異，然猶恐託業爲名，暗有他爲，雖然業與引合，又識重輕、巨微、貴賤，倘有輕重不倫，所賫微細，必假此而他故也。良民察焉。

《大誥續編·再明遊食》 再明遊食，互知生理。此《誥》一出，所在有司、鄰人、里甲，有不務生理者，告誡訓誨，作急各著生理。除官役占有名外，餘有不生理者，里甲鄰人著限遊食者父母兄弟妻子等。一月之間，仍前不務生理，四鄰里甲拿赴有司。有司不理，送赴京來，以除當所、當方之民患。設若不拿，此等之徒，非幫閒在官，則於閒中爲盜。幫閒在官，教唆官吏，殘害於民，不然爲賊鄉里。是《誥》一出，四鄰里甲不能拘拿赴官赴京，此人或爲盜，或幫閒爲吏、爲皂隸，所爲不善，犯之日，四鄰里甲同坐其罪，的不虚示。

《大誥續編·居處僭分》 民有不安分者，僭用居處器皿、服色、首飾之類，以致禍生遠近，有不可逃者。《誥》至，一切臣民所用居處器皿、服色、首飾之類，毋得僭分。敢有違者，用銀而用金，本用布絹而用綾、錦、紵絲、紗、羅，房舍棟梁，不應彩色而彩色，不應金飾而金飾，民之寢牀船隻，不應彩色而彩色，不應金飾而金飾，民床毋敢有暖閤而雕鏤者，違《誥》而爲之，事發到官，工技之人與物主各各坐以重罪。嗚呼！天尊地卑，理勢之必然。富貴貧賤，神明之鑒焉。有德有行者至於貴，陰騭無疵者至於富，德行俱無，陰騭杳然，刁頑奸詐至於賤。此數説也，宰在天地鬼神，馭在馭世之君。所以官有等差，民有富貧，而至賤者也豈得易爲而用之乎！

《大誥三編·違誥縱惡》 爲《大誥》出久，鎮江坊甲鄰里人等，坐視容縱韋棟等一十八名，上惑朕聽，歸則把持官府，下虐良民，養惡爲一郡之殃，束手不擒。韋棟等事發，將坊甲鄰里盡行責罰搬石砌城，其費有空其家者有之，有不能存活者有之，有不及搬運石塊而逃死者有之。嗚呼！比若是而得罪，何不依《大誥》擒惡赴京，一則受賞，二則立良民之名於一郡，使有司畏懼，不敢輕易虐害而頻科抑，且去同惡相濟之聲。其坊甲鄰里，姑息坐視者有之，同惡相濟者亦有之，以致耗財之役不免。所在城市鄉村，見此爲戒之，依朕命而行之，太平矣。

（明）談遷《國榷》太祖洪武二十七年正月 甲寅，禁用番香番貨。

《明太宗寶訓》卷一《明決》 〔永樂五年〕十月辛卯，通政司言：紹興民告其鄉人居室違禁。上曰：未可偏聽，南方僻遠之處，少經兵革，宋元時屋室往往有之，豈當一槩罪以違禁，其令巡按御史驗視，但是本朝禁令之後造者，抵罪，在禁令前所造，雖違法不問。

《明英宗實録》正統七年二月 〔辛未，國子監祭酒李時勉言〕近有俗儒，假託怪異之事，飾以無根之言，如《剪燈新話》之類，不惟市井輕浮之徒，爭相誦習，至於經生儒士，多舍正學不講，日夜記憶，以資談論；若不嚴禁，恐邪説異端，日新月盛，惑亂人心，實非細故。乞敕禮部，行文内外衙門及調提學校僉事御史，並按察司官，巡歷去處，凡遇此等書籍，即令焚毁，有印賣及藏習者，問罪如律。庶俾人知正道，不爲邪妄所惑。

（明）戴金《明條法事類纂》卷二二《禮部類·服舍違式·禁約織金寶石大樣餅錠等件例》 成化六年十二月二十六日，刑部尚書陸題，爲救荒事。户科等科都給事中丘弘等題，近來京城内外，風俗多尚奢侈，不拘官民軍匠，娼優下賤，既用織金衣服、寶石首飾，僭儗無度。及遇婚冠大小一切酒席，皆用簇盤糖纏餅錠，上下倣（倣）〔效〕，習以成風。民之窮困，殆由於此。訪得在京有等（躬）〔射〕利之徒屠宗順等數家，專以販賣寶石爲事。高擡無根之價，本值一兩，擡至一百兩。本值十兩，擡至千兩。甚至以進獻爲名，或邀取官職，或倍獲價銀，以〔此〕富過王侯，名跨都邑。若不禁革編配，誠恐日復日，歲復歲，官私之利皆爲（已）〔其〕有，府庫之財多入其室，蠹國病民，莫甚於此。已敕該衙門照例嚴加禁革，一應官民人等，務照定制服用，敢有仍前越分僭用織金花樣寶石首飾，及用簇盤糖纏餅錠，造者、買者，許錦衣衛官校及巡城御史緝拿治罪。仍將屠宗順等前後倍價賣過寶石等物銀兩，追徵入官，給發賑濟，以警將來，具題。奉聖旨：該衙門便計議停當來說。欽此。欽遵抄出送司。查得成化二年二月十二日，該禮部官欽奉聖旨：如今官員軍民人等，多有不遵定制，僭用服色花樣，及婦女人僭用渾金衣服，寶石頭面，好生違禮犯分！恁禮部便出榜於南、北二京張掛，今後敢有仍前僭用者，輕則依律問罪，重則必殺不饒。欽此。欽遵。本部查洪武、永樂年間，頒降官民服舍定式，不許僭用奢侈，禁例通行，備榜遵守外，查無冠婚一切大小酒席，皆用簇盤糖〔纏〕餅錠禁例，所言訪得在京有等射利之徒屠宗順等數家，專以（敗）〔販〕賣寶石爲事，高擡無根之價，本值一兩，擡至百兩，本值十兩，擡至千兩，甚至以進（憲）〔獻〕爲名，或邀取官職，或倍獲價銀一節，此等之徒，委的蠹國病民，但無指證實跡，必須拿問，庶可禁革。案呈到部。臣等議得，都給事中丘弘等所言，救荒禁革奢侈一節，深切時弊。緣京師人烟湊集，官民混居，富豪之家，服用僭分，習以爲常。合再申明禮部先奉欽依榜文事例，通行錦衣衛巡捕官校及巡城御史、五城兵馬司緝拿送問，違禁之物入官；犯人問罪，送順天府照例納米。其言冠婚酒席皆用簇盤糖纏餅錠，雖無禁例，即今歲歉民饑，合行禁約。冠婚之家，酒席宜從省儉，鋪者不許做賣大樣盤糖纏餅錠，虛費財用。違者依律問罪，納米發落。候豐年從宜而用。所訪射利之徒屠宗順等數家，欲此提屠宗順，追拿數家。干礙軍民職官，俱要正犯到官，招出前後倍價賣過是何寶石等物若干，追其多餘價值銀兩入官，給散賑濟。仍前各犯問罪，奏請發落，以革蠹弊。（其）〔具〕題。奉聖旨：屠宗順等且不追究。〔所〕言幾事，還通行給榜申明禁約。犯了的都不饒。欽此。

（明）戴金《明條法事類纂》卷二二《禮部類·服舍違式·禁約京城服飾酒席奢僭並（敗）〔販〕賣寶石及〔大〕樣餅錠重則編發充軍例》

刑部爲禁約事。成化七年正月初七日，本部尚書等於奉天門欽奉聖旨：近來京城風俗日見奢侈，官員軍民人等之家，衣服用度多有不遵定制，婦女不分良賤，概用織金衣服，寶石頭面，婚姻喪葬，僭擬無度。一切酒席，多用大樣簇盤糖纏餅錠。甚至有等射利之徒，專以販賣寶石爲事，高擡價值，取利肥己。論這等情罪本難容，今且不問，恁法司便出榜通行禁約。今後官民人等，衣服首飾，務遵定制，不許僭分。凡遇嫁娶及置酒席，悉從禮節，不許競爲侈靡。一應鋪户人等，并不許仍前販賣寶石，及做賣大樣餅錠等件。違了的，聽給事中、御史指實糾舉，仍聽錦衣衛分巡官并五城兵馬緝拿送問。違制之物入官。犯人輕則依律照例發落，重則編發邊衛充軍不饒。欽此。

（明）戴金《明條法事類纂》卷二二《禮部類·服舍違式·禁約官員軍民人等收藏暗花龍鳳盤碟僭用例》 成化十一年八月二十五日，都察院掌院事太子少保兼左都御史李等題，爲禁約事。准刑部咨，河南清吏司案呈，准錦衣衛鎮撫司手本，該本衛委官千户王春等題：捉獲賊人徐買兒，奏勉，并知情管庫銷數廚役唐寵，知情買銅行竈人楊福貴，吴福海，連賊奏送鎮撫司。問得徐買（況）〔兒〕節次盜出暗花龍鳳盤碟等件官物，合送法司擬罪。其中或有盜賣與人者，或因私情相送者，不知利害，收藏在家，私自僭用。合無刑部轉行都察院通行出榜禁約，限一月以裏，許令赴官出首，與免本罪。中間委有不畏法律之徒，仍藏在家私竊僭用者，聽巡視人與火甲挨拿，仍許諸人指實赴官陳告。得實，官司量給官錢充賞，收藏之家治以重罪等因，該本司掌司事正千户楊英等具題。（該）奉聖旨：是。該署并管庫官廚都拿問明白，一發來說。欽此。欽遵行拿管庫等官毋建中等，審問明白，通送法司擬罪等因，該本司官具題。奉聖旨：是。都擬了罪來說。欽此。欽遵連人送司，除將犯人徐買兒等各問擬主守自盜官物等項斬、絞、徒、杖罪名，照例做工等項發落。具本發大理寺審允具奏，節該奉聖旨：是。徐買兒至王北京三十五名免做賴字，着錦衣衛都用一百斤枷於東安門外等處枷號一個月，滿日打一百着役。欽此。除將各犯送發枷號外，所據奏准出榜禁約緣由，呈案移咨本院，照依錦衣衛鎮撫司奏，奉欽依內事理，欽遵出榜禁約。施行到部，欲備示出榜，發去京城內外人烟湊集去處張掛，曉（論）〔諭〕官員軍民、僧道人等欽遵禁約。緣係出榜事理，未敢擅便，具題。（奏）〔奉〕聖旨：是。欽此。

（清）查繼佐《罪惟録》紀卷九《憲宗紀》 〔成化十二年〕三月，

申荊襄流民入山之禁。

（明）戴金《明條法事類纂》卷二二《禮部類·服舍違式·禁約僭用渾金禁色緞疋花樣》 成化十六年十二月二十二日，禮部爲陳言事。錦衣衛親軍指揮使司帶俸署指揮同知、指揮僉事趙承文條陳五事，具本。該通政使司官奏。奉聖旨：該部知道。欽此。欽遵。内一件：遵舊章。臣聞古之人君善繼善述者，必先於遵舊章。《詩》曰：不愆不忘，率由舊章是也。誠以創業乖統之君，憂深而慮遠，研精而殫思。立爲制度，必慎必（祥）〔詳〕，著爲〔章〕程，必中必正，不可以不遵也。洪惟我太祖高皇帝以神武定天下，以聖仁建皇極，以酌古准今立法度，以（太）〔大〕公至弘典章，通天下人情而爲法律，計水土所宜而爲供賦，分政務統屬而嚴委任，審内外輕重而設武衛，別貴賤等階而爲程式，較上下名分而謹經常。與凡一事（而）〔有〕一事之則，一物有一物之規。極曠（故）〔古〕所無，以〔抵〕治平，垂萬世（所）〔之〕法，以爲統緒。所謂舊章，在今不可須臾違也。臣見近年以來，人情流於僭越，習俗過於侈靡。人情日變，習俗日偷，誠政務之急，所當先問也。且如貴賤有定（試）〔式〕，所以立天下之防，今軍民富豪僭用禁色段疋、奇異花樣以爲衣服，雖文官有不如。甚至娼優之賤而朱紫遍體，奴隸之卑而金線做靴。又（姑）〔如〕婚禮有儀，所以嚴上下之分。今軍民恃財多，張錦綺僭造床（張）〔帳〕，及用渾金羅緞做衣服，以爲嫁娶，而炫耀於通衢，顯榮於大市，僭擬之極，一至如此。往年太監汪直見得臣民踰禮犯分者多，亦嘗具奏，禁革織造違制顏色花樣羅緞等件，又將違法之家各治以罪。以此，人知警懼，市不敢鬻，人不敢僭，天下臣民侈心才革，甚爲便益。

奈何遵守未久，旋復如舊玩違。乞敕該衙門再行申明太監汪奏准事例，嚴加禁約，永爲遵守。又如《大明〔律〕》一代成法，太祖高皇帝親御宸翰，數四更改而後定。今各衙門官吏人等，假作聰明，變亂〔舊〕章，多方奉（律）〔行〕條例。後蒙英宗睿皇帝洞察其非，著在詔條，使臣民遵守。奈何天語（諆）〔諄〕切，遵守不能，條例之行，加於舊日。以至學校之不遵臥碑，田賦之虧兑倍納，農桑之勸督，有司不知；武衛之軍伍，有名無實。此等政令雖有，在官因循不舉，在（於）〔民〕茫然不知。不舉不知，宜其不能遵守。臣愚伏望聖明乞敕禮部，將《洪武禮制》、《榜文》、《職掌》及《申明禮制榜文》舊行一應良法，除在内申明遵守外，仍轉行各布政司舊寫翻刊，給散各衛府州縣。又遍散儒學屬官及糧里、老人、官旗，今後政刑、（脹）〔服〕舍、禮儀等項，務遵舊章，聿新庶政，則天下幸甚等因，抄出送司。查得先准刑部陝西清吏司手本違法事，准錦衣衛鎮撫司手本内開，該御馬監太監汪題稱，義勇中等衛縣軍民舍餘洪英等，各賣違禁玄黄等色紗及紵絲，奉欽依將洪英等依律問罪。今後（申）〔民〕間果有不（委）〔畏〕法律，仍前私造販賣及穿用者，兩京聽巡城御史、巡捕官校、五城兵馬挨拿，在外聽巡按御史、按察司一體拿問，治以重罪。已經奏准，備榜通行南京、蘇、杭等處禁約去後，今該前因，案呈到部。看得指揮趙承文所奏，除要各衙門遵用《大明律》移咨法司外，所稱將太監汪先年奏行禁約事（理）〔例〕再行申明一節，合無通行各處，照依先次奏准事例，將原降榜文常川張掛，嚴加禁約。如有故違，所在各該官司拿問如律，照例發落。其餘《洪武禮制》、《榜文》、《職掌》及《禮制榜文》，俱係先年已行，在在有之。今若再行一一翻刊，給散各衙門府州縣并儒學屬官及糧里、老人、官旗人等，未免煩擾，難於遍給。今再通行各處官吏軍民人等，照依前開各項典章所（再）〔載〕遵守，不許有違。奉聖旨：是。欽此。

（明）戴金《明條法事類纂》卷二二《禮部類·服舍違式·軍民之家服飾不許違禁例》 成化二十年十月十四日，太子太保、都察院右都御史朱題，爲禁約奢僭事。該巡按浙江監察御史林誠（奉）〔奏〕一件：禁約奢僭，以需國課。照得天生五材，軍需藉（此）〔此〕以辦，國課賴此以供。天下軍民，宜其安分節奢，以愛惜之也。臣訪得蘇、杭等府織造（沙）〔紗〕羅緞疋等項，較之正統年間，其價高而物（及）〔反〕不（知）〔如〕。竊聞鄉耆，皆因地方養蠶出絲，與工匠織造，比前不能加多，〔而〕近年天下風俗奢侈，僭用加前百倍。臣訪得蘇、杭等州，江南繁華之地，不（恃）〔特〕富豪之家，甚至賤品市井之人，（屬）〔屠〕沽閭閻之（章）〔輩〕，婚男嫁女及倡優歌妓，夏則紗羅，冬則段疋，織金繡綵，花樣服色，争尚奇巧，全無忌憚。以此有（恨）〔限〕之産物，給彼無窮之濫費，宜其物價騰湧，人趨濫惡，以致供應職造，往往多不如法。不（恃）〔特〕官加以罪，民受重陪，而天下風俗所係，國家名分所係。如蒙乞敕都察院并工部，查照上年事例申明，備榜〔嚴〕加禁約。京城内外雜行賤品及市井屠沽倡優歌妓之流，不許奢侈僭用。仍議定民間應用之數，開坐昭示，使易遵守，不敢犯分。仍備行浙江等布政司及直隸、蘇、松等府巡撫、巡按等官，亦照例出榜禁約，仍著提舉風憲官時常訪查，但有違例犯（革）〔禁〕者，即將所禁之物納官，變賣銀兩雜糧，本犯照例重加罰贖，通備賑濟。里老、鄰佑、火甲、一體究治。如此，則僭〔侈〕以革，民用有經，而（明）〔名〕分日正，風俗日厚等因。奏奉聖旨：該衙門看了來説。欽此。欽遵。臣等伏睹《大明令》内一款：庶民男女衣服，并不得僭用金繡，許用紵絲綾羅、細絹素紗。欽此。欽遵。又查得《禮儀定式》内一款：凡文武百官軍民人等，衣服帳幔，并不許用玄、黄、紫三色，并〔織〕繡龍鳳之紋。又查得成化二年二月二十日該禮部官於奉天門欽奉聖旨：如今官員軍民人等，多有不遵定例，僭用服色花樣，及婦女人僭用渾金衣服、寶石頭面，好生違禮犯分！恁禮部便出榜，於南北二京張掛禁〔約〕，今後敢有仍前僭用〔者〕，輕則依律問罪，重（則）必殺不饒。欽此。欽遵。又查得成化七年正月初七日，刑部尚書陸等於奉天門節該欽奉聖旨：近年京城日見奢侈，官員軍民人等，衣服用度多有不遵定制。婦女不分良賤，概用（織）〔渾〕金衣服、寶石頭面。今後官民人等，衣服首飾各遵定例，不許僭分。違了的，聽給事中、御史指實糾舉，仍聽錦衣衛分巡官并五城兵馬緝拿送問。違禁之物入官。犯人輕則依律照例發落，重則編發邊衛充軍不饒。欽此。欽遵。節經通行禁約外，今監察御史林誠又奏前因。緣前事例行之既久，人心玩怠，奢僭易生。誠如本官所言，合再申明禁約。但要議定民間聽用之數，開坐昭示，及要提學道官時常訪察一節，緣軍民之家貧富不等，難以拘定數目。提學官各有（榜）〔職〕掌，亦難干預他事，合無申明舊例，兩京本院出榜禁約。直隸并浙江等處，有巡撫處，行巡撫官；無巡撫官，行各該巡按御史出榜曉諭禁約。官〔吏〕軍民人等，衣服首飾各要遵守前項舊制。并節奉欽依榜文事例，不許僭用。如有故（禁）〔違〕，兩京許六科十三道糾劾〔及〕錦衣衛巡捕官、五城兵馬緝拿送官，在外許里老、鄰佑人等赴官首告，追究明白。違犯之人，依律問罪，照例發落。違禁之物入官。如此。則法令嚴明，人知警懼。具題。奉聖旨：准擬。欽此。

（明）戴金《明條法事類纂》卷二二《禮部類·服舍違式·禁奢〔僭〕以需國課》　成化二十年十二月十四日，户部爲乞照列致仕等事。巡按浙江等處監察御史林誠奏，計開：

一、禁奢僭以需國（税）〔課〕。乞敕都察院并工部，查照上年事例申明，備榜嚴加禁約。京城内外雜行賤品及市井屠（治）〔沽〕娼優、歌妓之流，不許奢侈僭用。仍議定民間應用之數，開坐昭示，使易遵守，不敢犯分。仍（通）備行浙江等布政司及直隸蘇、松等府巡撫、巡按等官，亦照例出榜禁約，仍着提舉風憲官時常訪察，（祖）〔但〕有違條犯禁者，即將所禁之物納官，變賣銀兩雜糧。其本犯照例問罪，重加罰贖，通備賑濟。仍要挨究其里老、鄰佑、火甲，一體究治。如此，則奢侈以革，民用有經，庶幾（撙）〔樽〕節愛民，上天所生之物以供應朝廷之用，而（明）〔名〕分日正、風俗日厚矣。前件，節該伏睹《大明（律）〔令〕》内一款：庶民男女衣服，并不得僭用金繡，許用紵絲、綾羅、紬絹、素紗。欽此。欽遵。又查得禮儀定式内一款，凡文武百官軍民人等，衣服帳幔，并不許〔用〕玄、黄、紫三色，并織繡龍鳳紋。又查得成化二年二月二十二日該禮部官欽奉聖旨：如今官員軍民人等，多有不遵定制，僭用服色花樣，及婦女僭用渾金衣服，寶石頭面，好生違禮犯分！恁禮部便出榜，於南、北二京張掛禁約，今後敢有仍前僭用者，輕則依律問罪，重則必殺不饒。欽此。欽遵。又查得成化七年正月初七日，刑部尚書陸等節奉聖旨：近年京城日見奢侈，官員軍民人等，衣服用度多有不遵定制，婦女不分貴賤，概用（織）〔渾〕金衣〔服〕、寶石頭面。今後官民人等，衣服首飾各遵定制，不許僭分。違了的，聽給事中、御吏指實糾舉，仍（旺）〔聽〕錦衣衛分巡官并五城兵馬緝拿送問。違〔禁〕之物入官。犯人輕則依律照例發落，重則編發邊衛充軍不饒。欽此。欽遵節該通行禁約外，今御史林誠又奏前因。緣前項事例行之已久，人心玩怠，奢侈易生，誠如本官所言。今合〔無〕再行申明禁約。但要議定民間應用之數，開坐昭示，及要提學官時常訪察一節，〔緣〕軍民之家貧富不等，難以拘定數目，提學〔官〕各有職掌，亦難干預他事。合無申明舊制，兩京本院出榜〔禁約〕。直隸并浙江等處，有巡撫處，行（之）〔巡〕撫官；無巡撫官處，行巡按御史，出榜曉諭禁約。官吏軍民人等，衣服首飾各要遵守前項舊制，并節奉欽依榜文内事理，不許僭用。如有故違，兩京許六科、十三道糾劾，及錦衣衛巡捕官、五城兵馬緝拿送官；在外許里老、鄰佑、火甲人等赴官首告，追究明白。違犯之人依律問罪，照例發落。違禁之物入官。如此，則法令（禁）嚴明，人（如）〔知〕警懼。

（明）戴金《明條法事類纂》卷二二《禮部類・服舍違式・禁約奢僭及刊行御製諸書例》 弘治元年閏正月十三日，都察院左都御史馬等題，爲申明舊章以厚風化事。該本院題，洪惟我太祖〔高〕皇帝膺天眷命，掩有萬方，君臨天下，慨彼胡元入（生）〔主〕中國，華風淪没，彝道傾頹。欲新一代之製作，大洗（大）〔百〕年之陋習。始著《大明令》以教之於先，續定《大明律》以齊之於後，既制《大誥》三編以告諭〔臣〕民，復（遍）〔編〕《禮儀定式》等書以頒示天下。即孔子所謂道之以德，齊之以禮；道之以政，齊之以刑之意也。當時名分以正，教化以明，尊卑貴賤，各有等差，無敢僭越。真可以遠追三代之盛，而非漢、唐、宋之所能及矣。迨我太宗文皇帝克平内難，正位宸極。下至列聖相承，一遵舊章，禮儀不紊，法令嚴明。尚節儉，不事奢靡。至景泰年間，祖宗成憲，所司奉行未至，風俗漸移。近年以來，群小用事，恣肆姦欺。販賣寶石之徒，盜竊府庫銀兩，供帳、飾服擬於王者，飲（百）〔食〕、房屋勝於公侯，以致京城之内互相仿〔效〕，習以成〔風〕。雖常禁約，玩法不遵。軍民之家僭用渾金織成衣服，寶石（相）〔鑲〕成首飾。僧道俱着紵絲綾羅，指揮亦用麒麟繡補。其官員相遇，尊卑不分，俱不（迴）避。娼優吏卒，騎坐驢馬，亦不讓道。非禮僭分，無所不爲。名分不正，風俗偷薄，舊章廢墜，禮制因循，未有甚於此時也。且治天下莫先於禮，禮莫先於正名分，名分不正，何以言治。仰惟皇上嗣登寶位，任賢去邪，納諫容言，宵衣（肝）〔旰〕食，親決萬機。圖治之心，可謂切矣。然圖（法）〔治〕莫先於法祖。《書》曰：監於先王成憲，其永無愆。《詩》曰：不愆不忘，率由舊章也。然法祖必行於遵舊章而守成憲，舊章成憲，莫重於《大誥》三編、《大明律》、《令》、《禮儀定式》、《稽古定制》、《教民榜》諸書。若不通行申明，使人遵守，而欲治道之隆，風俗之厚，蓋亦難矣。如蒙乞敕禮部，將前項《禮儀定式》、《稽古定制》二書内所載，摘其緊要者奏請出榜，曉（論）〔諭〕禁約。但有前項僭越之徒，在京，本院行令巡城御史督令五城兵馬及錦衣衛坐城軍校，在外，行令巡按御史、按察司緝拿問罪，重加懲治。違禁衣服首飾等物入官。婦人有犯，罪坐家長夫男。及通行兩京各衙門大小官員知會，凡在道往來相遇之間，各要遵守禮制，當迴避者迴避，當讓道者讓道，各守（遵）〔尊〕卑之分，共（效）〔敦〕節儉之風。仍通行浙江等布政司及應天、順天二府，各將《大明律》、《令》、《大誥》三編、《教民榜》、《禮儀定式》諸書，支給官錢刊板，在官印造完備，布政司發仰所屬軍衛有司，應天府、順天府發去南北隸，各府各發所屬州、縣并鄰近衛所，大小衙門每處各一本，如法收貯，用心講習，務要遵守，不許故違。各學生員并社學子弟亦須誦讀，勿視虚文。原有板者，不須再刊。具題。奉聖旨：是。風俗奢侈，甚害治道。禮部便備榜，嚴加禁約。犯了的，着實懲治他不饒。欽此。

（明）戴金《明條法事類纂》卷二二《禮部類・服舍違式・申明律令禮儀并禁〔約〕遇官不行讓道及僭用服飾例》 弘治元年四月初二日，禮部尚書周等題，爲遵舊章以厚風化事。該都察院左都御史馬等題，洪惟我太祖高皇帝膺天眷命，（以）〔掩〕有萬方，君臨天下。始著《大明令》以教之於先，續定《大明律》以齊之於後，既制《大誥》三編以告諭臣民，復編《禮儀定式》等書以頒示天下。當時名分以正，教化以明，尊卑貴賤，各有等差，無敢僭越。真可以遠追三代之盛，而非漢、唐、宋之所能及矣。〔迨我太宗文皇帝克平内難，正位宸極，下至〕列聖相承，禮儀不紊，法令嚴明，人尚節儉，不事奢靡。至景泰年間，祖宗成憲，所司奉行未至，風俗漸移。近年以來，群小用事，恣肆姦欺。販賣寶石之徒，盜竊府庫銀兩，（俱）〔供〕帳、服飾擬於王者，飲食房屋勝於公侯。以致京城之内，互相做（傚）〔效〕，習以成風。雖常禁約，玩法不遵。軍民之家僭用渾金織成衣服、寶石（廂）〔鑲〕成首飾，僧道俱着絲絹綾羅，指揮亦用麒麟繡補。其官員相遇，（遵）〔尊〕卑不分，俱不迴避。倡優吏卒，騎坐驢馬，亦不讓道。非禮僭分，無所不爲。名分不正，風俗偷薄，舊章廢墜，禮制因循，未有甚於此時也。且治天下莫先於禮，禮莫先於〔正〕名分，名分不正，何以（官）〔言〕治！仰惟皇上嗣登寶位，親決萬機，圖治之心，可謂切矣。然圖治莫先於遵舊章，而舊章莫重於《大誥》三編、《大明律》、《令》、《禮儀定式》、《稽古定制》、《教民榜》諸書，若不通行申明，使人遵守，而欲治道之隆，風俗之厚，蓋亦難矣。如蒙乞敕禮部，將前項《禮儀定式》、《稽古定制》二書内所載，摘其緊要者奏請出榜，曉〔論〕〔諭〕禁約。但有前項僭越之徒，在京，本院行令巡城御史督令五城兵馬及錦衣衛坐城官校，在外，行令巡按御史按察司緝拿問罪，重加懲治。違禁衣服、首飾等物入官。婦人有犯，罪坐家長〔夫〕男。及通行兩京各衛門大小官員〔知〕會，凡在道官員往來相遇之間，各要遵守禮制，當迴避者迴避，當讓道者讓道。各守尊卑之分，共敦節儉之風。仍通行浙法等布政司及應天、順天二府，各將《大明律》、《令》、《大誥三編》、《教民榜》、《禮儀定式》、《稽古定制》諸書支給官錢刊板，在官印造完備，布政司發仰所屬軍衛有司，應天、順天二府發去南北直隸，各府各發所屬州縣并鄰近衛所大小衙門，每處各一本，如法收貯，用心講習，務要遵守，不許故違。各學生員并社學子弟亦須誦讀，勿視虚文，原有板者不必再刊等因，〔其〕〔具〕題。奉聖旨：是。風欲奢侈，甚〔言〕〔害〕〔沿〕〔治〕道。禮部便備榜，嚴加禁約。犯了的，着實懲治他不饒。欽此。

（明）戴金《明條法事類纂》卷二二《禮部類・服舍違式・申明禁約民間服飾奢僭例》 弘治元年五月初一日，都察院爲陳言事。山東道呈該巡按山東監察御史陳奏一件：禁奢侈。蓋天地〔之物〕自〔有〕定數，上足以供國家之需，下足以給臣民之用，有節則充盈，無節則空乏，乃理勢之自然也。但近年以來，風俗侈靡。且如軍民婚姻喪祭，官府到任、公差，置備酒席、禮物，互相好〔盛〕〔勝〕，用席無節。雖有禁例，多不遵守，以致貨財虚耗。故在官則竊，在民亦窮，〔成〕〔誠〕不可以不禁也。如蒙乞敕都察院，申明節次見行事例，嚴加禁約，務在必行。若官吏怠忽而不察，則罪官吏；軍民欺玩而故犯，則罪軍民。如此，則法令昭彰，名分遵守，嚴貴賤〔有〕〔之〕〔辦〕〔辨〕，而公私之用則無不足，以此奢侈所當禁也。查得成化二十年十二月十四日，該太子少保本院右都御史朱等題，爲禁約奢侈事。准户部咨該巡按浙江等處監察御史林誠奏一件，禁奢僭以需國課。臣等伏睹《大明令》内一款，庶民男女衣服，并不得僭用金繡，許用紵絲、綾羅、紬絹、素紗。欽此。欽遵。又查得禮部《禮儀定式》内一件，凡文武百官軍民人等，衣服帳幔，并不許用玄、黄、紫三色并織繡龍鳳紋。又查得成化二年二月二十二日該禮部官奏，奉憲宗皇帝聖旨：如今官員軍民人等，多有不遵定例，僭用服色花樣，及婦女人等僭用渾金衣服、寶石〔顯〕〔頭〕面，好生違禮犯分！恁禮部便出榜，於南、北二京張掛禁約。今後敢有仍前僭用者，輕則依律問罪，重則必殺不饒。欽此。欽遵。又查得成化七年正月初七日刑部尚書陸等奏，奉聖旨：近年京城風俗日見奢侈，官員軍民之家，衣服用度多有不遵定制。婦女不分良賤，〔緊〕〔概〕用渾金衣服，寶石頭面。婚姻喪葬，僭擬無度。一切酒席，多用大樣簇盤、糖纏餅錠。甚至有等射利之徒，專以販賣寶石爲名，高擡價值，取利肥己。論這等情〔罪〕本難容，今且不問。恁法司便出榜，通行禁約。今後官民人等，〔不〕〔衣〕服首飾各遵〔定〕例，不許僭分。凡遇嫁娶及置酒席，悉從禮節，不許競爲侈麗。一應鋪户人等，并不許仍前販賣寶石及賣大樣餅錠等件。違了的，聽給事〔中〕、御史指實糾舉，仍聽錦衣衛等官并五城〔兵馬〕緝拿送問。違禁之物入官。犯人輕則依律照例發落，重則編發邊遠充軍不〔曉〕〔饒〕。欽此。欽遵節經通行禁約外，緣照前項事例行之已久，人心〔玩〕怠，侈僭易生。合無申明舊例，兩京本院出榜，直隸并浙江等處，有巡撫官處行巡撫官，無巡撫官處行各該巡按御史出榜，曉諭禁約。官吏軍民人等衣服首飾，各要遵守前項舊制，并節奉欽依榜文事例，不許僭用。如有故違，兩京許六科、十三道糾劾及錦衣衛巡捕官五城兵馬司緝拿送官，在外許里老、鄰佑、火甲人等赴官首告，追究明白。違犯之人，依律問罪，照例發落。違禁之物入官。如此，則法禁嚴明，人〔明〕〔知〕警懼等因，具奏。節該奉憲宗皇帝聖旨：准議。欽此。欽遵，已經節次出榜禁約，曉諭遵守去後。今御史陳又奏前因，但恐前項事例奏行未至，人多怠忽，若不再行嚴加禁約，則侈靡之風愈熾而不可止息，登壟之徒貪利而終無紀極。合就備由呈乞仰五城〔兵馬〕、巡城御史并各處巡按御史，照本官及節奉欽依内事理，一體行屬欽遵，嚴加施行。

（明）戴金《明條法事類纂》卷二二《禮部類・服舍違式・奏違式》

弘治元年十二月初二日，都察院左都御史馬等題，爲儆戒無虞，益隆治道事。成化二年二月十一日禮部尚書姚等欽奉憲宗皇帝聖旨：如今官員軍民人等，多有不遵定制，僭用渾金衣服、寶石頭面，（而）好生違禮犯分！恁禮部便出榜，於南、北二京張掛禁約，敢有仍前僭用者，輕則依律問罪，重則必殺不饒。欽此。又查得本院左都御史馬奏稱，近年以來，販賣寶石之徒，盜竊府庫銀兩，供帳服飾擬於王者，飲食房屋勝於公侯。以致京城之内，互相倣效，習以成風。雖常禁約，玩法不遵。軍民之家，僭用渾金織成衣服，寶石（廂）〔鑲〕成首飾。僧道俱着紵絲綾羅，指揮亦用麒麟繡補等因。合無出榜禁約，但有前項僭越之徒，在京，本院行令巡城御史督令五城兵馬及錦衣衛坐城官校；在外，行巡按御史、按察司緝拿問罪，重加懲治。違禁衣服首飾等物入官。婦人有犯，罪坐家長夫男等因，奏奉聖旨：是。風俗奢侈，（世）〔甚〕害治道。禮部備榜，嚴加禁約，犯了着實懲治不饒。欽此。

（明）戴金《明條法事類纂》卷四四《刑部類·閹割（大）〔火〕者·禁革净身人來京游蕩潛住》 弘治三年五月初八日，錦衣衛鎮撫司理刑千户葉廣等題，爲申明律法，杜絶奸頑，以正風俗事。該本衛委官千户章聚捉獲淨身人王永等三十名，開送到司。案查，先該内官監太監楊鵬題，今年四月初四等日，有淨身人趙祥、康灌等五百餘人，前來行事廠門首，齊聲喊叫，不蒙收用等語。又在東安門外擊打更鼓。看得趙詳等，俱係無狀奸頑之徒，不務生理，正係故違法律，私自淨身，合無一名名拏送法司，處以極刑。家屬歇家人等，俱照例問罪發遣，以戒將來等因，奉聖旨：這廝每不畏法律，着錦衣衛、五城兵馬提拏，送鎮撫司好生打着問。欽此。欽遵將淨身人趙祥等六百七十六名，拏送到司。又奉本衛及各兵馬司陸續送淨身人高奉等一千二百七十四名前來，已經問招明白，奏請發落外，今奉前因，問將犯人王永，供係順天府涿州民，與同今在官一般淨身張昶等，各於成化十四年月日不等，私自淨身，告送禮部，發回原籍隨住。後昶等又行告，蒙奏送錦衣衛打五十，仍發寧家。又有今在官牟仗玉等，各於成化十七年月日不等，私自淨身，告送禮部，蒙發五城兵馬司寄監趕散及發寧家。弘治三年二月二十八日，欽奉聖旨：先年節次問發充軍并枷號發回原籍爲民淨身人，着落該衙門查數來看。欽此。禮部將先年問發充軍并枷號發回原籍爲民淨身人馬進等六百二十六名，奏奉聖旨，送南海子編充海户外，有已發落淨身人趙祥等，各不合違例於本年四月初四等日，糾率各起淨身人五百餘名，到於東廠門首，齊聲喊叫。又在東安〔門〕外擊打更鼓，致蒙太監楊鵬，查得先該禮部題奉憲宗皇帝聖旨：這廝每違例自殘，立心不善，都送兵部，編發遼東各衛充軍。自成化九年五月以後，敢有不安本分生〔理〕，私自淨身，希求進用的，本身處死，全家發煙嶂地面充軍。欽此。奏蒙將趙祥等，拏送到司，推問明白，奏奉欽依發回外，永等明知前例，各不合故違，陸續逃走來京。致蒙錦衣衛巡捕官校，將永等拏送到司，問招明白前情在官。照得先該太監楊鵬題稱：淨身人趙祥、康灌等五百餘人，前來行事廠門首喊叫，又在東安門外擊打更鼓，已將趙祥等陸續拿到問理。節經題奉聖旨：這淨身人，不必擬罪，但未經打的，每人打五十，通行發回原籍官司，着嚴加收管，不許來京攪擾。欽此。欽遵外，今照淨身人，又有陸續方纔逃走來京。非惟倣效不能杜絶，抑且往往煩瀆聖聽，合無乞敕刑部、轉行錦衣衛巡捕官校，及巡城御史、五城兵馬司，嚴加巡察。今後若有未經拏問淨身人逃走來京游蕩潛住者，就便捉拏，徑送法司，照例發落，遞回原籍官司，嚴加收管，不許來京攪擾。奉聖旨：是。王永等都照前例發落。欽此。

《明武宗寶訓》卷二《勵俗》 弘治十八年八月辛已，都察院覆議給事中周璽所奏，言中外臣庶之家奢靡相尚，僭用不經，乞皇上躬行節儉，痛抑奢華。凡日用常例之外，悉從省約，則薄俗可革，淳風自還。上曰：風俗侈靡，日甚一日，此非治世所宜有也。其即通行榜諭，官民人等宜遵禁例。如有仍前奢僭者，罪不宥。

中國第一歷史檔案館《滿文老檔》天命八年四月 初七日，汗諭曰：令漁人留於太子河，禁止往遼河打魚。

中國第一歷史檔案館《滿文老檔》天聰四年四月 初九日，頒諭曰：貝勒曰：凡永平府所屬各色匠役、閒民，不得攜歸瀋陽。即諸貝勒大臣等，若有潛行攜歸者，准赴貝勒府第控告，貝勒之門已設專司之人，收受訴狀，若不容陳告，强行攜歸者，許赴瀋陽汗前控告。以永平爲永住之地，爾民毋輕信誑言，隨之而去。

中國第一歷史檔案館《滿文老檔》天聰六年十月 二十六日，行圍時，汗諭諸貝勒曰：爾等不可以諸申所射之獸，冒爲已之所射而奪取。若果係諸申所射者，勿以貝勒之故而讓之，可下法審驗射獸方位之虚實。若爾諸貝勒强爲已有而奪之，有不懼者乎？如阿爾薩蘭布庫最稱强勇，然我若令其仆，彼敢不仆乎？遂以手指阿爾薩蘭布庫令之仆，即仆。若爾等強爲己有而奪之，彼等不敢拒絶。再令隨諸貝勒之綿甲兵俱立誓。再有跟役等盜竊馬絆、籠頭、馬韂、馬轡等物者，則將其主論罪不貸。務各向跟跟役多切諭之。再者，諸貝勒之跟役人等，若牽馬隨貝勒行走在圍場内時，不得攜帶撒袋。

中國第一歷史檔案館《清初內國史院滿文檔案譯編》天聰六年十二月十二日，抵趙甲，汗諭曰：不許喧擾，即使新舊有名望之人，若於貝勒前迎射，則鞭一百。即係貝勒，不必入衆人群内馳射。若能嚴加管束獵隊，諸貝勒親入圍内馳射，亦無可非議。

十八日，以從獵者亂行，復宣諭曰：每旗令大臣一員，不佩帶撒袋，專司統轄出獵隊伍，有不隨甲喇、牛彔行走，逗留失次者，皆執治之。

中國第一歷史檔案館《清初內國史院滿文檔案譯編》天聰七年十一月二十五日，駐蹕開原。是夕，諭諸隨獵人等曰：有擅入圍場者，貝勒則罰良馬，甲喇額真罰銀十五兩，旗額真罰銀十兩，閒散入圍中，若係善者罰銀九兩，不善者射死。離伍留後者，與入圍同罪，遇密葦避而不入者，亦罪之。同見豕群，不驅入圍内，而向外逐射者，亦罪之。見猛獸在易射之地，則往告貝勒，如在險處，則令原派勞薩等人入圍，閒散跟役人等隨後而行，見中箭之狍帶箭入圍中，即告知所在貝勒，獲准再行追尋，不告而追尋者罪之。

中國第一歷史檔案館《清初內國史院滿文檔案譯編》天聰九年六月二十五日，天聰汗諭貝勒大臣曰：昔汗父時，曾禁諸貝勒之子郊外放鷹，蓋以擾害人民，踩踐田園，傷殘豕雞故也。今聞違禁妄行。放鷹之人，應宰殺自備牛羊，以供所遇者食用，不宜害民。若侵害民人，宰殺豕雞，貧民何以堪此？我凡出師，雖嚴寒亦不入屯堡，皆駐蹕於郊野。恐耗損民人草木諸物耳。嗣後，如放鷹擾民不止，事發被拿獲，決不輕恕。古云：涓涓不塞，將爲江河，熒熒不救，炎炎奈何。蓋以凡事當防微杜漸，縱弛之後，則難整頓。若不能防患未然，後悔無及也。

中國第一歷史檔案館《清初內國史院滿文檔案譯編》天聰九年七月初三日，汗曰：要是懂得醫治療瘡的醫生，可以醫治。若不會醫治，不能治好，不要醫治。你不懂醫治，貪得錢財，而僥幸醫治，人若死了，另外，若把其他的瘡病詭稱爲疔瘡醫治，定罪。

中國第一歷史檔案館《清初內國史院滿文檔案譯編》天聰九年十一月二十日晚，傳諭衆從獵人等曰：各甲喇之主，該管汛地，須申明約束。見熊及豕勿射，宜向圍内逐之，遇虎則傳報汗及諸貝勒，見者緊躡其蹤。汗及諸貝勒所射之獸，棉甲從人尾追，勿因追獸脱走而奪他人所射之獸。若奪之來，必同赴驗傷官處察視。

《清太宗實録》崇德六年二月戊申，諭戶部曰：前所定禁止用烟之令，其種者與用者，俱經屢行申飭矣。近見大臣等猶然用之，以致小民效尤違禁。嗣後凡欲用烟者，惟許各人自種而用之，若出邊貨買者，處死。

《刑部現行則例》卷下《雜犯》凡紫禁城内及凡倉庫、壇廟等處文武官員吃煙者，革職，枷號兩個月，鞭一百，折贖。旗下人吃煙者，枷號兩個月，鞭一百。民人責四十板流三千里。該管官員見而不行捕首，若被傍人捕首者，將本處該管官員俱罰俸半年。文武官員，該部照此所定擬罪。具題完結。若旗下人、民，刑部照此所定治罪，宗室覺羅交與宗人府議處可也。具題。奉旨：官員違此禁例吃煙者，革職，免其枷責，折贖，餘依議。

《刑部現行則例》卷下《雜犯》紫禁城内大臣、侍衛官員吃煙者，派出看門護軍查拿被獲，除照禁止例擬罪外，照其官職加取一個月俸銀給與拿獲之護軍。大臣、侍衛官員跟隨之人被獲，除照禁止例責打外，亦向伊等之主取一個月俸銀給與拿獲之護軍。如護軍校將吃煙之人不行拿獲，革去護軍校，不准折贖，鞭一百，枷號兩個月。護軍不行拿獲，鞭一百，枷號五個月。閒散執事之人，照禁止例鞭一百。

《刑部現行則例》卷中《祭祀》凡人不回都統，取用印咨文行禮部，私令端公、道士醫治者，係官交與該部議，係平人照違令律治罪。將私行醫治端公、道士杖一百。雖稟過部，端公、道士謊稱眼見捉拿狐魅，作異端醫治，致人死者，將端公、道士俱照鬥毆殺人律擬絞監候，秋後處決。

（清）湯斌《湯子遺書》卷九《蘇松告諭》爲政莫先於正人心，正人心莫先於正學術，朝廷崇儒重道，文治修明，表章經術，罷斥邪說，斯道如日中天。獨江蘇坊賈，惟知射利，專結一種無品無學希圖苟得之徒，編纂小說傳奇，宣淫誨詐，備極穢褻，污人耳目，繡像鏤版，極巧窮工。

致游佚無行，與年少志趣未定之人，血氣搖蕩。淫邪之念日生，姦僞之習滋甚，風俗陵替，莫能救正，深可痛恨，合行嚴禁。仰書坊人等知悉：除《十三經》、《二十一史》及《性理》、《通鑑綱目》等書外，如宋、元、明以來大儒注解經學之書，及理學、經濟、文集、語録，未經刊板，或板籍毁失者，照依原式，另行翻刻，不得聽信狂妄後生，輕易增删，致失古人著述意旨。今當修明正學之時，此等書出，遠近購之者衆，其行廣而且久，爾等利亦當出此。若曰古書深奥，難以通俗，或請老成純謹之士，選取古今忠孝廉節，敦仁尚讓實事，善惡感應，凛凛可畏者，編爲醒世訓俗之書，既可化道愚蒙，亦足檢點身心，在所不禁。若仍前編刻淫詞小説戲曲，壞亂人心，傷敗風俗者，許人據實出首，將書板立行焚燬。其編次者，刊刻者，發賣者，一並重責，枷號通衢，仍追原工價，勒限另刻古書一部，完日發落。

《清聖祖實録》康熙二十六年二月 甲子，九卿議覆，刑科給事中劉楷條奏，請禁止淫詞小説，應如所請。上曰：淫詞小説，人所樂觀，實能敗壞風俗，蠱惑人心。朕見樂觀小説者，多不成材，是不惟無益而且有害。至於僧道邪教，素悖禮法，其惑世誣民尤甚。愚人遇方術之士，聞其虚誕之言，輒以爲有道，敬之如神，殊堪嗤笑。俱宜嚴行禁止。

（清）孫綸《定例成案合鐫》卷一一《禮部祭祀》 康熙二十六年三月，禮部覆科臣劉楷題：【略】至於私行著作淫詞等書，鄙俗淺陋，易壞人心，應通行中外，將私行撰著刊刻發賣者，一體詳察禁止，毁其刻板。如違禁不遵，仍行撰著私藏刻板者，内而科道五城御史，嚴查題參；外而督撫，令府州縣官，嚴行稽察題參，該部從重治罪。凡此，除該管官員，若令旁人訐告，恐致姦徒藉端擾害良民，相應不准訐告。奉旨依議。

（清）素爾納等《學政全書》卷七《書坊禁例》 康熙二十六年議准，書肆淫詞小説，刊刻出賣共一百五十餘種，其中有假僧道爲名，或刻語録方書，或稱祖師降乩。此等邪教惑民，固應嚴行禁止。至私行撰著淫詞等書，鄙俗淺陋，易壞人心，亦應一體查禁，毁其刻板。如違禁不遵，内而科道五城御史，外而督撫，令府州縣官，嚴行稽察題參，該部從重治罪。但除該管官員外，亦不許旁人訐告，以致姦徒擾害良民。

《武夷文化叢書・摩崖薈萃・武夷山四曲平林渡口巖刻》 建寧府崇安縣爲奉憲嚴某事。照得武夷九曲溪，自唐宋元明，歷遵街帖示禁捕魚。爲此申飭：下至山前瀨，上至平川源，凡十三里内，不許放藥毒魚及鷗鷀網罟入境。如敢故違，許地方士民、僧道等協拿送縣，以憑枷責示衆，各宜遵守。

康熙丙子〔三十五〕年三月，道會同奉令縣正堂孔捕廳何同勒石永禁。

《臺規》卷二五 康熙四十年題准，凡鳴鑼擊鼓，聚衆燒香，男女混雜等弊，並扶鸞書符，招搖斂緣之輩，及淫詞小説等書，俱責令五城司坊官，永行嚴禁。

《清聖祖實録》康熙四十八年六月 庚子朔，吏部議覆，江南道監察御史張連條奏疏言：一、午門前官員會集，體統攸關，理宜嚴肅，乃多有閒雜人奔馳往來，畧無顧忌，請敕守門兵弁嚴查禁止。一、民間設立香會，千百成羣男女混雜，又或出賣淫詞小説及各種秘藥，引誘愚民。請敕地方官嚴行禁止。一、貿易貨物，設立牙行，例給官帖，使平准物價，乃地方棍徒，於瓜果菜蔬等物，亦私立牙行名色，勒掯商民。請敕部查，税課、定例，除應立牙行者，照舊設立外，其餘一切私設牙行盡數除革。俱應如該御史所請，從之。

《清聖祖實録》康熙四十八年六月 庚子朔，吏部議覆，江南道監察御史張蓮條奏疏言：一、民間設立香會，千百成群，男女混雜，又或出賣淫詞小説，及各種秘藥，引誘愚民，請敕地方官嚴行禁止。【略】俱應如該御史所請。從之。

《清聖祖實録》康熙五十三年夏四月 乙亥，諭禮部：朕惟治天下以人心風俗爲本，欲正人心，厚風俗，必崇尚經學，而嚴絶非聖之書，此不易之理也。近見坊間多賣小説淫詞，荒唐俚鄙，殊非正理。不但誘惑愚民，即縉紳士子，未免遊目而蛊心焉。所關於風俗者非細。應即通行嚴禁，其書作何銷燬，市賣者作何問罪，著九卿詹事科道會議具奏。尋議，凡坊肆市賣一應小説淫詞，在内交與八旗都統、都察院、順天府，在外交與督撫，轉行所屬文武官弁，嚴查禁絶，將板與書，一並盡行銷燬。如仍行造作刻印者，係官革職，軍民杖一百，流三千里；市賣者杖一百，徒三年。該管官不行查出者，初次罰俸六個月，二次罰俸一年，三次降一級調用。從之。

《清聖祖實録》康熙六十一年十二月〔壬戌〕諭八旗都統，比見八旗官員兵丁内嗜飲沉湎以致容貌改常，輕生破産，肆行妄爲者甚衆，其中豈乏材具可用之人。朕實憫之惜之。著八旗都統各查該屬官員兵丁内酗酒不肖之徒，定以限期，速令悛改。能改則已，如不能改，係官員即行題參。應襲者令人承襲，係兵丁即行革退，以示懲戒，法在必行。

《臺規》卷二五　雍正二年又奏準，凡坊肆市賣一應淫詞小説，在内交與都察院等衙門，轉行所屬官弁嚴禁，務搜版書，盡行銷燬。有仍行造作刻印者，係官革職，軍民杖一百，流三千里。市賣者杖一百，徒三年，買看者杖一百。該管官弁不行查出，按次數分别議處。仍不許藉端出首訛詐。

《大清會典則例》卷二〇《吏部文禁》　一、嚴禁淫辭。乾隆三年議准：坊肆内一應小説淫辭，嚴行禁絶，將版與書一並盡行銷燬。如有違禁造作、刻印者，係官革職；買者，係官罰俸一年。若該管官員不行察出，一次者罰俸六月，二次者罰俸一年，三次者降一級調用。仍不準藉端出首訛詐。

（清）素爾納等《學政全書》卷七《書坊禁例》　乾隆三年議準，查定例：凡坊肆市賣一應淫詞小説，在内交八旗都統、察院、順天府，在外交督撫等，轉飭所屬官，嚴行查禁，務將書板盡行銷燬，有仍行造作刻印者，係官革職，軍民杖一百，流三千里，市賣者杖一百，徒三年；該管官弁不行查出者，一次罰俸六個月，二次罰俸一年，三次降一級調用。蓋淫詞穢説，最爲風俗人心之害，例禁綦嚴。但地方官奉行不力，致向存舊刻銷燬不盡，甚至收買各種，叠架盈箱，列諸市肆，租賃與人觀看。若不嚴行禁絶，不但舊板仍然刷印，且新板接踵刊行，實非撥本塞源之道。應再通行直省督撫，轉飭該地方官，凡民間一應淫詞小説，除造作刻印，《定例》已嚴，均照舊遵行外，其有收存舊本，限文到三月，悉令銷燬。如過期不行銷燬者，照《買看例》治罪。其有開鋪租憑者，照《市賣例》治罪。該管官員任其收存租賃，明知故縱者，照《禁止邪教不能察緝例》，降二級調用。

《大清律例》卷一六《禮律·祭祀·褻瀆神明》　律

凡私家告天拜斗，焚燒夜香，燃點天燈告天七燈拜斗褻瀆神明者，杖八十。婦女有犯，罪坐家長。若僧道修齋設醮，而拜奏青詞表文，及祈禳火災者，同罪，還俗。重在拜奏，若止修齋祈禳，而不拜奏青詞表文者，不禁。若有官及軍民之家，縱令妻女於寺觀神廟燒香者，笞四十，罪坐夫男；無夫男者，罪坐本婦。其寺觀神廟住持，及守門之人，不爲禁止者，與同罪。

條例

一、凡僧道軍民人等，於各寺觀神廟刁姦婦女，因而引誘逃走或誆騙財物者，問各杖一百，姦夫發三千里充軍，財物照追給主。若軍民人等縱令婦女於寺觀神廟有犯者，杖七十，枷號一個月，發落。

《大清律例》卷三四《刑律·雜犯·搬做雜劇》　律

凡樂人搬做雜劇戲文，不許裝扮歷代帝王后妃，及先聖先賢、忠臣烈士神像，違者，杖一百。官民之家，容令裝扮者，與同罪。其神仙道扮及義夫節婦、孝子順孫、勸人爲善者，不在禁限。

條例

一、城市、鄉村，如有當街搭臺懸燈，唱演夜戲者，將爲首之人照違制律杖一百，枷號一個月。不行查拿之地方保甲，照不應重律，杖八十。不實力奉行之文武各官，交部議處。若鄉保人等有藉端勒索者，照索詐例治罪。

《蒙古律例》卷五《邊境卡哨·黑龍江瓜爾察索倫地方不準購買貂皮》

一、凡已未管旗王、貝勒、貝子、公、台吉、塔布囊、官員、平人購買黑龍江瓜爾察索倫地方貂皮，或違禁攔截給價者，王、貝勒、貝子、公、扎薩克台吉、塔布囊罰俸一年，閑散台吉、塔布囊罰五九牲畜，官員、平人罰三九牲畜。將私領價本前往之爲首者擬絞監候，爲從者罰三九牲畜，其所帶價本追出入官。

《蒙古律例》卷五《邊境卡哨·偷捕貂參私相買賣》　一、凡將私捕之貂參私相買賣，被旁人拿獲首告，將貂參交户部，買者賣者各鞭一百，罰一九牲畜，賞給拿獲首告之人。

《蒙古律例》卷五《邊境卡哨·偷捕貂參》　一、蒙古王、公主、郡主等屬下人並旗人及打牲人等，私往禁地偷捕貂鼠、採挖人參被獲，將財主並率領前往之爲首者擬絞監候，畜産籍沒，爲從者係另户，鞭一百，罰三九牲畜，系家奴，枷號兩個月，鞭一百，罰伊主三九牲畜。將採捕之物全行入官。

禁地遣人採捕貂參

一、凡入禁地偷採貂參被獲，其知而遣往之主人係巳未管旗王、貝勒、貝子、公、扎薩克台吉、塔布囊等，罰俸九個月；係無俸台吉、官員、平人，罰三九牲畜。將打牲人並牲畜俱賞給旗下因公效力人等。採捕之物入官。

《蒙古律例》卷一〇《雜犯·違用禁物》 一、長出煖帽之纓、遮耳帽、剪沿氊帽，自腋下結束之偏練垂，如有見穿用此等物件者，貝勒等罰馬，平人罰三歲牛。

《蒙古律例》卷一〇《雜犯·不許先後賀年》 一、不許先後賀年。如違賀年者，巳未管旗王等罰一九牲畜，貝勒、貝子、公等罰七牲畜，台吉、塔布囊等罰五牲畜，平人罰馬一匹，給見之人。

《户部則例》卷四一《關税四·查禁夷船夾帶鴉片煙》 一、夷船來粤貿易，停泊黄埔，即令夷商寫立並無夾帶鴉片字據，交洋行保商加結，復由洋商輪查無異，方準開艙起貨。如有夾帶鴉片，即將該夷船稟請驅逐出口，永還不準來粤貿易。倘有任命夷人夾帶鴉片入口，查出，即將該洋商照例治罪，守口員弁、丁役扶同隱漏，從重究治，並飭巡洋船師及地方文武派撥巡船，於夷船來粤灣泊時，嚴密巡查。如有民船攏近夷船代運鴉片及違禁貨物，立即拿解究辦。至夷船進口，仍飭沿途守口員弁逐一嚴查。倘有鴉片等物，即時飛稟查辦。如稍隱匿，從重懲處。

《大清高宗純皇帝聖訓》卷二六三《厚風俗》 乾隆十八年癸酉七月壬午，上諭内閣： 滿州習俗純樸，忠義禀乎天性，原不識所謂書籍。自我朝一統以來，始學漢文。皇祖聖祖仁皇帝欲俾不識漢文之人，通曉古事，於品行有益，曾將《五經》及《四子》、《通鑒》等書，翻譯刊行。近有不肖之徒，並不翻譯正傳，反將《水滸》、《西厢記》等小説翻譯，使人閲看，誘以爲惡。甚至以滿州單字還音鈔寫古詞者俱有。似此穢惡之書，非惟無益；而滿州等習俗之偷，皆由於此。如愚民之惑於邪教，親近匪人者，概由看此惡書所致，於滿州舊習，所關甚重，不可不嚴行禁止。將此交八旗大臣、東三省將軍、各駐防將軍大臣等，除官行刊刻舊有翻譯正書外，其私行翻寫並清字古詞，俱著查覈嚴禁。將現有者查出燒燬，再交提督從嚴查禁，將原板盡行燒燬。如有私自存留者，一經查出，朕惟該管大臣是問。

《清仁宗實録》嘉慶七年十月 癸亥，上諭内閣： 朕恭閲皇考《高宗純皇帝實録》内載乾隆十八年七月欽奉諭旨： 滿洲習俗純樸，自我朝一統以來，始學漢文，曾將《五經》及《四書》、《通鑒》等書翻譯刊行。近有不肖之徒，不翻譯正傳，反將《水滸》、《西厢記》等小説翻譯，使人閲看，誘以爲惡，甚至以滿洲單字還音鈔寫古詞者俱有，滿洲習俗之偷，皆由於此，不可不嚴行禁止等因，欽此。仰見我皇考崇正黜邪，爲風俗人心計者，至深且遠。從前滿洲盡皆通曉清文，是以尚能將小説古詞，翻譯成編，皇考深恐爲習俗之害，嚴飭禁止。今滿洲非惟不能翻譯，甚至清話生疏，不識清字，其粗曉漢文者，又以經史正文，詞義深粤，難於誦習，專取各種無稽小説，日事披覽，而人心漸即於偷，此不獨滿洲爲然，即漢人亦多蹈此陋習。如經爲學問根柢，自應悉心研討，至諸子百家，不過供文人涉獵，已屬贅餘。乃鄉曲小民，不但經史不能領悟，即子集亦束置不觀，惟喜瞽詞俗劇，及一切鄙俚之詞。更有編造新文，廣爲傳播，大率不外乎草竊奸宄之事，而愚民之好勇鬥狠者，溺於邪慝，轉相慕效，糾伙結盟，肆行淫暴，概由看此等書詞所致，世道人心，大有關係，不可不重申嚴禁。但此時若紛紛查辦，未免假手吏胥，轉滋擾累。著在京之步兵統領順天府五城各衙門及外省各督撫通飭地方官，出示勸諭，將各坊肆及家藏不經小説，現已刊播者，令其自行燒燬，不得仍留原板，此後並不準再行編造刊刻，以端風化而息詖詞。將此通諭知之。

《清仁宗實録》嘉慶十八年七月 又諭： 刑部議奏侍衛官員買食鴉片煙者，革職杖一百，加枷號兩箇月；軍民人等杖一百，枷號一箇月。均著照所議辦理。近日侍衛官員中，朕風聞即有違禁買食者，姑因事未發覺，免其查究。若不知悛改，將來或經舉發，即照新例懲辦，不能寬貸。再太監供役内廷，聞亦有買食者，其情節尤爲可惡。著總管内務府大臣先通行曉諭，如有違禁故犯者，立行查拏，枷號兩箇月，發往黑龍江，給該處官員爲奴。至鴉片煙一項，由外洋流入内地，蠱惑人心，戕害生命，其禍與鴆毒無異。奸商嗜利販運陷溺多人，皆由各處海關私縱偷越。前曾降旨各省海關監督等嚴行查禁，乃數年來迄未遏止，並聞各海關竟有私徵鴉片煙稅銀者，是竟導奸民以販鬻之路，無怪乎流毒愈熾也。著再嚴飭廣東、福建、浙江、江蘇等省沿海各關，如查有奸民私販鴉片煙冒禁過關，一經拏獲，將鴉片煙立時抛棄入海。奸商按律治罪。儻管關監督等陽奉陰違，並私收稅課，著該省督撫實力查參，將該監督先行革職，由驛具奏，朕必從重懲治。其各處輾轉營販之徒，並著五城順天府步軍統領衙門及各直省督撫等，一體嚴查，按律究辦。

《清仁宗實録》嘉慶十八年冬十月　丙午，又諭：御史蔡炯奏，請飭禁民間結會拜會，及坊肆售賣小説等書，並查覈僧道一摺。愚民燒香拜會，原只惑於因果利益之説，然至聚集多人，鳴鑼結會，即有莠民混迹其間，日久必滋生事端。著步軍統領、五城順天府及各督撫，各飭所屬，實力查禁，並勤加化導，俾小民曉然於安分守業，即係爲善獲福之端，自不爲邪説所惑。至稗官小説，編造本自無稽，因其詞多俚鄙，市井粗解識字之徒，手挾一册，薰染既久，鬥狠淫邪之習，皆出於此，實爲風俗人心之害。坊肆刊刻售賣，本干例禁，並著實力稽查銷燬，勿得視爲具文。至僧道亦齊民之一，由來已久，領牒剃度，本有定制，無庸另設禁令，以省煩苛。

《清仁宗實録》嘉慶十八年十二月　癸丑，又諭：陳預奏，整飭吏治一摺。【略】至稗官野史，大率侈談怪力亂神之事，最爲人心風俗之害，屢經降旨飭禁。此等小説，未必家有其書，多由坊肆租賃，應行實力禁止，嗣後不準開設小説坊肆，違者將開設坊肆之人，以違制論。

（清）祝慶祺《刑案匯覽》卷一二《兵律關津・私出外境及違禁下海》

閩督奏確查種賣鴉片並妥議嚴禁章程一摺。查例載：興販鴉片煙，照收買違禁貨物例，枷號一個月，發近邊充軍；爲從，杖一百，徒三年。如兵役人等藉端需索計贓枉法律治罪。失察之地方文武各官，交部嚴加議處等語。是鴉片煙産自外洋，興販貨賣例有專條。至内地私種貨賣並無治罪明文。前經御史邵正笏奏：近年内地奸民竟有種賣之事。欽奉諭旨：令各督撫確切查明，應如何嚴禁之處，妥議章程具奏。兹據該督奏，查明浙省温、台二府，閩省泉州府所屬，俱有私種之事。則經地方官查知拔毁，照荒蕪田地例科罪。因所議太輕，復有冒禁栽種者，請嚴定章程等因。查栽種鴉片煙、煎熬、鬻賣，最爲地方之害，其流毒閭閻，與興販鴉片煙無異，自應明立科條嚴行懲辦，應如所奏。嗣後内地奸民人等有種賣、煎熬鴉片煙者，即照興販鴉片煙之例，爲首發近邊充軍，爲從杖一百，徒三年。地保受賄故縱者，照首犯一體治罪。贓重者，計贓以枉法從重論。其知情容隱，雖未受賄，亦照爲從例問擬。所種煙苗拔毁，田地入官，仍責成該道、府、督飭各屬實力查禁，乘抽查保甲之便，於春間赴鄉稽查一次，將有無私栽鴉片出具印結，年底由司會齊咨部。如有拔除不盡，即遵道光三年部定處分，分别參處等因。奉上諭：各督撫即責成該管道、府，督飭各屬實力查禁，乘抽查保甲之便，於春間赴鄉稽查一次，將有無私種鴉片煙出具印結，年底應由司會齊咨部，並著各督撫於每年具奏編查保甲摺内，一併詳晰聲敘等因。欽此。道光十年十二日奏准通行。

（清）祝慶祺《刑案匯覽》卷一二《兵律關津・私出外境及違禁下海》

道光十年四月二十二日奉旨：此案鄧八興販鴉片煙已成，刑部照收買違禁貨物例擬軍，並以該犯供明親老丁單，請交該督查辦。固係照例定擬，惟鴉片煙貽害生民，屢經嚴禁而奸徒仍敢藐法販賣，罪既無可復加，若再以親老丁單準其留養，殊不足以儆藐玩。鄧八一犯著枷號一個月，發近邊充軍，不準留養。嗣後遇有興販鴉片煙之犯，供明親老丁單者，著將此案聲敘請旨。逸犯鄧三、李觀及承買鴉片煙之王姓，著步軍統領、順天府五城、直隸總督、山西巡撫飭屬嚴拿，務獲究辦，餘依議。欽此。邸抄。

（清）祝慶祺《刑案匯覽》卷一二《兵律關津・私出外境及違禁下海》

查例載：民人造賣紙牌、骰子爲首者，發邊遠充軍；爲從及販賣爲首者，杖一百，流二千里。販賣爲從者，杖一百，徒三年。又：興販鴉片煙，照收買違禁貨物例，枷號一個月，發近邊充軍；爲從，杖一百，徒三年。

又上年十二月間，臣部議覆閩浙總督條奏，嗣後種賣、煎熬鴉片煙者，即照興販鴉片煙之例，爲首發近邊充軍；爲從杖一百，徒三年。各等語。是興販鴉片煙並栽種、煎熬者，治罪已各有專條，至買土、熬煙以及容留熬煙之船户、房主等犯，作何擬罪之處，從前均未議及。兹據該督等奏，請將熬煙之犯，照製造賭具例問擬，其受雇、容留之船户、得租容留之房主，均比照賭博例定擬等因，係爲淨絕根株起見，應如所奏辦理。惟栽種、煎熬人犯，從前係照販賣例，擬發近邊充軍。查栽種、煎熬較之買主煎熬者，情節相仿，擬罪即未便兩歧，似應一律改照製造賭具例定擬，以昭允。協應請嗣後內地奸民人等有栽種鴉片煙，及買土、煎熬，售賣圖利者，即照造賣賭具例，爲首者，發邊遠充軍；爲從者，杖一百，流二千里。田地、船隻、房屋，照例入官。其租給田地、房屋之業主，並受雇容留之船户，一律比照賭博例定擬。容留知情一年以內者，照興販鴉片爲首例，發近邊充軍。半年以內，照興販鴉片爲從例，杖一百，徒三年。但經知情容留受雇得租之初犯，仍擬杖一百，均先於拿獲沿河、馬頭及通衢處所，枷號一個月，其雇租之田地、船隻、房屋，一律入官。再犯者，即發近邊充軍。有能自行首告，並將私熬之犯指拿到官者，免罪併免入官。首而獲者，但準免罪，田地、船隻、房屋，仍行入官。左右緊鄰據實首報，照律給賞；知而不舉，杖一百，受財者，計贓準枉法從重論。道光十一年十月奏准通行。

（清）祝慶祺《刑案匯覽》卷一二《兵律關津·私出外境及違禁下海》

西城御史劉奏請酌加食鴉片煙罪名一摺。查例載：興販鴉片煙，照收買違禁貨物例，枷號一個月，發近邊充軍。爲從杖一百，徒三年。侍衛官員等買食鴉片煙者，革職，照違制律，杖一百，枷號兩個月。軍民人等買食者，俱杖一百，枷號一個月。內廷太監買食者，枷號兩個月，改發各省駐防給官員兵丁爲奴等語。誠以鴉片煙產自外洋，毒於砒、鴆，最爲風俗人心之害，興販及買食者，例禁本嚴。前經御史邵正笏奏近年內地奸民漸多種賣，欽奉諭旨，令各督撫確查嚴禁。現據各該督撫先後覆奏嚴定種賣之罪，並熟籌查察之方，洵爲拔塞源之善策。惟欲絕其源，必須盡拿私販，而私販行蹤詭秘，甚或兵役得規包庇，破案較難。止有向買食之人嚴切根究易得端緒。向來審辦買食鴉片煙之案，多有究出販賣之人，嚴拿歸案辦理，而供係買自不識姓名人，先從究辦者，亦復不少。若非明定科條，恐買食者，不肯斷其來路，必猶代爲隱瞞，仍難期淨絕根株。至於職官及在宮人役，尤宜守法，如敢買食，其治罪亦應加嚴。茲據該給事中奏請，將買食鴉片煙不能指出賣煙人姓名之犯，仿照賭博人犯不將造賣之人供出例，擬徒，職官及在官人役加等治罪，徇隱之本官從嚴叅處等因，係爲因時懲創起見，應如所奏辦理。惟查鴉片煙之害，甚於賭具則食煙之罪，不應輕於賭博。其將販賣人姓名供出者，亦應照賭博例治罪。

臣等公同酌議，應請嗣後軍民人等買食鴉片煙者，杖一百，枷號兩個月，仍令指出販賣之人查拿治罪。如不將販賣之人指出，即將食煙之人照販賣爲從例，杖一百，徒三年。職官及在官人役買食者，俱加一等治罪。仍令各該督撫及地方道、府、州、縣等官出具署內並無買食鴉片煙各甘結，於年終匯奏一次。如本官徇隱不究，從嚴叅處，以期核實。道光十一年六月奏准通行。

《理藩院則例》卷三四《邊禁·庫爾齊呼地方禁止放槍遊獵》 一、喀爾喀所屬之庫爾齊呼地方，禁止放槍、遊獵。違者，管旗之王、公、臺吉罰俸二年，不管旗之王、公、臺吉罰四九牲畜，平人鞭八十。

《理藩院則例》卷四四《罪罰·禁止演戲》 一、凡內外扎薩克汗、王、貝勒、貝子、公、臺吉、塔布囊等，不得習尚奢靡，賃唱戲文。違者，係管旗王、公罰俸二年。雖有加級紀録，不准抵銷。係不管旗王、公及協理臺吉、臺吉等，折罰四九牲畜。其失察之盟長、扎薩克罰俸半年。但有在家教令幼丁演習戲文者，係管旗王、公，視本例加等治罪。係不管旗王、公罰世職俸一年。臺吉、塔布囊革職三年，無過方准開復。蒙古官員徑行革職。平人鞭一百。失察之盟長、扎薩克罰俸一年。

《理藩院則例》卷五三《違禁·蒙古人等不得用漢字命名》 一、內外扎薩克汗、王、貝勒、貝子、公、臺吉、塔布囊等生子命名，均應取滿洲、蒙古字義，不得輒用漢字文義。違者以違制論。

《理藩院則例》卷五五《雜犯·不容行人住宿》 一、蒙古地方天氣嚴寒，如天晚遇有投宿行人不肯容留致被凍死者，罰一九牲畜。如容留住宿，其財物牲畜均由主家照料，但有疏失，責令賠償。

《回疆則例》卷六《阿奇木伯克不得私交外藩》 一、嘉慶十九年理藩部議定，阿奇木伯克通信外藩嚴行禁止，遇有必應寄事件，皆稟明參贊大臣奏聞辦理。

《回疆則例》卷六《禁止莫洛回子習念黑經》 一、各城莫洛回子如有習念黑經者，查出即行報明審實，分別久暫酌擬發遣、枷責、咨部覈復遵辦。仍於每歲孟春，由該管大臣申明定例，出示曉諭，嚴行飭禁，該管伯克等也不得藉端滋擾。

《回疆則例》卷七《停止巡閲開雅爾等城》　和闐所屬開雅爾等六城永行停止巡查，以免擾累。如有藉端巡閲，得受陋規者，該參贊大臣查明參奏，即行正法。

《回疆則例》卷八《稽查傭工漢民》　內地漢民前往回疆各城覓食傭工者，如無原籍年貌執業印票及人票不符，即行遞解回籍，倘回户私自容留，查出治罪。

《回疆則例》卷八《稽查回子出卡》　一、各城回子有往別城傭工貿易者，均由阿奇木伯克呈報本城大臣請領路票，註明年貌及因何事前往何處，酌量遠近給予限期，總不得過一年。仍咨明前往處所之大臣查照到日，令其繳銷路票，回日即由該處發給執照，飭令旋回。如有並未領票任意往來者，一經訪獲到案，將該回子從重治罪。倘無票回子私自出卡者，經臺卡員弁盤獲，即行報明本城大臣照私越開歧例嚴行辦理，並將該管伯克及温巴什玉孜巴什等，分別懲處。

《清宣宗實録》道光十四年二月　庚申，諭內閣，御史俞焜奏，請申明例禁，以培風俗一摺。自來民俗之淳漓，由於平時之漸染，國家型方訓俗，必將孝弟忠信禮義廉耻大爲之防，方可正人心而維風俗。如該御史所奏，近來傳奇演義等書，踵事翻新，詞多俚鄙，其始不過市井之徒，樂於觀覽，甚至兒童婦女，莫不飫聞而習見之。以蕩佚爲風流，以强梁爲雄杰，以佻薄爲能事，以穢褻爲常談。復有假託誣妄，創爲符咒禳厭等術，蠢愚無識，易爲簧鼓，刑訟之日繁，姦盜之日熾，未必不由於此。嗣後各直省督撫及府尹等，嚴飭地方官實力稽查，如有坊肆刊刻，及租賃各鋪一切淫書小説，務須搜取板書，盡行銷燬，庶幾經正民興，奇邪胥靖，朕實有厚望焉。將此通諭知之。

（清）余治《得一録》卷一一　江蘇按察使司按察使裕，爲嚴禁淫書淫畫以正風俗事。照得淫詞小説，壞人心術，是以例載：造作刻印者，杖一百，流三千里；市賣租賃者，杖一百，徒三年；買看者，杖一百；仍不準藉端出首訛詐各等語，淫畫亦應比照問擬。定例何等森嚴，庶民應知畏懼。本署司載陳臬事，重莅是邦，首以移風易俗爲要務，乃自到任以來，訪聞蘇城坊肆，每將各種淫書翻刻市賣，並與外來書賈，私行兑换銷售，及抄傳出賃，希圖射利，炫人心目，褻及閨房，長惡導淫，莫此爲甚。【略】爲此示仰各書鋪書賈及刻字鋪畫鋪古董鋪人等知悉，爾等既有本業，即當各保身家，經此次示諭之後，凡一應淫詞小説，永遠不許刊刻販賣出賃，及與外來書賈私相兑换銷售，淫畫亦不準繪畫作賣。現在吴縣學宫，設有公局收買，爾等舊存淫書板本，及淫畫册卷，概行送局銷燬，仍給價值，並免究問。如敢不遵，及外來書賈携帶淫書，在蘇逗留，一經訪聞，或被告發，定即委員嚴拿，照例治罪。倘有不法之徒，勾通不肖差役，以搜查淫書淫畫爲名，索詐滋擾，許爾等稟明地方官，懲以藉端出首訛詐之罪。本署司耳目最近，法令必行，久已共聞共見。爾等均係有本營生，且曾讀書識字，非係愚市儈可比，切宜懷刑自愛，慎勿視爲具文，以身試法，後悔無及也。其各凛遵毋違，特示。

道光十八年五月　日示。

（清）林則徐《林則徐集》奏稿九《嚴辦續獲煙犯以杜外人窺伺摺道光十九年五月二十五日》　奏爲粤東查辦鴉片，續獲人烟槍具，檄實確數，恭摺具奏，仰祈聖鑒事：

竊照鴉片之毒比於砒鴆，然世之死於砒鴆者千萬人而一耳。若鴉片，則吸食者病於癮而死，興販者罹於法而亦死，是死於鴉片者幾於十人而一。於此而不并力掃除，貽害伊於胡底！言之切齒，思之寒心。臣鄧廷楨、臣怡良既疊奉諭旨，嚴飭查拏，刻圖滌盪，迨臣林則徐仰承巽命來粤查辦海口事宜，以大患務當力祛，不敢稍存畛域。除起獲夷船烟土以清來源外，又經會同切札各屬文武，隨時隨地悉力搜拏，以冀濁流漸息。溯自臣鄧廷楨、臣怡良節次奏報，至本年三月底止，計共獲人犯一千六百名，烟土烟膏四十六萬一千五百二十六兩九錢八分，烟槍四萬二千七百四十一枝，煙鍋二百一十二口，及烟具等件，均經仰蒙聖鑒在案。

臣等伏思吸食者雖善食於諱匿，囤販者雖巧於收藏，而鬼蜮情形斷難掩其鄉鄰耳目，因復通飭各屬，逐鄉選舉公正紳士，議立族黨正副，挨次編查保甲，使之保良攻匪，有犯卽擒。茲自四月初一日起至五月十八日止，據各屬文武先後報獲煙案一百四十起，販賣煎熬吸食人犯共一百九十二名，烟土一萬二千七百七十三兩七錢九分，烟膏二百一十二兩五錢八分五釐，烟槍一千二百四十五枝，煙鍋三十六口；又陸續撈獲煙泥二百六十四兩二錢，烟膏一十六兩六錢六分，烟槍二百四十三枝，煙鍋一口，又民間首繳槍煙一項，臣鄧廷楨、臣怡良於未經接奉硃批敕令酌核之先，據各屬禀報，收繳烟土一十六萬九千三百零七兩五錢五分，烟膏四千六百零五兩零五分，烟槍二萬六千零五十枝，煙鍋三百一十六口。綜計烟土烟膏共重一十八萬七千一百七十九兩八錢零五釐，烟槍二萬七千五百三十八枝，煙鍋三百五十三口。犯經隨時發司嚴審，如係遠道情輕人犯，即飭該管府縣究詳，分別懲辦。報獲槍煙等件，因雷、瓊二府離省窵遠，或僻在海南，計其獲數無多，飭即就近解道，確驗燒燬具報。其潮州一府，道里雖亦迢遙，惟所獲大起實多，數居通省十之八九，多則真僞易淆，而抽換偷漏之弊恐亦在所不免，是以飭令與附近各府廳州均將烟槍一體解省，由臣等親率司道營員眼同驗明彙燒，以歸覈實而絶朦混。

伏查粤東地處海濱，番舶絡繹，匪徒趨利若鶩，骫法營私較他省爲多，亦較他省爲易。當茲查辦喫緊，未嘗無怵心悔禍之人，而嗜痂者以腐臭爲神奇，牟利者視土囊爲金穴，若不持以定力，盡絶萌芽，不但疇昔之藏乘間復出，吹吸之輩饞吻重張，且恐外夷窺伺禁網之疎，仍肆浸淫之計。前功可惜，痼疾安瘳！臣等惟有協力同心，督屬勉益加勉，根株一日未淨，即購捕不容一日或疎，必使舊染胥蠲，以仰副我聖主崇德好生除惡務盡之至意。

除再通飭各屬文武員弁奮力查拏，務將開窨設館販賣吸食各匪犯多方弋獲，烟土實力窮搜，不許支飾畏難，稍涉縱漏外，所有續獲人烟槍具緣由，臣等謹合詞恭摺具奏。伏乞皇上聖鑒訓示。謹奏。

（清）林則徐《林則徐集》奏稿九《新頒外人帶煙治罪專條内請酌易字樣片道光十九年六月二十四日》 再，臣等準刑部咨：通行夷人治罪專條，内開：一、夷人帶有鴉片煙入口圖賣者，爲首照開設窯口例斬立決，爲從同謀者絞立決等語。在衡情定議之意，以入口二字爲關鍵。原因海洋遼闊，口以外直連夷洋，口以内始爲内地，劃清界址，本極分明。惟覈諸粤省貿易章程，尚有不得不防其影射之處。

緣廣東中路通商，向以船進虎門乃爲入口。番舶初到之時，先於虎門口外寄碇，如擔杆山、銅鼓洋、大嶼山、伶仃洋、尖沙嘴、仰船洲、琵琶洲、上下磨刀、沙灣、石笋、九洲、沙瀝、潭仔、雞頸等洋，皆向準夷船寄泊之所。此等洋面雖皆在老萬山以内，而老萬山並無口門，無從稽察。是以定例，夷船必雇引水小船，報明引入虎口内，停泊黄埔，始得開艙驗貨，按則納税，投行互市。其在虎門以外寄泊中路各洋者，皆未入口之船也。而私售鴉片之弊，正在於此。蓋由中路而東而北，則歷潮州、南澳以達閩、浙北洋，凡寧波、上海、山東、天津、奉天之商船皆所通行。由中路而西，則本省之高、廉、雷、瓊，船隻往來亦絡繹不絶。所有各路興販鴉片，多在洋面舟次，與夷人交易，盤運過船。即或在口内議買，亦須赴口外運貨。此内地快蟹、拖風等艇所以乘間出没，而夷人囤貯鴉片之躉船常泊伶仃等洋，職是故也。

口内夾帶鴉片者，無非民船，向來拏獲之案歷歷可據。若夷船夾帶入口，雖亦難保必無，然經總散各洋商逐層保結，又於入口之後即行開船起貨，立見底藴，故夷人所帶鴉片，每先卸於口外躉船，然後入口，今若以是爲界，彼正得以藉口趨避，難保不於虎門口外再設躉船，恐辦理又形棘手。且暎國領事義律於繳煙完竣之後，曾據具禀懇求在澳門裝貨，臣等以其顯違定例，批駁不準，該領事尚懷觀望，是以近日他國之船進黄埔者已有十四隻，而暎咭唎所屬港脚之船尚停虎門口外之尖沙嘴一帶，支飾遷延。臣等惟飭師船嚴密防範，一面示諭各夷船，如無鴉片即應入口報驗，有鴉片而首繳淨盡者亦準入口，若自揣不敢報驗即日揚帆回國，亦尚可免窮追，儻透漏售私，萬難曲宥。此時該夷正在憚於入口，故口外之弊比之口内尤當嚴防。可否仰懇聖裁，將新例入口字樣酌易爲來内地等字，稍示渾涵，俾無可以藉口之處，恭候命下祗遵。

臣等爲夷情狡獪，加意周防起見，不揣冒昧，合詞附片瀆陳，伏祈聖鑒訓示。謹奏。

《清宣宗實録》道光十九年五月 宗人府宗令敬敏等會議，查禁鴉片煙章程三十九條。一、沿海姦徒開設窨口，勾通外夷，囤積鴉片，首犯擬斬梟。爲從同謀及接引護送之犯，並知情受雇船户，擬絞監候。該管官知情故縱者，革職。失察者，分別議處。一、沿海員弁兵丁，受賄故縱，擬絞立決。知情徇縱，俱發往新疆，官弁充當若差，兵丁爲奴，失察者員弁分別議處。兵丁杖徒。一、合夥開設窨口并合夥興販者，以造意者爲首，餘俱以爲從論。一、沿海姦徒，寄囤夷船烟土，照開設窨口從犯治罪。

一、官役拏獲販煙吸食之犯，得財賣放者，與犯同罪。贓重者計贓，以枉法從重論。失察之該管官，分別議處。一、收禁人犯，如有禁卒人等，將鴉片煙私行傳遞或爲代買者，發極邊烟瘴充軍，其解遞之犯，解役人等，有犯前項情弊，發近邊充軍。贓重者計贓，以枉法論。失察之該管官，分別議處。一、兵役匪棍，以查煙爲由，肆行搶奪，並挾讎誣賴者，俱發邊遠充軍。贓一百二十兩以上者，爲首擬絞監候。失察之該管官，分別議處。一、鴉片煙案内流罪以上人犯，告稱留養者，概不查辦。一、事未發而自首者，免罪。聞拏投首者，減一等。首後復犯，加一等治罪。一、吸食之案，止準官弁訪拏，不許旁人訐告。一、開設煙館，首犯擬絞立決；從犯及知情租屋者，發新疆給官兵爲奴。兵役包庇，與犯同罪。有贓，計贓準枉法從重論。失察之該管官，分別議處。一、栽種罌粟，製造烟土，及販煙至五百兩或興販多次者，首犯擬絞監候，爲從發極邊烟瘴充軍。興販一二次，數不及五百兩者，爲首發新疆給官兵爲奴，爲從發極邊足四千里充軍。兵役賄庇，與首犯同罪。贓重者，計贓以枉法從重論。其知情租給房地之業主，受雇之船户，一年以外者發邊遠充軍，一年以内杖流，半年以内杖徒。州縣官知情故縱者革職，永不敘用。失察之該管官，分別議處。一、栽種罌粟，尚未製煙售賣，及收買烟土烟膏未售賣者，爲首發極邊烟瘴充軍，爲從杖流。一、吸煙人犯，均予限一年六箇月，限滿不知悛改，無論官民，概擬絞監候。一、平民吸煙在一年六箇月限内者，擬杖流；如係旗人，銷除旗檔，一體實發。一、在官人役並官親幕友等，一年六箇月内在署吸煙者，照平民加一等治罪。該管官知情故縱者革職，失察者降調。一、職官吸煙，在一年六箇月内者，發新疆充當苦差。一、兵丁吸煙，在一年六箇月内者，發近邊充軍。該管官知情故縱者，革職；失察者，分別議處。一、開設煙館，栽種罌粟，制煙興販，首從各犯除現擬死罪，外其餘俟一年六箇月後，均擬絞監候。一、吸煙人犯，雖經改悔戒絶，但存有烟灰者，杖一百。一、製賣鴉片煙器具者，照造賣賭具例分別治罪。失察及拏獲之該管官，分別議處議敘。一、同居子弟有吸煙者，家長照不能禁約子弟爲竊例治罪。一、職官因吸煙發往新疆者，概不準各城大臣因事保奏。一、宗室覺羅吸煙者，發往盛京嚴加管束。如係職官及王公，均革職革爵，發往盛京，永不敘用。如犯在一年六箇月限滿後者，照新定章程，加重擬絞監候。宗人府會同刑部，恭進黄册請旨。一、太監内如有從前吸食者，限一箇月内，自首免罪；再限三箇月内，令總管太監認真搜查。如三箇月限滿，半年以内有在禁門以内各值房吸食者，均擬絞監候。在外圍值房吸食者，枷號六箇月，發極邊烟瘴永遠枷號，遇赦不赦。失察之總管首領及同屋太監，奏請分別降革治罪。如係首領吸食，均照禁門以内新擬罪名辦理。失察之本管總管，奏請發遣。究出販煙之人，若係太監，與吸煙之人同罪；若係民人，交刑部加等治罪。至陵寢首領太監等有吸食者，照外圍辦理。其王公門上及各大臣宅中之太監等有吸食者，交慎刑司永遠枷號不赦。如半年以後，仍有吸食，在宫門以内者，擬斬監候。外圍等處及陵寢當差並王公門上、大臣宅中，並已爲民太監等，擬絞監候。各項失察處分，仍照前議辦理。一、夷商住澳住行，賣貨完竣，即飭遵照定限起程，如逾限久留，照違制律治罪。一、官兵查拏鴉片煙，遇有大夥拒捕者，準放鳥槍，格殺勿論。一、銷燬烟土，令督撫親驗真僞，以防偷换。一、沿海各省洋船進口，督撫派公正大員實力搜查。一、各省海關監督，於洋船帶煙進口，知情縱放者，革職；失察者，分別議處。一、各省拏獲煙販，將由何處購買，何人包庇護送，及經過地方逐一根究，分别懲辦。該管官受賄故縱者，革職治罪。知情者革職，失察者分別議處。一、拏獲吸煙人犯，承審官徇情開脱，照故出人罪例治罪。一、吸食已戒，平民例得免罪。惟職官爲民表率，如曾經吸食者，均勒令休致。一、拏獲囤販各犯，無論鄰境本境，均準給予議敘。仍分別送部引見。一、訪獲吸食者，亦準酌請議敘。一、在京各衙門及外省督撫，將吸煙之員列入京察卓異，即將原保舉官議處。一、京城地面，五方雜處，稽察尤應嚴密。應責成步軍統領衙門，順天府五城隨時訪察，仍嚴禁番役等訛索擾累。一、各省保甲，飭地方官認真編查。如牌長有受賄知情等弊，一體懲辦。一、地方官朔望宣講後，即將吸食鴉片之害，傳集衆人，明白宣示。庶父誡兄勉，咸知自愛。奏入，得旨：上年黄爵滋條奏鴉片積弊，請旨設法嚴禁，當交給各將軍督撫等各抒所見，妥議以聞，嗣經陸續奏到，並據科道等官先後條陳，特降諭旨，交大學士軍機大臣會同各該衙門議奏。茲據詳議章程，會同奏入，朕詳加披閲，尚屬周妥，俱著照所議辦理。並著纂入則例，永遠遵行。各該衙門即送行刊刻，頒發各直省將軍、督撫等，轉行所屬地方文武員弁，一體遵照。明白出示曉諭，咸使聞知。朕惟姑息非所以愛民，明刑即所以弼教。鴉片來自外夷，日甚一日，兼以内地栽種罌粟，影射漁利。軍民人等受其毒者，始則被人引誘，繼乃習爲泛常，甚至蕩産戕生，罔知悛改。關係於人心風俗者甚鉅，若不及早查禁，永杜弊源，則傳染日深，其害伊於胡底。朕恫瘝在抱，欲爲天下除此禍患，不憚再三訓誡，特議刑章，以期易俗移風，還淳返樸。因思海販窑口，實爲禍首罪魁，儻非一律從嚴，概置重典，不足以防偷漏而塞來源。至吸食之弊一日不斷，則興販之來一日不絶，亦不得稍從寬宥。今定以死罪，立限嚴懲。此外種種流弊，尤應隨時隨地實力稽查，歷久不懈，庶幾根株淨盡，力挽澆風。惟是有治人而後有治法，該將軍、督撫等果能早爲查辦，何至流毒如今日之甚？朕姑寬其既往，自此次明定章程以後，其各激發天良，湔除積習，同心協力，仰體朕懷，爲民除害。其有不肖屬員諱飾不辦者，立即據實嚴參，重治其罪。儻仍意存玩泄，視條教爲具文，或畏難苟安，或始勤終怠，則是甘心骫法，自喪天良。朕言出法隨，決不寬貸。其各懍遵毋忽。

（清）唐鑒《唐確慎公集》卷五　照得淫詞小説，最有關於風俗人心，誘人於邪，陷人於惡。往往以未有之事，將點而爲金粉之樓臺，以本無之人，雜糅而成溱洧之士女。見者心動，舍廉耻而入奇邪；聞者艷稱，棄禮義而談輕薄。人心之壞，風俗之澆，莫甚於此。除飭各府州縣，將一切淫詞小説，以及新出《畫舫》、《青樓》等録，概行飭坊燒燬，毋許存留外，合外出示曉諭。爲此，仰城鄉士農工賈人等知悉：爾等各有正業，無事閒書，慎勿以有用之心身，自蕩於淫邪之詞曲，更勿以有限之歲月，甘擲於荒忽之見聞。豈聖賢經傳可讀而反不讀，世俗傳奇不可讀而反欲讀取？當不如此其愚昧也。特諭。

（清）汪棣香《勸毁淫書徵信録》　兵部侍朗兼都察院右副都御史巡撫浙江等處地方管理糧餉兼理全省營務節制水陸各鎮兼管鹽政粱爲據呈示禁事。案，據省城紳士張鑒等呈稱：竊惟淫詞小説，爲風俗人心之害，例禁森嚴；奈書肆藐玩，輒將淫詞小説，與正經書籍一體貨賣。更有一種税書鋪户，專備一切無稽唱本，招人賃看，淫穢異常，於風俗人心，爲害尤巨。紳等仿行蘇省成案，設局於省城仙林寺，捐資收買板片書本，公同督毁；特恐該書鋪藏匿居奇，不即繳出領價，或日久行刻賣，呈請示禁等情，前來本部院。查淫詞小説，最易蠱惑人心，敗壞風俗，是以《定例》造作印刻賣看，均干重罪。乃不肖鋪户，日久玩生，公然與經史子集，一體銷售税賃。不特愚夫被其所惑，即士民中稍知理義者，亦有購閲消遣。凡年少子弟，此唱彼和，隱壞禮義廉耻之大防，言之實堪痛恨。更有一種不肖之徒，描繪淫畫，悠掛售賣，其顯導邪淫，較淫書爲更甚，並應嚴行查禁。爲此示仰合屬鋪户軍民人等知悉：爾等從前售賣淫書淫畫，本干例禁；今本部院不咎既往，自示之後，省城各鋪户，務將各種書畫，即日送交仙林寺公局，聽該紳士等給價銷燬；其省外各府屬，現已札飭勸諭紳士捐資設局收買，限一月内送交銷燬，斷不準片板片幅，隱匿存留。倘敢不即繳出，仍復私自賃賣，及刷印發兑他處，一經查出，定即照例嚴辦。如有無借棍徒，勾通地保，以搜查爲名，訛詐擾累，許該鋪户指名呈控，以憑究辦，決不姑寬。至艷曲新詞，半出於文人筆墨，貽害匪淺；士爲四民之首，讀聖賢書，所學何事，欲詒其流，先請其源，更望父兄師友，日夕儆戒，正士習而厚民風，胥在於此。浙省爲聲名文物大邦，人才蔚起，本部院於爾多士，有厚望焉。其各凜遵。特示。道光二十四年十月　日給。

（清）丁大椿《來復堂學内篇》一册《風俗》　一、凡書皆可資學問，獨今之小説，以淫奔無耻爲逸韵，以私情苟合爲風流，雲期雨約，摹寫傳神，在作者本屬子虚，而閲者竟認爲實事此誨淫之孽，至速且深，合行嚴禁，即仰該社長查明燒燬，敢有翻刻及外來售賣者，一律究辦。

一、今世戲齣，即古樂章。每見有孝子忠臣，激烈悲苦，雖婦竪猶爲感泣，此其動人，原最懇切。惟近時所撰院本，率多淫褻，而世人喜爲搬演，最傷風化，合行諭禁。除非大慶賀，不得演戲外，所有演唱齣牌，總不出忠孝節義四字，違者，定將該戲班及演戲之家，一體重處。

（清）汪棣香《勸毁淫書徵信録》　本局奉憲設立收毁淫書板片書本，照估給價，業奉學憲吴給示曉諭。茲特將應禁各種書目開後，凡鋪户人家，如藏有此等板本者，務勸盡數交出，送局收毁，幸勿遺自誤。

計開：

《昭陽趣史》　《玉妃媚史》　《呼春稗史》　《風流艷史》　《妖

狐媚史》《春燈迷史》《濃情快史》《隋陽艷史》《巫山艷史》《株林野史》《綉榻野史》《禪真逸史》《禪真後史》《幻情逸史》《燈月緣》《浪史》《夢納姻緣》《巫夢緣》《金石緣》《一夕緣》《五美緣》《萬惡緣》《雲雨緣》《夢月緣》《雅觀緣》《聆痴符》《桃花艷史》《水滸》（即《五才子》）《西厢》（即《六才子》）《何必西厢》《桃花影》《梧桐影》《鴛鴦影》《隔簾花影》《如意君傳》《三妙傳》《姣紅傳》《循環報》（即《肉蒲團》）《貪歡報》（即《歡喜冤家》）《紅樓夢》《續紅樓夢》《後紅樓夢》《補紅樓夢》《紅樓圓夢》《紅樓復夢》《綺樓重夢》《金瓶梅》《唱金瓶梅》《續金瓶梅》《艷異編》《日月環》《紫金環》《天豹圖》《天寶圖》《前七國志》（非《四友傳》）《增補紅樓夢》《紅樓補夢》《牡丹亭》《脂粉春秋》《風流野志》《七美圖》《八美圖》（即《百美圖》）《杏花天》《桃花艷》《載花船》《鬧花叢》《燈草和尚》《痴婆子》《醉春風》《怡情陣》《倭袍》《摘錦倭袍》《兩交歡》《一片情》《同枕眠》《同拜月》《皮布袋》《弁而釵》《蜃樓志》《錦上花》（有解元吴文彦者）《温柔珠玉》《八段錦》（非講玄門者）《奇團圓》《清風閘》《蒲蘆岸》《石點頭》《今古奇觀》（抽禁）《情史》《醒世奇書》（即《空空幻》）《漢宋奇書》《碧玉塔》《碧玉獅》《攝生總要》《梼杌閑評》《反唐》《文武元》《鳳點頭》《尋夢托》《海底撈針》《國色天香》《拍案驚奇》《十二樓》《無稽讕語》《雙珠鳳》《摘錦雙珠鳳》《緑牡丹》《芙蓉洞》（即《玉蜻蜓》）《乾坤套》《錦綉衣》《一夕話》《解人頤》《笑林廣記》《豈有此理》《更豈有此理》《小説各種》（福建板）《宜春香質》《子不語》（抽禁）《北史演義》《女仙外史》《夜航船》

此外名目尚多，未能備載，望各自行檢點，一並送局。自禁之後，凡屬省城内外，及各州縣鄉村等處；統宜遵照，設局收毁，其不能送局者，亦應自行銷燬净盡，以免日後覺察，種多未便。特白。

《清文宗實録》咸豐元年七月 乙巳，上諭軍機大臣等：有人奏湖南衡、永、寶三府，郴、桂兩州以及長沙府之安化、湘潭、瀏陽等縣，教匪充斥，有紅簿教、黑簿教、結草教、斬草教、捆柴教等名目，每教分温良恭儉讓五字號，每號總領數百人至數千人。又有齋匪，名曰青教，皆以四川峨嵋山會首萬雲龍爲總頭目，所居之處有忠義堂名號。其傳徒皆用度牒，蓋以圖記，聲氣聯絡，往來各處，皆供給銀錢飯食。每月按三六九期赴會，頭目乘轎騎馬，動輒數百人，搶奪淫掠，無所不至。地方官不敢攖其鋒，遇有呈報會匪字樣，逼令更换呈詞，或改盗爲竊，反將事主收押陵虐，遂致匪焰愈熾。又寶慶府之邵陽、新化、武岡等處，教匪以阻米出境爲名，肆行搶奪各等語。匪徒擾害閭閻，總由地方官不能覺察於先，又復容隱於後，似此，黨徒充斥，若不早絶其源，必致蔓延勾結。著程矞采會同駱秉章按照摺内所指各情，嚴密訪拿，務期消患未然，勿使釀成巨案。現已諭令徐澤醇訪拿峨眉山會首，如該省訪獲要犯，訊出情形，即密咨四川，一體查辦。又據片奏，該匪傳教惑人，有《性命圭旨》及《水滸傳》兩書，湖南各處坊肆皆刊刻售賣。蠱惑愚民，莫此爲甚，並著該督撫督飭地方官嚴行查禁，將書板盡行銷燬。仍當飭各屬，勿令吏胥藉端滋擾。

《江蘇省例・藩政・江蘇巡撫丁日昌查禁淫詞小説》 巡撫部院丁札開：

淫詞小説，向干例禁；乃近來書賈射利，往往鏤板流傳，揚波扇焰。《水滸》、《西厢》等書，幾於家置一編，人懷一篋。原其著造之始，大率少年浮薄，以綺膩爲風流；鄉曲武豪，借放縱爲任俠。而愚民鮮識，遂以犯上作亂之事，視爲尋常。地方官漠不經心，方以爲盗案姦情，紛歧叠出。殊不知忠孝廉節之事，千百人教之而未見爲功；姦盗詐僞之書，一二人導之而立萌其禍。風俗與人心，相爲表裏。近來兵戈浩劫，未嘗非此等逾閑盪檢之説，默釀其殃。若不嚴行禁毁，流毒伊於胡底。本部院前在藩司任内，曾通飭所屬，宣講《聖諭》，並頒發《小學》各書，飭令認真勸解，俾城鄉士民，得以目染耳濡，納身軌物。惟是尊崇正學，尤須力黜邪言。合亟將應禁書目，粘單札飭，札到該司，即於現在書局，附設銷燬淫詞小説局，略籌經費，俾可永遠經理。並嚴飭府縣，明定限期，諭令各書鋪，將已刷陳本，及未印板本，一律赴局呈繳，由局彙齊，分別給價，即由該局親督銷燬。仍嚴禁書差，毋得向各書肆藉端滋擾。此係爲風俗人心起見，切勿視爲迂闊之言。並由司通飭外府縣，一律的嚴禁。本部院將以辨理此事之認真與否，辨守令之優絀焉。

計開應禁書目：

《龍圖公案》《品花寶鑒》《昭陽趣史》《玉妃媚史》《呼春稗史》《春燈迷史》《濃情快史》《隋煬艷史》《巫山艷史》《綉榻野史》《禪真後史》《禪真逸史》《幻情逸史》《株林野史》《浪史》《夢納姻緣》《巫夢緣》《金石緣》《燈月緣》《一夕緣》《五美緣》《萬惡緣》《雲雨緣》《夢月緣》《雅觀緣》《詅痴符》《桃花艷史》《水滸》（即《五才子》）《西厢》（即《六才子》）《何必西厢》《桃花影》《梧桐影》《鴛鴦影》《隔簾花影》《如意君傳》《三妙傳》《蛟紅傳》《循環報》（即《肉蒲團》）《貪歡報》（即《歡喜冤家》）《紅樓夢》《續紅樓夢》《後紅樓夢》《補紅樓夢》《紅樓圓夢》《紅樓復夢》《紅樓重夢》《金瓶梅》《唱金瓶梅》《續金瓶梅》《艷異編》《日月環》《紫金環》《天豹圖》《天寶圖》《前七國志》（非《四友傳》）《增補紅樓夢》《紅樓補夢》《牡丹亭》《脂粉春秋》《風流野志》《七美圖》《八美圖》（即《百美圖》）《杏花天》《桃花艷》《載花船》《鬧花叢》《燈草和尚》《痴婆子》《醉春風》《怡情陣》《倭袍》《摘錦倭袍》《兩交歡》《一片情》《同枕眠》《同拜月》《皮布袋》《弁而釵》《蜃樓志》《錦上花》（有解元吴文彦者）《温柔珠玉》《石點頭》《奇團圓》《清風閘》《蒲蘆岸》《八段錦》（非講玄門者）《今古奇觀》（抽禁）《情史》《醒世奇書》（即《空空幻》）《漢宋奇書》《碧玉塔》《碧玉獅》《攝生總要》《梼杌閑評》《反唐》《文武元》《鳳點頭》《尋夢托》《海底撈針》《國色天香》《拍案驚奇》《十二樓》《無稽讕語》《雙珠鳳》《摘錦雙珠鳳》《緑牡丹》《芙蓉洞》（即《玉蜻蜓》）《乾坤套》《錦綉衣》《一夕話》《解人頤》《笑林廣記》《豈有此理》《更豈有此理》《小説各種》（福建板）《宜春香質》《子不語》《北史演義》《女仙外史》《夜航船》《風流艷史》《妖狐媚史》同治七年四月十五日通飭。【略】

巡撫部院丁札開：據提調書局吴牧承潞等稟，續查尚有《鍾情傳》等書，均係淫詞小説，開單呈請，一律查禁等情，到本部院。據此，除批示外，札司通飭一體嚴行查禁等因。

計開續查應禁淫書：

《隋唐》《九美圖》《空空幻》《文武香球》《蟫史》《十美圖》《五鳳吟》《龍鳳金釵》《二才子》《百鳥圖》《劉成美》《緑野仙蹤》《换空箱》《一箭緣》《真金扇》《鸞鳳雙簫》《探河源》《四香緣》《錦香亭》《花間笑語》《盤龍鐲》《綉球緣》《雙玉燕》《雙鳳奇緣》《雙剪發》《百花臺》《玉連環》《巫山十二峰》《萬花樓》《金桂樓》《鍾情傳》《合歡圖》《玉鴛鴦》《白蛇傳》

同治七年四月二十一日通飭。

（清）余治《得一録》卷一一 兼署江南按察使司按察使蘇松太道周爲稟求諭禁事。據吴縣候廩生陳龍甲等稟稱，竊淫書壞人心術，久干例禁，生等赴試金陵，見書鋪中各種淫書，業經出價購取，板本銷燬，並請江寧府沈出示刊碑嚴禁。兹復以蘇地各書肆，及賃書鋪中，淫書亦復不少，種種名目不一，穢褻異常，射利者輾轉流傳，壞人心術，莫此爲甚。爰集同志公議，設局在吴縣學惜字局内，備價收買各種淫書，如藏有板片書本者，檢送局内，照刻印抄工紙料，酌量給價，隨時在惜字局内，公同督毁。業經議有章程，集資辦理，惟恐各書鋪中，或有藏匿不售，或更居奇抬價，或以經銷燬，再行翻刻傳鈔，並外來書估到蘇，帶有各種新舊淫書，源源流佈，則隨收隨出，伊於何底。至出售淫書，尤屬顯導邪淫，應請一並嚴禁。爲此稟求出示曉諭等情到司。據此，查坊肆藏賣淫詞淫畫，久干例禁，豈容射利之徒，公然流佈，貽害風俗，自應嚴行示禁，以端風化，除經批示外，合亟出示諭禁。爲此示仰各書坊肆，並有一等專賃淫詞小説書鋪，及外來書估，蘇城内外畫鋪古董鋪人等知悉，始或不諳例禁，誤行藏板刷印，或販得舊本轉賣，即經明示諭禁，現在該生等設局收毁，即著盡數交出，即給價值，仍免究問。倘敢匿不交出，或昂價居奇，甚或抗違，再行翻刻傳鈔，希圖射利，及外來書估携帶各種新舊淫書，轉相交易，並虎邱山門内桃花塢等處畫鋪，並城内古董鋪，仍敢出售淫畫，則是明知違禁，以身試法，一經覺察，定行照例懲究，決不寬貸。各宜凜遵。特示。

《清穆宗實録》同治十年六月　丁卯，上諭内閣，御史劉瑞祺奏請飭銷燬小説書版一摺。坊本小説，例禁綦嚴，近來各省書肆，竟敢違禁刊刻，公然售賣，於風俗人心，殊有關係，亟應嚴行查禁。著各直省督撫府尹飭屬查明應禁各書，嚴切曉示。將書版全行收毁，不準再行編造刊印，亦不得任聽吏胥藉端搜查，致涉騷擾。

（清）孫綸《定例成案合鐫·續增禮部儀制》　禮部爲欽奉上諭事，會議得，切惟我皇上御極以來，無日不以正人心厚風俗爲務，《聖諭十六條》及御制《訓飭士子文》，各省朔望宣諭，伏蒙睿裁，較《五經》諸史之訛謬，闡杏壇紫陽之心傳，業已久道化成，人崇正學矣。今猶恐小説淫詞，煽惑愚民，蠱誘士子，特頒諭旨，嚴行禁絶，此誠皇上正人心厚風俗之至意，應遵旨通行嚴禁。凡坊肆市賣一應小説淫詞，在内交與八旗都統、都察院、順天府，在外交與督撫等，轉行所屬文武各官，嚴查禁絶，將板與書，一並嚴行燒燬。嗣後如有違禁，仍有私行造賣刷印者，係官革職，軍民杖一百，流三千里；賣者杖一百，徒三年，買者杖一百，看者杖一百。若該管官不行查出，一次者罰俸六個月，二次者罰俸一年，三次者降一級調用。仍不準藉端訛詐。俟命下之日，通行曉諭，一體遵行可也。奉旨依議。

《吏部處分則例》卷三〇《禮文詞》　一、凡坊肆市賣一應小説淫詞《水滸傳》，俱嚴查禁絶，將板與書，一並盡行銷燬。如有違禁造作刻印者，係官革職；買看者，係官罰俸一年。若該管官員，不行查出，每次罰俸六個月。仍不得藉端出首訛詐。如該管官任其收存租賃，明知故縱者，將該管官降二級調用。

（清）周際華《海陵從政録·諭書役並給鴉片煙新例示》　竊照現奉新頒條例，吸食鴉片煙人犯，各直省以奉到部文之日爲始，予限一年六個月。限滿不知悛改，無論官員軍民人等，一概擬絞監候。其在一年六個月限内，平民杖一百，流二千里，不能供出販賣之人，杖一百，流二千五百里。在官人役，照平民加一等治罪。蓋書役爲本官耳目，辦理文案，勾攝罪人，是其專責。若先故違禁令，吸食鴉片，是明知故犯矣。故例加平民一等。本縣自上年奉文查禁之後，因思法行自近，稽察之方，必以書役爲首，屢經諄諄告誡，凡有平時食煙之人，迅速遵照頒發藥方，依法製服，全行斷絶，並令爾等總書總役，出具互保切結，此後書役中如再有違禁吸煙情事，一經查出，定將互保之書役，一體治罪。本縣仍隨時密訪，將食煙有癮者，籤提到案，當堂試驗，並令呈繳烟具，彙案繳銷。一年以來，雖不乏製方斷癮之人，而倚恃奸猾，仍然吸食者，亦復不少。本縣考成所在，豈肯爲爾等受朦蔽之名，自貽失察之咎？除將奉頒條例，刊刻二十條，出示曉禁外，合行諭飭，諭到該房班總書役等，各自猛省，及早迴頭，如係本身吸煙有癮，尚未戒絶，迅速查照前頒良方，製藥服食，其本房班各書役中，凡有食煙之人，亦即曉以利害，將烟土器具，立即赴案呈繳，勿使迷途不返。儻該書役等，瞻徇情面，代爲容隱，本縣耳目最近，一經訪聞得實，定將該總書役等，照知情容隱之地保鄰佑，與本犯一律懲辦，勿謂言之不早也。凜遵。特諭。

硃書一通，六房三班，各給一紙，實貼曉諭，又新例一本。

（清）周際華《海陵從政録·諭各鄉保並給鴉片煙新例》　照得鴉片煙新例，凡開設煙館，栽種售賣等犯，兵役受賄包庇，與本犯一律科罪，其知情之地保鄰佑，杖一百，徒三年，有贓者計贓，準枉法從重論等語。誠以開館誘食熬售賣，該鄉保聞見最近，無不周知，苟非受賄故縱，即係知情容隱。至於吸食之人，既經食煙有癮，亦難掩人耳目，欲絶其萌芽之始，必先懲其庇護之人。本縣奉文之後，已將頒發新例，摘録二十條，剴切曉諭。誠恐該鄉保等，視爲具文，玩泄從事。合行諭飭，諭到該鄉保，即將發去告示條例，會同本莊耆老，徧行曉諭，將開館引誘，製土煎熬，及吸食鴉片煙之人，勸令立即據實赴官自首，並將烟土、烟膏、烟槍、烟具，盡數呈繳，照例準予免罪。儻經此次曉諭之後，該莊地面，再有前項開館販土食煙等犯，一經本縣親自訪聞查拏，除將正犯照例治罪外，定將知情容隱之地保鄰佑，各照新例，分別懲辦，決不寬貸。該鄉保等，務各自顧身家，認真稽察，切勿代人受過，自取譴尤。凜之！慎之！特諭。

每莊地保各給一紙，並告示新例一本。

謹摘議禁鴉片煙新例二十條：

一、開設鴉片煙館，原例爲首擬絞監候，爲從擬滿流。今擬私開鴉片煙館，引誘良家子弟者，首犯擬絞立決，房屋入官，從犯及知情租給房屋之犯，發新疆給官兵爲奴，房屋一律入官。兵役受賄包庇，與本犯一體科罪，其知情之地保鄰佑人等，俱仍照舊例，杖一百，徒三年，有贓者計贓，準枉法從重論。

一、得財賣放鴉片煙案犯之官役人等，向無治罪專條。今擬拏獲興販鴉片煙及吸食之犯，如不肖官吏，併兵役人等，得財賣放者，與本犯一體治罪，贓重者計贓，以枉法從重論。

一、禁卒人等，遞給鴉片煙與犯人吸食，向無治罪專條。今擬內外問刑，衙門收禁人犯，如有禁卒人等，私行傳遞，或代買鴉片煙與犯人吸食者，發極邊烟瘴充軍，其奉官解遞看守之犯，解役看役人等，有犯前項情弊，發近邊充軍，贓重者計贓，以枉法從重論。

一、栽煙誣賴之犯，向無治罪專條，今擬拏獲鴉片煙，見癮發有據者方坐，不許妄扳拖累，如兵役人等，並地方匪棍，冒充兵役，假以查拏鴉片煙爲由，肆行搶奪，並懷挾仇恨，或希圖訛詐，栽煙誣賴，審實，不分首從，俱照誣良爲盜例，發邊遠充軍，贓至一百二十兩以上者，爲首擬絞監候。

一、鴉片煙案犯告稱留養，向無專條，今擬鴉片煙案內，問擬流罪以上人犯，有告稱留養者，概不查辦。

一、鴉片煙案內，自首及聞拏投首人犯，向無專條，今擬鴉片煙案內人犯，如有事未發，而自首者，照犯罪自首律，準其免罪，聞拏投首者，於本罪上減一等科斷，首後復犯，加一等治罪，不準再首。

一、吸食鴉片煙之案，止準地方官弁訪拏究辦，不準旁人訐告，如有訐告者，均不準審理，儻係干犯名義，仍照本例治罪。

一、栽種鴉片煙，及買土煎熬售賣人犯，原例爲首發邊遠充軍，爲從流二千里。興販鴉片煙人犯，爲首發近邊充軍加枷，爲從滿徒。今擬內地奸民人等，有栽種罌粟花收漿製造鴉片烟土，或煎熬成膏售賣，及興販鴉片烟膏烟土發賣圖利，數至五百兩，或雖不及五百兩，而興販多次者，首犯擬絞監候，爲從發極邊烟瘴充軍。若興販僅止一二次，並爲數不及五百兩，爲首發新疆給官兵爲奴，爲從發極邊足四千里充軍，兵役受賄包庇，與首犯一體科罪，贓重者計贓，以枉法從重論。其知情租給田地、房屋之業主，及知情受雇之船户，俱在一年以外者，發邊遠充軍，一年以內杖一百，流二千里，半年以內杖一百，徒三年，田地、船隻、房屋，一律入官。有能自行首告，將犯指拏到官者免罪，田地、船隻、房屋，並免入官。首而無獲者，但準免罪，田地、船隻、房屋仍行入官，鄰佑地保，知而不首，各杖一百，有贓者計贓，準枉法從重論。

一、吸食鴉片人犯，在京各衙門，以奉旨之日爲始，各直省以奉到部文之日爲始，均予限一年六個月。限滿不知悛改，無論官員軍民人等，一概擬絞監候。其在一年六個月限內，犯者仍分別辦理。

一、平民吸食鴉片煙，在一年六個月限內，犯案者照舊例加重，杖一百，流二千里，不能供出販賣之人，加一等，杖一百，流二千五百里。

一、在官人役，並官親、幕友、長隨人等，一年六個月內吸食者，照平民加一等治罪。

一、職官買食鴉片煙，原例加平民一等治罪。今擬職官買食鴉片煙在一年六個月者，仍加平民一等治罪，均從重發往新疆地方當苦差。

一、兵丁買食鴉片煙，原例加平民一等治罪，今擬在京各旂及各省駐防緑營兵丁買食鴉片煙，在一年六個月內者，發近邊充軍。

一、開設煙館，及栽種罌粟花製煙售賣，並興販鴉片煙首從各犯，除現擬死罪外，其餘亦俟一年六個月後，均擬絞監候。

一、拏獲吸食鴉片煙人犯，訊明雖經改悔戒絶，但存有鴉片烟灰，未經毁棄者，向無專條，均酌照不應重律，杖八十，今擬加二等，杖一百治罪。

一、製造及販賣鴉片煙器具者，照造賣賭具例，分别治罪。

一、同居子弟有買食鴉片者，除本犯照例懲辦外，將家長照不能禁約子弟爲竊之例治罪。

一、職官吸食鴉片犯案，在一年六個月以內，發往新疆者，永不敍用，各該大臣等，概不準因事保奏。

一、向例緝私兵弁，準帶官編字號鳥槍，遇有大夥鹽梟拒捕，準令開放，格殺勿論。嗣後查拏鴉片，遇有大夥聚衆持械，拒敵官兵者，亦準施放鳥槍，格殺勿論。其拒捕之犯，聚至三人以上，執持器械殺人者，爲首併殺人之犯，俱擬斬立決，傷人之犯，斬監候，若傷人未死，首犯斬監候，爲從下手，如刃傷及折傷以上者，擬絞監候，傷非金刃，又非折傷，及在場助勢，未曾傷人各犯，俱發往新疆，給官兵爲奴。其聚衆持械，未經拒捕之首犯，無論興販次數，及煙數多寡，俱擬絞監候，爲從發極邊充軍。

一、吸食已戒，平民例得免罪，而官民應分别辦理。查吸食鴉片期於能戒而止，平民已戒，卽同無罪之人。若現任官員，爲民表率，但經吸食之人，卽難更司查辦之責。嗣後現任各員，如有曾經吸食者，該上司卽行揭參，勒令休致。

《武夷山文化叢書·摩崖薈萃·武夷山三姑石梳妝檯石刻》 三姑蘭湯恪遵堅壁清野上。諭於咸豐八年春月，僉擇幔亭峰築圍捍冠，所有峰上竹木茅蘆，概議留蓄避冠之時應急。嗣後不得妄行樵伐，兼之堡内搭蓬厰，冠未到時，反敗之後無人看守，不得拆斷私毁。倘不遵者，查出分行重懲，抗則鳴官究治。

咸豐八年九月吉日三姑蘭湯閤鄉公白

（清）席裕福等《清朝政典類纂》卷四〇七《刑三十九·刑律雜犯·搬做雜劇》 條例

一、城市鄉村，如有當街搭臺，懸燈唱演夜戲者，將爲首之人照違制律，杖一百，枷號一月。不行查拏之地方保甲，照不應重律杖八十。不實力奉行文武各官，交部議處。若鄉保人等有藉端勒索者，照索詐例治罪。謹案：此條雍正十三年定。一、凡旗員赴戲園看戲者，照違制律杖一百。失察之該管上司，交部議處。如係閒散世職，將該管都統等交部議處。謹案：此條乾隆四十一年定。一、凡旗人因貧糊口登臺賣藝有玷旗籍者，連子孫一並銷除旗檔，毋庸治罪。該管參佐領限三個月内，據實報出免議，逾限不報，照例分别議處。謹案：此條道光五年續纂。

刑案

旗員欲行自盡殉師，在旗具呈，照不應重律杖八十，交旗領回管束。嘉慶二十四年湖廣司案。

職官將故勇寄存僞造牌札押錢未成，照不應重律杖八十。光緒七年福建案。

違令

凡違令者笞五十。謂令有禁制而律無罪名者，如故違詔旨，坐違制，故違奏準事例，坐違令。

不應爲

凡不應得爲而爲之者，笞四十事，理重者杖八十。律無罪名，所犯事有輕重，各量情而坐之。

《大清法規大全·民政部》卷四《違警律·憲政編查館奏考核違警律摺并單》 第一章 總例

第一條 凡犯本律各款，在本律施行以後者，均按本律處罰。

第二條 凡本律所未載者，不得比附援引。

第三條 本律所定罰例，分爲七種，如左：

一 十五日以下，十日以上之拘留；或十五元以下，十元以上之罰金。

二 十日以下，五日以上之拘留；或十元以下，五元以上之罰金。

三 五日以下，一日以上之拘留；或五元以下，一角以上之罰金。

四 十五元以下，十元以上之罰金。

五 十元以下，五元以上之罰金。

六 五元以下，一角以上之罰金。

七 各本條所指充公停業及勒令歇業等處分。

第四條 凡拘留者，拘留於巡警官署。

第五條 凡按本律處罰金者，限五日内完納。若逾限無力完納，每一元折拘留一日，其不滿一元者亦以一日計算。

第六條 凡現犯本罪各款者，巡警人員雖不持傳票，亦可徑行傳案。現犯者，若係職官而確有公事在身者，不在此限。

第七條 因犯本律之嫌疑經官傳訊者，須於三日以内到案。若逾期不到，可徑行判斷。如有應得之罪，按律處罰。

第八條 凡犯本律各款者，其呈訴告發期限，以六個月爲斷。按本律定罪，逾六個月未辦者，作爲豁免。

第九條 凡同時犯本罪二款以上者，各按應得之罪分别處罰。其拘留期限長至三十日爲止，罰金數目多至三十元爲止。

第十條 唆使人犯本事各款者，以正犯論。

第十一條　凡曾犯本律各款，於罰辦完結後，六個月以内在同一管轄地方再犯者，加重一等。

第十二條　犯本律各款者，若情有可原，得酌量減輕一二等。

第十三條　犯本律各款，而於未發覺以前向巡警官署或被害人自首者，得減輕一二等，或代以申飭。其各本條有專例者，不在此限。受申飭者，於六個月以内在同一管轄地方再犯時，加重二等。

第十四條　凡按本律拘留者，若確有悔悟情狀，於拘留期限過半後，不俟限滿亦可釋放。

第十五條　有心疾人犯本律各款者，不論。

第十六條　未滿十五歲人犯本律各款者，由巡警官署申飭後，告其父兄或撫養人自行管束。若未滿十五歲人經前項處分後，六個月以内，在同一管轄地方有再犯者，科其父兄或撫養人以五元以下、一角以上之罰金。若無從查悉其父兄或撫養人者，八歲以上之幼童由巡警官署送入教養局，未滿八歲者則送入育嬰堂。

第十七條　凡爲人所迫，無力抗拒，致犯本律各款者，不論。

第十八條　犯本律各款未成者，不論。

第十九條　凡本律所稱一等者，指各本條所定拘留期限、罰金數目四分之一而言，加重與輕準其相抵。因加減之故，拘留有不滿一日、罰金不滿一角者，準其豁免。

第二十條　本律所稱以下以上或以内者，俱連本數計算。

第二章　關於政務之違警罪

第二十一條　凡犯左列各款者，處十五日以下、十日以上之拘留，或十五元以下、十元以上之罰金。

一、無故布散謠言者。二、於官吏辦公處所聚衆喧嘩、不聽禁止者。

第二十二條　凡犯左列各款者，處十日以下、五日以上之拘留，或十元以下、五元以上之罰金。

一、因曲庇犯本律之人，故意藏匿，或湮滅其證據，或揑造僞證者。若於該案未判定前自首，或係犯人親屬，免其處罰。二、誣告他人犯本律各款，或僞見證者。若於該案未判定前自首者，免其處罰。三、毀損或除去官發告示者。

第二十三條　凡犯左列各款者，處五日以下、一日以上之拘留，或五元以下、一角以上之罰金。

一、違背章程營商工之業者。二、違背章程開設戲園及各項遊覽處所者。三、凡死出非命，未經呈官相驗，私行葬理者。

第二十四條　凡犯左列各款者，處五元以下、一角以上之罰金。

一、遷移、婚娶、生死，不遵章程呈報者。二、未經官準，擅興建築，或修繕或違背官定圖樣者。

三、旅店不將投宿人姓名、往址及其職業呈報者。於六個月以内犯本款至三次以上者，應令停業。至十日爲止，若屢犯不改，則勒令歇業。

第三章　關於公衆危害之違警罪

第二十五條　凡犯左列各款者，處十五日以下、十日以上之拘留，或十五元以下、十元以上之罰金。

一、違背章程，搬運火藥及一切能炸裂之物者。二、違背章程，儲藏火藥及一切能炸裂之物者。三、未經官準，製造烟火或販賣者。四、於人家稠密之處點放烟火及一切火器者。五、知有前三款之犯人，而不告知巡警人員者。若係犯人之親屬，免其處罰。六、發見火藥及一切能炸裂之物，而不告知巡警人員者。七、於人家近傍或山林田野，濫行焚火者。八、當水火及一切災變之際，由官署令其防護而抗不遵行者。九、房屋勢將傾圮，由署督促修理而延宕不遵者。

第二十六條　凡疏縱瘋人或狂犬及一切危險之獸類，奔突道路或入人第宅者，處五日以下、一日以上之拘留，或五元以下、一角以上之罰金。

第四章　關於交通之違警罪

第二十七條　凡犯左列各款者，處五日以下、一日以上之拘留，或五元以下、一角以上之罰金。

一、於私有地界内，當通行之處有溝井及坎穴等，不設覆蓋及防圍者。二、於多人聚集之處及灣曲小巷，馳驟車馬或争道開車不聽阻止者。三、乘自行車不設鈴號者。四、夜中無燈火，疾驅車馬者。五、以木石堆積道路，不設防圍或疏於標識點燈者。六、以無碟或穢物及禽獸骸骨投擲道路，或投入人家者。七、未經官準，於路旁、河岸等處開設店棚者。八、毀損道路橋梁之題志，及一切禁止通行或指引道路之標識等類者。

九、渡船、橋梁等曾經官署定有通行費之處，而於定數以上私行加索或故阻通行者。其浮收之款概行充公，不得援第十三條減輕之例。

第二十八條　凡犯左列各款者，處五元以下、一角以上之罰金。

一、於渡船橋梁等應給通行費之處，不給定價而通行者。二、於路傍羅列玩具及食物等類，不聽禁止者。三、濫係舟筏，致捐毀橋梁、堤防者。四、將騾馬諸車横於道路，或堆積本石、薪炭等類妨礙行人者。五、並牽車馬，妨礙行人者。六、並舟水路，妨礙通船者。七、將冰雪、塵芥投棄道路者。八、受官署之督促，不灑掃道路者。九、於道路遊戲，不聽禁止者。十、疏於牽係牛馬等類，妨礙行人者。十一、於諭示禁止通行之處而通行者。十二、消滅路燈者。

第五章　關於通信之違警罪

第二十九條　凡犯左例各款者，處十五日以下、十日以上之拘留，或十五元以下、十元以上之罰金。

一、妨礙郵件或電報之遞送，情節較經者。二、損壞郵政專用物件，情節較輕者。三、妨礙電報電話之交通，情節較輕者。

第六章　關於秩序之違警罪

第三十條　凡犯左列各款者，處五日以下、一日以上之拘留，或五元以下、一角以上之罰金。

一、於私有地界外建設房屋、墻壁及軒楹者。

二、毀損路上植木或路燈者。三、由官署定價之物，而加價販賣者。其浮收之款概行充公，不得援第十三條減輕之例。於六個月以内犯本款至三次以上者，應令停業至十日爲止。若屢犯不改，則勒令歇業。四、於官地牧放牲畜不聽禁止者。五、於禁止出入處所濫行出入者。六、潛伏無人之屋内者。

第七章　關於風俗之違警罪

第三十一條　凡犯左列各款者，處十五日以下、十日以上之拘留，或十五元以下、十元以上之罰金。

一、游盪不事正業者。二、僧道惡化，及江湖流丐强索錢物者。三、於私有地界内發見尸體，不報官署或潛移他所者。四、無故攜帶兇器者。五、暗娼賣姦，或代媒合及容止者。六、唱演淫詞、淫歲戲者。

第三十二條　凡犯左列各款者，處十日以下、五日以上之拘留，或十元以下、五元以上之罰金。

一、污損祠宇及一切公衆營造物者。二、毀損墓碑者。

第三十三條　凡犯左列各款者處五日以下、一日以上之拘留，或五元以下、一角以上之罰金。

一、於路傍爲類似賭博之商業者。二、於道路高聲放歌，不聽禁止者。三、於道路酗酒喧噪，或醉卧者。四、於道路口角紛争，不聽禁止者。

第三十四條　凡茶館酒肆及各項遊戲處所，主人或經理人於巡警官署所定時限外，聽客逗留者，處十五元以下、十元以上之罰金。於六個月以内犯本款至三次以上者，應令停業至十日爲止。若屢犯不改，則勒令歇業。

第三十五條　凡犯左列各款者，處十元以下、五元以上之罰金。

一、於巡警官署所定時限外，逗留茶館酒肆及各項遊戲處所者。二、當衆罵詈嘲弄人者。犯本款者，非經被害人呈訴，不論。

第三十六條　凡犯左列各款者，處五元以下、一角以上之罰金。

一、於道路裸體者。二、奇裝異服，有礙風化者。三、於厠所外便溺者。四、未經本主允許，輒於人家墻壁貼紙或塗抹者。五、深夜無故喧嚷者。六、凡車夫、馬夫、轎夫、船夫及一切傭工人等，豫定傭值而事後强索加給，或雖未豫定而事後訛索者。犯本款者，若屢犯不改，應勒令歇業。

第八章　關於身體及衛生之違警罪

第三十七條　凡犯左列各款者，處十五日以下、十日以上之拘留，或十五元以下、十元以上之罰金。

一、加暴行於人，未至成傷者。二、未經官準，售賣含有毒質之藥劑者。於六個月以内犯本款至三次以上者，應令停業至十日爲止。若屢犯不改，則勒令歇業。三、於城市及人烟稠密之處開設糞廠者。

第三十八條　凡犯左列各款者，處十日以下、五日以上之拘留，或十元以下、五元以上之罰金。

一、偶因過失，污穢供人飲用之淨水，致不能飲用者。二、違背一切官定衛生章程者。

第三十九條　凡業經懸牌行術之醫生或穩婆，無故不應招請者，處十元以下、五元以上之罰金。

第四十條　凡犯左列各款者，處五元以下、一角以上之罰金。

一、毀損明暗各溝渠，或受官署督促不行浚治者。二、裝置糞土穢物，經過街市不施覆蓋者。

第四十一條　凡犯第三十八條各款、第四十條第二款，六個月以内至三次以上者，如係營業之人，應令停業至十日爲止。若屢犯不改，則勒令歇業。

第九章　關於財産之違警罪

第四十二條　凡犯左列各款者，處十日以下、五日以上之拘留，或十元以下、五元以上之罰金。

一、違背章程，損傷森林樹木者。二、解放他人所繫牛馬及一切獸類，未至走失者。三、解放他人所係舟筏，未至漂失者。

第四十三條　凡犯左列各款者，處五元以下、一角以上之罰金。

一、無故毀損第宅題志、店鋪招牌，及一切合理告白者。二、在官地或他人私地内，私掘土塊石塊，情節較輕者。三、採食他人田野、園圃之菜果或採折花卉者。四、踐踏他人田園，或牽入牛馬者。

第十章　附條

第四十四條　本律自欽定頒行文到之日起，限三個月，所有各直省一律施行。其各地方有巡警制度，未經設立完備者，得由各該省督撫酌量情形另定限期，奏明辦理。

第四十五條　本律所載之外，各直省督撫得因地方情形，酌定違警章程，變通辦理，惟不得與本律相抵觸。

《大清法規大全・民政部》卷四《違警律・憲政編查館奏考核違警律摺并單》　光緒三十三年八月十八日，準民政部咨，稱本日具奏酌定違警律草案，請飭下憲政編查館核定頒行一摺。奉旨依議，欽此欽遵。鈔録原奏並清單，知照前來。臣等伏查原奏内稱，唐虞薄眚，惟畫衣冠，周漢司隸，亦先罰贖。近來東西各國均有違警之科，皆所以息禍患於未萌，期秩序之共守。京外警政，推暨日廣，各省亦多有擬行違警辦法，借示懲儆者，自應酌定章程，以資遵守等語。自係防漸杜微，納民軌物之意。考違警之懲，蓋始於《周禮》司救及野廬氏等官，罰嚴三讓，未因過失稍寬。令肅四畿，本爲防姦，益厲觵撻之誅。厥源已古，逮漢以還，互見刑律。其事理有未盡者，則設不應爲條，以概一切。良由犯係輕微，未注重也。現在民政既設專官，凡屬警政，正待擴充，則違警律亟宜析出單行。近今泰西各國立法例，於違警罪之説，約舉有三：一、融會於刑法中，不設違警名目者，如紐約、芬蘭等刑法是。二、因刑之重輕而爲違警罪之分類者，如法蘭西、墨西哥、德意志等刑法是。三、因罪之性質而爲違警罪之分類者，如奥大利、匈牙利、荷蘭、義大利、白爾加利亞、那威等刑法是。綜核其説，第一説於理論雖當，今既定議單行，則宗旨不符，毋庸深論。第二説易記刑之重輕，而不能知其罪之性質。第三説易知罪之性質，而不能記其刑之重輕。二者互有短長，然各國最新法典及草案採用第三説者爲多。蓋因違警罪之預防、捜查及逮捕，當其衝者實爲警察。警察之法學知識未能完備，使其易於記憶不如由性質而爲之區分也。檢閲該律草案，刑之種類釐爲七等，並分總則、國安、政務、公共危害、交通、郵電、秩序、風俗、身體衛生、財産爲十章共四十四條，又附則二條。實本第二、第三之説而折衷一是，體例完密，可冀推行無阻。其間範圍廣狹，實兼採東西制度，增警吏之權限，即所以保閭閻之乂安。況刑律雖經告成，頒佈尚須時日，而違警律單簡易行，於時勢亦甚切合。惟原案總則内條文，次序尚宜酌改。如第三條至第六條係不論罪，在律中爲例外，而叙次轉在正面辦法之先，似嫌倒置。其餘類此頗多，今稍加更易，大率先叙正面辦法及罰例等，次加重例、次減輕例，次不論例，次釋語義，庶於體例較合。又第二章所列關於國安之違警事項，如情節較重則宜歸入刑律，情節較輕則不至關及國安，今略爲删減，並入政務違警罪内，通爲第二章。以下各章即按次遞進。至各章内所舉事項，有應入官吏讀職處分者，列入違警亦有未合，今酌量删節，以清界限。其餘辭義未妥及字句歧出、文詞生澀之處，亦皆一律修改。務令吻合國情，俾官民易於通曉。臣等公司核訂，擬將該草案釐定爲十章四十五條。敬謹分别繕具清單，恭呈御覽。伏乞欽定，擬請明降諭旨，頒行京外，一體遵守。謹奏。光緒三十四年四月初十日，奉旨依議。欽此。

《大清法規大全・民政部》卷四《違警律・民政部通咨違警律施行辦法文光緒三十四年 月》 查本年四月初十日憲政編查館核定本部違警律，具奏奉旨，依議欽此欽遵，通行在案。查本律條理細密，解釋稍歧節滋貽誤現經本部提議，各條擬定施行辦法，咨行各省，以備參考。此後，各省如於本律遇有疑義，須隨時咨明本部，以本部解釋所定者爲準，庶免紛歧。除札飭兩廳暨分別咨行外，相應鈔單，咨行貴督查照辦理也可。

附違警律施行辦法

一、不服違警之判斷，應否準其呈控於審判衙門或其他地方官衙門？查此項尚待詳細核議。在未經議定辦法以前，應暫時作爲行政處分，不準再向審判衙門或其他地方官衙門呈控。

一、第二條不得比附援引，應否準用類推解釋？查比附援引與類推解釋名異實同，故凡本律所不載者，不得率以類推解釋定罪。即如本律第二十五條第九款，所載房屋勢將傾圮，由官督催延宕不修一節，房屋字樣界限極明，不能類推之於將倒樹木。然此等情形，巡警人員固有諭告本主，命其防止或除去之權，惟無科以違警罪之權而已。至煩推解釋，與當然解釋又自有別。例如第十七條，僅載爲人所迫，則用當然解釋爲天災所迫，自包其內。此則法理上所許者也。

一、第三條所定罰例，應否俱從以上本數起科？查違警律通行伊始，人民固未周知，官吏亦尚未習練，自應以從輕處斷爲宜。各項罰例，俱從以上本數起科。係以情節輕者爲標準，而以情節較重者依次加重，未始非防止濫用之意。嗣後，違警定罰，除從前業有成案，其輕重可以比較而得之各項外，若係照此次定律始行處罰者，應俱從本數以上起科，庶有標準。

一、第六條現犯本律各款者，巡警人員雖不持傳票，可逕行傳案。此項巡警，應否以著有制服或攜有執照爲限？查此項有傳案權之巡警，應以執務中爲限，不必限定制服，蓋亦有著服而並非在執務中者。例如每日赴廳上值及退值時之類，則只可有普通告發之權，而不能逕行將人傳案。至執務中，應否均著制服或攜有執照，視定章程如何可也。

一、第八條按本律定罪逾六個月未辦者，作爲豁免，是否期滿免除之義？查本條，係規定期滿免除之例。凡逾期不到，經該管官署逕行判斷及定罪後，逃逸不能執行者之類，均得適用本條。

一、第十條唆使人犯本律各款者，以正犯論。可否分唆與使爲二事？查唆使二字，於法理上毫無分別。本條所謂唆使，均指造意犯而言，不問被唆使者之知其意與否也。至因過失而致迫人犯本律各款者，是爲過失共犯，不能以唆使犯論。過失共犯一層，本律雖無明文。然由法理上言之，則此説頗爲得當也。

一、第十一條所載同一管轄地方，是否以各該原辦之區爲界限？查本條所以示再犯加重，同一管轄地方若範圍過大，固難調查；然若僅以各區爲界限，範圍又嫌過小。宜以各該分廳爲界限，蓋各區辦結之案，無不隨時申報分廳，則調查尚不甚難也。

一、第十七條僅載爲人所迫，若爲水火災變所迫，應否論罪？查本條載爲人所迫，不論由於人力者尚且無罪，則由天災者更不待言。律文從略者，乃舉輕省重之意。此節所謂當然解釋也。

一、第十九條所載加重減輕，應以何數起算？查加減之法，應就以上、以下、最高或最低之數起算。加減例如罰金十元以下、五元以上者，十元加一等則爲十二元五角，五元加一等則六元二角五分是也。又十元減一等則爲七元五角，五元減一等則爲三元七角五分是也。其餘以此類推。凡各項律文均應如此解釋，非獨刑律草案爲然。至因加減而致奇零者，則按本條第三項所定，準其豁免可也。

一、第二十三條第一、二款所載違背章程，此項章程其實行期限，應否以公佈之日爲始？查本條第一、二款及其餘各條所載，違背章程。若尚無章程，自屬不能施行。其犯在未定章程以前者，可照第一條規定辦理。

一、第二十九條第一款至第三款所載情節較輕，應以何者爲標準？查本條所載各項，與刑律草案相表裏。現在《刑律草案》尚未實行，自不能適用。該草案案以行審判，然值解釋本條以定情節較輕範圍之際，以該草案所定事宜爲解釋本律之參考，尚非不合。如用此種解釋方法，則於本條之實行，亦不致大不便也。

一、第三十一條第一款所載游蕩不事正業，應否以有害風俗，並事不正之業者爲標準？查本條第一款所載，原非根本辦法。根本辦法在設立工場，收容浮浪之人，須令作工。令中國此項工場尚無設立，故有時只能科以拘留、罰金，亦爲不得已之制裁。至實行之際，宜有適當之限制，此論極是。嗣後遇有此項游盪之人，宜查明確係游盪而有妨害風俗之行爲，或並無相當資産而有不事正業之確據。其不正之業，除賭博等項應按照各該本律辦理外，其餘均入本款範圍。至雖係游盪不事正業，而有相當之資産及並無妨害風俗行爲與一切危險情形者，均不在本款範圍之内。

一、第三十六條第二款奇裝異服有礙風化者，應以何者爲標準？查本款所載可裝異服，在視本國現在之風俗，以爲適當之標準。男用女裝、女用男裝，固屬有礙風俗，即男用男裝、女用女裝，有時亦不能爲無害風俗。總之，與常用服飾相反而足以驚駭耳目者，皆是。不能悉舉，在隨時認定而已。

一、第三十六條第三欵厠所外便溺，是否包屋内厠所而言？查本款專指屋外厠所而言，至屋内厠所，雖在外便溺，不在本律範圍之内。

一、第三十七條第三欵城市及人烟稠密之處是否兩項？查本欵所載城市係不分人烟稠密與否。至城市以外乃以人烟稠密爲準。

一、本律各款有規定於現行《大清律例》者可否暫照《大清律例》辦理？查此項須與法律館法部會商妥定，未經定議以前仍由各該衙門按照向有專律專例辦理。

《大清法規大全・民政部》卷四《違警律・民政部會奏違警律罰例與現行律不能並行各款擬請折衷辦理摺》 竊臣等前奏違警律草案，業經憲政編查館核議，奏準通行在案。施行以來，尚無窒礙，惟查違警律第三十五條第二款載，當衆罵詈嘲弄人者，處十圓以下、五圓以上之罰金；第三十七條第一款載加，暴行於人未至成傷者，處十五日以下、十日以上之拘留或十五圓以下、十圓以上之罰金。又查現行律載，罵人者笞一十，毆人不成傷者笞二十。現行律於詈毆各條處罰甚輕，而此等案件大都置諸不問，百不一見。今違警律加重拘罰，自係因時制宜之意，誠以詈毆乃訟獄之原。欲謀閭閻安謐，勢不能不多畀警察以管束之權。若照斷罪依新頒律之例，自應以違警律所定爲準。惟查違警律罰例，係與新刑律草案互相冲接。現在新刑律尚待考訂，一時未能實行，則現行律範圍自亦未能遽越。若令警察官署照違警律辦，而地方官署仍照現行律辦，則處理未免兩歧。若執此一端，即將現行所載删除，亦有顧此失彼之慮。茲擬折衷辦法，凡屬前二款情形，悉劃歸警察官署管理，而罰例則暫從現行律。一俟新刑律頒佈後，再行劃一辦理。其所犯有關官吏、尊長及特別情節，罪在徒刑以上者，仍移交地方官署治罪，庶輕重不致失宜，而權限得以清晰。至違警律罰金折折留之法，係以一圓折留一日，現行律則罰銀一兩折作工四日。雖折合日數未免縣殊，而罪質既異，即罰例不必强同。其關於違警律者，自可照違警律辦。此外仍照現行律辦，兩者并存，似尚不致相妨。以上各款，臣等往復咨商，意見相同，如蒙俞允，即由臣等通行辦理。再此折係民政部主稿，會同修訂法律大臣、法部辦理，合併聲明。謹奏。宣統元年三月初四日，奉旨依議。欽此。

《大清法規大全・民政部》卷四《違警律・附内城巡警總廳申擬罵毆以下罪名一併劃歸警察官署管理文》 三月十六日，奉憲部札開，本部會同修訂法律大臣法部具奏違警律罰例與現行律不能並行各款，擬請暫行折衷辦理一摺。於宣統元年三月初四日奉旨依議，欽此欽遵。到部合行恭録諭旨，刷印原奏，札飭該廳欽遵查照等因，並印刷原奏一件，札發到廳，業經轉飭各區一體欽遵。查照嗣因現行律載，凡以手足毆人未成傷者笞二十條内，有以他物毆人不成傷者笞三十及以穢物毆人頭面者杖八十，灌入人口鼻者杖一百等語。所犯均無關官吏尊長，皆係徒刑以下罪名。至良賤相毆，雖屬特別情節，而亦罪不至徒。是否應遵原奏，一並劃歸巡警官署管理？業經備文申請，核定通行遵照。各在案惟查違警律總例，有自首減輕酌量減輕，再犯加重，及新奉部章之抗傳拒捕加重各規定。其加減例係於各本罪上以加減四分之一爲一等，而現行律則笞杖等數各殊，伸縮未留餘地。且於自首有免罪之明文，於加重無共通之法例。兩者懸絶，即屬從溝通，細繹原奏所謂罪質既異，罰例不必强同，義既取乎折衷，其不能於適用現行律罰例之罪，而據違警律總例爲加減，意自顯然。蓋現行律於加減罪例定有專條，且自首免罪見於名例外其餘應行加重者，又率散見於竊盜等罪各本條。是則現行律與違警律不但罰例不能强同，即其加減例亦不能强同也。然究未奉明文，尚恐易招誤會。所有犯違警律内當衆罵嘲弄人，及加暴行於人未至成傷二款罪名，應行暫從現行律，凡罵及凡毆人不成傷罰例之案。擬請嗣後不得按照違警律總例加重減輕，仍遵照現行律加滅例辦理。事關解釋法令，理合備文申請憲部，連同前申並案飭議核定。如蒙照準，即請並案咨明法部法律館並通行各該管衙門，以資明晰而便遵守。

紀事

《三國志》卷二四《魏志・高柔傳》　時獵法甚峻。宜陽典農劉龜竊於禁內射兔，其功曹張京詣校事言之，帝匿京名，收龜付獄。柔請告者名，帝怒，柔曰：廷尉，天下之平也。安得以至尊喜怒而毀法乎！重復爲奏，辭指深切。帝寤，乃下京名，即還訊，各當其罪。又時殺禁地鹿者身死，財産沒官，先覺白者厚賜之。

《宋書》卷六四《何承天傳》　〔元嘉七年〕時丹陽丁況等久喪不葬，承天議曰：禮所云還葬，當謂荒儉一時，故許其稱財而不求備。丁況三家，數十年中，葬輒無棺櫬，實由淺情薄恩，同於禽獸者爾。竊以爲丁寶等同伍積年，未嘗勸之以義，繩之以法。十六年冬，既無新科，又未申明舊制，有何嚴切，欻然相糾。或由鄰曲分爭，以興此言。如聞在東諸處，此例既多，江西淮北尤爲不少。若但謫此三人，殆無整肅。開其一端，則互相恐動，里伍縣司，競爲奸利。財賂既逞，獄訟必繁，懼虧聖明烹鮮之美。臣愚謂況等三家，且可勿問，因此附定制旨，若民人葬不如法，同伍當即糾言，三年除服之後，不得追相告列，於事爲宜。

《魏書》卷九二《列女傳・胡長命妻張氏》　樂部郎胡長命妻張氏，事故王氏甚謹。太安中，京師禁酒，張以姑老且患，私爲醖之，爲有司所糾。王氏詣曹自告曰：老病須酒，在家私釀，王所爲也。張氏曰：姑老抱患，張主家事，姑不知釀，其罪在張。主司疑其罪，不知所處。平原王陸麗以狀奏，高宗義而赦之。

《南齊書》卷四一《張融傳》　永明二年，總明觀講，敕朝臣集聽。融扶入就榻，私索酒飲之，難問既畢，乃長嘆曰：嗚呼！仲尼獨何人哉！爲御史中丞到撝所奏，免官，尋復。

《南史》卷六《梁本紀・武帝》　天監四年正月，有司奏：吴令唐傭鑄盤龍火鑪、翔鳳硯蓋。詔禁錮終身。

《新唐書》卷一三〇《裴諝傳》　德宗新即位，以刑名治天下，百吏震服。時大行將蒇陵事，禁屠殺，尚父郭子儀家奴宰羊，〔裴〕諝列奏，帝謂不畏彊禦，善之。或曰：尚父有社稷功，豈不爲庇之？諝笑曰：非君所知。尚父方貴盛，上新即位，必謂黨附者衆。今發其細過，以明不恃權耳。吾上以盡事君之道，下以安大臣，不亦可乎？

（宋）李昉等《文苑英華》卷五〇三《天象律曆門・家僮視天判》　甲於庭中作小樓，令家僮更直於上，視天。乙告違法，甲云專心候業。不伏。

對　劉庭琦

士惟各業，法貴師古，苟睽厥道，蓋速其尤。甲也黔人，頗遊玄藝。門庭之中，駕小樓而對月，星象之下，縱微管以窺天。懸究昭回，遠探雲物，傳諸子弟，頗覿前修。授以家僮，未詳其可。雖有詞於候業，亦難免於刑典。更資研問，方寬糾繩。

同前　蘇綰

聖人作乎，萬物惟乂。百寮分事，命南正而司天；五緯連衡，遵北辰而列象。莫不上稽天道，下授人時，率由舊章，克備常典。辨躔次之無忒，識運行之有度。南躔日至，爰有望於靈臺；東陸春歸，方可觀於太室。必若官非代掌，業異家藏，復王朔漢有王朔望氣英華作覇非。之精才，有唐都之秘術。不在其位，理宜勗於閑邪；有犯於時，辭豈逃於語怪？惟彼甲也，能微訟乎僮，則無良異，疇人之子弟。乙惟嫉惡，復吕氏之刑書；庭際遐瞻，寧用圭而測景。樓中仰視，徒以管而窺天。攻乎異端，既殊氷操，在乎正本，請寘霜科。

（宋）李昉等《文苑英華》卷五〇九《師學門・聚徒教授判》　甲聚徒教授，每春秋享射，以素木瓠葉爲俎豆。

對　宋少真

學以知道，行以成德，謂脩己之不懈，則化人而有孚。甲括習詩書，佩服忠信，談經不同於稷下，請益其多。强學頗類於關西，發蒙斯衆，既聞講道，亦見習儀。且享以訓人，射則觀德，素木瓠葉，足表獻酬之教，桑弧蒿矢，方昭揖遜之容。學不習而則無，禮不行而斯壞。刑而詰致，何迷鄒魯之風，習以見尤，其如城闕之刺。祭遵施之於軍旅，尚不云非劉昆列之於家庭。且未言失古，則可據今，何以疑所謂習不違經，學無廢業，告人昧識，徒効西隣之責言。在甲合儀，請遵東觀之故事。

同前　　　　胡連

學以道尊，禮爲教首，事克師古，人焉生惑？眷言彼甲，惟德潤身，敦詩説禮，奉守先王之訓；博聞强識，能爲君子之儒。是以生徒畯奔，負笈雲集。一作華。横經紛其滿席，執禮爛其盈門，故能春秋匪懈，享祀不忒，教胄子之威儀，陳鄉人之揖遜。登以素器，射從薄物，稽諸瓠葉，有若蘩蘋，桑弧不類於桃弧，兎首豈齊於狸首？同劉昆之故事，習俎豆於私室；異祭遵之前式，陳禮容於軍旅。古則無議，今亦何傷，徒小有言，責其行禮，欲崇北海之術，謹遵東觀之詞。

《舊唐書》卷一四《憲宗本紀》〔元和四年夏四月〕甲申，武功人張英奴撰《迴波辭》惑衆，杖殺之。

（宋）李燾《續資治通鑑長編》宋真宗景德三年七月　癸卯，上謂宰臣：京府浩穰，吏民狡猾，當官者倍須防閑。朕尹京日，有醉犯夜者，問之，乃豪家傭力之人。朕以所犯蓋豪民常態，非傭力者所爲，雖已引伏，潛遣人察之，移司別鞫，犯者果其主也。又承前當直司止分左右廂，未嘗更代，朕始令每季一替，蓋不欲其久於事而生姦耳。

（宋）李燾《續資治通鑑長編》宋真宗大中祥符五年六月　癸亥，詔諸州轉賣金箔人并減元犯人罪一等決訖，令衆半月。時杭州民周承裕私鍊金爲箔，有鄭仁澤者，嘗市得千枚轉鬻於人，事敗，全家徙配。及是，本路轉運使陳堯佐上言：情異罰同，咸徙遠郡，恐傷欽恤之意。故有是詔。

（宋）李燾《續資治通鑑長編》宋神宗熙寧八年四月　權御史中丞鄧綰言：奉詔看詳世居家書簡，有與世居親密者案後收理。本臺搜檢世居家書簡看詳，各是尋常往還，人數不少，未敢一例收理。詔於法有罪人即收坐。綰又言：李逢、世居等起意皆因挾圖讖祆妄書以相揺惑，伏詳編敕，讖書之禁，雖坐流三千里，然非因事買罣，無由發覺。所以法令徒設，人不知畏，士庶之家亦或收藏傳説，不以爲怪。乞下諸路，曉告收傳圖讖文書者立燒毀，或首納入官，官爲焚棄，過兩月許人告，重賞之，犯人處死。詔送編敕所立法以聞。其後立法：私有圖讖及私傳習者，聽人告，賞錢百千。從之。綰又言：世居納匪人，論兵挾讖，訪天文變異，伺國家休咎，出處架結，累年于兹，宗正不察，教官無狀，其罪不可不治。又宗邸明有門禁，而逢等出入自恣，宫門無歷案驗，當正監門使臣之罪。又言：世居文字内有《攻守圖術》一部，得于内臣，張宗禮嘗勾當三館，盜印官本遺之，雖各會赦去官，並乞特令案後收坐。從之。

（宋）李燾《續資治通鑑長編》宋高宗紹興二十年二月　庚戌，軍器監丞齊旦請春月禁民採捕，秦檜曰：正爲孳育之時。帝曰：此係利害。乃下之刑部。既而本部言春月在法不許採捕。

（宋）吴自牧《夢粱録》卷一〇《防隅巡警》　臨安城郭廣闊，户口繁夥，民居屋宇高森，接棟連居，寸尺無空，巷陌壅塞，堦道狹小，不堪其行，多爲風燭之患。官府坊巷近二百餘步，置一軍巡鋪，以兵卒三五人爲一鋪。遇夜，巡警地方盜賊烟火，或有鬧吵不律公事投鋪，即與經廂發覺解州陳訟。更有火下地分。遇夜，在官舍第宅名望之家伏路，以防盜賊，蓋官府以潛火爲重，于諸坊界置立防隅。官屋屯駐軍兵，及於森立望樓，朝夕輪差兵卒卓望。如有烟烻處，以其幟指其方向爲號，夜則易以燈。若朝天門内，以旗者三，朝天門外，以旗者二，城外以旗者一。則夜間以燈，如旗分三等也。曰東隅，有望樓在柴垛橋都税務南。曰西隅，有望樓在白龜池。曰南隅，有望樓在吴山至德觀後。曰北隅，有望樓在潘閬巷内。曰上隅，有望樓在大瓦子後三真君廟前。曰中隅，有望樓在下中沙巷蠟局橋東巷。曰下隅，有望樓在修文坊内。曰府隅，有望樓在府治側左院墻邊。曰新隅，在長慶坊。曰新南隅，在候潮門裏東。曰新北隅，在餘杭門裏。曰新上隅，在侍郎橋東皮場廟側。曰西南隅，在壽域坊仁王寺前。曰南上隅，在麗正門側儀鸞司相對。曰城西隅，在錢湖門外清化橋。曰城北上隅，左北郭税務橋。曰東北下隅，有望樓在北新橋北。曰錢塘隅，有望樓在水磨頭放生亭後。曰新西隅，在九里松麯院路口。曰海内隅，在浙江亭南油局。曰外沙隅，在候潮門外外沙巡司。曰城東隅，在新門外城東巡司。曰茶糟隅，在東青門外茶糟巡司。如遇烟烻救撲，帥臣出於地分帶行府治内六隊救撲，將佐軍兵，及帳前四隊，親兵隊，搭材隊，一併聽號令救撲。並力撲滅，支給犒賞。若不竭力，定依軍法治罪。

《金史》卷四五《刑志》　舊禁民不得收制書，恐滋告訐之弊，章宗大定二十九年，言事者乞許民藏之。平章張汝霖曰：昔子産鑄刑書，叔向譏之者，蓋不欲預使民測其輕重也。今著不刊之典，使民曉然知之，猶江、河之易避而難犯，足以輔治，不禁爲便。以衆議多不欲，詔姑令仍舊禁之。

《金史》卷一三二《逆臣傳・徒單貞》　海陵將伐宋，詔朝官除三國人使宴飲，其餘飲酒者死。六年正月四日立春節，益都尹京、安武節度使爽、金吾上將軍阿速飲於貞第。海陵使周福兒賜土牛至貞第，見之以告，海陵召貞詰之曰：戎事方殷，禁百官飲酒，卿等知之乎？貞等伏地請死，海陵數之曰：汝等若以飲酒殺人太重，固當諫，古人三諫不聽亦勉從君命。魏武帝《軍行令》曰犯麥者死。已而所乘馬入麥中，乃割髪以自刑。犯麥，微事也，然必欲以示信。朕爲天下主，法不能行于貴近乎？朕念慈憲太后子四人，惟朕與公主在，而京等皆近屬，曲貸死罪。於是杖貞七十，京等三人各杖一百，降貞爲安武軍節度使，京爲灤州刺史，爽歸化州刺史。

（宋）宇文懋昭《大金國志》卷五《太宗文烈皇帝》〔哀宗正大七年〕六月，行下禁民漢服及削髪，不如式者死。

時金國所命官劉陶守代州，執一軍人于市，驗之頂髪稍長，大小且不如式，斬之。後韓常守慶源，耿守忠知解梁，見小民有衣犢鼻者，亦責以漢服斬之。生民無辜〔被害〕不可勝紀。時復布帛大貴，細民無力，坐困于家，莫敢出焉。

（元）盛如梓《庶齋老學叢談》卷下　前輩謂酒，用於饋祀宴集以成禮，若常飲則商刑所儆。彝酒則《周誥》所戒，無故日飲，則神昏思亂，安保其不舛謬哉？士有傾囊酣飲，於買書則吝而不肯。惜哉！

《明史》卷一三三《胡大海傳》〔元至正二十二年〕初，太祖克婺州，禁釀酒，大海子首犯之。太祖怒，欲行法。時大海方征越，都事王愷請勿誅，以安大海心。太祖曰：寧可使大海叛我，不可使我法不行。竟手刃之。

（明）談遷《國榷》太祖洪武六年七月〔癸亥〕常州吕城巡檢司執途人無引者送法司論罪。其人急祖母疾遠求醫，不及繻，上矜而釋之。談遷曰：聞國初嚴馭，夜無群飲，村無宵行。凡飲會口語細故輒流戍，即吾邑充伍四方至六千餘人，誠使人凜凜，言之至今心悸也。

（明）沈德符《萬曆野獲編》卷二五《著述・獻書被斥》　永樂三年，饒州府儒士朱友季著書傳，專攻周、程、張、朱，獻之朝。上命行人押回原籍，杖遣之，焚其書。正統七年，東昌府通判傅寬進《太極圖説》，上謂僻謬悖理，斥之勿令誤後學。天順二年，常州布衣陳真晟獻程、朱正學，不報。成化二十年五月，無錫處士陳公懋删改《四書》、《朱子集注》進呈，命毁之，仍命有司治罪。惟以《孟子》馮婦章士則之爲句，時人傳之。至弘治元年，公懋又上所著《尚書》、《周易》、《大學》、《中庸》注，稱臣有一得，頗能折衷。通政司言公懋不稱軍民籍，自名爲庶人，所進多穿鑿悖理。上命焚所著書，押遣還鄉。弘治元年，徽州教授周成進《治安備覽》，詔少詹事程敏政看詳，敏政言其竊宋趙善璙《自警編》、元張養浩《牧民忠告》，詔以成狂妄，還其書，置不問。嘉靖八年二月，太僕寺丞陳雲章上所注諸書，及《大學疑》、《中庸疑》、《夜思録》各一。上曰：諸書姑收，其學庸疑、《夜思録》即毁之，有踵之者，罪不赦。嘉靖九年，隰川王俊柏進所著《太文録》，禮部尚書李時謂倣周子爲説，用心雖勤，無補治道，上命姑留之。嘉靖十五年，南京吏部尚書湛若水進所纂《二禮經傳測》，禮部尚書夏言云：其立論以《曲禮》爲先，似與孔子戾，但好學不倦宜加奬。上曰：既戾孔子之言，何以傳後？罷其書不省。嘉靖二十六年，陝西保安縣歲貢任時上所著《參兩貞明圖》，禮部謂其説不經，詔法司訊治，贖罪爲民。二十九年，原任廣東僉事，福建同安人林希元改編《大學》經傳定本，及《四書易經存疑》，並上呈御覽，乞刊布，詔焚其書，下希元于巡按御史究問，褫其官。萬曆二十四年四川僉事張世則著《大學初議》，專闢程、朱，爲行人高攀龍所駁，其書亦廢不用。蓋皆以崇正學爲主也，然諸書中亦未必無可採者，概火之置之，士之留心經學者蓋寡矣。史稱林希元博學多聞，所獻書亦有見解，時方置經學不談，遂得罪。林又曾上書，請征安南而郡縣之。如國初時，屢疏終不見省。又世宗初即位，林即上疏，勸上勤治進學。議者謂一時建白所未有。

《明憲宗實録》成化十二年五月〔壬辰〕江西奉新縣民余元一及其侄八十七等，恃富豪武斷鄉曲，其服舍器用有違式者，以其男子代錢穀，謀侵縣人胡東仔田，爲東仔所訐，并及其僭造龍舟及誣元一嘗率三百餘人毁其房屋，謀其親屬至死，獄久不決。命給事中胡熤會江西鎮巡三司官鞫之。至是獄上，詔以元一年踰八十，免其決杖，仍枷號一月，并家屬永戍肅州，仍没入其家産，其子侄十餘人罪之有差，而東仔則以奏多不實，亦枷號一月，并家屬永戍鎮番。

《明憲宗實録》成化十二年十一月〔癸亥〕湖廣都指揮同知劉斌，擅入楚王府與典寶飲酒，事發，拘解至京，都察院問擬贖杖還職。

《明世宗實録》嘉靖三年十二月 己亥，降光禄寺少卿樂頀、華湘爲知州。頀，直隸宿州；湘，江西蒲州。以擅傳禁書被訪，下獄，法司勘明，故得謫云。

（明）談遷《國榷》世宗嘉靖十一年四月 丙申，荊州知府孫存上《集刊大明律讀法書》。上以僭改，下巡按御史，并訊同知李章、通判吴望、推官朱黼等，燬其刻。

（明）楊廷和《楊文忠三録》卷三《視草餘録》 十四年冬，上在揚州，有旨禁民間養猪，云食猪肉病瘡，又云音同國姓。蓋爲回夷于永寫，亦虎仙輩所惑也。軍門遂移文兩直隸及山東、河南等處，巡撫官榜諭禁約，且云：違者發極邊衛分，永遠充軍。遠近驚疑，旬日間殺之殆盡，甚至將小者掘地瘞之。予與礪菴具疏言：民間養猪，上而郊廟，朝廷宴享膳羞之供應，下而百官萬民日用飲食之資給，皆在于此。孟子以雞豚狗彘之畜不失其時，爲先王之政。且人年七十非肉不飽是，乃養生之具，非生疾之物。人之病瘡，或氣血内傷、或風濕外感所致，非因食猪肉也。若曰國姓字音相同，則古者文字之間不諱嫌名，豈可因其字之音而并諱其物之同者乎？乞勅下所司，追寢前命，以安人心。又亟言于司禮監東廠及都察院，令京城内外不必禁榜，亦不必張。人家凡有入肆買猪肉者，一切勿問，以示意向，則屠人生理如故，四遠聞之自定矣。一日太常寺奏，時享缺猪，欲以羊代之。予謂宗廟牲品，皆太祖親自裁定，載在諸司職掌，此成法也。誰敢變亂之，必不得已，雖小者亦可。遂不敢易，久之乃定。

（清）查繼佐《罪惟録》志卷五《藝文志》〔萬曆〕二十六年五月，侍郎吕坤偶輯《閨鑑圖誌》，而戚臣國泰冠鄭貴妃序行之，爲科臣戴士衡所發，附匿名《憂危竑議》於後。鄭知士衡爲之，疏辯，請立東宫，以息羣惑。

三十一年十二月，有匿名書，題曰《續憂危竑議》，明指鄭氏有代立東宫意；索罪人急，起大獄。

（明）顧起元《客座贅語》卷二《巡邏》 南都舊無巡邏馬步軍。相傳正德以前，閭里間竊盗頗少，至强盗尤稀聞。嘉靖末年而剽刦從横，見任士大夫有被其害者，乃始奏置巡邏官軍。自此各街巷要處皆有隊伍，一有警跡，傳哨四路，飛馬赴之，盗多畏避。自後法久漸弛，官軍媮惰，浸不如前。邇年復議撤馬軍營操，地方防禦益單，盗賊益肆矣。余謂營操不過覇上、棘門之兒戲耳，有何實用！正宜使其哨守地方，隄防盗賊，猶不至虚豢此馬也。頃稍議買馬撥補其半，而巡捕官又創爲海巡之議，撤各隊馬隨班於所駐之衙門，或有徑行賣放者，馬軍竟不能復。一遇大盗，區區三四步軍，望風奔迸，安能扞禦！可爲深慮。

（清）顧炎武《日知録》卷二八《酒禁》 先王之於酒也，禮以先之，刑以後之。《周書·酒誥》：厥或告曰：群飲，汝勿佚，盡執拘以歸於周，予其殺。此刑亂國用重典也。《周官·萍氏》幾酒，謹酒。而《司虣》禁以屬游飲食於市者，若不可禁，則搏而戮之。此刑平國用中典也。一獻之禮，賓主百拜，終日飲酒而不得醉焉，則未及乎刑而坊之以禮也。故成、康以下，天子無甘酒之失，卿士無酣歌之愆，至於幽王而天不湎爾之詩始作，其教嚴矣。

中國第一歷史檔案館《滿文老檔》天命八年二月 初七日，有在清河湯泉出錢焚紙者。汗聞之，曰：何人先出錢焚紙，著速查之。遂命都堂察查。查得，係穆哈連阿哥先往，按漢人之例，於廟中焚紙。其後，汗之包衣郭仲吉之妻亦往湯泉水源焚紙。阿福尼、郭忻夫婦、伊郎阿夫婦，亦效其所爲，前往其水源焚紙。都堂審理畢，告知於汗。汗怒曰：有例之事其何必禁止，無例之事，爲何開例？命罰穆哈連銀百兩，殺其隨友，郭仲吉之妻，割其耳鼻，劃破其口，用刑三日，爾後殺之。郭忻夫婦、阿福尼、伊郎阿夫婦各罰銀百兩。舒木路之弟蘇納哈，不但於湯泉出錢焚紙，且於瀋陽乘夜攻擊來犯之步兵隊時，躲藏不進，故治以死罪。蘇納哈復將其有功之處具書奏聞於諸貝勒，遂免死，趕其夫婦出，籍没其家，鞭責一百。

中國第一歷史檔案館《滿文老檔》天命八年六月　十三日，汗賜以職銜之諸大臣，皆賞戴金頂大凉帽，着華服。諸貝勒之侍衛皆戴菊花頂凉帽，着華服。無職巴牙喇之隨侍及無職良民，夏則戴菊頂新紗帽，着藍布或葛布之披領，春秋則着毛青布披領。若於行圍及軍事，則戴小雨纓笠帽。於鄉屯之街，則永禁戴釘帽纓之凉帽。禁着紗羅，將紗羅與婦人衣之。

中國第一歷史檔案館《滿文老檔》天命八年十一月　聰睿恭敬汗凡行軍出獵，法令森嚴，不得喧嘩作聲。曰：行軍喧嘩出聲，敵必知覺。出獵喧嘩出聲，山谷應，獸必逸。每赴各地，皆先諭令衆兵記之。編五牛録爲一隊，行則一路，止則一處，依次而下，戰則攻一處。披長厚甲者，執長矛及長柄大刀戰於前，披輕綱甲者持弓箭從後射之。所選精兵騎馬立於他處觀之，見有不勝，相機助戰。故每戰皆能取勝。迄今行獵，一牛録人仍給箭一枝而行之。汗曰：夫一牛録人若行一路，則某牛録人，直至返家，仍不能行於圍底。著以十牛録合之給箭一枝而行。如此，則每遇行獵，一牛録人，得進圍底二、三次。該十牛録之人，若不行一路，或有一、二人逃離本隊，與他牛録人行於圍底，則罪之矣。視其獲罪者，若係有財者，則准其贖罪，以所罰物與拿獲者。若係不能贖罪者，則杖其身以抵罪。設四大臣，以察其給一枝箭之十牛録人。此四大臣若不察所管十牛録人，致使進入他牛録地方行走，或使他牛録人進入所管十牛録地方行走，或此四大臣自身亂行，皆治其罪，即奪其乘騎，給拿獲者。若見野獸出，勿入圍場内追之，無論奔向何人，務由各自所立之處迎射之。獸出圍場外，再追趕攔截射之。若入圍場攔截，則圍獵者自家中出來，皆欲射殺野獸，否則何由至此？何人不欲有所獵獲？若不各行所任，肆意入圍攔射，則馬快者將野獸攔截而獲，而馬劣者及安分守己者，尚有何所獵獲？故令其以射殺之獸肉償之。見有伏虎，毋得驚動，應呼告衆人，若地勢有利，則衆人圍而殺之，若地勢不利，則棄之而去。見虎起身奔跑，勿令歇息，遇即追射之。至熊及四歲公野豬，先射者能射死則已，倘若不能，則求所遇者協同殺之，其獸肉與同殺者平分。若因貪肉而拒絶所遇者助殺，又不能殺其熊及野豬，以致使脱逃時，則命賠償其脱逃野獸之肉。凡有被射傷之大野獸逃出，無論何人遇之而殺死時，乃應告射傷之主，其獸肉，由追殺者盡取之。夫英明汗素好行軍打獵，故治軍治獵，制定法令，自不必贅述。凡行軍打獵，於夜宿之地，冬則立栅，夏則掘壕。牧馬於栅壕之内，在外擊刁斗，傳角頭箭以巡更，使人馬皆不逃散，次日晨招之即來，不受找尋之累。雖降服諸申國，得以太平，仍不忘謹慎之心。每出家圍獵時，無論何往，皆攜甲胄、鎗、長柄大刀、箭等兵器。聰睿恭敬汗爲盲跛貧困之人行走艱難及馱載馬牛不堪其苦而憂慮，於各地伐林修道，劈嶺排險，至泥濘之地，掘壕架橋，治爲陸地矣。凡人所欲得之物盡與之，不論長幼善惡，均以未聞之善言訓諭之。國内諸地安臺設關，實行兵民分居。遴選審理國事之公正賢能人士擢爲八大臣，繼之委四十名爲審事官，不食酒餚，亦不貪金銀。每五日集諸貝勒、大臣入衙門一次，協議諸事，公斷是非，著爲常例。

中國第一歷史檔案館《清初内國史院滿文檔案譯編》崇德三年二月　十八日，越興安嶺行獵時，有人突入左翼正白旗阿爾津、馬克圖、卓洛、祁默克圖四甲喇地方射獸，爲多羅貝勒豪格、固山額真圖爾格依所知，奪四章京箭，告之法司。承政古爾布額駙、伊孫、杜賴、參政朱瑪喇、卦喇、達爾泰、甘都等詢其故，供稱：吴達海棄其甲喇，偕同貝子和托，越我四甲喇地方射入。貝子和托對曰：貝子博洛入獵。僅此二人，衆必不見，實爾等入獵矣。因擬貝子和托、吴達海、阿爾津、馬克圖、卓洛、祁默克圖應各罰馬一匹，多羅貝勒豪格、固山額真圖爾格依奪入獵者之箭，而貝子博洛、固山額真吴賴、額駙蘇納身在獵所，不曾奪箭前來，應坐以應得之罪。卦喇、朱瑪喇奏聞，上命貝子和托誣告貝子博洛越界射獸馬一匹，吴達海棄本甲喇而入，罰馬一匹。貝子和托免其因越界而應罰之馬一匹。阿爾津、馬克圖、卓洛、祁默克圖疏忽圍獵，責之，免罰。貝子博洛、固山額真吴賴，額駙蘇納免其應得之罪。

中國第一歷史檔案館《清初内國史院滿文檔案譯編》崇德三年二月　〔十八〕是日，前鋒兵鑲白旗古魯古牛録下胡希巴、正藍旗沙努喀牛録下尼牙漢二專達，先聖汗進射，見之，即遣土爾格依子科布索及吴爾希二人往查。科布索、吴爾希往查，係前鋒兵，未奪其箭還。執來，承政古爾布希額駙、伊孫，參政富額、朱瑪喇鞫訊，鑲白旗希特庫，正藍旗蘇爾德依以管束不嚴，坐以應得之罪。先行入射之專達兩員，應各鞭六十。其餘五人應各鞭五十。科布索、吳爾希徇情不奪其箭，應按律鞭扑。奏聞，上命希特庫、蘇爾德依坐以應得之罪，專達二員各鞭三十，其餘五人及科布索、吳爾布俱免鞭扑。

中國第一歷史檔案館《清初内國史院滿文檔案譯編》崇德三年三月

初六日，行獵博碩堆時，右翼葉臣旗下席翰、康喀賴二甲喇合圍中斷，有黄羊逸出，衆遂亂射。貝子碩托見之，以彼此行圍斷，奪席翰、康喀賴佩箭，撥倫拜、吞齊喀二甲喇駐其斷處，及回後隊，見吞齊喀甲喇亦斷，竟還本翼，碩托貝子正鞭吞齊喀時，上遣巴布泰阿哥子噶布喇往問何甲喇圍斷，貝子碩托對曰：吞齊喀甲喇圍斷，已鞭之矣。貝子碩托遂將席翰、康喀賴、吞齊喀送兵部議罪，承政古爾布希額駙、伊孫、參政朱瑪喇、阿哈尼堪、褚庫巴圖魯擬席翰應革甲喇章京任，罰馬，吞齊喀應革甲喇章京任，罰馬，康喀賴甲剌雖未動，而一人之箭被奪，應坐以應得之罪，吳善乃管旗大臣，而本旗圍斷，未曾察覺，應坐以應得之罪。其斷圍處專達四員，不加管束，應加倍坐以應得之罪，各鞭六十，又甲士三名，應各鞭二十七。阿哈尼堪、朱瑪喇、褚庫巴圖魯奏聞，上命席翰、吞齊喀革甲喇章京任，免罰馬，仍坐以應得之罪，康喀賴坐以應得之罪，吳善免罪。專達阿三牛録下紀山、阿囊噶牛録下艾通噶、袞塔希牛録下蘇拜、胡希牛録下戴古禮四人免加倍治罪，各鞭三十，烏珠阿木巴牛録下退喀納、塞古圖、達噶牛録下布塔希等甲士三名，依議各鞭二十七。

中國第一歷史檔案館《清初内國史院滿文檔案譯編》崇德三年十二月

二十四日，以鑲紅旗孟庫魯牛録下甲士一名，未出獵缺位，遂議分得撥碩庫吳達禮應鞭五十，領圍甲喇章京畢里克圖，未之查出，應坐以應得之罪。福喀纏牛録下甲士一名，未出獵缺位，分得撥碩庫阿哈丹應鞭五十，領圍甲喇章京赫希密，未之查出，應坐以應得之罪，正紅旗法談牛録下甲士一名，未出獵缺位，分得撥碩庫俄齊應鞭五十，領圍甲喇章京叟塞，未之查出，應坐以應得之罪。正白旗丹坦牛録下巴雅喇一名，出出獵缺位，專大羅多應鞭五十，領圍甲喇章京巴木布禮，未之查出，應坐以應得之罪。鑲藍旗色格牛録下移營分得撥碩庫朱存代，擅自隨圍，應鞭七十，仍坐以應得之罪。正紅旗輝燦牛録下諾木圖，擅自隨圍，應鞭七十，移營章京巴雅穆應坐以應得之罪。馬光遠旗王國明牛録下敖爾布郭能，石延柱旗劉真明牛録下敖爾布金山，避不從征，俱應論死。鄭澤蒙牛録下韋成德，因馬疲乏，留後馬死，孑身回家，牛録章京不留人相伴，應坐以應得之罪，斷後章京趙文翰未收之來，應坐以應得之罪。【略】奏聞，上命吳達禮鞭三十，畢里克圖坐以應得之罪，阿哈丹鞭三十，赫希密坐以應得之罪，羅多鞭三十，巴木布禮坐以應得之罪，俄濟鞭三十，叟塞坐以應得之罪，朱存代鞭七十，仍坐以應得之罪，諾木圖鞭七十，巴雅穆坐以應得之罪，郭能鞭一百，金山實係自皮島來歸之人，經牛録章京劉真明作保，鞭二十七，鄭澤蒙坐以應得之罪，趙文翰坐以應得之罪。

中國第一歷史檔案館《清初内國史院滿文檔案譯編》崇德三年十二月

二十六日，貝子費揚古旗布喀牛録下莽古，以貝寡信無妻漢人爲跟役隨征，致使逃走。故議莽古應鞭五十，牛録章京布喀應坐以應得之罪。察拉孫牛録下巴雅喇一名，未出獵缺位，故分得撥碩庫滿代應鞭五十，俄特渾牛録下巴雅喇一員，未出獵空缺，小撥碩庫拜薩哈應鞭五十，領圍甲喇章京穆奈，未之查點，應坐以應得之罪。旋師途中，獵於喀喇托固地方，右翼杜雷旗下世襲甲喇章京席特庫，甲喇章京布丹、阿哈展，左翼阿山旗下甲喇章京色古德、和碩額駙達爾漢旗下甲喇章京尼堪、世襲甲喇章京唐愛，推圍時，從内裏合圍，以致圍圈狹窄，時右翼世襲章京席特庫先入圍内推圍，左翼章京色古德，先入圍内推圍，以致圍圈狹窄，有獸脱出，二章京應各鞭五十，坐以應得之罪，隨色古德同往唐愛、尼堪，隨席特庫同往布丹、阿哈展四章京，俱應坐以應得之罪。【略】奏聞，上命莽古鞭二十七，滿代鞭三十，穆奈、布喀皆坐以應得之罪，席特庫、色古德幽禁三日，布丹、阿哈展、唐愛、尼堪俱禁兩日。

中國第一歷史檔案館《清初内國史院滿文檔案譯編》崇德四年五月

二十二日，正白旗伊拜旗下牛録章京得爾格爾出征以後，酗酒三次，罪一，攻城時令滿洲旗先進，稱受固山額真伊拜逼勒所致，因使兩固山額真相爭，罪二，遇敵時，固山額真差遣，竟推拒不從，罪三，得爾格爾其包衣亂行被貫耳，爲此結仇，罪四。得爾格爾應論死，奪此次所賞俘獲入官。奏聞，上命：免死，免奪所賞，罰以規定之罪，將其從牧場帶來，交付本旗固山額真伊拜。

（清）琴川居士《清奏議》卷二二劉楷《請除淫書以崇正學疏》康熙二十

六年》 刑科給事中臣劉楷謹奏，爲正學昌隆已久，舊刻匪習宜除，請嚴杜根株，以仰佐王道之觀成事。臣竊思學術人心，教育之首務也。我皇上天縱生知，躬親討論，闡孔、孟之正脈，接堯、舜之心傳，重經史以勸士，頒十六諭以勸民，海内蒸蒸然，莫不觀感而興起矣。昔孟軻云：楊、墨之道不息，孔子之道不著。自皇上嚴誅邪教，異端屏息，但淫詞小説，猶流布坊間，有從前曾禁而公然復行者，有刻於禁後而誕妄殊甚者。臣見一二書肆刊單出賃小説，上列一百五十餘種，多不經之語，誨淫之書，販賣於一二小店如此，其餘尚不知幾何。此書轉相傳染，士子務華者，明知必無其事，僉謂語尚風流；愚夫鮮識者，妄擬實有其徒，未免情流蕩佚。其小者甘效傾險之輩，其甚者漸肆狂悖之詞，真學術人心之大蠹也。臣請敕部通行五城直省，責令學臣並地方官，一切淫詞小説，【略】立毁舊板，永絶根株；即儒門著作，嗣後惟仰宗我皇上聖學，實能闡發孔、孟、程、朱之正理者，方許刊刻；不許私立名目，各逞己説，貽悮後人；違者並作何嚴禁。庶學術端，人心正，移風易俗，亘古爲昭矣。

（清）祝慶祺《刑案匯覽》卷一一《兵律軍政・夜禁》 河撫，題陳順興抗跌劉五身死一案，查律載：犯夜拒捕，毆巡夜人至折傷以上者，絞。死者，斬。注云：昔巡夜人誣執犯夜，因而拒捕互毆至死者，以凡鬥論等語。詳繹律義，犯夜之人毆巡夜人，應以罪人拒捕問擬。則巡夜之人，即屬應捕之人，惟誣執犯夜互毆至死者，始以凡鬥論。則巡夜人並非誣執，而毆犯夜人至死者，自應以擅殺論。此案壯役陳順興奉差查夜，適有素不認識之劉五於三更時由鋪算帳回歸，在街行走未攜燈亮，陳順興巡查至彼見而盤詰。劉五嗔爲多管，陳順興因其犯夜，將其拉住欲行稟究。劉五不肯行走，陳順興用力一拉，詎劉五失足撲跌，痰壅氣閉殞命。是死者劉五，雖未拒捕，實係犯夜罪人。該犯陳順興有巡夜之責，並非誣執，其將劉五拉跌致斃，應依應捕人追捕罪人定擬。該省將該犯依罪人不拒捕而擅殺律擬絞監候。情罪尚屬允協，似可照覆。嘉慶二十一年説帖。

（清）余治《得一録》卷一一 蓋聞孔門論政，首惡鄭聲，亞聖正心，先息邪説，洵以風俗悠關，即爲人心所賴也。乃近者俚詞艷曲，競樂插之管弦；雪案螢窗，輒喜藏諸篋笥。寓目偶然觸目，也知棒喝當頭，操心稍不驚心，難免泥途失足。無知沿傳既久，渾忘辱我身心，漁利尤多，不許污人耳目。青年秀士，潛深贈芍之思；紅粉名姝，暗作停針之想。只爲風月自賞，幻出美談；烏知清白無端，流爲禍水。莫若收之及早，庶留未壞之人心；特恐焚或後時，盡汩本然之天性。是用設局而廣聯衆志，毁板而務事銷除，共矢好善之誠，咸躋維新之路。無徒快目，但願陰功自積；何傷才子佳人，亟發婆心。試看榜樣當前，争説狀元宰相。矧茲時清化美，俗厚風淳，巷祝衢謳。自昔歌傳《擊壤》，家弦户誦，重聆調葉薰琴。凡我士民，安能不争自濯磨惕勵，上勷聖治，庶幾以副崇正黜邪之至意也哉。

《鴉片戰争》卷一《閩浙總督孫爾準等奏遵旨確查種賣鴉片並妥議嚴禁章程摺》 閩浙總督臣孫爾準、福建巡撫臣韓克均跪奏：爲遵旨確查種賣鴉片並妥議嚴禁章程恭摺覆奏仰祈聖鑒事：竊臣等接閱邸抄，欽奉上諭：御史邵正笏奏：内地奸民種賣鴉片，貽害民生，請旨飭查嚴禁摺。所奏甚是。鴉片煙流毒最甚，向係産自外洋，奸商夾帶銷售，徧行内地，屢經嚴行飭禁。茲據該御史奏近年内地奸民竟有種賣之事，浙江如台州府屬種者最多，寧波、紹興、嚴州、温州等府次之，有台漿、葵漿名目，均與外洋鴉片煙無異，大夥小販到處分銷，地方官立不實力查禁，以致日久蔓延。此外如福建、廣東、雲南亦皆種賣，有建漿、廣漿、芙蓉膏等名目。似此紛紛種賣，若不禁止盡絶，將來必至傳種各省，不特貽害善良，更屬大妨耕作，著各督撫嚴飭所屬確切查明，倘有奸民種賣，責成地方官並即究明懲辦，並將應如何嚴禁之處，妥議章程具奏。如所屬實無種賣，亦著確切查明，據實覆奏，總期認真查辦，淨絶根株。若日久視爲具文，仍致有名無實，一經發覺，惟該督撫是問。凜之。欽此！伏查鴉片煙産自外洋，皆由奸商夾帶流入内地，最爲風俗人心之害。道光三年間，吏兵二部議定條例：奸民私種罂粟，煎熬煙膏，地方官自行拏獲，免議。其得規故縱者，革職。其失於覺察，按其煙斤多寡，分别處分，武職畫一辦理。奏奉諭旨通飭欽遵，嚴行禁止。此次臣孫爾準赴浙，道出温、台，遣人到處密訪，其法於八九月間布種，用柴草燒灰拌土培養根苗，並防蟲患，至三四月，花落結包，用竹刀劃破，剖取白漿，焙乾，候轉黑色，用銅鍋和酒煎熬成膏，即充鴉片鬻賣。查得道光元年，温州永嘉縣之南谿，樂清縣之西城堡，平陽縣之湖裏、麻洋，台州黃巖縣之路橋、烏巖等處俱有栽種，仙居縣尤多，經地方官查知拔毀，通稟經司核議，照荒蕪田地例計分科罪，因所議太輕，近年來復有冒禁栽種者，維時在中秋以前，尚未下種，無從踹勘。伏查種植須及半年，既非成於旦夕；開棨在於曠野，又難掩於見聞。地方官果能實力巡查，禁之甚易。即沿途面諭各府縣，先行剖明利害，剴切曉諭，給示嚴禁，仍於春初親履各鄉查驗拔除，嚴加治罪，自可不留遺種。一面飭藩臬兩司悉心妥議章程核辦，此沿途訪查浙省栽種鴉片之情形也。閩省先經臣韓克均通飭查禁，據各屬覆稱惟泉州所屬地方從前曾有種過，其地人稠田少，素來仰食台穀，各鄉族長以有妨民食，鳴官禁止，共嚴非種之鋤，是以近來並無栽種。隨據福建臬司惠吉會同福建布政使魏元烺請責成該道府督飭各屬實力查禁，乘抽查保甲之便，於春間赴鄉稽查一次，將有無私栽鴉片出具印結，年底由司會齊咨部。如有拔除不盡，仍任流毒地方，即遵道光三年部定處分分別參辦。至種賣煎熬鴉片，例無治罪專條，揆其貽害閭閻，與興販鴉片無異，請即照興販鴉片之例，分別首從，問擬軍徒，俾民人知所儆畏，仍將所種田地入官，著令地保隨時巡查首報，倘有賄庇情事，即照首犯一體治罪，贓重者計贓科斷，其知情容隱，雖未受賄，亦照爲從問擬，以示懲儆。並據浙江署按察使常德會同浙江布政慶善議覆相同，合將遵旨確查種賣鴉片，並妥議嚴禁章程緣由，謹合詞恭摺覆奏，是否有當，伏乞皇上聖鑒，訓示遵行。謹奏。道光十年十月十三日。

道光十年十一月十八日，奉硃批：該部議奏。欽此！

(清）祝慶祺《刑案匯覽》卷一二《兵律關津・私出外境及違禁下海》

刑部奏：捐納郎中王汝聰之子王黼藻在提督衙門呈送雇工李貴詈罵家長，經李貴供出王黼藻買食鴉片煙一案。查趙廣仁、顧五先後賣給王黼藻鴉片煙，訊係各自起意販賣，應各以爲首論，均照興販鴉片煙例，枷號一個月，發近邊充軍。顧五母老丁單，應不准其留養，仍遵照鄧八案内欽奉諭旨聲敘請旨。李貴本係王黼藻雇工，輒因王黼藻向伊斥罵，肆行回詈未便，因王黼藻係有罪之人，寬該犯詈罵家長之罪，李貴應依雇工人罵家長律，杖八十，徒二年。王黼藻向顧五等買食鴉片煙，罪止枷號。其與族兄王錫穀出妾鄭氏通姦，應同凡論，亦止枷號。惟冒戴伊族姪王桂森之水晶頂帽出門拜壽，又冒戴金頂各處拜客，係假冒五品七品頂戴。訊明僅圖光榮，並無詐騙情事，應照假冒頂戴止圖鄉里光榮無所求爲者，杖六十，徒一年。道光十年邸抄。

(清）祝慶祺《刑案匯覽》卷一二《兵律關津・私出外境及違禁下海》

提督奏送内廷太監張進幅買食鴉片煙一案，經刑部審將張進幅先行枷號發新疆爲奴，並將容留太監在家食煙之回子貝勒克柯色布庫，請交理藩院嚴加議處具奏。奉旨交内務府覆訊。張進幅身充太監，膽敢吸食鴉片煙至三十餘年之久，並引誘回子貝勒克柯色布庫，以及同伴太監等一同吸食。迨後因病告假外出，又復私往天津運買煙土，實屬暋不畏法，應照私開鴉片煙館，引誘良家子弟者，爲從，杖一百，流三千里。係太監加重，先行枷號兩個月，發黑龍江，到配再加枷號一個月，滿日給兵丁爲奴。首領太監熊來幅、太監于鄹、劉成、王貴玉、郭志同張進幅吸鴉片煙，應照内廷太監買食者，枷號兩個月，改發駐防爲奴例，係太監，俱加重枷號兩個月，發往打牲烏拉給官兵爲奴。太監何進祿被張進幅引誘吸食，質之衆供，亦稱該太監實係吸煙一二次，自應量爲末減，何進祿應枷號兩個月，發五甸鍘草二年。回民褚大私販煙膏，積次賣與張進幅吸食，應依興販鴉片煙枷號一個月，發邊遠充軍。民人秦寶全既同張進幅吸煙，又復跟隨潛往天津購買煙土，應與輾轉代買煙土得錢之楊元均照興販鴉片煙爲從例，杖一百，徒三年。民人朱玉鳳與張進幅同食鴉片煙，合依軍民人等買食例杖一百，枷號一個月。掌儀司八品首領太監陳貴、趙吉祥、無官職首領太監崔慶、李泳清、陳百祥等漫無覺察，均罰月銀半年，總管太監罰月銀三個月。克柯色布庫身爲同子貝勒，不知自愛，與太監交接，又同吸食鴉片煙，並容留張進幅在家居住，種種乖謬，實屬卑鄙無恥，應請旨交理藩院治罪。道光十一年邸抄。

(清）祝慶祺《刑案匯覽》卷一二《兵律關津・私出外境及違禁下海》

刑部奏：本部七品小京官林中慶吸食鴉片煙一案，此案林中慶因與雇工黎安私吸鴉片煙，被北城坊役訛詐。查該員所吸之煙，訊據黎安供稱，得自化州民人陳榮貴。現在陳榮貴並未到案，應坐黎安以販賣爲從之罪。黎安係該員雇工，應照一家共犯之律，罪坐家長，將林中慶革職，照軍民人等買食鴉片煙，不將賣煙之人供出，照販賣爲從滿徒例，係職官加一等，杖一百，流二千里。仍將林中慶與黎安均解交廣東巡撫。查明陳榮貴販煙屬實，即將林中慶照職官吸食鴉片煙加等例，擬杖六十，徒一年。倘陳榮貴並未販煙，抑或並無其人，即將林中慶照原擬發配。黎安私食鴉片煙，所供賣煙人陳榮貴並未到案，罪應擬徒，業已罪坐伊主，應免治罪，仍照吸食鴉片煙本例，杖一百，枷號兩個月，遞籍質明發落。道光十二年邸抄。

（清）祝慶祺《刑案匯覽》卷一二《兵律關津・私出外境及違禁下海》

南撫咨張桂豐等買食鴉片煙一案，查道光十一年六月，本部奏准，軍民人等買食鴉片煙者，杖一百，枷號兩個月。仍令指出販賣之人查拿治罪。如不將販賣之人指出，即將食煙之人照販賣爲從例，杖一百徒三年等因，通行在案。此案張桂豐、曾德兒、戴三兒因買食鴉片煙被獲，據供係向在逃之李紅發買得。該撫以張桂豐等業將販賣之李紅發指出，應將張桂豐等依軍民人等買食鴉片煙例，擬以枷、杖等因。咨部查審辦買食鴉片煙之案，必令指出販賣之人查拿治罪者，誠以欲除買食之弊，必嚴治販賣之人，而販賣之人蹤跡詭譎，驟難破案。故定爲買食者不將販賣之人指出，問擬滿徒之例。俾知代爲隱瞞，必致身陷重罪，庶幾互相訐發販賣者，不至漏網，而買食之風，或可漸息。若但因其供出販賣者之姓名，不俟查傳到案，即予從輕發落，則與未經供出何異。且此端一開，到案之犯皆可揑詞搪塞，勢必至有名無實，於拔本塞源之道，殊無裨益。如張桂豐等買食鴉片煙，雖將販賣之李紅發供出，而李紅發現在逃逸，未經獲案，焉知非該犯等假揑姓名串供避就。乃該撫據將犯等擬以枷、杖完結，殊與例意不符，應令該撫飭屬另行研究。如張桂豐等能將販賣煙土之人續行供出，查拿到案，尚可仍照原擬科斷。若販賣之人並未獲案，即係不將販賣之人指出，自應按照奏定章程，將張桂豐等擬以杖一百，徒三年。仍令循例入於外結徒犯彙册咨報。再該省既將未經指出販賣之人查拿到案之犯，僅予杖責，恐各省亦有誤會之案，應通行畫一辦理。道光十三年通行。

（清）林則徐《林則徐集》奏稿九《訪獲刊賣假揑照會外國公文人犯並訊供情形摺道光十九年五月初四日》

奏爲訪獲刊賣假揑照會外國公文人犯，訊取大概供情，恭摺奏祈聖鑒事：

竊臣等於本年二月內節次欽奉諭旨：林則徐前此面奏請頒發檄諭曉示外夷，著與鄧廷楨酌商，妥擬底稿具奏，經朕披覽，再行檄發各等因。欽此。又四月十二日奉上諭：林則徐等覆奏堵截粤洋夷船情形，請暫緩議斷互市及頒行各國檄諭等語，所見是。此次查辦海口，防堵躉船，各國夷商業經遵繳煙土，自應加恩給予照常互市，以示懷柔。其暎咭唎現有在粤領事及住省夷人，經該大臣等就近諭知，辦理應手，所有檄諭該國之處，亦著暫緩頒行，統俟議定興販吸食各罪名頒行新例時，於善後章程内另行詳細籌議，仍遵前旨擬稿進呈，再行頒發等因。欽此。臣查各國夷船呈繳鴉片，已陸續按數收清，現在遵旨，即在虎門會督文武覈實目擊鎔化，已於另摺奏明。所行善後事宜，一俟頒到新例，公同悉心籌議，再行臚款陳奏。如應照會外夷，亦必欽遵酌商，妥擬底稿，録呈御覽，恭候欽定。

詎臣等訪聞近日廣州省城坊市有刊賣假揑照會暎咭唎國公文之事，不勝駭異。當即密飭地方文武員弁前往查拏，在於六經堂書舖起出板行印木，並將該舖户翁亞瀠拘獲。訊據供稱，伊係順德縣人，在省城開張六經堂書舖生理，舖内刊有查禁鴉片章程，並戒煙藥方發賣。本年四月初間，有一外縣陳姓大人到舖購買，見其所攜手巾包内有欽差與本省督撫會行暎咭唎國禁造鴉片文稿一紙，問以何處得來，説是輾轉傳鈔，不知來歷。伊見稿内聲敍鴉片害人，必順永遠斷絶，要暎咭唎國禁人製造各情，與現聞官府查辦事理相似，信以爲真，當向借鈔存留。陳姓去後，伊隨起意刊印擺賣，希圖獲利，並於書面刊印省城六經堂發賣字樣，實不知爲假揑。陳姓年約三十歲，係何名住址，未經問明，是否尚在省城，亦未再與會面等語。臣等查閲所起刻本内假揑公文，率多摭拾臣鄧廷楨會同臣怡良前次頒給在粤夷人諭帖，及臣林則徐續發夷館告示勸戒兼施之意，牽合添湊，而歸於絶其製造，托爲臣等照會暎夷之文，其中尚無違悖字句。

伏思我皇上爲民除害，法在必行，聖德天威，感孚中外，今以無知之愚賤，亦思力除餘孽，永杜來源，揆厥情詞，非妄誕不經之比。惟探聽事件，詐傳言語，按究例有明條，倘執法稍寬，恐妄作之民益復罔知顧忌。該犯翁亞瀠，以一食力細民，粗曉文義，是文非其手筆可知，但其既與陳姓素昧平生，何能於偶相交易之頃獲向借鈔，亦難保無串揑牟利情弊。除再飭司提犯確審，一面嚴緝陳姓務獲，究明假揑刊賣實情，照例分別治罪，並將假揑公文刻本咨送軍機處查覈外，所有訪獲辦理緣由，謹合詞恭摺具奏，伏乞皇上聖鑒訓示。謹奏。

（清）林則徐《林則徐集》奏稿九《刊賣假捏照會人犯審明定擬摺道光十九年九月十九日》 奏爲審明刊賣假捏照會外國公文人犯，按律定擬，恭摺奏祈聖鑒事：

竊臣等先因訪問廣州省城坊市有刊賣假捏照會嘆咭唎國公文之事，當即密飭地方文武員弁，前往查拏，並經在省司道暨廣州府並南海、番禺二縣，均已訪聞差拘。旋據員弁兵役在於六經堂書舖起出板片印本，並將該舖户翁亞瀧拘獲，訊據大概供情，於本年五月内恭摺具奏。一面將犯發司委員確審辦理。嗣於道光十九年六月十九日奉上諭：林則徐等奏訪獲刊賣假捏照會外國公文人犯一摺。廣東查辦海口，防堵躉船，經各國夷商遵繳煙土。兹據該大臣等訪聞廣州省城坊市，忽有刊賣假捏照會嘆咭唎國公文之事，拏獲舖户翁亞瀧，據供係由外縣陳姓士人輾轉傳鈔等語。案關探聽事件，詐傳言語，必應按例究辦。翁亞瀧著交林則徐等審訊確情，其供出之陳姓，著嚴緝務獲，究明假捏刊賣實情，照例分别治罪。欽此。欽遵轉飭緝審去後。兹據委員廣州府知府珠爾杭阿督同南海縣知縣劉師陸、番禺縣知縣張錫蕃、候補知縣言良鈺，以陳姓一犯，因無名字住址，屢緝未獲，將現犯審明議擬，由廣東按察使喬用遷會同廣東布政使熊常錞招解前來。

時臣林則徐尚留虎門查辦夷務，臣鄧廷楨適先回省，當即會同臣怡良提犯覆加研鞫。緣現獲之翁亞瀧籍隸順德縣，向在省城南海縣屬開張六經堂書舖生理，舖内刊有查禁鴉片章程並戒煙藥方發賣。道光十九年四月内，有在省城應試未獲之新會縣不識名陳姓文童，走至翁亞瀧舖内購買查禁鴉片章程。該犯翁亞瀧見其所攜手巾包内，有欽差與本省督撫會行嘆咭唎國禁造鴉片文稿一紙，問以何處得來。陳姓稱係輾轉傳鈔不知來歷。翁亞瀧見稿内聲敍鴉片害人，必須永遠斷絶，照會嘆咭唎國禁人製造各情，與現聞官府查辦事理相似，誤信爲真，當向借鈔存留。陳姓去後，翁亞瀧起意刊印，攤賣圖利。隨照底稿鈔録刊刻，印刷成本，並於書面刊印省城六經堂發賣字樣，即被訪聞拏獲，連板片印本，解經臣等訊取大概供情，奏奉諭旨，按例究辦。兹由藩臬二司將犯審擬解勘，因臣林則徐尚駐虎門，經臣鄧廷楨、臣怡良會提覆鞫，據該犯翁亞瀧供認前情不諱。

伏查此案，翁亞瀧既與陳姓素昧平生，何以於偶相交易之頃，見其攜有照會文稿，能向借鈔，難保無串捏牟利及隱匿陳姓名字住址情弊，復加究詰。據翁亞瀧供稱，當日陳姓到店買取查禁鴉片章程，伊偶向通問，止據答係新會縣陳姓文童，因見其手巾包内有照會外國文稿，稱係輾轉傳鈔，是以誤信，當向借鈔，仍將原稿給還而去，並無與其素好，有借稿留鈔情事。後伊起意刊刻，如果係與陳姓串捏牟利，何敢將伊店名刊刻書面，自取敗露。至陳姓名字住址，儻曾向其問知，伊現已被獲問罪，何肯代爲隱瞞等語。究詰至再，矢口不移，似無遁飾。

查例載：詐傳一二品官言語，杖一百徒三年等語。此案翁亞瀧因見陳姓不識名文童鈔有欽差與本省督撫照會嘆咭唎國禁造鴉片文稿一紙，雖訊明不知係屬假捏，誤向借鈔刊刻，惟現當查辦夷務喫緊之際，此等關會外夷事件，該犯並不查明確切，輒混行刊賣圖利，未便以原稿並非該犯所作，稍事寬縱。翁亞瀧應即照詐傳一二品官言語，杖一百徒三年律，杖一百徒三年。該犯刻字營生，粗曉字義，此文自非其手筆，據供當日向陳姓借鈔刊賣，似屬可信，且已從重照律擬以滿徒，應請先決其罪，毋庸監候待質。據供伊母年老，弟兄三人，弟兄均已出繼胞伯叔爲嗣，是否屬實，有無可以另繼之人，該犯弟兄能否歸宗，飭縣查明取結辦理。起獲板片印本，飭行燒燬。逸犯陳姓，飭緝獲日另結。

除全録供招咨部外，所有審明定擬緣由，臣等謹合詞恭摺具奏，伏乞皇上聖鑒，敕部核覆施行。謹奏。

（清）林則徐《林則徐集》奏稿九《梧州府家丁張鎬賄放煙土審明定擬摺道光十九年六月二十四日》 奏爲遵旨審明定擬，恭摺奏祈聖鑒事：

竊臣鄧廷楨於道光十九年二月初三日承准軍機大臣字寄：正月十二日奉上諭：有人奏，廣西梧州府知府劉錫方，前因辦理鴉片煙遲緩，經梁章鉅奏請摘去頂戴，聞得該府家丁張三即張漢三，係安徽人，得賄私放，每煙土一包得洋銀一圓，即保送過關等語。梧州爲兩廣咽喉，如果查拏嚴密，奸販自無從入境，乃桂林、潯州等府拏獲煙土甚多，該府全無覺察，其爲管關家丁得財賣放，已可概見。該府猶以寬限時日爲請，難保無知情故縱等弊。劉錫方著即撤任交〔卸〕，鄧廷楨迅將張漢三拏到案，確切嚴訊，務得實情。如劉錫方實有知情縱容家丁情事，即行據實嚴參，重治其罪，以期懲一警百。當此查辦喫緊之時，該督惟當破除情面，和盤托出，斷不准意存遷就，致有不實不盡。所有梧州府知府缺，著鄧廷楨派員署理。將此諭令知之。欽此。臣鄧廷楨當卽欽遵，密派廣東候補知縣言良鈺馳往梧州，將該家丁張鎬卽張漢三拏獲解東，訊出大概供情，先經恭摺具奏。

嗣臣林則徐、臣鄧廷楨承准軍機大臣字寄：三月十八日奉上諭：本日據鄧廷楨覆奏查辦撤任知府劉錫方家丁得賄私放煙土一摺。據稱張鎬卽張漢三，跟隨劉錫方服役，派在總廠查驗過關貨船，曾於船内搜出煙土六次，得贓放行，本官辦公委無知情故縱等語。現當查辦鴉片嚴緊之時，該犯膽敢得賄私放，實屬藐法，若不從嚴從實大加懲辦，何以儆示將來！雖據該督查明業經供認賄放六次，難保非恃無質證任意狡展，著林則徐、鄧廷楨親提嚴鞫，務使悉數破案，不准稍有不實不盡。至劉錫方是否知情故縱，亦應確切訊究，不得以該員業經撤任，遂化大爲小，遷就了事。所有案内訊出人犯要證，卽著該督等分别傳提緝拏，毋任漏網，以昭核實。將此諭令知之。欽此。臣等隨卽札調撤任梧州府知府劉錫方來東備質，並以在關書役係屬案中要證，飭據署梧州府知府喻元準，將關書陸紀、吴佑，巡役麥注、何桐等，解經飭司提集研訊。茲據廣東按察使喬用遷會同布政使熊常錞審明招解前來。

臣等親提犯證，督同司道悉心研鞫。緣張鎬卽張漢三，籍隸江蘇宜興縣，非安徽人，道光十六年十二月内，跟隨廣西梧州府劉錫方，派在梧州税廠查驗過關貨船。該關距府城數里，一切驗放向由家人主張，書巡人等悉聽調度。張鎬有素識未獲之廣西河船水手黄亞三卽阿複，暗雇在關，作爲眼線。十八年五月十四日，黄亞三探知有上水貨船夾帶鴉片煙土，密向張鎬告知，卽同赴該船搜出煙土十六箇。稱欲稟官究治。該船客人畏懼，央求免報，張鎬乘機索得番銀十六圓，將所裝棉花雜貨上税，煙土私自放行。又六月初十日搜出貨船煙土十二箇，索得番銀十二圓。又七月十五日搜出貨船煙土十五箇，索得番銀十五圓。又八月十三日搜出貨船煙土十六箇，索得番銀十六圓。又九月初二日搜出貨船煙土十三箇，索得番銀十三圓。又是月初八日搜出貨船煙土三十五箇，索得番銀三十五圓。均經税貨放行。計該犯前後共得賄縱放煙土六次，均由黄亞三作線報知，隨同縱放。其書役等先經張鎬另行簽派，或填寫簿扇，或分查别船，總不令隨至賄縱船内，是以無從知情。張鎬所得贓銀，並不分給黄亞三，仍令另向客人索謝，每煙土一箇，黄亞三又另索得番銀七分。該府劉錫方在城内衙署辦公，未能親駐税廠，並無知情故縱，其夾帶煙土客人，張鎬皆未向問姓名籍貫等情。屢審據各供吐前情靡異。

臣等以張鎬派管關務已越兩年，恐賄放不僅六次，贓銀亦不止此數，難保非恃無質證狡供避就。卽所稱該府劉錫方及書巡陸紀等均無知情故縱，亦恐情出阿私，代爲諱飾。復經隔别嚴行究詰，加以刑嚇。該犯張鎬堅供：伊於過關貨船查出煙土，原屬偶然之事，委止賄放六次，内有一次得贓三十五圓，其餘每次各止十餘圓，前後共計得受番銀一百零七圓，此外如果另有賄縱别案，及得受多銀，何肯熬刑不吐。本官劉知府如係知情故縱，書巡人等如曾勾串作奸，伊已身受重罪，更何必代人隱瞞。關書陸紀、吴佑，巡役麥注、何桐僉供：張鎬查驗貨船得賄縱私，伊等實未隨同下船，委無知情連同賄放。如伊等果有串弊，張鎬豈肯熬刑不爲供指。該府劉錫方亦堅供：伊在署辦公，家丁張鎬如何在廠驗船受賄，買放煙土，係屬瞞官舞弊，何敢令伊知情？況鴉片例禁森嚴，伊又何敢故縱，甘爲家丁蹈法？惟失於查察，咎無可辭各等語。屢鞫不移，似無遁飾。

查舊例載：興販鴉片煙，照收買違禁貨物枷號一箇月，發近邊充軍。又：枉法贓五十五兩，杖一百流三千里，無禄人減一等各等語。

本案張鎬卽張漢三，充當梧州府家丁，派管關務，疊次受賄縱放鴉片過關，共計所得贓銀折實庫平紋銀七十二兩零，照枉法贓無禄人減等，罪止擬徒，殊覺輕縱。查該犯得受鴉片之利，卽與興販鴉片無異，張鎬卽張漢三，應照興販鴉片煙枷號一箇月，發近邊充軍例，枷號一箇月，發近邊充軍。現當嚴杜鴉片之際，該犯膽敢疊次得賄私放，實屬藐法，應從重發遣新疆，酌撥種地當差。詐得銀兩，照追入官。該犯訊無另犯别案，此外亦無知情同夥之人。關書陸紀、吴佑，巡役麥注、何桐，於張鎬得賄放私並無知情串弊情事，均毋庸議。逸犯黄亞三卽阿複，及販煙不知姓名各客人，已咨會廣西撫臣一體通飭嚴緝，獲日另結。

梧州府知府劉錫方，身爲四品大員，如敢縱丁賄放鴉片，則其昧良已極，臣等欽遵嚴旨，不敢少涉瞻徇，認真澈底根究，期歸核實。今該府供，伊在署辦公，未能駐廠，委無知情故縱，嚴訊該犯張鎬及書巡人等，亦復異口同聲。又臣等先以署梧州協副將德年與該府駐紮同城，耳目切近，現署該府喻元準係屬後任之員，無可用其迴護，均經札飭嚴密確查稟辦。茲據該府協覆稱：劉錫方於家丁張鎬婪贓縱煙，查無知情故縱授意情弊。復飭司道密稟，核與各供相符，尚屬可信。查該府劉錫方，失察家丁得贓，例有應得處分，惟當此查辦鴉片喫緊之時，關隘稽查尤爲緊要，該員於派管家丁關隘稽查尤爲緊要，該員於派管家丁賄縱頻仍，竟毫無覺察，非尋常疏忽可比，應請旨將撤任梧州府知府劉錫方從重革職，以示懲儆。

除全案供招咨部外，所有審明定擬緣由，臣等謹合詞恭折具奏，伏乞皇上聖鑒，敕部議覆施行。

再，本案犯事獲案，係在未准部行新例以前，合併陳明。謹奏。

（清）林則徐《林則徐集》奏稿九《義律既阻英船進口貿易又抗不交兇已嚴斷接濟摺道光十九年七月二十四日》

奏爲𠸄咭唎國領事義律，因求在澳門裝貨不准，輒將該國貨船阻留口外，圖賣新來鴉片，適有夷人毆斃華民命案，抗不交兇，照例斷其接濟，並勒兵分堵海口，該夷與奉逐各奸夷均已畏懼出澳，寄住貨船，臣等往來香山、虎門，相機督辦，先將大概情形，恭摺奏聞，仰祈聖鑒事：

竊臣林則徐奉命來粵，與臣鄧廷楨等宣示天威，夷人咸知震懾。前經收繳躉船鴉片二萬餘箱，維時𠸄咭唎國領事義律，在省城夷館自行查數報繳，前後連具十餘稟，情詞均甚恭順，臣等於批諭之中時加稱獎，該領事亦自以爲榮，頗形踴躍，覈計繳清煙土，較原稟溢出尚多。論者以爲𠸄夷平日桀驁性成，今乃倒篋傾筐，帖然馴伏，是千萬之重貲盡擲，卽百年之痼疾可除。而臣等熟計深籌，尤以本年來船夾帶爲慮。蓋該國遠在數萬里外，當其開船之日，尚未知天朝新例如此森嚴。既而潛帶而來，必思顧其成本，而中國力除巨患正當於得手之際，拔盡根株，豈得將新船轉予放鬆，致使前功盡棄！是以臣等請定治罪專條，並立限期首繳，仰荷聖明俞允，敕定新例頒行。其新例未到之先，各國貨船卽已陸續到粵，當令洋商通事諭知現辦章程：船內無鴉片者進口報驗；有雅片而自首全行呈繳者，准予奏請免罪，並許驗明進口。若自揣不敢報驗，卽日揚帆回國，亦免窮追。使各國夷商得以早定主見。迨頒到新例，又復傳諭周知。截至七月初八日，進口報驗夷船共一十七隻，經粵海關監督臣豫堃驗明，均無鴉片，准其開艙貿易。不進口而回國者亦有三隻，其中卽有鴉片，當不至毒流內地。

惟𠸄咭唎所屬港腳貨船，到時本亦卽擬進口，旋被義律阻止，停泊虎門口外之尖沙嘴一帶。緣義律爲該國領事，該國主給與權柄，得以約束衆夷，先前繳土之時，力能號召南澳、福建等處之船，悉行駛回虎門，一體呈繳。迨繳完後，義律稟辭下澳，尚據遞具一稟，云違禁犯賣一弊，誤及正經貿易，貽累人之家業，其害甚重，亟須設法早除此弊於常久。如准委員來澳，會同妥議章程，其違禁犯賣之弊，可冀常遠除絕等語。臣等以爲真心除弊，大加批獎，並會委佛山同知劉開域赴澳，與之覈議，且將奏准頒賞之茶葉一千六百四十箱，發往給賞，以便空躉迅速回帆。

詎劉開域未到之先，義律於四月二十四日續遞一稟，云本國船隻進埔，須候奉到國主批諭，方可明白轉飭。或蒙格外施恩，令在澳門裝貨，感戴靡既等語。臣等接閱之下，均相詫異，始知前稟章程一語，乃係別蓄詭謀。蓋澳門孤峙海隅，實可周通內地，向惟西洋夷人准設貿易額船二十五隻，起卸貨物，不納關稅，自明代而已然。𠸄夷惟利是圖，久深艷羨，且溯查嘉慶年間，鴉片之浸淫流毒，皆由澳門囤聚發販，年盛一年。道光二年葉恆澍犯案，始將澳門囤所撤散，其後變爲躉船。今躉船之積土甫除，若澳門之囤所又起，何異驅虎進狼，故不得不決絕批駁。且貨船皆從該國給予牌照，令赴內地經商，豈有已經到粵始候該國王批諭之理？亦於稟內指破其謊。義律詭計不行，闇然消阻，委員劉開域到澳，伊遂不理。問其定何章程，據稱：不准在澳裝貨，便無章程可議，卽傳領茶葉，亦不敢領。臣等以此項奏准給賞，原係出於格外，既無福承受，卽不值給發。此後凡有批諭，伊皆不肯接收。在犬羊之性無常，原不必與之計較，然有不可聽其觀望者，如繳清煙土之空躉尚有一半未行，奉旨驅逐之奸夷亦有數名未去，不能因其不接諭帖，轉任逗留。故仍委員赴澳嚴催，並飭令西洋夷目協同攆逐。

至該國貨船，陸續來粵，計至此時已有三十二隻之多。該夷商滿載而來，將本求利，無不早圖進口，開艙貿易，乃被義律一人把持阻撓，俱在尖沙嘴一帶聚泊。廣東天氣炎熱，各船中如洋來、洋布、棉花等貨，難免潮濕霉爛，業已怨懟同聲。臣等令洋商通事賫諭分赴各船，剴切開導，催令進口。咸稱義律係伊國領事，不得不惟令是從。而其中潛帶鴉片之奸夷，既不甘呈繳，又不願空回，則正樂於遷延，冀以私售禁物。現因各口查緝嚴緊，整箱煙土不能運入內洋，而蜑艇漁舟與番舶每相貼近，乘間買其零土以圖轉售獲利者，節經文武拏獲，已據確切供明。且查夷人私放三板，裝載鴉片潛赴偏僻口門，以木片爲招貼，寫明鴉片一箇洋銀幾圓字樣，隨潮流入海口，以賤價誘人售買。是義律之勒令夷船聚泊口外，仍爲圖賣新來鴉片，恐被進口搜查起見。夷情詭譎，如見肺肝，卽無別滋事端，亦不得容其於附近口門佔爲巢穴。

況夷人酗酒打降，習以爲常，五月二十七日，尖沙村中有民人林維喜，被夷人酒醉行兇，棍毆斃命。經新安縣梁星源驗明，頂心及左乳下各受木棍重傷。訊據見證鄉鄰，僉稱係𠸄咭唎國船上夷人所毆，衆供甚爲確鑿。諭令義律交出兇夷，照例辦理。將及兩月，延不肯交，臣等給與諭函，亦竟始終不接。竊思人命至重，若因𠸄夷而廢法律，則不但無以馭他國，更何以治華民。義律肆意抗違，斷非該國王令其如此，安可聽其狂悖而置命案於不辦，任奸宄以營私，壞法養癰，臣等實所不敢。

恭查嘉慶十三年，𠸄國兵頭嘟嚕嚤等在澳門違犯禁令，欽奉諭旨：卽實力禁絶柴米，不准買辦食物等因。欽此。此時義律與各奸夷均住澳門，前以裝貨爲詞，顯有佔據之意，今更種種頑抗，自應遵照嘉慶十三年之例，禁絶𠸄夷柴米食物，撤其買辦工人。臣等於七月初八日駐紮香山縣城，勒兵分布各處要口，俾知儆畏。仍曉諭在澳華民及西洋各國夷人，以此舉專爲𠸄夷違犯，不得不制以威，與別國均無干涉，毋庸驚擾。且查例載夷商銷貨後，不得在澳逗留等語。今該夷既不進口貿易，是不銷貨，卽不當住澳，應與奉逐各奸夷均照例不准羈留。

臣等諭飭之後，澳内西洋夷目亦卽遵諭一同驅逐。自七月初九日至十九，一旬之内，義律率其家眷曁奉逐未去之奸夷咉噸等，並散住澳内𠸄夷共五十七家，悉行遷避出澳，寄住尖沙嘴貨船及潭仔空躉船上。據署澳門同知蔣立昂、香山協副將惠昌耀等稟稱：該夷窮蹙倉皇，已覺十分兢懼，今寄住各船，顯有抑鬱難堪之狀。又經禁賣食物，雖其船内糗糧不乏，而所嗜之肥濃燔炙日久必缺於供。且洋面不得淡水，須於山澗汲泉，若汲道俱斷，此一端卽足以制其命。彼貿易斷不肯歇手，衆夷正不得齊心，要令就我範圍，似已確有把握。惟倔强之性未嘗稍受折磨，此番控馭周防，尚不免稍需時日，而欲永杜鴉片之害，實以此爲喫緊機關，未便稍涉游移，復貽後患。

查潭仔與澳門相近，而尖沙嘴則與虎門相近，臣等酌商調度，擬往來於香山、虎門之間，或合或分，自當隨時妥辦，既不敢冒昧以僨事，亦不敢示弱以長驕。必俟交出兇夷，掃淨煙土，貨船進埔報驗，空躉悉數開行，一切恪遵法度，然後給還買辦工人，仍准住行住澳。

凡在粵東士庶，既知夷人習爲虛憍，並知臣等慎密修防，沿海閭閻現俱十分安謐，堪以仰慰聖懷。

謹將辦理大概情形，會同廣東巡撫臣怡良、水師提督臣關天培、粵海關監督臣豫堃，合詞恭摺具奏。伏祈皇上聖鑒。謹奏。

（清）林則徐《林則徐集》奏稿九《已諭英船聽候搜查並辦理出結究兇摺道光十九年八月二十九日》

奏爲𠸄夷領事義律，請將現泊粵洋夷船聽官搜查，出具實無鴉片切結，其命案兇夷亦願懸賞察究，並奸夷空躉均請勒限逐回，謹將臣等諭辦情形，恭摺奏祈聖鑒事：

竊臣等前因𠸄夷種種違玩，照例斷其接濟，不許住澳，該夷旋向九龍師船覓食，先行開礮，我軍奮力回擊，大挫夷鋒，復將逗留賣煙之躉船燒燬一隻，該夷領事義律急向澳門同知遞字懇求，並托西洋夷目代爲轉圜，臣等當將相機勦撫緣由，於八月十一日恭摺奏聞在案。臣等復思義律所遞之字，似知悔罪輸誠，然僅托諸空言，尚未見於實事，保非暫作緩兵之計，別生譎詐之謀，益當整肅軍威，嚴防静鎮。一面仍給諭帖，責令呈繳新煙，勒交兇手，並將繳清煙土之空躉，奉旨驅逐之奸夷，速飭全行回國。卽令署澳門同知蔣立昂傳諭去後。

兹疊據蔣立昂稟覆：八月十五日義律送給回信，内稱：接到軍民府來文，轉發大人傳諭條款，領事極欲欽遵聖旨，將違禁之鴉片全行絶除，自應卽赴澳門敍論，以憑貴憲稟覆等語。十七日義律至澳門，與西洋夷目同見蔣立昂。復經該署同知將臣等諭內各條嚴切面諭。據通事傳譯，義律口稱：前因冒犯嚴威，疊奉諭飭，業已悔悟，欲求轉乞憲恩。情詞極爲恭謹。詰以奉諭條款如何遵辦？義律答稱：未敢自行稟覆，仍具說帖，求爲轉稟。隨將說帖呈出，已據逐條登覆。蔣立昂因見所覆尚有未協，面爲駁飭。復據義律添寫一紙，統求蔣立昂先行請示。蔣立昂卽將原件稟送，並請覈示前來。

臣等查閲所覆各條，文義不甚通暢，而覈其大義，尚屬遵諭奉法，不敢抗違。如諭繳鴉片一節，據其登覆，意以該國有帶鴉片之船，先已令其回去，現泊尖沙嘴各船，俱請官憲搜查，若有鴉片，卽將貨船盡行没官，嗣後在粵貿易夷人與隨時來到之船，不論船主商人傭工夥計，俱令逐名出結，由義律加具印結，方准貿易，未出結者，不准開艙，永遠照此辦理，如不認真，必致自取咎戾等情。臣等查咦夷貨船，聚泊尖沙嘴不卽進口，原爲圖賣新煙起見，且節次拏獲賣煙奸民，已據供認在夷船零買，確有明證，是其所稱並無烟土之説，實不可信。若不切實查辦，何能盡絶根株。臣等忿激之餘，已先與水師提臣密爲布置，將柴草火藥裝配多船，擬將帶煙不繳之船盡予燒燬，以除其害。然究以未分皂白，不忍玉石俱焚。繼又再四熟商，計惟臨以重兵，逐船搜檢，庶可分良莠而示勸懲。今該夷自願請搜，察其情詞，似極切實。臣等復又多方訪察，蓋該夷因見臣等堅持數月，料已無可希圖，遂將新到之煙陸續帶回夷埠，是以前有夷船三隻先後駛回，近日復有三板夷劃紛紛開去。且拏獲出海買煙奸民彭亞開等，訊據供稱：伊於八月初旬帶銀前往向買，卽據夷船回覆，現無鴉片，伊卽放空回來等語。是現在夷船已無煙土，似非虛誑。惟已去之土固可不必窮追，而現泊之船必須逐號搜查，以昭覈實。臣等現又諭令義律，將尖沙嘴所泊咦國貨船，按其到粵先後，挨次親驗，其貨物盡行盤至剥船，逐件搜查，果無夾帶鴉片，卽先押送入口，本船搬空之後，再行備細查明。如此則耳目昭彰，自無影射掩藏之弊。並恐載煙回去夷船，利心不死，或竟潛赴東西兩路冀圖分銷，臣等現又飛飭沿海各營，准備師船，嚴密防範，並由中路抽撥兵勇，跟蹤躧緝，如有此等夷船駛至，卽行開礮夾擊，務使遺孽肅清。

至出結一節，若論尋常吏事，原恐習爲具文，而臣等體察夷情，最重信字，是以臣林則徐初次諭令該夷呈繳煙土，卽先揭出此一層。迨義律稟繳二萬二百八十三箱，或疑其言未必能踐，而深悉夷情者咸決其必無失信。嗣果繳清煙土，有羸無絀，是其不肯食言，已有明驗。今其所擬逐名出結，分寫漢文夷字，由該領事加具印結，卽係遵照臣等原諭辦理，自應准其所請。惟查覈所擬出結語句，與現行新例尚不盡符。臣等現又寫具結式，諭令遵照繕寫，若不如式具結，永不准其貿易，以此杜外來之鴉片，實足以昭信守，於夷情明有範圍，暗有把握，非具文所可同日而語也。

至林維喜命案，據義律稱：審得五人酗酒，皆無兇殺之罪。又稱：當日上岸滋事，亦有咪唎𡂿人，請再細訪。等語。當經蔣立昂以此案供證確鑿，兇手實係咦夷之言向其駁詰，義律無可置辯，遂添寫說帖一紙，聲明懸賞洋銀二千圓，報知何人毆斃憑據，倘能發覺，卽會官憲代稟等情。臣等復查議律船內，現在實有拘押夷犯五名，其非有意匿兇，尚屬可信，而實情不能審出，原亦無怪其然。至咪唎𡂿人，於羣毆林維喜時並不在場，不獨該國夷人稟辯甚明，卽岸上各見證供亦如一。且咦夷獨托漢奸劉亞三等與尸親説和，其爲並無咪唎咪人在場，更無疑義。臣等諭知義律，以所拘五人中，如不能審定正兇，何妨送請天朝官員代爲審明，祇當辦一應抵之人，其餘仍皆發回，斷不連累。如仍自審，則再限十日，亦必可以審明，毋得再圖延緩。

此外，如空躉回國，請候北風開行，被逐奸夷請留兩名在粵，皆經蔣立昂面加駁飭。隨又代求回澳理清事件，六日內如數揚帆而去。臣等以所請尚在情理，爲日亦屬無多，當將此一層傳諭允准，仍派委文武在澳稽查催逐，不任踰限，並諭西洋夷目一體查催。

以上各事宜，除俟逐一清釐再行分別覈奏外，所有現在諭辦情形，謹會同水師提臣關天培合詞恭摺具奏，並繕録義律原遞說帖恭呈御覽，伏乞皇上聖鑒訓示。謹奏。

（清）林則徐《林則徐集》奏稿九《拏獲出洋偷販鴉片並接濟英船奸徒審明定擬摺道光十九年十二月初四日》

奏爲拏獲沿海奸徒出洋潛買煙土，運物接濟夷船，照例分別定擬，恭摺具奏，仰祈聖鑒事：

竊照廣東沿海奸徒，往往私出外洋，或向夷船購買鴉片，分運售銷，或私充夷船買辦聽其指使，或於嚴斷接濟之時運給夷船食物，種種牟利營私，以致夷人恣意販煙，流傳內地。故欲絕鴉片，必須整頓海口，欲制夷人，必先拏辦漢奸，節經臣等督飭沿海文武及巡洋舟師嚴密偵拏。臣林則徐、鄧廷楨駐紮虎門時，據文武拏獲積慣接濟，代銷煙土及向夷船買煙之黃添化、彭亞開、鄧三娣三名，照例斬決梟示，夥犯歐亞豬等，問擬絞遣有差，業經具奏在案。

嗣據護理廣海寨遊擊布萬和等拏獲匪犯鍾亞二及艇户吳亞益、葉亞姚，水手郭亞鱗、梁亞吉、黃亞滿、曾亞茂、黃亞秋、林亞二、盧亞好、高亞鱅、陳亞海，共十二名，起獲艇一隻，解至虎門。經臣林則徐、鄧廷楨，督同隨帶委員南雄直隸州候補知府余保純、署佛山同知劉開域、候補通判龔耿光，審明辦理。又香山縣澳門同知等拏獲匪犯彭亞舍、吳亞平二名；新安縣營先後拏獲陳亞成、藍亞惠、李亞四、張有虔、鄧召詳、賴亞三、黃亞穩七名，起獲煙土二箇，重九十二兩；歸善縣營拏獲曾黃嬌、陳連生二名，起獲艚船一隻，併豬隻雞鴨蛋鹽白糖等物。均陸續解省，先後飭發委員候補知府余保純等會同廣州府珠爾杭阿、准補潮州府同知張鈞，督同候補縣言良銓等確審，旋據各委員先後審擬，分別由臬司喬用遷招解前來。

臣等逐案查訊，緣鍾亞二即鍾亞潰，籍隸香山縣，向在澳門找換銀錢度日，與各國夷人多有認識，通曉夷語。道光十七年十一月內，鍾亞二探知素識西洋夷樓有黑奴偷賣鴉片煙土，價值便宜，起意販賣獲利，隨陸續用番銀一二十圓，買得煙土二三十斤，攜回家內，零星轉賣與不識姓名人，不記次數。十九年八月，鍾亞二知澳門查拏嚴緊，夷樓不敢貯煙，聞有阿達夷船潛帶鴉片越赴新平縣白石角洋面，鍾亞二欲往買取，並糾允素識未獲在澳貿易之陽江縣人梁幗隴，各帶番銀，同雇現獲之船户吳亞益、葉亞姚艇隻，捏稱梁幗隴有病，倩鍾亞二送回陽江原籍，議定往返艇價銀十兩。八月十九日由澳門開行，二十日駛至陽江之東平洋面灣泊。鍾亞二另雇不識姓名人小艇，詭稱欲送梁幗隴登岸坐轎回家，即與梁幗隴坐艇駛至新平縣白石角洋面。適阿達夷船拋泊該處，鍾亞二帶同梁幗隴上至夷船，向該夷阿達買取煙土，言明公土每箇價銀十一圓，鍾亞二用番銀四十四圓買得公土四箇，梁幗隴用番銀一百一十圓買得公土十箇，各用席袋包裹，假作行李搬過小艇駛回。梁幗隴即由小艇上岸，先攜煙土回家。鍾亞二仍回吳亞益等艇內。時水手郭亞鱗等赴墟買物，留吳亞益、葉亞姚二人在艇看守。吳亞益等因見鍾亞二所帶席包形跡可疑，欲行開看，鍾亞二不能隱瞞，當將夾帶煙土據實告知，並許加艇銀五元，囑勿聲張。吳亞益等素知鴉片獲利甚厚，復各自起意用銀十五圓齊向鍾亞二買取煙土一箇，希圖轉賣，鍾亞二隨賣給吳亞益、葉亞姚煙土各一箇，其餘照舊包好密藏艙底，水手郭亞鱗等均不知情。二十五日船至青山洋面，適舟師追逐夷船，訪知有人買煙，聲言查拏，鍾亞二等情虛畏懼，將煙土丟棄落海，隨將鍾亞二連船户吳亞益、葉亞姚、水手郭亞鱗一併拏獲，訊供相符。此鍾亞二積慣販煙，並出洋潛赴夷船購買，及艇户吳亞益等各自起意向鍾亞二買土希圖轉賣之實情也。

又彭亞舍籍隸番禺縣，向在澳門傭工度日，略曉夷語。道光十九年三月十四日，有素識未獲之趙亞潰欲販煙土，托彭亞舍代爲購買，許給謝資，彭亞舍貪利應允，趙亞潰隨將番銀一百四十圓交給彭亞舍往向往澳之咦咭唎夷人吐嗶咈買得煙土四百兩，交趙亞潰接收，得受謝銀十五圓。五月初五日，彭亞舍又代素好未獲之梁亞法用番銀三十六圓向夷人囒船買得公土三箇，交梁亞法接收，得受謝銀八圓。經訪縣營訪聞拏獲。

又陳亞成、藍亞惠、李亞四，均籍隸歸善縣。陳亞成向在新安駕艇捕魚，道光十九年五月初三日有素識未獲之吳亞五、李亞晚至艇閒坐，談及生計艱難，陳亞成探知尖沙嘴洋面有夷船灣泊，起意商同合夥買備食物駕艇前往接濟，並向兌換煙土轉賣獲利，吳亞五等應允各出本錢二千五百文，買備鹹魚雞鴨等物載往尖沙嘴。陳亞成因不諳夷語，轉托在逃之林亞有向不識姓名人夷船換得鴉片煙土半斤，載回新安縣之長洲環肥地方，先後賣與藍亞惠、李亞四及未獲之盧亞全，得銀九圓均分。藍亞惠、李亞四各買煙土二兩，轉賣與不識姓名人，各得銀三圓。旋經該縣營訪聞拏獲。

又張有虔、鄧召詳、賴亞三、黃亞穩，均籍隸新安縣，小販營生。道光十九年十月十四五六等日，張有虔等探知素識未獲之賴亞長在外洋夷船買有煙土，各自起意向買轉賣獲利，隨各用番銀一二十圓買得煙土一二箇，轉賣與不識姓名人，得銀花用，張有虔、賴亞三各存留煙土一箇未賣，即經該管文武訪聞督率兵役，將張有虔、鄧召詳、賴亞三、黃亞穩四名，連煙土一併拏獲。

又曾黃嬌、陳連生，均籍隸歸善縣，先後在未獲之張亞四艚船充當火工水手，每月工錢各一千文。張亞四先因其母舅曾江頭二交與豬五隻，令赴省城售賣，將錢置物，轉售獲利均分。道光十九年七月十四日，張亞四與未獲之水手陳亞隴、柯亞南及伊子張畛夾，駕船至新安縣之三門洋面，張亞四將豬隻賣與不識姓名夷船，得番銀七十圓。該夷人另給張亞四番銀一百二十圓，囑再買物接濟，恐其拐銀不回，將張畛夾留於夷船爲質。張亞四將船隻駛回歸善，與曾黃嬌、陳連生、陳亞隴、柯亞南分赴偏僻村鄉，買得豬七隻，雞鴨一百五十六隻，鹽十二包，並雞蛋白糖等物，於二十五日下船開行，卽被訪拏。張亞四等鳧水脱逃，將曾黃嬌、陳連生拏獲，並起出船隻豬雞各物。

又吴亞平，籍隸香山縣，向在澳門居住，略曉夷語。道光十八年八月内受雇與夷人葉嗶咈私充買辦，每月工銀五圓，常代吐嗶咈購買食用各物，坐駕夷人三板送給躉船收受，不記次數。十九年七月間暎夷被逐出澳，正在嚴禁接濟，吐嗶咈給吴亞平番銀八圓，囑買雞鴨等物，於初七日載赴呻叻咍等夷船交給轉回，卽經澳門文武拏獲。

此又彭亞舍等出洋代買鴉片及易換煙土並違禁濟夷之實情也。

以上先後拏獲人犯共二十三名，除水手郭亞鱗等九名訊不知情先予省釋外，其餘各犯均據供認情不諱，詰無載運紋銀出洋，亦無另犯别項不法及此外另有同夥隱匿避就情事，案無遁飾。

查新例載：沿海奸徒勾通外夷，潛買鴉片煙土入口囤積發賣圖利，一經審實，首犯擬斬立決，恭請王命先行正法，仍傳首海口地方懸竿示衆，房屋船隻入官。又收買鴉片煙土尚未售賣貽害者，爲首發極邊煙瘴充軍。又：興販鴉片煙土僅止一二次，並爲數不及五百兩，爲首發新疆給官兵爲奴。又舊例載：興販鴉片煙枷號一箇月，發近邊充軍。又：民人無票私出口外者，杖一百流二千里。各等語。廣東省係於道光十九年五月二十六日奉到新例，現辦鴉片案犯，各按犯事日，分别新例前後援引問擬。

此案鍾亞二卽鍾亞潰，先在澳門西洋夷樓零買鴉片轉賣多次，已屬藐法，復因查拏嚴緊，輒敢糾夥出赴向白石角洋面勾通阿達夷船潛買鴉片，卽在艇上轉賣獲利，覈其犯事日期在奉到新例以後，應照新例問擬。鍾亞二卽鍾亞潰，合依沿海奸徒勾通外夷，潛買鴉片入口發賣圖利者，首犯擬斬立決，卽於審明後，恭請王命，飭委南雄直隸州知州、候補知府余保純、提標右營遊擊王鵬年，將該犯鍾亞二卽鍾亞潰，在虎門海口正法，傳首沿海地方，懸竿示衆，以昭炯戒。船户吴亞益、葉亞姚，於鍾亞二向夷船潛買煙土雖未知情，惟鍾亞二帶煙到船，該犯等各自起意出銀向其買取，希圖轉賣，應各以收買爲首論。吴亞益、葉亞姚均合依收買鴉片煙土尚未售賣貽害者，爲首發極邊煙瘴充軍例，發極邊煙瘴充軍。彭亞舍代趙亞潰等先後向夷人購買煙土，陳亞成販運食物出洋濟夷換煙轉賣，雖犯事均在本省奉到新例以前，按之舊例衹應擬軍，惟現當嚴禁鴉片之際，仍應從嚴懲創。彭亞舍、陳亞成均從重發遣新疆給官兵爲奴。藍亞惠、李亞四向陳亞成買煙轉賣，事犯在新例以前，應照興販舊例問擬。藍亞惠、李亞四均合依興販鴉片煙枷號一箇月，發遣近邊充軍例，各枷號一箇月，發近邊充軍。藍亞惠業經病故，應毋庸議。張有虔、鄧召詳、賴亞三、黃亞穩，因探知賴亞長在夷船買有煙土，各自起意向買轉賣，應各以爲首論。張有虔、鄧召詳、賴亞三、黃亞穩，均合依興販鴉片煙僅止一二次，爲數不及五百兩，發新疆給官兵爲奴例，發新疆給官兵爲奴。曾黃嬌、陳連生充當張亞四船内火工水手，於張亞四運豬出洋賣與夷船，該犯等輒敢聽從駕運，嗣復分赴村鄉代爲購買食物，駛往接濟，現當嚴逐夷人之時，未便稍涉寬縱，自應照例酌加問擬。曾黃嬌、陳連生，應照交結外國，互相買賣誆騙財物，發邊遠充軍例，爲從杖一百徒三年，罪上加一等，杖一百流二千里。吴亞平受雇與夷人吐嗶咈私充買辦，得受工銀，並聽從載運食物私越出洋，卽與無票私出口外無自應比例問擬。吴亞平應比照民人無票私出口外者，杖一百流二千里例，杖一百流二千里。以上軍流各犯，至配均各折責安置。該犯等販煙處所係屬荒僻，並無保鄰，其由僻港偷越出洋，並未經由營汛口岸，兵役無從得規故縱，均毋庸議。鍾亞二有無房産，飭行查封分别估變，並起出運煙船隻，追出各犯所得賣煙接濟及傭工銀錢，一併入官，起獲豬雞等物充賞，煙土候飭燒燬。各逸犯飭行嚴拏務獲。另辦本案人犯，均係該管文武，訪拏失察職名應請免開。

除金銀供招咨部外，所有訪獲各犯審明辦理緣由，臣等謹合詞恭摺具奏，伏乞皇上聖鑒，敕部覈覆施行。謹奏。

《清宣宗實録》道光二十五年五月（己巳）又諭：有人奏，江蘇上海縣至蘇州府一帶，有匪徒販賣鴉片，連檣載運，絡繹不絕。各船帶有火槍火礮，兵役畏其人多勢横，不敢查拏等語。販賣鴉片例應嚴禁，若如該御史所奏，該匪等竟敢攜帶火器，意圖抗拒，地方兵役，亦遂不敢查拏，尚復成何事體！著璧昌陳繼昌等確切查明，如果實有其事，即嚴飭該管文武員弁，遴派幹練兵役實力查拏，嚴行究辦，毋得畏葸養奸，致貽後患。將此諭令知之。尋奏，本年二月間，上海縣知縣藍蔚雯訪聞該縣馬家廠地方，有廣東監生梁耀發等私造船隻、軍械，欲藉撥貨爲名，乘機搶劫。當即拏獲訊辦，彼時亦傳聞梁耀發係圖販煙漁利，因訊無確據，照棍徒例分別問擬。此外别無夥販鴉片，攜帶槍礮，兵役畏葸不拏情事。惟莠民趨利若鶩，惟有隨時偵緝，有犯必懲。報聞。